Asanger/Wenninger (Hrsg.)
Handwörterbuch Psychologie

Handwörterbuch Psychologie

herausgegeben von
Roland Asanger und
Gerd Wenninger

BELTZ
PsychologieVerlagsUnion

Anschriften der Herausgeber:

Dipl.-Psych. Roland Asanger
Rohrbacher Straße 89
69115 Heidelberg

PD Dr. Gerd Wenninger
Hof Bödldorf
Bödldorf 3
84178 Kröning

http://www.beltz.de

Umschlaggestaltung: Dieter Vollendorf, München
Druck und Bindung: Druck Partner Rübelmann, Hemsbach
Printed in Germany

ISBN 978-3-621-27699-3

Inhalt

Vorwort der Herausgeber

Die erste Ausgabe des *Handwörterbuchs der Psychologie* wurde seit Erscheinen im Jahre 1979 rasch zu einem der meistbenutzten psychologischen Nachschlagewerke. Sein editorisches Konzept, eine Kombination von Handbuch und Nachschlagewerk, entspricht einem breiten Leserbedürfnis: Es stellt eine benutzerfreundliche Alternative zu voluminösen Enzyklopädien und inhaltlich allzu knapp gefaßten Wörterbüchern dar. Herausgeber und Verlag haben sich deshalb entschlossen, dieses Konzept bei der Neuausgabe prinzipiell beizubehalten.

Geblieben ist auch das inhaltliche Ziel des *Handwörterbuchs*, eine selbstkritische Bestandsaufnahme vorzunehmen und nicht den Schein der Unanfechtbarkeit zu erwecken, den Nachschlagewerke häufig vermitteln. Nicht Scheingewißheit soll erreicht werden, sondern Problembewußtsein. Das *Handwörterbuch* will neben dem allgemein anerkannten Wissensbestand auch die Kontroversen und Schwachstellen dokumentieren und ebenso die Gefahren beim Namen nennen, die mit der Anwendung psychologischen Wissens verbunden sein können. Der Benutzer erhält Gelegenheit, neben den klassischen Theorien und Methoden auch außerhalb des „Mainstream" der akademischen Psychologie angesiedelte Konzepte kennenzulernen und sich so ein eigenständiges Urteil zu bilden. Er soll den Blick auf Entwicklungslinien und Zukunftschancen der Psychologie richten können.

Die Psychologie, ihre Forschung und Anwendung, ihr gesamtes wissenschaftliches und gesellschaftliches Umfeld, das alles hat sich in den 80er Jahren erheblich gewandelt. Neue Forschungsgegenstände und -methoden entstanden, alte entwickelten sich fort. Anwendungsbereiche wurden erschlossen, über die man vor zehn Jahren allenfalls spekulieren konnte. Theoretische Schulen verloren an Bedeutung oder flossen in andere ein. „Kognitive Wende", „Alltagspsychologie", „Methodenpluralismus", „Eklektizismus", „Historische Psychologie", „systemische Orientierung", die Renaissance von Gestalt- und Ganzheitspsychologie, von Humanistischer Psychologie – die Psychologie scheint insgesamt auf der Suche nach einer neuen Identität.

Natürlich ist eine Disziplin, die menschliches Verhalten erklären und beeinflussen will, in besonderer Weise von der aktuellen Diskussion über die Folgen der Technologie, über die Grenzen des Machbaren betroffen. Heute, da sich der Glaube an den grenzenlosen technischen Fortschritt, an die prinzipielle Beherrschbarkeit der inneren und äußeren Natur, als Aberglaube erwiesen hat, muß sich auch die „Psychotechnologie" kritische Fragen nach den Folgen und nach der Verantwortbarkeit ihres Tuns gefallen lassen.

Die Neuausgabe des *Handwörterbuchs* trägt sowohl den internen Veränderungen des Faches als auch den Veränderungen im Umfeld Rechnung und gibt Antwort auf kritische Fragen. So wurden 100 der insgesamt 159 Beiträge völlig neu verfaßt, meist auch von neuen Autoren, die übrigen erheblich überarbeitet und aktualisiert. Wir haben uns als Herausgeber bemüht, dem „Pioniergeist" und der immer noch rasch zunehmenden Ausdifferenzierung der Psychologie zu entsprechen und stärker noch als in der ersten Ausgabe der Pluralität und Vielfalt psychologischer Forschung und Praxis gerecht zu werden.

All diese Ziele ließen sich nur durch die Autoren des *Handwörterbuchs der Psychologie* erreichen. Sie haben sich bereitgefunden, die Komplexität ihres Fachgegenstandes auf ein notwendigerweise knappes, oft sicher zu knappes, Maß zu reduzieren. Ihnen, sowie allen, die uns beratend zur Seite gestanden haben, gilt unser herzlicher Dank. Ferner danken wir Frau Dipl.-Bibl. Silvia Rehder für ihre zuverlässige und engagierte Hilfe beim Erstellen der Bibliographien und Register sowie dem Verlagshersteller, Herrn Wilfried Wirth, für seine sorgfältige Betreuung.

Heidelberg und München, im März 1988

Roland Asanger
Gerd Wenninger

Aggression

Herbert Selg

1 Historisches

Was wir heute „Aggression" nennen, durchzieht wohl die ganze Menschheitsgeschichte als Problem; eine der ältesten Erzählungen handelt vom Brudermord: Kain und Abel. Ein zentrales Thema der Psychologie wurde die menschliche Aggressivität aber erst um 1960. Zunächst hatten philosophische Texte – eher beiläufig – von A.en gehandelt; Freud und Adler (1905 bzw. 1908) formulierten die ersten psychologischen Aussagen zur A. Seit 1920 führte Freud die A. auf einen *Todestrieb* zurück. Einen großen Schritt vorwärts kam die systematische Forschung durch ein 1939 erschienenes Buch von Dollard et al., das *Frustration* und A. aufeinander bezog. Der Zweite Weltkrieg mit seinen vorher unvorstellbaren A.en lähmte die Empirie. Arbeiten von Scott (1958), Bandura und Walters (1959; 1963), Buss (1961), Berkowitz (1962) und Lorenz (1963) überwanden diese „Totenstarre". Die Zahl einschlägiger Veröffentlichungen stieg zwischen 1960 und 1970 etwa um das Zehnfache pro Jahr; „Aggression" wurde zum Mode-Thema. Diese Mode wurde inzwischen längst abgelöst; die Mannequins haben die Kleider gewechselt. Geblieben ist eine Fülle von individuellen und staatlich gesteuerten *Gewaltverbrechen*, die das Interesse am Thema aufrecht erhält; geblieben ist somit das Problem, aber auch seine wissenschaftliche Bearbeitung.

2 Begriffliches

Wissenschaftliche Diskussion setzt Begriffsklärung voraus. Merkwürdig oft wird in der A.forschung behauptet, es gäbe keine zufriedenstellende A.definition. Das ist richtig – aber Gleiches gilt für alle psychologischen Begriffe, die aus der Alltagssprache übernommen worden sind. Niemand kann verbindlich Angst, Intelligenz, Sexualität etc. definieren. Ist es daher vielleicht angebrachter, zunächst einmal auf Begriffsklärung zu verzichten, wie es Freud vorschwebte? Zwischen den extremen Standpunkten scheint eine brauchbare Synthese möglich und nötig: Vorab sollte jeder Wissenschaftler einen Umschreibungsversuch als Verständigungshilfe anbieten; aber sie darf nicht den Charakter endgültigen Festlegens haben; sie muß für Veränderungen offen sein und Entwicklungen erlauben. Sonst trifft das Diktum von A. Camus zu: Wer definiert, kennt das Schicksal nicht.

Bei *psychoanalytisch* orientierten Autoren treffen wir sehr weite A.begriffe an: Gelegentlich wird jede nichtsexuelle Aktivität auf einen A.trieb (oder Todestrieb) zurückgeführt. Recht eng sind hingegen die mehr *handlungstheoretisch* ausgerichteten Vorschläge, den A.begriff nur beim Menschen, nicht auch beim Tier anzuwenden; ähnlich eng wird der A.begriff dadurch, daß als Kriterium für eine A. das Eingeständnis einer Absicht verlangt wird (z. B. Werbik, 1974). Dadurch würden Tier-Verhaltensweisen und wichtige Bereiche menschlicher Aggressivität aus der Forschung herausfallen: z. B. Straftaten (da hier die Absicht oft geleugnet wird) und die frühkindlichen A.en (da Kinder das erforderliche Sprachniveau noch nicht erreichen).

Leidliche Übereinstimmung besteht in der Psychologie darüber, daß „Aggression" ein Verhalten meint, das in weitem Sinn *schädigend* ist. Um zufällige Schadenszufügungen auszuschließen, genügt es, statt einer Absicht lediglich eine *Gerichtetheit* zu interpretieren, was selbst bei einfachen Lebewesen (Motten, die aufs Kerzenlicht zufliegen) ohne Schwierigkeit möglich ist. So kann – aufbauend auf Dollard et al. (1939) – formuliert werden: Eine A. besteht in einem gegen einen Organismus oder ein Organismussurrogat gerichteten Austeilen schädigender Reize ... Eine A. kann offen (körperlich, verbal) oder verdeckt (phantasiert), sie kann positiv (von der Kultur gebilligt) oder negativ (mißbilligt) sein (Selg, 1968, 22).

Dieser Vorschlag dazu, wann ein Verhalten als A. eingestuft werden kann, soll nur Akzente setzen. U. a. soll so „Aggression" auch vom Ruch des Bösen und der Normverletzung befreit werden. Denn sonst müssen wir immer erst das Urteil der Geschichte abwarten oder uns ins Parteiengezänk begeben, ehe wir z. B. eine militärische Aktion der Gegenwart als A. einstufen können.

Nach dieser Umschreibung können wir nicht formulieren, daß wir A.en „haben"; wir haben allenfalls Gefühlszustände wie Ärger, Wut, Zorn, Haß mit zugehörigen Verspannungen, die gelegentlich durch A. abreagiert werden können.

Unter „Aggressivität" verstehen wir nichts anderes als eine erschlossene, relativ überdauernde Bereitschaft zu aggressivem Verhalten. Es erscheint zweckmäßig, beim Menschen eine *Mehrzahl* von Aggressivitäten zu unterscheiden, um nicht den Völkermord mit dem bissigen Witz eines Kabarettisten in einen Topf zu werfen.

3 Aggressionsformen

Verschiedene Unterteilungen von A. haben sich in der psychologischen Arbeit als nützlich erwiesen. Dies sind u. a. *verbale* vs. *körperliche* A., wobei es günstig erscheint, neben diese beiden Formen offenen Verhaltens auch (verdeckte) *Phantasie*-A.en zu setzen. Wichtig ist es, *affektbegleitete* (wütend-feindselige) von *instrumenteller* A. zu trennen. Während die affektbegleitete A. die Befreiung von Spannung und dabei manchmal auch den Schaden und den Schmerz des Opfers anstrebt, will die instrumentelle A. ein Ziel erreichen, wobei Schmerzzufügung oder Schädigung nicht unbedingt angestrebt, aber als Mittel zum Zweck in Kauf genommen werden.

Ausdrücklich wollen wir auch *Selbst-* und *Fremd*-A.en unterscheiden. Die Psychoanalyse hat die Auto-A. immer beachtet; viele Definitionen sind hingegen so eng, daß Selbst-A.en nicht umfaßt werden (z. B. Buss, 1961; Lorenz, 1963).

Immer drängte sich die Dichotomie *„direkte"* vs. *„verschobene"* A. auf. Es gibt eine Verschiebung der Form und des Objekts. Im ersten Fall wird z. B. Zuschlagen durch Schimpfen ersetzt; im zweiten Fall tritt an die Stelle des eigentlichen Objektes ein Ersatz: Man wagt es nicht, den ärgerauslösenden Vorgesetzten zu beschimpfen; man reagiert den Ärger am Ehepartner, am Kind, am Hund ab ...

Konkrete Beobachtungen von A.en im freien Feld führen recht zwingend zur Unterscheidung von *spontanen* und *reaktiven* A.en, die noch um *A. auf Befehl* ergänzt werden müssen. Die Beobachtung von Kindern legt eine Differenzierung in mehr *ernste* und mehr *spielerische* A. nahe.

Schließlich ist die *individuelle* A. von der *Gruppen*-A. begrifflich zu trennen. Der Krieg ist eine Form von Großgruppen-A., zu deren Untersuchung Psychologie nicht hinreichend, wohl aber notwendig ist. Die sog. *Friedensforschung* geht das Problemfeld interdisziplinär an.

4 Aggressionstheorien

In der A.forschung sind nacheinander verschiedene Theorien konstruiert worden; vor allem sind zu nennen:

1. Triebtheorien: Adler (1908), Freud (1920), neu belebt und modifiziert von Lorenz (1963)
2. Frustrations-A.-Theorie: Dollard et al. (1939) nach entsprechenden Ansätzen bei Freud
3. Lerntheorien: u. a. Bandura (seit 1963).

Triebtheorien behaupten eine angeborene A.neigung des Menschen. Sie sind recht populär, wenngleich sie in der Wissenschaft stets mehr Widerspruch als Zustimmung gefunden haben. Freud kam unter dem Eindruck des Ersten Weltkriegs zu einer ebenso spekulativen wie pessimistischen Lehre: Ein Todestrieb, der alles Lebendige zum Tode führen will, stehe hinter den A.en. Das Wirken dieses Triebs kann allenfalls durch seinen Gegenspieler, den Lebenstrieb (Eros) vorübergehend umgeleitet und gezähmt werden; beide Triebe „legieren" sich. Viele Psychoanalytiker (z. B. Fromm) haben sich bezüglich des Todestriebs von Freud distanziert, der seinem früheren Anspruch, bei einem Trieb immer Quelle, Drang, Ziel und Objekt nachzuweisen, nicht gerecht wurde; vor allem bei der Suche nach einer (körperlichen) Quelle wäre er gescheitert.

Lorenz formte seine Theorie vom sog. Bösen, d. h. von der A. des Menschen, nach dem Modell seiner Buntbarsche und Graugänse. Die empirische Fundierung kam für den Menschen über Anekdoten nicht hinaus (zur Kritik s. Jakobi et al., 1971; Roth, 1974).

Die *Frustrations-Aggressions-Theorie* hat die Forschung stark angeregt, weil sie um klare Aussagen bemüht war. Dabei wurden jedoch ihre zentralen Hypothesen zunehmend unhaltbar. Auf Frustration folgt nicht unbedingt eine A., und A.en sind nicht stets Folge von Frustrationen. Eine Theorie, die jede A. als reaktiv ansieht, kann nicht das gesamte Feld menschlicher Aggressivität abdecken.

Auf die Triebtheorien und auf die Frustrations-A.-Theorie werden sog. Katharsis-Hypothesen zurückgeführt. Die erste behauptet: Durch das Ausführen kleiner A.en können aggressive Impulse „in kleiner Münze" abgeführt werden; die zweite sieht solche Abfuhr bereits durch die Beobachtung von A.en anderer gewährleistet. Diese zweite Hypothese dient den Medienmachern als Rechtfertigung für Gewaltdarstellungen; sie hat jedoch die Empirie gegen sich.

Lernpsychologische Ansätze vertreten die Grundüberzeugung, daß A.en wie andere komplexe Verhaltensweisen gelernt werden. Dieses Lernen kann zu einem kleinen Teil auf sog. klassisches Konditionieren zurückgeführt werden: Daß wir auf jemand, der uns in der Vergangenheit oft geärgert hat, schon mit negativen Emotionen reagieren, wenn wir ihn nur von weitem sehen, ist ein altbekanntes Beispiel. Eine größere Rolle spielt das operante Konditionieren oder Lernen am Erfolg: Wer sich mit einer A. durchsetzen kann, wird bei nächster Gelegenheit in ähnlicher Situation wieder aggressives Verhalten zeigen. Nur hartnäckige Mißerfolge können diese Aggressivität wieder reduzieren.

Besonders wichtig ist aber ein drittes Lernprinzip: das Lernen am Modell oder Lernen durch Beobachtung. Wir lernen, was wir bei anderen sehen; Zeigen ist Lehren. Diese Lernart erhält durch die modernen Massenmedien eine besondere Relevanz. Medien, z. B. Filme aus dem Bereich der Brutal-Pornos und der Horror-Videos, geben eine Fülle aggressiver Modelle vor. In zahlreichen Experimenten konnte inzwischen belegt werden, daß die Demonstration von A.en zu einem Anstieg aggressiven Verhaltens bei Kindern als Beobachtern führt. Effekte von A.demonstrationen sind noch nach einem halben Jahr nachweisbar (Hicks, 1965). Genüßlich ausgemalte Vergewaltigungen ändern die Einstellungen der Betrachter gegenüber Frauen und gegenüber der Tat: Die Frauen werden negativer, die Tat positiver gesehen (zusammenfassend Selg, 1986). Vielen, die zu dumm wären, komplexe A.en auszudenken, liefern unsere Medien Modelle bis ins Detail: Jeder Interessierte weiß heute, wie eine Geiselnahme, wie eine Bombendrohung am besten durchzuführen ist; oft genug werden auch die Tricks, die bei der Geiselbefreiung hilfreich sind, so breit ausgewalzt, daß sich Täter künftig auf sie einstellen können.

Die sozial-kognitive Lerntheorie von Bandura trägt den Ergebnissen aus der Lernpsychologie und aus vielen anderen Bereichen der Psychologie Rechnung. Eine tragfähige A.theorie mit lernpsychologischem Akzent muß alles integrieren, was als einflußreich erwiesen ist: genetische und hormonelle Faktoren, Erkrankungen und Drogen, Persönlichkeitseigenschaften, situative Faktoren usw. Dabei müssen auch die Grenzen der Psychologie überschritten werden.

Bei der Frage, welche *Funktionen* A.en haben, ist bei den affektbesetzten A.en eher an Spannungsabfuhr, bei den instrumentellen A.en mehr an Problemlösungen zu denken: Jemand wird dann aggressiv, wenn er zu einem vordringlich erstrebten Ziel keinen anderen Weg sieht. M.a.W.: A.en können vielen „Herren" dienen.

5 Diagnostik

Wenn menschliche A. einmal in der Form des wütenden Angriffs, einmal als kühl berechneter Bankraub mit Geiselnahme erfolgt, so ist von vornherein klar, daß es schwer ist, Aggressivität zu diagnostizieren, zu „messen". Es gibt keinen voll befriedigenden A.test. Im deutschen Sprachraum kann der Forscher am ehesten auf thematische Verfahren (Belschner et al., 1971; Kornadt, 1981) und auf Fragebögen (Hampel/Selg, 1975) zurückgreifen; speziell bei Kindern ist an das Aggressions-Motiv-Gitter (Kornadt, 1982) und an die Erfassungsbögen von Petermann und Petermann (1980) zu denken.

Für Laborexperimente leisten sog. A.Simulatoren – trotz aller Kritik – gute Dienste: Wie bei Buss (1961) bzw. Milgram (1974) eingeführt, handeln hier Versuchspersonen im Glauben, andere für Fehler bestrafen zu können, indem sie Stromschläge verschiedener Stärke austeilen. Stärke und Dauer der Stromschläge gelten als A.maß.

Klinische Psychologen werden sich bei ihren Patienten leidlich auf die Angaben in Gesprächen verlassen dürfen. Im übrigen aber ist die Beobachtung in natürlichen Situationen der Königsweg für die A.forschung. Dieser Weg ist steinig; die Beobachtung mit differenzierten Systemen (Patterson, 1969; Mees/Selg, 1977) ist aufwendig; eine Nutzen-Kosten-Analyse fällt nicht eindeutig aus.

6 Kontrolle bzw. Modifikation aggressiven Verhaltens

Die Überlegungen zur Kontrolle aggressiven Verhaltens sollen sich nicht auf harmlose oder gar berechtigte A.en, sondern lediglich auf unangemessen starke und negative A.en erstrecken. Dabei zeigt sich, daß der Streit um die A.theorien kein überflüssiger, kein „akademischer" Streit ist. Aus triebtheoretischer Sicht kann die stets fließende A.energie nur kanalisiert werden. Eine Vermeidung aggressiven Verhaltens ist prinzipiell nicht möglich; allenfalls können viele kleine, harmlos bleibende A.en die Energie „verzehren", oder die Energie kann nach Freuds vagem Legierungskonzept (vorübergehend) umgeleitet werden. Hemmungen sind nicht ungestraft möglich. Mit Lorenz kann man kurzfristig auch an Drogen und langfristig an eugenische Maßnahmen gegen A. denken.

Nach der Frustrations-A.-Theorie liegt es nahe, Frustrationen zu reduzieren. Hemmungen der A. sind hingegen selbst wieder Frustrationen und wecken neue A.impulse. A.en können allerdings verschoben werden, und schließlich wird Katharsis in der Form als möglich angesehen, daß kleine A.en die großen unnötig oder unmöglich machen (s. oben, ähnlich in den Triebtheorien). Unmittelbar stimmt das wohl auch: Wer sich durch Holzhacken ermüdet, wird nur noch wenig Kraft für eine große Prügelei haben; langfristig aber bedeutet jede erfolgreiche A. ein vermehrtes Lernen dieses Verhaltens (was auch Dollard et al., 1939, selbst so gesehen haben).

Nur nach lernpsychologischer Sicht ist es denkbar, den Aufbau nennenswerter individueller A.potentiale zu verhindern; diese fallen je nach Lerngeschichte verschieden hoch aus (wobei angeborene Größen nicht geleugnet werden).

Hohe Aggressivität kann bei Kindern u. a. durch Kontrolle der Modelle und durch sog. differentielle Verstärkung vermieden, notfalls auch reduziert werden. Differentielle Verstärkung heißt: Aggressives Verhalten muß möglichst unbeachtet bleiben, stattdessen wendet man sich dem Kind bei erwünschtem Verhalten zu (das „automatisch" im Widerspruch zur A. zu stehen pflegt). Dies ist generell eine gute Erziehungsstrategie. Anders steht es um die Bestrafung: Bestrafung ist zwar nicht unwirksam, sie kann aber aus pädagogischen Gründen kaum einmal empfohlen werden. Strafen schaden im allgemeinen der Beziehung zwischen den Beteiligten.

Aggressive Modelle sind in den Medien nur nach reiflicher Überlegung zuzulassen; im allgemeinen sind sie durch sozial-positive zu ersetzen; im beliebtesten Medium (Fernsehen) überwiegen allerdings unreflektiert die negativen Modelle – auch im sog. Kinderfernsehen.

Kontrolltechniken sollten alle Erzieher kennen. Hilfe für den Alltag bieten z. B. Lischke (1972), Nolting (1978), Weingarten und Willms (1978). Hilfe für den Lehrer arbeitet eine Konstanzer Gruppe um Dann (1982) aus. Über die Kontrolle von Ärger/Wut-A. hat Siebert (1977) gearbeitet; verhaltenstherapeutisches Vorgehen, das auch instrumentelle Aggressivität einschließt, schildern Mees (1974), Petermann und Petermann (1978).

Therapeutische Überlegungen sind immer auch für die Prävention fruchtbar zu machen. Je mehr wir uns aber um diese bemühen, desto deutlicher wird, daß auch die lernpsychologischen Ansätze noch wenig überprüft und ausdifferenziert sind. Die Entwicklungspsychologie hat im Bereich menschlicher Aggressivität fast alle Aufgaben noch vor sich.

Literatur

Adler, A.: Der Aggressionstrieb im Leben und in der Neurose. Fortschritte der Medizin. Leipzig, 1908.

Bandura, A.: Aggression – a social learning analysis. Englewood Cliffs: Prentice-Hall, 1973.

Bandura, A.: Sozial-kognitive Lerntheorie. Stuttgart: Klett, 1979.

Bandura, A./Walters, R. H.: Adolescent aggression. New York: Ronald Press, 1959.

Bandura, A./Walters, R. H.: Social learning and personality development. New York: Holt, Rinehart and Winston, 1963.

Belschner, W./Lischke, G./Selg, H.: Foto-Hand-Test (FHT) zur Erfassung der Aggressivität. Freiburg: Alber, 1971.

Berkowitz, L.: Aggression. New York: McGraw Hill, 1962.

Buss, A. H.: The psychology of aggression. New York: Wiley, 1961.

Dann, H. D./Humpert, W./Krause, F./Olbrich, Ch./Tennstädt, K. Ch.: Alltagstheorien und Alltagshandeln. In: Hilt, R./ Kempf, W. (Hrsg.): Aggression. Bern: Huber, 1982.

Dollard, J./Doob, L./Miller, N./Mowrer, O./Sears, R.: Frustration and aggression. New Haven: Yale University Press, 1939.

Freud, S.: Drei Abhandlungen zur Sexualtheorie. Gesammelte Werke Bd. 5, Leipzig: Deuticke, 1905.

Freud, S.: Jenseits des Lustprinzips. Gesammelte Werke Bd. 13, Leipzig: Intern. Psychoanalytischer Verl., 1920.

Hampel, R./Selg, H.: FAF, Fragebogen zur Erfassung von Aggressivitätsfaktoren. Göttingen: Hogrefe, 1975.

Hicks, D. J.: Imitation and retention of film-mediated aggressive peer and adult models. Journal of Personality and Social Psychology, 2 1965, 97-100.

Jakobi, U./Selg, H./Belschner, W.: Triebmodelle der Aggression. In: Selg, H. (Hrsg.): Zur Aggression verdammt? Stuttgart: Kohlhammer, 1971.

Kornadt, H. J.: Aggressionsmotiv und Aggressionshemmung. Bern: Huber, 1981.

Kornadt, H. J./Zumkley, H./Burkhardt, K.: Das Aggressions-Motiv-Gitter. Arbeitsbericht Nr. 12, Universität des Saarlandes, Saarbrücken, 1982.

Lischke, G.: Aggression und Aggressionsbewältigung. Freiburg: Alber, 1972.

Lorenz, K.: Das sogenannte Böse. Wien: Borotha-Schoeler, 1963.

Mees, U.: Modifikation aggressiven Verhaltens. In: Selg, H. (Hrsg.): Menschliche Aggressivität. Göttingen: Hogrefe, 1974.

Mees, U./Selg, H. (Hrsg.): Verhaltensbeobachtung und Verhaltensmodifikation. Stuttgart: Klett, 1977.

Milgram, S.: Das Milgram-Experiment. Reinbek: Rowohlt, 1974.

Nolting, H. P.: Lernfall Aggression. Reinbek: Rowohlt, 1978.

Patterson, G. R./Ray, R. S./Shaw, D. A./Cobb, J. A.: Manual for coding of family interactions. Oregon Research Institute, University of Oregon, 1969.

Petermann, F./Petermann, U.: Training mit aggressiven Kindern. München: Urban & Schwarzenberg, 1978.

Petermann, F./Petermann, U.: Erfassungsbogen für aggressives Verhalten in konkreten Situationen (EAS-J; EAS-M). Braunschweig: Westermann, 1980.

Roth, G. (Hrsg.): Kritik der Verhaltensforschung. München: Beck, 1974.

Scott, J. P.: Aggression. Chicago: University of Chicago Press, 1958.

Selg, H.: Diagnostik der Aggressivität. Göttingen: Hogrefe, 1968.

Selg, H. (Hrsg.): Zur Aggression verdammt? Stuttgart: Kohlhammer, 1971.

Selg, H.: Menschliche Aggressivität. Göttingen: Hogrefe, 1974.

Selg, H. (unter Mitarbeit von M. Bauer): Pornographie. Bern: Huber, 1986.

Selg, H./Mees, U./Berg, D.: Psychologie der Aggressivität. Göttingen: Hogrefe, 1987.

Siebert, M.: Ärger: Theorie, Messung und Kontrolle. Dissertation, Oldenburg, 1977.

Weingarten, A./Willms, S.: Umgang mit aggressiven Verhaltensweisen. Stuttgart: Kohlhammer, 1978.

Werbik, H.: Theorie der Gewalt. München: Fink (UTB), 1974.

Aktivation

Otto Lanc

A. bzw. Arousal oder Aktiviertheit stellt eine nicht direkt beobachtbare Disposition des Organismus dar und steht mit den Begriffen *Wachheit, Leistungsbereitschaft* und *Anregungszustand* in Zusammenhang. *Aktivierung* bedeutet eine Änderung des Zustandes der A. (Fahrenberg et al., 1979; Schandry, 1981).

Der Bereich der A. reicht vom Koma bzw. Tiefschlaf bis zu Zuständen maximaler Erregung wie z. B. Frustration, Furcht oder Wut. Im entspannten Zustand ist die A. relativ niedrig, z. B. beim Erwachen oder beim Einschlafen. Während des Tages werden in der Regel höhere Niveaus erreicht.

Der Aktivierung liegen die *Biorhythmen*, v. a. die Einflüsse des circadianen Systems, zugrunde. Sie werden überlagert durch die meist schnelleren Einflüsse der *Kommunikationsprozesse* des Menschen mit der Umwelt und innerhalb seines Organismus, d. h. durch die Prozesse der psychophysischen und psychischen Belastungen, der Motivation und der Emotionen. Die tonischen Änderungen der generellen A. im Rahmen der Schlaf-Wach-Regulierung verlaufen langsam, demgegenüber sind die lokalisierten, phasischen Prozesse der spezifischen Aktivierung schneller (Haider, 1969).

1 Aktivation als Ausdruck von Funktionen des Nervensystems

Die A. ist primärer Ausdruck der Funktionen des ganzen Nervensystems. Sie kann auf verschiedenen Ebenen zum Ausdruck kommen und erfaßt werden:
- Auf der Ebene des *subjektiven Erlebens* wird die A. mit Hilfe von Interviews oder Fragebogen zur subjektiven Befindlichkeit erfaßt (Bartenwerfer, 1963; Fahrenberg et al., 1979).
- Auf der Ebene des *motorischen Verhaltens* wird die Aktivierung durch Messungen der Bewegungsaktivität untersucht: Registrierung und Analyse der Bewegungen, der Körperhaltung, der Mimik, des Gesichtsausdrucks und der Sprache.
- Auf der Ebene des *organismischen Verhaltens* (der physiologischen Ebene) ist die Aktivierung durch die Beobachtung der Funktion des zentralen und des autonomen Nervensystems erfaßbar.

Der direkte Zugang zu den zentralen Prozessen ist – von den Möglichkeiten der Neurophysiologie abgesehen – z. Z. in nur unzureichender Weise möglich, im wesentlichen nur durch die Elektroenzephalographie. Die Funktion des autonomen Nervensystems reflektiert die Prozesse der Aktivierung relativ lose; über die Steuerung der autonomen Funktionen in dem gegebenen Zusammenhang ist wenig bekannt. Die schwache Aussagekraft der einzelnen Indikatoren kann verbessert werden durch multivariate Verfahren, d. h. durch die Registrierung von psychophysiologischen Mustern. Diese Muster sind allerdings situations-, persönlichkeits- und motivationsspezifisch und nur bei einigen Personen relativ stabil.

2 Psychophysiologische Indikatoren des Aktivationsniveaus

Zu den wichtigsten psychophysiologischen Indikatoren zur Messung des A.niveaus zählt das Elektroenzephalogramm (EEG), bei dem bioelektrische Hirnpotentiale mit Skalp-Elektroden aufgenommen werden. Mit der steigenden A. verschiebt sich das Spektrum zu den höheren Frequenzen, das Signal wird desynchronisiert. Vor allem im Frequenzbereich 7-14 Hz ist ein Anstieg des Energieintegrals (rel. Power im α-Band) kennzeichnend. Die weiter aufgeführten Maße vergrößern sich mit dem Anstieg der A. (Fahrenberg et al., 1979):
- Mittelwert der Herzfrequenz, gemessen mit Hilfe des Elektrokardiogramms (EKG)
- Mittelwert der Pulsvolumenamplitude (Plethysmogramm), gemessen an der Fingerspitze mit Hilfe eines pneumatisch-elektrischen oder kapazitiven Plethysmographen
- Anzahl der spontanen, phasischen Fluktuationen der EDA (Elektrodermalen Aktivität), gemessen mit Ag-AgCl-Elektroden an der Handfläche mit Hilfe der Konstant-Spannung oder Konstant-Strom-Methode
- Mittelwert des Elektromyogramms (EMG), gemessen an der Stirn
- Mittelwert der Lidschlagfrequenz
- Verlauf der Atmungskurve, gemessen mit einem Pneumotachographen (die ein- und ausgeatmete Luft wird mit Hilfe einer Maske gemessen) oder einem Pneumographen (Aufnahme der Atmungsbewegungen an Brust und Bauch mit Hilfe der Meßgürtel).

Weitere psychophysiologische Indikatoren sind z. B. die Veränderung der Hautleitfähigkeit, des Blutdrucks bzw. der Pulswellengeschwindigkeit, der Haut- und der Kerntemperatur, der Pupillenweite.

Am Anfang einer Messung ist es wichtig, das individuelle A.niveau jeder Person festzulegen, da ja die psychophysiologischen Reaktionen von diesem Pegel abhängig sind (s. dazu das *Anfangswertgesetz:* Wilder 1931; Myrtek et al., 1977).

Mit der steigenden A. steigt im allgemeinen die Leistung bis zu einem Optimalwert, dann sinkt sie wiederum einer *umgekehrten U-Funktion* entsprechend. Dabei kann der subjektiv empfundene Schwierigkeitsgrad der Aufgabe insofern eine Rolle spielen, als die schwieriger empfundene Aufgabe den Optimalwert *bzw. Kurvengipfel* nach links verschiebt (Yerkes/Dodson, 1908; Freeman, 1940; Hokanson, 1969). Die Differenzen in der Konstitution, v. a. in der Persönlichkeit, spielen dabei ebenfalls eine Rolle.

3 Aktivationsforschung

Die Erkenntnisse zur A. haben sich im Zusammenhang mit der Erforschung von Emotionen und in Anlehnung an die Neurophysiologie entwickelt. Anfangs sprach Wundt von einer *energetischen Komponente der Gefühle*. Duffy entwikkelte das eindimensionale Konzept der „Energie-Mobilisierung" bzw. der generellen A. (Duffy, 1962). Es wurde angenommen, daß die zentrale Steuerfunktion der A. im Nervensystem die retikuläre Formation (RF) spielt, die den Cortex aktiviert. Man sprach vom ARAS (Thompson, 1967) – dem aufsteigenden retikulären Aktivierungssystem (s. auch die Untersuchungen zur Neurophysiologie der A. von Bremer, 1954; Moruzzi/Magoun, 1949). Es zeigte sich schließlich, daß an der Aktivierung mehrere Systeme beteiligt sind, wobei die RF eine Schlüsselrolle spielt; v. a. wurden Hypothalamus, Thalamus und das limbische System einbezogen (Birbaumer, 1975). Die vertikale Verbindung RF-Thalamus-Cortex stützt das Konzept der *hierarchischen Gliederung* der Aktivierung: Auf der Grundlage der unspezifischen Aktivierung finden immer mehr spezifische Prozesse statt.

Einige autonome Reaktionen haben sich in der Evolution entwickelt. Sie waren für den Urmenschen sinnvoll – die schwitzenden Hände besserten den Griff, das erhöhte Schlagvolumen hat eine bessere Blutversorgung der Skelettmuskulatur gewährleistet und somit bessere Bedingungen für den bevorstehenden Kampf geschaffen, die Wahrnehmungsleistungen wurden verbessert u. a. mehr. Diese Mechanismen haben heute weitgehend ihren Sinn verloren und gelten als Atavismen.

Umfangreichere Forschungsarbeiten zur A. bzw. Beanspruchung, die sich auch auf einen *längeren Zeitraum* beziehen, sind ziemlich rar. Beispiele sind: Rohmert (1973), Fahrenberg et al. (1979) und Pittner (1986).

Literatur

Bartenwerfer, H.: Über Art und Bedeutung der Beziehung zwischen Pulsfrequenz und skalierter psychischer Anspannung. Zeitschrift für experimentelle und angewandte Psychologie, 10, 1963, 455-470.

Birbaumer, N.: Physiologische Psychologie. Berlin: Springer, 1975.

Bremer, F.: The neurophysiological problem of sleep. In: Adrian, E. D./Bremer, F./Jasper, H. H./Delafresnaye, J. F. (Eds.): Brain mechanisms and consciousness. Oxford: Blackwell, 1954.

Duffy, E.: Activation and behavior. New York: Columbia Univ. Press, 1962.

Fahrenberg, J./Walschburger, P./Foerster, F./Myrtek, M./Müller, W.: Psychophysiologische Aktivierungsforschung. München: Minerva, 1979.

Freeman, G. L.: The relationship between performance level and bodily activity level. Journal of Experimental Psychology, 26, 1940, 602-608.

Haider, M.: Elektrophysiologische Indikatoren der Aktiviertheit. In: Schönpflug, W. (Hrsg.): Methoden der Aktivierungsforschung. Bern: Huber, 1969.

Hokanson, J. E.: The physiological basis of motivation. New York: Wiley, 1969.

Moruzzi, G./Magoun, H. W.: Brain stem reticular formation and activation of the EEG. Electroenceph. clinical Neurophysiology, 1, 1949, 455-473.

Myrtek, M./Foerster, F./Wittmann, W.: Das Ausgangswertproblem. Z. für experimentelle und angewandte Psychologie, 24, 1977, 463-491.

Pittner, P. M.: Arbeitsbelastung und -beanspruchung von Assistenzärzten in medizinischen Abteilungen von Universitätskrankenhäusern. Dissertation, Frankfurt: R. G. Fischer, 1986.

Rohmert, W.: Psychophysische Belastung und Beanspruchung von Fluglotsen. Schriftenreihe Arbeitswissenschaft und Praxis, Bd. 30, Berlin, 1973.

Schandry, R.: Psychophysiologie. München: Urban & Schwarzenberg, 1981.

Thompson, R. F.: Foundations of physiological psychology. New York: Harper, 1967.

Wilder, J.: Das Ausgangswert-Gesetz, ein unbeachtetes biologisches Gesetz und seine Bedeutung für Forschung und Praxis. Zeitschrift für Neurologie, 137, 1931, 317–338.

Yerkes, R. M./Dodson, I. D.: The relation of strength of stimulus to rapidity of information. Journal of Comparative and Neurological Psychology, 18, 1908, 459-482.

Allgemeine Psychologie

Wolfgang Schönpflug

1 Inmitten der verwirrenden Vielfalt psychologischer Teilgebiete: Allgemeine Psychologie als Bindeglied

Seitdem die Psychologie begonnen hat, Eigenständigkeit gegenüber anderen Wissenschaften zu erlangen, die sich mit dem Erleben und Verhalten von Lebewesen beschäftigen, also spätestens seit der Mitte des 19. Jahrhunderts, vollzieht sich in ihr eine fortschreitende Aufgliederung in Teilgebiete. Die Abgrenzung psychologischer Teilgebiete erfolgt nach

- theoretischen Prinzipien (z. B. Tiefenpsychologie, Gestaltpsychologie),
- methodischen Prinzipien (z. B. Mathematische Psychologie, Verstehende Psychologie),
- Anwendungsfeldern (z. B. Arbeitspsychologie, Pädagogische Psychologie),
- Funktionsbereichen (z. B. Wahrnehmungspsychologie, Motivationspsychologie) sowie nach
- Untersuchungsaspekten (z. B. Entwicklungspsychologie, Sozialpsychologie).

Definitionen psychologischer Teilgebiete umreißen gewöhnlich die Schwerpunkte von Forschungsprogrammen (Herrmann, 1976); eine hohe Trennschärfe erreichen sie nicht. Insbesondere überschneiden sich die als ihre Inhalte bestimmten *Anwendungsfelder* (z. B. Arbeitspsychologie und Pädagogische Psychologie beim Thema der betrieblichen Ausbildung), *Funktionsbereiche* (z. B. Wahrnehmungs- und Motivationspsychologie beim Thema der Aufmerksamkeitslenkung) und *Untersuchungsaspekte* (z. B. Entwicklungs- und Sozialpsychologie beim Thema der Sozialisation von Jugendlichen). Gebiete mit theoretischem und methodischem Schwerpunkt sind auf die Verbindung mit Anwendungsfeldern, Funktionsbereichen und Untersuchungsaspekten angewiesen (z. B. Tiefenpsychologie der menschlichen Erziehung und Entwicklung, mathematische Modelle in der Sozialpsychologie).

Am Anfang der Psychologie steht keine Systematik, aus der sich die Berechtigung einzelner Teilgebiete herleiten läßt. Wer einem neuen Teilgebiet Anerkennung verschaffen will, muß sich auf einschlägige, in sich geschlossene Forschungsleistungen berufen. Die Anerkennung als Teilgebiet der Psychologie richtet sich so vor allem nach *vier Kriterien*. Diese Kriterien sind:

- die Entwicklung einer eigenen Literaturtradition (insbesondere einschlägiger Lehrbücher und Zeitschriften),
- die Organisation eigener wissenschaftlicher Tagungen (Kongresse, Symposien),
- die Bildung wissenschaftlicher Vereinigungen zur Förderung des Gebiets (z. B. Fachgruppen in der Deutschen Gesellschaft für Psychologie, Sektionen im Berufsverband Deutscher Psychologen),
- wohl als höchste Stufe der Anerkennung – die Aufnahme in den Katalog der (akademisch und staatlich zu genehmigenden) Ausbildungs- und Prüfungsfächer der Universitäten.

Die Vielfalt von Teilgebieten in der Psychologie ist verwirrend, ja sogar ärgerlich, sofern man in ihr keine übersichtliche Ordnung und keine durchweg klaren Abgrenzungen erkennt. Darüber hinaus wirkt sie gefährlich, weil aus der Gebietsteilung Konkurrenzen und Konflikte erwachsen und leicht als Spaltung endet, was als Grenzziehung begonnen hat. In dieser Situation fällt der A.P. mehr als jeder anderen psychologischen Disziplin die Aufgabe zu, die Gemeinsamkeiten in der Vielfalt zu pflegen, den Zusammenhalt der psychologischen Teilgebiete zu bewahren und letztlich die Einheit des Faches Psychologie zu sichern.

2 Grenzziehungen: Allgemeine Psychologie und ihr Verhältnis zur Persönlichkeits-, Entwicklungs- und Sozialpsychologie sowie zur Angewandten Psychologie

Als Thema hat die A.P. die invarianten psychischen Erscheinungen; sie wird damit zur Psychologie des „Allgemeinmenschlich-Gleichen" (Beneke, 1845, VI). Die Thematik der Variation psychischer Erscheinungen in Abhängigkeit von der Persönlichkeit, ihrer Geschichte und ihrer sozialen Umgebung übernehmen die Differentielle (Persönlichkeits-)Psychologie, die Entwicklungs- und Sozialpsychologie. Die A.P. versteht sich als *Grundlagenfach* und überläßt die Umsetzung psychologischer Erkenntnis in die Praxis der Angewandten Psychologie.

Die Trennung einer Allgemeinen Seelenlehre (psychologia generalis) von einer Besonderen Seelenlehre (psychologia specialis) reicht bis ins 18. Jahrhundert zurück (Scheerer, im Druck). Nach Carl Christian Erhard Schmid (1796, 26) behandelt die Allgemeine Seelenlehre „diejenigen Merkmahle und Naturgesetze des menschlichen Geistes . . ., die allen Individuen des Menschengeschlechtes immer und ohne Ausnahme zukommen", die besondere Seelenlehre dagegen „die Verschiedenheiten, wodurch sich einzelne Menschenklassen unterscheiden". Als Alternative zur

Bezeichnung „Generelle Psychologie" findet sich bei Friedrich August Carus (1823) der Name „Universalpsychologie", der sich aber offensichtlich nicht durchsetzen konnte.

Das 20. Jahrhundert hat noch kaum begonnen, als William Stern, später Professor für Philosophie und Psychologie in Breslau und Hamburg, die Begriffe „Generelle Psychologie" und „Spezielle Psychologie" erneut aufgreift und mit nachhaltiger Wirkung präzisiert. Stern schlägt die Begründung einer *Differentiellen Psychologie* vor, deren Gegenstand die Individualität sein soll, die „unendliche ... Mannigfaltigkeit, in der sich seelisches Sein und Leben bei verschiedenen Individuen, Völkern, Ständen, Geschlechtern u.s.w. darstellt" (Stern, 1900, 2 f.). Eine solche Differentielle Psychologie brauche freilich eine Grundlage, Erkenntnisse zu „den letzten Elementen, aus denen sich alles psychische Leben aufbaut, den allgemeinen Gesetzen, nach welchen sich die Seelenphänomene vollziehen" (Stern, 1900, 3). Die letztere – nach Stern ältere und zu seiner Zeit vorherrschende – Problemstellung nennt er „generell"; der ihr gewidmeten Disziplin ordnet er den Namen *„Generelle Psychologie"* zu.

Nach der gleichen Logik lassen sich die Entwicklungs- und Sozialpsychologie sowie die Angewandte Psychologie als spezielle Disziplinen von einer als generell bestimmten Psychologie abheben. Bereits im Jahre 1912 liest man im „Lehrbuch der allgemeinen Psychologie" des Münsteraner Philosophieprofessors Joseph Geyser, der übrigens durchweg das Wort „generell" durch „allgemein" ersetzt, die A.P. sei „die wissenschaftliche Darstellung des normalen, zur vollen Entwicklung herangereiften Seelenlebens" (Geyser, 1912, 16). Hier wird die A.P. nicht nur von der Differentiellen Psychologie (einschließlich der Psychopathologie) abgesetzt, sondern auch von der *Entwicklungspsychologie*; zugleich erklärt Geyser die *Angewandte Psychologie* ebenfalls zu einer von der A.P. zu trennenden „Sonderpsychologie".

Die von Geyser als eigene Teildisziplin ausgegliederte Entwicklungspsychologie sowie die Angewandte Psychologie befinden zur gleichen Zeit im Aufbruch in die Moderne. Die Entwicklungspsychologie setzt ihren schon früher begonnenen Weg mit einem Schwerpunkt in der Erforschung der Kindheit fort (Koffka, 1921). Für eine eigene Angewandte Psychologie tritt Hugo Münsterberg ein, Professor an der amerikanischen Harvard Universität und zeitweilig als Gastprofessor in Berlin tätig. Er unterscheidet gleich zwei Ausrichtungen der Angewandten Psychologie: die angewandte Psychologie als eine *historische* Disziplin, dazu „berufen, den Individualvorgang in den führenden Staatsmännern oder Helden, Dichtern oder Künstlern, Denkern oder Erfindern zu erklären" (Münsterberg, 1914, 2), und als eine – von Münsterberg *Psychotechnik* genannte – konstruktive Disziplin, die „vorwärtsblickend das praktische Leben im Dienste der Kulturaufgaben gestalten" (Münsterberg, 1914, 6) will. Einer eigenständigen *Sozialpsychologie* verhilft William McDougall, damals Philosophieprofessor an der Universität Oxford, mit einem Buch aus dem Jahre 1908 zum Durchbruch; als ihren Gegenstand bestimmt er die „Moralisierung und Sozialisierung des Individuums" (McDougall, 1928, 15).

Somit waren bereits zu Beginn dieses Jahrhunderts die Argumente ausgereift, welche der A.P. die Rolle einer Lehre vom erwachsenen, persönlich und sozial unauffälligen Menschen zuweisen und sie der Grundlagenforschung verpflichten. Die Forderung nach *Abstraktion* bzw. *Neutralität* gegenüber Untersuchungs- und Anwendungsaspekten betrifft zwei der fünf eingangs aufgezählten Merkmale für die Trennung psychologischer Teilgebiete. Tendenzen zur Aufteilung nach den drei verbleibenden Merkmalen hat die A.P. bisher widerstanden; sie bleibt sowohl offen gegenüber der Vielfalt psychischer Funktionsbereiche als auch gegenüber allen der psychologischen Grundlagenforschung zugewandten Methoden und Theorien.

Es sei nicht verschwiegen, daß die Abtrennung der Persönlichkeits-, Entwicklungs- und Sozialpsychologie sowie der Angewandten Psychologie von der A.P. sich oft unter Schmerzen vollzieht, auf Widerstand stößt und manchmal ganz mißlingt. Zwei Fragen stechen in der Diskussion hervor: Erstens, kann die A.P. überhaupt bestehen, abgeschnitten von der Betrachtung der Individualität und der lebenslangen Entwicklung, ohne Einbeziehung der sozialen Beziehungen und der Besonderheiten einzelner Anwendungsfelder? Zweitens, beraubt man nicht alle anderen Fächer ihrer wissenschaftlichen Tiefe, wenn man übergreifende und grundlegende Probleme zur zentralen Behandlung der A.P. zuweist? So läßt sich nach Gordon W. Allport (1937/1949) jeder Mensch nur als ein einzigartiges Individuum begreifen. Vonseiten der Entwicklungspsychologie warnt Heinz Werner (1953, 3): „... um die Einheit des Individuums ... in der Theorie zu erhalten, bedarf es des Entwicklungsgedankens. Man mag so viele Querschnitte in einer geistigen Entwicklung legen, wie man will ...: alle diese Querschnitte müssen mit Rücksicht auf den vorhergehenden und nachfolgenden Bestand erfaßt werden; sie allein, als Querschnitte ohne Bezug, sind sinnlos, sind Auflösung, sind Zerfall in ein geschichtlich-zeitliches Nacheinander ..." Die Anerkennung eines vereinheitlichenden Entwicklungsprinzips fordert auch Holzkamp (1973), betont jedoch dessen *sozialen Charakter*. Individuelle Funktionen seien „in dem Maße auch resultativer Ausdruck gesellschaftlich-historischer Gewordenheit, wie Struktureigentümlichkeiten der bestehenden Gesellschaftsformation ... im individualgeschichtlichen Entwicklungsprozeß als gesellschaftlich-historische Erfahrung angeeignet worden sind" (Holzkamp, 1973, 54). In der Forschung den Zusammenhang psychischer Phänomene mit den Lebenssituationen zu wahren, in denen sie auftreten, und dadurch die nutzbringende Anwendung ihrer Ergebnisse zu fördern, ist eine weitere Mahnung; Psychologie solle unter *ökologischen Perspektiven* betrieben werden (Graumann, 1978).

Als 1941 in Deutschland das Diplom für Psychologen eingeführt wird, wird in der Prüfungsordnung die A.P. als Fach des Grundstudiums verankert (Kroh, 1941/42). Spätere Reformen des Psychologiestudiums in der Bundesrepublik Deutschland (Hoyos/Tack, 1970; Studienreformkommission Psychologie, 1985), in der Deutschen Demokratischen Republik und in Österreich haben die A.P. als Prüfungsfach bestätigt, ja sogar teilweise deren Gewicht verdoppelt.

3 Allgemeine Psychologie im ersten Sinne: die Lehre von den grundlegenden psychischen Funktionen

Als einen der Gegenstände der A.P. bestimmt Stern (1950) das Seelenleben. Darunter versteht er die Gesamtheit der seelischen Funktionen in ihrer Interaktion mit der Umwelt. Zu den seelischen Funktionen zählt Stern die Sinnesempfindung sowie die Raum- und Objektwahrnehmung, das Gedächtnis, das Lernen, das Denken und die Phantasie, Gefühl, Wille und Handlung. Derartige Themenkataloge gehörten schon vorher zum Grundbestand psychologischer Lehrbücher (Beneke, 1845; Volkmann, 1884; Höffding, 1893). Auch neuere repräsentative Gegenstandsbestimmungen der A.P. weichen nicht sonderlich davon ab. So nennt etwa die Studienreformkommission Psychologie (1985, 14) als *Themenbereiche* der A.P.: Wahrnehmung, Bewußtsein, Denken, Urteilen, Kognition, Informationsverarbeitung, Sprache, Handeln, Entscheidung, Sensumotorik, Emotion, Motivation, Lernen, Gedächtnis, Wissen. Das ist eine bunte Reihe sich teilweise überlappender Begriffe, die wohl noch einiger Erläuterungen bedarf. Sieht man von der modernen Terminologie ab, so wird man als Veränderung gegenüber älteren Themenkatalogen im wesentlichen nur die Einbeziehung der Sprache feststellen können.

Welche *psychischen Funktionen* ein Mensch in sich vereinigt und wie man diese Funktionen wissenschaftlich angemessen definiert, ist eine Frage, deren Beantwortung eine psychologische Theorie voraussetzt; sie fällt je nach zugrunde gelegter Theorie verschieden aus. Eine Aufzählung mit großer theoretischer Spannbreite ist die folgende (für einen ausführlicheren Überblick und weiterführende Literatur s. Schönpflug/Schönpflug, 1983):

- *Empfindung, Wahrnehmung:* Menschen besitzen ein Bild von ihrer Umgebung (Weltbild) und ein Bild von ihrer eigenen Person (Selbstbild). Abbildungen erstehen im Bewußtsein und wohl auch in einem neuronalen, unbewußt bleibenden Medium im Inneren des Menschen. Die Abbildung nimmt ihren Ausgang von einzelnen Sinnesempfindungen (u. a. Geruch, Geschmack) und wird am Ende zu räumlich und zeitlich gegliederten Wahrnehmungen (z. B. Landschaften, Melodien) organisiert. Empfindungen und Wahrnehmungen sind auf eine realitätsgetreue Wiedergabe ausgerichtet, können diese jedoch verfehlen und zu Täuschungen werden.
- *Vorstellung:* Dem Menschen ist es offenbar gegeben, in seinem Bewußtsein und möglicherweise auch in neuronalen, unbewußt bleibenden Medien Abbildungen seiner Umgebung und seiner Person herzustellen, die über seine Wahrnehmungen hinausgehen. Derartige Vorstellungen treten in Wach- und Traumphantasien in Erscheinung. Die Vorstellung möglicher Welten gestattet insbesondere eine gedankliche Vorwegnahme der Zukunft.
- *Schlußfolgerndes Denken:* Lücken in Empfindungen und Wahrnehmungen (z. B. bei verdeckter Sicht) und ihre Widersprüche (z. B. zwischen dem Gesichtsausdruck und sprachlichen Beteuerungen) können durch Schlußfolgerungen überwunden werden. Das schlußfolgernde Denken dient somit zum einen der Vervollständigung und Absicherung von inneren Abbildern. Schlußfolgerungen vermögen weiterhin, zukünftige Entwicklungen begründet vorwegzunehmen (z. B. beim Erkennen von Gefahren).
- *Bedürfnisse, Motive:* Menschen haben körperliche, geistige und soziale Bedürfnisse (z. B. Hunger, Neugier, Machttrieb). Bedürfnisse

werden zu Motiven, d. h. zu Beweggründen, die alle anderen Funktionen wie Wahrnehmung, Denken und Handeln in Gang zu setzen vermögen. Sie lenken das Erkenntnisinteresse (z. B. die Aufmerksamkeit während der Beobachtung), die Vorstellung (z. B. in Wunschträumen) und die Handlungen (z. B. den Fortgang einer Arbeit). Zu fragen bleibt u. a., wie die Bedürfnisse des Menschen angeregt werden (z. B. führt Frustration zu Aggression?) und wie sie sich befriedigen lassen (z. B. kann die Kunst einen Sexualpartner ersetzen?)

- *Gefühle:* Wahrnehmungs- und Vorstellungsbilder werden – wenn nicht regelmäßig so doch wenigstens häufig – einer Bewertung unterzogen. Als gut schneidet dabei das Wunsch- und Erwartungsgemäße ab, als schlecht das Unerwünschte und Erwartungswidrige. Ausdruck dieser Bewertung, aber auch des mit einer Bewertung verbundenen Strebens und Widerstrebens, dürften die Gefühle sein.
- *Problemlösen:* Gilt es, einen gegenwärtigen Zustand zu verbessern oder drohende Gefahren abzuwenden, so treten oft Schwierigkeiten und Hindernisse auf. Zum Erkennen dieser Schwierigkeiten und Hindernisse bedarf es einer Problemanalyse. Auf der Grundlage der Ergebnisse einer Problemanalyse lassen sich Problemlösungen entwerfen. Das Problemlösen ist – unbeschadet der Möglichkeit des praktischen Probierens – eine geistige Leistung und wird daher mit dem Schlußfolgern, von dem es nicht selten Gebrauch macht, den Denkprozessen zugerechnet.
- *Handeln, Sensumotorik:* Praktisches Handeln setzt Alternativvorstellungen in die Wirklichkeit um. Angesichts größerer Schwierigkeiten und Hindernisse schließt Handeln Problemlösen ein; in Standardsituationen kann Handeln eingeübten oder möglicherweise sogar angeborenen Routinen folgen. Die Ausführung einer Handlung umfaßt die simultane und sukzessive Steuerung verschiedener Bewegungseinheiten (z. B. neben- und nacheinander auszuführende Arm- und Beinbewegungen); sie beruht auf Wahrnehmungen der jeweiligen Situation, der sich die Handlung anpaßt (z. B. Wahrnehmung von Signallichtern im Straßenverkehr, Wahrnehmung von Bodenwellen beim Skifahren). Hinzu tritt die Kontrolle des richtigen Handlungsablaufs; diese kann über innere Rückmeldungen (z. B. über Muskelempfindungen) oder über äußere Rückmeldungen (z. B. durch Beobachtung eines erzeugten Produkts) erfolgen. Das Zusammenspiel von Wahrnehmungen bzw. von Sinnesempfindungen einerseits und Körperbewegungen andererseits wird als Sensumotorik bezeichnet.
- *Gedächtnis, Lernen:* Wahrnehmungen und Vorstellungen der Welt, einschließlich der eigenen Person, ihrer Denkabläufe und ihrer Handlungen, werden im Gedächtnis festgehalten. Von dort sind sie bei Bedarf abzurufen. Sowohl das Einprägen in das Gedächtnis als auch das Erinnern kann mißlingen. Trotzdem bildet das Gedächtnis eine wirkungsvolle Funktion zur Vermehrung des Wissens, zur Verbesserung von Handlungen und zur Erhöhung der sensumotorischen Geschicklichkeit. Die Zunahme von Wissen und Können als Folge der Übung und Einsicht nennt man Lernen.
- *Sprache, Ausdruck:* Wahrnehmungen, Vorstellungen und Erinnerungen – darunter auch solche, die Bedürfnisse, Gefühle und Handlungsabsichten zum Inhalt haben – können zum Ausdruck gebracht und so anderen Menschen mitgeteilt werden. Zur Mitteilung dienen zum einen die auf der Verwendung von Worten beruhenden Sprachen (vor allem Regionalsprachen wie z. B. das Hochdeutsche), zum anderen der sonstige körperliche Ausdruck (z. B. Mimik, Gestik) sowie die sonstige Darstellung von Symbolen (z. B. in der Kunst, bei der Wahl der Kleidung). Die Mitteilung kann der Wahrheit entsprechen oder sie verfehlen, sie kann ehrlich gemeint oder auf Täuschung bedacht sein.

Die Erforschung psychischer Funktionen vollzieht sich als Strukturanalyse und als Bedingungsanalyse. In ihrem Anspruch nach grundsätzlicher Klärung sucht die Allgemeine Psychologie als ihren Beitrag zur *Strukturanalyse* die notwendigen und hinreichenden Merkmale zur Beschreibung psychischer Erscheinungen zu ermitteln, als ihren Beitrag zur Bedingungsanalyse die notwendigen und hinreichenden Bedingungen für das Auftreten dieser Erscheinungen. So schafft die Strukturanalyse Beschreibungen von Erlebnissen (z. B. über die Beschaffenheit von Gefühlen), von Verhaltensabläufen (z. B. dem Vorgehen beim Problemlösen), von Leistungen (z. B. den Aufbau von Erzählungen) sowie von inneren Mechanismen, welche zur Erzeugung psychischer Funktionen imstande sind (z. B. Gedächtnismodelle). Die allgemeinpsychologische *Bedingungsanalyse* klärt vor allem die situativen und motivationalen Voraussetzungen für und Einflüsse auf psychische Phänomene (z. B. die minimale Lautstärke für das Hören eines Tons, der Einfluß der Belohnung auf das Lernen, Selbstverantwortung als Voraussetzung für das Entstehen von Schuldgefühlen, der Einfluß der Angst auf die Aufmerksamkeit).

Die der Bedingungsanalyse verpflichtete Methode des Experimentierens hat in der A.P. so starken Anklang gefunden, daß nicht selten A.P. und *Experimentelle Psychologie* in einem Atemzug genannt werden. Dies hängt mit der im vergangenen Jahrhundert begonnenen Zuwendung gerade der A.P. zu den Naturwissenschaften zusammen. Als Vorbild unter den Naturwissenschaften dient – neben der Physik – die Physiologie. So erscheinen allgemeinpsychologische Abhandlungen auf empirischer Grundlage zeitweilig unter der Bezeichnung „Physiologische Psychologie" (Wundt, 1873), und zur bevorzugten Methode der Erfahrungsbildung wird das Laborexperiment.

In Deutschland organisierten sich die akademischen Vertreter der naturwissenschaftlich orientierten Psychologie in der 1904 gegründeten Deutschen Gesellschaft für Experimentelle Psychologie. Im Jahre 1929 wurde sie in „Deutsche Gesellschaft für Psychologie" umbenannt; doch haben Vertreter der Allgemeinen und Experimentellen Psychologie in der Vereinigung weiterhin starken Einfluß. International gilt die A.P. ebenfalls vorwiegend als eine Funktionenlehre mit experimenteller Methodik. Das bisher umfangreichste Handbuch für Psychologie sieht drei Bände für die A.P. vor (Bergius, 1964; Thomae, 1965; Metzger/Erke, 1966), und alle sind sie ausschließlich der Funktionenlehre gewidmet. Mit dem genannten Handbuch beginnt in den sechziger Jahren auch die Konvention, die A.P. in zwei Abschnitte I und II zu teilen. Der Teil I enthält Themen zum Erkennen, der Kognition, für den Teil II verbleiben dann die Themen des Verhaltens und seiner Motivation. Diese Einteilung ist in den nachfolgenden Reformen der Studien- und Prüfungsordnungen festgeschrieben worden (Hoyos/Tack, 1970; Studienreformkommission Psychologie, 1985). Dabei wirft die Trennung der Kognition von Motivation und Verhalten erhebliche Probleme auf, denn die meisten psychischen Phänomene (wie z. B. Gefühle) enthalten gleichzeitig kognitive wie motivationale Komponenten. So wollen selbst ihre Initiatoren die Zweiteilung nur aus organisatorischen Gründen, nämlich zur besseren Verteilung des Lehr- und Prüfungsstoffes gelten lassen.

4 Allgemeine Psychologie im zweiten Sinne: Theoretische Psychologie

Das Streben nach allgemein gültigen Aussagen führt die A.P. zu mindestens drei Arten von theoretischen Problemen; stellt sie sich ihnen, so wird sie darüber zu einer Theoretischen Psychologie. Es sind dies:

- *Grundfragen psychologischen Denkens:* das Leib-Seele-Problem, das Person-Umwelt-Problem, das Problem des Unbewußten, das Problem der Willensfreiheit – um nur die wohl am heftigsten diskutierten zu nennen.
- *Grundlegende theoretische Ansätze* in der Psychologie: die Psychoanalyse, der Behaviorismus, die Gestalttheorie – um drei historisch bedeutsame Beispiele aufzuführen.
- Die *Systematik* der Psychologie: ihre Abgrenzung im interdisziplinären Verbund (z. B. Unterschiede und Gemeinsamkeiten zwischen Psychologie und Physiologie) sowie ihre intradisziplinäre Gliederung (z. B. das Verhältnis von Entwicklungs- und Sozialpsychologie).

Auseinandersetzungen mit diesen Fragen führen in zwei Gebiete, die zur Erweiterung der Theoretischen Psychologie geeignet sind:

- *Wissenschaftstheoretische Grundlagen der psychologischen Erkenntnisgewinnung:* Dazu gehört die Aufstellung und Anwendung von Kriterien und Regeln zur Bewertung abgeschlossener Forschungsleistungen sowie zur Entwicklung von Strategien für zukünftige Forschungen.
- *Die Geschichte der psychologischen Forschung:* Die Entwicklung von Begriffen und Theorien, von Problemen, Methoden und Befunden über Regionen und Epochen hinweg.

Grundfragen psychologischen Denkens zählt auch Stern zu den Inhalten der A.P.; im Gegensatz zu den Theorien über einzelne psychische Funktionen, die das Seelenleben ausmachen (s. o.), beziehen diese sich – so Stern (1950, 6) ausdrücklich – auf das *Seelenwesen*. Aussagen über das Wesen der Seele wurzeln in prinzipiellen Überzeugungen, und diese entziehen sich der empirischen Überprüfung. (So läßt sich z. B. nicht empirisch feststellen, ob ein Mensch zu einem bestimmten Zeitpunkt hätte anders handeln können, als er gerade gehandelt hat; die Beobachtung des tatsächlichen Handelns verschafft daher keine zusätzliche Gewißheit bezüglich der menschlichen Willensfreiheit.) Daher bleibe in der Betrachtung des Seelenwesens die Psychologie der *Metaphysik* verbunden, einer Grunddisziplin der Philosophie, von der sich die Psychologie andererseits durch Zuwendung zur naturwissenschaftlichen Methode der Erfahrungsbildung lösen wollte. Stern glaubt, je nach Fragestellung bedürfe die A.P. sowohl der metaphysischen Reflexion als auch der Beobachtung und schlägt vor, innerhalb der A.P. neben einer empirischen Richtung (zur Untersuchung des „Seelenlebens") eine metaphysische Richtung (zum Studium des „Seelenwesens") zu verankern. Dabei beruft er sich auf den Philosophen,

Mathematiker und Juristen Christian Wolf(f), der in zwei Werken aus den Jahren 1738 und 1740 bereits eine „rationale“ von einer „empirischen“ Psychologie unterschieden hatte. Im übrigen findet man das Begriffspaar „Seelenleben“ und „Seelenwesen“ bereits vor Stern in der psychologischen Literatur (Lotze, 1852).

Die Verankerung gerade der A.P. in der Metaphysik bietet reichlich Zündstoff für die Diskussion, an der sich nach Wolf(f) zahlreiche und prominente Vertreter der Philosophie beteiligen (s. wieder Scheerer, im Druck). Im 19. Jahrhundert wächst das Bestreben nach Unabhängigkeit von der Philosophie und ihrer Subjektivität. So beklagt Beneke an der ursprünglich engen Beziehung zwischen Psychologie und Metaphysik, die erstere werde „fortwährend in die Streitfragen und Gegensätze dieser letzteren hineingezogen“; die Psychologie könne „sich nur sehr mühsam und allmählich zu einer selbständigen Bearbeitung rein auf der Grundlage des ihr eigentlichen Erfahrungskreises hervorarbeiten“ (Beneke, 1845, 5).

Zum anderen wird die Frage aufgeworfen, ob die A.P. überhaupt empirisch zu begründen sei. Diese Frage kann man nur verstehen, wenn man die philosophischen Auseinandersetzungen über die Begriffe des Allgemeinen und des Besonderen kennt. Einen maßgebenden Standpunkt bildet dabei Kants (1707/1911) Lehre, das Allgemeine sei dem Verstand zugeordnet, das Besondere dagegen der sinnlichen Erfahrung. Oder anders ausgedrückt: In der Beobachtung der Wirklichkeit sei nur Besonderes anzutreffen, während allgemeine Erkenntnis die erfahrene Wirklichkeit übersteige. Bezieht man die Lehre auf die A.P., so kann man zu der Schlußfolgerung gelangen: Ihr Anliegen, aus der individuellen Mannigfaltigkeit „zu abstrahieren, . . . aus dieser Mannigfaltigkeit gerade das Gemeinsame herauszudestillieren“ (Stern, 1900, 3), führt die A.P. über das Sammeln und Sichten von Beobachtungen hinaus und von den der Empirie verpflichteten Naturwissenschaften weg; dafür reiht sie sich unter die *Geisteswissenschaften* ein. Erkennt man diese Argumentation an, will sich aber gleichwohl nicht den Geisteswissenschaften anschließen, bleibt nur ein Ausweg: der Verzicht auf eine A.P. In diesem Sinne behauptet Volkmann (1884, 39), es könne „alle Psychologie nur speciell sein“, und bestreitet ausdrücklich die Möglichkeit einer „generellen“ Psychologie.

In neuerer Zeit hat sich die *Empirismus-Rationalismus-Diskussion* differenziert. Indem in der Wissenschaft ein Erfahrungsgewinn ohne ordnendes und deutendes Denken ebenso ausgeschlossen wird wie ein völlig von der Erfahrung abgelöster Denkfortschritt (Bunge, 1967), läuft die Unterscheidung von empirischen und theoretischen Ansätzen auf eine Schwerpunktbestimmung hinaus. In diesem Sinne kann man bei der Allgemeinen Psychologie durchaus zwei Schwerpunkte feststellen: einen *empirischen* Schwerpunkt zur Sammlung und methodischen Absicherung von Beobachtungen sowie einen *theoretischen* Schwerpunkt zur konzeptionellen und theoretischen Analyse. Kommt der erste Schwerpunkt stärker der oben behandelten psychologischen Funktionenlehre zugute, dient der zweite Schwerpunkt der Behandlung der oben aufgeführten Zentralthemen der Psychologie.

Die Theoretische Psychologie befaßt sich weiterhin – und durchaus im Zusammenhang mit den oben eingeführten Zentralthemen – mit der Analyse und dem Vergleich *grundlegender Erklärungsansätze*, den bedeutenden theoretischen Richtungen in der Psychologie. Die Vertreter dieser Richtungen bilden geschlossene wissenschaftliche Vereinigungen und gelangen zu Einfluß in Wissenschaft und Praxis. Ihre Lehren zeichnen sich dadurch aus, daß sie einzelne Zentralthemen herausgreifen und zu ihnen eine feste Stellung beziehen. So rückt die Psychoanalyse wie keine andere das Triebproblem in den Mittelpunkt und behauptet so entschieden wie keine andere die Wirksamkeit des Unbewußten. Der Behaviorismus konzentriert sich dagegen auf das Person-Umwelt-Problem und lehrt mit besonderer Strenge die Abhängigkeit des Verhaltens von äußeren Reizen und Belohnungen.

Die Erörterung der *Systematik* dient der Klärung des Selbstverständnisses des Faches und leistet einen Beitrag zur Begründung der Arbeitsteilung innerhalb der Psychologie sowie zwischen anthropologischen Wissenschaften.

Daß es der Psychologie zum Nutzen gereicht, wenn die *Wissenschaftstheorie* und die *Geschichtswissenschaften* sie zu ihrem Gegenstand machen, ist ernsthaft nicht zu bestreiten. Die Ergebnisse beider Disziplinen dienen der für das Fach notwendigen Selbstreflektion, die ihrerseits wieder Fortschritte in der Beurteilung alter sowie der Planung neuer Forschungen verspricht. Autoren wie Madsen (1985) gehen freilich einen entscheidenden Schritt weiter. Sie wollen sowohl die Wissenschaftstheorie als auch die Geschichtswissenschaften in den für die Psychologie wesentlichen Ausschnitten unmittelbar in der Theoretischen (und damit wohl auch in der Allgemeinen) Psychologie ansiedeln. Eine solche integrative Lösung würde mehr verlangen als eine interdisziplinäre Kooperation. Sie erfordert eine Grenzüberschreitung zur Philosophie, insbesondere zur Logik, sowie zu den Geschichtswissenschaften. Das schafft Kompetenzprobleme. Wie weit verfügt etwa ein Psychologe aufgrund seiner Ausbildung über die Kenntnis historischer Quellen und über die Methodik zur Erschließung dieser Quellen? Für die integrative Lösung spricht: Was die Wissenschaftstheorie anbelangt, so wird sie weitgehend nicht von Psychologen und nicht allein zum Gebrauch für die Psychologie entwickelt. Aber gerade deshalb bedarf es der fachkundigen Prüfung ihrer Voraussetzungen und ihrer ebenso fachkundigen Umsetzung auf jedem ihrer Anwendungsgebiete, also auch eigener wissenschaftstheoretischer Bemühungen auf dem Gebiet der Psychologie (Westmeyer, 1977). Was die Geschichte der Psychologie anbelangt, so ist die Vertrautheit mit den wissenschaftlichen Problemen eines Faches sicher eine gute Voraussetzung für die selbständige Rekonstruktion seiner Geschichte.

Die Frage nach der Kompetenz des Psychologen wird besonders kritisch, wenn man – wie Madsen (1985) – zu einem Teil der Theoretischen Psychologie auch noch die *Soziologie der Psychologie* erklärt. Gefordert wird damit die Berücksichtigung zweier zusätzlicher Problemkreise:

- Der Einfluß sozialer, d. h. auch politischer und ökonomischer Verhältnisse auf die psychologische Forschung (z. B.: Beruht die Theorie des Todestriebs, Freud, 1920/1972, auf der Erfahrung des Ersten Weltkriegs?).
- Die Entstehung und Entwicklung psychologischer Organisationen und Institutionen und deren Abhängigkeit von sozialen, d. h. auch politischen und ökonomischen Verhältnissen (z. B.: Der Ausbau von Psychologischen Instituten und die Wirtschaftslage in der Bundesrepublik Deutschland).

Eine formelle Vereinigung zur Förderung der Theoretischen Psychologie gibt es in Deutschland gegenwärtig nicht; es fehlt jedoch nicht an theorieorientierten psychologischen Veranstaltungen, insbesondere an Konferenzen zu wissenschaftstheoretischen und historischen Problemen der Psychologie. Zahlreiche Veröffentlichungen bezeugen, daß Vertreter der Psychologie weder die Begegnung mit der philosophischen Logik (Schneewind, 1977) scheuen noch Vertiefungen in die Problemgeschichte (Pongratz, 1967) und Sozialgeschichte (Jaeger/Staeuble, 1978) des Faches. Zudem gibt es eine eigene Handbuch- und Lehrbuchtradition, die sich der Darstellung und teilweise auch dem Vergleich der maßgeblichen Theorien in der Psychologie widmet. Die bekanntesten und umfangreichsten Werke aus dieser Tradition sind in den Vereinigten Staaten erschienen (vor allem Koch, 1959-1963; Marx/Hillix, 1973); doch gibt es inzwischen aus dem deutschsprachigen Bereich ebenfalls einschlägige Beiträge (Scheerer, 1983).

Der Wunsch, die theoretischen und methodischen Grundprobleme in der A.P. besonders zu berücksichtigen und dabei auch die historische Rekonstruktion nicht zu vernachlässigen, ist während der ersten Phase der Studienreform noch nicht zu vernehmen (Hoyos/Tack, 1970), inzwischen jedoch in der zweiten Phase (Studienreformkommission Psychologie, 1985, 14). Nach Einrichtung der beiden Prüfungsfächer Allgemeine Psychologie I und II besteht die Möglichkeit, einem von ihnen den Schwerpunkt „Theoretische Psychologie“ zuzuweisen. Dies ist bisher in einem Bundesland vorgesehen (Berliner Landesstudienreformkommission Psychologie, 1986).

5 Allgemeine Psychologie im dritten Sinne: eine Themensammlung aus der gesamten Psychologie

„Allgemein“ – das kann auch bedeuten: „über Besonderheiten hinweg“, „alle oder viele Einzelheiten vereinend“. In diesem Sinne wird „Allgemeine Psychologie“ als *Sammelbegriff* benutzt. Er findet sich vor allem als Titel von Büchern, die ihre Leser in das Gesamtgebiet der Psychologie einführen wollen. Zum einen sind dies Lehrbücher (in der Regel für Studienanfänger), zum anderen Lesebücher mit Auszügen aus psychologischen Schriften. In demselben Band reihen sich etwa Kapitel über Physiologische Psychologie, Differentielle Psychologie, Sozial- und Entwicklungspsychologie sowie Psychopathologie aneinander (Leuba, 1961). Funktionsbeschreibungen – etwa zur Psychologie des Denkens und der Wahrnehmung – wechseln mit Theoriedarstellungen – etwa über „Schulen“ in der Psychologie (Klein, 1936). Daß zumindest einige der Autoren und Herausgeber der Einführungsbücher zwischen der A.P. als Spezialfach und als Sammelbegriff wohl zu unterscheiden wissen, belegt das Lesebuch von Ziehen (1924). Unter dem Gesamttitel „Allgemeine Psychologie“ widmet es einen Abschnitt ausdrücklich der „Generellen Psychologie“.

Die Bezeichnung „Allgemeine Psychologie“ erscheint als Sammelbegriff ebenso irritierend wie entbehrlich, da ja schon der Begriff „Psychologie“ ohne Zusatz unbestritten das Fach in seiner gesamten Breite umfaßt. Würde daher der Begriff der A.P. in der soeben behandelten dritten Bedeutung aus dem Sprachgebrauch verschwinden und nur noch eine historische Reminiszenz bleiben, so wäre das im Interesse der sprachlichen

Klarheit und Ökonomie nur zu begrüßen. In der Tat dürfte das genannte Lesebuch von Ziehen aus dem Jahre 1924 das letzte deutschsprachige Werk sein, das den Begriff der A.P. in seinem dritten, zuletzt beschriebenen Sinne im Titel führt. In der amerikanischen Lehrbuchliteratur hat sich die Bedeutung länger erhalten (z. B. Levanway, 1972, Kimble et al., 1980). Allerdings scheint auch dort der umfassende Begriff „Psychologie" die Bezeichnung „Allgemeine Psychologie" als Sammelbegriff abzulösen (s. Gleitman, 1981; Kimble et al., 1984).

Literatur

Allport, G. W.: Persönlichkeit. Struktur, Entwicklung und Erfassung der menschlichen Eigenart. Meisenheim: Hain, 1949. (Amerikanisches Original 1937.)

Beneke, E.: Lehrbuch der Psychologie als Naturwissenschaft. (2. Aufl.) Berlin: Mittler, 1845.

Bergius, R. (Hrsg.): Handbuch der Psychologie. 1. Band. Allgemeine Psychologie. I. Der Aufbau des Erkennens. 2. Halbband. Lernen und Denken. Göttingen: Hogrefe, 1964.

Berliner Landesstudienreformkommission Psychologie: Studienreform in der Psychologie. Berlin: Senator für Wissenschaft und Forschung, 1986.

Bunge, M.: Scientific Research. 2 Bände. Berlin: Springer, 1967.

Carus, F. A.: Psychologie. (2. Aufl.) Leipzig: Barth/Kummer, 1823 (nach Scheerer, im Druck).

Freud, S.: Jenseits des Lustprinzips. Gesammelte Werke. Band 13. Frankfurt: Fischer, 1972, 3-69 (Erstausgabe 1920).

Geyser, J.: Lehrbuch der Allgemeinen Psychologie. (2. Aufl.) Münster: Schöningh, 1912.

Gleitman, H.: Psychology. New York: Norton, 1981.

Graumann, C. F. (Hrsg.): Ökologische Perspektiven in der Psychologie. Bern: Huber, 1978.

Herrmann, Th.: Die Psychologie und ihre Forschungsprogramme. Göttingen: Hogrefe, 1976.

Holzkamp, K.: Sinnliche Erkenntnis – historischer Ursprung und gesellschaftliche Funktion der Wahrnehmung. Frankfurt a.M.: Athenäum Fischer, 1973.

Höffding, H.: Psychologie in Umrissen auf Grundlage der Erfahrung. (2. Aufl.) Leipzig: Reisland, 1893.

Hoyos, C. Graf/Tack, W.: Vorschläge für eine neue Prüfungsordnung im Fach „Psychologie". Psychologische Rundschau, 21, 1970, 295-308.

Jaeger, S./Stäuble, I.: Die gesellschaftliche Genese der Psychologie. Frankfurt: Campus, 1978.

Kant, I.: Kritik der reinen Vernunft. Kant's Werke Band III (2. Aufl.). Berlin: Reimer, 1911 (Original Riga: Hartknoch, 1787).

Kimble, G. A./Garmezy, N./Zigler, E.: Principles of general psychology. (5th ed.) New York: Wiley, 1980.

Kimble, G. A./Garmezy, N./Zigler, E.: Principles of psychology (6th ed.). New York: Wiley, 1984.

Klein, D. B.: General psychology. New York: Holt, 1936.

Koch, S. (Ed.): Psychology: A study of a science. Band 1-6. New York: McGraw-Hill, 1959-1963.

Koffka, K.: Die Grundlagen der psychischen Entwicklung. Eine Einführung in die Kinderpsychologie. Osterwieck: Zickfeldt, 1921.

Kroh, O.: Ein bedeutender Fortschritt in der deutschen Psychologie. Werden und Absicht der neuen Prüfungsordnung. Zeitschrift für Psychologie, 151, 1941/42, 1-32.

Leuba, C. J.: Man: A general psychology. New York: Holt/Rinehart/Winston, 1961.

Levanway, R. W.: Advanced general psychology. Philadelphia: Davis, 1972.

Lotze, R. H.: Medicinische Psychologie oder Physiologie der Seele. Leipzig: Weidmann, 1852.

Madsen, K. B.: Psychological metatheory. In: Madsen, K. B./Mos, L. P. (Eds.): Annals of theoretical psychology. Bd. 3. New York: Plenum, 1985, 1-16.

Marx, M. H./Hillix, W. A.: Systems and theories in psychology. (2nd ed.) New York: McGraw-Hill, 1973.

McDougall, W.: Grundlagen einer Sozialpsychologie. Jena: Fischer, 1928 (Englische Erstausgabe 1908).

Metzger, W./Erke, H. (Hrsg.): Handbuch der Psychologie. 1. Band. Allgemeine Psychologie. I. Der Aufbau des Erkennens. 1. Halbband. Wahrnehmung und Bewußtsein. Göttingen: Hogrefe, 1966.

Münsterberg, H.: Grundzüge der Psychotechnik. Leipzig: Barth, 1914.

Pongratz, L. J.: Problemgeschichte der Psychologie. Bern: Francke, 1967.

Scheerer, E.: Theorien der Psychologie. Band 6. Die Verhaltensanalyse. Berlin: Springer, 1983.

Scheerer, E.: Psychologie. In: Ritter, J./Gründer, K. (Hrsg.): Historisches Wörterbuch der Philosophie. Band 7. Basel: Schwabe, im Druck.

Schmid, C. C. E.: Empirische Psychologie. Erster Theil: Einleitung zur Psychologie überhaupt und Generelle empirische Psychologie. (2. Aufl.). Jena: Cröker 1796 (nach Scheerer, im Druck).

Schneewind, K. A. (Hrsg.): Wissenschaftstheoretische Grundlagen der Psychologie. München: Reinhardt, 1977.

Schönpflug, W./Schönpflug, U.: Psychologie. Allgemeine Psychologie und ihre Verzweigungen in die Persönlichkeits-, Entwicklungs- und Sozialpsychologie. München: Urban & Schwarzenberg, 1983.

Stern, W.: Über Psychologie der individuellen Differenzen. Leipzig: Barth, 1900.

Stern, W.: Allgemeine Psychologie. Den Haag: Nijhof, 1934/1950.

Studienreformkommission Psychologie: Empfehlungen der Studienreformkommission Psychologie. Bonn: Sekretariat der Kultusministerkonferenz, 1985.

Thomae, H. (Hrsg.): Handbuch der Psychologie. 2. Band. Allgemeine Psychologie. II. Motivation. Göttingen: Hogrefe, 1965.

Volkmann, W. Ritter von Volkmar: Lehrbuch der Psychologie vom Standpunkte des Realismus und nach genetischer Methode. (3. Aufl.) Cöthen: Schultze, 1875/1884.

Werner, H.: Einführung in die Entwicklungspsychologie. (3. Aufl.) München: Barth, 1953.

Westmeyer, H.: Psychologie und Wissenschaftstheorie: Einige Überlegungen aus analytischer Sicht. In: Schneewind, K. A. (Hrsg.): Wissenschaftstheoretische Grundlagen der Psychologie. München: Reinhardt, 1977, 71-92.

Wolf(f), Ch.: Psychologia empirica. Gesammelte Werke II. Abt. Band 5. Hildesheim: Olms, 1968 (Original Frankfurt: Renger, 1738).

Wolf(f), Ch.: Psychologia rationalis. Gesammelte Werke II. Abt. Band 6. Hildesheim: Olms (Original Frankfurt: Renger, 1740).

Wundt, W.: Grundzüge der Physiologischen Psychologie. Leipzig: Engelmann, 1873.

Ziehen, Th.: Allgemeine Psychologie. (2. Aufl.) Berlin: Heise, 1924.

Alltagspsychologie

Heiner Legewie

1 Was heißt Alltagspsychologie?

Die meisten psychologischen Richtungen erheben den Anspruch, daß ihre Erkenntnisse alltagsrelevant sind. Wozu dann noch eine eigene A.? Georges Politzer hat in seiner 1929 erschienenen „Kritik der Klassischen Psychologie" das Anliegen der A. durch einen Vergleich auf den Punkt gebracht:

„Wir können uns in den Berichten, die von der Psychologie gegeben worden sind, nicht wiederfinden, denn es sind keine Berichte über menschliche Ereignisse. ‚Ich bin heute morgen früh aufgestanden, um einen Spaziergang im Wald zu machen. Ich habe den Feldhüter getroffen, der mir gesagt hat: Der Wald von Vincennes hat seit drei Jahren ein erheblich anderes Aussehen angenommen. Bald wird es wie mitten in Paris sein.' Jeder kann sich mit diesem Bericht identifizieren. Aber die Berichte der *Psychologie* sind keine *Geschichten von Personen*, sondern *Geschichten von Dingen*. ‚Eine Vorstellung hat sich gestern in Kontiguität mit einer anderen Vorstellung befunden. Sie ist heute ins Bewußtsein zurückgekommen und hat die andere mit sich gebracht.' Niemand kann sich mit der Szene, die hier gespielt worden ist, identifizieren: Die Begriffe des Berichts haben keinerlei *menschliche* Bedeutung mehr." (Politzer, 1974, 32 f.).

Politzer fordert die Entwicklung einer konkreten Psychologie, deren Gegenstand nicht psychische Prozesse, sondern die kleinen und großen „Dramen" des Alltags sind. Für eine so verstandene A. gibt es seit Wundts Völkerpsychologie und Freuds Psychopathologie des Alltagslebens zwar zahlreiche Ansätze, aber keine Gesamtkonzeption.

Alltag – das ist auf der einen Seite das unmittelbar Vertraute, der von pragmatischen Motiven geprägte Handlungsraum, im besten Fall Ort der Geborgenheit und des humanen Zusammenlebens, auf der anderen Seite der „graue Alltag", Routine, Wiederkehr des ewig Gleichen, Anpassung an die Zumutungen von alltäglicher Herzlosigkeit, Gewalt, Unterdrückung und Ausbeutung (Thiersch, 1987). Die A. sollte sich den Brüchen und Widersprüchen ihres Gegenstandes stellen, sollte durch Entschleierung der formierten Alltagsroutine zur „Humanisierung des Alltagslebens" beitragen.

Das *Programm* der A. läßt sich in einer Reihe von Forderungen formulieren:

1. Erforschung von Alltagssituationen im Gegensatz zu Laborsituationen (z. B. in der Ökopsychologie: Bronfenbrenner, 1981).
2. Erforschung des alltäglichen Erlebens und Handelns in seiner ganzen Komplexität (z. B. Psychoanalyse, Gruppendynamik).
3. Erforschung der „Alltagstheorien", die Menschen ihrem eigenen Handeln zugrunde legen (Groeben/Scheele, 1977).
4. Benutzen von Methoden, die dem alltäglichen Handeln entstammen (z. B. Feldforschung, teilnehmende Beobachtung, ethnographisches Gespräch, offenes Interview: Gerdes, 1979; Jüttemann, 1985).
5. Methodische Reflexion des Forschereinflusses auf seinen Gegenstand als eigene Erkenntnisquelle (z. B. in der Ethnopsychoanalyse: Devereux, 1973).
6. Selbstanwendung der A. als Beitrag zur Humanisierung des Alltagslebens.

Ich will im folgenden versuchen, drei einander ergänzende Theoriestränge zur Begründung der A. zusammenzubringen.

2 Phänomenologie der Lebenswelt

Der Begriff „Lebenswelt" geht zurück auf den Philosophen Edmund Husserl (1859-1938). In seinem Spätwerk über die „Krise der Europäischen Wissenschaften" (Husserl, 1986) beschreibt er die Lebenswelt als selbstverständlichen, unbefragten Boden sowohl des alltäglichen Denkens und Handelns wie des philosophischen und wissenschaftlichen Theoretisierens. Die Analyse der Lebenswelt ist deshalb für eine radikale Grundlegung des wissenschaftlichen Denkens unabdingbar. Dazu benutzt Husserl eine Form der systematischen Introspektion, die von ihm entwickelte *phänomenologische Methode*.

Alfred Schütz (1899-1959) hat die phänomenologische Lebensweltanalyse für eine methodologische Grundlegung der Sozialwissenschaften nutzbar gemacht (Eberle, 1984). Ihre Bedeutung für die Methodendiskussion in der Psychologie ist bis heute kaum rezipiert worden.

Schütz beschreibt die Lebenswelt aus der Sicht des handelnden und leidenden Ich, das in regelmäßiger Wiederkehr an der Lebenswelt teilnimmt. Sie ist der Wirklichkeitsbereich, den ich handelnd durch Vermittlung meines Leibes verändern kann, der aber zugleich durch seine Gegebenheiten meine Handlungsmöglichkeiten beschränkt. Ich wurde in die Lebenswelt hineingeboren und weiß, daß sie vor mir bestand und nach mir bestehen wird. Im Laufe meiner Sozialisation erwerbe ich einen *Wissensvorrat* all der Selbstverständlichkeiten, die mir die aktive Teilnahme an der Lebenswelt ermöglichen.

Zu diesen Selbstverständlichkeiten gehört das Wissen um die eigene Person und um das Bestehen einer unabhängig von mir bestehenden Außenwelt, das Wissen um deren räumliche, zeitliche und soziale Gliederung, die als selbstverständlich angenommene Existenz anderer Menschen, die wie ich mit Bewußtsein begabt sind, die die Welt in ihren wesentlichen Aspekten wie ich sehen und die wie ich handelnd in die Welt eingreifen, um ihre den meinen grundsätzlich ähnliche Ziele zu verfolgen. (Schütz/Luckmann, 1979; 1984)

Ein besonders wichtiger Beitrag ist die Analyse der subjektiven Sinngebung (Schütz, 1974). Im spontanen Hinleben des Bewußtseinsstromes hat mein Erleben noch keinen Sinn. Erst wenn ich mich diesem Erleben in reflexiver Einstellung zuwende, lassen sich daraus vergangene oder künftige Erfahrungen ausgrenzen. Eine neue Erfahrung erhält ihren subjektiven Sinn, indem sie aus gegenwärtiger Sicht in die *Schemata der Erfahrung* oder *Deutungsmuster* des Subjekts eingeordnet wird. Diese Einordnung kann sich ebenso auf Einzelerfahrungen wie auf das gesamte Leben beziehen. Die Schemata der Erfahrung, z. B. auch darüber, was als „sinnvolles Leben" angesehen wird, sind auf der einen Seite gesellschaftlich vermittelt, auf der anderen Seite abhängig von der Biographie des einzelnen. Für die biographische Prägung der Sinnkonstruktion verweist Schütz auf den im Laufe des Lebens erworbenen *Wissensvorrat* und auf die *Relevanzsysteme*, die das Interesse am alltäglichen Handeln leiten. Diese Relevanzsysteme werden letztlich bestimmt von der Grunderfahrung der eigenen Sterblichkeit und damit der Endlichkeit aller Pläne und Handlungen.

Aus der Lebensweltanalyse ergibt sich für Schütz ein grundlegender Unterschied zwischen Natur- und Sozialwissenschaften: Sozialwissenschaftliche Theorien beziehen sich nicht unmittelbar auf einen Objektbereich, sondern auf die immer schon durch denkende und handelnde Menschen vorinterpretierte Lebenswelt. Es handelt sich in den Sozialwissenschaften um *Theorien über (Alltags-)Theorien*, d. h. um Theorien zweiter Ordnung.

Schütz' detaillierte Analyse der Lebenswelt ist für die A. in mehrfacher Hinsicht bedeutsam:

1. Die beschriebenen Strukturen der Lebenswelt finden sich teilweise in psychologischen Theorieansätzen wieder, z. B. in der Gestaltpsychologie, (Metzger, 1954), dem Konzept des Lebensraums (Lewin, 1963), der „Common-Sense-Psychologie" (Heider, 1977) und der „naiven Verhaltenstheorie" (Laucken, 1973). Keiner dieser Ansätze erreicht jedoch eine vergleichbare Systematik und Detailliertheit. Auf der anderen Seite liefert die kognitive Entwicklungspsychologie Piagets einen theoretischen Rahmen für die Genese der Strukturen der Lebenswelt (Piaget, 1973).
2. Die methodologischen Konsequenzen für die Psychologie lassen sich zum einen zusammenfassen als grundsätzliche Kritik am Objektivitätsanspruch einer am Exaktheitsideal des naturwissenschaftlichen Messens orientierten Psychologie (s. dazu Cicourel, 1974). Zum anderen stellt sich die Forderung, die lebensweltlichen Sinnzusammenhänge zum Gegenstand der Psychologie zu machen.
3. Innerhalb der „verstehenden Soziologie" besteht eine ausgedehnte Tradition der Feld- und Biographieforschung (Fuchs, 1984), für die Schütz die theoretischen und methodischen Grundlagen liefert. Radikalisiert wird das Programm der verstehenden Soziologie in der Ethnomethodologie, der es um die Konstruktionsregeln der alltäglichen Wirklichkeit geht (Weingarten, 1985).
4. Für die alltagspsychologische Forschung bietet die Lebensweltanalyse eine Reihe von Arbeitskonzepten, insbesondere die Klärung des subjektiven Sinnbegriffs, das Deutungsmusterkonzept und die Herausarbeitung grundlegender räumlicher, zeitlicher, sozialer und biographischer Strukturen. Ein Beispiel für die Anwendung dieser Konzepte in der empirischen Forschung liefert Kieper (1980), die mit Hilfe biographischer Interviews von Mädchen in Heimerziehung deren Deutungsmuster lebensgeschichtlich rekonstruiert hat.

Kritisch ist anzumerken, daß es den Schützschen Alltagsmenschen natürlich in der beschriebenen Form nicht gibt. Schütz geht es nicht um wirkliche Menschen, sondern um „idealtypische" Strukturen (er spricht in diesem Zusammenhang vom sozialwissenschaftlichen Homunculus). Doch indem er nur die kognitiven Strukturen der Lebenswelt beschreibt, geht er grundsätzlich in die Irre. Die andere Seite des Alltagslebens, die Widersprüche, Konflikte und Affekte, bleiben systematisch ausgespart. Der Schützsche „homo soziologicus" leidet an extremer Gefühlsarmut.

3 Die Widersprüchlichkeit des Alltagslebens

Widersprüche und Konflikte im alltäglichen Handeln sind das eigentliche Thema der Psychoanalyse. Diese Widersprüchlichkeit leitet sich für Sigmund Freud aus dem Konflikt zwischen unterschiedlichen Triebregungen und zwischen Triebregungen und sozialen Normen ab.

Freud geht es wie Schütz um die Analyse von Sinnzusammenhängen. Unter dem „Sinn" eines psychischen Vorganges versteht er „nichts anderes als die Absicht, der er dient und seine Stellung in einer psychischen Reihe" (Freud, 1969, 63). Er setzt an bei den Ungereimtheiten im alltäglichen

Erleben und Handeln, unverständlichen neurotischen Symptomen, Träumen und Fehlhandlungen. Die Grundannahme, daß jeder dieser Vorgänge einen Sinn hat (psychischer Determinismus), führt ihn zur Einführung des *Unbewußten*.

Das Entscheidende an dieser Konzeption ist nicht die Existenz unbewußter seelischer Vorgänge – das ist heute eine Selbstverständlichkeit z. B. in der Wahrnehmungs-, Denk- und Sprachpsychologie –, sondern die *Dynamik* unbewußter Gedanken, Gefühle, Phantasien und Wünsche. Dynamisch unbewußt sind solche seelischen Vorgänge oder Inhalte, deren Bewußtwerden für das Ich peinlich, bedrohlich und angstauslösend werden könnten und die deshalb durch eine starke innere Kraft, einen Widerstand, am Bewußtwerden verhindert oder aus dem Bewußtsein verdrängt wurden.

Unser bewußtes Erleben, Handeln und unsere Erinnerungen ergeben danach eine „psychische Reihe", bei der an entscheidenden Stellen einzelne Glieder fehlen, verdrängt und entstellt wurden, ohne deshalb ihren Einfluß auf unser Handeln verloren zu haben. Wenn wir den Sinn der fehlenden Glieder verstehen wollen, müssen wir vorgehen wie bei der Interpretation eines tendenziös entstellten und bereinigten Textes, etwa der beschönigten Version einer peinlichen Geschichte.

Die unbewußten Tendenzen zur Entstellung oder Verzerrung sowohl der äußeren Realität wie der eigenen Gefühle und Wünsche wurden in der Psychoanalyse systematisch untersucht und als *Abwehrmechanismen* des Ich beschrieben (A. Freud, 1959). Das Wirksamwerden der Abwehrmechanismen in der Bewältigung alltäglicher Konflikte und Ängste wurde auch von nicht analytisch orientierten Forschern vielfach bestätigt und gehört zu den gesicherten Erkenntnissen der A. (Thomae, 1968, spricht in diesem Zusammenhang allgemein von *Daseinstechniken*, unter denen sich auch die Abwehrmechanismen finden.)

Als weiteres wichtiges Alltagsphänomen wurde von Freud (1975b) ursprünglich in der psychoanalytischen Behandlungssituation die Verzerrung sozialer Beziehungen durch *Übertragung* und *Gegenübertragung* beschrieben.

Bei der Übertragung wird die Beziehung zwischen zwei Personen verzerrt, indem der eine Partner unbewußte und unerledigte Konflikte mit wichtigen früheren Bezugspersonen und die daraus resultierenden Gefühle, Wünsche und Rollenerwartungen auf seinen Gegenüber „überträgt".

Die Gegenübertragung stellt die entsprechenden Verzerrungen des anderen Kommunikationspartners dar, wobei unterschieden werden muß zwischen der von ihm in die Beziehung eingebrachten Übertragung (Gegenübertragung im weiteren Sinn) und seinen meist unbewußten Reaktionen auf die Übertragung des Kommunikationspartners (Gegenübertragung im engeren Sinn).

Abwehr, Übertragung und Gegenübertragung sind aber nicht nur als Alltagserscheinung bedeutsam. In der Erforschung des Alltags treten sie ebenso auf seiten des Forschers auf und erfordern eine systematische Selbstreflexion mit dem Ziel der Aufklärung forscherbedingter Verzerrungen. Dieser Zusammenhang zwischen dem Forscher und seinem Gegenstand wird in der *Ethnopsychoanalyse* methodisch zur Erforschung fremder Kulturen genutzt. Devereux (1973) empfiehlt das Bewußtmachen der Ängste, Irritationen und Gegenübertragungsreaktionen des Forschers als eigenständige Erkenntnisquelle. So lassen sich die eigenen persönlichkeits-, institutions- und kulturbedingten unbewußten Verstehenshindernisse aufklären und es eröffnet sich gleichzeitig ein weniger verzerrter Zugang zu den beforschten Menschen, ihrer Weltsicht und ihrer Kultur.

Die Bedeutung der Psychoanalyse für die A. sei in den folgenden Punkten zusammengefaßt:

1. In keinem Bereich der Psychologie finden sich vergleichbar komplexe und differenzierte Beschreibungen menschlicher Gefühle und Handlungsmotive. Jenseits aller Theorie liefert die psychoanalytische Forschung damit eine differenzierte Sprache für die A.
2. In der psychoanalytischen Forschung findet sich auch eine Fülle ausgezeichneter empirischer Arbeiten zur A., von den klassischen Studien zur frühen Eltern-Kind-Interaktion in der Familie und in Heimen (Spitz, 1972; Mahler et al., 1978) über die Untersuchung von Trauerreaktionen beim Verlust naher Angehöriger (Lindemann, 1985) bis hin zu den Lebensbedingungen in gesellschaftlichen Randgruppen (Richter, 1972; Friedrich et al., 1979).
3. Abwehr und Übertragung/Gegenübertragung müssen in der Alltagsforschung als Verzerrungsmöglichkeiten auf seiten des Forschers beachtet werden, besonders wenn die Forschungsthemen angstauslösend sind und wenn eine größere soziale Distanz zwischen Forscher und Beforschten besteht. In der Ethnopsychoanalyse fremder Kulturen wurden hier Erfahrungen gesammelt, die auch für die A. der eigenen Kultur fruchtbar gemacht werden können (Parin et al., 1963; Erdheim, 1982; Nadig, 1986). Ansätze dazu liefert eine Untersuchung von Horn et al. (1984) über den Umgang mit Krankheit und Gesundheit bei Arbeitern und Arbeiterinnen.

4 System, Lebenswelt und verzerrte Kommunikation

In seiner „Theorie des kommunikativen Handelns" legt Habermas (1981a; 1981b) eine Gesellschaftstheorie vor, die sowohl das Lebenswelt-Konzept wie die Erkenntnisse der Psychoanalyse über verzerrte Kommunikation in einer Kommunikationstheorie integriert. Darüber hinaus verbindet diese Theorie den lebensweltlichen und den systemtheoretischen Zugang zum Alltag und erlaubt damit die Berücksichtigung objektiver Lebensbedingungen in ihren Auswirkungen auf den Alltag. Habermas geht von der grundsätzlichen Frage aus, wie menschliches Zusammenleben ermöglicht wird.

Die Mitglieder der Gesellschaft stehen einerseits vor der Notwendigkeit, ihr Handeln auf bestimmte Ziele in der materiellen Welt auszurichten (*gegenstandsbezogenes Handeln*, z. B. ein Haus bauen). Andererseits müssen sie ihr Handeln aufeinander abstimmen (*soziales Handeln*, z. B. die Abstimmung beim Hausbau). Das soziale Handeln läßt sich unterteilen in strategisches Handeln (wenn ich den anderen durch Machtmittel oder Täuschung für meine Interessen zu gewinnen suche) und verständigungsorientiertes Handeln (wenn ich durch Argumente zu einer einvernehmlichen Einigung zu kommen suche). Durch das zielgerichtete Handeln werden zunächst einmal die materiellen Lebensgrundlagen sichergestellt. Das verständigungsorientierte Handeln, insbesondere in Form von sprachlicher Kommunikation, leistet dabei die Abstimmung mehrerer Beteiligter. Gleichzeitig ist es aber auch der Stoff, aus dem unsere Lebenswelt gewebt ist.

Habermas übernimmt den Begriff der Lebenswelt von Schütz, kritisiert aber dessen phänomenologische Ableitung. Der Zugang zur Lebenswelt konkreter Menschen erschließt sich nicht über die phänomenologische Wesensschau (die führt höchstens zur Lebenswelt des Phänomenologen), sondern nur über die *gelebte Teilnahme an sozialen Interaktionen*. Das gilt ebenso für das heranwachsende Kind, das erstmals in eine Lebenswelt hineinwächst, wie für jemand, der eine fremde Menschengruppe kennenlernt wie auch für den Sozialwissenschaftler, der die Lebenswelt eines Menschen oder einer Gruppe von Menschen erforschen möchte.

In seiner Analyse des verständigungsorientierten Handelns geht Habermas von *sozialen Situationen* aus, in denen aufgrund eines Problems oder Konfliktes ein Verständigungsbedarf entsteht. Die soziale Situation ist ein Ausschnitt aus der Lebenswelt der Beteiligten, der in der Kommunikation zum Thema gemacht wird. Weitere Bestimmungsstücke der sozialen Situation sind der Ort, die Zeit, die sozialen Beziehungen der Beteiligten und die für das Thema relevanten objektiven und subjektiven Rahmenbedingungen. Den Hintergrund kommunikativer Äußerungen bilden die lebensweltlichen *Situationsdefinitionen* der Beteiligten, die sich genügend überlappen müssen, wenn die Verständigung gelingen soll. Anderenfalls muß versucht werden, im Prozeß der Verständigung eine gemeinsame Situationsdefinition auszuhandeln.

Der Fortbestand der Lebenswelt ist zum einen an die materiellen Lebensgrundlagen, die Ressourcen der natürlichen und vom Menschen geschaffenen Umwelt gebunden und von daher bedroht. Zum anderen muß die Lebenswelt durch Teilnahme der Gesellschaftsmitglieder am *„Netz der kommunikativen Alltagspraxis"* in ihrem symbolischen Bestand erhalten werden, der sich auf die Komponenten Kultur, Gesellschaft und Persönlichkeit bezieht. Durch die kommunikative Alltagspraxis werden

1. die kulturellen Wissensbestände der Teilnehmer bestätigt und überliefert (kulturelle Reproduktion)
2. ihre sozialen Beziehungen bekräftigt und erweitert (soziale Integration)
3. ihre sozialen Handlungskompetenzen eingeübt und weiterentwickelt (Sozialisation bzw. Persönlichkeitsentwicklung).

Die Lebenswelt erschließt sich dem Teilnehmer wie auch dem Sozialwissenschaftler in ihrer *„Binnenperspektive"*, d. h. in der Sicht der in ihr handelnden Menschen, immer nur durch die Teilnahme an Kommunikationsprozessen. Eine sich im lebensweltlichen Verstehen der Binnenperspektive erschöpfende Sozialwissenschaft greift aber nach Habermas zu kurz, weil sie von der Fiktion selbstaufgeklärter Subjekte ausgeht, die kulturellen Selbstverständlichkeiten als letzten Verstehenshorizont nicht in Frage stellen kann und annehmen muß, daß die Gesellschaftsmitglieder sich über alles verständigen können.

Die biologischen, intrapsychischen und gesellschaftlichen Determinanten des Handelns sind jedoch den Handelnden nur zum Teil durchschaubar, sie sind immer auch Erleidende, die ihren Handlungssituationen mehr oder weniger ausgeliefert sind. Bei der Lebensbewältigung stellen sich Probleme der „äußeren" ebenso wie der „inneren Not". Die Menschen beherrschen und durchschauen weder ihre objektiv gegebene Lebenssituation, noch ihre inneren Konflikte und ihre Verständigungsmöglichkeiten in ausreichendem Maße.

Aus diesen Überlegungen ergibt sich die Notwendigkeit eines dreifachen Zugangs zur alltäglichen Lebenswelt:

1. Die Analyse der „äußeren Not" erfordert eine objektivierende Beobachterperspektive, in der sich das menschliche Handeln und Erleiden als Teilaspekt eines größeren Systemzusammenhanges darstellt. Die Lebensweltanalyse muß deshalb durch eine (biologische und gesellschaftliche) Systemanalyse ergänzt werden.
2. Die Sicht des Subjekts erschließt sich dagegen nur durch Methoden des Verstehens, d. h. durch die Teilnahme an Kommunikationsprozessen.
3. Die Analyse der „inneren Not" erfordert ein besonderes Verfahren des Verstehens, das die Sicht des Subjekts überschreitet und seine Selbsttäuschung und verzerrte Kommunikation zu entwirren erlaubt. Hier macht sich die Theorie des kommunikativen Handelns die Methoden und Erkenntnisse einer um Selbstaufklärung des Verdrängten bemühten Psychoanalyse nutzbar (Habermas, 1973).

Als Teilbereich der „äußeren Not" untersucht Habermas (1981b) insbesondere die „Sachzwänge" eines sich immer mehr verselbständigenden Gesellschaftssystems auf die Lebenswelt. Die wichtigsten Teilsysteme der modernen spätkapitalistischen Gesellschaft sind Wirtschaft und Verwaltung. In diesen Teilsystemen geschieht die Handlungskoordinierung nicht über verständigungsorientiertes Handeln, sondern sie ist über die Steuerungsmittel Geld und Macht an Kriterien des Erfolgs orientiert.

Durch den Prozeß der industriellen und bürokratischen Rationalisierung werden immer mehr Bereiche der alltäglichen Lebenswelt einer Regelung durch verständigungsorientiertes Handeln entzogen und geraten damit in den Sog einer Durchrationalisierung (z. B. Fließbandarbeit, Vermarktung des Freizeitbereichs, Bürokratisierung sozialer Beziehungen). Diese „Kolonialisierung der Lebenswelt" erschwert zunehmend die von interpersonalen Beziehungen abhängige Sozialintegration der Menschen. Der verständigungsorientiert und damit ganzheitlich handelnde Mensch wird in den Rollen des Lohnarbeiters, des Konsumenten und des Klienten sozialstaatlicher Bürokratien zunehmend vereinseitigt. So entstehen neue Formen der „Sozialpathologie der Lebenswelt". Folgerichtig leisten die neuen gesellschaftlichen Protestbewegungen in erster Linie Widerstand gegen diese Zerstörung lebensweltlicher Bezüge.

Für die A. liefert die Theorie des kommunikativen Handelns einen methodisch und theoretisch umfassenden Rahmen:
1. Das kommunikationstheoretische Konzept der Lebenswelt erlaubt eine theoretische Begründung kommunikativer Forschungsmethoden wie Feldforschung, teilnehmende Beobachtung, ethnographisches Gespräch, offenes Interview. In diesem Zusammenhang betont Habermas insbesondere die Bedeutung von *Erzählungen*, in denen der Erzähler – im Gegensatz zur situationsgebundenen Kommunikation – seine Weltsicht explizieren muß. Der sich eröffnende methodische Zugang wird insbesondere durch die Berücksichtigung der Bedingungen verzerrter Kommunikation für psychologische Fragestellungen fruchtbar (Legewie, 1987a).
2. Die von Habermas vorgeschlagene Doppelstrategie der Erforschung von System und Lebenswelt ist für psychologische Fragestellungen, bei denen es um die subjektive Verarbeitung objektiver Lebensbedingungen geht, unverzichtbar. Als Beispiele für empirische Untersuchungen, die sich diese Doppelperspektive zu eigen machen, seien zwei gemeindepsychologische Feldstudien genannt (Buchholz et al., 1984; Legewie, 1987b).
3. Die von Habermas vertretene inhaltliche These über eine systembedingte Verarmung des Alltags durch die „Kolonisierung der Lebenswelt" verweist auf die kritischen Aspekte der Alltagsforschung. Habermas (1981b) hat seine These insbesondere anhand von Verrechtlichungsprozessen zu belegen versucht. Für die A. ergibt sich hier ein Forschungsfeld zum Einfluß des gesellschaftlich-technischen Handelns auf das Alltagsleben.

Literatur

Bronfenbrenner, U.: Die Ökologie der menschlichen Entwicklung. Stuttgart: Klett-Cotta, 1981.

Buchholz, W./Gmür, W./Höfer, R./Straus, F.: Lebenswelt und Familienwirklichkeit. Frankfurt: Campus, 1984.

Cicourel, A.: Methode und Messung in der Soziologie. Frankfurt: Suhrkamp, 1974.

Devereux, G.: Angst und Methode in den Verhaltenswissenschaften. München: Hanser, 1973.

Eberle, Th.: Sinnkonstruktion in Alltag und Wissenschaft. Bern: Haupt, 1984.

Erdheim, M.: Die gesellschaftliche Produktion von Unbewußtheit. Eine Einführung in den ethnopsychoanalytischen Prozeß. Frankfurt: Suhrkamp, 1982.

Freud, A.: Das Ich und die Abwehrmechanismen. München: Kindler, 1959.

Freud, S.: Vorlesungen zur Einführung in die Psychoanalyse. Studienausgabe Bd. I. Frankfurt: Fischer, 1969.

Freud, S.: Das Unbewußte. Studienausgabe Bd. III. Frankfurt: Fischer, 1975a.

Freud, S.: Zur Dynamik der Übertragung. Studienausgabe, Ergänzungsband. Frankfurt: Fischer, 1975b.

Friedrich, H., Fränkel-Dahmen, J./Nasner, E. M./Schaufelberger, H. J./Streeck, V.: Soziale Deprivation und Familiendynamik. Göttingen: Vandenhoeck & Ruprecht, 1979.

Fuchs, W.: Biographische Forschung. Opladen: Westdeutscher Verlag, 1984.

Gerdes, K.: Explorative Sozialforschung. Stuttgart: Enke, 1979.

Groeben, N./Scheele, B.: Argumente für eine Psychologie des reflexiven Subjekts. Darmstadt: Steinkopff, 1977.
Habermas, J.: Erkenntnisse und Interesse. Frankfurt: Suhrkamp, 1973.
Habermas, J.: Theorie des kommunikativen Handelns. Frankfurt: Suhrkamp, Bd. 1, 1981a; Bd. 2, 1981b.
Heider, F.: Psychologie der interpersonalen Beziehung. Stuttgart: Klett, 1977.
Horn, K./Beier, C./Wolf, M.: Krankheit, Konflikt und soziale Kontrolle. Opladen: Westdeutscher Verlag, 1984.
Husserl, E.: Die Krisis der europäischen Wissenschaften und die transzendentale Phänomenologie. den Haag: Nijhoff, 1986.
Jüttemann, G. (Hrsg.): Qualitative Forschung in der Psychologie. Weinheim: Beltz, 1985.
Kieper, M.: Lebenswelten „verwahrloster" Mädchen. München: Juventa, 1980.
Laucken, U.: Naive Verhaltenstheorie. Stuttgart: Klett, 1973.
Legewie, H.: Interpretation und Validierung biographischer Interviews. In: Jüttemann, G./Thomae, H. (Hrsg.): Biographie und Psychologie. Heidelberg: Springer, 1987a.
Legewie, H.: Alltag und seelische Gesundheit. Gespräche mit Menschen aus dem Berliner Stephanviertel. Bonn: Psychiatrie-Verlag, 1987b.
Lewin, K.: Feldtheorie in den Sozialwissenschaften. Bern: Huber, 1963.
Lindemann, E.: Jenseits von Trauer. Beiträge zur Krisenbewältigung und Krankheitsvorbeugung. Göttingen: Vandenhoeck & Ruprecht, 1985.
Mahler, M. S./Pine, F./Bergman, A.: Die psychische Geburt des Menschen. Symbiose und Individuation. Frankfurt: Fischer, 1978.
Metzger, W.: Psychologie. Darmstadt: Steinkopff, 1954.
Nadig, M.: Die verborgene Kultur der Frau. Ethnopsychoanalytische Gespräche mit Bäuerinnen in Mexiko. Frankfurt: Fischer, 1986.
Parin, R./Morgenthaler, F./Parin-Matthey, G.: Die Weißen denken zu viel. Psychoanalytische Untersuchungen bei den Dogon in Westafrika. Zürich: Atlantis, 1963.
Piaget, J.: Der Aufbau der Wirklichkeit beim Kinde. Stuttgart: Klett, 1973.
Politzer, G.: Kritik der klassischen Psychologie. Köln: Europäische Verlagsanstalt, 1974.
Richter, H. E.: Die Gruppe. Reinbek: Rowohlt 1972.
Schütz, A.: Der sinnhafte Aufbau der sozialen Welt. Frankfurt: Suhrkamp, 1974.
Schütz, A./Luckmann, Th.: Strukturen der Lebenswelt. Frankfurt: Suhrkamp; Bd. 1, 1979; Bd. 2, 1984.
Spitz, R.: Vom Säugling zum Kleinkind. Stuttgart: Klett, 1972.
Thiersch, H.: Alltagsnöte, Selbsthilfe, professionelle Therapie. In: Bergold, J. et al. (Hrsg.): Veränderter Alltag und klinische Psychologie. Tübingen: DGVT-Verlag, 1987.
Thomae, H.: Das Individuum und seine Welt. Göttingen: Hogrefe, 1968.
Weingarten, E.: Die Methoden der Konstruktion sozialer Wirklichkeit: Grundpositionen der Ethnomethodologie. In: Jüttemann, G. (Hrsg.): Qualitative Forschung in der Psychologie. Weinheim: Beltz, 1985.

Analytische Psychologie

Verena Kast

1 Der Begründer

C. G. Jung (1875-1961) ist der Begründer der A.P. Mit dieser Bezeichnung ist sowohl eine Nähe als auch eine Unterscheidung zur Psychoanalyse Freuds ausgedrückt.

Das Werk von C. G. Jung ist im wesentlichen der Niederschlag seines Ringens mit seinem eigenen *Unbewußten*, mit dem, was er als seine ihm eigene Bestimmung im Leben erkannte. Für ihn war bereits deutlich, daß Objektivität in der Psychologie dann am ehesten gewährleistet ist, wenn der Psychologe deutlich macht, von welchen Voraussetzungen – als Folge seiner „persönlichen Gleichung" – er ausgeht. Natürlich hat Jung jeweils seine Erfahrungen mit dem Unbewußten, die er fassen und gestalten mußte, in einen Umkreis von verwandtem *symbolischem Material* gestellt, wie wir es aus der Geistes-, Sozial-, Religions-, Kunstgeschichte usw. belegt haben. Dieses Material zeigt, daß Jung nicht seine Erfahrungen verabsolutiert, sondern anhand eigener Erfahrungen Faszinationen, Irritationen, typisch menschliche Probleme und typisch menschliche Entwicklungsprozesse beschreibt. Dabei ist für ihn die Frage nach dem *Sinn* und damit auch der Abwesenheit von Sinn im menschlichen Leben und damit auch im Verständnis von Gesundheit und Krankheit zentral.

Es versteht sich von selbst, daß ein Forscher, der sich existentiell vom Gegenstand seiner Forschung, hier von der Psyche, ergreifen läßt, mehr den Aspekt des *Erlebens* in seinem Werk zum Ausdruck bringt, als daß er ein abgezirkeltes System von Gedanken hinterläßt.

Jung hat immer wieder versucht, sowohl seine eigenen Erfahrungen als auch die Erfahrungen seiner Analysanden zu beschreiben, und es ist ihm auch gelungen, ein ganzheitliches System einer Sicht vom Menschen in seiner Entwicklung von der Geburt bis zum Tode darzustellen. Die Schwierigkeit des Zugangs zu seinem Werk und auch dessen Darstellung besteht darin, daß Jung sich im Laufe seines Lebens immer wieder mit denselben Phänomenen auseinandergesetzt hat, immer wieder neu versucht hat, sie zu umschreiben. Das wird dann als besonders widersprüchlich erlebt, wenn es nicht gelingt, den Perspektivenwechsel in der Beschreibung eines Phänomens, wie er einer *Ganzheitspsychologie* entspricht, mitzuvollziehen.

2 Der Individuationsprozeß

Jung sieht den Menschen als einen, der im gelebten Vollzug des *Individuationsprozesses* zu dem werden soll, der er eigentlich ist. Das ist menschliche Aufgabe, das ist menschliches Vermögen, das ist aber ebensosehr Grundlage für die Theorie des therapeutischen Prozesses.

Unter dem Individuationsprozeß wird der Prozeß der *dialektischen Auseinandersetzung* zwischen dem Bewußtsein und dem Unbewußten verstanden. Bewußte und unbewußte Inhalte vereinigen sich in den *Symbolen*. Das Ziel des Individuationsprozesses ist es, daß der Mensch ein Einzelwesen wird, abgelöst von den Elternkomplexen, von den kollektiven Maßstäben, aber auch vom Verhaftetsein an das Unbewußte (Jung: GW 9/1, 1983, 314). Andererseits ist der Individuationsprozeß auch ein Prozeß der *Differenzierung*, in dessen Verlauf die Besonderheit eines Menschen, die in seinem Selbst angelegt ist, immer mehr zum Ausdruck kommt. Dieser Differenzierungsprozeß entspricht einem internen subjektiven *Integrationsvorgang*, der jedoch immer auch in Zusammenhang mit einem interpersonellen und intersubjektiven *Beziehungsvorgang* steht (Jung; GW 16, 1984, 249).

Dabei betont Jung immer wieder, daß das Ziel des Individuationsprozesses zwar als Idee wichtig sei, wesentlich aber sei der Weg, der *Prozeß*, der zum Ziele hinführe: Er erfüllt die Dauer des Lebens mit einem Sinn (Jung: GW 16, 1984, 213).

Der Prozeß der Individuation intendiert also die immer je mögliche Ganzheit, die Vereinigung bewußter und unbewußter Inhalte, sei es in einem wirklich vereinigenden Symbol, oder aber auch im Aushalten der Gegensätze.

In diesem Versuch, jeweils die, für den Moment, größtmögliche *Ganzheit* zu erleben und zu leben, liegt das Ziel der Psychotherapie nach Jung. Mit dieser Ansicht wendet sich Jung gegen Psychotherapie als „bloße Symptomkur". (Jung: GW 9/1, 1983, 307).

3 Das Selbst

Es ist denn auch das „Selbst", von dem aus der Anreiz zu dieser Selbst-Werdung geht. Jung versteht das Selbst als „geheimen spiritus rector" (Jung: GW 9/2, 1983, 180) unseres Schicksals, als völligsten Ausdruck der Schicksalskombination, die man Individuum nennt (Jung: GW 7, 1981, 263), als das apriorische Gestaltungsprinzip (Jung: GW 7, 1981, 198) sowie als Energiequelle (Jung: GW 9/2, 1983, 142).

Es ist „Grund und Ursprung" der individuellen Persönlichkeit und umfaßt diese „in Vergangenheit, Gegenwart und Zukunft." (Jung: GW 14/2, 1984, 313).

Mit dem Ausdruck Selbst bezeichnet Jung die Einheit und die Ganzheit der Persönlichkeit, die aus bewußten und unbewußten Inhalten, Erfahrungen usw. besteht. Da das Unbewußte per Definition letztlich immer auch unerkennbar und unbegrenzbar ist, ist es immer nur dort beschreibbar, wo es sich dem Bewußtsein entgegenstellt. Der Begriff des Selbst kann deshalb nie ganz beschrieben werden.

Symbolisch erscheint das Selbst als eine „geeinte Zweiheit", etwa als Zusammenspiel von *Yin* und *Yang*, als *androgyne Gestalt*, aber auch in *abstrakten Symbolen* von Kreis, Kugel, Viereck, Kreuz (*Mandala*).

Wenn diese Symbole im Leben eines Menschen erfahrbar sind, ist ihnen eine „bedeutende Numinosität" (Jung: GW 6, 1981, 512) eigen, es wird deshalb als zentrales *archetypisches Symbol* erlebt.

> „Das Selbst, das sich verwirklichen möchte, greift nach allen Seiten über die Ichpersönlichkeit hinaus, es ist seiner umfassenden Natur gemäß heller und dunkler als dieses und stellt demgemäß das Ich vor Probleme, denen dieses am liebsten ausweichen möchte." (Jung: GW 14/2, 1984, 326).

Das Selbst verhält sich zum *Ich-Bewußtsein* wie eine diese umgebende Atmosphäre, von der man nicht weiß, wie weit sie sich räumlich und zeitlich erstreckt. (Jung: GW 9/2, 1983, 180). Das Verhältnis von Ich und Selbst ist eines der gegenseitigen Fundierung. Die Unterscheidung des Ich vom „ewigen Menschen", vom „universalen Menschen" in uns, wie Jung das Selbst auch nennt (Jung: GW 16, 1984, 312-313), ist außerordentlich wichtig, denn die Integration von bewußten Inhalten ist nur möglich, wenn das Ich hinreichend gut strukturiert ist, der Ich-Komplex kohärent ist.

4 Symbole

Symbole erleben wir in Träumen, in Phantasien, in Kunstwerken, in Faszinationen, im Alltag, in Märchen und Mythen, Symptomen usw. Wird ein Symbol bedeutsam für unser Leben, dann beginnen wir, unsere aktuelle Lebenssituation auf dieses Symbol hin zu beziehen und zu verstehen. Emotionen und Bedeutungen, die mit diesem Symbol verbunden sind, werden erlebt und erinnert. Leben im Zusammenhang mit diesem Symbol wird bedeutsam.

Symbole sind also Bilder, die für uns eine *emo-*

tionelle Bedeutung haben, sie sind bestmöglicher Ausdruck für eine emotionell bedeutsame Situation. Im Symbol ist auch eine zukünftige Entwicklungslinie gekennzeichnet und erfaßt. (Jung: GW 6, 1981, 499). Das Symbol offenbart etwas, es eröffnet uns aber auch etwas, nämlich neue Perspektiven des Erlebens und des Selbstverständnisses. Aber nur dann, wenn wir uns empathisch auf das Symbol einlassen, werden wir auch dieses Offenbarende, aber auch das Eröffnende erleben können. Bei diesem Sich-empathisch-auf-ein-Bild-Einlassen geht es darum, das Rationale, aber auch das Irrationale, das mit einem Symbol verbunden ist, das Erhabene und das Lächerliche, das Verstehbare und das Unverständliche zu erfassen.

4.1 Archetypen

Jung unterscheidet das *persönliche Unbewußte*, das zum Individuum gehört und aus Verdrängtem etc. besteht, vom *kollektiven Unbewußten*, als einer „allgemein vorhandenen, durchgehend sich selbst identischen Bedingung oder Grundlage der Psyche überhaupt." (Jung: GW 9/2, 1983, 16). Deshalb unterscheidet er auch Phantasien persönlichen Charakters, die auf persönliche Erlebnisse zurückgehen und aus der individuellen Anamnese weitgehend geklärt werden können, von Phantasien überpersönlichen Charakters.

„Diese Phantasiebilder haben unzweifelhaft ihre nächsten Analoga in den mythologischen Typen, es ist darum anzunehmen, daß sie gewissen kollektiven Strukturelementen der menschlichen Seele überhaupt entsprechen. (Jung: GW 9/1, 1983, 169).

Diese *kollektiven Strukturelemente* nennt Jung andernorts auch Archetypen. Er hält sie für die „a priori Determinanten der Imagination und des Verhaltens" (Jung, GW 9/1, 1983). Archetypen werden von ihm als *anthropologische Konstanten* des Erlebens, Abbildens, Verarbeitens und Verhaltens gesehen. Wenn dem so ist, muß es möglich sein, jedes Symbol letztlich auf ein archetypisches Bild zurückzuführen. Das heißt, daß Bilder, die für uns ganz persönlich bedeutsam sind, auch mit Strukturelementen angereichert, die nur aus unserer persönlichen Lebensgeschichte heraus verstehbar sind, dennoch in ihrer Grundstruktur mit Bildern übereinstimmen, und damit auch mit Emotionen und Sinnfindungsprozessen, die irgendwann und irgendwo in der Geschichte der Menschheit gekannt, thematisiert und dargestellt worden sind. Dies entspricht der Idee, daß wir Menschen eben typisch menschliche Schwierigkeiten, typisch menschliche Bilder, Erlebnismöglichkeiten, Verhaltensweisen kennen, die allerdings auch von der je eigenen individuellen Erlebens- und Verhaltensweise überlagert sind.

Diesem Gedanken verpflichtet ist die *Methode der Amplifikation* bei der Deutung von symbolischem Material. Wir lassen das Symbol in irgendeiner Form festhalten, sei dies nun in Worten oder in Bildern, also gemalt, modelliert oder dargestellt usw.: Dies geschieht aus der Überzeugung heraus, daß die Wirklichkeit und die Wirkung des Symbols durch Gestaltung noch evidenter wird. Dann sammeln wir die Assoziationen des Analysanden zum Symbol. Dabei ist es wesentlich, daß zum Bild selber und auch vom emotionalen Gehalt des Bildes aus assoziiert wird.

Kann ein Symbol aber nicht vom persönlichen Kontext her verstanden werden oder können zu einem Bild überhaupt keine Assoziationen beigebracht werden, dann versuchen wir, ähnliche Motive aus Märchen, Mythologie, Dichtung, Religionsgeschichte heranzuziehen und diese auf ihren Bedeutungsgehalt und ihre psychische Entsprechung hin zu befragen. Es ist eine Grundhypothese der Jung'schen Psychologie, daß an Märchenmotiven, an mythologischen Motiven usw. Struktur und Dynamik der Psyche sichtbar werden.

4.2 Symbolbildung

Eine Grundannahme Jung'scher Psychologie ist, daß der Psyche eine Tendenz innewohnt, sich zu entwickeln, in Bewegung zu sein, wobei sie ein *selbstregulierendes System* ist. (Jung: GW 8, 1979, 91). Das bedeutet, daß immer ein relativ ausgewogener Zustand von Unbewußtem und Bewußtem angestrebt wird und die Psyche diese Zustände korrigiert, sobald sie einseitig werden, notfalls auch durch eine Neurose.

Auf dem Entwicklungsgedanken basiert denn auch das *Therapieziel* einer Jung'schen Therapie: Der Patient soll mit seinem Wesen experimentieren, er soll schöpferisch mit sich und seinem Leben umgehen. Diese schöpferische Entwicklung wird im Symbol sichtbar und auch über das Symbol ans Bewußtsein herangetragen und bearbeitet.

Die Symbolbildung entspricht dem schöpferischen Prozeß und beide sind, trotz aller Umschreibungsversuche, trotz aller Forschungen auch, geheimnisvoll, nie ganz genau beschreibbar. Weil der Symbolbildungsprozeß dem schöpferischen Prozeß entspricht, ist er von fundamentaler Wichtigkeit im therapeutischen Prozeß. Der therapeutische Prozeß, verstanden als Individuationsprozeß, besteht im wesentlichen darin, daß das Unbewußte und das Bewußtsein im Bereich der jeweils belebten Inhalte einander verbunden werden im Symbol. Durch diese Symbolbildungen wird die schöpferische Entwicklung der Persönlichkeit möglich; d. h., daß ein Mensch in lauter kleinen Schöpfungsakten immer mehr er selbst wird, Lebensmöglichkeiten lebbar werden, die wirklich seine je eigene Persönlichkeit ausmachen.

Es wäre aber falsch, bei diesen Prozessen nur immer den Moment der Geburt des Symbols im Auge zu haben: Der Vergleich mit dem schöpferischen Prozeß legt nahe, daß das wesentliche des Prozesses zwar im Aufleuchten der neuen Idee zu sehen ist und damit auch im Erleben eines neuen Lebensgefühls, daß aber dem ein langer Prozeß des Aushaltens von Unsicherheit, von Frustration, aber auch der harten bewußten Auseinandersetzung mit dem Forschungs- oder dem Gestaltungsgegenstand vorausgeht. Übertragen auf psychische Prozesse bedeutet das, daß die Gegensätze zwischen dem Bewußten und dem Unbewußten oft qualvoll lange ertragen, gesehen, ausgehalten werden müssen, bis sich ein neues Symbol und damit auch ein neuer Lebensinhalt einstellt. Das Erlebnis und die Beschreibung der Gegensätze, die als sich entgegenstehende Pole verstanden werden, sowie ihre mögliche Vereinigung hat Jung immer sehr intensiv beschäftigt. Auch die Bestimmung der Einstellung als introvertiert oder extrovertiert sowie seine Typenlehre sind diesem Denken in polaren Spannungen verpflichtet.

4.3 Symbole als Abbild der Komplexe

Symbole sind Brennpunkte menschlicher Entwicklung. In ihnen verdichten sich existentielle Themen, in ihnen sind aber nicht nur Entwicklungsthemen, sondern damit verbunden immer auch Hemmungsthemen angesprochen. Daß im Symbol immer ein Hemmungsthema, das zugleich ein Entwicklungsthema ist, angesprochen wird, wird dann deutlich, wenn wir bedenken, daß Symbole *Komplexe* abbilden. (Jung: GW 16, 1984, 60). Jung sagt von den Komplexen, sie würden eine eigentümliche Phantasietätigkeit entwickeln; im Schlaf erscheine die Phantasie als Traum, aber auch im Wachen würden wir unter der Bewußtseinsschwelle weiterträumen, wegen der „verdrängten oder sonstwie unbewußten Komplexe." (Jung: GW 16, 1984, 60-61).

Schon 1916 hat Jung auf die gefühlsbetonten Inhalte hingewiesen, die Ausgangspunkt von *Imaginationen* (Phantasiebildungen, Bilderfolgen), Ausgangspunkt zur Symbolbildung sind. Komplexe sind Energiezentren, die um einen affektbetonten Bedeutungskern aufgebaut wurden, hervorgerufen vermutlich durch einen schmerzhaften Zusammenstoß des Individuums mit einer Anforderung oder einem Ereignis in der Umwelt, denen es nicht gewachsen ist. Jedes Ereignis in ähnlicher Richtung wird dann im Sinne dieses Komplexes gedeutet und verstärkt den Komplex noch, d. h.: der Gefühlston, die Emotion, die diesen Komplex ausdrückt, bleibt erhalten und wird sogar noch verstärkt. (Jung: GW 3, 1985, 75). So bezeichnen die Komplexe die krisenanfälligen Stellen im Individuum. Als Energiezentren haben sie aber eine gewisse Aktivität – ausgedrückt in der Emotion –, die zu einem großen Teil das psychische Leben ausmachen. Sicher liegt im Komplex vieles, was das Individuum in seiner persönlichen Weiterentwicklung hindert, in diesen Komplexen liegen aber auch die Keime neuer Lebensmöglichkeiten. (Jung: GW 6, 1981, 573). Diese *schöpferischen* Keime zeigen sich dann, wenn wir die Komplexe akzeptieren, wenn wir sie sich ausphantasieren lassen. Jedermann hat Komplexe, sie sind Ausdruck von Lebensthemen, die auch Lebensprobleme sind. Sie machen unsere psychische Disposition aus, aus der keiner herausspringen kann. Symbole sind Ausdruck der Komplexe, gleichzeitig aber auch Verarbeitungsstätte der Komplexe. Komplexe sind ja an sich nicht sichtbar: Sichtbar und fühlbar ist die Emotion, sichtbar sind auch die stereotypen Verhaltensweisen im Komplexbereich. Im Erleben der Komplexe, die durch ihre Emotion auch körperliche Auswirkungen haben, wird deutlich, daß Psyche, Soma, Wirkungen der Umwelt und Wirkungen auf die Umwelt ein einheitliches System darstellen. In den Symbolen werden, durch die Phantasie, die Komplexe sichtbar, denn wo Emotionen sind, sind auch Bilder.

Die Komplexe in ihrer Wirkung stellen eine *Phänomenologie* des Psychischen dar. Jung unterscheidet zwischen *persönlichen und kollektiven Komplexen*. Während persönliche Komplexe die persönliche Eigenart, die persönlichen Gesichtspunkte und die persönliche Weltanschauung kreieren, gehen von den kollektiven Komplexen Philosophien, Religionen, kollektive Weltanschauungen aus. Sie begründen auch Geschichte. Auch Komplexe beruhen auf Archetypen.

4.4 Der Individuationsprozeß: ein Integrations- und ein Beziehungsvorgang

Der Individuationsprozeß ist auch ein Prozeß der Beziehung zu anderen Menschen. Bewußtwerden heißt ja unter anderem auch, sich bewußter zu werden über die Projektionen, die wir machen. So erleben wir etwa den *Schatten* (Seiten von uns, die dem Ich-Ideal widersprechen), *Anima* und *Animus* (faszinierende gegengeschlechtliche Aspekte unserer Psyche) in der Faszination an anderen Menschen, in der Therapie erlebbar in *Übertragung* und *Gegenübertragung*.

Jung geht so weit, daß er sagt, daß die Beziehung zum Selbst *zugleich* die Beziehung zum Mitmenschen sei (Jung: GW 16, 1984, 248).

Da das Ziel des Individuationsprozesses die Beziehung zum Selbst ist, oder die Beziehung zwischen dem Ich und dem Unbewußten, so wird deutlich, wie sehr dieses Ziel auch das Ziel ist, Beziehungen zu den Mitmenschen zu gestalten. So ist es zu verstehen, wenn Jung sagt, der Individuationsprozeß sei ein subjektiver Integrationsvorgang und gleichzeitig ein objektiver Beziehungsvorgang (Jung: GW 16, 1984, 249). Dieser Theorie entspricht die Deutung des symbolischen Materials – aber auch der realen Erlebnisse – auf der Subjekt- und auf der Objektstufe. Bei Deutungen auf der Subjektstufe werden Menschen und Situationen etc. als intrapsychische Aspekte gesehen, bei der Deutung auf der Objektstufe wird der Beziehungsaspekt beachtet.

Im therapeutischen Prozeß werden in Anlehnung an diese Erkenntnisse Übertragung und Gegenübertragung als zirkuläre Prozesse verstanden; die Beziehung zwischen Analytiker und Analysand spielt eine wichtige Rolle.

5 Soziale Relevanz

Das Jung'sche Denken ist ein ganzheitliches Denken, schon dies allein dürfte heute auch eine gesellschaftliche Relevanz haben. Konzepte wie z. B. das Konzept des „Schattens" haben eine große praktische Bedeutung: Unser „Schatten", d. h. die Eigenschaften, die uns unbewußt sind und die nicht mit dem Ideal von uns und dem Umwelt-Ideal übereinstimmen, finden wir in der Projektion vor, im Sinne eines Feindbildes, das wir außen bekämpfen wollen. Integration des Schattens bedeutet, daß wir uns bei jedem Feindbild fragen, ob wir eigene unliebsame Züge außen bekämpfen, daß wir diese Züge wahrnehmen, sie ertragen, mit ihnen verantwortlich umgehen und sie nicht an unseren „Feinden" oder an ganzen Völkern stur bekämpfen. Das wäre ein Schritt zur Friedensfähigkeit (vgl. auch Dieckmann, 1986).

Auch die Studien über Anima und Animus – die Sicht des Menschen als männlich-weibliche Ganzheit – könnte, zumindest wenn das Animuskonzept revidiert wird, viel zum Verständnis der Probleme des Zusammenlebens von Mann und Frau, zur Rollenteilung und zu einer freieren Handhabung des fixierten Rollenbildes beitragen.

6 Entwicklungen innerhalb der Jung'schen Psychologie

Da das Symbol und die symbolischen Prozesse eine zentrale Stellung sowohl in der Theorie als auch in der Psychotherapie einnehmen, ist hier auch der Schwerpunkt der Forschung:

- Symbolische Prozesse, wie sie in *Märchen* und *Mythen* abgebildet sind, werden in Zusammenhang gebracht mit typischen Entwicklungsprozessen im Menschen. (Kast, 1982b; 1983; 1984a; 1985; 1986a; 1986c; Riedel, 1985b; v. Franz, 1985; Seifert, 1986).
- Deutung und die Bedeutung der *Träume* für den Menschen ist ein weiteres Feld, das intensiv studiert wird (v. Franz, 1985; Hark, 1985; Kast, 1986b; Riedel, 1986).
- Auch die diagnostische und therapeutische Bedeutung von *Zeichnungen* und *Gemälden* ist von großem Interesse, bis hin zu Überlegungen der *Maltherapie* (Riedel, 1983; 1985a).
- Der Aspekt der Beziehung und damit auch des Verlusts als Aspekte des Individuationsprozesses gewinnen immer mehr an Interesse. Die Konzepte von *Animus* und *Anima* werden neu diskutiert und ergänzt (Kast, 1982a; 1982b; 1984a; 1984b; Hillmann, 1980).
- Interesse ist auch an Studien im Bereich von Tiefenpsychologie und *Religion* zu verzeichnen (Schellenbaum, 1981).
- Weitere Schwerpunkte der Forschung sind das Herausarbeiten der *Methoden* der Analytischen Psychologie (Dieckmann, 1975; Eschenbach, 1979); verschiedene Konzepte, z. B. das Konzept der *Typologie*, werden kontrovers diskutiert.
- Wesentliche Konzepte, wie etwa das äußerst differenzierte Konzept von *Übertragung* und *Gegenübertragung*, das Jung anhand von Studien zur *Alchemie* entwickelt hat, werden in Zusammenhang gebracht mit dem therapeutischen Alltag (Fordham et al., 1974).
- Ausgehend von der Erfahrung, daß das Ich hinreichend gut strukturiert sein muß, damit das jeweils konstellierte unbewußte Material integriert werden kann, dies aber bei Menschen mit einer Beziehungsstörung in der frühesten Kindheit nicht der Fall ist, werden Überlegungen zur Therapie mit diesem Menschen aus Jung'scher Sicht gemacht und ausgearbeitet (Jacoby, 1985; Asper, 1986).

Literatur

Asper, K.: Der therapeutische Umgang mit Schattenaspekten der narzißtischen Störung. Analytische Psychologie 17 (1), 1986, 1-25.

Dieckmann, H.: Gedanken über den Begriff des ‚Feindbildes'. Analytische Psychologie 17 (1), 1986, 25-38.

Dieckmann, H.: Methoden der analytischen Psychologie. Olten: Walter, 1975.

Eschenbach, W.: Die Behandlung in der Analytischen Psychologie. Fellbach: Bonz, 1979-1981.

Fordham, M./Gordon, R. et al.: Technique in Jungian Analysis Heinemann Medical Books, London 1974.
v. Franz, M. L.: Traum und Tod. München: Kösel, 1984.
v. Franz, M. L.: Der Schatten und das Böse im Märchen. München: Kösel, 1985.
Hillman, J.: Selbstmord und seelische Wandlung. Zürich: Daimon, 1980.
Hark, G.: Der Traum als Gottes vergessene Sprache. (3. Aufl.) Olten: Walter, 1985.
Jacoby, M./Kast, V./Riedel, I.: Das Böse im Märchen. Stuttgart: Bonz, 1978.
Jacoby, M.: Individuation und Narzißmus. München: Pfeiffer 1985.
Jung, C. G.: Briefe. Hrsg. v. Jaffé, A./Adler, G. Bd. 1-3. Olten: Walter 1972-1973.
Jung, C. G.: Gesammelte Werke. Hrsg. von Niehus-Jung, M./ Hurwitz-Eisner, L. Bd. 1-18. Olten: Walter.
GW 3: Psychogenese der Geisteskrankheiten. (3. Aufl.) 1985.
GW 6: Psychologische Typen. (14. Aufl.) 1981
GW 7: Zwei Schriften über Analytische Psychologie. (3. Aufl.) 1981.
GW 8: Die Dynamik des Unbewußten. (3. Aufl.) 1979.
GW 9/1: Die Archetypen und das Kollektive Unbewußte. (5. Aufl.) 1983.
GW 9/2: Aion. Beiträge zur Symbolik des Selbst. (5. Aufl.) 1983.
GW 14/2: Mysterium Coniunctionis. (4. Aufl.) 1984.
GW 16: Praxis der Psychotherapie. (4. Aufl.) 1984.
Kast, V.: Trauern. Stuttgart: Kreuz 1982b (6. Aufl. 1986).
Kast, V.: Wege aus Angst und Symbiose. Olten: Walter, 1982b (8. Aufl. 1986).
Kast, V.: Mann und Frau im Märchen. Olten: Walter, 1983 (6. Aufl. 1986).
Kast, V.: Familienkonflikte im Märchen. Olten: Walter 1984a (2. Aufl. 1985).
Kast, V.: Paare. Stuttgart: Kreuz 1984b (5. Aufl. 1986).
Kast, V.: Wege zur Autonomie. Olten: Walter, 1985.
Kast, V.: Märchen als Therapie. Olten: Walter, 1986a.
Kast, V.: Traumbild Wüste. Olten: Walter, 1986b.
Kast, V.: Die Bedeutung der Symbole im therapeutischen Prozeß. In: Barz, H./Kast, V./Nager, F.: Heilung und Wandlung – C. G. Jung und die Medizin. Zürich, München: Artemis, 1986c.
Riedel, I.: Farben. Stuttgart: Kreuz, 1983 (4. Aufl. 1986).
Riedel, I.: Formen. Stuttgart: Kreuz, 1985a (2. Aufl. 1986).
Riedel, I.: Tabu im Märchen. Olten: Walter, 1985b.
Riedel, I.: Traumbild Fuchs. Olten: Walter, 1986.
Schellenbaum, P.: Stichwort: Gottesbild. Psyche und Glaube Bd. 2. Stuttgart: Kreuz, 1981.
Seifert, T.: Weltentstehung. Die Kraft von tausend Feuern. Zürich: Kreuz, 1986.

Angewandte Psychologie

Carl Graf Hoyos

1 Angewandte Psychologie und Anwendung von Psychologie

A.P. gibt es fast ebenso lange wie eine wissenschaftliche Psychologie, verbunden mit den Namen Binet, Galton, Kraepelin, Münsterberg, Stern u.v.a. (Dorsch, 1963). Aber erst in jüngster Zeit wurde intensiver darüber nachgedacht, was A.P. sein könnte und ob es überhaupt eine Anwendung von Psychologie in einem unreflektierten Wortsinne gibt.

Wer sich in der wissenschaftlichen Literatur umtut, findet eine Anzahl von Disziplinen vor, die sich der A.P. zurechnen und als Gebiete der A.P. bezeichnet werden, wie z. B. Erziehungspsychologie, Arbeitspsychologie, Forensische Psychologie usw. In ihnen hat sich die Überzeugung manifestiert, Psychologie lasse sich auf Probleme anwenden, die nicht ihre eigenen sind, und könne dabei etwas Nützliches leisten. Mit diesen – bisher noch nicht genauer analysierten – Absichten haben sich zahlreiche Autoren auseinandergesetzt und bestimmte Teilgebiete beschrieben. Es wurden aber auch Gesamtdarstellungen der A.P. versucht, unter denen Anastasis „Fields of Applied Psychology" (1964) hervorgehoben werden kann, weil sie als „Angewandte Psychologie" (1973) in einer deutschen Fassung vorliegen und damit als Standardtext gelten können.

Inzwischen sind neue Anwendungen entstanden; für traditionelle Anwendungen gibt es neue Perspektiven. In Anbetracht der Vielfalt der Anwendungsmöglichkeiten für Psychologie muß es recht problematisch erscheinen, von A.P. zu sprechen und über dieses „Gebiet" allgemeine Aussagen zu machen. Zweifellos ist eine A.P. als in sich geschlossene Disziplin eine Fiktion, vielmehr wurde unter A.P. immer eine mehr oder weniger lockere Sammlung eher heterogener Gebiete verstanden, denen aber die „Anwendung von Psychologie" gemeinsam ist. So sollte man, wenn nicht eine traditionelle Namensgebung dagegenstünde, diesem Beitrag am besten den Titel „Anwendung von Psychologie" voranstellen. Im folgenden liegt das Hauptgewicht tatsächlich auf der Frage: Was ist *Anwendung* von Psychologie?, die detailliert werden kann in die Teilfragen: 1. Anwendung worauf? 2. Anwendung wovon? 3. Anwendung wozu und für wen?

2 Anwendung worauf?

2.1 Anwendungsfelder

Wie Card et al. (1983) meinen, sollte eine wissenschaftliche Psychologie nicht nur dazu beitragen, unsere eigene Natur zu verstehen, sondern auch bei der Erledigung unserer praktischen Angelegenheiten helfen. Wenn es darum geht, Kinder zu erziehen, so sollte die Psychologie helfen, eine geeignete Umwelt für Lernen zu entwerfen. Um Personal für komplexe und anspruchsvolle Berufe gewinnen zu können, sollte die Psychologie helfen, die wichtigen und notwendigen Fertigkeiten zu identifizieren und die Menschen zu finden, die darüber verfügen, usw. usw. Diese Intention haben sich Psychologen schon frühzeitig zu eigen gemacht und in programmatische Aussagen gekleidet: so z. B. „Psychologie im Dienste der Kulturaufgaben" (Münsterberg, 1920), zur „Erklärung und Verbesserung der Wechselbeziehungen von Mensch und Kultur im weitesten Sinne" (Dorsch, 1963, 11, nach Henning, 1931).

Problemlagen, zu deren Lösung die Psychologie beitragen kann, entstehen „überall", d. h. in allen Bereichen des gesellschaftlichen, sozialen und wirtschaftlichen Lebens. So gibt es in der Tat auch eine Fülle und Vielfalt von Anwendungsmöglichkeiten der Psychologie, die sich kaum befriedigend systematisieren läßt. Obwohl eine Diplomprüfungsordnung kaum die Anwendungsmöglichkeiten eines Faches reflektieren kann, weist sie doch auf die Anwendungsgebiete hin, die in Bedeutung und Umfang besonders herausragen. So nennt die neueste Rahmenordnung für die Diplom-Prüfung in Psychologie für die Diplom-Hauptprüfung die Fächer

- Arbeits-, Betriebs- und Organisationspsychologie,
- Klinische Psychologie und
- Pädagogische Psychologie.

Diese Disziplinen bzw. Gruppen von Disziplinen haben in den letzten Jahren erheblich expandiert. Daher gibt es kaum noch Versuche, sie gemeinsam in einem Werk darzustellen, was Anastasi (1964; 1973) noch unternommen hatte. Die „Enzyklopädie der Psychologie" behandelt die oben genannten Gebiete und noch andere Anwendungsgebiete, wie z. B. Wirtschaftspsychologie, in separaten Bänden. Die Herausgeber von „Angewandte Psychologie. Ergebnisse und Perspektiven" (Frey et al., 1988), die sich dieser Aufgabe unterziehen wollen, meinten allerdings, auf die Darstellung der Klinischen Psychologie – bis auf einige präventive Aspekte – und der Pädagogischen Psychologie verzichten zu müssen, um viele weitere Anwendungsgebiete zu berücksichtigen und trotzdem das Buch überschaubar zu halten. So ergab sich eine Themenliste, wie in Tab. 1 aufgeführt.

Wenn man Tab. 1 durchsieht, findet man neben traditionellen Gebieten der A.P. eine Reihe neuerer Anwendungsfelder für Psychologie. Sie sind

Tabelle 1: Gliederung zu Frey et al. (1988)

Anwendungsgebiet Arbeit und Beruf
- Organisation, Organisationsstruktur und Organisationsentwicklung
- Personalauslese, Training und Personalentwicklung in Organisationen
- Individuum und Organisation
- Gestaltung von Mensch-Maschine-Systemen
- Arbeitsstrukturierung und Arbeitsanalyse
- Arbeitsschutz
- Neue Technologien: Mensch-Computer-Interaktion
- Berufswahl und Laufbahnentwicklung

Anwendungsgebiet Markt, Werbung, Volkswirtschaft
- Werbung, Öffentlichkeitsarbeit und Marketing
- Konsum- und Kaufverhalten
- Volkswirtschaft und ökonomische Verhaltensforschung

Anwendungsgebiet Umwelt
- Gestaltung von Umwelt
- Das Entsorgungsproblem
- Umweltstreß
- Psychologie des Energiesparens
- Transport und Verkehr

Anwendungsgebiet Öffentlichkeit und Gesellschaft
- Politik
- Recht
- Militär und Polizei

Anwendungsgebiet Gesundheit
- Gemeinde
- Gesundheit und Medizin
- Belastung, Beanspruchung, Fehlanpassung und ihre Folgen
- Alter und Altern

Anwendungsgebiet Kultur und Freizeit
- Kultur und Religion
- Musik
- Tourismus
- Medien und Massenkommunikation
- Sport und Freizeit
- Freizeit

Allgemeine Probleme
- Versuchsplanung mit Evaluation
- Grundlagenforschung und Anwendung
- Entscheidungshilfesysteme
- Das Berufsbild des Psychologen

im Zuge des technischen Wandels und gesellschaftlicher Veränderungen in jüngster Zeit entstanden. Das gilt z. B. für den Abschnitt „Neue Technologien", der die Aufgaben der Psychologie im Zusammenhang mit der Einführung rechnergestützter Systeme reflektieren soll, oder für das „Anwendungsgebiet Umwelt", das nicht nur ein großes Interesse in der psychologischen Grundlagenforschung gefunden hat, sondern für das auch aktuelle Lösungsansätze bereitgestellt werden. Selbstverständlich haben die traditionellen Gebiete neue Perspektiven und Orientierungen gewonnen.

2.2 Gegenstände

Ein Teilgebiet der A.P. benötigt, wie jede Wissenschaft, einen Gegenstand. Ihr Gegenstand sind die Probleme, zu deren Lösung die Psychologie beitragen kann und soll, und die überall dort entstehen, wo Verhalten eine Schlüsselrolle spielt. Arbeits- und Organisationspsychologie beschäftigen sich mit dem „Verhalten in Arbeitsorganisationen" (v. Rosenstiel, 1980); das „Verhalten in gefährlichen Situationen" ist Thema einer Sicherheitspsychologie (Hoyos, 1987). Hofer (1987) hat „Erleben und Verhalten in erzieherischen Kontexten" (an anderer Stelle ebenfalls „Situationen") als Gegenstand der Pädagogischen Psychologie definiert.

Der Begriff der „Situation" erscheint für die Charakterisierung einer angewandt-psychologischen Problemlage recht gut geeignet. „Situation" ist ein häufig verwendeter Begriff der Alltagssprache und will die Umstände und Bedingungen zusammenfassend charakterisieren, mit denen es ein Mensch momentan zu tun hat. So sehen es auch die Psychologen, die – besonders unter dem Einfluß der Interaktionisten – die „Situation" als einen nützlichen Begriff zur Präzisierung von verschiedenen Handlungsabläufen erkannt haben (Lantermann, 1980; Magnusson, 1981).

Die Psychologen haben sich bestimmten Situationsklassen selten in abstrakter, wissenschaftlich-forschender Manier genähert. Meistens haben praktische Probleme die Aktivität von Psychologen ausgelöst und damit eine „Psychotechnik" zum Zwecke praktischer Zielerreichung etabliert (Herrmann, 1979, 128f.). Nach H. Franke (1973, 24) sind „Probleme stets Probleme bestimmter Individuen oder Gruppen ... Sie hängen nicht irgendwo in der Luft und warten nur darauf, aufgegriffen zu werden, sondern ihre Entstehung – wie auch ihre Nichtentstehung – ist an bestimmte Interessenlagen gebunden." So weist Benesch (1985) auf frühe, mehr oder weniger situationsgebundene Ansätze hin, das Erleben und Verhalten von Radiohörern und „Fernsehern" zu untersuchen; heute gibt es eine Psychologie der Medien. – Die Entstehung der Verkehrspsychologie wird gern mit der Entwicklung eines Eignungstests für Straßenbahnführer durch Münsterberg begründet (Dorsch, 1963, 141).

Ganz offenkundig stellt sich dem Psychologen in den genannten Beispielen und in vielen vergleichbaren Situationen die Aufgabe, durch „eingreifendes Handeln" (Kaminski, 1984) zur Lösung von Problemen beizutragen; das geschieht aber bevorzugt durch die von Psychologen häufig ausgeübten Beratungstätigkeiten (z. B. Erziehungsberatung, Berufsberatung, betriebliche Eignungsberatung), seltener durch gestalterische Tätigkeiten (z. B. Arbeitsstrukturierung, Gestaltung von Unterricht und Training). Tätigkeiten dieser Art sollte aber der Begriff „Praxis der Psychologie" (Jäger/Schweizer, 1975), „Praxis der Psychologen" (Benesch/Dorsch, 1984) oder – nach Herrmann (1979, 133) – die Kategorie „psychologiebezogene, nicht forschende Tätigkeiten" vorbehalten bleiben, auch wenn von A.P. die Rede ist (Neubauer/v. Rosenstiel, 1980).

Somit entsteht noch kein Gebiet der A.P., wenn sich Psychologen um die Lösung von Problemen bemühen, die in Bereichen des gesellschaftlichen oder wirtschaftlichen Lebens auftreten. Zwar gelingt es – wie J. Franke (1967) gezeigt hat – dort leichter, „wissenschaftlich-psychologische Ordnungssysteme" zur Geltung zu bringen, wo einzelne Personen und nicht bereits institutionalisierte Umweltbereiche betroffen sind. Ein Teilgebiet der A.P. zu entwickeln, ist jedoch eine wissenschaftliche Aufgabe: in den fraglichen Bereichen Fakten sammeln, Erklärungen suchen, Zusammenhänge aufweisen, ja eine eigene Wissenschaftsphilosophie entwickeln (Ulrich, 1982), kurzum eine wissenschaftliche Disziplin etablieren, um für die Lösung von Problemen gerüstet zu sein.

Im Rückblick auf die Geschichte der A.P. kann man also immer wieder feststellen: Zuerst gab es Anfragen an die Psychologie, in dieser oder jener Problemlage einen sachkundigen Ratschlag zu geben; solche Anfragen initiierten dann oft angewandte Forschung. Ein nunmehr schon klassisches Beispiel lieferte das Aufkommen komplexer Systeme, wie Radar, während des 2. Weltkriegs, deren Wirksamkeit durch die Schwierigkeit begrenzt war, das System auch zu bedienen. Aus dieser Problemlage heraus entstanden dann die Ingenieurpsychologie und das Konzept der Mensch-Maschine-Systeme. Ein instruktives Beispiel neueren Datums kann man in den Bemühungen sehen, Menschen zum Sparen von Energie anzuregen (Bergius, 1984). In einer Erwiderung auf Bergius hat Witt (1985) eine Anzahl weiterer sozialwissenschaftlicher Felder im Bereich „Energienutzung" genannt.

2.3 Ziele und Widerstände

Auch wenn ein geschichtlicher Rückblick eine ganze Reihe von geglückten Anwendungen von Psychologie erkennen läßt, so handelt es sich doch bis heute eher um – durchaus erfreuliche – Ausnahmen als um eine schon hinreichend etablierte Gewohnheit. Die Probleme, um die sich die Psychologie kümmern könnte und sollte, sind – wie schon gesagt – nicht ihre eigenen, sondern treten in einem Feld außerhalb der Psychologie auf. Auch die Ziele, die bei der Problemlösung verfolgt werden, wie z. B. Humanisierung, nutzergerechte Software, Rehabilitation nach schweren Verletzungen usw., ganz allgemein Nutzen und Optimierung, sind durch das fragliche Feld selbst geprägt. Daher verwundert auch nicht, wenn die in dem Feld Tätigen zunächst und zumeist versuchen, die Probleme selbst zu lösen. Sie tun dies aus mehreren Gründen:

1. Der erste und sehr naheliegende Grund ist: Die Kapazität der Psychologie zur Lösung einschlägiger Probleme ist nicht genügend bekannt.
2. Die Problemlage, soweit sie den „menschlichen Faktor" betrifft, erscheint ihnen häufig als eher simpel und personabhängig („Wenn die Leute nur wollten!": mangelnde Aufmerksamkeit als Ursache für Fehlverhalten, Demotivation als Grund für Leistungsabfall; die Annahme, nur ein dominierendes Motiv leite das menschliche Verhalten). Wenn Kaminski (1984, 29) schreibt, die Wirklichkeit, auf die Psychologie angewendet werden soll, sei viel komplexer, variablenreicher als in anderen Wissenschaften, so stimmt dies erst, nachdem der Wissenschaftler – hier der Psychologe – seinen analytischen Blick auf eben diese Wirklichkeit gerichtet hat.
3. Die in einem Feld Tätigen halten sich selbst für kompetent für eine Problemlösung, da sie über eigene und damit subjektive Verhaltenstheorien verfügen. Solche Theorien versprechen, wie Wenninger (1985) gezeigt hat, vermeintlich eine rasche und unkomplizierte Bewältigung der Alltagsprobleme, schnelle Antworten auf Fragen wie z. B. „Warum tut jemand dies oder das? Wie wird es weitergehen?". Laientheorien ermöglichen es, Beobachtetes in überschaubare und begrenzte Wenn-Dann-Einheiten zu gliedern und eigenes Verhalten danach auszurichten.
4. Auch wenn die Psychologie durchaus bekannt ist, gibt es doch auch massive Widerstände gegen ihre Anwendung, und zwar aus verschiedensten Gründen: Widerspruch zu den eigenen Verhaltenstheorien, Mißbehagen an der Sprache des Psychologen, politische Entscheidungen, Rechtslagen (Hoyos, 1983; Wenninger, 1985). So greifen die potentiellen Nutzer keineswegs immer mit großem Eifer auf die Psychologie zurück, wenn Probleme mit einer Verhaltensthematik auftauchen – ein entscheidender Grund für den in vielen Bereichen unbefriedigenden Stand der A.P.

3 Anwendung wovon?

Nachdem wir zu zeigen versucht haben, worauf Psychologie angewandt werden soll, d. h. welche für die Psychologie externen Problemlagen einer Lösung bedürfen, stellt sich notwendigerweise die Frage, was angewandt werden soll. Auf diese Frage wird häufig so geantwortet: Wissen und Methoden sind anzuwenden, die in der wissenschaftlichen Psychologie mit ihren Teilgebieten, oft auch als Grundlagendisziplinen der Psychologie bezeichnet, erarbeitet wurden. Praktisch sehe dies so aus: Die Wissensbestände der Grundlagendisziplinen würden nach Inhalten und/oder Verfahren durchgemustert, die für eine Lösung des gestellten Problems geeignet erscheinen. Die systematische, methodisch geleitete Zusammenstellung dieser Wissensbestände etabliere dann ein Teilgebiet der A.P. Die Betonung liegt auf *systematisch* und *methodisch*. „Wenn der Psychologe eine angewandte Arbeit aufnimmt, so bringt er nicht eine Reihe von Gesetzen, Formeln oder spezifischen Fakten mit, sondern er verfügt über eine *methodische* Ausbildung, die es ihm erlaubt, die Probleme anzugehen" (Anastasi, 1973, 8).

Gegenwärtig scheint Skepsis bezüglich der Verwendbarkeit wissenschaftlich-psychologischer Erkenntnisse vorzuherrschen wie Weinert (1967), Herrmann (1979) und Hofer (1987) für die Pädagogische Psychologie gezeigt haben. Vordergründig heißt es z. B.: Die traditionelle Lernpsychologie kann kaum etwas für die Erklärung schulischer Lernprobleme beitragen. Grundsätzlicher: Nach Hofer (1987, 83) könne man die Grundlagendisziplinen nur unter zwei Annahmen, die aber tatsächlich nicht bestehen, anwenden: „Erstens die Annahme, daß jene psychologischen Gesetze, auf die bei der Anwendung zurückgegriffen werden soll, zu allen Zeiten, bei allen Menschen und in verschiedenen Kontexten wesentlich gleichartig zutreffen. Und zweitens, daß gesicherte

Gesetzesaussagen vorliegen zu genau jenen Variablen, die für die Lösung von im spezifischen Kontext auftauchenden praktischen Problemen zu betrachten sind."

Dies sind ernsthafte Einwände, denen ein weiterer hinzugefügt werden muß. Der wissenschaftlichen Psychologie, soweit sie im weiteren Sinne Laboratoriumsforschung betreibt, stellen sich zahlreiche Probleme gar nicht, werden vielleicht auch gar nicht zugelassen: Arbeitsbelastung, wie sie für das industrielle Zeitalter typisch sind, waren nie Gegenstand der Grundlagenforschung; mit dem Aufkommen rechnergestützter Systeme mit entsprechenden Dialogprozeduren kommen überaus komplexe perzeptive und kognitive Prozesse ins Spiel. Ihre konventionelle experimentell-inferenzstatistische Behandlung hinkt dem technischen Fortschritt hoffnungslos hinterher, neue Methoden werden benötigt.

So ist nur allzu verständlich und gleichzeitig hilfreich, wenn sich Fachvertreter gründlich mit der „Anwendung von Psychologie" auseinandersetzen. Herrmann (1979, 128) sieht in den eingangs beschriebenen Vorstellungen „die noch heute fest etablierte Doktrin der ‚Psychologieanwendung'", die ihm falsch und zunehmend gefährlich erscheint. Man mag bezweifeln, ob es sich hier wirklich um eine fest etablierte Doktrin handelt oder um eine vereinfachende Gewohnheit; der Konsequenz Herrmanns, die „Lage" gründlich zu durchdenken, muß uneingeschränkt zugestimmt werden. Die Rede von „Fächern, die Grundlagencharakter besitzen, und jenen, die als angewandt bezeichnet werden", hat Hofer (1987) als einen „unseligen Dualismus" bezeichnet. Man solle das Begriffspaar „Grundlagendisziplinen/ Angewandte Disziplinen" „aufs Altenteil setzen" und stattdessen von „Bereichs- (oder Funktions-) und Kontextdisziplinen sprechen". Er kehrt dann – hier für die Pädagogische Psychologie – die traditionelle Sequenz um:

„Nicht die Grundlagendisziplin ist das Gegebene, das nach Brauchbarem abgemustert wird. Wir setzen stattdessen den erzieherischen Kontext als das Gegebene. Dann können wir sagen, daß es Aufgabe der Psychologie sei, die erzieherischen Realitäten, ihre Bedingungen und Folgen systematisch und kontrolliert zu erforschen. Das Fach wäre dann positiv bestimmt. Es bezöge seine eigenen Fragestellungen aus der Aufgabe, Wahrnehmung, Motivation, Lernen und Denken usw. der im erzieherischen Kontext beteiligten Personen zu erforschen" (Hofer, 1987, 84).

Das gilt für die A.P. überhaupt: „Aufgabe der Angewandten Psychologie ist es, wissenschaftliche Erklärungen und Modelle für die in der Problemsituation dominierenden Verhaltenseigentümlichkeiten zu gewinnen" (Hoyos, 1977, 29).

Wie schon die Suche nach Antworten auf die Frage „Anwendung worauf?" nahegelegt hat, geht es darum festzustellen: Anwendung von Psychologie besteht darin, wissenschaftliche Disziplinen mit einem eigenen Auftrag in engem Bezug zu einem Anwendungsbereich zu etablieren. Für diese Disziplinen werden nun neue Namen gesucht, da „Angewandte Psychologie" dem „unseligen Dualismus" Grundlagendisziplinen/Angewandte Disziplinen verhaftet bleibt. Hofer schlägt vor, von „Bereichsdisziplinen" zu sprechen, soweit wichtige Funktionen wie Wahrnehmung, Lernen usw. thematisiert werden, von „Kontextdisziplinen" dagegen, wenn „Lebenskontexte" herausgegriffen und bereichsübergreifend behandelt werden. Kontextdisziplinen wären z. B. die Pädagogische Psychologie, Arbeitspsychologie, Verkehrspsychologie usw. Bei aller Sympathie für die Begründung der Umbenennung: Den mit den traditionellen Namen verbundenen Bedeutungsgehalt werden die neuen Titel nicht so rasch erwerben können. Es bleibt also bei der guten alten A.P., aber sie wird im Sinne dieser Überlegungen neu gesehen.

Herrmann (1979, 132) kommt bei der Analyse von psychologischen Tätigkeiten zu drei Kategorien:

I. Psychologie-bezogene, nicht-forschende Tätigkeiten,
II. Psychologisch-technologische Innovations-(Forschungs-)tätigkeiten,
III. Psychologisch-wissenschaftliche Innovations-(Forschungs-)tätigkeiten.

Kategorie II enthält diejenigen psychologisch forschenden Tätigkeiten, die wir nach den bisherigen Darlegungen als A.P. bezeichnet haben. Herrmann nennt sie „psychologische Technologien" in Abgrenzung von den wissenschaftlich-psychologischen Forschungstätigkeiten. Beide führen notwendigerweise zu Theorien, da sie als Problemlösungsversuche verstanden werden können, jedoch handelt es sich bei den „psychologischen Technologien" um die Erarbeitung von Problemlösungen für „... Probleme, die im nichtforschenden praktischen Handeln, nicht aber im Fortgang wissenschaftlicher Forschung selbst entstehen" (Herrmann, 1979, 138). Solche Theorien liefern nach Herrmann (1979, 136f.) eine „Basis für die *Gewinnung von Regeln*, die den Verlauf optimalen praktischen Handelns vorschreiben". Es gehe um „Entscheidungen, die im Lichte der jeweils besten *technologischen*, nicht aber unbedingt der besten *wissenschaftlichen Erkenntnis* getroffen werden. Wissenschaftliche Erkenntnisse seien für das technisch-praktische Handeln im allgemeinen zu abgelegen oder gar irrelevant. Für die genannten Zwecke werden wissenschaftliche Erkenntnisbestände entsprechend selegiert und aufbereitet: „Die technologische Erkenntnis wächst primär unter der Kontrolle der Bewährung im technisch-praktischen Handeln".

Ähnlich erwartet Ulrich (1982) von den angewandten Disziplinen nicht so sehr die Entwicklung von Theorien, sondern die Entwicklung von Modellen und Regeln für wissenschaftsgeleitetes Verhalten in der Praxis.

Die psychologische Technologie sollte sich – weiter nach Herrmann (1979, 147) – in doppelter Weise für die Lösung der ihr vorliegenden Probleme bereithalten: 1. durch Gewinnung expliziter *Handlungsregeln* aus theorie-spezifisch explizierten Gesetzesannahmen, und 2. durch Generierung von Hintergrundwissen beim technisch-praktisch Handelnden, das auf entsprechend aufbereiteten psychologischen Erkenntnisresultaten basiert.

Daß an Theorien, die unter diesen Zielsetzungen erarbeitet wurden, andere Forderungen gestellt werden als an wissenschaftliche Theorien, liegt auf der Hand. Ihre Besonderheiten werden von Herrmann (1979) eingehend analysiert. Ulrich (1982, 4) hat diese Aufgabe noch in eine zukunftsbezogene Zeitperspektive gerückt: „Die empirische Grundlagenforschung will eine bestehende Wirklichkeit beobachten und mit Hilfe von allgemeinen Theorien erklären, die angewandte Forschung zielt auf den Entwurf einer neuen Wirklichkeit."

Selbstverständlich stehen Grundlagendisziplinen und A.P. in fruchtbarer Wechselwirkung. Wie Broadbent (1971, 29) unter Hinweis auf seinen Lehrer S. Bartlett betont, kämen die bedeutenderen theoretischen Fortschritte der Psychologie aus Laboratorien, die an praktischen und angewandten Problemen interessiert sind. „This is then my message: it is theoretically productive to get our ideas from applied work." Wie Hofer (1987) meint, könne Pädagogische Psychologie beides sein: Kind *und* Vater der Psychologie. So kann wohl mit Recht die traditionelle Behauptung, die Bestände der wissenschaftlichen Psychologie müßten für angewandt-psychologische Zwecke selegiert und aufbereitet werden, als einseitig zurückgewiesen werden. Ein Beispiel aus dem Arbeitsbereich des Autors mag die Wechselbeziehung zwischen Grundlagenforschung und angewandter Forschung verdeutlichen. Ein für die Sicherheit in Mensch-Umwelt-Systemen (z. B. Arbeitsplätze, private Haushalte) fundamentaler Prozeß ist das Wahrnehmen von Gefahren. Für sie gelten in weiten Bereichen die klassischen Wahrnehmungsgesetze. Neue Konzepte der Signalverarbeitung werden benötigt, wenn es gilt, verborgene, unanschauliche und schwer zugängliche Gefahren zu erfassen. Aus der Bearbeitung dieser Fragestellung entwickelt sich eine Lehre von der „Gefahrenkognition" (Ruppert et al., 1985), die für die Grundlagendisziplinen wichtige Anregungen geben könnte.

Grundlagen und Anwendungen der Psychologie werden nach Anastasi (1973, 7) durch die Person des Psychologen selbst zusammengehalten. „Hinsichtlich der Ausbildung und Orientierung ist jeder angewandte Psychologe in erster Linie Psychologe und erst in zweiter Linie ein Spezialist für die Anwendungen." So sahen es auch Vertreter der A.P. auf einer Diskussionsrunde über das Thema „Was können die Grundlagendisziplinen der Psychologie von der arbeits- und organisationspsychologischen Forschung lernen?" auf dem 33. Kongreß der Deutschen Gesellschaft für Psychologie (Hoyos, 1983). Eine Ziel- und Aufgabenzuweisung, Grundlagenforschung als Erkenntnisgewinn und angewandte Forschung als erfolgreiche Lösung praktischer Probleme, wurde von seiten der Teilnehmer aufgrund eigener Forschungserfahrung zurückgewiesen. Fast immer gehe mit der Lösung eines praktischen Problems die Bearbeitung eines Grundlagenproblems einher bzw. erfolge bei der Bearbeitung eines konkreten Problems immer wieder eine Rückbindung zu den Grundlagendisziplinen. Diese gewünschte und teilweise realisierte Kombination von Grundlagen- und angewandter Forschung stellte eine von den meisten Teilnehmern bevorzugte Arbeitsweise dar. Die Möglichkeit einer klaren Trennung beider Forschungsbereiche wurde bezweifelt.

Ohne die Meinung der erwähnten Diskussionsrunde im Nachhinein interpretieren zu wollen, kann man aus den gemachten Äußerungen doch die Tendenz heraushören, für die A.P. eigene *wissenschaftliche Erkenntnisgewinnung* zu reklamieren. In diesem Zusammenhang ist die Meinung der Diskussionsteilnehmer aufschlußreich, wie sich Grundlagenforschung und angewandte Forschung voneinander unterscheiden: Hier wurde zunächst auf die höhere Kompliziertheit der Problemstellungen in angewandten Bereichen hingewiesen, die zwar nicht unbedingt komplexere, aber auf jeden Fall andere Theorien und andere Vorgehensweisen erforderten. Es habe viele Versuche gegeben, Methoden und Einzeltheorien aus den Grundlagen zu übernehmen und zu harten Daten zu gelangen. Dieses Vorgehen habe sich jedoch für die Probleme der A.P. als wenig hilfreich erwiesen. In diesem Kontext wurde der Vorwurf der Theorielosigkeit, der der angewandten Forschung oft gemacht wird, zurückgewiesen.

So führt der Versuch, die Frage „Anwendung wovon?“ zu der vorher schon nahegelegten, nun aber überzeugend nachgewiesenen Notwendigkeit, eine eigene Gruppe von psychologischen Disziplinen zu etablieren, die „zwischen“ die Wissenschaft und das praktische Handeln tritt. Diese Meinung vertraten Wissenschaftstheoretiker in einer Diskussion über die Stellung Angewandter Wissenschaft in den 60er Jahren, die Brocke (1980, 209) referierte: „Angewandte Wissenschaft sieht er (einer der Diskutanden; Anm. d. Verf.) sozusagen ‚in der Mitte‘ zwischen beiden (Wissenschaft und Technologie; Anm. d. Verf.) angesiedelt: zwar auf dem Wege zur Handlungsvorbereitung, aber im Kern auf Verständniserweiterung ausgerichtet“. Diese Disziplinen einfach mit den von Herrmann (1979) vorgeschlagenen „psychologischen Technologien“ zu identifizieren, verbietet sich aus den dargelegten Gründen. Vielmehr sollte man die A.P. als Wissenschaft bezeichnen, die Erkenntnisse über die Realität in bestimmten Situationen gewinnen möchte, *und* die auf der Basis dieser Erkenntnisse versucht, mit Hilfe standardisierter Verfahren zu Empfehlungen für die Lösung von Problemen bzw. für die Optimierung von Maßnahmen zu kommen. (Für eine Klärung dieser Frage war mir eine anregende Diskussion mit M. Hofer sehr hilfreich.)

Für das Selbstverständnis der gesamten Psychologie ist es nun außerordentlich wichtig zu wissen, wieweit der Aufbau einer so verstandenen A.P. gelingt und schon gelungen ist. Dieser Nachweis kann hier nicht i. E. geführt werden. Ein instruktives Beispiel liefert aber ein neues und aktuelles Thema, die „Mensch-Computer-Interaktion“, die zwar ein interdisziplinäres Forschungsfeld darstellt, in dem aber die Psychologie zweifellos eine maßgebliche Rolle spielt.

Das Gebiet der Mensch-Computer-Interaktion ist zwar durchaus in der Tradition der Mensch-Maschine-Systeme groß geworden, hat aber in den Beziehungen des Menschen zu seiner technischen Umwelt eine unübersehbare qualitative Änderung herbeigeführt. Während noch in den Mensch-Maschine-Systemen niederer Ordnung sensumotorische Prozesse, einfache Vergleichsprozesse, Entscheidungen und Vigilanz zu den wichtigen Anforderungen zählen, werden in der Mensch-Computer-Interaktion überwiegend höhere mentale Prozesse oder, wie man allgemein sagt, kognitive Prozesse in Anspruch genommen. Im Dialog mit dem Rechner muß der Nutzer (nicht mehr der Operateur wie in herkömmlichen Mensch-Maschine-Systemen) symbolische Informationen verarbeiten, Instruktionen interpretieren, Listen von Kommandos behalten und reproduzieren, außerhalb des Rechners anfallende Informationen umkodieren für den Datenverarbeitungsprozeß und vom Rechner ausgegebene Daten interpretieren, Regelwissen anwenden, Probleme lösen (z.B. im Fall des „Verlorengehens“), ja schließlich ein mentales Modell des Dialogpartners aufbauen.

Als für die Mensch-Computer-Interaktion „zuständige“ Disziplin wird eine „Angewandte Kognitive Psychologie“ (Hollnagel/Woods, 1983; Klatzky et al., 1985) bzw. eine „Angewandte Psychologie der Informationsverarbeitung“ (Card et al., 1983) gefordert und ist auch schon etabliert. Sie hätte sich auf die Ergebnisse der kognitiven Psychologie – besonders jene mit Orientierung am Paradigma der Informationsverarbeitung – zu stützen und tut dies auch schon. Man denke nur an Theorien des kurzzeitigen und langfristigen Behaltens, des Fertigkeitserwerbs, der Wissensrepräsentation, des Problemlösens. Aber auch hier hört man die Klage, die Grundlagendisziplinen lieferten unverwertbare Ergebnisse (Becker et al., 1986). In diesem Bereich wird es ebenso sein wie in allen Gebieten der A.P.: Die Mensch-Computer-Interaktion läßt – wie oben schon gesagt – neue, noch nicht erforschte Felder kognitiver Aktivitäten erkennen, regt entsprechende Forschungen an und versteht sich als eigenständige Wissenschaft; so wirkt sie auch auf die Grundlagendisziplinen zurück.

Auch wenn im Blick auf dieses Beispiel eine optimistische Sicht auf die A.P. begünstigt wird, muß es doch alle Psychologen mit Sorge erfüllen, daß bei exponentiell steigender Menge an wissenschaftlichen Publikationen der gesamte Beitrag der Psychologie zur Lösung gesellschaftlicher, sozialer und wirtschaftlicher Probleme stagniert, wenn nicht gar sinkt.

4 Anwendung wozu und für wen?

Diese Frage wurde schon mehrfach angeschnitten: Die A.P. gibt Empfehlungen zur Lösung von Problemen, die für die Psychologie extern sind und die in verschiedensten Bereichen des gesellschaftlichen und sozialen Lebens entstehen. Wenn also A.P. und deren Umsetzung auf Änderung von Umgebungsbedingungen und Verhalten abzielt – und das tut sie ja wohl –, erhebt sich natürlich die Frage, wer oder was nach welchen Kriterien geändert werden soll. Hier kommen *Wertaspekte* ins Spiel, die mit so allgemeinen Begriffen wie Zuverlässigkeit, Optimierung, Verwertbarkeit, Effizienz nur ungenügend umschrieben sind. Wie Franke (1973) betont hat, müssen Prioritäten für Projekte der A.P. definiert, Kriterien der Zumutbarkeit für den einzelnen präzisiert und mögliche Folgen für die Gesellschaft bedacht werden.

Ein instruktives Beispiel für die Art und Weise, wie diese Diskussion geführt werden kann und geführt werden muß, liefert die Debatte der letzten Jahre zur *Humanisierung des Arbeitslebens*. Mit einer entschiedenen Option für den arbeitenden Menschen wurde gefordert, Arbeitsverhältnisse so zu gestalten, daß die Beschäftigten zufrieden sind, daß sie ihre Arbeit akzeptieren, sie von dieser Arbeit auch durch bessere Qualifikation profitieren u.a.m. Sie sollen selbst Subjekt der Verbesserung ihrer Arbeitsverhältnisse sein. Wie eine solche Zielsetzung zu einem „meßbaren" Ergebnis, aber auch zu Folgen der Motiviertheit der Beschäftigten führen kann, hat Bednarek (1985) in einer Studie über Qualitätszirkel zeigen können. Die seit Jahren in vielen Humanisierungsprojekten durchgeführten Begleitforschungen durch Psychologen – zusammen mit Ergonomen und Arbeitsphysiologen – (z. B. den Hertog, 1978; Ulich, 1978; Warnecke/Kohl, 1979; Kleinbeck, 1980; Rohmert, 1980; Kleinbeck/Ernst, 1981) zeigen im übrigen exemplarisch, wie A.P. einen eigenen Forschungsauftrag definiert und praktiziert.

Das hier gewählte Beispiel zeigt aber auch eine Schwäche der A.P., die sie nur langsam überwinden kann, nämlich das oben genannte Versprechen einzulösen, mit Hilfe standardisierter Verfahren zu Empfehlungen für die Lösung von Problemen bzw. für die Optimierung von Maßnahmen zu kommen. Wie Card et al. (1983) meinen, betrachteten Psychologen bevorzugt die *Evaluation* von Maßnahmen als das Hauptaufgabengebiet von Anwendung. Dies könnten sie am besten – dazu besonders befähigt durch Kenntnisse in der experimentellen Versuchsplanung und in der statistischen Auswertung der Ergebnisse. Die Evaluation sei auch ein einfacheres Geschäft als Entwurf und Entwicklung, sind doch alle Komponenten und Merkmale eines Systems bereits spezifiziert. Man würde mit der Behauptung, alle Begleitforscher in Humanisierungsprojekten hätten sich nur mit Wirkungsanalysen beschäftigt, die Situation nicht ganz korrekt wiedergeben; im Großen und Ganzen jedoch entsprach es der Rolle, die man ihnen zugewiesen hatte, Arbeitsstrukturen, die Andere entworfen hatten, im Hinblick auf Zufriedenheit-schaffendes Potential u. a. Aspekte zu überprüfen. Freilich kann und soll man aus Ergebnissen von Wirkungsanalysen, die ohnehin unerläßlich sind, lernen; das Ziel der Anwendung von Psychologie muß es jedoch sein, von Anfang an an Systementwicklungen mitzuwirken und damit auch weitaus größeren Einfluß zu gewinnen.

Auch für diesen Aspekt liefert die Psychologie der Mensch-Computer-Interaktion anschauliche Belege. Mit „rapid prototyping" (z. B. Budde et al., 1984) kann in frühen Entwicklungsphasen – z. B. eines Büroautomationssystems – psychologisches Wissen zur Optimierung von Nutzerverhalten und Systemeffektivität eingebracht werden. Das ist freilich nur eine Möglichkeit der Anwendung von Psychologie. Aufgaben- und Anforderungsanalysen, Stimulationstechniken, Gestaltungsempfehlungen, Evaluationstechniken, Problemlösen in Gruppen sind andere – insgesamt bedauerlicherweise noch zu wenige und zu wenig erprobt.

Bei all diesen durchaus erfreulichen Entwicklungen darf indes nicht vergessen werden, wie spannungsreich sich das Verhältnis zwischen angewandter Forschung und Anwendungsfeldern gestaltet. Im wirtschaftlichen Bereich werden mit Vorliebe Kriterien der Produktivität und Leistungssteigerung gegen Kriterien humaner Arbeitsverhältnisse ausgespielt. Ob man nun an eine Möglichkeit der Harmonisierung dieser Kriterien glaubt oder von einer ihrer prinzipiellen Unverträglichkeit ausgeht, die nur gewisse Annäherungen durch Kompromisse erlaubt; auf alle Fälle wird die Forderung an die Psychologen deutlich, zu klaren, wertbezogenen Entscheidungen über ihre eigenen Aktivitäten zu kommen. Wie die vielfach extreme *Relevanzdebatte* der letzten Jahre gezeigt hat, können solche Konflikte auch auf die Grundlagendisziplinen selbst durchschlagen.

Schließlich muß A.P. ständig ihre Grenzen überschreiten. „Die in der Praxis entstehenden Probleme lassen sich nicht nach Disziplinen der Grundlagenwissenschaften klassieren. Nur in den Grundlagenwissenschaften gibt es nur psychologische oder nur physikalische Probleme; die Probleme des handelnden Menschen sind a-disziplinär, sie haben mit der Einteilung der Grundlagenwissenschaften in Disziplinen nichts zu tun. Angewandte Forschung ist daher ihrem Wesen nach interdisziplinär" (Ulrich, 1982). Kaum eine These wird so oft beschworen und doch so selten mit Erfolg realisiert wie die von der *Interdisziplinarität* angewandter Forschung. Dabei ist die Psychologie ihren Gesprächspartnern recht weit entgegengekommen, indem sie Begriffe und Modelle aus den Ingenieurwissenschaften oder Wirtschaftswissenschaften in ihr eigenes Repertoire von Beschreibungs- und Erklärungsmöglichkeiten übernahm, z. B. die Systembetrachtung oder die Anwendung regeltheoretischer Modelle.

Tatsächlich verfügen bei einer gegebenen Problemlage stets mehrere Disziplinen über eine Problemlösungskapazität, die zum Wohle der betreffenden Menschen – in fruchtbarer Zusammenarbeit mit anderen Fachvertretern – eingesetzt werden sollten.

Literatur

Anastasi, A.: Fields of applied psychology. New York: McGraw Hill, 1964.

Anastasi, A.: Angewandte Psychologie. Weinheim: Beltz, 1973.

Becker, C. A./Graefe, Th. M./Milewski, A. C.: Besprechung von Ch. D. Wickens (1984): Engineering psychology and human performance. Contemporary Psychology, 31, 1986, 58-59.

Bednarek, E.: Veränderung der Arbeitsmotivation durch Qualitätszirkel und Lernstatt. Dissertation TU München, 1985.

Benesch, H.: Angewandte Psychologie. In: Krech, D./Crutchfield, R. S.: Grundlagen der Psychologie, Bd. 8. Weinheim: Beltz, 1985.

Benesch, H./Dorsch, F. (Hrsg.): Berufsaufgaben und Praxis der Psychologen. München: Ernst Reinhardt, 1984.

Bergius, R.: Sozialwissenschaftliche Forschungen zum Energieproblem der Wirtschaft. Psychologische Rundschau, 35, 1984, 185-197.

Broadbent, D. E.: Relation between theory and application in psychology. In: Warr, P. B. (Ed.): Psychology at work. Hammondsworth, Engl.: Penguin, 1971.

Brocke, B.: Wissenschaftstheoretische Grundlagenprobleme der Angewandten Psychologie. Das Abgrenzungs-, Konstituenten- und Fundierbarkeitsproblem. Zeitschrift für Sozialpsychologie, 11, 1980, 207-224.

Budde, R./Kuhlenkamp, K./Mathiassen, L./Züllighoven, H. (Eds.): Approaches to prototyping. Berlin: Springer, 1984.

Card, St. K./Moran, Th. P./Newell, A.: The psychology of human-computer interaction. Hillsdale, N. J.: Lawrence Erlbaum, 1983.

denHertog, F. J.: Arbeitsstrukturierung. Experimente aus Holland. Bern: Huber, 1978.

Dorsch, F.: Geschichte und Probleme der angewandten Psychologie. Bern: Huber, 1963.

Franke, J.: Das Problem einer Anwendung der Psychologie auf die Umweltgestaltung. Psychologische Rundschau, 18, 1967, 155-168.

Franke, H.: Psychologie und Management – eine Verbindung in der Krise. Management International Review, 13, 1973, 19-32.

Frey, D./Hoyos, C. Graf/Stahlberg, D. (Hrsg.): Angewandte Psychologie: Ergebnisse und neue Perspektiven. München: Psychologie Verlags Union, 1988.

Henning, H.: Psychologie der Gegenwart. Leipzig 1931. Zit. nach Dorsch, 1963.

Herrmann, Th.: Psychologie als Problem: Herausforderungen der psychologischen Wissenschaft. Stuttgart: Klett, 1979.

Hofer, M.: Pädagogische Psychologie: fünf Überlegungen zum Selbstverständnis eines Faches. Psychologische Rundschau, 38, 1987, 82-95.

Hollnagel, E./Woods, D. D.: Cognitive systems engineering: new wine in new bottles. International Journal of Man-Machine Studies, 18, 1983, 583-600.

Hoyos, C. Graf: Arbeitspsychologie. Stuttgart: Kohlhammer, 1974.

Hoyos, C. Graf: Angewandte Psychologie. In: Wörterbuch der Pädagogik. Freiburg: Herder, 1977, 28-31.

Hoyos, C. Graf: Psychologische Unfall- und Sicherheitsforschung. Stuttgart: Kohlhammer, 1980.

Hoyos, C. Graf: Was können die Grundlagendisziplinen der Psychologie von der arbeits- und organisationspsychologischen Forschung lernen? Bericht über eine Diskussionsgruppe. Bericht über den 33. Kongreß der DGfPs, 1983, 837-838.

Hoyos, C. Graf: Verhalten in gefährlichen Situationen. In: Rutenfranz, J./Kleinbeck, U. (Hrsg.): Enzyklopädie der Psychologie, Band Arbeitspsychologie. Göttingen: Hogrefe, 1987.

Jäger, R./Schweizer, H. (Hrsg.): Praxis der Psychologie. Weinheim: Beltz, 1975.

Kaminski, G.: Zur Problematik der Anwendung in der Psychologie. In: H. Benesch/F. Dorsch (Hrsg.): Berufsaufgaben und Praxis des Psychologen. München: Reinhardt, 1984, 9-21.

Klatzky, R. L./Alluisi, E. A./Cook, W. A./Forchand, G. A./Howell, W. C.: Experimental psychologists in industry – perspectives of employers, employees, and educators. American Psychologist, 40, 1985, 1031-1037.

Kleinbeck, U./Ernst, G. (Hrsg.): Zur Psychologie der Arbeitsstrukturierung. Frankfurt: Campus, 1981.

Lantermann, E. D.: Interaktionen – Person, Situation und Handlung. München: Urban & Schwarzenberg, 1980.

Magnusson, D.: Wanted: a psychology of situations. In: D. Magnusson (Ed.): Toward a psychology of situations: an interactional perspective. Hillsdale, N. J.: Lawrence Erlbaum, 1981, 9-32.

Münsterberg, H.: Grundzüge der Psychotechnik. Leipzig, 1920. (2. Aufl.)

Neubauer, R./Rosenstiel, L. v. (Hrsg.): Handbuch der Angewandten Psychologie. München: Verlag Moderne Industrie, 1980.

Rohmert, W.: Humanisierung der Arbeit durch Ergonomie. Zeitschrift für Arbeitswissenschaft, 34 (6 NF), 1980, 65-69.

Rosenstiel, L. v.: Organisationspsychologie. In: Hoyos, C. Graf/Kroeber-Riel, W./Rosenstiel, L. v./Strümpel, B. (Hrsg.): Grundbegriffe der Wirtschaftspsychologie. München: Kösel, 1980.

Ruppert, F./ Hirsch C./Waldherr, B.: Wahrnehmen und Erkennen von Gefahren am Arbeitsplatz. Schriftenreihe der Bundesanstalt für Arbeitsschutz, Forschungsbericht Nr. 426. Bremerhaven: Wirtschaftsverlag NW, 1985.

Ulich, E.: Über das Prinzip der differentiellen Arbeitsgestaltung. Industrielle Organisation, 47, 1978, 566-568.

Ulrich, H.: Anwendungsorientierte Wissenschaft. Die Unternehmung – Schweizerische Zeitschrift für Betriebswirtschaft, 1982, 1-10.

Warnecke, H.-J./Kohl, W.: Höherqualifizierung in neuen Arbeitsstrukturen. Zeitschrift für Arbeitswissenschaft, 33 (5 NF), 1979, 69-75.

Weinert, F.: Einführung in das Problemgebiet der Pädagogischen Psychologie. In: Weinert, F. (Hrsg.): Pädagogische Psychologie. Köln: Kiepenheuer & Witsch, 1967, 13-41.

Wenninger, G.: Auf welchen Erkenntnissen der Psychologie beruht die praktische Sicherheitsarbeit? In: Psychologische Beiträge zum Arbeitsschutz. 2. Workshop „Psychologie der Arbeitssicherheit". Frankfurt/Main: Institut für Psychologie, 1985, 9-42.

Witt, F.-J.: Psychologie und Ökonomie: Das Energieproblem. Psychologische Rundschau, 37 (1), 1985, 4-105.

Angst

Bernhard Floßdorf

Beim Nachdenken über A. kann einem angst und bange werden. Nicht nur weil man A. nachweislich herbeireden kann. Sondern auch weil die Beschäftigung mit diesem Thema gerade in neuerer Zeit dermaßen ausufert, daß es einen nur verunsichert. Jeder Mangel an Sicherheit ist aber bereits ein Anlaß zur A.

Philosophie und Theologie, Biologie, Psychologie und Soziologie haben uns eine lange Reihe theoretischer Entwürfe zum Verständnis der A. beschert. Auch gibt es eine Fülle systematischer Strategien gegen die A., solche der Pädagogik, der Psychotherapie sowie schließlich der Pharmakologie. Doch bei alledem herrscht wenig Klarheit hinsichtlich der zentralen Frage, was denn unsere A. ist, woher wir sie haben und warum wir uns so leicht von ihr ins Bockshorn jagen lassen.

1 Begriff und Funktion

Die Schwierigkeiten beginnen damit, daß wir die A. kaum definitorisch einfangen können. Unsere Sprache hält zahlreiche mit A. assoziierte Wörter bereit, deren Bedeutungen kaum hinreichend sich voneinander abgrenzen lassen: wie etwa Furcht, Schauder, Bangen, Entsetzen, Schrecken und dergleichen mehr. Ganz zu schweigen von dem der A. gegensätzlichen Extrem, der Verwegenheit etwa, die selbst oft genug der A. nur als Tarnkappe dient. Wir können uns also einen Begriff von der A. gleichsam nur mit dem Facettenauge machen.

Vor aller theoretischen Einlassung aufs Thema weiß ein jeder, was es heißt, sich zu ängstigen. Wir kennen die A. als unseren inneren Erregungszustand aus Situationen, in denen wir uns bedroht fühlen. Auch ist es uns geläufig, daß diese Erregung ein weitestgehend autonomes Dasein führt, daß wir uns auch unabhängig von der Existenz eines äußeren, sozusagen objektiven Anlasses ängstigen können. Wir kennen also unsere A. als ein zutiefst *subjektives* Geschehen. A. ist, beim Menschen wie bei Tier, vom *Subjektzentrismus* beherrscht (Bilz, 1971); sie ist, vor jeder Frage nach den tatsächlichen Bedrohungen, zunächst „das Ergebnis einer höchstindividuellen Unheimlichkeitsauslese“ (Fröhlich, 1984).

Subjektiv ist die A. freilich auch darin, daß wir sie nicht nur als psychischen Affekt, sondern auch am eigenen Leibe erleben, indem wir nämlich unsere Pulsfrequenz erhöhen, die Muskeln spannen und weitere physische „Symptome“ mehr produzieren. Und darin kommt ein Stück unserer Naturgeschichte zum Vorschein: A. als leib-seelischer Alarmzustand, dem die *biologische Funktion* zukommt, die energetisierenden und mobilisierenden Potentiale freizusetzen, welche angesichts einer tatsächlichen Gefahr die ums Überleben willen notwendige Angriffs- oder Fluchtreaktion ermöglichen. A. also als integraler Bestandteil des von der Natur uns gegebenen Antriebspotentials.

Gleich hier jedoch begegnen wir einer ersten Doppeldeutigkeit der A. Denn bei aller Bereitschaft zur motorischen Reaktion kann die A. uns doch daran hindern, die Bewegung tatsächlich auszuführen. Solche Lähmung kann uns sogar auf Dauer unbeweglich und damit schließlich handlungsunfähig machen. Sie kann aber auch, als vorübergehende Starre im Schreckmoment, uns davon abhalten, vorschnell zu reagieren, und uns helfen, die Lage gleichsam im Zeitraffer zu sichten, bevor wir der drängenden Bewegung freien Lauf lassen. Sie kann schließlich auch sozusagen absichtlich inszeniert werden, wie durch den sogenannten Totstellreflex bei einigen Tieren.

Eine weitere Doppeldeutigkeit der A. findet sich auf dem Kontinuum zwischen *Lust und Unlust*. Im allgemeinen wird A. unlustvoll erlebt, und im Extremfall macht sie krank. Zugleich jedoch können wir so etwas wie Lust auf A. entwikkeln, die wir mit kulturell verfeinerten Mitteln, etwa Horrorfilm oder Achterbahn, stimulieren und befriedigen. Offensichtlich also basiert unsere A. auf einer instinkthaften Prädisposition, die nach Möglichkeiten passender Betätigung sucht, bevor es zum völligen Instinktleerlauf kommt. Dem entspricht bei unseren tierischen Verwandten ebenfalls eine „Appetenz nach angstauslösenden Situationen“ (Leyhausen, 1967), die in Flucht- und Verfolgungsspielen, kurioserweise gerade beim domestizierten Tier, ihr Betätigungsfeld findet.

Nur eben liegt der *Unterschied zwischen Mensch und Tier* darin, daß die Instinkte beim Tier weitaus stärker dessen jeweiliger Umwelt eingepaßt sind, wohingegen sie beim Menschen, dessen Umwelt immer schon eine kulturell konstruierte ist, von sozialem Lernen überlagert werden. Angeborene angstauslösende Mechanismen sind dem Tier durchweg geläufig, dem Menschen hingegen nur rudimentär in Erinnerung. Bei aller naturgeschichtlich ererbten Prädisposition zur A. sind doch die mit ihr einhergehenden Spannungszustände beim Menschen weitaus weniger spezifiziert. Weshalb, um es paradox zu formulieren, dem Menschen die Freiheit zukommt, auf gänzlich unspezifische Weise furchtsam gestimmt zu sein, eine abstrakt-allgemeine Existenzangst zu pflegen, für die wir beim Tier wohl keinerlei Anzeichen finden.

2 Theoretische Modelle

Angesichts der irritierenden Symptomatik, die in phobischen Reaktionen, in schizophrenen, melancholischen oder sonstwie pathologischen Zuständlichkeiten zum Ausdruck gelangt, waren die frühen humanpsychologischen Theorien zunächst bemüht, die krankhafte von der Alltagsangst, die „irrationale" von der „rationalen" Furcht begrifflich zu trennen. Insbesondere aus der *Psychoanalyse,* der wir die ersten Beiträge zur Psychologie der A. verdanken, ist uns die Unterscheidung zwischen „neurotischer" und „realer" A. überliefert. Im Gegensatz zur „Realangst", die sich an einer bekannten oder jedenfalls benennbaren Gefahr entzündet, ist die „neurotische" Reaktion „Angst vor einer Gefahr, die wir nicht kennen" (Freud, 1925, 198), gleichsam namenlose A., die aus einem lebensgeschichtlich frühen, ins Unbewußte verdrängten Trauma herrührt und sonach jedem „rationalen" Realitätsbezug im Wege steht. Zentrales Kriterium dieser Unterscheidung ist das Vorhandensein oder Nichtvorhandensein eines äußeren, „objektiven" Anlasses zur A.

Plausibel ist diese Unterscheidung sicherlich im Hinblick auf die Extremformen pathologischer Reaktionen. Problematisch ist sie jedoch insofern, als der Weg zu solchen Extremen über ein Kontinuum mit fließenden Grenzen führt. Denn was im Einzelfall „rational" und was „irrational" ist, welche Realität Anlaß zur A. gibt und welche nicht, läßt sich nicht mit begrifflicher Ordnungspolitik bestimmen. Die neuere Angstforschung hat denn auch von solchem Ordnungsbedürfnis längst Abschied genommen: „Eine Taxonomie der Gefahren- oder Bedrohungssituationen, die bei vielen Menschen intensive Angstzustände auslösen, ist kaum möglich." (Fröhlich, 1984, 13).

Solche Bescheidenheit reicht indessen auf die vom *Behaviorismus* beeinflußte Lerntheorie zurück, die sich, im Gegensatz zur Psychoanalyse, nicht um normative begriffliche Bestimmungen kümmert, sondern nun der experimentellen A.forschung widmet. Auf der Basis des zunächst recht simplen Reiz-Reaktions-Modells (Mowrer, 1939) wird hier erstmals strikt erfahrungswissenschaftlich aufgezeigt, wie angstvolles Verhalten, über die biologische Prädisposition hinaus, konditioniert wird. Angstvolles Verhalten wird erlernt, etwa dadurch, daß ein auf einen ursprünglich „neutralen" Reiz reagierendes Individuum Schmerz erleidet oder seitens der sozialen Umwelt bestraft wird (Spielberger, 1966), oder auch dadurch, daß die situativen Bedingungen des Verhaltens zur streßartigen Belastung geraten (Spielberger/Sarason, 1975). Und schließlich hat sich, in Erweiterung des vereinfachenden Reiz-Reaktions-Modells um die Dimension des sozialen Lernens (Bandura, 1969), aufzeigen lassen, daß nicht nur die Konditionierung am eigenen Leibe, sondern auch schon die Beobachtung der angstvollen Reaktionen anderer, insbesondere nahestehender Personen zu eigenen angsterfüllten Erwartungen führen kann.

Konzentriert sich die Psychoanalyse vornehmlich auf die *psychodynamischen* Aspekte des Erlebens von A., so gelangen mit der Weiterentwicklung des lerntheoretischen Ansatzes mehr die *kognitiven* Aspekte in den Blickwinkel der Forschung (Korchin, 1964). A. erscheint dabei zunächst allgemein als der eine Pol eines Kontinuums, dessen entgegengesetzter Pol die *Neugier* ist. So kann die fortgesetzte Konfrontation mit gefährlichen Situationen sowohl zu gesteigerter A.erregung und damit schließlich zu einer dauerhaften Wahrnehmungs-, Denk- und Verhaltensstörung führen als auch, genau umgekehrt, zur erfolgreichen Bewältigung solcher Situationen konditionieren. Allgemeiner ausgedrückt: Die Konfrontation mit Unbekanntem kann sowohl angstvolles Davonlaufen als auch neugierige Hinwendung hervorrufen. Interessanterweise aber werden beide Reaktionen von ähnlichen somatischen Spannungszuständen begleitet. A. ebenso wie Neugier äußern sich in gesteigerter Nervosität und erhöhter Stimulierbarkeit. Ist aber die Neugier die Grundlage aller kognitiven Motivation (Berlyne, 1974), so scheint die A. eher deren Verhinderungsinstanz zu sein.

Entsprechend kreist die neuere A.forschung wesentlich um kognitive Prozesse, um die Auswirkungen der A., vor allem der Furcht vor einer möglichen *Selbstwertbedrohung,* auf Wahrnehmen, Denken und Handeln: A. führt zu der Unfähigkeit, schwer unterscheidbare Wahrnehmungsreize zu differenzieren (Fröhlich, 1984), zu dogmatischem Denken und rigider Stereotypenbildung (Fillenbaum/Jackman, 1961) sowie schließlich zu Vermeidungsreaktionen (Seligman/Johnston, 1973). Ein in diesem Zusammenhang häufig diskutiertes begriffliches Modell ist die auf Spielberger (1975) zurückgehende Unterscheidung zwischen Zustands- (*state*) und Eigenschafts- (*trait*) A. (Laux et al., 1981; Schwenkmetzger, 1985). Diese Unterscheidung zielt auf die Auswirkungen einer Neigung zur A. auf die Intensität von A.zuständen. Sie geht von der Erfahrung aus, daß wiederholt erlebte A. sich zur angstvollen Erwartung verallgemeinert, die so zu einem dauerhaften Persönlichkeitsmerkmal wird. Hier trifft sich die kognitive A.forschung mit dem *interaktionistischen* Ansatz der modernen Persönlichkeitsforschung.

3 Gesellschaftliche Dimensionen

Wir leben im „Zeitalter der unverdeckten Angst"; A. ist „das zentrale Thema unserer Tage": Solche und ähnliche Wendungen sind nicht so neu, wie man vermuten möchte; sie reichen vielmehr bis auf den Beginn unseres Jahrhunderts zurück (Fröhlich, 1965) und verweisen auf die Schwierigkeit, über die biologischen und die psychologischen Gründe der A. zu reden, ohne zugleich auf deren *gesellschaftliche* Anlässe und Wirkungen zu sprechen zu kommen.

Zunächst jedoch entbehrt es nicht einer gewissen Ironie, der A. gesellschaftliche Dimensionen zuzusprechen. Denn die Gesellschaft, in der wir leben, fußt auf historischen Voraussetzungen, denen zufolge mit der A. sozusagen ein für allemal hätte Schluß sein sollen. Wenn wir heute die Freiheit von der A. zum Gradmesser der individuellen Entfaltung ebenso wie des gesellschaftlichen Fortschritts machen, so tun wir dies, ob erklärtermaßen oder nicht, in Anknüpfung an das aufklärerische Programm der bürgerlichen Gesellschaft. Hatte in der vorbürgerlichen Welt zumindest noch die Gottesfurcht als Bedingung menschlichen Glücks gegolten, so sollten nunmehr zum Glücke der Menschheit alle Furcht und aller Schrecken abgeschafft werden.

Philosophische Aufklärung, Empirismus und Rationalismus haben den Menschen zum souveränen Subjekt seiner Lebensverhältnisse erklärt. Das Verhältnis des Menschen zur Natur bestimmt sich nicht länger nach dem Bild einer kosmologisch vorgegebenen Einheit, sondern nunmehr nach dem Postulat einer technologisch aufgegebenen Herrschaft des Menschen über die Natur. Objektive Anlässe zur A., vor allem die existentielle A. des Menschen vor den Naturgewalten, soll es fortan nicht mehr geben: Gegen Blitz und Donnerschlag, nach vormaligem Verständnis die augenfällige Strafaktion dunkler Jenseitsmächte, konstruiert der aufgeklärte Ingenieur den Blitzableiter.

Die solcherart *technologisch vorangetriebene A.reduktion* findet zugleich ihr politisches Pendant. Mit dem Übergang vom Feudalsystem zur bürgerlichen Gesellschaft relativiert sich die A. des Menschen vor dem Menschen. An die Stelle hoheitlicher Willkür tritt das auf der Basis strikter Gewaltenteilung kodifizierte *Gesetz*, vor dem nach bürgerlichem Anspruch alle Menschen gleich sind. Im Gesetz wird die A. gewissermaßen institutionalisiert (Frankenberg, 1977): Die gesellschaftlichen Belange sind vertraglich geregelt, und sonach kann das handelnde Individuum kalkulieren und durchschauen, was es zu befürchten hat und was nicht. Namenlose, blinde A. kann es in der Gesellschaft der freien Bürger nicht geben.

Indessen ist das bürgerliche Programm der Furchtlosigkeit wohl von Anfang an brüchig gewesen. Ob A. vor Krieg, vor wachsender Arbeitslosigkeit, vor der fortschreitenden Zerstörung der Umwelt, vor der zunehmend undurchschaubar werdenden Macht gesellschaftlicher Institutionen, schließlich vor der sich ausbreitenden Anonymität und Unberechenbarkeit der zwischenmenschlichen Beziehungen: Alle diese Ängste scheinen heute unausweichlicher denn je; der wachsende Konsum von Psychopharmaka, insbesondere von anxiolytischen, d. h. angstlösenden Arzneimitteln, scheint ein untrügliches Zeichen für die gesellschaftliche Aktualität der A. zu sein.

Unabhängig von der Frage, ob die gesellschaftlichen und politischen Strukturen „tatsächlich" hinreichende Anlässe zur A. liefern, hängt freilich Entscheidendes davon ab, wie wir mit der A. umgehen. Sie in erster Linie als ein zu reduzierendes Fehlverhalten zu betrachten und also zu dämpfen, kann nur zugleich heißen, daß wir unseren Handlungsspielraum einengen. Ist die A. Bestandteil des uns von der Natur gegebenen Antriebspotentials, so käme es darauf an, ihr gegenüber eine Art *Doppelstrategie* walten zu lassen: indem wir nämlich einerseits die Angst, wo immer sie auftritt, uns bewußt machen, statt sie mit verwegenen Parolen zu übertönen; indem wir freilich andererseits uns von ihr nicht besetzen und von Panik oder Apathie nicht infizieren lassen.

Literatur

Baeyer, W./Baeyer-Katte, W.: Angst. Frankfurt : Suhrkamp, 1971.

Bandura, A.: Principles of behavior modification. New York : John Wiley & Sons, 1969.

Berlyne, D. E.: Konflikt, Erregung, Neugier. Zur Psychologie der kognitiven Motivation. Stuttgart : Klett, 1974.

Bilz, R.: Studien über Angst und Schmerz. In: Bilz, R. (Hrsg.): Paläoanthropologie. Frankfurt : Suhrkamp, 1971.

Fillenbaum, S./Jackman, A.: Dogmatism and anxiety in relation to problem solving. Journal of Abnormal and Social Psychology, 63, 1961.

Floßdorf, B.: Bangemachen gilt nicht. Betrachtungen über die Angst. In: Jahrbuch der Kindheit 2. Weinheim : Beltz, 1985.
Frankenberg, G.: Angst im Rechtsstaat. Kritische Justiz, 10, 1977.
Freud, S.: Hemmung, Symptom, Angst. Gesammelte Schriften Bd. 9. Leipzig : Intern. Psychoanalytischer Verl., 1925.
Fröhlich, W. D.: Angst und Furcht. In: Thomae, H. (Hrsg.): Allgemeine Psychologie. Handbuch der Psychologie Bd. 2. Göttingen : Hogrefe, 1965.
Fröhlich, W. D.: Angst. Gefahrensignale und ihre psychologische Bedeutung. München : Deutscher Taschenbuch Verlag, 1982.
Fröhlich, W. D.: Der gegenwärtige Stand der Angstforschung. In: Berufsverband Österreichischer Psychologen (Hrsg.): Angst – Streß – Unfall. 25. Kongreß des Berufsverbandes Österreichischer Psychologen. Wien : Hausbücherei der Allgemeinen Versicherungsanstalt, 1984.
Korchin, S. J.: Anxiety and cognition. In: Scheerer, C. (Ed.): Cognition: Theory, research, and promise. New York : Harper & Row, 1964.
Laux, L. (Hrsg.): Das State-Trait-Angst-Inventar (STAI). Weinheim : Beltz, 1981.
Leyhausen, P.: Zur Naturgeschichte der Angst. In: Lorenz, K./ Leyhausen, P. (Hrsg.): Antriebe tierischen und menschlichen Verhaltens. München : Piper, 1967.
Mowrer, O. H.: A stimulus-response analysis and its role as a reinforcing agent. Psychological Review, 46 1939.
Schwenkmetzger, P.: Modelle der Eigenschafts- und Zustandsangst, Göttingen : Hogrefe, 1985.
Seligman, M. E. P./Johnston, M. C.: A cognitive theory of avoidance learning. In: McGuigan, F. J./Lumsden, D. B. (Eds.): Contemporary approaches to conditioning. New York : Wiley-Interscience, 1973.
Spielberger, C. D. (Ed.): Anxiety and behavior. New York : Academic Press, 1966.
Spielberger, C. D.: Anxiety: State-trait-process. In: Spielberger, C. D./Sarason, I. G. (Eds.): Stress and anxiety, Vol. 1. Washington, 1975.
Spielberger, C. D./Sarason, I. G. (Eds.): Stress and anxiety Vol. 1. Washington, D. C.: Hemisphere/Wiley, 1975.

Anlage und Umwelt

Andreas Krapp

1 Problemstellung

Auf der Suche nach den Entwicklungsbedingungen individueller Verhaltenstendenzen (Merkmale, Dispositionen, Fähigkeiten; z. B. Intelligenz) hat man in der Psychologie immer wieder die Frage nach dem Einfluß von A.- und U.faktoren aufgeworfen. Wissenschaftsgeschichtlich betrachtet standen bislang drei Teilfragen zur Debatte:

Wird die psychische Entwicklung (ausschließlich) von A.faktoren oder von der U. bestimmt? Die sog. Nativisten in der geistigen Tradition von Plato und Kant waren von der Vorherrschaft des Erbes (*Anlagen- oder Erbtheorie*), die sog. Empiristen im Gefolge von Hobbes und Locke von der Vorherrschaft der Milieubedingungen überzeugt (*Milieutheorie*). Spätestens zu Beginn des 20. Jahrhunderts setzte sich jedoch die Auffassung durch, daß an der Entwicklung aller menschlichen Merkmale beide Faktorengruppen gleichermaßen beteiligt sind (*Konvergenztheorie* von Stern).

Welches relative Gewicht haben A. und U.? An dieser Frage entzündete sich bereits im ersten Drittel dieses Jahrhunderts eine heftige Debatte, in der sich erbtheoretisch argumentierende Psychologen, vor allem im Umfeld der *Differentiellen Psychologie* und milieutheoretisch ausgerichtete Gruppen, insbesondere Lerntheoretiker des *Behaviorismus* (z. B. Watson) gegenüberstanden. Nachdem die Auseinandersetzungen zu keinem definitiven Ergebnis geführt hatten und sich allmählich die Überzeugung durchsetzte, daß die Frage wissenschaftlich nicht endgültig entscheidbar sei, schien das A.-U.problem für die Psychologie erledigt. Wichtiger und erfolgversprechender erschien die weiterführende Frage:

Auf welche Weise beeinflussen A.- und U.faktoren die individuelle Entwicklung? Die Fortschritte der Genetik bei der Aufklärung genetischer Strukturen und Prozesse in der Mitte des Jahrhunderts (z. B. Entdeckung der DNS; kausalanalytische Aufklärung primärer und sekundärer Genwirkungen) und das zunehmende Interesse der Psychologie für die U.abhängigkeit des Verhaltens veranlaßte einflußreiche Autoren wie Anastasi (1958/1973), die Frage nach dem „*Wie*" in den Vordergrund der A.-U.-Debatte zu rücken. Das Ziel der Forschung sollte nicht mehr darin bestehen, fragwürdige Prozentangaben über das relative Gewicht von Erb- und Umweltfaktoren zu bestimmen, sondern die Entwicklungs*prozesse*, den modus operandi von A.- und U.faktoren in der Entwicklung von Verhaltensunterschieden aufzuklären.

Trotz dieser weithin akzeptierten Forderung wurde sowohl in der fachwissenschaftlichen wie in der populärwissenschaftlichen Literatur der letzten Jahre fast ausschließlich die zweite Fragestellung diskutiert. Auffallend und bezeichnend ist in diesem Zusammenhang, daß die Frage immer wieder zu heftigen Kontroversen Anlaß gibt. Große Beachtung fand z. B. die sog. Jensen-Jencks-Debatte. Sie entzündete sich im Anschluß an eine Publikation von Jensen (1969/1973), in der er behauptet, daß die in den 60er Jahren mit großem Optimismus initiierten Vorschulprogramme deshalb gescheitert seien, weil man die erblichen Determinanten der Intelligenzentwicklung in ihrer Wirkung unterschätzt habe. Diese Behauptung versucht er mit Hilfe sog. *Erblichkeits- oder Heritabilitätsschätzungen* der Intelligenz zu belegen. Aufgrund eines Überblicks der verfügbaren Forschungsergebnisse kommt er zu dem Ergebnis, daß die in der europäischen und nordamerikanischen Bevölkerung beobachteten Intelligenzunterschiede zu ca. 80% auf Erbunterschiede und zu ca. 20% auf Umweltunterschiede zurückzuführen sind. Die theoretischen und methodischen Grundlagen dieser Erblichkeitsschätzungen sowie die Tragfähigkeit der daraus abgeleiteten Schlußfolgerungen sind seitdem mehrmals Gegenstand von z. T. öffentlich ausgetragenen kritischen Auseinandersetzungen gewesen (Harvard Educational Review, 1969 a, 1969 b; Fatke, 1970; Herrnstein, 1974; Klauer, 1975; Eysenck, 1976; Seidler, 1981; Heid, 1985).

2 Erblichkeitsschätzungen der Intelligenz

Erblichkeit (auch: Heritabilität) ist ein Fachterminus der Populationsgenetik und bezeichnet jenen Varianzanteil eines beobachtbaren (graduell abgestuften) Merkmals, der auf genetische Unterschiede in der untersuchten Population zurückgeführt werden kann. Als Populationsschätzwert macht der Erblichkeitskoeffizient nur Aussagen über die Relation von A.- und U.anteilen an den Merkmalsunterschieden (Merkmalsvarianz) in einer gegebenen Population; über das individuelle Entwicklungsgeschehen enthält er keine Angaben.

Methoden zur quantitativen Bestimmung der Erblichkeit, d. h. zur Ermittlung sog. *Erblichkeits- oder Heritabilitätskoeffizienten* (H), die Werte zwischen 0 und 1,0 annehmen können, wurden vor allem in der Tier- und Pflanzenzucht entwickelt, wo sie auch von großem praktischem Nutzen sind. Die Berechnung exakter Erblichkeitskoeffizienten für ein bestimmtes Merkmal setzt – abgesehen von der Meßbarkeit des Merkmals – die Möglichkeit zu experimenteller Variation von A.- und U.faktoren voraus, z. B. die systematische Veränderung und Kontrolle der U.bedingungen bei Gruppen von Individuen mit identischer genetischer Konstitution (erbgleiche Linien) und/oder die systematische Zuordnung verschiedener Genotypen zu jeweils konstanten U.- oder Entwicklungsbedingungen. Da es im Humanbereich diese Möglichkeit nicht gibt, sind Erblichkeitsschätzungen allenfalls näherungsweise möglich. Dabei stützt man sich auf vorhandene A.- und U.unterschiede in einer Population. Entsprechende Daten liefern z. B. Untersuchungen über die Merkmalsähnlichkeit (Korrelation) von Personen unterschiedlichen Verwandtschaftsgrades, die entweder gemeinsam oder getrennt aufgewachsen sind. Besondere Beachtung finden einerseits *Adoptionsstudien,* da hier der Umwelteinfluß in einer quasi „natürlich-experimentellen" Situation untersucht werden kann (Plomin, 1983; Scarr/Weinberg, 1983); andererseits die *Zwillingsforschung,* insbesondere der Merkmalsvergleich bei eineiigen Zwillingen, da sie den biologischen Sonderfall erbgleicher Individuen darstellen.

Das Prinzip der Erblichkeitsschätzung läßt sich am Beispiel der Zwillingsuntersuchungen relativ leicht demonstrieren. Deshalb wird diese Methode vor allem in der populärwissenschaftlichen Literatur häufig zitiert und kritisiert. Es darf jedoch nicht übersehen werden, daß die moderne Verhaltensgenetik über eine Reihe anderer, statistisch teilweise sehr anspruchsvoller Methoden verfügt, mit deren Hilfe nicht nur grob summative Gewichte für das Insgesamt der A.- und U.einflüsse, sondern auch Gewichte für einzelne Teilkomponenten sowie für Kovarianz- und (statistische) Interaktionseffekte zwischen A.- und U.faktoren geschätzt werden können (Jinks/Fulkner, 1970; Jencks, 1973; Cattell, 1976; Merz/Stelzl, 1977).

Ohne hier im einzelnen auf Voraussetzungen, Methoden und Ergebnisse eingehen zu können, ist festzuhalten, daß es „endgültig wissenschaftlich gesicherte" Erblichkeitsschätzungen der menschlichen Intelligenz nicht gibt und auch nicht geben kann. In der Tat variieren die vorliegenden Erblichkeitsschätzungen ganz erheblich (Formann/Fischer, 1982). Berücksichtigt man allerdings die jeweils unterschiedlichen Vorannahmen, Berechnungsmethoden und Korrekturvorschläge der Autoren, dann ergibt sich insofern ein relativ einheitliches Bild, als die beobachtbaren IQ-Unterschiede in der gegenwärtigen nordamerikanischen und mitteleuropäischen Bevölkerung zu einem hohen Anteil auf genetische Unterschiede und nur zu einem relativ geringen Anteil auf U.unterschiede in der Population zurückzuführen sind.

Gegen die Erblichkeitsschätzungen der Intelligenz wurden von verschiedener Seite zahlreiche kritische Einwände erhoben. Im Hinblick auf die Methodik wurde z. B. bemängelt, daß

- die additive Varianzaufteilung dem realen Interaktionsgeschehen von A.- und U.faktoren nicht gerecht würde und auf die eigentlich wichtige Frage der Umweltwirksamkeit keine Antwort gebe (Fischer/Formann, 1981),
- die traditionellen Formen der Intelligenzmessung unangemessen sei,
- die für besonders aussagekräftig gehaltenen Zwillingsuntersuchungen für die Normalbevölkerung nicht repräsentativ und
- einzelne Untersuchungsdaten sogar gefälscht seien (s. Debatte um die Zwillingsuntersuchungen von Burt; vgl. Ernst, 1977).

Wichtiger und wirkungsvoller als diese methodische Kritik ist jedoch die Aufklärung von *Mißverständnissen* und Fehleinschätzungen bei der Interpretation der Erblichkeitsberechnungen.

3 Mißverständnisse bei der Interpretation der Erblichkeitsschätzungen

In den Auseinandersetzungen über die psychologischen, pädagogischen und bildungspolitischen Schlußfolgerungen aus den Erblichkeitsschätzungen sind immer wieder Fehlinterpretationen anzutreffen, die vor allem in der Öffentlichkeit Mißverständnisse hervorgerufen haben. Drei Fehleinschätzungen sind besonders bedeutsam:

Der Erblichkeitskoeffizient ist keine konstante Größe. – Mit dem Erblichkeitskoeffizienten wird keine biologische Konstante erfaßt, die für alle Individuen unter allen möglichen Lebensbedingungen gleichermaßen gilt. Sie ist vielmehr eine *umweltabhängige* Größe und gilt nur für die spezifische (historische) Situation einer bestimmten Population. Erweitert oder reduziert sich in der Population die Variabilität jener U.einflüsse, die für die Intelligenzentwicklung bedeutsam sind, so ändert sich notwendigerweise auch der Erblichkeitskoeffizient. Würde man z. B. durch optimale Gestaltung der Erziehungs- und Unterrichtsbedingungen alle für die Intelligenzentwicklung relevanten U.unterschiede in einer Gesellschaft aufheben, so würde der Erblichkeitskoeffizient notwendigerweise den Wert 1,0 annehmen, d. h. alle dann noch verbleibenden Intelligenzunterschiede wären ausschließlich erbbedingt.

Der Erblichkeitskoeffizient sagt nichts über den Anteil oder die Bedeutung von Erbfaktoren im individuellen Entwicklungsverlauf. – Als populationsstatistische Größe macht der Erblichkeitskoeffizient nur Angaben über *populationsspezifische* Verhältnisse. „In bezug auf eine Messung oder ein Merkmal eines Individuums hat sie keine vernünftige Bedeutung" (Jensen, 1973, 80; vgl. Merz/Stelzl, 1977, 87). Selbst wenn die in einer Population nachweisbaren Ausprägungsunterschiede eines Merkmals vollständig erbbedingt wären (H = 1,0), würde die Herausbildung des individuellen Merkmals im Entwicklungs- oder Wachstumsprozeß dennoch der Umwelt bedürfen, denn – wie bereits Jensen (1973, 8) feststellt – „gibt es einfach keinen Organismus und keinen Phänotyp ohne Erbe oder Umwelt".

Nicht nur in der fachfremden Öffentlichkeit, auch unter Psychologen und Pädagogen werden häufig die beiden Sichtweisen und Forschungsansätze zum A.-U.Problem nicht klar genug unterschieden. Während es (theoretisch) durchaus sinnvoll ist, die in einer Population auftretenden Merkmalsunterschiede (Varianzen) im Hinblick auf bestimmte Einflußgrößen anteilsmäßig aufzuschlüsseln, ist in einer entwicklungsorientierten (kausalanalytischen) Analyse eine solche Aufschlüsselung weder möglich noch sinnvoll, weil ja hier gerade das Zusammenspiel von A.- und U.-Komponenten in den einzelnen Ablaufschritten des Entwicklungsgeschehens beschrieben und erklärt werden soll.

Der Erblichkeitskoeffizient sagt nichts über die pädagogische oder psychologische Veränderbarkeit eines Merkmals. – Der Erblichkeitskoeffizient definiert keineswegs den Spielraum pädagogischer oder psychologischer Beeinflußbarkeit, wie gelegentlich vermutet wird. Merz und Stelzl (1977, 87 f.) und andere mit der Thematik vertraute Autoren weisen immer wieder darauf hin, daß der Erblichkeitskoeffizient nicht so interpretiert werden kann, daß die vielleicht 20 oder 40% umweltbedingte Varianz für Erziehung und Unterricht offen stehen bzw. daß die vielleicht 80 oder 60% erbbedingte Varianz jeder Beeinflussung von außen unzugänglich sind.

Daß die umweltbedingte Intelligenzvarianz u.U. nur sehr schwer oder gar nicht mit pädagogischen Mitteln verändert werden kann, wird unmittelbar deutlich, wenn man sich vor Augen führt, daß auch intrauterine Entwicklungsbedingungen, Geburtsschäden, Ernährungsdefizite,

Schichtzugehörigkeit oder Stellung in der Geschwisterreihe zu den für die kognitive Entwicklung relevanten U.bedingungen zählen. Andererseits können eindeutig genetisch bedingte Merkmale durchaus im Entwicklungsgang beeinflußt oder in ihrer Äußerungsform bzw. Wirkungsweise verändert werden. Als Paradebeispiel für die Beeinflußbarkeit genetisch gesteuerter Merkmalsentwicklungen gilt die *Phenylketonurie,* eine genetisch bedingte Stoffwechselstörung, die im „Normalfall" Schwachsinn erzeugt„ bei entsprechender Diät, also durch gezielte Manipulation der U.bedingungen, jedoch keine Intelligenzminderung herbeiführt. Die naive Auffassung, daß erbbedingte Merkmale unveränderbar seien, ist nach Merz und Stelzl (1977, 87) „... etwa so, als könne man einem Kurzsichtigen keine Brille verordnen, weil sein Defekt genetisch determiniert ist".

Erblichkeitsschätzungen definieren weder für die individuelle Merkmalsentwicklung noch für das durchschnittliche erreichbare Leistungsniveau einer Population obere Grenzen der Veränderbarkeit. Sie können also weder pädagogisch-psychologischen Optimismus noch Pessimismus begründen oder rechtfertigen. Warum also immer wieder diese offensichtlich fruchtlosen Kontroversen? Vieles spricht dafür, daß der eigentliche Motor dieser A.-U.Debatten weniger auf der wissenschaftlichen Ebene als vielmehr auf der Ebene *bildungs- und gesellschaftspolitischer Auseinandersetzungen* zu suchen ist.

4 Gesellschaftliche und bildungspolitische Perspektiven in den Anlage-Umwelt-Kontroversen

Es ist kein Zufall, daß A.-U.Kontroversen fast ausschließlich als „Streit um die Intelligenz" (Zimmer, 1976) oder genauer, als Streit über das Ausmaß der erbgenetischen Fixierung individueller oder gruppenspezifischer IQ-Unterschiede geführt wird. Dahinter erkennt man leicht bildungs- und gesellschaftspolitische Absichten. Aussagen über die „Erblichkeit" der Intelligenz werden nur deshalb zum Streitpunkt, weil man (irrtümlich) glaubt, daß sie die eine oder andere pädagogische, bildungspolitische oder gesellschaftliche Zielrichtung wissenschaftlich begründen oder legitimieren können. Dahinter steht – meist unreflektiert – die These, daß die Intelligenz der zentrale Bedingungsfaktor für Erfolg und Versagen in der Schule, für Art und Höhe des Bildungsabschlusses oder für das im Erwerbsleben erreichte soziale und ökonomische Niveau darstellt. In Fortführung dieser durchaus fragwürdigen These (Jencks et al., 1973; Krapp, 1984) wird vermutet, daß die Realisierbarkeit bildungspolitischer Programme oder Reformvorhaben von der Veränderbarkeit der Intelligenz bestimmt sei. Deshalb scheint der Nachweis einer starken genetischen Komponente bei der Intelligenzentwicklung jenen wissenschaftliche Argumente zu liefern, die etwa unter dem Stichwort *„Chancengerechtigkeit"* etablierte soziostrukturelle Unterschiede oder bestehende (vertikale) Differenzierungen des Bildungssystems aufrecht erhalten wollen. Auf der anderen Seite glaubt man die häufig mit dem Begriff *„Chancengleichheit"* umschriebenen Zielvorstellungen (Krapp, 1977) nur dann realisieren und begründen zu können, wenn es gelingt, die These von der hohen Erblichkeit der Intelligenz zurückzuweisen.

Es gibt auch empirische Belege für die häufig geäußerte Vermutung, daß *politische* und *anthropologisch-pädagogische Überzeugungen* Einfluß auf die Präferenz für theoretische Grundpositionen und die Interpretation einschlägiger Befunde haben. So fand z. B. Pastore (1949) bei amerikanischen und britischen Wissenschaftlern einen engen Zusammenhang zwischen der politischen Grundhaltung (Konservativismus-Liberalismus) und der theoretischen Einstellung innerhalb der A.-U.Kontroverse. Konservative vertreten in der Regel einen eher erbtheoretischen, Liberale einen eher milieutheoretischen Standpunkt. Damit deckt sich im Prinzip das Ergebnis einer neueren Untersuchung von Sherwood und Nataupsky (1968), die einen deutlichen Zusammenhang zwischen einer Reihe persönlicher Daten (z. B. soziale Herkunft, Alter, Stellung in der Geschwisterreihe, frühere Examensleistungen) und der Art ihrer Argumentation bei der Erklärung rassenspezifischer Intelligenzunterschiede nachweisen konnten. Vergleicht man diese Untersuchungsergebnisse mit der Art und Weise, wie gegenwärtig die A.-U.Thematik in bezug auf die menschliche Intelligenz von zum Teil international bekannten Autoren dargestellt und wissenschaftlich belegt wird, so erscheint es durchaus gerechtfertigt, die A.-U.Kontroverse als Paradigma dafür zu betrachten, daß das Postulat einer wertfreien Wissenschaft in den Sozial- und Verhaltenswissenschaften mehr als fragwürdig ist (Heckhausen/Rau, 1973, 46ff.).

5 Zusammenfassung und Ausblick

Die meisten Fachleute sind sich darin einig, daß Erblichkeitsschätzungen gesellschafts- und bildungspolitische Strukturen bzw. Reformprogramme nicht legitimieren können. Sie lassen auch keine Aussage darüber zu, ob und ggf. wie kognitive Fähigkeiten gefördert werden können. Soweit man sich wissenschaftlich begründete Handlungsanweisungen erhofft hatte, waren die im Anschluß an die Erblichkeitsschätzungen entstandenen A.-U.Kontroversen von Anfang an zum Scheitern verurteilt (Heid, 1985).

In theoretisch-wissenschaftlicher Sicht waren die Kontroversen noch weniger fruchtbar, denn nach wie vor gilt die Forderung von Anastasi (1958), daß es der Psychologie nicht um das *„Wieviel"*, sondern um das *„Wie"* der A.- und U.einflüsse zu gehen hat. Das impliziert einerseits wissenschaftliche Analysen der direkten und indirekten Genwirkungen und andererseits die systematische Erforschung der Auswirkungen gezielter und planvoll entwickelter pädagogisch-psychologischer Maßnahmen. Während der erste Aspekt mehr in das Aufgabengebiet einer entwicklungstheoretisch orientierten Genetik fällt (Scarr/Carter-Saltzmann, 1982; Plomin, 1983), markiert der zweite Aspekt ein bislang immer noch vernachlässigtes psychologisches und erziehungswissenschaftliches Forschungsprogramm. „Was wir brauchen, ist die systematische Erforschung der einzelnen Umweltvariablen, vor allem aber die systematische Erforschung der Beeinflußbarkeit der intellektuellen Entwicklung durch gezielte Fördermaßnahmen" (Klauer, 1975, 33). Deshalb muß die Forschung in diesem Gebiet disziplinäre Grenzen überschreiten, indem z. B. Psychologen und Verhaltensgenetiker verstärkt zusammenarbeiten (vgl. Themenheft „Developmental Behavioral Genetics" der Zeitschrift Child Development, 1983, 253 ff.) und neue Modellvorstellungen entwickeln (Fischer/Formann, 1981). Darüber hinaus darf sie sich nicht primär als deskriptive Forschung verstehen, die das gegenwärtig Vorhandene und zum Teil historisch-gesellschaftlich Gewordene, im Sinne unveränderbar naturhafter Gesetzmäßigkeiten systematisch zu beschreiben sucht. Sie muß sich vielmehr als *„präskriptive Forschung"* begreifen, die den normativen Aspekt bewußt einbezieht und nach Handlungsanweisungen sucht, auf deren Basis vorgegebene Ziele unter vorgefundenen Bedingungen zu erreichen sind (Klauer, 1975; Prenzel/Schiefele, 1986).

Literatur

Anastasi, A.: Heredity, environment and the question „how". Psychological Review, 65, 1958, *4*, 197-208. Dt. Übers.: Erbe, Umwelt und die Frage nach dem „Wie". In: Skowronek, H. (Hrsg.): Umwelt und Begabung. Stuttgart: Klett, 1973, 9-26.

Cattell, R. B.: Die Interaktion von Erb- und Umwelteinflüssen. In: Süllwold, F. (Hrsg.): Begabung und Intelligenz. Hamburg: Hoffmann & Campe, 1976, 78-101.

Ernst, H.: Wer Daten fälscht oder nachmacht oder gefälschte oder nachgemachte in Umlauf bringt ... Psychologie Heute, 4, 1977, 51-57.

Eysenck, H. J.: Die Ungleichheit der Menschen. München: List, 1976.

Fatke, R.: Zur Kontroverse um die Thesen A. Jensens. Zeitschrift für Pädagogik, 16, 1970, 219-226.

Fischer, G. H./Formann, A. K.: Zur Schätzung der Erblichkeit quantitativer Merkmale. Zeitschrift für Differentielle und Diagnostische Psychologie, 2, 1981, 189-197.

Formann, A. K./Fischer, G. H.: Stellungnahme zu Stelzls Entgegnung: Verfehlte Einwände gegen Erblichkeitsschätzungen. Zeitschrift für Differentielle und Diagnostische Psychologie, 3, 1982, 61-67.

Harvard Educational Review, Environment, heredity, and intelligence. Reprint Series No. 2. Cambridge: Harvard, 1969 a.

Harvard Educational Review, Science, heritability, and IQ. Reprint Series No. 4. Cambridge: Harvard 1969 b.

Heckhausen, H./Rau, H.: Funkkolleg Pädagogische Psychologie. Studienbegleitbrief 3, Lektion 5. Warum es Intelligenzunterschiede gibt. Weinheim: Beltz, 1973, 34-60.

Heid, H.: Über die Entscheidbarkeit der Annahme erbbedingter Begabungsgrenzen. Die Deutsche Schule, 77, 1985, 101-109.

Herrnstein, R.: Die IQ-bestimmte Klassengesellschaft. Stuttgart: Deutsche Verlagsanstalt, 1974.

Jencks, Ch.: Chancengleichheit. Reinbek: Rowohlt, 1973.

Jensen, A.: How much can we boost IQ and scholastic achievement? Harvard Educational Review, 39, 1969, 1-123. Dt. Übers.: Wie sehr können wir Intelligenzquotient und schulische Leistung steigern? In: Skowronek, H. (Hrsg.): Umwelt und Begabung. Stuttgart: Klett, 1973, 63-155.

Jinks, J. L./Fulker, D. W.: Comparison of the biometrical genetic MAVA, and classical approaches to the analysis of human behavior. Psychological Bulletin, 73, 1970, 311-349.

Klauer, K. J.: Auswege aus der Jensen-Debatte. Psychologie Heute, 2 (8), 1975, 26-35.

Krapp, A.: Zur Dimensionalität des Begriffs Chancengleichheit. In: Klauer, K. J./Kornadt, H.-J. (Hrsg.): Jahrbuch für Empirische Erziehungswissenschaft. Düsseldorf: Schwann 1977, 128-149.

Krapp, A.: Forschungsergebnisse zur Bedingungsstruktur der Schulleistung. In: Heller, K. A. (Hrsg.): Leistungsdiagnostik in der Schule. Bern: Huber, 1984, 46-62.

Merz, F./Stelzl, I.: Einführung in die Erbpsychologie. Stuttgart: Kohlhammer, 1977.

Pastore, N.: The nature-nurture controversy. New York: King's Crown Press, Columbia University, 1949.

Plomin, R.: Developmental behavioral genetics. Child Development, 54, 1983, 253-259.

Prenzel, M./Schiefele, H.: Konzepte der Veränderung und Erziehung. In: Weidenmann, B./Krapp, A. (Hrsg.): Pädagogische Psychologie. München: Urban & Schwarzenberg, 1986, 105-142.

Scarr, S./Carter-Saltzman, L.: Genetics and intelligence. In: Sternberg, R. J. (Ed.): Handbook of human intelligence. Cambridge: Cambridge University Press, 1982, 792-896.

Scarr S./Weinberg, R. A.: The minnesota adoption studies: Genetic differences and malleability. Child Development, 54, 1983, 260-267.

Seidler, H.: Zur Kontroverse über Erb- und Umweltfaktoren der Intelligenz: Humanbiologische Aspekte. Zeitschrift für Differentielle and Diagnostische Psychologie, 2, 1981, 157-187.
Sherwood, J. S./Nataupsky, M.: Predicting the conclusions of negro-white intelligence research from biographical characteristics of the investigator. Journal of Personality and Social Psychology, 8, 1968, 53-58.
Strube, G.: Die umstrittene Bedeutung genetischer Faktoren. In: Strube, G. (Hrsg.): Binet und die Folgen. Zürich: Kindler, 1977, 890-928.
Zimmer, D.: Der Streit um die Intelligenz. München: Hanser, 1976.

Arbeitslosigkeit

Thomas Kieselbach

1 Der gesellschaftliche Hintergrund von Arbeitslosigkeit

A. stellte bis vor ungefähr einem Jahrzehnt in der psychologischen Forschung (insbesondere in der BRD) keinen kontinuierlich bearbeiteten und wissenschaftlich akzeptierten Forschungsgegenstand dar (Wacker, 1978; Kieselbach/Offe, 1979; Kieselbach/Wacker, 1985; Balz et al., 1987). Dies mag zum einen mit der weitgehenden Abstinenz psychologischer Forschung gegenüber gesellschaftlich bedeutsamen Problemen, zum anderen jedoch auch mit dem eher zyklischen Auftreten von Massen-A. in den westlichen Industrienationen zusammenhängen. Seit Mitte der 70er Jahre haben sich in den meisten dieser Länder die A.raten deutlich erhöht. Zum Teil haben sie das Niveau der Weltwirtschaftskrise in den 30er Jahren überschritten (z. B. in Großbritannien), wobei insbesondere die *Langzeit*-A. (definiert als A. von mehr als einem Jahr Dauer) dramatisch angestiegen ist. In den Ländern der OECD wurde die Zahl der im Jahre 1986 als arbeitslos registrierten Menschen auf 31 Millionen Menschen geschätzt, in Europa allein waren es ungefähr 20 Millionen (OECD, 1986).

In der Bundesrepublik beträgt die Zahl der offiziell Arbeitslosen seit Jahren zwischen 2 und 2,6 Millionen Menschen. Wenn man dazu noch die geschätzte stille Reserve hinzuzählt, bewegt sich die Zahl derjenigen, die direkt durch A. betroffen sind, zwischen 3,5 und 4 Millionen (Brinkmann/Reyher, 1985; Memorandum-Gruppe, 1986). Das A.-Risiko ist jedoch sozial sehr ungleich verteilt. Zwischen 1974 und 1983 waren ungefähr 13 Millionen Menschen in der Bundesrepublik Deutschland von A. betroffen. Zwei Drittel der Erwerbsfähigen waren in diesem Zeitraum überhaupt nicht, ein Drittel hingegen insgesamt 33 Millionen mal arbeitslos (Büchtemann, 1985, 35).

A. ist mit ihren zyklischen Schwankungen ein ständiger Begleiter eines auf der privaten Verfügung über die Produktionsmittel beruhenden kapitalistischen Wirtschaftssystems, in sozialistischen Ländern wurden Formen von Unterbeschäftigung und Arbeitslosigkeit erst in den letzten Jahren stärker als Problem erkannt (Gniazdowski, 1987).

Es lassen sich je nach der Entstehung und den Begleitumständen verschiedene Formen von A. unterscheiden (Labica, 1983, 101): Neben einer in Abhängigkeit von den kapitalistischen Krisenzyklen auftretenden *konjunkturellen* A. existiert als Diskrepanz zwischen Qualifikationsanforderungen von Arbeitsplätzen und vorhandener Qualifikationsstruktur der Arbeitskräfte *strukturelle* A. Jahreszeitlich bedingte Schwankungen der Arbeitskräftenachfrage verursachen *saisonale* A., während *Kurzarbeit* durch eine temporär unterausgelastete Produktionskapazität entsteht. Unter *offener* A. wird ein vollständiger Arbeitsstop, unter *verdeckter* A. ein eingeschränkter Produktivitätsgrad des weiter beschäftigten Arbeitnehmers verstanden. Mit *technologisch bedingter* A. ist die Entlassung von Arbeitnehmern infolge der Ersetzung menschlicher Arbeitskraft durch Maschinen gemeint.

Massen-A. ist – und das erscheint besonders für psychologische Betrachtungen der individuellen Folgen, aber auch möglicher Ursachen von A. äußerst wichtig – ein gesellschaftlich produziertes, zyklisch auftretendes Problem, welches nicht durch die Veränderung menschlicher Eigenschaften erklärt werden kann. Dennoch sind das Risiko, arbeitslos zu werden, sowie die Chancen, aus der A. wieder herauszugelangen, natürlich auch von unterschiedlichen individuellen Eigenschaften abhängig.

2 Arbeitslosigkeit und ihre Bewältigung als differentielles Ereignis

Nicht nur auf der objektiven, sondern auch auf der *subjektiven* Seite legt der Begriff A. eine Einheitlichkeit von Lebenssituationen nahe, die der unterschiedlichen Realität verschiedener Formen von A. keineswegs entspricht. Die Situation eines 45jährigen arbeitslosen Werftarbeiters, der nach 20 Jahren kontinuierlicher Tätigkeit bei einer Firma plötzlich entlassen wurde, läßt andere Bewältigungsformen erwarten als bei einem Jugendlichen, der unmittelbar im Anschluß an seine Schulausbildung ohne vorherige Erfahrung von Arbeit arbeitslos wird. Noch anders wird sich die Erfahrung von A. gestalten, wenn eine Mutter kleiner Kinder, deren Mann ebenfalls berufstätig ist, arbeitslos wird und sie neben der negativen Erfahrung des Arbeitsplatzverlustes auch die positiven Momente darin wahrnimmt, indem sie sich jetzt intensiver um die Kinder kümmern kann, denen gegenüber sie vorher vielleicht häufig ein schlechtes Gewissen hatte.

Diese Hinweise auf unterschiedliche „Arbeitslosigkeiten“, welche auch verschiedene Bewältigungsformen bedingen können, soll eine der öffentlichen Diskussion oft zugrundeliegende Homogenitätsannahme zugunsten einer *differentiellen* Betrachtungsweise von A. relativieren (Wakker, 1983). Für eine genaue Bestimmung jener Gruppen von Arbeitslosen, welche gegenüber der Erfahrung von A. am verletzlichsten sind, ist eine Analyse differentieller Profile von Be- und Entlastung notwendig.

3 Die Wirkung von Arbeitslosigkeit als Folge der Funktionen von Arbeit

Gerade aus der *Perspektive von Beschäftigten* stehen häufig im Vordergrund der Beurteilung die Verringerung der finanziellen Mittel und z. T. noch die Zukunftsunsicherheit als besondere Belastungsfaktoren in der A., wohingegen die Entlastung vom Arbeitsstreß sowie die vermehrt zur Verfügung stehende Zeit für Hobbies, Familie und Freunde die wesentlichen Entlastungsmomente ausmachen. Aus der *Perspektive* vieler *Arbeitsloser* hingegen verlieren sich anfänglich durchaus auch vorhandene Aspekte von Entlastung (insbesondere auf der Ebene der körperlichen Gesundheit als sog. „Gesundheitsgewinn“ bei einer Teilgruppe von Arbeitslosen nachweisbar; Brinkmann/Potthoff, 1983) mit fortdauernder A. Die Wahrnehmung eines Urlaubseffekts geht dann in der Zunahme von belastenden Faktoren schnell verloren.

Verstehen läßt sich die Wirkungsweise von A. jedoch nur vor dem Hintergrund der gesellschaftlichen und individuellen Bedeutung von Arbeitstätigkeiten. Jahoda (1979; 1983) hat, ausgehend von der Position, daß Arbeit die wichtigste Verknüpfung mit der Realität darstellt, versucht, die *latenten Funktionen von Arbeit* – neben der manifesten des Gelderwerbs für den Lebensunterhalt – in fünf Kategorien darzustellen: Danach beinhaltet Arbeitstätigkeit folgende Erfahrungsdimensionen:

Sie stellt eine erzwungene Aktivität dar (1), welche soziale Kontakte außerhalb des engeren sozialen Netzes vermittelt (2), in der Verfolgung von gemeinsamen Zielen, welche über die unmittelbaren individuellen Ziele hinausgehen (3), die innerhalb einer gesetzten Zeitstruktur abläuft (4) und verknüpft ist mit einem sozialen Status, welcher Berufsprestige mit dem zentralen gesellschaftlichen Bewertungssystem – nämlich Geld – verbindet (5).

Nun lassen sich sicherlich Überlegungen anstellen, wie diese Einzelfunktionen von Arbeitstätigkeiten, die ja in der Situation der A. zuerst einmal fortfallen, durch andere Aktivitäten *substituiert* werden können. Dies ist zweifelsohne bei einzelnen „psychologisch privilegierten“ (Jahoda) bzw.

„proaktiven" Arbeitslosen (Fryer/Payne, 1982) möglich, die in sehr positiver und kreativer Weise mit ihrer A. trotz starker finanzieller Probleme umgehen, keineswegs demoralisiert sind, sondern im Gegenteil eine positive Grundhaltung und psychosoziales Wohlbefinden aufweisen.

Unter gegenwärtigen gesellschaftlichen Bedingungen läßt sich eine vollständige Substitution der psychologischen Funktionen von Erwerbsarbeit allerdings nur in den seltensten Fällen vorstellen. Es läßt sich momentan keine Aktivität denken, die die angeführten psychologischen Funktionen ähnlich wie Erwerbsarbeit gebündelt ausfüllen könnte.

4 Soziale Umgebung und psychische Gesundheit

Man kann davon ausgehen, daß für die Aufrechterhaltung und Entstehung psychischer Gesundheit sozialen Umgebungscharakteristika besondere Bedeutung zukommt. Warr (1987) benennt in diesem Zusammenhang folgende Faktoren: Möglichkeit von Kontrolle, Erwerb oder Anwendung von Fähigkeiten, äußere Zielvorgaben, Abwechslung, Eindeutigkeit, Verfügbarkeit von Geld, körperliche Sicherheit (wie Wohnung und Ernährung), zwischenmenschliche Kontakte und soziale Wertschätzung.

Die *Möglichkeit der Kontrolle* ist bei Arbeitslosen durch Mißerfolge bei der Arbeitssuche, die Unmöglichkeit den Arbeitgeber zu beeinflussen und die Abhängigkeit von der Sozialbürokratie verringert. Durch die geringe Anwendung und den Verfall erworbener beruflicher Qualifikationen, die nur bei einer Minderheit von Arbeitslosen aktive Form der Freizeitgestaltung, die geringeren äußeren Anforderungen, die Verringerung von Zielen sowie die Abwertung früher bedeutsamer Ziele ist auch in den Merkmalen *Fähigkeitserwerb und -anwendung* sowie *äußere Zielvorgaben* eine Verschlechterung zu verzeichnen.

Der geringere Zwang, die familiäre Umgebung und die Wohnung zu verlassen, der Verlust des stimulierenden Kontrastes von Arbeit und Freizeit und die Verringerung der finanziellen Möglichkeiten führen zu einer Reduzierung von *Abwechslung*. Die Unsicherheit darüber, welches Verhalten zum Erfolg bei der Arbeitssuche führt und die Notwendigkeit, sich bei Bewerbungen jeweils unterschiedlich profilieren zu müssen, bewirkt eine Reduktion von *Eindeutigkeit*. Hinzu tritt ein durch die unsichere Zukunftsplanung erzwungenes „Leben mit kurzfristigem Denken" (Biermann et al., 1985), das ebenfalls die Eindeutigkeit der sozialen Umgebung verringert. Mit der Verringerung der finanziellen Mittel geht eine Verschlechterung der Ernährung einher, z. T. erzwingt sie Umzüge in andere Wohnumgebungen (*körperliche Sicherheit*), wodurch zusätzlich noch Unterstützung durch das soziale Netz reduziert wird.

Zwischenmenschliche Kontakte können sich aufgrund von mehr verfügbarer Zeit insbesondere bei Jugendlichen erhöhen. Teilweise lassen sich bei anderen Teilgruppen Arbeitsloser jedoch auch Isolationstendenzen aufgrund finanzieller Einschränkungen oder schamvollen Rückzugs empirisch feststellen. Die gesellschaftlich vorherrschende Arbeitsethik wertet Arbeitslose häufig sozial ab. Dies wird oft unterstützt durch individualistische Ideologien wie z. B. den „just world belief", nach dem jeder das bekommt, was er verdient. Damit ist die *soziale Wertschätzung* Arbeitsloser deutlich verringert, ihren Ansprüchen an die Gesellschaft wird die Legimitation entzogen, sie selbst werden hierdurch konfliktunfähig gemacht (Kieselbach, 1985 b, 1987 a). Hinzu tritt die Abhängigkeit von staatlichen Institutionen sowie Wohlfahrtsbürokratien, welche die von ihnen Abhängigen in die Rolle von Bittstellern bringen und bei jenen damit leicht Gefühle von Wertlosigkeit und Unselbständigkeit produzieren.

5 Forschungsprobleme und Ergebnisse im Bereich Arbeitslosigkeit und Gesundheit

Mängel und Unsicherheiten der vorliegenden Forschungsergebnisse im Feld „Arbeitslosigkeit – Gesundheit" resultieren vor allem aus folgenden Umständen (Kieselbach/Wacker, 1987):

- Viele Studien stützen sich u. a. aus forschungsökonomischen Gründen auf subjektive Selbsteinschätzungen des gesundheitlichen Befindens. Solche Selbsteinschätzungen sind für sich genommen naturgemäß nur bedingt valide. Es mag – wie aus anderen Bereichen der Forschung bekannt – zu einer Verharmlosung von Befindlichkeitsstörungen ebenso kommen wie zu einer erhöhten Symptomaufmerksamkeit.
- Es erscheint die Annahme gerechtfertigt, daß vorliegende empirische Daten aufgrund einer stärkeren Stichprobenselektion („Wegtauchen", Verweigerung der Teilnahme an Untersuchungen insbesondere bei hoher Belastetheit) eher eine konservative Unterschätzung psychosozialer Belastungen darstellen.
- Widerstände bei Betroffenen gegenüber Hilfesuchen bei mit A. zusammenhängenden psychosozialen Krisen bewirken ebenfalls, daß arbeitslosigkeitsbedingter Stress und Pathologie

in aggregierten Daten in ihrem wirklichem Umfang nicht adäquat wiedergegeben werden.

- Gefragt wird üblicherweise nach Symptomen der Gesundheitsbeeinträchtigung, ohne das Gesundheitsverhalten genügend zu berücksichtigen. Es wäre jedoch wichtig zu wissen, wie sich die Lebensweise von Arbeitslosen und damit das Risiko zukünftiger Erkrankungen verändert.
- Viele der vorliegenden Untersuchungen umfassen relativ kurze Beobachtungszeiträume (meist erst nach Eintritt der A.) und/oder heterogene Stichproben, die hinsichtlich der bisherigen Gesundheitsbiographie und der lebensweltlichen Konkretisierung von A. ungenügend kontrolliert und homogenisiert sind. Zudem sind Daten, die sich auf den Gesundheitszustand vor Eintritt der A. beziehen, meistens nicht verfügbar.
- Die gesundheitsrelevanten Aspekte der Situation der A. sind in einem eindimensionalen Belastungsmodell nur unzureichend abzubilden. A. schließt den Wegfall belastender und möglicherweise gefährdender Arbeitsbedingungen mit ein. Die tatsächlichen Auswirkungen von A. erschließen sich folglich nur vor dem Hintergrund der bisherigen Arbeits- und Gesundheitsbiographie und unter Berücksichtigung der die Erfahrung von A. konturierenden Bedingungen.

Dennoch: *Makrosoziologische* Untersuchungen in den 70er Jahren belegen auf der Basis langfristiger Zeitreihenanalysen für den angloamerikanischen Sprachraum einen Zusammenhang zwischen ökonomischen Indikatoren (Arbeitslosenquote, Inflationsrate, Entwicklung des Durchschnittseinkommen) und Gesundheitsindikatoren (psychiatrische Hospitalisierung, Sterblichkeit an Herz-Kreislauf-Krankheiten, Leberzirrhose, Suizid) (Brenner, 1973/1979; 1976/1986). Neuere Untersuchungen für andere Zeiträume und Länder haben diesen globalen Zusammenhang zwar nicht immer bestätigen können (Schwefel, 1983), dennoch kommt ein zusammenfassender Bericht für die Weltgesundheitsorganisation über die Krankheitsanfälligkeit unter Langzeitarbeitslosen auf der Basis vorliegender empirischer Daten 1985 zu folgendem Ergebnis: „Die augenblicklichen und prognostizierten Arbeitslosenzahlen können in vielen Gesellschaften nur als große epidemiologische Katastrophe angesehen werden" (WHO, 1985; s. a. John et al., 1983).

Insbesondere die Einschätzung der gesundheitlichen Folgen von A. bei *Jugendlichen* muß berücksichtigen, daß sich manifeste gesundheitliche Schäden aufgrund des aktuell besseren Gesundheitszustandes junger Menschen erst mit zeitlicher Verzögerung ergeben werden. So weisen Beobachtungen aus Finnland an arbeitslosen Jugendlichen daraufhin, daß sie unregelmäßiger essen, mehr Alkohol und Kaffee konsumieren, weniger Sport treiben, stärker rauchen und unregelmäßigere Schlafgewohnheiten haben als beschäftigte Altersgenossen. Dies führte finnische Forscher zu der Schlußfolgerung, daß die arbeitslosen Jugendlichen von heute die Kranken im mittleren Alter sein werden, weil diese sich im Lebensstil und Gesundheitsverhalten von beschäftigten Gleichaltrigen gerade in jenen Bereichen unterscheiden, von denen wir bereits heute wissen, daß sie einen wichtigen Einfluß auf die zukünftige Gesundheit haben (Kannas/Hietarharju, 1979, zit. n. Janlert, 1985).

Untersuchungen aus England lassen beispielsweise erkennen, daß Dauerarbeitslose häufiger *Selbstmordversuche* unternehmen als kurzfristig Arbeitslose oder Beschäftigte (Platt, 1985). Für die Bundesrepublik wurde gezeigt, daß A. die Entstehung von *Alkoholismus* begünstigt, bereits vorhandene Formen von Alkoholismus verstärkt und die Rückfallquoten nach erfolgreicher Therapie deutlich ansteigen läßt (Henkel, 1985). Aber auch aus anderen Institutionen der beruflichen und psychiatrischen *Rehabilitation* liegen Beobachtungen vor, die darauf hinweisen, daß bisher erfolgreiche Rehabilitationsbemühungen bei geminderten Wiedereingliederungschancen auf dem Normalarbeitsmarkt weitgehend scheitern (Morgan/Cheadle, 1975; Thomann et al., 1985).

Einen deutlichen Hinweis auf die Folgen des Entzugs von Arbeit liefern ebenfalls die z. T. dramatischen Verbesserungen der psychosozialen Gesundheit nach einer Wiedereinstellung bei ehemalig Arbeitslosen (Lahelma/Kangas, 1987; Verkleij, 1987).

6 Moderatorvariablen der Bewältigung von Arbeitslosigkeit

Der fehlenden Uniformität verschiedener A.en korrespondiert die Unterschiedlichkeit von Bewältigungsformen. Im folgenden sollen einige Forschungsergebnisse zum Einfluß derjenigen Moderatorvariablen, welche die individuelle Bewältigung von A. mitbestimmen, dargestellt werden:

1. *Finanzielle Einschränkungen*. – Dieser Faktor konnte in einer Vielzahl von Untersuchungen die negativen psychosozialen Implikationen von A. am besten erklären. Daraus darf jedoch keineswegs der Schluß gezogen werden, daß die durch A. erzwungenen finanziellen Einschränkungen für die negativen Folgen allein verantwortlich sind. Dies läßt sich schon durch Ergebnisse aus jenen Ländern widerlegen, die eine vorbildliche wohlfahrtsstaatliche Absicherung in der A. aufzuweisen haben. In Schweden beispielsweise, wo Arbeitslose im ersten Jahr der A. 90% ihres früheren Nettogehalts als staatliche Unterstützung erhalten, lassen sich dennoch gravierende negative gesundheitliche Effekte nachweisen

(bis zur Verringerung der Immunabwehr nach 9 Monaten A.; Arnetz et al., 1987).

2. *Arbeits- und Berufsorientierung.* – Besonderen Belastungen in der A. sind insbesondere jene Arbeitslose ausgesetzt, die eine starke Arbeits- und Berufsorientierung aufzuweisen haben (Jackson et al., 1983). Bei ihnen fanden sich in stärkerem Maße psychische Belastungen (Brinkmann, 1984), geringe Selbstwertgefühle (Feather/Bond, 1984) und depressive Verstimmungen (Feather/Barber, 1983). In einer Längsschnittsstudie erwies sich Arbeitsorientierung als bester Prädiktor für die Veränderung von Selbstwert- und Depressionswerten (Schultz-Gambard et al., 1986).
3. *Alter.* – Die stärksten Belastungen finden sich bei Arbeitslosen im mittleren Alter, die in der Regel stärkere familiäre Verpflichtungen haben und über keine alternativen, sozial akzeptierten Rollen verfügen (Hepworth, 1980; Brinkmann, 1984). Zwischen Alter und Höhe der psychosozialen Belastung scheint ein kurvilinearer Zusammenhang zu bestehen, mit den höchsten Werten im mittleren Alter, mittleren Werten bei jungen Arbeitslosen und den niedrigsten Werten bei Älteren (Jackson/Warr, 1984), in anderen Untersuchungen fanden sich jedoch auch bei jungen Arbeitslosen erhebliche Prävalenzraten im Bereich psychiatrischer Morbidität (Banks/Jackson, 1982; Kieselbach, 1985 c; Cullen et al., 1987).
4. *Geschlecht.* – Frauen berichten allgemein weniger Belastungen in der A. als Männer (Brinkmann, 1976, 1984; Warr et al., 1982; Lahelma/Kangas, 1987). Dieses Ergebnis steht in deutlichem Gegensatz zu der überdurchschnittlichen objektiven Betroffenheit von Frauen durch A. Der Grund kann darin gesehen werden, daß soziale Rollenzuschreibungen („gesellschaftlich akzeptierte Alternativrollen") eine Abwendung vom Arbeitsmarkt nahelegen (Abwanderung in die „Stille Reserve") sowie Selbstwertgefühl aus anderen sozialen Rollen (Hausfrau und Mutter) geschöpft wird. Allerdings: In differenzierteren Vergleichen zeigt sich, daß für Alleinstehende und Frauen, deren nicht-berufliche Umgebung relativ depriviert ist, Berufstätigkeit mit deutlich besserem psychischen Wohlbefinden assoziiert ist (Warr/Parry, 1982).
5. *Dauer der A.* – Unterschiedliche Ergebnisse aus verschiedenen Ländern hinsichtlich der Bewältigung von Langzeit-A. sind möglicherweise nicht nur auf fehlende methodische Ungenauigkeiten zurückzuführen, sondern in starkem Maße abhängig von der Wirkung national unterschiedlicher Moderatorvariablen wie z. B. der finanziellen Absicherung und den Entwicklungsperspektiven des Arbeitsmarkts. Allgemein vertreten wird die These einer sich zwar verlangsamenden, jedoch kontinuierlich zunehmenden Verschlimmerung der psychosozialen Situation mit Fortdauer der A. (Harrison, 1978). In der Bundesrepublik fand sich ein solcher Anstieg der Belastungswerte bei Langzeitarbeitslosen (Brinkmann, 1984). Schwedische und britische Untersuchungen wiesen demgegenüber eher langfristige Anpassungstrends nach (Warr et al., 1982; Brenner, 1987; Warr/Jackson, 1987). In einer holländischen Studie ließ sich eine Adaptation der Streßwerte insgesamt nach drei Jahren A. finden, bei einzelnen untersuchten Dimensionen (wie Ausmaß negativer Gefühle in der A., körperliche und depressive Beschwerden) zeigte sich jedoch selbst noch nach vier Jahren ein erneuter Anstieg der Belastung (Verkleij, 1987).

   Auch hinter Durchschnittswerten, die eine positive Adaptation belegen, verbergen sich jedoch auch besonders belastete Gruppen (z. B. arbeitslose Jugendliche mit starken finanziellen Problemen, bei denen langfristig eine weitere Verschlimmerung erwartet werden kann (Cullen et al., 1987).
6. *Qualifikationsniveau.* – Wenngleich in einem Teil der amerikanischen Literatur die Ansicht vorherrschend war, daß diejenigen, die am tiefsten fallen, auch die größten Belastungen in der A. aufzuweisen haben (Braginsky/Braginsky, 1975; Kaufman, 1982), läßt sich dies nach dem neueren Forschungsstand nicht aufrechterhalten: Die stärkeren Belastungen finden sich bei jenen, die ein niedriges Qualifikationsniveau haben, d. h. bei un- und angelernten Arbeitern (Brinkmann, 1984; Warr, 1984; Wuggenig, 1985).
7. *Ursachenattribution und Kontrollerwartung.* – Die Art der Ursachenerklärung der eigenen A. hat wesentlichen Einfluß auf die Höhe der Belastungen. Hierbei stehen jedoch häufig internale (A. ist selbstverschuldet) und externale (A. ist gesellschaftlich bedingt) Erklärungen nicht in einem gegensätzlichen Verhältnis, sondern können gleichzeitig auftreten und sich mischen (Frese, 1985; Ulich et al., 1985). Belastungen sind bei jenen, die sich vorwiegend selbst die Schuld geben, deutlich höher (Gurney, 1981; Feather/Barber, 1983).

   Ein weiterer wichtiger Moderator ist in der Erwartung zu sehen, die eigene Lage auf dem Arbeitsmarkt kontrollieren zu können, d. h. durch eigene Anstrengungen wieder einen Arbeitsplatz zu finden. Personen, die eine in diesem Sinne hohe Kontrollerwartung haben, zeigen niedrigere Depressionswerte oder geringere Belastungen (Pelzmann et al., 1985), wenn diese jedoch arbeitslos bleiben, übersteigen ihre Werte jene von Arbeitslosen mit geringer Kontrollerwartung (Frese, 1979).
8. *Persönliches Aktivitätsniveau.* – Arbeitslose, die schon vor dem Arbeitsplatzverlust Schwierigkeiten mit der Zeitstrukturierung hatten, weisen höhere Belastungswerte in der A. auf (Hepworth, 1980). Demgegenüber gibt es Formen aktiver Bewältigung von A. bei sog. „proaktiven" Arbeitslosen, die sich durch das weitgehende Fehlen psychosozialer Belastungen auszeichnen (Fryer/Payne, 1982). Auch Tätigkeiten in der „Schattenwirtschaft" können hier eine wichtige Schutzfunktion erfüllen (Pelzmann et al., 1985); dabei sollte jedoch nicht übersehen werden, daß damit aufgrund der geringeren gesellschaftlichen Kontrolle und Formen der Überausbeutung langfristig neue Gesundheitsgefährdungen verknüpft sein können (Lemkow, 1987).
9. *Soziale Unterstützung.* – Kritische Lebensereignisse

können durch ein unterstützendes soziales Umfeld leichter bewältigt werden als in einer Situation sozialer Isolation (Cobb, 1976). Auch die Bewältigung von A. erscheint denen leichter, die nicht alleinstehend sind (Brinkmann, 1976) oder sich familiär oder von Freunden unterstützt fühlen (Gore, 1978; Kasl/Cobb, 1979). Arbeitslose Jugendliche haben dann eine eher positive, optimistische Zukunftsorientierung, wenn sie sich durch Familie, Freunde oder die Gemeinde unterstützt fühlen (Clark/Clissold, 1982). Gleichzeitig haben sie jedoch seltener das Gefühl, die notwendige Unterstützung von seiten der Familie zu erhalten als beschäftigte Jugendliche (Schober, 1978).

Berücksichtigt werden muß, daß soziale Netze sowohl unterstüzende als auch kontrollierende Funktionen haben, Angehörige als "Opfer-durch-Nähe" selbst auch in Mitleidenschaft gezogen und dadurch ihre Unterstützungsressourcen verbraucht werden können.

10. *Hilfesuchen und Verfügbarkeit von Hilfsangeboten.* – Der spezifische Streß, der durch A. ausgelöst wird, kann zu einer Veränderung von Einstellungen gegenüber hilfegewährenden Institutionen und damit zu einer Verringerung von Hilfesuchen allgemein führen. Es liegen bislang nur wenige Studien über Hilfesuchen von Arbeitslosen vor. Aus ihnen läßt sich entnehmen, daß Arbeitslose
   - professionelle Hilfe trotz teilweise genauer Informationen über mögliche Hilfsangebote bis zu einem Zeitpunkt zu vermeiden suchen, der häufig als selbstschädigend angesehen werden muß, nur um das eigene Selbstwertgefühl durch die Annahme von Hilfe nicht noch weiter zu gefährden (Liem, 1983; Kieselbach, 1986, 1987 a),
   - gerade von professionellen Helfern befürchten, daß jene ihre Situation „normalisieren" könnten, sie folglich eher besänftigend dazu bringen würden, sich mit ihrer A. abzufinden (Spruit, 1983),
   - durch die besondere Erfahrung von Gefühlen wie Schock, Stigmatisierung oder Scham, die mit dem Arbeitsplatzverlust verknüpft sein können, stärker als andere Menschen mit psychischen Schwierigkeiten dazu neigen können, diese Probleme vor anderen zu verbergen (Buss/Redburn, 1983).

   Die Wirksamkeit von Hilfsangeboten für Arbeitslose ist bislang noch nicht systematisch untersucht worden, es gibt jedoch Hinweise darauf, daß viele Angebote für Arbeitslose nicht erreichbar, annehmbar oder wirksam sind (Buss/Redburn, 1983; Arnetz et al., 1987).
11. *Höhe der Arbeitslosenrate.* – Eine hohe lokale Arbeitslosenrate kann A. normalisieren und damit eher zu einer Verringerung des persönlichen Streß führen, sie kann gleichzeitig aber auch zu einem Klima von Hoffnungslosigkeit beitragen. Gemessen an einem Indikator psychiatrischer Morbidität ließen sich in einer britischen Untersuchung bedeutsame Unterschiede zwischen Regionen mit hoher und niedriger A.-Rate finden. In chronischen A.-Regionen war der psychosoziale Streß deutlich niedriger, was sich mit Gemeinde-Anpassung an Massen-A. und damit verknüpften kulturellen Veränderungen erklären läßt (Jackson/Warr, 1987).
12. *Frühere Erfahrungen mit A. und Streßbelastbarkeit.* – Frühere Erfahrungen mit A. relativieren möglicherweise eine erneute Erfahrung von A., können jedoch gleichzeitig, wenn diese traumatisch erlebt worden ist, auch zu einem erhöhten Antizipationsstreß führen. Ebenso läßt sich vermuten, daß die erfolgreiche Bewältigung früherer Lebenskrisen eine positive Bewältigung von A. erleichtert.

7 Typologien und Verlaufsstrukturen der Bewältigung

Aus der Darstellung der Moderatoren der Bewältigung ist deutlich geworden, daß es auf das keineswegs uniforme Ereignis A. auch keine uniformen Reaktionen der Betroffenen selbst geben kann. Bei dem Versuch, Typologien der Reaktionsformen zu entwickeln, wurden in der Arbeitslosenforschung mehrere Wege beschritten: Bereits in der historisch bedeutsamsten sozialpsychologischen Studie über die Auswirkungen von A. auf eine ganze Gemeinde, der wegen ihrer methodischen Differenziertheit berühmten „Marienthal-Studie" von Jahoda et al. (1933/1975), wurde versucht, eine Typologie von Reaktionsformen zu entwickeln. Unterschieden wurden Resignation, Gebrochenheit (unterteilt in apathisch und völlig verzweifelt) und Ungebrochenheit.

Bakke (1940) formulierte folgenden „Zyklus der Anpassung" in Arbeitslosen-Familien: momentane Stabilität – labiles Gleichgewicht – Desorganisation – vorläufigen Anpassung – permanente Anpassung.

In einem Überblick über die psychologische Arbeitslosenforschung der 30er Jahre gelangten Eisenberg und Lazarsfeld (1938, 378) zur Schlußfolgerung:

> „Wir fanden heraus, daß alle Autoren, welche den Verlauf von Arbeitslosigkeit beschreiben, in folgenden Punkten übereinstimmen. Zuerst findet sich ein Schock, der gefolgt wird durch eine aktive Phase der Arbeitssuche, in der der Einzelne noch optimistisch und unresigniert ist: er behält eine ungebrochene Einstellung. Zweitens, wenn alle Bemühungen vergeblich waren, wird der Betroffene pessimistisch, ängstlich und leidet unter starkem Streß: dieses ist die kritischste Phase. Und drittens, wird der Einzelne fatalistisch und adaptiert sich an seine neue Situation, aber mit reduzierten Hoffnungen. Er weist jetzt eine gebrochene Einstellung auf".

Diese Passage von Eisenberg und Lazarsfeld ist deshalb so wichtig, weil sie die Diskussion über Phasenverläufe in der Arbeitslosigkeit in den letzten 50 Jahren weitgehend bestimmt hat. Nahezu alle anderen Modelle (Harrison, 1978; Hayes/Nutman, 1981) bauen auf dieser Zusammenfassung auf. Am bekanntesten dürfte die von Harrison beschriebene Verlaufsform Schock – Optimismus – Pessimismus – Fatalismus geworden sein (s. a. Kieselbach/Wacker, 1985). In jüngster Zeit ist die Annahme einer solchen idealtypischen Verlaufsform aus unterschiedlichen Gründen kritisiert worden. Zum einen sei die empirische Basis für eine solche Annahme nicht ausreichend, zum anderen sei dadurch ein allgemeines Stereotyp von dem Verhalten Arbeitsloser geprägt worden (Kelvin/Jarrett, 1985).

Eine langfristige Anpassung an A. kann erfolgen unter weitgehender Aufgabe zukunftsorientierter Zielsetzungen, was in der sozialepidemiologischen Forschung als „Demoralisierung" gekennzeichnet wurde (Dohrenwend et al., 1980). Dieses Syndrom beinhaltet Einstellungen und Grundhaltungen, die bestimmt sind durch geringes Selbstwertgefühl, Hilflosigkeit, Hoffnungslosigkeit und unbestimmte Zukunftsängste. Es bedeutet, daß diese Menschen Ereignisse fatalistisch auf sich zukommen lassen. Eine solche Form der Anpassung muß unter gesellschaftlicher Perspektive als destruktiv angesehen werden. Warr (1987) hat denn auch, einen Begriff von Anpassung kritisierend, der lediglich die Verringerung psychiatrischer Morbidität impliziert, nicht jedoch den weitgehenden Verzicht auf individuelle Entwicklung als Folge von A. thematisiert, eine Unterscheidung zwischen „resignativer" und „konstruktiver" Anpassung vorgenommen.

Bei *konstruktiver Anpassung* entwickelt der Betroffene Interessen und Aktivitäten außerhalb des konventionellen Arbeitsmarktes, greift Hobbies stärker auf, dehnt soziale Aktivitäten aus und übernimmt persönlich befriedigende Rollen in freiwilligen, religiösen oder Gemeinde-Organisationen, wohingegen eine weitaus häufiger verbreitete *resignative Anpassung* in Selbstisolation und einer weitgehenden Reduktion von Ansprüchen in vielen Lebensbereichen besteht.

8 „Opfer-durch-Nähe": Partner und Kinder

Die Folgen von A. betreffen nicht nur Arbeitslose selbst, auch ihre unmittelbaren Angehörigen oder Partner sind dem Streß der A. mittelbar ausgesetzt (Schindler/Wetzels, 1985; Kieselbach, 1987 b). Diese stellen für den direkt betroffenen Arbeitslosen zwar häufig eine wichtige Quelle sozialer Unterstützung dar, können jedoch den Streß für den Arbeitslosen insofern auch erhöhen als die Verantwortung und die Zukunftsunsicherheit sich damit auch auf andere abhängige Personen erstreckt.

Konfliktträchtige Auswirkungen für die Angehörigen Arbeitsloser ergeben sich durch eine Verschlechterung der finanziellen Bedingungen, ein verändertes Verhalten des direkt Betroffenen, größere Nähe, die mit mehr Kontrolle verbunden sein kann, Veränderungen von Alltagsroutinen sowie familiärer Rollen – und Machtverteilungen. Für die familiäre Bewältigung von A. ausschlaggebend ist jedoch die vorgängige Qualität der ehelichen Beziehungen. Ökonomische Verluste verschlechtern die Qualität einer Beziehung besonders dann, wenn bereits vor Eintritt dieser Veränderung Spannungen vorhanden waren oder der Mann nur geringe Bewältigungsressourcen besitzt (Liker/Elder, 1983).

Bereits in den Untersuchungen der 30er Jahre wurden als Auswirkungen väterlicher A. bei Kindern festgestellt, daß diese emotional labilisiert waren, nervöse Symptome und funktionelle Störungen entwickelten, sich in antisozialen Aktivitäten engagierten, in ihren schulischen Leistungen nachließen, wobei die Auswirkungen bei Mädchen häufig stärker waren (Kieselbach, 1987b). Darüber hinaus zeigte sich ein autoritäreres Verhalten des arbeitslosen Vaters (Komarovsky, 1940), was auch in einer neueren Studie bestätigt werden konnte (Schindler, 1979).

In den USA haben verschiedene Studien den Zusammenhang von ökonomischem Streß und der Rate registrierter *Kindesmißhandlungen* belegt (Garbarino/Crouter, 1978; Steinberg et al., 1981). Daraus läßt sich der Schluß ziehen, daß das hohe Niveau der Massen-A. in den hochindustrialisierten Ländern eine Bedrohung der Lebens- und Erziehungsbedingungen vieler Kinder bedeutet, wobei die Rate von registrierten Kindesmißhandlungen – selbst wiederum nur die Spitze eines Eisbergs – ein genauer Indikator des durch die wirtschaftlichen Verhältnisse ausgeübten Drucks darstellt.

In einer Untersuchung der Gesundheitsverläufe von Kindern arbeitsloser Eltern ergab sich, daß bei ihnen Krankheiten allgemein häufiger auftraten, insbesondere Infektions- und längerdauernde Krankheiten (Margolis/Farran 1981). Die Auswirkungen von A. auf Kinder können möglicherweise längerdauernde Effekte haben, weil sie nicht nur die aktuelle Befindlichkeit oder das Leistungsvermögen (wie z. B. Schulleistungen, Baarda et al., 1983) beeinträchtigen, sondern umfassender das Selbstwertgefühl junger Menschen allgemein (Coopersmith, 1967) oder beispielsweise die beruflichen Zukunftserwartungen von Mädchen negativ beeinflussen (Galambos/Silbereisen, 1987).

9 Psychosoziale Interventionen

Die Folgen von A. können effektiv nur durch Arbeit beseitigt werden. In unserer gegenwärtigen Gesellschaft läßt sich keine andere Tätigkeit denken, die die Funktionen von Erwerbstätigkeit umfassend ersetzen könnte. Auch wird es nur einer Minderheit von Arbeitslosen gelingen, eine konstruktive Adaptation an die A. ohne wesentliche Verringerung von Anspruchsniveau, Kompetenz und psychosozialem Wohlbefinden zu realisieren. Solange A. im gegenwärtigen Umfang existiert, müssen für Arbeitslose, die in eine Krise geraten, jedoch Hilfs-, Beratungs- und Betreuungsangebote gemacht werden, um sie nicht mit ihren gesellschaftlich verursachten Problemen allein zu lassen (Kieselbach, 1986; Regionale Arbeitsgemeinschaft, 1986; Kieselbach/Svensson, 1987). Dabei sollte jedoch vermieden werden, die psychosozialen Folgen von A. von ihrem gesellschaftlichen Kontext zu isolieren, um einer Psychologisierung oder Medikalisierung des Problems A. keinen Vorschub zu leisten. Stattdessen sollte eine *Strategie von „Ermächtigung“* (Rappaport, 1981/1985) vorgezogen werden, die es ermöglicht, psychosoziale Beratung einzubetten in eine Strategie politischer Aktivierung, um auf diese Weise einen Beitrag zur *Entindividualisierung* von A. zu leisten (s. ausführlicher Kieselbach, 1985 a; 1987 a). Zum Ziel hätte eine solche Intervention, den einzelnen Arbeitslosen darin zu unterstützen, seine soziale und politische Autonomie wieder ein Stück zurückzugewinnen, die ihm mit seinem Arbeitsplatzverlust, Tendenzen der gesellschaftlichen Ausgrenzung sowie der Selbstisolation aufgrund schamvollen Rückzugs weitgehend verloren gegangen ist.

Gleichzeitig sollte eine Integration von beruflicher Bildung und psychosozialer Beratung erfolgen, da häufig die Folgen längerdauernder A. die Erreichung berufsbezogener Lernziele in Fortbildungs- und Umschulungsmaßnahmen erheblich behindern. Eine solche Intervention müßte sich bewegen zwischen gesellschaftlicher Ursachenzuschreibung von Massenarbeitslosigkeit und einem mittleren Maß an persönlicher Ursachenzuschreibung für die Lösung der individuellen Situation.

Literatur

Arnetz, B.B./Wasserman, J./Petrini, B./Brenner, S.-O./Levi, L./Eneroth, P./Salovaara, H./Hjelm, R./Salovaara, L./Theorell, T./Petterson, I.-L.: Immune function in unemployed women. Psychosomatic Medicine, 49 (1), 1987, 3-12

Baarda, P. B./Frowijn, A. P. M./De Goede, M. P. M./Postma, M. E.: Schoolprestaties von Kinderen van werkloze Vaders. Pedagogische Studien, 60, 1983, 473-484

Bakke, E. W.: Citizens without work. A study of the effects of unemployment upon the workers' social relations and practices. New Haven, 1940

Balz, H. J./Schultz-Gambard, J./Winter, G.: Arbeitslosigkeit als Gegenstand psychologischer Forschung: Zu den individuellen und sozialen Auswirkungen längerfristiger Arbeitslosigkeit unter besonderer Berücksichtigung von psychologischen und sozialen Moderatorvariablen. In: Schultz-Gambard, J. (Hrsg.): Angewandte Sozialpsychologie. München: Psychologie Verlags Union, 1987

Banks, M. H./Jackson, P. R.: Unemployment and risk of minor psychiatric disorder in young people. Psychological Medicine, 12, 1982, 789-798

Biermann, I./Schmerl, C./Ziebell, L.: Leben mit kurzfristigem Denken. Eine Untersuchung zur Situation arbeitsloser Akademikerinnen. Weinheim: Beltz, 1985

Braginsky, D. D./Braginsky, B. M.: Surplus people: their lost faith in self and the system. Psychology today, 8, 1975, 69-72

Brenner, M. H.: Mental illness and the economy. Cambridge, Mass.: Harvard Univ. Press 1973. deutsch: Wirtschaftskrisen, Arbeitslosigkeit und psychische Erkrankung. München: Urban & Schwarzenberg, 1979

Brenner, M. H.: Estimating the social costs of national economic policy: implications for mental and physical health, and criminal aggression. Vol. 1: Employment, Paper No. 5. Washington: U. S. Government Printing Office, 1976; deutsch: Brenner, M. H.: Zur Abschätzung der sozialen Kosten der Volkswirtschaftspolitik: Implikationen für psychische Gesundheit, körperliche Gesundheit und kriminelles Verhalten. In: Klees, B./Weyerer, S. (Hrsg.): Weg vom Fenster. Arbeitslosigkeit und ihre Folgen. Frankfurt: Nachrichten-Verlags-Gesellschaft, 1986

Brenner, S.-O.: Bericht über eine Längsschnittstudie bei arbeitslosen Frauen. In: Cullen et al., 1987

Brinkmann, C.: Finanzielle und psycho-soziale Belastungen während der Arbeitslosigkeit. Mitteilungen aus der Arbeitsmarkt- und Berufsforschung, 9 (4), 1976, 397-413

Brinkmann, C.: Die individuellen Folgen längerfristiger Arbeitslosigkeit. Mitteilungen aus der Arbeitsmarkt- und Berufsforschung, 17 (4), 1984, 454-473

Brinkmann, C./Potthoff, P.: Gesundheitliche Probleme in der Eingangsphase der Arbeitslosigkeit. Mitteilungen aus der Arbeitsmarkt- und Berufsforschung, 17 (4), 1983, 378-397

Brinkmann, C./Reyher, L.: Erwerbspersonenpotential und Stille Reserve. Mitteilungen aus der Arbeitsmarkt- und Berufsforschung, 18 (1), 1985, 4-11

Büchtemann, C.: Bewältigung der Arbeitsmarktkrise? Beilage zur Wochenzeitung Das Parlament, B4/85, 1985, 32-46

Buss, T. F./Redburn, F. S.: Mass unemployment. Plant closings and community mental health. Beverly Hills, Calif., 1983

Clark, A. W./Clissold, M. P.: Correlates of adaptation among unemployed and employed young men. Psychological Reports, 50 (3), 1982, 887-893

Cobb, S.: Social support as a moderator of life stress. Psychosomatic Medicine, 38, 1976, 300-314

Coopersmith, S.: The antecedents of self-esteem. San Francisco: Freeman, 1965

Cullen, J. H./Ryan, G. M./Cullen, K. M./Ronayne, T./Wynne. R. F. (Eds.): Unemployed youth and health: findings from the pilot phase of a longitudinal study. Social Science and Medicine: Special issue on unemployment and health (erscheint 1987 a)

Cullen, J./Ronayne, T./Ryan, G.: Health effects of work and exclusion from work. Approaches to unterstanding, monitoring and interventions. In: Cullen et al., 1987 (1987 b)

Cullen, J./Svensson, P.–G./Wintersberger. H.(Eds.): Unemployment, poverty and quality of working life: innovative interventions to counteract damaging health effects. Vienna: European Centre for Social Welfare Training and Research (erscheint 1987).

Dohrenwend, B. P./Dohrenwend, B. S./Gould, M. S./Link, B./ Neugebauer. R./Wunsch-Hitzig, R.: Mental illness in the United States. New York, 1980
Eisenberg, P./Lazarsfeld, P. F.: The psychological effects of unemployment. Psychological Bulletin, 35, 1938, 358-390
Feather, N. T./Barber, J. G.: Depressive reactions and unemployment. Journal of Abnormal Psychology, 92, 1983, 185-195
Feather, N. T./Bond, M. J.: Time structure and purposeful activity among employed and unemployed university graduates. Journal of Occupatioonal Psychology, 56, 1983, 241-254
Frese, M.: Arbeitslosigkeit, Depressivität und Kontrolle: eine Studie mit Wiederholungsmessung. In: Kieselbach/Offe, 1979, 222-257
Frese, M.: Zur Verlaufsstruktur der psychischen Auswirkungen von Arbeitslosigkeit. In: Kieselbach/Wacker, 1985, 224-241
Fryer, D./Payne, R. L.: Unemployed workers – pro-activity as a route into understanding psychological effects of unemployment. University of Sheffield: Memo 540, 1982
Galambos, N. L./Silbereisen, R. K.: Income change, parental outlook, and adolescent expectations for job success. Journal of Marriage and the Family (erscheint 1987)
Garbarino, J./Crouter, A.: Defining the community context of parental-child relations: the correlates of child maltreatment. Child Development, 49, 1978, 604-616
Gniazdowski, A.: Full-employment policy in Poland and some of its effects related to workers' health. In: Cullen et al., 1987
Gore, S.: The effect of social support in moderating the health consequences of unemployment. Journal of Health and Social Behavior, 19, 1978, 157-165
Gurney, R. M.: Leaving school, facing unemployment and making attributions about the causes of unemployment. Journal of Vocational Behaviour, 18, 1981, 79-91
Harrison, R.: Die demoralisierende Erfahrung längerfristiger Arbeitslosigkeit. In: Wacker, 1978, 38-56
Hayes, J./Nutman, P.: Understanding the unemployed. The psychological effects of unemployment. London/New York: Tavistock, 1981
Henkel, D.: Arbeitslosigkeit als Risikofaktor für Alkoholgefährdung und Hindernis für Rehabilitationsprozesse. In: Kieselbach/Wacker, 1985, 66-83
Hepworth, S. J.: Moderating factors of the psychological impact of unemployment. Journal of Occupational Psychology, 53 (2), 1980, 139-146
Jackson, P. R./Stafford, E. M./Banks, M. H./Warr, P. B.: Unemployment and psychological distress in young people: the moderating role of employment commitment. Journal of Applied Psychology, 68 (3), 1983, 525-535
Jackson, P. R./Warr, P. B.: Unemployment and psychological illhealth: the moderating role of duration and age. Psychological Medicine, 1984
Jackson, P. R./Warr, P. B.: Mental health of unemployed men in different parts of England and Wales. (erscheint 1987)
Jahoda, M./Lazarsfeld, P./Zeisel, H.: Die Arbeitslosen von Marienthal. Ein soziographischer Versuch. Frankfurt: Suhrkamp, 1975 (Erstausgabe 1933)
Jahoda, M.: The impact of unemployment in the 1930's and the 1970's. Bulletin of the British Psychological Society, 32, 1979, 309-314
Jahoda, M.: Wieviel Arbeit braucht der Mensch? Arbeit und Arbeitslosigkeit im 20. Jahrhundert. Weinheim: Beltz, 1983
Janlert, U.: Unemployment and health. In: Westcott et al., 1985, 7-26
John, J./Schwefel, D./Zöllner, H. (Hrsg.): Influence of economic instability on health. Berlin, Heidelberg, New York: Springer, 1983
Kasl, S. V./Cobb, S.: Blutdruckveränderungen bei Männern, die ihren Arbeitsplatz verloren haben: ein vorläufiger Bericht. In: Kieselbach/Offe, 1979, 184-221
Kaufman, H. G.: Professionals in search of work. Coping with the stress of job loss and underemployment, New York: Wiley, 1982
Kelvin, P./Jarrett, J. E.: Unemployment. Its social psychological effects. Cambridge: Cambridge University Press, 1985
Kieselbach, T.: Funktion und Perspektiven psychosozialer Intervention bei Arbeitslosen. In: Kieselbach/Wacker, 1985a, 352-373
Kieselbach, T.: Die gesellschaftliche Verarbeitung von Massenarbeitslosigkeit: Gesundheits- und sozialpolitische Konsequenzen aus der Arbeitslosenforschung. Theorie und Praxis der sozialen Arbeit, 36 (4), 1985b, 122-134
Kieselbach, T.: Jugend- ein Risikofaktor? Gesundheits- und sozialpolitische Konsequenzen aus der Forschung zur Jugendarbeitslosigkeit. Psychosozial, Nr. 27 („Jugend ohne Arbeit"), Reinbek: Rowohlt, 1985 c, 49-72
Kieselbach, T.: Zwischen ‚blaming the victim' und ‚social victim': Forschung und Intervention im Bereich Arbeitslosigkeit. In: Schorr, A. (Hrsg.): Psychologie Mitte der 80er Jahre: Geschichte, Berufsrecht, Weiterbildung, Neue Tätigkeitsfelder, Integration in der Psychotherapie. Bd. 3. Bonn: Deutscher Psychologen-Verlag, 1986, 211-228
Kieselbach, T.: Gesellschaftliche Rezeption von Arbeitslosigkeit und Arbeitslosenforschung: Politikberatung im Bereich Gesundheits- und Sozialpolitik. In: Lösel, H./Skowronek, H. (Hrsg.): Beiträge der Psychologie zu politischen Planungs- und Entscheidungsprozessen (Fortschritte der Politischen Psychologie Bd. 7). München: Psychologie-Verlags-Union (erscheint 1987 a)
Kieselbach, T.: Familie unter dem Druck der Arbeitslosigkeit: „Opfer-durch-Nähe" und Quelle sozialer Unterstützung. In: Alter, K./Menne, K. (Hrsg.): Gesellschaft im Umbruch – Antworten der Erziehungsberater. München. Juventa (erscheint 1987 b)
Kieselbach, T.: Self-disclosure and help-seeking as determinants of vulnerability. Case studies of unemployed from social-psychiatric services and demands for health and social policy. In: Schwefel/Svensson, 1987 (1987 c)
Kieselbach, T./Offe, H. (Hrsg.): Arbeitslosigkeit – individuelle Verarbeitung und gesellschaftlicher Hintergrund. (Psychologie und Gesellschaft, Bd. 7). Darmstadt: Steinkopff, 1979
Kieselbach, T./Svensson, P.-G.: Health policy development in Europe in response to economic instability. In: Dooley, D./ Catalano, R. (Eds.): Social costs of economic stress. Journal of Social Issues (erscheint 1987)
Kieselbach, T./Wacker, A. (Hrsg.): Individuelle und gesellschaftliche Kosten der Massenarbeitslosigkeit – Psychologische Theorie und Praxis. Weinheim: Beltz, 1985
Kieselbach, T./Wacker, A.: Arbeitslosigkeit und Gesundheit. In: Arbeitsgruppe Alternative Sozialpolitik (Hrsg.): Gesundheits-Memorandum. Hamburg: VSA-Verlag, 1987
Komarovsky, M.: The unemployed man and his family – The effects of unemployment upon the status of the man in fifty-nine families. New York, 1940
Labica, G.: Kritisches Wörterbuch des Marxismus. Bd. 1. Berlin: Argument, 1983
Lahelma, E./Kangas, R.: Unemployment, reemployment and psychic wellbeing. In: Cullen et al., 1987
Lemkow, L.: The subterranean economy as a survival strategy: the Spanish case. In: Schwefel/Svensson, 1987
Liem, R.: Reconsidering the concept of social victim: the case of unemployment. Vortrag gehalten auf dem Annual Meeting of the American Psychological Association, Anaheim, Calif. Aug. 1983, unveröff. Manuskript
Liker, J. K./Elder, G. H. Jr.: Economic hardship and marital relations in the 1930's. American Sociological Review, 48 (2), 1983, 343-359
Margolis, L. H./Farran, D.: Unemployment: the health consequences in children. North Carolina Medical Journal, 42 (12), 1981, 849-850

Memorandum-Gruppe (Arbeitsgruppe alternative Wirtschaftspolitik): Memorandum '86. Köln: Pahl-Rugenstein, 1986
Morgan, R./Cheadle, A.J.: Unemployment impedes resettlement. Social Psychiatry, 10 (2), 1975, 63-67
OECD: Economic outlook. Paris: OECD, 1986
Pelzmann, L./Winkler, N./Zewell, E.: Antizipation von Arbeitslosigkeit. In: Kieselbach/Wacker 1985, 256-268
Platt, S.: Suicidal behaviour and unemployment: a literature review. In: Westcott et al., 1985, 87-132
Rappaport, J.: In praise of paradox: a social policy of empowerment over prevention. American Journal of Community Psychology, 9, 1981, 1-25 deutsch: Ein Plädoyer für die Widersprüchlichkeit: Ein sozialpolitisches Konzept des ‚empowerment' anstelle präventiver Ansätze. Verhaltenstherapie und psychosoziale Praxis, 17(2), 1985, 257–278.
Regionale Arbeitsgemeinschaft „Arbeitslosigkeit und Gesundheit" Bremen: Gesundheits- und sozialpolitische Forderungen zur Verbesserung der psychosozialen Lage Arbeitsloser in der Region. Universität Bremen: Wissenschaftliche Einheit „Arbeit, Arbeitslosigkeit und Persönlichkeitsentwicklung". Bremer Beiträge zur Psychologie Nr. 55, 1986
Schindler, H.: Arbeitslosigkeit und Familie. In: Kieselbach/Offe, 1979, 258-286
Schindler, H./Wetzels, P.: The new depression – Neue Untersuchungen zum Thema Arbeitslosigkeit und Familie. Kontext, 10, 1985, 23-55
Schober, K.: Arbeitslose Jugendliche: Belastungen und Reaktionen der Betroffenen. Mitteilungen aus der Arbeitsmarkt- und Berufsforschung, 11 (2), 1978, 198-215
Schultz-Gambard, J./Balz, H. J./Drewski, R./Mowka, K.: Weitere Ergebnisse der Bielefelder Längsschnittstudie zu Auswirkungen von Arbeitslosigkeit. Manuskript. Bielefeld, 1986
Schwefel, D.: Arbeitslosigkeit und Gesundheit. Ein europäisches (Forschungs-)Problem. Sozialer Fortschritt, 32 (8), 1983, 169-173
Schwefel, D./Svensson, P.-G. (Eds.): Unemployment, social vulnerability and health in Europe. Berlin/New York/Tokyo: Springer (erscheint 1987)
Spruit, I. P.: Unemployment, employment, and health. Leiden: Instituut voor Sociale Geneeskunde, 1983
Steinberg, L./Catalano, R./Dooley, D.: Economic antecedents of child abuse and neglect. Child Development, 52, 1981, 975-98
Thomann, K.-D./Freese, M./Walter, J.: Hohe Sockelarbeitslosigkeit – Perspektiven der medizinischen und beruflichen Rehabilitation. In: Kieselbach/Wacker, 1985, 390-402
Ulich, D./Hausser, K./Mayring, P./Strehmel, P./Kandler, M./Degenhardt, B.: Psychologie der Krisenbewältigung. Eine Längsschnittuntersuchung mit arbeitslosen Lehrern. Weinheim: Beltz, 1985
Verkleij, H.: Vulnerabilities of very long term unemployed in the Netherlands: results of a longitudinal study. In: Cullen et al., 1987
Wacker, A. (Hrsg.): Vom Schock zum Fatalismus. Soziale und psychische Auswirkungen der Arbeitslosigkeit. Frankfurt: Campus, 1978
Wacker, A.: Differentielle Verarbeitungsformen von Arbeitslosigkeit – Anmerkungen zur aktuellen Diskussion in der Arbeitslosenforschung. Prokla, 53, 1983, 77-88
Warr, P. B.: Job loss, unemployment, and psychological wellbeing. In: Allen, K. L./Van De Vliert, J. (Eds.): Role transitions: explorations and explanations. New York: Plenum, 1984
Warr, P. B.: Individual and community adaptation to unemployment. In: Cullen et al., 1987
Warr, P. B./Jackson, P. R.: Adapting to the unemployed role: a longitudinal investigation. (forthcoming 1987)
Warr, P. B./Jackson, P./Banks, M.: Duration of unemployment and psychological well-being in young men and women. Current Psychological Research, 2, 1982, 207-214
Warr, P. B./Parry, G.: Paid employment and women's psychological well-being. Psychological Bulletin, 91, 1982, 498-516
Westcott, G./Svensson, P.-G./Zöllner, H. F. K. (Eds.): Health policy implications of unemployment. Copenhagen: World Health Organization, 1985
WHO: Bericht über die WHO-Tagung „Krankheitsanfälligkeit unter Langzeitarbeitslosen: Längsschnittansätze. Ljubljana, Oktober 1985 (ICP/HSR 801/mo2 5808V)
Wuggenig, U.: Sozialer Rang und Arbeitslosigkeit – Gemeinsamkeiten und Unterschiede der Arbeitslosigkeitserfahrung bei Arbeitern und Akademikern. In: Kieselbach/Wacker 1985, 207-223

Arbeitspsychologie

Norbert Semmer und Walter Volpert

1 Gegenstand

Verschiedene Faktoren haben dazu geführt, daß sich die A. in diesem Jahrhundert rapide entwikkelt hat. Dazu gehören einerseits Notwendigkeiten der Kriegsproduktion (sie haben z. B. im ersten Weltkrieg zu einem Aufschwung der Ermüdungsforschung geführt, im zweiten Weltkrieg die Vigilanzforschung hervorgebracht), andererseits die schnelle Entwicklung der Produktivkräfte. Sie hat zur Folge, daß der einzelne Arbeiter mit immer größeren Werten umgeht. Der Einfluß, den der „subjektive Faktor" ausübt, muß daher genauer erforscht werden. Auch der gewerkschaftliche Kampf, der beispielsweise um Arbeitszeitverkürzung und bessere Arbeitsbedingungen geführt wird, zwingt zu größerer Berücksichtigung – und damit auch Erforschung – von Bedürfnissen und Fähigkeiten der Arbeitenden.

Kennzeichnend für die A. ist dabei, daß die Entwicklung eines adäquaten Begriffs der Arbeit und der Arbeitstätigkeit bis heute ein schwieriges Problem geblieben ist (Hoyos, 1974; Neuberger, 1985). Manche Lehrbücher (z. B. Blum/Naylor, 1968; Korman, 1971; McCormick/Tiffin, 1975) beschäftigen sich überhaupt nicht mit der Frage. Hoyos (1974) hebt hervor, daß die Psychologie es lange der ingenieurwissenschaftlich orientierten Arbeitswissenschaft überlassen habe, Arbeit zu definieren. Diese habe z. T. den Aspekt der Leistungsabgabe, z. T. die Existenzsicherung durch Arbeit in organisatorischem Kontext in den Vordergrund gerückt.

Drei Ausgangspunkte lassen sich für die Entwicklung der A. identifizieren: Zum einen das *Arbeitsstudium,* das in seinen Anfängen die Arbeit auf rein äußerliche Bewegungsabfolgen reduzierte. Zum zweiten Fragen der äußeren *Arbeitsbedingungen* (Arbeitszeit, Pausen, Beleuchtung usw.) und ihrer Anpassung an den Menschen sowie umgekehrt die Anpassung des Menschen an die Arbeit (Training und Auslese). Und drittens Fragen der Arbeits*motivation* und *-zufriedenheit,* der Bildung und des Zusammenhangs von Arbeitsgruppen usw.

In den letzten Jahren wird zunehmend der eigentliche Gegenstand der A., die *psychische Regulation der Arbeitstätigkeit,* zum Zentrum arbeitspsychologischer Forschung und Praxis (Hakker, 1973/1987; Volpert, 1987). Mit Marx (1890/1971) läßt sich Arbeit als „zweckmäßige Tätigkeit zur Herstellung von Gebrauchswerten, Aneignung des Natürlichen für menschliche Bedürfnisse" kennzeichnen. Wie für Handlungen allgemein, gilt auch für die Arbeitshandlung, daß sie bewußt und zielgerichtet auf ein ideell vorweggenommenes Resultat orientiert ist, willensmäßig auf dieses Ziel hin reguliert wird und zugleich die Persönlichkeit formt. Darüber hinaus findet Arbeit typischerweise in einem organisatorischen Kontext statt und wird dort arbeitsteilig ausgeübt. Ziele und Methoden der Arbeit sind (in gewissen Grenzen) vorgegeben. Diese Forderungen an die Arbeitstätigkeit stellen die *Arbeitsaufgabe* dar. Mit ihrer Analyse muß die Untersuchung der Arbeitstätigkeit beginnen.

Mit solchen Überlegungen ist jedoch nur *eine* Seite des Arbeitsprozesses umrissen. Die zweite – in der A. oft vernachlässigte – Seite betrifft die Arbeit als Lohnarbeitsverhältnis und damit zugleich als Kapitalverwertungsprozeß, der auf die Erzielung von Mehrwert und Profit angelegt ist. Dieser zweite Aspekt hat für die A. erhebliche Konsequenzen. Er begründet nämlich einen Zwang auf seiten des Managements, auf eine Intensivierung der Arbeit abzuzielen, wobei Verbesserungen von Arbeitsbedingungen durch eine entsprechende Steigerung der Anforderungen tendenziell wieder zunichte gemacht werden. Somit liegt es umgekehrt im Interesse des Arbeitenden, seine Arbeitskraft so teuer wie möglich zu verkaufen und keine maximalen Leistungen anzustreben – denn diese würden langfristig wiederum zu einer Erhöhung der Anforderungen führen. Die traditionelle A. hat den daraus resultierenden Konflikt zwischen Gewinnmaximierung und sog. „Leistungszurückhaltung" zwar oft konstatiert, ihn aber nicht als strukturell erkannt, sondern häufig auf Probleme der beteiligten Personen – etwa fehlende Motivation bei den Arbeitern oder Kurzsichtigkeit beim Management – zurückgeführt.

2 Hauptentwicklungen

Akzentuierend soll hier unterschieden werden zwischen Ansätzen, die sich mehr auf Fragen der Motivation, der Führung und der Kommunikation beziehen, und auf der anderen Seite Ansätzen, die die wechselseitige Anpassung von Mensch und Arbeitstätigkeit im engeren Sinn zum Gegenstand haben. Die erstgenannte Fragestellung hat sich heute zu einer eigenständigen „Organisationspsychologie" entwickelt (Gebert/Rosenstiel, 1981; Greif, 1983 a).

2.1 Motivation, Führung, Kommunikation

Den klassischen Ausgangspunkt für diese Fragestellung bildet die sog. *„Wissenschaftliche Betriebsführung"* von Taylor (Neuausg. 1977). Dieser ging davon aus, daß in einer vollständigen betrieblichen Arbeitsteilung die Tätigkeit des einzelnen Arbeiters bis ins Kleinste festzulegen sei. Entscheidungen seien ihm völlig abzunehmen, zentraler Motivator sei der Lohn. Die *„human-relations-Bewegung"* rückte dagegen die „menschlichen Bedürfnisse" in den Mittelpunkt; die Arbeitsgruppe und ihre sozialen Beziehungen stellten das Kernstück der Einbindung des Arbeiters in die Organisation dar. In neuerer Zeit werden diese Ansätze ausgeweitet zu einem *systemtheoretischen Ansatz*, teilweise sehr stark mit rollentheoretischen Überlegungen verknüpft (Katz/Kahn, 1978).

2.2 Wechselseitige Anpassung von Mensch und Arbeit

Von vielen, insbesondere amerikanischen, Autoren werden Scott und Münsterberg als die Begründer der A. angesehen. Beide waren Schüler von Wundt und beschäftigten sich vor allem mit der Entwicklung *eignungsdiagnostischer Tests*. Diese Seite der A. ist traditionell stark geblieben. Im 1. Weltkrieg wurden Tests für die Selektion von Soldaten entwickelt, später erarbeitete man im Dienste von Firmen, Staat und Militär derartige Verfahren, z. B. zur Prüfung der Intelligenz, der Handgeschicklichkeit oder der „Zuverlässigkeit". Das umfassendste System, das z. Zt. in der BRD existiert, ist die Berufseignungs-Testbatterie der Bundesanstalt für Arbeit (Engelbrecht, 1975).

In bezug auf die direkte Erfassung von Arbeitstätigkeiten ist wiederum Taylor als Ausgangspunkt der Wissenschaftsentwicklung zu sehen. Mit seinem *Arbeitsstudium* begründet er die erste von vier Traditionen, die hier geschildert werden sollen. Er reduzierte die Tätigkeit jedoch rein äußerlich auf Bewegungsabfolgen, die es zu erfassen und bezüglich jeder Abweichung von dem angenommenen „besten Weg" zu bereinigen galt. Wenn dieser Ansatz auch weit davon entfernt war, die menschliche Arbeitstätigkeit adäquat zu erfassen, so war er doch einer der ersten systematischen Versuche, sie überhaupt in den Griff zu bekommen. Seine Einseitigkeit und Begrenztheit wurden jedoch schnell deutlich – nicht zuletzt durch den Widerstand der Arbeiter. So begann eine Reihe von *„Überwindungen des Taylorismus"*, die darauf abzielten, das Taylorsche Abstraktum Arbeitskraft/Arbeitstätigkeit als spezifisch menschlich zu fassen.

So steht die zweite Tradition unter dem Stichwort der „Anpassung der Arbeit an den Menschen und der Anpassung des Menschen an die Arbeit". Fragen der Ausbildung und insbesondere der *äußeren Arbeitsbedingungen* traten in den Vordergrund. Man untersuchte die Auswirkungen von Licht, Pausen, Tagesrhythmen usw. Die Erforschung von Belastungswirkungen, insbesondere Ermüdungserscheinungen, entwickelte sich in außerordentlichem Maße (Schönpflug, 1987).

Im 2. Weltkrieg entstand eine dritte Tradition der Beschäftigung mit der Arbeitstätigkeit selbst. Sie ging aus von komplexen Überwachungstätigkeiten, bei denen sich das Problem der *„Vigilanz"*, also der Daueraufmerksamkeit gegenüber seltenen Ereignissen stellte (z. B. bei der Radarüberwachung). Allgemeiner ging es – und das mit fortschreitender Automatisierung in immer größerem Maße – um Fragen der menschlichen Informationsverarbeitung: Welche Art von Anzeigen sind schnell lesbar und leicht in Handlungen übersetzbar, welche Informationsmengen können verarbeitet werden usw.? Hier wurden insbesondere kybernetische Ansätze angewandt und weiterentwickelt. Das Gebiet hat sich heute unter der Bezeichnung *Ingenieurpsychologie* (englisch: human factors engineering) als mehr oder minder eigenständige Disziplin etabliert. Hier ist man schon sehr dicht an der direkten Auseinandersetzung des Arbeitenden mit Arbeitsmittel und -gegenstand.

Schließlich kamen viertens als neue Kriterien der Arbeitsgestaltung zunehmend Begriffe wie *„Autonomie"* und *„Flexibilität"* in die Diskussion. Die Arbeitsgestaltung, so wurde gefordert, müsse sich mehr in Richtung auf Ausnutzung verschiedener Fähigkeiten hin und von eintönigen, repetitiven Tätigkeiten weg bewegen, der Dispositionsspielraum des einzelnen müsse erhöht werden. Stichworte für diese Diskussion sind „Job Enlargement", „Job Enrichment", „(teil-)autonome Arbeitsgruppen", kurz: die sog. *„Neuen Formen der Arbeitsgestaltung"* (Ulich et al., 1973). Hier konvergieren die genannten Entwicklungslinien – die mehr organisationsorientierte und die mehr tätigkeitsorientierte – insofern, als damit eine Umstrukturierung nicht nur der einzelnen Arbeitstätigkeit, sondern des gesamten Arbeitsablaufes bis hin zu Kommunikations-, Entscheidungs- und Kontrollstrukturen ganzer Gruppen verbunden ist. Eine Neugestaltung der Arbeit in diesem Sinn ist keineswegs leicht zu bewerkstelligen (Alioth, 1980). Daß sie jedoch positive Ergebnisse für die Arbeitenden mit sich bringen kann, ist inzwischen auch in Längsschnittstudien empirisch nachgewiesen (Wall/Clegg, 1981).

Neuere Versuche, Bewertungskriterien für Arbeit zu entwickeln, nehmen auf diese Entwicklungstraditionen Bezug. Rohmert und Rutenfranz (1975) unterscheiden die Ebenen der „Ausführbarkeit", „Erträglichkeit", „Zumutbarkeit" und „Zufriedenheit", wobei auf den „unteren" Ebenen vorwiegend physiologische und anatomische, auf den höheren zunehmend (sozial-)psychologische Bedingungen eine Rolle spielen. Hacker (1973/1986) unterscheidet zwischen „Ausführbarkeit", „Schädigungslosigkeit", „Beeinträchtigungsfreiheit" und „Persönlichkeitsförderlichkeit", wobei für seine „höchste Stufe" weniger sozialpsychologische Aspekte als Charakteristika der Aufgabe betont werden. Von besonderer Bedeutung ist dabei das Konzept der „Vollständigkeit" im Gegensatz zur „Partialisierung" der Handlung (Volpert, 1975), wobei mit Vollständigkeit insbesondere die Möglichkeit gemeint ist, eigene Ziele aufzustellen, eigene Handlungspläne zu entwickeln und zwischen alternativen Möglichkeiten zu entscheiden sowie die Ergebnisse des Handelns auch selbst zu kontrollieren und zu bewerten.

2.3 Die Neuorientierung der Arbeitspsychologie: Psychische Regulation der Arbeitstätigkeit

Damit sind bereits Aspekte einer Neuorientierung zumindest eines Teils der A. angesprochen, die seit einigen Jahren zu beobachten ist. Sie ist gekennzeichnet durch das Bemühen, der A. eine stärkere theoretische Fundierung zu geben und die Kluft zwischen einer – oft in einem sehr eingeengten Sinn – „angewandten" Psychologie und insbesondere der Allgemeinen Psychologie durch eine verstärkte Grundlagenorientierung zu überwinden. Anstöße aus verschiedenen Richtungen kamen dabei zum Tragen: Ansätze der sowjetischen Psychologie, die das bewußte, zielgerichtete Handeln des Menschen als gesellschaftlichem Wesen betonen; amerikanische Ansätze, die unter dem Einfluß kybernetischer Modelle den Menschen als planendes Wesen auffaßten, damit zur Überwindung des engen, mechanistischen S-R-Schemas beitrugen und die „kognitive Wende" in der westlichen Psychologie mit einleiteten; aber auch Denktraditionen aus der Weimarer Zeit, die durch den Nationalsozialismus unterbrochen und nach dem Krieg zunächst weitgehend unbeachtet blieben – insbesondere von Kurt Lewin (z. B. 1926 a, b). In der westlichen deutschsprachigen A. wurde diese Entwicklung vor allem von Ulich (z. B. 1970) vorangetrieben. Zu einem einheitlichen Konzept einer „Allgemeinen Arbeitspsychologie" wurde sie vor allem durch Winfried Hacker (1973/1986) ausgearbeitet (vgl. auch Volpert, 1983 a).

Im Zentrum dieses als „Handlungsregulationstheorie" bekannt gewordenen Ansatzes steht die *psychische Regulation der Arbeitstätigkeit* (Volpert, 1987). Wesentliche Merkmale sind insbesondere die Bildung von Handlungs*zielen* und Handlungs*plänen* unterschiedlicher Komplexität. Sie sind hierarchisch organisiert und stellen die Kriterien für die Handlungskontrolle und -korrektur während des – sequentiellen – Handlungsablaufes (Modell der „hierarchisch-sequentiellen Handlungsorganisation"). Dabei werden verschiedene „Regulationsebenen" des Handelns unterschieden.

Gegenüber einer reinen Bewegungsorientierung, einer Arbeitsgestaltung ausschließlich nach anatomisch-physiologischen Gesichtspunkten oder der Bedeutung von Anreizsystemen rücken damit die Regulationserfordernisse der Arbeitsaufgaben (Anforderungen an höhere Regulationsebenen; Vollständigkeit der Regulation) und die Beschaffenheit des „Operativen Abbildsystems" in den Vordergrund. So sind etwa Unterschiede in Kenntnissen und kognitiv geleiteten Strategien (z. B. in der exakten Abschätzung von Fehlerwahrscheinlichkeiten und der damit verbundenen vorbeugenden Fehlersuche, der Beachtung besonders wesentlicher Signale, der Planung von Arbeitsweisen über längere Zeiträume hinweg anstatt eines anfallsweisen Reagierens) für die Güte der Aufgabenbewältigung viel entscheidender als Unterschiede in der Schnelligkeit und Präzision von Bewegungen – vorausgesetzt, daß Freiheitsgrade existieren. Planend-strategisches Handeln kann auf diese Weise zu besseren Arbeitsergebnissen ohne größeren Aufwand und Verausgabung führen.

Entsprechend rücken Aufgabenanalyse und -gestaltung im Hinblick auf eine Erhöhung der Regulationserfordernisse als Ansatz für eine „persönlichkeitsfördernde Arbeitsgestaltung" ebenso in den Vordergrund wie Qualifizierungs- und Ausbildungsmethoden, die vor allem auf die Verbesserung der „kognitiven Regulationsgrundlagen" abzielen und damit auch die Selbständigkeit des Handelns erhöhen (Skell, 1972; 1980; Ulich/Frei, 1980; Volpert, 1985).

3 Wichtige Themenstellungen der Arbeitspsychologie

Im folgenden werden kurz die Themenstellungen skizziert, denen in der A. traditionell großes Gewicht zukommt.

Fragen der *Selektion* werden in der Regel unter testtheoretischen Gesichtspunkten behandelt. Zugrundgelegt werden meist Ansätze zur Klassifikation menschlicher Leistungen, die auf faktorenanalytischer Basis gewonnen werden. Traditionell stehen dabei die Interessen der auswählenden Institution, nicht die der Auszuwählenden, im Vordergrund (Schardt, 1977). In letzter Zeit wird verstärkt die Forderung erhoben, das weitgehend statische Menschenbild der Eignungsdiagnostik zu überwinden und Trainings- und Qualifikationsprozesse in theoretische Überlegungen sowie eignungsdiagnostische Untersuchungen einzubeziehen (Triebe/Ulich, 1977).

Bei Fragen der *Arbeitsmotivation und -zufriedenheit* geht es vor allem darum, welche Bedeutung der Arbeitsinhalt, die Arbeitsumgebung und die sozialen Beziehungen für die Bedürfnisbefriedigung des Arbeitenden haben. Sowohl die direkte Bedürfnisbefriedigung („intrinsische Arbeitsmotivation") als auch die indirekte (Arbeit als Möglichkeit, über den Lohn anderer Bedürfnisse zu befriedigen), spielen dabei eine Rolle. Man hat versucht, inhaltliche „Motivklassen" voneinander zu unterscheiden (am bekanntesten ist der allgemeinpsychologische Ansatz einer Bedürfnis-Hierarchie von Maslow, 1954); teilweise werden dabei positiv motivierende (= anzustrebende) und negativ motivierende (= zu vermeidende) Aspekte unterschieden (so bei Herzberg, 1966). „Wert-Erwartungs-Theorien" spielen auch in der arbeitspsychologisch orientierten Motivationspsychologie eine große Rolle (z. B. Vroom, 1964). Zunehmend wird Arbeitszufriedenheit als Ergebnis „motivationsdynamischer Verläufe" angesehen, als deren Folge nicht „die" Arbeitszufriedenheit, sondern verschiedene Typen von Arbeitszufriedenheit (z. B. „resignative" vs. „progressive") entstehen (Bruggemann et al., 1975 – vgl. dazu auch Neuberger, 1985).

In Fragen der *Führung* hat man lange Zeit (weitgehend vergeblich) versucht, stabile Führungseigenschaften zu ermitteln. Die Forschung konzentriert sich seit einiger Zeit mehr auf die Anforderungen, die durch wechselnde Situationen gestellt werden, und auf die Fähigkeit von Personen, diesen Anforderungen flexibel zu genügen (vgl. dazu Gebert/v. Rosenstiel, 1981).

In bezug auf *Ausbildung* und *Anlernen* geht es neben dem Training von Führungskräften im Sinne eines „offeneren, mehr mitarbeiterbezogenen" Führungsverhaltens und verbesserter Entscheidungsfähigkeit traditionell vor allem um die Effektivierung von Anlernprozessen in der Industrie. Probleme des Erwerbs von Fertigkeiten (Skills) werden von der Forschung über „sensumotorisches Lernen" behandelt (Ulich, 1964; Volpert, 1983). Der Untersuchungsansatz betonte dabei früher als andere Theorien des Lernens die Bedeutung der Informationsverarbeitung und -rückmeldung und war damit ein Ausgangspunkt der Handlungsregulationstheorie. Entsprechend wurden im Bereich des sensumotorischen Lernens Trainingsansätze entwickelt, die nicht mehr nur auf die bessere zeitliche Verteilung (verteiltes vs. gehäuftes Üben) oder den optimalen Umfang des zu Übenden (ganzheitlich oder in Teilen) abzielten, sondern auf die Verbesserung der kognitiven Regulationsgrundlagen, z. B. durch das „mentale Training" (Ulich, 1974; Volpert, 1983; Triebe/Wunderli, 1976). Neuere Ansätze gehen über das Bewegungslernen hinaus und befassen sich mit der Vermittlung allgemeinerer Arbeitsstrategien und deren Planung (v. a. Skell, 1972; 1980).

Die *Arbeitsanalyse* versucht, Anforderungen der Arbeit zu ermitteln und vergleichbar zu machen, um daraus Konsequenzen etwa für Lohngestaltung, Aus- und Fortbildung usw. abzuleiten. Vor allem aber geht es um die Bewertung der Arbeitstätigkeit im Hinblick auf die bereits genannten Kriterien und um Folgerungen für die Arbeitsgestaltung (vgl. Matern, 1984). Die Verfahren reichen von minutiösen Zeit- und Bewegungsstudien über die differenzierte Erfassung elementarer Operationen (z. B. Frieling/Hoyos, 1978; Rohmert/Landau, 1979) bis hin zur eher globalen Einschätzung allgemeinerer Dimensionen im Hinblick auf Motivation (z. B. Hackman/Lawler, 1971), Belastung (z. B. Semmer, 1984) u. ä. Im Zuge der Entwicklung der Handlungsregulationstheorie sind zunehmend Versuche zur differenzierten Erfassung der dem äußeren Ablauf zugrunde liegenden Regulationsmerkmale unternommen worden (einen Überblick dazu geben Oesterreich/Volpert, 1987).

Die Forschung zur *Arbeitsgestaltung* ist einerseits arbeitsphysiologisch orientiert und versucht, äußere Arbeitsbedingungen (z. B. Beleuchtung, Sitzposition, Bildschirmgestaltung) zu verbessern. Zum zweiten hat sich im Zusammenhang mit der Vigilanzforschung ein Zweig herausgebildet, der das Informationsangebot (z. B. die Art einer Meßskala) und die Zuordnung von Signalen und Handlungen (z. B. Bewegungsrichtung von Schiebereglern) zu verbessern trachtet. Vorschläge zur

Einführung „neuer Formen der Arbeitsgestaltung" beziehen sich im wesentlichen auf die Erhöhung des Dispositionsspielraums von einzelnen und Gruppen. Von besonderer Bedeutung ist dabei, daß derartige Veränderungen nicht über die Köpfe der Betroffenen hinweg oder gar gegen sie, sondern mit deren Zustimmung und Beteiligung durchgeführt werden und daß auf Spielräume für individuelle Arbeitsgestaltung geachtet wird (Ulich/Baitsch, 1987).

Eine weitere wesentliche Aufgabe der A. liegt in der Ermittlung und Beseitigung von *Unfallursachen* (Hoyos, 1987). Nachdem man lange – und weitgehend vergeblich – nach der Person des „Unfällers" gesucht hat, wird das Unfallgeschehen jetzt umfassender gesehen. Individuelle Faktoren (z. B. Erfahrung, emotionale Verfassung), Merkmale der Tätigkeit (z. B. Umgang mit gefährlichen Stoffen; Möglichkeit zum häufigen Einsatz der Handlungsweisen, die in kritischen Situationen wichtig sind), der Arbeitsplatzgestaltung (z. B. scharfe Kanten, Kompatibilität von Notfallreaktionen), der Arbeitszeit (Unfälle sind häufiger am Ende des Arbeitstages und bei langen Arbeitszeiten) wirken zusammen. „Mangelnde Sicherheitseinstellung" ist häufig das Ergebnis eines Zielkonflikts zwischen Sicherheit und Leistung, scheinbares „Risikoverhalten" oft das Ergebnis einer durch lange positive Bewältigung induzierten Risiko-Unterschätzung. Unfälle sind i. d. R. Endpunkte längerer Sequenzen, bei denen technische Mängel und Störfälle sowie Fehlhandlungen komplex ineinander greifen. „Menschliches Versagen" resultiert dann oft aus dem mißglückten Versuch, den Prozeß wieder „in den Griff zu bekommen". Es wird damit zum zeitlich unmittelbaren Auslöser des Unfalls – und leicht voreilig als dessen „Ursache" angesehen. Tatsächlich sind aber Unfälle eher als Versagen eines Arbeitssystems anzusehen.

Das Problem der *Belastung* wurde lange Zeit vorrangig unter dem Aspekt der *Ermüdung* behandelt. Eine wesentliche Rolle spielt dabei das sog. „Aktivationskonzept" (Nitsch, 1972; Schönpflug, 1987). Traditionell stehen im Vordergrund Fragen der *Arbeitszeit* (z. B. Pausengestaltung; Überstunden; Nacht- und Schichtarbeit), Fragen von *Arbeitsintensität* und *Zeitdruck, Umgebungsfaktoren* wie Lärm oder Hitze. Nicht zuletzt angeregt durch die Arbeit von Kornhauser (1965) sowie die Diskussion um „Neue Formen der Arbeitsgestaltung" (s. o.) richtete sich zunehmend mehr Interesse auf Fragen von *Dispositionsspielraum* und *Regulationserfordernissen* sowie *-hindernissen* (z. B. Karasek, 1979), insbesondere auf die Möglichkeit, durch hohen *Handlungsspielraum* mit Belastungen besser umgehen zu können (Semmer, 1984). Schließlich kommt *sozialen* Aspekten in der Belastungsforschung große Bedeutung zu, insbesondere dem Konzept der „sozialen Unterstützung" (Udris, 1982). Noch zu wenig erforscht sind das Zusammenwirken verschiedener Belastungen (Dunckel, 1985) und die wechselseitige Beeinflussung von Belastungen aus der Arbeit und aus anderen Lebensbereichen (Mejman/O'Hanlon, 1984 – vgl. für eine Systematisierung Greif, 1983 b).

Zunehmendes Interesse richtet sich auch auf den Prozeß des Umgangs mit Belastungen (*„Coping"*) und auf die Auswirkungen verschiedener Strategien sowie der „Kosten von Coping".

Im Hinblick auf die Veränderungen der Arbeitswelt kann z. Zt. von einer „Belastungsverschiebung" gesprochen werden: Körperliche Schwerarbeit, Lärm usw. werden zurückgedrängt, „mentale" oder „psychische" Belastungen (Konzentrationsanforderungen, oft verbunden mit langer „Untätigkeit" bei ständiger Reaktionsbereitschaft) nehmen zu, wenn nicht durch entsprechende Maßnahmen der Arbeits- und der Arbeitszeitgestaltung gegengesteuert wird.

Eng mit dem Thema Belastung verknüpft ist die allgemeinere Frage nach dem Zusammenhang von *Arbeit und Persönlichkeit;* denn im Zentrum entsprechender Aussagen und Forschungen stehen negative Auswirkungen der Arbeit – so z. B. die verstärkte Herausbildung psychosomatischer Beschwerden (Frese, 1985) und kardiovaskulärer Erkrankungen (Karasek et al., 1981) oder die Beeinträchtigung der intellektuellen Flexibilität (Greif, 1978; Kohn/Schooler, 1983). Das läßt sich jedoch auch umgekehrt formulieren: Arbeit mit ausreichenden Regulationserfordernissen, genügend Handlungsspielraum und geringer Belastung kann zu Gesundheit und Wohlbefinden beitragen, kann geistige Beweglichkeit fördern usw. Daß eine „industrielle Psychopathologie" (Frese et al., 1978) sich nicht auf negative Auswirkungen von Arbeit beschränken darf, zeigt sich nicht zuletzt an den Folgen des „Entzugs von Arbeit", der Arbeitslosigkeit (vgl. Frese/Mohr, 1978; Kieselbach/Wacker, 1985). Die weitere Entwicklung und Konkretisierung von Kriterien „persönlichkeitsförderlicher Arbeitsgestaltung" ist angesichts der Bedeutung, die die „Acht Stunden am Tag" für die Menschen besitzen, von großer Wichtigkeit.

4 Neue Techniken – neue Herausforderung?

Der Einsatz neuer Techniken zur Erzielung größerer Produktivität, zur Ersparnis von Arbeit, zur

Erzeugung neuer Produkte kennzeichnet die Geschichte der Arbeit seit jeher, wenngleich die Geschwindigkeit, mit der sie entwickelt und eingesetzt wurden, insbesondere mit der Industrialisierung enorm zugenommen hat. Insoweit handelt es sich um ein altes Problem.

Dennoch scheint es gerechtfertigt, in der derzeitigen Entwicklung nicht nur eine lineare Fortsetzung der alten zu sehen; vielmehr vollziehen sich qualitative Sprünge. Nach der Mechanisierung folgt jetzt die Automatisierung – mit Stichworten wie „Flexible Fertigungssysteme", „Computer-Aided Design", „Computer-Aided Manufacturing" u. ä. Im Zuge dieser Entwicklung entfernt sich der Mensch immer weiter vom unmittelbaren Prozeß des Herstellens, Veränderns und Transportierens von Gütern; diese Prozesse werden – in immer größerer Vernetzung – elektronisch gesteuert. Die Arbeitenden überwachen diese Prozesse, zunehmend über Bildschirme mit relativ abstrakten Informationen; sie greifen meist nur noch ein, wenn Probleme auftreten – oder verrichten die Resttätigkeiten, die sich aus technischen oder finanziellen Gründen bislang der Automatisierung entziehen.

Dieser Prozeß muß weitreichende Folgen haben – zunächst die, die der Einsatz neuer Techniken schon immer hatte und die diesen Einsatz schon immer vorrangig motiviert haben: die „Freisetzung" von Arbeit, die unter derzeitigen Bedingungen für viele zur Arbeitslosigkeit führt. Bestehende Qualifikationen werden entwertet; es entstehen aber auch neue Qualifikationsanforderungen und Belastungsstrukturen, und es kommt zur Veränderung von Organisationsstrukturen. Dies bringt neue Möglichkeiten sowie neue Gefahren für die Gestaltung von Arbeit entsprechend den Bedürfnissen der Menschen mit sich. Zu den herausragenden neuen Aspekten der „neuen Techniken" gehört, daß damit in einem bisher nicht möglichen Ausmaß nicht nur die Produktion, sondern auch die Verwaltung rationalisiert werden kann, da Bürotätigkeiten besser durchschaubar und damit besser kontrollierbar werden.

Entgegen immer noch weit verbreiteten Auffassungen sind die konkreten Auswirkungen neuer Techniken jedoch nicht starr festgelegt. Vielmehr spielen immer auch menschliche Entscheidungen über ihre Ausprägung und ihren Einsatz eine wesentliche Rolle – sei es auf gesellschaftlicher Ebene (z. B. Arbeitszeitverkürzung als Gegenstrategie zum „Freisetzungs-Effekt"), auf organisationaler Ebene (der derzeitige Stand der Computertechnik erlaubt durchaus sowohl zentralistische als auch dezentrale Organisationsstrukturen) oder auf der Ebene der konkreten Gestaltung der Arbeitsabläufe (Forcierung der Arbeitsteilung oder Zusammenfassung verschiedener Funktionen zu Tätigkeiten mit höheren Anforderungen – vgl. dazu Brödner, 1985).

Bezüglich der *Höhe* der Qualifikationsanforderungen, die durch die neuen Techniken entstehen, reichen die Positionen von der Hoffnung auf eine tendenzielle Qualifikationserhöhung (Projekt Automation und Qualifikation 1981 über die Prognose der umfassenden Dequalifizierung; Briefs, 1980) bis hin zur Polarisierung, also der Annahme zunehmend höherer Anforderungen an einige Spezialisten, verbunden mit einer Dequalifizierung für den – weitaus größeren – Rest (Kern/Schumann, 1970). Die Möglichkeit, Rationalisierungseffekte auch mit einer Strategie zu erzielen, welche die spezifischen Möglichkeiten des Menschen durch die Zusammenfassung von Tätigkeiten zu qualitativ hochwertigen Arbeitsplätzen nutzt und damit den Taylorismus überwinde, sehen Kern und Schumann (1984) vor allem in zukunftsträchtigen Bereichen, so daß eine zunehmende Segementierung der Arbeitnehmerschaft zu erwarten sei. Zugleich befürchten sie eine verstärkte Leistungskontrolle mit entsprechenden Belastungs-Folgen. Bezüglich der *Art* der Qualifikationsanforderungen kann man von einer Abnahme körperlicher Anforderungen (Kraft, Geschicklichkeit usw.) und einer Zunahme kognitiver Anforderungen ausgehen.

Im Zusammenhang mit der konkreten Gestaltung der Arbeitsplätze bilden sich zunehmend Fragestellungen heraus, die über die klassisch-ergonomischen wie etwa Blend- und Flimmerfreiheit von Bildschirmen, Lesbarkeit von Zeichen usw. hinausgehen. Sie werden meist mit dem Stichwort *„Software–Ergonomie"* belegt. Dabei sollte es allerdings um mehr gehen als „Benutzerfreundlichkeit" im Sinne einer leichten Bedienbarkeit und Verständlichkeit. Von besonderer Wichtigkeit ist es beispielsweise, dem Benutzer Eingriffsmöglichkeiten zu geben, die ihm gestatten, Programme nach seinen Bedürfnissen zu adaptieren (Frese, im Druck). Letztlich entscheidend ist jedoch die Arbeitsorganisation, die Funktionsverteilung zwischen Mensch und Maschine. Dabei kann es sogar geboten sein, die technischen Möglichkeiten der Automation nicht immer voll auszunutzen, weil der Mensch durch kein technisches System wirklich ersetzbar ist – auch wenn dies durch manche modische Propaganda für eine „Fabrik der Zukunft" suggeriert wird. Unter der Prämisse, daß auch Computer, trotz ihrer immens erscheinenden Möglichkeiten, als Hilfsmittel betrachtet werden müssen, derer sich der Mensch bedient, müssen die menschlichen Stärken betont, in Maßnahmen der Arbeitsgestaltung und -organisation zur Geltung gebracht und in Aus- und Fortbildungsmaßnahmen gefördert werden (vgl. dazu das Konzept der „Kontrastiven Arbeitsanalyse" – Volpert, 1986).

5 Gesellschaftliche Faktoren und ihre Bedeutung für die Arbeitspsychologie

Es ist sicher kein Zufall, daß die Diskussion um die „Humanisierung des Arbeitslebens" in einer Zeit relativer Vollbeschäftigung lauter geführt wurde als in den 80er Jahren, wo vielfach eher die Verteidigung von Besitzständen gegen immer stärker werdende Versuche, erworbene Rechte der Arbeitnehmer abzubauen, im Vordergrund steht. Dies verweist darauf, wie sehr die Umsetzung arbeitswissenschaftlicher Erkenntnisse von den wirtschaftlichen und politischen Rahmenbedingungen bestimmt wird; sie hängt entscheidend von der Bereitschaft und den Möglichkeiten der Arbeitnehmer und ihrer betrieblichen und gewerkschaftlichen Interessenvertreter ab, Verbesserungen auch durchzusetzen und dafür zu sorgen, daß sie nicht Einzelmaßnahmen bleiben, die durch andere Entwicklungen ihrer Vorteile beraubt werden.

Neben wirtschaftlichen Aspekten spielen aber auch Merkmale der konkreten Organisation eine nicht zu unterschätzende Rolle. Das reicht von der jeweiligen Management- und Führungsphilosophie über das Verhältnis zwischen Betriebsrat und Geschäftsleitung bis hin zu betrieblichen Traditionen, und es verweist darauf, daß eine A. ohne die Einbeziehung organisationswissenschaftlicher Aspekte nicht denkbar ist.

Die A. bewegt sich aber nicht nur im gesellschaftlichen und organisationalen Kontext, sondern auch im Kontext des Wissenschaftssystems. Sie ist nur ein Teil der Arbeitswissenschaften insgesamt, zu denen ganz wesentlich die (in den technischen Disziplinen verankerte) Ergonomie und die Arbeitsmedizin, aber auch andere sozialwissenschaftliche Disziplinen wie die Industriesoziologie oder die Arbeitspädagogik gehören. Es liegt auf der Hand, daß dies durchaus mit Kontroversen um den Stellenwert der jeweiligen Einzeldisziplin bei der Erforschung und Gestaltung der Arbeit verbunden ist (vgl. dazu Luczak et al., 1986). Nachdem die A. entscheidende Schritte auf dem Wege zu einer besseren theoretischen Verankerung getan hat, kommt es nun darauf an, sich mehr als bisher auch auf Fragen der *Technik-Gestaltung* einzulassen, ohne zum reinen Anhängsel der technischen Disziplinen zu werden. Insbesondere gilt es, zu einem besseren Verständnis der unterschiedlichen Problemdefinitionen innerhalb der arbeitswissenschaftlichen Disziplinen beizutragen und aus arbeitspsychologischer Sicht klare Kriterien für eine humane Arbeitsorganisation und Aufgabengestaltung sowie einen diesen Anforderungen genügenden Einsatz der „neuen Techniken" zu entwickeln.

Literatur

Alioth, A.: Entwicklung und Einführung alternativer Arbeitsformen. (Schriften zur Arbeitspsychologie, Nr. 27) Bern: Huber, 1980.

Blum, M. L./Naylor, J. C.: Industrial psychology. Theoretical and social foundations. New York: Harper & Row, 1968.

Briefs, U.: Arbeiten ohne Sinn und Perspektive? Köln: Pahl-Rugenstein, 1980.

Broadbent, D. E.: Multiple goals and flexible procedures in the design of work. In: Frese M./Sabini J. (Eds.): Goal directed behavior: The concept of action in psychology. Hillsdale, N. J.: Lawrence Earlbaum, 1985, 285-294.

Brödner, P.: Fabrik 2000 – Alternative Entwicklungspfade in die Zukunft der Fabrik. Berlin (West): Edition Sigma Bohn, 1985.

Bruggemann, A./Groskurth, P./Ulich, E.: Arbeitszufriedenheit. (Schriften zur Arbeitspsychologie, Nr. 17.) Bern: Huber, 1975.

Dunckel, H.: Mehrfachbelastungen am Arbeitsplatz und psychosoziale Gesundheit. Frankfurt: Lang, 1985.

Engelbrecht, W.: Validierung einer Berufseignungs-Testbatterie und Verwendung der Ergebnisse für eine computerunterstützte berufsbezogene Testbefundinterpretation. Diagnostica, 21, 1975, 3-24 (Teil 1) und 97-106 (Teil 2).

Frese, M.: Stress at work and psychosomatic complaints: A causal interpretation. Journal of Applied Psychology, 70, 1985, 314-328.

Frese, M.: The industrial and organizational psychology of human-computer interaction in the office. In: Cooper C. L./Robertson, I. T. (Eds.): International review of industrial and organizational psychology 1987. London/New York: Wiley, im Druck.

Frese, M./Greif, S./Semmer, N. (Hrsg.): Industrielle Psychopathologie. (Schriften zur Arbeitspsychologie, Nr. 23.) Bern: Huber, 1978.

Frese, M./Mohr, G.: Die psychopathologischen Folgen des Entzugs von Arbeit: Der Fall Arbeitslosigkeit. In: Frese, M./Greif, S./Semmer, N. (Hrsg.): Industrielle Psychopathologie. Bern: Huber, 1978, 282-320.

Frieling, E./Hoyos, C. G.: Fragebogen zur Arbeitsanalyse (FAA). Deutsche Bearbeitung des Position Analysis Questionnaire (PAQ). Handbuch. Bern: Huber, 1978.

Gebert, D./v. Rosenstiel, L.: Organisationspsychologie. Stuttgart: Kohlhammer, 1981.

Greif, S.: Intelligenzabbau und Dequalifizierung durch Industriearbeit? In: Frese, M./Greif, S./Semmer, N. (Hrsg.): Industrielle Psychopathologie. Bern: Huber, 1978, 232-256.

Greif, S.: Konzepte der Organisationspsychologie. Bern: Huber, 1983 a.

Greif, S.: Streß und Gesundheit. Ein Bericht über Forschungen zur Belastung am Arbeitsplatz. Zeitschrift für Sozialisationsforschung und Erziehungssoziologie, 3, 1983 b, 41-58.

Greif, S.: Job design and computer training. Bulletin of the British Psychological Society, 39, 1986, 166-169.

Hacker, W.: Allgemeine Arbeits- und Ingenieurpsychologie. Berlin (DDR): Deutscher Verlag der Wissenschaften 1973.
Hacker, 'W.: Arbeitspsychologie (Schriften zur Arbeitspsychologie, Nr. 41). Bern: Huber, 1986
Hackman, J. R./Lawler, E. E. III: Employee reactions to job characteristics. Journal of Applied Psychology Monograph, 55, 1971, 259-286.
Herzberg, F.: Work and the nature of man. Cleveland: World Publishing, 1966.
Hoyos, C. G.: Arbeitspsychologie. Stuttgart: Kohlhammer, 1974.
Hoyos, C. G.: Verhalten in gefährlichen Arbeitssituationen. In: Rutenfranz, J./Kleinbeck, U. (Hrsg.): Arbeitspsychologie (Enzyklopädie der Psychologie, Themenbereich D, Serie II, Band 1, S. 577–627). Göttingen: Hogrefe, 1987.
Karasek, R. A.: Job demands, job decision latitude, and mental strain: Implications for job redesign. Administrative Science Quarterly, 24, 1979, 285-308.
Karasek, R. A./Baker, D./Marxer, F./Ahlbom, A./Theorell, T.: Job decision latitude, job demands and cardiovascular disease: A prospective study of Swedish men. American Journal of Public Health, 71, 1981, 694-705.
Katz, D./Kahn, R. L.: The social psychology of organizations (2. Aufl.). New York: Wiley, 1978.
Kern, H./Schumann, M.: Industriearbeit und Arbeiterbewußtsein. Frankfurt: EVA, 1970.
Kern, H./Schumann, M.: Das Ende der Arbeitsteilung? München: Verlag C. H. Beck, 1984.
Kieselbach, T./Wacker, A. (Hrsg): Individuelle und gesellschaftliche Kosten der Massenarbeitslosigkeit. Psychologische Theorie und Praxis. Weinheim: Beltz, 1985.
Kohn, M. L./Schooler, C.: Work and personality. Norwood: Ablex, 1983.
Korman, A.: Industrial and organizational psychology. Englewood Cliffs: Prentice-Hall, 1971.
Kornhauser, A.: Mental health of the industrial worker. New York: Wiley, 1965.
Lewin, K.: Untersuchungen zur Handlungs- und Affektpsychologie. I.: Vorbemerkungen über die psychischen Kräfte und Energien und über die Struktur der Seele. Psychologische Forschung, 7, 1926 a, 294-329.
Lewin, K.: Untersuchungen zur Handlungs- und Affektpsychologie. II.: Vorsatz, Wille und Bedürfnis. Psychologische Forschung, 7, 1926 b, 330-385.
Luczak, H./Volpert, W./Raeithel, A./Schwier, W.: Arbeitswissenschaft – Kerndefinition, Gegenstandskatalog, Forschungsgebiete. Berlin (West): Technische Universität, 1986 (Photodruck).
Marx, K.: Das Kapital. Erster Band (Marx-Engels-Werke, Bd. 23). Berlin (DDR): Dietz Verlag, 1890/1971 (4. Aufl.).
Maslow, A.: Motivation and personality. New York: Harper, 1954.
Matern, B.: Psychologische Arbeitsanalyse. Berlin (West): Springer, 1984.
McCormick, E. J./Tiffin, J.: Industrial psychology (6. Aufl.). London: George Allen & Unwin, 1975.
Mejman, Th. F./O'Hanlon, J. F.: Workload. In: Drenth, P. J. D./Thierry, H./Willems, P. J./de Wolff, C. J. (Eds.): Handbook of work and industrial psychology. Chichester: Wiley, 1984, 257-288.
Neuberger, O.: Arbeit: Begriff – Gestaltung – Motivation – Zufriedenheit. Stuttgart: Enke, 1985.
Nitsch, J.: Das Ermüdungsproblem in kybernetischer Sicht. Arbeit und Leistung, 26, 1972, 210–203.
Oesterreich, R./Volpert, W.: Handlungstheoretisch orientierte Arbeitsanalyse. In: Rutenfranz, J./Kleinbeck, U. (Hrsg.): Arbeitspsychologie (Enzyklopädie der Psychologie, Themenbereich D, Serie III, Band 1, 43-73). Göttingen: Hogrefe, 1987.
Projektgruppe Automation und Qualifikation: Automationsarbeit. Empirische Untersuchungen, T. 2. Berlin: Argument-Verlag, 1981.
Rohmert, W./Landau, K.: Das Arbeitswissenschaftliche Erhebungsverfahren zur Tätigkeitsanalyse (AET). Handbuch und Merkmalheft. Bern: Huber, 1979.
Rohmert, W./Rutenfranz, J.: Arbeitswissenschaftliche Beurteilung der Belastung und Beanspruchung an unterschiedlichen industriellen Arbeitsplätzen. Bonn: Der Bundesminister für Arbeit und Sozialordnung, 1975.
Schardt, L.: Ansätze zu einer arbeitsorientierten Eignungsdiagnostik. In: Triebe, J. K./Ulich, E. (Hrsg.): Beiträge zur Eignungsdiagnostik. Bern: Huber, 1977, 214-240.
Schönpflug, W.: Beanspruchung und Belastung bei der Arbeit – Konzepte und Theorien. In: Rutenfranz, J./Kleinbeck, U. (Hrsg.): Arbeitspsychologie (Enzyklopädie der Psychologie, Themenbereich D, Serie III, Band 1). Göttingen: Hogrefe, 1987, 130-184.
Semmer, N.: Streßbezogene Tätigkeitsanalyse. Psychologische Untersuchungen zur Analyse von Streß am Arbeitsplatz. Weinheim: Beltz, 1984.
Skell, W. (Hrsg.): Psychologische Analysen von Denkleistungen in der Produktion. Berlin (DDR): Deutscher Verlag der Wissenschaften 1972.
Skell, W.: Erfahrungen mit Selbstinstruktionstraining beim Erwerb kognitiver Regulationsgrundlagen. In: Volpert, W. (Hrsg.): Beiträge zur Psychologischen Handlungstheorie. Bern: Huber, 1980, 50-70.
Taylor, F. W.: Die Grundsätze wissenschaftlicher Betriebsführung. Weinheim: Beltz, 1977 (Neudruck).
Triebe, J. K./Ulich, E. (Hrsg.): Beiträge zur Eignungsdiagnostik. Bern: Huber, 1977.
Triebe, J. K./Wunderli, R.: Die Bedeutung verschiedener Trainingsmethoden für industrielle Anlernverfahren. Zeitschrift für Arbeitswissenschaft, 30, 1976, 114-118.
Udris, I.: Soziale Unterstützung: Hilfe gegen Streß? Psychosozial, 5 (1), 1982, 78-91.
Ulich, E.: Das Lernen sensumotorischer Fertigkeiten. In: Bergius, R. (Hrsg.): Handbuch der Psychologie, Band 1, 1. Halbband: Lernen und Denken. Göttingen: Hogrefe, 1964, 326-346.
Ulich, E.: Industriepsychologie. In: Management-Enzyklopädie, Bd. 3, 408-519. München: moderne industrie, 1970.
Ulich, E.: Über verschiedene Formen des Trainings für das Erlernen und Wiedererlernen psychomotorischer Fertigkeiten. Rehabilitation, 13, 1974, 105-110.
Ulich, E./Baitsch, C.: Arbeitsstrukturierung. In: Rutenfranz, J./Kleinbeck, U. (Hrsg.): Arbeitspsychologie (Enzyklopädie der Psychologie, Themenbereich D, Serie III, Band 1. Göttingen: Hogrefe, 1987, 493-531.
Ulich, E./Groskurth, P./Bruggemann, A.: Neue Formen der Arbeitsgestaltung. Frankfurt: EVA, 1973.
Ulich, E./Frei, F.: Persönlichkeitsförderliche Arbeitsgestaltung und Qualifizierungsprobleme. In: Volpert, W. (Hrsg.): Beiträge zur Psychologischen Handlungstheorie. Bern: Huber, 1980, 71-86.
Volpert, W.: Die Lohnarbeitswissenschaft und die Psychologie der Arbeitstätigkeit. In: Groskurth, P./Volpert, W. Lohnarbeitspsychologie. Berufliche Sozialisation: Emanzipation zur Anpassung. Frankfurt: Fischer, 1975, 11-196.
Volpert, W.: Handlungsstrukturanalyse als Beitrag zur Qualifikationsforschung, (4. Aufl.) Köln: Pahl Rugenstein, 1983 a.
Volpert, W.: Sensumotorisches Lernen. Zur Theorie des Trainings in Industrie und Sport. (4. Aufl.) Frankfurt: Fachbuchhandlung für Psychologie, 1983 b.
Volpert, W.: Pädagogische Aspekte der Handlungsregulationstheorie. In: Passe-Tiedjen, H./Stiehl, H. (Hrsg.): Betriebliches Handlungslernen und die Rolle des Ausbilders. Wetzlar: Jungarbeiter-Initiative an der Werner-von-Siemens-Schule, 1985, 109-123.
Volpert, W.: Psychische Regulation von Arbeitstätigkeiten. In:

Rutenfranz, J./Kleinbeck, U. (Hrsg.): Arbeitspsychologie (Enzyklopädie der Psychologie, Themenbereich D, Serie III, Band 1). Göttingen: Hogrefe, 1987, 1-42.
Volpert, W.: Kontrastive Analyse des Verhältnisses von Mensch und Rechner als Grundlage des System-Design. IfHAA-Berichte Nr. 11. Berlin (West): Technische Universität, Institut für Humanwissenschaft in Arbeit und Ausbildung, 1986.
Vroom, V. H.: Work and motivation. New York: Wiley, 1964.
Wall, T. D./Clegg, C. W.: A longitudinal field study of group work redesign. Journal of Occupational Behavior, 2, 1981, 31-49.

Attribution

Hans Werner Bierhoff

1 Attributionstheorien und attributionale Theorien

Die meisten Themen, die in der A.theorie angesprochen werden, drehen sich um die Frage, ob der Ursprung einer Handlung in der Person der Handelnden liegt (Shaver, 1985 a). Ist eine Handlung dadurch zustandegekommen, daß sie von den Akteuren intendiert wurde oder haben äußere Umstände, situative Gegebenheiten und besondere Konstellationen die Handlung „erzwungen“? Läßt sich die Handlung mit bestimmten Persönlichkeitszügen der Akteure in Zusammenhang bringen oder ist sie nicht Ausdruck der Persönlichkeit?

Diese Fragen nach intendierten und nicht intendierten Handlungen und nach der *internalen* oder *externalen* Ursache einer Handlung läßt sich aus zwei Perspektiven stellen. Entweder fragen sich *Beobachter,* welche Ursachen für ein Handlungsmuster plausibel sind, oder die *Akteure* selber versuchen, sich ihr eigenes Verhalten zu erklären. Heider (1958) stellte die Annahme auf, daß Beobachter dazu neigen, die Akteure (eher als situative Zwänge) als Ursprung einer Handlung wahrzunehmen.

Ein therapeutisches Gespräch kann beide Perspektiven ins Spiel bringen. Die Klienten überlegen sich z. B., ob ihre Einsamkeit durch ihre Angst vor Kritik hervorgerufen wird, während die Therapeuten dieselbe Erklärung als Beobachter zur Diskussion stellen können. Wenn die Einsamkeit auf Angst zurückgeführt wird, dann handelt es sich um eine *internale A.* Wenn die Einsamkeit darauf zurückgeführt wird, daß die Klienten auf dem Land wohnen, wird eine *externale A.* favorisiert. Akteur-Beobachter-Unterschiede zeigen, daß Beobachter mehr als Akteure geneigt sind, internal zu attribuieren (Jones/Nisbett, 1972). Dies gilt auch für Diagnostiker, die dazu neigen, den Einfluß situativer Faktoren auf eine Verhaltensstörung als gering einzuschätzen (Batson et al., 1982) und eher die Klienten selbst als Ursache ihrer Probleme wahrnehmen.

Dieses Beispiel zeigt, daß A.en nicht nur als kognitive Gymnastik von Bedeutung sind, die sich möglicherweise auf bestimmte Regeln der schematischen Ursachenerklärung zurückführen läßt. Vielmehr geht es auch um die Konsequenzen für das Verhalten sowohl vermittelt durch Gefühle als auch durch die Bildung von Erwartungen. Dementsprechend wurde das Feld der A.forschung in

A.theorien und *attributionale Theorien* unterteilt (Kelley, 1982): Während A.theorien die Frage behandeln, wie – insbesondere unter Rückgriff auf bestimmte Schemata und Urteilsheuristiken – Ursachenzuschreibungen entstehen, beziehen sich attributionale Theorien auf die Konsequenzen für Verhalten, Erwartungen und Erleben, die sich aus einer bestimmten Ursachenzuschreibung ergeben.

Im folgenden wird zunächst eine Übersicht über die schematische Ursachenzuschreibung gegeben. Daran anschließend soll am Beispiel von Mißerfolgen und Fehlschlägen gezeigt werden, welche Konsequenzen A.en für die Planung und Ausführung nachfolgender Handlungsepisoden haben. Weitere Themen der A.forschung wurden von Bierhoff und Bierhoff-Alfermann (1983) dargestellt.

2 Schematische Ursachenerklärung

Beginnen wir mit einem Beispiel (modifiziert nach Hilton/Slugoski, 1986):
(Tatsache) *Sally bekommt von der Beauty-Creme Hautausschlag.*
(Niedriger Konsensus) *Andere Personen bekommen von der Beauty-Creme keinen Hautausschlag.*
(Hohe Distinktheit) *Sally bekommt von anderen Cremes keinen Hautausschlag.*
(Hohe Konsistenz) *In der Vergangenheit hat Sally von der Beauty-Creme regelmäßig Hautausschlag bekommen.*

Die Frage ist, worauf Sallys Hautausschlag zurückgeführt werden kann. Liegt es an Sally selbst oder liegt es an der Creme oder liegt es an einem Zusammentreffen ungünstiger Umstände? Um diese Fragen zu beantworten, wird das Ereignis, wie es im ersten Satz beschrieben wird, auf mehreren Dimensionen verglichen. *Konsensus*informationen beziehen sich darauf, wie andere Personen auf die Creme reagieren. *Distinktheits*information sagt etwas aus über andere Cremes als die spezielle Beauty-Creme. *Konsistenz*informationen schließlich beziehen sich auf die Reaktion von Sally in der Vergangenheit auf die Beauty-Creme.

Die drei Dimensionen Konsensus, Distinktheit und Konsistenz wurden von Kelley (1967), der wiederum auf den theoretischen Analysen von Heider (1958) aufbaute, als grundlegend für die schematische Ursachen-A. identifiziert. Spätere Entwicklungen dieser sog. ANOVA-Theorie (ANOVA für *an*alysis *o*f *va*riance) haben zwei unterschiedliche Schwerpunkte gesetzt (multidimensionale und eindimensionale Betrachtung), die sich gegenseitig ergänzen.

2.1 Unerwartete Kontraste

Auf der Linie der ursprünglichen Darstellung von Kelley (1967) liegt der *„multidimensionale"* Ansatz, der gleichzeitig alle drei Dimensionen berücksichtigt, um Voraussagen auf die Richtung der A. abzuleiten. Die am weitesten entwickelte, gleichzeitig umfassende und einfache Version dieser Kovariationstheorie geht davon aus, daß A.en immer dann erfolgen, wenn ein ungewöhnlicher bzw. „unnormaler" Zustand auftritt (Hilton/Slugoski, 1986). Demnach richtet die Person ihre Aufmerksamkeit auf die Dimension, auf der ein *unerwarteter Kontrast* auftritt. Die Regeln dieses „Unnormale Bedingungen Fokus Modells" lauten wie folgt:

- Die Person, der Stimulus und die Umstände sind notwendige Bedingungen für ein Ereignis und lassen sich deshalb als potentielle Ursachen für dieses Ereignis ansehen.
- Wenn ein niedriger Konsensus gegeben ist (nur die Zielperson macht eine spezielle Erfahrung), bezeichne die Person als die unnormale Bedingung, die das Ereignis verursacht.
- Wenn hohe Distinktheit (nur dieser Stimulus erzeugt die spezielle Erfahrung) gegeben ist, bezeichne den Stimulus als die unnormale Bedingung, die das Ergebnis verursacht.
- Wenn niedrige Konsistenz (nur diese speziellen Umstände erzeugen die spezielle Erfahrung) gegeben ist, bezeichne die gegebenen Umstände als die unnormale Bedingung, die das Ereignis verursacht.

Wenn eine notwendige Bedingung nicht einen abweichenden Status, so wie er durch die Regeln definiert wird, aufweist, wird sie bei der Ursachen-A. unberücksichtigt gelassen. Das Modell ermöglicht eine vollständige Analyse aller Bedingungen, die durch das Kovariationsmodell spezifiziert werden (*Tab. 1*). Das „Unnormale Bedingungen Fokus Modell" stimmt mit den Voraussagen überein, die von Jaspars et al. (1983) aufgrund einer logischen Analyse notwendiger und hinreichender Ursachen abgeleitet wurden. Sein Vorteil liegt im wesentlichen darin, daß die Ableitung der acht Hypothesen weniger komplex ist.

Die Voraussagen des Modells sind intuitiv leicht nachvollziehbar. Betrachten wir z. B. die klassischen Fälle, in denen die wahrgenommene Ursache entweder nur der Stimulus oder nur die Person sein sollte (1. und 7. Zeile in *Tab. 1*). Die Konfiguration HHH bedeutet z. B.: Alle Personen bekommen von der Beauty-Creme Hautausschlag, nur diese Creme ruft Hautausschlag hervor, und der Hautausschlag tritt bei jeder Benutzung wieder auf. In diesem Fall ist es plausibel zu sagen, daß die Creme „schuld ist". Denn diese

Tabelle 1: Vollständige Voraussagen für das ANOVA-Modell (nach Hilton/Slugoski, 1986, und Jaspars et al., 1983)

Konfiguration: Konsensus/Distinktheit/ Konsistenz	Unnormale Bedingung(en)	Begleitende Bedingungen	Wahrgenommene Ursache(n)
HHH	S	PU	S
HHN	SU	P	SU
HNH	–	PSU	–
HNN	U	PS	U
NHH	PS	U	PS
NHN	PSU	–	PSU
NNH	P	SU	P
NNN	PU	S	PU

Beachte: S = Stimulus, P = Person, U = Umstände, H = Hoch, N = Niedrig.

spezielle Creme ruft bei allen Benutzern regelmäßig Hautausschlag hervor!

Die Konfiguration NNH ist auch leicht nachzuvollziehen: Nur Sally reagiert regelmäßig mit Hautausschlag, und das nicht nur bei dieser Beauty-Creme. Es kommt also nicht auf die spezielle Creme an und nicht auf den speziellen Tag, aber es kommt darauf an, daß *Sally* die Creme benutzt, damit die Reaktion auftritt!

Empirische Ergebnisse, in denen die verschiedenen Informationen über Konsensus, Distinktheit und Konsistenz abgestuft wurden, führten zu einer guten Bestätigung der Modellvoraussagen (Jaspars et al., 1983). Allerdings fanden sich Abweichungen bei einem Vergleich der HNH- mit der NHN-Konfiguration. Der Vergleich dieser Konfigurationen ist von besonderem Interesse, weil für HNH keine spezielle Ursachenattribution vorausgesagt wird (alle Bedingungen sind durchschnittlich ausgeprägt), während für NHN drei Ursachen-A.en gleichzeitig plausibel sind (es liegt sowohl an der Person als auch an der Situation als auch an den Umständen), weil sich auf jeder Dimension ein Kontrast findet.

Im ersten Fall gilt: Alle Personen reagieren auf alle Stimuli derselben Klasse gleich. Im zweiten Fall reagiert nur Sally auf besondere Weise gegenüber einem speziellen Stimulus der Stimulusklasse, aber nur bei einer speziellen Gelegenheit. Die Abweichung bestand nun darin, daß bei Ereignissen, die in sich ungewöhnlich waren (z. B. „Sally kauft bei ihrem Besuch im Supermarkt nichts ein"), HNH-Informationen als informativer und NHN-Informationen als weniger informativ eingeschätzt wurden. Dieses Urteilsmuster für die HNH-Konfiguration ist insofern verständlich, als ein ungewöhnliches Ereignis, das bei vielen Menschen regelmäßig eintritt und auf alle Stimuli einer Klasse generalisiert, sowohl etwas über die Stimulussituation als auch über die Personen aussagt. Es liegt nahe, unerwartete Verhaltensweisen, die in das HNH-Muster eingebettet sind, sowohl auf die Person als auch auf die Stimulussituation zurückzuführen (Hilton/Slugoski, 1986).

2.2 *Alltagsattributionen*

Während der erste Ansatz auf die Multidimensionalität von Kausal-A.en explizit eingeht, konzentriert sich der zweite Ansatz auf die Auswirkungen der drei *Einzeldimensionen* auf die Kausal-A. Wie wird die Kausal-A. beeinflußt, wenn hoher statt niedriger Konsensus gegeben ist? Wie wirkt es sich aus, wenn die Distinktheit niedrig ist?

Dieser zweite Ansatz ist insofern beachtenswert, weil angenommen werden kann, daß viele A.en nicht das Resultat einer multidimensionalen Analyse sind, sondern vielmehr das Ergebnis einer *eindimensionalen* Betrachtung. Die Beachtung mehrerer Dimensionen ist aufwendig und oft nicht praktikabel. Hansen (1980) hat eine umfassende theoretische und empirische Analyse dieser „Alltagsattributionen" vorgelegt, deren wichtigste Punkte im folgenden dargestellt werden.

Die Quintessenz der Alltags-A.en liegt darin, daß internale A.en im wesentlichen durch Distinktheitsinformationen bestimmt werden, während externale A.en hauptsächlich von Konsensusinformationen abhängig sind. Umstände-A.en schließlich werden im wesentlichen durch Konsistenzinformationen bestimmt.

- *Internale* A.en: Der Rückschluß auf die Fähigkeiten und Dispositionen der Akteure kann direkt aufgrund der Information erfolgen, daß *niedrige* Distinktheit gegeben ist. Die förderliche Ursache für die Ereignisse kann unmittelbar in der Person lokalisiert werden.
- *Externale* A.en: Wenn *hoher* Konsensus gegeben ist, liegt der direkte Schluß nahe, daß der Stimulus den Effekt hervorgerufen hat. Da alle Personen von dem Stimulus in gleicher Weise betroffen sind, ist es plausibel, den Stimulus als Ursache für diese Effekte anzusehen.

- *Umstände*-A.en: Sie werden vor allem dann ausgelöst, wenn die Konsistenz niedrig ist. Bei *niedriger* Konsistenz tritt der Effekt nur bei einer speziellen Gelegenheit auf. Der Rückschluß liegt nahe, daß die speziellen Umstände ausschlaggebend waren.

Diese Annahmen wurden durch empirische Ergebnisse unterstützt. Nach den Voraussagen in *Tab. 1* stellt das idealtypische A.muster für externale A.en die HHH-Konfiguration dar, während für internale A.en die NNH-Konfiguration typisch ist und für Umstände-A.en die HNN-Konfiguration. Die Untersuchungsergebnisse von Hansen (1980) bestätigen dies: In der HHH-Konfiguration ist der hohe Konsensus ausschlaggebend für die externale A., in der NNH-Konfiguration ist die niedrige Distinktheit entscheidend für die internale A., und in der HNN-Konfiguration ist die niedrige Konsistenz ausschlaggebend für die Umstände-A.

Hansen (1985) und Hansen und Hall (1985) haben die Analyse der Alltags-A.en noch erweitert, indem sie explizit auf das *Aufwertungsprinzip* und das *Abwertungsprinzip* zurückgegriffen haben. Diese Konzepte, die ebenfalls auf Kelley zurückgehen (Kelley, 1972), besagen, daß die Stärke einer Ursache verringert wird, wenn sie nicht allein, sondern *zusammen* mit einer zweiten förderlichen Ursache für den Effekt verantwortlich ist (Abwertungsprinzip) und daß die Stärke einer Ursache vergrößert wird, wenn sie nicht allein, sondern *gegen* eine hemmende Ursache den Effekt hervorgebracht hat (Aufwertungsprinzip). Zwei Beispiele aus dem sportlichen Bereich können diese Prinzipien veranschaulichen: Wenn zwei Spieler gegen einen Gegner standhalten, wird die Fähigkeit eines Spielers als niedriger veranschlagt, als wenn ein Spieler allein standhält (Abwertungsprinzip). Wenn ein Spieler gegen eine Mannschaft von mehreren Spielern standhält, wird seine Fähigkeit als höher eingestuft, als wenn er gegen einen einzelnen Spieler besteht (Aufwertungsprinzip).

Nach Hansen und Hall (1985) wird das Abwertungsprinzip umso intensiver angewandt, je mehr konkurrierende förderliche Ursachen (z. B. je mehr Mitspieler) vorhanden waren. Hingegen fällt das Aufwertungsprinzip wesentlich schwächer ins Gewicht. Es beeinflußt die A.urteile nicht so deutlich wie das Abwertungsprinzip. Darüber hinaus ergab sich, daß einer von vier Gewinnern als schwächer eingestuft wurde als ein einzelner Gegner, während einer von vier Verlierern nicht schwächer wahrgenommen wurde als ein einzelner Verlierer. Förderliche Ursachen wurden also stärker als hemmende Ursachen in Rechnung gestellt, wenn ihre Stärke variiert wurde. Während Sieger die Aufmerksamkeit des Publikums erhalten, wurden Verlierer summarisch der Kategorie der Verlierer zugewiesen, ohne zu analysieren, warum sie verloren haben.

2.3 *Theorie der korrespondierenden Inferenzen*

Diese Schlußfolgerungen stimmen überein mit der Theorie der korrespondierenden Inferenzen von Jones und Davis (1965), die die Annahme enthält, daß *unerwartetes Verhalten* die Möglichkeit zu einer internalen A. auf die Person der Akteure eröffnet. Wenn die apriori-Wahrscheinlichkeit einer Handlung niedrig ist, kann man eher auf die Persönlichkeit der Akteure zurückschließen, als wenn die apriori-Wahrscheinlichkeit hoch ist. Wenn sich z. B. jemand anstellt, um eine Bahnkarte zu kaufen, ist das wenig informativ im Hinblick auf die Persönlichkeit der Akteure. Es zeigt nur, daß man sich in unserer Gesellschaft in der Reihenfolge des Kommens an einem Schalter einordnet. Wenn hingegen Akteure die Reihenfolge des Kommens ignorieren und sich vordrängen, dann besteht schon eher die Möglichkeit, Rückschlüsse auf ihre Persönlichkeit zu ziehen (z. B. als „Typ A").

Jones und Davis (1965) haben ein weiteres wichtiges Prinzip beschrieben. Das *Prinzip der hinreichenden Ursache* besagt, daß die Suche nach einer Erklärung für ein Handlungsmuster nur so lange fortgesetzt wird, wie noch keine plausible Ursache gefunden worden ist. Wenn aber eine zufriedenstellende Ursache entdeckt worden ist, werden weitere Informationen vernachlässigt. Dieses Prinzip hat interessante Implikationen. Hansen (1980) konnte empirisch zeigen, daß die externale A. aufgrund einer Information über hohen Konsensus extremer ausfiel, als wenn auch noch – entsprechend der idealtypischen Konfiguration – Informationen über hohe Distinktheit und hohe Konsistenz gegeben wurden.

In einer anderen Untersuchung (Bierhoff et al., 1986) konnte gezeigt werden, daß eine einzige plausible Erklärung zu einer höheren Einschätzung der Plausibilität führte als mehrere plausible Erklärungen. Die Beurteiler sollten den Fall eines Schülers beurteilen, der eine depressive Entwicklung durchmachte. Für diesen Fall wurden verschiedene Einzelerklärungen und multiple Erklärungen vorgegeben. Der Erklärungswert einer plausiblen Einzelerklärung wurde als höher eingeschätzt als der Erklärungswert dieser Einzelerklärung in Kombination mit einer zweiten Erklärung. So wurde die Erklärung „Der Schüler verhält sich so, weil er durch seine Pubertät bedingte Selbstwertprobleme hat" in ihrem Erklärungswert höher eingeschätzt als die multiple Erklärung „Der

Schüler verhält sich so, weil er durch seine Pubertät bedingte Selbstwertprobleme hat und weil er in seinem Elternhaus sowohl autoritär als auch behütend erzogen worden ist".

Die Addition mehrerer plausibler Erklärungen hatte einen *Bumerangeffekt* zur Folge, da die eingeschätzte Plausibilität der multiplen Erklärung unter der der Einzelerklärung lag.

3 Attributionale Theorien

Was folgt aus A.en? Was hat es zu bedeuten, wenn jemand nach der Trennung von einer Freundin sagt: Es liegt an mir, so wird es immer wieder kommen, mein ganzes Leben wird dadurch betroffen (Peterson/Seligman, 1984)?

3.1 Attributionsstil und negative Lebensereignisse

Halten wir uns zunächst einmal an die Erkenntnis, daß die Suche nach möglichen Ursachen für ein Ereignis eher bei *negativen* als bei positiven Ereignissen auftritt (Weiner, 1985 a) und daß negativ bewertete Personen differenzierter wahrgenommen werden als positiv bewertete Personen (Bierhoff, 1980). Daher liegt es nahe, nach den Konsequenzen der A.en nach Mißerfolgen und „schlechten" Ereignissen zu fragen.

Nach negativen Lebensereignissen entwickelt sich vielfach ein *Defizit-Syndrom* der Hilflosigkeit, das aus Passivität, Beeinträchtigung des Lernens von Zusammenhängen, Traurigkeit, Angst und Feindseligkeit sowie niedrigem Selbstwertgefühl besteht (Heckhausen, 1980; Peterson/Seligman, 1984). Appetitlosigkeit und Anfälligkeit für Krankheiten sind weitere Symptome dieses Reaktionsmusters. Diese Reaktionen können sich z. B. als Folge des Verlusts eines Freundes oder aufgrund des frühen Todes der Mutter oder des Vaters einstellen.

Abramson et al. (1978) entwickelten eine A. analyse der *gelernten Hilflosigkeit,* mit der erklärt werden soll, welche A.muster zu dem genannten Defizit-Syndrom, das für viele Depressionen typisch ist, führen. Diese A.analyse folgte in einigen Grundannahmen der Theorie von Weiner über A.einflüsse auf die *Leistungsmotivation* (z. B. Weiner, 1985 b), die wiederum durch die Theorie von Heider (1958) angeregt wurde. Weiner unterschied verschiedene typische Erklärungsweisen für Erfolg und Mißerfolg (z. B. Fähigkeit, Aufgabenschwierigkeit) und organisierte diese Erklärungsweisen nach bestimmten Grunddimensionen der A. Zunächst betrachtete Weiner nur die beiden Dimensionen *Stabilität* (stabil, variabel) und *Personabhängigkeit* (internal, external). Fähigkeit wurde dementsprechend als internal und stabil, Aufgabenschwierigkeit als external und stabil eingeordnet. Anstrengung fiel in die Bedingung internal und variabel und Glück/Pech in die Kategorie external und variabel.

Weiner erweiterte die Zahl der Grunddimensionen – z. T. in Übereinstimmung mit empirischen Forschungsergebnissen (Anderson, 1983) – um weitere Dimensionen. Insbesondere berücksichtigte er die *Kontrollierbarkeit einer Ursache* (Weiner, 1979). Während z. B. Anstrengung kontrollierbar ist, erweist sich die Stimmung im allgemeinen als unkontrollierbar. Eine verwandte Dimension läßt sich als *Intentionalität* bezeichnen. Eine weitere Dimension bezieht sich auf die *Globalität* (global, spezifisch): Eine Ursache kann sich auf ein spezielles Ergebnis beziehen (z. B. Mathematikkenntnisse auf die Leistung in Mathematikarbeiten) oder auf eine Vielzahl von Ereignissen (z. B. Intelligenz auf ein breites Spektrum von Leistungssituationen).

Diese zuletzt genannte Dimension kombinierten Abramson et al. (1978) in ihrem dreidimensionalen Klassifikationsschema mit Stabilität und Personabhängigkeit. Diese Taxonomie wird in *Tab. 2* an einem Beispiel erläutert.

Peterson und Seligman (1984) sammelten eine Fülle von Belegen für die These, wonach der *Erklärungsstil* für schlechte Ereignisse die Voraussetzungen für das Auftreten des Defizitsyndroms schafft. Personen, die auf negative Ereignisse mit stabilen, internalen und globalen A.en reagieren, zeigen eher depressive Symptome und tendieren

Tabelle 2: Beispiel für ursächliche Erklärungen für das Ereignis »Mein Freund hat sich von mir getrennt«

	Internal		External	
	Stabil	Instabil	Stabil	Instabil
global	Ich bin für Männer unattraktiv	Was ich sage, langweilt die Männer manchmal	Männer verhalten sich aggressiv gegenüber intelligenten Frauen	Männer geraten manchmal in schlechte Stimmung
spezifisch	Ich bin für ihn unattraktiv	Was ich sage, langweilt ihn	Er verhält sich aggressiv gegen Frauen	Er war in schlechter Stimmung

dazu, auf negative Ereignisse depressiv zu reagieren. Peterson und Seligman faßten den A.stil als Eigenschafts-ähnliches Konstrukt auf. Personen reagieren danach mit Konsistenz in verschiedenen Situationen, wenn man sie nach den Ursachen für unterschiedliche negative Ereignisse fragt. Dementsprechend wurde ein Fragebogen entwickelt (Peterson et al., 1982), der den typischen A.stil in sechs negativen (und sechs positiven) Situationen auf den drei Dimensionen Internalität, Stabilität und Globalität erfaßt. Viele Untersuchungen zeigen, daß sich der Fragebogen als Prädiktor für depressive Reaktionen bewährt (Peterson et al., 1985). Insbesondere die Stabilität und die Globalität erwiesen sich als wichtige Determinanten des Defizitsyndroms. Eine endgültige Klärung des Zusammenhangs zwischen Attributionsstil und Depression steht aber noch aus (Petermann, 1986).

2.2 Veränderbarkeit von Attributionen

Attributionale Theorien wurden auch in anderen Bereichen erfolgreich getestet, so im Bereich der *Leistungsmotivation* (Heckhausen, 1980; Weiner, 1985 b) und im Bereich der *Strafzumessung* nach Straftaten (Haisch, 1983). Offensichtlich ist die Art und Weise, wie die Ursachen eines Ereignisses interpretiert werden, von großer Bedeutung für die Frage, welche Folgen daraus abgeleitet werden und dann auch – möglicherweise im Sinne einer *sich-selbst-erfüllenden Prophezeiung* – eintreten (Bierhoff, 1986).

Wenn auch der A.stil als Eigenschaft aufgefaßt werden kann, so ist er doch nicht unveränderbar (Haisch, 1983; Peterson/Seligman, 1984; Shaver, 1985 b). Durch *A.training* und therapeutische Programme besteht die Möglichkeit, A.stile zu verändern. Es scheint, als wenn von dieser Möglichkeit bisher noch nicht genügend Gebrauch gemacht wurde. Zum Beispiel könnte der Versuch gemacht werden, Opfer von Vergewaltigungen, die möglicherweise in übertriebener Weise für ihr Schicksal verantwortlich gemacht werden (Krahé, 1985), oder anderen schweren Schicksalsschlägen durch A.training – eingebettet in ein umfangreicheres Betreuungs- und Hilfsprogramm – gegen die nachteiligen Folgen ungünstiger A.stile zu immunisieren (wie es Shaver in einem Programm für die Stadt Williamsburg, Virginia plant).

Literatur

Abramson, L. Y./Seligman, M. E. P./Teasdale, J. D.: Learned helplessness in humans: Critique and reformulation. Journal of Abnormal Psychology, 87, 1978, 49-74.

Anderson, C. A.: The causal structure of situations: The generation of plausible causal attributions as a function of type of event situation. Journal of Experimental Social Psychology, 19, 1983, 185-203.

Batson, C. D./O'Ouin, K./Pych, V.: An attribution theory analysis of trained helpers' inferences about clients' needs. In: Wills, T. A. (Ed.): Basic processes in helping relationships. New York: Academic Press, 1982, 59-80.

Bierhoff, H. W.: Naive psychologische Theorien und Eigenschaften als Funktion des Interaktionsmusters der Stimulusperson. Zeitschrift für Sozialpsychologie, 11, 1980, 181-188.

Bierhoff, H. W.: Personenwahrnehmung. Heidelberg: Springer, 1986.

Bierhoff, H. W./Bierhoff-Alfermann, D.: Kognitive Prozesse im Motivationsgeschehen: Attributionen als Ursachenerklärungen von Handlungen. In: Thomae, H. (Hrsg.): Theorien und Formen der Motivation. Göttingen: Verlag für Psychologie, 1983, 93-226.

Bierhoff, H. W./Buck, E./Klein, R.: Glaubwürdigkeit diagnostischer Kommunikationen: Urteilsbildung bei einer und bei zwei möglichen Ursachen. Diagnostica, 32, 1986, 177-192.

Haisch, J.: Trainingsprogramme für Richter. Zur Reduktion von Urteilsverzerrungen in Strafverfahren. In: Haisch, J. (Hrsg.): Angewandte Sozialpsychologie. Bern: Huber, 1983, 121-139.

Hansen, R. D.: Commonsense attribution. Journal of Personality and Social Psychology, 39, 1980, 996-1009.

Hansen, R. D.: Cognitive economy and commonsense attribution processing. In: Harvey, J. H./Weary, G. (Eds.): Attribution. New York: Academic Press, 1985, 65-85.

Hansen, R. D./Hall, C. A.: Discounting and augmenting facilitative and inhibitory forces: The winner takes almost all. Journal of Personality and Social Psychology, 49, 1985, 1482-1493.

Heckhausen, H.: Motivation und Handeln. Berlin: Springer, 1980.

Heider, F.: The psychology of interpersonal relations. New York: Wiley, 1958, (dt.: Psychologie der interpersonellen Beziehungen. Stuttgart: Klett, 1977).

Hilton, D. J./Slugoski, B. R.: Knowledge-based causal attribution: The abnormal conditions focus model. Psychological Review, 93, 1986, 75-88.

Jaspars, J./Hewstone, M./Fincham, F. D.: Attribution theory and research: The state of the art. In: Jaspars, J./Fincham, F. D./Hewstone, M. (Eds.): Attribution theory and research: Conceptual, developmental and social dimensions. New York: Academic Press, 1983, 3-36.

Jones, E. E./Davis, K. E.: From acts to dispositions: The attribution process in person perception. In: Berkowitz, L. (Ed.): Advances in experimental social psychology, Bd. 2. New York: Academic Press, 1965, 219-266.

Jones, E. E./Nisbett, R. E.: The actor and the observer: Divergent perceptions of the causes of behavior. In: Jones, E. E./Kanouse, D. E./Kelley, H. H./Nisbett, R. E./Valins, S./Weiner, B.: Attribution: Perceiving in causes of behavior. Morristown, N. J.: General Learning Press, 1972, 79-94.

Kelley, H. H.: Attribution theory in social psychology. In: Levine, D. (Ed.): Nebraska symposium on motivation. Lincoln, Neb.: University of Nebraska Press, 1967, 192-238.

Kelley, H. H.: Attribution in social interaction. In: Jones, E. E. et al. (Eds.): Attribution: Perceiving the causes of behavior. Morristown, N. J.: General Learning Press, 1972, 1-26.

Kelley, H. H.: The two major facts of attribution research: An overview of the field. In: Hiebsch, H./Brandstätter, J./Kelley, H. H. (Eds.): Social psychology. Berlin: Deutscher Verlag der Wissenschaften, 1982, 11-14.

Krahé, B.: Die Zuschreibung von Verantwortlichkeit nach Vergewaltigungen: Opfer und Täter im Dickicht der attributionstheoretischen Forschung. Psychologische Rundschau, 36, 1985, 67-82.
Petermann, F.: Nachwort. In: Seligmann, M. E. P.: Erlernte Hilflosigkeit (3. Aufl.). München: Psychologie Verlags Union, 1986, 209-246.
Peterson, C./Semmel, A./von Baeyer, C./Abramson, L. Y./Metalsky, G. I./Seligman, M. E. P.: The attributional style questionnaire. Cognitive Therapy and Research, 6, 1982, 287-299.
Peterson, C./Seligman, M. E. P.: Causal explanations as a risk factor for depression: Theory and evidence. Psychological Review, 91, 1984, 347-374.
Peterson, C./Villanova, P./Raps, C. S.: Depression and attributions: Factors responsible for inconsistent results in the published literature. Journal of Abnormal Psychology, 94, 1985, 165-168.
Shaver, K. G.: The attribution of blame: Causality, responsibility, and blameworthiness. New York: Springer, 1985 a.
Shaver, K. G.: Attributions of blame and victim assistence: A field experiment. Fourth International Conference on Justice and Law, June 1985, Nags Head, N. C., 1985 b.
Weiner, B.: A theory of motivation for some classroom experiences. Journal of Educational Psychology, 71, 1979, 3-25.
Weiner, B.: „Spontaneous" causal thinking. Psychological Bulletin, 97, 1985 a, 74-84.
Weiner, B.: An attributional theory of achievement motivation and emotion. Psychological Review, 92, 1985 b, 548-573.

Ausbildung in Psychologie

Bernhard Kraak

1 Die Vermittlung von Ausbildung

Unter A. in Psychologie versteht man in erster Linie eine A. mit dem Ziel, zu einer Berufstätigkeit als Psychologe zu befähigen (*Hauptfach-A.*). In zweiter Linie denkt man an die Vermittlung psychologischen Wissens für die Anwendung im Rahmen anderer Berufstätigkeiten, also z. B. Psychologie für Lehrer, Sozialpädagogen, Sozialarbeiter, Ärzte, Krankenpfleger, Juristen, Ingenieure, Architekten, Betriebswirte (*Nebenfach-A.*). Schließlich kann man als A. in Psychologie auch die Vermittlung psychologischen Wissens verstehen, das zur *Lösung nicht-beruflicher Probleme* befähigen soll, z. B. von erzieherischen Problemen, wie sie sich Eltern stellen, oder von Problemen ehelicher und nichtehelicher Partnerschaft.

A. in Psychologie kann auf verschiedenen institutionellen Wegen vermittelt werden: Für die Berufs-A. zum Psychologen (Hauptfach-A.) gibt es in den deutschsprachigen Ländern und wohl auch in allen anderen Ländern allerdings nur einen Weg, nämlich das Studium an einer Hochschule. In Deutschland gibt es seit 1941 den akademischen Grad des Diplom-Psychologen, mit dem eine acht- bis zehnsemestrige A. abgeschlossen wird (Michaelis/Stephan, 1984 a). Für die Bundesrepublik Deutschland beschloß die Kulturministerkonferenz 1973 eine Revision der Rahmenordnung für die Diplomprüfung in Psychologie (Kraak, 1976). 1978 setzte die Kultusministerkonferenz eine Studienreformkommission für die Psychologie ein, deren Empfehlungen 1983 veröffentlicht wurden (Michaelis/Stephan, 1984 b). In der DDR gibt es seit 1975 einen „Studienplan für die Grundstudienrichtung Psychologie" (Psychologische Rundschau, 1976). In Österreich sieht die 1973 vom Bundesminister für Wissenschaft und Forschung verordnete neue »Studienordnung für die Studienrichtung Psychologie« ein zehnsemestriges Diplomstudium vor, das mit dem Diplomgrad eines Magisters abgeschlossen wird (Psychologische Rundschau, 1974). In der Schweiz ist die Organisation des Hauptfachstudiums der Psychologie kantonal und regional unterschiedlich geregelt.

Psychologie-A. im Rahmen einer A. für andere Berufe (Nebenfach-A.) erfolgt vielfach ebenfalls an Hochschulen, z. B. die A. in Medizinischer Psychologie für Ärzte, in Pädagogischer Psychologie für Lehrer. Zum Teil erfolgt die Psychologie-A. an Fachschulen, z. B. für Erzieher oder

Krankenpfleger. – Die A. für Psychotherapie, also für eine Tätigkeit, die auf psychologischen Annahmen beruht, erfolgt zu einem großen Teil in der Form von Weiterbildung an besonderen A.institutionen, die von berufsständischen Verbänden getragen werden.

Fortbildung in Psychologie kann durch *Massenmedien* erfolgen. Ein Beispiel dafür ist das Funkkolleg der Rundfunkanstalten der Bundesrepublik Deutschland mit dem Thema »Pädagogische Psychologie« (Weinert/Graumann, 1974 und 1975).

Psychologisches Wissen, also psychologische A. im weiteren Sinne, kann auch erworben werden – ergänzend zu anderen A.möglichkeiten oder für sich genommen – durch die *Lektüre* von Büchern und Zeitschriften, und zwar von Büchern und Zeitschriften, die sich an wissenschaftlich bereits informierte Leser wenden oder deren Redaktionen bestrebt sind, allgemein verständliche Texte zu produzieren. (Beispiele: Kaufmann, 1970; Schick, 1972; Häcker, 1977; Schönpflug/Schönpflug, 1983; die Zeitschriften Psychologie Heute, Weinheim: Beltz; Eltern, Hamburg: Gruner & Jahr.)

Psychologisches Wissen wird als *Schulwissen* vermittelt, z. B. ist in einigen Ländern der Bundesrepublik Deutschland Psychologie Kursfach in der Sekundarstufe II (Seiffge-Krenke, 1981, 71) mit inhaltlichen Zielen wie „Fähigkeit zu erweitertem Selbst- und Fremdverständnis entwickeln" – „Psychologie als Wissenschaft (Voraussetzung, Methoden) verstehen lernen" (Seiffge-Krenke, 1981, 75).

A. in Psychologie im weiteren Sinne wird auch in einer Art *Privatunterricht* vermittelt, einmal in der Form der „Supervision", bei der Sozialpädagogen oder Sozialarbeiter oder Lehrer oder Psychologen regelmäßig ihre Praxisprobleme mit einem „Supervisor" beraten, zum anderen in der Anleitung sogenannter Laientherapeuten, die als Lehrer bei ihren Schülern, als Eltern bei ihren Kindern, als Ehepartner beim anderen Partner eine Verhaltensänderung erreichen wollen.

2 Ziel- und Wegprobleme in der Ausbildung

Bei jeder Form der A. in Psychologie ergeben sich Ziel- und Wegprobleme, d. h. stellen sich die Fragen: „Was soll durch die A. in Psychologie erreicht werden?" Und: „Von welchem inhaltlichen oder methodischen Vorgehen bei der A. kann erwartet werden, daß es zu den angestrebten Zielen führt?"

2.1 Probleme der Hauptfachausbildung

Im Hinblick auf die Hauptfach-A. von Psychologen sind in den letzten Jahren vor allem folgende Probleme diskutiert worden:

Sollen Psychologen in der Weise und vor allem in so großer Zahl ausgebildet werden, daß sie in der Lage sind, *alle* Tätigkeiten, die weitgehend auf psychologischen Annahmen beruhen, *selbst* auszuüben, also alle Formen psychologischer Behandlung und psychologischer Beratung? (Bei psychologischer Beratung ist übrigens nicht nur an die Beratung einzelner zu denken, die persönliche Probleme haben, sondern auch an die Beratung von Vertretern der Politik und der Verwaltung und von Institutionen oder Organisationen, wenn es z. B. um gesetzliche Regelungen der Jugendhilfe geht oder um die Humanisierung der Arbeitswelt oder um die Gestaltung von Wohnumwelten.) Oder sollen Psychologen auch, vielleicht sogar in erster Linie so ausgebildet werden, daß sie Angehörige anderer Berufe, z. B. Ärzte, Lehrer, Sozialarbeiter, Betriebswirte, Ingenieure, durch Informationen über Psychologie, also A. in Psychologie, dazu befähigen, selbst Tätigkeiten auszuüben, die auf psychologischen Annahmen beruhen? (Heckhausen, 1969; 1976, 2f.) Für die erste Möglichkeit wurde als wichtigstes Argument genannt, daß nur Psychologen in jedem Falle in der Lage sind, berufliche Tätigkeiten, die weitgehend auf psychologischen Annahmen beruhen, so auszuüben, daß sie zu den gewünschten Zielen führen und nicht etwa zu einer Irreführung oder Schädigung der Ratsuchenden oder Behandelten. Für die zweite Möglichkeit wurde argumentiert, daß es z. B. nicht ausreiche, wenn es eine größere Zahl von Schulpsychologen gäbe, es sei notwendig, daß jeder einzelne Lehrer psychologisch ausgebildet ist. Ähnlich wurde im Hinblick auf die medizinische Versorgung argumentiert: Es genüge nicht, wenn es viele klinisch tätige Psychologen und Therapeuten gäbe, sondern jeder Arzt müsse selbst psychologisches Wissen anwenden können.

Sollen Psychologen in erster Linie so ausgebildet werden, daß ihre Tätigkeit beim *Individuum* ansetzt und dem Individuum hilft, in der *Gesellschaft,* so wie sie ist, befriedigend zu leben, soll also der Psychologe seine Klienten an die Anforderung der Gesellschaft im Hinblick auf berufliche Leistung und soziales und politisches Verhalten anpassen? Oder soll die A. von Psychologen dazu befähigen, an einer Veränderung der menschlichen Umwelt, auch der ganzen Gesellschaft, mitwirken? (Feger, 1977, 15; Psychologie-Kritik-Gruppe Bochum, 1981) – Der zuerst genannte Standpunkt wurde von niemandem ausdrücklich vertreten. Es wurde aber denjenigen, die in der A. von Psychologen tätig sind, unterstellt, sie hätten nur eine solche Anpassungshilfe an die bestehende Gesellschaft im Auge. Es ging in der Diskussion tatsächlich um die Frage, ob Psychologen zuerst und mit ganzer Kraft auf eine grundlegende Veränderung der Gesellschaft hinwirken sollten, oder ob sie Hilfen für den einzelnen, der ja weiterhin in der bestehenden Gesellschaft leben muß, kombinieren sollen mit Bestrebungen, die Gesellschaft im ganzen oder in Teilbereichen zu verändern (Feger, 1977, 15).

Sollen alle Psychologen als *Klinische Psychologen* ausgebildet werden? Diese Frage ist Konsequenz der eine Zeitlang vom Berufsverband Deutscher Psychologen vertretenen berufspolitischen Auffassung, daß die Durchsetzung seiner berufsständischen Ziele nur aussichtsreich sei, wenn Psychologen ihre „Identität" als Angehörige eines Heilberufs fänden (Irle, 1979, 14-17; Heckhausen, 1983, 17). Gegner dieser Auffassung wiesen auf die Gefahr hin, daß Psychologen in den Augen der Öffentlichkeit die Kompetenz für eindeutig nicht-klinische berufliche Aufgaben verlieren könnten.

In welchem A.abschnitt soll die für manche psychologische Tätigkeiten offensichtlich erforderliche *Spezialisierung* erfolgen? (Roth, 1981, 9-11) Im Gespräch sind drei Möglichkeiten:

a) Die Spezialisierung erfolgt schon während der A. bis zum Diplom, und zwar in einem solchen Ausmaß, daß der diplomierte Psychologe nach einer gewissen Zeit angeleiteter Praxis (die Sektion Klinische Psychologie des Berufsverbandes Deutscher Psychologen hat zwei Jahre genannt) in der Lage ist, selbständig in dem betreffenden Tätigkeitsbereich zu arbeiten.
b) Die Spezialisierung erfolgt erst nach Abschluß der Diplom-A., wenn möglich, nach einigen Jahren Praxiserfahrung, in einer dritten A.phase. (Mit der ersten ist das Grundstudium bis zur Diplom-Vorprüfung gemeint, mit der zweiten das Hauptstudium bis zur Diplom-Hauptprüfung.)
c) Einen dritten Weg geht die 1973 von der Kultusministerkonferenz der Bundesrepublik Deutschland beschlossene „Rahmenordnung für die Diplomprüfung in der Psychologie", die im Hauptstudium eine gewisse Spezialisierung ermöglicht, die aber nicht so weit geht, daß der frisch diplomierte Psychologe für ein bestimmtes Tätigkeitsgebiet außer Grundkenntnissen auch alle erforderlichen Fertigkeiten beherrscht.

Welche Rolle soll die wissenschaftliche *Forschung* in der A. von Psychologen spielen? Sollen hauptsächlich die Ergebnisse der Forschung als fertiges Wissen vermittelt werden, oder sollen die Probleme der Wissensgewinnung und Wissensbeurteilung im Rahmen eines forschungsbezogenen Studiums breiten Raum einnehmen? Gegen ein stark forschungsbezogenes Studium wird mit der Vermutung argumentiert, daß es zu wenig Praxisbezug habe, daß es Wissenschaftler, aber nicht Praktiker ausbilde. Dabei wird übersehen, daß eine forschungsbezogene A. Fähigkeiten vermitteln kann, die für die Praxis wichtig sind (Bredenkamp, 1984; Heckhausen, 1984; Wildt/Bock, 1984). Solche Fähigkeiten sind (Kraak, 1984): Probleme präzisieren können; wissen, welche Art von Informationen zur Lösung welcher Probleme gebraucht wird; Informationen daraufhin beurteilen können, wie vertrauenswürdig sie sind.

2.2 Probleme der Nebenfachausbildung und Ausbildung im weiteren Sinne

Für die A. in Psychologie für Nicht-Psychologen (Nebenfach-A.en) ist vor allem diskutiert worden:

Welche *spezifischen* Kenntnisse und welches Können, das auf psychologischen Annahmen beruht, brauchen Lehrer (Höhn, 1979), Ärzte (Deneke et al., 1977; Ferchland-Malzahn/Wildgrube, 1979; Rey, 1979), Sozialarbeiter (Lindenlaub, 1979), Ingenieure (Hoyos, 1979), Betriebswirte (Müller, 1979) und die Angehörigen anderer Berufe, die in Psychologie ausgebildet werden? Welche psychologischen Informationen sind deshalb für sie wichtig und welche brauchen sie nicht? – Zur Beantwortung dieser Frage müßte untersucht werden, welche Probleme in einem bestimmten Beruf besonders häufig und mit besonderer Dringlichkeit zu lösen sind, und zur Lösung welcher dieser Probleme psychologische Informationen beitragen können. Entsprechende Ansätze finden sich bei Brandstädter et al. (1976) und bei Deneke et al. (1977).

Für welche Tätigkeiten, die auch von Psychologen selbst ausgeübt werden, sollen Angehörige anderer Berufe durch A. in Psychologie befähigt werden? Sollen z. B. Ärzte auch in die Lage versetzt werden, diagnostische Verfahren auf psychologischer Grundlage, etwa Tests, anzuwenden? Sollen Sozialarbeiter befähigt werden, verhaltenstherapeutische Methoden anzuwenden? – Solche Fragen werden unter zwei Gesichtspunkten diskutiert: Zum einen geht es darum, ob Nicht-Psychologen psychologische Verfahren so anwenden können, daß den davon Betroffenen kein Schaden geschieht. Zum anderen geht es um

Fragen *berufsständischer Konkurrenz:* Tragen Psychologen durch A. in Psychologie für Angehörige anderer Berufe dazu bei, daß sie selbst aus bestimmten Tätigkeitsbereichen verdrängt werden?

Soll die A. *problem-orientiert* sein, oder darf sie sich an einer einzigen Theorie oder „Schule" orientieren, d. h. „monotheoretisch" vorgehen? Diese Frage wird manchmal zugunsten des monotheoretischen Vorgehens beantwortet mit dem Argument, daß problem-orientierter Unterricht oberflächlich bleiben oder Verwirrung stiften müsse, wenn – wie häufig – für die Nebenfachausbildung nur wenig Zeit zur Verfügung steht. Verfechter problem-orientierten Unterrichts verweisen auf die Möglichkeit, theoretische Standpunkte auf Grundgedanken zu reduzieren, ohne oberflächlich zu werden, und auf die Notwendigkeit, daß psychologische Theorien (überhaupt wissenschaftliche Theorien ebenso wie Theorien des sogenannten gesunden Menschenverstandes) als Annahmen verstanden werden, als Annahmen, die sich ergänzen, aber auch widersprechen können (Kraak, 1979). Wer sich mit Psychologie oder einer anderen Wissenschaft befaßt, sollte begreifen, daß Wissenschaft keine in jedem Fall zutreffende Aussage liefert, sondern Ideen, von denen manche sehr, andere weniger und manche überhaupt nicht der Realität entsprechen. Verfechter problem-orientierter A. weisen auch darauf hin, daß monotheoretischer Unterricht auf die Nutzung verfügbarer Informationen verzichtet (Laucken 1977, 82).

Für A. in Psychologie, die nicht im Rahmen einer Berufsausbildung erfolgt, stellen sich im Prinzip dieselben Probleme: Was soll durch A. in Psychologie, also durch Vermittlung psychologischen Wissens erreicht werden? Und auf welchem Wege können A.ziele am besten erreicht werden? Am ausführlichsten sind solche Probleme bisher diskutiert worden im Hinblick auf den Psychologie-Unterricht in der Sekundarstufe II, also in der Oberstufe von Gymnasien oder Gesamtschulen (Seiffge-Krenke, 1981).

3 Vermittlung von Fähigkeiten zum Umgang mit Wissen

Ob in Psychologie ausgebildet wird im Rahmen einer Hauptfach- oder im Rahmen einer Nebenfach-A. und unabhängig von Berufs-A.en, stets sollte nicht nur psychologisches Wissen vermittelt werden, es sollten immer auch *Fähigkeiten zum Umgang mit Wissen* (Eckerle, 1983), angestrebt werden:

- Theorien müssen beurteilt werden durch den Vergleich mit empirischen Daten, also Ergebnissen wissenschaftlicher Forschung, aber auch Erfahrungsdaten der Lebenspraxis (Lindenlaub, 1976). Empirische Daten, wozu auch eigene Erfahrungen gehören, müssen daraufhin beurteilt werden, ob sie der Realität, über die sie Aussagen machen, tatsächlich entsprechen (Kraak, 1986). Gebraucht werden Kenntnisse einer Beurteilungslogik.
- Die Anwendung von wissenschaftlichen Aussagen zur Lösung von Problemen der Lebens- und Berufspraxis erfordert Kenntnisse einer Anwendungslogik: Welche Informationen werden gebraucht zur Lösung welcher Probleme (Opp, 1967; Kraak, 1986)?

Literatur

Brandstädter, J. / Fischer, M. / Lohmann, J. / Reinert, G. / Schneewind, K. A./Wiedl, K. H.: Zur Entwicklung eines Curriculums für das Hauptfachstudium der Psychologie mit der Spezialisierungsrichtung „Pädagogische Psychologie". Psychologische Rundschau, 27, 1976, 95-117.

Bredenkamp, J.: Ausbildung in den Grundlagen. In: Michaelis, W./Stephan, E. (Hrsg.): Ausbildungsreform Psychologie. Argumente, Standpunkte, Forderungen. Göttingen: Hogrefe 1984, 96-105.

Deneke, F. W./Dahme, B./Koch, U./Meyer, A. E./Nordmeyer, J./Stuhr, V.: Lernbuch der Medizinischen Psychologie. München: Urban & Schwarzenberg, 1977.

Eckerle, G.: Wissenschaftliche Grundbildung. Von der Notwendigkeit, mit Wissen umgehen zu können. Baden-Baden: Nomos, 1983.

Feger, H.: Zur Lage der Psychologie. Psychologische Rundschau, 28, 1977, 1-21.

Ferchland-Malzahn, E./Wildgrube, K.: Ausbildung in Psychologie für Ärzte: Ausbildung in der Vorklinik (Medizinische Psychologie). In: Kraak, B. (Hrsg.): Ausbildung in Psychologie für Nichtpsychologen. Weinheim: Beltz 1979, 74-83.

Häcker, H.: Einführung in die Psychologie (2. Aufl.). Darmstadt: Steinkopff, 1977.

Heckhausen, H.: Der künftige „gesellschaftliche" Bedarf an Psychologen. Beiträge zur Hochschulplanung, 8, Wuppertal: Henn, 1969.

Heckhausen, H.: Relevanz der Psychologie als Austausch zwischen naiver und wissenschaftlicher Verhaltenstheorie. Psychologische Rundschau, 27, 1976, 1-11.

Heckhausen, H.: Zur Lage der Psychologie. Psychologische Rundschau, 34, 1983, 1-20.

Heckhausen, H.: Für eine bewegliche Studienreform: Konsekutivmodelle statt Schwerpunktmodell. In: Michaelis, W./Stephan, E. (Hrsg.): Ausbildungsreform Psychologie. Argumente, Standpunkte, Forderungen. Göttingen: Hogrefe, 1984.

Höhn, E.: Ausbildung in Psychologie für Lehrer. In: Kraak, B. (Hrsg.): Ausbildung in Psychologie für Nichtpsychologen. Weinheim: Beltz, 1979, 36-41.

Hoyos, C. Graf: Unterricht in Psychologie für Ingenieure und Architekten. In: Kraak, B. (Hrsg.): Ausbildung in Psychologie für Nichtpsychologen. Weinheim: Beltz, 1979, 102-117.

Irle, M.: Zur Lage der Psychologie. Psychologische Rundschau, 30, 1979, 1-18.

Kaufmann, H.: Die Erforschung menschlichen Verhaltens. Stuttgart: Gustav Fischer, 1970.

Kohlscheen, G./Henkel, D.: Ausbildung und Berufsbild der Klinischen Psychologen in der Diskussion. Psychologie heute, 2 (4), 1975, 44-52.

Kraak, B.: Die neue Rahmenordnung für die Ausbildung von Diplom-Psychologen: Vorgeschichte, Realisierung und Probleme. Report Psychologie, 3, 1976, 5-11.

Kraak, B.: Problemorientierte Ausbildung in Psychologie. In: Kraak, B. (Hrsg.): Ausbildung in Psychologie für Nichtpsychologen. Weinheim: Beltz, 1979, 3-21.

Kraak, B.: Wissenschaftlichkeit des Studiums und Praxisbezug. In: Michaelis, W./Stephan, E. (Hrsg.): Ausbildungsreform Psychologie. Argumente, Standpunkte, Forderungen. Göttingen: Hogrefe, 1984, 198-209.

Kraak, B.: Wie können Laien wissenschaftliche Ergebnisse erfahren, beurteilen und anwenden? In: Eckerle, G. (Hrsg.): Forschung, Wissensanwendung und Partizipation. Baden-Baden: Nomos, 1986, Abschnitt 4.1.

Kuratorium Fachpsychologe für Klinische Psychologie. Rahmenplan für die Weiterbildung zum Fachpsychologen für Klinische Psychologie. Psychologische Rundschau, 28, 1977, 241-246.

Laucken, U./Schick, A. (Hrsg.): Didaktik der Psychologie. Stuttgart: Klett, 1977.

Laucken, U.: Psychologisches Wissen und . . . z. B. Curriculum-Konstruktion. In: Laucken, U./Schick, A. (Hrsg.): Didaktik der Psychologie. Stuttgart: Klett, 1977, 77-162.

Lindenlaub, S.: Theoriebeurteilung: Warum und Wie? Sozialpädagogik, 18, 1976, 112-121.

Lindenlaub, S.: Ausbildung in Psychologie für soziale Berufe: Ziele, curriculare Konsequenzen und Probleme eines „problem-orientierten" Unterrichts. In: Kraak, B. (Hrsg.): Ausbildung in Psychologie für Nichtpsychologen. Weinheim, Beltz, 1979, 47-58.

Michaelis, W./Stephan, E.: Rahmenordnungen für das Studium der Psychologie. In: Michaelis, W./Stephan, E. (Hrsg.): Ausbildungsreform Psychologie. Argumente, Standpunkte, Forderungen. Göttingen: Hogrefe, 1984 a, 359-391.

Michaelis, W./Stephan, E.: Rahmenordnungen für das Studium der Psychologie. In: Michaelis, W./Stephan, E. (Hrsg.): Ausbildungsreform Psychologie. Argumente, Standpunkte, Forderungen. Göttingen: Hogrefe, 1984 b.

Müller, G. F.: Ausbildung in Psychologie für Wirtschaftsberufe. In: Kraak, B. (Hrsg.): Ausbildung in Psychologie für Nichtpsychologen. Weinheim: Beltz, 1979, 86-98.

Opp, K.-D.: Zur Anwendung sozialwissenschaftlicher Theorien für praktisches Handeln. Zeitschrift für die gesamte Staatswissenschaft, 123, 1967, 393-418.

Psychologie-Kritik-Gruppe Bochum: Zehn Thesen zur Berufspraxis von Psychologen. Psychologie heute, 8 (5), 1981 75-77.

Rahmenordnung für die Diplom-Prüfung in der Psychologie. Beschluß der Kultusministerkonferenz vom 2. 2. 1973. Psychologische Rundschau, 24, 1973, 219-226.

Rey, E.-R.: Ausbildung in Psychologie für Ärzte: Psychologische Anforderungen der medizinischen Klinik. In: Kraak, B. (Hrsg.): Ausbildung in Psychologie für Nichtpsychologen. Weinheim: Beltz, 1979, 63-73.

Rose, D./Radford, J. (Hrsg.): Teaching psychology. Leicester: The British Psychological Society, 1984.

Roth, E.: Zur Lage der Psychologie. Psychologische Rundschau, 32, 1981, 1-15.

Schick, A. (Hrsg.): Aktuelle Themen der Psychologie. Stuttgart: Klett, 1972.

Schönpflug, W./Schönpflug, U.: Psychologie. München: Urban & Schwarzenberg, 1983.

Seiffge-Krenke, I.: Handbuch Psychologieunterricht 1 und 2. Düsseldorf: Schwann, 1981.

Studienordnung für die Studienrichtung Psychologie in Österreich. Psychologische Rundschau, 25, 1974, 311-318.

Studienplan für die Grundstudienrichtung Psychologie in der DDR vom Januar 1975. Psychologische Rundschau, 27, 1976, 58-70.

Tack, W. H.: Vorschläge für eine Erweiterung der Ausbildungsmöglichkeiten im Fach Psychologie. Psychologische Rundschau, 23, 1972, 69-74.

Todt, E.: Psychologie-Unterricht in der Sekundarstufe II. In: Kraak, B. (Hrsg.): Ausbildung in Psychologie für Nichtpsychologen. Weinheim: Beltz, 1979, 120-138.

Vorstand der Deutschen Gesellschaft für Psychologie. Stellungnahme zur Einrichtung des Schulfaches Psychologie in der Sekundarstufe. Psychologische Rundschau, 26, 1975, 72-74.

Weinert, F. E./Graumann, C. F. (Hrsg.): Pädagogische Psychologie 1 und 2. Frankfurt: Fischer Taschenbuch, 1974 und 1975.

Wildt, G./Bock, T.: Psychologieausbildung aus Arbeitnehmersicht. In: Michaelis, W./Stephan, E. (Hrsg.): Ausbildungsreform Psychologie. Argumente, Standpunkte, Forderungen. Göttingen: Hogrefe, 1984, 308-322.

Autogenes Training

Rainer Gawlik

Das A. T. ist eine Entspannungsmethode, mit der man sich selbständig (*autogen*) in einen hypnoiden Zustand versetzen kann. J. H. Schultz (1884-1970) entwickelte das A. T. in den zwanziger Jahren. Er konnte sich dabei auf Erfahrungen stützen, die O. Vogt mit vorhypnotischen autosuggestiven Entspannungsübungen gemacht hatte. Das erklärte Ziel von Schultz war, es jedermann zu ermöglichen, die Vorteile einer hypnotischen Beeinflussung unabhängig von einem Hypnotiseur nutzen zu können.

1932 erschien erstmals das Standardwerk von Schultz mit dem Titel „Das autogene Training". Darin stellt er vor allem die Ergebnisse seiner umfassenden Forschungsarbeiten zum A. T. dar und beschreibt ausführlich das Vorgehen in der *Unterstufe*, die heute gewöhnlich gemeint ist, wenn man vom A. T. spricht. Weniger klar äußerte er sich bis zuletzt zur *Oberstufe* des A. T., in der meditative Vorstellungstechniken zu einer vertieften Selbsterkenntnis führen sollen.

Das A. T. zählt heute zu den weitverbreitetsten Entspannungsverfahren im Westen. Mit dazu beigetragen hat sicher, daß Schultz ganz bewußt *körperlich wahrnehmbare* Entspannungsprozesse als Grundlage für die Herstellung des hypnoiden Zustandes wählte. Er wollte damit die Schwierigkeiten umgehen, die der eher rational orientierte westliche Mensch mit den östlichen Entspannungsverfahren zumindest zu seiner Zeit hatte.

1 Die Technik des Autogenen Trainings

Man nimmt eine lockere, bequeme Haltung ein und stellt sich bestimmte körperliche Begleiterscheinungen von Entspannung möglichst eindrucksvoll vor. Durch die Vorstellung entstehen Körperimpulse (Carpenter-Effekt), die sich elektromyographisch nachweisen lassen (Luthe, 1965). Stellt man sich z. B. die Armmuskeln als schwer vor, führt das schließlich dazu, daß sich die Muskeln in diesem Bereich tatsächlich entspannen. Nach einiger Übung breitet sich die Entspannung von allein auf andere Körperteile aus, bis im Zuge der sogenannten Generalisierung der ganze Körper als entspannt erlebt wird. Der Übende beobachtet nun passiv die Empfindungen, die mit der körperlichen Entspannung einhergehen.

Dieses Vorgehen der konzentrativen Vorstellung eines Entspannungs-Korrelates mit anschließend passiver Beobachtung der Empfindungen wird in der Unterstufe des A. T. mit sechs verschiedenen Übungen bzw. Inhalten praktiziert. Dadurch werden zwei Arten von Entspannung ausgelöst, die eng miteinander verbunden sind:

- die geistige Entspannung: Durch die Einengung des Bewußtseins auf körperliche Empfindungen und durch das wiederholte innerliche Vorsprechen von Formeln (z. B. Der Arm ist schwer), kommt es zu einer monoton-rhythmischen Reizgebung, die eine geistige Entspannung erleichtert.
- die physiologische Entspannung: Sie beginnt bereits mit der Einnahme der Übungshaltung, die so gewählt wird, daß keine (im Liegen) oder nur eine geringe (im Sitzen) Muskelspannung erforderlich ist. Während des Trainings bewegt man sich möglichst nicht, so daß durch die fehlende Information aus der Muskulatur das Erregungszentrum im Gehirn (formatio reticularis) desaktiviert wird. Dazu trägt auch die Verringerung der Außenreize durch die geschlossenen Augen und eine möglichst ruhige Umgebung bei.

All dies begünstigt die sogenannte *Umschaltung*, die beim A. T. eine zentrale Rolle spielt. Gemeint ist die Umstellung des Organismus von einer ergotropen oder leistungsorientierten Reaktionslage auf eine trophotrope oder regenerative. Die Folgen dieser Umstellung sind experimentell nachweisbare Muskelentspannungen, Hauttemperaturerhöhungen oder Veränderungen der Pulsfrequenz. Langfristig kann mit dem A. T. der vegetative Tonus so beeinflußt werden, daß die antagonistischen Funktionen des Vagus und Symphaticus störungsfrei ablaufen können. Der so herbeigeführte entspannte Zustand beim A. T. entspricht körperlicher Schläfrigkeit bei gleichzeitig wachem Bewußtsein – zumindest solange man den Entspannungsvorgang bewußt wahrnimmt (sonst schläft man ein).

2 Die Übungen der Unterstufe

Die erste Übung führt zu einer Entspannung der *Skelettmuskulatur*, die subjektiv als Schwere erlebt wird. Mit der Formel „Der Arm ist schwer" (später „Der Körper ist ganz schwer") leitet man die muskuläre Entspannung ein. Neben dem Erleben der Armschwere kommt es häufig schon bei der ersten Übung zu Wärmeempfindungen, die in der zweiten Übung intensiviert werden. Die Vorstellung „Die Hand ist warm" (später „Der Körper ist ganz warm") führt dazu, daß sich die ringförmigen Muskeln der *Blutgefäße* entspannen und die Temperatur an der Oberfläche ansteigt. Die

Atem-Übung soll als nächstes den ungestörten Ablauf des natürlichen Atemrhythmus erleichtern. Dabei geht es nicht darum, „richtig" zu atmen, sondern passiv den eigenen Rhythmus zu beobachten. Die Formel dazu lautet anfangs „Der Atem ist ruhig", später „Es atmet mich". Auch bei der *Herz-Übung* beobachtet man seinen Herzschlag, ohne auf die Frequenz Einfluß zu nehmen. Die Formel „Das Herz schlägt gleichmäßig und ruhig" begleitet die Einstellung auf den Herzrhythmus. Im Mittelpunkt der *Sonnengeflecht-Übung* steht die Wahrnehmung der Entspannung im Bauchbereich. Im entspannten Zustand werden die Bauchorgane intensiver durchblutet, was zu Wärmeempfindungen in diesem Bereich führen kann. Die Formel dazu heißt „Sonnengeflecht strömend warm". Bei der letzten Übung führt die konzentrative Einstellung auf den *Stirn-Bereich* zu einer Verengung der Kopfarterien. Subjektiv erlebt man die dadurch verminderte Kopfdurchblutung als Kühleempfinden auf der Stirn. Dieses Erleben begleitet man mit der Formel „Stirn angenehm kühl".

3 Formelhafte Vorsatzbildung und Oberstufe

Nach den sechs Übungen der Unterstufe ist der Boden für gezielte Autosuggestionen in der Art *posthypnotischer Aufträge* bereitet. Wer in bestimmten Situationen sein Verhalten ändern will (etwa morgens nach dem Aufwachen sofort aufstehen), stellt sich das entsprechende Wunschverhalten möglichst anschaulich vor und sagt sich dazu innerlich den entsprechenden Formelinhalt, z.B.: »Ich schaffe es!«. Berücksichtigt man bei der Formulierung die Wirkprinzipien hypnotischer Beeinflussung, lassen sich mit dieser formelhaften Vorsatzbildung die gleichen Effekte erzielen wie bei einer Fremdhypnose.

Die Übungen der *Oberstufe* des A. T. dienen der Vertiefung der Selbsterkenntnis oder der Steigerung der Erlebnisfähigkeit. Mit Hilfe meditativer Techniken können dabei unbewußte Inhalte ins Bewußtsein geholt und anschließend bearbeitet werden. Es handelt sich dabei also mehr um ein therapeutisches Verfahren, das auf den in der Unterstufe erworbenen Fähigkeiten aufbaut.

Schultz (1982) empfahl, mit der Oberstufe des A. T. erst dann zu beginnen, wenn die autogene Umschaltung in kurzer Zeit gelingt und man über ca. 30 Minuten in dem Zustand vertiefter Versenkung bleiben kann, ohne sich von Außenreizen zu sehr ablenken zu lassen. Begonnen wird dann gewöhnlich mit einer *Fixier-Übung* zur Vertiefung des hypnoiden Zustandes. Dabei werden die Augäpfel nach innen-oben gestellt. Anschließend folgen verschiedene Übungsschritte, die vom unspezifischen Farbsehen über die Schau konkreter Gegenstände oder Situationen bis zu Fragen an das Unbewußte reichen, z. B. „Wer bin ich?".

Weil Schultz selbst keine klaren Anweisungen für die Durchführung der Oberstufe gegeben hat, entwickelten seine Schüler später unterschiedliche Vorgehensweisen. So führt Thomas (1984) die Übenden anhand unterstützender Formeln durch die Oberstufe, z. B. „Ich sehe eine brennende Kerze" – „Das Bild steht klar vor mir". Dagegen versucht Rosa (1975) eine heterogene Beeinflussung weitgehend zu vermeiden, indem er die Übenden lediglich anleitet, sich den frei aufsteigenden Bildern zu öffnen. Stark von der therapeutischen Ausrichtung (analytisch, gesprächstherapeutisch, Gestalt-orientiert usw.) des Leiters hängt dann auch die Besprechung des Erlebten mit den Übenden ab.

4 Anwendungsmöglichkeiten

Viele, die das A. T. lernen wollen, wollen ganz einfach abschalten und entspannen können. Diese Erholungsfunktion hat das A. T. schon nach relativ kurzer Übungszeit. Allein die Tatsache, daß man sich einige Male am Tag Zeit für sich nimmt und bewußt entspannt, kann schon dazu führen, Situationen aus einer anderen Perspektive zu sehen und so zu Verhaltensänderungen zu kommen.

Ein weiterer Anwendungsbereich sind die funktionellen *Schlafstörungen*. Die Wirkung des A. T. beruht dabei vor allem auf der Einengung des Bewußtseins auf Körperempfindungen wie Schwere und Wärme. Gleichzeitig wird die Aufmerksamkeit vom Grübeln und der Schlaferwartung abgelenkt.

Bei der Therapie konkreter Ängste (*Phobien*) wird das A. T. erfolgreich zur Desensibilisierung eingesetzt. Gute Erfahrungen hat man bei der Angstbewältigung auch mit der formelhaften Vorsatzbildung gemacht.

Immer mehr ins Bewußtsein rückt bei vielen die Notwendigkeit eines erfolgreichen Umgangs mit *Streß*. Das A. T. kann dabei durch die Resonanzdämpfung von Affekten psychische Fehlverhaltensweisen vermeiden helfen. Bei länger anhaltenden starken Belastungen kann es vorbeugend oder regenerativ eingesetzt werden.

Wie andere hypnotische Techniken kann auch das A. T. mit gezielten Formeln zur *Schmerzbekämpfung* eingesetzt werden. So lassen sich örtlich begrenzte Schmerzen durch Kühle-Einstellungen mildern. Weil das Schmerzerleben mit einer Erregung des gesamten vegetativen Nervensystems verbunden ist, bewirkt die Umschaltung beim A. T. auch eine allgemeine Schmerzdämpfung.

Im Bereich der psycho-vegetativen Störungen hat man mit dem A. T. Erfolge gehabt bei z. B. *Herzfunktionsstörungen, Asthma* und erhöhtem Augeninnendruck (*Glaukom*) (Hoffmann, 1983).

Insgesamt hat sich das von Schultz empfohlene Vorgehen mit geringfügigen Veränderungen in den letzten 50 Jahren bewährt. Die Akzeptanz der Methode ist sehr groß. Dies zeigt neben dem Einsatz des A. T. im klinischen Bereich die zunehmende Zahl der Kurse an Volkshochschulen und in privaten Praxen (Ärzte, Psychologen).

Literatur

Hoffmann, B.: Handbuch des autogenen Trainings. München: DTV, 1983.
Luthe, W. (Hrsg.): Autogenes Training – Correlationes Psychosomaticae. Stuttgart: Thieme, 1965.
Rosa, K. R.: Das ist Autogenes Training. München: Kindler, 1973.
Rosa, K. R.: Das ist die Oberstufe des Autogenen Trainings. München: Kindler, 1975.
Schultz, I. H.: Das autogene Training. Stuttgart: Thieme, 1982.
Schultz, I. H.: Übungsheft für das autogene Training. Stuttgart: Thieme, 1974.
Thomas, K.: Praxis der Selbsthypnose des Autogenen Trainings. Stuttgart: Thieme, 1984.

Behaviorismus

Angela Schorr

1 Das Programm

Als „Gleichsetzung der *Psychologie* mit der *Wissenschaft vom Verhalten*" definierte die amerikanische Psychologin M. Calkins wenige Jahre nach der Veröffentlichung von J. B. Watsons (1878-1958) provokativem Aufsatz über den B. (Watson, 1913) diese neue Psychologie (vgl. Samelson, 1981). Daß sie den Geltungsanspruch des B. damit keineswegs überzeichnet hatte, belegen die Worte, mit denen der damalige Tierpsychologe und Funktionalist Watson sein Programm 1913 der Fachöffentlichkeit vorstellte: *„Psychologie, wie der Behaviorist sie sieht, ist ein vollkommen objektiver, experimenteller Zweig der Naturwissenschaft. Ihr theoretisches Ziel ist die Vorhersage und Kontrolle von Verhalten."* (Watson, 1913, 13)

B. ist ein radikaler Begriff für ein aus heutiger Sicht kaum noch nachvollziehbar radikales Programm: Für den Behavioristen ist das *Verhalten,* nicht das Bewußtsein der zentrale Forschungsgegenstand der wissenschaftlichen Psychologie. Sogenannte subjektive Daten, durch Selbstbeobachtung oder Befragung gewonnen, gelten als unwissenschaftlich und im Forschungsprozeß nicht verwertbar. Die Methode der *Introspektion,* damals die primäre Forschungsmethode in der experimentellen Psychologie, spielte im Rahmen des behavioristischen Programms Watsons „keine wesentliche Rolle" mehr. Die „introspektive Psychologie", so Watsons Kritik, hatte sich in eine Fülle spekulativer Fragen verstrickt, die sie nicht nur daran hinderte, psychische Zustände mit naturwissenschaftlicher Exaktheit zu erfassen, sondern auch zwangsläufig von den Problemen entfernte, „die menschliche Interessen unmittelbar berühren" (Watson, 1913).

Nach Auffassung der Behavioristen läßt sich alles Verhalten, auch komplexes Verhalten, in Reiz-Reaktions-Einheiten zerlegen. Ein *Reiz* ist jede Form der Energie, die ein Sinnesorgan erregt; einen Komplex gemeinsam wirksamer Reize bezeichnet man als *Situation. Reaktionen* äußern sich als Muskel- oder Drüsenreaktionen; mehrere, gemeinsam auftretende Reaktionen bilden eine *Handlung.* Reaktionen können als Reize für weitere Reaktionen wirksam werden. Der inhaltliche Schwerpunkt der Forschung J. B. Watsons lag im Bereich der Gewohnheitsbildung bzw. des Lernens. Ein Konzept, das er erst nachträglich in seinen Ansatz integrierte und das dort rasch an

Bedeutung gewann, war I. P. Pavlovs (1849-1936) Prinzip des konditionierten Reflexes. Die von dem russischen Physiologen entwickelte *Methode* diente dem Behavioristen zunächst nur zum Beleg, daß es möglich ist, mit Hilfe objektiver Untersuchungsmethoden traditionelle Forschungsprobleme der Psychologie zu lösen (Watson, 1916). Wenig später avancierte der konditionierte Reflex auch zum zentralen *Erklärungsprinzip* im B. Angeregt durch die Arbeiten S. Freuds (1856-1939) zur frühkindlichen Sexualität untersuchte Watson den Erwerb konditionierter emotionaler Reaktionen beim Kleinkind und führte Anfang der zwanziger Jahre sein berühmtes Experiment mit dem elf Monate alten Albert durch (Watson, 1917; Watson/Rayner, 1920).

Ein Produkt der populären Diskussion um den B. war Watsons Position eines radikalen Environmentalismus. Seine Negation des Einflusses erblicher bzw. angeborener Faktoren auf das Verhalten wurde durch eine öffentlich ausgetragene Kontroverse mit dem anerkannten Instinktforscher W. McDoughall (1871-1938) weit über die Fachpresse hinaus bekannt (Watson/McDoughall, 1928). Mit seiner Behauptung, er könne jedes nach Zufall ausgewählte Kind in einer entsprechenden Umwelt zu allem aufziehen, vom Arzt, Künstler, Geschäftsmann bis hin zum Dieb, „ohne Rücksicht auf seine Begabungen, Neigungen, Fähigkeiten, Anlagen oder die Herkunft seiner Vorfahren" nehmen zu müssen, setzte er ganz gezielt einen polemischen Kontrapunkt zu einer damals vorherrschenden und wenig hinterfragten Denktradition (Watson, 1924).

Rückwirkend betrachtet legte Watsons behavioristisches Programm von 1913 bereits die entscheidenden Grundlagen für eine *Neudefinition der wissenschaftlichen Standards* in der Psychologie und die spätere Umorientierung des gesamten Faches (Samelson, 1981). Die Behavioristen veränderten nicht nur Thema und Forschungsmethoden der Psychologie; sie ersetzten die *traditionellen Zielsetzungen* psychologischer Forschung, die Beschreibung und Erklärung des Bewußtseins und seiner Prozesse, durch völlig neue Ziele, nämlich die Vorhersage und Kontrolle von Verhalten. Der Begriff *Kontrolle* blieb in diesem Zusammenhang stets vieldeutig und wurde in späteren Jahren zu einem zentralen Angriffspunkt der Kritiker am B. Kontrolle kann als experimentelle Bedingungskontrolle, aber auch im Sinne sozialer Kontrolle, d. h. der Manipulation des einzelnen Individuums zum Wohl der Gemeinschaft verstanden werden (Samelson, 1985; Zuriff, 1985).

2 Historische Perspektiven

Zur historischen Entstehung des B. sind in jüngster Zeit eine Reihe differenzierter Analysen veröffentlicht worden (z. B. Cohen, 1979; Samelson, 1981; 1985; Bruder, 1982; Leys, 1984). Als J. B. Watson im Herbst 1912 seine behavioristischen Thesen erstmals im Rahmen von Gastvorlesungen an der New Yorker Columbia Universität vortrug, staunte er über die ungewöhnlich große Resonanz (Schorr, 1984). Dennoch fehlen bei genauerer historischer Betrachtung Hinweise auf einen frühen Siegeszug des B., wie ihn die traditionelle Geschichtsschreibung in der Psychologie behauptet (Boring, 1957). Die experimentelle Psychologie teilte sich damals in zwei große Lager, in die in der Tradition W. Wundts (1832-1920) arbeitenden *Strukturalisten* und in die *Funktionalisten,* als deren führender Vertreter Watsons Lehrer J. R. Angell (1869-1969) galt. Der Funktionalismus, als Reaktion auf den Strukturalismus entstanden, versuchte über die statische, auf introspektiver Analyse beruhende Beschreibung von Denkelementen hinauszugehen. Die Funktionalisten befaßten sich mit dem Prozeßcharakter der Psyche und betonten die biologische Bedeutung des Bewußtseins für die Anpassung des Organismus an die Umwelt.

Wie Samelsons (1981) historische Analyse zeigt, fanden Watsons programmatische Thesen in den ersten Jahren nach ihrer Veröffentlichung bei beiden Gruppen eine zwiespältige Resonanz. Insgesamt maß man dem neuen Standpunkt kaum Bedeutung bei. Eine „Revolutionierung" der psychologischen Forschung fand nicht statt, und der B. blieb bis in die dreißiger Jahre ein weitgehend unerfülltes Forschungsprogramm.

Generell lassen sich in bezug auf die Rezeption des klassischen B. Watsons zwei große Phasen unterscheiden:

a) die weitgehend wissenschaftsintern geführte Diskussion zwischen 1913 und 1920;
b) die Popularisierung des B. vor dem Hintergrund eines sozial konservativen gesellschaftlichen Klimas in den USA in den Jahren zwischen 1920 und 1930.

So beschreibt Bruder (1982) die Entstehung des B. vor dem Hintergrund der aufstrebenden amerikanischen Industriegesellschaft und des „progressive movement", einer aus Progressivisten und Sozialisten gebildeten Reformbewegung, die versuchte, auf die mit der rapiden Industrialisierung und Urbanisierung einhergehenden sozialen und gesellschaftlichen Probleme zu reagieren. Die schrittweise Verengung emanzipatorischer Perspektiven zugunsten sozialtechnischer Vorstellungen, das Scheitern der Reformbewegung und ihre Ablösung durch politisch und sozial konservative Strömungen in der Zeit nach dem ersten Weltkrieg hat die Rezeption des B. und seine gesellschaftliche Verwertung in den USA der zwanziger Jahre wesentlich beeinflußt. Damals, als das Thema sozialer Kontrolle in den Vordergrund trat, gelang es Watson, seine Psychologie auf der Basis harter Wissenschaft und praktischer Nützlichkeit populär zu machen. Er, der sich in dieser Zeit von einem Vertreter experimenteller Kontrolle zu einem Befürworter sozialer Kontrolle wandelte (Burnham, 1968; Samelson, 1985), nahm über seine populären Schriften wesentlichen Einfluß auf die Erziehungspraxis der zwanziger Jahre.

3 Behaviorismus und Neobehaviorismus

Die Veröffentlichung von Schriften I. P. Pavlovs in englischer Sprache (Pavlow, 1927; 1928) war für eine zweite Generation von Behavioristen das Startsignal für die Wiederaufnahme des behavioristischen Forschungsprogramms. Pavlovs Arbeiten machten deutlich, wie sehr man das objektive Experimentieren zugunsten polemischer Diskussionen um den B. vernachlässigt hatte. Innerhalb weniger Jahre gewannen die Neobehavioristen den Boden zurück, den der B. seit dem Ausscheiden Watsons aus der aktiven Forschung im Jahre 1920 in der wissenschaftlichen Psychologie verloren hatte. Nur zwei Jahrzehnte später war die behavioristische Lernforschung bereits so einflußreich, daß sie fast das Gesamt der experimentalpsychologischen Forschung in den USA ausmachte.

Zu den prominentesten Vertretern des Neobehaviorismus gehören – trotz inhaltlich sehr unterschiedlicher Positionen – laut Zuriff (1985) die Psychologen E. R. Guthrie (1886-1959), E. C. Tolman (1886-1959), C. L. Hull (1884-1952), K. W. Spence (1907-1967) und B. F. Skinner (geb. 1904). Die Neobehavioristen vertreten mehrheitlich die Position eines *methodologischen* B., im Unterschied zu Watson, der sowohl einen methodologischen wie auch einen *metaphysischen* B. propagierte. Die Unterscheidung zwischen methodologischem und metaphysischem B. geht auf Mace (1948/1949) zurück: Während letzterem die These zugrunde liegt, daß es kein Bewußtsein gebe und psychische Prozesse und Ereignisse nicht mehr als ein Mythos seien, erkennt der methodologische B. die Existenz interner Prozesse an, beschränkt sich jedoch auf die Verwendung von Daten, die über offen beobachtbares Verhalten gewonnen wurden.

Im Neobehaviorismus unterscheidet Leahey (1984) darüber hinaus zwischen dem formalen, dem informellen und dem radikalen B. Beide, der formale und der informelle B., vertreten inhaltlich die Position des methodologischen B. Die vollkommenste Version eines *formalen* B. findet sich bei C. L. Hull (Hull, 1943; 1951), der unter dem Einfluß von logischem Positivismus und Operationismus eine Lerntheorie konzipierte, die zur Erklärung von beobachtbarem Verhalten auch unbeobachtbare, operational definierte theoretische Konstrukte enthielt.

Die Neo-Hullsche Version des B., in den fünfziger Jahren zuweilen fälschlich als Neobehaviorismus bezeichnet, sollte besser als *informeller* B. gekennzeichnet werden (Leahey, 1984). Vertretern dieses Ansatzes wie z. B. N. E. Miller und J. Dollard (1941) ging es weniger um den großen theoretischen Entwurf einer allgemeinen Verhaltenstheorie. Sie versuchten, die Hullsche Lerntheorie praktikabler zu machen, und konzipierten die zwischen den offen beobachtbaren Reiz-Reaktions-Sequenzen vermittelnden, internen Reiz-Reaktions-Ketten nicht mehr als verdeckte periphere Reaktionen (Hull, 1943), sondern vielmehr als zentrale Gehirnprozesse. So konnten kognitive Prozesse problemlos als verdeckte Anteile erlernter Reiz-Reaktions-Verbindungen interpretiert werden.

Zu einer Renaissance klassischer Positionen J. B. Watsons kommt es im Rahmen des *radikalen* B., wie ihn B. F. Skinner vertritt (z. B. Skinner, 1978). Skinner erkennt die Existenz einer inneren psychologischen Welt zwar an, begreift diese jedoch nicht als Vermittlungsinstanz, sondern vielmehr als ein Produkt der Interaktion von Individuum und Umweltkontingenzen. Kognitive Prozesse könnten somit nicht als Ursache offen beobachtbaren Verhaltens gelten (Skinner, 1977; 1978). Traditionelle Argumentationsstrukturen ins Gegenteil verkehrend, wirft Skinner den Kognitiven Psychologen vor, die Beziehungen zwischen Organismus und Umwelt nur indirekt zu untersuchen und statt dessen „interne Surrogate" zu erfinden und zum Gegenstand ihrer Untersuchungen zu machen (Skinner, 1977). Während alle übrigen Formen des Neobehaviorismus bereits der Vergangenheit angehören, hat sich B. F. Skinner mit den von ihm vertretenen Positionen einen hohen Einfluß auf die wissenschaftliche Psychologie der Gegenwart bewahrt. In der American Psychological Association ist sein B. in einer eigenen *Division of the Experimental Analysis of Behavior* (Division 25) vertreten; für die Veröffentlichung von in seinem Forschungsprogramm entstandenen Untersuchungen im Bereich der

Grundlagenforschung und der Angewandten Psychologie stehen zwei eigene Publikationsorgane zur Verfügung, das *Journal of the Experimental Analysis of Behavior* (JEAB) und das *Journal of Applied Behavior Analysis* (JABA).

4 Zur Kritik am Behaviorismus

„Scientific fields must evolve or become history", stellten die Herausgeber der Zeitschrift „Behaviorism" 1985 zur Zukunft des B. nüchtern fest (Graham/Killeen, 1985). Die Frage, ob es sich beim B. um ein *Paradigma in der Krise* handelt, wurde unter Psychologiehistorikern und Kognitiven Psychologen in den siebziger Jahren lebhaft diskutiert. Palermo (1971) identifizierte drei Paradigmen, die die wissenschaftliche Entwicklung der Psychologie wesentlich beeinflußt haben, den Strukturalismus, den B. und die neue Kognitive Psychologie. Buss (1978) postulierte gar die Existenz von fünf Paradigmen, indem er die Darstellung Palermos um ein psychoanalytisches und ein humanistisches Paradigma ergänzte. Unter einem Paradigma versteht man laut Kuhn (1970; 1977) den allgemein akzeptierten modus operandi einer reifen wissenschaftlichen Disziplin. Als stabiles, forschungsleitendes Paradigma in den Jahren zwischen 1930 und 1960 beschreiben Segal und Lachman (1972) den Neobehaviorismus. In ihrer wie auch in Palermos (1971) Analyse wird die strategische Bedeutung der Kuhnschen Theorie offensichtlich. So muß die Diskussion um die paradigmatischen Qualitäten des B. vor dem Hintergrund einer allgemeinen Diskussion um die forschungsleitenden Theorien in der Psychologie und die Legitimität der neuen kognitiven Perspektiven gesehen werden. Konzeptionell und historisch rekonstruktive Studien des B. (Mackenzie, 1977; Samelson, 1981) aus jüngerer Zeit lassen zumindest Zweifel an der Anwendbarkeit des Kuhnschen Begriffinstrumentariums auf den B. aufkommen.

Unbestritten bleibt jedoch auch nach Meinung dieser Experten, daß sich der B. seit Anfang der sechziger Jahre in einer Phase wachsender Desillusionierung und Kritik befindet (Mackenzie, 1972). Die vielkritisierte, verdeckte Wiedereinführung mentalistischer Konzepte im Neobehaviorismus (Hocutt, 1985) sowie Fortschritte u. a. im Bereich der Linguistik, Informatik und Wissenschaftsphilosophie (Segal/Lachmann, 1972) verstärkten den Zweifel am B. als zentraler forschungsleitender Theorie und gaben den Auftakt zu einer Entwicklung, die Mahoney (1977) dramatisch als „kognitive Inquisition" bezeichnete und die im wesentlichen als Formierung einer neuen Kognitiven Psychologie (Neisser, 1967; Weimer/Palermo, 1974), insbesondere aber einer neuen Kognitiven Therapie (Beck, 1970; Mahoney/Arnkoff, 1978) beschrieben werden kann.

Exemplarisch soll hier nur auf eine berühmt gewordene Kontroverse zwischen B. F. Skinner und dem Psycholinguisten N. Chomsky eingegangen werden, der 1959 Skinners ambitioniertes Buch „Verbal Behavior" (Skinner, 1957) besprach. Chomsky vertritt die Auffassung, daß Spracherwerb und Sprachverwendung in einem Reiz-Reaktions-Modell nicht angemessen erklärt werden können. Gelernt werden nicht einfach Gruppen von Reaktionen (Worte und Sätze), sondern vielmehr ein komplexes System von Regeln, welches es dem Individuum möglich macht, Sätze mit einem konkreten Bedeutungsgehalt hervorzubringen und zu verstehen. Die Organisation verbalen Verhaltens, so Chomsky, kann ohne Bezug auf eine „generative Grammatik" nicht angemessen erklärt werden (Chomsky, 1959). Während Skinner die Übertragung tierexperimenteller Forschungsergebnisse auf den Menschen mit der Feststellung rechtfertigte, daß „die Bewegungsrichtung der Wissenschaft von einfachen zu komplexen Sachverhalten" verlaufe (Skinner, 1978), machte Chomsky in seiner Analyse deutlich, daß Begriffe wie „Reiz", „Reaktion" oder „Verstärkung" außerhalb des Labors und in der Anwendung auf die menschliche Sprache jegliche Präzision verlieren. Skinner warf er vor, die „Illusion einer rigorosen wissenschaftlichen Theorie mit großem Geltungsbereich" zu produzieren, obwohl es sich bei den von ihm auf den Humanbereich übertragenen Begriffen lediglich um Homonyme mit sehr vager Bedeutungsähnlichkeit handele (Chomsky, 1959).

Während Kontroversen zwischen Kognitivisten und Behavioristen in der Geschichte des B. Tradition haben, gelangte eine zweite Gruppe von Kritikern, die sich mit der Rolle des B. in den modernen westlichen Gesellschaften befaßte, erst im Zuge der Veröffentlichung einiger provokativer Thesen B. F. Skinners in das Blickfeld der Fachöffentlichkeit. Skinner hat wiederholt die Anwendung von im Laboratorium entwickelten Prinzipien zur Planung kultureller Institutionen gefordert und ist davon überzeugt, daß die moderne Gesellschaft ohne wissenschaftliche Planung nicht überleben könne (Skinner, 1961; 1971). Der Vorwurf, durch die Bereitstellung entsprechender Technologien völlig unreflektiert zur Anpassung des Individuums an bestehende gesellschaftliche Verhältnisse beizutragen, d. h. statt als „agents of social change" als „agents of social control" tätig zu werden (Stolz, 1978 a), wird den Behavioristen mit gutem Grund gemacht. Tatsächlich läßt sich in der Geschichte des B. eine durchgängig naive und sorglose Haltung gegenüber den Anwendungszielen behavioristischer Technologien feststellen. Bereits Watson, ein energischer Fürsprecher angewandter Psychologien, sah die primäre Aufgabe des B. in der Vorhersage und Kontrolle von Verhalten entsprechend den Richtlinien der „organized society“ (Watson, 1919). Vom Ideal einer wertfreien Wissenschaft fehlgeleitet, erklären die Verhaltenstherapeuten L. Krasner und L. Ullmann fast fünfzig Jahre später, daß allein die Gesellschaft als Quelle aller Verstärker festlege, ob ein Verhalten geändert werden müsse oder nicht, und daß in den Anforderungen der Gesellschaft die „letztendliche Quelle aller Werte“ zu suchen sei (Krasner/Ullmann, 1965).

Vielfach bestimmt auch heute noch eine rein technokratische Perspektive die Umsetzung behavioristischer Prinzipien in die Praxis. So hat die unsystematische und punktuelle Reflexion von Behandlungszielen im Bereich verhaltenstherapeutischer Interventionen zuweilen einer bedenkenlosen und falschen Umsetzung von Behandlungsprogrammen Vorschub geleistet (Wexler, 1975; Stolz, 1978 b) und in jüngster Zeit in den USA zahlreiche Bürgerinitiativen auf den Plan gerufen, denen es gelang, die Anwendung verhaltenstherapeutischer Programme in der Psychiatrie und im Strafvollzug stark einzuschränken (Stolz, 1978 b; Kazdin, 1984).

5 Schlußbemerkung

Auch heute noch ist der B. in der wissenschaftlichen Psychologie Realität. Seine vielfältigen Beiträge zur Grundlagenforschung und zur Angewandten Psychologie, insbesondere im pädagogischen und klinischen Bereich, sind unbestritten. Zunehmend in eine Position der Defensive gedrängt, fordert Zuriff (1985) zum Abschluß seiner konzeptuellen Analyse des B. eine neue, sachlichere Einstellung gegenüber den verdienten Veteranen der modernen Psychologie und eine „ehrliche Suche nach dem, was am Behaviorismus noch Wert hat“ (Zuriff, 1985).

Literatur

Beck, A. T.: Cognitive therapy: nature and relation to behavior therapy. Behavior Therapy, 1, 1970, 184-200.

Boring, E. G.: A history of experimental psychology (2nd ed.). New York: Appleton-Century-Crofts, 1957.

Bruder, K.-J.: Psychologie ohne Bewußtsein. Die Geburt der behavioristischen Sozialtechnologie. Frankfurt: Suhrkamp, 1982.

Burnham, J. C.: The new psychology: from narcissism to social control. In: Braeman, J./Bremner, R./Brody, D. (Eds.): Change and continuity in twentieth-century-America. The 1920's. Columbus: Ohio State University Press, 1968.

Buss, A. R.: The structure of psychological revolutions. Journal of the History of the Behavioral Sciences, 14, 1978, 57-64.

Chomsky, N.: Review of verbal behavior. Language, 35, 1959, 26-58.

Cohen, D./Watson, J. B.: The founder of behaviorism. A biography. London: Routledge & Kegan, 1979.

Graham, G./Killeen, P.: Behaviorism: the next generation. Behaviorism, 13, 1985, 1-2.

Hocutt, M.: The truth in behaviorism: a review of G. E. Zuriff, Behaviorism: a conceptual reconstruction. Behaviorism, 13, 1985, 77-82.

Hull, C. L.: Principles of behavior: an introduction to behavior theory. New York: Appleton-Century, 1943.

Hull, C. L.: Essentials of behavior. New Haven: Yale University Press, 1951.

Kazdin, A. E.: Behavior modification in applied settings (3rd ed.). Homewood: Dorsey Press, 1984.

Krasner, L./Ullmann, L. P. (Eds.): Research in behavior modification. New developments and implications. New York: Holt, Rhinehart & Winston, 1965.

Kuhn, T. S.: The structure of scientific revolutions (2nd ed.). Chicago: University of Chicago Press, 1970.

Kuhn, T. S.: The essential tension. Selected studies in scientific tradition and change. Chicago: University of Chicago Press, 1977.

Leahey, T. H.: Behaviorism. In: Corsini, R. J. (Ed.): Encyclopedia of psychology, Vol. I, 130-132. New York: Wiley, 1984.

Leys, R., Meyer, V.: Watson and the dangers of behaviorism. Journal of the History of the Behavioral Sciences, 20, 1984, 128-149.

Mace, C. A.: Some implications of analytical behaviorism. Aristotalian Society Proceedings, 49, 1948/1949, 1-16.

Mackenzie, B. D.: Behaviorism and positivism. Journal of the History of Behavioral Sciences, 8, 1972, 222-231.

Mackenzie, B. D.: Behaviorism and the limits of scientific method. Atlantic Highlands, N. J.: Humanities Press, 1977.

Mahoney, M. M.: Kognitive Verhaltenstherapie. Neue Entwicklungen und Integrationsschritte. München: J. Pfeiffer, 1977.

Mahoney, M. M./Arnkoff, D.: Cognitive and self-control therapies. In: Garfield, S./Bergin, A. (Eds.): Handbook of psychotherapy and behavior change. New York: Wiley & Sons, 1978.

Miller, N. E./Dollard, J.: Social lerning and imitation. New Haven: Yale University Press, 1941.

Neisser, U.: Cognitive psychology. New York: Appleton-century-crofts, 1967.

Palermo, D. S.: Is a scientific revolution taking place in psychology? Science studies, 1, 1971, 135-155.

Pavlov, I. P.: Conditioned Reflexes: an investigation of the physiological activity of the cerebral cortex. London: Oxford University Press, 1927.

Pavlow, J. P.: Lectures on conditioned reflexes. New York: International, 1928.

Samelson, F.: Struggle for scientific authority: The reception of Watson's behaviorism, 1913-1920. Journal of the History of the Behavioral Sciences, 17, 1981, 399-425.

Samelson, F.: Organizing for the Kingdom of behavior: Academic battles and organizational policies in the twenties. Journal of the History of the Behavioral Sciences, 21, 1985, 33-47.

Schorr, A.: Die Verhaltenstherapie. Ihre Geschichte von den Anfängen bis zur Gegenwart. Weinheim: Beltz, 1984.

Segal, E. M./Lachman, R.: Complex behavior or higher mental process: Is there a paradigm shift? American Psychologist 27, 1972, 46-55.

Skinner, B. F.: Verbal behavior. New York: Appleton-Century-Crofts, 1957.

Skinner, B. F.: The design of cultures. Daedalus, 90, 1961, 534-546.
Skinner, B. F.: Beyond freedom and dignity. New York: Knopf, 1971.
Skinner, B. F.: Why I am not a cognitive psychologist. Behaviorism, 5, 1977, 1-10.
Skinner, B. F.: Was ist Behaviorismus? Hamburg: Rowohlt, 1978.
Stolz, S. B.: Ethics of social and educational interventions: historical context and a behavioral analysis. In: Catania, A. C./ Brigham, T. A. (Eds.): Handbook of applied behavior analysis. Social and instructional processes. New York: Irvington Publishers, 1978 a.
Stolz, S. B. (Ed.): Ethical issues in behavior modification. Report on the American Psychologial Association Commission. San Francisco: Jossey-Bass, 1978 b.e
Watson, J. B.: Psychology as a behaviorist views it. Psychological Review, 20, 1913, 158-177.
Watson, J. B.: The place of the conditioned reflex in psychology. Psychological Review, 23, 1916, 89-117.
Watson, J. B.: An attempted formulation of the scope of behavior psychology. Psychological Review, 24, 1917, 329-352.
Watson, J. B.: Psychology from the standpoint of a behaviorist. Philadelphia: Lippincott, 1919.
Watson, J. B.: Behaviorism. New York: People's Institute Publishing Company (Norton), 1924.
Watson, J. B./McDoughall, W.: The battle of behaviorism. London: Kegan Paul, 1928.
Watson, J. B./Rayner, R.: Conditional emotional reactions. Journal of Experimental Psychology, 3, 1920, 1-14.
Weimer, W. B./Palermo D. S. (Eds.): Cognition and symbolic processes. Hillsdale, N. J.: Lawrence Erlbaum, 1974.
Wexler, T.: Token and taboo: Behavior modification, token economy and the law. In: Franks, C. M./Wilson, G. T. (Eds.): Annual Review of Behavior Therapy, Vol. 2, New York: Brunner/Mazel, 1975.
Zuriff, G. E.: Behaviorism: A conceptual reconstruction. New York: Columbia University Press, 1985.

Beratung

Frank Nestmann

Sieht man in der aktuellen Verbreitung des Begriffs B. ein Indiz für die Bedeutung beraterischen Handelns in verschiedensten Lebensbereichen, so muß der Eindruck entstehen, daß B. eine der zentralen zwischenmenschlichen Interaktionsformen des späten 20. Jahrhunderts ist. Neben den seit eh und je in alltäglichen Lebensbezügen verankerten Formen von gegenseitiger beratender Unterstützung und/oder gemeinsam beratender Entscheidungsfindung scheinen Phänomene der wachsenden Undurchschaubarkeit, Komplexität und Spezialisierung aller gesellschaftlichen Produktions- und Reproduktionssphären den einzelnen in seinen Orientierungs-, Planungs-, Entscheidungs- und Handlungskompetenzen häufig zu überfordern – B. wird dann von beruflichen Beratern als Ausweg angeboten.

Versehen mit dem schönen Schein der nichtstigmatisierenden Universalität und Normalität, der Freiwilligkeit der Inanspruchnahme, der Wahl- und Entscheidungsfreiheit, der Expertenkompetenz der Berater und der erhaltenen Selbstbestimmung der Ratsuchenden (Guttandin, 1979; Nestmann, 1982), bietet sich B. vor allem dort an, wo die Akzeptanz der angesprochenen Zielgruppen Direktiven, Druck oder Zwang ungünstig erscheinen läßt, eine reine Informationsvermittlung aber zu wenig aufgaben- und personenbezogen, zu unverbindlich bleiben würde (Nestmann/ Tappe, 1979).

So bieten Banken Anlage- und Finanz-B., Verbraucherverbände Verbraucher-B., Mieterverbände Mieter-B., Versicherungen Versicherungs-B., Bauunternehmen Bau-B., Friseure, Frisur-B. und verschiedenste Naturexperten mittlerweile Wald-, Pilz-, Garten-B. etc. Während sich hier häufig hinter dem B.etikett eine mehr oder weniger direkte Lenkung und gezielte Beeinflussung z. B. in Richtung auf Konsum- oder Kaufentscheidungen verbirgt, wird in anderen Berufsfeldern B. selbst zum eigentlichen Handelsobjekt und zum Kern der beruflichen Tätigkeit, wie bereits Berufsbezeichnungen wie Steuerberater, Rechtsberater, Rentenberater etc. signalisieren.

1 Die Entwicklung psychosozialer Beratung

Nicht unähnlich zeigt sich B. im engeren Gesundheits-, Bildungs- und Sozialbereich. Auch hier scheint sich beraterisches Handeln stetig zu erweitern und zu differenzieren: Sowohl hinsichtlich der theoretischen und praktischen Beschäftigung unterschiedlicher Disziplinen und Berufsgruppen mit B. (Mediziner, Psychologen, Soziologen, Pädagogen, Sozialarbeiter, Philosophen etc.) als auch hinsichtlich der Schaffung weiterer B.felder, vor allem dort, wo neue Probleme und Belastungen entstehen, zunehmen oder zunehmend registriert werden (z. B. im Fall der Ausländer-B., Umwelt-B., Krebs-B., etc.), kann man nicht behaupten, daß der Mitte der 70er Jahre ausgerufene (Honig, 1976) und Anfang der 80er Jahre in seiner Zukunft angezweifelte (Nestmann, 1983) *„Beratungsboom"* drastisch abgeflaut wäre. Es hat lediglich deutliche Schwerpunktverschiebungen gegeben, die veränderten gesellschaftlichen Bedarf und veränderte sozialpolitische Maximen erkennen lassen. So verlagerten sich B.schwerpunkte einmal vom Bildungs- und Berufsbereich zum psychosozialen und Gesundheitsbereich und dort von zaghaft versorgenden, z. T. vorsorgenden Ansätzen (z. B. im Rahmen gemeindepsychologischer Programme) zur reduzierten Auffang- und Feuerwehrfunktion konservativer Sozialpolitik (Koenen/Riedmüller, 1982) in aktuellen gesellschaftlichen Krisenbereichen (z. B. AIDS-B., Arbeitslosen-B. etc.; Williams, 1982).

Zwar hat bis heute nur die *Psychologie* (zumindest in den USA) B. in Form von *Beratungspsychologie (Counseling Psychology)* (Brown/Lent, 1984) zu einer eigenständigen Teildisziplin gemacht, doch arbeiten Mediziner in verschiedensten Feldern der Ernährungs- und Gesundheits-B., Pädagogen in der Schul- und Bildungs-B. (Heller, 1975; Martin, 1980; Aurin, 1984) sowie in bestimmten außerschulischen Bereichen wie Jugend-B., Freizeit-B. etc., Soziologen in der Organisations- und Institutions-B., Sozialarbeiter und Sozialpädagogen in der Unterschicht-B. (Koschorke, 1973; 1975) und Sozial-B. (Tiedt, 1985) etc. Die meisten B.einrichtungen (wie Drogen-B., sozialpsychiatrische B.stellen, Familien-B.) sind hierbei ohnehin nicht berufsspezifisch oder -einheitlich, sondern eher multiprofessionell organisiert. So kann es auch nicht verwundern, daß in all diesen gesundheits- und sozialwissenschaftlichen Disziplinen heute B.konzepte, -theorien, -methoden entwickelt und unterrichtet, B.strukturen, -prozesse, -beziehungen und -kompetenzen allgemein und jeweils auf bestimmte Tätigkeitsfelder hin bearbeitet und untersucht werden.

Am weitesten gediehen ist eine wissenschaftliche Spezialisierung und Professionalisierung von B. sicher in der Psychologie (dies gilt vor allem für die Vereinigten Staaten, Kanada, Australien und Großbritannien). Doch kann die *Sozialarbeit/Sozialpädagogik* schon seit Beginn des Jahrhunderts auf B.aktivitäten im Rahmen von Sozial- und Gesundheitsfürsorge verweisen (Bäuerle, 1969; 1980), und prominente Vertreter dieser Disziplin charakterisieren B. weiterhin als eine zentrale Strategie sozialarbeiterischen Handelns im Rahmen von Einzelfall-, Gruppen- oder Gemeinwesenarbeit (Frommann et al., 1976; Seibert, 1978; Kunze, 1985). Die Tätigkeits- und Selbstreflexion von Praktikern sozialer Arbeit ist als *„Praxisberatung"* oder (meist psychoanalytische) *Supervision* ebenfalls zuerst vor allem in der Sozialarbeit/Sozialpädagogik vorangetrieben und etabliert worden (v. Caemmerer, 1970).

Auch die *Pädagogik* hat eine, wenn auch jüngere, B.geschichte. Nach ausgiebigen Reflexionen der Bedeutung von B. in der Erziehung (u. a. Mollenhauer/Müller, 1965; Hornstein, 1966) wird sie vor allem in der Hochzeit der Bildungsreform zu einem Fokus pädagogischen Interesses und erziehungswissenschaftlicher Entwicklungsperspektiven. Vor allem zu Fragen der B. in der Schule (Schuleingangs- und Schullaufbahn-B.), aber auch zur beratenden Unterstützung und Korrektur bei Leistungs-, Lern- und Verhaltensschwierigkeiten von Kindern und Jugendlichen wie zur B. von Lehrern und Eltern gibt es Anfang bis Mitte der 70er Jahre eine Flut von Buchpublikationen (z. B. Aurin et al., 1977; Benz/Caroli, 1977), Schwerpunkthefte von Fachzeitschriften (b:e 2, 1976), ein Funkkolleg „Beratung in der Erziehung" (Hornstein et al., 1976), Konzeptionen zur Ausbildung von B.lehrern sowie Versuche einer Verankerung von B. im neugeschaffenen Studiengang Diplom-Pädagogik. Die B.blüte im Bildungsbereich vergeht zwar relativ schnell mit der Stagnation der bildungspolitischen Reformbemühungen, B. bleibt aber auch für die Pädagogik in der außerschulischen Arbeit, der Sozialpädagogik, der Jugendhilfe etc. ein Thema (Nestmann, 1982; Hörmann, 1985). Dies gilt vor allem auch dort, wo sich neue Tätigkeitsfelder für Diplom-Pädagogen eröffnen, wie in der pädagogischen Arbeit in der Psychiatrie, in medienpädagogischen Wirkungsfeldern, in der Gesundheitserziehung und -B. usw.

Die Entwicklung der B. in der *Psychologie* kann vor allem auf drei historische Wurzeln zurückgeführt werden, die in der ersten Hälfte des 20. Jahrhunderts die Basis für die Entstehung der *„Beratungspsychologie"* schufen. Zum ersten zu nennen ist hier die *Berufsberatung (vocational guidance)*, die in Deutschland bereits 1927 durch Reichsgesetz geregelt wurde. In den USA entwikkelt sich die Berufs-B. auch „industrialisierungsbegleitend", bekommt aber in den 40er Jahren und in erster Linie nach Ende des Zweiten Weltkriegs und mit der Heimkehr Tausender von Soldaten noch einen deutlichen Schub durch Aufgaben in der Berufswahl, Personalauslese und der sog. Karriereentwicklung und -planung (Whiteley, 1984).

Die B.bewegung weist bald schon sehr enge Bezüge zur zweiten Wurzel, der psychologischen Messung und *Diagnostik* auf, die psychologische Berater seit den 30er Jahren in den Stand setzte, Entscheidungen, Vor- und Ratschläge durch „wissenschaftliche" Erfassung von Persönlichkeitszügen und Eigenschaften, Fähigkeiten, Leistungspotentialen etc. zu fundieren und zu legitimieren. Der *„trait and factor-Ansatz"* der B., in dem auf der Grundlage diagnostischer Informationen über den einzelnen bzw. die in Frage stehenden Persönlichkeitsfaktoren Auskunft, Rat oder Anweisung zur angemessenen Ausnutzung der Fähigkeiten und zu adäquaten Zielen, zu geeigneten Wegen der Zielerreichung und zu „richtigem" Handeln gegeben werden, ist ein sehr frühes Beispiel für die Konvergenz dieser B.ursprünge.

Spätestens Ende der 40er Jahre (ebenfalls durch Kriegsheimkehrerprobleme aktiviert) wird, vor allem beeinflußt durch die Arbeiten von Carl Rogers, die psychologische B.entwicklung in den USA (ca. 15 Jahre später in Deutschland) schließlich maßgeblich durch nichtmedizinische *Psychotherapiekonzepte* geprägt. Waren es anfangs lediglich *psychoanalytische* und *verhaltenstheoretische* Einflüsse, so erweitert insbesondere die *humanistische Psychologie* durch *„klientenzentrierte Beratung"* und später auch transaktionale, rationalemotive, gestalttherapeutische etc. Ansätze die konzeptionellen B.perspektiven.

Nachdem 1956 *Counseling Psychology* zu einer eigenständigen Division der *A*merican *P*sychological *A*ssociation wird und zu einer ebenso anerkannten wie umfassenden Disziplin der Angewandten Psychologie avanciert, dehnt sich in den 60er und 70er Jahren der Einzugsbereich psychologischer B. auf die *gesamte Lebensspanne* aus, (insbesondere auch auf die mittleren Altersstufen und das Alter), auf *Gruppen- und Familienberatung* sowie auf unterschiedliche Rand-, Risiko- und Problemgruppen (Strong, 1982).

Counseling Psychologists sind in allen Staaten der USA lizenziert, können in Privatpraxen über Versicherungen abrechnen und sind inzwischen zu der größten Einzelgruppe der APA geworden, die allein über 30 spezielle Beratertrainingsprogramme in den USA anerkannt hat (Heil/Scheller, 1981; Strong, 1982). Es existieren zwei Fachorgane, das *Journal of Counseling Psychology* und *The Counseling Psychologist,* die Theorie und Empirie beratungspsychologischer Arbeit reflektieren.

All dies existiert in der BRD nicht. B. ist hier bis heute keine eigenständige angewandte Psychologiedisziplin und kein eigenständiges Berufsfeld mit spezifischer Ausbildung für Psychologen (oder für andere Disziplinen), obwohl die Entwicklungslinien von B. mit dem üblichen time-lag von zehn Jahren den amerikanischen, englischen und australischen Trends stark ähneln. Neben der *Berufsberatung* und der B. im *Schulpsychologischen Dienst* war es in Deutschland vor allem die *Erziehungsberatung,* die als Hauptentwicklungsfeld von psychologischer B. zu betrachten ist (Bommert/Plessen, 1978; Buer, 1984). Gerade in diesem Bereich, und zwar sowohl in Theorie wie in ihrer Praxis, wird jedoch deutlich, wie schwach entwickelt die Suche nach „Identität" und „professioneller Existenzberechtigung von Beratern" (Heil/Scheller, 1981, 183) ist, wo B. „im Schlepptau psychotherapeutischer Konzepte" (Röhrle, 1983, 2) verharrt und nicht über den Status eines Anhängsels klinischer Psychologie hinausreicht (Nestmann, 1984 a; b).

2 Beratungskonzepte

B.konzepte und B.definition der unterschiedlichen B.disziplinen bewegen sich so meist auch um Abgrenzungen von B. zu anderen Interventionsstrategien. In der Sozialarbeit und Sozialpädagogik wird B. gegenüber Fürsorge (Hörmann, 1985) oder Sozialarbeit (Sonderheft „Neue Praxis", 1978) abgegrenzt, in der Pädagogik gegenüber Erziehung (Martin, 1977) und in der Psychologie vor allem gegenüber therapeutischem Handeln (Fleischer, 1982).

In der deutschen Psychologie jedoch wird B. in Theorie und Praxis der psychosozialen Arbeit noch allzu oft als „kleine Therapie" verstanden und behandelt.

Klientenzentrierte Beratung (Nickel et al., 1975) statt Gesprächstherapie, *beratende Verhaltensmodifikation* (Thorensen/Hosford, 1973) statt Verhaltenstherapie, *Gestaltberatung* (Rahm, 1979) statt Gestalttherapie oder *psychoanalytische Beratung* (Lüders, 1974) statt Psychoanalyse etc. signalisieren die Dominanz psychotherapeutischer Schulen in jenen Tätigkeiten, denen die „höhere Weihe" der Bezeichnung Therapie vorenthalten bleibt. Wie Untersuchungen von B.praktikern belegen (z. B. Breuer, 1979; Cramer, 1981; Gerstenmaier/Nestmann, 1984), ist B. in ihrer praktischen Umsetzung jedoch schon immer und mit wachsender Tendenz weniger orthodox auf eine therapeutische Schulrichtung hin, sondern eher *eklektisch* orientiert gewesen (Hart, 1983). Dieser oft „pragmatische“ Eklektizismus erschöpft sich allerdings vorrangig in der Auswahl unterschiedlicher Interventionsstrategien aus dem „Supermarkt“ traditioneller und neuer Therapieformen.

B. wird in diesen Therapieablegern implizit als quasi „defizitäre“ Form therapeutischen Handelns ausgewiesen und bezüglich der Dimensionen Helfer, Hilfesucher und Probleme, Hilfesituation und Hilfeprozeß sowie Interventionsmethoden gegenüber Therapie abgegrenzt. So gilt die Ausbildung von Beratern (heute ein einträgliches Therapeutengeschäft) als weniger intensiv, lang und qualifiziert als die der entsprechenden Therapeuten. Sie bleibt vor allem den nicht-psychologischen Berufsgruppen als Zugangstor zur psychosozialen Arbeit offen, denen eine Therapeutenausbildung nicht zugestanden wird. Die beraterische Beziehung zum Klienten (der nur „mittelschwere“ Probleme hat) wird ebenfalls für weniger intensiv, weniger klar strukturiert und weniger konzentriert als eine therapeutische Beziehung erachtet. B.handeln bewegt sich mit geringerer methodischer Präzision auf der Oberfläche persönlicher Krisen und Konflikte statt in tieferen Problem- und Persönlichkeitssphären.

Hinter solcher Art von Abgrenzung und Differenzierung verbergen sich eher professionalisierungs-spezifische statt inhaltlich-fachliche Argumentationen (Hörmann/Nestmann 1985). Standespolitisch motivierte gesetzliche Grundlagen psychologischer Hilfe führen zudem wie im Beispiel der Erziehungs-B. dazu, daß vornehmlich therapeutische Tätigkeiten als „Beratung“ ausgewiesen werden müssen (Nestmann, 1984 a), was zu weiterer Begriffsverwirrung bis ins Selbstverständnis der dort tätigen Praktiker führt (Gerstenmaier/Nestmann, 1984).

Zahlreiche Autoren gehen andererseits davon aus, daß eigentlich keine trennscharfen Differenzierungen zwischen Therapie und B. vorgenommen werden können, da B. und Therapieprozesse große strukturelle Ähnlichkeiten aufweisen (Patterson, 1974; Nelson-Jones, 1982).

Nach Heil und Scheller (1981, 182) hat „die Entwicklung der psychologischen Interventionsmethodik zur Bedeutungserweiterung der Begriffe B. und Therapie geführt, die heute eine Unterscheidung nur noch auf der Basis schwammiger Akzentsetzung erlauben“. Die Konsequenz entsprechender Auffassungen ist der häufige synonyme Gebrauch der Begriffe B./Therapie, der allein jedoch keine „Emanzipation“ der B. von therapeutischer Vorherrschaft einleiten kann. Die B.psychologie in den USA hat im Laufe ihrer Entwicklung ähnliche Abgrenzungsdiskussionen zur Erlangung und Stabilisierung einer eigenen B.identität immer wieder geführt und führen müssen, obwohl die therapeutischen Einflüsse auf die Theoriebildung nie so ausschließlich und dominant waren (Whiteley, 1984).

Vertreter der Counseling Psychology haben jedoch seit eh und je darauf verwiesen, daß B. neben einer *klinischen* Perspektive von *Heilung* und *Wiederherstellung* psychischer Gesundheit auf *Prävention* und *Entwicklung* konzentriert ist (Strong, 1982; Williams, 1982). Spätestens seit 1976 verweist das in den Aufgabenbeschreibungen von B.psychologen formulierte Selbstverständnis der APA-Division Counseling Psychology auf die explizite *Vorrangigkeit* präventiv vorsorgender und erzieherisch-entwicklungsbezogener Tätigkeitselemente gegenüber den Elementen von Heilung und Rehabilitation.

In dem bisher einzigen umfassenden deutschsprachigen Werk zur allgemeinen B.psychologie von Dietrich (1983) hat eine ähnliche Orientierung zu einer umfasseden B.definition geführt: „Beratung ist in ihrem Kern jene Form einer interventiven und präventiven helfenden Beziehung, in der ein Berater mittels sprachlicher Kommunikation und auf der Grundlage anregender und stützender Methoden innerhalb eines vergleichsweise kurzen Zeitraums versucht, bei einem desorientierten, inadäquat belasteten oder entlasteten Klienten einen auf kognitiv-emotionale Einsicht fundierten aktiven Lernprozeß in Gang zu bringen, in dessen Verlauf seine Selbsthilfebereitschaft, seine Selbststeuerungsfähigkeit und seine Handlungskompetenz verbessert werden können“ (Dietrich, 1983, 2). Eine solche Konzeption von B. fördert statt einer bisher einseitig dominanten Ausrichtung an therapeutischen Modellen und an der diagnostiküberlasteten trait-and-factor-Theorie der B. die Ausarbeitung entwicklungs-, entscheidungs- oder handlungstheoretischer B.modelle, wie sie z. B. von Heil und Scheller (1981), Jungermann (1981), Fleischer (1982) oder Brandstädter und Gräser (1985) vorgeschlagen werden.

Konzepte sozialpädagogischer B. erweitern diesen notwendigen Perspektivenwechsel vor allem um die gezielte Einbettung beraterischen Handelns in die soziale Umwelt, die Gemeinde, den Lebensraum von Helfern und Hilfesuchenden sowie die Ausdehnung ihrer Aktivitäten auf diese ökologisch-sozialen Lebensbezüge.

So definiert z. B. Seibert (1978, 161) neben den Elementen der Problemartikulation, der Analyse der Problemstruktur und der Erweiterung von Handlungskompetenz auch die „Veränderung der äußeren Problemstruktur“ als Dimension des B.prozesses, in dem der Berater neben *individuumbezogenen* Unterstützungen eine Vielfalt von *umgebungsbezogenen* Diagnose- und Interventionsaufgaben übernimmt. Frommann et al. formulieren bereits 1976 (735) „Hilfe durch Umstrukturierung der Situation, durch Erschließung materieller Ressourcen, Neudefinition sozialer Bezüge, Schaffen neuer sozialer Räumlichkeiten“ als eine zentrale Hilfedimension sozialpädagogischer B., die vor allem in der aktuellen gemeindepsychiatrischen Diskussion die personenzentrierte Modifikationseuphorie der letzten Jahre abzulösen scheint (Dörner, 1983; Pörksen, 1984).

Alle diese B.ansätze betonen die Notwendigkeit einer stärkeren Alltagsorientierung von beraterischem Handeln bezüglich der B.orte, der Problemdefinitionen, der Beziehungen zwischen Berater und Ratsuchenden sowie des problem-, personen- und situationsangemessen methodischen Vorgehens. An alltäglichen und nichtprofessionellen B.prozessen werden Ansatzpunkte gesucht und identifiziert, an denen professionelle psychosoziale B. ergänzend anknüpfen kann. Zudem wird bei aller struktureller Verschiedenheit nichtprofessioneller B.bezüge der Blick darauf gerichtet, wo Annäherungsmöglichkeiten für eine professionelle, aber alltagsnahe B. bestehen und wo die jeweiligen Vor- und Nachteile beider Formen jeweilige Optimierungen zulassen oder für eine gezielte wechselseitige Ergänzung sprechen (Galliker/Hochstrasser, 1982; Nestmann, 1982).

3 Beratungsperspektiven

Auch die Counseling Psychology hat sich mittlerweile (vor allem unter dem Einfluß der Community Mental Health-Bewegung in den USA) von ihren ursprünglichen individuumzentrierten B.ansätzen gelöst. B.psychologie realisiert heute nach einer gruppen- und familienorientierten Öffnung seit Ende der 70er Jahre, daß größere soziale und ökologische Systeme zumindest gleichrangige und oft angemessenere Interventionsperspektiven bieten. So befassen sich B.theoretiker und -praktiker auch in psychosozialen, Gesundheits- und Bildungsbereichen zunehmend nicht nur mit der angesprochenen Lebensraum- und Alltagseinbettung von B.prozessen, sondern auch mit der beratenden Einflußnahme auf größere gesellschaftliche und soziale Organisationen und Institutionen. *Institutionsberatung,* meist ausgehend von Modellen der Organisationsentwicklung und des geplanten Wandels (Sievers, 1977), sieht ursprünglich im Wirtschaftsleben, seit längerem im Bildungs- und Gesundheitswesen und neuerdings auch bezüglich sozialpädagogischer und psychosozialer Handlungsfelder die Versorgungsorganisationen und -institutionen (vom Heim bis zum Jugendamt, der psychiatrischen Klinik bis zum gesamten öffentlichen Hilfesystem einer Gemeinde) als geeignete Zielgrößen für Innovation und Veränderung.

Statt oder neben Interventionen auf der Ebene der Betroffenen bzw. der betroffenen Gruppen und zusätzlich zur *Praxisberatung* und Fortbildung von Mitarbeitern wird die B. von Institutionen bei institutioneller Neuentwicklung als *Planungsberatung,* im Rahmen institutioneller Umstrukturierung und Veränderung als *Innovationsberatung* oder in institutionellen Krisen als *Konfliktberatung* zu einer neuen B.perspektive der 80er Jahre (Thiel, 1983; Nestmann, 1985).

Zwar ist die Theorie- und Methodenentwicklung der B. sozialpädagogischer und psychosozialer Institutionen noch gering, doch bieten neben soziologischen Ansätzen der Institutionsveränderung Wissensbestände aus Sozialpsychologie, Arbeits- und Organisationspsychologie und ökologischer Psychologie eine Vielzahl von Anknüpfungspunkten für die wissenschaftliche und praktische Etablierung einer B.form, die allein aufgrund der wachsenden Einflüsse verschiedenster Institutionen auf das Leben des einzelnen bei gleichzeitiger Auseinanderentwicklung des Verhältnisses von zur Verfügung stehenden professionellen Helfern und wachsenden Zahlen beratungsbedürftiger Betroffener an Bedeutung gewinnen wird.

Eine in der psychosozialen Versorgung zu weiterer Personaleinsparung und Ressourcenverknappung führende konservative sozialpolitische Entwicklung wird neben einer professionalisierungs- und institutionalisierungskritischen Fachdiskussion auch dazu führen, daß B. von informellen Helfern, von Laien, Selbsthilfegruppen und -initiativen zu einem wichtigen Aufgabenbereich psychosozialer Hilfe und Unterstützung avanciert (vgl. Moeller, 1981). Professionelle B. wird hier Funktionen der Initiierung, Stabilisierung und Stützung durch Information und Reflexion übernehmen müssen, die die Laien- und Selbsthilfeaktivitäten nicht in ihrer Eigenständigkeit und Selbstbestimmung gefährden und nicht in ihren entscheidenden Charakteristika der Alltagsverankerung, Reziprozität, Gleichbetroffenheit und Gleichberechtigung beeinträchtigen. Die in der BRD erst einsetzende Diskussion um Netzwerke, soziale Unterstützungssysteme und natürliche Hilfe (Keupp/Röhrle, 1987; Klingemann, 1986) läßt bereits den zentralen Stellenwert erkennen, der der Frage professioneller B., informeller Hilfebezüge und Versorgungsstrukturen in den nächsten Jahren zukommen wird.

Literatur

Aurin, K. (Hrsg.): Beratung als pädagogische Aufgabe. Bad Heilbrunn: Klinkhardt, 1984.

Aurin, K./Stark, G./Stobberg, E.: Beratung im Schulbereich. Weinheim: Beltz, 1977.

Bäuerle, W.: Der Begriff der Beratung in der Jugendhilfe. Neues Beginnen, 20 (5), 1969, 162-167.

Bäuerle, W.: Beratung. In: Kreft, D./Mielenz, I. (Hrsg.): Wörterbuch Soziale Arbeit. Weinheim: Beltz, 1980, 65-70.

Benz, E./Caroli, W.: Beratung im Kontext der Schule. Ravensburg: Otto Maier Verlag, 1977.

betrifft: erziehung, Schwerpunktheft „Beratung", 2, 1976.

Bommert, H./Plessen, U.: Psychologische Erziehungsberatung. Stuttgart: Kohlhammer, 1978.

Breuer, F.: Psychologische Beratung und Therapie in der Praxis. Heidelberg: UTB, 1979.

Brandstädter, J./Gräser, H. (Hrsg.): Entwicklungsberatung unter dem Aspekt der Lebensspanne. Göttingen: Hogrefe, 1985.

Brown, S. D./Lent, R. W. (Eds.): Handbook of counselling psychology. New York: Plenum, 1984.

Buer, F.: Die Geschichte der Erziehungsberatung als Geschichte ihrer Professionalisierung. In: Zygowski, H. (Hrsg.): Erziehungsberatung in der Krise. Tübingen: DGVT-Verlag 1984, 9-49.

Caemmerer, D. v. (Hrsg.): Praxisberatung (Supervision). Freiburg: Lambertus, 1970.

Cramer, M.: Gespräche mit Sozialarbeitern, Sozialpädagogen und Psychologen. Tübingen: DGVT-Verlag, 1981.

Dietrich, G.: Allgemeine Beratungspsychologie. Göttingen: Hogrefe, 1983.

Dörner, K. (Hrsg.): Die Unheilbaren. Rehburg-Loccum: Psychiatrie Verlag, 1983.

Fleischer, T.: „Psychologische Beratung" versus „Psychotherapie". GwG-info 49, Dez. 1982, 13-43.

Frommann, A./Schramm, D./Thiersch, H.: Sozialpädagogische Beratung. Zeitschrift für Pädagogik, 22 (5) 1976, S. 715-741.

Galliker, M./Hochstrasser, F.: Professionalisierte Alltagsberatung – Versuch, von der psychologischen Beratungspraxis zum Alltag zurückzukehren und daraus zu lernen. Psychologie und Gesellschaftskritik. 22/23, 6, 1982, 51-75.

Gerstenmaier, J./Nestmann, F.: Alltagstheorien von Beratung. Opladen: Westdeutscher Verlag, 1984.

Guttandin, F.: Beratung: Kompetenzerweiterung oder Kompetenzentzug. In: Nagel, H./Seifert, M. (Hrsg.): Inflation der Therapieformen. Reinbek: Rowohlt 1979, 185-194.

Hart, J.: Modern eclectic therapy. A functional orientation to counseling and psychotherapy. New York: Plenum, 1983.

Heil, F. E./Scheller, R.: Entwicklungsmöglichkeiten der gegenwärtigen Beratungspraxis. In: Baumann, U./Berbalk, M./Seidenstücker, G. (Hrsg.): Klinische Psychologie – Trends in Forschung und Praxis, Bd. 4. Bern: Huber, 1981, 180-208.

Heller, K. (Hrsg.): Handbuch der Bildungsberatung, 3 Bde. Stuttgart: Klett, 1975.

Hörmann, G.: Beratung zwischen Fürsorge und Therapie. Zeitschrift für Pädagogik, 31 (6), 1985, 805-820.

Hörmann, G./Nestmann, F.: Die Professionalisierung der klinischen Psychologie und die Entwicklung neuer Berufsfelder in Beratung, Sozialarbeit und Therapie. In: Geuter, U./Ash, M. (Hrsg.): Abriß zur Geschichte der deutschen Psychologie im 20. Jahrhundert. Opladen: Westdeutscher Verlag 1985, 252-285.

Honig, M.: Anmerkungen zum gegenwärtigen Beratungsboom. Neue Praxis, 4, 1976, 342-352.

Hornstein, W.: Beratung – ein Erfordernis unserer heutigen Gesellschaft. Jugendwohl, 9/10, 1966, 312, 360.

Hornstein, W., et al.: Funkkolleg „Beratung in der Erziehung", 2 Bde, Frankfurt: Fischer, 1976.

Jungermann, H.: Entscheidungshilfe: Ansätze zur Therapie, Beratung und Analyse unter dem Aspekt der Entscheidung. In: Michaelis, W. (Hrsg.): Bericht über den 32. Kongreß der DGfP. Göttingen: Hogrefe, 1981, 465-471.

Keupp, H./Röhrle, B. (Hrsg.): Soziale Netzwerke. Frankfurt: Campus, 1987.

Klingemann, H. (Hrsg.): Selbsthilfe und Laienhilfe. Alternativen einer Gesundheitspolitik der Zukunft? Lausanne: ISPA-Press, 1986.

Koenen, E./Riedmüller, B.: Sozialpolitik und psychosoziale Versorgung. In: Keupp, H./Rerrich, D. (Hrsg.): Psychosoziale Praxis. München: Urban & Schwarzenberg, 1982, 97-106.

Koschorke, M.: Unterschicht und Beratung. Wege zum Menschen, 3, 1973, 129 ff.

Koschorke, M.: Zur Praxis der Beratungsarbeit mit Unterschichtfamilien. Wege zum Menschen, 8, 1975, 315 ff.

Kunze, B. (Hrsg.): Beratung in der sozialen Arbeit. Kassel: GhK 1985.

Lüders, W.: Psychotherapeutische Beratung. Göttingen: Vandenhoeck & Ruprecht, 1974.

Martin, L.: Erziehung und Therapie. In: Schwarzer, R. (Hrsg.): Beraterlexikon. München: Kösel, 1977, 60-64.

Martin, L.: Beraten und Beurteilen in der Schule. München: Kösel, 1980.

Moeller, M. L.: Anders Helfen. Selbsthilfegruppen und Fachleute arbeiten zusammen. Stuttgart: Klett, 1981.

Mollenhauer, K., Müller, C. W. (Hrsg.): „Führung" und „Beratung" in pädagogischer Sicht. Heidelberg: Quelle und Meyer, 1965.

Nelson-Jones, R.: The theory and practice of counseling psychology. London: Holt, Rinehart und Winston, 1982.

Nestmann, F.: Beratung und Beraterqualifikation. In: Müller, S./Otto, H. U./Peter, H./Sünker, H. (Hrsg.): Handlungskompetenz in der Sozialarbeit/Sozialpädagogik I. Bielefeld: AJZ-Verlag, 1982, 33-64.

Nestmann, F.: Beratung in den 80er Jahren. Versuch einer Situationsanalyse auf der Basis internationaler Erfahrungen. Archiv für Wissenschaft und Praxis der sozialen Arbeit, 3, 1983, 131-146.

Nestmann, F.: Beratung in der Erziehungsberatung. In: Zygowski, H. (Hrsg.): Erziehungsberatung in der Krise. Tübingen: DGVT-Verlag, 1984 a, 74-98.

Nestmann, F.: Psychologen in der Erziehungsberatung – an den Grenzen der Institutionalisierung und Professionalisierung. Psychologie und Gesellschaftskritik 32, 8 (4), 1984 b, 24-59.

Nestmann, F.: Beratung von sozialpädagogischen Institutionen. Plädoyer für einen eklektischen Ansatz. Neue Praxis, 1, 1985, 12-25.

Nestmann, F., Tappe, U.: Thesen zu einem besseren Verständnis von Beratung. Psychologie und Gesellschaftskritik 9/10, 3, 1979, 153-170.

Neue Praxis, Sonderheft „Sozialarbeit und Therapie", 1978.

Nickel, N./Borm, R./Fenner, H. J.: Das klientzentrierte Beratungsgespräch. In: Heller, K. (Hrsg.): Handbuch der Bildungsberatung. Stuttgart: Klett, 1975, 939-961.

Patterson, C. H.: Relationships counseling and psychotherapy. New York: Harper & Row, 1974.

Pörksen, N.: Was bedeutet die regionale psychiatrische Pflichtversorgung für Bielefeld und Bethel. Referat. Bielefeld, 5. Sept. 1984.

Rahm, B.: Gestaltberatung. Paderborn: Junfermann, 1979.

Röhrle, B.: Beratung: Im Spannungsfeld von therapeutischen Methoden und sozialpolitischen Tendenzen. Vortrag auf der

Fachtagung der LAG für Erziehungsberatung in NRW. Köln, 1983.
Seibert, U.: Soziale Arbeit als Beratung. Weinheim: Beltz, 1978.
Sievers, B.: Organisationsentwicklung als Problem. Stuttgart: Klett, 1977.
Strong, S.: Counseling Psychology in the 1980's in the United States. Vortrag auf dem 20. Int. Kongreß für angewandte Psychologie in Edinburgh, 1982.
Thiel, H. U.: Arbeits- und interaktionsbezogene Beratung pädagogischer Institutionen. Neue Praxis, 2, 1983, 106-124.
Thorensen, C. E., Hosford, R. E.: Behavioral approaches to counseling. In: Thorensen, C. E. (Ed.): Behavior modification in education. Chicago III. Chicago University Press 1973, 107-153.
Tiedt, F.: Sozialberatung für Ausländer. Weinheim: Beltz, 1985.
Whiteley, J. M.: Counseling psychology: A historical perspective. Sondernummer: The Counseling Psychologist, 12 (1), 1984.
Williams, C.: Counseling psychology in the 1980's in Australia. Vortrag auf dem 20. Int. Kongreß für angewandte Psychologie in Edinburgh, 1982.

Berufsethik des Psychologen

Manfred W. Wienand und
Monika Maria Wienand

1 Was ist Berufsethik?

Wovon man überhaupt redet, wenn man sich der B. des Psychologen, also der Ethik oder Moral dieses Berufsstandes zuwendet, ist einigermaßen unklar:
- von der moralischen Einstellung des Psychologen (Halder, 1977);
- vom Menschenbild, das den verschiedenen Richtungen der Psychologie zugrunde liegt, mithin in Forschung und Praxis einfließen könnte (Pongratz, 1977; Kruse/Kumpf, 1981);
- von der Orientierung an Zielen und Werten (Reiter, 1975; Perrez, 1976);
- von Verhaltensweisen, die im beruflichen Umfeld, in der Öffentlichkeit, den Medien der Kritik ausgesetzt sind (Wienand/Hockel, 1986);
- vom Verhältnis des Psychologen zum Anstellungsträger, Kostenträger, Auftraggeber (Lang, 1977; Rauchfleisch, 1982);
- vom Umgang der Psychologen untereinander, mit (konkurrierenden) Berufsgruppen, mit Probanden, Klienten; Patienten.

Alle diese Aspekte versuchen bestehende Berufsordnungen, berufsethische Richtlinien, Kataloge ethischer Prinzipien einzufangen (APA, 1981; BDP, 1986). Bei Verstößen gegen die niedergelegten Verhaltensregeln sehen sie *Sanktionen* vor (BDP, 1980; APA, 1981). Die Vorstellung, daß jeder Psychologe und Psychotherapeut zu ethischem Verhalten verpflichtet sei, wurzelt offenbar in einer Analogie zur ärztlichen Tradition des *hippokratischen Eides,* mit seiner Kernforderung, dem Patienten in keiner Beziehung zu schaden (Bambeck/Wolters, 1981; Fahrenberg im Vorwort zu Wienand, 1982). Im Anschluß an diese Tradition müßte demnach auch im Zentrum psychologischer B. das *Interesse des Klienten* stehen. Berufsethischen Richtlinien (wie denen des BDP, 1986) wirft man aber vor, überwiegend vom *standespolitischen Interesse* motiviert zu sein (Stech, 1986).

2 Berufsethik

Berufsethische Fragen werden in der wissenschaftlichen Psychologie der deutschsprachigen Länder mit den Schwerpunkten „ethische Probleme psychologischer Forschung“ (Hoffmann,

1978; Schuler, 1980; Schuler/Hummel, 1986) und „ethische Verantwortung in der Klinischen Psychologie" (Psychodiagnostik und Psychotherapie: Rauchfleisch, 1982; Wienand, 1982, 1986; Schulz, 1985; Wipplinger, 1986) diskutiert. Unter Berücksichtigung dieser Schwerpunktbildung stellt sich nachfolgend zunächst die Frage, was die *Ethiklehre* zu dieser Diskussion beizutragen vermag.

2.1 Ethik und Moral

Der Begriff „Ethik" leitet sich von dem griechischen Wort *ēthos* ab, das so viel wie „Sitte, Brauch, Gewohnheit" bedeutet. Ethik fragt ganz allgemein nach der richtigen Entscheidung, nach dem richtigen Handeln. Richtigkeitsgewähr bestünde, wenn eine Entscheidung oder Handlung (rational) begründet und gerechtfertigt, mithin verantwortet werden kann. Der Begriff „Moral" bezieht sich demgegenüber auf konkrete Regeln, Normen, Anweisungen, Verpflichtungen, die unser Handeln leiten oder leiten sollen (im Sinne „herrschender Moral" oder im Sinne „kritischer Moral"). Umgangssprachlich wird Ethik weitgehend *synonym* zu Moral verwendet.

2.2 Ethiklehre

Die Ethik ist Gegenstand der Ethiklehre (der „praktischen Philosophie", Funkkolleg, 1980/81). Diese unterscheidet *allgemeine* Ethik oder ethische Grundlagenforschung und *angewandte* Ethik. In der ethischen Grundlagenforschung geht es um die Logik der Moralsprache (sprachanalytische Ethik, mit der grundlegenden Unterscheidung zwischen „Metaethik" und „normativer Ethik"; Hare, 1972), um Begründungsmuster, Argumentationsfehler (z. B. „naturalistischer Fehlschluß" vom Sein auf das Sollen) sowie um den Versuch, höchste Maßstäbe einer sittlich verantwortbaren Praxis zu entwerfen.

Obwohl sich die einschlägigen Untersuchungen zu Ethik und Moral in Psychologie und Psychotherapie eingehend mit den Theorien ethischer Argumentation befassen (Bambeck/Wolters, 1981; Schulz, 1985), ist der Ertrag für die angewandte Ethik gering: *Letztbegründungsversuche* müssen nach einer skeptischen Auffassung scheitern, sind zumindest überflüssig. Die auf Letztbegründung gerichteten Ansätze sind in sich umstritten: Nach dem Utilitarismus heißt der letzte Maßstab „Wohlergehen aller Betroffenen", nach Kant „Verallgemeinerungsfähigkeit der selbstgesetzten Handlungsgrundsätze", nach Rawls (1979) „Gerechtigkeit als Fairneß", nach Apel und Habermas (Funkkolleg, 1980/81) und der konstruktivistischen Ethik „idealer Diskurs" oder „intersubjektive Beratung".

Wird der Anspruch der Letztbegründung nicht erhoben, dann können die genannten Maßstäbe inhaltlicher Art durchaus mit allgemeiner Anerkennung als *Leitwerte* rechnen. So bezieht sich Strotzka's „psychoanalytische Alltagsethik" maßgeblich auf die bereits genannte Gerechtigkeitstheorie von Rawls (1979) sowie auf das „Prinzip Verantwortung" von Jonas (1979). Überdies soll nach Strotzka (1981; 1983) „weder eine Theorie des Sittlichen noch eine Praxis und Verbreitung moralischer Regeln ohne die Psychoanalyse auskommen". Eine solche Ethik ist eine *Wertethik* (eine folgenorientierte „teleologische" Ethik) im Unterschied zu einer „deontologischen" (Pflichten-)Ethik, wobei Strotzka (1981) letztere angesichts der Problemfülle der modernen Medizin und Psychologie ablehnt (zur Unterscheidung grundlegend: Frankena, 1972).

Wird versucht, die genannten Beurteilungsmaßstäbe sowie weitere Wertmaßstäbe im jeweiligen Handlungsfeld zu vermitteln, um eine spezifische oder gar konkrete Handlungsorientierung zu finden, spricht man von „angewandter Ethik" (Höffe, 1986). Die normative Beurteilung psychologischen Handelns gehört somit zur angewandten Ethik. Anders als die kontroversen Letztbegründungsmaßstäbe der Metaethik sind allgemeine Prinzipien (*Werte*) wie Achtung vor Leib und Leben, Rücksicht auf Rechte der Mitmenschen, Eigenrechte der Natur und besonders der Grundsatz, niemanden zu schädigen (neminem laedere; nil nocere), sowie die Verpflichtung, Leidenden zu helfen, auch bei denjenigen, die eine (Letzt-)Begründbarkeit ethischer Normen ablehnen, kaum umstritten. Für die B. als angewandte Ethik bietet sich deshalb an, einen Großteil der ethischen Grundlagenforschung beiseite zu lassen und *topisch* zu argumentieren (Höffe, 1986).

Die Argumentation bewegt sich dabei immer auf zwei Ebenen: der *normativen* („Sollensebene") und der *empirischen* („Seinsebene"). Gleichgültig, ob sich ein „Berufsphilosoph" (Ethiker, Moraltheologe) oder ein Fachwissenschaftler (Berufspsychologe) der Aufgabe stellt, – immer sind *normative Kenntnisse* einerseits sowie *Faktenwissen* andererseits zur ethischen Beurteilung „der in Frage stehenden lebensweltlichen Sache" erforderlich (Höffe, 1986; Wienand, 1986; 1982 unter Hinweis auf Frankena, 1972). Die Schwierigkeit besonders in Psychologie und Psychotherapie ist dabei, daß das erforderliche empirische Wissen oft nicht mit der wünschenswerten Gewißheit beschafft werden kann. Regelgeleitetes vernünftiges Vermuten könnte weiterhelfen.

In der angewandten Psychologie, besonders aber in der Psychotherapie, kompliziert sich dies zusätzlich, weil Verhaltensanforderungen bzw. -normen, die moralisch begründet werden, nicht ohne weiteres von den außermoralischen, d. h. durch Faktenwissen begründbaren Verhaltensregeln, getrennt werden können (Bambeck/Wolters, 1981). Insofern ist im Bereich der *Bio-Ethik* (vom anglo-amerikanischen „bioethics“: Ethik der Medizin, Biologie, Psycho-Biologie, Psychologie, Psychiatrie und Psychotherapie; Baier, 1987) gerade in der Psychologie der Gefahr des naturalistischen Fehlschlusses und umgekehrt der „Maskierung“ eigentlich normativer Setzungen als erfahrungswissenschaftlich begründete Regeln besonders schwer zu begegnen.

Unter Umständen vermag die in der sozialpsychologischen Konflikttheorie entwickelte Unterscheidung zwischen Bewertungs- und Beurteilungskonflikten in einer „Konfliktdiskussion“ weiterzuhelfen: *Bewertungskonflikte* beruhen auf unterschiedlichen Werten, *Beurteilungskonflikte* auf unterschiedlicher Information oder Informationsverarbeitung (Rüttinger, 1980). Ob eine „Konfliktdiskussion“ von Vertretern unterschiedlicher psychologischer Richtungen zu konsensgetragenen Ergebnissen finden kann, darf allerdings bezweifelt werden (Wienand, 1982, 42). Das innere Verwobensein von Beurteilungs- und Bewertungsdifferenzen wird möglicherweise bei bestimmten Richtungen der Psychotherapie sogar aufgehoben: Sind z. B. die Grundvorstellungen der Psychoanalyse und auch der Psychiatrie von geistiger oder psychischer Krankheit nur ein Mythos, dann entfällt konsequent auch die Notwendigkeit einer Psychopathologie und Psychotherapie im medizinischen Sinne. Regeln der Psychoanalyse und andere Formen von Psychotherapie beruhten lediglich auf Bewertungen und zielten danach im Grunde nur auf in anderer Weise längst bekannte Versuche einer „moral education“ (Szasz, 1974, 46; Wienand 1986, 208).

2.3 *Wert, Norm, Anti-Ethik*

Werden die meist relativ vagen Werte durch *Verhaltensregeln* präzisiert, spricht man von *Normen*. Normen wollen gelten. Sie sind „kontrafaktisch stabilisierte Verhaltenserwartungen“ (Luhmann, 1972 I, 42). Die Anerkennung ihres Geltungsanspruchs hängt auch und vor allem von der *Erwartungssicherheit* ab, die sie vermitteln. Der Preis, den das Individuum für die Vorzüge normativ ermöglichter Erwartungssicherheit zu zahlen hat, ist verstärkter Anpassungsdruck und die Einschränkung von Freiheitsgraden. Der Geltungsanspruch von Normen wird deshalb vielfach als lästige Zumutung oder gar unerträgliche Nötigung empfunden. Solange berufsethische Normen nicht unter dem Zwang zur Entscheidung konkreter Konfliktfälle kasuistisch präzisiert werden können, bleiben sie oft ausgesprochen „blutleer“ und können – überspitzt – als „banal, realitätsfremd und politisch fragwürdig“ kritisiert werden (Stech, 1986, 31).

Vom Ausgangspunkt mangelnder Anerkennung und Wirksamkeit berufsethischer Normen läßt sich das Anliegen der sogenannten *Anti-Ethik* begreifen. Da alle normativen Felder in der Praxis bereits durch Rechts- und Verwaltungsnormen besetzt seien, gibt es aus der Sicht der Anti-Ethik schon deshalb keinen Bedarf für neue Ethiken und Deontologien: Es bestehe kein Normen-, sondern Freiheitsbedarf (Baier, 1987). Folgt Erwartungssicherheit allein aus *Rechtsnormen,* dann sind zusätzlich berufsethische Normen in der Tat weitgehend funktionslos. Hierauf könnte zurückzuführen sein, daß die seltenen ehrengerichtlichen Verfahren im Bereich der Psychologie anscheinend durchweg wie das Hornberger Schießen ausgehen. Ohnedies ist die Wirksamkeit von Sanktionen vom Grad der Institutionalisierung etwa in einer Dachorganisation aller psychologisch Tätigen abhängig (Wienand, 1982). Läßt sich der Konsens in Richtung auf Institutionalisierung nicht hinreichend verbreitern, sichert allein das *Recht* eine legitime Handlungsgrundlage.

3 Berufsrecht

Auch das Recht verweist auf die Ethik. Soweit das Recht zumindest ein „ethisches Minimum“ verwirklicht, umschreibt es den kleinsten gemeinsamen Nenner unterschiedlicher Ethiken (Wienand, 1982, 39). Im Vorwort der „Berufsordnung für Psychologen“ (BDP, 1986) wird richtig festgestellt, daß der Beruf des Psychologen in weit höherem Ausmaß, als viele Berufsangehörige es wahrhaben wollen, in die Rechtsordnung integriert und von ihr abhängig ist. In den Abschnitten VII „Umgang mit Daten“ und IX „Werbung und Öffentlichkeit“ werde dieser Befund besonders deutlich. Freilich müssen berufsrechtliche Fragen psychologischen Handelns überwiegend ihre Antwort aus dem *Recht für jedermann* finden (H.-H. Kühne/Schwaiger, 1976; Wienand, 1982, 19; Wienand, 1985; A. Kühne, 1985). Berufsbezogene Rechtsnormen (z. B. Schweigepflicht des Berufspsychologen, § 203 StGB) und Rahmenbedingungen des beruflichen Status (z. B. Nichtvorhandensein eines Psychologen- oder Psychotherapeuten-Gesetzes: Schulte/Trenk-Hinterberger, 1978) treten hinzu. Folgt man der Begründungslinie der Anti-Ethik, dann sind trotz unbefriedigender rechtlicher Rahmenbedingungen des Psychologen- und Psychotherapeutenberufes besondere berufsethische Richtlinien in weiten Bereichen überflüssig und nutzlos.

Ein spezieller Katalog berufsethischer Verpflichtungen könnte damit zu rechtfertigen sein, daß es möglich und notwendig ist, feinere, von den Berufsangehörigen autonom und fachmännisch entwickelte Standards aufzustellen. Berufsethische Normen stellten so gesehen ein feineres Netzwerk in einem von der staatlichen Gesetzgebung eingeräumten Freiraum autonomer Normfindung und Normsetzung dar, auch im Vorfeld staatlicher Gesetzgebung. Sie ermöglichten *Selbstkontrolle vor Fremdkontrolle*. Sehen solche berufsethischen Normen Sanktionen für den Fall der Nichteinhaltung vor, dann wird der Grenzbereich zwischen ethischer und rechtlicher Norm allerdings überschritten, wie wohl keine staatliche Rechtsetzung vorliegt. Ein *„berufsrechtliches Modell"* verlangt die Konkretisierung und Umsetzung zwar existierender, aber ganz überwiegend bloß deklaratorischer berufsethischer Normenkataloge in justitiables, also auch verbindliches, nachprüfbares und verfahrensmäßig durchsetzbares Berufsrecht (Wienand, 1986, 204).

Solches Berufsrecht stünde auch in engem Zusammenhang mit der berufsspezifischen Konkretisierung von *Klientenrechten* in psychologischer Diagnostik und Therapie. Denn die Durchsetzbarkeit von Probanden- und Klientenrechten steht und fällt mit der Festlegung nachprüfbarer, auf die Erfordernisse konkreter Handlungsbereiche bezogener Verpflichtungen des Psychologen, des Psychodiagnostikers und Psychotherapeuten. Voraussetzung der Durchsetzbarkeit wäre nach anglo-amerikanischem Vorbild auch die *Lizenzierung des Berufszuganges*, um über die Möglichkeit der Vorenthaltung bzw. des Entzugs der Berufszulassung ein wirksames Kontroll- und Sanktionsinstrument in die Hand von mit entsprechenden Befugnissen ausgestatteten Gremien (Berufs- oder Ehrengerichtsbarkeit; Ethik-Kommissionen) zu geben.

Sind die genannten Voraussetzungen nicht gegeben oder lehnt man aus anderen Gründen die rigid juridische Betrachtungsweise ab, dann bewegt sich die berufsethische Diskussion in einem weniger verbindlichen, u. U. aber in anderer Weise wirksamen Rahmen von Ausbildung, Fort- und Weiterbildung, Supervision und literarischer Auseinandersetzung: *„berufsethisches Diskursmodell"*.

4 Berufsethischer Kodex für Psychologen?

Ob der zunehmend als notwendig anerkannte berufsethische Diskurs (Petzold, 1986) auch in einen ausdrücklichen Kodex ethischer Maßstäbe und Verpflichtungen einmünden soll bzw. wie bestehende Kataloge berufsethischer Prinzipien (APA, 1981; BDP, 1986) zu beurteilen sind, ist die zuletzt gestellte, am stärksten umstrittene Frage. Ihre Beantwortung folgt nicht allein aus dem bisher Gesagten, sondern muß weitere externe Faktoren und situative Gegebenheiten berücksichtigen.

4.1 Psychologische Wissenschaft und Professionalisierung

Psychologie und Psychotherapie sind in Forschung und Praxis von innen und von außen immer wieder moralischer oder *moralisierender Kritik* ausgesetzt gewesen. Umgekehrt werden aus Psychologie und Psychotherapie laufend Argumente für den ethischen, den praktisch-philosophischen Diskurs entlehnt (z. B. Ryle, 1969; Singer, 1984, 290 ff.; Tugendhat, 1984, 33/52 ff.). Teilweise schicken Psychologen und Psychotherapeuten sich selbst an, ausgehend von ihrer psychologischen oder psychotherapeutischen Schule „neue Ethiken" zu entwerfen (Fromm, 1982; Strotzka, 1983; allgemein hierzu Wienand, 1986). Die *Professionalisierung* der Psychologie hat es mit sich gebracht, daß die Frage nach der eigenen Moral der Psychologen und Psychotherapeuten fortlaufend neu aufgeworfen wird. Wer „moralisches" Verhalten von anderen verlangt und zugleich die Maximen hierfür anbietet, immunisiert sich damit zuweilen gegen Kritik von außen. Um diesen Verdacht gar nicht aufkommen zu lassen, müßten Psychologie und Psychotherapie sich auch an den selbstgesetzten Maßstäben messen lassen. Beispielsweise wären in Psychodiagnostik und Psychotherapie nicht nur das Wohl des jeweiligen Klienten, sondern auch das des Partners, der Familie, der Kinder und letztlich auch das Allgemeinwohl mit zu bedenken und bei der Formulierung von Zielen zu berücksichtigen.

Solange und soweit die Psychologie im Schwerpunkt Wissenschaftsprofession ist, können normative Fragen im großen und ganzen im Rahmen allgemeiner wissenschaftsethischer Erwägungen, z. B. zur Problematik humanwissenschaftlicher Experimente, erörtert werden (Eser/Schumann, 1976). Besonderheiten der Psychologie treten vor allem in einer fachimmanenten Auseinandersetzung mit ethischen Problemen *psychologischer Experimente* zutage (grundlegend: Hoffmann, 1978; Schuler, 1980). Schwerpunkte der Diskussion sind: die Psychologie des Versuchsleiters, das psychologische Experiment als Interaktionssituation, Täuschung und Mißinformation, psychische und physische Beeinträchtigung und Gefährdung sowie manipulatives Vorgehen im Experiment. Stichworte für ethische Maßstäbe der psychologischen Forschung sind die Auffassung vom humanwissenschaftlichen Experiment als „sozialer Kontrakt", auf den sich die Erfordernisse der *informierten Einwilligung,* der *Freiwilligkeit* der Versuchsteilnahme, der *Aufklärung* nach dem Experiment, der *Kosten-/Nutzen-Abwägung* im Verhältnis von Auftraggeber, Forscher und Versuchsperson beziehen. *Aktionsforschung* gilt als ein methodischer Ansatz, diesen ethischen Maßstäben gerecht werden zu wollen.

Zugleich zeigt sich, daß ethische Fragen jedenfalls der wissenschaftlichen Prüfung psychologischer Methoden nicht grundverschieden von ethischen Fragen der psychologischen Praxis sein können. Mit den aufgeführten Stichworten läßt sich die praktische Tätigkeit als Psychologe in unterschiedlichsten Handlungsfeldern ethisch problematisieren: in Beratungsstelle, Heim, Klinik, Rehabilitationseinrichtung, Justizvollzugsanstalt, psychotherapeutischer Praxis, im Bereich von Schul-, Berufs-, Arbeits-, Betriebs-, Führungs-, Werbe-, Gerichts-, Verkehrs-, Wehrpsychologie, etc. Dabei fragt es sich, ob nicht jeweils *bereichsspezifischen* ethischen Richtlinien der Vorzug zu geben wäre, bevor allen Bereichen gemeinsame allgemeine Prinzipien gleichsam vor die Klammer gezogen werden können.

4.2 Ausdrücklicher ethischer Kodex?

Der Argumentationsrahmen bezüglich eines ausdrücklichen ethischen Kodex für Psychologen läßt sich im Anschluß an Braun (1975; auch: Bambeck/Wolters, 1981; Wienand, 1982, 1985, 1986; Wipplinger, 1986) und unter Berücksichtigung der grundlegenden Arbeiten von Schuler (1980) und Rauchfleisch (1982) wie folgt abstecken: *Pro-Argumente* sind

- das *philosophische* Argument: Psychologie und Psychotherapie üben Einfluß und damit Macht über Menschen aus, die zum Schutz der Klienten angemessen kontrolliert und begrenzt werden müßte, um Mißbrauch vorzubeugen;
- das Argument der *ethischen Verteidigung:* Ohne einen ausdrücklichen Kodex sei die ethische Rechtfertigung psychologischen Handelns erschwert;
- das Argument der *rechtlichen Verteidigung:* Unterließen es die Psychologen, ethische Richtlinien für ihre Berufsausübung zu erarbeiten, dann werde der staatliche Gesetzgeber sich dieser Aufgabe annehmen müssen, wenn Mißbräuche erkennbar sind;
- das *berufsständische* Argument: Mit der zwangsläufigen Entwicklung zu einem „freien Beruf" stünden die Psychologen am Scheideweg, ob sie analog etwa zu den Ärzten „ein einheitliches, klar umrissenes Berufsbild" (Beschluß des Bundesverfassungsgerichtes vom 19. 7. 1972) auch über Selbstkontrollnormen und -organe sichern wollten oder ob sie auf das insoweit notwendige Ausmaß gesellschaftlicher Anerkennung verzichten.

Kontra-Argumente sind

- das Argument der *Schuldlosigkeit:* Kernpunkt dieses Arguments ist, daß die Befürwortung eines ethischen Kodex das Eingeständnis impliziere, psychologische Methoden und Vorgehensweisen könnten inhärent unethisch sein;
- das Argument der *vorurteilsbehafteten Kritik:* Psychologen sei bis zum Beweis des Gegenteils zuzubilligen, daß sie sich an humanen Zielen orientieren und sich deshalb nicht durch Vorurteile einer inkompetenten Öffentlichkeit oder durch rechtlichen Druck zur Entwicklung eines ethischen Kodex zwingen lassen sollten;
- das Argument der *Unzulänglichkeit rechtlicher Normierung:* Wegen der Komplexität psychologischen Handelns würde jede Normierung eine unzulässige Einschränkung psychologischer Handlungsfreiheit darstellen und damit die Qualität psychologischer Dienstleistungen beeinträchtigen;
- das Argument der *Verfrühtheit:* Der gegenwärtig noch ungenügende wissenschaftliche Entwicklungsstand psychologischer Methoden würde in normative Rahmenbedingungen einfließen und darin zunächst zementiert;
- das Argument der *hinreichenden Legitimation:* Auch wenn die Erstellung eines ethischen Kodex wünschenswert sei, werde seine Umsetzung von nicht hinreichend legitimierten Organisationen und deren Funktionären betrieben, ohne von den Psychologen und Betroffenen autorisiert zu sein.

Insgesamt erscheint als gewichtigstes Argument, daß die von psychologischem Handeln potentiell *Betroffenen* (Probanden, Klienten, Patienten, deren Angehörige, deren Mitwelt) davon ausgehen können müßten, daß die Psychologen sich auf eine funktionierende berufsständische oder berufsfeldbezogene Selbstkontrolle geeinigt haben, um wirkliche oder vermeintliche Gefahren einer Schädigung zu minimieren. Von Fremdkontrolle durch konkurrierende Berufsgruppen, durch Administration, Judikative und Legislative sollte die psychologische Berufsausübung unter dieser Voraussetzung möglichst weitgehend verschont bleiben, um die notwendige Grundlage wechselseitigen Vertrauens nicht zu schmälern.

Literatur

American Psychological Association (APA): Ethical Principles of Psychologists. American Psychologist 36, 1981, 633-638.
American Psychological Association (APA): Rules and procedures. Committee on Scientific and Professional Ethics and Conduct. American Psychologist 29, 1974, 703-710. – Revision 1981. Washington D. C.: Author, 1981.
Baier, H.: Benötigen wir eine Ethik der Medizin? In: Bress, L. (Hrsg.): Medizin und Gesellschaft. Ethik – Ökonomie – Ökologie. Berlin: Springer, 1987.
Bambeck, J. J./Wolters, A.: Moral in der Psychotherapie. Psychotherapy and Medical Psychology 31, 1981, 113-124.
Berufsverband Deutscher Psychologen (BDP): Ehrengerichtsordnung. Report Psychologie 5, 1980, 26-27.
Berufsverband Deutscher Psychologen (BDP): Berufsordnung für Psychologen. Report Psychologie 11, 1986, 9-10 und 43-46.
Braun, S. H.: Ethical issues in behavior modification. Behavior Therapy 6, 1975, 51-62.
Eser, A./Schumann, K. F.: Forschung im Konflikt mit Recht und Ethik. Stuttgart: Enke, 1976.
Frankena, W. K.: Analytische Ethik. München: Deutscher Taschenbuch Verlag, 1972.
Fromm, E.: Psychoanalyse und Ethik. Stuttgart: Deutsche Verlagsanstalt, 1982.
Funkkolleg Praktische Philosophie/Ethik: Studienbegleitbrief 1-12. Hrsg. vom Deutschen Institut für Fernstudien an der Universität Tübingen. Weinheim und Basel: Beltz, 1980/1981.
Halder, P.: Verhaltenstherapie und Patientenerwartung. Bern: Huber, 1977.
Hare, R. M.: Die Sprache der Moral. Frankfurt: Suhrkamp, 1972 (Original: The Language of Morals. Clarendon Press, 1952).
Höffe, O.: Zur sittlich-politischen Verantwortung neuer Technologien: Das Beispiel der Genmanipulation. In: Albertz, J. (Hrsg.): Lernziele für die Welt von morgen – Neue Ethik für die Wissenschaft. Wiesbaden: Freie Akademie, 1986. Freiburg: Hochschulverlag, 1986, 133-156.
Hoffmann, S. O.: Probleme der wissenschaftlichen Prüfung von Psychotherapie unter besonderer Berücksichtigung ethischer Fragen. In: Helmchen, H./Müller-Oerlinghausen, B. (Hrsg.): Psychiatrische Therapie-Forschung. Berlin: Springer, 1978, 41-50.
Jonas, H.: Das Prinzip Verantwortung. Frankfurt: Insel, 1979.
Kruse, L./Kumpf, M. (Hrsg.): Psychologische Grundlagenforschung. Ethik und Recht. Bern: Huber, 1981.
Kühne, A.: Die berufsrechtliche Stellung der Psychologen in der Psychiatrie. Recht und Psychiatrie 3, 1985, 86-89.
Kühne, H.-H./Schwaiger, H. (Hrsg.): Zum Recht der Heilbehandlung durch Psychologen. Bern: Huber, 1976.
Lang, A.: Psychodiagnostik als ethisches Problem. In: Triebe, K./Ulich, E. (Hrsg.): Beiträge zur Eignungsdiagnostik. Bern: Huber, 1977, 190-202.
Luhmann, N.: Rechtssoziologie. Bd. 1 und 2. Reinbek: Rowohlt, 1972.
Perrez, M.: Zum Problem der Relevanzforderungen in der klinischen Psychologie am Beispiel der Therapieziele. In: Iseler, A./Perrez, M. (Hrsg.): Relevanz in der Psychologie. München: UTB-Reinhard, 1976, 139-154.
Petzold, H.: Rede auf dem Kongreß der Gestalttherapeuten in Mainz 1986 „Psychotherapie und Ethik". Süddeutsche Zeitung, Nr. 247 vom 27. Oktober 1986.
Pongratz, L. J.: Geschichte, Gegenstand, Grundlagen der Klinischen Psychologie. In: Pongratz, L. J. (Hrsg.): Handbuch der Psychologie, 8. Bd., 1. Hbd., Klinische Psychologie. Göttingen: Hogrefe, 1977, 1-59.
Rauchfleisch, U.: Nach bestem Wissen und Gewissen. Die ethische Verantwortung in Psychologie und Psychotherapie. Göttingen: Vandenhoeck & Ruprecht, 1982.
Rawls, J. E.: Eine Theorie der Gerechtigkeit. Frankfurt: Suhrkamp, 1979.
Reiter, L.: Werte, Ziele und Entscheidungen in der Psychotherapie. In: Strotzka, H. (Hrsg.): Psychotherapie: Grundlagen, Verfahren, Indikationen. München: Urban & Schwarzenberg, 1975, 85-109.
Rüttinger, B.: Konflikt und Konfliktlösen. Goch: Bratt-Institut für Neues Lernen, 1980.
Ryle, G.: Der Begriff des Geistes. Stuttgart: Reclam, 1969.
Schuler, H.: Ethische Probleme psychologischer Forschung. Göttingen: Hogrefe, 1980.
Schuler, H./Hummel, K.: Selbstbeschränkung gegen Erkenntnisfortschritt – ein Dilemma psychologischer Forschung. In: Albertz, J. (Hrsg.): Lernziele für die Welt von morgen – Neue Ethik für die Wissenschaft. Wiesbaden: Freie Akademie, 1986, Freiburg: Hochschulverlag 1986, 191-204.
Schulte, B./Trenk-Hinterberger, P.: Der Gesetzentwurf zum Beruf des Psychotherapeuten. Zeitschrift für Rechtspolitik (ZRP) 11, 1978, 287-291.
Schulz, W.: Ethische Aspekte der Psychotherapie. Zeitschrift für personenzentrierte Psychologie und Psychotherapie (ZPP) 4, 1985, 419-426.
Singer, P.: Praktische Ethik. Stuttgart: Reclam, 1984.
Stech, F.: Berufsethik und Ehrengerichtsbarkeit in der Klinischen Psychologie – einige Nützlichkeitserwägungen. Verhaltenstherapie und psychosoziale Praxis 1986, 27-34.
Strotzka, H.: Zur Frage der Moral in der Psychotherapie. Psychotherapie und medizinische Psychologie 31, 1981, 195-197.
Strotzka, H.: Fairness, Verantwortung, Fantasie. Eine psychoanalytische Alltagsethik. Wien: Deuticke, 1983.
Szasz, T. S.: Law, liberty and psychiatry. London: Routledge & Kegan Paul, 1974.
Tugendhat, E.: Probleme der Ethik. Stuttgart: Reclam, 1984.
Weber, M.: Die Objektivität sozialwissenschaftlicher und sozialpolitischer Erkenntnis. In: Weber, M.: Methodologische Schriften. Frankfurt: Fischer, 1968, 1-64.
Wienand, M. W.: Psychotherapie, Recht und Ethik. Konfliktfelder psychologisch-therapeutischen Handelns. Weinheim: Beltz, 1982.
Wienand, M. W.: Therapeutische Mißerfolge aus rechtlicher Sicht. Zeitschrift für personenzentrierte Psychologie und Psychotherapie (ZPP) 4, 1985, 427-436.
Wienand, M. W.: „Erziehung zur Moral" – Alte oder neue Ethik in der Psychotherapie? In: Albertz, J. (Hrsg.): Lernziele für die Welt von morgen – Neue Ethik für die Wissenschaft. Wiesbaden: Freie Akademie, 1986, Freiburg: Hochschulverlag, 1986.
Wienand, M. W./Hockel, M.: Im Gespräch – zur „Berufsordnung für Psychologen" des BDP 1986. Report Psychologie 40, 1986, 7-9.
Wipplinger, R.: Ethische Probleme in der Verhaltenstherapie. Verhaltenstherapie und psychosoziale Praxis, 1986, 7-25.

Berufspraxis des Psychologen

Thomas W. Franke

1 Einführung

Unter „Berufspraxis“ versteht man die Anwendung der Erkenntnisse und Methoden der wissenschaftlichen Psychologie durch Psychologen. Aus der Definition des Begriffes Psychologie als Lehre vom Erleben und Verhalten ergibt sich eine außerordentliche Vielfalt von Anwendungsmöglichkeiten der Psychologie. Es gibt kaum einen Lebensbereich, in dem sie nicht angewendet werden kann. Tatsächlich ist die heutige psychologische Berufspraxis gekennzeichnet durch eine zunehmende Ausweitung und Differenzierung der Tätigkeitsfelder. Die Entwicklung der experimentellen Methode in der Psychologie Ende des 19. Jahrhunderts eröffnete die Möglichkeit, praktische Fragestellungen wissenschaftlich zu überprüfen. Seither erschlossen sich der Psychologie zunehmend neue Anwendungsbereiche, wobei diese Entwicklung einerseits bestimmt wurde durch die wissenschaftliche Entwicklung des Faches Psychologie, andererseits durch das zunehmende Interesse von Öffentlichkeit und Entscheidungsträgern an psychologischen Entscheidungshilfen. Zur historischen Entwicklung des Psychologenberufes schreibt Benesch (1985, 167):

„Psychologische Tätigkeiten hat es immer gegeben. Daraus jedoch einen Beruf machen zu können, aus dem man seinen Lebensunterhalt bezieht, das gibt es erst seit dem 19. Jahrhundert, als einige Professoren und Dozenten eine psychologische Lehrtätigkeit aufnahmen. Dabei gab es zwei Möglichkeiten. Eine Reihe von Lehrstühlen wurde von ihrem Inhaber umgewidmet. Beispielsweise entstanden so in Freiburg psychologische Professuren über die Philosophie, in Tübingen über die Erziehungswissenschaft, in Aachen über den Lehrstuhl für Werkzeugmaschinen, in Dresden über die Betriebswissenschaft. Eine andere Möglichkeit ergab sich aus den Neugründungen. William Stern übernahm 1916 das Hamburger ‚Vorlesungswesen‘ am ‚Kolonialinstitut‘ und konnte von dort aus tatkräftig die Gründung der Universität Hamburg betreiben, die 1919 erfolgte, wobei gleichzeitig ein Ordinariat für Psychologie geschaffen wurde, das er übernahm. Neugründungen von Psychologischen Instituten gab es vor allem in den USA. Bis 1884 gab es bereits 27 Universitäten mit psychologischen Laboratorien. In Europa verging noch längere Zeit bis zur Etablierung der psychologischen Institute an den Hochschulen.“

In Deutschland konstituierte sich der Psychologe als eigenständiger Berufsstand im Jahre 1941 durch die Einführung eines Diplom-Studienganges für das Fach Psychologie. Seither berechtigt ausschließlich der akademische Grad „Diplom-Psychologe“ zur psychologischen Berufstätigkeit. Trotz der einheitlichen Berufsbezeichnung ist die psychologische Tätigkeit – verglichen mit anderen Berufen – außerordentlich heterogen, es existiert kein einheitliches Berufsbild.

Systematiken der Psychologenberufe können immer nur Momentaufnahmen sein. Der heutige Stand der Anwendung von Psychologie ist gekennzeichnet durch eine starke Aufsplitterung in einzelne Gebiete, die kontinuierlich teils ausgebaut, teils beseitigt und teils durch neue Gebiete ergänzt werden (Benesch, 1984, 10).

Die Gesamtzahl berufstätiger Psychologen wurde für das Jahr 1984 in der Bundesrepublik Deutschland auf 20670 geschätzt (Kornadt, 1985). Die Zahl der Mitglieder des „Berufsverbandes Deutscher Psychologen“ (BDP) wuchs von 22 im Gründungsjahr 1946 auf 2962 im Jahre 1976, also in den ersten 30 Jahren seines Bestehens. Bereits zehn Jahre später hatte sich diese Zahl mehr als verdoppelt (Mitgliederzahl am 1. 1. 85: 6827).

Die berufstätigen Psychologen verteilen sich in der Bundesrepublik Deutschland auf folgende Tätigkeitsfelder (Raber, 1986; vgl. *Tabelle 1*):

Tabelle 1: Verteilung der berufstätigen Psychologen

Tätigkeitsfeld	Zahl der tätigen Psychologen	
Arbeits- u. Betriebspsychologie	1700	(8,5%)
Forensische u. Kriminalpsychologie	500	(2,5%)
Schulpsychologie	750	(3,7%)
Klinische Psychologie	12 000	(59,8%)
	(davon 4000 freiberuflich)	
Markt- u. Kommunikationspsychologie (Wirtschaftspsychologie)	1000	(5,0%)
	(davon 300 freiberuflich)	
Verkehrspsychologie	600	(3,0%)
Forschung und Lehre	3500	(17,5%)
Psychologen insgesamt	20 500	(100%)

Die *Beschäftigungsverhältnisse* der in der Bundesrepublik Deutschland tätigen Diplom-Psychologen stellen sich für das Jahr 1985 wie folgt dar (Raber, 1986):

Arbeitslose/ausbildungsfremd Beschäftigte	3000 = 15%
Selbständige	5000 = 25%
Angestellte/Beamte	12 000 = 60%

Nach einer Schätzung wird die Zahl erwerbstätiger Psychologen von 20000 im Jahre 1985 auf 40000 im Jahre 2000 steigen (um ca. 1300 Berufsanfänger/Jahr). Die Zahl der in Zukunft arbeitslosen Psychologen (3000 im Jahre 1985) muß offen bleiben. Der Ersatzbedarf liegt insgesamt für die nächsten 15 Jahre bei ca. 300 Psychologen/Jahr und steigt dann auf ca. 600 Psychologen/Jahr (Raber, 1986).

2 Die Problematik der Anwendung psychologischer Erkenntnisse in der Praxis

Die „Praxisferne" der Psychologie wird nicht nur von Studierenden im zweiten Studienabschnitt, die sich um die Anwendung psychologischer Grundlagenforschung auf praktische Fragestellungen bemühen, beklagt: „Niemand wird leugnen können, daß psychologische Forschung und psychologische Berufspraxis sich gegenwärtig in vielen Bereichen weitgehend entfremdet gegenüberstehen" (Holzkamp, 1972). Die Gründe für diese hier Entfremdung genannte Distanz zwischen psychologischer Theorie und psychologischer Praxis sind vielfältiger Art. Vor allem unterscheidet sich der psychologische Praktiker – im Gegensatz etwa zum sogenannten exakten Naturwissenschaftler – dadurch, daß er es in der Regel mit Menschen in ihrer außerordentlich komplexen Lebenswirklichkeit zu tun hat. Dies hat zur Folge, daß die Anwendung der meist in gänzlich anderen Zusammenhängen (z. B. im experimentalpsychologischen Laboratorium) gewonnenen Erkenntnisse der psychologischen Grundlagenforschung erschwert ist. Der Erkundung und Manipulation des „Objektes" des Praktikers sind enge Grenzen gesetzt. Diese werden nicht nur bestimmt durch die fachspezifischen Grenzen der „Machbarkeit" bzw. Anwendbarkeit psychologischer Theorien, sondern auch durch Fragen nach der Zielsetzung seines beruflichen Handelns, nach dessen ethischen, gesellschaftlichen und politischen Implikationen (Kaminski, 1984).

3 Tätigkeitsfelder

Die Studienreformkommission Psychologie (1985) nennt für den zweiten (praxisbezogenen) Studienabschnitt des Faches Psychologie folgende Anwendungsfächer: Klinische Psychologie, Pädagogische Psychologie und Arbeits-, Betriebs- und Organisationspsychologie. Diese Gliederung erscheint zu grob und unvollständig.

Eine umfassende und exakte Klassifikation der angewandten Psychologie stammt von Benesch (1984; 1985):

1. Angewandte Psychologie im Bevölkerungsbezug (Angewandte Sozialpsychologie):
   - Wirtschaftspsychologie
   - Werbepsychologie
   - Medienpsychologie
   - Umweltpsychologie
   - Freizeitpsychologie
   - Kulturpsychologie
   - Politische Psychologie
   - Öffentlichkeitspsychologie
   - Präventionspsychologie
   - Religionspsychologie
   - Sportpsychologie
   - Psychagogik
   - Tierpsychologie
   - Parapsychologie
2. Angewandte Psychologie in öffentlichen Institutionen, Industrie und Wirtschaft (Angewandte Organisationspsychologie):
   - Arbeitspsychologie
   - Betriebspsychologie
   - Berufspsychologie
   - Verkehrspsychologie
   - Forensische Psychologie
3. Klinische Psychologie in Beratung und Behandlung

Von besonderer praktischer Bedeutung ist die *Klinische Psychologie*. Die große Mehrheit berufstätiger Psychologen arbeitet in diesem Bereich, teils angestellt bei Institutionen (psychiatrische Krankenhäuser, Suchtkliniken, Rehabilitationskliniken, Erziehungsberatungsstellen, schulpsychologische Beratungsstellen, Beratungsstellen für Ehe-, Familien- und Lebensfragen usw.), teils als niedergelassene Psychotherapeuten in eigener Praxis.

Die Entwicklung der Klinischen Psychologie hat mittlerweile eine nahezu unüberschaubare Vielzahl von Therapieschulen und Interventionsstrategien hervorgebracht, die zum Teil wissenschaftlich außerordentlich kontrovers diskutiert werden. Eichmann und Meyer (1985) fanden im Deutschen Sprachraum 593 psychotherapeutische Verfahren, Formen und Schulen, die von 533 Autoren (Schulenbegründern) entwickelt wurden. Es wurden insgesamt 615 Ausbildungsinstitute angeführt, die in den genannten Verfahren aus-, fort- und weiterbilden. Es muß hier allerdings angemerkt werden, daß es sich dabei auch um „exotische", wissenschaftlich nur in geringem Maße abgesicherte Verfahren handelt.

Die psychotherapeutischen Verfahren der Klinischen Psychologie lassen sich wie folgt gliedern (Benesch, 1984):

verhaltensorientierte Therapie,
psychagogische Verfahren,
tiefenpsychologisch orientierte Therapie,

suggestionsorientierte Therapie,
erfahrungsorientierte Therapie,
integrativ orientierte Therapie,
körperorientierte Therapie,
kommunikationsorientierte Therapie,
Spezialtherapien.

4 Die Aus- und Weiterbildung praktisch tätiger Psychologen

Sieht man einmal von den Psychologen ab, die in Forschung und Lehre tätig sind, so ist die sinnvolle Aus- und Weiterbildung der sogenannten Praktiker teilweise umstritten. So wird einerseits die Forderung erhoben, das Studium praxisbezogener zu gestalten, indem z. B. der angehende Psychologe bereits vor Studienabschluß – unter Anleitung – praktisch-psychologisch arbeiten soll, andererseits wird gefordert, daß in einer gesetzlich geregelten Weiterbildungsphase nach dem Diplom – ähnlich dem praktischen Jahr der Mediziner – die Kompetenz zur selbständigen praktischen Tätigkeit erworben wird. Diese Überlegungen beziehen sich vor allem auf den Ausbildungsbereich Klinische Psychologie. Zur Zeit besteht – vor allem aufgrund von Versäumnissen des Gesetzgebers – in der Bundesrepublik Deutschland die unbefriedigende Situation, daß Psychologen gesetzlich gezwungen sind, nach Abschluß der Diplomprüfung eine „eingeschränkte Zulassung zur Ausübung der Heilkunde auf dem Gebiete der Psychotherapie" gemäß § 1 Heilpraktikergesetz (HPG) zu erwerben, die dazu berechtigt, uneingeschränkt diagnostisch, therapeutisch und beratend tätig zu werden. Der Gesetzgeber stellt damit den Diplom-Psychologen rechtlich dem (nichtakademisch ausgebildeten) Heilpraktiker gleich und entwertet so das Diplom.

Niemand wird die Notwendigkeit einer postgraduierten Weiterbildungsphase bestreiten. Die Situation ist hier übrigens für das Fach Psychologie nicht anders als für andere Studiengänge, wo der Hochschulabsolvent ja auch erst unter der Anleitung erfahrener Kollegen in seine berufliche Tätigkeit hineinwachsen muß.

5 Die berufliche Situation des Psychologen

Die Situation der Psychologen im nichtklinischen Bereich muß aufgrund der Erschließung neuer Tätigkeitsfelder und einer insgesamt positiven Akzeptanz psychologischer Dienstleistungen als relativ günstig beurteilt werden. Problematisch erscheint derzeit noch die Situation der Klinischen Psychologen, die gekennzeichnet ist durch ungeklärte rechtliche Rahmenbedingungen ihrer Tätigkeit und berufsständische Probleme, vor allem im Hinblick auf die zunehmende Übernahme psychologischer Tätigkeiten durch Mediziner. So besteht die groteske Situation, daß von Psychologen entwickelte Heilverfahren, z. B. Verhaltenstherapie, von Ärzten praktiziert werden und diese gleichzeitig versuchen, durch kassenrechtliche Vereinbarungen Psychologen von der Anwendung dieser psychologischen Therapieverfahren auszuschließen.

Andererseits genießt die Tätigkeit von Klinischen Psychologen im Gesundheitswesen hohe Anerkennung, so daß man auch für diesen Bereich – unter anderem durch Erschließung neuer Arbeitsfelder, z. B. der Schmerztherapie – von einer Erweiterung der beruflichen Möglichkeiten sprechen muß.

Neben den mehr berufs- und gesundheitspolitisch begründeten Problemen ist der Psychologe bei seiner Tätigkeit auch in besonderem Maße persönlichen Belastungen ausgesetzt. Er hat es sehr häufig mit ratsuchenden, problembelasteten oder „schwierigen" Menschen zu tun, und er befindet sich oft im Spannungsfeld unterschiedlichster Erwartungen, z. B. bei seiner Arbeit in Institutionen. Oft konfligieren hier Erwartungen des Arbeitgebers mit Interessen von Klienten oder mit den ethischen Verpflichtungen des Psychologen (Wienand, 1982). Die in vielen Tätigkeitsbereichen vom Psychologen geforderte „ganzheitliche" und „persönliche" Beschäftigung mit ratsuchenden Menschen stellt an seine Persönlichkeit erhebliche Anforderungen im Sinne von Belastbarkeit, ständiger Reflexion eigenen beruflichen Handelns und persönlicher Integrität. Der BDP versucht dem durch die Festlegung berufsethischer Verpflichtungen und die Forderung nach lebenslanger Weiterbildung Rechnung zu tragen, einzelne Therapieverbände fordern zum Teil exzessive Selbsterfahrung: Die Stundenzahl für Lehranalysen liegt bei den etablierten psychoanalytischen Ausbildungsinstituten zur Zeit bei 500 bis 1000 Stunden. Die Forderung nach Selbsterfahrung (die im Grunde nichts anderes darstellt als eine Eigentherapie des angehenden Therapeuten mit dem Ziel, seine Konflikte so weit zu bearbeiten, daß sie den therapeutischen Prozeß nicht ungünstig beeinflussen können) besteht völlig zu Recht. Allerdings stellt sie auch eine erhebliche persönliche, zeitliche und finanzielle Belastung des praktisch tätigen Psychologen dar, wie man sie kaum in einem anderen Beruf finden dürfte.

Literatur

Benesch, H.: Angewandte Psychologie. Grundlagen der Psychologie, Bd. 8. Weinheim: Beltz, 1985.
Benesch, H.: Einführung in die Angewandte Psychologie. In: Benesch, H./Dorsch, F. (Hrsg.): Berufsaufgaben und Praxis des Psychologen. München: Reinhardt, 1984, 10-26.
Eichmann, K./Mayer, I.: Kursbuch Psychotherapie. München: Weixler, 1985.
Holzkamp, K.: Kritische Psychologie. Frankfurt: Fischer, 1972.
Kaminski, G.: Zur Problematik der Anwendung in der Psychologie. In: Benesch, H./Dorsch, F. (Hrsg.): Berufsaufgaben und Praxis des Psychologen. München: Reinhardt, 1984.
Kornadt, H.-J.: Zur Lage der Psychologie. Psychologische Rundschau, 36, 1985, 1-15.
Raber, R.: Die Entwicklung des Arbeitsmarktes für Psychologen in der Bundesrepublik Deutschland. Report Psychologie, 1986, Heft 11/12, 9f.
Studienreformkommission Psychologie: Empfehlungen der Studienreformkommission Psychologie. Veröffentlichungen zur Studienreform 27. Bonn: Sekretariat der Kultusministerkonferenz, 1985.
Wienand, M. W.: Psychotherapie, Recht und Ethik. Weinheim: Beltz, 1982.

Computer

Martin Resch und Walter Volpert

1 Begriffsbestimmung

In der Informatik wird der C. definiert als eine Funktionseinheit zur automatischen Verarbeitung von Zeichen unter Anwendung von logischen, mathematischen, zeichensetzenden, speichernden und übertragenden Operationen (Schneider, 1983). Der C. ist eine Maschine, die geistige Routineaufgaben ausführt, also alle Aufgaben, die nach festgelegten Regeln bearbeitet werden können. Seine Anwendung kann im wesentlichen drei verschiedenen Zwecken dienen: Rationalisierungs-, Organisations- und Arbeitsmittel. In vielen Anwendungsbereichen sind alle drei Zwecke, allerdings mit jeweils unterschiedlichem Gewicht, vertreten.

- In Industrie und Verwaltung wird der C. als *Rationalisierungsmittel* eingesetzt. Er verringert den Umfang der benötigten menschlichen Arbeit zur Herstellung von Produkten oder Dienstleistungen. In Teilbereichen kann er menschliche Arbeit vollständig ersetzen (Briefs, 1980).
- Industriesoziologische Untersuchungen (z. B. Benz-Overhage et al., 1982) haben gezeigt, daß der C. auch als betriebliches *Organisationsmittel* eingesetzt wird, um neue Produktions- und Informationsabläufe herzustellen. Als gesellschaftliches Organisationsmittel dient der C. beim Einsatz in der staatlichen Verwaltung und bei der zunehmenden Vernetzung von Industrie, Verwaltung und Privatpersonen über Bildschirmtext, Teletex, Telefax etc. (Kubicek/Rolf, 1985).
- In der menschlichen Tätigkeit spielt der C. eine wichtige Rolle als *Arbeitsmittel*, und zwar in dreifacher Weise (Leontjew, 1982): (1) Der Mensch benutzt Arbeitsmittel, um die Gegenstände seiner Arbeit nach seinen Zwecken zu verändern. Das Arbeitsmittel ist der Leiter der Tätigkeit. Soweit bestimmt der C. die Arbeitstätigkeit. (2) Arbeitsmittel sind Veräußerung menschlicher Erfahrungen, Kenntnisse und Fähigkeiten. Werkzeuge können ebenso wie die aus ihnen hervorgehenden Maschinen als verlängerte Organe des Menschen betrachtet werden, mit denen er den Wirkungskreis seiner Arbeit erweitert. In diesem Sinne ist der C. ein Teil von uns (Bammé et al., 1983). (3) Als Vergegenständlichung gesellschaftlicher Erfahrung müssen die Arbeitsmittel von heranwachsen-

den Menschen angeeignet werden. Der C. wird zugleich zu einem Gegenstand, der Inhalt eines Lernprozesses ist.

2 Computer als Rationalisierungsmittel

Einsatzschwerpunkte. – Rationalisierungsmöglichkeiten durch den Einsatz des C. ergeben sich in der Verwaltung, im Dienstleistungsbereich, im Produktionsbereich und in den vorgelagerten Konstruktions- und Planungsabteilungen (Friedrich et al., 1982). Im Verwaltungsbereich führt die Einführung von C.-Systemen überwiegend zum Wegfall von Bürohilfstätigkeiten. Besonders betroffen sind gering qualifizierte Angestellte, dabei handelt es sich überwiegend um Frauen. Im Handel- und Versicherungsgewerbe sind die Beschäftigungsrisiken bislang geringer, ihre Zunahme ist aber sehr wahrscheinlich. Durch den Einsatz von Industrierobotern sind vor allem Arbeitsplätze in der Montage und der Teilehandhabung, zum Teil aber auch bei Bearbeitungsvorgängen wie Schweißen, bedroht (Wobbe-Ohlenburg, 1982). Die Einführung von computergesteuerten Werkzeugmaschinen gefährdet auch Facharbeiterplätze. In den vorgelagerten Abteilungen zeigen sich negative Beschäftigungseffekte zunächst für die Technischen Zeichnerinnen und Zeichner. Längerfristig ist damit zu rechnen, daß auch in der Konstruktion und Arbeitsplanung Arbeitsplätze entfallen.

Psychische und soziale Folgen. – Als Folgen längerdauernder Arbeitslosigkeit sind Depression, Apathie, Isolation, familiäre Schwierigkeiten, Alkoholismus und andere bekannt (Frese et al., 1978). Die Gründe der Arbeitslosigkeit liegen jedoch nicht in erster Linie im C.-Einsatz, sondern sind gesellschaftlicher Natur.

3 Computer als Organisationsmittel

Einsatzschwerpunkte. – In vielen Betrieben werden Personalinformationssysteme installiert, die Arbeitszeit, Leistungen, Beurteilungen, Fähigkeitsprofile, soziales Verhalten und psychische Merkmale der Arbeitnehmer speichern. Ihr Ziel ist es, die Flexibilität des Personaleinsatzes zu erhöhen und die Kontrolle von Fehlzeiten und Leistungsverhalten zu ermöglichen. In Vorbereitung sind Systeme, die Produktion, Konstruktion, Arbeitsvorbereitung und Vertrieb zentral steuern, etwa über Betriebsdatenerfassung (BDE), Produktionsplanungssysteme (PPS) oder Computer Integrated Manufacturing (CIM = computergesteuertes integriertes Herstellen). Zwischen Betrieb, Verwaltung und Privatpersonen werden integrierte Fernmeldenetze aufgebaut (Kubicek/Rolf, 1985). Es entstehen neue Organisationsstrukturen, die höhere Flexibilität ermöglichen. Arbeitsplätze können räumlich vom Betrieb abgekoppelt und zu Heimarbeitsplätzen werden. Eine flächendeckende Ausstattung der Haushalte mit Bildschirmtext ermöglicht es, Einkäufe, Behördengänge und Bankgeschäfte vom Wohnzimmer aus zu erledigen.

Die verschiedenen personenbezogenen Dateien in Behörden und Sozialversicherungen werden spätestens mit der Einführung des maschinenlesbaren Personalausweises miteinander kombinierbar. Damit steht auch dem Staat ein umfassendes Kontroll- und Überwachungspotential zur Verfügung.

Psychische und soziale Folgen. – Die verstärkte leistungs- und personenbezogene Kontrolle im Betrieb führt zu einem Gefühl des Ausgeliefertseins an die Machtfülle des C. Der Zwang zur Anpassung erhöht sich noch durch die Gefahr der Arbeitslosigkeit. Die Kontrollmöglichkeiten des Staates, mit denen von jedem Bürger ein „Datenschatten" erzeugt werden kann, tragen mit dazu bei, um bei dem Betroffenen ein Gefühl der Hilflosigkeit zu erzeugen. Die ständige Orwellsche Überwachung und Kontrolle in Betrieb und Gesellschaft schränkt die individuellen Rechte ein, schafft einen Zwang zum Konformismus und beschneidet die freie Entfaltung der Persönlichkeit. Auf die Gefahr der sozialen Isolierung, die mit der „Telematik-Ecke" einhergeht, weist Volpert (1985) hin. Wenn es möglich ist, fast alle Besorgungen am heimischen Bildschirm zu erledigen, droht der menschliche Partner zu verschwinden und durch den „Dialog" mit dem C. ersetzt zu werden. Die Einrichtung von Heimarbeitsplätzen wird die sozialen Kontakte weiter verringern und gerade für Frauen zu größerer wirtschaftlichen und sozialen Unsicherheit führen.

4 Computer als Arbeitsmittel

4.1 Veränderung der Arbeitstätigkeit

Entwicklungstendenzen. – Mit der Einführung des C. in der Verwaltung verstärkt sich die Tendenz, einfache Routineaufgaben und qualifizierte Fachaufgaben zu trennen (Friedrich et al., 1982). Es zeigt sich eine zunehmende Tendenz maschinengesteuerter Arbeitsteilung und Standardisierung. Auch im Dienstleistungsgewerbe bleibt das Taylorsche Prinzip der Trennung von dispositiven und ausführenden Tätigkeiten in der Regel erhalten. Der Einsatz von Industrierobotern führt in vielen Fällen zur Schaffung von Restarbeitsplätzen mit geringen Arbeitsinhalten und hohen Belastungen. An computergesteuerten Werkzeugmaschinen finden sich überwiegend abnehmende Qualifikationsanforderungen, allerdings gibt es auch gegenläufige Tendenzen. Die verstärkte Arbeitsteilung führt auch in Konstruktion und Arbeitsvorbereitung für die meisten Beschäftigten zu einem Verlust an Qualifikation. Generell verstärkt der Einsatz des C. die Tendenz zum Zwei- oder sogar Dreischichtbetrieb, eine Entwicklung, die selbst vor dem Konstruktionsbüro nicht haltmacht (Cooley, 1978). Dabei ist allerdings darauf hinzuweisen, daß die Tendenz zur Formalisierung und Standardisierung von Arbeitsabläufen und die Trennung von dispositiven und ausführenden Aufgaben bereits vor der Einführung des C. existierten. Nach dem Siegeszug des Taylorismus in der Industrie wurden auch bald in der Büroarbeit tayloristische Prinzipien eingeführt mit dem Ziel höherer Effektivität und Kontrolle (Braverman, 1977).

Psychische und soziale Folgen. – Die Mehrzahl der empirischen Studien über die Folgen des Einsatzes von C.n kommt zu dem Ergebnis, daß die Folgen für die Beschäftigten überwiegend negativ sind: Reduzierung der Handlungsspielräume in der Arbeit, Verlust traditioneller Qualifikationsanforderungen, neue Belastungen für Augen und Haltungsapparat, neue psychische Belastungen durch höheres Arbeitstempo, Monotonie, Sogwirkung des Bildschirms und durch schlecht gestaltete Software, verringerte Kommunikationsanforderungen und soziale Isolierung. Positive Effekte werden allenfalls durch den Abbau körperlicher Schwerstbelastung durch den Einsatz von Industrierobotern u. ä. berichtet (Wobbe-Ohlenburg, 1982). Damit verschlechtert sich die Arbeit in den Faktoren, die schon seit längerem Gegenstand der „Industriellen Psychopathologie" (Frese et al., 1978) sind. Geringer Handlungsspielraum in der Arbeit führt zu geringerem psychischen Wohlbefinden, zu einer Einschränkung der geistigen Beweglichkeit und zu geringerem sozialen und politischem Engagement. Psychische Belastungen in der Arbeit führen zu psychosomatischen Beschwerden und psychischen Störungen.

Zu betonen bleibt, daß die Folgen des C. nicht zwangsläufig mit der Technik verbunden sind, sondern eine Folge des „technozentrierten Entwicklungspfades" (Brödner, 1985) sind. Für fast alle Einsatzbereiche gibt es alternative Gestaltungsvorschläge (Ulich, 1983; Brödner, 1985), die zu einer Verbesserung der Arbeitsbedingungen führen würden. Der Einsatz des C. ist jedoch überwiegend durch seinen Zweck als Rationalisierungs- und Organisationsmittel bestimmt, so daß Beispiele für alternative Arbeitsgestaltung sehr selten geblieben sind.

4.2 Mensch und Computer

In Werkzeugen oder Maschinen materialisieren die Menschen die zum Zweck der Naturbeherrschung gesellschaftlich erarbeiteten Verfahren. Als Vergegenständlichung menschlichen Denkens ist der C. zugleich das einzige *äußere* Modell unseres Denkens, das wir bisher besitzen. Turkle (1984) hat darauf hingewiesen, daß die Gleichsetzung von C.prozessen mit menschlichem Denken ein schwerer Schlag für das Selbstverständnis des Menschen ist. Diese Herausforderung ist Anlaß einer breiten gesellschaftlichen Diskussion, die Themen der Philosophie, Soziologie, Psychologie und Technikgeschichte umfaßt. Es lassen sich grob drei Positionen ausmachen: (1) In den 50er Jahren entstand in den USA eine Forschungsrichtung, die ihr Gebiet selbst als „Artificial Intelligence" (AI = Künstliche Intelligenz) bezeichnete. Ihr Postulat besteht darin, daß menschliches Denken als ein besonders kompliziertes C.programm zu verstehen sei. Manche Vertreter dieser Forschungsrichtung gehen sogar davon aus, daß der C. eine Form von Intelligenz darstelle, die dem Menschen überlegen sei (Feigenbaum/McCorduck, 1984). (2) Gegen diesen „Imperialismus der Künstlichen Intelligenz" (Turkle, 1984) argumentiert Dreyfus (1985), indem er nachweist, daß in allen wichtigen Gebieten der AI (Sprachübersetzung, Problemlösung, Mustererkennung, sensorische Informationsverarbeitung) auf einige spektakuläre Anfangserfolge eine bis heute andauernde Phase der Stagnation folgte. Weizenbaum (1978) hält einen Vergleich von Mensch und C. generell für eine „fruchtlose Übung". Bammé et al. (1983) haben jedoch die zunächst verblüffende These aufgestellt, daß die Maschine ein Teil von uns sei. Es gebe maschinisierte und nicht-maschinisierte Anteile in der Persönlichkeitsstruktur des Menschen. (3) Eine weitere Kritik an dem Anspruch der AI-Forschung setzt an dem Unterschied von Denkprozeß und Operation, von Tätigkeit und Resultat an. Der Denkprozeß, als lebendige menschliche Tätigkeit, schafft bestimmte logische oder mathematische Operationen, die als Hilfsmittel des Denkens dienen. Diese Operationen können in der einen oder anderen Form verkörpert werden – z. B. als Maschinen (Leontjew, 1982). Wenn dem C. die

Fähigkeit des Denkens zugeschrieben wird, so liegt darin eine bestimmte Verkehrung: die durch die menschliche Erkenntnistätigkeit erzeugten gedanklichen Zeichenoperationen scheinen das Denken selbst zu erzeugen (Leontjew, 1982; vgl. auch Resch, 1985).

4.3 Aneignung des Computers

Die vom Menschen geschaffenen Werkzeuge müssen von den nachfolgenden Generationen wieder angeeignet werden. Der C. spielt eine doppelte Rolle im Aneignungsprozeß: er muß angeeignet werden, und er kann zugleich ein Mittel des Lernens sein. An dieser Stelle ist es jedoch schwierig, zwischen dem Einfluß des C. und den von den neuen Medien (z. B. Video) ausgehenden Veränderungen zu unterscheiden. Viele Autoren verwenden daher das Stichwort „Neue Medien" als Oberbegriff.

Computer als Lerngegenstand. – Der C. stellt das Bildungssystem vor neue Anforderungen. Vertreter der staatlichen Bildungspolitik fordern, daß die Schule keine „Computer-Analphabeten" in die Arbeitswelt entlassen dürfe. Haefner (1982) warnt vor einer „neuen Bildungskrise". Er sieht eine wichtige Aufgabe des Bildungswesens darin, eine Akzeptierung der Informationstechnik herzustellen. Kritiker sehen darin den Versuch, die Schüler frühzeitig an die monotone und sinnentleerte Bildschirmtätigkeit im späteren Beruf zu gewöhnen (Volpert, 1985). Pfeiffer und Rolff (1985) befürchten, daß die ungebremste Einführung des C. zu einer „Zwangsentschulung" führt: private und öffentliche Institutionen stellen die Software zur Verfügung, Lehrer werden durch Apparate ersetzt. Sie fordern eine Begrenzung des Einsatzes des C. in der Schule. Anstelle des von staatlichen Stellen geforderten „informations-technischen Wissens" solle Praxiswissen vermittelt werden, das auf primären Erfahrungen mit Menschen, Sachen und Ideen gründet. Die „Erfahrungen aus der ersten Hand" müßten bewußt gegen die „Medienerfahrung aus zweiter Hand" gesetzt werden.

Computer als Lernmittel. – Programmiertes Lernen gab es bereits in den 70er Jahren, allerdings fand diese Methode wenig Anklang. In Anlehnung an Piagets Entwicklungstheorie hat Papert (1985) eine neue Verwendung des C. vorgeschlagen. Auf der Basis der leicht zu beherrschenden Programmiersprache Logo sollen Kinder schon im Vorschulalter spielend programmieren lernen. Eurich (1985) hingegen geht davon aus, daß durch den Umgang mit dem C. das Denken frühzeitig kanalisiert und seiner prinzipiell möglichen ganzheitlichen Momente beraubt wird. Die „Mediatisierung der Erfahrung" gehe vornehmlich zu Lasten der Kreativität und Phantasie. Einen sinnvollen Einsatz könnte der C. in höheren Schulklassen als Mittel zur Simulation komplexer Prozesse finden (Raeithel/Volpert, 1985).

5 Computer-Kultur

Wie in den vorausgehenden Kapiteln dargelegt, verändert die Einführung des C. und der sog. Neuen Medien wichtige Aspekte unseres Alltagslebens und sogar unseres Selbstbildes. Dies führt zu Überlegungen, wieweit solche Einflüsse nicht auch wesentliche Merkmale der kulturellen „Basispersönlichkeit" und der Formen des Zusammenlebens verändern, im Sinne einer – anbrechenden oder drohenden – „Computer-Kultur" (Turkle, 1984; Volpert, 1985). Als solche Veränderungen werden angenommen bzw. befürchtet:

- eine starke Orientierung auf Zweckrationalität und formale Prozeduren der Problemlösung bei Verlust ganzheitlicher Sichtweisen und Könnensformen; damit verbunden die zunehmende Flucht in „synthetische Welten";
- eine starke, auch gefühlsmäßige Fixierung auf technische Produkte bei Reduktion unmittelbarer Kontakte und emotionaler Verarmung;
- die Selbstinterpretation als „Maschine" bei Leugnung eines autonomen Ichs oder freien Willens und ggf. Abspaltung und Isolierung des Bereiches von Emotion und Phantasie.

Solche Persönlichkeitsveränderungen werden nicht nur mit großer Wahrscheinlichkeit zu erheblichen Beeinträchtigungen des psychischen Wohlbefindens führen, sondern auch zu einer dramatischen Verringerung der Fähigkeit, angesichts komplexer gesellschaftlicher und z. B. ökologischer Probleme zu vernunftsgemäßen Lösungen zu kommen.

Zur Verhinderung einer solchen C.-Kultur wird u. a. gefordert, sich (wieder) auf die *Stärken des Menschen* zu besinnen und diese – etwa im Bereich von Bildung und Arbeit – zu schützen und zu fördern (Konzept der „kontrastiven Aufgabenanalyse und -gestaltung", Volpert, 1985). Dies beinhaltet auch die Abkehr von mechanistischen und C.-Modellen des menschlichen Denkens und Handelns in der Psychologie.

6 Zusammenfassung und Ausblick

Die im Zusammenhang des Einsatzes des C. entstandenen gesellschaftlichen Kontroversen sind überwiegend gekennzeichnet durch das Aufgreifen alter Streitfragen, z. B. nach einer Wirtschaftspolitik gegen die Arbeitslosigkeit, einem Ausgleich von Freiheit des Bürgers und Überwachung durch den Staat, dem Konflikt von Wirtschaftlichkeit und Humanität, der Gleichstellung der Frau, dem Bild des Menschen oder der Zielstellung der Bildungspolitik. Neu ist jedoch die Schnelligkeit, mit der sich anscheinend irreversible gesellschaftliche bzw. kulturelle Strukturveränderungen durchsetzen. Erschreckend ist der Mangel von gesellschaftlichem Wissen über mögliche Folgen, vergleicht man es mit dem Tempo, mit dem der C. in alle gesellschaftlichen Bereiche gedrückt wird. Eine stärkere Kontrolle des C.einsatzes ist unabdingbar: z. B. sollten die Folgen des Umgangs mit dem C. für Kinder untersucht werden, bevor der Startschuß zum massenweisen Einsatz in den Schulen gegeben wird. Aber es steht zu befürchten, daß auch diesmal wieder erst dann kritische Fragen zugelassen werden, wenn die Mißerfolge nicht mehr zu übersehen sind. Eine solche nachträgliche Erforschung von Technologiefolgen ist eine wenig sinnvolle Politik, die bereits bei vielen anderen Problemen (z. B. ökologische Folgen der Industrialisierung) gescheitert ist.

Literatur

Bammé, A./Feuerstein, G./Genth, R./Holling, E./Kahle, R./Kempin, P.: Maschinen-Menschen Mensch-Maschinen. Reinbek: Rowohlt, 1983.

Benz-Overhage, K./Brumlop, E./Freyberg, Th. v./Papadimitriou, Z.: Neue Technologien und alternative Arbeitsgestaltung. Frankfurt am Main: Campus, 1982.

Braverman, H.: Die Arbeit im modernen Produktionsprozeß. Frankfurt am Main: Campus, 1977.

Briefs, U.: Arbeiten ohne Sinn und Perspektive? Köln: Pahl-Rugenstein, 1980.

Brödner, P.: Fabrik 2000. Berlin (West): Edition Sigma Bohn, 1985.

Cooley, M. J. E.: Computer Aided Design. Stuttgart: Alektor-Verlag, 1978.

Dreyfus, H. L.: Die Grenzen künstlicher Intelligenz. Königstein: Athenäum, 1985.

Eurich, C.: Computerkinder. Reinbek: Rowohlt, 1985.

Feigenbaum, E. A./McCorduck, P.: Die Fünfte Computer-Generation. Basel: Birkhäuser, 1984.

Frese, M./Greif, S./Semmer, N. (Hrsg.): Industrielle Psychopathologie. Bern: Huber, 1978.

Friedrich, J./Wicke, F./Wicke, W.: Computereinsatz: Auswirkungen auf die Arbeit. In: Zimmermann, L. (Hrsg.): Humane Arbeit – Leitfaden für Arbeitnehmer, Bd. 3). Reinbek: Rowohlt, 1982.

Haefner, K.: Die neue Bildungskrise. Basel: Birkhäuser, 1982.

Kubicek, H./Rolf, A.: Mikropolis. Hamburg: VSA, 1985.

Leontjew, A. N.: Tätigkeit Bewußtsein Persönlichkeit. Köln: Pahl-Rugenstein, 1982.

Papert, S.: Gedankenblitze. Reinbek: Rowohlt, 1985.

Pfeiffer, H./Rolff, H.-G.: Informationstechnisches Wissen oder praktische Bildung? Zeitschrift für Sozialisationsforschung und Erziehungssoziologie, 5, 1985, 223-238.

Raeithel, A./Volpert, W.: Aneignung der Computer oder Telematik-Monokultur? Zeitschrift für Sozialisationsforschung und Erziehungssoziologie, 5, 1985, 205-221.

Resch, M.: Veränderung geistiger Arbeit durch den Computer. In: Hochschule der Künste Berlin und Deutscher Gewerkschaftsbund, Landesbezirk Berlin (Hrsg.): Technik Kultur Gesellschaft. Berlin (West): Verlag für Ausbildung und Studium, 1985, 211-223.

Schneider, H.-J. (Hrsg.): Lexikon der Informatik und Datenverarbeitung. München: Oldenbourg, 1983.

Turkle, S.: Die Wunschmaschine. Reinbek: Rowohlt, 1984.

Ulich, E.: Alternative Arbeitsstrukturen – dargestellt am Beispiel der Automobilindustrie. Psychologie und Praxis, 27, 1983, 70-78.

Volpert, W.: Zauberlehrlinge. Weinheim: Beltz, 1985.

Weizenbaum, J.: Die Macht der Computer und die Ohnmacht der Vernunft. Frankfurt am Main: Suhrkamp Taschenbuch Wissenschaft, 1978.

Wobbe-Ohlenburg, W.: Automobilarbeit und Roboterproduktion. Berlin (West): Verlag Die Arbeitswelt, 1982.

Denken und Problemlösen

Rainer Seidel

Im Sprachgebrauch hat „Denken" einen weitgespannten Bedeutungshorizont. Er reicht vom Begreifen der Existenz („das Denken unserer Epoche") bis zur individuellen Befindlichkeit („ich denke an dich"), von der Fantasie („sich etwas ausdenken") bis zur Wahrnehmung („ich denke, dieses Geräusch war ein Vogelschrei"). Der Ausschnitt, den die Psychologie untersucht, ist traditionellerweise das D. in seiner *instrumentalen Funktion,* d. h. die Tätigkeit des Verstandes im Dienst bestimmter Zwecke und Ziele. Die Grundsituation und Untersuchungseinheit des D. in dieser Funktion ist die *Aufgabe.* D. als bewußte geistige Tätigkeit ist dabei im wesentlichen dann gefordert, wenn die Aufgabe eine Schwierigkeit enthält und somit ein *Problem* darstellt. Beim „Problemlösen" spielen elementarere Vorgänge wie Deduktion, Induktion und Begriffsbildung eine Rolle, die auch gesondert untersucht werden.

1 Grundlegende Konzeptionen des Denkprozesses

Die erste psychologische Konzeption des D. in der neuzeitlichen Wissenschaft wurde von den englischen *Empiristen* des 17./18. Jahrhunderts entwickelt. Das grundlegende Modell stammt von J. Locke (1689): Der Geist (Seele, Verstand) setzt sich aus einzelnen, nicht weiter zerlegbaren Elementen, den „einfachen Ideen" zusammen, die sich durch „Sensation" und „Reflexion", d. h. durch Sinneseindrücke und innere Wahrnehmung, dem zunächst von Vorstellungen freien Geist (tabula rasa) einprägen. Die geistige Tätigkeit besteht darin, aus den einfachen Ideen mittels Kombination, Inbeziehungsetzen und Abstraktion „komplexe Ideen" zu bilden, die durch *Assoziation* in Verbindung stehen.

Als man, mit Beginn der empirischen Psychologie Ende des 19. Jahrhunderts, daran ging, auf der Grundlage der Assoziationstheorie genauere Vorstellungen vom geistigen Geschehen zu entwickeln, bemerkte man, daß das D. nicht rein durch Assoziation zu erklären sei. H. Ebbinghaus z. B. notierte (1908, 121), daß ein rein assoziatives D. der pathologischen Ideenflucht gleichkäme und durch eine „Obervorstellung" im Zaum gehalten werden müsse: „Geordnetes Denken", so sein bekannter Ausspruch, „ist ein Mittleres zwischen Ideenflucht und Zwangsvorstellung". Die Assoziationstheorie mit ihrem axiomatischen Ausgangspunkt, das Bewußtsein sei letztlich eine Summe *sinnlicher* Elemente, konnte für die Untersuchung des D. nicht weiter fruchtbar werden. Es ist die Leistung der sog. *Würzburger Schule,* u. a. unter dem Einfluß der Phänomenologie Husserls, die sensualistische Voranahme aufzubrechen. Als erster zeigte O. Külpe, in seinen Experimenten über Abstraktion (1904), daß es originär *unanschauliche* Bewußtseinsinhalte gibt. In weiteren Experimenten (von A. Messer, K. Bühler u. a.) wurde versucht, das innere Geschehen beim D. aufs genaueste phänomenologisch zu erfassen. Ihre Versuchspersonen sollten alles, was in ihnen vorging, berichten, *rein beschreibend* ohne jede interpretative Zutat.

Allerdings hatten die Würzburger nur die Frage gestellt, was *beim* D. geschieht, und noch nicht die Frage, was *durch* das D. geschieht, wie also das D. die gestellte Aufgabe bewältigt. Als erster arbeitete O. Selz heraus, daß das D. wesentlich ein In-Beziehung-Setzen von *Ziel* und *Mittel* ist. Durch das D. wird das fehlende Mittel *gesucht* und entweder im Gedächtnisvorrat vorgefunden (*reproduktives* D.) oder *neu* bereitgestellt (*produktives* D.) (Selz, 1913).

Abb. 1: Parallelogramm-Aufgabe

Die Erkenntnisse der Würzburger Schule und von Selz flossen in die *gestaltpsychologische* Konzeption des Denkprozesses ein, deren Grundzüge in den zwanziger und dreißiger Jahren durch Wertheimer und Duncker entwickelt wurden. Das Wesentliche läßt sich leicht an einem Beispiel wie der Parallelogramm-Aufgabe von Wertheimer darlegen (s. Abb. 1). Es geht darum, den Flächeninhalt des Parallelogramms (ABCD) zu bestimmen, nachdem man den Flächeninhalt des Rechtecks, F = axb, bereits kennt. Wertheimer (1957) beobachtete bei Schulkindern u. a. die in der Abbildung skizzierte Lösung, deren Entstehung er so beschreibt: Der mit der Aufgabe befaßte Mensch versucht, das Parallelogramm in seiner Struktur, als gestalthafte Ganzheit zu erfassen. Dabei kommt er – mehr oder minder schlagartig – zu der *Einsicht,* daß die schiefen Seiten irgendwie zu begradigen wären; in diesem Zusammenhang wird die Hilfslinie $\overline{DE}$ hinzugesehen, und das Dreieck AED wird als „störend", als ein Zuviel erlebt. Gleichzeitig wird erkannt, daß dem Zuviel auf der linken Seite ein Zuwenig auf der rechten Seite (Dreieck BFC) entspricht. Das heißt also: In einem *„dynamischen"* Prozeß – hier u. a. das In-Beziehung-Treten eines Zuviels und eines Zuwenigs – wird die ursprüngliche Gestalt *umstrukturiert* in Richtung auf die *„prägnantere"*, klarere, einfachere Gestalt des Rechtecks.

An Wertheimers Arbeit zum D. zeigt sich noch, daß die ursprüngliche Domäne der Gestaltpsychologie die Wahrnehmung war. Seinem Schüler K. Duncker gelang es (Duncker, 1935/1966), die gestaltpsychologischen Ideen voll für die Denkforschung fruchtbar zu machen. Nach seiner Theorie vollzieht sich der Denkprozeß in bestimmten Verfahrensweisen wie dem Analysieren des „Konflikts" zwischen Ziel und Mittel, dem Analysieren des Ziels, der Beschreibung der Gesamtsituation usw. und ist insgesamt aufzufassen als der Vorgang der *heuristischen Suche.* Ein zentrales Erfordernis ist, daß der Denkende die zur Verfügung stehenden Objekte und Operationen in ihrem *„Funktionalwert"*, d. h. in ihrer Tauglichkeit als Mittel für das Ziel, erkennt und auswertet.

Mit dem Vordringen des *Behaviorismus,* der im wesentlichen ja eine aufs Handeln verlegte Assoziationstheorie ist, mußte das Interesse am Denkprozeß wieder zurückgehen. In den wenigen Arbeiten zum P. (wie z. B. Hull, 1935) wurde im Prinzip nur versucht, relativ elementare Erkenntnisvorgänge in behavioristischer Terminologie darzustellen.

Bis zum Beginn der 60er Jahre ist lediglich eine substantielle Arbeit zu verzeichnen: die – mittlerweile vielbeachtete – Untersuchung von A. De Groot zum Denken des Schachspielers (1946/1978). De Groot, der auf Selz sowie auf Duncker aufbaut, beschrieb in detaillierten Analysen die heuristische Suche als ein *progressives Vertiefen:* Der Problemlöser verfolgt mehrere Ideen (Breitendimension), die er jeweils ein Stück weit in die Tiefe vorausbedenkt, um dann die erfolgversprechendsten Varianten wieder tiefer zu untersuchen.

Erst mit der sog. *kognitiven Wende* der Psychologie kam die Forschung zum Lösen komplexer Probleme wieder in Gang. Genauer besehen ist der Kognitivismus in der Theorie durch die moderne *Linguistik* (Chomsky) und in der praktischen Seite durch die *Computerprogrammierung* (Künstliche Intelligenz) bestimmt. Dies zeigt sich auch klar in dem Standardwerk zum P. von Newell und Simon (1972). Die methodologische Grundidee ist: Wenn es gelingt, ein Computerprogramm zu schreiben, das bei der Lösung des gegebenen Problems dieselben Lösungsschritte ausgibt wie ein menschlicher Problemlöser, so kann dieses Programm als eine hinreichende Theorie oder Modell des (menschlichen) Denkprozesses gelten. Dem damaligen Stand der Linguistik entsprechend ging man davon aus, daß es eine *allgemeine,* „syntaktische" Problemlösefähigkeit gebe. Diese wurde in dem Programm „General Problem Solver" (GPS) dargestellt. GPS realisiert in der Tat einige der Vorgehensweisen der heuristischen Suche, wie sie etwa Duncker dargestellt hatte. Im Vergleich zu Duncker ist diese Theorie präziser formuliert und detaillierter ausgestaltet. Inhaltlich fällt sie jedoch hinter den früheren Erkenntnisstand zurück: Während für die Gestaltpsychologen der Schlüssel des problemlösenden D. im *Verstehen* der Sache lag, geht es im Informations-Verarbeitungs-Ansatz nur um den *von außen beschreibbaren Lösungsweg.*

Nach dem anfänglichen Überoptimismus stellte sich aber heraus, daß der rein syntaktische Ansatz ganz unzureichend ist. Schon für De Groot hatte sich gezeigt, daß die Leistungsunterschiede zwischen seinen Versuchspersonen, hochqualifizierten Schachspielern, nicht auf deren heuristische Suchtechniken zurückgingen, sondern vielmehr schlicht auf deren inhaltliches Wissen. (In den früheren klassischen Experimenten konnte die Bedeutung des Wissens nicht auffallen, da man die Versuchspersonen darin bewußt gleich hielt, indem die gegebenen Aufgaben nur eine durchschnittliche Schulbildung erforderten.) Parallel zur Entwicklung semantisch orientierter Theorien in der Linguistik ging man nunmehr davon aus, daß D. weitgehend als ein Prozeß der *Repräsentation und Verarbeitung von Wissen* zu sehen sei. Die Forschung zum D. rückte damit (wieder) in die Nähe der *Gedächtnisforschung.* Interessanterweise wurde in diesem Zusammenhang auch das Verstehen wieder thematisiert (Greeno, 1977; Emmett, 1983), auch in Form der Frage, ob den Maschinen ein „Denken" oder „Verstehen" zugesprochen werden könne (Searle, 1980).

In letzter Zeit wird in der Forschung zum Lösen komplexer Probleme zunehmend die Simulation von Aufgaben durch Computer benutzt (Eyferth, et al., 1986). Ob es sich hierbei um substantielle Forschungsideen oder nur eine Experimentaltechnik handelt, bleibt abzuwarten.

2 Einzelfragen

Rolle der Logik. – Eine alte Frage ist, welche Rolle die formale Logik im Denkprozeß spielt, die immer wieder als Garant „richtigen" D. angesehen wird. Hierbei geht es nicht so sehr um das Verfügen über gewisse Grundoperationen (z. B. Inversion: +A−A=0), wie sie u. a. von Piaget beschrieben worden sind, sondern um das explizite Schlußfolgern oder die *Deduktion.* Bereits J. St. Mill (1843) wies darauf hin, daß die deduktive Logik (Syllogistik) zwar zum systematischen Aufbau der Wissenschaft nützlich sei, jedoch kaum etwas zur Gewinnung neuen Wissens beitrage. Zahlreiche psychologische Experimente (Evans, 1982) zeigen, daß der durchschnittliche Mensch in der Tat nur über wenig Kompetenz im formallogischen Schlußfolgern verfügt.

Mill hatte auch aufgezeigt, daß die Logik vielmehr in Form des Schließens aus empirischen Daten, als *Induktion,* fruchtbar ist. Das Kernstück des induktiven D. ist das Aufstellen und Prüfen von *Hypothesen.* Psychologisch wurde dies u. a. in den sog. *Begriffsbildungs-Experimenten* untersucht, die nach dem Muster von Ratespielen aufgebaut sind. In der bekanntesten Untersuchung dieser Art konnten Bruner et al. (1956) zeigen, daß die Hypothesen nach bestimmten *Strategien* ausgewählt werden.

Die Grenze des induktiven D. liegt darin, daß die Anzahl zu prüfender Hypothesen und Beispiele schon bei wenigen Merkmalsdimensionen und -ausprägungen immens groß ist (Hunt et al., 1966). Die hierdurch entstehende Lücke könnte durch die von C. S. Peirce (1878/1968) konzipierte Logik der *Abduktion* überbrückt werden, die das Entstehen der Hypothese zu fassen versucht. Abduktion ist z. B. das, was uns im scharfsinnigen Schlußfolgern des Detektiven im Kriminalroman fasziniert. Sie ist allerdings in der psychologischen Denkforschung bisher kaum aufgegriffen worden.

Denken und Sprache. – Sowohl seitens der Sprachtheorie als auch der Psychologie ist das allgemeine Verhältnis von D. und Sprache untersucht und kontrovers diskutiert worden. Für das P. im engeren Sinne dürfte die Frage von besonderer Bedeutung sein, welche Beziehungen zwischen der Struktur der Sprache und der *Struktur des Denkvorgangs* bestehen. So gehen z. B. die Autoren des Programms der „kognitiven Wende" (Miller et al., 1960) davon aus, daß alles Verhalten eine Syntax im Sinne der Chomskyschen Sprachtheorie besitze. Eine bekannte Tatsache ist auch, daß die *Formulierung eines Problems* und der Zwischenresultate bei der Lösung einen Einfluß auf seine Lösbarkeit besitzt (Hayes/Simon, 1977).

Methodik der Untersuchung des Denkprozesses. – Als die Experimentatoren der Würzburger Schule die *Introspektion* (kontrollierte Selbstbeobachtung) einführten, entzündete sich bereits eine heftige Kontroverse (Wundt), die sich später in der völligen Ablehnung subjektiver Daten durch das Programm des Behaviorismus fortsetzte. Begründet wurde die Zurückweisung der Selbstbeobachtung mit deren Unzuverlässigkeit, Störanfälligkeit und Unkontrollierbarkeit. Im Grunde handelte es sich bei diesem Argument mehr um eine Verschiebung des Forschungsinteresses, indem das Erleben, die phänomenale Welt, nicht mehr als Gegenstand psychologischer Wissenschaft zugelassen wurde. Interessiert man sich aber für den Denkprozeß *als Phänomen,* so gibt es keinen anderen Zugang als den durch Introspektion, Mitteilung und Interpretation. Allerdings gibt es prinzipielle Grenzen für die Introspektion: Gerade die Versuche, menschliches Wissen auf Maschinen zu übertragen, haben deutlich gemacht, daß wir als Denkende neben den uns zugänglichen Phänomenen auch Wissen einsetzen und Kompetenzen besitzen, von denen wir nichts wissen und über die wir folglich auch nicht berichten können. Solcherart Kompetenz kann nur über rein *objektive Methoden* wie Lösungszeiten, getroffene Entscheidungen, gemachte Fehler usw. ermittelt werden. Von *Duncker* wurde die Methode des *„lauten Denkens"* eingeführt, die von den Kognitivsten wieder aufgegriffen wurde. Sie kann als objektive Methode (als verbales Verhalten) aufgefaßt werden, aber auch als introspektive (nämlich wenn man die Äußerungen der Versuchsperson als Mitteilung über innere Zustände nimmt).

3 Anwendung, Kritik, Perspektiven

Ein Anwendungsfeld der Psychologie des P. ist die *Didaktik* im mathematischen und naturwissenschaftlich-technischen Bereich. Nicht selten wird Enttäuschung darüber geäußert, daß sie dagegen offensichtlich kaum zur Lösung persönlicher oder gesellschaftlicher Probleme beitragen kann. Es gibt zwar Versuche zu ihrer Anwendung in der *Therapie* (Kämmerer, 1983), jedoch handelt es sich dabei um mehr oberflächliche, quasi technische Aspekte des psychischen Geschehens.

Der Grund für die Begrenztheit der Problemlöse-Theorien liegt in ihrer Ausrichtung auf allein das instrumentelle D. Es wird dabei das Ziel des Handelns und D. immer als gegeben vorausgesetzt, die historische oder individuelle *Entstehung* des Problems kann nicht thematisiert werden; Probleme erscheinen nur als objektiv-sachliche, nicht als *subjektive* (Holzkamp, 1973; Seidel, 1976). Infolgedessen kann auch die emotionale

Seite des D. nicht in der Theorie selbst thematisch werden.

Keine Überwindung dieser Begrenzungen wird dadurch erreicht, daß man als Probleme lebensnahere Situationen präsentiert wie etwa in der bekannten „Lohhausen"-Untersuchung (Dörner et al., 1983), wo die Versuchspersonen als Bürgermeister eine computersimulierte Kleinstadt-Ökonomie zu bewältigen hatten. Das Besondere dieses Experiments ist mehr, daß die Versuchspersonen ohne das nötige Wissen versehen bleiben; dagegen sind die Zielkriterien (wie Vermeidung von Arbeitslosigkeit, Erhöhung des Wohlstandes) faktisch fest vorgegeben wie bei den traditionellen Denkaufgaben auch.

Die Beschränkung auf das D. in seiner instrumentalen Funktion entspricht der Programmatik der traditionellen empirischen Psychologie überhaupt und kann nur in grundlegend anderen, *historisch* und *hermeneutisch* ausgerichteten Ansätzen überwunden werden. Es kann dann aber auch nicht mehr abstraktiv eine „Denktätigkeit" von der Gesamtperson und ihrer Entwicklung abgetrennt werden. Innerhalb ihres Bereichs kann die herkömmliche Psychologie des P. die Funktionsweise der Verstandestätigkeit, z. B. die Wirkungsweisen nicht bewußten Wissens, den Vorgang der Automatisierung von Denkvorgängen, das Zusammenspiel mit dem Gedächtnis usw. in aufschlußreicher Weise bearbeiten.

Literatur

Bruner, J. S./Goodnow, J. J./Austin, G. A.: A study of thinking. New York: Wiley, 1956.

De Groot, A. D.: Thought and choice in chess. Den Haag: Mouton, 1978 (2. Aufl.) (Orig. 1946).

Dörner, D./Kreuzig, H./Reither, F./Stäudel, T. (Hrsg.): Lohhausen – Vom Umgang mit Unbestimmtheit und Komplexität. Bern: Huber, 1983.

Duncker, K.: Zur Psychologie des produktiven Denkens. Berlin: Springer, 1966 (Orig. 1935).

Ebbinghaus, H.: Abriß der Psychologie. Leipzig: Veit, 1908.

Emmet, K.: Phenomenology and cognitive science: Should you be reading Husserl? Cognition and Brain Theory 6, 1983, 509-516.

Evans, J. St.: The psychology of deductive reasoning. London: Routledge & Kegan, 1982.

Eyferth, K./Schömann, M./Widowski, D.: Vom Umgang von Psychologen mit Komplexität. Sprache und Kognition 5, 1986, 11-26 im Druck.

Greeno, J. G.: Process of understanding in problem solving. In: Castellan, J. et al. (Eds.): Cognitive theory, Vol. 2. Hillsdale: Erlbaum, 1977, 43-83.

Hayes, J. R./Simon, H. A.: Psychological differences among problem isomorphs. In: Castellan, J. et al. (Eds.): Cognitive theory, Vol. 2, Hillsdale: Erlbaum, 1977, 21-41.

Holzkamp, K.: Sinnliche Erkenntnis – Historischer Ursprung und gesellschaftliche Funktion der Wahrnehmung. Frankfurt: Athenäum, 1973.

Hull, C. L.: The mechanism of the assembly of behavior segments in novel combinations suitable for problem solution. Psychological Review 4, 1935, 219-245.

Hunt, E. B./Marin, J./Stone, P. J.: Experiments in induction. New York: Academic Press, 1966.

Kämmerer, A.: Die therapeutische Strategie „Problemlösen" – Theoretische und empirische Perspektiven ihrer Anwendung in der Kognitiven Psychotherapie. Münster: Aschendorff, 1983.

Külpe, O.: Versuche über Abstraktion. In: Bericht über den I. Kongreß für experimentelle Psychologie im April 1904 in Gießen, Leipzig: Barth, 1904, 56-68. Auch in: Graumann, C. F. (Hrsg.): Denken, Köln: Kiepenheuer & Witsch, 1965, 161-170.

Locke, J.: Über den menschlichen Verstand. Hamburg: Meiner, 1962 (Orig. 1689).

Mill, J. St.: A system of logic – ratiocinative and inductive. Collected works (J. M. Robson, Ed.), Vol. VII u. VIII, London: Routledge & Kegan, 1973/1974 (Orig. 1843).

Miller, G. A./Galanter, E./Pribram, K. H.: Plans and the structure of behavior. New York: Holt, Rinehart & Winston, 1960.

Newell, A./Simon, H. A.: Human problem solving. Englewood Cliffs: Prentice-Hall, 1972.

Peirce, C. S.: Über die Klarheit unserer Gedanken (How to make our ideas clear) – Einleitung, Übersetzung, Kommentar von K. Oehler. Frankfurt/M.: Klostermann 1968 (Orig. 1878).

Searle, J. R.: Minds, brains, and programs. The behavioral and brain sciences 1980, *3*, 417-457 (mit Diskussion).

Selz, O.: Über die Gesetze des geordneten Denkverlaufs – Eine experimentelle Untersuchung Erster Teil. Stuttgart: Spemann, 1913.

Seidel, R.: Denken – Psychologische Analyse der Entstehung und Lösung von Problemen. Frankfurt: Campus, 1976.

Wertheimer, M.: Produktives Denken. Frankfurt: Kramer, 1957.

Depression

Ursula Luka-Krausgrill

1 Auftretenshäufigkeit

Die Angaben über die Auftretenshäufigkeit schwanken erheblich aufgrund der schwierigen Abgrenzung von D. im Sinne einer Krankheitseinheit von normaler Stimmungsschwankung sowie aufgrund von unterschiedlichen Klassifikationsmodellen. Eine Studie, die 1973 in verschiedenen europäischen Ländern durchgeführt wurde, belegte, daß 10% der Patienten, die einen Arzt aufsuchten, depressiv waren (Kielholz, 1981). Burchard (1977) schätzt sogar, daß bei 30-50% der Patienten in allgemeinärztlichen Praxen prädepressive und depressive Symptome feststellbar sind. In einem Überblick über neun internationale Studien zwischen 1957 und 1979 geben Boyd und Weissman (1982) eine Auftretenshäufigkeit (Punktprävalenz) für depressive Symptome allgemein mit 13 bis 20% der Bevölkerung an, für die Diagnose D. (fünf Studien) mit 3,2% für Männer und 4,5 bis 9,3% für Frauen. Depressive Störungen treten so häufig auf, daß sie mit der Erkältung im Bereich der körperlichen Erkrankungen verglichen werden (Seligman, 1979).

2 Definition

Der Begriff D. wird in vielen Zusammenhängen verwendet: als ein bestimmtes Gefühl oder Symptom, ein Symptomkomplex oder Syndrom oder eine genau definierte Krankheitseinheit (Beck, 1970). Während in der Alltagssprache jemand als depressiv bezeichnet wird, der nach einer Enttäuschung traurig oder lustlos ist, ist letzteres für die „Diagnose Depression" weder eine hinreichende noch notwendige Bedingung. D. kann sich – siehe Abb. 1 – auf unterschiedlichen Ebenen manifestieren (nach Beck, 1970; Hautzinger, 1981; Faust et al., 1983).

Kielholz (1971) systematisiert die Symptome in Grundsymptome und akzessorische Symptome. Zu den Grundsymptomen zählt er die *depressive Grundstimmung* (z. B. „Gefühl der Gefühllosigkeit"), die *Denkhemmung,* die *Hemmung der zentrifugalen Funktionen* (z. B. Willenshemmung, Antriebsmangel). Die akzessorischen Symptome beinhalten *stimmungsbedingte Wahnideen,* insbesondere Versündigungs-, Insuffizienz-, Verarmungs- und nihilistische Ideen sowie *somatische Erscheinungen.* Für die Zuordnung zu den Unterformen sind neben der Ausprägung der Symptome Informationen über Verlauf und Dauer der Symptome, Vorhandensein anderer körperlicher oder psychopathologischer Krankheiten sowie belastender Lebensereignisse notwendig. Der Ausprägungsgrad kann durch psychologische Testverfahren erfaßt werden (Blöschl, 1981).

emotionale Ebene	Traurigkeit Freudlosigkeit Angstzustände Empfindlichkeit
motivationale Ebene	Energielosigkeit Passivität Entscheidungsunfähigkeit Suizidwünsche
kognitive Ebene	geringe Selbsteinschätzung Selbstkritik Mutlosigkeit pessimistische Zukunftserwartung Schuldgefühle Grübelneigung Denkhemmung Konzentrationsstörung
Verhaltensebene	apathisches Verhalten (Verlangsamung, motorische Hemmung) agitiertes Verhalten (Rastlosigkeit)
vegetativ-physiologische Ebene	Schlafstörungen Appetitstörungen unspezifisches Schmerzempfinden (im Zusammenhang mit allen Körperorganen)

Abb. 1: Das Erscheinungsbild der Depression

3 Klassifikation

Es sind viele Versuche unternommen worden, die Symptomvielfalt zu klassifizieren, mit dem Ziel einer möglichst eindeutigen Zuordnung zu klar definierten Krankheitseinheiten mit spezifizierter Ätiologie, Verlaufscharakteristika und unterscheidbaren Reaktionen auf verschiedene Behandlungsformen (für einen Überblick siehe Linden, 1979; Benesch, 1981). Kraepelin (1913) ging noch von einer Krankheitseinheit – dem manisch-depressiven Irresein – aus, unter die er die meisten Formen zusammenfaßte. Heute besteht weitgehende Übereinstimmung in der Unterscheidung von *primärer* und *sekundärer* D. Bei primärer D. bestehen keine psychopathologischen oder somatischen Krankheiten gleichzeitig oder im Vorfeld.

Unter sekundärer D. wird eine Reaktion auf eine schwere körperliche oder psychiatrische Krankheit verstanden (Akiskal, 1979). Das Gehirn kann direkt betroffen sein, von Kielholz (1971) organische D. genannt (z. B. Hirntumor), oder depressive Symptome entstehen aufgrund primär körperlicher Erkrankungen (z. B. chronische Kreislaufkrankheiten) sowie infolge medikamentöser Behandlungsnebeneffekte (z. B. Reserpin). D. kann außerdem im Zusammenhang mit schizophrenen Psychosen, Alkoholismus u. a. auftreten (siehe Abb. 2).

scheidungskriterien von endogener und neurotischer D. zu bestimmen. Matussek et al. (1981) identifizierten folgende Symptome für die endogene Gruppe: abgrenzbare Qualität der Depression, Verlust der Reagibilität, Hemmung, Morgentief, Rückzug der Patienten, Störung der tageszeitlichen Rhythmen, Appetitverlust, Schlafstörungen. Neurotisch Depressive stellen im Vergleich mit endogen Depressiven eine heterogene Gruppe dar mit den Merkmalen: neurotische Persönlichkeitsstruktur, Reagibilität, Traurigkeit als qualitativ nicht abgrenzbar von normaler Traurig-

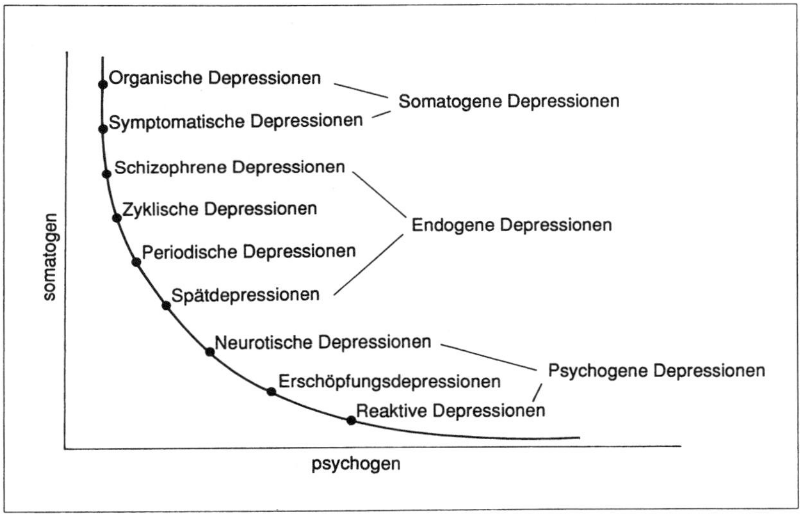

Abb. 2: Die nosologische Einordnung der Depressionszustände (aus: Kielholz, 1971, 17).

Die meisten europäischen Klassifikationen sowie die Internationale Klassifikation der Weltgesundheitsorganisation (ICD-9) unterscheiden weiterhin *endogene* und *neurotische Depression* sowie innerhalb der endogenen D. unipolare und bipolare (d. h. mit depressiven und manischen Phasen) Formen. (Kielholz, 1971; Roth/Barnes, 1981). Der Endogenitätsbegriff gehört zu den umstrittensten in der Psychiatrie (Schulte/Tölle, 1971). Damit ist so Unterschiedliches gemeint wie eine aus sich selbst heraus entstandene Krankheit sowie erbliche oder somatische Genese (Schulte/Tölle, 1971) oder auch eine besonders schwere Form der D. Übereinstimmung besteht jedoch inzwischen dahingehend, daß auch im Vorfeld endogener D. kritische Lebensereignisse auftreten und mit dem Krankheitsgeschehen interagieren können. Aufgrund verschiedener faktoren- und clusteranalytischer sowie Längsschnittstudien wurde auf deskriptive Weise versucht, Unter-

keit und Hypochondrie (Matussek et al., 1982). Endogen Depressive sprechen besser auf trizyklische Antidepressiva an, die Remission ist stabiler (Matussek et al., 1981; Roth/Barnes, 1981).

Aufgrund ihrer Vieldeutigkeit wurden die Begriffe „endogen“ und „Neurose“ in der 1980 erschienenen dritten Auflage des „Diagnostic and Statistical Manual of Mental Disorders (DSM III)“ aufgegeben. Es handelt sich dabei für die Tradition der deutschsprachigen Psychiatrie um einen radikalen Neuentwurf, weitgehend atheoretisch und deskriptiv (Koehler/Saß, 1984). In der Diagnostik werden neben psychischen und körperlichen Störungen die Schwere der psychosozialen Belastungsfaktoren und das höchste Niveau der sozialen Anpassung im letzten Jahr berücksichtigt (siehe Abb. 3).

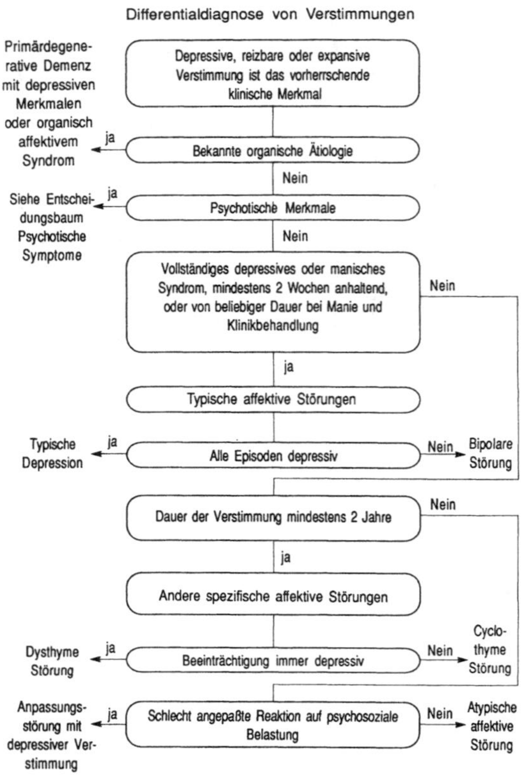

Abb. 3: Differentialdiagnose von Verstimmungen im DSM III (aus: Koehler/Saß, 1984, 358)

4 Ätiologiemodelle und Behandlungsansätze

Neben biologischen und psychoanalytischen Ansätzen sollen hier vor allem neuere psychologische Modelle dargestellt werden, die grob unterteilt werden können in Modelle, die den Verstärkeransatz betonen, und solche, die Kognitionen für die Entstehung von D. verantwortlich machen. Die psychologischen Ansätze beziehen sich überwiegend auf unipolare, nicht-endogene D.

4.1 Biologische Modelle

Ein Mangel der Neurotransmitter Noradrenalin oder Serotonin an den Rezeptoren hat das Bild der endogenen D. zur Folge. Dies beeinflußt z. B. Schlaf, Appetit, Motivation, Verstärkung allgemein (Akiskal, 1979). Die Monoaminhypothese wird u. a. durch die depressionsauslösende Wirkung von Reserpin unterstützt sowie durch die depressionsvermindernde Wirkung trizyklischer Antidepressiva. Ein anderer Ansatz geht davon aus, daß zirkadiane (etwa einen Tag dauernde) biologische Rhythmen, wie z. B. die Körpertemperatur, zeitlich verschoben sind oder nicht synchron ablaufen (Pflug, 1982). Die medikamentöse Behandlung umfaßt in erster Linie trizyklische Antidepressiva sowie Lithiumsalze als vorbeugende Dauertherapie besonders bei bipolaren Formen (Kielholz, 1971).

4.2 Psychoanalytische Modelle

Freud (1917/1946) und Abraham (1924) beschreiben D. als einen Aggressionskonflikt. Nach dem Verlust einer geliebten Person werden neben Gefühlen der Trauer die auftretenden negativen Gefühle der Person gegenüber durch den Abwehrmechanismus der Introjektion abgewehrt, so daß Selbstaggression entsteht. Trennung und Objektverlust schreiben Spitz (1946) und Bowlby (1960) eine zentrale Rolle bei der Entstehung von D. zu, bei Schultz-Hencke (1947) ist es die Frustrierung oralaggressiver Impulse. Die narzißtische Kränkung, verbunden mit dem Zusammenbruch des Selbstwertsystems, steht im Mittelpunkt des Modells von Bibring (1965).

4.3 Verhaltenstheoretische Modelle

Ein Verdienst der verhaltenstherapeutischen Ansätze ist die konkrete Beschreibung depressiven Verhaltens in der funktionalen Beziehung zu Umweltbedingungen. Es bestehen folgende Ansätze:

- eine niedrige Rate verhaltenskontingenter positiver Verstärkung führt zu Depression (Lewinsohn, 1974);
- der Verlust der Effektivität der Verstärker führt zu Depression (Costello, 1972);
- Sättigungseffekte durch gleichförmige Reizdarbietung führen zu Depression (Blöschl, 1975);
- durch den Wegfall positiver Verstärker können negative Reaktionstendenzen bei aversiver Stimulierung nicht gehemmt werden (Interferenzfunktion) (Blöschl, 1975).

Bei der Überprüfung der Modellannahmen konnte eine signifikante Beziehung zwischen positiver Stimmung und der Anzahl angenehmer Aktivitäten (Lewinsohn/Libet, 1972) sowie zwischen schlechter Stimmung und unangenehmen Ereignissen nachgewiesen werden (Lewinsohn et al., 1979). In sozialen Situationen äußern sich Depressive weniger und interagieren nicht ausgewogen (Libet/Lewinsohn, 1973; Lewinsohn et al., 1980). Depressive werden auch sozial eher zurückgewiesen und induzieren bei dem Gesprächspartner einen negativen Affekt (Coyne, 1976). Zentrale therapeutische Ansätze beinhalten den Aufbau positiver Aktivitäten und Interaktionen sowie die Verminderung negativer Aktivitäten (McLean/Hakstian, 1979; Lewinsohn/Hoberman, 1982).

4.4 Kognitive Modelle

Kognitive Modelle schreiben Kognitionen eine kausale Rolle bei der Entstehung von D. zu. Der Begriff *Kognition* ist dabei sehr weit gefaßt und wird verstanden als negative Erwartungen, kognitive Wahrnehmungs- oder Verarbeitungsfehler, negative Gedanken, Kausalattributionen (Lewinsohn/Lee, 1981). Hier zwei wichtige Ansätze:

Seligman: Erlernte Hilflosigkeit. – Das Konzept der Erlernten Hilflosigkeit wurde aufgrund von Tierexperimenten entwickelt. Ein Tier zeigt dann Hilflosigkeitssymptome, wenn es erfahren hat, daß keine Beziehung zwischen seinen Reaktionen und nachfolgenden Konsequenzen besteht. Bei Menschen, die Ereignissen ausgesetzt sind, die sie nicht kontrollieren können, wie z. B. einem lauten Geräusch oder einer unlösbaren Aufgabe, treten Veränderungen im motivationalen, kognitiven, emotionalen und den Selbstwert betreffenden Bereich ein, die mit der depressiven Symptomatik vergleichbar sind (Seligman, 1979). In Erweiterung des ursprünglichen Ansatzes machen Abramson und Seligman (1978) nicht das Trauma des Hilflosigkeitserlebnisses an sich für die nachfolgenden Symptome verantwortlich, sondern die *Erwartung der Nicht-Kontrolle.* Es wurde ein spezifisch depressiver Attributionsstil postuliert: Depressive machen sich selbst für das Auftreten negativer Ereignisse verantwortlich (internale Attribution), erwarten, daß das Ereignis immer fortbestehen wird (stabile Attribution), und generalisieren es auf andere Lebenssituationen (globale Attribution). Diese Attributionsstile wurden mit einem Fragebogen bei depressiven Patienten signifikant häufiger gefunden als bei einer nichtdepressiven Patientengruppe und nichtdepressiven Schizophrenen (Raps et al., 1982). Als Behandlungsansatz schlägt Seligman das schrittweise Bewältigen von Aufgaben vor sowie realistische Zielsetzung (Seligman, 1979).

Beck: Kognitive Therapie der Depression. – D. entsteht nach Beck durch drei kognitive Muster, die Verlust- und Deprivationsthemen umfassen (Beck, 1974): *die kognitive Triade, systematische Fehler* in der Informationsverarbeitung und *spezifische Schemata.* Die kognitive Triade beinhaltet die negative Sicht der eigenen Person, die negative Sicht der Umwelt und der Beziehungen zu anderen sowie die negative Sicht der Zukunft. Systematische Fehler sind z. B. selektive Verallgemeinerung (d. h. ein Aspekt der Situation wird herausgegriffen, andere wichtige vernachlässigt), Übergeneralisierung (d. h. aufgrund einer einzigen Information wird ein allgemeiner Schluß gezogen), Personalisierung sowie verabsolutiertes dichotomes Denken (Beck et al., 1981). Schemata sind stabile Verarbeitungsmuster, Konzeptbildungen von erlebten Situationen, und sind die Basis für die „Überprüfung, Differenzierung und Kodierung der Stimuli ..." (Beck et al., 1981, 43). Die Überprüfung der Modellannahmen erfolgte ähnlich wie bei Seligman im Bereich der Effekte von Erfolg und Mißerfolg, Wahrnehmungsverzerrung, Gedächtnisverzerrung, negativen Erwartungen und anderen kognitiven Defiziten. Depressive schätzen ihre Leistung negativer ein als Nichtdepressive (Wener/Rehm, 1975), erinnern sich an weniger positive Rückmeldung (DeMonbreun/Craighead, 1977), erinnern negative Erlebnisse schneller als positive (Lloyd/Lishman, 1975). Wahrnehmungsverzerrung konnte bei Depressiven nicht stabil nachgewiesen werden, Selbst- und Fremdeinschätzung stimmte bei ihnen sogar eher überein als bei Nichtdepressiven (Lewinsohn et al., 1980).

Bei der von Beck entwickelten kognitiven Therapie handelt es sich um ein Therapiepaket mit folgenden Hauptbestandteilen (Beck et al., 1981):

- didaktische Elemente (z. B. Vermittlung des kognitiven Modells, Bearbeiten von Aufgaben zwischen den Sitzungen);
- verhaltenstherapeutische Elemente (z. B. Aktivitätsplanung, Selbstbehauptungstraining);
- kognitive Elemente (z. B. Erfassen situationsspezifischer automatischer Gedanken, hypothesengeleitete Realitätstestung, Reattribution).

Neuere Überblicksarbeiten weisen die Effektivität kognitiver Depressionstherapie nach (Niebel, 1984; Williams, 1984). Insgesamt ist dieser Ansatz zumindest gleich effektiv wie psychopharmakologische Behandlung bei unipolarer nicht-endogener D. Kritisiert werden an dem Ansatz von Beck vor allem die mangelnde begriffliche Schärfe sowie die kausale Rolle der Kognitionen (Coyne, 1982).

4.5 Psychosoziale und persönlichkeitsbedingte Risikofaktoren

Zu den psychosozialen Risikofaktoren zählen Geschlechtsunterschiede, familiärer Status, fehlende soziale Unterstützung sowie kritische Lebensereignisse.

In den meisten westlichen Ländern werden ungefähr doppelt soviel Frauen wie Männer als depressiv klassifiziert. Mögliche Gründe dafür sind:

- Frauen berichten häufiger über depressive Gefühle, depressive Männer werden sozial eher zurückgewiesen (Hammen/Peters, 1977),
- Männer kompensieren depressive Gefühle eher mit Alkohol (Egeland/Hostetter, 1983),

- durch frauenspezifische endokrine Veränderungen wie z. B. durch Schwangerschaft und Geburt tritt eher D. auf (Weissman, 1980),
- ein geringer sozialer Status, rechtliche und ökonomische Diskriminierung sowie Internalisierung der klassischen Weiblichkeitsattribute wie Passivität, Abhängigkeit und Vermeidungsverhalten führen zu Hilflosigkeit und Depression (Weissman, 1980).

Eine vertrauensvolle Beziehung zu einem Ehepartner wird zwar als beste Prävention gegen D. genannt (Brown/Harris, 1978), da auch Geschiedene und Getrenntlebende höhere D. aufweisen (Ensel, 1982); die Ehe an sich bietet aber keinen Schutz vor D. Verheiratete Frauen sind depressiver als verheiratete Männer (Ensel, 1982), vor allem, wenn sie jung sind und Kinder haben (Brown/Harris, 1978; Ensel, 1982). Volle Berufstätigkeit, oft verbunden mit einer Doppelbelastung, verringert D. nicht (Ensel, 1982) oder nur minimal (Aneshensel et al., 1981).

Als ein weiterer Vulnerabilitätsfaktor werden Verlustereignisse, insbesondere der frühe Verlust der Mutter, genannt (Abraham, 1924; Brown/ Harris, 1978). In allen psychologischen Ätiologiemodellen werden Annahmen über Verlustereignisse im Sinne traumatischer Erfahrungen, Schemabildung, Verstärker- oder Kontrollverlust gemacht.

In den Arbeiten von Spitz (1946) und Bowlby (1960) sind die Reaktionen von Säuglingen und Kleinkindern nach der Trennung von der Mutter eindrucksvoll beschrieben worden. Neuere empirische Untersuchungen zu Verlusten in früher Kindheit sind eher widersprüchlich. Endogen und neurotisch depressive Patienten erfuhren gleichviel Trennungen und Todesfälle in der Kindheit wie Kontrollpersonen (Matussek/May, 1981). Solche kritischen Lebensereignisse können im Vorfeld depressiver Erkrankungen vorkommen, sie sind aber nicht depressionsspezifisch (Crook/ Eliot, 1980; Paykel, 1983).

Als Risikofaktoren im Persönlichkeitsbereich werden vor allem mangelnde Selbstsicherheit, Introversion, Abhängigkeit und geringe Frustrationstoleranz genannt (Brown/Harris, 1978; Bekker, 1979; Boyd/Weissman, 1982). Tellenbach (1961) beschreibt den „typus melancholicus" als überdurchschnittlich ordentlichen, leistungsbewußten Charakter mit einem strengen Gewissen und hohem Anspruchsniveau.

5 Ausblick

Neuere psychologische Behandlungsansätze zur D. sind eher *problemorientiert, strukturiert* und *zeitlich begrenzt* und streben weniger eine Veränderung der Gesamtpersönlichkeit an. Es wird dabei versucht, dem komplexen depressiven Bild Rechnung zu tragen durch die Integration verhaltenstherapeutischer, kognitiver und emotiver Elemente unter Berücksichtigung biologischer Veränderungen durch D. Auf der theoretischen Ebene existieren allerdings nur wenige Modelle, die die Interaktion von Lebensereignissen, psychologischen und neurobiologischen Aspekten insgesamt zur Erklärung der Entstehung von Depression betrachten (Akiskal/McKinney, 1975).

Literatur

Abraham, K.: Versuch einer Entwicklungsgeschichte der Libido auf Grund der Psychoanalyse seelischer Störungen. Leipzig: Internationaler Psychoanalytischer Verlag, 1924.

Abramson, L. Y./Seligman, M. E. P.: Learned helplessness in humans: Critique and reformulation. Journal of Abnormal Psychology, 187, 1978, 49-74.

Akiskal, H. S.: A biobehavioral approach to depression. In: Depue, R. A. (Ed.): The psychology of depressive disorders. New York: Academic Press, 1979, 409-437.

Akiskal, H. S./McKinney, W. D.: Overview of recent research in depression. Archives of General Psychiatry, 32, 1975, 285-291.

Aneshensel, C. S./Frerichs, R. R./Clark, V. A.: Family roles and sex differences in depression. Journal of Health and Social Behavior, 22, 1981, 379-393.

Beck, A. T.: Depression. Causes and treatment. University of Pennsylvania Press, 1970, 189-207.

Beck, A. T.: Depressive neurosis. In: Arieti, S./Brody, E. B. (Eds.): American handbook of psychiatry. Vol. 3. Adult clinical psychiatry, 1974, 61-90.

Beck, A. T./Rush, A. J./Shaw, B. F./Emery, G.: Kognitive Therapie der Depression. München: Urban & Schwarzenberg, 1981.

Beck, A. T./Sethi, B. B./Tuthill, R. W.: Childhood bereavement and adult depression. Archives of General Psychiatry, 9, 1963, 295-302.

Becker, J.: Vulnerable self-esteem as a predisposing factor in depressive disorders. In: Depue, R. A. (Ed.): The psychobiology of the depressive disorders. New York: Academic Press, 1979, 317-334.

Benesch, H.: Wörterbuch zur Klinischen Psychologie. Bd. 1. München: Kösel, 1981, 141-150.

Bibring, E.: The mechanism of depression. In: Greenacre, P. (Ed.): Affective disorders. New York: International Universities Press, 1965, 13-48.

Blöschl, L.: Verstärkerverlust und depressive Reaktion. Ein lerntheoretischer Modellansatz. Archiv für Psychologie, 127, 1975, 51-69.

Blöschl, L.: Psychodiagnostik depressiver Zustände. Zeitschrift für Differentielle und Diagnostische Psychologie, 2, 1981, 7-30.

Bowlby, J.: Grief and mourning in infancy and early childhood. Psychoanalytic Study of the Child, 15, 1960, 9-52.

Boyd, J. H./Weissman, M. M.: Epidemiology. In: Paykel, E. S. (Ed.): Handbook of affective disorders. New York: Churchill Livingstone, 1982, 109-125.

Brown, G./Harris, T.: Social origins of depression: A study of psychiatric disorder in woman. New York: Free Press, 1978.

Burchard, J. M.: Häufigkeitszunahme von Depressionen. Medizinische Klinik, 72, 1977, 1554.

Costello, C. G.: Depression: Loss of reinforcers or loss of reinforcers effectiveness? Behavior Therapy, 3, 1972, 240-247.

Coyne, J. C.: Depression and the response of others. Journal of Abnormal Psychology, 85, 1976, 186-193.

Coyne, J. C.: A critique of cognitions as causal entities with particular reference to depression. Cognitive Therapy and Research, 6, 1982, 3-13.

Crook, T./Eliot, J.: Parental death during childhood and adult depression: A critical review of the literature. Psychological Bulletin, 87, 1980, 252-259.

DeMonbreun, W./Craighead, W. E.: Distortion of perception and recall of positive and neutral feedback in depression. Cognitive Therapy and Research, 1, 1977, 311-329.

Egeland, J. A./Hostetter, A. M.: Amish study: I. Affective disorders among the Amish, 1976-1980. American Journal of Psychiatry, 140, 1983, 56-61.

Ensel, W. M.: The role of age in the relationship of gender and marital status to depression. The Journal of Nervous and Mental Disease, 170, 1982, 536-543.

Faust, V./Wolfersdorf, M./Hole, G.: Zur Diagnose der Depressionen. In: Faust, V./Hole, G. (Hrsg.): Depressionen. Stuttgart: Hippokrates, 1983, 9-17.

Freud, S.: Trauer und Melancholie. Gesammelte Werke Band X. London: Imago, 1946 (Erstausg. 1917).

Hammen, C. L./Peters, S. D.: Differential responses to male and female depressive reactions. Journal of Consulting and Clinical Psychology, 45, 1977, 994-1001.

Hautzinger, M.: Depression and Kognition. In: Hautzinger, M./Greif, S. (Hrsg.): Kognitionspsychologie der Depression. Stuttgart: Kohlhammer, 1981, 11-36.

Kielholz, P.: Diagnose und Therapie der Depressionen für den Praktiker. München: Lehmanns, 1971.

Kielholz, P.: Häufigkeit und Symptomwandel der Depression. In: Kielholz, P. (Hrsg.): Der Allgemeinpraktiker und seine depressiven Patienten. Bern: Huber, 1981.

Koehler, K./Saß, H.: Diagnostisches und Statistisches Manual Psychischer Störungen DSM III. Weinheim: Beltz, 1984.

Kraepelin, E.: Psychiatrie (8. Aufl.). Leipzig: Barth, 1913.

Lewinsohn, P. M.: A behavioral approach to depression. In: Friedman, R. J./Katz, M. M. (Eds.): The psychology of depression. Washington: Winston, 1974.

Lewinsohn, P. M./Hoberman, H. M.: Depression. In: Bellack, A. S./Kazdin, H. E. (Eds.): International handbook of behavior modification and therapy. New York: Plenum Press, 1982, 397-431.

Lewinsohn, P. M./Lee, W. M.: Assessment of affective disorders. In: Barlow, D. H. (Ed.): Behavioral assessment of adult disorders. New York: The Guilford Press, 1981, 129-179.

Lewinsohn, P. M./Libet, J.: Pleasant events, activity schedules, and depression. Journal of Abnormal Psychology, 79, 1972, 291-295.

Lewinsohn, P. M./Mischel, W./Chaplin, W./Barton, R.: Social competence and depression: The role of illusory self-perception. Journal of Abnormal Psychology, 89, 1980, 203-212.

Lewinsohn, P. M./Youngren, M. A./Grosscup, S. J.: Reinforcement and depression. In: Depue, R. A. (Ed.): The Psychobiology of the depressive disorders. New York: Academic Press, 1979, 291-316.

Libet, J. M./Lewinsohn, P. M.: Concept of social skill with special reference to the behavior of depressed persons. Journal of Consulting and Clinical Psychology, 40, 1973, 304-312.

Linden, M.: Psychiatrische und psychologische Klassifikation depressiver Störungen. In: Hautzinger, M./Hoffmann, N. (Hrsg.): Depression und Umwelt. Salzburg: Otto Müller 1979, 95-124.

Lloyd, G. G./Lishman, W. A.: Effect of depression on speed of recall of pleasant and unpleasant experiences. Psychological Medicine, 5, 1975, 173-180.

Matussek, P./May, U.: Verlustereignisse in der Kindheit als prädisponierende Faktoren für neurotische und psychotische Depressionen. Archiv für Psychiatrie und Nervenkrankheiten, 229, 1981, 189-204.

Matussek, P./Söldner, M./Nagel, D.: Identification of the endogenous depressive syndrom based on the symptoms and the characteristics of the course. British Journal of Psychiatry, 138, 1981, 361-372.

Matussek, P./Söldner, M. L./Nagel, D.: Neurotic depression: Results of cluster analysis. The Journal of Nervous and Mental Disease, 170, 1982, 588-597.

McLean, P. D./Hakstian, A. R.: Clinical depression: Comparative efficacy of outpatient treatments. Journal of Consulting and Clinical Psychology, 47, 1979, 818-836.

Niebel, G.: Ergebnisse und Probleme vergleichender Therapieforschung bei depressiven Störungen. Verhaltensmodifikation, 1, 1984.

Paykel, E. S.: Recent life events and depression. In: Angst, J. (Ed.): The origins of depression: Current concepts and approaches. Berlin: Springer, 1983, 91-106.

Pflug, B.: Untersuchung zur Bedeutung des zirkadianen Systems bei endogener Depression. In: Faust, V./Hole, G. (Hrsg.): Depressionen. Stuttgart: Hippokrates, 1982, 126-141.

Raps, C. S./Peterson, C. P./Reinhard, K. E./Abramson, L. Y./Seligman, M. E. P.: Attributional style among depressed patients. Journal of Abnormal Psychology, 91, 1982, 102-108.

Roth, M./Barnes, T. R. E.: The classification of affective disorders: A synthesis of old and new concepts. Comprehensive Psychiatry, 22, 1981, 54-77.

Schulte, W./Tölle, R.: Psychiatrie. Berlin: Springer, 1971.

Schultz-Hencke, H.: Der gehemmte Mensch. Stuttgart: Thieme, 1947.

Seligman, M. E. P.: Erlernte Hilflosigkeit, München: Urban & Schwarzenberg, 1979.

Spitz, R.: Anaclitic depression. Psychoanalytic Study of the Child, 1946, 313-342.

Tellenbach, H.: Melancholie. Berlin: Springer, 1961.

Weissman, M. M.: Depression. In: Brodsky, A. M./Hare-Mustin, R. T. (Eds.): Women and psychotherapy. New York: The Guilford Press, 1980, 97-112.

Wener, A. E./Rehm, L. P.: Depressive affect: A test of behavioral hypotheses. Journal of Abnormal Psychology, 84, 1975, 221-227.

Williams, J. M. G.: Cognitive-behavior therapy for depression: Problems and perspectives. British Journal of Psychiatry, 145, 1984, 254-262.

Diagnostik

Reinhard Leichner

1 Struktur und Funktion der Diagnostik

1.1 Klinisch-psychologische Diagnostik

Den Ausgangspunkt klinisch-psychologischer D. bilden üblicherweise psychische Schwierigkeiten einer Person, die den Diagnostiker selbst aufsucht oder von einer anderen Person zu ihm geschickt wird. Erste Aufgabe ist es, die Art der Schwierigkeiten, das Problem (z. B. soziale Ängste) zu erkennen. Dies ist in der Praxis häufig ein komplizierter Vorgang, da Personen nicht immer in der Lage sind, ihre psychischen Schwierigkeiten ausreichend genau zu beschreiben. Danach sind die Bedingungen des ermittelten Problems zu finden. Sie stellen die eigentliche Diagnose dar. D. beschränkt sich jedoch nicht nur auf das Ermitteln einer Diagnose, D. ist also nicht Selbstzweck. Vielmehr dient die Diagnose dazu, *Prognosen* und *Entscheidungen* zu treffen. Prognosen betreffen a) ein zukünftiges Ereignis, b) eine zu wählende Therapie, c) den Erfolg einer Therapie und d) den Wert einer Therapie. Auf Grund dieser Prognosen werden Entscheidungen getroffen, z. B. wird diejenige Therapie vorgeschlagen, die den größten Erfolg verspricht. D. resultiert also in *praktisch* relevanten Entscheidungen und steht damit im Dienst der Angewandten Psychologie.

Von besonderer Relevanz sind Prognosen, in denen der Wert einer Therapie angegeben ist. Diese Prognosen setzen voraus, daß das Ergebnis, der Erfolg der Therapie, bewertet wird. Getrennt wird also zwischen Ergebnis bzw. Erfolg und Wert. Die Bewertung der Ergebnisse kann sich an einem konstanten Wertsystem orientieren. Eine Institution, z. B. eine Klinik, legt die Bewertung der Ergebnisse fest. Entsprechende Entscheidungen bezeichnet man daher als *institutionelle* Entscheidungen. Deutlich wird, daß solche Wertsysteme sehr komplex sein können. Im genannten Beispiel müßten neben finanziellen auch ethische und soziale Aspekte berücksichtigt werden sowie weitere gesellschaftliche Normen, da die Klinik Institution innerhalb einer Gesellschaft ist.

Das Wertsystem kann auch individuumspezifisch sein, wenn z. B. ein Patient selbst den zu erwartenden Erfolg einer Therapie bewertet. Entsprechende Entscheidungen bezeichnet man dann als *individuelle*.

Diagnosefindung und Prognose setzen die Kenntnis von gesetzesartigen Zusammenhängen voraus. So besteht zwischen Problem, z. B. Schulschwierigkeiten, und Diagnose, z. B. geringe Leistungsmotivation, eine Beziehung, die auf Grund des Problems die Diagnose zu ermitteln erlaubt. Ähnliche Beziehungen bestehen zwischen Diagnose und vorherzusagendem Sachverhalt, wodurch die Prognose möglich wird.

1.2 Eignungsdiagnostik

Eignungsdiagnostik zielt auf Fähigkeiten und Fertigkeiten, die für die Tätigkeit in einem bestimmten Arbeitsbereich (z. B. Schule, Beruf) relevant sind. Sie ist einfacher als der bisher beschriebene Prozeß der klinisch-psychologischen D., da die Analyse der Schwierigkeiten, die zum Erkennen des Problems führt, entfällt. Mit Hilfe eines diagnostischen Verfahrens, eines *Tests,* sind lediglich diejenigen psychischen Merkmale als Diagnose zu ermitteln, die z. B. für die Vorhersage von Berufserfolg relevant sind. Bei prognostiziertem Berufserfolg wird ein Bewerber angenommen, bei vorhergesagtem Berufsmißerfolg abgelehnt. Auch in der Eignungsdiagnostik kann das Ergebnis, der Erfolg einer Tätigkeit, bewertet werden. Hier legt die Institution das Bewertungskriterium, meist ein *finanzielles* Kriterium, fest. Die getroffenen Entscheidungen sind folglich institutionelle Entscheidungen, sie dienen dazu, den Profit zu maximieren (Cronbach/Gleser, 1957). So werden z. B. bei der Selektion nur diejenigen Bewerber angenommen, die Nutzen für die Institution versprechen. Da sich institutionelle diagnostische Entscheidungen am institutionell festgelegten Bewertungssystem orientieren, unterstützen sie die *Stabilisierung* der jeweiligen Institution. Für eine logisch korrekte D. (normatives Modell) müssen die Beziehungen zwischen Diagnose und Problem sowie Diagnose und vorherzusagendem Sachverhalt empirisch gut bestätigt sein. Diagnostizieren besteht dann im Verfolgen festgelegter Regeln, die zur Diagnose und Prognose führen (Westmeyer, 1972; 1976). Insofern ist D. *Methodologie,* sie legt die Regeln für den gesamten diagnostischen Prozeß fest.

Die ersten Tests der Psychologiegeschichte dienten *Selektionszwecken* (z. B. Binet/Simon, 1905). Solche Tests bestehen aus Aufgaben (Intelligenztests) oder Fragen (Persönlichkeits-, Einstellungs-, Interessentests), die als Reizmaterial dienen und in einer durch Instruktion festgelegten Weise zu beantworten sind. Die Testdurchführungsbedingungen sind standardisiert, um den Effekt von Störvariablen möglichst klein zu halten. Die ersten Tests initiierten eine Testtheorie, die heute als *klassische Testtheorie* bekannt ist (Gulliksen, 1950). Sie geht von dem Grundaxiom aus, daß der beobachtete Testwert einer Person aus der Summe von wahrem Wert und unsystematischem Fehlerwert besteht. Der wahre Wert kennzeichnet die Person auf dem interessierenden latenten (nicht beobachtbaren) psychischen Merkmal, z. B. Intelligenz. Durch die Berücksichtigung des Fehlerwertes wurde dem Sachverhalt Rechnung getragen, daß Fehler die Realisation des beobachtbaren Testwertes mitbestimmen. Solche Tests sollen möglichst gut zwischen den Personen differenzieren, um für Selektionszwecke geeignet zu sein. Pro Test lassen sich Normen erstellen, innerhalb der eine Person mit ihrem Testwert lokalisierbar ist.

2 Praktisches diagnostisches Vorgehen

Im diagnostischen Prozeß werden auf Grund der Kenntnis der gesetzesartigen Zusammenhänge zwischen Problem und Diagnosen diese Diagnosen als Hypothesen postuliert und mit Tests und anderen diagnostischen Verfahren abgeprüft. Dieses Vorgehen ist, da diagnostische Hypothesen postuliert und abgetestet werden, durch diese Hypothesen gesteuert. Weiterhin ist dieses Vorgehen problemorientiert, da die zu findende Diagnose als Bedingung des Problems gilt. Die Gesetzmäßigkeiten sind allgemeine Gesetze, d. h. sie gelten für alle Personen oder zumindest für eine größere Gruppe von Personen. Daher ist dieses Vorgehen dem *nomothetischen* Ansatz verpflichtet.

Ein solches hypothesengesteuertes, problemorientiertes, auf allgemeine Gesetzmäßigkeiten rekurrierendes Vorgehen folgt den Regeln einer logisch korrekten D. Diagnostische Praxis weicht jedoch häufig von einem solchen Vorgehen ab. Das geht u. a. darauf zurück, daß relevante gesetzmäßige Zusammenhänge unbekannt sind. Häufig fehlen Gesetzmäßigkeiten, da das Problem der Person ein hochspezifisches, individuelles ist, für das es gar kein allgemeines Gesetz geben kann. Unter diesen Bedingungen ist der Diagnostiker darauf angewiesen, aus seinem allgemeinen psychologischen Wissen – Sarbin et al. (1960) sprechen vom Postulatensystem – individuumspezifische Zusammenhänge abzuleiten, um eine diagnostische Lösung zu finden. Auch Tests sind unter diesen Bedingungen wenig geeignet, weil sie der Erfassung von psychischen Merkmalen dienen, die alle oder zumindest mehrere Personen charakterisieren, nicht aber personspezifisch sind. Das hier genannte Vorgehen ist *idiographisch* orientiert. Praktische psychologische D. steht meist im Spannungsfeld zwischen nomothetischem und idiographischem Ansatz.

In der Praxis ist häufig zu beobachten, daß das Vorgehen wenig durch diagnostische Hypothesen gesteuert ist. Vielmehr werden Daten durch Tests und andere Methoden erhoben und interpretiert. Solche Tests setzen klare Zuordnungsregeln zwischen Daten und Interpretation voraus, ein Sachverhalt, der meist nicht gegeben ist. Damit wird die Interpretation relativ beliebig und führt, da das gesamte Vorgehen wegen der fehlenden Hypothesen wenig problemorientiert ist, eher zu einer Gesamtbeschreibung der Persönlichkeit, aus der dann erst die Bedingungen des Problems eher verstehend abgeleitet werden. Dieses idiographische Vorgehen ist bei der *Verstehenden Psychologie* zu beobachten. Der Diagnostiker fühlt sich in die Person ein und läßt die Testdaten auf sich wirken, um zum Verständnis der Persönlichkeit zu kommen. Dieses Vorgehen ist problematisch: Während beim hypothesengeleiteten Vorgehen diagnostische Hypothesen abgetestet und damit verifiziert und falsifiziert werden können, führten die Daten hier direkt zu einer Interpretation, die keiner Prüfung unterzogen wird.

3 Psychologische Theorien als theoretisch-inhaltlicher Hintergrund von Tests

Die ersten Tests initiierten nicht nur die klassische Testtheorie, sondern trugen auch zur Entwicklung von Persönlichkeitstheorien bei. Sie entstanden also nicht aus solchen Theorien – heute wird dieser Ablauf gefordert –, sondern förderten ihr Entstehen; die Theorien wirkten dann jedoch wieder auf die Testentwicklung zurück. Psychologische D. und Persönlichkeitstheorien haben sich also eng miteinander verwoben entwickelt. Die entstehenden Persönlichkeitstheorien – basierend auf den mit Hilfe der klassischen Testtheorie konstruierten Tests – gingen von der Annahme aus, daß psychologisch relevante Eigenschaften, also „traits", *zeitstabil* und *generell,* d. h. bei sehr vielen Personen erfaßbar sind, wodurch sich Normen erstellen lassen, und sich außerdem mehr oder minder unabhängig von Situationen im Verhalten auswirken (Mischel, 1971). „Traits" als nicht beobachtbare latente Merkmale und Verhalten stehen in monotoner Beziehung, d. h. je höher der „trait"-Wert, desto ausgeprägter das entsprechende Verhalten. Wegen der beiden Aspekte „Zeitstabilität und Normorientiertheit" sind im Rahmen dieser Theorien konstruierte Tests für wichtige diagnostische Fragen ungeeignet: Die Normorientiertheit erschwert, die Frage zu klären, ob ein pädagogisches oder therapeutisches Ziel bzw. Kriterium von allen Personen erreicht wurde. Daher wurde es notwendig, sog. *kriteriumsorientierte* Tests zu entwickeln (Fricke, 1974). Sie sind keine Indikatoren für einen dem Verhalten zugrundeliegenden „trait“, sondern bestehen aus einer Stichprobe des diagnostisch interessierenden Ziel- bzw. Kriteriumsverhaltens. Weiterhin erlaubt die angenommene Zeitstabilität der „traits“ nicht zu überprüfen, ob ein Eingriff, eine pädagogische oder therapeutische „Behandlung“, zu bedeutsamen Änderungen führt. Die klassische D. eignet sich also zur *Statusdiagnostik*, nicht aber zur Veränderungsmessung (Petermann, 1978).

Die genannten Persönlichkeitstheorien mit dem zentralen Konzept „trait“ bilden die theoretisch-inhaltliche Grundlage der in der klassischen D. verwendeten Tests. Die psychodynamischen Persönlichkeitstheorien, insbesondere Freuds *Psychoanalyse,* entwickelten sich zu einem weiteren diagnostisch relevanten Hintergrund. Auch in diesem Ansatz sind Situationen, die Einfluß auf Verhalten nehmen können, unwichtig. Ausschlaggebend sind Personfaktoren. Im Gegensatz zu den „trait“-Theorien stehen bei diesen Theorien jedoch dynamische Komponenten der Persönlichkeit im Vordergrund. Personfaktoren wirken sich nicht immer direkt im Verhalten aus, sondern werden z. B. durch Abwehrmechanismen gebrochen. Damit stehen Personfaktoren und Verhalten häufig nicht in monotoner Beziehung, wodurch die D. der Personfaktoren erheblich erschwert sind.

Im Gegensatz zu diesen beiden Ansätzen postulieren die *sozialen Lerntheorien,* daß Verhalten vorrangig situationsabhängig sei und durch Stimuli in den Situationen kontrolliert werde. Ihre Aufmerksamkeit gilt den beobachtbaren Stimulus-Reaktions-Zusammenhängen. Diese Theorien sind somit keine Persönlichkeitstheorien. Sie bilden jedoch den theoretischen Hintergrund der Verhaltenstherapie. Verhaltensdiagnostik bzw. -analyse sucht die situativen Bedingungen für Verhaltensstörungen und führt zur Verhaltenstherapie über.

D. war als Methodologie charakterisiert worden. Inhaltliche ist sie jedoch abhängig vom verwendeten theoretisch-inhaltlichen Hintergrund. So zielt klassische D. auf „traits“, D. im Dienste der psychodynamischen Theorien auf dynamische Komponenten der Persönlichkeit und Verhaltensdiagnostik auf die das Verhalten bedingenden situationalen Faktoren.

4 Probleme diagnostischer Verfahren

Mit dem theoretisch-inhaltlichen Hintergrund variieren die verwendeten diagnostischen Verfahren. *Klassische D.* verwendet die schon beschriebenen üblichen strukturierten Tests, bei denen Aufgaben bzw. Fragen eindeutig und die Antworten festgelegt sind. Die Frage danach, was ein solcher Test mißt, ist eine Frage nach der *Validität* des Tests, die sich empirisch beantworten läßt. Weiterhin kann der Frage nachgegangen werden, welche Komponenten in den Testwert eingehen, d. h. die Variation der Testwerte mitbedingen. Bei Intelligenztests kann die Person raten, und es läßt sich ermitteln, ob eine Person spezifische Ratetendenzen zeigt. Bei Nichtintelligenztests ist es schwieriger, solche *Antworttendenzen* nachzuweisen, da es keine Richtig-Falsch-Antworten gibt und somit nicht eindeutig zwischen Antworttendenz und Ausprägung der erfaßten Eigenschaft differenziert werden kann.

Es läßt sich grob zwischen zwei Antworttendenzen unterscheiden, nämlich zwischen *Antwortset* und *Antwortstil.* Sets sind zu interpretieren als bewußte Antwortverzerrungen, wie z. B. Unehrlichkeit. Stile sind dagegen weniger bewußte Antworttendenzen, wie die Ja-Sage-Tendenz bei Ja-Nein-Fragen oder die Tendenz, sich im Test sozial erwünscht darzustellen. Diesen beiden Antworttendenzen diente ein großer Teil der Forschung auf diesem Gebiet (Block, 1965; Rorer, 1965; Edwards, 1970). Wie groß der Einfluß dieser Antworttendenzen im Testwert ist, läßt sich sehr schwer abschätzen, da einige Autoren postulieren, daß ein Großteil der Testwertvariation zu Lasten dieser Tendenzen gehe, während andere Autoren den Einfluß verneinen. Wiggins (1973) verweist auf die Ungelöstheit dieses Problems und hebt hervor, daß andere Komponenten, wie z. B. die formale Art der Testentwicklung, ebenfalls die Testwertvariation mitbedingen, die Einengung der Problematik auf Untersuchungen über Antwortset und -stil also ungerechtfertigt sei.

Projektive Tests werden im Rahmen *psychodynamisch orientierter D.* eingesetzt. Ihre Benennung „projektiv“ kennzeichnet ihre Funktion: Die diagnostische Information kommt durch Projektion des Getesteten zustande. Der Begriff Projektion ist theoretisch außerordentlich unklar. Freud meinte ursprünglich, Projektion sei ein Abwehrmechanismus, bei dem nicht akzeptierbare, das Ich bedrohende Impulse des Es einem Objekt in der Außenwelt, z. B. einer anderen Person zugeschrieben werden. Dieser Vorgang ist unbewußt. Bei dieser Art von Projektion ist die Entstehung des Testverhaltens und damit die Interpretation eindeutig: Das Ergebnis der Projektion, der Index, z. B. eine Testantwort, verweist eindeutig auf die das Ich bedrohenden Impulse, das Indizierte. Freud (1924) und weitere Autoren (Frank, 1948) haben diesen Projektionsbegriff aufgeweicht, so daß heute über die Art der Beziehung zwischen Index und Indiziertem Unklarheit besteht (Hörmann, 1964). Die Problematik von projektiven Verfahren ist noch dadurch erhöht, daß von zwei unterschiedlichen theoretischen Positionen ausgegangen wird. Die psychoanalytisch orientierte nimmt inhaltliche Interpretationen der Antworten vor, wie sie z. B. beim Thematischen Apperzeptions Test (TAT) möglich sind. Rorschach dagegen interpretierte die Applikation seines Verfahrens als wahrnehmungsdiagnostisches Experiment. Er postulierte, daß die Wahrnehmung kein passiver Abbildevorgang sei, sondern ein aktiver Prozeß, bei dem sich die Person mit ihrer Persönlichkeit selbst einbringe. Die Interpretation der Antworten erfolgt vorrangig nicht inhaltlich, sondern nach formalen Gesichtspunkten.

Die Validität dieser Tests ist im allgemeinen niedrig (Klopfer/Taulbee, 1976). Die Versuche, die Validität zu erhöhen, indem der Interpret mitvalidiert, d. h. indem die Validität seines Urteils auf Grund der projektiven Verfahren bestimmt wird, waren ebenfalls enttäuschend. Der aus diesen Gründen zu beobachtende Verzicht auf solche Verfahren erscheint jedoch nicht gerechtfertigt, da projektive Verfahren Informationen liefern, die durch strukturierte Tests nicht zu gewinnen sind.

Die *Verhaltensanalyse* (Kanfer, 1969; Schulte, 1976) geht vom formalen Globalmodell des Verhaltens aus: Verhalten (R) als abhängige Variable wird bestimmt durch die unabhängigen Variablen Stimulus (S), Organismus (O), Verstärkungsplan bzw. Kontingenz (K) und Konsequenz (C, Verstärker). Diagnostische Aufgabe ist es, festzustellen, welche unabhängige Variable das Verhalten bedingt. Nehmen wir an, das problematische Verhalten sei aggressives Verhalten eines Kindes. Das Verhalten wird aufrechterhalten durch die Konsequenz „Zuwendung der Mutter bei aggressivem Verhalten des Kindes". Therapeutische Aufgabe wäre es, das Verhalten der Mutter zu ändern.

5 Analyse praktischen Diagnostizierens

Nach dem 2. Weltkrieg begann die Psychologie, ihr eigenes diagnostisches Arbeiten psychologischen Analysen zu unterziehen. Ausgelöst wurde diese Reflexion durch einen Beitrag von Meehl (1954), in dem er nachweist, daß Prognosen mit Hilfe *empirisch* ermittelter, *statistisch* gefaßter Gesetzmäßigkeiten genauer (valider) sind als entsprechende Vorhersagen durch klinische Diagnostiker, die sich bei ihren Vorhersagen auf Erfahrung und Intuition verließen. Sawyer (1966) bestätigte dieses Ergebnis und belegte weiterhin, daß auch die Datenerhebung durch Tests validere Vorhersagen zuläßt als die Datenerhebung von Diagnostikern, vorgenommen z. B. durch Interview oder Beobachtung. Da der Diagnostiker wegen fehlender Tests häufig als Datenlieferant jedoch nicht ersetzbar ist, schlug u. a. Einhorn (1972) vor, die durch den Diagnostiker erhobenen Daten statistisch zu Vorhersagen zu kombinieren, d. h. Mensch-Maschine-Systeme zu entwickeln. Entsprechende Versuche gibt es u. a. im militärischen Bereich.

Meehls Arbeit (1954) löste weiterhin die Untersuchung der kognitiven Prozesse beim Diagnostizieren aus, initiierte aber auch die Analyse von *Störvariablen* in der diagnostischen Situation. Zur Beschreibung der diagnostischen Prozesse wurden Modelle entwickelt. Zu unterscheiden ist zwischen *inhaltlichen* und *formalen* deskriptiven Modellen. Inhaltliche Modelle stellen in stärkerem Maße den Prozeß der *Informations*aufnahme und -verarbeitung in den Vordergrund (Sarbin et al. 1960; Kozielecki, 1972; Leichner 1978). Information wird aufgenommen bzw. enkodiert, d. h. sie erhält über einen Mustererkennungsprozeß Bedeutung und unterliegt dann weiteren kognitiven Operationen, die in einem diagnostischen Urteil resultieren. Urteilsverzerrungen sind nachweisbar, die sich bei der Enkodierung, der weiteren Verarbeitung sowie im Urteil auswirken. Weiterhin ist die Kapazität des Verarbeitungssystems begrenzt (Bieri et al., 1966), weswegen zunehmende Information nicht ausreichend genutzt wird. Schließlich ist darauf hinzuweisen, daß diagnostische Urteile meist sprachlich getroffen werden. Das bedeutet einerseits, daß nichtsprachliche Information (nonverbale) in ein sprachliches Urteil übersetzt werden muß – ein überaus komplizierter Vorgang –, und daß zum anderen Sprache das Urteil beeinflußt. Weiterhin nehmen Urteilspräferenzen und Persönlichkeitsvariablen der Diagnostiker (Leichner, 1977) sowie situationale Faktoren Einfluß auf das Urteil (Hartmann, 1970), weswegen es nicht verwunderlich ist, daß die Genauigkeit des diagnostischen Urteils meist gering ist.

Die formalen deskriptiven Modelle beschäftigen sich vorrangig mit der Frage, ob die Daten entsprechend *linearer* oder *nicht*linearer Modelle zum Urteil verknüpft werden (Slovik/Lichtenstein, 1971; Dawes/Corrigan, 1974). Die Angemessenheit linearer Modelle wurde häufig nachgewiesen, die Brauchbarkeit dieser Modelle ist jedoch fraglich (Leichner, 1978). Die diagnostische Situation kann mehr oder minder durch Untersuchungsdurchführungsbestimmungen *standardisiert* sein. Bei der Anwendung üblicher strukturierter Tests ist sie gewöhnlich stark standardisiert. Dennoch ist der Testwert der Person nicht unverzerrt. Zum einen nehmen Einstellungen und Erwartungen, insbesondere bezüglich der Konsequenzen des diagnostischen Berichtes, Einfluß auf das Testverhalten, zum anderen tritt die Person in Interaktion mit dem Diagnostiker, woraus sehr diffizile Beeinflussungseffekte resultieren können. Sehr unstandardisiert ist die Situation, wenn sich der Diagnostiker direkt als Instrument in die Interaktion mit der Person einbringt. Er benutzt dann auch seine eigenen Reaktionen auf die Person als diagnostische Information, ein als Gegenübertragung bezeichneter Vorgang (Argelander, 1970).

6 Schluß

Normative diagnostische Modelle setzen empirisch gut bestätigte Persönlichkeitstheorien voraus, aus denen die für die D. notwendigen Gesetzmäßigkeiten abgeleitet werden können. Im *Interaktionismus* als neuem Zweig der Persönlichkeitsforschung werden „trait"-Theorien und situative Faktoren, die Verhalten beeinflussen, zusammengefaßt und wird der Frage nachgegangen, wie der Einfluß der „traits" auf das beobachtbare Verhalten durch die situativen Faktoren moderiert wird. „Traits" und situative Faktoren wirken vermittelt über aktivierte Zustände der Persönlichkeit (z. B. Angst) und motivationale Prozesse (z. B. arousal) auf unterschiedliche Verhaltens-(Leistungs-) Komponenten ein (z. B. Humphreys/Revelle, 1984). Die Verwendung solcher Ansätze in der D. setzt nicht nur reliable und valide Tests zur Erfassung der „traits" sowie eine Taxonomie exakt feststellbarer situativer Faktoren voraus, sondern auch diffiziles empirisch gesichertes Wissen über die ausgelösten Persönlichkeitszustände und motivationalen Prozesse sowie deren Einfluß auf Verhalten. Es ist zu erwarten, daß zukünftig ausreichende Kenntnisse in vielen Persönlichkeits-Leistungsbereichen vorliegen, die eine an einem normativen diagnostischen Modell orientierte diffizile nomothetische D. zulassen.

Dennoch wird sich der Diagnostiker in der Praxis auch zukünftig vor hoch individuumspezifische Probleme gestellt sehen, und somit ist idiographisches Vorgehen notwendig. Daher ist es unerläßlich, den praktischen diagnostischen Prozeß zu analysieren, um Erkenntnisse über Prozeßfehler zu gewinnen. Diese Kenntnisse können dazu beitragen, die Genauigkeit praktischer D. zu erhöhen.

Literatur

Argelander, H.: Das Erstinterview in der Psychotherapie. Darmstadt: Wissenschaftliche Buchgesellschaft, 1970.

Bieri, J./Atkins, A. L./Brian, S./Leaman, R. L./Miller, H./Tripodi, T.: Clinical and social judgment: The discrimination of behavioral information. New York: Wiley & Sons, 1966.

Binet, A./Simon, T.: Méthodes nouvelles pour le diagnostic de niveau intellectuel chez desentfants normaux et anormaux d'hispice et d'école primaire. Année Psychologique, *11*, 1905.

Block, J.: The challenge of response sets: Unconfounding meaning, acquiescence and social desirability. New York: Appleton-Century-Crofts, 1965.

Cronbach, L. J./Gleser, G. C.: Psychological tests and personnel decisions. Urbana: University of Illinois Press, 1957.

Dawes, R. M./Corrigan, B.: Linear models in decision making. Psychological Bulletin, *81,* 1974, 95-106.

Edwards, A. L.: The measurement of personality traits by scales and inventories. New York: Holt, Rinehart & Winston, 1970.

Einhorn, H. J.: Expert measurement and mechanical combination. Organizational behavior and human performance, *7,* 1972, 86-106.

Frank, L. K.: Projective methods. Springfield, 1948.

Freud, S.: Totem und Tabu. In: Gesammelte Schriften, Bd. X. Leipzig: Intern. Psychoanalytischer Verl., 1924.

Fricke, R.: Kriteriumsorientierte Leistungsmessung. Stuttgart: Kohlhammer, 1974.

Gulliksen, H.: Theory of mental tests. New York, London: Wiley, 1950.

Hartmann, H.: Psychologische Diagnostik. Stuttgart: Kohlhammer, 1970.

Hörmann, H.: Theoretische Grundlagen der projektiven Tests. In: Heiss, R. (Hrsg.): Handbuch der Psychologie, Bd. 6, Psychologische Diagnostik. Göttingen: Hogrefe, 1964.

Humphreys, M. S./Revelle, W.: Personality, motivation and performance: A Theory of the relationship between individual differences and information processing. Psychological Review, *91,* 1984, 153-184.

Kanfer, F. H.: Verhaltenstherapie: Ein neues Theoriegerüst zur Lösung klinisch-psychologischer Probleme. Psychologie und Praxis, 13, 1969, 1-18.

Klopfer, W. G./Taulbee, E. S.: Projective tests. Annual Review 1976, 543-567.

Kozielecki, J.: A model for diagnostic problem solving. Acta Psychologica, 36, 1972, 370-380.

Leichner, R.: Klinische Urteilsbildung. In: Pongratz, L. (Hrsg.): Handbuch der Psychologie, Bd. 8, Klinische Psychologie. Göttingen: Hogrefe, 1977.

Leichner, R.: Die Verarbeitung sozialer Information. In: Leichner, R./Jüttner, C.: Gedächtnis und die Verarbeitung sozialer Information. Meisenheim: Hain, 1978.

Meehl, P. E.: Clinical vs. statistical prediction. Minneapolis: University of Minnesota Press, 1954.

Mischel, W.: Introduction to personality. New York: Holt, Rinehart & Winston, 1971.

Petermann, F.: Veränderungsmessung. Stuttgart: Kohlhammer, 1978.

Rorer, C. G.: The great response-style myth. Psychological Bulletin, 63, 1965, 128-156.

Sarbin, T. R./Taft, R./Bailey, D. E.: Clinical inference and cognitive theory. New York: Holt, Rinehart & Winston, 1960.
Sawyer, J.: Measurement and prediction, clinical and statistical. Psychological Bulletin, 66, 1966, 178-200.
Schulte, D.: Psychodiagnostik zur Erklärung und Modifikation von Verhalten. In: Pawlik, K. (Hrsg.): Diagnose der Diagnostik. Stuttgart: Klett, 1976.
Slovik, P./Lichtenstein, S.: Comparison of bayesian and regression approaches to the study of information processing in judgment. Organizational behavior and human performance, 1971, 649-744.
Westmeyer, H.: Logik der Diagnostik. Grundlagen einer normativen Diagnostik. Stuttgart: Kohlhammer, 1972.
Westmeyer, H.: Grundlagenprobleme psychologischer Diagnostik. In: Pawlik, K. (Hrsg.): Diagnose der Diagnostik. Stuttgart: Klett, 1976.
Wiggins, J. S.: Personality and prediction: Principles of personality assessment. Menlo Park, California: Addison-Wesley, 1973.

Differentielle Psychologie

Hans Joachim Ahrens

1 Zielsetzungen der Differentiellen Psychologie

1.1 Gegenstand und Begriffsgeschichte

Die D. P. beschäftigt sich mit der Beschreibung und Erklärung der individuellen Differenzierung von Personen (vgl. Abb. 1). Insbesondere werden *inter*individuelle Differenzen, also Unterschiede zwischen Personen, untersucht. Weiterhin gehört jedoch auch die *intra*individuelle Differenzierung, d. h. die Unterschiedlichkeit innerhalb einer Person, in zweifacher Hinsicht zum Untersuchungsgegenstand der D. P. Die strukturelle Differenzierung nach mehreren Persönlichkeitseigenschaften im *Querschnitt* spielt vor allem für die eigenschaftszentrierten faktoriellen Persönlichkeitstheorien und Intelligenztheorien eine größere Rolle, während die intraindividuelle Veränderlichkeit im zeitlichen *Längsschnitt* eher für Prozeßanalysen der Persönlichkeit bedeutsam ist. Zur Längsschnittanalyse gehört auch die Untersuchung von Entwicklungsprozessen, wie etwa die individuelle Entwicklung (Ontogenese) von Persönlichkeitsmerkmalen, aber auch die stammesgeschichtliche Entwicklung (Phylogenese) bzw. Evolution individueller Differenzen.

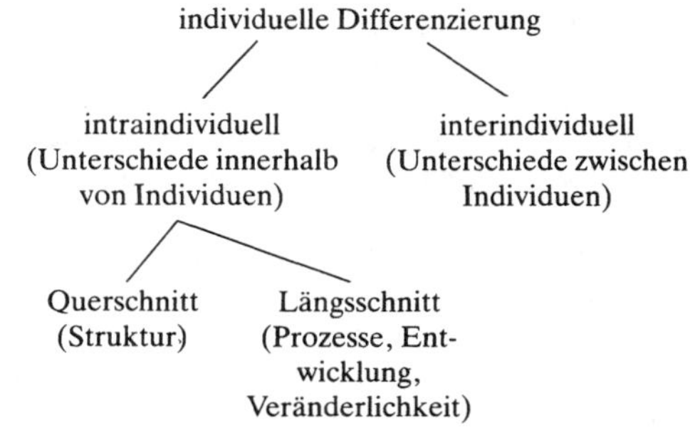

Abb. 1: Aspekte der individuellen Differenzierung

Die Zielsetzung der D. P. wird deutlicher, wenn man sie hinsichtlich ihrer Beziehungen und Abgrenzungen gegenüber anderen Gegenstandsaspekten der Psychologie einschätzt. Betrachten wir ein einfaches Beispiel: An einer verkehrsreichen Kreuzung soll untersucht werden, wie groß die Zeitspanne ist, innerhalb derer bei einem herannahenden Fahrzeug die Fußgänger die Straße noch überqueren. In einer von Hofstätter (1971, 27 ff.) zitierten englischen Untersuchung zeigte sich, daß 50% der beobachteten Fußgänger die

Straße noch überqueren, wenn das nächste Fahrzeug (bei 50 km/h Durchschnittsgeschwindigkeit) einen Abstand von etwa 65 m hat, der einer Zeitspanne von 4,7 sec entspricht. Unter welchen psychologischen Gesichtspunkten läßt sich dieses Fußgängerverhalten untersuchen?

Die Allgemeine Psychologie würde sich im Prinzip mit dieser Durchschnittsaussage (Median) begnügen. Der Sozialpsychologe würde sich für bestimmte soziale Anteile des Fußgängerverhaltens interessieren, beispielsweise für das Konformitätsverhalten, das vielleicht eine einzelne Person durch ihr Überqueren der Straße für eine ganze Gruppe anderer Fußgänger auslöst. Der Entwicklungspsychologe mag sich für den Entwicklungsstand kognitiver und motorischer Funktionen interessieren, die für Fußgängerverhalten relevant sind.

Besonders als Ergänzung oder teilweise sogar als Kontrast zum allgemeinpsychologischen Aspekt würde sich die D. P. hingegen vor allem auf zwei weitere Fragen konzentrieren:

a) Wie groß ist die interindividuelle Schwankungsbreite des festgestellten Zeitintervalls verschiedener Personen?
b) Wie ist die interindividuelle Variabilität der Zeitspanne näher zu erklären?

Die erste Frage ist *deskriptiv* gestellt und läßt sich statistisch u. a. durch eine Verteilungsanalyse mit Schätzung entsprechender Parameter (z. B. Varianz) beantworten. Die zweite Frage zielt nicht nur auf die Beteiligung unterschiedlicher situativer Randbedingungen ab, sondern insbesondere auf individuelle Besonderheiten der beteiligten Personen, die ihr Verhalten als Fußgänger näher *erklären* können. Beispielsweise könnte eine interindividuell unterschiedliche Risikobereitschaft eine Rolle spielen. Dieses komplexe Merkmal kann wiederum intraindividuell zusammenhängen mit bestimmten kognitiven Fähigkeiten, Wahrnehmungsgewohnheiten, dem individuellen Schätzvermögen, der Leistungsmotivation, möglicherweise auch Geschlechtsunterschieden usw.

Wie die Psychologie schlechthin, so läßt sich auch die D. P. als Wissenschaft einschätzen, die zwar auf eine lange Tradition, aber nur auf eine kurze Geschichte zurückblicken kann. Ihre lange Tradition, insbesondere ihre geisteswissenschaftliche Vergangenheit, kommt noch heute in der Vielfalt von Titeln der einschlägigen Literatur zum Ausdruck und ist eng verknüpft mit Begriffen wie „Persönlichkeit", „Charakter" etc. Übliche Lehr- und Handbücher enthalten im Titel den Begriff der Persönlichkeit, wie beispielsweise „Lehrbuch der empirischen Persönlichkeitsforschung" (Herrmann, 1969). „Psychologie der Person" (Brandstätter et al., 1974), „Persönlichkeitspsychologie" (Roth, 1969), „Psychologie der Persönlichkeit (Sader, 1980), „Introduction to Personality" (Mischel, 1971; Brody, 1972) oder „Kleine Charakterkunde" (Rohracher, 1969). Nur verhältnismäßig wenige Autoren verwenden direkt den Begriff „Differentielle Psychologie", wie beispielsweise Hofstätter (1971) oder Anastasi (1976) oder Amelang und Bartussek (1985).

Die engere Begriffsgeschichte der D. P. beginnt im Jahre 1900 mit einer Schrift von William Stern „Über Psychologie der individuellen Differenzen" (Untertitel: „Ideen zu einer ‚Differentiellen Psychologie'"), die 1911 vor allem unter methodischen Gesichtspunkten zu einem ersten Lehrbuch ausgebaut wurde. Zusammengefaßt verbindet Stern (1921, 1 f.) mit der D. P. folgende *Zielsetzungen:* „Die Differentielle Psychologie ist zunächst, gleich der generellen, eine auf Allgemeingültigkeiten gehende Wissenschaft, aber die Allgemeingültigkeiten, welche sie sucht, sind anderer Art . . .". In diesem Sinne werden folgende Aufgaben umrissen:

1. Feststellung der Variablität und Erforschung ihrer allgemeinen Gesetzmäßigkeiten (deskriptive Fragestellung);
2. Aufdeckung und Untersuchung der äußeren (Umwelt, Erziehung etc.) und inneren (Vererbung) Ursachen für das Zustandekommen individueller Differenzen (Kausalfrage bzw. erklärende Fragestellung; Anlage-Umwelt-Problem);
3. Untersuchung der beobachtbaren Kennzeichen, nach denen sich individuelle Differenzen manifestieren („Symptomatologie" bzw. Psychodiagnostik);
4. Untersuchung inhaltlicher Gesetzmäßigkeiten von engerem Umfang (Temperament, Begabung, Geschlechtsunterschiede etc.).

Diese Aufgaben umreißen noch heute die wesentlichen Forschungsschwerpunkte der D. P. In ihren traditionellen Konzepten (z. B. Hofstätter, 1971, 11 f.) erkennt man allerdings eine inzwischen vielfach kritisierte Grundannahme der D. P., nämlich die Rückführbarkeit differentieller Verhaltensweisen auf „in der Person liegende" *latente* Persönlichkeitseigenschaften bzw. -dispositionen (dazu z. B. Graumann, 1966; Herrmann, 1973). Insbesondere die faktorenanalytisch orientierte Persönlichkeitsforschung (Eysenck, 1947; Guilford, 1964; Pawlik, 1968; Cattell, 1973) und auch die traditionelle Eigenschaftsdiagnostik mit der zugrundegelegten klassischen Testtheorie (z. B. Lienert, 1969; Huber, 1973; Kristof, 1983) gehen von der Grundannahme relativ stabiler Eigenschaften als latenter Dispositionen von Personen aus. Dieser eigenschaftsorientierten Position wird z. B. von Persönlichkeitstheoretikern wie Mischel (1968, 1971; 1977) entgegengehalten, daß persönlichkeitsspezifisches Verhalten nicht so sehr durch bestimmte dispositionelle Eigenschaftsstrukturen erklärbar sei, sondern unter Betonung der Veränderlichkeit eher als Ergebnis von jederzeit ablaufenden *Interaktionen* zwischen Personen und Umweltsituationen zu interpretieren ist (Graumann, 1975). In diesen und ähnlichen Konzepten werden Personen nicht nur strukturell, sondern auch als *Prozesse* unter Berücksichtigung lerntheoretischer, situativer und entwicklungspsychologischer Gesichtspunkte betrachtet (z. B. Thomae, 1968; Lehr/Weinert, 1975). Entsprechende Kontroversen werden u. a. in der Klinischen Psychologie und Psychodiagnostik in der Gegenüberstellung von „traditioneller Diagnostik" und „Verhaltensdiagnostik" ausgetragen (vgl. z. B. Pawlik, 1976). Dabei wird deutlich, daß neuere Methoden der Verhaltensdiagnostik und Psychotherapie theoretisch eindeutige Zusammenhänge zur D. P. und Persönlichkeitsforschung kaum erkennen lassen (Dieterich, 1984).

Der traditionellen Eigenschaftsdiagnostik und damit auch den zugrundeliegenden Dispositionskonzepten der D. P. wird u. a. eine gewisse Praxisferne insofern vorgeworfen, als sie sich zu sehr mit einer durch *abstrahierte* Eigenschaften beschriebenen Persönlichkeit und weniger mit dem betroffenen Subjekt in seiner besonderen situativen Verflechtung und gesamten praktischen Umweltbeziehung befaßt. Kritikpunkte dieser und ähnlicher Art finden sich beispielsweise auch in Betrachtungen zur *Kritischen Psychologie* von Holzkamp (1972). Im Zusammenhang mit seiner kritischen Reaktion auf Vorstellungen einer „Norm-Versuchsperson" in der Allgemeinen Psychologie stellt er dem „nomothetisch-gereinigten" Menschen der streng empiristischen Forschung oder dem „Alltagsmenschen" der *Humanistischen* Psychologie einen Menschen gegenüber, der nur aus Kenntnis seiner Klassenlage verständlich sei: „Kritische Psychologie ist mithin immer ‚differentielle Psychologie' in einem bestimmten Sinne, nämlich Psychologie, differenziert nach der Klassenlage der Individuen, die sie zum Thema ihrer Forschung macht" (118 f.). Zwar berücksichtigen viele Untersuchungen der neueren empirischen Persönlichkeitsforschung Variablen wie „sozialer Status". Restriktive Konzepte im Sinne der Holzkampschen Auffassung haben jedoch bisher wenig Resonanz gefunden.

1.2 Inhaltliche Schwerpunkte

Gegenwärtig existiert keine einheitliche Theorie der gesamten D. P., aus der eine verbindliche Klassifikation inhaltlicher Problembereiche ableitbar wäre (vgl. z. B. Pervin, 1981). Ansätze in dieser Hinsicht sind gleichzeitig auch immer an bestimmte theoretische und methodische Vorlieben gekoppelt, durch welche auch die Variationsbreite inhaltlicher Problemstellungen jeweils eingeschränkt wird (obwohl es eigentlich umgekehrt sein sollte). Wir begnügen uns deshalb mit einer stichwortartigen, eher pragmatisch orientierten Übersicht über wichtige inhaltliche Schwerpunkte (vgl. dazu z. B. Pawlik, 1968; Herrmann, 1969; Hofstätter, 1971; Anastasi, 1976; Sader, 1980; Amelang/Ahrens, 1984; Amelang/Bartussek, 1985).

- *Gesamtpersönlichkeit:* Faktorenanalytische Ansätze (Cattell; Eysenck; Guilford u. a.); lerntheoretische und am sozialen Lernen orientierte Ansätze (z. B. Skinner; Bandura/Walters u. a.); psychoanalytische Ansätze (z. B. Freud; Jung; Fromm u. a.); ältere Schichtenmodelle (z. B. Lersch) usw.
- *Einzelne Persönlichkeitseigenschaften und Bereiche von Eigenschaften:* Intelligenz (Kognition, Sprache, Denken etc.); Gedächtnis, Lernen, Motivation; Sinnesfunktion und Wahrnehmung; Psychomotorik; Temperament, Emotionalität, Gefühle; spezielle Fähigkeiten (z. B. technisches Verständnis, Schulleistungen, Interessen); sozial relevante Fähigkeiten (z. B. Dominanz, autoritäre Eigenschaften, Kontaktfähigkeit); physiologische und körperliche Eigenschaften, Geschlecht, Alter etc.
- *Anlage und Umwelt:* Persönlichkeit und Gesellschaft (z. B. sozialer Status); Persönlichkeit und Familie (z. B. Erziehungsstile); Lerneinflüsse; Entwicklung und Reife; Zwillingsforschung etc.
- *Verhaltenskonstanz und -variabilität:* Längsschnittuntersuchungen zur Persönlichkeitsentwicklung; Therapie- und Modifikationsprobleme; Vorhersageprobleme; Zeit- und Umweltspezifität etc.
- *Persönlichkeitsstörungen und extreme Merkmalsausprägungen:* Probleme der Normalität und Abweichung, der Begabung (z. B. Hochbegabung), der Klinischen Psychodiagnostik und Psychotherapie etc.

2 Theorienbildung und Methodik

2.1 *Wissenschaftliche Erkenntnis*

Wissenschaftliche Erkenntnis liegt nach Leinfellner (1967, 11 ff.) dann vor, wenn im Zuge eines Präzisierungsprozesses von alltäglicher Umgangssprache zur Wissenschaftssprache der zu repräsentierende Gegenstandsbereich in zusammenhängenden Sätzen bzw. Satzsystemen abgebildet wird. „... in den empirischen Wissenschaften sind es insbesondere Hypothesen und Theoriensysteme, die aufgestellt und an der Erfahrung durch Beobachtung und Experiment überprüft werden" (Popper, 1966, 3). Diese globale Definition wissenschaftlicher Erkenntnis bleibt jedoch unpräzise, wenn sie nicht mit bestimmten Voraussetzungen verknüpft wird.

Leinfellner (1967, 14 ff.) nennt als einfachste Voraussetzungen oder Hilfssätze für die Lösung von Problemen wissenschaftlicher Erkenntnis verschiedene Obligate. Das *„anthropologische* oder *pragmatische* Obligat" berücksichtigt einerseits die Abhängigkeit der Erkenntnis vom Menschen, andererseits aber die Abhängigkeit des Menschen von der Nützlichkeit seiner Erkenntnisse. Einem weiteren, *„spieltheoretischen* Obligat" liegt die Auffassung zugrunde, daß Wissenschaft so etwas sei wie ein Spiel um optimales Wissen mit bestimmten Strategien und Kriterien, wobei besonders herausgestellt wird, daß es kein für alle Zeiten sicheres, sondern immer nur ein unter den gegebenen Umständen gültiges Wissen gibt.

Insbesondere unter Berücksichtigung des anthropologischen Obligates stellt sich beispielsweise für die D. P. die Frage, was es dem betroffenen Subjekt und auch beispielsweise dem Auftraggeber eines psychodiagnostischen Gutachtens nützt (bzw. „kostet"), wenn unter Verwendung einer bestimmten Persönlichkeitstheorie und entsprechender Persönlichkeitstests ein Individuum als geeignet (bzw. ungeeignet) für eine bestimmte Anforderung klassifiziert wird. Dieses und auch das spieltheoretische Obligat zielen offensichtlich auf wissenschaftliche Erkenntnis- und Handlungsprobleme, die in letzter Zeit als *„Relevanzprobleme"* bekannt geworden sind und innerhalb der Psychologie besonders von Holzkamp (1972) diskutiert wurden (vgl. auch Groeben/Westmeyer, 1975, 157 ff.). Nutzenüberlegungen bei differential-psychologisch begründeten Entscheidungen sind aber auch Gegenstand bestimmter Konzepte der Testpsychologie (z. B. Cronbach/Gleser, 1965).

Ein weiteres „Obligat der sprachlich-begrifflichen Repräsentation" zielt direkt auf die *theoretische* Ebene wissenschaftlicher Erkenntnis, d. h. hier auf die Begründung der D. P. durch entsprechende Persönlichkeitstheorien. Der Stellenwert theoretischer Erkenntnis in ihrer Verflechtung mit empirischen Schritten wird im *„Prozeßobligat"* deutlich, das bestimmte Richtlinien des Voranschreitens wissenschaftlicher Erkenntnis zusammenfaßt, wonach das „höchste" Erkenntnisziel schließlich darin besteht, über die deskriptive Fragestellung hinaus (Beantwortung der Frage „Was ist der Fall?") zu wissenschaftlichen Erklärungen der beobachtbaren Phänomene zu gelangen (Beantwortung der Frage: „Warum ist das der Fall?").

Die Einschätzung des wissenschaftlichen Erklärungswertes als Forschungskriterium (Groeben/Westmeyer, 1975, 76 ff.) wirft für die D. P. viele Probleme auf. Allgemein muß bei Erklärungsversuchen in den empirischen Verhaltenswissenschaften mit mannigfaltigen Zufallseinflüssen und Ungenauigkeiten (z. B. Meßungenauigkeiten der Diagnostik) gerechnet werden. Die zugrundegelegten Theorien sind in der Regel *probabilistische Theorien,* so daß die erklärende Aussagen immer nur eine Wahrscheinlichkeitsaussage, d. h. eine statistische Aussage sein wird. Hinzu kommt für die D. P. bzw. für die experimentelle Persönlichkeitsforschung die besondere Schwierigkeit, daß die erklärenden Bedingungen nicht wie in klassischen, voll kontrollierten Experimenten der Allgemeinen Psychologie vom Experimentator „hergestellt", sondern meistens nur durch „Selektion" der Personenstichprobe manipuliert werden können. Holzkamp (1964, 24 ff.) unterscheidet in diesem Sinne Experimente mit mehr oder weniger großer Herstellungs- bzw. Selektionsanteil. Cronbach (1957) hat diese besonders für die D. P. bedeutsame Frage in einem Aufsatz mit dem Titel „The Two Disciplines of Scientific Psychology" problematisiert, wo die klassische experimentelle Forschungsstrategie der Allgemeinen Psychologie der vorwiegend korrelativen Methodik der traditionellen Persönlichkeitsforschung gegenübergestellt wird (vgl. auch Cattell, 1966 ff.; Cronbach, 1975).

Wenn in neuerer Zeit für die gesamte Psychologie verstärkt die Frage diskutiert wird, wieweit sich die empirische Begründung theoretischer Erkenntnisse nicht nur auf experimentelle Daten nach streng naturwissenschaftlichem Vorbild, sondern auch auf die Ergebnisse „weicherer" nicht-experimenteller Methoden stützen sollte, so ist diese erkenntniskritische Perspektive sicher in besonders hohem Maße für die D. P. und Persönlichkeitsforschung bedeutsam.

2.2 *Zur Theorienbildung in der Differentiellen Psychologie*

Die Persönlichkeitsforschung folgt nach Herrmann (1969, 30 ff.) im wesentlichen zwei allgemeinen Erkenntnismodellen. Im *„Modell I"* wird im ersten Schritt zunächst der Sachverhalt „Persönlichkeit" in seiner „Natur", seinem „Wesen" etc. erkannt und erst dann im zweiten Schritt genauer untersucht (z. B. Lersch; Wellek). Nach *„Modell II"* orientiert sich der Forscher primär an Beobachtungen und Messungen empirischer Sachverhalte. Im zweiten Schritt werden zur beschreibenden Bestimmung und zur Klärung der empirischen Sachverhalte theoretische Konstruktionen „erfunden" und dann anhand erneuter Beobachtungen und Messungen geprüft und präzisiert (z. B. Eysenck; Cattell).

Das gegenwärtig herrschende Forschungsparadigma der D. P. wird wohl durch „Modell II" am zutreffendsten beschrieben, wobei die Schrittfolge „Beobachtung – Theorie – Beobachtung" flexibel gehandhabt wird (vgl. z. B. Spiralenmodell von Cattell, 1966, 16). Im Rahmen dieser allgemeinen Forschungsstrategie kann man nach Pawlik (1973, 6) folgende Anforderungen an eine Persönlichkeitstheorie stellen:

1. Erklärung von zuverlässigen (reliablen) Verhaltensunterschieden in ihren Beziehungen untereinander und/oder mit nichtbehavioralen organismischen Variablen;
2. Erklärung der Ursprünge und Ursachen der Entwicklung und der Auswirkungen dieser Verhaltensunterschiede;
3. Erklärung der Reaktionen einer Person auf die Wahrnehmung seiner persönlichen Eigenart und/oder der anderer Menschen.

Je nach Schwerpunkt spricht Pawlik von einer *Struktur*theorie, einer *dynamischen* Theorie und einer *sozialen* bzw. *Stimulus*theorie der Persönlichkeit. Einen großen Teil der gegenwärtigen Diskussion um die „richtige" Persönlichkeitstheorie zur Beschreibung und Erklärung individueller Differenzen kann man einer noch gröberen Klassifikation zuordnen, nämlich der Gegenüberstellung von Person als *Struktur* vs. Person als *Prozeß* (z. B. Lehr/Weinert, 1975).

Die immer noch sehr verbreiteten modernen Strukturtheorien der Persönlichkeitsforschung sind eigenschaftszentriert und bedienen sich vornehmlich der Methode und des Modells der Faktorenanalyse (z. B. Eysenck, 1953; Guilford, 1964; Cattell, 1973). Die eigenschaftszentrierte Grundannahme besagt dabei, daß die Struktur einer Persönlichkeit durch eine bestimmte Anzahl von linear kombinierten Grundwesenszügen (traits) beschreibbar ist. Empirisches Ausgangsmaterial sind Merkmalskorrelationen, die mit Hilfe der Faktorenanalyse auf eine möglichst geringe Anzahl „zugrundeliegender" gemeinsamer Faktoren rückgeführt werden (z. B. Pawlik, 1968). Die Dimensionalität dieser Grundwesenszüge charakterisiert aber auch gleichzeitig die Situation, in der entsprechende Verhaltensreaktionen erfolgen. Im Gegensatz zu den eher statischen Konzepten der faktorenanalytischen Persönlichkeitsforschung gehen beispielsweise situationsorientierte Ansätze davon aus, daß beobachtbares Persönlichkeitsverhalten jeweils aus einer Interaktion zwischen Person und Situation resultiert (z. B. Bowers, 1973; Mischel, 1973; Graumann, 1975).

Andere, lerntheoretische Ansätze zielen gleichfalls auf eine notwendige „Dynamisierung" der Persönlichkeitsforschung, indem insbesondere die Entwicklung, aber auch das jeweils aktuelle Verhalten und die Verhaltensmodifikation von Personen als Folge von sozialen Lernvorgängen betrachtet werden (z. B. Skinner, 1965; Bandura/Walters, 1970). Lerntheoretisch orientierte Persönlichkeitstheorien spielen besonders für Fragen der Verhaltensmodifikation (z. B. Psychotherapie) in der Klinischen Psychologie eine bedeutsame Rolle.

Nach Herrmann (1974) kann man die Zielsetzung der an Lernen und Entwicklung orientierten Persönlichkeitstheorien leicht einem Forschungsbereich zuordnen, der sich durch die Lösung von *„Entwicklungsproblemen"* auszeichnet. Gesucht werden hier Gesetzmäßigkeiten (z. B. soziale Lerntheorien, Theorien zur Anlage-Umwelt-Beziehung), die das Entstehen und die Bedingungen für das Auftreten individueller Differenzen klären. In diesem Zusammenhang sind auch funktionalistische Ansätze zu erwähnen, in denen die *biologische* Funktion und *stammesgeschichtliche* Bedeutung individueller Differenzen untersucht wird (z. B. Merz, 1984; Ahrens/Amelang, 1987). Gegenüber solchen Längsschnittbetrachtungen löst die faktorenanalytische Persönlichkeitsforschung lediglich *„kompositorische Probleme"*, indem die strukturelle Ordnung von Verhaltens- und Erlebnisweisen beschrieben wird. Ein Vorschlag zur wünschenswerten Verknüpfung beider Aspekte stammt von Pawlik (1973), der zwar nicht das faktorielle Grundmodell aufgibt und auch die Lösung bestimmter Methodenprobleme (z. B. Populationsabhängigkeit) offen läßt, aber durch eine modifizierte Strategie zur Interpretation der Persönlichkeitsfaktoren die faktoriellen Theorien für die explizite Berücksichtigung von Lern- und Sozialisierungsprozessen öffnet. Faktorenausstattungen von Personen bzw. die zugrundeliegenden Merkmalskorrelationen werden als Ausdruck vorangegangener Lern- und Verstärkungsprozesse interpretiert, deren Untersuchung dann essentieller Bestandteil auch der faktoriellen Persönlichkeitsforschung sein müßte.

2.3 Zur Methodik der Differentiellen Psychologie

Die Methoden der D. P. sind Hilfsmittel, die zur Planung, Durchführung und Auswertung von Untersuchungen benötigt werden, welche zu den gewünschten Erkenntnissen im definierten Gegenstandsbereich „individuelle Differenzierung" führen. Dabei werden in der D. P. vor allem Methoden der *multivariaten Datenanalyse* angewandt (z. B. Cattell, 1966), Bei der oft betonten „neutralen Werkzeugfunktion" der Methoden wird jedoch meist übersehen, daß in den Methoden häufig restriktive *Modellannahmen* verborgen liegen, (z. B. Gigerenzer, 1981; 1984) die weitreichende Konsequenzen für die inhaltliche Theorienbildung haben (z. B. Prinzip der Linearkombination in Faktorenanalysen; vgl. z. B. Ahrens, 1984).

Angesichts der Komplexität des Gegenstandes und der Vielfalt konkurrierender theoretischer Ansätze kann man allerdings von *den* Methoden der D. P. kaum sprechen. So werden z. B. bei der Lösung kompositorischer Probleme eher korrelationsstatistische Methoden, insbesondere *Faktorenanalysen* bevorzugt, während die Lösung von Entwicklungsproblemen die Anwendung von Methoden der *Längsschnittanalyse* erfordert (z. B. Harris, 1967; Nesselroade/Reese, 1973). Sollen Gruppen von Personen identifiziert bzw. unterschieden werden, so kommen Klassifikationsmethoden zur Anwendung wie *Typenanalyse, Clusteranalyse, Diskriminanzanalyse* etc. (z. B. Baumann, 1971). Da in der empirischen Persönlichkeitsforschung leider sehr selten hypothesentestende Experimente durchgeführt werden, ist beispielsweise in der D. P. die Anwendung varianzanalytischer Methoden und dergl. wenig verbreitet.

Gemeinsames und durchgehendes Interesse bei fast allen Richtungen der D. P. besteht wohl nur für Methoden der quantifizierenden Feststellung von Persönlichkeitsunterschieden, also für Testmethoden und andere Meß- und Skalierungsmethoden (z. B. Gutjahr, 1972; Ahrens, 1974; Fischer, 1974; Feger/Bredenkamp, 1983). Für die verwendeten Meßverfahren muß allerdings wie bei allen anderen quantitativen Methoden auch berücksichtigt werden, daß sie sich auf mathematisch-formale Modelle stützen, die Verhaltensmodelle mit spezifischen inhaltlich bedeutsamen Implikationen aufgefaßt werden müssen. Gigerenzer (1981; 1984) spricht in diesem Zusammenhang von der „modellbildenden Funktion" der Messung.

3 Zusammenfassung und Ausblick

Die D. P. bemüht sich um die Beschreibung und Erklärung von individuellen Differenzen unter Betonung der Unterschiedlichkeit zwischen Personen, aber auch in bezug auf die Differenzierung innerhalb von Personen im Quer- und Längsschnitt.

Die neuere Geschichte der D. P. ist eng verzahnt mit der Gegenüberstellung und Abgrenzung von Zielsetzungen der Allgemeinen Psychologie und D. P., mit der historischen Entwicklung des Begriffs der Persönlichkeit und entsprechenden Persönlichkeitstheorien und mit anwendungsorientierten Fragen der Psychodiagnostik und Verhaltensmodifikation, insbesondere in der Klinischen, aber auch Pädagogischen Psychologie.

Problembereiche der Theorienbildung betreffen vor allem die Abgrenzung, aber auch Verknüpfung von eigenschaftszentrierten trait-Theorien vs. situations- und lerntheoretisch orientierten Persönlichkeitstheorien. Korrespondierende Kontroversen sind teilweise anwendungszentriert und werden beispielsweise in der Psychodiagnostik und Klinischen Psychologie sichtbar (vgl. z. B. traditionelle vs. Verhaltensdiagnostik). Teilweise verwandt mit Fragen wie „Struktur vs. Prozeß", „Dynamik vs. Statik" sind Anlage-Umwelt-Probleme (vgl. z. B. Jensen-Kontroverse zur Intelligenzforschung). Zu vermuten ist, daß angesichts der Herausforderung von verhaltensbiologisch orientierten Ansätzen (z. B. *Soziobiologie* oder *Evolutionäre Erkenntnistheorie*) und der rasant fortschreitenden Entwicklung der *Molekulargenetik* (und abgeleiteter Technologien) und der *Verhaltensgenetik* eine biologisch orientierte Diskussion des Anlage-Umwelt-Problems demnächst auch für die D. P. an Aktualität gewinnen wird (z. B. Ahrens, 1987; Ahrens/Amelang, 1987).

Von vergleichsweise „untergeordneter" Bedeutung sind Methodenprobleme, die beispielsweise mit Fragen der experimentellen Persönlichkeitsforschung (vgl. z. B. „experimentelle" vs. „korrelative" Methodik), mit der Messung von Persönlichkeitseigenschaften (vgl. z. B. klassische vs. probabilistische Testtheorie) oder mit der Längsschnittanalyse von Persönlichkeitsentwicklungen verbunden sind.

Insgesamt ist in der Persönlichkeitsforschung ein Trend sichtbar, die traditionellen eigenschaftszentrierten trait-Theorien zugunsten dynamischer, lerntheoretisch und situationsabhängig angelegter Konzepte zu modifizieren, wobei als übergeordnete Leitideen anwendungsorientierte Aspekte wie *Psychodiagnostik, Verhaltensmodifikation* etc. eine bedeutsame Rolle spielen.

Literatur

Ahrens, J. J.: Methoden der Persönlichkeitsforschung: Werkzeug- oder Modellfunktion. In: Amelang, M./Ahrens, H. J. (Hrsg.): Brennpunkte der Persönlichkeitsforschung Bd. 1, Göttingen: Hogrefe, 1984, 31-49.

Ahrens, H. J.: Multidimensionale Skalierung. Methodik, Theorie und empirische Gültigkeit mit Anwendungen aus der Differentiellen Psychologie und Sozialpsychologie. Weinheim: Beltz, 1974.

Ahrens, H. J.: Psychologie und Biologie: Bemerkungen zur Herausforderung der evolutionären Erkenntnistheorie für die Psychologie. In: Amelang, M. (Hrsg.): Bericht über den 35. Kongreß der Deutschen Gesellschaft für Psychologie in Heidelberg 1986, Bd. 2. Göttingen: Hogrefe, 1987, 71-83.

Ahrens, H. J./Amelang, M. (Hrsg.): Brennpunkte der Persönlichkeitsforschung Bd. 2: Biologische Funktion individueller Differenzierung. Göttingen: Hogrefe, 1987 (in Vorbereit.).

Amelang, M./Ahrens, H. J. (Hrsg.): Brennpunkte der Persönlichkeitsforschung. Bd. 1. Göttingen: Hogrefe, 1984.

Amelang, M./Bartussek, D.: Differentielle Psychologie und Persönlichkeitsforschung (2. Aufl.). Stuttgart: Kohlhammer, 1985.

Anastasi, A.: Differentielle Psychologie. Bde. 1 u. 2. Weinheim: Beltz, 1976.

Bandura, A./Walters, R. H.: Social learning and personality development. New York: Holt, Rinehart & Winston, 1970.

Baumann, U.: Psychologische Taxometrie. Bern: Huber, 1971.

Bowers, K. S.: Situationism in psychology: An analysis and critique. Psychological Review, 80, 1973, 307-336.

Brandstätter, H./Schuler, H./Stocker-Kreichgauer, G.: Psychologie der Person. Stuttgart: Kohlhammer, 1974.

Brody, N.: Personality. Research and theory. New York: Academic Press, 1972.

Cattell, R. B. (Ed.): Handbook of multivariate experimental psychology. Chicago: Rand McNally, 1966.

Cattell, R. B.: Die empirische Erforschung der Persönlichkeit. Weinheim: Beltz, 1973.

Cronbach, L. J.: The two disciplines of scientific psychology. American Psychologist, 12, 1957, 671-684.

Cronbach, L. J.: Beyond the two disciplines of scientific psychology. American Psychologist, 30, 1975, 116-127.

Cronbach, L. J./Gleser, G. C.: Psychological tests and personnel decisions (2nd ed.). Urbana: University of Illinois Press, 1965.

Dieterich, R.: Persönlichkeitspsychologie, Psycho-Diagnostik und Psycho-Therapie. In: Amelang, M./Ahrens, H. J. (Hrsg.): Brennpunkte der Persönlichkeitsforschung. Bd. 1. Göttingen: Hogrefe, 1984, 213-231.

Eysenck, H. J.: Dimensions of personality. London: Routledge & Kegan Paul, 1947.

Eysenck, H. J.: The structure of human personality. London: Methuen, 1953.

Feger, H./Bredenkamp, J. (Hrsg.): Messen und Testen. Enzyklopädie der Psychologie. Bd. I, 3. Göttingen: Hogrefe, 1983.

Fischer, G.: Einführung in die Theorie psychologischer Tests. Bern: Huber, 1974.

Gigerenzer, G.: Messung und Modellbildung in der Psychologie. München: Reinhardt, 1981.

Gigerenzer, G.: Messung, Modellbildung und die »Kognitive Wende«. In: Amelang M./Ahrens, H. J. (Hrsg.): Brennpunkte der Persönlichkeitsforschung. Bd. 1. Göttingen: Hogrefe, 1984, 49-67.

Graumann, C. F.: Eigenschaften als Problem der Persönlichkeitsforschung. In: Thomae, H.,(Hrsg.): Handbuch der Psychologie, Bd. 1. Göttingen: Hogrefe, 1966, 1031-1096.

Graumann, C. F.: Person and Situation. In: Lehr, U./Weinert, F. E. (Hrsg.): Entwicklung und Persönlichkeit. Stuttgart: Kohlhammer, 1975, 15-25.

Groeben, H./Westmeyer, H.: Kriterien psychologischer Forschung. München: Juventa, 1975.

Guilford, J. P.: Persönlichkeit. Weinheim: Beltz, 1964.

Gutjahr, W.: Die Messung psychischer Eigenschaften. Berlin-Ost: Deutscher Verlag der Wissenschaften, 1972.

Harris, C. W.: Problems in measuring change (2nd ed.). Madison: University of Wisconsin Press, 1967.

Herrmann, Th.: Lehrbuch der empirischen Persönlichkeitsforschung. Göttingen: Hogrefe, 1969.

Herrmann, Th.: Persönlichkeitsmerkmale. Bestimmung und Verwendung in der psychologischen Wissenschaft. Stuttgart: Kohlhammer, 1973.

Herrmann, Th.: Psychologische Theorien – nicht als Aussagengefüge betrachtet. Berichte aus dem Institut für Psychologie der Universität Marburg, Nr. 42, 1974.

Hofstätter, P. R.: Differentielle Psychologie. Stuttgart: Kröner, 1971.

Holzkamp, K.: Theorie und Experiment in der Psychologie. Berlin: De Gruyter, 1964.

Holzkamp, K.: Kritische Psychologie. Vorbereitende Arbeiten. Frankfurt/M.: Fischer, 1972.

Huber, H. P.: Psychometrische Einzelfalldiagnostik. Weinheim: Beltz, 1973.

Kristof, W.: Klassische Testtheorie und Testkonstruktion. In: Feger, H./Bredenkamp, J. (Hrsg.): Messen und Testen. Enzyklopädie der Psychologie Bd. I, 3. Göttingen: Hogrefe 1983, 544-604.

Lehr, U. M./Weinert, F. E. (Hrsg.): Entwicklung und Persönlichkeit. Stuttgart: Kohlhammer, 1975.

Leinfelner, W.: Einführung in die Erkenntnis- und Wissenschaftstheorie. Mannheim: Bibliographisches Institut, 1967.

Lienert, G. A.: Testaufbau und Testanalyse (3. Aufl.). Weinheim: Beltz, 1969.

Merz, F.: Die biologische Funktion individueller Differenzen. In: Amelang, M./Ahrens, H. J. (Hrsg.): Brennpunkte der Persönlichkeitsforschung. Bd. 1, Göttingen: Hogrefe, 1984, 191-213.

Mischel, W.: Personality and assessment. New York: Holt, Rinehart & Winston, 1968.

Mischel, W.: Introduction to personality. New York: Holt, Rinehart & Winston, 1971.

Mischel, W.: Toward a cognitive social learning reconceptualization of personality. Psychological Review, 80, 1973, 252-283.

Nesselroade, J. R./Reese, H. W. (Eds.): Life-span developmental psychology: Methodological issues. New York: Academic Press, 1973.

Pawlik, K.: Dimensionen des Verhaltens. Bern: Huber, 1968.

Pawlik, K.: Right answers to the wrong questions? A re-examination of factor analytic personality research and its contributions to personality theory. In: Royce, J. R. (Ed.): Contributions of multivariate analysis to psychological theory. New York: Academic Press, 1973, 17-44.

Pawlik, K. (Hrsg.): Diagnose der Diagnostik. Stuttgart: Klett, 1976.

Pervin, L. A.: Persönlichkeitspsychologie in Kontroversen. München: Urban & Schwarzenberg, 1981.

Popper, K.: Logik der Forschung (2. Aufl.). Tübingen: Mohr 1966.

Rohracher, H.: Kleine Charakterkunde. Wien: Urban & Schwarzenberg, 1969.

Roth, E.: Persönlichkeitspsychologie. Stuttgart: Kohlhammer, 1969.
Sader, M.: Psychologie der Persönlichkeit. München: Juventa, 1980.
Skinner, B. F.: Science and human behavior. New York: Free Press, 1965.
Stern, W.: Über Psychologie der individuellen Differenzen. Leipzig: Barth, 1900.
Stern. W.: Die differentielle Psychologie in ihren methodischen Grundlagen (3. Aufl.). Leipzig: Barth, 1921.
Thomae, H.: Das Individuum und seine Welt. Göttingen: Hogrefe, 1968.

Einstellung

Werner Meinefeld

1 Die Bedeutung des Einstellungskonzepts

„Einstellung" gehört zu den klassischen Konzepten der *Sozialpsychologie:* Erstmals von Darwin und Spencer in der zweiten Hälfte des 19. Jahrhunderts verwendet und von der Würzburger experimentellen Schule der Psychologie zur Erklärung körperlicher Reaktionsbereitschaften herangezogen, erhielt es seine noch heute gültige Grundbedeutung bereits in der 1918 erschienenen Arbeit „The Polish peasant in Europe and America" von Thomas und Znaniecki. Bei ihrer Untersuchung der Orientierungsprobleme polnischer Bauern in einer sich wandelnden bzw. in einer ihnen völlig fremden Umwelt wählten die Autoren den Begriff „attitude" zur Bezeichnung einer *beständigen* Orientierung und Handlungsbereitschaft eines Individuums in bezug auf ein soziales Objekt (1918, 20ff.). Wie kaum ein anderes schien dieses Konzept sich dazu zu eignen, das Ineinanderverwobensein von Individuum und sozialer Umwelt zu erfassen, indem es zwar am Individuum festgemacht ist, dieses aber gerade nicht als isoliertes Wesen begreift, sondern es zu sozial definierten Objekten in Beziehung setzt und die Ausbildung einer E. ebenfalls als Ergebnis eines sozialen Prozesses versteht.

Im Anschluß an diese Begriffsbestimmung, die auf frühere physiologische Elemente gänzlich verzichtete, und vorangetrieben durch sehr früh einsetzende Erfolge in der Messung nahm das E.konzept einen raschen Aufschwung und wurde zu einem dominanten Konzept innerhalb der sich gerade – und nicht zuletzt mit Hilfe dieses Konzeptes – etablierenden Disziplin der Sozialpsychologie (Fleming, 1967, 339f.; K. Thomas, 1971, 9). Verfolgen wir diese Entwicklung bis heute, so zeigt die Sozialpsychologie zwar ein unvergleichlich ausdifferenziertes Gesicht, zahlreiche weitere Konzepte erschließen andere soziale und psychische Phänomene, doch kaum eines hat eine ähnlich weite Verbreitung und Anwendung speziell auch in der Forschungspraxis erreicht. Auf der anderen Seite gibt es kaum ein anderes Konzept, das so dauerhaft auch grundlegender Kritik unterzogen, dessen Nutzen so vehement in Frage gestellt wurde wie der des E.konzepts – und das sich dieser Kritik gegenüber zugleich so resistent erwiesen hat. Prominenten Vertretern der E.forschung ist es, 1935 wie heute, selbstverständlich, daß dieses Konzept „unverzichtbar" ist und alle Kritik nur zu immanenten Verbesserungen führen könne (Allport, 1935, 798; 1968, 63; Fishbein/Ajzen, 1975, v). Kritiker dagegen werfen, neben einer harten Auseinandersetzung mit der Forschungspraxis, die Frage auf, was denn mit diesem Konzept eigentlich erfaßt werde, und ob es der Struktur sozialer Wirklichkeit angemessen sei (La Piere, 1934; Deutscher, 1966; 1973). Bevor wir auf diese aktuelle Diskussion, die im Zusammenhang mit der These über die Handlungsrelevanz von E.en geführt wird, näher eingehen, wollen wir einen Blick auf die theoretischen Konzeptionen von E., auf wichtige Forschungsbereiche und auf die Messung von E.en werfen.

2 Definitionen und theoretische Konzeptionen

Eine einheitliche Definition von E. läßt sich, ebenso wie ein umfassender und allgemein anerkannter theoretischer Entwurf, nicht ausmachen. Die größte Popularität genoß über Jahrzehnte der *„Drei-Komponenten-Ansatz“*, der E. als ein – selten näher spezifiziertes – System von Kognition, Affektion und Konation begriff, denen eine prinzipielle Tendenz zur Übereinstimmung zugeschrieben wurde: So hält man z. B. Mitglieder einer anderen Rasse für faul oder betrügerisch, man verachtet sie und lehnt – in Übereinstimmung mit Kognition und Affektion – in seinem Handeln jeglichen Umgang mit ihnen ab *(Konsistenztheorem)*. Grundlegend für diese Konzeption ist die Annahme, daß die Orientierung des Menschen in einer „ansonsten chaotischen Umwelt“ (William James) nur möglich sei auf Grund der Existenz von Vorstellungen, die eine selektive und leitende Funktion bei der Wahrnehmung und Bewertung von Objekten und beim Handeln ausüben – erst auf Grund solcher dauerhafter und situationsübergreifender Orientierungsmuster, die die Beziehung zwischen dem Individuum und dem Objekt regeln, seien Stabilität und Kontinuität möglich (Allport, 1935, 806; Krech et al., 1962, 137). Die meisten jüngeren Definitionen weichen in der einen oder anderen Weise von dieser Grundkonzeption ab, indem sie sich etwa auf die Beziehung zwischen Affektion und Kognition beschränken (Rosenberg, 1960); indem sie E. als Teil einer Hierarchie von kognitiven Vorstellungen, E.en und Werten konzipieren (Rokeach, 1966; 1968); oder indem sie E. auf Affektion reduzieren und die beiden anderen Komponenten in eigenständigen Konzepten fassen – und damit die Konsistenzunterstellung explizit aufgeben (Fishbein, 1966; 1967).

Entsprechend diesen unterschiedlichen Definitionen lassen sich verschiedene *theoretische Entwürfe* ausmachen, von denen aber nur wenige einen umfassenden Erklärungsanspruch stellen (Triandis, 1967; Fishbein/Ajzen, 1975) oder ihrerseits in komplexere theoretische Ansätze eingebettet sind. Für die meisten dieser Entwürfe ist vielmehr festzustellen, daß sie ad hoc für spezifische Fragestellungen entwickelt worden sind, mithin ihre Erklärungsleistungen auch einer entsprechenden Einschränkung unterliegen. Daneben fällt auf, daß eine systematische Bezugnahme auf andere – auch alternative – Ansätze nur selten erfolgt, daß eine produktive kritische Auseinandersetzung damit weitgehend unterbleibt. Diese unterschiedlichen Entwürfe auch nur in ihren Grundzügen zu skizzieren, würde hier zu weit führen, dazu sei auf vorliegende Versuche verwiesen (z. B. Fishbein/Ajzen, 1975, 21-52; Meinefeld, 1977, 23-47).

3 Die Messung von Einstellungen

Eine gemeinsame Basis der E.forschung finden wir nicht auf der theoretischen, sondern auf der *methodischen Ebene*. Es wurde bereits erwähnt, daß die Entwicklung der Meßverfahren so etwas wie den Schrittmacher der E.forschung darstellte: hier schien sich zu zeigen, daß „Einstellung“ nicht eine „dubiose“ latente Variable war, der direkten Beobachtung und objektiven Analyse nicht zugänglich – vielmehr erbrachten bereits die ersten, schon recht früh auf relativ hohem technischem Niveau entwickelten Meßverfahren (die Skalierungen von Bogardus, 1925; Thurstone, 1928; Likert, 1932) exakte und zuverlässige Ergebnisse und befreiten die Sozialpsychologie damit von dem Odium, mit dem E.konzept in das Stadium einer intuitiv betriebenen Wissenschaft zurückzufallen. Einige Kritiker betrachten dieses Streben der damaligen Forscher nach kollegialer Anerkennung als einen wesentlichen Grund für ihr Bemühen um quantifizierende Messung wie auch für das Ignorieren kritischer Einwände gegen eine Praxis, die *Präzision* und *Zuverlässigkeit* höher gewichtete als Fragen der *Gültigkeit* (Fleming, 1967, 339f.; Deutscher, 1973, 34f.).

Diese Meßverfahren beruhen, ebenso wie die meisten später entwickelten (etwa Guttman, 1944; Osgood et al., 1957; Sherif/Sherif, 1967), auf folgender Grundstruktur: die Befragten werden mit einer Anzahl standardisierter Aussagen konfrontiert, aus deren Beantwortung der Grad der Ausprägung einer positiven oder negativen E. gegenüber dem jeweiligen E.objekt in skalenspezifischer Weise berechnet wird. Der E.wert einer Person wird durch einen Punkt auf der als Kontinuum zwischen Zuneigung und Ablehnung gedachten E. repräsentiert und ist in dieser Form einer weiteren quantifizierenden Auswertung zugänglich. Die Erhebung dieser Daten erfolgt im allgemeinen in einer Interview- oder Laborsituation, in der aus Gründen der Vergleichbarkeit eine größtmögliche *Standardisierung* (des Instrumentariums, des Interviewerverhaltens sowie der weiteren kontrollierbaren Situationsfaktoren) angestrebt wird. (Eine Einführung in diese Verfahren findet sich in fast allen Methodenbüchern und Einführungen in die Sozialpsychologie; zu einer näheren Auseinandersetzung siehe Green, 1954; Fishbein, 1967; Dawes, 1977).

4 Einstellungsänderungsforschung und Handlungsbezug von Einstellungen

Neben den beiden Bereichen der E.theorie und der E.messung sind es vor allem zwei *inhaltliche* Fragen, die das Interesse auf sich gezogen haben: die Genese und Änderung von E.en und ihr Handlungsbezug. Insbesondere die erstere, die *E.änderungsforschung,* hat in der Zeit nach dem 2. Weltkrieg eine derartige Ausweitung erfahren, daß sie von ihrem Umfang her fast als eigenständiger Forschungsbereich anzusprechen ist, und ebenso vielfältig wie die in diesem Bereich aufgeworfenen Fragen sind die theoretischen Ansätze zu ihrer Beantwortung. Den Charakter von E.en als erlernten – und damit auch veränderbaren – Verhaltensdispositionen voraussetzend, hat man in zahllosen Experimenten versucht, die Auswirkungen der verschiedensten Faktoren auf Ausmaß und Dauer der E.änderung zu messen: der Wirkung von Angst, der Glaubwürdigkeit des Kommunikators, der Präsentation von Gegenargumenten u. ä. m. (Secord/Backman, 1964; Zimbardo et al. 1977). Zur Erklärung des Änderungsprozesses hat man Verstärkungstheorien, Konsistenztheorien, Dissonanztheorien, funktionale Theorien u. a. herangezogen, die jeweils auf andere Aspekte abstellten, damit auch andere Fragestellungen aufwarfen, so daß für diesen Bereich, wie für die E.forschung insgesamt, das Fehlen einer umfassenden Theorie festgestellt werden muß. (Für eine eingehendere inhaltliche Darstellung sei u. a. auf die Versuche von Insko, 1967, und Schmidt-Mummendey, 1975, 153-210, verwiesen.)

Die Frage nach der *Handlungsrelevanz* von E.en hat das Konzept von Anfang an begleitet: ein wesentlicher Teil der theoretischen Diskussion drehte sich um die explizite oder stillschweigend vorausgesetzte Annahme einer engen Beziehung zwischen E. und Handeln, also um die Vorhersage- oder gar die Erklärungsleistung der E. für das – methodisch schwieriger zu erfassende – Handeln. Diese Annahme ist vielleicht der wichtigste Grund für die Beliebtheit des Konzeptes, von ihm hängst letztlich auch die Relevanz der E.änderungsforschung ab. Die hier postulierte Einheit von Handeln und Denken war in der Definition von Thomas und Znaniecki (1918, 22) wie auch in der „berühmten" Zusammenfassung von Allport (1935, 805, 817-819) noch fraglos enthalten, in Lehrbüchern treffen wir sie immer noch an (Krech et al. 1962, 137). Gerade um diesen Punkt hat es jedoch in den letzten Jahren eine lebhafte und kontroverse Debatte gegeben, die über den engeren Kreis sozialpsychologischer Forscher hinaus Interesse und Beteiligung gefunden hat. Dies gilt speziell für die *Soziologie,* die sich dieses Konzeptes in der empirischen Sozialforschung (kaum dagegen in der theoretischen Diskussion) in erheblichem Ausmaß bedient hat (Benninghaus, 1976, 16-21) und für die diese Problematik von großer Bedeutung ist, da Aussagen allein über psychische Prozesse, ohne Rückbezug auf soziales Handeln, für sie nur von untergeordnetem Interesse sind.

Einzelne empirische Studien, die gar keine oder nur eine sehr schwache Beziehung zwischen E. und Handeln berichteten, hat es seit Beginn der E.forschung gegeben (La Piere, 1934; Saenger/Gilbert, 1950; De Friese/Ford, 1969), doch begegnete man ihnen mit methodischen oder konzeptuellen Einwänden, behandelte sie als Ausnahmen oder ignorierte sie. Für die Vertreter des E.konzepts begann die Argumentation erst in dem Augenblick kritisch zu werden, als verschiedene Autoren in Literaturüberblicken auf Grund systematischer Analysen vorliegender empirischer Studien zu dem Ergebnis kamen, daß die häufig unterstellte einfache Beziehung zwischen E. und Handeln in keiner Weise durch das empirische Material bestätigt wird, daß im Gegenteil generell nur von einer *schwachen* Beziehung zwischen ihnen gesprochen werden kann (Deutscher, 1966, 1973; Wicker, 1969; Benninghaus, 1973; 1976; Six, 1975). Während einige Kritiker hieraus die Forderung ableiteten, das E.konzept gänzlich aufzugeben (Tarter, 1970) bzw. die Annahme der E. als eines latenten Prozesses durch eine verhaltenstheoretische Konzeption zu ersetzen (De Fleur/Westie, 1963), verwies etwa Ehrlich (1969) auf die methodischen und begrifflichen Unzulänglichkeiten bisheriger E.forschung und wies diese Forderung als übertrieben und verfrüht zurück. Eine pauschale Ablehnung unter Hinweis auf empirische Studien muß allerdings nicht nur deswegen verfrüht erscheinen, weil es auch Studien gibt, die einen *engen* Zusammenhang zwischen beiden Variablen fanden – für eine stichhaltige Beurteilung der berichteten Ergebnisse ist zuvor eine methodenkritische Analyse der empirischen Studien durchzuführen, die den Einfluß der jeweiligen theoretischen und methodischen Vorgehensweise auf die Ergebnisse bestimmt, bevor derart weitreichende Konsequenzen gezogen werden können.

Führt man einen *systematischen Vergleich* der Studien in bezug auf diese Faktoren durch, so zeigen sich deutliche Abhängigkeiten der Ergebnisse von dem jeweils gewählten Vorgehen. So führt etwa die Operationalisierung des Handelns als Selbstbericht oder als verbalisierte Handlungsintention zu einer Überschätzung der Stärke der Beziehung zwischen E. und Handeln (im Vergleich zu einer Beobachtung des Handelns durch den Forscher selbst); das gleiche gilt für die Beschränkung der Handlungsbeobachtung auf die Extreme der E.verteilung oder die Durchführung der Beobachtung in einer Laborsituation ohne Anwesenheit von Bezugspersonen. Umgekehrt unterschätzen die Ergebnisse die tatsächlich vorhandene Stärke der Beziehung, wenn z. B. statt mehrerer Handlungen nur ein einzelner Handlungsakt erfaßt wird oder wenn ein Abweichen von der Handlungsroutine erforderlich wird, um einstellungskonform handeln zu können (Meinefeld, 1977, 127-162). Diese Ergebnisse deuten darauf hin, daß die Beziehung zwischen E. und Handeln *differenzierter* ist, als es die Protagonisten mit dem Konsistenztheorem und die Kritiker mit der Berufung auf die diesem Theorem widersprechenden empirischen Ergebnisse nahelegen. Eine differenziertere Sicht deutet sich für den engeren Kreis der E.forscher – kaum dagegen bei denjenigen, die dieses Konzept und vor allem seine Meßtechniken als gegebenes und bewährtes Instrumentarium nur verwenden – auch in der Tatsache an, daß man sich in verstärktem Maße der Wirkung *„intervenierender Variablen"* zuwendet, also etwa den hemmenden oder verstärkenden Einfluß der Bezugsgruppenorientierung auf den Grad der Übereinstimmung zwischen E. und Handeln berücksichtigt (Warner/De Fleur, 1969, sprechen von „bedingter Konsistenz").

Allerdings darf nicht unerwähnt bleiben, daß das Konzept „Einstellung" durchaus seine *Erfolge* aufzuweisen hat, so z. B. im Bereich der *Konsum-* und der *politischen Wahlforschung*. Hier wie in vergleichbaren anderen Bereichen liegen offensichtlich Verhaltensweisen und Bewußtseinsstrukturen vor, die mit Hilfe des E.konzepts gültig erforscht werden können (wie selbst von Kritikern eingeräumt wird: Blumer, 1948; Crespi, 1971, 333 f.). Daneben muß auf vorhandene *Ansätze zu einer Umorientierung* verwiesen werden: So haben etwa die Arbeiten der Gruppe um Fishbein und Ajzen Wesentliches zu einer begrifflichen Klärung beigetragen, und die Berücksichtigung „intervenierender Variablen" stellt zweifellos einen Schritt vom einfachen E.-Handlungs-Modell weg dar. Andere Versuche gehen in die Richtung. E.en nach dem Grad ihrer *„Zentralität, Extremität und Intensität"* zu unterscheiden und dementsprechend differenzierte Vorhersagen des Handelns zu treffen (Petersen/Dutton, 1975) oder Vorhersagen nur für bestimmte Personen und Situationen zu machen (Bem/Allen, 1974).

Betrachten wir diese Ansätze allerdings näher, so muß die Hoffnung auf eine generelle Umorientierung wieder eingeschränkt werden: im Fall der intervenierenden Variablen etwa zeigt der Umstand, daß diese anderen Faktoren als „intervenierend" begriffen werden, daß man am Grundmodell der Beziehung zwischen E. und Handeln festhält und andere Faktoren eher als Störvariablen auffaßt denn als Teile eines komplexen Systems gegenseitiger Beeinflussung. Ein vergleichbares Problem stellt sich in den Arbeiten der Fishbein-Gruppe oder in den Ansätzen von Feger und Hartmann und Wakenhut: Ohne Zweifel haben die hier geleisteten begrifflichen und methodischen Verbesserungen die E.forschung ein gutes Stück vorangebracht, doch verbleiben sie in der alten Bahn, sie reflektieren nicht die Prämissen dieses Konzeptes, sondern bewegen sich *innerhalb* seiner Grenzen.

5 Kritik an Anspruch und Leistung des Einstellungskonzepts

Versuchen wir eine *kritische Beurteilung* des Anspruchs und der Leistung des E.konzepts, wie wir sie in den theoretischen Entwürfen, den methodischen Instrumentarien und in der Forschungspraxis vorfinden, so zeigt sich die Problematik einer solchen Beschränkung auf die immanente Weiterentwicklung des E.konzepts. Drei Kritikpunkte sollen dies verdeutlichen (vgl. Meinefeld, 1977, 188-205):

1. Trotz jahrzehntelanger Forschung ist man bisher nicht zu einer einheitlichen Definition gekommen, was unter E. gefaßt werden soll.
2. E. wird als eine *isolierte Variable* begriffen, ihre Bedeutung für das Handeln wurde überschätzt und überwiegend als einseitige Beeinflussung verstanden (eine Ausnahme bildet etwa Festinger, 1964): die Wechselwirkung zwischen E., Handeln und Persönlichkeitsfaktoren sowie ihre soziale Genese und Abhängigkeit von so-

zialen Faktoren werden weitgehend vernachlässigt.

3. Theoretische Überlegungen und Forschungsmethoden sind nicht miteinander verbunden, letztere sind stärker an abstrakten methodologischen Standards orientiert als an der Umsetzung theoretischer Definitionen. So werden etwa die für die theoretische Definition von E. grundlegenden Annahmen der zeitlichen Konstanz der Bewertung und Handlungsbereitschaft sowie ihre Situationsunabhängigkeit weder in der Methodologie noch in der Forschungspraxis geprüft. E.en werden vielmehr in der Regel punktuell zu einem bestimmten Zeitpunkt in einer spezifischen Situation „gemessen“. Auf diese Weise wird ein komplexes theoretisches Konzept in der Operationalisierung und Anwendung simplifiziert, und nicht selten dürften die Ergebnisse *Artefakte* dieser Methoden sein, also etwa eine Dauerhaftigkeit und Eindeutigkeit der E. vorspiegeln, wo tatsächlich sehr differenzierte und auch in sich widersprüchliche Vorstellungen vorhanden sind.

Diese Überlegungen führen uns von der immanenten Kritik zu eher *prinzipiellen Bedenken* gegen die E.forschung. So hat sich z. B. Blumer (1955) – aus einer interaktionistischen Tradition heraus, die sich ihrerseits bis auf W. I. Thomas zurückführen läßt – energisch gegen die Vorherrschaft und die unkritische und globale Anwendung des E.konzepts gewandt: dieses sei nur von sehr begrenztem Nutzen als Beschreibung für *eines* der Elemente, die in den komplexen Prozeß der „Interpretation einer Situation“ (Thomas, 1971) eingehen. Blumer lehnt die am Ideal naturwissenschaftlicher Messung orientierte Zerlegung des Handlungsprozesses in einzelne Variablen ab, da dies der Struktur menschlichen Handelns nicht angemessen sei und zu einer Verdinglichung dieser Variablen geführt habe: so spreche man z. B. von der „Wirkung“ einer Variablen, als wirke sie aus eigener Kraft, und man verliere dabei die Tatsache aus den Augen, daß sie nur in dem und durch das Handeln der Menschen einen Einfluß ausüben könne. Diese Konzeption führe zu einer Forschungspraxis, deren Ziel die isolierte Erfassung einzelner Variablen in möglichst standardisierten Forschungssituationen unter Kontrolle von „Störvariablen“ sei – eine angemessene Erfassung des Definitions*prozesses,* in dem die Handelnden die Elemente einer Situation bei ihrer Handlungsplanung wahrnehmen und gewichten, sei so jedoch nicht möglich (Blumer, 1956).

Blumer stellt dem das Bild des Menschen als eines *aktiv Handelnden* gegenüber, der mit der Fähigkeit zu kreativem und von der Routine und Norm abweichendem Handeln ausgestattet sei: er handele nicht auf Grund äußerer und innerer Faktoren, die einen Einfluß auf ihn ausüben, sondern auf der Grundlage von Situationsdefinitionen, d. h. von Bedeutungszuschreibungen, die er selbst in bezug auf Elemente seiner Umwelt vornimmt und an denen er sein Handeln orientiert – diese Definitionen sind durchaus wandelbar, sie können unsicher und sogar widersprüchlich sein (1962; 1966). Die für die E.forschung charakteristische Verallgemeinerung von Antworten, die in einer spezifischen Situation gegeben wurden (zumal einer Forschungssituation, deren Struktur kaum mit der *„natürlicher“ Handlungssituationen* übereinstimmt – vgl. Orne, 1962; Deutscher, 1973, 196-204), scheidet unter solchen Prämissen als vorschnell und methodologisch nicht haltbar aus. Ein methodisches Vorgehen, das diesen Grundannahmen entspricht, muß demgegenüber zumindest sicherstellen, daß die Interpretationen der Handelnden möglichst „ungebrochen“ (durch die Deutungen der Forscher) erfaßt werden können, und daß der Situationsbezug ihrer Aussagen und Handlungen in der Analyse berücksichtigt werden kann, d. h. auch: daß ihr Prozeßcharakter erhalten bleibt. (Eine umfassendere Diskussion dieser und weiterer „Prinzipien“ findet sich bei Denzin, 1970, 7-20). Diese Überlegungen sprechen für Verfahren, die auf einer intensiven und möglichst unstrukturierten Kommunikation zwischen Forscher und Handelnden in „natürlichen“ Situationen beruhen: also *teilnehmende Beobachtung, unstrukturierte Interviews* und *Gruppendiskussionen.* Verfahren wie standardisierte Interviews und Beobachtungen, quantitative Inhaltsanalysen u. ä. werden nicht prinzipiell abgelehnt, doch sollten sie nur insoweit verwendet werden, als die dort auftretenden Verzerrungen in bezug auf die obigen Kriterien kontrolliert werden können.

Der hier am Beispiel Blumers – sehr verkürzt – vorgestellte „interpretative Ansatz“ ist aber auch seinerseits nicht ohne methodologische Probleme. Zwar vermeidet er die für die E.forschung typischen Fehler, doch wirft die Konzentration auf unstrukturierte Verfahrensweisen eigene Probleme auf: So hat zwar die u. a. von Vertretern dieses Ansatzes geübte Kritik an den gängigen Verfahren der empirischen Sozialforschung (an standardisierten Interviews, Tests u. ä.) gezeigt, daß Standardisierung und Quantifizierung nicht in der Lage sind, die Probleme der Gültigkeit, Verläßlichkeit, Reaktivität etc. befriedigend zu lösen (Cicourel, 1970; Phillips, 1973; Schütze u. a., 1973), doch stehen überlegene Lösungsvorschläge für die qualitativen Forschungsmethoden ebenfalls noch aus. Als weiterer Nachteil ist zudem der wesentlich höhere Aufwand zu nennen, den die unstrukturierten Verfahren erfordern, und der für die Forschungspraxis zu einem entscheidenden Kriterium werden kann (und, wie die Entwicklung der sozialpsychologischen Forschung zeigt, bisher auch geworden ist).

Betrachtet man die E.-Verhaltensforschung der letzten zehn Jahre, so zeigt diese deutlich eine Hinwendung zu komplexeren Fragestellungen. Seltener als früher wird die Frage nach einer einfachen Konsistenz von E. und Verhalten verfolgt. Man hat sich vielmehr (in Übereinstimmung mit einer allgemeinen Tendenz zu *multivariater Analyse* und unterstützt durch die Weiterentwicklung entsprechender statistischer Verfahren) der Berücksichtigung der Bedingungen zugewendet, unter denen – zumindest für bestimmte Gegenstandsbereiche – ein Zusammenhang zwischen E. und Verhalten zu erwarten ist. Neben den bereits genannten intervenierenden Variablen ist hier z. B. auf die Bewußtheit der E., auf ihre zeitliche Stabilität oder auf ihre Genese aus einer direkten Handlungserfahrung mit dem E.objekt zu verweisen (vgl. dazu Zanna/Fazio, 1982; Mummendey, 1983).

Weiterhin hat es Versuche gegeben, Persönlichkeitsvariablen in die Analyse einzubeziehen, so daß die neuere Entwicklung dahin geht, die Beziehung zwischen der objektbezogenen E. und dem tatsächlichen Verhalten unter Berücksichtigung situations- und/oder persönlichkeitsspezifischer Bedingungen zu untersuchen. Allerdings erfolgt dies überwiegend noch in je eigenen Studien (Zanna et al., 1982). Die sich hier abzeichnende Annäherung an das interpretative Paradigma bleibt denn auch eher formal: Man bewegt sich weiterhin in der Denktradition standardisierter Forschungsmethoden, die auf einer Zerlegung des Handlungsprozesses in isolierte Variablen beruht, in der auch Probleme des Fremdverstehens zwischen Forscher und Handelnden nicht explizit reflektiert werden (Arbeitsgruppe Bielefelder Soziologen, 1973; 1976).

Insbesondere dieser letztere Punkt könnte sich jedoch für diese Diskussion als weiterführend erweisen, impliziert er doch einen Wechsel der Perspektive: Nicht (nur) der Forscher entscheidet, ob ein Verhalten einstellungskonform ist oder nicht, sondern auch die Interpretation der Situation in ihrer Komplexität durch den Handelnden würde berücksichtigt – und damit zugleich die Operationalisierung der E. als einer isolierten Variablen aufgebrochen. Die paradigmatische Sprengkraft dieses Perspektivenwechsels liegt auf der Hand – die größeren methodischen Probleme, wie sie oben bereits angesprochen wurden, allerdings auch.

Zusammenfassend läßt sich feststellen, daß
- die naive Konzeption einer generellen Übereinstimmung von E. und Verhalten nicht aufrechtzuerhalten ist;
- E.messungen, sollen sie über die Meßsituation hinaus von Bedeutung sein, sowohl methodisch an die Handlungssituation wie auch theoretisch an das komplexere E.konzept angepaßt werden müssen;
- E.en nur eine von mehreren Persönlichkeits- und Situationsvariablen sind – in Kombination mit diesen kommt ihr allerdings ein eigenständiger Stellenwert zu.

Die Forschungen der vergangenen Jahrzehnte haben somit zwar unwiederbringlich die Hoffnung enttäuscht, daß wir im E.konzept über ein Instrument verfügen, das uns einen leichten Zugang zu einem mentalen Prozeß und den damit zusammenhängenden Verhaltensregelmäßigkeiten eröffnet – sie haben zugleich aber auch den Weg zu einem differenzierteren Verständnis sozialen Verhaltens gewiesen und dem E.konzept in diesem Kontext einen zwar bescheideneren und in seiner Relevanz wechselhafteren, aber doch dauerhaften Platz zugewiesen. Wünschenswert wäre es, wenn man nun über den isolierten Nachweis des Einflusses einzelner Variablen hinauskommen könnte. Die weitere Entwicklung wird dann auch zu zeigen haben, welche der beiden konkurrierenden Methodologien – *standardisierte* oder *interpretative* – sich hier als fruchtbarer erweisen wird – oder welche Art des Nebeneinander oder gar der Integration sich etablieren kann (vgl. hierzu Wilson, 1982).

Literatur

Allport, G. W.: Attitudes. In: Murchison, C. (Ed.): A handbook of social psychology. Clark University Press, 1935, 798-844.

Allport, G. W.: The historical background of modern social psychology. In: Lindzey, G./Aronson, E. (Eds.): The handbook of social psychology. (2nd ed.) Vol. III. Reading, Mass., 1968, 1-80.

Arbeitsgruppe Bielefelder Soziologen: Alltagswissen, Interaktion und gesellschaftliche Wirklichkeit, 2 Bde. Reinbek: Rowohlt, 1973.

Arbeitsgruppe Bielefelder Soziologen: Kommunikative Sozialforschung. München: Fink, 1976.

Bem, D. J./Allen, A.: On predicting some of the people some of the time: The search for cross-situational consistencies in behavior. Psychological Review, 81, 1974, 502-520.

Benninghaus, H.: Soziale Einstellungen und soziales Verhalten. In: Albrecht, G./Daheim, H./Sack, F. (Hrsg.): Soziologie. Sprache, Bezug zur Praxis, Verhältnis zu anderen Wissenschaften. René König zum 65. Geburtstag. Opladen: Westdeutscher Verlag, 1973, 671-707.

Benninghaus, H.: Ergebnisse und Perspektiven der Einstellungs-Verhaltens-Forschung. Meisenheim: Verlag Anton Hain 1976.
Blumer, H.: Attitudes and the social act. Social Problems, 3, 1955, 59-65. In: Ders.: Symbolic interactionism. Perspective and method. Englewood Cliffs: Prentice-Hall, Inc., 1969, 90-100.
Blumer, H.: Public opinion and public opinion polling. American Sociological Review, 13, 1948, 542-549.
Blumer, H.: Sociological analysis and the „variable". American Sociological Review, 21, 1956, 683-690. In: ders., 1969, 127-139.
Blumer, H.: Society as symbolic interaction. In: A. M. Rose (Ed.): Human behavior and social processes. Boston 1962, 179-192. In: ders., 1969, 78-89.
Blumer, H.: Sociological implications of the thought of George Herbert Mead. American Journal of Sociology, 71, 1966, 535-548. In: ders., 1969, 61-77.
Bogardus, E. S.: Measuring social distances. Journal of Applied Sociology, 9, 1925, 299-308.
Cicourel, A. V.: Methode und Messung in der Soziologie. Frankfurt: Suhrkamp, 1970.
Crespi, I.: What kinds of attitude measures are predictive of behavior? Public Opinion Quarterly, 35, 1971, 327-334.
Dawes, R. M.: Grundlagen der Einstellungsmessung. Weinheim: Beltz, 1977.
De Fleur, M. L./Westie, F. R.: Attitude as a scientific concept. Social Forces, 42, 1963, 17-31.
De Friese, G. W./Ford, W. S.: Verbal attitudes, overt acts, and the influence of social constraint in interracial behavior. Social Problems, 16, 1969, 493-505.
Denzin, N. K.: The research act. A theoretical introduction to sociological methods. Chicago: Aldine, 1970.
Deutscher, I.: Words and deeds: Social science and social policy. Social Problems, 13, 1966, 235-254.
Deutscher, I. (Ed.): What we say/what we do. Sentiments and acts. Glenview: Scott, Foresman & Co., 1973.
Ehrlich, H. J.: Attitudes, behavior, and the intervening variables. The American Sociologist, 4, 1969, 29-34.
Festinger, L. A.: Behavioral support for opinion change. Public Opinion Quarterly, 28, 1964, 404-417.
Fishbein, M.: The relationships between beliefs, attitudes, and behavior. In: Feldman, S. (Ed.): Cognitive consistency. New York 1966, 199-233.
Fishbein, M. (Ed.): Readings in attitude theory and measurement. New York: Wiley, 1967.
Fishbein, M./Ajzen, I.: Belief, attitude, intention, and behavior. An introduction to theory and research. Reading, Mass., 1975.
Fleming, D.: Attitude: The history of a concept. In: Perspectives in American History, 1967, 287-365.
Green, B. F.: Attitude measurement. In: Lindzey, G. (Ed.): Handbook of social psychology. Cambridge, Mass. Bd. I, 1954, 335-369.
Guttman, L.: A basis for scaling qualitative data. American Sociological Review, 9, 1944, 139-150.
Insko, C. A.: Theories of attitude change. New York: Appleton-Century Crofts, 1967.
Krech, D./Crutchfield, R. S./Ballachey, E. L.: Individual in society. A textbook of social psychology. New York, 1962.
La Piere, R. T.: Attitudes vs. actions. Social Forces, 13, 1934, 230-237.
Likert, R.: A technique for the measurement of attitudes. Archives of Psychology, Nr. 140, 1932, 44-53.
Meinefeld, W.: Einstellung und soziales Handeln. Reinbek: Rowohlt, 1977.
Mummendey, H. D.: Attitudes and behavior. The German Journal of Psychology, 7, 1983, 133-150.
Orne, M. T.: On the social psychology of the psychological experiment: With particular reference to demand characteristics and their implications. American Psychologist, 17, 1962, 776-783.
Osgood, C. E./Suci, G. J./Tannenbaum, P. H.: The measurement of meaning. Urbana, Ill., 1957.
Petersen, K. K./Dutton, J. E.: Centrality, extremity, intensity: Neglected variables in research on attitude behavior consistency. Social Forces, 54, 1975, 393-414.
Phillips, D. L.: Abandoning method. San Francisco: Jossey-Bass, 1973.
Rokeach, M.: Attitude change and behavioral change. Public Opinion Quarterly, 30, 1966, 529-550.
Rokeach, M.: The nature of attitudes. In: Sills, D. L. (Ed.): International encyclopedia of the social sciences, Bd. 1, New York 1968, 449-458.
Rosenberg, M. J.: An analysis of affective-cognitive consistency. In: Hovland, C. I./Rosenberg, M. J. (Eds.): Attitude organization and change. An analysis of consistency among attitude components. New Haven: Yale University Press, 1960, 15-64.
Saenger, G./Gilbert, E.: Customer reactions to the integration of negro sales personnel. International Journal of Opinion and Attitudes Research, 4, 1950, 57-76.
Schmidt-Mummendey, A.: Änderungen von Einstellungen. In: Schmidt, H. D./Brunner, E. J./Schmidt-Mummendey, A.: Soziale Einstellungen. München: Juventa, 1975, 145-216.
Schütze, F. u. a.: Grundlagentheoretische Voraussetzungen methodisch kontrollierten Fremdverstehens. In: Arbeitsgruppe Bielefelder Soziologen (Hrsg.): Alltagswissen, Interaktion und gesellschaftliche Wirklichkeit, Bd. 2. Reinbek: Rowohlt, 1973, 433-495.
Secord, P. F./Backman, C. W.: Social psychology. New York: McGraw Hill 1964. Deutsch: Sozialpsychologie. Frankfurt: Fachbuchhandlung für Psychologie, 1976.
Sherif, M./Sherif, C. W.: The own categories procedure in attitude research. In: Fishbein, M. (Ed.): Readings in attitude theory and measurement. New York: Wiley, 1967, 190-198.
Six, B.: Die Relation von Einstellung und Verhalten. Zeitschrift für Sozialpsychologie, 6, 1975, 270-296.
Tarter, D. E.: Attitude: The mental myth. American Sociologist, 5, 1970, 276-278.
Thomas, K. (Ed.): Attitudes and behaviour. Selected readings. Harmondsworth, 1971.
Thomas, W. I./Znaniecki, F.: The Polish peasant in Europe and America. New York, 1918 (v. a. 1-80).
Thurstone, L. L.: Attitudes can be measured. American Journal of Sociology, 33, 1928, 529-554.
Triandis, H. C.: Toward an analysis of the components of interpersonal attitudes. In: Sherif, C. W./Sherif, M. (Eds.): Attitude, ego-involvement, and change. New York 1967, 227-270.
Warner, L. G./De Fleur, M.: Attitudes as an interactional concept: Social constraint and social distance as intervening variables between attitudes and action. American Sociological Review, 34, 1969, 153-169.
Wicker, A.: Attitudes versus actions: The relationship of verbal and overt behavioural responses to attitude objects. Journal of Social Issues, 25, 1969, 41-78.
Wilson, T. P.: Qualitative „oder" quantitative Methoden in der Sozialforschung. Kölner Zeitschrift für Soziologie und Sozialpsychologie, 34, 1983, 487-508.
Zanna, M. P. et al. (Eds.): Consistency in social behavior. The Ontario Symposium. Vol. 2, Hillsdale; Erlbaum, 1982.
Zanna, M. P./R. H. Fazio: The attitude-behavior relation: Moving toward a third generation of research. In: Zanna, M. P. et al. (Eds.): Consistency in social behavior. Hillsdale; Erlbaum, 1982, 283-301.
Zimbardo, P./Ebbesen, E. B./Marlach, C.: Influencing attitudes and changing behavior. London: Addison-Wesley, 1977.

Emotion

Dieter Ulich

1 Bestimmungsmerkmale und Fragestellungen

E.psychologie hat zunächst die Frage zu klären, wie E.en innerhalb des ganzheitlichen, dynamischen und zeiterstreckten Geflechts von Stimmungen, Zielsetzungen, Gefühlen, Informationsverarbeitungsprozessen und Handlungen überhaupt als eigene Klasse von psychischen Phänomenen isoliert werden können. Auf der Ebene alltäglichen Erlebens und Handelns bezeichnen Begriffe wie E. oder Motiv einander ergänzende Aspekte eines einheitlichen psychischen Geschehens, aus dem man für bestimmte theoretische oder praktische Zwecke einzelne Teilkomponenten abstrahierend herauslösen und einer gesonderten Betrachtung zugänglich machen kann.

Fragen wir gezielt nach subjektiven Zuständlichkeiten bzw. „Zustandsbewußtsein" (Wundt) im Vergleich etwa zu Vorgängen der Informationsverarbeitung, dann betreiben wir E.psychologie, dann „erkennen" wir Gefühle und Stimmungen. Durch die Angabe einer bestimmten *Konstellation* von Merkmalen kann man Gefühle im Sinne von Gefühlsregungen als Idealtypus von anderen psychischen Phänomenen wie z. B. Motiven oder Kognitionen folgendermaßen abheben (Ulich, 1982, 32 ff.; auch Rohracher, 1960; Averill, 1980; Mandler, 1980; Zajonc, 1980; Izard, 1981): Gefühlsregungen sind 1) einzigartige, 2) auf der Grundlage von Betroffenheit und 3) meist unwillkürlich entstehende, 4) innerhalb zwischenmenschlicher Beziehungen erworbene und 5) meist über nichtverbale Kanäle vermittelte 6) seelische Zustände (Inhalte eines auf den eigenen Zustand bezogenen Bewußtseins), die 7) meist mit einem erhöhten Grad von Erregung erlebt werden, 8) in denen die Person sich als eher passiv erfährt, 9) die dem Bewußtsein Kontinuität verleihen, und die 10) keine primäre Funktion außerhalb ihrerselbst haben.

Von diesen Gefühlsregungen im engeren Sinne muß man Gefühlshaltungen und Stimmungen unterscheiden. Mit ersteren sind dispositionsartige Tendenzen zum Erleben bestimmter E.en wie etwa Haß, Neid oder Liebe gemeint. Sie sind zeit- und situationsüberdauernd, jedoch bereichsspezifisch; es können, je nach Bereich des Erlebens und Lebens, verschiedene Gefühlshaltungen nebeneinander vorkommen, z. B. Liebe zur eigenen Familie, Haß auf politisch Andersdenkende. Im Vergleich zu Gefühlsregungen sind Gefühlshaltungen und Stimmung nicht immer „Figur", sondern häufig „Grund". Stimmungen wie z. B. Heiterkeit, Ängstlichkeit oder Niedergeschlagenheit sind eine Art „Dauertönung des Erlebnisfeldes" (Ewert, 1965). Sie stellen den oft diffusen, lediglich atmosphärischen Hintergrund aktuellen Erlebens dar, beziehen sich nicht auf einzelne Dinge, Personen oder Situationen, beherrschen und durchdringen das Erleben jedoch fortwährend.

Die Bestimmung dessen, was E.en „sind", ist natürlich sehr kontrovers in der Psychologie, weil abhängig von bestimmten Erkenntnisinteressen, methodischen Zugangsweisen, Theorietraditionen und -moden (vgl. die guten Überblicke von Euler/Mandl, 1983, und Scherer/Ekman, 1984). Unstrittig sind eigentlich nur zwei Punkte:

1. Gefühle zeigen die leib-seelische Zuständlichkeit einer Person an,
2. je nach Betrachtungsebene kann man unterschiedliche Komponenten unterscheiden: eine subjektive Erlebniskomponente, eine neurophysiologische Erregungskomponente, eine kognitive Bewertungskomponente, eine interpersonale Ausdrucks- und Mitteilungskomponente.

Je nach theoretischer Grundposition werden unterschiedliche Komponenten betont und unterschiedliche Fragen gestellt: Psychophysiologische E.forschung fragt nach Ablaufmustern und der spezifischen Struktur von emotionstypischen, situations- oder reiztypischen körperlichen Reaktionen; evolutionsbiologische Forscher fragen nach der Zweckdienlichkeit von E. für das Überleben der Art; Handlungstheoretiker fragen nach der Rolle von E.en bei der Handlungsregulation; Kognitivisten fragen nach emotionsspezifischen (vorauslaufenden) kognitiven Einschätzungen. Über diese theoriespezifischen Fragen hinaus gibt es Fragen nach der Entwicklung von E.en (Aktual- und Ontogenese), nach Klassifikationsmöglichkeiten, nach kultur- und gesellschaftsspezifischen Einflüssen, nach allgemeinen Charakteristika wie z. B. einer universellen Koppelung von bestimmten mimischen Ausdrucksformen und bestimmten universellen E.

Wenn die E.forschung inzwischen auch erste zaghafte Versuche macht, das Labor zu verlassen, so sind auch gegenwärtige Schwerpunkte noch stark von dieser Tradition geprägt, wie eine neuere Zusammenstellung der „wichtigsten Aufgaben der Emotionsforschung" (Wallbott/Scherer, 1985a) zeigt: „1) die Klassifikation emotionsauslösender antezedenter Situationen, 2) die Untersuchung differentieller physiologischer Symptome und nonverbaler Reaktionen, 3) die Betrachtung möglicher personspezifischer Reaktionsmuster auf emotionale Situationen und

4) die Untersuchung sozialer Kontroll- und Regulationsprozesse".

2 Theoretische Grundpositionen

Mit keinem Gegenstand hatte die Psychologie bisher so viele Schwierigkeiten wie mit den E.en, was freilich auch mit den Gefühlen selbst zusammenhängt. Schon im Alltag fällt es uns häufig schwer, uns über unsere Gefühlszustände klar zu werden bzw. diese in eine sprachliche Form zu bringen. Innerhalb der Psychologiegeschichte haben insbesondere der psycho-physiologische Reduktionismus (Gleichsetzung von E.en mit Erregung), die evolutionsbiologische Fixierung auf die Zweckdienlichkeit von E.en, die behavioristische Tabuisierung von subjektivem Erleben allgemein und – neuerdings – die handlungstheoretische Verkürzung von Gefühlen auf Mechanismen in der „Handlungsregulation" die Entfaltung einer psychologischen E.forschung behindert. Historische Überblicke (Ewert, 1965; Strongman, 1972; Cofer, 1975; Leventhal, 1980; Ulich, 1982; Reisenzein, 1983; Denzin, 1984) heben meist die folgenden theoretischen Grundpositionen hervor:

1. den evolutionsbiologischen Ansatz von Darwin und heutigen Adepten (z. B. Plutchik, 1980),
2. die Theorie von James und Lange,
3. die Psychoanalyse,
4. behavioristisch-lerntheoretische Ansätze,
5. die Zweifaktoren-Theorie von Schachter und Singer und
6. kognitive Bewertungstheorien.

Wenn man eine systematische Ordnung der bisher entwickelten Denkmodelle in der E.psychologie versuchen will, so kommt man zu folgendem Überblick (nach Ulich, 1982, 121-123):

1. Biologisch-physiologisch begründete Denkmodelle:

1.1 E.en sind biologisch festgelegte, genetisch gesteuerte, aktivierbare Reaktionsmuster, die sich im Laufe der menschlichen Evolution entwikkelten und das Überleben der Art garantieren (Darwin, 1872; Plutchik, 1980).

1.2 E.en sind erlebnismäßige Repräsentanten (Informationen, Rückmeldungen) zentraler oder peripherer physiologischer Prozesse oder einfacher: E.en sind Empfindungen körperlicher Veränderungen (z. B. James, 1884; teilweise auch physiologische Aktivierungstheorien, z. B. aus der Streßforschung).

1.3 E.en kommen zustande aus der „Interaktion" zwischen physiologischer Aktivierung (Erregung) und der darauf bezogenen (situationsabhängigen) kognitiven Interpretation. Sie sind also das Produkt dieser Interaktion (Schachter/Singer, 1962). Diese Vorgänge treten möglicherweise nur bei Unterbrechungen von Erlebnis- und Handlungsverläufen auf (Mandler, 1979).

2. Kognitiv-handlungstheoretisch begründete Denkmodelle:

2.1 E.en werden verstanden als wertende Stellungnahmen oder Urteile, die in der Folge kognitiver Aktivitäten auftreten (z. B. R. S. Lazarus).

2.2 E.en regulieren das Anpassungsverhalten, indem sie mangelhafte Anpassung als „Störung" signalisieren und bessere Anpassung einleiten (z. B. Weinrich, 1980; Scherer, 1981; Reykowski, 1973; teilweise auch Freud).

3. Entwicklungsorientierte Denkmodelle:

3.1 Gefühle sind trieb-gesteuerte, energetische, zwischen „Lust" und „Unlust" variierende Erlebnis-Zustände einer Person, in denen sich immer auch konflikthafte biographische Erfahrungen mit gesellschaftlichen Zwängen und Erwartungen sowie mit eigenen Versuchen der Bedürfnisbefriedigung und Konfliktbewältigung niederschlagen (Psychoanalyse).

3.2 E.en sind erworbene motivationale Erlebnis- und Handlungsdispositionen bzw. sekundäre „Triebe", die das Verhalten in Gang setzen und steuern (neo-behavioristische Lerntheorien; teilweise auch Izard, 1981 und Tomkins, 1962).

3.3 E.en entstehen aus der Erfahrung (bzw. Antizipation) der Auseinandersetzung mit einer bestimmten Umwelt, deren Erwartungen und Zwängen; diese Erfahrungen führen zur Ausbildung von Einstellungen im Hinblick auf künftige Erlebnis-, Entfaltungs- und Handlungsmöglichkeiten, so z. B. „Hilflosigkeit" als Folge einengender Lebensbedingungen oder „Angst" als Folge undurchschaubarer Lebensbedingungen (z. B. Holzkamp-Osterkamp, 1976).

Den größten Einfluß haben heute funktionalistische Sichtweisen, die E.en dadurch zu bestimmen versuchen, daß sie ihnen Zweckdienlichkeit zuschreiben und die Existenz (!) und Wirkungsweise von E.en überhaupt mit dieser Zweckdienlichkeit „erklären" (vgl. zur Kritik Ulich, 1982, 123-136). Zusammengehalten werden diese teils experimentell-streßtheoretisch, teils evolutionsbiologisch oder auch handlungstheoretisch orientierten Ansätze ferner durch einen erkenntnistheoretischen Essentialismus (es wird bevorzugt nach dem „Wesen" und dem „Ursprung" von E.en gefragt) und einer durchgehend mechanistischen Sichtweise des Psychischen, sowohl im Bereich der Grundlagenforschung (z. B. Spies/Hesse, 1986) wie auch in Anwendungsbereichen (z. B. Kruse, 1985).

Es scheint so, als ob „die" Evolution, der

Mensch „an sich" oder auch die einzelne Person sich E.en geradezu geschaffen haben *als* Instrumente, die obendrein ein weitreichendes Eigenleben entfalten: Sie „bewerten", „treffen Vorbereitungen", „signalisieren", „entkoppeln", „aktivieren" und „gewährleisten" insgesamt ein möglichst reibungsloses Funktionieren (z. B. Scherer, 1981). Offenbar ist die Dominanz dieses Denkens selbst erklärungsbedürftig; die zweckrationale Interpretation von E.en widerspricht klar unserer Alltagsauffassung von Gefühlen, die keinen Platz hat für Fragen nach dem „Wozu" von bestimmten Stimmungen und Gefühlen. Wenn die einzige oder hauptsächlich Daseinsberechtigung von E.en in ihrer Zweckdienlichkeit für das „Überleben" oder für das „Handeln" gesehen wird, so kommt hierin jedoch ein für unsere Gesellschaft typischer Utilitarismus zum Ausdruck. Der Instrumentalisierung von Gefühlen entspricht insgesamt die Instrumentalisierung von Personen, oft verbunden mit der Aufforderungen, ansonsten Betroffenheit für sich zu behalten, also der Aufforderung an den Menschen zur „Neutralisierung seines Bezuges zur Welt" (Hofstätter, 1960, 115).

Eine Alternative zu der heute vorherrschenden funktionalistischen Sichtweise könnte in einer *person-orientierten* Emotionsforschung bestehen, die E.en auffaßt als persongebundene Zuständlichkeiten, als subjektive Erfahrungstatsachen bzw. Bewußtseinsinhalte, in denen sich persönliche Betroffenheit und Engagement in unseren Beziehungen zu uns selbst und zur Umwelt ausdrükken, und die wir aus der Perspektive der Person, d. h. aus deren ganzheitlichem Erleben und Handeln beschreiben müssen (Ulich, 1982). In E.en wird uns unser spezifisches Dasein und Sosein bewußt, E.en sind für die Person „letzte Garantie für die Existenz von sich selbst und der Welt" (Oerter, 1983, 312), sie haben eine eigenständige Existenz (Zajonc, 1980, 168). Erforscht werden sollen die wirklichen Gefühle wirklicher Menschen, und dies bedeutet, daß Emotionsforschung erlebnis-, person- und lebenslauforientiert sein muß. Gefühle sind persongebundene Zuständlichkeiten, die eine – mit anderen Menschen und der Gesellschaft verbundene – Geschichte haben und auch aus dieser Geschichte verstanden werden müssen.

E.psychologie muß also „vom Subjekt aus" betrieben werden, Untersuchungseinheit muß die Person sein und deren Beziehung zur Umwelt, die Person als Subjekt und Träger allen psychischen Geschehens, die auch die Gefühle „hat". Gefühle ernst nehmen heißt in dieser Sicht, Individuen in ihrer Subjekthaftigkeit *als* Person ernst nehmen. Dies bedeutet zugleich eine Parteinahme für die „Vielfalt menschlicher Innerlichkeit im Kampf gegen ihre Standardisierung zugunsten eines glatten Verlaufs der äußeren Dinge" (Thomae, 1977, 14). Eine derartige personorientierte E.forschung könnte sich stützen auf personzentrierte Ansätze in der Psychologie, also z. B. auf William Stern, ferner auf dynamische und dialektische Persönlichkeits- und Entwicklungstheorien (z. B. Thomae, Riegel), auf Beiträge der phänomenologischen Psychologie (z. B. Graumann) und der phänomenologischen Soziologie (vgl. neuerdings die E.theorie von Denzin, 1984), auf transaktionale Modelle in der Belastungs-Bewältigungs-Forschung, life-event-Forschung und Krisenforschung (Ulich, 1987) sowie auf Anregungen aus der Entwicklungspsychologie der Lebensspanne. Daß person-orientierte E.forschung kein Rückfall in Subjektivismus, theorielose Phänomenologie oder das Nacherzählen von Biographien bedeutet, zeigen Arbeiten in den eben angesprochenen Forschungsbereichen (ausführlicher Ulich, 1982).

3 Forschungsschwerpunkte

3.1 Methodische Fragen

Gemäß der weit verbreiteten Auffassung, E.en seien vor allem „adaptive Reaktionsmuster", richteten sich die methodischen Bemühungen vor allem darauf, solche Reaktionen zu beobachten, um gesetzmäßige Zusammenhänge zwischen spezifischen Reaktionen und deren Auslösungsbedingungen und Folgen zu erfassen. Das gängigste Verfahren dazu war jahrzehntelang das *Laborexperiment,* in dem emotionale Reaktionen, anhand physiologischer Indikatoren erfaßt, durch Belastungsinduktion künstlich hervorgerufen wurden; mit dieser Art von Belastungs-Aktivierungsforschung war E.forschung lange Zeit identisch, wenn es auch schon sehr früh (z. B. bei Darwin) auch andere methodische Vorgehensweisen wie z. B. die Erfassung des Gesichtsausdrucks gab. Inzwischen gibt es massive Kritik gegen die laborexperimentelle E.forschung (z. B. Ulich, 1982, 85-88; Wallbott/Scherer, 1985 b, 85-87).

Beobachtungsverfahren wurden vor allem zur Analyse des mimischen Ausdrucks eingesetzt, um z. B. emotionsspezifische universelle Ausdrucksformen festzustellen (z. B. Ekman, 1981), oder um E.en als Reaktionen auf bestimmte situative Stimuli wie z. B. Wettkampfsituationen in der Erforschung der Entstehung des Erfolgs- und Mißerfolgserlebens zu erfassen (z. B. Heckhausen, 1973).

Von größerer Bedeutung sind *Fragebögen* und *Einschätzungsskalen,* die vor allem für zwei Hauptzwecke eingesetzt werden:

a) Erfassung des Ausprägungsgrades einzelner E.en wie z. B. in der Angstforschung, und
b) Erhebung der alltagssprachlichen Definitionen und Verwendungsweisen von Wörtern zur Beziehung bestimmter E.en, um so zu einem Klassifikationssystem zu kommen (s. u.).

Neuerdings sollen auch sehr komplexe Probleme per Fragebogen angegangen werden (Wallbott/Scherer, 1985 b), wobei allerdings die S-R-theoretische Orientierung beibehalten wird.

Aus der Perspektive einer *person-orientierten* E.psychologie müßten die Methoden eher „offen" und lebensweltbezogen sein, sie müßten den Prozeßcharakter und die „Ganzheitlichkeit" emotionalen Erlebens sowie deren biographische Bedingungen und Folgen mitberücksichtigen, ebenso wie die soziokulturellen Einflüsse.

3.2 „Allgemeine" und „differentielle" Emotionsforschung

Entsprechend der immer noch vorherrschenden naturwissenschaftlichen Orientierung stehen Fragen nach dem Funktionieren des „Systems" der E.en im Vordergrund, nach den gesetzmäßigen Beziehungen zwischen bestimmten Typen von Situationen und bestimmten E.en, zwischen bestimmten Ausdrucksformen und zugrundeliegenden E.en, zwischen Situationen, E.en und Regulationsformen. Soweit dabei aus interindividuellen Vergleichen universelle Regelhaftigkeiten erschlossen werden sollen, handelt es sich um allgemeine E.psychologie. Heute stehen drei Fragen besonders im Vordergrund:

1. Welche grundlegenden, voneinander unterscheidbaren Emotionen gibt es (Problem der Klassifikation), inwieweit sind diese bzw. ihre Benennungen, ihre Ausdrucksformen, ihre situativen Auslöser und die darauf bezogenen Reaktionsformen universell (Asendorf, 1984; Epstein, 1984; Mees 1985; Wallbott/Scherer, 1985 b)? Die Trennbarkeit differentieller E.en ist durchaus unterschiedlich je nach Betrachtungsebene. Neben der unvermeidlichen Künstlichkeit der Fragestellung gibt es noch ein weiteres Problem: „Je besser sich verschiedene emotionale Qualitäten in einem Verhaltensbereich trennen lassen, desto weniger gibt dieses Verhalten Aufschluß über tatsächliche emotionale Zustände" (Asendorf, 1984, 125).
2. Welche Beziehungen gibt es zwischen E.en und anderen psychischen Prozeßkomponenten, vor allem Kognitionen (Leventhal, 1980; Mandl/Huber, 1983; Eckensberger/Lantermann, 1985; Spies/Hesse, 1986)? Diese Fragestellung ergibt freilich nur einen Sinn im Zusammenhang mit konkreten Lebenslagen und Problemen, weil ansonsten die Gefahr einer Ontologisierung von analytischen Konzepten besteht (Ulich, 1982, 17-30).
3. Welche spezifischen Charakteristika, Entwicklungsbedingungen und Verhaltensrelevanz haben bestimmte E.en wie z. B. Neid, Furcht, Schüchternheit (z. B. Izard, 1981)?

Von *differentieller* E.forschung können wir dann sprechen, wenn intra- und interindividuelle Unterschiede nicht mit universellen Gesetzlichkeiten erklärt, sondern auf unterschiedliche Persönlichkeitsentwicklungen in unterschiedlichen Umwelten zurückgeführt werden, also z. B. personspezifische Erfahrungen und Bereitschaften zu bestimmten Gefühlshaltungen, Modi der Erfahrungsverarbeitung und der Umweltbeziehung mit berücksichtigt werden. Es wird dann z. B. weniger danach gefragt, welche Mimik jemand zeigt, wenn er zornig ist, sondern: Ob überhaupt, bei welchen Anlässen, wie oft, warum und mit welchen Folgen jemand zornig ist, im Vergleich zu anderen Personen, früheren Lebensphasen bzw. Situationen, in denen er nicht zornig wird. Eine derartige differentielle E.forschung gibt es derzeit nur eingebettet in andere Forschungsbereiche, z. B. der Entwicklungspsychologie, der Klinischen Psychologie, der Belastungs-Bewältigungs-Forschung; sie ist jedenfalls ganz wesentlich auf die Untersuchung der Entwicklung von E.en angewiesen.

3.3 Entwicklungsbezogene Emotionsforschung

Hier lassen sich derzeit drei Schwerpunkte feststellen:

1. Am ältesten ist die Suche nach universellen emotionalen Äußerungsformen und deren *Entwicklungsstufen* (vgl. Emde, 1984; Sroufe, 1984; Ulich, 1982, 147 ff.). Wann treten welche Gefühle zum ersten Mal in der kindlichen Entwicklung auf, läßt sich ein Stufenmodell entwikkeln, das universell ist, wie kann man die Abfolge der Zeitpunkte des Auftretens bestimmter E.en (= Gesichtsausdruck) erklären (z. B. Izard/Buechler, 1979)?
2. Welche *Voraussetzungen* müssen Kinder entwickeln, um (bestimmte) E.en überhaupt erleben zu können? Zum einen ist hier an kognitive Voraussetzungen zu denken wie etwa die Fähigkeit zu einer begrifflich korrekten Situationstypisierung, die wichtige strukturelle Implikate der anzuwendenden E.konzepte enthält (z. B. Brandtstädter, 1985); die Forschung müßte sich

also auf ontogenetische Aufbausequenzen der „Skriptstruktur“ von E.begriffen beziehen. Weitere Voraussetzungen wären etwa das Wissen um sich selbst als eines eigenständigen Wesens und die Interaktionen des Kindes mit seiner Umwelt, aus denen sich Spiegelungen, Rückmeldungen und Hinweise zur Interpretation der Veränderungen an/in sich selbst, der internen und externen Signale ergeben (Gerth/Mills, 1981; Steiner, 1985; Lewis/Brooks, 1978). In einigen Ansätzen werden soziale und kognitive Voraussetzungen zu integrieren versucht (Boesch, 1984; Steiner, 1985).

3. Wie *verändern sich Inhalte* emotionalen Erlebens und Tendenzen zum Erleben bestimmter E.en über den Lebenslauf hinweg, und wie hängen diese Veränderungen mit sozio-kulturellen Veränderungen, Rollenzuschreibungen, Stationen im Lebenslauf, Veränderungen der Selbstinterpretation, der konkreten Lebenslage zusammen (z. B. Malatesta/Izard, 1984)? Eine derartige lebenslauforientierte E.forschung profitiert von Konzepten wie „Rolle“, „Entwicklungsaufgabe“, „kritisches Lebensereignis“, „Übergänge“. Hier liegen auch wichtige Anwendungsbezüge vor allem im Hinblick auf pädagogische und klinisch-psychologische Prävention, was Konzepte wie „Verletzbarkeit“, „Bewältigungskompetenz“, „Risiko- und Schutzfaktoren“, „Stressoren und Ressourcen“ signalisieren (Ulich, 1982, 161-181; Ulich, 1987).

4 Ausblick

Psychologische E.forschung steht immer noch am Anfang. Sie wird voranschreiten in dem Maße, in dem es gelingt, das immer noch vorherrschende naturwissenschaftlich-elementaristische Gegenstandsverständnis zu überwinden und eine person-bezogene Forschung zu entwickeln. Dazu sollte die E.psychologie Anregungen aus weiter fortgeschrittenen Bereichen der Persönlichkeitspsychologie, der Entwicklungspsychologie und der Klinischen Psychologie aufnehmen. Ansätze für theoretische Erklärungen liegen in der Tatsache, daß Lebensgeschichten und Gefühle trotz einer gewissen Einzigartigkeit auch Ähnlichkeiten und Regelhaftigkeiten aufweisen, die in vergleichbaren Lebenslagen und Situationen, Erfahrungsmöglichkeiten und Handlungszwängen begründet sind.

Literatur

Asendorf, J.: Lassen sich emotionale Qualitäten im Verhalten unterscheiden? Empirische Befunde und ein Dilemma. Psychologische Rundschau, 35, 1984, 125-135.

Averill, J. R.: A constructivistic view of emotion. In: Plutchik, R./Kellermann, N. (Eds.): Theories of emotion. New York: Academic Press, 1980, 305-339.

Boesch, E. E.: The development of affective schemata. Human Development, 27, 1984, 173-183.

Brandtstädter, J.: Emotion, Kognition, Handlung: Konzeptuelle Beziehungen. In: Eckensberger, L. H./Lantermann, E. D. (Hrsg.): Emotion und Reflexivität. München: Urban & Schwarzenberg, 1985, 252-260.

Cofer, Ch. N.: Motivation und Emotion. München: Juventa, 1975.

Darwin, Ch.: The expressions of emotions in man and animals. London: John Murray, 1872.

Denzin, N. K.: On understanding emotion. San Francisco: Jossey-Bass, 1984.

Eckensberger, L. H./Lantermann, E. D. (Hrsg.): Emotion und Reflexivität. München: Urban & Schwarzenberg, 1985.

Ekman, P.: Universale emotionale Gesichtsausdrücke. In: Kahle, G. (Hrsg.): Logik des Herzens. Die soziale Dimension der Gefühle. Frankfurt: Suhrkamp, 1981, 177-186.

Emde, R. N.: Levels of meaning for infant emotions: A biosocial view. In: Scherer, K. R./Ekman, P. (Eds.): Approaches to emotion. Hillsdale: Erlbaum 1984, 77-108.

Epstein, S.: Controversial issues in emotion theory. In: Shaver, Ph. (Ed.): Review of personality and social psychology 5, Beverly Hills: Sage, 1984, 64-88.

Euler, H. A./Mandl, H. (Hrsg.): Emotionspsychologie. Ein Handbuch in Schlüsselbegriffen. München: Urban & Schwarzenberg, 1983.

Ewert, O.: Gefühle und Stimmungen. In: Thomae, H. (Hrsg.): Handbuch der Psychologie, Bd. 2: Motivation. Göttingen: Hogrefe, 1965, 229-271 (Neufassung in 2. Aufl. 1982).

Gerth, H./Mills, C. W.: Gefühl und Emotion. In: Kahle, G. (Hrsg.): Logik des Herzens. Die soziale Dimension der Gefühle. Frankfurt: Suhrkamp, 1981, 120-133.

Heckhausen, H.: Die Entwicklung des Erlebens von Erfolg und Mißerfolg. In: Graumann, C. F./Heckhausen, H. (Hrsg.): Pädagogische Psychologie, Grundlagentexte 1, Frankfurt: Fischer, 1973, 95-105.

Hofstätter, P. R.: Psychologie. (Fischer-Lexikon). Frankfurt: Fischer, 1960.

Holzkamp-Osterkamp, U.: Grundlagen der psychologischen Motivationsforschung. Bd. 2. Frankfurt: Campus, 1976.

Izard, C. E.: Die Emotionen des Menschen. Weinheim: Beltz, 1981 (Orig. 1977).

Izard, C. E./Buechler, S.: Emotion expressions and personality integration in infancy. In: Izard, C. E. (Ed.): Emotions in personality and psychopathology. New York: Plenum, 1979, 447-473.

James, W.: What is emotion. Mind 4, 1884, 188-204.

Kruse, O.: Emotionsdynamik und Psychotherapie. Weinheim: Beltz, 1985.

Leventhal, H.: Toward a comprehensiv theory of emotion. In: Berkowitz, L. (Ed.): Advances in experimental social psychology, 13, New York: Academic Press 1980, 139-207.

Lewis, M./Brooks, J.: Self-Knowledge and emotional development. In: Lewis, M./Rosenblum, L. A. (Eds.): The development of affect. New York: Plenum Press, 1978.

Malatesta, C. Z./Izard, C. E. (Eds.): Emotion in adult development. Beverly Hills: Sage, 1984.

Mandl, H./Huber, G. L. (Hrsg.): Emotion und Kognition. München: Urban & Schwarzenberg, 1983.

Mandler, G.: Denken und Fühlen. Zu einer kognitiven Theorie emotionaler Prozesse. Paderborn: Jungfermann, 1979.

Mandler, G.: The generation of emotion: A psychological theory. In: Plutchik, R./Kellermann, N. (Eds.): Theories of emotion. New York, Academic Press, 1980, 219-243.
Mees, U.: Was meinen wir, wenn wir von Gefühlen reden? Zur psychologischen Textur von Emotionswörtern. Sprache und Kognition, 4, 1985, 2-20.
Oerter, R.: Emotion als Komponente des Gegenstandsbezugs. In: Mandl, H./Huber, G. L. (Hrsg.): Emotion und Kognition. München: Urban & Schwarzenberg, 1983, 282-315.
Plutchik, R.: A general psychoevolutionary theory of emotion. In: Plutchik, R./Kellermann, N. (Eds.): Theories of emotion. New York: Academic Press, 1980, 3-33.
Reisenzein, R.: The Schachter theory of emotion: Two decades later. Psychological Bulletin, 94, 1983, 239-264.
Reykowski, J.: Psychologie der Emotionen. Donauwörth: Auer, 1973.
Rohracher, H.: Einführung in die Psychologie. (8. Aufl.). Wien: Urban & Schwarzenberg, 1960.
Schachter, S./Singer, J. E.: Cognitive, social, and physiological determinants of emotional states. Psychological Review, 69, 1962, 379-399.
Scherer, K.: Wider die Vernachlässigung der Emotion in der Psychologie. In: Michaelis, W. (Hrsg.): Bericht über den 32. Kongreß der Deutschen Gesellschaft für Psychologie in Zürich 1980. Göttingen: Hogrefe, 1981, Bd. 1, 304-314.
Scherer, K. R./Ekman, P. (Hrsg.): Approaches to emotion. Hillsdale: Erlbaum 1984.
Spies, K./Hesse, F. W.: Interaktion von Emotion und Kognition. Psychologische Rundschau, 37, 1986, 75-90.
Sroufe, L. A.: The organization of emotional development. In: Scherer, K. R./Ekman, P. (Eds.): Approaches to emotion Hillsdale: Erlbaum 1984, 109-128.
Steiner, G.: Emotion und Reflexivität aus äquilibrationstheoretischer Sicht. In: Eckensberger, L. H./Lantermann, E. D. (Hrsg.): Emotion und Reflexivität. München: Urban & Schwarzenberg, 1985.
Strongman, K. T.: The psychology of emotion. New York 1972.
Thomae, H.: Psychologie in der modernen Gesellschaft. Hamburg: Hoffmann & Campe, 1977.
Tomkins, S. S.: Affect, imagery, consciousness, 2 Bde. New York: Springer, 1962/1963.
Ulich, D.: Das Gefühl. Eine Einführung in die Emotionspsychologie. München: Urban & Schwarzenberg, 1982. (Goldmann-Taschenbuch 1985.)
Ulich, D.: Krise und Bewältigung im Lebenslauf. München: Psychologie Verlags Union 1987.
Wallbott, H. G./Scherer, K. R.: Emotionsforschung per Fragebogen: Ein interkultureller Forschungsansatz. In: Albert, D. (Hrsg.): Bericht über den 34. Kongreß der Deutschen Gesellschaft für Psychologie in Wien 1984. Göttingen: Hogrefe, 1985 a, 304.
Wallbott, H. G./Scherer, K. R.: Differentielle Situations- und Reaktionscharakteristika in Emotionserinnerungen. Ein neuer Forschungsansatz. Psychologische Rundschau, 36, 1985 b, 83-101.
Weinrich, J. D.: Toward a sociobiological theory of emotions. In: Plutchik, R./Kellermann, N. (Eds.): Theories of emotion. New York: Academic Press, 1980, 113-138.
Zajonc, R. B.: Feeling and thinking. Preferences need no inferences. American Psychologist, 2, 1980, 151-75.

Entfremdung

Walter R. Heinz

1 Die Bedeutungsdimension des Entfremdungsbegriffs

Das Thema der E. hat eine lange philosophische Tradition, die ihre Wurzeln in der griechischen Philosophie (Verhältnis von Geist und Materie), im Christentum (gebrochene Beziehung des Menschen zu Gott) und der idealistischen Philosophie (Entäußerung des Geistes in der Objektwelt) hat. E. bedeutet ganz allgemein die Trennung oder Entgegensetzung des Individuums zur Umwelt, Gesellschaft oder dem eigenen Selbst.

Die gegenwärtige Verwendung in der Psychologie verweist auf die Gesellschaftstheorien von Karl Marx (1818-1883) und des französischen Soziologen Emile Durkheim (1858-1917). Der E.begriff repräsentiert bei Marx eine kritische Einschätzung der Lebensbedingungen, denen Menschen in der historischen Entwicklung der Gesellschaft unterworfen sind, und orientiert sich am Bild des allseitig tätigen, kreativen Menschen, dessen Entwicklung durch die ökonomischen und kulturellen Strukturen der Gesellschaft begrenzt wird. E. meint somit, „daß die Tätigkeit des einzelnen im Produktionsprozeß, seine Arbeit und die Ergebnisse seiner Arbeit sich verselbständigt und Herrschaft über den Menschen gewonnen haben" (Israel, 1972, 17).

Gegenwärtig begegnen sich im E.begriff „nicht nur unterschiedliche ideologische Systeme, sondern auch entgegengesetzte methodologische Richtungen" (Ludz, 1975, 15). Die eine auf Marx zurückgehende Richtung zielt auf die Offenlegung der *objektiven politisch-ökonomischen Wurzeln* der entfremdeten Situation des Individuums, die andere auf die *Spiegelung der E. beim Individuum,* d. h. auf die Untersuchung von Einstellungen gegenüber den verschiedenen Lebensbereichen, in denen gestörte Beziehungen zwischen Individuum und den Organisationsformen des sozialen Lebens auftreten. In der umfassenden Grundlegung des E.begriffes durch Marx finden sich geschichtsphilosophisch-anthropologische (Entäußerung und Aneignung), gesellschaftstheoretisch-ökonomische (Warenanalyse) und realhistorisch-empirische (Klassenanalyse) Dimensionen. In den „ökonomisch-philosophischen (Pariser) Manuskripten von 1843/44" hat Marx (1971) den Rahmen für eine grundlegende kritische Betrachtung der kapitalistischen Gesellschaft gesteckt, indem er die Totalität der entfremdeten Existenz in vier Merkmale der entfremdeten Arbeit aufschlüsselte (vgl. Mészáros, 1973):

1. *E. vom Produkt der Arbeitstätigkeit:* Arbeitsteilung und Eigentumsverhältnisse bestimmen die Art der Herstellung und der Verfügung über das Produkt. Die produzierten Gegenstände verselbständigen sich, die technisch-ökonomische Entwicklung und die Warenwelt setzen sich gegen die menschlichen Bedürfnisse durch.
2. *E. von der eigenen Arbeitstätigkeit:* Die Arbeitstätigkeit wird dem Arbeiter äußerlich; sie erlaubt keine freie Entfaltung seiner geistigen und körperlichen Kräfte. Sie dient daher nicht mehr der allseitigen Entwicklung der Persönlichkeit, sondern wird Mittel zur Befriedigung materieller Lebensbedürfnisse. Dies führt Marx in den „Grundrissen" (1953, 204) wie folgt aus: „Der Arbeiter selbst (ist) absolut gleichgültig gegen die Bestimmtheit seiner Arbeit; sie hat als solche nicht Interesse für ihn, sondern nur insoweit sie überhaupt Arbeit und als solche Gebrauchswert für das Kapital ist." Die Arbeitsbedingungen und die Arbeitsmittel (Maschinen) machen den Arbeiter zum Objekt im Produktionsprozeß. Damit tritt die Tendenz zur Verkrüppelung der Fähigkeiten des Individuums ein, das im Arbeitsprozeß (der nach Marx entscheidend für die Entwicklung der Fähigkeiten ist) auf routinemäßige Teilverrichtungen in einem undurchschaubaren Produktionsablauf reduziert wird.
3. *E. von der Gesellschaft:* Die von Marx mit der Arbeitstätigkeit eng verknüpfte Verwirklichung der menschlichen Gattungsfähigkeiten (Gattungswesen) ist durch die entfremdete Zwangsarbeit auf instrumentelles, nicht mehr kreativ-gegenständliches Handeln verkürzt. Dadurch wird es den Menschen nicht mehr möglich, ihren Produktionsprozeß als gemeinschaftliche, bewußte Tätigkeit zu erkennen; er steht ihnen vielmehr als fremde, sachlich notwendige Institution mit überpersönlichen Regeln, die im Produktionsablauf eingehalten werden müssen, gegenüber.
4. *E. des Menschen vom Mitmenschen:* Die Folge, daß das Individuum seinem Arbeitsprodukt, seiner Arbeitstätigkeit und seinem Gattungswesen entfremdet ist, bedeutet, daß die Individuen auch in ihren Beziehungen untereinander entfremdet sind. An dieser Dimension des E.begriffes stellen sich die im Rahmen der aktuellen psychologischen Diskussionen thematisierten Probleme der Vermittlung gesellschaftlicher Strukturen in individuelle Wahrnehmungs- und Handlungsformen.

In der Marxschen Tradition wird E. also auf die Form des Arbeitsprozesses zurückgeführt. Im Gegensatz zu den Geschichtsphilosophen und Aufklärungstheoretikern des 18./19. Jahrhunderts führte Marx die Entmenschlichung der Industriearbeit nicht auf die Arbeitsteilung an sich zurück, sondern auf die spezifische Form, die sie im Kapitalismus besitzt. Damit hat Marx den philsophischen E.begriff zu einem sozialwissenschaftlichen Konzept gemacht, das sich auf die Analyse und Kritik einer bestimmten Gesellschaftsformation beziehen muß.

Die *sozialwissenschaftliche Wende des E.konzepts* ist in der von Marx vollzogenen Kritik der metaphysischen, romantischen und religiösen E.theorien und ihrer Überführung in eine politisch und ökonomisch argumentierende Analyse der gesellschaftlichen Bedingungen von E. zu sehen. Setzte Marx zunächst bei einer anthropologischen Arbeitsvorstellung an, die von einer ganzheitlichen, schöpferischen und kooperativen Gebrauchswertproduktion ohne Privateigentum und Arbeitsteilung ausgeht, so verschiebt sich seine Analyse zunehmend zu einer ökonomischen Theorie des *Warenfetischismus,* die das falsche (entfremdete) Bewußtsein des Menschen im Kapitalismus an seiner Wurzel zu erklären sucht. Diese Bestimmung erweitert das ursprüngliche Thema der Selbstverwirklichung durch schöpferischer und selbstbestimmte Arbeit, deren Produkte der Mensch sich selbst aneignet, zu einer Theorie, in der Verhalten und Verhältnisse in einem historischen Wechselverhältnis bestimmt werden, das in der kapitalistischen Gesellschaft dadurch gekennzeichnet ist, daß die von den Individuen geschaffenen Produkte (Waren, Institutionen, Regeln) ihnen als fremde, Herrschaft über sie ausübende Dinge gegenübertreten (Versachlichung der menschlichen Beziehungen).

2 Die Neubelebung der Entfremdungstheorie

Die gesellschaftstheoretische Konzeption der E., die radikale Gesellschaftskritik mit Humanismus verbindet, lebte in der Interpretation der Frühschriften von Marx (1971) erst nach dem zweiten Weltkrieg wieder auf, nachdem sie durch die stalinische Epoche des autoritären Staatsmarxismus und die Dominanz des soziologischen Funktionalismus in der Nachfolge von Weber und Durkheim weitgehend in der Versenkung verschwunden war (vgl. Schaff, 1968).

Zu dieser Neubelebung der E.diskussion trug auch die in der französischen Marx-Rezeption formulierte *Kritik des Alltagslebens* im Kapitalismus bei (vgl. Lefebvre, 1977). Unter dem Leitmotiv „Was vertraut ist, ist noch lange nicht erkannt" thematisiert Lefebvre Alltagsbewußtsein als verstümmeltes, fragmentarisches Bewußtsein der Einheit von Individuum und Gesellschaft. Da die Arbeitstätigkeit vereinseitigt und extrem partialisiert ist, können die Menschen differenzierte konkrete Bedürfnisse, die sich tendenziell gegen die rationale Arbeitsordnung der sozialtechnischen Produktion und Verwaltung richten, nur noch außerhalb der Arbeit entwickeln. Der Beitrag der Kritik des Alltagslebens zur E.diskussion liegt darin, daß sie auf die Lebensbereiche, die neben der Arbeitstätigkeit die Existenz des Menschen bestimmen, nämlich das Privat- und Familienleben und die Freizeit mehr einbezieht und dadurch das Potential für Protestbewegungen, das sich außerhalb der Produktionssphäre gegen ökonomische, politische und soziale Mißstände bildet, in die Analyse der Folgen entfremdeter Arbeit auf das Alltagsbewußtsein der Individuen einbringt.

Entstanden die kritischen Analysen des Alltagsbewußtseins in den fünfziger und sechziger Jahren, so hat sich in der französischen Diskussion aus der Auseinandersetzung mit der Persönlichkeitspsychologie auf den Grundlagen der Marxschen Schriften durch L. Sève (1972) eine neue, grundlegende Perspektive zur Analyse der Entwicklung von Persönlichkeitsstrukturen im Kapitalismus herausgeschält. Sève thematisiert weniger die Auswirkungen der entfremdeten Arbeit auf das Bewußtsein, sondern auf die Anwendung und Entwicklung der Fähigkeiten der Individuen. Ebenso wie die Befriedigung primärer Bedürfnisse durch den Arbeitsprozeß und dessen Produkte in der Arbeitstätigkeit nicht mehr möglich ist, so wird auch die Entwicklung der Fähigkeiten in der Lohnarbeit immer weniger realisiert und in den Bereich der privat-konkreten Tätigkeit zurückverlegt.

Marx folgend geht Sève davon aus, daß dem entfremdeten Bewußtsein als Folge des Warencharakters der Arbeit und des fremdbestimmten Arbeitsprozesses eine psychisch-physische Verkümmerung des Individuums entspricht. E. wirkt sich also nicht nur als Verkehrung des Bewußtseins aus, sondern auch in der Verkrüppelung der Fähigkeiten der Individuen. Die „Entzweiung" des Menschen in die Arbeits- und Privatsphäre reduziert den „Zeitplan" des Individuums, beschränkt also seinen Lebensentwurf auf die sich wiederholende Verausgabung von Arbeitskraft ohne die Möglichkeit, durch den Arbeitsprozeß die eigenen Fähigkeiten weiter auszubilden. Sind die im Privatbereich entwickelten und aktivierbaren Fähigkeiten von ihrem gesellschaftlichen Bezug abgeschnitten, so wird sich im Arbeitsprozeß immer nur ein Ausschnitt aus dem möglichen Spektrum der Fähigkeiten realisieren: „Unter den Bedingungen einer ausgeprägten Entzweiung (in Privat- und Arbeitssphäre) erleidet ein Individuum unabhängig von seinem biologischen Alter eine Verschiebung in Richtung zur senilen Struktur der Persönlichkeit..." (Sève, 1972, 373).

Die von Sève entworfene materialistische Theorie der Persönlichkeit bezieht sich im expliziten Gegensatz zu zeitgenössischen psychologischen Theorien auf die gesellschaftliche Bestimmung der „Infrastruktur" der Persönlichkeit, die aus den psychologisch produktiven Aktivitäten (Lernen, Entwickeln und Anwenden von Fähigkeiten im Arbeitsprozeß) besteht. Eine optimale Entwicklung der Fähigkeiten des Individuums erfordert nach Sève eine freie Gestaltung des Zeitplans, der jedoch im Kapitalismus von der gesellschaftlichen Aufteilung der Handlungsfelder in abstrakte und konkrete Arbeit weitgehend fixiert ist. Aus dem E.konzept von Sève wird die Notwendigkeit deutlich, die Persönlichkeit aus ihrer Arbeitsbiographie zu rekonstruieren, die sich aus den Einschränkungen ergibt, denen die Entwicklung von Fähigkeiten unterliegt (vgl. Groskurth/Volpert, 1975).

3 Entfremdungstheorie und Psychologie

In der Psychologie wurde in Nachfolge von Marx vor allem durch Arbeiten der „Kritischen Theorie" die E.diskussion aufgegriffen, die unter Einbeziehung psychoanalytischer Annahmen die E. des Menschen auf den organisierten Triebverzicht und die Illusionen von Freiheit im Freizeit- und Konsumbereich in fortgeschrittenen Industriegesellschaften zurückführten. Die einflußreiche Konzeption vom „eindimensionalen Menschen" (Marcuse, 1967) bindet E. an die gesellschaftlichen Herrschaftsformen geschuldete Unfähigkeit der Menschen, neue Formen der Bedürfnisrealisierung zu entwickeln, die sich in Verbindung mit alternativen Lebensentwürfen gegen die herrschende Organisationsform der Arbeit und die Konsum- und Kulturindustrie mit ihren standardisierten Formen der Wirklichkeitsaneignung durchsetzen können.

Diese Ausarbeitung der sich noch auf Marx inhaltlich beziehenden E.psychologie (vgl. zur Gesamtdarstellung Israel, 1972) hebt sich von der empirischen *sozialpsychologischen E.forschung* ab, die sich trotz der Berufung auf Marx primär an die gesellschaftszentrierte Tradition des *Anomie*-Konzepts von E. Durkheim anschließt. Hier wird das Individuum gemäß den Funktionsbedingungen (der moralischen Integration) der Gesellschaft beurteilt. Anomie bezeichnet den Zustand gesellschaftlicher Desintegration, der durch wachsende Arbeitsteilung und schwindende Solidarität unter den Gesellschaftsmitgliedern gekennzeichnet ist. Anomie wird zu einem Schlüsselbegriff für die Diagnose einer schlecht integrierten Gesellschaft, deren Gründe jedoch, im Gegensatz zu Marx, in der fehlenden normativen Verpflichtung des Einzelnen gegenüber den Anforderungen der Gesellschaft gesucht werden.

Die E.forschung in der sozialwissenschaftlich orientierten Psychologie beginnt mit der Anomieskala von L. Srole (1956), die eher psychische Unzufriedenheit mißt, ohne deren soziale Ursachen zu hinterfragen; der Konstruktion einer E. skala durch M. Seeman (1959) und den industriesoziologischen Untersuchungen zum Zusammenhang zwischen Arbeitsorganisation und Technologie einerseits und E. bzw. Arbeitszufriedenheit andererseits durch R. Blauner (1964). Diese „Säkularisierung" (Seeman) des E.begriffs setzt an einer sozialpsychologischen Formulierung verschiedener Varianten der E. aus der Sicht des Handelnden an, die als individuelle Einstellung gegenüber verschiedenen Merkmalen der Arbeits- und Lebenssituation untersucht wird. Die sozialpsychologische Grundthematik wird dadurch formuliert, daß eine Diskrepanz zwischen möglicher und tatsächlicher sozialer Praxis den Alltag der Menschen bestimmt, die in mangelnden Kontrollmöglichkeiten über wirtschaftliche und politische Prozesse zum Ausdruck kommt.

Seeman (1959; 1972) hat das globale E.konzept in sechs Varianten oder Dimensionen differenziert, um eine möglichst umfassende empirische Erhebung von E. als sozialer Einstellung zu ermöglichen: 1. Machtlosigkeit oder das Gefühl geringer Kontrollmöglichkeiten gegenüber Ereignissen und Institutionen; 2. Sinnlosigkeit oder das Gefühl der Undurchschaubarkeit persönlicher und sozialer Zusammenhänge; 3. Normenlosigkeit oder die Erwartung, gesellschaftlich akzeptierte Ziele nur mit illegitimen Mitteln erreichen zu können; 4. kulturelle Zurückweisung oder Ablehnung allgemein anerkannter Werte der Gesellschaft bzw. verschiedener Gruppen; 5. Selbstentfremdung oder Eingebundenheit in Aktivitäten, die nicht in sich zufriedenstellend sind, d. h. keine intrinsische Befriedigung ermöglichen; 6. soziale Isolierung oder das Gefühl, sozial ausgeschlossen bzw. zurückgewiesen zu werden.

Die von Seeman entwickelte E.skala umfaßt diese sechs Dimensionen und liegt den meisten empirischen Untersuchungen über das Ausmaß von E.erfahrungen in der Arbeitswelt und im politisch-staatlichen Bereich zugrunde. Neuere Entwicklungen deuten darauf hin, daß Fragebögen bzw. Skalen entwickelt werden, die sich auf bestimmte Untersuchungsfelder beziehen, so z. B. Bürokratien (Aiken/Hagen, 1966) und Industriebetriebe (Shepard, 1971). In dieser empirisch ausgerichteten Forschung wird E. als subjektive Einstellung und nicht als objektive Bedingung der Sozialstruktur gefaßt und auf das meßbare Ausmaß verschiedener E.formen gegenüber den Bereichen, in denen Individuen auf eingeschränkte Handlungsalternativen stoßen, reduziert.

Die Kritik an diesem Forschungsansatz betrifft zunächst die fehlende Analyse des Verhältnisses der sechs Varianten von E. untereinander. Die nicht explizit gemachte Hintergrundtheorie läßt eine universelle, damit unhistorische Bedürfnistheorie vermuten, die in Verbindung mit einem einfachen lernpsychologischen Mechanismus E. als Folge frustrierter Erwartungen gegenüber den Möglichkeiten der Handlungskontrolle über Umweltereignisse erklärt.

In der industriesoziologischen Untersuchung von Blauner (1964) wird E. als ein allgemeines Syndrom aus einer Reihe verschiedener objektiver Bedingungen und subjektiver Gefühlszustände definiert, die aus bestimmten Beziehungen zwischen Arbeitern und den soziotechnischen Arbeitsorganisationen auftreten. E. besteht nach Blauner, wenn Arbeiter 1. ihre unmittelbaren Arbeitsprozesse nicht kontrollieren können, 2. kein Gefühl einer sinnvollen Arbeit und Funktion aufbauen können, die ihre Tätigkeiten mit der Produktionsorganisation verbindet, 3. zu keiner integrierten Gemeinschaft von Industriearbeitern gehören, und 4. es ihnen nicht gelingt, in der Arbeitstätigkeit Selbstverwirklichung zu finden.

4 Aktuelle Fragestellungen

Das Interesse an E.theorie und -forschung schien mit dem Abflauen der Protestbewegungen der 60iger Jahre auch in den Sozialwissenschaften nachgelassen zu haben. Doch hat die E.konzeption aufgrund ihrer kritischen Orientierung auf fundamentale Beziehungen zwischen Sozialstruktur und Individuum ihre Bedeutung für die Erklärung und Erforschung gesellschaftlicher Widersprüche und subjektiver Ambivalenzen nicht verloren (vgl. Seeman, 1983). Dies gilt angesichts der fortschreitenden Rationalisierungsprozesse in der Arbeitswelt, der Massenarbeitslosigkeit und vor allem angesichts der weltweiten atomaren Bedrohung und ökologischen Katastrophen.

Die Beziehungen zwischen objektiven Arbeitsbedingungen (Ausmaß restriktiver Arbeit) und psychischen Merkmalen (Autonomieorientierung, intellektuelle Flexibilität) sind von M. Kohn und Mitarbeitern (Kohn/Schooler, 1983) in einem umfangreichen Forschungsprogramm unter Einbeziehung der E.perspektive untersucht worden. Es konnten beispielsweise Zusammenhänge zwischen dem Ausmaß der Selbstbestimmung am Arbeitsplatz und dem Grad der instrumentellen Einstellung gegenüber Arbeitstätigkeit einerseits und den Kompensationsbemühungen des Arbeiters in der Freizeit festgestellt werden. Allerdings ist es methodisch nicht unproblematisch, mittels Einstellungsskalen ein so komplexes, vielschichtiges Problem wie das des Zusammenhangs von Lebens- und Arbeitsbereichen und E.erfahrungen zu erforschen.

Die Veränderungen in der Arbeitswelt durch Automatisierung und computerisierte Produktions- und Verwaltungsarbeit sollen den Arbeitsablauf effizienter gestalten, sie haben aber gleichzeitig disziplinierende und soziale kontrollierende Effekte. Damit werden auch die in der Arbeitswelt verankerten Bedingungen der E. tendenziell verallgemeinert: das Gefühl der Machtlosigkeit wächst mit den Erfahrungen, anonymen Großorganisationen und Informationsmonopolen ausgeliefert zu sein. Die Verwendung des Computers als „Denkmaschine" hat zudem die Zwänge verstärkt, die den Menschen zu einer immer rationalistischeren Auffassung seiner Gesellschaft und zu einem immer mechanistischeren Bild von sich selbst getrieben haben (vgl. Weizenbaum, 1978).

In der Psychologie sind in den letzten Jahren eine Reihe komplexer Forschungsansätze entstanden, deren latenter Bedeutungsumfang auf die E.thematik verweist. Dazu gehören Konzepte wie „erlernte Hilflosigkeit", „subjektiver Kontrollverlust", „Reaktanz" oder „internes/externes Kontrollbewußtsein". Allerdings fehlt es bei diesen aus der empirischen Persönlichkeitsforschung stammenden Ansätzen bislang an einer Einbettung in die Analyse politischer und ökonomischer Bedingungen, in denen Gründe und Folgen subjektiver Dimensionen von E. wurzeln.

Aber auch in den sozialwissenschaftlichen Analysen der objektiven E.verhältnisse sind Mängel bei der Einbeziehung subjektiver Prozesse unübersehbar. Zu makrosoziologischen und marxistisch orientierten Ansätzen muß eine theoretische Begrifflichkeit treten, die auf die Vermittlungsprozesse zwischen gesellschaftlichen Verhältnissen und individuellen Bewußtseinsformen bzw. Fähigkeitsstrukturen beziehbar ist (Brenner/Strasser, 1977). Mit dieser Frage haben sich bislang Psychologen der kritischen Richtung Holzkamp (1973, 202-233) und Ottomeyer (1977) befaßt.

In der internationalen Diskussion zeichnet sich neuerdings eine Annäherung der bisher kontrovers geführten Debatten zwischen den „objektivistischen" und „subjektivistischen" Positionen an (vgl. Geyer/Schweitzer, 1981; Shoham, 1982). Dabei geht es um die Verbindung von Struktur- und Handlungstheorien, um eine Relativierung der Forschungsparadigmas der quantitativen Einstellungs- und Umfrageforschung und um den Beitrag, den kritische Wissenschaft, politische Praxis und soziale Bewegungen zum Abbau von E. leisten können.

Literatur

Aiken, M./Hagen, J.: Organizational alienation. A comparative analysis. American sociological Review 31, 1966, 539-548.

Blauner, R.: Alienation and freedom. Chicago: Univ. of Chicago Press, 1964.

Brenner, M./Strasser, H. (Hrsg.): Die gesellschaftliche Konstruktion der Entfremdung. Frankfurt: Campus 1977.

Geyer, R. F./Schweitzer, D. (Eds.): Alienation: Problems of meaning, theory, and method. London: Routledge and Kegan Paul, 1981.

Groskurth, P./Volpert, W.: Lohnarbeitspsychologie. Frankfurt: Fischer, 1975.

Holzkamp, K.: Sinnliche Erkenntnis. Historischer Ursprung und gesellschaftliche Funktion der Wahrnehmung. Frankfurt: Athenäum Fischer, 1973.

Israel, J.: Der Begriff Entfremdung. Reinbek: Rowohlt, 1972.

Kohn, M./Schooler, C.: Work and personality. Norwood, N. J.: Ablex, 1983.

Lefebvre, H.: Kritik des Alltagslebens. Kronberg: Athenäum, 1977.

Ludz, P. C.: „Alienation" als Konzept der Sozialwissenschaften. Kölner Zeitschrift für Soziologie und Sozialpsychologie, 27, 1975, 1-32.

Marcuse, H.: Der eindimensionale Mensch. Neuwied: Luchterhand, 1967.

Marx, K.: Grundrisse der Kritik der Politischen Ökonomie (Rohentwurf). Berlin-Ost: Dietz, 1953.

Marx, K.: Die Frühschriften. Stuttgart: Kröner, 1971.

Mészáros, I.: Der Entfremdungsbegriff bei Marx. München: List, 1973.

Ottomeyer, K.: Ökonomische Zwänge und zwischenmenschliche Beziehungen. Reinbek: Rowohlt, 1977.

Schaff, A.: Marxismus und das menschliche Individuum. Reinbek: Rowohlt, 1969.

Seeman, M.: On the meaning of alienation. American Sociological Review, 24, 1959, 783-791.

Seeman, M.: Alienation and engagement. In: A. Campbell/Converse, P. E. (Eds.): The human meaning of social change, New York: Sage Foundation, 1972.

Seeman, M.: Alienation motifs in contemporary theorizing: The hidden continuity of the classic themes; Socialpsychological Quarterly, 46, 1983, 171-184.

Sève, L.: Marxismus und Theorie der Persönlichkeit. Frankfurt: Marxistische Blätter, 1972.

Shepard, J. M.: Automation and alienation. A study of office and factory workers. Cambridge, Mass.: M. I. T. Press, 1971.

Shoham, S. G. (Ed.): Alienation and anomie revisited. Messina: Centre of Sociological Studies, 1982.

Srole, L.: Social integration and certain colloraries. American Sociological Review, 21, 1956, 706-716.

Weizenbaum, J.: Die Macht der Computer und die Ohnmacht der Vernunft. Frankfurt: Suhrkamp, 1978.

Entwicklungspsychologie

Rainer Dollase

1 Gegenstand und Geschichte

Die E. beschäftigt sich mit der Beschreibung und Erklärung von Veränderungen psychischer Phänomene sowie deren Beeinflussung während des menschlichen Lebenslaufes. Als psychologische Subdisziplin ist sie – im Unterschied zu früher – per definitionem keiner bestimmten Theorie (z. B. der Reifungstheorie), nicht nur bestimmten Veränderungen (z. B. nur irreversiblen) und nicht nur ausgewählten Altersgruppen (z. B. nur Kindern und Jugendlichen) zugeordnet. Es gelten allgemein eine „differentiell pluralistische" (Baltes/Sowarka, 1983) bzw. „pluralistisch multivariate" Entwicklungskonzeption und die Lebensspannenbezogenheit als konsensfähige Minimalkonstitutiva. Man kann von ihr Beschreibungen über die Veränderung psychischer Variablen im Laufe des Lebens, Aussagen über die Ursachen solcher Veränderungen, Beiträge zu Theorien und Modellen psychischen und psychosozialen Wandels erwarten.

Zu allen Zeiten und in allen Kulturen haben Ansichten über entwicklungspsychologische Phänomene existiert und ihren Niederschlag in Begriffen, Normen, Sitten und Gebräuchen, Alterseinteilungen, bildlichen Darstellungen etc. gefunden. Die psychologieinterne Geschichtsschreibung läßt die moderne E. ziemlich einheitlich gegen Ende des 18. Jahrhunderts beginnen, und zwar mit Werken, die sich explizit und überwiegend aus Erkenntnisinteresse mit der Entwicklung bzw. dem Heranwachsen des Menschen beschäftigen. Hierzu gehören z. B. Johann Nikolaus Tetens Hauptwerk „Philosophische Versuche über die menschliche Natur und ihre Entwicklung" (1777) oder Dietrich Tiedemann's „Beobachtungen über die Seelenfähigkeiten bei Kindern" (1787). Eine universitäre Etablierung erfährt die E. – wie die Psychologie ganz allgemein – erst gegen Ende des 19. Jahrhunderts. Wilhelm Preyer's Werk „Die Seele des Kindes" (1882) markiert den Beginn der wissenschaftlichen Entwicklung der Disziplin. Morrison et al. (1984) haben darauf hingewiesen, daß die frühe E. mit der aktuellen die *Multidisziplinarität,* die *Anwendungsperspektive* und das *Interesse an komplexen Phänomenen der realen Welt* teilt. Dazwischen lag ein Jahrhundert fruchtbarer empirischer Forschung und theoretischer Reflexion, in dem zwar ein beachtlicher Korpus an Erkenntnis zusammengetragen wurde, oft jedoch begleitet von disziplinärer Isolation und lebensfremdem Experimentalismus.

2 Methoden und Ergebnisse

Zur Erfassung der psychischen Gegenstände bedient sich die E. derselben quantitativen und qualitativen Methoden wie andere Teildisziplinen der Psychologie. Ihr besonderes methodisches Problem liegt in der Gestaltung von Untersuchungsplänen, die einerseits korrekte Deskriptionen von Veränderungen psychischer Variablen während der Lebensspanne erlauben, andererseits die Trennung von alters- bzw. historisch korrelierten Effekten ermöglichen (Alterseffekte einerseits, Zeit- bzw. Kohort- oder Generationseffekte andererseits), die in der Ontogenese eines menschlichen Individuums untrennbar miteinander verknüpft sind. Diesem Anspruch genügen lediglich sog. *sequenzanalytische Versuchspläne,* die eine Kombination von *Querschnitten* (= Untersuchung verschiedener Altersgruppen zu einem Testzeitpunkt) und *Längsschnitten* (=Untersuchung einer Stichprobe zu aufeinanderfolgenden Zeitpunkten) darstellen (Baltes, 1968). Außerdem gibt es *Zeitwandelstudien* (= Untersuchung bestimmter Altersgruppen zu verschiedenen Testzeitpunkten) und *ex-post-facto Studien* (= nachträgliche Rekonstruktion des Lebenslaufes) mit je spezifischen methodischen Unzulänglichkeiten. Neue statistische Entwicklungen sind insbesondere bei der Auswertung qualitativer entwicklungspsychologischer Daten zu beobachten (z. B. Henning/Rudinger, 1985).

Methodisches Refinement (Verfeinerung) und extensive empirische Forschung haben zu vielgestaltigen und z. T. überraschenden Ergebnissen der modernen E. geführt, in deren Folge paradigmatische, theoretische und praktische Neuorientierungen festzustellen sind. Früher galt die Ermittlung von Entwicklungssequenzen für einzelne Funktionsbereiche (z. B. Sprache, Intelligenz, Motorik) als irreversible Abfolge von zunehmend kompetenter werdenden Funktionen und einer bis ins Erwachsenenalter hinein zunehmenden, qualitativen Organisiertheit als charakteristisch für die E. In „Altersporträts" wurde das psychologisch Typische einer Altersgruppe zusammengefaßt und praktisches Handeln daran ausgerichtet. Heute ist ein derartiges Programm aufgrund folgender Tendenzen fraglich geworden:

1. Es setzt sich die Erkenntnis durch, daß manche empirisch-entwicklungspsychologischen Aussagen eher eine „sachimmanente Entfaltungs-

logik" (Heckhausen, 1965) widerspiegeln denn eine psychologische. *„Pseudoempirical research"* und „quasi laws" (Brandstädter, 1985 b, 245 ff.) liegen möglicherweise überall dort vor, wo entwicklungspsychologische Forschung den Erwerb von kulturellen Techniken (z. B. Zahlbegriff entwickeln, eine Kiste bauen) oder die Entwicklung von Konstrukten, deren psychische Gegenständlichkeit logischerweise unklar bleiben muß, untersucht. Die Entwicklung von „Politikverständnis" etwa hängt davon ab, wie man den Begriff definiert. Die Definitionsbestandteile lassen sich sodann hierarchisch ordnen, so daß man angeben kann, was zunächst vorhanden sein muß (z. B. Sprach- und Lesekompetenz besitzen), damit höherrangige Definitionsbestandteile (z. B. politische Nachrichten in TV und Tageszeitung verstehen können) erreicht werden. Die Sequenz „*erst* Sprach- und Lesekompetenz erreichen, *dann* politische Nachrichten verstehen können" ist kein entwicklungspsychologischer Befund (selbst dann nicht, wenn man sie empirisch bestätigt findet), sondern lediglich die semantische bzw. logische Explikation der Voraussetzungen von Definitionsbestandteilen.

2. Die These von der *Infantildetermination* der psychischen Entwicklung des Menschen hat durch systematische Analyse der vorliegenden und Bekanntwerden neuer Ergebnisse von Längsschnittstudien eine erhebliche Korrektur und Schwächung erfahren. Frühkindliche Erfahrungen werden zwar nach wie vor als wichtig erachtet, aber nicht mehr als die psychische Entwicklung lebenslang determinierend angesehen (z. B. Hemminger, 1982). Bescheiden sind z. B. die Langzeiteffekte systematischer Vorschulerziehung im „Headstart"-Projekt ausgefallen (Lazar/Darlington, 1982).
3. Eng mit der Schwächung der These von der frühkindlichen Determiniertheit der menschlichen Entwicklung hängt die Relativierung der *Kontinuitätsannahme* zusammen. Lebenslange Stabilität bzw. Kontinuität von Eigenschaften ist offenbar in fast allen Funktionsbereichen nicht so verbreitet, wie lange Jahrzehnte angenommen (z. B. Brim/Kagan, 1980). Entwicklungsprognosen erweisen sich folglich nur als eingeschränkt gültig, lebenslanges Lernen und lebenslange Veränderungen sind möglich. Der Mensch ist während der gesamten Lebensspanne plastischer als früher angenommen (z. B. Lerner, 1984).
4. Wenngleich aktuelle Projekte der Zwillingsforschung neuerliche Belege für die partielle *Anlagedeterminiertheit* psychischer Eigenschaften ermitteln (z. B. das Minneapolis-Projekt, vgl. Bouchard, 1984), so führt dies jedoch wegen der verbesserten statistischen Kenntnisse und des komplexeren Problembewußtseins der Fachöffentlichkeit nicht mehr zu unsinnigen pädagogischen Fatalismen oder politischen Spekulationen – wie noch zur Zeit der Jensen-Debatte Ende der 60er Jahre.
5. Der Mensch wird heute auch durch die empirische Forschung als „producer of his own development", in seiner Eigenschaft als freies, zur *Selbststeuerung* fähiges Wesen wiederentdeckt (Lerner/Busch-Rossnagel, 1981). Insbesondere die „child-effect"-Forschung (Bell, 1968) trägt empirisch zur Gewißheit bei, daß selbst kleinste Kinder einen aktiven Einfluß auf ihre mikrosoziale Umwelt ausüben können. Weder Selbststeuerung noch retroaktive Sozialisationswirkungen sind perfekt aus Charakteristika der Umwelterfahrungen des Individuums zu prognostizieren. Eine ähnlich grundsätzliche Entkoppelung der psychischen Entwicklung von Umweltfaktoren offenbart auch die Forschung über „unverwundbare" bzw. „stress resistant" Kinder (Garmezy/Tellegen, 1984), denen ungünstige Umweltbedingungen kaum Schaden zufügen konnten.

3 Theorien und Modelle

Die Ergebnisse der modernen E. stellen wegen ihrer stark eingeschränkten universalen Gültigkeit zuallererst die nomologische (allgemein-gesetzliche) Orientierung der Disziplin in Frage, so sehr, daß Gergen (1979) eine *„aleatorische"*, d. h. zufallsabhängige, Sozialisation formuliert hat. In der Tat sind allgemeine, universal gültige Abfolgen, Gesetze, Regelmäßigkeiten selten zu finden. Allmer (1985, 188) fordert, die E. solle „hinter den resultatbezogenen Entwicklungsverlauf" blicken, ebenso wie andere Autoren vorher, die sich von einer Aufklärung der die verwirrenden Verlaufsphänomene erzeugenden psychischen Strukturen einen weiteren Fortschritt der Disziplin erhoffen.

Nicht nur durch eine Verlagerung der Analyseebene auf das phänomenen*erzeugende* Niveau der psychischen Struktur des Individuums, sondern auch durch die Postulierung von *contextualistisch-dialektischen* Mensch-Umwelt Paradigmen hoffte man, der Phänomenvielfalt besser gerecht zu werden (z. B. „dialektische" Psychologie, Riegel 1980). Dabei konnte jedoch noch ein anderes, herkömmliches Paradigma, der *variablentheoreti-*

sche Ansatz, in dem der unaufhörliche Fluß der Ereignisse und Handlungen in der Realität über Abstraktionen und Konstrukte (= Faktoren, Variablen) erfaßt wird, gültig bleiben. Dieses Paradigma (auch: „dispositional analysis of behavior") bleibt umstritten: Einerseits sind seine Grenzen und Fehlschlüsse unwidersprochen akzeptiert (z. B. Weimer, 1984), andererseits erscheint der Ansatz verbesserungsfähig bzw. als Einstieg in einen Phänomenbereich und als Handlungsgrundlage sinnvoll (z. B. Dollase, 1985; Epstein/O'Brien, 1985).

Häufig werden deshalb heute *handlungs-* und *tätigkeitstheoretische* Grundannahmen als weiterer Lösungsweg diskutiert (z. B. Eckensberger/Silbereisen, 1980; Oerter, 1982; Allmer, 1985; Brandtstädter, 1985 a; Holodynski et al. 1986). Nach Brandtstädter unterstellt die Handlungstheorie (von denen es viele Spielarten gibt), „daß die in gegebenen räumlich-zeitlichen Kontexten beobachteten Entwicklungsmuster und -zusammenhänge zu einem großen Teil durch regulative und konstruktive Handlungen gestiftet werden." (Brandstädter, 1985 a, 11). Die contextualistisch-dialektische Formulierung des Mensch-Umwelt Verhältnisses lautet in einer handlungstheoretischen Perspektive: „Die Person entwickelt sich durch Handeln in einer durch Handeln sich verändernden Welt." (Allmer, 1985, 183). Im Verlaufe des Entwicklungsprozesses bildet der Mensch durch Handeln *interne Modelle der Realität* (= Interiorisierung, Aneignung), die zu Handlungen führen, mit denen die Umwelt geändert wird (= Exteriorisierung, Vergegenständlichung), die wiederum als Geänderte interiorisiert werden kann u. s. f. Diese Grundgedanken sind u. a. von der dialektischen Philosophie beeinflußt worden und finden sich in der „dialektischen Psychologie" (Riegel, 1980) ebenso wie in diversen sowjetischen Psychologien (z. B. Leontjew, 1973). Die handlungs- und tätigkeitstheoretischen Grundsatzdebatten sind bislang noch nicht in ausreichendem Maße in empirische Forschungsstrategien umgesetzt worden – gleichwohl viele Ergebnisse der modernen E. ihre Grundannahmen plausibel erscheinen lassen (z. B. Erforschung der Transaktionen zwischen Säuglingen und ihren Bezugspersonen, Sameroff, 1975; oder Ergebnisse der Denk- und Sprachentwicklungsforschung).

Angesichts der aktuellen Paradigmendebatte, welche die Grundpositionen der E. näher an die der *Sozialisationsforschung* heranrückt, nehmen sich die anthropologischen Grundannahmen der herkömmlichen Theorien antiquiert aus. Oerter (1982, 102) wertet den theoretischen Zustand der Psychologie so, als operiere sie „mit einem naiven vorwissenschaftlichen Realitätsverständnis." Insbesondere sind krass endogenistische und exogenistische Theorien, die also den Menschen als abhängig von Anlage oder Umwelt *allein* konzipieren, als historisch einzustufen bzw. als gültig nur für isolierte Spektren des Verhaltens und Erlebens anzusehen. Lediglich Piagets *konstruktivistische Stadientheorie* kommt in seinen Grundannahmen und -prozessen dem dialektischen Denken im Person-Umwelt Bezug nahe.

Die axiomatische Neufassung des Mensch-Umwelt Verhältnisses wird – neben der methodisch empirischen Herausforderung – noch eine Reihe weiterer Konsequenzen haben. Mit Sicherheit ist die Verknüpfung von ontogenetischem und historischem Wandel, wie in der *Life-Span-E.* vorformuliert (Baltes, 1979; vgl. auch die *Epochalpsychologie* bzw. *Psychohistorie*), für die E. als Disziplin ein nicht mehr umkehrbares Axiom geworden. Die von Gergen (1979) dadurch befürchtete „transhistorische Ungültigkeit" entwicklungspsychologischer Erkenntnisse kann sich nur auf Oberflächenphänomene und Resultate einer darunter liegenden Handlungsgenese beziehen. Die Handlungstheorien werden letztlich nicht ohne Annahmen über eine universale Struktur der menschlichen Psyche auskommen, d. h. es wird ein systemischer Bau- und Organisationsplan der Seele als Modell entworfen werden müssen. Brandtstädter (1980) hat ein solches Modell entwickelt. Es enthält „perzeptorische" und „effektorische Systemglieder", die den Informations- und Wirkungsaustausch des Individuums mit der Umwelt erledigen, „interne Modelle" von Umwelt und Selbst, ein „Verarbeitungszentrum", „evaluative" und „motivierende Systemteile" (z. B. Ideale von Umwelt und Selbst und einen biogenetischen Motivator). Brandtstädter konzipiert den Menschen als ein „selbstoptimierendes adaptives System" im Sinne der *Kybernetik.* Schließlich werden die Anwendungsimplikationen einer solchermaßen gewandelten E. grundsätzlich anders ausfallen als früher.

Die theoretisch-empirische Neuorientierung der E., die mit der Life-Span-E. ihren modernen Anfang nahm, wird nicht unwidersprochen rezipiert. Neben demonstrativen Beharrungen auf theoretischen Vororientierungen (z. B. tiefenpsychologischen) und pragmatischen Aufgabenstellungen (z. B. differenzierende Weiterführung bewährter empirischer Forschungslinien) blitzen Kontroversen hin und wieder auf, wenn es um die Rückgewinnung einer normativen Ausrichtung der Disziplin, um die Beschränkung der E. auf eine einzige Form des Entwicklungsverlaufs, um die pragmatische Kritik an puristischen Methodenstandards, oder um die empirische Einlösung paradigmatischer und programmatischer Aussagen geht.

4 Anwendung der Entwicklungspsychologie

Die praktische Relevanz der E. war zu Zeiten der Gültigkeit von Reifungstheorien, Phasen- und Stadienlehren offenkundig, insbesondere wenn es um die altersangemessene Gestaltung von Lern-, Erziehungs- und Unterrichtsprozessen ging (zum entwicklungsangemessenen Lernen, Weinert/Treiber, 1981). Die Praxis wurde mit *Altersporträts* und *Entwicklungsnormen* versorgt, die als Leitlinien für Prognosen, Diagnosen, Präventionen und Interventionen jeder Art dienten. Die für diese Konsequenzen nötige wissenschaftliche Sicherheit ist durch die empirisch-theoretische Neuorientierung tiefgreifend erschüttert, so daß sich die Anwendungsfrage zur Zeit dringender stellt als früher. Indiz hierfür ist das Auftauchen des Begriffs „Angewandte Entwicklungspsychologie".

Die Positionen zur Anwendungsrelevanz der modernen E. klaffen weit auseinander. Nahezu jede direkte Anwendbarkeit bestreiten viele frühere Autoren, die E. für eine Grundlagenwissenschaft halten, die nicht direkt anwendungsbezogen ist, deren Kenntnis jedoch für einen Praktiker sinnvoll sei – sinnvoll, weil mit entwicklungspsychologischem Hintergrundwissen praktisches Handeln kognitiv vorstrukturiert und die Reflexionsfähigkeit über Praxisprobleme offenbar verbessert werden kann. Das muß nicht immer zu wünschenswerten Ergebnissen führen: Entwicklungspsychologische Gesetze können auf dem Wege einer sich selbsterfüllenden Prophezeiung erst die realen Regelmäßigkeiten erschaffen, die sie behaupten. Anthropologische Grundannahmen prägen den Praktiker durchgreifend: „Wer die Intelligenz als vollständig anlagebedingt ansieht, wird keine Versuche der Förderung unternehmen." (Montada, 1985, 36). Entwicklungspsychologisch fundierte Praxis differiert je nachdem, ob man den Menschen als „Marionette der Gene", als „Produkt der Umweltfaktoren" oder als „Gestalter seiner eigenen Entwicklung" konzipiert.

Skepsis gegenüber der direkten praktischen Verwertbarkeit der E. ist auch kennzeichnend für Autoren, die eine „angewandte E." als „Brükkenwissenschaft" (Schmalohr, 1986, 39) zwischen Praxis und Wissenschaft fordern – so daß entwicklungspsychologisches Wissen zunächst praxisbezogen analysiert und bewertet werden muß bzw. Anwendungsfragen erst noch empirisch untersucht werden müssen (z. B. eher bei: Morrison et al., 1984). Morrison u. a. fordern folglich neue Forschungsstrategien, bei denen realistische Probleme und Alltagsanforderungen an das sich entwickelnde Individuum untersucht werden sollen. Schmalohr (1986) plädiert für eine „schonende" Anwendung der Psychologie. Er bewertet das entwicklungspsychologische Grundwissen nach den Kriterien „Innere Gültigkeit", „praktische Brauchbarkeit", „Glaubwürdigkeit im Alltagsverständnis" und „Tendenzen des Zeitgeistes". Inhaltlich demonstriert er, wie frühen Risiken vorgebeugt, wie Belastungen bewältigt bzw. wie bei Behinderungen geholfen werden kann – alles mit Hilfe eines zwar bekannten Wissensfundus der E. der frühen Kindheit, der aber von ihm auf Praxisrelevanz selektiert bzw. modifiziert wird.

Montada (1983; 1985) erschließt das entwicklungspsychologische Wissen für Beratungszwecke durch einen Fragekatalog, der zugleich als ein Forschungsprogramm für eine systematische, angewandte E. gelten kann: *Was ist?* (Entwicklungsstand) *Wie geworden?* (Rekonstruktion der Entwicklung) *Was wird?* (Prognose) *Was sollte werden?* (Beitrag zur Zielbildung) *Wie kann ein Ziel erreicht werden?* und *Was ist geworden?* (Evaluation). Die Kompetenz der E. für eine Beratung des Einzelfalls wird – vor allem wegen der nur ihr möglichen „verlaufsbezogenen Evaluation" (Brandtstädter, 1985c 5) – anerkannt und hat Chancen zu einem neuen, umfassenden Beratungsparadigma zu werden. Brandstädters „Plädoyer für Entwicklungsberatung" allerdings „läuft auf die bescheidenere Forderung hinaus, bei aller Spezifität der Beratungsprobleme das gemeinsame Anliegen der Optimierung von Entwicklung über die Lebensspanne im Blick zu behalten ..." (1985c, 4).

Neben den vorsichtig und schonend orientierten Anwendungsansätzen existieren immer noch punktuell, unsystematisch und dezidiert mit Praxisproblemen umgehende Anwendungsansätze. Sarafino und Armstrong (1980) z. B. erörtern unter den Rubriken „everyday concerns" und „applications" unsystematisch die entwicklungspsychologische Position in Praxisproblemen wie *Bilingualismus, Delinquenz, Toilettentraining* u. v. a. m.

Die nur probabilistische Gewißheit über die richtige Diagnose und richtige Handlungsempfehlung im Einzelfall auf der Basis eines multifikatoriellen Bedingungsmodells von Entwicklung kann zu Anwendungsformen führen, die jenen Denkstrategien ähneln, die sich beim erfolgreichen Umgang mit „Unbestimmtheit und Komplexität" bewährt haben (Doerner et al., 1983), z. B. *Polypragmasie, mehrperspektivische Diagnostik, Handlungsredundanz, Komplexitätsreduktion* etc. (vgl. Dollase, 1985).

Die bislang geschlossenste Anwendungskonzeption stellt die *Entwicklungsberatung* auf handlungstheoretische Grundlage dar (Brandtstädter/ Gräser, 1985). Entwicklungsberatung ist im Rahmen dieses Ansatzes charakterisiert „als Hilfe bei der argumentativen Vorbereitung von entwicklungsrelevanten Entscheidungen bzw. entwicklungsbezogenen Handlungen". (S. 8) Logischerweise muß sie vornehmlich bei den subjektiven Orientierungsgrundlagen ansetzen, die *„argumentationszugänglich"* sind, notfalls muß im Beratungsprozeß zwischen Berater und Klient eine gemeinsame Realitätsauffassung *hergestellt* werden (Oerter, 1985, 73).

Gerade die moderneren Anwendungskonzeptionen zeigen, daß die klassischen und mit einfachen Methoden gewonnenen Erkenntnisse der E. nicht an Wert verlieren: sie erhalten im gewandelten Selbstverständnis der Disziplin zwar nicht mehr den Status unbedingt zu befolgender Direktiven, sondern werden als probabilistische Strategien der Entwicklungsoptimierung, als bedenkenswerte Argumente, als Möglichkeitsaussagen neu gewichtet und als Entscheidungsgrundlage einem prinzipiell autonomen Subjekt bereitgestellt. Dieses klassische Wissen kann nachgelesen werden in allgemeinen Lehrbüchern (z. B. Oerter/ Montada, 1982) bzw. in speziellen, einzelnen Lebensaltern gewidmeten Monographien (frühe Kindheit: Keller/Meyer, 1981; Kindheit: Baacke, 1984; Jugend: Ewert, 1983; Erwachsenenalter: Whitbourne/Weinstock, 1982; Alter: Lehr, 1979).

Auch für die Zukunft muß sichergestellt bleiben, daß eine pragmatische, datengenerierende Forschungstätigkeit nicht zu kurz kommt – eine präzise Erfassung der sich historisch wandelnden entwicklungspsychologischen Realität bleibt für Theorie *und* Praxis unverzichtbar.

Literatur

Allmer, H.: Entwicklungspsychologie aus handlungstheoretischer Sicht: Implikationen für die Theoriebildung und Forschungskonzeption. Psychologische Rundschau, 1985, 181-190.

Baacke, D.: Die 6- bis 12jährigen. Weinheim: Beltz, 1984.

Baltes, P. B.: Longitudinal and cross-sectional sequences in the study of age and generation effects. Human Development, 11, 1968, 171-175.

Baltes, P. B. (Hrsg.): Entwicklungspsychologie der Lebensspanne. Stuttgart: Klett-Cotta, 1979.

Baltes, P. B.: Einige Beobachtungen und Überlegungen zur Verknüpfung von Geschichte und Theorie der Entwicklungspsychologie der Lebensspanne. In: Baltes, P. B. (Hrsg.): Entwicklungspsychologie der Lebensspanne. Stuttgart: Klett-Cotta, 1979, 13-34.

Baltes, P. B./Sowarka, D.: Entwicklungspsychologie und Entwicklungsbegriff. In: Silbereisen, R. K./Montada, L. (Hrsg.): Entwicklungspsychologie. Ein Handbuch in Schlüsselbegriffen. München: Urban & Schwarzenberg, 1983, 11-20.

Bell, R. Q.: A reinterpretation of the direction of effects in studies of socialization. Psychological review, 75, 1968, 81-95.

Bouchard, T. J.: Twins reared together and apart: What they tell us about human diversity. In: Fox, S. W. (Ed.): Individuality and determinism. New York: Plenum, 1984, 147-184.

Brandtstädter, J.: Gedanken zu einem psychologischen Modell optimaler Entwicklung. Zeitschrift für klinische Psychologie und Psychotherapie, 28 (3), 1980, 209-222.

Brandtstädter, J.: Kontinuität, Wandel und Kontext: Zum Problem des Spielraums menschlicher Entwicklung. Berichte aus der Arbeitsgruppe „Entwicklung und Handeln", 12/1985 a, Universität Trier, FB 1-Psychologie.

Brandtstädter, J.: Individual development in social action contexts: problems of explanation. In: Nesselroade, J. R./von Eye, A. (Eds.): Individual development and social change. Orlando: Academic Press, 1985 b, 243-264.

Brandtstädter, J.: Entwicklungsberatung unter dem Aspekt der Lebensspanne: zum Aufbau eines entwicklungspsychologischen Anwendungskonzepts. In: Brandtstädter, J./Gräser, H. (Hrsg.): Entwicklungsberatung unter dem Aspekt der Lebensspanne. Göttingen: Hogrefe, 1985 c, 1-15.

Brandtstädter, J./Gräser, H. (Hrsg.): Entwicklungsberatung unter dem Aspekt der Lebensspanne. Göttingen: Hogrefe, 1985.

Brim, O. G./Kagan, J. (Eds.): Constancy and change in human development. Cambridge: Harvard Univ. Press, 1980.

Dollase, R.: Entwicklung und Erziehung. Angewandte Entwicklungspsychologie für Pädagogen. Stuttgart: Klett, 1985.

Dörner, D./Kreuzig, H. W./Reither, F./Stäudel, T. (Hrsg.): Lohhausen: Vom Umgang mit Unbestimmtheit und Komplexität. Bern: Huber, 1983.

Easterbrook, J. A.: The determinants of free will. New York: Academic Press, 1978.

Eckensberger, L. H./Silbereisen, R. K.: Handlungstheoretische Perspektiven für die Entwicklungspsychologie sozialer Kognitionen. In: Eckensberger, L. H./Silbereisen, R. K. (Hrsg.): Entwicklung sozialer Kognitionen: Modelle, Theorien, Methoden, Anwendungen. Stuttgart: Klett-Cotta, 1980, 11-45.

Epstein, S./O'Brien, E. J.: The person-situation debate in historical and current perspective. Psychological Bulletin, 1985, 513-537.

Ewert, O. M.: Entwicklungspsychologie des Jugendalters. Stuttgart: Kohlhammer, 1983.

Garmezy, N./Tellegen, A.: Studies of stress-resistant children: methods, variables, and preliminary findings. In: Morrison, F. J./Lord, C./Keating, D. P. (Eds.): Applied developmental psychology, Vol. 1, Orlando: Academic Press, 1984, 232-288.

Gergen, K. J.: Selbstkonzepte und Sozialisation des aleatorischen Menschen. In: Montada, L. (Hrsg.): Brennpunkte der Entwicklungspsychologie. Stuttgart u. a.: Kohlhammer, 1979, 358-373.

Heckhausen, H.: Wachsen und Lernen in der Genese von Persönlichkeitseigenschaften, in: Bericht über den 24. Kongreß der DGfPs in Wien 1964, Göttingen: Hogrefe, 1965, 125-132.

Hemminger, H. J.: Kindheit als Schicksal? Reinbek: Rowohlt, 1982.

Henning, H. J./Rudinger, G.: Analysis of qualitative data in development psychology. In: Nesselroade, J. R./von Eye, A. (Eds.): Individual development and social change. Orlando u. a.: Academic Press, 1985, 295-342.

Holodynski, M./Rückriem, G./Seeger, D.: Menschliche Subjektivität und Individualität als Problem der materialistischen

Wissenschaft. Zeitschrift für Sozialisationsforschung und Erziehungssoziologie, 1986, 47-69.
Keller, H./Meyer, H. J.: Psychologie der frühesten Kindheit. Stuttgart: Kohlhammer, 1981.
Lazar, J./Darlington, R.: Lasting effects of early education: a report from the consortium for longitudinal studies. Monographs of the society for research in child development, No. 196, Vol. 47, 1982.
Lehr, U.: Psychologie des Alterns. Heidelberg: Quelle & Meyer, 1979.
Leontjew, A. N.: Probleme der Entwicklung des Psychischen. Frankfurt: Athenäum Fischer Taschenbuch, 1973.
Lerner, R. M.: Individual and context in developmental psychology: conceptual and theoretical issues. In: Nesselroade, J. R./von Eye, A. (Eds.): Individual development and social change. Orlando: Academic Press, 1984, 155-188.
Lerner, R. M./Busch-Rossnagel, N. A. (Eds.): Individuals as producers of their development. New York. Academic Press, 1981.
Montada, L.: Entwicklungspsychologie und praktisches Handeln. In: Silbereisen, R. K./Montada, L. (Hrsg.): Entwicklungspsychologie. Ein Handbuch in Schlüsselbegriffen. München: Urban & Schwarzenberg, 1983, 21-31.
Montada, L.: Entwicklungsberatung als angewandte Entwicklungspsychologie. In: Brandtstädter, J./Gräser, H. (Hrsg.): Entwicklungsberatung unter dem Aspekt der Lebensspanne. Göttingen: Hogrefe, 1985, 30-43.
Morrison, F. J./Lord, C./Keating, D. P. (Eds.): Applied developmental psychology, Vol. 1. Orlando: Academic Press, 1984.
Oerter, R.: Interaktion als Individuum-Umwelt-Bezug. In: Lantermann, E. D. (Hrsg.): Wechselwirkungen. Göttingen: Hogrefe, 1982, 101-127.
Oerter, R.: Aspekte einer entwicklungspsychologischen Beratung im Jugendalter. In: Brandtstädter, J./Gräser, H. (Hrsg.): Entwicklungsberatung unter dem Aspekt der Lebensspanne. Göttingen: Hogrefe, 1985, 65-82.
Oerter, R./Montada, L. (Hrsg.): Entwicklungspsychologie. München: Urban & Schwarzenberg, 1982.
Riegel, K. F.: Grundlagen der dialektischen Psychologie. Stuttgart: Klett-Cotta, 1980.
Sameroff, A.: Transactional models in early relations. Human Development 18, 1975, 65-79.
Sarafino, E. B./Armstrong, J. W.: Child and adolescent development. Glenview: Scott, 1980.
Schmalohr, E.: Den Kindern das Leben zutrauen. Seelische Gesundheit in Lebensereignissen. Angewandte Entwicklungspsychologie und -beratung. Frankfurt: Fischer, 1986.
Weimer, W. B.: Limitations of the dispositional analysis of behavior. In: Royce, J. R./Mos, L. P. (Eds.): Annals of theoretical psychology, Vol. 1. New York: Plenum, 1984, 161-198.
Weinert, F. E./Treiber, B.: Die Entwicklungsgemäßheit des Unterrichts. In: Twellmann, W. (Hrsg.): Handbuch Schule und Unterricht, Band 4.1. Düsseldorf: Schwann 1981, 393-607.
Whitbourne, S. K./Weinstock, C. S.: Die mittlere Lebensspanne. München: Urban & Schwarzenberg, 1982.

Ergonomie

Ghislain Krawsky, Christian Davillerd und Gerd Wenninger

1 Gegenstand und Ziele

Der Begriff „Ergonomie" wurde im Jahre 1949 von dem englischen Psychologen Murrell eingeführt. In der Literatur finden sich auch Begriffe wie „Human Factors Engineering", „Biotechnology", „Engineering Psychology", „Anthropotechnik", „Arbeitsgestaltung" oder „Ingenieurpsychologie", die dem der „Ergonomie" nahestehen bzw. synonym verwendet werden.

Die Ethymologie von E. (griech.: ergon = Arbeit, nomos = Gesetz) verweist auf deren normative Zielsetzung, die *Arbeit* an den Menschen anzupassen: „Ziel der Ergonomie ist es, durch eine rationale Betrachtung des Menschen im Wechselspiel mit seiner Arbeit, diese Arbeit und Arbeitsumgebung an die Eigenschaften des Menschen anzupassen." (Bubb/Schmidtke, 1981, 263). Ergonomische Analysen sollen dabei sowohl zur Verbesserung der Leistungsfähigkeit des gesamten Arbeitssystems, als auch zur Minderung der auf den arbeitenden Menschen einwirkenden Belastungen beitragen (Schmidtke, 1981 b, 105).

Die E. umfaßt den Wissensbestand über den Menschen, der notwendig ist, Werkzeuge, Maschinen und Anlagen, Organisation und Umwelt möglichst komfortabel, belastungsfrei, sicher, kompatibel und effektiv zu gestalten. Nach Leplat (1972) ist die E. eine *Technologie*, die vordringlich darauf abzielt, Arbeitssysteme bzw. Mensch-Maschine-Systeme zu optimieren. Unter „Maschine" sind dabei nicht nur einfache Maschinen (z. B. eine Drehbank), sondern auch komplexe technisch-organisatorische Einheiten (z. B. Kraftwerk, Flugzeug) gemeint. In ihrer tatsächlichen Ausübung und Problemweite überschreitet die E. allerdings herkömmliche Arbeitsprozesse. Aufgabe der E. im weitesten Sinne ist es, das Zusammenwirken von Mensch und *Umwelt*, vor allem von Mensch und technischer Umwelt, zu verbessern (Hoyos, 1988). Insofern können wir auch von *Mensch-Maschine-Umwelt-Systemen* als Zielbereichen ergonomischen Handelns sprechen.

2 Belastungs-Beanspruchungs-Analysen versus Systemergonomie

In der traditionellen E. werden die *Belastungen* durch Arbeit und Arbeitsumgebung meßtechnisch erfaßt. Davon ausgehend wird auf die menschliche *Beanspruchung* geschlossen. Dies geschieht vor allem durch Rückgriff auf sinnesphysiologische, anthropometrische und biomechanische Erkenntnisse. E. ist in diesem Sinne überwiegend *arbeitsplatzbezogene Belastungs-Beanspruchungs-Analyse*.

Im Zuge der Mechanisierung und Automatisierung wurde die menschliche Arbeitskraft mehr und mehr durch Maschine und Technik ersetzt. Körperliche Belastungen wurden vielerorts abgebaut; *mentale Belastungen* durch informatorische Arbeit (z. B. Unterforderung durch reizarme repetitive Arbeit und Überforderung durch Reizüberflutung) traten an deren Stelle. Das traditionelle Belastungs-Beanspruchungs-Konzept greift für die komplexen Beziehungen und Abstimmungsprobleme in soziotechnischen bzw. Mensch-Maschine-Systemen zu kurz. Ergonomisches Handeln, das auf die Optimierung von Prozessen der Informationsaufnahme, -verarbeitung und -umsetzung in Mensch-Maschine-Systemen abzielt, muß sich auf einen *systemanalytischen Ansatz* stützen. Das heißt: Die E. muß versuchen, zu einem „prinzipiellen Strukturbild" des mit der Maschine arbeitenden Menschen zu gelangen, um daraus Anregungen für neue Gestaltungsperspektiven abzuleiten. Ausgangspunkt dafür ist die genaue Betrachtung der *Aufgabenstellung* bzw. der *Systemstruktur* (zeitliche Reihenfolge der Aufgaben, Freiheitsgrade des Operateurs, räumliche Einengung der Aufgabenstellung u. a. m.) sowie der *Systemdynamik* (z. B. zeitabhängige Reaktionen an den Schnittstellen von Mensch-Maschine-Systemen). Für diesen methodischen Ansatz hat sich der Begriff *„Systemergonomie"* eingebürgert. (Bubb/Schmidtke, 1981; Bubb, 1981 a, b.).

3 Ergonomie als interdisziplinärer und interaktiver Ansatz

Ergonomisches Handeln erfordert *Interdisziplinarität*, d. h. vielfältige Querverbindungen zu verschiedenen Wissenschaften (z. B. Physiologie, Physik und Psychologie, aber auch Soziologie, Linguistik, Semiologie, Kybernetik oder Informatik) und anwendungsorientierten Disziplinen (z. B. Arbeits-, Ingenieur- und Organisationspsychologie, Arbeitsmedizin, Anthropometrie, Biomechanik, Trainingslehre, technische Berufe).

Will die E. Mensch-Maschine-Systeme optimieren, so darf sie nicht einfach nur isolierte Kenntnisse aus z. B. der Akustik (im Sinne einer „Umweltergonomie") summieren, sondern muß einen *interaktiven Ansatz* verfolgen. Beispielsweise wirken Lärm von 55 db oder Telefongespräche am Nebentisch in einem Großraumbüro auf den Menschen ganz unterschiedlich: Muß jemand „nur" rechnen, wird er sich möglicherweise mehr gestört fühlen als jemand, der gerade völlig in seine Arbeit vertieft ist. Oder: Beleuchtung, die für eine Bürokraft mit traditionellen Aufgaben noch ausreichte, ist für Bildschirmarbeitsplätze nicht mehr geeignet. Das heißt also, die E. muß den vielfältigen Interaktionen zwischen Arbeitsumwelt und Arbeitsaufgaben, der Mensch-Maschine-Dynamik und den komplexen Abstimmungsproblemen in soziotechnischen Systemen Rechnung tragen.

Ausgangspunkt für ergonomisches Handeln sollten zwei Überlegungen bzw. *Prinzipien* sein:
- Schon die Planung, Entwicklung und Konstruktion eines neuen Arbeitsplatzes sollte auf die Erwartungen, Möglichkeiten und Grenzen der menschlichen Systemkomponente abgestimmt werden. Die Akzeptanz des Arbeitsplatzes ließe sich über den Einbezug des Wissensbestandes der E. hinaus z. B. auch durch Partizipation des Stelleninhabers an Aufgabendefinition und Planung erhöhen.
- Ergonomisches Handeln sollte von einem Konzept geleitet werden, das interindividuelle Unterschiede und intraindividuelle Veränderungen berücksichtigt und von der noch auf Taylor zurückgehenden Vorstellung vom Durchschnittsmenschen mit unveränderlichen Merkmalen abgeht.

4 Methoden und theoretische Modelle

Ergonomische Methoden kommen überwiegend dann zum Einsatz, wenn Mensch-Maschine-Umwelt-Systeme *Funktionsmängel* aufweisen. Diese können sich z. B. äußern in Unfällen, Ermüdung, Über- und Unterforderung, hoher Fluktuation, geringer Zuverlässigkeit des technischen Systems, schlechter Produktqualität. Ergonomisches Handeln findet üblicherweise „vor Ort" statt, selten, wie im Falle von risikoreichen Tätigkeiten (Steuern von Flugzeugen oder Steuerarbeiten in Atomkraftwerken), in Simulationsversuchen unter Laborbedingungen. Die Methoden bei der Diagnose von Funktionsmängeln zielen darauf ab, sowohl die objektiven Arbeitsbedingungen als auch die subjektive Befindlichkeit und persönlichen Merkmale der Stelleninhaber zu erfassen (im einzelnen: Schmidtke, 1981 a). Dazu dienen:
- statistische Analysen von Unfällen, Beinaheunfällen, Störungen oder Fehlern,
- Befragungen von Stelleninhabern, Vorgesetz-

ten und Experten (z. B. mit Hilfe ergonomischer Prüflisten oder Skalierungsverfahren),
- Arbeitsplatzbeobachtungen und Aufgabenanalysen, wenn möglich mit Erfassung von operativen Zyklen, kritischen Phasen und Positionen, Blickrichtungen und Bewegungsabfolgen (z. B. Zyklographie, Video-Somatographie),
- physiologisch-medizinische Messungen vor, während und nach der Arbeit (EKG, EEG, EMG, EOG),
- experimentelle Untersuchungen vor Ort, um z. B. die Folgen technischer Änderungen oder einer neuen Arbeitsmethode abzuschätzen.

Dem Einsatz von ergonomischen Methoden liegen unterschiedliche theoretische Modellvorstellungen zugrunde. Beispiele:
- das *Mensch-Maschine-Modell* (der System-, Informations- und Kommunikationstheorie), um die wechselseitigen Beziehungen bzw. Informationsprozesse (Informationsaufnahme, -verarbeitung, -ausgabe) im Mensch-Maschine-System zu beschreiben (de Montmollin, 1967).
- das *Regulationsmodell* bzw. die Regeltheorie (der Biologie, Kybernetik, Ingenieurwissenschaften und Psychologie): Abweichungen der „Istwerte" von den „Sollwerten" werden durch ständige Rückkopplung korrigiert (z. B. Gewöhnung an wechselnde Temperaturverhältnisse, wechselnden Arbeitsrhythmus und Arbeitsstörungen; Faverge, 1980; Bubb, 1981 a; Änderung von Strategien und Arbeitsweisen, um Arbeitsüberforderungen zu begegnen; Sperandio, 1984).
- *Hierarchische Funktionsmodelle* erklären, wie das Nervensystem bzw. kognitive Ebenen aktiviert werden oder wie es bei fehlender Anpassung zu einem Verhalten auf niedrigerem hierarchischem Niveau kommt (Py, 1978; Moyen et al., 1980; Scherrer, 1981). Andere Modelle präzisieren, wie Informationen aufgenommen und verarbeitet werden, und zwar von der psychophysischen Erregung bis zur Entscheidung für eine bestimmte Handlung oder bis zur Wahl der Interventionsmethode in einem komplexen System und zur Festlegung von kritischen Situationen, die zu menschlichem Fehlverhalten führen (Leplat, 1985).

5 Psychologie und Ergonomie

In Lehrbüchern der E. (z. B. Lanc, 1975; Schmidtke, 1981 a; Kantowitz/Sorkin, 1983) findet man eine ganze Reihe von Themenbereichen, die als „psychologische Grundlagen der Ergonomie" gelten. Zu den wichtigsten zählen: Sinnesleistungen, Wahrnehmungsprozesse und Psychomotorik, Informationsverarbeitungs- und Entscheidungsprozesse, Motivation, Intelligenz, Lernen und Gedächtnis, Kommunikation (vgl. z. B. Hajos, 1981; Hoyos, 1981). Psychologische Erkenntnisse können zum Beispiel dabei nützlich sein,
- die Anpassung der Maschine an den Menschen vor allem an der Mensch-Maschine-Schnittstelle (Gestaltung von Steuer- oder Bedienelementen und Anzeigen/Informationsgebern) zu optimieren, Über- oder Unterforderung vorzubeugen und dadurch Aufmerksamkeits- und Vigilanzprobleme zu verringern;
- Arbeitsplätze und Produktionstechniken bzw. Mensch-Maschine-Systeme mit überwiegend kognitiven Aktivitäten und mentalen Anforderungen optimal zu planen, zu entwickeln und zu gestalten;
- die Auswirkungen von Umweltbedingungen (Lärm, Beleuchtung, Hitze, Chemische Stoffe, Vibration sowie soziale Einflüsse) auf den arbeitenden Menschen zu beurteilen.

Um die Aufgaben der Psychologie innerhalb der E. zu präzisieren, wurde vorgeschlagen, den Begriff *„ergonomic psychology"* bzw. „ergonomische Psychologie" einzuführen (Leplat, 1972; 1980; Laville, 1976). Die „ergonomische Psychologie" unterscheidet zwischen Aufgabe (von der betrieblichen Organisation definiert) und Tätigkeit (vom Stelleninhaber verrichtet) und versucht, vor allem die *mentalen Prozesse* und Beanspruchungssymptome im Arbeitsprozeß zu erfassen, „die überwiegend von Funktionsänderungen des Zentralnervensystems bei der Bearbeitung von Aufgaben der Informationsaufnahme und -verarbeitung hervorgerufen werden" (Schmidtke, 1981 c, 131).

Die mentalen Belastungen und Anforderungen (z. B. Über- und Unterforderung) verändern sich mit dem technischen Wandel und den jeweiligen „Entwicklungsstufen" von Mensch-Maschine-Systemen (Klix, 1971; Hoyos, 1980) fortlaufend und führen jeweils zu unterschiedlichen Aufgabenbereichen und Zielsetzungen der E.:
- bei Arbeitsplätzen auf *Mechanisierungsniveau* und einfachen Mensch-Maschine-Systemen (z. B. repetitive Teilarbeit, Arbeit an einfachen Werkzeugmaschinen): Neben Versuchen, Alternativen zur Taylorschen Arbeitsorganisation z. B. in Form von „job enrichment" zu entwikkeln und damit eine gewisse Autonomie im Arbeitsprozeß wieder einzuführen, konzentriert sich die psychologische (und physiologische) E. darauf, die psychischen und physischen Belastungen (z. B. Unterforderung durch reizarme repetitive Arbeit) zu erfassen und – bei kaum

mechanisierbaren Arbeitsplätzen (z. B. Qualitätskontrolle) – Wahrnehmungs- und Entscheidungsprozesse zu erforschen.

- bei Arbeitsplätzen auf *Automatisierungsniveau* und höheren „Entwicklungsstufen“ (z. B. automatische Drehbänke, zentrale Produktionsüberwachungsanlagen, Steuerwarten, bei denen die Aufgabenerfüllung ohne aktive Tätigkeit des Menschen erfolgt): Ergonomische Analysen konzentrieren sich z. B. auf die Analyse von Beanspruchungsarten, Wachsamkeitsproblemen und Streßfolgen bei Überwachungs-, Kontroll- und Steuerungstätigkeiten (z. B. Zwang zur Daueranpassung der Aufmerksamkeit, Zwang zur ständigen Kontrolle des eigenen Handelns, Entscheidungszwang bei Störfällen, eingeschränkter zwischenmenschlicher Kontakt durch Isolierung am Arbeitsplatz, Zwang zur selbständigen Entscheidung unter Zeitdruck, Verantwortungsdruck infolge der unmittelbaren und gefährdenden Auswirkungen von Fehlleistungen).
- im Bereich der *Informations- und Computertechnologie*: Durch den Einsatz von rechnergestützten Systemen und der elektronischen Datenverarbeitung, vor allem bei Büroarbeitsplätzen, ergeben sich nicht nur arbeitsplatzergonomische Probleme (beim Installieren von Bildschirmen), sondern vor allem Probleme, für die die kognitive Psychologie zuständig ist: Kodierung und Dekodierung von Informationen, Lernen logischer Verknüpfungen, Problemlösestrategien. Die Software eines Systems (Programmierung) und die Mensch-Computer-Interaktion sollen optimiert und die Nutzerfreundlichkeit von Bildschirmarbeitsplätzen verbessert werden: *kognitive Ergonomie bzw. Software-Ergonomie* (Richard, 1983; de Montmollin, 1984; Daniellou; 1986; Klix/Streitz, 1986).

6 Weitere Anwendungsbereiche

Ergonomische Ansätze zielen sowohl auf berufliche wie auch Alltags-Bereiche ab. Daraus haben sich für die jeweiligen Zielgruppen „spezielle Ergonomien“ entwickelt. Einige Beispiele für Zielbereiche und Anwendungen:

- Im Bereich von Training und Auslese: Entwicklung von Trainingssimulatoren, ergomisch „richtige“ Gestaltung von Instruktionen und Handbüchern,
- Verbesserung der Ausstattung von Wohngebäuden und des Wohnklimas,
- Optimierung der Arbeit für ältere und leistungsschwächere Arbeitnehmer,
- Optimierung des Bedienungskomforts für Fahr- und Steuertätigkeiten,
- Verbesserungen der Signalgebung und Steuerungsanlagen beim zivilen und militärischen Lufttransport,
- Verbesserung der Arbeitsorganisation und von Einrichtungen im Krankenhausbereich; Optimierung der Software für die medizinische Diagnostik,
- Erarbeiten von ergonomischen Richtlinien für behindertengerechte Ausstattung von Arbeitsplätzen und Freizeiteinrichtungen,
- Lösung von Problemen des Technologietransfers in Entwicklungsländer aufgrund unterschiedlicher klimatischer Arbeitsbedingungen, Körpermaße und -kräfte sowie Arbeitsgewohnheiten.

Literatur

Bubb, H.: Analyse der Systemdynamik. In: Schmidtke, H. (Hrsg.): Lehrbuch der Ergonomie. München: Hanser, 1981 a, 286-339

Bubb, H.: Technische Informationsverarbeitung in Mensch-Maschine-Systemen. In: Schmidtke, H. (Hrsg.): Lehrbuch der Ergonomie, München: Hauser, 1981 b, 340-351.

Bubb, H./Schmidtke, H.: Analyse der Systemstruktur. In: Schmidtke, H. (Hrsg.): Lehrbuch der Ergonomie. München: Hanser, 1981, 263-285.

Daniellou, F.: L'opérateur, la vanne, l'écran : l'ergonomie des salles de contrôle, Paris: Anact, 1986.

Faverge, J-M.: Le travail en tant qu'activité de récupération, Bull. des Psychol., 33, 1980, 203-212.

Hajos, A.: Sinnesleistungen und Wahrnehmung. In: Schmidtke, H. (Hrsg.): Lehrbuch der Ergonomie. München: Hanser, 1981, 57-73.

Hoyos, C. G.: Psychologische Unfall- und Sicherheitsforschung. Stuttgart: Kohlhammer, 1980.

Hoyos, C. G.: Motivation. In: Schmidtke, H. (Hrsg.): Lehrbuch der Ergonomie. München: Hanser, 1981, 88-104.

Hoyos, C. G.: Ergonomie. In: Kruse, L./Graumann, C. G./Lantermann, E.-D. (Hrsg.): Ökopsychologie. Ein Handbuch in Schlüsselbegriffen. München: Psychologie Verlags Union, 1988.

Kantowitz, B. H./Sorkin, R. D.: Human factors: Understanding people-system relationships. New York: Wiley, 1983.

Klix, F.: Die Optimierung des Informationsaustausches in Mensch-Maschine-Systemen als psychologische Aufgabenstellung. In: Klix, F. et al. (Hrsg.): Psychologie in der sozialistischen Industrie. Berlin: VEB Deutscher Verlag der Wissenschaften, 1971, 40-74.

Klix, F./Streitz, N. A.: The psychology of human-computer interaction: Knowledge acquisition and representation, 21st Internat. Congress of Applied Psychol., Jerusalem, 1986.

Lanc. O.: Ergonomie. Stuttgart: Kohlhammer, 1975.

Laville, A.: L'ergonomie Coll. Que sais-je? Paris: P. U. F., 1976.

Leplat, J.: La psychologie du travail en ergonomie. In: Reuchlin, M. (Ed.): Traité de psychologie appliquée. Paris: P. U. F., 1972, 66-135.

Leplat, J.: La psychologie ergonomique. Coll. Que sais-je?“. Paris: P. U. F., 1980.

Leplat, J.: Erreur humaine, fiabilité humaine dans le travail. Paris: Colin, 1985.

Merz, F.: Intelligenz und Lernen. In Schmidtke, H. (Hrsg.) Lehrbuch der Ergonomie. München: Hanser, 1981, 74-88.
Montmollin, M. de: Les systèmes hommes-machines. Paris: P. U. F., 1967.
Montmollin, M. de: L'intelligence de la tâche. Eléments d'ergonomie cognitive. Bern: Peter Lang, 1984.
Moyen, D./Quinot, E./Heimfert, M.: Exploitation d'analyse d'accidents à des fins de prévention. Essai méthodologique, Le Travail Humain, 43 (2), 1980, 255-274.
Py, P.: Comportements dans un cas de secours d'urgence. Le Travail Humain, 41 (1), 1978, 67-80.
Richard, J-F.: Logique du fonctionnement et logique d'utilisation. Rapport INRIA, n° 202, Rocquencourt, 1983.
Scherrer, J.: Précis de physiologie du travail, Paris: Masson, 1981.
Schmidtke, H. (Hrsg.): Lehrbuch der Ergonomie. München: Hanser, 1981 a.
Schmidtke, H. Der Leistungsbegriff in der Ergonomie. In: Schmidtke, H. (Hrsg.) Lehrbuch der Ergonomie. München: Hanser, 105-111, 1981 b.
Schmidtke, H.: Mentale Beanspruchung durch informatorische Belastung. In: Schmidtke, H. (Hrsg.): Lehrbuch der Ergonomie. München: Hanser, 1981 c, 131-148.
Sperandio, J-C.: L'ergonomie du travail mental. Paris: Masson, 1984.

Ernährungspsychologie

Joerg M. Diehl

1 Definition

Die E. ist ein sehr junger Bereich der angewandten psychologischen Forschung. Dementsprechend liegen umfassende Übersichten über ihre Gegenstände und Befunde noch nicht vor. Sie untersucht in der Hauptsache die psychologischen Determinanten des menschlichen Nahrungsverhaltens, daneben aber auch psychische und physische Auswirkungen der Ernährung und ihrer Bestandteile. Dies geschieht in enger Kooperation mit der Ernährungswissenschaft. Physiologisch betrachtet dient die Ernährung der ausreichenden Versorgung des Körpers mit Energie und Nährstoffen. Bereits die Alltagserfahrung lehrt jedoch, daß in den westlichen Industrieländern dieser Aspekt der Nahrungszufuhr bei vielen Menschen (zumindest zeitweise bzw. bei bestimmten Speisen und Getränken) in den Hintergrund tritt. Der Begriff *Ernährungsverhalten* muß deshalb weit gefaßt werden. Es liegt immer dann vor, wenn eine Person etwas ißt oder trinkt, unabhängig davon, ob sie dies aus Gründen der Ernährung, des Genusses, der Sucht oder aus sonstigen Motiven tut. Insofern träfe der Begriff *Verzehrverhalten* besser den Gegenstand der E.

2 Erfassung des Ernährungsverhaltens

Zur Erfassung der Nahrungsaufnahme unter alltäglichen Bedingungen liegt eine Reihe von hinsichtlich ihrer Reliabilitäts- und Validitätsprobleme analysierter Methoden vor. Sie lassen sich grob in Protokoll- und Recall-Methoden unterteilen. Im ersteren Fall registriert die befragte Person ihren Speisen- und Getränkeverzehr über einen bestimmten Zeitraum, im zweiten Fall gibt sie retrospektiv Auskunft, was sie in den zurückliegenden 1-7 Tagen verzehrt hat. Teilaspekte des Ernährungsverhaltens wie die Speisenwahl in einem Restaurant lassen sich weiterhin mit Beobachtungsmethoden erfassen. Außer „im Feld" erfolgt die Untersuchung der Nahrungszufuhr und ihrer Determinanten in vielen Fällen unter kontrollierten Laborbedingungen mit teilweise hohem technischem Aufwand bei der Registrierung des Eßverhaltens.

3 Untersuchungsbereiche der Ernährungspsychologie

3.1 Übergewicht – Adipositas

Übergewicht bzw. Adipositas beschreiben eine überhöhte Ansammlung von Körperfett, entstanden durch eine für längere Zeit über dem Bedarf (Verbrauch) liegende Zufuhr an Nahrungsenergie. Die weite Verbreitung des Übergewichts in den Ländern mit Nahrungsüberfluß (DGE, 1980, 102 ff.; 1984, 107 ff.; Jefferey et al., 1984) stellt aus zwei Gründen ein Problem dar. Zum einen ist die Adipositas ab einem bestimmten Grad ein Risikofaktor. Zum anderen wird „zu hohes" Gewicht, und dies bereits meist weit vor dem medizinisch kritischen Punkt, bei vielen Menschen zu einem ästhetischen und psychischen Störfaktor. Dies hat seinen Grund in den in den letzten Jahrzehnten (insbesondere für Frauen der mittleren und oberen Sozialschicht) entstandenen Normen einer sehr schlanken Figur und der negativen sozialen Wertung übergewichtiger Personen bis hin zu ihrer Diskriminierung bei Bewerbungen (Larkin/Pines, 1979; Garner et al., 1980). Dementsprechend sind große Teile (speziell der jüngeren weiblichen) Bevölkerung ständig oder phasenweise mit ihrem Körpergewicht unzufrieden und mit mehr oder minder erfolgreichen Reduktionsversuchen beschäftigt (Jefferey et al. 1984). Aufgrund der hohen Prävalenz einer derartigen Zügelung des Essens aus Gewichtsgründen wurde in der Adipositasforschung in den letzten Jahren das Merkmal „dietary restraint" neben (oder statt) dem relativen Körpergewicht in die Untersuchungsfragen und -anlagen eingeführt (Ruderman, 1986).

Die zentrale Frage der Studien zum Übergewicht ist somit, warum bestimmte Personen ihre Kalorienzufuhr nicht ihrem (niedrigeren) Bedarf anpassen können oder wollen und – zumindest in bestimmten Phasen – permanent zu viel essen und trinken und dadurch ein Übermaß an Körperfett ansammeln. Eine Vielzahl von Hypothesen wurde dazu aufgestellt und untersucht (Diehl, 1978, Kap. 3.3; Pudel, 1982). Berücksichtigt man jeweils das Gesamt der zu den hauptsächlichen Hypothesen vorliegenden Evidenz, dann ergibt sich das etwas unbefriedigende Bild, daß man oft nur erfahren kann, worin sich Übergewichtige (als Gruppe) von Normalgewichtigen in der Regel *nicht* unterscheiden.

Die *durchschnittliche* Kalorienzufuhr Adipöser ist häufig nicht höher als die von Nichtadipösen; desgleichen weist das Eßverhalten beider Gruppen während der Mahlzeiten keine bedeutsamen Unterschiede auf (DGE, 1980, 96; Spitzer/Rodin, 1981). Übergewichtige zeigen in ihrer Nahrungszufuhr im allgemeinen keine größere Abhängigkeit von äußeren Eßreizen; sie sind im Vergleich zu den Nichtadipösen nicht weniger sensibel gegenüber internen Hunger- und Sättigungssignalen (Rodin, 1981). Sofern nicht schwerste Adipositasgrade vorliegen, weisen Übergewichtige keine spezifische Persönlichkeitsstruktur auf, die als Determinante des individuellen Überessens in Frage kommen könnte (Diehl et al., 1984).

Relativ konsistente Bestätigung hat dagegen bisher die Hypothese erfahren, daß Übergewichtige auf Belastungssituationen und negative Emotionen wie Angst und depressive Stimmung mit (vermehrter) Nahrungszufuhr reagieren (Slochower/Kaplan, 1980; Slochower, et al., 1981; Wilson, 1986). Gleichfalls häufig replizieren ließ sich der Befund, daß das Übergewicht bei Erwachsenen mit dem Alter zunimmt und eine negative Beziehung zur Sozialschicht bzw. zur Schulbildung aufweist (DGE, 1980, 103 ff.).

Zur Behandlung der Adipositas liegt eine Vielzahl von Therapieformen vor, wobei von den psychologisch orientierten Maßnahmen die Verhaltenstherapie die häufigste Anwendung findet (Pudel, 1982). Zumindest die langfristigen Erfolge sind bei allen Verfahren jedoch eher bescheiden. Ein großer Teil der Therapieteilnehmer kann den erzielten Gewichtsverlust nicht halten und kehrt zum Ausgangsgewicht zurück.

3.2 Eßstörungen

Eine Gruppe der Eß- bzw. Ernährungsstörungen tritt in den ersten Lebensjahren auf (Woolston, 1983). Dies sind u. a. *Pica* (häufiger Verzehr von dazu nicht geeigneten Substanzen wie Erde oder Blättern), psychosozial bedingter Minderwuchs *(Nanismus)*, *Rumination* (absichtliches Erbrechen, Wiederkauen und -verschlucken der Nahrung) und nichtorganisch bedingter Entwicklungs- und Gewichtsrückstand (failure to thrive). Es muß davon ausgegangen werden, daß in fast allen Fällen dieser Störungen psychologischen Faktoren (erhebliche) Bedeutung zukommt; deren eingehende Erforschung steht allerdings noch aus.

Von den ab der Adoleszenz zu beobachtenden Eßstörungen stellt die *Anorexia nervosa* ein bereits lange bekanntes Krankheitsbild dar. Sie tritt vor dem 25. Lebensjahr und fast ausschließlich bei Frauen auf (Potreck-Rose, 1986). Die wesentlichen Symptome sind vorsätzliches Fasten, Gewichtsverlust von mindestens 25% des ursprünglichen Körpergewichts, verzerrte Einstellung gegenüber Essen, Nahrung und Gewicht und Leugnen einer Erkrankung. Die *Bulimia nervosa* ist dagegen eine Eßstörung, die erst in jüngster Zeit als eigenständige Erkrankung definiert worden ist (Paul/Pudel, 1985; Potreck-Rose, 1986). Auch von ihr sind überwiegend (junge) Frauen betroffen. Das Krankheitsbild ist gekennzeichnet durch wiederkehrende Freßanfälle, denen fast immer selbst-induziertes Erbrechen der zugeführten (hochkalorischen) Nahrungsmengen folgt. Zur Gewichtsregulation werden weiterhin häufig Appetitzügler und Abführmittel eingenommen. Im Gegensatz zur Anorexia nervosa geht die Bulimie nicht mit starkem Untergewicht einher; außerdem realisieren die Betroffenen, an einer schweren Eßstörung zu leiden. Die Prävalenz der Bulimie in der Allgemeinbevölkerung ist noch unbekannt. Es liegen jedoch Hinweise auf eine deutliche Bildungsabhängigkeit vor; so besaßen 60% der von Paul und Pudel (1985) befragten Bulimie-Fälle einen Abitur- oder Hochschulabschluß. Die psychologischen Ursachen der Bulimie sind noch wenig erforscht. Ein zentraler Faktor dürfte jedoch das in den westlichen Staaten für Frauen gültige (und von den meisten nur mit erheblicher Nahrungs- und Genußeinschränkung zu erreichende) Ideal extremer Schlankheit sein.

3.3 Food faddism

Das engl. *„food faddism"* bezeichnet den Sachverhalt, daß ein Individuum von der Verwendung (oder Meidung) bestimmter Nährstoffe, Nahrungsmittel oder Kostformen Effekte erwartet, die nach den Erkenntnissen der Ernährungswissenschaft nicht möglich sind. Eine „leichtere" Form des Foodfaddism ist hierbei die unter Gesunden und ausreichend Ernährten weitverbreitete Einnahme von Vitaminpräparaten zu Zwekken, zu denen sie wenig oder gar nicht geeignet sind (Schutz et al., 1982). Wesentlich stärkere Eingriffe in das (Ernährungs-)Verhalten des Einzelnen stellen dagegen religiös, weltanschaulich oder pseudowissenschaftlich begründete Ernährungssysteme dar, die versprechen, einen mehr oder minder großen Teil aller somatischen und psychischen Erkrankungen verhindern bzw. heilen und den Anhänger zu erfüllteren Daseinsstufen führen zu können. Die (strikte) Befolgung ihrer Diätvorschriften bringt dann im günstigen Fall lediglich finanzielle Nachteile mit sich, sie kann jedoch auch – wie bei der makrobiotischen Ernährung – zu schweren gesundheitlichen Schäden führen (Leitzmann/Winzen, 1983). Die Untersuchung der sozio-psychologischen Hintergründe des Foodfaddism steht allerdings erst am Anfang; sie ist bisher über die Formulierung von empirisch noch zu prüfenden Hypothesen nicht wesentlich hinausgekommen.

3.4 Entwicklung des Ernährungsverhaltens im Kindes- und Jugendalter

Wie bei jedem menschlichen Verhalten wirken auch auf die Ausformung der Nahrungspräferenzen und -gewohnheiten im Kindes- und Jugendalter eine Vielzahl endogener und exogener Faktoren ein. Der Anteil des genetischen Einflusses in der Nahrungswahl von Jugendlichen oder Erwachsenen muß als gering angesehen werden (Krondl et al., 1983). Neugeborene zeigen jedoch eine offensichtlich angeborene Präferenz für süßschmeckende und eine Ablehnung von bitteren Substanzen (Lawless, 1985). Daß das Kind nur für einen Ausschnitt des potentiell Eßbaren Präferenzen entwickelt, geht z. T. darauf zurück, daß es in seiner (stark durch die Eltern definierten) Umwelt nur mit bestimmten Nahrungsmitteln und Geschmacksrichtungen Erfahrungen sammeln kann. Hierbei zeigt sich der *„mere exposure"*-Effekt: Je häufiger das Individuum einem (anfänglich neuen) Nahrungsreiz ausgesetzt ist, um so höher wird dessen Beliebtheitsgrad (Birch/Marlin, 1982; Pliner, 1982).

Erwartungsgemäß übt das Ernährungs- und Erziehungsverhalten der Eltern einen (wenn auch z. T. nur schwachen) Einfluß auf die Nahrungseinstellungen und -gewohnheiten ihrer Kinder aus, wobei die Söhne hinsichtlich Präferenzen und Konsum stärker ihren Vätern, die Töchter hingegen mehr ihren Müttern ähneln (Bäuerle/Blum, 1983; Pliner, 1983; Klesges et al., 1986). Als weitere bedeutsame externe Einflüsse auf das Ernährungsverhalten von Kindern und Jugendlichen erweisen sich die Eßgewohnheiten ihrer Peers (Birch, 1980) sowie die systematischen Einwirkungsversuche von Nahrungsmittelwerbung (Diehl, 1985) und Ernährungserziehung.

3.5 Nahrungspräferenzen und -konsum im Erwachsenenalter

Der überwiegende Teil ernährungspsychologischer Untersuchungen hat mehr oder minder gestörtes oder problematisches Eßverhalten zum Gegenstand (wie Störung der Energie- und Gewichtsregulation, Eßstörungen, Food faddism). Relativ wenig Studien werden dagegen zu den (psychologischen) Determinanten des „normalen" Ernährungsverhaltens in der erwachsenen Allgemeinbevölkerung durchgeführt. Es ist sinnvoll, eine Unterscheidung zu treffen zwischen der

Präferenz für eine Speise oder ein Getränk und der *Häufigkeit/Intensität des tatsächlichen Konsums*. Nahrungspräferenzen werden meist mittels mehrstufiger Ratingskalen erfaßt, wobei das Kontinuum von strikter Ablehnung (Aversion) bis zu extremer Beliebtheit reichen kann.

Präferenzen und Konsum können in Abhängigkeit von Umgebungsfaktoren und dem inneren Zustand des Individuums variieren. So wird in Gesellschaft anderer Personen oft mehr gegessen als alleine (Klesges et al., 1984) und häufig mehr konsumiert bei einer Mahlzeit, die aus einer (größeren) Vielfalt von Speisen und Geschmacksrichtungen besteht (Rolls, 1985). Der Grad der Präferenz für ein Nahrungsmittel kann sich in Abhängigkeit vom emotionalen Zustand verändern (Lyman, 1982). Belastungssituationen beeinflussen bei einem erheblichen Teil der Menschen den Appetit. Überaktivierender Streß (Hetze, Ärger) führen dabei eher zu einer Appetitminderung, während eine Blockierung des Aktivitätsbedürfnisses (Einsamkeit, Langeweile, Trauer, Kummer) eher eine Steigerung der Nahrungszufuhr bewirkt (DGE, 1980, 94f.). Die Art der Eßreaktion auf derartige Stressoren und Gefühlszustände zeigt dabei Beziehungen zum Persönlichkeitsbereich (Vanstrien et al., 1985).

Die Nahrungsaversionen eines Individuums definieren Speisen und Getränke, deren Konsum unter normalen Bedingungen verweigert wird. Es lassen sich vier Ablehnungsgründe unterscheiden: unangenehmer, abstoßender Geschmack eines Nahrungsitems, angenommene oder tatsächliche Gefährlichkeit (negative Folgen des Konsums), Erregung von Ekel und Betrachtung des Items als zum Verzehr ungeeignet (z. B. Gras). Dabei sind im frühen Kindesalter nur Geschmack und Gefährlichkeit als Determinanten von Nahrungsablehnungen festzustellen, erst später bilden sich Ekel und das Konzept des Nichteßbaren aus (Fallon et al., 1984). Für den Erwerb einer Aversion reicht es meist aus, wenn dem Verzehr eines Nahrungsitems einmal körperliche Beschwerden gefolgt sind, insbesondere dann, wenn der Person nach dem Konsum schlecht geworden ist (Pelchat/Rozin, 1982). Die Anzahl der Nahrungsaversionen ist bei Frauen im Durchschnitt höher als bei Männern; außerdem ergeben sich Hinweise, daß sie Beziehungen zu Merkmalen des Persönlichkeitsbereichs aufweist (Diehl, 1978, 41f.).

In den letzten Jahren ist (zumindest in der BRD) eine verstärkte Propagierung und Verbreitung von *„alternativen" Kostformen* festzustellen, für die – überwiegend aus Gründen der Gesundheit und der Schonung der Umweltressourcen – ein (weitgehender) Verzicht auf Fleisch und eine Betonung vegetabiler Komponenten typisch sind (Leitzmann/Winzen, 1983). Die Untersuchung der Diffusion dieser Ernährungsweisen eröffnet der E. ein weites Forschungsfeld, da über die soziodemografische Struktur und die Einstellungs- und Persönlichkeitsmerkmale der Anhänger bzw. Übernehmer derartiger Kostformen erst wenig bekannt ist.

3.6 Ernährungserziehung und -aufklärung

Große Teile der Bevölkerung ernähren sich ungünstig hinsichtlich eines oder mehrerer Aspekte. Insgesamt gesehen ist der Konsum an Fett, Zukker, Salz, Kaffee und Alkohol zu hoch. Hinzu kommen zu wenig Bewegung und zu hoher Tabakkonsum. Die Folgen sind eine weite Verbreitung *ernährungsabhängiger Krankheiten*. Ernährungserziehung (in Kindergarten und Schule) sowie Ernährungsberatung und -aufklärung (für Erwachsene) haben zum Ziel, daß die Angesprochenen ihre Nahrungszufuhr (und die ihrer Kinder) vernünftig gestalten. Ernährungserziehung bzw. Ernährungslehre – die an deutschen allgemeinbildenden Schulen praktisch fehlt – als auch Kampagnen für eine „richtige" Ernährung sind wirksam (Pudel, 1979; Johnson/Johnson, 1985). Sie sind „ihr Geld wert", obwohl sie häufig (als einzelne Maßnahmen) nur in relativ geringem Umfang Ernährungswissen und -einstellungen verbessern und insbesondere das Ernährungsverhalten nur partiell verändern können.

Das Ernährungswissen aller Altersstufen der Bevölkerung wird allgemein als zu gering beklagt (DGE, 1980, 86ff.). Eine Verbesserung des Wissens allein ist jedoch in der Regel nicht ausreichend, um eine Veränderung der Ernährungsgewohnheiten zu erzielen, da sich durchgehend zeigt, daß im Bereich der Ernährung Wissen und Verhalten keine bedeutsame Beziehung aufweisen. Aus diesem Grund müssen Erziehungs- und Aufklärungsprogramme immer auch Maßnahmen enthalten, die geeignet sind, direkt auf das Ernährungsverhalten der Zielgruppe einzuwirken.

3.7 Einfluß der Ernährung auf das Verhalten

Massiver Protein-Energie-Mangel führt zu schweren Unterentwicklungen und Schäden im somatischen und psychischen Bereich (Galler, 1984). Dies belegt in den unterversorgten Gebieten der Erde bereits der Augenschein. Forschung zur Beziehung zwischen Unterernährung und Verhalten legitimiert sich hier nur noch dadurch, daß ihre Befunde Hinweise geben können, wie in einer Bevölkerungsgruppe die wenige Nahrung verteilt werden sollte, damit insgesamt gesehen die geringsten Hungerschäden entstehen.

Die Fragen zur Wirkung der Ernährung bzw. bestimmter Nahrungsbestandteile auf den Zustand und das Verhalten des Individuums sind dagegen in Ländern mit ausreichendem oder abundantem Nahrungsangebot der folgenden Art: Haben subklinische Mängel wie leichte Vitaminunterversorgung bereits psychische Auswirkungen (Chomé et al., 1984)? Beeinflußt eine bestimmte Ernährung (z. B. vegetabile vs. fleischhaltige Kost) den psychischen Zustand des Individuums (Weinstein/Deman, 1982)? Welche Rolle spielen Nahrungszusätze bei der Genese bestimmter Verhaltensstörungen, wieweit können Nährstoffe zur Behandlung von psychischen Erkrankungen und Problemverhalten eingesetzt werden (Rippere, 1983; Anderson et al., 1986)?

An die interne und externe Validität der zu diesen Fragestellungen durchgeführten Studien müssen dabei höchste Ansprüche gestellt werden, da die möglichen abhängigen Variablen außer durch die Ernährung durch eine Vielzahl anderer Faktoren beeinfluß werden können. Hinzu kommt, daß im Feld „Ernährung und Verhalten" viele Wirkungsbehauptungen für bestimmte Kostformen und Nahrungsbestandteile primär nicht von Wissenschaftlern, sondern von Personen(gruppen) aufgestellt werden, die aus weltanschaulichen, finanziellen oder sonstigen persönlichen Gründen an deren Ausbreitung interessiert sind, sei es die makrobiotische Ernährungslehre oder die Pharmaindustrie mit ihrer Werbung für Vitaminpräparate. Entsprechend uninteressiert sind derartige Gruppen dann an einer neutralen Prüfung ihrer Behauptungen (mit der Möglichkeit der Widerlegung) und entsprechend groß ist die Gefahr, daß gekaufte, gefälschte oder selektierte „Forschungsergebnisse" präsentiert werden.

4 Ausblick

Wendet man die Regeln der Generalisierung von Forschungsergebnissen streng an, dann muß man sagen, daß die E. vielfältige Befunde liefert zum nahrungsbezogenen Verhalten der Studierenden an (amerikanischen) Colleges und Universitäten, jedoch relativ wenig mitteilt zu ihrem eigentlichen Gegenstand, den Determinanten des Ernährungsverhaltens in der Allgemeinbevölkerung. Dieser Hang zu studentischen Untersuchungsgruppen ist insofern fatal, als viele Aspekte des Ernährungsverhaltens deutliche Abhängigkeiten von soziodemografischen Merkmalen wie Alter, Schulbildung oder Familienstand aufweisen – Faktoren, die in Untersuchungen mit Studierenden gar nicht oder nur mit eingeschränktem Range berücksichtigt werden können. Die E. muß sich deshalb in Zukunft mehr dem *Gesamt der Bevölkerung* als Studienobjekt zuwenden, auch wenn dort einige ihrer experimentellen Treatments und Messungen bestaunt oder abgelehnt werden sollten. Ernährungsgewohnheiten hängen weiterhin deutlich von nationalen und regionalen Gegebenheiten ab. Dieser Sachverhalt verbietet eine ungeprüfte Übernahme z. B. amerikanischer Befunde auf die Verhältnisse in der BRD. Aus diesem Grunde ist eine massive Ausweitung der ernährungspsychologischen Forschung in der Bundesrepublik unumgänglich, sofern man wissen möchte, warum die West-Deutschen das essen, was sie essen.

Literatur

Anderson, G. H./Lovenberg, W. M./Lubin, H./Morris, D. (Eds.): Diet and behavior: A multidisciplinary evaluation. Nutrition Reviews, 44, 1986 (May), Supplement.

Bäuerle, S./Blum, M.: Zusammenhang zwischen perzipiertem elterlichem Erziehungsstil und der Einstellung zum Essen bei Schülern. Ernährungs-Umschau, 30, 1983, 407-409.

Birch, L. L.: Effects of peer models' food choices and eating behaviors on preschoolers' food preferences. Child Development, 51, 1980, 489-496.

Birch, L. L./Marlin, D. W.: I don't like it; I never tried it: Effects of exposure on two-year-old children's food preferences. Appetite, 3, 1982, 353-360.

Chomé, J./Paul, T./Pudel, V.; Testpsychologische Untersuchung bei älteren Menschen mit subklinischem Vitaminmangel. Ernährungs-Umschau, 31, 1984, 12-16.

DGE Deutsche Gesellschaft für Ernährung (Hrsg.): Ernährungsbericht 1980. Frankfurt: Druckerei Henrich, 1980.

DGE Deutsche Gesellschaft für Ernährung (Hrsg.): Ernährungsbericht 1984. Frankfurt: Druckerei Henrich, 1984.

Diehl, J. M.: Ernährungspsychologie. Frankfurt: Fachbuchhandlung für Psychologie, 1978.

Diehl, J. M.: Kurzfristige Auswirkungen von Fernseh-Nahrungsmittelwerbung auf Jugendliche in Abhängigkeit von Alter, Geschlecht und Produktklasse. Aktuelle Ernährungsmedizin, 10, 1985, 246-256.

Diehl, J. M./Paul, T./Daum, I.: Relativgewicht und Persönlichkeit. Literaturübersicht. Aktuelle Ernährungsmedizin, 9, 1984, 220-232.

Fallon, A. E./Rozin, P./Pliner, P.: The child's conception of food: The development of food rejections with special reference to disgust and contamination sensitivity. Child Development, 55, 1984, 566-575.

Galler, J. R. (Ed.): Nutrition and behavior. New York: Plenum Press, 1984.

Garner, D. M./Garfinkel, P. E./Schwartz, D./Thompson, M.: Cultural expectations of thinness in women. Psychological Reports, 47, 1980, 483-491.

Jeffery, R. W. / Folsom, A. R. / Luepker, R. V. / Jacobs, D. R. / Gillum, R. F./Taylor, H. L./Blackburn, H.: Prevalence of overweight and weight loss behavior in a metropolitan adult population: The Minnesota Heart Survey experience. American Journal of Public Health, 74, 1984, 349-352.

Johnson, D. W./Johnson, R. T.: Nutrition education: A model for effectiveness, a synthesis of research. Journal of Nutrition Education, 17, 1985, Supplement.

Klesges, R. C./Bartsch, D./Norwood, J. D./Kautzman, D./Haugrud, S.: The effects of selected social and environmental variables on the eating behavior of adults in the natural environment. International Journal of Eating Disorders, 3, 1984, 35-41.

Klesges, R. C./Malott, R. C./Boschee, P. F./Weber, J. M.: The effects of parental influences on children's food intake, physical activity, and relative weight. International Journal of Eating Disorders, 5, 1986, 335-346.

Krondl, M./Coleman, P./Wade, J./Milner, J.: A twin study examining the genetic influence on food selection. Human Nutrition: Applied Nutrition, 37 A, 1983, 189-198.

Larkin, J. C./Pines, H. A.: No fat persons need apply. Experimental studies of the overweight stereotype and hiring preference. Sociology of Work and Occupations, 6, 1979, 312-327.

Lawless, H.: Sensory development in children: Research in taste and olfaction. Journal of the American Dietetic Association, 85, 1985, 577-585.

Leitzmann, C./Winzen, A.: Vegetarische Kostformen, alternative Ernährung. Aktuelle Ernährungsmedizin, 8, 1983, 228-234.

Lyman, B.: The nutritional values and food group characteristics of foods preferred during various emotions. Journal of Psychology, 112, 1982, 121-127.

Paul, T./Pudel, V.: Bulimia nervosa: Suchtartiges Eßverhalten als Folge von Diätabusus? Ernährungs-Umschau, 32, 1985, 74-79.

Pelchat, M. L./Rozin, P.: The special role of nausea in the acquisition of food dislikes by humans. Appetite, 3, 1982, 341-351.

Pliner, P.: The effects of mere exposure on liking for edible substances. Appetite, 3, 1982, 283-290.

Pliner, P.: Family resemblance in food preferences. Journal of Nutrition Education, 15, 1983, 137-140.

Potreck-Rose, F.: Anorexia nervosa und Bulimia nervosa: Forschungsergebnisse im Überblick. Aktuelle Ernährungsmedizin, 11, 1986, 85-91.

Pudel, V.: Zur Wirksamkeit einer Fernsehkampagne auf das Gewichtsverhalten der deutschen Bevölkerung. Ernährungs-Umschau, 26, 1979, 360-364.

Pudel, V.: Zur Psychogenese und Therapie der Adipositas. 2. Aufl. Berlin: Springer, 1982.

Rippere, V.; Nutritional approaches to behavior modification. In: Hersen, M./Eisler, R. M./Miller, P. M (Eds.): Progress in behavior modification, vol. 14. New York: Academic Press, 1983, 299-354.

Rodin, J.: Current status of the internal-external hypothesis for obesity. What went wrong? American Psychologist, 36, 1981, 361-372.

Rolls, B. J.: Experimental analyses of the effects of variety in a meal on human feeding. American Journal of Clinical Nutrition, 42, 1985, 932-939.

Ruderman, A. J.: Dietary restraint: A theoretical and empirical review. Psychological Bulletin, 99, 1986, 247-262.

Schutz, H. G./Read, M./Bendel, R./Bhalla, V. S./Harril, I./Monagle, J. E./Sheehan, E. T./Standal, B. R.: Food supplement usage in seven Western states. American Journal of Clinical Nutrition, 36, 1982, 897-901.

Slochower, J./Kaplan, S. P.: Anxiety, perceived control, and eating in obese and normal weight persons. Appetite, 1, 1980, 75-83.

Slochower, J./Kaplan, S. P./Mann, L.: The effects of life stress and weight on mood and eating. Appetite, 2, 1981, 115-125.

Spitzer, L./Rodin, J.: Human eating behavior: A critical review of studies in normal weight and overweight individuals. Appetite, 2, 1981, 293-329.

Vanstrien, T./Frijters, J. E. R./Roosen, R. G. F. M./Knuiman-Hijl, W. J. H./Defares, P. B.: Eating behavior, personality traits and body mass in women. Addictive Behaviors, 10, 1985, 333-343.

Weinstein, L./Deman, A. F.: Vegetarianism vs. meatarianism and emotional upset. Bulletin of the Psychonomic Society, 19, 1982, 99-100.

Wilson, G. D.: Eating style, obesity and health. Personality and Individual Differences, 7, 1986, 215-224.

Woolston, J. L.: Eating disorders in infancy and early childhood. Journal of the American Academy of Child Psychiatry, 22, 1983, 114-121.

Erziehungsberatung

Ulrich Esser

1 Definition

E. ist die fachliche Hilfe für verhaltensauffällige und/oder seelisch beeinträchtigte Kinder, Jugendliche und junge Erwachsene sowie deren Familien und deren soziales Umfeld. Die erforderliche Fachkompetenz des Erziehungsberaters geht dabei erheblich über die Hinweise zur richtigen Erziehung oder über Informationen zum Entwicklungsstand hinaus, die auch die pädagogischen Fachkräfte in Schule oder Kindergarten geben können. Kenntnisse in Pädagogik, Psychologie, Psychopathologie und Sozialwissenschaften sind Voraussetzungen, um etwa einem über sechs Jahre alten Kind zu helfen, das noch nachts einnäßt, oder einem Jugendlichen, der stottert.

Diese Auffassung steht durchaus in Übereinstimmung mit einer abstrakter gehaltenen Definition von Thomae aus dem Jahre 1955, der E. als eine „(zum Teil institutionalisierte) Form der wissenschaftlich fundierten Klärung und Beeinflussung individuellen menschlichen Verhaltens mit dem Ziel der Therapie und Prophylaxe von Fehlentwicklungen" versteht. Er erweitert diese Definition um Prinzipien wie Verifizierbarkeit, Konkretheit, Prinzip der Gehalte und Funktion, Prinzip der Umweltbeziehung, der genetischen und dynamischen Betrachtung und der individuellen Therapie, die einem Rahmenmodell wissenschaftlichen Arbeitens in der E. zugrunde liegen müßten.

Diese E. findet in erster Linie in speziell dafür geschaffenen *„Erziehungsberatungsstellen"* statt; daneben auch in der Praxis der niedergelassenen Kinderärzte, Psychologen, Psychotherapeuten, Kinderpsychiater.

E.stellen sind nach dem *Teamprinzip* organisiert, wonach verschieden ausgebildete Kollegen wie Psychologen, Mediziner, Sozialarbeiter, Sozialpädagogen, Kinder- und Jugendlichenpsychotherapeuten ihr Wissen zugunsten der ratsuchenden Klienten zusammenfassen. Dieses Prinzip wird von den Organisationen verschiedener Träger, zum Beispiel der Kath. Bundesarbeitsgemeinschaft Beratung (1981), der Ev. Konferenz für Familien- und Lebensberatung (1981) und der Kommunalen Gemeinschaftsstelle für Verwaltungsvereinfachung (1980), vertreten (zit. n. Spittler/Specht, 1984), während andere Autoren E. im eigentlichen Sinne als einen Teil der Klinischen Psychologie ansehen (vgl. z. B. Schmidt, 1978, für den psychologische Ausbildung eine notwendige, wenngleich nicht hinreichende Bedingung für E. darstellt).

2 Zur Geschichte der Erziehungsberatung

„Die ersten Erziehungsberatungsstellen wurden an psychologische Institute angegliedert, so die Psychological Clinic Lightner Witmer an der Universität Pennsylvania 1896 oder die Sprechstunde für Eltern von Problemkindern im psychologischen Laboratorium von Sully in London ebenfalls im Jahre 1896", schreibt Bornemann (1963) in seiner ausführlichen Übersicht über die Entwicklung der E. Heilpädagogik, vor allem von verwahrlosten Jugendlichen, die Jugendpsychiatrie, Tiefenpsychologie – hier vor allem Adler und seine Schüler, die im deutschsprachigen Raum vor und nach dem ersten Weltkrieg viele E.stellen gründeten –, und die experimentelle Kinder- und Jugendpsychologie, zum Beispiel von Binet, Bühler, Sander und Volkelt, waren wichtige Quellen bei der Entstehung der E. Der Begriff „Erziehungsberatung" wurde erstmals 1906 im Zusammenhang mit einer Poliklinik für Kinderforschung und E. benutzt. Die Idee spezieller Beratungsstellen als Einrichtung der Jugendhilfe geht auf Sauer zurück, der Hilfe für selbstmordgefährdete, „sexuell entartete" und „verwahrloste" Jugendliche anstrebte.

Die sprunghafte Entwicklung der E.stellen zeigt die Übersicht von Specht und Spittler (1984). 1920/22 gab es 22(!) E.stellen in Wien, 1928 gab es schon 49 in Österreich und Deutschland. Durch das 3. Reich, den Krieg und die Emigration vieler tiefenpsychologisch ausgebildeter Therapeuten wird die Entwicklung in Deutschland jäh unterbrochen, während in den angelsächsischen Ländern der Ausbau der *„child-guidance clinic"* voranging, zum Teil durch die emigrierten Therapeuten, sehr gefördert.

1955-1957 wurden die Richtlinien für E. in einigen Bundesländern der BRD herausgegeben; anschließend entstanden die Landesarbeitsgemeinschaften. 1963 gibt es nach Bornemann über 300 E.stellen in der BRD, 1982 schon 784 nach Specht und Spittler; 1984 schließlich schon 800 Haupt- und Nebenstellen nach Mitteilungen der Bundeskonferenz für Erziehungsberatung.

Nach dem Stand 1980 (Specht/Spittler, 1984) und ebenso 1984 (Bundeskonferenz für Erziehungsberatung, 1986) sind die meisten Mitarbeiter Diplompsychologen, gefolgt von Sozialarbeitern und Sozialpädagogen mit Zusatzausbildung. Fast alle Stellen werden von Psychologen geleitet, so daß von einer Führungsrolle der Diplompsychologen gesprochen werden kann.

3 Traditionelle und heutige Arbeitsweisen in der Erziehungsberatung

Die Idee einer *öffentlichen* E., die Adler pflegte, zum Beispiel die Beratung eines vorgestellten Kindes innerhalb seiner Familie vor einem zuschauenden Auditorium, wurde fast gänzlich in den Hintergrund gedrängt, zum Teil durch die psychoanalytische Forderung nach totaler Intimität von Beratung und Therapie. So schreibt Bornemann für den Stand der 50er Jahre, daß die Arbeit sehr verschieden aussehe: von jugendärztlicher Diagnostik über heilpädagogisches Training, psychotherapeutische Behandlungsformen der Psychoanalyse Freuds, die Schule Schulz-Henckes, die Individualpsychologie Alfred Adlers, die nondirektive Therapie nach Rogers, Axline, Tausch und Slavson, bis hin zu psychologischer Diagnostik mit anschließender Beratung oder Begutachtung bei stärkerer Berücksichtigung der sozialen Ursachen für das Entstehen von Schwierigkeiten. Gemeinsam ist diesen, wenn auch noch so unterschiedlichen, Vorgehensweisen, daß der Einzelfall *nur im Rahmen der beteiligten Personen* behandelt wird, und nicht in der Öffentlichkeit.

Die traditionelle E. läßt sich von daher wie folgt skizzieren: ausführliches Eingangsgespräch mit den Eltern bis hin zur detaillierten Anamnese; Einholen von Informationen von wichtigen Bezugspersonen des Kindes, zum Beispiel Lehrern; Exploration und psychologische Untersuchung des Kindes, wobei hier die Ausführlichkeit der Testdiagnostik sehr unterschiedlich gehandhabt wird (zum Beispiel wenig in der Individualpsychologie und klientenzentierten Psychotherapie, stärker bei analytisch orientierten Beratern); gegebenenfalls ärztliche Untersuchung des Kindes; anschließend E. und eventuelle Kindertherapie. Da die Zahl der oft langjährigen Kindertherapien aus fachlichen wie Kapazitätsgesichtspunkten sehr beschränkt bleibt, lag das Schwergewicht meist auf der Beratung der Bezugspersonen.

Etwa ab 1970 wurden die Einflüsse der *Verhaltenstherapie* und der *Gesprächspsychotherapie* oder – wie sie heute genannt wird – der klientenzentrierten Psychotherapie stärker, vor allem durch die Klinischen Psychologen, die in den beiden Therapieformen zum Teil universitär ausgebildet wurden. Ende 1984 hatten die meisten Mitarbeiter mit einer abgeschlossenen Psychotherapieausbildung eine solche in Gesprächspsychotherapie, gefolgt von Verhaltenstherapie und Psychoanalyse (Bundeskonferenz für Erziehungsberatung, 1986). Von da an verlagerte sich der Schwerpunkt auf die Behandlung der *Interaktion Eltern-Kind* oder eines oder mehrerer jeweils ausgewählter Klienten der betreffenden Familie. *Elterntrainings* in Gruppen, nach den Theorien der Verhaltensmodifikation oder partnerschaftlichen Erziehung, zum Beispiel Gordon, traten in den Vordergrund.

Ab etwa 1970 gewinnen Formen der *Familientherapie,* deren ungeheure Vielfalt und Unterschiedlichkeit hier nur angedeutet werden kann, an Bedeutung. Ihnen gemeinsam ist der *systemtheoretische* Gedanke, daß die Hintergründe für die Störung des vorgestellten Kindes nicht nur intrapsychisch verstanden werden können, sondern vor allem in der Beziehung der Familienmitglieder untereinander angesiedelt sind (dabei ist die starke Gewichtung des Systems „Familie" systemtheoretisch gesehen eigentlich unzulässig, da die familienübergreifenden Systeme wie Nachbarschaft, Arbeitsplatz ebenso wichtig sein können wie etwa die persönliche Genese eines Elternteils).

Viele Beratungsstellen haben den kindzentrierten Ansatz der angelsächsischen *„child-guidance clinic"*, der anfangs in der BRD übernommen worden ist, aufgegeben und die Arbeit auf Familientherapie ausgerichtet, was mancherorts zu solch extremen Formen geführt hat, daß nur diejenigen Familien betreut werden, von denen alle Mitglieder zur Beratung kommen. Andere Formen der Familientherapie lassen den Klienten mehr Spielraum, zum Beispiel die *klientenzentrierte* (zum Beispiel Schmidtchen, 1982).

Auf jeden Fall haben die Vorgehensweisen der Verhaltenstherapie, der klientenzentrierten Psychotherapie und der Familientherapie dazu geführt, daß die diagnostischen Untersuchungen und die Anzahl der Einzelbehandlungen abgenommen haben. Oft wird die Beziehung der Eltern untereinander zum Behandlungsgegenstand; so schätzt z. B. Haley (1977), daß bei etwa 50% der auffälligen Kinder von vollständigen Familien Eheprobleme der Eltern der Hintergrund für die Störung darstellen. So kehrt denn die heutige E. in der Definition der Familie als Behandlungsgegenstand unter informationstheoretischer und systemtheoretischer Erneuerung dahin zurück, wie sie von Adler Anfang der 20er Jahre praktiziert wurde. Entsprechend sieht Heisterkamp (1985) in Adler einen Vorläufer der Familientherapie.

Bei allen Ähnlichkeiten zwischen den verschiedenen psychotherapeutischen Schulen innerhalb der Familientherapie bleibt doch die Art der *Be-*

ziehungsgestaltung abhängig von der jeweiligen therapeutischen Ausgangsposition. So lassen sich auch in der Arbeit mit Familien Beziehungsangebote analytischer Art (zum Beispiel Toman, 1979), verhaltens- und problemorientierter Art (Haley, 1977; Schmidt, 1978) und klientenzentrierter Art (Pavel, 1984; Heekerens, 1985) aufweisen, was Esser (1985) schon für das *Erstgespräch* in der E. deutlich beschreibt.

4 Derzeitige Trends

Nachdem die Begeisterung für die Humanistische Psychologie und die *familientherapeutische* Euphorie einer mehr „sachlich" orientierten – wenn auch *systemtheoretischen!* – Sichtweise gewichen zu sein scheint und die Hintergründe der Probleme inzwischen *sowohl* im Individuum *als auch* in der Familie und im weiteren Umfeld gesucht werden, bieten heute viele Beratungsstellen ein breites therapeutisches Angebotsspektrum für Klienten, die freiwillig Hilfe suchen. Hieran setzt allerdings auch Kritik an:

- Unterprivilegierte Klienten werden durch die *„Komm"-Struktur* der meisten therapeutischen Angebote nicht erreicht (vgl. Gmür et al., 1985; Keupp 1985).
- Probleme sind zu oft „therapeutisiert" und professionalisiert worden (Cardinas/Gewicke, 1984; Gmür u. a. 1985). Darunter ist zu verstehen, daß in Beratung und Therapie individuelle Lösungen gesucht werden, wo es angemessenere soziale Lösungen gäbe, zum Beispiel den Aufbau von *Kontaktzentren* statt Psychotherapie von Einsamen.
- Präventive Arbeit ist unter der Meßlatte von Fallzahlen vernachlässigt worden (z. B. Peise-Seithe, 1982; Wolf, 1985).
- Beratungs- und therapeutische Arbeit sollte sich mehr an der *Lebenswelt der Klienten* orientieren und nicht vorschnell die Kompetenz von Fachleuten anbieten, deren Lebenswelt oft von der der Klienten weit entfernt ist (Gmür et al., 1985).
- Die Beratungsstellen sollten das Gefühl der *„Selbstmächtigkeit"* (zum Beispiel Wolff, 1985) der Klienten fördern. Dazu brauchen sie selbst eine weitgehende Autonomie, zum Beispiel durch die Trägerschaft kleiner freier Träger, und weniger Angebundensein an staatlichen Organisationen (z. B. Keupp, 1985); am weitesten geht hier Buer (1985), der fordert: „Die Subjekt-Verkehrung in der beruflichen Beratungsarbeit zwischen Ratsuchenden und Beratern kann nur dann grundsätzlich aufgehoben werden, wenn die Ratsuchenden Arbeitgeber der Berater werden, d. h. in einer Genossenschaft".

Demgegenüber fordern andere Fachvertreter (zum Beispiel Peise-Seithe, 1982) die stärkere Einbindung der Beratungsstellen in die *Sozialdienste,* wobei auch hier die *Gemeinwesenarbeit* betont wird (wenn auch im Rahmen des Jugendamtes).

Kritik kommt auch von sozialpolitischer Seite insofern, als der Ausbau der Sozialdienste in eine Eigendynamik ausufern könne, die durch Expansion in neue Problembereiche und durch Erschließung neuer Klientengruppen die Bevölkerung „klientelisiere". So sprechen sich Braun und Marx (1986) für die Kooperationsbereitschaft von sozialen Diensten und Laienhilfe sowie für eine Umfeldorientierung der Sozialdienste aus. Köth (1985) setzt sich mit den Erwartungsstrukturen an E.stellen von seiten der arbeitenden Kollegen, der Benutzer und der Geldgeber und Träger auseinander. Das Angebot müsse stärker von den Besonderheiten des Einzugsbereiches der E.stelle bestimmt werden als etwa von den therapeutischen Vorlieben der Mitarbeiter.

Die meisten Fachleute gehen einig in den Forderungen nach:

- mehr Orientierung am Umfeld und der Lebenswelt der Klienten;
- mehr Gewichtung der Arbeit nach den Besonderheiten der sozialen Struktur und der psychosozialen Versorgungsstruktur, in der die jeweilige E.stelle eingebettet ist;
- flexible und unabhängige Organisationsstruktur (zum Beispiel Arbeitszeiten, Schweigerecht);
- mehr gemeinwesenorientierte Arbeit wie Prophylaxe, Zusammenarbeit mit anderen sozialen und pädagogischen Diensten;
- Förderung von Selbsthilfegruppen.

Uneinig ist man sich über die günstige *Trägerschaft.* Das Spannungsfeld reicht von der Fachabteilung des Jugendamtes bis zur freien Genossenschaft einer Region, die Berater anstellt (Buer, 1985). Umstritten ist auch, wie man mit der Vielfalt der Aufgaben umgehen sollte, die Köth (1985) folgendermaßen beschreibt:

> „Wenn sie (gemeint sind die Erziehungsberatungsstellen; U.E.) versuchen würden, allen Erwartungen in gleicher Weise gerecht zu werden, dann müßten sie zugleich kurzfristige Kriseninterventionen und längerfristige begleitende Maßnahmen anbieten: Einzeltherapie, Ehepaartherapie, Mehr-Generationen-Familientherapie, Spieltherapie, Gruppenangebote, Familienangebote, Elterntraining usw. Es gäbe Sprechstunden in Schulen, Kindergärten und Außenstellen, Vorträge, Gesprächs-

abende und Fortbildungsangebote für andere Einrichtungen, Öffentlichkeitsarbeit, Hausbesuche und anderes. Die Erziehungsberatungsstelle fungierte als Clearingstelle im Verbund verschiedener Beratungseinrichtungen und als zentrale Kooperationsstelle für einen bestimmten Einzugsbereich – eine Funktion, die ein ‚offensives Jugendamt‘ haben sollte. Sie erstellte als fachlich kompetente Stelle Gutachten und Berichte für Schulen, Jugendämter und Familiengerichte. Gleichzeitig wäre genug Zeit und Arbeitskapazität für Aktenführung, Terminplanung, Statistikführung, Dokumentation von Fällen, Konzeptdiskussion, Teambesprechung, Supervision und eigene methodisch-fachliche Weiterbildung.«

Es lassen sich bei der Schwerpunktsetzung drei *Tendenzen* aufzeigen:

1. Schwerpunkt bleibt der therapeutisch-beraterische Bereich, die anderen Aufgaben haben nicht das gleiche Gewicht *(therapeutische Identität)*.
2. Gemeinwesenorientierte Arbeit hat den Vorrang, Prävention Vorrang vor Therapie; E. ist ein soziales Dienstleistungsangebot, ist Teil der Jugendhilfe und damit Teil des Sozialarbeitersektors, weniger eine therapeutisch klinische Abteilung *(gemeinwesenzentrierte Identität)*.
3. Durch Aufgabenverteilung im Team oder innerhalb verschiedener Teams in Großstädten werden alle diese Funktionen wahrgenommen *(integrative Identität)*.

5 Zukünftige Entwicklungen

Die E.stellen werden sich sehr unterschiedlich entwickeln, auch wenn die vorhin genannten Gesichtspunkte, in denen Einigkeit innerhalb der Experten herrscht, genügend berücksichtigt werden. Die Aufgabenvielfalt und die notwendigen Aufgabenverschiebungen im Rahmen *politischer* Entwicklungen – zum Beispiel Geldknappheit bei den Trägern psychosozialer Einrichtungen, Niederlassung von Psychologen und Ärzten, Verrechtlichung der Psychotherapie im Sinne der Heilkunde an die oben genannten Berufsgruppen – erfordern Schwerpunktsetzungen, wobei verschiedene Identitätsbildungen möglich sind, wie vorhin beschrieben wurde. Eine Aufteilung der E.stellen nach therapeutischer Identität und Gemeinwesenidentität würde die Zwei-Klassen-Versorgung (Gmür et al., 1985) tradieren: *Gemeinwesen-* und *Feldarbeit* für die Unterschichtklienten, *Psychotherapie* für Mittelschicht und Oberschicht. Klienten der Mittelschicht würden eine E.stelle, in deren Zentrum gemeinwesenorientierte Arbeit steht, ebenso wenig aufsuchen wie Unterschichtklienten eine solche mit eindeutig therapeutischer Identität und wenig Feldarbeit. Eine E.stelle, die sich allen Angeboten in etwa gleich zuwendet, verliert an faßbarer Identität für Mitarbeiter, Klienten und Politiker und läuft Gefahr einer Identitätdiffusion mit kompensatorischen Größenideen des „Alleskönnens“. Zusätzlich müßten Kommunikationsprobleme im Sinne von Bewertungsprozessen innerhalb der Mitarbeiter bewältigt werden, falls eine integrative Identität angestrebt wird.

Wenn auch noch so schwierig zu erreichen, ist Klarheit bei den Schwerpunktsetzungen nötig, wenn E. in öffentlicher Trägerschaft nicht an mittlerweile gewonnener Bedeutung verlieren soll. Die Schwerpunktsetzungen sollten unter Berücksichtigung des sozialen Umfeldes der E.stelle, ihrer Geschichte und den fachlichen wie menschlichen Möglichkeiten der Mitarbeiter gewählt werden, möglichst unter externer *Supervision,* mit deren Hilfe die Bewertungsprobleme der unterschiedlichen Arbeit vielleicht aufgefangen werden können.

Literatur

Bornemann, E.: Erziehungsberatung – Ein Weg zur Überwindung der Erziehungsnot. München: Reinhart, 1963.

Braun, H./Marx, M.-L.: Soziale Dienste. Zum Stellenwert einer sozialpolitischen Handlungsform. Nachrichtendienst des Deutschen Vereins für öffentliche und private Fürsorge. Frankfurt, Nr. 2, 1986.

Buer, F.: Erziehungs- und Familienberatung als Teilaufgabe regionaler Solidargemeinschaften. In: Bundeskonferenz für Erziehungsberatung: Bedingungen und einflußmöglichkeiten institutioneller Erziehungs- und Familienberatung. 1985.

Bundeskonferenz für Erziehungsberatung: Kommission für Erhebungen (Aba, O./Bremeyer, K./Golias, E./Pfeifer, W. K./ Rey, E. R./Specht, F.): Kommissionsinformationen 01/86 der Kommission Erhebungen auf dem Gebiet der Erziehungs- und Familienberatung. Bundeskonferenz für Erziehungsberatung, 8510 Fürth, Amalienstr. 6

Càrdenas, B./Gewicke, M.: Von der traditionellen zur gemeinwesenorientierten Erziehungsberatung. Neuorientierung einer Kleinstadt-Beratungstelle. In: Zygowski, H. (Hrsg.): Erziehungsberatung in der Krise. Tübingen: DGVT, 1984.

Esser, U.: Das Erstinterview in der Erziehungsberatung. Zeitschrift für personenzentrierte Psychologie und Psychotherapie, 4 (1), 1985, 73–89.

Gmür, W./Straus, F./Höfer, R./Buchholz, W.: Lebensweltliche Beratung – Zur Integration von offenen und therapeutischen Beratungsformen. In: Bundeskonferenz für Erziehungsberatung: Bedingungen und Einflußmöglichkeiten institutioneller Erziehungs- und Familienberatung. Fürth, 1985.

Haley, J.: Direktive Familientherapie. München: Pfeiffer, 1977.

Heekerens, H.-P.: Effektivität klientenzentrierter Familientherapie. Zeitschrift für personenzentrierte Psychologie und Psychotherapie, 4 (1), 1985, 53–70.

Heisterkamp, G.: Zur Psychodynamik und Psychotherapie der Familie. Zeitschrift für Individualpsychologie, 10/3, 1985.

Köth, A.: Erwartungsstruktur und Angebotsprofil von Erziehungsberatungsstellen. Zeitschrift für Jugend, Nr. 2, 1985.

Keupp, H.: Perspektiven psychosozialer Praxis in einer sich

spaltenden Gesellschaft. In: Bundeskonferenz für Erziehungsberatung: Bedingungen und Einflußmöglichkeiten institutioneller Erziehungs- und Familienberatung. Fürth, 1985.
Pavel, F.-G.: Integrative klientenzentrierte Therapie individueller und sozialer Systeme. Zeitschrift für personenzentrierte Psychologie und Psychotherapie, 3 (3), 1984, 277-300.
Peise-Seithe, M.: Erziehungsberatung als Bestandteil von Gemeinwesenarbeit. In: Specht, F./Spittler, H. D. (Hrsg.): Wie Berater helfen. Göttingen: Vandenhoeck & Ruprecht, 1982.
Schmidt, J.: Einführung in die Erziehungsberatung, Darmstadt: Wissenschaftl. Buchges., 1978.
Schmidtchen, S.: Klientenzentrierte Familientherapie. In: Schneider, K. (Hrsg.): Schulen der Familientherapie. Paderborn: Junfermann, 1982.
Spittler, H.-D./Specht, F. (Hrsg.): Basistexte und Materialien zur Erziehungs- und Familienberatung, Göttingen: Vandenhoeck & Ruprecht, 1984.
Stadt Köln: 50 Jahre Erziehungsberatung in Köln: 1930-1980.
Thomae, H.: Persönlichkeitstheorie und Erziehungsberatung. Zeitschrift für diagnostische Psychologie und Persönlichkeitsforschung. 3, 1955.
Toman, W.: Familientherapie: Grundlagen, Empirische Erkenntnisse und Praxis. Darmstadt: Wissenschaftl. Buchges., 1979.
Wolff, R.: Jenseits von Dissoziation und Manipulation? – Thesen zur Problematik psycho-sozialer Praxis. In: Bundeskonferenz für Erziehungsberatung: Bedingungen und Einflußmöglichkeiten institutioneller Erziehungs- und Familienberatung. Fürth, 1985.

Ethologie

Gunter A. Pilz

Der jahrhundertealte Streit um das „Anlage-Umwelt-Problem“ ist mit dem Aufkommen der vergleichenden Verhaltensforschung, kurz *Verhaltensforschung* oder E. genannt, wieder stärker in den Blickpunkt wissenschaftlicher Auseinandersetzungen geraten. Besonders mit dem Erscheinen des Buches „Das sogenannte Böse“ von Konrad Lorenz im Jahre 1963 ist eine heftige Kontroverse zwischen Ethologen auf der einen und Sozialwissenschaftlern auf der anderen Seite entbrannt. Dies um so mehr, als sich die Ethologen nun immer mehr in den Bereich der Sozial- und Humanwissenschaften vorwagten und sich die E. zunehmend als *Gesellschaftskritik* versteht und vorgibt, Strategien zur Lösung der sozialen Probleme der modernen Industriegesellschaften liefern zu können. Unter dem Deckmantel der Naturwissenschaften versuchen immer mehr Ethologen, besonders Eibl-Eibesfeld (1970, 1973, 1975, 1976, 1984) und Lorenz (1963, 1967, 1973, 1974, 1975, 1983 a, b), den Eindruck zu erwecken, „die Verhaltensforschung könne Patentrezepte zur Lösung gesellschaftlicher und individueller Probleme liefern“ (Roth, 1974, 15).

1 Gegenstand und Methode

Der Name E. ist bereits im Jahre 1762 nachweisbar und wird als „Lehre von den Lebensgewohnheiten“, „science des moeurs“, umschrieben (Wickler, 1974, 19). Der Beginn der modernen E., der Verhaltensforschung in unserem heutigen Verständnis, wird jedoch auf die Mitte der dreißiger Jahre datiert und mit den Namen Konrad Lorenz und Niko Tinbergen in Verbindung gebracht. Lorenz und Tinbergen haben die stammesgeschichtlich und systematisch vergleichende Verhaltensforschung zu ihrem heutigen Stand entwikkelt. E. wird dabei definiert als „biologische Untersuchung des Verhaltens“ (Wickler, 1974, 20). Diese Umschreibung macht zugleich deutlich, daß „die Forschungsrichtung sich in der Biologie entwickelte und daher deren Methoden und Fragestellungen in die Verhaltensforschung einbrachte“ (Eibl-Eibesfeld, 1975, 18).

Da sich die E. als Natur- und nicht als Sozialwissenschaft versteht, ist ihr Beitrag zu den Humanwissenschaften naturwissenschaftlicher, exakter Art insofern, als eine „unhistorisch-naturhafte, d. h. stammesgeschichtliche Determiniertheit von Verhalten hervorzuheben sei, die als relativ unveränderlich angesehen werden kann" (Horn, 1974, 190). Ihre Ergebnisse erhält die E. durch *vergleichende Beobachtung,* durch den Vergleich von Merkmalen oder Organisationsformen komplexer Art. Werden bei einem Vergleich Ähnlichkeiten entdeckt, stellt sich die Frage, *wie* diese zustande gekommen sind. Dabei sind für die Verhaltensforschung sowohl Ähnlichkeiten von Interesse, die auf ein gemeinsames Erbe zurückzuführen sind *(Homologien),* als auch Ähnlichkeiten, „die verschiedene Arten unabhängig voneinander, aber in Antwort auf gleiche Umweltanforderungen als Anpassungen entwickelten *(Analogien* oder *Konvergenzen)*" (Eibl-Eibesfeldt, 1975, 31). E., *Humanethologie* im besonderen, erforscht somit nicht allein den „angeborenen triebhaften Anteil im menschlichen Verhalten", sondern auch das *kulturell* bedingte Verhalten mit biologischen Fragestellungen (Eibl-Eibesfeldt, 1975). Dennoch liegt der Schwerpunkt der E. auf dem Studium der *stammesgeschichtlichen Anpassungen* im menschlichen Verhalten.

Über die Homologieforschung trachtet die E., das in einer Art steckende gemeinsame Erbe zu ergründen, zu ermitteln, was an Potential zur Verfügung steht und Evolutionsreihen zu rekonstruieren (Evolution = fortschreitende Veränderung in Struktur und Verhalten der Lebewesen). Über die Konvergenz- oder Analogieforschung sollen die besonderen *Selektionsdrucke,* die bei der Ausbildung bzw. Veränderung der Strukturen und Verhaltensweisen von Lebewesen gewirkt haben, ermittelt werden. Vor allem durch den „Vergleich lebender Arten verschiedener Organisationshöhe" (Eibl-Eibesfeldt, 1975), durch den Vergleich von Naturvölkern, „primitiven Völkern", mit zivilisierten Gesellschaften trachtet die Verhaltensforschung, angeborene Verhaltensweisen und stammesgeschichtliche Anpassungen zu ergründen, um daraus Funktionsgesetze abzuleiten.

Die wichtigste Funktion ist dabei die der *Arterhaltung:* Wenn man sagt, eine Struktur oder ein Verhalten haben eine Funktion im Dienste der Arterhaltung zu erfüllen, so ist damit gemeint, „daß sie angepaßt sind, also einem Selektionsdruck ihre Existenz verdanken" (Eibl-Eibesfeldt, 1975, 34). Das Erkenntnisinteresse richtet sich bei der E. somit auf den Nachweis phylogenetisch (d. h. stammesgeschichtlich) und ontogenetisch (d. h. die individuelle Entwicklungsgeschichte betreffend) vorgegebener, ererbter Determinanten menschlichen und tierischen Verhaltens.

In Anlehnung an Wickler (1974) läßt sich die Art der Fragestellung und methodischen Vorgehensweise der E., z. B. bezogen auf das Problem der *Aggression,* wie folgt beschreiben. Es wird untersucht, 1. wie aggressiv (Form, Intensität) sich Menschen verhalten; 2. wann, d. h. in welchen Situationen sie sich aggressiv verhalten, ob sie dies immer in der gleichen Form tun oder nicht; 3. warum sie sich in dieser oder jener Situation so aggressiv und nicht anders verhalten; 4. wozu das aggressive Verhalten gut ist und schließlich 5. ob und wann alle Menschen sich genau so verhalten. Die Fragen 1 und 2 werden „vergleichend-beschreibend" beantwortet. Die Frage 2 erlaubt zusätzlich die Bereitschaft zu aggressiven Verhaltensweisen zu messen. Die Frage 3 kann Aufschluß über bestimmte phylogenetische und ontogenetische Determinanten geben. Die Frage 4 fragt nach dem Auslesevorteil und Arterhaltungswert der aggressiven Handlung, während die Frage 5 nach der ererbten Basis der aggressiven Handlung in bestimmten Situationen forscht. Die Fragen 3 und 5 forschen zusätzlich noch danach, „wieviel das Individuum lernt, also selbst mit den ererbten Mitteln ausprobiert, woher es beim Probieren erfährt, welche Lösung die richtige ist, wie es diese behält, gegebenenfalls anderen mitteilt usw." (Wickler, 1974, 14).

Nun ist die Vorgehensweise der E. für die Humanwissenschaften zunächst nichts Neues. *Ethnologie* und *Kulturanthropologie* z. B. befassen sich schon eh und je mit dem Vergleich verschiedener Arten bzw. Kulturen auf unterschiedlicher Organisations- oder Zivilisationshöhe. Der Unterschied besteht allein darin, daß die E. mit *biologischen Fragestellungen* an solche Untersuchungen herangeht, und zum anderen viele ihrer Ergebnisse und Ausgangshypothesen vorwiegend aus *Beobachtungen von Tieren* gewinnt, die sie dann oft vorschnell und unkritisch auf Menschen überträgt.

2 Ergebnisse der ethologischen Forschung

Die Entdeckung des Zusammenspiels angeborener und erworbener Erfahrung im tierischen wie menschlichen Verhalten wird als die bedeutendste Entdeckung der E. angesehen, kurz das, was Lorenz als *„Instinkt-Dressur-Verschränkung"* bezeichnet. Eibl-Eibesfeldt (1967, 22) faßt die wichtigsten Ergebnisbereiche der E. vornehmlich der Arbeiten von Lorenz wie folgt zusammen:

1. Erkennung der den Instinktbewegungen zugrundeliegenden *Spontaneität,* eine physiologische Besonderheit, die von den klassischen Reflexologen übersehen worden war;
2. Entdeckung verschiedener *Schlüsselreize,* die ein bestimmtes Verhalten vor aller Erfahrung auslösen;
3. Erforschung der *Phylogenese* und *Ontogenese* angeborener Verhaltensweisen;
4. Entdeckung der „Instinkt-Dressur-Verschränkung";

5. Entdeckung des Phänomens der *„Prägung“* als einer angeborenen Lerndisposition.

Unter Schlüsselreizen versteht man Reize, die kennzeichnend für eine biologisch relevante Umweltsituation sind „und vom Organismus ohne vorherige Lernvorgänge mit arterhaltend sinnvollen Verhaltensweisen beantwortet“ werden (Jürgens/Ploog, 1974, 12). Die Spontaneität von Instinkthandlungen besagt, daß Instinkthandlungen, wie z. B. Aggression, die normalerweise als Reaktion auf bestimmte Schlüsselreize erfolgt, auch ohne solche Schlüsselreize, ohne Einwirkung äußerer Reize ablaufen können. Wenn z. B. lange Zeit keine Schlüsselreize für den „Aggressionsinstinkt“ vorhanden sind, so erniedrigt sich der Schwellenwert der die Aggression auslösenden Reize, „bis sie schließlich im Grenzfalle ohne nachweisbaren Außenreiz als sogenannte Leerlaufbewegung eruptiv hervorbricht, selbstverständlich auch ohne in diesem Falle ihre arterhaltenden ‚Sinn‘ in irgendeiner Weise zu erfüllen“ (Lorenz, 1967, 438). Lorenz faßt dieses Phänomen auch unter dem Begriff des ‚Appetenzverhaltens‘ zusammen. Der Begriff „Prägung“ besagt, daß die auslösenden Reize für eine Instinkthandlung meist irreversibel, d. h. unveränderlich, gelernt („Objektprägung“), und Bewegungsmuster ebenfalls irreversibel festgelegt werden (motorische Prägung) (Apfelbach/Döhl, 1976, 77). Einfacher ausgedrückt: Prägung umschreibt unveränderliche Lernprozesse.

Wieser (1976, 16) hat nun nachgewiesen, daß diese Erkenntnisse bereits im Jahre 1873 von Spalding und anderen Wissenschaftlern Ende des 19. Jahrhunderts gewonnen wurden. Entsprechend folgert er, „daß sich die in den letzten Jahren wieder virulent gewordenen Auseinandersetzungen um das Ausmaß der Bedeutung angeborener Verhaltensweisen durchaus im Rahmen eines jahrhundertealten Begriffsschemas bewegen, dem die Untersuchungen der letzten Jahrzehnte wohl unübersehbar viele Fakten, aber keine entscheidend neue Einsichten hinzuzufügen vermocht haben“.

Es ist sicherlich unbestritten, daß die Ethologen um Lorenz und Tinbergen der Verhaltensforschung wertvolle Impulse gegeben haben und auf ihrem Gebiet Beachtliches geleistet haben. Auch darf die Relevanz ethologischer Fragestellungen für die Sozialwissenschaften nicht unterschätzt werden, nicht weil wir biologischen Verhaltensbedingungen widerstandslos unterworfen sind, „sondern weil sie an der Bestimmung der Verhaltensrichtungen einen mehr oder weniger gewichtigen, kaum je ganz zu vernachlässigenden Anteil haben“ (Hassenstein, 1972, 169). Allein, es bleibt zu fragen, inwieweit die Ethologen nicht ihre Ergebnisse *vorschnell verallgemeinern,* inwieweit der statische Aspekt ihrer Fragestellungen der Dynamik menschlicher Verhaltensweisen und Entwicklung gerecht werden kann, und wie es generell um die Konsequenzen für die Natur des Menschen bestellt ist.

3 Aktuelle Kontroversen zwischen Ethologie und Sozialwissenschaften

Die aktuelle Kontroverse zwischen E. und Sozialwissenschaften bezieht sich einmal auf das Problem des *„Mensch-Tier-Vergleichs“* (Analogieschluß), zum anderen auf die *„Anlage-Umwelt-Problematik“*. Diese Kontroverse kann an dieser Stelle nur ansatzweise dargestellt werden, ausführlichere Darstellungen sind zu finden bei: Elias (1971), Roth (1974), Pilz/Moesch (1975), Pilz (1976), Wieser (1976). Eibl-Eibesfeldt (1978, 1984).

Gerade bei der Übertragung von Erkenntnissen aus Tierversuchen und -beobachtungen auf den Menschen lassen viele Ethologen die wissenschaftliche Sorgfalt vermissen. Einerseits wollen sie aus dem Studium tierischen Verhaltens nur Arbeitshypothesen gewinnen, deren Tragfähigkeit für Menschen natürlich nur durch Forschungen am Menschen geprüft werden kann; andererseits werden die Arbeitshypothesen nur zu schnell als naturwissenschaftliche Gesetzmäßigkeiten umformuliert. So schreibt etwa Eibl-Eibesfeldt (1973, 98), „für die Annahme eines primären, uns Menschen angeborenen Aggressionstriebes gibt es keinen strengen Beweis, wohl aber eine Reihe starker Indizien“. „Indizien“ sind nun aber sicherlich nicht hinreichend, um naturwissenschaftliche Gesetzmäßigkeiten zu formulieren, dennoch hält Eibl-Eibesfeldt an der These vom Aggressionstrieb fest und baut darauf eine Pädagogik der Triebkanalisierung auf: „Es ist eine ‚Erziehungssünde‘, wenn man den Menschen nicht auf die Aggression vorbereitet, mit der er sich später auseinandersetzen muß. Jede Verharmlosung der Aggression unter Hinweis auf deren angebliche Gelerntheit ist angesichts der vorliegenden Evidenz in höchstem Grade unverantwortlich“ (Eibl-Eibesfeldt, 1970, 100).

Gerade diese Aussagen machen deutlich, wie fahrlässig sich Ethologen verhalten, wenn es um die sozialwissenschaftlichen und pädagogischen Konsequenzen ihrer Hypothesen geht. Menschliche Verhaltensweisen, Beziehungen zwischen Umwelt und Organismus lassen sich nicht einfach „linearkausal als Ursache-Wirkungs-Kette“

(Wieser, 1976) beschreiben. Dies wäre nur möglich, wenn sich menschliches Verhalten tierischem ein- bzw. unterordnen ließe, oder allein auf angeborene, triebhafte Komponenten zurückführen ließe. So schreibt Stamm (1972, S. 1940) in seinen Ausführungen zur *Tierpsychologie* zurecht, daß der Mensch-Tier-Vergleich forschungshemmend gewirkt habe: „Man zog zu rasch abschließende Schlüsse über das vermeintlich erkannte Wesen des Menschen und seiner Sonderstellung." Die menschliche Entwicklung, der Prozeß der Zivilisation (Elias, 1977) vollzieht sich eben nicht nach den gleichen biologischen Gesetzmäßigkeiten wie im Tierreich. Die E. scheint die innerhalb ihrer „natürlichen Grundlagen grenzenlose Wandelbarkeit menschlichen Erfahrens und Verhaltens" (Elias, 1971, 118) zu verkennen oder zu unterschätzen.

Die Vorannahmen der E., daß soziale und ökonomische Gegebenheiten und Bedingungen den Naturgesetzlichkeiten unterliegen, daß der „Einfluß von menschlichen Erkenntnisfähigkeiten, vorausschauender Planung und selbstverwirklichender Handlungsfähigkeit auf die Kulturentwicklung von sekundärer Bedeutung" seien, und die Übertragung biologischer Gesetzmäßigkeiten aus dem Tierreich auf menschliches Verhalten (Schurian/Holländer, 1975, 61) lassen die sozialwissenschaftliche Relevanz ethologischer Erkenntnisse *sehr gering* erscheinen. Dies um so mehr, als viele Ethologen der Gefahr erliegen, Befunde zu sammeln, die sich mit der These und Leitidee (biologische Evolution erklärt auch kulturelle Evolution und erlaubt Voraussagen über den künftigen Verlauf der stammesgeschichtlichen Entwicklung) vertragen bzw. ihre Befunde im Sinne dieser Leitidee zu interpretieren (Wickler, 1971). So weist auch Horn (1974, 206) zu Recht darauf hin, daß „für jede menschliche Szene, die ethologisch *interpretiert* wird", sich auch konkurrierende und vor allem nicht widerlegte sozialwissenschaftliche Deutungen und Erklärungen finden lassen.

Besonders deutlich wird dies bei der These vom Aggressionstrieb und der Interpretation aggressiver Handlungen (Pilz/Moesch, 1975; Pilz, 1976), wobei hier noch hinzuzufügen wäre, daß selbst im Bereich tierischen Verhaltens die These von einem Aggressionstrieb recht umstritten ist (Heiligenberg/Kramer, 1972). Es ist sicherlich eine der größten Schwächen der E., daß sie nach wie vor komplexe Verhaltensweisen einseitig, monokausal auf das Schema einer „Ursache-Wirkungs-Kette" *reduziert* und vor allem der Dynamik menschlicher Verhaltensweisen, menschlicher Entwicklungsprozesse keine oder nur eine sehr geringe Bedeutung beimißt. Selbst so komplexe Probleme wie Krieg und Frieden werden ohne politische, soziale oder historische Reflexion einfach auf das Problem des Landerwerbs reduziert (Eibl-Eibesfeldt, 1975; 1984). Ähnlich wie bei der Problematik des Mensch-Tier-Vergleichs wird auch hier die Tatsache verkannt, daß beim Menschen das *„Soziale"* darüber entscheidet, was aus dem „Biologischen" wird, daß Ererbtes und Erworbenes beim Menschen nicht zu trennen ist.

Horn (1974, 191) macht auf ein weiteres Problem aufmerksam: den *naturwissenschaftlichen* Anspruch der E., der sich mehr auf der „bloßen Rede von ‚Natur', von menschlicher Natur" gründe, als auf einem naturwissenschaftlichen Methodenprogramm. So konnten strenge „Wenn-Dann-Zusammenhänge" bisher nur in „sozialwissenschaftlich randständigen Bereichen" nachgewiesen werden, darüber hinaus wurden „mehr Vermutungen" geäußert als Beweise angetreten. Auch zeigt sich, daß auf der menschlichen Ebene der Evolution „nicht mehr sinnvoll mit Modellen" der Tierverhaltensforschung gearbeitet werden kann. Entscheidend ist nicht die Naturhaftigkeit des Menschen, sondern das, „was damit gemacht wird" (Horn, 1974, 203). Faßt man die theoretischen Prämissen und die Interpretationen menschlicher Verhaltensweisen, die aus diesen theoretischen Vorannahmen abgeleitet werden, zusammen: „Instinkt-Dressur-Verschränkung". „Prägung". „Vorprogrammiertheit menschlichen Verhaltens", um nur einige zu nennen, dann läßt sich die E. als *„biologisch verkleideter Konservatismus"* (Horn) begreifen. So hebt Lepenies (1971, 123) hervor, daß die Ethologen „den Rückgriff auf die Natur aus antirevolutionärem Impuls genutzt" haben. Vor allem die These vom angeborenen Aggressionstrieb, die die gesellschaftliche Bedingtheit des Aggressions- und Gewaltpotentials verneint und somit pädagogische und gesellschaftliche Maßnahmen zur Verringerung der Gewalt auf das Bereitstellen von „Freiräumen", in denen Aggressionen auf harmlose Weise abreagiert werden können, reduziert, belegt diesen Vorwurf. Dies gilt auch für die Erklärung *geschlechtsspezifischer Unterschiede* menschlichen Verhaltens, die in Eibl-Eibesfeldts neuerer Veröffentlichung (1984) weitgehend auf angeborene Verhaltensweisen reduziert wird.

So gesehen leistet die E. in der Tat einer konservativen, statischen Weltsicht Vorschub. Dies wird eindrucksvoll belegt, wenn man die Entwicklungslinien der humanethologischen Literatur der letzten Jahre nachzeichnet. Zur Zeit der sozial-liberalen Koalition ging die Anzahl der neuverlegten Bücher zur Humanethologie immer stärker zurück, um dann mit der „politischen Wende" in der Bundesrepublik wieder stark an Boden zu gewinnen. So wurde 1985 selbst der Klassiker und die wohl zurecht umstrittenste Publikation der E., „Das sogenannte Böse" von Konrad Lorenz, in unveränderter Form neu aufgelegt, und Eibl-Eibesfeldt brachte 1984 sein Hauptwerk „Die Biologie des menschlichen Verhaltens" auf den Markt.

4 Nutzenbringende Beiträge der Ethologie für die Sozialwissenschaften

Dennoch ist der Hinweis auf das phylogenetische Erbe der Menschen ein wichtiger Beitrag der E. für die Sozialwissenschaften. Dies vor allem, wenn man an den *Behaviorismus* Skinnerscher Prägung denkt. Gerade diesbezüglich ist die ethologische Forschung in Zukunft gefordert. Menschliches Verhalten ist auch biologisch, phylogenetisch mitbestimmt. Im Aufdecken dieser phylogenetischen Mitbedingung ist die Notwendigkeit und Relevanz ethologischer Forschung für die Sozialwissenschaften zu begründen. Dies darf allerdings nicht dazu führen, daß man auf Grund biologischer oder phylogenetisch vorgegebener Verhaltensmöglichkeiten die Ursache und Bedingungen komplexer Verhaltensweisen auf eben dieses biologische Potential *reduziert,* und daraus linearkausale Gesetzmäßigkeiten menschlichen Verhaltens ableitet. So scheint auch die Hauptproblematik der Kontroverse zwischen E. und Sozialwissenschaften weniger in der „Anlage-Umwelt-Problematik" zu liegen, als vielmehr in der voreiligen Verallgemeinerung ethologischer Erkenntnisse und in der oft geringen Zurkenntnisnahme sozialwissenschaftlicher Forschungsergebnisse.

Eine engere *Zusammenarbeit* zwischen E. und Sozialwissenschaften und eine größere Zurückhaltung der Ethologen bezüglich sozialwissenschaftlicher Aussagen, vor allem Vorhersagen, könnte für beide Wissenschaftsbereiche eine fruchtbare Wende einleiten. Die Mitte der siebziger Jahre aufkommende Disziplin der *Soziobiologie* (Wilson, 1975; Barash, 1977) schien dabei einen Weg zu weisen, wie man der Komplexität menschlichen Verhaltens gerecht werden kann.

Dabei resultiert für die Soziobiologie menschliches Verhalten aus dem Zusammenspiel von Erfahrungen (Umwelt) und den Mustern genetischer Möglichkeiten (Anlage). Gerade die Analyse der Evolution dieser Muster genetischer Möglichkeiten ist das zentrale Forschungsthema der Soziobiologie, wobei die These von uns angeborenen Handlungstrieben, wie sie in der E. immer noch weitgehend vorherrscht und somit den Weg zu einer fruchtbaren Zusammenarbeit mit den Sozialwissenschaften verbaut, weitgehend zugunsten des Begriffes *„genetische Möglichkeiten"* aufgegeben wird. Der Begriff „genetische Möglichkeiten" weist auf die Wandelbarkeit menschlicher Verhaltensweisen und vor allem auf die Umweltbedingtheit menschlichen Handelns und Verhaltens hin. Der Schlüssel für menschliches Verhalten liegt in der Umwelt und nicht in den „genetischen Möglichkeiten" (Wilson).

So fruchtbar die Ansätze der Soziobiologie auch sind, sie ist bisher bezüglich der in sie gesetzten Erwartungen doch einiges schuldig geblieben. So besonders auch die Antwort auf die Frage, weshalb unter den Lebenwesen *nur* der Mensch die Fähigkeit entwickelt hat, sich mit jedem Artgenossen zu identifizieren. Breuer (1981) kommt in seiner Auseinandersetzung mit der Soziobiologie zu dem Schluß, daß „gerade die Frage, *wieso* eine solche Fähigkeit gleichsam im Widerspruch zu den Prinzipien der genetischen Kosten-Nutzen-Rechnung im Zuge der Evolution entstehen konnte", eines der Schlüsselprobleme der Anwendung der Soziobiologie auf den Menschen zu sein scheint – ein Problem, das sich im übrigen auch der neuerdings sich entwickelnden *Psychobiologie* (vgl. Lück/Schleidt, 1986; Scherer et al., 1987) stellt. Der Trend zur „Verbiologisierung" der Human- und Sozialwissenschaften muß so besehen doch mit einer gewissen Skepsis verfolgt werden.

Andererseits ist Breuer (1981, 330) zuzustimmen, wenn er in der Soziobiologie und sicherlich auch Psychobiologie im Vergleich zur E. die Chance sieht, eine wichtige Brücke zwischen Biologie und den Menschen- und Gesellschaftswissenschaften zu schlagen. Eine Brücke, die allerdings erst dann auch eine fruchtbare Verknüpfung herstellt, wenn es gelingt mit Hilfe der Sozial- und Humanwissenschaften auf die oben skizzierte offene Frage eine adäquate Antwort zu finden.

Literatur

Apfelbach, R./Döhl, J.: Verhaltensforschung – Eine Einführung, Stuttgart: Fischer, 1976.
Barash, D.P.: Sociobiology and behavior. Amsterdam 1977. deutsch: Soziobiologie und Verhalten. Berlin: Parey, 1980.
Breuer, G.: Der sogenannte Mensch. Was wir mit Tieren gemeinsam haben und was nicht. München: Kösel, 1981.
Bösel, R.: Humanethologie – Ethologische Aspekte menschlichen Verhaltens. Stuttgart: Kohlhammer, 1974.
Eibl-Eibesfeldt, I.: Grundriß der vergleichenden Verhaltensforschung. – Ethologie. München: Piper, 1967.
Eibl-Eibesfeldt, I.: Liebe und Haß. München: Piper, 1970.
Eibl-Eibelsfeldt, I.: Der vorprogrammierte Mensch. Wien: Molden, 1973.

Eibl-Eibesfeldt, I.: Krieg und Frieden aus der Sicht der Verhaltensforschung. München: Piper, 1975.
Eibl-Eibesfeldt, I.: Menschenforschung auf neuen Wegen. Die naturwissenschaftliche Beurteilung kultureller Verhaltensweisen. Wien: Molden, 1976.
Eibl-Eibesfeldt, I.: Der Widerspruch zwischen Erbe und Umwelt ist künstlich. Interview mit der Zeitschrift ‚psychologie heute'. Psychologie heute, 5, 1978, 33-38.
Eibl-Eibesfeldt, I.: Die Biologie des menschlichen Verhaltens. Grundriß der Humanethologie. München: Piper, 1984.
Elias, N.: Was ist Soziologie? (2. Aufl.) München: Juventa, 1971.
Elias, N.: Über den Prozeß der Zivilisation – Soziogenetische und psychogenetische Untersuchungen. Bd. 1: Wandlungen des Verhaltens in den weltlichen Oberschichten des Abendlandes. Bd. 2: Wandlungen der Gesellschaft – Entwurf zu einer Theorie der Zivilisation. Frankfurt: Suhrkamp, 1977.
Hassenstein, B.: Verhaltensbiologische Aspekte der frühkindlichen Entwicklung und ihre sozialpolitischen Konsequenzen. In: *O. A.*, Mannheimer Forum 72. Mannheim: Boehringer, 1972, 169-203.
Heiligenberg, W./Kramer, U.: Aggressiveness as a function of External Stimulation. Journal of Comparative Physiology, 77, 1972, 332-340.
Horn, K.: Die humanwissenschaftliche Relevanz der Ethologie im Lichte einer sozialwissenschaftlich verstandenen Psychoanalyse. In: Roth, G. (Hrsg.): Kritik der Verhaltensforschung. München: Beck, 1974, 190-221.
Jürgens, U./Ploog, D.: Von der Ethologie zur Psychologie. München: Kindler, 1974.
Lepenies, W.: Soziologische Anthropologie. Materialien. München: Hanser, 1971.
Lorenz, K.: Das sogenannte Böse – Zur Naturgeschichte der Aggression. Wien: Borotha-Schoeler 1963: Taschenbuchausgabe München: dtv, 1985.
Lorenz, K.: Über tierisches und menschliches Verhalten – Aus dem Werdegang der Verhaltenslehre. Gesammelte Abhandlungen Bd. I, und II. Frankfurt: Büchergilde Gutenberg, 1967.
Lorenz, K.: Die acht Todsünden der zivilisierten Menschheit, München: Piper, 1973.
Lorenz, K.: Vom Weltbild des Verhaltensforschers – Drei Abhandlungen. (8. Aufl.) München: dtv, 1974.
Lorenz, K.: Die Rückseite des Spiegels – Versuch einer Naturgeschichte menschlichen Erkennens. München: Piper, 1975.
Lorenz, K.: Der Abbau der Menschlichen. München: Piper, 1983 a.
Lorenz K.: Das Wirkungsgefüge der Natur und das Schicksal des Menschen. München: Piper, 1983 b.
Lorenz, K./Leyhausen, P.: Antriebe tierischen und menschlichen Verhaltens. München: Piper, 1968.
Lück, H. E./Schleidt, W.: Funkkolleg Psychobiologie – Verhalten bei Mensch und Tier. masch.geschr. Manuskript, 1986.
Pilz, G. A.: Was wissen Verhaltensforscher über den Menschen? Psychologie heute, 3, 1976, 20–27.
Pilz, G. A./Moesch, H.: Der Mensch und die Graugans – Eine Kritik an Konrad Korenz. Frankfurt: Umschau, 1975.
Roth, G. (Hrsg.): Kritik der Verhaltensforschung. Konrad Lorenz und seine Schule. München: Beck, 1974.
Scherer, K. R./Stahnke, A./Winkler, P. (Hrsg.): Psychobiologie. Wegweisende Texte der Verhaltensforschung von Darwin bis zur Gegenwart. München: Deutscher Taschenbuch Verlag, 1987.
Schurian, W. / Holländer, A.: Konrad Lorenz und die Jugend. Psychologie heute, 2, 1975, 59-65.
Stamm, R. A.: Soziales Leben und Struktur der Verbände bei Tieren. In: Graumann, C. F. (Hrsg.): Sozialpsychologie, 2. Halbbd.: Forschungsberichte (Band 7 des Handbuchs der Psychologie). Göttingen: Hogrefe, 1972, 1891-1954.
Wickler, W.: Biologie der 10 Gebote. München: Piper, 1971.
Wickler, W.: Antworten der Verhaltensforschung. München: Kindler, 1974.
Wieser, W.: Konrad Lorenz und seine Kritiker. München: Piper, 1976.
Wilson, E.: Sociobiology. Cambridge: Harvard University Press, 1975. (deutsch: Biologie als Schicksal. Die soziobiologischen Grundlagen menschlichen Verhaltens. Frankfurt: Ullstein, 1980).

Evaluation

Dorothea Ferenszkiewicz

Mit E. bzw. Evaluierung werden Vorgehensweisen bezeichnet, um die Wirkungen sozialer Aktivitäten (Projekte, Programme, Politiken) zu analysieren und deren *Wirksamkeit* für bestimmte Zielsetzungen zu beurteilen. E. bildet aufgrund ihres Vorgehens einen Teilbereich der empirischen Sozialwissenschaft und gehört aufgrund ihres Gegenstandes und ihrer Zwecke zum Bereich der anwendungsorientierten Sozialwissenschaft.

Eine E. umfaßt (a) die Identifikation (Entdekkung, Konzipierung, Operationalisierung und Messung) der Ziele und Wirkungen eines staatlichen Handlungsprogrammes, einer sozialen Aktivität oder Maßnahme; (b) die Klärung relevanter Ursache-Wirkungszusammenhänge, wobei im Idealfall die ermittelte Wirkung (abhängige Variable) auf die getroffene Maßnahme (unabhängige Variable) zurückzuführen ist; (c) die Rechtfertigung der ausgewählten Untersuchungsdesigns und der verwendeten Meß- und Erhebungstechniken (Scriven, 1972, 61; Hellstern/Wollmann, 1983 a, 7).

1 Aufgabenstellung

Als Folge der Anfang der 60er Jahre auf fast allen Ebenen staatlichen Handelns sich durchsetzenden Reformorientierung und dem damit verbundenen Anstieg staatlicher Interventionsprogramme ergaben sich für öffentliche Aktivitäten gewandelte *Legitimations-, Steuerungs-* und *Kontrollbedarfe.* Von E.en erhoffen sich die Akteure Auskünfte, die ihnen nicht nur zur besseren Rechtfertigung die Wirksamkeit der getroffenen Maßnahmen bestätigen, sondern auch Handlungshindernisse und Handlungschancen aufzeigen sowie die verwaltungsinterne Überwachung und zieladäquate Durchsetzung erleichtern. Darüber hinaus sollen E.en durch die Bestimmung der Wirkung alternativer Maßnahmen *Entscheidungshilfen* bei der Verteilung knapper Ressourcen geben (Wholey, 1984). Die Öffentlichkeit hingegen erwartet von der empirischen Erforschung der Wirksamkeit und der Wirkungen staatlichen Handelns vor allem die Offenlegung der mittel- und langfristig zu erwartenden Folge- und Nebenwirkungen der verschiedenen Gesetze, Programme, Maßnahmen, Instrumente und Vorhaben.

Ergebnisse von E.en dienen der Neugestaltung der sozialen und physischen Umwelt und der Verbesserung der psychologischen und physischen Lebensführung der von den Interventionen betroffenen Personen. Aus diesem Grund sollte eine E. nicht nur valide Informationen über Zweck-Mittel-Verhältnisse erzeugen (technische Informationen), sondern auch – will sie „wahrheitsfähig" und glaubwürdig sein – begründete Bewertungen der Nützlichkeit (pragmatische Informationen) und der Rechtfertigungsfähigkeit (praktische Informationen) der Maßnahmen und der sie bestimmenden Normen und Ziele im Hinblick auf die Veränderung der realen gesellschaftlichen und sozialen Lebenslagen der Betroffenen vornehmen (Kordes, 1984).

Wird die E.aufgabe auf die Verifizierung von Ziel-Wirkungs-Relationen reduziert, geraten E.en leicht in die Gefahr, als wissenschaftlich begründete Legitimation für den Vollzug bestimmter gesellschaftspolitischer und sozialpolitischer Entscheidungen Verwendung zu finden. Um einem Mißbrauch zu Legitimationszwecken begegnen zu können, müssen E.en ihren politischen Stellenwert und ihre politischen und pragmatischen Umfeldbedingungen offen bedenken und gründlich reflektieren.

Klassifikationsversuche der Aufgabenstellungen von E.en können sich am E.gegenstand, an der Zielsetzung der E. und an den den E.en zugrundeliegenden Theorien orientieren.

Evaluationsgegenstand (Evaluandum). – Programm- und Projekt-E.: Für Wholey (1984) ist die wichtigste Aufgabe der Programm-E., Gestaltung und Leistung von Regierungs*programmen* zu verbessern, d. h. überprüfbar effektive Programme durch die Bereitstellung valider Informationen zu erreichen, wodurch erst eine rational und vernunftgeleitete Entscheidungsfindung im politischen und administrativen Programmbereich ermöglicht wird. Im Unterschied zu den Makrodimensionen der Programm-E. handelt es sich bei Projekt-E.en um Effektivitätsmessungen *einzelner Projekte* oder *Forschungsvorhaben* (z. B. bei Labor- und Feldexperimenten in der Psychologie, Industriesoziologie und Arbeitswissenschaft), die wiederum Teilbereiche eines staatlichen Programmes sein können. Stake (1972) grenzt *E.felder* ab: Evaluiert werden jeweils die Voraussetzungen, Prozesse und Ergebnisse. Ähnlich gehen Wollmann und Hellstern (1983 a) vor: E.gegenstand sind Programmformulierungen, Implementation und Ergebnisse. Hier zuzuordnen sind u. a. auch das *Cipp-Modell* Stufflebeams (1972): Rahmenbedingungen, Input, Prozeß, Produkt, und Suchman's (1967) *Bewertungsbereiche:* Aufwand (Input), Effektivität (Output), Angemessenheit (Output/Need), Leistungsfähigkeit (Output/Input), Prozeß.

Summative und formative E.: Als Programmwirkungsanalyse, summative oder auch Produkt-E.en bezeichnet man E.en, die auf die *abschließende* Beurteilung von Programmeffekten abzielen. Stehen hingegen die *prozessualen* Zusammenhänge von Wirkungen und Programmelementen im Programmverlauf im Mittelpunkt der Betrachtung, spricht man von Programmstrategieanalysen bzw. formativen E.en (Hellstern/Wollmann, 1983 a).

Zielsetzung. – Die *praxisorientierte* E. zielt auf eine Verbesserung der Ist-Situation. *Entwicklungsorientierte* E.en beschäftigen sich mit der Auswahl und Optimierung von Hilfsmitteln. Die *theorieorientierte* E. ist vorwiegend auf die Vermehrung wissenschaftlicher Erkenntnisse gerichtet (Wulf, 1975).

Zugrundeliegende Theorien. – Mit den *verhaltenstheoretisch* orientierten Konzepten wird versucht, die durch eine Intervention hervorgerufenen Verhaltensänderungen zu messen. *Entscheidungstheoretisch* orientierte Konzepte dienen zur Generierung von Datensätzen, die zur Entscheidungsvorbereitung beitragen sollen. *Handlungstheoretisch* orientierte Konzepte beteiligen zumeist die Betroffenen selbst an der Forschungsplanung und -umsetzung und Verwertung der Ergebnisse (Gruschka, 1976).

2 Anwendungsgebiete

In der Bundesrepublik zeigen sich die Bemühungen, den Aufgabenstellungen von E.en gerecht zu werden, am eindrucksvollsten in den methodisch reflektierten und konzeptionell anspruchsvollen Forschungsbeiträgen aus dem Bereich der pädagogischen Psychologie, Pädagogik, Bildungsplanung und Bildungsforschung (Bewertung und Kontrolle von Modellversuchen und -vorhaben im Hochschul-, Schul- und Vorschulbereich und unterschiedlicher Unterrichts- und curricularer Varianten). Hervorzuheben sind die E.en von Gesamtschulversuchen und die Arbeiten vom Bundesinstitut für Berufsbildung (Wulf, 1972; Frey, 1975; Gruschka, 1976; Schafernicht, 1977; Mitter/Weishaupt, 1977, 1979; Müller, 1978; Koch, 1981; Fend, 1982; Weiss, 1982).

Der wissenschaftliche Stellenwert, den E.en in der *Psychologie* der Bundesrepublik einnehmen, ist nicht zu vergleichen mit der Aufmerksamkeit und der Bedeutung, die Problemen der E. in der amerikanischen Psychologie zugemessen werden (Wittmann, 1985). Die in der Bundesrepublik angestellten Studien stammen überwiegend aus dem Bereich der *Psychotherapieforschung* und beziehen sich in Form von Psychotherapievergleichsstudien und Psychotherapieeffektstudien auf die E. von psychotherapeutischen und psychosozialen Versorgungsprogrammen (Bastine, 1975; Biefang, 1980; Bühringer, 1981; Petermann, 1977; Wittmann, 1983). Darüber hinaus gibt es eine Vielzahl von Untersuchungen, die sich mit den Auswirkungen *technologischer* und *organisatorischer Neuerungen* im Wirtschaftsleben auf das Verhalten und Erleben der Betroffenen beschäftigen. Zu nennen wären hier vor allem die Arbeiten aus dem Gebiet der Arbeits-, Organisations- und Betriebspsychologie (Krapp/Will, 1984).

Ein Überblick über die vielfältigen E.vorhaben zeigt, daß heute in allen empirisch orientierten sozialwissenschaftlichen Disziplinen und in nahezu allen Politikfeldern E.en angestrebt und durchgeführt werden (Derlien, 1976; Hellstern/Wollmann, 1983 b; 1984).

Evaluatives Handeln hat in unterschiedlicher Form und Ausprägung Eingang gefunden in die Bereiche der *Jugend- und Sozialpolitik* (z.B. E. von gesundheitlichen Modellaktionen, Modellprogramm Psychiatrie), der *Arbeitsmarktpolitik* (z.B. E. von Arbeitsbeschaffungsmaßnahmen, Maßnahmen zur Förderung der beruflichen Bildung, Berufsberatung, Rehabilitations- und Qualifikationsmaßnahmen), der *Kriminologie* (z.B. Studien zum Rückfall von Strafentlassenen nach Entlassung aus unterschiedlichen Formen des Strafvollzuges), der *Verkehrspolitik* (z.B. E. der beiden Großversuche „Tempo 130" und „Tempo 100"), der *regionalen Wirtschaftsförderung* (z.B. Studien zur Erfolgskontrolle in der regionalen Wirtschaftspolitik), der *Städtebau- und Wohnungspolitik,* der *Umweltpolitik,* der *Entwicklungshilfepolitik,* der *Innovationsforschung* und *Technologiefolgenabschätzung.* Weiterhin zu erwähnen ist die Verwendung von E.ansätzen für die *Bewertung und Kontrolle von Aktionsprogrammen,* z.B. der Projekte des Aktionsprogrammes „Humanisierung des Arbeitslebens" (Salfer/Furmaniak, 1981; Bräunling, 1982).

3 Evaluationsstrategien

Wollen E.en ihren Aufgaben gerecht werden, müssen sie methodisch verläßliche, an dem Informationsbedarf und den Handlungsmöglichkeiten der Adressaten orientierte sowie forschungsökonomisch vertretbare Ergebnisse anstreben. Vor dem Hintergrund der Art der Fragestellung, der Merkmale und Besonderheiten der zu evaluierenden Programme und Maßnahmen und der Komplexität und Vielschichtigkeit der das Wirkungsfeld strukturierenden Variablen sind die zur Verfügung stehenden Forschungsstrategien insbesondere hinsichtlich ihrer *methodischen Brauchbarkeit, politisch praktischen Relevanz, Umsetzbarkeit* und *Durchsetzbarkeit* zu prüfen (Hellstern/Wollmann, 1983 a).

Die Verwendung von Untersuchungsanordnungen, die sich auf die Forschungslogik *experimenteller* und *quasiexperimenteller Designs* beziehen und deren strikten Gütemaßstäben genügen wollen, kann in E.vorhaben nur in begrenztem Maße zu anwendungsorientierten Ergebnissen führen. Dafür verantwortlich ist einmal der Umstand, daß den mit experimentellen Ansätzen verbundenen hohen methodischen Anforderungen aufgrund der Komplexität der relevanten Variablen, ihrer nicht kontrollierbaren Veränderungsdynamik und des geringen theoretischen Wissens über mögliche Wirkungszusammenhänge von den meist in soziale Kontexte eingebundenen E.en nicht nachgekommen werden kann (Bildung äquivalenter Kontrollgruppen, Änderung der Maßnahmen während der Implementation, Wechsel der Akteure, Veränderung der Umfeldbedingungen).

Hinzu kommt zum anderen, daß experimentell angelegte Forschungsanordnungen den Schwerpunkt ihrer Analyse auf den Nachweis der durch das Programm oder die Maßnahme verursachten Effekte und Wirkungen legen. Weitgehend ausgeblendet bleiben dabei die für die Erzeugung handlungsleitenden Wissens notwendigen Informationen über den Wirkungsverlauf einzelner Komponenten, ihre jeweilige Wirksamkeit und ihren Anteil an der Gesamtwirkung. Wesentliche Aspekte und Bereiche eines Programms und seiner Effekte können durch die Beschränkung der Analyse auf wenige Variablen und deren Beziehungen unberücksichtigt bleiben (unangemessene Reduktion des Gegenstandes, Nichterfassung von Komplexität und Prozeßhaftigkeit; Schneider, 1980). Experimentelle Ansätze und quantitative Methoden sind daher nur dann zu empfehlen, wenn im Mittelpunkt der E.frage die Gesamtwirkung eines in seiner Struktur gut erfaßbaren, stabilen Programms steht (summative E.) und Kontextfaktoren nicht in Betracht zu ziehen sind (Wittmann, 1985).

Sind die Voraussetzungen für die Anwendung experimenteller Verfahren nicht gegeben, ist der Rückgriff auf Designs, die sich überwiegend *nichtexperimenteller* und *qualitativer* Methoden bedienen, unumgänglich.

Für die E. von Programmen und Maßnahmen, deren Wirkungsweise theoretisch kaum erschlossen ist, da sie zahlreichen Wechselwirkungen mit ihrer Umwelt unterliegen und während der Implementation immer wieder Wandlungen in ihren konkreten Ausformungen erfahren, müssen E.strategien mit geringerer methodischer Rigorosität herangezogen werden.

Fallstudienansätze, die „heuristisch offen“ und „methodisch flexibel“ angeleitet sind, versuchen, durch die Einbeziehung umfangreicher Variablenbereiche und die Durchführung breit und umfassend angelegter Datensammlungsstrategien unterschiedlich dimensionierte Wirkungsspektren zu erkunden und Wirkungsverläufe und Wirkungskombinationen einzelner Maßnahmen genau zu beschreiben und zu identifizieren (Hellstern/Wollmann, 1983 a). Sie beschränken sich dabei nicht auf die abschließende Beurteilung, sondern sind schon während der Implementationsphase bestrebt, Informationen bereitzustellen, die zur Korrektur nicht zieladäquater Maßnahmen und damit zur Verbesserung der Programmdurchführung beitragen (formative E.).

Dabei kommt es ihnen auch darauf an, die Adressaten möglichst frühzeitig auf Probleme und Schwierigkeiten der Durchführung aufmerksam zu machen und handlungsleitendes Wissen („Prozeß-“ und „Steuerungswissen“), das Handlungsmöglichkeiten und Handlungsgrenzen aufzeigt, zur Verfügung zu stellen. Hier ergeben sich Berührungspunkte zu Strategien, die in *Aktions-, Begleit-* und *Handlungsforschungsansätzen* verfolgt werden (Schneider, 1980).

Der besondere Vorteil dieser Forschungsanordnung besteht darin, daß mit dem kombinierten Einsatz verschiedener Methoden und Instrumente *(Methodenmix)* eine Vielzahl relevanter Aspekte der Untersuchungsfrage zu ermitteln und auch nicht intendierte und nicht erwartete Wirkungen aufzuspüren sind.

Solche Vorgehensweisen sind z. B. in E.studien anzutreffen, die sich mit der Erfassung der Auswirkungen neuer Technologien auf die Organisations- und Arbeitsstrukturen im Rahmen der Betriebs- und Arbeitspsychologie beschäftigen. Neben objektiven und subjektiven *Arbeitsanalyseverfahren* werden auch *teilnehmende Beobachtung, narrative Interviews, Expertengespräche, Dokumentenanalysen* und *Gruppendiskussionen* als angemessene Methoden für die Erhebung der Daten angesehen.

Hervorzuheben ist, daß auch die durch qualitative Fallanalysen gewonnenen Aussagen durch umfassende Offenlegung und Dokumentation der methodischen Konzeption und der empirischen Ergebnisse überprüfbar bleiben müssen. Um zu Aussagen zu gelangen, die über die Beschreibung des Einzelfalls hinausreichen, sollten im Anschluß an explorative Fallstudien, die vorrangig der Hypothesengewinnung dienen, vergleichende bzw. „Mehrfall-Studien" durchgeführt werden, deren Ergebnisse mit Hilfe von quantitativen, auf statistischen Modellen beruhenden Kontrollverfahren zu validieren sind (Hellstern/Wollmann, 1983 a).

4 Entwicklungsrichtungen

Die aus dem unmittelbaren Praxisbezug resultierenden methodischen, erkenntnistheoretischen, personellen und organisatorische Probleme haben die *Weiterentwicklung* evaluativer Aktivitäten im wesentlichen in folgende Richtungen gelenkt:
- Hinwendung zu methodisch offenen und flexiblen Vorgehensweisen und komplexen Strategieanalysen;
- Loslösung von der Erfolgskontrolle im Hinblick auf vorgegebene politische Programm- oder Projektziele und Hinwendung zur Bereitstellung von handlungsrelevantem Wissen im Sinne der Betroffenen;
- Offenlegung der den Forschungsprozeß determinierenden Werte und Normen und Diskussion gesellschaftstheoretischer Konzeptionen als Orientierungshilfen zur Analyse des Verhältnisses von E.stätigkeit und Restriktionen des politisch-administrativen Systems.

Literatur

Bräunling, G. (Hrsg.): Wirkungsanalyse zu ausgewählten Zielaspekten des Aktionsprogramms Forschung zur Humanisierung des Arbeitslebens. Frankfurt: Campus, 1982.

Bastine, R.: Methoden der Psychotherapieforschung. In: Schraml, W. J./Baumann, U. (Hrsg.): Klinische Psychologie I. Bern: Huber, 1975.

Biefang, S. (Hrsg.): Evaluationsforschung in der Psychiatrie. Fragestellungen und Methoden. Stuttgart: Enke, 1980.

Bühringer, G.: Planung, Steuerung und Bewertung von Therapieeinrichtungen für junge Drogen- und Alkoholabhängige. Ergebnisse einer Modellförderung des Bundesministeriums für Jugend, Familie und Gesundheit. München: Röttger, 1981.

Derlien, H.-U.: Die Erfolgskontrolle staatlicher Planung. Eine empirische Untersuchung über Organisation, Methode und Politik der Programmevaluation. Baden-Baden: Nomos, 1976.

Fend, H.: Gesamtschule im Vergleich. Bilanz des Gesamtschulvergleichs. Weinheim: Beltz, 1982.

Frey, K. (Hrsg.): Curriculum Handbuch. Bd. 2. München: Piper, 1975.

Gruschka, A. (Hrsg.): Ein Schulversuch wird überprüft. Das Evaluationsdesign für Kollegstufe NW als Konzept handlungsorientierter Begleitforschung. Kronberg: Athenäum, 1976.

Hellstern, G.-M./Wollmann, H.: Evaluierungsforschung. Ansätze und Methoden – dargestellt am Beispiel des Städtebaus. Basel: Birkhäuser, 1983 a.

Hellstern, G.-M./Wollmann, H. (Hrsg.): Experimentelle Politik – Reformstrohfeuer oder Lernstrategie. Bestandsaufnahme und Evaluierung. Opladen: Westdeutscher Verlag, 1983 b.

Hellstern, G.-M./Wollmann, H. (Hrsg.): Handbuch zur Evaluierungsforschung. Bd. 1. Opladen: Westdeutscher Verlag, 1984.

Hopf, C./Weingarten, E. (Hrsg.): Qualitative Sozialforschung. Stuttgart: Klett, 1979.

Kordes, H.: Evaluation. In: Haft, H./Kordes, H. (Hrsg.): Enzyklopädie der Erziehungswissenschaften. Stuttgart: Klett-Cotta, 1984.

Krapp, A./Will, H.: Who is who in evaluation. Nr. 3. Evaluations-Dokumentation 1984. Neubiberg: HSBw, 1984.

Mitter, W./Weishaupt, H. (Hrsg.): Strategien und Organisationsformen der Begleitforschung. Weinheim: Beltz, 1979.

Müller, C. W. (Hrsg.): Begleitforschung in der Sozialpädagogik. Weinheim: Beltz, 1978.

Nacken, W.: Evaluierung als sozialer Interaktionsprozeß. Methodologische Streitfragen und Probleme einer Evaluatorenausbildung. In: Hellstern, G.-M./ Wollmann, H. (Hrsg.): Handbuch zur Evaluierungsforschung. Bd. 1. Opladen: Westdeutscher Verlag, 1984.

Opp, K.-D.: Wissenschaftstheoretische Grundlagen der empirischen Sozialforschung. In: Roth, E. (Hrsg.): Sozialwissenschaftliche Methoden. Lehr- und Handbuch für Forschung und Praxis. München: Oldenbourgh, 1984.

Petermann, F. (Hrsg.): Psychotherapieforschung. Ein Überblick über Ansätze, Forschungsergebnisse und methodische Probleme. Weinheim: Beltz, 1977.

Prell, S.: Evaluation. In: Schiefele, H. (Hrsg.): Handlexikon zur pädagogischen Psychologie. München: Ehrenwirth, 1981.

Rettenmeier, J./Wilfer, R. F.: Möglichkeiten und Grenzen der Realisierung konfliktlösenden Handelns durch Aktionsforschung. Spardorf: Goch, 1980.

Salfer, P. / Furmaniak, K.: Das Programm „Forschung zur Humanisierung des Arbeitslebens". Stand und Möglichkeiten der Evaluierung eines staatlichen Forschungsprogramms. Mitt A B, 3/81.

Schaffernicht, A.: Schulversuche und ihre wissenschaftliche Begleitung. Eine Dokumentation. Weinheim: Beltz, 1977.

Schneider, U.: Sozialwissenschaftliche Methodenkrise und Handlungsforschung. Frankfurt: Campus, 1980.

Schwartz, H./Jacobs, J.: Qualitative sociology. A method to madness. New York: Free Press, 1979.

Scriven, M.: Die Methodologie der Evaluation. In: Wulf, C. (Hrsg.): Evaluation. Beschreibung und Bewertung von Unterricht, Curricula und Schulversuchen. München: Piper, 1972.

Stake, R. E.: Verschiedene Aspekte pädagogischer Evaluation. In: Wulf, C. (Hrsg.): Evaluation. Beschreibung und Bewertung von Unterricht, Curricula und Schulversuchen. München: Piper, 1972.

Stufflebeam, D. L.: Evaluation als Entscheidungshilfe. In: Wulf, C. (Hrsg.): Evaluation. Beschreibung und Bewertung von Unterricht, Curricula und Schulversuchen. München: Piper, 1972.

Suchman, E. A.: Evaluative research: Principle and practice in public service and social action programms. New York: Russel Sage Foundation, 1967.

Weiss, M.: Effizienzforschung im Bildungsbereich. Aufgabenfelder, Methoden und empirische Befunde. Berlin: Dunker, Humblot, 1982.

Wholey, J. S.: Evaluierung – Grundlage und Voraussetzung für leistungsfähigere Programme. In: Hellstern, G.-M./Wollmann, H. (Hrsg.): Handbuch zur Evaluierungsforschung. Bd. 1. Opladen: Westdeutscher Verlag, 1984.

Wittmann, W. W.: Evaluative Forschung in der Psychiatrie. In: Häfner, H. (Hrsg.): Forschung für die seelische Gesundheit. Heidelberg: Springer, 1983.

Wittmann, W. W.: Evaluationsforschung. Aufgaben, Probleme und Anwendungen. Heidelberg: Springer, 1985.

Wottawa, H.: Evaluation. In: Weidenmann, B./Krapp, A. (Hrsg.): Pädagogische Psychologie. München, Weinheim: Psychologische Verlagsunion, 1986.
Wulf, C.: Funktionen und Paradigmen der Evaluation. In: Frey, K. (Hrsg.): Curriculum Handbuch. Bd. 2. München: Piper, 1972.
Wulf, C. (Hrsg.): Evaluation. Beschreibung und Bewertung von Unterricht, Curricula und Schulversuchen. München: Piper, 1972.

Experiment

Viktor Sarris

Die allgemeinen Ziele der Psychologie bestehen darin, durch Entwicklung und Anwendung von geeigneten nicht-experimentellen und experimentellen Methoden Erleben und Verhalten von Lebewesen zu erfassen und dabei gesetzmäßige Korrelationen sowie Kausalbeziehungen von systematisch angestellten *Beobachtungen* aufzudecken (Tier- und Humanversuch). Als eine der Hauptfunktionen einer methodenkritisch orientierten Psychologie gilt dabei: Neben Vermehrung und theoretischer Einordnung von positivem Einzelwissen erfüllt diese in Forschung und Praxis auch eine – nur scheinbar negative – besondere Aufgabe, nämlich die, vermeintliches Wissen (Alltagswissen usw.) als Halb- bzw. Scheinwissen aufzudecken und dem echten Wissen entgegenzustellen (Bunge, 1983; Bunge/Ardila, 1987).

Bei dem *Experiment* handelt es sich um eine zentrale Forschungsmethode, die in der Psychologie ab etwa Mitte des vorigen Jahrhunderts eingeführt (Weber, 1834; Fechner, 1860; Wundt, 1879; Ebbinghaus, 1885) und bis zum Beginn dieses Jahrhunderts entscheidend fortentwickelt wurde (Wertheimer, 1912; Fröbes, 1923; Giese, 1928), aber erst seit etwa 50 Jahren im Rahmen der gesamten Psychologie zunehmend an Bedeutung gewonnen hat (Stevens, 1951; Osgood, 1953; s. den psychologiegeschichtlichen Überblick von Mich. Wertheimer, 1987).

1 Grundlagen des psychologischen Experiments

Das E. ist in allen empirischen Wissenschaften – so auch in der Psychologie – die wichtigste Methode zur *Kausalanalyse* von Variablenzusammenhängen („Ursachen"-Erforschung). Dabei hat es die Psychologie besonders mit der Entdekkung und Überprüfung von *Erscheinungsgesetzlichkeiten* zu tun, die von physiologischem und phänomenologischem Erkenntnisinteresse sind (Wertheimer, 1912; vgl. hier *Abb. 1*).

1.1 Definition des Experiments

Gemäß der Tatsache, daß sich gesetzmäßige Beziehungen zwischen verursachenden *Bedingungen* einerseits und aus diesen resultierenden *Ereignissen* (Beobachtungen) andererseits in der Natur höchst selten direkt feststellen lassen, erhält die experimentelle Methodologie ihre grundsätzliche Bedeutung. Denn für jeden einzelnen zu untersuchenden Fall ist mitzuberücksichtigen, daß auch

Abbildung 1: Physiologische und phänomenologische Ausgangsbasis des *psychologischen* E.: Schaut man liegend mit dem linken Auge – bei geschlossenem rechten – in die Umgebung, dann erscheint diese in etwa so, wie hier abgebildet. Das dabei tatsächlich *Wahrgenommene* läßt sich im psychologischen Versuch systematisch erforschen. (nach E. Mach, 1911.)

andere als die singulär beobachtbaren bzw. erschlossenen Bedingungen als die eigentlichen Ursachen für das Auftreten von Ereignissen infrage kommen. Ob eine Veränderung auf *eine* („monokausal") oder *mehrere* („multikausal") Bedingungen zurückzuführen ist, läßt sich dadurch feststellen, daß man *künstlich* (nicht: artifiziell) in das zu beobachtende Geschehen eingreift und dabei die Wirkungen (Effekte) der eingeführten Bedingungen systematisch untersucht.

Bereits Wundt (1898, 22) hat die folgende *klassische* Definition des E. gegeben: „Das Experiment besteht in einer Beobachtung, die sich mit der willkürlichen Einwirkung des Beobachters auf die Entstehung und den Verlauf der zu beobachtenden Erscheinung verbindet."

Eine weitere Definition des E., in welcher der Begriff der „Kontrolle" als dessen zentrales Merkmal angeführt wird, stammt von Edwards (1954): „Unter einem Experiment versteht man eine planmäßig ausgelöste Beobachtung unter kontrollierten Bedingungen."

Um eine Bedingung als *Ursache* eines Ereignisses bezeichnen zu können, sind die Richtlinien zu beachten, die bereits John Stuart Mill (1834) als *„Regeln der Beweisführung"* formuliert hat:

- Bezeichnen wir etwas als Ursache (X) eines Ereignisses (Y), so muß es immer dann auftreten, wenn das Ereignis auftritt.
- Bezeichnen wir etwas als Ursache eines Ereignisses, dann muß das Ereignis immer dann auftreten, wenn die vermeintliche Ursache auftritt.
- Bezeichnen wir etwas als Ursache eines Ereignisses, dann muß das Ereignis sich verändern, wenn die vermeintliche Ursache sich verändert.
- Weist ein Ergebnis, dessen Ursache bekannt ist, zusätzliche Merkmale auf, dann gibt es dafür zusätzliche Ursachen.

Das damit Gemeinte läßt sich auch wie folgt beschreiben: Man stelle die Bedingung X her und beobachte, ob das Ereignis Y eintritt oder nicht. Folgt Y auf X, so kann man mit einem gewissen Plausibilitätsgrad davon ausgehen, daß X eine *hinreichende* Bedingung für Y ist. Dies gilt insbesondere dann, wenn auch bei wiederholter Herstellung der Bedingung X das Ereignis Y immer wieder auftritt. Durch eine weitere Manipulation der Bedingung, nämlich durch Beseitigung oder Variation von X, läßt sich darüber hinaus prüfen, ob X auch eine *notwendige* Bedingung für Y darstellt. Dabei ist die praktische Voraussetzung für die Durchführung eines E. die Formulierung einer *Hypothese*, in der eine präzise Angabe über die Art der erwarteten Abhängigkeitsbeziehung erfolgt und in der insbesondere die variierte *Bedingung* (X) und die erwartete *Veränderung* (Y) – im Sinne einer „operationalen Definition" – exakt festgelegt sind.

1.2 Experimentell-korrelatives Modell der psychologischen Forschung

Die Bedingungen, die in einem E. vom Experimentator (Versuchsleiter) direkt oder indirekt *verändert* („manipuliert") werden, konstituieren die unabhängigen Variablen (*UV*); das Ereignis, das der Versuchsleiter als Folge der Manipulation der unabhängigen Variablen beobachtet, ist Teil der *abhängigen* Variablen (*AV*). Bei den experimentell zu manipulierenden Bedingungen und den zu beobachtenden Ereignissen handelt es sich um Größen, die in *qualitativer* oder in *quantitativer* Hinsicht „veränderlich", d. h. *variabel* sind (Sarris, 1985; 1988).

Einfachheitshalber unterscheidet man einerseits zwischen den sog. *experimentellen* und andererseits den sog. *korrelativen* Untersuchungsansätzen (bzw. Verfahren), die zwar grundsätzlich verschieden sind, aber sich in der Forschungspraxis miteinander verknüpfen lassen (Abb. 2). Im oberen Teil des Schemas von *Abbildung 2* sind die *grundlagenwissenschaftlich* orientierten Teildisziplinen der Psychologie angeordnet (*Allgemeine Psychologie*, *Differentielle Psychologie*, *Sozialpsychologie* und *Entwicklungspsychologie*), im unteren Teil die mehr *anwendungsorientierten* Gebiete der Psychologie aufgeführt (*Pädagogi-*

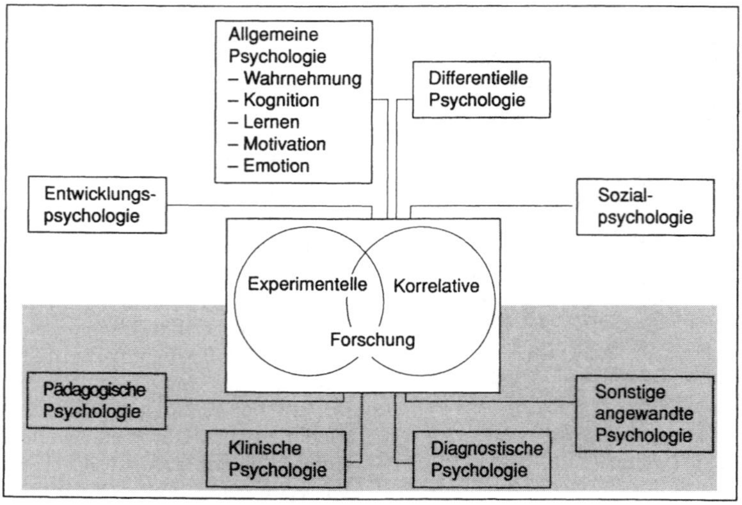

Abbildung 2: Das *experimentell-korrelative* Grundmodell der psychologischen Forschung. Vgl. Text (Nach Sarris, 1985)

sche Psychologie, Klinische Psychologie, Diagnostische Psychologie). Experimentelle und korrelative Forschungsstrategien spielen in sämtlichen Teilgebieten der Psychologie eine Rolle (also nicht nur in der Allgemeinen Psychologie, wie manchmal irrtümlich angenommen wird). Die methodologische Überlegung, daß der experimentelle und der korrelative Forschungsansatz miteinander eng verbunden sind, wird in der Abbildung durch die Überschneidung der beiden Kreise verdeutlicht (Cronbach, 1975).

1.3 Allgemeine Systematik der Versuchspläne

Unter einem *Versuchsplan* (Design) versteht man ein standardisiertes Schema (Strukturschema), das einer bestimmten Untersuchung sachlogisch zugrundeliegt. Seine Logik stellt im Rahmen des Forschungsprozesses eine Verbindung zwischen der *Problemstellung*, dem *Versuchsaufbau*, der Versuchsdurchführung sowie der statistischen *Datenanalyse* eines E. her. Je nach dem Ausmaß, in dem bei verschiedenen Versuchsanordnungen die experimentellen Variablen *manipulierbar* und die Randbedingungen *kontrollierbar* sind, werden die in der experimentalpsychologischen Forschung wichtigsten Versuchspläne vier verschiedenen *Design-Typen* zugeordnet: (1) vor-experimentelle Versuchspläne; (2) experimentelle Versuchspläne; (3) quasi-experimentelle Versuchspläne sowie (4) Ex post facto- und korrelative Versuchspläne (Campbell/Stanley, 1966; Bredenkamp, 1980; Sarris, 1988, Bd. 2).

1. *Vor-experimentelle Versuchspläne.* – Designs dieses Typs dienen in dieser Systematik vornehmlich der Abgrenzung des sog. vor-experimentellen Vorgehens von der eigentlichen experimentellen Forschungsmethodologie. Da sie auf die zu fordernde Systematik des (quantitativen) Vergleichs verzichten, sind sie in der Forschung – wenn überhaupt – nur bedingt einsetzbar.
2. *Experimentelle Versuchspläne.* – Das strenge experimentelle Designing erlaubt die kausaltheoretisch beste Versuchsplanung. Dabei werden die folgenden vier *Standard-Kontrollpläne* unterschieden:
   - Versuchspläne mit Zufallsgruppenbildung (Randomisierung)
   - Versuchspläne mit wiederholten Messungen
   - Versuchspläne mit Blockbildung
   - Mischversuchspläne.
3. *Quasi-experimentelle Versuchspläne.* – Der quasi-experimentelle Untersuchungsansatz kann nicht denselben strengen kausaltheoretischen Anspruch erheben wie der oben unter 2. genannte Design-Typ des klassischen E. Denn typischerweise ist hier die Zuordnung der einzelnen Versuchsteilnehmer zu den experimentellen Bedingungen nach dem Zufall nicht bzw. nur beschränkt möglich.
4. *Ex post facto- und korrelative Versuchspläne.* – Diese Versuchsanordnungen besitzen – wenn überhaupt – einen nur sehr begrenzten kausaltheoretischen Aussagewert. In der Ex post facto-Versuchsanordnung kann die unabhängige Variable prinzipiell nicht vom Experimentator manipuliert werden; es wird vielmehr „im

nachhinein" (*ex post*) aus den vorgefundenen Fakten auf früher erfolgte mutmaßliche Manipulationen (Behandlungen, Einwirkungen) *rückgeschlossen*. Eine Fülle z. B. kulturvergleichender, epidemiologischer (medizinischer) und sozialwissenschaftlicher Forschungsfragen wird typischerweise unter Zugrundelegung einer Ex post facto-Versuchsanordnung untersucht. Demgegenüber beziehen sich die sog. *korrelativen* Versuchsanordnungen nicht auf funktionale Abhängigkeiten zwischen unabhängigen und abhängigen Variablen, wie dies im Prinzip für alle experimentellen Anordnungen gilt, sondern lediglich auf Zusammenhänge (Korrelationen) zwischen abhängigen Variablen.

1.4 Experiment und Statistik

Die experimentelle Versuchsplanung impliziert – wenigstens im Prinzip – nicht notwendig die Statistik. Umgekehrt gilt jedoch, daß sowohl das E. als auch die Statistik stets auf einer Versuchsanordnung basieren, da die *Versuchsplanung* dem „Experiment" und der „Statistik" methodologisch vorgeordnet ist.

Trotzdem treten in der Forschungspraxis Fragen der *Versuchsplanung*, des *experimentell-korrelativen* Untersuchungsansatzes sowie der *Statistik* in aller Regel gemeinsam auf. Dabei gibt es in psychologisch *inhaltlicher* Hinsicht wichtige Merkmale, die das Verhältnis von Versuchsplanung und Statistik kennzeichnen:

In den beiden Schemata der *Abbildung 3* sind jeweils vier verschiedene Basisphänomene einerseits des *Wahrnehmens* (linker Abbildungsteil, A) und andererseits des *Lernens* (rechts, B) bezüglich ihrer Komplexität (Abszisse) sowie im Hinblick auf ihre *biologisch-sensorische* bzw. *sozial-kognitive* Determiniertheit (Ordinate) hypothetisch eingestuft (skaliert). Wie man sieht, basieren gemäß dieser Darstellung Phänomene wie etwa „Identifikation von Lautstärken" und „konditionierter Lidschlageffekt" weitgehend auf *biologisch-sensorischen*, hingegen „Wahrnehmung eines Kunstwerks" und „Erlernen einer Fremdsprache" hauptsächlich auf *kognitiv-sozialen* Grundlagen usw.

Im Hinblick auf die *Datenvariabilität* (inter- und intraindividuelle Fehlerstreuung) läßt sich aufgrund dieses hypothetischen Modells mit einiger Vorsicht die folgende Regel aufstellen: Je stärker der *biologisch-sensorische* Anteil („Signal") am jeweiligen Gesamtprozeß, desto geringer ist dessen Datenvariabilität („Rauschen"), und je stärker andererseits der *kognitiv-soziale* Anteil, desto stärker ist dessen Datenfluktuation. Es ist gerade die Aufgabe der *Versuchsplanung*, den *Signal-Rausch-Abstand* eines experimentellen Effekts möglichst zu maximieren.

Die Vielfalt der verschiedenen *Datenstreuungs*-Verhältnisse (Statistik) in Verbindung mit dem zu untersuchenden Phänomenbereich entspricht der Vielfalt der in der psychologischen Forschungspraxis anzutreffenden *Designs*. Eine *feste* Zuordnung von einzelnen Versuchsplänen zu einzelnen Inhaltsbereichen gibt es allerdings nicht.

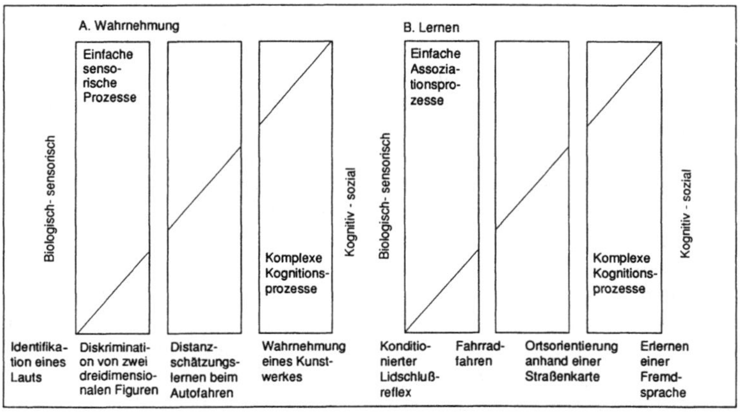

Abbildung 3: Hypothetische Zusammenhänge zwischen der „Komplexität" (Abszisse) psychologischer Phänomene einerseits und deren „biologisch-sensorischer" bzw. „kognitiv-sozialer" Determiniertheit (Ordinate) andererseits, am Beispiel der *Wahrnehmung* (linkes Schema, A) und des *Lernens* (rechtes Schema, B). – Die meisten der entlang den Abszissen hypothetisch skalierten Phänomene basieren auf einer „Vermaschung" von biologisch-sensorischen und kognitiv-sozialen Prozessen. Dem entspricht in etwa eine unterschiedliche Datenvariabilität (inter- und intraindividuelle Datenstreuung), welche ihrerseits versuchsplanerische Konsequenzen hat. (Nach Sarris, 1988)

2 Typen von Experimenten

In der Literatur werden verschiedene Arten von E.en unterschieden. Am häufigsten findet man die Gegenüberstellung von *Erkundungs-* und *Entscheidungs-E.en* einerseits und von *Labor-* und *Feld-E.en* andererseits.

2.1 Erkundungs- und Entscheidungsexperiment

Diese in der Forschungspraxis gängige Unterscheidung wird hier nur kurz behandelt, da ihre Bedeutung ohnehin unmittelbar evident ist (Metzger, 1952).

Erkundungsexperiment. – Von einem *Erkundungs-E.* („Pilotstudie“) spricht man, wenn durch das E. lediglich *vorläufige* Kenntnisse über einen bestimmten noch wenig erforschten Problembereich gewonnen werden sollen, so daß dann darauf aufbauend gezielte experimentelle Fragestellungen möglich werden. Die Hypothese eines Erkundungs-E. ist dementsprechend selten präzise formuliert.

Entscheidungsexperiment. – Einem *Entscheidungs-E.* („experimentum crucis“) liegt demgegenüber eine infolge des bereits vorhandenen Wissens über den Untersuchungsgegenstand *spezifizierte* Hypothese zugrunde. So läßt sich aufgrund der Ergebnisse eines Entscheidungs-E. eine relativ klare Entscheidung über die Gültigkeit der Hypothese oder die einer Alternativhypothese treffen.

2.2 Labor- und Feldexperiment

Unter einem *Labor-E.* werden üblicherweise solche E.e verstanden, die in einem „Labor“ durchgeführt werden, d. h. in einer Umgebung, die der Experimentator nach seinen eigenen Vorstellungen gestalten kann, wohingegen dies für ein *Feld-E.* typischerweise nicht bzw. weniger zutrifft.

Laborexperiment. – In einem Labor-E. ist es möglich, eine Vielzahl von Störvariablen zu *eliminieren* und Verfahren zur *Abschirmung* gegen Störvariable sowie zur *Konstanthaltung* der Untersuchungsbedingungen einzusetzen. Mit diesen drei Grundformen der Kontrolle, die im Labor auf mannigfaltige Weise zu realisieren sind, ist theoretisch und praktisch weitgehende Sicherheit für das Gelingen von Untersuchungen gegeben, d. h. die vielseitigen Kontrollmöglichkeiten sind die Voraussetzung für eine hohe *interne Validität* des Labor-E. Im Labor stehen präzise *Meßinstrumente* zur Verfügung, die es erlauben, exakte, d. h. fehlerfreie Messungen durchzuführen (z. B. Gadenne, 1976; Parducci, 1987).

Die *Präzision* der Datenerfassung und Messung im Labor-E. ist Grundlage für eine hohe *inferenzstatistische* Validität. Der Experimentator kann aufgrund der streng kontrollierten Bedingungen seine Variablen im Labor-E. exakt definieren, indem er die genauen Handlungen für die Realisation der unabhängigen Variablen und die präzisen Anweisungen für die Messung der abhängigen Variablen ausführt (*Abb. 4*).

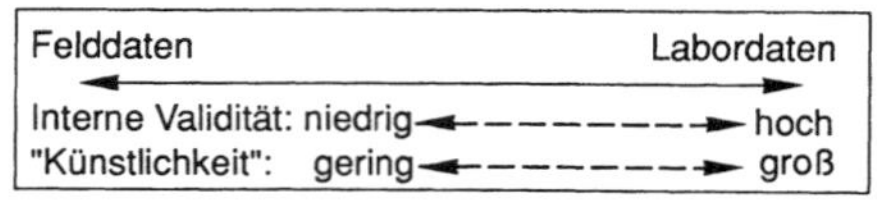

Abbildung 4: Labor- und Felddaten im Vergleich: „Künstlichkeit“ und „interne Validität“ von psychologischen Untersuchungen.
(Nach Sarris, 1985.)

Feldexperiment. – Ein *Feld-E.* ist demgegenüber eine Untersuchung, die – im Gegensatz zur Feldstudie – alle Charakteristika eines E. trägt, jedoch anstelle des Labors das „freie Feld“, d. h. die *natürliche* Umgebung, als Untersuchungsrahmen beibehält. Im Feld-E. werden also die experimentellen Bedingungen in einer natürlichen (ökologischen) Umgebung vom Experimentator manipuliert und die Störvariablen dabei, soweit es die Situation zuläßt, kontrolliert. Der wesentliche Unterschied zwischen Labor- und Feld-E. liegt – in methodischer Hinsicht – im Ausmaß der möglichen *Kontrolle* von Störvariablen. Durch das hohe Maß an Kontrolle werden im Labor häufig Bedingungen geschaffen, die eine Generalisierung auf eine konkrete, im alltäglichen Leben anzutreffende Situation nicht erlauben. Feld-E.e sind demgegenüber häufiger *situationsrepräsentativ* (ökologischer Aspekt). Gegenüber dem Labor-E. kann das Feld-E. unter bestimmten Bedingungen den Vorteil haben, daß die Wirkung einer experimentellen Bedingung auf die abhängige Meßgröße unverfälscht (Gniech, 1976) ist. Dies hängt unter anderem damit zusammen, daß die Versuchsteilnehmer im Labor-E. meist wissen, daß sie an einem E. teilnehmen, so daß ihre Reaktionen entsprechend weniger spontan sind, als dies bei der typischen Unwissentlichkeit der Versuchsteilnehmer in einem Feld-E. der Fall ist *(Reaktivität)*.

Jedoch ist eine Unterscheidung von Labor-E. und Feld-E. allein nach dem örtlichen Rahmen – sei es das Labor oder das freie Feld – im Einzelfall nicht immer sinnvoll. Leichter und aussagekräftiger ist die Unterscheidung von E.en nach dem *Grad* ihrer Kontrolle der Störvariablen und nach dem Grad der Wissentlichkeit ihrer Versuchsteilnehmer. Bereits Lewin (1927) hat darauf hingewiesen, daß die „Lebensnähe“ eines E. nicht so sehr in der quantitativen Übereinstimmung mit der alltäglichen Wirklichkeit zu suchen sei, sondern daß vielmehr entscheidend sei, ob in beiden Fällen der gleiche Geschehens-*Typus* vorliege (s. ferner Brunswik, 1956; Parducci, 1987).

3 Theorie und Praxis des Experiments

„Experimentelle“ Psychologie ist nicht gleichbedeutend mit der sog. Grundlagenforschung in der Psychologie; sie ist auch nicht der Angewandten Psychologie gegenüberzustellen; und sie ist ferner keine Teildisziplin der Psychologie oder gar eine „Schulrichtung“ (wie z. B. die Gestaltspsychologie, die Psychoanalyse usw.). Vielmehr bedeutet *experimentelle* Psychologie (Experimentalpsychologie) eine Psychologie, die das *Experiment* als bevorzugte, jedoch nicht ausschließliche Methode für die wissenschaftliche Erkenntnisgewinnung verwendet. Dabei hat das E. als Methode sowohl für die wissenschaftliche *Theorienbildung* (Grundlagenforschung) als auch für die Anwendung in der *Praxis* seine Bedeutung (Holzkamp, 1964).

3.1 Experimentieren und wissenschaftlicher Beweis

Naturgemäß kommt auch in der Psychologie dem wissenschaftlichen *Beweis* eine zentrale Bedeutung zu, wobei das E. eine Schlüsselrolle spielt (*Beweispflicht*).

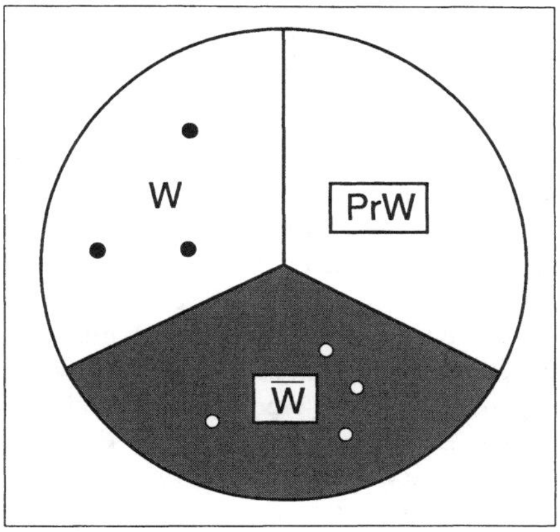

Abbildung 5: Schematische Darstellung einer (Natur-) Wissenschaft *W*, Pseudowissenschaft $\overline{W}$ und Protowissenschaft *PrW* (Vorwissenschaftlichkeit) – vgl. Text. (Modifiziert nach Bunge, 1982)

Wissenschaftliche Beweispflicht und psychologisches Experimentieren. – Die wissenschaftliche Beweissituation gleicht in manchen Teilbereichen der Psychologie noch der einer vorwissenschaftlich orientierten Disziplin (*Abb. 5*). – Ein extremes, aber aussagekräftiges Beispiel dafür liefert die Parapsychologie insofern, als diese Pseudowissenschaft eine Fülle von wissenschaftstheoretischen Problemen aufweist, die bis heute noch ungelöst sind (Bunge, 1983).

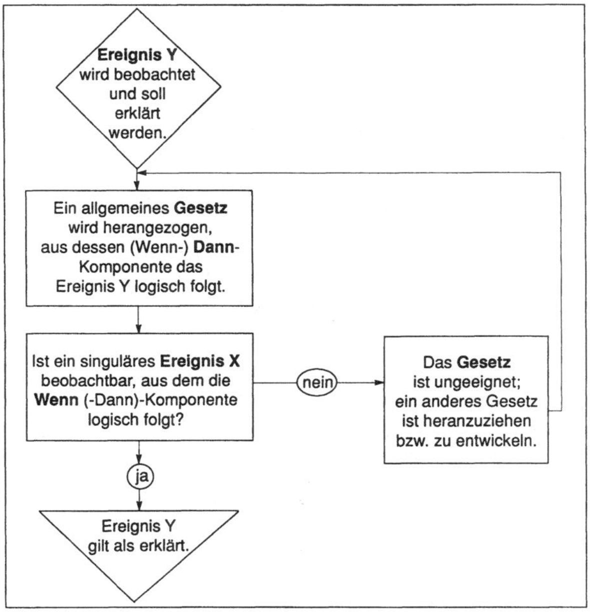

Abbildung 6: Der allgemeine Vorgang des Erklärens – als Flußdiagramm vereinfacht dargestellt.
(Modifiziert nach Küttner, 1979)

Möglichkeiten und Grenzen des psychologischen Experiments. – Aufgabe einer guten psychologischen Theorie ist es, bereits erhobene oder noch zu erhebende Daten möglichst einfach so zu ordnen, daß dadurch Erklärungen und Vorhersagen möglich werden (*Abb. 6*).

Es ist wichtig, sich immer wieder des Umstands bewußt zu werden, daß in der Psychologie vielfach unzureichende – d. h. unzulässige – *Erklärungen* vorgenommen werden (Pseudoerklärungen). In *Tabelle 1* sind verschiedene Haupttypen von Erklärungen, jeweils mit einem Beispiel, einander gegenübergestellt, wobei die ersten vier Pseudoerklärungen sind und die übrigen eventuell brauchbare Typen von Erklärungen darstellen (Bunge, 1983). Die in der Psychologie bisher entwickelten Theorien unterscheiden sich sowohl inbezug auf die *Tiefe* (z. B. Exaktheit) als auch bezüglich der *Weite* ihres Geltungsanspruchs. Beispielsweise kann man zwischen Maxi- und Minitheorien unterscheiden, wobei sich die ersteren auf sehr allgemeine Geltungsansprüche für sehr verschiedene Verhaltensweisen beziehen.

Die Möglichkeiten der experimentellen Methode sind eng an den *Einfallsreichtum* (Kreativität) des Experimentators geknüpft; d. h. sie sind abhängig von seinem Geschick, Annahmen und Hypothesen so zu formulieren, daß das E. eine Antwort auf die in der Regel komplexe psychologische Fragestellung geben kann (Lienert, 1955, 1987). Auch hängt der Erfolg eines E. stets von der Fähigkeit des Untersuchers ab, solche Techniken und Versuchsanordnungen zu finden, die ein psychologisches Problem besonders geeignet erforschbar machen (Düker, 1970).

Die eigentlichen *Grenzen* der Durchführung von E.en liegen dort, wo eine Gefahr für den Versuchsteilnehmer bestehen könnte bzw. ethische Prinzipien verletzt werden. Neben solchen *praktischen* (natürlichen) Grenzen des E. ist stets auch nach den *methodologischen* Grenzen der Aussagekraft von psychologischen Versuchen zu fragen. Es ist dies vor allem die Frage nach der jeweiligen Generalisierbarkeit der in einem Einzel-E. gewonnenen Ergebnisse.

Tabelle 1: Haupttypen von Erklärungen in der Psychologie: Pseudoerklärungen (Typ 1 bis 4) und potentiell brauchbare Erklärungen (Typ 5 bis 10). (Modifiziert nach Bunge, 1983)

(1)* *Tautologische* Erklärung: Geistiges Geschehen wird mit Begriffen von geistigen Fähigkeiten erklärt.
Beispiel: Wir behalten etwas im Gedächtnis, weil wir mit Erinnerungsfähigkeit begabt sind (E. Spranger).

(2)* *Teleologische* Erklärung: Ziele oder Absichten werden einem Geschehen unterstellt.
Beispiel: Ziel des Träumens ist, unseren Schlaf zu sichern oder unsere Wünsche zu erfüllen (S. Freud).

(3)* *Mentalistische* Erklärung: Verhaltensweisen oder geistigen Begebenheiten wird anderes geistiges Geschehen von ganz anderer Art zugeschrieben.
Beispiel: Perzeptive Wahrnehmung ist der Entwurf von Hypothesen (R. Gregory).

(4)* *Metaphorische* Erklärung: Vorgänge werden durch Analogievergleich mit physikalischen oder sozialen Vorgängen gedeutet oder mit tierischem Verhalten oder Computerprozessen identifiziert.
Beispiel: Gedächtnis ist enkodierte Information (G. A. Miller).

(5) *Genetische* Erklärung (*cave*): Verhalten wird durch Vererbung erklärt.
Beispiel: Intelligenz ist angeboren (C. Burt).

(6) *Entwicklungsbezogene* Erklärung: Das Verhalten der Lebewesen wird auf biologische oder mentale Entwicklungsstufen zurückgeführt.
Beispiel: Das Auftauchen bestimmter Fähigkeiten ist neurophysiologisch als Reifung des Nervensystems zu erklären (D. O. Hebb).

(7) *Umweltbezogene* Erklärung: Sinnesreize oder andere Außenweltfaktoren werden als Verursacher eines Geschehens angenommen.
Beispiel: Erziehung ist allmächtig (Watson).

(8) *Evolutionäre* Erklärung: Das Vorteilhafte oder Nachteilige eines Verhaltens oder einer geistigen Eigenschaft wird zur Erklärung herangezogen.
Beispiel: Vogelgesang und menschliche Sprache erleichtern die Kommunikation. Diese Verhaltensweisen wurden durch evolutionäre Anpassung bevorzugt ausgebildet (Ch. Darwin).

(9) *Neurophysiologische* Erklärung: Verhalten und Erleben wird auf Mechanismen des Nervensystems zurückgeführt.
Beispiel: Lernen ist die verstärkte Ausbildung der Synapsenverbindungen im Gehirn; Vergessen ist ihre Rückbildung (J. C. Eccles).

(10) *Misch*erklärung: Verhalten und Erleben werden mithilfe von zwei oder mehr Faktoren aus den obigen Erklärungstypen (5) bis (9) erklärt.
Beispiel: X war bis zum Alter von 10 Jahren unfähig, schreiben und lesen zu lernen, weil sein Gehirn durch Unterernährung und anregungsarme Umweltbedingungen in der Reifung zurückgeblieben war.

* *Pseudoerklärung.*

3.2 Angewandte Grundlagenforschung und psychologische Praxis

Die allerbeste psychologische Praxis ist und bleibt eine solche, die wissenschaftlich gut fundiert ist. Zwei heute verbreitete Ansichten dazu lauten:
- Psychologische E.e entbehren jeder Lebensnähe (fehlende Generalisierungsmöglichkeiten im Sinne externer Validität).
- Ergebnisse der Experimentalpsychologie haben keinen Anwendungsbezug für praktische Probleme.

Der erste der beiden Kritikpunkte wird allein schon durch den Hinweis auf die neuere Entwicklung der Experimentalpsychologie relativiert (Terrace et al., 1986). Aber auch bezüglich des zweiten Kritikpunkts sehen dies viele Fachleute der verschiedenen Bereiche der Psychologie heute anders als noch vor wenigen Jahren (zusammenfassend Sarris/Parducci, 1987).

Was heute im Vergleich zu den früheren Jahrzehnten – im Sinne eines Entwicklungsfortschritts der Psychologie – allgemein wohl besser gelöst wird, ist die meist klarere Formulierung von wissenschaftlich substantiellen Fragestellungen und deren präzisere Beantwortung in vielen Bereichen mit Hilfe der rapide entwickelten experimentell-quantitativen *Methodologie*.

4 Schlußbemerkung

Das E. verhindert keineswegs eine intuitive (kreative) Erkenntnisgewinnung; es macht im Gegenteil eine solche auf erkenntniskritischer Basis überhaupt erst möglich. Während sich das E. ferner, wenigstens prinzipiell, durchaus mit anderen Methoden vereinbaren läßt, bietet es darüber hinaus vielfach Gelegenheit zur Beobachtung von überraschenden Nebenerscheinungen (Nebenbefunden), deren Kenntnis die Forschung wiederum voranbringen kann. Darauf gründet wohl auch das z. T. große Vertrauen von nicht wenigen Fachvertretern in die heutige Psychologie, auch wenn deren weiterer wissenschaftlicher Ausbau in der Praxis noch vielfach auf sich warten läßt (Bunge, 1978; Irle/Strack, 1983).

Literatur

Bredenkamp, J.: Theorie und Planung psychologischer Experimente. Darmstadt: Steinkopff, 1980.

Brunswik, O.: Perception and the representative design of psychological experiments (2nd ed.). Berkeley: University of California Press, 1956.

Bunge, M.: The limits of science. Epistemiologia, 1, 1978, 11-32. (Dt. Ausg.: Mannheim: Bibliogr. Inst., 1983).

Bunge, M.: Demarcating science from pseudoscience. Fundamenta Scientiae, 3, 1982, 369-388.

Bunge, M.: Epistemology and methodology, 1: Exploring the world. Dordrecht: Reidel, 1983.

Bunge, M./Ardila, R.: Philosophy of psychology. New York: Springer, 1987.

Campbell, D. T./Stanley, J.: Experimental and quasi-experimental designs for research. Chicago: Rand McNally, 1966.

Cronbach, L. J.: Beyond the two disciplines of scientific psychology. American Psychologist, 30, 1975, 116-127.

Düker, H.: Möglichkeiten und Grenzen des Experiments in der Psychologie. Schweizerische Zeitschrift für Psychologie, 29, 1970, 26-33.

Edwards, A. L.: Experiments: Their planning and execution. In: Lindzey, G. (Ed.): Handbook of social psychology (Vol. 1) Reading (Mass.): Addison-Wesley, 1954.

Fröbes, J.: Lehrbuch der experimentellen Psychologie (Bd. 1-2). (2.-3. Aufl.) Freiburg: Herder, 1923. – Vgl. dort die weitere Literatur zur Psychologiegeschichte.

Gadenne, V.: Die Gültigkeit psychologischer Versuche. Stuttgart: Kohlhammer, 1976.

Giese, F.: Psychologisches Wörterbuch (2. Aufl.). Leipzig: Teubner, 1928.

Gniech, G.: Störeffekte im psychologischen Experiment. Stuttgart: Kohlhammer, 1976.

Holzkamp, K.: Theorie und Experiment in der Psychologie. Berlin: de Gruyter, 1964.

Irle, M./Strack, F.: Neue Denkschrift zur Lage der Psychologie. Bonn: Deutsche Forschungsgemeinschaft, 1983.

Küttner, M.: Gesetzesüberprüfung und Strukturgleichheitsthese. In: Albert, H./Stapf, K. H., (Hrsg.): Theorie und Erfahrung. Stuttgart: Klett, 1979.

Lewin, K.: Gesetz und Experiment in der Psychologie. Berlin, 1927.

Lienert, G. A.: Kleingruppen-Versuchpläne als Präzisionsmittel im psychologischen Experiment. Zeitschrift für Psychologie, 158, 1955, 121-147.

Lienert, G. A.: Schulnoten-Evaluation. Frankurt.: Athenäum, 1987.

Mach, E.: Analyse der Empfindungen und das Verhältnis des Physischen zum Psychischen. (6. Aufl.) Jena: G. Fischer, 1911.

Metzger, W.: Experiment in der Psychologie. Studium Generale, 3, 1952, 148-191.

Osgood, C. E.: Method and theory in experimental psychology. New York: Oxford University Press, 1953.

Parducci, A.: Wahrnehmungs- und Urteilsrelativität. In: Sarris, V./Parducci, A. (Hrsg.): Die Zukunft der experimentellen Psychologie (2. Aufl.). Weinheim: Beltz, 1987.

Sarris, V.: Experimentalpsychologisches Praktikum (Bde. 1-3). Weinheim: Beltz, 1985.

Sarris, V.: Lehrbuch der experimentellen Psychologie: Methodologische Grundlagen (2 Bde.). München: Reinhardt, 1988.

Stevens, S. S. (Ed.): Handbook of experimental psychology. New York: Wiley, 1951.

Terrace, H. T./Roitblatt, R./Riley, C. (Eds.): Handbook of experimental psychology. (2nd ed.). New York: Wiley, 1986.

Wertheimer, M.: Experimentelle Studien über das Sehen von Bewegung. Zeitschrift für Psychologie, 61, 1912, 161-265.

Wertheimer, Mich.: Die experimentelle Methode in der Psychologie des 19. und 20. Jahrhunderts. In: Sarris, V./Parducci, A., (Hrsg.): Die Zukunft der experimentellen Psychologie (2. Aufl.) Weinheim: Beltz, 1987.

Wundt, W.: Grundriß der Psychologie (3. Aufl.) Leipzig: Engelmann, 1898.

Familientherapie

Jürg Willi

F. ist nicht eine bestimmte Methode neben anderen Therapiemethoden, F. gründet auf einem anderen Paradigma. Die Einheit der Beobachtung ist nicht das Individuum, dessen Störung in Zusammenhang gebracht wird mit familiären Einflüssen, die Einheit der Beobachtung ist vielmehr die Familie als System. Was Familienmitglieder als Störung oder Pathologie entwickeln, ergibt sich aus den Wechselwirkungen der aufeinander bezogenen Familienglieder. Die Therapie versucht deshalb, das Zusammenspiel, die Wechselbeziehungen zwischen Familienmitgliedern und die Organisation des Familiensystems zu verändern, um damit Pathologie überflüssig zu machen.

1 Geschichtliche Entwicklung der Familientherapie

Nahezu alle Konzepte der Psychotherapie messen der Familie, insbesondere den Einflüssen der Eltern, für die Entwicklung einer Persönlichkeit und deren Störungen eine wichtige Bedeutung bei. Die *Psychoanalyse* Sigmund Freuds wertete seelische Leiden, die man zuvor auf körperliche, insbesondere zentralnervöse Störungen zurückgeführt hatte, als Ausdruck und Folge innerpsychischer und zwischenmenschlicher Prozesse. Dabei wird v. a. der Mutter-Kind-Beziehung eine besondere Bedeutung zuerkannt. Die Psychoanalyse interessiert sich aber v. a. für vergangene und verinnerlichte Familieneinflüsse und bleibt damit vorwiegend am Einzelpatienten orientiert. Die F. dagegen legt den Fokus auf die aktuellen familiären Beziehungen, auf die im Hier und Jetzt ablaufenden Prozesse zwischen den Familienmitgliedern. Familiengespräche waren bereits von Alfred Adler in den frühen 30er Jahren in London durchgeführt worden. Während und nach dem Zweiten Weltkrieg entwickelten sich *Gruppentherapie* und *Gruppenarbeit; Soziologie* und *Sozialpsychologie* gewannen großen Einfluß.

Auf diesem Boden begann sich in den 50er Jahren die F. v. a. in den USA zu enwickeln. Es gibt keinen „Vater" und keine „Mutter" der F., die Bewegung wuchs gleichzeitig an verschiedenen, voneinander unabhängigen Orten. Zu den wichtigsten Begründern gehören Nathan Ackerman in New York, Murray Bowen in Topeka und Washington D. C., Lyman Wynne am NIMH in Bethesda, Theodore Lidz und Stephen Fleck in Yale und v. a. die *Palo Alto-Gruppe* mit Gregory Bateson, Don Jackson, Jay Haley, John Weakland, Paul Watzlawick, John Bell und Virginia Satir. Neu war die Beobachtung der Familie als Einheit, die direkte Beobachtung von Interaktionen und Kommunikationsstilen, von Regeln und Kommunikationsmustern. Dieser Beobachtung lagen andere Paradigmen zugrunde als der Tiefenpsychologie, nämlich die *Kybernetik,* die *Informationstheorie* und die allgemeine *Systemtheorie.*

Anfänglich konzentrierte sich die F.forschung v. a. auf *Familien Schizophrener,* also auf schwer pathologische Familiensysteme, welche sich gegenüber Außenbeeinflussung als besonders resistent erweisen. Es entwickelte sich die Ansicht, daß die merkwürdigen und gestört wirkenden Verhaltensweisen Schizophrener im Kontext ihrer Familienbeziehungen ihre eigene Logik und Rechtfertigung finden. Man glaubte, die Familie sei es, die den Patienten verrückt mache. Die Familie brauche für die Aufrechterhaltung ihres Gleichgewichtes einen Patienten und entwickle Regelmechanismen, welche die auf Veränderung hinzielenden Außeneinflüsse, insbesondere auch tiefenpsychologische Deutungen, absorbieren. Man kam zur Ansicht, Einsichtsvermittlung führe in der Therapie solcher Familien nicht weiter, man müsse vielmehr versuchen, die Familienregeln und die Regelmechanismen zu verändern, etwa dadurch, daß man den Widerstand der Familie gegen den Therapeuten nicht direkt angehe, sondern die widerstrebenden Kräfte ad absurdum führe, etwa durch Symptomverschreibungen oder paradoxe Interventionen. Ein Markstein, der diese Forschung und Therapieform einleitete, war der berühmte Aufsatz von Gregory Bateson, Don Jackson, Jay Haley und John Weakland: „Towards a Theory of Schizophrenia", 1956. Unabhängig von der Palo Alto-Gruppe arbeitete Murray Bowen (1960) als einer der ersten Psychiater mit ganzen Familien von Schizophrenen. Er beschrieb die starke, fast untrennbare, gegenseitige Abhängigkeit der Familienmitglieder als undifferenzierte Familien-Ego-Masse, womit er etwa dasselbe meint wie später Salvador Minuchin mit dem Begriff des „enmeshment", also der verstrickten Familie, oder Helm Stierlin mit seinen auf Ich-Ebene gebundenen Familien.

Lyman Wynne, ein weiterer Pionier, arbeitete v. a. die Denk-, Affekt- und Kommunikationsstörungen in Familien Schizophrener heraus (Wynne et al., 1958). Er vermutete, daß die Verhaltensweisen der Familienangehörigen die typische Art der Denk- und Affektstörungen Schizophrener hervorrufen. Ähnliche Gedanken äußerte u. a. der Engländer Ronald Laing (1965), der ebenfalls in schwer gestörten Familien die Mystifizierungen der Beziehung, die Unfähigkeit, unterschiedliche Meinungen und Gefühle zu tolerieren und die Unfähigkeit zu klaren Ich-Du-Definitionen feststellte.

Auf diesen Grundlagen entwickelten sich die *systemische* und die *strukturalistische* F.

Im deutschen Sprachraum entfaltete sich die F. etwas anders und kontroverser als in den USA. Die deutschsprachige F. blieb stärker einer familiendynamischen Sicht der familiären Störungen verbunden und versuchte, systemische Gesichtspunkte mit psychodynamischen zu integrieren. Im Unterschied zur rein systemischen Therapie, die sich fast ausschließlich auf die direkte Beobachtung der innerfamiliären Interaktionen beschränkt, zog sie längerdauernde Perspektiven familiärer Entwicklungen stärker in ihre Betrachtungsweise ein. Eine Initialzündung ging von den weit verbreiteten Büchern von Horst Eberhard Richter in Giessen aus, nämlich von seinem Buch „Eltern, Kind und Neurose", 1963 und von „Patient Familie", 1970. Richter gründete gemeinsam mit Hans Strotzka, Wien und Jürg Willi, Zürich, eine Arbeitsgemeinschaft für F. und Familienforschung (AGF), welche für einige Jahre die familientherapeutisch aktiven Psychiater zu regelmäßigem Gedankenaustausch zusammenführte. Zu dieser Gruppe gehörten u. a. auch Raoul Schindler, Wien, Ludwig Reiter aus Wien, Dieter Beckmann aus Giessen, Eckhard Sperling aus Göttingen, Luc Kaufmann aus Lausanne, Joseph Duss-von Werdt und Ambros Uchtenhagen aus Zürich. 1975 stieß mit der Rückkehr aus den USA Helm Stierlin, Heidelberg, dazu. Diese Autoren waren zunächst noch stark psychoanalytisch orientiert. Zu einer revolutionären Wende kam es 1978 unter dem Einfluß von Gottlieb Guntern, Brig, der bei Minuchin ausgebildet war und eine radikale Abkehr von psychodynamisch-psychoanalytischem Denken forderte (Guntern, 1980). Die F. spaltete sich in zwei Lager, es kam zu intensiven Streitgesprächen, welche dem systemischen Denken zum allgemeinen Durchbruch verhalfen, gleichzeitig aber auch viele Arbeiten anregten, die Systemtheorie psychodynamisch zu durchdenken und in psychodynamische Konzepte zu integrieren (z. B. Ciompi, 1982; Willi, 1985).

Entscheidenden Einfluß auf den Durchbruch der Kommunikationstheorie und Systemtheorie im deutschen Sprachraum hatten auch die Bücher von Paul Watzlawick, insbesondere „Menschliche Kommunikation", 1969, und „Lösungen", 1974. Eng an seine Ausführungen angelehnt war ein Buch von Anita und Karl Herbert Mandel et al.: „Einübung in Partnerschaft durch Kommunikationstherapie und Verhaltenstherapie", 1971, welches in der *Paartherapie* großen Einfluß hatte und zu einem Boom von *Partnerschaftstrainings* führte, welche allerdings später an Bedeutung eingebüßt haben. Wichtige Impulse für die Entwicklung der F. im deutschen Sprachraum gaben ferner folgende Bücher: Helm Stierlin: „Eltern und Kinder im Prozeß der Ablösung", 1975, und weitere seiner Schriften, die sich v. a. auch mit dem Vergleich von Psychoanalyse und Familientherapie befaßten. Große Verbreitung fand ferner das Buch von Jürg Willi „Die Zweierbeziehung", in welchem er das Kollusionskonzept ausarbeitete. Viel zu Orientierung und Integration beigetragen hat auch das von Fritz Simon und Helm Stierlin herausgegebene Vokabular: „Die Sprache der Familientherapie", 1984. Insgesamt gesehen war der Einfluß der amerikanischen F. und der Milano-Gruppe für die F. im deutschen Sprachraum jedoch vorherrschend.

2 Familiendynamische Konzeptbildungen

In weiten Kreisen wird heute F. mit *Systemtherapie* gleichgesetzt. Dieser Beitrag beschränkt sich jedoch auf jene familientherapeutischen Konzepte, welche familiendynamische Aspekte mit systemischem Denken zu integrieren versuchen. Um sich ein Bild über F. zu machen, muß der Leser jedoch die „Systemtherapie" mitbeachten.

Familiendynamische Konzepte finden in Europa, insbesondere im deutschen Sprachraum, weit mehr Anklang als in den USA. Sie erfassen die Familie in einer höheren Komplexität und wollen weder auf die Reflexion der Ursachen familiärer Störungen noch auf die Bearbeitung von Gefühlen und Bedürfnissen verzichten. Sie schenken auch der langjährigen Entwicklung der Familiengeschichte, der *transgenerationellen Längsschnittentwicklung,* Beachtung und halten die Reduktion der Perspektive auf das Hier und Jetzt familiärer Interaktion für unzureichend. Das hindert sie nicht daran, die von der systemischen und strukturalistischen F. entwickelten therapeutischen Techniken und Strategien in ihrer Praxis anzuwenden. Die familiendynamisch orientierten Konzepte leugnen die aus der Systemtheorie, Informationstheorie und Kybernetik abgeleiteten Gesichtspunkte nicht, sie sehen jedoch in einem familiären System nur bedingt eine Analogie biologischer oder technischer Systeme. Sie sehen das familiäre System als *Organisation* der in Familien wirksamen Kräfte. Sie sehen den Einfluß der Organisation auf die Dynamik der Kräfte, aber auch den Einfluß der Dynamik auf deren Organisation. Voraussetzung für Bildung und Bestand eines sozialen Systems ist die von den Mitgliedern miteinander geteilte Zielsetzung und Sinngebung. Ohne ausreichende Motivation und damit ohne Beachtung der Psychodynamik eines Systems läßt sich dessen Existenz nur in sehr begrenzter Weise verstehen. Die familiendynamisch orientierten Konzepte erweitern somit das Verständnis für das Wesen von Störung in der Familie.

Von großem Einfluß auf die familiendynamische Sicht ist das Werk von Ivan Boszormenyi-Nagy, insbesondere sein gemeinsam mit Geraldine Spark 1973 publiziertes Buch: „Invisible Loyalties" (deutsch: Unsichtbare Bindungen, 1981). Danach bestehen in Familien – trotz aller modernen Auflösungserscheinungen – sehr mächtige, unsichtbare Bindungen. Boszormenyi-Nagy betrachtete *familiäre Loyalitätsbindungen* für etwas Ursprüngliches und auf nichts anderes Reduzierbares. Die Krise der modernen Familie werde u. a. durch das Bestreben, familiäre Loyalitätsbindungen und Verantwortlichkeiten zu verschleiern und zu verleugnen, bewirkt. Das von ihm entwickelte Konzept der *kontextuellen Therapie* versucht deshalb den Beziehungsaspekt aus ethischer Sicht neu zu definieren und einen fairen Ausgleich in Beziehungen zu ermöglichen. Boszormenyi-Nagy glaubt, daß in jeder Familie eine Art Buchführung besteht, in welcher die Verdienste (merits) und Schulden (debits) bilanziert werden. Die ausbeuterischen Aspekte einer jeden Beziehung werden durch ein Streben nach Kontenausgleich aufgewogen. Wer sich Verdienste durch Fürsorge, Aufopferung und Engagement für andere erwirbt, verschafft sich damit ein Anrecht (entitlement) auf Verdienstausgleich, dem sich die Familienmitglieder nicht ohne Schuldgefühle entziehen können. Loyalitätsbindungen beeinflussen das Ehe- und Familienleben über die Generationen hinweg in entscheidendem Maße. Ein Kind kann etwa aus Loyalitätsbindung seine persönliche Entwicklung hintanstellen und sich den Eltern anbieten zur Parentifizierung, d. h. zu einer elterlichen Betreuung der Eltern, oder es kann die in Streit verwikkelten Energien der Eltern durch Krankheit auf sich ziehen, oder es kann bei chaotischen Familienverhältnissen durch asoziales Verhalten strukturierende Hilfe von außen auf die Familie lenken.

Ungelöste Schuldkonten gegenüber den eigenen Eltern können sich hinderlich auf das Eingehen und Führen der eigenen Ehe, aber auch ganz allgemein auf die persönliche Entfaltung auswirken.

Die Therapie versucht, die Verdienst- und Schuldkonten in der Familie aufzuweisen, die Wirksamkeit der Loyalitätsbindungen – ev. auch destruktive Loyalität – sichtbar zu machen und den Versöhnungsprozeß einzuleiten, unter Einbezug der familiären Ressourcen.

Das *Heidelberger familientherapeutische Konzept* und dessen Hauptautor Helm Stierlin befassen sich mit der Familiendynamik unter dem Gesichtspunkt des Zusammenspiels zentripetaler (bindender) und zentrifugaler (ausstoßender) Kräfte, eine Dynamik, die insbesondere im Ablösungsvorgang zwischen den Generationen von großer Bedeutung ist. Das Modell versucht, auch in seiner Sprache, den psychoanalytischen Konzepten nahe zu bleiben. Die Wirksamkeit zentrifugaler oder zentripetaler Kräfte wird auf der Ich-, Es- und Überich-Ebene studiert. Bei Vorherrschen von bindenden Kräften etwa dringen Familienmitglieder in oft mystifizierender Weise in die Gefühls- und Gedankenwelt der anderen ein und lassen so eine individuelle Differenzierung des Selbst nicht zu. Bei Bindung auf der Es-Ebene werden die Abhängigkeitsbedürfnisse manipuliert, etwa durch orale Verwöhnung. Andererseits kann durch vorzeitige Ausstoßung und Vernachlässigung die Entfaltung des heranwachsenden Kindes ebenso gestört werden. Von besonderer Bedeutung ist der Beziehungsmodus der Delegation, bei welchem Aufträge oft über Generationen *von den Eltern an die Kinder* weitergereicht werden, Aufträge, welche die Entwicklung der Kinder stimulieren können, indem sie ihrem Leben Sinn, Ziel und Richtung geben, die die Entfaltung der Kinder aber auch lähmen und sie in Konflikte verstricken können, etwa bei divergierenden Erwartungen der Eltern an das Kind, oder wenn die Erfüllung des Auftrages gleichzeitig die persönliche Entfaltung oder soziale Integration behindert. Die Zielsetzung der Therapie wäre die Ermöglichung einer *bezogenen Individuation* durch einen versöhnenden Dialog. Das von H. E. Richter (1963/1969) entwickelte Konzept, nach dem das Kind von den Eltern zum Substitut für einen Elternteil oder Teile der Eltern gemacht wird, hat viele Parallelen mit dem Delegationsmodell von H. Stierlin et al.

Eng an Boszormenyi-Nagy lehnt sich das *Mehrgenerationen-Familientherapie-Konzept* von Eckhard Sperling et al. (*1982*) an. Seine Besonderheit liegt in der langfristigen Beobachtung von Lebensläufen unter Einbeziehung von mindestens drei Generationen mit ihren zeitgeschichtlichen Bedingungen. Im Verlauf der Therapie wird konflikthaftes Verhalten *an seinem oft Jahrzehnte zurückliegenden* und bisher nicht aufgearbeiteten Ausgangspunkt wieder belebt und mit den beteiligten Personen verarbeitet. Die Großeltern stehen somit oft im Zentrum der Therapie.

Zwei Basisannahmen sind in diesem Konzept leitend:

1. Störungen und Konflikte der jeweiligen Kindergeneration ergeben sich regelmäßig aus unbewußten Konflikten zwischen Eltern und Großeltern.
2. In den Familien spielen sich über die Generationen im wesentlichen immer wieder dieselben Konflikte ab. Es besteht ein intrafamiliärer Wiederholungszwang.

Jürg Willi (1985) setzt den familiendynamischen Akzent etwas anders. Er geht von der *Familiengeschichte* aus. Das Kind wächst in einem familiären Konstruktsystem auf und nimmt die Lebenseinstellungen, Haltungen und Wertvorstellungen der Eltern in sich auf, auch ohne daß die Eltern es mit Erwartungen oder Delegationen bedrängen. In der Ablösungsphase, d. h. vor dem Übertritt in die selbstverantwortliche Gestaltung des eigenen Lebens, unterzieht der Jugendliche das Konstruktsystem der Familie einer kritischen Prüfung, um zu sehen, was er am Aufgenommenen für die selbstverantwortliche Gestaltung seines Lebens brauchen kann und was er korrigieren muß, um in Selbstachtung ein produktives Leben gestalten zu können. Im Bestreben, mit der Familie im Einklang zu bleiben, versucht der Jugendliche meist zunächst seine Eltern zu verändern oder gar zu therapieren. Die engen Grenzen, auf die er dabei stößt, werfen ihn mehr auf sich selbst zurück. Er verlegt sich nun darauf, das von den Eltern Übernommene in seinem Leben fortzuentwickeln oder mit seinem Leben zu korrigieren. Mit seinen Korrekturversuchen neigt er oftmals dazu, von einem Extrem ins andere zu fallen, bis zur Überforderung und Destruktion der eigenen Lebensentwicklung. Er kann versuchen, durch Berufswahl und Arbeit, aber insbesondere auch durch Partnerwahl und Erziehung eigener Kinder, die Korrektur der internalisierten Familiengeschichte zu erreichen. Das kann zu massiven Konflikten zwischen den Generationen führen oder auch destruktive Auswirkungen auf die eigene Ehe und die Kindererziehung haben. Korrekturen, welche den erwachsen gewordenen Kindern gelingen, haben einen heilsamen Effekt auf die Fortentwicklung der Familiengeschichte. Jede Form von verschleierter und einseitiger Anklage an die Eltern soll vermieden werden. Sie ist meist therapeutisch unfruchtbar. Den Kindern wird gestaltende Kraft für die Bildung der Familiendynamik von Geburt an zugeschrieben. Es wird angenommen, daß schon kleine Kinder vielen destruktiven Erwartungen ihrer Eltern mit Erfolg Widerstand entgegenzusetzen und oft das Erziehungsverhalten der Eltern zu korrigieren vermögen. Nach Willi stehen die Familienmitglieder zueinander in einer Beziehung von *Koevolution*. Ihre Entwicklungen verlaufen nicht unabhängig voneinander, sondern stimulieren, strukturieren oder behindern sich gegenseitig. Destruktive familiäre Entwicklungen bilden sich v. a. als *Kollusionen* (s. a. Willi, 1975), d. h. auf der Grundlage eines unbewußten oder uneingestandenen Zusammenspiels zwischen Eltern und Kindern, mit welchem sie angsterzeugende Entwicklungsanforderungen zu neutralisieren versuchen. So können Eltern und Kinder sich etwa zusammenfinden in der Vorstellung, die sich aufdrängende Ablösung sollte um jeden Preis verhindert werden, da für beide Teile das Risiko des Alleinseins unerträglich wäre. Ansprechbar auf entwicklungshemmende Delegationen sind v. a. jene Kinder, die sich damit selbst von angstmachenden individuellen Entwicklungsanforderungen zu dispensieren versuchen. Sie setzen der therapeutischen Klärung und Auflösung von Delegationsaufträgen oft mehr Widerstand entgegen als die Eltern. Gesunde familiäre Entwicklungen ergeben sich als familiäre Koevolution, in der die Partner sich gegenseitig in der Entwicklung hervorrufen, unterstützen und formen.

3 Familientherapie im Unterschied zur individuumzentrierten Therapie

Wesentliche Unterschiede liegen in folgenden Punkten:

- Als maßgeblich für die Entstehung und Aufrechterhaltung der aktuellen Störung werden in der F. nicht so sehr in der frühen Kindheit wirksame Familieneinflüsse gesehen, sondern die aktuellen familiären Beziehungen bilden das störungsverursachende Kräftefeld.
- Als Ort der Störung wird weniger auf intraindividuelle Konflikte, Komplexe oder Fixierungen geachtet als vielmehr auf die Familie als Beziehungssystem. Die Störung bzw. das Symptom wird nicht so sehr einer Einzelperson zugeschrieben, vielmehr wird es in seiner Funktion für die Familie beachtet. Das Symptom kann Familienmitglieder zusammenschweißen, bestehende Konflikte neutralisieren, Macht und Prestige in der Familie umverteilen, psychische Energien einzelner Mitglieder in Aufgaben binden usw. Eine therapeutisch wichtige Frage ist oft: „Was würde sich in Ihrer Familie alles verändern, wenn diese Störung nicht mehr vorliegen würde?"

Die F. achtet besonders auf die Organisation der psychischen Kräfte ihrer Mitglieder im familiären System und hält diese für maßgeblich für die Frage, ob im Zusammenspiel der Familienmitglieder eher destruktive pathologische Verhaltensweisen zum Zuge kommen oder eher die konstruktiven Ressourcen. Dekompensationen wohnt eine Eigendynamik inne, aus der die Betroffenen aus eigenen Kräften oft nur schwer herausfinden. Die aktuellen familiären Einflüsse haben für Gesundheit und Krankheit eine entscheidende Bedeutung: Gestörte Beziehungen erzeugen Streß bis zur Dekompensation und Krankheit, konstruktive familiäre Beziehungen dagegen gehören zu den stärksten Ressourcen zur Bewältigung schwerer Schicksalsschläge und Krankheiten.

- Der Familientherapeut arbeitet anders als der Einzeltherapeut. Er sieht sich eher als Organisator des familiären Kräftespiels. Der individuellen Disposition zu Pathologie mißt er untergeordnete Bedeutung bei, aus der Erfahrung, daß keine unmittelbare Korrelation zwischen Neurotizismus und funktionsfähigen Familienbeziehungen besteht bzw. in jedem Menschen Kräfte für konstruktives oder destruktives Zusammenleben vorliegen. F. befaßt sich also mit den Rahmenbedingungen, in welchen sich die psychischen Kräfte ihrer Mitglieder auskristallisieren und sich systemisch organisieren. Der Therapeut versucht, diese Rahmenbedingungen aktiv zu verändern, in der Hoffnung, es könnten sich damit die gesunden Selbstheilungskräfte der Familie besser entfalten.

  Die Beziehung des Familientherapeuten zu seinen Klienten ist in der Regel anders als jene des Einzeltherapeuten. Es entwickelt sich in der F. nicht ein so hohes Maß an Intimität und persönlicher Nähe wie in einer langdauernden Einzeltherapie. Für manche Einzeltherapeuten bedeutet die Bearbeitung der Übertragungs-Gegenübertragungs-Dynamik jedoch das Befriedigendste an ihrer beruflichen Tätigkeit.
- Besonders die amerikanischen Pioniere der F. sind ausgesprochene Pragmatiker, die sich v. a. mit therapeutischen Techniken und Strategien befaßt haben. Die Störung der Familie wird auf ein operationalisierbares Problem reduziert (Watzlawick, 1974; Haley, 1980/1981), das mit der Therapie angegangen wird. Eine theoretische Auseinandersetzung über die Krise der Familie in der heutigen Zeit, über familiäre Alternativmodelle oder über Feminismus kam bisher nur am Rande auf. Die Systemtheorie könnte jedoch die Grundlage bilden zu einer ökologischen Sicht menschlicher Beziehungen (Willi, 1985), was allerdings viele auf individuelle Selbstverwirklichung und individuelle Ungebundenheit ausgerichtete Werte der humanistischen Psychologie in Frage stellen müßte.

4 Paar- und Sexualtherapie

Die *Paartherapie* unterscheidet sich in einigen wesentlichen Punkten grundsätzlich von der Familientherapie:
- Die Partner können sich frei wählen. Eltern wählen weder ihre Kinder noch die Kinder ihre Eltern.
- Partner können laufend darüber entscheiden, wie verbindlich sie ihre Beziehung gestalten und ob sie diese wiederum auflösen möchten. Die Beziehungen zwischen Eltern und Kindern bleiben grundsätzlich, auch bei Scheidung und Ablösung, unauflösbar.
- Gefühle, Fantasien und Wünsche sind wesentliche Elemente, welche in der Paartherapie bearbeitet werden müssen. Rein systemische Techniken sind für die meisten Paartherapien im Unterschied zu manchen Familientherapien kein ausreichendes Instrument.
- Konzepte der Paartherapie, wie etwa das Kollusionskonzept (Willi 1975; 1978) oder die Transaktionsanalyse (Eric Berne), bemühen sich deshalb besonders um eine Integration systemischer und psychodynamischer Gesichtspunkte.

Die *Sexualtherapie* ist in eine spezielle Form von Paartherapie. Sie steht in mancher Hinsicht methodisch der Verhaltenstherapie und der Körpertherapie nahe.

Literatur

Bateson, G./Jackson, D. D./Haley, J./Weakland, J. W.: Towards a theory of schizophrenia. Behavioral Science, 1, 1956, 251-264.

Boszormenyi-Nagy, I. / Spark, G. M.: Unsichtbare Bindungen. Stuttgart: Klett-Cotta, 1981 (Original 1973).

Bowen, M.: A family concept of schizophrenia. In: Jackson D. D. (Ed.): The etiology of schizophrenia. New York: Basic Books, 1960, 346-388.

Ciompi, L.: Affektlogik. Stuttgart: Klett-Cotta, 1982.

Guntern, G.: Die Kopernikanische Revolution in der Psychotherapie: Der Wandel vom psychoanalytischen zum systemischen Paradigma. Familiendynamik, 5, 1980, 2-41.

Haley, J.: Direktive Familientherapie. Strategien zur Lösung von Problemen. (2. Aufl.) München: Pfeiffer, 1980. (Original 1976).

Haley, J.: Ablösungsprobleme Jugendlicher. München: Pfeiffer, 1981 (Original 1980).

Hoffman, L.: Grundlagen der Familientherapie. Hamburg: Isko-Press, 1982.

Laing, R. D.: Mystification, confusion und conflict. In: Boszormenyi-Nagy, I./Framo, J. L. (Eds.): Intensive family therapy. New York: Harper & Row, 1965, 343-362.

Mandel, A./Mandel, K. H./Stadter, E./Zimmer, D.: Einübung in Partnerschaft durch Kommunikationstherapie und Verhaltenstherapie. München: Pfeiffer, 1971.

Minuchin, S.: Familie und Familientherapie. Freiburg: Lambertus, 1977 (Original 1974).

Minuchin, S./Rosman, B./Baker, L.: Psychosomatische Krank-

heiten in der Familie. Stuttgart: Klett-Cotta, 1983 (Original 1978).
Richter, H. E.: Eltern, Kind und Neurose. Stuttgart: Klett, 1963. Reinbek: Rowohlt, 1969.
Richter, H. E.: Patient Familie. Reinbek: Rowohlt, 1970.
Simon, F. B./Stierlin, H.: Die Sprache der Familientherapie. Ein Vokabular. Stuttgart: Klett-Cotta, 1984.
Sperling, E./Massing, A./Reich, G./Georgi, H./Wöbbe-Mönks, E.: Die Mehrgenerationen-Familientherapie. Göttingen: Vandenhoeck & Ruprecht, 1982.
Stierlin, H.: Eltern und Kinder im Prozeß der Ablösung. Frankfurt: Suhrkamp, 1975.
Stierlin, H.: Von der Psychoanalyse zur Familientherapie. Stuttgart: Klett, 1975.
Watzlawick, P./Beavin, J. H./Jackson, D. D.: Menschliche Kommunikation. Bern: Huber, 1969.
Watzlawick, P./Weakland, J. H./Fisch, R.: Lösungen. Bern: Huber, 1974.
Willi, J.: Die Zweierbeziehung. Reinbek: Rowohlt, 1975.
Willi, J.: Therapie der Zweierbeziehung. Reinbek: Rowohlt, 1978.
Willi, J.: Koevolution. Reinbek: Rowohlt, 1985.
Wynne, L. C./Ryckoff, I. M./Day, J./Hirsch, S. J.: Pseudomutuality in the family relations of schizophrenics. Psychiatry, 21, 1958, 205-220.

Feldforschung

Hans Westmeyer

1 Feldforschung in Psychologie als Wissenschaft und als Technologie

Psychologie ist nicht nur eine Wissenschaft, sondern auch eine Technologie und eine praktische Disziplin (Westmeyer, 1979).

Im Bereich von Psychologie als *Technologie,* bei der es um die Entwicklung und Erprobung effektiver technologischer Regeln geht, die im Bereich *psychologischer Praxis* bei der Planung und Begründung von Maßnahmen zur Erreichung bestimmter Ziele im Einzelfall zur Anwendung kommen können, hat F. immer eine wichtige Rolle gespielt. Nicht unbedingt die Entwicklung einer technologischen Regel, aber ganz sicher die zuverlässige Überprüfung ihrer Wirksamkeit ist auf die Bedingungen angewiesen, die auch bei ihrer Anwendung im Rahmen psychologischer Praxis vorliegen, also auf *Feldbedingungen* (Perrez/Patry, 1982). Deshalb ist in den „angewandten" Teildisziplinen der Psychologie, z. B. der Pädagogischen Psychologie, der Arbeits- und Organisationspsychologie und der Klinischen Psychologie, ein Großteil der Forschung F.

Anders ist es im Bereich von Psychologie als *Wissenschaft.* Hier geht es um die Entwicklung und Prüfung von Theorien und Gesetzesaussagen, die zur Erklärung, Prognose und Kontrolle von Ereignissen und zur theoretischen Erklärung von gesetzmäßigen Beziehungen zwischen Ereignissen herangezogen werden können. Besonderes Interesse sollte dabei Ereignissen gelten, die mit konkretem *Verhalten von Personen in natürlicher Umgebung* zu tun haben, so daß auch in diesem Bereich F. eher die Regel als die Ausnahme sein müßte. Das Gegenteil ist der Fall.

Offenbar von der unterstellten Komplexität des Gegenstands entmutigt, hat sich psychologische Forschung hier auf Um- und Abwegen verloren: Nicht konkrete Einzelpersonen, sondern Stichproben bzw. Populationen, also Personenaggregate, werden untersucht. Nicht das Verhalten von Personen wird untersucht, sondern man läßt die betreffende Person oder andere darüber berichten, verlangt Einschätzungen oder rekonstruiert das Verhalten aus seinen Produkten. Verhalten wird nicht in der Komplexität und Vielfalt, mit der es im Alltag, im Feld, auftritt, untersucht, sondern reduziert auf wenige, meist sehr einfache, weitgehend isolierte Reaktionen von kurzer Dauer. Verhalten wird nicht in der natürlichen Umgebung, in der es gewöhnlich auftritt, untersucht, sondern innerhalb einfachst strukturierter Laboranordnungen, denen klar erkennbare Gegenstücke im realen Lebenszusammenhang der untersuchten Personen fehlen.

Typisch für viele empirischen Untersuchungen in der Psychologie ist, daß mehrere dieser Um- und Abwege gleichzeitig beschritten werden, obgleich überzeugende Argumente für die These fehlen, daß die Psychologie als Wissenschaft ihre Erkenntnisziele auch auf diese Weise erreichen kann.

Wer Verhalten von Personen in natürlicher Umgebung erklären und/oder vorhersagen will, muß das Verhalten dieser Personen in natürlicher Umgebung studieren. Schlüsse von Personenaggregaten auf einzelne Personen, von subjektiven Einschätzungen und Berichten über Verhalten auf dieses selbst, von Laborkontexten auf die natürliche Umgebung bedürfen grundsätzlich der *Validierung,* und diese setzt wiederum voraus, daß wir Verhalten von Personen in natürlicher Umgebung untersuchen, also F. betreiben.

Daß sich langsam diese Einsicht in der Psychologie als Wissenschaft nicht nur durch-, sondern auch in Forschungsvorhaben umsetzt, hängt mit Entwicklungen zusammen, die sich seit gut zehn Jahren in der Wissenschaftstheorie, der psychologischen Theorienbildung und der Methodenlehre vollziehen und viele überkommene Vorstellungen in diesem Bereich in Frage stellen.

2 Wissenschaftstheoretische Innovationen

Nach traditioneller Auffassung sind wissenschaftliche Theorien Mengen von raum-zeitlich unbeschränkten Bedingungshypothesen mit universellem Geltungsanspruch. Eine Bezugnahme auf bestimmte Kontexte erübrigt sich, da Geltung für beliebige Kontexte unterstellt wird. Laborforschung und F. sind in diesem Zusammenhang als zwei miteinander konkurrierende Forschungsstrategien zu sehen; eine Entscheidung zwischen ihnen hängt davon ab, ob dem Aspekt der internen oder dem der externen Validität Vorrang eingeräumt wird (Bouchard, 1976; Fromkin/Streufert, 1976; Cook/Campbell, 1976, 1979; Cherulnik, 1983). „Der Vorteil des Laboratoriumsexperiments ist der Nachteil des Feldexperiments et vice versa: Während bei jenem auf Kosten der externen Validität die interne Validität maximiert werden kann, ist bei diesem auf Kosten der internen Validität das Problem der Generalisation auf die soziale Wirklichkeit gelöst" (Bredenkamp, 1969, 364).

Der *Aussagenkonzeption* als Standardauffassung wissenschaftlicher Theorien (Hempel, 1970) ist in der *strukturalistischen Theorienkonzeption* (Stegmüller, 1973; 1986) eine Konkurrenz erwachsen, die zu einer neuen Sichtweise führt.

Zunächst einmal – und das steht im Gegensatz zur kontextunspezifischen Formulierung von Bedingungshypothesen im Bereich von Psychologie als Wissenschaft – ist von der Idee einer universellen Gültigkeit bzw. Anwendbarkeit psychologischer Theorien Abschied zu nehmen. Eine Theorie ist *nicht* universell anwendbar, sondern nur auf bestimmte Systeme, Bereiche bzw. Kontexte. Die Angabe dieser Kontexte – man spricht von *intendierten Anwendungen* der Theorie – ist ein integrativer Bestandteil der Theorie selbst, die als geordnetes Paar, bestehend aus einem *Strukturkern* und eben der Menge der intendierten Anwendungen, begriffen wird. Allerdings ist eine Theorie, d. h. bei einer Anwendung: ihr Strukturkern, nicht direkt auf irgendeinen und damit auch nicht auf einen intendierten Kontext beziehbar. Dazu ist eine geeignete *Erweiterung* des Strukturkerns vorzunehmen. Zu diesem Zweck sind im Hinblick auf die intendierte Anwendung *spezielle Gesetze* und *Nebenbedingungen* zu formulieren, die nur für diese oder einige weitere Anwendungen gelten, also kontextspezifisch sind. Erst für die erweiterte Struktur kann geprüft werden, ob sie sich tatsächlich auf den intendierten Kontext anwenden läßt.

Das hat unmittelbar Konsequenzen für die Beziehung zwischen Feld- und Laborforschung (Westmeyer, 1982, 74 ff.): Beide Forschungsstrategien konkurrieren gar nicht miteinander, da kontextfrei nur der Strukturkern einer Theorie formuliert ist, aber schon in die Theorie selbst die Menge der intendierten Anwendungen als wesentlicher Bestandteil eingeht. Welche Forschungsstrategien deshalb zu verfolgen sind, hängt von der Beschaffenheit dieser Menge intendierter Anwendungen ab. Wird darin auf Laborkontexte Bezug genommen, sind Laboruntersuchungen angezeigt; wird die Anwendung in natürlicher Umgebung intendiert, sind Felduntersuchungen gefordert. Auch wenn Anwendungen in Feld- *und* Laborkontexten intendiert sind, hat der Forscher nicht die Qual der Wahl. Die Prüfung, ob eine erfolgreiche Anwendung der Theorien jeweils möglich ist, erfordert eine kontextspezifische Kernerweiterung. Verschiedene Kontexte werden zu unterschiedlichen Erweiterungen führen, und erst in dieser erweiterten Form kann eine Prüfung erfolgen, für die sich dann aber die Alternative „Feld oder Labor" in der Regel nicht mehr stellt.

Damit wird auch die unterstellte höhere *interne*

Validität von Laborexperimenten gegenüber Feldexperimenten fragwürdig. Beide richten sich auf unterschiedliche intendierte Anwendungen, die zumeist mit unterschiedlichen Kernerweiterungen verbunden sind. Ein direkter Vergleich ist gar nicht möglich. Kernerweiterungen, die auf Laborkontexte abzielen, werden, bedingt durch das in Laborkontexten realisierbare höhere Ausmaß an experimenteller Kontrolle, in den speziellen Nebenbedingungen anspruchsvoller und in den Spezialgesetzen einfacher gehalten sein. Kernerweiterungen auf Feldkontexte mit eng begrenzten experimentellen Kontrollmöglichkeiten können und müssen diesen Umstand durch liberale Nebenbedingungen und entsprechend ergänzte Spezialgesetze wettmachen. Ein Unterschied hinsichtlich der internen Validität resultiert daraus nicht, auch keiner bezüglich der externen.

3 Theoretische Innovationen

In der psychologischen Forschung dominiert noch immer die Prüfung isolierter Hypothesen einfachster Struktur, in denen ein (kausaler) Einfluß bestimmter (unabhängiger) Variablen auf bestimmte andere (abhängige) Variablen behauptet wird. Erfolgt die Planung und Auswertung der Untersuchung innerhalb des varianzanalytischen Ansatzes, werden selten mehr als drei unabhängige Variablen gleichzeitig berücksichtigt. Weitere Variablen, die auch einen Einfluß auf die abhängigen Variablen haben, werden experimentell und/oder statistisch zu kontrollieren versucht (Hager/Westermann, 1983). Da sich dies im Labor eher erreichen läßt als im Feld, wird die größere Beliebtheit der Laborforschung verständlich. Aber schon im Labor stößt man, wie die *Artefaktforschung* in der Sozialpsychologie deutlich macht (Bungard, 1980), sehr bald an Grenzen der Simplifizierung; für die Anwendung im Feld wird man die Hypothese zu einer Theorie erweitern müssen, die auch die in diesem Setting nicht kontrollierbaren Einflußfaktoren einbezieht.

Aber noch in einer anderen Hinsicht greifen derartige Hypothesen zu kurz. Sie gehen von einer *unidirektionalen Kausalitätsvorstellung* aus: Die unabhängigen Variablen (z. B. Situations- und Personvariablen) beeinflussen die abhängigen Variablen (z. B. Verhaltensvariablen), eine Interaktion findet nur zwischen den unabhängigen Variablen statt. Overton und Reese (1973) sehen darin ein Charakteristikum des mechanistischen, reaktiven Menschenmodells und stellen diesem ein organismisches, dynamisches Modell gegenüber, für das die Vorstellung einer *reziproken Kausalität* charakteristisch ist: Die Variablen beeinflussen sich wechselseitig, Situation, Person und Verhalten stehen in einer kontinuierlichen dynamischen Interaktion und nehmen aufeinander Einfluß.

Dieses Modell, mit dem in der Interaktionismusdebatte in der Persönlichkeitspsychologie große Hoffnungen für die zukünftige theoretische Entwicklung und empirische Forschung in der Psychologie verbunden wurden (Endler/Magnusson, 1976), ist als Orientierung für die Konstruktion von auf Feldkontexte anwendbaren Theorien in besonderem Maße geeignet. Verhalten von Personen in natürlicher Umgebung ist nur als in *dynamischer Interaktion* mit dieser zudem noch in erster Linie sozialen Umgebung stehend zu begreifen. Wenigstens zwei diesen Vorstellungen verpflichtete „feldtaugliche" theoretische Ansätze lassen sich unterscheiden: einmal die behavioral orientierten *Theorien sozialer Interaktion,* zum anderen die kognitiv orientierten *Handlungstheorien.*

Behaviorale Theorien sozialer Interaktion enthalten im Idealfall Annahmen über die Struktur von Interaktionsgefügen, über die Dynamik innerhalb derartiger Gefüge und über die Veränderung von Interaktionsgefügen und ihre Voraussetzungen. Sie sind zumeist heuristisch vom operanten Ansatz beeinflußt, wie die Performanz-Theorie von Patterson (1979), die auf der Konzeption des Labors als Spezialfall des Feldes beruhende Erweiterung der operanten Theorie durch Patry (1982 c) oder die Theorie der Verhaltensinteraktion in kleinen Gruppen von Westmeyer et al. (1984). Bevorzugte intendierte Anwendungen dieser und anderer Theorien sind *dyadische Interaktionen* in der Familie, sei es zwischen Eltern und Kind (Lewis/Rosenblum, 1974; Cairns, 1979; Lamb et al., 1979) oder zwischen Ehepartnern (Gottman, 1979; Hahlweg/Jacobson, 1984). Auch komplexere Interaktionsgefüge (Lewis, 1984; Westmeyer et al., 1987) und andere intendierte Anwendungen (Duncan/Fiske, 1985) werden untersucht.

Gemeinsam ist diesen Konzeptionen ihre grundsätzliche Anwendbarkeit auf Verhalten von Personen in natürlicher Umgebung, ihre Verwendbarkeit bei der Planung und Analyse von Modifikationen des Verhaltens und der Umstand, daß sie sich einer klaren Zuordnung zu einem der traditionellen Teilgebiete der Psychologie entziehen.

Diese Eigenschaft teilen sie mit den *Handlungstheorien,* die im übrigen durch ihre starke Betonung kognitiver Komponenten gänzlich andere Wege beschreiten. Eine Zwischenposition nehmen vielleicht noch die kognitiv-sozialen Lerntheorien von Bandura (1977) und Mischel (1973) ein. Ihre Anwendbarkeit auf Feldkontexte ist allerdings nicht ganz einfach. Im deutschen Sprachbereich beliebter sind handlungstheoretische Vorstellungen, die zunächst in der Arbeitspsychologie aufgegriffen (Hacker, 1973) und dann auf andere Bereiche übertragen wurden (Werbik, 1978; Lantermann, 1980; Volpert, 1980; Lenk, 1984). Auch für diese Konzeptionen kann die Anwendung auf Feldkontexte, obwohl grundsätzlich möglich und intendiert, nicht so leicht und unmittelbar erfolgen wie bei den behavioralen Theorien sozialer Interaktion. Vielversprechend ist aber z. B. der handlungstheoretische Ansatz von v. Cranach et al. (1980), der für eine Interpretation des Verhaltens von Personen in natürlicher Umgebung besonders geeignet erscheint (Bungard/Bay, 1982).

4 Methodische Innovationen

Wer das Verhalten von Personen in dynamischer Interaktion mit ihrer natürlichen Umgebung untersuchen will, muß dabei nicht nur auf geeignete theoretische, sondern auch auf entsprechende methodische Entwicklungen zurückgreifen können. Gefordert und inzwischen verfügbar sind Anordnungen (Designs) für die (experimentelle) Untersuchung von *Einzelfällen* (Parke, 1979; Petermann/Hehl, 1979; Kazdin, 1982; Hersen/Barlow, 1976), Verfahren zur Registrierung des Verhaltens der an der Interaktion beteiligten Personen (Mees/Selg, 1977; Winkler, 1980; Ischi, 1982; Goldfried, 1985; Manns et al., 1987) und Auswertungsverfahren zur *sequentiellen Analyse* der Interaktion, also von Art, Umfang und Verlauf der wechselseitigen Beeinflussung (Bakeman/Gottman, 1986; Castellan, 1979; Gottman/Bakeman, 1979; Holling/Schultze, 1985). Über Weiterentwicklungen informieren fortlaufend die Zeitschriften Behavioral Assessment und Journal of Behavioral Assessment.

Für die F. taugliche methodische Innovationen, die anderen oder keinen bestimmten theoretischen Ansätzen zuzurechnen sind, gibt es in großen Zahl. Dabei ist zu berücksichtigen, daß „Feld" und „Labor" nicht zwei völlig disparate Situationsklassen bezeichnen, sondern zwei inexakte Ähnlichkeitsklassen (Körner, 1970) mit zahlreichen Facetten, zwischen denen es, worauf Tunnell (1977), Parke (1979) und Patry (1982 b) hinweisen, vielfältige Übergänge gibt, so daß es schwer fällt, überhaupt bestimmte Forschungsmethoden für die Anwendung im Feld auszuschließen. Zudem entfällt auf der Methodenebene auch die Notwendigkeit einer Unterscheidung zwischen Psychologie als Wissenschaft und als Technologie, da die wissenschaftliche Methode diese beiden Bereiche als gemeinsames Band umgreift.

Als klassische Methoden der F. sind das Feldexperiment, die Feldstudie und die Stichprobenerhebung (sample survey) zu betrachten (Runkel/McGrath, 1972). Bei *Feldexperimenten* ist auch eine strenge Randomisierung nicht ausgeschlossen, wie viele Untersuchungen z. B. zum Gesundheitswesen (Therapieforschung), Erziehungswesen (Evaluationsforschung) oder Rechtswesen zeigen (Boruch/Wothke, 1985; Wittmann, 1985). Die kumulative Erfahrungsverwertung kann mit den Methoden der *Metaanalyse* (Glass et al., 1981; Rosenthal, 1984; Fricke/Treinies, 1985) erfolgen. Wo die Durchführung von Experimenten im strengen Sinne auf Schwierigkeiten stößt, stehen *quasi-experimentelle Anordnungen* und entsprechende Auswertungsverfahren zur Verfügung (Cook/Campbell, 1979; Möbus/Nagl, 1983). Für die Durchführung von *Feldstudien,* die sich ihrem Gegenstand weitgehend ohne Bedingungskontrolle und unter Verwendung *nichtreaktiver Meßverfahren* (Bungard/Lück, 1982) zu nähern versuchen, kann auf die Methode der *Fall-Studie* zurückgegriffen werden, die in den letzten Jahren zunehmend als eigenständige Forschungsstrategie propagiert wird (Yin, 1984; Bromley, 1986). In diesem Zusammenhang zu erwähnen sind auch die Bemühungen, die bisher dominierenden quantitativen Forschungsansätze durch eine *qualitative Methodik* zu ergänzen (Miles/Huberman, 1984; Jüttemann, 1985). *Stichprobenerhebungen* (sample surveys), wie sie in vielen Bereichen der Psychologie verbreitet sind (z. B. Meinungs- und Einstellungsforschung, Epidemiologie, Intelligenz- und Persönlichkeitsstrukturforschung), haben durch die Verfeinerung der statistischen *Kausalanalyse* (Bredenkamp/Feger, 1983; v. Koolwijk/Wieken-Mayser, 1986) erheblich an Aussagekraft gewonnen.

5 Ausblick

F. ist weder an bestimmte Methoden der Untersuchungsplanung, der Datenerhebung, -analyse und -auswertung gebunden, noch in ihrer Anwendung auf bestimmte Teilbereiche der Psychologie beschränkt. Ihr Einsatz hängt vielmehr von den Erkenntniszielen des jeweiligen Forschers ab. Wer auf die Beschreibung, Erklärung und/oder Vorhersage von Verhalten von Personen in natürlicher Umgebung Wert legt, ist auf F. angewiesen.

Die methodischen Voraussetzungen dazu sind da, die theoretischen dagegen sind erst in Ansätzen vorhanden und noch verbesserungsbedürftig. Hier ist mehr Mut zu feldbezogener Theorie gefordert.

Literatur

Bakeman, R./Gottman, J. M.: Observing interaction. Cambridge: Cambridge Univ. Press, 1986.

Bandura, A.: Social learning theory. Englewood Cliffs: Prentice-Hall, 1977.

Boruch, R. F./Wothke, W. (Eds.): Randomization and field experimentation. San Francisco: Jossey-Bass, 1985.

Bouchard, T. H. Jr.: Field research methods. In: Dunette, M. D. (Ed.): Handbook of industrial and organizational psychology. Chicago: Rand McNally, 1976, 363-413.

Bredenkamp, J.: Experiment und Feldexperiment. In: Graumann, C. F. (Hrsg.): Handbuch der Psychologie. Bd. 7, 1. Göttingen: Hogrefe, 1969, 332-374.

Bredenkamp, J./Feger, H. (Hrsg.): Strukturierung und Reduzierung von Daten. Göttingen: Hogrefe, 1983.

Bromley, D. B.: The case-study method in psychology and related disciplines. Chichester: Wiley, 1986.

Bungard, W. (Hrsg.): Die „gute" Versuchsperson denkt nicht. München: Urban & Schwarzenberg, 1980.

Bungard, W./Bay, R. H.: Feldexperimente in der Sozialpsychologie. In: Patry, J.-L. (Hrsg.): Feldforschung. Bern: Huber, 1982, 183-205.

Bungard, W. / Lück, H. E.: Nichtreaktive Meßverfahren. In: Patry, J.-L. (Hrsg.): Feldforschung. Bern: Huber, 1982, 317-340.

Cairns, R. B. (Ed.): The analysis of social interactions. Hillsdale: LEA, 1979.

Castellan, N. J. Jr.: The analysis of behavior sequences. In: Cairns, R. B. (Ed.): The analysis of social interactions. Hillsdale: LEA, 1979, 81-116.

Cherulnik, P. D.: Behavioral research. New York: Harper & Row, 1983.

Cook, T. D./Campbell, D. T.: The design and conduct of quasiexperiments and true experiments in field settings. In: Dunette, M. D. (Ed.): Handbook of industrial and organizational psychology. Chicago: Rand McNally, 1976, 223-326.

Cook, T. D./Campbell, D. T.: Quasi-experimentation. Chicago: RandMcNally, 1979.

Cranach, M. v./Kalbermatten, U./Indermühle, K./ Gugler, B.: Zielgerichtetes Handeln. Bern: Huber, 1980.

Duncan, S. Jr./Fiske, D. W.: Interaction structure and strategy. Cambridge: Cambridge Univ. Press, 1985.

Dunette, M. D. (Ed.): Handbook of industrial and organizational psychology. Chicago: Rand McNally, 1976.

Endler, N. S./Magnusson, D.: Personality and person by situation interactions. In: Endler/Magnusson (Eds.): Interactional psychology and personality. Washington: Hemisphere Publ. Corp., 1986, 1-25.

Fricke, R./Treinies, G.: Einführung in die Metaanalyse. Bern: Huber, 1985.

Fromkin, H. L./Streufert, S.: Laboratory experimentation. In: Dunette, M. D. (Ed.): Handbook of industrial and organizational psychology. Chicago: McNally, 1976, 415-465.

Glass, G. V./McGraw, B./Smith, M. L.: Meta-analysis in social research. Beverly Hills: Sage, 1981.

Goldfried, M. R.: Behavioral assessment. In: Bellack, A. S./ Hersen, M./Kazdin, A. E. (Eds.): International handbook of behavior modification and therapy. Student ed. New York: Plenum Press, 1985, 57-83.

Gottmann, J. M.: Marital interaction. New York: Academic Press, 1979.

Gottman, J. M./Bakeman, R.: The sequential analysis of observational data. In: Lamb, M. E./Suomi, S. J./ Stephenson, G. R. (Eds.): Social interaction analysis. Madison: Univ. of Wisconsin Press, 1979, 185-206.

Hacker, W.: Allgemeine Arbeits- und Ingenieurpsychologie. Berlin: Deutscher Verlag der Wissenschaften, 1973.

Hager, W./Westermann, R.: Planung und Auswertung von Experimenten. In: Bredenkamp, J./Feger, H. (Hrsg.): Hypothesenprüfung. Göttingen: Hogrefe, 1983, 24-238.

Hahlweg, K./Jacobson. N. S. (Eds.): Marital interaction. New York: Guilford Press, 1984.

Hempel, C. G.: On the „standard conception" of scientific theories. Minnesota Studies in the Philosophy of Science, 4, 1970, 142-163.

Hersen, M./Barlow, D. H.: Single case experimental designs. New York: Pergamon Press, 1976.

Holling, H./Schultze, J.: Verfahren zur Analyse stochastisch abhängiger Beobachtungsdaten. In: Albert, D. (Hrsg.): Bericht über den 34. Kongreß der Deutschen Gesellschaft für Psychologie in Wien 1984. Göttingen: Hogrefe, 1985, 181-185.

Ischi, N.: Methodologische Probleme systematischer Verhaltensbeobachtung im Feld. In: Patry (Hrsg.): Feldforschung. Bern: Huber, 1982, 277-316.

Jüttemann, G. (Hrsg.): Qualitative Forschung in der Psychologie. Weinheim: Beltz, 1985.

Kazdin, A. E.: Single-case research designs. New York: Oxford Univ. Press, 1982.

Körner, S.: Erfahrung und Theorie. Frankfurt: Suhrkamp, 1970.

Koolwijk, J. v./Wieken-Mayser, M. (Hrsg.): Techniken der empirischen Sozialforschung. Bd. 8: Kausalanalyse. München: Oldenbourg, 1986.

Lamb, M. E./Suomi, S. J./Stephenson, G. R. (Eds.): Social interaction analysis. Madison: Univ. of Wisconsin Press, 1979.

Lantermann, E. D.: Interaktionen. München: Urban und Schwarzenberg, 1980.

Lenk, H. (Hrsg.): Handlungstheorien – interdisziplinär. Bd. 3,2. München: Fink, 1984.

Lewis, M. (Ed.): Beyond the dyad. New York: Plenum Press, 1984.

Lewis, M./Rosenblum, L. A. (Eds.): The effect of the infant on its caregiver. New York: Wiley, 1974.

Manns, M./Schultze, J./Herrmann, C./Westmeyer, H.: Beobachtungsverfahren in der Verhaltensdiagnostik. Salzburg: Otto Müller, 1987.

Mees, U./Selg, H. (Hrsg.): Verhaltensbeobachtung und Verhaltensmodifikation. Stuttgart: Klett, 1977.

Miles, M. B./Huberman, A. M.: Qualitative data analysis. London: Sage, 1984.

Mischel, W.: Toward a cognitive social learning reconceptualization of personality. Psychol. Review, 80, 1973, 252-283.

Möbus, C./Nagl, W.: Messung, Analyse und Prognose von Veränderungen. In: Bredenkamp, J./Feger, H. (Hrsg.): Hypothesenprüfung. Göttingen: Hogrefe, 1983, 239-470.

Overton, W. F./Reese, H. W.: Models of development: Methodological implications. In: Nesselroade, J. R./ Reese, H. W. (Eds.): Life-span developmental psychology. New York: Academic Press, 1973, 65-86.

Parke, R. D.: Interactional designs. In: Cairns, R. B. (Ed.): The analysis of social interactions. Hillsdale: LEA, 1979, 15-35.

Patry, J.-L. (Hrsg.): Feldforschung. Bern: Huber 1982 a.

Patry, J.-L.: Laborforschung – Feldforschung. In: Patry, J.-L. (Hrsg.): Feldforschung. Bern: Huber, 1982 b, 17-42.

Patry, J.-L.: Operantes Verhalten in Labor und Feld. In: Patry, J. L. (Hrsg.): Feldforschung. Bern: Huber, 1982 c, 153-181.

Patterson, G. R.: A performance theory for coercive family interaction. In: Cairns, R. B. (Ed.): The analysis of social interactions. Hillsdale: LEA, 1979, 119-162.

Perrez, M./Patry, J.-L.: Nomologisches Wissen, technologisches Wissen, Tatsachenwissen – drei Ziele sozialwissenschaftlicher Forschung. In: Patry, J. L. (Hrsg.): Feldforschung. Bern: Huber, 1982, 45-66.
Petermann, F./Hehl, F.-J. (Hrsg.): Einzelfallanalyse. München: Urban & Schwarzenberg, 1979.
Rosenthal, R.: Meta-analytic procedures for social research. Beverly Hills: Sage, 1984.
Runkel, P. J./McGrath: Research on human behavior. New York: Holt, Rinehart and Winston, 1972.
Stegmüller, W.: Theorienstrukturen und Theoriendynamik. Berlin: Springer, 1973.
Stegmüller, W.: Theorie und Erfahrung, 3. Teilbd. Berlin: Springer, 1986.
Tunnell, G. B.: Three dimensions of naturalness: an expanded definition of field research. Psychological Bulletin, 84, 1977, 426-437.
Volpert, W. (Hrsg.): Beiträge zur psychologischen Handlungstheorie. Bern: Huber, 1980.
Werbik, H.: Handlungstheorien. Stuttgart: Kohlhammer, 1978.
Westmeyer, H.: Psychologie: Eine Wissenschaft? Tübingen: Deutsches Institut für Fernstudien, 1979.
Westmeyer, H.: Wissenschaftstheoretische Aspekte der Feldforschung. In: Patry, J. L. (Hrsg.): Feldforschung, Bern: Huber, 1982, 67-84.
Westmeyer, H. / Hannemann, J. / Nell, V. / Völkel, U. / Winkelmann, K.: Eine Monotheory-Multimethod Analyse. Diagnostica, 33, 1987, 227-242.
Westmeyer, H./Winkelmann, K./Hannemann, J.: Eltern-Kind-Interaktion in natürlicher Umgebung: Darstellung einer Theorie und ihrer empirischen Bewährung. Zeitschrift für personenzentrierte Psychologie und Psychotherapie, 3, 1984, 39-53.
Winkler, D. (Hrsg.): Methoden zur Analyse von Face-to-Face-Situationen. Stuttgart: Klett, 1980.
Wittmann, W. W.: Evaluationsforschung. Berlin: Springer, 1985.
Yin, R. K.: Case study research. Beverly Hills: Sage, 1984.

Forschungsmethoden

Günter Aschenbach

1 Überblick

Mit „Forschungsmethoden" sind im folgenden alle kontrollierbaren Wege der Wissensbildung gemeint, die die Gewinnung *empirischer* Wahrheiten ermöglichen. Je nach Fragestellung und Teildisziplin der Psychologie haben sich bevorzugte methodische Zugangsweisen entwickelt. „Königsweg" und Vorbild für untersuchungsmethodische Abwandlungen vom „Ideal" ist jedoch weithin das *Experiment.* Derzeit kann man davon ausgehen, daß nahezu keine Untersuchungsmethode allgemeine Akzeptanz findet. Kontroversen bewegen sich dabei auf immanenter und prinzipieller Ebene.

Grob unterscheiden kann man bei den F. solche, die der *Datenerhebung* dienen, und solche, die bei der *Datenauswertung* Verwendung finden. Standardisierten Verfahren liegt eher ein *Subjekt-Objekt-Paradigma* der *Intersubjektivität* zugrunde, das in behavioristischer Manier als wahrheits- und damit wissenschaftsfähig nur distanziert Beobachtbares zuläßt. Nicht-standardisierten Vorgehensweisen liegt eher ein *Subjekt-Subjekt-Paradigma* der *Intersubjektivität* zugrunde, bei dem auch ein verstehendes Sichhineinversetzen in den anderen als wissenschaftsfähig angesehen wird.

Standardisierte Verfahren auf Erhebungsebene sind etwa: *Beobachtung* (v. Cranach/Frenz, 1975), *Befragung* (Cicourel, 1974), *Messung* (Pfanzagl, 1971; Janich, 1979), *Testung* (Fischer, 1974; Hilke, 1980), *Experiment* (Meili/Rohracher, 1972; Mertens, 1977; Bungard, 1980).

Standardisierte Verfahren auf Auswertungsebene sind in der Regel statistischer Art. Allgemein kommen zur Anwendung Verfahren der *deskriptiven Statistik* und der *Inferenzstatistik* (Fisz, 1962; Sachs, 1971; Harnatt, 1975). Speziellere Verfahren sind etwa folgende: *Faktoren-, Cluster-, Pfad-, Varianzanalyse* (Ahrens, 1968; Überla, 1971; Kempf, 1972; Wottawa, 1979; Bentler, 1980), *probabilistische Modelle* (Fischer, 1974; Kempf, 1974; Hilke, 1980).

An nicht bzw. nicht vollständig standardisierten Vorgehensweisen auf Erhebungsebene sind etwa zu nennen: *Gespräch, Exploration, „narratives Interview"* (Schütze, 1976), *„collaborative interviewing"* (Laslett/Rapoport, 1975), *„problemzentriertes Interview"* (Witzel, 1982), *„partnerzentriertes Gespräch"* (Kempf, 1986), *Gruppen-*

diskussion, biographische Methode (Allport, 1942; Thomae, 1952), *teilnehmende Beobachtung.*

Eher nicht standardisierte Vorgehensweisen auf Auswertungsebene sind in der Regel interpretativer Art. Zu nennen sind etwa: *„Objektive Hermeneutik“* (Oevermann et al., 1979), „qualitative“ *Inhaltsanalyse* (Mayring, 1983), *Tiefenhermeneutik* (Leithäuser/Vollmerg, 1979), *Konversationsanalyse* (Kallmeyer/Schütze, 1976). Hinzukommen unterschiedlich weit ausgearbeitete Ansätze zu einem *dialogischen Verstehen* (Kaiser, 1979; Kaiser/Seel, 1981; Aschenbach, 1984).

Zu all diesen Ansätzen gibt es eine Vielzahl unterschiedlicher Detaillierungen und Konkretisierungen. Zuordnungen sind nicht immer eindeutig, Grenzen fließend (König, 1974; Soeffner, 1979; Witzel, 1982; Bortz, 1984; Wiedemann, 1986).

Will man die Vielfalt methodischer Zugangsweisen auf „einfache Nenner“ bringen, kann man derzeit davon ausgehen, daß – idealtypisch gesehen – zumindest zwei Arten psychologischer Forschung bestehen. Mehr oder minder präzis spricht man von einer *„quantitativen“* und einer *„qualitativen“* Richtung (Jüttemann, 1985).

Die quantitative Forschungsrichtung kann man grob dadurch kennzeichnen, daß die zu untersuchenden Phänomene als *meßbar* aufgefaßt, zu diesem Zwecke *variablenmäßig isoliert* und *elementarisiert* sowie *„operational“ definiert,* mittels *standardisierter Verfahren* untersucht und die Untersuchungsergebnisse *statistisch verarbeitet* werden.

Die qualitative Forschungsrichtung problematisiert die universelle Unterstellbarkeit der für dieses Vorgehen erforderlichen Voraussetzungen, versucht den Erfahrungsbegriff auch für solche Bereiche zurückzugewinnen, die sich dieser Zugangsweise versperren, zielt auf die intersubjektive Erfassung von (auch) subjektiven Sinnzusammenhängen ab und wendet sich verstärkt *semantischen Bedeutungs- und Interpretationsfragen* sowie der (Weiter-)Entwicklung *nicht verfahrensmäßig standardisierbarer* Vorgehensweisen auf Erhebungs- und Auswertungsebene zu (Jüttemann, 1985; Kempf, 1986; Wiedemann, 1986). *Nicht* verbunden ist mit ihr eine prinzipielle Absage an statistische Verarbeitungen, wie vielleicht die Gegenüberstellung von „qualitativ“ und „quantitativ“ nahelegen könnte. Auf forschungspraktischer Ebene kommt es zu Überschneidungen beider Leitvorstellungen.

Obgleich die quantitative Ausrichtung seit der – genau besehen, zumindest einseitigen – Orientierung an W. Wundts „Physiologischer“, d. h. „Experimenteller Psychologie“ im akademischen Ansehen vorherrschend ist, können beide Richtungen auf eine lange Tradition zurückblicken (Paul, 1979). Anregungen und neuere Entwicklungen „qualitativer“ Art und damit verbunden ein neues Problembewußtsein bezüglich der Frage, was überhaupt ein sozialwissenschaftliches „Datum“ sein soll und kann, entstammen jedoch insbesondere der *Soziologie,* die ihrerseits auf Impulse aus der ethnologischen und kulturanthropologischen Forschung zurückgreift (Arbeitsgruppe Bielefelder Soziologen, 1973; 1976; Circourel, 1974; Witzel, 1982; Matthes, 1985). Innerhalb der Psychologie ist eine Rückbesinnung auf und Öffnung für solche Methoden wohl nicht zuletzt im Zuge der während der siebziger Jahre erneut und immer noch konstatierten „Krise der Psychologie“ und der „handlungstheoretischen Wende“ in Gang gekommen (Kempf/Aschenbach, 1981; Kaiser/Seel, 1981; Jüttemann, 1983). Die zentrale Fragestellung innerhalb dieser Ausrichtung ist die nach den Voraussetzungen und Möglichkeiten eines nicht lediglich *einfühlenden,* sondern *methodisch kontrollierbaren Fremdverstehens.*

2 Wissenschaftskonzeptionelle und methodologische Hintergründe

2.1 Zwei Arten psychologischer Wissenschaft

Verbunden mit diesen beiden Richtungen (quantitativ vs. qualitativ) sind auf meta-methodischer Ebene – wiederum idealtypisch gesehen – zwei Arten psychologischer Wissenschaft (Werbik, 1985). Der einen liegt die Auffassung zugrunde, daß Psychologie (auch) als Sozialwissenschaft wie eine (subsumptionstheoretisch und objektiv erklärende) *Naturwissenschaft* betrieben werden soll (z. B. Herrmann 1979), der anderen die, daß Psychologie als Sozialwissenschaft wie eine (dialogisch verstehende) Geistes- (Dilthey, 1981) bzw. *Kulturwissenschaft* (Rickert, 1921; Windelband, 1924) vorzugehen habe (z. B. Werbik, 1986).

Entsprechend unterschiedlich fallen die mit diesen Verständnissen verbundenen Gegenstandssichtweisen oder Menschenbilder und damit Erkenntnisbereiche sowie Erkenntnisinteressen, die formalen Erklärungsprinzipien und eben auch die methodischen Zugangsweisen auf Erhebungs- und Auswertungsebene aus. Geht es im einen Fall eher um den Menschen als *„reagierendes Objekt“,* haben wir es im anderen Fall auch mit dem Menschen als *„reflexives Subjekt“* zu tun. Damit stehen sich gegenüber eine *„hypothetisch-konstruktive“* Erkenntnisgewinnung aus der „Beobachterperspektive“ und eine *„interpretativ-rekonstruktive“,* die sich insbesondere auch um die intersubjektive Erfassung kulturell vermittelter, (inter-)subjektiver „Innenperspektiven" bemüht. Die eine Richtung fühlt sich dem *„normativen Paradigma"* für eine „nomologische Psychologie" verpflichtet, die andere dem *„interpretativen Paradigma"* (Wilson, 1973) für eine „dialogische Psychologie". Im einen Fall geht es eher um *Prognosen* und *Sozialtechnologie,* im anderen eher um *Verständnisbildung* und *Aufklärung.*

Innerhalb des einen Verständnisses gewinnt man Methodenvorstellungen unter Absehung von Unterschieden in Erkenntnisbereichen und -interessen primär über vorab festgelegte Vorstellungen von (Natur-)Wissenschaftlichkeit, innerhalb des anderen primär über vorgängige Gegenstands- und Interessenreflexionen. Anvisiert ist auf der einen Seite die Aufstellung von „zeitlosen" und kulturinvarianten *„Natur-Gesetzen",* auf der anderen die Rekonstruktion von historisch- und kulturvarianten *„Kultur-Gesetzen"* in Form von Normen, Sitten, Gebräuchen etc., die individuelles Handeln und Orientieren anleiten und verständlich machen können. Forschungspraktisch orientiert man sich im einen Fall eher am Ideal *„herstellenden Handelns"* (poiesis), im anderen eher am Ideal *„verständigungs- und umgangsorientierten Handelns"* (praxis).

Beide Programme haben eine lange Tradition. Das erstere ist jedoch das derzeit vorherrschende Programm und prägt im Gefolge des seit der Aufklärung gewachsenen Naturwissenschaftsideals und der damit verbundenen Erkenntniseuphorie auch weithin die Vorstellungen davon, wie Psychologie überhaupt als Wissenschaft begriffen werden kann. In der Diskussion um diese beiden Wissenschaftsverständnisse geht man nicht selten wechselseitig von *konträren Polarisierungen* aus. Insbesondere wird – auf unterschiedlichen Argumentationsebenen – eine Gegensätzlichkeit von Verstehen und Erklären, von idiographischer und nomothetischer Wissenschaft sowie von qualitativer und quantitativer Methodik betont. Mahnt man beispielsweise auf der einen Seite mangelnde Wissenschaftlichkeit in der Form an, konstatiert man auf der anderen Seite mangelnde Gegenstandsangemessenheit der formalen Wissenschaftsvorstellungen. Der Tendenz nach erscheinen solche Kontroversen aber von weniger prinzipiellem Charakter zu sein, als des öfteren angenommen, kann man diese Programme doch auch mit unterschiedlichen Erkenntnisbereichen und -interessen und damit zwangläufig unterschiedlichen Methoden in Verbindung bringen. Sieht man von einigen grundsätzlichen, die Kontroverse mittragenden Mißverständnissen ab, z. B. der geläufigen Polarisierung von „idiographischer" und „nomothetischer" Wissenschaft (z.B. Riedel, 1981), können sie von der Sache her jedenfalls auch deshalb nicht konkurrieren, weil sie sich genau besehen auf Unterschiedliches beziehen lassen. Abzugehen gilt es zur Beilegung mancher Kontroversen also nur von wechselseitigen „Totalitätsansprüchen" ohne Ansehung der unterschiedlichen Bezugsaspekte.

Auf die Fragwürdigkeit *„einheitswissenschaftlicher"* oder *„methodenmonistischer"* Universalitätsansprüche ohne Ansehung der betroffenen Problembereiche (v. Wright, 1974) macht in pointierter Form schon Wittgenstein (1954) aufmerksam:

> „Die Verwirrung und Öde der Psychologie ist nicht damit zu erklären, daß sie eine ‚junge Wissenschaft' sei; ihr Zustand ist mit dem der Physik z. B. in ihrer Frühzeit nicht zu vergleichen. ... Es bestehen nämlich, in der Psychologie, experimentelle Methoden und Begriffsverwirrung... Das Bestehen der experimentellen Methode läßt uns glauben, wir hätten das Mittel, die Probleme, die uns beunruhigen, loszuwerden; obgleich Probleme und Methode windschief aneinander vorbeilaufen." (vgl. auch u. a. Stern, 1900; Wellek, 1951; Koch, 1973).

Schon Aristoteles mahnt zur Vorsicht vor leerlaufenden – weil nicht überall gleichermaßen erfüllbaren – Genauigkeitsforderungen:

> „Der logisch geschulte... wird nur insoweit Genauigkeit auf dem einzelnen Gebiet verlangen, als es die Natur des Gegenstandes zuläßt... Der Exaktheitsanspruch darf nämlich nicht bei allen wissenschaftlichen Problemen in gleicher Weise erhoben werden..." (zit. nach Dirlmeyer: Aristoteles, 1969).

Diese Vorsichtsmaßregel darf allerdings nicht derart mißverstanden werden, daß man aus einem Unbehagen über nicht einlösbare Präzisionsforderungen begrifflicher, untersuchungsmethodischer und theoretischer Art nach Maßgabe einheitswissenschaftlicher Vorstellungen heraus (Herrmann/Lantermann, 1985) Begründungspflichten jeglicher Art vernachlässigt. Denn damit verzichtet man letztlich darauf, qualitative Sozialforschung über ein Stadium gewisser methodenbezogener „Pubertätserscheinungen" hinaus auch zu einer ihr gemäßen methodischen „Reife" gedeihen zu lassen. Oder man „landet" doch wieder bei einer verdeckten Subjekt-Objekt Sichtweise, indem man sich zwar dem Subjekt zuwenden möchte, aber dessen Sichtweisen aus der Forschungsperspektive vorstrukturiert oder nachträglich über die Anpassung an Darstellungsprinzipien des Forschers tendenziell „verobjektiviert".

Vergleiche hierzu etwa das Vorgehen innerhalb biographisch orientierter Ansätze, bei denen man zwar im ersten Schritt die intersubjektiv kommunizierbaren subjektiven Sichtweisen – sieht man einmal ab von semantisch ungeklärten Rating-Urteilen – möglichst unverfälscht zu erfassen versucht, jedoch im zweiten Schritt z. B. semantische Interpretationen vornehmlich an „harten Daten“ zu verankern sucht – ohne zu berücksichtigen, welche Bedeutung diesen die Betroffenen selbst zumessen.

Daraus, daß sich Gebiete und Problemstellungen qualitativer Forschung der Erfüllung einheitswissenschaftlicher Gütekriterien versperren, folgt nicht, daß sie keinerlei methodischer Stilisierung zugänglich wäre. Schon die Alltagserfahrung – als lebensweltliches und -praktisches Fundament jeglicher wissenschaftlicher Bemühungen – zeigt ja, daß wir begrifflich bedingte Mißverständnisse in Grenzen zu halten vermögen, daß wir Aussagen von Menschen über sich nicht unkritisch hinnehmen müssen, daß wir andere kontrollierbar verstehen können und daß sich auch, nicht nur kontingenter Weise erfolgreich, Erwartungen über künftiges Tun von Menschen mittels eines Wissens um ihr Denken, Handeln und Orientieren ausbilden lassen.

2.2 Wissenschaftlichkeit als „regulatives Prinzip“

Daß beiden Arten psychologischer Forschung – der quantitativen wie der qualitativen – im Prinzip das Prädikat Wissenschaft zukommen kann, läßt sich leicht einsehen. Man braucht hierfür lediglich die innerhalb des ersten Verständnisses vornehmlich über den technikorientierten Objektwissenschaften – insbesondere der experimentellen Physik – und über der Mathematik ausgebildeten fachwissenschaftskonzeptionellen, methodologischen und methodischen Kriterien für Wissenschaftlichkeit als *eine* besondere, erkenntnisbereichs*spezifische* Konkretisierung der allgemeinen bereichs*übergreifenden, regulativen Idee* von *Wissenschaft* zu begreifen. Denn mit der Vermeidung der Verwechslung – weil Gleichsetzung – von *spezieller Konkretisierung* und *abstraktem Prinzip* als „Maßstab“ und damit der Vermeidung unzulässiger Einebnungen von Unterschieden in den jeweiligen Problembereichen wird es zum einen möglich, zu fragen, ob die vorherrschenden Kriterien für den von qualitativer Forschung anvisierten Erkenntnisbereich überhaupt einlösbar sein können. Zum anderen kann man so die Frage stellen, welche Konkretisierungen dieser Idee für ihren Bereich, nämlich den des lebensweltlichen Handelns und Orientierens, sowie seiner Gründe und Hintergründe angemessen sein können.

2.3 „Nomologisches“ und „typologisches Programm“

Dafür, daß das *„nomologisches Programm“* für diesen Erkenntnisbereich nicht angemessen ist, spricht eine Fülle von vorliegenden Argumenten (vgl. u. a. v. Wright, 1974; Schwemmer, 1976; Lorenzen, 1978; Werbik, 1984; 1986). Deutlich wird in dieser Diskussion auch, daß Forschung schon in ihrer konzeptionellen Anlage nicht nur eine Frage wissenschaftlicher Rationalität, sondern auch eine Frage wissenschaftlicher Moralität ist.

Dem *„nomologischen Programm“* wird gegenübergestellt ein *„typologisches Programm“* für eine kulturwissenschaftliche „Subjekt-Psychologie“ (Stern) als idealtypisch und dialogisch verstehende Wissenschaft (Aschenbach et al., 1983). Forschungspraktisch ergibt sich aus diesem Programm ein qualitativer oder kommunikativer und interaktiver Zugang, der auch die unterschiedlichen Ebenen kultureller Vermitteltheit auf Seiten des Forschers und des Forschungssubjektes zu einem eigenen Thema macht und über dialektische Perspektivenwechsel zu seinen Erkenntnissen zu kommen versucht.

Die wesentliche Leitidee einer solchen qualitativen Forschung formulieren recht deutlich Spaemann und Löw (1981);

„‚Was in Wahrheit ist‘ erfahren wir freilich nur, wenn wir den Menschen selbst sprechen. Was er selbst denkt, meint, fühlt, will, erfahren wir nur, wenn wir, ehe wir *über* ihn sprechen, *mit* ihm gesprochen haben. Mit ihm Sprechen heißt nicht nur: ihn Fragen beantworten lassen, die wir ihm stellen. Das kann genügen, wo uns ein spezifisches Forschungsinteresse leitet, wo wir z. B. die Eignung als Filialleiter oder Pilot testen wollen. Wo es uns darum geht, ihn als ‚ihn selbst‘ kennenzulernen, müssen wir unseren Interviewbogen zur Seite tun und uns in Umgang und Gespräch einlassen, in welchem nicht wir allein mehr ‚Herr des Verfahrens‘ sind.“

3 Qualitative und quantitative Forschung im Vergleich

(Die folgenden Überlegungen gehen großteils zurück auf Aschenbach et al., 1985)

3.1 Daten, Fakten und deren Bedeutung

Die heftige Kontroverse innerhalb der amerikanischen Sozialwissenschaften, die in den dreißiger Jahren zwischen den Vertretern quantitativer und qualitativer Verfahren ausgetragen wurde, galt lange Zeit durch den Vermittlungsvorschlag von Lazarsfeld (1944) als geschlichtet. Seither scheint weithin Einigung darüber zu bestehen, daß die konventionelle quantitativ-empirische Sozialforschung den eigentlichen Kern der Sozialwissenschaften ausmacht, während den qualitativen Verfahren eher ein randständiger Residualbereich betreffs Wissenschaftlichkeit und Aufgabenstellungen zukommt; ihnen wird die Durchführung „explorativer Vorstudien", die die „eigentliche" wissenschaftliche Arbeit nur vorbereiten, zugewiesen.

Lazarsfeld selbst (1944; zit. nach Friedrichs, 1973, 226) zählt (bezogen auf das Forschungsinterview) ohne Anspruch auf Systematik eine Reihe von Aufgaben auf:

1. die Bedeutung von Antworten des Befragten zu klären;
2. einen wichtigen einzelnen Aspekt der Meinung eines Befragten zu ermitteln;
3. Einflüsse auf die Meinung(sbildung) einer Person herauszufinden;
4. Analyse komplexer Einstellungsmuster;
5. motivationale Interpretationen zu ermöglichen;
6. Interpretation und Verfeinerung statistischer Beziehungen, vor allem die Analyse seltener/abweichender Fälle.

Aufmerksamkeit erweckt schon der erste Punkt dieser Aufzählung. Denn müßte nicht bei *jeder* Art sozialwissenschaftlicher Empirie die *Bedeutung* der Antworten oder Reden des Gesprächspartners geklärt werden? Noch vor allen weiteren Deutungs- oder Interpretationserfordernissen scheint sich schon hier eine zentrale Schwierigkeit quantitativer Sozialforschung aufzutun. Denn entweder muß man bereits bei der Formulierung der Fragestellung voraussetzen, daß die Antworten der Befragten in ihrer Bedeutung schon *Eindeutigkeit* besitzen, oder aber man müßte da, wo dies nicht angeht, die qualitative Vorstrukturierung zur unverzichtbaren Voraussetzung des Einsatzes quantitativer Verfahren machen.

In der Regel „löst" man dieses Problem, indem man unterstellt, Bedeutungsfragen seien irrelevant für das weitere Verfahren und somit schon beantwortet durch die Eindeutigkeit der Fragestellung. Dies mag im Einzelfall berechtigt sein, der springende Punkt ist aber, daß die quantitative Methodologie keinerlei Handhabe bietet, um diese Unterstellung im jeweiligen Einzelfall als gerechtfertigt oder ungerechtfertigt nachzuweisen. Qualitative Verfahren bieten nun zwar keineswegs die Garantie der Klarheit der Bedeutung jeder Antwort eines Befragten, sie sind demgegenüber jedoch nicht darauf angewiesen, Klarheit immer schon als gegeben zu unterstellen. Ihr Vorteil liegt vielmehr genau darin, Unklarheiten von Bedeutungen erkennen, sie im Forschungsprozeß selbst erhellen und eventuell ausräumen zu können, zumindest aber sie im Auswertungsverfahren berücksichtigen zu können. Mit anderen Worten: Auf der Grundlage der qualitativen Methodologie ist man in der Lage, eigens zu beurteilen, ob ein gegebenes sozialwissenschaftliches *„Datum"*, dessen Sinn und Bedeutung nicht als unmittelbar klar unterstellt werden können, auch ein im Sinne der Fragestellung „gemachtes" *Faktum* ist.

3.2 Zwei unterschiedliche Forschungsparadigmata

Erläutern läßt sich der Unterschied zwischen beiden Forschungsparadigmata anhand einer – dem Forscher vorgegebenen – Strukturierung der sozialen, lebensweltlichen Wirklichkeit, die aus der *Ethnomethodologie* stammt (Wilson/Zimmermann, 1980; Wilson, 1982). Danach kommen jedem „situativen Handeln", das einen bedeutsamen Gegenstand der Sozialwissenschaften darstellt, drei wesentliche Eigenschaften zu:

- Es findet für die Handelnden im Rahmen einer „objektiven Sozialstruktur" statt, bestehend aus Normen, Sitten und Gebräuchen, instrumentellen Regeln, verbindlichen sozialen Typisierungen etc., die als vorgegeben und als unabhängig vom Handeln irgendeines Individuums angesehen werden.
- Seine Interpretation sowie die Definition der sozialen Situation, in der es stattfindet, wird von den Mitgliedern der sozialen Gruppe, der der Handelnde zugehört, geteilt und ist für sie daher unmittelbar verständlich.
- Sinn und Bedeutung von dabei auftretenden sprachlichen und nicht-sprachlichen Äußerungen sind abhängig von dem Kontext, in dem sie erscheinen. Demnach können schematisch identische Bewegungen und syntaktisch unterscheidbare Reden semantisch unterschiedliche Bedeutung und pragmatisch verschiedenen Sinn haben, je nach dem Kontext, in dem sie auftreten, so wie auch unterschiedliche Bewegungen und Reden sinn- und bedeutungsgleich sein können (vgl. auch Wittgenstein, 1954).

Quantitative Sozialforschung nun nimmt für ihr Unternehmen zwar die (sub-)kulturelle Objektivität der Sozialstruktur sowie die unmittelbare Verständlichkeit sozialen Geschehens in Anspruch, vermag aber die systematische Bedeutsamkeit der *Kontextabhängigkeit* von Sinn- und Bedeutungszuschreibungen nicht zu berücksichtigen. Unter Berufung auf die unmittelbare Verständlichkeit sozialen Handelns trifft sie die implizite Annahme, daß Sinn- und Bedeutungszuschreibungen kontextunabhängig und vollständig durch kulturell stabile Interpretationen bestimmbar seien. Derjenige Teil von Sinn- und Bedeutungszuschreibungen, der erst in der je *konkreten* Handlungs- bzw. Kommunikations- oder Interaktionssituation ausgebildet wird, entgeht ihrem Aufmerksamkeitsraster. Hinzu kommt die Gefahr von (unbemerkten) Mißverständnissen oder (bloßen) Projektion dadurch, daß Forscher und Erforschte unterschiedlichen (sub-)kulturellen Gemeinschaften mit unterschiedlichen Sozialstrukturen angehören. Dadurch wird zumindest fragwürdig, ohne weiteres eine Gemeinsamkeit von Handlungsinterpretationen und Situationsdefinitionen zu unterstellen sowie sich auf unmittelbare Verständlichkeit zu berufen.

Qualitative Sozialforschung faßt deshalb reflexiv auch den *Forschungsprozeß* selbst als eine soziale Situation auf, die einen ganz bestimmten Kontext für die Untersuchungssubjekte darstellt und die, je nach dem wie dieser Kontext von ihnen typisiert wird, die Auswahl derjenigen Orientierungen anleitet, die sie in dieser Situation zum Einsatz bringen (und die nicht im Sinne der Interessen des Forschers sein müssen).

Je ferner also das Forschungsvorgehen zu Alltagssituationen ist, die den Forschungssubjekten vertraut sind, je mehr Regeln ihrer Alltagspraxis durch die Anlage einer Untersuchung verletzt werden, desto geringer wird die Chance des Forschers, verläßliche Auskünfte oder *Fakten* in dem Sinne zu erhalten, daß die „Daten" auch das beinhalten, was das Handeln der Personen in Situationen anleitet, die für sie von größerer Vertrautheit und Relevanz sind als die Erhebungssituation. Den vorstellbaren Extremfall bilden solche experimentelle Anordnungen, mit denen – größtmöglicher Kontrollierbarkeit halber – der Tendenz nach völlig künstliche Untersuchungssituationen geschaffen werden. Man erfährt hier – pointiert gesagt – wie sich (weil die Alltagsorientierungen nicht mehr greifen) *desorientierte* und (weil es nicht um ihre Lebenswirklichkeit geht) *desinteressierte* Personen in solchen Situationen „verhalten" können. Solche Forschungsergebnisse stellen vom Forscher selbst geschaffene *„Kunstprodukte"* dar.

3.3 *Die Erfaßbarkeit subjektiver Sichtweisen*

Der qualitativ orientierte Forscher nun kann die Situationsdefinition des Erforschten, etwa im Falle der teilnehmenden Beobachtung, zum Teil selbst steuern, indem er überlegt, in welcher Rolle er sich Zugang zum Forschungsfeld verschaffen will. Doch auch da, wo ihm diese Steuerung nur zum Teil oder gar nicht gelingt, hat er die Möglichkeit, die Probleme der Bewertung der Forschungssituation durch das Forschungssubjekt wenigstens explizit oder implizit sichtbar zu machen, so daß sie sich bei der Dateninterpretation berücksichtigen lassen.

Wie aber gelingt es dem qualitativen Forscher, die ungelösten methodischen Probleme seiner Forschung im Forschungsprozeß selbst zu verdeutlichen? Im wesentlichen gelingt dies durch die Möglichkeit einer weitestgehenden Steuerung, Strukturierung, Selbstdarstellungsmöglichkeit und Relevanzsetzung im Forschungsgespräch *durch den Befragten.* Ohne Anspruch auf Vollständigkeit sei dies anhand einiger Dimensionen dieser Forschungspraxis aufgezeigt (Kohli, 1978):

- Es ist stets eine offene Frage, inwieweit die Übersetzung einer Forschungsfrage in den Code der Befragten auch gelungen ist. Im allgemeinen ist damit zu rechnen, daß sowohl das Verständnis einzelner Fragen wie der Bezugsrahmen ihrer Antworten unter den einzelnen Befragten variiert. Bei qualitativen Verfahren geben die Befragten in ihren Antworten zu erkennen, wie sie eine Frage jeweils aufgefaßt haben.
- Standardisierte Verfahren legen eine bestimmte Gliederung der sozialen Wirklichkeit fest. Dabei kann in diesem Verfahren nicht ermittelt werden, wie weit der Befragte diese Gliederung selbst teilt oder übernimmt. Bei qualitativen Verfahren wird der Befragte veranlaßt, seine eigenen Gliederungspunkte ins Spiel zu bringen und damit selbst anzuzeigen, was für ihn auf welche Weise relevant ist.
- Die elaborierten statistischen Analyseverfahren des quantitativen Ansatzes (z. B. Faktoren-, Pfad- und Clusteranalyse) ermitteln die gemeinsame Variation in den Reaktionen auf vorformulierte einzelne Items über Gruppen von Befragten hinweg und bilden auf diesem Wege dann theoretische oder hypothetische Konstrukte, die die relevanten Dispositionen der untersuchten Personen repräsentieren sollen. Unklar bleibt dabei, wie die untersuchten Subjekte selbst ihre Kognition zueinander in Beziehung setzen bzw. den Gegenstandsbereich kognitiv strukturieren. Dies kann nur mittels Verfahren erreicht werden, die der Komplexität kognitiver Strukturen dadurch gerecht werden, daß sie die Strukturierungsprinzipien der Personen selbst adäquat zur Darstellung bringen.

Gegen das Gesagte mag man nun einwenden, daß es nur da mit Vorteilen verbunden und daher überzeugend sei, wo es um die *subjektiven Sichtweisen* der Forschungssubjekte als dem zentralen Forschungsgegenstand gehe. Doch auch dies ist nicht haltbar. Erhebungssituationen, egal ob bei quantitativer oder qualitativer Forschung, sind nicht nur „unheilbar" *kontextgebunden,* sondern ebenso „unheilbar" *kommunikativ strukturiert.* Das heißt, für die Erhebungssituation gelten die gleichen Regeln wie für jede Alltagskommunikation: Die Kommunikationsteilnehmer verfolgen als intentional Handelnde Ziele in der Kommunikation, die nicht von vorneherein übereinstimmen müssen und nicht einmal auf Kooperation überhaupt angelegt sein müssen. Keinesfalls kann also davon ausgegangen werden, es sei oberstes oder gar einziges Ziel des Befragten, möglichst wahrheitsgemäße, authentische und bedachte Aussagen zu treffen, wie es das *Datenabrufmodell der Befragung,* das die quantitative Forschung beherrscht, unterstellt. Somit ist die *Berücksichtigung der subjektiven Perspektiven* des Forschungssubjekts bereits aus *methodischen Erwägungen* eine *conditio sine qua non* jeder Sozialforschung, die Gültigkeit für ihre Ergebnisse auch *über die Erhebungssituation hinaus* beansprucht, und zwar unabhängig davon, ob das eigentliche Ziel der Forschung letztlich auf die subjektiven Sichtweisen der Erforschten thematisch abzielt.

4 Qualitative und quantitative Forschung in Gegensätzen

Im Folgenden soll nun durch Aufgreifen und Kommentierung zugespitzter Formulierungen aus der Literatur zu der Methodenkontroverse eine Art „Polaritätenprofil" der beiden Forschungsrichtungen erstellt werden.

1. *Qualitative Verfahren sind holistisch, quantitative Verfahren sind partikular.* – Reichardt und Cook (zit. nach Mohler, 1981, 15) merken hierzu „konservativ-kritisch" an:

„Ein Forscher kann einen eng umgrenzten Aspekt eines bestimmten Verhaltens intensiv studieren und sich dabei der Methode der teilnehmenden Beobachtung bedienen, weil keine andere Methode so genau oder so einfach ist bzw. einzusetzen ist. In diesem Fall benutzt der Forscher das Auge des Beobachters als Instrument, um nur das spezifische Verhalten und sonst nichts zu messen. Andererseits können quantitative Verfahren wie Umfragen oder Zufallsexperimente das ‚ganze Bild' dadurch berücksichtigen, daß sie einfach ‚alles messen'."

Sieht man einmal von der Fragwürdigkeit der Kennzeichnung quantitativer Methoden am Schluß ab, so lebt die Kritik nur davon, daß schon der Gegensatz selbst falsch konstruiert ist. Das Gegenteil von „holistisch", „gestalthaft" oder „sinnhaft zusammenhängend" ist selbstverständlich nicht „partikulär", sondern *„elementaristisch"*. Und dieser Gegensatz kennzeichnet in der Tat einen wichtigen Unterschied zwischen qualitativer und quantitativer Methodologie. Versucht die erste nämlich, *sinnhafte* Beziehungsstrukturen zu erkunden, die sich nicht auf die „additive" Kombination der Eigenschaften von Merkmalsträgern zurückführen lassen, sucht die zweite gerade nach „einfachen" Bausteinen, die dann additiv, multiplikativ oder als Kausalfaktoren zwar komplexe, aber nicht *sinnhaft* zusammenhängende Gebilde entstehen lassen.

2. *Qualitative Verfahren sind subjektiv, quantitative Verfahren sind objektiv.* – Diese Kennzeichnung eines polaren Gegensatzes (Reichardt/Cook, 1979) leidet an der Vieldeutigkeit der Etiketten „subjektiv" und „objektiv". So stellt beispielsweise Mohler (1981, 726) fest: „Meint man etwa mit subjektiv den psychischen Status von Personen, also Gefühle, Motive, so gibt es keinen Grund, ein Monopol qualitativer Verfahren für diesen Bereich anzunehmen." Versucht man dennoch den rationalen Kern zu erhalten, der mit diesem Gegensatz gemeint ist, so bietet sich etwa folgende unmißverständlichere Formulierung an: Qualitative Verfahren favorisieren eine *Innen- und Teilnehmerperspektiven,* quantitative Verfahren dagegen eine *Außen- oder Beobachterperspektive.*

3. *Qualitativen Verfahren mangelt es an Durchführungsobjektivität.* – Gefordert wird hier eine routinemäßig erfüllbare, vollständige und universelle Standardisierung, so daß – bei korrekter Anwendung – jedermann ohne weiteres die erwünschten Daten erhält. Die Identität von Untersuchungssituation und Vorgangsweise soll Vergleichbarkeit der Daten gewährleisten. Hierzu ist einerseits zu sagen, daß diese Forderung nur mittels der Preisgabe individueller und kollektiver Besonderheiten und der Fiktion einer universellen Normperson einlösbar wäre. Andererseits ist Vergleichbarkeit von Daten auch mit unterschiedlichen Konkretisierungen von abstrakten Durchführungsprinzipien erreichbar (Cicourel 1974; auch Allport, 1942)

4. *Qualitative Verfahren sind nicht auswertungsobjektiv.* – Angemahnt wird hier das Fehlen vollständiger und universeller Regelungen, die – korrekt angewendet – jedermann zum selben Auswertungsergebnis, d. h. zu den selben wahren Aussagen führen. Hierzu läßt sich sagen, daß solche routinemäßig befolgbaren Regelungen schon wegen der Kontextabhängigkeit unseres Redens, Handelns und Orientierens unmöglich sind, daß wir aber gleichwohl auch argumentierend und nicht allein deduzierend zu den selben wahren Aussagen kommen können. Ähnlich wie oben wird hier Beliebigkeit des Vorgehens gleichgesetzt mit Nicht-Deduzierbarkeit und Wahrheit von Aussagen mit der Schematisierbarkeit ihrer Gewinnung. Soweit diese Kritik sich insbesondere an interpretativen Vorgehensweisen festmacht, trifft sie im übrigen gerade auch weite Teile „traditioneller" Forschung. Denn faktisch werden ja auch experimentelle oder fragebogenmäßige Daten unter Bezugnahme auf „Innenperspektiven"

der Versuchspersonen interpretiert, freilich ohne anzugeben, wie man methodisch kontrolliert zu diesen Interpretationen kommen und ihre Ergebnisse überprüfen kann (Allport, 1942).

5. *Die Reliabilität qualitativer Verfahren ist fraglich.* – Dieser Einwand trifft gerade auch „klassische" quantitative Verfahrensweisen. Denn ob es sich bei Äußerungen über eigenes Handeln und Orientieren um wahre und zumindest bisher stabile Aussagen handelt, ist schon im ersten Schritt wegen der Nichtberücksichtigung von Bedeutungs- und Kontextfragen der Beurteilung entzogen. Demgegenüber haben qualitative Ansätze den Vorteil, daß z. B. durch die biographische Einbettung einzelner Äußerungen deren Glaubwürdigkeit und Stabilität beurteilbar wird. Im übrigen zeigt schon die Alltagserfahrung, daß wir zu zuverlässigen Aussagen über Sinngehalte kommen können.

6. *Die prognostische Validität qualitativer Verfahren ist fraglich.* – Auch dieser Einwand trifft gerade auch die „klassischen" quantitativen Verfahren, und zwar u. a. aus ähnlichen Gründen wie im Falle der Reliabilität. Demgegenüber bieten qualitative Ansätze den Vorteil, daß sie über die Berücksichtigung von tatsächlichen Handlungssituationen und deren Kontexten, über eine „mehrdimensionale" Betrachtung individueller Orientierungsstrukturen und durch Bezugnahme auf soziale Normen und Normstrukturen die Wahrheit von Aussagen über handlungsleitende Sinngehalte bzw. über Sinngehalte als handlungsleitend besser beurteilbar werden lassen. Tatsächlich gelingt es uns ja auch schon im Alltag immer wieder, das Handeln und Orientieren anderer aufgrund der Kenntnis ihres Denkens zu antizipieren.

7. *Qualitativen Daten ermangelt es an Repräsentativität.* – Hierzu ist zu sagen, daß mangelnde (statistische) Repräsentativität keine sachnotwendige Konsequenz qualitativer Forschung darstellt. Repräsentativität muß vielmehr vom Anspruch her über zugrundeliegende Forschungsinteressen und hinsichtlich der Erreichbarkeit begründet werden. Tatsächlich erfordert ja auch nicht jegliche Verfolgung von Forschungsinteressen (statistische) Repräsentativität. Prinzipiell läßt sie sich in der Psychologie kaum erreichen, und faktisch findet man sie auch in der quantitativen Forschung kaum.

8. *Qualitative Verfahren sind immer notwendig explorierend und induktiv, quantitative Verfahren dagegen sind hypothesentestend und deduktiv.* – Dieser Gegensatz, meist als *Degradierungsstrategie* gegen qualitative Verfahren eingesetzt, wurde schon von Glaser und Strauss (1964) in seiner Gültigkeit bestritten: „There is no fundamental clash between the purpose of capacities of qualitative und quantitative methods or data ... We believe that *each form of data is useful for both verification and generation of theory,* whatever primacy or emphasis."

9. *Wandel kann nur mittels qualitativer Verfahren erfaßt werden.* – Auch diese Aussage bedarf einer Präzisierung, denn mit Hilfe von Längsschnittstudien können auch quantitative Verfahren Wandlungsprozesse erfassen. Qualitative Verfahren können jedoch sinnhafte Entwicklungsverläufe *unmittelbar* nachzeichnen (etwa in biographischen Analysen). Quantitative Verfahren sind unmittelbar auf statische und zeitpunkthafte Merkmale zugeschnitten, *mittelbar,* durch Wiederholung und Hintereinanderschaltung ihrer Verfahren, aber auch in der Lage, zeitlichen Wandel abzubilden, jedoch ohne die „Argumente" erfassen zu können, die die Individuen als Ausgangspunkt für ihre Wandlung verarbeitet haben und die erst den Sinnzusammenhang ihres Tuns stiften.

10. *Qualitative Auswertungsverfahren bevorzugen explikative Strategien der Datenanalyse; quantitative Verfahren neigen zur Datenreduktion als Analysestrategie.* – Auch dieser Gegensatz trifft etwas Richtiges, ist in der gegebenen Formulierung aber zu stark. Bei qualitativen Verfahren ist es in der Tat oft so, daß bei ihrer Auswertung in einem ersten Schritt neue Textmaterialien produziert werden, die in einem explikativen Verhältnis zu den ausgewerteten Ursprungstexten stehen. In einem zweiten Schritt aber muß, wegen des Umfangs der anfallenden Textproduktion, dann auch eine systematisch reduzierende Strategie eingeschlagen werden, die den ersten Schritt in seiner Funktion, wenn auch nicht in seinem Umfang, konserviert. Die explikativen Strategien der qualitativen Methoden stellen somit gegenüber den datenreduzierenden eine *zusätzliche* Bemühung dar, nicht unbedingt eine gegensätzliche.

11. *Qualitative Forschung hat ein Dialog-Konzept, quantitative Forschung ein Kreuzverhör-Konzept* (Kleining, 1982). – Der quantitative Forscher tritt an seinen Forschungsgegenstand so wie der Naturforscher bei Kant an die Natur heran, „zwar um von ihr belehrt zu werden, aber nicht in der Qualität des Schülers, der sich alles vorsagen läßt, was der Lehrer will, sondern eines bestallten Richters, der die Zeugen nötigt, auf die Fragen zu antworten, die er ihnen vorlegt". Der Befrager ist dabei also aktiv und verfolgt unerbittlich einen vorher zurechtgelegten Plan, der Befragte dagegen ist passiv, reagiert in vorgeschriebener Form auf Fragen und ist Gegenstand der Erhebung. Die Ergebnissituation bei der qualitativen Forschung

nähert sich in viel stärkerem Maße einem Alltagsgespräch, wobei der Befragte nicht nur in vergegenständlichter Weise Antworten auf Fragen gibt, sondern sich selbständig mitteilt und den Umfang wie die Tiefenschicht seiner Äußerungen selbstverantwortlich steuert. Um noch einmal mit Kant, gegen den Strich gebürstet, zu sprechen: Der qualitative Forscher geht weiterhin von dem Prinzip aus, „alle unsere Erkenntnis müsse sich nach den Gegenständen richten"; der quantiative Forscher dagegen ist geneigt anzunehmen, „die Gegenstände müssen sich nach unserer Erkenntnis richten".

12. *Qualitative Verfahren zielen auf Re-Konstruktion ab, quantitative Verfahren auf Hypothesenprüfung* – Bei den qualitativen Verfahren geht die Intention dahin, lebensweltliche Wirklichkeiten aus erzählbaren und erzählten Erfahrungszusammenhängen heraus zu rekonstruieren. Quantitative Verfahren dagegen versuchen, vorab behauptete Beziehungen zwischen verdinglicht konzipierten Bewußtseinstatbeständen untereinander oder zwischen solchen und objektiven sozialen Tatbeständen auf ihre empirische Auftretenswahrscheinlichkeit hin zu prüfen.

5 Resümee

Deutlich wird wohl, daß beide Forschungsrichtungen mit unterschiedlichen Ansprüchen und Anliegen verbunden sind. Da der einen wie der anderen – wenn auch in verschiedener Weise – die kontrollierbare Gewinnung empirischer Wahrheiten möglich ist, können sie im Sinne der allgemeinen Zustimmungsfähigkeit ihrer Aussage auch beide „objektiv" sein. Ihnen unterschiedliche „Grade" von Wissenschaftlichkeit zuzusprechen, erscheint von daher nicht gerechtfertigt. Daß qualitative Forschung wegen ihrer begrenzten Standardisier-, Schematisier- und Routinisierbarkeit nicht in der selben Weise lehr- und lernbar ist wie quantitative Forschung und insofern stets mehr der (intersubjektiv nachvollziehbaren) Kunstfertigkeit und Kreativität des Forschers bedarf, hat seinen Vorteil u. a. darin, daß sie Bereiche erschließen kann, die der quantitativen Ausrichtung unzugänglich sind. In diesem Sinne vermag gerade sie zur Erkenntniserweiterung beizutragen. „Erkenntniserweiternd" und nicht nur „erkenntnissichernd" ist sie im Unterschied zum hypothetisch-deduktiven Ansatz aber auch und gerade deshalb, weil sie die Gewinnung von „Hypothesen" erlaubt, die für den Forscher aufgrund seines persönlichen Einführungshintergrundes gar nicht formulierbar sind.

Damit ist es insgesamt wünschenswert, daß man in der Kontroverse weder auf Alleinvertretungsansprüchen beharrt, was man der Tendenz nach tut, wenn man die „Präzision und Transparenz" qualitativer Forschung mit ihrem „intentionalistischen" Menschenbild am „methodologischen Behaviorismus" mißt (Herrmann/Lantermann, 1985, S. VIII), noch der einen Richtung lediglich einen Residualbereich zubilligt. Vielmehr sollte von einem – je nach Erkenntnisbereich und -interesse zu legitimierenden – gleichberechtigten Nebeneinander ausgegangen und damit auch die Idee des *wissenschaftlichen Pluralismus* in begründeter Weise eingelöst werden.

Literatur

Ahrens, H.: Varianzanalyse. Berlin: Akademie Verlag, 1968.

Allport, G. W.: The use of Personal Documents in Psychological Science. New York: Social Science Research Council Bulletin, 49, 1942.

Arbeitsgruppe Bielefelder Soziologen (Hrsg.): Alltagswissen, Interaktion und gesellschaftliche Wirklichkeit. Bd. 1, 2. Reinbek: Rowohlt, 1973.

Arbeitsgruppe Bielefelder Soziologen (Hrsg.): Kommunikative Sozialforschung. München: Beck, 1976.

Aristoteles: Nicomachische Ethik (übersetzt von F. Dirlmeyer). Stuttgart: Reclam, 1969.

Aschenbach, G.: Erklären und Verstehen in der Psychologie. Bad Honnef: Bock + Herchen, 1984.

Achenbach, G./Billmann-Mahecha, E./Straub, J./Werbik, H.: Das Problem der Konsensbildung und die Krise der „nomothetischen" Psychologie. In. Jüttemann, G.: Psychologie in der Veränderung. Weinheim. Beltz, 1983.

Aschenbach, G./Billmann, Mahecha, E./Zitterbarth W.: Kulturwissenschaftliche Aspekte qualitativer psychologischer Forschung. In: Jüttemann, G. (Hrsg.): Qualitative Forschung der Psychologie. Weinheim: Beltz, 1985.

Bentler, P. M.: Multivariate analysis with variables: Causal modeling. Annual Review of Psychology, 31, 1980, 419-456.

Berlson, B.: Content analysis in communication research. Glencoe: Free Press, 1952.

Bortz, J.: Lehrbuch der empirischen Forschung für Sozialwissenschaftler. Berlin: Springer, 1984.

Bungard, W. (Hrsg.): Die „gute" Versuchsperson denkt nicht. Artefakte in der Sozialpsychologie. München: Urban & Schwarzenberg, 1980.

Cicourel, A. V.: Methode und Messung in der Soziologie. Frankfurt: Suhrkamp, 1974.

Cranach, M. v./Frenz, H. G.: Systematische Beobachtung. In: Graumann, C. F. (Hrsg.): Handbuch der Psychologie. Bd. 7. Göttingen: Hogrefe, 1975.

Dilthey, W.: Der Aufbau der geschichtlichen Welt in den Geisteswissenschaften. (Einleitung von M. Riedel). Frankfurt: Suhrkamp, 1981.

Fischer, G.: Einführung in die Theorie psychologischer Tests. Bern: Huber, 1974.

Fisz, M.: Wahrscheinlichkeitsrechnung und mathematische Statistik. Berlin: VEB Deutscher Verlag der Wissenschaften, 1962.

Friedrichs, J. (Hrsg.): Methoden empirischer Sozialforschung. Reinbek: Rowohlt, 1973.

Glaser, B. G./Strauss, A. L.: The discovery of grounded theory. London, 1967.

Harnatt, J.: Der statistische Signifikanztest in kritischer Betrachtung. Psychologische Beiträge 17, 1975, 595-612.

Herrmann, Th.: Psychologie als Problem. Stuttgart: Klett, 1979.

Herrmann, Th./Lantermann, E.-D. (Hrsg.): Persönlichkeitspsychologie: München: Urban & Schwarzenberg, 1985.

Hilke, R.: Grundlagen normorientierter und kriteriumorientierter Tests. Eine kritische Auseinandersetzung mit der klassischen Testtheorie und den logistischen Textmodellen. Bern: Huber, 1980.

Janich, P.: Möglichkeiten und Grenzen quantitativer Methoden. In: Mittelstrass, J. (Hrsg.): Methodologische Probleme einer normativ-kritischen Gesellschaftstheorie. Frankfurt: Suhrkamp, 1979.

Jüttemann, G. (Hrsg.): Psychologie in der Veränderung. Weinheim: Beltz, 1983.

Jüttemann, G. (Hrsg.): Qualitative Forschung der Psychologie. Weinheim: Beltz, 1985.

Kaiser, H.-J.: Konfliktberatung nach handlungstheoretischen Prinzipien. Bad Honnef: Bock + Herchen, 1979.

Kaiser, H.-J./Seel, H.-J. (Hrsg.): Sozialwissenschaft als Dialog. Weinheim: Beltz, 1981.

Kallmeyer W./Schütze, F.: Konservationsanalyse. Studium der Linguistik, 1, 1976, 1-28.

Kamlah, W./Lorenzen, P.: Logische Propädeutik. Mannheim: Bibliographisches Institut, 1967.

Kant, I.: Kritik der reinen Vernunft. Vorwort zur 2. Aufl. Akademie-Ausgabe, Bd. 3. Berlin: de Gruyter, 1968.

Kempf, W.: Zur Bewertung der Faktorenanalyse als psychologische Methode. Psychologische Beiträge, 14, 1972, 610-625.

Kempf, W. (Hrsg.): Probabilistische Modelle in der Sozialpsychologie. Bern: Huber, 1974.

Kempf, W.: Psychologische Forschung als Begegnung – Zur Methodologie des partnerzentrierten Gesprächs. In: Brandtstädter, J. (Hrsg.): Struktur und Erfahrung in der psychologischen Forschung. Berlin: De Gruyter, 1986.

Kempf, W./Aschenbach, G. (Hrsg.): Konflikt und Konfliktbewältigung. Handlungstheoretische Aspekte einer praxisorientierten psychologischen Forschung. Bern: Huber, 1981.

Kleining, G.: Umriß zu einer Methodologie qualitativer Sozialforschung. Kölner Zeitschrift für Soziologie und Sozialpsychologie, 34, 1982, 224-253.

Koch, S.: Psychologie und Geisteswissenschaft. In: Gadamer, H.-G./Vogler, P. (Hrsg.): Neue Anthropologie. Bd. 5. Psychologische Anthropologie. München: DTV, 1973.

König, R. (Hrsg.): Handbuch der empirischen Sozialforschung (3. Aufl.) Bd. 1-4. Stuttgart: DTV/Enke, 1974.

Kohli, M.: „Offenes" und „geschlossenes" Interview: Neue Argumente zu einer alten Kontroverse. Soziale Welt, 29, 1978, 1-25.

Koppe, F.: Thesen zu einer Literaturwissenschaft in handlungsorientierender Absicht. In: Kambartel, F./Mittelstrass, J. (Hrsg.): Zum normativen Fundament der Wissenschaft. Frankfurt: Fischer Athenäum, 1973.

Laslett, B./Rapoport, R.: Collaborative interviewing and interactive research. Journal of Marriage and the Family, 37, 1945, 968-977.

Lazarsfeld, P.: The controversy over detailed interviews: An offer for negotiations. Political Opinion Quarterly, 8, 1944, 38-60.

Leithäuser, Th. et al.: Entwurf zu einer Theorie des Alltagsbewußtseins. Frankfurt: Suhrkamp, 1977.

Leithäuser, Th./Volmerg, B.: Anleitung zur empirischen Hermeneutik. Frankfurt: Suhrkamp, 1979.

Lorenzen, P.: Konstruktive Wissenschaftstheorie. Frankfurt: Suhrkamp, 1974.

Lorenzen, P.: Methodisches Denken. Frankfurt: Suhrkamp, 1974.

Lorenzen, P.: Theorie der technischen und politischen Vernunft. Stuttgart: Reclam, 1978.

Lorenzen, P./Schwemmer, O.: Konstruktive Logik, Ethik und Wissenschaftstheorie. Mannheim: Bibliographisches Institut, 1973.

Maschewski, W.: Das Experiment in der Psychologie. Frankfurt: Campus, 1977.

Matthes, J.: Religion als Thema komparativer Sozialforschung. Soziale Welt, 34, 1983, 3-21.

Matthes, J.: Entzauberte Wissenschaft. Soziale Welt, 3, 1985, 49-64.

Matthes, J.: Zur transkulturellen Relativität erzählanalytischer Verfahren in der empirischen Sozialforschung. Kölner Zeitschrift für Soziologie und Sozialpsychologie, 37, 1985, 310-327.

Matthes, J./Pfeifenberger, A./M. Stosberger (Hrsg.): Biographie in handlungswissenschaftlicher Perspektive. Nürnberg: Verlag der Nürnberger Forschungsvereinigung e. V., 1981.

Mayring, Ph.: Qualitative Inhaltsanalyse. Grundlagen und Techniken. Weinheim: Beltz, 1983.

Meili, R./Rohracher, H. (Hrsg.): Lehrbuch der experimentellen Psychologie (3. Aufl.) Bern: Huber, 1972.

Mertens, W.: Sozialpsychologie des Experimentes. Hamburg: Hoffmann & Campe, 1977.

Mittelstrass, J. (Hrsg.): Methodologische Probleme einer normativ-kritischen Gesellschaftstheorie. Frankfurt: Suhrkamp, 1975.

Mittelstrass, J. (Hrsg.): Methodenprobleme der Wissenschaften vom gesellschaftlichen Handeln. Frankfurt: Suhrkamp, 1979.

Mohler, P. Ph.: Zur Pragmatik qualitativer und quantitativer Sozialforschung. Kölner Zeitschrift für Soziologie und Sozialpsychologie, 33, 1981, 716-734.

Oevermann, U. et al.: Die Methodologie einer „objektiven Hermeneutik" und ihre allgemeine forschungslogische Bedeutung in den Sozialwissenschaften. In: Soeffner, H.-G. (Hrsg.): Interpretative Verfahren in den Sozial- und Textwissenschaften. Stuttgart, 1979.

Paul, S.: Begegnungen. Zur Geschichte persönlicher Dokumente in Ethnologie, Soziologie, Psychologie. Bd. 1, 2. Hohenschäftlarn: Renner, 1979.

Pfanzagl, J.: Theory of measurement. Würzburg: Physica, 1971.

Reichhardt, C. S./Cook, Th. D.: Beyond qualitative versus quantitative methods. In: Reichardt, C. S./Cook, Th. D. (Eds.): Qualitative and quantitative methods in evaluation research. London, 1979.

Rickert, H.: Kulturwissenschaft und Naturwissenschaft. Tübingen: Mohr, 1921.

Riedel, M.: Einleitung zu Wilhelm Dilthey: Der Aufbau der geschichtlichen Welt in den Geisteswissenschaften. Frankfurt: Suhrkamp, 1981.

Roth, E. (Hrsg.): Sozialwissenschaftliche Methoden. München: Oldenbourg, 1984.

Sachs, L.: Statistische Auswertungsmethoden. Berlin: Springer, 1971.

Schiffauer, W.: Die Gewalt der Ehre. Frankfurt: Suhrkamp, 1983.

Schütze, F.: Zur Hervorlockung und Analyse von Erzählungen thematisch relevanter Geschichten im Rahmen soziologischer Feldforschung. In: Arbeitsgruppe Bielefelder Soziologen (Hrsg.): Kommunikative Sozialforschung. München: Beck, 1976.

Schwemmer, O.: Theorie der rationalen Erklärrung. Zu den methodischen Grundlagen der Kulturwissenschaften. München: Beck, 1976.

Soeffner, H.-G. (Hrsg.): Interpretative Verfahren in den Sozial- und Textwissenschaften. Stuttgart, 1979.

Spaemann, R./Löw, R.: Die Frage Wozu? Geschichte und Wiederentdeckung des teleologischen Denkens. München: Piper, 1981.

Stern, W. S.: Die Psychologie des 19. Jahrhunderts. Zeitschrift für Pädagogische Psychologie und Psychopathologie, 1900.

Thomas, W./Zaniecki, F.: The polish peasant in Europe and America. Bd. 1, 2. New York, 1958 (Erstausg.: 1919-1921).

Thomae, H.: Die biographische Methode in den anthropologischen Wissenschaften. Studium Generale, 5, 1952.
Überla, K. Faktorenanalyse, (2. Aufl.). Berlin: Springer, 1971.
Wellek, A.: Die Polarität im Aufbau des Charakters. Bern: Franke, 1951.
Werbik, H.: Über die nomologische Auslegung von Handlungstheorien. In: Lenk, H. (Hrsg.): Handlungstheorien – interdisziplinäre. Bd. 3. München: Fink, 1984.
Werbik, H.: „Psychonomie" und „Psychologie". Zur Notwendigkeit der Unterscheidung zweier Wissenschaften. In: Burrichter, C./Inhetveen, R./R. Kötter (Hrsg.): Technische Rationalität und rationale Heuristik. Paderborn, 1985.
Werbik, H.: Zur rationalen Annehmbarkeit handlungspsychologischer Aussagen und Theorien-Skizzen. In: Brandstädter, J. (Hrsg.): Struktur und Erfahrung in der psychologischen Forschung. Berlin: De Gruyter, 1986.
Wiedemann, P. M.: Erzählte Wirklichkeit. Zur Theorie und Auswertung narrativer Interviews. Weinheim und München: Psychologie Verlags Union, 1986.
Wilson, Th. P.: Theorien der Interaktion und Modelle soziologischer Erklärung. In: Arbeitsgruppe Bielefelder Soziologen (Hrsg.): Alltagswissen, Interaktion und gesellschaftliche Wirklichkeit, Bd. 1.2 Reinbek, Rowohlt, 1973.
Wilson, Th. P. Qualitative „oder" quantitative Methoden in der Sozialforschung. Kölner Zeitschrift für Soziologie und Sozialpsychologie, 34, 1982, 487-508.
Wilson, Th. P./Zimmermann, D. H.: Ethnomethodology, sociology and theory. Humboldt Journal of Social Relutions, 7, 1980, 52-88.
Windelband, W.: Geschichte und Naturwissenschaft (1894). In: Präludien, Bd. 2, Tübingen: Mohr, 1924.
Wittgenstein, L.: Philosophische Untersuchungen. Frankfurt: Suhrkamp, 1975.
Witzel, A.: Verfahren der qualitativen Sozialforschung. Frankfurt: Campus, 1982.
Wottawa, H.: Grundlagen und Probleme von Dimensionen in der Psychologie. Meisenheim: Hain, 1979.
Wright, G. H. v.: Erklären und Verstehen. Frankfurt: Fischer Athenäum, 1974.

Frauenforschung

Regina Becker-Schmidt

1 Stationen der Frauenforschung: Geschlecht als Phänotyp und soziale Strukturkategorie, Geschlechterkonflikt als Ausdruck der gesellschaftlichen Organisation des Geschlechterverhältnisses

Seit über die Menschheit nachgedacht wird, gibt es philosophische, geisteswissenschaftliche und psychologische Reflexionen darüber, warum zwei Geschlechter existieren und worin ihre „wesentlichen" Aufgaben bestehen. Die Dichotomisierung und Polarisierung der Menschen in weibliche und männliche Charaktere, etwa nach dem Modus passiv/aktiv, emotional/rational, intuitiv/planerisch, impulsiv/beherrscht, läßt sich nicht nur bis ins Zeitalter der Aufklärung verfolgen. Bis heute hält diese Diskussion auch in den der Aufklärung nachfolgenden säkularisierten Wissenschaften an. Vor allem die Psychologie als empirische Wissenschaft hat versucht, den Realitätsgehalt solcher Typologien durch verschiedene Meßverfahren zu erhärten (Keller, 1979).

Obwohl weder die bekannten *Männlichkeits-Weiblichkeitstests* von Engel, Terman und Miles und ihren Nachfolgern, noch die *Androgynitäts-Tests* von Bem signifikante Belege für die Existenz solcher geschlechtsspezifischer Persönlichkeitsprofile ergaben, fanden typologisierende Vorstellungen dennoch Eingang in die modernen Sozialwissenschaften, z. B. in rollentheoretische und persönlichkeitstheoretische Konzepte. Für die F. ergaben sich aus diesem Sachverhalt wichtige Untersuchungsthemen.

Sowohl die strukturell-funktionale Gesellschaftstheorie als auch die an den Naturwissenschaften orientierte Psychologie (Differentielle Psychologie, Persönlichkeitsdiagnostik) grenzen sich durch ihre Objektivitätskriterien sowie durch ihre methodologischen Ansprüche an Realitätsadäquanz von spekulativem und metaphysischem Denken, wie es der Philosophie oder den Geisteswissenschaften zugeschrieben wird, eindeutig ab.

Welche *Funktionen* hat das Festhalten an empirisch nicht verifizierbaren Wesenskategorien wie Weiblichkeit-Männlichkeit? Das Interesse an der Fixierung von Geschlechtsstereotypen kann als Versuch interpretiert werden, die in der Moderne entstandenen neuen Formen geschlechtlicher Arbeitsteilung, die einhergehen mit einer Verteilung von Privilegien, normativ zu sichern (Osterland, 1985).

Damit wird klar: „Geschlecht“ ist weder eine rein biologische Bestimmung im Sinne des englischen Wortes „sex“, noch eine Festlegung auf charakterologische *Phänotypen*. Angeblich männliche oder weibliche „Natureigenschaften“ sind – bis auf wenige wirklich sozial erhebliche Ausnahmen – einerseits ideologische Zuschreibungen, andererseits Ausdruck geschlechtsspezifischer Sozialisationsverläufe und geschlechtlicher Arbeitsteilung. Unter dem Blick *feministischer Sozialwissenschaften* entpuppt sich Geschlecht im Sinne von „gender“ als *soziale Strukturkategorie*. Einem bestimmten Geschlecht zuzugehören heißt, einen bestimmten sozialen Ort zugewiesen zu bekommen: oben/unten, in der Familie/in der Außenwelt, in der Genealogie, in der Arbeitsverteilung und in den kultisch-religiösen Räumen.

Nicht nur die soziale Schicht bestimmt darüber, welche Positionen, Funktionen, Lebenschancen Individuen zukommen. Darüber entscheidet auch die Geschlechtszugehörigkeit. In Disziplinen wie der *Anthropologie* und der *Ethnologie* ist das viel früher begriffen worden als in den anderen Sozialwissenschaften. Stacey und Thorne erklären das folgendermaßen:

„Von Anfang an gab es unter prominenten Anthropologen mehr Frauen als in anderen Sozialwissenschaften. Dazu kommt, daß der bevorzugte Gegenstand der Anthropologie – kleine, prä-schriftliche Gesellschaften, in denen das Zusammenleben wesentlich durch Verwandtschaft bestimmt ist – Anthropologen immer schon ermutigt hat, auf die geschlechtliche Arbeitsteilung sowie strukturelle und symbolische Dimensionen des Geschlechtlichen zu achten; dies gilt sogar für jene Anthropologen, die sich primär mit Recht, Religion, Politik und Ökonomie befassen.“ (Stacey/Thorne, 1985, 120).

Daß nicht nur die Klassenzugehörigkeit bei der Verteilung von Lebenschancen eine Rolle spielt, sondern ebenso die Geschlechtszugehörigkeit, läßt sich an dem Zusammenhang von *Rassismus* und *Sexismus* festmachen. Die schwarzen Sklavinnen in Amerika wurden zwar von den weißen Plantagenbesitzern genauso ausgebeutet wie ihre männlichen Schicksalsgenossen, zusätzlich wurde jedoch ihre weibliche Geschlechtlichkeit mißbraucht: Die Vergewaltigung schwarzer Frauen gehörte zur Kolonialherrschaft des weißen Patriarchats (Davis, 1982). Wenn „Geschlecht“ als Strukturkategorie gedacht werden muß, dann impliziert das einen weiteren Paradigmenwechsel in der F.: Ihr Gegenstand kann nicht nur „Weiblichkeit“ sein, sondern die historischen Formen, in denen sich die Beziehung der Geschlechter als gesellschaftliches Verhältnis ausdrückt.

Schon in den ersten großen Schriften der Frauenbewegung – Kate Milletts „Sexual Politics“, Shulamith Firestones „The Dialectic of Sex“, Juliet Mitchells „Women's Estate“ – ist dieser Paradigmawechsel angelegt: Unter den Bedingungen einer patriarchalischen Organisation des Geschlechterverhältnisses haben sexuelle Beziehungen unter sozialen Gesichtspunkten politische Bedeutung. „In ausdrücklicher Ablehnung der marxistischen Vorstellung, der Klassenkampf sei auf die Entwicklung der ökonomischen Struktur der Gesellschaft und Vereinbarungen der Produktions- und Distributionsverhältnisse zurückzuführen, drängt Firestone uns, die Grundlage der gesellschaftlichen Ordnung und die Triebkräfte aller historischen Ereignisse in der Dialektik der Geschlechter zu suchen.“ (Zaretsky, 1978, 15) Diese Radikalität darf jedoch nicht dazu führen, die Beziehungen zwischen Kapitalismus und Frauenunterdrückung – und zwar weltweit – aus dem Auge zu verlieren (Bennholdt-Thomsen et al., 1983).

Positionen innerhalb des sozialistischen Feminismus halten daran fest, daß beide Perspektiven – Klassenherrschaft und Geschlechtertrennung – in ihrer wechselseitigen Abhängigkeit untersucht werden müssen (Barrett, 1983).

2 Thematische Schwerpunkte der Frauenforschung

Zentraler Bezugspunkt für F. ist die gesellschaftliche Unterdrückung des weiblichen Geschlechts, bzw. das Phänomen männlicher Suprematie. Da Frauen nicht nur Opfer bisheriger Geschichte sind und sein wollen, gehört zu diesem Bezugspunkt auch die Frage, was ihr aktiver, was ihr bisher nicht zu öffentlicher Geltung gekommener Anteil am Zivilisationsprozeß ist, mit welchen Strategien sie sich aus ihrer unterlegenen Situation befreien können und welche historischen Vorbilder es für ihre Emanzipationsanstrengungen gibt. Insofern ist die Geschichte der F. eng mit der Geschichte der *Frauenbewegung* verknüpft (Gerhardt et al., 1979; Greven-Aschoff, 1981).

Es gibt keinen gesellschaftlichen Bereich, in dem Frauen gegenüber Männern nicht sozial benachteiligt sind. Die Themen von F. sind daher weit gestreut: Sie umfassen die Bereiche Frauenarbeit in Familie, Beruf und Selbsthilfeorganisationen; Gewalt gegen Frauen im Privatraum und in der Öffentlichkeit; Randständigkeit von Frauen und Frauenproblemen im kulturellen und politischen Leben; Frauen und Rechtsordnung; Frauen und soziale Sicherung. (Vgl. zum Thema „Frauenarbeit“: Sullerot, 1972; Ostner, 1978; Eckhart et al., 1979; Weltz et al., 1979; Beck-

Gernsheim, 1981; Becker-Schmidt et al., 1982; Werlhoff, 1982. Zum Thema „Gewalt gegen Frauen": Mies, 1980; Bennholdt-Thomsen, 1981; Brückner, 1983. Zum Thema „Frauen und Kultur": Rosaldo/Lamphere, 1974. Zum Thema „Frauen und Rechtsordnung": Gerhardt, 1978. Zum Thema „Frauen und Sozialpolitik": Riedmüller/Kickbusch, 1984; Möller, 1985; Riedmüller, 1985). Sozialpsychologie und Psychoanalyse untersuchen die psychodynamischen Verarbeitungsweisen der Geschlechterrivalität. Darüber hinaus fragen sie: Welche Mechanismen bewirken eine individuelle Verankerung gesellschaftlicher Leitbilder von Männlichkeit und Weiblichkeit? Welche sozialen Funktionen haben solche Verinnerlichungsprozesse? In welchen psychischen Bereichen – Sexualität, spezifische Fähigkeiten oder Behinderungen – drückt sich der gesellschaftliche Umgang mit der Geschlechterdifferenz aus? Welche Konflikte zeitigt er? (Meulenbelt, 1985; Chodorow, 1985)

Diese Probleme existieren nicht isoliert, sie sind miteinander verkettet und erschließen sich erst in fächerübergreifenden, ganzheitlichen Analysen. Darum soll im folgenden skizzenhaft aufgezeigt werden, welche weitreichenden Konsequenzen z. B. die Separierung der Privatsphäre, die gleichwohl von Wirtschaft und Staat abhängig bleibt, für die Stellung der Frauen in allen gesellschaftlichen Bereichen, ja in ihren zentralen Lebensäußerungen, z. B. der Mütterlichkeit, hat.

3 „Weiblicher Lebenszusammenhang" (U. Prokop) – ein interdependenter Zusammenhang von Familie, Berufssphäre und Systemen sozialer Sicherung

Mit der grundlegenden Neuorganisation von Wirtschaft und Lohnarbeit veränderte der Kapitalismus auch die Familienformen. Die Kleinfamilie entstand, ganze Bereiche der frühen Subsistenzwirtschaft wurden in Massenfabrikation und Dienstleistungsbetriebe verlagert. Die Haushaltung verarmte in ihrem Tätigkeitsspektrum, durch Intimisierung und Emotionalisierung der Familienbeziehungen wuchsen dagegen die Ansprüche an psychosoziale Versorgung. Die Hausarbeit der Frauen wurde als Beitrag zur Sicherung der familialen Existenz entwertet, ihre fürsorglichen Tätigkeiten im Bild von „Mütterlichkeit" überhöht. (Zum Thema „Geschlechterdifferenz und Familienentwicklung": Hausen, 1978; Ostner/Pieper, 1980. Zum Thema „Hausarbeit": Bock/Duden, 1977; Oakley, 1978; Kontos/Walser, 1979. Zum Thema „Mütterlichkeit: Rick, 1979).

Mit der Ausgliederung der bürgerlichen und proletarischen Familie aus Produktionszusammenhängen sowie aus gesamtgesellschaftlichen Distributionsverhältnissen (Markt, Dienstleistungssektor, staatliche Sozialpolitik) ergeben sich nicht nur neue Formen der Frauenunterdrükkung in der Privatsphäre. Sie greifen auf andere soziale Räume über. Die Gewalt der normativen Setzung, Hausarbeit und Kindererziehung sei eine vorrangig weibliche Aufgabe, erschwert Mädchen den Zugang zu qualifizierten Ausbildungsgängen und marginalisiert Frauen auf dem Arbeitsmarkt. Aufgrund schlechterer Startchancen und einer männlichen Dominanz in der Berufspyramide werden sie im Erwerbsleben diskriminiert: niedrigere Entlohnung und im Gefolge niedrigere Renten, weniger Aufstiegschancen, geringere Arbeitsplatzsicherung und berufliche Kontinuität (Wolf-Graaf, 1981). Die Hausfrauen, die ihr Arbeitsvermögen ganz in den Dienst der Familie stellen, sind – was eigenständige Versorgungsansprüche anbelangt – aus dem System sozialer Sicherung ausgeschlossen. Die Sozialgesetzgebung richtet sich allein auf die Risiken des Arbeitsmarktes. So erwachsen Hausfrauen aus ihrer nicht-marktvermittelten Arbeit keine Rechtsgarantien, die den Staat verpflichten, sie bei Unfall, Invalidität oder im Alter vor Verarmung zu schützen. Der Ehemann soll für sie aufkommen (Möller, 1985; Riedmüller, 1985).

Die Aufsplitterung und Hierarchisierung der Gesellschaft in Sphären bezahlter und unbezahlter Arbeit, die den Frauen einseitig die unbezahlte zuweist, schmälert ihren sozialen Status. Die traditionelle Vorstellung, der Beruf des Mannes habe die Familienexistenz zu sichern, macht sie abhängig und festigt die patriarchalischen Strukturen im Privatleben. Auch da, wo die Ehefrauen erwerbstätig sind, schleppen sich überkommene Orientierungen fort, nach denen der Mann der Herr im Hause bleiben soll. Eingeschliffene Formen geschlechtlicher Arbeitsteilung im Haushalt und in der Kindererziehung werden auch da nicht grundsätzlich in Frage gestellt, wo Mütter kleiner Kinder außerhäuslich arbeiten müssen und wollen (Becker-Schmidt/Knapp, 1985; Metz-Göckel/Müller, 1986).

Ein wichtiges Konfliktfeld, dem sich Soziologie und Psychologie heute in feministischer Perspektive stellen, liegt in der *Mütterzentriertheit unserer Kleinfamilie* als Erziehungsagentur. In der Geborgenheit der Mutter-Kind-Dyade ist eine psychische Enklave konzipiert, in der das Kleinkind verschont bleiben soll vor einer zu frühen Konfrontation mit Heteronomie, Zweckrationalität und Disziplinierungszwängen – Züge, die die außerhäusliche Realität in stärkerem Maße charakterisieren als den privaten Binnenraum.

Müttern wird im Interesse guter Entwicklungschancen für die Kinder ein Verhaltensrepertoire abverlangt, das eigentlich nur vorausgesetzt werden kann, wenn diese selbst sich auf ein Klima stützen können, das ihnen Rückhalt, Selbstvertrauen, Sicherheit und eigene Zufriedenheit bietet. Die gesellschaftlichen Bedingungen jedoch, unter denen ihr Alltag mit Kindern in der Regel abläuft, gefährdet jenes Potential, das wir positiv mit „Mütterlichkeit“ assoziieren: Empathie, Rezeptivität, Phantasie, Ruhe, Geduld, konstante Zuwendung. Die Isolation, die mit der häuslichen Präsenzpflicht verbunden ist, der Entzug von Kontakten mit Erwachsenen außerhalb der eigenen vier Wände, der mit einem Mangel an Informations- und Erfahrungsaustausch einhergeht, die Unterordnung unter den Ehemann, das Gefühl der Alleinverantwortlichkeit, fehlende Unterstützung durch öffentliche und kollektive Institutionen der Kindererziehung – alles das zusammengenommen kann Mütter gravierend verunsichern und frustrieren, so daß sie als „gute Mütter“ einfach überfordert sind.

Mütter sind einem weiteren Paradox ausgesetzt: Sie werden angehalten, Kindern nicht nur jenes Moratorium zu gewähren, in denen sie die wichtigsten Elemente für eine stabile Individuation ausbilden können; sie sollen sie auch mit genügend Frustrationstoleranz und Konkurrenzfähigkeit ausstatten, damit sie im gesellschaftlichen Wettbewerb mithalten können. Müttern ist geboten, Kinder auf das „ganze Leben“ hin zu erziehen. Immer wieder setzt sich jedoch eine Tendenz durch, die ihnen eine Hälfte der gesellschaftlichen Realität vorenthalten will. Mit der Devise, Mütter gehörten ins Haus und nicht ins Erwerbsleben, zieht man sie genau aus jenen außerhäuslichen Erfahrungsbereichen ab, auf die sie die Kinder vorbereiten sollen.

F. beschäftigt sich angesichts der Mütterzentriertheit unserer Erziehungsvorstellungen mit der Frage, warum quer durch die Geschichte immer wieder Frauen die Aufgabe zugewiesen wird, Kinder zu betreuen und alle Familienmitglieder zu versorgen. Wie kann es gelingen, auch Männer für diese Beziehungsarbeit in die Pflicht zu nehmen, um so eine der Grundlagen für die Tradierung geschlechtlicher Arbeitsteilung abzuschaffen (Chodorow, 1985)? Andere Stimmen innerhalb der F. vertreten die Meinung, daß uns nicht das Werben um die Partnerschaft der Männer weiterbringt. Frauen sollten versuchen, ihre weiblichen Fähigkeiten im Rahmen einer kollektiv organisierten Gegenkultur selbstbewußt zu entfalten, aus der Privatsphäre herauszutragen und als alternatives Erneuerungspotential in übergreifenden gesellschaftlichen Praxiszusammenhängen durchzusetzen (Erler, 1985).

4 Methodische Probleme

Es liegt auf der Hand, daß die Komplexität von Phänomenen, die aus der Geschlechterdifferenz erwachsen sind, in der F. erkenntnistheoretisch und methodisch reflektiert werden müssen. Erste Schritte sind getan (Symposium Berlin 1983). So hat z. B. U. Beer einige Kriterien formuliert, wie man „Frauenforschung“ von einer „Soziologie der Frau“ abgrenzen kann. Diese Argumente gelten wohl auch für andere Disziplinen, etwa eine „Bindestrich-Psychologie der Frau“ (Frauen und Persönlichkeitsdiagnostik, Frauen und Gesundheit usw.). Ihr erstes Abgrenzungskriterium verweist auf die Notwendigkeit von *Interdisziplinarität*: „Frauenforschung, wie sie im Zuge der Neuen Frauenbewegung entstand, erhebt Anspruch auf Interdisziplinarität der Forschung und beschränkt sich infolgedessen nicht auf soziologische Fragestellungen im engeren Sinne.“ (Beer, 1984, 3f.) Die Analyse des interdependenten Gefüges von Wirtschaft, Familienform und Systemen sozialer Sicherung hat wohl deutlich machen können, daß Konflikte und Widersprüche in weiblichen Existenzbedingungen erst durch eine Integration von ökonomischen, sozialpolitischen und sozialpsychologischen Aspekten offengelegt werden können.

Da nicht „Frauen“ Thema der F. sind, sondern die *gesellschaftliche Organisation des Geschlechterverhältnisses*, versteht es sich von selbst, daß historische und materialistische Vorgangsweisen unerläßlich sind: Patriarchalismus-Forschung, Familienforschung, die Geschichte der Frauenarbeit und der gesellschaftlichen Arbeitsteilung lassen sich ohne historische Perspektive und ohne Rekurs auf die Verflechtung von Produktionsweisen und Reproduktionsverhältnissen nicht betreiben. Historisch-materialistische Zugangsweisen können allerdings nicht die einzigen bleiben. Zum Problem von F. gehört die Vielschichtigkeit der Diskursebenen, auf denen Fragen nach der Bedeutung, dem Funktionieren und den Konsequenzen der Geschlechterdifferenz erörtert werden. Die Geschlechterdifferenz hat sich historisch nicht nur in gesellschaftlichen Strukturen und Institutionen Geltung verschafft, sondern auch in Mythen, symbolischen Ordnungen, literarischen Texten, Denk- und Sprechweisen. Insofern sind weibliches Schreiben, das Ausprobieren von Diskursformen, die hermeneutische Untersuchung, welche Funktion bestimmte Interpretation des Geschlechterverhältnisses für die innere Kohärenz von Theorien haben, integraler Bestandteil von F. (zum Thema „Mythen und Wirklichkeit“: Göttner-Abendroth, 1980; zum Thema „weibliche Schreibweise“: Kristeva, 1978; Abel, 1982; zum Thema „Geschlechterdifferenz und männlich/weiblicher Diskurs“: Irigaray, 1980; zum Thema „Sprache und Gewalt“: Pusch, 1984; Trömel-Plötz, 1984).

U. Beer gibt zwei weitere Abgrenzungskriterien an. Erstens: die *Androzentrismus-Kritik,* d. h. den feministischen Vorwurf einer männlichen Optik in den Wissenschaften. Vorsichtig formuliert U. Beer (1984): „Möglicherweise (...) unterscheidet sich das Wissenschaftsverständnis von Frauenforschung und Vertretern/innen der ‚Soziologie der Frau‘ auch darin, daß der Androzentrismus sozialwissenschaftlichen Denkens in letzterer nicht wahrgenommen wird.“ Beispiele für androzentrische Verzerrungen von wissenschaftlichen Ergebnissen gibt es viele: Erinnert sei an den verkürzten Arbeitsbegriff der Politischen Ökonomie, der seinen Angelpunkt in der mehrwertschaffenden Produktion hat und Arbeit im Reproduktionsbereich, dem Arbeitsfeld von Frauen, unterbelichtet. Oder an die von männlich-phallischer Sexualität her gedachten Konzepte der Weiblichkeit, die für die Psychoanalyse als theoretischem Entwurf ein konstitutives Element darstellen. Oder an die Entmündigung, die Frauen in der Rechtsphilosophie, aber auch in der konkreten Rechtspraxis erfahren.

Zweitens: F. hat eine andere *politische Orientierung.*

„Alte und neue Frauenbewegung strebten bzw. streben den Abbau und die Beseitigung geschlechtsspezifischer Diskriminierung an, wenn auch mit jeweils unterschiedlicher Akzentuierung; Wissenschaftlerinnen, die ihr verbunden waren und sind, verfolgen deshalb ganz bestimmte gesellschaftspolitische Zielsetzungen. Diese – auf Gesellschaftsveränderung abzielende – Stoßrichtung von Frauenforschung ist nicht unbedingt Merkmal einer Soziologie der Frau, sie schließt es aber auch nicht aus. Ich würde deshalb als drittes Unterscheidungsmerkmal zwischen Frauenforschung und Soziologie der Frau die unmittelbare Anbindung von Frauenforschung an die Ideen und Aktionen der Neuen Frauenbewegung und ihrer Politik nennen; ich bin jedoch nicht der Meinung, daß Frauenforschung sich ihre *wissenschaftlichen* Zielsetzungen von der ihr nahestehenden sozialen Bewegung vorgeben lassen kann.“ (Beer, 1984).

Die Kritik an einer Wissenschaft, die durch männliche Selbst- und Weltbilder geprägt ist und die bis heute ein angemessenes Verständnis weiblicher Lebensläufe und ihrer historischen Schicksale verhindert hat, provoziert zu der Frage, ob F. nur Sache von Frauen sein kann. Das hängt sicherlich davon ab, ob männliche Wissenschaft ihre blinden Flecken überspringen kann, auch wenn dabei privilegierte Positionen auf dem Spiel stehen. Einen Impuls können Forscher jedoch ganz sicher nicht als Erkenntnismittel einbringen: das Engagement der Selbstvergewisserung. Für Frauen hat die Untersuchung der gesellschaftlichen Organisation des Geschlechterverhältnisses eine bestimmte Relevanz: Sie soll nicht nur Zeugnis ablegen von dem, was gewesen ist, sondern auch von dem, was hätte werden können, wäre das weibliche Geschlecht gleichberechtigt und in gleicher Weise einflußreich gewesen wie das männliche. So vergewissert sich F. nicht nur der unterdrückten, sondern auch der noch nicht realisierten weiblichen Potentiale und hält sie für eine Überwindung des Geschlechterkampfes bereit, der auf ihre Kosten geht.

Da F. ein Interesse daran hat, daß ihre Ergebnisse praktisch werden, ist ihr Ort nicht institutionell festgelegt: Sie muß nicht nur an Universitäten oder den üblichen wissenschaftlichen Forschungseinrichtungen angesiedelt sein. Autonome Gruppen und Projekte tragen ebenso bei zur Einsicht in und Veränderung von Frauenunterdrückung.

5 Resümee

Die F. hat eine Vielzahl wichtiger Analysen und theoretischer Ansätze zur Weiblichkeit, zum weiblichen Lebenszusammenhang und zum Geschlechterverhältnis hervorgebracht. Es ist aber bisher nicht gelungen, eine alle Herrschaftsaspekte und Vermittlungsmechanismen integrierende Antwort auf die Frage zu finden, wie die Unterdrückung der Frauen entstanden ist, welche Motive ihr – durch alle Geschichtsepochen hindurch – zugrunde liegen und warum sie bis heute andauert. Die vorhandenen Erklärungsansätze stranden an dem Punkt, wo es gilt, gerade einen zentralen Kern von Frauendiskriminierung, die geschlechtliche Arbeitsteilung nämlich, in ihrer komplexen Entstehungsgeschichte zu erfassen. Der Verweis auf Gebärfähigkeit und Mütterlichkeit erklärt weder, warum Frauen als Betätigungsfeld die *gesamte* generative Reproduktionssphäre zugewiesen wurde und wird, noch, warum dieser überlebenswichtige Aufgabenbereich aus der politisch-sozialen Öffentlichkeit ausgegrenzt und als gesellschaftlich notwendige Arbeit keine angemessene Anerkennung fand.

Literatur

Abel, E.: Writing and sexual difference. Chicago: University Press, 1982.

Barrett, M.: Das unterstellte Geschlecht. Umrisse eines materialistischen Feminismus. Berlin: Argument Verlag, 1983.

Becker-Schmidt, R. / Brandes-Erlhoff, U. / Karrer, M. / Knapp, G. A./Rumpf, M./Schmidt, B.: Nicht wir haben die Minuten, die Minuten haben uns. Zeitprobleme und Zeiterfahrungen von Arbeitermüttern in Fabrik und Familie. Bonn: Verlag Neue Gesellschaft, 1982.

Becker-Schmidt, R./Knapp, G. A.: Arbeiterkinder gestern, Arbeiterkinder heute. Erziehungsprobleme von Arbeiterinnen. Bonn: Verlag Neue Gesellschaft, 1985.

Beck-Gernsheim, E.: Das halbierte Leben. Männerwelt – Beruf, Frauenwelt – Familie. Frankfurt: S. Fischer, 1981.

Beer, U.: Zur Bewertung von Hausarbeit in Familienforschung und Ökonomie. Verf. Manuskript. Bielefeld, 1984.

Bennholdt-Thomsen, V.: Subsistenzproduktion und erweiterte Reproduktion. In: Gesellschaft. Beiträge zur Marxschen Theorie 14. Frankfurt: Suhrkamp, 1981.

Bennholdt-Thomsen, V./Mies, M./Werlhoff, C. v.: Frauen – die letzte Kolonie. Reinbek: Rowohlt, 1983.

Bock, G./Duden, B.: Arbeit aus Liebe – Liebe als Arbeit. Zur Entstehung der Hausarbeit im Kapitalismus. In: Gruppe Berliner Dozentinnen (Hrsg.): Beiträge zur Berliner Sommeruniversität für Frauen. Berlin: Freie Universität, 1977.

Brückner, M.: Die Liebe der Frauen. Über Weiblichkeit und Mißhandlung. Frankfurt: Verlag Neue Kritik, 1983.

Chodorov, N.: Das Erbe der Mütter. Psychoanalyse und Soziologie der Geschlechter. München: Frauenoffensive, 1985.

Davis, A.: Rassismus und Sexismus, Schwarze Frauen und Klassenkampf in den USA. Berlin: Elefanten Press, 1982.

Eckart, Ch./Jaerisch, U./Kramer, H.: Frauenarbeit in Familie und Fabrik. Eine Untersuchung von Barrieren der Interessenwahrnehmung von Industriearbeiterinnen. Frankfurt: Campus, 1979.

Erler, G.: Frauenzimmer: für eine Politik des Unterschieds. Berlin: Wagenbach, 1985.

Gerhardt, U.: Verhältnisse und Verhinderungen. Frauenarbeit, Familie und Recht der Frauen im 19. Jahrhundert. Frankfurt: Suhrkamp, 1978.

Gerhardt, U. / Hannover-Drück, E. / Schmitter, R. (Hrsg.): „Dem Reich der Freiheit werb' ich Bürgerinnen". Die Frauenzeitung von Luise Otto. Frankfurt: Syndikat, 1979.

Göttner-Abendroth, H.: Die Göttin und ihr Heros: die matriarchalischen Religionen in Mythos, Märchen und Dichtung. München: Verlag Frauenoffensive, 1980.

Greven-Aschoff, B.: Die bürgerliche Frauenbewegung in Deutschland 1894-1933. Göttingen: Vandenhoeck & Ruprecht, 1981.

Hausen, K.: Die Proletarisierung der Geschlechtscharaktere. Eine Spiegelung der Dissoziation von Erwerbs- und Familienleben. In: Rosenbaum, H. (Hrsg.): Seminar: Familie und Gesellschaftsstruktur. Frankfurt: Suhrkamp, 1978.

Irigaray, L.: Speculum: Spiegel des anderen Geschlechts. Frankfurt: Suhrkamp, 1980.

Keller, H.: Fragebogen – Verfahren zur Messung von Geschlechtsidentität. In: Degenhardt, A./Trautner, H. M. (Hrsg.): Mann und Frau in psychologischer Sicht. München: Beck, 1979.

Kontos, S./Walser, K.: ... weil einzig zählet, was Geld einbringt. Probleme der Hausfrauenarbeit. Gelnhausen/Berlin: Stein, 1979.

Kristeva, J.: Die Revolution der poetischen Sprache. Frankfurt: Suhrkamp, 1978.

Methoden in der Frauenforschung. Symposion an der Freien Universität Berlin. Frankfurt: R. G. Fischer, 1984.

Meulenbelt, A.: Wie Schalen einer Zwiebel. Oder: wie wir zu Frauen und Männern gemacht werden. München: Verlag Frauenoffensive, 1985.

Metz-Göckel, S./Müller, U.: Der Mann. Weinheim: Beltz, 1986.

Mies, M.: Housewives produce for the world market. Geneva: International Labour Organisation, 1980.

Millett, K.: Sexus und Herrschaft. München: Verlag Frauenoffensive, 1974.

Mitchell, J.: Psychoanalyse und Feminismus. Frankfurt: Suhrkamp, 1976.

Möller, C.: Das Wiederauftauchen der Massenarmut in Westeuropa. Feministische Studien, 4 (2), 1985, 141-145.

Oakley, A.: Soziologie der Hausarbeit. Frankfurt: Roter Stern, 1978.

Osterland, A.: Zur Psychologie der Geschlechter. Dissertation Hannover, 1985.

Ostner, I.: Beruf und Hausarbeit. Die Arbeit von Frauen in unserer Gesellschaft. Frankfurt: Campus, 1978.

Ostner, I./Pieper, B. (Hrsg.): Arbeitsbereich Familie. Umrisse einer Theorie der Privatheit. Frankfurt: Campus, 1980.

Pusch, L.: Das Deutsche als Männersprache: Aufsätze und Glossen zur feministischen Linguistik. Frankfurt: Suhrkamp, 1984.

Rich, A.: Mutterschaft als Erfahrung und Institution. München: Verlag Frauenoffensive, 1979.

Riedmüller, B.: Armutspolitik und Frauenpolitik. In: Leibfried, S./Tennstedt, F. (Hrsg.): Politik und Armut und die Spaltung des Sozialstaates. Frankfurt: Suhrkamp, 1985.

Riedmüller, B./Kickbusch, I. (Hrsg.): Frauen haben keine Rechte. Zur Stellung der Frau im System sozialer Sicherheit. In: Die armen Frauen. Frankfurt: Suhrkamp, 1984.

Rosaldo, M./Lamphere, L. (Hrsg.): Woman, culture and society. Stanford: Stanford University Press, 1974.

Stacey, J./Thorne, B.: Feministische Revolution in der Soziologie? Ein Vergleich feministischer Ansätze in der Geschichte, Literaturwissenschaft, Anthropologie und Soziologie in den USA. In: Feministische Studien, 4 (2), 1985, 118-130.

Sullerot, E.: Die emanzipierte Sklavin. Geschichte und Soziologie der Frauenarbeit. Wien: Böhlaus Nachfolger, 1972.

Trömel-Plötz, S. (Hrsg.): Gewalt durch Sprache: die Vergewaltigung von Frauen in Gesprächen. Frankfurt: Fischer, 1984.

Weltz, F. / Dietzinger, A. / Lullies, V. / Marquardt, R.: Junge Frauen zwischen Beruf und Familie. Frankfurt: Campus, 1979.

Werlhoff, C. v.: Hausfrauisierung der Arbeit. Courage 7 (3), 1982.

Wolf-Graaf, A.: Frauenarbeit im Abseits. Frauenbewegung und weibliches Arbeitsvermögen. München: Verlag Frauenoffensive, 1981.

Zaretsky, E.: Die Zukunft der Familie. Frankfurt: Campus, 1978.

Freizeitpsychologie

Walter Tokarski und
Reinhard Schmitz-Scherzer

1 Zur Bedeutung der Freizeitpsychologie

Die Freizeitforschung (F.forschung), insbesondere die F.psychologie als der Teil der F.forschung, der sich mit Motivationen, Einstellungen, Verhaltensweisen und Erlebensweisen und damit verbundenen Lernvorgängen beschäftigt, hat in den letzten 30 Jahren, seitdem F. sowohl als Forschungsfeld als auch verstärkt als politisches Betätigungsfeld in den Blickpunkt gerückt ist, eine Fülle von Daten zu vielen Teilaspekten der F. erarbeitet. Neue Felder sind insbesondere im Zusammenhang mit Arbeitslosigkeit und immer frühzeitigerer Pensionierung, aber auch mit Sport, Tourismus, neuen Medien und alternativen Kulturszenen erschlossen worden. Die Betrachtung dieser Felder als *Problemfelder* steht dabei im Vordergrund, insbesondere wenn sie mit spezifischen Zielgruppen wie Jugendliche, Alleinerziehende oder ältere Menschen, in Beziehung gesetzt werden. Gleichzeitig wird dabei immer wieder deutlich, daß F.forschung sich im engen Rahmen einer *Spezialdisziplin* bewegt, die immer noch zu wenig Bezug zu allgemeinen psychologischen oder sozialwissenschaftlichen Prozessen und Theorien herstellt.

Man kann sagen, daß F.psychologie, wie F.forschung überhaupt, heute durchaus im Zusammenspiel kommerzieller Forschungsinstitute mit Verbänden, Behörden und Ministerien ein etabliertes Gebiet geworden, weniger jedoch im universitären Bereich angesiedelt ist (Tokarski/Schmitz-Scherzer, 1985, 54 ff.).

Die *methodische Vorgehensweise* der F.forschung besteht immer noch primär aus dem Sammeln von quantitativen Daten, der qualitative Bereich wird dagegen vernachlässigt. Dementsprechend werden weniger komplexe Sachverhalte untersucht, wie etwa Zeitstrukturen, Zeit-Raum-Konstellationen oder F.stile, als eher Sets von Einzelvariablen, wie etwa spezifische Aktivitäten, die lediglich über Korrelationen wiederum mit anderen Variablen verbunden werden.

F.theorien im strengen Sinne werden bislang in der Literatur nicht angeboten. Eine *geringe Theoriefähigkeit* ist das gemeinsame und unbestrittene Fazit aller Autoren. Der Stand der Diskussion kann entsprechend als „vortheoretisch" bezeichnet werden, wobei als Basis der vorhandenen Konzepte zumeist deskriptive Studien fungieren; der jeweilige Forschungsstand wird dann zusammenfassend zu einem theoretisch-beschreibenden Konzept verarbeitet.

2 Definitionsversuche

In der F.literatur finden sich zahlreiche Definitionsversuche, die die große Variationsbreite der F. sehr gut widerspiegeln. Nahezu keine F.studie verzichtet auf eine eigene F.definition. Angesichts dieser Situation verwundert es nicht, daß sich viele empirische Studien auf *„Subtraktionsdefinitionen"* zurückziehen, d. h. alle Tätigkeiten vom Zeitbudget eines Tages abziehen, die nicht zur F. gerechnet werden (Schlaf, Essen, Arbeit, Wegezeiten etc.).

F. als *unbestimmte Zeitspanne zwischen Berufsarbeit und Schlaf* stellen andere Studien in den Mittelpunkt. F. kann dann alles sein, was innerhalb dieser Zeitspanne geschieht (Tokarski/Schmitz-Scherzer, 1985, 68) – Hausarbeit, Produktion und Reproduktion, Essen und/oder F.tätigkeiten i.e.S. – und von einem Individuum als F. verstanden wird („potentielle Freizeit", vgl. Tokarski, 1979, 57). Dieser subjektive F.begriff hat sich besonders seit dem Beginn der achtziger Jahre auch international durchgesetzt und lehnt sich insbesondere an angelsächsische Literatur an, die F. als „state of mind" versteht.

Versuche, F. nach den Inhalten von Aktivitäten, Funktionen, Erlebensweisen und nicht nach formalzeitlichen Restkategorien zu begreifen, sind ebenfalls unternommen worden. Im Mittelpunkt stehen dabei Entfaltungsmöglichkeiten der Individuen, Emanzipation, Integration etc. Ein Ansatz, der die Restkategorie „Freizeit" in eine positiv gewendete rollentheoretische Beschreibung von Tätigkeiten umwandelt, ist von Scheuch (1972, 31 und 1977, 43): Nicht die Art einer Tätigkeit ist danach entscheidend, sondern die Beziehung dieser Tätigkeit zu zentralen funktionalen Rollen eines Individuums. F. macht dann diejenigen Tätigkeiten aus, die sich nicht notwendig aus zentralen funktionalen Rollen ergeben. Multifunktionalität bzw. *„Bedeutungsvariabilität"* (Tokarski, 1979) ist das Kennzeichen der sich aus diesen Rollen ergebenden Verhaltensweisen. F. kann in diesem Konzept verstanden werden als ein Raum, der Rollendistanz, Rollenflexibilität sowie innovatorisches Verhalten zuläßt und dem einzelnen Möglichkeiten bietet, Identität zu finden, Rollensets einzugehen, Phantasie, Spiel, Mobilität und Dynamik in Abgrenzung zur Arbeit zu zentralen Rollensegmenten zu machen.

Die Schwierigkeiten und Probleme, die mit

dem Verständnis von F. als Restkategorie in Abgrenzung zur Arbeit zusammenhängen, haben bei Opaschowski (1976) dazu geführt, F. in allgemeinerem Sinne zu begreifen. Opaschowski subsumiert dabei sowohl Arbeit als auch F. unter den Begriff des Lebens, das je nach Situation durch mehr oder minder große Dispositionsfreiheit und Entscheidungskompetenz charakterisiert ist und dann zur Dispositionszeit (wahlfreie selbst- und mitbestimmte Zeitabschnitte), Obligationszeit (subjektiv verpflichtete und gebundene Zeitabschnitte) und Determinationszeit (festgelegte zeitliche, räumliche und inhaltliche Ausübung) führt. Die strenge Abgrenzung von Arbeit und F. wird in diesem Konzept aufgehoben und die subjektive Sichtweise von freier bzw. gebundener Zeit betont. Intrinsische Aspekte wie z. B. „intrinsic satisfaction“ (Kelly, 1982, 31) gewinnen hier an Bedeutung für die Bestimmung dessen, was F. ist.

3 Funktionen der Freizeit

Viele Definitionen sprechen explizit oder implizit auch Funktionen der F. an. Geht man von der Multifunktionalität der F. aus, so ergibt sich auch hier eine immense Variationsbreite. Welche Funktionen F. für ein Individuum hat, hängt von seinen Motivationen, Identifikationen, Antizipationen und situationsspezifischen Faktoren ab; Entstehung und Änderung sowie die biographische Komponente spielen eine große Rolle.

Havighurst (1957) meint, daß die F. den *Beruf* sozusagen „ersetzen“ könne, indem sie dessen Funktionen übernimmt. Danach müsse F. (1) für eine Teilnahme am sozialen Leben sorgen; (2) Möglichkeiten zu interessantem Erleben und schöpferischem Ausdruck der Persönlichkeit bieten; (3) für eine regelmäßige und routinemäßige Gestaltung der Lebenstätigkeit des Individuums sorgen und (4) eine Quelle der Selbstachtung und der Achtung anderer sein.

Kaplan (1960) diskutiert die Funktionen der F. *unabhängig* vom Beruf. Nach seinen Überlegungen muß F. (1) das Gefühl vermitteln, zu irgendetwas zu gehören; (2) ein Gefühl der eigenen Individualität entwickeln; (3) zwischen verschiedenen Funktionen des Individuums (etwa in Arbeit und Freizeit) vermitteln bzw. diese miteinander in Einklang bringen; (4) der Gemeinschaft und dem Individuum dienlich (nützlich) sein; (5) keine negativen Erlebnisse vermitteln und (6) die schöpferischen Kräfte des Individuums anspornen.

Lehr (1961) sieht in der F. primär Verwirklichung, Selbstbestätigung, Prestigeerhöhung und den Gegenpol zu Arbeit. Bishop (1970) meint, F. habe die Funktion, überschüssige Energien abzureagieren, Spannungen abzubauen und diene der Erholung und Kompensation. Empirische Studien haben jedoch gezeigt, daß diese *Kompensationshypothese* nicht als allgemein gültig angesehen werden kann (Eichler, 1979; Tokarski, 1979). Csikszentmihalyi (1974; 1985) betont die Hochstimmung als Kennzeichen der F. und Scheuch (1980) die Distanz zum Alltag. F.pädagogische Konzepte weisen auf die Emanzipation und ihre Realisierung in der Gesellschaft als Funktion der F. hin. F. wird von daher als pädagogisches Handlungsfeld begriffen; Stichworte sind z. B. *Animation* und *kritische Kulturarbeit* (zusammenfassend Vahsen, 1983). Insgesamt gesehen wird der *dynamische Aspekt* (Entstehung, Veränderung, Biographie) in allen diesen Ansätzen jedoch zu wenig berücksichtigt.

4 Determinanten der Freizeit

In der Literatur wird zumeist – quasi als der dahinterstehende „theoretische Ansatz“ – davon ausgegangen, daß F. primär durch eine Anzahl von spezifischen Variablen „erklärbar“ sei. Solche *Determinantenkonzepte der F.* sind z. B. von Schmitz-Scherzer (1974) und Scheuch (1977) und anderen Autoren entwickelt worden. Scheuch (1977, 88) geht davon aus, daß die Kenntnis von nur sehr wenigen Soziodemographia genüge, um F.verhalten definieren zu können: Starke Determinationskraft hätten danach Alter, Schulbildung und Berufstätigkeit; Geschlecht, Art des Berufs, Stellung im Lebenszyklus und Wohnort dagegen nur mittlere, Individualeinkommen, Autobesitz und Haushaltseinkommen nur geringe Determinationskraft. Schmitz-Scherzer (1974, 117 ff.) erweitert dieses Ausgangsmodell, indem er daneben psychologische, physiologische, soziale und allgemeine gesellschaftliche Determinanten hinzuzieht und F. als *Einheit von F.interessen, -verhalten und -erleben* versteht. Als wichtigste Determinanten werden von Kelly (1972) die Abhängigkeit von der Arbeit (hoch/niedrig) und der Freiheitsgrad (hoch/niedrig) bzw. Bedeutung einer Aktivität (intrinsisch/sozial) und Freiheitsgrad (hoch/niedrig) angeführt. Neulinger (1974) sieht den subjektiv wahrgenommenen Freiheitsgrad (hoch/niedrig), die Motivation (intrinsisch/extrinsisch) und die Zielorientierung (final/instrumental) als solche Basisdeterminanten an.

Versucht man die Vielzahl der in der F.psychologie gefundenen Determinanten zu ordnen, so lassen sich mit Lehr (1961) persönlichkeits-, sozial- und entwicklungspsychologische Determinanten der F. unterscheiden.

4.1 Persönlichkeitspsychologische Determinanten

Dieser Gruppe von Merkmalen liegt keine strenge Definition der Persönlichkeit zugrunde, d. h. sie sind „theorielos" (Schmitz-Scherzer/Tokarski, 1985, 164), da sie lediglich *Korrelationsstudien* sind, wie die meisten Untersuchungen im Bereich der Determinantenkonzepte überhaupt. Angleitner (1977) hat zu dieser Thematik die letzte zusammenfassende Darstellung vorgelegt. Danach hat es bislang kaum Erfolge gebracht, wenn umfassende *Persönlichkeitsfragebögen* (MMPI, EPSS, CPI oder FPI) mit der Häufigkeit von F.aktivitäten korreliert werden. Erhaltene Korrelationskoeffizienten waren nicht signifikant, numerisch sehr niedrig und uneinheitlich bei verschiedenen Stichproben.

Sogenannte objektive *Testdaten* brachten eher Erfolge: Die Testintelligenz korreliert nach einigen Studien negativ mit der Fernsehdauer, positiv mit dem Ausmaß an Aktivität im F.bereich und der Reisehäufigkeit. Daneben scheinen intelligentere Personen auch einen „anspruchsvolleren" Lesestoff zu wählen und vermehrt kulturelle Tätigkeiten (Konzert, Theater etc.) zu pflegen (Bierhoff-Alfermann, 1973). Außerdem korreliert auch die individuelle *subjektive Sichtweise* der Situation mit F.verhalten. Positivere Einschätzungen der Situation sowie anderen Menschen gegenüber hängen mit der Anzahl der Sozialkontakte zusammen. Mit dem Leben eher zufriedene Personen haben ein aktiveres F.verhalten, Belastungen sozialer und gesundheitlicher Art reduzieren oft das F.interesse und -engagement (Schmitz-Scherzer, 1974).

4.2 Sozialpsychologische Determinanten

Hierunter werden vor allem Aspekte der *Familien-, Berufs-* und *Wohnsituation* sowie der *sozialen Kontakte* diskutiert. In diesem Zusammenhang muß zunächst einmal gesehen werden, daß viele F.aktivitäten bzw. -interessen schon alleine deshalb für die Sozialpsychologie bedeutsam sind, weil sie im sozialen Feld, innerhalb oder am Rande von Sozialkontakten stattfinden (können). Daneben deuten verschiedene Resultate der F.forschung darauf hin, daß Sozialisationseffekte F.verhalten in der Familie beeinflussen. So spielen z. B. Eltern, die in ihrer Jugend in Vereinen o. ä. waren, öfter und abwechslungsreicher mit ihren Kindern. Eher partnerschaftlich strukturierte Familien verfügen oft über ein aktiveres F.verhalten, das seinerseits das Miteinanderleben positiv zu beeinflussen scheint (Thomae, 1955). Weiter scheint allein schon das Erleben der Wohnsituation etwa in bezug auf vorhandene F.angebote das F.leben selbst zu stimulieren, ohne daß diese Angebote angenommen werden (Toman, 1973). Forschungen zeigen, daß die Ausfüllung soziodemographischer Kategorien wie etwa „Familienstand" oder „Wohnsituation" mit psychologischen Maßen – wie z. B. der Erlebnisqualität der jeweiligen Situation – weitere wesentliche Aufschlüsse bringen kann (Schmitz-Scherzer, 1974; Tokarski, 1979).

4.3 Entwicklungspsychologische Determinanten

Das chronologische Alter kann nicht alleine als zuverlässiger Indikator entwicklungsbedingter Veränderungen im F.verhalten gelten. Längsschnittlich – das F.verhalten einzelner Individuen über Jahre hinweg betrachtend – zeigt sich nämlich eine deutliche *Konstanz* des F.verhaltens (Tokarski, 1985). Häufig wird in der Entwicklungspsychologie angenommen, daß es ab dem 19. Lebensjahr keine sehr großen Umstrukturierungen im F.bereich mehr gibt. Sicherlich ist das auch vom Verlauf des gesamten Lebens abhängig, doch bleibt eine gewisse Konstanz des F.verhaltens über das Leben hinweg deutlich, wie viele Studien gezeigt haben (zusammenfassend Schmitz-Scherzer, 1971; Tokarski/Schmitz-Scherzer, 1985). Änderungen des F.verhaltens und -erlebens müssen stets mit Umweltveränderungen gesundheitlicher, sozialer, ökologischer, ökonomischer oder psychologischer Natur gekoppelt gesehen werden (Havighurst/Feigenbaum, 1959).

5 Freizeitinteressen

F.aktivitäten sind von F.interessen klar zu trennen. Die Frage nach der Bedeutsamkeit und der Rolle von Interessen allgemein hat in der Psychologie eine gewisse Tradition (Rubinstein, 1965), doch zeigen F.psychologische Publikationen erst relativ spät an, daß diese Thematik mit besonderer Aufmerksamkeit belegt wurde.

F.interessen im besonderen sprechen sowohl den kognitiven als auch den emotionalen Bereich der Persönlichkeit an. Generell wird man für F.interessen ähnliche Determinanten vermuten dürfen wie für F.aktivitäten. Ob aber nun die Interessen oder die Tätigkeiten mehr oder weniger oder anders von diesen beeinflußt werden, konnte noch nicht geklärt werden – letztlich auch deshalb nicht, weil die F.forschung bislang mehr Gewicht auf F.tätigkeiten gelegt hat. Die allgemeine Erforschung der Interessen innerhalb der Motivationsforschung legt jedenfalls nahe, daß Interessen „gelernt", d. h. ein Sozialisationsprodukt sind und ihrerseits auch auf andere Bereiche des alltäglichen Lebensvollzugs Einfluß nehmen können. Wie bei der Erforschung von F.aktivitäten werden auch F.interessen durch die Vorgabe von zumeist nicht gerechtfertigten F.interessenkatalogen abgefragt und wie üblich tabelliert präsentiert. Komplexere Analysen sind bislang nicht bekannt geworden.

6 Freizeiterleben

Studien zeigen immer wieder, daß gleiche F.aktivitäten unterschiedliche Bedeutungen und unterschiedliche F.aktivitäten gleiche Bedeutung haben können. Tokarski (1979) konnte zeigen, daß es dabei Aktivitäten gibt, die in diesem Sinne *keine* spezifischen subjektiven Bedeutungen haben (Erholung, Ausruhen, produktive und familienbezogene Beschäftigungen), aber auch Aktivitäten *mit* spezifischen subjektiven Bedeutungen, z. B. Unterhaltung und Geselligkeit (Selbstbestätigung), Sport und Spiel (Leistung), Medienbeschäftigung (aktive Gestaltung) und nebenberufliche Arbeit (Selbstbestätigung, aber auch Zwang, Versagung, Unlust). Im allgemeinen Erleben wird F. im Gegensatz zur Arbeit als Abwesenheit von Leistungsorientierung und persönliche Einschränkungen erlebt (Tokarski, 1979; Tokarski/Schmitz--Scherzer, 1985).

Ein wenig erforschter Aspekt ist der der *Stimmungslage* in Verbindung mit F.aktivitäten. In einer Studie zum Medienverhalten (IMW, 1981) zeigt sich, daß bei Frauen überdurchschnittlich häufiger problembehaftete Stimmungslagen (Niedergeschlagenheit, Streß u. ä.) auftreten, wenn sie alleinstehende Nur-Hausfrauen (41%), Nur-Hausfrauen mit jugendlichen Kindern (43%) und berufstätige Frauen mit Familie (50%) waren, während Frauen mit Kindern bis zu 10 Jahren unterdurchschnittlich solche Stimmungen hatten. Diese negativen Stimmungslagen waren *nicht* auf bestimmte Tageszeiten festgelegt, hatten jedoch ihre Höhepunkte werktags vormittags zwischen 10 und 11, mittags zwischen 14 und 15 und abends um 18 Uhr. Radiohören und Musik hatten hier Kompensationsfunktionen. In diesem Zusammenhang ist auf die sog. *Hochstimmung* (flow) hinzuweisen, die Csikszentmihalyi (1974) als Erlebensweise der Kongruenz verschiedener Persönlichkeitsvariablen unter Berücksichtigung somatischer Anteile in der F. definiert. Freizeit könnte dann als eine Folge von Inszenierungen von flow-experience verstanden werden, für die bestimmte Konsum- oder andere Verhaltensweisen die Instrumente sind (Tokarski/Schmitz-Scherzer, 1985, 149f.): Rauchen, Alkohol, Sport, Fernsehen, Computerspiele etc.

Die am häufigsten erhobenen Kategorien im Zusammenhang mit F.erleben sind *Langeweile* und *Zufriedenheit*. Langeweile wird als Merkmal von Problemlagen verstanden, das, wenn es in der F. auftritt, als Alarmzeichen angesehen wird. Eine Repräsentativerhebung im Jahre 1981 ergab, daß 34% der Bevölkerung Gefühle der Langeweile kennen (BAT/DGF, 1982, 121). Auf der anderen Seite ergeben F.studien immer wieder, daß zwischen 80 und 90% der Bevölkerung mit ihrer F. zufrieden sind. Allerdings ist Zufriedenheit, ähnlich wie Langeweile, ein globaler Aspekt des Erlebens, der immer auch an gewisse Aktivitäten sowie soziale, situative und psychologische Momente gekoppelt ist (Lehr, 1961). Darüber hinaus korreliert Zufriedenheit in einem Lebensbereich immer auch sehr hoch mit der in anderen Lebensbereichen sowie der allgemeinen Lebenszufriedenheit. Hecker und Grunwald (1981) konnten zeigen, daß Arbeitszufriedenheit mehr zur allgemeinen Lebenszufriedenheit beiträgt als F.zufriedenheit.

7 Freizeitprobleme und Freizeittherapie

F. ist nicht vom Individuum und seiner Situation loslösbar. Es ist daher plausibel, bei Störungen in diesem Verhaltensbereich auch Störungen in anderen Lebensbereichen und vice versa zu vermuten. Diese Sichtweise findet empirische Belege: Einerseits zieht allgemeine Unzufriedenheit z. B. auch Unzufriedenheit im F.bereich sowie im familiären Bereich nach sich. Andererseits zeigt sich, daß Unzufriedenheit in anderen Lebensbereichen ein verstärktes Engagement oder gar kein Engagement in der F. beobachten läßt. Eine eindeutige Beziehung nach Richtung und Qualität zwischen F.verhalten und -erleben und anderen Lebensbereichen ist jedoch noch nicht nachgewiesen. Es finden sich allerdings zunehmend Resultate, die darauf hindeuten, daß in jedem Falle Beziehungen bestehen, die jedoch je nach Persönlichkeit und Situation variieren (Schmitz-Scherzer, 1969; 1972; 1977).

Von hier aus ist der therapeutische Zugriff auf die F. zu sehen. Sowohl andere Lebensbereiche und Verhaltensweisen als auch die in der F. selbst anzusiedelnden sind über den F.bereich ansprechbar. „Fehlverhalten" in und außerhalb der F. sind durch F.therapie prinzipiell angehbar, insbesondere Konflikte, Probleme und Erkrankungen. So empfiehlt der Arzt Bewegung bei Erkrankungen; in der *Gruppentherapie* wird die Sensibilität und Kommunikationsfähigkeit geübt; in der *Sporttherapie* Bewegung und Koordination der Bewegungsabläufe etc. Nicht nur F.therapie (z. B. auch *Musik-* oder *Lesetherapie*), auch andere Therapieformen beziehen zumindest die Verhaltensweisen in der F. mit ein (Schmitz-Scherzer, 1977).

Probleme ergeben sich insbesondere, wenn die subjektiv gewünschten Funktionen von F. nicht erfüllt werden. Es ist leicht einsehbar, daß die unterschiedlichsten Symptome und Syndrome dabei beobachtbar sind. Ebenso muß aber auch deutlich gemacht werden, daß zwar vieles therapeutisch und demnach letztlich auf individueller Basis angehbar ist, manches aber auch gesellschaftlich bedingt ist (Schmitz-Scherzer, 1977).

8 Freizeitberatung

In den letzten Jahren ist ein neuer Zweig der Beschäftigung mit F. entstanden, der über die therapeutische Funktion hinaus geht und in allgemeinerer Form F.beratung *(„leisure counseling")* umfaßt. Dieser seit Anfang der 50er Jahre in den USA bekannte Ansatz wird zunehmend auch in der Bundesrepublik populär; gleichzeitig sind damit neue Berufsbilder geschaffen worden, wobei *Animateur* nur einer ist (Grunow-Lutter/Nahrstedt, 1982). F.beratung ist definiert als ein helfender Prozeß, der interpretative, affektive und/oder verhaltensmäßige Veränderungen bei Individuen erleichtern soll, mit dem Ziel, Wohlbefinden in der F. bei diesen zu erreichen. Am bekanntesten ist das Konzept von McDowell (1976), das drei unterschiedliche Ansätze beinhaltet:

1. die F.ressourcenberatung (ressource guidance service) mit dem Ziel der Vermittlung von Informationen über F.möglichkeiten sowie der Identifizierung und Abklärung der F.interessen und -wünsche eines Individuums,
2. die Lebensstil-Entwicklungsberatung (lifestyle development education service) mit dem Ziel der Reflexion des Verhältnisses von F.möglichkeiten zum bisherigen Lebensstil eines Individuums,
3. die therapeutische F.beratung (therapeuticremedial service) mit dem Ziel der Reflexion der F.möglichkeiten im Hinblick auf physische, psychische und/oder soziale Behinderung eines Individuums.

9 Ausblick

In der internationalen Diskussion hat das unverbundene Nebeneinanderexistieren der Vielzahl an Daten zur F. und ihre Heterogenität dazu geführt, nach übergreifenden Konzepten zu suchen, unter die diese Einzeldaten subsumiert werden können. Am geeignetsten erscheinen dabei *Lebensstilkonzepte* zu sein (Tokarski, 1985; Tokarski/Schmitz-Scherzer, 1985; 1986; Gattas et al., 1986). Überzeugende Ansätze in diesem Bereich stehen zur Zeit noch aus.

Literatur

Angleitner, A.: Persönlichkeits- und Freizeitverhalten. In: Schmitz-Scherzer, R. (Hrsg.): Aktuelle Beiträge zur Freizeitforschung. Darmstadt: Steinkopff, 1977, 51-63.

BAT/DGF – BAT-Forschungsinstitut/Deutsche Gesellschaft für Freizeit (Hrsg.): Freizeitdaten. Hamburg: BAT, 1982.

Bierhoff-Alfermann, D.: Sport und Persönlichkeit. In: Schmitz-Scherzer, R. (Hrsg.): Freizeit. Frankfurt: Akademische Verlagsgesellschaft, 1973, 391-405.

Bishop, D. W.: Stability of the factor structure of leisure behavior in four communities. Journal of Leisure Research, 2, 1970, 160-170.

Csikszentmihalyi, M.: Flow. Studies of enjoyment. Chicago: PHS, 1974.

Csikszentmihalyi, M.: Das flow-Erlebnis. Stuttgart: Klett-Cotta, 1985.

Eichler, G.: Spiel und Arbeit. Zur Theorie der Freizeit. Stuttgart-Bad Cannstatt: Frommann-Holzboog, 1979.

Gattas, J./Roberts, K./Schmitz-Scherzer, R./Tokarski, W./Vitanyi, I.: Leisure and life styles: Towards a research concept. Society and Leisure, 9 (2), 1986 S. 529-539.

Grunow-Lutter, V./Nahrstedt, W.: Freizeitberatung. Konzepte und Modelle. Baltmannsweiler: Burgbücherei Schneider, 1982.

Havighurst, R. J.: The leisure activities of the middle aged. American Journal of Sociology 63, 1957, 152-162.

Havighurst, R. J./Feigenbaum, K.: Leisure and life style. American Journal of Sociology 64, 1959, 396-404.

Hecker, K./Grunwald, W.: Über die Beziehung zwischen Arbeits- und Freizeitzufriedenheit. Soziale Welt, 3, 1981, 353-368.

IMW – Institut für Markt- und Werbeforschung: Stellenwert des Radiohörens. Köln: Forschungsbericht, 1981.

Kaplan, M.: Leisure in America. New York: Wiley, 1960.

Kelly, J. R.: Work and leisure: A simplified paradigm. Journal of Leisure Research, 4, 1972, 50-62.

Kelly, J. R.: Leisure. Englewood Cliffs: Prentice Hall, 1982.

Lehr, U.: Freizeit aus psychologischer Sicht. Der Mensch und seine Freizeit. Berlin: Berliner Landesausschuß für gesundheitliche Volksbildung 1961.

McDowell, Ch. F.: An analysis of leisure counseling orientations and models and their integrative possibilities. In: Compton, D. M./Goldstein, J. E. (Eds.): Perspectives of leisure counseling. Arlington: NRPA, 1976, 59-76.

Neulinger, J.: The psychology of leisure. Springfield: Thomas, 1974.

Opaschowski, H. W.: Pädagogik der Freizeit. Bad Heilbrunn: Klinkhardt, 1976.

Rubinstein, S.: Die Interessen. In: Thomae, H. (Hrsg.): Die Motivation menschlichen Handelns. Köln: Kiepenheuer & Witsch, 1965, 136-144.

Scheuch, E. K.: Die Problematik der Freizeit in der Massengesellschaft. In: Scheuch, E. K./Meyersohn, R. (Hrsg.): Soziologie der Freizeit. Köln: Kiepenheuer & Witsch, 1972, 23-41.
Scheuch, E. K.: Soziologie der Freizeit. In: König, R. (Hrsg.): Handbuch der empirischen Sozialforschung Band 11. Stuttgart: Enke, 1977, 3, 1-192.
Scheuch, E. K.: Freizeit und Lebensweise. Köln: Manuskript, 1980.
Schmitz-Scherzer, R.: Freizeitandragogik – ein Instrument psychologischer Rehabilitation, Berichte der Deutschen Gesellschaft für Gerontologie, 3. Darmstadt: Steinkopff, 1969, 272-281.
Schmitz-Scherzer, R.: Sozialpsychologie des Freizeitverhaltens. In: Siedlungsverband Ruhrkohlenbezirk (Hrsg.): Freizeit „70". Essen: SVR 1971, 25-31.
Schmitz-Scherzer, R.: Freizeitpsychologie und Rehabilitation. Zeitschrift für Gerontologie, 4, 1972, 18-22.
Schmitz-Scherzer, R.: Sozialpsychologie der Freizeit. Stuttgart: Kohlhammer, 1974.
Schmitz-Scherzer, R.: Freizeittherapie. In: R. Schmitz-Scherzer (Hrsg.): Aktuelle Beiträge zur Freizeitforschung. Darmstadt: Steinkopff 1977, 32-38.
Schmitz-Scherzer, R./Tokarski, W.: Persönlichkeit und Freizeit. In: Herrmann, Th./Lantermann, E.-D. (Hrsg.): Persönlichkeitspsychologie. Ein Handbuch in Schlüsselbegriffen. München: Urban & Schwarzenberg 1985, 163-168.
Thomae, H.: Das Verhältnis von Arbeit, Freizeit, Familie im Hinblick auf die Jugend. Gesundheitsfürsorge, 5, 1955, 61-66.
Tokarski, W.: Aspekte des Arbeitserlebens als Determinanten des Freizeiterlebens. Frankfurt: Lang, 1979.
Tokarski, W.: Freizeitstile im Alter. Zeitschrift für Gerontologie, 18, 1985, 72-75.
Tokarski, W./Schmitz-Scherzer, R.: Freizeit. Stuttgart: Teubner, 1985.
Tokarski, W./Schmitz-Scherzer, R.: Die Suche nach neuen Wegen. Zum Stand der Freizeitforschung. In: Agricola, S./Karst, U. V./Lüdtke, H. (Hrsg.): Methoden der Freizeitforschung. Opladen: Leske Verlag, 1986, 21-26.
Toman, W.: Freizeit versus Arbeit in psychologischer Sicht. In: Deutsche Gesellschaft für Freizeit (Hrsg.): Freizeit wozu? Düsseldorf: DGF 1973, 103-114.
Vahsen, F. G. (Hrsg.): Beiträge zur Theorie und Praxis der Freizeitpädagogik. Hildesheim: Turnier, 1983.

Friedensforschung

Bernhard Kroner

1 Friedensforschung als Forschungsprogramm

1.1 Definition

F. ist keine Disziplin, sondern ein *Forschungsprogramm* mit sechs Postulaten (nach Kaiser, 1970): F. bemüht sich um Orientierung am Wert „Frieden", um die Bildung und Prüfung empirisch-normativer anwendungsorientierter Theorien über Krieg und Frieden, um staatliche Unabhängigkeit, multinationale Kooperation und um systemare sowie interdisziplinäre Forschung. Ein solches Programm fällt dermaßen anspruchsvoll aus, daß es vermutlich Utopie bleiben wird. Bestenfalls ist es als Aufruf zu verstehen, in der Forschungspraxis wenn nicht alle, so doch wenigstens mehrere Postulate zu berücksichtigen.

1.2 Geschichte

Seit alters her macht sich die Menschheit Gedanken über Krieg und Frieden. Allerdings ist deren wissenschaftliche Untersuchung erst neueren Datums. Vorläufer waren der Pazifismus des 19. Jahrhunderts und die Wissenschaft „Internationale Beziehungen", die sich als Reaktion der Vernunft auf den 1. Weltkrieg entwickelte. F. im heutigen Sinn begann sich nach dem 2. Weltkrieg angesichts der ideologischen Teilung der Welt und der nuklearen Bedrohung zu etablieren. Mehrere Institute und Stiftungen wurden gegründet. In der Bundesrepublik erfuhr die F. 1970 mit der Gründung der Deutschen Gesellschaft für Friedens- und Konfliktforschung (DGFK) offizielle Anerkennung. Für ca. ein Jahrzehnt genoß sie stattliche finanzielle Förderung; 1983 jedoch wurde ihr mit der Auflösung der DGFK und deren Überführung in das Sonderförderungsprogramm „Friedens- und Konfliktforschung" der Deutschen Forschungsgemeinschaft (DFG), das den Akzent auf zwischenstaatliche Prozesse setzt, die gerade erst gewonnene staatliche Reputation teilweise entzogen; manchen Kreisen war sie von Anfang an – u. a. wegen der innenpolitisch orientierten kritischen F. um Senghaas (1971) – als nicht systemkonform und wissenschaftlich fragwürdig verdächtig (z. B. Arndt, o. J.). Es hat den Anschein, als wäre F. mit ihrem programmatischen Elan bereits nach 15 Jahren Wissenschaftsgeschichte (Zu Entwicklung und Institutionen s. z. B. Eberwein/Reichel, 1976, oder Arndt, o. J; zur F. aus der Sicht des Marxismus z. B. Bönisch/Steinke, 1973).

1.3 *Themen*

Ziel der F. ist die Suche nach und die Durchsetzung der Bedingungen für Frieden *(F. im engeren Sinne)* sowie die Suche nach und die Abschaffung der Bedingungen, die Frieden erschweren (*Kriegsursachen-* oder *Konfliktforschung*). Allem Anschein nach wurde bislang jedoch kein Katalog verbindlicher, systematisch behandelter Forschungsfragen entwickelt. F. beeindruckt eher als Mosaik friedensrelevanter Themen und/oder Disziplinen.

Überblicke finden sich etwa bei Krippendorff (1968), Kaiser (1970), Senghaas (1971), Eberwein und Reichel (1976), Brauch (1979) oder Galtung (1975-1980); aktuelle Informationen sind z. B. der „Schriftenreihe der Arbeitsgemeinschaft für Friedens- und Konfliktforschung" oder dem „Journal of Peace Research" zu entnehmen.

2 Psychologische Friedensforschung

Lediglich Beiträge von Psychologen, die im Rahmen der Diplomprüfungsordnung für Psychologen ausgebildet sowie in Forschung und Lehre tätig sind und sich zu Frieden und Krieg äußern, sollen im folgenden unter „psychologischer Friedensforschung" (p. F.) zusammengefaßt werden. Beiträge der Ethologie (z. B. Eibl-Eibesfeldt, 1975), der Psychoanalyse bzw. der analytischen Sozialpsychologie (z. B. Passett/Modena, 1983) bleiben ausgeklammert.

2.1 *Geschichte, Stellenwert*

Auch p. F. ist ein Programm und keine eigenständige Subdisziplin der Psychologie. Daß sie sich nicht gleichberechtigt neben z. B. Allgemeiner Psychologie sieht, ist damit zu erklären, daß das Programm der F. vielen wissenschaftstheoretischen Kriterien der Psychologie widerspricht. Dennoch haben wissenschaftstheoretische Normen die Psychologie nicht immer daran gehindert, wenn nicht intentional, so doch durch die Konsequenzen ihrer Praxis gesellschaftlichen Gruppen zuzuarbeiten, die für Frieden oder Krieg verantwortlich sind. Fast mit Beginn der Angewandten Psychologie wurden Untersuchungen durchgeführt, mit denen Probleme der Kriegsführung und militärischer Institutionen gelöst werden sollten (Geuter/Kroner, 1987). In den 30er Jahren befaßten sich Thurstone et al. mit Untersuchungen über Einstellungen zum Krieg. Während des 2. Weltkriegs folgten Studien über Nationalismus, Aggression und Einstellungen zur Verhinderung von Kriegen. Neben solchen deskriptiven Untersuchungen wurden auch Theorien über Krieg und Frieden auf der Grundlage psychologischer Konzepte entwickelt (z. B. von Tolman, Murphy; s. Kelman, 1965).

Im Kalten Krieg der 50er Jahre, v. a. aber in der Übergangsphase zur friedlichen Koexistenz Anfang der 60er Jahre, gewann p. F. in den USA zunehmend an Bedeutung (u. a. Osgood, Sherif, M. Deutsch). Die bundesdeutschen Psychologen nahmen nach Thomae (1966) diese Forschungsbemühungen nicht zur Kenntnis.

Ob Thomaes Eintreten für eine p. F. Folgen gezeigt hat, muß offen bleiben; denn eine umfassende Geschichte der p. F. steht noch aus. Derzeit ist lediglich zu vermuten, daß wissenschaftliche Beiträge und forschungspolitische Aktivitäten der analytischen Sozialpsychologie (Mitscherlich; Horn) dazu führten, daß im Gründungsprogramm der DGFK auch psychologische Themen verankert wurden; aus der Zeit um 1970 ist dem Autor lediglich ein offener Brief der Deutschen Gesellschaft für Psychologie in Erinnerung (Kroner, 1971). Auch fortan fristet p. F. ein Schattendasein.

Von ca. 140 Mitgliedern in DGFK-Gremien von 1970-1979 waren sechs Psychologen (im derzeitigen DFG-Gremium ist ein Psychologe vertreten). Unter rund 270 bewilligten Anträgen der DGFK der Jahre 1971-1979 finden sich sieben psychologische Projekte. Die geringe Beteiligung der Psychologie schlägt sich auch in einer zurückhaltenden Publikationspraxis nieder: Nur die ersten Auflagen von Selg (1975) tragen den Untertitel „Psychologische Ansätze zu einer psychologischen Friedensforschung". Die Auflagen des Readers von Schmidt-Mummendey und Schmidt (1976) enthalten zwei Beiträge zur Analyse internationaler Konflikte. Die vom Untertitel her („Zu den Grundlagen einer psychologischen Friedensforschung") vielversprechende Monographie Kempfs (1978) gesteht ein, lediglich sprach-analytische Fragen aufzuwerfen. In kaum einem psychologischen Fachwörterbuch ist p. F. verzeichnet. Bei der Durchsicht führender Fachzeitschriften fallen nur vereinzelt Untersuchungen oder theoretische Arbeiten zur p. F. auf.

Von 17 friedensrelevanten Aufsätzen der Publikumszeitschrift „psychologie heute" der Jahre 1971-1984 sind lediglich vier von Psychologen verfaßt, die in psychologischer Forschung und Ausbildung tätig sind. – Im Sonderheft von „psychologie heute" „Warum nicht Frieden?" (1985) ist kein Fachvertreter für einen der 15 Aufsätze zuständig.

Daraus kann die These abgeleitet werden, daß der *Stellenwert der p. F. in der Psychologie* niedrig ist. Erst die Friedensbewegung deutet einen Umschwung an.

An den drei „Friedenskongressen Psychologie, Psychosoziale Berufe" (Motto: Bewußtsein für den Frieden; seit 1983) nehmen zunehmend Fachpsychologen teil.

Seit 1984 existiert die Sektion „Psychologische Friedensforschung" in der „Arbeitsgemeinschaft Friedens- und Konfliktforschung" (Kempf, 1985; Sozialpsychologie des Friedens, 1986).

2.2 Ansatz

Die derzeitige p.F. macht sich keine Illusionen über das Gewicht ihres Beitrags. Sie weiß, daß zwischen ihrer methodologisch-individualistischen empirisch-experimentellen Forschungspraxis und den gesellschaftlichen Phänomenen „Frieden" und „Krieg" Welten liegen. Daher muß sie zunächst ihren Ansatz bei der Analyse internationaler Beziehungen gesellschaftstheoretisch legitimieren (z.B. Kelman, 1965; Etzioni, 1969).

Die p.F. verläßt sich auf die Aussage, daß Krieg und Frieden Ausdruck, Folge und Bedingung (inter)nationaler und ideologischer Zusammenhänge sind und daß diese auf ökonomische, politische und militärstrategisch-bürokratische Erfordernisse oder gesellschaftliche Gesetze zurückverweisen. Solche Gesetze werden zwar vom *Menschen als Gattungswesen* gemacht (d.h. von der Gesellschaft und nicht von Gott oder der Natur); in ihnen drücken sich zwar Bedürfnisse des Menschen als Gattungswesen aus (d.h. gesellschaftliche oder Ziele sozialer Gruppen). Weder aber werden gesellschaftliche Gesetze von *konkreten Menschen als autonomen Individuen* gemacht noch drücken sich in gesellschaftlichen Gesetzen die Bedürfnisse konkreter einzelner aus. Wohl aber spielen konkrete Individuen mit ihren psych(olog)ischen Merkmalen eine Rolle bei der Formulierung und Durchführung gesellschaftlicher Gesetze. Denn gesellschaftliche Gesetze werden erst im Handeln konkreter Menschen sichtbar, wirklich oder wirksam. Verwirklicht werden Gesetze allerdings nicht nur durch Personen der Exekutive (z.B. des Militärs) sondern auch durch jeden einzelnen; jedem wird irgendeine Rolle im internationalen System angetragen – sei es als Politiker, Angehöriger des Militärapparats oder der (Wirtschafts)Elite, sei es als Bürger (zu dieser Frage der Analyseeinheit vgl. Etzioni, 1969). Die Art und Weise, wie Rollen ausgestaltet werden, kann internationale Beziehungen durchaus beeinflussen.

Wird etwa eine aggressive Sicherheitspolitik auf Abrüstungskonferenzen auch noch aggressiv vertreten (z.B. mit Feindbildern), dann ist die Konferenzsituation unter psychologischen Gesichtspunkten (dem sozio-emotionalen Aspekt von Interaktion) anders, als wenn dieselbe Politik kooperativ oder kompromißbereit verfochten wird; die zweite Interaktionsform kann die Diskussion über Sachfragen beeinflussen, den Diskussionsstil entspannen.

Der Ansatz der p.F. besteht also darin, mit psychologischen Theorien und Methoden zu untersuchen, wie Rollen des internationalen Systems vom einzelnen gespielt werden. Dieser *rollentheoretische Ansatz* drückt aus, daß p.F. angehalten ist, den einzelnen in seiner internationalen Umwelt zu sehen, und bestenfalls in der Lage ist, psychologische Aussagen über einzelne zu kollektiven Aussagen (etwa der öffentlichen Meinung) hochzurechnen.

Ohne eine Systematik auf die Spitze zu treiben, stehen sich in der Bundesrepublik *zwei „Schulen"* gegenüber, die diesen Ansatz teilen. Die erste Schule orientiert sich stärker am *kritischen Rationalismus*. Dieser in der nomothetischen Psychologie verwirklichte Beitrag bietet Erkenntnisse an, wie zugedachte und/oder angenommene Rollen ausgeführt werden und sich in politisch (dys)funktionalen psychologischen Merkmalen auswirken; sie bietet darüber hinaus Erkenntnisse an, den einzelnen zu befähigen, Rollen erfolgreich zu spielen – etwa in Hinsicht auf Entspannung, Widerstand gegen Einstimmung auf die Unvermeidbarkeit von Kriegen. – Würde der aktuelle Ansatz der „Theorie sozialer Identität" Tajfels auf Fragen der F. hin ausgearbeitet, wäre er eine genuin psychologische Alternative zum soziologischen Rollenmodell (zu innergesellschaftlichen Intergruppenbeziehungen z.B. Turner/Giles, 1981).

Die zweite Schule orientiert sich stärker an der *kritischen Theorie*. Sie wendet die Konzeption der analytischen Sozialpsychologie über das Verhältnis von Psychischem und Gesellschaftlichem (z.B. Horn, 1969) kognitiv und firmiert bisweilen als kritische oder sozialwissenschaftliche Psychologie. Ihr bleibt suspekt, grenzte sich p.F. lediglich auf jene Aspekte ein, die direkt auf Friede und Krieg verweisen (z.B. militaristische Einstellungen). Sie schenkt ihre Aufmerksamkeit dem (politischen) Sozialverhalten generell und versucht, dieses zu Frieden und Krieg in Beziehung zu setzen (z.B. Loyalität, Gehorsam). Sie unternimmt empirische und theoretische Anstrengungen, Psych(olog)isches als Widerspiegelung – Folge und Bedingung – gesellschaftlicher Verhältnisse verständlich zu machen, gar zu erklären; mitunter stellt sie sogar diese komplexen Zusammenhänge als Widerspiegelung internationaler Beziehungen vor.

Die p.F. beider „Schulen" liefert Erkenntnisse darüber, wie gesellschaftliche Friedens- oder Kriegsmotive von psych(olog)ischen Prozessen einzelner, die als Rollenträger im System internationaler Beziehungen an politischen Entscheidungen direkt oder indirekt beteiligt sind, beeinflußt, abgesichert oder in Handlungen realisiert werden. Sie kann aber im Vergleich zur z.B. politologischen F. „nur" begleitende Bedingungen für Frieden und Krieg setzen; p.F. erklärt also weder „nichts", noch erklärt sie „alles".

Von daher zielen psychologische Praxelogien zur Kriegsverhütung, zum Konfliktmanagement oder zur Schaffung von Frieden, werden sie als hauptausschlaggebend behauptet, am Kern internationaler Beziehungen vorbei.

Solche Vorschläge sind im gleichen Maß *psychologistisch* wie Behauptungen, die Krieg einzig durch Psychologie zu erklären beanspruchen. Insofern sie einzelne zur Änderung ihres Handelns aufrufen und diese Modifikationen mit einer notwendigen Senkung des Kriegsrisikos in Zusammenhang bringen, ziehen sie den Verdacht auf sich, von den eigentlich federführenden gesellschaftlichen Motiven abzulenken. Unter solchen ideologischen Gesichtspunkten ist der *Stellenwert der p. F.* allerdings hoch.

Der von der Sache her bescheidene Beitrag der p. F. als „miterklärender Zuträgerdisziplin" macht ihren niedrigen Stellenwert in der F. verständlich.

2.3 Themen

Im folgenden wird der Ansatz beider „Schulen" exemplarisch verdeutlicht; detailliert informieren etwa Kelman (1965), Etzioni (1969) oder Nolting (1981). – Der Schwerpunkt liegt auf dem Ost-West-Gegensatz. Der internationale Konfliktherd zwischen Nord und Süd wurde noch wenig behandelt (z. B. Streiffeler, 1982).

Vorab ist darauf hinzuweisen, daß sich die Wissenschaften kaum der *Friedens*thematik stellen (Buddrus/Frank, 1983). Auch p. F. ist vorwiegend *Kriegsursachen-* oder *Forschung des Konfliktmanagements*.

3 Nomothetische Psychologie

Thomae (1966) behandelte drei Themenbereiche, die auch derzeit noch, wenngleich in unterschiedlichem Ausmaß, gültig sind: Vorurteils- und Gruppenforschung sowie Klinische Psychologie.

3.1 Vorurteilsforschung

Vorurteile sind sowohl Ergebnis von Erfahrungen, die aus direkten Interaktionen hervorgehen, als auch Bedingungen für Interaktionen, die erst in der Zukunft stattfinden. Die Einstellungen zu politischen Gegnern oder Feinden folgen eher der zweiten Bedeutung: Die Wahrnehmung des gegnerischen Systems resultiert vergleichsweise selten aus tatsächlichen Interaktionen; vielmehr ist sie von Vorurteilen bestimmt (dies gilt v. a. für den einzelnen Bürger). Untersuchungen zeigen, daß zu Gegnern oder Feinden negativ besetzte Einstellungen bestehen.

Bronfenbrenner (1961) schlug hierfür den Begriff „Spiegelbild-Phänomen", Osgood (1962) den der „Psychologik" vor: Spiegelbildliche Vorurteile (Selbst- und Feindbilder) tragen zu einem verstärkten Wir-Gefühl, zu Solidarität im eigenen Lager bei und unterlaufen das Verständnis für den Gegner; Feindbilder unterstützen ein kognitiv einfaches Weltbild, das nur Gutes oder Böses kennt, sie verhindern eine differenzierte Sichtweise, die dem Prinzip der Ambiguitätstoleranz folgte. Solche konfliktverschärfenden Vorurteile sind an Handlungen von Staatshäuptern bei Ausbruch des 1. Weltkrieges sowie von Politikern (etwa dem ehemaligen US-Außenminister J. F. Dulles) und an Meinungsumfragen des Bürgers untersucht worden.

Vorurteile werden als Ersatz für tatsächliche Interaktionen durch die unterschiedlichsten Sozialisationsagenten (z. B. durch Massenmedien), die mehr oder weniger normativ informieren, aufgebaut und verstärkt (z. B. Nolting, 1981, 106 f.). Da Vorurteile erlernt und zu individuellen wie gesellschaftlichen Motiven funktional sind, können sie sich ändern – je nachdem, wie individuelle oder gesellschaftliche Motive beschaffen sind.

Rosenberg (1970) etwa zeichnete im Rahmen der funktionalistischen Einstellungsforschung nach, daß unterschiedliche politische „Großwetterlagen" (kalter Krieg, friedliche Koexistenz) Inhalte und Lernprinzipien von Vorurteilen beeinflussen und darin Motive des einzelnen und seiner Gesellschaft aufeinander abstimmen – nachgewiesen etwa an der Kubakrise von 1963, am deutsch-polnischen Vertrag (z. B. Schweitzer/Feger, 1975) oder an verteidigungspolitischen Initiativen (etwa der Zivilverteidigung oder der Stationierung von Pershing-Raketen; Straub et al., 1986).

Sind Vorurteile dysfunktional zu konfliktarmen internationalen Beziehungen und wird Entspannung anvisiert, drängt sich die Korrektur von Vorurteilen auf (z. B. Thomas, 1985; Bierbrauer 1987; zur Angst vor atomaren Katastrophen s. Thompson, 1986). Dabei ist sich die p. F. im klaren, daß durch Änderungen von Vorurteilen Konflikte zwar nicht beseitigt werden; immerhin aber können sich Konflikte dann auf reale Dinge beziehen, die durch Interaktionen erfahrbar werden können (zum neuen Forschungsstand: Sommer, 1987).

Einstellungen zu Themen internationaler Beziehungen wurden auch persönlichkeitstheoretisch angegangen. Im Anschluß an Adorno et al. (1950) wurde mehrfach die Verbindung von kriegerischen Einstellungen und negativen Vorurteilen gegen Angehörige anderer Nationen sowie dem Informiertheitsstand über internationale Ereignisse herausgestellt. Gelegentlich wurde eine militaristische (und pazifistische) Persönlichkeit konstruiert (z. B. Feser, 1972; Skjelsbaek, 1979; s. a. Spickermann/Straub, 1987; Aschenbach/Zitterbarth, 1987). Persönlichkeitspsychologische Untersuchungen über Kriegsdienstverweigerer und -freiwillige führten Mantell (1978) oder Nagel und Starkulla (1977) durch.

Das Thema wurde auch in der Entwicklungspsychologie behandelt. Tolley (1973) untersuchte, wie und was Kinder über den kalten und den Vietnamkrieg lernten und wie sich diese Informationen auf Einstellungen zu Frieden und Krieg auswirkten (s. auch Falk/Selg, 1982).

3.2 Gruppenforschung

Der Ost-West-Gegensatz wird bisweilen zu einem Interaktionssystem zwischen zwei Gruppen analogisiert. Damit ist die Erwartung verknüpft, die experimentelle Untersuchung von Intergruppenbeziehungen könnte zu einem vertieften Verständnis internationaler Beziehungen beitragen. V. a. aus Sherif und Sherifs (1977) Untersuchungen des „realen Gruppenkonflikts" und ihren unterschiedlichen Replikationen werden Postulate für eine zu ändernde Praxis herausgelesen; ermittelt wird, daß opponierende Gruppen ihre Konflikte oft zurückstellen, wenn sie von einer weiteren Gruppe gemeinsam bedroht werden; der alles vernichtende Atomkrieg wäre diejenige Gruppeninteressen übergeordnete Gefahr, die eine Kooperation beider Weltmächte unvermeidlich machen müßte.

Die Analogie zwischen Kleingruppen und Supermächten bildet die Grundlage verschiedenster Simulationsstudien (z. B. dem „Prisoner Dilemma Game", den Mißtrauenstudien von Deutsch; vgl. Schmidt, 1976). Mit ihnen wird die Dynamik von Gruppenkonflikten z. T. in Abhängigkeit von Merkmalen des Konflikthandelns einzelner Konfliktpartner analysiert; die Ergebnisse münden in Empfehlungen zur Optimierung von Verhandlungsstrategien (z. B. Vermeidung von Drohgebärden; Lernwilligkeit, dem Begründungszusammenhang der Sicherheitspolitik des Gegners zu trauen).

Angesichts der Fragwürdigkeit der Exrapolation von Ergebnissen experimenteller Gruppenforschung auf Steuerungsprobleme internationaler Beziehungen und trotz des praktischen Erfolgs von Osgoods GRIT-Programm (Etzioni, 1967) haben Simulationsstudien mittlerweile an Bedeutung verloren; Osgood empfiehlt eine Strategie zunächst einseitiger Initiativen, durch die der Gegner unter Zugzwang gesetzt wird, auch zur Entspannung beizutragen.

3.3 Klinische Psychologie

Kaum noch Beachtung findet derzeit die therapeutische Richtung. Diese orientierte sich zu stark daran, Thema der Psychologie sei irrationales Verhalten. Da der Ost-West-Gegensatz von aberwitzigen Paradoxien gekennzeichnet sei (z. B.: Je stärker der Rüstungswettlauf forciert wurde, desto intensiver versicherten sich die Supermächte gegenseitig bester Abrüstungsabsichten), erinnere er an psychiatrische Fallstudien. Konsequenterweise wurden „klinische Konferenzen" mit Politikern empfohlen (Thouless, Frank; zit. n. Thomae, 1966).

In Vergessenheit dürfte der klinische Ansatz nicht nur deswegen geraten sein, da die Forderung „Politiker auf die Couch" belustigend wirkt. Problematisch ist vielmehr, daß internationale Beziehungen psychologisiert werden.

4 Kritisch-emanzipatorische Psychologie

Die zweite „Schule" der p. F. scheut sich nicht, interdisziplinär vorzugehen. Sie macht sich u. a. die philosophische Position zu eigen, daß sich alles in Bewegung befinde. Bewegung bedeutet im sozialen Bereich Auseinandersetzung oder Konflikt (soziale Beziehung: Gegnerschaft) bzw. in ihren nächsten Steigerungen Kampf und Krieg (soziale Beziehung: Feindschaft). Die Menschheit darf vor dieser Tatsache, daß das gesamte gesellschaftliche Leben vom Prinzip des Gegensatzes durchzogen ist (nicht der Krieg, der Gegensatz ist Vater aller Dinge), nicht die Augen verschließen. Ihr bleibt jedoch die Verpflichtung, die Wahrscheinlichkeit der Eskalation von Auseinandersetzung über Kampf zu Krieg zu senken. Die existentielle Grundtatsache, zum Gegensatz „verdammt" zu sein, ist Psychologen im Begriff der *Aggression* bekannt.

Da zudem Krieg oft als kollektive Aggression definiert wird, die die Interessengegensätze unterschiedlicher innergesellschaftlicher Gruppen aufzuheben beansprucht, nimmt „Aggression" (insbesondere die instrumentelle) einen zentralen Platz ein.

Kroner (1980), der Publikationen der Jahre 1966-1975 daraufhin untersucht, welche Rolle „Aggression" in der Kriegsursachenforschung spielt, stellt fest: In der F. sind unter „Aggression" die aggressiven Merkmale von Einstellungen (Feindbilder), Nationalismus, Autoritarismus, Gehorsam oder Konflikte zwischen Gruppen zusammengefaßt; „Aggression" ist zum Sammelbegriff verschiedenster psych(olog)ischer Prozesse geworden, die der politischen Aggression „Krieg" förderlich sind; aggressives Verhalten in seiner psychologischen Bedeutung kommt fast nur am Rande vor; von Autoren, die den Nachweis eines Transfers von Aggressionsexperimenten auf Fragen der Kriegsursachenforschung vermissen, wird psychologische Aggressionsforschung eher als irrelevant eingeschätzt (z. B. Eberwein/Reichel, 1976).

Mittlerweile wurden einige Kernaussagen psychologischer Aggressionsforschung so weiterverfolgt, daß sie auch für die F. fruchtbar gemacht werden konnten. Ausschlaggebend wurde die Spekulation, daß aggressives Verhalten als Widerspiegelung gesellschaftlicher, *struktureller Gewalt* auf der Ebene individueller Handlungen und *gesellschaftliche Gewalt* als Widerspiegelung internationaler Beziehungen zu begreifen seien.

Solche Zusammenhänge, die zum Ausdruck bringen, daß diese Psychologie den Menschen als „vergesellschaftetes Subjekt" versteht, werden von Volmerg (1977; am Thema „Feindbilder"), Volmerg et al. (1983; am Thema „Kriegsängste") oder Büttner und Trescher (1983) Büttner (1984) und Kroner (1985; jeweils am Thema „Kriegspielzeug") nachgewiesen. Diese Untersuchungen zeichnen sich dadurch aus, daß aggressives Verhalten nicht nur durch psychologische Theorien, sondern auch durch sozialisatorische, ökologische, politische und historische Prozesse erklärt wird. So werden Erziehungspraktiken oder Inhalte derjenigen Medien, die oft genutzt werden (Zeitschriften, Bücher – Science Fiction, Comics –, Fernsehen, Automatenspiele), explizit zu unterschiedlichen Ausprägungen aggressiven Verhaltens in Beziehung gesetzt; z. T. sind diese Untersuchungen als sozialhistorischer Vergleich angelegt.

Die These, aggressives Verhalten des einzelnen widerspiegele gesellschaftliche Gewalt als Widerspiegelung internationaler Herrschaftsbemühungen, darf nicht psychologistisch mißdeutet werden: Aggressives Verhalten erklärt nicht Krieg.

Zu „Aggressivität" müssen staatliche und weitere psych(olog)ische Prozesse (z. B. Identifikation des einzelnen mit dem gesellschaftlichen System und seiner Sicherheitspolitik; Gehorsam) hinzutreten. Aggressives Verhalten ist eines derjenigen Prozeßmomente, die gesellschaftliche Gewalt in deren Abhängigkeit von internationalen Beziehungen mit den Einstellungen und Handlungsgewohnheiten einzelner verklammern (Deutsch/Senghaas, 1970): Eskalieren politische Konflikte, werden zu ihrer Steuerung u. a. Gelder nötig, deren Bereitstellung in demokratischen Gesellschaften auch von den politischen Einstellungen loyaler Bürger und ihrem Wählerverhalten abhängt, dann bildet aggressives Verhalten metaphernhaft einen Resonanzboden für solche Entwicklungen. Zu vermuten ist, daß einzelne, die in ihrem Alltag aggressiv zu handeln gewohnt sind – da sie beobachten, daß Autoritätspersonen mit aggressivem Verhalten Erfolg erzielen –, geringere Widerstände gegen eine machiavellistisch-aggressive Politik (Aufrüstung, gar eine Kriegserklärung) aufbringen im Vergleich zu einzelnen, die sich stärker kooperativ, solidarisch mit Vernunftprinzipien, kompromißbereit oder tolerant verhalten; die letzteren Gewohnheiten entzögen einer aggressiven staatlichen Sicherheitspolitik wahrscheinlich ihre Legitimationsbasis. Aggressives Verhalten garantiert vermutlich Staatsloyalität; aggressives Verhalten des einzelnen und aggressive Politik bilden keine kognitive Dissonanz.

Nicht wenige Ergebnisse der Psychologie unterstützten solche Zusammenhangsbehauptungen. – In Milgrams Gehorsamexperimenten etwa zählen Versuchspersonen aus autoritären Gesellschaften und mit hohen Faschismuswerten, die auf niedrigen Stufen der Kohlbergschen Moraltheorie argumentieren und geringe soziale Intelligenz aufweisen, fast immer zu denen, die Gehorsam zeigen (Kroner, 1988).

Kriegsdienstverweigerer begründen ihre staatspolitische Haltung auf dem Kohlbergschen postkonventionellen Niveau, Rekruten der Bundeswehr dagegen werden dem (prä)konventionellen Niveau zugeordnet (z. B. Krämer-Badoni/Wakenhut, 1983).

Kriegsdienstverweigerer werden in liberalen Familien sozialisiert im Gegensatz zu freiwilligen aus autoritären Familien (Mantell, 1978). Empirische Untersuchungen kulturvergleichender Forschung (z. B. McClelland, 1975) zeigen, daß in Staaten, die häufig in kriegerische Auseinandersetzungen verwickelt waren, vielfältige kriegerische Kampfspiele anzutreffen sind und sich die (Trivial)Literatur durch ein hohes Maß an Macht- bzw. ein niedriges Maß an Anschlußmotivation (Kooperation) auszeichnet.

Aggressives Verhalten des einzelnen ist mithin das durch Signallernen erklärbare Symbol gesellschaftlicher Gewalt in seiner Bedingtheit durch internationale Machtverhältnisse. Es übersetzt eine gesellschaftliche Politik so, daß sich der einzelne mit der Politik seines Landes einig wissen kann. Es vermag politische Identität zu sichern.

Streiten läßt sich darüber, ob die Sicherheitspolitik des Westens so machiavellistisch-aggressiv ist wie die Politik bekannter militaristischer Gesellschaften. Schließlich verfolgt die Doppelstrategie der NATO, nicht zum Angriff anzustacheln, für den Verteidigungsfall aber gewappnet zu sein. In diesem Sinn einer „Doppelmoral" kann auch aggressives Verhalten interpretiert werden; denn einerseits wird es als instrumentelle Überlebenstechnik normativ sozialisiert; andererseits wird es mit Therapien kontrolliert. So gesehen stehen erneut staatliche Politik und aggressives Verhalten konsonant zueinander. Wenn man will: Aggressives Verhalten ist Indiz einer *latenten Militarisierung*; denn der *klassische Militarismus* mit seinen emotionalisierenden Feindbildern, seinem Aufruf zu unverhohlenem Chauvinismus ist obsolet. Aggressives Verhalten – so unverbindlich wie konkret abrufbar – erfüllt die gleiche Funktion wie seinerzeit das Feindbild.

Aggressives Verhalten als Indikator von Loyalität – auf diese Formel läßt sich der Beitrag der kritischen Psychologie bringen. Aggressives Verhalten kann weder „Krieg" erklären, noch ist es für eine umfassende Erklärung überflüssig. Aggressive Einstellungen erhöhen vielmehr die Wahrscheinlichkeit, daß aggressive Politik auch durch die Gewohnheiten einzelner legitimiert und realisiert werden kann. Statt Techniken der Aggressionskontrolle, d. h. statt der Steuerung aggressiven Verhaltens einzelner (Erziehung zum friedfertigen einzelnen), sind Wege der Aufklärung über die gesellschaftliche Bedingtheit psychologischer Prozesse angebracht. Diese p. F. überläßt der Entscheidungsfreiheit des einzelnen, welche Konsequenzen er aus Reflexionen über das System, dem er angehört, zu ziehen gedenkt.

In neuerer Zeit thematisiert die p.F. zunehmend die psychologische Analyse der Friedensbewegung (z. B. Moser, 1982; Kempf, 1984; 1985).

5 Ausblick

Anläßlich der Überführung der DGFK in ein Sonderprogramm der Deutschen Forschungsgemeinschaft sicherte der Bundesminister für Forschung und Technologie zu, F. werde auch in Zukunft gefördert; die Bundesregierung sei auf freimütige Kritik und wissenschaftlichen Rat angewiesen (Deutscher Bundestag, Drucksache 10/4371).

Die Themen einer kritischen Politikberatung sind hinlänglich bekannt und z. T. bereits behandelt (z. B. Loyalität, Ambiguitätstoleranz über Wertsysteme und Handlungen beider Supermächte, politisches Desinteresse, Friede als angst- und streßfreie Gelassenheit angesichts der gesellschaftlichen Entwicklung verstanden und nicht als statische „Friedhofsruhe"). Wie im wertengagierten Programm von F. nicht anders zu erwarten, orientieren sich die Themen an Prinzipien von Vernunft und Moral. Politiker und Bürger mindestens für die 5. Stufe moralischer Entwicklung nach Kohlberg zu befähigen, sollte als Zielgröße empirisch-normativer p. F. gelten; ab dieser Stufe beginnt sich politische Identität als Balance zwischen Anpassung und Widerstand auszubilden. Ein mündiger Bürger urteilt idealiter nicht konventionell sondern postkonventionell.

Es käme darauf an, Forschungsbemühungen in dieser *politischen* Richtung zu unterstützen – nicht in einer privaten (z. B. keine Frieden-Selbsterfahrungsgruppen). Womöglich liegt auch in der Theorie der „sozialen Identität" die Zukunft der p. F..

Literatur

Adorno, T. W./Frenkel-Brunswik, E./Levinson, D. J./Sanford, R. N.: The authoritarian personality. New York: Harper, 1950.

Arndt, H.-J.: Die staatlich geförderte Friedens- und Konfliktforschung in der Bundesrepublik Deutschland von 1970 bis 1979. München: Bayerische Staatskanzlei, o. J.

Aschenbach, G./Zitterbarth, W.: Von einer friedenspolitischen Einstellung zu einem friedenspolitischem Engagement? In: Horn/Rittberger, 1987, 126-138.

Bierbrauer, G.: Nachrüstung – dafür oder dagegen? In: Horn, K./Rittberger V. (Hrsg.): Mit Kriegsgefahren leben. Opladen: Westdeutscher Verlag, 1987, 155-170.

Bönisch, A./Steinke, W.: Bürgerliche Friedensforschung. Berlin/DDR: Akademie-Verlag, 1973.

Brauch, H. G. 1979: Entwicklungen und Ergebnisse der Friedensforschung (1969-1978). Frankfurt: Haag + Herchen, 1979.

Bronfenbrenner, U.: The mirror image in Soviet-American relations. Journal of Social Issues, 17 (3), 1961, 45-56.

Buddrus, V./Frank, A. (Ed.): Wissenschaft und Frieden. Typoskript Universität Bielefeld, 1983.

Büttner, C.: Kinder und Krieg. Frankfurt: Campus, 1984.

Büttner, C./Trescher, H.-G.: Videokrieg. In: Leber, A. (Hrsg.): Reproduktion der frühen Erfahrung. Frankfurt, 1983, 29-34.

Deutsch, K. W./Senghaas, D.: Die Schritte zum Krieg. Beilage „Aus Politik und Zeitgeschichte" zu „Das Parlament". Bonn, 1970.

Eberwein, W.-D./Reichel, P.: Friedens- und Konfliktforschung. München: Piper, 1976.

Eibl-Eibesfeldt, I.: Krieg und Frieden aus der Sicht der Verhaltensforschung. München: Piper, 1975.

Etzioni, A.: The Kennedy-experiment. Western Political Quarterly, 20, 1967, 361-380.

Etzioni, A.: Social-psychological aspects of international relations. In: Lindzey, G./Aronson, E. (Eds.): Handbook of social psychology, Bd. 5. Reading: Addison-Wesley, 1969, 538-601.

Falk, A./Selg, H.: Die Begriffe „Krieg" und „Frieden" in der Vorstellung von Kindern und Jugendlichen. Psychologie in Erziehung und Unterricht, 29, 1982, 353-358.

Feser, H.: Erfassung von Militarismus-Pazifismus bei Jugendlichen. Phil. Diss. Universität Würzburg, 1972.

Galtung, J.: Peace: Research, education, action. 5 Bände. Copenhagen: Ejlers, 1975-1980.

Geuter, U./Kroner, B.: Militärpsychologie. In: Rexilius, G./Grubitzsch, S. (Hrsg.): Psychologische Grundbegriffe. Reinbek: Rowohlt, 1987, 672-689.

Horn, K.: Politische Psychologie. In: Kress, G./Senghaas, D. (Hrsg.): Politikwissenschaft. Frankfurt: Europäische Verlagsanstalt, 1969, 215-268.

Horn, K./Rittberger, V. (Hrsg.): Mit Kriegsgefahren leben. Opladen: Westdeutscher Verlag, 1987.

Kaiser, K.: Friedensforschung in der Bundesrepublik. Göttingen: Vandenhoek & Ruprecht, 1970.

Kelman, H. C.: Social-psychological approaches to the study of international relations: Definition of scope/The question of relevance. In: Kelman, H. C. (Ed.): International behavior. New York: Holt, Rinehart & Winston, 1965, 3-39/565-607.

Kempf, W.: Konfliktlösung und Aggression. Bern: Huber, 1978.

Kempf, W.: Zur Sozialpsychologie der Friedensbewegung. Zeitschrift für Sozialpsychologie und Gruppendynamik, 9, 1984, 26-37.

Kempf, W. (Hrsg.): Zur Sozialpsychologie von Sicherheitspolitik und Friedensbewegung. Dialog-Beiträge zur Friedensforschung. Schlaining: Österreichisches Institut für Friedensforschung, 1985.

Krämer-Badoni, T./Wakenhut, R.: Moral und militärische Lebenswelt. In: Lind, G./Hartmann, H. A./Wakenhut, R. (Hrsg.): Moralisches Urteilen und soziale Umwelt. Weinheim: Beltz, 1983, 179-192.
Krippendorff, E. (Hrsg.): Friedensforschung. Köln: Kiepenheuer & Witsch, 1968.
Kroner, B.: Fleißarbeit. Aber relevant? Zeitschrift für Sozialpsychologie, 2, 1971, 201-216.
Kroner, B.: Krieg und Aggression – eine Illusion? Frankfurt: Lang, 1980.
Kroner, B.: Beginnt der Krieg im Kinderzimmer? „Warum nicht Friede?", psychologie heute-Sonderheft 1985, 52-59).
Kroner, B.: Gegen den Pessimismus des Milgram-Experiments. In: Friedensanalysen (Schwerpunkt: Politische Psychologie des Friedens). Frankfurt: Suhrkamp, 1988.
Mantell, D. M.: Familie und Aggression. Frankfurt: Fischer, 1978.
McClelland, D.: Power. New York: Irvington Publishers, 1975.
Moser, H.: Utopisches Denken von „Weltfrieden". In: Preiser, S. (Hrsg.): Kognitive und emotionale Aspekte politischen Engagements. Weinheim: Beltz, 1982, 268-281.
Nagel, E. J./Starkulla, H.: Einstellungen von Wehrdienstverweigerern und Soldaten. München: Kaiser, 1977.
Nolting, H.-P.: Lernschritte zur Gewaltlosigkeit. Reinbek: Rowohlt, 1981.
Osgood, C. E.: Toward international behavior appropriate to a nuclear age. In: Psychology and international affairs. Copenhagen, 1962.
Passett, P./Modena, E. (Hrsg.): Krieg und Frieden aus psychoanalytischer Sicht. Basel: Stroemberg, 1983.
Rosenberg, M.: Attitüdenveränderung und Außenpolitik in der Ära des kalten Krieges. In: Senghaas, D. (Hrsg.): Zur Pathologie des Rüstungswettlaufs. Freiburg: Rombach, 1970, 205-271.
Schmidt, H.-D.: Zur Einschätzung „friedensrelevanter" psychologischer Forschung. In: Schmidt-Mummendey, A./Schmidt, H.-D. (Hrsg.): Aggressives Verhalten (4. Aufl.). München: Juventa, 1976, 240-259.
Schmidt-Mummendey, A./Schmidt, H.-D. (Hrsg.): Aggressives Verhalten (4. Aufl.). München: Juventa, 1976.
Schweitzer, C. C./Feger, H. (Hrsg.): Das deutsch-polnische Konfliktverhältnis seit dem 2. Weltkrieg. Boppard, 1975.
Selg, H. (Hrsg.): Zur Aggression verdammt? (4. Aufl.) Stuttgart: Kohlhammer, 1975.
Senghaas, D. (Hrsg.): Kritische Friedensforschung. Frankfurt: Suhrkamp, 1971.
Sherif, M./Sherif, C. W.: Experimentelle Untersuchungen zum Verhalten in Gruppen. In: Koch, J. J. (Hrsg.): Sozialer Einfluß und Konformität. Weinheim: Beltz, 1977, 167-212.
Skjelsbaek, K.: Militarism, its dimensions and corollaries. Journal of Peace Research, 16, 1979, 213-229.
Sommer, G. (Hrsg.): Feindbilder im Dienste der Aufrüstung. Marburg: Schriftenreihe des Arbeitskreises Marburger Wissenschaftler für Friedens und Abrüstungsforschung, 1987.
Sozialpsychologie des Friedens. Hofgeismar: Evangelische Akademie Hofgeismar, 1986.
Spickermann, M./Straub, J.: Lebensgeschichtliche, kognitive und emotionale Aspekte friedenspolitischen Engagements-Ergebnisse einer empirischen Studie. In: Horn/Rittberger, 1987, 109-125.
Straub, J./Werbik, H./Zitterbarth, W.: Friedensbewegung und Kriegsängste. In: Horn/Rittberger, 1987, 92-108.
Streiffeler, F.: Sozialpsychologie des Neokolonialismus. Frankfurt: Campus, 1982.
Thomae, H.: Psychologische Forschungen zum Problem internationaler Konflikte. In: Politische Psychologie. Bd. 5: Internationale Beziehungen, 1966, 32-42.
Thomas, A. (Hrsg.): Interkultureller Austausch als interkulturelles Handeln. Saarbrücken: Breitenbach, 1985.
Thompson, J.: Nukleare Bedrohung. München: Psychologie Verlags Union, 1986.
Tolley, H.: Children and war. New York: Teachers College Press, 1973.
Turner, J. C./Giles, H. (Eds.): Intergroup behavior. Oxford: Blackwell, 1981.
Volmerg, B.: Zur Sozialisation struktureller Feindseligkeit. Friedensanalysen, 6, 1977, 44-77.
Volmerg, B./Volmerg, U./Leithäuser, T.: Kriegsängste und Sicherheitsbedürfnis. Frankfurt: Fischer, 1983.

Gedächtnis

Friedhart Klix

1 Das Gedächtnis als Mittel der Erkenntnis und Steuerungsorgan

Das menschliche G. ist kein passiver Informationsspeicher, sondern aktives Organ der Informationssuche, der Bildung von Erwartungen, der Verarbeitung und Nutzung von Information für Verhaltensentscheidungen. Aufbewahrt werden keineswegs nur Erscheinungen der äußeren, perzeptiv wahrnehmbaren Realität, sondern ebenso Prozeßstrukturen für Handlungen, kognitive Operationen oder Strategien. Das G. ist nicht nur Resultat, sondern gleichermaßen *Mittel der Erkenntnis*.

Im menschlichen G. sind *historische Einflüsse* in dreifacher Hinsicht wirksam: Aus der Geschichte der Art, der Evolutionsgeschichte, stammen die nervalen Mechanismen und biologischen Strukturbildungen der Informationsspeicherung; aus der gesellschaftlichen Geschichte der Menschheit stammen die sprachlich-belehrend vermittelten Bestände arbeitsteilig erworbenen Wissens, und aus der Individualgeschichte stammen die singulären Erlebnisse der Selbsterfahrung – und alle sind gleichermaßen präsent im G.

Die Ordnungsbildung unter den bedeutungstragenden G.einheiten wird in starkem Maße von der *motivationalen* Basis der Verhaltensorganisation beeinflußt. Die Selektion des Bedeutsamen, die Bevorzugung der korrekten Entscheidung – das alles geht auf Bewertungsfunktionen zurück, die in den motivationalen Grundlagen des Verhaltens ihre Basis haben. Der Affekt oder die *Emotion* bilden die Erlebnisseite motivationaler Dynamik, deren Einfluß auf die Informationsspeicherung bedeutsam ist.

G.bildung und G.funktion sind nur aus dem *Zusammenwirken von Kognition und Motivation* zu verstehen. Dieses Zusammenwirken ist am sinnfälligsten in den Mechanismen der Zielbildung, den Tendenzen zur Zielerreichung und den Abwehrkräften angesichts der Gefahr einer Zielverfehlung zu erkennen: Die erlebte Schwierigkeit des Ziels staut den Affekt, der wiederum die kognitiv verfügbaren Kräfte zu dessen Erreichung aktiviert – d. h. aber: der Wissen mobilisiert, das im G. gespeichert ist. G.bildung ist in die Handlungsdynamik integriert – sei sie sensomotorisch oder kognitiv organisiert. Dies ist im Schema der Abb. 1 ausgedrückt. Es dient im folgenden als Übersicht für einen systematischen Abriß des G. als *Steuerungsorgan* der Informationsaufnahme, der Informationsspeicherung sowie der Kontrolle der Verhaltensregulation.

2 Ultrakurz- und Kurzzeitgedächtnis

Kurzzeitige Fixierungen des Reizeinstroms finden bereits an den *Rezeptoren* statt. Die Depolarisation der Rezeptorzellen bleibt einige Millisekunden konstant, um alsbald eine neue Energieverteilung im Reizspektrum abzubilden. Dies scheint die Basis auch zu sein für zentrale, ultrakurzzeitige Stillstände in der Erregungs-Hemmungs-Verteilung, durch die der zentralen Informationsverarbeitung eine Vielzahl von Umgebungsinformationen zur Verfügung steht. Diese sehr kurzzeitige Informationsfixierung wird *Ultrakurzzeitgedächtnis* genannt (Sperling, 1960; vgl. Norman, 1970). Seine wesentliche Funktion dürfte darin bestehen, daß es die Datenbasis für die Merkmalsgewinnung darstellt. In einem Zeitraum bis zu etwa 250 ms können Merkmalseigenschaften ausgewählt und für anschließende Erkennungsprozesse verfügbar bleiben. Dabei handelt es sich u. a. um die Aussonderung von Konturmerkmalen für Gesichter, Buchstaben oder andere wahrnehmbare Gebilde, für die entschieden werden soll, ob ein zugehöriges G.bild existiert oder nicht. Im Falle einer positiven „pattern-matching"-Prozedur würde Wiedererkennung stattfinden. Der Prozeß bricht zwischen 150 und 250 msec ab. Man hat daran Annahmen über eine Taktzeit bei der sensorischen Informationsaufnahme geknüpft.

Die Funktion des *Kurzzeitgedächtnisses* ist vorwiegend synthetischer Natur. Die Dauer der Informationsfixierung beträgt hier zwischen 20 und 30 sec, sie kann in der Länge aber auch darüber hinaus wirken. Wesentlich ist die beschränkte Aufnahmekapazität. Sie beträgt 5-8 Einheiten, und sie ist unabhängig von deren Komplexität. Murdock (1974) hat gezeigt, daß die Behaltensspanne für 3 einzelne Buchstaben ebenso groß ist wie für 3 Worte. Beim serialen Lernen bilden sich durch den Einfluß des Kurzzeit-G. die sog. *serialen Positionseffekte*. Wenn eine Serie von Lerneinheiten (Worten, Silben) behalten werden soll, treten die Behaltenseffekte bei den Anfangs- wie bei den endständigen Gliedern zutage (*primacy-* und *recency-Effekt*). Ersterer beruht auf Störeinflüssen benachbarter Glieder (die natürlich in der Mitte der Serie beidseitig und dadurch stärker sind), letzterer beruht auf latenten iterativen Wiederholungen nach Abschluß der Serie.

Die *synthetische* Funktion des Kurzzeit-G. besteht in der Verkettung von Symbolen oder Ele-

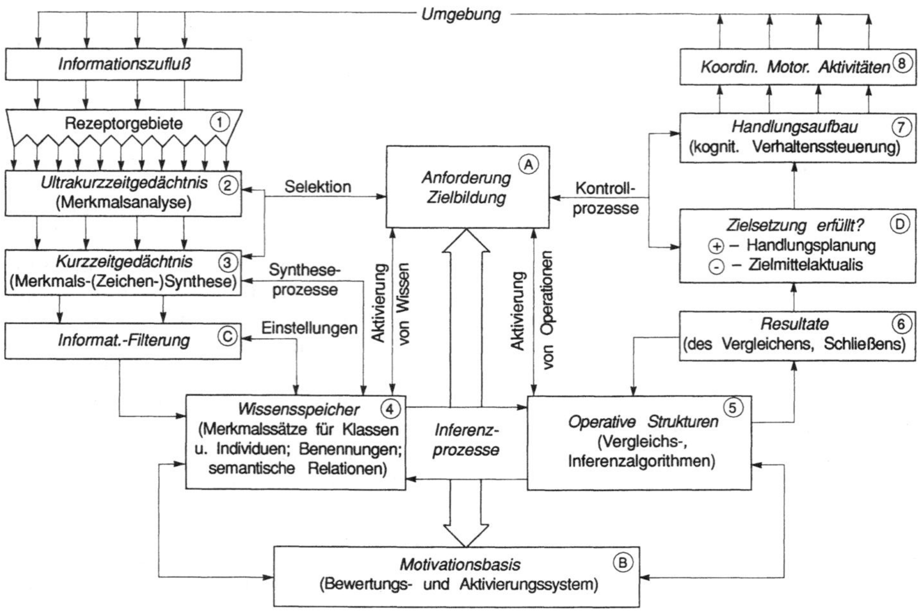

Abb. 1: *Einbeziehung der Gedächtnisfunktionen in die Kommunikation zwischen Organismus und Umgebung*
Die einzelnen Stufen der sensorischen Informationsverarbeitung (linke Seite) führen über die Vermittlung des Langzeitgedächtnisses (des Wissens in Wechselwirkung mit kognitiven Operationen) zum Entwurf von Antwort-, Handlungsschemata oder internen Verarbeitungsprozeduren. Wesentlich ist, daß schon die sensorische Informationsaufnahme (die Suche wie die Vorverarbeitung von Informationen) unter aktivem Einfluß des G. stattfindet. Die Wechselwirkung von Wissen und Operationen führt zu den kognitiven (u. U. auch kreativen) Anteilen in kommunikativen Prozessen. Wesentliche Beachtung ist dem Zusammenhang von Motivation – Kognition gewidmet.

mentarzeichen. Dieser Vorgang ist besonders dann wesentlich, wenn es um bedeutungshaltige Zeichen und um den Prozeß der Erkennung dieser Bedeutung geht. Bekanntlich werden zahlreiche Bedeutungseigenschaften z. B. von Worten erst durch die Einbettung in einen Kontext eindeutig. Auch um grammatische Verweise auf frühere oder spätere Wortbildungen erfassen zu können, muß der Kontext einer Wortfolge im Satzrahmen (oder darüber hinaus) präsent sein.

3 Das Langzeitgedächtnis als Wissensspeicher

Die Arbeitsweise des Kurzzeit-G. kann von der des *Langzeit*-G. nicht isoliert werden. Es gibt sogar die Auffassung, daß das Kurzzeit-G. nur der bewußtseinsgebundene, simultan aktivierte Teil des Langzeit-G. ist. Unbestreitbar ist, daß die Syntheseprozesse des Kurzzeit-G. (und ihr Abbruch nach der Bedeutungserkennung) in *Wechselwirkung* mit den Informationsträgern des Langzeit-G. stattfinden. Allerdings werden die Mechanismen und Funktionsprinzipien erst dann klar identifizierbar sein, wenn die Organisation des semantischen Langzeit-G. genauer erforscht ist. Was ist darüber bislang bekannt?

Der mit der Kurzbezeichnung *„Wissensspeicher"* markierte Teil des Langzeit-G. enthält das durch Belehrung erworbene wie das durch Verhalten und Wahrnehmen erfahrene Wissen. Er umfaßt, kurz gesagt, das individuelle Wissen über die Welt und ihre Zusammenhänge. Festpunkte dieses Wissens sind die Begriffe, die Merkmalssätze für Objektklassen mit den Beziehungen unter ihnen (den sog. semantischen Relationen). Aus den Eigenschaften der Verfügbarkeit von Wissen ist abzuleiten, daß zwei Modi der langzeitigen Informationsspeicherung unterschieden werden müssen, nämlich (1) die stationäre Repräsentation und (2) die prozedural verfügbaren, durch kognitive Operationen erst abzuhebenden Eigenschaften *möglichen* Wissens.

3.1 Die stationäre Repräsentation von Begriffen

Die zahlreich untersuchten *Begriffserwerbsstrategien* (Bruner et al., 1962; Sprung, 1970; Goede/Klix, 1971; Hoffmann, 1976) haben gezeigt, daß im Begriffslernprozeß die einer Objektmenge invarianten Merkmale ausgesondert und im G. fixiert werden. Wenngleich die Merkmalsstrukturen für natürliche (z. B. auch für unscharfe) Begriffe komplizierter sind als für die einfachen Merkmalssätze (Kukla, 1976; Strobel, 1976), so ist doch gewiß, daß diese begrifflichen Merkmalsstrukturen des Langzeit-G. die klassifikatorischen Erkennungsleistungen ermöglichen, daß sie als Entscheidungsstrukturen des begrifflichen Erkennens fungieren (Klix, 1971). Ein großer Teil dieser Begriffsstrukturen ist sprachlich benannt: Den Merkmalssätzen der Begriffsstruktur sind Phonemverknüpfungen zugeordnet, die auch begriffliche Merkmalssätze darstellen (und der klassifikatorischen Worterkennung dienen) – mit einer zusätzlichen Eigenschaft: den Phonemverknüpfungen sind Lautmuster zugeordnet, die die G.basis des Sprechaktes bilden (Abb. 2).

TIER	———	(AB)
VOGEL	———	(AB) C)
HAUSTIER	———	(AB∃C) D)
GEFLUEGEL	———	(ABCD) E)
HUHN	———	(ABCDE) F)
HENNE	———	(ABCDEF) w)
HAHN	———	(ABCDEF) m)
KUECKEN	———	(ABCDEF) n)

Abb. 2: *Vereinfachte Darstellung des Zusammenhangs von Wortmarke und Merkmalssatz*

Es ist kenntlich, daß die Merkmale von Oberbegriffen (echt) in den Merkmalssätzen von Unterbegriffen enthalten sind. Entsprechend sind (hierarchisch) nebengeordnete Begriffe durch teils gemeinsame und je spezifische Merkmalseigenschaften bestimmt. Die Erkennung dieser Begriffsbeziehungen kann (ähnlich der der Synonyma) durch Vergleiche zwischen den Merkmalssätzen bewirkt werden. ∃ markiert eine partielle Unterbegriffseigenschaft im Sinne von ‚einige HAUSTIERE sind VÖGEL'.

Zwischen den begrifflichen Klassifizierungen existieren wohlbestimmte Beziehungen, durch die auch dynamische Eigenschaften der Realität, wahrnehmend aufgenommene Ereignisse in Raum und Zeit, Erkennungen von Ursache und Wirkungen (durch eigene oder durch Fremdhandlungen bewirkt) registriert und fixiert werden. Diese dynamischen Eigenschaften der Realität scheinen in semantischen Relationen des Langzeit-G., d. h. in Beziehungen zwischen Begriffen, fixiert zu sein. Relationen dieses Typs sind die Handlungsträgerrelation (HT), die Objekt-(OBI), Rezeptor-(REZ), Instrument-(INSTR), die Kausalitäts-(CAUS), Finalitätsrelation (FIN) und zahlreiche weitere Konnexionen dieses Typs. Abb. 3 gibt eine begrifflich-semantische Konfiguration aus dem Erlebnisbereich Schule wieder, der in dieser Form zunächst für sehr viele individuelle G.e gleichartig sein dürfte. Die Eintragung der semantischen Relationen gibt *innerhalb dieses Rahmens allgemeine* Situationseigenschaften und Geschehenszusammenhänge wieder. Die einmalig-individuelle Charakteristik der Informationsspeicherung ist mit den individualspezifischen be-

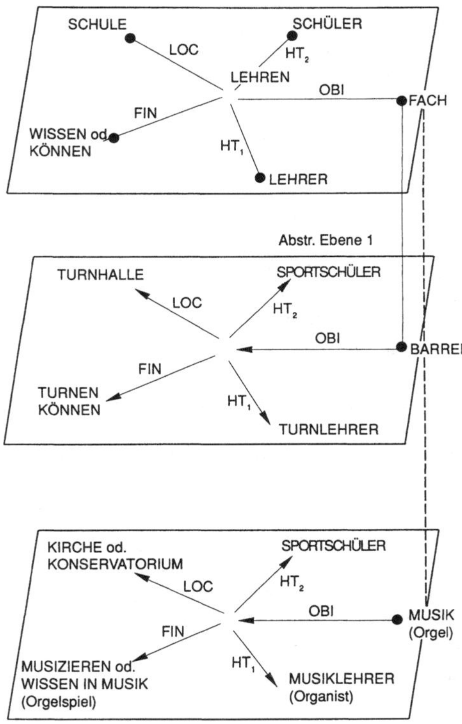

Abb. 3: *Begriffliche Konfiguration des Geschehenstyps LEHREN*

Obere Ebene: der sog. „optimale" Abstraktionsbereich, in dem die für LEHREN charakteristische Begriffskonfiguration eingetragen ist. Den semantischen Kern bildet LEHREN mit den definierenden semantischen Relationen und den an sie gebundenen Begriffen. Die beiden darunterliegenden Ebenen bezeichnen Untersetzungen verschiedenen Grades. Charakteristisch ist, daß alle Begriffe des Geschehenstyps spezifiziert, untersetzt sind. Die Abb. verdeutlicht das Wechselspiel zwischen stationären Eintragungen (semantischen Relationen) und Spezifizierungsprozessen von Merkmalseigenschaften (Unterbegriffsbildung). Die Abb. soll auch zeigen, daß eine einzige Unterbegriffsspezifizierung die gesamte Struktur untersetzt und einen semantischen Kern spezifiziert, gleichviel, ob es dafür eine Benennung im Sinne einer Wortmarke gibt oder nicht.

grifflichen Merkmalen gegeben; jenen Merkmalen also, die das Begrifflich-Schematische durch das Kolorit der *individuell erfahrenen* Ding-, Figur- und Formeigenschaften ergänzen. Daß ein Turnlehrer vorgestellt wird wie Herr X, eine Schule wie das Gebäude in der Z-Straße usf: – das alles ist anschauliche Einmaligkeit, individuelles Erlebnis, aber *im Merkmalsrahmen* gemeinsamer *interpersönlicher* Erfahrungen. Das gespeicherte Wort belegt jeweils *den ganzen* individuellen Merkmalssatz. Der Durchschnitt gemeinsamer (also das Weglassen individualspezifischer) Merkmale begründet die Verständigungsmöglichkeit über Begriffe durch die Sprache. Die flexible Merkmalsaktualisierung für Begriffe ermöglicht die Überzeugung von gemeinsamem, identischem Wissen, obwohl die individualspezifischen Merkmalsauslegungen persönlich, individualspezifisch und nur mit großem Aufwand mitteilbar sind.

Metzler (1979) hat gezeigt, daß Worte gegenüber Vorstellungsbildern einen allgemeineren, weniger differenzierenderen Merkmalssatz im G. belegen. Sie liegen näher an der abstrakt-oberbegrifflichen als an der individuellen, konkret-anschaulichen Bedeutung. Das ist auch entwicklungsabhängig. Die entwicklungspsychologische Literatur (Schmidt, 1975; Ahnert, 1979 u. v. a.) weist aus, daß ontogenetisch frühe begriffliche Bildungen in stärkerem Maße der Anschauung verhaftet sind als in späteren Phasen – auch was die Anschaulichkeit des sprachlichen Pendants im Begrifflichen betrifft. Der Weg vom Individualtypischen zum Klassifizierungstypischen der Sprachgemeinschaft ist als G.resultat von Sozialisationsprozessen aufzufassen. Dies ist auch die Ursache dafür, daß die begrifflichen Bildungen Erwachsener im Mittel abstrakter sind als die von Kindern und Jugendlichen.

3.2 Kognitive Aktivitäten und Strukturen des Langzeitgedächtnisses

Neben diesen stationären Vernetzungen zwischen Begriffen gibt es in jedem G. *potentiellen Wissensbesitz*. Er ist nicht explizit gespeichert, sondern muß durch kognitive Prozeduren, durch Vergleichs- und Inferenzprozesse aktualisiert werden. Dies bezieht sich nach dem Schema von Abb. 1 auf Wechselwirkungen zwischen operativen (5) und gespeicherten Strukturen (4).

Unter *operativen Strukturen* verstehen wir Prozesse, die an den perzeptiven Eigenschaften eines Wahrnehmungsbildes oder an den Merkmalsbildungen begrifflichen G.besitzes angreifen, sie vergleichen (und dabei Erkennung ermöglichen) oder transformieren (und dabei Verwandtschaften oder Verschiedenartigkeiten festzustellen gestatten). Das Ergebnis solcher kognitiver Prozesse ist nicht nur feststellbar, sondern es kann selbst wieder explizit gespeichert werden und damit den verfügbaren Wissensbesitz vergrößern. Zwei Beispiele dafür:

1. Ähnlichkeitsbestimmungen beruhen auf *Vergleichsprozessen*. Rosch et al. (1976) haben gezeigt, daß der Vergleich dominierender Merkmalseigenschaften eine bedeutsame Rolle beim Zustandekommen von Ähnlichkeitsurteilen spielt. Hirsch, Löwe, Katze, Kaninchen, Maus werden als zunehmend unähnlicher beurteilt. Hier spielt das Merkmal Größe eine dominierende Rolle. Auch das Komplexmerkmal „Wildheit" beeinflußt Ähnlichkeitsurteile dieser Art. Es wäre ganz absurd anzunehmen, daß alle möglichen Ähnlichkeiten zwischen Begriffen oder Begriffspaaren noch einmal gespeichert sind. Nein: Ähnlichkeitsbestimmungen sind Urteile, die *über* der perzeptiven *oder über* der Datenbasis des G. gebildet werden. Daher können verschiedene Aspekte gegenüber derselben Objektmenge verschiedene Merkmale akzentuieren und dadurch zu verschiedenen Ähnlichkeitsurteilen führen (z. B. Pflanzen nach Aussehen, Genießbarkeit, Heilkraft usf.). Davon abgesehen, können besonders bedeutsame oder gebrauchshäufige Ähnlichkeitsurteile auch fest gespeichert werden.
2. Prozeduren des Merkmalsvergleichs liegen auch den Ober-Unter-Begriffsbildungen zugrunde. Zunächst gilt: Je differenzierter ein Merkmalssatz für die Beschreibung der internen Struktur eines Begriffs, um so weniger Objekte gehören als Begriffsinhalt dazu – und umgekehrt: je weniger Merkmale zur Klassifizierung herangezogen werden, um so „abstrakter" ist die Kategorie und um so mehr Objekte (oder Gedankeninhalte) gehören zur Klasse. In diesem Sinne ist die Begriffsserie Birke-Baum-Pflanze-Lebewesen von links nach rechts eine Unter-Ober-Begriffsbeziehung und eine Ober-Unter-Begriffsbeziehung in umgekehrter Richtung. Nun ist bekannt, daß der kognitive Aufwand für die Erkennung von Unter-Ober-Begriffsbeziehungen wesentlich kleiner ist als der in umgekehrter Richtung. Dies spricht gegen eine feste Speicherung dieser Begriffsbeziehung. Einen wichtigen Beleg dafür hat Preuß (1986) erbracht. Er stellte fest, daß die Zeiten bei der Erkennung einfacher Unter-Oberbegriffsbeziehungen von den sog. Distraktoren abhängen. (Das sind Begriffspaare, die als negative Beispiele in die Versuchsserie eingebaut sind.) So ist die UB/OB-Erkennung stark er-

schwert, wenn als negative Beispiele Begriffspaare mit stark überlappenden Merkmalssätzen gewählt werden. Umgekehrt ist die Erkennung maximal erleichtert, wenn als Distraktoren Begriffe ohne gemeinsame Merkmale gewählt werden. Dies ist mit der Annahme einer festen UB/OB-Speicherung nicht vereinbar. Daß dabei tatsächlich Merkmalsvergleichsprozesse stattfinden, konnte Karzek (1986) am Beispiel der Erkennung von Synonyma nachweisen. Die Feststellung hochgradiger Bedeutungsähnlichkeit zwischen Begriffen nimmt mit der Anzahl unterschiedlicher Merkmalsanteile zwischen den zu vergleichenden Begriffen zu. (Z. B. ist die Erkennungszeit für SCHRIPPE – BRÖTCHEN signifikant kürzer als bei SCHWUNG – ELAN.)

Die zwei Beispiele betreffen sehr einfache kognitive Prozeduren, die sich der stationär gespeicherten Begriffsstrukturen als Informationsquelle bedienen. Es gibt natürlich sehr viel komplexere kognitive Strukturen. Schon bei der Ausnutzung von Transitivitätseigenschaften in Merkmalssätzen von Begriffen (A>B, B>C, C>D usf.) für Schlußfolgerungen sind Zwischenresultate, also Fixierungen abgeleiteter Informationen, zum Zwecke der weiteren Verarbeitung erforderlich. Dafür sind Zusammenhänge zwischen den Instanzen (6) und (5) einerseits sowie (5) und (4) andererseits anzunehmen und zu betrachten.

4 Kognitive Strategien, Motivation und Persönlichkeit

Wenn Inferenzprozeduren eine bestimmte Länge überschreiten, sind *Zwischenspeicherungen* erforderlich, die bisweilen den Charakter von Teilzielbildungen annehmen. Im Falle eines schrittweisen Aufbaus und der Benutzung von Teilzielen als weiteren Zuständen der Informationsverarbeitung spricht man von *kognitiven Strategien*, wie sie z. B. aus den Analysen von Problemlösungsprozessen bekannt sind (Klix, 1971; Simon, 1975; Sydow, 1976; Dörner, 1983). Strategieaufbau und Strategievariationen sind nicht ohne Beachtung von Zielstellung und Zielwirkung, nicht ohne motivationale Faktoren denkbar. Die Nichterreichung des Ziels wirkt aktivierend auf die operativen Strukturen, mobilisierend auf die Konstruktion neuer, andersartiger operativer Verkettungen – bis Zielannäherung durch Vergleichsprozesse signalisiert wird (in D). Erst nach der kognitiven Feststellung der Erreichbarkeit eines Ziels erfolgen bei zahlreichen Anforderungen die Handlungsauslösung und die Handlungssteuerung. Einsichtsleistungen mit sicherer manipulatorischer Endstrecke gehören hier ebenso her wie die Niederschriften von Lösungen nach internem Operationsabschluß.

Diese kognitiven Prozeßabläufe, in die das G. stets und unlösbar integriert ist – und ohne die man seine Funktion nicht verstehen kann –, vollziehen sich unter dem Einfluß *motivationaler* Faktoren. Dies führt u. a. dazu, daß die erfolgreicheren, effektiveren Prozeduren höher bewertet, bevorzugt gespeichert und mit emotionalen Gewichtungen verknüpft werden. Die Zentren der *Wechselwirkungen* zwischen motivationalen und kognitiven Prozeßkomponenten sind im Schema der Abb. 1 mit A, B, C und D bezeichnet. Eine funktionelle Betrachtung ergibt folgende Zusammenhänge:

A: Die vor dem Hintergrund des Selbstwerterlebens aufgenommene Zielsetzung löst als Willenshandlung Aktivierungsprozesse aus, deren Intensität in Zusammenhang steht mit dem erlebten, d. h. auch kognitiv realisierten Schwierigkeitsgrad: Je höher die Schwierigkeit, umso stärker fokussiert ist die Aktivierung. Und umso intensiver sind die emotional-affektiven Begleitsymptome der Zielannäherung oder des Zielverzichts – bis hin zur Dynamik von Ersatzhandlungen (Lewin, 1926). Der Einfluß affektiver Spannungen auf kognitive Leistungen, ihre Rationalität und Effektivität ist noch wenig erforscht (Klix, 1953; Helm, 1954). Gleichwohl kann ein Zusammenhang mit der Informationsspeicherung als gesichert angesehen werden: Je höher die Bewertung der Zielerreichung, umso stärker auch der affektive Impetus im kognitiven Prozeß, und umso rascher und stabiler erfolgt die Speicherung der erfolgreichen Aktivitäten, Teilzielbildungen und schließlich auch der Mittel zur Zielerreichung. Diese Dialektik von Zielbildung, Aktivierung und Bewertung wirkt sich in den einzelnen Stufen des Prozeßgeschehens unterschiedlich aus. Zwei wichtige Einflußgebiete seien erwähnt:

C: Die dynamische *Merkmalsfilterung im Prozeß der Informationsaufnahme* bewirkt, daß bestimmte Informationen unterdrückt, andere, vor allem entscheidungsrelevante und hoch bewertete, bevorzugt der kognitiven Informationsverarbeitung und -speicherung zugeführt werden. Die Experimente von Treisman (1969) mit verschiedenen Informationen an beiden Ohren (durch Kopfhörer können die anzuhörenden Rechts-Links-Inhalte beliebig variiert werden) haben gezeigt, daß Einstellungen auf textliche Zusammenhänge, auf muttersprachliche gegenüber fremdsprachigen Inhalten sowie Mitteilungen über die Person des

Hörenden Vorrang gegenüber anderen Informationen gewinnen, die demgegenüber abgeschwächt, „verdünnt" oder vollständig abgeblockt werden. Broadbent (1971) hat dies durch ein Filtermodell der Wahrnehmung allgemein auszudrücken versucht.

Wie erwähnt, wirkt die Dynamik der Zielstellung auch mobilisierend auf die Aktivierung von Suchprozessen, von operativen Strukturen und Inferenzmechanismen. Es gibt Belege dafür, daß ein bestimmtes Aktivierungsniveau als Optimum für kognitive Leistungsfähigkeit fungiert. Überzogene Zielspannung und stark propulsiver Affekt blockieren die kognitive Leistungsfähigkeit, Gleichgültigkeit gegenüber dem Ziel läßt verfügbare Leistungsmöglichkeiten unberührt (Klix, 1953; Duffy, 1962).

D: Eine regulierende Funktion üben die *Kontrollprozesse der Zielsetzung* aus. Die Registrierung der Zielannäherung fokussiert die Aufmerksamkeit, die Gewißheit der Zielerreichung wirkt entspannend. Der affektive Stau an der Barriere steigert den Einsatz kognitiver Mittel, erhöht die Variation des Mitteleinsatzes – und damit die objektive Chance der Zielerreichung. Die Resultate insbesondere kreativer Phasen in solchen Prozessen werden bevorzugt G.besitz. Dies dürfte vermutlich mit ihrem steilen Affektumschwung verbunden sein. Es zeigt sich, daß auch die Differenzierung kognitiver Strukturen vom Affekt getrieben und durch ihn mit fixiert wird. Das gilt wohl auch ontogenetisch: mit der kognitiven Differenzierung der Interessenbereiche. Gerade der Begriff Interesse bringt den Zusammenhang von kognitiver Differenzierung und emotionaler Bewertung zum Ausdruck.

Damit eröffnet sich auch der *Zusammenhang von G. und Persönlichkeit*. Wissen und Werte als Zusammenhang von Kognition und Motivation im G. prägen den individuellen wie den sozialen Status einer Persönlichkeit. Schließlich zeigt die *Pathologie* der G.funktionen, wie stark abnorme Persönlichkeiten geprägt sind von dem, was sie bevorzugt behalten, was ihre Entscheidungen trägt, was sie reproduzieren und produzieren an Wissen und Wertungen. Man kann begründen, daß die Pathopsychologie des menschlichen G. zur Systematik psychopathologischer wie psychotischer Phänomene beitragen wird.

Schließlich tun sich von hier aus auch Zusammenhänge zu den biologischen Grundlagen der Informationsspeicherung im Nervensystem (in der Vernetzung) und in den Nervenzellen (als biochemische Struktur) auf. Mit der weiteren Entwicklung der experimentellen G.forschung, in Wechselwirkungen zwischen Psychologie, Psychiatrie, Biochemie, Linguistik und Computerwissenschaften scheint sich ein neues *interdisziplinäres* Forschungsgebiet herauszubilden.

Literatur

Ahnert, L.: Über die Entstehung und Wandlung kindlicher Begriffsbildungen. Diss., Berlin 1979.

Broadbent, D. E.: Decision and stress. London: Academic Press, 1971.

Bruner, J. S./Goodnew, J. J./Austin, G. A.: A Study of Thinking. New York: Wiley, 1962.

Dörner, D./Kreuzig, H. W./Reither, F./Stäudel, T. (Hrsg.): Lohhausen. Vom Umgang mit Unbestimmtheit und Komplexität. Bern: Huber, 1983.

Duffy, E.: Activation and Behavior. London: Wiley, 1962.

Geisler, S./Shiffrin, R. M.: Visual recognition in a theory of information processing. In: Solso, R. L. (ed.): Contemporary issues in cognitive psychology. Washington, D. C.: Winston, 1973.

Goede, K./Klix, F.: Strategien des Erwerbs von nichtbenannten Begriffen. Zeitschrift für Psychologie, 179, 1971.

Helm, J.: Über den Einfluß affektiver Spannungen auf das Denkhandeln. Zeitschrift für Psychologie 157(1/2), 1954, 24-105.

Hoffmann, J.: Gedächtnisleistungen in Begriffsbildungsprozessen. In: Klix, F. (Hrsg.): Psychologische Beiträge zur Analyse kognitiver Prozesse. München: Kindler, 1976.

Karzek, P.: Elementaranalysen zur Erkennung von Beziehungen zwischen Wortbedeutungen. Diss. Berlin 1986 (unveröffentlicht).

Klix, F.: Über die Wirkungsweise der Zielspannung im Handlungsgeschehen. Dipl.-Arbeit 1953.

Klix, F.: Information und Verhalten. Bern: Huber, 1971.

Klix, F.: Über Wissensrepräsentation im menschlichen Gedächtnis. In: Klix, F. (Hrsg.): Gedächtnis, Wissen, Wissensnutzung. Berlin: DVW, 1984.

Klix, F./Häuser, D.: Neue Ergebnisse bei der Analyse von Ober-Unter-Begriffsbeziehungen. Vortrag Symposium Cognition and Memory. Berlin, 1978.

Klix, F./Kukla, F./Klein, R.: Über die Unterscheidbarkeit von Klassen semantischer Relationen im menschlichen Gedächtnis. In: Klix, F. (Hrsg.): Psychologische Beiträge zur Analyse kognitiver Prozesse. München: Kindler, 1976.

Kukla, F.: Bedingungen für die Ausbildung und Ausprägung unscharfer Begriffe. In: Klix, F. (Hrsg.): Psychologische Beiträge zur Analyse kognitiver Prozesse. München: Kindler, 1976.

Lewin, K.: Vorsatz, Wille und Bedürfnis. Berlin: Springer, 1926.

Metzler, P.: Über Zusammenhänge zwischen Bildkodierung und Begriffsrepräsentation im menschlichen Gedächtnis. Dissertation, Humboldt-Universität. Berlin 1979, unveröff.

Murdock, B. B.: Human memory. Theory and data. New York: Wiley, 1974.

Norman, D. A. (Ed.): Models of human memory. New York: Academic Press, 1970.

Preuß, M.: Experimente über Relationserkennungen im menschlichen Gedächtnis. Diss. Berlin 1986 (unveröffentlicht).

Rosch, E. et al.: Basis objects in natural categories. Cognitive Psychology, 8, 1976.

Schmidt, H.-D.: Allgemeine Entwicklungspsychologie. Berlin: Dt. Verlag d. Wissenschaften, 1975.

Simon, H. A.: The functional equivalence of problem solving skills. Cognitive Psychology, 7, 1975.

Sperling, G.: The information available in brief visual presentations. Psychological Monographs, 74, 1960.
Sprung, I.: Komponentenanalyse des begriffsanalogen Klassifizierungsverhaltens. Diss., Berlin 1970.
Strobel, R.: Unscharfe Begriffe als Resultat kognitiver Prozesse. In: Klix, F. (Hrsg.): Psychologische Beiträge zur Analyse kognitiver Prozesse. München: Kindler, 1976.
Sydow, H.: Strukturerkennung in kognitiven Prozessen. Diss. B, Berlin 1976.
Treisman, A. M.: Strategies and models of selection attention. Psychological Review, 76, 1969.

Gemeindepsychologie

Heiner Keupp

1 Gemeindepsychologie als eine Antwort auf die Krise und Defizite der Psychologie

Die Psychologie hat eine Periode der ausgreifenden Etablierung hinter sich. Speziell die psychologischen Therapieformen sind zu einem gesellschaftlich anerkannten und nachgefragten Tätigkeitsfeld geworden. Im Gesundheits- und Bildungswesen, in der Arbeitswelt und Verwaltung hat sich die Psychologie ihren Platz gesichert. In mehr oder weniger popularisierten Versionen hat sie mit ihren Deutungsmustern das Alltagsleben durchdrungen. Immer wieder wird von der Entstehung einer Psychokultur gesprochen. Trotz dieser erstaunlichen Resonanz bleiben bei einer kritischen Evaluation dieses Etablierungsprozesses eine Reihe von Punkten anzumerken, die Veranlassung sind, die Defizite und unerwünschten Nebenfolgen dieser Entwicklung zu reflektieren und nach alternativen psychologischen Konzepten und Praxisansätzen zu fragen:

1. Trotz eines ständigen Wachstums psychologischer Therapieformen und Hilfsangebote ist eine immer wieder nachgewiesene *Unterversorgung von spezifischen Bevölkerungsgruppen* nicht überwunden worden. Noch immer gilt: Je höher der sozioökonomische Status einer Person ist, desto besser ist ihre Chance auf eine individualisierte Form psychologischer Hilfe. Die Kehrseite dieses Befunds bildet die Tatsache, daß Menschen mit den massivsten Alltagsbelastungen und daraus folgenden psychosozialen Problemen kaum Zugang zu psychologischer Hilfe haben und bei nicht mehr tolerierbarer Zuspitzung ihrer psychischen Probleme eher unfreiwillig vom psychiatrischen System erfaßt werden. Vor allem die marktförmige Anbietung psychotherapeutischer Dienstleistungen hat dazu geführt, daß diese in ihrer gesellschaftlichen Verteilung den Mustern sozioökonomischer Privilegierung folgen und für Menschen benachteiligter sozialer Schichten kaum erreichbar sind (Wittchen/Fichter, 1980; Link, 1983).
2. Obwohl eine jahrzehntelang intensiv und erfolgreich forschende Sozialepidemiologie die *Einflüsse gesellschaftlicher Lebensbedingungen auf Häufigkeit und Form psychischen Leids* hat nachweisen können (zusammenfassend Dohrenwend et al., 1980), sind die klinisch-psychologischen und psychotherapeutischen Theorien von einer „Asozialität“ und „Ahistorizität“ be-

stimmt, die psychisches Leid nicht mehr als Antwort auf spezifische Lebensbedingungen kenntlich machen können (vgl. die Kritik von Sarason, 1981). Diese Paradigmen sind geprägt von der „intrapsychischen Hegemonie“ (Levine, 1970) oder von dem „psychologischen Blick“, der psychisches Leid auf jenen Anteil reduziert, der in psychologischen Theorien erfaßbar ist. Diesem *psychologischen Reduktionismus* wird eine *Entpolitisierung von Problemlagen* vorgeworfen und eine Tendenz zur ausschließlichen Modifikation von individuellem Verhalten, auch dort, wo sozialökologische Einflüsse am Entstehen subjektiver Probleme ursächlich beteiligt sind.

3. In den »postmodernen« Industriegesellschaften entfaltet sich ein Psychoboom, der sich als »Tanz um das goldene Selbst« beschreiben läßt (Beck, 1985, 108). Mit dem zunehmenden Zerfall traditioneller Lebensformen und sozialer Regulative für alltägliche Lebensmuster gehen immer mehr Menschen auf die Suche nach neuen Leitfäden für ihre Lebensorganisation. Die zunehmende Nachfrage nach psychologischen Deutungen und Dienstleistungen ist nur vor diesem Hintergrund angemessen zu verstehen. Es mehren sich Analysen, die der Psychologie durch ihre *unkritische Partizipation an der Psychokultur* nachzuweisen versuchen, daß sie den zunehmenden monadologischen Selbstbezug der Menschen mit ihren eigenen Konzepten sanktioniere und fördere (vgl. die heftige Kritik von Wallach/Wallach, 1983 und Gross, 1984).
4. Der Hauptstrom der akademischen Psychologie bleibt in seinem paradigmatischen Grundverständnis auf Distanz zur gesellschaftlichen Nachfrage nach psychologischen Sinngebungen und Hilfen und überläßt dieses Feld zunehmend esoterischen oder simplifizierten Psychologien, die sich keiner wissenschaftlichen Reflexion mehr stellen. In ihrer Fixierung an ein naturwissenschaftliches Wissenschaftsverständnis, das nur den experimentellen Weg und die quantitativ-statistische Auswertung als beweisfähig akzeptiert, hat sich die akademische Psychologie in ihren Konzepten und Ergebnissen zunehmend *vom gesellschaftlichen Alltag und seinen Problemen abgelöst*. Entsprechend gering erscheint ihre Problemlösungskapazität in einer Gesellschaft, in der eine wachsende Anzahl von Menschen schwere Identitätskrisen erleben und nach lebbaren Formen für ihren Alltag suchen.

Diese und weitere kritische Einwände an der bestehenden Psychologie haben zur Formulierung verschiedener Alternativen geführt, von denen sich die G. am ehesten über ihren Versuch zur Etablierung und Reflexion von Praxisalternativen charakterisieren läßt, die allerdings auch eigenständige konzeptuelle Fundierungsbemühungen stimuliert haben. Das *Profil einer gemeindepsychologischen Perspektive* läßt sich folgendermaßen umreißen (ausführlicher in Keupp/Rerrich, 1982):

1. Sie begreift psychosoziale Probleme als individuelle Lösungsversuche im Spannungsfeld subjektiver Bedürfnisse und gesellschaftlicher Widersprüche und Belastungen der alltäglichen Lebenswelt. Insofern stellt eine gemeindepsychologische Perspektive nicht die Anwendung psychologischer Konzepte auf die „Gemeinde“ dar, sondern sie versucht die für ein Subjekt relevante „Gemeinde“ in Gestalt konkreter materieller, ökologischer und soziokultureller Ressourcen zu erfassen.
2. G. fragt danach, wie psychosoziale Praxis Menschen dabei unterstützen kann, mit den Problemen ihres Alltags besser fertig zu werden. Dabei soll professionelle Unterstützung die bessere Wahrnehmung und Nutzung der lebensweltlichen Ressourcen fördern und bei der Überwindung der sozialen Ursachen für immer wiederkehrende Belastungen mitwirken (das Ziel *„Prävention“*).
3. G. bemüht sich um den Aufbau und die Erprobung alternativer psychosozialer Praxisformen, die möglichst bürgernah und alltagsbezogen arbeiten (das Prinzip der *„Gemeindenähe“*). Diese Praxisformen zielen auf die *Förderung von Selbstorganisation der Betroffenen* (in der deutschsprachigen Diskussion ist hier das Prinzip „Hilfe zur Selbsthilfe“ formuliert worden; in den USA wird zunehmend das Ziel des „Empowerment“ vertreten).
4. Auf der Wissens- und auf der Handlungsebene sucht eine gemeindepsychologische Perspektive nach *interdisziplinären* bzw. *multiprofessionellen Kooperationsformen*. Der Bezug auf den konkreten und komplexen Alltag spezifischer Gruppen von Menschen und die Überwindung von bürgerfernen hochspezialisierten Institutionen erweisen die verkürzenden Problemsichten rein psychologischer Modelle. Die Öffnung zu anderen Disziplinen und Professionen zielt nicht auf eine Allzuständigkeit von Psychologen, sondern auf deren Fähigkeit, eigene Sichtweisen und Kompetenzen in multiprofessionelle Praxisformen einzubinden und mit anderen disziplinären Problemsichten zu integrieren (das Prinzip *„Teamarbeit“*).
5. In einer Gesellschaft, deren Veränderungsdynamik zu einem zunehmenden Zerfall von traditionellen kollektiven Lebensformen führt und

Individualisierung fördert, bezieht die G. eine Werteposition, die eine bewußte *Förderung neuartiger kollektiver Lernprozesse und Handlungsmuster* intendiert. Es geht nicht um die bloße Verteidigung traditioneller Vergesellschaftungsmuster (z. B. Rettung von Nachbarschaften oder der Kleinfamilie), sondern um die Schaffung und Förderung von Gelegenheitsstrukturen für die Entstehung von selbstorganisierten Gruppen und Initiativen (das Prinzip *„Netzwerkförderung“*).

6. G. vertritt eine eindeutige Werteposition, die ihre theoretischen und praktischen Bemühungen durchdringt. Sie geht von der Einsicht aus, daß viele Belastungen und Lebensprobleme auf die ungerechte Verteilung gesellschaftlicher Ressourcen zurückgeführt werden können. Als erforderlich wird deshalb ein tiefgreifender *sozialer Wandel* angesehen (Rappaport, 1984; Rickel, 1985), der zu mehr Chancengleichheit im Zugang zu materiellen und ideellen Ressourcen führt. Hinzu kommt die Forderung kultureller Mannigfaltigkeit für die Wahl eigenständiger Lebensformen und die Überwindung rigider Normalitätsstandards, die Ausgrenzung und Stigmatisierung fördern.

Diese Punkte fügen sich nicht zu einer definitiven Abgrenzung eines eigenständigen Reviers zusammen, das die G. als psychologische Teildisziplin ausweisen würde. Sie läßt sich nicht als Teildisziplin begreifen, sondern formuliert eher ein *alternatives Grundverständnis* für die Rolle der Psychologie als kultureller Institution und als spezifischem Dienstleistungssystem. Sie formuliert keinen Wissens-, Methoden- oder Technologiekanon, der einem Gemeindepsychologen eine spezifische berufliche Identität verleihen würde. Sie läßt sich vielmehr als spezifische Grundhaltung charakterisieren, die die Option für spezifische Theorien und Handlungsweisen anleitet. Dieses spezifische Profil von G. wird über ihre Entstehungsgeschichte besser verständlich.

2 Gemeindepsychologie als Partizipation von Psychologen an sozialen Bewegungen

In den 60er und 70er Jahren entstanden in allen hochindustrialisierten Ländern gesellschaftliche Reformbewegungen, die auf eine Demokratisierung aller gesellschaftlicher Teilsysteme und auf strukturelle Veränderungen der wichtigsten sozialen und kulturellen Lebensbereiche drängten. Die Herausbildung einer gemeindepsychologischen Perspektive läßt sich als die Partizipation von Psychologen an diesen *Reformbewegungen* begreifen und stellt zugleich ihren Versuch dar, in diesen Bewegungen eine eigene Identität als gesellschaftlich verändernd tätige Psychologen zu finden. In den USA nahmen Psychologen an den Antiarmutskampagnen, der Bürgerrechtsbewegung, am Kampf gegen den Vietnamkrieg und an einer Reform der psychosozialen Versorgung teil, die sich auf bedürfnisgerechtere und bürgernähere Bereitstellung psychosozialer Dienstleistungen richtete. In der BRD war es neben der Bildungsreform auch das sozialpolitische Projekt einer umfassenden Psychiatriereform, an dem sich Psychologen bevorzugt engagierten. An die Spitze der angestrebten Ziele rückte die Einrichtung multiprofessioneller ambulanter Beratungszentren als Alternative zu ausgrenzenden Großinstitutionen (wie psychiatrische Anstalten und andere Sondereinrichtungen). Im Zuge der Formulierung reformpolitischer Ziele und in den Versuchen ihrer praktischen Realisierung ergaben sich für Psychologen Zielsetzungen und Fragestellungen, auf die hin sie ihre beruflichen Kompetenzen einzusetzen bzw. neue Anforderungsprofile zu entwickeln versuchten.

Die ersten Dokumente der sich zuerst in den USA konstituierenden gemeindepsychologischen Szene sind vom Reformgeist der 60er Jahre nachhaltig geprägt (Bennett et al., 1966). Im Mittelpunkt steht immer wieder die programmatische Forderung, daß sich Psychologen aktiv in die Lösungsversuche gesellschaftspolitischer Probleme einbeziehen sollten und daß sie zu „Agenten sozialen Wandels“, zu „politischen Aktivisten“ und zu „teilnehmenden Konzeptbildnern“ zu werden hätten. In der ersten monographischen Darstellung der sich herausbildenden G. wird diese anspruchsvoll als das *„soziale Gewissen“ der Psychologie* bezeichnet (Murrell, 1973). Damals setzte sich bei vielen Psychologen die Einsicht durch, daß das Rollenverständnis des Psychologen als wertneutralem Experten eine ideologische Fiktion sei und er letztlich auch und gerade dort, wo er explizite Wertentscheidungen vermeidet, notwendigerweise parteilich sei.

Auch wenn aus der heutigen Sicht viele der in den 60er und 70er Jahren vertretenen Positionen naiv-idealistisch wirken, so ist doch dem gemeindepsychologischen Identitätsprofil die *explizite Option für gesellschaftliche Veränderungen* als Bedingung für die Verbesserung individueller Entfaltungsmöglichkeiten geblieben. Richteten sich die Vorschläge und Hoffnungen in der Anfangsphase der G. auf die staatliche Reformbereitschaft, auf den Aufbau sozialstaatlicher Versorgungsmodelle, die für möglichst alle Menschen als Hilfsressource erreichbar sein sollten, so haben die neokonservativen Regierungen in den meisten westlichen Industrieländern die Hoffnungen auf den Weg staatlicher Reforminitiativen zerstört. Heute kristallisieren sich das politische Bewußtsein und die Ziele gemeindepsychologischer Reflexion vornehmlich im Einflußbereich der vielfältigen neuen *sozialen Bewegungen* heraus (z. B. Frauen-, ökologische und Friedensbewegungen oder die vielfältigen Initiativen und Projekte im Alternativsektor).

3 Gemeindepsychologie als Reflexionsrahmen für ein verändertes professionelles Selbstverständnis und neue sozialpolitische Initiativen

Bezogen auf das berufliche Selbstverständnis der Helferprofessionen und auf die Ziele ihrer Arbeit hat der gemeindepsychologische Diskurs eine Reihe von Prinzipien und Orientierungen erbracht, die über das enge Paradigma der Psychotherapie hinausweisen:

Modus des Zugehens. – Der professionelle und institutionelle *Modus des Wartens* auf Klienten, die angetrieben durch ihren Leidensdruck das therapeutische Hilfsangebot nachsuchen, ist mitverantwortlich für jene Versorgungsdisparität, die als Unterrepräsentanz von Menschen mit den schwerwiegendsten Lebensproblemen in psychotherapeutischen Institutionen immer wieder nachgewiesen wurde. Erforderlich ist stattdessen ein *Modus des Zugehens* und die Übernahme eines Versorgungsauftrags für einen spezifisch abgrenzbaren regionalen Bereich. Überwunden werden soll damit die klassische Schichtenselektivität psychosozialer Institutionen, die zu der genannten Versorgungsdisparität führt. Dieser zugehende Modus bedeutet in allererster Linie eine Öffnung der Institution für vielfältige Bedürfnisse und Anfragen der Bewohner im Stadtteil oder in der Region und eine Orientierung des professionellen Angebots an diesen Bedürfnissen und weniger an professionell-technologischen Standards (Buchholz et al., 1984).

Desinstitutionalisierung. – Die Geschichte von Psychiatrie, Pädagogik und psychosozialer Praxis läßt sich als die Übernahme institutioneller Zuständigkeiten für verschiedene Formen abweichenden Verhaltens begreifen. Die Konsequenz dieser gesellschaftlichen Delegation war die Etablierung von Sondereinrichtungen zur Behandlung oder Verwahrung von Devianz. Die institutionelle Eigendynamik solcher Einrichtungen hat dazu geführt, daß sie immer größer, immer mehr zu Einbahnstraßen (die Wege hinein waren einfacher als Wege wieder heraus) und damit letztlich zu Instrumenten der sozialen Ausgrenzung wurden. Der Perspektivenwechsel, der zur Gemeindeorientierung führte, hatte die Einsicht zur Voraussetzung, daß Großinstitutionen mit Sonderpopulationen eher zu einer Stabilisierung von Devianz führen als zu ihrer Korrektur (Stichworte hierzu sind Institutionalismus oder Hospitalismus). Statt segregativer Sondereinrichtungen vertritt die G. die *am Prinzip der Normalisierung orientierte Deinstitutionalisierung.* Auch Menschen mit spezifischen Behinderungen und Einschränkungen sollen das einklagbare Recht auf jene Formen des Lebens, Wohnens und Arbeitens haben, die in einer Gesellschaft für die Mehrheit der Bevölkerung erreicht werden konnten. Diese Forderung bedeutet die Auflösung bzw. Dezentralisierung von Sondereinrichtungen und die Stärkung der kommunalen Verantwortung auch für jene Bürger einer Gemeinde, die spezifische Lebensprobleme haben (Biegel/Naparstek, 1982; Jeger/Slotnick, 1982).

Empowerment. – Mit der zunehmenden Resozialisierung institutioneller Hilfen, wie sie aus den Prinzipien von Deinstitutionalisierung und Dezentralisierung folgen, sind auch die verschiedenen Betroffenengruppen in die Lage versetzt worden, eigene Bedürfnisse und Wünsche besser zu artikulieren. Ein besonderes Gewicht erlangten die Forderungen nach *Selbstorganisation* und *autonomen Lebensformen.* In einer Vielzahl von Selbsthilfegruppen und selbstorganisierten Initiativen haben sich in den vergangenen Jahren diese Bestrebungen umgesetzt. Sie prägen das Gesundheits- und Sozialsystem in den fortgeschrittenen Industrieländern mit ihrer Vielgestaltigkeit und mit dem Veränderungsdruck, den sie auf professionelle Systeme ausüben (als Übersicht Trojan, 1986). In die professionelle Arbeit, die sich konstruktiv auf diese Entwicklung bezieht, wird zunehmend das lange Zeit vorherrschende *advokatorische Modell* psychosozialer Praxis in Frage gestellt. Dieses geht von dem Grundgedanken aus, daß professionelle Helfer *für* ihre Klientengruppen verbesserte Lebensbedingungen zu erstreiten hätten. Gerade auch die von der G. propagierte Präventionsphilosophie ist von dieser wohlmeinenden Expertendominanz getragen. In der aktuellen gemeindepsychologischen Diskussion findet zu diesem Punkt eine selbstkritische Debatte statt. In ihr zeichnet sich ein in Umrissen erkennbares neues Prinzip ab, für das es noch keine angemessene deutsche Übersetzung gibt: *Empowerment.* Dieses Prinzip betont die Notwendigkeit, durch professionelle Arbeit die Betroffenen selbst zu „bemächtigen“ und sie bei der Beschaffung von Ressourcen zu unterstützen, die eine Lebensform in Selbstorganisation ermöglichen (Rappaport, 1984).

Thematisierung des Helfer-Burnout. – Mit der Thematisierung und Formulierung innovativer Prinzipien für die psychosoziale Praxis ist das traditionelle Selbstverständnis der Helferrolle fragwürdig geworden. Dies betrifft vor allem die Rolle des kompetenten Technikers, der aus seiner jeweiligen Fachdisziplin Wissen bezieht, das er möglichst korrekt in Technologien transformiert. Die reflexive Analyse der bislang unbeachteten Folgen der berufsmäßigen Organisation von Hilfe nahm Impulse einer breiten gesellschaftlichen Kritik an der „Expertenherrschaft" auf (das kürzlich erschienene „Kursbuch 85" mit dem Titel „Die Havarie der Expertenkultur" bringt diese kritische Grundstimmung zum Ausdruck). Aber nicht nur als ideologisches Thema hat die *Krisenhaftigkeit der Helferberufe* Aufmerksamkeit gefunden. Der in den 60er und 70er Jahren erfolgte Ausbau psychosozialer Dienstleistungen, der die Bestandsraten der beteiligten Professionen vermehrfacht hat, geriet Ende der 70er Jahre an seine Grenzen. Der Phase expansiver Zuwachsraten folgte eine noch anhaltende Phase besonders hoher Arbeitslosigkeit. Die Krisenstimmung bei den Helferberufen kommt in der grassierenden Diskussion um die „Hilflosigkeit der Helfer" und die immer häufigere Thematisierung des *Helfer-Burnout* zum Ausdruck. Diese Diskussionen werden nicht ohne Larmoyanz geführt. Die Krise wird im gemeindepsychologischen Kontext jedoch auch als Chance zu einer Neubestimmung der eigenen beruflichen Identität gesehen, die die progressiven Impulse aus den Betroffenenkulturen und den vielfältigen neuen sozialen Bewegungen als Anregungspotential aufzunehmen versucht (Kleiber/Rommelspacher, 1986; Keupp, 1987).

Soziale Netzwerke. – Ein wichtiger Faktor, der die Krisenhaftigkeit professioneller Praxis mit erzeugt hat, ergab sich aus der kritischen Infragestellung der unerwünschten Nebenfolgen wohlfahrtsstaatlicher Bürokratien, die aus der Tätigkeit von Professionellen eine schematische Mangelverwaltung machen würden. Diese Kritik war gepaart mit der Krise der öffentlichen Finanzen, die einen weiteren Ausbau wohlfahrtsstaatlicher Leistungen nicht mehr zuließ und zur Suche nach Einsparungsmöglichkeiten im Sozialbudget führte (Stichwort „Sozialabbau"). Auf der Suche nach qualitativen Alternativen zu einer hochprofessionalisierten und -institutionalisierten Sozialpolitik ist jenes Handlungs- und Forschungsfeld relevant geworden, das in der G. besonders bearbeitet wurde: die informellen alltäglichen Hilfesysteme in Gestalt *sozialer Netzwerke.* Allerdings weist dieser sozialpolitische Bezug auf den informellen Hilfesektor eine spezifische Ambivalenz auf. Vor dem Hintergrund neokonservativer fiskalischer Sparinteressen wird in diesem Sektor eine aktivierbare Ressource gesehen, die eine Zurücknahme staatlicher Dienstleistungen rechtfertigen könnte. Speziell die *Familie* wird als ein Reservoir aktivierbarer Hilfe und Pflege gesehen und ideologisch aufgewertet. Hier erscheint es notwendig, auf der Basis vorhandener Forschungsergebnisse die Grenzen der Nutzbarkeit von traditionellen Sozialsystemen aufzuzeigen. Gleichwohl bleibt der Bereich der informellen sozialen Netzwerke ein wichtiger *Ansatzpunkt für innovative Sozialpolitik.* Wie die Netzwerkforschung zeigt, entstehen an Stelle von traditionellen Netzwerken neuartige Beziehungsmuster, Initiativen und Gruppen in großer Vielfalt. Sie haben dort die besten Chancen, wo ökonomische, soziale und kulturelle Ressourcen in ausreichendem Maße vorhanden sind. Sozialpolitik muß Ressourcen für die Initiierung und Unterstützung sozialer Beziehungsmuster schwerpunktmäßig dort bereitstellen, wo alltägliche Hilfssysteme zur Entwicklung positiver Identitätsentwürfe und die Erarbeitung kollektiver Lebenspläne besonders notwendig sind, um sozio-ökonomische Unterprivilegierung produktiv überwinden zu können (zusammenfassend Yoder, 1985).

Selbstorganisation und kollektives Handeln. – Letztlich versucht die G. eine alternative Perspektive zur unkritischen professionellen Partizipation an einer psychologisch-individualistischen Psychokultur zu formulieren. Sie setzt dabei an der Ambivalenz des gesellschaftlichen Transformationsprozesses an, der zur Individualisierung von Lebenslagen und zur gesellschaftlichen Desintegration führt, der jedoch zugleich die Spielräume für Individualität erweitert. Traditionsbrüche können neue Lebensperspektiven eröffnen, die von den Subjekten selbst gestaltet werden können und müssen. Der sich vergrößernde Handlungsspielraum ermöglicht neue soziale Beziehungen, die nicht durch starre Rollenmuster vordefiniert sind. Sie können und müssen ausgehandelt werden. Zugleich bedeutet dieser Freisetzungsprozeß den Verlust lebbarer Formen für den Alltag, zunehmende Krisenhaftigkeit von Identitätsbildungsprozessen sowie die wachsende Gefahr der Vereinzelung und Isolation. Die psychosoziale Praxis liefert beständiges Anschauungsmaterial dafür. Sie zeigt die Kostenseite dieser Freisetzung auf. Für die positive Nutzung der gewachsenen individuellen Spielräume reichen die psychosozialen Ressourcen oft nicht aus. Insbesondere der

Aufbau selbstbestimmter Vergesellschaftungsmuster übersteigt das Handlungspotential vieler Menschen. Für sie führt der gesellschaftliche Individualisierungsprozeß zum Typus des „homo clausus". G. sucht eine Praxis, die *eine lebbare Vermittlung der beiden Pole Individualität und neue solidarische Lebensformen* zu initiieren vermag. Eine Psychologie, die auf den Individualitätspol alleine setzt, arbeitet der Psychokultur zu, die einen zur Lebensform erhobenen Narzißmus auslebt. Die andere Gefahr liegt in dem kollektivautoritäten Infantilismus der Psychosekten, die mit der definitiven Verheißung des „wahren Selbst" durch Unterordnung unter die normativen Gruppenvorgaben den Pol einer emanzipatorischen Subjektivität zu eliminieren versuchen. Die gemeindepsychologische Perspektive zielt auf die Förderung aller Versuche von *Selbstorganisation*, die die Chancen für neue kollektive Handlungsmöglichkeiten erschließen können.

4 Gemeindepsychologie in der Krise der Wohlfahrtsstaaten

Ein Vierteljahrhundert nach den ersten Versuchen, sozialstaatliche Hilfen für Menschen mit massiven Lebensproblemen im Alltag zu organisieren und damit das bisher vorherrschende Prinzip der Unterbringung in Sonderinstitutionen zu überwinden, hat sich die G. vor allem in englischsprachigen Ländern in akademischen und praktischen Feldern etabliert. Sie hat damit eine Entwicklung mitvollzogen, die für alle helfenden Berufe charakteristisch ist.

Es wäre jedoch sehr problematisch, die sich verstärkende Gemeindeorientierung, die teilweise den Rang regierungsamtlicher Positionen erlangt hat, als Folge der erfolgreichen Propagierung und Durchsetzung von Reformideen aufzufassen. Ein solches Selbstmißverständnis der G. kann nur durch die Reflexion ihrer Konzepte und Aktivitäten im gesellschaftlichen Gesamtzusammenhang vermieden werden.

Eine solche Analyse zeigt, daß gemeindenahe Versorgungsformen sowohl mit der Idee umfassender wohlfahrtsstaatlicher Unterstützungssysteme als auch mit deren Abbau vereinbar sind. Während die ersten Vorstellungen gemeindenaher Versorgungsformen in eine reformpolitische Ära fielen, in der es um eine Verbesserung und bedürfnisgerechte Verteilung von sozialen und gesundheitlichen Hilfen einerseits und um die Überwindung stigmatisierender Ausgrenzung andererseits ging, sind sie im Gefolge der tiefgreifenden Krise in allen spätkapitalistischen Wohlfahrtsstaaten einem bemerkenswerten Bedeutungs- und Funktionswandel unterworfen.

Die lokalen Gemeinden, Verwandtschafts- und Familiensysteme für die Pflege und Unterstützung hilfsbedürftiger Menschen verantwortlich zu machen und gleichzeitig das fiskalpolitische Engagement des Staates im Wohlfahrtssektor zu reduzieren, ist zu einer bevorzugten Strategie neokonservativer Sozialpolitik geworden. Das läßt sich besonders gut an den USA und England zeigen (Scull, 1980). Die dort seit einem Jahrzehnt etablierten Formen neokonservativer Sozialpolitik führten zum Abbau bzw. zur Beseitigung vieler großer, kostenträchtiger Einrichtungen. Gerade wenn es sich um die *Reduzierung von traditionellen psychiatrischen Anstalten* handelte, ließ sich das auch dann noch als Reform verkaufen, wenn keine adäquaten Alternativen von Hilfe aufgebaut wurden. Die Rhetorik der G. oder Gemeindepsychiatrie läßt sich dafür durchaus legitimatorisch einsetzen.

In der Bundesrepublik ist diese Entwicklung erst seit Beginn der 80er Jahre offen sichtbar. Diese Verspätung läßt sich aus der sozialgeschichtlichen Besonderheit der sozialen Sicherungssysteme erklären: Im Unterschied zu den USA und England ist hier der Sozialbereich insgesamt wesentlich stärker verrechtlicht, versäult und reglementiert (Schulte, 1986). Eine substantielle Veränderung in der Angebotsform psychosozialer Dienstleistungen (z. B. der Aufbau multiprofessioneller ambulanter Hilfeformen) ist in einem solchen System nur sehr langsam durchzusetzen.

Ist das Projekt gescheitert? Was bleibt von seinen ursprünglichen Intentionen denn noch übrig, wenn das grundlegende Ziel der Gemeindeorientierung sogar noch nach sozialpolitischen Trendwenden legitimatorisch hoch gehalten werden kann? Es scheint notwendig, die Intentionen, die zur Begründung einer gemeindepsychologischen Perspektive geführt haben, noch einmal in Erinnerung zu rufen und zu fragen, zu welchen Konsequenzen sie unter den veränderten gesellschaftspolitischen Bedingungen führen mußten. Die G. entstand aus dem Bewußtsein heraus, daß psychisches Leid nur durch eine grundlegende Veränderung der sozialen Lebensbedingungen reduziert werden könne und die Psychologie aus ihrem individualpsychologischen Konzept- und Praxisgetto herausgehen müßte, wenn sie dieser Überzeugung gerecht werden wollte. Insofern zielten die zentralen Ausgangsimpulse der G. auf zwei zentrale Anliegen: Einerseits sollte ein fundierter Zusammenhang zwischen gesellschaftlichen Lebensformen, ihren Belastungen und Widersprüchen und der subjektiven Befindlichkeit der Menschen erarbeitet werden. Andererseits suchte man professionelle Formen der psychosozialen Hilfe, die angemessener auf die Hilfsbedürftigkeit der Menschen eingehen können, als dies der traditionellen Psychotherapie möglich ist.

Eine Beurteilung des Projekts G. sollte nach diesen beiden Anliegen differenzieren. In bezug auf die Analyse des Zusammenhangs zwischen soziokulturellen und sozioökonomischen Lebensbedingungen und der individuellen psychischen Situation läßt sich durchaus von einem Wissenszuwachs sprechen. Die differenzierte empirische Ermittlung von spezifischen Belastungssituationen, mit denen Individuen nicht mehr fertig werden, aber auch die Weiterentwicklung konzeptioneller Vorstellungen sind in diesem Zusammenhang zu nennen. Bei der Verfolgung dieses Anliegens treffen sich gemeindepsychologisch orientierte Psychologen mit Kollegen aus der *psychiatrischen Epidemiologie*, der *„life-event"*- und der *Netzwerkforschung* und auch der *psychoanalytischen Sozialpsychologie*. Dieser eher wissenschaftliche Flügel der G. ist von der gesellschaftlichen Krisensituation viel weniger betroffen als jener, der sich um das praktische Anliegen einer veränderten Versorgung geschart hat. Aber auch bei diesem zentrierten sich die Aktivitäten ja nicht auf die Etablierung eines versorgungstechnologischen Baukastens, der dann für die unterschiedlichsten Zwecke instrumentalisiert werden könnte. G. in seiner praxisbezogenen Orientierung bestand immer aus einer Vielzahl von Projekten und Initiativen, mit denen spezifische Patienten- und Bevölkerungsgruppen erreicht werden sollten, die von traditionellen Versorgungsformen gar nicht oder unzureichend versorgt werden können.

Weiterhin wurden Versuche unternommen, psychisches Leid zu verhindern, indem man die belastenden Lebensbedingungen zu verändern suchte, die für die Entstehung psychischen Leides verantwortlich gemacht wurden. Diese Projekte und Initiativen wurden entscheidend von einem Reformklima angeregt und gefördert, das auch staatliche Maßnahmen beinhaltete (in den USA etwa die „Community Mental Health Act", in Italien das Gesetz 180, oder in der Bundesrepublik die „Psychiatrie-Enquete"). Die gesellschaftspolitische Reformära hat bei vielen fortschrittlichen Professionellen zu der Vorstellung eines umfassend ausgebauten Wohlfahrtsstaates geführt, in dem auch ihnen eine zentrale Rolle zukommen würde. Demgegenüber hat gerade auch unter gemeindepsychologisch orientierten Professionellen am ehesten eine kritische Diskussion dieser Utopie von einem umfassenden Versorgungsstaat stattgefunden. Hier wurde eine Diskussion über die Dimension *sozialer Kontrolle* geführt, die gerade über gemeindenahe Projekte immer subtiler in den Alltag der Menschen einzudringen vermag. Die Diskussion um eine gemeindepsychologische Perspektive thematisierte immer wieder die Kontrolldimension, die sich vor allem in Form *psychologisierender Deutungsmuster* entfaltet, und dabei rückten zunehmend soziokulturelle Veränderungen ins Blickfeld, die spätkapitalistischen Gesellschaften ihren Stempel aufdrückten. Fraglos haben die neokonservativen sozialpolitischen Hegemonien das gemeindepsychologische Projekt getroffen, aber weder in seinem konzeptuellen Bestand noch in seinem praxisgerichteten Anspruch zu einem Scheitern geführt. Allerdings sind damit eine Reihe neuer Fragen und Widersprüche entstanden, die für die Weiterentwicklung der gemeindepsychologischen Perspektive bearbeitet werden müssen. In erster Linie müssen die „Sozialstaatsillusion" und die damit in Verbindung stehende Rolle der Professionellen reflexiv aufgearbeitet werden.

Neokonservative Regierungen haben die verbreiteten Hoffnungen auf staatliche Reforminitiativen gründlich zerstört. Die hiermit verbundene Desillusionierung hat den Blick wieder geöffnet für die *sozialen Bewegungen*, die schon immer gesellschaftliche Veränderungsprozesse initiiert haben. Gegenwärtig wird die gesellschaftliche Veränderungsdynamik vor allem von der Frauen-, Ökologie und Friedensbewegung erzeugt. Hier geht es um den Kampf für lebbare Formen in der Alltagskultur, die in selbstorganisierten Projekten erprobt werden. Von den Lernprozessen, die hier ermöglicht werden, erhält eine gemeindepsychologische Perspektive weiterführende Impulse.

Literatur

Beck, U.: Von der Vergänglichkeit der Industriegesellschaft. In: Schmid, T. (Hrsg.): Das pfeifende Schwein. Berlin: Wagenbach, 1985, 85-114.

Bender, M. P.: Community psychology. London: Methuen, 1976.

Bennett, C. C./Anderson, L. S./Cooper, S./Hassol, L./Klein, D. C./Rosenblum, G. (Eds.): Community psychology. Boston: Boston University Press, 1966.

Biegel, D. E./Naparstek, A. E. (Eds.): Community support systems and mental health. New York: Springer, 1982.

Buchholz, W./Gmür, W./Höfer, R./Straus, F.: Lebenswelt und Familienwirklichkeit. Frankfurt: Campus, 1984.

Cramer, M./Keupp, H./Stark, W.: Gemeindepsychologie. In: Frey, D./v. Hoyos, C./Stahlberg, D. (Hrsg.): Angewandte Psychologie. München: Psychologie Verlags Union, 1987.

Dohrenwend, B. P./Dohrenwend, B. S./Gould, M. S./Link, B./Neugebauer, R./Wunsch-Hitzig, R.: Mental illness in the United States. Epidemiological estimates. New York: Praeger, 1980.

Felner, R. D./Jason, L. A./Moritsugu, J. N./Farber, S. S. (Eds.): Preventive psychology. Theory, research and practice. New York: Pergamon, 1983.
Gross, M. L.: Die psychologische Gesellschaft. Berlin: Ullstein, 1984.
Jeger, A. M./Slotnick, R. S. (Eds.): Community mental health and behavioralecology. New York: Plenum, 1982.
Keupp, H.: Gemeindepsychologie. In: Frey, D./Greif, S. (Hrsg.): Sozialpsychologie. Ein Handbuch in Schlüsselbegriffen. (2. Aufl.) München: Psychologie Verlags Union, 1987.
Keupp, H.: Psychosoziale Praxis im gesellschaftlichen Umbruch. Bonn: Psychiatrie-Verlag, 1987.
Keupp, H./Rerrich, D. (Hrsg.): Psychosoziale Praxis – Gemeindepsychologische Perspektiven. Ein Handbuch in Schlüsselbegriffen. München: Urban & Schwarzenberg, 1982.
Kleiber, D./Rommelspacher, B. (Hrsg.): Die Zukunft des Helfens. Neue Wege und Aufgaben psychosozialer Praxis. Weinheim: Psychologie Verlags Union, 1986.
Levine, M. A.: Some postulates of practice in community psychology and their implications for training. In: Iscoe, I./Spielberger, C. D. (Eds.): Community psychology. New York: Appleton-Century-Crofts, 1970, 71-84.
Link, B.: Reward systems of psychotherapy: Implications for inequities in service delivery. Journal of Health and Social Behavior, 24, 1983, 61-69.
Mann, P. A.: Community psychology. Concepts and implications. New York: The Free Press, 1978.
Murrell, S. A.: Community psychology and social systems. New York: Behavioral Publications, 1973.
Morrison, J. K. (Ed.): A consumer approach to community psychology. Chicago: Nelson-Hall, 1979.
Munoz, R. F./Snowden, L. R./Kelly, J. G. (Eds.): Social and psychological research in community settings. San Francisco: Jossey-Bass, 1979.
Nietzel, M. T. et al.: Behavioral approaches to community psychology. New York: Pergamon, 1977.
Rappaport, J.: Community psychology. Values, research, and action. New York: Holt, Rinehart & Winston, 1977.
Rappaport, J.: In praise of paradox: A social policy of empowerment and prevention. American Journal of Community Psychology, 9, 1981, 1-25.
Rappaport, J.: Seeking justice in the real world. Journal of Community Psychology, 12, 1984, 208-216.
Rappaport, J./Seidman, E.: Social and community interventions. In: Walker, C. E. (Ed.): Handbook of clinical psychology. New York, 1983, 1089-1123.
Rickel, A. U.: Community psychology's emerging identity. Division of Community Psychology Newsletter, 18 (3), 1985.
Sarason, S. B.: Psychology misdirected. New York: The Free Press, 1981.
Schneider, H.-D.: Die Gemeindepsychologie/-psychiatrie: neue Perspektiven interdisziplinärer Arbeit. Soziale Arbeit, 32, 1983, 201-209.
Schulte, B.: Europäische Sozialpolitik – eine Zwischenbilanz. Sozialer Fortschritt, 35, 1986, 1-13.
Scull, A. T.: Die Anstalten öffnen? Frankfurt: Campus, 1980.
Sinnott, A.: Issues in community psychology. In: Karas, E. (Ed.): Current issues in clinical psychology. Vol. 2. New York: Plenum 1985, 323-333.
Susskind, E. C./Klein, D. C. (Eds.): Community research. Methods, paradigms, and applications. New York: Praeger, 1985.
Trojan, A.: Wissen ist Macht – Selbsthilfegruppen als Befreiung aus der Expertokratie. Frankfurt: Fischer, 1986.
Wallach, M. A./Wallach, L.: Psychology's sanction of selfishness. San Francisco: Freeman, 1983.
Wittchen, H.-U./Fichter, M. M.: Psychotherapie in der Bundesrepublik. Weinheim: Beltz, 1980.
Yoder, J. (Ed.): Support networks in a caring community. Dordrecht: Nijhoff, 1985.

Gentechnologie

Thomas Kliche und Helmut Moser

1 Begriff und Problem

G. bezeichnet Herstellung, Neukombination und Übertragung von Erbgut (zum technischen Vorgehen vgl. Kaudewitz, 1983; Gassen et al., 1985; Winnacker, 1985; Anwendungen auf den Menschen übersichtlich in Kollek, 1985). Es handelt sich dabei also um andere Verfahren als die „Reproduktionstechnologien", welche die Fortpflanzung gegebenen Erbmaterials mit Geräten vornehmen („Retorten-Baby"). Zur geläufigen Vermengung beider Bereiche berechtigt indes ein gemeinsamer Verwendungs-Zusammenhang: Reproduktionstechnologien bereiten einer gezielten Anwendung der G. in der menschlichen Keimbahn technisch den Weg (Daele, 1985; Kollek, 1985). Ihre psychologischen Auswirkungen, so der „Dreiteilung der Mutterschaft in genetische, austragende (...) und soziale" (Hohlfeld, 1975 b), dürfen in derselben Richtung vermutet werden wie die der G.

G. als Basisinnovation wird einschneidende gesellschaftliche Folgen nach sich ziehen, vergleichbar der Atomkraft oder EDV. Eine halbwegs vollständige normative oder explorative *Technikfolgen-Abschätzung* (TFA) für die G. liegt dennoch nicht vor (vgl. für militärische Folgen: Forum Wissenschaft, 1986, dort auch gutgestaffelte Literaturhinweise; für Saatgut-Monopolisierung und landwirtschaftliche Umstrukturierungen: Herbig, 1981; für rechtliche und ethische Aspekte: Eibach, 1983; Daele, 1985; Der Bundesminister, 1984; Flöhl, 1985; Friedrich-Naumann-Stiftung, 1985; Hans-Böckler-Stiftung, 1985; für ökologische und Sicherheitsfragen: Sinsheimer, 1979; Koch/Weber, 1985).

Die politisch-psychologischen Aspekte, um die es im folgenden geht, müssen folglich eher als *Hypothesen-Programm* denn als Ergebnis-Referat gelesen werden. Die TFA der G.-Befürworter besteht durchgängig darin, Einwände der Kritiker als unbewiesene Spekulation abzutun (vgl. die Debatten in Der Bundesminister, 1984) und Anwender-Interessen freie Hand zu lassen. Beiträge zu einer sozialwissenschaftlichen TFA der G. gibt es somit nur aus kritischer Sicht, die folglich vornehmlich zu Wort kommt. These und Forschungs-Perspektive hierbei sind: Der verbreitete Wunsch nach Krankheits-Beherrschung wirkt als Köder für eine gleitende, naturwüchsig scheinende Durchsetzung einer in ihren herrschaftswissenschaftlichen Potentialen unbedachten technologischen „Zurichtung des Menschen“ (Chorover, 1982; vgl. auch Schriften Klaus Horns, z. B. 1981).

2 Wahrnehmung, Verdrängung und Steuerung der Gentechnologie

1963 unterbreiteten führende Humangenetiker Vorschläge zur Menschenzüchtung – Samenbanken, Klonieren von Prominenten, Tier-Mensch-Chimären zur Besiedlung ferner Planeten, Strahlenfestigkeit für Atomkriege u. a. m. (Das umstrittene Experiment, 1966). Erstmals wurde die breite Öffentlichkeit auf G. aufmerksam. Die anschließende populärwissenschaftliche Diskussion von nicht geringer Auflagenstärke (exemplarisch Overhage, 1967; Baitsch, 1969; Taylor, 1969; Ramsay, 1970; Augenstein, 1971; Rosenfeld, 1973) hielt den Genetikern vor, ökologische Synergismen und gesellschaftliche Ungleichgewichte im Gefolge der neuen Technologie zu verniedlichen und forderte wissenschaftliche Selbstkontrolle, unabhängige Gremien, gar vollständigen Forschungs-Stop. Die Wirkungen dieser z. T. umsichtig begründeten, erstaunlich treffsicheren Prognosen sind indessen kaum erforscht

In den USA hatten um 1970 (vgl. Koch/Kessler, 1974; Etzioni, 1977; Harsanyi/Hutton, 1982) die Enthüllung *skandalöser Humanexperimente* (Syphilis-Infizierung Farbiger), Bestrebungen zur Einführung genetischer Durchleuchtung der jüdischen und farbigen Ethnien auf Tay-Sachs bzw. Sichelzellenanämie und die ersten genetischen Massen-screenings in der Industrie breites öffentliches Interesse an Medizin geweckt. Technologiesteuerung hatte den Weg zum Mond geöffnet, das Office of Technology Assessment war eben gegründet worden. Dem Kongreß lagen mit der Mondale- und der Kennedy-Bill (1971 und 1973) Vorschläge zur Institutionalisierung von Wissenschaftssteuerung und Forschungskontrolle unter Beteiligung von Bürgern vor.

Nach Kritik an der Verwendung krebserregender Viren stellte ein führendes Labor die ersten Rekombinations-Versuche ein und rief in der Fachpresse zu einem Moratorium auf, das von 1973 bis zur Konferenz von Asilomar 1975 zustande kam. Dort einigten sich kooptierte Vertreter der internationalen molekularbiologischen „scientific community“ und der Wirtschaft auf Regeln für „physical and biological containment“ (d. h. für Laborsicherheit und Verwendung von Mikro-Organismen, die die Zucht in künstlichem Milieu über viele Generationen dem Überleben in natürlichen Umwelten entwöhnt hat). Angst der Forscher vor gesetzgeberischen Eingriffen spielte dabei eine ausschlaggebende Rolle (Rogers, 1978; Wade, 1979, der auch die interessengeprägte Umsetzung in Richtlinien schildert) – deutliches Motiv auch in den Anhörungen des BMFT (vgl. die Ausführungen der Fachwissenschaftler in Der Bundesminister etc. 1984).

Die Ergebnisse dieses Anlaufs wissenschaftlicher Selbstkontrolle wurden 1976 in den USA zu *Richtlinien* für bundesfinanzierte Labors erhoben (1980 verwässert, vgl. Daele 1982). Ihm folgen auch die westdeutschen „Richtlinien zum Schutz vor Gefahren durch in-vitro neukombinierte Nukleinsäuren“. Diese gelten nur für vom Bund geförderte Forschung. Sie ordnen Versuchen nach ihrer Gefährlichkeit (z. B. Gifterzeugung, Arbeit mit Krankheitserregern) Stufen erforderlicher Labor- und Versuchsobjekt-Sicherheit zu, verbieten die Erzeugung von neuen Resistenzen gegen Antibiotika und von einigen Giften (u. a. Diphterie, Schlangengifte) und richten (lockere) Registrierung und Überwachung ein. Im Bundesministerium für Forschung und Technologie scheiterten 1978-1981 zwei Gen-Gesetz-Entwürfe, obschon sie fast nur Labor-Sicherheit betrafen, an Wissenschaftlern, Unternehmern und Skepsis der Öffentlicheit, zumal ab 1980 die (lobbyistische) Warnung unüberhörbar wurde, die BRD verpasse den internationalen Anschluß (Catenhusen, 1985).

Ein Gesetz war abgewendet worden, die öffentliche Auseinandersetzung entpolitisiert. Im Vordergrund stand nun die *Laborsicherheit.* Dissidenten gerieten zusehends in den Ruch der Querulanz. „Eine öffentliche Kontrolle der ökonomischen Verwertung der Genmanipulation stand nie zur Diskussion.“ (Daele, 1982). Verbleibende Risiken tragen den beruhigenden Stempel behördlichen Einverständnisses (Herbig, 1978). Das Moratorium behinderte die Forschung nicht nennenswert: War DNS-Rekombination vorher nur wenigen Spitzen-Labors technisch zugänglich gewesen, so hatte das Feld nun deren Vorsprung aufgeholt, und der harte internationale Wettbewerb bei klingenden Verwertungsaussichten hat die G. beschleunigt (Übersicht der internationalen „Wissenschaftler-Unternehmer“: Daele, 1982; für die BRD: Schwarzbuch, 1986). Die bundesdeutschen G.-Forschungszentren, eher symbolisch von der Industrie mitfinanziert, bilden deren Personal aus und gewähren den Unternehmen bevorrechtigte Nutzung ihrer Ergebnisse (Übersicht in Hack/Hack, 1985). Mittlerweile werden in der Fachpresse nie verstummte Überlegungen wieder lauter, ob die G. überhaupt der Reglementierung bedürfe (Kollek, 1985).

3 Folgefelder der Gentechnologie

3.1 Erbgut-Durchleuchtung

Stand: „Öko-Genetiker" erforschen, BMFT- und DFG-gefördert, genetische Unterschiede beim Abbau von Giftstoffen (Hansen, 1985; Schwarzbuch, 1986). Großunternehmen in den USA wie hierzulande bereiten Arbeitnehmer-screenings vor (Hansen, 1985).

Vorantreibende Interessen sind in erster Linie Versicherungen sowie Arbeitgeber stark umweltbelasteter Fertigungsverfahren, namentlich der Chemie: Handverlesene Beschäftigte und Versicherte versprechen mit Gesundheitsaufwendungen, Rentenbeiträgen und Arbeitsschutzvorkehrungen auch Versicherungs- und Fertigungskosten zu mindern. Aus den Betrieben ließen sich Krankheitssymptome mit Signalcharakter teilweise entfernen; kurzfristige Gesundheitsrisiken entfielen, die Erforschung langfristiger könnte unterlaufen werden; denn gerade komplexere und längerfristige Interaktionen von Genen und Giften entgehen ja der Erbgut-Durchleuchtung (Hansen, 1985).

Gesellschaftliche Folgen dieser Methode zeichnen sich in zwei Richtungen ab (Hansen, 1985), zunächst der der *Überwachung:* Von Geburt an scheint es nun im Eigeninteresse einer Person zu liegen, von den Möglichkeiten vorbeugender Belastungsminderung für sich Gebrauch zu machen. Ihr folgt dabei – von Versicherungen und Arbeitgebern befördert – ein medizinischer „Datenschatten", der einerseits vermittels Erwartungen der Datennutzer (Arbeitgeber, Behörden), andererseits über Vermeidungsverhalten und Schwächegefühle als „self-fulfilling prophecy" das Verhalten prägt. Verdeckter Zwang droht ausgeübt zu werden, dem Intelligenzkult ganz ähnlich, dem betriebspsychologische Tests noch vielfach anhängen. Gewiß, der Bewerber darf sie verweigern, jedoch ... Die Schutzrechte, die das Individuum gegen staatliche Stellen geltend machen kann (wohldurchdacht Daele, 1985), z. B. das Recht, Diagnosen nicht stellen zu lassen, greifen im privatwirtschaftlichen Bereich keineswegs sicher. Eine zweite Wirkung wäre in einer *Umlastung der Gesundheitsrisiken* auf die Individuen zu vermuten, stehen doch nun „Risiko-Personen" und „-gene" im Mittelpunkt, nicht gemeingefährliche Umweltgifte: Der unzureichend ausgestattete einzelne soll sich von Gefahrenquellen fernhalten oder die Folgen seiner Unvorsichtigkeit allein tragen. Gleichheit wird ausgehöhlt, beschuldigt das Opfer (Hohlfeld, 1985 b). Dabei wirkt Erbgutdurchleuchtung darauf hin, Krankheit reduktiv als molekularen Defekt aufzufassen, und bereitet ein Wirkmuster der Gentherapie vor.

3.2 Gentherapie

Stand: Man unterscheidet somatische (grob: Organe aus eigenem, modifiziertem Erbgut nachziehende und ersetzende) und (die nächste Generation formende) Keimbahn-Therapie. Letztere soll in der Bundesrepublik nicht öffentlich gefördert und verboten werden; doch verschwimmen die Grenzen außerordentlich (Rechtsschutz-Diskussion für Tiefkühl-Embryos in „verbrauchenden" Versuchen: Daele, 1985; Hohlfeld, 1985 b; schrankenlose Versuche an höheren Säugern).

Materielle Wirkungen erfolgreicher G.-Somatotherapie könnten die bevölkerungsstatistische Alterspyramide zylindrischer schleifen, was die der Altersforschung geläufigen Fragen nach Rentenfinanzierung, Freizeitgestaltung besonders der „jungen Alten" und Umverteilung politischer wie gesellschaftlich normierender Macht unter den Generationen, möglicherweise verbunden mit verlangsamtem Wertewandel, aufwürfe. Doch sind solche Überlegungen spekulativ, solange sie nicht verläßlich gegen zunehmende, mit Einführung der G. kaum verminderte ökologische Gesundheitsschäden aufgerechnet werden können. Anfangs werden die meisten Patienten aus Kostengründen auch keinen Zugang zu diesen Therapien finden.

Einstellungen dürfte die Gentherapie dagegen schon vor ihrer allgemeinen Verbreitung hinsichtlich des Verständnisses von Krankheit beeinflussen. Letztere tritt nun als korrigierbare molekulare Normverletzung in Erscheinung, gewissermaßen als austauschbares, falsches Schräubchen (Hohlfeld, 1985 a). Eine „Reparatur-Mentalität" gegenüber dem menschlichen Körper vertieft sich, welche gesellschaftlich-biographische Krankheitsursachen ebenso wie Vorbeugungsmöglichkeiten ausblendet. Die Kosten der Reparaturen trägt die Bevölkerung (als Versicherungsnehmer, Steuerzahler, Verbraucher), der Nutzen hingegen bleibt den der Vorsorge und Wiedergutmachung enthobenen (Mit-)Verursachern von Krankheiten, etwa umweltverschmutzenden Industrien.

Technikgläubigkeit schließlich: Statt langfristig Kosten und Nutzen ihrer Entwicklungsprioritäten zu wägen, statt (ökologische) Ursachen der Probleme aufzusuchen, verfeinert Forschung Reparaturwerkzeuge und festigt den Glauben an die Lösbarkeit aller Probleme durch wissenschaftlich-technischen Fortschritt. Hierzu könnten einschneidende Erfahrungen mit der Unumkehrbarkeit von Umweltzerstörungen beitragen. Überleben nur gentechnologisch säurefest gepanzerte Bäume, an denen gegenwärtig geforscht wird, das Waldsterben, so gewinnt die Reparatur-Mentalität an Glaubwürdigkeit (empirische Hinweise auf die Zusammenhänge von Technik- und Umweltkrisen-Wahrnehmung in Moser/Preiser, 1984, Teil 2; zum Überwiegen der technischen Option bei der Lösung des Waldsterbens heute Fietkau et al., 1986).

Politisch droht die Reparaturmentalität verschärfend auf technikfatalistische Orientierungsmuster zuzugreifen. Der schirmende Naturrechts-Entwurf achtbarer individueller Würde zerfällt. Gesundheit, ja Leben selbst, lassen sich herstellen, sind nur mehr Hervorbringungen der Technik. Der unantastbare Innenraum, in dem Selbstentwürfe reflexiv entstehen, fällt dem machtvolleren Zugang zum Körper zum Opfer, den andere haben. Krankheit als Defekt im Molekülsatz erübrigt lebensgeschichtliches Leiden. Die autonome Zufälligkeit körperlicher Identität, die der Lebensvollzug ausfüllt, wird zugunsten planmäßiger, womöglich dem Opfer bekannter, verpflichtender Konstrukthaftigkeit enteignet (Hohlfeld, 1985b; Siep, 1985). Dies um so sicherer, sobald der Bereich des Verhaltens jenen Vorstellungen von Erbbedingtheit und gentechnologischer Machbarkeit anheimfällt, nämlich über die (wahrscheinliche) Entdeckung Verhalten mitsteuernder Genkonstellationen und körpereigener, verhaltenslenkender Drogen (Neurotransmitter und Hormone).

3.3 Eugenik

Ausgangspunkte: Die Geschichte der Humangenetik beeinflußten bis heute evolutionstheoretisch abgeleitete Entwürfe, die angeborene Merkmale, darunter zahlreiche Verhaltenskonzepte, aus ihrer gattungsgeschichtlichen Bewährung als „Tauglichkeit" erklärten (historisch z. B. Ludmerer, 1972; polemisch-anschaulich mit aktuellen Fällen Sierck/Radtke, 1985). Von daher könnte die Bereitschaft entstehen, solche tauglichen Merkmale durch genetische Beratung und Praxis zur Verbesserung des Populations-Erbgutes zum Tragen zu bringen (Daele, 1985).

Normierung: Dieser Bereitschaft käme der o. a. Wandel der Krankheitsdefinition im gesellschaftlichen Bewußtsein entgegen. Besonders an zwei Stellen fiele der Übergang zur heimlichen Menschenzüchtung leicht (Yoxen, 1981): Lassen sich Behinderungen durch Früherkennung und Schwangerschaftsabbruch aus der Welt schaffen, wozu die Erbgutdurchleuchtung Entscheidendes beitragen dürfte, so wird die Nutzung dieser Möglichkeit vielen human erscheinen. Behinderungen würden mit noch mehr Auffälligkeit als bisher stigmatisiert. Die Gesundheitsbehörden müßten sich fragen, ob sie zu zwingen seien, die Kosten vermeidbarer elterlicher „Extravaganzen" zu übernehmen. Da „Behinderung" ein wertbeladener, unschwer auf abweichende Verhalten dehnbarer Begriff ist, versteckt sich hinter einer medizinisch umbauten Behinderten-Feindlichkeit eine Normierungs-Tendenz. Die „synthetische" Biologie befähigt zur Naturnachbesserung – und schlägt um in „normative" Biologie (Hack/Hack, 1985).

Erbgut-Durchleuchtung schafft eine weitere Grauzone: Sie legt der Reparatur-Medizin nahe, riskante Genkonstellationen von vornherein für untauglich zu erklären, weil sie der Umweltbelastung nicht mehr gewachsen wären (Allergien; Versuch, prophylaktische Sterilisationen von Arbeiterinnen der Bleifabrikation eines US-Konzerns zu erzwingen; vgl. Hansen, 1985). Generell wären bei jeder kumulativ wachsenden Umweltbelastung – z. B. einer Serie von Radioaktivitäts-Freisetzungen – Minderheiten denkbar, die den Schäden weniger gut standhalten. Staatliche Bemühungen um Kostensenkung im Gesundheitswesen verbänden sich möglicherweise mit manchen eugenischen Neigungen der humangenetischen Zunft zu einer offiziellen, auf Daten der Erbgut-Durchleuchtung gestützten Eugenischen Politik (Herbig, 1978).

3.4 Eingreifen des Staates

Hierarchisierung wird G. als komplizierte Technik, die aufwendige Ausbildungsvorläufe abnötigt, eher fördern und sich gesellschaftlicher Kontrolle leichter entziehen (Kollek, 1985).

Vorbereitend mag der Intelligenzkult den Eltern individuelle Zuchtwahl als neue Konkurrenzebene suggerieren („Freie Samenbanken für freie Bürger!"), mag die negative Eugenik Tauglichkeitsmaßstäbe aufstellen, Schritt für Schritt schärfere Zwangsmittel einsetzen und größere Minderheiten unter diffuseren Kriterien ausgrenzen.

Der Staat ist um so mehr zum Eingreifen gezwungen, je stärker die skizzierten Tendenzen – Geschlechterverhältnis, Destabilisierung der Familie durch Zuchtbestrebungen, ökologische Schäden, Kosten des Gesundheitswesens, Ansteilung der Alterspyramide – als politische Steuerungsprobleme wahrnehmbar werden. Der Staat wird letztere stückweise wahrnehmen, nicht gesellschaftliche Wurzeln, sondern schmerzhafte

Symptome bekämpfen. Damit verfällt er strukturell der Reparatur-Einstellung zum Menschen, die die G. nahelegt, und kann sie als dieser Einstellung gemäßes Problemlösungsmittel einsetzen. Über nicht in allen Ländern gleichartig oder überhaupt durchlaufene Übergänge wäre solcherart denkbar, daß G. staatliche Menschenzüchtung vorbereitet.

Die Ethik-Diskussion um „Menschenzüchtung" lenkt nach Scheller (1985) vom dringlicheren Daten- und Mitbestimmungsschutz, von wirtschaftlichen Interessen an Rationalisierung, Rüstungstechnologie, Überwachung und verschoben-geduldeter Umweltzerstörung ab (Herrlich, 1985: militärische Anwendungen seien die gefährlichsten, sonst verhalten glänzende Summe für Naturwissenschaft und G.). Aus dieser Sicht lassen sich gegen das Szenarium der Züchtungs-Utopie verschiedene Vorbehalte geltend machen:

Nirgendwo bedürfe eine Machtelite noch der G., verfüge sie doch über billigere, unauffälligere Herrschaftssicherungen (Massenmedien, Psychopharmaka). Kosten, Augenfälligkeit und Generationendauer von Menschenzucht-Unternehmungen, daneben der Überwachungsaufwand gegen die Nicht-Vermehrungsberechtigten machten „Schöne Neue Welt" zu einem unrentablen Unterfangen. – Der Einwand unterstellt Herrschenden wie Wissenschaftlern politische Rationalität. Wissenschaftsgeschichtliche Erfahrungen mahnen zur Vorsicht (Eugenische Bewegungen nebst zeitgenössischen Ausläufern, z. B. Zuchtpolitik in Singapur: vgl. Singapur-Elite, 1985; Frauengruppe, 1985). Züchtungskosten würden mit Fortschreiten der anderweitig rentablen Forschung sinken. Überwachung, die „Gen-Internationale" analog dem „Atom-Staat", würde spätestens unausweichlich, wenn G. weit genug fortgeschritten und verbreitet wäre, um Terroristen Ziele und Waffen zu bieten (DNS-synthesizer zu Ausbildungszwecken in Schulen! G.-Experimentierkästen bereits im Verkauf: Materialien, 1986). Rohstoffe und Laborausstattung sind für wenige Hunderttausend Mark zu haben („Atombombe des kleinen Mannes": Wade, 1979). Weitverbreitete Erbgläubigkeit böte Ansatzpunkte für eine Zustimmung der Gezüchteten.

Weiter ist der Standpunkt plausibel, Menschenzucht sei nach dem Stand der Wissenschaft unmöglich. Die Vielfaktorensysteme der Genexpression setzten eine Komplexitätsschwelle. Der Umwelteinfluß auf den Phänotyp, besonders markant bei Verhalten, entginge Zuchtversuchen. – Der Einwand extrapoliert unbedacht den gegenwärtigen Forschungsstand, eine beschwichtigende, geschichtlich vielfach gescheiterte Folgerung. Die G. könnte die Einfügung verhaltenssteuernder endokriner und neuromorphologischer Systeme ermöglichen. Eine Entwicklung ist nicht unbedeutend, weil sie zeitfern, „utopisch", anmutet.

4 Hinweise für die Psychologie

Will Psychologie nicht akzeptanzforschende Beihilfe zur Sozialtechnologie leisten, so sollte sie zwei Ansätze im Auge behalten, von denen her Sozialwissenschaft sich der befürchteten technisch-reduktiven Herrschaftsvorbereitung durch G. entgegenstemmt: „die Abgrenzung der ‚Krankheit' und des Bereichs legitimen ärztlichen Handelns einerseits und die Eindämmung sozialen Zwanges zur Gesundheit andererseits" (Daele, 1985).

Psychologie könnte namentlich Erfahrungen in (un)freiwilliger Diagnostik, in unterlaufenem Datenschutz und in testuntermauerter Menschenaussonderung aufarbeiten und beisteuern. Sie könnte ideologiekritisch auf wissenschaftlich-technologisch verbrämte Wertmuster hinweisen, warnen vor der „self-fulfilling prophecy" des Datenschattens, damit verbundene Normierungstendenzen ins Bewußtsein heben. Sie könnte Selbstverständlichkeiten und Verdrängungen abtasten, dabei den gesamtgesellschaftlichen Wahrnehmungshorizont verdeutlichen: so die nichtstattgefundene Debatte zu Ende der 60er Jahre, die Entpolitisierung auf Sicherheitsfragen, die Technik-Gläubigkeit, die der Technologie den Nachweis ihrer Nützlichkeit erspart, die Vorstellung von der wertblinden Zweckrationalität der Wissenschaft, auch der G. und der TFA.

Literatur

Augenstein, L.: Komm, wir spielen Gott. Konstanz: Christliche Verlagsanstalt, 1971.

Baitsch, H.: Über die genetische Zukunft des Menschen. In: Henrich, F. (Hrsg.): Naturwissenschaft vor ethischen Problemen. München: Kösel, 1969, 117-135.

Der Bundesminister für Forschung und Technologie (Hrsg.): Ethische und rechtliche Probleme der Anwendung zellbiologischer und gentechnischer Methoden am Menschen. Dokumentation eines Fachgesprächs im Bundesministerium für Forschung und Technologie. München: Schweitzer, 1984.

Catenhusen, W.-M.: Ansätze für eine umwelt- und sozialverträgliche Steuerung der Gentechnologie. In: Steger, U. (Hrsg.): Die Herstellung der Natur. Chancen und Risiken der Gentechnologie: Bonn: Verlag Neue Gesellschaft, 1985, 29-47.

Chorover, S. L.: Die Zurichtung des Menschen. Von der Verhaltenssteuerung durch die Wissenschaften. Frankfurt: Campus, 1982.

Daele, W. van den: Genmanipulation. Wissenschaftlicher Fortschritt, private Verwertung und öffentliche Kontrolle in der Molekularbiologie. In: Technologie und Gesellschaft. Jahrbuch 1. Frankfurt: Campus, 1982, 133-164.
Daele, W. van den: Menschen nach Maß? Ethische Probleme der Genmanipulation und Gentherapie: München: Beck, 1985.
Eibach, U.: Experimentierfeld werdendes Leben. Eine ethische Orientierung. Göttingen: Vandenhoeck & Ruprecht, 1983.
Etzioni, A.: Die zweite Erschaffung des Menschen. Manipulationen der Erbtechnologie. Opladen: Westdeutscher Verlag, 1977.
Fietkau, H. J./Matschuk, H./Moser, H./Schulz, W.: Waldsterben. Urteilsgewohnheiten und Kommunikationsprozesse. Ein Erfahrungsbericht. Berlin: Internationales Institut für Umwelt und Gesellschaft, 1986.
Flöhl, R. (Hrsg.): Genforschung – Fluch und Segen? München: Schweitzer, 1985.
Forum Wissenschaft. Studienhefte Nr. 1: Gentechnologie (hrsg. vom Bund demokratischer Wissenschaftler e. V.). 1986.
Frauengruppe gegen Bevölkerungspolitik: Etappen der Bevölkerungspolitik. In: Hansen, F./Kollek, R. (Hrsg.): Gentechnologie. Die neue soziale Waffe. Hamburg: Konkret Literatur Verlag, 1985, 93-110.
Friedrich-Naumann-Stiftung (Hrsg.): Genforschung und Genmanipulation. München: Schweitzer, 1985.
Gassen, H. G./Martin, A./Bertram, S. (Hrsg.): Gentechnik. Einführung in Prinzipien und Methoden. Stuttgart: Fischer, 1985.
Gehrmann, W.: Gen-Technik, das Geschäft des Lebens. Verschlafen die Deutschen eine Zukunftsindustrie. München: Goldmann, 1984.
Hack, L./Hack, I.: „Kritische Massen“: Zum akademisch-industriellen Komplex im Bereich der Mikrobiologie/Gentechnik. In: Technik und Gesellschaft. Jahrbuch 3. Frankfurt a. M.: Campus: 1985, 132-158.
Hans-Böckler-Stiftung (Hrsg.): Biotechnologie. Herrschaft oder Beherrschbarkeit einer Schlüsseltechnologie? München: Schweitzer, 1985.
Hansen, F.: Ökogenetik oder die Manipulation von Arbeitsplatzrisiken. In Hansen, F./Kollek, R. (Hrsg.): Gen-Technologie. Die neue soziale Waffe. Hamburg: Konkret Literatur Verlag, 1985, 35-52.
Harsanyi, Z./Hutton, R.: Die Marker. Das genetische Frühwarnsystem der Medizin. München: Bertelsmann, 1982.
Herbig, J.: Die Gen-Ingenieure. Durch Revolutionierung der Natur zum Neuen Menschen? München: Hanser, 1978.
Herbig, J.: Genetische Technik und der Hunger. In: Herbig, J. (Hrsg.): Biotechnik. Genetische Überwachung und Manipulation des Lebens. Reinbek: Rowohlt 1981, 135-164.
Herrlich, P.: Gentec pop onc. Antworten der Genforschung auf menschliche Ängste. Berlin: Quadriga, 1985.
Hohlfeld, R.: Auswirkungen der Gentechnologie auf Krankheitsverständnis und -definition. In: Hansen, F./Kollek, R. (Hrsg.): Gen-Technologie. Die neue soziale Waffe. Hamburg: Konkret Literatur Verlag, 1985 (a), 53-63.
Hohlfeld, R.: Die biologische Optimierung des Menschen. Fortpflanzungs- und Gentechnologie. In: Technik und Gesellschaft. Jahrbuch 3. Frankfurt a. M.: Campus, 1985 (b), 159-186.
Horn, K.: Medizinisches Versorgungssystem und Herrschaft. Bemerkungen zum historischen Stand der Rationalisierung individueller Subjektivität. In: Klingemann, H.-D./Kaase, M. (unter Mitarbeit von K. Horn) (Hrsg.): Politische Psychologie (= PVS Sonderh. 12). Opladen: Westdeutscher Verlag, 1981, 405-416.
Kaudewitz, F.: Genetik. Stuttgart: Ulmer, 1983.
Koch, E. R./Kessler, W.: Am Ende ein neuer Mensch? Medizinische Forschung im Zwielicht. Stuttgart: DVA, 1974.
Koch, M./Weber, A.: Sicherheits- und Umweltfragen in der Gentechnologie. In: Steger, U. (Hrsg.): Die Herstellung der Natur. Chancen und Risiken der Gentechnologie. Bonn: Verlag Neue Gesellschaft, 1985, 187-196.
Kollek, R.: Die molekulare Definition des Menschen. Forschungsstand und Perspektiven. In: Hansen, F./Kollek, R. (Hrsg.): Gen-Technologie. Die neue soziale Waffe. Hamburg: Konkret Literatur Verlag, 1985, 9-34.
Ludmerer, K.: Genetics and american society. A historical appraisal. Baltimore: John Hopkins University Press, 1972.
Materialien gegen Gentechnologie. Hamburg: Anonym, o. J. (1986).
Moser, H./Preiser, S. (Hrsg.): Umweltprobleme und Arbeitslosigkeit. Gesellschaftliche Herausforderungen an die Politische Psychologie. Weinheim: Beltz, 1984.
Overhage, P.: Experiment Menschheit. Die Steuerung der menschlichen Evolution. Frankfurt: Knecht, 1967.
Ramsay, P.: Fabricated man. The ethics of genetic control. New Haven: Yale University Press, 1970.
Rogers, M.: Genmanipulation. Das größte Risiko seit der Atombombe. Bern: Hallwag, 1978.
Rosenfeld, A.: Die zweite Schöpfung. Neue Aspekte des menschlichen Lebens. München: Droemer & Knaur, 1973.
Scheller, R.: Das Gen-Geschäft. Chancen und Gefahren der Biotechnologie. Dortmund: Weltkreis, 1985.
Schwarzbuch. Von Mäusen zu Menschen. Hamburg: Anonym, o. J. (1986).
Siep, L.: Gesteuerte Evolution? Philosophische Probleme der Gentechnologie. In: Steger, U. (Hrsg.): Die Herstellung der Natur. Chancen und Risiken der Gentechnologie. Bonn: Neue Gesellschaft, 1985, 121-134.
Sierck, U./Radtke, N.: Die Wohltäter-Mafia. Vom Erbgesundheitsgericht zur humangenetischen Beratung, (erw. Neuaufl.), Hamburg: Selbstverlag, 1985.
Singapur-Elite: Lust statt Last. Der Spiegel, 39 (Nr. 28), 1985, 171.
Sinsheimer, R. L.: Two lectures on recombinant DNA research. In: Jackson, D. A./Stich, S. P. (Eds.): The recombinant DNA debate. Englewood Cliffs: Prentice Hall, 1979, 85-98.
Taylor, G. R.: Die biologische Zeitbombe, Revolution der modernen Biologie. Frankfurt a. M.: G. B. Fischer, 1969.
Das umstrittene Experiment: Der Mensch. Siebenundzwanzig Wissenschaftler diskutieren die Elemente einer biologischen Revolution. München: Desch, 1966.
Das umstrittene Experiment: Der Mensch. Siebenundzwanzig Wissenschaftler diskutieren die Elemente einer biologischen Revolution. München: Desch, 1966.
Wade, N.: Gefahren der Genmanipulation. Das letzte Experiment. Berlin, Frankfurt a. M., Wien: Ullstein 1979.
Winnacker, E.-L.: Gene und Klone. Eine Einführung in die Gentechnologie. Weinheim: VCH Verlagsges., 1985.
Yoxen, E.: Molekularbiologie und die Gefahr einer Neo-Eugenik-Bewegung. In: Herbig, J. (Hrsg.): Biotechnik. Genetische Überwachung des Lebens. Reinbek: Rowohlt, 1981, 165-177.

Gerontopsychologie

Ursula Lehr

1 Gerontopsychologie als Teilbereich der Gerontologie

Erscheinungsformen und Verlauf von Alternsprozessen interessierten die Menschheit von alters her. Die Geriatrie als „Zweig der naturwissenschaftlichen Medizin, die ärztliche Beschäftigung mit den besonderen Problemen des alten Menschen", läßt sich nach Lüth (1965) bis in die Steinzeit zurückverfolgen. Doch die Erforschung und Beeinflussung von Alternsprozessen fällt nicht allein in den Zuständigkeitsbereich der Medizin. Geriatrie, „Gerontopsychologie" (Thomae, 1984b) oder „Psychogerontologie" (Munnichs, 1966), Gerosoziologie (Rosenmayr, 1984) oder „Sozialgerontologie" (Tibbits, 1960; Streib/Orbach, 1967) und viele andere wissenschaftliche Disziplinen sind allesamt Teilgebiete der *nur interdisziplinär zu verstehenden Gerontologie.* Die Bezeichnung „Gerontologie" wurde erstmals im Jahre 1929 von dem russischen Forscher Rybnikov eingeführt, der damals forderte: Gerontologie, die Erforschung des Verhaltens im höheren Alter, soll ein Spezialgebiet der Verhaltenswissenschaften werden; das Ziel dieser Wissenschaft ist die Erforschung der Ursachen und Bedingungen des Alterns, wie auch die Erforschung und sorgfältige Beschreibung regulär fortschreitender Verhaltensänderungen, die zum Lebensalter in Beziehung stehen.

Altern, weitestgehend als Vorgang der Veränderung im Zeitablauf zu beschreiben, umfaßt neben Veränderungen im *körperlichen* Bereich auch Veränderungen im *Erleben* und *Verhalten,* welche sich auf ein Zusammenwirken unterschiedlichster endogener und exogener Faktoren zurückführen lassen. Die heute nachgewiesene *Mehrdimensionalität* und *Individualität* von Alternsprozessen (Lehr, 1972; 1984) wird schon bei Platon angesprochen, der als Voraussetzung für ein positives Altern ganz persönliche Erlebnisse und Erfahrungen und ein auf Pflichterfüllung hin ausgerichtetes rechtschaffenes Leben hervorhob. Alterszustand und Alternsprozesse wurden schon damals stark biographisch determiniert gesehen, wie es von der neueren Lebenslaufforschung bestätigt wird (Baltes 1979; Lehr, 1980a,b).

Auch bei Cicero erfährt man, daß eine Zunahme von Verstand und Vernunft, von Maßhalten und Toleranz, von Urteilsfähigkeit und Einsicht, von menschlicher Würde und Klugheit nur dann gegeben sei, wenn diese Fähigkeiten während des ganzen Lebens geübt worden seien. Die Notwendigkeit eines *lebenslangen Trainings* zur Erhaltung der geistigen Fähigkeiten ist durch die neuere empirische Forschung ebenso nachgewiesen: Die „disuse-Hypothese" (Berkowitz/Green, 1965) konnte bestätigt werden; Fähigkeiten und Funktionen, die nicht geübt werden, verkümmern.

Auch weitere, inzwischen wissenschaftlich fundierte, Einsichten zum Alternsprozeß finden sich bei Cicero: Er hat der *Gesellschaft* einen großen Einfluß zugeschrieben. Je nachdem, ob sie dem älteren Menschen mit Hochachtung und Verehrung gegenübertrete oder aber mit Gefühlen des Mitleids oder gar mit Vorurteilen und Zweifeln hinsichtlich seiner Leistungsfähigkeit, werde der Alternsprozeß erleichtert oder erschwert. Mit diesen Feststellungen wird bereits „Altern als soziales Schicksal" beschrieben – eine heute aktuelle Sichtweise (Thomae, 1968).

Die G. fragt nach dem Erleben und Verhalten älterer Menschen und nach den inneren und äußeren Gründen für dieses Verhalten. Erleben und Verhalten im Alter ist nur zu einem geringen Teil von körperlichen Gegebenheiten mitbestimmt; soziale und ökologische wie auch epochale Faktoren sind nachgewiesenermaßen von starkem Einfluß.

2 Der Beginn wissenschaftlich fundierter Gerontopsychologie

Als Vorläufer einer wissenschaftlich fundierten G. wird Quetelet (1796-1874) angesehen, der bereits nach Phasen erhöhter *Leistungsfähigkeit* im Alternsprozeß fragte und schon damals den Zusammenhang zwischen biologischen und sozialen Einflüssen auf den Alternsprozeß konstatierte. Von ihm angeregt, forschte Galton (1832-1911) nach Zusammenhängen zwischen Veränderungen des Organismus und des Körperbaus einerseits und jenen der Psychomotorik und der Wahrnehmungsprozesse (auditive und visuelle Sinnesfunktionen) andererseits (Birren, 1961; Lehr, 1984).

Die erste Periode systematischer psychologischer Alternsforschung, die vor allem im amerikanischen Raum experimentelle Einzelstudien unter Verwendung testpsychologischer Methoden einschloß, datiert man von 1918-1940. Sie wird weitgehend bestimmt durch *Intelligenzuntersuchungen.* Zu diesen Zeiträumen veröffentlichte Stanley Hall auch sein Buch „Senescence, the last half of life" (1922), das – aufgrund von Selbstbeobachtungen und einigen Fragebogenergebnissen, u. a. zur Todesfurcht – Fakten aufzeigte, die zu einem besseren Verständnis alter Menschen beitragen sollten. Hall stellte u. a. fest: „Individuell differences here are probably greater than in youth" (Hall, 1922, 100). Hall wandte sich damals schon gegen ein *Defizit-Modell* des Alterns, das von einem Abfall von Fähigkeiten und Fertigkeiten ausgeht; er verneinte quantitative und betonte qualitative Unterschiede. Aufgrund dieser Veröffentlichung nannte Munnichs (1966) Stanley Hall „den ersten Psychogerontologen". Man findet bei ihm bereits Ansätze einer *differentiellen Gerontologie,* die später vor allem Thomae (1976) mit Nachdruck forderte.

Ein Markierungspunkt psychogerontologischer Forschung war die Institutsgründung 1928 von Miles an der Stanford University in Kalifornien, die letztlich durch die damals schwierige Lage auf dem Arbeitsmarkt und die anhaltende Arbeitslosigkeit älterer Arbeitnehmer bzw. die Diskriminierung über 40jähriger als „zu alt" und leistungsgemindert begünstigt wurde. Diese großangelegten Untersuchungen über die Veränderung intellektueller Fähigkeiten (Miles/Miles, 1932) bestätigten zunächst die bereits vorliegenden Resultate verschiedener Untersuchungsreihen an Rekruten, Krankenhauspatienten, Schulkindern und ihren Eltern: Jüngere erbrachten durchweg bessere Leistungen als ältere Personen. Diese Ergebnisse werden zum Teil jedoch durch die Unvergleichbarkeit der Stichproben hereigeführt gesehen, zum Teil als testbedingt erklärt, vor allem aber auch als Kohorteneffekt gedeutet (Schaie, 1965). Diese Querschnittsuntersuchungen ließen intervenierende Variablen – wie Schulbildung, berufliches Training, sozialen Status, stimulierende Umgebung, Gesundheitszustand und sonstige biographische Einflußfaktoren wie auch motivationale Bedingungen – außer acht (Lehr, 1984) und trugen somit zur Verfestigung des Defizit-Modells bei.

Verstärkt wurde das Defizit- oder Defekt-Modell des Alterns in den dreißiger Jahren zudem dadurch, daß sich neben den Testpsychologen primär *Psychiater* um Erkenntnisse über das „seelische Altern" bemühten, dabei jedoch von ihrem Patientengut ausgingen und sich nicht scheuten, die dort festgestellte Schwerfälligkeit der Umstellung, Vergeßlichkeit, Eigensinn und Geiz, beginnende Stumpfheit, Verwirrtheit, Depressivität und Demenz auf den psychischen Alternsprozeß schlechthin zu übertragen.

An frühesten Einzelarbeiten in *Deutschland,* die sich psychologischen und sozialen Fragen des Alterns zuwandten, wären einmal die Untersuchungen von L. R. Müller (1922) zu nennen („Über die Altersschätzung beim Menschen – ein psychologischer Versuch") wie auch jene von F. Giese über die „Erlebnisformen des Alterns" (1928) – die erste empirische Fundierung für eine *„kognitive Theorie des Alterns"* (Thomae, 1971). Diese kognitive Theorie des Alterns wird dem heutigen Kenntnisstand der Alternsforschung gerecht und besagt, daß weniger die objektive Situation das Erleben und Verhalten (und das psychophysische Wohlbefinden) des Individuums bestimmt als vielmehr die Art und Weise, wie das Individuum die objektiven Gegebenheiten subjektiv wahrnimmt (Thomae, 1971).

Zu diesen frühen Einzelstudien zählt auch die Untersuchung von Weiss (1927) über „Leistung und Lebensalter", die bei Schaffnern der Deutschen Reichsbahn durchgeführt wurde. Hierbei gelangte die „Fahrplanprobe" zur Anwendung, bei der man die kürzeste Verbindung zwischen zwei Stationen heraussuchen mußte. Dabei zeigten die Leistungen der 20-60jährigen (genau wie in dem 20 Jahre später durchgeführten Versuch von Vernon (1947), der weit mehr bekannt geworden ist) keine Unterschiede.

3 Der Beitrag der Lebenslaufforschung zur Gerontopsychologie

Zweifelsohne ist die psychologische Alternsforschung auch in Deutschland durch das schon seit der Antike deutlich nachweisbare Bestreben beeinflußt worden, *den Lebensablauf in Phasen oder Stufen* gegliedert zu sehen. Hier schrieb bereits 1906 Fliess über den „Ablauf des Lebens" und legte seine „Theorie der 23- bzw. 28-Tage-Gliederung" dar, die seiner Meinung nach bis zum hohen Alter Gültigkeit habe. In den dreißiger Jahren war man sodann besonders empfänglich für den Gedanken einer Stufen- oder Phasengliederung des Lebensablaufs. Künkel schrieb 1932 „Das Gesetz des Lebens", das allerdings die Krisenphasen, die in 14-Jahres-Abstand an den einzelnen Wendepunkten zu erwarten waren, besonders herausstellte. Ähnliches gilt auch für v. Tiling (1936), für Hellpach (1941) mit seinen Gedanken über das „Wellengesetz unseres Lebens" und nicht zuletzt auch für Marthe Moers (1953), die mit ihrem Buch „Die Entwicklungsphasen des menschlichen Lebens" an dieser Tradition anknüpft und hier eine psychologische Studie als Grundlage der Erwachsenenbildung vorgelegt hat.

Die empirische Ausgangsbasis all dieser genannten Arbeiten ist jedoch äußerst schmal; die vorgebrachten Theorien lassen sich bestenfalls anhand von Einzelfällen exemplarisch begründen.

Sie haben zwar den Blick der Forscher auf das mittlere und höhere Lebensalter gelenkt – dieser Verdienst ist ihnen nicht abzusprechen! –, aber Erkenntnisse über den Alternsvorgang bringen sie nur in äußerst begrenztem Maße. Die Hauptkritik der genannten Stufentheorien hat an der weitgehenden *Negierung von Umwelteinflüssen* und der entsprechenden *Überbetonung der Anlagedeterminiertheit* bzw. der Sicht der Entwicklung als umweltunabhängiger Reifevorgang anzusetzen.

Dieser Vorwurf gilt nur in sehr abgeschwächter Form dem Stufenkonzept der damals in Wien lehrenden und forschenden Charlotte Bühler, die 1933 mit ihrem Buch „Der menschliche Lebenslauf als psychologisches Problem" zwar auch eine mit Grundkonzept zu kritisierende Stufentheorie vorlegt, diese jedoch wenigstens durch eine Vielzahl biographischer Analysen abzusichern versucht hat. Charlotte Bühler kommt zweifelsohne der Verdienst zu, die *Lebenslaufforschung* in Deutschland angeregt zu haben und das Augenmerk vieler Wissenschaftler auf den *gesamten Alternsprozeß* gelenkt zu haben. Nachdem man jahrzehntelang von diesen Ansätzen kaum Notiz genommen hatte, sind sie in den 70er Jahren durch die „Life-Span-Developmental Psychology" (Goulet/Baltes, 1970) bei uns in Deutschland wieder hoffähig geworden, wenngleich Thomae und die Bonner Schule die biographische Methode seit Beginn der 50er Jahre sehr intensiv angewendet und weiterentwickelt hat (Jüttemann/Thomae, 1986).

Nach Bühler war es 1937 Hofstätter, der sich mit den „Tatsachen und Problemen einer Psychologie des Lebenslaufes" auseinandersetzte und versuchte, für die psychologische Betrachtung des menschlichen Lebenslaufes ein möglichst vielfältiges Material bereitzustellen, nicht zuletzt, um damit die Feststellungen von Quetelet (1935) zu überprüfen bzw. zu ergänzen. Hier wurden physiologische Daten durch Aufarbeitungen von demographischen Statistiken, Daten zur Unfallhäufigkeit in den einzelnen Lebensaltern, zur Selbstmordstatistik, zur Arbeitsfähigkeit, zur Lern- und Leistungsfähigkeit – und Ergebnisse psychologischer Untersuchungen, allerdings vorwiegend aus dem angloamerikanischen Raum, ergänzt.

Aus damaliger Zeit ist noch die interessante Abhandlung zum Thema „Altern und Reifen" (1938) von Erich Rothacker zu nennen. Der sehr fundierte Beitrag von H. v. Bracken (1939) ist als Öffnung zur G. hin zu werten. Das Übersichtsreferat „Die Alternsveränderungen der geistigen Leistungsfähigkeit und der seelischen Innenwelt" bringt die vorliegenden – zum größten Teil angloamerikanischen Untersuchungsergebnisse in kritischer Darstellung. Nicht uninteressant ist seine damalige Darstellung: „Das Alter ist nicht der einzige Faktor, der Unterschiede hervorruft. Es gibt vielmehr innerhalb der einzelnen Altersstufen eine erhebliche Streuung . . ." – und damit das ausdrückt, was Baltes und Schaie (1976) meinen, wenn sie gegen die „Universalität" und „Generalität" des Defizit-Modells ankämpfen (Lehr, 1984), oder was Thomae unter dem Aspekt der „differentiellen Gerontologie" diskutiert (1976; 1983).

4 Von Altersnormen zu Alternsformen

Gerontopsychologische Studien der letzten Jahrzehnte haben eindeutig nachgewiesen: Dem kalendarischen Alter kommt in bezug auf die physische und psychische Leistungsfähigkeit nur eine geringe Bedeutung zu. Die verschiedenen Veränderungsprozesse körperlicher und seelisch-geistiger Funktionen verlaufen nicht synchron. Das heißt, einzelne Organe und Systeme können in unterschiedlicher Geschwindigkeit und differenten Verlaufsformen sich verändern, wobei nach fundierten medizinischen Erkenntnissen die volle bzw. weitgehende Funktionsfähigkeit der meisten Organe bis ins höhere Alter erhalten bleibt (Svanborg, 1985), zumal zunächst die Reservekapazität, die bei etwa 20% der Organfunktion liegt, aber im allgemeinen nicht gebraucht wird, zurückgeht. Vergleichsstudien zeigen, daß z. B. 70jährige unserer Zeit eine höhere funktionale Kapazität haben als die 70jährigen vor zehn und zwanzig Jahren. Man spricht heute vom „funktionalen Altern" (Birren, 1985) angesichts

1. der *Multidimensionalität* der Veränderungen (d. h. verschiedene physiologische Bereiche wie Herz-, Kreislauf-, Bindegewebssystem, Muskulatur, Knochen, Stoffwechsel, aber auch psychische Bereiche wie intellektuelle Fähigkeiten, Wahrnehmung, Informationsverarbeitung, Gedächtnis, Speicherungsfähigkeit, Umstellungsfähigkeit u. a. m. verändern sich in unterschiedlicher Geschwindigkeit),
2. der *Multidirektionalität* (d. h. die Veränderungen weisen in verschiedene Richtungen: Zunahme, Abnahme, Konstanz),
3. der *interindividuellen Variabilität* (die große Unterschiede zwischen gleichaltrigen Personen sowohl im Alterszustand als auch im Verlauf von Alternsprozessen erkennen läßt; diese Unterschiede sind einmal durch Anlage bzw. genetisch bedingt, zum anderen aber auch durch Lebensweise und Umwelt modifizierbar),

4. der *Modifizierbarkeit* (d. h. der Beeinflussung und Veränderbarkeit durch äußere Maßnahmen; Baltes/Willis, 1977).

Die Behauptung einer generellen Abnahme der geistigen Leistungsfähigkeit mit zunehmendem Alter wurde widerlegt. Das „Defizit-Modell" des Alterns ist zurückzuweisen (Lehr, 1984); dem *„Kompetenzmodell"* (Birren, 1985) ist größere Beachtung zu schenken. Längsschnittstudien bewiesen, daß die geistige Leistungsfähigkeit im Alter erhalten bleibt und in Teilbereichen sogar eine Steigerung erfährt, wenn sie im Jugendalter optimal entwickelt wurde, während des mittleren Lebensalters durch Beruf und Freizeit trainiert und herausgefordert wurde und wenn keine gesundheitlichen Einschränkungen erfolgten. Eine etwaige verzögerte Informationsaufnahme (bedingt durch das Nachlassen sensorischer Fähigkeiten) wird meist durch eine erfahrungsbedingt erleichterte Informationsverarbeitung ausgeglichen. Im Hinblick auf die geistige Kapazität („capacity", definiert als Ausmaß dessen, was eine Person unter günstigen Bedingungen leisten könnte) zeigt sich zumindest bis hoch in das achte Jahrzehnt hinein kein Abfall. Im Hinblick auf die erbrachte Leistung selbst („ability", d. h. die in einer bestimmten Situation realisierte Fähigkeit), werden häufiger Abbauerscheinungen deutlich, vor allem in jenen Bereichen, die während des normalen Alltagslebens nicht herausgefordert und damit geübt werden (Botwinick, 1977). Hier haben intelligenzaktivierende Trainingsmaßnahmen häufig Erfolg (Baltes, 1984). Wissenschaftliche Forschungen und Interventionsprogramme belegen eine weitgehende *Plastizität der Intelligenz*.

Früher angenommene mit dem Lebensalter einhergehende Persönlichkeitsveränderungen (Nachlassen der Aktivität, der Stimmung, der Begeisterungsfähigkeit, der Anregbarkeit, der Steuerungsfähigkeit u. dgl.) konnten durch Längsschnittstudien nicht bestätigt werden (Thomae, 1976). Wenn derartige Veränderungen festgestellt wurden, dann waren vielfach bestimmte Lebenssituation (Trennung von den Kindern, Krankheit des Partners und Partnerverlust, Berufsende, Wohnungswechsel u. dgl.) nachweisbar, die als besonders einschneidend erlebt wurden und auf die mit Reaktionsweisen der Niedergeschlagenheit und der Resignation reagiert wurde. Solche vergleichbaren Ereignisse werden jedoch unterschiedlich subjektiv erlebt, je nach bisheriger biographischer Entwicklung, je nach gegenwärtiger Lebenssituation und je nach Zukunftsausrichtung. Dem subjektiven Erleben der Situation entsprechend gelangen unterschiedliche Reaktionsweisen zur Anwendung. Eine aktive Auseinandersetzung mit Belastungs- und Krisensituationen fördert die weitere Persönlichkeitsentwicklung; mehr passive Auseinandersetzungsformen wirken entwicklungshemmend (Lehr, 1985).

Den *Sozialkontakten im Alter* kommt eine besondere Bedeutung zu. Die weitverbreitete These der altersbedingten Einsamkeit und Isolation ist zurückzuweisen. Personen, die im hohen Alter über Einsamkeit klagen, waren auch schon in jüngeren Jahren einsam. Einsamkeit ist oft eine Funktion der Langeweile, der fehlenden Interessen, der fehlenden Aufgaben. Sowohl die sog. „Disengagementtheorie des Alters" (Cumming/Henry, 1961), die besagt, daß derjenige glücklicher und zufriedener altert, der wenig Sozialkontakte hat, ist aufgrund von Forschungsergebnissen zurückzuweisen wie auch die sog. „Aktivitätstheorie", die ein zufriedenes Altern nur bei vielfältigen Sozialkontakten für möglich hält. Vielmehr zeigte sich, daß nicht die Quantität, sondern die *Qualität der Kontakte* entscheidend ist. Je nach Persönlichkeit und Lebenssituation wird rollenspezifisch reagiert: So altert der eine zufriedener, wenn er wenig familiäre Kontakte hat, dafür aber in außerfamiliären Rollen stark engagiert ist, – der andere, wenn familiäre Rollen ihm hinreichend Aufgaben und Anregungen bieten. Die These des erwünschten Rückzugs auf die Familie im Alter ist nicht ohne weiteres haltbar. Der kompetente ältere Mensch bevorzugt „Intimität auf Abstand", für ihn sind außerfamiliäre Rollen (Freundeskreis, Bekanntenkreis, Verein usw.) wesentlicher.

5 Tendenzen neuerer internationaler gerontopsychologischer Forschung

Gerontopsychologische Fragestellungen gewannen in den letzten 10 Jahren zunehmend an Gewicht, sowohl in der Gerontologie als auch in der Psychologie. In den wissenschaftlichen gerontologischen Gesellschaften haben die Psychologen ihren festen Platz und ein erhebliches Mitspracherecht. Auch in wissenschaftlichen Gesellschaften für Psychologie gewinnt die G. an Bedeutung, wie beispielsweise die Gründung einer „Sektion Gerontopsychologie" in der International Association of Applied Psychology deutlich macht.

Während an den Universitäten des Auslandes, vor allem in den USA, aber auch in Holland und Frankreich, Gerontologie bzw. G. seit Jahren fest etabliert ist, ist in der Bundesrepublik erst in letzter Zeit durch Gründungen entsprechender Institute in Kassel, Heidelberg, Erlangen – Nürnberg ein Durchbruch erzielt worden.

International gesehen ist eine beachtliche quantitative Zunahme gerontopsychologischer Publikationen im letzten Jahrzehnt zu verzeichnen. Gerontologische Fachzeitschriften räumen gerontopsychologischen Fragen zunehmend mehr Raum ein; Neugründungen von Fachzeitschriften wie „Psychology and Aging" sind bezeichnend.

In der Forschung findet sich eine zunehmende Differenzierung und Spezialisierung methodischer Ansätze; *Longitudinalstudien* zur Erfassung von Alternsprozessen setzen sich mehr und mehr durch. Eine stärkere Hinwendung zur *praxisbezogenen Forschung* und größere Beachtung der *Interventionsgerontologie* (Baltes, 1973; Lehr, 1979; 1985) läßt sich nachweisen. Epochale, biographische, soziale und ökologische Aspekte als Determinanten von Alterszustand und Alternsprozessen werden stärker herausgearbeitet. Subjektive Erlebensweisen (bzw. die kognitive Repräsentanz der Situation) und Techniken der Bewältigung spezifischer Belastungssituationen im Alter („Daseinstechniken", Thomae, 1951; 1984a, b; oder „coping-styles" nach Lazarus, 1966) sind erzeit Forschungsschwerpunkte. Während noch vor zwei Jahrzehnten primär Verluste und Defizite, die das Altern mit sich bringt, interessierten, bemüht man sich neuerdings, die besondere Kompetenz im Alter, das „Productive Aging" (Butler/Gleason, 1985) zu erfassen.

Literatur

Baltes, P. B.: Strategies for psychological intervention in old age. Gerontologist, 13, 1973, 4-6.

Baltes, P. B.: Intelligenz im Alter. Spektrum der Wissenschaft, 1984, Mai, 46-60.

Baltes, P. B., Schaie, K. W.: On the plasticity of intelligence in adulthood and old age. American Psychologist, 31, 1976, 720-725.

Baltes, P. B./Willis, S. L.: Toward psychological theories of aging and development. In: Birren, J. E./Schaie, K. W. (Eds.): Handbook of the psychology of aging. New York: Van Nostrand, 128-154.

Berkowitz, B./Green, R. E.: Changes in intellect with age. Journal of Genetic Psychology, 53, 1965, 179-192.

Birren, J. E.: A brief history of the psychology of aging. The Gerontologist, 1, 1961, 69-77.

Birren, J. E.: Age, Competence, creativity and wisdom. In: Butler, R. N./Gleason, H. P. (Eds.): Productive aging. New York: Springer, 29-35.

Botwinick, J.: Intellectual abilities. In: Birren, J. E./Schaie, K. W. (Eds.): *Handbook of the psychology of aging*. New York: Van Nostrand, 1977.

Bracken, H. v.: Die Altersveränderungen der geistigen Leistungsfähigkeit und der seelischen Innenwelt. Zeitschrift für Altersforschung, 1, 1939, 256-266.

Bühler, Ch.: Der menschliche Lebenslauf als psychologisches Problem. Leipzig: Hirzel, 1933.

Butler, R. N./Gleason, H. P. (Eds.): Productive aging – enhancing vitality in later life. New York: Springer, 1985.

Cicero: Cato major de senectute (Cato der Ältere über das Alter). München: dtv, 1981.

Cumming, E./Henry, W. E.: Growing old – the process of disengagement. New York: Basic Books, 1961.

Fliess, W.: Der Ablauf des Lebens. Leipzig: Deuticke, 1906.

Galton, F.: Inquiries into human faculty and its development. London: Macmillan, 1983.

Giese, F.: Erlebnisformen des Alterns. Halle/Saale: Marhold, 1928.

Goulet, I. R./Baltes, P. B. (Hrsg.): Life-span developmental psychology: research and theory. New York: Academic Press, 1970.

Hall, St.: Senescence – the last half of life. New York: 1922.

Hellpach, W.: Das Wellengesetz unseres Lebens. Hamburg: Wegner, 1941.

Hofstätter, P. R.: Tatsachen und Probleme einer Psychologie des Lebenslaufs. Zeitschrift für angewandte Psychologie, 53, 1937, 272-333.

Jüttemann, G./Thomae, H.: Biographie und Psychologie. Heidelberg: Springer, 1986.

Künkel, H.: Das Gesetz deines Lebens: Urformen im Menschenleben. Jena: Diederichs, 1933.

Lazarus, R. S.: Psychological stress and the coping process. New York: McGraw Hill, 1966.

Lehr, U.: Gero-Intervention – das Insgesamt der Bemühungen, bei psychophysischem Wohlbefinden ein hohes Lebensalter zu erreichen. In: Lehr, U. (Hrsg.): Interventionsgerontologie. Darmstadt: Steinkopff, 1979, 1-49.

Lehr, U.: Alterszustand und Alternsprozeß – biographische Determinanten. Zeitschrift für Gerontologie, 13, 1980a, 442-457.

Lehr, U.: Die Bedeutung der Lebenslaufpsychologie für die Gerontologie. Acta gerontologica, 10, 1980b, 257-269.

Lehr, U.: Psychologie des Alterns (5. Aufl.) Heidelberg: Quelle & Meyer, 1984.

Lehr, U.: Erfolgreiches Altwerden als Thema der Entwicklungsberatung. In: Brandstädter J./Gräser, H. (Hrsg.): Entwicklungsberatung unter dem Aspekt der Lebensspanne. Göttingen: Hogrefe, 1985, 150-173.

Lüth, P.: Geschichte der Geriatrie. Stuttgart: Enke-Verlag, 1965.

Miles, C. C./Miles, W. R.: The correlation of intelligence scores and chronological age from early to late maturity. American Journal of Psychology, 44, 1932 44-78.

Moers, M.: Die Entwicklungsphasen des menschlichen Lebens. Ratingen: Henn, 1953.

Müller, L. R.: Altersschätzung beim Menschen – ein psychologischer Versuch. Berlin, 1922.

Munnichs, J. M. A.: A short history of Psychogerontology. Human Development, 9, 1966, 230-245.

Quetelet, A.: Sur l'homme et le développement de ses facultés. Paris, 1835.

Rosenmayr, L.: Gerosoziologie. In: Oswald, W. D./Herrmann, W. M./Kanowski, S./Lehr, U./Thomae, H. (Hrsg.): Gerontologie. Stuttgart: Kohlhammer, 1984, 176-183.

Rothacker, E.: Die Schichten der Persönlichkeit. Leipzig: Barth, 1938.

Rybnikov, N. A.: K voprosy o Psichologii Staroste. (Das Problem der Psychologie des Alterns) Žurnal Psichologii i Psichotechniki, 2, 1929, 16-32.

Schaie, K. W.: A general model for the study of developmental problems. Psychological Bulletin, 64, 1965, 92-107.

Streib, G. F./Orbach, H. L.: Aging. In: Lazarsfeld P. et al. (Eds.): The uses of Sociology. New York: Basic Books, 1967, 612-640.

Svanborg, A.: Biomedical and environmental influences on aging. In: Butler, R. N./Gleason, H. P. (Eds.): Productive Aging. New York: Springer, 1985.

Thomae, H.: Persönlichkeit, eine dynamische Interpretation. Bonn: Bouvier, 1951.

Thomae, H.: Psychische und soziale Aspekte des Alterns. Zeitschrift für Gerontologie, 1, 1968, 43-55.
Thomae, H.: Die Bedeutung einer kognitiven Persönlichkeitstheorie für die Theorie des Alterns. Zeitschrift für Gerontologie, 4, 1971, 8-18.
Thomae, H. (Ed.): Patterns of aging – findings from the Bonn-Longitudinal-Study of Aging. Basel: Karger, 1976.
Thomae, H.: Alternsstile und Alternsschicksale – ein Beitrag zur differentiellen Gerontologie. Bern: Huber, 1983.
Thomae, H.: Streß und Streßbewältigung im Alter. Zeitschrift für Gerontologie, 17, 1984 a, 177-180.
Thomae, H.: Gerontopsychologie. In: Oswald, W. D./Herrmann, W. M./Kanowski, S./Lehr, U./Thomae, H. (Hrsg.): Gerontologie. Stuttgart: Kohlhammer, 1984 b.
Tibbitts, C.: Handbook of social gerontology. Chicago: Univ. of Chicago Press, 1960.
Tiling, v. V.: Die Altersstufen des menschlichen Lebens. Stuttgart, 1936.
Vernon, P. E.: The variation of intelligence with occupation, age and locality. British Journal of Psychology, 1, 1947, 52-63.
Weiss, E.: Leistung und Lebensalter, ind. Pste. (zit. nach Hofstätter, 1938).

Geschlechtsunterschiede

Eva Bamberg und Gisela Mohr

Die Lebensbedingungen sind für Frauen und Männer in zentralen Bereichen unterschiedlich: Die Mehrzahl der erwerbstätigen Frauen arbeitet in den unteren Positionen betrieblicher Hierarchien und in unqualifizierten Berufen mit geringen Entscheidungsbefugnissen (Müller et al., 1983). Frauen verdienen weniger als ihre männlichen Kollegen (Steinberg, 1985) und verrichten – auch wenn sie erwerbstätig sind – den größten Teil der Hausarbeit (Metz-Göckel/Müller, 1986). Frauen sind von ökonomischer Unsicherheit in stärkerem Ausmaß betroffen (Schunter-Kleemann, 1985).

Nicht nur die materiellen Bedingungen unterscheiden sich je nach Geschlechtszugehörigkeit. Männern und Frauen werden im Alltagsverständnis und in der wissenschaftlichen Literatur auch *unterschiedliche Dispositionen* zugeschrieben. Mit diesen unterschiedlichen Dispositionen oder Merkmalen beschäftigt sich die G.forschung. Nach der heutigen psychologischen G.forschung liegen G. dann vor, wenn psychische Merkmale bei Personengruppen des einen Geschlechts qualitativ oder quantitativ anders ausgeprägt sind als bei Personengruppen des anderen Geschlechts.

1 Entwicklung der Geschlechtsunterschiedsforschung

Die frühen Anfänge der G.forschung waren geprägt von dem Bemühen, aus unterschiedlichen *biologischen* Funktionen von Mann und Frau auf unterschiedliche *psychische* Merkmale zu schließen, etwa in dem Sinne wie Groddeck dies 1909 versucht, indem er der *Menstruation* bestimmte psychische Korrelate zuordnet:

„Nun hat aber auch die Natur der Frau doch schon durch ihren Körper eine Fessel angelegt, die sie überall hindert. Die gesunde, normale Frau wird in regelmäßigen Zeiträumen von der Natur lahmgelegt und damit ihrer Kraft eine Grenze gesetzt, die von dem weiblichen Geschlecht nicht überschritten werden kann ... Es handelt sich da gar nicht etwa um rein körperliche Zustände, obwohl die allein genügen, um die Leistungsfähigkeit der Frau zu vermindern. Die Frau, selbst die gesündeste (und die erst recht), ist in diesen Zeiten stets mehr oder weniger intellektuell unzurechnungsfähig ... Wie der weibliche Körper ... so ist auch der Geist genau durch dasselbe Mittel verhindert, große Entdeckungen zu machen, da ihm die fortgesetzte Arbeit regelmäßig durch den Raptus der Periode unterbrochen wird."

Doch hat eine solche biologistische Sichtweise bereits damals Widerspruch ausgelöst:

„Ich glaube nicht, daß das Weib in der Zeit der Menstruation ‚unzurechnungsfähig' ist, an Körper und Geist völlig zerrüttet und in Aufruhr gebracht, einem periodischen ‚Raptus' verfallen. Warum ich es nicht glaube? Raptus hin, Raptus her: meine Köchin kocht in den ominösen Tagen (Groddecks wahrscheinlich auch), meine Näherin näht, die Telefonistin telefoniert, die Frauenrechtlerin hält einen Vortrag: und niemand ahnt etwas von den fürchterlichen, ans Irrenhaus streifenden Zuständen dieser traurigen Geschöpfe" (Dohm, 1909).

Die Menstruationsforschung der letzten Jahrzehnte, die keinen Zusammenhang zwischen Leistungsabfall und Menstruation nachweisen konnte, gibt Dohms Vermutung recht (Mahr, 1986).

Die Zuordnung psychischer Eigenschaften zu biologischen Unterschieden implizierte in der Regel, daß die biologische Abweichung der Frau vom Mann als defizitär, minderwertig, nicht voll entwickelt, bewertet wurde. Die Bemühungen, biologischen und damit angeborenen Unterschieden zwischen den Geschlechtern psychische Eigenschaften gemäß der genannten Denktradition zuzuordnen, sind jedoch noch keineswegs abgeschlossen. Geringere Lungenkapazität oder weniger Blutkörperchen müssen noch immer als Begründung für schnelleres Ermüden herhalten, von Menstruation wird noch immer auf Leistungsverlust geschlossen (Krell, 1984).

Bei der heutigen psychologischen G.forschung steht die Fragestellung im Vordergrund, wie im Rahmen von *Sozialisationsprozessen* psychische Differenzierungen zwischen den Geschlechtern entstehen. Dabei standen zunächst G. im Kindesalter im Vordergrund – nicht zuletzt deshalb, weil auch in den Anfängen psychoanalytischer Denkweisen als wesentliche Entwicklungszeit für G. die frühe Kindheit betrachtet wurde, ein Zeitabschnitt, in der sich das weibliche Kind als defizitäre männliche Person erkennt.

Obwohl auch heute noch G. vor allem an Kindern und Jugendlichen untersucht werden, lassen es jüngere theoretische Ansätze als naheliegend erscheinen, nicht nur Sozialisationseinflüsse der frühen Kindheit zu berücksichtigen.

2 Theoretische Ansätze zur Entstehung von Geschlechtsunterschieden

Die derzeitig häufig diskutierten theoretischen Erklärungsansätze für die Entstehung geschlechtstypischer Unterschiede basieren auf *lerntheoretischen* Annahmen und auf *kognitionspsychologischen* Ansätzen. Demnach erfolgt der Erwerb und die Ausführung geschlechtstypischer Verhaltensweisen über differentielle Verstärkung, über Imitation oder über den Erwerb kognitiver Konzepte. Einen kognitiven Ansatz der Geschlechtsrollenentwicklung hat Kohlberg in Anlehnung an Piaget entwickelt. Nach Kohlberg (1974) ist die Geschlechtsidentität oder Selbstkategorisierung grundlegender Faktor der Geschlechtsrollen-Attitüden. Von besonderer Bedeutung sind maskuline/feminine Wertungen, die aus dem Bedürfnis entwickelt werden, Dinge zu bewerten, die mit dem Ich vereinbar sind. Nach Erwerb dieser Wertungen tendiert das Kind dazu, sich mit gleichgeschlechtlichen Bezugspersonen zu identifizieren und damit auch diese zu imitieren.

Im Rahmen der sozialen Lerntheorie wird versucht, verschiedene Erklärungsansätze der Entstehung geschlechtstypischen Verhaltens zu integrieren. Dabei wird davon ausgegangen, daß die Aneignung von geschlechtstypischem Verhalten vor allem über Imitation und Identifikation erfolgt, wobei zunächst das Verhalten beider Geschlechter angeeignet wird. Die Ausführung des Verhaltens ist von dessen antizipierten, beobachteten oder erfahrenen Konsequenzen abhängig (Mischel, 1966).

Anhand der genannten Ansätze kann beschrieben werden, wie die weiter oben dargestellten unterschiedlichen Lebenswelten von Männern und Frauen G. bedingen: Entsprechend der geschlechtsspezifischen Arbeitsteilung bestehen verschiedene Anforderungen an Männern und Frauen, und, in Vorform davon, an weibliche und männliche Kinder (Bilden, 1980). Diese unterschiedlichen Anforderungen konkretisieren sich u. a. in geschlechtsspezifischem Spielzeug, in unterschiedlichen Normen für Jungen und Mädchen, in unterschiedlichen Berufsmöglichkeiten, in der häuslichen Arbeitsteilung. Die Realisierung der unterschiedlichen Anforderungen führt zur Entwicklung unterschiedlicher Ausprägungen psychischer Merkmale, zu G.n. Verschiedene Lebensbedingungen sind also auf der einen Seite Voraussetzung der Entwicklung von G.n. Gleichzeitig dienen G. auch der Legitimation der Zuordnung von Männern und Frauen in verschiedenen Lebenswelten – legitimiert wird die Zuordnung dadurch, daß den Geschlechtern unterschiedliche Eigenschaften oder Fähigkeiten zugeschrieben werden (wie z. B. den Frauen Fingerfertigkeit, soziale Orientierung, Harmoniestreben).

Angesichts der theoretischen Ansätze zur Entstehung von Geschlechtsdifferenzierungen wäre zu erwarten, daß eine Vielzahl von G.n. empirisch nachweisbar ist.

3 Empirische Befunde zu Geschlechtsunterschieden

Die Einschätzung, welche G. empirisch nachgewiesen sind, schwankt beträchtlich (Lehr, 1972). Während Beck-Gernsheim (1979) von weitgehenden G.n ausgeht (Sozialverhalten, Aggressivität/Abhängigkeit, Erfolgs- und Leistungsmotivation, Motiv der Erfolgsvermeidung, kognitive Stile und emotionale Orientierung), kommen Maccoby und Jacklin (1974), die in einem vielzitierten Standardwerk ca. 1600 Untersuchungen auswerteten, zu dem Schluß, daß lediglich in vier Bereichen nachgewiesene G. bestehen. Demnach haben Mädchen bessere verbale Fähigkeiten, Jungen ein besseres visuell-räumliches Vorstellungsvermögen und bessere mathematische Fähigkeiten. Auch seien Jungen aggressiver als Mädchen. Nach Schmerl (1982) ist festzustellen, daß bislang als gesichert geltende G. zunehmend in Frage gestellt werden müssen, sei es aufgrund einer realen Angleichung der Geschlechter, sei es aufgrund methodischer Mängel in der bisherigen G.forschung. So stellt Schmerl 1982 auch die wenigen von Maccoby und Jacklin als empirisch abgesicherten Befunde in Frage. Am Beispiel der Aggression weist sie darauf hin, daß nach anderen Überblicksstudien (Frodi et al., 1977) der Anteil von Studien, die keinen Unterschied feststellen konnten, noch höher liegt. Offensichtlich variiert der Anteil von Studien, die zu Unterschieden zwischen den Geschlechtern kommen, in Abhängigkeit von der gewählten Untersuchungsmethode (Beobachtungsstudien vs. Labor- oder Fragebogenuntersuchung), was auf die Frage der Angemessenheit der methodischen Herangehensweise verweist.

In jüngerer Zeit wird zunehmend festgestellt, daß selbst in den wenigen Fällen, in denen Unterschiede nachgewiesen werden konnten, diese sehr gering sind. Die Variable Geschlecht klärt demnach maximal 5% der Varianz auf (Deaux, 1984; Belle, 1985, Stewart/Lykes, 1985).

Die geringe Ausprägung empirisch nachweisbarer Unterschiede steht im krassen Gegensatz zu den Alltagstheorien über G.

4 Alltagstheorien

Die Frage, welche Vorstellungen über Verhalten oder Eigenschaften der Geschlechter bestehen, werden unter den Begriffen Geschlechtsstereotype, geschlechtsspezifische implizite Persönlichkeitstheorien oder naive Theorien/Alltagstheorien zu G.n behandelt.

Methodisch wird dabei vor allem durch die Zuordnung von Eigenschaften zu den Geschlechtern vorgegangen; d. h. ideale, typische, reale und das Selbst betreffende Eigenschaften werden zugeordnet; eine weitere häufig verwendete Methode ist die Inhaltsanalyse, z. B. von Medien (Bierhoff-Alfermann, 1977; Neuendorf-Bub, 1979). Die Ergebnisse der Untersuchungen zu *Geschlechtsstereotypen* sind erstaunlich konsistent. Demnach sind alltagstheoretische Vorstellungen zu G.n stark an tradierter gesellschaftlicher Arbeitsteilung orientiert (Neuendorff-Bub, 1979; Bilden, 1986). Dies betrifft neben den Stereotypen auch die Autostereotypen von Männern und Frauen.

Zusammenfassend läßt sich, Alltagstheorien folgend, der typische Mann und die typische Frau wie folgt unterscheiden (Keller, 1978): Der typische Mann ist stark, athletisch, Brötchenverdiener, sexuell erfahren, unemotional, stoisch, logisch, rational, intellektuell, unabhängig frei, unternehmend, aggressiv, ambitioniert, kompetent, erfolgreich, mutig. Die typische Frau ist schwach, nicht athletisch, häuslich, fürsorglich, jungfräulich, emotional, sentimental, verwirrt, inkonsisent, intuitiv, abhängig, überbehütet, passiv, schüchtern, warmherzig, charmant, unterordnend, sozial.

Es wäre unangemessen, die genannte Aufzählung als unverbindliche kognitive Vorstellungen abzutun. Im Gegenteil, mit diesen Alltagstheorien sind weitreichende Auswirkungen verbunden: Männer und Frauen werden in der Wahrnehmung und Beurteilung anderer sowie im eigenen Verhalten durch die Geschlechtsstereotype beeinflußt. Eine Orientierung an den Geschlechtsstereotypen trägt zur Stabilisierung gesellschaftlicher Arbeitsteilung und Machtstrukturen bei.

Zusammenfassend läßt sich festhalten, daß die dargestellten Befunde bezüglich Art und Ausmaß von G.n widersprüchlich sind: Unterschiedliche Lebensbedingungen und bestehende Alltagstheorien legen erhebliche Unterschiede nahe. Im Gegensatz dazu lassen sich in empirischen Untersuchungen relativ wenig Unterschiede nachweisen. Ein wesentlicher Grund für diesen Widerspruch ist in methodologischen und methodischen Problemen zu sehen.

5 Methodologische und methodische Probleme

Eine Kritik der G.forschung wurde bereits von verschiedener Seite dargestellt (Rudinger/Bierhoff-Alfermann, 1979; Schmerl, 1982; Eisenberg/Lennon, 1983). Sie macht deutlich, daß eine Reihe methodologischer Ansprüche weitgehend unerfüllt ist.

Kritische Einschätzungen sind hinsichtlich aller Stadien des Forschungsprozesses möglich und erforderlich: Stand der Theorienentwicklung, Formulierung der Fragestellungen und Annahmen, Operationalisierung der Variablen, Untersuchungsdesign, Interpretation und Diskussion der Ergebnisse. Einige zentrale Kritikpunkte sollen im folgenden exemplarisch dargestellt werden.

Theorienentwicklung. – Die Forderung, bei der Ausarbeitung theoretischer Annahmen auf bereits formulierte Theorien Bezug zu nehmen, kann bei der G.forschung aus zwei Gründen kaum realisiert werden: Zum einen, weil bei den meisten psychologischen Theorien auf G. kaum oder gar nicht eingegangen wird (vgl. Bamberg/Mohr, 1982). Zum anderen, weil es innerhalb der G.forschung zwar theoretische Ansätze zur Entstehung von G.n gibt (s. o.), sich aus diesen jedoch keine Schlußfolgerungen ziehen lassen, welche konkreten Unterschiede (bei welchen Personengruppen in welchen Situationen) zu erwarten sind.

Fragestellungen. – Studien, in denen Aussagen über G. gemacht werden, lassen sich in der Mehrheit drei Gruppen zuordnen, wobei in der Regel nur Studien der ersten Gruppe als G.forschung im engeren Sinne angesehen werden:

1. Studien, deren Fragestellung sich explizit auf Unterschiede zwischen weiblichen und männlichen Personen bezieht. Dabei wird – wie auch aus der breiten Begriffsbestimmung von G.n (s. o.) hervorgeht – selten vorab spezifiziert, ob Unterschiede als Differenzen in der durchschnittlichen Ausprägung eines Merkmales, als unterschiedliche Variation eines Merkmals, oder als unterschiedliche Zusammenhänge von Merkmalen zu betrachten sind.
2. Studien, in denen die Frage nach G.n zunächst weder in der Konzeption der Untersuchung noch in der Fragestellung eine Rolle spielte, die Daten jedoch gemäß der Variable „Geschlecht" gesondert dargestellt und dann auch interpretiert werden, ohne allerdings zuvor den entsprechenden theoretischen Hintergrund aufgearbeitet zu haben.
3. Studien, in denen die Frage der G. in keiner Phase des Untersuchungsprozesses, auch nicht bei der Datenanalyse, thematisiert wurde, aber Aussagen über G. explizit oder implizit gemacht werden; beispielsweise in Untersuchungen zum Thema „Elterliches Erziehungsverhalten", in denen nur das Erziehungsverhalten der Mutter analysiert wird.

Die Charakterisierung der Studien macht deutlich, daß die Fragestellung häufig nicht ausreichend präzisiert wird und nicht vor dem Hintergrund bestehenden Wissens begründet wird. Damit ist gerade bei dieser Thematik der Gefahr Vorschub geleistet, daß Interpretationsspielräume immer wieder zu einer Verfestigung von einer jahrzehntelangen Forschungstradition genutzt werden, in der die Frau als defizitärer Mann betrachtet wird.

Untersuchungsdesign. – Es ist fraglich, ob die in den jeweiligen Untersuchungen gewählten Operationalisierungen tatsächlich zu einer Überprüfung der in der Regel allgemein formulierten Annahmen dienen können. Ist z. B. ein höherer Angstwert bei Frauen Ausdruck höherer Ängstlichkeit oder höherer Ehrlichkeit? Ist ein höherer Aggressionswert bei Männern tatsächlich Ausdruck von mehr Aggression oder kann er nur als Hinweis einer stärkeren Ausprägung einer spezifischen Variante aggressiven Verhaltens dienen, wie dies durch die Analyse derartiger Untersuchungen von Schmerl (1982) nahegelegt wird? Darüber hinaus ist festzustellen, daß die als trivial erscheinende Forderung häufig nicht erfüllt wird, nach der Aussagen über postulierte Einflußgrößen nur dann gemacht werden können, wenn diese auch untersucht werden. Insbesondere im Rahmen der G.forschung, im weiteren Sinne gemäß der obigen Einteilung, wird diese Voraussetzung verletzt. Dies kann nur beispielhaft verdeutlicht werden:

- In der Forschung über Bewältigungsverhalten hat sich inzwischen die Erkenntnis durchgesetzt, daß die Wahl einer Strategie von Merkmalen der Situation, also beispielsweise von dem Ausmaß an Handlungsalternativen, die eine Situation bietet, abhängig ist. Es muß als unzulässig betrachtet werden, wenn Frauen spezifisch weibliche Verarbeitungsstrategien – nämlich vorzugsweise die sog. internen und defensiven Strategien – zugeschrieben werden, ohne daß Männer und Frauen unter vergleichbaren situativen Bedingungen untersucht werden (vgl. Kolling/Mohr, 1982).
- Die Auswahl der Erhebungs- und Meßmethoden und des Erhebungskontextes hat ebenfalls Auswirkungen auf die Ergebnisse. Wie an dem bereits erwähnten Beispiel der Aggressivitätsmessung durch Schmerl (1982) verdeutlicht, ist zu prüfen, ob sich durch die jeweilige Untersuchung nicht lediglich eine Geschlechtsspezifität der Meßmethode feststellen läßt (Eisenberg/Lennon, 1983). Rudinger und Bierhoff-Alfermann (1979) machen darauf aufmerksam, daß gerade in experimentellen Anordnungen zur G.forschung die Variable Geschlecht in mehrfacher Hinsicht auf ihren Einfluß für die Datenerhebung geprüft werden muß: das Geschlecht der Versuchsperson, der Stimulusper-

sonen, der Versuchsleiter, der Beobachter – und es bleibt zu ergänzen – der Auswertenden und Interpretierenden muß in seinem Einfluß kontrolliert werden.

Auswertungsmethode. – Schließlich bleibt auch die Wahl der Auswertungsmethode nicht ohne Folge für die Ergebnisse. Die traditionelle G.forschung – angelegt auf die Identifizierung von Unterschieden – muß ein Maß dafür finden, ab wann Merkmalsausprägungen als unterschiedlich definiert werden. In der Regel wird hierzu der Signifikanztest herangezogen und eine signifikante Abweichung zugleich als bedeutsam betrachtet, ohne zu berücksichtigen, daß die Frage der Bedeutung einer signifikanten Abweichung nur anhand von theoretischen Überlegungen behandelt werden kann. Auf die geringere Chance, die der Nullhypothese in diesem Verfahren zukommt – und die Nullhypothese enthält gemeinhin die Aussage über fehlende Unterschiede – wurde an anderer Stelle bereits ausführlich hingewiesen (Bredenkamp, 1972). Umso bemerkenswerter ist, daß empirische Nachweise insgesamt nur wenige G. bestätigen (s. o.).

Diskussion der Ergebnisse und praktische Schlußfolgerungen. – Wenn berücksichtigt wird, daß sich in den meisten Untersuchungen nur geringfügige G. ergeben, dann verwundert, daß diese auch in der wissenschaftlichen Literatur einen solch herausragenden Stellenwert haben. Begründen läßt sich dies zum einen damit, daß die wenigen Ergebnisse zu Unterschieden unzulässig generalisiert werden (Bamberg/Mohr, 1982). So werden G., die bei einer bestimmten Stichprobe (z. B. Kinder) festgestellt wurden, auf die Gesamtpopulation (Kinder und Erwachsene) übertragen. Ein zweiter Grund für die Überbetonung von G.n liegt darin, daß Ergebnisse, die keinen Unterschied zum Inhalt haben, wenn sie überhaupt veröffentlicht werden, bei der Diskussion der Ergebnisse und bei den Schlußfolgerungen weniger gewichtet werden.

Die Konsequenzen, die häufig aus der G.forschung gezogen werden, lassen vermuten, daß die genannten Kritikpunkte durch Geschlechtsrollenstereotype der Autoren oder durch deren Ideologie (Stewart/Lykes, 1985) beeinflußt werden. Dies ergibt sich auch daraus, daß die Diskussion von G.n vor allem negative Konsequenzen für Frauen hat. Favreau (1977) kommt zu dem Schluß, daß Männer auf der Grundlage der vorfindbaren Diskussion konsequenterweise von nahezu allen Berufen, z. B. von Berufen, die sprachliche Fähigkeiten verlangen, oder von Berufen, die Verantwortung für Geld verlangen, auszuschließen sind.

6 Perspektiven der Geschlechtsunterschiedsforschung

Die Suche nach allgemeiner Differenzierung zwischen den Geschlechtern – behaftet mit den aufgezeigten methodologischen Mängeln – hat sich als Sackgasse erwiesen. Die in den neueren Theorien angelegten Überlegungen, die Bedeutung unterschiedlicher Lebensbedingungen für die Entstehung und Aufrechterhaltung von beobachtbaren Unterschieden zu klären, stehen durch die Ausrichtung der traditionellen G.forschung auf Kinder und Jugendliche noch aus. G. müßten dann konsequenterweise als veränderbare Dispositionen betrachtet werden und verlangen längsschnittliche bzw. variierende Erhebungsdesigns. Generell in Frage zu stellen ist jedoch die Suche nach Unterschieden, die einer einseitigen Ableitung praktischer Konsequenzen erst Vorschub leistet. Während z. B. die den Frauen zugeschriebenen Eigenschaften die Zuweisung auf den geschlechtsspezifischen Arbeitsmarkt begründen, werden nicht mit derselben Konsequenz Männer von bestimmten Berufen ausgeschlossen.

Eine Ausrichtung auf Forschung, die an den wesentlichen Qualitäten von Mann und Frau im Sinne einer „Differentiellen Psychologie des Mannes bzw. der Frau“ interessiert ist (Rudinger/Bierhoff-Alfermann, 1979), bietet mehr als die G.forschung die Chance, daß die besonderen Qualitäten einer jeden Gruppe der anderen zugänglich gemacht werden, statt zur Diskriminierung herangezogen zu werden. Allerdings muß es angesichts bisheriger Forschungspraktiken in der G.forschung als Illusion erscheinen anzunehmen, daß sich eine angemessene Methodologie bzw. angemessene praktische Konsequenzen naturwüchsig als Resultat wissenschaftlichen Erkenntnisfortschritts herausbilden. Wäre dies so, dann wäre eine Kritik bestehender Methodologie längst überflüssig.

Literatur

Bamberg, E./Mohr, G.: Frauen als Forschungsthema: Ein blinder Fleck in der Psychologie. In: Mohr, G./Rummel, M./Rükkert, D. (Hrsg.): Frauen – Psychologische Beiträge zur Arbeits- und Lebenssituation. München: Urban und Schwarzenberg, 1982, 1-19.

Beck-Gernsheim, E.: Männerrolle, Frauenrolle – aber was steht dahinter? Soziologische Perspektiven zur Arbeitsteilung und Fähigkeitsdifferenzierung zwischen den Geschlechtern. In: Eckert, R. (Hrsg.): Geschlechtsrollen und Arbeitsteilung. München: Beck, 1979, 165-201.

Belle, D.: Ironies in the contemporary study of gender. Journal of Personality, 53, 1985, 400-405.

Bierhoff-Alfermann, D.: Psychologie der Geschlechtsunterschiede. Köln: Kiepenheuer und Witsch, 1977.

Bilden, H.: Geschlechtsspezifische Sozialisation. In: Hurrelmann, K./Ulich, D. (Hrsg.): Sozialisationsforschung. Weinheim: Beltz, 1986, S. 777-812.
Bredenkamp, J.: Der Signifikanztest in der psychologischen Forschung. Frankfurt: Akademische Verlagsgesellschaft, 1972.
Deaux, K.: From individual differences to social categories: Analysis of a decade's research on gender. American Psychologist, 39, 1984, 105-116.
Dohm, H.: Ein Erlöser von der Frauenemanzipation. Die Zukunft, XVII, 52, 1909, 434-436.
Eisenberg, R./Lennon, R.: Sex differences in empathy and related capacities. Psychological Bulletin, 94, 1983, 11-131.
Favreau, O. E.: Sex bias in psychological research. Canadian Psychological Review, 18, 1977, 56-65.
Frodi, A./Macaulay, J./Thome, P.: Are women always less aggressive than men? A review of the experimental literature. Psychological Bulletin, 84, 1977, 634-660.
Groddeck, G.: Die Frau. Die Zukunft, XVII, 41, 1909, 55-69.
Keller, H.: Männlichkeit – Weiblichkeit. Darmstadt: Steinkopff, 1978.
Kohlberg, L.: Analyse der Geschlechtsrollenkonzepte und Attitüden bei Kindern unter dem Aspekt der kognitiven Entwicklung. In: Kohlberg, L.: Zur kognitiven Entwicklung des Kindes. Frankfurt: Suhrkamp 1974, 334-471.
Kolling, R./Mohr, G.: Psychische Störungen bei Frauen: Hinweise für Prävention und Therapie. In: Mohr, G./Rummel, M./Rückert, D. (Hrsg.): Frauen – Psychologische Beiträge zur Arbeits- und Lebenssituation. München: Urban & Schwarzenberg, 1982, 123-148.
Krell, G.: Das Bild der Frau in der Arbeitswissenschaft. Frankfurt: Campus, 1984.
Lehr, U.: Das Problem der Sozialisation geschlechtsspezifischer Verhaltensweisen. In: Graumann, C. (Hrsg.): Sozialpsychologie. Handbuch der Psychologie, Bd. 7. Göttingen: Hogrefe, 1972, 886-952.
Maccoby, E./Jacklin, C.: The psychology of sex differences. Stanford: Stanford University Press, 1974.
Mahr, E.: Menstruationserleben. Weinheim: Beltz, 1986.
Metz-Göckel, S./Müller, U.: Die Partnerschaft der Männer ist (noch) nicht die Partnerschaft der Frauen – Empirische Befunde zum Geschlechterverhältnis aus der Frauenperspektive. WSI-Mitteilungen, 1986, 549-558.
Mischel, W.: A social-learning view of sex differences. In: Maccoby, E. (Ed.): The development of sex differences. Stanford: Stanford University Press, 1966, 56-81.
Müller, W./Wilms, A./Handl, J.: Strukturwandel der Frauenarbeit 1880-1980. Frankfurt: Campus, 1983.
Neuendorf-Bub, B.: Stereotype und geschlechtstypisches Verhalten. In: Eckert, R. (Hrsg.): Geschlechtsrollen und Arbeitsteilung. München: Beck, 1979, 78-96.
Rudinger, G./Bierhoff-Alfermann, D.: Methodenprobleme in der Geschlechtsunterschiedsforschung. In: Keller, H. (Hrsg.): Geschlechtsunterschiede. Weinheim: Beltz, 1979, 211-239.
Schmerl, C.: Einige Gedanken zur Sozialisation von Frauen. In: Mohr, G./Rummel, M./Rückert, D. (Hrsg.): Frauen – Psychologische Beiträge zur Arbeits- und Lebenssituation. München: Urban & Schwarzenberg, 1982, 20-37.
Schunter-Kleemann, S.: Frauenarbeitslosigkeit: Umfang, Struktur, Ursachen, Folgen. In: Arbeitskreis Frauenfragen des IMSF (Hrsg.): Emanzipation in der Krise. Frankfurt: Plambeck, 1985, 51-84.
Steinberg, A.: Frauenlöhne: Die Formen der Diskriminierung sind vielfältig. In: Arbeitskreis Frauenfragen des IMSF (Hrsg.): Emanzipation in der Krise. Frankfurt: Plambeck, 1985, 146-151.
Stewart, A. J./Lykes, M. B.: Conceptualizing gender in personality theory and research. Journal of Personality, 53, 1985, 93-101.

Gesprächspsychotherapie

Hans Wolfgang Linster

1 Begriffserklärung, Entstehung, Entwicklungsrichtungen

Gesprächspsychotherapie (GT) ist der im deutschen Sprachraum gebräuchlichste Name für eine Psychotherapieform, die von dem amerikanischen Psychologen Carl Rogers begründet wurde. Andere geläufige Bezeichnungen kennzeichnen wesentliche Momente und spiegeln zugleich die historische Entwicklung wider:
- Nicht-direktive Beratung und Therapie (Rogers, 1951/1973)
- Klientenzentrierte Therapie (Rogers, 1951/1973)
- Klientenzentrierte Psychotherapie (Jankowski et al., 1976)
- Personenzentrierte Theorie und Therapie (Holdstock/Rogers, 1977)
- Personenzentrierte Gesprächspsychotherapie (Tausch/Tausch, 1978).

Rogers verwendet meist beide Namen: Client-centered und Person-centered Therapy/Theory (Rogers, 1986). Amerikanische wie auch deutsche Vertreter sprechen heute vom Person-Centered Approach bzw. vom Personenzentrierten Ansatz. Der Therapieverband der BRD – die Gesellschaft für wissenschaftliche Gesprächspsychotherapie (GwG) – verwendet offiziell die Bezeichnung Klienten- zentrierte Psychotherapie.

Entstehung, geistige Einflüsse, Aufnahme. – Die GT und die ihr zugrunde liegende Theorie entstammen der klinisch-psychologischen Praxis. Rogers verfolgte von Anfang an das Ziel, eine Psychotherapieform zu entwickeln, die von der praktischen Erfahrung ausgehen und auf der Reflexion dieser Erfahrung aufbauen sollte.

Rogers (u. a. in Rogers, 1961/1973) verweist auf die zahlreichen und unterschiedlichen Einflüsse, die in die Formulierung des Therapieansatzes eingeflossen sind: seine Herkunft und sein kultureller Hintergrund, Studium (Theologie, Pädagogik, experimentelle und behavioristisch orientierte Psychologie), Berufstätigkeit und Austausch mit Kollegen, die Psychoanalyse, insbesondere in der von O. Rank und J. Taft entwickelten Form. In späteren Jahren kam die Beschäftigung mit philosophischen Ansätzen hinzu, in welchen er viele seiner Erfahrungen und Ideen wiederfand (u. a. Linster, 1980; Howe/Minsel, 1984).

Der Zeitpunkt der Entstehung war für die rasche Aufnahme und Verbreitung besonders günstig. Auf Seiten der Psychologie wie auf Seiten der

Gesellschaft bestand ein großer Bedarf an rasch wirksamen und schnell erlernbaren Therapieformen. Die GT versprach dies und auch den Anspruch wissenschaftlicher Überprüfung durch den Einsatz psychologischer Methoden einzulösen (Linster, 1980; Barrett-Lennard, 1983).

Charakteristika und Selbstverständnis, Entwicklungsrichtungen. – Die Ausgangsüberlegungen von 1942 enthalten die auch heute noch gültige Grundidee des Therapieansatzes: „Das Individuum steht im Mittelpunkt der Betrachtung und nicht das Problem. Das Ziel ist nicht, ein bestimmtes Problem zu lösen, sondern dem Individuum zu helfen, sich zu entwickeln, so daß es mit dem gegenwärtigen Problem und mit späteren Problemen auf besser integrierte Weise fertig wird" (Rogers, 1942/1973, 36). Zu dieser Grundidee gehört die zentrale Hypothese, daß „der Mensch über eine enorme Fähigkeit verfügt, sich selbst zu verstehen und konstruktiv zu verändern" sowie die therapeutische Erfahrung, „daß diese Fähigkeit am besten in einer Beziehung mit bestimmten definierbaren Merkmalen freigesetzt und verwirklicht werden kann", in einer Beziehung, in welcher „der Therapeut oder ein anderer Helfender seine eigene Wirklichkeit, seine Anteilnahme und ein tiefes, sensitives, nichturteilendes Verstehen erlebt und kommuniziert" (Rogers, 1980/1983, 472 f.).

Für die *Entwicklung* der GT erwiesen sich zwei Bewegungsrichtungen als entscheidend:

- Die Verbindung mit der Wissenschaft Psychologie: Sie führte zur Etablierung des Therapieansatzes in der Psychologie und in der Gesellschaft, zu ihrer anfänglich vor allem durch wissenschaftliche Forschung vorangetriebenen Weiterentwicklung sowie zu ihrer Verbreitung und Rezeption durch andere Berufsgruppen und Disziplinen.
- Das Interesse und Bemühen, sich ganz im Sinne des Ansatzes mit der Erfahrung auseinanderzusetzen, die Individuen mit den vorfindbaren Strukturen in vielen Lebensbereichen und Einrichtungen der Gesellschaft (Universitäten, Schulen, Kliniken u. a.) machen, führte bei vielen Vertretern zu großem gesellschaftspolitischem Engagement, das sich bereits früh in der Gründung einer neuen Richtung der Psychologie – der *Humanistischen Psychologie* (Bühler/Allen, 1973; Quitmann, 1985) – artikulieren konnte.

Vor diesem Hintergrund lassen sich zwei Entwicklungsrichtungen der GT erkennen. Beide beinhalten ein jeweils eigenes Verständnis von Psychotherapie, das vor allem dann sichtbar wird, wenn es gilt, das Psychotherapiekonzept der GT, ihre Fundierung sowie das Verhältnis von Psychotherapie und Gesellschaft zu bestimmen:

- Die *empirisch-wissenschaftliche* Richtung vertritt ein enges Verständnis von GT. Sie verkürzt den Ansatz vor allem um die Grundannahmen und behandelt ihn wie ein psychotherapeutisches Verfahren. Anwendungsformen und Anwendungspraxis sowie vor allem ihre Fundierung sollen entscheidend durch Wissenschaft – insbesondere durch die Psychologie – bestimmt werden. Ihre Weiterentwicklung erfolgt ebenfalls auf der Grundlage der Ergebnisse empirischer Psychotherapieforschung. Diese prüft vor allem ihre Wirksamkeit und legitimiert ihre Anwendung gegenüber der Gesellschaft.
- Die *humanistisch-existentialistische* Richtung greift vor allem die Erfahrung und Überzeugung auf, daß GT-Prinzipien für die Gestaltung aller zwischenmenschlichen Beziehungen und für die Förderung der Persönlichkeitsentwicklung einen nützlichen Beitrag leisten. GT versteht sich hierbei nicht mehr nur als psychotherapeutisches Konzept. Vielmehr werden die hier einbezogenen Grundannahmen zu einer „Theorie des menschlichen Daseins" bzw. einer Lebensphilosophie (Holdstock/Rogers, 1977; Rogers, 1986) ausgebaut. Diese Richtung weitet sich zum personenzentrierten Ansatz aus; er verspricht nicht nur persönliche und zwischenmenschliche, sondern sogar soziale und gesellschaftliche Veränderung (Rogers, 1981; 1986). Psychotherapie als Erfahrungsgrundlage ermöglicht, eine Theorie des menschlichen Daseins (Holdstock/Rogers, 1977) zu entwerfen, Psychotherapie wird zu einer Lebensform.

Die Reflexion der therapeutischen Erfahrung steht im Mittelpunkt der Fundierungsarbeit, Wissenschaft und Forschung tragen dazu, sowie zur Untersuchung der Wirksamkeit, bei. Das Gewicht, das der persönlichen Erfahrung des Therapeuten eingeräumt wird, fördert die Entwicklung persönlicher Varianten und produziert ein vielfältiges bis uneinheitliches Bild von GT (Linster, 1980; Shlien/Levant, 1984).

2 Theoretische Grundlagen

Die theoretischen Grundlagen der GT als Psychotherapieform wurden von Rogers im wesentlichen bereits in den 50er Jahren erarbeitet und veröffentlicht (Rogers, 1959). Insbesondere Rogers' Beitrag von 1959 enthält die auch heute noch gültigen Grundgedanken; spätere Arbeiten führen zumeist ausdrücklich die dort formulierten Auffassungen weiter, vor allem dann, wenn es gilt, das

Gesamtkonzept der GT und ihr Psychotherapieverständnis darzustellen (u. a. Biermann-Ratjen et al., 1979; Biermann-Ratjen/Eckert, 1985).

2.1 Menschenbild

Die folgenden Aussagen enthalten die zentralen Annahmen über die Natur des Menschen und menschliches Zusammenleben. Sie werden in den Einzeltheorien – etwa der Therapietheorie – weiter ausformuliert und ausdifferenziert:

- Jeder Mensch besitzt eine angeborene Tendenz, seine Person, sein Verhalten und Erleben selbständig, frei und eigenverantwortlich in Richtung auf Wachstum und Selbstaktualisierung zu entwickeln. Er besitzt damit ein inneres Potential konstruktiver Kräfte.
- Menschliches Leben vollzieht sich als Prozeß der Selbstverwirklichung. Sie geschieht durch die Fähigkeit, im Prozeß der Selbsterfahrung Bewußtsein und Selbst-Bewußtsein zu bilden. Dieser Prozeß erfordert Offenheit für Erfahrung und Zugang zu dem, was im Moment geschieht. Die organismische Weisheit als Teil der Aktualisierungstendenz befähigt, zwischen Erfahrungen zu unterscheiden, die die Aktualisierung bzw. Selbstaktualisierung begünstigen oder behindern.
- Jeder Mensch lebt in seiner eigenen „subjektiven Welt". Er ist zugleich unentrinnbar auf die anderen und auf seine Umwelt bezogen. Die Außenwelt ist nur insofern von Belang und real vorhanden, wie sie in seiner Innenwelt repräsentiert (symbolisiert) ist.
- Jeder Mensch besitzt ein großes Bedürfnis nach einer tiefen mitmenschlichen Beziehung (positiver Zuwendung).
- Eine zwischenmenschliche Beziehung wird dann als befriedigend und förderlich erlebt, wenn sie bestimmte Qualitäten enthält: wenn sie frei ist von Macht und jeder die Einzigartigkeit und Eigenart seines Gegenübers wahrnimmt und akzeptiert. Dann hat jeder auch die Möglichkeit, real zugegen zu sein. Sofern der andere versucht, ihn in seiner Subjektivität zu verstehen, verhilft er ihm, er selbst zu werden und er selbst zu sein.

2.2 Persönlichkeitsentwicklung und die Theorie psychischer Störung

Grundlegend ist die Auffassung, daß das Individuum zwar mit positiven und konstruktiven Kräften und Fähigkeiten ausgestattet ist, daß es aber auf Grund seiner Situation – als noch unentwickeltes Wesen und auf Grund seines Bedürfnisses nach emotionaler Zuwendung – auf den/die anderen angewiesen ist. Gelingen oder Mißlingen der Persönlichkeitsentwicklung – d. h. auch die Entwicklung psychischer Störungen – spielt sich auf dieser Dimension ab: Inwieweit erhält es von seiner Umwelt die Unterstützung, um eigenständige Person zu werden? Diese Unterstützung erfolgt jedoch nie in idealer Weise. Die Bezugspersonen haben und setzen Grenzen. Sie vermitteln bestimmte Werthaltungen und Machtverhältnisse und schränken deren Aufdeckung und Bewußtmachung zugleich auch ein. Sie schaffen Kongruenz und Inkongruenz, Bewußtheit und Unbewußtheit.

Die mißlingende Persönlichkeitsentwicklung zeigt sich in der zunehmenden Entstehung von *Inkongruenz.* Psychische Störungen entspringen dieser und vor allem den daraus resultierenden Diskrepanzen im Verhalten und Erleben. Sie äußern sich in der reduzierten bis blockierten Fähigkeit, diese Inkongruenz- bzw. diskrepanten Erfahrungen (richtig) wahrzunehmen, sie sich bewußt zu machen, um dadurch Inkongruenzen und Diskrepanzen zu verringern oder aufzulösen. Das Individuum ist in seiner Fähigkeit, eigene (persönliche) konstruktive Erfahrung zu machen, behindert, es handelt nicht mehr ausreichend reflexiv/selbstexplorativ. Selbstaktualisierungskraft und Aktualisierungskraft arbeiten nicht mehr miteinander, sondern gegeneinander (ausführlicher: Rogers 1959; 1961/1973).

2.3 Therapietheorie

Die „Klientenzentrierten Grundhaltungen" des Therapeuten – *Echtheit/Kongruenz, Akzeptanz/Wertschätzung* und *Empathie/Einfühlendes Verstehen* – sind die bekanntesten Charakteristika der GT. Rogers hat sie als notwendige und hinreichende Bedingungen für therapeutische Persönlichkeitsveränderung beschrieben (1957). Sie werden oft als therapeutische Techniken mißverstanden und der gesamte Therapieansatz darauf reduziert.

Die Therapietheorie von 1959 ist das klassische Therapiemodell der GT. Es stellt einen Zusammenhang her zwischen den Ausgangsbedingungen – der Situation des Klienten, der des Therapeuten und der der Therapie –, dem therapeutischen Prozeß und den therapeutischen Effekten/Veränderungen. Dieser Zusammenhang wird als „Wenn-Dann-Beziehung" formuliert und wurde auch so wissenschaftlich untersucht. Er ist jedoch als spiralenförmig vorwärtsschreitender dialogischer Prozeß zu sehen und wird in praktischen Darstellungen auch so beschrieben.

Die Ausgangssituation des Klienten besteht darin, daß er ansatzweise (a) seine Störung als Inkongruenz wahrnimmt und das Bedürfnis verspürt, „etwas" zu verändern, (b) bereit ist, zu einer anderen Person (dem Therapeuten) in Kontakt zu treten und (c) dessen Kontaktaufnahme, das gesprächspsychotherapeutische Beziehungsangebot (Biermann-Ratjen et al., 1979), wahrnehmen kann und will.

Der Therapeut besitzt die für die therapeutische Beziehungsaufnahme und die GT erforderlichen Voraussetzungen und Fähigkeiten und spürt Bereitschaft, mit den Klienten in Kontakt zu treten. Er vermag die GT-Grundhaltungen einzunehmen und aus dieser Haltung heraus ein konkretes therapeutisches Beziehungsangebot zu realisieren: Er hat Zugang zu seiner momentanen Erfahrung und vermag in kongruenter Weise als reale Person dem Klienten gegenüberzutreten. Aus dieser erfahrenen Selbstkongruenz spürt/merkt er, wann und worin er dem Klienten wertschätzend und akzeptierend begegnet und wann nicht. Er versucht den Klienten so wahrzunehmen, wie dieser ihm erscheint bzw. sich ihm zeigt und äußert. Er kommuniziert ihm dies in akzeptierender Weise und versucht, ihn als Person mit seinen Erfahrungen zu verstehen. Damit unterstützt er ihn, seine Erfahrung zu explorieren und zu symbolisieren, so daß der Klient – diese reflektierend – sich zunehmend als Person erkennt und kennenlernt.

Auch die therapeutische Situation gilt es herzustellen bzw. darauf zu achten, inwieweit sie eingeschränkt ist (wird). Die therapeutische Situation sollte den therapeutischen Prozeß der GT erlauben, daß sich Therapeut und Klient in akzeptierender und verstehender Weise mit der inkongruenten Erfahrung des Klienten befassen und diese auflösen (= Prozeßziel), so daß der Klient fähig wird, Selbst-Bewußtsein zu gewinnen und sein Leben persönlich zu gestalten (Therapieziel Persönlichkeitsentwicklung).

Prozeßziel und Therapieziel fördern sich gegenseitig, zwischen dem therapeutischen Prozeß und den Veränderungen und Effekten bestehen fließende Übergänge. Die für das Therapiekonzept zentrale Zieldimension Entwicklung (Wachstum) unterstellt dauernden Wandel, ihre Förderung ist ein lebenslanger, kein endlicher Prozeß.

3 Anwendung

Sieht man sich in den einschlägigen Praxisfeldern um, fällt die Verbreitung und Vielfalt der Anwendungsformen der GT auf. Letztere ist nicht nur Ergebnis der unterschiedlichen Anforderungen der Praxis/des Tätigkeitsfeldes, vielmehr zeigen sich darin die unterschiedlichen Auffassungen von GT sowie die vom personenzentrierten Konzept selbst jedem Praktiker gestellte Aufgabe, ein eigenes (therapeutisches) Handlungskonzept zu entwickeln, welches auf der persönlichen Erfahrung aufbaut.

Trotz Vielfalt und fließender Übergänge der vorliegenden persönlichen Handlungskonzepte erscheint es als sinnvoll und notwendig, zwischen der GT als Psychotherapieform und ihren Varianten und den verschiedenen Formen personenzentrierten Handelns im Bereich psychosozialer Tätigkeit zu unterscheiden.

3.1 Gesprächspsychotherapie als Psychotherapieform

Die anzutreffenden Formen von GT lassen sich zwischen den Positionen „GT als eigenständiges Konzept von Psychotherapie" und „GT als psychotherapeutisches Verfahren bzw. Technik" ansiedeln. Beide Positionen enthalten auch eine Stellungnahme dazu, inwieweit das GT-Konzept für die psychotherapeutische Praxis eine ausreichende Grundlage darstellt.

Das skizzierte Ausgangsverständnis wirkt sich auch auf die *Indikationsstellung* von GT aus. Sofern GT als ein Verfahren neben anderen – in einem mehr oder weniger eklektischen Psychotherapiekonzept z. B. – zur Wahl steht, kann adaptiv und differentiell in Abstimmung mit den anzustrebenden Zielen, Effekten und Rahmenbedingungen vorgegangen werden. Sofern GT als eigenständiges Psychotherapiekonzept gesehen wird, gilt es jene Klienten auszuwählen, die auf GT „ansprechen", deren Inkongruenz eine psychotherapeutische Bearbeitung rechtfertigt und die von dieser Bearbeitung auch profitieren (Biermann-Ratjen et al., 1979). Die vorfindbaren Anwendungsformen von GT beachten in erster Linie Klienten- und Settingmerkmale (u. a. ambulant/stationär) und in zweiter Linie symptom- oder problembezogene Aspekte. Hierzu folgen Beispiele für ausgewählte Anwendungsbereiche; die Autoren informieren über das Therapiekonzept, differentielles Vorgehen, differentielle Effekte und – in fast allen neueren Arbeiten – auch über Ergebnisse empirischer Untersuchungen:

- Kinder (Axline, 1947/1972; Goetze/Jaede, 1974; Goetze, 1981);
- Paare (Rogers, 1972/1975; Auckenthaler, 1983);
- Gruppen (Rogers, 1970/1974; Franke, 1978; Mente/Spittler, 1980);
- Psychiatrische Patienten (Rogers et al., 1967; Eckert et al., 1980; Gaebel, 1984; Eckert/Biermann-Ratjen, 1985; Bommert, 1986; Finke/Teusch, 1986; Pfeiffer, 1986);
- Psychosomatische Patienten (Franke, 1980; Schmitt, 1980; Schulz/Volger, 1983; Volger, 1983).

Daneben finden wir zahlreiche weitere Beispiele für die Anwendung von GT in der therapeutischen Arbeit – etwa mit alten Menschen – sowie in vielen Bereichen der medizinischen Versorgung: Operationsvor- und nachbereitung, bei chronisch Kranken, Sterbenden, in der Krisenintervention u. a. (u. a. Pfeiffer/Howe, 1983; Pfeiffer, 1983).

3.2 Formen personenzentrierter Arbeit in psychosozialen Tätigkeitsfeldern

Prinzipien und Vorgehensweisen der GT werden in verschiedenen Feldern psychosozialer Praxis – Sozialarbeit und Sozialpädagogik, Seelsorge, Unterricht und Erziehung, Strafvollzug –, aber auch im Bereich Organisationsentwicklung und -führung angewandt. Ihre Anwendung erweist sich zwar vielfach als sinnvoll und nützlich, sie wird jedoch auch, sofern „naiv" praktiziert – heftig kritisiert (u. a. Schwartz, 1984; Sander, 1984).

Ein breites und wichtiges Anwendungsfeld ist der Bereich *Beratung* und *Supervision,* wobei das Spektrum von auch psychotherapeutisch ausgerichteter Lebens- und Konfliktberatung bis hin zu aufgabenorientierter bzw. institutioneller Beratung und Supervision reicht. Entscheidende Beiträge leistete das personenzentrierte Konzept für den Bereich *Erziehung* und *Unterricht* (Rogers, 1969/1974; 1983/1984; Tausch/Tausch, 1977).

4 Forschung und wissenschaftlicher Status

Rogers gilt als Pionier der empirischen Psychotherapieforschung. Er selbst sowie viele Vertreter der GT haben bisher eine Fülle von grundlagen- und anwendungsorientierten Arbeiten vorgelegt, Forschungsmodelle und -methoden sowie Untersuchungsverfahren zur Erfassung psychotherapeutischer Vorgehensweisen, Prozesse und Effekte entwickelt und angewandt. Vor allem die GT-Grundhaltungen – die sog. Basisvariablen – wurden in zahlreichen Untersuchungen auf ihren therapeutischen Beitrag hin erforscht (Truax/Mitchell, 1971; Mitchell et al., 1977; Lambert et al., 1978).

Auch in der BRD und DDR wurden mit der Rezeption der GT in Ausbildung und Praxis die Forschungsaufgabe und das Forschungskonzept mit übernommen (Bommert, 1978; Helm, 1978). Schwab und Tönnies (1984) geben eine Übersicht über den Forschungsstand. Untersuchungen der differentiellen Indikation (u. a. Zielke, 1979; Schulz, 1980) sowie differentieller Prozesse und Effekte der GT im Vergleich zur Verhaltenstherapie (Grawe, 1976; Plog, 1976) bzw. psychoanalytischer Kurztherapie (Meyer, 1981) konnten den eigenständigen und relativen Beitrag der GT deutlicher machen.

Der wissenschaftliche Status der GT – und damit auch der Status ihrer theoretischen Fundierung – reflektiert besonders deutlich die inzwischen selbstkritische Einstellung der Psychotherapieforschung (u. a. Grawe, 1986) sowie die Problematik der Verbindung von Wissenschaft und Praxis bzw. von Psychologie und Psychotherapie (u. a. Howe, 1985).

Insbesondere die Problematik der Verbindung des empirisch-wissenschaftlichen Forschungsparadigmas mit dem von seinen Grundannahmen her phänomenologisch-existentialistisch ausgerichteten Psychotherapiekonzept und Wissenschaftsverständnis der GT wird inzwischen deutlicher gesehen. Neue Arbeiten zur theoretischen Weiterentwicklung und Fundierung enthalten ein breites Spektrum an Lösungsvorschlägen. Diese reichen von der Forderung nach einer neuen Positionsbestimmung für die GT über die Forderung nach konzeptadäquateren Forschungsfragen und -methoden bis hin zur Reduzierung der GT auf ein psychotherapeutisches Verfahren und seine Integration in ein allgemeines psychologisches Therapiekonzept (Kwiatkowski, 1980; Bommert, 1986; Lambert, 1986; Beiträge in Levant/Shlien, 1984; Rogers, 1985).

5 Bedeutung des Beitrages von Carl Rogers und der Gesprächspsychotherapie: Verbreitung und Ausbildung, Zukunftsperspektiven

Die Entwicklung, Verbreitung und Anerkennung der GT ist entscheidend mit der Person von Carl Rogers verbunden, der kürzlich im Alter von 85 Jahren verstorben ist (1902-1987). Sein Beitrag und der der GT besitzen nicht nur historische, sondern auch aktuelle Bedeutung, trotz der Mißverständnisse und der vielfachen Kritik, die beiden entgegengebracht wurde. Denn die GT ist heute eine der am umfassendsten wissenschaftlich untersuchten und am weitesten verbreiteten Psychotherapieformen. Sie hat nicht nur die therapeutische Praxis neu konzipiert, sondern auch die Ausbildung zum Psychotherapeuten. Rogers Beitrag bestand jedoch nicht allein in der Verbindung von Psychotherapie und Wissenschaft, sondern auch in der *Popularisierung* psychotherapeutischer Praxis – u. a. durch die *Encounterbewegung* – und in ihrer *Politisierung.* Vor allem in den letzten Jahren hat er politische und Kulturen verbindende Groß-Encounter initiiert und an vielen auch teilgenommen und zu aktuellen politischen Fragen – u. a. Atomkrieg, Südafrika – Stellung bezogen.

Die GT fand vor allem in der BRD – vergleichbar jedoch auch in der DDR und in anderen europäischen Ländern wie Österreich, der Schweiz, Belgien und Niederlande sowie in den letzten Jahren auch in osteuropäischen

Ländern (Ungarn, Polen) – eine rasche Aufnahme und Verbreitung.

GT bzw. GT-Prinzipien und -methoden werden zumindest in Grundzügen an Universitäten, Fachhochschulen und Fachschulen im Rahmen der beruflichen Ausbildung oder in berufsbegleitenden Fort- und Weiterbildungsveranstaltungen an verschiedene Berufsgruppen – Ärzte, Psychologen, Pädagogen, Sozialarbeiter, Theologen u. a. – vermittelt.

Der Psychotherapieverband der BRD – die Gesellschaft für wissenschaftliche Gesprächspsychotherapie (GWG) – führt darüberhinaus anerkannte und abgeschlossene Ausbildungskurse in Klientenzentrierter Psychotherapie (GT) und Gesprächsführung durch. Mit rund 7500 Mitgliedern – davon ca. 60% Psychologen – ist die GwG einer der größten Therapieverbände der Welt.

Die erreichte Anerkennung, Verbreitung und Popularisierung der GT führte diese jedoch auch in eine paradoxe Situation: Einerseits werden ihre Bedeutung und ihr Beitrag als Therapiekonzept weitgehend anerkannt – andererseits ist die Anwendung von GT bzw. von GT-Prinzipien für viele so selbstverständlich, daß sie dies entweder gar nicht mehr ausrücklich kenntlich machen oder aber sie verwenden sie als selbstverständliche Grundlage und integrieren (assimilieren) sie in ihr jeweiliges therapeutisches Handlungskonzept.

Für die Zukunft der GT als eigenständiges Konzept von Psychotherapie wird entscheidend sein, inwieweit es zumindest einem Teil ihrer Vertreter gelingt, das Originäre und Besondere des Konzeptes deutlich zu machen, damit es aus seinem Selbstverständnis heraus behandelt und betrachtet werden kann. Die GT erhielte damit die Grundlage, die sie braucht, um sich als eigenständiges Konzept in Praxis und Forschung zu bewähren.

Literatur

Auckenthaler, A.: Klientenzentrierte Psychotherapie mit Paaren. Stuttgart: Kohlhammer, 1983.

Axline, V.: Play Therapy. Boston: Houghton-Mifflin, 1947. Dt.: Kinderspieltherapie im Nicht-direktiven Verfahren. München: Kindler, 1972.

Barrett-Lennard, G. T.: Inkubation und Geburt der klientenzentrierten Psychotherapie: „Die Roosevelt-Rogers-Verbindung". GwG-Info, 51, 1983, 16-35.

Biermann-Ratjen, E.-M./Eckert J./Schwartz, H.-J.: Gesprächspsychotherapie. Verändern durch Verstehen. Stuttgart: Kohlhammer, 1979.

Biermann-Ratjen, E.-M./Eckert J.: Gesprächspsychotherapie nach Carl Rogers. In: Toman, W./Egg R. (Hrsg.): Psychotherapie. Ein Handbuch, Bd. 1. Stuttgart: Kohlhammer, 1985, 225-253.

Bommert, H.: Gesprächspsychotherapie-Forschung. In: Pongratz, L. (Hrsg.): Handbuch der Psychologie, Bd. 8, 2. Göttingen: Hogrefe, 1978, 1319-1348.

Bommert, H.: Gesprächspsychotherapie, psychiatrische Aspekte. In: Kisker, K. P. (Hrsg.): Psychiatrie der Gegenwart, Bd. 1 (3. erw. Aufl.) Berlin: Springer, 1986, 307-329.

Bozarth, J. D./Brodley, B. T.: Client-centered psychotherapy. A statement. Person-centered Review, 1, 1986, 262-271.

Bühler, C./Allen, M.: Einführung in die Humanistische Psychologie. Stuttgart: Klett, 1973.

Dietrich, G.: Allgemeine Beratungspsychologie. Göttingen: Hogrefe, 1983.

Eckert, J./Biermann-Ratjen, E.-M.: Stationäre Gruppenpsychotherapie. Prozesse – Effekte – Vergleiche. Berlin: Springer, 1985.

Eckert, J./Biermann-Ratjen, E.-M./Müller, K./Schacher G.: Diagnostik und Therapie von Borderline-Patienten. In: Hautzinger, M./Schulz W. (Hrsg.): Klinische Psychologie und Psychotherapie, Bd. 4. Köln/Tübingen: GwG/DGVT, 1980, 15-29.

Finke, J.: Verstehen und Einsicht in der klientenzentrierten Gesprächspsychotherapie. Zur Positionsbestimmung klientenzentrierter Methodik. Zeitschrift für personenzentrierte Psychologie und Psychotherapie, 4, 1985, 327-337.

Finke, J./Teusch, L.: Die klientenzentrierte Gesprächspsychotherapie in der Psychiatrie – Einführung in das Schwerpunktthema, Zeitschrift für personenzentrierte Psychologie und Psychotherapie, 5, 1986, 361-366.

Franke, A.: Die klientenzentrierte Gruppenpsychotherapie. Stuttgart: Kohlhammer, 1978.

Franke, A.: Klientenzentrierte Psychotherapie bei Anorexia Nervosa? In: Schulz, W./Hautzinger, M. (Hrsg.): Klinische Psychologie und Psychotherapie. Bd. 3, Köln/Tübingen: GwG/DGVT, 1980, 277-285.

Gaebel, W.: Modifizierte Gesprächspsychotherapie im Rahmen der ambulanten Nachbehandlung schizophrener Patienten. Zeitschrift für personenzentrierte Psychologie und Psychotherapie, 3, 1984, 87-96.

Goetze, H./Jaede, W.: Die nicht-direktive Spieltherapie. München: Kindler, 1974.

Goetze, H. (Hrsg.): Personenzentrierte Spieltherapie. Göttingen: Hogrefe, 1981.

Grawe, K.: Differentielle Psychotherapie I. Bern: Huber, 1976.

Grawe, K.: Die Effekte der Psychotherapie. In: Amelang, M. (Hrsg.): Bericht über den 35. Kongreß der DGfPs in Heidelberg 1986, Band 1. Göttingen: Hogrefe, 1986, 450.

Helm, J.: Gesprächspsychotherapie. Berlin: Deutscher Verlag der Wissenschaften, 1978.

Holdstock, T. L./Rogers, C. R.: Person-centered theory. In: Corsini, R. (Ed.): Current personality theories. Itasca, Ill.: Peacock, 1977, 125-151.

Howe, J. (Hrsg.): Integratives Handeln in der Gesprächspsychotherapie. Weinheim: Beltz, 1982.

Howe, J.: Wissenschaft für die Praxis – Einführung in das Schwerpunktthema. Zeitschrift für personenzentrierte Psychologie und Psychotherapie, 4, 1985, 255-260.

Howe, J./Minsel, W.-R.: Gesprächspsychotherapie: Die Kraft des Guten. In: Petzold, H. (Hrsg.): Wege zum Menschen, Bd. 1. Paderborn: Junfermann, 1984, 309-385.

Jankowski, P./Tscheulin, D./Fietkau, H.-J./Mann, F. (Hrsg.): Klientenzentrierte Psychotherapie heute. Göttingen: Hogrefe, 1976.

Kwiatkowski, E.: Psychotherapie als subjektiver Prozeß. Für eine sozialwissenschaftliche Konzeption der Gesprächspsychotherapie. Weinheim: Beltz, 1980.

Lambert, M. J.: Future directions for research in client-centered psychotherapy. Person-Centered Review, 1, 1986, 185-200.

Lambert, M. J./De Julio, St. S./Stein, M. D.: Therapist interpersonal skills: Process, outcome, methodological considerations and recommendations for future research. Psychological Bulletin, 85, 1978, 467-489.

Levant, R. F./Shlien, J. M. (Eds.): Client-centered therapy and the person-centered approach. New York: Praeger, 1984.

Linster, H. W.: Gesprächspsychotherapie. In: Linster, H. W./Wetzel, H. (Hrsg.): Entwicklung und Veränderung der Person. Hamburg: Hoffmann und Campe, 1980, 170-229.

Mente, A./Spittler, H.-D.: Erlebnisorientierte Gruppenpsychotherapie. Paderborn: Junfermann, 1980.

Meyer, A.-E. (Ed.): The Hamburg short psychotherapy comparison experiment. Psychotherapy and Psychosomatics, 35 (2-3), 1981.

Minsel, W.-R./Zielke, M.: Theoretische Grundlagen der Gesprächspsychotherapie. In: Pongratz, L. (Hrsg.): Handbuch der Psychologie. Bd. 8, 1. Göttingen: Hogrefe, 1977, 953-980.

Mitchell, K. M/Bozarth, J. D./Krauft, C. C.: A reappraisal of the therapeutic effectiveness of accurate empathy, non-possessive warmth and genuineness. In: Gurman, A. S./Razin, A. M. (Eds.): Effective psychotherapy. A handbook of research. Oxford: Pergamon, 1977, 482-502.

Pfeiffer, W.: Konsens als Grundlage therapeutischen Handelns, Zeitschrift für personenzentrierte Psychologie und Psychotherapie, 2, 1983, 321-330.

Pfeiffer, W.: Ist das Rogers'sche Persönlichkeits- und Therapiekonzept im Hinblick auf psychiatrische Erkrankungen angemessen? Zeitschrift für personenzentrierte Psychologie und Psychotherapie, 5, 1986, 367-377.

Pfeiffer, W./Howe, J.: Orientierung an der Person des Patienten. Einführung in das Schwerpunktthema. Zeitschrift für personenzentrierte Psychologie und Psychotherapie, 2, 1983, 285-292.

Plog, U.: Differentielle Psychotherapie II. Bern: Huber, 1976.

Pongratz, L. (Hrsg.): Handbuch der Psychologie, Bd. 8, Klinische Psychologie. 1. Halbbd. (1977); 2. Halbbd. (1978). Göttingen: Hogrefe.

Quitmann, H.: Humanistische Psychologie. Göttingen: Hogrefe, 1985.

Rogers, C. R.: Counseling and Psychotherapy. Boston: Houghton & Mifflin, 1942. Dt.: Die nicht-direktive Beratung. München: Kindler, 1973.

Rogers, C. R.: Client-centered therapy. Boston: Houghton-Mifflin, 1951, Dt.: Die klientenzentrierte Gesprächspsychotherapie. München: Kindler, 1973.

Rogers, C. R.: The necessary and sufficient conditions of therapeutic personality change. Journal of Consulting Psychology, 21, 1957, 95-103.

Rogers, C. R.: A theory of therapy, personality and interpersonal relationship as developed in client-centered framework. In: Koch, S. (Ed.): Psychology. A study of a science. Vol. 3, New York: McGraw Hill, 1959, 184-256.

Rogers, C. R.: On becoming a person. Boston: Houghton-Mifflin, 1961. Dt.: Entwicklung der Persönlichkeit. Stuttgart: Klett, 1973.

Rogers, C. R.: Freedom to learn. Columbus: Merrill, 1969. Dt.: Lernen in Freiheit. München: Kösel, 1974.

Rogers, C. R.: Carl Rogers on encounter groups. New York: Harper & Row, 1970. Dt.: Encounter Gruppen. München: Kindler, 1974.

Rogers, C. R.: On becoming partners. New York: Delacorte Press, 1972. Dt.: Partnerschule. München: Kindler, 1975.

Rogers, C. R.: Client-centered psychotherapy. In: Kaplan, H. J./Sadock, B. J./Freedman, A. M. (Eds.): Comprehensive textbook of psychiatry. Vol. 3. Baltimore: Wallace & Wilkins, 1980, 2153-2168. Dt.: Klientenzentrierte Psychotherapie. In: Corsini, R. (Hrsg.): Handbuch der Psychotherapie. Bd. 1. Weinheim: Beltz, 1983, 471-512.

Rogers, C. R.: Neue Welt – neue Menschen. In: GwG-Info. 44, 1981, 41-50.

Rogers, C. R.: Freedom to learn for the 80's. Columbus: Merrill, 1983. Dt.: Freiheit und Engagement. München: Kösel, 1984.

Rogers, C. R.: Toward a more human science of the person. Journal of Humanistic Psychology, 25, 1985, 7-24. Dt.: Zu einer menschlicheren Wissenschaft des Menschen. Zeitschrift für personenzentrierte Psychologie und Psychotherapie, 5, 1986, 69-77.

Rogers, C. R.: A client-centered/person-centered approach to therapy. In: Kutash, I. L./ Wolf, A. (Eds.): Psychotherapist's casebook. San Francisco: Jossey-Bass, 1986, 197-208.

Rogers, C. R./Gendlin, E. T./Kiesler, D. J./Truax, C. B.: The therapeutic relationship and its impact. A study of psychotherapy with schizophrenics. Madison: University of Wisconsin Press, 1967.

Sander, K.: Personenzentrierte Konzepte in Sozialarbeit und Sozialpädagogik. Einführung in das Schwerpunktthema. Zeitschrift für personenzentrierte Psychologie und Psychotherapie, 3, 1984, 127-128.

Shlien, J. M./Levant, R. F.: Introduction. In: Levant, R. F./ Shlien, J. M. (Eds.): Client-centered therapy and the person-centered approach. New York: Praeger, 1984, 1-16.

Schmitt, G. M.: Klientenzentrierte Gruppenpsychotherapie in der Behandlung der Pubertätsmagersucht. Praxis Kinderpsychologie und -psychiatrie, 29, 1980, 247-251.

Schulz, W.: Entwicklung einer Klassifikation neurotischer Klienten und ihr Einsatz in der Psychotherapieforschung und -praxis. In: Schulz, W./Hautzinger, M. (Hrsg.): Klinische Psychologie und Psychotherapie. Bd. 2. Köln/Tübingen: GwG/DGVT, 1980, 77-98.

Schulz, W./Volger, I.: Praxis der Kopfschmerztherapie. München: Urban & Schwarzenberg, 1983.

Schwab, R./Tönnies, S.: Klientenzentrierte Einzelpsychotherapie und personenzentrierte Gesprächsgruppen – Neuere Forschungsergebnisse und Entwicklungen. In: Baumann, U./ Berbalk, H./Seidenstücker, G. (Hrsg.): Klinische Psychologie Trends in Forschung und Praxis. Bd. 6: Bern: Huber, 1984, 132-166.

Schwartz, H.-J.: Wider das ‚klientenzentrierte' Verhalten in der Sozialarbeit. Zeitschrift für personenzentrierte Psychologie und Psychotherapie 3, 1984, 129-137.

Tausch, R./Tausch, A.-M.: Erziehungspsychologie. Göttingen: Hogrefe, 1977.

Tausch, R./Tausch, A.-M.: Personenzentrierte Gesprächspsychotherapie. In: Pongratz, L. J. (Hrsg.): Handbuch der Psychologie. Bd. 8, 2. Klinische Psychologie. Göttingen: Hogrefe, 1978, 1911-1954.

Tausch, R./Tausch, A.-M.: Gesprächspsychotherapie. Göttingen: Hogrefe, 1979.

Truax, C. B./Mitchell, K. M.: Research on certain therapist interpersonal skills in relation to process and outcome. In: Bergin, A. E./Garfield, S. L. (Eds.): Handbook of psychotherapy an behavior change. New York: Wiley, 1971, 299-344.

Volger, I.: Diagnostik der Therapieeignung bei psychosomatisch erkrankten Patienten. In: Jüttemann, G. (Hrsg.): Neue Aspekte der klinisch-psychologischen Diagnostik. Göttingen: Hogrefe, 1983, 169-189.

Zielke, M.: Indikation zur Gesprächspsychotherapie. Stuttgart: Kohlhammer, 1979.

Gestaltpsychologie

Paul Tholey

1 Geschichtliche Entwicklung

Die G. greift eines der ältesten philosophischen Probleme der Menschheit auf: die Frage nach dem Verhältnis zwischen dem Ganzen und seinen Teilen. Einen historisch und sachlich wichtigen Beitrag dazu lieferte Ch. v. Ehrenfels (1890), der den Begriff der *Gestalt* in die Psychologie einführte. Er versteht darunter eine seelische *Ganzheit,* die sich durch *Übersummativität* und *Transponierbarkeit* auszeichnet. Als Beispiel nennt er die Melodie: Sie ist übersummativ, weil sie sich nicht aus der „Summe" ihrer einzelnen Töne erklären läßt, und transponierbar, weil sie trotz Änderung aller Einzeltöne – etwa beim Wechsel des Tonhöhenniveaus – erhalten bleiben kann.

Auf v. Ehrenfels beriefen sich verschiedene ganzheitspsychologische Schulen, die im Gegensatz zu den elementaristischen Strömungen innerhalb der Psychologie die These von der Ganzheitlichkeit des Seelischen vertraten. Heute versteht man unter der G. im allgemeinen die auf Wertheimer, Köhler und Koffka zurückgehende *Berliner Schule,* die sich durch die Radikalität ihrer Grundannahmen sowie den erzielten Wirkungsgrad vor den anderen ganzheitspsychologischen Richtungen *(Grazer Schule, Leipziger Schule, Kieler Schule)* auszeichnet.

Als Geburtsjahr der G. gilt das Jahr 1912, in dem Wertheimers „Experimentelle Studien über das Sehen von Bewegung" erschienen. Die theoretische und experimentelle Grundlegung der G. erfolgte zunächst in Frankfurt/M. und später in den zwanziger Jahren in Berlin. Hier schloß sich auch Lewin den – zunächst vorwiegend im Bereich der *Wahrnehmung,* des *Lernens* und *Denkens* entwickelten – Grundauffassungen der G. an und übertrug sie auf das Gebiet der *Affekt-* und *Handlungspsychologie* sowie der *Persönlichkeitstheorie.*

Die Forschungsaktivitäten der G. wurden durch die *Emigration* ihrer bedeutendsten Vertreter zu Beginn der dreißiger Jahre in hohem Maß beeinträchtigt und zunächst vorwiegend im Ausland fortgeführt. In den USA erzielte u. a. Lewin (Werkausgabe, 1981-1986) auf Grund seiner *gruppendynamischen Experimente* und seines *feldtheoretischen Ansatzes,* in der er gestaltpsychologisches Gedankengut für den Bereich der Sozialpsychologie fruchtbar machte, große Wirkung. Die wahrnehmungs-, lern- und denkpsychologischen Grundlagen der G. stießen dagegen in den angelsächsischen Ländern, in denen behavioristische Strömungen vorherrschten, nur auf geringes Verständnis. Auch die *Kognitive Psychologie* brachte in dieser Hinsicht nur eine halbherzige Wende, da sie die G. entgegen ihrer Meinung nicht zu integrieren vermochte (Rausch, 1979; Müller, 1984). Wichtige Ableger der G. entwickelten sich in Italien und vor allem in Japan, wo sie wegen ihrer Verwandtschaft mit fernöstlichen (zenbuddhistischen) Lehren auf fruchtbaren Boden stieß.

In der BRD, in der die gestaltpsychologische Forschung vor allem von Metzger und Rausch vorangetrieben wurde, ließ sich in den letzten Jahren eine starke *Wiederbelebung* der G. erkennen. Erwähnenswert ist hier die Gründung der „Gesellschaft für Gestalttheorie und ihre Anwendungen" und ihrer Zeitschrift „Gestalt Theory" im Jahre 1979. Die Grundgedanken der G. wurden zu einem komplexen Theoriesystem weiterentwickelt, innerhalb dessen sich verschiedene – weit in andere Wissensgebiete hineinreichende – Teilansätze unterscheiden lassen (Metzger, 1975 a). Da diese Ansätze trotz enger Verflechtungen eine gewisse Selbständigkeit gewahrt haben, werden sie im folgenden getrennt dargestellt und gewürdigt (Ein historischer Abriß und eine umfassende Bibliographie zur G. finden sich bei Soyka, 1985. Eine Auswahl von Einführungstexten wurde von Sader und Stadler, 1983, zusammengestellt und kurz kommentiert).

2 Grundbegriffe: Ganzes – Ganzheit – Gestalt

Unter einem *Ganzen* versteht man gewöhnlich eine räumliche, zeitliche oder raumzeitliche Gesamtheit, wenn diese (im Gegensatz zu einer beliebigen Ansammlung von Stücken) eine gewisse *Ordnung* aufweist, die die Art und den Ort der Teile bestimmt, und außerdem (im Gegensatz zu einem mosaikartigen Gebilde) eine *Wechselwirkung* zwischen seinen Teilen besteht, so daß eine Änderung eines Teiles zur Änderung anderer führt.

Der Begriff des Ganzen kann dadurch zum Begriff der *Ganzheit* verschärft werden, daß man eine Bedingung hinzufügt, die den *Vorrang des Ganzen* gegenüber seinen Teilen betont: „Es gibt Zusammenhänge, bei denen nicht, was im Ganzen geschieht, sich daraus herleitet, wie die einzelnen Stücke sind und sich zusammensetzen, sondern umgekehrt, wo – im prägnanten Fall – *sich das, was an einem Teil dieses Ganzen geschieht, bestimmt ist von den inneren Strukturgesetzen dieses Ganzen*". (Wertheimer, 1925, 43).

Die G. ging bei der Bestimmung des Gestaltbegriffs über die Kriterien von v. Ehrenfels hinaus. So zeigte Wertheimer (1912), daß bei einer Gestalt nicht nur etwas Neues hinzukommt, sondern im Gestaltzusammenhang auch Teile oder deren Eigenschaften *verloren* gehen, die sie als Einzelgebilde besitzen. Aus diesem Grund beruft sich die G. bei der Bestimmung des Gestaltbegriffs nicht auf die Übersummativität (das Ganze ist *mehr* als die Summe der Teile), sondern auf die Nichtsummativität (das Ganze ist etwas *anderes* als die Summe seiner Teile). Außerdem wurde von der G. hervorgehoben, daß auch den Teilen innerhalb eines Ganzen Eigenschaften (Rollen, Bedeutungen, Funktionen) zukommen, die sie als Einzelgebilde nicht besitzen. Man denke etwa an die Rolle des Leittons innerhalb einer melodischen Tonfolge oder die Funktion des Führers innerhalb einer sozialen Gruppe. Diese Tatsache führte zu einer Erweiterung und Differenzierung des Begriffs der Gestalteigenschaft. Darunter fallen nun nicht mehr ausschließlich diejenigen Eigenschaften, die einem Ganzen zukommen, sondern auch diejenigen, die die Teile aufgrund ihrer Rolle im Ganzen gewinnen. So gliedert man die Gestaltqualitäten in Ganz- und Teileigenschaften.

Der wohl wichtigste Schritt, mit dem die G. über andere ganzheitliche Schulen hinausging, betrifft die *Dynamik von Gestalten.* Sie zeichnet sich nämlich durch *Selbstordnungstendenzen* aus, die für ihre Bildung, Aufrechterhaltung, Wiederherstellung und Höherentwicklung verantwortlich sind. Diese Tendenzen werden unter dem *Gesetz der guten Gestalt* oder *der Prägnanz* als wichtigstem dynamischem Prinzip der G. zusammengefaßt. Der dynamische Gesichtspunkt ermöglichte es, den Gestaltbegriff in fruchtbarer Weise auf philosophische, biologische und physikalische Sachverhalte anzuwenden (holistisches, holographisches Weltbild: Smuts, 1926/1973; Bohm, 1985; Wilber, 1986).

3 Methodologischer Ansatz

Auf der Grundlage ihrer ganzheitlichen Auffassung von der Natur des Seelischen wandte sich die G. gegen die atomistische Methodenlehre der *Assoziationspsychologie* und forderte statt dessen eine ganzheitliche Betrachtung, bei der die einzelnen Teile oder Bereiche nicht isoliert, sondern in ihrer Einbettung in umfassendere Zusammenhänge (z. B. der Figurteil innerhalb des Figurganzen, der Charakterzug innerhalb der Gesamtpersönlichkeit, das Individuum innerhalb der Gruppe) untersucht werden.

Im Gegensatz zur objektiven Psychologie *(Behaviorismus, Reflexologie),* die alle Erlebnisinhalte aus der Wissenschaft ausklammern will, betrachtet die G. die unvoreingenommene Erlebnisbeschreibung oder *Phänomenologie* als Ausgangspunkt der psychologischen Forschung. Von der älteren *Introspektionsmethode* unterscheidet sich die Phänomenologie vor allem darin, daß sie sich nicht nur auf die sogenannten inneren Erlebnisse, sondern auf die gesamte vorgefundene Welt bezieht, die auf Grund der erkenntnistheoretischen Position der G. als Bestandteil des Seelischen aufzufassen ist.

Ganzheitliches und phänomenologisches Vorgehen verbinden sich in der G. mit dem *Experiment* (soweit dieses vom Untersuchungsgegenstand her möglich ist) zu einer sinnvollen Einheit in der *experimentell-phänomenologischen Methodenlehre,* die von Kebeck und Sader (1984) systematisch dargestellt sowie erkenntnis- und wissenschaftstheoretisch begründet wird (zur Ergänzung: Tholey, 1986).

Vom Standpunkt der G. aus sind viele Verfahren der traditionellen Statistik und der mit ihnen verbundenen restriktiven Methodenzwänge abzulehnen. So sind etwa die auf *korrelationsstatistischer* Grundlage aufbauenden Methoden der Persönlichkeitsforschung als atomistisch und unphänomenologisch zurückzuweisen (Rausch, 1979). Darüber hinaus ist die gesamte traditionelle *schließende Statistik* wegen ihrer fehlerhaften objektivistischen Begründung als *forschungsfeindlich* zurückzuweisen (Tholey, 1982).

Aus der wissenschaftstheoretischen Sicht von Lewin (1981, Bd. 1) sind viele der *experimentellen Verfahren* der Psychologie eher als „aristotelisch" denn als „galileisch" anzusehen. Galilei wäre mit ihrer Hilfe wohl kaum zur Aufstellung der Fallgesetze gekommen.

Kritisch zu bemerken ist, daß sich die Vertreter der G. kaum auf *finale* oder *teleonome Forschungsstrategien* stützen, obwohl diese wegen der Zielgerichtetheit seelischer Prozesse nicht nur erlaubt, sondern manchmal der kausalen Betrachtung gegenüber im Vorteil sind (Bischof, 1981).

4 Erkenntnistheoretischer Ansatz

Die erkenntnistheoretische Position der G. ist der *kritische Realismus* (Köhler, 1933; Bischof, 1966; Metzger, 1975 a). Die gesamte vorgefundene Welt – einschließlich der als objektiv erscheinenden Gegenstände und Personen – gehört demnach zur erlebten (anschaulichen, phänomenalen) Wirklichkeit, die von der erlebnisjenseitigen (physischen, transphänomenalen) Wirklichkeit streng zu unterscheiden ist. Die Auffassung des kritischen Realisten ist zwar wegen der „Verdoppelung der Wirklichkeit" *komplexer* als die des naiven Realisten, sie ist aber auf der anderen Seite weniger *kompliziert*, da sie sowohl Alltagserfahrungen der beschriebenen Art als auch wissenschaftliche Erkenntnisse dort in überschaubarer Weise zu ordnen vermag, wo der naive Realist zu sehr verwickelten Annahmen greifen müßte. So lassen sich aus kritisch-realistischer Sicht *scheinbare Widersprüche* zwischen physiologischen und phänomenologischen Sachverhalten auflösen, die in anderen Ansätzen keine Erklärung finden.

Dies wird am Beispiel der *optischen Wahrnehmung* erläutert: Ein physischer Gegenstand (Reizquelle) sendet Lichtstrahlen aus, die in bestimmter Anordnung (Reizkonfiguration) die Netzhaut des Auges erreichen und dort zur Erregung der Sinneszellen führen. Die Erregungen werden über afferente Nervenbahnen weitergeleitet, bis sie schließlich in einem bestimmten Bereich des Großhirns diejenigen Prozesse hervorrufen, welche die unmittelbare Grundlage für den erlebten Gegenstand bilden (Dieser hypothetisch angenommene Großhirnbereich, der nicht ortskonstant zu sein braucht, wird als *„Psychophysisches Niveau“* PPN, bezeichnet). Dies steht aber nun in scheinbarem Widerspruch zu der unmittelbaren Erlebnisbeobachtung, daß die wahrgenommenen Gegenstände nicht im Kopf, sondern in der Außenwelt angetroffen werden. Dieser Widerspruch löst sich dadurch auf, daß auch der eigene Körper nur auf Grund seiner hirnphysiologischen Repräsentation im PPN wahrgenommen wird, so daß es kein Problem darstellt, wenn sich die *wahrgenommenen* Gegenstände in ähnlicher Weise außerhalb des *wahrgenommenen* Körpers befinden, wie sich die *physischen* Gegenstände außerhalb des *physischen* Organismus befinden (für einen Vergleich des kritischen Realismus mit anderen erkenntnistheoretischen Positionen s. Bischof, 1966).

5 Systemtheoretischer Ansatz

Bereits in den ersten experimentellen Untersuchungen der G. zeigte es sich, daß die Wahrnehmungsgegenstände keine passiven Abbilder der physischen Dinge sind, sondern Ordnungstendenzen unterliegende *Gestalten*. Da sich die gleichen Ordnungstendenzen auch im physischen Bereich zeigen, ist es vom systemtheoretischen Gesichtspunkt aus berechtigt, auch von *„physischen Gestalten“* (Köhler, 1920) zu sprechen. Köhler zeigte im einzelnen, daß eine Entstehung, Aufrechterhaltung und Wiederherstellung von Ordnung immer dann zu beobachten ist, wenn die Teile eines Bereichs in einem *Wechselwirkungsverhältnis* zueinander stehen, wie es für ein physikalisches *Feld* (in einem weiten Sinn des Wortes) zutrifft. In diesem Fall kommt es zur Bildung ausgezeichneter Gestalten (z. B. Öltropfen im Wasser) und zu ausgezeichneten Geschehensabläufen (z. B. Planetenbahnen).

Da auch die *Erlebnissachverhalte* in einer dynamischen Wechselbeziehung zueinander stehen, ist es sinnvoll, die Erlebniswelt als *„phänomenales Feld“* zu bezeichnen. Die Auffassung, daß freie Wechselwirkung zu Ordnung führt, wendet sich einerseits gegen die *mechanistische* Theorie, wonach Ordnung nur durch äußere Zwangseinrichtungen (z. B. starre Formen oder Bahnen) zustandekommen kann, anderseits gegen den *Neovitalismus,* der die Ordnung auf übernatürliche Instanzen zurückführt.

Zwischen den Polen völlig freier Wechselwirkung und mechanistischer Zwangsordnung gibt es viele Grade mehr oder weniger eingeschränkter Freiheit der Wechselwirkung. *Kybernetische Rückkoppelungsprozesse* sind nach Köhler nur als Grenzfall freien Wechselwirkungsgeschehens zu betrachten.

Zur Erläuterung der von Köhler eingeführten systemtheoretischen Prinzipien beziehen wir uns auf die *Regulation der Augenbewegung,* die dazu führt, daß man einem im Dunkeln auftauchenden hellen Punkt den Blick zuwendet (Köhler, 1922). Man erlebt hierbei, daß „der Blick von dem Punkt angezogen wird“. Nach Köhler ist dies auf einen Ungleichgewichtszustand im psychophysischen Niveau zurückzuführen. Das Gleichgewicht kann nur dadurch hergestellt werden, daß über fortwährende sensumotorische Rückkoppelungsprozesse die Augäpfel (wenn notwendig auch Kopf und Körper) so bewegt werden, daß die von dem Punkt ausgehenden Lichtstrahlen ins Zentrum der Netzhaut fallen. Dies führt dazu, daß im phänomenalen Feld der wahrgenommene Punkt im Blickzentrum erscheint, wodurch der Ungleichgewichtszustand aufgehoben wird.

An diesem einfachen Beispiel läßt sich ein weiteres wichtiges systemtheoretisches Prinzip der G. aufweisen: die *Zielgerichtetheit frei geordneten Geschehens.* So läßt sich nämlich der beschriebene Vorgang vom Ziel her betrachten, das darin besteht, daß der gesehene Punkt ins phänomenale Blickzentrum fällt. Diese Betrachtung ist deshalb sinnvoll, weil dieses Ziel unabhängig von den Ausgangsbedingungen erreicht wird, in Analogie zu der physikalischen Tatsache, daß eine Kompaßnadel sich unabhängig von ihrer Ausgangslage auf die Nord-Süd-Richtung einpendelt.

Köhler (vgl. z. B. 1968) wies später auf den wichtigen Sachverhalt hin, daß unabgeschlossene Gestalten oder *„offene Systeme“* zu einer immer *höheren Ordnung auf komplexerem Niveau* gelangen können, wobei diese Systeme Energie von den angrenzenden Bereichen „aufsaugen". So ist z. B. das phänomenale Feld ein offenes System, das aufgrund sensumotorischer Lernprozesse zu immer höherer Ordnung tendiert, die es ermöglicht, nicht nur einfache Bewegungen, sondern auch komplexe Handlungen feinabgestimmt zu regulieren (Kohl, 1956; Tholey, 1984). Die heute diskutierten *Handlungstheorien,* die sich zu sehr an technisch realisierten Systemen orientieren, sind vom gestaltpsychologischen Standpunkt aus als „Robotertheorien" (Bertalanffy, 1970) zurückzuweisen.

Der systemtheoretische Ansatz der G. ist wohl ihr wichtigster Beitrag, weil er zu einem neuen Bild vom Menschen, seinem Handeln und Zusammenleben mit anderen, geführt hat.

6 Psychophysischer Ansatz

Unter dem psychophysischen Problem *im engeren Sinn* versteht man die Frage nach der Art der Beziehung zwischen psychischen und physischen Prozessen im psychophysischen Niveau. Die meisten Vertreter der G. neigen zu der monistischen Annahme, daß man gar nicht zwischen den psychischen und den zugeordneten physischen Prozessen unterscheiden kann, und vertreten die empirische Arbeitsphypothese der *Isomorphie.* Wegen der Isomorphieannahme wurde die G. von Kritikern als „materialistisch" und „physikalistisch" eingestuft und pauschal abgelehnt. Doch stellt diese Kritik die Auffassungen der G. auf den Kopf. Denn wegen ihrer phänomenologischen Grundhaltung leugnet sie ja nicht die Existenz von höheren geistigen Prozessen oder Werterlebnissen, sondern gibt diesen wegen ihrer unmittelbaren Zugänglichkeit einen Vorrang gegenüber den kärglichen Informationen, die wir über hirnphysiologische Untersuchungen erhalten. So führt die Isomorphieannahme *nicht* zu einer *Abwertung des Psychischen,* sondern zu einer *Aufwertung des Physischen.* Außerdem hat die Isomorphieannahme die phänomenologische und hirnphysiologische Forschung stark befruchtet (Nach einer Zusammenschau dieser Forschungsbefunde kommt Stadler, 1981, zu dem Schluß, daß zur Zeit die *holographische* Feldtheorie von Pribram, 1975, als vielversprechendes Modell für hirnphysiologische Prozesse anzusehen ist).

Die G. nimmt aber nicht nur zum psychophysischen Problem im engeren Sinn Stellung, sondern auch zur Frage des Zusammenhangs von Psychischem und Physischem *im gesamten Kosmos.* Die phänomenalen Welten der bewußtseinsfähigen Wesen werden als *Mikrokosmen* innerhalb des *Makrokosmos* betrachtet, der von *gleicher Natur* wie die Mikrokosmen ist. Von daher kam Pribram auf die Idee, sein holographisches Modell auf den gesamten Kosmos auszudehnen. Dabei stieß er auf die bereits von dem Physiker D. Bohm (1985) entwickelte *holographische Kosmologie,* deren Grundgedanken er in seine eigene Theorie integrierte. Die holographische Feldtheorie ist imstande, eine große Zahl *„transpersonaler", „paranormaler"* oder *„übernatürlicher"* Erfahrungen auf normale oder natürliche Weise zu erklären. Trotzdem ist diese Theorie noch nicht so weit entwickelt, daß sie die gesamte Mannigfaltigkeit phänomenologisch ermittelter Befunde erklären könnte.

7 Psychologischer Ansatz

Die G. geht davon aus, daß die strukturellen und dynamischen Grundgesetze in allen Bereichen der Psychologie von gleicher oder ähnlicher Art sind. Sie erforschte diese Gesetzmäßigkeiten zunächst auf dem Gebiet der *optischen Wahrnehmung,* da sich dieses durch die Anschaulichkeit und experimentelle Manipulierbarkeit ihrer Inhalte auszeichnet. Zu den untersuchten strukturellen Sachverhalten gehören die Probleme des Zusammenhangs, der Zentrierung, des Bezugssystems und der Ordnung psychologischer Sachverhalte (Metzger, 1975 a). Es wird die These vertreten, daß sich die Erlebniswirklichkeit nicht als ein Komplex von Empfindungen oder Vorstellungen (Assoziationspsychologie) oder als diffuser Bewußtseinsstrom, sondern als klar gegliedertes Feld repräsentiert. Es wird unterschieden zwischen der *Ausgliederung* (Figur-Grund-Bildung), der *Binnengliederung* und der *Gruppierung von Gestalten.*

So sieht man beispielsweise als Figur einen Baum, der in die Teile Stamm und Äste untergliedert ist und sich mit anderen Bäumen zu einer Baumgruppe zusammenschließt; von irgendwelchen Sinnesempfindungen, die diesen Sachverhalt konstituieren sollen, bemerkt man hingegen nichts. Die Zusammenhangverhältnisse sind nicht nur für die räumliche, sondern auch für die zeitliche Struktur seelischer Gebilde von Bedeutung. Hier sind u. a. die wahrgenommene Identität und Kausalität (Michotte, 1982) als grundlegende Zusammenhangskategorien zu nennen. Zu den Zentrierungserscheinungen gehören nach Metzger (1975 a) Gewichts-, Rang- und Ableitungsverhältnisse seelischer Gebilde. So ist z. B. meist unmittelbar gegeben, was an einem Gebilde Haupt- oder Nebenteil, was wesentlich oder unwesentlich (Rausch, 1966) ist.

Für den Charakter seelischer Gebilde sind nicht nur Zusammenhangs- und Zentrierungsverhältnisse, sondern auch ihre *Stellung in Bezugssystemen* grundlegend (Koffka, 1958; Witte, 1966; Metzger, 1975 a). Form, Größe, Helligkeit und Farbe eines visuell wahrgenommenen Gegenstandes werden im Gegensatz zur Konstanzannahme der Assoziationspsychologie nicht durch die lokale Reizung festgelegt, sondern durch die jeweilige Position in umfassenden Systemen, für deren Ausbildung die gesamte Reizkonfiguration verantwortlich ist. Auf Bezugssystemwirkung ist u. a. die biologisch wichtige Tatsache zurückzuführen, daß Gegenstände trotz wechselnder Reizverhältnisse in der Regel ihre anschauliche Form, Größe, Helligkeit und Farbe beibehalten *(Wahrnehmungskonstanzen)*.

Bezugssysteme zeichnen sich durch ihre Unscheinbarkeit aus; sie äußern sich in ihrer Wirkung, bleiben aber selbst erlebnismäßig mehr oder weniger im Hintergrund. Dies zeigt sich vor allem bei den sogenannten absoluten Eigenschaften (z. B. klein, groß; klug, dumm; gut, schlecht), deren Stellung innerhalb eines Bezugssystems bestimmt wird, ohne daß der Bezug selbst miterlebt wird.

Bei der Frage, wie denn die Strukturierung oder, allgemeiner, die Ordnung seelischer Gebilde und Vorgänge zu erklären sind, kommt der systemtheoretische Ansatz der G. zur Geltung, innerhalb dessen die Tendenz zur Prägnanz oder guten Gestalt als grundlegendes dynamisches Ordnungsprinzip gilt. Dabei ist eine große Zahl *untergeordneter Gestalttendenzen* (z. B. *Tendenz zur Regelmäßigkeit,* zur *Symmetrie,* zur *Geschlossenheit*) zu unterscheiden. Solche Tendenzen können zwar zu Wahrnehmungstäuschungen führen, sie ermöglichen andererseits eine Orientierung in der Welt und sind darüber hinaus für die Ausdruckshaltigkeit und den ästhetischen Wert phänomenaler Gebilde verantwortlich (Arnheim, 1977; Rausch, 1982). Sie bestimmen auch das Schicksal der Gedächtnisspuren (Koffka, 1935/1958) und den Verlauf gedanklicher Prozesse (Wertheimer, 1964; Müller, 1964; Duncker, 1974).

Wirken bei der Strukturierung seelischer Gebilde mehrere Gestalttendenzen gegeneinander, so kommt es zu charakteristischen Erlebnissen der *Umstrukturierung,* wie sie innerhalb der Wahrnehmung bei den sogenannten *Kippfiguren* zu beobachten sind. Im Bereich des produktiven Denkens spielen solche Umstrukturierungen *(Aha-Erlebnisse)* eine bedeutende Rolle für den Prozeß der Einsichtgewinnung. Die Prägnanztendenz ist nicht nur für die wahrnehmungsmäßige, gedankliche und sprachliche Erfassung der Welt (Tholey, 1986) bedeutsam, sondern bestimmt auch weitgehend die tätigen Eingriffe in die Welt, indem sie dazu auffordert, unstimmige Gegebenheiten dahingehend zu verändern, daß die in ihnen angelegten Gesetze erfüllt werden. Die Beispiele reichen vom Geraderücken eines schief hängenden Bildes bis zur Erfüllung gesellschaftlicher Aufgaben.

8 Die Anwendung der Gestaltpsychologie auf menschliches Zusammenleben

Die wohl wichtigste Bedeutung erhält die G. in ihrer Anwendung auf die Probleme des *menschlichen Zusammenlebens.* Nach gestaltpsychologischer Auffassung ist der einzelne Mensch als unabgeschlossenes, *offenes System* zu betrachten, für den nicht Selbstverwirklichung, Vollkommenheit oder Glück erstrebenswertes Ziel sein können, sondern sinnvolles (prägnantes) Zusammenleben mit anderen Menschen. Systemtheoretische Überlegungen spielen insbesondere auch dort eine Rolle, wo Menschen in Erziehung und Ausbildung (Metzger, 1962; Guss, 1975), in Arbeit und Sport (Kohl, 1985; Tholey, 1987 c), in Therapie (Walter, 1985) und Psychohygiene (Tholey, 1987 a) miteinander in Wechselbeziehung stehen. Walter versucht den rationalen Kern verschiedener therapeutischer Richtungen, wie der *Gestalttherapie* und *Tiefenpsychologie,* in den umfassenden Ansatz einer gestalttheoretisch begründeten Psychotherapie zu integrieren. Es geht darum, den Menschen nicht durch Lohn und Strafe, positive und negative Verstärkung (behavioristische Lerntheorie) oder Gewährung und Entzug von Liebe (Psychoanalyse) auf mehr oder weniger starre Verhaltensformen festzulegen. Vielmehr sollen durch vorbeugenden Schutz, durch Abbau von Zwängen und durch die Einordnung in die Gemeinschaft die Voraussetzung geschaffen werden, daß die im Menschen angelegten Kräfte zur Entfaltung kommen und er in *„schöpferischer Freiheit“* (Metzger, 1962) die sachlichen (sozialen und nichtsozialen) Forderungen der Lage zu erfüllen sucht.

Unter dem zentralen Begriff der schöpferischen Freiheit versteht die G. nicht die willkürliche Entscheidungsfreiheit, dies oder etwas beliebig anderes zu tun, sondern die Bereitschaft, ohne inneren oder äußeren Zwang das zu tun, was zu tun ist. Auf diesem schlichten Prinzip und nicht auf seinem abstrakten Wertsystem gründet die ethische Weltanschauung der G. (Wertheimer, 1935; Köhler, 1968). Als Hauptfeind der schöpferischen Freiheit betrachtet Metzger (1962) die Ichhaftigkeit, die uns den Blick und die Bereitschaft für das, was zu tun ist, raubt. Die Ichhaftigkeit bildet sich als innerer Schutzwall gegen die äußeren Zwänge unseres Erziehungs- und Bildungssystems, das so verkrustet ist, daß es nach Metzger (1962, 161) „vielleicht (erst) in vier Jahrhunderten" durch eine völlig neue Einstellung zum Leben grundlegend verändert werden könnte. Doch besteht zumindest die Hoffnung auf eine vorzeitige Wandlung, die aber *nicht durch eine äußere Revolution* innerlich und äußerlich unfreier Massen, sondern durch die *innere Evolution des Bewußtseins* (Wilber, 1984) der einzelnen zu erreichen ist.

Ein mit Hilfe von gestaltpsychologischen Methoden empirisch begründeter Weg zur Entfaltung des Bewußtseins und der Persönlichkeit führt über die *Bewußtseinsklarheit in Träumen* (Tholey, 1987 b; Tholey/Utecht, 1987). Wenn viele diese oder ähnliche Wege zur Bewußtseinsentfaltung nutzen, könnte hierdurch die Grundvoraussetzung für ein schöpferisches Zusammenleben in Freiheit geschaffen werden.

Literatur

Arnheim, R.: Zur Psychologie der Kunst. Köln: Kiepenheuer & Witsch, 1977.

Bertalannffy, L. v.: ... aber vom Menschen wissen wir nichts. Düsseldorf, Wien: Econ, 1970.

Bischof, N.: Erkenntnistheoretische Grundlagenprobleme der Wahrnehmungspsychologie. In: Metzger, W. (Hrsg.): Handbuch der Psychologie, Bd. I, Hdb. 1. Göttingen: Hogrefe, 1966, 21-78.

Bischof, N.: Aristoteles, Gallei, Kurt Lewin – und die Folgen. Bericht über den 32. Kongreß der Deutschen Gesellschaft für Psychologie in Zürich 1980, Bd. 1, Göttingen: Hogrefe, 1981, 17-48.

Bohm, D.: Die implizite Ordnung. Grundlagen eines dynamischen Holismus. München: Trikont, 1985.

Duncker, K.: Zur Psychologie des produktiven Denkens. (3. Aufl.) Berlin: Springer, 1974.

Ehrenfels, Ch. v.: Über Gestaltqualitäten. Vierteljahresschrift für wissenschaftliche Philosophie, 3, 1890, 249-291.

Guss, K. (Hrsg.): Gestalttheorie und Erziehung. Darmstadt: Steinkopff, 1975.

Kebeck, G./Sader, M.: Phänomenologisch-experimentelle Methodenlehre. Ein gestalttheoretisch orientierter Versuch der Explikation und Weiterführung. Gestalt Theory, 6, 1984, 193-245.

Köhler, W.: Die physischen Gestalten in Ruhe und im stationären Zustand. Braunschweig: Vieweg, 1920.

Köhler, W.: Gestaltprobleme und Anfänge einer Gestalttheorie. Jahresbericht über die gesamte Physiologie und experimentelle Pharmakologie, Bericht über das Jahr 1922, 3, 1925 (wiederabgedruckt in: Gestalt Theory 5, 1983, 178-205.

Köhler, W.: Psychologische Probleme. Berlin: Springer, 1933.

Köhler, W.: Werte und Tatsachen. Berlin: Springer, 1968.

Koffka, K.: Principles of Gestalt Psychology (4th ed.). London: Routledge and Kegan Paul, 1958, (1. ed. 1935).

Kohl, K.: Zum Problem der Sensumotorik. Psychologische Analyse zielgerichteter Handlungen aus dem Gebiet des Sports. Frankfurt: Kramer 1956.

Kohl, K.: Zur Anwendung gestalttheoretischen Gedankenguts auf menschliches Zusammenleben im Sport. In: Hahn, E./Schock, K. (Hrsg.): Beiträge zu Kognition und Motorik. Bericht über die Tagung der ASP in Bielefeld 1984. Köln: bps-Verlag, 1985, 13-28.

Lewin, K.: Werkausgabe, hrsg. von C. F. Graumann. Bd. 1-7, Stuttgart, Bern: Huber, 1981-1986.

Metzger, W.: Schöpferische Freiheit (2. Aufl.). Frankfurt: Kramer, 1962.

Metzger, W.: Psychologie. Die Entwicklung ihrer Grundannahmen seit der Einführung des Experiments (5. Aufl.). Darmstadt: Steinkopff, 1975 a.

Metzger, W.: Gesetze des Sehens (3. Aufl.). Frankfurt: Kramer, 1975 b.

Michotte, A.: Gesammelte Werke, hrsg. von O. Heller u. W. Lohr, Bd. 1. Die phänomenale Kausalität. Stuttgart: Huber, 1982.

Müller, K.: Denken und Lernen als Organisieren. In: Bergius, R. (Hrsg.): Handbuch der Psychologie. Bd. I, Hbd. 2. Göttingen: Hogrefe, 1964, 118-143.

Müller, K.: Über die Verbreitung der Homunculus-Sprache in der Psychologie. Gestalt Theory, 6, 1984, 185-192.

Pribram, K.: Toward a holonomic theory of perception. In: Ertel, S./Kemmler, L./Stadler, M. (Hrsg.): Gestalttheorie in der modernen Psychologie. Darmstadt: Steinkopff, 1975, 161-186.

Rausch, E.: Struktur und Metrik figural-optischer Wahrnehmung. Frankfurt: Kramer, 1952.

Rausch, E.: Über Summativität und Nichtsummativität. Psychologische Forschung, 21, 1937, 209-289.

Rausch, E.: Das Eigenschaftsproblem in der Gestalttheorie der Wahrnehmung. In: Metzger, W. (Hrsg.): Handbuch der Psychologie, Bd. I, Hbd. 1. Göttingen: Hogrefe, 1966, 866-953.

Rausch, E.: Selbstdarstellung. In: Pongratz, L./Traxel, W./Wehner, E. G. (Hrsg.): Psychologie in Selbstdarstellungen, Bd. 2. Bern: Huber, 1979, 211-255.

Rausch, E.: Bild und Wahrnehmung. Frankfurt: Kramer, 1982.

Sader, M./Stadler, M.: Auswahlbibliographie der Gestaltpsychologie: 1. Einführungstexte. Gestalt Theory, 5, 1983, 125-129.

Smuts, J. C.: Holism and evolution. London: 1926 (Reprint: 1973).

Soyka, E.: Auswahlbiographie für die 4. Wissenschaftliche Arbeitstagung der Gesellschaft für Gestalttheorie und ihre Anwendungen. Bremen: Staats- und Universitätspsychologie, 1985.

Stadler, M.: Feldtheorie heute – von Wolfgang Köhler zu Karl Pribram. Gestalt Theory, 3, 1981, 185-199.

Tholey, P.: Erkenntnistheoretische und systemtheoretische Grundlagen der Sensumotorik aus gestalttheoretischer Sicht. Sportwissenschaft, 10, 1980, 7-35.

Tholey, P.: Signifikanztest und Bayessche Hypothesenprüfung. Archiv für Psychologie 134, 1982, 319-342.

Tholey, P.: Sensumotorisches Lernen als Organisation des psychischen Gesamtfeldes. In: Hahn, E./Rieder, H. (Hrsg.): Sensumotorisches Lernen und Sportspielforschung. Festschrift zum 65. Geburtstag von Prof. Dr. Kurt Kohl. Köln: bps-Verlag, 1984, 11-26.

Tholey, P.: Deshalb Phänomenologie! Anmerkungen zur experimentell-phänomenologischen Methode. Gestalt Theory, 8, 1986, 144-163.

Tholey, P.: A model for lucidity training as a means of psychological growth. In: Gackenbach, J./Laberge, S. P. (Eds.): Lucid dreaming: New research on consciousness during sleep. New York: Plenum Press, 1987 a.

Tholey, P.: Bewußtseinsentfaltung als Weg zur schöpferischen Freiheit. Vom Träumer zum Krieger. In: Waelti, E. R./Metzinger, T. (Hrsg.): Chrysalis. Außerkörperliche Erfahrungen. Interlaken: Ansata, 1987 b.

Tholey, P.: Prinzipien des Lehrens und Lernens sportlicher Handlungen aus gestalttheoretischer Sicht. In: Janssen, J. P./Schlicht, W./Strang, H.: Handlungskontrolle und soziale Pro-

zesse im Sport. Bericht über die Tagung der ASP in Kiel 1986. Köln, 1987, 95-107.
Tholey, P./Utecht, K.: Schöpferisch Träumen. Niedernhausen: Falken-Verlag, 1987.
Walter, H. J.: Gestalttheorie und Psychotherapie. (2. Aufl.) Köln: Westdeutscher Verlag, 1985.
Wertheimer, M.: Some problems in the theory of ethics. Social tesearch, 2, 1935, 253-367.
Wertheimer, M.: Produktives Denken (2. Aufl). Frankfurt: Kramer, 1964.
Wertheimer, M.: Experimentelle Studien über das Sehen von Bewegung. Zeitschrift für Psychologie, 61, 1912, 161-265; auch in Wertheimer, M.: Drei Abhandlungen zur Gestalttheorie. Darmstadt: Wissenschaftliche Buchgesellschaft 1967, 1-105.
Wertheimer, M.: Über Gestalttheorie. Vortrag vor der Kant-Gesellschaft, Berlin 1924. Abgedruckt in: Philosophische Zeitschrift für Forschung und Aussprache 1, 1925, 39-60. Wiederabgedruckt in: Gestalt Theory, 7, 1985, 99-120.
Wilber, K.: Halbzeit der Evolution. Bern, München: Scherz, 1984.
Wilber, K. (Hrsg.): Das holographische Weltbild. Bern, München: Scherz, 1986.
Witte, W.: Das Problem der Bezugssysteme. In: Metzger, W. (Hrsg.): Handbuch der Psychologie, Bd. I, Hbd. 1. Göttingen: Hogrefe, 1966, 1003-1027.

Gestalttherapie

Udo Lemke

Gegenstand der G. ist die Art und Weise, wie Menschen zu ihrer Umwelt Kontakt aufnehmen. Wenn Menschen den Kontakt zu ihrer Umwelt unterbrechen, kann das für sie nützlich oder schädlich sein. G. strebt die Aufhebung derjenigen Kontaktunterbrechungen an, die den Menschen an Homöostase und Wachstum hindern.

1 Historische Entwicklung

Der Anstoß zur Entwicklung der G. ging von dem in Berlin geborenen Psychiater und Psychoanalytiker Friedrich Salomon Perls aus (1893-1970). Er kritisierte an der Psychoanalyse, „daß Freud die Kausalität, die Vergangenheit und den Sexualtrieb überschätzt und die Bedeutung von Zielgerichtetheit, und Hungertrieb unterschätzt hat“ (Perls, 1942/1978, 99). Perls betont, welche Bedeutung es für die psychische Entwicklung hat, wie der Mensch Nährendes der Umwelt entnimmt und wie er es verarbeitet. Die brüske Ablehnung seiner Vorstellungen durch Freud auf dem Psychoanalytischen Kongreß von 1936 hat Perls später zu negativen Aussagen über die Psychoanalyse veranlaßt, die die starke Bezugnahme der G. auf psychoanalytisches Gedankengut verdecken.

Nach der Übersiedlung in die USA (1946) entwickelte Perls zusammen mit seiner Frau Lore Perls, Paul Goodman, Isadore From, Paul Weiß und anderen die G. Paul Goodman hat aus Grundgedanken von Perls das theoretische Gesamtkonzept der heutigen G. entwickelt – veröffentlicht in „Gestalt Therapy. Excitement and Growth in the Human Personality“ (Perls et al., 1951/1981). Das Werk von Paul Goodman ist nach wie vor der grundlegende theoretische Rahmen für gestalttherapeutisches Arbeiten, für die Ausbildung in G. und für die Weiterentwicklung der Methode.

Perls hat in den 60er Jahren durch intensive Vortrags- und Demonstrationstätigkeit die G. schnell bekanntgemacht und verbreitet. Viele Therapeuten dieser Zeit haben G. gleichgesetzt mit den Techniken, die Perls bei seinen Workshops jeweils bevorzugte.

Diesen Zustand suchen zahlreiche prominente Vertreter der G. durch Betonung der theoretischen Grundlagen in Ausbildung und Veröffentlichungen zu beenden (Yontef, 1979; 1981; From, 1984; Resnick, 1984; Latner, 1985).

2 Theorie der Gestalttherapie

2.1 Grundannahmen über die Mensch-Umwelt-Beziehung

Über die Beziehung zwischen Mensch und Umwelt bestehen folgende Grundannahmen (Resnick, 1984):

1. Kein Organismus existiert außerhalb eines Kontextes (Umwelt). Organismus bezeichnet beim Menschen die untrennbare Gesamtheit von Körper, Geist und Psyche. Jede menschliche Funktion – sei es Essen, Riechen, Denken, Lieben – ist ein Wechselspiel zwischen Mensch und Umwelt. Da bei einer isolierten Betrachtung von Mensch oder Umwelt der Aspekt der wechselseitigen Bedingtheit verlorengeht, ist das Mensch/Umwelt-Feld Untersuchungsgegenstand der G. Das Mensch/Umwelt-Feld hat soziokulturelle, sinnliche und physische Aspekte (Perls et al., 1951/1981, 11).
2. Die kreative Anpassung von Mensch und Umwelt heißt *Kontakt*. Gesunde Menschen können sich im Mensch/Umwelt-Feld mittels Kontakt selbst regulieren. Selbstregulierung heißt einerseits Wiederherstellen von *Homöostase* (z. B. durch Essen Hunger stillen); andererseits bewirkt Selbstregulierung *Wachstum* (z. B. aus Erfahrung lernen). Der gesunde Mensch entfaltet sich nicht nach einem vorgegebenen Plan, sondern wächst, indem er sich mit der ihn jeweils umgebenden Umwelt auseinandersetzt und daraus Nährendes assimiliert.
3. Jeder Mensch entwickelt spezifische Muster, wie er Kontakt mit seiner Umwelt aufnimmt und wie er sich im Kontakt unterbricht *(Kontaktunterbrechungen)*. Kontaktunterbrechungen werden schädlich, wenn sie den Menschen an Homöostase und Wachstum hindern (Beispiel: Ein Buchhalter wehrt sich nicht gegen die Vorwürfe seines Chefs, sondern zieht sich zurück und bekommt Magenschmerzen). Die Muster der Kontaktaufnahme und Kontaktunterbrechungen, die einem Menschen im Alltag Probleme schaffen, bringt er in gleicher Weise in die therapeutische Situation ein. Deshalb konzentriert sich die G. in Diagnostik und Therapie mehr auf die Struktur der Interaktionsprozesse *(prozeßorientierte Therapie)* als auf deren Inhalte.
4. Ziel der G. ist es, dem Klienten zu der ihm möglichen organismischen Selbstregulation zu verhelfen. Selbstregulation findet dann statt, wenn der Mensch über *Bewußtheit (Awareness)* verfügt. Ein Mensch ist bewußt, wenn er mit seinen sensomotorischen, emotionalen, kognitiven und energetischen Möglichkeiten aufmerksamen Kontakt zum gegenwärtig wichtigsten Ereignis seiner Umwelt hat (Yontef, 1983 a). Mehr Bewußtheit gewinnt man, indem man erlebt, wie man sich im Kontakt unterbricht.

2.2 Merkmale der therapeutischen Situation

Auf diesen Grundannahmen basieren die Merkmale, die erfüllt sein müssen, damit ein Therapeut mit Recht sagen kann, daß er G. praktiziert (Yontef, 1983 a):

1. Therapeut und Klient suchen das Offensichtliche, das in der Situation Gegebene wahrzunehmen. Diese der *Phänomenologie* entlehnte Vorgehensweise verzichtet weitgehend auf die Erforschung kausaler historisch-biographischer Zusammenhänge. Den Gestalttherapeuten interessiert die Vergangenheit insoweit, wie sie sich in gegenwärtigen Kontaktunterbrechungen manifestiert.
2. Der Patient verantwortet und wählt ständig neu, wie er seine Existenz gestaltet. Diese dem *Existentialismus* entnommene Sicht des Menschen verzichtet auf die Annahme einer zugrundeliegenden Essenz, die die Existenz des Menschen determiniert (z. B. unveränderliche Triebe).
3. Der Therapeut bringt sich in die therapeutische Beziehung als Mensch mit ein und stellt sich dem *Ich-Du Dialog* im Sinne von Martin Buber (Buber, 1957/1979). Trotz der Begegnung auf gleicher Ebene steuert der Therapeut den therapeutischen Prozeß, um dem Klienten zu mehr Bewußtheit zu verhelfen.
4. In der G. wird das Newtonsche Modell von Kausalbeziehungen zwischen isolierten Objekten ersetzt durch die *Feldtheorie* der modernen Physik, die von Kurt Lewin in die Sozialwissenschaften eingeführt wurde (Latner, 1983). Raum, Ereignisse und Dinge werden als Komponenten eines Ganzen (Feld) betrachtet, in dem vielfach interagierende Kräfte wirken. Wenn ein Krebspatient z. B. sich nach der Entfernung der Geschwulst für gesund hält und so weiter lebt wie zuvor, vergißt er, daß der ihn krankmachende Kontakt mit der Umwelt unverändert bestehen bleibt (z. B. Ernährung, Bewegungsmangel, Umweltgifte, Streß) (Latner, 1983; Yontef, 1984).
5. Die Wahrnehmungsgesetze zur Gestaltbildung (Figur/Grund Formation), die von der *Gestaltpsychologie* entdeckt wurden, werden auf den Kontaktprozeß zwischen Mensch und Umwelt angewandt. Beispiel: Wenn man einen fremden Menschen kennenlernt, bildet man sich einen

Gesamteindruck *(Gestalt)* aus Aussehen, Stimme, Bewegung etc. vor dem Hintergrund eigener Vorerfahrung, gegenwärtiger Stimmung usw. *(Grund)*.

6. Der Therapeut orientiert sich in seiner Arbeit an der Theorie des *Kontaktprozesses*, die das Rückgrat der Therapietheorie bildet (Perls et al., 1951/1981, 190 ff.).

2.3 Theorie des Kontaktprozesses

Goodman definiert Kontakt als „Wahrnehmung des assimilierbaren Neuen und Bewegung zu ihm hin sowie Abwehr des unassimilierbaren Neuen" (Perls et al., 1951/1981, 12). Jeder Kontaktprozeß durchläuft ganz oder teilweise die nachfolgenden vier Phasen:

1. *Vorkontakt:* Diese Phase beginnt, wenn der Mensch ein Bedürfnis oder einen Umweltreiz wahrnimmt. Das Verlangen oder der Umweltreiz wird zur Figur. Beispiel: Der hypothetische Patient namens HP hat sich auf einer Party zunächst sattgegessen. Jetzt sucht er nach einem interessanten Gesprächspartner (Verlangen).
2. *Orientierung und Umgestaltung:* Ein Objekt, eine Möglichkeit der Bedürfnisbefriedigung wird Figur, der eigene Körper wird Grund. *Gefühle* helfen dem Menschen, sich spontan zu orientieren. Der Mensch wählt unter den gegebenen Möglichkeiten aus oder schafft sich neue Objekte der Bedürfnisbefriedigung. *Aggression* ermöglicht es dem Menschen, sich Objekten der Bedürfnisbefriedigung zu nähern, sie zu destrukturieren und so umzugestalten, daß sie assimilierbar werden. Beispiel: HP's schweifender Blick (Orientierung) fällt auf eine Frau, deren Anblick seinen Puls etwas höher schlagen läßt. Er gesellt sich zu der Gesprächsrunde (Aggression) und verwickelt die Frau nach einiger Zeit in ein Zwiegespräch (Destrukturierung, Umgestaltung).
3. *Voller Kontakt:* Mensch und Objekt bilden eine Einheit (z. B. im Genießen). Die Figur füllt den Horizont voll aus, es gibt keinen Hintergrund. Alles Plan- und Absichtsvolle entspannt sich. Beispiel: Die Frau und das Gespräch mit ihr fesseln HP. Er nimmt die anderen Partygäste kaum noch wahr.
4. *Nachkontakt:* Die Interaktion zwischen Mensch und Umwelt klingt aus (Einsinken lassen, nachfühlen, nachdenken, benennen, bewerten). Beispiel: Nach zwei Stunden merkt HP, daß es ihm reicht. Fröhlich und gedankenversunken geht er nach Hause. Nach dem Kontaktprozeß wird das Aufgenommene ohne Bewußtheit assimiliert. Beispiel: Als Ergebnis der Assimilation traut sich HP bei der nächsten Gelegenheit wieder, eine fremde Frau anzusprechen.

2.4 Kontaktunterbrechungen

In jeder der vier Phasen des Kontaktprozesses kann es zu Kontaktunterbrechungen (Dreitzel, unveröff.; De Roeck, 1982; Polster/Polster, 1983) kommen. Gesund sind Kontaktunterbrechungen u. a., wenn sie den Organismus vor Überlastung schützen. Neurotisch sind Kontaktunterbrechungen, wenn sie den Menschen an Kontaktprozessen hindern, die nährend genug sind, um Homöostase und Wachstum zu ermöglichen. Bei neurotischen Kontaktunterbrechungen dient die Aggression nicht mehr der Umgestaltung der Umwelt, sondern wendet sich gegen die Person selbst. Beispiel: HP interessiert sich auf der Party für eine Frau. Er geht jedoch seinem Interesse nicht nach, sondern sucht sich irgend einen anderen Gesprächspartner.

Neurotische Kontaktunterbrechungen beruhen auf *Verdrängungen*, die irgendwann einmal berechtigt waren, zur Zeit aber ihre Schutzfunktion verloren haben. Verdrängungen entstehen durch folgenden Ablauf: Der Organismus wird durch ein Bedürfnis erregt. Reagiert die Umwelt immer wieder bedrohlich auf den Versuch, das Bedürfnis zu befriedigen, wird die Erregung gewohnheitsmäßig blockiert und die bedrohliche Umweltreaktion „vergessen". Wird außerdem auch die Art der Blockade vergessen, spricht man in der G. von Verdrängung. Da das Bedürfnis unbefriedigt bleibt, wird der Organismus immer wieder erregt, wenn Reize das Bedürfnis aktivieren. Die Erregung muß deshalb ständig neu blockiert, und der auslösende Reiz muß immer wieder ausgeblendet werden.

Beispiel: HP's zaghafte Versuche, während der Pubertät mit Klassenkameradinnen anzubändeln (Bedürfnis und Befriedigungsversuch), wurden von den Mädchen mit Gespött zurückgewiesen. HP entschied sich, daß er mit den „dummen Gänsen" nichts zu tun haben wollte (Blockade der Erregung und Vergessen). Diese Haltung aktiviert er immer noch, wenn er auf attraktive Frauen trifft. Die gewohnheitsmäßigen Kontrollhaltungen gegenüber der immer wieder aufsteigenden Erregung des unbefriedigten Bedürfnisses heißen *Reaktionsbildung* (bei Reich 1970: Charakterpanzer). In der G. werden die folgenden Kontaktunterbrechungen unterschieden: Konfluenz, Introjektion, Projektion, Retroflektion und Egotism. Im Nachfolgenden sind nur die neurotischen Auswirkungen dieser Kontaktunterbrechungen dargestellt:

1. *Konfluenz:* Zwei Menschen sind konfluent, wenn sie keine Grenze zwischen sich wahrnehmen. Konfluenz ist neurotisch, wenn sie dazu dient, den Menschen in der Phase des Vorkontakts davon abzuhalten, Bedürfnisse wahrzunehmen und neue Erfahrungen zu suchen. Beispiel: Ehepaare, die immer nur in der Wir-Form sprechen (Latner, 1972; 1982).
2. *Introjektion:* Introjizieren ist das Aufnehmen von Material aus der Umwelt in unveränderter Form. Die Assimilation und das Abweisen schädlicher Bestandteile unterbleiben. Der Mensch ersetzt auf diese Weise seine eigenen Bedürfnisse durch die Bedürfnisse anderer, z. B. in Form von moralischen Regeln, Verhaltensmodellen, etc. Sehr häufig lassen sich andere Kontaktunterbrechungen auf Introjekte zurückführen. Perls sah im Introjizieren die Hauptquelle von Neurosen.
3. *Projektion:* In der Phase der Orientierung und Umgestaltung macht sich der Mensch ein Vorstellungsbild von der Umwelt, um sich zu orientieren, welche Objekte zur Bedürfnisbefriedigung infrage kommen (gedankliches Probehandeln, Planen, Empathie). Neurotisch wird Projizieren, wenn die innere Tätigkeit (z. B. Phantasieren) die Kontaktnahme durch die Sinne mit der Außenwelt einschränkt, verzerrt und ersetzt. Beispiel: HP's Annahme, daß jede attraktive Frau ihn abweisen wird.
4. *Retroflektion:* Retroflektieren ist das Innehalten vor der Umgestaltung des Objektes. Gesunde Retroflektion hilft dem Menschen, solche Destruktionen der Umwelt zu unterlassen, die ihm selbst oder seiner Art schaden. Neurotisch ist Retroflektieren, wenn man die eigentlich zur Nahrungsbeschaffung erforderliche Aggression nach außen unterläßt und gegen sich selbst wendet. Psychosomatische Erkrankungen werden als Folge von Retroflektionen angesehen. Beispiel: Der Buchhalter, der seinen Ärger gegen den Chef gegen sich selbst richtet und als Folge davon starke Magenschmerzen bekommt.
5. *Ich-Behauptung (Egotism):* Der Mensch gibt sich nicht dem Verschmelzen mit dem Objekt hin. Neurotische Ich-Behauptung beruht u. a. auf der Angst, die eigenen Grenzen nach der Verschmelzung nicht wiedergewinnen zu können. Beispiel: HP muß jedesmal, wenn er seiner Gesprächspartnerin zustimmt, eine Nuance finden, in der er sich von der Aussage der Gesprächspartnerin unterscheidet.

Allen Kontaktunterbrechungen ist gemein, daß sie die Bewußtheit einschränken. Der Begriff der Bewußtheit ist deshalb zentral für die Definition der Begriffe „Krankheit“ und „Gesundheit“ sowie der Therapieziele in der G.

2.5 *Gesundheit*

„G. betrachtet den geistig Gesunden als jemanden, in dem sich ohne Blockierungen Bewußtheit entwickelt für das, was seine organismische Aufmerksamkeit erweckt. Solch ein Mensch kann von Augenblick zu Augenblick seine eigenen Bedürfnisse und die Möglichkeiten der Umwelt voll und klar erleben, kann beides als gegeben akzeptieren und kann auf schöpferische Kompromisse hinarbeiten . . . Da er keine unerledigten Situationen ansammelt, ist er frei, uneingeschränkt das zu tun oder zu sein, was er gerade tut oder ist“ (Enright, 1970, 119 f., übers. von U. L.).

2.6 *Krankheit*

G. nimmt an, daß psychische, psychosomatische und soziale Störungen dadurch bedingt oder mitbedingt werden, daß der Kontakt einer Person zur Umwelt nicht nährend genug ist. Sofern nicht schädigende Umwelteinflüsse vorrangig sind, beruhen die verschiedenen Störungsformen letztlich auf Kontaktunterbrechungen. G. unterscheidet verschiedene Formen von Funktionseinbußen (Es-Funktionsstörungen, Ich-Funktionsstörungen, Persönlichkeitsfunktionsstörungen), die im Einzelnen bei Goodman nachzulesen sind (Perls et al., 1951/1981, Kap. 14).

2.7 *Therapieziele*

Der Patient kann lernen (oder wieder lernen), den Zyklus seiner Kontaktprozesse mit Bewußtheit ohne neurotische Einschränkungen zu leben. Dann wird, so die Grundannahme der G., die organismische Selbstregulierung wirksam. „Änderung tritt ein, wenn man der wird, der man ist, nicht wenn man versucht, der zu werden, der man nicht ist“ (Paradoxe Theorie der Veränderung, Beisser, 1970, 77; übers. v. U. L.). Dazu ist es erforderlich, Wahrnehmung, Emotionen und Kognitionen zu integrieren. Das Therapieziel orientiert sich also nicht an irgendeiner inhaltlich definierten Normalität, sondern am Prozeß des Kontaktes eines Menschen mit seiner Umwelt. Inhaltlich kann dieses Sich-Beschränken auf den individuellen Kontaktprozeß als Pflege narzißtischer Tendenzen mißverstanden werden. Petzold (1984) betont: „Persönliches Wachstum und Selbstregulation sind immer eingebunden in gesellschaftliches Leben, in dem zu partizipieren Ausdruck von Gesundheit und Ziel der Therapie ist." Der Mensch soll die Fähigkeit zur Überprüfung gesellschaftlicher Regeln entwickeln, um krankmachende Einschränkungen wahrnehmen und zurückweisen zu können (Perls, 1973/1976).

3 Therapeutisches Handeln und seine Auswirkungen

Der Therapeut hilft dem Klienten zu erfahren, wie jener sich in der aktuellen Therapiesituation im Kontakt unterbricht. Der Therapeut macht den Klienten z. B. darauf aufmerksam, wie er seinen Atem unterbricht, wenn unwillkommene Gefühle und damit verbundene Erregung hochkommen. Wenn der Patient im Dialog mit dem Therapeuten wahrnimmt, wie er sich blockiert, kommen unterdrückte Bedürfnisse und unvollendete Situationen an die Oberfläche (Perls, 1976 a; Resnick, 1970; Simkin, 1974; Zinker, 1982). Durch neue Erfahrungen mittels verbaler und nonverbaler Experimente erweitert der Patient schrittweise seine Bewußtheit. „Der springende Punkt dabei ist, daß der Patient sein Verhalten unmittelbar in der akuten Notsituation erlebt und gleichzeitig fühlt, daß er sicher ist..." (Perls et al., 1951/1981, 70). Wenn der Therapeut z. B. herausfindet, daß der Patient unterschwellig ärgerlich auf den Therapeuten ist, läßt er den Patienten vielleicht mit unterschiedlichen Ausdrucksformen des Ärgers experimentieren. Der Patient kann dann deutlicher wahrnehmen, wie ärgerlich er ist und daß ihm nichts wirklich Gefährliches passiert, wenn er seinen Ärger äußert.

Therapeutisches Handeln beschränkt sich also auf das Erfahrbare für den Klienten, auf die Anregung neuer Erfahrungen und das Experimentieren mit Verhaltensweisen, die neue Erfahrungen ermöglichen. (bei Lore Perls, 1980, mit den englischen Begriffen „existential", „experiential", und „experimental" gekennzeichnet). Bei erfolgreichem Therapieverlauf assimiliert der Patient seine Introjekte und scheidet für ihn Ungenießbares aus. Er lernt, Projektionen als zu ihm gehörige Teile anzunehmen und zu re-integrieren. In der Kindheit notwendige Konfluenz und Retroflektionen werden als nicht mehr zum Schutz notwendig abgelegt. Beispiel: HP erkennt, daß seine Vorannahmen über attraktive Frauen unangemessene Verallgemeinerungen sind (Projektionen). Er schließt die unbeendete Situation der schmerzlichen Zurückweisungen in seiner Jugend ab, indem er den Schmerz nacherlebt, die damals unterdrückte Wut ausdrückt und wahrnimmt, daß er heute frei ist, neue Erfahrungen zu machen.

Übertragungen werden in der G. nicht gefördert, sondern wie Projektionen bearbeitet und aufgelöst.

Widerstände werden in der G. als notwendige Schutzmaßnahmen des Organismus gegen schädigende Umwelteinflüsse betrachtet. Der Gestalttherapeut hilft dem Patienten wahrzunehmen, wie er Widerstände erzeugt (durch welche Abfolge von Kontaktunterbrechungen). Wenn der Patient genug Selbst-Unterstützung (self-support) aufgebaut hat, wird er von sich aus auf schädliche Widerstände verzichten.

Dem Therapeuten stehen zwei *Grundformen therapeutischen Handelns* zur Verfügung:

1. Der Therapeut *unterstützt* den Patienten im Kontaktprozeß und ermöglicht es ihm, sich absichtlich in eine emotionale Notsituation zu begeben, um über neue Erfahrungen mehr Bewußtheit zu erlangen.
2. Der Therapeut *frustriert* die Erwartungen des Patienten auf neurotischen Gewinn aus seinen Reaktionsbildungen, indem er ihn mit seinen Kontaktunterbrechungen und deren Folgen *konfrontiert.*

Für beide Handlungsformen hat die G. (allen voran F. Perls) eine Fülle von Techniken entwickelt (Schiffman, 1971; Rosenblatt, 1975; Stevens, 1975; Houston, 1982; Zinker, 1982). Es sind u. a.:

- *„Rollentausch"* (dem Psychodrama entlehnt);
- *„leerer Stuhl":* der Klient spricht mit einem imaginierten Gegenüber;
- *„Innerer Dialog":* der Klient identifiziert sich nacheinander mit zwei Aspekten seiner Person (meist Polaritäten) und führt einen Dialog zwischen diesen beiden Aspekten (z. B. redet er als Faulpelz mit seinem Antreiber);
- *„Identifikation"*: der Klient identifiziert sich mit den verschiedenen Objekten und Personen eines Traums und erfährt so den Traum als Ausdruck eigenen Erlebens.

Für die Arbeit am Kontaktprozeß ist es nachrangig, welche Techniken verwendet werden. Man kann theoretisch fundierte und praktisch wirkungsvolle G. praktizieren, ohne irgendwelche der sogenannten Gestalttechniken zu benutzen. Zentral ist die Arbeit am Kontaktprozeß im Dialog zwischen Therapeut und Patient.

4 Anwendung der Gestalttherapie

Einschränkungen in der Anwendung der G. ergeben sich eher aus den begrenzten Kompetenzen der Therapeuten als aus der Therapieform. Gute Erfahrungen liegen in folgenden Anwendungsbereichen vor: neurotische und psychosomatische Beschwerden, Drogenabhängigkeit, Arbeit mit

Unterschichtpatienten, Arbeit mit alten Menschen (Petzold, 1984), Behandlung von Psychotikern (Stratford et al., 1979; Serok, 1982), Beratungsarbeit (Rahm, 1979). Es gibt spezialisierte Weiterentwicklungen für die Therapie mit Kindern (Oaklander, 1981) und mit Familien (Kempler, 1985).

5 Kritische Zusammenfassung

G. ist eine eigenständige Weiterentwicklung aus der Psychoanalyse, in der der Prozeß des Kontaktes zwischen Mensch und Umwelt Gegenstand von Theorie und Therapie ist. Es erfordert einigen Arbeitsaufwand, sich die theoretische Grundlegung von Paul Goodman zu erarbeiten. Fritz Perls hat mit seinen griffigen Kurzformeln wie „Loose your mind and come to your senses" und mit seinen frappierend wirksamen Techniken viele Menschen für G. interessiert, die sich das theoretische Konzept nur bruchstückhaft angeeignet haben. Deshalb findet man auf dem Psychomarkt viele Therapeuten, die meinen, G. zu praktizieren, nur weil sie einige Techniken aufgegriffen haben. So läßt es sich u. a. erklären daß die Autoren von zwei bekannten Lehrbüchern (Tölle, 1982; Dörner/Plog, 1982) die Anwendung von G. bei Psychotikern ablehnen, obwohl es zahlreiche Veröffentlichungen über erfolgreiche Arbeit mit Psychotikern gibt. Um seine Bedeutung als eigenständiges Verfahren der Psychotherapie erhalten und erweitern zu können, muß in der G. ein Grundkonsens über theoretisch fundierte Ausbildung erzielt werden, muß die therapeutische Arbeit über kasuistische Studien hinaus empirisch überprüft werden, müssen aktuelle Erkenntnisse anderer Therapieformen integriert werden, ohne die theoretische Basis zu verlassen (Harmann, 1984; Yontef, 1981). G. hat sich in vielen Einzelfalluntersuchungen als besonders erfolgreich erwiesen in der Arbeit mit Menschen, die schwer Zugang zu ihren Gefühlen und ihrem Körper finden (Petzold, 1984). In Deutschland vor ca. 15 Jahren eingeführt, hat G. mittlerweile weite Verbreitung gefunden (Heekerens, 1984).

Literatur

Beisser, A.: The paradoxical theory of change. In: Fagan, J./ Shepard, J. (Eds.): Gestalt therapy now. Palo Alto: Science and Behavior Books, 1970, 77-80.

Buber, M.: Ich und Du. (10. Aufl.). Heidelberg: Schneider, 1979. (1. Aufl. 1957).

De Roeck, B.: Gras unter meinen Füßen. Offenbach: Burckhardthaus Laetare Verlag, 1982.

Dörner, K./Plog, U.: Irren ist menschlich oder Lehrbuch der Psychiatrie/Psychotherapie (6. Aufl.). Rehburg-Loccum: Psychiatrie Verlag, 1982.

Dreitzel, H.: Notizenblätter zur Gestaltausbildung am Gestaltzentrum Berlin (unveröffentlicht).

Dreitzel, H.: Sozialpolitische Aspekte der Gestalttherapie, Vortrag auf der 1. Deutschen Tagung für Gestalttherapie in Oberwesel, 29. 10. 1984.

Enright, J.: An introduction to gestalt techniques. In: Fagan, J./ Shephard, I. (Eds.): Gestalt Therapy now. Palo Alto: Science and Behavior Books, 1970, 166-170.

Fagan, J./Shephard, I. (Eds.): Gestalt therapy now. Palo Alto: Science and Behavior Books, 1970.

From, I.: Reflections on gestalt therapy after thirty-two years of practice: A requiem for Gestalt. Gestalt Journal, 7 (1), 1984, 4-12.

Goodman, P.: Nature heals, psychological essays. New York: Free life editions, 1977.

Harman, R.: Gestalt therapy research. Gestalt Journal, 7 (2), 1984, 61-69.

Heekerens, H.: Aspekte der Berufstätigkeit von Gestalttherapeuten. Integrative Therapie, 1/2, 1984.

Houston, G.: The relative-sized red book of Gestalt. London: Rochester Foundation, 1982.

Jacoby, R.: Soziale Amnesie. Frankfurt: Suhrkamp, 1978.

Kempler, W.: Principles of Gestalt family therapy (1973) deutsch: Grundzüge der Gestalt-Familientherapie, München: DTV, 1985.

Latner, J.: The Gestalt therapy book. New York: Julian Press, 1972.

Latner, J.: The thresher of time: On love and freedom in Gestalt therapy. Gestalt Journal, 5 (1), 1982.

Latner, J.: This is the speed of light: Field and systems theories in Gestalt therapy. Gestalt Journal, 6 (2), 1983, 71-90.

Latner, J.: The kingdoms of experience. Gestalt Journal, 7 (1), 1984, 84-109.

Latner, J.: What kind of figure does Gestalt therapy cut? Gestalt Journal 8 (1), 1985, 55-60.

Oaklander, V.: Gestalttherapie mit Kindern und Jugendlichen. Stuttgart: Klett Cotta, 1981.

Perls, F.: Ego, hunger, and aggression. Durban 1942; deutsch: Das Ich, der Hunger und die Aggression. Stuttgart: Klett-Cotta, 1978.

Perls, F.: Gestalt therapy verbatim. Lafayette: Real People Press, 1969; deutsch: Gestalt-Therapie in Aktion. Stuttgart: Klett, 1976.

Perls, F.: In and out the garbage pail. Lafayette: Real People Press, 1969; deutsch: Gestalt-Wahrnehmung. Verworfenes und Wiedergefundenes aus meiner Mülltonne. Frankfurt: Verlag f. human. Psychologie W. Flach, 1981.

Perls, F.: The Gestalt approach and eye witness to therapy. Palo Alto: Science and Behavior Books, 1973; deutsch: Grundlagen der Gestalt-Therapie. München: Pfeiffer, 1976.

Perls, F.: Gestalt, Wachstum, Integration. Aufsätze, Vorträge, Therapiesitzungen, hrsg. von H. Petzold. Paderborn: Junfermann, 1980.

Perls, L.: Begriffe und Fehlbegriffe der Gestalttherapie. In: Perls, F.: Gestalt, Wachstum, Integration. Paderborn: Junfermann, 1980.

Perls, F./Hefferline, R./Goodman, P.: Gestalt therapy. Excitement and growth in the human personality. New York: Julian Press, 1951. Deutsch: Gestalt-Therapie. Bd. 1: Lebensfreude und Persönlichkeitsentfaltung. Bd. 2: Wiederbelebung des Selbst. Stuttgart: Klett Cotta, 1981.

Petzold, H.: Gestalttherapie und Psychodrama. Kassel: Nicol, 1973.

Petzold, H.: Die Gestalttherapie von Fritz Perls, Lore Perls und Paul Goodman. Integrative Therapie, 1/2, 1984, 5-72.

Polster, E./Polster, M.: Gestalt therapy integrated; countours of theory and practice. New York: Brunner and Mazel, 1973; Deutsch: Gestalttherapie, Frankfurt/M.: Fischer, 1983.

Rahm, D.: Gestaltberatung, Paderborn: Junfermann, 1979.
Reich, W.: Charakteranalyse, Köln: Kiepenheuer u. Witsch, 1970. (Orig. 1932).
Resnick, R.: Chicken soup is poison. Voices, 6 (2), 1970, 75-78.
Resnick, R.: Gestalt therapy East and West: Bi-coastal dialogue, debate or debacle. Gestalt Journal, 7 (1), 1984, 13-32.
Rosenblatt, D.: Opening doors: What happens in Gestalt therapy. New York: Harper & Row, 1975.
Schiffman, M.: Gestalt self therapy. Santa Monica: Self Therapy Press, 1971.
Serok, S.: Gestalt group therapy with psychotic patients. Gestalt Journal, 5 (2), 1982, 45-56.
Simkin, J.: Gestalt therapy mini lectures. Milbrae: Celestial Arts, 1974.
Smith, E.: The growing edge of Gestalt therapy. New York: Bruner & Mazel, 1976.
Stevens, J. (Ed.): Gestalt is. Moab: Real People Press, 1975.
Stevens, J.: Die Kunst der Wahrnehmung. Übungen der Gestalttherapie. München: Kaiser, 1975.
Stratford, C./Brallier, L.: Gestalt therapy with profoundly disturbed persons. Gestalt Journal, 2 (1), 1979, 90-104.
Tölle, R.: Psychiatrie (6. Aufl). Berlin: Springer, 1982.
Yontef, G.: Gestalt therapy: Clinical phenomenology. Gestalt Journal, 2 (1), 1979, 27-45.
Yontef, G.: Mediocrity or excellence, unveröffentlichtes Manuskript, 1981.
Yontef, G.: Gestalt therapy: Its inheritance from gestalt psychology, Gestalt Theory, 4 (1/2), 1982.
Yontef, G.: Gestalttherapie als dialogische Methode. Integrative Therapie, 2/3, 1983 a, 98-130.
Yontef, G.: The self in Gestalt therapy: Reply to Tobin. Gestalt Journal, 6 (1), 1983 b, 54-69.
Yontef, G.: Modes of thinking in Gestalt therapy. Gestalt Journal, 7 (1), 1984, 33-74.
Zinker, J.: Gestalttherapie als kreativer Prozeß. Paderborn: Junfermann, 1982.

Gewalt

Gunter A. Pilz

1 Zur Entwicklung der Gewaltforschung

Die Geschichte der Menschheit ist geprägt von G., von G. in ihren unterschiedlichsten Ausformungen, von der individuellen G. (dem Brudermord von Kain an Abel) bis hin zur kollektiven G. (den unzähligen Kriegen im Laufe menschlicher Zivilisation). Es ist von allem das Verdienst von Elias (1977; 1981), darauf aufmerksam gemacht zu haben, daß G., vor allem körperliche G., im Laufe des Zivilisationsprozesses zunehmend gesellschaftlich tabuiert, gedämpft wurde. Im gleichen Maße wie körperliche G. zunehmend einem zivilisatorischen Selbstzwang unterworfen, gesellschaftlich tabuiert wird, bekommt der Staat das Monopol über physische G. So wird seit Max Weber in der politischen Soziologie der Staat definiert als Inhaber des „Monopols über physische Gewaltsamkeit". Es überrascht angesichts der Bedeutung der G. in unserer Geschichte, daß die theoretische, wissenschaftliche Auseinandersetzung mit dieser Problematik relativ spät, im Vergleich zur *Aggressionsforschung*, sehr spät einsetzte. Die G.forschung entwickelte sich eigentlich erst richtig, „nachdem sich die Kriegsursachen-Forschung der vierziger und fünfziger Jahre als unzulänglich erwiesen hat" (Nicklas, 1984, 239), im Zuge des Aufblühens der Friedensforschung, in der G. zu einem zentralen Begriff geworden ist. So sind die bedeutendsten Publikationen zur G.thematik allesamt erst in den letzten 15 Jahren erschienen (z. B. Arendt, 1970; Senghaas, 1971; Bourdieu/Passeron, 1973; Rammstedt, 1974; Galtung, 1975; Foucault, 1977; Engel-Janosi et al., 1977; Röttgers/Sahner, 1978; Vorgänge: Zeitschrift für Gesellschaftspolitik, 1978; Elias, 1981; Callies, 1983; Steinweg, 1983; Schöpf, 1985; Honig, 1986).

Die Auflistung der Autoren verweist dabei auf das in diesem Beitrag zentral zu behandelnde Problem: G. – und alles was damit zusammenhängt – scheint in erster Linie ein Problem der Philosophie, Politologie, der Soziologie oder ganz allgemein der Sozialwissenschaften zu sein, und weniger eines, ja fast gar keines, der Psychologie. Allein Horn (1973; 1974; 1978; 1979; 1982; 1985), als Vertreter einer *kritischen Psychoanalyse* und der *politischen Psychologie*, schert aus der sehr individualistischen Aggressionsforschung der Psychologie aus, in dem er sich verstärkt den gesellschaftlichen Ursachen und Bedingungen, der *gesellschaftlichen Produktion von Aggression* – oder besser : von G. – widmet. Damit leistet Horn einen wichtigen Beitrag über die eher individualistisch angelegte Aggressionsforschung hinaus, indem er den Blick des Betrachters auch und besonders auf die gesellschaftlichen Ursachen und Bedingungen der Aggression führt. Keineswegs zufällig ist dabei, daß Horn statt des Begriffes Aggression den der G. benutzt.

2 Zum Begriff Gewalt

Ähnlich der Aggressionsforschung plagt sich auch die G.forschung mit dem Problem einer exakten operationalen Begriffsbestimmung herum. Dabei bietet sich als Rahmendefinition für G. zunächst die Definition aggressiven Verhaltens von Selg (1974) an. Das hier anstehende Problem ist nun aber weniger das einer exakten Definition, als vielmehr das des Begriffes selbst. So machen Narr (1973) und Horn (1979) darauf aufmerksam, daß der Begriff „Aggression" bereits zu sehr psychologisiert, „individualisiert", „psychologisch ontologisiert" sei, daß er der gesellschaftlichen Bedingtheit aggressiven Verhaltens nicht mehr gerecht werde und soziale und geschichtliche Bedingungen von Aggression eher verschleiere. Entsprechend plädieren beide Autoren für den Begriff G., um der einseitigen Festlegung des Aggressionsbegriffes zu entgehen. Narr (1973, 15 f.) fordert dabei einen G.begriff, der „die Auswahl der Phänomene nicht von vornherein begrenzt, wie der auf physische Gewalt/Vergewaltigung allein abgestellte Begriff", der andererseits aber nicht so weit ausgedehnt wird, so breit ist, daß er zum „Unbegriff" wird. Vor allem müsse der G.begriff historisch verwendbar sein, er müsse „historisch-spezifisch, d. h. inhaltlich umzudefinieren" sein. Während Narr (1973) dabei zwischen *institutionalisierter* und *nicht-institutionalisierter* G., d. h. *staatlicher* und *nicht-staatlicher* G. unterscheidet, plädiert Horn (1973, 310) für die Unterscheidung zwischen *nicht-legalisierter* G. („violence") und *legalisierter, staatlicher G.* mit dem Hinweis, daß es auch institutionalisierte G. nicht-staatlicher Art gebe (z. B. G. der Rockerbanden, G. in der Familie).

Die weitest reichende Differenzierung von G. nimmt Galtung (1975) vor, wenn er zwischen *physischer* und *psychischer* G., zwischen *negativer* und *positiver* Einflußnahme, zwischen *objektbezogener* und *objektloser*, zwischen *personaler* und *struktureller* G., zwischen *manifester* und *latenter* sowie *intendierter* und *nicht-indentierter* G. unterscheidet (vgl. Abb. 1).

Wenn wir diese Typologie mit dem Aggressionsbegriff, wie er in der Aggressionsforschung vorwiegend verwendet wird, konfrontieren, wird die *individualistische, psychologistische Reduktion* des Problemfeldes deutlich: Aggression umfaßt nur personale G., die intendiert oder nicht-intendiert, physisch oder psychisch, objektlos oder objektbezogen und manifest ist. Der ganze Bereich der latenten und vor allem strukturellen G. bleibt ausgeblendet. Selg (1974, 19) wendet gegen den Galtung'schen G.begriff, den er als „zusammenfassenden Begriff für alle ernsthaften Aggressionen" sehr wohl für tauglich hält, ein, daß er zu weit gefaßt sei. Für Galtung (1975, 9) liegt dann G. vor, „wenn Menschen so beeinflußt werden, daß ihre aktuelle somatische und geistige Verwirklichung geringer ist als ihre potentielle Verwirklichung". Selg (1974) bezweifelt, daß die Psychologie einen soweit gefaßten G.begriff *sinnvoll* aufgreifen kann. Demgegenüber macht Horn (1979) zu Recht darauf aufmerksam, daß die Ausblendung der strukturellen G. und Beschränkung der psychologischen wie sozialwissenschaftlichen

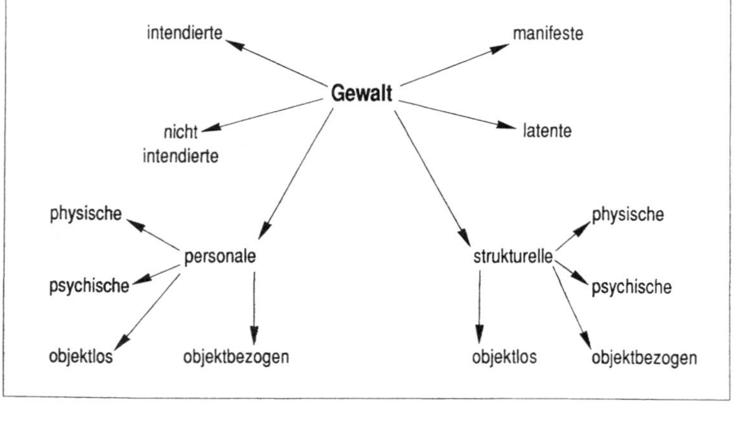

Abbildung 1: Typologie der Gewalt (Galtung, 1975, 15)

Forschung von G. und Aggression auf das gewalttätige Individuum dazu geführt habe, daß die sozialen Bedingungen, die G. fördern und/oder erzeugen, nicht berücksichtigt werden. Entsprechend fordert Horn (1978, 40), daß die Wirkungszusammenhänge zwischen Sozialstruktur und Verhalten aufgedeckt werden und die „Unvermittelheit der Begriffe ‚Gewalt' und ‚Aggression' als Reflex eines tatsächlichen Bruches zwischen den Sphären (potentieller) staatlicher Sanktionsgewalt und individuellen Handelns" aufgelöst wird, d. h. beide miteinander zu verknüpfen sind. Um dies zu erreichen und vor allem auch die historische Spezifität des Gewaltbegriffes besser fassen zu können, ist eine weitere Unterscheidung zwischen *expressiver, (lustbetonter, affektiver)* G. einerseits und *instrumenteller* (*lustarmer, affektarmer, rationaler*) G. andererseits erforderlich (Pilz, 1982).

Expressive G. meint dabei gewalttätige Handlungen, die lustvoll ausgeführt und erlebt werden, ohne Belastung des sozialen Gewissens; die gesellschaftlich toleriert sind bzw. situations-, schicht- oder kulturspezifischen G.standards entsprechen. Wenn Elias von der Monopolisierung der körperlichen G., der zunehmenden Tabuierung, Dämpfung, Zurückdrängung der G. im Zuge des Zivilisationsprozesses spricht, dann meint er vorwiegend diese expressive G.

Instrumentelle G. meint hingegen weniger ein lustbetontes Ausagieren aggressiver Bedürfnisse, als vielmehr genau kalkulierte, geplante, rational eingesetzte, die gesellschaftlichen G.standards überschreitenden Handlungen im Interesse eines übergeordneten Zieles. Wenn wir heute eine Zunahme der G. beklagen, einer Zunahme der G.tätigkeiten das Wort reden, so wird dabei in erster Linie die instrumentelle G. angesprochen. Dabei kann und darf nicht übersehen werden, daß die zunehmende Tabuierung expressiver G. zu einer Zunahme der Sensibilität gegenüber G.handlungen führt: Wir nehmen G.handlungen bewußter wahr. Diese Erkenntnis wird gerade bezüglich der These der Brutalisierung, Zunahme von G. in unserer Gesellschaft und vor allem auch bezüglich der Diskussion der massenmedialen Präsentation von G. und G.handlungen zu wenig reflektiert.

Die G.forschung macht uns darüber hinaus besonders auf die Verflechtungen sozialer Strukturen und individuellen Handelns aufmerksam. Sie leistet damit einen wichtigen Beitrag, die Lücke der psychologischen Aggressionsforschung zu schließen, die Selg (1974, 51) wie folgt beschreibt: „Das Geflecht von wechselseitigen Abhängigkeiten zwischen individuellem Verhalten, Sozialisationsagenten, sozialer Schicht, und sozialem System in bezug auf aggressives Verhalten deutlich herauszuarbeiten, ist eine Aufgabe, die dringend anzugehen ist".

Dem ist auch heute, 14 Jahre später nichts hinzuzufügen. Dabei machen Tedeschi et al. (1974) auf einen wichtigen weiteren Aspekt aufmerksam, indem sie mit dem Begriff der „coercive power" eine verstärkte soziale Perspektive für die Untersuchungen über schädigendes Verhalten eröffnen. Verfolgt man diesen Gedanken weiter, so gilt es, neben den gesellschaftlichen, sozialen Bedingungen, vor allem die bestehenden *Machtverhältnisse* und *Machtbalancen* bei der Diskussion der Ursachen und Bedingungen gewalttätigen Handelns jeweils mit zu reflektieren (Arendt, 1970). Hier eröffnet sich der Aggressions- und G.forschung ein wichtiges, dringend zu bearbeitendes Forschungsfeld.

Literatur

Arendt, H.: Macht und Gewalt. München: Piper, 1970.

Bourdieu, P./Passeron, J.-C.: Grundlagen einer Theorie der symbolischen Gewalt. Frankfurt : Suhrkamp, 1973.

Callies, J. (Hrsg.): Gewalt in der Geschichte. Düsseldorf: Schwann, 1983.

Elias, N.: Ueber den Prozeß der Zivilisation. Bd. 1-2. Frankfurt: Suhrkamp, 1977.

Elias, N.: Zivilisation und Gewalt. In: Matthes, J. (Hrsg.): Lebenswelt und soziale Probleme. Frankfurt: Campus, 1981, 98-124.

Engel-Janosi, F./Klingenstein, G./Lutz, H. (Hrsg.): Gewalt und Gewaltlosigkeit. München: Oldenbourg, 1977.

Foucault, M.: Ueberwachen und Strafen. Frankfurt: Suhrkamp, 1977.

Galtung, J.: Strukturelle Gewalt. Reinbek: Rowohlt, 1975.

Honig, M.-S.: Verhäuslichte Gewalt. Frankfurt: Suhrkamp, 1986.

Horn, K.: Die gesellschaftliche Produktion der Gewalt. Leviathan, 1 (3), 1973, 310-348.

Horn, K.: Die gesellschaftliche Produktion der Gewalt. In: Ramstedt, O. (Hrsg.): Gewaltverhältnisse und die Ohnmacht der Kritik. Frankfurt: Suhrkamp, 1974, 59-106.

Horn, K.: Gewalt und Aggression. In: Röttgers, K./Saner, H. (Hrsg.): Gewalt. Basel: Schwabe, 1978, 33-49.

Horn, K.: Wissenschaft und Gewalt. Psychologie heute, 1979, 7, 30-39.

Horn, K.: Was macht das Subjekt der Erfahrungswissenschaft mit sich selbst? Einige Vorfeldprobleme psychologischer Aggressions- und Gewaltforschung. In: Hilke, R./Kempf, W. (Hrsg.): Aggression. Bern: Huber, 1982, 186-207.

Horn, K.: Aggression und Gewalt. Vom gegenwärtigen Schicksal menschlicher Expressivität. In: Schöpf, A. (Ed.): Aggression und Gewalt. Würzburg: Königshausen & Neumann, 1985, 123-142.

Narr, W.: Gewalt und Legitimität. Leviathan, 1 (1) 1973, 7-42.

Nicklas, H.: Erziehung zum Ekel vor Gewalt. In: Steinweg, R. (Red.): Vom Krieg der Erwachsenen gegen die Kinder. Frankfurt: Suhrkamp, 1984, 239-250.

Pilz, G. A.: Wandlungen der Gewalt im Sport. Ahrensburg: Czwalina, 1982.

Rammstedt, O. (Red.): Gewaltverhältnisse und die Ohnmacht der Kritik. Frankfurt: Suhrkamp, 1974.

Röttgers, K./Saner, H. (Hrsg.): Gewalt. Basel: Schwabe, 1978.
Schöpf, A. (Hrsg.): Aggression und Gewalt. Würzburg: Königshausen & Neumann, 1985.
Selg, H.: Menschliche Aggressivität. Göttingen: Hogrefe, 1974.
Senghaas, D.: Aggressivität und kollektive Gewalt. Stuttgart: Kohlhammer, 1971.
Steinweg, R. (Red.): Faszination der Gewalt. Politische Strategie und Alltagserfahrung. Frankfurt: Suhrkamp, 1983.
Steinweg, R. (Red.): Vom Krieg der Erwachsenen gegen die Kinder. Möglichkeiten der Friedenserziehung. Frankfurt: Suhrkamp, 1984.
Tedeschi, J. T./Smith, R. B./Brown, R. C.: Reinterpretation of research on aggression. Psychological Bulletin, 81 (9), 1974, 540-562.
Vorgänge: Zeitschrift für Gesellschaftspolitik: Gewalt und Gewaltlosigkeit. Nr. 31, 17. 8. 1978, H. 1.

Gruppen

Helmut E. Lück

1 Gegenstand und Geschichte

Die Erforschung von G.prozessen ist eines der Kerngebiete der *Sozialpsychologie*. Das Interesse an der G.forschung entspringt aus drei Quellen. Erstens ist es von Interesse, das Verhalten des Individuums unter G.einfluß zu kennen (*persönlichkeitspsychologische Perspektive*), zweitens sind G.prozesse per se bei der weiten Verbreitung von G.bildungen in Arbeit und Freizeit von Interesse (*sozialpsychologische Perspektive*), schließlich kann drittens das Studium von G.prozessen Hinweise auf gesellschaftliche Prozesse geben, wenn G. als verkleinertes Abbild einer Gesellschaft angesehen werden (*soziologische Perspektive*). Natürlich läßt sich die gewaltige Anzahl empirischer Untersuchungen nicht immer eindeutig diesen drei G. zuordnen, da viele Fragestellungen Mischformen darstellen.

G. sind so alt wie die Menschheit selbst. Diese Aussage wird durch physiologische Grundtatbestände wie Sexualverhalten und Mutter-Kind-Bindungen, aber auch durch archäologische Funde bestätigt (Festinger, 1985). Wanderung von G., bestehend aus wenigen Kernfamilien, und rudimentäre Arbeitsteilung haben wenigstens im Nahen Osten viele Jahrtausende lang vorgeherrscht. Erst etwa um 6000 vor Christus setzten ein intensiverer Handel und stärkere Arbeitsteilung (und damit Rollendifferenzierung) ein.

Trotz der Jahrtausende währenden Erfahrung des Menschen mit G. begann das wissenschaftliche Studium von G.prozessen erst etwa mit Beginn dieses Jahrhunderts durch französische und amerikanische Soziologen. Ein wichtiger Anstoß ging hierbei von *praktischen Bedürfnissen* aus. So fragten sich Pädagogen nach den Wirkungen des Klassenunterrichtes im Gegensatz zum Einzelunterricht, und Unternehmer erkannten, daß bei der industriellen Massenfertigung soziale Einflüsse in Beziehung zur Leistung standen. Das aufkommende Taylorsystem ignorierte diesen Tatbestand nicht, sondern bezog ihn in den Prozeß der industriellen Rationalisierung ein.

Einen ersten Höhepunkt erlebte die *Kleingruppenforschung* in den Dreißigerjahren mit den Arbeiten von William Foote Whyte, Muzafer Sherif, Kurt Lewin, J. L. Moreno und anderen. Handelte es sich hier meist um *natürliche* G., so erlebte die amerikanische Sozialpsychologie der 50er Jahre mit dem systematischen Studium von *ad hoc* gebildeten Klein-G. einen zweiten Höhepunkt. Es waren besonders die Schüler von Kurt Lewin, wie Robert F. Bales, Leon Festinger, Stanley Schachter, Darwin Cartwright und andere, die Lewins Plan der experimentellen Erforschung dynamischer Prozesse in G. konsequent in die Tat umsetzten.

Seit einigen Jahren läßt sich innerhalb der Sozialpsychologie ein Rückzug auf *kognitive Prozesse* des Individuums und damit ein nachlassendes Interesse an G.prozessen beobachten (Steiner, 1974; 1986). Jedoch gibt es durchaus neue Entwicklungen, so z. B. ein besonderes Interesse an *Intergruppenbeziehungen* und an der breiten Palette von *Gruppentherapien, Selbsterfahrungsgruppen* und anderer Formen angewandter *Gruppendynamik*.

2 Begriffsklärung

Wortgeschichtlich gesehen, kommt der Begriff „Gruppe" aus dem Italienischen und Französischen und wird im Deutschen seit dem Anfang des 18. Jahrhunderts in der Bedeutung der Ansammlung oder Anhäufung von Dingen oder Lebewesen verwendet.

Eine Anzahl von Personen, die sich zur gleichen Zeit an einem Ort befindet, bildet noch keine soziale Gruppe, sondern eine *Menge*. Erst wenn diese Personen ein gemeinsames Interesse oder Ziel haben und in soziale Interaktionen (Wechselbeziehungen) treten, entstehen die für G. typischen sozialen Strukturen. Es kommt zur Rollendifferenzierung, z. B. zum Entstehen von Führerrollen. Einen Sonderfall stellt die Zweipersonengruppe, die sog. *Dyade* dar, da hier einige sonst für G. typischen Merkmale fehlen, so z. B. die Koalitionsbildung, die erst in der Dreipersonengruppe möglich wird. Es läßt sich schwer bestimmen, von welcher Größe an nicht mehr von „Gruppen", sondern von Groß-G., Organisationen, oder gar von (unorganisierten) Massen gesprochen werden muß. Viele Autoren nennen als Kriterium die Überschaubarkeit (Außer der G.größe können als weitere formale Gesichtspunkte die Homogenität der Mitglieder und die Dauer der Mitgliedschaft hervorgehoben werden.). So ist eine soziale Gruppe eine überschaubare Anzahl von Personen, die zum Zweck der Erreichung eines gemeinsamen Zieles in Interaktionsbeziehungen steht, eigene soziale Normen, Rollendifferenzierungen und damit einhergehend spezifische G.strukturen aufweist. Einige Autoren betonen den Wir-Charakter von G.: G. werden nicht nur von Außenstehenden als G. wahrgenommen, sondern G.mitglieder entwickeln sehr frühzeitig ein sog. Wir-Gefühl.

Der Begriff der Gruppe ist von der *Menge* und der *Masse* (als aktiver Menge) abzugrenzen, andererseits von der *Kategorie* oder *Klasse* von Personen. Hierbei handelt es sich lediglich um eine Anzahl von Personen mit einem oder mehreren Merkmal(en). Schließen sich diese Personen zwecks Verfolgung gemeinsamer Interessen zusammen, wird von *Verband* gesprochen.

G. können für die Sozialisation des Individuums von zentraler Bedeutung sein. Für solche G. mit intensivem face-to-face-Kontakt hat Charles H. Cooley (1909) den Begriff der *Primärgruppe* (primary group) geprägt. Neben der Familie zählt Cooley dazu die Spiel-G. der Kinder, die Nachbarschafts-G. und die G. der Arbeitskollegen. Primär-G. stellen für die Normen und Werte des Individuums stets *Bezugsgruppen* (oder Beziehungs-G.) dar. Aber der von Herbert Hyman (1942) geprägte Begriff der Bezugsgruppe (reference group) bezeichnet nicht nur reale G., sondern durchaus auch fiktive G. oder Kategorien von Personen, mit denen sich ein Individuum zum Zweck der Selbsteinschätzung vergleicht (sog. *Vergleichsfunktion*) und meist auch mehr oder weniger identifiziert (sog. *normative Funktion*). G. oder Klassen von Personen, von denen sich der einzelne bewußt unterscheiden möchte, können als *negative Bezugsgruppen* gekenntzeichnet werden. Positive und negative Bezugs-G. können also durchaus *Nichtmitgliedschaftsgruppen* sein.

Jeder Mensch ist Mitglied verschiedenster formaler G. und hat daher verschiedenste Bezugs-G., die für sein Denken, Fühlen und Handeln bestimmend sind. Aus der Zugehörigkeit zu verschiedenen G. können für das Individuum Konflikte entstehen, die zu (Bezugs-)-*Gruppenwechsel* führen können, in denen aber wohl auch durch den Zwang zur inhaltlichen Auseinandersetzung ein Potential zur kulturellen Entwicklung liegt.

Schließlich bedarf der Begriff der *Gruppendynamik* noch der Erwähnung. „Gruppendynamik" (group dynamics) wird auch heute noch in mindestens zwei verschiedenen Bedeutungen verwandt, die beide auf Kurt Lewin (1890-1947) zurückgehen. Die ältere Bedeutung ist die der systematischen Erforschung von G.prozessen, d. h. *Kleingruppenforschung*. Der Begriff „Gruppendynamik" hat seit den ersten, 1947 von Lewin initiierten Arbeiten an den National Training Laboratories (NTL) in Bethel, Maine (USA) aber auch eine zweite Bedeutung: nämlich die von Veranstaltungen zur Selbsterfahrung in G.

3 Attraktion, Sympathie, Kohäsion

Wenn man über Attraktion, Sympathie und Kohäsion in G. spricht, muß man sicher zwischen formalen G. (z. B. Abteilungen eines Betriebes) und informalen G. (z. B. studentischen Arbeitsgemeinschaften) unterscheiden. Die Bildung von informalen G. erfolgt wohl in erster Linie zur Erreichung von Zielen, die das Individuum allein nicht oder nur schwer erreichen könnte. Dieser Vorteil für den einzelnen ist nur durch den Preis der Aufgabe von Freiheiten zu erreichen. Der einzelne ordnet sich der Gruppe unter. Die sog. *Austauschtheorie* läßt erwarten, daß der Zusammenhalt einer formalen Gruppe dann schwindet, wenn der Ertrag für die G.mitglieder die Kosten nicht mehr sichtbar und dauerhaft überschreitet. Gerade im Prozeß der Bildung von G.strukturen und -normen macht das Aushandeln von Geben und Nehmen einen großen Teil der G.aktivität aus.

Feierliche Aufnahme in die G., oft verbunden mit äußerlichen Zeichen (religiöse Orden, Militär, studentische Verbindungen) und soziale Isolation von anderen G. (Flitterwochen), ist ein verbreitetes Mittel zur Festigung der G.kohäsion.

Mit zunehmender Kontakthäufigkeit steigt die Wahrscheinlichkeit der Sympathie. Diese sog. *Kontakt-Sympathie-Regel* des Soziologen George Caspar Homans (1968) erklärt gut, daß auch in Zwangsverbänden wie Schulklassen, Abteilungen eines Betriebes usw. vor allem zu Beginn mit der Zunahme an sozialen Bindungen durch soziale Interaktionen gerechnet werden kann. Die G.mitglieder erleben ein Wir-Gefühl, entwickeln eigene Normen und Rollendifferenzierungen. Parallel dazu verläuft die Abgrenzung zu anderen G. Zur Rivalität und zum Konflikt zwischen G. kommt es nach den Ergebnissen der Ferienlageruntersuchungen von Muzafer Sherif (1969) allerdings erst, wenn es ein übergeordnetes Ziel gibt, das nur eine von mehreren G. erreichen kann. Analog lassen sich zwei verfeindete G. nach Sherif integrieren: Es muß übergeordnete Ziele geben, deren Erreichen für beide G. dringend erforderlich ist, wobei jedoch eine Gruppe allein dieses Ziel nur mit Unterstützung der anderen erreichen kann.

Spätere Arbeiten von Henri Tajfel (1982) und anderen haben gezeigt, daß es zur G.differenzierung gar nicht unbedingt eines realistischen G.konfliktes bedarf: Geringste Hinweise genügen, um Personen zu sozialen Kategorisierungen zu veranlassen. Diese dienen der Identitätsbestimmung und der Anhebung der Selbsteinschätzung durch sozialen Vergleich mit der Gruppe der anderen.

4 Leistungsverhalten in Gruppen

Wenn hier die Vor- und Nachteile der G.arbeit gegenüber der Einzelarbeit behandelt werden sollen, so muß sogleich gesagt werden, daß es in G. keineswegs zwangsläufig zu einem Leistungsvorteil kommen muß. Entscheidend sind viele, in Wechselwirkung stehende Faktoren, wie Art der Aufgabe, Erfahrungen, Führung usw.

Eine Form der Leistungsbeeinflußung, die lange Zeit bestimmendes Thema der experimentellen Sozialpsychologie war, ist die *soziale* (Leistungs-)*Aktivierung* (social facilitation). Nach Auffassung von Floyd Allport waren es der Anblick und die Geräusche der anderen, die das gleiche tun, wodurch das Individuum zur Leistungssteigerung (ohne Wettbewerb) angeregt werden sollte. Heute wissen wir, daß eine solche behavioristisch-mechanistische Vorstellung einen großen Teil der differenzierten kognitiven Prozesse unterschlägt.

Peter R. Hofstätter (1971, 29 ff.) hat bereits *Leistungstypen* in G. unterschieden: den Typus des Hebens und Tragens, den Typus des Suchens und Findens und den Typus des Bestimmens. Beim Typ des Hebens und Tragens haben wir es mit einfacher Kräftekoordination zu tun. Zwei Personen leisten mehr als eine; jedoch scheint bei größer werdenden G. die Gesamtleistung immer mehr unter die Summe der Einzelleistungen zurückzufallen (Beispiel: Tauziehen), was u. a. an der Schwierigkeit der Kräftekoordination zu liegen scheint.

Beim Typ des Suchens und Findens geht es um das Problemlösen in G. Eine Denksportaufgabe wird z. B. in G. meist schneller als im Durchschnitt von Einzelmitgliedern gelöst. Voraussetzung ist hier, daß die Lösung, die sich meist als Aha-Erlebnis einstellt, von allen G.mitgliedern als Lösung akzeptiert wird. Wird die Richtigkeit der Lösung nicht unmittelbar eingesehen, kann es zu langwierigen G.prozessen und zum Leistungsnachteil der G. kommen.

Um den Leistungsvorteil der G. beim Problemlösen zu fördern, sind verschiedene gruppendynamische Methoden entwickelt worden, von denen das *Brainstorming* sicher die bekannteste ist. Der Werbemanager Alex Osborn entwickelte in den Dreißigerjahren das Brainstroming, um zu originellen Lösungen im Bereich der Produktgestaltung und Werbung zu gelangen. Wichtige Regeln sind die Zurückhaltung von Kritik, die Sammlung möglichst vieler Ideen, die freie Ideenentfaltung und die Aufforderung, eigene Ideen mit denen anderer G.mitglieder zu verbinden. Empirische Kontrolluntersuchungen haben nicht eindeutig die Überlegenheit des Brainstorming gegenüber der Einzelarbeit nachweisen können, jedoch scheint es immerhin eine Form der G.arbeit zu sein, die für die meisten Mitglieder befriedigend ist.

Ohne die Einhaltung von Regeln der genannten Art läßt sich in informellen Klein-G. immer wieder die sehr ungleiche Beteiligung der G.mitglieder am G.geschehen beobachten. Die Redezeiten pro Mitglied sind z. B. sehr ungleich. Auch zeigen *Interaktionsanalysen*, daß nicht jede Person mit jeder anderen gleich häufig spricht.

Harold Leavitt (1951) und Alex Bavelas haben erstmals G.experimente durchgeführt, bei denen der Einfluß der *Kommunikationsstruktur* auf G.leistung und Zufriedenheit der G.mitglieder untersucht wurde. Im sog. „Kreis", bei dem jede von fünf Personen nur mit ihrem Nachbarn kommunizieren konnte, war die Zufriedenheit der G.mitglieder besonders hoch, jedoch wanderten hier die Informationen eher unsystematisch. Dies war anders im „Rad", bei der eine Person mit allen anderen kommunizieren konnte, die anderen jedoch nicht untereinander, sondern stets nur über diese eine zentrale Person. Hier war die Unzufriedenheit größer, jedoch stellten sich schneller effizientere Kommunikationsformen ein als im „Kreis".

Hofstätters Leistungstyp des Bestimmens beschreibt den Vorgang der Normenbildung in G. Leon Festingers *Theorie sozialer Vergleichsprozesse* (theory of social comparsion processes, 1954) nimmt an, daß Personen, die sich in einer für sie bedeutsamen unsicheren Situation befinden, das Bedürfnis haben, sich Klarheit über die Realität zu verschaffen. Jedoch ist eine Realitätsprüfung keineswegs immer möglich. So versucht das Individuum, sich selbst mit anderen, ihr ähnlichen Personen zu vergleichen (z. B. Anfänger im Tennisspiel). Dieses Streben nach sozialem Vergleich wird von Festinger als Trieb angenommen. Dieser Trieb nimmt vor allem bei unsicherer Selbsteinschätzung zu, wobei Personen versuchen, sich mit attraktiven Personen und G. zu vergleichen.

Der Prozeß der Anpassung des einzelnen an die Normen einer Gruppe wird als *Konformität* bzw. konformes Verhalten bezeichnet. Innerhalb der Kleingruppenforschung hat die Konformitätsforschung breiten Raum eingenommen. Ein Prozeß der Konvergenz von Urteilen ist besonders klar für jene Art von Urteilen nachzuweisen, bei denen die Realitätsprüfung nicht möglich ist (Sherif, 1936). Aber selbst für einfache Wahrnehmungsaufgaben, deren Lösung einer einzelnen Person normalerweise keine Schwierigkeiten bereitet, haben sich Urteilsverzerrungen unter Konformitätsdruck nachweisen lassen (Asch, 1952).

Vor einem voreiligen G.optimismus sollten auch jene Untersuchungsergebnisse warnen, die auf *dysfunktionale Gruppenprozesse* hingewiesen haben. In den 60er und 70er Jahren ist eine große Anzahl von Untersuchungen durchgeführt worden, die dem Phänomen gesteigerter Risikobereitschaft (risky shift) nachging. Janis (1972) zeigte anhand der Auswertung historischer Quellen, daß auch politische Entscheidungsgremien unter bestimmten Umständen zu unüberlegten, riskanten Entscheidungen neigen („group think"). Schließlich haben Darley und Latané (1968) gezeigt, daß es auch bei einer Gruppe von Unfallzeugen zum Abschieben von Verantwortung (diffusion of responsibility) kommen kann.

5 Führungsverhalten

Die bereits erwähnte unterschiedliche Beteiligung der G.mitglieder am G.geschehen ist nur ein Hinweis auf das Phänomen der Führung in G. Jahrzehntelang hat man Führung persönlichkeitspsychologisch zu erklären versucht, jedoch blieb die Suche nach allgemeinen Führereigenschaften wenig erfolgreich. So mußte auch Führung als Ergebnis gruppendynamischer Prozesse gesehen werden. Führung ist also nicht nur ein Ergebnis bestimmter Merkmale einer Person, sondern das Ergebnis von Wechselwirkungen (Interaktionen) zwischen Anlagen, Erfahrungen, Erwartungen, G.größe, Art der Aufgabe usw. (sog. *Interaktionstheorie der Führung*).

Einen Versuch zur Realisierung des interaktionstheoretischen Ansatzes stellt das *Kontingenzmodell* von Fred E. Fiedler (1967) dar. Dieses Modell vereinigt u. a. Merkmale wie die Strukturiertheit der Aufgabe, die Macht des Führers und das Verhältnis des Führers zu den G.mitgliedern. Obwohl dieses Modell gegenüber dem eigenschaftsorientierten Ansatz recht komplex ist, wurde es als unzureichend kritisiert. Sowohl Beobachtungs- als auch Befragungsstudien haben immer wieder zwei Dimensionen des Führungsverhaltens herausgestellt: Der Führer muß Verständnis für die Belange seiner G.mitglieder aufweisen (consideration), und er muß Aufgaben strukturieren, ordnen, zusammenfassen usw. (initiation of structure). Aber auch diese beiden Dimensionen des Führungsverhaltens sind abhängig von Faktoren wie G.größe, Aufgabe usw.

Eine Untersuchung aus der Frühzeit der Führungsforschung verdient Erwähnung, weil sie in Vorwegnahme des interaktionstheoretischen Ansatzes den gruppenpsychologischen Charakter der Führung verdeutlicht hat: Kurt Lewins Untersuchungen über *Führungsstile* (Lewin et al., 1939). Lewin und seine Mitarbeiter realisierten in einem Experiment an Jugend-G. demokratische und laissez-faire-Führung und untersuchten die Auswirkungen der Führungsstile auf die G.atmosphäre. Hierbei zeigte sich z. B. gegenüber demokratisch geführten G. ein hohes Maß an Aggressivität der autoritär geführten Kinder untereinander und ein erheblich später eintretendes Wir-G.gefühl.

6 Forschungsmethoden

Zur Erforschung von G.prozessen sind im Rahmen des Instrumentariums der empirischen Sozialforschung einige besondere Erhebungsmethoden entwickelt worden, von denen zwei skizziert werden sollen.

Erwähnt wurde die Methode der *teilnehmenden Beobachtung* in natürlichen G., wie z. B. in den Studien von William F. Whyte (1943). Systematische Studien der nicht-teilnehmenden Beobachtung zur Erfassung des Interaktionsgeschehens stießen auf die Schwierigkeit der außerordentlich hohen Geschwindigkeit und Flüchtigkeit des verbalen und nonverbalen Interaktionsgeschehens. Ein Verfahren, daß inzwischen wegen seiner heuristischen Bedeutung als „klassisch" angesehen wird, ist die *Interaktions-Prozeß-Analyse* (IPA) von Robert F. Bales (1950). Hier wird jedem G.mitglied ein Beobachter zugeordnet, der fortlaufend zwölf Interaktionsformen, wie z. B. „Stimmt zu", „Fragt nach Meinung" usw. zu registrieren hat. Die zwölf Interaktionskategorien weisen eine überzeugende innere Logik auf: Es werden sechs Kategorien zur Erfassung von aufgabenbezogenen Interaktionen unterschieden. Diese beiden Bereiche sind wiederum unterteilt in positive vs. negative Reaktionen bzw. Fragen und Antworten. Das Verfahren von Bales ist nicht nur auf verbale Interaktionen beschränkt. Es wurde in zahlreichen Untersuchungen angewandt und verbessert. Bei der IPA und anderen Interaktionsprozeßanalyseverfahren werden heute unterschiedlichste Verfahren der elektronischen Aufzeichnung und Auswertung verwendet.

Die erhebliche Ausweitung der IPA zu einem komplexen Forschungsinstrumentarium im Rahmen einer Theorie der G.prozesse ist durch Bales und Cohen (1982) in Form des SYMLOG-Systems erfolgt. Mit und an diesem mehrstufigen Beobachtungsverfahren wird derzeit an mehreren deutschen Hochschulen gearbeitet.

Als „klassisch" muß auch die *Soziometrie* bezeichnet werden. Jakob L. Moreno (1934) gilt allgemein als Begründer (wenn auch nicht als „Erfinder") dieser Methode zur Erfassung von G.strukturen. Im allgemeinen handelt es sich bei der Soziometrie um eine Ermittlung der Wer-Wen-Beziehungen durch Befragungen („Neben wem möchtest Du am liebsten sitzen?"). Die erhobenen Daten werden in einer Soziomatrix zusammengefaßt und gelegentlich in Form sog. Soziogramme graphisch dargestellt. Die Gütekriterien Objektivität, Reliabilität und Validität sind für soziometrische Daten oft unzureichend bzw. überhaupt nur schwer zu bestimmen: so ergaben Untersuchungswiederholungen geringe Reliabilitätswerte, die aber auch als veränderte G.strukturen interpretierbar sind. In der soziometrischen Fachliteratur (z. B. Dollase, 1976) wird die Erhebung mehrerer Fragen und die multivariate, in der Regel computergestützte, Auswertung angeraten.

Literatur

Asch, S.: Social psychology. Englewood Cliffs: Prentice Hall, 1952.

Bales, R. F.: Interaction process analysis. Reading, Mass.: Addison Wesley, 1950.

Bales, R. F./Cohen, S. P.: SYMLOG. Ein System für die mehrstufige Beobachtung von Gruppen. Stuttgart: Klett-Cotta, 1982.

Cooley, C. H.: Social organization. New York: Scribner, 1909.

Darley, J. M./Latané, B.: Bystander intervention in emergencies: Diffusion of responsibility. Journal of Personality and Social Psychology, 26, 1968, 377-383.

Dollase, R.: Soziometrische Techniken. (2. Aufl.) Weinheim: Beltz, 1976.

Festinger, L.: A theory of social comparsion processes. Human Relations 7, 1954, 114-140.

Festinger, L.: The social organization of early human groups. In: Graumann, C. F./Moscovici, S. (Eds.): Changing conceptions of crowd mind and behavior. New York: Springer, 1985, 203-215.

Fiedler, F. E.: A theory of leadership effectiveness. New York: McGraw-Hill, 1967.

Hofstätter, P. R.: Gruppendynamik. Kritik der Massenpsychologie. Hamburg: Rowohlt, 1957. (Neuaufl. 1971.)

Homans, G. C.: Theorie der sozialen Gruppe (3. Aufl.). Köln/Opladen: Westdeutscher Verlag, 1968.

Hyman, H. H.: The psychology of status. Archives of Psychology 38, 1942 (269), 1-94.

Janis, I. L.: Victims of groupthink, Boston: Houghton, 1972.

Krege, W.: Begriffe der Gruppendynamik. Stuttgart: Klett-Cotta, 1977.

Leavitt, H. J.: Some effects of certain communications patterns on group pervormance. Journal of Social Psychology 36, 1951, 38-50.

Lewin, K./Lipitt, R./White, R. K.: Patterns of aggressive behavior in experimently created „sociate climates". Journal of Social Psychology 10, 1939, 271-299.

Morens, J. L.: Who shall survive? Washington, 1934. Deutsch: Die Grundlegende Soziometrie. Köln/Opladen: Westdeutscher Verlag, 1954.

Sader, M.: Psychologie der Gruppe. München: Juventa, 1976, 12.
Schneider, H.-D.: Kleingruppenforschung. Stuttgart: Teubner, 1975.
Sherif, M.: The psychology of social norms. New York: Harper, 1936.
Sherif, M./Sherif, C. W.: Social psychology. New York: Harper and Row, 1969.
Steiner, I. D.: Whatever happened to the group in social psychology? Journal of Experimental Social Psychology 10, 1974, 94-108.
Steiner, I. D.: Paradigms and groups. In: L. Berkowitz (Ed.): Advances in experimental social psychology, Vol. 19, Orlando: Academic Press 1986, 251-289.
Tajfel, H.: Gruppenkonflikt und Vorurteil. Bern: Huber, 1982.
Whyte, W. F.: Street corner society: The social structure of an Italian slum. Chicago: University of Chicago Press, 1943.

Gruppenpsychotherapie

Karl König

1 Die verschiedenen psychotherapeutischen Gruppenverfahren

G. ist die gemeinsame Psychotherapie mehrerer Patienten. Gruppen können sich aus Patienten zusammensetzen, die auch sonst miteinander umgehen (Ehepaare, Familien; Ehepaartherapie, Familientherapie) oder aus Personen, die sich nur zum Zweck der Therapie zusammengefunden haben (stranger groups). Therapiegruppen können geleitet oder leiterlos (Moeller, 1981) sein. Es gibt leiterlose Gruppen, die alternierend auch Sitzungen mit einem Therapeuten haben und Selbsthilfegruppen, die von einem Therapeuten in größeren Abständen beraten werden.

Je nach dem theoretischen Konzept kann man z. B. analytische oder analytisch orientierte (Übersicht bei Heigl-Evers, 1978; Kutter, 1985), gesprächspsychotherapeutische (Franke, 1978), verhaltenstherapeutische (Fiedler, 1979; Grawe, 1980), transaktionelle Gruppen (Berne, 1979) und Gruppen, die Katathymes Bilderleben gemeinsam praktizieren (Sachsse/Kottje-Birnbacher, 1985), unterscheiden. Während das dem Psychodrama entstammende Rollenspiel auch in verhaltenstherapeutisch orientierten Gruppen angewandt wird, stellt das Psychodrama selbst (Moreno, 1973; Leutz, 1974; Ploeger, 1981) ein psychotherapeutisches Gruppenverfahren sui generis dar.

Alle therapeutischen Gruppen haben gemeinsam, daß in ihnen *Lern-* und *Umlernvorgänge* stattfinden. Um diese Lernprozesse zu ermöglichen, sind eine entsprechende Motivation des Patienten, seine Fähigkeit zur Korrektur von Kognitionen unter Benutzung von Erfahrungen in der Gruppe und interpretierender oder klärender Hinweise, eine ausreichende Flexibilität und ein gewisses Mindestmaß an Intelligenz erforderlich (Heigl, 1978).

Die Gruppen können eine Umstrukturierung der Persönlichkeit und eine Neuorientierung der Zielvorstellungen bewirken und so eine Besserung von Symptomen erreichen wollen. Sie können auch Lernprozesse anstreben, die direkt am Symptom angreifen, wie im Falle vieler *verhaltenstherapeutischer* Gruppen, nicht aber bei den Gruppenverfahren der kognitiven Verhaltenstherapie. Es kann auch angestrebt werden, soziale Kompetenzen, wie z. B. Durchsetzungsfähigkeit und die Fähigkeit zur Selbstdarstellung zu entwikkeln, die dem Patienten eine bessere Bewältigung ihres Alltags und damit bessere Möglichkeit der eigenen Entwicklung gestatten. Letzteres ist besonders bei der Rehabilitation psychisch Kranker wichtig, bei denen eine vollständige Wiederherstellung der Gesundheit nicht erreicht werden kann (König/Neun, 1979).

Das *Psychodrama* nimmt eine Mittelstellung zwischen den analytischen Verfahren und den übenden Verfahren ein. Ähnlich wie in der Psychoanalyse geht es beim Psychodrama um Erinnern, Wiederholen und Durcharbeiten. Die Situation ist aber strukturierter, und es werden spezielle therapeutische Interventionstechniken angewandt. Anstelle von Minimalstrukturierung, Konfrontation, Klarifikation und Interpretation treten die Aufforderung zum Spiel, Klarifizierung in Form des sogenannten Doppelns, wobei der Therapeut oder ein Gruppenmitglied sagt, was er meint, daß der Patient fühlt, und was dieser sagen könnte, und die Verknüpfung der erinnerten Szenen auf verschiedenen zeitlichen Ebenen.

2 Wirkungsmechanismen

In der analytischen und *analytisch orientierten* G. wie auch in der G., die das Grundkonzept der *analytischen Psychologie* nach C. G. Jung anwendet (Seifert, 1985), werden Wiederholungen in Form von Übertragung in den Beziehungen zum Therapeuten und zu anderen einzelnen Gruppenmitgliedern, zu Subgruppen und zur Gesamtgruppe bearbeitet. Die inneren, ursprünglich interpersonellen Konflikte stellen sich interpersonell in den Beziehungen der Anwesenden dar und werden so der Interpretation im Hier und Jetzt zugänglich. Dabei ist das größere Angebot an Personen, auf die übertragen werden kann, ein Vorteil gegenüber der Einzelanalyse.

Ein weiterer Vorteil besteht darin, daß infolge des Angebots spezielle Übertragungsauslöser auf das Globalobjekt Gruppe (König, 1976) eine rasche Regression und damit eine baldige Bearbeitung früher Phasen der Entwicklung im Hier und Jetzt ermöglicht wird; ferner ein rasches Wiederauftauchen aus der Regression, wenn sich das Globalobjekt Gruppe mit Ende der Sitzung in Einzelpersonen auflöst.

Die Rolle des analytischen Gruppenpsychotherapeuten entspricht in vielem der des Einzelanalytikers, insoweit er sich auf das Konfrontieren, Klarifizieren und Interpretieren beschränkt, wobei er allerdings die Gruppe als Ganzes im Auge behält und sie mit seinen Interventionen mehr oder weniger vollständig zu erfassen sucht. Die Gruppenmitglieder können zwar auch interpretieren. Im Sinne der freien Interaktionsregel, die der Grundregel der Psychoanalyse entspricht (Heigl-Evers/Heigl, 1975), teilen sie aber mehr über ihr eigenes Erleben mit und darüber, wie sie andere erleben.

Das *Feed-back* der Gruppenmitglieder fördert nicht nur soziales Lernen, indem es ermöglicht, daß die eigene Wirkung auf andere deutlicher gesehen wird, sondern es ermöglicht auch eine direkte Bearbeitung des interaktionellen Anteils der Übertragung (König, 1982): Wer überträgt, versucht – vorbewußt oder unbewußt – durch sein eigenes Verhalten die Person, auf die er überträgt, dazu zu bringen, daß sie sich so verhält, wie es dem erwarteten Verhalten des übertragenen Objekts entspricht. Dieses Verhalten nun kann von den Gruppenmitgliedern gut erkannt und beschrieben werden, was es dem, der überträgt, schwerer macht, Vergangenes wieder zu inszenieren und damit Vergangenes in der Gegenwart lediglich zu wiederholen, ohne eine neue Realität der sich anders verhaltenden anderen kennenzulernen.

Der Therapeut beeinflußt – dies gilt für alle Gruppenkonzepte – durch das Maß an Struktur, das er vorgibt, durch das Setting selbst und durch die von ihm vermittelten therapeutischen Normen (Yalom, 1975), die Menge und Art aller Informationen in Gruppenprozessen und besonders die Regression in der Gruppe. Allgemein läßt sich sagen, daß umso weniger Regression stattfindet, je mehr funktionierende Struktur eine Gruppe hat und je mehr die Gruppenmitglieder voneinander und vom Therapeuten wissen.

Gruppen, in denen die Patienten ihre Therapie gemeinsam beginnen und beenden, zeigen prägnante *Verlaufsgestalt* (König, 1976; Saravay, 1978), die in etwa dem Entwicklungsgang eines Kindes in den ersten fünf Lebensjahren entsprechen. Durch die im Laufe des Gruppenprozesses sich verändernden Übertragungsauslöser (Eigenschaften von Einzelpersonen in der Gruppe, von Subgruppen oder der Gesamtgruppe oder des Therapeuten, die Eigenschaften von Beziehungspersonen des einzelnen Gruppenmitglieds gleichen und deshalb Übertragung auslösen), folgen verschiedene Übertragungsformen aus verschiedenen Entwicklungsphasen aufeinander. Das ermöglicht es, Konfliktthemen im Bereich der jeweiligen Entwicklungsphasen im Hier und Jetzt zu bearbeiten. Bei denen in der Praxis häufigeren halboffenen Gruppen, in denen ein freiwerdender Platz durch einen neuen Patienten besetzt wird, ist die Verlaufsgestalt weniger prägnant, und Geschwisterübertragungen scheinen eine größere Rolle zu spielen.

Je nachdem, welche Aspekte des Gruppenprozesses ein Therapeut aufgreift, kann er durch Bestätigung oder – im Falle des Nichtaufgreifens – durch Nichtbestätigung das Interesse der Gruppenteilnehmer lenken, wobei sein therapeutisches Handeln weitgehend von seinem therapeutischen Konzept bestimmt wird. Dies zeigt sich z. B. in der Bewertung der Übertragung auf den Gruppenleiter, auf die Gesamtgruppe und auf Subgruppen.

Von den interpretierenden Verfahren unterscheidet sich die von Heigl-Evers und Heigl inaugurierte *psychoanalytisch interaktionelle Therapie* (Heigl-Evers/Streeck, 1985), bei der sich der Therapeut in gewisser Weise ähnlich verhält wie die Gruppenmitglieder in der analytischen Gruppe. Er spricht selektiv über sein eigenes Erleben und verbalisiert dieses, antwortet also auf die Patienten direkt, statt ihr Verhalten zu interpretieren, und stellt sich in Hilfs-Ich-Funktionen zur Verfügung.

Allgemein stößt die Anwendung des Behandlungskonzepts der *Psychoanalyse* in therapeutischen Gruppen auf Schwierigkeiten. In Gruppen findet die Behandlung ja nicht nur durch den Therapeuten, sondern auch durch die übrigen Gruppenmitglieder statt. Manche psychoanalytischen Gruppenkonzepte (besonders Argelander, 1972) versuchen das Problem reduktiv in der Weise zu lösen, daß die Beziehungen zwischen dem Therapeuten und den einzelnen Patienten in den Mittelpunkt der Betrachtung gestellt und die Beziehung der Patienten untereinander vernachlässigt werden. Andere Konzepte (Foulkes, 1974 zusammenfassend Heigl-Evers/Heigl, 1975; Pines, 1979; Behr et al., 1985) versuchen, sozialpsychologische Ansätze zu integrieren. Die Gemeinsamkeiten (Ohlmeier, 1983) der Konzepte sind aber insgesamt größer als die Unterschiede.

Auf ähnliche Schwierigkeiten stößt die Anwendung des Konzepts der klientenzentrierten oder *Gesprächspsychotherapie* auf Gruppen (Franke, 1978). Auch hier wird ein dyadisches Konzept auf ein Gruppenkonzept übertragen, wobei Schwierigkeiten auftreten, weil die Einflüsse der Patienten aufeinander, die ja nicht die „unbedingte Wertschätzung" im Umgang miteinander an den Tag legen, wie der Therapeut sie anstreben soll, durch das Konzept nicht ohne weiteres erfaßt werden können.

Im psychoanalytischen Bereich findet sich neben einer Berücksichtigung allgemeiner sozialpsychologischer Gesetzmäßigkeiten das Bemühen, die Gruppe als Familienmodell zu sehen, in der Objektbeziehungen aus der Primärfamilie aktualisiert werden (W. Schindler, 1951; 1980; Scheidlinger, 1974; Kutter, 1976; 1984). Dies spielt freilich auch in anderen Gruppenkonzepten eine Rolle (König, 1982).

Einen *Nachteil* der analytischen G. gegenüber der analytischen Einzeltherapie kann man darin sehen, daß sie weniger als die Einzeltherapie gestattet, die therapeutischen Einflüsse, denen der Patient ausgesetzt ist, zu dosieren und daß die persönliche Biographie des Einzelnen weniger erhellt wird als in der Einzelanalyse.

Die *gleichzeitige* Anwendung von Einzel- und Gruppenpsychotherapie ist umstritten (Scheidlinger, 1980). Sie wird bei besonderen Indikationen (Heigl, 1978) besonders von solchen Autoren für zweckmäßig gehalten, die in ihren Gruppenkonzepten den multilateralen Beziehungen auch in der Gruppe einen wesentlichen Platz einräumen.

Die *verhaltenstherapeutisch* orientierte G. unterscheidet sich von der analytischen G. unter anderem dadurch, daß sie günstige Arbeitsbedingungen in einer therapeutischen Gruppe bewußter und gezielter herzustellen sucht, wobei sie sich allerdings nicht explizit des Mittels der Deutung von Übertragungswiderständen bedient. Andererseits findet sich im *Konzept der Arbeitsbeziehung* (König, 1974 a) ein Ansatz zu einem bewußteren Therapeutenverhalten im Hinblick auf die Herstellung günstiger Arbeitsbedingungen. Die vorhandenen Unterschiede resultieren aus der Akzentuierung lerntheoretischer Vorgänge in der Verhaltenstherapie und in der Tendenz vieler analytischer Gruppenpsychotherapeuten, die „gleichschwebende Aufmerksamkeit" des Analytikers auch im komplexen Feld der Gruppe anzuwenden. Gruppenkonzepte, die sozialpsychologische Konzepte mit der analytischen Grundeinstellung zu vereinen suchen (Foulkes, 1974; Heigl-Evers/Heigl, 1975; R. Schindler, 1957/58; 1968), richten die Aufmerksamkeit des Therapeuten eher auf die Komplexitäten des Vorgangs Gruppenprozeß als auf die „Wesenheit Gruppe" und wenden dann auch das Übertragungskonzept multilateral an; d. h. sie berücksichtigen die Übertragungen der einzelnen Gruppenmitglieder aufeinander und auf die gesamte Gruppe mehr als die dyadisch ausgerichteten Konzepte wie das von Argelander (1972). Freilich stößt der Therapeut hier an Grenzen der Kognition: Er ist nur in der Lage, jeweils einen Teil der auftretenden Phänomene wahrzunehmen und zu verarbeiten, was von den meisten Therapeuten wohl dadurch gelöst wird, daß sie zwischen verschiedenen Wahrnehmungseinstellungen oszillieren.

In der Verhaltenstherapie dienen verschiedene Formen der G. auch dem Erlernen bestimmter Verhaltensmuster, die sozial erwünscht oder sozial effektiv oder beides sind, wobei in der Gruppe dann bestimmte Aufgaben gestellt werden. Die Aufgabe in der analytischen G. ist allgemein die Klärung von Beziehungen mit dem Ziel, über das Interpersonelle auf das Innerpsychische einzuwirken, wobei allerdings bei der Dreiteilung des *Göttinger Modells* (Heigl-Evers/Heigl, 1975) verschiedene Ebenen der Gruppenprozesse focussiert werden und das intervenierende Verhalten des Therapeuten jeweils auf eine dieser Ebenen ausgerichtet wird.

3 Indikationen

In der Krankenbehandlung spielen die aus der Psychoanalyse abgeleiteten Gruppenverfahren z. Z. die Hauptrolle. Sie haben ihre Indikation in *Psychoneurosen* (analytische G. nach Ezriel, 1950; Bion, 1961/1971; Argelander, 1972; Heigl-Evers/Heigl, 1975); ähnliches gilt für die Gruppenanalyse von Foulkes (1974) und für die analytisch orientierte G. nach Heigl-Evers und Heigl (1975), für die ein besonderer Indikationsbereich bei den *Charakterneurosen* gesehen wird.

Es gibt auch Ansätze, die analytischen Gruppenverfahren bei *schizophrenen* Patienten anzuwenden (Sandner, 1986). Man weiß aber noch wenig darüber, bei welchen dieser Patienten die analytischen Verfahren die umweltbedingten Entstehungsfaktoren der Schizophrenie beeinflussen können.

Die psychoanalytisch-interaktionelle G. (Heigl-Evers/Heigl, 1975) bietet Entwicklungsmöglichkeiten für Patienten, die an *nicht-psychotischen ich-strukturellen Störungen* (Fürstenau, 1979; Rhode-Dachser, 1983) leiden. In dieser G. sollen nicht unbewußte Konflikte gelöst und verarbeitet, sondern die Voraussetzung für Konfliktlösungen und Verarbeitungen geschaffen werden. Deshalb wird dieses Verfahren auch als Vorbereitung für die analytische G. angewandt. Ein weiterer Anwendungsbereich wird in den verschiedenen Formen von *Suchtkrankheiten* gesehen (Heigl-Evers, 1977).

In der Abgrenzung zur Einzeltherapie sind die verschiedenen Formen der analytischen, analytisch orientierten und analytisch-interaktionellen G. vor allem dann indiziert, wenn multiple Beziehungsangebote, die günstigen Steuerungsmöglichkeiten der Regression und die Feed-back-Möglichkeiten der Gruppe nützlich sind und der Patient andererseits durch die weniger genaue Dosierung der Belastungen, denen er ausgesetzt wird, in seinem Toleranzvermögen nicht überfordert ist.

In abgewandelter Form findet die Klein-G. auf psychotherapeutischen Krankenstationen Verwendung und zwar nicht nur im Sinne von therapeutischen Kleingruppen, die in ähnlicher Weise geleitet werden wie ambulante (vgl. aber König, 1974 b; Rechenberger, 1982), sondern die gruppenpsychotherapeutischen Konzepte werden auch als Verständnishilfe zur Diagnose von Gruppenprozessen auf den Krankenstationen angewandt (z. B. Heigl/Nerenz, 1975; König/Neun, 1979).

Versuche, Großgruppen auf Krankenstationen psychotherapeutisch zu nutzen, wurden vor allem in England (Kreeger, 1975/1977) gemacht. Wegen der starken, durch sie induzierten Regression schon bei relativ gesunden Teilnehmern, wie es sich in „experimentellen Großgruppen" (Danzinger, 1983) zeigt, eignet sie sich aber wenig für Patienten, die ohnehin stark dazu neigen zu regredieren. Dagegen können sich Patienten mit erheblichen Entwicklungshemmungen, wie z. B. *Borderline-Patienten*, in solchen regredierten Gruppen besonders gut verstanden fühlen.

In der ambulanten Klein-G. überlappen sich die Indikationen zur G. mit den Indikationen zur Einzeltherapie. Dann spielen bei der Differentialindikation ökonomische Überlegungen, ideologische Einstellung des Therapeuten und der Patienten und die persönlichen Präferenzen der einzelnen Therapeuten wie auch seiner Patienten eine wichtige Rolle. So kann man beobachten, daß Patienten, die auch sonst in Gruppen arbeiten, wie etwa Studenten, eher auf das Angebot einer G. eingehen als solche Patienten, die es nicht gewohnt sind, in Gruppen zu arbeiten.

Die *Supervision* von G.n geschieht entsprechend der Bedeutung des Gruppenprozesses häufig in Supervisionsgruppen, wobei Spiegelphänomene (Heigl-Evers/Hering, 1970) genutzt werden. In der Regel wird eine Selbsterfahrung in G. für erforderlich gehalten. Die Supervisionsgruppen dienen erst in zweiter Linie der Selbsterfahrung. Ähnlich wie bei den *Balint-Gruppen*, die zur Verbesserung der Arzt-Patient-Beziehung und zum Erwerb einer psychotherapeutischen Kompetenz in der Einzelbehandlung angewandt werden, spielt Selbsterfahrung in den Supervisionsgruppen nämlich nur insoweit eine Rolle, als die Teilnehmer in Form von Spiegelungsphänomenen in der Gruppe Ähnliches erleben können wie in der Beziehung zu Patienten. Die Selbsterfahrung soll hier fallbezogen bleiben (vgl. Alberti/Rosin, 1984).

4 Ausblick

Die Weiterentwicklung von verschiedenen Formen von G. dürfte *systemische* Gesichtspunkte (Durkin, 1981; Garland, 1982; Fürstenau, 1985) stärker berücksichtigen und auch dazu führen, daß eine weitere Differenzierung entweder der angewandten Gruppenmethoden wie im *Göttinger Modell* (Heigl-Evers/Heigl, 1975; 1985) oder durch die *Kombination* verschiedener Interventionstechniken in einem Setting (Ermann, 1982) die Indikationsbreite erweitert.

Die Anwendung von Gruppenmethoden außerhalb des psychotherapeutischen Settings dürfte zunehmen; so im Bereiche des Lehrens und Lernens, z. B. in Form der aus der Psychoanalyse entwickelten *themenzentrierten Interaktion* nach Ruth Cohn (1975). Ebenso dürften die in Klein- und Großgruppen gewonnenen Erkenntnisse dem Verständnis von Gruppenprozessen im psychosozialen Feld beitragen können. Dabei ist die Gefahr der *Psychologisierung* zu beachten.

Die Erforschung der Gruppenprozesse (Dies, 1979; Enke et al., 1983; Sandner, 1984) ist im Gegensatz zur Ergebnisforschung, die an einzelnen Teilnehmern während und nach einer Therapie durchgeführt werden kann, mit dem Problem großer Komplexität behaftet: Der Aufwand bei der empirisch-statistischen Forschung von Gruppenprozessen ist groß. Die heutigen klinisch verwendeten Gruppenkonzepte wurden alle nicht aus empirisch statistischen Untersuchungen abgeleitet, sondern aus klinischen Beobachtungen unter Benutzung von Konzepten der Psychoanalyse, der Lerntheorie und der Sozialpsychologie.

Neben einer Weiterentwicklung der Kleingruppenkonzepte dürften Bemühungen Zukunft haben, die den therapeutischen Einfluß verschiedener Umfelder untersuchen (z. B. Rüger, 1981; 1986). Im Konzept von Rüger wird stationäre mit ambulanter G. sequentiell kombiniert, wobei der Therapeut derselbe bleibt. Fortschritte scheinen auch Kombinationen verschiedener Gruppensettings zu versprechen, wie Kreische (1986) dies in seinem Modell der sequentiell kombinierten Paartherapie und G. vorschlägt. Dabei werden beide Partner eines Paares in je verschiedene Gruppen aufgenommen, nachdem eine bestimmte Zahl von Paarsitzungen stattgefunden hat; dies unter anderem mit dem Ziel, beiden Partnern Erfahrungen in einem therapeutischen Setting zu erleichtern, wo sich die Partner nicht gegenseitig behindern, sondern neue Erfahrungen mit neuen Menschen machen. Andererseits werden die Erfahrungen von jedem der Partner durch die vorangegangene *Paartherapie* im Sinne einer Focussierung vorstrukturiert. Auch in diesem Modell bleibt der Therapeut in den verschiedenen Settings derselbe. Er kann so seine Erfahrungen aus der Paartherapie benutzen, um seine Interventionen entsprechend auszurichten.

Bezüglich der Forschungsmethoden könnten zukunftsreiche Ansätze in der Anwendung *sprachanalytischer* (Volk/Tschuschke, 1983) und *psychophysiologischer* Verfahren liegen, wobei Messungen der Körperfunktionen als Indikatoren für die emotionale Beteiligung eines Gruppenmitgliedes dienen könnten (Enke, 1983). Ähnlich wie in der Einzeltherapie dürfte besonders die Anwendung sprachanalytischer Verfahren zunehmen; auch die Beschreibung (Herdieckerhoff, 1985; 1986) und Messung (Ekman/Friesen, 1969; Krause, 1981) nonverbaler Ausdrucksformen könnte in der G.forschung Zukunft haben.

Literatur

Alberti, L./Rosin, U.: Die Grenze der Selbsterfahrung wird überschritten: was dann? Psychosomatische Medizin, 5, 1984, 304-307.

Argelander, H.: Gruppenprozesse. Wege zur Anwendung der Psychoanalyse in Behandlung, Lehre und Forschung. Reinbeck: Rowohlt, 1972.

Behr, H. L./Hearst, L. E./van der Kleij, G. A.: Die Methode der Gruppenanalyse im Sinne Foulkes. In: Kutter, P. (Hrsg.): Methoden und Theorien der Gruppenpsychotherapie. Psychoanalytische und tiefenpsychologische Perspektiven. Stuttgart: fromann-holzboog, 1985, 93-120.

Berne, E.: Struktur und Dynamik von Organisationen und Gruppen. Frankfurt: Fischer, 1979.

Bion, W. R.: Experiences in groups and other papers. London: Tavistock Publications, 1961. Deutsch: Erfahrungen in Gruppen und anderen Schriften. Stuttgart: Klett, 1971.

Cohn, R.: Von der Psychoanalyse zur themenzentrierten Interaktion. Stuttgart: Klett, 1975.

Danzinger, R.: Psychoanalytische Beobachtungen an großen Gruppen. Gruppenpsychotherapie und Gruppendynamik, 19, 1983, 63-76.

Dies, R. R.: Group psychotherapy: Reflections on three decades of research. Journal of Applied Behavioral Science, 15, 1979, 361-374.

Durkin, J. E. (Hrsg.): Living groups: Group psychotherapy and general system theory. New York: Brunner/Mazel, 1981.

Ekman, P./Friesen, W. V.: The repertoire of non-verbal behavior: Categories, origins, usage and coding. Semiotica, 1, 1969, 49-98.

Enke, H.: Soziophysiologie. In: Enke, H./Tschuschke, V./Volk, W. (Hrsg.): Psychotherapeutisches Handeln. Grundlagen, Methoden und Ergebnisse der Forschung. Stuttgart: Kohlhammer, 1983, 101-118.

Enke, H./Tschuschke, V./Volk, W.: Psychotherapeutisches Handeln. Grundlagen, Methoden und Ergebnisse der Forschung. Stuttgart: Kohlhammer, 1983.

Ermann, M.: Zur analytischen Psychotherapie von Patienten mit strukturellen Ichstörungen in der Gruppe. Gruppenpsychotherapie und Gruppendynamik, 18, 1982, 84-91.

Ezriel, H.: A psychoanalytic approach to group treatment. British Journal of Medical Psychology, 23, 1950, 69-74.

Fiedler, P. A.: Zur Theorie und Praxis verhaltenstherapeuti-

scher Gruppen. In: Heigl-Evers, A./Streeck, U. (Hrsg.): Die Psychologie des 20. Jahrhunderts. Bd. VIII: Lewin und die Folgen. Zürich: Kindler 1979, 900-910.
Foulkes, S. H.: Gruppenanalytische Psychotherapie. München: Kindler, 1974.
Franke, A.: Klientenzentrierte Gruppenpsychotherapie. Stuttgart: Kohlhammer, 1978.
Fürstenau, P.: Zur Theorie der psychoanalytischen Praxis. Stuttgart: Klett, 1979.
Fürstenau, P.: Konsequenzen der systemtheoretischen Orientierung für die psychoanalytische Gruppenpsychotherapie. In: Kutter, P. (Hrsg.): Methoden und Theorien der Gruppenpsychotherapie. Psychoanalytische und tiefenpsychologische Perspektiven. Stuttgart: fromann-holzboog, 1985, 237-244.
Garland, C.: Group analysis: Taking the non-problem seriously. Group Analysis, 15, 1982, 4-14.
Grawe, K. (Hrsg.): Verhaltenstherapie in Gruppen. München: Urban & Schwarzenberg, 1980.
Heigl, F.: Indikation und Prognose in Psychoanalyse und Psychotherapie. (2. Aufl.) Göttingen: Vandenhoeck & Ruprecht, 1978.
Heigl, F./Nerenz, K.: Gruppenarbeit in der Neuroseklinik. Gruppenpsychotherapie und Gruppendynamik, 9, 1975, 96-105.
Heigl-Evers, A.: Möglichkeiten und Grenzen einer psychoanalytisch orientierten Kurztherapie bei Suchtkranken. In: Gesamtverband für Suchtkrankenhilfe: Sozialtherapie in der Praxis. Psychoanalytisch orientierte Suchtkrankentherapie. Kassel: Nicol, 1977, 16-29.
Heigl-Evers, A.: Konzepte der analytischen Gruppenpsychotherapie. (2. Aufl.) Göttingen: Vandenhoeck & Ruprecht, 1978.
Heigl-Evers, A./Heigl, F.: Zur tiefenpsychologisch fundierten oder analytisch orientierten Gruppentherapie des Göttinger-Modells. Gruppenpsychotherapie und Gruppendynamik, 9, 1975, 237-266.
Heigl-Evers, A./Heigl, F.: Das Göttinger Modell der Gruppenpsychotherapie. In: Kutter, P. (Hrsg.): Methoden und Theorien der Gruppenpsychotherapie. Psychoanalytische und tiefenpsychologische Perspektiven. Stuttgart: fromann-holzboog, 1985, 121-144.
Heigl-Evers, A./Hering, H.: Die Spiegelung einer Patientengruppe durch eine Therapeuten-Kontrollgruppe. Gruppenpsychotherapie und Gruppendynamik, 4, 1970, 179-190.
Heigl-Evers, A./Streeck, U.: Psychoanalytisch-interaktionelle Therapie. Psychotherapie und Medizinische Psychologie, 35, 1985, 176-182.
Herdieckerhoff, G.: Körpersprache in der psychoanalytischen Behandlungssituation. Zeitschrift für Psychosomatische Medizin und Psychoanalyse, 31, 1985, 129-150.
Herdieckerhoff, G.: Therapeutischer Umgang mit habitueller Körpersprache. Zeitschrift für Psychosomatische Medizin und Psychoanalyse, 32, 1986, 181-195.
Höck, K. (Hrsg.): Gruppenpsychotherapie. Einführung und Aspekte. Berlin (DDR): VEB Dtsch. Verlag der Wissenschaften, 1976.
Höck, K./Ott, J./Vorweg, M. (Hrsg.): Praxis der dynamischen Gruppenpsychotherapie, Psychotherapie und Grenzgebiete. Bd. 4. Leipzig: Barth, 1983.
König, K.: Arbeitsbeziehungen in der Gruppenpsychotherapie – Konzept und Technik. Gruppenpsychotherapie und Gruppendynamik, 8, 1974a, 152-166.
König, K.: Analytische Gruppenpsychotherapie in einer Klinik. Gruppenpsychotherapie und Gruppendynamik, 8, 1974b, 260-279.
König, K.: Übertragungsauslöser – Übertragung – Regression in der analytischen Gruppe. Gruppenpsychotherapie und Gruppendynamik, 10, 1976, 220-232.
König, K.: Der interaktionelle Anteil der Übertragung in Einzelanalyse und analytischer Gruppenpsychotherapie. Gruppenpsychotherapie und Gruppendynamik, 18, 1982, 76-83.
König, K./Neun, H.: Psychotherapeutische Heilverfahren, In: Hahn, P. (Hrsg.): Die Psychologie des 20. Jahrhunderts. Bd. IX: Ergebnisse für die Medizin (1): Psychosomatik. Zürich: Kindler, 1979, 900-910.
Krause, R.: Sprache und Affekt. Das Stottern und seine Behandlung. Stuttgart: Kohlhammer, 1981.
Kreeger, L. (Ed.): The large group. Dynamics and therapy. London 1975. Deutsch: Die Großgruppe. Stuttgart: Klett, 1977.
Kreische, R.: Die Behandlung von neurotischen Paarkonflikten mit paralleler analytischer Gruppentherapie für beide Partner. Gruppenpsychotherapie und Gruppendynamik, 21, 1986, 337-349.
Kutter, P.: Elemente der Gruppenpsychotherapie. Göttingen: Vandenhoeck & Ruprecht, 1976.
Kutter, P.: Gruppe und Familie. Die Therapie-Gruppe als Familie. Gruppenpsychotherapie und Gruppendynamik, 20, 1984, 168-171.
Kutter, P. (Hrsg.): Methoden und Theorien der Gruppenpsychotherapie. Psychoanalytische und tiefenpsychologische Perspektiven. Stuttgart: fromann-holzboog, 1985.
Leutz, G. A.: Psychodrama, Theorie und Praxis. Das klassische Psychodrama nach J. L. Moreno. Berlin: Springer, 1974.
Moeller, M. L.: Anders helfen. Selbsthilfegruppen und Fachleute arbeiten zusammen. Stuttgart: Klett-Cotta, 1981.
Moreno, J. L.: Gruppenpsychotherapie und Psychodrama. Einleitung in die Theorie und Praxis. (2. Aufl.) Stuttgart: Thieme, 1973.
Ohlmeier, D.: Worüber sind sich die Fachleute einig, die therapeutisch oder nicht-therapeutisch Gruppen anwenden? Gruppenpsychotherapie und Gruppendynamik, 19, 1983, 111-119.
Pines, M.: S. H. Foulkes Beitrag zur Gruppentherapie. In: Heigl-Evers, A./Streeck, U. (Hrsg.): Die Psychologie des 20. Jahrhunderts. Bd. VIII: Lewin und die Folgen. Zürich: Kindler, 1979, 719-732.
Ploeger, A.: Tiefenpsychologisch fundierte Psychodramatherapie, Stuttgart: Kohlhammer, 1981.
Rechenberger, H. G.: Tiefenpsychologisch orientierte Gruppenpsychotherapie in der Klinik: Ist das realisierbar? Gruppenpsychotherapie und Gruppendynamik, 18, 1982, 116-123.
Rohde-Dachser, Ch.: Das Borderline Syndrom. (3. Aufl.) Bern: Huber, 1983.
Rüger, U.: Die stationär-ambulante Gruppenpsychotherapie. Berlin: Springer, 1981.
Rüger, U.: Stationär-ambulante Gruppenpsychotherapie bei Patienten mit Frühstörungen. Gruppenpsychotherapie und Gruppendynamik, 21, 1986, 324-336.
Sachsse, U./Kottje-Birnbacher, L.: Gruppenpsychotherapie mit dem Katathymen Bilderleben. In: P. Kutter (Hrsg.): Methoden und Theorien der Gruppenpsychotherapie. Psychoanalytische und tiefenpsychologische Perspektiven. Stuttgart: fromann-holzboog, 1985, 191-216.
Sandner, D.: Zur Methodologie der Erforschung des Gruppenprozesses in der analytischen Gruppentherapie. Gruppenpsychotherapie und Gruppendynamik, 19, 1984, 380-393.
Sandner, D. (Hrsg.): Analytische Gruppentherapie mit Schizophrenen. Göttingen: Vandenhoeck & Ruprecht, 1986.
Saravay, S. M.: A psychoanalytic theory of group development. International Journal of Group Psychotherapy, 28, 1978, 481-507.
Scheidlinger, S.: On the concept of the mother-group. International Journal of Group Psychotherapy, 24, 1974, 417-428. Nachdruck in: Scheidlinger S.: Focus on group psychotherapy. New York: International Universities Press, 1982, 75-87.
Scheidlinger, S.: Group therapy combined with individual psychotherapy. In: Karasu, T. B./Bellak, L. (Eds.): Specialized techniques in individual psychotherapy. New York: Brunner/

Mazel, 1980. Nachdruck in: Scheidlinger, S.: Focus on group psychotherapy. New York: International Universities Press, 1982, 215-230.
Schindler, R.: Grundprinzipien der Psychodynamik in der Gruppe. Psyche, 11, 1957/1958, 308-314.
Schindler, R.: Dynamische Prozesse in der Gruppenpsychotherapie. Gruppenpsychotherapie und Gruppendynamik, 2, 1968, 9-21.
Schindler, W.: Family Pattern in Group Formation and Therapy. International Journal of Group Psychotherapy, 1, 1951, 100-105.
Schindler, W.: Die analytische Gruppentherapie nach dem Familienmodell. München: Reinhardt, 1980.
Seifert, Th.: Die Gruppentherapie im Rahmen der Analytischen Psychologie. In: Kutter, P. (Hrsg.): Methoden und Theorien der Gruppenpsychotherapie. Psychoanalytische und tiefenpsychologische Perspektiven. Stuttgart: fromann-holzboog, 1985, 173-190.
Volk, W./Tschuschke, V.: Beziehungen zwischen klinisch-psychoanalytischer Interpretation und Gottschalk-Gleser-Sprachinhaltsanalyse bei einer analytischen Gruppenpsychotherapie. Gruppenpsychotherapie und Gruppendynamik, 18, 1983, 359-379.
Yalom, I. D.: The theory and practice of group psychotherapy. (2nd ed.) New York: Basic Books, 1975. Deutsch: Gruppentherapie. Grundlagen und Methoden. München: Kindler, 1974 (Übers. der 1. Aufl.).

Handlung

Winfried Hacker

1 Handlungsbegriff

Der H.begriff ist der wichtigste Begriff einer *Psychologie der Tätigkeit.* H. bezeichnet eine zeitlich in sich geschlossene, auf ein Ziel gerichtete sowie inhaltlich und zeitlich gegliederte Einheit der Tätigkeit, nämlich die kleinste psychologisch relevante Einheit willentlich gesteuerter Tätigkeiten von Individuen, Gruppen und Organisationen. Die Abgrenzung von H.en erfolgt durch das bewußte Ziel, das die mit einem Motiv für seine Realisierung verknüpfte Vorwegnahme des Ergebnisses darstellt (Lewin, 1926). Jede H. ist stets ein *psychischer Vorgang,* weil sie bewußt, d. h. zielgerichtet ist. Sie hat Ziele und Motive und erfüllt Aufgaben. Für Bewegungen gilt das nicht. Jede H. schließt über die Motive und Ziele hinaus auch kognitive Prozesse ein. Sie ist wenigstens eine sensumotorische Einheit, in der Regel aber eine Einheit von Wahrnehmen, Urteilen, Behalten, Reproduzieren und sinnlich sowie logisch erfaßtem motorischem Ausführen.

Der Begriff der *zielgerichteten* H. als Einheit der Tätigkeit hebt die strikt trennende Gegenüberstellung von motivationalen einschließlich emotionalen und kognitiven (und innerhalb dieser von perzeptiven und intellektuellen versus mnestischen) Prozessen sowie von psychischen Prozessen und Repräsentationen sowie Eigenschaften auf: Ziele sind Verknüpfungen der „kognitiven" Vorwegnahme und der „motivationalen" bzw. volitiven Vornahme (des Vorsatzes) und der „mnestischen" Bewahrung der Vorwegnahmen als Grundlage rückkoppelnder Soll-Ist-Vergleiche; generalisierte Ziele sind habitualisierte Persönlichkeitsmerkmale (Leontjew, 1979; von Cranach et al. 1980; Kuhl, 1985; Volpert, 1984; Kuhl/ Waldmann, 1985).

Die Eigenschaft, sensumotorische Einheiten zu sein, erfüllen Bewegungen aufgrund der mit jeder Aktivität gekoppelten Rückmeldungen auch, allerdings sind diese Bewegungsrückmeldungen im Unterschied zu den psychischen Kontrollprozessen komplexer H.en nicht bewußtseinspflichtig, sondern höchstens bewußtseinsfähig. Die Abgrenzung von H. und Bewegung ist also hauptsächlich an die Zielstellung gebunden. „Am Ende des Arbeitsprozesses kommt ein Resultat heraus, das beim Beginn desselben schon in der Vorstellung des Arbeiters, also schon ideell vorhanden war. Nicht daß er nur eine Formveränderung des Natürlichen bewirkt; er verwirklicht in Natürlichen zugleich seinen Zweck, den er weiß, der die Art und Weise seines Tuns als Gesetz bestimmt und dem er seinen Willen unterordnen muß. Und diese Unterordnung ist kein vereinzelter Akt" (Marx, 1961; 193).

Die Grundeinheit der psychologischen Tätigkeitsanalyse ist die H. Sie kann nicht angemessen durch ein Auflisten der in ihr „enthaltenen" Abfolge von Bewegungen charakterisiert werden. Das Hauptinteresse gilt der Analyse der psychischen Struktur, nicht z. B. den beteiligten metabolischen Vorgängen, und der regulierenden Wirkung dieser psychischen Sachverhalte. Die praktische Bedeutung einer Untersuchung der psychischen Regulation der H. kann nicht überschätzt werden. Sie besteht darin, daß das Psychische die übergeordnete Kommandostelle darstellt. Ohne Berücksichtigung ihrer Befehle bleiben Handlungen und Tätigkeiten unverständliche, chaotisch erscheinende Vorgangsbündel. Tätigkeits- (z. B. Arbeits)analysen und auf ihnen aufbauende Gestaltungsvorschläge, die über biomechanische Anliegen hinausgehen, sind ohne Berücksichtigung dieser regulierenden psychischen Vorgänge wertlos. Das gilt von der elementarsten bis zur komplexesten Stufe psychisch regulierter Vollzüge: Wie Bewegungen ohne Bezug auf die übergeordnete Handlung nicht befriedigend kausalkonditional analysierbar sind, können im Falle geplanten Vorgehens Operationsketten und H.abfolgen nicht ohne Bezug auf den Plan verständlich werden.

2 Regulation von Handlungen

Die psychische Regulation von H.en als Bestandteil der Tätigkeitsregulation umfaßt die nach Art der Komponenten, ihren Wechselbeziehungen und Veränderungen im H.ablauf zu kennzeichnende Struktur der handlungsveranlassenden, handlungsführenden und handlungskontrollierenden psychischen Vorgänge, Repräsentationen und Eigenschaften. Diese sind bestimmt durch einen übernommenen und dabei zur Aufgabe redefinierten Auftrag oder selbst abgeleitete Aufgabenstellungen mit den jeweiligen Ausführungsbedingungen. Zu diesen gehören „situationsseitig" vor allem die organisationale Einordnung von Aufgaben, die Art und Vielfalt der Tätigkeitsanforderungen an die Leistungsvoraussetzungen und die Möglichkeiten zum selbständigen Entscheiden über individuelle oder kollektive Ziele und Vorgehensweisen, der sog. Tätigkeitsspielraum sowohl als Angebot als auch als Restriktion (auch „Kontrolle", „Freiheitsgrade", „Handlungsspielraum"), welcher die Beeinflußbarkeit der Situation durch eigenes Handeln auf der Grundlage des Grades ihrer Durchschaubarkeit und Vorherrschbarkeit beschreibt. „Personseitig" gehören zu den Ausführungsbedingungen hauptsächlich die Leistungsvoraussetzungen und die Ansprüche an Aufgaben in ihren Relationen zu den tatsächlich erforderlichen Leistungsvoraussetzungen und Erfüllungsmöglichkeiten von Ansprüchen (P-E-Fit-Konzept; Unter/Überforderung).

Tätigkeitssubjekte können Individuen, Gruppen oder organisationale Systeme (z. B. Betriebsabteilungen) sein; die Tätigkeiten übergeordneter Einheiten bestimmen die von untergeordneten als Angebote und Restriktionen.

Unerläßliche Leistungsvoraussetzungen von Arbeitshandlungen sind die Fähigkeiten, zurückgestellte Teilziele zu erinnern, zu ihnen in der erforderlichen Reihenfolge zurückzukehren und sie als abhängige Bestandteile wechselnder, umfassender Programme einzuordnen. Dabei handelt es sich um isolierbare, getrennt störbare Leistungen flexibel und partiell austauschbar zusammenarbeitender Großhirnzentren (Luria, 1973).

Der Tätigkeits- und der untergeordnete H.begriff sind also mehrstellige Relationen und heben in diesem Sinne wesentliche systemtheoretische (einschließlich organisationswissenschaftliche), ökologische und interaktionistische Anliegen in sich auf. Der Tätigkeitsbegriff als fünfstellige Relation setzt in Beziehungen

- *Veränderungsvorgänge* informationeller oder energetischer Art an
- *Gegenständen*, die den Vorgängen ihre Gesetzmäßigkeiten aufzwingen
- gerichtet auf *vorweggenommene Resultate*
- ausgeführt mit *Mitteln* und unter *Ausführungsbedingungen* durch
- *Personen* mit Könnensvoraussetzungen für und Stellungnahmen zu den Vorgängen, in denen die sich auch selbst verändern.

Die wichtigsten Kennzeichen der H.regulation sind die Zielgerichtetheit und die gleichzeitig hierarchische bzw. heterarchische und zyklische Organisation der H.komponenten nach den Erfordernissen des zu erfüllenden Auftrages. Die allgemeinen physiologischen, ethologischen und psychologischen Ergebnisse von Untersuchungen zum Handeln stimmen gut mit einem Modell von Anochin (1967) überein, das er als funktionelles System bezeichnet und das Afferenzsynthese, Aktionsprogrammbildung und Aktionsakzeptorbildung sowie Rückmeldungsverarbeitung einschließt und in das speziellere Modelle, z. B. die sogenannte TOTE-Einheit von Miller/et al.

(1960) sowie aktivationstheoretische Konzepte, eingebaut werden können.

Bei der Regulation können mehrere Aspekte unterschieden werden. Der Aspekt des *Richtens* beschreibt das Stellen bzw. Übernehmen der Aufgabe, wobei auf der Grundlage der gleichzeitig zu entwickelnden Motivierung das Ergebnis als Ziel vorweggenommen werden muß, das sowohl stimulierend, regulierend sowie als Vergleichswert für Rückkoppelungen wirkt.

Im Aspekt des *Orientierens* wird über den Ausgangszustand und die Ausführungsbedingungen einschließlich der wirksamen objektiven Gesetzmäßigkeiten eine Orientierungsgrundlage geschaffen, die das Aufnehmen und Verarbeiten aktuell wirksamer Informationen und das Aktualisieren von Kenntnissen und Erfahrungen umfaßt. Dabei werden die Ziele sowie die Ausgangsbedingungen untersucht, Wege und Mittel, sie zu erreichen, aktualisiert und Hypothesen dazu aufgestellt. Kennzeichnungsmöglichkeiten bieten das Inventar der Signale, die Qualität der Beurteilung von Umweltzuständen und die Beschaffenheit der Kenntnisse. Auf der Grundlage des Vergleiches von Ausgangszustand, Zielvorstellung und einsetzbaren Überführungsbedingungen wird der Aspekt des *Entwerfens* von Aktionsprogrammen möglich. Ausgehend von der Ableitung der zu durchlaufenden Teilziele aus dem Ziel werden die Operationsabfolgen einschließlich der einzusetzenden Mittel abgeleitet und zeitlich geordnet. Bei zahlreichen H.en erfolgt nach dem Ableiten von Teilziel- und Operationsabfolgen in ihrer zeitlichen (sequentiellen) Ordnung eine Reorganisation in rationellere größere Einheiten bis hin zu komplexen H.plänen oder Strategien, welche hierarchisch geordnet sein können. Da gleiche Ziele zumeist auf unterschiedliche Weise erreicht werden können, ist eine Entscheidung zwischen den Varianten erforderlich. Mit dem Vorsatz zum Verwirklichen des im Aspekt des *Entscheidens* ausgewählten Weges erfolgt der Übergang von der H.vorbereitung zum H.vollzug (Aspekt des Entschließens). Der H.vollzug wird durch wiederholte Vergleiche des erreichten Ist-Zustandes mit dem gespeicherten Ziel als Soll-Zustand kontrolliert. Diese rückkoppelnde *Kontrolle* zeigt die zyklische Struktur der H.regulation an.

Zum Zwecke der Bezugsetzung zur herkömmlichen psychologischen Terminologie kann in der H.vorbereitung und der H.ausführung vergröbernd zwischen vorwiegend *beziehungsstiftenden* oder affektiven, *handlungsveranlassenden* oder motivierenden und *handlungssichernden* oder volitiven antriebsregulatorischen Vorgängen sowie vorwiegend *kognitiven ausführungsregulatorischen* Vorgängen unterschieden werden, zu denen das Orientieren, das Entwerfen, das Entscheiden und das Kontrollieren des Ausführens am Ziel oder Teilziel gehören. Im Vorsatz bleiben während des H.vollzuges auch die antriebsregulatorischen Vorgänge wirksam. Darüber hinaus bilden die vorläufig zurückgestellten Verrichtungen ein mnestisches Muster noch abzuarbeitender Intentionen.

Die entscheidende Funktion für das forderungsgerechte Ausführen der H. haben Gedächtnisrepräsentationen (kognitive Repräsentationen oder auch Systeme operativer Abbilder). Mit den in ihnen enthaltenen Soll-Werten, z. B. Zielen und Teilzielen, werden die beim Kontrollieren des Ausführens (als reafferenter, die zyklische Struktur kennzeichnende Form des Orientierens) erfaßten Zustände verglichen. Aus dem Aktionsprogramm werden im Falle des Nichtübereinstimmens von Soll- und Ist-Zustand die erforderlichen weiteren Schritte entnommen bzw. an ihm im Sinne des vorstellungsmäßigen bzw. gedanklichen Operierens an einem inneren Modell (System tätigkeitsleitender oder operativer Abbilder) abgeleitet. Diese inneren Modelle als tätigkeitsleitende Gedächtnisrepräsentationen enthalten die für das Regulieren von H.en unerläßlichen Invarianten. Der Wechsel von Vergleich, Veränderung und abermaligem Vergleich im Sinne der Rückkoppelung bildet die zyklische Struktur. Der rückkoppelnde Vergleich erfolgt häufig bereits vor der praktischen Ausführung antizipativ.

H.en lassen sich formal darstellen als Hierarchien in einander enthaltener (verschachtelter) zyklischer Regulationseinheiten. In dieser Hierarchie sind wenigstens drei Ebenen der Ausführungsregulation von H.en zu unterscheiden, die *intellektuelle,* die *perzeptiv-begriffliche* und die *sensumotorische,* die jeweils unterteilbar sind und daher relativ beliebig viele Beschreibungsebenen anbieten. Da zyklische, also sequentielle Regulationseinheiten, hierarchisch ineinander „geschachtelt" sind, wird von sequentiell-hierarchischer bzw. sequentiell-heterarchischer Regulation gesprochen. Die hierarchische bzw. heterarchische „Verschachtelung" bedeutet u. a.:

- Übergeordnete Regulationseinheiten höherer Bewußtheitserfordernis sind *umfassender* und *enthalten* (in abgekürzter Form kodiert) untergeordnete Einheiten weniger umfassender Regulationsweite und niedriger Bewußtheitserfordernis (Carver/Scheier, 1982).
- Übergeordnete Regulationseinheiten *determinieren* untergeordnete.
- Indem sie Details an diese *delegieren*, werden sie selbst *entlastet*.

- Zugleich haben untergeordnete Einheiten *relative Autonomie* zur flexiblen Bildung von funktionellen Einheiten sowie *rückwirkende* Einflußmöglichkeiten auf übergeordnete Regulationseinheiten.

Die heterarchische Verschachtelung auf unterschiedlichen Ebenen ermöglicht zugleich, daß – bezogen auf größere Zeiteinheiten – mehrere Ziele scheinbar gleichzeitig verfolgt werden können (Multi-goal-multi-level-Konzept). Die Regulation durch *aktuelle* Aufnahme und Verarbeitung regulativer Information und die wissensgestützte durch Reaktivierung vom im Langzeitgedächtnis *gespeicherter, verdichteter und ausgewählter* früherer Information in das Arbeitsgedächtnis werden fortlaufend in trade-offs neu abgestimmt (Neves/Anderson, 1981; Broadbent, 1985; Schönpflug, 1985).

3 Die Einheit ausführungs- und antriebsregulatorischer Vorgänge im Ziel

Das Ziel wirkt in Form der Vornahme oder des Vorsatzes *gleichzeitig*

- als Triebkraft des Handelns (was zum Handeln veranlaßt, sind „die Anreizwerte der vorweggenommenen Folgen der voraussichtlichen Ergebnisse eigener Handlungen" (Heckhausen, 1977, 297);
- es lenkt das Handeln insbesondere beim Auswählen von Mitteln und Wegen und
- es wirkt als Vergleichsmuster (Aktionsakzeptor, Efferenzkopie) für die fortlaufende Kontrolle des Handelns.

Seine spezifische, in mehrfacher Hinsicht handlungsorganisierende Funktion erfüllt ein Ziel in der Form der Vornahme oder des Vorsatzes. Eine vorstellungsmäßige oder gedankliche Vergegenwärtigung des zu erreichenden Ergebnisses wird durch einen Entschluß zur Vornahme. Allein das Vorstellen oder Denken an das Ergebnis wirkt weder handlungsveranlassend noch handlungsregulierend.

Das Entscheiden im Sinne des Ausscheidens bestimmter Handlungswege ist noch nicht Entschließen. Erstes Kennzeichen des Entschlusses ist der im „Übergang vom Wünschen zum Wollen" entstehende praktische Vorsatz (Straub, 1935). Der Entschluß bezieht sich darüber hinaus nicht darauf, irgendetwas zu tun, sondern ist in Anbetracht der Tätigkeitsspielräume (Freiheitsgrade) ein Entschluß zu einem bestimmten Weg. Er setzt mit anderen Worten die Mittel-Weg-Festlegung und -Entscheidung bei gleichzeitiger Hemmung der übrigen Freiheitsgrade voraus.

Des weiteren zeigt sich diese Einheit von antriebs- und ausführungsregulatorischen Vorgängen darin, daß sie sich selbst einen Teil ihrer motivationalen Voraussetzungen schaffen. Das gilt nicht nur für mögliche Anregungen aus dem Wetteifer in Gruppen, sondern auch für die motivierende Rolle von Anforderungen, die Selbständigkeit, Überlegung und Verantwortung erfordern und die – im Gegensatz zu unvollständigen H.en – als vollständige H.en beschreibbar sind (siehe unten). „Außer der Anstrengung der Organe, die arbeiten, ist der zweckmäßige Wille, der sich als Aufmerksamkeit äußert, für die ganze Dauer der Arbeit erheischt, und umso mehr, je weniger sie durch den eigenen Inhalt und die Art und Weise ihrer Ausführung den Arbeiter mit sich fortreißt, je weniger er sie daher als Spiel seiner eigenen körperlichen und geistigen Kräfte genießt" (Marx, 1962, 193).

4 Tätigkeitsleitende Gedächtnisrepräsentation als regulative Invarianten

Tätigkeitsleitende (operative) Gedächtnisrepräsentationen haben eine unerläßliche Funktion in der H.regulation. Sie ist darin zu sehen, daß sie als antizipiertes Ergebnis der H. die unerläßliche Invariante für jeden zielgerichteten Regelvorgang sind. Sie sind relativ stabile Gedächtnisrepräsentationen, welche als die Soll-Werte im Soll-Ist-Vergleich während der H.ausführung wirken. In den Rückkoppelungsvorgängen wird mit dem Soll-Zustand der jeweils erreichte Ist-Zustand verglichen.

Auch in der H.vorbereitung haben Gedächtnisrepräsentationen eine unersetzliche Funktion. Gedächtnisrepräsentationen über Eigenschaften der (technologischen) Prozesse, der (Arbeits-) Mittel oder der Werkstoffe ermöglichen das vorstellungsmäßige oder gedankliche Erproben von H.programmen vor ihrem praktischen Einsatz. Weiterhin sind sie die Grundlage für das Auswählen von H.programmen, sofern Freiheitsgrade für ein unterschiedliches Vorgehen bestehen. Sie dienen der prognostischen Bewertung der Folgen möglicher Schritte und der Entscheidung für einen Weg. Tätigkeitsleitende Gedächtnisrepräsentationen sind also das Material, an welchem die entscheidenden informationsverarbeitenden Prozesse vollzogen werden. Auch das Orientieren wird durch die Beschaffenheit dieser Gedächtnisrepräsentationen beeinflußt. Verschiedene Repräsentationen führen zu unterschiedlichen Hypothesen über den Zustand eines (technologischen) Prozesses und veranlassen damit unterschiedliche Suchstrategien, die Auswahl verschiedener Informationsquellen und andere Verarbeitungsweisen (Dörner, 1983).

Folgende Inhalte tätigkeitsleitender Gedächtnisrepräsentationen können unterschieden werden:

1. Antizipierte Repräsentationen der Ergebnisse in Form von Zielen. Dabei kann es sich um die Vorwegnahme der Eigenschaften eines Gegenstandes oder um das Antizipieren einzuhaltender Soll-Werte handeln.
2. Repräsentationen von Ausführungsbedingungen von H.en, die zum Erreichen des Ziels erforderlich sind.
3. Gedächtnisrepräsentationen der Transformationsbeziehungen zwischen Ist- und Soll-Zustand.

Damit können zwei Gruppen von Inhalten unterschieden werden:

- Antizipation und Prädiktionen (Ziele, Hypothesen, gedankliche Vorgriffe auf Erfolge, Vorwegnahmen möglicher Maßnahmen) und
- Abbildungen gegenwärtiger Sachverhalte (Hacker, 1985).

Auch dabei haben Gedächtnisrepräsentationen Besonderheiten, weil sie die Vergegenwärtigung von unanschaulichen und unsichtbaren (technologischen) Vorgängen zum Zwecke ihrer gedanklichen Bearbeitung betreffen können. Darüber hinaus beziehen sie anschaulich gegenwärtige ebenso wie unsichtbare Sachverhalte auf das zu erzeugende Produkt.

Tätigkeitsleitende Gedächtnisrepräsentationen haben mithin einige allgemeine effektivitätsbestimmende Eigenschaften, die interindividuell stabil variieren und somit persönliche H.stile oder Arbeitsweisen bedingen können. Eine erste Kennzeichnungsdimension ist die *Redefinition* von Aufträgen zu Aufgaben. Dadurch werden nämlich mindestens die Ziele als tätigkeitsleitende Gedächtnisrepräsentationen festgelegt. Gleichfalls unter Effektivitätsaspekten kann als weitere Kennzeichnungsdimension der *Grad der Aufgabenabhängigkeit* von Repräsentationen betrachtet werden. Die angebotene Information wird oft zu antwortkompatiblen tätigkeitsleitenden Gedächtnisrepräsentationen umgeformt, die ein Minimum an Rekodierungen bei der Ausführungsregulation erfordern.

Eine dritte Dimension ist die *Kodierung* der tätigkeitsleitenden Gedächtnisrepräsentationen. Vorzugsweise scheinen multipel, mindestens begrifflich plus anschaulich kodierte Repräsentationen sich auszubilden, die einige Vorzüge aufweisen. Schließlich unterscheiden sich tätigkeitsleitende Gedächtnisrepräsentationen hinsichtlich ihrer *Generalisierung* und damit Übertragbarkeit. Durch Generalisierung erhalten sie einen regulativ wichtigen antizipativ-hypothetischen Aspekt, der sie auch für die Regulation der aktuellen Informationsaufnahme (z. B. als Suchstrategien beim Orientieren) hilfreich macht.

Wenig erforscht sind *Aktionsprogramme,* die gleichfalls als tätigkeitsleitende Gedächtnisrepräsentationen, nämlich Repräsentationen von Überführungsmöglichkeiten eines Ausgangs- in einen Soll-Zustand, aufgefaßt werden können. Sie stellen einen Entwurf der nachfolgenden Operationen dar, der mit Hilfe von Dekodierschritten umgesetzt wird. An diesem Entwurf wird der Verwirklichungsvorgang fortlaufend kontrolliert. Diese Kontrolle erfolgt neben der etappenweisen Kontrolle der Zwischenergebnisse am Teilziel. Wesentlich für das Verständnis der Regulation ist der organisierende Einfluß dieser kontrollierenden Rückkoppelungen zum Programm auf die Tätigkeit.

Ein Entwerfen nachfolgender Operationen als ein Aktionsprogramm ist wenigstens immer dann erforderlich, wenn das Erreichen des Ziels mehrere Zwischenschritte erfordert. Die phänomenal deutlichste Form des Entwerfens ist die vorstellungsmäßige bzw. gedankliche Vorwegnahme der Verfahrensweise und der Mittel.

Aktionsprogramme können auf verschiedenen Regulationsebenen vorliegen. Zu denken ist mindestens an

- Bewegungsentwürfe,
- H.entwürfe oder H.schemata,
- komplexe Pläne.

Diese verschiedenen Ebenen von Aktionsprogrammen entsprechen Ebenen in der Hierarchie der Ziele mit der Einschränkung, daß auch „unterhalb“ von Teilzielen noch feiner differenzierte Aktionsprogramme, z. B. Bewegungsentwürfe, vorliegen.

Miller et al. (1960) definieren die Aktionsprogramme (von ihnen sämtlich als Pläne bezeichnet) als hierarchische Prozesse des Organismus, welche die Ordnung regulieren, in der eine Folge von Operationen ablaufen soll. Aktionsprogramme sind beschreibbar als *Befehlslisten.* Der Mechanismus der Verwirklichung wird im *Dekodieren* gesehen, einem Vorgang, durch welchen Material aus ökonomisch zusammengefaßten größeren Einheiten fortschreitend rückgeschlüsselt wird. Wahrscheinlich existiert eine begrenzte Zahl von Erzeugungsprogrammen, welche die erforderlichen Aufbauregeln für die auszuführenden Aktionsprogramme enthalten und die Erzeugung (Dekodierung) von Hierarchieebene zu Hierarchieebene zunehmend feinerer Unterprogramme bewirken (Volpert, 1983). Vom jeweils übergeordneten Aktionsprogramm werden die Unterprogramme eingesetzt und überwacht.

Eine besondere Form von Aktionsprogrammen sind *Strategien*. Darunter sind Aktionsprogramme zu verstehen, die für eine Abfolge möglicher Situation eindeutige Regeln für die Auswahl von Vorgehensvarianten festlegen. Im Arbeitsprozeß ist es sinnvoll, nur dann von Strategien zu sprechen, wenn an den Eingriffspunkten in den technologischen Prozessen Freiheitsgrade zur Wahl von Vorgehensvarianten bestehen, wenn die Situation mit ihrem Konsequenzen vorhersehbar ist und wenn der Arbeiter vorausschauende Festlegungen an Stelle aktueller Fall-zu-Fall-Festlegungen trifft. Darüber hinaus ist meistens mitgedacht, daß eine Bewertung der Varianten vorwegnehmend nach Nutzensmerkmalen erfolgt.

An jeder Art von Programmentstehung scheinen folgende Vorgänge beteiligt zu sein: Entwurf der Einzelschritte, ihre zeitliche Organisation einschließlich der rechtzeitigen Bereitstellung, ihre Einordnung in umfassendere Programme einschließlich der erforderlichen Vermittlungen zwischen unter- und übergeordneten Programmen, ihre Abstimmung mit vegetativen Aktivationsmustern.

5 Komponenten der psychischen Handlungsregulation

Eine konzeptionsgeleitete, handlungs- (nicht bewegungs)zentrierte psychologische Tätigkeitsanalyse benötigt feinere Differenzierungen innerhalb der Komponenten der psychischen Regulation von Tätigkeiten und H.en als Leitlinie. Dabei ist zu denken an:

1. Arten möglicher bzw. erforderlicher Zielsetzungen (Freiheitsgrade z. B. nur für Mengenziele oder für Ziele mit Problemcharakter)
2. Arten von Zustandserkennungs- und Entscheidungsvorgängen (Vorgänge zur Erfassung der Signale, darunter solcher für prophylaktisches vs. reaktives Vorgehen sowie Arten von Signalerfassungsoperationen)
3. Zustandsklassifizierung und -bewertung (z. B. erforderliche Beurteilungsvorgänge, Beurteilungsgrundlagen wie Bezugssysteme, Zuordnungsoperationen von Zuständen zu Maßnahmen)
4. Vorstellungsmäßige oder begriffliche Transformationsvorgänge von Eingangs- in Zielgrößen
5. Erforderliche Mindestinhalte der tätigkeitsleitenden Gedächtnisrepräsentationen (z. B. Produkteigenschaften, Material-, Prozeßmitteleigenschaften, Eingriffspunkte mit Freiheitsgraden)
6. Entwerfen oder Reproduzieren von Aktionsprogrammen (z. B. nach Algorithmen oder heuristischen Regeln)
7. Entscheiden für Verfahrensvarianten (anhand der tätigkeitsleitenden Gedächtnisrepräsentationen bei Kalkulation der Folgen)
8. Kontrollieren des Ausführens (zu beherrschende Ausführungsoperationen und die für sie erforderlichen Kontrollen).

6 Ebenen der psychischen Regulation von individuellen Tätigkeiten bzw. Handlungen

Bereits Alltagserfahrungen zeigen, daß die kognitiven Vorgänge, welche Tätigkeiten regulieren, zu verschiedenen Ebenen psychischer Vorgänge gehören können: Ein Grenzfall der kognitiven H.regulation bildet die *sensumotorische* Ebene. Bewegungsorientierende Abbilder und Bewegungsentwürfe sind nicht bewußtseinspflichtig und nur in Grenzen bewußtseinsfähig, und sie lenken Bewegungen als unselbständige H.komponenten und automatisierte Operationen. H.en dagegen können nur durch bewußte Abbilder reguliert werden. Begrifflich formulierbare Wahrnehmungen und Vorstellungen bereiten H.en vor und lösen H.entwürfe aus. Komplexe, bewußtseinspflichtige intellektuelle Prozesse sind zum Aufstellen individueller H.pläne als Hauptausdruck der *intellektuellen* Ebene erforderlich. Die jeweils übergeordneten Ebenen scheinen die Orientierungsvorgänge und Programme der untergeordneten in abgekürzter Form zu enthalten und sich ihrer als Unterprogramme zu bedienen.

Für nähere Untersuchungen muß berücksichtigt werden, daß zwischen den Regulationsebenen Unterschiede bestehen hinsichtlich

- der Anzahl und Art der nutzbaren Freiheitsgrade
- dem Inhalt und der Struktur der Ziele
- der Art und dem Niveau regulierender psychischer Prozesse und tätigkeitsleitender Abbilder
- der Detailliertheit und Festigung von Aktionsprogrammen.

Diese Unterschiede bedingen auch den grundsätzlich verschiedenen, auf der intellektuellen Regulationsebene am besten ausgeprägten, Beitrag zur Nutzung und Entwicklung von Persönlichkeitseigenschaften in Tätigkeiten und machen damit Forderungen an die Tätigkeits-, (z. B. Arbeits)gestaltung deutlich.

Im hochgeübten Zustand und unter stabilen Ausführungsbedingungen wird die kognitive

H.vorbereitung, nicht aber die Motivierung und Zielbildung, verkürzt zum Abruf fertiger Programme aus dem Gedächtnis.

„Unterhalb" der psychologisch relevanten Ebenen können weitere nach *physiologischen* Gesichtspunkten unterschieden werden. „Oberhalb" der hier dargestellten psychischen Regulation individueller H.en kann von *kollektiven* und *gesellschaftlichen* Regulationsvorgängen gesprochen werden.

7 Vollständige vs. unvollständige psychische Tätigkeits- bzw. Handlungsstruktur und ihre Konsequenzen

In der historischen Entwicklung der Produktionsverhältnisse und Produktivkräfte entstanden im Zusammenhang mit der Profitsteigerung und der Herrschaftserleichterung Formen der Arbeitsteilung, die häufig als „tayloristisch" bezeichnet werden und die nicht nur die intellektuell anspruchsvollen produktionsvorbereitenden und kontrollierenden von den unmittelbar produzierenden Tätigkeiten trennten, sondern innerhalb beider weiter die Arbeitsaufträge extrem aufteilten. Dadurch entstanden H.strukturen, die wesentliche Merkmale nicht eingeschränkter Handlungen nicht mehr aufweisen. Diese fehlenden Strukturmerkmale (Volpert, 1984) besitzen praktischen Wert für das Bewerten von arbeitsgestalterischen Lösungen hinsichtlich der Beeinträchtigungsfreiheit und der Persönlichkeitsförderlichkeit. Hochgradig eingeschränkte H.strukturen kennzeichnet, von Rand- zu Kernmerkmalen vorgehend,

- zu seltenes H.erfordernis (Aktivitätsmangel)
- keine ausreichende Kooperationserfordernisse
- keine H.vorbereitung und -organisation erforderlich (keine Zielsetzungen und Entscheidungen, keine Freiheitsgrade für Mittel und Wege, keine Einsicht in Wirkprinzipien bzw. Zwecke, momentanes Vorgehen wegen fehlender Vorhersehbarkeit) und damit keine oder nur algorithmische Denkanforderungen
- kein eigenverantwortliches Kontrollieren von Resultaten, sondern Vorherrschen von Fremdkontrolle.

Das Ausführen unvollständiger (Arbeits-)tätigkeiten führt zu erhöhten Ermüdungs-, Monotonie- und Sättigungserscheinungen, Beeinträchtigungen des Wohlbefindens und langfristig wahrscheinlich zu erhöhten Erkrankungsrisiken.

Vollständige H.strukturen sind durch gegenteilige Merkmale gekennzeichnet. Darüberhinaus kann die Vorbereitung und Organisation vollständiger Tätigkeiten sogar produktives Denken sowie Übertragungsleistungen entwickelter H.strukturen auf verwandte Anforderungen und Lernchancen einschließen.

8 Handlungsstile/Handlungskompetenz

Unter geeigneten äußeren (Vorliegen vollständiger H.strukturen) und inneren (Qualifikation, Arbeitseinstellung) Voraussetzungen können stabile, wenn auch flexible, also übertragbare Arbeitsweisen oder H.stile in Anpassung an individuelle, z. B. altersabhängige Leistungsvoraussetzungen entstehen. Auf diesem Wege ist das Entwickeln von Fähigkeiten zum disponiblen Erzeugen zweckmäßiger H.pläne (H.kompetenz, Volpert, 1984) denkbar. Diese Fähigkeiten sind praktisch nur gemeinsam mit Einstellungen, ihre gesellschaftlich nützliche Anwendung betreffend, entwickelbar. Beides sind Persönlichkeitseigenschaften.

9 Ausblick

Die Begriffe „Handlung" und „Handlungstheorien" wurden zeitweilig zu Modeerscheinungen in der Psychologie. Solide empirische Untersuchungen auf den einschlägigen Themengebieten einschließlich der Methodenweiterentwicklung blieben demgegenüber anteilig vernachlässigt, so daß ein Mißverhältnis von theoretischer Spekulation und empirisch fundiertem Erkenntniszuwachs die Gefahr des vorzeitigen Verschleißes einer der potentiell fruchtbarsten Denkrichtungen der Psychologie erzeugte. Wohlfundierte Theorien, die dem Sachverhalt „Handlung" umfassend gerecht werden („Handlungstheorien"), stoßen beim vorliegenden empirischen Bearbeitungsstand im Unterschied zu Konzeptionen zu Ausschnitten oder Aspekten vorläufig auf erhebliche Schwierigkeiten. Überdies dürfte psychologische H.forschung nicht ohne Forschungen zur übergeordneten psychischen Regulation von Tätigkeiten fruchtbar werden (Frese/Sabini, 1985; Volpert, 1985).

Literatur

Anochin, P. K.: Das funktionelle System als Grundlage der physiologischen Architektur des Verhaltensakts. Jena: Fischer, 1967.

Broadbent, D. E.: Multiple goals and flexible procedures in the design of work. In: Frese, M./Sabini, J. (Eds.): Goal-directed behavior: The concept of action in psychology. Hillsdale: Erlbaum, 1985, 285-296.

Carver, C. S./Scheier, M. F.: Control theory: A useful conceptual frame work for personality-, social, clinical, and health psychology. Psychological Bulletin, 92, 1982, 111-135.
Cranach, M. von/Kalbermatten, U./Indermühle, K./Gugler, B.: Zielgerichtetes Handeln. Bern: Huber, 1980.
Dörner, D.: Kognitive Prozesse und die Organisation des Handelns. In: Hacker, W./Volpert, W./von Cranach, M. (Hrsg.): Kognitive und motivationale Aspekte der Handlung. Bern: Huber, 1983, 26-37.
Frese, M./Sabini, J.: Action theory – An introduction. In: Frese, M./Sabini, J. (Eds.): Goal-directed behavior: The concept of action in psychology. Hillsdale: Erlbaum, 1985, XVII-XXV.
Hacker, W.: Activity – A fruitful concept in Industrial Psychology. In: Frese, M./Sabini, J. (Eds.): Goal-directed behavior: The concept of action in psychology. Hillsdale: Erlbaum, 1985, 262-284.
Hacker, W.: Allgemeine Arbeitspsychologie. Bern: Huber, 1986.
Heckhausen, H.: Motiv und Motivation. In: Herrmann, T./Hofstätter, P. R./Weiner, F. E. (Hrsg.): Handbuch psychologischer Grundbegriffe. München: Kösel, 1977.
Heckhausen, H.: Motivationsmodelle: Fortschreitende Entfaltung und unbehobene Mängel. In: Hacker, W./Volpert, W./von Cranach, M. (Hrsg.): Kognitive und motivationale Aspekte der Handlung. Bern: Huber, 1983, 9-17.
Heckhausen, H./Kuhl, J.: The dead ends and short cuts on the long way to action. In: Frese, M./Sabini, J. (Eds.): Goal-directed behavior: The concept of action in psychology. Hillsdale: Erlbaum, 1985, 134-160.
Kuhl, J./Waldmann, R. M.: Handlungspsychologie: Vom Experimentieren mit Perspektiven zu Perspektiven fürs Experimentieren. Zeitschrift für Sozialpsychologie, 16, 1985.
Leontjew, A. N.: Tätigkeit, Bewußtsein, Persönlichkeit. Berlin: Volk und Wissen, 1979.
Lewin, K.: Untersuchungen zur Handlungs- und Affektpsychologie. Vorbemerkungen über die psychischen Kräfte und Energien und über die Struktur der menschlichen Seele. Psychologische Forschung, 7, 1926.
Luria, A. R.: The working brain. London: The Penguin Press, 1973.
Marx, K.: Das Kapitel I. In: Marx/Engels: Werke, Bd. 23. Berlin: Dietz, 1962.
Miller, G. A./Galanter, E./Pribram, K. H.: Plans and the structure of behavior. New York: Holt, 1960.
Neves, D. M./Anderson, J. R.: Knowledge compilation: Mechanism for the automatization of cognitive skills. In: Anderson, J. R. (Eds.): Cognitive skills and their acquisition. Hillsdale: Erlbaum, 1981, 57-84.
Rubinstein, S. L.: Grundlagen der Allgemeinen Psychologie. Berlin: Volk und Wissen, 1958.
Schönpflug, W.: Goal directed behavior as a source of stress: Psychological origins and consequences of inefficiency. In: Frese, M./Sabini, J. (Eds.): Goal-directed behavior: The concept of action in psychology. Hillsdale: Erlbaum, 1985, 172-188.
Straub, W.: Leitlinien einer Psychologie der Willensbildung. In: Psychologie des Gemeinschaftslebens: Bericht ü. d. 14. Kongr. d. Deut. Gesell. f. Psychologie, Jena 1935.
Ulich, E.: Die Erweiterung des Handlungsspielraums in der betrieblichen Praxis. Industrielle Organisation, 43, 1974, 6-8.
Volpert, W.: Das Modell der hierarchisch-sequentiellen Handlungsregulation. In: Hacker, W./Volpert, W./von Cranach, M. (Hrsg.): Kognitive und motivationale Aspekte der Handlung. Bern: Huber, 1983, 38-58.
Volpert, W.: Epiloge. In: Frese, M./Sabini, J. (Eds.): Goal-directed behavior: The concept of action in psychology. Hillsdale: Erlbaum, 1985, 357-366.
Volpert, W.: Maschinen – Handlungen und Handlungsmodelle – ein Plädoyer gegen die Normierung des Handelns. Gestalt theory, 6 (1), 1984, 70-100.

Handlungsforschung

Dieter Kleiber

1 Das Theorie-Praxis-Problem als Ausgangspunkt für Handlungs- und Praxisforschung

Die Frage, welche Art von Forschung ein praxisrelevantes Wissen generieren helfe, war von jeher umstritten und ist es auch heute, mehr als hundert Jahre nach Gründung des ersten psychologischen Institutes, noch. Daß psychologische Forschung etwas zur Lösung realer Probleme beitragen sollte, erscheint zwar selbstverständlich (schließlich sind allein in der BRD gegenwärtig etwa 20 000 Psychologen berufstätig und die Mehrzahl von ihnen arbeitet in verschiedenen Praxisfeldern), ist es aber in der „scientific community" leider keineswegs. Aufgrund des noch vorparadigmatischen Entwicklungsstandes der Psychologie wird die massive Anwendung für verfrüht gehalten (z. B. Michaelis/Silbereisen, 1980). Allenfalls empirische Generalisierungen seien möglich, die allerdings, gäbe es juristische Handhabe gegen die Anwendung psychologischen Wissens in der Praxis, die den Standards der Pharmakazulassungen entsprächen, schnell zu einem Anwendungsverbot führen würden, da präzise Angaben über Wirkung, Wirksamkeit und Nebenwirkungen noch ausstehen.

Deshalb fallen Beurteilungen der praxisleitenden Funktion der Wissenschaft Psychologie durchgängig ernüchternd aus: „At present clinical research has little or no influence on clinical practice" schrieb z. B. Barlow (1981, 147), ein prominenter *Therapieforscher* (vgl. auch Franks, 1984, 365). Natürlich können psychotherapeutische Verfahren durchaus hilfreich sein, auch sei ein Trend in Richtung auf eine differenziertere Beobachtung, differenzierende Strukturierung therapeutischen Vorgehens und eine zunehmende Bereitschaft zur *Evaluation* therapeutischer Effekte unübersehbar (Strupp, 1981), dennoch befindet sich die Therapieforschung gegenwärtig noch in einem *Suchstadium* (Baumann/Stieglitz, 1983), so daß man zu skeptischen Einschätzungen über den Stand der Forschung kommen muß. Da sich Analoges auch für andere Anwendungsbereiche psychologischen Wissens sagen ließe, ist die Suche nach Forschungsstrategien, die diese Probleme überwinden helfen, unverändert aktuell.

2 Merkmale und Ziele der Handlungsforschung

H. ist eine Forschungsansatz, der auf eine höhere Alltagsnähe der Ergebnisse, eine höhere Praxisrelevanz und Umsetzbarkeit abzielt. So schrieb Lewin (auf den die heutigen H.-Ansätze zurückgehen):

„Die für die soziale Praxis erforderliche Forschung läßt sich am besten als eine Forschung im Dienste sozialer Unternehmungen oder sozialer Technik kennzeichnen. Sie ist eine Art Tat-Forschung (‚action-research'), eine vergleichende Erforschung der Bedingungen und Wirkungen verschiedener Formen sozialen Handelns und eine zu sozialem Handeln führende Forschung. Eine Forschung, die nichts anderes als Bücher hervorbringt, genügt nicht. Das bedeutet keinesfalls, daß die hier verlangte Forschung in irgendeiner Hinsicht weniger wissenschaftlich oder ‚niedriger' sei als die für die reine Wissenschaft auf dem Gebiete der sozialen Erscheinungen nötige. Ich bin geneigt, das Gegenteil für wahr zu halten." (Lewin, 1953, 280)

H. verstand sich von Beginn an als Forschung im Dienste einer realitätsverändernden, kontrollierten Praxis, als „soziales Experiment", als Ergänzung, nicht jedoch als Ersatz für „reine Wissenschaft". Sie verstand sich als eine sozial und politisch motivierte, wertsetzende, positive Antwort auf die Frage nach der *Funktion der Wissenschaft für die Praxis*. Dabei sollte aber nicht vergessen werden, daß die Entstehung von H.-Ansätzen in den USA der 40er Jahre auf den damals gestiegenen Bedarf an fachkundiger Beratung von militärischen Regierungsprogrammen zurückzuführen war, weshalb sich viele Wissenschaftler zu einer Abkehr von Grundlagenforschungen und zur Hinwendung zu problemorientierten Forschungsstrategien veranlaßt sahen. Außerdem lag dem jüdischen Emigranten Lewin viel daran, mit den Mitteln der Wissenschaft praktische Probleme, insbesondere Diskriminierungen jüdischer und rassischer Minderheiten sowie Probleme des öffentlichen Lebens, zu lösen. Mit dieser Zielsetzung hatte er sowohl die „Commission on Community Interrelations" (CCI, New York), eine vom Kongreß amerikanischer Juden getragene Institution mitgegründet, als auch das Research Centre for Group Dynamics aufgebaut, das am Massachusets Institute of Technology (MIT) angesiedelt war. Während im CCI insbesondere kommunale Projekte zur Förderung von Intergruppenbeziehungen und die Bedingungen dafür erforscht wurden, lagen die Schwerpunkte am MIT – wenn auch mit dem Ziel, praktisch verwertbare Ergebnisse zu erzielen – eher in der (Grundlagen-)Forschung.

2.1 Forschungsstrategische Varianten der Handlungsforschung

Um die Zielsetzung der CCI zu erfüllen, haben Lewin und Harding unter Leitung von Lewin vier Varianten der Aktionsforschung entwickelt, die ein Jahr nach Lewins Tod von Chein et al. (1948) im „American Psychologist" differenziert beschrieben worden sind.

Diagnostische Aktionsforschung ist eine Forschung, die auf Handlung vorbereitet und zur Handlung führt. Typischerweise werden Forscher(gruppen) – am besten auf Einladung der Betroffenen – in eine bereits bestehende Problemsituation mit dem Ziel hinzugezogen, eine Problemdiagnose zu erstellen, um anschließend Vorschläge zur Problembewältigung vorzulegen, ohne jedoch deren Umsetzung selbst zum Gegenstand der Forschung zu machen. Diagnostische und ratgebende Funktionen stehen hier im Vordergrund.

Die *teilnehmende Aktionsforschung* geht über die erste H.-Variante hinaus, was sich daraus begründet, daß Diagnosen nicht notwendig und immer zur (verändernden) Handlung führen, und hat zum Ziel, die Adressaten einer geplanten Interve.ntion (Betroffene, Berufspraktiker), zu deren Nutzen eine Maßnahme beitragen soll, möglichst frühzeitig in den Forschungsprozeß einzubeziehen. Teilnehmende Aktionsforschung ist, genau genommen, eher eine Aktionstechnik als eine spezielle Art der Forschung. Dadurch ergeben sich Einschränkungen insbesondere hinsichtlich der „wissenschaftlichen Präzision", so daß insgesamt nur mit einer geringen Generalisierbarkeit der Ergebnisse gerechnet werden kann, andererseits aber Gruppenprobleme auf diese Weise recht gut zu bearbeiten sind.

Die *empirische Aktionsforschung* hat das Ziel, etwa analog dem Modell der klinischen Medizin Handeln und Ergebnisse des Handelns aufzuzeichnen und Erfahrungswerte zu generieren, die genutzt werden können, um in anderen Situationen angewandt zu werden. Dabei sind *vor* Beginn der Aktion/Intervention Methoden festzulegen, Hypothesen zu formulieren und Aussagen bzgl. der Effekte geplanter Interventionen zu machen, um deren Richtigkeit im praktischen Vorgehen zu prüfen. Doch hier muß mit noch größeren Schwierigkeiten gerechnet werden: Sie betreffen nicht nur die Generalisierbarkeit der Erfahrungen aus der Gruppenarbeit oder die Schwierigkeit, die Betroffenen überhaupt zur klaren Hypothesenbildung über Wirkzusammenhänge zu veranlassen, sondern auch die Überlastung, die sich durch die Zusatzaufgabe „Forschung" ergibt. Auch ist es nicht leicht, das eigene Handeln wirklich objektiv wahrzunehmen und zu beurteilen, wenn man gleichzeitig Akteur und Beobachter (Forscher) sein soll.

Bei der schwierigsten H.-Variante, der *experimentellen Aktionsforschung*, sind gleichzeitig die größten Schwierigkeiten, aber auch Erkenntnisse zu erwarten. Sie beansprucht nämlich kontrollierte Forschung über die relative Effektivität verschiedener Handlungs- oder Interventionstechniken zu sein. Auch hier gibt es Konflikte zwischen Messen und Handeln, Fehlerquellen, etwa durch Schwierigkeiten bei den Messungen, Widerstände der Gruppenmitglieder etc.. Ideal wäre eine kooperative Gruppe oder Institution, die auf ein bestimmtes Ziel hinarbeiten will und bereit ist, sich den Anforderungen der Experimentellen Aktionsforschung zu unterwerfen.

Wie man sieht, ist in der H. mit manchen Schwierigkeiten zu rechnen, so daß sie sicher kein „Allheilmittel" darstellt. Dennoch hielten die Mitstreiter Lewins den H.-Ansatz theoretisch, praktisch und sozial für so wertvoll, daß Anlaß genug bestand, enthusiastisch an die Arbeit zu gehen.

3 Handlungsforschung in den 60er und 70er Jahren

Trotz der historischen Einbindung der H. in die Ziele des kapitalistischen Verwertungsprozesses (sie war zumeist als Auftragsforschung eingesetzt zur Effizienzsteigerung von Wirtschaftsunternehmen oder zur Befriedung von Gruppenkonflikten) und der o. g. Probleme gelangte sie im Zuge der Studentenbewegung zu neuer Beliebtheit. Die Einsicht in die *Wertgebundenheit der Forschung* und die Überzeugung, daß Wissenschaftler sich über die Geltungsbegründung wissenschaftlicher Aussagen hinaus auch um den *Entstehungs- und Verwertungszusammenhang* von Wissenschaft zu kümmern hätten, sowie die Kritik am nomothetischen Wissenschaftsideal der vorherrschenden experimentellen Forschungspraxis führten zur Wiederbelebung des Aktionsforschungsansatzes, jedoch mit neuer Akzentsetzung. Durch die Grundmerkmale

- Beteiligung der Forscher am Gruppenprozeß (Verschränkung von Forschung und gesellschaftlicher Praxis),
- Arbeit der Forscher mit natürlichen gesellschaftlichen Gruppen und
- Beteiligung der Gruppenmitglieder an der Auswertung und Nutzung der Forschungsergebnisse (Fachbereich Sozialpädagogik der PH Berlin 1972, 65-70)

sollten insbesondere die *Interrelation* zwischen Forscher, Forschungsprodukt, -praxis und -objekt verändert und eine emanzipatorische Praxis gefördert werden. Als Spezifikum bundesrepublikanischer H.-Rezeption und -Praxis kann die durch die Studentenbewegung geforderte Anbindung der Wissenschaft an gesellschafts- und wissenschaftspolitische Zielsetzungen und ein daraus abgeleitetes parteilich-handelndes Engagement der Wissenschaftler zugunsten unterprivilegierter Gruppen (Heinze et al., 1975; Hörmann/Langer, 1978) angesehen werden. Die Attraktivität des H.-Ansatzes, der weite Resonanz in den Sozialwissenschaften, insbesondere bei (Sozial-)Pädagogen und Psychologen fand, resultierte deshalb vorrangig aus dem Bedürfnis, als Wissenschaftler/Student praktisch-verändernd tätig werden zu können.

Unübersehbar rückten entsprechend dem politischen und emanzipatorischen Anspruch Fragen der *methodischen Absicherung* oder der Formulierung von *Gütekriterien* empirischer Forschung zugunsten einer parteilichen Veränderungsorientierung in den Hintergrund. Dennoch entsprach der H.-Ansatz durchaus den veränderten Anforderungen an die Sozialwissenschaften im Spätkapitalismus, in dem sozialwissenschaftliche Forschung als gesellschaftliches Planungs- und Kontrollinstrument bedeutsam wurde. Deshalb verwundert es keineswegs, daß H. zum Modell gesellschaftlichen Wandels genommen wurde. „Die USA und andere moderne Nationen sollten heute in der Lage sein, soziale Reformen im Sinne von Experimenten durchzuführen. Bei diesem Ansatz erproben wir neue Programme, die zur Lösung spezieller sozialer Probleme entwickelt werden; wir erfahren, ob diese Programme effektiv sind oder nicht, und wir behalten sie bei, imitieren, verändern oder verwerfen sie, je nachdem, ob sie sich auf der Basis der vielfältigen und unvollkommenen Kriterien als offensichtlich nützlich erweisen" (Campbell, 1969, 409, nach Gottwald, 1978, 10).

In der BRD wurden H.-Ansätze unter der *politisch-emanzipatorischen Zielsetzung* zunächst in vernachlässigten Praxisfeldern und solchen Institutionen angewandt, die einen direkten, öffentlich legitimierten Auftrag zur sozialen Intervention hatten und wo die Funktionsfähigkeit dieser Institutionen in Frage gestellt wurde: in der kommunalen Sozialarbeit, Randgruppenarbeit, Heimerziehung, in psychiatrisch-psychosozialen Institutionen, Strafvollzugsanstalten oder Rehabilitationseinrichtungen. Ferner wurden H.-Projekte in allen Reformbereichen, etwa in der Hochschul- und Wissenschaftsdidaktik, Curriculumreform, Evaluationsforschung sowie im klinisch-psychologischen Bereich durchgeführt. H.-Projekte zur curricularen Innovationsforschung (Klafki, 1974), zur Förderung von Sozialstrategien (Fritz/Loyda, 1975; Müller/Schröter, 1975), zur Gemeinwesenarbeit (Müller/Schröter, 1975), zur Heimerziehung (Schweitzer et al., 1976) oder zum Elementarunterricht (Krug/Pelzer, 1978) wurden ebenso durchgeführt wie Grundschulprojekte (Klafki, 1973; 1974) oder das Projekt „Kollegschule" NRW (Blankertz/Gruschka, 1976) bzw. die am Bildungstechnischen Zentrum Wiesbaden angesiedelten H.-Projekte von Heinze et al. (1975) und Zinneker et al. (1975). Für den klinisch psychologischen und Therapieforschungsbereich können die Arbeiten von van Eickels et al. (1978), Gottwald (1978) oder Bergin und Strupp (1970) genannt werden (vgl. die Reader von Fiedler/Hörmann, 1978, sowie den klassischen Band von Haag et al., 1972).

4 Probleme und Einwände

Einwände und Kritik beziehen sich vorwiegend auf folgende Punkte:

Definition und Gegenstandsverständnis von H. und daraus folgende Methodenprobleme – Verschiedene Autoren haben immer wieder darauf hingewiesen, daß eine Diskussion über H. schon dadurch äußerst erschwert ist, daß mehrdeutige, unscharfe Begrifflichkeiten und Zielvorstellungen mit dem H.-Begriff belegt werden (König, 1983). Dadurch werden unterschiedlich akzentuierte oder aber fälschlich pauschalisierende Urteile über H. (z. B. bei Zecha/Lukesch, 1982) wahrscheinlich. Betont man nämlich in der H. den politisch intendierten (Praxis-) Veränderungsprozeß (Schweitzer et al., 1976), den zwischen Forschern und Beforschten zustandekommenden gegenseitigen Lernprozeß (Klafki, 1973) oder den Aspekt der „systematischen Entfaltung des auf die Praxis hin ausgerichteten Wissens" (Moser, 1977 a, 16), dann gewinnen etwa Vorstellungen über zu verwendete Methoden, den Erkenntnis- bzw. Wissenschaftsstatus der H. überhaupt einen unterschiedlichen Stellenwert. In der Folge wird

a) der H. (mit dem Hinweis auf Nichtkompatibilität mit dem kritisch-rationalen Wissenschaftsverständnis) der Wissenschaftsstatus entweder generell abgesprochen (Zecha/Lukesch, 1982, 383) oder
b) es wird unterschieden zwischen H. als Aktion, die nicht im eigentlichen Sinne Forschung, sondern diskursiv geleitete, reflexive „zu ihrem Selbstbewußtsein und zur Selbstbestimmung gelangende alltägliche Praxis" sei und H. als Forschung, die als handlungsleitende Wissenschaft zu verstehen und präzisieren sei (König, 1983), für die jedoch gelte, daß sie weite Überschneidungen mit anderen Forschungstraditionen habe und je nach Zielsetzung ganz unterschiedliche und durchaus traditionelle Methoden verwende, oder aber
c) H. wird als generelle Alternative zur empirisch-analytischen Forschung aufgefaßt, wobei ein eigenständiger Methodenkanon und Gütekriterien zu entwikkeln wären, die beispielsweise auf Diskurstheorien von Habermas (1971) oder Foucault (1974) Bezug nehmen.

Theorie-Praxis. – Als forschungsstrategischer Alternative bzw. Variante zur empirisch-analytischen Forschung sind der H. (wie sie in der BRD verstanden wurden) wissenschaftstheoretische und theoretische Positionen logisch vorgeordnet. Deshalb ist H. von sich aus nicht in der Lage, Angaben über die Ziele der Forschung zu machen. Dadurch läuft sie Gefahr, als Universalmittel für beliebige Zwecke instrumentalisiert zu werden (Klüver/Krüger, 1972, 96), wobei der emanzipatorische Anspruch nur mit Bezug auf zugrundegelegte politische, wissenschaftspolitische oder -theoretische Positionen, nicht jedoch durch Bezug auf den H.-Ansatz eingelöst werden kann. Im Zuge der H., als Wissenschaftler unmittelbar praxisverändernd zu wirken, ist immer wieder die Gefahr deutlich geworden, in theorielosen oder zumindest reduktiven Praktizismus zu verfallen (nicht zufällig verstand Lewin seine Mitarbeiter als „sozialwissenschaftliche Feuerwehr"), mit der Folge einer verkürzten und einseitigen Interpretation der Erfahrungen (Schneider, 1980).

Subjekt-Objekt-Problematik. – Während bei Lewin die Gestaltung des Forscher-Erforschte-Verhältnisses gegenstandsabhängig variiert wurde, wurde in den 70er Jahren die Realisierung einer prinzipiell reversiblen Rollenbeziehung zwischen Forschern und Beforschten quasi zu einem konstitutiven Moment des H.-Ansatzes. Unter Zugrundelegung eines aktiv-reflexiven Menschenbildes nicht nur in der Psychologie (Groeben/Scheele, 1977) wurde das Ziel einer Subjekt-Subjekt-Beziehung proklamiert (Klafki, 1973; Blankertz/Gruschka, 1975; Krüger/Klüver/Haag, 1975; Moser, 1975; Autorenkollektiv, 1976), das jedoch in der konkreten Forschungspraxis nicht durchzusetzen war (vgl. König, 1983, S. 80). Auch die von Moser vorgeschlagene Einführung des Prinzips der „dialogischen Wahrheitsfindung" (Moser, 1975; Iben, 1981) führt im Zusammenhang mit den instrumentellen Gütekriterien der H. „Transparenz" und „Stimmigkeit" (Kompatibilität von Zielen und Methoden der Forschung) nicht zur Durchsetzung einer echten Rollenreversibilität, zumal ja die Rolle des Forschers als aktive, gezielt eingreifende beschrieben wird, was zur Durchsetzung von gesellschaftlich vorgeformten Machtverhältnissen, Rollenverteilungen und ggf. zur Produktion von Forschungsergebnissen nach dem Prinzip der „self fullfilling prophecy" führen kann. Bereits das Autorenkollektiv Wissenschaftspsychologie (1975) hatte auf die Unterscheidung zwischen einer *sozialen* (prinzipiell reversiblen) Rollenverteilung zwischen Subjekten und Objekten der Forschung und einer *Erkenntnisrelation*, die nicht überwindbar ist, aufmerksam gemacht. Doch auch der Anspruch sozialer Reversibilität erweist sich zumeist als überhöht oder unrealistisch, da Schüler-Lehrer- oder Patient-Therapeuten-Beziehungen nicht durch einen normativen oder forschungsmethodischen Akt umkehrbar sind. Die Arbeitsteilung zwischen Handelnden und Forschenden bleibt in den meisten H.-Projekten prinzipiell bestehen und ist z. B. in der epidemiologischen Forschung auch nicht überwindbar.

5 Konsequenzen: Von der Handlungs- zur Praxisforschung

Will man den Stellenwert der H. resümieren, so wird man feststellen müssen, daß H. sich weder als Alternativprogramm zur empirisch-analytisch orientierten Sozialforschung noch als politische Veränderungsstrategie hat durchsetzen können. Allerdings haben sich wesentliche Elemente und Grundpositionen, die mit dem Anspruch der Entwicklung selbstreflexiver, nicht-reduktiver (Handlungs-)Theorien, mit praxisverändernden und -gestaltenden Ansprüchen, aber auch mit der Entwicklung neuer, weicherer, alltagsnäherer Methoden verbunden sind, bewährt und bilden den Kern eines *Praxisforschungsansatzes*. Was wir oben als H. gekennzeichnet haben, kann durchaus als forschungsstrategische Variante, nicht jedoch als Alternative zu empirischer Sozialforschung begriffen und mit Bezug auf vorgeordnete Handlungstheorien gegenstands- und problemabhängig eingesetzt werden. Als Forschungsstrategie wäre H. jedoch als ein Beitrag zur *Praxisforschung* (Kleiber, 1985) einzuordnen, die unter Verwendung ideologiekritischer, nicht reduktiver (handlungs)-theoretischer Positionen und *unterschiedlicher* Methodenzugänge das Ziel verfolgt, eine für die Praxis nützliche, zur Verwissenschaftlichung der Praxis führende, an den Bedürfnissen der Betroffenen orientierte Wissenschaft zu betreiben.

6 Merkmale der Praxisforschung

Versucht man Gegenstand- und Methodenverständnis, sowie (forschungs-) organisatorische Implikationen der Praxisforschung (PF) zu umreißen, so wären folgende Merkmale der PF herauszuheben:

1. PF sollte forschungskritisch von einer Analyse der Ursachen des Scheiterns der Wissenschaft in der Praxis ausgehen (Kleiber, 1985; Jüttemann, 1985).
2. Die Gegenstandsauswahl der PF ist unter Relevanzgesichtspunkten mit Bezug auf ideologiekritische, wissenschaftstheoretische und solche theoretischen Ansätze zu begründen, die Nichtreduktivität, Selbstanwendungsfähigkeit und Reversibilität als Grundmerkmale aufweisen (Groeben, 1975; Groeben/Scheele, 1977; Herrmann, 1979; Raeithel, 1984).
3. PF ist Forschung über und (nicht ausschließlich) in realen Praxissituationen mit dem Ziel, praktisches Handeln im Feld zu optimieren. Die Beziehung zwischen Theorie und Praxis ist nicht deduktiv, sondern als Prozeß sich wechselseitig beeinflussender, aber dennoch eigenständiger Bedingungen zu verstehen (Grawe, 1982). Sie ist nicht *nur* Forschungstätigkeit in Praxissituationen, sondern kann diese selbst reflektieren, in sie eingebunden sein oder sie begleiten.
4. Ziele der PF können z. B. sein:
   - Datenerhebung und -aufbereitung als Feedback für existierende Praxis, als Basis für Praxisgestaltung und -innovation,
   - Begleitung und Unterstützung von innovativen Prozessen sowie von Strukturveränderungen in Institutionen, Betrieben, Projekten (z. B. Erstellung von Arbeitsanalysen, Bedarfsanalysen, Praxisevaluation, etc.),
   - Replikation von vorliegenden Forschungsbefunden unter Realbedingungen,
   - Konzeptualisierung und Durchführung sozialepidemiologischer Forschungen, Durchsetzung und Kontrolle von Handlungsvorschlägen, die dem Kontext solcher Forschungen entstammen,
   - Entwicklung von theoretischen und methodischen Instrumentarien für die Praxisforschung.
5. Theoretische und methodische Implikationen der PF: Auf die Kriterien der Selbstanwendungsfähigkeit (Groeben, 1975; Groeben/Scheele, 1977; Herrmann, 1979; Raeithel, 1984), Reversibilität und Nichtreduktivität psychologischer Theorien bezugnehmend, die nicht nur Theorie eines Gegenstandes, sondern zugleich Theorie der Praxis und Theorie des Um-

gehens mit dem Gegenstand sein sollen, haben im PF-Kontext insbesondere Handlungs- und Tätigkeitstheorien an Bedeutung gewonnen. Dies gilt insbesondere im arbeits- und organisationspsychologischen, aber auch im klinisch-psychologischen, pädagogisch-psychologischen und grundlagenwissenschaftlichen Bereich. Parallel haben auf der Suche nach angemessenen methodischen Zugängen zur PF biographische, ethnomethodologische und andere qualitative Methoden an Bedeutung (wieder-)gewonnen, deren Wert jedoch – wie der beim Einsatz quantifizierender Verfahren – gegenstandsabhängig variiert und deshalb nur mit Bezug auf die zu bearbeitenden Forschungsfragen bestimmt werden kann.

6. Organisatorische Aspekte einer PF: PF hat ein analog dem H.-Ansatz verändertes Forschungs-Praxis-Verhältnis zum Ziel und sollte im Interesse einer möglichst engen Verzahnung von Wissenschaft und Praxis Bestandteil einer wissenschaftlichen Praxis ebenso werden wie Bestandteil eines Praxishandelns von Wissenschaftlern. PF sollte zur Verwissenschaftlichung der Praxis und zur Praxisorientierung der Wissenschaft gleichzeitig beitragen. Die Einführung von Praxispromotionen, praxisorientierten Weiterbildungsstudiengängen an den Universitäten, die organisatorische Verschränkung von wissenschaftlichen Institutionen und Institutionen mit Praxisaufgaben und (Selbst-) Evaluation des Praxishandelns könnten wesentliche organisatorische und institutionelle Voraussetzungen für die angestrebte Integrationsaufgabe bilden. Erfahrungen, wie sie in der Begleitforschung von Reformprogrammen, wie z. B. dem Modellprogramm Psychiatrie in der BRD (Biehl et al., 1982; Kardorff/Stark, 1982; Kardorff, 1985) gemacht wurden, sind zur Weiterentwicklung der PF ebenso nützlich wie zur Vermeidung illusionärer Erwartungen an den PF-Ansatz, der, wenngleich von Betroffenen und PF-Akteuren als Motor für gesellschaftlichen Wandel intendiert, häufig genug als Ersatz für gesellschaftliche (auch notwendige) Reformen mißbraucht worden ist.

Literatur

Autorenkollektiv: Aktionsforschung. Psychologie Heute, 3 (5), 1976, 49-55.

Autorenkollektiv Wissenschaftspsychologie: Materialistische Wissenschaft und Psychologie. Köln: Pahl Rugenstein, 1975.

Baumann, U./Stieglitz, R. D.: Psychotherapieforschung. In: Häfner, H. (Hrsg.): Forschung für die seelische Gesundheit. Berlin: Springer, 1983, 174-189.

Barlow, D. H.: On the relation of clinical research to clinical practice. Current Issues, New Directions. Journal of Consulting and Clinical Psychology. 49 (2), 1981, 147-155.

Bergin, A. E./Strupp, H. H.: New directions in psychotherapy research. Journal of Abnormal Psychology, 1, 1970, 13-26.

Biehl, H./Daub, U./Hennek, B./Kardorff, E.v./Krämer, D./ Küttner, E./Lucius, G./Schmalstieg, B./Tholen, C.: Wer löst wen wohin auf? Das Dilemma der Forschung im Wandel der Psychiatrie. Rehburg-Loccum: Psychiatrie Verlag, 1982.

Blankertz, H./Gruschka, A.: Handlungsforschung: Rückfall in die Empiriefeindlichkeit oder neue Erfahrungsdimension? Zeitschrift für Pädagogik, 21, 1976, 677-686.

Campbell, D. T.: Reforms as experiments. American Psychologist, 24, 1969, 409-429.

Chein, I./Cook, S. T./Harding, J.: The field of action research. American Psychologist, 3, 1948, 43-50.

Eickels, N. v./Fiedler, P./Schäuble, W.: Verhaltensmodifikation und Aktionsforschung. Argumente für eine Lern- und personzentrierte psychologische Forschung. In: Fiedler, P./ Hörmann, G. (Hrsg.): Aktionsforschung in Psychologie und Pädagogik. Darmstadt: Steinkopff, 1978, 55-68.

Fachbereich Sozialpädagogik an der PH Berlin: Überlegungen zur Handlungsforschung in der Sozialpädagogik. In: Haag, F./Krüger, H./Schwärzel, W./Wildt, J. (Hrsg.): Aktionsforschung. Forschungsstrategien, Forschungsfelder und Forschungspläne. München, Juventa, 1972.

Foucault, M.: Die Logik des Diskurses. München: 1974.

Franks, C. M.: Verhaltenstherapie: Ein Überblick. Verhaltenstherapie und psychosoziale Praxis. 1984, Nr. 3, 362-388.

Fritz, R./Loyda, J.: Handlungsforschung in einem Jugendprojekt. betrifft erziehung, 5, 1975, 33-37.

Grawe, K.: Soll psychotherapeutische Praxis für die Wissenschaft tabu bleiben? Psychologische Rundschau, 33, 1982, 127-135.

Gottwald, P.: Aktionsforschung – welche Probleme will sie lösen, welche kann sie gegenwärtig lösen? In: Fiedler, P./Hörmann, G. (Hrsg.): Aktionsforschung in Psychologie und Pädagogik. Darmstadt: Steinkopff, 1978, 2-34.

Groeben, N.: Vom behavioralen zum epistemologischen Subjektmodell – Paradigmawechsel in der Psychologie? Berichte aus dem Psychologischen Institut Heidelberg, Nr. 1, 1975.

Groeben, N./Scheele, B.: Argumente für eine Psychologie des reflexiven Subjekts. Darmstadt: Steinkopff, 1977.

Gstetter, P.: Aktionsforschung als diskursive Polizei? In: Brockmann, A. D./-Liebel, M./Rabatsch, M. (Hrsg.): Jahrbuch der Sozialarbeit 3. Reinbek: Rowohlt, 1979.

Haag, F./Krüger, H./Schwärzel, W./Wildt, J. (Hrsg.): Aktionsforschung. Forschungsstrategien, Forschungsfelder und Forschungspläne. München: Juventa, 1972.

Habermas, J.: Vorbereitende Bemerkungen zu einer Theorie der kommunikativen Kompetenz. In: Habermas, J./Luhmann, N. (Hrsg.): Theorie der Gesellschaft oder Sozialtechnologie? Frankfurt: Suhrkamp, 1971.

Häfner, H.: Estimating needs for mental health care. Berlin: Springer, 1979.

Heinze, T./Müller, E./Stickelmann, B./Zinnecker, J.: Handlungsforschung im pädagogischen Feld. München: Juventa, 1975.

Herrmann, Th.: Psychologie als Problem. Stuttgart: Klett-Cotta, 1979.

Hörmann, G./Langer, K.: Aktionsforschung – sozialtechnologische Innovation oder aktivierende Strategie? In: Fiedler, O./ Hörmann, G. (Hrsg.): Aktionsforschung in Psychologie und Pädagogik. Darmstadt: Steinkopff, 1978, 35-53.

Holzkamp, K.: Kritische Psychologie. Vorbereitende Arbeiten. Frankfurt: Fischer Taschenbuch Verlag, 1972.

Iben, G. (Hrsg.): Beraten und Handeln. Zum Umgang zwischen Wissenschaftlern und Praktikern. München: Juventa, 1981.

Jüttemann, G.: Ätiologisches Wissen als Ziel klinisch-psychologischer Forschung. Zeitschrift für personzentrierte Psychologie und Psychotherapie, 4 (3), 1985, 261-277.

Kardorff, E. v. (Hrsg.): Das Modellprogramm und die Folgen. Die Psychiatrie auf Reformkurs? Rehburg-Loccum: Psychiatrie-Verlag, 1985.
Kardorff, E. v./Stark, W.: Forschung im psychosozialen Bereich. Praxisorientierte Forschung als parteiliche Forschung. In: Keupp, H./Rerrich, D. (Hrsg.): Psychosoziale Praxis. München: Urban & Schwarzenberg, 1982, 291-302.
Klafki, W.: Handlungsforschung im Schulfeld. Zeitschrift für Pädagogik, 19, 1973, 487-516.
Klafki, W.: Stichwort Handlungsforschung. In: Wulf, Ch. (Hrsg.): Wörterbuch der Erziehung. München: Piper, 1974, 267-272.
Kleiber, D.: Durch praktische Forschung zur forschen(den) Praxis? Zeitschrift für personzentrierte Psychologie und Psychotherapie, 4 (3) 1985, 297-310.
Klüver, J./Krüger, H.: Aktionsforschung und soziologische Theorien. In: Haag, F./Krüger, H./Schwärzel, W./Wildt, J. (Hrsg.): Aktionsforschung. München: Juventa, 1972, 76-99.
König, E.: Methodenprobleme der Aktionsforschung. Diskussion um die Handlungsforschung. In: Zedler, P./Moser, H. (Hrsg.): Aspekte qualitativer Sozialforschung. Studien zur Aktionsforschung, empirischer Hermeneutik und reflexiver Sozialtechnologie. Opladen: Leske, 1983, 51-78.
Krüger, H./Klüver, J./Haag, F.: Aktionsforschung in der Diskussion. Soziale Welt, 26, 1975, 1-30.
Krug, M./Pelzer, S.: Prozeßevaluation in der praxisnahen Curriculumenentwicklung für den Kindergarten. In: Müller, C. W. (Hrsg.): Begleitforschung in der Sozialpädagogik. Weinheim: Beltz, 1978, 65-84.
Lewin, K.: Die Lösung sozialer Konflikte. Bad Nauheim: Christian Verlag, 1953.
Marrow, A. J.: The practical theorist. The life and work of Kurt Lewin. New York: Basic Books, 1969 (Dtsch.: Kurt Lewin – Leben und Werk. Stuttgart: Klett, 1977).
Mertens, W.: Sozialpsychologie des Experiments. Das Experiment als soziale Interaktion. Hamburg: Hoffmann und Campe, 1975.
Michaelis, W./Silbereisen, R.: Diskussion: Ist die massive Anwendung der Psychologie verfrüht? In: Michaelis, W. (Hrsg. im Auftrag der Deutschen Gesellschaft für Psychologie): Bericht über den 32. Kongreß der Deutschen Gesellschaft für Psychologie in Zürich 1980. Göttingen: Hogrefe, 1980.
Moser, H.: Aktionsforschung als kritische Theorie der Sozialwissenschaften. München: Kösel, 1975.
Moser, H.: Methoden der Aktionsforschung. Eine Einführung. München: Kösel, 1977a.
Moser, H.: Praxis der Aktionsforschung. Ein Arbeitsbuch. München: Kösel, 1977b.
Müller, C. W./Schröter, U.: Das Gemeinwesenprojekt Märkisches Viertel in Berlin. betrifft erziehung, 5, 1975, 28-33.
Raeithel, A.: Tätigkeit, Arbeit und Praxis. Frankfurt: Campus, 1984.
Schneider, U.: Sozialwissenschaftliche Methodenkrise und Handlungsforschung. Methodische Grundlagen der Kritischen Psychologie 2. Frankfurt: Campus, 1980.
Schweitzer, H./Mühlenbrink, H./Späth, K.: Über die Schwierigkeiten soziale Institutionen zu verändern. Frankfurt: Campus, 1976.
Strupp, H., H.: Clinical research, practice and the crisis of confidence. Journal of Consulting and Clinical Psychology, 49 (2), 1981, 216-219.
Zecha, G./Lukesch, H.: Die Methodologie der Aktionsforschung. Analyse, Kritik, Konsequenzen. In: Patry, J.-L. (Hrsg.): Feldforschung. Methoden und Probleme sozialwissenschaftlicher Forschung unter natürlichen Bedingungen. Bern: Huber, 1982, 367-388.
Zinnecker, J./Stickelmann, B./Müller, E./Heinze, T.: Die Praxis von Handlungsforschung. München: Juventa, 1975.

Historische Psychologie

Gerd Jüttemann

1 Kennzeichnung und Einordnung

H. P. ist die Bezeichnung für einen bisher vernachlässigten Zugang zum Gegenstand der Psychologie (Jüttemann, 1986a). Es handelt sich dabei um eine noch in den Anfängen steckende moderne Forschungsrichtung, für die eine interpretierende Bearbeitung historischen Materials mit dem Anspruch psychologischer Erkenntnisgewinnung kennzeichnend ist. Allgemeine Zielsetzung ist die *Untersuchung der menschlichen Psychogenese in historischer Zeit*, und zwar ausgehend von der Annahme, daß wesentliche Ausprägungsformen des Seelischen nicht angeboren, sondern *kulturvermittelt* sind. Insofern hat H. P. mit einer Betrachtung der Naturgeschichte, d. h. mit einer Anwendung der Evolutionslehre auf die Entwicklung der anlagegegebenen Grundvoraussetzungen jeder Psychogenese, nichts zu tun. Im Vordergrund steht vielmehr die Erforschung der Wandlungen des Sozialisationsprozesses, soweit sie sich in historischer Zeit vollzogen haben oder in der Gegenwart noch vollziehen.

Zwischen der H. P. auf der einen und der herkömmlichen *Experimentellen* oder *Nomologischen Psychologie* (vgl. Herrmann, 1979, und die Stichwörter „Allgemeine Psychologie" und „Experimentelle Psychologie" im Psychologischen Wörterbuch von Dorsch, 1982, 23 bzw. 198) auf der anderen Seite besteht zunächst ein grundlegender Unterschied hinsichtlich der Arbeitsweise (historisch-wissenschaftliche versus naturwissenschaftliche Orientierung). Demgegenüber noch wichtiger ist jedoch das Ausgehen von gegensätzlichen Grundannahmen. Indem die klassische Psychologie (Politzer, 1974) vor allem ein universelles Verhalten in universellen Situationen untersucht, psychische Strukturen als Naturkonstanten behandelt und die Entwicklung der menschlichen Psyche in erster Linie unter dem Aspekt eines biologischen Reifungsprozesses betrachtet (Oerter, 1975, 27f.), übersieht sie weitgehend, daß das Menschlich-Psychische, etwa im Gegensatz zur psychischen Ausstattung der (übrigen) Säugetiere, in hohem Maße nicht nur kulturell geprägt, sondern sogar kulturell „produziert" ist und die Psychogenese des Menschen nicht so sehr als Reifungsvorgang, sondern vor allem als Sozialisationsprozeß aufgefaßt werden muß.

H. P. versucht diesen Fehler nicht nur konsequent zu vermeiden, sondern sie ist zugleich bemüht, die Einseitigkeit der gegenwärtigen Psychologie kritisch zu beleuchten und sowohl vorliegende Forschungsartefakte (Bungard, 1980) aufzuspüren, als auch langfristig die aus der methodischen Einseitigkeit heraus entstandenen Forschungsdefizite auszugleichen (Jüttemann, 1983; 1987).

Das so umreißbare Programm einer H. P. ist somit durchaus als eine *Gegenströmung* zur traditionellen, naturwissenschaftlich geprägten Nomologischen Psychologie zu verstehen. Schwierigkeiten bei der Durchführung dieses Programms sind vor allem wegen der divergierenden Basispostulate zu erwarten, von der die Experimentelle Psychologie einerseits und die H. P. andererseits ausgehen. Jan Hendrik van den Berg (1960, 11) drückt diese Divergenz wie folgt aus: „Ist für die Psychologie, die sich auf das Postulat der Unveränderlichkeit stützt, das Leben eines vorigen Geschlechtes eine Variation auf ein bekanntes Thema, so gestattet die Voraussetzung, daß das menschliche Leben ein veränderliches Leben ist, den Gedanken, daß frühere Generationen anders, und zwar wesentlich anders lebten. Mit diesem Gedanken ist die *historische Psychologie* im Prinzip gegeben."

Die Annahme der relativen (historischen) Unveränderlichkeit der menschlichen Psyche wurde in den *Geschichtswissenschaften* schon früh überwunden (Gurjewitsch, 1980, 8 f.; Nitschke, 1986). Demgegenüber wird in der *Biologie* und vor allem in der *Humanethologie* z. T. auch jetzt noch das Postulat der Unveränderlichkeit der menschlichen Natur vertreten. So formuliert etwa Leyhausen (1965, zit. nach Boesch, 1980, 20): „Wer stammesgeschichtliche Zusammenhänge zu sehen gelernt hat, dem erscheinen alle Veränderungen in der kulturellen, traditionellen, religiösen, philosophischen und institutionellen Einstellung nur als Gekräusel an der Oberfläche. Der wesentliche Kern der menschlichen Natur und des menschlichen Verhaltens ist durch die ganze Menschengeschichte hindurch, soweit wir wissen, unverändert geblieben."

Einzelne moderne Biologen stehen hingegen der Unveränderlichkeitsannahme erstaunlich weit fern.

So meint etwa Markl (1986, 78) in kritischer Auseinandersetzung mit den Humanethologen, daß deren Untersuchungsaktivitäten „erfreulich wenig über biologische Verhaltenszwänge des Menschen zutage gefördert haben", und stellt fest: „Die genetische Konstitution muß die kulturelle Entfaltung zulassen, doch bestimmt sie nicht deren Formen und Wege. Was wir über das Zustandekommen der Verhaltensverschiedenheiten zwischen Menschen gleicher oder verschiedener Kultur wissen, spricht dafür, daß ein solches Modell die Wirklichkeit der menschlichen ‚Natur' richtiger erfaßt als eines, in dem biologisch-genetische Anlagen als das individuelle gesellschaftliche Verhalten der Menschen bis in präzise Details hinein maßgeblich bestimmend angesehen werden." (77 f.) Der Biologe Markl nimmt in diesem Zusammenhang sogar eine „erstaunliche Verhaltensfreiheit des Menschen" an (76).

Lediglich in der Psychologie besitzt das auf die Natur bzw. die psychische Struktur des Menschen bezogene Unveränderlichkeitspostulat nach wie vor eine nahezu ungeschmälerte Geltung. Der Grund für diese Situation ist vor allem eine verständliche Identitätsangst der in der Forschung arbeitenden Psychologen, die nach jahrzehntelangem Schulenstreit in einer ausschließlich experimentellen Orientierung ein einheitswissenschaftliches Selbstverständnis gewonnen haben (Ewert, 1983; Jüttemann, 1986 a).

2 Historische Psychologie versus Psychohistorie

Ebenso wichtig wie die Abgrenzung der H. P. von der Experimentellen Psychologie, die jedoch beide, im Hinblick auf eine gesamte Psychologie, durchaus in einem Ergänzungsverhältnis zueinander stehen bzw. stehen könnten, ist die Verdeutlichung des Unterschieds zwischen der H. P. einerseits und der „Psychohistory-Bewegung", oder „Psychohistorie", andererseits (Deutsch, 1986). Hier ist überdies von einer weitgehenden Unvereinbarkeit der Ansätze auszugehen, da die Psychohistorie, im Gegensatz zur H. P., grundlagenwissenschaftlich auf der Psychoanalyse beruht und als eine zur Erklärung geschichtlicher Tatbestände entwickelte *Angewandte Psychoanalyse* bezeichnet werden kann. Demgegenüber ist die H. P. zunächst nicht theoriegebunden und darf auch nicht als Zweig der Angewandten Psychologie gelten, weil die in Form naturwissenschaftlicher Theorien vorliegenden grundwissenschaftlichen Erkenntnisse der traditionellen Psychologie zur Erklärung geschichtlicher bzw. sozialisationsgeschichtlicher Wandlungen fast gar nichts beitragen können.

An dieser Stelle wird – nebenbei – auch der Unterschied der H. P. zu den psychologischen Teildisziplinen „Kulturpsychologie" und „Ökologische Psychologie" sichtbar, der darin besteht, daß letztere als Anwendungsfächer zur herkömmlichen Psychologie in Beziehung zu setzen sind (u. a. Graumann, 1978, und Boesch, 1980), während die H. P., indem sie die Psychogenese des Menschen zu erhellen sucht, *grundlagenwissenschaftlich* orientiert ist. H. P. ist insofern stets mehr als nur eine Sozial- oder Sozialisations*geschichte* des Psychischen, da es letzten Endes um

Veränderungen der psychischen Struktur, d. h. immer auch um einen als *strukturelle* Differenzierung zu beschreibenden „Aufbauprozeß" geht.

Die Verschiedenheit oder sogar Unvereinbarkeit, die zwischen den Ansätzen der Psychohistorie einerseits und der H. P. andererseits trotz aller Versuche, Verbindungslinien aufzuzeigen (Deutsch, 1986), besteht, resultiert vor allem aus der Divergenz der Ursprünge und aus der Kontinuität der jeweiligen Wissenschaftstradition. Während die Psychohistorie auf einen Kreis von historisch interessierten Psychoanalytikern bzw. psychoanalytisch orientierten Historikern in den USA zurückgeht (Loewenberg, 1980), ist die H. P. vor allem aus der französischen Mentalitätshistoriographie hervorgegangen. In diesem Zusammenhang hat in jüngster Zeit H. Schulze (1985) die Eigenständigkeit des mentalitätsgeschichtlichen Forschungsweges nachgewiesen, die für ihn nicht zuletzt darin besteht,

> „daß hier weder, wie in der ‚Geistes'- oder ‚Kulturgeschichte', die Ideen einzelner hervorragender Persönlichkeiten oder die individuelle oder kollektive geistige Produktion im Vordergrund steht, noch, wie in der ‚Psychohistory', ein mit herkömmlichen intersubjektiv überprüfbaren Methoden kaum erfaßbares Unterbewußtsein von einzelnen oder Gruppen. Gegenstand der wissenschaftlichen Forschung ist für den Mentalitätshistoriker vielmehr das Bild, das eine Gesellschaft von sich selbst besitzt und das ihr als gesellschaftliche Realität gilt: das Feld der Meinungsklimate, der sozialen Normen und Axiome, der kollektiven Sinnwelten und Legitimationsmuster, der Maßstäbe für ‚richtiges' und ‚falsches' Verhalten, kurz: der kollektiven subjektiven Wirklichkeit als entscheidende, kausale Voraussetzung für gesellschaftliches wie im Regelfall auch individuelles Handeln" (Schulze, 1985, 259)

Im Gegensatz zur *Mentalitätshistoriographie,* die einen zunehmenden Aufschwung erfährt, wird die Psychohistorie immer mehr als ein umstrittenes Unternehmen angesehen und besitzt offenbar nur noch wenig Ausbreitungsmöglichkeiten.

Stannard (1980) demonstriert diese Umstrittenheit an mehr als 300 kritischen Erwähnungen in der Literatur. Im deutschen Sprachraum sind dem von Wehler (1971) herausgegebenen einführenden Sammelband, in dem eine überwiegend positive Bewertung der Psychohistorie vorgenommen wird, nur wenige einschlägige Veröffentlichungen gefolgt; und diese waren zumeist kritisch gemeint (u. a. Blasius, 1977; Nyssen, 1984). Vorbehalte gegenüber der Psychohistorie ergeben sich vor allem aus der Überlegung heraus, daß der Anspruch grundlagenwissenschaftlicher Fundiertheit psychoanalytischer Deutungsarbeit angesichts der weitgehend unbestätigten und z. T. biologistische Züge tragenden psychoanalytischen Theorie prinzipiell ungerechtfertigt erscheinen muß. Zudem erwecken die vorgenommenen Interpretationen häufig den Eindruck relativer Beliebigkeit. Von daher wird zugleich verständlich, warum die Mentalitätshistoriographie ganz allgemein ein distanziertes Verhältnis zur deduktiven Anwendung vorgegebener Theorien besitzt. H. Schulze (1985, 261) zitiert in diesem Zusammenhang Georges Duby (1982, 184), der meint: „Da es ja das Leben ist, das ich beobachte, scheint mir jede Theorie, deren Gefangener ich sein könnte, lähmend und phantasietötend zu sein."

Diese Theorieferne der Mentalitätshistorie kann für die H. P. nicht Vorbild sein, da deren oben präzisierte Aufgabenstellung, die Analyse und Explikation der Psychogenese, gerade in der Gewinnung von adäquaten Theorien besteht (Jüttemann, 1986a). Dennoch ist das Studium von Darstellungen zur Mentalitätsgeschichte (u. a. Sprandel, 1972; Honegger, 1977; Iggers, 1978; Erbe, 1979; Hinrichs, 1982; Reichardt, 1982; Sellin, 1985; Raulff, 1986) eine angemessene Einführung in den Problemkreis der H. P. Vor allem Marc Bloch und Lucien Febvre, die Gründerväter der Annales (vgl. hierzu Honnegger, 1977, Iggers, 1978 und Raulff, 1986) und darüber hinaus einer neuen Art der Geschichtsschreibung, haben mentalitätshistorische Programme aufgestellt und Einsichten gewonnen, die historisch-psychologische Fragestellungen berühren (Sonntag, 1988). Innerhalb der mentalitätshistorischen Tradition hat vor allem Robert Mandrou (1961) die explizite Thematisierung einer „psychologie historique" vorgenommen. Allerdings ist es bis heute noch nicht gelungen, die unterschiedlichen Positionen mentalitätsgeschichtlicher Forschung auf der einen und historisch-psychologischer Erkenntnisgewinnung auf der anderen Seite zu umreißen, gegeneinander abzugrenzen und zugleich das zwischen diesen Unternehmungen bestehende Wechselverhältnis zu verdeutlichen.

3 Begründer und Wegbereiter

Gegenwärtig liegt noch kein systematisch entwickeltes Programm einer H. P. vor. Erste Vorüberlegungen zur Ausgestaltung des Ansatzes sind im Rahmen eines Forschungsprojekts „Zivilisationsgeschichte und Historische Psychologie" angestellt worden, das in den Jahren 1982–1985 am Psychologischen Institut der Technischen Universität Berlin bestand. Reaktionen auf Arbeiten, die aus diesem Projekt hervorgegangen sind (Jüttemann, 1986a), zeigen, daß der Ausbau einer H. P. in zunehmendem Maße für wichtig gehalten wird.

Diese Einschätzung wird häufig einerseits von Vertretern der an die Psychologie angrenzenden Disziplinen (so u. a. Philosophie, Soziologie, Pädagogik) und andererseits von jungen Psychologinnen und Psychologen vorgenommen. Auch innerhalb der Psychologie ist registrierbar, „daß das Unbehagen an einem ‚galileischen‘ Leitbild der Psychologie heute deutlicher gespürt wird als jemals zuvor“ (Bischof, 1981, 39; vgl. Jüttemann, 1983, 7). Die wachsende Bereitschaft gerade der jüngeren Psychologenschaft zur Auseinandersetzung mit der Idee einer H. P. ist vor allem an der verstärkten Rezeption der Arbeiten von Norbert Elias, Jean-Paul Sartre und Michel Foucault erkennbar.

Als Schüler des Soziologen Karl Mannheim, der schon früh die Konzeptualisierung einer H. P. gefordert hatte (1958, 18f.), führte Norbert Elias (1978) Untersuchungen „Über den Prozeß der Zivilisation“ durch. Diese Arbeit wird seit einigen Jahren auch von einem kleineren Teil der Psychologen beachtet (Jüttemann, 1984).

Elias übt grundlegende Kritik an der Blindheit der traditionellen Psychologie für historisch-psychogenetische Prozesse und meint (1978, B. 1, LXIV f.):

„Und solange man sich den einzelnen Menschen wie einen von Natur verschlossenen Behälter mit einer äußeren Schale und einem in seinem Innern verborgenen Kern vorstellt, muß es unverständlich bleiben, wie ein viele Menschengenerationen umfassender Prozeß der Zivilisation möglich ist, in dessen Verlauf sich die Persönlichkeitsstruktur des einzelnen Menschen wandelt, ohne daß sich die Natur der Menschen wandelt.“

Elias gelangt im Rahmen seiner Untersuchungen, aus denen der „Entwurf zu einer Theorie der Zivilisation hervorgeht“ (1978, B. 2, 312ff.), auch explizit zu der Forderung nach Ausbau einer „historischen Psychologie“ (1978, Bd. 2, 385). Motor der psychischen Entwicklung ist für Elias vor allem die Gesellschaft, d. h. „der gesellschaftliche Zwang zum Selbstzwang“. Am Beispiel der Gefühle „Scham“ und „Peinlichkeit“ demonstriert er den Prozeß der Zivilisierung. Während der Mensch zunächst dazu neigt, seine Bedürfnisse weitgehend ungehemmt zu stillen, d. h. allenfalls „äußere“ Hindernisse und Schranken zu beachten, gelangt er durch den Aufbau „innerer“ Barrieren oder Selbstzwänge allmählich zu einer Verfeinerung seines Verhaltens, indem er sich von den (neu) erworbenen Scham- und Peinlichkeitsgefühlen leiten läßt. Elias verdeutlicht damit zugleich den Zusammenhang zwischen Soziogenese und Psychogenese. Die besondere Zielsetzung des Werks ist die Analyse dieses Zusammenhangs, wie der Untertitel „Soziogenetische und psychogenetische Untersuchungen“ bereits erkennen läßt.

Eine durchaus ähnliche Zielsetzung verfolgen auch Jean-Paul Sartre (1964; 1980; vgl. auch Zurhorst 1986) und Michel Foucault (u. a. 1969; 1971; 1973 a; 1973 b; insbesondere 1976; vgl. Treusch-Dieter, 1988). Auf die besondere Bedeutung dieser Ansätze für das Konzept einer H. P. kann jedoch in diesem Rahmen ebensowenig näher eingegangen werden wie auf die große Zahl der sonstigen „Wegbereiter der Historischen Psychologie“ (Titel eines Sammelbandes: Jüttemann 1988 a), die z. T. schon sehr früh Überlegungen angestellt haben, in denen zumindest implizit die Idee einer H. P. vorweggenommen worden ist.

Im Hinblick auf Sartre und Foucault sollen lediglich einzelne Gedanken hervorgehoben werden, die für das Unternehmen einer H. P. Relevanz besitzen. So spielen bei Sartre der Aspekt des Generationswechsels und damit im Zusammenhang der „hermeneutische Grundgedanke“ (Frank, 1980, 92) der Totalisierung und Retotalisierung des in die Gesellschaft hineinwachsenden Individuums eine besondere Rolle. Der entscheidende Satz – bezogen auf die Figur des Menschen als ein „einzelnes Allgemeines“ – lautet (Sartre, 1980, Bd. 1, 7; zit. n. Frank, 1980, 92).

„Durch seine Epochenzugehörigkeit einem Bewandtnis-Ganzen eingefügt (totalisé), ist er eben damit als ein Allgemeines definiert (universalisé); aber er zieht die Grenzen dieses Ganzen seiner Epoche dadurch neu (il la retotalise), daß er sich in ihr als Einzelnheit wiederherstellt (en se reproduisant en elle comme singularité).“

Bei Foucault ist es vor allem der Gesichtspunkt einer Geschichtsschreibung „von außen“, der zur Idee einer H. P. in Beziehung gesetzt werden kann; denn im Bereich der Psychologie ist bisher nur eine „immanente“ Geschichtsschreibung betrieben worden, und zwar ausgehend von der Annahme, daß der Verlauf der Wissenschaftsentwicklung in diesem Fach als ein eigengesetzlich gesteuerter, irreversibler und grundsätzlich positiv zu bewertender (wenn nicht sogar zu verherrlichender) Prozeß gesehen werden muß. M. Sonntag (1986) hat anknüpfend an Foucault diese Art der Geschichtsschreibung einer fundamentalen Kritik unterzogen, und gerade diese Kritik ist ein besonders wichtiges Beispiel für die historisch-psychologische Arbeitsweise, die nicht nur die Binnenverhältnisse *in einem* bestimmten Veränderungsbereich, sondern vor allem die Verflechtungen und Wechselwirkungen zu untersuchen hat, die *zwischen verschiedenen* Veränderungsbereichen bestehen.

4 Zielsetzungen und Anwendungen

Der Zeitraum, in dem sich die Psychologie entwickelt hat bzw. noch weiterentwickelt, kann aus der Betrachtung der Sozial- bzw. Sozialisationsgeschichte des Psychischen nicht ausgeklammert werden, so daß sich die H. P. immer auch als Wissenschaftsgeschichte der Psychologie darstellt, wenngleich stets unter besonderer Berücksichtigung der beiden folgenden Fragen:

1. Von welchen inner- *und* außerdisziplinären Faktoren hängt der Verlauf der Wissenschaftsentwicklung ab? – und –
2. Welche inner- *und* außerdisziplinären Veränderungen werden durch die Wissenschaftsentwicklung hervorgerufen?

Im Rahmen einer Wissenschaftsgeschichtsschreibung „von außen" richtet sich das historisch-psychologische Interesse vor allem auf die jeweiligen Beweggründe, von denen sich einerseits die Beteiligten am Fortgang des Forschungsprozesses und andererseits die Verfasser „binnengeschichtlicher" Darstellungen des Verlaufs dieses Forschungsprozesses bzw. der Ergebnisse abgeschlossener Forschungsarbeit leiten lassen.

Im Hinblick auf die gegenwärtige Psychologie fällt der H. P. dabei auch die Aufgabe zu, die Entstehung jenes Irrtums zu rekonstruieren, in dem die experimentalpsychologische Forschung befangen ist, wenn sie von der prinzipiellen Naturgegebenheit ihres Forschungsgegenstands ausgeht und in unkritischem Vorgehen darauf verzichtet, danach zu fragen, in welchem Maße und in welcher Weise ihr Gegenstand in enger Abhängigkeit von gesellschaftlich-kulturellen Entstehungs- bzw. Wandlungsprozessen „hergestellt" worden ist. Von der H. P., die zugleich eine „gegenstandskritische Psychologie" (Jüttemann, 1988 b) sein muß, kann somit erwartet werden, daß sie implizite Fehlannahmen sowohl der psychologischen Forschung als auch des „Mannes auf der Straße" über die Psyche oder das Psychische deutlich machen und zur Ausräumung dieser Irrtümer beitragen kann. Darin kommt zugleich ein wissenschaftskritisches Potential der H. P. zum Ausdruck, dessen Aktivierung u. a. eine weitgehende Erneuerung der Psychologie zur Folge haben dürfte.

Das gilt zunächst einmal für die Psychologie als Grundlagenwissenschaft. Damit im Zusammenhang ist aber auch für die Angewandte Psychologie eine besondere Relevanz historisch-psychologischer Erkenntnisse anzunehmen. So könnte sich z. B. für die Bereiche Pädagogische Psychologie, Politische Psychologie und Ökologische Psychologie in historisch-psychologischer Orientierung u. U. sogar eine erhebliche Bedeutungserweiterung ergeben, wenn man davon ausgeht, daß die Rekonstruktion von psychischen Veränderungsvorgängen, die sich in zurückliegenden Zeiträumen vollzogen haben, mit hoher Wahrscheinlichkeit zu Ergebnissen führen wird, die auch für aktuelle Entscheidungsprozesse und vor allem für eine verantwortungsvolle Planung zukünftiger Entwicklungen wichtig werden.

Literatur

Berg, J. H. van den: Metabletica. Über die Wandlungen des Menschen. Grundlinien einer historischen Psychologie (Übers. aus dem Holländischen nach der 8. Aufl.). Göttingen: Vandenhoeck & Ruprecht, 1960.

Bischof, N.: Eröffnungsvortrag: Aristoteles, Galilei, Kurt Lewin – und die Folgen. In: Michaelis, W. (Hrsg.): Bericht über den 32. Kongreß der Deutschen Gesellschaft für Psychologie in Zürich 1980. Göttingen: Hogrefe, 1981.

Blasius, D.: Psychohistorie und Sozialgeschichte. Archiv für Sozialgeschichte, 17, 1977, 383-403.

Boesch, E. E.: Kultur und Handlung. Einführung in die Kulturpsychologie. Bern: Huber, 1980.

Bungard, W. (Hrsg.): Die „gute" Versuchsperson denkt nicht. Artefakte in der Sozialpsychologie. München: Urban & Schwarzenberg, 1980.

Deutsch, R.: Die Psychohistorie als Geschichte einer Innovation. Schweizerische Zeitschrift für Geschichte, 36, 1986, 215-230.

Dorsch, F.: Psychologisches Wörterbuch (10. Aufl.). Bern: Huber, 1982.

Duby, G./Lardreau, G.: Geschichte und Geschichtswissenschaft. Dialoge. Frankfurt: Suhrkamp, 1982 (Original: Dialogues. Paris 1980).

Duby, G.: Nachwort zu Duby, G./Lardreau, G.: Geschichte und Geschichtswissenschaft. Dialoge. Frankfurt: Suhrkamp, 1982.

Elias, N.: Über den Prozeß der Zivilisation, 2 Bde. (6. Aufl.) Frankfurt: Suhrkamp, 1978 (Erstausgabe 1939).

Erbe, M.: Zur neueren französischen Sozialgeschichtsforschung. Die Gruppe um die „Annales". Darmstadt: Wissenschaftl. Buchges., 1979.

Ewert, O.: Ansprache zur Eröffnung des 33. Kongresses der Deutschen Gesellschaft für Psychologie. In: Lüer, G. (Hrsg.): Bericht über den 33. Kongreß der DGfPs in Mainz 1982. Göttingen: Hogrefe, 1983.

Fouault, M.: Wahnsinn und Gesellschaft. Eine Geschichte des Wahns im Zeitalter der Vernunft. Frankfurt: Suhrkamp, 1969 (Original: Folie et déraison. Histoire de la folie à l'age classique. Paris 1961).

Foucault, M.: Die Ordnung der Dinge. Eine Archäologie der Humanwissenschaften. Frankfurt: Suhrkamp, 1971. (Original: Les mots et les choses. Une archéologie des sciences humaines. Paris 1966).

Foucault, M.: Die Geburt der Klinik. Eine Archäologie des ärztlichen Blicks (2. revidierte Aufl). München: Hanser, 1973 a (Original: Naissance de la clinique. Une archéologie du regard médical. Paris 1963).

Foucault, M.: Die Archäologie des Wissens. Frankfurt: Suhrkamp, 1973 b (Original: L'archéologie du savoir. Paris 1969).

Foucault, M.: Überwachen und Strafen. Die Geburt des Gefängnisses. Frankfurt: Suhrkamp, 1976 (Original: Surveiller et punir. La naissance de la prison. Paris, 1975)

Frank, M.: Das Individuum in der Rolle des Idioten. Die hermeneutische Konzeption des Flaubert. In: König, T. (Hrsg.): Sartres Flaubert lesen. Reinbek: Rowohlt, 1980.

Graumann, C. F. (Hrsg.): Ökologische Perspektiven in der Psychologie. Bern: Huber, 1978.
Gurjewitsch, A. J.: Das Weltbild des mittelalterlichen Menschen. München: Beck, 1980 (Original: Moskau 1972).
Herrmann, T.: Psychologie als Problem. Stuttgart: Klett, 1979.
Hinrichs, E.: Zum Stand der historischen Mentalitätsforschung in Deutschland. In: Hinrichs, E./Wiegelmann, G. (Hrsg.): Sozialer und kultureller Wandel in der ländlichen Welt des 18. Jahrhunderts. Wolffenbüttel: Herzog-August-Bibliothek, 1982.
Honegger, C. (Hrsg.): Schrift und Materie der Geschichte. Vorschläge zur systematischen Aneignung historischer Prozesse. Frankfurt: Suhrkamp, 1977.
Iggers, G. G.: Die Tradition der Annales in Frankreich: Geschichte als integrale Humanwissenschaft. In: Iggers, G. G. (Hrsg.): Neue Geschichtswissenschaft. München: Dt. Taschenbuch Verl., 1978.
Jüttemann, G.: Psychologie am Scheideweg: Teilung oder Vervollständigung? In: Jüttemann, G. (Hrsg.): Psychologie in der Veränderung. Perspektiven für eine gegenstandsangemessenere Forschungspraxis. Weinheim: Beltz, 1983.
Jüttemann, G.: Zivilisationsgeschichte und Historische Psychologie. Unveröffentl. Projektbericht (Zwischenbericht). Berlin: Techn. Univ. 1984, 1-8.
Jüttemann, G.: Vorbemerkungen des Herausgebers. In: Jüttemann, G. (Hrsg.) Die Geschichtlichkeit des Seelischen. Der historische Zugang zum Gegenstand der Psychologie. Weinheim: Beltz, 1986 a.
Jüttemann, G.: Die geschichtslose Seele – Kritik der Gegenstandsverkürzung in der traditionellen Psychologie. In: Jüttemann, G. (Hrsg.): Die Geschichtlichkeit des Seelischen. Weinheim: Beltz, 1986 b.
Jüttemann, G.: Das Allgemeine am Individuellen als Fragestellung der Allgemeinen Psychologie. In: Jüttemann, G./Thomae, H. (Hrsg.): Biographie und Psychologie. Heidelberg: Springer, 1987.
Jüttemann, G. (Hrsg.): Wegbereiter der Historischen Psychologie. München: Psychologie Verlags Union, 1988 a (i. Druck).
Jüttemann, G.: Historische Psychologie in gegenstandskritischer Absicht. In: Jüttemann, G. (Hrsg.): Wegbereiter der Historischen Psychologie. München: Psychologie Verlags Union, 1988 b (i. Druck).
Leyhausen, P.: Soziale Organisation und Dichtetoleranz bei Säugegieren. In: Lorenz, K./Leyhausen, P. (Hrsg.): Antriebe tierischen und menschlichen Verhaltens. München: Piper, 1968.
Loewenberg, P.: Psychohistory, In: Kammen, M. (Ed.): The past before us. Ithaca: Cornell Univ. Press, 1980.
Mandrou, R.: Introduction à la France moderne (1500-1640). Essai de psychologie historique. Paris: Michel, 1961 (Neuausgabe 1974).
Mannheim, K.: Mensch und Gesellschaft im Zeitalter des Umbaus. (2. Aufl.) Darmstadt: Wissenschaftl. Buchges., 1958.
Markl, H.: Evolution, Genetik und menschliches Verhalten. München: Piper, 1986.
Nitschke, A.: Die Voraussetzungen für eine Historische Psychologie. In: Jüttemann, G. (Hrsg.): Die Geschichtlichkeit des Seelischen. Weinheim: Beltz, 1986.
Nyssen, F.: Die Geschichte der Kindheit bei L. de Mause. Frankfurt: Lang, 1984.
Oerter, R.: Moderne Entwicklungspsychologie. (15. Aufl.) Donauwörth: Auer, 1975.
Politzer, G.: Kritik der klassischen Psychologie. Köln: Europ. Verlagsanstalt, 1974.
Raulff, U.: Die Annales E. S. C. und die Geschichte der Mentalitäten. In: Jüttemann, G. (Hrsg.): Die Geschichtlichkeit des Seelischen. Weinheim: Beltz, 1986.
Reichardt, R.: Für eine Konzeptualisierung der Mentalitätshistorie. In: Hinrichs, E./Wiegelmann, G. (Hrsg.): Sozialer und Kultureller Wandel in der ländlichen Welt des 18. Jahrhunderts. Wolfenbüttel: Herzog-August-Bibliothek, 1982.
Sartre, J.-P.: Marxismus und Existentialismus. Reinbek: Rowohlt, 1964.
Sartre, J.-P.: Der Idiot der Familie. 5 Bde. Reinbek: Rowohlt, 1980.
Schulze, H.: Mentalitätsgeschichte – Chancen und Grenzen eines Paradigmas der französischen Geschichtswissenschaft. Geschichte in Wissenschaft und Unterricht (GWU), 36 (4), 1985, 247-270.
Sellin, V.: Mentalität und Mentalitätsgeschichte. Historische Zeitschrift, 241, 1985, 555-598.
Sonntag, M.: Seelen-Arbeit und Psycho-Technologie. Zur geschichtlichen Produktion und Vergesellschaftung des Psychischen. Unveröffentl. Diss. FU Berlin, 1986.
Sonntag, M.: Michel Foucault – kein ‚Wegbereiter'? In: Jüttemann, G. (Hrsg.): Wegbereiter der Historischen Psychologie. München: Psychologie Verlags Union (i. Druck).
Sprandel, R.: Mentalitäten und Systeme. Stuttgart: Union, 1972.
Stannard, D. E.: Shrinking History. On Freud and the Failure of Psychohistory. New York: Oxford University Press, 1980.
Treusch-Dieter, G.: Lucien Febvre und die Anfänge der Mentalitätsgeschichte. In: Jüttemann, G. (Hrsg.): Wegbereiter der Historischen Psychologie. München: Psychologie Verlags Union 1988 (i. Druck).
Wehler, H.-U. (Hrsg.): Geschichte und Psychoanalyse. Köln: Kiepenheuer & Witsch, 1971.
Zurhorst, G.: Zur Methodologie der historischen Rekonstruktion des Psychischen. In: Jüttemann, G. (Hrsg.): Die Geschichtlichkeit des Seelischen. Weinheim: Beltz, 1986.

Hochbegabung

Detlef H. Rost und
Helfried T. Albrecht

Die Begriffe „Höhere Begabung", „Höchstbegabung" bzw. „Hochbegabung" wurden im deutschen Sprachraum von Stern (1928), Busemann (1949), Juda (1953) und Mönks (1963) geprägt und werden unterschiedlich gebraucht. Mit ihnen spricht man häufig verschiedene Aspekte an: Einmal die *generelle vs. spezifische intellektuelle Leistungsfähigkeit,* zum zweiten *intellektuelle vs. nicht-intellektuelle Begabung* und zum dritten schon *in überragenden Leistungen realisiertes vs. noch nicht umgesetztes Begabungspotential.* Umgangssprachlich wird „Hochbegabung" zumeist mit „Genie" assoziiert. Auch im Englischen findet sich mit „gifted" bzw. „genius" und „eminence" eine vergleichbare Klassifikation (Albert, 1983). „Genie" stellt eine Anerkennung schon gezeigter, gesellschaftlich relevanter und akzeptierter, weit herausragender und extrem seltener Spitzenleistung dar. H. dagegen umfaßt auch das (unter Umständen noch nicht in einem Produkt realisierte) Potential zu außergewöhnlicher Leistung. Während „Talent" wie auch „Genie" häufig für eine bereichsspezifische Leistungsfähigkeit (Sport, Musik, Kunst etc.) stehen, meint „Hochbegabung" in der Regel die breit angelegte intellektuelle Potenz (Keating, 1976; Gallagher, 1985; Rice, 1985). In diesem Sinne wird auch hier H. verwendet. Aus bildungspolitisch-ideologischen Gründen wird zunehmend häufiger auch der Begriff „besondere Begabung" anstelle von „Hochbegabung" gebraucht, ohne daß damit eine bestimmte Bedeutungsnuance angesprochen wird.

1 Definition

Es gibt unterschiedliche Ansätze zur Definition von H. Sie unterscheiden sich hinsichtlich Quantität (Ausprägung) und Qualität (Ein- vs. Mehrdimensionalität) der Merkmale.

Unter *Quantitätsgesichtspunkten* wird die Ausprägung von Merkmalen (in der Regel Intelligenz) in Relation zum Populationsdurchschnitt betrachtet, so z. B. das oberste Prozent der Verteilung (IQ $\geq$ 140), häufiger jedoch ein Bereich, der mindestens zwei Standardabweichungen über dem Mittelwert liegt (IQ $\geq$ 130). Unter *Qualitätsgesichtspunkten* wird das Problem der unidimensionalen vs. multidimensionalen Konstruktbildung diskutiert. Seit dem Aufkommen psychometrischer Tests standen in der Nachfolge Termans unidimensionale Modelle im Vordergrund, die sich in der Regel auf allgemeine Intelligenz im Sinne des Spearmanschen Generalfaktors „g" bezogen (Keating, 1976; Benbow/Stanley, 1983). Bei den mehrdimensionalen Konstrukten sind die auf den kognitiven Leistungsbereich im weitesten Sinne zentrierten Modelle (z. B. „Structure of Intellect": Guilford, 1956, 1959; Verbindung von Kreativität und Intelligenz: Getzels/Jackson, 1962; Torrance, 1962) von den bereichsübergreifenden Konzeptionen zu trennen, die neben kognitiven auch nichtintellektuelle Faktoren mit einbeziehen (Renzulli et al., 1981; Tannenbaum, 1983).

So schlägt Hagen (1980) beispielsweise die Berücksichtigung von 15 Dimensionen, gruppiert nach „kognitiven Charakteristika", „Schulfähigkeiten", „Schulleistungen" und „Persönlichkeitsvariablen" vor.

Eine die anglo-amerikanische Diskussion stark beeinflussende Definition wurde im Auftrag des amerikanischen Kongresses von Marland (1971) vorgeschlagen. Demnach sind diejenigen (von Experten identifizierten) Kinder als hochbegabt anzusehen, die aufgrund ihrer außergewöhnlichen Fähigkeiten zu hohen Leistungen imstande sind. Das hohe Fähigkeitsniveau im Sinne Marlands wird als schon realisierte Leistung und/oder als Leistungspotential in einem oder mehreren der folgenden Bereiche angesehen: (1) „Intelligenz", (2) „Schulleistungen", (3) „Kreativität und produktives Denkvermögen", (4) „soziale Führungsfähigkeiten" („social leadership"), (5) „künstlerische Leistungen" und (6) „psychomotorische Fähigkeiten". Marlands Definition schließt demnach neben rein kognitiven Aspekten auch nichtintellektuelle Leistungsbereiche ein. Zur Kritik wurde angemerkt, daß die oben genannten Kategorien nicht auf gleicher hierarchischer Ebene liegen (Fähigkeiten vs. Leistungen) und motivationale Faktoren vernachlässigen.

Renzulli (1978) begreift H. als Schnittmenge der drei Faktoren (1) „gute Intelligenz", (2) „hohe Kreativität" und (3) „Leistungsorientierung". Renzulli zufolge wären „underachiever" (hohe Intelligenz und Kreativität bei motivational bedingten schlechten Schulleistungen) nicht als hochbegabt zu verstehen.

Nach Tannenbaum (1983) konstituieren fünf Faktoren H.: (1) „allgemeine Intelligenz", (2) „spezielle Fähigkeiten", (3) „nichtintellektuelle Faktoren" wie Ich-Stärke, Interesse, langfristiges Arbeitsverhalten, Motivation, (4) „fördernde Umweltfaktoren" und (5) „Zufallseinflüsse".

Die neuere Literatur tendiert zur Bevorzugung

multivariater Konzeptionen. Allerdings besteht keine Übereinstimmung, welche Komponenten H. konstituieren. Multidimensionale Konzeptionen sind aber wegen der bislang noch unzureichenden Operationalisierungen und der Tatsache, daß durchgängig die allgemeine Intelligenz „g“ im Sinne Spearmans ein recht guter Prädiktor für spätere intellektuelle Leistungen darstellt, bislang nur selten empirischer Forschung zugrundegelegt worden.

2 Geschichte

Viele Jahrhunderte lang stellte ein überragendes Leistungsprodukt das entscheidende Kriterium für die Definition eines Genies (wie Leonardo da Vinci, Kopernikus) dar.

Ausgelöst durch die Arbeiten von Mendel und Galton entwickelte sich in der zweiten Hälfte des neunzehnten Jahrhunderts ein wissenschaftliches Interesse an *differentialpsychologischen* Fragestellungen über die quantitative Ausprägung menschlicher Fähigkeiten, insbesondere der Intelligenz. 1869 legte Galton die erste größere Untersuchung über intellektuelle Fähigkeiten, hier verstanden als Güte des menschlichen sensorischen Systems (Gesicht, Gehör, Geschmack, Geruch, Reaktionszeit etc.), vor. Mit seiner Schlußfolgerung, die wichtigste Determinante der intellektuellen Begabung sei die genetische Ausstattung des Individuums, wurde eine bis heute anhaltende Diskussion über die Bedeutung von Anlage vs. Umwelt für die Ausprägung der Intelligenz und die Ausformung von H. in Gang gesetzt (Roth, 1969; Jensen, 1969; 1972; Vernon, 1979; Eysenck/Kamin, 1981).

In anderen frühen Arbeiten verstand man geniale H. als Kovariat menschlicher Abnormität (Lombroso, 1894; Lange-Eichbaum, 1928; Kretschmer, 1929; vgl. zusammenfassend Becker, 1978). Diese „Divergenzhypothese“ der H. (Diskrepanz zwischen kognitiver Leistungsfähigkeit und psychischer Gesundheit) wurde aufgrund von Forschungsergebnissen der letzten 50 Jahre weitgehend durch eine „Konvergenzhypothese“, die von einer positiven Korrelation von H. und psychischer und körperlicher Stabilität ausgeht, ersetzt.

Auf der Grundlage neu entwickelter Instrumente zur Messung von Intelligenz (Binet/Simon, 1905; Terman, 1916) identifizierte man H. weithin mit einer außergewöhnlich hohen Ausprägung intellektueller Fähigkeiten wie abstraktes Denken, Aufmerksamkeit, Sprachverständnis, Gedächtnis etc.

1921 begann Terman seine heute noch laufende, groß angelegte Längsschnittuntersuchung über die Entwicklung von rund 1500 hochbegabten Kindern (Terman et al., 1925; Burks et al., 1930; Terman/Oden, 1947, 1959; Sears/Barbee, 1977; Sears, 1977). Nach den Resultaten dieser Studien sollen Hochbegabte in vielerlei Hinsicht eine durchweg positive Entwicklung zeigen. In körperlichen Merkmalen lägen sie über den nationalen Normen, ihre Schulleistungen seien überdurchschnittlich, sie hätten breiter gestreute Interessen und anspruchsvollere Hobbies und zeichneten sich durch eine größere emotionale Stabilität sowie eine gute soziale Integration aus.

Kritische Anmerkungen zu Termans Studien betonen das Problem der Identifikation (Lehrernominierung mit anschließendem Intelligenztest), der Stichprobenzusammensetzung (Überrepräsentierung höherer sozioökonomischer Schichten), das Fehlen einer adäquaten Kontrollgruppe, Probleme der Datenverarbeitung sowie fehlende Ergänzung des Längsschnittes durch zeitlich versetzte Querschnitte.

Nach den Ergebnissen von Fallstudien (Hollingworth, 1942) scheinen extrem hochbegabte Kinder ebenfalls beliebt, beredt, begeisterungsfähig und zufrieden zu sein, sollen jedoch häufiger als ihre weniger hochbegabten Peers soziale Anpassungsprobleme sowie eine negative Einstellung gegenüber Autoritäten zeigen (Terman/Oden, 1959; Barbe/Horn, 1964).

Die durch Termans Studie (und durch nachfolgende Untersuchungen) vorgenommene Einengung des H.begriffs auf außergewöhnliche Intelligenz wurde später als nicht zureichend kritisiert. So wurde gefordert, vor allem Kreativität bzw. divergentes Denken sowie Leistungsmotivation und Engagement bzw. Durchhaltevermögen bei der Erledigung von Aufgaben als zusätzliche begriffskonstituierende Merkmale zu berücksichtigen (Guilford, 1950; Renzulli, 1978).

Im deutschen Sprachraum ist die erfahrungswissenschaftliche Untersuchung der Hochbegabtenfrage stark vernachlässigt worden. Mit ganz wenigen Ausnahmen (z. B. Schlichting, 1967; Schmidt, 1977) stammen nahezu alle einschlägigen Forschungen zum Themenbereich „Hochbegabung“ aus dem anglo-amerikanischen Sprachgebiet. Erst in jüngster Vergangenheit wurden auch in der Bundesrepublik (Hamburg, Köln, Marburg, München) umfangreiche empirische Forschungsvorhaben begonnen.

3 Identifikation

Die Probleme, die bei der *Definition* von H. auftreten, spiegeln sich in den Versuchen wider, geeignete Identifikationsinstrumente zu entwickeln. So ist verständlich, daß Identifikationsmethoden häufig nicht stringent aus einem H.konstrukt abgeleitet sind, sondern daß eklektisch auf verfügbare Verfahren zurückgegriffen wird. Diese Verfahren umfassen hauptsächlich Gruppen- und Einzeltests zur Messung von Intelligenz und (Schul-)Leistungen, seltener Kreativitätstests, häufiger wiederum Nominierungen und Ratings (Check-Listen), sehr selten Persönlichkeitsverfahren (Feger, 1980; Wieczerkowski/Wagner, 1985).

Als Informationsquellen über Entwicklungsstand und -potential Hochbegabter kommen in Frage: (1) der Hochbegabte selbst, (2) die engen Bezugspersonen (Eltern, Familie, Peers) und (3) die Lehrer und Vorgesetzten.

Die übliche Identifikationsprozedur umfaßt ein „screening" (Vorauswahl) beispielsweise durch Lehrernomination, Gruppenintelligenz- bzw. Gruppenleistungstests oder Schulnoten und, darauf folgend, die Durchführung psychologischer Individualtests. Die Güte des „Screenings" läßt sich nach den Kriterien „Effektivität" und „Ökonomie" beurteilen. Ökonomie bezieht sich darauf, daß möglichst viele der tatsächlich (lt. Individualtest) Hochbegabten auch schon in der Vorauswahl nominiert wurden. Effektivität meint, daß möglichst viele der im „Screening" Nominierten sich auch bei der Individualauswahl als hochbegabt erweisen. Würde man in der Vorauswahl alle Kinder als hochbegabt nominieren, wäre das „screening" zwar zu 100% effektiv, aber sehr unökonomisch. Ein gutes Identifikationsverfahren wird beide Parameter ausgewogen in Rechnung stellen.

Bei standardisierten Testverfahren bestimmt man zumeist a priori einen „cut-off-point" (häufig IQ $\geq$ 130), nicht selten aber werden in Ermangelung theoretischer Begründungen die obersten Prozente (in der Regel 2%) *der untersuchten Stichprobe* als hochbegabt definiert. Für die Nominierung durch Eltern, Lehrer und Peers sind unterschiedliche Verfahren mit divergierenden psychometrischen Qualitäten (Check-Listen und freie Beurteilungsformen) in Gebrauch. Check-Listen orientieren sich an (häufig aus Einzelfällen extrahierten, angeblich für Hochbegabte insgesamt typischen) beobachtbaren Verhaltensweisen (z. B. frühes Lesenlernen, geringes Schlafbedürfnis, großer Wortschatz, breites Interessenspektrum), wobei angenommen wird, daß vor allem das simultane Auftreten besonders vieler der in der Check-Liste aufgeführten Eigenschaften H. konstituiere. Die atheoretische Konzeption sowie die durchweg fehlenden empirischen Belege für die Validität lassen zum jetzigen Zeitpunkt Check-Listen als noch nicht hinreichend brauchbare Instrumente erscheinen.

Lehrer können aufgrund der vielfältigen Erfahrungen in schulischen Leistungssituationen und aufgrund der breiten Vergleichsbasis relativ gut die Ausprägung der Begabungen und die Leistungsfähigkeit des Kindes/der Kinder einschätzen, insbesondere wenn sie vorher konstrukterklärende Informationen bekommen (Hoge/Cudmore, 1984).

Die in der Literatur berichteten, nur mittleren Übereinstimmungen zwischen Lehrernomination und Identifikation anhand eines Intelligenztests sprechen nicht notwendigerweise gegen die Brauchbarkeit des Lehrerurteils. Das komplexe, mehrere Dimensionen umfassende Lehrerurteil kann nicht am Kriterium eines spezifischen, unidimensionalen Intelligenztests validiert werden; wegen der unterschiedlichen Aggregierungsebenen sind aus methodischen Gründen keine hohen Korrelationen zu erwarten. Auf der anderen Seite wird wiederholt vermutet bzw. berichtet, daß Lehrer dazu tendierten, „pflegeleichte" Kinder eher (und zum Teil fälschlicherweise) als hochbegabt zu bezeichnen, während sie die Begabung von Schülern, die ihnen Schwierigkeiten bereiteten, unterschätzten.

4 Eigenschaften

Manche später als hochbegabt bezeichnete Kinder scheinen sich, wie Generalisierungen von Fallstudien in der Literatur nahelegen, schon sehr früh von anderen zu unterscheiden: Es wird berichtet, sie seien als Säuglinge aktiv, bräuchten wenig Schlaf, nähmen schnell und leicht Kontakt zu ihrer Umwelt auf und seien an Abwechslungen, insbesondere visuellen Eindrücken, interessiert. Auch nach der Säuglingszeit wurden wiederholt Entwicklungsvorsprünge berichtet, etwa früher bzw. akzelerierter Spracherwerb, schnell wachsender und differenzierter Wortschatz, vielseitige Interessenlage, schnelle Auffassungsgabe, großer Wissensschatz. Angeblich soll das Auftreten von frühem Spontanlesen ein besonders valider Hinweis auf das Vorliegen einer außergewöhnlichen Begabung sein (Roedell et al., 1980).

Die von Massenmedien und Elterninitiativgruppen (z. B. „Deutsche Gesellschaft für das Hochbegabte Kind e. V.") gern betonten psychosozialen Probleme Hochbegabter beruhen nicht selten auf unzulässigen Verallgemeinerungen spektakulärer Einzelfälle. Nach der heutigen Befundlage scheinen hochbegabte Kinder – zumindest bis zur Pubertät – gleich gut (oder gleich schlecht) sozial angepaßt zu sein wie ihre durchschnittlich begabten Peers (Czeschlik/Rost, 1988).

Bei all diesen Umschreibungen darf nicht die große Variabilität der Merkmale hochbegabter Kinder in physischer, kognitiver, emotionaler, sprachlicher und sozialer Sicht, in Temperament und Verhalten, in Motivation, Lernstilen und Persönlichkeitseigenschaften übersehen werden. Hochbegabte Kinder sind erst einmal Kinder und dann hochbegabt, und deshalb stellen sie nicht eine so homogene Gruppe, wie es das Etikett vermuten läßt, dar. Obwohl es einige wenige empirische Hinweise dafür gibt, daß hochbegabte Kinder ganz allgemein emotional stabiler, selbständiger, sozial aktiver und phantasievoller als nichthochbegabte Kinder sind und die Kenntnis von Persönlichkeitsvariablen eine Zuordnung von Kindern zu Intelligenzgruppen mit einer über dem Zufall liegenden Wahrscheinlichkeit gestattet, muß jedoch auf die schmale Datenbasis und auf die geringe forschungsmethodische Qualität der vorliegenden Untersuchungen verwiesen werden. Inadäquate Versuchspläne, die keine Antworten auf die gestellten Fragen zu gewinnen erlauben (z. B. keine Vergleichsgruppen), finden sich ebenso häufig wie gravierende methodische Fehler (Konfundierung von Variablen, unzureichende statistische Auswertung und manchmal auch Widersprüche zwischen an unterschiedlichen Stellen berichteten Informationen).

Terman glaubte, aufgrund seiner langjährigen Studien festgestellt zu haben, Hochbegabte seien in nahezu allen Aspekten (körperlich, sozial, emotional) überlegen. Seinen Erkenntnissen nach sind sie stabile und konfliktfähige Persönlichkeiten und führen ein zufriedenstellendes Leben. Ein Vergleich der erfolgreichsten mit den am wenigsten erfolgreichen Teilnehmern seiner Untersuchung stellte als eines der wichtigsten differentiellen Momente die stärkere Aufgabenorientierung und ein ausgeprägtes Durchhaltevermögen bei der Aufgabenbearbeitung heraus (Terman/Oden, 1947).

Allerdings hat Terman auch zu Recht darauf hingewiesen, daß in seiner Untersuchungsgruppe fast jede Art von Persönlichkeits- und Verhaltensproblemen, sozialer Unangepaßtheiten und physischer Leiden, die auch in der Normalbevölkerung vorhanden sind, aufzufinden waren.

Gerade an Termans Untersuchung, die durch das Fehlen einer Kontrollgruppe und eine lediglich auf Lehrerurteile gestützte Vorauslese charakterisiert ist, kann aufgezeigt werden, daß die resultierenden Beschreibungen Hochbegabter nicht selten diejenigen Vorstellungen widerspiegeln, die ihrer Identifikationspraxis zugrundeliegen.

5 Forschung

Die noch nicht abgeschlossene Längsschnittuntersuchung von Terman hat Geschichte gemacht. Daneben gibt es nur wenige größer angelegte, berichtenswerte Projekte.

Eines der erfolgreichsten und bekanntesten Forschungs- und Interventionsprogramme ist die zu Beginn der 70er Jahre an der Johns Hopkins University in Baltimore initiierte „Study of Mathematically Precocious Youth (SMPY)“, die sich ausschließlich auf mathematische Spitzenleistungen, mit standardisierten Tests gemessen, spezialisiert. Dabei werden Kinder aus der 7. Jahrgangsstufe identifiziert, die in ihren Mathematikleistungen ihren Klassenkameraden mindestens vier Jahre und bis zu sieben Jahren voraus sind. Die ausgewählten, mathematisch besonders begabten Schüler werden u. a. mit folgenden Maßnahmen gefördert: (1) schnelleres Durcharbeiten des Lehrplans, (2) Klassenüberspringen, (3) angeleitete freiwillige mathematische Arbeitsgemeinschaften, (4) Gasthörerschaft und frühzeitiger Übertritt in Universitäten. Nicht selten waren sich die identifizierten Kinder ihrer außergewöhnlichen mathematischen Fähigkeiten vorher nicht (recht) bewußt. Manche von ihnen wurden schon sehr früh von renommierten Universitäten zum Studium zugelassen und graduierten noch als Jugendliche (Stanley/Benbow, 1983; 1986). Geplant ist, die identifizierten mathematisch Hochbegabten noch bis zum Ende des Jahrhunderts individuell zu begleiten und zu betreuen. 1981 wurde in enger Anlehnung an die SMPY an der Universität Hamburg ein vergleichbares, von der Johns Hopkins University begleitetes, Projekt gestartet.

Ein weiteres integriertes Forschungs- und Förderprojekt wurde 1979 in Seattle, Washington, von der Arbeitsgruppe um Robinson und Robinson (Child Development Research Group) begonnen (Roedell et al., 1980). Es umfaßt u. a. folgende Schwerpunkte: (1) Längsschnittanalysen von 53 fünfjährigen Kindern mit außergewöhnlichem Entwicklungspotential, (2) Betreuung hochbegabter Vorschulkinder, (3) Beratung und Betreuung der örtlichen Schulen im Hinblick auf Akzelerationsmaßnahmen (z. B. Klassenüberspringen) für Kinder, die leistungsmäßig mindestens 4 Jahre voraus sind, (4) Beratung der Familien dieser Kinder, (5) Begleitung beim frühzeitigen Übertritt in die Universität von Schülern, die jünger als 14 Jahre und noch nicht in der 10. Klasse sind und über die nötige Motivation und emotionale Reife verfügen.

Beide Programme rücken von der auf hohe allgemeine Intelligenz zentrierten Definition der H. ab und legen ihren Schwerpunkt auf fachbezogene Leistungen.

In Großbritannien wurde 1975 von Freeman eine Untersuchung zur Identifikation und Entwicklung hochbegabter Kinder unter Berücksichtigung ihres sozialen Umfeldes angelegt (Freeman, 1979). Freeman erfaßte 70 hochbegabte Kinder mit einem durchschnittlichen IQ von 147 (Mitglieder der „National Association for Gifted Children") und verglich sie hinsichtlich diverser Leistungs-, Persönlichkeits- und soziodemographischer Variablen mit einer gleich großen, parallelisierten Hochbegabtengruppe (mittlerer IQ = 134) sowie einer Zufallsstichprobe von Kindern der gleichen Schulklassen (IQ-Durchschnitt = 119). Als Haupttendenzen ihrer Studie ist festzuhalten, daß sich gehäufte soziale Anpassungsprobleme durchgängig nur in der ersten Gruppe fanden. Dies ist wahrscheinlich eine Folge des Umstandes, daß sich vornehmlich Eltern mit Problemkindern in der NAGC zusammengefunden haben. Zehn Jahre nach Untersuchungsbeginn wurde eine Follow-up-Untersuchung der Familien gestartet. Hauptproblem der Freeman-Studie ist die nicht zureichende Darstellung der Untersuchung und ihrer Resultate sowie die große (Alters-)Heterogenität ihrer Stichproben (5-14 Jahre).

Nach langer Enthaltsamkeit wurden auch in der Bundesrepublik empirische Untersuchungen gefordert und begonnen. Eine breit angelegte Untersuchung mit dem Ziel der Entwicklung eines differentiellen Diagnoseinstruments, der Analyse des schulischen Leistungsverhaltens und der längsschnittlichen Analyse von Entwicklungsverläufen läuft seit 1984 an der Universität München. In diesem Rahmen sollen 900 Kinder mit hohen Begabungen in den Bereichen Intelligenz, Kreativität, soziale Kompetenzen, musische und psychomotorische Fähigkeiten aus 6 Alterskohorten längsschnittartig über Jahre begleitet werden (Heller, 1986; Heller/Feldhusen, 1986). Eine differenzierte Lebensumweltanalyse von über 100 hochbegabten Grundschulkindern der dritten und vierten Jahrgangsstufe und gleichvielen Kontrollkindern wurde 1987 an der Universität Marburg begonnen. Weitere Forschungen sind im Rahmen der Begabtenförderungswerke (Studienstiftung des Deutschen Volkes etc.) durchgeführt worden (Rahn, 1985; Rahn, 1986).

Schwachstellen der meisten Untersuchungen im Bereich der Hochbegabtenforschung liegen in verzerrten Stichproben (häufig Selbstselektion wie z. B. bei Wettbewerbsteilnehmern) und im Fehlen echter Kontrollgruppen. Zukünftige Untersuchungen sollten vor allem eine möglichst unausgelesene Stichprobe von Hochbegabten und eine im Vergleich dazu adäquate Gruppe durchschnittlich begabter Kinder einbeziehen. Weiterhin ist vermehrt die Anlage von Längsschnittuntersuchungen zu fordern.

6 Förderung

Während im Sport und bei musischen und künstlerischen Tätigkeiten frühe und besondere Fördermaßnahmen international von breiten Gesellschaftsschichten gefordert, akzeptiert und unterstützt werden, ist im Bereich der intellektuellen H. in vielen Ländern ein vergleichbarer gesellschaftlicher Konsens nicht auszumachen. Im Mittelpunkt der sehr kontrovers geführten und häufig emotional unterbauten Diskussion um Sinn und Unsinn spezieller Fördermaßnahmen für intellektuell hochbegabte Kinder und Jugendliche stehen Mutmaßungen, Einstellungen, Vorurteile und Werthaltungen ohne wissenschaftliche Grundlagen. Zu den am häufigsten thematisierten Maßnahmen gehören: (1) innere Differenzierung im Rahmen des gesamten Klassenverbandes, insbesondere dabei (2) Verbreiterung und Niveauanhebung des Unterrichtsstoffes für die Hochbegabten (Enrichment), (3) Früheinschulung und Überspringen von Klassen (Acceleration), (4) freiwillige und betreute Arbeitsgemeinschaften zusätzlich zu regulärem Unterricht, (5) äußere Differenzierung in Form von Sonderklassen oder speziellen Schulen, (6) individuelle zusätzliche Betreuung durch Mentoren (Professoren, Lehrer, Experten) innerhalb und außerhalb der Schule (z. B. sogenannte Samstagsclubs), (7) frühzeitige Hospitation in Hochschul- und Universitätsveranstaltungen bzw. vorzeitige Aufnahme in eine Universität, (8) Einsatz Hochbegabter als Hilfslehrer und Tutoren, (9) spezielle Ferien- und Sommerlager (Intensivkurse), (10) Ausschreibung besonderer Wettbewerbe (Jugend forscht, Internationale Mathematik-, Chemie- und Physik-Olympiaden; Bundeswettbewerb Informatik oder Fremdsprachen etc.), (11) finanzielle Unterstützung durch Aufnahme in ein Begabtenförderungswerk (Studienstiftung des deutschen Volkes, Cusanuswerk,

Evangelisches Studienwerk, Böcklerstiftung, parteinahe Stiftungen etc.) und (12) Zusammenarbeit von Schulen mit Betrieben, Museen, Verlagen zur Förderung besonderer Begabungen.

Etliche dieser Maßnahmen sind mehr oder weniger unkontrolliert, zumeist im angelsächsischen Bereich, erprobt worden, in der Regel allerdings ohne oder nur mit mangelhafter empirischer Begleitung. Aufgrund der fehlenden Evaluation von Qualität und Auswirkungen von Förderprinzipien und Förderprogrammen kann bislang noch kein wissenschaftlich vertretbares Urteil über Vorzüge und Nachteile einzelner Maßnahmen und über die Frage der differentiellen Indikation besonderer Begabungsstrukturen zu besonderen Fördermaßnahmen abgegeben werden.

Literatur

Albert, R. S.: Genius and eminence. Oxford: Pergamon Press, 1983.

Albrecht, H. T./Rost, D. H.: Über den Zusammenhang von Hochbegabung und Wohnqualität. Psychologie in Erziehung und Unterricht, 30, 1983, 281-289.

Barbe, W. B./Horn, R. A.: One in a thousand: A comparative study of highly and moderately gifted elementary school children. Columbus, Ohio: State Department of Education, 1964.

Becker, G.: The mad genius controversy: A study in the sociology of deviance. Beverly Hills/London: Sage, 1978.

Benbow, C. P./Stanley, J. C.: Academic precocity: Aspects of its development. Baltimore: Johns Hopkins University Press, 1983.

Binet, A./Simon, T.: Methodes nouvelles pour le diagnostic du niveau intellectual des anormaux. L'année Psychologique, 11, 1905, 191-244.

Burks, B. S./Jensen, A. R./Terman, L. M.: The promise of youth: Follow-up studies of a thousand gifted children. Genetic studies of genius (Vol. III). Stanford, Cal.: Stanford University Press, 1930.

Busemann, A.: Höhere Begabung. Ratingen: Henn, 1949.

Czeschlik, T./Rost, D. H.: Hochbegabte und ihre Peers. Zeitschrift für Pädagogische Psychologie, 2, 1988 (im Druck).

Eysenck, H. J./Kamin, L.: Intelligence: The battle for the mind. London: MacMillan, 1981.

Feger, B.: Identifikation von Hochbegabten. In: Klauer, K. J./ Kornadt, H. J. (Hrsg.): Jahrbuch für empirische Erziehungswissenschaft 1980. Düsseldorf: Schwann, 1980, 87-112.

Feger, B.: Hochbegabung. Bern: Huber, 1987.

Freeman, J.: Gifted children: Their identification and development in a social context. Lancaster: MTP Press, 1979.

Gallagher, J. J.: Teaching the gifted child. (3rd ed.) Boston: Allyn & Bacon, 1985.

Galton, F.: Hereditary genius: An inquiry into its laws and consequences. London: MacMillan, 1869.

Getzels, J. W./Jackson, P. W.: Creativity and intelligence. New York: Wiley & Sons, 1962.

Guilford, J. P.: Creativity. American Psychologist, 5, 1950, 444-454.

Guilford, J. P.: Structure of intellect. Psychological Bulletin, 53, 1956, 267-293.

Guilford, J. P.: Three faces of intellect. American Psychologist, 14, 1959, 469-479.

Hagen, E.: Identification of the gifted. New York: Teachers College Press, 1980.

Heller, K. A.: Psychologische Probleme der Hochbegabungsforschung. Zeitschrift für Entwicklungspsychologie und Pädagogische Psychologie, 28, 1986, 335-361.

Heller, K. A./Feldhusen, J. F.: Identifying and nurturing the gifted. Toronto: Huber, 1986.

Hoge, R. D./Cudmore, L.: The use of teacher judgement measures in the identification of gifted pupils. Research Report (June 1984), Department of Psychology, Carleton University, Ottawa, Ontario, Canada, 1984.

Hollingworth, L. S.: Children above 180 IQ Stanford-Binet: Origin and development. New York: World Books, 1942.

Horowitz, F. D./O'Brien, M.: The gifted and talented: Developmental perspectives. Washington D. C.: American Psychological Association, 1985.

Jensen, A. R.: How much can be boost JQ and scholastic achievement? Hoervard Educational Review 39, 1969, 1-123.

Jensen, A. R.: Genetics and education. London: Methuen, 1972.

Juda, A.: Höchstbegabung, ihre Erbverhältnisse sowie ihre Beziehungen zu psychischen Anomalien. München: Urban & Schwarzenberg, 1953.

Keating, D. P.: Intellectual talent: Research and development. Baltimore: Johns Hopkins University Press, 1976.

Khatena, J.: Educational psychology of the gifted. New York, N. Y.: Wiley, 1982.

Kretschmer, E.: Geniale Menschen. Berlin: Springer, 1929.

Lange-Eichbaum, W.: Genie, Irrsinn und Ruhm. München: Reinhardt, 1928.

Lombroso, C.: Entartung und Genie. Leipzig: Wigand, 1894.

Marland, S. P. Jr.: Education of the gifted and talented. Report to congress. Washington: Government Printing Office, 1971.

Mönks, F. J.: Beiträge zur Begabtenforschung im Kindes- und Jugendalter. Archiv für die gesamte Psychologie, 115, 1963, 362-382.

Rahn, H.: Talente finden – Talente fördern. Göttingen: Hogrefe, 1985.

Rahn, H.: Jugend forscht. Göttingen: Hogrefe, 1986.

Renzulli, J. S.: What makes giftedness? Reexamining a definition. Phi Delta Kappan, 60, 1978, 180-184, 261.

Renzulli, J. S./Reis, S. M./Smith, L. H.: The revolving door identification model. Mansfield, Conn.: Creative Learning Press, 1981.

Rice, J. P.: The gifted: Developing total talent (2nd ed.). Springfield, Ill.: Thomas Publ., 1985.

Roedell, W. C./Jackson, N. E./Robinson, H. B.: Gifted young children. New York, N. Y.: Teachers College Press, 1980.

Rost, D. H./Albrecht, H. T.: Expensive homes: Clever children? School Psychology International, 6, 1985, 5-12.

Roth, H.: Begabung und Lernen. Stuttgart: Klett, 1969.

Schlichting, U. U.: Einige Persönlichkeitszüge von Gymnasiasten mit hoher Testintelligenz. Diss.: Universität Hamburg, 1967.

Schmidt, M. H.: Verhaltensstörungen bei Kindern mit sehr hoher Intelligenz. Bern: Huber, 1977.

Sears, P./Barbee, A.: Career and life satisfaction among Terman's gifted women. In: Solano, C. H. (Ed.): The gifted and the creative: A 50 year perspective. Baltimore: Johns Hopkins University Press, 1977.

Sears, R. R.: Sources of life satisfaction of the Terman gifted man. American Psychologist, 32, 1977, 119-128.

Stanley, J. C./Benbow, C. P.: SMPY's first decade: Ten years of posing problems and solving them. Journal of Special Education, 17, 1983, 11-25.

Stanley, J. C./Benbow, C. P.: Youth who reason exceptionally well mathematically. In: Sternberg, R. J./Davidson, J. E. (Eds.): Conceptions of giftedness. Cambridge: Cambridge University Press, 1986.

Stern, W.: Die Intelligenz der Kinder und Jugendlichen und die Methoden ihrer Untersuchung. Leipzig: Barth, 1928.

Sternberg, R. J./Davidson, J. E.: Conceptions of giftedness. Cambridge: Cambridge University Press, 1986.

Tannenbaum, A. J.: Gifted children: Psychological and educational perspectives. New York: MacMillan, 1983.
Terman, L. M.: The measurement of intelligence. Boston: Houghton Mifflin, 1916.
Terman, L. M. et al.: Mental and physical traits of a thousand gifted children. Genetic studies of genius (Vol. I). Stanford, Cal.: Stanford University Press, 1925.
Terman, L. M./Oden, M.: The gifted child grows up: Twenty-five years' follow-up of a superior group. Genetic Studies of Genius (Vol. IV). Stanford, Cal.: Stanford University Press, 1947.
Terman, L. M./Oden, M. H.: The gifted group at midlife. Genetic Studies of Genius (Vol. V). Stanford, Cal.: Stanford University Press, 1959.
Torrance, E. P.: Guiding creative talent. Englewood Cliffs. N. J.: Prentice Hall, 1962.
Torrance, E. P./Myers, R. E.: Creative learning and teaching. New York: Dodd, Mead, 1970.
Vernon, P. E.: Intelligence: Heredity and environment. San Francisco: Freeman, 1979.
Wieczerkowski, W./Wagner, H.: Diagnostik von Hochbegabung. In: Jäger, R. S./Horn, R./Ingenkamp, K. (Hrsg.): Tests and Trends 4. Weinheim: Beltz, 1985, 109-134.

Humanistische Psychologie

Wolfgang Hinte und Rüdiger Runge

„Ich zögere, eine solche Richtung zu etikettieren, doch ich assoziiere damit Adjektive wie phänomenologisch, existentiell und personenzentriert, Begriffe wie Selbstaktualisierung, Entwicklung und Entfaltung, Persönlichkeiten (in den USA) wie Gordon Allport, Abraham Maslow, Rollo May" (Rogers, 1979, 15).

1 Ideengeschichte

Die Gründung der „American Association of Humanistic Psychology" (AAHP) 1962 unter dem Vorsitz von Abraham Maslow (Gründungsmitglieder: Ch. Bühler, R. May, J. Bugental, C. Rogers u. a.) muß als eigentliche Geburtsstunde der H. P. angesehen werden. Ihr ging in den Vereinigten Staaten die Zeit des „New Deal" voraus, die breit angelegte Reformbewegung der Roosevelt-Ära, die dem humanistisch orientierten Pragmatismus eines John Dewey nahestand. Immer mehr Menschen beschäftigten sich angesichts der wachsenden persönlichen, zwischenmenschlichen und kulturellen Entfremdung durch die rasante Technologieentwicklung, zunehmende atomare Bedrohung und steigende Umweltzerstörung mit der Frage nach dem Sinn und Wert des Lebens. In dieser Zeit traf die damalige europäische *Existenzphilosophie* auf hohes Interesse. Das Gedankengut von S. Kierkegaard, M. Heidegger, K. Jaspers, M. Buber und J. P. Sartre wurde ebenso aufgenommen wie Inhalte aus der östlichen Philosophie (Zen und Tao). „Der Existentialismus sucht jenseits von absoluten Werten, festen Normen, Rollen und Fassaden den ‚wirklichen' Menschen, in seiner ‚nackten' Existenz. Fragen nach dem Sein und dem Sinn der Welt werden nicht mehr im Hinblick auf absolute (ewig gültige) Antworten, sondern in der Dimension der Zeit gesehen . . ." (Kriz, 1985, 174).

Neben der Existenzphilosophie haben der europäische *Humanismus,* die *Gestaltpsychologie* und die sich parallel zur Existenzphilosophie entwickelnde *Phänomenologie* die H. P. entscheidend beeinflußt. Dazu zählt auch Merleau-Pontys Konzept des „être-au-monde" (des „Sein-zur-Welt"), das in enger Anlehnung an Husserls „neuen Objektivismus" entwickelt wurde (s. dazu Merleau-Ponty, 1966). Im Sein-zur-Welt ist der Mensch nicht Produkt seiner Umwelt, er ist Bewirkter und Bewirkender, er steht in Beziehung zu seiner Umwelt, und jedes Handeln und

Verhalten erfolgt in Hinsicht auf jemanden, etwas Tatsächliches oder Mögliches. Das Bewußtsein des Menschen bildet sich – nach Merleau-Ponty – aus der Wahrnehmung innerhalb dieser „Person-Umwelt-Einheit", insofern ist Bewußtsein „Wahrnehmungsbewußtsein"; Handeln und Verhalten geschehen immer im Zusammenhang und in Abgrenzung zur Welt. Mensch und Umwelt werden nicht mehr als zwei getrennte Objekte begriffen, sondern in der Philosophie des Sein-zur-Welt werden Mensch und Umwelt ganzheitlich und als zwar autonome, aber gleichzeitig interdependente Entitäten aufgefaßt.

Ferner wirkten die Erkenntnisse der Gestaltpsychologie auf die Konzepte der H. P. In der Gestaltpsychologie, die Anfang des Jahrhunderts in Abgrenzung zur „Elementenpsychologie" entwickelt wurde (die „Berliner Schule" mit M. Wertheimer, W. Köhler, K. Koffka und – im weiteren Sinne – K. Lewin und K. Goldstein), ging es um die primäre Ganzheitlichkeit menschlichen Erlebens („Tendenz zur guten Gestalt", „Figur-Grund-Prinzip" und andere Grundprinzipien der Wahrnehmung; s. dazu Walter, 1985). Nach gestalttheoretischen Vorstellungen ist der menschliche Organismus keine komplizierte Maschine, die von anderen Menschen bearbeitet und „ausgefeilt" werden muß, bis sie die gewünschte Form erreicht hat, sondern eher ein unteilbares Ganzes, das sich nach eigenen inneren Prinzipien, Strukturen und Rhythmen entwickelt.

Insgesamt beruht das Gedankengut der H. P. auf einer Zusammenschau unterschiedlicher wissenschaftlicher Strömungen, aus der sich ein Theoriegebäude ergibt, das nicht

„gradlinig eine bestimmte wissenschaftliche, philosophische oder kulturelle Tradition aufnimmt und im Sinne kausaler Verbindung eine in sich geschlossene Theorie liefert. Man wird der Humanistischen Psychologie eher gerecht, wenn man sie als eine ‚Bewegung' betrachtet, die Strömungen eines ‚Zeitgeistes' aufnimmt, der weltumspannenden Charakter hat und nicht nur im Bereich der Sozialwissenschaften, sondern genauso für die Naturwissenschaft große Bedeutung erlangt hat" (Quitmann, 1985, 283).

2 Prinzipien

2.1 Ganzheitlichkeit

Beeinflußt u. a. durch die ganzheitliche Sicht des Menschen in östlichen Lehren und durch die Prinzipien der Gestalttheorie wendet sich die H. P. dem *ganzen* Menschen als handelndem Subjekt zu. Die Interdependenz aller psychischen Prozesse sowie die Einbettung des Menschen in seine soziale Umgebung sind Mittelpunkte humanistischer Forschung. Ganzheitliche Betrachtung versucht Phänomene in ihrem Zusammenhang mit dem spezifischen Umfeld zu sehen.

„Zu diesem Umfeld gehört die Gesamtsituation, die gegenwärtige leiblich-seelische Verfassung, die Bedürfnislage, Einstellung und Haltung des *Subjekts*, ebenso wie seine Vorgeschichte, sein bisheriges Schicksal, seine ‚Erfahrungen', als die Gesamtheit dessen, was er bisher gelernt, eingesehen und geübt hat" (Metzger, 1954, 13).

In Absetzung zu einer schwerpunktmäßig rationalen Arbeit in therapeutischen Prozessen weist die H. P. auf die „Einheit von Kopf und Bauch", von „Denken und Erleben" hin. In vielen humanistischen Therapien wird mehr Wert auf die Äußerung von Gefühlen als auf verstandesbetonte Erklärungen von Verhalten gelegt. Dabei begegnet die H. P. oft dem Vorwurf, sie plädiere für eine lustbetonte, alles Rationale ablehnende Lebensweise, die Gefühle unreflektiert zuläßt und das Handeln lediglich an momentanen Emotionen ausrichtet: „Verliert den Kopf und kommt zu euren Sinnen!" (Perls, 1974, 77). Andere humanistische Psychologen äußern sich durchaus differenzierter. R. Cohn tritt dafür ein, daß der einzelne seine Gefühle zunächst wahrnimmt und versteht (aber nicht bewertet) und dann mit einem tieferen „Sinn für Werte und Verantwortlichkeit" (1975, 139) darüber entscheidet, ob und wie er sie ausdrückt.

2.2 Selbstverwirklichung

Die H. P. gründet ihre Konzepte auf eine optimistische Sicht der Natur des Menschen, welche weder primär böse und antisozial (wie z. B. das Es im Freudschen Modell) noch darauf angelegt sei, durch äußere Reize konditioniert zu werden (wie im klassischen Behaviorismus). Selbstaktualisierung, Homöostase, Autonomie und organismisches Vertrauen werden als Potential des menschlichen Daseins vorausgesetzt. „Die Grundnatur des frei sich vollziehenden menschlichen Seins ist konstruktiv und vertrauenswürdig" (Rogers, 1970, 193).

Ein Mensch kann jedoch erst dann auf der Grundlage organismischen Vertrauens sein Potential entwickeln, wenn er innerlich und äußerlich Freiheit erlangt. Seine tieferen Bedürfnisse müssen aus der Zwangsjacke der äußeren Vorschriften, Normen und Gebote sowie der dadurch bedingten inneren Abwehrmechanismen befreit werden. Die Tendenzen, die der Aktivität des sich selbstverwirklichenden und frei entfaltenden Organismus innewohnen, werden so umschrieben:

„1. Die Tendenz, persönliche Befriedigung in Sexualität, Liebe und Anerkennung des Ichs zu suchen; 2. die Tendenz zu selbstbeschränkender Anpassung um der Zugehörigkeit und der Sicherheit willen; 3. die Tendenz zu schöpferischer Expansion; 4. die Tendenz zur Integration und Aufrechterhaltung der inneren Ordnung" (Bühler/Allen, 1974, 54).

2.3 Bewußtheit und Verantwortung im „Hier-und-Jetzt"

Dem gebrochenen Erleben von Ganzheitlichkeit stellt die H. P. die Rückbesinnung auf die je subjektiv wahrgenommene Erfahrung des inneren und äußeren Geschehens entgegen. Das momentane Geschehen wird in den Vordergrund gerückt und auf die oft langwierige Eruierung und Interpretation vergangener Erlebnisse verzichtet.

„Nichts existiert außer dem Hier-und-Jetzt. Das Jetzt ist die Gegenwart, ist das Phänomen, die Erscheinung, ist das, dessen du gewahr bist, ist der Moment, in dem du deine sogenannten Erinnerungen und deine sogenannten Antizipationen mit dir herumträgst. Ob du dich erinnerst oder vorwegnimmst, du tust es *jetzt*. Die Vergangenheit ist nicht mehr. Die Zukunft ist noch nicht" (Perls, 1974, 49).

„Awareness" – verstanden als wache Offenheit und Aufmerksamkeit für das aktuelle Geschehen – und die Aktualisierung des „Bewußtheitskontinuums", in dem unerledigte Situationen in den Blickpunkt treten können, zählen beispielsweise zu den zentralen Prinzipien in der Gestalttherapie. Der Mensch kann „in Freiheit und Verantwortung zum Mitschöpfer seiner selbst werden" (Herrmann/Lantermann, 1985, 125): Er hat in allen Stadien seines persönlichen Entfaltungsprozesses die „Freiheit zur Wahl". Letztlich trägt das Individuum die Verantwortung für sein persönliches Leben selbst.

2.4 Kontakt

Individuelle Bewußtheit realisiert sich vornehmlich im Kontakt, in der Begegnung mit anderen Menschen und der materiellen Welt. Nach dem „Dialogischen Prinzip" Bubers geschieht „Begegnung" mit der Welt in der „Ich-Du-Beziehung"; erst im Kontakt, der sich in der Person-Umwelt-Einheit vollzieht, gestaltet sich die ganze Person, das „Selbst", und nur über diesen Kontakt finden persönliches Wachstum und Entwicklung statt. Das „Ich" ist ohne ein „Du" oder ein „Es" nicht denkbar.

Perls versteht unter Kontaktgrenze den Ort, an dem sich gleichzeitig Begegnung und Trennung ereignen; sie ist die „Oberflächengrenze *im* Organismus/Umwelt-Feld" (Perls et al., 1979, 40). An der Kontaktgrenze wird die Spannung zwischen Selbsterhaltung und Wachstum deutlich. Das Fehlen einer Kontaktgrenze hat zur Folge, daß „Ich" und „Du" verschwimmen, daß die Konturen/Abgrenzungen zwischen Individuum und Umwelt, Selbst-Bewußtheit und die Übernahme von Eigen-Verantwortlichkeit erschwert werden.

3 Vielfalt der Richtungen

Die eindeutige Zuordnung verschiedener psychologischer Ansätze zur H. P. fällt schwer, weil das Etikett „Humanistische Psychologie" z. T. eher extern erdacht und gewachsen ist, wobei

- manche (eher unbedeutenden) Richtungen und Schulen sich nun eilfertig der „Bewegung" andienen bzw. sich auf ihre Grundaussagen berufen, da sie in ihrer Randständigkeit und auf dem Hintergrund ihres Theoriedefizits nach einem akzeptierten, übergreifenden Etikett suchen;
- andere Richtungen, die es schon vor Etablierung der Bezeichnung „H. P." gab, mit oder auch gegen ihren Willen nachträglich der „Bewegung" zugeordnet wurden, weil die noch nicht etablierte und eher konturenlose H. P. von ihnen profitieren konnte.

Manche der Verfahren, die heute als humanistisch etikettiert werden, waren also schon früher ausformuliert (*Logotherapie* von V. Frankl; *Psychodrama* von J. L. Moreno), während sich andere zeitgleich zur Entstehung oder im weiteren Verlauf der humanistischen Bewegung herausbildeten bzw. ihren Durchbruch erlebten (*Gestalttherapie* von F. Perls; *Gesprächspsychotherapie* von C. R. Rogers; *Themenzentrierte Interaktion* von R. Cohn). Zudem tummeln sich heute unter der Bezeichnung „Humanistische Psychologie" eine unübersehbare Vielzahl von kleineren, oft aus gerade aktuellen Trends geborenen Schulen, die sich in unterschiedlicher Art und Weise den „Psychoboom" (Bach/Molter, 1976) zunutze machen wollen und ihre Bedeutung über die Anlehnung an die „Dritte Kraft" zu erlangen suchen.

Die theoretische und praktische Weiterentwicklung der H. P. geschieht somit – mehr oder weniger kompetent – innerhalb der mit ihr zum Teil recht willkürlich bzw. theoretisch kaum begründet verbundenen Richtungen, die in ihrer Vielfalt und Wechselhaftigkeit und ihrer Orientierung an Markt- und Verwertungsgesetzen kaum mehr überschaubar, geschweige denn systematisierbar sind. Die ursprünglichen Postulate und Werte der H. P. in der Formulierung ihrer Ahnen (Bühler/Allen, Maslow, Rogers) finden dabei kaum noch Beachtung.

4 Wissenschaftsverständnis

Wissenschaftstheoretisch und -praktisch vertritt die H. P. ein Konzept, das sich insbesondere in Abgrenzung zu naturwissenschaftlich-empiristischen und positivistischen Anschauungen entwickelt hat. Maslow (1977, 21) kritisiert an den klassischen Verfahren,

„daß Wissenschaft ... in erster Linie Geduld, Vorsicht, Sorgfalt, Bedächtigkeit und die Kunst, keine Fehler zu machen, bedeutet, anstatt Mut, Wagnis, Risiko und alles auf einen Wurf zu setzen und Gefahr zu laufen, ‚Bankrott zu machen'".

Gegen mechanistische und deterministische Einengungen setzen humanistische Psychologen auf eine personenbezogene (Ich betrachte jeden Menschen als einmaliges und besonderes Individuum), ganzheitliche (Ich sehe den Menschen als Einheit, die sich atomistischen und zergliedernden Sichtweisen entzieht) und problemorientierte (Mein Interesse ist gerichtet auf die Analyse und Lösung individuell und gesellschaftlich bedeutsamer Probleme) wissenschaftliche Praxis. Dies beinhaltet auch die Übernahme gesellschaftlicher Verantwortlichkeit seitens des Wissenschaftlers und die Ausleuchtung politischer Dimensionen von Wissenschaft (May, 1982) sowie Engagement für die Implementation wissenschaftlicher Erkenntnisse in gesellschaftliche Prozesse. Humanistische Wissenschaft, die sich Phänomenen wie Freude, Liebe, Schmerz, Leid und Glück aussetzt, läßt sich nicht in Standards eines naturwissenschaftlich gefärbten Wissenschaftsbegriffs pressen, sondern arbeitet an der kreativen Erweiterung ihres Paradigmas und ihres Methodenkanons, wobei die Unzulänglichkeit vieler Verfahren bewußt in Kauf genommen und in den Forschungsprozeß einbezogen wird.

Dabei stellt die subjektive Sicht des Wissenschaftlers einen wichtigen Faktor dar. Die H. P. rückt den Erkennenden selbst in den Vordergrund. Wissen erscheint nicht mehr losgelöst und abstrakt, unabhängig von der Person des Wissenschaftlers. Seine Werthaltungen und Voraus-Urteile sind reflektierter Bestandteil des Forschungsprozesses.

In der Forschungspraxis gilt es, die Ambivalenz zwischen Engagement und Neutralität, zwischen Risiko und Sicherheit, zwischen Mut und Vorsicht zu bewältigen. Die von der H. P. favorisierten Verfahren richten sich im wesentlichen nach der jeweiligen Fragestellung und dem untersuchten Problem und weniger nach exklusiv methodologischen Kriterien bzw. akademischer Akzeptanz.

Daraus ergibt sich natürlich ein breiter Methodenpluralismus, der sowohl experimentelle Untersuchungen einbezieht als auch insbesondere aus der *qualitativen* und *feldtheoretischen* Sozialforschung entlehnte Verfahren oder vom *Symbolischen Interaktionismus* (Mead, 1969; McCall/Simmons, 1974) übernommene Forschungsstrategien (narrative Interviews, Lebenslaufanalyse, Feldexperimente, explorative Betrachtungen).

Besonders der von Lewin begründete Ansatz der *Handlungsforschung* als kritischer Sozialforschung (Lewin, 1968) entspricht in seinen erkenntnistheoretischen und forschungspraktischen Grundannahmen einer humanistischen Orientierung.

5 Humanistische Psychologie in der akademischen Forschung und Theoriebildung

In krassem Mißverhältnis zu ihrer hohen praktischen Relevanz in verschiedenen Anwendungsfeldern steht freilich die Tatsache, daß Beiträge der H. P. zur empirischen Forschung und Theoriebildung weitgehend ausgeblieben sind oder kaum über erste Entwürfe (z. B. Wexler/Rice, 1974) hinauskamen. Dies spiegelt nicht nur die Verfassung der H. P., sondern ebenso die allgemeine Lage der Psychologie als Wissenschaft wider. Weder die umfangreichen Forschungsarbeiten zur Gesprächspsychotherapie, die im deutschsprachigen Raum von der Hamburger Gruppe um Reinhard Tausch initiiert wurden, noch die Bezüge zur sozialpsychologischen Erforschung von Gruppenprozessen entkräften den Befund einer tiefreichenden Kluft zwischen humanistisch und experimentell ausgerichteter Psychologie.

Die meisten Wegbereiter der H. P. waren ursprünglich Psychoanalytiker und entwickelten ihre Konzepte in kritischer Abgrenzung zu Freuds Theorie und Behandlungsweise. Dies gilt für R. Cohn, F. Perls, R. May oder den O. Rank verbundenen C. R. Rogers gleichermaßen wie für E. Fromm und W. Reich, die ebenfalls der H. P. zugerechnet werden können. Ihrer wissenschaftlichen Herkunft nach der akademischen Psychologie verpflichtet waren lediglich Ch. Bühler und A. Maslow.

Tiefenpsychologisch geprägtes Denken, experientelle und existentielle Grundhaltung, therapeutischer Pragmatismus sowie die aktive Distanzierung von einer reduktionistischen und technizistischen Verhaltenspsychologie trugen dazu bei, daß auch namhafte Vertreter der H. P. keinen Anlaß sahen, sich besonders um theoretische Begründung und empirische Überprüfung ihres subjektiv als erfolgreich erlebten Handelns und Denkens zu bemühen.

Obwohl die H. P. sich den empiristischen Verengungen der psychologischen „scientific community“ entzogen hat und aus deren Sicht folglich einen beklagenswerten Mangel an theoretischer und methodischer Stringenz aufweist, sind neuerdings Konvergenzen und Berührungspunkte zwischen H. P. und akademischer Psychologie zu erkennen, speziell im deutschsprachigen Bereich. Defizite des naturwissenschaftlichen Forschungsparadigmas in der Psychologie liegen offen zutage und werden im universitären Raum zusehends registriert. Das Interesse an „gegenstandsadäquaten“, nicht-reduktionistischen Konzepten wächst (Jüttemann, 1983); kontinentaleuropäische Traditionen wie *Gestalttheorie* (Walter, 1985) und *Phänomenologie* deutscher oder französischer Provenienz (vgl. etwa Graumann/Métraux, 1977) werden erneut aufgegriffen. Ansätze zu einer *„Ökologischen Psychologie“* (Mogel, 1984) oder das Vordringen *systemtheoretischer* Modelle weisen ebenfalls in die Richtung einer „ganzheitlicheren“ und alltagsnäheren Theoriebildung. Anstrengungen und Anregungen zu dieser Neu- und Rückbesinnung von humanistischer Seite bilden dabei bedauerlicherweise die Ausnahme (z. B. Reason/Rowan, 1981), was freilich auch durch fehlende Aufnahmebereitschaft der „Mainstream“-Psychologie zu erklären ist.

6 Berufliche Praxis im psychosozialen Bereich

Blieb die H. P. in ihrer Theorieentwicklung und in der Anerkennung seitens der akademischen Psychologie weit hinter den Erwartungen ihrer Begründer zurück, so hatte sie doch gleichzeitig beträchtliche Wirkungen im Bereich der Anwendung in unterschiedlichen Praxisfeldern. Während klientenzentrierte Gesprächspsychotherapie und angewandte Gruppendynamik in der Tradition K. Lewins bereits in den sechziger Jahren an Hochschulen der Bundesrepublik vertreten waren, sind die übrigen Ansätze der H. P. hierzulande seit Mitte der Siebziger vorwiegend durch Workshopangebote in der „Alternativkultur“ bekannt geworden. Mittlerweile sind *erlebnisorientierte* Konzepte psychologischer Behandlung und Selbsterfahrung jedoch zu einem festen Bestandteil der Fortbildung in psychosozialen Berufen geworden.

Hier brachte das reichhaltige methodische Repertoire der H. P. einen nachhaltigen Innovationsschub, der in Routine und Technizismus erstarrte Vorgehensweisen in Psychoanalyse und Verhaltenstherapie ablöste bzw. ergänzte. In der bundesdeutschen psychosozialen Praxis geschah dies allerdings nicht durch die Wirkung der H. P. als eigenständiger Theorie oder Richtung, sondern mehr durch unsystematische, technik- und übungsbezogene Adaption von Versatzstücken unterschiedlicher humanistischer Richtungen seitens der professionellen Praktiker. Quer durch die psychosozialen und pädagogischen Arbeitsfelder wurde der jeweils praktizierte Ansatz „gewürzt“ mit möglichst spektakulären Übungen, die aus einzelnen, der H. P. zugerechneten Verfahren oft kontextlos entlehnt und damit auch manchmal ihrer Qualität beraubt wurden. Tiefenpsychologen oder Verhaltenstherapeuten, die „mal eine Übung aus der Gestalttherapie“ einsetzen, um dann mit ihrem jeweiligen Ansatz „weiterzuarbeiten“, verfremden leichtfertig die Substanz eines humanistischen Verfahrens und ordnen es einem nicht ohne weiteres damit zu vereinbarenden Menschenbild (tiefenpsychologischer und behavioristischer Prägung) unter.

Bekanntestes Beispiel für die technizistische Funktionalisierung von humanistischen Konzepten stellen die in der Gruppenarbeit so beliebten *Regeln der „Themenzentrierten Interaktion“* (TZI), entwickelt von der humanistischen Psychologin R. Cohn, dar, die heute zur selbstverständlichen Grundausstattung von Pädagogen und Psychologen zählen. Der hinter der TZI stehende Lernbegriff, geschweige denn ihr Menschenbild, werden allerdings kaum diskutiert und oft schamhaft übergangen, so daß der Ansatz zu einem beliebig verwertbaren Regelsystem degradiert wird.

Andererseits trägt diese Praxis allerdings auch zu einer langsamen, aber stetigen „Unterwanderung“ der klassischen Richtungen bei, die – in ihrer theoretischen und praktischen Entwicklung längst an Grenzen gestoßen – neue Impulse zum Teil gerne aufnehmen und dann mitansehen müssen, wie diese „von unten“ die theoretischen Fundamente der eigenen Richtung erschüttern. Konkret lassen sich die Wirkungen der H. P. in folgenden Bereichen beruflicher Praxis ablesen:

Auf der Ebene der zahlreichen Trainings- und Weiterbildungsinstitute. – Im Zuge und teilweise auch als Vorreiter zunehmender Professionalisierung haben sich der H. P. nahestehende Verbände und Institute unterschiedlicher Dignität und Seriosität etabliert. Die Entwicklung dieser Institute und Zentren ist einerseits gekennzeichnet durch zunehmende Aufsplitterung, Vereinzelung und Konkurrenz untereinander und andererseits durch die grenzüberschreitende Weiterentwicklung humanistischer Verfahren und die Arbeit an entsprechenden Ausbildungskonzepten. Neben seriösen, fachlich ausgewiesenen und sehr selbstbewußten Instituten oder solchen, die sich curricular an die Psychoanalytiker-Ausbildung anbiedern, finden sich recht undurchsichtige, mit farbigen Prospekten und leeren Worten werbende und oft recht kurzlebige Organisationen. Ferner gibt es „gestandene" Zentren, welche die Workshop-Kultur mittlerweile durch Rebirthing-Wochenenden, posturale Integration, Primärtherapie, Schamanismus und neuro-linguistisches Programmieren oder durch andere jeweils aktuelle Verfahren anreichern.

Auf der Ebene der institutionellen, beruflichen Arbeit im pädagogischen, psychologischen und sozialen Sektor. – In der beruflichen Praxis hat die Rezeption der Methoden der H. P. zur Ausbreitung integrativer Ansätze in Therapie und Beratung beigetragen. Die oft allein an der Person des Professionellen orientierte Integration verschiedener Verfahren, durch die dogmatische Einengungen begrenzter Schulen zumindest situativ überwunden wurden, ist sicherlich durch Konzepte der H. P. gefördert worden.

Das Interesse an erlebensbetonten Methoden wächst bei Angehörigen psychosozialer Berufe weiterhin, und sie werden von den entsprechenden Berufs- und Standesvertretungen zunehmend anerkannt. Daher ist damit zu rechnen, daß ihr Rang dem der Psychoanalye in absehbarer Zeit vergleichbar sein und den der Verhaltenstherapie voraussichtlich überflügeln wird – zumal sie den Bedürfnissen von Ratsuchenden eher entgegenkommen als diese Verfahren.

Im einzelnen werden humanistische Konzepte heute u. a. eingesetzt

- in pädagogischen Arbeitsfeldern: Gestaltpädagogik (Burow/Scherpp, 1981; Prengel, 1983), Non-direktive Pädagogik (Hinte, 1987), schülerzentrierter Unterricht (Rogers, 1974; Wagner, 1976), Themenzentrierte Interaktion (Cohn, 1975);
- in psychologischen Arbeitsfeldern: Gestalttherapie (Perls, 1976; Walter, 1985), Gesprächspsychotherapie (Rogers, 1979; Tausch, 1979), Logotherapie (Frankl, 1973), Psychodrama (Moreno, 1959; Petzold, 1978); Organisationsentwicklung (Sievers, 1977);
- in sozialpädagogischen/sozialarbeiterischen Arbeitsfeldern: Gestaltberatung (Rahm, 1979; Kempler, 1985), Gesprächsführung (Rogers, 1972), verschiedene Formen von Kommunikationstrainings (Schwäbisch/Siems, 1974; Schulz v. Thun, 1981).

Die genannten Ansätze werden sowohl in der Einzel- wie auch in der Gruppenarbeit angewandt, wobei die H. P. besonders im Bereich der *Gruppentherapie* wichtige neue Entwicklungen eingeleitet und vorangetrieben hat (Moreno, 1959; Rogers, 1974; Bachmann, 1981).

7 Humanistische Psychologie, Bewußtseinswandel und soziale Bewegungen

Eines der hervorstechendsten Merkmale der H. P. ist ihre *Sinn- und Wertorientierung*. Zugleich, und nicht zu Unrecht, sind ihr weltanschaulich-philosophische Naivität, „soziale Amnesie" (Jacoby, 1978) sowie politische Abstinenz und beliebige Verwertbarkeit (etwa Sigusch, 1980) vorgeworfen worden. Außer Zweifel stehen jedoch ihre engen Beziehungen zum Wandel des öffentlichen Bewußtseins, der seit etwa 1975 in der Bundesrepublik stattgefunden hat.

Ihre Vorstellungen von Selbstbefreiung und Verwirklichung eigener Potentiale sind sowohl in der „linken" und „alternativen" Szene als auch in Wirtschaft und etablierter Gesellschaft auf erhebliche Resonanz gestoßen. Ihre Blüte erlebte die H. P. in einer Zeit, in der Hoffnungen und Sehnsüchte nach „Glaubwürdigkeit"/„Authentizität", „Ganzheitlichkeit", „Partizipation", „Begegnung" und „Einklang mit der Natur" artikuliert wurden.

Gegenwärtig scheint sie, während die in ihr repräsentierten Verfahren von Therapie und Selbsterfahrung professionell an Kontur gewinnen, als wissenschaftliche „Dritte Kraft" zwischen Behaviorismus und Psychoanalyse, aber auch als eigenständige psychologisch-soziale Bewegung an Bedeutung zu verlieren und in neueren Tendenzen des Fachs und der bundesrepublikanischen (Gegen-)Öffentlichkeit aufzugehen.

Im Gefolge des gemutmaßten Wertewandels zu einer post-materialistischen Gesellschaft (Inglehart, 1977) erstarken Strömungen, die durch ein Bewußtsein umfassender ökologischer Verantwortung, gepaart mit spirituell-esoterischer Ausrichtung im Sinne einer *„Transpersonalen Psychologie"* gekennzeichnet sind (zusammenfassend Walsh/Vaughan, 1985).

Zu den Quellen, auf die sie sich berufen, zählt nicht nur die *Analytische Psychologie* C. G. Jungs; bemerkenswert ist auch der, mindestens kursorische, Rückbezug auf *theoretische Physik* (wobei exemplarisch gern die Heisenbergsche Unschärferelation zitiert wird) und *biologische Theorien* der Selbstorganisation lebender Systeme (Maturana/Varela, 1980).

Den wissenschaftlichen, philosophischen und gesellschaftlichen Intentionen der H. P. entspräche es gewiß, wenn konstruktive und tragfähige Erweiterungen und Korrekturen wissenschaftlicher Forschung und alltäglicher Lebenspraxis durch solche Entwicklungen zustande kämen, die ihrerseits der H. P. grundlegende Impulse verdanken.

Maslow schrieb im Vorwort zu seiner „Psychologie des Seins“ (deutsch 1973):

„Ich sollte auch sagen, daß ich die Humanistische Psychologie als vorübergehend betrachte, als Vorbereitung für eine noch höhere ‚4. Psychologie‘, die transpersonal, transhuman ist, ihren Mittelpunkt mehr im Kosmos hat als in menschlichen Bedürfnissen und Interessen, und die über Menschlichkeit, Identität, Selbstverwirklichung und ähnliches hinausgeht. Diese neuen Entwicklungen können sehr wahrscheinlich eine greifbare, mögliche und wirksame Befreiung des ‚frustrierten Idealismus‘ vieler still verzweifelter, besonders junger Menschen bieten.“

Literatur

Bach, G. R./Molter, H.: Psychoboom. Düsseldorf: Diederichs, 1976.
Bachmann, C. H. (Hrsg.): Kritik der Gruppendynamik, Frankfurt: Fischer, 1981.
Berman, M.: Wiederverzauberung der Welt. München: Dianus-Trikont, 1983.
Berne, E.: Spiele der Erwachsenen. Hamburg: Rowohlt, 1967.
Bühler, C./Allen, M.: Einführung in die Humanistische Psychologie. Stuttgart: Klett-Cotta, 1974.
Burow, O.-A./Scherpp, K.-H.: Lernziel Menschlichkeit. München: Kösel, 1981.
Capra, F.: Wendezeit. Bern: Scherz, 1982.
Cohn, R. C.: Von der Psychoanalyse zur Themenzentrierten Interaktion. Stuttgart: Klett-Cotta, 1975.
Ellis, A.: Die rational-emotive Therapie. München: Pfeiffer, 1977.
Frankl, V. E.: Der Mensch auf der Suche nach Sinn. Freiburg: Herder, 1973.
Graumann, C. F./Métraux, A.: Die phänomenologische Orientierung in der Psychologie. In: Schneewind K. A. (Hrsg.): Wissenschaftstheoretische Grundlagen der Psychologie. München: Reinhardt, 1977.
Herrmann, Th./Lantermann, E. (Hrsg.): Persönlichkeitspsychologie. München: Urban & Schwarzenberg, 1985.
Hinte, W.: Non-direktive Pädagogik (2. Aufl.). Opladen: Westdeutscher Verlag, 1987.
Inglehart, R.: The silent revolution. Princeton: Princeton University Press, 1977.
Jacoby, R.: Soziale Amnesie. Frankfurt: Suhrkamp, 1978.
Janov, A.: Der Urschrei. Frankfurt: Fischer, 1973.
Jüttemann, G. (Hrsg.): Psychologie in der Veränderung. Weinheim: Beltz, 1983.
Kempler, W.: Grundzüge der Gestalt-Familientherapie. München: dtv, 1985.
Kriz, J.: Grundkonzepte der Psychotherapie. München: Urban & Schwarzenberg, 1985.
Lewin, K.: Die Lösung sozialer Konflikte. Bad Nauheim: Christian, 1968.
Lowen, A.: Bioenergetik (2. Aufl.). Bern: Scherz, 1976.
Maslow, A.: Psychologie des Seins. München: Kindler, 1973.
Maslow, A.: Die Psychologie der Wissenschaft. München: Goldmann, 1977.
Maturana, H./Varela, F.: Autopoiesis and Cognition. Boston: D. Reidel, 1980.
May, R.: Antwort auf die Angst. Stuttgart: dva, 1982.
Merleau-Ponty, M.: Phänomenologie der Wahrnehmung. Berlin: De Gruyter, 1966.
McCall, G. J./Simmons, J. L.: Identität und Interaktion. Düsseldorf: Schwann, 1974.
Mead, G. K.: Sozialpsychologie. Neuwied: Luchterhand, 1969.
Metzger, W.: Grundbegriffe der Gestaltpsychologie. Schweizerische Zeitschrift für Psychologie, 13, 1954.
Metzger, W.: Schöpferische Freiheit. Frankfurt: W. Kramer, 1962.
Mogel, H.: Ökopsychologie. Stuttgart: Kohlhammer, 1984.
Moreno, J. L.: Gruppenpsychotherapie und Psychodrama. Stuttgart: Thieme, 1959.
Perls, F.: Grundlagen der Gestalt-Therapie. München: Pfeiffer, 1976.
Perls, F.: Gestalttherapie in Aktion. Stuttgart: Klett-Cotta, 1974.
Perls, F./Hefferline, R. F./Goodman, P.: Gestalt-Therapie – Lebensfreude und Persönlichkeitsentfaltung. Stuttgart: Klett-Cotta, 1979.
Petzold, H.: Angewandtes Psychodrama. Paderborn: Junfermann, 1978.
Prengel, A.: Gestaltpädagogik. Weinheim, Beltz, 1983.
Quitmann, H.: Humanistische Psychologie. Göttingen: C. J. Hogrefe, 1985.
Rahm, D.: Gestaltberatung. Paderborn: Junfermann, 1979.
Reason, P. / Rowan, J. (Eds.): Human inquiry. Chichester: Wiley, 1981.
Rogers, C. R.: Lernen in Freiheit. München: Kindler, 1974.
Rogers, C. R.: Entwicklung der Persönlichkeit. Stuttgart; Klett-Cotta, 1979.
Rogers, C. R.: Encounter-Gruppen. München: Kindler, 1974.
Rogers, C. R.: Der neue Mensch. Stuttgart: Klett-Cotta, 1981.
Rogers, C. R.: Die Kraft des Guten. München: Kindler, 1978.
Rogers, C. R.: Die nicht-direktive Beratung. München: Kindler, 1972.
Sievers, B. (Hrsg.): Organisationsentwicklung als Problem. Stuttgart: Klett-Cotta, 1977.
Sigusch, V.: Therapie und Politik. In: Sexualität konkret. Hamburg: Konkret Verlag, 1980.
Schulz v. Thun, F.: Miteinander reden: Störungen und Klärungen. Hamburg: Rowohlt, 1981.
Schwäbisch, L./Siems, M.: Anleitung zum sozialen Lernen für Paare, Gruppen und Erzieher. Hamburg: Rowohlt, 1974.
Tausch, R./Tausch, A.: Gesprächspsychotherapie. Göttingen: C. J. Hogrefe, 1979.
Völker, U.: Humanistische Psychologie. Weinheim: Beltz, 1980.
Wagner, A. C. (Hrsg.): Schülerzentrierter Unterricht. München: Urban & Schwarzenberg, 1976.
Walsh, R. N./Vaughan, F. (Hrsg.): Psychologie in der Wende. Bern: Scherz, 1985.
Walter, H.-J.: Gestalttheorie und Psychotherapie. (2. Aufl.). Opladen: Westdeutscher Verlag, 1985.
Wexler, D. A./Rice, L. N. (Hrsg.): Innovations in client-centered therapy. New York: Wiley, 1974.

Hypnose

Burkhard Peter

1 Was ist Hypnose?

Der Begriff H. (vom Griechischen ὕπνος = Schlaf) bezeichnet einerseits einen *Zustand,* nämlich den des Hypnotisiertseins bzw. der hypnotischen Trance, und andererseits eine *Tätigkeit,* und zwar die des Hypnotisierens.

Seit mindestens 200 Jahren versucht man, H. zu verstehen und wissenschaftlich zu erklären – bis heute allerdings ohne beeindruckende Erfolge (Sheehan/Perry, 1976). Dieser theoretische Mangel ändert nichts daran, daß H. auch heute noch ihre Faszination besitzt und in *Medizin* und *Psychotherapie* wieder eingesetzt wird (Bowers, 1976; Erickson et al., 1981; Hilgard/LeBaron, 1984; Crasilneck/Hall, 1985; Peter, 1985).

Das klassische H.paradigma lautet in verkürzter Darstellung: Wenn ein Hypnotiseur jemandem suggeriert, er werde in Trance fallen, so wird dieser dies tun, sofern er eine genügend hohe Suggestibilität besitzt, d. h. empfänglich ist für Suggestionen. Durch weitere Suggestionen wird der Hypnotiseur dann die Trance vertiefen, was wiederum die Suggestibilität des Hypnotisierten erhöht, so daß er mehr oder weniger bereitwillig und widerstandslos allen weiteren Suggestionen zur Demonstration hypnotischer Phänomene für therapeutische, experimentelle oder andere Zwecke Folge leistet (Bernheim, 1888).

Wissenschaftlich interessant sind die *hypnotische Trance* und die *hypnotischen Phänomene* als Untersuchungsgegenstand für kognitive Funktionen einerseits und psychophysische bzw. psychosomatische Zusammenhänge andererseits, ferner die *Suggestion* und die *Suggestibilität* als Kommunikationsmuster und sozialpsychologische Phänomene.

Therapeutisch interessant sind neben den vielfältigen Anwendungsbereichen der H. in Psychotherapie und Medizin insbesondere die verschiedenen *Techniken der Tranceinduktion und -utilisation* für den symptom- und klientenspezifischen Einsatz.

2 Hypnotische Phänomene

Das seit jeher den Laien wie den Fachmann Faszinierende an der H. sind die hypnotischen Phänomene, da diese sich von der Alltagserfahrung z. T. stark unterscheiden. Eine hypnotisierte Person kann bestimmte Gedächtnisinhalte, z. B. ihren Namen, nicht mehr erinnern *(Amnesie)* oder vergessene Inhalte, z. B. genaue Details bei einer Entführung, wieder bzw. besser erinnern als im Normalzustand *(Hypermnesie)* (Gheorghiu, 1973). Diese Erinnerungen können weit zurückliegende Ereignisse z. B. in der Kindheit betreffen, wobei die hypnotisierte Person oft dem Ereignis altersadäquat empfindet und sich so verhält *(Altersregression).* Interessant sind auch die verschiedenen *Halluzinationen* visueller, akustischer oder kinästhetischer Art. Eine hypnotisierte Person sieht, hört und/oder spricht z. B. mit einer anderen imaginierten Person und erlebt diese Interaktion als real. Teilweise oder vollständige Veränderungen der Körperwahrnehmung führen zu *Katalepsien, Parästhesien, Anästhesien* oder *Analgesien* (Sheehan/McConkey, 1982).

Das in der Erfahrung der hypnotisierten Personen Gemeinsame an all diesen hypnotischen Phänomenen ist die *Unwillkürlichkeit.* Die Personen (Versuchspersonen oder Klienten) erleben sich in der H., gemessen an der Alltagserfahrung, völlig passiv, z. T. willen- und initiativlos und reagieren bloß mehr oder weniger gut auf entsprechende Anweisungen des Hypnotiseurs oder des Hypnotherapeuten. Auffallend an allen hypnotischen Phänomenen ist auch, daß die übliche *Realitätskontrolle* aufgehoben und dem Hypnotiseur überlassen scheint und z. T. starke *Verzerrungen der Realitätswahrnehmung* auftreten können, die die hypnotisierte Person widerspruchslos toleriert.

3 Hypnotische Trance

Der Zustand der H., die hypnotische Trance, wird von vielen Autoren als ein vom Wachbewußtsein einerseits und vom Schlaf andererseits unterscheidbarer Sonderzustand angesehen. Dies ist allein schon deshalb problematisch, weil die hypnotische Trance kein Alles-oder-Nichts-Phänomen ist, sondern *unterschiedliche Ausprägungs- bzw. Tiefestufen* besitzt, die von leichter körperlicher Entspannung bis hin zu tiefem Somnambulismus reichen können. Alle Bemühungen, Ähnlichkeiten wie Unterschiede zum Wachen, Schlafen und zur Entspannung experimentell zu erfassen, erbrachten jedoch mehr Widersprüche als Klärung.

Sicher ist, daß eine hypnotisierte Person nicht schläft, auch wenn sie äußerlich und anhand vegetativer Parameter tief entspannt ist. Sicher ist auch, daß eine hypnotisierte Person nicht ohne Bewußtsein ist, denn das H.-EEG unterscheidet sich kaum oder gar nicht vom Wach-EEG, und die Durchführung der verschiedensten hypnotischen Phänomene erfordert rege kognitive Aktivität.

Ob und inwieweit diese kognitive Aktivität sich topographisch und/oder morphologisch (anhand elektroencephalographischer Ableitungen) von der des Wachbewußtseins im Detail unterscheidet, ist bislang noch zu wenig erforscht (Waxman et al., 1985).

Phänomenologisch beschreibt Hilgards (1977) *Konzept der Dissoziation* recht gut den gemeinsamen Nenner der meisten hypnotischen Phänomene: Die übliche geordnete und mehr oder weniger festgefügte Hierarchie der Kognitionen ist während der H. gelockert und z. T. aufgespalten, und diese dissoziierten Teile können während der Trance und z. T. auch noch für die Zeit danach neu assoziiert werden.

4 Suggestionen

Spätestens seit der Schule von Nancy (Bernheim und Liébeault; s. Bernheim 1888) wird die Suggestion als Kernpunkt der H. und allen hypnotischen Geschehens angesehen. Mit Hilfe von Suggestionen wird die hypnotische Trance eingeleitet, vertieft und alle hypnotische Aktivität angeregt. Unter *klassischen* H.suggestionen versteht man direkte, in der Regel repetitiv vorgetragene Aufforderungen, etwas bestimmtes zu tun oder zu lassen. Milton H. Erickson hat jedoch eine Vielzahl sog. *indirekter* Suggestionsmöglichkeiten erkundet und angewandt, die sich von den direkten v. a. dadurch unterscheiden, daß sie semantisch getarnt z. B. in Sätze eingestreut sind oder erst aus den Inhalten einer Geschichte konstruktiv erschlossen werden müssen (Erickson et al., 1978; Erickson/Rossi, 1981; Hoppe, 1986; Winderl, 1986).

Ob Suggestion tatsächlich das Wesen der H. ausmacht, ist fraglich; was das Wesen der Suggestion ist, ist bis heute auch noch relativ ungeklärt. Suggestionen sind nämlich auch dann wirksam, wenn vorher überhaupt keine Trance induziert worden war *(Wachsuggestionen),* wenn aber eine sozialpsychologisch und aufgabenbezogen stark motivierende Situation vorliegt. Suggestionen scheinen auch dann signifikante Effekte zu haben, wenn die Versuchsperson währenddessen schläft oder sich in Narkose befindet (Edmonston, 1981).

Auf den kleinsten gemeinsamen Nenner gebracht, ist Suggestion ein kommunikativer Akt, dessen Botschaft durch ihre verbale und nonverbale Form innerhalb eines bestimmten Kontextes Bedeutung gewinnt und, abhängig von den Fähigkeiten des Empfängers dieser Botschaft, ausgeführt wird.

5 Suggestibilität

Ausgehend von der Erfahrung, daß sich Menschen unterschiedlich gut und/oder tief hypnotisieren lassen, fahndete man lange Zeit nach der Suggestibilität als einer Persönlichkeitseigenschaft. Diese, verstanden als *Hypnotisierbarkeit,* wurde mit verschiedenen Skalen gemessen, deren Testaufgaben aus immer schwieriger werdenden hypnotischen Phänomenen bestanden (zusammenfassend siehe Edmonston, 1986). Anhand dieser Skalen ergab sich für die Suggestibilität eine bimodale Verteilung, die von Hilgard (1965) als aus zwei Komponenten bestehend interpretiert wurde: Der erste Verteilungsgipfel stelle die *Bereitschaft* dar, während der Trance die übliche Realitätskontrolle aufzugeben und einfacheren, mehr körperbezogenen Suggestionen zu entsprechen; der zweite kleinere Verteilungsgipfel würde jene kleine Gruppe wirklich gut hypnotisierbarer, d. h. hochsuggestibler Personen repräsentieren, die auch die komplizierteren hypnotischen Phänomene wie z. B. Halluzinationen mittels kognitiver *Dissoziation* bewältigen.

In verschiedenen experimentellen wie klinischen Arbeiten wurde dieses Konzept der Suggestibilität allerdings problematisiert. Fraglich ist vor allem, ob Suggestibilität mit Hypnotisierbarkeit gleichzusetzen ist und ob mit den üblichen Suggestibilitätsskalen (s. z. B. Weitzenhoffer/Hilgard, 1967) tatsächlich die Hypnotisierbarkeit gemessen wird. Insbesondere konnten auch keine zuverlässigen Korrelationen zu anderen Persönlichkeitsmerkmalen festgestellt werden.

Ein sozialpsychologisch orientierter Forschungszweig lenkte die Aufmerksamkeit auf *intensives Rollenspiel* während der H. und eine mehr kognitiv orientierte Forschungsrichtung stellte neben einer besonderen *Absorptionsfähigkeit* auch besondere *imaginative Fähigkeiten* und eher *ganzheitliche kognitive Strategien* (im Gegensatz zu detailorientierten) als mögliche Korrelate der Hypnotisierbarkeit fest (Barber et al., 1974; Sheehan/Perry, 1976).

Zusammenfassend kann man sagen, daß die theoretische und experimentelle Situation der H. noch sehr unbefriedigend ist. Dies mag. u. a. auch daran liegen, daß man lange Zeit H. als ein relativ isoliertes Phänomen angesehen und untersucht hat, das mit dem Rest der psychologischen Welt nicht im Zusammenhang steht. Eine stärkere Einbettung der Grundlagen- und Therapieforschung über H. in die akademische Psychologie wäre insbesondere in den deutschsprachigen Ländern wünschenswert.

6 Hypnose in Medizin und Psychotherapie

Bekannt wurde H. hauptsächlich durch ihre therapeutische Potenz. Bis zur Einführung des Äthers und des Chloroforms Mitte des 19. Jahrhunderts war H. z. B. das wohl einzige wirkungsvolle *Anästhetikum* bei chirurgischen Eingriffen. Mesmer erwarb seinen Ruhm dadurch, daß er in Wien und später in Paris *psychische* und *psychosomatische Störungen* auf z. T. dramatische Art kurierte (Bloch, 1980). Selbst Sigmund Freud war als junger Nervenarzt noch so beeindruckt von den therapeutischen Möglichkeiten der H., daß er sie bei Charcot in Paris und bei Bernheim in Nancy lernte. James Braid in England (der den Begriff H. überhaupt erst prägte) wurde u. a. deshalb bekannt, weil er als Arzt H. erfolgreich anwandte (Braid, 1843).

Die klassische Form der klinischen H. verwendet Suggestionen, die direkt gegen das Symptom gerichtet sind, es lindern oder beseitigen wollen. Mittels sog. *posthypnotischer Suggestionen* soll dieser erzielte Erfolg aufrechterhalten werden. Die oft kurze Dauer solcher direkter, ausschließlich das Symptom „besprechender" Suggestionen brachte H. jedoch immer wieder in Beweisnot und führte u. a. auch Freud dazu, sie schließlich als Behandlungsmethode abzulehnen. Dennoch griffen in den USA gerade *Psychoanalytiker* H. wieder auf *(Hypnoanalyse)* in der Erfahrung, daß über hypnotische Altersregression z. B. verdrängte Inhalte oft wesentlich leichter und schneller zu rekonstruieren sind als mit den klassischen Techniken der Psychoanalyse allein (s. Fromm/Shor, 1979). Auch *Verhaltenstherapeuten* bauten H. in ihre Behandlungen ein (s. Kroger/Fezler, 1976). Da H. keine eigene elaborierte Theorie der Neurosen und ihrer Therapie besitzt, war und ist es für erfahrene Psychotherapeuten auch anderer Schulrichtungen leicht, sich ihrer zu bedienen (s. Peter, 1985).

Vor allem *Heilpraktiker* behielten bis heute bei uns die direkte „Suggestionshypnose" als Form des sog. *„positiven Denkens"* („Mir geht es von Tag zu Tag in jeder Hinsicht besser und besser.") à la Cué oder Murphy bei. Wenn man auch mit dieser Art nicht viel falsch machen kann, so erfordert eine fundierte hypnotherapeutische Behandlung v. a. bei schwierigeren Störungen doch eine gründliche psychologische und psychotherapeutische Grundausbildung, wie sie in der Regel nur Psychologen oder Ärzte besitzen.

Einen wesentlichen Beitrag zur Verbreitung der H. in der Psychotherapie des 20. Jahrhunderts leistete Milton H. Erickson. Er hörte v. a. damit auf, Suggestionen bloß formelhaft vorzusprechen und alles weitere dann dem „Unbewußten" des Klienten zu überlassen, sondern plante unter Anwendung allgemeinpsychologischer Gesetze für jeden Klienten ein eigenes therapeutisches Vorgehen. Die Reichhaltigkeit und Flexibilität seiner Art der *Hypnotherapie* machten nicht nur ihn bekannt, sondern verhalfen auch der medizinischen und klinischen H. zu einer Renaissance (Haley, 1978).

Heute besteht allerdings – wie so oft in der Geschichte der H. – wieder die Gefahr einer Dichotomisierung zwischen dem „Hypnoseestablishment" und den „Ericksonianern", die über den inzwischen verstorbenen Erickson einen neuen Mythos zu schaffen im Begriffe sind. Dabei hatte gerade Erickson sich um eine Entmythologisierung der H. bemüht.

Aus Ericksons Hypnotherapie entwickelte sich auch das heute populäre *Neurolinguistische Programmieren (NLP),* das von seinen Proponenten (Grinder/Bandler, 1984) als eigenständige Therapieform (und „effektive Kommunikationstechnik") verkauft wird (und im übrigen als Trademark geschützt wurde!). Es vermittelt jedoch den Eindruck, man könne Psychotherapie und speziell Hypnotherapie anhand von „Kochbuchrezepten" erlernen und effektiv betreiben und ist daher potentiell gefährlich, wie übrigens jede andere Therapietechnik auch, die dies „Laienpsychotherapeuten" zu suggerieren versucht.

Literatur

Barber, T. X./Spanos, N. P./Chaves, J. F.: Hypnosis, imagination, and human potentialities. New York: Pergamon Press, 1974.

Bernheim, H.: Die Suggestion und ihre Heilwirkung; autorisierte deutsche Ausgabe von Dr. Sigmund Freud. Leipzig, 1888 (Tübingen: edition discord, 1985).

Bloch, G. J.: Mesmerism: A translation of the original medical and scientific writings of F. A. Mesmer, M. D. Los Altos, Calif.: W. Kaufmann, 1980.

Bowers, K. S.: Hypnosis for the seriously curious. Monterey, Calif.: Brooks, 1976.

Braid, J.: Neurypnology. Or the rational of nervous sleep, considered in relation with animal magnetism. London: Churchill, 1843.

Crasilneck, H. B./Hall, J. A.: Clinical hypnosis: Principles and applications (2nd ed.). Orlando, Fl.: Grune & Stratton, 1985.

Edmonston, W. E.: Hypnosis and relaxation. New York: Wiley & Sons, 1981.

Edmonston, W. E.: The induction of hypnosis. New York: Wiley & Sons, 1986.

Erickson, M. H./Hershman, S./Secter, I. I.: The practical application of medical and dental hypnosis (repr.). Chicago: Seminars on Hypnosis Publishing Co., 1981.

Erickson, M. H./Rossi, E. L.: Hypnotherapie: Aufbau, Beispiele, Forschungen. München: Pfeiffer, 1981.

Erickson, M. H./Rossi, E. L./Rossi, S. L.: Hypnose: Induktion, Psychotherapeutische Anwendung, Beispiele. München: Pfeiffer, 1978.

Fromm, E./Shor, R. E. (Eds.): Hypnosis: Developments in research and new perspectives (rev. 2nd ed.). New York: Aldine, 1979.
Gheorghiu, V. A.: Hypnose und Gedächtnis: Untersuchungen zur hypnotischen Hypermnesie und Amnesie. München: Goldmann, 1973.
Grinder, J./Bandler, R.: Therapie in Trance. Stuttgart: Klett-Cotta, 1984.
Haley, J.: Die Psychotherapie Milton H. Ericksons. München: Pfeiffer, 1978.
Hilgard, E. R.: Hypnotic susceptibility. New York: Harcourt, Brade & World, 1965.
Hilgard, E. R.: Divided consciousness: Multiple controls in human thought and action. New York: Wiley & Sons, 1977.
Hilgard, E. R./Hilgard, J. R.: Hypnosis in the relief of pain. Los Altos, Calif.: W. Kaufmann, 1975.
Hilgard, J. R./LeBaron, S. L.: Hypnotherapy of pain in children with cancer. Los Altos, Calif.: W. Kaufmann, 1984.
Hoppe, F.: Direkte und indirekte Suggestionen in der hypnotischen Beeinflussung chronischer Schmerzen: Theoretische Ansätze und empirische Untersuchungen. Frankfurt: Peter Lang, 1986.
Kroger, W. S./Fezler, W. D.: Hypnosis and behavior modification: Imagery conditioning. Philadelphia: Lippincott, 1976.
Peter, B. (Hrsg.): Hypnose und Hypnotherapie nach Milton H. Erickson: Grundlagen und Anwendungsfelder. München: Pfeiffer, 1985.
Sheehan, P. W./McConkey, K. M.: Hypnosis and experience: The exploration of phenomena and process. Hillsdale: Erlbaum, 1982.
Sheehan, P. W./Perry, C. W.: Methodologies of hypnosis: A critical appraisal of contemporary paradigms of hypnosis. Hillsdale: Erlbaum, 1976.
Waxman, D. /Misra, P. C. / Gibson, M. / Basker, M. A. (Eds.): Modern trends in hypnosis. New York: Plenum Press, 1985.
Weitzenhoffer, A. M. / Hilgard, E. R.: Revised Stanford Profile Scales of Hypnotic Susceptibility, Forms I and II. Palo Alto: Consulting Psychologists Press, 1967.
Winderl, E.: Die Hypnotische Therapie chronischer Schmerzen: Zur Wirksamkeit therapeutischer Anekdoten. Frankfurt: Peter Lang, 1986.

Individualpsychologie

Robert F. Antoch

1 Zielsetzungen

Die I. ist eine psychologische Theorie und Methode, die – im Gegensatz zu den Assoziationen, die der Name heute weckt – den *sozialen Bedingungen,* unter denen menschliche Entwicklung sich vollzieht, besondere Aufmerksamkeit widmet.

Ihren Namen leitet die I. von der Vorstellung ab, daß menschliches Leben und Handeln unter dem Gesichtspunkt der Zielgerichtetheit als eine *unteilbare Einheit* zu betrachten ist, so daß eine deutsche Übersetzung des Begriffs I. etwa „Unteilbarkeitspsychologie“ oder auch „Ganzheitspsychologie“ lauten würde.

In der I. findet die Dynamik menschlicher Lebensäußerungen ihre allgemeinste Formulierung in dem *Streben nach Überwindung von subjektiv erlebten Mangellagen,* insbesondere des Gefühls der *Minderwertigkeit.* Wenn sich im individualpsychologischen Ansatz die Finalität des Lebensvollzugs auch vor dem Hintergrund gegebener gesellschaftlicher Verhältnisse entwickelt, so wird in ihm doch ganz explizit an der Möglichkeit der Selbstbestimmung menschlichen Handelns festgehalten. Biologische Umstände auf der einen und soziale Rahmenbedingungen auf der anderen Seite werden als Vorgaben betrachtet, die den Verantwortungs- und Handlungsspielraum des Individuums zwar definieren, aber nicht determinieren.

Das allgemeinste Ziel der individualpsychologischen Psychotherapie ist ihrem sozialen Schwerpunkt entsprechend die *Ermutigung* im Sinne der Stärkung der Kooperationsfähigkeit (des „Gemeinschaftsgefühls“), die als notwendige Voraussetzung eines befriedigenden Zusammenlebens von Menschen aufgefaßt wird, deren Ursprung und Bestimmung im Sozialen liegt (Antoch, 1981).

2 Geschichte

Alfred Adler (1870-1937), der Begründer der I., hat, wie die Protokolle der Wiener Psychoanalytischen Vereinigung ausweisen, eng und an verantwortlicher Stelle mit Sigmund Freund zusammengearbeitet (Nunberg/Federn, 1979). Im Jahre 1911 kam es wegen Meinungsverschiedenheiten über die theoretische Einordnung des Sexualtriebs zum Bruch zwischen Freud und Adler. Die naturwissenschaftlich-reduktionistischen Positionen Freuds und der frühen Psychoanalytiker wurden von Adler von diesem Zeitpunkt an immer mehr in Frage gestellt und zugunsten einer mehr geisteswissenschaftlichen Orientierung aufgegeben.

Organisatorisch kam dies zunächst in der Gründung des „Vereins für freie psychoanalytische Forschung" (1912) und ein Jahr später schließlich in der Gründung des „Vereins für Individualpsychologie" zum Ausdruck; wieder ein Jahr später (1914) erschien die erste Nummer der „Zeitschrift für Individualpsychologie". Mit seinem damals wichtigsten Mitarbeiter Carl Furtmüller brachte Adler noch im selben Jahr den Sammelband „Heilen und Bilden" (1914/1973) heraus, in dem die wichtigsten Arbeiten der frühen Individualpsychologen enthalten sind. Adlers Werk von seiner „Studie über Minderwertigkeit von Organen"(1907/1977) bis zu seinen letzten Aufsätzen aus den Jahren 1933-1937 umfaßt 19 Bände, die als Werkausgabe im Fischer Taschenbuchverlag erschienen sind.

Der erziehungspsychologische Impuls der I. wird deutlich im Aufbau verschiedener psychotherapeutisch arbeitender *Erziehungsberatungsstellen, Kindergärten* und *Schulen* in den 20er Jahren in Wien. Entscheidende Förderungen und Weiterentwicklungen erfuhr die I. durch die grundlegenden Arbeiten von Künkel (1928/1975). Wexberg (1931/1969) und Sperber (1933-1934/1978), der auch nach der Unterbrechung durch das nationalsozialistische Regime in Deutschland an der Wiedererrichtung der I. hierzulande beteiligt war. Diese ist neben vielen anderen vor allem den Impulsen von Dreikurs (1969/1972), Ansbacher und Ansbacher (deren grundlegender Systematisierungsversuch in englicher Sprache – 1956 – erst mit 16jähriger Verspätung ins Deutsche übersetzt wurde) und Metzger (1970) zu verdanken. Letzterer begründete mit Brachfeld Anfang der 60er Jahre die deutsche „Alfred-Adler-Gesellschaft" – heutiger Name: „Deutsche Gesellschaft für Individualpsychologie (DGIP)". Von Metzger und Brachfeld wurde auch die Neuherausgabe der Adlerschen Werke initiiert, die bis dahin dem breiten Publikum nur schwer zugänglich waren. Gegenwärtig (1986) ist die Anzahl der Mitglieder der DGIP auf mehr als 1500 angewachsen. Viele von ihnen befinden sich an einem der vier Institute in Aachen, Delmenhorst, Düsseldorf oder München in Weiterbildung zum *individualpsychologischen Berater* oder zum *Psychotherapeuten* bzw. *Psychoanalytiker (DGIP)*.

Einen neueren detaillierten Überblick über die Begrifflichkeit der I. gestattet das „Wörterbuch der Individualpsychologie", das im Jahre 1985 von Brunner, Kausen und Titze herausgegeben wurde.

3 Theoretische Grundlagen

„Das Untersuchungsfeld der Individiualpychologie", so schreibt Adler in einer seiner letzten Schriften (1936/1983, 134), „ist... die in Akten vollzogene Beziehung eines eigenartig stilisierten Individuums zu Fragen der Außenwelt". In dieser Formulierung kommt nicht nur die Nähe der I. zur Gestaltpsychologie, sondern auch zur früheren Akt- und heutigen Tätigkeitspsychologie zum Ausdruck: Die I. ist nicht nur dem Aspekt der *Unteilbarkeit* der Person und ihres ganzheitlichen Zusammenhangs mit ihrer Umwelt verpflichtet, sondern gleichzeitig unter *sozialen, finalen* und *aufklärerischen* (emanzipatorischen) Gesichtspunkten zu begreifen.

3.1 Das Individuum als Ganzheit: die Unteilbarkeit

Wenn die I. den Gedanken von selbständigen Trieben und Instanzen ablehnt, dann nicht, weil sie deren Existenz oder Denkmöglichkeit überhaupt leugnen wollte; vielmehr wird darauf verwiesen, daß sie nicht als selbständige Einheiten gegeneinander gerichtet sind, sondern Teile eines Gefüges, einer Ganzheit darstellen, die im allgemeinen als *Persönlichkeit* bezeichnet wird. In der I. hat diese Ganzheit den Namen *„Lebensstil"* erhalten: „Der Lebensstil verfügt über alle Ausdrucksformen, das Ganze über die Teile" (Adler 1933/1973, 23). Im Begriff des Lebensstils wird daran erinnert, daß die Persönlichkeit nicht ein Nebeneinander von ererbten und erworbenen, womöglich statisch gefaßten Eigenschaften darstellt, sondern als eine eigenartig stilisierte Bewegungsform zu begreifen ist. Oft ist die Idee der Einheitlichkeit des Lebensstils verwechselt worden mit der These einer (prästabilierten) Harmonie oder Spannunglosigkeit.

Dem setzt die I. die These von der Grundspannung zwischen *„Minderwertigkeitsgefühl"* und *„Gemeinschaftsgefühl"* entgegen. Der Lebensstil ist ein dynamisches Gebilde. Er ist nicht durch die Abwesenheit von Spannungen, sondern durch deren persönlichkeitsspezifische Handhabung (Bewegungsform) gekennzeichnet. Demgemäß wird auch der Verstehensbegriff in der I. dergestalt gehandhabt, daß bestimmte Selbst- oder Fremdbeobachtungen und Erlebnisse mit anderen verglichen, „auf ihre gemeinsame Linie gebracht und zu einem Gesamtporträt individualisierend zusammengetragen“ werden (Adler 1914/1974, 19). In diesem Zusammenhang hat Adler seine Psychologie auch als *„vergleichende Individualpsychologie“* bezeichnet.

Es ist wichtig, im Auge zu behalten, daß die Unteilbarkeit sich nicht so sehr auf Ausstattungsmerkmale, auf die Konstitution und auf den Besitz bestimmter Gaben und Fähigkeiten bezieht, als vielmehr auf deren Gebrauch. Unteilbar also ist die Bewegungsform, der Lebensstil als *Stil der Überwindung von subjektiv erlebten Mangellagen,* die dem Individuum im Verlauf seines Lebens als Herausforderungen und Aufgabenstellungen (Probleme, Bedürfnisse, Wünsche etc.) begegnen.

3.2 Individuum und Gemeinschaft: das Soziale

Die Unteilbarkeits-Annahme der I. ist noch entschieden weiter gefaßt, als dies bisher zum Ausdruck gekommen ist. Wenn nach Adler die Individualität des Kindes weit über seine körperliche Individualität hinausreicht und ein ganzes Umfeld sozialer Beziehungen umfaßt (1929/1978, 30), wird das Individuum als eine leiblich-seelisch-soziale Einheit begriffen (Antoch, 1981, 121). Freilich ist eine solche Annahme nicht denkbar, ohne die vielen Widersprüche und Spannungen im Auge zu behalten, die in dieser komplexen Einheit zu bewältigen sind. Die I. spricht in diesem Zusammenhang von *Lebensaufgaben* im Sinne von Herausforderungen der Umwelt, die das Individuum zu bestehen hat. Insofern die Umwelt in jedem Stadium des Lebens und besonders in der frühen Kindheit Aufgaben stellt, die das Individuum nicht von vornherein lösen kann, sondern denen es sich erst im Laufe seiner Reifung, Entwicklung und Auseinandersetzung in Beziehungen mit anderen Menschen gewachsen zeigen kann, ist jedem Menschen ein mehr oder weniger intensives *Minderwertigkeitsgefühl* gegeben, das er zu bewältigen hat. In den Fällen, in denen dem Betreffenden die Bewältigung durch seine körperliche Ausstattung (Adler, 1907/1977) oder duch uneinfühlsame Bezugspersonen über die Maßen erschwert wird, kann es zu einer generalisierten Entmutigung, also zu einem *Minderwertigkeitskomplex* kommen.

Der Zustand der Entmutigung ist in aller Regel die Folge ungünstiger Erziehungseinflüsse (Vernachlässigung, Verwöhnung) und von Verunsicherungen durch lieblose oder ihrerseits gestörte Erwachsene. Die induzierten Zweifel an seinem eigenen Wert und seinen Fähigkeiten begründen die Notwendigkeit einer unablässigen Auseinandersetzung mit sich selbst und verlangen ständige Gegenbeweise: Die grundlegende Dynamik der Überwindung wird einseitig auf diesen „Beweis“ fixiert, starr und dadurch selbstbezogen, daß der Betroffene die mangelnde Unterstützung seiner Bezugspersonen als generalisierte Einstellung gegen sich und gegen seine Umwelt wendet. Die Lebensaufgaben (Partnerschaft, Berufsarbeit und Beteiligung am gesellschaftlichen Leben), die Kommunikation und Kooperation mit dem sozialen Umfeld voraussetzen, werden verfehlt – es entsteht das Bild der psychischen Störung, die nach individualpsychologischer Auffassung im Grunde eine *psycho-soziale Störung* ist.

Wenn nach Adler die Neurose auf einem Mangel an Gemeinschaftsgefühl basiert, dann meint er eben nicht – wie ihm gelegentlich unterstellt wird – einen Mangel an nahtloser Anpassung oder gar Unterwerfung des einzelnen unter die Interessen der Gemeinschaft. *Gemeinschaftsgefühl* ist vielmehr ein Element der „Logik des menschlichen Zusammenlebens“ (Adler 1927/1966, 37), zu der die aktive Selbstbehauptung und Einflußnahme auf die Umwelt genauso gehört wie die Fähigkeit, sich bestimmen zu lassen und gegebenenfalls „an Stelle der Imperative des Zwanges . . . Imperative der Freiwilligkeit (zu) setzen“ (Furtmüller 1912/1983, 61).

3.3 Das zielgerichtete Individuum: Finalität

Unteilbar ist bei der Betrachtung des menschlichen Lebensvollzugs im Sinne der I. auch der Zusammenhang zwischen dem kausalen und dem finalen Aspekt. So wenig bestritten werden kann, daß bestimmte materielle (z. B. körperliche oder auch gesellschaftliche) Umstände erweiternde oder einschränkende Bedingungen setzen, die bestimmte Folgen nach sich ziehen, so sehr betont die I. doch das Argument, daß bestimmte Ausgangsbedingungen erst mit bestimmten (bewußten und unbewußten) Bewertungen und Zielausrichtungen das Erleben und Handeln des Menschen konturieren. Denn „erst wenn wir das wirkende, richtende Ziel eines Menschen kennen, dürfen wir uns anheischig machen, seine Bewegungen . . . zu verstehen“ (Adler 1920/1974, 263).

Insbesondere der Stil – Richtung, Qualität, Intensität, Flexibilität etc. – des Überwindungsstrebens konstituiert sich nach Art und Ausmaß der zu überwindenden Mangellagen in steter Wechselwirkung mit dem daraus hervorgebrachten Minderwertigkeitsgefühl. Dabei sind es nach individualpsychologischer Auffassung nicht die Erlebnisse als solche, die die Handlungsweisen der Individuen diktieren, sondern die Schlußfolgerungen, die sie aus diesen Erlebnissen ziehen (Adler 1931/1979, 103). Wenn die I. der Kategorie der Kausalität im Seelischen eine untergeordnete Bedeutung beimißt, dann nicht deswegen, weil sie einen idealistischen Standpunkt einnimmt und situative Gegebenheiten außer acht läßt – im Gegenteil: Situative und unter ihnen besonders soziale Gegebenheiten verdienen unsere höchste Aufmerksamkeit. Welche spezifische Bedeutung ihnen zukommt, ergibt sich allerdings weniger aus diesen Umständen selbst, als vielmehr aus dem Bedeutungs- und Bezugsrahmen, in den sie innerhalb der Bewegungsrichtung des Individuums subjektiv, bewußt oder unbewußt, hineingestellt werden. Denn auch hier gilt: Das Ganze bestimmt den Stellenwert der Teile, nicht umgekehrt.

3.4 Das selbstbestimmte Individuum: Chance zur Emanzipation

Das *nicht gestörte* Individuum mit seinen leiblichen Prozessen, seinen seelischen Erlebnissen und innerhalb seiner sozialen Konstellationen und Erfordernisse stellt eine spannungsvolle Einheit dar, deren Dynamik auf Selbstverwirklichung und die Erreichung bestimmter Ziele ausgerichtet ist. Die Dialektik des leiblich-seelisch-sozialen Ganzen mit seinem unaufhebbaren Miteinander von Gegensätzen und Spannungen wird ausgehalten und auf ein bestimmtes Ziel hin ausgetragen. Der Überwindungsprozeß bzw. der Lebensstil ist von Spannungstoleranz, Mut zum Risiko und flexibler Beharrung gekennzeichnet.

Seelische Störungen gehen mit einer Abnahme an Spannungstoleraz („Entdialektisierung"), an Mut („Entmutigung") und Selbstbestimmung einher. Der Entmutigte sucht und findet zur These und Antithese keine Synthese, sondern spaltet sie voneinander ab: in „richtig" vs. „falsch", „gut" vs. „böse" und (in dem Vorgang, den Freud „Verdrängung" nannte) in „bewußt" vs. „unbewußt". Der Rahmen zur Selbstbestimmung erscheint ihm immer kleiner, die Macht der Außenwelt immer größer und feindlicher, der Selbstwert konvergiert gegen Null. „Je größer das Minderwertigkeitsgefühl, um so dringender und stärker wird das Bedürfnis nach einer sichernden Richtungslinie" (Adler 1912/1972, 69). Je mehr das Erleben und Handeln aber unter den Einfluß des *Sicherungsstrebens* geraten, um so mehr entfremdet sich der Betreffende der Wirklichkeit, um so weniger wagt er es, das Risiko einzugehen, sich an andere zu wenden oder sich gar auf sie zu verlassen. Mangelndes Gemeinschaftsgefühl (nach Künkel „Ichhaftigkeit") bei gleichzeitig zunehmender Selbstentwertung führen in die Ausweglosigkeit eines Teufelskreises.

4 Die individualpsychologische Psychotherapie

Ihren hier kurz skizzierten theoretischen Grundlagen entsprechend ist die individualpsychologische Psychotherapie darauf angelegt, den gestörten Bewegungsablauf („Lebensstil") zu verstehen und aus dieser Erkenntnis heraus neue Bewegungs- bzw. Handlungsformen zu ermöglichen. Der Therapeut eröffnet dem Patienten die Gelegenheit, sich selbst neu zu erleben und zu bewerten (sein Minderwertigkeitsgefühl zu bearbeiten) und auf dieser Grundlage in eine neue gleichwertige Beziehung zu seiner Umwelt einzutreten. In diesem Sinne spricht Adler von Psychotherapie als einer Übung und Prüfung in Kooperation (Ansbacher/Ansbacher, 1972, 317).

Dabei spielt der Begriff der *Ermutigung* (Dreikurs, 1969; Antoch, 1981) eine zentrale Rolle. In einem gewissen Gegensatz zum Alltagsgebrauch dieses Wortes sind damit allerdings nicht lobende oder begütigende Stellungnahmen des Therapeuten gemeint. Ermutigungen sind vielmehr solche Interventionen, die das pathologisch geschlossene und verfestigte (Selbst-)Bewertungssystem des Patienten, seine „antithetischen" Denk- und Einstellungsmuster (Adler) als einstmals sinnvolle, gegenwärtig aber womöglich nicht mehr funktionale Sicherungsmaßnahmen erkennbar werden lassen: Aufteilungen in „gut" und „böse", „oben" und „unten" werden als erlebte Widersprüche, als subjektiv notwendiges Konflikterleben in Frage gestellt und in einen dialektischen Aufhebungsprozeß einbezogen. Ermutigung, die vom Therapeuten so initiiert wird, daß sie vom Patienten mitgetragen werden kann (in diesem Sinne ist die Rede von Kooperation), ist also strenggenommen ein *Selbstheilungsvorgang*.

Dabei werden in der Beziehung zwischen Therapeut und Patient(en), also in einer Übertragungs- und Gegenübertragungs-Situation, Erlebens- und Verhaltensmuster deutlich, die vorher dem bewußten Erleben nicht zugänglich waren. Zwischen Kindheitserinnerungen, Träumen, aktuellem Geschehen im Alltag und in der Therapie werden Zusammenhänge geknüpft, die der Patient bis dahin zur Sicherung seines Selbstwertgefühls hat abwehren müssen. Das Ziel der Therapie besteht darin, sich dem Erleben einer *Gleichwertigkeit* zwischen dem Individuum und seiner Welt anzunähern. Sie wird sichtbar in der Wiederherstellung und Erweiterung der Kontaktmöglichkeiten des Patienten zu seiner materiellen und sozialen Umwelt im Sinne der Erweiterung seiner Problemlösungs-und Kooperationskompetenz.

In der Ablehnung eines biologistisch-mechanistischen Triebmodells findet die I. seit einigen

Jahrzehnten Unterstützung in der Revision bzw. Weiterentwicklung der orthodoxen psychoanalytischen Grundannahmen. Von der klassischen Gesprächspsychotherapie unterscheidet sich die individualpsychologische Therapie im wesentlichen durch die explizite Arbeit an unbewußten Abwehr- und Sicherungstendenzen. Impulse in Richtung erlebnisaktivierender und körperbezogener Richtungen erhält die I. durch Adlers Diktum, daß es nicht genüge, die Wahrheit intellektuell zu erfassen, sondern, daß „der Patient... Wahrheit lebendig machen (muß)" (1933/1973, 174). – In dieser Hinsicht ist die individualpsychologische Psychotherapie als einer der ältesten *integrativen* Ansätze zu begreifen, und ohne Zweifel liegt auch darin ihr gegenwärtiger Aufschwung begründet.

5 Individualpsychologie und Teilgebiete der Psychologie

1. Im Rahmen der *allgemeinen Psychologie* ist die I. diejenige Lehre, deren Gegenstand die kompensatorische *Bewegung des Individuums,* seine Tätigkeit, seine Auseinandersetzung mit und Überwindung von subjektiv erlebten Mangellagen ist.
2. Im Rahmen der *psychologischen Methodologie* ist die I. diejenige Forschungsmethode, die auf dem Wege der *vergleichenden Zusammenhangsbetrachtung* die ihr zugänglichen Daten hypothetisch zu einem ganzheitlichen Bewegungsgefüge (genannt „Lebensstil") zusammenzufassen versucht.
3. Im Rahmen der *Persönlichkeitspsychologie* ist die I. diejenige Lehre, die auf der Unteilbarkeit und *Ganzheitlichkeit des Individuums* aufbaut. Die I. wendet sich damit gegen die isolierte Betrachtung von Teilbereichen (z.B. „Instanzen", Eigenschaften, kognitiven Funktionen) der Persönlichkeit.
4. Im Rahmen der *Sozialpsychologie* ist die I. diejenige Lehre, die von der unauflöslichen Beziehung des Individuums (als *leiblich-seelisch-soziale Einheit*) zu seiner Umwelt ausgeht. Eine isolierte Betrachtungsweise des Individuums ohne seine situativen (materiellen, subjektiv-erlebnismäßigen, sozialen tätig-schöpferischen) Bezüge wird abgelehnt.
5. Im Rahmen der psychologischen Richtungen, die unter der Bezeichnung *Tiefenpsychologie* erfaßt werden, ist die I. diejenige Lehre, die alle Lebensvollzüge durch subjektive Verarbeitungen (Meinungen, Stellungnahmen) frühkindlicher Erlebnisse geprägt sieht und die durchgängige Struktur der je persönlichen Lebensbewältigung als *„Lebensstil"* erfaßt, der teils bewußt, teils unbewußt gelebt wird. Die I. wendet sich damit gegen Auffassungen, die den Gegenstand der Psychologie entweder auf das Beobachtbare oder auf „Triebe" reduzieren: Zwischen „bewußt" und „unbewußt" herrscht damit kein objektiv vorgegebener, sondern ein je subjektiv hervorgebrachter Widerspruch.
6. Im Rahmen der *klinischen Psychologie* ist die I. diejenige Lehre, die psychische Störungen als spezifische Formen von *Entmutigung* begreift, nämlich als der Ausdruck eines durch chronische Minderwertigkeitsgefühle und Angst erregten *Sicherungsstrebens,* das durch seine Starrheit die im Lebensprozeß angelegte und geforderte Entwicklung behindert.
7. Im Rahmen der *Erziehungspsychologie* ist die I. diejenige Lehre, die das *Prinzip der Ermutigung* für die unübersehbare Vielfalt unterrichtlicher und erzieherischer Situationen anwendbar zu machen versucht.
8. Im Rahmen der *psychologischen Therapieverfahren* ist die I. dasjenige, das dabei hilft, die in „Zuständen" und „Konflikten" eingefrorenen *unbewußten Spannungen und Bewegungen* als solche zu rekonstruieren und dem bewußten Erleben genauso wieder zugänglich zu machen wie der selbstverantworteten Umstellung.

Literatur

Adler, A.: Werkausgabe in 19 Bänden. Frankfurt: Fischer, 1966-1983.

Adler, A.: Studie über Minderwertigkeit von Organen (1907). Frankfurt: Fischer, 1977.

Adler, A.: Über den nervösen Charakter (1912). Frankfurt: Fischer, 1972.

Adler, A.: Die Individualpsychologie, ihre Voraussetzungen und Ergebnisse (1914). In: Adler, A.: Praxis und Theorie der Individualpsychologie (1920). Frankfurt: Fischer, 1974, 19-32.

Adler, A.: Lebenslüge und Verantwortlichkeit in der Neurose und Psychose (1914). In: Adler, A.: Praxis und Theorie der Individualpsychologie (1920). Frankfurt: Fischer, 1974, S. 255-264.

Adler, A.: Menschenkenntnis (1927). Frankfurt: Fischer, 1966.

Adler, A.: Lebenskenntnis (1929). Frankfurt: Fischer, 1978.

Adler, A.: Wozu leben wir? (1931). Frankfurt: Fischer, 1979.

Adler, A.: Der Sinn des Lebens (1933). Frankfurt: Fischer, 1973.

Adler, A.: Das Todesproblem in der Neurose (1936). In: Adler, A.: Psychotherapie und Erziehung, Bd. III. Frankfurt: Fischer, 1983, 130-138.

Adler, A./Furtmüller, C. (Hrsg.): Heilen und Bilden (1914). Frankfurt: Fischer, 1973.

Ansbacher, H. L./Ansbacher, R. R.: Alfred Adlers Individualpsychologie (1956). München: Reinhardt, 1972.

Antoch, R. F.: Von der Kommunikation zur Kooperation. München: Reinhardt, 1981.

Brunner, R./Kausen, R./Titze, M. (Hrsg.): Wörterbuch der Individualpsychologie. München: Reinhardt, 1985.
Dreikurs, R.: Grundbegriffe der Individualpsychologie. Stuttgart: Klett, 1969.
Dreikurs, R.: Soziale Gleichwertigkeit. Stuttgart: Klett, 1972.
Furtmüller, C.: Psychoanalyse und Ethik (1912). In: Furtmüller, C.: Denken und Handeln. München: Reinhardt, 1983, 53-73.
Künkel, F.: Einführung in die Charakterkunde (1928). Stuttgart: Hirzel, 1975.
Metzger, W. (Hrsg.): Alfred Adler – ein Psychologe der Gegenwart. Sonderheft der Zeitschrift Schule und Psychologie, 17, 1970, Heft 12.
Nunberg, H./Federn, E. (Hrsg.): Protokolle der Wiener Psychoanalytischen Vereinigung. Frankfurt: Fischer, 1979.
Sperber, M.: Individuum und Gemeinschaft (1933-1934). Stuttgart: Klett-Cotta, 1978.
Wexberg, E.: Individualpsychologie (1931). Darmstadt: Wiss. Buchgesellschaft, 1969.

Intelligenz und Begabung

Andreas Krapp

1 Gesellschaftliche Bedeutung

I. und B. gehören zu jenen psychologischen Konzepten, die das Leben in der modernen (westlich-industriellen) Gesellschaft entscheidend mitbestimmen. Dies wird vordergründig bei den zahlreichen Bildungs- und Berufsentscheidungen deutlich, die sich explizit auf I.- bzw. B.beurteilungen – meist unter Zuhilfenahme entsprechender Tests – stützen. Darüber hinaus haben die jeweils vorherrschenden wissenschaftlichen Theorien über I. und B. insofern maßgeblichen Einfluß auf das öffentliche Leben, als sie auf z. T. unreflektierte Weise das Denken und Handeln der pädagogisch und bildungspolitisch bedeutsamen Entscheidungsträger (Eltern, Lehrer, Erzieher, Politiker, Verwaltungsbeamte) mitbestimmen.

Die hohe Bedeutsamkeit der I.- und B.forschung und das hohe Ansehen, das sie in der Öffentlichkeit genießt, stehen in auffallendem Widerspruch zu den zahlreichen wissenschaftsinternen Kontroversen und z. T. fundamentalen Forschungsproblemen.

Ein Teil dieser Fragen und Probleme geriet längere Zeit nicht in das Blickfeld der wissenschaftlichen Diskussion, weil verschiedene Teilgebiete der Psychologie, z. B. Entwicklungspsychologie, Allgemeine und Differentielle Psychologie zwar den gleichen Gegenstand I. und B. mit verschiedenen Zielen und Methoden erforschten und zu unterschiedlichen theoretischen Modellen gelangten, aber untereinander nur selten disziplinübergreifende kritische Auseinandersetzungen suchten. Gegenwärtig gewinnen jedoch in der Psychologie verschiedene Strömungen an Gewicht, die diese isolierende Betrachtungsweise zugunsten umfassenderer, z. T. den Rahmen der traditionellen Psychologie sprengender, Konzepte aufgeben.

2 Zur Terminologie

Der in der Öffentlichkeit und auch in der Forschungsliteratur selbstverständliche Gebrauch des Begriffs I. täuscht vielfach darüber hinweg, daß es keinen Konsens über die wesentlichen Bestimmungsstücke dieses Begriffs gibt. Als Ergebnis einer Übersicht nennt Im (1975) 60 voneinander verschiedene Definitionen der I. Die z. T. widersprüchlichen Definitionsmerkmale resultieren aus verschiedenen wissenschaftstheoretischen und wissenschaftslogischen Vorentscheidungen, aus unterschiedlichen (disziplinspezifischen) Zielorientierungen und Modellvorstellungen (z. B. statisch-strukturelle vs. prozeßorientierte Definitionen) und aus z. T. nicht weiter reflektierten Präferenzen des jeweiligen Autors. Definitionsprobleme ergeben sich auch daraus, daß die jeweilige Beziehung zu benachbarten Begriffen (z. B. Problemlösen, Denken, Lernen, Gedächtnis, Kreativität) entweder offen bleibt oder unterschiedlich interpretiert wird. So werden z. B. die Begriffe I. und B. von vielen Autoren gleichgesetzt. Andere Autoren unterstellen jedoch eine hierarchische Relation, wobei die einen dem B.begriff die umfassendere Bedeutung zuschreiben, weil damit neben kognitiven auch andere Leistungsbereiche assoziiert werden können (z. B. musikalische Begabung), während andere die I, als den weiteren Begriff definieren, weil sie als eine thematisch nicht festgelegte allgemeine geistige Fähigkeit bezeichnet werden kann (Heller, 1976, 7 f.).

3 Intelligenz und Begabung im Kontext verschiedener Forschungsansätze

3.1 Differentialpsychologischer Forschungsansatz

Für Laien ist die psychologische I.forschung nahezu identisch mit den Theorien und (diagnostischen) Methoden der Differentiellen Psychologie (Persönlichkeitspsychologie, Charakterkunde). Innerhalb dieser Disziplin sind die dem Laien bekannten I.- und Fähigkeitstests sowie die damit verbundenen testtheoretischen Grundlagen *(klassische Testtheorie)* und die weithin bekannten Strukturmodelle der I. entstanden.

Typisch für diesen Ansatz, der auf die Pionierarbeit von McK. Cattell, Galton und Binet zurückgeht (zur historischen Entwicklung vgl. z. B. Tuddenham, 1969, 654 ff.; Roth/Oswald/Daumenlang, 1972, 21 ff.; Tyler, 1976; Schmid, 1977; Groffmann/Michel, 1983), ist die *pragmatische Orientierung*. Ausgangspunkt und primäres Ziel ist die Entwicklung praktisch verwertbarer Diagnoseinstrumente für konkrete Fragestellungen, etwa für Schullaufbahn- und Berufswegentscheidungen; theoretisch-kritische Überlegungen sind diesem Ziel zumindest untergeordnet. Weitergehende Überlegungen, etwa mit dem Ziel der Reflexion bildungs- und gesellschaftspolitischer Implikationen des differentialpsychologischen Denkens und Vorgehens, bleiben in der Regel ausgeklammert. Es ist bezeichnend, daß die meisten der heute noch gebräuchlichen I.- und Fähigkeitstests (z. B. Hawie, Stanford-Binet; vgl. Brickenkamp, 1975) ohne expliziten Theoriebezug entwickelt und später nicht mehr wesentlich verändert wurden. Entgegen dem idealisierten Denkmodell empirisch-wissenschaftlichen Arbeitens war die jeweilige (diagnostische) Methode nicht das praktisch verwertbare Ergebnis sorgfältiger Theoriekonstruktion, sondern bildete gewissermaßen den Ausgangspunkt nachfolgender theoretischer Systematisierungsbemühungen.

Dazu gehören in typischer Weise die auf der Basis *faktorenanalytischer* Methoden entwickelten Strukturmodelle der I. die – wie nicht anders zu erwarten – je nach theoretischen Voranmahmen des jeweiligen „Modellkonstrukteurs" zu ganz unterschiedlichen I.modellen gelangten. Die Palette reicht vom sog. *Zweifaktorenmodell* Spearmans, das jede individuelle I.leistung einerseits auf einen übergreifenden „Generalfaktor" und andererseits auf jeweils spezifische Faktoren zurückführt, bis zum dreidimensionalen *morphologischen Intelligenzmodell* von Guilford mit insgesamt 120 verschiedenen I.faktoren. Dazwischen gibt es zahlreiche andere Strukturmodelle, z. B. das *Mehrfaktorenmodell* von Thurstone, die *Zweikomponententheorie* von R. B. Cattell (1971) oder die *hierarchischen Faktorenmodelle* der englischen Schule (z. B. Vernon, 1961; Royce, 1973). Einen Überblick über dieses Gebiet vermitteln u. a. Conrad (1983), Eysenck (1979) und Jäger (1967, 1984).

Die traditionelle I.strukturforschung bedient sich in der Regel faktorenanalytischer Methoden, denen man gegenwärtig allerdings mit wesentlich größerer Skepsis begegnet als früher (Lukesch/Kleiter, 1974; Pawlik, 1982). Andere Strukturtheorien, z. B. Theorien *der kognitiven Strukturiertheit* bzw. *kognitiven Komplexität* (Seiler, 1973; Schroder et al., 1975; Mandl/Huber, 1978), interpretieren die Dimensionalität der intellektuellen Fähigkeiten stärker unter dem Aspekt formaler Wissensstrukturen und verwenden auch andere methodische Zugangsweisen (z. B. Clusteranalysen, multidimensionale Skalierungsmethoden oder qualitative Verfahren zur Analyse verbaler Daten; Huber/Mandl, 1982).

Aber ebenso wie die traditionellen I.strukturtheorien ist diese Theoriegruppe weniger an den Prozessen des intellektuellen Geschehens als vielmehr an der Aufklärung überdauernder persönlichkeitsspezifischer Merkmale interessiert.

Ein wichtiges Anliegen des differentialpsychologischen Forschungsansatzes ist die Entwicklung praktisch verwertbarer und wissenschaftlich überprüfter psychodiagnostischer Verfahrensweisen, insbesondere *objektiver Tests*. Als Grundlage für die Konstruktion und für die wissenschaftliche Bewertung dieser Tests entwickelte man eine in wesentlichen Teilen mathematisch formulierte Testtheorie. Diese sog. „Klassische Testtheorie" (Lienert, 1967) mit ihren scheinbar exakten und wissenschaftlich neutralen Gütekriterien *Objektivität, Reliabilität* und *Validität* beherrschte bald das Denken nicht nur der auf Tests spezialisierten Differentiellen Psychologie, sondern auch die Diskussionen in anderen diagnostisch bedeutsamen Gebieten (vgl. etwa die Kritik an der Qualität des Lehrerurteils bei Ingenkamp, 1971).

In den letzten Jahren haben kritische Auseinandersetzungen an Bedeutung gewonnen, die die bislang nicht weiter hinterfragten Grundannahmen der Differentiellen Psychologie und der mit ihr verbundenen Klassischen Testtheorie in Frage stellen, z. B. die Überzeugung von der Existenz zeitstabiler und situationsunabhängiger Persönlichkeitsmerkmale (Mischel, 1968; 1973; Ulich, 1976; Magnusson/Endler, 1977). Wesentlich dabei ist die Zunahme modifikationsorientierter Handlungs- und Problemlösungsstrategien in der Angewandten Psychologie (Pawlik, 1976).

Teilweise in Verbindung mit dieser Diskussion werden die Methoden und Theorien der statisch-strukturellen I.konzeption einer fundamentalen Kritik unterzogen (z. B. Tyler, 1976; Schmid, 1978). Dabei spielt auch die bislang in der wissenschaftlichen Psychologie vielfach ausgeklammerte Frage nach den *bildungspolitischen und gesellschaftlichen Implikationen* eine zentrale Rolle (Kamin, 1974; Krüger/Tröger, 1978). Besonders intensiv richtet sich die Kritik auf die gängige Praxis der I.diagnostik. Sie gründet sich u. a. auf den empirisch vielfach belegten Sachverhalt, daß I.tests nicht in der Lage sind, das Verhalten in realitätsnahen Problemsituationen ausreichend vorherzusagen (Dörner et al., 1983; Dörner/Kreuzig, 1983). Darüber hinaus wird auf gravierende Nebenwirkungen und unverantwortliche Folgeerscheinungen einer kritiklosen Testanwendung in den verschiedenen Subsystemen der Gesellschaft hingewiesen (Grubitzsch/Rexilius, 1978; Langenheder, 1978). Im Vergleich zu diesen Auseinandersetzungen erscheinen die früheren Kritikpunkte (z. B. im Rahmen der Diskussion um die Kulturabhängigkeit von I.tests) oder die Diskussion von Alternativkonzepten der I. (z. B. die Theorie der kognitiven Stile; vgl. Köstlin-Gloger, 1974) relativ peripher.

3.2 Allgemeinpsychologische Forschungsansätze

Während der traditionelle differentialpsychologische Ansatz auf der Basis korrelationsstatistischer Methoden den Aufbau der menschlichen I. darzustellen und mit Hilfe diagnostischer Techniken individuell zu erfassen sucht, bemüht sich der allgemeinpsychologische Ansatz um generelle Gesetzmäßigkeiten des intelligenten Verhaltens. Es geht nicht um die Beschreibung interindividueller Merkmalsunterschiede im Bereich kognitiver Fähigkeiten, sondern um die Analyse von Strukturen und Prozessen, die intelligentes Verhalten allgemein ermöglichen bzw. erklären. Aus dem Blickwinkel allgemeinpsychologischer Forschung lösen sich strukturelle Merkmale wie I., B. oder Problemlösefähigkeit in Teilkomponenten und Prozesse auf, die die *Funktionsweise* dieser Merkmale beschreiben und erklären. Typisch für diese Art der Analyse sind *Informationsverarbeitungstheorien* (Dörner, 1984; Wagner/Sternberg, 1984). Sie gehen davon aus, „daß ein intellektueller Prozeß aus einer organisierten Sequenz einzelner mentaler Operationen besteht" (Dörner/Kreuzig, 1983, 189) und daß die Qualität des intellektuellen Problemlösungsprozesses nicht nur von der *Funktionstüchtigkeit* der einzelnen Teilkomponenten, sondern ebenso von der angemessenen, d. h. der Problemstellung angepaßten, *Organisation* dieser Komponenten und somit von sog. Metakognitionen abhängt.

In der Problemlöseforschung hat man verschiedene Modelle über die Art des Zusammenwirkens solcher Teilkomponenten aufgestellt und unabhängig von der Frage nach der Beschreibung interindividueller I.unterschiede näher untersucht (Newell/Simon, 1972; Dörner, 1979). Erst in den letzten Jahren versucht man beide Ansätze miteinander zu verbinden, in dem man z. B. die für die Lösung bestimmter Aufgabentypen eines I.tests erforderlichen Teilfähigkeiten detailliert zu erfassen versucht (Sternberg, 1977; Pellegrino/Glaser, 1979; Keating, 1984). Inzwischen hat sich diese Forschungsrichtung stark ausgebreitet. Es gibt zahlreiche neue Trends in der Allgemeinen Psychologie, die aus verschiedenen Perspektiven intelligentes Verhalten mit zum Teil neuen Methoden untersuchen. Hier ist v. a. auf die neuere *Gedächtnisforschung* (Bredenkamp/Wippich, 1977; Klix/Sydow, 1977; Wessels, 1984) und die sog. *Wissenspsychologie* (Kluwe, 1979; Anderson, 1983; Mandl/Spada, 1987) zu verweisen. Es sieht so aus, als würden sich in diesen Gebieten bislang getrennte Forschungsrichtungen aufeinander zubewegen, um die fundamentalen kognitiven Prozesse des Denkens, Lernens und Problemlösens aus einer gemeinsamen Sichtweise heraus zu erforschen. Die Ergebnisse dieser Bemühungen werden mit hoher Wahrscheinlichkeit die wissenschaftliche und außerwissenschaftliche Auffassung über Struktur und Funktion der menschlichen I. verändern. Schon jetzt ist zu erkennen, daß die statisch-strukturelle Interpretation durch eine *prozeßorientierte Sichtweise* ergänzt bzw. ersetzt wird. Ein wichtiger Schritt in diese Richtung sind Versuche zur Entwicklung integrativer I.modelle. Große Beachtung findet derzeit die sog. „Triarchic Theory" der I. von Sternberg (1984, 1985).

3.3 Entwicklungstheoretische Ansätze

Die ältere Entwicklungspsychologie begnügte sich vielfach mit einer Beschreibung des typischen Ablaufs der I.entwicklung: Man suchte nach allgemeinen Gesetzmäßigkeiten in der Aufeinanderfolge von kognitiven Fähigkeitsmustern – meist unter Berufung auf allgemeine Stufenmodelle der Entwicklung. Soweit die Erklärung des Entwicklungsverlaufs zum Gegenstand gemacht wurde, interessierte vor allem die Frage nach den Anteilen von Erbe und Umwelt *(Anlage-Umwelt-Kontroverse)*.

In gewisser Weise verfolgte auch Bloom (1964) dieses Ziel, als er auf der Grundlage reanalysierter Längsschnittdaten abzuschätzen versuchte, wieviel Prozent der allgemeinen I. jeweils auf bestimmten Altersstufen entwickelt sind. Sein häufig zitiertes Ergebnis, wonach etwa im Alter von 4 Jahren ca. 50 und im Alter von 8 Jahren ca. 80% des „Intelligenzwachstums" abgeschlossen sei, wurde vielfach als wichtigster wissenschaftlicher Beleg für die Forderung nach kompensatorischer Frühförderung betrachtet, obwohl sich recht leicht nachweisen läßt, daß sein methodischer Ansatz und damit auch seine Schätzwerte wissenschaftlich völlig unhaltbar sind (Krapp/Schiefele, 1976).

Als ebenso unhaltbar hat sich die in der Öffentlichkeit ebenfalls weit verbreitete These erwiesen, daß die I.entwicklung im frühen Erwachsenenalter ihr Maximum erreiche und von da an unweigerlich absinke. Die entsprechenden Befunde aus zumeist älteren Untersuchungen müssen nämlich als methodische Artefakte von Querschnittanalysen gedeutet werden. Untersucht man die kognitive Entwicklung im *Längsschnitt,* so ergibt sich ein wesentlich differenzierteres Bild. Bis ins späte Erwachsenenalter ist z. B. keine Reduktion der (durchschnittlichen) Intelligenzleistungen nachzuweisen. Die später auftretenden Veränderungen fallen je nach Art der intellektuellen Anforderung im Lebensumfeld der Probanden sehr unterschiedlich aus. Darüber hinaus sind bestimmte Bereiche der kognitiven Funktionen – z. B. solche, die der „flüssigen Intelligenz" zugerechnet werden – stärker betroffen als andere (Schaie, 1980; Olbrich, 1982; Baltes, 1984).

In Anlehnung an die Modelle und Forschungsmethoden der differentialpsychologischen Strukturtheorien der I. (s. o.) beschäftigte man sich mit der Frage, ob und wie sich die (Faktoren-)Struktur der I. im Laufe der Entwicklung verändert. Unter den Stichworten *Differenzierungshypothese, Divergenzhypothese* oder *Leistungsdifferenzierungshypothese* werden Befunde diskutiert und unterschiedlich theoretisch interpretiert, die darauf hindeuten, daß sich die Faktorenstruktur der I. mit zunehmendem Alter ausdifferenziert (Mandl/Zimmermann, 1976).

Die Tragfähigkeit dieser Befunde ist allerdings zweifelhaft, da sie zumindest teilweise als methodische Artefakte gedeutet werden können (Merz/Kalveram, 1965). Theoretisch fruchtbarer sind neuere Untersuchungen zur *Gedächtnisentwicklung* (Reese, 1979; Oerter/Schuster, 1982; Schneider, 1987; Weinert/Perlmutter, 1987). In enger Verknüpfung mit den oben erwähnten kognitionspsychologischen Forschungsarbeiten wird hier untersucht, wie Wissensstrukturen im Laufe der ontogenetischen Entwicklung entstehen bzw. sich verändern und wie das komplexe Gefüge der Speicherungs- und Abrufprozesse interpretiert werden kann. Inzwischen gibt es bereits Versuche, die Ergebnisse dieser Forschungsrichtung für den Schulunterricht (Wimmer, 1977) oder für andere Bereiche der Bildungsarbeit (z. B. Hochbegabtenförderung: Weinert/Waldman, 1985) nutzbar zu machen.

Betrachtet man nicht einzelne Forschungsansätze, sondern basale Entwicklungstheorien, so ist festzustellen, daß die Theorie von Piaget nach wie vor großen Einfluß besitzt. Nach Piaget (1947, 1970, 1983) entwickelt sich die menschliche I. als höchste und beweglichste Form der Anpassung schrittweise aus einfachen biologischen *Adaptationsmechanismen.* Sie ermöglicht einerseits dem Individuum, sich an die Bedingungen der Umwelt anzupassen *(Akkomodation)* und hat andererseits die nicht minder bedeutsame Funktion, die Umwelt aktiv an das Individuum „anzugleichen" *(Assimilation)*. Im Laufe der Entwicklung werden jeweils höher organisierte kognitive Schemata und Operationssysteme aufgebaut. Die jeweils höheren Schemata und Systeme sind nicht nur differenzierter und komplexer, sondern gleichzeitig auch beweglicher und vielfältiger kombinierbar. Beginnend mit den sensomotorischen Phasen durchläuft das Individuum verschiedene Stufen der Entwicklung, wobei jede Stufe eine Art Gleichgewichtszustand zwischen Akkomodations- und Assimilationsprozessen repräsentiert.

4 Ansätze zu übergreifender Kritik der Intelligenz- und Begabungsforschung

Neben zahlreichen kritischen Einwänden gegenüber einzelnen Konzepten, Modellen oder Teiltheorien der I., auf die wir z. T. schon hingewiesen haben, gibt es Versuche, die gesamte traditionelle I.- und B.forschung einer umfassenden Kritik bzw. differenzierenden Neubewertung zu unterziehen. Wir möchten hier auf zwei Ansätze hinweisen: auf die Kritik gesellschaftskritisch-marxistisch argumentierender Autoren und auf handlungs- und entscheidungstheoretisch begründete Konzepte zur Differenzierung verschiedener Forschungsrichtungen.

4.1 Die gesellschaftskritisch-marxistische Intelligenzkonzeption

Marxistisch orientierte Psychologen und Anhänger der *„Kritischen Psychologie“* (vgl. Lompscher, 1972; Sève, 1972; Leontjew, 1973; Holzkamp, 1976; Seidel/Ulmann, 1978) kritisieren die traditionelle I.- und B.forschung vor allem aus dem Blickwinkel historischer und gesellschaftskritischer Überlegungen. Nach ihrer Auffassung haben alle traditionell-empirisch begründeten I.- und B.theorien den fundamentalen Mangel, daß sie das Verhältnis zwischen individueller geistiger Entwicklung und gesellschaftlichem Entwicklungsstand nicht oder völlig fehlerhaft darstellen. Die zumeist nur pragmatisch ausgerichteten (älteren) I.theorien würden in den kognitiven Fähigkeiten des Menschen nur ein bloßes Mittel der Anpassung an prinzipiell vorgegebene gesellschaftliche Bedingungen sehen und somit einen „aufklärerischen Intelligenzbegriff“ verhindern, der seine Kriterien, was I. ist und woran sie erkennbar sei, aus einem erwünschten antizipierten Gesellschaftszustand abzuleiten habe (Seidel/Ulmann, 1978,75). Um zu einem „richtigen“ Begriff von I. und B. zu kommen, müsse man die kognitiven Fähigkeiten als Resultat der Rückwirkung „gegenständlicher“ gesellschaftlicher Tätigkeit des Menschen auf seine Persönlichkeitsentwicklung interpretieren.

Die zentralen Begriffe *Gegenstand, Aneignung* und *Tätigkeit* haben in dieser Theorie spezifische Bedeutungen. Sie sollen zum Ausdruck bringen, daß menschliche Erkenntnisse und Fähigkeiten im historischen Prozeß als gesellschaftliche Arbeitsprodukte und gesellschaftliche Verhältnisse (z. B. Schichtdifferenzierung) „vergegenständlicht“ werden. Im Laufe seiner geistigen Entwicklung realisiert der Mensch nicht die in ihm angelegten und somit biologisch begründeten Fähigkeiten, sondern eignet sich die für ihn zunächst äußerlichen gesellschaftlich bedingten Gegenstände und die in ihnen objektivierten Erkenntnisse und Fähigkeiten auf dem Weg aktiver „Tätigkeit“ an. Geistige Fähigkeiten entfalten sich also nicht von innen heraus, sondern gelangen durch die Teilnahme am gesellschaftlichen Leben von außen nach innen. Es gibt nach dieser Theorie keine durch genetische Faktoren bestimmten Grenzen der I.entwicklung. Alle Menschen haben im Prinzip die gleiche allgemeine I. („Aneignungsfähigkeit“: Seidel/Ulmann, 1978). Die gegenwärtig empirisch nachweisbaren I.unterschiede sind ausschließlich auf gesellschaftliche Faktoren zurückzuführen. Selbst die seltenen hervorragenden Spezialbegabungen künstlerischer oder wissenschaftlicher Art gelten als Resultat extremer geistiger (gesellschaftlicher) Bedingungskonstellationen der Persönlichkeitsentwicklung (Holzkamp, 1976). Als Konsequenz aus dieser spekulativen Theorie ergibt sich die beinahe selbstverständliche Forderung nach einer Revision bestehender gesellschaftlicher Verhältnisse, um die kognitiven Fähigkeiten der einzelnen Mitglieder einer Gesellschaft optimal fördern zu können.

4.2 Handlungs- und entscheidungstheoretische Systematisierungsversuche

Neben solchen fundamental-kritischen Theorien, die die gesamte bisherige I.-und B.forschung in Frage stellen, gibt es andere, eher auf Integration bedachte Ansätze, die heterogene theoretische Vorstellungen nach übergreifenden Gesichtspunkten ordnen und differentiell bewerten wollen. Dazu zählen handlungs- und entscheidungstheoretisch begründete Systematisierungsversuche.

Pawlik (1976) beschreibt z. B. mit den Begriffen *Selektions- und Modifikationsstrategie* zwei idealtypische Handlungsmuster innerhalb der Angewandten Psychologie, die jeweils unterschiedliche theoretische Begründungen und praktisch verwertbare Methoden erfordern. Die bisherige Psychologie orientierte sich vorwiegend an Selektionsstrategien, deren Grundannahmen eng mit den Prämissen der traditionellen Differentiellen Psychologie und der mit ihr verbundenen Klassischen Testtheorie korrespondieren. In der neueren, vor allem klinisch und pädagogisch ausgerichteten, Psychologie gewinnen jedoch zunehmend Modifikationsstrategien an Bedeutung, die ganz andere, nämlich veränderungsorientierte Persönlichkeitstheorien (Mischel, 1968, 1973) und andere diagnostisch-prognostische Methoden (Krapp, 1979) erfordern.

In *Erweiterung dieser idealtypischen Unterscheidung* hat Krapp (1978) für die Klassifikation und differentielle Beschreibung verschiedener Theorien, Modelle und Verfahren der Diagnostik ein einfaches System zur Charakterisierung pädagogisch und psychologisch relevanter Handlungs- und Entscheidungstypen vorgeschlagen. Die damit verknüpfte Vorstellung, daß die Art der zu lösenden praktischen Probleme und die daraus resultierenden Handlungs- und Entscheidungstypen Kriterien für die Beurteilung psychologischer Theorien ergeben, kann auch auf das Gebiet der I.- und B.forschung übertragen werden. Aus dieser Perspektive erweisen sich z. B. statisch-strukturelle I.konzeptionen als durchaus nützlich für organisatorisch bedingte und langfristig wirkende Selektions- oder Zuordnungsentscheidungen. Für veränderungsorientierte Handlungsziele, z. B. für das Ziel der optimalen kognitiven Förderung, sind solche Strukturtheorien jedoch weniger brauchbar und durch entwicklungs- und lerntheoretisch begründete *Prozeßtheorien* zu ersetzen. Die jeweiligen Handlungs- und Entscheidungsziele sind nicht oder nicht ausschließlich auf der Ebene psychologischer Theoriebildung, sondern auf übergeordneten Ebenen unter Einbeziehung bildungs- und gesellschaftspolitischer Argumente zu begründen bzw. zu rechtfertigen.

5 Zusammenfassung und Ausblick

Die gegenwärtige Psychologie ist weit davon entfernt, ein einheitliches Theoriegebäude oder allgemein akzeptierte Forschungs- und Diagnosemethoden für die mit I. und B. grob umschriebenen Fähigkeitsbereiche anbieten zu können. Obwohl das Gebiet der I.forschung vielfach als das am weitesten entwickelte gilt, ist die wissenschaftsinterne Diskussion über die Relevanz und Angemessenheit verschiedener Forschungsstrategien, Theorieansätze und Diagnosemethoden außerordentlich widersprüchlich. Die Heterogenität der wissenschaftlichen Positionen wurde in der Vergangenheit z. T. dadurch verdeckt, daß differentialpsychologisch, allgemeinpsychologisch und entwicklungstheoretisch orientierte Forschergruppen relativ isoliert voneinander arbeiteten und im wesentlichen nur der differentialpsychologische Ansatz nachhaltigen Einfluß auf die psychologische und pädagogische Praxis hatte. Erst im Zusammenhang mit der Kritik an den bislang vorherrschenden Theorien und Tests der traditionellen I.forschung und der raschen Verbreitung kognitionspsychologischer Forschung in der Psychologie wurde eine Neuorientierung in Gang gesetzt. Sie führt möglicherweise dazu, daß man alte statisch-strukturelle Vorstellungen zunehmend durch *veränderungs-* bzw. *prozeßorientierte Modelle* ersetzt (Resnick, 1976; Wagner/Sternberg, 1984).

Im Hinblick auf die hohe Bedeutung anwendungsbezogener Theorien der I. in vielen Lebensbereichen, v. a. im gesamten Bildungswesen, ist zu wünschen, daß sich die künftige I.- und B.forschung stärker als früher ihrer *gesellschaftlichen Verantwortung* bewußt wird. Das betrifft nicht nur die Verwertung und praktische Anwendung wissenschaftlicher Konzepte, sondern ebenso die Forschungsziele, d. h. die Auswahl der für bedeutsam gehaltenen Probleme. In diesem Zusammenhang kann man z. B. durchaus mit Skepsis registrieren, daß die *Hochbegabtenforschung* gegenwärtig aufgrund großzügiger staatlicher Förderung einen ausgesprochenen Boom erlebt (Heller/Feldhusen, 1986), während gleichzeitig die hoffnungsvoll begonnenen Programme zur *kompensatorischen Frühförderung* von Kindern aus sozial benachteiligten Schichten trotz nachweisbarer Effekte (Ramey et al., 1985; Masendorf/Klauer, 1986) in den Hintergrund treten.

Literatur

Anderson, J. R.: The architecture of cognition. Cambridge: Harvard University Press, 1983.

Baltes, P. B.: Intelligenz im Alter. Spektrum der Wissenschaft, 1984, H. 5, 46-60.

Bloom, B. S.: Stability and change in human characteristics. New York: Wiley, 1964. (Deutsch: Stabilität und Veränderung menschlicher Merkmale. Weinheim: Beltz, 1971).

Bredenkamp, J./Wippich, W.: Lern-und Gedächtnispsychologie. Stuttgart: Kohlhammer, 1977.

Brickenkamp, R. (Hrsg.): Handbuch psychologischer Tests. Göttingen: Hogrefe, 1975.

Cattell, R. B.: Abilities: Their structure, growth and action. Boston: Houghton Mifflin, 1971.

Conrad, W.: Intelligenzdiagnostik. In: Groffmann, K. J./Michel, L. (Hrsg.): Enzyklopädie der Psychologie. Themenbereich B, Serie II, Band 2. Göttingen: Hogrefe, 1983, 104-201.

Dörner, D.: Problemlösen als Informationsverarbeitung. (2. Aufl.) Stuttgart: Kohlhammer, 1979.

Dörner, D.: Denken, Problemlösen und Intelligenz. Psychologische Rundschau, 35, 1984, 10-20.

Dörner, D./Kreuzig, H. W.: Problemlösefähigkeit und Intelligenz. Psychologische Rundschau, 34, 1983, 185-192.

Dörner, D./Kreuzig, H. W./Reither, F./Stäudel, T.: Lohhausen: Vom Umgang mit Unbestimmtheit und Komplexität. Bern: Huber, 1983.

Eysenck, H. J.: The structure and measurement of intelligence. Berlin: Springer, 1979.

Groffmann, K. J.: Die Entwicklung der Intelligenzmessung. In: Groffmann, K. J./Michel, L. (Hrsg.): Enzyklopädie der Psychologie. Themenbereich B, Serie II, Band 2. Göttingen: Hogrefe, 1983, 1-103.

Groffmann, K. J./Michel, L. (Hrsg.): Intelligenz- und Leistungsdiagnostik. Enzyklopädie der Psychologie. Themenbereich B, Serie II, Band 2. Göttingen: Hogrefe, 1983.

Grubitzsch, S./Rexilius, G. (Hrsg.): Testtheorie – Testpraxis. Reinbek: Rowohlt, 1978.

Heller, K.: Intelligenz und Begabung. München: Reinhardt, 1976.

Heller, K. A./Feldhusen, J. F. (Eds.): Idenifying and nurturing the gifted. An international perspective. Bern: Huber, 1986.

Holzkamp, K.: Begabung – Intelligenz. In: Wulf, Ch. (Hrsg.): Wörterbuch der Erziehung. München: Piper, 1976.

Huber, G. L./Mandl, H. (Hrsg.): Verbale Daten. München: Urban & Schwarzenberg, 1982.

Im, H.-J.: Die Enwicklung eines europäischen Schlüsselwortes: Intelligenz und seine Bedeutung in der Wissenschaftssprache. Bonn: Universität, 1975 (Diss.).

Ingenkamp, K. (Hrsg.): Die Fragwürdigkeit der Zensurengebung. Weinheim: Beltz, 1971.

Jäger, A. O.: Dimensionen der Intelligenz. Göttingen: Hogrefe, 1967.

Jäger, A. O.: Intelligenzforschung: Konkurrierende Modelle, neue Entwicklungen, Perspektiven. Psychologische Rundschau, 35, 1984, 21-35.

Kamin, L. J.: The science and politics of IQ. New York: Wiley, 1974.

Keating, D. P.: The emperor's new clothes: The „new look" in intelligence research. In: Sternberg, R. J. (Ed.): Advances in the psychology of human intelligence. Vol. 2. Hillsdale: Erlbaum, 1984, 1-45.

Klix, F./Sydow, H.: Zur Psychologie des Gedächtnisses. Berlin: VEB, 1977.

Kluwe, R.: Wissen und Denken. Stuttgart: Kohlhammer, 1979.

Köstlin-Gloger, G.: Sozialisation und kognitive Stile. Weinheim: Beltz, 1974.

Krapp, A.: Zur Abhängigkeit der pädagogisch-psychologischen Diagnostik von Handlungs- und Entscheidungssituationen. In: Mandl, H./Krapp, A. (Hrsg.): Schuleingangsdiagnose. Göttingen: Hogrefe, 1978, 43-65.

Krapp, A.: Prognose und Entscheidung. Zur theoretischen Begründung und Differenzierung der pädagogisch-psychologischen Prognose. Weinheim: Beltz, 1979.

Krapp, A./Schiefele, H.: Lebensalter und Intelligenzentwicklung. Eine Analyse des Entwicklungsmodells von B. S. Bloom. München: Oldenbourg, 1976.

Krüger, K./Tröger, H.: Intelligenztests und ihre Anwendung im Bildungswesen. In: Schmid, R. (Hrsg.): Intelligenzforschung und pädagogische Praxis. München: Urban & Schwarzenberg, 1978, 120-160.

Langenheder, W.: Abschied vom IQ. Psychologie heute, 4, 1978, 28-36.

Leontjew, A. N.: Probleme der Entwicklung des Psychischen. Frankfurt: Fischer, 1973.

Lienert, G. A.: Testaufbau und Testanalyse. Weinheim: Beltz, 1967.

Lompscher, J.: Theoretische und experimentelle Untersuchungen zur Entwicklung geistiger Fähigkeiten. Berlin-Ost: Volk und Wissen, 1972.

Lukesch, H./Kleiter, G. T.: Die Darstellung der Faktorenanalyse. Darstellung und Kritik der Praxis einer Methode. Archiv für die gesamte Psychologie, 126, 1974, 265-307.

Magnusson, D./Endler, N. S. (Eds.):Personality at the crossroad. New York: Wiley, 1977.

Mandl, H./Huber, G. L. (Hrsg.): Kognitive Komplexität. Göttingen: Hogrefe, 1978.

Mandl, H./Spada, H. (Hrsg.): Wissenspsychologie. Eine Einführung. München: Urban & Schwarzenberg, 1987 (i. V.).

Mandl, H./Zimmermann, A.: Intelligenzdifferenzierung. Stuttgart: Klett, 1976.

Masendorf, F./Klauer, K. J.: Gleichheit und Verschiedenheit als kognitive Kategorien: Experimentelle Überprüfung durch ein Intelligenztraining bei lernbehinderten Kindern. Zeitschrift für Entwicklungspsychologie und Pädagogische Psychologie, 18, 1986, 46-55.

Merz, F./Kalveram, K. T.: Kritik der Differenzierungshypothese der Intelligenz. Archiv für die gesamte Psychologie, 117, 1965, 287-295.

Mischel, W.: Personality and assessment. New York: Wiley 1968.

Mischel, W.: Toward a cognitive social learning reconceptualization of personality. Psychological Review, 80, 1973, 252-283.

Newell, A./Simon, H. A.: Human problem solving. Englewood Cliffs: Prentice-Hall, 1972.

Oerter, R./Schuster, M.: Zur Entwicklung des Gedächtnisses. In: Oerter, R./Montada, L. (Hrsg.): Entwicklungspsychologie. München: Urban & Schwarzenberg 1982, 475-497.

Olbrich, E.: Erwachsenenalter und Alter. In: Oerter, R./Montada, L. (Hrsg.): Entwicklungspsychologie. München: Urban & Schwarzenberg 1982, 314-372.

Pawlik, K.: Modell- und Praxisdimensionen psychologischer Diagnostik. In: Pawlik, K. (Hrsg.): Diagnose der Diagnostik. Stuttgart: Klett, 1976, 13-43.

Pawlik, K. (Hrsg.): Multivariate Persönlichkeitsforschung. Bern: Huber, 1982.

Pellegriono, J. W./Glaser, R.: Cognitive components and correlates in the analysis of individual differences. Intelligence, 3, 1979, 187-214.

Piaget, J.: Psychologie der Intelligenz. Zürich: Rascher, 1947.

Piaget, J.: Piaget's Theory. In: Mussen, P. H. (Ed.): Carmichael's manual of child psychology. New York: Wiley 1970, 702-732. (Deutsch: Meine Theorie der Entwicklung. Frankfurt: Fischer, 1983).

Ramey, C. T./Bryant, D. M./Suarez, T. M.: Pre-school compensatory education and the modifiability of intelligence: A critical review. In: Dettermann, D. (Ed.): Current topics in human intelligence (Vol. 1). Norwood: Ablex 1985, 247-296.

Reese, H. W.: Gedächtnisentwicklung im Verlauf des Lebens: Empirische Befunde und theoretische Modelle. In: Montada, L. (Hrsg.): Brennpunkte der Entwicklungspsychologie. Stuttgart: Kohlhammer, 1979, 90-102.

Resnick, L. B. (Ed.): The nature of intelligence. Hilsdale: Erlbaum, 1976.

Roth, E./Oswald, W. D./Daumenlang, K.: Intelligenz. Stuttgart: Kohlhammer, 1972.

Royce, J. R.: Multivariate analysis and psychological theory. London: Academic Press, 1973.

Schaie, K. W.: Intelligenzwandel im Erwachsenenalter. Zeitschrift für Gerontologie, 3, 1980, 373-384.

Schmid, R.: Intelligenz- und Leistungsmessung. Geschichte und Funktion psychologischer Tests. Frankfurt: Campus, 1977.

Schmid, R.: Intelligenzforschung und pädagogische Praxis. München: Urban & Schwarzenberg, 1978.

Schneider, W.: The development of memory and metamemory in children. New York: Springer, 1987 (i. V.).

Schroder, H. M./Driver, M. J./Streufert, S.: Menschliche Informationsverarbeitung. Weinheim: Beltz, 1975.

Seidel, R./Ulmann, G.: Ansätze zu einem neuen Konzept der Intelligenz. In: Schmid, R. (Hrsg.): Intelligenzforschung und pädagogische Praxis. Müchen: Urban & Schwarzenberg 1978, 72-119.

Seiler, Th. B. (Hrsg.): Kognitive Strukturiertheit. Stuttgart: Kohlhammer, 1973.

Sève, L.: Marxismus und Theorie der Persönlichkeit. Frankfurt: Verlag Marxistische Blätter, 1972.

Sternberg, R. J.: Intelligence, information processing, and analogical reasoning: The componential analysis of human abilities. Hillsdale: Erlbaum, 1977.

Sternberg, R. J.: What should intelligence tests test? Implications of a triarchic theory of intelligence for intelligence testing. Educational Researcher, 13, 1984, 5-15.

Sternberg, R. J.: Beyond IQ: A triarchic theory of human intelligence. New York: Cambridge University Press, 1985.
Tuddenham, R. D.: Intelligence. In: Ebel, R. L. (Ed.): Encyclopedia of educational research. London: McMillan, 1969, 654-667.
Tyler, L. E.: The intelligence we test – an evolving concept. In: Resnick, L. B. (Ed.): The nature of intelligence. Hillsdale: Erlbaum, 1976, 13-26.
Ulich, D.: Theorien der pädagogischen Interaktion. Weinheim: Beltz, 1976.
Vernon, P. E.: The structure of human abilities. London: Methuen, 1961.
Wagner, R. K./Sternberg, R. J.: Alternative conceptions of intelligence and their implications for education. Review of Educational Research, 54, 1984, 179-223.
Weinert, F. E./Perlmutter, M. (Eds.): Memory development – universal changes and individual differences Hillsdale: Erlbaum, 1987 (i. V.).
Weinert, F. E./Waldmann, M. R.: Das Denken Hochbegabter – intellektuelle Fähigkeiten und kognitive Prozesse. Zeitschrift für Pädagogik, 31, 1985, 789-804.
Wessells, M. G.: Kognitive Psychologie. New York: Harper & Row, 1984.
Wimmer, H.: Gedächtnis, Gedächtnisentwicklung und schulisches Lernen. Unterrichtswissenschaft, 5, 1977, 14-22.

Interaktion

Carl F. Graumann

Das Wort I. ist ein Anglizismus für, allgemein gesprochen, *Wechselwirkung*. Als terminus technicus taucht I. in der Psychologie in drei Verwendungszusammenhängen auf: der Statistik, der differentiellen Psychologie, der Sozialpsychologie (soziale I.).

1 Interaktion in der Statistik

In der *statistischen Varianzanalyse* bezeichnet I. die Abhängigkeit einer Größe (z. B. einer abhängigen Variablen) von der Wechselwirkung, zumindest aber von zusammen vorkommenden Veränderungen von zwei oder mehr anderen Größen (z. B. unabhängigen Variablen), wobei im Extremfall reiner I. keiner der beiden (oder mehr) „unabhängigen" Faktoren, für sich genommen, einen Effekt auf die „abhängige" Größe ausübt. Der Effekt, der gleichwohl beobachtet wird, ist der (nicht-additiven) Beziehung zwischen den „unabhängigen" Größen zuzuschreiben (vgl. hierzu Eimer, 1978).

Diese Beziehung, formalisiert als $z = f(X, Y)$ ist in der Psychologie bekannt geworden durch Lewins problematische Gleichung $V = f(P, U)$, der gemäß Verhalten vom Zustand der Person und ihrer Umwelt abhängt. Allerdings sind P und U als „wechselseitig abhängige Variablen" zu sehen, d. h. als „*eine* Konstellation interdependenter Faktoren", auch „Lebensraum" genannt (Lewin, 1982, 376 f.). Da P und U als nicht voneinander unabhängige Variablen definiert sind, ist die zwischen ihnen vermutete I. eine andere als die zwischen unabhängigen Größen, wie sie das varianzanalytische Design annimmt.

2 Interaktion in der differentiellen Psychologie

In der differentiellen Psychologie und Persönlichkeitsforschung sollte die Berücksichtigung der I. von Person und Situation (bzw. Umwelt) einerseits naheliegend, wenn nicht selbstverständlich sein. Andererseits hat sich in den siebziger Jahren eine Kontroverse entwickelt zwischen zwei mutmaßlich konträren Sichtweisen (Personalismus vs. Situationismus), als deren Lösung ein *Interaktionismus* angeboten wurde. Als „Personalisten" wurden diejenigen kritisiert, die Persönlichkeit wesentlich über als weitgehend stabil angesetzte (dispositionale) Eigenschaften (traits) und deren

Struktur (Mischel, 1968, 1973) zu fassen versuchen und damit transsituative Konsistenz akzentuieren. Im Gegensatz dazu akzentuieren „Situationisten“, wie es schon die (behavioristischen) Lerntheoretiker (z. B. die Yale-Gruppe, bes. Dollard/Miller, 1950, sowie Skinner, 1973) waren, die Dominanz der (situativen) Reizkonstellation bzw. -kontingenz. Persönlichkeit wird in terminis von „habits“ und das heißt auf der Basis ihrer „Lerngeschichte“ bestimmt.

Gegen diese (selten rein anzutreffende) Einseitigkeit der Betrachtung, sei es der P- oder der U-Faktoren, wurden I.konzepte ins Spiel gebracht; so schon William Sterns (1935/1950) „Konvergenztheorie“ und Lewins „Feldtheorie“, deren zentrales Prinzip das der Interdependenz von P und U ist (s. o.). Der *moderne Interaktionismus* (Ekehammar, 1974; Endler/Magnusson, 1976; Magnusson/Endler, 1977) allerdings entstand erst als Reaktion auf die vor allem durch Mischel ausgelöste Personalismus-Situationismus-Kontroverse, hat aber, hierin Lewin ähnlich, das Problem der (person-)unabhängigen Situation nicht verbindlich gelöst (kritisch hierzu Graumann, 1975; Hyland, 1984; Amelang/Bartussek, 1986.). Nach wie vor ist die inzwischen vielfach bemühte multiplikative I.formel V = f (P X S) nur dann empirisch einlösbar, wenn P $\neq$ S.

3 Soziale Interaktion

3.1 *Grundbegriff und Theoriebezug*

Als das zwischen einzelnen und zwischen Gruppen stattfindende Handeln bzw. als aufeinander bezogene Tätigkeit ist soziale I. ein Grundtatbestand des Zusammenlebens von Lebewesen. Dabei markieren über die Arten hinweg Geschlechterdifferenzierung, Funktions- bzw. Arbeitsteilung und unterschiedliche Formen von sozialen Verbänden auch unterschiedliche Typen und Ausmaße sozialer I. Im folgenden soll nur von menschlicher I. die Rede sein.

Als Bezeichnung für einen elementaren sozialen Sachverhalt ist der Begriff „soziale Interaktion“ – analog dem Begriff des Verhaltens – weniger ein deskriptiver Term als ein theoretisches Konstrukt. Je nach gesellschaftlicher Theorie kommt der sozialen I. eine andere Bedeutung zu und werden andere Methoden der Analyse nahegelegt. Für die Sozialpsychologie i. w. S. sind drei entsprechende Theorieklassen hier relevant:

1. Eher im soziologischen als im psychologischen Verständnis von Sozialpsychologie beheimatet und hier nur genannt, sind Theorien, die den *Primat der Gesellschaft* (des sozialen Systems, der Gruppe) vor dem einzelnen betonen. Soziale I. ist entsprechend die verhaltensmäßige Realisation von objektiven gesellschaftlich vorgegebenen Normen und Rollen, die sich vor allem in Norm- bzw. Rollenkonformität oder Devianz äußert. Methodologisch wird soziale I. im Rahmen des „normativen Paradigmas“ (Wilson, 1973) als durch Rollenerwartungen bestimmtes Handeln beschrieben und erklärt.
2. Gegenüber dieser soziozentrierten Betrachtungsweise präferieren die Vertreter einer psychologischen Sozialpsychologie den *individuozentrierten Ansatz*. Soziale I. ist demgemäß dasjenige Verhalten von zwei oder mehr Individuen, das sie in bezug auf andere oder auch nur in purer Kontingenz mit anderen Individuen aktualisieren. Wenn als „sozial“ dasjenige Verhalten bezeichnet wird, das bei einem Individuum durch das Verhalten eines anderen ausgelöst wird, dann ist soziale I. eine Sequenz solcher Verhaltensweisen. Als Mindestdefinition sozialer I. findet sich entsprechend (a) bei Thibaut und Kelley (1959, 10), daß zwei Individuen dann in I. stehen, wenn sie „Verhalten in Gegenwart des anderen äußern, Produkte füreinander erzeugen oder miteinander kommunizieren“; oder (b) bei Triandis (1977, 39): „Wenn P agiert und O reagiert, dann wird das eine *Interaktion* genannt“. Im ersten Fall (a) genügt die pure raumzeitliche Kontiguität zweier Verhaltensweisen (von P bzw. O); im zweiten Fall (b) muß nachgewiesen werden, daß O's Verhalten eine Reaktion auf P's Verhalten ist, damit von sozialer I. die Rede sein darf. Zu einem derartigen streng individuenzentrierten Ansatz kann dann noch die Annahme hinzutreten, daß aus den so verstandenen sozialen I.en soziale Systeme (von der Kleingruppe bis zur Gesamtgesellschaft) entstehen (so etwa Homans, 1978). Methodisch fällt die Analyse sozialer I. beim individuenzentrierten Ansatz mit der Verhaltensanalyse zusammen.
3. Zwischen diesen beiden Ansätzen hat sich von den Anfängen der Sozialpsychologie an eine dritte Klasse von Theorien der sozialen I. herausgebildet, die sich auf deren *Wechselwirkungs*charakter und die *Produkte sozialer Wechselwirkung* konzentrieren. Auch hier sind unterschiedliche Theoriestränge erkennbar unter unterschiedlichen Bezeichnungen. Schon die als Proto-Sozialpsychologie geltende Völkerpsychologie Wundts sollte im Unterschied zur (streng individuenzentrierten) Allgemeinen („Physiologischen“) Psychologie den Menschen berücksichtigen „in allen den Beziehun-

gen, die über die Grenze des Einzeldaseins hinausreichen und auf die geistige Wechselwirkung als ihre allgemeine Bedingung zurückführen" (Wundt, 1975, I, 1). Als (kulturelle) Produkte dieser Wechselwirkung sind geistige Erzeugnisse von allgemeingültigem Wert (ebda.) wie Sprache, Mythos, Religion, Sitte und Recht Gegenstände dieser Kultur- und Sozialpsychologie. Sie blieb für die Psychologie programmatisch, während Soziologen schon sehr früh ihre Konzeption von Sozialpsychologie auf soziale I. fundierten. Selbst E. A. Ross (1908), der eines der ersten Lehrbücher der Sozialpsychologie schrieb und, angeregt durch Tardes „Gesetze der Imitation" (Tarde, 1895), mehr an der sozialen Gleichförmigkeit als an der Mannigfaltigkeit sozial konstituierter Formen interessiert, reservierte die Sozialpsychologie für das Studium von „uniformities due to *social* causes, i.e., to *mental contacts* or *mental interactions*" (1908, 3). Sozialpsychologie sollte „Interpsychologie" sein vom „interplay of minds". Wie diese mentale I. zu verstehen ist, erklärte Ross noch durch das Wechselspiel von Suggestion und Imitation. Es war dann G. H. Mead, der, kritisch an Wundts Theorie der Lautgebärden anschließend, seine einflußreiche Theorie der symbolvermittelten I. entwickelt hat (Mead, 1973, 1980), die ihrerseits zu den verschiedenen Spielarten des seit Blumer (1969) so genannten *symbolischen Interaktionismus* geführt hat. Ungleich dem mit objektiven sozialen Tatsachen operierenden normativen Paradigma gehört es zur Annahme der Hauptvarianten des Interaktionismus, daß soziale I. selbst ein interpretativer Prozeß, nämlich Kommunikation ist, in dem die Bedeutungen allererst gebildet bzw. verändert und Situationen interaktiv „definiert" werden. Die methodologische Konsequenz, die von allen Vertretern einer Verstehenden (phänomenologischen bzw. hermeneutischen) Sozialwissenschaft aus dem „interpretativen Paradigma" (Wilson) gezogen wird, ist die primär interpretierende Arbeitweise (z. B. Schütz, 1932, 1960; Garfinkel, 1967; Berger/Luckmann, 1969; Goffman, 1971, 1981; Soeffner, 1984).

Für die gegenwärtige Sozialpsychologie sind zwei Konzeptionen sozialer I. von besonderer Bedeutung: (1) der austauschtheoretische und (2) der situationsanalytische Ansatz.

3.2 Soziale Interaktion als Austausch und Kontrolle

Die Grundannahme dieses vor allem von Kelley und Thibaut (Thibaut/Kelley, 1959; Kelley/Thibaut, 1978; Kelley, 1979) vertretenen Ansatzes ist utilitaristisch: Individuen treten in I.en und interpersonale Beziehungen ein, um daraus Nutzen ziehen zu können. Die psychologische Rahmentheorie ist eine Variante des Bekräftigungsmodells: Die Wahrscheinlichkeit, daß A in Gegenwart von B bzw. B vis-à-vis A ein bestimmtes Verhalten zeigt, ist eine Funktion der Verhaltenskonsequenzen in terminis von Nutzen (reward) und Kosten (cost). Dabei wird Nutzen psychologisch als Befriedigung, Kosten als Verhalten erschwerender (Energie-)Aufwand konzipiert. Aus der Logik des Ansatzes ergibt sich, daß z. B. in der Dyade der eine den Nutzen des anderen in Rechnung stellen muß, um den eigenen dauerhaft zu optimieren. Vorzugsweise für die dyadische I. haben Thibaut und Kelley mit Hilfe sogenannter Ergebnismatrizen für die Bewertung von Ergebnissen (outcomes) sozialer I. zwei Standards entwickelt:

a) Nach dem „Vergleichsniveau" (CL für „comparison level") bewertet der einzelne die Attraktivität einer sozialen I. nach dem, was er aus seinen bisherigen diesbezüglichen Erfahrungen glaubt erwarten und beanspruchen zu können. Die Analogie des Vergleichsniveaus zum Anspruchsniveau und zum Adaptationsniveau ist beabsichtigt.
b) Der andere Standard ist das „Vergleichsniveau für Alternativen" (CL_{alt} für „comparison level for alternatives") und gestattet die Bewertung nach dem mittleren „Ergebnis", das die beste alternative soziale I. und Beziehung erwarten läßt. Ist nichts Besseres in Sicht, bleibt die gegenwärtige soziale I. „attraktiv", selbst wenn sie ein ungünstiges Nutzen-Kosten-Verhältnis aufweist, d. h. psychologisch nicht befriedigend ist.

Aus der Ergebnisorientierung bei der Wahl von Verhaltensweisen (aus einem gegebenen „Verhaltensrepertoire") resultiert die Möglichkeit, die Ergebnisse des anderen zu „kontrollieren", genauer: sie zu steuern zu versuchen. Insofern ist diese Konzeption von sozialer I. im Kontext von *Macht* und *Abhängigkeit* zu sehen, wobei Macht die Fähigkeit ist, die Qualität der „Ergebnisse" des anderen zu beeinflussen, Abhängigkeit die Unmöglichkeit, das Unbefriedigende einer sozialen I. zu verbessern bzw. die Beziehung zu verlassen. Thibaut und Kelley haben eine „Taxonomie" so definierter Macht entwickelt, die weniger forschungsproduktiv als sozialpsychologisches Lehrgut geworden ist: Bei der „Schicksalskontrolle“ beeinflußt der eine das Verhaltensergebnis des anderen, gleich was der andere tut. Bei der „Verhaltenskontrolle“ kann der eine es für den anderen lohnend erscheinen lassen, ein bestimmtes Verhalten zu aktualisieren, und umgekehrt („wechselseitige Verhaltenskontrolle“). „Kontaktkontrolle“ – eine Ergänzung von Jones und Gerard (1967) – liegt vor, wenn die Verhaltensergebnisse des einen nicht durch spezifische Verhaltensmuster des anderen, sondern durch dessen pure Präsenz beeinflußt werden. Später haben Kelley und Thibaut (1978; vgl. Kelley, 1979) noch das Konzept der „reflexiven Kontrolle“, also einer Selbststeuerung der eigenen Verhaltensergebnisse eingeführt. Während der ursprüngliche Ansatz nur querschnittliche I.bestimmungen für einen bestimmten Zeitpunkt gestattete, ist durch die Weiterentwicklung der „Theorie der Interdependenz“ auch die „Transformation“ von Matrizen, die Ausweitung auf triadische Interdependenzen thematisch geworden. Die stärkere Berücksichtigung der interpersonalen Beziehungen hat in den neueren Arbeiten zur Einbeziehung der Attribution von „interpersonalen Dispositionen“ geführt (vgl. bes. Kelley, 1979). Der ursprünglich stark utilitaristische und hedonistische Charakter des Austauschkonzepts der sozialen I. ist damit im Sinne eines Eklektizismus relativiert worden, während die Individuenzentriertheit durch die vorgenommenen Differenzierungen unberührt geblieben ist.

Weitere austauschtheoretische Ansätze zum Verständnis sozialer I. haben Homans (1968) und Blau (1964) vorgelegt. Weiterführende und kritische Literatur vgl. vor allem Chadwick-Jones (1976) und Gergen et al. (1980).

3.3 Soziale Interaktion als symbolvermittelte

Eng mit den Namen von G. H. Mead und dessen kritischer Wundtrezeption (Mead, 1973, 1980; zur Beziehung Meads zu Wundt vgl. Joas, 1980; Graumann, 1984) verbunden ist der Begriff der „symbolischen Interaktion“, obwohl der Begriff des *„symbolischen Interaktionismus“* erst nach Meads Tod von H. Blumer (1969) geprägt worden ist. Das von Wundt übernommene Ausgangsbeispiel sind die Lautgebärden, die Lebewesen in einer gemeinsamen Situation austauschen. Während Wundt die expressive Funktion solcher Gebärden betonte, sah Mead sie mehr als synkopierte Handlungen, die (als Reaktionen) Reize für das andere Lebewesen darstellen. Sie haben Zeichenfunktion und in ihrer Beziehung auf andere „Bedeutung“ (Mead, 1980, 207). Die Bedeutung einer Gebärde, allgemein: einer Handlung, ist prinzipiell soziale, d. h. interpersonal geteilte Bedeutung. Sie wird zum „signifikanten Symbol“, wenn der Handelnde sich selbst das anzeigt, was er anderen anzeigt. Interagierende konstruieren („definieren“) so die Situation, der entsprechend sie handeln. (Zur „Definition der Situation“ vgl. den Überblick von Stebbins, 1985).

Die so verstandene Situation ist einerseits nicht objektiv und passiv vorgegeben, sondern wird interaktional „ausgehandelt“ als das und das bedeutend. Andererseits ist sie in ihrer geteilten Bedeutung nicht bloß „subjektiv“, sondern real als das, wozu sich die jeweiligen Akteure verhalten. Es ist einer der Grundsätze des späteren symbolischen Interaktionismus (wie auch der Phänomenologischen Psychologie), daß wir uns Bedeutungen gegenüber, nicht Reizen gegenüber, verhalten (Blumer, 1969). Systematische Sozialpsychologien aus der Perspektive des symbolischen Interaktionismus haben Lindesmith und Strauss (1974) und Stone und Farbermann (1970) vorgelegt.

In der weiteren Tradition, die auf Mead zurückzuführen ist, stehen alle die Mikrosoziologen und Sozialpsychologen, die sich um die Identifikation und Bedingungsanalyse derjenigen I.muster (-rituale, -strategien) bemüht haben, in denen sich unser *alltägliches Sozialleben* vollzieht. Vor allem Erving Goffman hat in seinen Arbeiten die ungeschriebenen Regeln typischer sozialer Situationen und I.muster herausgearbeitet (z. B. Goffman, 1971, 1981). Die Nähe dieser Analysen zu denen der phänomenologisch orientierten Soziologie (Schütz, 1932/1960; Berger/Luckman, 1969) ist unverkennbar.

Als eine Technik, die „ungeschriebenen Gesetze“ sozialer I.en, Rituale, Situationen deutlich zu machen, hat Garfinkel (1967) im Rahmen der von ihm initiierten *Ethnomethodologie* den methodischen Verstoß gegen solche Regeln eingesetzt; viele Regeln und Rituale werden den sie Befolgenden erst bewußt, wenn sie verletzt werden. I.en als gemeinsames, z. B. auf Rollen verteiltes Befolgen von Regeln aufzufassen, ist die zentrale Perspektive des von Harré und Secord entwickelten *„ethogenen“* Ansatzes (Harré, 1979; Harré/Secord, 1972). Gemeinsam ist allen diesen Ansätzen das vorrangige Interesse am sozialen Handeln, d. h. (in der ursprünglich Weberschen Konzeption) an einem *sinnhaften* und auf das Verhalten *anderer* bezogenen und daran orientierten Handeln (Weber 1960). Sie stehen deshalb auch den Handlungstheorien näher als den Verhaltens- und Kognitionstheorien, was sowohl methodologische Konsequenzen hat (geringere Bedeutung der experimentellen Methode) wie inhaltliche (stärkere Beachtung der Sprache).

3.4 Soziale Interaktion als Forschungsprogramm

Als Forschungsgegenstand der Sozialpsychologie ist soziale I. oft benannt worden, auch wenn in der Regel das Verhalten und die Kognitionen des Individuums der tatsächliche Gegenstand waren und sind. Seit jedoch im Rahmen der Selbstkritik, vor allem im Krisendiskurs der siebziger Jahre, die Forderung nach einer „sozialeren“ Sozialpsychologie laut wurde, ist die stärkere Berücksichtigung des Interaktionalen und der I.analyse ein ständiger Programmpunkt geworden, von dessen Verwirklichung sich einige Sozialpsychologen eine Veränderung der allzu „individualistischen“ Sozialpsychologie erwarten. Das gilt in erster Linie für die soziologisch trainierten Sozialpsychologen (z. B. Stryker/Statham, 1985), aber auch für die psychologisch ausgebildeten (z. B. Argyle, 1972). Noch mag es eine offene Frage sein, ob sich die Scheu des Psychologen vor der wissenschaftlichen Untersuchung der sozialen I. als solcher verringert (hierzu Graumann, 1979). Wichtig ist, daß eine Methodologie der I. entwickelt wird, die über die noch problematischen Anfänge (z. B. Bales, 1972; Bales/Cohen, 1982) hinausgeht (z. B. Bakeman/Gottman, 1986; Duncan/Fiske, 1977; Lamb et al., 1979; Winkler, 1981) und vor allem bei der Analyse von I.sequenzen auch sprachliche I. (Kommunikation) zu erfassen vermag (Dialog- bzw. Konversationsanalyse) (vgl. hierzu Argyle et al., 1981). In diesem Bereich durchdringen sich zur Zeit Forschungstrends aus Psychologie, Soziologie, Pragmalinguistik und Kommunikationsforschung.

Literatur

Amelang, M./Bartussek, D.: Differentielle Psychologie und Persönlichkeitsforschung (2. Aufl.). Stuttgart: Kohlhammer, 1986.

Argyle, M.: Soziale Interaktion (Übers. v. R. Arlt). Köln: Kiepenheuer & Witsch, 1972.

Argyle, M./Furnham, A./Graham, J. A.: Social situations. Cambridge: Cambridge University Press, 1981.

Bakeman, R./Gottman, J. M.: Observing interaction. An introduction to sequential analysis. Cambridge: Cambridge University Press, 1986.

Bales, R. F.: Die Interaktionsanalyse: Ein Beobachtungsverfahren zur Untersuchung kleiner Gruppen. In: König, R. (Hrsg.): Beobachtung und Experiment in der Sozialforschung (8. Aufl.). Köln: Kiepenheuer & Witsch 1972, 148-167.

Bales, R. F./Cohen, S. P.: Symlog (Übers. v. J. Schneider/P. Orlik). Stuttgart: Klett-Cotta, 1982.

Berger, P. L./Luckmann, Th.: Die gesellschaftliche Konstruktion der Wirklichkeit. Frankfurt: Fischer, 1969.

Blau, P. M.: Exchange and power in social life. New York: Wiley, 1964.

Blumer, H.: Symbolic interactionism, perspective and method. Englewood Cliffs, N. J.: Prentice-Hall, 1969.

Chadwick-Jones, J. K.: Social exchange theory: Its structure and influence in social psychology. New York: Academic Press, 1976.

Dollard, J./Miller, N. E.: Personality and psychotherapy: An analysis in terms of learning, thinking and culture. New York: McGraw-Hill, 1950.

Duncan, S./Fiske, D. W.: Face-to-face interaction. Hillsdale, N. J., 1977.

Eimer, E.: Varianzanalyse. Stuttgart: Kohlhammer, 1978.

Ekehammar, B.: Interactionism in personality from a historical perspective. Psychological Bulletin, 81, 1974, 1026-1048.

Endler, N. S./Magnusson, D.: Toward an interactional psychology of personality. Psychological Bulletin, 83, 1976, 957-974.

Furnham, A. (Ed.): Social behavior in context. Boston: Allyn & Bacon, 1985.

Garfinkel, H.: Studies in ethnomethodology. Englewood Cliffs, N. J.: Prentice-Hall, 1967.

Gergen, K. J./Greenberger, M. S./Willis, R. H. (Eds.): Social exchange: Advances in theory and research. New York: Plenum, 1980.

Goffman, E.: Interaktionsrituale. Frankfurt: Suhrkamp, 1971.

Goffman, E.: Strategische Interaktion. München: Hauser, 1981.

Graumann, C. F.: Interaktion und Kommunikation. In: Graumann, C. F. (Hrsg.): Sozialpsychologie, Handbuch der Psychologie. Bd. 7/2, 1109-1262. Göttingen: Hogrefe, 1972.

Graumann, C. F.: Person und Situation. In: Lehr, U./ Weinert, F. E. (Hrsg.): Entwicklung und Persönlichkeit. Stuttgart: Kohlhammer, 1975, 15-24.

Graumann, C. F.: Die Scheu des Psychologen vor der Interaktion: Ein Schisma und seine Geschichte. Zeitschrift für Sozialpsychologie, 10, 1979, 284-304.

Graumann, C. F.: Wundt-Mead-Bühler. Zur Sozialität und Sprachlichkeit menschlichen Handelns. In: Graumann, C. F./ Herrmann, Th. (Hrsg.): Karl Bühlers Axiomatik. Frankfurt: Klostermann, 1984.

Harré, R.: Social being: A theory for social psychology. Oxford: Blackwell, 1979.

Harré, R./Secord, P.: The explanation of social behaviour. Oxford: Blackwell, 1972.

Homans, G. C.: Elementarformen sozialen Verhaltens. Köln: Westdeutscher Verlag, 1968.

Homans, G. C.: Theorie der sozialen Gruppe (7. Aufl.). Opladen: Westdeutscher Verlag, 1978.

Hyland, M. E.: Interactionism and the person x situation debate. In: Royce, J. R./Mos, L. P. (Eds.): Annals of theoretical psychology. Vol. 2. New York, Plenum Press, 1984, 303-328.

Joas, H.: Praktische Intersubjektivität. Die Entwicklung des Werks von George Herbert Mead. Frankfurt: Suhrkamp, 1980.

Jones, E. E./Gerard, H. B.: Foundations of social psychology. New York: Wiley, 1967.

Kelley, H. H.: Personal relationships: Their structure and processes. Hillsdale, N. J.: Erlbaum, 1979.

Kelley, H. H./Thibaut, J. W.: Interpersonal relations – A theory of interdependence. New York: Wiley, 1978.

Lamb, M. E./Suomi, S. J./Stephenson, G. R. (Eds.): Social interaction analysis. Methodological issues. Madison: University of Wisconsin Press, 1979.

Lewin, K.: Verhalten und Entwicklung als Funktion der Gesamtsituation. In: Weinert, F. E./Gundlach, H. (Hrsg.): Psychologie der Entwicklung und Erziehung. Kurt-Lewin-Werkausgabe (hrsg. von C. F. Graumann), Bd. 6. Bern: Huber/ Stuttgart: Klett-Cotta, 1982, 375-448.

Lindesmith, A. R./Strauss, A. L.: Symbolische Bedingungen der Sozialisation. 2 Bde. Düsseldorf: Schwann, 1974.

Magnusson, D./Endler, N. S. (Eds.): Personality at the crossroads. Hillsdale, N. J.: Erlbaum, 1977.
Mead, G. H.: Geist, Identität und Gesellschaft. Frankfurt: Suhrkamp, 1973.
Mead, G. H.: Gesammelte Aufsätze. Bd. 1 (hrsg. von H. Joas). Frankfurt: Suhrkamp, 1980.
Mischel, W.: Personality and assessment. New York: Wiley, 1968.
Mischel, W.: Toward a cognitive social learning reconceptualization of personality. Psychological Review, 80, 1973, 252-283.
Ross, E. A.: Social psychology. New York: Macmillan, 1908.
Schütz, A.: Der sinnhafte Aufbau der sozialen Welt. Eine Einleitung in die verstehende Soziologie. Wien: J. Springer, 1932/1960.
Skinner, B. F.: Wissenschaft und menschliches Verhalten. München: Kindler, 1973.
Soeffner, H.-H. (Hrsg.): Beiträge zu einer Soziologie der Interaktion. Frankfurt: Campus, 1984.
Stebbins, R. A.: The definition of the situation. In: Furnham, A. (Ed.): Social behavior in context. Boston: Allyn & Bacon, 1985, 134-154.
Stern, W.: Allgemeine Psychologie auf personalistischer Grundlage (2. unveränd. Aufl.). Haag: Nijhoff 1950. (1. Aufl. 1935).
Stern, G. G.: B = f (P, E). Journal of Personality Assessment, 28, 1964, 161-168.
Stone, G. P./Farberman, H. A. (Eds.): Social psychology through symbolic interaction. Waltham, Mass.: Ginn-Blaisdell, 1970.
Stryker, S./Statham, A.: Symbolic interaction and role theory. In: Lindzey, G./Aronson, E. (Eds.): Handbook of Social Psychology (3rd. ed.). Vol. I. New York: Random House, 1985, 311-378.
Tarde, G.: Les lois de l'imitation (2ème éd.). Paris: Alcan, 1895.
Thibaut, J. W./Kelley, H. H.: The social psychology of groups. New York: Wiley, 1959.
Triandis, H. C.: Interpersonal behavior. Monterey: Brooks/Cole, 1977.
Weber, M.: Soziologische Grundbegriffe (2. Aufl.). Tübingen: Mohr (Siebeck) 1960.
Wilson, T. P.: Theorien der Interaktion und Modelle soziologischer Erklärung. In: Arbeitsgruppe Bielefelder Soziologen (Hrsg.): Alltagswissen, Interaktion und gesellschaftliche Wirklichkeit. Bd. 1. Reinbek: Rowohlt, 1973, 54-79.
Winkler, P. (Hrsg.): Methoden und Analysen von face-to-face-Situationen. Stuttgart: Metzler, 1981.
Wundt, W.: Völkerpsychologie – Eine Untersuchung der Entwicklungsgesetze von Sprache, Mythos und Sitte. Bd. 1: Die Sprache, Teil 1. (Neudruck der 3. Aufl.). Aalen: 1975.

Interkulturelle Psychologie

Bernhard Floßdorf

Daß den menschlichen Wahrnehmungs-, Denk- und Gedächtnisleistungen kulturell produzierte Muster zugrundeliegen, ist längst ein Gemeinplatz humanwissenschaftlicher Erkenntnis. Die Frage, wie diese Muster beschaffen sind und wie sie sich auf die mentalen oder kognitiven Prozesse auswirken, steht im Zentrum der I. P.

Im angelsächsischen Sprachraum, ihrem eigentlichen Verbreitungsgebiet, firmiert die I. P. unter verschiedenen Arbeitstiteln wie etwa „cross-cultural psychology", „culture & cognition research", „cognitive anthropology" etc. An der Vielfalt der Titel wird bereits deutlich, daß die I. P. keine eigenständige Teildisziplin der Psychologie ist. Vielmehr handelt es sich bei ihr um eine kaum institutionalisierte Kooperation zwischen zwei etablierten Disziplinen: der *Kognitiven Psychologie* und der *Ethnologie* bzw. *Kulturanthropologie*.

Im Sinne eines systematischen Kulturvergleichs auf empirischer Basis ist die I. P. relativ jung. Ihre historischen Vorläufer, und damit die Genese ihrer heutigen Problemstellungen und Forschungsmethoden, lassen sich im wesentlichen unter zwei Stichworten rekonstruieren: *Kultureller Evolutionismus* und *Kultureller Relativismus*.

1 Kultureller Evolutionismus

Der Begriff der Evolution steht für eine der entscheidenden Neuerungen des 19. Jahrhunderts. Zunächst stammt dieser Begriff aus der Biologie und ist hier mit den Lehren von Jean Baptiste de Lamarck (1744-1829) und Charles Darwin (1809-1882) verknüpft. Die allgemeine Evolutionslehre besagt, daß das Leben sich allmählich im Laufe der Erdgeschichte zu seiner heutigen Formenvielfalt entwickelt hat. Alle von der Natur hervorgebrachten Arten sind Glieder der einen umfassenden *Kette des Lebens;* sie alle sind miteinander verwandt. Eine jede von ihnen steht in der *Linie* ihrer Ahnen und Urahnen und ist somit selbst womöglich nur ein kurzlebiges naturgeschichtliches Intermezzo, Vorläufer einer kommenden Spezies.

Diese allgemeine Evolutionslehre erscheint uns heute selbstverständlich. Doch sollten wir nicht vergessen, daß die Naturforschung noch im 18. Jahrhundert den biblischen Schöpfungsbericht weitestgehend beim Wort nimmt und davon ausgeht, daß alle Lebewesen, „ein jegliches nach seiner Art", in dem einmaligen göttlichen Schöpfungsakt erschaffen worden sind. Die vorevolutionistische Naturauffassung ist durchweg statisch; sie unterstellt eine vom Schöpfergott präformierte und prästabilisierte Ordnung. Mit dem kolonialistischen Expansionsdrang von Europa nach Übersee gerät diese *Präformationstheorie* jedoch zusehends unter Erfahrungsdruck: Aus immer entfernteren Gefilden gelangen immer kuriosere Naturerscheinungen zur Kenntnis; und vor allem gelangen mit den ersten Funden organischer Fossilien Lebewesen ins Bewußtsein der Naturforschung, die längst ausgestorben sind und von denen man annehmen muß, daß sie die Ahnen heutiger Lebensformen sind.

Die neue Evolutionslehre hätte sich freilich nicht so schnell durchsetzen können, wenn sie nicht auch außerhalb der Naturforschung auf fruchtbaren ideologischen Boden gefallen wäre. Lange vor Darwin und Lamarck kreiert die Gesellschaftstheorie eine Fülle quasi-evolutionärer *Stadien-Modelle* der kulturellen Entwicklung; Modelle, denen zufolge ganz selbstverständlich Europa die absolute Spitze der menschlichen Kulturentwicklung darstellt (Harris, 1969). Dieser Gesellschaftstheorie erscheint die biologische Evolutionslehre als willkommener „Beweis" für ihren eurozentrischen Blick: Alle außereuropäischen Kulturen sind quasi-naturgeschichtliche Frühformen der Zivilisation, beim Vormarsch der Evolution auf der Strecke geblieben, gleichsam lebende Fossilien.

Herbert Spencer(1820-1903) ist einer der ersten, die nun auch das intellektuelle oder kognitive Potential des Menschen in das kulturevolutionistische Stufenmodell eingliedern. Mit der Generosität des Gentleman sieht er die höchstmögliche Stufe der geistigen Entwicklung in England erreicht und attestiert im übrigen „den niederen Wilden", daß sie „über die Zahl ihrer Finger hinauszuzählen unfähig" seien.

Einschätzungen dieser Art finden sich bei nahezu allen sozial- und kulturwissenschaftlichen Autoren jener Zeit. Sie bilden den ideologischen Hintergrund, vor welchem die Ethnologie und die Psychologie sich als eigenständige Disziplinen zu etablieren beginnen.

Sir Edward Burnett Tylor (1832-1917), der vielfach der „Vater" der modernen Ethnologie genannt wird, entwickelt in seinem zweibändigen Hauptwerk von 1871, *Primitive Culture,* das Konzept des *animistischen Denkens,* einer Denkungsart, die zwar in sich konsistent sei, die aber zu wesentlichen Teilen auf Sinnestäuschungen beruhe, vor allem insofern sie Traum- und Visionserlebnisse als authentische Wirklichkeit ernstnehme. Und Wilhelm Wundt (1832-1920), „Vater" der modernen Psychologie, verfeinert dieses Konzept zu einer nicht weniger als zehn Bände umfassenden *Völkerpsychologie,* erschienen von 1900 bis 1920 (Beuchelt, 1974).

Seinen Höhepunkt erreicht der Kulturevolutionismus indessen erst mit den Anfängen der Entwicklungspsychologie und deren „Rekapitulationsthese". Von dem Zoologen Ernst Haeckel (1834-1919) stammt das *Biogenetische Grundgesetz,* demzufolge der Entwicklungs- oder Reifeprozeß eines jeden Einzelwesens, die *Ontogenese,* eine gleichsam im Zeitraffer komprimierte Wiederholung der Entwicklung der Spezies, der *Phyologenese,* darstelle. Der Psychologe Stanley Hall (1846-1924) leitet daraus das *Psychogenetische Grundgesetz* her: Auch die geistige Entwicklung des menschlichen Individuums wiederhole die Entwicklung der Gattung. Fortan verharren die „primitiven" Kulturen hinsichtlich ihrer intellektuellen Fähigkeiten auf einem Entwicklungsniveau, das dem der Kinder der „Zivilisierten" entspricht. Die bekannteste Variation über dieses Thema ist *Totem und Tabu* von Sigmund Freud (1856-1939): Der Begründer der Psychoanalyse erkennt im naturvölkischen *Animismus* die menschheitsgeschichtliche Analogie zum frühkindlichen *Narzißmus.*

2 Kultureller Relativismus

Nachklänge des *Kulturevolutionismus* finden sich noch heute in einzelnen Ansätzen zur *Ethnopsychoanalyse* (Heinrichs,1981) sowie im Umkreis des entwicklungspsychologischen Monumentalwerks von Jean Piaget (1896-1980) (Hallpike, 1984). Indessen sind schon zu Beginn des Jahrhunderts ideologiekritische Töne gegen den Evolutionismus laut geworden. Bereits 1911 opponiert Franz Boas (1858-1942) gegen die ideologischen Vorstellungen von den strukturellen Defiziten des „wilden Denkens": Die Ethnologie solle endlich aufhören, so zu tun, als sei ihr Gegenstand der exotische „exceptional man" – erste Regungen dessen, was später dann *Kultureller Relativismus* genannt wird (Rudolph, 1968).

Dessen wichtigstes begriffliches Fundament stammt von Ruth Benedict (1887-1948), einer Schülerin von Boas. Kulturen beschreibt Benedict als „patterns" oder „Konfigurationen", als in sich geschlossene Schemata der Wirklichkeitskonstruktion, die letztlich „inkommensurabel", d. h. miteinander nicht vergleichbar, weil im Verhältnis zueinander irrational seien (Benedict, 1946). Sie führt damit ein zentrales Argument der *Ge-*

staltpsychologie, vor allem deren Erkenntnisse im Hinblick auf die sog. Inversions- oder Kippfiguren, in die Kulturbetrachtung ein.

Wie sich nämlich anhand dieser gleichsam zweideutigen Bilder aufzeigen läßt, sind die Inhalte der Wahrnehmung nicht eindeutig auf die jeweils äußerlich gesetzten „stimuli" zu beziehen; ein und derselbe „stimulus" führt zu zwei unterschiedlichen Wahrnehmungsinhalten, die beide gleichermaßen „richtig" oder „realitätsgerecht" sind, wiewohl sie sich gegenseitig ausschließen. Es muß also, so die gestaltpsychologische Folgerung, die später dann von der *Kognitiven Psychologie* weiter ausgeführt wird (Neisser, 1974), dem äußeren „Rohmaterial" ein innerer „Verarbeitungsplan" begegnen. Niemals ist Wahrnehmung eine sozusagen originalgetreue Aufnahme der Außenwelt, wie dies zuvor die empiristische Psychologie behauptet hat. Wahrnehmung ist vielmehr ein konstruktiver Prozeß: Konstruktion der Realität durch das wahrnehmende Subjekt.

Auf die Kulturtheorie übertragen, heißt dies: Jede Kultur ist gleichsam ein wahrnehmendes Kollektivsubjekt, das seine eigene Realität konstruiert. Was der Konstruktionsplan der einen Kultur als „wirklich" definiert, mag nach demjenigen einer anderen als „unwirklich" gelten. Argumentation um „richtig" oder „falsch" ist hier müßig. Das animistische Weltbild der außereuropäischen Kulturen ist nicht mehr und nicht weniger „realitätsgerecht" als das mechanistische der Europäer.

Eingebettet ist der *Kulturrelativismus* in ein gesellschaftliches Umfeld, das durch die Erschütterung althergebrachter Wirklichkeitskonstruktionen gekennzeichnet ist. Erwähnt seien hier nur die Physik, die mit ihren Relativitätstheorien das mechanistische Weltbild vom Kopf auf die Füße stellt, sowie die Kunst, vor allem der *Surrealismus,* der sich erstmals der schöpferischen Ausdrucksformen des animistischen Denkens bedient.

Aus diesem Umfeld heraus hat der *Kulturrelativismus* immerhin zu einer konkret politischen Konsequenz geführt: 1947 bringt die *American Anthropological Association* bei der von der *UNO* bestellten Kommission für Menschenrechte ein „Statement of Human Rights" ein. Kernstück dieses im wesentlichen von Melvin J. Herskovits (1895-1963) verfaßten „Statement" ist die These, daß der Respekt vor den Freiheitsrechten des Individuums den Respekt vor dessen jeweiliger Kultur einschließe. Und untermauert wird diese These von der – dem Evolutionismus nun gänzlich zuwiderlaufenden – Feststellung, daß es wissenschaftliche Kriterien für die qualitative Bewertung unterschiedlicher Kulturen nicht geben könne (Rudolph, 1968).

3 „Culture and Cognition"

Auf dem weiten Feld der Kooperation zwischen Ethnologie, Psychologie und Sozialwissenschaften hat die relativistische Kulturtheorie eine ganze Reihe von Forschungsansätzen befruchtet, so zunächst Untersuchungen zum Begriffsschema *Kultur und Persönlichkeit* (Kluckhohn/Mowrer, 1944) sowie zur *Ethnolinguistik* (Gipper, 1972). Vor allem aber wird das relativistische Paradigma zum Leitfaden der in den sechziger Jahren aufkommenden „cross-cultural studies", kulturvergleichenden Untersuchungen zur Wahrnehmungs-, Denk- und Lernpsychologie. Und hier ist es zunächst der Prozeß der visuellen Wahrnehmung, der den Großteil des Forschungsinteresses auf sich zieht.

Gleichsam den Auftakt dieser „studies" bildet die „Theorie der kognitiven Stile" von Herman A. Witkin (1967). Das zentrale testpsychologische Instrument dieser Theorie ist der „Embedded Figure Test": Die Testperson soll einfache visuelle „stimuli", hier geometrische Figuren, die in zunehmend komplexere Figuren „eingebettet" werden, wiedererkennen bzw. visuell isolieren. Je nach Erfolg oder Mißerfolg, mit dem der Test absolviert wird, gilt die Person als „feld-unabhängig" oder „feld-abhängig". Empirisch umgesetzt worden ist die Theorie etwa im Hinblick auf die kulturellen Unterschiede zwischen den *Temne* und den *Mende*, zwei ethnischen Gruppen in *Sierra Leone*. Hinsichtlich Sozialisations- und Erziehungsstil sind diese beiden Gruppen geradezu gegensätzlich: Während bei den *Temne* dominantes und direktives Erzieherverhalten hoch im Kurs steht, geben sich die *Mende* ihren Kindern gegenüber non-direktiv und ermutigen sie zu individueller Initiative. Folglich wäre, im Sinne der Theorie, „Feld-Abhängigkeit" als der vorherrschende kognitive Stil bei den *Temne* und entsprechend „Feld-Unabhängigkeit" bei den *Mende* zu erwarten; eine Erwartung, die sich im Testverfahren hat bestätige lassen.

Untersuchungen dieser Art können zumindest zweierlei aufzeigen: zum einen, daß es kulturell geprägte und damit interkulturell variierende kognitive Stile tatsächlich gibt; und zum anderen, daß die relativistische Kritik am Evolutionismus auch sachlich berechtigt ist. Zeigen doch die signifikanten Unterschiede zwischen den *Temne* und den *Mende*, daß es die evolutionistisch unterstellte Homogenität des „wilden Denkens" nicht gibt.

Gleichwohl ist auch die Theorie der kognitiven Stile, vor allem deren testpsychologisches Instrumentarium, der relativistischen Kritik unterzogen worden. So fragt etwa M. Wober (1967), ob die im „Embedded Figure Test" implizierte Dominanz der visuellen Sphäre über kulturelle Grenzen hinweg überhaupt angemessen sei. Wober hält dagegen, daß die Arbeitsteilung zwischen den einzelnen Sinnen ebenfalls kulturell präformiert sein könne. Insbesondere in Kulturen, die dem Tanz und der rituellen Motorik des Körpers große Bedeutung beimessen, sei außer der visuellen und der auditorischen auch die propriozeptive Wahrnehmung, die Wahrnehmung von Impulsen aus dem Körper-Inneren, im Testarrangement zu berücksichtigen.

Um nun, unter Berücksichtigung des propriozeptiven „Senso-Typs", die Witkinsche Differenzierung nach „feld-abhängig" und „feld-unabhängig" angemessen umsetzen zu können, arbeitet Wober mit dem „Rod and Frame Test": In einem abgedunkelten Raum erscheinen an der Wand ein erleuchteter rechteckiger Rahmen mit einem Stab darinnen, beide schief hängend. Die Testperson sitzt auf einem Stuhl, der ebenfalls, in Relation zum Fußboden, in die schiefe Ebene geneigt ist und zudem eine eigene Fußleiste hat, so daß die Testperson keinen Kontakt zum Fußboden hat. Die Aufgabe besteht nun darin, den Stab in eine senkrechte Position zum Fußboden zu bringen. Personen, die dies relativ mühelos bewerkstelligen, gelten als „feld-unabhängig".

Wie leicht ersichtlich, sind in dieser Situation visuelle Orientierungen zur Bewältigung der Aufgabe kaum möglich. Ausschlaggebend ist vielmehr die propriozeptive Wahrnehmung, die Orientierung an Impulsen aus dem Körper-Innern. Wober gelangt nun zu dem Ergebnis, daß Testpersonen aus *Nigeria* bei dieser Aufgabe signifikant erfolgreicher sind als eine *amerikanische* Vergleichsgruppe, während eben diese Gruppe im „Embedded Figure Test" mit seiner ausschließlich visuellen Orientierung besser abschneidet als die Personen aus *Nigeria*.

M. Ogbolu Okonji (1981) hält Wober entgegen, daß dessen „Entdeckung" der propriozeptiven Sensorik noch viel zu sehr ein Ausschließlichkeitsverhältnis zwischen den einzelnen Sinnesdimensionen unterstelle; faktisch sei die Arbeitsteilung zwischen den Sinnen nicht so strikt, wie dies die akademische, weitestgehend selbst der europäischen Kultur verpflichtete Psychologie immer behaupte. Dieser Einwand führt indessen zu Fragen, die bislang nur spekulativ angegangen worden sind: etwa zum Problem der Auflösung der sensorischen Funktionsteilung in der sog. *synästhetischen Wahrnehmung* (Houston, 1973); oder zum Problem des Zusammenspiels von Sinneswahrnehmung und Emotionalität, zugespitzt etwa auf Phänomene wie Trance, Ekstase, Besessenheit und andere sog. *veränderte Bewußtseinszustände* (Bourguignon, 1979; Tart, 1978).

4 „Produktionsmittel des Geistes"

Die evolutionistischen Vorstellungen von den Defiziten des „wilden Denkens" haben sich immer auch am Kriterium der *Schriftlosigkeit* orientiert: Die ausschließlich auf mündlicher Überlieferung basierenden Kulturen seien die eigentlich „primitiven". Folglich hat die Ethnologie lange gebraucht, bis sie die orale Tradition als einen eigenständigen kognitiven Konstruktionsmodus hat erkennen können (Finnegan,1970). Abgesehen von wenigen frühen Autoren, die vor allem die erstaunliche Gedächtniskraft der schriftlosen Kulturen unter lernpsychologischer Perspektive herausstreichen (Bartlett, 1932), rückt das Begriffsschema *Oralität versus Literalität* erst in neuerer Zeit ins Zentrum des Forschungsinteresses.

Der umfassendste Ansatz zu diesem Thema stammt von Jack Goody (1977, 1981). Oralität oder Literalität sind für Goody unterschiedliche „Produktionsmittel des Geistes", alternierende Technologien des Intellekts, mit denen je unterschiedliche „modes of thought", kognitive Strukturen oder Baupläne für die Konstruktion von Wirklichkeit einhergehen; ganz in dem Sinne etwa, wie Pferdestärke oder Dampfkraft alternierende Technologien des mechanischen Antriebs sind, mit denen je unterschiedliche ökonomische Produktionsverhältnisse einhergehen.

Goody rekonstruiert den historischen Entwicklungsprozeß der Schrift als einen Prozeß der zunehmenden Vereinseitigung des linearen, analytisch-elementarisierenden Denkens. Vor allem die Entwicklung der europäischen Schriftkultur, die auf dem rein phonetischen, von der ursprünglichen Bilderschrift am weitesten entfernten Alphabet basiert, erscheint hier als eine Geschichte zunehmender Bilderfeindlichkeit. – Kein Wunder also, daß das europäische Denken sich mit der wogenden Bilderlogik der oralen Tradition so schwer tut.

Entwicklungspsychologische Untersuchungen zu dem fast in Vergessenheit geratenen Konzept der *Eidetik* (Jaensch, 1923; Floßdorf, 1981) scheinen diese kulturhistorisch gerichteten Überlegungen zu bestätigen: Das sprichwörtlich bildhafte Denken der Kinder verliert sich nicht, wie gemeinhin angenommen, mit dem quasi-automatischen Reifeprozeß, sondern mit dem Erlernen der Schriftsprache. Ethnographische Untersuchungen zum eidetischen oder anschaulichen Denken weisen in dieselbe Richtung: Bereits 1964 hat L. W. Doob eine entsprechende Hypothese an zwei unterschiedlichen Gruppen von erwachsenen *Ibo* (östliches *Nigeria*) überprüft, die eine Gruppe städtischer Herkunft und in Ansätzen alphabetisiert, die andere ländlicher Herkunft und gänzlich analphabetisch. In dieser letztgenannten Gruppe haben sich eindeutig die meisten und auch die besseren „Eidetiker" ermitteln lassen.

Das Problem der kognitiven Auswirkungen der Schriftkultur gewinnt im Zusammenhang der gegenwärtigen Transformation der Industriegesellschaft unvermutete Aktualität. Mit den elektronischen Kommunikationsmedien verliert die herrschende Schriftkultur an normativer Kraft. Mit der Informationstechnologie als dem Schlüssel zur neuen Industriekultur wird gewissermaßen die „postliterale" Gesellschaft eingeläutet (Floßdorf, 1986; Logan, 1986). Die Kunst des Lesens und Schreibens wird nicht mehr das erste „Produktionsmittel des Geistes" sein. Das bildhafte Denken, der „prä-literale" Konstruktionsmodus, sieht seiner gesellschaftlichen Rehabilitation entgegen.

Literatur

Bartlett, F. C.: Remembering. Cambridge, Mass.: Cambridge University Press, 1932.

Benedict, R.: Patterns of culture. New York: Penguin books, 1946.

Berry, J. W./Dasen, P. R. (Eds.): Culture and cognition. Readings in crosscultural psychology, London: Methuen, 1974.

Beuchelt, E.: Ideengeschichte zur Völkerpsychologie. Meisenhain am Glan: Hain, 1974.

Boas, F.: The mind of primitive man, New York: MacMillan, 1911.

Bourguignon, E.: Psychological anthropolgy: An introduction to human nature and cultural differences, New York: Holt, Rinehart and Winston, 1979.

Doob, L. W.: Eidetic images among the Ibo (1964). In: Berry, J. W./Dasen, P. R. (Eds.): Culture and cognition. London: Methuen, 1974.

Finnegan, R.: Oral literature in Africa. Oxford: Clarendon Press, 1970.

Floßdorf, B.: Eidetik (Anschauliches Denken). In: Rexilius, G./Grubitzsch, S. (Hrsg.): Handbuch psychologischer Grundbegriffe. Reinbek: Rowohlt, 1981.

Floßdorf, B.: Das wilde Denken kehrt zurück. Radar für Trends, InfoLetter Dezember 1986, Worpswede.

Freud, S.: Totem und Tabu. Einige Übereinstimmungen im Seelenleben der Wilden und der Neurotiker. (4. Aufl.) Ges. Werke, Bd. 9. Frankfurt: Fischer, 1968 (Erstausg. 1912).

Gipper, H.: Gibt es ein sprachliches Relativitätsprinzip? Untersuchungen zur Sapir-Whorf-Hypothese, Frankfurt: Fischer, 1972.

Goody, J.: The domestication of the savage mind. Cambridge, Mass.: Cambridge University Press, 1977.

Goody, J. (Hrsg.): Literalität in traditionalen Gesellschaften. Frankfurt: Suhrkamp, 1981.

Hallpike, C. R.: Die Grundlagen des primitiven Denkens. Stuttgart: Klett-Cotta, 1984.

Harris, M.: The rise of anthropological theory. A history of theories of culture. London: Routledge & Kegan Paul, 1969.

Heinrichs, H.-J.: Über Ethno-Psychoanalyse, Ethnopsychiatrie und Ethno-Hermeneutik. In: Schmied-Kowarzik, W./Stagl, J. (Hrsg.): Grundfragen der Ethnologie, Berlin: Reimer, 1981.

Houston, J.: The psychenaut program: An exploration into some human potentials. Journal of Creative Behavior, 7, 1973.

Jaensch, E. R.: Über den Aufbau der Wahrnehmungswelt und die Grundlagen der menschlichen Erkenntnis. Leipzig: Barth 1923.

Kluckhohn, C./Mowrer, C. H.: „Kultur und Persönlichkeit": Ein Begriffs-Schema (1944). In: Schmitz, C. A. (Hrsg.): Kultur. Frankfurt: Akademische Verlagsanstalt, 1963.

Lloyd, Barbara/Gay, John (Eds.): Universals of human thought. Some African evidence. Cambridge, Mass.: Cambridge University Press, 1981.

Logan, R. K.: The alphabet effect. New York: Morrow, 1986.

Neisser, U.: Kognitive Psychologie. Stuttgart: Klett, 1974.

Okonji, M. O.: Psychological differentiation. In: Lloyd, B./Gay, J. (Eds.): Universals of human thought. Some African evidence. Cambridge, Mass.: Cambridge University Press, 1981.

Rudolph, W.: Der Kulturelle Relativismus. Berlin: Duncker & Humblot, 1968.

Spencer, H.: The principles of psychology. New York: Appleton, 1887.

Tart, C. T.: Transpersonale Psychologie. Olten und Freiburg i. Br.: Walter, 1978.

Tylor, E. B.: Primitive culture. London: Murray, 1871.

Witkin, H. A.: Cognitive styles across culture (1967). In: Berry, J. W./Dasen, P. R. (Eds.): Culture and cognition. London: Methuen, 1974.

Wober, M.: Sensotypes (1967). In: Berry, J. W./Dasen, P. R. (Eds.): Culture and cognition. London: Methuen, 1974.

Wundt, W.: Elemente der Völkerpsychologie: Grundlinien einer psychologischen Entwicklungsgeschichte der Menschheit. Leipzig: Kröner, 1912.

Jugendpsychologie

Arne Stiksrud

1 Jugend: Ein Entwicklungsabschnitt

Nahezu jede Untergliederung der gesamten Lebensspanne des Individuums enthält die Jugend (J.) als den Altersbereich zwischen Kindheit und Erwachsenenalter. Für das Übergangsstadium zwischen biologischer Reifung als Beginn der J. und als Abgrenzung zur Kindheit hin und der Übernahme von Erwachsenen-Status und -Rollen als Beendigung dieses Lebensabschnittes wird von Ewert (1983, 12 ff.) folgende Binnengliederung empfohlen:

- Die *Vorpubertät* ist die Lebenszeitspanne zwischen reifer Kindheit und dem Auftreten erster sekundärer Geschlechtsmerkmale (ca. 10.-12. Lebensjahr). Der puberale Wachstumsschub fällt in dieses Alter. Die Spezialliteratur bis zum Jahre 1955 enthält negative Erlebenstypisierungen wie „Auflehnung", „negative Phase", „Flegeljahre" usw. Degenhardt (1971) untersuchte Mädchen (um das Menarchealter) und konnte im Selbstbild nicht die genannten abrupten psychischen Wandlungen festmachen. Ewert (1984, 182) interpretiert diese Befunde als kontinuierlichen Differenzierungsprozeß im Selbstkonzept mit Erfahrungsverarbeitung im sozialen Nahraum, der relativ unabhängig von biologischen Prozessen abläuft.
- Die *Transeszenz* (nach Eichhorn, 1966) ist die Periode der biologischen und seelischen Umwandlung (ca. 12.-14. Lj.) mit einschneidenden Änderungen in den Lebensbezügen, den Stellungnahmen zu sich selbst und zum eigenen Körper. Mit *Pubertät* bezeichnet man die physisch-biologische Reifung. Die psychische Seite dieser Periode bringt erhöhte Verletzlichkeit (Vulnerabilität) und verstärkte Bewältigungsanforderungen (Coping) mit sich. Abweichendes Verhalten (z. B. Drogen-, Alkohol- und Nikotinabusus; frühe Formen der J.kriminalität; Suizidversuche; Schulprobleme etc.) wird häufiger, und die Herausforderung zur Selbstgestaltung und zum experimentierenden Umgang mit sich und der sozialen Umwelt birgt auch Risiken.
- Die *frühe Adoleszenz* (ca. 14.-18. Lj.) ist vor allem gekennzeichnet durch soziale Entwicklungsanforderungen, z. B. Wahl des weiteren Schul- oder Berufsweges bzw. der Berufsausbildung. Für die spätere Erwachsenen-Rolle werden in diesem Altersabschnitt Entscheidungen getroffen, die zwar für den einzelnen in späteren Entwicklungsabschnitten revidierbar sein mögen, für die meisten aber in diesen Lebensabschnitt fallen.
- Die *späte Adoleszenz* stimmt altersmäßig mit der juristischen Abgrenzung des Heranwachsenden überein (18.-21. Lj.). Das Thema der späten Adoleszenz ist das des Status-Zugewinns als Erwachsener, dessen Rollen, Aufgaben und Verpflichtungen zunehmen und graduell anwachsend akzeptiert oder auch partiell abgelehnt werden können (Heirat, Wehrdienst, Zivildienst, Wahlmündigkeit, Abschluß der Lehre, Abschluß des Gymnasiums, Studienfachwahl, Selbständigkeit).
- Die *jungen Erwachsenen* (21.-25. Lj.) haben die Last (und Lust?) eines immer länger werdenden Ausbildungsweges zu tragen. Sie haben die Rechte und teilweise auch die Pflichten von Erwachsenen, aber oft noch nicht die ökonomischen Möglichkeiten.

Die Zeitspanne des J.alters in Jahren ist eine variable Größe, die nicht nur (modischen) epochalen Wandlungen unterliegt. Die *säkulare Akzeleration* – d. h. die Entwicklungsbeschleunigung z. B. des Körperwachstums, des Menarchezeitpunktes usw. bei J.generationen (jeweils neu einsetzende Kohorten) – ist ein diese Altersspanne beeinflussender Faktor. Bernfeld (1923) formulierte die These von der „gestreckten Pubertät", worunter er die „Jugend im kulturellen Sinne" verstand, so wenn er von der J. einer Kunstbewegung, einer Partei, in der Revolution u. ä. spricht. Lazarsfeld (1931) prägte polar dazu den Begriff der „verkürzten Pubertät" als der „Pubertät des Proletariers", dem die Möglichkeiten an „Umwelterweiterungen" des Jugendlichen der gehobenen Schichten nicht eingeräumt sind. Backes und Stiksrud (1985) gehen analog dazu von „gestreckter" versus „verkürzter Adoleszenz" aus: Nicht nur sozioökonomische und bildungsinstitutionelle Faktoren bestimmen demnach die Dauer der Adoleszenz; vielmehr gibt es auch individuelle Konzepte bezüglich der eigenen Zukunft, die als Lebensplanungskalkül der Adoleszenz Momente des Eigengesteuerten und Eigenverantworteten zuschreiben. Eriksons *Moratorium* (1966) wurde anfänglich als Entwicklungsphase zwischen Kindheit und Erwachsenenalter plaziert; in einer neueren Fassung (1977) fungiert es als lebenszeitlicher Einschub zwischen Adoleszenz und Erwachsenenalter: Es wird verstanden als psychologische Karenzzeit – von den Kulturen gestattet und vom Individuum benöigt –, in der freies Rollenexperimentieren und Identitätssuche stattfinden.

Neu ist das Konzept der *Postadoleszenz,* das sowohl mit Ewerts „jungem Erwachsenen" Gemeinsamkeiten aufweist als auch mit Eriksons „Moratorium“ – aber die Ausläufer des J.alters zeitlich noch weiter in das Stadium des Erwachsenenalters protrahiert (Hornstein, 1982, 264 ff.; Stiksrud/Wobit, 1985; Jugendwerk, 1985, I, 250, 259 f.). Nicht allen Jugendlichen dürfte dieser Adoleszenz-Abschnitt eingeräumt sein: Keniston (1970) verwandte ihn eher beiläufig für eine protestierende Studenten-Subkultur; das Jugendwerk (1981, 100 f.) findet diese „zweite“ Adoleszenz bei jungen Leuten, die sich (1) über privilegierende Bildungseinrichtungen auf sozial exponierte Arbeitspositionen vorbereiten bzw. durch den Aufenthalt in diesen pädagogischen Einrichtungen den Arbeitsmarkt entlasten; (2) es sind die unfreiwillig Jugendlichen als Arbeitslose zwischen dem 20. und 30. Lebensjahr; (3) es sind die sog. „Aussteiger“ der „Szene(n)“, die auf Überlebenstechniken und -möglichkeiten jenseits des Arbeitsprozesses zurückgreifen. Wie die Geschichte der J. von Gillis (1980) demonstriert, hat man es vielfach mit epochalen Segmenten der jeweiligen J. zu tun – selten mit „der“ J. Blos (1962/1978, 171 ff.) rechnet die sog. Postadoleszenz gleichzeitig zur Adoleszenz und zum Erwachsensein; in ihr wird nach neo-analytischer Auffassung dem Postadoleszenten die Harmonisierung und Integrierung der Bestandteile seiner Persönlichkeit abverlangt.

2 Entwicklungspsychologie des Jugendalters

Die Veränderung des Kindes zum Jugendlichen und des Jugendlichen zum Erwachsenen ist Gegenstand entwicklungspsychologischer Theorienbildung mit den Grundannahmen einer (1) geordneten Sequenz als gerichteter Veränderung, (2) einer fortschreitenden Differenzierung und Integration, (3) einer Unumkehrbarkeit der Abfolge einzelner Entwicklungsschritte (bzw. -Stufen und -Phasen) und (4) einer erhöhten Flexibilität im Verhaltensrepertoire. Daß diese intraindividuellen Veränderungen auch interindividuelle Varianz aufweisen, wird besonders im J.alter sichtbar. Nicht nur die letztlich biologisch determinierte Varianz (z. B. bei der geschlechtstypischen Entwicklung als Frau und Mann; Degenhardt/Trautner, 1979; Kabat Vel Job, 1979) bestimmt hier unterschiedliche Entwicklungen: Auf dem Weg von der Kindheit zum J.alter nimmt der Einfluß von Entwicklungsfaktoren im „ontogenetischen“ Sinne ab, und der Einfluß des sozialen Wandels auf die Veränderung von Erleben und Verhalten nimmt zu.

Als *„Katastrophentheorien“* werden jene Annahmen von Hall, Kroh, A. Freud, Gesell (Ewert, 1983) zusammengefaßt, die für die Adoleszenz den Zusammenbruch eines Gleichgewichtszustandes zwischen Individuum und Umwelt als entwicklungsnotwendig postulieren. Diskontinuierliche, abrupte, krisenhafte Verhaltensänderungen, die sich auf einem neuen Entwicklungsniveau stabilisieren, kennzeichnen demnach das J.alter, das – wie jeder Entwicklungsabschnitt – biogenetischen Gesetzmäßigkeiten analog zu verlaufen habe. Nach G. S. Hall ist mit der Adoleszenz die Rekapitulation – d. h. die Ontogenie als geraffte Wiederholung der Phylogenie – an ihrem Ende angelangt; jede neue J.generation hat somit die Chance des Neuanfangs.

Bei der Entwicklung des *Ichs,* der *Identität* und des *Selbst-Konzepts* geht es um die Persönlichkeitsentwicklung des Jugendlichen. Nach Loevinger (1969) kommt es zu einer differenzierteren Wahrnehmung der sozialen Umwelt und des „Ich“ als dem Subjekt von Erfahrung und Erleben entlang von Stufen der Ich-Entwicklung – die über einen Satzergänzungstest operationalisiert werden. Nach Erikson (1965) sind es nicht mehr der Probiereifer der Vorpubertät und das Spielerische der Kindheit, welche die neuen Identifikationen der Adoleszenz ausmachen; vielmehr kommt es zu Entscheidungen, endgültigeren Selbstdefinitionen, irreversiblen Rollen und damit Festlegungen für das weitere Leben. An adoleszenzspezifischen Aufgaben wird aufgezählt: (1) Aufrechterhaltung der wichtigsten Abwehrmechanismen des Ich gegen verstärkte Triebintensität, (2) Konsolidierung der wichtigsten konfliktfreien Leistungen, (3) Synthese der Kindheitsidentifikationen in Übereinstimmung mit den seitens der Gesellschaft angebotenen Rollen.

Als „normative Krise“, d. h. eine normale Phase vermehrter Konflikte mit scheinbarer Labilität der Ichstärke, aber auch mit hohem Wachstumspotential, wird die Adoleszenz gesehen. Die Konflikte sind folgende: (1) Zeitperspektive versus Zeitdiffusion, (2) Selbstgewißheit versus peinliche Identitätsbewußtheit, (3) Rollenexperimentation versus negative Identitätswahl, (4) Leistungszutrauen versus Arbeitslähmung, (5) Identität versus Identitätsdiffusion, (6) sexuelle Identität versus bisexuelle Diffusion, (7) Führungspolarisierung versus Autoritätsdiffusion, (8) ideologische Polarisierung versus Diffusion der Ideale.

Unter *Selbstkonzept* ist das Wissen eines Individuums über sich zu verstehen. Offer (1984) erfragte mit 130 Items eines Selbstbildinventars fünf Aspekte des Selbst: das psychologische, soziale, sexuelle, Familien- und problembewältigende Selbst. Er empfiehlt, mehrere Lebensbereiche des

Jugendlichen und seine Auseinandersetzung damit zu erforschen, da Bereiche des Versagens und der Meisterung (coping) zur selben Lebenszeit möglich sind. Er fragt mit der Prämisse, daß das psychologische Feingefühl des Jugendlichen genügend ausgeprägt für eine differenzierte Selbstbeschreibung ist. Ewert (1984) geht von einem allmählichen – nicht abrupten – Wandel des jugendlichen Selbstkonzepts aus. Bei Mädchen (10-14 Jahre) stellte er mittels semantischer Differentiale für die Konzepte – mein Vater, meine Mutter, Mädchen in meinem Alter, Erwachsene, ich selbst, wie ich sein möchte – fest: Das Konzept „Erwachsene" zeigt eine Zunahme der Einschätzung der erlebten Macht und eine Abnahme der Wertschätzung; die Elternkonzepte wandern zusammen mit den Ich-Konzepten und dem Gleichaltrigen- (Peer-)Konzept zum Wertschätzungspol. Das Auseinanderdriften von Eltern- und Erwachsenen-Konzepten ist ein im Zusammenhang von Generationsuntersuchungen häufig referiertes Phänomen (Stiksrud, 1987). Der Konflikt zwischen *Zentrifugalität* – als das Ablösungsstreben von familiären Bindungen – und *Zentripetalität* – als das Aufsuchen und Aufrechterhalten von familiären Bindungen (Stierlin et al., 1973) – zeigt sich nach Ewerts Untersuchungen als eine kontinuierliche Abnahme des zweiten und kontinuierliche Zunahme des ersten Faktors über die „kritischen" Jahre hinweg (10.-15. Lj.) Die Veränderungen über eine „kritische" Epoche hinweg (1967-1976) sind in beiden Selbstkonzeptfaktoren minimal.

Kognitive Entwicklungstheorien: Für den Beginn der Adoleszenz (11.-13. Lj.) postulieren Inhelder und Piaget (1955) den Abschluß der kognitiven Entwicklung mit der Stufe der *formalen Operationen.* Während sich das Denken des Schulkindes auf der Stufe der konkreten Operationen noch mit Aussagen über Objekte befaßt, gewinnt das Denken des Jugendlichen neue Freiheitsgrade auf den neuen Ebenen der Aussagen über Aussagen, des systematischen Problemlösens durch Variation, Isolation und Kombination von Variablen (Suarez, 1977; Ewert, 1983, 96ff.). Auch eine kognitive Entwicklungstheorie ist Kohlbergs (1980) Theorie der Entwicklung des moralischen Urteilens entlang den bekannten Stufen: (0) gut ist, was ich will und mag, (1) Orientierung an Strafe und Gehorsam, (2) instrumenteller Hedonismus und konkrete Reziprozität (wie du mir, so ich dir), (3) interpersonelle Beziehungen, (4) Orientierung an Gesetz und Ordnung, (5 a) sozialer Vertrag und Rechtsorientierung, (5 b) höhere Gesetzes- und Gewissensorientierung, (6) Orientierung an universellen ethischen Prinzipien. Ab Stufe 3 aufwärts parallelisiert Kohlberg die Stufe der formalen Operationen (Piaget) mit seiner Konzeption der Weiterentwicklung des moralischen Urteilens. Dies ist einer der sparsamen Hinweise auf das Alter, in dem sich moralische Kompetenz – globaler als *„konventionelle" Moral* (Stufen 3/4) – entfaltet. Den Übergang von dieser Moral zum Niveau der *postkonventionellen Moral* (Stufen 5/6) „schaffen" nicht alle Jugendlichen – es kann somit auch nicht davon ausgegangen werden, daß mit diesem Niveau „die" Erwachsenenmoral zu kennzeichnen ist. Empirische Untersuchungen mit Dilemmaaufgaben erbrachten sowohl ein Überspringen von Stufen als auch ein Absinken auf niedrigere Stufen. Für diese *Regression* macht Kohlberg eine Art Werte-Pluralismus und -Relativismus des Jugendlichen etwa zwischen dem 16. und 20. Lebensjahr verantwortlich, der unter dem Einfluß *kritischer Lebensereignisse,* z. B. Wechsel von Schule/Elternhaus zur Universität, zum Tragen kommt.

3 Sozialpsychologie des Jugendalters

Der Wechsel der sozialen Bezüge und Bezugsgruppen ist ein herausragendes Merkmal der modernen J. und wird beispielsweise schon von dem Schulkind abverlangt, das pro Unterrichtsfach einen anderen Lehrer und möglicherweise eine andere Klassengruppe hat. Das Ausmaß der „Wechselbäder" pro Woche dürfte negativ mit der sozialen Kontrolle korrelieren, die über die Jugendlichen und seitens der Jugendlichen über die soziale Umwelt gegeben ist.

Die *Peer-Orientierung,* d. h. die Bevorzugung von Kontakten mit Gleichaltrigen, mit Alterskameraden und Geschlechtsgenossen(-genossinnen) vor dem Kontakt mit den Eltern, ist eine gängige These. Daß sich J.freundschaften und/oder J.banden im J.alter bilden, wird schon von Spranger (1925, 145) festgehalten, wobei dieser den Jüngeren (14.-17. Lj.) konzediert, daß diese bei allem Selbständigkeitsdrang noch geneigt sind, sich führen zu lassen und sich einer gegebenen Form einzuordnen. Die Älteren (17.-21. Lj.) „beanspruchen fast durchweg (seien es Studenten oder Wandervögel oder ungelernte Arbeiter), sich die Formen mindestens selbst zu wählen und nach dem Bedürfnis ihres Lebensrhythmus auszugestalten". Bühler (1975, 186) kommt bei der Analyse von Mädchen-Tagebüchern zu folgender Feststellung: „Ist das Kind noch lange bereit, jeden Spielgefährten, ‚Freund' zu nennen, so bekommt in der Pubertät das Wort eine eigene Dignität." Gegen die implizite These, wonach mit wachsender Peer-Orientierung eine schwindende Eltern- und Erwachsenen-Orientierung einhergehe, sprechen differenzierte empirische Belege (Stiksrud, 1987, 260 ff.). Mönks und Hill (1979) verweisen auf den nützlichen Unterschied zwischen der Oberflächenstruktur der epochal variablen und passageren Peer-Orientierungen und der Tiefenstruktur, d. h. der Regulierung von Aggressivität, Sexualität und Moralität über notwendige Peer-Beziehungen.

Die These vom *Generationen-Konflikt* zwischen Jugendlichen und Erwachsenen führte zu einem Konflikt zwischen denen, die auf dieser These als notwendig und unausweichlich beharren (Lorenz, 1970; Mead, 1971; Hofstätter, 1979; Bullens, 1982), und denen, die sie empirisch zu erhellen versuchen und sie nicht oder nur eingeschränkt empirisch bestätigen können (Tolor, 1976; Stiksrud, 1984 b). Der behauptete Wechsel von der Eltern-Orientierung als Kinder zur Peer-Orientierung als Jugendliche – ein Wechsel in den psychologischen Bezugsgruppen – führt nach psychoanalytischer Argumentation zu einem intrapsychischen Konflikt zwischen den Abhängigkeitsmotiven des Kindes und seinem *Autonomie*-Streben. Dieser Konflikt scheint die ambivalente Beziehung zwischen Jugendlichen und ihren Eltern zu erklären. Nach De Wuffel (1986, 26 f.) erklärt er nicht die bleibende gegenseitige Interaktion zwischen Jugendlichen und Eltern, deren Rat in vielen Situationen weiterhin hoch bewertet, wenn nicht dem der Peers bevorzugt wird. Die gegenseitigen Alters-Gruppen-Stereotypen werden oft zu erfragen versucht: Man achtet selten darauf, ob „die" Eltern „ihre" eigenen Kinder oder alle möglichen Jugendlichen (die eigenen inklusive oder exklusive) bewerten; desgleichen kommt es selten vor, daß Jugendliche differenziert nach „ihren" eigenen Eltern und getrennt davon nach allen übrigen „Alten" befragt werden. Paradebeispiel für die fälschliche Gleichsetzung von Erwachsenen-Generation mit Eltern-Generation ist die Arbeit des Jugendwerks (1985).

Das theoretisch-heuristische System der *Entwicklungsaufgaben* von Havighurst (1953) erlebte in der deutschsprachigen J.psychologie eine ungewöhnliche Renaissance (Oerter, 1978; Dittmann-Kohli, 1984; Dreher/Dreher, 1985; Liepmann/Stiksrud, 1985). Die lebensaltersbezogenen Entwicklungsaufgaben des J.alters (13.-18. Lj.) sind: (1) Aufbau neuer und reiferer Beziehungen mit Alterskameraden beiderlei Geschlechts, (2) Aufbau einer geschlechtstypischen Rolle, (3) Akzeptanz und Nutzung des Körpers, (4) Erreichen emotionaler Unabhängigkeit von Eltern/Erwachsenen, (5) Unternehmungen zur ökonomischen Unabhängigkeit und (6) beruflichen Qualifikation, (7) Vorbereitung auf Ehe und Familie, (8) Entfalten intellektueller und bürgerlicher Kompetenz sowie (9) gesellschaftlicher Verantwortlichkeit und (10) eines ethischen Werteregulativs. Entwicklungsaufgaben stehen zwischen individuellen Bedürfnissen und Notwendigkeiten und gesellschaftlich-normativen Ansprüchen. Sie ermöglichen es, den gesamten Lebenslauf zu gliedern und relativ abstrakt bei der Identifikation und Entdeckung von Erziehungs- und Kurrikulumzielen zu helfen, wobei sie hilfreich sind im Finden des erzieherisch günstigen Momentes („teachable moment") im Lebenslauf („timing"). Das Nicht-Erfüllen einer Aufgabe in der ihr eigenen Entwicklungsspanne führt nach Havighurst zu partiellem oder totalem Versagen in der Erfüllung noch bevorstehender Aufgaben. Offen bleibt in dieser Heuristik, ob es sich dabei um Anforderungen seitens „der" Gesellschaft bzw. anderer Altersgruppen handelt, ob es normative Setzungen der eigenen Altersgruppe des Jugendlichen sind und ob es eigene Wert- und Norm-Vorstellungen über eigene Entwicklung – und damit auch Vorwegnahme von eigener Zukunft – sind, die das Entwicklungsanspruchsniveau bestimmen (Stiksrud, 1984 a).

4 Probleme des Jugendalters (Psychagogik und psychologische Intervention)

Die klassische Psychagogik, die eine auf tiefenpsychologischen Schulen basierende Individual-Pädagogik bei Auffälligkeiten im Kindes- und J.alter ist, kennt vor allem Probleme des J.alters (Zauner, 1981), die mit mangelnder Triebkontrolle, neurotischer Fehlentwicklung, infantiler Objektbindung oder gieriger Objektbesetzung, phasenspezifischer Depotenzierungsangst, narzißtischer Selbsterhöhung, adoleszentem Rückzug, Mißtrauen, Distanzlosigkeit, depressiven Verstimmungen, aggressiven Durchbrüchen usw. – entsprechend dem Begriffsapparat psychoanalytischer Schulen – umschrieben werden. Je nach Alter und Geschlecht wird noch mit Spielen und Symbolmaterial agiert bzw. mit Ergänzung der Therapie durch gemeinsame Aktivitäten, wie Tischtennisspielen oder Spazierengehen (Dührssen/Zullinger). Bekannt und anerkannt wurden auch über analytische Zirkel hinaus die Arbeiten von Aichhorn (1925/1951) mit verwahrlosten Jugendlichen. Ein Beleg dafür, daß man Jugendlichen auch Momente der Eigensteuerung und Eigenverantwortung bezüglich gesunder Entwicklung einräumt, sind die strafrechtlichen Regelungen, die international in der Adoleszenz einsetzen (Häussling et al., 1981; Albrecht/Schüler-Springorum, 1983).

Drei theoretische Strömungen bezüglich der Deskription und Explikation von Problemen des J.alters sollen abschließend Hinweis dafür sein, daß psychologischen und/oder pädagogischen Interventionen im J.alter – jenseits von psychiatrischen Pubertäts- und Adoleszenz-Nosologien (Schaefer/Millman, 1984) – Modellvorstellungen über die normale Entwicklung im J.alter zugrunde liegen können.

In der *Marginalitäts-Theorie* von Lewin (1939/1963) wird die typische Problemlagerung des Jugendlichen als eine Art kognitive Labilisierung dargestellt: Der Jugendliche befindet sich kognitiv und erlebnismäßig in einer doppelten Grenzsituation. Am Rande der Kindheit und am Rande des Erwachsenseins gehört er zu keiner Zone bzw. ist sich bezüglich seiner Zugehörigkeit zu einer von beiden unsicher. Die Entwicklungsphase des Jugendlichen besteht (1) aus einem Wechsel der Gruppenzugehörigkeit – bei starker sozialer „Lokomotion" in die Richtung der Erwachsenengruppe –, (2) aus dem Betreten einer kognitiv unstrukturierten Region, (3) aus Unsicherheit, (4) aus größerer kognitiver Plastizität und Formbarkeit und aus (5) erhöhter Aggressivität und Sensitivität. Speziell an der Stellungnahme zu Werten meint Lewin den unsicheren Charakter der Ideale des Jugendlichen festmachen zu können. Je zentraler die Probleme sind, die sich dem Jugendlichen stellen, desto größer ist sein Zustand von Konflikt und Spannung.

Die *Fokal-Theorie* von Coleman (1984) versucht, zwei konkurrierenden Theorien – der Katastrophentheorie (Sturm und Drang) und der Kontinuitätstheorie (empirische Widerlegung der Sturm-und-Drang-Theorie) – eine dritte entgegenzusetzen: Demnach wird Streß in der Adoleszenz deshalb von den meisten Jugendlichen optimal bewältigt, weil er sich bereichsspezifisch unterschiedlich über diesen Ausschnitt der Lebensspanne verteilt („different issues come into focus at different times"). Von einer stufentheoretischen Auslegung dieser Problemverteilungshypothese – d.h. die Bewältigung eines Problemkreises ist Voraussetzung für die Bewältigung des nächsten (wie beim Entwicklungsaufgaben-Konzept von Havighurst, vgl. oben) – distanziert sich Coleman. So sehr die Fokal-Theorie für das Bewältigungspotential der in relativ ruhigen Zeiten lebenden Jugendlichen der Jetzt-Epoche zutreffen mag, so wenig kann es retrospektiv die Sturm- und Drang-J.alter anderer Epochen widerlegen, da davon ausgegangen werden kann, daß sowohl die Probleme anderer Epochen als auch anderer Jugendlicher – mit wahrscheinlich kürzerer gesellschaftlich konzedierter Adoleszenzperiode – schwerlich vergleichbar sein dürften.

Das *Übergangs-Konzept* (Olbrich, 1983) soll sich von dem der Krise, des Konfliktes und der Stufe insofern unterscheiden, als durch situative, biologische oder psychische Veränderungen ein deutlicher Wechsel der Entwicklungsdynamik und/oder der Entwicklungsrichtung auf der Ebene des manifesten Verhaltens zu verzeichnen ist. Dieser Wechsel ist so ausgeprägt, daß die bisherigen Bewältigungsstrategien zur gelungenen Auseinandersetzung mit der neuen Lebenssituation nicht mehr greifen. Das Konzept des Übergangs hebt gegenüber Krise und Konflikt die durchaus bearbeitbare Veränderung mit der Konsequenz der Weiterentwicklung hervor.

Brandtstädter (1985) sieht einen epochalen Wandel, der zu einer Verschärfung der Identitäts- und Sinngebungsproblematik bei Jugendlichen führt, infolge *kultureller Akzeleration:* Da der Jugendliche in einer Welt heranwächst, in der sich Informationsniveaus und -mengen, Techniken und Arbeitsbedingungen rapide und mit stetig zunehmender Geschwindigkeit wandeln, kommt es zu einer zunehmenden Erschwerung der Verständigung zwischen den Generationen. Folgende Probleme für die Jugendlichen birgt dies in sich: (1) die subjektive Zukunftssicherheit und zeitliche Tiefe des individuellen Erwartungshorizontes verringert sich ständig; (2) eine reflexive Aufarbeitung und rationale Rekonstruktion gesellschaftlicher Veränderungsprozesse wird zunehmend schwieriger; (3) Obsoleszenzprobleme treten im individuellen Lebenslauf zunehmend früher und häufiger auf; (4) der Ausweitung technischer Kontrollpotentiale stehen auf individueller Ebene zunehmende Machtlosigkeitsgefühle gegenüber. – Die Problemlagen der J. sind vielfach die Problemlagen der Gesellschaft. An der J., die jeweils neu in die Geschichte tritt, werden sie anscheinend immer vergrößert und damit sichtbarer – dies wäre dann ein konstantes Merkmal von „Jugend" – für „Epochen" gibt es keines.

Literatur

Aichhorn, A.: Verwahrloste Jugend. Bern: Huber, 1951 (Erstausg. 1925).

Albrecht, P.-A./Schüler-Springorum, H. (Hrsg.): Jugendstrafe an Vierzehn- und Fünfzehnjährigen. München: Fink, 1983.

Backes, H./Stiksrud, A.: ‚Gestreckte' versus ‚verkürzte' Adoleszenz in Abhängigkeit vom Bildungsstatus: Normative Entwicklungsvorstellungen von Jugendlichen. In: Liepmann, D./

Stiksrud, A. (Hrsg.): Entwicklungsaufgaben und Bewältigungsprobleme in der Adoleszenz. Göttingen: Hogrefe, 1985, 190-200.

Bernfeld, S.: Über eine typische Form der männlichen Pubertät. Imago, 1923, 167-188.

Blos, P.: Adoleszenz: eine psychoanalytische Interpretation. Stuttgart: Klett-Cotta, 1978. (Orig.: On adolescence. A psychoanalytic interpretation. 1962).

Brandtstädter, J.: Entwicklungsprobleme des Jugendalters als Probleme des Aufbaus von Handlungsorientierung. In: Liepmann, D./Stiksrud, A. (Hrsg.): Entwicklungsaufgaben und Bewältigungsprobleme in der Adoleszenz. Göttingen: Hogrefe, 1985, 5-12.

Bühler, C.: Das Seelenleben des Jugendlichen. Versuch einer Analyse und Theorie der psychischen Pubertät. Stuttgart: Fischer, 1975 (Erstausg. 1921).

Bullens, H.: Eltern-Kind-Konflikte im Jugendalter. In: Oerter, R./Montada, L. (Hrsg.): Entwicklungspsychologie. Ein Lehrbuch. München: Urban & Schwarzenberg 1982, 743-768.

Coleman, J. C.: Eine neue Theorie der Adoleszenz. In: Olbrich, E./Todt, E. (Hrsg.): Probleme des Jugendalters. Neuere Sichtweisen. Berlin: Springer, 1984, 49-68.

Degenhardt, A.: Zur Veränderung des Selbstbildes von jungen Mädchen beim Eintritt in die Reifezeit. Zeitschrift für Entwicklungspsychologie und Pädagogische Psychologie, 3, 1971, 1-13.

Degenhardt, A./Trautner, H. M.: Geschlechtstypisches Verhalten: Mann und Frau in psychologischer Sicht. München: Beck, 1979.

De Wuffel, F. J.: Attachment beyond childhood: Individual and developmental differences in parent-adolescent attachment relationships. Nijmegen: Katholieke Universiteit, 1986 (Diss.).

Dittmann-Kohli, F.: Die Bewältigung von Entwicklungsaufgaben bei Lehrlingen: Analyse- und Interventionsgesichtspunkte. In: Olbrich, E./Todt, E. (Hrsg.): Probleme des Jugendalters: Neuere Sichtweisen. Berlin: Springer, 1984, 227-257.

Dreher, E./Dreher, M.: Wahrnehmung und Bewältigung von Entwicklungsaufgaben im Jugendalter: Fragen, Ergebnisse und Hypothesen zum Konzept einer Entwicklungs- und Pädagogischen Psychologie des Jugendalters. In: Oerter, R. (Hrsg.): Lebensbewältigung im Jugendalter. Weinheim: VCH, 1985, 30-61.

Eichhorn, D. H.: The middle school. New York: Center for applied research in education, 1966.

Erikson, E. H.: Identifikation und Identität. In: Friedeburg, L. v. (Hrsg.): Jugend in der modernen Gesellschaft. Köln: Kiepenheuer & Witsch, 1965, 277-287.

Erikson, E. H.: Identität und Lebenszyklus. Frakfurt: Suhrkamp, 1966.

Erikson, E. H.: Lebensgeschichte und historischer Augenblick. Frankfurt: Suhrkamp, 1977.

Ewert, O.: Entwicklungspsychologie des Jugendalters. Stuttgart; Kohlhammer, 1983.

Ewert, O.: Selbstkonzeptänderungen beim Eintritt von Mädchen in die Reifezeit. In: Olbrich, E./Todt, E. (Hrsg.): Probleme des Jugendalters: Neuere Sichtweisen. Berlin: Springer, 1984, 179-186.

Gillis, J. R.: Geschichte der Jugend. Weinheim: Beltz, 1980.

Häussling, J. M./Brusten, M./Malinowski, P. (Hrsg.): Jugendkonflikte: Kriminologische Forschungen und Analysen aus neun Ländern. Stuttgart: Enke, 1981.

Havighurst, R. J.: Human development and education. New York: Longmans & Green, 1953.

Hofstätter, P. R.: Brauchen wir Vorbilder? In: Baumgärtel, F. (Hrsg.): Familiensozialisation. Braunschweig: Westermann, 1979, 334-345.

Hornstein, W.: Unsere Jugend. Über Liebe, Arbeit, Politik. Weinheim: Beltz, 1982.

Inhelder, B./Piaget, J.: De la logique de l'enfant à la logique de l'adolescent. Paris: Presses Universitaires de France, 1955.

Jugendwerk der Deutschen Shell (Hrsg.): Jugend '81: Lebensentwürfe, Alltagskulturen, Zukunftsbilder, Bd. 1. Hamburg: Jugendwerk, 1981.

Jugendwerk der Deutschen Shell (Hrsg.): Jugendliche und Erwachsene '85: Generationen im Vergleich, Bd. 1: Biografien, Orientierungsmuster, Perspektiven. Opladen: Leske & Budrich, 1985.

Kabat Vel Job, O.: Geschlechtstypische Einstellungen und Verhaltensweisen bei Jugendlichen. Berlin: Volk und Wissen, 1979.

Keniston, K.: Postadolescence (youth) and historical change. In: Zubin, J. & Freedman, A. M. (Eds.): The psychopathology of adolescence. New York/London: Grune & Stratton 1970, 34-50.

Kohlberg, L.: Eine Neuinterpretation der Zusammenhänge zwischen der Moralentwicklung in der Kindheit und im Erwachsenenalter. In: Döbert, R./Habermas, J./Nunner-Winkler, G. (Hrsg.): Entwicklung des Ichs. Königstein/Ts.: Hain, 1980, 225-252.

Lazarsfeld, P. F.: Die Ergebnisse und die Aussichten der Untersuchungen über Jugend und Beruf. Quellen und Studien zur Jugendkunde, 3, 1931, 1-87.

Lewin, K.: Feldtheorie und Experiment in der Sozialpsychologie (1939). In: Lewin, K.: Feldtheorie in den Sozialwissenschaften (Hrsg.: D. Cartwright). Bern: Huber, 1963.

Liepmann, D./Stiksrud, A. (Hrsg.): Entwicklungsaufgaben und Bewältigungsprobleme in der Adoleszenz. Göttingen: Hogrefe, 1985.

Loevinger, J.: Theories of ego development. In: Breger, L. (Ed.): Clinical cognitive psychologie. New Jersey: Prentice Hall, 1969.

Lorenz, K.: The enmity between generations and its probable ethological causes. Studium Generale, 23, 1970, 963-997.

Mead, M.: Der Konflikt der Generationen. Jugend ohne Vorbild. Olten: Walter, 1971.

Mönks, F. J./Hill, J. P.: Entwicklungsperspektiven im Jugendalter. In: Montada, L. (Hrsg.): Brennpunkte der Entwicklungspsychologie. Stuttgart: Kohlhammer, 1979, 337-352.

Oerter, R.: Zur Dynamik von Entwicklungsaufgaben im menschlichen Lebenslauf. In: Oerter, R. (Hrsg.): Entwicklung als lebenslanger Prozeß. Aspekte und Perspektiven. Hamburg: Hoffmann & Campe, 1978, 66-110.

Offer, D.: Das Selbstbild normaler Jugendlicher. In: Olbrich, E./Todt, E. (Hrsg.): Probleme des Jugendalters: Neuere Sichtweisen. Berlin: Springer, 1984, 111-130.

Olbrich, E.: Übergänge im Jugendalter. In: Silbereisen, R. K./ Montada, L. (Hrsg.): Entwicklungspsychologie. Ein Handbuch in Schlüsselbegriffen. München: Urban & Schwarzenberg 1983, 89-96.

Schaefer, C. E./Millman, H. L.: Kompendium der Psychotherapie in Kindheit und Pubertät. Frankfurt: Fachbuchhandlung für Psychologie, 1984.

Spranger, E.: Psychologie des Jugendalters. Leipzig: Quelle & Meyer, 1925.

Stierlin, H./Levi, L. D./Savard, R. J.: Centrifugal versus centripetal separation in adolescence: Two patterns and some of their implications. In: Feinstein, S. C./Giovacchini, P. (Eds.): Adolescent psychiatry, Vol. II: Developmental and clinical studies. New York: Basic Books, 1973, 211-239.

Stiksrud, A. (Hrsg.): Jugend und Werte: Aspekte einer politischen Psychologie des Jugendalters. Weinheim: Beltz, 1984 a.

Stiksrud, A.: Gibt es einen Generationendissens? Empirische Untersuchungen zu Wertrangdiskrepanzen bei Personen unterschiedlichen Alters. Zeitschrift für experimentelle und angewandte Psychologie, 31 (1), 1984 b, 153-174.

Stiskrud, A.: Adoleszenz im Generationenkontext. Entwicklungs- und sozialpsychologische Aspekte. Frankfurt: Manuskript. 1987.

Stiksrud, A./Wobit, F. (Hrsg.): Adoleszenz und Postadoleszenz. Beiträge zur angewandten Jugendpsychologie. Eschborn b. F'fm: Fachbuchhandlung für Psychologie, 1985.
Suarez, A.: Formales Denken und Funktionsbegriff bei Jugendlichen. Bern: Huber, 1977.
Tolor, A.: The generation gap: Fact or fiction? Genetic psychology monographs, 94, 1976, 35-130.
Zauner, J.: Stufen der Adoleszenz, Modifikationen des therapeutischen Zugangs. In: Lempp, R. (Hrsg.): Adoleszenz: Biologische, sozialpädagogische und jugendpsychiatrische Aspekte. Bern: Huber, 1981, 84-97.

Klinische Psychologie

Hellmuth Benesch

1 Geschichte und Definition

Die K. P. wurde in ihrer heutigen Form von dem Schüler von Wilhelm Wundt, Lightner Witmer (1867-1956), nach seiner Rückkehr in die USA durch die Eröffnung einer ersten psychologischen Klinik (1896) in Philadelphia und der Herausgabe der Zeitschrift „Psychological Clinic" (1907-1935) gegründet. Vorher gab es bereits zu allen Zeiten therapeutische Beschäftigungen mit psychologischen Problemen. Der Medizinhistoriker A. A. Roback (1970) glaubt dies sogar schon für die Steinzeitmenschen nachweisen zu können. Im antiken Griechenland betreute Sokrates Klienten mit seiner mäeutischen Methode, um sie zur „Sophrosyne", zur seelischen Gesundheit, zu führen (Hofstätter, 1984). Für die späteren Jahrhunderte (Flugel, o. J.; Alexander/Selesnick, 1969) lassen sich zahlreiche Autoren für verschiedene psychotherapeutische Verfahren (psychologische Selbsthilfe, Psychohygiene, Spielbehandlung, Hypnose, Gewissenserforschung, moralische Übungen usw.) finden. Der Begriff „Psychotherapie" wurde erstmals für hypnotische Anwendungen in dem Buch von D. H. Tukes „Bemerkungen über den Einfluß des Geistes auf den Körper" (1872) verwendet. Die Benennung Psychotherapie wurde später fast ausschließlich für die Psychoanalyse eingesetzt und steht heute für eine Großzahl unterschiedlichster psychologischer Therapieverfahren.

In den frühen Definitionen wurde die K. P. auf die „Anwendung der Psychologie auf klinische Probleme" (Stern, 1954) bezogen. In neueren Definitionen wird sie dagegen stärker als eigenständige „Disziplin innerhalb der Psychologie . . ., die sich mit den psychischen Störungen und ihrer Beseitigung beschäftigt" (Benesch, 1981), beschrieben. An diesen Definitionsunterschieden läßt sich die zunehmende Integration des Faches in den Kanon der psychologischen Teilgebiete ablesen. Im Handbuch „Klinische Psychologie" (1977) folgert Pongratz: „Nach diesem Definitionskriterium ist das Grundmerkmal der klinischen Psychologie ihre Fundierung in der wissenschaftlichen Psychologie – in ihren Methoden, ihrem theoretischen Angebot, den Forschungsergebnissen der einzelnen Fächer."

2 Aufgaben der Klinischen Psychologie

Die K. P. könnte man mißverstehen als „Anwendung der Erkenntnisse, Techniken und Methoden der psychologischen Grundlagenfächer und ihrer Teildisziplinen" (Schraml, 1970). Eine solche günstige Ausgangslage besteht für das Fach nicht. Die theoretischen Grundlagenfächer sind von der Allgemeinen Psychologie (einschließlich ihrer propädeutischen Teile wie z. B. der Methodenlehre) bis hin zur Persönlichkeits- und Sozialpsychologie nicht dergestalt „fertig", daß eine bloße Umwendung ihrer Ergebnisse auf die Belange der K. P. ausreichen würde. Die theoretischen Grundlagenfächer sind zwar die unabdingbare Voraussetzung für die K. P., aber für ihre Aufgabenstellungen mußten von den Klinischen Psychologen die meisten ihrer Themen neu gestellt und selbständig bearbeitet werden. Dadurch ergab sich sogar eine rückwirkende Befruchtung der theoretischen Fächer der Psychologie.

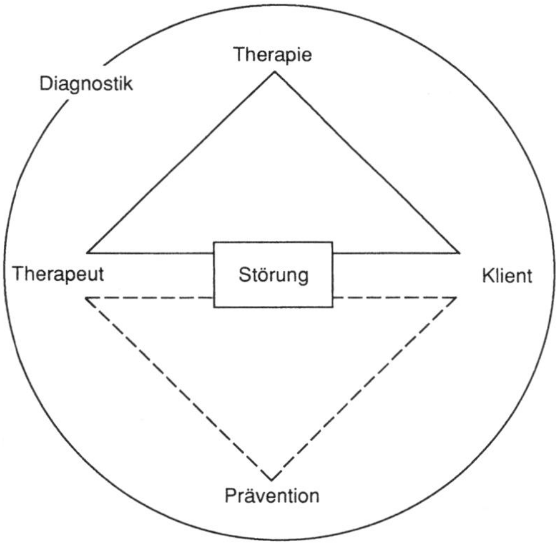

Abb. 1: Hauptaufgaben der Psychologie

Die Hauptaufgaben der K. P. lassen sich nach dem Modell der Abb. 1 (Benesch, 1985) übersichtlich zusammenfassen. Zentrum der Aufgaben der K. P. ist die *Erforschung, Systematisierung* und *Behandlung* der psychischen Störungen. Diese Störungen sind immer auf ihr Umfeld bezogen. Im Unterschied zu den somatischen Erkrankungen hängen die psychischen Störungen von arbiträren Normkriterien sowohl des Betroffenen wie seiner engeren und weiteren mitmenschlichen Umgebung sowie von den Wertungen nationaler und kultureller Gesellschaftseinheiten („Labeling-approach"; Trojan, 1978) ab. Die Festlegung der „Abnormalität" des Verhaltens ist immer ein offenes Werturteil.

An das Störungszentrum schließt sich das Kommunikationsdreieck Therapeut-Klient-Therapie an. Dieses Dreieck verdeutlicht den engen Zusammenhang und die Wechselwirkung der drei Eckpositionen. Allerdings werden ihre Gewichte in den verschiedenen Richtungen der Psychotherapie nicht gleichmäßig verteilt. Beispielsweise betonen behaviorale Richtungen die Inhalte der Therapiemaßnahmen, dagegen stellen kommunikative die Wechselbeziehung zwischen Klient und Therapeut in den Mittelpunkt, manche tiefenpsychologischen Richtungen heben die Person des Therapeuten und seine individuellen Befähigungen hervor, schließlich ist die Gesprächspsychotherapie gerade dadurch gekennzeichnet, daß der Klient die führende Rolle übernehmen soll. Daneben gibt es zusätzliche individuelle und situative Abwandlungen des therapeutischen Beziehungsdreiecks.

Das (gestrichelte) Gegendreieck bildet die Bedeutung der Prävention ab. Die K. P. ist gleichfalls zur Vorbeugung bzw. Nachsorge von psychischen Störungen aufgerufen. Man kann dafür die *Prophylaxe* (individuelle und allgemeine Psychohygiene) und die *Rehabilitation* (Reaktivierung und Resozialisierung) unterscheiden.

Umfangen werden diese Aufgabenbündel durch die klinische Psychodiagnostik. Eines ihrer Schwerpunktgebiete ist die Abklärung des klinischen Urteilsprozesses (Schiepek, 1986).

3 Die Klassifikation psychischer Störungen

Die psychischen Störungen sind in ihrer Vielzahl unübersehbar. Die schwierige wissenschaftliche Darstellung der psychischen Störungen hat vier Hauptursachen. Zuoberst ist sie durch die Menge der Störmerkmale bedingt, die zusätzlich durch die oben erwähnte Abhängigkeit von Werturteilen ausgeweitet wird. Störungen sind hier immer auch individuelle Störungen, die mit jeweils anderen nichtgestörten Anteilen des Betroffenen zusammenwirken und somit eine fallspezifische Abwandlung erfahren. Die Störungen stehen ferner im Kontext mit Umweltbedingungen, z. B. familiären oder schichtspezifischen Veränderungen. Schließlich müssen Störungen erkannt, beschrieben und wissenschaftlich verarbeitet werden. Die vielfältigen Aufarbeitungsversuche der unterschiedlichen Therapieschulen verwirren zusätzlich. In den schulabhängigen Störungsbeschreibungen erfolgen kontroverse Nomenklaturen, hinter denen auch unterschiedliche Ätiologiekonzepte stehen. Beispielsweise bedingt die psychoanalytische Neurosenlehre eine andere Einordnung hysterischer Symptome als entsprechend ähnliche dyssoziale Symptome innerhalb der verhaltenstheoretischen Merkmalsordnung. Ferner haben sich auch in den einzelnen Therapieschulen im Laufe der Zeit die Beschreibungsdimensionen aus theoretischen oder epidemiologischen Gründen gewandelt.

Die frühen Ordnungsversuche für die psychischen Störungen waren in der Regel *ätiologische* Systeme, d. h. die Beschreibung erfolgte auf der Basis der pathogenetischen Theorie der betreffenden Therapieschule. Teilweise spielen auch *indikative* Systeme hinein, wenn gleichzeitig mit der Störbeschreibung eine Störbehandlungsbeschreibung eingefügt wird. Der Aufgabe der weitgehend schulneutralen Beschreibung werden allein die *nosologischen* Systeme gerecht, die von einer zugrundeliegenden Symptomatologie (System von Einzelmerkmalen) bzw. Syndromatologie (System von einheitsbildenden Parallelmerkmalen) ausgehen.

Der Höhe der Beschreibungsverarbeitung nach können wir *Nomenklaturen* (z. B. intuitiv-klinische Darstellungen eines einzelnen Lehrbuchautors), *kollektive Nosographien* (zwischen vielen Fachautoren abgestimmte Beschreibungen) und *Taxonomien* (hierarchische Symptomsysteme, die auch quantitativ als Taxometrien erstellt sein können) unterscheiden.

Ziel der Beschreibung ist jeweils eine „Klassifikation", d. h. eine Zuordnung von Störmerkmalen zu „Klassen" oder Beschreibungsgruppen, die eine gemeinschaftliche Benennung zulassen. In der K. P. gibt es sowohl Klassifikationen wie Dokumentationen.

Die beiden wichtigsten Klassifikationen sind die ICD (International Classification of Deseases) der Weltgesundheitsorganisation WHO (derzeit ICD-9, d. h. neunte Revision, Zubin, 1967) und das DMS-III (dritte Revision des Diagnostischen und Statistischen Manuals psychischer Störungen der American Psychiatric Association; Koehler/Saß, 1984). Das gängigste Dokumentationssystem ist das AMP-System (Manual zur Dokumentation psychiatrischer Befunde; Scharfetter, 1972).

Das am häufigsten verwendete DSM-III-System gestattet eine multiaxiale Beurteilung, d. h. es soll gewährleistet werden, „daß die Aufmerksamkeit auf bestimmte Arten von Störungen, Gesichtspunkte der sozialen Umgebung und Leistungsbereiche gerichtet wird, die übersehen werden könnten, wenn das Interesse nur der Einschätzung eines einzelnen sich bietenden Problems gilt" (Koehler/Saß, 1984).

Psychische Störungen				
Psychose Schizophrenie Zyklothymie Paranoia Reaktive Psychose zerebral-organische Psychose Borderline-Syndrom Psychopathie *Neurose* Hysterie Phobie Anankasmus Depression Angstneurose Neurasthenie Depersonalisation Derealisation Hypochondrie psychovegetatives Erschöpfungs-syndrom	*Verhaltensstörung* Ipsative Störung Störung psychischer Prozesse Identitätsstörung Anpassungsstörung Situationsstörung Interaktionsstörung Isolationsstörung Dyssoziative Störung Soziopathie Delinquenz *Entwicklungsstörung* Funktionsstörung Verhaltensstörung Sozialstörung Leistungsstörung Infantilismus Autismus Mutismus Anorexia nervosa Ablösestörung Midlife-Crisis Altersimminution Disengagement	*Funktionsstörung* Psychogene Störung Schmerzsyndrom Schlafstörung Amnesie Kreislaufstörung Eßstörung Stoffwechselstörung Somatogene Störung Traumatische Neurose Simulation *Leistungsstörung* Konzentrations-schwäche Schulpobie Lernstörung Prüfungsversagen Studienversagen Legasthenie Arbeitsstörung Berufsversagen Arbeitsunfall Arbeitsentfremdung Freizeitstörung	*Abweichendes Verhalten* Alkoholismus Drogenabusus Verhaltensexzeß Pathologisches Spielen Kleptomanie Pyromanie *Mentalstörung* Geistige Behinderung Humilität Altersdemenz Geistige Antriebs-schwäche Intentionsneurose *Sexualstörung* Funktionsstörung Paraphilie Transsexualismus Kohabitations-störung Kontaktstörung	*Sprachstörung* Aphasie Artikulations-störung Phonationsstörung Stottern Stammeln Poltern Agrammatismus *Existentielle Leidensformen* Trauerreaktion Suicidalität Deprivation Inanition Deindivituation Thanatie Opferreaktion

Abb. 2: Psychische Störungen

Abgeleitet von den genannten Störungsordnungen und anderen Zusammenstellungen soll die Abb. 2 die wichtigsten elf Störungsgruppen benennen: Psychose, Neurose, Verhaltensstörung, Entwicklungsstörung, Funktionsstörung, Leistungsstörung, abweichendes Verhalten, Mentalstörung, Sexualstörung, Sprachstörung, existentielle Leidensformen.

4 System der psychologischen Intervention

Die psychologischen Eingriffsmöglichkeiten (Interventionen) zum Zwecke einer Veränderung bestehender, als unbefriedigend angesehener psychischer Zustände sind in einer großen Zahl vorhanden. Im Laufe der Psychotherapiegeschichte haben sich mehrere hundert Richtungen herausgebildet. Da ihr Entstehen zumeist aus Einzelaktionen resultierte, widerstehen sie einer einfachen Systematik. Allerdings gibt es nicht tatsächlich hunderte von Interventionsprinzipien. Die hohe Zahl entsteht vielmehr aus einer vielfältigen Kombinierung relativ weniger Eingriffsgrundsätze, die zusätzlich durch theoretische Implikationen vervielfacht werden.

Um zu einer überblicksartigen Zusammenfassung zu kommen, kann man die gegenwärtig bedeutsamsten Verfahren in 10 Gruppen unterteilen (vgl. Abb. 3, Therapiebenennungen mit jeweils den Hauptvertretern; zusammengestellt nach den im Literaturverzeichnis genannten Gesamtdarstellungen), die sich nach ihrer theoretischen Herkunft ergeben.

1. Die *tiefenpsychologischen* Therapien gehen auf die Begründung der Psychoanalyse durch Sigmund Freud im letzten Jahrzehnt des 19. Jh. zurück. Da Freud bei seinem Verfahren vor allem auf seine persönlichen Therapieerfahrungen zurückgriff, war es selbstverständlich, daß die Mitglieder seiner frühen Gemeinschaft und erst recht seine späteren Nachfolger andere Wege gingen. Was diese Gruppe eint, ist ein Bild des psychisch Gestörten, das ihn als hauptsächlich innengesteuert darstellt. Daraus ergibt sich der therapeutische Tenor dieser Gruppe, der sich auf die Bewußtmachung dieser Prozesse bezieht.
2. Die *behavioralen* Therapien wurden zwar erst durch Lashley, Eysenck und Skinner in den 20er und 30er Jahren unseres Jahrhunderts begründet, ihre Therapiegrundsätze sind jedoch ältestes Kulturgut, nicht zuletzt das der Erziehungskultur. Diese Gruppe stützt sich auf Lernprinzipien. Da aber das Lernen und sein Gegenteil, das Verlernen, hochkomplexe Prozesse sind, erarbeiteten sich die Mitglieder dieser Gruppe vielfältige Verfahren.
3. Die *peritalen* Therapien stützen sich, wie der Name besagt, auf Erfahrungen. Eine der ersten Therapien dieser Gruppe ist die Gesprächspsychotherapie von Carl Rogers. Therapiegrundsatz dieser Gruppe ist die Erkenntnis, daß man psychisch Gestörte auch dadurch positiv beeinflussen kann, wenn man ihnen Erfahrungen zukommen läßt, die so intensiv sind, daß sie zu einer veränderten Lebenspraxis führen. Die Einzeltherapien dieser Gruppe unterscheiden sich vor allem durch den theoretischen Hintergrund, der zu differenten therapeutischen Maßnahmen führt.
4. Die *kognitiven* Therapien sind eine Folge der sogenannten kognitiven Wende in der Persönlichkeitspsychologie. Seit den 60er Jahren schoben sich die kybernetische Interpretation der Selbststeuerung von Individuen und ihre Informationsverarbeitung in den Forschungsmittelpunkt. Dabei zeigte es sich, daß nicht wenige psychische Störungen auch Resultat „falscher" Kognitionen sind. Diese Erkenntnis ist nicht neu, schon Sokrates war ein früher „Kognitionstherapeut", aber nunmehr konnten die Methoden zunehmend verfeinert werden.
5. Die *imaginativen* Therapien sind zweifellos die ältesten Psychotherapien. Je nach Einstellung der zeitgenössischen Therapeutengemeinschaft stehen sie im Vordergrund oder werden in den Hintergrund verdrängt. Die Hypnose als eine ihrer Hauptmethoden läßt sich über mehrere Jahrhunderte als Therapeutikum zurückverfolgen. Die Hauptmethode dieser Gruppe ist die Suggestion mit ihren vielschichtigen Variationen der für den Klienten undurchschaubaren Zwangsbeeinflussung.
6. Die *kommunikativen* Therapien haben sich relativ spät entwickelt. Sie sind das Resultat der in den 20er Jahren neuformulierten Sozialpsychologie. Ihre stärkste Verbreitung erfahren sie in den Gruppen- und Familientherapien.
7. Die *somatogenen* Therapien stützen sich auf die alte Erfahrung, daß sich das Psychische über den Körper beeinflussen läßt. Aber auch der umgekehrte Weg sowie die wechselseitige psychophysische Beeinflussung werden in dieser Gruppe ausgeübt.
8. Die *integrativen* Therapien sind eine notwendige Folge der Vermehrung der Therapierichtungen, woraus sich eine zunehmende Möglichkeit für Therapiekombinationen ergab. Manche dieser Therapien sind nur nominelle Abwandlungen, so daß hier eine Auslese ge-

Tiefenpsychologische Therapien

Psychoanalyse	Freud
Komplexe Psychologie	Jung
Individualpsychologie	Adler
Existenzanalyse	Frankl
Neo-Psychoanalyse	Schultz-Hencke
Personale Analyse	Rank
Humanistische Psychoanalyse	Fromm
Anthropologische Psychotherapie	v. Weizsäcker
Daseinsanalyse	Binswanger
Psychosomatische Analyse	Groddeck
Aktive Psychotherapie	Fromm-Reichmann
Direkte Psychoanalyse	Stekel
Ich-Analyse	Erikson
Chicagoer Schule	Kohut
Charakteranalyse	Reich
Schicksalanalyse	Szondi
Selbstanalyse	Horney
Reiztherapie	Ferenczi
Erlebnistherapie	Withaker
Interpersonale Psychoanalyse	Sullivan
Analytische Familientherapie	Richter
Analytische Spieltherapie	Klein
Themenzentrierte Interaktion	Cohn
Psychosynthese	Wiesenhütter
Vektortherapie	Alexander
Dynamische Psychiatrie	Ammon
Fokaltherapie	Malan
Flash-Therapie	Balint
Katathymes Bilderleben	Leuner
Positive Psychotherapie	Peseschkian
Steuernde Analyse	Langen
Existentielle Phänomenologie	Laing
Sozialpsychoanalyse	Mitscherlich
Ethnopsychoanalyse	Parin
Dynamische Psychotherapie	Fürstenau

Behaviorale Therapien

Verhaltenstherapie	Skinner/Eysenck
Negative Praxis	Dunlap
Reziproke Hemmung	Wolpe
Syst. Desensibilisierung	Wolpe
Aversionstherapie	Jones
Expositionsverfahren	Marks
Positive Praxis	Greenspoon
Inkompatible Praxis	Hart
Imitationslernen	Bandura
Verdeckte Konditionierung	Cautela
Reaktive Inhibition	Malleson
In-vivo-Behandlung	Therhune
Implosionstherapie	Stampfl
Flooding	Marks
Individualtherapie	Leonhard
Habituationstraining	Ullrich
Selbstinstruktionstraining	Meichenbaum
Einstellungsänderung	Matross
Coping skills	Osborn
Expressive Therapie	Salter
Feeling-Therapy	Ramsay
Massiertes Angst-behandlungsprogramm	Bartling
Selbstkontrolle	Kanfer
Reattribuierungstherapie	Valins
Shaping	Baer
Assertions-Training	Goldfried
Token-Economy	Ayllon
Contractmanagement	Greenstone
Fixed-Role-Therapy	Kelly
Behaviorale Spieltherapie	O'Connor
Gedankenstoppen	Wolpe
Basic-ID	Lazarus
Adaptives Lernsystem	Gottwald
Signalkontrolliertes Entspannen	Counts
Behavioral Rehearsel	Wolpe/Lazarus
Coverant Control	Homme
Fokussierte Aufmerksamkeits-Entspannung	Lutz
Syst. Selbstmodifikation	Wendtland
Verhaltenstrainingsprogramm	Feldhege/Krauthan
Rationale Verhaltenstherapie	Maul
Interaktionelle Verhaltenstherapie	Dziewas/Grawe
Automatisierte Verhaltenstherapie	Elwood
Apparative Verhaltenstherapie	Mowrer
Nonprescription-Verhaltenstherapie	Glascow
Systemspezifische Verhaltenstherapie	Basler

Peritale Therapien

Gesprächspsychotherapie	Rogers
Klientenzentrierte Psychotherapie	Tausch
Experiencing	Gendlin
Aktualisierungstherapie	Shostrom
Existentialtherapie	May
Gestalttherapie	Perls
Primärtherapie	Janov
Emotionaltraining	Izard
Eidetische Therapie	Sheik
Bemächtigungstherapie	Derbolowsky
Ermutigungstherapie	Losoncy
Eubionik	Kauders
Amicatherapie	Mitchell
Re-Griefwork	Volkan
Trauerwiederholung	Ziegler
Filialtherapie	Guerney
Kreative Aggression	Bach
Spieltherapien	Axline
Wahrnehmungstherapien	Valnét

Kreativitätstherapien	Keyes
Sozialtherapien	Simon

Kognitive Therapien

Logotherapie	Frankl
Existenzerhellung	Jaspers
Kognitive Therapie	Beck
Rational-emotive Therapie	Ellis
Mäeutische Methode	Sokrates
Selbststeuerung	Förster
Sensory Awakening	Gunther
Antizipationstherapie	Clauss
Selbstverbalisierungstherapie	Meichenbaum
Selbstkontrolle	Kanfer
Direkte Entscheidungstherapie	Greenwald
Systematische kognitive Umstrukturierung	Goldfried
Schöpferische Psychosynthese	Bahle
Finologische Methode	v. Sury
Kognitive Ärgerkontrolle	Novaco
Neurolinguistisches Programmieren	Bandler/Grinder
Recall-Therapie	Kagan
Psychokurienz	Essen/James
Provokative Therapie	Farrelly
Morita-Therapie	Morita
Naikan-Therapie	Yoshimoto
Psychosynthese	Assagioli
Redecision Therapy	Goulding
Neubewertendes Counseling	Jackins
Namentherapie	Derman
Ignorierungstherapie	Ziehen
Mehrgenerationentherapie	Spark
Isolierungstherapie	Déjérine
Kinesic-Therapy	Knobloch
Kollusionstherapie	Willi
Z-Prozeß-Beziehungstherapie	Zaslow

Imaginative Therapien

Imaginationstherapie	Lazarus
Psychoimagination	Shorr
Autosuggestion	Coué
Hypnosetherapie	Erickson
Selbsthypnose	LeCron
Ablationshypnose	Klumbies
Versch. Schlaftherapien	Klaesi
Transzendent. Meditation	Maharishi
Initiatische Meditation	Dürckheim
Naturale Meditation	Tilmann
Zen-Meditation	Suzuki
Hatha-Yoga	Yesudian
Placebotherapie	Fish
Aktive Tonusregelung	Stokvis
Persuasionstherapie	Dubois
Elektrotherapie	Spoerri
Social-Influence-Therapy	Gillis
Protreptik	Kretschmer
Arica	Ihazo
Enlightment-Intensive	Berner
Asklepieion	Groder
Moralische Abhärtung	Stokvis
Autoritätstherapie	Stransky
Nonne-Kehrersche Methode	Kehrer
New-Identity-Group Process	Casriel
Chitamnie	Baruk
Versch. Traumtherapien	Frétigny
Gelenkter Wachtraum	Desoille
Graphotherapie	Hippius

Kommunikative Therapien

Kommunikationstherapie	Watzlawick
Transaktionsanalyse	Berne
Verhaltensmusteranalyse	English
Interaktionale Ritualisierung	Bach
Paradoxe Intervention	Bateson
Fair-Fight-Kommunikationstherapie	Bach
Kontakttherapie	Speer
Milieutherapien	Cumming
Psychodrama	Moreno
Aktivitätsgruppentherapie	Slawson
Situationstherapie	v. Weizsäcker
Basic-Skills-Training	Benne
Erhard/Seminar-Training	Rosenberg
Mainstreaming	Mendel
Microcounseling	Ivey/Authier
Versch. Gruppentherapien	Ackerman
Versch. Familientherapien	Bowen

Somatogene Therapien

Autogenes Training	Schultz
Progressive Relaxation	Jacobson
Aktive Entspannungsbehandlung	Faust
Biofeedback-Therapie	Stoyva
Bewegungstherapien	Trumpp
Atemtherapien	Proskauer
Rebirthing	Orr/Ray
Funktionale Integration	Feldenkrais
Orgontherapie	Reich
Bioenergetik	Lowen
Aquaenergetik	Bindrim
Eutonie	Alexander
Ausdruckstherapie	Schwung
Rolfing	Rolf
Physiotherapie	Cordes
T'ai Chi Chuan	Fu Mao kun
Visuell-motorische Verhaltensübung	Sinn
Akupunktur, Akupressur, Eurhythmie	Steiner
Direct-Body-Touch-Therapy	Brown

Biorhythmik	Fliess
Körperzentrierte Psychotherapie	Kurtz
Psychopharmakotherapie	Janke
LSD-Psychotherapie	Grof
Megavitamintherapie	Rinnland

Integrative Therapien

Eklektische Psychotherapie	Thorne
Eklektischer Therapieansatz	Garfield
Realitätstherapie	Glasser
Integrative Therapie	Urban
Differentielle Psychotherapie	Quekelberghe
Erlebnistherapie	Emory
Anthropologisch-integrative Psychotherapie	Wyss
Systemtherapie	Guntern
Workshop-Bewegung	Carnegie
Verbale Verhaltenstherapie	Storrow
Multiple Familientherapie	Laqueur
Squiggle-Technik	Winnicott
Bibliotherapie	Peters

Fakultative Therapien

Erziehungsberatung	Bommert
Angewandte Prävention	Feser
Psychohygiene	James/Meyer
Counseling	Lewis
Case Work	Perlman
Andragogik	Hanselmann
Psychagogik	Zeise
Rationalpsychagogik	Neutra
Bewährungshilfe	Middendorf
Erwachsenenerziehung	Pöggeler
Versch. Kunsttherapien	Kramer
Versch. Musiktherapien	Teirich
Training sozialer Kompetenz	Nellessen
Kreativitätstraining	Torrance
Beschäftigungstherapie	Simon
Freizeittherapie	Schmitz-Scherzer
Psychoanalytische Pädagogik	Körner
Marathontraining	Shepard
Holistische Erziehung	Schutz
Versch. Spieltherapien	Benesch
Problemanalyse	D'Zurilla
Identitätstherapie	Veel Ren
Puppenspieltherapie	Carte
Krisenintervention	Caplan
Versch. Kriminaltherapien	Rudas

Spezialtherapien

Kinderpsychotherapie	Schmidtchen
Feministische Therapie	Lerman
Seniorentherapie	Herr/Weakland
Gemeindepsychologie	Sommer
Fallintervention	Pittmann
Suicidprävention	Ringel
Geiselprävention	Thomas
Sozialtherapie	Wronsky
Sprachtherapie	Westrich
Drogentherapie	v. Scheidt
Alkoholikertherapie	Harsch
Drop-in-Therapie	Dederich
Schmerztherapie	Janzen
Onkologische Therapie	Simonton
Sexualtherapie	Masters/Johnson
Pränatale Therapie	John
Eheberatung	Blanck
Paartherapie	Willi
Scheidungstherapie	Amann
Thanatologische Beratung	Kübler-Ross
Viktimologische Beratung	Schneider
Selbsthilfe	Moeller
Paraprofessionals	Gershon
Helping Network	Collins
Stationäre Psychotherapie	Beese
Kurztherapie	Barten

troffen werden muß. Wichtigstes Kriterium ist das therapeutische Ergebnis, ob die Verbindung unterschiedlicher Therapien tatsächlich auch zu einer neuartigen Therapiemethode führt.

9. Die *fakultativen* Therapien sind einerseits Therapien für „Gesunde“, andererseits stützende Verfahren für psychisch Gestörte, die auch eine anderweitige Behandlung erfahren (haben). Unter dieser Aufgabenstellung sind sehr unterschiedliche Eingriffsmöglichkeiten zu subsumieren, so daß diese Gruppe intern starke Unterschiede aufweist.
10. Die *Spezialtherapien* unterscheiden sich nicht methodisch von den vorhergehenden Verfahrensgruppen (sie können an ihnen allen Anteil haben), sondern durch die Bezugsgruppen ihrer Klientel (z. B. Kinder, alte Menschen, Drogenabhängige) sowie die Auslese der Betreuer (z. B. auch Nichtfachleute oder Betroffene selbst).

Hinter dieser Vielzahl der unterscheidbaren Therapierichtungen und Einzeltherapien entwickelt sich allmählich eine „Allgemeine Psychotherapie“ als stärker theoretisch fundierte Interventionswissenschaft, die in ihrer Anwendung weniger Schulabhängigkeit aufweist. In der Zukunft dürfte es sich als notwendig erweisen, daß neben die spezielle *Therapieausbildung* eine allgemeine *Therapieunterweisung* treten muß, die die einigenden Therapiegrundsätze intensiver erforscht, darstellt und für die Therapieanwendung offeriert.

Literatur

Alexander, F. G./Selesnick, S. T.: Geschichte der Psychiatrie, Konstanz: Diana, 1969.
Balmer, H. (Hrsg.): Geschichte der Psychologie. Weinheim: Beltz, 1982.
Bastine, R. u. a. (Hrsg.): Grundbegriffe der Psychotherapie. Weinheim: Edition Psychologie, 1982.
Benesch, H.: Wörterbuch zur Klinischen Psychologie. München: Kösel, 1981; München: dtv, 1981.
Benesch, H.: Angewandte Psychologie. In: Krech, D./Crutchfield, R. S. (Hrsg.): Grundlagen der Psychologie, Bd. 8. Weinheim: Beltz, 1985.
Benesch, H./Dorsch, F. (Hrsg.): Berufsaufgaben und Praxis des Psychologen. München: Reinhardt, 1984.
Birtsch, V./Tscheulin, D. (Hrsg.): Ausbildung in klinischer Psychologie und Psychotherapie. Weinheim: Beltz, 1980.
Corsini, R. J. (Hrsg.)/Wenninger, G. (dt. Hrsg.): Handbuch der Psychotherapie, 2 Bd. Weinheim: Beltz, 1983.
Davison, G. C./Neale, J. M.: Klinische Psychologie. München: Urban & Schwarzenberg, 1979.
Diagnoseschlüssel und Glossar psychischer Krankheiten (ICD) (4. Aufl.). Berlin: Springer, 1975.
Eichmann, K./Meyer, I.: Kursbuch Psychotherapie. München: Weixler, 1985.
Enke, H. u. a. (Hrsg.): Psychotherapeutisches Handeln. Stuttgart: Kohlhammer, 1983.
Flugel, J. C.: Probleme und Ergebnisse der Psychologie. Stuttgart: Klett, o. J.
Hofstätter, P. R.: Psychologie zwischen Kenntnis und Kult. München: Oldenburg, 1984.
Koehler, K./Saß, H. (Hrsg.): Diagnostisches und Statistisches Manual Psychischer Störungen DSM-III. Weinheim: Beltz, 1984.
Korchin, S. J.: Modern clinical psychology. New York: Harper & Row, 1976.
Kraiker, C./Peter, B. (Hrsg.):Psychotherapieführer. München: Beck, 1983.
Maurer, Y.: Hauptformen der Psychotherapie. Stuttgart: Hippokrates, 1984.
Petzold, H.: Methodenintegration in der Psychotherapie. Paderborn: Junfermann, 1985.
Roback, A. A.: Weltgeschichte der Psychologie und Psychiatrie. Olten: Walter, 1970.
Scharfetter, C. (Hrsg.): Das AMP-System. Berlin: Springer, 1972.
Schiepek, G.: Systemische Diagnostik in der Klinischen Psychologie. Weinheim: Beltz, 1986.
Schraml, W. J./Baumann, U. (Hrsg.): Klinische Psychologie I. II. Bern: Huber, 1970/1974.
Stern, E. (Hrsg.): Die Tests in der Klinischen Psychologie. Zürich: Rascher, 1954.
Strotzka, H. (Hrsg.): Psychotherapie (2. Aufl.). München: Urban & Schwarzenberg, 1978.
Thomä, H./Kächele, H.: Lehrbuch der psychoanalytischen Therapie. Berlin: Springer, 1985.
Trojan, A.: Psychisch krank durch Etikettierung? München: Urban & Schwarzenberg, 1978.
Wittchen, H.-U./Fichtner, M. M.: Psychotherapie in der Bundesrepublik. Weinheim: Beltz, 1980.
Wittling, W. (Hrsg.): Handbuch der Klinischen Psychologie, Bd. 1-6. Hamburg: Hoffmann & Campe, 1980.
Zubin, J.: Classification of the behavior disorders. Anual Review of psychology, 18, 1967, 143-406.

Körpertherapie

Wolf Büntig

1 Begriffsbestimmung

K. heißt Therapie *mit den Mitteln des Körpers*, nicht Therapie des Körpers (entsprechend Bädertherapie, Blütentherapie etc.).

Was ist nun der *Körper*? Das sogenannte Leib-Seele-Problem beschäftigt den Menschen, seit er zu denken und zu sprechen anfängt. Die alten Kulturen kannten noch die psychosomatische Einheit. So bedeutet das griechische Wort „psyche" – wie das germanische „Odem" – gleichermaßen Geist-Seele und Atem, so wie „phren" ebenso Gemüt bedeutet wie Zwerchfell. Für die Alten waren Körper und Seele eins. Für die „reine Wissenschaft" Schulmedizin von heute hingegen ist der Körper nur noch Fleisch – die Leiche, in der der Pathologe beim Sezieren niemals eine Seele findet – und die Seele etwas Abstraktes – eine blutleere Idee.

Diese *Reduktion* des Körpers auf das Materielle hängt mit der Entwicklung menschlicher Denkgewohnheiten zusammen. Zugunsten der technischen Bewältigung der Welt haben wir uns angewöhnt, die Wirklichkeit von dem, was in Wahrheit wirkt, zu reduzieren auf das, was uns mithilfe der Naturwissenschaft wahr scheint: die Wahrscheinlichkeit. Nun sind wir mittlerweile dank konsequenter Anwendung eben dieser Methode so weit, errechnen zu können, daß nach den Gesetzen der statistischen Wahrscheinlichkeit Leben auf unserem Planeten so unwahrscheinlich ist wie die Fähigkeit der Hummeln zum Fliegen. Leben und Hummelflug sind jedoch ganz offenbar möglich. Ebenso offenbart sich uns unser Körper durch direkte Erfahrung als ein vielleicht unwahrscheinliches, doch durchaus wirkliches Wunder, das wir nur staunend in der Fülle seiner Möglichkeiten wahrzunehmen bereit sind, wenn wir die Beschränkung der wissenschaftlichen Methode aufs Messen, Wiegen und Zählen überschreiten.

So zeichnet sich bei der Frage, was der Körper sei, inzwischen eine Wende ab, denn die Physik zu Beginn dieses Jahrhunderts bringt uns der Lösung des Problems theoretisch einen großen Schritt näher: Je nach Versuchsbedingung erscheint dem Forscher das Elektron immateriell als Welle oder aber materiell als Teilchen. Es bewegt sich nicht isoliert, sondern in Beziehung zu (allen) anderen Teilchen (Diskussion s. Capra, 1983). Auf unsere Fragestellung übertragen bedeutet das: Körper und Geist sind nur durch unsere *Weltanschauung* – je nachdem, wie wir sie anschauen – zweierlei, im

Grunde jedoch ein und dasselbe. Und wir sind nicht allein im Sinn von isoliert, sondern *all-ein*, in Beziehung zu allem Leben.

Therapie bedeutet dann je nach Weltanschauung Reparatur oder aber Anstoß zur Entfaltung. Für den reduktionistischen Naturwissenschaftler, der den Körper begreift als eine – wenngleich sehr komplexe – Maschine, hat Therapie die Wiederherstellung der Funktion zum Ziel im Sinn von Arbeits- und allenfalls Genußfähigkeit. Sehen wir den Körper jedoch vor allem als ein Wunder, dessen Geheimnis im Lauf eines Lebens zu entdekken, zu entfalten und zu offenbaren ist, dann hat Therapie – im ursprünglichen Wortsinn übrigens – die Bedeutung: auf dem Weg begleiten, beistehen, (dem Höchsten im anderen) dienen, heilen. Im Wort „heilen" („heil" bedeutet „ganz") finden wir den Hinweis auf den Weg, auf dem der Heilende begleitet: Therapie wäre demnach *Beistand* und *Begleitung* auf dem Weg zum ganzen Menschen.

2 Geschichte der Körpertherapie

Etwa zu der Zeit, in der die Physiker ihre unser auch heute noch bevorzugtes Weltbild erschütternden Entdeckungen machten, versuchten die ersten Psychoanalytiker, mit dem Phänomen der *psychosomatischen Erkrankungen* zurechtzukommen – körperlichen Erkrankungen, die auf unbewußte seelische Konflikte zurückgeführt werden. Freud postuliert 1933 für die Psychoanalyse „dynamische Faktoren, die wir Libido nennen" und meint, „wir können erwarten, daß der organische Teil in der Zukunft aufgedeckt wird" (Puner, 1947).

Wilhelm Reich (1973) beschreibt 1935 die „funktionelle Identität und Antithese" des Physischen und Psychischen, nachdem er beobachtet hatte, daß die psychischen Widerstände seiner Patienten gegen die Aufdeckung des Unbewußten auf charakteristische Weise körperlich in Form von einzelnen *Muskelverspannungen* und *Haltungsmustern* des ganzen Körpers organisiert waren.

Doch als erster umreißt C. G. Jung (1973) bereits 1928 das Thema am treffendsten folgendermaßen: „Kann man sich ... mit dem Mysterium aussöhnen, daß die Seele das innerlich angeschaute Leben des Körpers und der Körper das äußerlich geoffenbarte Leben der Seele ist, daß die beiden nicht zwei, sondern eins sind, so versteht man auch, wie das Streben nach Überwindung der heutigen Bewußtseinsstufe durch das Unbewußte zum Körper führt und umgekehrt, wie der Glaube an den Körper nur eine Philosophie zuläßt, die den Körper nicht zugunsten des reinen Geistes negiert".

Während Freud und Jung sich anderen Aspekten der Psychoanalyse zuwandten, setzte Wilhelm Reich seine Erforschung der psychosomatischen Einheit des persönlichen Ausdrucks fort und entwickelte nacheinander die *Widerstandsanalyse*, die *Charakteranalyse*, die *Vegetotherapie* und die *Orgonomie* (Boadella, 1981).

Fritz Perls und Alexander Lowen, beide Schüler von Wilhelm Reich, haben mit der Entwicklung der *Gestalttherapie* und der *bioenergetischen Analyse* hochdifferenzierte und wirksame tiefenpsychologische Methoden entwickelt, die in zunehmendem Maße die psychoanalytische Szene dort bereichern, wo sich diese dafür öffnet.

Heute rollt, vom Westen wie vom Osten, eine Welle „neuer" Therapiemethoden auf uns zu, die die hierzulande bis vor kurzem etwas statische Psychotherapie-Szene in Bewegung bringt. Allen gemeinsam ist die Einbeziehung des menschlichen Körpers in den Therapieprozeß. Diese Methoden sind jedoch an sich gar nicht so neu: Denn die aus dem Westen, nämlich aus Amerika nach Europa (zurück-)kommende Bioenergetische Analyse (Lowen, 1983) wie die Gestalttherapie (Perls, 1976), sind psychoanalytische Verfahren nach Freuds eigener Definition (Puner, 1947), indem sie durch Arbeit am sogenannten Widerstand (gegen den Therapeuten und das gute Leben gleichermaßen) im Spannungsfeld zwischen Übertragung und Gegenübertragung der leidenden Person zu mehr Selbstverantwortung, Selbständigkeit und Selbstbewußtsein zu verhelfen suchen, während die aus dem Osten kommenden Methoden ohnehin in uralten Traditionen wurzeln.

„Der Körper erhebt seinen Anspruch auf Gleichberechtigung, ja er übt eine Faszination aus wie die Seele" (Jung, 1973). Die K.n faszinieren, weil sie den entfremdeten Menschen sich selbst nicht nur mental verständlich, sondern auch sinnlich erfahrbar machen in seinen zutiefst menschlichen Aspekten.

3 Grundlegende Annahmen

Beide Wege – die alten östlichen wie die nicht ganz so alten westlichen Disziplinen – kommen sich in ihren Grundannahmen sehr nahe. Mehr oder weniger sehen beide Strömungen den Menschen in seiner Doppelnatur als Lebe-Wesen (Dürckheim, 1983), in der er einerseits an seinen biologischen Gegebenheiten und soziologischen Bedingtheit – seinem Schicksal – leidet und andererseits den Auftrag hat, sich seinem Wesen, d. h. seiner unbedingten Natur gemäß auf das Leben hin zu entfalten. Reich (1969) sprach vom „Kern der Persönlichkeit“, der vom Charakterpanzer, der eingefleischten Konditionierung, verstellt ist; die Humanistische Psychologie beschreibt das „menschliche Potential“, das es zu verwirklichen gilt (Maslow, 1985; Rogers, 1985); und im Osten finden wir den Begriff des „Diamantbewußtseins“ oder des „wahren Selbst“, das verborgen ist von der angelernten Fassade der gesellschaftlichen Persönlichkeit. Allen diesen Wegen gemeinsam ist die Beobachtung, daß die Verstellung, die Fassade, der Charakter durch körperliche Verspannungen aufrechterhalten wird.

Von zentraler Bedeutung ist dabei der *Energiebegriff*: Prana, Ki, Elan vital, Bioenergie oder einfach Lebenskraft, die Kraft jedenfalls, die der Schwerkraft und der Entropie gestaltend entgegen wirkt. Dabei wird darauf geachtet, ob und wieweit der Mensch „im Fluß“ ist, ob seine Energie frei oder – wie Reich sagte – selbstregulierend fließen kann. Die Verbindung von Krankheitssymptomen mit gestauter Energie finden wir bereits in der ajurvedischen Heilkunde der Inder. Schließlich besteht Übereinstimmung darin, daß das Wesen, der Kern, das wahre Selbst Ursprung der heilenden Kraft ist: Natura sanat, medicus curat – die Natur heilt, der Arzt trägt Sorge.

4 Theoretisches Modell

Die *psychodynamische* Betrachtungsweise, durch Reich (1975), Lowen (1981 a) und andere um die körperliche Dimension erweitert und ergänzt durch Ergebnisse der Embryologie (Blechschmidt, 1976), ergibt ein theoretisches Modell, das sowohl mit naturwissenschaftlichen Annahmen wie mit traditionellen östlichen Vorstellungen in Einklang zu bringen ist. Danach vollzieht sich menschliche Entwicklung immer, d. h. spätestens von der Empfängnis an

a) entsprechend einem eingeborenen Wissen, das der Biologe „genetischer Schlüssel“ und der Philosoph „Wesen“ nennt,
b) in Abhängigkeit von seiner und als Antwort auf seine Umwelt und
c) in ständiger Bewegung.

Das Neugeborene manipuliert mit Hilfe seiner eingeborenen und weitgehend ausgereiften Emotionen (d. s. Bewegungen aus dem Inneren nach außen) seine Umwelt, d. h. zunächst die Mutter, mit dem Ziel der Befriedigung seiner ebenfalls ererbten Bedürfnisse bzw. Erwartungen (Liedloff, 1982). Befriedigung wie Frustration werden wiederum emotional geäußert. Bei Befriedigung der Bedürfnisse gewinnt das Kind mit der Zeit und mit zunehmendem Alter Kompetenz und Selbstvertrauen im emotionalen Ausdruck. Werden seine Erwartungen nicht erfüllt und die entsprechenden Emotionen durch drohende Vernichtung, Vernachlässigung, Überforderung, Manipulation, Verführung, Unterdrückung, Mißachtung etc. beantwortet, dann lernt das Kind, zunächst den emotionalen Ausdruck, bald jedoch die Wahrnehmung des Bedürfnisses und schließlich gar den Bedürfnisimpuls selbst durch Anspannung der entsprechenden Muskulatur zu unterdrücken. Der von Freud beschriebene Vorgang der *Verdrängung* ist demnach mit Muskelkraft geleistete Arbeit. Um zu bekommen, was sie brauchen, lernen Kinder die Luft anzuhalten, die Zähne zu beißen, die Kehle zu verschließen, die Schultern hoch- und den Bauch einzuziehen, die Knie durchzudrücken usw. Die zum Handeln gemachte Muskulatur wird zum Bremsen eingesetzt, wenn Bewegung geahndet wird. Doch wir lernen aus Erfahrung, d. h., wir entwickeln uns in Bewegung: Wir rollen, rennen, hüpfen, schaukeln, drehen uns, klettern und balancieren, um Gleichgewicht und Stand halten und etwas vertreten zu lernen. Doch wer viel hält, bewegt sich wenig, lernt wenig, fühlt wenig, entwickelt wenig Selbstgefühl. Je weniger Selbstgefühl ein Mensch hat, um so mehr ist er auf ein gedankliches Selbstbild – ein Image – und für dessen Bestätigung auf andere Menschen angewiesen.

Die im Körper eingefleischten Abwehrmechanismen bedingen den von Freud so genannten Wiederholungszwang: Wenn Sie die Schultern hochziehen, wird die Umgebung automatisch bedrohlich; mit verbissenen Zähnen sehen sie die Mitmenschen böse aus; und mit durchgedrückten Knien verlieren wir den Kontakt zum Boden und zur Wirklichkeit. Alle Liebe in der Welt kann so nicht wahrgenommen werden; denn in der Abwehrhaltung, mit deren Hilfe wir die Erinnerung an leidvolle Erfahrung verdrängen können, sind wir auch verschlossen gegenüber jeder neuen, heilsamen Erfahrung und provozieren die Wiederholung des bekannten Leids.

5 Die einzelnen Verfahren

5.1 *Heilung durch Energieübertragung*

Das *Handauflegen* wird von jeher als Mittel heilender Wirkung betrachtet (Markus 10, 16). Selbst im modernen Sprachgebrauch heißt jede Form der heilsamen Einwirkung des Arztes auf den Patienten „Behandlung". Beim Handauflegen spielt wahrscheinlich die Energieübertragung die größte Rolle. Es wird dabei Energie bewußt und gezielt übertragen, so wie unbewußt und ungezielt energetische Übertragung stattfindet, wenn Sie in einem Raum, in dem alle die Luft anhalten und eine gedrückte Stimmung herrscht, automatisch selbst die Atmung drosseln.

Die *Geistheilung* in Brasilien und in den Philippinen kann aus der Sicht westlicher Wissenschaft als ein energetischer Eingriff gedeutet werden, bei dem Gewebe de- und rematerialisiert wird (Naegeli-Osjord, 1977). Grossinger (1982) diskutiert ausführlich verschiedene Energiephänomene beim Heilen, während Joan Halifax (1981) diese in Kontext und Sprache der Schamanen beschreibt.

5.2 Manipulierende Verfahren

Die *Massage* (von frz. masser = kneten) wirkt durch planmäßiges Streichen, Kneten, Klopfen, Schütteln und feines Erschüttern (Vibration) der Gewebe. Örtlich kommt es zur Lösung von muskulärer Verspannung. Als Fernwirkung zeigt sich eine Steigerung der Durchblutung und eine funktionelle Beeinflussung tiefer gelegener Organe im Brust- und Bauchraum, z. B. in der Vertiefung der Atmung oder Anregung der Peristaltik. Schließlich zeigen sich Allgemeinwirkungen über eine Belebung des Stoffwechsels, die Ausschüttung von Hormonen, und eine neue Gesamthaltung. Diese kann mit einer psychischen und geistigen Neuorientierung verbunden sein. Die *tiefe Bindegewebsmassage* nach Ida Rolf (1977, 1978; Schwind, 1985), die auf die Faszien zwischen den einzelnen Muskelgruppen einwirkt, um diese wieder gegeneinander beweglich zu machen, sowie die *Schüttelmassage* nach Milton Trager sind wichtige Neuentwicklungen aus den USA, während das sog. *Shiatsu*, eine Druckpunktmassage, aus uralter östlicher Tradition stammt (Okashi, 1979). Bei der von Dürckheim entwickelten *Leibtherapie* bestimmt die innere Einstellung gegenüber dem Patienten als einer vom Wesen her bestimmten Person die vielfältige Praxis (Müller, 1981).

5.3 Übende Verfahren

Diese in der Regel Selbstregulierung stimulierenden Methoden sichern durch physiologische Umerziehung freien Energiefluß, Gelöstheit, und Ausgeglichenheit. Sie bestehen aus Übungen, die man letztlich allein machen kann, zunächst jedoch in der Beziehung zu einem Lehrer oder Therapeuten lernt. Ihr Ziel ist die Entfaltung ganzheitlicher Gesundheit, die die Beseitigung von Schäden einschließt und darüber hinausgeht. Allen gemeinsam scheint mir der Grundgedanke, daß Gesundheit umfassender ist als die Abwesenheit von Krankheit und wir durch Übung ein inneres Potential zu optimaler körperlich-seelisch-geistiger Gesundheit verwirklichen können.

Yoga, ein hochdifferenzierter, persönlicher und spiritueller Weg zur Entfaltung des ganzen Menschen, ist in der Gesundheitsszene fest verankert (Frenz, 1986), allerdings nicht selten verkürzt zur heillosen Psychogymnastik oder aber überzogen zur unpersönlichen, den Schein des Heiligen suggerierenden Form. Das *T'ai Chi Ch'uan* wurzelt in der taoistischen Philosophie von der ausgewogenen Polarität der Gegensätze Yin und Yang (Kobayashi/Kobayashi, 1979). In China ursprünglich eine von einer Elite geübte Kampfkunst, ist es heute für Millionen von Menschen ein Weg zur Volksgesundheit, der in den letzten Jahren auch im Westen immer mehr Verbreitung findet. T'ai Chi ist, im Gegensatz zum „harten" Kampfsport wie Karate etc., eine „innere oder sanfte Schule" der Selbstverteidigung, eine Meditation in Bewegung. Dieser erlernbare, je nach Stilrichtung unterschiedlich festgelegte Bewegungsablauf, hat Lösung und Integration zum Ziel und führt zu einem sich stets vertiefenden Ruhen im eigenen Selbst im Einklang mit der Natur. Ähnlich wirken die Übungen des *Kum Nye*, die mit dem tibetischen Buddhismus zu uns kommen (Tarthang Tulku, 1978).

Eutonie nach Gerda Alexander (1976) ist eine Methode zur Schulung der körperlich-geistigen Wahrnehmungsfähigkeit. Der Unterricht zielt auf das Erfühlen des Spannungszustandes (Tonus), das Lösen von Spannungsblöcken (Tonus-Fixationen) und die Integration in eine Spannungsharmonie (Eutonus).

Sensory Awareness (Brooks, 1983) wurde in den USA von der deutschen Emigrantin Charlotte Selver entwickelt. Heinrich Jacoby (1983), Lehrer und Musiker und neben Elsa Gindler der wichtigste Lehrmeister Selvers, beobachtete, daß wir in unserer zielorientierten Bewegung durch den Alltag mit uns selbst unverantwortlich, d. h. nicht in Beziehung zu den Dingen der Umwelt umgehen. Sensory Awareness rückt gewöhnliche Tätigkeiten wie Sitzen, Liegen, Aufstehen etc. in den Brennpunkt der Aufmerksamkeit des Übenden, der so schrittweise die begriffliche Entfremdung des Bewußtseins von den Dingen überwindet.

Scheinbar ähnlich, doch mehr von physiologischen Gegebenheiten ausgehend, ist die von *Feldenkrais* (1968; 1985) entwickelte Methode „Bewußtheit durch Bewegung". Hierbei lernt der

Übende, in immer wiederholten, oft kleinsten Bewegungen seinen Körper bewußter und der Situation angemessener zu gebrauchen, wobei es nie darum geht, Bewegungen richtig zu machen, sondern besser, d. h. ökonomischer, dem Vorhaben angemessener, müheloser und angenehmer. In fortschreitenden Lektionen wird mit der Zeit ein kinästhetischer Bewußtseinsprozeß eingeleitet. Was das heißt wird verständlich, wenn Sie versuchen zu lernen, auf ungewohnte Weise die Hände so zu falten oder die Arme vor der Brust so zu verschränken, daß der andere Daumen oder der andere Arm die Oberhand hat. Dabei werden gewohnte motorische und sensorische Nervenschaltungen aufgegeben und neue, funktionell verbesserte Koordinationen von Wahrnehmung und Bewegung gebahnt. Da der Körper immer ein Spiegel des seelischen Zustandes ist, bewirkt die Verbesserung der körperlichen Haltung stets auch eine Verbesserung des seelischen Gleichgewichts.

Focusing heißt eine von dem nach den USA emigrierten Österreicher Gene Gendlin (1985) entwickelte Methode, bei der der Übende mithilfe innerer Achtsamkeit ein potentielles Wissen optimalen Daseins aufspürt. Gendlin beobachtet, daß die Lösung jedes Problems in unserem Unbewußtsein ruht und durch achtsame Konzentration auf den Körper zu finden ist. Bei diesem Prozeß wird die Aufmerksamkeit vom Problem abgezogen und nach innen, d. h. in die Körpermitte, gerichtet. Dabei entfaltet sich ein inneres Wissen, „felt sense" genannt, eine Befindlichkeit, eine Intuition, die durch fortgesetzte geduldige Achtsamkeit und Mitteilung zunächst symbolische und schließlich bewußte Bedeutung gewinnt und zu problemlösenden Handlungen führt.

5.4 Bewegungstherapien

Die Bewegungstherapien basieren auf der einfachen Tatsache, daß wir nur durch Bewegung lernen und auch umlernen können. Keine noch so tiefe Einsicht führt zur Heilung, wenn sie nicht durch neue oder wiedergewonnene Handlung in den Alltag integriert wird. Hierzulande am besten eingeführt ist die *Konzentrative Bewegungstherapie* (Stolze, 1977), die wie Sensory Awareness auf die Arbeit von Elsa Gindler zurückgeht. Die Praxis besteht aus einem „Üben ohne Übungen" (Gräff, 1983); die dabei gemachten Beobachtungen werden in der Regel durch Deutung in den psychoanalytischen Prozeß integriert (Becker, 1981).

Neuere Ansätze haben mehr die Entfaltung der von Jacoby (1983) so genannten „Menschlichen Entwicklungsmöglichkeiten" zum Ziele, die dem Kerngedanken des „human potential" der Humanistischen Psychologie (Maslow, 1985) entsprechen dürfte. Beispiele dafür sind *Tanztherapie* (Espenak, 1985), *Movement Education* (Halprin, 1981) und die von Gertraud Eder-Büntig und Wolf Büntig praktizierte *Entwicklung in Bewegung*. Unbewußtes wird durch Bewegung erlebt, führt durch Wahrnehmung mit freundlicher Aufmerksamkeit zu einem vertieften Selbstgefühl und findet zunächst unbewußten Ausdruck in Bildern, die dann durch die Spiegelung der Gruppe oder durch die Deutung von innen in der gestalttherapeutischen Bearbeitung zu einer Erweiterung des Selbstverständnisses führen.

Die *Rhythmische Körperarbeit* von Flatischler (1984) wurde zunächst für Musiker entwickelt, erweist sich jedoch als *Rhythmustherapie* (Büntig/Flatischler, unveröffentlicht) durch Kombination mit einem tiefenpsychologischen Verfahren wie der Gestalttherapie als überaus wirksam vor allem bei Frühstörungen und psychosomatischen Leiden. Rhythmische Körperarbeit baut – wie Feldenkrais – alte Fixierungen in den Bewegungsabläufen ab und führt durch die Art der Bewegung zu vermehrter Differenzierung in Handeln, Fühlen und Denken. Die rhythmische Bewegung über Stunden in der Gruppe fördert die Bereitschaft zur Regression und zu kathartischen emotionalen Abreaktionen, die tiefenpsychologisch aufgearbeitet werden können.

5.5 Psychodynamische Verfahren

Freuds Schüler Wilhelm Reich erkannte durch das sorgfältige Studium der *Widerstände* seiner Patienten gegen die Analyse, daß diese eine systematische, phasen- und traumaspezifische Ordnung hatten, die er Charakter nannte. Später sah er, daß diese Ordnung in charakteristischen Körperhaltungen – im sogenannten *Charakterpanzer* – buchstäblich eingefleischt war. Reich entwickelte daraufhin nach der *Widerstandsanalyse* die *Charakteranalyse* (Reich, 1975) und die *charakteranalytische Vegetotherapie*, bei der er zur direkten Arbeit am Körper überging (Büntig, 1977 b).

Frederick S. („Fritz") Perls erweiterte mit seiner *Gestalttherapie* (Büntig, 1977 a) die psychoanalytische Theorie durch die Beobachtung, daß die Verdrängung und Fixierung anderer Triebe neben der Sexualität ebenfalls zu Neurosen führen (Perls, 1978), stellte dem analytisch-historischen Ansatz Freuds einen eigenen ganzheitlich-existentialistischen entgegen (Perls et al., 1979) und verbesserte als Schüler Reichs die analytische Arbeit am Widerstand durch psychodramatische Aktualisierung der intrapsychischen und zwischenpersönlichen Konflikte (Perls, 1974). Die für die Gestalttherapie typische „Deutung von innen" durch das Aha-Erlebnis wird in der Regel ich-näher und stimmiger erlebt als die Deutung von außen durch den Analytiker und löst deswegen weniger neuen Widerstand aus.

Die von dem Reichschüler Alexander Lowen entwickelte *Bioenergetische Analyse* (Lowen, 1983 – kurz *Bioenergetik* genannt (Büntig, 1983) – ist heute neben der Gestalttherapie die verbreitetste Form tiefenpsychologisch orientierter K. In dieser Psychoanalyse des Leibes wird nicht nur der Inhalt der mentalen Tätigkeiten (Denken, Erinnern, Träume, Tagträume, Einfälle usw.) der psychoanalytischen Interpretation unterzogen, sondern auch der Ausdruck der Person im Körper über Haltung, Bewegung, Atmung, Augen, Mimik, Gesten usw. Innerer Widerstreit kann so ganz direkt als psychosomatische Doppelbotschaft erfahren werden, z. B. bei der Verbalisierung von Wut mit lieblicher Stimme, von Lust in kollabierter Haltung, von großen Ideen bei wackligem Stand auf schwachen Füßen usw.

Lowens wichtigster Beitrag zur psychoanalytischen Technik ist wohl die *Arbeit im Stehen*. Das für die traditionelle Psychoanalyse typische Liegen auf der Couch begünstigt zwar die sogenannte freie Assoziation, beschränkt andererseits die beiderseitige Wahrnehmung von Wirklichkeit im direkten Kontakt. Außerdem kann der Patient im Liegen oder Sitzen das Blaue vom Himmel herunter phantasieren, während er im Stehen durch Fühlen deutlicher wahrnimmt, was von dem, was er sagt, „Hand und Fuß" hat, „Stand hält", zu „vertreten" ist. In der Bioenergetik sehen wir einen direkten Zusammenhang zwischen Körperausdruck und Persönlichkeit (Lowen, 1981 a), zwischen Haltung und Verhalten in Handlung, Fühlen und Denken, z. B. zwischen reduzierter Atmung und Depression, zwischen schwachem Stand und Illusion, und zwischen harter Nackenmuskulatur und Paranoia. In gut lesbaren Büchern beschreibt Lowen die psychosomatische Dynamik der Entfremdung (Lowen, 1982), der Depression (Lowen, 1979) und des Ödipuskomplexes (Lowen, 1981 b). Lowen hat eine große Anzahl von Übungen beschrieben (Lowen, 1984), die in den analytischen Prozeß einbezogen werden mit dem Ziel der Vitalisierung des Gesamtorganismus, der Lösung der durch die Verspannungen des Körpers unterdrückten Emotionen und der Einübung neuer, der Gegenwart angemessener Gesten.

Für mich bietet die Bioenergetik neben der Gestalttherapie die beste Möglichkeit, die nach Freud zur Überwindung der Widerstände und damit zur Heilung unerläßliche „Entladung von Quantitäten von Energie", also die kathartische, emotionale Regression, zu verbinden mit der kognitiven Aufarbeitung im Spannungsfeld zwischen Übertragung und Gegenübertragung.

Nach und neben Lowen entstanden andere sog. Neo-Reichsche Richtungen. In der *Core-Energetik* von John Pierrakos (1987), der die Bioenergetik – zunächst in Zusammenarbeit mit Lowen – von Reich ausgehend weiterentwickelt hat, steht die Entfaltung der Person aus dem liebevollen Kern des Menschen heraus im Vordergrund. Gerda Boyesen (1987) nennt ihre Methode zur Lösung von eingefleischter Geschichte (Charakter) im vegetativen Bereich *„bio-release"*. Keleman (1980; 1982) zielt mit seinen *„energetic studies"* über die Wiederherstellung ursprünglicher Gesundheit hinaus auf die Entfaltung eines persönlichen Lebens. *Organismische Psychotherapie* (Brown, 1985) betont die Mann-Frau-Polarität und differenziert die therapeutische Arbeit mit den Händen durch Unterscheidung zwischen Berührung zur Weckung des Leibbewußtseins, Berührung zur Provokation von Emotion und bergende Berührung, in der frühkindliche Geborgenheit nacherlebt werden kann. *Hakomi* (Kurtz, 1986) schließlich verbindet bioenergetische Charakterkunde mit östlichen Prinzipien des Heilens und spricht durch gezielte, spezifische Verbalisierung das im Charakter gebundene Kind an.

5.6 Die Hypnotherapie Milton Ericksons

Diese Methode wirkt nur indirekt über das Wort auf den Körper ein. Ich zähle sie jedoch in jedem Fall zu den K.n, da Erickson wie kaum ein anderer den menschlichen Körper kannte, ihn als Sitz des Unbewußten und als unerschöpfliche Quelle des Potentials zur Heilung achtete, seine vergangenen Lernerfahrungen in der Therapie mit und ohne Hypnose zu nutzen und für neue Erfahrungen in Bewegung einzusetzen wußte (Erickson et al. 1978). Sein Kollege und Schüler Rossi (1987) hat einen wissenschaftlich gründlich fundierten Beitrag zur Überwindung der Leib-Seele-Spaltung geleistet und zugleich eine umfassende Theorie des Heilens über den Körper bzw. mit den Mitteln des Körpers entwickelt.

6 Indikation

K.n können ohne Risiko bei allen Menschen angewandt werden, die sich aus einem allgemeinen Mangel an Wohlbefinden aktiv ein Gefühl von ganzheitlicher Gesundheit erarbeiten und erhalten wollen. Bei neurotischen Störungen sind vor allem die tiefenpsychologisch orientierten Verfahren besonders wirksam. Zwar kann die Überwindung von in der Charakterstruktur fixierten inneren Konflikten auch mit diesen Methoden Jahre dauern, ist jedoch meist mit weniger Zeitaufwand verbunden als bei den herkömmlichen analytischen Verfahren. Besonders geeignet sind sie zur Behandlung all jener Störungen, die auf Traumen aus der Zeit vor den Worten zurückgehen, also die sogenannten Frühstörungen und psychosomatische Leiden. Bei Psychoseneigung ist allerdings ein sehr vorsichtiges Vorgehen geboten und die direkte Arbeit am Körper erst dann angezeigt, wenn in der therapeutischen Beziehung Kontaktbereitschaft erarbeitet wurde. Die Arbeit verlangt vom Praktiker neben fachlichem Können ein hohes Maß an persönlicher Integrität. Auskunft über die Qualifikation eines Praktikers holt man sich am besten beim entsprechenden Dachverband.

7 Schlußbemerkung

Hinter dem Schlagwort „Körpertherapie" verbirgt sich offensichtlich eine Fülle an Verfahren. Dabei mußten viele Methoden einerseits aus Platzgründen, andererseits aus persönlicher Unkenntnis des Autors unberücksichtigt bleiben, wie die *Akupunktur*, *Atemtherapie* (Middendorf, 1984), *Autogenes Training* (Schultz, 1982), *Chiropraktik*, *Polarity Massage* usw. Die Vielfalt an Praxis soll jedoch nicht darüber hinwegtäuschen, daß sie auf einem weitgehend einheitlichen Verständnis aufbaut, das auf einen *neuen Zeitgeist* hindeutet. Die K.n sind in der Regel ganzheitliche Ansätze, die den Menschen als geistiges Lebe-Wesen verstehen, energetische Prozesse beachten und nutzen, die Leib-Seele-Spaltung zu heilen trachten und in der Behandlung weniger an der Überwindung von geschichtlicher Bedingtheit als an der Entfaltung ungenutzter Potentiale orientiert sind. Sie sind sehr wirksam, weil sie mit dem arbeiten, was man mit Händen greifen und deshalb nicht wegrationalisieren kann, und weil sie das Festhalten an der traumatischen Vergangenheit durch gegenwärtige, körperliche Erfahrung von Mitmenschlichkeit ablösen. Sie sind darüber hinaus vergleichsweise ökonomisch, weil der Patient die Therapie durch Übung im Alltag fortführt. Sie sind demokratisch, betonen Selbstverantwortung und Selbstregulierung und machen Einheit sinnlich erfahrbar und können damit eine Basis bilden helfen für eine ökologische und spirituelle Beziehung des einzelnen zum Ganzen in einer „Neuen Zeit".

Literatur

Alexander, G.: Eutonie – Ein Weg der körperlichen Selbsterfahrung. München: Kösel, 1976.

Becker, H.: Konzentrative Bewegungstherapie. Integrationsversuch von Körperlichkeit in den psychoanalytischen Prozeß. Stuttgart: Thieme, 1981.

Blechschmidt, E.: Wie beginnt das menschliche Leben. Vom Ei zum Embryo. (5. Aufl.) Stein am Rhein: Christiana, 1984.

Boadella, D.: Wilhelm Reich. Leben und Werk. Bern: Scherz, 1981.

Boyesen, G.: Über den Körper die Seele heilen. München: Kösel, 1987.

Brooks, Ch.: Erleben durch die Sinne. Paderborn: Junfermann, 1983.

Brown, M.: Die heilende Berührung. Essen: Synthesis, 1985.

Büntig, W. E.: Die Gestalttherapie Fritz Perls. In: Die Psychologie des XX. Jahrhunderts, III. Bd. München: Kindler, 1977 a.

Büntig, W. E.: Das Werk von Wilhelm Reich und seinen Nachfolgern. In: Die Psychologie des XX. Jahrhunderts, III. Bd. München: Kindler, 1977 b.

Büntig, W. E.: Bioenergetik. In: Corsini, R. (Hrsg.): Handbuch der Psychotherapie. Weinheim: Beltz, 1983.

Capra, F.: Wendezeit. Bern: Scherz, 1983.

Dürckheim, K. Graf: Vom doppelten Ursprung des Menschen. Freiburg: Herder, 1983.

Erickson, M. H./Rossi, E. L./Rossi, S. L.: Hypnose, München: Pfeiffer, 1978.

Espenak, L.: Tanztherapie. Dortmund: Sanduhr, 1985.

Feldenkrais, M.: Bewußtheit durch Bewegung – Der aufrechte Gang. Frankfurt: Suhrkamp, 1985.

Feldenkrais, M.: Die Entdeckung des Selbstverständlichen. (2. Aufl.) Frankfurt: Insel, 1985 (Originaltitel: The elusive obvious).

Flatischler, R.: Die vergessene Macht des Rhythmus: TA KE TI NA – der rhythmische Weg zur Bewußtheit. Essen: Synthesis, 1984.

Frenz, A.: Yoga. In: Seifert, Th. (Hrsg.): Therapie und Selbsterfahrung. Stuttgart: Kreuz, 1986.

Gendlin, G.: Focusing. Salzburg: Otto Müller, 1985.

Gräff, Ch.: Konzentrative Bewegungstherapie in der Praxis. Stuttgart: Hippokrates, 1983.

Grossinger, R.: Wege des Heilens. München: Kösel, 1982.

Halifax, Joan: Die andere Wirklichkeit der Schamanen. München: Scherz, 1981.

Halprin, A.: Movement ritual (3rd ed.). San Francisco: Dancers' Workshop, 1981.

Jacoby, H.: Jenseits von „Begabt" und „Unbegabt". Hamburg: Christians, 1983.

Jung, C. G.: Seelenprobleme der Gegenwart. (7. Aufl.), Olten Walter, 1973.

Keleman, S.: Dein Körper formt Dein Selbst. München: Kösel, 1980.

Keleman, S.: Leibhaftes Leben. München: Kösel, 1982.

Kobayashi, T./Kobayashi, P.: T'ai Chi Ch'uan. München: Hugendubel, 1983.

Kurtz, R.: Körperzentrierte Psychotherapie. Die Hakomi Methode. Essen: Synthesis, 1985.

Liedloff, J.: Auf der Suche nach dem verlorenen Glück. München: Beck, 1982.

Lowen, A.: Depression. München: Kösel, 1979.

Lowen, A.: Körperausdruck und Persönlichkeit. München: Kösel, 1981 a.

Lowen, A.: Angst vor dem Leben. München: Kösel, 1981 b.

Lowen, A.: Verrat am Körper. Hamburg: Rowohlt TB, 1982.

Lowen, A.: Bioenergetik. Hamburg: Rowohlt, 1983.

Maslow, A.: Psychologie des Seins. (3. Aufl.) Frankfurt: Fischer, 1985.

Müller, R.: Wandlung zur Ganzheit. Freiburg: Herder, 1981.
Naegeli-Osjord,: Die Logurgie in den Philippinen. Remagen: Reichl, 1977.
Ohashi, W.: Shiatsu. Japanische Fingerdrucktherapie (3. Aufl.). Freiburg: Herrman Bauer, 1979.
Perls, F. S.: Gestalt-Therapie in Aktion. Stuttgart: Klett, 1974.
Perls, F. S.: Grundlagen der Gestalttherapie. München: Pfeiffer, 1976.
Perls, F. S.: Das Ich, der Hunger und die Aggression. Stuttgart: Klett, 1978.
Perls, F. S./Hefferline, R./Goodman, P.: Gestalt-Therapie, 2 Bde. Stuttgart: Klett, 1979.
Pierrakos, J.: Core Energetik. Essen: Synthesis, 1987.
Puner, H.: Freud, his Life and Mind. New York, 1947.
Reich, W.: Charakteranalyse. Frankfurt: Fischer, 1975.
Reich, W.: Die Funktion des Orgasmus. Köln: Kiepenheuer und Witsch, 1969.
Rogers, C.: Die Entwicklung der Persönlichkeit. (5. Aufl.). Stuttgart: Klett-Cotta, 1985.
Rolf, I.: Rolfing. Santa Monica, Calif.: Dennis Lantman, 1977.
Rolf, I.: Ida Rolf speaks. New York, Harper & Row, 1978.
Rossi, E. L.: The psychobiology of mind-body healing. New York.
Schultz, J. H.: Das Autogene Training. (17. Aufl.). Stuttgart: Thieme, 1982.
Schwind, P.: Alles im Lot. Körperliches und seelisches Gleichgewicht durch Rolfing. München: Goldmann, 1985.
Stolze, H.: Konzentrative Bewegungstherapie. In: Die Psychologie des XX. Jahrh., III. Bd. München: Kindler 1977.
Tarthang Tulku: Selbstheilung durch Entspannung. München: Scherz, 1983.

Kognitive Psychologie

Joachim Hoffmann

1 Geschichte und Gegenstand

Ende der 50er Jahre enwickelte sich innerhalb der traditionellen Forschungsgebiete der Allgemeinen Psychologie ein neuer Ansatz zur Erklärung der untersuchten Phänomene. Diese neue Betrachtungsweise psychischer Leistungen wurde wesentlich durch die *Informationstheorie,* durch *kybernetische* Modellvorstellungen, durch die Entwicklung der *Rechentechnik* und durch Überlegungen in der *Linguistik* zur Repräsentation von Satzbedeutungen inspiriert. Sie ging davon aus, daß die Interaktionen des Menschen mit seiner Umwelt in ihrem Wesen als Ausdruck oder als Resultat eines kontinuierlichen Informationsaustausches betrachtet werden müssen. Eine der ersten zusammenfassenden Dokumentationen dieser Betrachtungsweise wurde von U. Neisser (1967) in einem Buch mit dem Titel „Cognitive Psychology" vorgelegt. Der Titel gab der neuen Bewegung ihren Namen und gestattete damit, sie als Teildisziplin innerhalb der Psychologie zu identifizieren.

Die K. P. kann durch ihren Gegenstandsbereich und durch ihren theoretischen Ansatz bestimmt werden. Ihr Gegenstand sind die psychischen Zustände und Prozesse, die beim Menschen *zwischen der Reizaufnahme und dem Verhalten* vermitteln. Der theoretische Ansatz der K. P. ist dadurch charakterisiert, daß er diese Prozesse als Prozesse der Aufnahme, der Verarbeitung, der Speicherung und der Erzeugung von Informationen betrachtet (Klix, 1971). Ihre Forschungsbemühungen sind darauf gerichtet, die an der Informationsverarbeitung beteiligten funktionellen Teilstrukturen, deren Arbeitsweise und die zwischen ihnen stattfindenden Wechselwirkungen zu analysieren. In der methodischen Vorgehensweise ist die K. P. dem *Experiment* und der *Modellmethodik* verpflichtet, d. h., es wird jeweils versucht, experimentell beobachtete Phänomene durch Modellannahmen zu erklären. Zunehmend häufiger wird auch eine *rechentechnische Simulation* der beobachteten Phänomene versucht. Durch die Simulation kann geprüft werden, inwieweit die investierten Annahmen ausreichend und präzise genug formuliert sind, um die beobachteten Phänomene tatsächlich nachzubilden.

2 Zur Architektur der menschlichen Informationsverarbeitung

In den letzten Jahren ist von verschiedenen Autoren der Versuch unternommen worden, einen einheitlichen Rahmen zur Modellierung von Leistungen der menschlichen Informationsverarbeitung zu entwickeln (z. B. Anderson, 1983; Prinz, 1983; Klix, 1984 a; Mandler, 1985). Trotz vielfacher Unterschiede sind die folgenden gemeinsamen Überzeugungen zu erkennen:

- Die periphere Verarbeitung sensorischer Reize wird als eine eigenständige funktionale Einheit konzipiert. Es wird davon ausgegangen, daß die zu einem bestimmten Zeitpunkt eintreffenden Reize einer parallelen Verarbeitung unterworfen werden. Das Resultat der Verarbeitung ist die Aktivierung von Strukturen im *Zentralnervensystem* (ZNS). Die externen Reize werden so auf interne Informationseinheiten abgebildet.
- Die im ZNS aktivierten Strukturen werden *Begriffe* genannt. Sie repräsentieren erfahrungsabhängig akkumulierte Informationen über Ausschnitte der Umwelt, über uns selbst und über unsere Möglichkeiten, in der Umwelt zu handeln. Zwischen den Begriffen existieren lernabhängig gebildete Verbindungen, die Aktivierungen zwischen den Begriffen vermitteln können. Von einem durch Reizeinflüsse aktivierten Begriff ausgehend, können so mit ihm verbundene Begriffe ebenfalls aktiviert werden, ohne daß weitere Reizwirkungen dazu notwendig sind. Die Begriffe und die zwischen ihnen existierenden Verbindungen bilden den Inhalt des *Langzeitgedächtnisses* (LZG), sie repräsentieren unser Wissen.
- Nach der zitierten Auffassung beginnt jede Reizverarbeitung mit der Aktivierung von Wissensstrukturen – aus den Reizen werden sinnvoll interpretierbare Informationen, d. h., die Verarbeitung eines jeden Reizes erfolgt stets unter Berücksichtigung des über diesen Reiz im Gedächtnis gespeicherten Wissens. In anderen Worten: Menschliche Informationsverarbeitung erfolgt immer *wissensgestützt*.
- Die im Gedächtnis aktivierten Begriffe bilden die „Datenbasis" für Entscheidungen über auszuführende Handlungen, für motorische ebenso wie für geistige Handlungen. Es wird vermutet, daß diese Entscheidungsprozesse *sequentiell organisiert* sind, d. h. in einer Zeiteinheit kann immer nur eine Entscheidung getroffen werden. Wenn diese Vermutung richtig ist, müssen zwei Arten menschlicher Informationsverarbeitung grundsätzlich unterschieden werden: die parallele Aktivierung von Informationseinheiten im LZG und die sequentielle Entscheidung über die Ausführung von Handlungen unter Nutzung der aktivierten Informationen.
- Für die Realisierung von motorischen Handlungen wird wiederum eine selbständige funktionale Einheit angenommen. Inwieweit auch für die Ausführung von geistigen Handlungen eine selbständige Einheit angenommen werden kann oder werden muß, ist weitgehend ungeklärt.

Innerhalb dieses Rahmens zur Architektur der menschlichen Informationsverarbeitung wird eine nicht mehr übersehbare Anzahl von *Einzelproblemen* bearbeitet. Nachfolgend sollen beispielhaft einige dieser Probleme angedeutet werden.

3 Die semantische Kodierung von Reizen

Unter semantischer Kodierung wird die Aktivierung von Begriffen im LZG durch die Wirkung von Reizstrukturen verstanden. Die Analyse dieses Prozesses ist von entscheidender Bedeutung für das Verständnis der menschlichen Informationsverarbeitung, durch ihn wird die Welt der Wirklichkeit mit der Welt unseres Wissens verbunden.

Jeder Reiz kann hinsichtlich verschiedener Eigenschaften kodiert werden. Ein Wort kann bspw. hinsichtlich seiner graphemischen Eigenschaften (z. B. Buchstaben), hinsichtlich seiner phonemischen Eigenschaften (z. B. Silben) und hinsichtlich seiner Wortbedeutung kodiert werden. In welcher zeitlichen Dynamik werden unterschiedliche Aspekte eines Reizes erschlossen und wie beeinflussen sie sich gegenseitig? Es erscheint wahrscheinlich, daß die semantische Kodierung eines Reizes durch *Kaskaden paralleler Aktivierungen* in hierarchisch organisierten Begriffsnetzen modelliert werden kann (z. B. Rumelhart/McClelland, 1985).

Der Grundgedanke besteht darin, daß die Begriffe in unserem LZG hierarchisch organisiert sind. Auf relativ unteren Ebenen befinden sich Begriffe, die direkt sensorische Wirkungen repräsentieren. Auf relativ höheren Ebenen befinden sich Begriffe, die Kombinationen solcher sensorischer Wirkungen entsprechen und die damit unterschiedlichste Bedeutungen repräsentieren können. Die Kodierung eines Reizes beginnt mit der parallelen Aktivierung all derjenigen Begriffe, die den sensorischen Wirkungen des Reizes unmittelbar entsprechen. Von diesen Begriffen wird die Aktivierung an Begriffe höherer Ebenen weitergeleitet. Innerhalb der angenommenen Hierarchie wird so die Aktivierung *datengetrieben* von unten nach oben geleitet.

Es wird weiterhin angenommen, daß auch *hypothesengeleitet* von oben nach unten Aktivierungen in der Hierarchie vermittelt werden können. Begriffe höherer Ebenen können ihnen zugeordnete Begriffe unterer Ebenen aktivieren. Innerhalb der Ebenen werden hemmende Verbindungen zwischen den Begriffen angenommen. Die semantische Kodierung eines Reizes ergibt sich nach dieser Vorstellung als Resultante von datengetriebenen und hypothesengeleiteten Aktivierungskaskaden. Sie läßt sich darstellen als zeitabhängige Veränderung des Aktivierungszustandes einer Menge von Begriffen.

Diese dynamische Betrachtung der semantischen Kodierung scheint für die Erklärung vieler Kodierungsphänomene von hohem heuristischem Wert zu sein. So können *Kodierungsinterferenzen* (z. B. beim *Stroop-Phänomen*) durch hemmende Wirkungen zwischen gleichzeitig aktivierten Begriffen erklärt werden. Die Abhängigkeit der Kodierung eines Reizes vom Kontext der Reizdarbietung kann durch Mechanismen der hypothesengeleiteten Aktivierung erklärt werden, und es wird auch ein Rahmen zur Erklärung von Phänomenen der *selektiven Aufmerksamkeit* geschaffen, wenngleich die konkrete Ausarbeitung dieses Rahmens noch eine Aufgabe der Zukunft ist.

4 Zur Repräsentation von Wissen im menschlichen Langzeitgedächtnis

Die K. P. steht vor der Aufgabe, ein Modell der Repräsentation von Wissen im menschlichen LZG zu entwerfen, das die faszinierende Leichtigkeit, mit der wir dieses Wissen in der Wahrnehmung und beim Denken, bei der Steuerung unseres Verhaltens und bei der Benutzung der Sprache verwenden, erklären kann. Es muß wohl kaum betont werden, daß die K. P. von der Lösung dieser Aufgabe noch weit entfernt ist.

Die Begriffe werden als diejenigen strukturellen Einheiten angesehen, die Wissen über Erscheinungen der Umwelt, über uns selbst und über die Möglichkeiten unseres Verhaltens im Gedächtnis repräsentieren. Die Begriffe bilden damit die funktionellen Einheiten unsers Denkens. Zur Veranschaulichung verschiedener Hypothesen zur Repräsentation von Begriffen sollen drei Modellvorstellungen vereinfachend akzentuiert werden (Hoffmann, 1986):

- Nach einer ersten Auffassung werden Begriffe als voneinander unabhängige Einheiten betrachtet, die durch Merkmale spezifiziert und voneinander unterschieden werden können. Beziehungen zwischen den Begriffen werden durch einen Vergleich ihrer Merkmale jeweils anforderungsabhängig gestiftet (z. B. Smith et al., 1974).
- Nach einer zweiten Auffassung werden Begriffe als nicht weiter zerlegbare Knoten interpretiert, die durch Relationen unterschiedlicher Qualität miteinander verbunden sind. Die Struktur unseres LZG stellt sich nach dieser Auffassung als semantisches Netz dar, dessen Knoten die Begriffe sind, die durch semantische Relationen verbunden werden (z. B. Collins/Loftus, 1975).
- In einem dritten Ansatz sind beide Auffassungen produktiv verbunden: Begriffe sind durch individuelle Merkmale charakterisiert. Sie verbinden sich lernabhängig zu größeren Einheiten, den sogenannten *Geschehenstypen.* Geschehenstypen repräsentieren typische und/oder häufig erlebte Beziehungen zwischen den jeweiligen Begriffen in partiellen Netzwerken (Klix, 1984 b). Die Merkmalscharakteristik der Begriffe erlaubt beliebige Vergleiche zwischen ihnen und damit auch die Stiftung immer wieder neuer Beziehungen. Auf der anderen Seite sichern die Geschehenstypen die schnelle Verfügbarkeit von typischen Beziehungen zwischen den Begriffen. Im Modellgedanken wird somit die schnelle Verfügbarkeit von gebräuchlichem Wissen mit der Flexibilität menschlicher Wissensnutzung verbunden.

Begriffe und ihre Merkmale werden als *symbolische Repräsentationen,* als diskrete Einheiten zur Repräsentation von Wissen verstanden. Paivio (1971) hat vorgeschlagen, neben dieser begrifflich-symbolischen Repräsentation noch eine *bildlich-anschauliche Repräsentation* zu konzipieren. Unsere Fähigkeit, anschauliche Vorstellungen aus dem Gedächtnis heraus zu generieren und mit ihnen zu manipulieren, scheint die Annahme einer solchen zweiten Repräsentation notwendig zu machen. Trotz zahlreicher Experimente zu diesem Thema kann jedoch bis heute nicht sicher entschieden werden, ob anschauliche Vorstellungen auf einer gesonderten Repräsentation beruhen, oder ob sie aus begrifflichen Repräsentationen abgeleitete Aktivitäten sind (vgl. Hoffmann, 1983). In diesem Zusammenhang steht auch ein anderes Problem der begrifflichen Repräsentation. Solange Begriffe und ihre Merkmale als symbolische Einheiten definiert werden, repräsentieren sie keine *extensionale* Bedeutung, d. h., es bleibt unklar, auf welche Weise sie mit den realen Erscheinungen der Umwelt, die sie ja repräsentieren sollen, verbunden sind (z. B. Johnson-Laird et al., 1984). Eine konzeptionelle Vereinigung der Ansätze zur Modellierung der semantischen Kodierung und der Ansätze zur Modellierung der Wissensrepräsentation ist notwendig, um diese Lücke zu schließen.

Begriffe repräsentieren Wissen unabhängig vom Kontext des Wissenserwerbs. Wir wissen aber auch um unsere individuelle Vergangenheit und erinnern uns an tausende von erlebten Episoden. Wir wissen z. B. nicht nur, daß eine Birke ein Baum mit heller Borke und kleinen gezackten Blättern usw. ist, sondern wir erinnern uns auch etwa daran, vor fünf Jahren eine Birke vor unserem Haus gepflanzt zu haben. Tulving (1983) hat für die Repräsentation dieses episodischen Wissens eine selbständige Gedächtniseinheit vorgeschlagen, das *episodische Gedächtnis.* Dieser Vorschlag hat eine Vielzahl von Experimenten angeregt, ohne daß bis heute klar entschieden werden kann, ob es sich beim episodischen Gedächtnis um eine gesonderte Einheit handelt oder lediglich um spezifisch organisierte Wissensinhalte in einem einheitlichen semantischen Gedächtnis.

5 Zur Repräsentation von Handlungswissen

Motorische Fähigkeiten, wie das Laufen, das Sprechen, das Schreiben, das Treppensteigen, das Radfahren usw. müssen wir uns durch hartes Training erwerben. Im Resultat des Trainings entstehen *Verhaltensprogramme,* die vermutlich folgende Informationen integrieren: die Auslösungsbedingungen der Bewegungsfolge, einen Grobplan für die zeitlich-räumliche Struktur der Bewegungen, Hinweise auf zu berücksichtigende Informationen zur Anpassung der Bewegung an aktuelle Verhältnisse und schließlich Informationen über Konsequenzen und Ergebnisse der Bewegungsausführung (z. B. Engelkamp/Zimmer, 1984). Diese Programme, die für sehr einfache Bewegungen aber auch für komplexe Bewegungsfolgen existieren können, werden als die Bausteine für die Steuerung unseres Verhaltens angesehen. Weitgehend unbekannt sind die Gesetzmäßigkeiten, nach denen sie sich lernabhängig ausbilden und die Prozesse, die ihrer Aktivierung und Abarbeitung zugrunde liegen.

Während sich die Analyse der Steuerung motorischen Verhaltens zu einem eigenen Forschungsgebiet entwickelt hat, sind die Untersuchungen zur Steuerung geistigen Verhaltens konzeptionell heterogen. Eine Ursache hierfür liegt vermutlich in der Schwierigkeit, Einheiten geistigen Handelns voneinander abzugrenzen. Innerhalb des riesigen Spektrums geistigen Verhaltens, vom Vergleich visueller Muster bis hin zu Metastrategien für den Umgang mit komplexen Problemen (z. B. Dörner et al., 1983), läßt sich schwer eine gemeinsame Ebene für die Definition vergleichbarer Einheiten geistigen Handelns finden. Für Teilbereiche läßt sich jedoch durchaus zeigen, daß eine Vielfalt geistiger Leistungen auf die Kombination einiger weniger elementarer Operationen zurückgeführt werden kann (Klix, 1984 b). Es erscheint daher durchaus von heuristischem Wert zu sein, nach Analogien zwischen der Ausbildung und Koordination motorischer Programme und der Ausbildung und Koordination von Routinen geistigen Handelns zu suchen.

6 Ausblick und Anwendungsaspekte

Es sollte deutlich geworden sein, daß sich trotz einer weltweiten Intensivierung der Forschung die Entwicklung der K. P. noch in einer Phase befindet, in der die Anzahl der ungelösten Probleme eher zu- als abnehmen. Auf viele Probleme konnte im Rahmen dieses Artikels nicht eingegangen werden. Zu den wichtigsten ungenannten Problembereichen gehören die Fragen der selektiven Aufmerksamkeit, die Fragen nach den Gesetzmäßigkeiten des menschlichen Lernens, die Fragen des Zusammenhanges von Kognition und Emotion sowie die Probleme des menschlichen Sprachverhaltens. Auch wenn wir noch weit davon entfernt sind, die Gesetzmäßigkeiten der menschlichen Informationsverarbeitung in ihrer Komplexität voll zu durchschauen, so hat doch die K. P. die Entwicklung der psychologischen Forschungen im Ganzen nachhaltig stimuliert. Durch die von ihr vertretene einheitliche Betrachtung aller Wechselwirkungen des Menschen mit seiner Umwelt als Ausdruck von Prozessen des Informationsaustausches ist für traditionell getrennte Disziplinen der Psychologie eine integrierende methodologische Basis geschaffen worden. Dies betrifft nicht nur die Grundlagendisziplinen, sondern auch angewandte Forschungsrichtungen. Es liegt auf der Hand, daß Kenntnisse über die menschliche Informationsverarbeitung Anregungen für eine optimale Gestaltung von Lehr- und Lernprozessen in der pädagogischen Psychologie liefern. Sie gestatten die Ableitung von Indikatoren zur Messung von interindividuellen Unterschieden in der Informationsverarbeitung und geben damit Anregungen für die Entwicklung neuer intelligenzdiagnostischer Verfahren. Sie erlauben die Beschreibung von Störungen der Informationsverarbeitung und eröffnen damit neue Wege zur Aufklärung psychopathologischer Erscheinungen usw.

Auch außerhalb der Psychologie liegen wichtige Anwendungsgebiete kognitionspsychologischer Erkenntnisse. Die Flexibilität und Leistungsfähigkeit der menschlichen Informationsverarbeitung wird auch durch die fortgeschrittensten technischen Systeme bei weitem noch nicht erreicht. Kenntnisse über die Struktur und Funktionsweise der menschlichen Intelligenz können damit die Richtung markieren, in die eine Verbesserung von Systemen der künstlichen Intelligenz erfolgen muß. Die Abgrenzung funktionaler Teilsysteme der menschlichen Informationsverarbeitung liefert auch Hinweise für die neurophysiologische Differenzierung von Funktionsprinzipien der Arbeit des ZNS. Beide Fachrichtungen wirken auch stimulierend auf die K. P. zurück. Die künstliche Intelligenz schafft bspw. die Methoden für die Modellierung und Simulation von Prozessen der menschlichen Informationsverarbeitung, und die Neurophysiologie erhellt die Grenzen, die durch die Struktur des ZNS den Mechanismen der Informationsverarbeitung gesetzt sind. Die zukünftige Forschung auf dem Gebiet der K. P. wird vermutlich wesentlich durch eine interdisziplinäre Zusammenarbeit zwischen K. P., künstlicher Intelligenz und Neurophysiologie, unterstützt durch mathematische Modellbildungen, geprägt sein.

Literatur

Anderson, J. R.: The architecture of cognition. Cambridge, MA: Harvard University Press, 1983.

Collins, A. M./Loftus, E. F.: A spreading activation theory of semantic processing. Psychological Review, 82, 1975, 407-428.

Dörner, D./Kreuzig,H. W./Reither, F./Ständel, T.: Lohhausen. Vom Umgang mit Unbestimmtheit und Komplexität. Bern: Huber, 1983.

Engelkamp, J./Zimmer, H. D.: Motor program information as a separable memory unit. Psychological Research, 46, 1984, 283-299.

Hoffmann, J.: Das aktive Gedächtnis. Berlin: VEB Deutscher Verlag der Wissenschaften, 1983.

Hoffmann, J.: Die Welt der Begriffe. Berlin: VEB Deutscher Verlag der Wissenschaften, 1986.

Johnson-Laird, P. N./Herrmann, D. J./Chaffin, R.: Only connections: A critique of semantic networks. Psychological Bulletin, 96, 1984, 292-315.

Klix, F.: Information und Verhalten. Berlin: VEB Deutscher Verlag der Wissenschaften, 1971.

Klix, F.: Über Wissensrepräsentation im menschlichen Gedächtnis. In: Klix, F. (Hrsg.): Gedächtnis, Wissen, Wissensnutzung. Berlin: VEB Deutscher Verlag der Wissenschaften, 1984 a.

Klix, F.: Denken und Gedächtnis – Über die Wechselwirkung kognitiver Kompartments bei der Erzeugung geistiger Leistungen. Zeitschrift für Psychologie, 192, 1984 b, 3.

Mandler, G.: Cognitive psychology – An essay in cognitive science. Hillsdale, N. J.: Erlbaum, 1985.

Neisser, U.: Cognitive psychology. New York: Appleton-Century-Crofts, 1967.

Paivio, A.: Imagery and verbal processes. New York: Holt, Rinehart & Winston, 1971.

Prinz, W.: Wahrnehmung und Tätigkeitssteuerung. Berlin: Springer, 1983.

Rumelhart, D. E./Mc Clelland, J. L.: Parallel distributed processing: Explorations on the microstructure of cognition (Vol. 1. Foundations). Cambridge, MA: MIT Press, 1985.

Smith, E. E./Shoben, E. J./Rips, L. J.: Structure and process in semantic memory: A featural model for semantic decisions. Psychological Review 81, 1974, 214-241.

Tulving, E.: Elements of episodic memory. Oxford: Oxford University Press, 1983.

Kognitive Therapie

Eva Jaeggi

1 Definitionen, Abgrenzungen

Es ist schwierig, unter dem Stichwort „Kognitive Therapie" häufig gleichzeitig verwendete Begriffe wie *„Kognitive Verhaltenstherapie"* oder *„Strukturierte Lerntherapie"* voneinander abzugrenzen. Sie werden fast oder ganz synonym gebraucht (Foreyt/Goodrick, 1983). Allen diesen Bezeichnungen gemeinsam ist, daß Therapeuten unter diesem Etikett sich vorwiegend auf die spezifische Beeinflussung *kognitiver* Prozesse spezialisiert haben und daß sie in mehr oder weniger lockerer Weise einem *lerntheoretischen* Paradigma verpflichtet sind. Dieses Paradigma beruht nun allerdings nicht mehr auf der klassischen Konditonierungstheorie, die den Menschen als passives Produkt von Umweltdeterminanten sieht, sondern auf einer sozial-kognitiven Lerntheorie, die die aktive Rolle des Menschen bei der Umweltgestaltung sowie die damit verbundene Wichtigkeit kognitiver Mediationsprozesse hervorhebt (Bandura, 1969; Mahoney, 1974). Traditionelle Einsichtstherapien hatten immer schon mit kognitivem Material, also: Ideen, Fantasien, Glaubensüberzeugungen etc. gearbeitet, wobei deren Veränderung zwar intendiert, aber nicht in direkter Form angegangen wurde. Die Veränderung soll aber in diesen Therapien fast wie nebenbei erreicht werden als ein sich langsam einstellendes Resultat einer ganzheitlichen Einsicht in die eigene Biografie, wobei häufig stark vergangenheitszentriert vorgegangen wird. K. T.n zeichnen sich demgegenüber aus durch einen direkten Zugriff auf aktuell störende Kognitionen. Es wird versucht, diese direkt zu benennen und zu verändern – in der Absicht, damit auch emotional-motivationale und behaviorale Veränderungen zu bewirken.

2 Geschichte

Auch traditionelle Verhaltenstherapeuten hatten schon immer mit Kognitionen gearbeitet, z. B. in der *systematischen Desensibilisierung* (Wolpe, 1958) oder beim sog. *„verdeckten Konditionieren"* (Cautela, 1971). Allerdings hatten sie in ihre theoretischen Überlegungen diese Kognitionen in Analogie gesetzt zu behavioralen Äußerungen und sie auch dementsprechend als „Konditionierungsprodukt" betrachtet. Banduras (1969) Neuformulierung alter Lerngesetze trägt der Tatsache Rechnung, daß Menschen selten nur-automatisch konditioniert werden. Sie bilden vielmehr aufgrund von Erfahrungen Erwartungshaltungen aus, setzen sich Ziele und sind imstande, sich auch auf erst langfristig zu erwartende Belohnungen hin zu verändern. Entstehungsort gestörten Verhaltens sowie dessen mögliche Veränderung wird nun vorwiegend in den Kognitionen gesehen. Dementsprechend wurden Ende der sechziger Jahre auch schon kognitive Theoriemodelle für ältere Methoden der Verhaltenstherapie, z. B. für die *Systematische Desensibilisierung*, entwickelt (Murray/Jacobson, 1970).

Methoden, die sich alleine aus der kognitiven Lerntheorie ableiteten, wurden erst Anfang der siebziger Jahre in verstärktem Maß konzipiert. In diesem Zusammenhang hatte das von Meichenbaum (1973) entwickelte *Selbstinstruktionstraining* Vorreiter-Funktion. Er hatte in sorgfältiger Beobachtung (vor allem impulsiver Kinder) herausgefunden, daß inadäquates Verhalten bei Problemlöseaufgaben darauf beruhte, daß die handlungsbegleitenden Kognitionen ineffizient/fehlerhaft waren. Durch sorgfältiges Training der kognitiven, vor allem sprachlichen Begleitung von Handlungen konnte er beträchtliche Verbesserungen der Handlungseffizienz erzielen. In späteren Arbeiten erweitert er diese Erkenntnisse auf andere Problembereiche und entwickelte im sogenannten *Streß-Impfungstraining* (1976) ein wirksames Instrumentarium zur kognitiv-behavioralen Behandlung von Ängsten. Es werden dabei fehlerhafte Situationseinschätzungen und eine inadäquate Einschätzung der eigenen Möglichkeiten korrigiert; dies wird kombiniert mit dem Einüben von Bewältigungsstrategien auf Verhaltensniveau (z. B. Entspannung, veränderte Atemtechnik), wobei die sehr bewußte kognitive Akzentuierung aller wichtigen „Schritte" bei der Streßbewältigung eingeübt wird. Ähnliche mentale Trainingstherapien bei *Angst* und *Streß* haben Goldfried (1971), Suinn und Richardson (1971) u. a. entwickelt.

Die sogenannten *Problemlösetherapien* (Goldfried, 1971; Spivak et al., 1976; van Quekelberghe, 1979) stellen eine weitere Methodengruppe innerhalb der Kognitiven Therapieformen. Psychische Störungen entstehen, diesem Konzept zufolge, als eine Konsequenz mangelnder Problemlösefähigkeit. In Analogie zum Problemlösen bei instrumentellen Problemen soll auch in der Therapie das Problemlösen trainiert werden: Durch Spezifizierung einer psychischen Problemlage auf die daran beteiligten „Detailprobleme" werden der „Ist"- und der „Soll"-Zustand definiert, verschiedene Alternativen zur bisherigen (falschen) Problemlösung gesucht, die beste davon ausgewählt und die auf das ausgewählte Ziel hinführenden Schritte besprochen, ggf. trainiert (z. B. im Rollenspiel) (Fiedler, 1981).

Als Kognitive Therapeuten i. e. S. werden Ellis und Beck betrachtet. Beck (1979) betont, ähnlich wie Ellis, die Wirksamkeit (halbbewußter, automatisierter) verzerrter Informationsauswahl und darauf basierender „falscher" Denkbewegungen als „Ursache" für gestörtes Erleben und Verhalten. Die wichtigsten kognitiven Störungen sind (u. a.): willkürliche Schlußfolgerungen, überstarkes Generalisieren, Bedeutungsübertreibungen. Diese und ähnliche pathogene Kognitionen werden im therapeutischen Diskurs herausgearbeitet und sollen mittels Einsicht in ihre Unlogik verändert werden. Daraus ergibt sich eine affektive und behaviorale Verbesserung des Zustandes, da nun eine objektive Einschätzung der gesamten Lebenssituation möglich ist. Beck hat sich vor allem auf die Therapie depressiver Erkrankungen spezialisiert.

Eine nur im deutschsprachigen Raum bekannte Variante der K. T. ist die von Grawe und Dziewas (1978) erarbeitete Therapie mittels Erstellung einer *„Planhierarchie"*. Grawe geht davon aus, daß es nicht einzelne Verhaltensweisen sind, die gestört sind, sondern daß jeder Mensch so handelt, als hätte er bestimmte „Interaktionspläne" zu erfüllen. Diese sind voneinander abhängig und können im Sinne von Über- bzw. Unterordnung unter ein oder mehrere Gesamtziele bis hin zu den einzelnen behavioralen Elementen hinunter verfolgt werden. Der Patient wird darin geübt, seine eigenen (oft störenden) Interaktionspläne zu erkennen und gezielt zu verändern.

Allen diesen therapeutischen Methoden ist die Betonung von Kognitionen als Angriffspunkt und Ziel der Veränderung gemeinsam; sie alle verwenden aber – ihrer Herkunft von der Verhaltenstherapie gemäß – auch eine Reihe traditioneller verhaltenstherapeutischer Methoden zur Induzierung von Erlebnissen oder zur Übung bestimmter Zwischenschritte. So wird u. a. in einzelnen Therapieberichten von Rollenspielen, Systematischer Desensibilisierung und Selbstbekräftigungsprogrammen berichtet. Wie in der Verhaltenstherapie ist den verschieden K. T.n eine direktive, zielgerichtete Vorgehensweise mit strukturierter Therapieplanung und möglichst guter Kontrolle aller „Zwischenschritte" gemeinsam. Bei vielen kognitiv orientierten Therapeuten kommt daher auch der „Hausaufgabe" eine wichtige Funktion zu.

3 Anwendungsgebiete

K. T.n wurden bisher wesentlich seltener auf ihre Effizienz und mögliche Indikation hin untersucht als verhaltenstherapeutische Methoden. Ellis und Becks Methode scheint sich bei diffusen Ängsten, Unsicherheit und reaktiven Depressionen zu bewähren, die diversen Trainings zur Verbesserung von Problemlösestrategien scheinen bei Phobikern wirksam. Einige Effizienzuntersuchungen (z. B. Rush et al., 1977; Hautzinger, 1979) zeigen, daß K. T.n offensichtlich eine ebenso hohe, allerdings nicht unbedingt eine superiore, Erfolgsquote haben wie andere Therapien. Die Komplexität des methodischen Vorgehens macht es allerdings schwierig, erfolgsrelevante Elemente der Therapie von solchen mit geringerer Wichtigkeit zu trennen. Anders als in den frühen verhaltenstherapeutischen Untersuchungen wurde auch nicht versucht, in quasi-experimentellen Designs solche identifizierbaren Elemente zu variieren.

4 Einschätzung

Von mehreren Gesichtspunkten aus wurde an der K. T. Kritik geübt. Sie betrifft:

1. das grundlegende theoretische Konzept, das Kognitionen als einen den Affekten und dem Verhalten vorangehenden psychischen Faktor ansieht. Demgegenüber wurden die Interaktion von Kognitionen und Affekten oder auch ihre prinzipielle Untrennbarkeit betont (Zajonc, 1980; Jaeggi, 1982; Kessler, 1983).
2. die Inadäquatheit des spezifischen kognitiven Störungskonzepts. „Falsche" Kognitionen sind wohl nicht als „Ursache" von psychischen Störungen zu begreifen, sondern als ein spezifischer Ausdruck von gestörtem Verhalten und Erleben.
3. die allzu große Rationalität des Menschenbildes, da immer wieder betont wird, daß die Irrationalität/Unlogik von Gedanken und Fantasien bloß aufgedeckt gehöre, damit dann ein Patient per rationaler Einsicht seine Gedanken verändere. Dem widersprechen viele therapeutische Erfahrungen, denen zufolge Menschen zwar die „Unlogik" ihrer Einstellungen kennen, trotzdem aber nicht imstande sind, sich davon zu distanzieren. Dies verweist in vielen Fällen auf größere Motivationskomplexe, wo irrationale Gedanken/Einstellungen einen systemimmanenten „Sinn" haben, der aufgeklärt gehört (Izard, 1977; Jaeggi, 1981).
4. eine Vorstellung vom therapeutischen Prozeß, der sich am kognitiven Problemlösen orientiert,

wobei vor Beginn der Therapie „Ist"- und „Soll"-Zustand konzipiert werden. Kognitive Therapie ist (auch wenn sie sich nicht ausdrücklich als Problemlösetherapie versteht) davon bestimmt, daß der „Soll"-Zustand in kleinen, gut strukturierten Schritten erreicht wird. Jede Interventionstechnik geschieht in Hinblick auf das Therapieziel. Demgegenüber betonen andere Einsichtstherapien (z. B. gesprächstherapeutische oder psychoanalytische), daß zu Therapiebeginn dem Klienten die Einsicht in ein wünschenswertes Ziel gerade seiner Störung wegen noch nicht möglich sei, so daß der gesamte therapeutische Prozeß als ein therapiezielsuchender angesehen werden könne. „Formulierbare" Ziele seien vor allem unter tiefenpsychologischen Gesichtspunkten erst einmal eher als Abwehrprodukte zu verstehen, die aufgeklärt gehörten; erst dann könne ihr Stellenwert im Gesamt einer Biografie erkannt werden.

5. Gegenüber dieser kritischen Einschätzung sollte aber positiv vermerkt werden, daß die K. T. zweifellos eine Reihe von theoretischen und methodischen Einseitigkeiten der Verhaltenstherapie überwunden hat. Die Ausrichtung an einer Neuformulierung der Lerntheorie ist dabei ebenso hervorzuheben wie die Tatsache, daß in expliziter und systematisierter Form Gedanken und Gefühle den Inhalt therpeutischer Veränderungsbemühungen bilden, wodurch der verengte Ansatz früher verhaltenstherapeutischer Methoden am beobachtbaren Verhalten endgültig überwunden wurde.
6. Durch diese Neuorientierung wird ein Mehr an biografischen und interaktionellen Einsichten möglich, was offensichtlich den Bedürfnissen vieler erwachsener Patienten entspricht. Wenngleich tiefenpsychologische und humanistische Therapierichtungen in dieser Beziehung schon sehr viel mehr geleistet haben, muß es als ein möglicher Vorteil der K. T. angesehen werden, daß sie einige Heurismen der Verhaltenstherapie in den Bereich der Kognitionen „hinübergerettet" hat, wie z. B. die gute Durchschaubarkeit der therapeutischen Situation durch die Ausrichtung an klaren Zielen, die Taktik der „kleinen Schritte", sowie die schnelle Erprobung veränderter Kognitionen und Einstellungen in realen Situationen (z. B. Hausaufgaben).

Literatur

Bandura, A.: Principles of behavior modification. New York: Holt, Rinehart & Winston, 1969.

Beck, A. T.: Wahrnehmung der Wirklichkeit und Neurose. Kognitive Psychotherapie emotionaler Störungen. München: Pfeiffer, 1979.

Cautela, J. R.: Covert conditioning. In:Jacobs, A./Sachs, L. B. (Eds.): The psychology of private events: Perspectives on covert response systems. New York: Academic Press, 1971.

Fiedler, P. A. (Hrsg.): Psychotherapieziel Selbstbehandlung: Grundlagen kooperativer Psychotherapie. Weinheim: edition psychologie, 1981.

Foreyt, J. P. / Goodrick / G. K.: Kognitive Verhaltenstherapie. In: Corsini, R./Wenninger, G. (Hrsg.): Handbuch der Psychotherapie. Weinheim: Beltz, 1983.

Goldfried, M. R.: Systematic desensitization as training in self-control. Journal of Consulting and Clinical Psychology 37, 1971, 228-324.

Grawe, K./Dziewas, H./Wedel, S.: Interaktionelle Verhaltenstherapie. In: DGVT (Hrsg.): Fortschritte in der Verhaltenstherapie. Kongreßbericht Berlin 1977, Bd. 1. Tübingen, 1978, 27-49.

Hautzinger, M.: Psychologische Therapie depressiver Reaktionen. In: Hautzinger, M./Frese, M. (Hrsg.): Depression und Umwelt. Neue Beiträge zur Analyse depressionsfördernder Lebensbedingungen. Salzburg: Otto-Müller, 1979.

Izard, C. E.: Human emotions. New York: Plenum Press, 1977.

Jaeggi, E.: Seien Sie doch vernünftig! Psychologie Heute, 8 (2), 1981.

Jaeggi, E.: Das Verhältnis von Kognition und Emotion – Fragen des Klinischen Psychologen. In: Quekelberghe, R. v./Eickels, N. v. (Hrsg.): Handlungstheorien, Tätigkeitstheorie und Psychotherapie. Forum für VT und psychosoziale Praxis 2, München: DGVT, 1982.

Keßler, B.: Rational-emotive Therapie. In: Corsini, R./Wenninger, G. (Hrsg.): Handbuch der Psychotherapie. Weinheim: Beltz, 1983.

Mahoney, M. J.: Cognition and behavior modification. Cambridge, Mass.: Ballinger, 1974.

Meichenbaum, D. H.: Kognitive Faktoren bei der Verhaltensmodifikation: Veränderung der Selbstgespräche von Klienten. In: Hartig (Hrsg.): Selbstkontrolle. München: Urban & Schwarzenberg, 1973.

Meichenbaum, D. H.: A self-instructional approach to stress management. A proposal for stress inoculation training. In: Spielberger, Ch. D./Sarason, S. B. (Eds.): Stress an anxiety in modern life. New York 1976.

Murray, E. J./Jacobson, L. I.: Cognition and Learning in traditional and behavioral therapy. In: Bergin, E. E./Garfield, S. L. (Eds.): Handbook of psychotherapy and behavior change: An empirical analysis. New York: Wiley, 1971.

Quekelberghe, R. v.: Grundlegung und Entwicklung von Kognitiven Therapien. In: Quekelberghe, R. v. (Hrsg.): Modelle kognitiver Therapien. München: Urban & Schwarzenberg, 1979.

Rush, A. J./Beck, A. T./Kovacs, M./Hollon, S.: Comparative efficacy of cognitive therapy and pharmacotherapy in the treatment of depressed outpatients. Cognitive Therapy and Research, 1, 1977, 17-37.

Spivak, G./Platt,J. J./Shure, M. D.: The problem-solving approach to adjustment. San Francisco: Jossey-Bass, 1976.

Suinn, R. M./Richardson, F.: Anxiety management training: A non-specific behavior therapy program for anxiety control. Behavior Therapy, 2, 1971, 498-510.

Wolpe, J.: Psychotherapy by reciprocal inhibition. Palo Alto: Stanford University Press, 1958.

Zajonc, R. B.: Feeling and thinking; preferences need no Inferences. American Pschologist, 35 (2), 1980, 151 ff.

Kollektives Verhalten

Walter R. Heinz

1 Gegenstandsbereich

Aus der *Massenpsychologie* der zweiten Hälfte des 19. Jahrhunderts, wie sie von den Franzosen G. le Bon (1841-1931) und G. Tarde (1834-1904) kreiert wurde, entwickelte sich in den USA der zwanziger Jahre die empirisch ausgerichtete Theorie des k. V., die auf psychologische und soziologische Hypothesen zurückgreift (Park/Burgess, 1921). Hatte in der Tradition der Massenpsychologie das Vokabular der Psychopathologie bei der Erklärung k. V.phänomene vorgeherrscht, so findet sich in zeitgenössischen Theorien die Tendenz, die verschiedenen Erscheinungsformen k. V. nach Art und Dauer der Interaktionsprozesse und dem Organisationsgrad zu klassifizieren und das Bemühen, auf die *politischen* und *ökonomischen Verhältnisse* einzugehen, wie sie z. B. an der Wurzel von Aktionsgruppen, Bürgerinitiativen und Protestbewegungen liegen (Heinz/Schöber, 1972).

Der Gegenstandsbereich der Theorien k. V. ist das spontane Zusammenwirken von Individuen in Menschenmengen, Gruppen oder Bewegungen, die *außerhalb* etablierter Institutionen mit unkonventionellen Mitteln für die Durchsetzung ihrer Bedürfnisse, Interessen und Überzeugungen eintreten.

In der Literatur werden zwei breite Bereiche k. Handelns unterschieden: Krisenreaktionen in Form von *Episoden k. V.* und Protestaktionen in Form *sozialer Bewegungen* (zusammenfassend: Brown, 1965, Kap. 14; Milgram/Toch, 1969). Zu den Krisenreaktionen zählen etwa Panik, Krawalle, Demonstrationen, Sit-Ins, Aufruhr. Ihre Merkmale sind als Elementarformen k. V. zu verstehen, nämlich Problemlösungsversuche von Menschengruppen, die mit einer unvorhergesehenen Situation konfrontiert sind. K. Handeln stellt hier eine *spontane Neudefinition* von Handlungsnormen dar, die notwendig wird, wenn konventionelle Regeln nicht anwendbar sind, bewußt mißachtet oder in ihrer Legitimität bestritten werden. Wie Brown (1965) deutlich macht, sind bei Unruhen und gewaltsamen Protesten immer sozialstrukturelle Faktoren (z. B. Konkurrenz um Arbeitsplätze), historische Bedingungen (Disparitäten im Versorgungssystem als Ausdruck von Machtstrukturen), personale Faktoren (Autoritarismus, Aggressionsverlagerung) und Situationsdeterminanten (Gerüchte, Anführer und Aktionen der Kontrollinstanzen) zu berücksichtigen, wenn eine Erklärung von Ausbruch, Verlauf und Erfolg der k. Aktion beabsichtigt wird. Bei k. Episoden stellen die Menschen, die sich zur selben Zeit am selben Ort aufhalten und gemeinsam einem Ereignis ausgesetzt sind, wechselseitige Bezugseinheiten für Verhaltensorientierung und Normentwicklung dar, wobei die auftretende Verhaltenskonvergenz *selten* durch eine übereinstimmende Situationsdeutung der Beteiligten gestützt wird.

Demgegenüber sind soziale Bewegungen durch a) geplante Organisationsformen, b) Ideologien und c) Aktionsprogramme gekennzeichnet. Sie zielen auf eine *längerfristige* Agitation und Auseinandersetzung mit gesellschaftlichen Entscheidungsträgern mit dem Ziel der Veränderung lokaler, regionaler und gesamtgesellschaftlicher Machtstrukturen. Reform-, Protest- und Revolutionsbewegungen können, müssen aber nicht aus k. Episoden hervorgehen. Eine wesentliche Bedingung für eine Transformation dieser Art sind die Reaktionen der Öffentlichkeit, vor allem des Staates und der Medien bei der Eindämmung und Kontrolle k. Aktionen (Turner, 1972).

2 Theoriegeschichte

In der Geschichte der Theorien k. V. dominierten zunächst *psychologisierende* Ansätze, die Licht in die verwirrenden und bedrohlichen Aktionen protestierender Massen bringen sollten. Unter Vernachlässigung der ökonomischen Lage und der sozialen Machtlosigkeit derjenigen, die sich zu spontanem Widerstand zusammentaten, wurden die Suggestibilität, Verführbarkeit, Hysterie, Irrationalität und Anonymität der Teilnehmer an Massenaktionen (Pöbel, Mob) hervorgehoben. So entwickelte Le Bon (1895), beeindruckt durch die Folgen der Französischen Revolution und die politischen Unruhen in der 3. Republik, eine konservative Version der Massenpsychologie. Im Mittelpunkt stand dabei der Versuch, die vermeintliche Primitivität, Verantwortungslosigkeit und Unberechenbarkeit k. Aktion durch einen Ausbruch von *Massenhysterie,* beruhend auf einem Überspringen emotionaler Erregung, zu erklären. Freud (1921) hat in seiner Massenpsychologie die Bedeutung des Führers herausgehoben, der die in schwierigen und kritischen Situationen entstehende Unsicherheit und Angst in Massenansammlungen abbauen könne. Freud nahm an, daß die psychischen Mechanismen der *Projektion* und *Identifikation* mit dem *Führer* die Individuen in der Menge zu einer Aktionseinheit zusammenschweißen.

Eine Verschmelzung des psychoanalytischen Denkens mit der Gesellschaftstheorie von Karl Marx versucht die *Massenpsychologie des Faschismus* von W. Reich (1933). Die faschistische Bewegung fand gemäß dieser Theorie im Sozialisations- und Lebensmilieu des Kleinbürgertums eine emotionale Basis vor, die es erleichterte, die Familienbindung und den patriarchalischen Moralkodex auf die Nation zu übertragen. Das Massenindividuum ist durch seine Sozialisation von autoritären Vaterfiguren abhängig gemacht worden; so identifiziert es sich auch kritiklos mit der Staatsführung, zieht sein Selbstwertgefühl aus der Massenbewegung und der Größe der Nation. Reich hat damit die wichtige Dimension der subjektiven Empfänglichkeit für staatlich organisierte Massenbewegung belegt.

Gegen eindimensionale Erklärungsversuche hebt Hofstätter (1957) in seiner *Kritik der Massenpsychologie* hervor, daß k. V.weisen nicht durch Suggestion und Nachahmung, sondern durch Kooperations- und Kommunikationsprozesse sowie Rollendifferenzierung und Organisationsstrukturen zustande kommen.

Neuere Erklärungsversuche können nach Turner (1964) auf drei Modelle zurückgeführt werden, nämlich das der *„emotionalen Ansteckung"*, der *„Verhaltenskonvergenz"* und der *„Normentstehung"*. Sind die beiden ersten Modelle noch weitgehend einer individualistischen Perspektive verhaftet, indem sie Aggressionsabfuhr und Irrationalität zum Merkmal der agierenden Kollektivität verdichten, so strebt die These der Normentstehung an, die Prozesse zu analysieren, die koordiniertes Agieren in Sondersituationen und in Protestorganisationen erst ermöglichen.

Neben dieser eher sozialpsychologischen Herangehensweise ist vor allem die Theorie von Smelser (1972) hervorzuheben, die eine *nichtpsychologische Analyse* der Herausbildung k. V. formuliert. Smelser sieht k. V. als Ergebnis eines kumulativen Prozesses der durch sechs Bedingungen in Gang gesetzt wird: 1. Strukturelle Bedingungen in der Gesellschaft (z. B. Rassentrennung), 2. strukturelle Spannungen (z. B. Widerspruch zwischen Postulat der Chancengleichheit und Einstellungspraktiken), 3. Entstehung und Verbreitung allgemeiner Überzeugungen, die auf Ursachen der Spannungen und deren Überwindung verweisen, 4. auslösende Ereignisse, die im Licht der Faktoren 1 bis 3 gedeutet werden, 5. Mobilisierung der Betroffenen und 6. Reaktionen der Kontrollinstanzen (Behörden).

Dieses Modell wird von Smelser auf den feindseligen Ausbruch (Aufruhr), die normorientierte und die wertorientierte soziale Bewegung angewendet. Es weist jedoch systematische Mängel auf, die seinen Erklärungswert einschränken. Weder die Herrschaftsverhältnisse noch strukturelle Konfliktfelder, wie sie in Klassengesellschaften virulent sind, werden thematisiert. Überdies fehlt es im Modell Smelsers an einer Begrifflichkeit, die geeignet wäre, die Interpretationen der Beteiligten zu erfassen.

3 Gesellschaftliche Entwicklung und Forschungsgegenstand

Das Wiederaufleben der Theorien k. V. ist auf die reale gesellschaftliche Entwicklung zurückzuführen. Die Zunahme oppositioneller Aktionen, die sich in Krisenfeldern der gesellschaftlichen Reproduktion (Arbeit, Energiepolitik, Bildung, Wohnen) herausbilden, hat die Nachfrage nach Ursachen- und Prozeßanalysen dieser organisierten Formen k. Handelns erzeugt. Demgemäß sind gegenwärtig weniger k. Episoden, sondern *soziale Bewegungen* Gegenstand der Forschung.

Auch im Bereich der Politischen Psychologie wird der Analyse der Entstehungsbedingungen, Interessenkonvergenzen und Verlaufsformen sozialer Bewegungen insoweit Bedeutung beigemessen, als die Prozesse der Politisierung des Alltags in Gestalt einer Verbindung von bewußter Problembearbeitung, subjektivem Engagement und solidarischem Handeln transparent machen kann (Rammstedt, 1978).

Zu einer sozialen Bewegung kommt es nach Smelser (1972), wenn zu Empörung und Protest ein gemeinsames Bewußtsein über Ursachen gesellschaftlicher Mißstände und Handlungsalternativen tritt. In der Revolutionstheorie von Marx wurde dieser Prozeß als die Umwandlung einer gesellschaftlichen Klasse in eine „Klasse für sich", d. h. das Handeln einer Kollektivität auf Grundlage von *Klassenbewußtsein* formuliert (Marx, 1971).

In Theorien k. V. wird angenommen, daß sich die strukturellen Widersprüche in psychische Belastungen umsetzen, aus denen Protestpotential entsteht. Gurr (1970) und Davies (1969) haben einen Mechanismus der *„relativen Deprivation"* postuliert; wenn nach einer Periode wirtschaftlichen Aufschwungs eine plötzliche Verschlechterung der Lebensbedingungen auftritt, dann führt die perzipierte Diskrepanz zwischen den Erwartungen der Massen und ihren Verwirklichungschancen zu k. Formen der Artikulation von Unzufriedenheit. Dieser sozialpsychologische Erklärungsversuch operiert mit einer allgemeinen Theorie des Anspruchsniveaus und kann daher keine Aufschlüsse über die Auswirkung sozialer

Lagen, von Klassen- und Machtkämpfen geben, die letztlich über Entstehung und Erfolgschancen sozialer Bewegungen entscheiden (Oberschall, 1973). So hat der Sozialhistoriker Tilly (1978) im Gefolge von Rudé (1964) bestritten, daß k. Aktionen allein auf eine Kluft zwischen Erwartungen und Realisierungschancen im ökonomischen Bereich zurückzuführen seien. Es sind vielmehr *politische Machtauseinandersetzungen,* die von k. Protest und Gewalt begleitet werden, deren Entstehung weitgehend von den präventiven Kontrollen und akuten Repressionen des Staates abhängig sind.

Diese Forschungsperspektive ist u. a. in die „Analysen zum Terrorismus" (Sack/Steinert, 1984) eingegangen. Das Instrumentarium der Theorien sozialer Bewegungen und sozialer Konflikte wurde verknüpft, um die Konfliktdynamik, die aus dem Wechselverhältnis von Protest und staatlicher Auseinandersetzung mit der Studentenbewegung und dem Terrorismus in den 70er Jahren entstanden ist, zu erklären. Es zeigte sich, daß die von den staatlichen Kontrollapparaten verfolgte Konfiktaustragung wesentlich dazu beigetragen hat, daß die Protestbewegung verbreitert wurde. Durch Regel- und Rechtsverletzungen seitens der Instanzen sozialer Kontrolle kam es zur Ausbreitung der Basis und Radikalisierung der Protestbewegung.

Von besonderer Bedeutung in der Anfangsphase sozialer Bewegungen ist die *organisierte* Mobilisierung bzw. Rekrutierung von Betroffenen. Hierbei erweist sich die politisch-theoretische Vorarbeit in Verbindung mit der Planung und Erprobung von Aktionsformen als wichtig für den Aufbau einer Bewegungsorganisation (Oberschall, 1973). Das Überleben einer sozialen Bewegung hängt von der Homogenität der Teilnehmermotive, der Klarheit der Zielsetzung und der Bündnisfähigkeit ab (Zald/Ash, 1972), aber auch von der Lernfähigkeit, der „Selbst-Reflexion" über Ursachen von Erfolgen und Niederlagen. Dies gilt insbesondere für Bürgerinitiativen und Aktionsgruppen, die eine Vermittlung von Selbsterfahrung und politischer Aktion im Rahmen einer demokratischen Bewegungsorganisation anstreben (Mayer-Tasch, 1981). Inwieweit aus der Beteiligung an k. Problemlösungen ein Abbau psychosozialer Barrieren gegen Partizipation und eine Politisierung des Bewußtseins eingeleitet werden können, d. h. alternative Formen und Inhalte der politischen Sozalisation vermittelt werden, ist eine Frage, die aus dem engeren Bereich der Theorien k. V. hinausweist. Sie weist diesem Forschungsgebiet jedoch eine besondere psychologische Relevanz zu.

Im Gefolge der „Neuen Sozialen Bewegungen" (Brand et al., 1983) stellen sich weitere Forschungsfragen: Inwieweit verändert sich die politische Strategie durch verschiedene Formen des Zusammenschlusses von Basisinitiativen und Selbsthilfegruppen und welche Spaltungstendenzen, und Motivationsverluste haben die Profilierung und Zentralisierung von Organisation und Programm zur Folge? Diese Fragen weisen der Theorie und Forschung über k. V. und soziale Bewegungen einen hohen Stellenwert im Rahmen der Politischen Psychologie zu.

Literatur

Brand, W. et al.: Aufbruch in eine andere Gesellschaft. Neue Soziale Bewegungen in der Bundesrepublik, Frankfurt: Campus, 1983.

Brown, R.: Social psychology. New York: Free Press, 1965.

Davies, J. C.: Eine Theorie der Revolution. In: Zapf, W. (Hrsg.): Theorien des sozialen Wandels. Köln: Kiepenheuer & Witsch, 1969.

Freud, S.: Massenpsychologie und Ich-Analyse. In: Gesammelte Werke, Bd. 13. Frankfurt: Fischer, 1967 (zuerst 1921).

Gurr, T. R.: Why men rebel. Princeton, N. J.: Princeton U. P., 1970.

Heinz, W. R./Schöber, P. (Hrsg.): Theorien kollektiven Verhaltens. 2 Bde. Darmstadt/Neuwied: Luchterhand, 1972.

Hofstätter, P. R.: Gruppendynamik. Die Kritik der Massenpsychologie. Hamburg: Rowohlt, 1957.

Le Bon, G.: Psychologie der Massen. Stuttgart, 1957 (zuerst 1895).

Marx, K.: Der achtzehnte Brumaire des Louis Bonaparte (4. Aufl.). Berlin-Ost: Dietz, 1971.

Mayer-Tasch, P. C.: Die Bürgerinitiativbewegung. Reinbek: Rowohlt, 1981.

Milgram, S./Toch, H.: Collective behavior: Crowds and social movements. In: Lindzey, G./Aronson, E. (Eds.): The handbook of social psychology (2. Aufl.), Bd. 4. Reading Mass.: Addison-Wesley, 1969.

Oberschall, A.: Social conflict and social movements. Englewood Cliffs, N. J.: Prentice-Hall, 1973.

Park, R. E./Burgess, E. W.: Introduction to the science of sociology. Chicago, 1921.

Rammstedt, O.: Soziale Bewegung. Frankfurt: Suhrkamp, 1978.

Reich, W.: Die Massenpsychologie des Faschismus. Frankfurt: Fischer, 1974 (zuerst 1933).

Rudé, G.: The crowd in history. New York: Wiley, 1964.

Sack, F./Steinert, H.: Protest und Reaktion. (= Band 4/2 von „Analysen zum Terrorismus"). Opladen: Westdeutscher Verlag, 1984.

Smelser, N. J.: Theorie des kollektiven Verhaltens. Köln: Kiepenheuer & Witsch, 1972 (zuerst 1963).

Tilly, C.: From mobilization to revolution. Reading, Mass.: Addison-Wesley, 1978.

Turner, R. H.: Die Wahrnehmung von Protest in der Öffentlichkeit. In: Heinz, W. R./Schöber, P. (Hrsg.): Theorien kollektiven Verhaltens, Bd. 2. Darmstadt/Neuwied: Luchterhand, 1972.

Turner, R. H.: Collective behavior. In: Faris, R. E. L. (Ed.): Handbook of modern sociology. Chicago: Rand McNally, 1964.

Zald, M. N./Ash, R.: Organisationsformen sozialer Bewegungen. In: Heinz, W. R./Schöber, P. (Hrsg.): Theorien kollektiven Verhaltens, Bd. 2. Darmstadt/N.: Luchterhand, 1972.

Konflikt und Entscheidung

Hubert Feger

1 Definitionen

Intraindividuelle K.e und E.en des einzelnen Individuums als Gegenstand der empirischen psychologischen Forschung sind das Thema dieses Beitrages, der nach den wichtigsten Modellen gegliedert ist. E.en mehrerer Personen in Gruppen und Organisationen werden z. B. in Crott (1979) behandelt. Wir verzichten weitgehend auf Literaturbelege, da wir auf ausführliche Sammelreferate (Feger/Sorembe, 1983; Abelson/Levi, 1985) sowie auf regelmäßige Berichte im Annual Review of Psychology hinweisen können.

Unter K. verstehen wir eine Situation, in der dem Individuum bewußt wird, zwischen mindestens zwei Verhaltensweisen wählen zu können. In Erleben und Verhalten zeigt sich der K. um so mehr, als die Person unsicher ist, wie sie wählen soll, sie schwerwiegende Folgen mit ihrer Wahl verbunden sieht und sie selbst oder Mitmenschen direkt von den Folgen betroffen sein können. Die Situation wird zu einer E., wenn die Person sich genötigt sieht, eine der wahrgenommenen Alternativen zu wählen, also die Alternativen zu vergleichen, sich auf eine festzulegen und entsprechend zu handeln. Unter *Entschluß* verstehen wir diese Festlegung des Wählenden vor sich und vielleicht auch vor anderen.

Um das Erleben und Verhalten in K.situationen zu erfassen, sind oft folgende *Variablen* erhoben worden, zunächst die verhaltensdeskriptiven: Wahl einer bestimmten Alternative, Zeit zwischen Beginn und Ende eines E.prozesses, Suche nach Informationen, Anzeichen für Unsicherheit (wie das oszillierende Schwanken von Versuchstieren zwischen verschiedenen Zielen). Als häufiger verwendete erlebnisdeskriptive Variablen seien erwähnt: die Konfidenz, also das Ausmaß der subjektiven Sicherheit, sich richtig entschieden zu haben; die erlebte K.stärke, die Wichtigkeit der E. und der Wunsch nach Information.

2 Das Gradientenmodell

Zu den frühesten Ansätzen gehört das von Lewin skizzierte, vom Neobehavioristen N. E. Miller erweiterte und vor allem in Tierexperimenten geprüfte Gradientenmodell des K. Es klassifiziert K.situationen in solche mit nur einem Ziel, dem gegenüber jedoch zugleich Annäherungs- und Meidungstendenzen bestehen (Appetenz-Aversions-K.), und in solche mit zwei (oder mehr) Zielen. Entweder bestehen zu beiden Zielen – wie beim Buridanischen Esel zwischen zwei Heuhaufen – Annäherungstendenzen (Appetenz-Appetenz-K.), oder Meidungstendenzen (Aversions-Aversions-K.) Es können auch zu beiden Zielen gleichzeitig positive wie negative Tendenzen existieren (doppelter Appetenz-Aversions-K.). Diese letztgenannte Form ergibt sich schon deshalb häufig, weil man erwartet, mit dem einen Ziel das andere zu verlieren oder zu vermeiden. In Tierexperimenten wurde ein positives Ziel oft als Box mit Futter, die negative Komponente hingegen als elektrisch geladener Metallrost operationalisiert.

Das Gradientenmodell möchte das Wahl- und Annäherungsverhalten vorhersagen: Welches Ziel wird schließlich erreicht? Wie rasch geschieht die Annäherung auf welchem Teil des Weges? Wo wird ein zögerndes Schwanken zu beobachten sein? Variiert werden die Annäherungs- und Meidungstendenzen im Tier oder Individuum, etwa die Anzahl der Stunden des Nahrungsentzugs bei Ratten, mit der die Annäherungstendenz steigen soll, oder die Stärke der Ladung des Rostes, die in wiederholten oder Vorversuchen gelernt wird. Die Vorhersagen über Zielwahl und Näherungsverhalten sind experimentell gut bestätigt.

Die Theorie wurde *erweitert* und auf inhaltlich verschiedene Situationen *angewandt*. Als Beispiel für eine Erweiterung sei erwähnt, daß die Ähnlichkeit mehrerer neuer Ziele mit dem alten Ziel variiert wird. Damit werden Prozesse erklärbar, die dem psychoanalytischen Konzept der „Verschiebung" oder dem lerntheoretischen der Generalisierung entsprechen. Wenn z. B. die Annäherung an das ursprüngliche Ziel (weiße Futterbox) nicht möglich scheint, weil die Meidungstendenz zu stark ist, nähert sich das Tier der schwarzen, vielleicht sogar der grauen Box.

Statt der Annäherung an ein Ziel im Raum, kann das Modell auch auf Annäherung an *Zeitpunkte* übertragen werden. Zu den bekannteren Anwendungen im Humanbereich gehören Untersuchungen über Erleben und Verhalten bei Fallschirmspringern vor und nach dem Sprung und von Examenskandidaten vor, während und nach der Prüfung. Je näher der Zeitpunkt kommt, desto deutlicher zeigen sich die K.symptome.

3 Das Konfliktmodell der Folgenantizipationen

Ausgehend von wesentlichen Vorarbeiten Thomaes (1960) entwickelte Feger (1978) ein Modell der intraindividuellen E., das von folgenden

Grundannahmen ausgeht: Mit dem Erfassen einer K.situation stellt das Individuum fest, wie *wichtig* ihm das ist, was auf dem Spiele steht, und wie stark seine (vorläufigen) *Präferenzen* für die Alternativen sind. Von diesen Einschätzungen hängen erlebte K.stärke, Informationswunsch und -suche ab, sowie der Aufwand, der für die Analyse der Situation betrieben wird. Als Reaktion auf die erfahrene Unsicherheit werden Antizipationen von Folgen der eigenen Wahlmöglichkeiten generiert und durchgespielt. Erst wenn in diesem Durchprobieren und Bewerten der vermuteten Folgen der Unterschied zugunsten einer Alternative groß genug ist, fällt eine E. zugunsten dieser Möglichkeit. Wie groß der Unterschied sein muß, hängt von der Wichtigkeit der Situation ab.

Das Modell sagt, z. T. empirisch bestätigt, vorher, welche Werte die erwähnten verhaltens- und erlebnisdeskriptiven K.variablen annehmen, und leitet auch die korrelativen Zusammenhänge zwischen diesen Variablen ab. Zur Vorhersage des Verhaltens und Erlebens in neuen und einmaligen E.en, in denen sich eine Person zuvor noch nicht befunden hat oder die nicht beliebig wiederholbar sind, bittet man die Person, sich in die Lage einer anderen Person in einer ähnlichen Situation zu versetzen. Dann erhebt man die erwarteten eigenen Reaktionen der Versuchsperson, aus denen sich gute Vorhersagen des späteren Verhaltens ableiten lassen.

4 Präferenztheorien der Entscheidung

Der weitaus größte Teil der experimentellen E.forschung bezieht sich auf Situationen, in denen die Wahl zwischen (vom Versuchsleiter) eindeutig definierten und in sich strukturierten Alternativen möglich ist. Das Angebot besteht darin, dieses oder jenes Objekt zu wählen. Es gibt unterschiedliche Gründe, warum eine solche Wahl schwierig werden kann.

Bei *Präferenzwahlen ohne Risiko* (s. u.) lassen sich die Wahlobjekte meistens durch mehr als eine Eigenschaft charakterisieren, ein Auto z. B. nach Preis, Höchstgeschwindigkeit und Sicherheit. Die Person wird mit mehreren Merkmalen konfrontiert, auf die sie irgendwie reagieren muß. Ferner mögen die vorhandenen Informationen über die Objekte lückenhaft sein, und einige Informationen wiederum könnten andere implizieren. Deren Explikation könnte die Wahl schwierig gestalten, wie auch unstabile, unausgestaltete Präferenzstrukturen des Wählenden. Der nachfolgende Teil behandelt Modelle für Präferenzwahlen ohne Risiko; spätere Abschnitte befassen sich mit *risikoreichen Wahlen*.

Risiko kann dadurch entstehen, daß die Folgen einer Wahl nicht mit Sicherheit, sondern nur mit einer bekannten oder sogar unbekannten Wahrscheinlichkeit eintreten, beispielsweise Gewinne oder Verluste beim Kauf einer Aktie. Es gibt in solchen E.lagen also Ereignisse in der Umwelt des Sich-Entscheidenden, die er kaum beeinflussen kann, die jedoch das Ergebnis seiner Wahl mitbestimmen.

Wenn die Präferenzen eines Individuums bei verschiedenen Wahlgelegenheiten nicht die gleichen sind, könnte sein Verhalten bei wiederholten E.en durch ein *probabilistisches* E.modell beschrieben werden. Eines der bekanntesten ist das Wahlaxiom von Luce (1959): Die Wahrscheinlichkeit, x aus der Gesamtmenge der Alternativen (T) zu wählen, ist gleich der Wahrscheinlichkeit, x aus der Teilmenge R zu wählen, multipliziert mit der Wahrscheinlichkeit, R aus T zu wählen. So plausibel dieses Axiom erscheinen mag, in zahlreichen Wahlsituationen ist es nicht erfüllt (Luce, 1977), vermutlich, weil es starke Kontexteffekte gibt.

Für die Wahl zwischen Objekten, die in mehr als einem Merkmal variieren, sind einige Modelle entwickelt worden, z. B. von Tversky (1969) das Modell additiver Differenzen. Der Wählende bewertet für jedes Merkmal jede Ausprägungsstufe. Er vergleicht jede Alternative auf jedem Merkmal, indem er die Differenz bildet, dann über alle Merkmale summiert. Diese *Entscheidungsregel* ist eine von vielen denkbaren. Sie ist sehr anspruchsvoll und dürfte selten das Verhalten zutreffend abbilden, setzt sie doch Vergleichbarkeit der Attribute und ein hohes Skalenniveau der Bewertungen voraus.

Die Geschichte der Forschung in diesem Bereich läßt sich als Suche nach einfachen, den Wählenden kognitiv möglichst wenig belastenden E.regeln oder Strategien beschreiben. Vermutlich verfügt jede Person über mehrere Regeln, die sie der Situation anpaßt. Je höher der Zeitdruck, je mehr Information zu verarbeiten ist, um so eher wählt man einfache Regeln, im Extremfall: nur das wichtigste Merkmal zu beachten.

5 Risikoreiche Wahlen

Ein Prototyp dieser Wahlen, der auch oft in Experimenten benutzt wurde, ist die Wahl zwischen zwei Losen, Spielen (gambles) oder „Lotterien": Würden Sie lieber die Chance bekommen, mit 1% Wahrscheinlichkeit DM 1000,– zu gewinnen oder mit 50% Wahrscheinlichkeit DM 2,–?

Ein Grundprinzip der meisten Modelle, die vorschreiben, wie man bei solchen Wahlen entscheiden soll, oder vorhersagen, wie man wählen wird, ist das des *erwartenden Nutzens:* Im ersten Spiel darf man in 1 von 100 Fällen DM 1000,– im Durchschnitt, also $\frac{1 \times 1000}{100}$ = DM 10,– erwarten, im 2. Spiel $\frac{50 \times 2}{100}$ = DM 1,–. Also sollte man die erste Option wählen und indifferent sein, wenn z. B. im 2. Spiel unter sonst gleichen Bedingungen DM 20,– geboten werden. Statt Gewinne können auch Verluste im Spiel berücksichtigt werden.

Personen richten sich selten nach diesem Prinzip. Es scheint vielmehr, als ob der Wert des Geldes nicht linear mit seiner Menge wächst, sondern weiterer Reichtum für den Reichen zunehmend weniger bedeutet. Auch die als Prozente angegebenen Ereigniswahrscheinlichkeiten scheinen nicht in ihrer „objektiven" Größe ins Kalkül gezogen zu werden. Eine umfangreiche Forschung hat nichtlineare Beziehungen zwischen objektiven und subjektiven Wahrscheinlichkeiten festgestellt, z. B., daß niedrige Wahrscheinlichkeiten über- und hohe unterbewertet werden. Entsprechend werden in den neueren Modellen die vorgegebenen Geldwerte und Wahrscheinlichkeiten zunächst transformiert, bevor nach Prinzipien wie dem erwarteten Nutzen die Attraktivität einer E. bestimmt wird.

Aus diesen Modellierungen menschlichen E.verhaltens haben sich in jüngster Zeit Methoden der *Entscheidungshilfe* entwickelt, die von professionellen E.helfern routinemäßig von der Familienplanung bis zur Anlage von Flughäfen eingesetzt werden. Eine bekannte und typische theoretische Fundierung findet sich in Keeney und Raiffa (1976); als Anwendungsbeispiel für Marketing seien Green und Wind (1973) erwähnt.

6 Informationssuche und Informationsverarbeitung in Entscheidungen

Insbesondere aus der *Dissonanztheorie* (Festinger, 1959), aber auch aus der *Spieltheorie* wurden Annahmen darüber abgeleitet, wann, wieviel und welche Information – zugunsten der favorisierten oder gewählten oder zugunsten der abgelehnten Alternative – im Verlauf des E.prozesses gesucht werden. Die Studien zur Annahme, es werde eher Information gesammelt und erinnert, die eine vor dem Entschluß bevorzugte und schließlich gewählte Alternative stützen, brachten keine eindeutigen Ergebnisse; weitere Variablen scheinen bedeutsam zu sein (Frey, 1981; Irle, 1982). Je wichtiger eine E. ist, um so mehr Information wird gesucht, und je teurer sie ist, um so weniger. Spieltheoretische Modelle berücksichtigen bei mehrstufigen E.en außerdem noch z. B. die Verläßlichkeit der Information und den Wissensstand des Sich-Entscheidenden, um ein Kriterium anzugeben, wann man die Informationssuche beenden sollte.

7 Abschließende Bemerkungen

E.forschung ist heute ein sehr umfangreiches, *interdisziplinäres* Gebiet, an dem außer Psychologen besonders auch Biologen, Mathematiker und Wirtschaftswissenschaftler mitwirken. Neben den schon erwähnten E.hilfen, in denen Situationen für Wählende strukturiert werden, entwickelt man unter Verwendung von Großrechenanlagen E.systeme, die etwa in der Medizin oder Jurisprudenz wie Expertensysteme eingesetzt werden können. Diese Entwicklungen bewirken auch, daß für die Wählenden – teils von ihnen selbst – die Umwelt so gestaltet wird, daß die E.situation eine Anwendung des Modells gestattet.

Für die einen ist es ein Grund zur Zuversicht, für die anderen zur Befürchtung, wenn man E.en zunehmend besser erklären und vorhersagen kann. Es kommt darauf an, wie man akzentuiert: die E. als Chance der *Selbstverwirklichung,* verbunden (trotz Vorhersagbarkeit) mit dem Erlebnis des „freien Willens", und als *Privates,* der Einwirkung von außen Entzogenes – so gesehen etwas, das mancher vor der wissenschaftlichen Analyse schützen möchte. Die E. des einzelnen oder des Gremiums mit weitreichenden Folgen hingegen, in der Wirtschaft oder gar über Krieg und Frieden, wird als kontrollierbar gewünscht, was voraussetzt, daß man sie versteht. Im gesellschaftlichen Konsens wird auch hier die Grenze zwischen Privatem und Allgemeinem gezogen werden müssen.

Literatur

Abelson, R. P./Levi, A.: Decision making and decision theory. In: Lindzey, G./Aronson, E. (Eds.): Handbook of social psychology, 3rd ed., Vol. 1. New York: Random House, 1985, 231-309.

Crott, H.: Soziale Interaktion und Gruppenprozesse. Stuttgart: Kohlhammer, 1979.

Feger, H.: Konflikterleben und Konfliktverhalten. Bern: Huber, 1978.

Feger, H./Sorembe, V.: Konflikt und Entscheidung. In: Thomae, H. (Hrsg.): Theorien und Formen der Motivation. Enzyklopädie der Psychologie, C IV, Bd. 1. Göttingen: Hogrefe, 1983, 536-711.

Festinger, L.: Conflict, decision, and dissonance. London: Tavistock, 1959.

Frey, D.: Informationssuche und Informationsbewertung bei Entscheidungen. Bern: Huber, 1981.
Green, P. E./Wind, Y.: Multiattribute decisions in marketing. Hinsdale, Ill.: Dryden, 1973.
Irle, M. (Ed.): Studies in decision making. New York: de Gruyter, 1982.
Keeney, R. L./Raiffa, H.: Decisions with multiple objectives: Preferences and value tradeoffs. New York: Wiley, 1976.
Luce, R. D.: Individual choice behavior. New York: Wiley, 1959.
Luce, R. D.: The choice axiom after twenty years. Journal of Mathematical Psychology, 15, 1977, 215-233.
Thomae, H.: Der Mensch in der Entscheidung. München: Barth, 1960.
Tversky, A.: Intransitivity of preferences. Psychological Review, 76, 1969, 31-48.

Kreativität

Wolfgang Meißner

1 Begriff und Geschichte

Der Begriff K. entstammt als terminus technicus dem Amerikanischen *(„creativity")* und läßt auch heute noch, trotz seiner häufigen Verwendung, eine allgemein akzeptierte inhaltliche Präzisierung vermissen. In der psychologischen Forschung dient er vorwiegend zur Erfassung jener Persönlichkeitseigenschaften, die das Entwickeln neuer Ideen bzw. das Hervorbringen von Entdekkungen und Erfindungen ermöglichen sollen.

Die K.forschung blickt bereits auf eine recht beachtliche Tradition zurück. Sie nahm ihren Anfang mit den Untersuchungen Galtons (1869, 1874) und wurde zu Beginn des 20. Jahrhunderts in vereinzelten Arbeiten etwa von Dewey (1910), Duncker (1935), Hutchinson (1931), Maier (1930), Wallas (1926) und Wertheimer (1925, 1945) fortgeführt, ehe sie sich nach dem 2. Weltkrieg als eigenständige psychologische K.forschung etablierte.

Insbesondere Guilfords klassischer Vortrag „Creativity" vor der American Psychological Association (1950) hat entscheidend zur Integration und Intensivierung der Forschungsbemühungen beigetragen, während der eigentliche K.boom der 60er Jahre häufig, wenn auch nicht unwidersprochen (Krause, 1976), auf den „Sputnikschock" (1957) zurückgeführt wird (Preiser, 1976).

Die K.forschung begann bereits gegen Ende der 60er Jahre in den USA zu stagnieren, zu einer Zeit, in der sie in der BRD erst einem größeren Publikum, vor allem durch die Arbeiten Landaus (1969), Ulmanns (1968; 1973) und Seiffge-Krenkes (1974) bekannt wurde. Neuerdings zeichnet sich in der BRD vor allem im Rahmen innovationstheoretischer Arbeiten wieder eine Belebung der K.diskussion ab (Bollinger/Greif 1983; Meißner, 1988).

Während die frühen Beiträge zur K.forschung noch von einem stark grundlagenorientierten Erkenntnisinteresse geprägt waren, wurden die Arbeiten nach dem 2. Weltkrieg vorwiegend durch *praxisorientierte Problemstellungen* induziert. Nach Ulmann (1973) können hierbei im wesentlichen drei Forschungsanliegen unter dem Begriff „creativity" subsumiert werden. Erstens zeigte sich bei den in der amerikanischen Luftwaffe durchgeführten Personalselektionsstrategien, daß die mittels traditioneller Intelligenztests ausgewählten Hochintelligenten keineswegs die von ihnen erwarteten kreativen Entwicklungsleistungen erbrachten (Guilford, 1950). Zweitens mündeten in die K.forschung die Arbeiten des „Institute of Personality Assessment and Research", in denen sich vor allem Mackinnon, Barron und Crutchfield mit den Bedingungen für „mental health" im allgemeinen wie unter den spezifischen Bedingungen industrieller Arbeitstätigkeiten auseinandersetzten. Drittens entstand eine angewandte K.forschung aus dem Bemühen heraus, mittels spezifischer K.techniken die Neuentwicklung und Produktion industrieller Güter (Produkt- und Verfahrensinnovationen) wie auch ihren Absatz zu verbessern (Osborn, 1953; Gordon, 1961).

Es bleibt festzuhalten, daß diese K.forschung als *Reaktion auf allgemein- und wirtschaftspolitische Krisensituationen* initiiert wurde und Leistungs- bzw. Produktivitätsaspekte dominierten. Emanzipatorische Zielsetzungen, etwa im Hinblick auf weitergehende Selbstverwirklichungsbestrebungen, hatten für das Entstehen dieser Forschungsrichtung allenfalls untergeordnete Bedeutung.

2 Forschungsschwerpunkte

Gerade auch aufgrund dieses stark pragmatisch orientierten Vorgehens wurde die Entwicklung einer umfassenden Konzeptionierung des Phänomenbereichs „Kreativität" stark vernachlässigt. Es bildeten sich mehrere verschiedene Forschungsansätze heraus, die nach Mooney (1958) und Rhodes (1961) vier Aspekte der K. thematisieren (die sog. 4 „P"): das kreative Produkt, den kreativen Prozeß, die kreative Persönlichkeit und die Umweltbedingungen („press") für die Entstehung von K. (Ulmann, 1968, 1973; Preiser, 1976).

2.1 Das kreative Produkt

Das kreative Produkt als solches zu identifizieren erscheint auch heute noch äußerst problematisch. In den meisten der hierzu vorliegenden Arbeiten besteht lediglich Übereinstimmung darin, den *Neuheitsaspekt* als notwendiges Charakteristikum des kreativen Produktes anzusehen, wobei jedoch die Frage, ob diese Neuheit objektiv (d. h. erstmalig in der Menschheitsgeschichte) oder subjektiv (d. h. erstmalig für das Individuum oder für ein bestimmtes Bezugssystem) gegeben sein muß, bereits kontrovers diskutiert wird (vgl. die Überblicke bei Ulmann, 1968; Seiffge-Krenke, 1974; Preiser, 1976; Landau, 1984).

Die systematische Bearbeitung des Problems hinreichender Kriterien steht bislang noch aus. Es wurde eine Vielzahl solcher Charakteristika teils vage, teils präzise formuliert. Die am häufigsten genannten Kriterien sind die der *Originalität,* der *Realitätsangepaßtheit,* des *Wertes,* der *Brauchbarkeit* oder der *Wirkung* des kreativen Produktes (McPherson, 1963; Jackson/Messick, 1965; Makkinnon, 1968; Newell et al., 1962). Doch letztendlich scheiterten alle diese Bemühungen um einen allgemein akzeptierten Kriterienkatalog an dem Umstand, daß solche Kriterien de facto nicht objektivierbar sind. Sie können es auch nie werden, da sie stets auch auf aktuelle gesellschaftliche und kulturelle Gegebenheiten rekurrieren und folglich durch *immanente normative Setzungen* gekennzeichnet sind. Daher erscheint zur Charakterisierung des hochkomplexen Phänomens der K. eine Strategie angemessener, die nicht den mehr oder minder unreflektierten Versuch einer scheinbar objektiven Kriterienkonstruktion unternimmt, sondern die diese normative Komponente des Beurteilungsprozesses bewußt thematisiert. Es gilt also, die Bezugssystemabhängigkeit und Vorläufigkeit der Urteilsdimensionen herauszustellen und den jeweiligen Bezugsrahmen zu explizieren. Zwar kann auch durch dieses Vorgehen die prinzipielle Subjektivität der Kriterienkonstruktion nicht ausgeschlossen werden, doch wird auf diese Weise die Revidierbarkeit der Setzungen konzeptionell wesentlich erleichtert.

2.2 Der kreative Prozeß

Der kreative Prozeß wird bevorzugt als spezifischer *Problemlösungsprozeß* diskutiert. Während früher vor allem die neue, brauchbare Lösung als dessen Charakteristikum herausgestellt wurde, weisen neuere Konzeptionen einen erheblich größeren Differenzierungsgrad auf (Seiffge-Krenke, 1974; Röpke, 1977; Dörner, 1979). Sie betonen als spezifisches Kennzeichen des kreativen Problemlösungsprozesses die nur vage Beschreibung des Endzustandes und/oder das Nichtvorliegen des zur Problemlösung notwendigen Wissens. Weiter berücksichtigen sie stärker das dem Problemlösen vorgelagerte Phänomen des Problementdeckens. Dieses kann als ein Spezifikum des kreativen Prozesses angesehen werden.

Der kreative Prozeß wird häufig in verschiedene Phasen eingeteilt. Dabei handelt es sich aber nicht um reale, vorfindbare Sachverhalte, sondern um empirisch replizierbare Konstrukte, die als sinnvolle heuristische Hilfskonstruktionen anzusehen sind und deren Anzahl je nach Forschungsintention erheblich differieren kann (Preiser, 1976). In der Forschung hat sich allgemein eine der ältesten Einteilungen durchgesetzt, das von Wallas (1926) im Anschluß an Poincaré (1905/

1914) konzipierte *4-Phasen-Schema*. Es unterteilt den kreativen Prozeß in die Phasen 1. der *Präparation* (das Problem wird bewußt, entsprechendes Wissen wird gesammelt) 2. der *Inkubation* (die „schöpferische Pause", die un- bzw. vorbewußte Weiterverarbeitung), 3. der *Illumination* (der „plötzliche" Einfall), 4. der *Verifikation* (die Lösungsbeurteilung). Grundsätzlich ist hier wie bei allen Phasen-Schemata zu bedenken, daß dies lediglich ein näherungsweiser inhaltlicher Strukturierungsversuch des komplexen Phänomens K. darstellt. Neben der relativen Willkürlichkeit der Phaseneinteilungen bleibt auch die Frage nach ihrem zeitlichen Verlauf, linear oder iterativ mit Feedback-Schleifen, unzureichend beantwortet. Ihr Wert liegt eher in der zentralen Aussage, den kreativen Prozeß nicht als blitzartiges Ereignis, als Kulminationspunkt eines mystischen Schöpfungsgeschehens, sondern als ein Zeit und Anstrengung erforderndes *prozessuales Geschehen* aufzufassen.

Das entscheidende Problem, welcher Art die Vorgänge sind, die die Phase der *Inkubation,* also den Übergang vom Nichtwissen zur kreativen Einsicht kennzeichnen, ist bislang nur andiskutiert worden. In den früheren Ansätzen wurde diese Thematik vorwiegend aus assoziations- und gestalttheoretischer Perspektive behandelt und K. als Umformung assoziativer Elemente zu neuen Kombinationen (Mednick, 1962) bzw. als gerichtete Umstrukturierung eines Problembereichs (Wertheimer, 1945) gesehen. Doch diese wie auch weitere Bemühungen erwiesen sich als zu vage für eine genauere Erfassung des kreativen Geschehens (Landau, 1969/1984; Preiser, 1976). Hier sind weitergehende Elaborierungen dringend erforderlich. Interessante Entwicklungen könnten sich aus integrierenden Ansätzen, wie sie etwa von Dörner (1979) unter Einbezug assoziativer, gestalt- und lerntheoretischer Aspekte vorgetragen wurden, ergeben.

2.3 Die kreative Persönlichkeit

Die kreative Persönlichkeit wurde mittels verschiedener Kriterien zu identifizieren gesucht, wobei im wesentlichen zwei Forschungsstrategien Anwendung fanden. Zum einen erfolgte die Bestimmung der K. über Rating-Verfahren (insbesondere Experten-, Vorgesetzten- und Kollegen-Rating) sowie über Produkt- bzw. Output-Kriterien (z. B. Anzahl der Publikationen oder Patente) (Bollinger/Greif, 1983). Zum anderen wurden anhand der Analyse des kreativen Produkts und des kreativen Prozesses spezielle kognitive Eigenschaften konzipiert und in entsprechende *Tests* umgesetzt (vgl. die Überblicke bei Kaltsounis, 1971; Davis, 1972; Stockhammer, 1983). Weitere Verbreitung haben lediglich die assoziativen Verfahren (Mednick/Mednick, 1967) und die divergenten Denktests gefunden (Guilford, 1967; Torrance, 1974; Wallach/Kogan, 1965; sowie für den deutschsprachigen Raum Jäger, 1967; Schoppe, 1975; Mainberger, 1977).

Die Kritik an diesen Tests ist vielfältig vorgetragen worden und stellt vor allem auf inhaltliche und methodische Probleme ab (Seiffge-Krenke, 1974). Insbesondere auch die Abgrenzung zu klassischen *Intelligenzkonzepten* (z. B. Guilfords „divergentes" vs. „konvergentes" Denken) gestaltet sich trotz des immensen Forschungsaufwandes als äußerst problematisch. So läßt die Heterogenität der Konstrukte korrelative Zusammenhänge stark von der Auswahl der jeweils verwendeten Tests abhängig erscheinen; in dem Maße, in dem K.- und Intelligenztests ähnliche Faktoren enthalten, sind *Methodenartefakte* geradezu vorprogrammiert. Doch selbst die mit klassischen Intelligenzmaßnahmen (z. B. im Sinne des „konvergenten" Denkens) nicht korrelierenden K.tests können vor allem unter Validitätsaspekten nicht befriedigen (Bollinger/Greif, 1983). Neuere, empirische Forschungsarbeiten scheinen daher auch die Vorteilhaftigkeit integrativer (z. B. divergent-konvergenter) Konzeptionen zu bestätigen (Facaoaru, 1985).

Die Erfassung der Persönlichkeitsmerkmale als kreativ beurteilter Personen führte zu langen *Eigenschaftskatalogen* (Ulmann, 1968; Preiser, 1976), jedoch nicht zu eindeutigen Ergebnissen. Selbst die häufig übereinstimmend genannten Eigenschaften der Dominanz, des Selbstvertrauens, der Autonomie und der Ambiguitätstoleranz lassen aufgrund fehlender Kontrollen Alternativerklärungen zu (Bollinger/Greif, 1983).

Auffallenderweise ist die Erforschung *motivationaler* Aspekte bislang extrem vernachlässigt worden, so sehr die Bedeutung dieser Komponente für den kreativen Prozeß auch stets betont wird. Differenziertere Ansätze fehlen gänzlich. Hier könnte der Einbezug neuerer Konzeptionen etwa im Sinne der „intrinsischen Motivation" Decis (1975), des „Flow-Konzeptes" Csikszentmihalyis (1979) oder des „Interessenkonzeptes" (Prenzel et al., 1986) zur Überwindung der Dominanz rein kognitiver Sichtweisen führen. Auch würde so der in der Forschung eher vernachlässigte Aspekt der bereichs- bzw. objektspezifischen K. deutlicher akzentuiert werden.

2.4 Umweltbedingungen

Der Einfluß der Umwelt auf die K. wurde bislang eher spärlich und selektiv thematisiert. Vorwiegend ging es dabei um die Schaffung günstiger Bedingungen für das Generieren kreativer Ideen, welche man durch das Entwickeln spezifischer *K.techniken,* vor allem des *„brainstorming"* (Osborn, 1953) und der *„synectics"* (Gordon, 1961), zu gewährleisten glaubte und die insbesondere im betriebswirtschaftlichen Schrifttum eine begeisterte Aufnahme fanden. Die Effektivität dieser Techniken wird auch heute noch kontrovers diskutiert, auf jeden Fall ist die anfängliche Euphorie einer realistischeren Einschätzung gewichen.

An all diesen Konzeptionen ist vor allem die einseitige Orientierung auf den *technischen* Aspekt der Ideengenerierung zu kritisieren. Der Einfluß *situativer* Bedingungen auf den gesamten kreativen Prozeß von der Präparation bis hin zur Verifikation ist bisher vollkommen unzureichend analysiert worden. Daher erscheint eine Forschungsstrategie, welche die Elaborierung relevanter situativer Faktoren direkt aus den Charakteristika bzw. Erfordernissen des gesamten kreativen Prozesses vornimmt, gleichermaßen notwendig wie erfolgversprechend.

3 Kreativität und Gesellschaft

In der BRD sind im Gegensatz zu der nur geringfügig betriebenen K.forschung erstaunlich viele Bemühungen feststellbar, die K. nicht nur gezielt zur selektiven Ideengenerierung einzusetzen, sondern ihr vor allem auch den privaten Bereich, speziell die *Freizeit,* zu erschließen. K. dient hier als meistens unbegründeter Wert zur Legitimation ästhetischer Erziehung und spezieller Freizeitgestaltung, etwa im Sinne „kreativer" Tätigkeiten (Malen, Töpfern etc.) um ihrer selbst willen bzw. zur Gewährung von „Selbstverwirklichung" in einem der letzten verbliebenen Freiräume. Eine derartige Auffassung von K., die letztendlich die Abkehr von den gesellschaftlichen Problemen und die Regression in eine anheimelnde Privatsphäre impliziert, muß geradezu als *Degradierung* der K. bezeichnet werden (Ulmann, 1980).

K. ist, so sie ernst genommen wird, ein Phänomen mit extremer *gesellschaftlicher Relevanz.* Denn wenn sie einen entscheidenden Beitrag zur Entwicklung zukunftsweisender Konzeptionen bzw. zur innovativen Bewältigung ökonomischer, ökologischer und gesellschaftlicher Problemstellungen liefern soll, kann sie keine „domestizierte Kreativität" (Kastner, 1973) sein. Sie hat sich dann nicht nur auf den Produktionsprozeß, sondern notwendigerweise auch auf die *Produktionsverhältnisse* zu beziehen. Daher müssen dem Individuum im Arbeits- wie im Privatbereich Bedingungen geboten werden, die große Handlungsspielräume (Aufgabenvielfalt, Entscheidungs-, Kontakt- und Qualifikationsmöglichkeiten), Autonomie, Partizipation, Initiative, Sicherheit und intrinsische Motivation gewährleisten bzw. ermöglichen. Nur unter diesen Gegebenheiten können kreative Prozesse optimal ablaufen. Sie bieten die Voraussetzungen für die in der Präparationsphase notwendige Problementdeckung, Wissensansammlung und intensive Beschäftigung, für das in der Inkubationsphase wichtige langwierige Probieren, Lernen und scheinbare Ruhen des Problemlösens, für die Weiterverarbeitung des in der Illuminationsphase noch vagen, erfolgsungewissen Einfalls und letztendlich für den oft sehr schwierigen Evaluierungsprozeß der neuen, häufig nonkonformen kreativen Ideen in der Verifikationsphase. Konkrete, eigenständige Konzeptionen sind bisher in diesem Zusammenhang noch nicht entwickelt worden, doch weisen speziell auch für den Arbeitsbereich die Ansätze von Fricke (1975), Hacker (1978) und Holzkamp-Osterkamp (1975; 1976) entsprechende Bezüge auf.

Resümee: Eine komplexe Analyse der gesellschaftlichen und individuellen Bedingungen für die Erforschung und Entwicklung kreativer Verhaltensweisen erscheint dringend notwendig. Dabei gilt es, integrative Ansätze zu konzipieren, welche die vereinzelten Forschungsfelder, z. B. auch die K.erziehung (Smoley, 1983), miteinbeziehen und so K. umfassend thematisieren.

Literatur

Bollinger, G./Greif, S.: Innovationsprozesse. Fördernde und hemmende Einflüsse auf kreatives Verhalten. In: Irle, M. (Hrsg.): Handbuch der Psychologie, Bd. 12, 2, Marktpsychologie. Göttingen: Hogrefe 1983, 396-482.

Csikszentmihalyi, M.: The concept of flow. In: Sutton-Smith, B. (Ed.): Play and learning. New York: Gardner, 1979, 257-274.

Davis, G. A.: Instruments useful in studying creative behavior and creative talent. Part II. Journal of Creative Behavior, 6, 1972, 162-165.

Deci, E. L.: Intrinsic motivation. New York: Plenum, 1975.

Dewey, J.: How we think. New York: Heath, 1910. Deutsch: Wie wir denken. Zürich: Morgarten, 1951.

Dörner, D.: Problemlösen als Informationsverarbeitung. (2. Aufl.) Stuttgart: Kohlhammer, 1979.

Duncker, K.: Zur Psychologie des produktiven Denkens. Berlin: Springer, 1935 (Nachdruck 1963).

Facaoaru, C.: Kreativität in Wissenschaft und Technik. Bern: Huber, 1985.

Fricke, W.: Arbeitsorganisation und Qualifikation. Bonn: Neue Gesellschaft, 1975.

Galton, F.: Hereditary genius. London, New York: Macmillian, 1869.
Galton, F.: English men of science. Their nature and nurture. London, New York: Macmillian, 1874.
Gordon, W. J.: Synectics. The development of creative capacity. New York: Harper, 1961.
Guilford, J. P.: Creativity. American Psychologist, 5, 1950, 444-454. Deutsch: Kreativität. In: Ulmann, G. (Hrsg.): Kreativitätsforschung. Köln: Verlag Kiepenheuer & Witsch, 1973, 25-43.
Guilford, J. P.: The nature of human intelligence. New York: McGraw-Hill, 1967.
Hacker, W.: Allgemeine Arbeits- und Ingenieurpsychologie. Bern: Huber, 1978.
Holzkamp-Osterkamp, U.: Grundlagen der psychologischen Motivationsforschung 1. Frankfurt: Campus, 1975.
Holzkamp-Osterkamp, U.: Motivationsforschung 2. Frankfurt: Campus, 1976.
Hutchinson, E. D.: Materials for the study of creative thinking. Psychological Bulletin, 28, 1931, 392-410.
Jackson, P. W./Messick, S.: The person, the product, and the assessment of creativity. Journal of Personality, 33, 1965, 309-329.
Jäger, A. O.: Dimensionen der Intelligenz. Göttingen: Hogrefe, 1967.
Kaltsounis, B.: Instruments useful in studying creative behavior and creative talent. Part I. Commercially available instruments. Journal of Creative Behavior, 5, 1971, 117-126.
Kastner,P. M.: Domestizierte Kreativität. Kritik einer Illusion. Starnberg: Raith, 1973.
Krause, P.: Der Unfug mit der Kreativität. Psychologie heute, 6, 1976, 43-48.
Landau, E.: Psychologie der Kreativität. München: Reinhardt, 1969. Neuauflage: Kreatives Erleben. München: Reinhardt, 1984.
Mackinnon, D. W.: Creativity: Psychological aspects. International Encyclopaedia of Social Sciences, 3, 1968, 435-442.
Mainberger, U.: Test zum divergenten Denken (Kreativität), TDK-4-6. Weinheim: Beltz, 1977.
McPherson, J. H.: A proposal for establishing ultimate criteria for measuring creative output. In: Taylor, C. W./Barron, F. (Eds.): Scientific creativity: Its recognition and development. New York, London: Wiley, 1963, 24-29.
Maier, N. R. F.: Reasoning in humans: I. On direction. Journal of Comparative Psychology, 10, 1930, 115-143. Deutsch: Das Denken beim Menschen. Über Richtung. In: Graumann, C. F.: Denken (2. Aufl.). Köln: Kiepenheuer & Witsch, 1971, 241-264.
Mednick, S. A.: The associative basis of the creative process. Psychological Review, 69 (3), 1962, 220-232.
Mednick, S. A./Mednick, M. T.: Examiner's Manual: Remote associates test. Boston: Houghton Mifflin, 1967.
Meißner, W.: Innovation and Organisation. In Vorb.
Mooney, R. L.: A conceptual model für integrating four approaches to the identification of creative talent. In: Taylor, C. W. (Ed.): The second (1957) University of Utah research conference on the identification of creative scientific talent. Salt Lake City: University of Utah Press, 1958, 170-180.
Newell, A./Shaw, J. C./Simon, H. A.: The process of creative thinking. In: Gruber, H. E./Terrell, G./Wertheimer, M. (Eds.): Contemporary approaches to creative thinking. New York: Atherton Press, 1962, 63-119.
Osborn, A. F.: Applied imagination: Principles and procedures of creative thinking. New York: Scribner, 1953 (rev. ed 1963).
Poincaré; H.: Science and hypothesis. London: Scott, 1905. Deutsch: Wissenschaft und Methode. Leipzig: Tuebner, 1914.
Preiser, S.: Kreativitätsforschung. Darmstadt: Wissenschaftliche Buchgesellschaft, 1976.
Prenzel, M./Krapp, A./Schiefele, H.: Grundzüge einer pädagogischen Interessentheorie. Zeitschrift für Pädagogik, 32, 1986, 163-173.
Rhodes, M.: An analysis of creativity. Phi Delta Kappa, 42, 1961, 305-310.
Röpke, J.: Die Strategie der Innovation. Tübingen: Mohr, 1977.
Schoppe, K.-J.: Verbaler Kreativitätstest. Göttingen: Hogrefe, 1975.
Seiffge-Krenke, I.: Probleme und Ergebnisse der Kreativitätsforschung. Bern: Huber, 1974.
Smoley, F.: Kreativitätserziehung in der Schule. Wien: Österreichischer Bundesverlag, 1983.
Stockhammer, H.: Sozialisation und Kreativität. Theorien, Techniken, Materialien. Wien: Verlag des Verbandes der wissenschaftlichen Gesellschaften Österreichs, 1983.
Torrance, E. P.: Torrance tests of creative thinking. Norms – Technical Manual. Lexington: Ginn, 1974.
Ulmann, G.: Kreativität. Neue amerikanische Ansätze zur Erweiterung des Intelligenzkonzeptes. Weinheim: Beltz, 1968.
Ulmann, G.: Kreativitätsforschung. Köln: Kiepenheuer & Witsch, 1973.
Ulmann, G.: Kreativität. In: Asanger, R./Wenninger, G. (Hrsg.): Handwörterbuch der Psychologie. Weinheim: Beltz, 1980, 238-242.
Wallach, M. A./Kogan, N.: Modes of thinking in young children. New York: Holt, Rinchart and Winston, 1965.
Wallas, G.: The art of thought. New York: Harcourt Brace, 1926.
Wertheimer, M.: Drei Abhandlungen zur Gestalttheorie. Über Schließprozesse im produktiven Denken. Erlangen: Weltkreis-Verlag 1925 (Nachdruck: Darmstadt 1963).
Wertheimer, M.: Productive thinking. New York: Harper and Brothers Publishers, 1945 (2. Aufl. 1959).

Krisenintervention und -therapie

Monika Schnell und Helmut Wetzel

1 Krise: Am Wendepunkt

Alltagssprachlich ist mit dem Wort Krise (K.) eine schwierige, gefährliche Entwicklung, Zuspitzung oder Verschärfung, eine Entscheidungs- oder Ausnahmesituation gemeint. Dies kann sich auf gesellschaftliche oder individuelle Prozesse bzw. Zustände beziehen: Nah-Ost-K., Kubakrise, Wirtschaftskrise, ökologische K., Midlife-crisis, Sinnkrise usw.

Ursprünglich bedeutete der aus dem griechischen übernommene Begriff „Entscheidung". Im klassischen Drama ist es der Höhepunkt des dramatischen Konflikts, auf den unmittelbar der Umschwung der Handlung erfolgt: der Gipfel des Spannungsbogens. In der Medizin bezeichnet K. den Moment im Verlauf der Krankheit, in dem sich entscheidet, ob es zu einer beginnenden Heilung oder zu einer radikalen Verschlechterung des Zustands des Patienten kommt.

Auch in der psychologischen und psychiatrischen Fachliteratur wird der Begriff sehr unterschiedlich verwendet, je nach theoretischem Hintergrund und praktischen Erfahrungen des Autors (Häfner, 1974; Reiter, 1975; Kulessa, 1982; Everstine/Everstine, 1985). Zweckmäßig erscheint es uns zunächst, drei Formen von K. zu unterscheiden. Jede ist eng mit dem Namen eines Pioniers der K.theorie und -therapie verknüpft.

1.1 Krise und primäre Prävention – das funktionale Modell von G. Caplan

K.n entwickeln sich als Folge gravierender *interner* oder *externer Veränderungen,* die eine Anpassung der ganzen Person an die neue Gegebenheit notwendig machen. Interne Veränderungen können entwicklungsbedingt sein, durch eine Krankheit oder ein Trauma verursacht werden. Ein Verlust oder der drohende Verlust eines bedeutsamen oder geliebten Menschen sind Beispiele für externe Veränderungen. Die K. verläuft in 4 verschiedenen Phasen:

1. Die üblichen Techniken des Problemlösens werden herangezogen; sie bleiben wirkungslos, die Spannung steigt weiter an.
2. Der Mensch entdeckt, daß er das Problem nicht lösen kann, das Unbehagen wächst.
3. Die anwachsende Spannung wird zu einem mächtigen inneren Stimulus, mobilisiert innere und äußere Ressourcen. Lösungen werden erprobt, die für Notsituationen zur Verfügung stehen; das Problem wird neu definiert.
4. Kann das Problem nicht gelöst werden, nimmt das Unbehagen und die innere Spannung zu; es kommt zu einer Desorganisation der Person.

Im Normalfall gelingt es nach einigen Tagen oder Wochen wieder, das seelisches Gleichgewicht zu erlangen und wie gewohnt weiterzuleben (Caplan, 1964; Caplan/Grunebaum, 1967). Während einer K. befindet sich ein Mensch in einem sehr *labilen Zustand,* er hat ein sehr viel größeres Bedürfnis nach Hilfe als sonst und ist folglich auch viel leichter beeinflußbar.

Gerade deshalb kann das große Potential zwischenmenschlicher Hilfe in K.n auf breiter Basis *präventiv* wirksam werden (Caplan, 1961).

1.2 Jenseits von Trauer: das Krisenmodell von E. Lindemann

Es war zweifellos der Verdienst von Erich Lindemann, mit seinen Untersuchungen über *akute Trauer* ein breites Verständnis und Interesse an persönlichen K.n geweckt zu haben.

Er betreute Überlebende und Hinterbliebene der Opfer einer großen Brandkatastrophe in Boston im Jahr 1943. Dabei zeigte sich bei den meisten Betroffenen eine bemerkenswerte Übereinstimmung an Gefühlsreaktionen und Verhaltensweisen: körperliche Beschwerden, Schuldgefühle, feindselige Reaktionen, Verlust von Handlungskompetenz, intensive Beschäftigung mit dem Bild des Verstorbenen, Identifikation und Übernahme einzelner Verhaltensweisen des Verstorbenen, um einige bedeutsame zu nennen (Lindeman, 1944).

Dieser „normalen" Trauerreaktion, die auch eine aktive Auseinandersetzung mit dem Verlust und den damit verbundenen Gefühlen umfaßt, stand bei einigen eine *pathologische* Reaktion, gleichsam ein Zerrbild der normalen, gegenüber. Am häufigsten beobachtete Lindeman eine erhebliche Verzögerung oder zeitliche Verschiebung der Trauer. Typisch war eine längere Zeit, bis zu mehreren Monaten, in der der Tod eines Angehörigen völlig unbeteiligt und unberührt hingenommen wurde. Diese Personen lebten ihren Alltag weiter, als wäre nichts geschehen, einige von ihnen reagierten mit gesteigerter Aktivität, ohne ein Gefühl, etwas verloren zu haben.

Die Beziehung zu Freunden und Bekannten veränderte sich ganz auffällig; selbstzerstörerisches und feindseliges Verhalten steigerte sich. Schließlich verstärkte sich die K. und bei einigen kam es regelrecht zu einer schweren *Depression.*

Ähnliche Gefühls- und Verhaltensmuster, wie

bei den Opfern der Brandkatastrophe, beobachtete Lindeman bei Colitis-Ulcerosa-Patienten und -Patientinnen, nach einem größeren operativen Eingriff. Die von Lindeman beschriebene Trauerreaktion kann somit auch als ein Paradigma für eine situationsbedingte oder traumatische Krise gesehen werden (Lindeman, 1985).

Wenn man solche K.n rechtzeitig erkennt und eingreift, kann eine krankhafte Entwicklung vermieden oder abgemildert werden.

1.3 Lebenszyklus und Krise nach E. Erikson

Für E. Erikson ist eine K. nicht Ausnahmeerscheinung, sondern „Normalität". Für ihn sind K.n unabdingbarer Bestandteil jeder gesunden, menschlichen Entwicklung, sie treten periodisch immer bei einem Übergang von einem Lebensabschnitt zum anderen auf. Sie sind Nahtstellen und Wendepunkt am Beginn einer neuen Lebensphase. Die K. ist eine Periode besonderer Labilität und Offenheit für Neues, eine Zeit großer Wandlungsfähigkeit, aber auch erhöhter Anfälligkeit und Verletzlichkeit.

Nach Erikson durchläuft jeder Mensch vom Säugling zum reifen Erwachsenen acht voneinander unterscheidbare Lebensabschnitte, und zu jede gehört eine *spezifische* K. Die Art, wie diese K. bewältigt wird, bestimmt entscheidend das weitere Schicksal dieser Person: Gelingt es z. B. im Säuglingsalter, ein Grundvertrauen zur Umwelt aufzubauen, schafft es ein Jugendlicher, eine eigene Identität zu finden oder kann ein alter Mensch akzeptieren, was er geworden ist und wie er sein Leben gestaltet hat? (Erikson, 1966; 1980).

Mehr als alle anderen Lebensabschnitte ist die *Adoleszenz* in unserem Kulturkreis als eine Zeit der Wandlung und Reifung akzeptiert, an deren Ende der vollständige Eintritt in eine neue Phase, das Erwachsenenalter, steht. Der Erfolg der Adoleszenz ist zugleich ihr eigenes Ende, ein Schritt in eine unbekannte, unsichere und noch verborgene neue Lebensphase.

Die Adoleszenz ist an sich eine K.zeit, da die bisher gültigen und akzeptierten Persönlichkeits- und Verhaltensmuster in der Identifikation als Kind nicht mehr ausreichen, die äußeren Anforderungen und die andrängenden Gefühle in der Persönlichkeitsstruktur nur im Prozeß einer Wandlung integrierbar sind und weil andererseits die Identifikation mit der Erwachsenenwelt noch nicht möglich ist.

Als Folge der neuen kognitiven und sozialen Fähigkeiten wird sich der Jugendliche zum ersten Mal der ungeheuren Dynamik und Vorgänge in sich selbst bewußt.

Adoleszenz ist eine Phase extremer und notwendiger Labilisierung der ganzen Person. Das Selbst des Jugendlichen muß so labil und aufnahmebereit, so flexibel und gleichzeitig so entschieden und radikal sein, daß er mit den vielfältigen Anforderungen aus der Umwelt und den biologischen Reifungsprozessen zurecht zu kommen.

Verunsicherungen zeigen sich in den Fragen nach dem eigenen „Sein": Wer bin ich? Wer werde ich sein? So wie ich war, bin ich nicht mehr; Was ist der Sinn meines Lebens?

1.4 Angst und Zuversicht

Bei den meisten Autoren wird K. vorwiegend unter dem Blickwinkel von Bedrohung, Ausnahmesituation und Hilflosigkeit betrachtet. Unsere Vorstellungen von K. sind aus der therapeutischen Arbeit mit Kindern, Jugendlichen und deren Familien gewachsen. Gerade in der therapeutischen Arbeit begegnet man viel deutlicher dem oft verdrängten Aspekt von K. (Projektteam Neuhland, 1986).

K. bezeichnet immer einen *Prozeß,* in dem bisher mögliche und gültige Handlungsstrategien, Bewältigungsmuster, Abwehrmaßnahmen, sich als zunehmend unzulänglich erweisen. Dieser Prozeß spitzt sich über längere Zeit beständig zu und findet seinen Höhepunkt in dem, was wir als K. bezeichnen.

Der Mensch kann mit sich alleine in eine K. geraten, seine ganze Familie oder nähere Umgebung, eine bestimmte Bevölkerungsschicht oder die gesamte Gesellschaft.

Jede K. ist zweifellos ein Lebensabschnitt, in dem die bisherige *Identität* – vieles was man erreicht hat und geworden ist – verloren gehen kann, es ist aber auch der Ort, an dem man längst verloren Geglaubtes wiederfinden und Neues entdecken kann. Mit K. bezeichnen wir also den Moment der Wandlung, der Umkehr oder der beginnenden Veränderung. K. ist ein psychischer, physischer oder sozialer Ausnahmezustand, in dem sowohl die Gefahr des Untergangs, als auch die Chance der Reifung und Neugestaltung des Lebens enthalten ist. Sie ist eine Veränderung, die weder vom einzelnen direkt gewollt wird, noch selbstbestimmt durchlebt werden kann. Jede K. umfaßt den Verlust und den Abschied von etwas Vertrautem und die Herausforderung von etwas Neuem, Anderem. Sie ist offen, wenn auch manchmal nur für kurze Momente, für einen Weg in die Angst, Verzweiflung und Resignation oder für Hoffnung und Zuversicht, für eine neue, veränderte Lebendigkeit.

Die K. ist jedoch kein Punkt, kein statischer

Moment des Umkippens, sondern selbst wieder ein Prozeß mit einem Beginn, einer Steigerung, einem Höhepunkt, einer Beruhigung und einem vorläufigen Ende. Ob es überhaupt zu einer K. kommt und wie bedrohlich sie wird, hängt davon ab, wie stabil eine Person ist, in welchem Verhältnis der K.anlaß zu dem Wachstum und Reifegrad der Persönlichkeit steht, inwieweit eine Überforderung der verfügbaren Bewältigungsstrategien eintritt und schließlich wie stabil das soziale Umfeld ist.

Eine K. ist immer mit heftigen Gefühlen der Angst, Unsicherheit und Selbstzweifel verbunden. In jeder K. macht sich das Leben, so wie es ist, bemerkbar; es konfrontiert einem mit einer Realität, die man lieber nicht wahrhaben will, weil sie schmerzlich, traurig, fürchterlich – ja entsetzlich – ist.

Es kann zum Ausbruch psychischer Krankheiten, zu Gewaltausbrüchen gegen andere oder zur Chronifizierung der K. kommen, wenn z. B. die Angst zu groß wird, die depressiven Persönlichkeitsanteile und die Bereitschaft zur Selbstbestrafung zu bestimmend werden.

Die Gefahr, von den aufbrechenden Ängsten und Konflikten überwältigt und überschwemmt zu werden, nimmt zu. Die K. kann sich bis zum psychischen Zusammenbruch steigern. Suizid (-versuche), Flucht in die Krankheit, Drogen- und Alkoholmißbrauch, sind verzweifelte Versuche, diesem unerträglichen Zustand zu entgehen.

In psychischen K.n sind die Strukturen, die das „Ich" im Laufe der Entwicklung gebildet hat, um die Integrität des Selbst zu erhalten und zu schützen, brüchig und schwach geworden. Die Unsicherheit über das eigene Sein nimmt zu und schützende Abwehrmechanismen gegen frühere, unbewältigte Konflikte werden durchlässiger.

Gleichzeitig und durch die beginnende Durchlässigkeit und Weiche der Strukturen entsteht die Chance, die Konflikte zu bewältigen und auf einer neuen, erweiterten Entwicklungsstufe handlungsfähig zu werden.

Bereits wohlbekannte Rollen und Verhaltensweisen, Ansichten und Gewohnheiten, die gemütlich und sicher, aber ebenso einengend sind, werden in der K. in Frage gestellt, da sie ihre bisher schützende Funktion nicht mehr erfüllen. Es besteht jetzt die Chance, sie nicht nur in Frage zu stellen und auf ihre Wirksamkeit hin zu überprüfen, sondern sie auch so zu verändern, daß sie mehr Flexibilität zulassen.

Die K. ist also ein ebenso *bedrohlicher* wie *kreativer* Prozeß. Die Art der Bewältigung und auch der notwendigen Hilfe richtet sich danach, wie umfassend der Mensch in einen psychischen und/oder sozialen Ausnahmezustand geraten ist, in welchem Lebensalter er sich befindet und wie gereift und integriert seine Persönlichkeitsentwicklung und Ich-Stärke ist; welche Art von K. er zu bewältigen hat und wodurch sie ausgelöst wurde; wie stabil und stützend seine soziale Umwelt ist.

2 Krisenintervention und Krisenmanagement

K. ist etwas Allgemeines und Einzigartiges zugleich: Sie ist allgemein menschlich, weil jeder in seinem Leben durch mehrere K.n gehen muß, weil Anlässe und Begleitumstände sehr ähnlich sind (z. B. Pubertät, Partnerverlust). Sie ist aber gleichzeitig einmalig und einzigartig, weil es ja für den Betroffenen darum geht, eine für ihn endgültige Entscheidung zu treffen und einen eigenen Weg durch die K. zu finden.

Insofern ist es nicht verwunderlich, daß sich zwei verschiedene Zugangsweisen von K.beratung entwickelt haben: K.intervention und -management, die mehr die K., und K.therapie, die mehr den einzelnen im Blick hat.

Viele Autoren vertreten die Auffassung, daß therapeutische Arbeit in K.n, im Sinne einer unmittelbaren Intervention, zeitlich begrenzt sein muß und auf die gegenwärtige Situation focusiert ist. Der Therapeut geht geplant und gezielt vor und ist viel direktiver als in einer Psychotherapie (Aguilera/Messick, 1977; Greenstone/Leviton, 1981). Diese Vorstellungen kommen schon in den beiden Begriffen zum Ausdruck, die sich in der englisch- und deutschsprachigen Literatur durchgesetzt haben: K.intervention und K.management.

Die typische K.intervention läßt sich in vier Phasen unterteilen:

- Beurteilung der Situation und der aktuellen Schwierigkeiten
- die Planung der therapeutischen Intervention
- die Intervention selbst
- die Lösung der K. und die vorausschauende Planung.

Sie umfaßt durchschnittlich 1-6 Sitzungen und je mehr Menschen dem Klienten in seiner K. beistehen, desto besser ist es.

Dieses Vorgehen erinnert sehr stark an therapeutische Methoden aus der Verhaltenstherapie oder der Familientherapie, die in der Tradition der Kommunikationstheorie steht. Am Anfang steht eine „sofortige Diagnose, die wenigstens das aktuelle Problem, die beteiligten Personen, frühere oder bestehende Krankheiten und die spezifische Gefährdung erfassen soll" (Häfner, 1974, 145).

Ziel der Intervention, des „therapeutischen Eingreifens“, ist es, die frühere Funktionsfähigkeit des Patienten wieder herzustellen, d. h. die Rückführung auf eine Stufe des emotionalen Gleichgewichts, die vor Beginn der K. bestand.

Im Brennpunkt der Behandlung steht dabei die *genetische Gegenwart.* Bedingungen aus der Lebensgeschichte haben nur insofern Bedeutung, als sie direkt auf die akute Situation einwirken.

3 Krisentherapie

Der Grund für einen Menschen, fachliche Hilfe zu suchen, liegt in der aktuell quälenden Lebenssituation des Betroffenen. Er kommt in einer bedrohlichen, emotional geladenen Situation, in der er sich hilflos und überfordert erlebt. Auftrag und Wunsch an den Therapeuten sind schnelle Hilfe, Linderung, ja in vielen Fällen Abschaffung des Leidens.

Wenn wir davon ausgehen, daß in einer psychischen K., ausgelöst durch die aktuellen Belastungen frühere, unbewältigte Konflikte, verdrängte Gefühle und Ängste auftauchen und mitbestimmend auf die Schwere der K. einwirken, ist es unabdingbar, daß eine wenigstens ansatzweise Bearbeitung dieser Konflikte von entscheidender Bedeutung für die Bewältigung der K. ist.

Nach unserer Auffassung wirft jede K. ein grelles Licht auf die gesamten Bedingungen, Konflikte, unbewältigten Probleme und traumatischen Fehlentwicklungen, auf die gesamte innere Verfassung der Menschen: Es ist so, als hätte jemand den Teppich weggezogen, unter den bisher alles gekehrt worden ist. Gefühle, die blockiert oder verdrängt waren, Energien, die „geronnen oder eingefroren“ waren, brechen plötzlich auf.

In der K.therapie werden zunächst die Bedingungen, die aktuell die K. ausgelöst haben, herausgearbeitet und darüber hinaus aus der Fülle alter unbewältigter Konflikte gelöst. Diejenigen, die aufgebrochen sind oder aufzubrechen drohen, werden bis zu ihren Ursprüngen zurückverfolgt. Die Heftigkeit der begleitenden Gefühle von Angst, Verlassenheit und Wut, sind meist an längst „vergessene“ Konflikte gebunden und dadurch oft unverständlich und von außen schwer einfühlbar. Kurzfristig geht es für den Klienten darum, seine Stabilität wiederzufinden und in seinem Lebensumfeld wieder handlungsfähig zu werden.

Wir beziehen deshalb möglichst bald die Familie, Freunde oder andere Institutionen (Sozialamt, Arbeitsamt, Wohnungsamt, Sozialpsychiatrischer Dienst etc.) mit ein. Die Verantwortung für einen Menschen und sein Leben kann niemand alleine tragen; der Therapeut kann weder die Mutter ersetzen, noch ein neuer Lebenspartner sein, er kann kein neues Zuhause oder eine Arbeitsstelle anbieten. Er kann nur helfen, sich mit den Eltern oder dem Ehepartner auseinanderzusetzen, eine neue Wohnung oder Arbeit zu suchen, neue Perspektiven zu finden. Das therapeutische Angebot kann immer nur eine Brücke zum Überleben oder zu einem neuen Anfang sein.

3.1 Die Eigentümlichkeit der therapeutischen Beziehung

Der wesentliche Unterschied zwischen Psychotherapie und K.therpie besteht nicht primär im technischen Vorgehen, in der Dauer oder der methodischen Ausrichtung, sondern in der grundlegend *anderen Anfangssituation* zwischen Klient und Therapeut. Die K. prägt und bestimmt sehr stark die ersten Gespräche. Der Mensch befindet sich in einer ausweglos erscheinenden Lage, fühlt sich alleingelassen, überfordert, erschöpft oder gar am Ende seiner Kräfte und Möglichkeiten. Die Situation oder die Lebensgeschichte, die er erzählt, impliziert unabhängig von den Inhalten auf der Beziehungsebene einen (verzweifelten) Hilferuf.

Der Klient löst nicht nur heftige Gefühle beim Therapeuten aus, sondern zwingt ihm auch das zur K. gehörige Lebensthema auf: elterliche Gewalt, Sinn des Lebens, Krankheit-Gesundheit, Trennung, Tod etc. Das sind Themen, von denen man sich als Therapeut nicht leicht distanzieren kann, weil sie unweigerlich betroffen machen und jeden auch persönlich angehen als Mann, Ehepartner, Mitmensch. Der Klient sieht sich selbst als Opfer (z. B. von einem Schicksalsschlag getroffen; von den Eltern mißbraucht; vom Partner verlassen). Der gefühlsmäßigen Parteinahme wird man sich als Therapeut kaum entziehen können. Oft ist die Parteilichkeit sogar notwendig und „therapeutische Abstinenz“ unangemessen. Unter so gefühls- und spannungsgeladenen Bedingungen, wie es die meisten K.n sind, aufeinander zuzugehen und eine tragfähige, ehrliche Beziehung zu knüpfen, ist nicht einfach. Gerade die ersten Gespräche sind immer eine Gratwanderung zwischen professioneller Distanz und einer mitmenschlichen Begegnung und Anteilnahme.

Das Kunststück besteht darin, aktiv zu sein, ohne zu agieren, zu werben, ohne zu verführen und mitzufühlen, ohne verstrickt zu werden.

In einer K. appelliert jeder Klient mehr oder weniger an die phantasierte Allmacht seines Gegenübers, er erwartet Hilfe, Engagement, Lösungen. Diesem Erwartungsdruck nicht nachzugeben und sich von unrealistischen Wünschen abzugrenzen, erfordert oft eine Menge Kraft.

3.2 Krisentherapeutische Prinzipien

Das Wesen der K.therapie besteht für uns darin, den Betroffenen durch die K. zu begleiten, sich von seinem Tempo und seinen Gefühlen leiten zu lassen, seine eigenen Bemühungen der Bewältigung zu unterstützen und sich mit ihm gemeinsam seiner Realität zu stellen (Cullberg, 1978; Bauriedl, 1985).

Der K.therapeut muß sich schnell und umfassend aus der Lebensgeschichte und der Art, wie er den Klienten im Gespräch erlebt, ein Bild davon machen können, wie gefestigt und stabil die Person ist. Es ist wichtig, zu sehen, wie gefährdet sie ist, unter der Last der K. zusammenzubrechen, sich das Leben zu nehmen oder aggressiv gegen andere zu werden. Er muß entscheiden, welche Stützen und wieviel Schutz für den Klienten notwendig sind, wieviel Erschütterung, Trauer, Wut ihm bei der Bearbeitung der K. zugemutet werden kann und wieviel Wünsche und Sehnsüchte geweckt werden können.

Aus der Fülle der andrängenden Konflikte und Gefühle, aus der Kenntnis der Lebensgeschichte, aus der Stabilität der sozialen Bezüge und, nicht zuetzt, aus dem, was der Therapeut in der Begegnung mit dem Klienten unmittelbar erlebt, hat er die Entscheidung zu treffen, welche inneren Konflikte im Moment therapeutisch aufzudecken und aufzuarbeiten sind oder ob eher eine stützende, beruhigende und zudeckende Arbeit erforderlich ist.

Es ist ein therapeutischer Balanceakt, heftige Gefühle in der K. zu ertragen, den Klienten zu ermutigen, sie auszudrücken und trotzdem darauf zu achten, daß das bereits angeschlagene seelische Gleichgewicht nicht vollends verloren geht. Aber erst wenn ein tieferes Verständnis bei Klient und Therpeut für die K., die anstehende Entscheidung und die damit verbundenen Gefühle geweckt ist, kann man gemeinsam auf die Suche nach Wegen, Möglichkeiten und Bewältigungsstrategien gehen. Dann können erst Ziel oder Perspektiven entwickelt werden, die über das bisher mögliche und eine bloße Rückkehr zum Gewesenen – was ja letztlich zur Zuspitzung der K. und in die Sackgasse geführt hat – hinausgehen.

Unsere Vorstellung von einer gelungenen K.bewältigung mit therapeutischer Unterstützung ist es, daß

- die Person durch die K. reifer wird und sie sich traut, neue Lösungsmöglichkeiten ins Auge zu fassen und andere Handlungsweisen als vor der K. erprobt,
- die Chancen einer jeden K. genutzt werden wenigstens ansatzweise eingeschliffene, aber nicht mehr angemessene Rollen- und Verhaltensmuster in Frage zu stellen und zu verändern,
- der Klient auf neue K.n vorbereitet wird; er soll mindestens eine Ahnung von seiner K.anfälligkeit und seinen eigenen Grenzen bekommen, kurz sich selbst ein wenig besser kennenlernen,
- der Klient einen Zugang zu seinen eigenen Stärken und kreativen Potentialen findet.

Selbstverständlich decken sich solche idealen Vorstellungen von uns Therapeuten oft nicht mit dem, was der Betroffene im Moment möchte und auch kann. Vielen genügt es, wenn sie so wie vor der K. weiterleben können, wenn ein Grad von Leidensfreiheit und Zufriedenheit erreicht wird, der ihnen vertraut ist, auch wenn dies Welten von unseren Vorstellungen vom guten Leben entfernt sein mag. Wesentlich ist es nicht, sie zu irgend etwas neuem zu motivieren, sondern ihnen neue Wege aufzuzeigen, aber sie selbst entscheiden lassen.

3.3 Der Krisentherpeut

Wir sind sicher, daß der Therapeut seine eigenen Gefühle, Unsicherheiten, Vorlieben, Abneigungen, Zweifel und Grenzen, seinen eigenen Umgang mit K.n genauso ernst nehmen muß, wie den Klienten. Spannung und Betroffenheit, die man spürt, wenn man mit Menschen in K.n arbeitet, sind nicht nur Übertragungsreaktionen. Sie rühren nicht nur an der empfindlichen oder noch unbewältigten Seite des Therapeuten, sondern an einem Teil der menschlichen Existenz, den man nur allzugerne wegschiebt oder hinter humanistischem Optimismus zurückdrängt: Erinnerungen an erlebtes Unglück, Furcht vor eigenen Lebenskrisen und die Schattenseiten menschlichen Daseins.

Wie jeder Mensch ist auch der Therapeut anfällig für K.n, für krisenhafte Zuspitzung oder Entwicklungskrisen. Stärker als in der psychotherapeutischen Situation besteht die Gefahr der Identifikation mit dem Klienten als Opfer oder der Abwehr, um der Dynamik der K. zu entgehen.

Früher oder später wird auch die therapeutische Beziehung in eine K. geraten, wenn der Therapeut immer wieder die „bittere" Realität ins Gespräch bringen muß, wenn er an seine Grenzen stößt und wenn beide erkennen, wie wenig Spielraum und Entwicklungsmöglichkeiten dem Klienten von Eltern oder Gesellschaft zugebilligt werden und wie stark seine Lebenschancen schon beschnitten worden sind.

In der K.therapie wird man immer wieder erleben, daß therapeutische Bemühungen gesellschaftliche Fehlentwicklungen nicht kompensieren können und daß bei der in vielen Bereichen vorherrschenden Lebensfeindlichkeit und Lebensverachtung, unsere Arbeit mit Menschen in K.n oft an Sysiphos erinnert.

Trotzdem wird auch jeder, der in der K.therapie tätig ist, die Faszination und Dynamik dieser Arbeit gespürt haben. Es ist eben nicht nur belastend, niederdrückend und resignativ, Menschen in K.n zu begleiten. K.therapie heißt auch, gemeinsam neue Lebendigkeit zu entdecken.

Literatur

Aguilera, D. C./Messick, J. M.: Grundlagen der Krisenintervention, Freiburg: Lambertus, 1977.
Bauriedl, T.: Psychoanalyse ohne Couch. München: Urban & Schwarzenberg, 1985.
Caplan, C.: An appraoch to community mental health. New York: Grune & Stratton, 1961.
Caplan, C.: Principles of preventive psychiatry, New York: Basic Books, 1964.
Caplan, C./Grunebaum, H.: Perspektives on primary prevention: A review. Archives of General Psychiatry, 17, 1967.
Cullberg, S.-B.: Krisen und Krisentherapie. Psychiatrische Praxis, 5, 1978, 25-34.
Erikson, E.: Identität und Lebenszyklus. Frankfurt: Suhrkamp, 1966.
Erikson, E.: Jugend und Krise. Stuttgart: Klett-Cotta, 1980.
Everstine, d. S./Everstine, L.: Krisentherapie. Stuttgart: Klett-Cotta, 1985.
Greenstone, J. L./Leviton, S. B.: Crisis management. In: Corsini, R. J. (Ed.): Handbook of innovative psychotherapies New York: Wiley, 1981. Deutsch: Corsini, R. J./Wenninger, G. (Hrsg.): Handbuch der Psychotherapie. Weinheim: Beltz, 1983, 587-600.
Häfner, H.: Krisenintervention. Psychiatrische Praxis, 1, 1974, 139-150.
Kulessa, Ch.: Zur Theorie der Krise. In: Gastager, H. (Hrsg.): Helfen in Krisen. Göttingen: Vandenhoek & Ruprecht, 1982.
Lindemann, E.: Symptomatology and managment of acute grief. American Journal of Psychiatry 101, 1944, 141-148.
Lindemann, E.: Jenseits von Trauer. Göttingen: Vandenhoek & Ruprecht, 1985.
Projektteam Neuhland: Neuhland – ein Modell, Hilfen für Suizidgefährdete Kinder und Jugendliche. In: Haller, M. (Hrsg.): Freiwillig sterben. Freiwillig? Reinbeck: Rohwolt, 1986.
Reiter, L.: Krisenintervention. In: Strotzka, H. (Hrsg.): Psychotherapie: Grundlagen, Verfahren, Indikationen. München: Urban & Schwarzenberg, 1975.

Kritische Psychologie

Klaus Holzkamp

1 Der Frageansatz der Kritischen Psychologie

Auf die Frage, was an der K. P. „kritisch“ sei, gibt es unterschiedliche Antworten. Eine Ebene der Kritik bezieht sich auf die *Grundbegrifflichkeit* der traditionellen Psychologie: Reiz, Verstärkung, Response, Verhalten, etc. Unter „Grundbegriffen“ werden dabei solche Begriffe verstanden, mit denen die speziellen psychologischen Theorien gebildet sind. Aus den Grundbegriffen oder „Kategorien“ ergibt sich der Gegenstandsbezug der Theorien, d. h. von ihnen hängt es ab, welche Dimensionen, Aspekte etc. des psychologischen Gegenstands überhaupt aus der vorwissenschaftlichen Realität „herausgeschnitten“ und erforscht werden können, also auch, welche Dimensionen/Aspekte ausgeklammert sind und mithin für die psychologische Forschung prinzipiell „unsichtbar“ bleiben.

Mit unserer Kritik an den Grundbegriffen der traditionell-psychologischen Theorienbildung behaupten wir, daß in ihnen die wesentliche Dimension des psychologischen Gegenstands, nämlich dessen *„menschlich“-gesellschaftliche Spezifik,* systematisch verfehlt werden muß, da reduktionistisch nur dessen unspezifisch „biologische“ bzw. „physikalische“ Dimensionen thematisierbar sind.

Die gesellschaftstheoretische Rahmenkonzeption dieser Kritik ist die *geschichtsmaterialistische* Auffassung, daß die Menschen nicht in einer vorgegebenen natürlichen Umwelt leben. Sie können nur existieren, indem sie ihre Lebensbedingungen in gesellschaftlicher Arbeit selbst schaffen. Demnach besteht ein Zusammenhang zwischen individueller und gesellschaftlicher Reproduktion: Die Menschen können ihre Existenz nur durch Beteiligung an der Schaffung bzw. Veränderung der gesellschaftlichen Verhältnisse erhalten und entwikkeln. Dieser Zusammenhang ist aber der K. P. zufolge in den traditionell-psychologischen Grundbegriffen ausgeblendet: Mit diesen seien die Menschen „einseitig“ nur in ihrer *Bedingtheit* durch die Verhältnisse, nicht aber in ihrer Möglichkeit, als Individuen auf ihre Lebensbedingungen *gestaltend und verändernd Einfluß* zu nehmen, erfaßbar. Dementsprechend seien die in gesellschaftlicher Arbeit produzierten menschlichen Lebensbedingungen in den psychologischen Theorien *reduktiv* so abgebildet, als ob es sich dabei lediglich um eine *natürliche, vom Menschen unabhängige Umwelt* handeln würde.

Eine derartige Globalkritik der K. P. ist sicherlich nur in dem Maße überzeugend, wie es gelingt, *alternative psychologische Grundbegriffe* zu entwickeln, die *beide* Seiten, die Bedingtheit des Individuums *durch* und seine Einflußmöglichkeit *auf* die gesellschaftlichen Verhältnisse, erfassen. Wie aber ist dies zu leisten?

Diese Aufgabe ist dadurch zusätzlich erschwert, daß es nach Vorstellung der traditionellen Psychologie überhaupt kein wissenschaftlich fundiertes Verfahren zur Kritik bzw. Entwicklung von Grundbegriffen gibt: Diese seien vielmehr lediglich eine Sache der Definition und begrifflichen Abgrenzung, jenseits derer – mit der Überprüfung der daraus gebildeten Theorien – die eigentliche Wissenschaft erst beginne. Die K. P. müßte demnach als erstes über ein *empirisches* Verfahren der Kritik bzw. Entwicklung psychologischer Grundbegriffe verfügen. Als zweites müßte sie dann mit einem solchen Verfahren die größere Gegenstandsadäquatheit der genannten „zweiseitigen" gegenüber den „einseitigen" psychologischen Grundbegriffen aufweisen.

2 Das empirisch-historische Verfahren der Gewinnung und Kritik psychologischer Grundbegriffe

In der Tat sieht die K. P. in der Entwicklung eines *emprisch-historischen* Verfahrens psychologischer *Kategorialanalyse* ihren (bisher) wichtigsten Beitrag zur Verwissenschaftlichung der Psychologie. Um über das Befremden, daß hier Grundbegriffe empirisch, und sogar noch historisch-empirisch, gewinnbar sein sollen, hinwegzukommen, mag man sich hilfsweise die *biologische Taxonomie* vergegenwärtigen. Dort wurde ein entscheidender wissenschaftlicher Fortschritt dadurch erreicht, daß man die Tiere und Pflanzen nicht mehr nach beliebigen Gesichtspunkten klassifizierte, sondern (wie im Linneeschen System) die *begrifflichen* Über- und Unterordnungen den *phylogenetischen* Verwandtschaftsverhältnissen der verschiedenen Tier- und Pflanzenformen anzumessen versuchte. Dementsprechend versuchte die K. P., das Verhältnis der verschiedenen Begriffe zueinander den genetischen Verhältnissen anzumessen: Elementarste Formen sollten als allgemeinste Bestimmungen, phylogenetische Differenzierungen als begriffliche Differenzierungen, „qualitative Sprünge" in der Phylogenese als qualitative Unterscheidungen in der psychologischen Grundbegrifflichkeit abbildbar und von da aus die „Vermischtheit", Undifferenziertheit, „Schiefheit", Nivellierung der Gegenstandabbildung in den vorfindlichen Grundbegriffen empirisch-historisch kritisierbar gemacht werden.

Bei der Durchführung dieses Vorhabens versuchte die K. P., zunächst die phylogenetisch frühste psychische *Grundform* in Abhebung von „vorpsychischen" Lebenserscheinungen als allgemeinste Kategorialbestimmung des Psychischen zu fassen. Im weiteren bemühte sie sich, durch den Aufweis der biologischen Funktionalität entsprechender genetischer Differenzierungen die allgemeinsten Kennzeichen *orientierender, emotionaler* und *motivationaler* Aspekte des Psychischen in ihrem Verhältnis zueinander, weiterhin die biologische Relevanz der Herausbildung *sozialer Strukturen* und *individueller Lern- und Entwicklungsfähigkeit* etc. in Richtung auf die Erhöhung der psychischen „Systemkapazität" der Organismen auf den Begriff zu bringen. So gelangte die K. P. zu einer immer weiter durchstrukturierten begrifflichen Aufschlüsselung der Bestimmungen des Psychischen auf noch *„vormenschlichem"* Niveau. Auf dem gleichen Wege wurden sodann – in weiterer Spezifizierung der bisher erarbeiteten Grundbegrifflichkeit – aus der Rekonstruktion des Umschlags von der bloß phylogenetischen zur gesellschaftlich-historischen Entwicklung die *menschlichen* Besonderheiten des Psychischen herausgearbeitet – was (der Kürze halber) im folgenden gleich für verschiedene „Vermittlungsebenen" zwischen gesellschaftlicher und individueller Reproduktion getrennt aufgewiesen werden soll. (Vgl. die „empirisch-historischen" Hauptwerke der K. P.: Holzkamp, 1973; Schurig, 1975 a, b; Holzkamp-Osterkamp, 1975, 1976; Schurig, 1976; Seidel, 1976; Leiser, 1978; Holzkamp, 1983).

3 Gegenstandsbedeutungen vs. Reizkonstellationen

Der „Reiz" bzw. die „Reizkonstellation" ist Inbegriff der Art und Weise, wie die Umwelt in traditionell-psychologischen Theorien abgebildet wird: In der „Reizsprache" wird die menschliche Lebenswelt in Termini ihrer *unmittelbaren Einwirkung auf das Individuum* gefaßt. Damit sind alle inhaltlichen Bestimmungen über die vom einzelnen Menschen unabhängigen Systemcharakteristika gesellschaftlicher Lebensbedingungen ausgeklammert. Die Richtung der Einwirkung vom „Reiz" auf das Individuum ist apriori als einzige Art der Individuum-Welt-Beziehung fixiert. So kann der Mensch von vornherein nur als durch seine Lebenswelt bedingt, nicht aber als diese bedingend zum Forschungsthema werden.

Mit einem solchen quasiphysikalischen „Reiz“-Konzept ist nicht einmal auf vormenschlichem Niveau der funktionale Zusammenhang zwischen den Organismen und deren artspezifischen Umwelten angemessen zu erfassen: Die Umweltgegebenheiten werden von vornherein nur soweit für die Organismen zur Realität, wie sie biologisch relevant, d. h. als artspezifische Aktivitätsdeterminanten für die Lebenserhaltung (Erhöhung der Fortpflanzungswahrscheinlichkeit) der Organismen bedeutungsvoll sind, wobei sich solche biologischen *Bedeutungen* als artspezifische Umwelten phylogenetisch entwickeln.

Dies führte uns zur Frage, welche spezifischen Bestimmungen derartigen Bedeutungen mit der Rekonstruktion des Übergangs von der dominant phylogenetischen zur dominant gesellschaftlich-historischen Lebensgewinnungsweise hinzuzufügen sind. Auf einer ersten Analyseebene zeigte sich, daß sich die Relevanz der gesellschaftlichen Bedeutungen in Konstellationen für individuelles Handeln aus den in ihnen – durch gesellschaftliche Arbeit von den Menschen selbst – *„vergegenständlichten“ Zwecken* als Gebrauchsanordnungen bzw. Arbeitsmittel ergibt: Ein Haus hat die Gegenstandsbedeutung „Zum-darin-Wohnen“, ein Hammer die Gegenstandsbedeutung „Zum-damit-Schlagen“. Damit besteht hier (anders als auf vormenschlichem Niveau) ein – wenn auch komplexer und vermittelter – Zusammenhang zwischen der *Schaffung* von gesellschaftlichen Handlungsvoraussetzungen und deren *Umsetzung* durch die Individuen.

Auf einer zweiten Analyseebene war der Umstand zu berücksichtigen, daß sich gesellschaftliche Verhältnisse – nachdem sie gegenüber der Phylogenese dominant geworden sind – zu Strukturen als *selbständige Erhaltungssysteme* entwickeln. In ihnen müssen nicht mehr alle Gesellschaftsmitglieder unmittelbar zur gesellschaftlichen Existenzerhaltung beitragen, sondern es werden einzelne Menschen auch dann in ihrer Existenz „miterhalten“, wenn sie selbst keinen Beitrag dazu leisten: ein kompliziertes System der durchschnittlichen Notwendigkeit individueller Beiträge zur gesellschaftlichen Reproduktion und der (relativen und partiellen) Entlastung des einzelnen. Somit konnte man die Bedeutungen auf „menschlich“-gesellschaftlichem Niveau nicht mehr umstandslos als „Aktivitäts-“ bzw. „Handlungs*determinanten*“ konzeptualisieren und kam von da aus zu deren Spezifizierung als verallgemeinerte gesellschaftliche „Handlungs*möglichkeiten*“ für die Individuen. Damit ist ausgesagt, daß hier zwar die *Dimensionen* und die *Reichweite* der individuellen Handlungen (im Spannungsfeld zwischen Umsetzung und Veränderung von Bedeutungskonstellationen) gesellschaftlich determiniert sind, das Individuum sich aber dazu als „Möglichkeit“ *bewußt „verhalten“* kann, d. h. immer auch die *Alternative* hat, anders oder nicht zu handeln. Aus der *„Möglichkeitsbeziehung“* der Individuen zu gesellschaftlichen Verhältnissen bzw. „Bedeutungen“ (als deren individuell handlungsrelevantem Aspekt) gelangten wir mithin zu einer Bestimmung der gesellschaftlichen Genese/Funktion menschlichen *Bewußtseins*.

Mit der so gefaßten kategorialen Bestimmung von gegenständlichen „Bedeutungen“ auf „menschlich“-gesellschaftlichem Niveau sind nun die geschilderten „physikalistischen“ Verkürzungen/Reduktionismen des traditionellen Reizbegriffs im Aufweis ihrer Überwindbarkeit empirisch begründet zurückzuweisen: In der Fassung menschlicher Weltgegebenheiten als „Bedeutungen“ (im geschilderten Sinne) sind sowohl der inhaltliche Zusammenhang zwischen individueller Existenzerhaltung/-erweiterung und deren gesellschaftlichen Voraussetzungen wie das Verhältnis zwischen der „bedingten“ und der „bedingenden“ Weltbeziehung des Individuums abbildbar und als Grundlage für die psychologische Theorienbildung und Forschung weiter zu konkretisieren.

Ein erster Schritt in Richtung auf eine solche Konkretisierung bestand in der Explikation der Tatsache, daß die Individuen niemals den gesellschaftlichen Verhältnissen als Ganzen gegenüberstehen, sondern immer vom *Standpunkt ihrer individuellen Lebenswelt/Position* aus. Die gesellschaftlichen Bedeutungsstrukturen, wie sie den Individuen gegeben sind, waren demgemäß als ihnen „zugewandte“ lebensweltliche *„Mikrostrukturen“*, in denen (auf durch die bürgerlichen Produktionsverhältnisse historisch „formbestimmte“ Weise) der gesamtgesellschaftliche Zusammenhang sowohl enthalten wie verborgen und „mystifiziert“ ist, genauer zu fassen. Dabei verdeutlichte sich indessen, daß man – wie weitgehend „individualisiert“ man die Bedeutungsstrukturen immer erfassen mag – damit dennoch immer noch auf der Seite der *Weltgegebenheiten,* aber nicht auf der Seite des *„Subjekts“* sich befindet, womit hier die Herausarbeitung einer weiteren kategorialen Vermittlungsebene zwischen Individuum und Gesellschaft nötig wurde (vgl. bes. Holzkamp, 1983, Kap. 6.3 und 7.3).

4 Subjektive Handlungsgründe vs. Verstärkungswirkungen

Die Art und Weise, in welcher die „Reizkonstellationen“ mit dem Verhalten der Individuen zusammenhängen, ist in der traditionellen Psychologie mehr oder weniger eindeutig durch die Kategorialbestimmung der *Verstärkung* (Reinforcement) festgelegt: Die „Reize“ sind so gesehen (positive oder negative) Verstärker des Verhaltens, d. h. aus ihnen ist eine Veränderung der Verhaltensweisen in Richtung auf stärkere bzw. geringere Ausprägung „vorherzusagen“. Das Verhalten ist hier demgemäß nur soweit konzeptualisierbar, wie es als *Verstärkungswirkung* aufgefaßt werden kann. Dies gilt auch da, wo, etwa als „intervenierende Variable“, kognitive oder dynamische Prozesse in Rechnung gestellt werden, da in diesen nur die *Form* der Verstärkungswirkung spezifiziert, nicht aber diese selbst in Frage gestellt ist: Entweder lassen sich auch die kognitiven etc. „Zwischenvariablen“ über die dadurch vermittelten Verhaltensänderungen in ihrer Ausprägung aus den Reizkonstellationen vorhersagen, oder sie sind (zu eliminierende zw. kontrollierende) Störfaktoren. Das Verhalten, aber auch etwaige Erlebnisse o. ä., die darin zum Ausdruck kommen sollen, werden hier mithin nur in ihrer *Abhängigkeit* von den fremdgesetzten Reizkonstellationen, d. h. als total *außengesteuert* konzeptualisierbar (was sich besonders deutlich in dem operationalen Terminus „abhängige Variable“ manifestiert). Der (bestenfalls) berücksichtigte Beitrag des Subjekts besteht somit lediglich in der „Interpretation“ seiner Abhängigkeit.

Aus unserer Fassung der gegenständlichen Bedeutungen als gesellschaftlich produzierte individuelle Handlungsmöglichkeiten versteht sich von vornherein, daß wir auch deren Zusammenhang mit den Erfahrungen/Handlungen der Individuen „zweiseitig“, d. h. auch unter Berücksichtigung der Veränderbarkeit gesellschaftlicher Bedingungen/Bedeutungen durch die Individuen, bestimmen mußten. Dabei war zuvörderst der Widerspruch zu überwinden, wie unsere Konzeption, daß das Individuum durch die gesellschaftlichen Bedeutungen in seinem Handeln nicht direkt determiniert ist, sondern sich dazu als bloßen Handlungs*möglichkeiten* bewußt „verhalten“ kann, mit der wissenschaftlich-psychologischen Aufgabe, menschliches Handeln zu erklären, vereinbar sein soll. Bei dem Versuch, diese Schwierigkeit zu überwinden, vollzogen wir schließlich einen radikalen wissenschaftlichen „Standpunktwechsel“: Den Wechsel vom traditionell-psychologischen *Außenstandpunkt* zum verallgemeinerten *Standpunkt des Subjekts*. Aus dieser neuen Sicht konnte nun verdeutlicht werden, daß die Handlungen des Subjekts zwar nicht durch die äußeren Bedingungen determiniert, aber deswegen keineswegs willkürlich/beliebig (und deswegen unerklärbar) sind, da das Subjekt von *seinem* Standpunkt aus *Gründe* hat, jeweils eine bestimmte, und keine andere Handlungsalternative zu realisieren. In der *Begründetheit* der Handlungen liegt gleichzeitig ihre *Verständlichkeit* für mich selbst und andere, so daß hier auch die Voraussetzungen für ihre wissenschaftliche Analysierbarkeit gegeben sind.

Bei der genaueren Ausarbeitung dieser *Vermittlungsebene der subjektiven Handlungsgründe* war zunächst zu verdeutlichen, daß damit nicht vorausgesetzt wird, jede Handlung *sei* als solche begründet/verständlich, sondern nur eine *Diskursebene* angesprochen ist, in welcher die *Frage* nach den Handlungsgründen das intersubjektive Orientierungs- und Kommunikationsmittel darstellt: So ist (sofern das „menschliche“ Kommunikationsniveau nicht zugunsten unspezifisch-„verdinglichender“ Beziehungsformen suspendiert ist) auch aktuelle Unverständlichkeit nur im Kontext prinzipieller Verständigungsmöglichkeit konzeptualisierbar (wenn mir unversehens ein Stein auf den Kopf gefallen ist, werde ich nicht „unverständlich“ finden, wie der Stein dazu kommen konnte). Von da aus war dann der Beziehungsmodus des „Begründungs“-Diskurses genauer zu explizieren, wobei gezeigt wurde, daß die Begründetheit von Handlungen in dem Maße verständlich bzw. als verständlich rekonstruierbar wird, wie die jeweils konkreten Lebensbedingungen als die *Prämissen* aufgefaßt werden können, unter denen für das Subjekt die Handlungen aus der durch Verfügung über seine Lebensbedingungen (als Befriedigungsquellen) erreichbaren Erhöhung seiner Bedürfnisbefriedigung/Lebensqualität begründbar sind. Dies führte dann zur prinzipielleren Klärung der *logischen Struktur* von Handlungsbegründungen als Voraussetzung für die Beantwortung der Frage, ob und in welchem Sinne der Begründungsdiskurs jenseits der bloßen Einfühlung oder Intuition *wissenschaftsfähig* ist, etc.

Derartige Klärungsbemühungen korrespondieren „strategisch“ mit den ausgedehnten (und weitgehend fruchtlosen) Debatten um „intervenierende Variable“ und „hypothetische Konstrukte“ innerhalb der traditionellen Psychologie (vgl.Holzkamp, 1983, Kap. 7.4).

5 Verändernde Handlungen vs. reaktives Verhalten

Mit der kategorialanalytischen Herausarbeitung der Ebene subjektiver Handlungsgründe waren nun die Voraussetzungen geschaffen, um die geschilderte „Zweiseitigkeit" der Beziehung zwischen Individuum und Gesellschaft psychologisch zu konkretisieren. Dies geschah durch Explikation der Kategorie der *Handlung/Handlungsfähigkeit:* Während die korrespondierende traditionell-psychologische Kategorialbestimmung des *Verhaltens* die Veränderung von Bedingungen durch die Individuen nicht vorsieht, also deren Verhaltensweisen nur als *reaktiv,* mithin als „Adjustment", „Adaptation" oder „Anpassung" an die Ausgangsbedingungen erfassen kann, sind Handlungen im subjektwissenschaftlichen Kontext von vornherein als *subjekthaft-aktiv,* und dies nicht nur innerpsychisch, sondern mit Bezug auf die realen Lebensverhältnisse des Individuums, bestimmt.

Im Kontext von „Handlungsbegründungen" psychologisch konkretisiert bedeutet dies: Gemäß der geschilderten Struktur der Begründungszusammenhänge ist eine Handlung ja stets nur in dem Maße begründet/verständlich, wie sie auf die Verfügung über die Lebensbedingungen (als Quellen der Bedürfnisbefriedigung etc.), soweit sie als Prämissen in die Handlungsbegründungen eingehen, gerichtet ist. Somit ist jeder dergestalt begründete Handlungsvorsatz auf eine solche Bedingungsverfügung gerichtet und besteht dessen Umsetzung in *reale Handlungen* demgemäß in einer *wirklichen Veränderung* meiner Lebensumstände.

In diesem Kontext mußte nun auch genauer aufgeschlüsselt werden, was unter „Veränderung" der Lebensbedingungen durch das Handeln der Individuen zu verstehen ist: Die in der Handlung zu realisierende Bedingungsverfügung kann einmal (als „restriktive" Variante) auf die unmittelbare Lebenswelt beschränkt sein. Das heißt unter bürgerlichen Lebensverhältnissen: Absicherung der eigenen Handlungsfähigkeit im Arrangement mit den herrschenden Instanzen, „Sich-Einrichten in der Abhängigkeit", damit aber gleichzeitig Bestätigung der Herrschaftsverhältnisse, die den Rahmen meiner Bedingungsverfügung/ Lebensqualität bestimmen und jederzeit weiter einschränken können.

Zum anderen kann die Bedingungsverfügung sich (als „verallgemeinerte" Variante) auf die übergreifenden gesellschaftlichen Bedingungen, von denen meine individuellen Lebensverhältnisse abhängig sind, selbst ausdehnen. Dies heißt aber: mit der Perspektive der Erweiterung meiner subjektiven Lebensqualität über den „zugestandenen" Rahmen hinaus gleichzeitig das Risiko des Konfliktes mit den Herrschenden, also der Bedrohung auch noch des bestehenden Niveaus der Handlungsfähigkeit/Bedingungsverfügung.

Wenn man nun voraussetzt, daß Handlungen im „entschiedenen" Sinne stets nur an den „Springpunkten" von Lebenssituationen existentieller Bedeutsamkeit subjektiv notwendig werden, so verdeutlicht sich aus den vorstehenden Darlegungen der vielleicht zunächst widersinnig erscheinende Umstand, daß auch mit Handlungen, in denen ich auf die Erweiterung der Bedingungsverfügung über meine subjektive Lebenswelt hinaus *verzichte,* tatsächlich eine *Veränderung* meiner Lebensbedingungen bewirkt ist: Wie auf politischer Ebene (was immer wieder hervorgehoben wurde) auch „Neutralität" oder „Abstinenz" faktisch einen realen Effekt, nämlich den der Bestätigung des gesellschaftlichen Status quo, hat, so ist es auch auf individueller Ebene für das Subjekt unmöglich, im Handeln seine Lebensbedingungen und damit subjektiven Entfaltungsmöglichkeiten *nicht* zu verändern: Der Verzicht auf deren Erweiterung bedeutet *immer* eine objektive Befestigung der Beschränkung und Fremdbestimmung. *Dies* ist die zutiefst widersprüchliche subjektive Grundsituation des Inividuums, die nicht vernachlässigt werden darf, wenn konkretere psychologische Forschung und Praxis nicht am Individuum und seinen Lebensinteressen vorbeigehen soll (vgl. etwa Holzkamp-Osterkamp, 1976, Kap. 5, und Holzkamp, 1983, Kap. 7.5).

Aufgrund der vorgängig geschilderten begrifflichen Differenzierungen des Konzeptes der Handlung/Handlungsfähigkeit konnte die K. P. nun auch die Bewegungsformen und Widersprüche der *ontogenetischen* Entwicklung als Entwicklung *zur* Handlungsfähigkeit begrifflich aufschließen. Dabei explizierte sie die entwicklungslogische Sequenz vom sozialen Signallernen über die Sozialintentionalität zur *Bedeutungsverallgemeinerung,* d. h. den Übergang von einer quasinatürlichen kindlichen Umwelt zu frühesten Möglichkeiten der Umsetzung gesellschaftlicher Bedeutungen als verallgemeinerten Handlungsmöglichkeiten in der kindlichen Lebenspraxis. Als darauf aufbauende Entwicklungssequenz wurde weiterhin der Übergang von unmittelbar-kooperativen Formen der Lebensbewältigung im „häuslichen" Verfügungsrahmen zur *Überschreitung der Unmittelbarkeit* in außerhäusliche Verfügungszentren hinein als Erweiterung der kindlichen Handlungsfähigkeit etc. herausgehoben. Dabei verfolgte die K. P. die an den Springpunkten der Individualentwicklung aufscheinenden *Vor- bzw. Frühformen der Alternative restriktive/verallgemeinerte Handlungsfähigkeit,* um so die Herausbildung „gebremster" Selbstbestimmung als Kennzeichen der Handlungsfähigkeit des Erwachsenen unter bürgerlichen Verhältnissen genauer konzeptualisieren zu können. Schließlich analysierten wir auf dieser Grundlage die *eigene Kindheit als biographische Dimension* und faßten dabei die Alternative der *Verhaftetheit in kindlichen Erfahrungs- und Bewältigungsweisen* oder des *bewußten Verhältnisses zur eigenen Kindheit* als Momente restriktiver bzw. verallgemeinerter Handlungsfähigkeit des Erwachsenen, etc. (zu diesem Abschnitt vgl. Holzkamp, 1983, Kap. 8).

6 Psychologische Forschung vom Standort des Subjekts?

Aufgrund unserer Darlegungen über die Vermittlungsebene der subjektiven Handlungsgründe als Spezifikum des Psychischen auf „menschlich"-gesellschaftlichem Niveau mag nun die Problematik vordergründig geworden sein, wie sich denn von dem damit eingenommenen Standpunkt des Subjekts aus die Verallgemeinerbarkeit und Objektivität psychologischer Forschung bestimmen und sichern lasse. Die Befremdlichkeit, die schon in einer solchen *Fragestellung* liegt, mag auf einer ersten Ebene relativierbar sein, wenn man sich klar macht, daß das Variablenmodell der modernen traditionellen Psychologie, dem zufolge „Andere-Menschen-unter-Bedingungen" als psychologischer Gegenstand unterstellt sind, ja nur *eine* Strömung (um nicht zu sagen Episode) in der Psychologiegeschichte, nicht aber diese selbst ausmacht: So konnten wir bei unseren Bemühungen zur methodologischen Konkretisierung der subjektwissenschaftlichen Kategorialbestimmungen etwa auf die Wundtsche Bestimmung des Gegenstands der Psychologie als *„unmittelbare Erfahrung"* zurückgreifen, um von da aus das allen Fragestellungen der psychologischen Subjektwissenschaft zugrundeliegende Verhältnis von Unmittelbarkeit und gesamtgesellschaftliche Vermitteltheit der Welt- und Selbsterfahrung des Subjekts psychologiegeschichtlich herzuleiten und zu legitimieren (Holzkamp 1984, 21 ff. und 26 ff.).

Weiterhin konnten wir beim Versuch einer Klärung der Frage, was im subjektiwssenschaftlichen Kontext „Verallgemeinerbarkeit" empirischer Befunde heißen kann, an Lewins Kritik am überholten „aristotelischen" Häufigkeitsdenken und seine Konzeption der Verallgemeinerung vom „Einzelfall" auf einen „solchen Fall" als „Geschehenstypus" anknüpfen (Holzkamp, 1983, 560 und 1984).

Dabei sind unsere Anstrengungen, – etwa im Rahmen des mehrjährigen empirischen Projekts „Subjektentwicklung in der frühen Kindheit" – ohne Bezug auf hermeneutische oder „qualitative" Vagheiten subjektwissenschaftliche Kriterien für die Datenerhebung und -bewertung, für die Objektivierung und Überprüfung der Befunde etc. zu entwickeln, wohl über die allerersten Anfänge allmählich hinaus (was hier nicht mehr dargestellt werden kann; zum Vorstehenden vgl. Holzkamp, 1983, Kap. 9).

Literatur

Dreier, O.: Familiales Sein und familiales Bewußtsein. Therapeutische Analyse einer Arbeiterfamilie. Frankfurt: Campus, 1980.

Holzkamp, K.: Sinnliche Erkenntnis. Historischer Ursprung und gesellschaftliche Funktion der Wahrnehmung. Frankfurt: Fischer, 1973.

Holzkamp, K.: Grundlegung der Psychologie. Frankfurt: Campus, 1983 (Studienausgabe 1985).

Holzkamp, K.: Die Bedeutung der Freudschen Psychoanalyse für die marxistisch fundierte Psychologie. Forum Kritische Psychologie 13, 1984, 15-40.

Holzkamp, K.: Die Verkennung von Handlungsbegründungen als empirische Zusammenhangsannahmen in sozialpsychologischen Theorien: Methodologische Fehlorientierung infolge von Begriffsverwirrung. Zeitschrift für Sozialpsychologie 17, 1986, 216-238.

Holzkamp-Osterkamp, U.: Grundlagen der psychologischen Motivationsforschung I. Frankfurt: Campus, 1975 (82. Aufl. 1977).

Holzkamp-Osterkamp, U.: Grundlagen der psychologischen Motivationsforschung II. Die Besonderheit menschlicher Bedürfnisse – Problematik und Erkenntnisgehalt der Psychoanalyse. Frankfurt: Campus, 1976 (3. Aufl. 1982).

Leiser, E.: Widerspiegelungscharakter von Logik und Mathematik. Frankfurt: Campus, 1978.

Leontjew, A. N.: Probleme der Entwicklung des Psychischen. Frankfurt: Campus, 1973 (2. Aufl. 1977).

Lewin, K.: Werkausgabe (Hrsg. C. F. Graumann), Bd. 1, Wissenschaftstheorie I (Hrsg. A. Metraux). Bern: Huber, 1982.

Projekt Subjektentwicklung in der frühen Kindheit (Sufki). Forum Kritische Psychologie 17, 1985, 41-125.

Seidel, R.: Denken – Psychologische Analyse der Entstehung und Lösung von Problemen. Frankfurt: Campus, 1976.

Schurig, V.: Naturgeschichte des Psychischen I. Psychogenese und elementare Formen der Tierkommunikation. Frankfurt: Campus, 1975 a.

Schurig, V.: Naturgeschichte des Psychischen II. Lernen und Abstraktionsleistungen bei Tieren. Frankfurt: Campus, 1975 b.

Schurig, V.: Die Entstehung des Bewußtseins. Frankfurt: Campus, 1976.

Eine vollständige Bibliograhie der Veröffentlichungen aus dem Bereich der Kritischen Psychologie findet sich in der Zeitschrift Forum kritische Psychologie, bisher in 5/1979, 6/1980, 8/1981, 10/1982, 11/1983, 14/1984 und 18/1986 (wird fortgesetzt).

Kulturpsychologie

Walter Zitterbarth

1 Anfänge und Begriffsbestimmung

Hält man sich an die Logik des Gegenstandes und nicht an die tatsächliche historische Entwicklung, so müßte man glauben, K. sei das Kernstück jeglicher Psychologie, findet doch alles menschliche Denken und Erleben, Verhalten und Handeln immer schon unter historisch spezifischen Kulturbedingungen statt, ist von diesen beeinflußt und abhängig. Und in der Tat lassen die Anfänge der Psychologie als empirischer Wissenschaft im 18. Jahrhundert eine solche Ausrichtung als vielversprechend erscheinen. Die „Erfahrungsseelenkunde", als Ergänzung wie Überwindung der „rationalen Psychologie" der Leibniz-Wolffschen Schule ins Leben gerufen, rückte den „ganzen Menschen" in seinen alltäglichen Bezügen in den Mittelpunkt der Aufmerksamkeit. Wir wissen heute, daß sich diese Vorstellungen von einer Psychologie des menschlichen Handelns in natürlichen Situationen nicht durchsetzen konnten, nicht so sehr aus wissenschaftsinternen Gründen, sondern u. a. deshalb, weil sich die Institutionalisierung der Psychologie der Findigkeit einiger junger aufstrebender Physiologiedozenten verdankte, die in ihrem eigenen akademischen Fach kein Unterkommen mehr fanden und deshalb ihr Wissen und Können auf anderem Wege in den Wissenschaftsbetrieb einzubringen versuchten (Ben-David/Collins, 1966). Die herausragende Gestalt unter ihnen war Wilhelm Wundt, von dem noch zu reden sein wird. Es liegt jedoch auf der Hand, daß aus dieser Richtung wenig zu erwarten war für die Entwicklung der Einsicht in die Vielfalt menschlicher Lebensmöglichkeiten.

Wer daher heute selbst K. betreiben will, kann auf kein sicheres Fundament zurückgreifen, auf dem sich unproblematisch weiter aufbauen ließe. Er muß sich vielmehr als Spurensucher betätigen, vorhandene Bausteine aufgreifen und sie auf neuartige Weise zusammensetzen. Zu bestimmen, wie es hier versucht werden soll, was es mit der K. denn auf sich habe, bedeutet daher ebensosehr Neuanfang wie Rekonstruktion von Vergangenem.

Das Wort selbst läßt durchweg zwei nicht unmittelbar übereinstimmende Interpretationen zu. K. kann einmal eine Psychologie der kulturellen Erscheinungen meinen. Es wäre dies eine rein gegenstandsbezogene Definition, die neutral gegenüber der dabei zu veranschlagenden Methodologie ist. K. in diesem Sinne gibt es schon lange und sie besitzt eine feste, wenn auch randständige Tradition in solchen Teilgebieten wie der Religionspsychologie oder Kunstpsychologie. K. kann in einem spezielleren Sinne aber auch meinen eine *selbst kulturwissenschaftlich betriebene Psychologie der kulturellen Erscheinungen.* In diesem letzteren Verständnis, das wir hier zugrunde legen wollen, bedeutet K. nicht einfach ein weiteres Teilgebiet der Psychologie, eine neue Bindestrich-Psychologie, sondern einen methodologischen Anspruch, von dem fast kein Bereich der psychologischen Wissenschaft ausgespart bleibt (Ausnahmen wären vielleicht die Psychophysik und die Sinnesphysiologie). Kurz gesagt bedeutet dieser Anspruch den Einbezug und die Betonung der *Bedeutungsdimension* der Gegenstände, mit denen es die Psychologie zu tun hat, anstelle ihrer kausalen Wirkungsdimensionen.

Fragen wir nach den Motiven für eine derartige Akzentverschiebung, so sind es die gleichen, wie sie schon zu Beginn unseres Jahrhunderts zu hören waren (Krueger, 1915; Stern, 1920) und schließlich in die – freilich nicht nur auf die Psychologie gemünzte – Klage mündeten: „In unserer Lebensnot... hat diese Wissenschaft uns nichts zu sagen. Gerade die Fragen schließt sie prinzipiell aus, die für den in unseren unseligen Zeiten den schicksalvollsten Umwälzungen preisgegebenen Menschen die brennenden sind: die Fragen nach Sinn oder Sinnlosigkeit dieses ganzen menschlichen Daseins." (Husserl, 1936/1977, 4f.). Diese Klage resultiert aus einer Unzufriedenheit mit der Psychologie als einer Wissenschaft, die das Individuum nur als isoliertes Wesen zu betrachten bereit ist und bei diesem dann versucht, psychische Einzelvorgänge aus den Zusammenhängen, in denen sie im Gesamterleben von Personen stehen, zu isolieren, sie zu enthistorisieren und zu naturalisieren. Genauerhin heißt das:

1. Die Psychologie betrachtet „gewöhnlich den isolierten Menschen, losgelöst von allen Zusammenhängen, in denen er mit der Natur, mit anderen Menschen und mit der Kultur steht." (Stern, 1920, 273). Der Mensch ist aber ein soziales Wesen und nur als solches verständlich. Jeder Mensch ist auch ein Kind seiner Zeit und von ihren Anschauungen beeinflußt.
2. „Alles, was der Mensch erlebt hat, wirkt in jedem gegebenen Momente nach, der Mensch trägt gleichsam seine ganze Vergangenheit mit sich herum" (Stern, 1920, 271). Auch hiervon wird in der Psychologie abstrahiert. Der Mensch, der ein psychologisches Experimentierlabor betritt, wird als Organismus betrachtet, dem allenfalls eine experimentelle Lerngeschichte, niemals aber eine individuell zu verantwortende Lebensgeschichte zugebilligt wird.
3. Der Mensch wird als abhängig lediglich von seiner biologischen Naturbasis betrachtet, nicht von seinen eigenen Relevanzsetzungen, den kulturellen Bedingungen, unter denen er lebt, oder den Sinngehalten, mit denen er seine Umwelt belegt. So heißt es etwa bei Toman: „Alle Motive, die von einer Person wiederkehrend befriedigt werden, nehmen in ihrer Intensität mit der Fortdauer der Nichtbefriedigung zu, und zwar im Verhältnis zur Zeit, die im Durchschnitt zwischen zwei aufeinanderfolgenden Befriedigungen des jeweiligen Motivs vergeht" (Toman, 1978, 92). Sieht man einmal von solchen Grundbedürfnissen wie Essen und Schlafen ab, so läuft diese Naturalisierung des Menschen auf seine Entmündigung als verantwortliches und autonomes Subjekt hinaus.

2 Was ist Kulturwissenschaft?

In der deutschsprachigen Wissenschaftsliteratur fand der Begriff der Kultur erst im Laufe des 18. Jahrhunderts seinen festen Platz. Einer seiner frühesten Bestimmungsversuche lautet: Kultur „zeigt eine Verbesserung einer Sache an, so durch hilfreiches Zutun und Bemühen erreicht wird... Man kultiviert den Ackerbau, die Pflanzen, Blumen, Menschen usw." (Walch, 1775, Sp. 666). Die Erkenntnis einer so verstandenen Kultur zur Aufgabe einer besonderen Wissenschaftsrichtung zu machen, blieb dem Neukantianer Heinrich Rickert (1863-1936) vorbehalten. In seiner Abgrenzungsbemühung der Kultur von der Natur sind die Anklänge an Walch deutlich: „Naturprodukte sind es, die frei aus der Erde wachsen. Kulturprodukte bringt das Feld hervor, wenn der Mensch geackert und gesät hat. Hiernach ist Natur der Inbegriff des von selbst Entstandenen... Ihr steht die Kultur als das von einem... handelnden Menschen entweder direkt Hervorgebrachte oder... absichtlich *Gepflegte* gegenüber" (Rickert, 1926, 18). Versucht man, Kultur in diesem Sinne der methodischen Behandlungsweise der Naturwissenschaften zu unterwerfen, so geht dabei genau das verloren, was sie als Kulturwissenschaft auszeichnet: das historisch Besondere ihrer Erscheinungsformen. Entsprechend dieser Einsicht ist für Rickert auch die Geschichtswissenschaft das Paradigma der Kulturwissenschaften. Ihr gemeinsames Merkmal ist die „individualisierende" Betrachtungsweise ihrer Gegenstände, bei der die Unwiederholbarkeit ihrer „kulturbedeutsamen" Merkmale nicht vorschnell den „generalisierenden" Tendenzen der Naturwissenschaft zum Opfer fallen soll. Kulturwissenschaften sprechen kein absolutes Verbot für vorsichtige Generalisierungen aus, doch die Aufstellung von Gesetzen bezüglich des Kulturgeschehens wird teils als unmöglich, teils als irrelevant abgelehnt.

Den wissenschaftstheoretischen Reflexionen Rickerts kommt das unbezweifelbare Verdienst zu, den Anspruch der Kulturwissenschaften auf einen ihnen gebührenden Platz als genuine Wissenschaften überhaupt erst erhoben und begründet zu haben. Bedauerlicherweise aber war sein Bild der Psychologie völlig von der experimentellen Laborwissenschaft seiner Tage geprägt, so daß er sie zur reinen Natur- und Gesetzeswissenschaft erklärte, ohne ihr einen Anteil an den Kulturwissenschaften zu geben.

3 Wundts Völkerpsychologie – ein unzureichender Ansatz für eine Kulturpsychologie

Haben wir in Rickerts Überlegungen einen Ansatz zur Kulturwissenschaft ohne Psychologie, so liefert Wundt den frühen Ansatz zu einer kulturpsychologischen Forschungsperspektive ohne hinreichende methodische Reflexion. In seiner zehnbändigen „Völkerpsychologie" (1900-1920) unternimmt Wilhelm Wundt (1832-1920) den vielversprechenden Schritt aus dem Labor heraus in die historische Welt der sozio-psychologischen Realität. Der Grund dafür ist seine zunehmende Einsicht, daß nur psychische Elementarprozesse dem Experiment zugänglich sind, während höhere psychische Prozesse nur beobachtet werden können. Insbesondere Kollektivphänomene wie Sprache, Mythos und Sitte, die zu ihrer Entwicklung „die geistigen Wechselbeziehungen" der menschlichen Gesellschaft voraussetzen, sind der Untersuchungsgegenstand der Völkerpsychologie. Diese Erscheinungen des menschlichen Zusammenlebens bringen zwar auch Tatsachen des individuellen Seelenlebens hervor, doch diese letzteren sind ohne Kenntnis der ersteren nicht analysierbar. Der Individualismus der klassischen Experimentalpsychologie ist damit ebenso überwunden wie ihr Naturalismus, der Psychisches allenfalls aus Biologischem hervorgehen zu lassen bereit war, doch niemals aus Sozialem.

Gleichwohl wird diese Chance einer erweiterten Gegenstandsauffassung der Psychologie von Wundt nicht dahingehend genutzt, sie nun zu einer umfassenden K. auszuformen. So ist er etwa darum bemüht, die psychologische Untersuchung von Sprache, Mythos und Sitte strikt von den Belangen der Geschichtswissenschaft zu trennen. Auch möchte er Entwicklungsgesetze der Volksseele aufstellen und die Völkerpsychologie als Gesetzeswissenschaft betreiben. Gegenüber den Vorschlägen der Begründer der Völkerpsychologie, H. Steinthal und M. Lazarus, will Wundt den ganzen beschreibenen Teil, der nicht die psychologischen Gesetze des „Volksgeistes", sondern die Charakteristik der einzelnen Volksgeister zum Gegenstand hat, gestrichen wissen. In Übereinstimmung damit möchte er auch die Völkerpsychologie auf die Urgeschichte beschränkt wissen, da später das persönliche Eingreifen hervorragender Einzelpersönlichkeiten die gesetzmäßigen Abläufe stört. Schließlich kann man es von der heutigen Bedürfnislage für eine K. her nicht mehr befriedigend finden, wenn die sozialen Einheiten der Untersuchung auf Völker und ihre kulturellen Hervorbringungen „Sprache", „Mythos" und „Sitte" beschränkt werden.

4 Methodische Grundlagen für die Kulturpsychologie

Fragen wir nun danach, wie die methodologischen Grundlagen einer K. beschaffen sein sollten, so lassen sich die folgenden Antworten geben:

a) K. ist eine historische Wissenschaft in dem Sinne, daß sie für die individuellen Prozesse und Verhaltensweisen nicht nach universell gültigen Faktoren als deren Auslösemechanismus sucht, sondern sie als die psychologischen Korrelate von kulturellen Normen ansieht (Gergen, 1973). Solche Verhaltensweisen, die Regeln befolgen, sind demnach nur in einem schwachen Sinne prognostizierbar, weil dabei die Stabilität des Normensystems unterstellt wird. Schlägt eine derartige Prognose fehl, ist damit nicht die Falsifikation der Hypothese oder Theorie begründet, sondern der Hinweis auf kulturellen Wandel gegeben.
b) K. ist ganzheitlich in dem Sinne, daß sie die Erfahrungen ihrer Subjekte nachzuzeichnen versucht, ohne sie abstrahierenden apriorischen Modellannahmen zu unterwerfen. Die Erfahrung eines personalen Selbst und seiner Wirklichkeit ist nicht wieder einholbar, wenn man sie zu Beginn seiner Untersuchung in Prozesse beispielsweise der Leistungsmotivation oder der Informationsverarbeitung zerlegt hat und aus deren Erforschung Rückschlüsse auf jene ziehen möchte. Nicht notwendige Bedingungen eines Erlebnisses oder einer Handlungsepisode interessieren den Kulturpsychologen, sondern das Bedingte selbst aus der Sicht des

betreffenden Subjektes (Spaemann/Löw, 1981).

c) K. ersetzt die Suche nach Gesetzen durch die Suche nach Typologien. An die Stelle des Determinismus oder Probabilismus der herkömmlichen Psychologie, die versucht, bestimmte Umweltdaten mit bestimmten Verhaltensprozessen durch experimentelle Kontrolle möglichst eindeutig aufeinander zu beziehen, tritt das Bemühen um die Auffindung von „Familienähnlichkeiten" zwischen Ereignissen, die der Lebenswelt der erforschten Subjekte entstammen, ihrer Definition durch die Subjekte und der handlungsbezogenen Auseinandersetzung mit ihnen. So gebildetes Wissen versetzt nicht in die Lage, die erforschten Phänomene zu kontrollieren, sondern liefert Orientierungsgrundlagen für das Leben und Handeln in der entsprechenden Teilkultur, der die Phänomene entstammen.

d) K. konstituiert ihre Gegenstände nicht selbständig, sondern findet einen bereits konstituierten Gegenstand vor. Naturwissenschaftliche Psychologie erzeugt selbständig ihre Grundbegriffe und realisiert herstellend die mit diesen Grundbegriffen beschreibbaren Sachverhalte. Wie sich diese Sachverhalte für die nicht-wissenschaftlichen Kulturmitglieder darstellen, kann dabei außer Betracht bleiben. K. findet ihren Gegenstand insofern bereits konstituiert vor, als zu der Kultur, die sie untersucht, nicht nur unser Handeln und seine Bedingungen zählen, sondern ebenso unsere Meinungen über diese Zusammenhänge. Nicht-Berücksichtigung der letzteren und vermeintlich freie Neubestimmung würde eben gerade die Kulturerscheinungen zum Verschwinden bringen, statt sie durch erweiternde und modifizierende Konstruktionen („Konstruktionen 2. Grades", Schütz, 1971) zu erhellen.

e) Jegliche Psychologie ist über die Annahme und Zugrundelegung von Menschenbildern als Modellen (Herzog, 1984) unvermeidbar mit Wertentscheidungen behaftet. Die nomothetische Psychologie versucht vergeblich, sich dieses normativen Fundamentes zu entledigen, um ihre Ergebnisse der freien Verfügbarkeit für beliebige Zwecksetzungen zu überstellen. K. will ihre Wertbasis dagegen nicht verleugnen, sondern im Einzelfall explizieren. Sie ist sich der durch unterschiedliche Wertgrundlagen (humanistisch, christlich, sozialistisch usw.) bedingten Perspektivität ihrer Darstellungen ebenso bewußt, wie des sie motivierenden, mehr oder weniger thematisch werdenden Bewußtseinshorizontes von Vorstellungen vom „guten Leben", seiner Realisierung und Gefährdung. Eine Entscheidung zwischen den verschiedenen Wertbasen kann höchstens die Aufgabe einer praktischen Philosophie sein; innerhalb der K. selbst kann und braucht sie nicht zu erfolgen. *Die höchsten gemeinsamen Werte, die den Aufbau des kulturpsychologischen Unterfangens als Ganzes anleiten, sind daher Pluralität und Toleranz.*

5 (Kultur-)Psychologie und Psychonomie

Es drängt sich natürlich die Frage auf, welchen Platz eine K., wie wir sie in ihren methodologischen Grundannahmen skizziert haben, in der Gesamtheit des psychologischen Fächerkanons einnehmen soll. Wichtige Hinweise für die Beantwortung dieser Frage liefert die Unterscheidung zwischen „Psychonomie" und „Psychologie", wie Werbik (1985) sie trifft. Sein Vorschlag läuft auf eine Zweiteilung des gesamten Gebietes der Psychologie hinaus, wobei beide Teile unterschiedliche Wissenschaftsprogramme als Fundament besitzen. Der herkömmlichen Psychologie entspricht dabei die „Psychonomie", die am Begriff des *Herstellens* und an der Absicht der *Kontrolle* ausgerichtet ist. Sie versucht Gesetze menschlichen Verhaltens zu formulieren, diese in Technologien zu transformieren und einer praktischen Verwertung in Form von Psychotechnik zugänglich zu machen.

Die „Psychologie" dagegen, die der K. entspricht, orientiert sich am Begriff des mitmenschlichen *Umgangs* und an der ethischen Leitvorstellung der *Autonomie* des Subjekts. Sie sieht es als ihre Aufgabe an, in am regulativen Prinzip des „Diskurses" orientierten Kommunikationsgruppen die Gründe und Hintergründe von kulturspezifischen Handlungszusammenhängen zu erkennen und in praktischer Absicht zur Bewältigung von *Konflikten* und *Orientierungskrisen* beizutragen.

Die grundsätzliche Unterscheidung der beiden Wissenschaften schließt problembezogene Überlappungen nicht aus. Etwa der Fragenkomplex „Menschenbehandlung" kann gleichermaßen aus den Perspektiven beider Wissenschaften bearbeitet werden. Vom systematischen theoretischen Aufbau her allerdings ist die (Kultur-)„Psychologie" der „Psychonomie" vorzuordnen, da nur sie in der Lage ist, sich selbst wie auch die „Psychonomie" als korrespondierende menschliche Kulturleistungen zu verstehen und zu begründen.

Literatur

Ben-David, J./Collins, R.: Social factors in the origins of a new science: the case of psychology. American Sociological Review, 31, 1966, 451-465.
Gergen, K. J.: Social psychology as history. Journal of Personality and Social Psychology, 26, 1973, 309-320.
Herzog, W.: Modell und Theorie in der Psychologie. Göttingen: Hogrefe, 1984.
Husserl, E.: Die Krisis der europäischen Wissenschaften und die transzendentale Phänomenologie (1936). Hamburg: Meiner, 1977.
Krueger, F.: Über Entwicklungspsychologie. Ihre sachliche und geschichtliche Notwendigkeit. Leipzig: Engelmann, 1915.
Rickert, H.: Kulturwissenschaft und Naturwissenschaft. Tübingen: Mohr, 1926.
Schütz, A.: Gesammelte Aufsätze. Band 1. Das Problem der sozialen Wirklichkeit. Den Haag: Nijhoff, 1971.
Spaemann, R./Löw, R.: Die Frage Wozu? Geschichte und Wiederentdeckung des teleologischen Denkens. München: Piper, 1981.
Stern, E.: Probleme der Kulturpsychologie. Zeitschrift für die gesamte Staatswissenschaft, 76, 1920, 267-301.
Toman, W.: Tiefenpsychologie. Zur Motivation des Menschen, ihrer Entwicklung, ihren Störungen und ihren Beeinflussungsmöglichkeiten. Stuttgart: Kohlhammer, 1978.
Walch, J. G.: Philosophisches Lexikon. 2 Bde. Leipzig, 1775.
Werbik, H.: „Psychonomie" und „Psychologie". Zur Notwendigkeit der Unterscheidung zweier Wissenschaften. In: Burrichter, C./Inhetveen, R./Kötter, R. (Hrsg.): Technische Rationalität und rationale Heuristik. Paderborn, 1985.
Wundt, W.: Völkerpsychologie in 10 Bänden. Leipzig: Engelmann, 1900-1920.

Kunstpsychologie

Martin Schuster

Kunstwissenschaft und Kunstgeschichte beschäftigen sich vorwiegend mit dem Kunstwerk. Die K. versucht Verhalten und Erleben des Menschen bei der *Rezeption* und *Produktion von Kunstwerken* zu erforschen. Die Definition des Gegenstandsbereiches Kunst verbleibt Aufgabe der Kunstwissenschaft, eine solche Definition konstituiert aber auch für die K. keine scharfe Grenze: Hier werden neben der „Kunst" auch Trivialgestaltungen, kunstgewerbliche Arbeiten, Hobbyarbeiten oder Graffiti zum Studienobjekt.

Es hat sich eingebürgert, unter der Bezeichnung K. speziell die „bildenden Künste" abzuhandeln. Daneben gibt es eine *Musikpsychologie* (Bruhn et al., 1985) und eine *Literaturpsychologie* (Lindauer, 1974). Während in der Geburtsstunde der empirischen Psychologie die Probleme der Ästhetik und K. große Aufmerksamkeit fanden (z. B. Wundt, 1919; Fechner, 1897), führt die K. nach einer behavioristischen Ära der Psychologie ein marginales Dasein. Die Lehrbücher des Faches erwähnen entsprechende Probleme und Fragestellungen kaum. Nur in der *Psychoanalyse* wurde die künstlerische Produktion als „Beleg" für das Theoriesystem nie vernachlässigt. Ihr verdanken wir viele Studien über die Kreativität bekannter Künstler.

1 Psychoanalyse und Kunstpsychologie

Freud selbst verfaßte, zunächst unter einem Pseudonym, die ersten Studien zur künstlerischen Kreativität über den Moses des Michelangelo und über Leonardo da Vinci (1910/1969; 1914/1969). Kreativität wird in diesen Studien als *Sublimierung* aggressiver Energie beim Behauen des Steines oder als Wiederherstellen des verlorenen Liebesobjektes (Mona Lisa) aufgefaßt. In dieser Tradition erklärt Kraft (1985) das Werk Hodlers als Versuch, den drohenden Objektverlust, d. h. den Verlust seiner Braut Valerie, im Kunstwerk ungeschehen zu machen.

Besonders der Künstler van Gogh (z. B. Nagera, 1973) eignet sich für die analytische Kunstinterpretation, weil er über sein Leben und seine Gefühle minutiös in seinen Briefen an den Bruder Theo berichtet. Van Gogh glaubte, übermäßige sexuelle Tätigkeit schade dem künstlerischen Werk und wird so zum direkten Beleg für die „Sublimierungsthese"; außerdem kann das Farbauftragen mit den Fingern als *Regression* in eine frühkindliche Schmierlust aufgefaßt werden. Kris (1977) kritisiert an solchen Versuchen, daß eher die Tatsache der Berufswahl und weniger die Art oder Qualität des Werkes erklärt werde.

Aus der Psychoanalyse stammen auch Beiträge zur Aufklärung der Kunstrezeption. Freud glaubt, Michelangelo löse in seiner Moses-Statue das innerpsychische Drama der Kontrolle aggressiver Strebungen und erlaube dem Betrachter „stellvertretend" das erhabene Gefühl der Beherrschung der Triebkräfte. Der Künstler löst ein (eigenes) Problem in überpersönlicher Weise. Der Betrachter kann sich auf – verdrängte – Impulse zeitweilig einlassen und in einer *zeitweiligen* Regression des Ich aus dem Kunstwerk eine Erleichterung der seelischen Prozesse gewinnen.

Im Umfeld von Adler entstanden ebenfalls Arbeiten zur Kreativität und Kunstwirkung. Niederland (1976) gelingt der Nachweis der *„narzißtischen Wunde"*, der tief empfundenen Minderwertigkeit vieler Künstler, die durch das Herstellen von „Schönem" kompensiert wird.

Wenn Jung auch nur in einem Aufsatz direkt zu einem Künstler Stellung bezieht (über Picasso, 1932/1979), so hat er doch für die K. und Kulturpsychologie fundamentale Bedeutung. Die *Archetypen*, Kernpunkte des *kollektiven Unbewußten*, werden im Vergleich des kulturellen Materials aufgewiesen. Insofern sind Kunst und Kultur in nahezu allen Werken Jungs das Ausgangsmaterial. In der *aktiven Imagination*, einer Tagtraumtechnik, kann der Patient unbewußtes Material entwickeln, das dann wieder mit Mythen und Märchen amplifiziert, d. h. angereichert wird. Insofern begründet Jung auch die heutigen Versuche einer *Kunsttherapie*.

Exkurs: Kunsttherapie. – In der Kunstwissenschaft, aber auch in der K., sammelt sich Wissen über die therapeutischen Funktionen des bildnerischen Gestaltens und der kreativen Tätigkeit an. Aus den Wurzeln der *Beschäftigungstherapie* und angeregt durch das Interesse an der Kunst der Geisteskranken hat sich so eine „Kunsttherapie" entwickelt, deren theoretische Grundlagen weitgehend in der Psychoanalyse liegen. Die bildnerische Gestaltung wird mit dem *Traum* verglichen, weil sie gleichermaßen unbewußtes Material zugänglich macht (Naumburg, 1966). Imaginale Interaktionen in der Psychoanalyse, wie z. B. im *Katathymen Bilderleben* von Leuner, erweisen sich als besonders wirkungsvolle Therapie.

In der modernen Kunsttherapie verschmilzt aber auch die Erfahrung, die Künstler in ihren Tätigkeitsbereichen machen, mit den traditionellen Heilungswissen der therapeutischen Schulen (Schuster, 1986). Die „Übersetzung der Bildsprache", aber auch die Übertragung der künstlerischen Kreativität in das Alltagsleben, werden zu wichtigen therapeutischen Agenten. In bildhaften Planungen und Phantasien können problematische und kritische Situationen des Lebens vorweggenommen und vorbereitet werden.

Die Kunsttherapie eignet sich wie keine andere Therapieform zur *Selbsterforschung* und *Selbsterfahrung*, weil sie sich an „gesunde" Anteile der Person wendet und den Klienten nicht als abweichend auffassen muß.

Darüber hinaus bietet die bildhafte Interaktion für alle die Menschen besondere Möglichkeiten, die Schwierigkeiten mit dem fortlaufenden verbalen Ausdruck haben, der in einigen traditionellen Therapien gefordert wird.

2 Empirisch-experimentelle Kunstpsychologie

Mit dem Beginn der empirischen Psychologie trug Fechner (1897) eine *Ästhetik „von unten"* vor. Er wollte empirisch (z. B. bei verschiedenen Rechtecken) bestimmen, welche Reizmerkmale das ästhetische Urteil bedingen. Während Wundt noch der Meinung war, die höheren ästhetischen Gefühle nicht mit der Methode des Experimentes, sondern nur vergleichend erfassen zu können, entwickelte sich nun doch eine umfangreiche empirisch-experimentelle Erforschung der *ästhetischen Reaktion*, bei der unterschiedliche Reizmerkmale im Vordergrund der Erforschung standen (vgl. Valentine, 1962; Pickford, 1972; O'Hare, 1981).

Die ästhetische Reaktion wurde auch zum Prüfstein einer allgemeinen Theorie, als Eysenck (1941; 1981) prüfte, ob reizhungrige Extravertierte grelle Farben bevorzugen und reizängstliche Introvertierte dunkle Farben mehr schätzen. Eysenck widmete sich darüberhinaus der Frage, ob der „Geschmack" eine valide meßbare Persönlichkeitsdimension ist (ein Test wurde gemeinsam von Eysenck und Götz, 1981, entwickelt): Die „Harmonie" der Teststimuli wurden von Experten verschiedener Kulturen gleich eingeschätzt.

Die empirische Erforschung der ästhetischen Reaktion erlebte eine neue Blüte in der *„neuen experimentellen Ästhetik"* (Berlyne, 1974), die *„kollative" Variablen* wie Reizkomplexität und Interessantheit, Neuheitswert, Ambiguität, Inkongruenzen und Unsicherheitsinduzierung als wesentliche Dimension des Kunstwerkes erkennt. Das große Interesse an der neuen experimentellen Ästhetik lag sicher u. a. daran, daß die kollativen Variablen mit informationstheoretischen Maßen exakt operationalisierbar waren. Inzwischen aber wurde es ruhig um die „neue experimentelle Ästhetik", weil die Ergebnisse zu immer neuen Widersprüchen führten (zusammenfassend Schuster, 1985).

3 Mögliche Entwicklungen

Der alltägliche Umgang der Menschen mit der Kunst ist noch weitgehend unerforscht. Die Fragen z. B., welche Funktionen der Wandschmuck oder der Museumsbesuch im Leben der Menschen hat, sind weitgehend unbeantwortet. Hat der *Wandschmuck* „therapeutische" Funktion, indem er heile Phantasiewelten aufbaut? Kommt der *Museumsbesuch* durch seinen „Bildungscharakter" den Forderungen des Über-Ich entgegen? Ist das Vergnügen beim *Sammeln* in der klassifikatorischen Tätigkeit zu suchen, oder gibt es eine Ästhetik der Serie (Schuster, 1985)? Kann die *Hobbyfotografie* im Urlaub die Forderung nach genauer Speicherung des Gesehenen vermindern, weil ja im Foto ein unvergängliches Dokument erschaffen wird? Erleichtert das Foto so die „Bildungsforderungen" an den Reisenden (zur *Fotopsychologie*: Spitzing, 1985)?

Die Erforschung der ästhetischen Reaktion ist für die Psychologie insofern modellhaft, als hier individuelle Vorlieben, epochaler Wandel, kurzfristige Moden, momentane Stimmungen und Assoziationen sowie objektive Reizmerkmale zusammenwirken. Eine Psychologie, die sich der ästhetischen Reaktion in ihrer Komplexität annähert, kommt der Wirklichkeit der Psyche näher als eine experimentelle Psychologie, die „nur" die anthropologische Konstante im Auge hat. Möglicherweise müssen sich bei der Erforschung des historisch gewachsenen Verhaltens der Menschen vergleichende und experimentelle Methoden ergänzen.

Völlig neue Konzepte bietet die *Kulturethologie* der K. (König, 1975; Rump, 1981; Rensch, 1984). Die Instinkte des „Augenwesens" Mensch werden durch visuelle Muster (z. B. Kindchenschema, Partnerschema) ausgelöst, die sich vielfältig im Kulturschaffen nachweisen lassen. Solche „Auslösereize" können direkt auf die emotionale Befindlichkeit des Betrachters wirken. Daher wird die „besondere" Wirkung bildnerischer Gestaltung in Kunst und Werbung verständlich.

Literatur

Berlyne, D. E. (Ed.): Studies in the new experimental aesthetics. Washington: Hemisphere, 1974.
Bruhn, H./Oerter, R./Rösing, H. (Hrsg.): Musikpsychologie. München: Urban & Schwarzenberg, 1985.
Eysenck, H. J.: Type factors in aesthetic judgement. British Journal of Psychology, 31, 1941, 262-270.
Eysenck, H. J./Götz, K. O.: Visual aesthetic sensitivity test. Düsseldorf: Concept, 1981.
Fechner, G. Th.: Vorschule der Aesthetik. (2. Aufl.) Leipzig: Breitkopf und Härtel, 1897.
Freud, S.: Der Moses des Michelangelo. Frankfurt: Fischer, 1969 (Erstausg.: 1910).
Freud, S.: Eine Kindheitserinnerung des Leonardo da Vinci. Frankfurt: Fischer, 1969 (Erstausg.: 1914).
Jung, C. G.: Picasso. (Gesammelte Werke, Bd. 15). Olten: Walter, 1979 (Erstausg.: 1932), 151-157.
König, O.: Urmotiv Auge. München: Piper, 1975.
Kraft, H. (Hrsg.): Psychoanalyse, Kunst und Kreativität heute. Köln: Dumont, 1985.
Kris, E.: Die ästhetische Illusion. Frankfurt: Suhrkamp, 1977.
Lindauer, M. S.: The psychological study of literature. Chicago: Nelson-Hall, 1974.
Nagera, U.: Vincent van Gogh. München: Reinhardt, 1973.
Naumburg, M.: Dynamically oriented art therapy. Its principles and praxis. New York: Grune & Stratton, 1966.
Niederland, W. G.: Psychoanalytic approaches to artistic creativity. Psychoanalytic Quarterly, 45, 1976, 185-212.
O'Hare, D.: Psychology and the arts. Brighton: Harvester Press, 1981.
Pickford, R. W.: Psychology and visual aesthetics. London: Hutchinson, 1972.
Rensch, B.: Psychologische Grundlagen der Wertung bildender Kunst. Essen: Blaue Eule, 1984.
Rump, Ch.: Kunstpsychologie. Hildesheim: Olms, 1981.
Schuster, M.: Kunsttherapie. Köln: DuMont, 1986.
Schuster, M.: Das ästhetische Motiv. Eschborn: Verlagsbuchhandlung für Psychologie, 1985.
Spitzing, G.: Fotopsychologie. Weinheim: Beltz, 1985.
Valentine, C. W.: The experimental psychology of beauty. London: Methuen, 1962.
Wundt, W.: Völkerpsychologie. (3. Aufl.) Bd. 3: Die Kunst. Leipzig: Kröner, 1919.

Kybernetik

Friedhart Klix

1 Das Problemgebiet der Kybernetik

Die K. ist eine *Querschnittswissenschaft*, deren Gegenstand und Inhalt nicht einheitlich definiert sind. Unter K. im engeren Sinne wird die Anwendung adaptiver Systemeigenschaften in Gerätekonstruktionen verstanden. In einem weiten Sinne jedoch versteht man darunter die Wissenschaft von den *Struktur-* und *Funktionseigenschaften* großer, selbstregulierender und selbstoptimierender Systeme. In diesem Sinne ist die K. eine Querschnittswissenschaft, die unter diesem Aspekt sowohl technische als auch biologische Systeme, mathematische Strukturen und ökonomische wie soziologische Prozesse umfaßt, um nur einige wesentliche Beispiele zu nennen. Den Querschnittscharakter gewinnt die K. dadurch, daß in ihr die *allgemeinen* Struktur- und Funktionseigenschaften derartiger Systeme beschrieben werden. Dies ist nur durch Abstraktion von den *konkreten* Systemeigenschaften und ihrer Darstellung in *verallgemeinerter,* d. h. formalisierter Sprache möglich. In der Tat sind von den Formalisierungsansätzen im Rahmen der K. bedeutsame Impulse zur Mathematisierung einzelwissenschaftlicher Disziplinen ausgegangen. Dies läßt sich deutlich am Beispiel einiger historischer Entwicklungen der K. aufzeigen. Es ist ein Stück moderner Wissenschaftsgeschichte, die zur Entdeckung einiger bedeutsamer systemtheoretischer Universalien geführt hat.

2 Zur Geschichte der Wechselwirkung von Kybernetik und Psychologie

Die Erkenntnis der ersten systemtheoretischen Universalien liegt *vor* der eigentlichen „kybernetischen Welle“ während der 60er Jahre. Es war die Entdeckung des *Regelungs-* und *Rückmeldungsprinzips* in der Funktionsweise biologischer *und* technischer Systeme (P. K. Anochin, R. Wagner, E. v. Holst und H. Mittelstaedt). Dem lag die unabhängig gewonnene Erkenntnis zugrunde, daß stabiles Systemverhalten bei zufälligen Störungen oder dynamischen Veränderungen der Eingangsbedingungen dann am besten erreichbar wird, wenn der momentane Fehler als Korrekturgröße zurückgemeldet und zur Fehlerbeseitigung verwendet wird. Der Fliehkraftregler, die Temperaturfixierung durch 2-Punkt-Regler u. v. a. sind dafür aus der Technik bekannt. Die Stabilisierung des Blutdrucks, des Blutzuckers, der Körpertemperatur und zahlreicher anderer biologischer „Soll-Größen“ folgt ebenso den Prinzipien der Regelung wie die Augenfolgebewegung oder die Steuerung der Willkürmotorik. Eine Einsicht ähnlicher Art war die Entdeckung der Tatsache, daß die optimale Steuerung großer Systeme eine *hierarchische Organisation der Teilsysteme* erfordert. Nach diesem Prinzip ist die Funktion eines Zentralnervensystems ebenso aufgebaut wie die Steuerung eines optimal funktionsfähigen ökonomischen Systems oder einer operativen Verkoppelung militärischer Gruppierungen, die als wechselwirkende Teilsysteme aufgefaßt werden können (vgl. dazu Klir, 1972; Mesarovic et al., 1970).

Die bedeutsamste universelle Kategorie kybernetischen Denkens war mit der Formulierung der *Information* verbunden. Dabei ist nicht so sehr die Entdeckung der Meßbarkeit oder ihrer physikalisch-nachrichtentechnischen Eigenschaften durch Chintschin (1957), Feinstein (1958), Shannon (1960), Fano (1961) u. a. von Bedeutung, als vielmehr die Erfassung des *Wesens* der Information: den Nachrichtengehalt einer Signalquelle in einer (diskreten) Folge von Zustandsgrößen auszudrücken und mit den Eigenschaften der Kodierbarkeit, der Übertragbarkeit und der Speicherbarkeit ausgestattet zu sein. Nachdem diese Grundprinzipien einmal erkannt waren, war auch klar, daß damit nicht nur funktionelle Bedingungen bei der Nachrichtenübertragung, bei technisch realisierten Steuerungs- und Kontrollprozessen gleichermaßen erfaßbar waren, sondern daß prinzipiell *alle* Steuerungs- und Kontrollprozesse auf der Aufnahme, Übertragung, Verarbeitung oder Speicherung von Informationen beruhen müssen, auch und insbesondere die des *Zentralnervensystems*. Eine sozusagen stille Revolution der Physiologie und insbesondere der Sinnesphysiologie ging und geht mit dieser Einsicht einher. Nur ein Beispiel sei dafür genannt: Die jahrzehntelange Einsicht, daß die wesentliche Aktivierungseigenschaft eines Reizes für einen Rezeptor dessen Energie ist, muß geändert werden. Es ist vielmehr die im Reiz enthaltene Information über die Eigenschaften der Umgebung am Ursprungsort des Reizes, die von den Sinnesorganen ausgewertet wird. Der Energiegehalt des Reizes ist nur das physikalische Vehikel für den Transport der Information. Und dies ist auch der Grund, weshalb die Wahrnehmungsbilder von einer Umgebung so genau mit deren Eigenschaften übereinstimmen können, wo doch die Reizeinwirkung an den Sinnesorganen so wenig Ähnlichkeit hat mit den Eigenschaften dieser Umgebung. So stellt sich ein fundamentaler Zusammenhang zwischen K. und Psychologie über die Entdeckung der Fundamentaleigenschaften der Information her.

In der Tat ist die klassische Beziehung von Sinnesphysiologie und Wahrnehmungspsychologie auch die erste historische Brücke zur Erkenntnis der Bedeutung der K. für Probleme der Psychologie gewesen. Das wurde vertieft und erweitert durch die Konstruktion von Systemen, die Invarianzeigenschaften der Wahrnehmung nachbilden, wie z. B. das Perzeptron (Rosenblatt) bzw. die Lernmatrix (Steinbuch). Gestalteigenschaften der menschlichen Wahrnehmung wurden im Rahmen solcher Modellentwicklungen in ihrer adaptiven Funktion aufgeklärt. Wenn auch die Analyse der motorischen Verhaltenssteuerung durch die Hereinnahme des Regelungs- und des Hierarchieprinzips in die *Handlungspsychologie* (Miller, Galanter, Pribram) neue Impulse erhielt, wenn auch das Verständnis sensorischer Leistungen durch die Anwendung des Informationsbegriffs befruchtet wurde, so ist doch der bedeutsamste Einfluß kybernetischen Denkens in der Psychologie mit der Vertiefung des Verständnisses *kognitiver* Prozesse und Leistungen gegeben.

Rückblickend kann man sagen, daß sich die Herausbildung einer *kognitiven Psychologie* als Teildisziplin der Allgemeinen Psychologie unter starkem Einfluß kybernetischer Entwicklungen und Erkenntnisse vollzogen hat. Historisch begann dieser Prozeß mit der computertechnischen Simulation einfacher Problemlösungsprozesse (GPS) durch Newell et al. (1963). Das GPS-System war gewiß ein stark vereinfachtes Modell elementarer kognitiver Anforderungen und Leistungen. Sein großer heuristischer Wert bestand jedoch in dem Nachweis, daß das Finden von Lösungen in einer Problemstruktur auf wohldefinierten Regeln der Informationsaufnahme und -nutzung beruhen kann. Durch Entwicklung der *Automatentheorie* und die Entdeckung sehr verschiedenartiger *algorithmischer* Strukturen im Rahmen der mathematischen K. wurde dieser methodische Zugang schrittweise vertieft und als fruchtbar ausgewiesen: bei der Analyse des Erwerbs von Begriffen (Hunt, Marin, Stone), bei der Analyse von Strategien in Problemlösungsprozessen (Krause, 1970; Sydow, 1970; Klix/Goede, 1968) und bei der Analyse von Mechanismen des Sprachverstehens (Lehmann, 1979). Mit der Entstehung der *Computerlinguistik* ist in der gegenwärtigen K.forschung die Sprachanalyse und die Sprachgenerierung stark in den Vordergrund getreten. (Dabei ist der Begriff Sprache sehr weit zu verstehen. Er reicht von der mathematischen Formelsprache über die verschiedenen Programmiersprachen bis zu den Eigenschaften „natürlicher" Sprachen, wie sie sich mit der Entwicklung der menschlichen Gesellschaft herausgebildet haben.)

Verfolgt man so die Geschichte des Zusammenhangs von K. und Psychologie, so zeigt sich eine Verlagerung von der Erfassung peripherer Mechanismen der Verhaltensregulation hin zu den mehr zentralen, kognitiven Leistungen der Wissensrepräsentation im Gedächtnis, zu denen des Sprachverstehens und des Problemlösens. Dabei gibt es echte Wechselwirkungen.

3 Kybernetik als Querschnittswissenschaft und als Methodik des Erkenntnisgewinns

Die historischen Anmerkungen zeigen, wodurch der Querschnittscharakter der K. entsteht: Durch die Abstraktion von den Materialeigenschaften eines Systems und die formale Charakteristik seiner Struktur- und Funktionseigenschaften seines „Wirkungsgefüges" (Mittelstaedt, 1954, und Bischof, 1966) wird eine Darstellungsweise entwikkelt, durch die erst die *Analoga* hinter den verschiedenartigsten Realisierungsformen von Systemeigenschaften erkennbar werden. Dabei wurden zur Beschreibung verschiedener Aspekte von Systemfunktionen relativ eigenständige formale Kalküle ausgearbeitet bzw. entwickelt: für die Darstellung von Eigenschaften der adaptiven Kontrolle und Steuerung die *Regelungstheorie*, für Prozesse der Informationsaufnahme, -übertragung und -verarbeitung die *Informationstheorie*, für die Darstellung informationsverarbeitender und (ebenso wichtig) informationserzeugender Prozeduren die *Automaten-* und *Algorithmentheorie*, für die Strategien effektiver Entscheidungsbildung die *Spieltheorie*. Diese Kalküle zur Beschreibung von Systemeigenschaften stellen als Darstellungsmittel zugleich die typisch kybernetischen Modellmethoden dar.

Im allgemeinen Sinne versteht man unter einem *Modell* die Abbildung eines Urbildes in den Bildbereich einer Modellebene. Die Art der Abbildung kann sehr verschieden sein. Wesentliche Bedingung ist, daß einige für die Modellbildung charakteristische Relationen zwischen Urbild und Abbild erhalten bleiben (bei Architekturmodellen räumliche Relationen, bei astronomischen Modellen räumliche *und* zeitliche Relationen, bei mathematischen Modellen die räumliche und zeitliche *Struktur* eines Systems *und seines Verhaltens unter bestimmten Bedingungen*). Diese letzte Eigenschaft ist auch den kybernetischen Modellen eigen. Ihnen kommt Erkenntniswert dann zu, wenn die Modelleigenschaften in der Bildebene

Verwandtschaften mit anderen bekannten Systemen erkennen lassen, aus deren *weiteren* Eigenschaften dann auf unbekannte Ursachen des modellierten Systemverhaltens zurückgeschlossen werden kann. Wenn also die Beschreibung der sensomotorischen Folgebewegung zu einem Systemverhalten 2. Ordnung mit verschiedenen Zeitkonstanten führt, so ist anzunehmen, daß zwei verschiedene neurobiologische Instanzen existieren, für die diese Zeitkonstanten charakteristische Größen darstellen, die auch bei völlig anderen Bewegungsabwicklungen eine Rolle spielen. Oder: Wenn in einem Schachspiel eine Folge von Zugentscheidungen schließlich zu Zwangszügen des Gegners führt, dann hat diesen Entscheidungen eine wohlbestimmte Strategie zugrunde gelegen, die aus der exakten Beschreibung der Entscheidungsabfolge erkannt und simuliert werden kann. In der Tat kommt der *Simulationsmethode* die stärkste Erkenntniswirkung der kybernetischen Modellmethodik zu.

4 Die kybernetische Simulationsmethodik als Erkenntnismittel

In den Anfängen der K. hat (in Fortführung technischer Gepflogenheiten) die sog. *black-box-Methode* eine große Rolle gespielt – in philosophischen Überlegungen aber mehr als in der einzelwissenschaftlichen Praxis. Das Prinzip dieser Methode beruht bekanntlich darauf, daß man durch Variation der Eingangsbedingungen (Impulse, Reize, Verstärker in Lernexperimenten) und der zugehörigen Registrierung der Ausgangsbedingungen versucht, jene interne Systemcharakteristik abzuleiten, die dieses „Übergangs"- oder „Übertragungsverhalten" bewirkt. Tatsächlich sind in der psychologischen wie in der biologischen Forschung durch die explizite Anwendung dieser Methode keine wesentlich neuen Erkenntnisse gewonnen worden. (In der Psychologie schon deshalb nicht, weil die Begrenztheit dieses methodischen Prinzips bereits lange vor dem „black-box"-Paradigma durch den frühen, mechanistischen *Behaviorismus* belegt worden war.) In der Technik mag es damit anders sein, allerdings wohl auch nur bei wenig komplexen, verhältnismäßig einfach organisierten Systemen. Je höher nämlich die Komplexität wird, durch um so verschiedenartigere innere Bedingungen und ihre Verknüpfungen kann gleiches Übergangsverhalten nachgebildet werden.

Von ungleich größerer Bedeutung für Biologie und Psychologie hat sich die *Simulationsmethodik* erwiesen. Im strengen Sinne versteht man darunter die rechentechnische Realisierung einer hypothetischen Systemstruktur. Aus der Analogie der Wirkungen zwischen Programm- und realem Systemverhalten gewinnt man Informationen darüber, wie weit die im Programm verwirklichten Parameter das Systemverhalten nachzubilden in der Lage sind. Ein hoher heuristischer Wert kommt dieser Simulationsmethode bei der Variation der Bedingungen zu. Das kann an einem Beispiel erläutert werden. Bekanntlich beruht der Erwerb von Begriffen auf der Klassifizierung von Objektmengen auf Grund von Merkmalen (Goede/Klix, 1972). Versuchspersonen bilden Merkmalshypothesen, nach denen sie die zu klassifizierenden Objekte einer Klasse zuordnen oder nicht. Falsche Zuordnungen führen zu einer Korrektur der Hypothese und dies solange, bis nur noch richtige Rückmeldungen erzielt werden. Es gibt dann keinen Lernfortschritt mehr, weil alle Entscheidungen als korrekt rückgemeldet werden. Diesen Prozeß der Hypothesenbildung und Rückmeldung, der Ausnutzung der rückgemeldeten Information für die neuerliche Entscheidungsbildung usf. kann man mit Hilfe eines Rechnerprogramms simulieren. Wenn das Erlernen der Klassenbildung bei der gleichen Beispielmenge an Objekten zwischen Programm und Versuchspersonen (statistisch gesehen) ununterscheidbar ist, dann kann man das Programm als *Modell der Klassifizierungsstrategie* von Versuchspersonen ansehen. Ein solches Programm ist ein kybernetisches Modell einer kognitiven Leistung.

5 Die Praxisrelevanz der kybernetischen Modellmethodik in der Psychologie

Schon am Beispiel der Simulation von Klassifizierungsleistungen läßt sich die praktische Relevanz der kybernetischen Simulation kognitiver Leistungen nachweisen. Experimente von Kukla (1975) sowie Wysotzki und Ulbrich (1974) haben gezeigt, daß Simulationsprogramme menschlicher Klassifizierungsleistungen auch zur Klassifikation von Krankheitsbildern auf Grund der Merkmalseigenschaften von Röntgenbildern verwendet werden können. Sommerfeld (1978) und Krause (1978) haben gezeigt, daß die Simulation von Informationsverarbeitungsprozessen in Problemlösungssituationen bei der Automatisierung von Entwurfs- und Konstruktionsprozessen angewendet werden kann. Dabei schafft die kybernetische Modellmethodik bei der Simulation kognitiver Prozesse grundsätzliche Voraussetzungen für die Automatisierung formalisierbarer geistiger Prozesse vor allem in Phasen der Produktionsvorbereitung.

6 Zur gegenwärtigen Situation

Die Hauptimpulse der K. in der Entstehungszeit und in der Folgewirkung von N. Wieners berühmten Buch „Kybernetik" (1948/1963) scheinen mit der *Computertechnologie* weitgehend umgesetzt und aufgebraucht zu sein. Die im Laufe der Jahre entwickelten Hardware-Konzepte vom Perzeptron bis zur Lernmatrix, die Steuerungs- und Regelungsideen für die Kontrolle komplexer Systeme, selbst weite Gebiete der analogen und Hybridrechentechnik sind durch die sehr schnellen digitalen Universalcomputer realisierbar. Auf deren Weiterentwicklung sowie auf die Ausschöpfung der gegebenen Möglichkeiten konzentrierten sich die einst von der K. stimulierten Forschungsrichtungen. Dabei sind neue Teildisziplinen entstanden: die sog. *Künstliche Intelligenz* (KI), die *Informatik*, die *Robotertechnik* mit Bilderkennung und kommunikativer Kapazität.

Neue *interdisziplinäre* Probleme haben sich mit ihnen aufgetan: die automatische Sprachverarbeitung und -generierung, Szenenerkennung und Bildverarbeitung. In die damit angedeuteten interdisziplinären Entwicklungen ist die Psychologie einbezogen. Neue Hypothesen und Forschungsrichtungen werden daraus vor allem für die *Kognitive Psychologie* entstehen, und wahrscheinlich erfolgt ein neuer, der Gründungszeit der Kybernetik vergleichbarer, Durchbruch mit der Beherrschung der parallelen Informationsverarbeitung durch die Rechner einer künftigen Generation.

Literatur

Bischof, N.: Psychophysik der Raumwahrnehmung. In: Gottschaldt, K./Lersch, P. (Hrsg.): Handbuch der Psychologie I/1. Göttingen: Hogrefe, 1966.

Chintschin, A. J.: Über grundlegende Sätze der Informationstheorie. In: Arbeiten zur Informationstheorie I. Berlin: Dt. Verlag der Wissenschaften, 1957.

Dörner, D.: Self reflection and problem solving. In: Klix, F. (Ed.): Human and artifical intelligence. Amsterdam: North Holland Publ., 1979.

Fano, R. M.: Transmission of information. Cambridge, Mass.: M.I.T.-Press, 1961.

Feinstein, A.: Foundations of information theory. New York: McGraw Hill, 1958.

Goede, K./Klix, F.: Lernabhängige Strategien der Merkmalsgewinnung und der Klassenbildung beim Menschen. In: Kybernetik-Forschung. Berlin: Dt. Verlag der Wissenschaften, 1972.

Klir, G. J. (Ed.): Trends in general systems theory. New York: Wiley, 1972.

Klix, F./Goede, K.: Struktur- und Komponentenanalyse von Problemlösungsprozessen. Zeitschrift für Psychologie, 174, 1968.

Krause, W.: Untersuchungen zur Komponentenanalyse in einfachen Problemlösungsprozessen. Zeitschrift für Psychologie, 177, 1970.

Krause, W.: Problemlösungsstrategien. Dissertation B. Humboldt-Universität zu Berlin, 1978.

Kulka, F.: Experimentalpsychologische Analysen von Diagnoseprozessen. Zeitschrift für Psychologie, 183, 1975.

Lehmann, E.: Human like knowledge acquisition by natural language understanding and learning. In: Klix, F. (Ed.): Human and artificial intelligence. Amsterdam: North Holland Publ., 1979.

Mesarovic, M. D./Mačko, D./Takahara, Y.: Theory of hierarchical, multilevel systems. New York: Academic Press, 1970.

Mittelstaedt, H.: Regelung und Steuerung bei der Orientierung der Lebewesen. Regelungstechnik, 2, 1954.

Newell, A./Shaw, E./Simon, H. A.: GPS – a program that simulates human thought. New York, 1963.

Shannon, Cl. E.: Recent development in communication theory. Electronics, 33 (April), 1960.

Sommerfeld, E.: Zur Analyse und Synthese von Problemlösungsprozessen bei einer Klasse von Zerlegungsproblemen. Dissertation A. AdW der DDR. Berlin, 1978.

Sydow, H.: Zur metrischen Erfassung von subjektiven Problemzuständen und zu deren Veränderung im Denkprozess. Zeitschrift für Psychologie, 177, 1970.

Wiener, N.: Kybernetik. (2. rev. u. erg. Aufl.) Düsseldorf: Econ-Verlag, 1963. (Erstausg. 1948).

Wysotzki, F./Ulbrich, P.: Simulationsexperimente mit Entscheidungsstrukturen bei statistischen Klassenbildungen. In: Klix, F. (Hrsg.): Organismische Informationsverarbeitung. Berlin: Akademie-Verlag, 1974.

Lernen

Walter Edelmann

1 Der Gegenstand der Lernpsychologie

1.1 Der Lernbegriff

In der Umgangssprache wird der Begriff des L. besonders im Zusammenhang mit der Schule gebraucht. Dort lernt man Schreiben, Lesen, Rechnen, erwirbt erdkundliches Wissen usw. Der psychologische Lernbegriff ist wesentlich weiter gefaßt. Hier sprechen wir auch vom L. von Angst und Sicherheit, vom Erwerb von Vorlieben und Abneigungen, der Ausbildung von Gewohnheiten, der Befähigung zu planvollem Handeln und Problemlösen.

Gemeinsames Merkmal aller dieser Lernprozesse ist die *Erfahrungsbildung*. Der Prozeß des L. führt zu dem Produkt des Neuerwerbs oder der Veränderung psychischer *Dispositionen*, d. h. zur Bereitschaft und Fähigkeit, bestimmte seelische oder körperliche Leistungen zu erbringen. Vom Erwerb eines solchen „Verhaltens*potentials*" ist die aktuelle Leistung (Performanz) abzuheben. Das eigentliche L. besteht also im Erwerb von Dispositionen, d. h. von Verhaltens- und Handlungs*möglichkeiten*. Der psychologische Begriff des L. schließt nicht nur das durch Unterricht absichtlich und planvoll organisierte L. ein. L. ist auf keinen Entwicklungsabschnitt beschränkt. L. meint nicht nur den Erwerb einzelner, isolierter Dispositionen, sondern auch den Aufbau einer Persönlichkeit durch Aneignung der menschlichen Kultur in einem individuellen Lebensweg.

Menschliche Aktivität kann sich entweder mehr auf *Anpassung an die Umwelt* oder mehr auf aktive *Gestaltung der Umwelt* richten. Im ersten Fall wird das Verhalten in starkem Maße durch Umweltreize kontrolliert (*Außensteuerung*). Im zweiten Fall geht die Aktivität schwerpunktmäßig von der Person aus (*Innensteuerung*). Im Zuge dieser mehr außen- oder mehr innengesteuerten *Auseinandersetzung* mit der Umwelt kommt es zur Bildung von Erfahrungen, die in der Zukunft neue Aktivitäten beeinflussen. Dies ist das wesentlichste Merkmal des L.

Vom L. zu unterscheiden sind *angeborene Reaktionstendenzen* (z. B. Reflexe) und durch *Reifung* (d. h. durch genetisch vorprogrammierte Entwicklungsschritte) bedingte Veränderungen des Verhaltens und Denkens.

1.2 Grundformen des Lernens

Nach fast 100 Jahren moderner Lernforschung – von der russischen Reflexologie und dem amerikanischen Behaviorismus über die sog. Kognitive Wende in der Psychologie bis zu den Handlungstheorien – besteht keine Einigkeit darüber, wie viele Unterkategorien von Lernprozessen man sinnvollerweise annehmen sollte (Foppa, 1965; Hilgard/Bower, 1984; Lefrançois, 1986).

Im folgenden werden unterschieden (Edelmann, 1986): das assoziative L., das instrumentelle L., das kognitive L., das L. von planvollem Handeln und Problemlösen (Abb. 1).

2 Das assoziative Lernen

2.1 Der Beitrag der deutschen Assoziationspsychologie

Die direkte assoziative Verknüpfung von Bewußtseinsinhalten (= assoziatives L. vom Typ 1) war Gegenstand der Assoziationsforschung im letzten Viertel des 19. Jahrhunderts in Deutschland (Ebbinghaus; Müller, G. E.). Neben den relativ einfachen Paarassoziationen wurden auch Assoziationsketten und Assoziationskomplexe experimentell untersucht. Diese Assoziationspsychologie der Jahrhundertwende, die die Verbindung der Elemente des Bewußtseins durch Assoziation als wichtigstes Erklärungsprinzip aller psychischen Prozesse annahm, wird in dieser Form heute nicht mehr vertreten. Im Anschluß an die Gestalt- und Ganzheitspsychologie tritt die Einsicht in Sinnzusammenhänge oder Strukturen

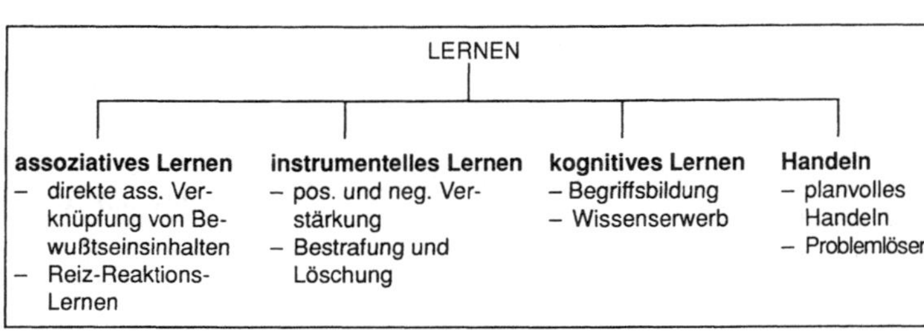

Abb. 1: Die vier Grundformen des Lernens

stärker in den Vordergrund. Trotzdem lassen sich eine Reihe psychischer Vorgänge angemessen als assoziative Verknüpfung erklären (z. B. Paarassoziation beim Fremdsprachenlernen, Verbindung eines Begriffs mit dem Begriffsnamen, Knoten im Taschentuch). Dieses assoziative L. vom Typ 1 wird von Gagné als *L. verbaler Ketten*, von Ausubel als *mechanisches L.* und im Alltag als *Auswendig-L.* bezeichnet.

2.2 Das Reiz-Reaktions-Lernen

Das assoziative L. vom Typ 2 wurde ebenfalls etwa um die Jahrhundertwende besonders von dem Physiologen Pawlow im Zusammenhang mit dem bedingten Reflex studiert. Die Gedankengänge der russischen Reflexologen (Pawlow, Sechenow) wurden in Amerika bald von den Behavioristen um Watson (1925) aufgegriffen. Das Reiz-Reaktions-L. (weitere Bezeichnungen: Klassisches Konditionieren oder Bedingen, Signal-L., reaktives L.) wird ursprünglich streng bewußtseinsunabhängig als Verknüpfung von Reiz und Reaktion erklärt. Im Zuge des Lernprozesses geht die Auslösefunktion von einem Reiz auf den anderen über (*Reizsubstitution*). Das einzige Erklärungsprinzip ist die *Kontiguität*, d. h. die Berührung zweier Reize (Abb. 2).

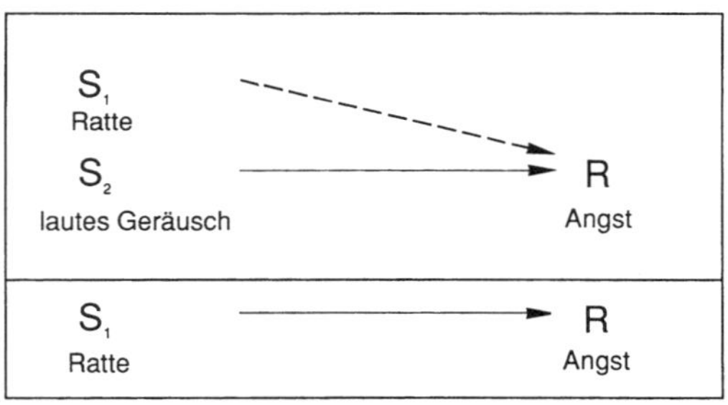

Abb. 2: Lernen von Angst

Unter pädagogischen Gesichtspunkten ist die Auslösung einer emotional-motivationalen Reaktion (z. B. Angst, Attraktivität) bedeutsamer als die Auslösung von Reflex-Reaktionen, d. h. die Aktivierung von Muskeln oder Drüsen (Pawlow, 1973).

Das Modell des Reiz-Reaktions-L. spielt eine bedeutende Rolle
- in behavioristisch orientierten Angsttheorien (Fürntratt, 1974);
- in der Verhaltenstherapie (Gegenkonditionierung, systematische Desensibilisierung, Aversionstherapie);
- in der Motivationstheorie (Konditionierung des Aufforderungscharakters einer Sache);
- in der Werbepsychologie (emotionale Techniken).

3 Das instrumentelle Lernen

3.1 Die Folgen des Verhaltens

Nachdem Thorndike mit dem „Lernen am Erfolg" das Prinzip der Verstärkungstheorien entdeckt hat, beschreibt Skinner (1978) etwa ab 1930 die operante Konditionierung, die heute instrumentelles L. genannt wird. Beim instrumentellen L. entscheiden die *Konsequenzen*, die dem Verhalten folgen, über dessen zukünftiges Auftreten. Von *instrumentellem* Verhalten (IV) sprechen wir, weil das Verhalten das Instrument oder Mittel ist, das die entsprechende Konsequenz (K) hervorruft. In der Regel wird erst durch häufig wiederkehrende, gleichförmige Konsequenzen allmählich ein stabiles IV gelernt. Der zentrale Begriff des instrumentellen L. ist der Begriff der *Kontingenz*. Damit ist die Regelmäßigkeit (genauer: hoher Grad an Wahrscheinlichkeit) gemeint, mit der Umweltereignisse von einer bestimmten Verhaltensweise der Person abhängen. Der Aufbau solcher Beziehungen zwischen Verhalten und Konsequenz erhöht oder vermindert die Auftretenswahrscheinlichkeit eben dieses Verhaltens.

3.2 Die vier Formen des instrumentellen Verhaltens

Nach der Art der Konsequenzen unterscheiden wir vier Formen des instrumentellen L.:
1. *Die positive Verstärkung*: Dem Verhalten folgt ein positives Ereignis.
2. *Die negative Verstärkung:* Dem Verhalten folgt das Verschwinden eines aversiven (unangenehmen) Ereignisses.
3. *Die Bestrafung*: Dem Verhalten folgt ein unangenehmes Ereignis.
4. *Die Löschung*: Dem Verhalten folgt weder ein angenehmes noch ein unangenehmes Ereignis.

Die positive und die negative Verstärkung führen zum *Aufbau* eines Verhaltens und die Bestrafung und Löschung zum *Abbau* (Abb. 3).

3.3 Instrumentelles Verhalten als gewohnheitsmäßiges Verhalten

Instrumentelles L. findet nur statt, wenn der Lerner motiviert ist, die spezifischen Konsequenzen herbeizuführen. Das routinemäßige Verhalten

Aufbau	positive Verstärkung IV ▷ K^{V+}	negative Verstärkung IV ▷ K^{-av}
Abbau	Löschung IV ▷ K_O	Bestrafung IV ▷ K^{av}

Abb. 3: Die vier Formen des instrumentellen Lernens

kann mit unterschiedlichen Graden von Bewußtheit auftreten, ist aber immer gesteuert von den Konsequenzen. Auch bei der Selbstverstärkung und Selbstbestrafung geht es um Management der Konsequenzen des Verhaltens. Instrumentelles L. ist motiviert und zielgerichtet, aber eng an bestimmte Situationen gebunden und erscheint deswegen relativ starr. Im Gegensatz dazu ist das planvolle Handeln durch Flexibilität gekennzeichnet und kann in neuartigen Situationen angewandt werden.

3.4 Verhaltenstherapie

Verhaltensstörungen werden aufgefaßt als Ergebnisse von Lernprozessen und die Behandlungsmethoden als Formen des Verlernens oder Neulernens. Während Verhaltenstherapie i.e.S. besonders ausgebildeten Diplom-Psychologen vorbehalten bleibt, können Lehrer, Erzieher u. ä. bei entsprechenden Kenntnissen eine *Verhaltensmodifikation* durchführen (Adameit et al., 1983). In der Verhaltensmodifikation spielen Techniken, die auf dem Prinzip der positiven Verstärkung beruhen, eine besondere Rolle.

4 Das kognitive Lernen

4.1 Vorbemerkung

Unter dem kognitiven L. i.e.S. werden *Begriffsbildung* und *Wissenserwerb* zusammengefaßt. Während behavioristische Lerntheorien schwerpunktmäßig die äußeren Bedingungen des L. (Auslösung von Reaktionen durch Reize bzw. Belohnung oder Bestrafung des Verhaltens durch nachfolgende Konsequenzen) beschreiben, rückt bei den kognitiven Lerntheorien die *innere Repräsentation* der Umwelt in den Mittelpunkt des Interesses. In deutlicher Abhebung von verhaltenstheoretischen Auffassungen werden jetzt in den Theorien bewußte Prozesse betont. Das Erfassen von Beziehungen und deren sprachlich-begriffliche Formulierung führen zu einer Organisation und Strukturierung der Erfahrung. Kognitives L. kann aufgefaßt werden als *Informationsaufnahme und -verarbeitung*. Dieses L., an dem die Person *aktiv* beteiligt ist, führt zum Aufbau einer *kognitiven Struktur*.

4.2 Begriffsbildung

Man unterscheidet Eigenschaftsbegriffe (deskriptive Konstrukte) und Erklärungsbegriffe (explikative Konstrukte). Bei den *Eigenschaftsbegriffen*, die auch Kategorien genannt werden, ist das Erfassen der logischen Struktur der Kern der Begriffsbildung. Kategorien werden gebildet aufgrund gemeinsamer Merkmale, der *kritischen Attribute*. Die Kombination dieser kritischen Attribute bildet die *logische Struktur* des Eigenschaftsbegriffs. Man unterscheidet affirmative, konjunktive, disjunktive und relationale Begriffe.

Erklärungsbegriffe beinhalten, wie der Name sagt, eine *Erklärung*. Erklärungen sind Annahmen, die sich auf eine *Theorie* im weitesten Sinn beziehen. Bei dem genannten Theoriebezug handelt es sich nicht selten um eine ganz bestimmte Theorie (z. B. Aggression im Sinne von Freud, Lorenz, Bandura, Fürntratt o. a.).

Begriffe können unter zwei Aspekten betrachtet werden:

- sachliche (denotative) Bedeutung; logische Struktur bzw. Theorie
- emotionale (konnotative) Bedeutung; gefühlsmäßige Beziehung einer Person zu dieser Sache.

Begriffsbildung ist ein *aktiver* Vorgang. Begriffe sind nicht nur eine abstrahierte Abbildung der Realität. Begriffe sind Strukturen *unseres* Denkens. Dies ist auch der Grund für die oft zu beobachtende Willkürlichkeit und Subjektivität der Begriffsbildung.

4.3 Wissenserwerb

Statt von Wissenserwerb spricht man auch vom Erwerb von Regeln. Regeln sind *Begriffsketten*.

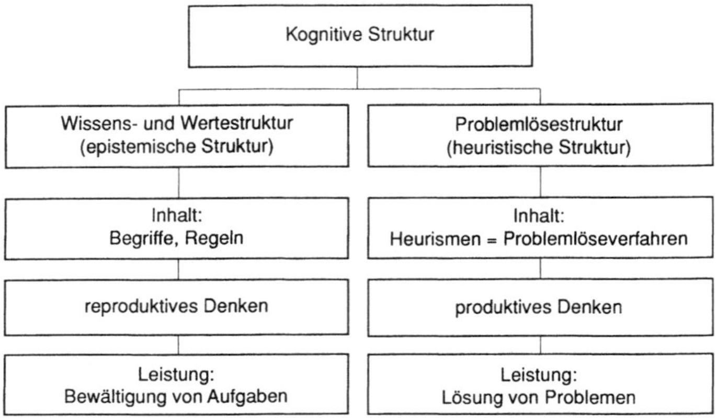

Abb. 4: Modell der kognitiven Struktur

Oder mit anderen Worten: Wissen besteht aus der Kombination von Begriffen. Die Voraussetzung des Regellernens besteht darin, daß der Inhalt aller verwendeten Begriffe bekannt ist. Zusätzlich muß dann noch die Beziehung der Begriffe untereinander erfaßt werden. Gagné (1973) unterscheidet streng das Regel-L. vom L. sprachlicher Ketten (assoziatives L. vom Typ 1, mechanisches L., Auswendig-L.).

In Schulen stehen heute das *sinnvoll rezeptive L.* (Ausubel, 1980/81) und das *sinnvoll entdeckende L.* (Bruner, 1981) ganz im Vordergrund.

4.4 Die kognitive Struktur

Durch solche aktiven kognitiven Strukturierungsprozesse wird eine kognitive Struktur aufgebaut, deren Differenzierungsgrad zwischen verschiedenen Individuen beträchtlich variiert (Abb. 4).

5 Planvolles Handeln und Problemlösen

5.1 Das Modell-Lernen

Es gibt verschiedene Theorien des Modell-L., deren wichtigste heute die sozial-kognitive Theorie von Bandura (1976) ist. Diese Auffassung ist dadurch gekennzeichnet, daß zwischen der *Anregung* des Verhaltens durch ein *Modell* und der *Ausführung* des Verhaltens durch den *Beobachter* kognitive Prozesse angenommen werden.

Die Theorie des Modell-L. kann als Vorläufer der Handlungstheorien aufgefaßt werden.

5.2 Merkmale planvollen Handelns

Handlungstheorien befassen sich zentral mit dem Zusammenhang zwischen kognitiver Struktur und Handlung. Die *interne Handlungssteuerung*, im Gegensatz zur Außensteuerung beim Verhalten, wird zum Kernpunkt der Theoriebildung (Groeben/Scheele, 1977). Handlungstheorien beschreiben manchmal den „idealen Handelnden". *Planvolles Handeln* ist dann folgendermaßen gekennzeichnet: Der Mensch wird als Subjekt gesehen, das sich selbst Ziele setzt oder vorgegebene Ziele verfolgt. Handlungen sind die Mittel zur Erreichung dieser Ziele. Die Handlungen sind „wählbar", d.h. es bestehen Handlungsalternativen, und sie sind „willkürlich", d.h. sie werden willentlich oder absichtlich eingesetzt. Dies macht den „subjektiven Sinn" der Handlung für den Handelnden aus. Ein Handelnder ist verantwortlich für das, was er tut. Die Handlung wird gesteuert durch ein Handlungskonzept, das eine Antizipation der späteren Tätigkeit darstellt.

In der Psychologie gibt es allerdings im Zusammenhang mit der Handlungsperspektive keinen einheitlichen Theorieentwurf (Miller et al. 1960; Lenk, 1978-1981).

Als besonders bedeutsame Form von *handlungsleitenden Kognitionen* können *subjektive Theorien* (Alltags- oder Berufstheorien) gelten (Wahl et al., 1983).

5.3 Problemlösen

Problemlösen ist ein Sonderfall des planvollen Handelns. Es ist durch drei Komponenten gekennzeichnet: (1) Unerwünschter Anfangszustand; (2) erwünschter Zielzustand; (3) Barriere, die die Überführung des Anfangszustandes in den Zielzustand im Augenblick verhindert. Die wichtigsten *Problemlösetheorien* sind: Problemlösen durch Versuch und Irrtum, durch Umstrukturieren, durch Anwendung von Strategien, durch Systemdenken, durch Kreativität.

6 Anwendung und Ausblick

Die *Pädagogische Psychologie*, als deren zentraler Bestandteil die Lernpsychologie angesehen werden kann, gilt als handlungsorientierte Wissenschaft, von der Hilfen bei der Bewältigung pädagogischer Aufgaben und Probleme erwartet werden. Neben gewohnheitsmäßigen Verhaltensweisen stehen Lehrern und Erziehern für ihre Handlungsregulation mehr oder minder subjektive Theorien zur Verfügung. Durch einen Austausch dieser Alltags- und Berufstheorien mit Konzepten der Pädagogischen Psychologie werden Praktiker zu einem effizienteren *pädagogisch-psychologischen Denken* befähigt.

Die (wünschenswerte) Entwicklung der Lernpsychologie (unter dem Gesichtspunkt des Theorie-Praxis-Bezuges) kann in folgenden Punkten gesehen werden:
- Lernpsychologie als Theorie pädagogischer Praxis: Relevante Gegenstände dieser Wissenschaft werden vermehrt aus den Problemfeldern gewonnen, mit denen sich Praktiker auseinandersetzen;
- Psychologische Lehrtheorien: Lernpsychologie sollte sich verstärkt der Komplexität von Lehr-Lern-Prozessen zuwenden;
- „Ganzheitliche" Auffassung von L.: Erfahrungen mit neuartigen Lehrmethoden, z. B. der Suggestopädie nach Lozanow (Philipov, 1981), führen wieder zur stärkeren Beachtung emotionaler und motivationaler Aspekte des L.

Literatur

Adameit, H./Heidrich, W./Möller, Ch./Sommer, H.: Grundkurs Verhaltensmodifikation. Ein handlungsorientiertes einführendes Arbeitsbuch für Lehrer und Erzieher. (3. Aufl.) Weinheim: Beltz, 1983.

Ausubel, D. P.: Psychologie des Unterrichts, 2 Bände. Weinheim: Beltz 1974. (2. Aufl.: Ausubel, D. P./Novak, J. D./Hanesian, H.:Psychologie des Unterrichts, 2 Bände. Weinheim: Beltz 1980-1981).

Bandura, A.: Lernen am Modell. Ansätze zu einer sozialkognitiven Lerntheorie. Stuttgart: Klett, 1976.

Bruner, J. S.: Der Akt der Entdeckung. In: Neber, H. (Hrsg.): Entdeckendes Lernen. (3. Aufl.) Weinheim: Beltz, 1981.

Edelmann, W.: Lernpsychologie. Eine Einführung. München-Weinheim: Urban & Schwarzenberg/Psychologie Verlags Union, 1986.

Foppa, K.: Lernen, Gedächtnis, Verhalten. Ergebnisse und Probleme der Lernpsychologie. Köln: Kiepenheuer & Witsch, 1965.

Fürntratt, E.: Angst und instrumentelle Aggression. Weinheim: Beltz, 1974.

Gagné, R. M.: Die Bedingungen des menschlichen Lernens. (2. Aufl.) Hannover: Schroedel, 1973.

Groeben,N./Scheele, B.: Argumente für eine Psychologie des reflexiven Subjekts. Darmstadt: Steinkopff, 1977.

Hilgard, E. R./Bower, H. G.: Theorien des Lernens, 2 Bände. (3. Aufl.) Stuttgart: Klett, 1984.

Lefrançois, G. R.: Psychologie des Lernens. (2. Aufl.) Berlin: Springer, 1986.

Lenk, H. (Hrsg.): Handlungstheorien interdisziplinär, 3 Bände mit je 2 Halbbänden. München: Fink, 1978-81.

Miller, G. A./Galanter, E./Pribram, K. H.: Plans and the structure of behavior. New York: Rinehart and Winston, 1960. Dt.: Strategien des Handelns. Stuttgart: Klett, 1973.

Pawlow, J. P.: Auseinandersetzung mit der Psychologie. München: Kindler, 1973.

Philipov, E.: Suggestopädie – ein Modell ganzheitlichen Lernens. Pädagogische Arbeitsstelle für Erwachsenenbildung in Baden-Württemberg. Heft 11, 1981.

Skinner, B. F.: Was ist Behaviorismus? Reinbek: Rowohlt, 1978.

Wahl, D./Schlee, J./Krauth, J./Mureck, J.: Naive Verhaltenstheorie von Lehrern. Schlußbericht eines Forschungsvorhabens zur Rekonstruktion und Validierung subjektiver psychologischer Theorien. Oldenburg, 1983.

Watson, J. B.: Behaviorism. New York, 1925. Dt.: Behaviorismus. Fachbuchhandlung für Psychologie. (2. Aufl.) Frankfurt, 1976.

Life-Event-Forschung

Heinz Katschnig und Anita Nouzak

1 Geschichte und Gegenstand

Die L. E.-Forschung ist zu Beginn der sechziger Jahre im angloamerikanischen Bereich als empirische Antwort auf die damals noch vorherrschenden rein spekulativen Denkrichtungen der psychosozialen Verursachung seelischer und körperlicher Krankheiten entstanden. Der englische Ausdruck „Life Event" ist mit „lebensveränderndes Ereignis", „Lebensveränderung", „kritisches Lebensereignis" nur ungenau ins Deutsche zu übersetzen. Es sind damit zunächst Ereignisse oder Veränderungen gemeint, die in der Regel zum normalen Erwartungshorizont im Leben eines Menschen zählen, wie Heirat, Umzug oder Arbeitsplatzwechsel, aber auch Todesfälle bei nahestehenden älteren Personen, Ereignisse also, die eine gewisse *Anpassungsleistung* erfordern. Darüber hinaus werden aber auch alle Veränderungen in der Lebenssituation, die mehr oder weniger *katastrophalen* Charakter haben, von der L. E.-Forschung unter dem L. E.-Begriff subsumiert. Bei einer gewissen zeitlichen Häufung oder Intensität der Belastung durch L. E.s – so lautet die Grundhypothese der L. E.-Forschung – könne die notwendige Anpassungsleistung an diese Veränderungen nicht mehr erbracht werden und die Auftrittswahrscheinlichkeit von psychischen und körperlichen Erkrankungen steige. Die L. E.-Forschung ist also *„Pathologieforschung"*, insofern sie sich auf die möglichen negativen Gesundheitsfolgen der Belastungswirkung von L. E.s konzentriert. Die allgemeinen Prozesse der Bewältigung von L. E.s (*„coping"*) sind demgegenüber lange Zeit vernachlässigt worden.

Der Beginn der empirischen L. E.-Forschung ist mit der Entwicklung des ersten standardisierten Erhebungsinstrumentes für L. E.s durch die beiden Psychiater Holmes und Rahe (1967) gleichzusetzen. Sie berufen sich auf den schweizerisch-amerikanischen Psychiater Adolf Meyer (Lief, 1948), der schon um die Jahrhundertwende in seiner „psychobiologischen Psychiatrie" ein Modell der Entstehung psychischer Krankheit vertreten hatte, in dem soziale, psychische und somatische Faktoren gleichbedeutend waren, und der zur Erfassung von sozialen und psychischen Faktoren eine sogenannte „life chart" verwendete. Holmes und Rahe entwickelten eine Liste von 42 Lebensveränderungen („life changes"), die „Schedule of Recent Experience", die als *Selbstbeurteilungsbogen* wegen ihrer einfachen Anwendbarkeit weite Verbreitung fand, besonders in der als „Social Readjustment Rating Scale" bezeichneten Variante, in der den einzelnen Lebensveränderungen gewichtete Belastungsscores zugeordnet sind. Inzwischen gibt es zahlreiche Abwandlungen dieser ursprünglichen „Schedule of Recent Experience", wie auch Erhebungsinstrumente für L. E.s, die nach völlig anderen Konstruktionsprinzipien gestaltet wurden, zum Teil von Kritikern der „Schedule of Recent Experience", wie etwa die Londoner „Life Event and Difficulty Schedule (LEDS)" von Brown (1974; Autoren weiterer Erhebungsinstrumente sind neben anderen: Grant et al., 1974; Rahe, 1975; Tennant/Andrews, 1976; Horowitz et al., 1977; Dohrenwend et al., 1978; Mueller et al., 1978; Dittmann/Siegrist, 1981; Paykel, 1983).

Aus den Resultaten der unzähligen Arbeiten, die sich dieser Erhebungsinstrumente bedienen (z. B. Hull, 1977; Rahe/Arthur, 1978), muß der Eindruck entstehen, die L. E.-Forschung habe ihr Ziel erreicht: Gleich ob Schizophrenie (z. B. Brown/Birley, 1968) oder Neurosen (Cooper/Sylph, 1973) im Bereich der Psychiatrie, Herzinfarkt (Rahe/Lind; 1971), Hernien (Rahe et al., 1964) oder Diabetes (Grant et al., 1974) im Bereich der somatischen Medizin Gegenstand von L. E.-Studien waren, in allen Fällen ergaben sich, so scheint es zumindest, Hinweise für einen Zusammenhang zwischen L. E.s und dem Auftreten der Krankheit. Es besteht jedoch der berechtigte Verdacht (Brown, 1974; Katschnig, 1980a, b; 1986b), daß gerade die am häufigsten verwendeten Erhebungsinstrumente – besonders die „Schedule of Recent Experience" – schwerwiegende Mängel aufweisen, die es wahrscheinlich machen, daß viele der gefundenen positiven Zusammenhänge *Kunstprodukte* sind.

Die L. E.-Forschung muß von verwandten Forschungsrichtungen in den Sozial- und Humanwissenschaften abgegrenzt werden. Zunächst unterscheidet sie sich von der üblichen psychologischen Streßforschung dadurch, daß ihr Forschungskontext nicht eine künstliche Laborsituation, sondern der *Alltag* ist, in dem die möglicherweise kausale „Streßvariable" nicht manipulierbar und kontrollierbar ist. Von der klassischen sozialen Epidemiologie hebt sich die L. E.-Forschung dadurch ab, daß nicht die statische soziale Situation als solche, sondern *Veränderungen der sozialen Situation* mit pathologischen Phänomenen in Beziehung gesetzt werden. Von der schon länger bestehenden Tradition der Erforschung des Einflusses katastrophaler Ereignisse auf die seelische und körperliche Gesundheit – klassisch ist hier die Untersuchung Lindemanns (1944) über die Folgen eines Großbrandes mit Hunderten von Toten in Boston – unterscheidet sich die L. E.-Forschung dadurch, daß sie auch (und vorwiegend) alltägliche und mehr oder minder *erwartete Lebensveränderungen* erfaßt. Schließlich befaßt sich die L. E.-Forschung mit relativ *kurze Zeit zurückliegenden Lebensveränderungen* und ist damit in gewisser Weise dem Konzept der „Reaktivität“, also dem des unmittelbaren Reagierens auf eine äußere Belastung verpflichtet; belastende Ereignisse und Erlebnisse, die weiter zurückliegen, besonders auch solche der frühen Kindheit, spielen in der L. E.-Forschung nur eine sekundäre Rolle (z. B. als Vulnerabilitätsfaktor). In dieser Hinsicht hebt sich die L. E.-Forschung vom psychoanalytischen Erklärungsansatz ab.

2 Methoden

Wenn man den Zusammenhang zwischen L. E.s und Krankheitsentstehung untersuchen möchte, kann man zwei verschiedene Ansätze verfolgen. Man kann von bestimmten Einzelereignissen – *Tod des Ehepartners, Umzug, Pensionierung*, u. ä. – ausgehen und die Krankheitsfolgen dieser Einzelereignisse studieren. Dieser im wesentlichen prospektive Ansatz hat mit dem methodischen Problem zu kämpfen, die vielen verschiedenen Krankheiten, die auftreten können, untereinander vergleichbar zu machen, um ein brauchbares „Outcome“-Maß zu erhalten. Der andere Ansatz geht in einem retrospektiven Untersuchungsdesign von bereits aufgetretenen Krankheiten aus und sucht die in einem bestimmten Zeitraum vor Erkrankungsbeginn vorgekommenen belastenden Ereignisse zu erfassen. Dieser Ansatz – er ist gemeint, wenn man von L. E.-Forschung im engeren Sinne spricht – steht vor einem analogen Problem wie der erstgenannte: Hier ist aber nicht die Vielfalt der auftretenden Krankheiten, sondern die Vielfalt der aufgetretenen lebensverändernden Ereignisse untereinander vergleichbar zu machen, um ein quantitatives Maß für die gesamte Streßbelastung im untersuchten Zeitraum zu gewinnen. Mit dieser Notwendigkeit, die vielen L. E.s in eine einzige Kennzahl zu „komprimieren“, sind die zahlreichen methodischen Probleme verbunden, auf die hier eingegangen werden soll (Katschnig, 1980 a, b; Katschnig, 1986 a, b).

Bevor man jedoch zu einem quantitativen Maß für die *Gesamt*belastung durch lebensverändernde Ereignisse in einem bestimmten Zeitraum gelangen kann, sind zunächst Regeln dafür festzusetzen, als wie belastend die *einzelnen* aufgetretenen lebensverändernden Ereignisse einzustufen sind. Es gibt hier vier Möglichkeiten.

Die einfachste Art der Messung der belastenden Wirkung besteht darin, daß jedes lebensverändernde Ereignis als in der *gleichen Art und Weise* und als *gleich stark* belastend angesehen wird. Diese Annahme steht hinter der ersten Fassung der „Schedule of Recent Experience“ (Rahe et al., 1964), die lediglich aus einer einfachen Liste von Ereignissen (ohne jede Definition) besteht. Als Gesamtbelastungswert für einen bestimmten Zeitraum wird einfach die Gesamtzahl von L. E.s, die die untersuchte Person für einen vorgegebenen Zeitraum ankreuzt, verwendet. Das bedeutet, daß etwa der Tod des Ehepartners, eine Geburt und ein Urlaub äquivalent gesetzt werden. Vereinzelt, z. B. in den Untersuchungen der New-Haven-Gruppe (z. B. Paykel et al., 1969), wurde der Versuch unternommen, lebensverändernde Ereignisse in *qualitative Unterkategorien* einzuteilen (z. B. in „Verlustereignisse“ und „Zuwachsereignisse“, in „wünschenswerte“ und „nichtwünschenswerte“ Ereignisse); innerhalb ein und derselben Kategorie werden jedoch auch hier verschiedene L. E.s wiederum gleich gewichtet, d. h. es wird beispielsweise einfach die Anzahl der Verlustereignisse als Belastungsmaß herangezogen.

Eine gewisse Differenzierung wurde dadurch erreicht, daß den in den Listen vorgegebenen lebensverändernden Ereignissen eine zwar *qualitativ gleichartige,* aber *verschieden starke* Belastungswirkung zugeschrieben wurde. Die mit derartigen Belastungswerten („Life Change Units“) versehene „Schedule of Recent Experience“ wurde von Holmes und Rahe (1967) „Social Readjustment Rating Scale“ (SRRS) genannt; die „Life Change Units“ wurden dabei durch eine Kalibrierungsstudie an knapp 400 Personen gewonnen (dem Tod des Ehepartners entsprechen z. B. 100 „Life Change Units“, einer Geburt 39 und einem Urlaub 12). Der Gesamtbelastungswert für einen bestimmten Zeitraum wird durch Aufaddieren der einzelnen „Life Change Units“ derjenigen L. E.s, die vom Befragten angekreuzt wurden, errechnet. Die „Schedule of Recent Experience“ (bzw. „Social Readjustment Rating Scale“) ist von allen L. E.-Methoden am weitesten verbreitet, nicht zuletzt, weil sie am geschicktesten vermarktet wurde und, ähnlich wie ein Intelligenztest, samt computerisiertem Auswertungsprogramm zum Kauf angeboten wird. Nicht unerheblich ist auch, daß der Aufwand für die Erhebung der L. E.s, weil es sich um ein Self Rating handelt, zu vernachlässigen ist. Paykel et al. (1971), Tennant und Andrews (1976) und Dohrenwend et al. (1978) haben für die Items ihrer jeweils eigenen Listen von lebensverändernden Ereignissen ähnliche gewichtete Streßscores vergeben.

Die beiden bisher genannten Methoden der Messung der Streßwirkung einzelner L. E.s sind dadurch gekennzeichnet, daß sie – unabhängig von der untersuchten Person und ihrer Lebenssituation – fixe Belastungswerte vergeben, also grob vereinfachen. Brown (1974; vgl. auch Brown/Birley, 1968, und Brown/Harris, 1978) geht mit seiner Londoner „Life Event and Difficulty Schedule" (LEDS) einen Schritt weiter: Die von ihm und seiner Gruppe ausgearbeiteten *Regeln*, welche „Bedrohung" („threat") mit einem bestimmten lebensverändernden Ereignis verbunden ist, berücksichtigen explizit den „*Kontext*", d. h. die Lebenssituation, in der sich die von einem lebensverändernden Ereignis betroffene Person befindet (nicht aber ihr subjektives Empfinden, s. u.). Die Geburt eines Kindes kann, je nach Umständen, als wenig belastend (z. B. zweite Geburt ohne Komplikationen, gewünschtes Kind, Mutter finanziell gesichert, funktionierende Partnerbeziehung) oder als extrem belastend (Geburt eines mißgebildeten Kindes, Kind nicht gewünscht, keine finanzielle Absicherung, keine Partnerbeziehung) eingestuft werden. In beiden Fällen den gleichen Belastungswert von 39 „Life-Change-Units" anzunehmen, wie es die SRRS tut, ist offensichtlich unsinnig. Mit der LEDS ist also eine differenziertere Beurteilung der Belastungswirkung eines lebensverändernden Ereignisses nach a priori festgelegten Regeln möglich. Die notwendigerweise komplexen Informationen über L. E.s und ihren Kontext werden durch ein halbstandardisiertes Interview erfaßt. Die Bewertung der Belastungswirkung der erfaßten L. E.s, der „Bedrohung" durch ein L. E., erfolgt durch geschulte Beurteiler in einem Gruppenrating nach vorgegebenen, in einem ausführlichen Glossar festgesetzten Regeln (Mit der LEDS werden, wie schon der Name sagt, auch „difficulties", d. h. „chronische Schwierigkeiten" erfaßt, bei deren Bewertung ähnliche Regeln gelten).

Die an sich wünschenswerte Erfassung der zum Zeitpunkt des Eintretens eines Ereignisses tatsächlich erlebten *subjektiven* Belastung ist schwierig, wenn nicht überhaupt unmöglich. Bei der typischen Art der Erhebung lebensverändernder Ereignisse – sie muß in der Regel retrospektiv erfolgen – ist nicht auszuschließen, daß eine bereits aufgetretene Krankheit die nachträgliche Bewertung des Ereignisses eher in Richtung einer stärkeren Belastung, als sie zum Zeitpunkt seines wirklichen Eintritts geherrscht hat, beeinflußt (Kausalitätsbedürfnis, „effort after meaning"; Brown, 1974). Damit würde eine künstliche Korrelation zwischen lebensverändernden Ereignissen und Krankheitsausbruch erzeugt, ein Vorwurf, der im übrigen gegen die sich so objektiv gebende „Schedule of Recent Experience" erhoben werden kann: In diesem Selbstbeurteilungsbogen sind die einzelnen Ereignisse so kurz und vage definiert, daß es für die befragte Person ein Leichtes ist, je nach „Kausalitätsbedürfnis" tatsächlich Vorgefallenes einmal als in eine vorgegebene Kategorie „passend", einmal als nicht dorthin „passend" einzustufen und ein L. E. einmal anzukreuzen und einmal nicht.

Die „Schedule of Recent Experience" und die Londoner „Life Event and Difficulty Schedule" sind die beiden Prototypen von Erhebungsinstrumenten der L. E.-Forschung. Es ist heute in Forschungskreisen weitgehend akzeptiert, daß Erhebungsinstrumente des ersten Typs nicht mehr verwendet werden sollten (Paykel, 1983; Miller/Salter, 1984). Hauptkritikpunkte sind die schon genannten subjektiven Verzerrungen durch die Selbstbeurteilungsmethodik und die kontextunabhängigen, starren Bewertungen der L. E.-Wirkung. Die von Brown verwendete Interviewmethode erlaubt nicht nur ein genaueres Eingehen auf die kontextuellen Umstände lebensverändernder Ereignisse und ein Expertenrating nach klaren Regeln, sondern darüber hinaus auch eine relativ präzise Datierung, die für L. E.-Studien unerläßlich ist.

Sind, mit welcher Methode auch immer, die einzelnen L. E.s und ihre jeweilige Belastungswirkung für einen bestimmten Zeitraum einmal erfaßt, so stellt sich das schon angesprochene Problem, daraus ein *globales quantitatives Maß* abzuleiten. Hier sind zwei Vorgehensweisen üblich, die auch verschiedene theoretische Implikationen haben: Es können die für jedes einzelne L. E. eruierten Streßbelastungen für einen vorgegebenen Zeitraum zu einem Summenmaß *aufaddiert* werden; es kann aber auch von einem „*Schwellenmodell*" ausgegangen werden, in dem angenommen wird, daß mindestens ein Ereignis eines bestimmten Schweregrades bereits als „belastend" zu werten ist, unabhängig davon, ob im gleichen Zeitraum mehrere L. E.s eingetreten sind. Im Prinzip sind bei jedem der beiden genannten Typen von Erhebungsinstrumenten beide Vorgehensweisen möglich, es hat sich jedoch eingebürgert, daß Methoden vom Typ der „Schedule of Recent Experience" in der Regel additiv vorgehen, während Brown bei der Auswertung seiner Daten einmal den Schwellenansatz und einmal den additiven Ansatz anwendet.

Zu Beginn der achtziger Jahre war eine gewisse

Stagnation in der Methodenentwicklung der L. E.-Forschung zu beobachten, sowohl was die Meßmethoden für die Erfassung von L. E.s, als auch was das Forschungsdesign betrifft – in retrospektiven Studien den Nachweis zu erbringen, daß vor einem Krankheitsausbruch die Streßbelastung durch L. E.s größer ist als in gesunden Vergleichsgruppen. In den letzten Jahren haben sich allerdings in mehreren Bereichen Differenzierungen ergeben.

Eine neue Entwicklung im Bereich der Meßmethoden besteht in Versuchen, die sehr aufwendige Interviewmethode Browns durch kürzere, in der Qualität ähnlich gute Verfahren zu ersetzen. Paykel (1983) hat ein derartiges kurzes Interview vorgelegt, in das er das Brownsche Konzept der „Bedrohung" („threat") unter dem Begriff „negative impact" übernommen hat, ebenso wie die Differenzierung in Lebensveränderungen, die unabhängig von der Person eingetreten sind („independent life events"), und solche, an deren Auftritt der Betreffende mitbeteiligt war. Brugha und Mitarbeiter (1985) haben eine kurze Liste von 12 „bedrohlichen" Ereignissen vorgeschlagen, mit denen ein Großteil der Belastung erfaßt werden kann, die durch aufwendigere Methoden erhoben wird. Daß die Diskussion auf diesem Gebiet allerdings noch lange nicht abgeschlossen ist, zeigt eine Untersuchung von Oei und Zwart (1986), die empfehlen, Selbstbeurteilungsbögen gleichzeitig mit Interviewmethoden zu verwenden. Sie stützen diese Empfehlung auf eine Studie, in der sich zeigt, daß ein Selbstbeurteilungsbogen auch L. E.s erfaßte, die in einem Interview nicht erhebbar waren. Brown selbst (vgl. Brown et al., 1987) hat seine Methode noch weiter differenziert. Unter anderem hat er neue Kategorien für die Beschreibung von L. E.s vorgeschlagen. So meint er etwa, L. E.s müßten auch im Hinblick darauf beurteilt werden, ob sie einen Lebensbereich betreffen, der für die untersuchte Person besonders wichtig ist („degree of commitment"), aber auch, daß darauf zu achten sei, ob ein L. E. ein Gebiet betrifft, in dem bereits „chronische Schwierigkeiten" bestanden („matching difficulties").

Kennzeichnend für das zunehmend kritische Methodenbewußtsein in der L. E.-Forschung sind die zahlreichen *Reliabilitäts-* und *Validitätsstudien*. Es zeigte sich, daß besonders dann, wenn die Reliabilität für *einzelne* L. E.s berechnet wird, Interviewmethoden Selbstbeurteilungsbögen bei weitem überlegen sind (Steele et al., 1980; Paykel, 1983; Cooke, 1985; Wilkinson et al., 1986). Auch im Hinblick auf die Validierbarkeit durch zusätzliche Informanten (z. B. durch Angehörige) hat sich dies gezeigt (Brown/Harris, 1982; Paykel, 1983). Im Licht dieser Ergebnisse ist die an sich begrüßenswerte Einführung einer „Streßachse" im Diagnostischen und Statistischen Manual-III (DSM-III) des Amerikanischen Psychiaterverbandes (American Psychiatric Association, 1980) problematisch, ist doch – im Unterschied zur Psychopathologie-Diagnostik, für die ein umfangreiches standardisiertes Interview entwickelt wurde – die Beurteilung der Belastungswirkung von lebensverändernden Ereignissen im DSM-III praktisch nicht standardisiert und völlig dem subjektiven Urteil des Psychiaters überlassen (Schrader et al., 1986).

Der zu Beginn der L. E.-Forschung als großer methodischer Fortschritt herausgestrichene Aspekt der Quantifizierung der Streßbelastung für verschiedene Typen von L. E.s (in Form der sogenannten „Life Change Units", s. o.) hat sich in zahlreichen Untersuchungen als überflüssig erwiesen (zusammenfassend Zimmermann, 1983). In allen Studien wurde gezeigt, daß das einfache Aufaddieren von L. E.s mit den Summenscores der „Life Change Units" hoch korreliert (die meisten Korrelationskoeffizienten betragen über 0,9). Freilich ist hier daran zu erinnern, daß derartige einfache Streßmaße, die den Kontext nicht berücksichtigen, ohnehin nicht mehr verwendet werden sollten.

In den letzten Jahren ist eine größere Sensibilität dafür entstanden, daß die Belastungswirkung lebensverändernder Ereignisse nichts Universelles ist: Wilkinson und Mitarbeiter (1986) haben darauf hingewiesen, daß die Intensität der „Bedrohung" durch ein und dasselbe L. E. mit dem Lebensstadium korreliert. In einer transkulturellen Studie der Weltgesundheitsorganisation, die in sieben verschiedenen Ländern durchgeführt wurde, zeigte sich darüber hinaus die Notwendigkeit, bei der Erfassung und Bewertung der Belastungswirkung von L. E.s neben dem persönlichen Lebenskontext auch die unterschiedlichen kulturellen Bedingungen zu berücksichtigen (Day et al., in Druck).

3 Bewertung der bisherigen Ergebnisse

Im hier vorgegebenen Rahmen kann nicht im Detail auf Ergebnisse von L. E.-Untersuchungen eingegangen werden (vgl. dazu die Sammelbände von Gunderson/Rahe, 1974; Dohrenwend/Dohrenwend, 1974; die Überblicksarbeiten von Kasl, 1977; Rahe/Arthur, 1978; Barett, 1979; Cooper, 1980; Siegrist, 1980). Aus dem Bereich der Psychiatrie sei lediglich so viel erwähnt, daß bei *Depressionen* – in Analogie zur Trauerreaktion – *Verlustereignisse* als Auslöser im Vordergrund zu stehen scheinen (Brown/Harris, 1978), während vor dem Ausbruch *schizophrener* Episoden eine Häufung von Lebensveränderungen *jeder Art* zu finden ist. Wenn die Schizophrenie heute als Informationsverarbeitungsstörung angesehen wird, dann gibt dies insofern einen Sinn, als sich schizophrene Patienten mit ihren reduzierten kognitiven Bewältigungsmöglichkeiten an Veränderungen jeder Art weniger gut anpassen können. Freilich sind die entsprechenden Befunde noch umstritten, wie eine kürzlich in der Zeitschrift „Integrative Psychiatry" geführte Diskussion zeigt (Tennant, 1985; Day et al., in Druck).

Anstatt auf Ergebnisse näher einzugehen, sollen hier einige kritische Bemerkungen zu Design und Auswertungsstrategien von L. E.-Studien allgemein angebracht werden. Die meisten L. E.-Untersuchungen – gleich, mit welcher der vielen verfügbaren Methoden sie durchgeführt werden – gehen nicht darüber hinaus, einen Anstieg der Belastung durch lebensverändernde Ereignisse vor einem Krankheitsausbruch nachzuweisen – in der Regel nicht für einzelne Personen, sondern pauschal für eine untersuchte Population. Dieser Anstieg wird oft graphisch recht eindrucksvoll und suggestiv dargestellt (z. B. Brown/Birley, 1970; Rahe/Lind, 1971; Paykel et al., 1975). Der tatsächliche Erkenntnisgewinn aus derartigen Resultaten ist nicht klar. Zum einen konnte gezeigt werden, daß verschiedene L. E.-Methoden bei ein und derselben Gruppe zwar identische Resultate – einen Anstieg der L. E.-Belastung vor Krankheitsausbruch – liefern, auf der Ebene der individuellen betroffenen Person jedoch keineswegs miteinander korrelieren (Katschnig, 1980a, b; 1986b), was den Schluß nahelegt, daß verschiedene L. E.-Methoden inhaltlich Verschiedenes messen. Eine Diskussion über diesen für die tatsächlichen Mechanismen der Wirkung von L. E.s entscheidenden Sachverhalt findet man in der L. E.-Literatur jedoch nirgends.

Weiter ist festzuhalten, daß die meisten der bisher durchgeführten L. E.-Untersuchungen klinische Fall-Kontroll-Studien und nicht epidemiologische Studien sind (Ausnahme z. B. Brown et al., 1975). Damit stellt sich einerseits die Frage der Repräsentativität der in klinischen Untersuchungen gefundenen Ergebnisse, andererseits erscheint unter epidemiologischen Gesichtspunkten das Problem der Intensität des gefundenen Zusammenhanges in einem anderen Licht: Wie Paykel (1980) mit Hilfe des epidemiologischen Konzepts des „relativen Risikos" zeigen konnte, ist der Einfluß, den lebensverändernde Ereignisse *allein* auf die Entstehung einer Depression haben, sehr gering.

Dies führt zu dem bis jetzt am meisten vernachlässigten Aspekt der L. E.-Forschung: dem der *intervenierenden Variablen* bzw. der *Vulnerabilitätsfaktoren*, die vorhanden sein müssen, damit lebensverändernde Ereignisse tatsächlich krankheitsauslösend wirken. Clayton et al. (1972) gelang es etwa zu zeigen, daß nur diejenigen Witwer prolongierte Trauerreaktionen vom Stellenwert einer klinischen Depression aufwiesen, die nicht in der Nähe ihrer schon erwachsenen Kinder wohnten und damit keine Kontaktmöglichkeiten mit diesen hatten. Ähnlich konnten Brown und Mitarbeiter (1975) nachweisen, daß lebensverändernde Ereignisse bei Londoner Frauen nur im Verein mit sogenannten „Vulnerabilitätsfaktoren" (Fehlen einer vertrauensvollen Beziehung, fehlende Berufstätigkeit, drei und mehr Kinder unter 14 Jahren im Haushalt, Verlust der Mutter vor dem 11. Lebensjahr) zur Entstehung einer Depression führen. Ein tatsächlicher Erkenntniszuwachs wird sich in der L. E.-Forschung nur dann ergeben, wenn es gelingt, in epidemiologischen, tunlichst prospektiv angelegten Untersuchungen neben den lebensverändernden Ereignissen derartige intraindividuelle und kontextuelle Vulnerabilitätsfaktoren zu berücksichtigen. Die klassische Epidemieforschung des vergangenen Jahrhunderts hat mit ihrer epidemiologischen Trias „Wirt/schädliches Agens/Umwelt" hierfür bereits ein recht brauchbares Modell vorgegeben (Katschnig, 1977; 1980). Es ist zu hoffen, daß mit der Zuwendung zum Studium von „Vulnerabilitätsfaktoren" auch das heute noch bestehende Theoriedefizit der L. E.-Forschung geringer werden wird (s. u.).

Daß L. E.-Methoden nicht nur für ätiologische Fragestellungen herangezogen werden können, daß sie vielmehr auch prinzipielle Bedeutung bei der Reformulierung von Krankheitskonzepten haben können, kann am Beispiel der klassischen Dichotomie der Depression in eine „endogene" und eine „neurotische" Depression gezeigt werden. Bei Anwendung standardisierter Erhebungsinstrumente für die Erfassung von L. E.s konnte demonstriert werden, daß – entgegen der Lehrbuchmeinung – psychopathologisch definierte „endogene" Depressionen nicht seltener durch belastende Ereignisse ausgelöst werden als die „neurotischen" Depressionsformen (Katschnig et al., 1986; Katschnig/Nouzak, 1987).

4 Theoriedefizite

Ähnlich wie andere Forschungsgebiete, in denen Pathologie, besonders Psychopathologie, mit anderen psychosozialen Sachverhalten in Zusammenhang gebracht wird (wie z. B. in der *Sozialen-Netzwerk-Forschung*), weist auch die L. E.-Forschung noch ein erhebliches Theoriedefizit auf. Dieses Theoriedefizit läßt sich zum Teil durch die relativ leichte Zugänglichkeit der wenig aufwendigen Selbstbeurteilungsmethoden zur Erfassung von L. E.s erklären. Es ist offenbar zu verführerisch, solche Erhebungsinstrumente auch ohne ausführlichen theoretischen Hintergrund einzusetzen und schlichte statistische Assoziationen zwischen L. E.-Indices und Krankheitsausbrüchen zu publizieren.

Das Theoriedefizit bezieht sich auf zwei Gebiete. Einerseits gibt es nur sehr dürftige Überlegungen darüber, welcher Natur die „Streßwirkung" ist, die mit spezifischen L. E.-Methoden gemessen wird. Holmes und Rahe (1967) sprechen nur beiläufig davon, daß ihre „Social Readjustment Rating Scale" die *Wiederanspassungsleistung* (eben das „readjustment") messe, die durch lebensverändernde Ereignisse notwendig werde. Paykel et al. (1971) messen mit ihrem Erhebungsinstrument „upsettingness", also etwa den Grad der „Aufregung", den ein lebensveränderndes Ereignis hervorruft. Brown (1974) hinwiederum bemüht sich, die kurz- oder langfristige „Bedrohung" („threat") zu erfassen, die mit bestimmten lebensverändernden Ereignissen einhergeht. Nähere theoretische Erörterungen über die Konzepte „readjustment", „upsettingness" oder „threat" sucht man aber vergeblich.

Ein zweites, mit dem ersten eng verbundenes Theoriedefizit betrifft die Einbeziehung von anderen als L. E.-Variablen in die Überlegungen und Forschungen darüber, wie der pathogene Prozeß, wie der Mechanismus, über den nach L. E.s pathologische Phänomene entstehen, tatsächlich gestaltet ist. Hier harren noch weite Gebiete der Psychologie und der Sozialwissenschaften der Integration in die L. E.-Forschung, von der Konzepte wie „soziales Netzwerk" und „soziale Unterstützung", „Coping" und „prämorbide Persönlichkeit" erst ansatzweise berücksichtigt werden (Filipp, 1981; Dohrenwend/Dohrenwend, 1981; Neufeld, 1982; Moos, 1986). Auch die Integration biologischer Variablen in die L. E.-Forschung ist überfällig (vgl. Depue, 1979; Turpin/Lader, 1986). Mit dem Konzept der „Vulnerabilitätsfaktoren" hat die L. E.-Forschung allerdings schon einen ersten Schritt zur Berücksichtigung von anderen als L. E.-Variablen getan (Brown/Harris, 1978).

Monroe und Steiner (1986) haben kürzlich anläßlich der Diskussion des Konzeptes „soziale Unterstützung" („social support") die Komplexität der möglichen Interdependenzen zwischen „Life Stress"-Variablen und anderen mit „Life Stress" im Zusammenhang stehenden Merkmalen für die Entstehung psychischer Störungen ausführlich diskutiert und in einem Diagramm zusammengefaßt (siehe Abbildung 1).

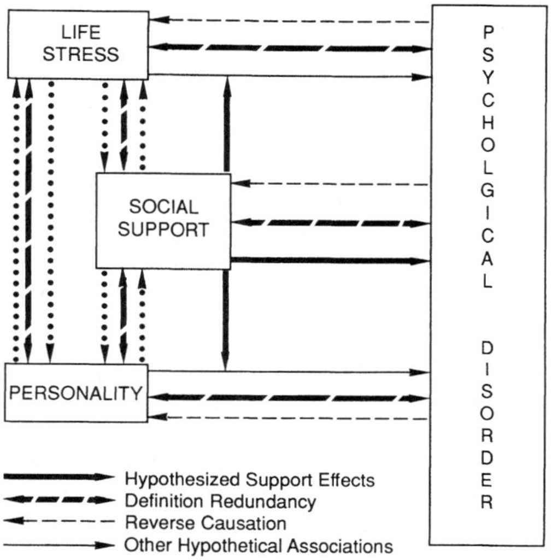

Abbildung 1: Zusammenhang zwischen sozialer Unterstützung (social support), psychischer Störung (psychological disorder), Streß (life stress) und Persönlichkeit (personality)

Zwischen „Life Stress" und „psychischer Störung" gibt es eben nicht nur den einfachen „kausalen" Pfeil von links nach rechts, sondern vielfache Beziehungen, in die die Merkmalsbereiche „soziale Unterstützung", „Persönlichkeit" und „psychische Störung" eingeschaltet sind, sowohl als abhängige wie auch als unabhängige Variablen. Es ist unmittelbar einsichtig, daß soziale Unterstützung Streß „abpuffern" kann, so daß keine oder nur abgeschwächte psychische Störungen auftreten (hypothesized support effects). Psychische Störungen können aber auch selbst zum Auftreten von „Life Stress" beitragen oder das soziale Unterstützungssystem dadurch schwächen, daß sich Bezugspersonen zurückziehen („reverse causation"). Prämorbide Persönlichkeitseigenschaften können – über ein spezifisches „Expositionsverhalten" – die Häufigkeit von L. E.s mitbestimmen („other hypothetical associations"). Aber auch grundlegendere methodische Schwierigkeiten sind zu beachten, wie etwa die „definition redundancy". Damit ist gemeint, daß durch die Erfassung eines Variablenbereiches (z. B.

L. E.s) bereits ein *zweiter* (z. B. soziale Unterstützung) miterfaßt wird (der Verlust des Ehepartners ist einerseits ein L. E., andererseits geht die betroffene Person einer sozialen Unterstützungsmöglichkeit verlustig). Monroe und Steiner (1986) weisen schließlich auf die natürlichen Grenzen von Erhebungsmethoden in den üblichen Querschnittsuntersuchungen mit einer retrospektiven Erfassung sämtlicher Merkmale hin, die es schwierig macht, klare zeitliche, geschweige denn kausale Beziehungen zwischen den erfaßten Merkmalsbereichen zu erheben. Die komplizierten Überlegungen über die möglichen mathematisch-statistischen Modelle und Methoden zur Verknüpfung dieser vielen Variablenbereiche (Golden/Dohrenwend, 1981) muten gegenüber den von Monroe und Steiner (1986) diskutierten grundsätzlichen Problemen noch vergleichsweise einfach an.

Vielleicht sind in derartigen Überlegungen nicht überschreitbare Grenzen der empirischen L. E.-Forschung im Bereich der Entstehung von somatischer und psychischer Pathologie angesprochen. Die L. E.-Forschung erscheint uns aber zumindest als ein Instrument, um das „wilde" spekulative Denken, das in der psychosozialen Medizin und Psychiatrie nur allzu gern die Oberhand gewinnt, in Grenzen zu weisen. L. E.-Forschung nicht als Faktenwissenschaft, sondern als heuristisches Prinzip hat, so gesehen, noch lange nicht ausgedient. Auf jeden Fall ist ihr das Verdienst zuzusprechen, das Interesse an der Erforschung des Beitrages psychosozialer Faktoren zur Krankheitsentstehung breit stimuliert zu haben.

Literatur

American Psychiatric Association, 1980: Diagnostic and statistical manual of mental disorders (3rd ed.). Washington D. C.: APA, 1980.

Barrett, J. E. (Ed.): Stress and mental disorder. New York: Raven Press, 1979.

Brown, G. W.: Meaning, measurement and stress of life events. In: Dohrenwend, B. S./Dohrenwend, B. P. (Eds.): Stressfull life events: their nature and effects. New York: Wiley, 1974.

Brown, G. W./Bifulco, A./Harris, T. O.: Life events, vulnerability and onset of depression: Some refinements. British Journal of Psychiatry, 150, 1987, 30-42.

Brown, G. W./Birley, J. L. T.: Crises and life changes and the onset of schizophrenia. Journal of Health and Social Behavior, 9, 1968, 203-214.

Brown, G. W./Birley, J. L. T.: Social precipitants of severe psychiatric disorders. In: Hare, E. H./Wing, J. K. (Eds.): Psychiatric epidemiology. An international symposium. London: Oxford University Press, 1970.

Brown, G. W./Ni Bhrolchain, M./Harris, T. O.: Social class and psychiatric disturbance among women in an urban population. Sociology, 9, 1975, 225-254.

Brown, G. W./Harris, T. O.: Social origins of depression. A study of psychiatric disorder in women. London: Tavistock Publications, 1978.

Brown, G. W./Harris, T. O.: Fall-off in the reporting of life events. Social Psychiatry, 17, 1982, 23.

Brugha, T./Bebbington, P./Tennant, Ch./Hurry, J.: The list of threatening experiences: a subset of 12 life event categories with considerable long-term contextual threat. Psychological Medicine, 15, 1985, 189-194.

Clayton, P. J./Halikas, J. A./Maurice, W. L.: The depression of widowhood. British Journal of Psychiatry, 120, 1972, 71-78.

Cooke, D. J.: The reliability of a brief life event interview. Journal of Psychosomatic Research, 29, 1985, 361-365.

Cooper, B.: Die Rolle von Lebensereignissen bei der Entstehung von psychischen Erkrankungen. Nervenarzt, 51, 1980, 321-331.

Cooper, B./Sylph, J.: Life events and the onset of neurotic illness: An investigation in general practice. Psychological Medicine, 3, 1973, 421-435.

Day, R. / Nielsen, J. A. / Korten, A. / Ernberg, G. / Dube, K. C. / Gebhart, J./Jablensky, C./Marsella, A./Olatawura, M./Sartorius, N./Strömgren, E./Takahashi, R./Wig, N./Wynne, L. C.: Stressful life events preceding the acute onset of schizophrenia: A cross-national study from the World Health Organization, Culture, Medicine and Psychiatry, im Druck.

Depue, R. A. (Ed.): The psychobiology of the depressive disorders. Implications for the effects of stress. New York: Academic Press, 1979.

Dittmann, K./Siegrist, J.: Lebensveränderungen und Krankheitsausbruch: Methodik und Ergebnisse einer medizin-soziologischen Studie. Kölner Zeitschrift für Soziologie und Sozialpsychologie, 33, 1981, 132-147.

Dohrenwend, B. P./Dohrenwend, B. S. (Eds.): Stressful life events: their nature and effects. New York: Wiley, 1974.

Dohrenwend, B. S./Dohrenwend, B. P. (Eds.): Stressful life events and their contexts. New York: Prodist, 1981.

Dohrenwend, B. S. / Krasnoff, L. / Askenasy, A. R. / Dohrenwend, B. P.: Exemplification of a method for scaling life events – PERI life events scale. Journal of Health and Social Behavior, 19, 1978, 205-229.

Filipp, S.-H. (Hrsg.): Kritische Lebensereignisse. München: Urban & Schwarzenberg, 1981.

Golden, R. R./Dohrenwend, B. S.: A path analytic method for testing causal hypotheses about the life stress process. In: Dohrenwend, B. S./Dohrenwend, B. P. (Eds.): Stressful life events and their contexts. New York: Prodist, 1981.

Grant, I./Teichmann, A./Mendels, J.: Recent life events and diabetes in adults. Psychosomatic Medicine, 2, 1974, 121-128.

Gunderson, E. K. E./Rahe, R. H. (Eds.): Life stress and illness. Springfield, Ill.: Thomas, 1974.

Holmes, Th. H./Rahe, R. H.: The social readjustment rating scale. Journal of Psychosomatic Research, 11, 1967, 213-218.

Horowitz, M. / Schaefer, C. / Hiroto, D. / Wilner, N. / Levin, B.: Life event questionnaire for measuring presumptive stress. Psychosomatic Medicine, 39, 1977, 413-431.

Hull, D.: Life circumstances and physical illness: A cross disciplinary survey of research content and method for the decade 1965-1975. Journal of Psychosomatic Research, 21, 1977, 115-139.

Kasl, S. V.: Contributions of social epidemiology to studies in psychosomatic medicine. Advances in Psychosomatic Medicine, 9, 1977, 160-223.

Katschnig, H.: Epidemiologie und primäre Soziogenese psychischer Erkrankungen. In: Becker, A. M./Reiter, L. (Hrsg.): Psychotherapie als Denken und Handeln. München: Kindler, 1977.

Katschnig, H. (Hrsg.): Sozialer Streß und psychische Erkrankung – Lebensverändernde Ereignisse als Auslöser seelischer Störungen? München: Urban & Schwarzenberg, 1980 a.

Katschnig, H.: Methodische Probleme der Life-Event-Forschung. Nervenarzt, 51, 1980 b, 332-343.

Katschnig, H. (Hrsg.): Life events and psychiatric disorders: controversial issues. Cambridge: Cambridge University Press, 1986 a.

Katschnig, H.: Measuring life stress – a comparison of the checklist and the panel technique. In: Katschnig, H. (Ed.): Life events and psychiatric disorders: Controversial issues. Cambridge: Cambridge University Press, 1986 b.

Katschnig, H./Nouzak, A.: Does it make sense to divide depression into a psychosocial and a biological type? Results from the Vienna Depression Study. In: Angermeyer, M. (Ed.): From social class to social stress – new developments in psychiatric epidemiology. Heidelberg: Springer, 1987.

Katschnig, H./Pakesch, G./Egger-Zeidner, E.: Life stress and depressive subtypes: A review of present diagnostic criteria and recent research results. In: Katschnig, H. (Ed.): Life events and psychiatric disorders: controversial issues. Cambridge: Cambridge University Press, 1986, 201-245.

Lief, A. (Ed.): The commonsense psychiatry of Dr. Adolf Meyer. New York: McGraw-Hill, 1948.

Lindemann, E.: The symptomatology and management of acute grief. American Journal of Psychiatry, 101, 1944, 141-148.

Miller, P. McC./Ingham, J. G./Davidson, S.: Life events, symptoms and social support. Journal of Psychosomatic Research, 20, 1976, 515-522.

Miller, P. McC./Salter, D. P.: Is there a short-cut? Acta Psychiatrica Scandinavica, 70, 1984, 417-427.

Monroe, S. M./Steiner, St. C.: Social support and psychopathology: Interrelations with preexisting disorder, stress, and personality. Journal of Abnormal Psychology, 95, 1986, 29-39.

Moos, R. H. (Ed.): Coping with life crises. An integrated approach. New York-London: Plenum Press, 1986.

Müller, D. P./Edwards, D. W./Yarvis, R. M.: Stressful life events and community mental health center patients. Journal of Nervous and Mental Disease, 166, 1978, 16-24.

Neufeld, W. J. (Ed.): Psychological stress and psychopathology. New York: McGraw-Hill Book Company, 1982.

Oei, T. I./Zwart, F. M.: The assessment of life events: self-administered questionnaire versus interview. Journal of Affective Disorders, 10, 1986, 185-190.

Paykel, E. S.: Der Bedeutungsgehalt lebensverändernder Ereignisse und die individuelle Disposition: Ihre Rolle bei der Entstehung psychischer Erkrankungen. In: Katschnig, H. (Hrsg.): Sozialer Streß und psychische Krankheit – Lebensverändernde Ereignisse als Auslöser seelischer Störungen? München: Urban & Schwarzenberg, 1980.

Paykel, E. S.: Methodological aspects of life event research. Journal of Psychosomatic Research, 27, 1983, 341-352.

Paykel, E. S./Myers, J. K./Dienelt, M. N./Klerman, G. L./Lindenthal, J. J./Pepper, M. P.: Life events and depression. A controlled study. Archives of General Psychiachtry, 21, 1969, 753-760.

Paykel, E. S./Prusoff, B. A./Myers, J. K.: Suicide attempts and recent life events. Archives of General Psychiatry, 32, 1975, 327-760.

Paykel, E. S./Prusoff, B. A./Uhlenhut, E. H.: Scaling of life events. Archives of General Psychiatry, 25, 1971, 340-347.

Rahe, R. H.: Epidemiological studies of life changes and illness. International Journal of Psychiatric Medicine, 6, 1975, 133-146.

Rahe, R. H./Arthur, R. J.: Life change and illness studies: Past history and future. Journal of Human Stress, 4, 1978, 3-5.

Rahe, R. H./Lind, E.: Psychosocial factors and sudden cardiac death: A pilot study. Journal of Psychosomatic Research, 15, 1971, 19-24.

Rahe, R. H. / Meyer, M. / Smith, M. / Kjaer, G. / Holmes, I. H.: Social stress and illness onset. Journal of Psychosomatic Research, 8, 1964, 35-44.

Schrader, G./Gordon, M./Harcourt, R.: The usefulness of DSM-III Axis IV and Axis V assessments. American Journal of Psychiatry, 143, 1986, 904-907.

Siegrist, J.: Die Bedeutung von Lebensereignissen für die Entstehung körperlicher und psychosomatischer Erkrankungen. Nervenarzt, 51, 1980, 313-320.

Steele, G. P./Henderson, S./Duncan-Jones, P.: The reliability of reporting adverse experiences. Psychological Medicine, 10, 1980, 301-306.

Tennant, C.: Stress and schizophrenia: a review. Integrative Psychiatry, 3, 1985, 248-261.

Tennant, C./Andrews, G.: A scale to measure the stress of life events. Australian and New Zealand Journal of Psychiatry, 10, 1976, 27-32.

Turpin, G./Lader, M.: Life events and mental disorder: biological theories of their mode of action. In: Katschnig, H. (Ed.): Life events and psychiatric disorders: controversial issues. Cambridge: Cambridge University Press, 1986 a.

Wilkinson, S. J. / Downes, J. / Owen, J. / Morris, G. D. / Davies, A. D. M.: Rating reliability for life events and difficulties in the elderly. Psychological Medicine, 16, 1986, 101-105.

Zimmermann, M.: Weighted versus unweighted life event scores: is there a Difference? Journal of Human Stress, 9, 1983, 30-35.

Literaturpsychologie

Ralph Langner

1 Begriffsbestimmung

L. ist die Beschreibung und Erklärung literarischer Sachverhalte mit der Begrifflichkeit und Methodik der Psychologie. Dabei lassen sich „literarische Sachverhalte" in drei Teilgebiete aufgliedern:

1. Literarische Persönlichkeit und literarischer Schaffensprozeß
2. Struktur- und Inhaltsanalyse literarischer Texte
3. Literarische Wirkung und Leserverhalten.

Die Explikation dieser drei Gegenstandsbereiche der L. im Spannungsfeld von Psychologie und Literaturwissenschaft ist durch verschiedenartige Erkenntnisinteressen und Paradigmen geprägt. Generell läßt sich eine Unterscheidung zwischen verstehenden Ansätzen, die in der hermeneutischen Tradition der Literaturwissenschaft stehen, und empirischen Ansätzen vornehmen. Während die L. lange Zeit von verstehenden, insbesondere tiefenpsychologischen Ansätzen geprägt war, stehen diesen heute eine Vielzahl empirischer Forschungsarbeiten gegenüber.

2 Verstehende Ansätze

Zu den verstehenden Ansätzen der L. zählen Psychiatrie, Psychoanalyse und Analytische Psychologie. Ihr gemeinsames Interesse ist die (nicht selten als wissenschaftlicher Beweis überbewertete) Bestätigung und Veranschaulichung psychologischer Theorien und Konzepte anhand literarischer Texte, ihrer Entstehung und ihrer Wirkung. Das zentrale methodische Konzept der hier zusammenzufassenden Ansätze der L. ist die verstehende *Deutung*.

2.1 Psychiatrie

Durchgängiges Thema der psychiatrischen L. ist das Verhältnis von Genie und „Irrsinn", sowie ihrer möglichen „inneren" Verbundenheit (Lombroso, 1863/1887).

Im Mittelpunkt der psychiatrischen L. steht die *Pathographie*, die in der Biographie des Autors Symptome für psychopathologische Erkrankungen als Begründung für Inhalt und Struktur seiner literarischen Produktion sucht (Möbius, 1907; Lange-Eichbaum, 1967). Die literarische Schilderung psychopathologisch relevanter Erlebnisformen erscheint hier als Ausdruck pathologischer Persönlichkeitsmerkmale ihres Autors oder aber als „Ersatz" für psychopathologische Handlungen (Glatzel, 1986).

Empirische Untersuchungen widerlegten seither die von der psychiatrischen L. explizit oder implizit behauptete These gehäufter psychopathologischer Krankheitsfälle bei Künstlern (Goertzel/Goertzel, 1962). Insbesondere aber verlor die psychiatrische L. mit dem Aufkommen eines Verständnisses vom Schriftsteller an Bedeutung, das diesen nicht mehr als in romantischen Seelenzwiespälten befangen oder auf genialer Geisteshöhe schwebend betrachtet, sondern als rational denkenden und handelnden Staatsbürger.

2.2 Psychoanalyse

Die Psychoanalyse ist diejenige Disziplin, die die L. von der Zahl der Veröffentlichungen her bei weitem dominiert. Ihrer Auffassung zufolge ist Literatur der Niederschlag einer dem Traum ähnlichen Phantasietätigkeit, in der sich dem Bewußtsein des Autors peinliche, aber verdrängte Wünsche in fiktionalen Handlungen Ausdruck und Befriedigung verschaffen (Freud, 1907/1941). Die literarische Wirkung wird daraus erklärt, daß das Publikum mit dem Schriftsteller bestimmte unbewußte Wünsche mit Ursprung in der infantilen Sexualität teilt und daher an ihrer ästhetischen Darstellung Gefallen findet. Die psychoanalytisch am häufigsten gedeuteten literarischen Motive ranken sich um den „Ödipus-Komplex", also um Inzest, Kastrationsangst und Vatertötung (Cremerius, 1974).

Im Anschluß an Freud hat sich die psychoanalytische L. in eine Vielzahl von Fraktionen aufgespalten. Neue Impulse kamen dabei von der Lebenslaufforschung (Coltrera, 1981; Edel, 1982) sowie von der Auseinandersetzung mit linguistischen Fragestellungen (Goeppert, 1978).

2.3 Analytische Psychologie

Die Analytische Psychologie geht – ähnlich der Psychoanalyse – von einer unbewußten Determination literarischer Texte aus. Ein grundlegender Unterschied besteht jedoch darin, daß Literatur nicht als Darstellung verdrängter Wünsche aufgefaßt wird, sondern als Ausdruck anthropologischer Grundkonflikte.

Ursprungsort der Literatur ist dieser Lehre zufolge ein stammesgeschichtlich erworbenes „Kollektives Unbewußtes", hinter dem die Perönlichkeit des Autors zurücktritt. Als Inhalte dieses Unbewußten und gleichzeitig als Inhalte überdauernder literarischer Kunstwerke gelten sog. *Archety-*

pen, mythologische Motive, die in der Literatur aller Kulturen und Epochen wiederkehren (Jung, 1930/1950).

Das Interesse der Analytischen Psychologie richtet sich daher vornehmlich auf „visionäre“ Dichtungen mit symbolträchtigem und transzendentalem Inhalt. Andere literarische Darstellungsformen werden dagegen als unkünstlerisch abgewertet.

3 Empirische Ansätze

Empirische L. ist gut ein halbes Jahrhundert jünger als die verstehenden Ansätze der L. Ihre konzeptuellen und methodischen Wurzeln liegen in der Kreativitätsforschung, der Rezeptionsästhetik sowie in der experimentellen Ästhetik. Ziel der empirischen L. ist die *falsifizierbare Erklärung und Vorhersage* literarischer Sachverhalte.

3.1 Kreativitätsforschung

Die Kreativitätsforschung begreift literarische Kreativität als die Fähigkeit bestimmter Personen, neuartige literarische Texte zu verfassen, denen soziale Wertschätzung zuteil wird.

In retrospektiven Interviews kreativer Persönlichkeiten traten drei Phasen des kreativen Prozesses hervor. In der Anfangsphase des kreativen Prozesses stehen die bewußte Intention zur kreativen Schöpfung und die Formulierung eines offenen Problems unter Einsatz der verfügbaren literarischen Techniken im Vordergrund. In einer zweiten Phase wird dann durch die Fähigkeit, sich logisch oder räumlich Ausschließendes zusammenzudenken, eine kreative Problemlösung geschaffen. Die dritte und zeitlich ausgedehnteste Phase besteht sodann in der Ausformulierung der kreativen Problemlösung zum Zweck der kommunikativen Vermittlung (Rothenberg, 1979).

Psychometrische Untersuchungen zur Persönlichkeit des kreativen Schriftstellers erbrachten, daß sich Schriftsteller durch überdurchschnittliche verbale Intelligenz auszeichnen. Außerdem weisen sie vergleichsweise hohe psychopathologische Indikatoren bei gleichzeitig erhöhter Ich-Stärke und Selbstakzeptanz auf, während in der Bevölkerung zwischen diesen beiden Merkmalen ein negativer Zusammenhang besteht (Barron, 1967; Schmidt/Zobel, 1983).

3.2 Rezeptionsästhetik

Untersuchungen zur Lektürewirkung und Lesemotivation stammen weniger aus dem Bereich der Psychologie als vielmehr aus dem der Literaturwissenschaft. Auf der Basis des soziolinguistischen Konzepts der *Schichtspezifität* sprachlicher Codes lautet die Fragestellung der Rezeptionsästhetik, welche Textsorten von welchen Leserschaften mit welcher Häufigkeit rezipiert werden.

Wie sich bei diesen Forschungen ergab, hängen Lesehäufigkeit, Leseintensität und ästhetisches Anspruchsniveau des Lesestoffs mit der Länge und Qualität der Ausbildung zusammen. Dieser Zusammenhang verhält sich zur Lesehäufigkeit kurvilinear: Die Leser von „Trivialliteratur“ lesen häufig bei gleichzeitig kurzer Ausbildungsdauer. Schichtenspezifische Lesemotivationen führten zur Postulierung unterschiedlicher „Lesertypen“ (Baumgärtner, 1982).

3.3 Experimentelle Ästhetik

Der experimentellen Ästhetik zufolge sind ästhetische Reize durch ein angenehm stimulierendes *Aktivierungspotential* gekennzeichnet (Berlyne, 1974), das bei literarischen Texten aus der Entlegenheit der Inhalte und der einen Stil kennzeichnenden syntaktischen Geordnetheit resultiert. Da aufgrund des Habituationsphänomens ein kontinuierlich höheres Aktivierungspotential benötigt wird, um die gleichen ästhetischen Wirkungen auszulösen, lassen sich hieraus Vorhersagen über den Verlauf des literaturhistorischen Wandels ableiten.

Zu den wichtigsten Aussagen dieses empirisch gut bestätigten Theoriegefüges gehört, daß die Literatur innerhalb definierter literarischer Gattungen und Traditionen evolutionäre Entwicklungszyklen durchläuft, in denen die literarischen Inhalte kontinuierlich „regressiver“ und entlegener werden, bis eine weitere Regression und Entlegenheit nicht stärkere, sondern schwächere ästhetische Wirkung zur Folge hat. An diesem Punkt findet ein stilistischer Umbruch statt, nach dem der Prozeß von neuem beginnt. Damit ist gleichzeitig gesagt, daß eine Reihe inhaltlicher und stilistischer Merkmale der Literatur stärker von den vorangegangenen Erzeugnissen der jeweiligen literarischen Tradition abhängen als etwa von sozioökonomischen Variablen (Martindale, 1975; 1986).

4 Zusammenfassung und Ausblick

L. stand für Jahrzehnte außerhalb der akademischen psychologischen Forschung. In dieser Zeit entwickelte sich ein „Wildwuchs“ unsachgemäßer psychologischer Interpretationen, der dazu führte, daß L. bei vielen Psychologen zum Synonym für unberufene psychoanalytisch inspirierte Symboldeutungen verkam. Mit der „kognitiven Wende" in der Psychologie und den seither erzielten empirischen Forschungsergebnissen der L. hat sich dieses Bild geändert. Gegenwärtig ist die L. am ehesten durch die Vielfalt ihrer theoretischen und methodischen Ansätze zu kennzeichnen; wie sie sich jedoch in der Zukunft weiterentwickeln wird, wird maßgeblich davon abhängen, inwieweit es gelingt, die unterschiedlichen Ansätze in integrative und empirisch überprüfbare Forschungsdesigns umzusetzen.

Literatur

Barron, F.: Creative person and creative process. New York, 1967.

Baumgärtner, A. C. (Hrsg.): Literaturrezeption bei Kindern und Jugendlichen. Baltmannsweiler: Schneider, 1982.

Berlyne, D. E. (Hrsg.): Studies in the new experimental aesthetics: Steps toward an objective psychology of aesthetic appreciation. New York: Wiley, 1974.

Coltrera, J. T. (Hrsg.): Lives, events, and other players. Directions in psychobiography. New York, London: Aronson, 1981.

Cremerius, J. (Hrsg.): Psychoanalytische Textinterpretation. Hamburg: Hoffmann u. Campe, 1974.

Edel, L.: Stuff of sleep and dreams. Experiments in literary psychology. London: Chatto & Windus, 1982.

Freud, S.: Der Dichter und das Phantasieren. Gesammelte Werke, Bd. 7, Frankfurt: Fischer, 1941 (Erstausg. 1907).

Glatzel, J.: Literatur und Schriftsteller in psychiatrischer Betrachtung. In: Langner, R. (Hrsg.): Psychologie der Literatur. Theorien, Methoden, Ergebnisse. Weinheim & München: Psychologie Verlags Union, 1986.

Goeppert, S. (Hrsg.): Perspektiven psychoanalytischer Literaturkritik. Freiburg: Rombach, 1978.

Goertzel, V./Goertzel, M.: Cradles of eminence. Boston: Brown 1962.

Jung, C. G.: Psychologie und Dichtung. Gesammelte Werke, Bd. 15, Zürich u. Stuttgart: Rascher, 1950 (Erstausg. 1930).

Lange-Eichbaum, W./Kurth, W.: Genie, Irrsinn und Ruhm. Genie-Mythos und Pathographie des Genies. (6. Aufl.) München u. Basel: Reinhardt, 1967.

Lombroso, C.: Genie und Irrsinn. Leipzig: Reclam 1887 (Original: 1863).

Martindale, C.: Romantic progression. The psychology of literary history. Washington, D. C.: Hemisphere, 1975.

Martindale, C.: Psychologie der Literaturgeschichte. In: Langner, R. (Hrsg.): Psychologie der Literatur. Theorien, Methoden, Ergebnisse. Weinheim & München: Psychologie Verlags Union, 1986.

Möbius, P. J.: Über Scheffels Krankheit. Mit einem Anhang: Kritische Bemerkungen über Pathographie. Halle: Marhold, 1907.

Rothenberg, A.: The emerging goddess: The creative process in art, science and other fields. Chicago: Chicago University Press, 1979.

Schmidt, S. J./Zobel, R.: Empirische Untersuchungen zu Persönlichkeitsvariablen von Literaturproduzenten. Braunschweig: Vieweg, 1983.

Macht

Hans-Dieter Schneider

1 Zum Begriff der Macht

„Macht" ist für viele Disziplinen ein grundlegender Begriff: In der Politologie, die manchmal als Wissenschaft von der M. definiert wird, in der Soziologie, der Sozialpsychologie, der Differentiellen Psychologie, der Philosophie, der Ökonomie haben sich jeweils viele Autoren mit der Frage auseinandergesetzt, welche Bedeutung die M. für das Verständnis von sozialen Prozessen hat. Wir finden deshalb eine große Zahl unterschiedlicher Definitionen der M., wie z. B. bei Zelger (1975) und bei Schneider (1977) diskutiert werden.

Einigkeit besteht darüber, daß M. ein *relationaler* Begriff ist (s. auch Witte, 1985, 128). M. kann nur über andere Personen (als Individuen oder in sozialen Einheiten) und, wenn man die Person in mehrere Instanzen unterteilt, über andere Einheiten der eigenen Person ausgeübt werden. Damit eine M.beziehung zustande kommt, muß die eine Seite nicht nur – objektiv oder phänomenal – über ausreichende Ressourcen verfügen, sondern die andere Seite muß auch bereit sein, die Überlegenheit des Partners anzuerkennen. Die für einen bestimmten Bereich gültige M.beziehung kann dann bedeuten:

- eine „Fähigkeit" oder Möglichkeit, das Verhalten des Partners zu beeinflussen („potentielle Macht");
- die Bedingung der tatsächlichen Beeinflussung („aktualisierte Macht");
- das Erreichen von beabsichtigten Wirkungen oder Teilwirkungen (im Gegensatz zur „negativen Macht", die Bumerangeffekte erbringt).

Als Sonderformen der M. werden oft noch der „Einfluß" und die „Autorität" beschrieben. Einfluß liegt vor, wenn eine Person sich dem Partner freiwillig unterordnet; Autorität repräsentiert eine durch Normen legitimierte M.beziehung.

Witte (1985) schlägt ein Raster vor, mit dem man die Geltungsbereiche von M. klassifizieren kann. Es wird gebildet durch die Dimension des Umfangs (vom individuellen über das Mikro- und Meso- zum Makrosystem) und durch die Dimension der Subsysteme Affekt, Kognition und Konation. Eine solche Matrix läßt sich noch erweitern. Sie liefert eine Vorstellung von den unterschiedlichen Anwendungsfeldern der M.

Trotz der Allgegenwart von M.beziehungen in der Familie, in den Interaktionen in Beruf und Freizeit, in der therapeutischen Beziehung, in Kontakten zwischen Großorganisationen und

Staaten usw. sind die Ergebnisse der M.forschung noch wenig eindrucksvoll. Das liegt wohl daran, daß das Phänomen „Macht" „immer in soziale Zusammenhänge eingebettet ist, die eine jeweils neue Begriffsbildung erfordern ... (und daß es) nicht von anderen Prozessen isolierbar ist" (Witte, 1985, 154).

Explizite M.theorien können daher zum Verständnis vieler sozialer Vorgänge beitragen.

2 Machttheorien

Es gibt einige Versuche, Lewin's *Feldtheorie* auf die Analyse von M.beziehungen anzuwenden (z. B. Cartwright, 1959; French, 1968). Danach ist eine M.beziehung zwischen zwei Akteuren A und B bestimmt durch die Resultierende aus den Kräften, die A in B zur Verwirklichung seiner Ziele hervorrufen kann, und durch die Kräfte, die B gegen diese Vektoren einsetzen kann. Die Schwierigkeit, die sich überschneidenden Kraftfelder zu messen, dürfte dazu beigetragen haben, daß die anschauliche und plausible feldtheoretische Perspektive bisher kaum aufgegriffen wurde.

Die *Lerntheorie des operanten Konditionierens* (Skinner, 1953; s. a. Ng, 1980) wurde von Adams/Romney (1959) als Ausgangsbasis für eine M.theorie gewählt. Eine M.beziehung zwischen A und B liegt danach immer dann vor, wenn B das Verhalten von A in einer Form verstärkt, die A bestimmt (z. B. Vater zum Sohn: „Wasche dir die Hände"; der Sohn wäscht sie). Aber auch A muß B's Reaktion wieder belohnen, damit B in ähnlichen Situationen das gewünschte Antwortverhalten zeigt – nur bestimmt A die Form der Belohnung selbst. Durch seine Verfügungsgewalt über Belohnungsmittel für wunschgemäßes Verhalten und über Bestrafungsmittel für unerwünschte Verhaltensweisen kann A seine M. gegenüber B sichern. Adams/Romney (1959) haben Differenzierungen dieser lerntheoretischen M.theorie in ihrem Modell berücksichtigt.

Austauschtheoretische Begründungen der M., wie sie z. B. von Blau (1964; weitere Autoren s. Chadwick-Jones, 1976) vorgelegt wurden, fanden eine stärkere Beachtung. Danach wird A M. über B gewinnen, wenn A den Partner B belohnen und/oder bestrafen kann und wenn B keine attraktivere Sozialbeziehungen sieht. Der soziale Austausch im Rahmen der M.beziehung wird nur fortgesetzt, wenn beide Seiten daraus größeren Nutzen ziehen als aus anderen Beziehungen. Blau (1964) analysiert die Fälle, in denen B den von A bezogenen Nutzen nicht zurückzahlen kann, und stellt fest, daß B sich den Wünschen von A so lange unterordnen wird, bis der Ausgleich erreicht ist. Die Anerkennung der M. von A ist dann der Nutzen, den er A bietet. Kritik wurde vor allem von Barry (1976) geäußert.

Die *Entscheidungstheorie* (Tedeschi et al., 1972) geht von der Grundannahme aus, daß ein Individuum die Wahrscheinlichkeit von erwarteten Gewinnen und Kosten aus einer Auswahl von Verhaltensweisen bestimmt und sich für das günstigste Ergebnis entscheidet. A wird versuchen, B zu einer bestimmten Entscheidung zu führen, indem er auf B's Einschätzungen der Wahrscheinlichkeiten und die Höhe von Gewinnen und Kosten durch Informationen, Versprechungen, Drohungen u. ä. einwirkt.

M. ist keine objektive, sondern eine phänomenale Größe, denn nur wenn der Partner dem M.inhaber den Einsatz von M.mitteln zutraut und wenn er sich weniger Gegenmacht zuschreibt, wird er sich seinen Ansprüchen beugen. Ob M. vorhanden ist und ob M.mittel benutzt werden, hängt also von den *Attributionen* der M.inhaber und ihrer Partner ab. Solche Überlegungen wurden von Schopler und Layton (1974) und von Schneider (1982) diskutiert. Aus dieser Sicht wird A nur dann M. über seinen Partner B ausüben können, wenn B ihm die Verfügungsgewalt über überlegene Ressourcen zuschreibt. Schneider (1982) konnte zeigen, wie diese Auto- und Heteromachtattributionen auch das Verhalten der Interaktionspartner bestimmen. So wird man seine M.mittel vor allem dann einsetzen, wenn man glaubt, selbst mehr Ressourcen zu besitzen, wenn man weiß, daß der Partner sich unterlegen fühlt und daß er seine Mittel nicht nutzt. Angesichts der verbreiteten Versuche, durch Wettrüsten und Imponiergehabe die M.-Attributionen von Partnern zu beeinflussen, könnten hier neue Forschungsparadigmata entwickelt werden.

Umfassende M.theorien (z. B. Parsons, 1963 a, b; Luhmann, 1975), die M. als Element in einem von der Interessenrichtung der Autoren bestimmten Kommunikationssystem sehen, wurden bisher kaum auf konkrete Forschungsfragen übertragen.

3 Beschreibende Klassifikationen von Machtbeziehungen

Die weiteste Verbreitung aller Versuche, M.beziehungen zu beschreiben, hat die eher phänomenologische Analyse der Grundlagen der M. von French und Raven (1959; Weiterführungen bei Raven/Kruglanski, 1970; Raven, 1974; Raven/Rubin, 1976) gefunden:

- M. durch *Belohnung* leitet sich aus der – tatsächlichen oder vermuteten – Fähigkeit des Akteurs A ab, seinem Partner B Belohnungen zukommen zu lassen, während M. durch *Zwang* auf der Fähigkeit von A beruht, den Partner B bei fehlender Einwilligung zu bestrafen. Beide M.grundlagen setzen voraus, daß A B's Verhalten überwacht. Sie sind also wegen der Belohnungen, der Bestrafungen und wegen der Kontrolle kostenintensiv.

- M. durch *Legitimation* basiert auf sozialen Normen und Werten, die der Person A das Recht zusprechen, B Befehle zu erteilen, und die B die Pflicht auferlegen, diesen Befehlen zu gehorchen. Auch ein Versprechen kann M. durch Legitimation begründen. Eine Kontrolle durch A ist nicht mehr nötig, weil die Normen in der Regel von der Gruppe überwacht werden oder weil die Person B sich selbst ihren Werten verpflichtet fühlt.
- M. durch *Identifikation* liegt vor, wenn B den Partner A als Vorbild oder als Bezugsperson sieht und dessen Verhalten imitiert, weil er A ähnlich werden möchte. Hier kann sogar M. ausgeübt werden, ohne daß A es beabsichtigt. Die kostengünstige M. durch Identifikation kann aus der M. durch Belohnung hervorgehen.
- M. durch *Sachkenntnis* leitet sich aus der vermuteten Überlegenheit in Wissen oder Können der Person A ab. B verhält sich nach A's Anweisungen, weil er ihm die Einsicht in die Zusammenhänge zutraut. Daher ist auch keine Überwachung notwendig. Macht durch Sachkenntnis ist ein Sonderfall der M. durch *Information*, die nur durch ihren Informationsgehalt wirkt. Oft ist sie an Personen gebunden; wenn ausschließlich der Kommunikationsinhalt entscheidet, haben wir eine von Personen unabhängige M.grundlage vor uns.
- Diese Klassifikation sollte ergänzt werden durch die M. durch *situative Kontrolle*, die der Person A die Möglichkeit bietet, über die Gestaltung der räumlichen, zeitlichen oder sozialen Bedingungen spezifische Handlungsweisen zu erwirken.

Ein anderer Ansatz der Klassifikation von M. stammt von Dahl (1957). Er hebt M.grundlagen (militärische, juristische usw. Ressourcen), M.mittel (Versprechen, Drohen), M.bereiche (Verhaltensweisen von B, die A bestimmen kann), M.fülle (Wahrscheinlichkeit der erfolgreichen Einflußnahme) und M.ausdehnung (Zahl der Personen, auf die sich die M. erstreckt) voneinander ab. Als Erweiterungen werden die Zeitdauer der M.ausübung und die mit der Aufrechterhaltung von M. verbundenen Kosten vorgeschlagen.

Witte (1985) verbindet die Klassifikation von French/Raven (1959) mit den drei Einflußtypen von Kelman (1961) und empirisch gewonnenen M.mitteln von Kipnis et al. (1980) und gewinnt daraus vier Arten von M.mitteln: indirekte M., direkte M., M. durch Attraktivität und durch Glaubwürdigkeit. Vielleicht erweisen sich solche Ordnungsversuche als Ausgangspunkte für eine Erweiterung unseres Wissens über M.phänomene.

4 Beispiele für Untersuchungen von Machtbeziehungen im Labor

Letzten Endes ist die gesamte Disziplin der Sozialpsychologie mit der Untersuchung des Phänomens M. betraut, weil die Wirkung einer oder mehrerer Personen auf ihre Partner auch immer Niederschlag von M.verhältnissen ist. Wir wollen einige Fragestellungen betrachten, die sich speziell mit Hypothesen über M.beziehungen befassen.

4.1 Die Theorie der Machtdistanzreduktion von Mulder

1977 faßte Mulder Arbeiten an einer Theorie der M.distanzreduktion in einer Monographie zusammen. Ausgangspunkt dieser Theorie ist das Axiom, das Individuum übe *gerne* M. aus, es schöpfe aus der M.ausübung Zufriedenheit und versuche deshalb, seine M. auszuweiten. Daraus leitet er vier Hypothesen ab, die in einer Serie von Labor- und Feldexperimenten bestätigt wurden:

- das Individuum ist bestrebt, die M.distanz zu mächtigeren Personen zu verringern;
- je geringer der M.abstand, desto größer ist die Tendenz zur M.distanzreduktion;
- gleichzeitig will das Individuum die M.distanz zu den unterlegenen Partnern erweitern;
- je größer der M.abstand, desto größer ist die Tendenz zur Ausweitung der Distanz.

Diese Tendenzen können auf der Realitätsebene (Verhalten) und/oder auf der Irrealitätsebene (Vorstellungen) wirksam sein. Sie werden beeinflußt von Persönlichkeitseigenschaften, wie z. B. dem Selbstbewußtsein. Strukturelle Zusatzeinflüsse werden von Ng (1980) diskutiert.

Die *praktische Relevanz* dieser Forschung besteht darin, daß Individuen nur dann aufsteigen wollen, wenn sie in der Hierarchie schon recht weit oben stehen. Ein Aufstieg über eine große Entfernung ist nicht zu erwarten. Wer sich am Ende der Leiter befindet, wird von sich aus wenig Anstrengungen zu einer beträchtlichen Verbesserung seiner M.stellung unternehmen. Und selbst wenn eine Solidarisierung der M.losen erfolgte, würde die Basis kaum versuchen, das Vorgehen ihrer höhergestellten Vertreter zu beeinflussen, weil sie nur mit den direkt M.höheren kommuniziert. Die Inhaber von M.positionen selbst akzeptieren eher Personen, die fast ihr Niveau erreicht haben, und verzichten auf Kontakte mit Angehörigen der machtniedersten Gruppen. Versuche zur Verminderung der M.losigkeit der unteren Gruppierungen in Gewerkschaften, Kirchen oder Betrieben würden nach den Annahmen der M.distanzreduktionstheorie mit beträchtlichen Schwierigkeiten zu kämpfen haben.

4.2 Die Machtausgleichstheorie

Einzelne Versuchsergebnisse lassen sich nur mit Zusatzannahmen in die M.distanzreduktionstheorie einordnen. Dies veranlaßte Schneider (1977), eine an die Gleichheitstheorie angelehnte *Theorie des Machtausgleichs* vorzuschlagen, die unter der Voraussetzung gilt, daß in der betreffenden sozialen Einheit eine Norm der Gleichheit anerkannt wird. Nach diesen Überlegungen führt M.gleichheit zu stabilen und alle Partner befriedigenden Sozialbeziehungen. Wahrgenommene M.unterschiede regen zu Bemühungen an, die Differenzen zu reduzieren – und zwar auf seiten der unterlegenen *und* auf seiten der überlegenen Partner. Analog zur Gleichheitstheorie kann man dann von ausgeglichenen M.verhältnissen sprechen, wenn:

$$\frac{\text{Macht}_A\text{–Aufwendungen}_A}{\text{Aufwendungen}_A} = \frac{\text{Macht}_B\text{–Aufwendungen}_B}{\text{Aufwendungen}_B}$$

wobei alle Variablen phänomenale Größen darstellen. Ungleiche M.beziehungen lassen sich durch objektive und/oder subjektive Veränderungen aller Größen ausgleichen.

Verschiedene Befragungen und Rollenspiele bestätigten die Prognosen. Beispielsweise zeigte es sich bei Untersuchungen zur Koalitionsbildung in Kleingruppen, daß dominierende Partner in der Koalition in der Regel einen im Vergleich zu ihrem Ressourcenanteil unterproportionalen Gewinn beanspruchen, während die unterlegenen Personen einen überproportionalen Gewinn fordern.

Die Bedeutung dieser Theorie liegt darin, daß unter der Bedingung einer geltenden Gleichheitsnorm eine *Bereitschaft zum Machtverzicht* des überlegenen Partners und ein – auch von Mulder (1977) postulierter – *Anspruch auf Machtzuwachs* der unterlegenen Seite zu erwarten ist.

4.3 Die korrumpierende Wirkung der Macht

Kipnis (1972) packte als neuartige Fragestellung die *Selbstwahrnehmung* der M.inhaber an. Er vermutete, die Willfährigkeit der Abhängigen führe den M.inhaber zu der Überzeugung, er sei nach seinen Fähigkeiten und Fertigkeiten den anderen Menschen überlegen. Schmeicheleien der Abhängigen verstärken diesen Effekt noch. Weil er sich selbst als Ursache von Leistungen und die Abhängigen nur als seine Werkzeuge sehe, werde er diese Abhängigen abwerten. Diese Tendenz zur Erweiterung der Distanz nach unten stimmt mit einem Teil der M.distanzreduktions-Theorie von Mulder (1977) überein.

Aus den Resultaten eines Simulationsexperimentes leitete Kipnis (1972) eine 4-Stufen-Wirkung der M. ab:

1. M.mittel führen dazu, daß man sie auch einsetzt.
2. Die Benutzung der M.mittel nährt die Überzeugung, das Verhalten der Partner sei primär vom M.inhaber und nicht von ihnen selbst bestimmt.
3. Die Leistung der untergeordneten Partner wird ab- und die Leistung des M.inhabers aufgewertet.
4. Die psychologische Distanz zu ihnen vergrößert sich, und die Untergeordneten werden als beeinflußbares Spielmaterial (objects of manipulation) gesehen.

Ng (1980) diskutiert mehrere Beispiele, welche die Hypothesen von Kipnis (1972) bestätigen. Eine breitere Erforschung dieses beunruhigenden Phänomens wäre jedoch angebracht.

4.4 Die Bedeutung von Machtmitteln bei der Simulation von interpersonalen Konflikten

Den Befund, daß verfügbare M.mittel auch eingesetzt werden, hatten schon Deutsch und Krauss (1962) mit ihrem klassischen „trucking game" demonstriert. Dort haben zwei Versuchspersonen die Aufgabe, als Lastwagenfahrer ihre Ladung möglichst schnell vom Start zum Ziel zu befördern. Ein Teil der Strecke kann jedoch nur jeweils von einem Wagen befahren werden, so daß ein Fahrer warten muß, wenn er seinem Partner den Weg freigeben will. Unter der Versuchsbedingung, in der beide Versuchspersonen ihrem Partner mit einer Schranke (einem M.mittel also) die Straße sperren konnten, waren ihre Zeitverluste größer als wenn nur eine Seite eine Schranke einsetzen konnte. Der Zeitbedarf beider Seiten in dieser Variante überstieg wieder den Zeitaufwand, wenn keine Versuchsperson über das M.mittel verfügte.

Zahlreiche Kontrollexperimente Schneider, 1985) weisen darauf hin, daß die Schlußfolgerung, der Besitz von M.mitteln führe zu ihrem Einsatz und damit für beide Seiten zu einem ungünstigen Ergebnis, *verfrüht* war. Andere M.mittel (z.B. Elektroschocks statt Barrieren), andere Spielmotive (z.B. Geld statt Spielpunkte), andere Umweltbedingungen (keine Ausweichroute statt kurze kritische Strecke + Umweg) und andere Kommunikationsbedingungen (z.B. Vorankündigung des M.mitteleinsatzes) führten oft zu einer Steigerung der Gewinne bei Verfügbarkeit über größere M.mittel.

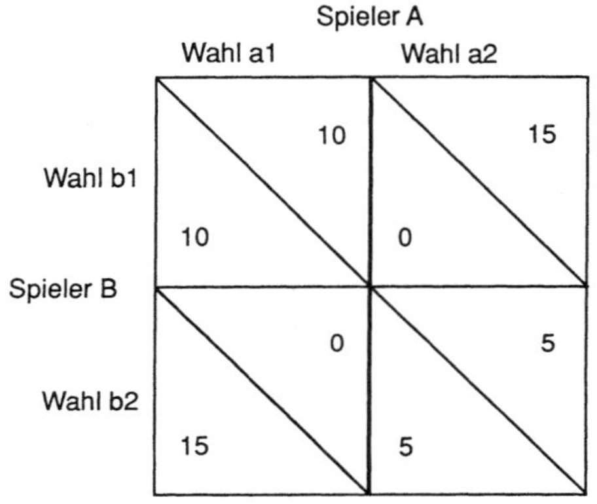

Abb. 1: Beispiel einer Auszahlungsmatrix im Gefangenendilemma-Experiment

Vor allem mit der *Gefangenendilemma-Anordnung* (Schneider, 1985) wurde die Wirkung des Einsatzes belohnender und bestrafender M.mittel auf das Partnerverhalten untersucht. In diesem Versuchsparadigma müssen sich zwei Partner jeweils für eine von zwei Verhaltensmöglichkeiten entscheiden, wobei sie die symmetrische Auszahlungsmatrix kennen. Wählt A beispielsweise die „kooperative Möglichkeit a 1 (s. Abb. 1), können beide Partner einen mittleren Gewinn von 10 erhalten – falls nicht B die Wahl b 2 trifft und sich dadurch einen hohen Gewinn, dem Partner A jedoch einen relativen Verlust verschafft.

Aus vielen Experimenten ist inzwischen bekannt, daß durch Bestrafung einer ungünstigen und durch Belohnung einer günstigen Wahl im Gefangenendilemma, also durch spiegelnden Gebrauch von M.mitteln, der Partner zu einem Verhalten veranlaßt werden kann, das beiden Seiten am meisten nützt. Permanente Kooperation erbringt ebenfalls ein relativ wünschenswertes Partnerverhalten, während die permanente Wahl 2 (die Bestrafung) beiden Seiten die geringsten Erträge liefert. Aber auch bei diesem Paradigma beeinflussen die Motivation, die Kommunikationsbedingungen und die Beziehungen der Versuchspersonen vor dem Spiel das Verhalten, so daß der Wert dieser Arbeitsrichtung vor allem in der *Hypothesenentwicklung* liegt (Nemeth, 1973). Die Prüfung der Hypothesen sollte dann unter lebensnäheren Bedingungen erfolgen.

4.5 Auch Minoritäten haben Macht

Die Erkenntnis, daß auch Minoritäten über M. verfügen, geht aus dem relationalen Charakter des M.konzeptes hervor. In seinem Buch hat Moscovici (1976) an die seiner Meinung nach zu wenig beachtete Tatsache erinnert, daß in einer Gruppe nicht nur die Mehrheit Einfluß auf die Minderheit (und auf sich selbst) ausübt, sondern auch die Minderheit auf die Mehrheit.

Die Begriffe „Majorität" und „Minorität" beziehen sich dabei sowohl auf eine Kleingruppensituation, wenn z.B. ein Gruppenmitglied eine andere Meinung vertritt als die restlichen drei Mitglieder, als auch auf Verhältnisse in größeren sozialen Einheiten, wie Verbänden oder einer Gesellschaft.

Moscovici hatte die These aufgestellt und mit einigen eigenen und fremden Experimenten illustriert, daß die Wirkung der Minorität von ihren *Verhaltensstilen* abhängt. Mugny (1982) konnte imponierende Befunde vorlegen, wodurch ein Verhaltensstil, die Konsistenz, ausgezeichnet sein kann und welche Wirkungen er zeigt.

Durch *feste und dauerhafte Präsentation des eigenen Standpunktes* kann sich die Minorität als Alternative zur Majorität vor den Angehörigen der sozialen Einheit profilieren. Dabei darf die Minorität *nicht rigides Verhalten* zeigen; sie sollte ihre Meinung mit gleichem Inhalt aber in situationsangepaßter Form vertreten. Unter dieser Voraussetzung werden die Angehörigen der sozialen Einheit die Minorität eher positiv sehen. Von dem erzeugten *Image der Minorität* in der Gruppe hängt ihre Wirkung ab. Diese Wirkung kann zeitlich verschoben sein. Solche durch Einzelexperimente gestützten Aussagen könnten in weiteren Studien auf andere Verhaltensstile ausgeweitet werden.

5 Machtbeziehungen im Feld

Es finden sich schon frühzeitig Versuche, M. in *natürlichen* Situationen zu erforschen. Vor allem geht es dabei um M. in der Gemeinde, in der Familie und in Organisationen. Eine gegenseitige

Befruchtung der Labor- und Feldforschung steht jedoch noch aus.

Die Forschung zur M. *in der Gemeinde* zeichnet sich durch unterschiedliche Methoden aus, die zu abweichenden Ergebnissen führen. Der von Hunter (1953) begründete „reputational approach" läßt wichtige Personen eines Ortes eine Liste von Persönlichkeiten nach ihrem Einfluß ordnen und gelangt zu einer relativ kleinen M.elite, die das Geschehen am Ort bestimmt. Dahl (1961) schlug statt dessen vor, von konkreten Entscheidungen auszugehen und zu untersuchen, wie solche Einzelfragen behandelt werden. Er fand dann, daß sich die Einflußbereiche spezifischer Personen kaum überschneiden, und spricht deshalb von einem Pluralismus der M.

Die Beziehungen der M.inhaber untereinander und zu den Abhängigen werden überhaupt nicht erfaßt. Ebensowenig werden M.konzepte der sozialpsychologischen Forschung angewendet.

Das Interesse an M.beziehungen *in der Familie* wurde durch die Studie von Blood und Wolfe (1960) geweckt. Das dort benutzte Meßinstrument läßt die Familienmitglieder angeben, wer in der Familie die Entscheidungen hinsichtlich mehrerer Handlungen, wie Autokauf, Arztkonsultation usw., trifft. Viele Untersuchungen belegen, daß die M.verteilung in der Familie von den Ressourcen abhängt, mit denen ein Familienmitglied die Bedürfnisse seiner Partner befriedigen kann, von den Alternativen, die ihm zur Wunscherfüllung offenstehen, von den herrschenden Normen und von dem Ort im Familienzyklus (Lüscher/Lupri, 1970).

Auch hier fehlen Bezüge zu den sozialpsychologischen M.konzepten.

Arbeiten zur M. *in Organisationen* sind in die Psychologie der Führung integriert (Yukl, 1981; Neuberger, 1984). Die theoretischen Ansätze, daß bestimmte Eigenschaften den Führer ausmachen (Eigenschaftstheorie), daß es von der Situation abhängt, ob eine Person sich mit ihren Eigenschaften Einfluß verschaffen kann (Situationstheorie), oder daß spezifische Verhaltensmuster die Steuerung von Mitarbeitern erleichtern (Verhaltenstheorie), wurden abgelöst von Vorstellungen der mehrdimensionalen und wechselseitigen Bedingtheit von Führungserfolg und Gesamtsituation.

6 Ausblick

Das Forschungsgebiet zur M. leidet unter mehreren Schwierigkeiten:
- Zwar ist ausführlich diskutiert worden, was man unter M. verstehen könnte; eine allmähliche Übereinstimmung der Definitionen und Operationalisierungen ist aber noch nicht in Sicht.
- Zwar finden wir eine ansehnliche Menge von Laborexperimenten und Felduntersuchungen; die Kommunikation zwischen diesen Arbeitsfeldern findet jedoch kaum statt.
- Zwar handelt die M.forschung von mehreren alltagsrelevanten Themen; ihr Bezug zum Alltag fehlt aber meistens.
- Zwar arbeiten viele Disziplinen an Fragestellungen zur M.; eine interdisziplinäre Forschung gibt es aber noch nicht.

Literatur

Adams, J. S./Romney, A. K.: A functional analysis of authority. Psychological Review, 66, 1959, 234-251.
Barry, B. (Ed.): Power and political theory. London: Wiley, 1976.
Blau, P. M.: Exchange and power in social life. New York: Wiley, 1964.
Blood, R. O./Wolfe, D. M.: Husbands and wives. Glencoe, Ill.: Free Press, 1960.
Cartwright, D.: A field-theoretical conception of power. In: Cartwright, D. (Ed.): Studies in social power. Ann Arbor: University of Michigan 1959, 183-220.
Chadwick-Jones, J. K.: Social exchange theory. New York: Academic Press, 1976.
Dahl, R. A.: The concept of power. Behavioral Science, 2, 1957, 201-215.
Dahl, R. A.: Who governs? Democracy and power in an American city. New Haven: Yale University, 1961.
Deutsch, M./Krauss, R. M.: Studies for interpersonal bargaining. Journal of Conflict Resolution, 6, 1962, 52-76.
French, J. R. P.: A formal theory of social power. In: Cartwright, D./Zander, A. (Eds.): Group dynamics. Research and theory. New York: Harper & Row, 1968, 557-568.
French, J. R. P./Raven, B. H.: The bases of power. In: Cartwright, D. (Eds.): Studies in social power. Ann Arbor: University of Michigan, 1959, 150-167.
Hunter, F.: Community power structure. Chape Hill, N. C.: University of North Carolina 1953.
Kelman, H. C.: Processes of opinion change. Human Relations, 25, 1961, 57-78.
Kipnis, D.: Does power corrupt? Journal of Personality and Social Psychology, 24, 1972, 33-41.
Kipnis, D./Schmidt, S. M./Wilkonson, J.: Intraorganizational influence tactics: Explorations in getting one's way. Journal of Applied Psychology, 65, 1980, 440-452.
Luhmann, N.: Macht. Stuttgart: Enke, 1975.
Lüscher, G./Lupri, E. (Hrsg.): Soziologie der Familie. Kölner Zeitschrift für Soziologie und Sozialpsychologie, Sonderh. 14. Köln: Westdeutscher Verlag, 1970.
Moscovici, S.: Social influence and social change. London: Academic Press, 1976.
Mugny, G.: The power of minorities. London: Academic Press, 1982.
Mulder, M.: The daily power game. Leiden: Martinus, 1977.
Nemeth, C.: A critical analysis of research utilizing the prisoner's dilemma paradigm for the study of bargaining. In: Berkowitz, L. (Ed.): Advances in experimental social psychology. vol. 6. New York: Academic Press, 1973, 203-234.

Ng, S. H.: The social psychology of power. London: Academic Press, 1980.
Neuberger, O.: Führung. Stuttgart: Enke, 1984.
Parsons, T.: On the concept of influence. Public Opinion Quarterly, 27, 1963 a, 37-62.
Parsons, T.: On the concept of political power. Proceedings of the American Philosophical Society, 107, 1963 b, 232-262.
Raven, B. H.: The comparative analysis of power and power preference. In: Tedeschi, J. T. (Ed.): Perspectives on social power. Chicago: Aldine, 1974, 172-198.
Raven, B. H./Kruglansky, A. W.: Conflict and power. In: Swingle, P. (Ed.): The structure of conflict. New York: Academic Press, 1970, 69-109.
Raven, B. H./Rubin, J. Z.: Social psychology. People in groups. New York: Wiley, 1976.
Schneider, H.-D.: Sozialpsychologie der Machtbeziehungen. Stuttgart: Enke, 1977.
Schneider, H.-D.: Attribution and social power. In: Holler, M. J. (Ed.): Power, voting, and voting power. Würzburg: Physika, 1982, 80-91.
Schneider, H.-D.: Kleingruppenforschung. (2. Aufl.) Stuttgart: Teubner, 1985.
Schopler, J./Layton, B.: Attributions and interpersonal power. In: Tedeschi, J. T. (Ed.): Perspectives on social power. Chicago: Aldine, 1974, 34-60.
Skinner, B. F.: Science and human behavior. New York: Macmillan, 1953.
Tedeschi, J. T./Bonoma, T. V./Schlenker, B. R.: Influence, decision, and compliance. In: Tedeschi, J. T. (Ed.): Social influence processes. Chicago: Aldine, 1972, 346-418.
Witte, E. H.: Theorien zur sozialen Macht. In: Frey, D./Irle, M. (Hrsg.): Theorien der Sozialpsychologie. Band 2: Gruppen- und Lerntheorien. Bern: Huber 1985, 123-156.
Yukl, G. A.: Leadership in organizations. Englewood Cliffs, N. J.: Prentice-Hall, 1981.
Zelger, J.: Konzepte zur Messung der Macht. Berlin: Duncker & Humblot, 1975.

Manipulation

Renate Klein

1 Manipulation und Beeinflussung

Seit den siebziger Jahren ist das Interesse an anwendungsorientierten Fragestellungen in der Sozialpsychologie deutlich angestiegen (Varela, 1977; Rodin, 1985). In dem Maße, in dem psychologische Erkenntnisse und Methoden eingesetzt werden, um soziale Probleme zu lösen oder einzelne Personen oder Personengruppen zu beeinflussen, erhebt sich auch die Frage, inwieweit psychologische Intervention als M. zu verstehen ist. M. gilt im allgemeinen als etwas Negatives und soll hier verstanden werden als *gezielte Beeinflussung anderer Personen ohne deren Wissen*.

Kelman und Warwick (1978) unterscheiden vier Formen psychologischer Intervention danach, wieviel individuelle Entscheidungsfreiheit den von der Intervention betroffenen Personen verbleibt: Zwang (coercion), Manipulation (manipulation), Überredung (persuasion) und Förderung (facilitation). Die Übergänge zwischen diesen Einflußformen werden im Einzelfall oftmals schwer zu ziehen sein.

M. liegt diesem Schema zufolge vor, wenn eine Intervention durchgeführt wird, die die Entscheidungsfreiheit der Betroffenen beeinflußt, ohne daß sie über Existenz und Zweck der Maßnahme informiert sind. Diesem Verständnis nach ist M. dadurch gekennzeichnet, daß die Betroffenen „hintergangen" werden, aber der Anschein von Entscheidungsfreiheit erhalten bleibt. Die Ziele der Beeinflussung müssen dabei nicht unbedingt zum Nachteil der Betroffenen sein.

Die Beeinflussung individueller Handlungsspielräume ist einerseits *indirekt* möglich, indem die Struktur der Lebensumwelt und der bestehenden Handlungsalternativen umgestaltet wird. Raven und Rubin (1983) sprechen in diesem Zusammenhang von *ökologischer* M.. Zur ökologischen M. läßt sich z. B. die Gestaltung von Arbeits- und Organisationsformen rechnen (Cartwright, 1965; Handy, 1985) oder die Beeinflussung familiärer Eßgewohnheiten über das Kaufverhalten der Hausfrau bzw. des Hausmannes (Lewin, 1958).

Andererseits kann der individuelle Entscheidungsprozeß *direkt* beeinflußt werden. Wenn im folgenden verschiedene solcher direkten Beeinflussungsmöglichkeiten und -techniken dargestellt werden, dann geht es nicht zuletzt darum, die Leser für entsprechende Verfahrensweisen, die im Alltag angewandt werden, zu sensibilisieren. Verfahrensweisen, die z. B. Prozesse der menschlichen Informationsverarbeitung ausnützen, die nur zum Teil oder nicht permanent einer bewußten kognitiven Kontrolle unterliegen.

2 Beeinflussungstechniken

Als „Techniken" können die folgenden Vorgehensweisen insofern bezeichnet werden, als sie relativ isoliert daraufhin untersucht werden, in welchem Ausmaß sich mit ihnen bestimmte Verhaltensweisen bei einer Zielperson hervorrufen lassen (z. B. Petitionen unterschreiben, Kampagnen unterstützen). Die Erfolge dieser Techniken sind aber immer relativ; es gibt keine Verfahren, mit denen jeder Mensch unter allen Bedingungen zielsicher manipuliert werden könnte.

Die „foot-in-the-door"-Technik. - Bei dieser Vorgehensweise wird die Zielperson um eine Gefälligkeit gebeten, die so geringfügig ist, daß sie ihr vermutlich nachkommen wird (Freedman/Fraser, 1966). Auf diese Anfangsbitte folgt dann die eigentliche Forderung. Die Bereitschaft, auf die Hauptforderung einzugehen, ist im allgemeinen wesentlich größer, wenn bereits eine vorangegangene Bitte erfüllt wurde, als wenn keine Bitte erfüllt wurde. Der Erfolg dieser Technik läßt sich mit der *Selbstwahrnehmungstheorie* erklären (Bem, 1972; DeJong, 1979): Die Zielperson erschließt aufgrund ihrer Zustimmung zur ersten Bitte, daß sie ein Mensch ist, der solchen Bitten nachkommt. In Übereinstimmung mit dieser Selbstwahrnehmung entspricht sie dann der zweiten (größeren) Bitte. Dieses Verhalten illustriert beispielhaft die Neigung, sich konsistent zu verhalten.

Die „door-in-the-face"-Technik. – Im Gegensatz zum „foot-in-the-door"-Prinzip wird die Zielperson bei dieser Technik mit einer Eingangsforderung konfrontiert, die so hoch ist, daß sie vermutlich abgeschlagen wird (Cialdini et al., 1975). Dieser Eingangsforderung folgt die eigentliche Hauptforderung, die gemäßigter ist und deshalb vielfach erfüllt wird. Dieses Entgegenkommen läßt sich mit der *Norm der Reziprozität* erklären (Gouldner, 1960). Denn die „door-in-the-face"-Technik nutzt die Tendenz aus, Gefälligkeiten (wie z. B. Zugeständnisse) mit reziproken Gefälligkeiten zu erwidern. Eine Mißachtung dieser Norm könnte bei der Zielperson zu Schuldgefühlen führen. Nachdem diese bereits die erste Forderung abgeschlagen hat, empfindet sie möglicherweise Schuldgefühle wegen ihrer mangelnden Kooperationsbereitschaft, die noch dadurch erhöht werden, daß der andere Entgegenkommen zeigt. Schuldgefühle nach einem „Vergehen" führen aber zu größerer Nachgiebigkeit der Zielperson (Carlsmith/Gross, 1969). Darüber hinaus werden die meisten Personen bemüht sein, einen ablehnenden, unkooperativen Eindruck zu vermeiden (Pendleton/Batson, 1979).

Die „low-ball"-Technik. – Cialdini (1980) hat diese Technik als Bestandteil des Verkaufstrainings eines amerikanischen Autohändlers kennengelernt und in empirischen Untersuchungen mit einigem Erfolg auch auf andere Bereiche übertragen. Beim „low-balling" wird die Zielperson dazu gebracht, sich aufgrund bestimmter Vorinformationen auf eine Entscheidung festzulegen (z. B. sich für den Kauf eines bestimmten Wagens zu entscheiden, weil er so preisgünstig ist). Wenn die Entscheidung festliegt, werden die Ausgangsbedingungen aufgehoben (dem Verkäufer fällt plötzlich ein, daß die Klimaanlage des Wagens nicht im Preis inbegriffen war). Der Erfolg des „low-balling" läßt sich mit der *Verpflichtung* erklären, die die Zielperson mit ihrer Entscheidung eingegangen ist. Dadurch entsteht das Gefühl, für die eigene Entscheidung und daraus folgende Handlungen selbst verantwortlich zu sein, und das Bedürfnis, in Übereinstimmung mit der ursprünglichen Entscheidung zu handeln. Dieses *„Konsistenzstreben"* kann unter Umständen sinnlos werden, wenn die Voraussetzungen, auf denen die Entscheidung ruhte (z. B. der günstige Preis eines Autos), nicht mehr gültig sind (Cialdini, 1984).

Die „that's-not-all"-Technik. – Burger (1986) hat eine weitere, der„door-in-the-face"-Technik ähnliche, Verkaufsstrategie untersucht. Bei diesem Vorgehen nennt der Verkäufer dem potentiellen Kunden den Preis des gewünschten Produkts. Noch *bevor* sich der Kunde zu dem Angebot äußern kann, reduziert der Verkäufer den Preis des Produkts oder bietet – bei konstantem Preis – ein zusätzliches Produkt als Extra-Beigabe an. Im Falle einer Preisreduktion entspricht der reduzierte Preis dem im Grunde angestrebten Verkaufspreis. Der Kunde erhält im Gegensatz zur „door-in-the-face"-Technik keine Gelegenheit, sich zum ersten Angebot zu äußern. Die „that's-not-all"-Technik führte in Verkaufsexperimenten zu im Vergleich mit Kontrollgruppen erhöhten Verkaufsraten. Neben dem Einfluß *reziproker Zugeständnisse* werden für diesen Effekt Urteilsprozesse von Bedeutung sein, bei denen das zweite Angebot mit dem neu etablierten Standardkriterium (Anker) des ersten Angebots verglichen wird.

3 Anwendungen von Manipulationswissen

3.1 Werbung

Die Werbebranche hat verschiedene psychologische Erkenntnisse aufgegriffen und in ihr „Repertoire“ eingegliedert. Unter dem Stichwort *Aktivierung* werden zudem für die Werbung relevante Probleme wie Produktwahl und Kaufverhalten direkt untersucht (Kroeber-Riel, 1984). Ein Mindestmaß an Aktivierung gilt generell als Grundvoraussetzung für eine effektive Informationsaufnahme, -verarbeitung und -speicherung. Daher wird z. B. versucht, Werbeanzeigen mit Hilfe starker Auslöser (wie farbige Abbildungen, erotische Darstellungen) so zu gestalten, daß sie die Aufmerksamkeit des Betrachters auf sich ziehen und seine momentane Aktivierung erhöhen (Kroeber-Riel, 1984). Diese Art der „Animierung“ soll dazu beitragen, daß ein potentieller Kunde das abgebildete Produkt besser bemerkt und erinnert und aufgrund klassischer Konditionierung angenehme Empfindungen mit ihm verbindet.

Durch *geplantes* Kaufverhalten wird man den „Verführungen“ der Werbung zumindest teilweise entgehen können. Die ausgelösten Reaktionen wie phasische Aktivierung und Orientierungsreaktion entziehen sich jedoch weitgehend der bewußten Kontrolle durch die Betroffenen. Vor allem Kinder sind anfällig für den schönen Schein, den die Werbung vermittelt.

3.2 „Überzeugungsarbeit“ in Politik und Gesellschaft

Möglichkeiten zur M. scheinen vor allem dann gegeben zu sein, wenn Informationen unbewußt oder automatisch verarbeitet werden (Langer, 1978) oder wenn eindeutige Bewertungsmaßstäbe fehlen (Loftus, 1975). Cialdini (1984) nimmt an, daß man sich um so mehr auf einfache, quasi-automatische *Urteilsroutinen* verläßt, je komplexer die Informationswelt wird, d. h. je mehr Informationen angeboten werden und je mehr Entscheidungsmöglichkeiten (z. B. zwischen verschiedenen Produkten) bestehen. Das Dilemma von Urteilsroutinen liegt darin, daß sie zwar in vielen Fällen einfache, schnelle und auch zutreffende Entscheidungen ermöglichen, aber für M. besonders anfällig sein können.

Beeinflussungsversuche können zum einen über eine „zentrale Route“ ausgeübt werden, wenn nämlich die Zielperson Gelegenheit hat, bewußt über die Information nachzudenken (Petty/Cacioppo, 1981). Zum anderen kann Einfluß aber auch „durch die Hintertür“ („periphere Route“) ausgeübt werden, ohne daß sich die Zielperson Gedanken über die gegebenen Informationen oder Angebote macht (vgl. Bless et al., 1986): Wenn sich die Zielperson nicht bewußt mit der Information auseinandersetzt, verliert die Qualität der verwendeten Argumente an Bedeutung. Gleichzeitig nimmt der Einfluß irrelevanter Hinweisreize zu, wie z. B. die bloße Anzahl der verwendeten Argumente – unabhängig von ihrer Qualität (Petty/Cacioppo, 1984). Der Effekt der Darbietungshäufigkeit kann im Bereich politischer Meinungsbildung dazu führen, daß Wahlkandidaten positiver eingeschätzt werden, wenn sie sich – z. B. im Fernsehen – den künftigen Wählern häufig in Erinnerung bringen (Zajonc, 1968).

Ähnlich schematisch wird unter Umständen auf Hinweisreize reagiert, die den Status einer Person betreffen (Petty et al., 1983). *Statussymbole* wie Titel und Kleidung können den Eindruck von Expertentum vermitteln. Obwohl es in vielen Fällen sinnvoll sein kann, sich nach den Empfehlungen einer Autorität zu richten, kann „blinder“ Gehorsam zu unangemessenen Entscheidungen und bedenklichen Folgen führen (Milgram, 1963).

Andere Faktoren, die bei schematischer Informationsverarbeitung eine Rolle spielen können, sind der *soziale Vergleich, Sympathie* und *Ressourcenknappheit* (Cialdini, 1984):

- Soziale Vergleiche spielen vor allem dort eine zentrale Rolle, wo objektive Vergleichskriterien fehlen. Daher wird Produktwerbung häufig mit dem Hinweis auf die große Anzahl zufriedener Käufer betrieben.
- Sympathie spielt bei Beeinflussungsprozessen insofern eine Rolle, als man dazu neigt, eher solchen Personen zuzustimmen, die man mag und sympathisch findet.
- Nach dem Gesetz der Knappheit erscheinen solche Waren als besonders begehrenswert, die in nur geringen Mengen verfügbar sind. Das gilt nicht nur für lebensnotwendige Ressourcen, sondern betrifft generell Waren, auf die nicht beliebig zugegriffen werden kann (vgl. Brehm, 1976). Nicht der Verbrauchswert eines Produktes wird durch seine Knappheit aufgewertet, sondern allein sein Besitz – was zum Beispiel in übertriebenen Auktionspreisen seltener Sammlerstücke zum Ausdruck kommt (Worchel et al., 1975).

3.3 Medien

Das manipulative Potential der Medien wird möglicherweise überschätzt, wenn die gezielte Beeinflussung spezifischer Verhaltensweisen zur Debatte steht. Demgegenüber sind die Medien vermutlich „erfolgreicher", wenn es darum geht, Werte, Verhaltensstandards und Realitätssichten einflußreicher gesellschaftlicher Gruppierungen zu vermitteln (Oskamp, 1984). Die Stereotypenforschung zeigt zum Beispiel, daß stereotype Urteile und Meinungen vor allem dann gebildet werden, wenn unzureichende Informationen über den relevanten Sachverhalt vorliegen (Bierhoff, 1986). Diese Urteilstendenz wird – bewußt oder unbewußt – aktiviert, wenn in den Medien einseitige oder vereinfachende Informationen über bestimmte gesellschaftliche Gruppen gegeben werden.

Da Meinungs- und Entscheidungsbildung auch von der Menge und der Qualität der zur Verfügung stehenden Information abhängen, kann einseitig dargebotene Information in Zusammenhang mit bestimmten Urteilsroutinen zu Fehleinschätzungen der Wirklichkeit führen. Informationsverarbeitung auf der Basis der *Zugänglichkeitsheuristik* (Tversky/Kahneman, 1973) ist z. B. dadurch gekennzeichnet, daß solche Informationen besonders leicht erinnert werden und daher ein hohes Gewicht in der Urteilsbildung erhalten, die anschaulich und konkret sind und häufig dargeboten werden.

3.4 Zeugenaussagen

Auf eine vergleichsweise gezielte M.möglichkeit weisen die Experimente von Elisabeth Loftus und ihren Mitarbeitern hin. Sie zeigen auf, wie durch gezielte Frageformulierungen die „Erinnerung" eines Zeugen verändert werden kann. In verschiedenen Studien (Loftus, 1975; Loftus et al., 1975; Loftus/Zanni, 1975) wurde demonstriert, daß die Erinnerung an konkrete Ereignisse gezielt manipuliert werden kann, indem den Versuchsteilnehmern Fragen gestellt wurden, die implizite Hinweise auf die in Frage stehende Evidenz enthielten. Auf diese Weise erinnerten sich die Teilnehmer an Fakten, die sie tatsächlich nicht wahrgenommen hatten. Die Einschleusung falscher Prämissen mit Hilfe von Fragen beeinflußte die Teilnehmer außerdem wesentlich stärker als direkte Fragen nach nicht vorhandenen Objekten (Loftus, 1975, Exp. 4).

Die Ergebnisse zeigen, daß die Aussagen eines Zeugen von vorangegangenen Fragen eines Staatsanwalts oder Verteidigers (oder auch der Polizei) beeinflußt werden können, ohne daß sich der Zeuge dessen bewußt wird und ohne daß eine Veränderung der Aussage deutlich wird, geschweige denn, daß ein manipulativer Eingriff in das Erinnerungsvermögen des Zeugen vermutet werden kann.

4 Extreme Formen von Manipulation und Mißbrauch psychologischen Wissens

Gehirnwäsche. – Während des Koreakrieges versuchten die Chinesen, amerikanische Kriegsgefangene mit Hilfe psychologischer Einflußnahme ideologisch „umzudrehen" (Schein, 1958). Neuartig war dabei die kombinierte und systematische Anwendung verschiedener Techniken, zu denen es gehörte, die Gefangenen physisch, sozial und intellektuell zu deprivieren, ihnen Belohnungen für Kollaboration zu versprechen, ihre bestehenden Gruppenstrukturen zu zerschlagen und mit Spitzeln zu unterwandern und ihnen mit „foot-in-the-door"-ähnlichen Verfahren extreme prokommunistische Aussagen zu entlocken. Echte ideologische Meinungsänderung wurde allerdings selten erreicht.

Projekt „Camelot". – Ziel dieses von der US-Armee 1964 in Auftrag gegebenen sozialwissenschaftlichen Forschungsprojektes war es, ein Systemmodell zu entwickeln, mit dem Determinanten und Formen des sozialen Wandels in Dritte-Welt-Staaten identifiziert und vorhergesagt werden konnten, um so Hinweise für eine effektive Beeinflussung von Regierungen und Staatssystemen zu geben (Horowitz, 1967, zit. nach Friedrichs, 1980). Wegen heftiger Proteste wurde das Projekt bereits 1965 eingestellt.

Psychiatrisierung. – Die Ausschaltung von Regimekritikern durch Psychiatrisierung wird am häufigsten aus der Sowjetunion berichtet (Keller, 1981). Nach dem sowjetischen Verständnis psychischer Krankheiten kann das soziale System in solchen Fällen per definitionem nicht für die ‚psychische Störung' verantwortlich sein. Regimekritik wird vom Spezialisten (Psychiater) als psychische Störung diagnostiziert und dem Individuum angelastet.

Extreme Verhörtechniken. – Zum Erzwingen von Aussagen und Geständnissen werden zunehmend psychologische Methoden eingesetzt (Keller, 1981). Der soziale Hintergrund einer Person wird exploriert, um ihre schwachen Stellen (z. B. enge Bindungen an bestimmte Familienangehörige) gezielt treffen zu können. In sogenannten „double-bind"-Verhören werden Gefangene gleichzeitig erniedrigend und freundlich behandelt, um ihren Realitätsbezug zu brechen – eine Maßnahme, gegen die nach Aussagen von Folteropfern der Widerstand schwerer aufrechtzuerhalten ist als gegen bloße offene Gewalt. In Einzelfällen wurde auch Hypnose eingesetzt, um Aussagen zu erzwingen. Auch die Polizei bedient sich zur Effektivierung ihrer Verhörmethoden psychologischer Erkenntnisse (Zimbardo, 1970).

Literatur

Bem, D. J.: Self-perception theory. In: Berkowitz, L. (Ed.): Advances in experimental social psychology, Bd. 6. New York: Academic Press, 1972, 1-62.

Bierhoff, H. W.: Personenwahrnehmung. Berlin: Springer, 1986.

Bless, H./Bohner, G./Schwarz, N./Strack, F.: Macht gute Laune denkfaul? Einflüsse der Stimmung auf die Wirkung persuasiver Kommunikation. Vortrag auf der Dritten Tagung der Arbeitsgruppe Sozialpsychologie in Erlangen 1986.

Brehm, J. W.: Responses to loss of freedom: A theory of psychological reactance. In: Thibaut, J. W./Spence, J. T./Carson, R. C. (Eds.): Contemporary topics in social psychology. Morristown, NJ: General Learning Press, 1976, 53-78.

Burger, J. M.: Increasing compliance by improving the deal: The that's-not-all technique. Journal of Personality and Social Psychology, 51, 1986, 277-283.

Carlsmith, J. M./Gross, A. E.: Some effects of guilt on compliance. Journal of Personality and Social Psychology, 11, 1969, 232-239.

Cartwright, D.: Influence, leadership, control. In: March, J. G. (Ed.): Handbook of organizations. Chicago: Rand McNally, 1965, 1-47.

Cialdini, R. B.: Full-cycle social psychology. In: Bickman, L. (Ed.): Applied social psychology annual, Bd. 1. Beverly Hills, CA: Sage 1980, 21-47.

Cialdini, R. B.: Influence. New York: Quill, 1984.

Cialdini, R. B./Vincent, J. E./Lewis, S. K./Catalan, J./Wheeler, D./Darby, B. L.: Reciprocal concessions procedure for inducing compliance: The door-in-the-face technique. Journal of Personality and Social Psychology, 31, 1975, 206-215.

DeJong, W.: An examination of self-perception mediation of the foot-in-the-door effect. Journal of Personality and Social Psychology, 37, 1979, 2221-2239.

Freedman, J. L./Fraser, S. C.: Compliance without pressure: The foot-in-the-door technique. Journal of Personality and Social Psychology, 4, 1966, 195-202.

Gouldner, A. W.: The norm of reciprocity: A preliminary statement. American Sociological Review, 25, 1960, 161-178.

Handy, C. B.: Understanding organizations. Harmondsworth: Penguin, 1985.

Horowitz, I. L.: The rise and fall of project Camelot. Cambridge, MA, 1967. Zit. nach Friedrichs, J.: Methoden der empirischen Sozialforschung. Opladen: Westdeutscher Verlag, 1980.

Keller, G.: Die Psychologie der Folter. Frankfurt: Fischer TB, 1981.

Kelman, H. C./Warwick, D. P.: The ethics of social intervention: Goals, means and consequences. In: Bermant, G./Kelman, H. C./Warwick, D. P. (Eds.): The ethics of social intervention. Washington, D. C.: Hemisphere, 1978, 3-33.

Kroeber-Riel, W.: Konsumentenverhalten (3. Aufl.) München: Vahlen, 1984.

Langer, E. J.: Rethinking the role of thought in social interaction. In: Harvey, J. H./Ickes, W./Kidd, R. F. (Eds.): New directions in attribution research, Bd. 2 Hillsdale, NJ: Erlbaum, 1978, 35-58.

Lewin, K.: Group decision and social change. In: Maccoby, E. E./Newcomb, T. M./Hartley, E. L. (Eds.): Readings in social psychology. (3rd ed.) New York: Holt, Rinehart & Winston 1958, 197-211.

Loftus, E. F.: Leading questions and the eyewitness report. Cognitive Psychology, 7, 1975, 560-572.

Loftus, E. F./Altman, D./Geballe, R.: Effects of questioning upon a witness' later recollections. Journal of Police Science and Administration, 3, 1975, 162-165.

Loftus, E. F./Zanni, G.: Eyewitness testimony: The influence of the wording of a question. Bulletin of the Psychonomic Society, 5, 1975, 86-88.

Milgram, S.: Behavioral study of obedience. Journal of Abnormal and Social Psychology, 67, 1963, 371-378.

Oskamp, S.: Applied social psychology. Englewood Cliffs, NJ: Prentice-Hall, 1984.

Pendleton, M. G./Batson, C. D.: Self-presentation and the door-in-the-face technique for inducing compliance. Personality and Social Psychology Bulletin, 5, 1979, 77-81.

Petty, R. E./Cacioppo, J. T.: Attitudes and persuasion: Classic and contemporary approaches. Dubuque, Iowa: Wm. C. Brown, 1981.

Petty, R. E./Cacioppo, J. T.: The effects of involvement on responses to argument quantity and quality: Central and peripheral routes to persuasion. Journal of Personality and Social Psychology, 46, 1984, 69-81.

Petty, R. E./Cacioppo, J. T.: The elaboration likelihood model of persuasion. In: Berkowitz, L. (Ed.): Advances in experimental social psychology, Bd. 19. New York: Academic Press 1986, 123-205.

Petty, R. E./Cacioppo, J. T./Schumann, D.: Central and peripheral routes to advertising effectiveness: The moderating role of involvement. Journal of Consumer Research, 10, 1983, 135-146.

Raven, B. H./Rubin, J. Z.: Social psychology. (2nd ed.) New York: Wiley, 1983.

Rodin, J.: The application of social psychology. In: Lindzey, G./Aronson, E. (Eds.): Handbook of social psychology. (3. Aufl.) Bd. 2. New York: Random House, 1985, 805-881.

Schein, E. H.: The Chinese indoctrination program for prisoners of war: A study of attempted ‚brainwashing'. In: Maccoby, E. E./Newcomb, T. H./Hartley, E. L. (Eds.): Readings in social psychology. (3d ed.) New York: Holt, Rinehart & Winston, 1958, 311-334.

Tversky, A./Kahneman, D.: Availability: A heuristic for judging frequency and probability. Cognitive Psychology, 5, 1973, 207-232.

Varela, J. A.: Social technology. American Psychologist, 32, 1977, 914-923.

Worchel, S./Lee, J./Adewole, A.: Effects of supply and demand on ratings of object value. Journal of Personality and Social Psychology, 32, 1975, 906-914.

Zajonc, R. B.: Attitudinal effects of mere exposure. Journal of Personality and Social Psychology Monograph Supplement, 9, No. 2, part 2, 1968, 1-27.

Zimbardo, P. G.: The psychology of police confessions. In: McConnell, J. V. (Ed.): Readings in social psychology today. Del Mar, CA: CRM Books, 1970, 102-107.

Mathematische Psychologie

Dirk Wendt

1 Gegenstand

Unter M.P. faßt man alle Bemühungen zusammen, psychische Vorgänge mittels mathematischer Modelle zu beschreiben. Im Hintergrund steht dabei die allgemeine wissenschaftstheoretische Vorstellung, daß es das Anliegen jeder empirischen Wissenschaft sei, Sachverhalte aus einer empirisch erfaßbaren Welt durch symbolische Systeme abzubilden oder zu repräsentieren. Solche symbolischen Systeme sind beispielsweise sprachlich formulierte Theorien, und im Falle der M.P. sind es in mathematischen Symbolen formulierte Darstellungen eines Ausschnitts der beobachtbaren Welt.

Die M.P. unterscheidet sich damit also weder grundsätzlich von verbal formulierten theoretischen Ansätzen, noch hat sie ein eigenes (inhaltliches) Anwendungsgebiet. Sie hat aber wegen ihrer stärkeren *Formalisierung* und *Präzisierung der Variablen* und deren Beziehungen untereinander Vorteile gegenüber verbalen Ansätzen, wenn es darum geht, innerhalb einer Theorie Axiome klar von den aus diesen deduktiv abgeleiteten Sätzen zu unterscheiden, die Vollständigkeit und Widerspruchsfreiheit der Theorie zu prüfen und aus ihr Voraussagen für beobachtbares Verhalten abzuleiten, die dann an der Realität durch Experimente oder gezielte Beobachtungen bestätigt oder verworfen werden können – im letzteren Falle mit ihnen auch die Theorie, aus der sie abgeleitet wurden.

Dieser Vorgang des Erkenntnisgewinns in einer empirischen Wissenschaft wird in Abb. 1 illustriert: Oben links haben wir einen Ausschnitt der *beobachtbaren Welt*, über die eine *Theorie* eine Aussage machen soll. Dazu werden bestimmte, für relevant erachtete Eigenschaften der Welt – Variablen (Merkmale) und ihre Beziehungen untereinander – abstrahiert und in einem theoretischen System abgebildet. In einer verbalen Theorie werden die Gegenstände und Sachverhalte der Welt durch Worte repräsentiert, in einer mathematisch formulierten durch *Buchstaben, Funktionen, Gleichungen* und *Ungleichungen*. In beiden Fällen werden aus dem theoretischen System zur empirischen Überprüfung weitere Aussagen *deduktiv* abgeleitet; auch hierbei ist die mathematisch formulierte Theorie meistens im Vorteil.

Diese abgeleiteten Aussagen der *Hypothesen* spielen bei der empirischen Überprüfung die Rolle von *Vorhersagen*, die mit den Ergebnissen

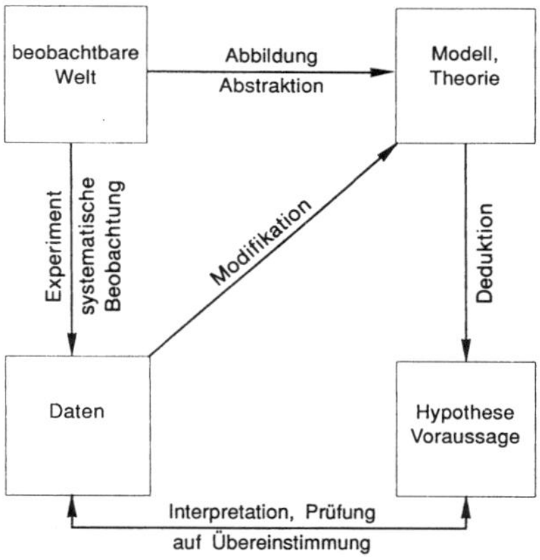

Abb. 1: Schema des Erkenntnisgewinns in einer empirischen Wissenschaft nach Coombs et al. (1970/1974).

(*Daten*) aus *Experimenten* oder entsprechenden *systematischen Beobachtungen* (Feldstudien) verglichen werden müssen. In unserem Schema der Abb. 1 bedeutet das, daß in der beobachtbaren Welt (links) Bedingungen geschaffen oder aufgesucht werden, unter denen Beobachtungen gemacht (Daten erhoben) werden können, die den im theoretischen System (rechts) abgeleiteten Vorhersagen entsprechen. Mit Hilfe *statistischer Tests* wird dann geprüft, ob eine beobachtete Übereinstimmung zwischen Daten und Vorhersagen auf Zufälligkeiten der gewählten Stichprobe beruhen kann, oder ob man sie als systematisch betrachten will. Tritt keine oder nur zufällige Übereinstimmung auf, so muß damit das ganze Modell verworfen oder modifiziert werden. Zu dieser Entscheidung bedarf es eines *wahrscheinlichkeitstheoretischen Modells*, das es gestattet, die Zufallswahrscheinlichkeit der aufgetretenen Daten (sowie gegebenenfalls ihre Auftretenswahrscheinlichkeit beim Zutreffen der Theorie) zu bestimmen. Solche Wahrscheinlichkeitsberechnungen sind bei mathematisch formulierten Theorien in den meisten Fällen leichter und unmittelbarer möglich als bei verbalen.

In weiterentwickelten Naturwissenschaften – beispielsweise in der Physik – würde es befremdlich anmuten, wenn man für die mathematische Formalisierung von Aussagen eine eigene Teildisziplin, etwa eine „mathematische Physik" postulieren würde. Dort ist diese Art der Darstellung lange etabliert und selbstverständlich. Eine zunehmende Tendenz dazu läßt sich auch in der Psychologie beobachten: Auch in mehr allgemein- und experimentalpsychologisch orientierten Zeitschriften werden die Hypothesen über Zusammenhänge zwischen psychischen Variablen zunehmend häufiger in formalisierter Form dargestellt. Im folgenden sollen einige Teilbereiche der Psychologie genannt werden, in denen mathematische Modelle mehr oder weniger erfolgreich angewandt worden sind.

2 Anwendung mathematischer Modelle in der Psychologie

Lernmodelle. – Insbesondere in *lernpsychologischen Theorien*, in denen das Lernen von vornherein als Änderung einer Reaktionswahrscheinlichkeit definiert wird, war es naheliegend, ein mathematisch formuliertes Gesetz zur Änderung dieser Reaktionswahrscheinlichkeit in Abhängigkeit von der Versuchsanzahl anzusetzen. Die dafür am häufigsten verwendeten Lernmodelle lassen sich grob in zwei Klassen einteilen: die *inkrementellen Modelle* und die *Zustandsmodelle*. Bei den inkrementellen Modellen ändert sich die Wahrscheinlichkeit einer bestimmten, zu erlernenden Reaktion (beispielsweise einer „richtigen" Antwort) von Versuch zu Versuch um einen kleinen Betrag, so daß eine stetige Lernkurve entsteht. Die Zustandsmodelle nehmen dagegen an, daß Lernen nicht stetig verläuft, sondern daß sich der Organismus zu jedem Zeitpunkt in genau einem von zwei (oder mehreren) möglichen Zuständen befindet, beispielsweise in dem unkonditionierten Zustand – dann ist jeder „Treffer" zufällig richtig geraten (mit einer gewissen Ratewahrscheinlichkeit), oder der Organismus befindet sich in dem konditionierten Zustand (gelernt) – dann erfolgen nur richtige Reaktionen (mit Wahrscheinlichkeit Eins), oder er hat das Gelernte wieder vergessen, usw. Für jedes Paar dieser möglichen Zustände sieht das Modell dann wieder eine Übergangswahrscheinlichkeit vor, mit der das lernende Individuum von dem einen in den anderen Zustand übergeht. Die Lernkurve stellt bei den Zustandsmodellen eine Erwartungskurve dar, da jedes Einzelindividuum seine Trefferwahrscheinlichkeit sprunghaft ändert.

Parameterschätzung. – Prinzipiell die gleiche Vorgehensweise wie bei den mathematischen Lernmodellen finden wir auch bei anderen psychologischen Problemen, bei denen es um die Erklärung oder Vorhersage einer abhängigen Variablen (bei den Lernmodellen: Trefferwahrscheinlichkeit) aufgrund einer unabhängigen Variablen (bei den Lernmodellen: Nummer des Einzelversuchs) geht. Beispiele: Wachstums- und Entwicklungsprozesse, Wahl- und Reaktionswahrscheinlichkeiten in Abhängigkeit von Situations- und Personenparametern. Die Schätzung der Parameter in solchen Modellen geschieht prinzipiell nach den Methoden der *nichtlinearen* (und ggf. *multiplen*) *Regressionsrechnung*. Die Bemühungen um eine möglichst genaue Beschreibung von Prozessen sollten sich jedoch nicht durch Gleichungen in einem reinen „Kurvenanpassen" erschöpfen, sondern die Wahl eines mathematischen Modells oder einer Funktion zur Beschreibung eines Zusammenhangs sollte zunächst von theoretischen Überlegungen ausgehen und von dort zu Modellen führen, in denen die Variablen und Parameter auch inhaltlich interpretativ sinnvoll sind.

Katastrophen-Theorie. – Lange Zeit waren die Bemühungen der M.P. um die Beschreibung psychischer Prozesse auf solche beschränkt, die sich prinzipiell durch stetige, differenzierbare Funktionen abbilden ließen. Plötzliche Sprünge oder „Zusammenbrüche" waren mit diesen Modellen nicht erklärbar. Erst seit einigen Jahren ermöglicht es die sog. Katastrophen-Theorie, auch *nicht-stetige Prozesse* abzubilden. Sie bietet eine Familie von Funktionen einer abhängigen Variablen von ggf. mehreren unabhängigen Variablen, deren gemeinsames Merkmal es ist, daß die Menge der Funktionswerte der abhängigen Variablen zwar stetig ist, aber „Falten" und „Knicke" hat, so daß einem Wert, bzw. Vektor der unabhängigen Variablen mehrere Werte der abhängigen Variablen zugeordnet sind. Welchen dieser Werte die abhängige Variablen im konkreten Fall annimmt, hängt davon ab, von welcher Seite die unabhängige Variable der „Falte" genähert wird (Zeemann, 1976).

Mathematische Auswahl-Modelle. – Bei den Auswahl-Modellen geht es wie bei den mathematischen Lernmodellen um die Vorhersage oder Berechnung der Wahrscheinlichkeiten bestimmter Reaktionen aufgrund von Parametern für Individuen und Situationen, die zum Teil aus den Daten selbst geschätzt werden. Einige dieser Auswahl-Modelle sind eng mit bestimmten Skalierungsverfahren verknüpft, bzw. liegen diesen sogar zugrunde. Fast alle Modelle basieren auf der Annahme, daß die Wahrscheinlichkeiten, mit denen eine Versuchsperson in einer Situation zwischen zwei Reizen einen bestimmten auswählt, in einer isotonen Beziehung zu den Abständen dieser Reize auf einem (meistens hypothetischen) Reizkontinuum stehen: Je weiter ein Reiz X auf diesem Kontinuum von einem Reiz Y entfernt ist, desto weiter verschiebt sich die Wahrscheinlichkeit, daß er gewählt wird, von 0.5. Dabei kann „wählen" sich auf Aufgaben vielerlei Art beziehen.

Das *Thurstone'sche Modell der Reizdiskrimina-*

tion nimmt dabei (in Anlehnung an die Psychophysik) an, daß die Beziehung zwischen Reizdistanz und Wahrscheinlichkeit sich durch die kumulierte Normalverteilung beschreiben läßt; das Bradley/Terry/Luce-*(BTL)Modell* dagegen arbeitet mit Wahlwahrscheinlichkeiten, die den Skalenwerten der Reize direkt proportional sind. (D. h., wenn ich Hähnchen doppelt so gern habe wie Leber, werde ich auf einer Speisekarte, die diese beiden Alternativen enthält, auch doppelt so häufig Hähnchen wählen wie Leber.)

Dem BTL-Modell im Ansatz ähnlich ist das *Testmodell von Rasch*, in dem ebenfalls angenommen wird, daß die Wahrscheinlichkeit, daß ein bestimmter Proband eine bestimmte Testaufgabe löst, zum einen proportional ist zur Fähigkeit des Probanden, solche Aufgaben zu lösen, und zum anderen proportional ist zur Leichtigkeit der betreffenden Aufgabe. „Probandenfähigkeit" und „Aufgabenleichtigkeit" lassen sich nach diesem Modell auf einem gemeinsamen Kontinuum darstellen. Für das Rasch-Modell der Testkonstruktion haben in den letzten Jahren vor allem Fischer und seine Mitarbeiter und Schüler eine Fülle neuer Anwendungsmöglichkeiten erschlossen, indem sie an die Stelle der Variablen X und Y, „Probandenfähigkeit" und „Aufgabenleichtigkeit" andere Merkmale einsetzten: Bei *Soziogrammen* beispielsweise läßt sich die Wahrscheinlichkeit der Wahl eines Partners vorhersagen aus der Wahlfreudigkeit des Wählers und der Beliebtheit des Gewählten (Scheiblechner, 1977); beim Problemlösen die Lösungswahrscheinlichkeit aus der Verfügbarkeit der zur Lösung notwendigen Operatoren beim Problemlösen und aus der Wichtigkeit dieser Operatoren für die Lösung des Problems (Spada, 1976).

Meßtheorie. – Die theoretische Fundierung der Messung selbst, d. h. der Repräsentation von Ereignissen durch Zahlen, ist ein weiteres Teilgebiet der M.P., die sog. Meßtheorie. Hier geht es darum, ob und unter welchen Bedingungen Ereignisse durch Zahlen in einer Theorie repräsentiert werden können, welche Eigenschaften dieser Zahlen ausgenutzt werden können, um sinnvolle Aussagen mit ihrer Hilfe über die abgebildeten Ereignisse zu machen, und wieweit diese inhaltlich bedeutsam sind, d. h. unter (zulässigen) Skalentransformationen erhalten bleiben.

Eine kurzgefaßte deutsche Einführung in die Meßtheorie bietet Orth (1974), eine umfassende Darstellung geben Krantz et al. (1971).

Informationstheorie. – Als besonders fruchtbar hat sich auch ein Ansatz erwiesen, mit dem versucht wird, den Neuigkeits- oder Informationsgehalt von Nachrichten (Aussagen, Daten, Strukturen o. ä.) zu messen; dies ist das Anliegen der Informationstheorie. Sie geht von den drei Annahmen aus: (1) Der Informationsgehalt einer bereits bekannten Aussage (die man also mit Sicherheit, d. h. mit einer Wahrscheinlichkeit von 1 selbst hätte machen können) ist gleich Null. (2) Der Informationsgehalt von zwei oder mehr voneinander unabhängigen Nachrichten soll gleich der Summe der einzelnen Informationsgehalte sein. (3) Der Informationsgehalt einer Nachricht soll umso größer sein, je kleiner die (a priori-) Wahrscheinlichkeit dieser Nachricht war. Es läßt sich zeigen, daß es nur eine Funktion gibt, die diese drei Axiome oder Annahmen erfüllt, nämlich der negative Logarithmus der Wahrscheinlichkeit der Nachricht. Wird dieser Logarithmus zur Basis 2 genommen, so erhalten wir das Informationsmaß in *„bit"* (binary digits), das (aus den gleichen Gründen) auch in der Informatik zur Angabe von Speicher- und Informationsverarbeitungskapazitäten benutzt wird und nun insbesondere im Bereich der *Künstlichen Intelligenz* interessante Vergleiche zwischen Mensch und Maschine ermöglicht.

Entscheidungstheorie. – Als Grenzgebiet zwischen M.P. und den Wirtschaftswissenschaften hat sich in den letzten 40 Jahren die Entscheidungstheorie entwickelt. Ausgehend von ökonomischen Optimierungskriterien wie *Nutzenmaximierung* oder *Risikominimierung* stellt sie normative Modelle auf, nach denen der Mensch sich verhalten müßte, wenn er die gesetzten Kriterien in der gegebenen Situation erreichen will, beispielsweise Maximierung des erwarteten Nutzens: Hat er die Wahl zwischen zwei oder mehr Handlungsalternativen, so sollte er diejenige wählen, bei der der erwartete Nutzen – berechnet über alle möglichen Ereignisse außerhalb seiner Kontrolle, die sonst seinen Gewinn und Verlust beeinflussen könnten – maximal ist. Diese möglichen Ereignisse, die sich auf den Ausgang der Situation auswirken, die aber ihrerseits nicht vom Entscheidenden beeinflußt werden können, werden für die Berechung des Erwartungswertes mit ihren (bekannten oder geschätzten) Wahrscheinlichkeiten gewichtet. Häufig haben die möglichen Konsequenzen mehrere Aspekte oder „Attribute", die unterschiedlich stark zum Gesamtnutzen des Ausgangs beitragen; dann wird auch für diese eine entsprechend gewichtete Nutzenfunktion eingesetzt, in der die Beiträge der verschiedenen Attribute sowohl additiv als auch anders kombiniert werden können.

So hat sich das Teilgebiet der *Nutzenmessung* im Laufe der Zeit zum Teil verselbständigt und steht zwischen der Meß- und Skalierungstheorie und der eigentlichen Entscheidungstheorie; dies gilt auch für die Bestimmung der *subjektiven Wahrscheinlichkeiten* für Ereignisse, die sich teilweise an die psychologischen Skalierungsverfahren, teilweise auch an die mathematische (axiomatische) Wahrscheinlichkeitstheorie angenähert hat.

Spieltheorie. – Wird der Ausgang einer Entscheidung nicht von einem zufallsblinden Naturereignis mitbestimmt, sondern durch die rationale Entscheidung einer anderen Person (einem Mitspieler oder Gegenspieler), so gelangen wir in das Gebiet der Spieltheorie, in dem normative und deskriptive Modelle für das Verhalten in solchen sozialen Situationen aufgestellt werden, in denen der Gewinn oder Verlust des einzelnen von den Entscheidungen mehrerer Personen abhängt. So bildet die Spieltheorie ein Grenzgebiet zwischen M.P., Sozialpsychologie und Wirtschaftswissenschaften.

Weitere Teilgebiete. – Einige weitere Teilgebiete der Psychologie, in denen mathematische Modelle besonders naheliegend waren oder fruchtbar eingesetzt werden konnten, sind beispeilsweise *Psychophysik* (einschließlich der aus der Entscheidungstheorie erwachsenen *Signal-Entdeckungs-Theorie*) und *Skalierung*. Eine kurzgefaßte und leicht verständliche Einführung in die Teilgebiete der M.P. geben Coombs et al. (1970) (deutsche Übersetzung 1975); umfassendere Darstellungen sind: Luce et al. (1963), Krantz et al. (1974), Sydow/Petzold (1982).

Über die jeweils neuesten Entwicklungen wird im Journal of Mathematical Psychology berichtet. Die Psychologen, die in Europa auf diesen Gebieten arbeiten, treffen sich regelmäßig zu den „European Meeting of Mathematical Psychologists". Darüber hinaus ist auf den „Tagungen experimentell arbeitender Psychologen" in den letzten Jahren regelmäßig eine halb- oder ganztätige Arbeitsgruppe vorgesehen gewesen.

Literatur

Coombs, C./Dawes, R. M./Tversky, A.: Mathematical psychology: An elementary introduction. Englewood Cliffs,N. J.: Prenctice Hall, 1970 (Deutsch: Mathematische Psychologie. Eine Einführung. Weinheim: Beltz, 1975).

Krantz, D. H./Atkinson, R. C./Luce, D. R./Suppes, P.: Contemporary developments in mathematical psychology. Vol. 1.2. San Francisco: Freeman, 1974.

Krantz, D. H./Luce, R. D./Suppes, P./Tversky, A.: Foundations of measurement. New York, London: Academic Press, 1971.

Luce, R. D.: Individual choice behaviour. New York: Wiley, 1959.

Luce, R. D./Bush, R. R./Galanter, E.: Handbook of mathematical psychology, Vols. 1-3. New York: Wiley, 1963.

Orth, B.: Einführung in die Theorie des Messens. Stuttgart: Kohlhammer, 1974.

Scheiblechner, H.: The social structure of large groups. In: Kempf, W. F./Repp, B. H. (Eds.): Mathematical models for social psychology. Bern: Huber, 1977, Kap. 6, 170-182.

Spada, H.: Modelle des Denkens und Lernens. Bern: Huber, 1976.

Sydow, H./Petzold, P.: Mathematische Psychologie. Berlin: Springer, 1982.

Zeeman, E. C.: Catastrophe theory. Scientific American, Vol. 234 (4), 1976.

Medienpsychologie

Peter Winterhoff-Spurk

1 Gegenstandsbestimmungen

In der medienwissenschaftlichen Literatur finden sich vor allem die folgenden Interpretationen des Begriffs „Medium" (Kübler/Würzberg, 1982): (1) Ein *universalistisch-kulturphilosophischer* Medienbegriff (M.begriff), nach dem jedes Zeichen – also z. B. auch ein Denkmal oder die Sprache – als Medium begriffen wird, (2) ein *pädagogisch-didaktischer* M.begriff, der alle zur Unterstützung von Lehr- und Lernvorgängen dienenden Objekte umfaßt und (3) ein *kommunikationswissenschaftlicher* M.begriff, der sich auf die sogenannten Massenmedien (Druck-M., Rundfunk, Film und Fernsehen) bezieht.

Informationstransfer oder -distribution mit Hilfe von Massenmedien wird als *Massenkommunikation* bezeichnet und von Maletzke (1963) als öffentliche, indirekte, einseitige und technische Verbreitung professionalisierter, strukturell und funktional ausdifferenzierter und periodisch veranstalteter Kommunikationsformen definiert.

Medienpsychologie befaßt sich vor allem mit der Beschreibung und Erklärung der Auswirkungen von Massenkommunikation auf die Emotionen, Kognitionen und das Verhalten von Rezipienten; sie ist insofern eine individuen- und gruppenbezogene Teilmenge der *M.wirkungsforschung.* Ihre gegenwärtigen Schwerpunkte liegen bei der Untersuchung von Werbe- und/oder Fernsehwirkungen (Enquête der DFG-Senatskommission zur M.wirkungsforschung, 1986).

2 Zur Entwicklung der Medienwirkungsforschung

Empirisch-psychologische M.wirkungsforschung beginnt in den zwanziger Jahren dieses Jahrhunderts (Übersicht bei Winterhoff-Spurk, 1986) mit der *Wirkungs- oder Kampagnenforschung,* die sich mit der sog. Lasswell-Formel wie folgt zusammenfassen läßt: Wer sagt was, warum, wie und mit welchem Effekt zu wem? Psychologische M.wirkungsforschung bestand vor allem in der Suche nach spezifischen, meßbaren, kurzfristigen, auf Einstellung und Verhalten von Individuen bezogenen Effekten politischer oder kommerzieller Werbekampagnen und wurde größtenteils von Rundfunksendern oder der (US)-Armee initiiert und finanziert.

Das mit diesem Ansatz verbundene *Konzept der starken M.wirkungen* erwies sich als zu einfach. Vor allem zwei Gruppen intervenierender Variablen – *interpersonale Beziehungen* und *defensive Selektivität* – waren zu berücksichtigen. Bei einer Untersuchung des amerikanischen Präsidentschafts-Wahlkampfes von 1940 (Lazarsfeld et al., 1944) zeigte sich, daß die durch Radio und Zeitungen verbreitete Wahlpropaganda nur geringe Wirkungen auf die politischen Einstellungen und das (Wahl-) Verhalten des durchschnittlichen Rezipienten hatte. Statt dessen fand sich ein M.einfluß auf die sog. *Meinungsführer* („opinion leaders"); erst von diesen aus geht die Einflußnahme anschließend weiter an den „kleinen Mann" („man-on-the-street"). Dieses „two-step-flow"-Modell der Kommunikation führte den Zeitfaktor in die M.wirkungsforschung ein und war Ausgangspunkt der *Diffusionsforschung.*

Ebenfalls die Gruppe um Lazarsfeld entdeckte die sog. defensive Selektivität, mit der die Beobachtung bezeichnet wurde, daß überzeugte Anhänger einer Partei oder eines Kandidaten vorzugsweise diejenigen M.inhalte rezipierten, mit denen sie auch schon vorher übereinstimmten. Unter dem Eindruck dieser Befunde, die heute als *Nutzen- oder Gratifikationsansatz* („uses-and-gratification") weitergeführt werden, kehrte sich die bisher in der M.wirkungsforschung dominierende Frage „Was machen die M. mit dem Rezipienten?" um zu „Wer benutzt welche M.inhalte aus welchen M. unter welchen situativen Bedingungen aus welchen Gründen und mit welchem Effekt?" Dieser Ansatz führt u. a. zur Frage nach *Rezipienten-Typologien,* die beispielsweise für das Fernsehen aufgrund der Nutzungszeit (Buß, 1985), der Programmpräferenzen (Espe et al., in Druck) oder aufgrund von Persönlichkeitsfragebogen (für das Fernsehen: Vitouch, 1981; für Romanhefte: Schönbach et al., 1971) erstellt wurden.

Neben der Frage nach Nutzungsmustern wird hier auch nach den *Funktionen* gefragt, die der M.konsum (hier v. a. der Fernsehkonsum) erfüllen soll: Flucht vor Langeweile, Unterhaltung, Entspannung, Wirklichkeitsflucht, Phantasieanregung, Informationssuche, Ersatz für reale Sozialkontakte, Teilnahme am politischen Leben u. a. m. werden genannt (vgl. Roberts/Bachen, 1981).

Die von den interpersonalen Beziehungen und der defensiven Selektivität ausgehenden Forschungstraditionen ersetzten das ursprüngliche Konzept der starken M.wirkung durch die allgemeine Vorstellung eher *schwacher M.wirkungen.* Erst in den sechziger Jahren war eine Wiederbelebung der zuerstgenannten Idee, diesmal aber auf spezifische Wirkungsbereiche hin formuliert, festzustellen. Die bis heute im Mittelpunkt des Interesses stehenden Themen der M.wirkungsforschung lassen sich mit den Stichworten *Sozialisation, Medium als Botschaft, ideologische Wirkung, Wissenskluft* („knowledge-gap") und *Thematisierungsfunktion* („agenda-setting") bezeichnen.

3 Gegenwärtige Forschungsfelder

Zum Stichwort *Sozialisation* werden alle Arbeiten gerechnet, die sich mit den Einflüssen von M. auf die Entwicklung von Kindern und Jugendlichen beschäftigen; auch hier liegt der Schwerpunkt bei der Fernsehwirkung (Übersicht bei Sturm, 1986). Wirkungen sind im Bereich der Förderung schulischer Leistungen, des prosozialen Verhaltens, der Ausbildung von Geschlechter-Rollen, des Konsumenten-Verhaltens, aber vor allem bezüglich der Aggressivität untersucht worden.

Schulische Leistungen sollen v. a. durch spezifische Kindersendungen wie Sesam-Straße gefördert werden. In einer Untersuchung des Hans-Bredow-Instituts für Rundfunk und Fernsehen zeigte sich u. a., daß regelmäßige Zuschauer dieser Sendung tatsächlich besser abstrakt denken und verallgemeinern, den Ablauf von Handlungen eher durchschauen können; dies gilt besonders dann, wenn die Mütter die Sendungsinhalte mit den Kindern anschließend besprechen. Allgemein lassen sich hinsichtlich der sprachlichen, schulischen und außerschulischen Leistungen und Aktivitäten kindlicher Fernsehzuschauer im Durchschnitt kaum negative Effekte feststellen (Übersicht bei Winterhoff-Spurk, 1986).

Im Bereich des *prosozialen Verhaltens* zeigte die schon genannte Untersuchung zur Sesam-Straße, daß die regelmäßigen Seher stärker als andere ihr eigenes Verhalten mit den Wünschen und Zielen ihrer Interaktionspartner abstimmen (Berghaus et al., 1978). Auch andere Bereiche prosozialen Verhaltens – Hilfeleistung, Freundlichkeit, Altruismus, Kooperation etc. – können durch spezifische Sendungen gefördert werden (zum Radio: Haen/Oppermann, 1977; zum Buch: Sahr, 1982), jedoch ist dieses Gebiet noch vergleichsweise wenig untersucht worden (Roberts/Bachen, 1981).

Ein großes Thema der amerikanischen Fernsehforschung ist die Untersuchung von *Werbewirkungen* bei Kindern. Als Ergebnistrend läßt sich hier festhalten, daß Vorschulkinder Werbe-Sendungen oft noch nicht von anderen Sendungen unterscheiden können. Mit zunehmendem Alter wächst zwar einerseits die Behaltensleistung von Werbespots, zugleich aber nehmen die Kritik und das Desinteresse zu; relativ groß ist zugleich der Einfluß der Mutter (Wartella/Hunter, 1984).

Die Frage „Wo sind die Frauen im amerikanischen Fernsehen?" war Ausgangspunkt der Suche nach Wirkungen des Fernsehens auf *Geschlechter-Rollen* (Tuchman, 1980). Bis etwa Mitte der siebziger Jahre mußte die Antwort heißen: *Vor* den Fernsehschirmen, denn mit Ausnahme der „soap-operas" stellen Männer in allen anderen Sendungstypen einschließlich des Werbefernsehens mindestens eine Zweidrittel-Mehrheit. Nach einer Inhaltsanalyse von Werbespots findet Bushby (1975), daß Frauen als Haushaltsführende, als häusliche Helferinnen der Männer, als abhängig, unterwürfig, unintelligent und als Sexualobjekte dargestellt werden. Kinder mit hohem Fernsehkonsum vertreten auch eher entsprechende stereotype Geschlechter-Rollen (Christensen/Roberts, 1983), jedoch haben sich hier in den letzten Jahren Veränderungen in Richtung auf eine stärkere Gleichberechtigung der Frau ergeben (Robinson, 1980).

Etwa vier von fünf Untersuchungen zur sozialisierenden Wirkung des Fernsehens wurden zum Thema *Aggressivität* durchgeführt (Groebel, 1986). Nach dem 1972 veröffentlichten „Surgeon General's Report on Television and Social Behavior" wurde ein positiver Zusammenhang von Gewaltdarstellungen im Fernsehen und aggressivem Verhalten vor allem dann vermutet, wenn Kinder und Jugendliche häufig und kontinuierlich Sendungen mit besonders realistischen Gewaltdarstellungen sehen, die entweder aus dem Handlungskontext als gerechtfertigt erscheinen oder aber nicht sanktioniert werden. Diese Tendenz wird durch Umweltfaktoren (z. B. Vorhandensein aggressiver Konfliktlösungsmuster in der familiären Umwelt des Kindes) und individuelle Dispositionen (z. B. aggressive Grundeinstellung, kognitive Entwicklung) modifiziert. (Dies ist ebenfalls für die Wirkungen von Kriminalheften und Comics anzunehmen; Lichtenberger, 1975; Wermke, 1982.)

Die bis 1972 zusammengetragenen Untersuchungen hatten jedoch vor allem zwei Mängel: Es waren überwiegend korrelative Studien, und die Daten stammten aus Fragebogen- bzw. Labor-Studien. Im Jahr 1982 erschien eine weitere Forschungsübersicht „Television and Behavior: Ten Years of Scientific Progress and Implications for the Eighties", in der nun auch stärker Feld- und Längsschnittuntersuchungen berücksichtigt werden konnten. Danach wird auch hier angenommen, daß Gewaltdarstellungen im Fernsehen einen fördernden Effekt auf aggressives Verhalten von Kindern unter den genannten Umständen haben; systematische Untersuchungen der gegenwärtig in Mode gekommenen „Gewalt-Videos" stehen allerdings noch aus.

Das Forschungsthema *„Medium als Botschaft"* geht auf den kanadischen M.wissenschaftler McLuhan (1965) und seine Behauptung zurück, medienspezifische Wirkungen bestünden vor allem im Training derjenigen kognitiven Fertigkeiten, die zur Rezeption des Mediums nötig seien. Erst in jüngster Zeit wird diese These auch unter dem Stichwort *„cultivation of mental skills"* für das Fernsehen empirisch untersucht (Salomon, 1979). Ebenfalls hier zu subsumieren sind die Untersuchungen der Annenberg-School of Communications zur Frage der *„cultivation of beliefs"*. Danach soll häufiger Fernsehkonsum zu einer fernsehtypischen Beurteilung auch der realen Alltagswelt führen: Vielseher sind ängstlicher hinsichtlich der Bedrohung durch Kriminalität, sie sind sozial mißtrauischer und überschätzen die Zahl von Polizisten, Verbrechern, Geschiedenen, unehelichen Kindern etc. in der US-Bevölkerung (Übersicht von Hawkins/Pingree, 1982). Die These von der „angsterregenden Welt des Vielsehers" (Gerbner/Gross, 1976) wird jedoch (v. a. aus methodischen Gründen wie uneinheitliche Seher-Klassifikationen, Nichtberücksichtigung von Kontrollvariablen etc.) stark kritisiert (Hirsch, 1980).

Ebenfalls von Gerbner et al. (1980) stammt die *„mainstreaming"-Hypothese,* nach der häufiger Fernsehkonsum zu einer Vereinheitlichung von Einstellungen bei Gruppen beitrage, deren Standpunkte ohne die (nivellierenden) Einflüsse des Fernsehens vergleichsweise weit entfernt seien. So beurteilen gut ausgebildete Vielseher die Welt mit ähnlichem Mißtrauen wie schlecht ausgebildete Vielseher, während sie sich von den gut ausgebildeten Wenigsehern stärker unterscheiden. Ähnliche Effekte finden sich zu Geschlechterrollen, politischen Ansichten über den Kommunismus, das Recht der freien Rede und die Zuordnung zur politischen Mitte.

Ideologische M.wirkungen im engeren Sinn werden v. a. im Bereich der Wahlentscheidungen untersucht. Bis in die sechziger Jahre galt unter dem Einfluß der interpersonalen Beziehungen und der defensiven Selektivität, daß M. bereits bestehende politische Einstellungen und Wahlabsichten insgesamt eher verstärken als verändern würden. In einer Langzeitstudie (zweijähriger Lektüre der Tageszeitungen „Welt" und „Frankfurter Rundschau" durch 760 Studenten) finden Boden et al. (1975) jedoch auch signifikante Einstellungsänderungen. Unter dem Eindruck der ersten Fernsehdebatten zwischen Nixon und Kennedy, die als die „great debates" in die Literatur eingingen (Tannenbaum/Greenberg, 1968) und in mehr als 30 Forschungsprojekten untersucht wurden, wurde die Frage von Fernseheinflüssen auf Wahlentscheidungen unter der Perspektive der Image-Bildung von Spitzenpolitikern neu diskutiert (Noelle-Neumann, 1980; Radunski, 1980).

Daß insbesondere die Vermittlung von Wissen durch M. schwierig ist, wird seit 1970 unter dem Stichwort *„Wissenskluft-Hypothese"* (= „knowledge-gap", Tichenor et al., 1970) diskutiert. Entgegen der bis dahin verbreiteten Annahme, Massenmedien könnten zum Abbau von Bildungsunterschieden zwischen verschiedenen Sozialschichten beitragen, zeigte sich hier im Gegenteil, daß gebildetere Personen aus höheren Sozialschichten über politische, wissenschaftliche und medizinische Fragen schneller und nachhaltiger informiert waren als Angehörige niedrigerer Sozialschichten. Folgeuntersuchungen führten jedoch bald zu einer Revision dieser Befunde: Der Effekt war nicht nachzuweisen bei Themen z. B. aus dem lokalen und/oder sportlichen Bereich, für die sich Angehörige der niedrigeren Sozialschichten interessierten. Auch Einflüsse der persönlichen Kommunikation, der Befragungs-Methoden, des Befragungs-Zeitpunktes und der allgemeinen Publizität eines Themas führten dazu, den Lücken-Effekt vor allem bei neuen, noch wenig beachteten Themen der nationalen und internationalen Politik zu vermuten; er kann am ehesten durch Zeitungslektüre kompensiert werden (Übersicht von Gaziano, 1983).

Noch bescheidener in den Annahmen ist die *Agenda-Setting-Hypothese,* nach der M. weniger bewirken, wie oder was die Rezipienten denken, sondern worüber sie nachdenken: Befragt man Rezipienten nach den wichtigsten Problemen, um die sich die Regierung kümmern sollte (= *Publikums-Agenda*), so soll diese Liste der Gewichtigkeit dieser Themen den von den Befragten genutzten Medien entsprechen (= *M.-Agenda*). Im *„priority"-Modell* (= Themenstrukturierungsfunktion) wird behauptet, daß die Themenreihenfolge von Publikums- und M.-Agenda übereinstimmen; im *„salience"-Modell* wird die Publikums-Agenda nur nach den beiden Bereichen „wichtig" vs. „unwichtig" gegliedert. Noch vorsichtiger schließlich ist da *„awareness"-Modell* (= Thematisierungsfunktion), nach dem Rezipienten die in den M. behandelten Themen nur noch allgemein als besonders diskussionswürdig ansehen sollen.

Trotz uneinheitlicher Definitionen von Themen, unterschiedlichen Erhebungsmethoden und differierenden Gewichtungsverfahren wird gegenwärtig als hinreichend gesichert angesehen: (a) Im M.vergleich schneiden Zeitungen beim Einfluß auf die Publikums-Agenda am besten ab, wenn es um lokale Themen geht. Bei nationalen Themen hat das Fernsehen größeren Einfluß, fernsehvermittelte Themen werden oft durch die Lektüre von Büchern vertieft. (b) Generell ist ein um so größerer „agenda-setting"-Effekt festzustellen, je entfernter ein Thema von persönlichen Erfahrungen ist. (c) Neben M.- und Themeneinflüssen sind auch individuelle Merkmale von Rezipienten (z. B. hohe Werte auf einer „need for orientation"-Skala) von Bedeutung (Roberts/Bachen, 1981; Ehlers, 1983).

4 Perspektiven

Die voranstehende Skizze von Themenbereichen gegenwärtiger M.wirkungsforschung verdeutlicht, daß M.psychologie bis heute in weiten Teilen behavioristisch orientiert ist: Die zumeist kurzfristigen Reaktionen unterschiedlicher Rezipientengruppen auf spezifische Stimuluskomplexe wie einzelne Sendungen, Sendungstypen oder die allgemeine Fernsehnutzung stehen im Mittelpunkt. Weder die „kognitive Wende" noch die „emotionale Wende" der Allgemeinen Psychologie haben hinreichende Beachtung gefunden.

Daß viele Forschungsfragen bisher nur zu unbefriedigenden Ergebnissen führten, mag auch damit zusammenhängen, daß Aspekte der *Informationsaufnahme* und *-verarbeitung* wie der *emotionalen Reaktionen* relativ vernachlässigt wurden (Sturm, 1986). Außer in der formativen Forschung und der „cultivation of mental skills"-Tradition wird der Informationsverarbeitungsansatz bisher vor allem in der Nachrichtenwirkungsforschung berücksichtigt (Übersicht bei Huth, 1979).

Auch Befunde zu *emotionalen M.wirkungen* sind, aufs Ganze gesehen, noch eher selten, obwohl es Hinweise gibt (Sturm et al., 1982), daß emotionale Effekte besonders nachhaltig wirken (Dorr et al., 1984).

Verständlich, aber verbesserungsbedürftig ist darüber hinaus die gegenwärtig zu konstatierende Schwerpunktbildung der M.psychologie im Bereich des Fernsehens. Zwar gibt es in der Sprach- und Kognitionspsychologie sowie in der Pädagogischen Psychologie umfangreiche Arbeiten beispielsweise zur *Textrezeption* und *-gestaltung* (Ballstaedt et al., 1981); diese sind jedoch aus medienpsychologischer Perspektive etwa für Print-M. noch nicht hinreichend nutzbar gemacht worden. Gleiches gilt etwa für die Anwendung von Ergebnissen und Theorien der *Hörer-Psychologie* (Herrmann, 1985) für das besonders vernachlässigte Medium Rundfunk (Kübler/Würzberg, 1982). Auch Untersuchungen zum M.vergleich sind eher selten. Über den Bereich der Massenmedien hinaus zeigen sich bereits heute für die „Neuen Medien" der *Individualkommunikation (Telekommunikation)* wie „electronic mailing", Computer- und Video-Konferenzen u. a. m. ganz neue Forschungs- und Anwendungsprobleme (Winterhoff-Spurk/Vitouch, 1988), so daß eine stärker als bisher kognitions- wie emotionspsychologisch orientierte M.psychologie zukünftig sicherlich an Bedeutung gewinnen wird.

Insbesondere im Bereich der *Fernsehwirkungen* kann im Vergleich wissenschaftlicher Befunde und öffentlich diskutierter Befürchtungen (Winterhoff-Spurk, 1986) der Eindruck entstehen, daß die negativen Auswirkungen oft überschätzt, positive Möglichkeiten hingegen nicht ausreichend genutzt werden. Neben einer weiteren Reduzierung medienpsychologischer Forschungsdefizite wäre daher zu wünschen, daß zukünftig eine stärkere Berücksichtigung wissenschaftlicher Befunde in den Schulen, der Erwachsenenbildung und vor allem in den Fernsehanstalten selbst zu einer optimalen M.nutzung und -gestaltung führt.

Literatur

Ballstaedt, S. P./Mandl, H./Schnotz, W./Tergan, S. O.: Texte verstehen, Texte gestalten. München: Urban & Schwarzenberg, 1981.

Berghaus, M./Kob, J./Marencic, H./Vowinckel, G.: Vorschule im Fernsehen. Ergebnisse der wissenschaftlichen Begleituntersuchung zur Vorschulserie Sesamstraße. Weinheim: Beltz, 1978.

Boden, U./Bortz, J./Brauner, P./Franke, J.: Langzeiteffekte zweier Tageszeitungen auf politische Einstellungen der Leser. Kölner Zeitschrift für Soziologie und Sozialpsychologie, 27, 1975, 755-780.

Bushby, L. J.: Sex role research on the mass media. Journal of Communication, 25 (4), 1975, 107-131.

Buß, M.: Die Vielseher. Fernseh-Zuschauerforschung in Deutschland. Theorie – Praxis – Ergebnisse. Frankfurt: Metzner, 1985.

Christensen, P. G./Roberts, D. F.: The role of television in the formation of children's social attitudes. In: Howe, M. J. A. (Ed.): Learning from television. London: Academic Press, 1983, 79-100.

Deutsche Forschungsgemeinschaft: Medienwirkungsforschung in der Bundesrepublik Deutschland. Weinheim: VCH Verlagsges., 1986.

Dorr, A./Doubleday, C./Kovaric, P.: Im Fernsehen dargestellte und vom Fernsehen stimulierte Emotionen. In: Mayer, M. (Hrsg.): Wie verstehen Kinder Fernsehprogramme? Schriftenreihe Internationales Zentralinstitut für das Jugend- und Bildungsfernsehen 17. München: Saur, 1984.

Ehlers, R.: Themenstrukturierung durch Massenmedien. Zum

Stand der empirischen Agenda-Setting Forschung. Publizistik, 28 (4), 1983, 167-186.
Espe, H./Seiwert, M./Lang, H. P.: Eine Typologie von deutschen Fernsehzuschauern nach Programmpräferenzen. Publizistik, in Druck.
Gaziano, C.: The knowledge gap. An analytical review of media effects. Communication Research, 10, 1983, 447-486.
Gerbner, G./Gross, L.: The scary world of TV's heavy viewer. Psychology Today, 89 (4), 1976, 41-45.
Gerbner, G./Gross, L./Morgan, M./Signorelli, N.: The ‚mainstreaming' of America: Violence Profile No. 11. Journal of Communication, 30 (3), 1980, S. 10-29.
Groebel, J.: Medien und Gewalt. In: Deutsche Forschungsgemeinschaft (DFG): Medienwirkungsforschung in der Bundesrepublik Deutschland, Teil I: Berichte und Empfehlungen. Weinheim: VCH-Verlagsges. 1986, 47-60.
Haen, J. de/Oppermann, W. R.: Reaktionen von Eltern, Kindern und Erziehern auf die Hörfunkserie ‚Der grüne Punkt'. Fernsehen und Bildung, 11, 1977, 199-209.
Hawkins, R. P./Pingree, S.: Television's influence on social reality. In: National Institute of Mental Health (Ed.): Television and behavior, Vol. II. Rockville: US Department of Health and Human Services Publications 1982, 224-247.
Herrmann, Th.: Allgemeine Sprachpsychologie. München: Urban & Schwarzenberg, 1985.
Hirsch, P. M.: Th ‚scary world' of the nonviewer and other anomalies: A reanalysis of Gerbner et al.'s findings on the cultivation hypotheses. Part I. Communication Research, 7 (4), 1980, 403-456.
Huth, S.: Verstehen und Behalten von Nachrichtensendungen. Fernsehen und Bildung, 13 (1/2), 1979, 115-165.
Kübler, H. D./Würzberg, H. G.: Medienforschung. In: Kagelmann, H. J./Wenninger, G. (Hrsg.): Medienpsychologie. München: Urban & Schwarzenberg, 1982, 96-117.
Lazarsfeld, P./Berelson, B./Gaudet, H.: The people's choice. New York: Meredith, 1944.
Lichtenberger, S.: Das Kriminalheft in seiner Wirkung auf 14jährige Schülerinnen und Schüler zweier ländlicher Mittelpunktschulen. Medien- und Sexualpädagogik, 3, 1975, 9-14.
Maletzke, G.: Psychologie der Massenkommunikation. Hamburg: Bredow-Institut, 1963.
McLuhan, M.: Understanding media: The extensions of man. New York: McGraw-Hill, 1965. (deutsch: Die magischen Kanäle. Düsseldorf: Econ, 1968.)
Noelle-Neumann, E.: Die Schweigespirale. München: Piper, 1980.
Radunski, P.: Wahlkämpfe. Moderne Wahlkampfführung als politische Kommunikation. München: Olzog, 1980.
Roberts, D. F./Bachen, C. M.: Mass communication effects. Annual Review of Psychology, 32, 1981, 307-356.
Robinson, G. J.: Das Image von Frau und Beruf im Wandel der Darstellung in den Medien. Ein Überblick aus Kanada und den USA: Fernsehen und Bildung, 14 (1/2), 1980, 43-66.
Sahr, M.: Abbau von Vorurteilen durch Kinderbücher? Die Deutsche Schule, 74, 1982.
Salomon, G.: Interaction of media, cognition, and learning. San Francisco: Jossey-Bass, 1979.
Schönbach, K./Fischer, M./Bodenstein, R./Bendler, A.: Zur Funktion der Romanhefte. Eine Studie zur Charakterisierung von Romanheftlesern. Publizistik, 16, 1971, 398-416.
Sturm, H.: Medienwirkungen auf Kinder und Jugendliche. In: Deutsche Forschungsgemeinschaft (DFG): Medienwirkungsforschung in der Bundesrepublik, Teil I: Berichte und Empfehlungen. Weinheim: VCH-Verlagsges., 1986, 29-46.
Sturm, H./Vitouch, P./Bauer, H./Grewe-Partsch, M.: Emotion und Erregung – Kinder als Fernsehzuschauer. Fernsehen und Bildung, 16 (1-3), 1982, 11-114.
Tannenbaum, P. H./Greenberg, B. S.: Mass communication. Annual Review of Psychology, 19, 1968, 351-386.
Tichenor, P. J./Donohue, G. A./Olien, C. N.: Mass media flow and differential growth in knowledge. Public Opinion Quarterly, 34, 1970, 159-170.
Tuchman, G.: Die Verbannung von Frauen in die symbolische Nichtexistenz durch die Massenmedien. Fernsehen und Bildung, 14 (1/2), 1980, 10-42.
Vitouch, P.: Vielseher und Attribution. Ein sozialpsychologischer Ansatz zur Medienforschung. Fernsehen und Bildung, 15 (1-3), 1981, 160-167.
Wartella, E./Hunter, L. S.: Die Präsentationsformen der Fernsehwerbung und ihre Wirkung auf Kinder. In: Meyer, M. (Hrsg.): Wie verstehen Kinder Fernsehprogramme? Schriftenreihe Internationales Zentralinstitut für das Jugend- und Bildungsfernsehen 17. München: Saur, 1984, 138-157.
Wermke, J.: Comics. In: Kagelmann, H. J./Wenninger, G. (Hrsg.): Medienpsychologie. Ein Handbuch in Schlüsselbegriffen. München: Urban & Schwarzenberg, 1982, 9-17.
Winterhoff-Spurk, P.: Fernsehen. Psychologische Befunde zur Medienwirkung. Bern: Huber, 1986.
Winterhoff-Spurk, P./Vitouch, P.: Mediale Individualkommunikation. In: Groebel, J./Winterhoff-Spurk, P. (Hrsg.): Empirische Medienpsychologie. München/Weinheim, Psychologie Verlags Union 1988.

Meditation und Trance

Wolfgang M. Pfeiffer

1 Meditative Verfahren

Veränderungen der Bewußtseinslage können durch sehr verschiedenartige Ursachen bedingt sein, beispielsweise durch Drogen oder Stoffwechselstörungen (Hypoxie, Hypoglykämie), durch Schlafentzug, aber auch auf rein psychischem Wege wie z. B. durch sensorische Deprivation oder meditatives Üben. Im amerikanischen Schrifttum werden diese vielfältigen Zustände jetzt häufig unter dem Begriff „Altered States of Consciousness" zusammengefaßt (Tart, 1969) und summarisch behandelt, im Deutschen als „Zustände veränderten Wachbewußtseins" (Dittrich/Scharfetter, 1987). Gewiß gibt es mancherlei Ähnlichkeiten in Erlebnis- und Erscheinungsweisen, auch bestehen Übergangsformen. Für die psychologische Forschung ist jedoch eine möglichst differenzierte Betrachtung angezeigt, die sich im folgenden auf psychisch induzierte Veränderungen der Bewußtseinslage beschränkt und zwar zunächst auf meditative Verfahren (von lat. meditare = sich üben), sodann auf hypnoide T.zustände.

1.1 Die vorbereitenden Übungen der Sammlung und des Sich-Versenkens

Es gibt recht unterschiedliche Wege, sich zu sammeln, doch führen sie zu weitgehend gemeinsamen Zielen. Dabei handelt es sich darum,
- die Bindungen an die Umwelt (besonders in Gestalt von Wahrnehmung und Motorik) zu lösen,
- Abstand gegenüber den Reizen zu schaffen, die der eigenen Körpersphäre entspringen,
- das Bewußtseinsfeld von all den Gedanken, Bildern, Gefühlen zu entleeren, welche die Umwelt sowie die eigene Vergangenheit und Zukunft repräsentieren.

Diesen Zielen nähert man sich, indem man sein Gewahrsein (ähnlich wie es bei der *Hypnose* geschieht) auf ein *„Objekt"* gleichsam punktförmig zentriert. Dieses Objekt kann sein
- *optischer Art:* im Außenraum z. B. eine Flamme oder eine Farbscheibe wie bei den buddhistischen *Kasina-Übungen;* im Innenraum z. B. ein Vorstellungsbild oder ein heller Fleck, die bei geschlossenen Augen im Blickfeld fixiert werden;
- *akustischer Art:* im Außenraum z. B. einförmige Musik, das Läuten eines Glöckchens; im Innenraum z. B. das anhaltende Wiederholen einer Wortfolge (etwa das „Herzensgebet" der Ostkirche) oder eines Wortes/einer Silbe, was schon in der christlichen *Mystik* des 14. Jahrhunderts empfohlen wurde („The Cloud of Unknowing", Massa, 1974) und heute vor allem als *Mantram*-M. geübt wird (Carrington, 1977);
- von Art der *Körperempfindungen:* so Schwere- und Wärmegefühl wie in *Hypnose* und *Autogenem Training;* die Betrachtung der Atmung oder langsamer Körperbewegungen wie beim *meditativen Gehen* oder beim *Tai Chi Chuan.*

Sicher beeinflußt die Methodik der vorbereitenden Übungen die Form des daraus folgenden Zustandes. So begünstigt eine betonte Entspannung der Muskulatur – wie sie im *Autogenen Training* und in der *Progressiven Relaxation* angestrebt wird – einen schlafnahen Zustand bis hin zum Einschlafen. Das Fixieren einer kleinen Fläche – wie bei den *Kasina-Übungen* – kann einen hypnoiden T.-Zustand einleiten. Dagegen fördert – wie Dürckheim (1976) ausführt – die aufrechte Sitzhaltung, die in der *Zen-* und *Satipatthāna*-M. gebräuchlich ist, durch leichte Tonisierung der Muskulatur eine wache, klare Form der Versunkenheit, was durch eingeschobenes Gehen und den bekannten Schlag auf die Schultern weiterhin gesichert werden kann. Nicht minder bedeutsam ist die Atmung, da Mangel oder Überschuß an Sauerstoff den Hirnstoffwechsel und damit die Bewußtseinsklarheit beeinflussen.

Das Auftreten von Mißempfindungen, Gedanken oder Bildern mag in Hinblick auf das Fortschreiten der M. als Störung erscheinen. Immerhin wird der Beschäftigung mit ihnen in manchen M.methoden ein wichtiger Ort zugewiesen. Unter psychotherapeutischer Zielsetzung kommt ihnen erst recht entscheidende Bedeutung zu. Bei der Methode des *„Focusing"* werden die aufsteigenden Gefühle in den Brennpunkt der Betrachtung gestellt und so der Gestaltwerdung und der gedanklichen Bearbeitung zugänglich gemacht (Gendlin, 1982).

Weiter sind in diesem Zusammenhang bildhafte Erlebnisse zu nennen, die sich – gelenkt oder spontan – zu dramatischen Abläufen erweitern. Hierher gehört die *„aktive Imagination"* nach C. G. Jung, der *„gelenkte Tagtraum"* nach R. Desoille (1945) und das *„Katathyme Bilderleben"* nach H. Leuner (1970).

Insonderheit das *Katathyme Bilderleben* hat als selbständiges Verfahren in die Psychotherapie Eingang gefunden. In einem leichten Versenkungszustand werden dem Klienten Standardmotive angeboten, die als „Kristallisationskern" für den Beginn der Imagination dienen. Thematisch handelt es sich zunächst um Landschaftsmotive (Wiese, Bach, Berg, Waldrand). Im weiteren Verlauf kann der Umgang mit helfenden und nährenden, aber auch mit feindseligen Gestalten durchlebt werden. Entsprechend wird auch mit Traummotiven und frei assoziierten Themen gearbeitet.

So wichtig die vorbereitenden Übungen auch sind, erweisen sich spezielle Effekte ihnen doch keineswegs fest zugeordnet. Ob man nun die Achtsamkeit dem Atem zugewandt hatte, einem Wort oder einem Bilde – wenn erst das Objekt verschwindet, das als Hilfe zur Sammlung diente, dann mag das Ergebnis ein gleichartiger Zustand wacher Versunkenheit sein. Anderseits werden die Effekte gleicher Methodik bei verschiedenen Personen recht unterschiedlich sein. Daher ist es kaum berechtigt, zur Vorbereitung unbedingt einer bestimmten Methode den Vorzug zu geben. Vielmehr kommt es darauf an, daß der Meditierende den Weg findet, der ihm am meisten entspricht und daß er auf angemessene Weise davon Gebrauch macht, wozu es sachkundiger Anleitung bedarf.

1.2 Objektbezogene Meditation

Bereits die vorbereitende Ausrichtung auf ein Objekt (etwa auf die Atmung, auf ein Mantram oder ein Bild) leitet über zu den objektbezogenen (gegenständlichen) M. Sie bieten einen verhältnismäßig einfachen und sicheren Weg zu wesentlichen Erfahrungen, auch kommt ihnen beträchtliche therapeutische Bedeutung zu.

Aus den zahlreichen Beispielen objektbezogener M., die im *Visuddhi Magga* dargestellt sind, dem umfassenden ceylonesischen Lehrwerk aus dem 5. Jahrhundert n. Chr. (deutsche Übersetzung von Nyanatiloka, 1952), sei hier das *Erwekken der Mettā* (liebevolle Zuwendung – etwa der christlichen Agape entsprechend) angeführt, wie es heute auch in europäischen M.zentren geübt wird.

Nachdem durch Betrachtung des Arztes ein Zustand des Gesammeltseins erreicht ist, wird das Gefühl liebevoller Zuwendung (also der Mettā) nacheinander vier Personen entgegengebracht, nämlich (1) der eigenen Person, (2) einem geliebten Menschen, (3) einem gleichgültigen Menschen, (4) einem Feinde. Danach soll das Gefühl der Mettā allen vier Personen so gleichmäßig zugewandt werden, als ob sie eine einzige Person seien. Nachdem auf diese Weise die Schranken des Einzelseins und der persönlichen Sympathie überwunden sind, folgt die Ausweitung der Mettā auf alle Menschen am Ort, in sämtlichen Himmelsrichtungen und schließlich auf alle lebenden Wesen.

Bemerkenswert ist, wie bei der Übernahme asiatischer M.wege in den Zusammenhang westlicher Kultur weitgehende Akzentverschiebungen erfolgen. So gelten die betont leibfeindlichen Ekel- und Todes-M.en, die bei den einheimischen Mönchen auf Sri Lanka von besonderer Bedeutung sind, als ungeeignet für Leute westlicher Herkunft. Wohl aber wird das Erwecken der Mettā geübt, das christlichen Zielsetzungen durchaus entspricht und zudem einen euphorisierenden Effekt entfaltet. Dabei wird freilich außer acht gelassen, daß diese Übung eigentlich nur die erste Stufe eines systematisch aufgebauten M.weges ist, der über das Erwecken des Mitleidens (Karunā) und der Mitfreude (muditā) zu dem spezifisch buddhistischen Ziele indifferenter Gleichmut (upekkhā) leitet.

Eine *Sterbe-M.*, die von A.-M. Tausch und R. Tausch (1985) in Deutschland eingeführt wurde, zeichnet sich durch ihre lebensbejahende Haltung und ihr schonendes Vorgehen aus. Typischerweise wird sie im Liegen durchgeführt. Nach körperlicher und psychischer Entspannung vergegenwärtigt sich der Meditierende folgende Situationen:

- Er sei ernstlich erkrankt. Der Arzt informiere, daß er keine Heilungsmöglichkeit mehr sehe und ein rasches Fortschreiten des Leidens nicht aufhalten könne. (Was werde ich tun – mit wem werde ich sprechen?)
- letzte Lebenswochen (Was ist noch wichtig?)
- Zeit des Sterbens (Eigene Gefühle. Welche Menschen sind zugegen? Was sind ihre Reaktionen?)
- sich selbst als Gestorbenen sehen
- Rückschau auf das abgeschlossene Leben (Wesentliche Inhalte, Freuden und Leiden. Was würde ich gern anders machen?)
- Rückkehr ins Leben, Aussprache.

Die angeführte Sterbe.-M. entstammt einer Reihe meditativer Übungen, die von Simonton et al. (1982) zum Zweck der psychologischen Behandlung bei chronischen Erkrankungen entwickelt wurden, besonders auch im Hinblick auf Geschwulstleiden. Zur Unterstützung der körperlichen Therapie wird hierbei eine bildhafte Vorstellung des Krankheitsherdes und der darauf einwirkenden Heilungsvorgänge hervorgerufen. Zwar ließ sich – entgegen ursprünglichen Annahmen – eine Steigerung der somatisch faßbaren Behandlungserfolge statistisch nicht sichern, doch ist ein günstiger Einfluß auf den psychischen Zustand insofern festzustellen, als die Beziehung zum eigenen Körper gebessert wird und das Gefühl hilflosen Ausgeliefertseins zurücktritt.

Zu den objektbezogenen M.en lassen sich auch Übungen rechnen, bei denen Bewegungsabläufe Gegenstand der Achtsamkeit sind. Im Grunde ist das schon bei der Betrachtung des Atems in seinem Kommen und Gehen der Fall *(Ānāpāna-Sati)*. Eine besonders differenzierte Form der Bewegungs-M. stellt das *Tai Chi Chuan* dar, das bei uns häufig – aber unzutreffend – als Schattenboxen bezeichnet wird. Der Übende geht dabei durch eine lange Folge stilisierter Bewegungen, die ihre Herkunft aus den Kampfkünsten Chinas nur noch zum Teil erkennen lassen. Entscheidend ist vielmehr, dem Wechsel von Lösung und Spannung, von Rückzug und Ausgriff, von Entweichen und Aufnahme des Atems betrachtend zu folgen und sich damit einzuschwingen in den Strom der Lebensenergie und deren stetige Wandlung gemäß der durch *Yin* und *Yang* gekennzeichneten Polarität (Huang, 1973/1985).

Die *Satipatthāna-Vipassanā-M.* – nach Nyanaponika (1962) „das Herz buddhistischer Meditation" – steht am Rande der objektbezogenen M.en. Denn hier sind weniger bestimmte Inhalte, die ins Feld des Gewahrseins treten, Gegenstand der Betrachtung als vielmehr ihr ständiger Wechsel.

Auch in diesem Zusammenhang zeigt sich eine Akzentverschiebung: Im buddhistischen Kontext dient Satipatthāna (= „anhaltende Achtsamkeit") der Bewußtmachung des fortwährenden Werdens und Vergehens der psychischen Phänomene und damit der Erkenntnis der Substanzlosigkeit der Person und ihrer Objekte; dies aber soll zur Befreiung aus Lebensdurst und sonstiger Gebundenheit führen. Im Dienst westlicher Psychokultur wird die Zentrierung auf den aktuellen Augenblick (z. B. als „Awareness-Übung") dagegen Mittel zu einem „vollen Leben im Hier und Jetzt", also zu einer Steigerung der Lebensintensität. Dies aber bedeutet geradezu eine Umkehrung der buddhistischen Intention.

1.3 Objektlose Meditation

Bei weiterer Entleerung von Gegenständen kann die M. einen Charakter annehmen, der hier als „objektlos" bezeichnet werden soll. Es geht letztlich um die „bildlose Schau" oder die „Wolke des Nichtwissens", von der die *christliche Mystik* spricht (Massa, 1974), bzw. um den Zustand, der in der „gestaltlosen Meditation" (arūpa-jhāna) des *Buddhismus* erreicht wird, insbesondere auf der letzten Stufe des „weder Wahrnehmens noch Nichtwahrnehmens" (Nyanatiloka, 1952, 382 f.).

Die vorliegende Darstellung folgt den psychologisch-phänomenologischen Untersuchungen von C. Albrecht (1951). Hiernach ist auch im Zustand der „Versunkenheit" (die als Bewußtseinslage der objektlosen M. entspricht) ein erlebendes Ich zugegen, das aber entblößt ist von Willensakten und gesteuertem Denken. Getragen von einem Grundgefühl der Ruhe, ist dieses Ich dem Betrachten hingegeben; dies gilt einem entleerten Raum, der durch einheitliche Klarheit und Stille gekennzeichnet ist.

In diesen entleerten Raum können erneut Inhalte eintreten, die Albrecht als *„das Ankommende"* benennt. Er unterscheidet drei Hauptformen:

- das Ankommen abgespaltener Anteile der Persönlichkeit,
- das Ankommen noch unentwickelter Bereiche des Selbst, z. B. als Entwürfe zukünftiger Entwicklungen,
- das Ankommen eines „Umfassenden".

Die beiden ersten Formen des Ankommens sind von wesentlicher Bedeutung für die Psychotherapie, denn zu deren Aufgaben gehört sowohl Integration der vom Personkern abgespaltenen Inhalte wie auch die Öffnung auf bisher ungelebte Möglichkeiten hin und das Klarwerden über prospektive Tendenzen. Mit diesem Betrachten, Klären und Ausformen von Inhalten, die – bislang unzugänglich – nun neu im Bewußtsein „angekommen" sind, ist freilich wiederum der Bereich objektbezogener M. betreten.

Mit der Bezeichnung „Umfassendes" will Albrecht keine Deutung geben, sondern eine besondere Erlebnisqualität kennzeichnen, wonach das Ankommende so erfahren wird, „als ob es ein aus fremder Sphäre herkommendes, schlechthin letztes unerkanntes Sein sei, auf dessen ganzheitliche Einheit alle vergangenen, gegenwärtigen und zukünftigen Erlebnisgehalte in unerkennbarer Weise Bezug haben." (Albrecht, 1951, 218). Das Erleben hat hier nicht mehr den Charakter einer „Innenschau" sondern der „Begegnung" und zwar mit einem Sein, das nicht mehr erkennbar oder faßbar ist, womit die Benennung als „objektlose Meditation" weiterhin berechtigt erscheint.

Gewiß sind derartige Erfahrungen geeignet, existenziell zu erschüttern und tiefgreifende Wandlungen in Wertsetzung und Lebensplanung zu bewirken. So können sie zweifellos therapeutische Wirkungen entfalten, und tatsächlich nehmen die Anhänger einer *„transpersonalen Psychologie"* auch diesen Bereich für sich in Anspruch. Die meisten Psychotherapeuten dürften darin aber eine Überschreitung der Zuständigkeit sehen. Im übrigen wird, wenn ein faßbarer Gegenstand fehlt, auch das erlebende Ich schwinden. Damit endet die Subjekt-Objekt-Spaltung und mit ihr die Bewußtheit. Hier ist also ein Grenzbereich meditativer Erfahrung berührt, über den sich introspektiv keine psychologischen Aussagen mehr machen lassen.

2 Hypnoide Trancezustände

Den grundsätzlich bewußtseinsklaren Zuständen der M. seien hier Zustände hypnoider T. gegenübergestellt. Von „Trance" (abgeleitet von lat. transire) sollte man freilich nur sprechen, wenn tatsächlich ein „Übergang", also eine Umschaltung in einen hypnoseartigen Zustand erfolgt ist. Eine solche Umschaltung kann ungewollt/spontan auftreten, etwa aufgrund von Schreck oder emotionaler Überlastung. Hierher gehören psychogene Dämmerzustände, wie sie etwa bei Erdbeben und Kriegsereignissen vorkommen, weiterhin die Latah-Reaktionen und Amok (Pfeiffer, 1980).

Neben solchen spontanen T.zuständen stehen andere, die absichtlich herbeigeführt sind. Besonders bekannt und untersucht sind die hypnoseartigen Zustände, wobei zwischen den mit fremder Hilfe herbeigeführten und gesteuerten zu unterscheiden ist (man kann hier von „Heterohypnose" sprechen) und den autohypnotischen Zuständen. Freilich wirken meist autosuggestive und heterosuggestive Elemente zusammen.

Unter den zahlreichen Varianten lassen sich zumindest zwei Formen hypnoider T. unterscheiden:

- ein stilles, schlafähnliches Hypnoid (wie es gewöhnlich bei der therapeutischen Hypnose herbeigeführt wird)
- erregte T.zustände (ihnen kommt in den Besessenheitskulten besondere Bedeutung zu).

In welche Richtung sich die T. entwickelt, wird durch die jeweilige Form der Einleitung nahegelegt. So weisen Hyperventilation, heftige Rhythmen und grelle Klangfarbe der Musik in Richtung einer erregten T., verminderte Atmung, muskuläre Entspannung, eine ruhige, gedämpfte Musik aber in Richtung eines stillen Hypnoids. Weiter wird das Verhalten und Erleben des Mediums durch die Einstellungen und Erwartungen geformt, die es selbst und die anderen Teilnehmer hegen. Das heißt, daß die jeweilige Situation und die rituelle Zielsetzung prägenden Einfluß auf Gestalt und Ablauf der T. ausüben und somit auch die Deutung, die man dem Ausnahmezustand gibt.

Es sind vor allem *drei Formen traditioneller Deutung* von psychischen Ausnahmezuständen, welche Beachtung verdienen: visionäre Episoden, Aussenden der Seele, Besessenheit.

2.1 *Visionäre Episoden*

In zahlreichen Kulturen kommt dem Seher eine wichtige Funktion zu, indem er mit sonst unzugänglichen Lebensbereichen in Verbindung tritt. Merkmale des Ausnahmezustandes sind optische und akustische Erlebnisse von oft geradezu sinnlicher Eindringlichkeit, vor allem aber von einer besonderen Fülle an Gewißheit und Bedeutung. Dabei wahrt der Visionär aber seine Identität und weitgehend auch die Verbindung zu seiner realen Umgebung, was ihn zum Mittler zwischen der Alltagswelt und der Überwelt befähigt. So wird man hier eher von einem meditativen Zustand als von einer eigentlichen T. sprechen können.

Visionäres Verhalten ist in indonesischen Altkulturen wie z. B. auf Mentawei institutionalisiert (Loeb, 1929); es konnte sich aber – wie ich auf Java beobachtete – auch mit dem Islam verbinden. So geschieht es, daß der Mullah eines Dorfes anläßlich einer Wallfahrt an das Grab einer heiligmäßigen Persönlichkeit in ein Gespräch mit dessen Geist eintritt und in mitgebrachten Gegenständen (Tuch, Wasser) die Kraft des Geistes empfängt. Ähnlich kann auch der einfache Bürger Kontakt zur Geisterwelt suchen, etwa indem er – unter Entzug von Nahrung und Schlaf – einige Nächte meditierend am Grab des Vaters verbringt.

2.2 *Aussenden der Seele*

Hier geht es um Erlebnisse ebenfalls visionärer Art, die aber mit intensiverer Bewußtseinsveränderung verbunden sind. Zwar wird die Identität mit dem erlebenden und handelnden Ich gewahrt, doch verläßt dieses den Körper, der wie leblos zurückbleibt. Eliade (1957) hat dieser Erscheinung zentrale Bedeutung im *Schamanismus* zugewiesen, insbesondere in Gestalt des Schamanenfluges. Sie hat aber auch Eingang in die Hochreligionen gefunden, wie etwa der Himmelsflug Muhammads auf dem Flügelroß zeigt.

In den Altkulturen Indonesiens diente das Aussenden der Seele als Heilmethode, um nämlich eine entflohene oder geraubte Seele aus dem Totenreich zurückzuholen. Als Wahrsage- und M.methode hat es sich aber auch im heutigen Java gehalten, etwa um Kundschaft über Ereignisse an unzugänglichen Orten zu erhalten.

2.3 *Besessenheit*

Der Begriff „Besessenheit" besagt, daß ein Geistwesen die Herrschaft über den betroffenen Menschen angetreten hat. In der *„luziden"* (oder auch „partiellen") Besessenheit ist die Identität dieses Menschen nur zum Teil aufgehoben: Mit weitgehend klarem Bewußtsein betrachtet er erstaunt oder entsetzt, was sein Leib als Werkzeug des Geistes für ungewöhnliche oder schreckliche Dinge ausführt. (So Pater Surin, zit. Oesterreich, 1921, 37). Bei *somnambuler* (oder voller) Besessenheit ist dagegen die Alltagspersönlichkeit ganz ausgeschaltet, so daß gewöhnlich auch Amnesie besteht.

Unser Verständnis für derartige Phänomene ist dadurch eingeengt, daß die christliche Tradition Besessenheit fast durchweg auf böse Geister zurückführt, wobei die Antwort ausschließlich im *Exorzismus* bestehen kann (Rodewyk, 1966). Ähnlich abweisend gegenüber dem besitzergreifenden Geistwesen zeigt sich die mosaische Religion und die moderne Orthodoxie des Islam; sie sind daher in entsprechender Weise zum Exorzismus geneigt.

Ganz anders verhält es sich in den Stammesreligionen und auch im volkstümlichen Islam. Hier kommt der Vorstellung große Bedeutung zu, daß sich ein Ahnengeist auf dem Wege der Besessenheit „ein Gesicht leiht", um seine Wünsche geltend zu machen und aktiv in das Leben der Gemeinschaft einzugreifen. Die Besessenheitsriten Indonesiens haben ihre Grundlage aber vor allem in der Vorstellung von der *Herabkunft der Götter* (BELO, 1960). Danach sind die Götter/Naturgeister im Alltag den Menschen entrückt, indem sie ihren Aufenthalt fern von ihnen an unzugänglichen Orten nehmen wie z. B. auf Berggipfeln oder im Meer. Im Fest aber werden sie von den Feiernden ins Dorf gerufen. Damit sie nun unter den Menschen verweilen können, muß man ihnen einen Ort bereiten. Das mag ein Thron sein, vor dem man Opfer darbringt; ein Pferd, auf dem man sie durch die Stadt führt; eine Statue, der dann Ehre erwiesen wird. Soll aber die Gottheit bzw. der Geist sprechen, agieren, dann liegt es nahe, daß sich diese Wesenheit in einem Menschen verkörpert. Hierzu bietet das *Maskenritual* Gelegenheit, besonders aber die *Besessenheitstrance.*

Form und Verlauf des Rituals werden wesentlich durch die Ziele bestimmt, die damit erreicht werden sollen. Hier eine Anzahl typischer Zielsetzungen (Pfeiffer, 1971, 105 f.):

- Vermittlung von Kräften: Das Erdreich, das Wasser, aber auch einzelne Gegenstände können durch die Berührung des Geistes/des Mediums krafttragend bzw. in ihrer Kraft erneuert werden (z. B. ein Zeremonialdolch, auch ein Kugelschreiber). Äußere Zeichen der gegenwärtig gewordenen Kraft sind Unverletzlichkeit und ungewöhnliche Fähigkeiten (s. u.).
- Auskunft über das rechte Handeln: In kritischen Lebenssituationen nimmt das Wort des Geistes dem Ratsuchenden die Last der Entscheidung ab. Das erweist sich als besonders notwendig, wenn es um eine Handlung geht, die mit der Sitte in Konflikt steht. Da nämlich die Sitte von den Ahnen bzw. der Gottheit gestiftet ist, übersteigt eine Veränderung die Kompetenz der Menschen und bedarf der Billigung durch höhere Instanz. Ein bekanntes Beispiel bot die Befragung des Orakelmediums vor der Flucht des Dalai Lama aus Tibet.
- Heilwirkungen: Beide Prinzipien (die Weisung und die Kraftübertragung) verbinden sich beim Einsatz der Besessenheit als Heilmethode.

Dabei handelt es sich um die Besessenheit des Heilers und des Kranken. Bei der *Besessenheit des Heilers* macht das „inspirierte" Medium im Zustand der Besessenheit die Krankheitsursachen bekannt und zeigt Wege auf, den Schaden zu beheben, z. B. die Mißachtung eines Gelöbnisses oder die Übertretung eines Tabus. Es kann das krankmachende Agens beseitigen (z. B. aussaugen) und heilende Kräfte auf den Kranken übertragen. Bei der *Besessenheit des Kranken* gestattet das Besessenheitsritual sozial eingeengten Gruppen (z. B. Frauen oder jungen Männern), sonst verpönte Impulse – seien sie erotischer oder aggressiver Art – auszuleben und sich damit, ohne die Sitte zu gefährden oder von einem Makel getroffen zu werden, eine Ersatzbefriedigung zu schaffen (Kiev, 1964). So kann man die *Zar-Kulte* Nordafrikas oder die *balinesischen Krisspiele* sehr wohl als periodische Gruppentherapie verstehen. Doch ist zugleich auf die grundlegenden Unterschiede zur europäischen Psychotherapie aufmerksam zu machen. Moderne Psychotherapie zielt darauf ab, unterdrückte Strebungen bewußt zu machen und in die Persönlichkeit zu integrieren, so etwa den „Schatten" im Verlauf der Jungschen Analyse. Dagegen werden in den Besessenheitsriten die unterdrückten Impulse zwar episodisch ausgelebt, sie bleiben aber ausdrücklich von der bewußten Persönlichkeit abgespalten, indem sie den Geistern zugerechnet und – nach Ablauf des Ausnahmezustandes – erneut abgewehrt werden (Prince, 1968).

2.4 Weitere Interpretationen

Zahlreiche weitere Erscheinungen werden oft gleichfalls mit der Bezeichnung „Besessenheit" belegt, sollten aber im Interesse begrifflicher Klarheit besser davon getrennt werden. Das gilt etwa für die Verwandlung, die eine ganze Gruppe ergreift, wenn die Gottheit in ihrer Mitte gegenwärtig wird. Im *Dionysos-Kult* verwandelte die Epiphanie des Gottes die Welt, ließ Gläubige und auch Ungläubige in Raserei verfallen. Im *Vodu-Kult* auf Haiti genügt die Anwesenheit der Liebesgöttin Erzulie, um die Versammelten in einen Rausch der Liebe zu versetzen.

An solche Verwandlungen durch die Gegenwart des Heiligen schließt sich die Erscheinung an, daß eine größere Zahl von Menschen durch eine umfassende geistige Wesenheit ergriffen und verwandelt wird.

Als vorbildliches Beispiel kann die Herabkunft des Heiligen Geistes im Pfingstwunder gelten und dann die Wiederholung dieses Ereignisses, wie sie in den Pfingstgemeinden angestrebt wird. Auch hierbei kommt es zu T.zuständen mit mehr oder weniger ausgeprägtem Ich-Verlust, mit motorischen Automatismen wie Zittern und Springen und vor allem der *Glossolalie* (Goodman, 1972).

In derartigen Fällen, wo eine umfassende Macht gegenwärtig und wirksam wird, erscheint die Bezeichnung *„Ergriffenheit“* eher angemessen.

Endlich sei als eine der Besessenheit zwar ähnliche, aber davon unterschiedene Deutung der Bewußtseinsveränderung die *Transformation* zu nennen, die vor allem als Verwandlung in ein Tier vorkommt. Gewiß findet sich Transformation auch als Ausdruck einer Besessenheit (etwa durch den Geist des Tieres). Hier ist aber eine solche Umwandlung gemeint, daß – ohne das Eintreten eines Geistwesens – die gleiche Person zeitweise menschliches, zeitweise tierisches Wesen annimmt. Bekannte Beispiele sind *Werwolf* und *Wertiger.* In diesen Zusammenhang könnten die *Leopardenbünde* in Westafrika gehören und die *Isawa-Bruderschaften* in Marokko, die in T. gleichfalls die Rolle von Tieren übernehmen.

Es ist nochmal zu betonen, daß es sich bei den aufgezählten Begriffen wie „Aussenden der Seele“, Besessenheit, Transformation nicht um eindeutige psychologische Zustände oder gar um bestimmte Krankheitseinheiten handelt, sondern um *Deutungen* verschiedenartiger Ausnahmezustände. So können höchst unterschiedliche Phänomene als „Besessenheit“ deklariert werden, etwa eine körperliche Krankheit, eine Psychose, eine Intoxikation oder eben ein T.zustand. Anderseits können gleichartige psychologische Phänomene ganz unterschiedliche Deutungen erfahren; so mag ein hypnoider T.zustand als hysterischer Anfall, als Seelenverlust, als Behextsein oder eben als Besessenheit interpretiert werden. Es ist also wichtig, zwischen T. (als Zustand veränderten Bewußtseins) und Besessenheit (als Deutung der Bewußtseinsveränderung) zu unterscheiden. Da aber zwischen Deutung und Ausformung eine wechselseitige Beeinflussung besteht, bilden sich doch recht charakteristische Erscheinungstypen heraus wie eben die *„Besessenheitstrance“*, von der hier ausführlich berichtet wurde (Bourguignon, 1976, 247f.).

3 Begleitende Phänomene von Meditation und Trance

3.1 Physiologische Korrelate

Den psychologischen Veränderungen entsprechen eine Reihe physiologischer Korrelate. Vor allem verdient die *hirnelektrische Aktivität* Beachtung. Sie ist in meditativen und stillen hypnoiden Zuständen durch einen ausgeprägten, regelmäßigen Alpharhythmus charakterisiert und entspricht insofern einem entspannten Wachzustand. Mit Vertiefung der Versunkenheit nehmen Amplitude und Regelmäßigkeit zu, des weiteren treten Wellenmuster auf, wie sie für einen leichten Schlafzustand charakteristisch sind (Vaitl, 1978). Bewußtseinsmäßig dürfte dem aber nur zum Teil ein Dösen oder flüchtiges Einschlafen entsprechen. Vielmehr scheint hier eine bioelektrische Aktivität, die sonst als Ausdruck leichten Schlafes gewertet wird, von modifizierten Formen des Wachbewußtseins begleitet zu sein.

Die *vegetativen Funktionen* lassen eine trophotrope Umstellung erkennen, die u. a. als Verminderung des Sauerstoffverbrauches zu objektivieren ist. Besonders auffällig ist die Verlangsamung der Atmung, die Beruhigung des Herzschlages und eine Erhöhung des Hautwiderstandes. Dies gilt freilich nur für die stillen Formen der Versenkung, während den ekstatisch-erregten Formen der T. (etwa bei der Glossolalie oder bei der „Flugtechnik“ der Transzendentalen M.) dem Gefühl der Verzückung eine Erregung vegetativer Funktionen entspricht, wie z. B. Hyperventilation, Tachykardie etc. (Manke, 1984). Anscheinend kann es zu einer Dissoziation zwischen einer schlafähnlichen Aktivität einzelner Hirnabschnitte und anderseits wacher oder sogar gesteigerter Funktion anderer Bereiche kommen (Motorik, Sensorik, vegetativer Tonus), so daß auch von einem „partiellen Schlaf“ gesprochen wird (Larbig, 1982).

3.2 Ungewöhnliche Leistungen

Zu den Gemeinsamkeiten meditativer und hypnoider Zustände gehört das Auftreten ungewöhnlicher Leistungen. Sie bestehen einmal in der therapeutisch wichtigen Einflußnahme auf das vegetative Geschehen. Dabei bleibt offen, wie weit es sich um eine direkte (auto)suggestive Beeinflussung handelt oder um sekundäre Auswirkungen der allgemeinen psychischen Beruhigung oder speziell des veränderten Atemtyps. Von medizinischer Bedeutung ist weiterhin die Einflußnahme auf periphere Durchblutung und muskuläre Verspannungen, z. B. auch auf Spasmen im Bereich der inneren Organe. Sie bewirkt nicht nur eine Minderung von Beschwerden, sondern wird auch somatische Heilungsvorgänge unterstützen (Luthe, 1965; Simonton et al., 1982).

Bemerkenswert sind *Veränderungen der Wahrnehmung.* Ein wesentlicher Teil des Wahrnehmungsfeldes, in das der Mensch sonst eingefügt ist, tritt zurück oder kann ausgeschaltet sein. Demgegenüber gewinnen einzelne Wahrnehmungen und Vorstellungen, die – herausgelöst aus den sonst begleitenden Zusammenhängen – in den Fokus der Aufmerksamkeit treten, ungewöhnliche Intensität und oft auch neuartige Qualitäten. Durch diese *„Deautomatisierung“* (Deikman, 1969) kann ein Klang, ein Gegenstand oder ein Vorstellungsbild besondere Eindringlichkeit und hohes emotionales Gewicht erlangen und ganz neue Aspekte aufscheinen lassen. Hiermit stehen die eindrucksvollen Effekte hypnotischer Suggestion in Zusammenhang, aber auch die starken Wirkungen, welche die Gegenstände der M. – besonders auch das in Versenkung spontan „Ankommende“ – ausüben. Anderseits ist es auch möglich, sonst beunruhigenden Gegenständen in distanzierter Betrachtung gegenüberzutreten, wie das etwa in der Satipatthāna-M. angestrebt wird.

Weiter verdienen gesteigerte *Erinnerungsleistungen* Erwähnung. Freilich fällt es oft schwer zu entscheiden, ob ein reproduziertes Geschehen auf ein objektiv stattgehabtes Ereignis zurückgeht oder lediglich eine Phantasie darstellt, die unter den besonderen Bedingungen der Versenkung subjektiv Realitätscharakter erlangte. Dies mahnt zu kritischer Zurückhaltung gegenüber allen Berichten über meditativ oder hypnotisch erinnerte Erfahrungen aus früher Kindheit, erst recht aus vorgeburtlicher Zeit oder gar aus früheren *Inkarnationen*. Die Frage einer erhöhten Bereitschaft zu *extrasensorischen Wahrnehmungen* sei nur am Rande erwähnt.

Besondere Aufmerksamkeit finden die Darstellungen von *Unverletzlichkeit* und schmerzlosen *Selbstverletzungen,* die als Kundgabe übernatürlicher Kräfte gelten.Hierher gehören so dramatische Vorgänge wie Feuerlaufen, Liegen auf Nagelbett, Durchbohren von Wangen, Zunge und Muskeln, Hängen an Haken und vieles andere. Gewiß vermag ein T.zustand Angst- und Schmerzgefühl aufzuheben und damit den Selbstverletzungen und den Umgang mit Feuer viel von ihrer Bedrohlichkeit zu nehmen. Anderseits werden solche Handlungen auch bei völlig klarem Bewußtsein ausgeübt, sei es als Ausdruck verehrender Hingabe an die Gottheit oder zu höchst weltlichen Zielen, etwa als Touristenattraktion. Nach den Untersuchungen von Larbig (1982) und Mitarbeitern an griechischen Feuerläufern und auch den anschließenden Labor- und Selbstversuchen ist freilich anzunehmen, daß bei kunstgerecht durchgeführter *Pyrovasie* keine ernste Verbrennungsgefahr besteht (mäßige Hitzebelastung, kurze Kontaktzeit, *Leidenfrost*-Phänomen). Es handelt sich in erster Linie um eine Mut- und Geschicklichkeitsprobe und erst in zweiter Linie um ein Beispiel von Schmerzkontrolle. Keinerlei Anlaß besteht, ein Durchbrechen von Naturgesetzen anzunehmen. Entsprechendes gilt für andere ungewöhnliche Leistungen, denen ja häufig etwas von Schaustellerei anhaftet, wozu auch die Verwendung von Tricks und der Appell an die Wundergläubigkeit des Publikums gehören.

4 Risiken – die Frage der Psychopathologie

Da M. mit einer Aufhebung von Kontrollmechanismen einhergeht, werden in der Versenkung unterschwellige Stimmungen und Impulse hervortreten, was in seltenen Fällen zu einer „Überschwemmung aus dem Unbewußten“ führt. Dementsprechend stellen labil kompensierte Psychosen eine Gegenindikation für meditative Übungen dar. Entsprechendes gilt für Personen mit bedrohlichen oder schwer kontrollierbaren Impulsen wie z. B. Suizidtendenz oder Bereitschaft zu hysterischen Anfällen. Bei Neigung zu Spasmen verlangt die Aufmerksamkeitszuwendung auf das gefährdete Organ besondere Vorsicht, weil hierdurch ein Spasmus ausgelöst werden könnte. Da sich die Umschaltung in einen hypnoiden Zustand bei Wiederholung immer leichter vollzieht, kann es zu einer fortschreitenden *Labilisierung der Bewußtseinsschwelle* und zur *Konditionierung* des Eintritts der T. im Sinne eines bedingten Reflexes kommen. Es ist dieser Mechanismus, der aus dem an sich harmlosen Latah-Zustand mitunter ein progredientes Leiden werden läßt (Pfeiffer, 1971).

Ein Nachteil der heterosuggestiven Verfahren liegt darin, daß sie die Abhängigkeit des Klienten vom Experten fördern; dies gilt – wie das Beispiel mancher Sekten belegt – auch für meditative Verfahren, die unter der autoritären Lenkung eines Guru stehen. Anderseits wird die meditative Abkehr nicht selten zu einer Flucht aus der Realität und aus den Beziehungen zu anderen Menschen. Exzessive Übungen mögen dann den Weg zu *Derealisation, Kontaktstörungen* und einer *Verflachung des Affektlebens* bahnen, wie Dipojono (1972) bei Angehörigen javanischer M.kreise beobachtete. Hieraus folgt die Notwendigkeit, meditative Übungen mit Aktivitäten zu verbinden, welche die Beziehung zur Welt, besonders auch zum Mitmenschen fördern.

Zur Frage der Psychopathologie ist zu bemerken, daß die Herbeiführung eines Versenkungszustandes und sogar die Umschaltung in eine hypnoide T. allgemein menschliche Fähigkeiten darstellen, wenn sie auch durch Übungen und charakterologische Besonderheiten beeinflußt werden. Selbstverantwortliche Steuerung und kritische Beurteilung der auftretenden Erfahrungen können als Beleg für den *normalpsychologischen* Charakter des Vorgangs gelten. Optische und akustische M.erfahrungen sind dementsprechend auch –

trotz aller Intensität – meist eindeutig von Halluzinationen zu unterscheiden (Arbman, 1963, 127 f.), die aber durch Drogen und asketische Eingriffe in das Stoffwechselgeschehen begünstigt werden. *Krankheitswert* kann man einem T.zustand allenfalls dann zuschreiben, wenn er gegen den Willen des Betroffenen auftritt und sich nicht in den rituellen Kontext einfügen läßt, so daß er nach Dauer und Intensität (evtl. bis zur Gefährdung des Mediums oder seiner Umgebung) ausufert.

Auch das würde aber nicht besagen, daß eine *Psychose* (also eine Geisteskrankheit im engeren Sinn) vorläge. Gewiß kommen hypnoide Zustände auch im Rahmen von Psychosen vor und werden gerade Schizophrenien nicht selten als Besessenheit gedeutet. Psychotische Zustände sind aber in besonderer Weise dadurch gekennzeichnet, daß sie sich nach Form und Inhalt nicht in das kulturelle Muster einfügen und sich den Erfordernissen der rituellen Ordnung widersetzen. Dementsprechend passen Geisteskrankheit und rituelle T. nicht gut zusammen und werden meist mit Sicherheit unterschieden. Je verantwortlicher aber die Aufgaben des Mediums sind, um so besser muß es sein Verhalten auch im Ausnahmezustand im Griff haben und um so sensibler muß es sich auf die Bedürfnisse der Gruppe einstellen. Das bedeutet, daß der Einsatz meditativer und hypnoider Zustände zur Erfüllung priesterlicher und heilkundlicher Funktionen ein beträchtliches Maß an geistiger Stabilität verlangt.

Literatur

Albrecht, C.: Psychologie des mystischen Bewußtseins. Bremen: Schünemann, 1951.
Arbman, E.: Ecstasy or religious trance. Bd. 1 u. 2. Stockholm: Svenska Bokförlaget, 1963 u. 1968.
Belo, J.: Trance in Bali. New York: Columbia University Press, 1960.
Bourguignon, E.: Psychological anthropology. New York: Holt, Rinehart & Winston, 1976.
Carrington, P.: Freedom in meditation. Dt. Ausg.: Das große Buch der Meditation. München: Heyne Taschenbuch, 1977.
Deikman, A. J.: Deautomatization and the mystic experience. In: Ch. T. Tart (Ed.): Altered states of consciousness. New York: Wiley, 1969, 23-43.
Desoille, R.: Le rêve éveillé en psychothérapie. Paris, 1945.
Dipojono, B.: Javanese mystical groups. In: W. P. Lebra (Ed.): Transcultural research in mental health. Hawaii: Univ. Press, 1972.
Dittrich, A./Scharfetter, C. (Hrsg.): Ethenopsychotherapie. Stuttgart: Enke, 1987.
Dürckheim, K. Graf: Meditieren – wozu und wie. Freiburg: Herder, 1976.
Eliade, M.: Schamanismus und archaische Ekstasetechnik. Zürich: Rascher, 1957.
Goodman, F. D.: Speaking in tongues. A cross-cultural study of glossolalia. Chicago: University of Chicago Press, 1972.
Gendlin, E. T.: Focusing. (2. Aufl.) Salzburg: Otto Müller, 1982.
Huang, A. Ch.-L.: Embrace tiger, return to Mountain – the essence of T'ai Chi. Moab, Utah: Real People Press, 1973. Dt. Ausg.: Lebensschwung durch Tai Chi. (4. Aufl.) Bern/München: Scherz/Barth, 1985.
Kiev, A.: Vorwort zu Kiev, A. (Ed.): Magic, faith and healing. New York: Free Press of Glencoe, 1964.
Larbig, W.: Schmerz. Stuttgart: Kohlhammer, 1982.
Leuner, H.: Katathymes Bilderleben – Unterstufe. Ein Seminarkurs. Stuttgart: Thieme, 1970.
Loeb, E.: Shaman and seer. American Anthropologist, 31, 1929, 61 ff.
Luthe, W. (Hrsg.): Das Autogene Training. Stuttgart: Thieme, 1965.
Manke, W.: Transzendentale Meditation, Levitationserfahrung und Entspannung. Nienburg: Hannemann, 1984.
Massa, W. (Hrsg.): Kontemplative Meditation. Die Wolke des Nichtwissens. Mainz: Matthias Grünewald Verlag, 1974.
Nyanaponika: The heart of Buddhist meditation. London: Rider, 1962.
Nyanatiloka (Hrsg.): Visuddhi-Magga. (2. Aufl.) Konstanz: Christiani, 1952.
Oesterreich, T. K.: Die Besessenheit. Langensalza: Wendt & Klauwell, 1921.
Pfeiffer, W. M.: Transkulturelle Psychiatrie. Stuttgart: Thieme, 1971.
Pfeiffer, W. M.: Besessenheit – normalpsychologisch und pathologisch. In: Zutt, J. (Hrsg.): Ergriffenheit und Besessenheit. Bern: Francke, 1972.
Pfeiffer, W. M.: Kulturgebundene Syndrome. In: Pfeiffer, W. M./Schoene, W. (Hrsg.): Psychopathologie im Kulturvergleich. Stuttgart: Enke, 1980.
Prince, R.: Possession cults and social cybernetics. In: Prince, R. (Ed.): Trance and possession states. Montreal: Bucke Memorial Society, 1968.
Rodewyk, A.: Dämonische Besessenheit heute. Tatsachen und Deutungen. Zürich: Christiana Verlag, 1966.
Simonton, C./Matthews Simonton, St./Creighton, J.: Wieder gesund werden. Reinbek: Rowohlt, 1982.
Tart, Ch. T. V. (Ed.): Altered states of consciousness. New York: Wiley, 1969.
Tausch, A.-M./Tausch, R.: Sanftes Sterben. Reinbek: Rowohlt, 1985.
Vaitl, D.: Entspannungstechniken. In: Pongratz, L. J. (Hrsg.): Handbuch der Psychologie. Bd. 8, 2. Göttingen: Hogrefe, 1978, 2104-2143.

Medizinische Psychologie

Hans Peter Rosemeier

1 Einordnung der Medizinischen Psychologie

M. P. stellt ein stark psychologisch geprägtes wissenschaftliches Arbeitsgebiet dar, das mit Aufgaben von Forschung, Lehre und Krankenversorgung befaßt ist, und das vorwiegend in der Medizin angesiedelt ist. In der angewandten Form der M. P. wird versucht, psychische Begleitumstände, Ursachen und Folgen „gewöhnlicher" Krankheit, ihrer Entstehung und Verarbeitung zu analysieren, zu kontrollieren und zu modifizieren – auch dann, wenn deren Ätiologie nicht primär als psychogen gilt.

M. P. läßt sich nicht auf die Beschäftigung mit psychischen Abweichungen, seelischen Erkrankungen reduzieren. Es entfallen daher weitgehend Auseinandersetzungen mit verschiedenen psychotherapeutischen Schulen. Obwohl die meisten Disziplinen psychologischer Medizin aus historisch gemeinsamer Wurzeln, aus der Kooperation mit der Psychiatrie, hervorgegangen sind, kann dieser Ablösungsprozeß wegen klar abgegrenzter Aufgabengebiete in der M. P. praktisch als abgeschlossen gelten. In einer Konsolidierungsphase der letzten Jahre ist es zunehmend gelungen, Fragestellungen einer psychologischen Grundlagenforschung mit Problemstellung der klinischen Anwendung so zu synchronisieren, daß klinisch-medizinische Abteilungen den Gewinn zu honorieren verstehen, indem sie die psychologische Methodik stärker rezipieren, als dies noch vor einer Dekade der Fall war (Rosemeier, 1987).

M. P. arbeitet zunächst relativ generalisierend an Mittlerprozessen zwischen institutionsbedingten sozialpsychologischen Vorgaben des Gesundheitsystems, unterschiedlich wirksamen ärztlichen Handlungsmustern und individuell, biographisch und sozial überformtem Patientenverhalten. Dies hat unter sorgfältiger Differenzierung für jede Form von Erkrankung, für unterschiedliche Leidensweisen, für die verschiedenen Arten und Grade von Schmerzen sowie in Abhängigkeit von der Risikobehaftetheit von operativen Eingriffen zu geschehen (Schmidt, 1984).

Psychologische Medizin als unspezifische Bezeichnung für die Tatsache einer systematischen Berücksichtigung psychischer Faktoren in der Medizin greift über das Spektrum der M. P. hinaus. Es handelt sich hier um eine Bezeichnung für klinische Departments, die um Integration verschiedener Ansatzpunkte der Psychiatrie (wie Kinder-, Jugend-, Geronto-, Sozial und forensische Psychiatrie) aber auch der Medizinischen und Klinischen Psychologie und Psychotherapie sowie Psychosomatik bemüht sind.

Als Forschungsrichtung weisen tatsächlich Psychosomatische Medizin und M. P. eine Reihe von Überschneidungen auf: Beide untersuchen die Ätiologie und Aufrechterhaltung körperlicher Beschwerden als Konsequenz psychischer Prozesse. In der Psychosomatik geschah dies bisher meist mit psychoanalytischem Instrumentarium. Zunehmend arbeiten beide Disziplinen jetzt mit psychophysiologischen, verhaltensmedizinischen oder epidemiologischen Methoden.

Die nächsten Beziehungen der M. P. bestehen zur Krankheits- und Gesundheitspsychologie, mit denen sie weitgehend identisch ist, sowie zur Verhaltensmedizin, die von ihr nur teilweise und dann am ehesten methodisch abgrenzen läßt. Verhaltensmedizin betont die Anwendung von auf der Grundlage experimenteller Psychologie gewonnener lernpsychologischer Erkenntnisse auf medizinische Vorgänge (Traue, 1986). Wie in anderen Vorgehensweisen der M. P. wird ein ärztliches Handlungsziel mit verhaltensmodifikatorischen, d. h. mit psychologisch/psychotherapeutischen Mitteln erreicht. Veränderungen von Lebens- und Verhaltensweisen werden unterstützt, die als krankheitsrelevant angesehen werden, weil sie präventiv, therapeutisch oder rehabilitativ als günstige Handlungsalternativen erscheinen.

2 Anfänge einer Medizinischen Psychologie

Schon Haller (1708-1777) soll bereits gefordert haben, der Arzneikunst sei einiges von der Psychologie hinzuzufügen. Im Jahre 1852 erschien eine erste „Medicinische Psychologie", verfaßt von Lotze (1817-1881). Es handelt von der kranken und gesunden Entwicklung des Seelenlebens vor dem Hintergrund einer Zusammenführung von Physiologie und erkenntnistheoretischen Fragestellungen der Philosophie in einer die Leib-Seele-Interaktion betonenden Betrachtungsweise (Rosemeier/Adler, 1976).

Seit der Entdeckung der Funktion und Bedeutung des Zentralen Nervensystems gab es regelmäßig antipodisch geführte Erörterungen in der medizinischen Wissenschaft über den Primat von Psyche oder Soma bzgl. der Selbstkontrolle des Organismus. Nach der Darstellung von Huppmann und Hoffmann waren seit Reil (1759-1813) Zweckmäßigkeit bzw. Notwendigkeit der Unterstützung ärztlichen Handelns durch die Kenntnis und Beherrschung der psychischen Korrekturansätze organischer Defekte zum Teil anerkannt. In

Carus (1789-1869) Werk „Psyche" wurde 1860 der Terminus vom „Unbewußten" entworfen. Er empfahl dem Heilkundigen im heutigen Sinne ärztlich-psychologisch, daß „stets die möglichst genaue Kenntnis der Individualität des von ihm behandelten Kranken unerläßlich ist" und der Therapeut „noch abgesehen von dem Zeichen der unmittelbar vorliegenden Krankheit, die gesamte körperliche Eigentümlichkeit, wie sie gerade diese Persönlichkeit auch schon vor dem Entstehen der Krankheit charakterisierte, zu untersuchen hat" (1855).

Jaspers phänomenologische Methode (1913/1973) ebenso wie die klassische Psychopathologie Bleulers (1969) stellen psychologie-geschichtlich die Voraussetzungen für den Durchbruch zu einer umfassenden Lehre von der Persönlichkeit dar. In den ersten Jahrzehnten des Jahrhunderts wurden die dort gewonnenen Erkenntnisse tiefenpsychologisch durch die Arbeiten der Psychoanalyse Freuds, experimentell durch Wundt und Kraepelin abgesichert und phänomenologisch von K. Schneider für die Sichtweise einer Epoche psychologischer Medizin weiter ausdifferenziert und festgeschrieben.

Eine klassische als praktische ärztliche Psychologie anzusehende Vorform heutiger M.P. entwickelte Kretschmer in den zwanziger Jahren. Sie war noch ganzheitlich-phänomenologisch in ihrem Menschenbild, stark biozentrisch im Sinne der Herleitung seelischer Funktionen wie Temperament und Charakter aus der Konstitution und schon um empirische Begründung bemüht.

Ein breiter Strom weiterer Einflüsse ging seit Pawlow bis heute von der psychophysiologischen Laborforschung aus. Der ethologischen vergleichenden Beobachtung tierischen Verhaltens in natürlicher Umgebung kommt seit Darwin über Lorenz bis hin zu Ploog der Vorzug einer weniger mechanistischen, sondern eher ökologischen Aufklärung von angeborenen, „natürlichen" psychischen Quellen zu.

3 Institutionalisierung

In den geisteswissenschaftlichen Fachbereichen, welche die Psychologie noch heute trotz Methoden- und Aufgabenwandels beherbergen, ist es an der Mehrzahl der Universitäten bisher nicht zu der längst fälligen forschungs- und entwicklungsplanerischen Strukturneubildung gekommen. Selbständige psychologische Fachbereiche, die in handlungsfähige Institute (für z. B. Entwicklungspsychologie, Sozialpsychologie, Arbeitspsychologie) klar aufgabenorientiert gegliedert wären und damit eine gewisse Selbständigkeit erhielten, stellen immer noch die Ausnahme dar, obwohl Arbeitsgruppen in der Regel bereits existieren (Scheer, 1987).

Vom Konzept her zwar theoretisch einleuchtend hält die Psychologie bisher anders als die Medizin am Generalisten fest, obwohl die Überschaubarkeit der Humanwissenschaften längst nicht mehr gewährleistet ist. Daher war mit einer Einrichtung einer M. P. im Mutterfach ohne Anstoß von außen nicht zu rechnen.

Nach der Einführung der M. P. als Pflichtfach der ärztlichen Ausbildung durch Bundesgesetz 1970 wurden in langen zähen Auseinandersetzungen mit den medizinischen Fakultäten, den Kultus- und Gesundheitsbehörden der Länder und den betroffenen Fachgesellschaften die Bedingungen heutiger Arbeit sozialwissenschaftlicher Fächer in der Medizin weitgehend festgeschrieben. In der klinischen Fächergruppe Psychotherapie und Psychosomatik verlief die Entwicklung parallel. Die Medizinische Soziologie und teilweise die Sozialmedizin stießen in dieser Aufbauphase auf schwer zu überwindende Hindernisse.

Heute sind praktisch an allen Medizinfakultäten mehr als 20 medizinpsychologische Arbeitsgruppen eingerichtet, die in der Regel sogar als sich akademisch selbst verwaltende Institute oder als klinische oder theoretische Abteilung ausgewiesen sind. Hier wird die praktische, methodische und theoretische Leistungsfähigkeit der Psychologie einer strengen Prüfung durch die Medizin unterzogen, der sie offenbar in ihren ersten 10 Jahren gut standzuhalten vermochte.

Mit Ausnahme der M. P. gelang nur selten eine angemessene Institutionalisierung in einem großen Fach. Hier wurde das erleichtert durch die Tatsache, daß in den medizinischen Fakultäten die Aufgabenteilung dezidiert festgeschrieben werden muß als Voraussetzung für eine leistungsfähige Krankenversorgung, Planung und Förderung. Dies ist allerdings auch für eine hohe Spezialisierung und für ein stark arbeitsteiliges Vorgehen verantwortlich.

Solche als gleichberechtigte mit klassischen Fächern der Heimatfachbereiche eingerichtete Institutionalisierung gelang psychologisch arbeitenden Forschergruppen bisher nur vereinzelt (etwa mit der Pädagogischen Psychologie in der Erziehungswissenschaftlichen Fakultät oder mit der Sportpsychologie), jedoch keinesfalls flächendeckend. In einzelnen Fällen ist die Einrichtung von betriebspsychologischen Professuren oder für Gerontopsychologie oder für forensische Psychologie gelungen. Die Ansiedelung an einer Nachbarfakultät bietet auch die Chance und Verpflichtung, dort für Methoden und Inhalte der Psychologie um weiteres Verständnis sich zu bemühen.

Für den wissenschaftlichen und klinischen Nachwuchs sind solche interdisziplinären Ansiedlungsorte ein neue Forschungsaufgaben anregendes Förderungsinstrument ersten Ranges, zumal hier an einigen Orten fakultätsübergreifende Promotions- und Habilitationsrechte entstanden sind. Inzwischen haben psychologische Fakultäten (z. B. Trier, Freiburg, Hamburg) sowohl für die Forschung als auch als Mittel der Aus- und Weiterbildung von Klinischen- und Medizinischen Psychologen, die Bedeutung der Anbindung der medizinisch-psychologischen Fragestellung unter Berücksichtigung von Gesundheits- und Krankheitspsychologie erkannt und Fachleute von der Medizin zurückberufen.

4 Forschungsergebnisse

Aus Umfragen zum Stand der Forschung der M. P., die Koch (1987) kürzlich durchführte und mit älteren Erhebungen von 1977 verglich, wurde eine beachtliche Aktivität des kleinen Faches konstatierbar. Von damals etwa 50 ausgewiesenen Forschungsschwerpunkten wuchs die Zahl der nach 10 Jahren offiziell mitgeteilten laufenden Projekte auf etwa das Doppelte. Daran waren 25 Einrichtungen des Faches beteiligt. Etwa fünf besonders aktive Abteilungen gaben mehr als sechs Projekte an. Hinzu kommen die kleineren Forschungsvorhaben auf der Ebene von Diplomarbeiten, Dissertationen oder Habilitationen, die hier nicht eingingen.

In der Forschung überwiegen leicht die Arbeiten in der Anwendung psychologischer Methoden und Theorien auf die Fragestellungen der klinischen Medizin vor denen der Grundlagenforschung. Die inhaltliche Entwicklung im Fachgebiet M. P. ist wie in der übrigen Psychologie traditionell stark an Methodenfragen gebunden, umso mehr, wie sie innerhalb der Medizin hier ein Korektiv darstellen kann.

Übersichten über den augenblicklichen Entwicklungsstand können einer Reihe von Monographien (Beckmann et al., 1982; Schmidt, 1984; Basler/Florin, 1985; Koch, 1987; Scheer, 1987); den Zeitschriften des Fachgebietes wie „Psychotherapie, Psychosomatik, Medizinische Psychologie“ (besonders 8, 1987 bei Thieme) oder dem „Jahrbuch der Medizinischen Psychologie“ (bei Springer), sowie den Kongreßberichten (Rosemeier/Mahr, 1986; Tewes 1984) entnommen werden.

Die zunehmende Zahl regelmäßig tagender überregionaler Arbeitskreise dient der Unterstützung, Abstimmung und Koordination von Forschungsvorhaben im Bereich der M. P. Von hier aus kann der Austausch über psychologische Erkenntnisse für die Krankenversorgung, bei der psychosozialen Betreuung von somatisch kranken Patienten etwa im Rahmen von Konsiliar- und Liasondiensten oder in anderen Formen der Beratung von Ärzten, Schwestern und Patienten aus den Forschungsergebnissen heraus erfolgen. Aus der Fülle der Inhalte seien einige Forschungsgebiete aufgeführt und einige wenige davon ansatzweise beschrieben:

- Psychonephrologie (Balck et al., 1985);
- Psychokardiologie (Schonecke, 1987; Dahme et al., 1982);
- Psychoonkologie (Verres, 1987);
- Narkose- und Operationsängste (Büttner, 1985);
- Psychologie in der Intensivmedizin (Klapp, 1985);
- Psychologie in der Neurologie (Jacobi, 1982);
- Partnerschaft, Sexualität und Reproduktion (Brähler/Meyer, 1987);
- Konsiliardienste (Pohlmeier, 1982);
- Ärztliche Gesprächsführung (Speierer, 1985);
- Verhaltensmedizin (Traue, 1986);
- zahnmedizinische Psychologie (Schneller/Fleischer-Peters, 1985).

Differenzierte psychokardiologische Forschungsansätze sind zur Ermittlung von Risikoverhalten und Coping bei koronarer Akuterkrankung entwickelt worden. Dabei wird immer wieder eine Aktualisierung des Risikomodelles für Herzkrankheiten durch prospektive Studien erforderlich. Untersuchungen mit psychophysiologischem Design im Sinne des klassischen Streßkonzeptes wurden ebenso wie kognitive Studien zu den Bewältigungsstrategien durchgeführt. Bisher gelingt eine Identifizierung kardiologisch erkrankter Patienten mit psychosomatischem Zusatzrisiko nur partiell. Daher wird eine interdisziplinäre Abklärung des Coping-Konzeptes nötig.

Psychologie in der Neurologie ist einerseits Klinische Neuropsychologie zur Untersuchung des Zusammenwirkens von Gehirn und Verhalten als Grundlagenfragestellung, andererseits Krankheitspsychologie in der Bearbeitung innerpsychischer und sozialer Korrelate neurologischer Erkrankungen, ihrer typischen Verarbeitungsstrategien z. B. bei Epilepsie, Parkinsonkranken und cerebrovasculären Störungen (Alsheimer- und Hirntumorpatienten; Jacobi, 1982).

In der Forschungsthematik im Tabubereich von Partnerschaft und Sexualität dürften sich die klinischen Anforderungen an die Intimitätsforschung in Zukunft noch verstärken. Dem Trend des erkennbaren Paradigmenwandels in der Sexualpsychologie: „weg von der Lustfunktion, hin zur Reproduktionsfunktion“ folgend, wurde der Schwerpunkt der Erörterung verlagert auf Inhalte wie Menstruationserleben, psychogener Fluor genitalis, chronische Prostatitis, generell auf die Einbeziehung frauen- bzw. männerspezifischer Themen. Am stärksten dominieren Fragen der Fertilität und Refertilisierung nach Sterilisation, von Elternschaft, Kinderwunsch und Generativität. Die Beschäftigung mit dem Körpererleben (Brähler, 1986) oder die Untersuchung von Partnerschaft und Sexualität älterer Menschen nehmen zunehmend Raum ein. Eine weitere Differenzierung in spezifische Anwendungsaufgaben wie Psychogynäkologie, Psychoandrologie, Psychoendokrinologie und Reproduktionsberatung steht unmittelbar bevor (Brähler/Meyer, 1987).

Als Ergebnisse ihrer Arbeit bietet die M. P. unter anderem:
- gesundheitspsychologisch relevante Verhaltensstrategien,
- Förderung der Kommunikation über vorliegende Beschwerden zwischen Professionellen und Betroffenen,
- Ermittlung psychohygienisch förderlichen Wandels ärztlich-therapeutischen Geschehens,
- technische Fertigkeiten für die Klinik (Verfahren der ärztlichen Gesprächsführung und Anamnesetechnik),
- kognitive Strategien (relevante Entscheidungshilfen, Problemlösungsstrategien, Beobachtungsverfahren),
- Befunde über die Auswirkungen charakteristischen Krankheitsverhaltens,
- Hinweise auf Heilungsvorgänge unterstützende Maßnahmen von Arzt, Patient oder Umfeld,
- Verbesserung der Patienten-Compliance,
- Entwicklung geeigneter Copingstrategien,
- Beiträge zu neuen Modellen von Prävention, Therapie und Rehabilitation,
- Vermittlung affektiver Kompetenzen (in Selbsterfahrung, Selbstkritik, Frustrationstoleranz, angemessener Umgang mit belastenden ärztlichen Aufgaben),
- Einflußnahme auf Formen des Krankheitserlebens,
- Einblick in nicht veröffentlichbare Erlebensebenen im Sinne einer Intimitätsforschung,
- Hilfen für ein würdevolles Sterben.

All dies leistet Hilfe bei der Verbesserung des Gesundheitszustandes der Bevölkerung durch Aufklärung über Krankheit, ihrer Verhütung und Verarbeitung im Sinne von Gesundheitspsychologie und -erziehung.

5 Aus-, Fort- und Weiterbildung

Die M. P. bewältigt als Haupt- und Pflichtfach innerhalb der Ausbildung zum Arzt, die durch Bundesgesetz geregelt ist, umfangreiche psychologische Ausbildungsaufträge. Im Halbjahr werden mehr als etwa 5000 Medizinstudenten in Praktika, Seminaren und Vorlesungen mit den Grundtatsachen der Psychologie vertraut gemacht. Einheitliche bundesweite schriftliche und örtliche mündliche Prüfungen sind obligatorisch.

Die Medizinischen Psychologen legen dabei Wert auf ein Curriculum, das die Lehre neben einer Sensibilisierung zukünftiger Ärzte bezüglich psychologischer Problemstellungen ein methodenkritisches Verständnis von natur- und sozialwissenschaftlichen Untersuchungsmethoden einschließt und ansatzweise affektive Selbststeuerungschancen im ärztlichen Handeln zu stärken vermag. Inzwischen liegt eine 15jährige Lehrerfahrung vor. Die Ergebnisse dieser Arbeit liegt in zahlreichen Lehrbüchern vor: Beckmann (1984), Deneke et al. (1977), Hauss et al. (1976), v. Kerekjarto (1974/1976), Pohlmeier (1982), Rosemeier (1987) oder Tewes et al. (1978).

Die M. P. übernimmt die Aufgaben der Erarbeitung und Weiterentwicklung von Lernzielen und Methoden der Ausbildung in Vorklinik und Klinik. So wirkten in den 70iger Jahren überregionale Kommissionen, aus deren Arbeit hervorgingen:
- „Lernziele der Medizinischen Psychologie“ (Dahme et al., 1977),
- „Kursus der Medizinischen Psychologie“ (Bolm et al., 1981).

Gegenstandskataloge wurden gemeinsam mit den Sachverständigen des Instituts für Medizinische und Pharmazeutische Prüfungsfragen (IMPP) erstellt.

Die Lehrtätigkeit ist in erster Linie bestimmt durch die Approbationsordnung für Ärzte, welche die M. P. als Grundlagenfach definiert. Die M. P. versteht sich jedoch grundsätzlich als die ärztliche Professionalisierung begleitendes Fach, das in den klinischen Fächern, nicht nur der Psychosomatik, Psychotherapie und Psychiatrie, sondern in der fortgeschrittenen Ausbildung der Medizinstudenten seinen Ort hat, beispielsweise in enger Kooperation innerhalb der klinischen Fächer (z. B. Fragen der Sexualität, Partnerschaft und Reproduktion in der Gynäkologie, oder Behandlung von Ängsten in der Zahnmedizin) oder bei der Ausbildung im praktischen Jahr.

In der Weiterbildung von Psychologen stellt die M. P. wegen ihrer umfangreichen Berufsperspektiven innerhalb der Krankenversorgung eine relevante Aufgabe dar. In Trier, Hamburg und Freiburg bestehen entsprechende Initiativen.

In der ärztlichen Fortbildung ist der Bedarf für eine M. P. insoweit dringlich, wie es gelingt für die tägliche Praxis über ausreichende Erkenntnisse schon zu verfügen und die Motivation bei Patienten und Ärzten wächst, den kognitiven und affektiven Hintergründen von Arzt-Patient-Interaktion zu reflektieren. Keinesfalls stehen in der M. P. Modelle zur Debatte, die in Umfang oder Zielsetzung von ärztlicher Weiterbildung weitere Kompetenzen von der psychologischen Tätigkeit zur ärztlichen Aufgabe verlagert würde (wie das bei der Kurzweiterbildung von Ärzten durch Psychotherapeuten zur kleinen Psychotherapie so deutlich wird).

6 Fachgesellschaft

Die Gesellschaft für Medizinische Psychologie (GMP) vereinigt die auf dem Gebiet der Medizinischen Psychologie tätigen Wissenschaftler(innen), insbesondere Psychologen und Ärzte, die das Fach in Lehre, Forschung und Krankenversorgung vertreten. Bedingt durch die Aufgabenstellung sind in der GMP in erster Linie Wissenschaftler aus den Abteilungen für Medizinische Psychologie an den medizinischen Fachbereichen zusammengeschlossen. Sie steht jedoch auch all denjenigen offen, die in anderen Institutionen der Medizin medizin-psychologisch arbeiten oder in anderen wissenschaftlichen Einrichtungen tätig sind.

Der Organisationsgrad der Medizinpsychologen ist relativ hoch; als kleinere Gruppe verfügen sie über relativ enge überregionale und internationale Kontakte. Seit Anfang der 80er Jahre hat sich die Mitgliederzahl um zwei Drittel erhöht. Ein Drittel sind Habilitierte. Der Anteil von Frauen stieg seit 1981 um 50% auf ein Drittel. Jeder vierte Medizinpsychologe ist Arzt.

Kontakte oder Zusammenarbeit besteht mit benachbarten Fachgesellschaften wie der Deutschen Gesellschaft für Psychologie (DGfPs), die über keine eigene Sektion Medizinische Psychologie verfügt. Die Diskussion um Forschungsstrategien und die Klärung übergreifender vor allem Aufgaben der Nachwuchsförderung Interessen bestimmen das Verhältnis von Medizinpsychologen zum Mutterfach. Eine besondere Lage findet sich dadurch, daß hier erstmals Ärzte in der Psychologie mitvertreten werden müssen.

In der Arbeitsgemeinschaft der Wissenschaftlichen Medizinischen Fachgesellschaften (AWMF) ist die Medizinische Psychologie mitbestimmungsberechtigt. In Forschung und Lehre bestehen ferner Kontakte der Medizinpsychologen mit der Deutschen Gesellschaft für Psychiatrie und Nervenheilkunde (DGPN) und dem Deutschen Kollegium für Psychosomatische Medizin (DKPM). In enger Nachbarschaft innerhalb des medizinischen Ausbildungsganges stehen Medizinische Soziologie und Psychologie. Gemeinsame Strategien bei der Gesetzgebung und bezüglich der Vertretung dieser verwandten Fächer gegenüber der Medizinfakultät werden mit der Deutschen Gesellschaft für Medizinische Soziologie (DGMS) möglich. Mit einzelnen benachbarten Fachgesellschaften kommt es zur Abklärung bei überlappender Aufgaben in der Forschung und Fortbildung, so z. B. mit der Deutschen Gesellschaft für Zahn-, Mund- und Kieferheilkunde (DGZMK) über die Arbeit im zahmedizinisch-psychologischen Bereich.

Literatur

Balck, F./Koch, U./Speidel, H.: Psychonephrologie. Heidelberg: Springer, 1985.

Basler, H.-D./Florin, I.: Klinische Psychologie und körperliche Krankheit. Stuttgart: Kohlhammer, 1985.

Beckmann, D.: Forschung in der Medizinischen Psychologie. Münch. Med. Wschr., 123, 1981, 381-383.

Beckmann, D.: Grundlagen der Medizinischen Psychologie. Göttingen: Vandenhoeck & Ruprecht, 1984.

Beckmann, D./Davies-Osterkamp, S./Scheer, J. W. (Hrsg.): Medizinische Psychologie (Forschung für Klinik und Praxis). Heidelberg: Springer, 1982.

Bleuler, E.: Lehrbuch der Psychiatrie. Heidelberg: Springer, 1969.

Bolm, G., et al.: Kursus der Medizinischen Psychologie. München: Urban & Schwarzenberg, 1981.

Brähler, E.: Körpererleben. Heidelberg: Springer, 1986.

Brähler, E./Meyer, A. (Hrsg.): Partnerschaft, Sexualität und Reproduktion. Heidelberg: Springer, 1987.

Büttner, W.: Klinisch-ambulantes Operieren aus anästesiologischer Sicht. Stuttgart: Thieme, 1985.

Dahme, B.: Praxis der Medizinischen Psychologie. Münch. Med. Wschr. 123, 1981, 377-380.

Dahme, B., et al.: Lernziele der Medizinischen Psychologie. München: Urban & Schwarzenberg, 1977.

Dahme, B., et al.: Psycho-Somatik der Herzchirurgie. In: Beckmann, D. et al. (Hrsg.): Medizinische Psychologie. Heidelberg: Springer, 1982, 236-274.

Deneke, F. W./Dahme, B./Koch, U./Meyer, A.-E./Nordmeyer, J./Stuhr, U.: Lehrbuch der Medizinischen Psychologie. Köln: Böhlau, 1977.

Hauss, K. (Hrsg.): Medizinische Psychologie im Grundriß. Göttingen: Hogrefe, 1976.

Huppmann, G./Hoffmann, V.: Zur historischen Entwicklung der Medizinischen Psychologie in Deutschland. Med. Psychol. 3, 1977, 145-168.

Jacobi, P.: Hirnorganische Schädigungen. In: Plaum, E. (Hrsg.): Diagnostik zwischen Grundlagenforschung und Intervention. Weinheim: Beltz, 1982, 233-247.

Jaspers, K.: Allgemeine Psychopathologie (9. Aufl.). Heidelberg: Springer, 1913/1973.

Kerekjarto, M. v. (Hrsg.): Medizinische Psychologie (2. Aufl.). Heidelberg: Springer, 1974/1976.

Klapp, B.: Psychosoziale Intensivmedizin. Heidelberg: Springer, 1985.
Koch, U.: Entwicklung der Forschung im Fach Medizinische Psychologie in den letzten 10 Jahren. Psychother. med. Psychol., 8, 1987.
Kretschmer, E.: Medizinische Psychologie (13. Aufl.). Stuttgart: Thieme, 1970.
Lotze, R. H.: Medicinische Psychologie. Amsterdam: Bonset, 1966 (Original 1852).
Pohlmeier, H. (Hrsg.): Medizinische Psychologie und Klinik. Stuttgart: Angewandte Psychologie, 1982.
Rosemeier, H. P.: Lehre in der Medizinischen Psychologie. Münch. Med. Wschr., 123, 1981, 369-374.
Rosemeier, H. P.: Medizinische Psychologie (3. Aufl.). Stuttgart: Enke, 1987.
Rosemeier, H. P./Adler, M.: Zur Frage der Identität der Medizinischen Psychologie. Stuttgart: Enke, 1976.
Rosemeier, H. P./Mahr, E. (Hrsg.): Psychologie in der Medizin. (VI. Kongreß der Gesellschaft für Medizinische Psychologie). Berlin: Freie Universität Berlin, 1986.
Scheer, J.: Die psychologische Wende in der Medizin – ein Rückblick auf das Jahr 2000. Psychother. med. Psychol., 37, 1987.
Schmidt, L. R.: Psychologie in der Medizin. In: Schmidt, L. R. (Hrsg.): Lehrbuch der Klinischen Psychologie. Stuttgart: Enke, 1984, 30-45.
Schmidt, L. R.: Psychologie in der Medizin. Stuttgart: Thieme, 1984.
Schneider, K.: Klinische Psychopathologie (10. Aufl.). Stuttgart: Thieme, 1973.
Schneller, T./Fleischer-Peters, A.: Anwendung psychologischer Methoden in der Zahnmedizin. Frankfurt, 1985.
Schonecke, O.-W.: Psychosomatik funktioneller Herz-Kreislauf-Störungen. Heidelberg: Springer, 1987.
Speierer, G.-W.: Das patientenorientierte Gespräch. München: Causa, 1985.
Tewes, U./Wildgrube, K./Niethardt, P.: Lexikon der Medizinischen Psychologie. Stuttgart: Kohlhammer, 1977.
Tewes, U. (Hrsg.): Angewandte Medizinpsychologie (Bericht über den IV. Kongreß der Gesellschaft für Medizinische Psychologie Hannover 1982). Frankfurt: Fachbuchhandlung für Psychologie, 1984.
Tewes, U., et al.: Medizinische Psychologie I (Psychologische Konzepte für die Medizin). Stuttgart: Kohlhammer, 1978.
Traue, H. C.: Verhaltensmedizin. Psychologische Rundschau, 37, 1986, 195-208.
Verres, R.: Krebs und Angst. Heidelberg: Springer, 1987.

Meinungsforschung

Gustav Keller

1 Begriffsklärung und Gegenstand

Der Terminus M. ist die nicht exakte Übersetzung der im Englischen verwendeten Bezeichnung „Public Opinion Research". Obwohl Noelle (1976) immer wieder auf diese verkürzte Übersetzung hinweist und selbst von *Demoskopie* oder *Umfrageforschung* spricht, hat sich der Begriff „Meinungsforschung" weitgehend durchgesetzt. M. ist ein Instrumentarium psychologischer und soziologischer Methoden zur Befragung mehr oder weniger repräsentativer Bevölkerungsstichproben. Meinungen werden sowohl mündlich durch den Interviewer erhoben als auch schriftlich, indem die Befragungsperson den Fragebogen selbst ausfüllt.

Im Grunde genommen könnte jedes Thema, das zu einem bestimmten Zeitpunkt von öffentlichem Interesse ist, zum demoskopischen Erkenntnisgegenstand werden. Klassifiziert man die demoskopischen Themenstellungen, dann stehen *ökonomische* Untersuchungen, insbesondere das Kauf- und Verbrauchsverhalten, zahlenmäßig an erster Stelle. Dieser Gegenstandsbereich umfaßt auch Untersuchungen zur Wirkung von Werbemitteln. An nächster Stelle ist die *Medienforschung* zu nennen. Hier geht es zum einen um die Erforschung des Nutzungsverhaltens von Zeitungs- und Zeitschriftenlesern sowie von Rundfunkhörern und Fernsehzuschauern *(Teleskopie)*. Zum anderen wird auch die Einstellung zu und der Umgang mit den Neuen Medien untersucht. Die *Sozialforschung* ist ein weiterer Gegenstandsbereich. Hierzu zählen Studien über Arbeitswelt, Freizeit, Gesundheitswesen, Wohnungsfragen, Bildung usw. Die *politische Meinung,* wozu vor allem die *Wahlforschung* gehört, macht nur einen kleinen Anteil demoskopischer Forschung aus. Nicht zuletzt befaßt sich M. auch mit dem Prozeß der Meinungsbildung und Meinungsbeeinflussung (Hoffmann, 1976). Denn die verschiedensten Auftraggeber erwarten von der M. nicht nur Datenerhebungen, sondern auch Informationen darüber, wie Meinungen modifiziert werden können.

Bis heute hat sich die M. nicht darüber verständigt, was eine Meinung, streng definiert, eigentlich ist. In der Sozialpsychologie gibt es zumindest Versuche, den Terminus „Meinung" fachsprachlich zu verorten. So unterscheiden Berelson und Steiner (1972, 353) zwischen Meinungen, Einstellungen, Überzeugungen. Unter *Meinungen* verstehen sie kurzlebige Urteile über augenblickliche, für die Öffentlichkeit relevante Themen. *Einstellungen* halten sie für zeitlich stabiler und weniger situationsabhängig. *Überzeugungen* repräsentieren die zentralen Wertorientierungen der Person, die sich durch ein noch höheres Maß an zeitlicher Stabilität und situativer Unabhängigkeit auszeichnen.

Andere Autoren heben bei der Unterscheidung zwischen Meinungen einerseits und Einstellungen sowie Überzeugungen/Wertorientierungen andererseits hervor, daß Meinungen die affektive Komponente fehle (Süllwold, 1969, 476; Bergler/Six, 1972, 380). Für sie sind Meinungen im wesentlichen verbale, rein kognitive Reaktionen. Rokeach (1968) betrachtet Meinungen als den verbalen Ausdruck von Einstellungen, die er als tiefer liegende, latente Variablen bezeichnet. Meinungen könnten zwar, müßten aber nicht mit Einstellungen identisch sein. Zumeist seien sie von Situationen abhängig und hätten nur einen geringen Bezug zum tatsächlichen Verhalten. Rokeach wirft der Einstellungsforschung vor, daß sie diese Differenzierung nicht beachte und im Grunde keine Einstellungen, sondern deren situationsabhängige Verbalisationen bzw. Meinungen messe. Einstellungen könne man weniger aus verbalen Reaktionen erkennen, sondern vielmehr aus nonverbalen Reaktionen, d. h. Handlungen.

Der *geringe Handlungsbezug* verbaler Reaktionen wird in der demoskopischen Forschungspraxis und bei der Interpretation demoskopischer Forschungsresultate nicht genügend beachtet. Die Diskrepanz zwischen Meinungen, den Verbalisationen von Einstellungen, und tatsächlichem sozialen Verhalten (Frey, 1972; Triandis, 1975; Meinefeld, 1977; Zimbardo, 1983) zeigt, daß demoskopische Daten, die mittels schriftlicher und mündlicher Befragungen erhoben werden, aktuelle und zukünftige soziale Realität nur in eingeschränktem Maße diagnostizieren und prognostizieren können.

2 Entstehungsgeschichte

Die Geschichte der wissenschaftlichen, methodisch exakten M. beginnt Mitte der dreißiger Jahre in den USA. Sie ist bestimmt durch die Anwendung repräsentativ-statistischer Auswahlverfahren sowie durch eine Standardisierung der Umfragesituationen und Umfrageinstrumente. Personell und institutionell läßt sich die Anfangsphase der M. markieren durch Gallup und sein privates American Institute of Public Opinions sowie durch Lazarsfeld und das von ihm geleitete Hochschulinstitut Bureau of Applied Social Research (Lerg, 1977). In jenem Zeitraum entwikkelte sich eine intensive Kommunikation zwischen kommerziellen und öffentlichen M.instituten. In Gang gesetzt wurde dieser Austauschprozeß durch die Fachzeitschrift „Public Opinion Quarterly", auch heute noch das wichtigste Medium internationaler M. Die vierziger, fünfziger und sechziger Jahre brachten eine Expansion des demoskopischen Erkenntnisvorrats, sowohl hinsichtlich der Entwicklung der Methodik als auch in bezug auf die Erforschung der Meinungsbildung (Cantril, 1944; Hyman et al., 1954; Lazarsfeld/Rosenberg, 1955; Cannel/Kahn, 1968). Eine gewisse Stagnation der M. läßt sich seit Beginn der siebziger Jahre feststellen. Die amerikanische M., ursprünglich Produzentin stetig steigender Erkenntnisse, konzentrierte sich seither hauptsächlich auf die *Mathematisierung* der Demoskopie. Innovationen konnte man währenddessen von der nichtamerikanischen M. kaum erwarten, da sie zu sehr mit der Rezeption des „Survey Research" beschäftigt war.

In der BRD gibt es derzeit etwa 70 M.institute, von denen weitaus die meisten privatwirtschaftlich organisiert sind und hauptsächlich ökonomische Themenstellungen bearbeiten. Ein Teil davon gehört dem Arbeitskreis Deutscher Marktforschungsinstitute (ADM) an, dessen Mitgliedschaft mit der Erfüllung gewisser methodischer Standards gekoppelt ist. Die umsatzmäßig größten M.institute sind Infratest (München) und die Nürnberger Gesellschaft für Konsum-, Markt- und Absatzforschung (GfK). Darüber hinaus sind zu nennen: Emnid (Bielefeld), Getas (Bremen), Ifak (Taunusstein), IfD (Allensbach), Infas (Bonn), Marplan (Offenbach) und Wickert (Tübingen – Illereichen). Im Gegensatz zu den USA gibt es im Hochschulbereich nur eine einzige demoskopische Einrichtung, nämlich das Zentrum für Umfragen, Methoden und Analysen e. V. (ZUMA) in Mannheim. Es wäre zu wünschen, wenn die akademische M. weiter ausgebaut würde. Denn gerade in der Politik- und Wahlforschung besteht die Gefahr, daß die feste Parteibindung mancher kommerzieller M.institute die demoskopische Erkenntnisproduktion verzerrt.

3 Methodische Probleme

Was die Art der in Auftrag gegebenen Umfragen anbelangt, kann man zwischen Ad-hoc-Studien, Mehrthemenstudien, Panelstudien und Trendstudien unterscheiden. *Ad-hoc-Studien* beziehen sich nur auf einen ganz bestimmten Gegenstandsbereich und werden nur einmal durchgeführt. *Mehrthemenumfragen,* auch „Omnibusse" genannt, werden in regelmäßigen Abständen ins Feld geschickt, wobei sich daran verschiedene Auftraggeber mit unterschiedlichen Themenstellungen beteiligen können. Eine *Panelerhebung* ist die wiederholte Befragung einer identischen Stichprobe. *Trenderhebungen* sind wiederholte Befragungen mit gleicher Themenstellung von soziodemographisch ähnlichen, aber nicht identischen Stichproben.

M. läßt sich vor allem durch die von ihr verwendeten Methoden operational definieren. Ihre Forschungsinstrumente sind der zentralen Kategorie „Methoden der empirischen Sozialforschung" zuzuordnen. Diese Teildisziplin der Sozialwissenschaft (Friedrichs, 1973; König, 1973; Koolwijk/Wieken-Mayser, 1974; Holm, 1975; Atteslander, 1983) bestimmt inzwischen jene Standards, an denen die methodische Qualität von M. bewertet wird. Sie liefert Handlungsanweisungen für die Konzeptualisierung von Umfragen, die Stichprobenbildung, die Frageformulierung, die Fragebogenvariante, die Fragebogenauswertung oder die Ergebnisdarstellung.

Ein Methodenproblem, das am Anfang jeder Umfrageplanung steht, ist die Modalität des *Auswahlverfahrens.* Hier geht es um die prinzipielle Überlegung, ob die Befragungspersonen per Zufall aus der jeweiligen Grundgesamtheit ausgewählt werden *(Random-Methode),* oder die Stichprobe auf Grund bereits bekannter soziodemographischer Populationsmerkmale hergestellt wird *(Quota-Methode).* Wichtig dabei ist, daß der Demoskop mittels seiner Erhebungsmethode eine Stichprobe organisiert, welche die betreffende Grundgesamtheit modellhaft abbildet.

Von gleichrangiger Bedeutung ist die *Fragebogenkonstruktion.* Zunächst einmal wird die adäquate Umfrageform erörtert. Soll mündlich gefragt werden mit streng strukturiertem Aufbau und großenteils vorgegebenen Antwortalternativen? Kann derselbe Fragebogen in Form einer schriftlichen Umfrage von der Befragungsperson selbständig beantwortet werden? Ist der Meinungsgegenstand so beschaffen, daß mit wenig oder unstrukturierten Methoden (Intensiv- oder Tiefeninterviews) gearbeitet werden muß? Weitere Reflexionen beziehen sich auf die Art der Frageformulierung, die vom Informationsstand des Respondenten und vom Inhalt des Meinungsgegenstandes abhängt. Dabei wird überlegt, ob direkt oder indirekt gefragt wird, wie die Fragen gereiht werden, welche Einleitungs-, Konzentrations-, Motivations- oder Kontrollfragen zu benutzen sind. Bei einer rein verbalen Fragestellung müssen eine Reihe wichtiger Regeln beachtet werden: einfache Formulierungen, Vermeidung langer Fragen, Verwendung konkreter Fragen, Vermeidung von Suggestivfragen.

Bevor der Fragebogen dann schließlich ins Feld geht, konzentrieren sich bei mündlichen Befragungen die demoskopischen Überlegungen auch auf den *Interviewer* und die *Interviewsituation* (Cicourel, 1970; Ronge, 1983). Denn die Qualität der Daten steht und fällt mit der Qualität des Interviewerverhaltens. Der *Interviewerbias* kann sich in verschiedenen Fehlverhaltensmodi ausdrücken: bewußte Fälschungen, Abweichungen von der Diktion des Fragebogens, verbale oder nonverbale Verstärkung der Meinungsproduktion sowie der Meinungsrichtung, selektive Protokollierung bei offenen Fragen.

Das letzte Prozeßglied der demoskopischen Untersuchung ist die *Verrechnung* sowie die *Interpretation* der Umfragedaten. Vorbereitungen für die zumeist auf EDV-Basis stattfindenden mathematisch-statistischen Operationen werden bereits schon im Stadium der Fragebogenkonstruktion getroffen. Denn der Interviewer soll eine Vielzahl von Antworten direkt vorgegebenen Codes zuordnen können. Schwieriger hingegen wird die Abbildung von offenen Antworten im Zahlenraum. Hier findet die Codekonstruktion erst statt, wenn die Fragebögen wieder aus dem Feld zurückgelaufen sind. Das zentrale Problem des danach erfolgenden Codierungsprozesses ist die oft geringe Reliabilität der Zuordnungen von offener Antwort und einzelner Codekategorie.

Diese methodischen Standards sind zunächst idealiter zu verstehen. Im Falle der M. sollte aber die Einhaltung methodischer Regeln besonders kritisch geprüft werden, da demoskopische Daten oft zur *gezielten Erzeugung oder Korrektur öffentlicher Meinung* benutzt werden. Meinungslose und Unentschiedene sollen durch die Darbietung von „Mehrheitsmeinungen" zur Adoption derselben gebracht werden.

Die Prüfung muß mit der Frage nach der Repräsentativität der Stichprobe beginnen, da Umfrageergebnisse manchmal allzu rasch auf das „Meinen" der Gesamtbevölkerung verallgemeinert werden. Ein Beispiel hierfür sind die von der Boulevardpresse gern kommunizierten *Blitzumfragen,* die oft mit sozialstrukturell nicht repräsentativen *Telefonbesitzerstichproben* durchgeführt werden. Auf die Art der Frageformulierung und Antwortvorgabe sollte ebenfalls verstärkt geachtet werden, da diese genügend Möglichkeiten bieten, das Antwortverhalten im Sinne des Meinungsforschers oder des Auftraggebers zu beeinflussen. Wesentlich schwerer sind Mängel zu erkennen, die auf die Person des Interviewers zurückgehen. Hierunter sind sowohl auf den Befragten einwirkende Interviewererwartungen als auch bewußte Fälschungen zu rubrizieren. Für die Beurteilung der Qualität einer Meinungsstudie wäre es deshalb wichtig zu wissen, ob zur Vermeidung systematischer Interviewerfehler die Interviews auf möglichst viele Interviewer verteilt worden sind, und ob eine ausreichende Interviewerschulung stattgefunden hat. Außerdem ist zu prüfen, in wieviel Prozent der Fälle eine Kontrolle der Interviewer durch telefonische oder postalische Rückfragen bei den Befragten erfolgt ist.

4 Die Analyse des Meinungsbildungsprozesses

Neben der Entwicklung eines Inventars demoskopischer Methoden war das zweite Erkenntnisziel der M. auf die Analyse des Meinungsbildungsprozesses gerichtet. Von Beginn an ging es um die Frage, ob das Urteil des einzelnen über die verschiedenen Meinungsgegenstände direkt von den Medien beeinflußt wird. Eine Antwort darauf suchte Lazarsfeld im Präsidentschaftswahlkampf 1940 mittels einer aus 7 Wellen bestehenden Panelbefragung in der amerikanischen Gemeinde Erie County. Fazit seiner Untersuchung war, daß von den Massenmedien zwar ein starker Einfluß auf die individuelle Meinungsbildung ausgeht, dieser aber größtenteils nicht direkt wirkt, sondern über sogenannte *Meinungsführer* (Lazarsfeld et al., 1944; Katz/Lazarsfeld, 1962) mediatisiert wird. Lazarsfeld sprach in diesem Zusammenhang von einem *Zweistufenfluß* der Massenkommunikation. Massenmedien sind erst dann meinungsbildend, wenn die mediale mit interpersonaler Kommunikation verknüpft wird. Dieses Modell der Meinungsbeeinflussung blieb in seinen wesentlichsten Aussagen lange Zeit unangetastet. Modifiziert wurde es dann schließlich in bezug auf die Rolle des Meinungsführers. Denn die Massenkommunikation benötigt, um die Meinungsbildung des Rezipienten zu erreichen, nicht auf jeden Fall den Meinungsführer. Für Rogers (1973), der sein Modell *Mehrstufenfluß* nennt, gibt es Personen, die Medieninhalte direkt rezipieren und erst in der postkommunikativen Phase in den Wirkungsbereich der Meinungsführer geraten. Dies bedeutet, daß hier der Opinion Leader weniger eine informative als vielmehr eine persuasive Funktion ausübt. Darüber hinaus gibt es im sozialen Feld weiterhin Personen, die sich über aktuelle Meinungsgegenstände nur oberflächlich oder kaum informieren. Für diese ist der Meinungsführer sowohl Informations- als auch Einflußträger. Im übrigen sei darauf hingewiesen, daß sich Meinungsführer durch ein bestimmtes Merkmalsmuster von den Meinungsfolgern unterscheiden (Eurich, 1976): Sie sind informierter, medial exponierter, politisch interessierter sowie eher einer höheren Sozialschicht zugehörig.

5 Psychologie und Meinungsforschung

Zu fragen ist, welche Rolle die Psychologie, abgesehen vom beruflichen Engagement, in der M. spielt. Seitens der psychologischen Forschung sind zwar eine Reihe kritischer Erkenntnisse zur Methodik und zum Inhalt der Demoskopie erarbeitet worden, diese haben aber kaum zu einer Veränderung der demoskopischen Praxis geführt. Nach wie vor dominiert das klassische Interview, obwohl die Verzerrung der Meinungserhebung durch Fragebogen- und Interviewervariablen in vielen sozialpsychologischen Experimenten nachgewiesen worden ist und die mangelnde Inkonsistenz von Meinung und Verhalten eine ebenso oft bewiesene Grunderkenntnis ist. Die *Sozialpsychologie* sollte deshalb in verstärktem Maße demoskopische Praxiskritik leisten, um die angewandte Sozialforschung zu einer gegenstandsadäquateren Methodik zu motivieren. Diese kann letztlich nur erreicht werden durch die *Integration von nichtreaktiven und qualitativen Verfahren* (Mangold, 1973; Webb et al., 1975; Hopf/Weingarten, 1979; Henning et al., 1985; Jüttemann, 1985). Auf methodischen Wegen wie denen der Dokumentenanalyse, der teilnehmenden Beobachtung, der Inhaltsanalyse oder des narrativen Interviews wäre die soziale Realität besser abbildbar als in der künstlichen Interaktionssituation der klassischen Meinungserhebung.

Literatur

Atteslander, P.: Methoden der empirischen Sozialforschung. Berlin: de Gruyter, 1983.

Berelson, B./Steiner, G. A.: Menschliches Verhalten. Bd. 2. Weinheim: Beltz, 1972.

Bergler, R./Six, B.: Stereotype und Vorurteile. In: Handbuch der Psychologie. Bd. 7, Sozialpsychologie. Göttingen: Hogrefe, 1972.

Cannel, C. P./Kahn, R. L.: Interviewing. In: Lindzey, G./Aronson, E. (Eds.): The handbook of social psychology. Vol. 2. Reading, Mass.: Addison-Wesley, 1968.

Cantril, H.: Gauging public opinion. Princeton: Princeton Univ. Press, 1944.

Cicourel, A. V.: Methode und Messung in der Soziologie. Frankfurt: Suhrkamp, 1970.

Eurich, C.: Politische Meinungsführer. München: Verlag Dokumentation, 1976.

Frey, H. P.: Die Brauchbarkeit von Einstellungen als Prädiktor von Verhalten. Soziale Welt, 23, 1972, 257-268.

Friedrichs, J.: Methoden empirischer Sozialforschung. Reinbek: Rowohlt, 1973.

Henning, H. J./Rudinger, G./Chaselon, F./Zimmermann, E. F.: Qualitative Forschungsmethoden in der Psychologie. Berlin, Stuttgart, Wien: Huber, 1985.

Hoffmann, H. J.: Psychologie und Massenkommunikation. Planung, Durchführung und Analyse öffentlicher Beeinflussung. Berlin: de Gruyter, 1976.
Holm, K. (Hrsg.): Die Befragung. 6 Bde. München: Francke, 1975.
Hopf, C./Weingarten, E. (Hrsg.): Qualitative Sozialforschung. Stuttgart: Klett-Cotta, 1979.
Hyman, H. H./Cobb, W. J.: Interviewing in social research. Chicago: University of Chicago Press, 1954.
Jüttemann, G. (Hrsg.): Qualitative Forschung in der Psychologie. Grundfragen, Verfahrensweisen, Anwendungsfelder. Weinheim: Beltz, 1985.
Katz, E./Lazarsfeld, P.: Persönlicher Einfluß und Meinungsbildung. München: Oldenbourg, 1962.
König, R. (Hrsg.): Handbuch der empirischen Sozialforschung. 12 Bde. Stuttgart: Enke, 1973.
Koolwijk, J. V./Wieken-Mayser, M. (Hrsg.): Techniken der empirischen Sozialforschung. Ein Lehrbuch in 8 Bänden. München: Oldenbourg, 1974.
Lazarsfeld, P./Berelson, B. E./Gaudet, H.: The people's choice. New York 1944 (Deutsch: Wahlen und Wähler, Soziologie des Wahlverhaltens. Neuwied: Luchterhand, 1969).
Lazarsfeld, P./Rosenberg, M. (Hrsg.): The language of social research. Glencoe 1955.
Lerg, W. B.: Paul Felix Lazarsfeld und die Kommunikationsforschung. Publizistik, 22 (1), 1977.
Mangold, W.: Gruppendiskussionen. In: König, R. (Hrsg.): Handbuch der empirischen Sozialforschung. Bd. 2. Stuttgart: Enke, 1973.
Meinefeld, W.: Einstellung und soziales Handeln. Reinbek: Rowohlt, 1977.
Noelle, E.: Umfragen in der Massengesellschaft. Reinbek: Rowohlt, 1976.
Rogers, E. M.: Mass media and interpersonal communication. In: Sola Pool, I. de/Frey, F. W./Alexander, J. (Eds.): Handbook of communication. Chicago: 1973.
Rokeach, M.: The nature of attitudes. In: Sills, D. L. (Hrsg.): International encyclopedia of the social sciences. Bd. 1. New York: 1968, 449-458.
Ronge, V.: Demoskopie. In: Lippert, E./Wakenhut, R. (Hrsg.): Handwörterbuch der Politischen Psychologie. Opladen: Westdeutscher Verlag, 1983.
Süllwold, F.: Theorie und Methodik der Einstellungsmessung. In: Handbuch der Psychologie. Bd. 7, Sozialpsychologie. Göttingen: Hogrefe, 1969.
Triandis, H. C.: Einstellungen und Einstellungsänderungen. Weinheim: Beltz, 1975.
Webb, E. J. et al.: Nichtreaktive Meßverfahren. Weinheim: Beltz, 1975.
Zimbardo, P. G.: Psychologie. Berlin: Springer, 1983.

Messung und Skalierung

Hans Joachim Ahrens

1 Zielsetzung von Messung und Skalierung

Analog zu anderen empirischen Wissenschaften geht auch die Psychologie davon aus, die in Gesetzesaussagen und theoretischen Konstruktionen enthaltenen Variablen so zu quantifizieren, daß man von einer M. sprechen kann. Wann spricht man von einer M.?

Durch eine M. werden den empirischen Objekten (z. B. Personen) eines Gegenstandsbereichs gemäß ihrer Variation nach bestimmten Eigenschaften (z. B. Intelligenz) und gemäß ihres Ausprägungsgrades in diesen Eigenschaften Zahlen zugeordnet. Eine erste (pragmatische) Zielsetzung der M. besteht also in der *Zuordnung von Zahlen zu Eigenschaften von Meßobjekten.* Kann aber jede Zuordnung von Zahlen zu Objekteigenschaften als M. bezeichnet werden? Schon die nähere Betrachtung der zunächst genannten anwendungsorientierten Zielsetzung der M. (z. B. psychodiagnostische Klassifikation von Personen nach Intelligenz) macht deutlich, daß eine numerische Aussage für sich allein (z. B. IQ-Werte) bedeutungslos ist, wenn zwischen den zugrundeliegenden empirischen Gegebenheiten (z. B. verbale Reaktionen von Personen auf Testaufgaben eines Intelligenztests) und den numerischen Strukturen keine übergreifende theoretische Verbindung hergestellt wird, die bestimmte Anforderungen an die Daten stellt. Diese Voraussetzungen werden von der *Meßtheorie* untersucht, indem sie nicht nur in axiomatischer Form die logisch-strukturellen Bedingungen für die Meßbarkeit von Eigenschaften angibt, sondern auch auf Art und Herkunft der Daten *(Datentheorie)* und ihre inhaltlich-theoretische Bedeutung Bezug nimmt. Die über die anwendungsorientierte Funktion der M. der Zahlenzuordnung hinausgehende Zielsetzung der M. ist also eng verknüpft mit der *Theorienbildung* im jeweiligen Gegenstandsbereich. Diese theoretischen Implikationen der M. werden inzwischen nicht nur als zu beachtende Randbedingungen, sondern vielmehr auch konstruktiv als Hilfsmittel der Theorienbildung angesehen.

Scheuch und Zehnpfennig (1974, 100ff.) weisen zu Recht darauf hin, daß in Ergänzung zum anwendungsorientierten Aspekt der M. die „differenzierte funktionale Verschränkung von Messung bzw. Skalierung und Theoriebildung" zunehmend mehr Beachtung findet. Dabei habe die Messung neben ihren „traditionellen" Funktionen der Exploration und Konfirmation auch die quantitative Elaborierung von formalisierten Theorien zum Ziel.

Wesentliche Voraussetzungen des M. werden in der *Datentheorie* festgelegt, die von Coombs (1964) ursprünglich zur Begründung von M. konzipiert wurde und insofern von der Meßtheorie kaum abzugrenzen ist (Roskam, 1983, 5). Durch die Datentheorie wird nicht nur eine Klassifikation von Daten und zugehöriger Methoden der *Datenanalyse* bzw. *Skalierung* ermöglicht (vgl. Abb. 1). Die Datentheorie enthält vor allem Annahmen über die Verknüpfung zwischen Daten (und Beobachtungen) und Strukturtheorien der M. Sie erfüllt nach Roskam (1983, 2) deshalb auch eine wichtige theoretische Funktion, indem die Ableitung von empirisch prüfbaren Hypothesen über die Struktur psychologischer Variablen ermöglicht wird (z. B. über Präferenzwahlen). Gemeinsam mit inhaltlichen Grundlagen des Messens ergibt die Axiomatik der Daten- bzw. Meßtheorie eine Theorie für die Konstruktion von Hypothesen über die Beziehungen zwischen Verhaltensvariablen und strukturellen Determinanten des Verhaltens. Diese *theoretische Zielsetzung* der M. wird besonders deutlich von Gigerenzer (1981) herausgestellt, der von „Messung als Modellbildung" bzw. von der „Modellbildenden Funktion" der M. spricht. Dabei geht Gigerenzer von einer fünfstelligen Modellrelation (Forscher, Zielsetzung, Gegenstandsbereich, empirisches System, numerisches System) mit interaktiven Beziehungen aus. Mit der M. (numerisches System) erfolgt über die theoretische Struktur des empirischen Systems ein theoretischer Eingriff in den psychologischen Bereich, wobei nicht primär die Zahlen, sondern die *Strukturen* der numerischen Abbildung wichtig sind.

Die Begriffe „Messung" und „Skalierung" werden nicht einheitlich verwendet, so daß eine Abgrenzung schwierig ist (z. B. Bortz, 1984, 44). Orth (1983, 169) unterscheidet bei der empirischen Anwendung von Meßstrukturen zwei Gesichtspunkte. Einmal dienen Meßstrukturen als Mittel der Theorienbildung, in dem mögliche empirische Gesetze formuliert werden. Axiome sind dann als qualitative empirische Hypothesen zu verstehen. Zum anderen dienen Meßstrukturen als Kriterien für die Existenz und Eindeutigkeit von Skalen, wobei eine *Skala* allgemein durch ein empirisches und ein numerisches Relativ und eine verknüpfende Funktion definiert wird. Die Axiome der Meßstruktur sind dabei empirisch zu prüfende Kriterien. *Skalierung* bedeutet dann zunächst die Konstruktion einer bestimmten Skala (z. B. eindimensionale Intervallskala). Die S. ist dabei an eine S.methode (z. B. Multidimensionale S.) bzw. ein zugehöriges S.modell (z. B. geometrisches Modell) gebunden, das jedoch meßtheoretisch durch ein axiomatisches Darstellungsmodell zu begründen ist. S. sollte also nur dann mit M. gleichgesetzt werden, wenn ein axiomatisches Meßmodell zugrunde liegt. Sonst bedeutet S. lediglich die Erzeugung einer numerischen Zuordnung, d. h. die Zuordnung von Personen und/oder Reizobjekten zur Position eines Zahlenwertes auf einer Merkmalsdimension.

Unter den genannten Voraussetzungen kann die S. im Prinzip mit der M. gleichgesetzt werden (vgl. z. B. Gutjahr, 1972, 24 ff.): Indem eine Eigenschaft durch Konstruktion einer Skala skaliert wird, erfolgt gleichzeitig eine M. mit dem Resultat, daß dem Untersuchungsgegenstand eine Zahl als Skalenwert für die quantitative Ausprägung der Eigenschaft zugeordnet wird. Orth (1974, 40) bezeichnet als S.problem das Problem, „... wie konkrete Skalen errichtet werden können bzw. wie den Dingen als Trägern der zu messenden Eigenschaft konstante Zahlen als Meßwerte zugeordnet werden können ...". Im praktischen Sprachgebrauch des Psychologen bezeichnet man mit S. jedoch weniger den konkreten Vorgang der M. (z. B. M. einer politischen Einstellung), sondern eher die technischen Vorbereitungen der konkreten M., d. h. die *Konstruktion einer Meßskala.* Nicht selten stehen bei der Verwendung des Begriffes „Skalierung" auch Gesichtspunkte des wissenschaftlichen und kommerziellen Prestiges im Vordergrund. Dann wird der Begriff oft überstrapaziert, indem beispielsweise Angaben auf einer Schätzskala (rating scale) oder Rangordnungsverfahren auch schon als S.en bezeichnet werden.

Angesichts dieser relativ uneinheitlichen Auffassungen schlagen Scheuch und Zehnpfennig (1974, 105) vor, die Bezeichnung „Skalierung" nur dann zu verwenden, wenn folgende Bedingungen vorliegen:

1. Es werden Objekte nach beobachtbaren Eigenschaften auf Grund einer interpersonell konstanten Vorgehensweise auf einem Kontinuum plaziert.
2. Dabei werden ein Modell der Verteilungsgesetze für die Indikatoren, ihre Interaktion und die Verteilung der Objekte vorausgesetzt.
3. Es müssen objektive Kriterien zur Beurteilung der Übereinstimmung zwischen Modellannahmen und Beobachtungsmaterial vorliegen.
4. Die Ordnung der Objekte erfolgt unter Verzicht auf äußere Maßstäbe lediglich auf Grund von Informationen aus dem Beobachtungsmaterial. S. ist hiernach der Versuch, unter Voraussetzung eines Modells eine in den Beobach-

tungsdaten latent vorhandene Dimensionalität aufzudecken.

Historisch betrachtet ist die Entwicklung von S.methoden hauptsächlich unter zwei Aspekten zu sehen. Im engeren Sinn geht die ein- und mehrdimensionale S. auf Fragestellungen der *Psychophysik* zurück: Um die Relation zwischen physikalisch objektivierbaren Reizmerkmalen (z. B. Helligkeit von Lichtreizen) und ihren psychologischen Äquivalenten (z. B. subjektive Helligkeitsempfindungen) zu untersuchen, ist es notwendig, subjektive Reizmerkmale auf abgestuften Skalen meßbar zu machen. Die primäre Zielsetzung psychologischer S.methoden ist also in der M. subjektiver Reizattribute zu sehen, wobei die S.absicht später auch auf nicht physikalisch objektivierbare Reize (z. B. soziale Reize, wie Politiker u. a. Personen) und auf Reize mit mehrdimensionalen Attributen (vgl. multidimensionale S.) erweitert wurde. Vor allem bei den komplexeren Methoden der multidimensionalen S. wird jedoch besonders deutlich, daß mit der S. nicht nur die Meßabsicht, sondern auch die inhaltliche und theoretische Analyse von Urteilsstrukturen verbunden werden kann; denn die Entwicklung mehrdimensionaler Meßskalen gründet empirisch gewöhnlich auf der subjektiven Beurteilung von Reizähnlichkeiten durch bestimmte Beurteiler, für deren Urteilsverhalten die Existenz bestimmter Urteilsstrukturen postuliert wird (z. B. Ahrens, 1974, 1976; Gigerenzer, 1978).

Im weiteren Sinne hängt die historische Entwicklung von S.methoden auch eng mit der *Testpsychologie* und *Testtheorie* zusammen, wobei hier die Konstruktion von Testskalen zur M. von intra- und interindividuell variierenden Persönlichkeitsmerkmalen im Vordergrund steht.

2 Meßtheoretische Grundlagen

2.1 *Zum Prozeß der Messung*

Analog zu Meßvorgängen in der Physik sind auch an einer psychologischen M. immer zwei Systeme beteiligt, nämlich das „Meßinstrument“ (z. B. ein Intelligenztest oder menschliche Beurteiler bei der Konstruktion von Einstellungsskalen) und der zu messende „Gegenstand“ (z. B. eine Person mit der Eigenschaft Intelligenz oder ein bestimmtes Einstellungsobjekt). Der *Prozeß* der M. besteht dann darin, daß beide Systeme zu einem bestimmten Zeitpunkt in eine kontrollierte Wechselwirkung treten, als deren Resultat am Meßinstrument bzw. auf einer Skala ein Meßwert angezeigt wird. Von „Wechselwirkung“ ist in den Verhaltenswissenschaften insofern zu sprechen, als bei der M. nicht nur eine Wirkung vom Objekt auf das Instrument ausgeht. Vielmehr wird umgekehrt auch das Objekt (z. B. eine Person) durch das Meßinstrument verändert (z. B. Lernen, Ermüdung). Dieser „Interaktionsaspekt“ wird in psychologischen Meßtheorien oft nicht explizit berücksichtigt (Leinfellner, 1967, 108ff.; Greif, 1973; Ahrens, 1974, 39ff.). Auch Gigerenzer (1981, 15) betont die *interaktiven* Aspekte in psychologischen Meßvorgängen und verweist auf Analogien in der Quantenphysik (Heisenberg'sche Unschärfe-Relation). Wie schon erwähnt, geht Gigerenzer (1981) in seinem Konzept zur modellbildenden Funktion der M. von einer fünfgliedrigen Modellrelation aus, die zwei interaktive Komponenten enthält. Folgende prozessonale Verkettung wird postuliert: Ein Forscher wählt gemäß einer Zielsetzung einen Gegenstandsbereich. Ein empirisches System ist Modell für diesen Gegenstandsbereich, und ein numerisches System ist Modell für das empirische System. Interaktive Beziehungen werden dabei zwischen Gegenstandsbereich und empirischem System und zwischen empirischem und numerischem System angenommen.

2.2 *Einige Strukturprobleme der Messung*

Will man die Resultate des oben angedeuteten „Interaktionsprozesses“ als M.en bezeichnen, so müssen sie strukturell durch bestimmte meßtheoretische Regeln begründet werden. Wir können auf die *Meßtheorie* hier nur sehr kurz und kursorisch eingehen und müssen zur Vertiefung auf die einschlägige Literatur verweisen (z. B. Orth, 1974, 1983; Roskam, 1983).

Grundlegendes Problem der Meßtheorie ist nach Suppes/Zinnes (1963; vgl. auch Orth, 1974, 14ff.) die in der Zuordnung von Zahlen enthaltene *Repräsentation* von Meßobjekten durch Meßwerte. Bei der Lösung des Repräsentationsproblems geht man davon aus, daß die in einer M. enthaltene Repräsentation in der Abbildung eines empirischen Relativs (Menge empirischer Dinge mit beobachtbaren empirischen Relationen) in ein numerisches Relativ (Menge numerischer Dinge, z. B. Zahlen mit zugehörigen Relationen) besteht. Bei dieser Abbildung sollen in den Zahlenzuordnungen die beobachtbaren empirischen Relationen erhalten bleiben: Stellt man z. B. bei einer Längenmessung durch Aneinanderlegen fest, daß ein Brett A länger ist als Brett B, so muß diese empirische Relation auch in der Zahlenabbildung (Längen-M.) gelten. Man spricht dann von einer homomorphen oder auch

„strukturerhaltenden“ Abbildung (Schönemann/Borg, 1983).

Unter Annahme der Homomorphie wird eine *Skala* nach dem bisher Gesagten durch drei Bestimmungsstücke definiert, nämlich durch das empirische und numerische Relativ und durch die Abbildungsfunktion zur Verknüpfung beider. Die spezifische Form der Abbildungsfunktion wird durch das jeweilige S.verfahren festgelegt.

Die meßtheoretische Lösung des durch Verwendung der homomorphen Abbildung formulierten Repräsentationsproblems besteht in der Angabe eines *Repräsentationstheorems,* das die Existenz einer Skala besagt, wenn bestimmte Axiome erfüllt sind. Nur dann kann man von Meßbarkeit bzw. von einer skalierten Eigenschaft sprechen. Neben dem grundlegenden Repräsentationsproblem werden nach Suppes und Zinnes (1963) in der Meßtheorie zwei weitere Problembereiche behandelt, die sich mit der Frage nach der *Eindeutigkeit* und *Bedeutsamkeit* von M.en verbinden. In beiden Fällen wird die Lösung der Probleme mit dem Typ der Skala bzw. mit dem Skalenniveau verknüpft, auf dem die M. jeweils erfolgen kann. Die wichtigsten *Skalentypen* sind in Tabelle 1 zusammengestellt.

Ein wesentliches Charakteristikum eines Skalentyps ist die zulässige *Transformation.* Sie wird dadurch definiert, daß die jeweils im Repräsentationstheorem ausgesagte wesentliche Eigenschaft *invariant* bleiben muß. Beim Skalentyp der Rang- oder Ordinalskala wird z. B. gefordert, daß die eindeutige Repräsentation von empirischen Ordnungsrelationen durch Rangzahlen im numerischen Relativ erhalten bleiben soll. Werden z. B. den Objekten A, B, C die Rangzahlen 1, 2, 3 zugeordnet, so bleibt die Relation A > B > C auch erhalten, wenn die Rangzahlen um jeweils zwei Punkte vergrößert werden. Die neuen Rangzahlen 3, 4, 5 erhält man durch eine hier zulässige monoton ansteigende Transformation. Verbunden mit dem Skalentyp löst man das Eindeutigkeitsproblem also, indem man sagt, daß eine M. eindeutig sei bis auf die zulässige Transformation der zugrundeliegenden Skala.

Das Bedeutsamkeitsproblem stellt sich bei der rechnerischen Weiterverarbeitung von Meßwerten zu weiterführenden numerischen Aussagen. Auch bei der Lösung dieses Problems geht man vom Skalentyp und der zugehörigen zulässigen Transformation aus. Man sagt dann, daß eine numerische Aussage insofern bedeutsam ist, als sie sich unter zulässiger Transformation nicht ändert. Als numerische Aussagen werden hier besonders Rechenoperationen mit Skalenwerten betrachtet. So ist z. B. die Feststellung „die Differenz zwischen A und B ist gleich der Differenz von C und D“ eine numerisch bedeutsame Aussage, wenn die entsprechende Eigenschaft auf einer Intervallskala gemessen wurde. Dann bleibt ihre Gel-

Tabelle 1: Die wichtigsten Skalentypen und ihre zulässigen Transformationen (nach Orth, 1974, 27)

Skalentyp	zulässige Transformationen	invariant bleiben unter zulässigen Transformationen	Beispiele
Nominalskala	jede eindeutige Funktion	Eindeutigkeit der Meßwerte	Numerierung von Fußballspielern, Kontonummern, Matrikelnummern
Ordinalskala	jede monoton steigende (isotone) Funktion	Rangordnung der Meßwerte	Mohssche Härteskale, Richtersche Erdbebenskale, Schulnoten, Test(roh)werte, Hunger (operational definiert durch Dauer des Nahrungsentzugs)
Intervallskala	jede positiv lineare (affine) Funktion: $\varphi' = u\varphi + v$ (u, v reell; $u > 0$)	Verhältnisse der Intervalle zwischen Meßwerten	Temperatur (Celsius, Fahrenheit, Reaumur), Nutzen
Log-Intervallskala	jede Potenz-Funktion: $\varphi' = u\varphi^{v}$ (u, v reell; $u, v > 0$	Verhältnisse der Intervalle zwischen den Logarithmen von Meßwerten	Dichte, Impuls
Verhältnisskala	jede Ähnlichkeits-Funktion: $\varphi' = u\varphi$ (u reell; $u > 0$)	Verhältnisse von Meßwerten	Länge, Masse, Zeit, Winkel, elektrischer Widerstand, Volumen, Temperatur (Kelvin, Rankine), Preise
absolute Skala	jede Identitäts-Funktion: $\varphi' = \varphi$	Meßwerte	Häufigkeit, Wahrscheinlichkeit

Skalentyp | zulässige Transformationen | invariant bleiben unter zulässigen Transformationen | Beispiele

tung bei zulässiger linearer Transformation erhalten. Andere wichtige Rechenoperationen mit Skalenwerten sind z. B. die Bildung von Mittelwerten und die Berechnung von Varianzen oder Produktmomentkorrelationen.

Zu beachten ist, daß bei dieser formalen meßtheoretischen Behandlung des Bedeutsamkeitsproblems die Frage der *inhaltlichen* Bedeutsamkeit nicht direkt berührt wird. Auf die inhaltliche Bedeutsamkeit von Skalen zielen Validitätsuntersuchungen, beispielsweise die Korrelation von Skalenwerten mit Meßwerten derselben Personen auf einem Außenkriterium (z. B. Validierung von Intelligenzskalen durch Schulerfolg).

Wie schon erwähnt, begründet die Axiomatik der Meßtheorie die resultierenden Meßstrukturen nicht nur hinsichtlich ihrer Meßfunktion, d. h. Zuordnung von Zahlen. Gleichzeitig kann die Meßstruktur auch als formale Theorie gegenüber dem psychologischen Gegenstandsbereich betrachtet werden. Die Axiome entsprechen dann empirischen Gesetzmäßigkeiten. Dadurch erhält eine Meßstruktur Modellfunktion, d. h. eine theoretische Bedeutung, die mit psychologisch-inhaltlichen Interpretationen verknüpft werden kann.

Gigerenzer (1981, 33) geht mit der Formulierung seiner „Implikationsthese" (Die Anwendung eines numerischen Systems auf einen psychologischen Gegenstandsbereich impliziert eine psychologische Theorie über diesen Gegenstandsbereich) so weit, daß er die theoretisch-inhaltlichen Implikationen einer Meßstruktur nicht nur als nützliche, sondern als notwendige Eigenschaft ansieht. Damit wird die mit der Werkzeugfunktion von M.en einhergehende Trennung von Meßmodellen und psychologischer Theorienbildung aufgehoben.

3 Methoden der Skalierung

Spricht man von „Methoden" oder „Verfahren" der S., so denkt man primär an die *Werkzeugfunktion* einer Meßstruktur, d. h. an ihre Nutzung bei der Konstruktion einer Skala und der dadurch ermöglichten Zuordnung von Zahlen zu Meßobjekten. In diesem Sinne unterscheidet z. B. Roskam (1983, 4) zwischen Datentheorie und Datenanalyse, wobei die Datenanalyse meistens ein System von allgebraischen Techniken mit dem Ziel der Datenreduktion enthält. Bei der Methode der multidimensionalen S. (MDS) führt die Datenanalyse beispielsweise zur Abbildung von Reizobjekten und/oder Personen auf die Dimensionen einer geometrischen Struktur. Nach Roskam (1983, 121 ff.) soll die zugrundegelegte Datentheorie (bzw. Meßtheorie; vgl. auch Orth, 1983, 169) aber nicht nur Daten und zugehörige datenanalytische Verfahren bzw. S.methoden klassifizieren (vgl. Abb. 1), sondern auch der Theoriebildung dienen. Dann müssen die Dimensionen eines geometrischen Meßmodells im Zusammenhang mit einer psychologischen Theorie gesehen werden, deren Hypothesen empirisch überprüft werden müssen (z. B. additive Verknüpfbarkeit von Dimensionen bei der Urteilsbildung). Die dabei erforderliche axiomatisch-empirische Analyse geht über die „reine" Werkzeugfunktion von S.methoden hinaus. Nach Gigerenzers (1981) Konzept von M. als Modellbildung stehen beispielsweise geometrisches Meßmodell und mehrdimensionale S. (MDS) in einer sich wechselseitig ergänzenden Beziehung. So läßt die MDS eine Untersuchung von Dimensionen als subjektiven Strukturelementen psychologischer Urteilsbildung nur dann zu, wenn im geometrischen Meßmodell festgelegt ist, nach welchen Gesetzmäßigkeiten die dimensional organisierte Urteilsbildung erfolgt.

Die S.methoden sind in den letzten Jahrzehnten sowohl in der bloßen Anzahl als auch in der Vielschichtigkeit ihrer meßtheoretischen Voraussetzungen, ihrer Grundmodelle, ihrer Zielsetzungen und auch im Hinblick auf die verwendeten Rechenalgorithmen sehr weitverzweigt entwikkelt worden. Ein vollständiger Überblick kann hier auch nicht annähernd gegeben werden, und es wird auf die einschlägige Literatur verwiesen (Torgerson, 1958; Sixtl, 1967; Green/Carmone, 1972; Green/Rao, 1972; Shepard/Romney, 1972; Cliff, 1973; Ahrens, 1974, Scheuch/Zehnpfennig, 1974;Kühn, 1976; Gigerenzer, 1981; Borg, 1981; Roskam, 1983; Carroll, 1983; Schönemann/Borg, 1983 u. a.).

Auch ein kurzgefaßter Überblick ist schwer zu organisieren, weil bisher kaum einheitliche und allgemein anerkannte *Klassifikationsansätze* entwickelt wurden. So lassen sich die Verfahren z. B. in einfachster Form danach unterscheiden, ob eine eindimensionale Skala resultiert oder ob bei komplexen Reizobjekten mit mehreren Eigenschaften eine multidimensionale S. (MDS) vorgenommen wird. Differenzierter ist eine auf Torgerson (1958, 45 ff.) zurückgehende Klassifikation, die daran orientiert ist, ob sich in der Interaktion zwischen Reizobjekten und Subjekten die S. auf die Personen (subject-centered approach), auf die Reize (stimulus-centered approach) oder auf beides konzentriert (response approach).

Gebräuchlich ist eine zweidimensionale *Vierfelderklassifikation,* die sich an der „Datentheorie" von Coombs (1952) orientiert und von den

Daten ausgeht, die der S. empirisch zugrunde liegen (vgl. Abb. 1).

		Relation	
		Dominanz	Nähe
Datenmenge	Elemente aus zwei Mengen	Einzelreize (zum Beispiel Skalogrammanalyse nach Guttman)	Bevorzugungswahlen (zum Beispiel Unfolding-Technik nach Combs)
		II	I
		III	IV
	Elemente aus einer Menge	Paarvergleiche (zum Beispiel Law of comparative judgment nach Thurstone)	Ähnlichkeiten (zum Beispiel Multidimensionale Skalierung nach Kruskal)

Abb. 1: Vierfelderklassifikation von Daten und Skalierungsverfahren (nach Coombs et al., 1975, 49)

Eine S. geht bei den üblichen Methoden von Daten aus, die durch zwei Variationsquellen bestimmt sind: Personen und Reizobjekte. So kann z. B. die Datenerhebung darin bestehen, daß Personen die Ähnlichkeit je zweier Politiker (Reizobjekte) auf einer mehrstufigen Schätzskala beurteilen. Dann wird als Relation zwischen den Reizobjekten die *Relation der Nähe* (Ähnlichkeit, Proximität etc.) beurteilt. In den Reizpaaren kann aber auch beurteilt werden, wie weit ein Reiz dem anderen vorgezogen wird *(Dominanzrelation)*. Die erste Dimension des Klassifikationsschemas wird also durch die Art der zu beurteilenden Relation definiert.

Bei den genannten Beispielen liegt der einfache Fall vor, daß sich die Beobachtungen auf Relationen von Elementen derselben Menge beziehen, nämlich hier auf ausgewählte Politiker. Ein Beispiel für den Fall zweier Mengen ist die richtige oder falsche Antwort einer Person auf eine Rechenaufgabe. Man kann sich die Vorgänge im empirischen Relativ so vorstellen, daß jeweils zwei Elemente verschiedener Mengen konfrontiert werden, nämlich Personen (bzw. deren Rechenfähigkeit) und Rechenaufgaben (bzw. deren Schwierigkeit). Bei richtiger Antwort dominiert die Person die Rechenaufgabe, bei falscher Antwort ist es umgekehrt.

Ein vollständiger Überblick über S.methoden nach dem Coombsschen Schema ist hier nicht möglich (vgl. Roskam, 1983, 5 ff.). Wir beschränken uns paradigmatisch auf die kurze Darstellung einer typischen Verfahrensgruppe für jeden Quadranten. Eine der bekanntesten Verfahrensgruppen für den Quadranten I ist die von Coombs (1950) entwickelte *„Unfolding-Technik“* (Entfaltungstechnik, Verfahren der transferierten Einschätzungen). Die Unfolding-S. wurde ursprünglich von Coombs zur Analyse von Bevorzugungswahlen bzw. Präferenzen bei eindimensionalen Reizobjekten entwickelt. Mit Hilfe einer komplizierten Technik und unter bestimmten Modellannahmen wird eine Skala so „entfaltet“, daß Personen und Reizobjekte gemeinsam angeordnet werden können. Nähe- bzw. Ähnlichkeitsrelationen werden dabei insofern zugrunde gelegt, indem Präferenzurteile als Folge der Ähnlichkeit zwischen dem Reizobjekt im Idealpunkt der Person und den übrigen Reizen gedeutet werden. In der deutschsprachigen Literatur wird diese Verfahrensgruppe z. B. näher beschrieben bei Sixtl (1967); Scheuch und Zehnpfennig (1974, 121 ff.), in der Übersetzung von Coombs et al. (1975, 71 ff.; bei Gigerenzer, 1981; Carroll, 1983 u. a.).

Charakteristisch für den Quadranten II ist neben bestimmten Verfahren der Psychophysik (vgl. z. B. Tack, 1983) die von Guttman (1944) ursprünglich zur eindimensionalen Einstellungsmessung entwickelte *„Skalogrammanalyse“*. Die Vorgehensweise dieser Methodik besteht im Prinzip in einer sukzessiven Überprüfung, wieweit beobachtete Reaktionsfolgen (Ja-/Nein-Antworten auf bestimmte Fragen) bestimmte stringente Forderungen eines Modells erfüllen. Das Modell fordert Eindimensionalität, wobei diese Forderung auch darin zum Ausdruck kommen soll, daß die Indikatoren so zu ordnen sind, daß in der Rangordnung alle Personen mit Bejahung einer Frage die Personen mit Verneinung derselben Frage dominieren. Die Skalogrammanalyse soll die Herstellung und Prüfung dieser S.bedingung sichern. Eine nähere Beschreibung des Verfahrens und Diskussion seiner Probleme finden sich z. B. bei Scheuch und Zehnpfennig (1974, 116 ff.).

Ein typisches Verfahren für den Quadranten III mit Dominanzrelationen in Form des Paarvergleichs von Reizen ist ein eindimensionales S.verfahren von Thurstone (1927) nach dem *„Gesetz des komparativen Urteils“* (law of comparative judgment). Diese S.methode zielte zunächst auf Fragen der Psychophysik, hat aber ihren Anwendungsschwerpunkt bei der S. von Einstellungen gegenüber sozialen Objekten. Die Personen geben beim Reizvergleich an, welchen von zwei Reizen sie jeweils bevorzugen. Aus der Summe aller Paarvergleiche lassen sich relative Häufigkeiten für die Dominanz jeweiliger Reize gewinnen. Unter Beachtung bestimmter Abbildungsvorschriften (z. B. Verteilungsannahmen und bestimmte Fallunterscheidungen) des S.modells lassen sich schließlich die Skalenwerte der Einzelreize auf einer eindimensionalen Intervallskala ermitteln. In der deutschsprachigen Literatur wird das Verfahren relativ ausführlich bei Sixtl (1967, 44 ff., 182 ff.) dargestellt.

Besonders vielfältig und stürmisch hat sich die für den Quadranten IV typische Methodengruppe der *multidimensionalen Skalierung* (MDS) entwickelt (z. B. Carroll/Arabie, 1980). Bei diesen Methoden wird auf die Annahme der eindimensionalen Variation der zu skalierenden Reizobjekte verzichtet. Man geht von der Vorstellung eines mehrdimensionalen psychologischen Raumes von subjektiven Reizähnlichkeiten aus, die mittels der jeweiligen S.methode durch Punktdistanzen eines metrischen Skalenraumes repräsentiert werden sollen. Diese numerische Repräsentation enthält bei Verwendung bestimmter Distanzfunktionen auch die Annahme der mehrdimensionalen Zerlegbarkeit subjektiver Reizähnlichkeiten und ermöglicht die Abbildung der Reizobjekte durch numerische Skalenwerte auf entsprechenden Dimensionen. Da die empirische Basis der MDS direkt (z. B. Ähnlichkeitsschätzung von Reizpaaren) oder indirekt (z. B. Verwechslungshäufigkeiten in Lernexperimenten) durch die subjektive Beurteilung von Reizähnlichkeiten gegeben ist, richtet sich ihre Zielsetzung oft nicht nur auf die Entwicklung von Meßskalen, sondern auch auf die Untersuchung von Urteilsstrukturen der beteiligten Personen. Insbesondere im letzteren Fall wird die MDS auch als *psychologisches Urteilsmodell* oder wenigstens als Hilfsmittel der Theorienbildung (z. B. Wahrnehmungspsychologie, Psychologie der Urteils- und Entscheidungsbildung, Kognitionen etc.) verwendet (Ahrens, 1974, 207 ff.; 1976; Gigerenzer, 1981, u. a.). Die Realisierung dieser weiterreichenden Zielsetzung wirft allerdings viele noch nicht zufriedenstellend gelöste Probleme auf, wie etwa die Frage der Tauglichkeit der MDS als Instrument der Entdeckung unbekannter kognitiver Strukturen (Schätzung der Dimensionszahl, Interpretation der Dimensionen) oder die allgemeine Frage, unter welchen theoretischen Voraussetzungen bestimmte Eigenschaften des MDS-Modells überhaupt sinnvoll auf Eigenschaften von psychologischen Theorien bezogen werden können (z. B. Ahrens/Kordy, 1979; Gigerenzer, 1981; Roskam, 1983).

Die zahlreichen Verfahren der MDS lassen sich unter verschiedenen Gesichtspunkten klassifizieren. Eine einfache Unterscheidung orientiert sich an bestimmten Eigenschaften der Eingangsdaten der MDS:

- aggregierte vs. nichtaggregierte Daten,
- metrische vs. nonmetrische Daten.

Bei *aggregierten* Daten geht man von der (meistens unrealistischen) Annahme aus, daß keine systematischen interindividuellen Personenunterschiede existieren. Die subjektiven Reizähnlichkeiten werden dann über alle Personen einer Stichprobe aggregiert, und man erhält eine einzige („durchschnittliche") MDS-Struktur für alle Personen. Bei *nichtaggregierten* Daten besteht unter Verwendung bestimmter Methoden z. B. die Möglichkeit, MDS-Strukturen nach interindividuell unterschiedlichen Typen bzw. „viewpoints" zu unterscheiden (Tucker/Messick, 1963) oder einen gemeinsamen Reizraum durch interindividuell variierende Gewichtungen so zu transformieren, daß individuelle oder gruppenspezifische MDS-Strukturen sichtbar werden (Carroll/Chang, 1970). Die (meistens älteren) *metrischen* Verfahren erfordern am Eingang der eigentlichen MDS, d. h. bei der dimensionalen Zerlegung von Reizähnlichkeiten, Daten auf Intervall- bzw. Verhältnisskalenniveau (z. B. Torgerson, 1958; Drösler, 1979; Schönemann/Borg, 1983). Die *nonmetrischen* MDS-Methoden kommen hingegen mit der schwächeren Annahme von Ranginformationen aus, unterscheiden sich aber auch noch hinsichtlich anderer vorteilhafter Eigenschaften (z. B. Verwendung von nichteuklidischen Distanzfunktionen) von den älteren Methoden (Shepard, 1962; Kruskal, 1964 a, b).

Über die verschiedenen MDS-Verfahren, ihre Anwendungsbereiche, ihre Grundmodelle und Probleme orientiert man sich z. B. bei Torgerson (1958), Sixtl (1967), Green und Carmone (1972), Shepard/et al. (1972), Ahrens (1974), Scheuch und Zehnpfennig (1974), Kühn (1976), Borg (1981), Gigerenzer (1981), Schönemann und Borg (1983).

Die meisten Modelle zur Strukturierung psychologischer Daten bzw. die entsprechenden S.modelle werden mit Hilfe von Dimensionen bzw. latenten Kontinuen formuliert (z. B. geometrische Meßmodelle) und enthalten das Konzept der psychologischen Dimension (Roskam, 1983, 121 ff.). Wie sind diese Dimensionen zu interpretieren? Sofern die Zielsetzung der M. bzw. S. von Anfang an über die axiomatische Analyse und inhaltlich-theoretische Bezugsetzung der Meßstruktur mit einer psychologischen Theorie (z. B. kognitive Komplexität, Reizgeneralisierung etc.) verknüpft wurde, erfolgt die Interpretation im Rahmen dieser Theorien. Dabei ist die Herkunft der Daten entscheidend, d. h. vor allem ihre Abhängigkeit vom Bezugssystem der Zielsetzungen und Beobachtungen des Forschers (Roskam, 1983, 5, 122; Gigerenzer, 1981). Das Facetten-Design von Guttman (Borg, 1981, 133 ff.) kann als nicht-dimensionaler, konfiguraler Ansatz für Ähnlichkeitsdaten, z. B. bei der Formulierung eines definitorisch-theoretischen Systems hilfreich sein.

Ergibt sich das Interpretationsproblem (Gigerenzer, 1981, 357 ff.) im Anschluß an eine MDS, so kann z. B. eine empirische hypothesentestende Interpretationsstrategie in Form einer externen S. herangezogen werden. Dabei wird die Reizkonfiguration der MDS mit einer „externen" Beurteilung derselben Reize nach hypothetischen Interpretationskriterien durch die untersuchten Personen verknüpft (z. B. über multiple Korrelationen). Weitere Interpretationshilfen sind Clusteranalysen oder die Aufdeckung von Simplexstrukturen und ähnlichen Organisationsformen. Die übliche Interpretationsstrategie unter Verwendung von Rotationen und Einfachstrukturen hat nur begrenzten Wert.

4 Zusammenfassung und Ausblick

Unter M. versteht man die Zuordnung von Zahlen zu Meßobjekten unter der Bedingung, daß die Meßwerte des verwendeten numerischen Systems eine homomorphe Abbildung eines empirischen Systems sind. Die Meßobjekte und ihre Relationen sollen strukturerhaltend repräsentiert werden. Die Meßtheorie legt die Voraussetzungen für die Meßbarkeit von Eigenschaften fest, indem bestimmte Meßstrukturen mit zugehöriger Axiomatik angegeben werden. Kernstück einer M. ist also die jeweilige *Meßstruktur,* die besagt, daß für ein empirisches System unter bestimmten Bedingungen (Axiomen) eine Skala existiert.

S. bedeutet die Konstruktion solcher Skalen gemäß bestimmten meßtheoretischen Voraussetzungen. Meßstrukturen dienen aber nicht nur als Kriterien für die Existenz und Eindeutigkeit von Skalen und der damit ermöglichten konkreten M. als Zuordnung von Zahlen, sondern sind vor allem auch Mittel der *Theorienbildung,* indem die numerischen Strukturen einen empirischen Gegenstandsbereich modellieren (M. als Modellbildung). Die Axiome der Meßstruktur sind bei der Konstruktion von Skalen empirisch zu prüfende Kriterien. Bei der M. in ihrer theoriebildenden Funktion werden die Axiome als qualitative empirische Hypothesen angesehen. In beiden Fällen erfordert das Testen der Axiome eine statistische Fehlertheorie, deren Konstruktion für verschiedene Meß- bzw. S.modelle jedoch noch nicht in befriedigender Form vorliegt.

Trotz vorangeschrittener Entwicklung der Psychologie als empirischer Wissenschaft nach dem Vorbild der „exakten" Naturwissenschaften, muß das grundlegende Problem der S.methodik immer noch unter der Perspektive gesehen werden, ob und wieweit ein so komplexer Untersuchungsgegenstand wie der Mensch bzw. menschliches Verhalten überhaupt meßbar ist (dazu z. B. Kreppner, 1975). Allerdings hat sich die noch vor wenigen Jahrzehnten im deutschsprachigen Bereich beispielsweise von Wellek (1954; 1956) und Hofstätter (1953; 1956) heftig diskutierte Frage nach dem prinzipiellen „ob . . ." inzwischen mehr und mehr verschoben auf die Frage nach dem „wieweit . . .", d. h. unter welchen theoretischen Voraussetzungen des Gegenstandes in der Psychologie gemessen werden kann.

Antworten auf die mit dieser Frage angeschnittene allgemeine Meßproblematik lassen m. E. mindestens zwei Perspektiven erkennen:

1. Angesichts der Komplexität des Gegenstandes und insbesondere wegen seiner Situationsverflochtenheit und wegen der praktischen Relevanz quantifizierender Aussagen werden die Meßkonzepte „liberalisiert", indem beispielsweise neben reaktiven auch „nichtreaktive" M.en berücksichtigt werden (z. B. Webb et al., 1975), indem überhaupt die einbettende Forschungsstrategie geändert wird (vgl. z. B. Aktionsforschung; Haag et al., 1972) oder indem gegenüber der Bevorzugung einseitig eigenschaftsorientierter Konzepte z. B. in der Psychodiagnostik zunehmend mehr die Situationsabhängigkeit und Veränderlichkeit des Verhaltens durch Lernprozesse berücksichtigt wird (vgl. z. B. traditionelle vs. Verhaltensdiagnostik; Schulte, 1974; Pawlik, 1976).
2. Angesichts der unzureichenden theoretischen Durchdringung der komplizierten Abhängigkeiten zwischen praktischer M. und ihren inhaltlich-theoretischen und meßtheoretischen Voraussetzungen sollte die theoretische Basis von S.n gestärkt werden, indem z. B. durch axiomatische Analysen innerhalb der Meßtheorie die Voraussetzungen für M.en präziser geklärt werden (z. B. Beals et al., 1968; Gigerenzer, 1981; Roskam, 1983; Schönemann/Borg, 1983), indem z. B. die Meßmodelle verbessert werden (vgl. z. B. klassische Testtheorie vs. probabilistische Testmodelle; Fischer, 1974; 1983) und/oder indem empirische Untersuchungen zu inhaltlich-theoretischen Implikationen von S.methoden durchgeführt werden (vgl.

z. B. Wender, 1971; Ahrens, 1972, 1974, 1976; Lantermann, 1976; Gigerenzer, 1981).
Beide Perspektiven werden oft als gegenläufige, konträre Tendenzen realisiert oder jedenfalls vielfach so angesehen. In vielen Bereichen der Psychologie würde jedoch eine sinnvolle Koordination und/oder Abgrenzung von „weichen" und „harten" Methoden zur Lösung von Problemen der quantifizierenden Erkenntnis sicherlich mehr beitragen als die bloße Betonung der Gegensätze.

Literatur

Ahrens,H. J.: Zur Verwendung des Metrik-Parameters multidimensionaler Skalierungen bei der Analyse von Wahrnehmungsstrukturen. Zeitschrift für Experimentelle und Angewandte Psychologie, 19, 1972,173-195.

Ahrens,H. J.: Multidimensionale Skalierung. Methodik, Theorie und empirische Gültigkeit mit Anwendungen aus der Differentiellen Psychologie und Sozialpsychologie. Weinheim: Beltz, 1974.

Ahrens,H. J.: Multidimensionale Skalierung: Ein Hilfsmittel zum Theorietesten. Bemerkungen zur Untersuchung von E. D. Lantermann „Die Dimensionalität kognitiver Repräsentationen sozialer Objekte: Informationsverarbeitung in Relation zur politischen Haltung. Zeitschrift für Sozialpsychologie, 7, 1976, 286-291.

Ahrens, H. J./Kordy, H.: Möglichkeiten und Grenzen der theoretischen Aussagekraft von multidimensionalen Skalierungen bei der Untersuchung menschlicher Informationsverarbeitung. T. I: Formale u. wissenschaftstheoret. Grundlagen. Heidelberg: Diskussionpapier Nr. 14, 1979.

Beals, R./Krantz, D. H./Tversky, A.: Foundations of multidimensional scaling. Psychological Review, 75, 1968, 127-142.

Borg, J.: Anwendungsorientierte Multidimensionale Skalierung. Heidelberg: Springer, 1981.

Bortz, J.: Lehrbuch der empirischen Forschung für Sozialwissenschaftler. Heidelberg: Springer, 1984.

Carroll, J. D.: Modelle und Methoden für multidimensionale Analysen von Präferenz- (oder andere Dominanz-) Daten. In: Feger,H./Bredenkamp, J. (Hrsg.): Messen und Testen. Enzyklopädie der Psychologie, B I, 3. Göttingen: Hogrefe, 1983, 201-257.

Caroll, J. D./Arabie, P.: Multidimensional scaling. Annual Review of Psychology, 21, 1980, 384-400.

Caroll, J. B./Chang, J. J.: Analysis of individual differences in multidimensional scaling via an N-way of ‚Eckart-Young' decomposition. Psychometrika, 35, 1970, 283-319.

Cliff, N.: Scaling. Annual Review of Psychology, 24, 1973, 473-507.

Coombs, C. H.: Psychological scaling without a unit of measurement. Psychological Review, 57, 1950, 145-161.

Coombs, C. H.: A theory of psychological scaling. Ann Arbor: University of Michigan Press, 1952.

Coombs, C. H.: A theory of data. New York: Wiley, 1964.

Coombs, C. H./Dawes, R. M./Tversky, A.: Mathematische Psychologie. Weinheim: Beltz, 1975.

Drösler, J.: Grundlagen einr mehrdimensionalen metrischen Skalierung. Zeitschrift für experimentelle und angewandte Psychologie, 26, 1979, 2-36.

Fischer, G.: Einführung in die Theorie psychologischer Tests. Bern: Huber, 1974.

Fischer, G. H.: Neuere Testtheorie. In: Feger, H./Bredenkamp, J. (Hrsg.): Messen und Testen. Enzyklopädie der Psychologie, B I,3. Göttingen: Hogrefe, 1983, 604-693.

Gigerenzer, G.: Artefakte in der dimensionsanalytischen Erfassung von Urteilsstrukturen. Zeitschrift für Sozialpsychologie, 9, 1978, 110-116.

Gigerenzer, G.: Messung und Modellbildung in der Psychologie. München: Reinhardt, 1981.

Green, P. E./Carmone, F. J.: Multidimensional scaling and related techniques in marketing research (2nd ed.) Boston: Allyn & Bacon, 1972.

Green, P. E./Rao, K. R.: Applied multidimensional scaling. New York: Holt, Rinehart & Winston, 1972.

Greif, S.: Messung als Interaktion zwischen Person und Meßinstrument. In: Seiler, B. (Hrsg.): Kognitive Strukturiertheit. Stuttgart: Kohlhammer, 1973, 63-70.

Gutjahr, W.: Die Messung psychischer Eigenschaften. Berlin-Ost: VEB Deutscher Verlag der Wissenschaften, 1972.

Guttman, L.: A basis for scaling qualitative data. American Sociological Review, 9, 1944, 139-150.

Haag, F. et al. (Hrsg.): Aktionsforschung.München: Juventa, 1972.

Hofstätter, P. R.: Psychologie und Mathematik. Studium Generale, 1, 1953, 652-662.

Hofstätter, P. R.: Zur Frage der Intuition in der Psychodiagnostik. Studium Generale, 9, 1956, 527-537.

Kreppner, K.: Zur Problematik des Messens in den Sozialwissenschaften. Stuttgart: Klett, 1975.

Kruskal, J. B.: Multidimensional scaling by optimizing goodness of fit to a nonmetric hypothesis. Psychometrika, 29, 1964 a, 1-29.

Kruskal, J. B.: Nonmetric multidimensional scaling: a numerical method. Psychometrika, 29, 1964 b, 115-131.

Kühn, W.: Multidimensionale Skalierung. München: Reinhardt, 1976.

Lantermann, E. D.: Die Dimensionalität kognitiver Repräsentation sozialer Objekte: Informationsverarbeitung in Relation zu politischer Haltung. Zeitschrift für Sozialpsychologie, 7, 1976, 168-176.

Leinfellner, W.: Einführung in die Erkenntnis- und Wissenschaftstheorie. Mannheim: Bibliographisches Institut, 1967.

Orth, B.: Einführung in die Theorie des Messens. Stuttgart: Kohlhammer, 1974.

Orth, B.: Grundlagen des Messens. In: Feger,H./Bredenkamp, J. (Hrsg.): Messen und Testen. Enzyklopädie der Psychologie, B I,3. Göttingen: Hogrefe, 1983, 136-181.

Pawlik, K. (Hrsg.): Diagnose der Diagnostik. Stuttgart: Klett, 1976.

Roskam, E. E.: Allgemeine Datentheorie. In: Feger,H./Bredenkamp, G. (Hrsg.): Messen und Testen. Enzyklopädie der Psychologie, B I, 3. Göttingen: Hogrefe, 1983, 1-136.

Scheuch, E. K./Zehnpfennig, H.: Skalierungsverfahren in der Sozialforschung. In: König, R. (Hrsg.): Handbuch der empirischen Sozialforschung. Bd. 3 a. Stuttgart: Enke, 1974, 97-203.

Schönemann, P. H./Borg, J.: Grundlagen der mehrdimensionalen metrischen Skaliermethoden. In: Feger,H./Bredenkamp, J. (Hrsg.): Messen und Testen. Enzyklopädie der Psychologie, B I, 3. Göttingen: Hogrefe, 1983, 257-346.

Schulte, D. (Hrsg.): Diagnostik in der Verhaltenstherapie. München: Urban & Schwarzenberg, 1974.

Shepard, R. N.: The analysis of proximities: Multidimensional scaling with an unknown distance function. Psychometrika, 27, 1962, 125-139; 219-246.

Shepard, R. N./Romney, A. K./Nerlove, S. B. (Eds.): Multidimensional scaling. Theory and applications in the behavioral sciences. Vol. I. New York: Seminar Press, 1972.

Sixtl, F.: Meßmethoden der Psychologie. Theoretische Grundlagen und Probleme. Weinheim: Beltz, 1967.

Suppes, P./Zinnes, J. L.: Basic measurement theory. In: Luce, R. D./Bush, R. R./Galanter, E. (Eds.): Handbook of mathematical psychology. Vol. I. New York: Wiley, 1963, 1-77.

Tack, W. H.: Psychophysische Methoden. In: Feger, H./Bre-

denkamp, J. (Hrsg.): Messen und Testen. Enzyklopädie der Psychologie, B I,3. Göttingen: Hogrefe, 1983, 346-427.
Thurstone, L. L.: A law of comparative judgment. Psychological Review, 34, 1927, 273-286.
Torgerson, W. S.: Theory and methods of scaling. New York: Wiley, 1958.
Tucker, L. R./Messick, S.: An individual-differences model for multidimensional scaling. Psychometrika, 28, 1963, 333-367.
Webb, E. J./Campbell, D. T./Schwartz, R. D./Sechrest, L.: Nichtreaktive Messungen. Weinheim: Beltz, 1975.
Wellek, A.: Der Stand der psychologischen Diagnostik im Überblick. Studium Generale, 7, 1954, 464-472.
Wellek, A.: Mathematik, Intuition und Raten. Zur erkenntnistheoretischen und methodologischen Problematik der exakten Psychologie. Studium Generale, 9, 1956, 537-555.
Wender, K.: Die Metrik der multidimensionalen Skalierung als Funktion der Urteilsschwierigkeit. Zeitschrift für Experimentelle und Angewandte Psychologie, 18, 1971, 166-187.

Methodenkritik

Jürgen Kriz

1 Geschichtlicher Hintergrund

Wie jede empirische Wissenschaft definiert sich die Psychologie nicht nur über ihren Gegenstand, sondern auch über ihre Methoden (M.). Hinsichtlich beider Aspekte gibt es seit jeher Kontroversen, die sich schon an der grundsätzlichen Frage entzünden, ob die Psychologie eher als *Geistes-*, als *Sozial-* oder als *Naturwissenschaft* zu begreifen sei. Dabei hat gerade die deutschsprachige Psychologie eine sehr breitgefächerte Tradition: u. a. Klages, Scheler, Spranger, Dilthey als Geisteswissenschaftler, Helmholtz, Wundt, Ebbinghaus, Fechner, Müller als experimentell-mathematisch-naturwissenschaftlichen Gegenpol (wobei bereits zwischen Dilthey und Ebbinghaus die erste große Kontroverse entbrannte), dazwischen z. B. die *Denkpsychologie* der Würzburger Schule (Külpe, Ach, Bühler, Selz), die *Gestaltpsychologie* der Berliner Schule (Wertheimer, Gottschaldt, Metzger, Köhler, Lewin – wobei letzterer mit Moreno besonders die sozialwissenschaftliche Perspektive vertreten hat) oder die *Tiefenpsychologie* (Freud, Adler, Jung). Trotz (oder: wegen?) der Vielfalt der Ansätze galt die deutschsprachige Psychologie als führend: Als z. B. Pawlow 1929 einen Kongreß in Amerika besuchte, verständigte er sich mit seinem Gastgeber, Cannon, auf deutsch.

Nach dem Ende des „Dritten Reiches" aber – die meisten führenden Psychologen waren emigriert – mußte die Psychologie hierzulande nahezu neu anfangen, und nun orientierte man sich einseitig an der führenden amerikanischen Schule, dem *Behaviorismus.* Andere Richtungen und die eigene Tradition wurden weitgehend ignoriert – vielleicht auch in Übereinstimmung mit der allgemeinen Verdrängung deutscher Geschichte. Das Programm des *„kritischen Rationalismus"*, immer stärker verfeinerte Laborexperimente und zunehmend komplexere mathematisch-statistische Analysemodelle wurden nicht als ein Ansatz unter vielen wahrgenommen, sondern als „die Wissenschaft" schlechthin deklariert. Nicht zufällig konnte z. B. in den 60er/70er Jahren die *„client-centered therapy"* von Rogers, ein Kernansatz der *„Humanistischen Psychologie"*, an deutschen Universitäten nur in einer ziemlich pervertierten Form, als *„Gesprächstherapie"*, Fuß fassen, wobei der rein technische Aspekt dieses Ansatzes als Zugeständnis an die experimentellen Forschungsprogramme extrem überbetont wurde.

Dieser Trend wurde durch das Aufkommen der

Computer verstärkt: Immer mehr komplexe Analyseprogramme standen auf Knopfdruck zur Verfügung und konnten eingesetzt werden, unabhängig davon, ob der Verwender das dahinterstehende mathematische Modell in seinen Implikationen und Anforderungen an die Daten durchschaute oder nicht. Ab Ende der 60er Jahre wurden zwar im Zuge der gesellschaftspolitischen Neuorientierung auch andere Strömungen bemerkbar – mit der *„Kritischen Psychologie"* (Holzkamp, 1972), der *„kognitiven Wende"*, dem Aufkommen der *klinischen Psychologie*, der Beachtung der *Humanistischen Psychologie* (und neuerdings auch der *Systemtheorie*) setzte ein gewisser Wissenschaftsliberalismus ein. Dennoch ist die Hauptströmung akademischer Psychologie einer Wissenschaftsanschauung verhaftet, bei der es vor allem um die *Messung von Effekten* geht, die „unabhängige" Variable auf „abhängige" ausüben, sowie um deren statistische Absicherung gegenüber Zufallseinflüssen.

Vor diesem Hintergrund bleibt die Diskussion über M.probleme vorwiegend auf eine Detail-Analyse der Ursachen für Mängel im Forschungsprozeß konzentriert, d. h. im Vordergrund steht die Erörterung und systematische Darstellung häufig vorkommender *Fehlerquellen* bei der *Erhebung* (z. B. Bungard/Lück, 1974; Mertens, 1975; Bungard, 1980; 1984) und bei der *Auswertung* (z. B. Guttman, 1977; Stelzl, 1982). Die Auseinandersetzung mit solchen Fehlerquellen ist fraglos wichtig, weshalb im folgenden auch einige Hauptaspekte kurz dargestellt werden. Doch soll im Anschluß daran skizziert werden, daß solche „Fehlerquellen" in einen größeren methodologischen Zusammenhang gestellt werden können, der als Basis für eine *theoriegeleitete* M.kritik dienen kann.

2 Typische Fehlerquellen im Forschungsprozeß

Aus einer übergreifenden Perspektive heraus, nämlich im Hinblick auf die Beeinträchtigung verschiedener Validitäts-Arten, haben Cook und Campbell (1979) eine umfassende Liste von „Störfaktoren" im Forschungsprozeß zusammengestellt und diskutiert. Üblicherweise werden aber Fehlerquellen bei der Erhebung – unter der Bezeichnung „Forschungsartefakte" im engeren Sinne – und bei der Auswertung getrennt diskutiert.

2.1 Fehler bei der Datenerhebung

Besonders häufig genannte Fehlerquellen sind hier:

a) *Halo-Effekt:* Hierunter versteht man die Auswirkung einzelner Teile von vorgelegtem Material auf die Interpretation (und damit die Beantwortung) anderer Teile.
b) *Response Sets* sind hingegen Antwortmuster, die relativ unabhängig vom spezifischen Inhalt bevorzugt werden. So wirkt sich bei der Vorgabe von Ja/Nein-Antworten oft die „Ja-Sager-Tendenz" *(Aquiescence)* aus (= bevorzugtes Ankreuzen der Ja-Kategorie). Zu den Response-Sets gehört auch die Bevorzugung von Mittelkategorien oder aber die von Extremkategorien.
c) *Social Desirability* (soziale Erwünschtheit): Hierunter wird die bevorzugte Wahl sozial wünschenswerter Eigenschaften, Einstellungen und Verhaltensweisen verstanden.
d) *Versuchsleiter-Effekt* bezeichnet die (meist unbewußten) Beeinflussungen der Untersuchten durch den Untersucher im Sinne dessen Erwartungen und Hypothesen.
e) *Protokollfehler:* Zahlreiche Untersuchungen zeigen, daß bei der Protokollierung der Erhebungssituation und Registrierung bestimmter Ergebnisse Fehler überzufällig häufig im Sinne der Erwartungen und Hypothesen auftreten.
f) *Sozial-demographische Effekte:* Alter, Geschlecht, soziale Herkunft, Sprache, Hautfarbe etc. spielen in der Erhebungssituation eine nicht zu unterschätzende Rolle. Auch ist die Erreichbarkeit (= Berücksichtigung in der Stichprobe) von Personen in ländlichen Gegenden, nicht-berufstätigen Frauen, Verheirateten und älteren Menschen größer als von anderen. Ferner ist die Weigerung, an einer Erhebung teilzunehmen, nicht zufällig über die Bevölkerung verteilt – das gilt auch für die Verweigerung einzelner Fragen, die oft implizit über „weiß nicht", „unentschieden" etc. erfolgt. Die o. a. „Ja-Sager-Tendenz" kommt je nach ethnischer Gruppe und sozialer Schicht unterschiedlich zum Tragen.

2.2 Fehler bei der Datenauswertung

Probleme und Fehlerquellen ergeben sich hierbei besonders hinsichtlich folgender Aspekte:

a) *Unvollständige Information:* Das erhobene Datenmaterial und die darin enthaltenen Strukturen sind in der Regel sehr viel umfangreicher als das, was zur Auswertung herangezogen oder gar später publiziert wird. Auch wenn man bewußtes Manipulieren und Weglassen von unerwünschten Daten außer acht läßt, ergibt sich aus der o. a. Wirkung der Forscher-Erwartung auf dessen Wahrnehmung, daß eher solche Strukturen aufgenommen werden, die ins Konzept passen, auf Kosten anderer.

b) *Korrelations-Interpretation:* Nicht selten werden Korrelations-Koeffizienten (= Maße für den statistischen Zusammenhang zweier oder mehrerer Variablen) kausal interpretiert. Ein anderer verbreiteter Trugschluß ist es, daß zwei sehr hoch miteinander korrelierende Variable weitgehend das gleiche messen. (Das *kann* der Fall sein, *muß* aber nicht: Es läßt sich zeigen, daß zwei hoch korrelierende Variable mit einer dritten jeweils sehr unterschiedlich hoch korrelieren können). Diese Fehlannahme kommt besonders in der Faktorenanalyse zum Tragen, wo Bündel hoch korrelierender Variablen gesucht werden, die auf „denselben Faktor" zurückgehen, d. h. konzeptionell angeblich dasselbe messen sollen.

c) *Signifikanztests:* Da jede Wissenschaft nicht einzelne Daten sammeln, sondern zu möglichst weitreichenden Aussagen kommen will, sind die erhobenen Daten meist nur notwendige Informationsbasis, um über allgemeinere Hypothesen zu entscheiden. Das formale Modell, das solchen Entscheidungen zugrunde liegt, heißt Signifikanztest. Oft werden Signifikanztests aber nicht als Entscheidungsmodell verwendet, sondern fälschlicherweise wie ein Verfahren, das Effekte feststellen oder gar die Höhe der Signifikanz messen könnte (was sich dann durch variable Signifikanzniveaus in Publikationen niederschlägt).

3 Methodologische Problemanalyse empirischer Forschung

3.1 Methodische Einzelprobleme als Manifestation methodologischer Entscheidungen

Es ist zweifellos notwendig, in der methodenkritischen Diskussion auf diese (und andere) Einzelprobleme hinzuweisen. Anhand einer detaillierten Analyse empirischer Publikationen wurde allerdings gezeigt (Kriz, 1981), daß nicht so sehr solche einzelnen „Fehlerquellen" ursächlich für Mängel in den Ergebnissen sind, sondern daß diese „Fehlerquellen" sich selbst wieder als Manifestationen grundlegender Probleme und methodologischer Mißverständnisse des Forschungsprozesses deuten lassen.

Zunächst ergab sich bei einer Reihe von Forschungsarbeiten, die angesehene Wissenschaftler in angesehenen Zeitschriften publiziert hatten, daß weder die Forscher noch ihre „scientific community" (Kollegen, Herausgeber, Beirat, Leser) selbst gravierende inhaltliche Widersprüche und Unsinnigkeiten der Ergebnisse bemerkten, wenn diese Ergebnisse mit scheinbar „objektiven Methoden" erbracht wurden und der gängigen Auffassung über die Richtung der Ergebnisse nicht widersprechen. Diese Erkenntnis ist übrigens keineswegs neu: Besonders eindrucksvolle Beispiele schon aus der Geschichte der Psychologie hinsichtlich der Intelligenzforschung hat Gould (1983) zusammengestellt; mit akribischen Messungen und Berechnungen wurde dort die Minderwertigkeit nicht-europäischer Rassen bzw. der Frau gegenüber dem Mann „bewiesen".

Interessant ist: Mängel traten überwiegend an solchen Stellen auf, wo die Entscheidung über methodische Schritte nicht mehr inhaltlich diskutiert und begründet wurden, sondern wo lediglich über die eingesetzten M. berichtet wurde. Die Auswahl der M. und die damit vorgenommenen Entscheidungen wurden somit offenbar nicht als Teil der Argumentation gesehen, die sich im Diskurs Gegenargumenten und Kritik zu stellen hat, sondern als nicht mehr zur Disposition stehende Verfahrensweisen. Diese werden zwar referiert, müssen aber nicht diskutiert und schon gar nicht infrage gestellt werden. Dies erhärtet die These, daß sich die M. innerhalb der Forschung weitgehend *verselbständigt* haben. Der Stellenwert des methodischen Instrumentariums im Forschungsprozeß wird falsch eingeschätzt, wodurch sich durchaus sinnvolle Konzepte (z. B. „Signifikanz", „Korrelation" etc.) aus dem Handlungszusammenhang, der ihnen jeweils Sinn gibt, herausgelöst und verobjektiviert haben. Die Behauptung einer „falschen Einschätzung methodischen Instrumentariums" und die Verwendung des Begriffs „sinnvoll" verweisen dabei auf eine methodologische Ebene, auf welcher der „eigentliche" Sinn und die Funktion des Instrumentariums im Prozeß empirischer Forschung zu klären sind, was im folgenden skizziert werden soll (genauer in Kriz, 1981).

3.2 Sinn und Funktion des methodischen Instrumentariums im Forschungsprozeß

Ausgehend vom Kernbegriff empirischer Wissenschaft – der *Erfahrung* – ist zu betonen: Zwar ist jede Erfahrung letztlich intrapsychisch und setzt somit beim Individuum an. Dieses Individuum wird aber immer schon in eine Gesellschaft hineingeboren, welche dessen Erfahrungsmöglichkeiten durch ein selektives Angebot strukturiert und den Sinn dieser Erfahrungen kommentierend vermittelt. Diese *Erfahrungsstrukturierung,* die eine Gesellschaft so von Generation auf Generation weitergibt (dabei aber auch bedingt verändert und vermehrt), geschieht besonders in Form von funktional veränderter Materie (z.B. Werkzeuge), sozialen Handlungsmustern (Rollen, Institutionen), Sprache (und Schrift) sowie spezifischen Wissensbeständen. Durch diese *soziale Koordinierung* gesellschaftlich wichtiger Teile individueller Erfahrung wurde die im Evolutionsprozeß förderliche Kooperation von Individuen verbessert: Gemeinsam akzeptierte Sinnstrukturen individueller Wirklichkeiten ersparen es, in jeder Situation alle Verhaltensaspekte untereinander aushandeln zu müssen. Handlungen und deren Folgen werden vorhersehbar, vieles wird zur sicheren Routine, und man kann seine Kraft der Lösung neuer Probleme zuwenden.

Wissenschaft kann nun als eine spezifische Fortentwicklung solcher sozialer Koordinierungs- und Differenzierungsleistungen gesehen werden, um spezifische Aufgaben zu lösen: Es interessieren je nach Disziplin zwar nur bestimmte Aspekte von „Wirklichkeit" zu deren Erfassung bestimmte Instrumente herausgebildet werden, doch gilt es auch und gerade hier, die typischen Erfahrungen mit diesen Wirklichkeiten einander zu vermitteln, wofür eine gemeinsame Sprache und ein gemeinsamer Erfahrungshintergrund notwendig ist. Nur so kann Erfahrung weitergegeben (nacherfahren) werden und zukünftiges Handeln beeinflussen.

Wissenschaft ist also ein *interaktiver Prozeß*, und methodische Konzepte haben darin die Aufgabe, bestimmte Handlungen und Erfahrungen interindividuell nacherfahrbar zu machen sowie bestimmte Aspekte zu optimieren (z.B. durch Transformation von empirischen Beziehungen auf Zahlenrelationen und einer Algorithmisierung einzelner Prozesse eine stärkere räumlich/zeitlich/kulturelle Invarianz von Erkenntnis zu gewährleisten). Methodische Konzepte vereinfachen so den Diskurs der Forscher, ersetzen ihn aber nicht: Zwar sichern nämlich gleichartige Sozialisation (Ausbildung) der Forscher, anerkannte Fragen und Vorgehensweisen einen weitgehend gleichen Erfahrungshintergrund und gleiche Sinnstrukturen, so daß nicht immer wieder alles neu ausgehandelt werden muß. Doch ist damit keineswegs nun alles selbstverständlich. Denn wäre aller Sinn von Handlungen (hier: Forscher-Handlungen) *selbst*verständlich, bedürfte es eben keiner methodischen Konzepte und keiner intersubjektiven Sprache, um sich gegenseitig etwas verständlich zu machen.

Forschung findet somit immer als ein *sozialer Prozeß* statt, in dem ein spezifisches Segment von Wirklichkeit von allen Beteiligten ausgehandelt wird. Dieser aktive Anteil des Forschers bei der Schöpfung „seiner" untersuchten Wirklichkeit wird in der Erhebungssituation besonders durch die Wahl des Ansatzes deutlich: Bei der Untersuchung von „Arbeitslosigkeit" liefern Inhaltsanalysen von Presseberichten, Befragungen der Bevölkerung, teilnehmende Beobachtung in einem Betrieb, Betroffenen-Diskussion etc. jeweils eine unterschiedliche Perspektive desselben Gegenstandes. Ebenso ergeben sich bei der Weiterverarbeitung der erhobenen Information, je nachdem, welche Strukturen der Forscher als Ergebnisse (Figur) aus dem überaus komplexen Datenmaterial (Grund) herausschält, unterschiedliche Aspekte.

Nicht aber, daß sich Forscher in unterschiedlicher Weise einem Gegenstand nähern und dabei unterschiedliche „Wirklichkeiten" erfahren und vermitteln, ist ein Problem. Vielmehr wäre – wie Luhmann (1971, 52) zu Recht herausarbeitet – überhaupt keine Erkenntnis möglich, wenn alle Menschen auf *identische* Weise die Welt erfahren würden; erst Erfahrungs*unterschiede* schaffen die Perspektiven, die von subjektiven Sinnstrukturen abstrahieren und damit gemeinsames Handeln gegenüber einer als intersubjektiv akzeptierten Außenwelt ermöglichen. Der Gegenstand der Erkenntnis wird fortschreitend deutlicher erst durch die Vielfalt der Perspektiven, die sich auf ihn richten (Berger/Luckmann, 1970, 11), und es bedarf also des Diskurses der Forscher, damit subjektiv gemeinter Sinn zu objektiver Faktizität wird. Nicht die Methoden schaffen also Objektivität, sondern erst der *Diskurs der Wissenschaftler* auf der Basis von Argumenten, die mittels der M. (und sogar: mittels möglichst unterschiedlicher M.) gewonnen bzw. auf relevante Aspekte hin reduziert („ausgewertet") wurden. Daß dieses Bewußtsein immer mehr verloren geht, ist das besondere Problem der eingangs geschilderten Entwicklung in der Psychologie.

Das methodologische Mißverständnis über den Stellenwert der M. drückt sich so aus, daß Ergebnisse in Publikationen oft so dargestellt werden, als ob sie stringent aus der Forschungsfrage bei Verwendung „richtiger Methoden" folgen würden, d. h. als sei der Forschungsprozeß keine Entscheidungsfolge, sondern ein Algorithmus. Nicht zufällig spricht man in diesem Zusammenhang von „Erhebungs- und Auswertungs*methoden*" statt von *„-modellen"*: Während „Modelle" noch auf dahinterstehende Relevanz-Perspektiven verweisen, die den Untersuchungsgegenstand erst im Diskurs und in Auseinandersetzung mit anderen Perspektiven zu intersubjektiv verwertbarer Faktizität werden lassen, suggerieren „Methoden" einen bereits ausgehandelten Konsens, dessen objektive Wirklichkeit nicht hinterfragt werden muß.

So mißverstanden, werden bei den Erhebungs-„methoden" dann die Möglichkeiten *alternativer Operationalisierungen* nicht diskutiert, obwohl sie oft derselben Forschungsfrage unterschiedliche Datenstrukturen zuweisen würden. Ebenso mißverstanden, werden bei den Auswertungs„methoden" *alternative Aspekte der Informationsreduzierung* nicht reflektiert, obwohl sie oft derselben Datenstruktur unterschiedliche Ergebnisaussagen zuweisen würden. So mißverstanden, können sich auch die besten „Methoden" – die ja ursprünglich nichts weiter sind als formalisierte und standardisierte Handlungs- und Entscheidungsfolgen – so verselbständigt angewendet werden, daß nicht mehr nach der jeweiligen inhaltlichen Bedeutung der formalen Schritte gefragt werden muß.

Es ist notwendig, den Forschungsprozeß – von der Fragestellung über Datenerhebung und Datenauswertung bis hin zur Ergebnisaussage – als eine *Sequenz von Entscheidungen* zu begreifen, bei denen bestimmte Perspektiven eingenommen werden und die somit den Kontextrahmen bestimmen, in dem letztlich der Ergebnisaussage eine Bedeutung zukommt. Diese Entscheidungen wären explizit darzustellen und hinsichtlich der Forschungsfrage (und des intendierten Verwendungszusammenhanges) im Diskurs zu begründen. Das setzt letztlich allerdings voraus, daß z. B. bei der Verwendung von statistischen Analysemodellen nicht nur die Computerprogramme zum Laufen gebracht werden können, sondern daß der Anwender die wesentlichen formalen Schritte des Modells hinsichtlich seiner inhaltlichen Implikationen durchschaut.

Literatur

Berger, P. L./Luckmann, T.: Die gesellschaftliche Konstruktion der Wirklichkeit. Frankfurt: Fischer, 1970.

Bungard, W./Abele, A. (Hrsg.): Die „gute" Versuchsperson denkt nicht. München: Urban & Schwarzenberg, 1980.

Bungard, W.: Sozialpsychologische Forschung im Labor. Göttingen: Hogrefe, 1984.

Bungard, W./Lück, H.: Forschungsartefakte und nicht-reaktive Meßverfahren. Stuttgart: Teubner, 1974.

Cook, T. D./Campbell, D. T.: Quasi-experimentation. Chicaco: Rand Mc Nally, 1979.

Gould, S. J.: Der falsch vermessene Mensch. Basel: Birkhäuser, 1983.

Guttman, L.: What is not what in Statistics. The Statistican, 26, 1977, 81-107.

Holzkamp, K.: Kritische Psychologie: Vorbereitende Arbeiten. Frankfurt/M.: Fischer Taschenbuch-Verl., 1972.

Kriz, J.: Methodenkritik empirischer Sozialforschung. Eine Problemanalyse sozialwissenschaftlicher Forschungspraxis. Stuttgart: Teubner, 1981.

Luhmann, N.: Sinn als Grundbegriff der Soziologie. In: Habermas, J./Luhmann, N.: Theorie der Gesellschaft oder Sozialtechnologie. Frankfurt: Suhrkamp, 1971, 25-100.

Mertens, W.: Sozialpsychologie des Experimentes. Hamburg: Hoffmann & Campe, 1975.

Stelzl, J.: Fehler und Fallen der Statistik. Bern: Huber, 1982.

Militärpsychologie

Helmut W. Ganser

1 Historische Entwicklung bis 1945

Ansätze einer institutionalisierten M. entstanden während des 1. Weltkrieges im Rahmen der beginnenden Ausdifferenzierung der Angewandten Psychologie. Im deutschen Sprachraum wurde seitdem hauptsächlich der Begriff *„Wehrpsychologie“* verwendet.

Das Militär nutzte das damals vorliegende diagnostische Wissen der Psychologie zur Eignungsfeststellung und Eignungsauslese des militärischen Personals; gleichzeitig wurde es zu einem der ersten Berufsfelder für Psychologen. Das sozialtechnologisch relevante psychologische Wissen wurde von der Militärorganisation adaptiert und zur Effizienzsteigerung eingesetzt. In den Vereinigten Staaten konnten während des Ersten Weltkrieges zum erstenmal in großem Umfang testpsychologische Verfahren eingesetzt werden. Die amerikanische Armee testete mit dem berühmten „Army-Alpha-Test“ ca. 1,75 Millionen Soldaten.

In Deutschland befaßten sich noch in der kaiserlichen Armee erste wehrpsychologische Untersuchungsstationen mit der Auswahl von militärischen Spezialisten, vor allem Kraftfahrern und Flugzeugführern. Neben der in erster Linie psychotechnisch orientierten Spezialistenauslese erhielt seit den zwanziger Jahren die psychologische Begründung der Auswahl von Offizieranwärtern die größte Bedeutung. In diesem Zusammenhang schuf die Reichswehr 1925 die ersten Planstellen für Psychologen im „öffentlichen Dienst“.

Die *Wehrmachtspsychologie* entwickelte schließlich umfangreiche Untersuchungsverfahren für die Offizierauslese. Die von Lersch, selbst führender Wehrmachtspsychologe, entwickelte Theorie vom Aufbau der Person bildete dafür einen wesentlichen Orientierungs- und Ordnungsrahmen.

Kernstücke der Offizieranwärterprüfung waren Situationstests, in denen der Prüfling hinsichtlich Leistung, Ausdruck und Verhalten beobachtet und bewertet wurde; Lebenslaufanalyse (ab 1940 Lebenslauf- und Sippenuntersuchung); und schließlich „Geistesanalyse“ (Intelligenzprüfung, Diagnose des Zusammenhangs von Denken und Charakter). Ausdruckskunde und Charakterologie bildeten einerseits die theoretische Basis für die Auswahlmethoden. Andererseits wirkte die umfangreiche diagnostische Praxis und das damit gewonnene Erfahrungswissen zurück auf die psychologische Theoriebildung jener Zeit. So ging z. B. die im Bild vom preußischen Offizier enthaltene Vorstellung von der Dominanz des Willens über die Gefühle und des Zusammenhangs von Willenskraft und gespannter Muskulatur in den psychologischen Theoriebildungsprozeß ein.

Im Jahre 1942 wurde die *Heeres-* und *Luftwaffenpsychologie* aufgelöst, lediglich die *Marinepsychologie* existierte bis zum Kriegsende weiter. Insgesamt hatte die Wehrmachtspsychologie bis zu diesem Zeitpunkt einen Personalbestand von 150 Psychologen. Für die Auflösung werden in der Literatur unterschiedliche Gründe angegeben. Sie reichen von Konflikten mit Partei, Militärs und Militärmedizin bis zu der Hypothese, daß ein psychologisch begründetes Auswahlsystem für Offiziere mit fortschreitendem Krieg dysfunktional geworden sei. Dieser Hypothese zufolge war durch die „Frontbewährung“ ein wesentlich direkteres Auslesekriterium vorhanden, soweit in den letzten Kriegsjahren aufgrund der hohen Verluste überhaupt noch eine Auslese stattfinden konnte.

Die Professionalisierung der Psychologie im Nationalsozialismus und für nationalsozialistische Ziele wirft unweigerlich *ethisch-moralische* Fragen des Berufsverständnisses auf. Dabei liegt das Kernproblem weniger in einer ideologischen Nazifizierung der Psychologie, speziell der Wehrpsychologie. Es liegt vielmehr darin, daß sich die Psychologie, ebenso wie andere Professionen, in der Beschränkung auf sachliche Effizienz einem Unrechtsregime nützlich gemacht hat. Daraus folgert, „daß die Vergangenheit der Psychologie nicht mit ihrer ‚Entideologisierung‘ verarbeitet ist.“ (Geuter, 1984).

2 Militärpsychologie als Angewandte Psychologie in der Militärorganisation

Mit der Wiederbewaffnung begann 1956 eine neue Phase der M. in der Bundesrepublik. Im Psychologischen Dienst der Bundeswehr sind heute ca. 130 Psychologen tätig. Sie haben zivilen Status und gehören der Bundeswehrverwaltung an. Schwerpunkt des Dienstes sind, dem traditionellen Verständnis der Wehrpsychologie entsprechend die Personalauslese und die Personalplazierung. Analog zur technischen und sozialen Entwicklung wurden weitere Fachbereiche hinzugefügt: Psychologische Ergonomie, Klinische Psychologie, Sozialpsychologie und Flieger/Flugpsychologie (Rauch, 1977; Steege, 1977).

Die *Personalpsychologie* leistet Beiträge zu Entscheidungen bei Einstellung und Personalförderung der Soldaten und der Beamten der Bundeswehrverwaltung. Das umfangreichste Auswahlverfahren ist der Rekrutierung des Offiziernachwuchses gewidmet. Die Mitwirkung von Psychologen im zweieinhalbtägigen Prüfverfahren konzentriert sich auf die Anwendung psychometrischer Testverfahren, die Durchführung von Interviews und die Bewertung des Verhaltens in Gruppensituationen.

Im Mittelpunkt des Untersuchungsverfahrens der Freiwilligenbewerber für die Laufbahnen der Unteroffiziere und Mannschaften steht eine grundlegende Testbatterie, der Eignungs- und Verwendungstest (EVT). Mit diesem Test werden Aussagen zum allgemeinen Intelligenzniveau, zur Wahrnehmungs- und Konzentrationsfähigkeit und zum technischen Verständnis gemacht.

Alle wehrdienstfähig gemusterten Wehrpflichtigen, über 200 000 jährlich, werden vor ihrer Einberufung einer Eignungs- und Verwendungsprüfung (EVP) unterzogen. Ziel des Testverfahrens ist die optimale eignungsgerechte Verwendung der Wehrpflichtigen.

Die bei der Personalauswahl verwendeten Testverfahren sind nicht ohne Kritik geblieben. Wottawa (1983) kritisiert in einem vom Bundesverteidigungsministerium selbst bestellten Gutachten das Fehlen systematischer Validierungsstudien, die unzureichende Abschätzung der Entwicklungsmöglichkeiten der Bewerber während der Ausbildungsphase sowie das Fehlen eines „in den Prüfungsgang integrierten Konzepts hinsichtlich der relevanten Merkmale der Bewährung aufgenommener Bewerber." Die Struktur personalpsychologischer Arbeit, insbesondere die Prüforganisation, steht derzeit (1986) vor einer Umbruchsituation. Stark gesunkene Geburtenraten bzw. ein geringes Bewerberaufkommen sowie die erwähnte Kritik an der bisherigen Prüfpraxis erzwingen erhebliche Innovationen. Besondere Erwartungen werden dabei international in die Konstruktion computergestützter adaptiver Tests (CAT) gesetzt. Dabei geht es um eine individuelle Testgestaltung, bei der den Probanden ihrem individuellen Leistungsniveau entsprechende Testaufgaben vorgegeben werden (Ebenrett/Steege, 1985). Erste CAT-Erprobungsstationen existieren in der Bundeswehr seit 1982.

Die *psychologische Ergonomie* erarbeitet Beiträge für die Gestaltung von Arbeitsplätzen in militärischen Mensch-Maschine-Systemen (z. B. Panzer, Schiffe, Flugzeuge). Die Anpassung militärischer Systeme an die psychische und physische Leistungsfähigkeit der Bediener gewinnt mit der ständigen technischen Leistungssteigerung des Wehrmaterials an Bedeutung. Dies wird besonders deutlich an der flugpsychologischen Erfahrung, daß ca. 80% der Flugunfälle auf Pilotenfehler zurückgehen (Ebenrett/Steege, 1985).

Die *klinische Psychologie* hat in Diagnostik und Therapie die besonderen Bedingungen der militärischen Lebenswelt zu berücksichtigen. Eine psychotherapeutische Versorgung der Soldaten wird in den Militärkrankenhäusern angeboten. Die Forschung richtet sich vornehmlich auf psychische Störungen, deren Genese im Zusammenhang mit der militärischen Umwelt steht (z. B. gefährliches Risikoverhalten, Alkohol- und Drogenmißbrauch, Suizidversuche) (Steege, 1978).

Die *Sozialpsychologie* arbeitet in zwei Forschungsfeldern. Im Bereich der Interaktionen zwischen der Militärorganisation und ihrem gesellschaftlichen Umfeld geht es z. B. um die Entwicklung der Attraktivität der Bundeswehr als Arbeitsplatz. Wichtigste Zielgruppen für die empirische Arbeit sind dabei junge Männer vor dem Eintritt in die Bundeswehr und junge Soldaten (Puzicha/Meissner, 1982).

Im Bereich der Interaktionen innerhalb der Militärorganisation zielt die Forschung auf Gruppenprozesse in militärischen Teams sowie auf sozialpsychologische Ursachen spezifisch militärischer Formen abweichenden Verhaltens (z. B. eigenmächtige Abwesenheit, Fahnenflucht, Suizidversuche, Alkoholproblematik). Zunehmend erhält auch in der Bundesrepublik die psychologische Untersuchung menschlichen Verhaltens in militärischen Einsätzen Bedeutung. Phänomene der Panik, der Bewältigung von akut lebensbedrohenden Gefahrensituationen sowie streßbedingte Zusammenbrüche im Kampfgeschehen und deren psychiatrische Behandlung wurden bisher intensiv von der amerikanischen M. aber auch von israelischen Militärpsychologen untersucht. Diese Erkenntnisse werden in der Bundesrepublik zunehmend rezipiert (Bundesministerium der Verteidigung, 1984). Publikationen der DDR weisen ebenso auf das dortige Forschungsinteresse hin (Frey, 1982).

In der Bundesrepublik dürfte dieses Forschungsfeld die ethische Fundierung der M. problematisieren, die dem einzelnen Menschen und seiner Persönlichkeitsentwicklung dienen soll, wobei die Belange des Individuums prinzipiell Vorrang vor dem Zugriff der Organisation haben (Steege, 1981). Die notwendige klärende Diskussion steht der westdeutschen Wehrpsychologie noch bevor und muß vor dem Hintergrund der grundsätzlichen Problematik militärischer Kriegstüchtigkeit zum Zweck der Kriegsverhinderung, d. h. des Abschreckungskonzepts, erörtert werden. Ein Engagement der M. im Bereich der Friedens- und Konfliktforschung könnte diese Diskussion wesentlich erleichtern.

Die *Flieger- und Flugpsychologie* leistet Beiträge zur Selektion von Piloten und Flugsicherungspersonal und wirkt mit bei der Erarbeitung von fliegerischen Trainingsprogrammen. Psychophysiologische Forschungsansätze konzentrieren sich auf die fliegerische Beanspruchung, klinische Ansätze auf Diagnostik und Therapie von Flugängsten, Flugphobien usw. Hinzu kommt die Flugunfallforschung (Rauch, 1977).

3 Militärpsychologie als Politische Psychologie

Bereits in der Planungs- und Aufstellungsphase der Bundeswehr, etwa ab 1951 wurde das Verhältnis von Militär und Demokratie zum innenpolitischen Streitobjekt. Vor dem Hintergrund der katastrophalen historischen Erfahrungen wurde die unwiderrufliche Einbindung des Militärs in das demokratische Werte- und Normensystem zur notwendigen Bedingung für die Wiederbewaffnung. Gesellschaftliche Integration, Partizipation ermöglichende Organisations- und Führungsstrukturen und die strikte Beachtung der Menschenwürde des Staatsbürgers in Uniform wurden zur Leitlinie für das innere Gefüge der Streitkräfte erklärt. Das in erster Linie von Wolf Graf von Baudissin entworfene Reformkonzept der Inneren Führung versuchte diese Vorgaben in den militärischen Alltag umzusetzen. Es stellte das normative Leitbild vom Staatsbürger in Uniform, d. h. den politisch mündigen Menschen in den Mittelpunkt (Moser/Ganser, 1981).

Damit entstanden neue, weit über den Bereich traditioneller M. hinausragende, sozialwissenschaftliche Betätigungsfelder. Vor allem für eine *Politische Psychologie,* die sich als interdisziplinärer Forschungsansatz versteht und sich mit den Interaktionen zwischen den verschiedenen Betrachtungsebenen (subjektiv individuelle Ebene, Ebene der Organisation und gesellschaftspolitische Ebene) befaßt (Moser, 1979; Lippert/Wakenhut, 1983), ergeben sich relevante Fragestellungen. Dabei führt das Forschungsinteresse Politischer Psychologie teilweise zu einer Problematisierung der Ergebnisse traditioneller Personalpsychologie im Militär. Das wird besonders bei der Untersuchung faktischer *Selektionskriterien* hinsichtlich der Rekrutierung des militärischen Personals deutlich. Die normative Forderung nach gesellschaftlicher Integration und Legitimation des Militärs verlangt eine Orientierung der Personalauswahl hinsichtlich sozialer Gruppen- und Schichtzugehörigkeit, politischer, sozialer und moralischer Einstellungen und Verhaltensweisen im großen und ganzen am gesellschaftlichen Pluralismus. Soll-Ist-Vergleiche müssen dabei Effekte der Selbstselektion bei der Freiwilligenbewerbung berücksichtigen. Relevant ist ebenso die Frage, welche Persönlichkeitsmerkmale und Verhaltensweisen faktisch für eine militärische Karriere förderlich und welche schädlich sind. Bisher liegen nur spärliche Forschungsergebnisse in diesem Bereich vor, die keine klaren Aussagen zulassen.

Demgegenüber sind die Effekte *politischer Sozialisation* in der Militärorganisation besser erforscht. Politische, soziale und moralische Einstellungen und Verhaltensweisen entstehen und verändern sich im Interaktionsfeld zwischen politisch-gesellschaftlicher Auseinandersetzung, den Einflüssen der militärischen Lebenswelt und den subjektiven Bedürfnissen, Erfahrungen und Erwartungen des Individuums. Die Bundeswehr erhebt offiziell den Anspruch, politische Sozialisation auszuüben. Die Bemühungen im Bereich der Politischen Bildung sollen politische Mitverantwortung und Wehrmotivation erzeugen. Bisherige Forschungsergebnisse weisen auf Diskrepanzen zwischen offizieller Norm und Realität hin. Eine neuere Sozialisationsstudie (Hegner et al., 1983) zeigte, daß die Einstellung der Wehrpflichtigen zum militärischen Dienstbetrieb am Ende der Wehrdienstzeit negativer ist als bei Dienstantritt. Trotz offizieller Bemühungen um politische Bildung konnten weder Sozialisationseinflüsse hinsichtlich moralischer Denkstrukturen noch auf der Ebene politischer Meinungsäußerung beobachtet werden. Dies erhärtet eine frühere Untersuchung, die eine weitgehende Wirkungslosigkeit der offiziellen Bemühungen um Politische Bildung konstatierte (Kaiser/Schatz-Bergfeld, 1978). Weitgehend unerforscht blieben bisher die Sozialisationswirkungen auf längerdienende Zeit- und Berufssoldaten, obwohl politisch relevante Einstellungen besonders der militärischen Elite ein erhebliches Forschungsinteresse begründen würden.

Untersuchungsergebnisse liegen nur fragmentarisch vor. Eine Studie fand bei den als Einheitsführern eingesetzten Offizieren zwar das Selbstbild des politisch überdurchschnittlich engagierten Staatsbürgers, erkannte aber auch eine Grundhaltung, „in der die Notwendigkeit von Hierarchie und Ordnung betont wird und mit der sich die Überzeugung von der unveränderlichen Natur des Menschen verbindet“ (Kaiser/Schatz-Bergfeld, 1980).

Eine empirische „Elitenstudie“ fand bei militärischen Spitzenkräften eine Haltung in der das politische Ziel „Ruhe und Ordnung“ weit vor den Zielen „Meinungsfreiheit“ und „Einfluß der Bürger“ präferiert wurden (Wildenmann, 1982).

Die M. hat bisher die Dimension der *internationalen Beziehungen* weitgehend ignoriert. Sie könnte jedoch wesentliche Beiträge zur Erforschung psychologischer Aspekte der Friedens-und Rüstungskontrollpolitik leisten. Besondere praktische Relevanz dürfte auch die Erhellung psychodynamischer Effekte und deren Bewältigung in politisch-militärischen Krisen besitzen. Psychologische Aspekte der nuklearen Bedrohung dürfen dabei nicht ausgeklammert werden (Thompson, 1985).

4 Militärpsychologie im Spannungsfeld zwischen Militär und Sozialwissenschaft

Das Verhältnis von Militär und Sozialwissenschaft impliziert strukturelles Konfliktpotential. Dem militärischen Interesse an funktionsgerechten kurzfristigen wissenschaftlichen Beiträgen zu Lösung von Praxisproblemen steht häufig das sozialwissenschaftliche Interesse an Öffentlichkeit, Kritik, Nachprüfbarkeit und längerfristigen differenzierten Untersuchungen gegenüber. Dieses Konfliktpotential manifestiert sich besonders im Zusammenhang mit Untersuchungen im Bereich der Politischen Psychologie. Davon ist nicht zuletzt auch die Arbeit sozialwissenschaftlicher Dienststellen innerhalb der Bundeswehr betroffen. Symptomatisch für diesen Grundkonflikt ist der gelegentlich zu beobachtende Streit zwischen der Militärbürokratie und einem Teil ihrer Sozialwissenschaftler um die *Veröffentlichung von Untersuchungsergebnissen* (Kister, 1985). Hierbei dominiert zumeist die Sorge des Militärs vor der verunsichernden Wirkung von Untersuchungsergebnissen, die interne Mängel aufzeigen. Sozialwissenschaftler äußern sich bisweilen kritisch über Auftragsformulierungen, die lediglich zur Rechtfertigung bereits getroffener Entscheidungen dienen sollen (Lippert/Puzicha, 1977; Lippert/Wachtler, 1982).

Das Verhältnis von Militär und Sozialwissenschaft ist vor diesem Hintergrund immer noch durch *Kommunikationsstörungen* gekennzeichnet. Eine interessante militärpsychologische Aufgabe könnte es sein, diese Störungen in ihren Ursachen und Strukturen aufzuarbeiten und Wege für eine sachliche Auseinandersetzung aufzuzeigen. Wesentliche Arbeit leistet in diesem Sinne ein seit 1974 existierender „Arbeitskreis Militär und Sozialwissenschaften" (AMS) durch ständigen Informationsaustausch auf eigenen Fachtagungen und durch die Herausgabe von Informationspapieren.

Inwieweit die zunehmende Zahl psychologischer Forschungsverträge der Bundeswehr mit Universitätsinstituten (Ebenrett/Steege, 1985) zur militärisch-sozialwissenschaftlichen Entspannung beitragen kann, ist fraglich. Von grundsätzlichen Bewertungsunterschieden getragene Diskussionen könnten sich dadurch in den Hochschulbereich hineinverlagern.

Literatur

Bundesministerium der Verteidigung: Reaktionen auf Gefechtsstreß – Erkenntnisse und praktische Erfahrungen über das U.S. Heer, die Israelischen Streitkräfte und die deutsche Wehrmacht. Wehrpsychologische Untersuchungen, 2, 1984.

Ebenrett, H. J./Steege, F. W.: Perspektiven der Angewandten Psychologie in den Streitkräften. Psychologische Rundschau, 3, 1985, 175-177.

Frey, P. J.: Zur Voraussicht des Verhaltens unter Gefahrenbedingungen im modernen Gefecht. Grundlagen – Voraussetzungen – Probleme. Berlin: Militärverlag der DDR, 1982.

Geuter, U.: Die Professionalisierung der deutschen Psychologie im Nationalsozialismus. Frankfurt: Suhrkamp, 1984.

Hegner, K./Lippert, E./Wakenhut, R.: Selektion oder Sozialisation. Opladen: Westdeutscher Verlag, 1983.

Kaiser, A./Schatz-Bergfeld, M.: Politische Bildung in der Bundeswehr. In: Puzicha, K./Schatz-Bergfeld, M. (Hrsg.): Bedingungen politischer Sozialisation. 1. Bonn: Bundeszentrale für politische Bildung, 1980, 205-472.

Kister, K.: Des Rekruten Gedanken sind geheim. Süddeutsche Zeitung vom 21. 3. 1985.

Lippert, E./Wakenhut, R. (Hrsg.): Handwörterbuch der Politischen Psychologie (Einführung). Opladen: Westdeutscher Verlag, 1983.

Lippert, E./Puzicha, K.: Sozialpsychologie des Militärs. In: Lippert, E./Rössler, T./Zoll, R. (Hrsg.): Bundeswehr und Gesellschaft. Opladen: Westdeutscher Verlag, 1977.

Lippert, E./Wachtler, G.: Militärsoziologie – Eine Soziologie „nur für den Dienstgebrauch"? Soziale Welt. Sonderbd. 1. Soziologie und Praxis. 1982, 335-355.

Moser, H. (Hrsg.): Politische Psychologie. Weinheim: Beltz, 1979.

Moser, H./Ganser, H. W.: Angewandte Politische Psychologie im Militär. Am Beispiel der Inneren Führung. In: Haase, H./Molt, W. (Hrsg.): Handbuch der Angewandten Psychologie. Bd. 3. Landsberg: Verlag Moderne Industrie, 1981, 659-679.

Puzicha, K. J./Meissner, A.: Sozialpsychologische Forschung in der Bundeswehr: Die Motivation junger Männer gegenüber Wehrdienst und Kriegsdienstverweigerung. In: Haase, H./Molt, W. (Hrsg.): Handbuch der angewandten Psychologie. Bd. 3. Landsberg: Verlag Moderne Industrie, 1981, 645-658.

Rauch, M.: Wehrpsychologie. In: Lippert, E./Rössler, T./Zoll, R. (Hrsg.): Bundeswehr und Gesellschaft. Ein Wörterbuch. Opladen: Westdeutscher Verlag, 1977, 332-336.

Steege, F. W.: Personalpsychologie in der Bundeswehr. Psychologie und Praxis 2, 1977, 49-57.

Steege, F. W.: Internationale Militärpsychologie im Dienste der Streitkräfte. Europäische Wehrkunde, 8, 1978, 408-413.

Steege, F. W.: Psychologische Beiträge zur Personalgewinnung und Personalentwicklung in der Bundeswehr. In: Haase, H./Molt, W. (Hrsg.): Handbuch der Angewandten Psychologie. Bd. 3. Landsberg: Verlag Moderne Industrie, 1981, 608-628.

Thompson, J. A.: Psychological aspects of nuclear war. Chichester: Wiley, 1985.

Wildenmann, R.: Unsere oberen Dreitausend. DIE ZEIT, 10, 1982, 9-10 und 11, 1982, 5-7.

Wottawa, H.: Neuere Methoden der Analyse und Bewertung der diagnostischen Urteilsfindung und deren Anwendung auf Ausleseverfahren der Bundeswehr. Wehrpsychologische Untersuchungen, 3, 1983.

Motivation

Hans Thomae

1 Begriffsgeschichte

Eine sehr beliebte Umschreibung des Begriffs „Motivation" lautet, daß es sich dabei um den Versuch einer Antwort nach dem *„Warum"* des Verhaltens handle. „Warum steht Herr Maier Streikposten, während sein Bruder doch zum Management gehört?" „Warum sind Rita's Schulleistungen auf einmal so stark gesunken, wo sie doch so gut begabt ist?" In diesem Sinne geht die M.psychologie zurück bis auf die Bibel, die nicht nur bei theologisch orientierten Autoren als eines der ersten Dokumente eines Nachdenkens über die Beweggründe menschlichen Handelns genannt wird. Homer war besonders in seiner Ilias einer der ersten großen M.psychologen, und die Geschichte des Gebiets ginge über Platon, Aristoteles, Theophrast, Thomas von Aquin, die Affektenlehre von Spinoza, die Staatsphilosophie von Thomas Hobbes, die Essays der französischen Moralisten des 17. und 18. Jh. durch bis zu Schopenhauers Philosophie des Willens, Nietzsches Lehre vom Willen zur Macht und Freuds Lehre von den Wandlungen der Libido (Cofer/Appley, 1964; Thomae, 1983).

In Wirklichkeit ist die Verwendung des Begriffes „Motivation" als einer Sammelbezeichnung für alle Prozesse und Konstrukte, mittels deren das „Warum" menschlichen Verhaltens zu klären versucht wird, relativ neueren Datums. In der experimentellen Psychologie, wie sie von Wundt ausging, sprach man nur von *„Gefühlen"* und *„Willenserlebnis"*. Einer der ersten deutschen Psychologen, der den Begriff „Motivation" systematisch verwendete, war N. Ach (1935), der den Ablauf der *Willenshandlung* klar von deren M. trennte. Im übrigen kam der Begriff aus der amerikanischen Psychologie zu uns zurück. Dort wurde er von Troland (1928) oder Young (1936) als Alternative für die zuvor sehr bevorzugt gewesenen Begriffe *„drive"*, *„instinct"* oder *„need"* eingeführt. Wie lange es bedurfte, bis sich der M.begriff gegen diese alternativen Bezeichnungen durchsetzte, wird an der ersten systematischen Behandlung der M.theorien deutlich. Unter den 20 von Madsen (1968) behandelten Autoren von M.theorien gebrauchen nur fünf den Begriff ausdrücklich, nämlich P. T. Young, D. McClelland, G. Freeman, G. W. Allport und Maslow.

2 Motivationsbegriff und Motivationstheorien

2.1 Das homöostatische Motivationskonzept

Mit den Begriffen „Trieb", „Instinkt", „Bedürfnis" usf. hat jener des *Motivs* gemeinsam, daß damit eine Reaktion auf einen Mangelzustand des Organismus umschrieben wird, der durch eine Verhaltensweise auszugleichen ist. Insofern waren die ersten M.theorien *homöostatisch* orientiert. Unter Homöostase faßte Cannon (1928) alle Vorgänge chemisch-physiologischer, aber auch molarer Natur zusammen, durch die das „interne Milieu des Organismus" konstant gehalten wird. Hunger ist das klassische Beispiel eines der Homöostase dienenden motivationalen Zustandes. Nahrungsdeprivation als Abweichung vom optimalen internen Milieu erzeugt Unruhe, es setzt Suche nach Futter ein. Nach der Nahrungsaufnahme hören Aktivität und Interesse auf. Verhalten ist also die Folge eines Bedürfniszustandes (M.), der durch eine Störung des psychologischen Gleichgewichts bedingt ist, und dient der Wiederherstellung dieses Gleichgewichts.

Diesem homöostatischen Denkmodell folgten viele Verhaltenstheorien, von Freud (in der Interpretation von Rapaport, 1959, und Mitscherlich/Vogel, 1965) über Hull (1952) und die meisten der übrigen *Neobehavioristen*. Aber auch für Lewin und seine Schüler ist Verhalten stets die Folge der Störung des Gleichgewichts der *Feldkräfte*, und es ist stets auf die Wiederherstellung des Gleichgewichts gerichtet. In unterschiedlichster Modifikation hat dieses homöostatische Denkprinzip auch in andere Ansätze Eingang gefunden, so in die Lehre von der *kognitiven Dissonanz*, einem Zustand, der stets eine Tendenz zur Dissonanzreduktion auslöse (Festinger, 1958), in die sozialpsychologischen *Konsistenztheorien* und in das Konzept der *Leistungsmotivation* als einer Antwort einer in bestimmter Weise sozialisierten Person auf eine Istlage, die von einer Soll-Lage in einem gewissen Maße abweicht. Stagner (1977) glaubt nachweisen zu können, daß alle motivationspsychologischen Befunde, Konstrukte und Theorien am besten in das biologische Homöostasemodell eingeordnet werden können.

Andererseits wird der Wert des Homöostasemodells gerade von der Forschung über motivationale Primärprozesse wie Nahrungsaufnahme oder Trinken in Zweifel gezogen (Hogan, 1980) oder auf enge Verhaltensbereiche begrenzt (Silby, 1980; Pribram, 1980; Nuttin, 1984).

2.2 *Aktivation, Exploration, Kompetenz*

Nicht nur die von Stagner forcierte Anbindung der homöostatischen M.theorie an die Biologie, sondern auch der von ihm noch nach Jahrzehnten einer immer wieder neu vorgebrachten Kritik vorgetragene Anspruch auf *universelle* Geltung des Homöostaseprinzips in der menschlichen M. aber schaffen die meisten Bedenken gegen diese Theorie. Die erwähnte Kritik geht aus von Ergebnissen der Neurophysiologie, der Verhaltensphysiologie, Entwicklungspsychologie und ihren Rückwirkungen auf die M.theorie. Hebb (1955) faßte die relevanten neurophysiologischen Erkenntnisse in der Feststellung zusammen, daß jeder organisierte Vorgang im Gehirn unvermeidlich „motiviert", d. h. *aktiviert* sei. Das Gehirn sei darauf angelegt, Aktivität zu entwickeln; solange es entsprechend ernährt werde, werde es auch weiterhin aktiv bleiben. Die Vorstellung, daß nur Mangelzustände zur motivierenden Aktivität im Organismus führen, wird durch die Annahme eines *ständig aktiven* Organismus ersetzt. Neurophysiologisch ist dieses Aktivitätskontinuum etwa durch EEG-Kurven während des Tages und der Nacht zu belegen. Außerdem wurde die Entdeckung der Funktion der Formatio reticularis als eines „aufsteigenden Aktivierungssystems" und des Zusammenhangs zwischen einem mittleren zentralnervösen Erregungsgrad und optimaler Lern- und Anpassungsfähigkeit Veranlassung, die Notwendigkeit des M.begriffs überhaupt in Frage zu stellen. Empirische Forschung habe sich auf die Messung der Aktivitäten und die Erforschung der Bedingungen unterschiedlicher Grade von Aktivation zu konzentrieren (Schönpflug, 1973).

Im Tierversuch wurde gezeigt, daß nicht nur hungrige Ratten bereit und fähig sind zu lernen und daß Rhesusaffen lange Zeit mit einem Riegelbrett manipulieren, ohne jede „extrinsische" Motivierung, aber mit der Tätigkeit und deren Erfolg, dem Öffnen des Systems, als Belohnung. Vor allem aber hat man die Reizbedingungen unterschiedlicher Aktivierungsgrade erforscht. In Tierversuchen und in Versuchen an Kindern und Erwachsenen zeigte Berlyne (1976), daß Aufmerksamkeit erregt und damit Verhalten sowohl intensiviert wie in eine andere Richtung gelenkt wird durch Reizmuster, die a) neuartig sind, b) Ungewißheit aktivieren oder dämpfen, c) Konflikt aktivieren oder dämpfen und d) komplexer Natur sind.

Jede dieser Reizmusterqualitäten wird nur in einem *mittleren* Ausprägungsgrad die optimale aktivierende und richtende Funktion haben. Der Komplexitätsgrad der Umgebung aber wird durch das Maß an Ungewißheit definiert, die bleibt, wenn ein Teil der Umgebung erkundet wird.

Verhalten, das durch diese „anregenden Qualitäten der Umgebung" ausgelöst wird, ist in sich selbst belohnend, es ist „intrinsisch" motiviert. Verhaltensweisen dieser Art sind es, in denen das sich entwickelnde Kind seine eigene *Kompetenz* im Umgang mit der Umgebung erfährt.

Deci (1975) hat im Anschluß an eine große Anzahl von Autoren, welche diese auf „Wachstum" gerichtete, statt durch Defizite im Wohlbefinden ausgelöste M. der Kompetenz als einen spezifisch menschlichen Wesenszug herausarbeiteten, intrinsische M. vor allem den Inbegriff aller Bestrebungen genannt, sich als kompetent und als sich selbst bestimmend zu erfahren. Dies ist zweifellos eine sehr humanistische Charakterisierung der „eigentlichen" Motivierung unseres Verhaltens. Sie kann deshalb auch die M.theorien von Kurt Goldstein (1939) und Abraham Maslow (1970) in sich integrieren, welche die Tendenz zur *Selbstverwirklichung* als die letzte Triebfeder menschlichen Handelns ansehen.

3 Der neue Motivationsbegriff und der Inhalt der Motivationspsychologie

Wenn nach den Ergebnissen der Aktivierungsforschung der M.begriff nicht benötigt wird, um die Auslösung des Verhaltens zu erklären, dann kann die Konsequenz aus dieser Erkenntnis keineswegs in der Eliminierung des M.begriffes bestehen. Nicht um Verhalten schlechthin zu erklären, wohl aber um Veränderungen des Verhaltens hinsichtlich der *Intensität* und *Richtung* zu erklären, muß man M.vorgänge annehmen. Neben den schon erwähnten Beziehungen zwischen explorativen Eigenschaften von Reizmustern und intrinsisch motiviertem Erkundungsverhalten zeigen Versuche über die Wirkung der *Ichbeteiligung* (ego-involvement) die aktivierende Rolle z. B. der Information, eine zu lösende Testaufgabe prüfe eine für die geplante Karriere wichtige Eigenschaft. Außerdem werden unterschiedlich hohe Grade an genereller *Ängstlichkeit* als unterschiedliche Intensivierungs-(Aktivierungs-)stufen angesehen, die – je nach der Schwere der Aufgabe – Lernleistungen verbessern oder verschlechtern können (Fröhlich, 1983).

Für die Erklärung von Änderungen in der Richtung des Verhaltens werden vor allem unterschiedliche *Motiv*arten hypostasiert. Wenn etwa ein kooperatives Verhalten unter Kindern auf einmal in ein aggressives übergeht, wird man geneigt sein, entweder einen aggressiven Instinkt oder eine erlernte aggressive Tendenz dafür verantwortlich zu machen. Beides, Instinkt oder Tendenz aber würden als ein Motiv zu aggressivem Verhalten definiert, d. h. eine Bereitschaft, nicht nur in der spezifischen Interaktionssituation, sondern in *allen ähnlichen Situationen* der Konkurrenz aggressiv zu reagieren. Im Unterschied zur M., die sich auf einen aktuellen Vorgang der Änderung des Verhaltens bezieht, stellt ein Motiv ein Konstrukt dar, das die Präferenz einer bestimmten Richtungsänderung des Verhaltens bzw. die Sicherung einer Persistenz des Verhaltens über die einmalige Situation hinweg zu erklären sucht. Motive haben deshalb *trait-Charakter,* M. hat *Prozeßcharakter.*

Ein wesentlicher Teil der M.psychologie beschäftigt sich mit der Definition, Messung und Wirkungs- wie Bedingungsanalyse von Motiven wie Leistungsmotiv, Ängstlichkeit, Aggression, Machtmotiv, Altruismus, Sexualität usf. Wenig entwickelt ist die Forschung über eine dritte Änderungsdimension des Verhaltens, zu denen M.prozesse in Beziehung stehen, nämlich zu der *Form* des Verhaltens. Eine solche Änderung der Form des Verhaltens geht vor sich, wenn etwa die Liebe zu einem anderen Menschen zu einer Leidenschaft wird, das Bedürfnis nach einer Droge oder einem alkoholisierenden Getränk zu einer Sucht. Drang, Trieb, Sucht, Wunsch, Begehren, Gefühl, Neigung, Wille sind sprachliche Umschreibungen unterschiedlicher M.formen, die zu Änderungen der Form des Verhaltens in Beziehung stehen. Mit einigen dieser M.formen, wie z. B. Drang und Sucht, beschäftigen sich Psychopathologie und klinische Psychologie, andere sind noch wenig bearbeitet.

Dagegen gibt es M.lagen, die zu Änderungen des Verhaltens in Intensität, Richtung und Form in Beziehung stehen und die daher besonders komplexer Modelle und Theorien zu ihrer Erklärung bedürfen. Eine derartige M.lage ist die *Frustration,* die unter anderen Reaktionsarten *Aggressionen* unterschiedlichen Intensitätsgrades und unterschiedlicher Form auslösen kann (Mummendey, 1983). Als Frustration bezeichnet man jede Situation, in der ein Organismus an der Erreichung seines Zieles gehindert wird, darüber hinaus aber alle Situationen, in denen Ärger ausgelöst, das Selbstgefühl beeinträchtigt, kurz die Homöostase stark gestört wird.

Eine noch erheblichere Beeinträchtigung der Homöostase liegt im Zustand des *Streß* vor, der deshalb mit einem sehr komplexen Reaktionsmuster beantwortet wird, in das Änderung von Intensität, Richtung und Form des Verhaltens eingehen (vgl. Laux et al.) Das gleiche gilt vom Zustand des *Konflikts.* Für die M.psychologie ist hier vor allem der *interpersonale* Konflikt als Zustand der Auslösung mehrerer, miteinander nicht vereinbarer Verhaltenstendenzen zu verstehen. Wie bei Frustration und Streß wird die Antwort auf den Konflikt zunächst von einer „primären Bewertung" (Arnold, 1960) abhängen, bei der es um die Schwere oder Tiefe des Belastungsgrades des Konfliktes geht. Diese Bewertung des gleichen Konflikts kann je nach der augenblicklichen Situation und früheren Erlebnissen bei verschiedenen Personen unterschiedlich verlaufen. Die Auswahl der Antworten wird von der Einschätzung der Folgen dieser Antworten bestimmt. Eine solche den Konflikt angehende und ihn durch eine komplexe Kognitions-Motivations-Interaktion zur Lösung bringende Antwortform stellt die *Entscheidung* dar (Thomae, 1974, Feger et al., 1983).

In diese komplexen M.modelle gehen homöostatische wie „intrinsische" M.modelle ein, es sei denn, der Blick auf die Komplexität sei durch biologische oder kognitive Ideologien verstellt. Eine einseitige biologische Sicht wird die Bedeutung intrinsischer Prozesse unterschätzen, die an sich so fruchtbaren kognitiven Theorien des Verhaltens aber können zur Ideologie werden, welche sogar die Sicht auf die Bedeutung der M. verdeckt.

4 Der Aufstieg kognitiver Theorien – das Ende der Motivationspsychologie?

Die Einsicht, daß Verhalten nicht Reaktion auf die objektive Situation, sondern auf die *kognitive Repräsentation* dieser Situation sei (Thomae, 1983), hat sehr viele fruchtbare Forschungsansätze und Überprüfungen bisheriger Theorien gebracht. Kognitive Theorien des Verhaltens rückten daher in den letzten beiden Jahrzehnten in den Mittelpunkt (Bierhoff et al., 1983). So sehr man die dadurch begünstigte Überwindung der S-R-Psychologie begrüßen mag, so sehr muß man doch vor Konsequenzen warnen, wenn Bolles (1974) etwa alle bisherigen Verhaltensmodelle, in denen Konstrukte wie „Trieb", „Erwartung" oder „Motiv" eine Rolle spielten, durch die Formel ersetzen zu können glaubt: *Verhalten = f (kognitive Prozesse).* Diese *Überschätzung* der Bedeutung kognitiver Prozesse kommt auch in Thesen zum Ausdruck, wonach „Gedanken unsere Gefühle" lenken, und denen zufolge der Inhalt von Gefühlen in keiner Weise mehr von einem physiologisch-affektiven Erregungsprozeß, sondern allein von kognitiven Faktoren abhänge. Auch die Uminterpretation des Konstrukts „Leistungsmotiv" als einer Tendenz, Erfolg zu erringen und Mißerfolg zu meiden (Heckhausen, 1963), in das bloße Bemühen, Information über die eigene Leistung zu erhalten, entspricht diesem *kognitivistischen* oder besser *intellektualistischen Trend* der Gegenwart.

Zu nennen wäre ferner die sehr starke Einschätzung der Bedeutung von *Attribuierungsprozessen* bei der Genese von Gefühl, Erfolgserlebnis, Aggression und anderen M.prozessen. Je mehr im experimentellen Design der Urteilsprozeß, worauf dies oder jenes Ereignis zurückzuführen sei, dominiert, desto geringere motivationale Relevanz hat eine derartige Studie (Heckhausen, 1980).

Derartige Bemühungen zeigen, wie man eine ursprünglich gute Idee ad absurdum zu führen gedenkt. Eine ausschließliche Reduktion menschlichen Verhaltens auf kognitive Prozesse bedeutet eine ebenso verhängnisvolle Vereinfachung wie die Reduktion dieses Verhaltens auf Triebdynamik. Das eigentliche Thema der M.psychologie ist das Studium der Interaktion von motivationalen und kognitiven Prozessen. Diese Interaktion darf man nicht nur von der im großen und ganzen ausgeglichenen Bedürfnislage von Angehörigen einer sozialen Mittelschicht in einer Zeit wirtschaftlicher Prosperität sehen – in dieser Epoche begann der Aufstieg des Kognitivismus –, sondern auch von der großer Bevölkerungsteile, die in chronischen Ungleichgewichtszuständen leben. Nur eine M.psychologie, die sich an diesen Bedürfnislagen orientiert, wird auch in *Praxis* umgesetzt werden: in der Industriellen Psychologie, die heute ebenfalls zu stark unter dem Eindruck rationalistischer Modelle der Arbeitsmotivation steht; in der Pädagogischen Psychologie, die verhängnisvollen Irrtümern verfällt, wenn sie Leistung als den einzigen Wert und Leistungsmotivation als das bloße Bestreben, Information über Leistung zu gewinnen, ansieht. Nicht zuletzt würde die gesamte psychosomatische Forschung samt allen Anwendungen in Medizin und Psychologie entscheidende Rückschläge erfahren, wenn die so fruchtbaren kognitiven Ansätze zu einer neuen *Überbetonung* von Rationalität und Intellektualität führen würde (vgl. auch Thomae, 1983).

Literatur

Ach, N.: Analyse des Willens. Berlin, Wien: Urban & Schwarzenberg, 1935.

Arnold, M. B.: Emotion and personality. New York: Columbia Univ. Press, 1960.

Berlyne, D.: Konflikt, Erregung, Neugier. Stuttgart: Klett, 1976.

Bierhoff, H. W./Bierhoff-Alfermann, D.: Kognitive Prozesse im Motivationsgeschehen. In: Thomae, H. (Hrsg.): Motivationsbegriffe und Motivationstheorien. Enzyklopädie der Psychologie. Reihe C, Serie IV, Bd. I. Göttingen: Verlag für Psychologie, 1983, 93-226.

Bolles, R. C.: Cognition and motivation: Some historical trends. In: Weiner, B. (Ed.): Cognitive views of human motivation. New York: Academic Press, 1974, 1-20.

Cannon, W. B.: The wisdom of the body. New York: Norton, 1928.

Cofer, C. N./Appley, M. H.: Motivation: Theory and research. New York: Wiley, 1964.

Deci, E. L.: Intrinsic motivation. New York: Plenum Press, 1975.

Festinger, L.: Conflict, decision, and dissonance. London: Tavistock Publications, 1964.

Feger, H./Sorembe, V.: Konflikt und Entscheidung. In: Thomae, H. (Hrsg.): Theorien und Formen der Motivation. Enzyklopädie der Psychologie. Serie C, IV, Bd. I. Göttingen: Verlag f. Psychologie, 1983, 536-711.

Fröhlich, W. D.: Perspektiven der Angstforschung. In: Thomae, H. (Hrsg.): Psychologie der Motive. Enzyklopädie der Psychologie C, Serie IV, Bd. II. Göttingen: Verlag f. Psychologie, 1983, 110-320.

Goldstein, K.: The organism. New York: American Books, 1939.

Hebb, D. O.: The CNS and behavior. Psychological Review, 62, 1955, 243-254.

Heckhausen, H.: Furcht und Hoffnung in der Leistungsmotivation. Meisenheim: Hain, 1963.

Heckhausen, H.: Motivation und Handeln. Lehrbuch der Motivationspsychologie. Berlin: Springer, 1980.

Hogan, J. A.: Homeostasis and behavior. In: Toates, F. M./Halliday, T. R. (Ed.): Analysis of motivational processes. London: Academic Press, 1980, 3-21.

Hull, C. L.: A behavior system. New Haven: Yale University Press, 1952.

Laux, L.: Psychologische Streßkonzeptionen. In: Thomae, H. (Hrsg.): Theorien und Formen der Motivation. Enzyklopädie der Psychologie. C, Serie IV, Bd. I. Göttingen: Verlag für Psychologie, 1983, 453-535.

Madson, K. B.: Theories of motivation. (4th ed.) Copenhagen: Munksgaard, 1968.

Maslow, A.: Motivation and personality. (2nd ed.) New York: Harper & Row, 1970.

Mitscherlich, A./Vogel, T.: Psychoanalytische Motivationstheorie. In: Thomae, H. (Hrsg.): Handbuch der Psychologie (2. Aufl.) Bd. 2. Göttingen: Verlag für Psychologie, 1979, 759-793.

Mummendey, A.: Aggressives Verhalten. In: Thomae, H. (Hrsg.): Psychologie der Motive. Enzyklopädie C, Serie IV, Bd. II. Verlag für Psychologie, 1983, 322-439.

Nuttin, J.: Motivation, planning, and action. Löwen: Leuven Univ. Press 1984.

Pribram, K. H.: The biology of emotions and other feelings. In: Plutchik, R./Kellerman, H. (Eds.): Emotion: Theory and research, Vol. I. New York: Academic Press, 1980, 245-270.

Rapaport, D.: Die Struktur der psychoanalytischen Theorie. Stuttgart: Klett, 1959.

Schönpflug, W.: Methoden der Aktivierungsforschung. Bern: Huber, 1973.

Sibly, R. M.: The use of mathematical models to describe behavior sequences and to study their physiology and survival value. In: Toates, F. M./Halliday, T. R. (Eds.): Analysis of motivational processes. London/New York, 1980, 245-272.

Stagner, R.: Homeostasis, discrepancy, dissonance. Motivation and emotion, 1, 1977, 103-138.

Thomae, H.: Konflikt, Verantwortung, Entscheidung. Stuttgart: Kohlhammer, 1974.

Thomae, H.: Motivationsbegriffe und Motivationstheorien. In: Thomae, H. (Hrsg.): Theorien und Formen der Motivation.

Enzyklopädie der Psychologie. C, SerieIV, Bd. I. Göttingen: Verlag f. Psychologie, 1983, 1-61.
Troland, L. T.: The fundamentals of human motivation. New York: VanNostrand, 1928.
Young, P. T.: Motivation and behavior. New York/London: Chapman, 1936.

Multivariate Analysemodelle

Helmut Giegler

Multivariate statistische Analysen unterscheiden sich von *bivariaten* statistischen Analysen (z. B. einfachen Korrelationen) dadurch, daß hier *mehr als zwei Merkmale (= Variablen) gleichzeitig* in ihrem Zusammenhang betrachtet werden. Von Analyse*modellen* wird insofern gesprochen, als die dabei gewonnenen Resultate die jeweils betrachteten „Wirklichkeiten" keineswegs ungebrochen widerspiegeln, *sondern nur unter Rekurs auf bestimmte theoretische Denkkonstruktionen und datentechnische Randbedingungen Geltung haben.* Die Bezeichnung *Analyse*modelle schließlich ist nicht ganz zutreffend: Viele dieser Modelle leisten weniger eine „Analyse", als vielmehr eine „Synthese" der betrachteten Daten, d. h. es wird nicht eine irgendwie beschaffene „Ganzheit" in ihre Einzelteile zergliedert, sondern „Einzelnes" wird zu „größeren Ganzheiten" zusammengefaßt, also gewissermaßen „synthetisiert".

Grob betrachtet lassen sich die multivariaten Analysemodelle in zwei Gruppen unterteilen:

a) in Analysemodelle, in denen *explizit* von *unabhängigen* und *abhängigen* Variablen Gebrauch gemacht wird (z. B. multiple Regression (incl. Pfadanalyse), mehrfaktorielle Varianzanalyse, Diskriminanzanalyse);
b) in Analysemodelle, in denen *nicht explizit* von *unabhängigen* und *abhängigen* Variablen Gebrauch gemacht wird (z. B. Faktorenanalyse, multidimensionale Skalierung, Clusteranalyse).

1 Multiple Regression und Pfadanalyse

Das multiple Regressionsmodell bzw. Pfadmodell (letzteres unterscheidet sich vom multiplen Regressionsmodell lediglich durch einen anderen Schätzalgorithmus und durch eine erweiterte Fragestellung) kann als das z. Z. in den Sozialwissenschaften mit am häufigsten verwendete multivariate statistischeVerfahren gelten; bisweilen wird es sogar mit der Mehrvariablenanalyse schlechthin gleichgesetzt (Opp/Schmidt, 1976). Seine Popularität erklärt sich u. a. sicher auch aus dem mit ihm erhobenen Anspruch, *die Untersuchung von sehr komplexen „Kausalitätsfragen" zu gestatten, ohne dafür experimentelle Studien zu benötigen,* deren Unangemessenheit für viele sozialwissenschaftliche Problembereiche offensichtlich ist.

Zur Erläuterung dieses Analysemodells (Draper/Smith, 1966; Kerlinger/Pedhazur, 1973;

Gaensslen/Schubö, 1976; Bortz, 1979; Küchler, 1979; Urban, 1982) sei auf ein Gedankenexperiment zurückgegriffen, bei dem die *„Wirkung"* einer *unabhängigen Variable* (= durch keine anderen, in die Untersuchung einbezogenen Variablen *„kausal"* beeinflußte Variable) auf eine *abhängige Variable* untersucht werden soll. Man stelle sich nun vor, man hätte *alle* für eine bestimmte Fragestellung überhaupt denkbaren unabhängigen Variablen nicht nur sozusagen „zur Verfügung", sondern könne auch ihre möglichen „Wirkungen" auf die abhängige Variable ausschalten (technisch ausgedrückt: man könne sie *konstanthalten,* d. h. direkt oder indirekt dafür sorgen, daß sie alle den gleichen Wert haben). Wenn nun – *bei Ausschaltung der „Wirkung" aller denkbaren unabhängigen Variablen bis auf eine einzige* – bei einer Variation dieser dann noch verbleibenden einzigen unabhängigen Variable eine *Kovariation* auf seiten der abhängigen Variable zu beobachten ist, dann soll diese Kovariation als durch die variierte unabhängige Variable *„kausal bedingte" Kovariation (= „kausaler Effekt")* bezeichnet werden.

Nun ist es natürlich prinzipiell unmöglich, jemals alle in bezug auf eine abhängige Variable im genannten Sinne potentiell „kausal wirkenden" unabhängigen Variablen „unter Kontrolle" zu haben; hingegen erscheint es ohne weiteres möglich, eine *endliche Auswahl* dieser potentiell „kausal wirkenden" unabhängigen Variablen „unter Kontrolle" zu haben: Was dann auch *real* untersucht werden kann ist, welchen „kausalen Effekt" eine dieser unabhängigen Variablen auf eine abhängige Variable hat, wenn die Effekte aller übrigen einbezogenen unabhängigen Variablen in ihrer möglichen Wirkung auf die abhängige Variable *konstantgehalten* werden, und genau dies ist die der *multiplen Regression* zugrundeliegende Fragestellung. Die dabei ermittelten *partiellen Regressionskoeffizienten* zeigen nämlich den Grad an, um den sich eine abhängige Variable in ihrer jeweiligen Maßeinheit (bei der Variable ‚Intelligenz' sind dies z. B. IQ-Punkte) – ändert, wenn *zum einen* eine bestimmte unabhängige Variable um einen Punkt in ihrer jeweiligen Maßeinheit (bei der Variable ‚Alter' ist dies z. B. 1 Jahr) variiert, und *zum anderen* alle sonstigen unabhängigen Variablen konstantgehalten werden.

Da nun in sozialwissenschaftlichen Untersuchungen häufig Variablen auftreten, die in sehr unterschiedlicher Weise skaliert sind: zweistufig (z. B. ‚Geschlecht'), mehrstufig (z. B. bei Fragen nach der Intensität, mit der einer bestimmten Freizeittätigkeit nachgegangen wird, die fünf Ausprägungen: ‚nie, selten, manchmal, häufig, sehr häufig'), „metrisch" (z. B. ‚Alter') etc. – sind die in ihrer Höhe u. a. auch unmittelbar von der Skalierung der zugrundeliegenden Variablen beeinflußten *unstandardisierten partiellen Regressionskoeffizienten* zwar für *Prognosezwecke,* die einen wichtigen Anwendungsbereich der multiplen Regression abgeben, geeignet, kaum jedoch zur *Bestimmung der relativen Stärke von „kausalen Effekten",* den anderen wichtigen Anwendungsbereich der multiplen Regression; hierfür verwendet man *standardisierte partielle Regressionskoeffizienten,* die unabhängig von der Skalierung der zugrundeliegenden Variablen innerhalb vorgegebener Grenzen (zwischen −1.0 und +1.0) liegen. Entsprechende verbale Aussagen lassen sich durch *Konditionalsätze* („Je-desto-Sätze") formulieren.

Dieses Analysemodell läßt sich nun auch noch auf *mehr als eine abhängige Variable* verallgemeinern. In derartigen pfadanalytischen Modellen werden alle Variablen, denen keine anderen Variablen „kausal" vorangehen, als *exogene,* alle übrigen als *endogene* Variablen bezeichnet. Neben den bislang vorgestellten *direkten* sind bei Modellen mit mehr als einer endogenen Variable auch noch *indirekte „Kausaleffekte"* (z. B. die Variable A „wirkt" einmal *direkt* auf die Variable C ein, zum anderen aber auch noch *indirekt* über die Variable B) zu berücksichtigen. Ihre Berechnung erfolgt einfach durch Multiplikation der dabei involvierten direkten Effekte, in diesem Fall z. B. durch die Multiplikation des Regressionskoeffizienten von A auf B mit dem Regressionskoeffizienten von B auf C: das Resultat zeigt die Stärke des „indirekten Kausaleffekts" von A *über B* auf C an. Hier können sich dann neben *neutralen* und *verstärkenden* auch *abschwächende Effekte* ergeben, mit dem Resultat, daß diese *indirekten* Effekte die *direkten* Effekte aufheben oder sogar in ihr Gegenteil verkehren. Nur die *totalen „Kausaleffekte",* d. h. die bezogen auf eine endogene Variable *Summe aller direkten und indirekten Kausaleffekte* ermöglichen erst eine *alle „Nebenwirkungen"* angemessen berücksichtigende Abschätzung eines „kausalen Dependenzgefüges".

2 Mehrfaktorielle Varianzanalyse

Der multiplen Regressionsanalyse von der zugrundeliegenden Problemstellung her gesehen sehr ähnlich ist die mehrfaktorielle Varianzanalyse (Winer, 1971; Gaensslen/Schubö, 1976; Clauss/Ebner, 1977; Bortz 1979; Schuchard-Ficher et al., 1980). Wie bei der multiplen Regression wird auch hier eine abhängige Variable auf eine Reihe unabhängiger Variablen (bei der *einfaktoriellen Varianzanalyse* nur auf *eine unabhängige Variable*) mit der Fragestellung bezogen, *ob diese einen je eigenständigen „kausalen" Effekt auf die abhängige Variable erkennen lassen.* Der wesentliche Unterschied zur multiplen Regression besteht jedoch nun darin, daß die unabhängigen Variablen nicht mehr auf *Intervallskalenniveau* sondern nur noch auf *Nominalskalenniveau* angesiedelt sind, d. h. es muß sich hier nicht mehr um *„quantitative"* sondern nur noch um *„qualitative"* Variablen handeln; lediglich die abhängige Variable muß nach wie vor mindestens intervallskaliert sein. Die *Effektstärken* werden demzufolge auch nicht mehr an der Höhe (standardisierter) partieller Regressionskoeffizienten – deren Berechnung in diesem Falle auch sinnlos wäre – sondern an der Höhe der *bereinigten („adjusted") Mittelwertunterschiede* auf seiten der abhängigen Variable abgelesen, die diese bezüglich der Ausprägungen der jeweiligen nominalskalierten unabhängigen Variable erkennen lassen. Wenn etwa bei einer vierfaktoriellen Varianzanalyse eine der 4 unabhängigen Variablen 3 Ausprägungen hat (z. B. die „qualitative" Variable ‚Familienstand' die drei Ausprägungen ‚alleine lebend', ‚verheiratet', ‚mit einem Partner zusammenlebend'), dann wird geprüft, wie stark sich die drei damit korrespondierenden Mittelwerte auf der abhängigen Variable (z. B. der ‚Grad der Lebenszufriedenheit') voneinander unterscheiden, wenn die restlichen 3 unabhängigen Variablen *konstantgehalten* werden (daher auch *„bereinigte Mittelwertunterschiede"*). Ein weiterer Unterschied zur multiplen Regression besteht nun jedoch noch darin, daß bei diesem Analysemodell nicht nur die Effekte jeder unabhängigen Variable auf die abhängige Variable *je für sich genommen,* sog. *„Haupteffekte"*, sondern auch die Effekte *miteinander kombinierter unabhängiger Variablen,* sog. *„Interaktionseffekte"* (z. B. ‚Geschlecht' kombiniert mit ‚Familienstand'), *standardmäßig* ermittelt werden.

Seit ihrer Entwicklung hat die – zunächst insbesondere in der *experimentellen Forschung* eingesetzte – Varianzanalyse zahlreiche Erweiterungen des Grundmodells erfahren. So gibt es z. B. eine Form der Varianzanalyse, wo auf seiten der unabhängigen Variablen neben „qualitativen" gleichzeitig auch „quantitative" Variablen auftreten können *(„Kovarianzanalyse"),* wobei die Effekte der letzteren wie bei der multiplen Regression durch partielle Regressionskoeffizienten dargestellt werden. Auch stehen varianzanalytische Modelle zur Verfügung, bei denen *dieselben Personen zeitlich aufeinanderfolgend mehrmals gemessen werden,* um z. B. Aufschluß darüber zu gewinnen, wie eine Psychotherapie über einen bestimmten Zeitraum hinweg bei den betroffenen Personen anschlägt *(„Varianzanalyse mit Meßwiederholungen").* Des weiteren ist ein Analysemodell geschaffen worden, bei dem – ähnlich wie in der Hauptkomponentenanalyse (siehe dazu: Faktorenanalyse) – *mehrere abhängige Variablen* hinsichtlich der Effekte der unabhängigen Variablen zu „Linearkonstrukten" gebündelt werden; *(„multivariate Varianzanalyse")* (Rao, 1971; Overall/Klett, 1972; Bock, 1975; Bortz, 1979). Schließlich finden sich mittlerweile auch Modelle, bei denen *alle* involvierten, also auch die abhängigen Variablen, nur *qualitativer Natur* zu sein brauchen *(„loglineare Analyse")* (Küchler, 1979; Langeheine, 1980).

3 Diskriminanzanalyse

Auch die Diskriminanzanalyse (van der Geer, 1971; Tatsuoka,1971; Overall/Klett, 1972; Bortz, 1979; Schuchard-Ficher et al., 1980) weist eine große Ähnlichkeit zur multiplen Regressionsanalyse auf: Hier wie dort werden eine Reihe von unabhängigen „quantitativen" Variablen auf eine abhängige Variable bezogen. Der Unterschied der Diskriminanzanalyse gegenüber der multiplen Regression besteht lediglich darin, daß hier die abhängie Variable „qualitativer" Natur, also *nominalskaliert* ist, während sie bei der multiplen Regression „quantitativer" Natur, also mindestens *intervallskaliert* sein muß. Anders gesagt geht es bei der Diskriminanzanalyse darum, eine Reihe von „quantitativen" unabhängigen Variablen (z. B. „Alter", „Einkommen" und „Häufigkeit des Kirchenbesuches pro Monat") linear so miteinander zu kombinieren, daß die daraus resultierenden *„Diskriminanzfunktionen"* – als Prognoseinstrumente verwendet – eine optimale Trennung der durch die „qualitative" abhängige Variable (z. B. „Welche Partei würden Sie wählen, wenn nächsten Sonntag Bundestagswahlen wären: ‚CDU/CSU', ‚SPD', ‚FDP', ‚Grüne'?") definierten Gruppenzugehörigkeiten ermöglichen, also die Zahl der dabei zu verzeichnenden Fehlklassifikationen so gering wie möglich halten. Das ganze läuft somit auf eine *möglichst trennscharfe Typologisierung* der durch die abhängige Variable definierten Gruppen anhand einer Reihe von unabhängigen Variablen hinaus, die zu diesem *klassifikatorischen Zwecke* in sog. *„Diskriminanzfunktionen"* gebündelt werden.

Der Ablauf einer Diskriminanzanalyse läßt sich in vier Stufen untergliedern:

a) *Bestimmung der Zahl der notwendigen Diskriminanzfunktionen.* Diese sind nach ihrer „Diskriminanzleistung" graduell abgestuft und linear voneinander unabhängig. Maximal ist hier immer die Extraktion einer Funktion weniger möglich, als die „qualitative" abhängige Variable Ausprägungen hat. Häufig zeigt es sich dabei jedoch, daß man deutlich weniger Funktionen benötigt als maximal möglich sind. Abhängig gemacht wird die Entscheidung über die Zahl der benötigten Funktionen von bestimmten deskriptiv- und inferenzstatistischen multivariaten Kennwerten.

b) *Inhaltliche Benennung dieser Diskriminanzfunktionen* anhand der sie *wesentlich markierenden* unabhängigen Variablen; dazu dienen *Gewichtszahlen,* die wie partielle standardisierte Regressionskoeffizienten zu interpretieren sind und anzeigen, *welches relative Gewicht* eine bestimmte unabhängige Variable für die jeweilige Diskriminanzfunktion hat und in *welcher Richtung (positiv oder negativ)* sie diese determiniert; auch die *Korrelationen zwischen den Diskriminanzfunktionen und den unabhängigen Variablen* können für diesen Zweck herangezogen werden und liefern hier häufig sogar noch ein prägnanteres Bild.
c) Ermittlung der *Gruppenidealpunkte* („centroids") und der *Gruppenterritorien* („territorial map") in dem durch diese Diskriminanzfunktionen aufgespannten Raum; auch diese sind für die *inhaltliche Interpretation* von großer Bedeutung.
d) *Prognostizierende Klassifikation* hinsichtlich der durch die „qualitative" abhängige Variable definierten Gruppen mithilfe dieser Diskriminanzfunktionen und *Beurteilung der Güte* (= Zahl der Fehlklassifikationen) *dieser prognostischen Klassifikation.*

4 Faktorenanalyse

Wie bei der Diskriminanzanalyse werden auch bei der *Faktorenanalyse* (Harman, 1967; Überla, 1971; Pawlik, 1971; Mulaik, 1972; Gaensslen/Schubö, 1976; Clauss/Ebner, 1977; Arminger, 1979; Bortz, 1979; Schuchard-Ficher et al., 1980) aus Linearkombinationen quantitativer Variablen Funktionen, die in diesem Falle *„Faktoren"* genannt werden, gebildet, wobei dies nun allerdings nicht mehr mit der Maßgabe erfolgt, daß diese Funktionen eine optimale prognostische Trennung hinsichtlich einer qualitativen abhängigen Variable gestatten. Vielmehr geht es hier zunächst lediglich darum, *eine größere Zahl von Variablen auf eine kleinere Zahl von aus diesen Variablen gebildeten „Faktoren" zu reduzieren.* Diese Faktoren werden dabei als „kausal" hinter den jeweiligen beobachteten Variablen stehende „Konstrukte" (andere Bezeichnungen: „latente Variablen" oder „theoretische Variablen") angenommen, die das repräsentieren, was diesen empirischen Variablen in einem als wesentlich angesehenen Sinne gemeinsam ist. Die zweifellos sehr große Bedeutung dieses Analysemodells für die Psychologie erklärt sich nun insbesondere daraus, daß in ihr – wie auch in den anderen sozialwissenschaftlichen Disziplinen – überwiegend Termini verwendet werden, die die Struktur von Faktoren, also von *nicht direkt empirisch beobachtbaren Variablen* haben (erinnert sei hier beispielsweise nur an Begriffe wie etwa „räumliches Vorstellungsvermögen", „mathematische Begabung", „Extraversion", „psychische Labilität", „soziale Dominanz", „außengeleiteter Charakter", „Retentivität", „Depressivität" u. ä. m.).

Praktisch kann man sich die von der Faktorenanalyse erbrachte Leistung so vorstellen, daß bei einer vorliegenden Korrelationsmatrix, die die Interkorrelationen zwischen allen in sie eingegangenen Variablen enthält, die Information (= Varianz), die jede dieser Variablen liefert, in 2 Größen zerlegt wird:

a) In einen Anteil, *den eine Variable mit allen anderen involvierten Variablen gemeinsam hat,* die sog. *„Kommunalität";*
b) In einen Anteil, *den jede Variable nur mit sich selbst gemeinsam hat,* die sog. *„Spezifität";* in ihr ist auch der sog. *„Meßfehleranteil"* enthalten.

Die *Kommunalitäten* der Variablen – offensichtlich sind es nur diese, die für die faktorenanalytische Fragestellung von Bedeutung sind – werden im folgenden dann mittels Linearkombinationen zu Faktoren gebündelt, und zwar in der Weise, daß der 1. extrahierte Faktor den größten Anteil an diesen Kommunalitäten aufklärt, der – vom 1. Faktor linear unabhängige – 2. Faktor den zweitgrößten Anteil usf. Insgesamt können dabei so viele Faktoren extrahiert werden, wie Variablen vorhanden sind. Der Clou besteht bei der Faktorenanalyse nun jedoch gerade darin, daß man – zumindest gilt dies für eine „gelungene" Faktorenanalyse – deutlich weniger Faktoren benötigt, als Variablen vorhanden sind, da von einer bestimmten Zahl extrahierter Faktoren an nur noch unbedeutende Kommunalitätenanteile aufgeklärt werden. Die *Stärke,* mit der ein solcher Faktor eine empirisch erhobene Variable *linear „determiniert",* geht aus der *„Faktorladung"* hervor: diese liegt zwischen -1.0 und 1.0 und zeigt damit auch die (positive oder negative) *Richtung* an, in der ein solcher Faktor eine empirische Variable beeinflußt: sie stellt den *partiellen standardisierten Regressionskoeffizienten von dem jeweiligen Faktor hin zu der empirisch erhobenen Variable* dar. In der folgenden *Abbildung 1* wird die von der Faktorenanalyse erbrachte Leistung grafisch veranschaulicht: Die Kästchen symbolisieren dabei die empirisch erhobenen Variablen, die Kreise die Faktoren, die von den Kreisen zu den Kästchen verlaufenden Pfeile die Faktorladungen, die Pfeile, die von unten auf jedes Kästchen zugehen, die Spezifitäten, und die gekrümmten Pfeile zwischen den Kreisen die Faktorkorrelationen; mittels bestimmter Restriktionen können hier auch *unkorrelierte Faktorlösungen* „erzwungen" werden (siehe w. u.). Wie man sieht, wird die 4. Variable von beiden Faktoren geladen.

Dies ist jedoch im allgemeinen nicht wünschenswert; angestrebt wird vielmehr zumeist immer eine sog. „Einfachstruktur", die dadurch gekennzeichnet ist, daß jede empirisch erhobene Variable jeweils nur *von einem Faktor* substantiell „geladen" wird.

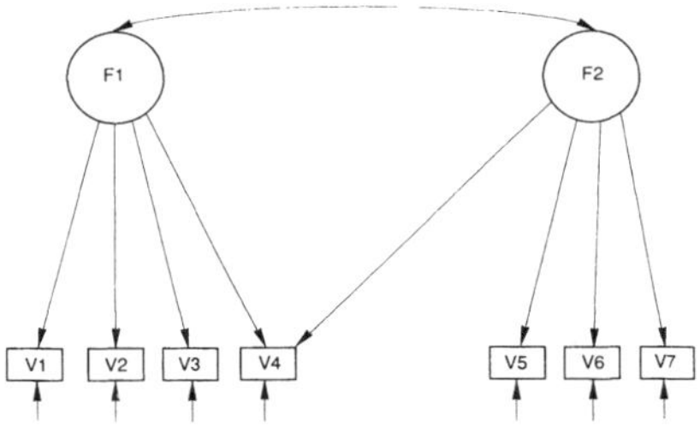

Abb. 1: Dependenzgefüge bei der Faktorenanalyse

Ein Spezialfall der Faktorenanalyse ist die *Hauptkomponentenanalyse,* die sich von ersterer dadurch unterscheidet, daß auf seiten der zu faktorisierenden empirischen Variablen nicht mehr zwischen Kommunalität und Spezifität getrennt wird. Diese Variablen werden hierbei vielmehr lediglich mittels entsprechender Transformationen schrittweise zu linear voneinander unabhängigen Faktoren, die in diesem Falle *Hauptkomponenten* heißen, synthetisiert, und zwar in der Weise, daß „früher" extrahierte Hauptkomponenten mehr Varianz bei diesen empirischen Variablen aufklären als „später" extrahierte. Vorausgesetzt, die involvierten Variablen korrelieren einigermaßen hoch miteinander, zeigt sich dabei in der Regel, daß man mit deutlich weniger Hauptkomponenten als empirischen Variablen auskommt, weil dann von einer bestimmten Zahl von Hauptkomponenten an nur noch sehr wenig Varianz bei diesen Variablen aufgeklärt wird. Es handelt sich hierbei also letztlich um ein *reines Datenreduktionsverfahren,* dem aber – nicht zuletzt aufgrund seiner (nicht nur technischen sondern auch theoretischen) Einfachheit und Robustheit – eine hohe wissenschaftliche Fruchtbarkeit sicherlich nicht abzusprechen ist.

Praktisch verläuft eine Faktorenanalyse in fünf Schritten:

1. *Entscheidung darüber, ob sich eine vorliegende Korrelationsmatrix überhaupt für eine Faktorenanalyse eignet* (Dziuban/Shirkey, 1974);
2. *Schätzung der (Anfangs-) Kommunalitäten* (entfällt bei der Hauptkomponentenanalyse);
3. *„Symbolische" Extraktion* (= Ermittlung der sog. „Eigenwerte") *aller Faktoren* (Zahl der Faktoren = Zahl der Variablen) *und Entscheidung darüber, wieviele Faktoren tatsächlich „notwendig" sind;*
4. Überführung von in der Regel kaum interpretierbaren in interpretierbare (= *„einfachstrukturierte"*) Faktoren mittels *Faktorrotation;* hierbei kann man sich zwischen *unkorrelierten (= „orthogonalen")*und *korrelierten (= „obliquen")* Lösungen entscheiden.
5. Gegebenenfalls noch *Bestimmung der Werte, die die in die Untersuchung eingegangenen Merkmalsträger (Personen)* auf den zuvor gewonnenen Faktoren innehaben (Berechnung von *Faktorwerten*).

5 Multidimensionale Skalierung (Smallest-Space-Analyse)

In gewisser Hinsicht sehr eng verwandt mit der Faktorenanalyse ist die *Multidimensionale Skalierung (MDS)* (oder *Smallest-Space-Analyse (SSA)* (Kruskal, 1964; Guttman, 1968; Ahrens, 1974; Borg, 1981; Schiffman et al., 1981). Auch hierbei geht es darum, *Punktekonfigurationen in möglichst niedrig-dimensionalen Räumen darzustellen, und zwar so, daß die zwischen diesen Punkten ursprünglich bestehenden Distanzen (oder Ähnlichkeiten) dabei so gut wie möglich gewahrt bleiben:* Eine Aufgabe könnte etwa darin bestehen, 20 Punkte in einem drei-dimensionalen Raum so anzuordnen, daß die zwischen ihnen bestehenden Distanzen eine *monotone Funktion ihrer ursprünglichen Distanzen* darstellen. Im Unterschied zur Faktorenanalyse wird bei der (ordinalen) MDS Skalierung aber nur Rangskalenniveau vorausgesetzt. Des weiteren wird bei der MDS auch nicht unbedingt auf eine „Einfachstruktur" im Sinne der Faktorenanalyse abgestellt: Vielmehr geht es bei ihr in erster Linie darum, *„Raumpartionen"* zu ermitteln oder zu überprüfen, z. B. zu klären, ob sich die menschlichen Farbwahrnehmungen wirklich auf einem sog. „Farbkreis" anordnen lassen. Weitere Spezialanwendungen der MDS bilden etwa das sog. *„mehrdimensionale Unfolding",* bei dem Merkmalsträger und Merkmale gleichzeitig in einem möglichst niedrig-dimensionalen Raum so angeordnet werden, *daß die für bestimmte Merkmalsträger jeweils bedeutsamen Merkmale auch in ihrer unmittelbaren räumlichen Nähe zu finden sind:* Zu denken wäre hier etwa an Konsumprodukte und ihnen von den Konsumenten zugeschriebene Eigenschaften. Auch kann in der MDS die Tatsache Berücksichtigung finden, daß der für eine bestimmte Punktekonfiguration ermittelten Raumpartitionierung *von den Merkmalsträgern (Personen) ein je unterschiedliches Gewicht beigemessen wird:* Ermittelt werden in solch einer Analyse dann nicht nur die den Punkten (= Variablen) entsprechenden Raumkoordinaten, sondern auch die *individualspezifischen Gewichtszahlen* für diese Raumkoordinaten.

6 Clusteranalyse

Eine Faktorenanalyse kann nicht nur über Variablen *(R-Analyse)* sondern auch über Personen *(Q-Analyse)* durchgeführt werden. Im letzten Falle laden dann *nicht mehr Merkmale sondern Merkmalsträger (Personen)* auf den Faktoren, d. h. es werden hier Gruppen von in bestimmter Hinsicht homogenen Merkmalsträgern identifiziert. Will man wissen, was diese Merkmalsträgergruppen jeweils im besonderen auszeichnet, muß man Faktorwerte berechnen, die in *diesem Falle* die Ausprägungen der verwendeten Variablen auf diesen *„Q-Faktoren"* anzeigen. Diese Analysetechnik ist nun aber mit einer ganzen Reihe von technischen und – zum Teil daraus resultierenden – inhaltlichen Unzulänglichkeiten behaftet. Ein Analysemodell, das Ähnliches leistet, aber viele dieser Unzulänglichkeiten nicht aufweist, ist in der *Clusteranalyse* gegeben (Tryon/Bailey,1970; Sodeur, 1974; Schlosser, 1976; Steinhausen/Langer, 1977; Bortz, 1979; Eckes/Rossbach, 1980; Wishart, 1984). Sie findet zwar in den Sozialwissenschaften immer weitere Verbreitung, stößt jedoch bei vielen Methodikern – vielleicht auch wegen der verglichen mit anderen Analysemodellen relativ leichten Nachvollziehbarkeit der zugrundeliegenden Algorithmen – auf naserümpfende Ignoranz („Faktorenanalyse für arme Leute"). In ihr werden *die Variablenprofile von Merkmalsträgern, die einander in bestimmter Weise sehr ähnlich sind, in Clustern zusammengefaßt;* bei unterschiedlich skalierten Variablen müssen diese vorher vereinheitlicht (z. B. „z-transformiert") werden. Die Clusteranalyse kann jedoch auch zur Gruppierung von Variablen eingesetzt werden und stellt dann ein Analogon zur herkömmlichen Faktorenanalyse *(R-Analyse)* dar. Die „Kunst des Clusterns" besteht dabei im wesentlichen darin:

a) eine *möglichst geringe Zahl von Clustern* zu verwenden;
b) *möglichst homogene Cluster* zu haben, d. h. die Variablenprofile der Merkmalsträger, die in einem Cluster zusammengefaßt sind, sollten einander so ähnlich sein, daß sie ohne großen Informationsverlust durch das aus ihnen gebildete *mittlere Clusterprofil* beschrieben werden können: sie sollten sich also maximal an dieses mittlere Clusterprofil „anschmiegen";
c) *möglichst unterschiedliche Cluster* zu haben, d. h. die die Cluster charakterisierenden mittleren Merkmalsprofile sollten sich möglichst deutlich voneinander unterscheiden.

Im Anschluß an eine Clusteranalyse erhält man für jeden Merkmalsträger dessen Clusterzugehörigkeit, und kann dann *pro Cluster die Mittelwerte und Streuungen berechnen, anhand derer das Cluster inhaltlich interpretiert wird.* Dabei sind insbesondere die Merkmale pro Cluster von Bedeutung, die eine *geringe Streuung* in dem jeweiligen Cluster aufweisen und/oder die sich durch einen *vom Gesamtmittelwert deutlich abweichenden Clustermittelwert* auszeichnen. Am Ende einer Clusteranalyse läßt sich auch noch über das Maß ETA^2 Aufschluß über den Stellenwert der einzelnen Merkmale *am Zustandekommen des gesamten Clusterergebnisses* gewinnen, wobei die zuvor ermittelte Clusterzugehörigkeit der Merkmalsträger als „unabhängige Variable" fungiert. Das Maß ETA^2 gibt dann an, *wieviel Prozent der Varianz eines Merkmals durch die zuvor erfolgte Clusterbildung erklärt wird.* Als das zur Zeit wohl optimalste Computerprogramm auf diesem Gebiet kann „CONCLUS" (Bardeleben, 1985) gelten.

7 Zur praktischen Relevanz multivariater Analysemodelle

Multivariate Analysemodelle bilden heute zweifellos einen Grundstock jeder psychologischen Forschung: So dürften sich kaum noch Diplomarbeiten finden, in denen nicht das eine oder andere dieser Modelle zum Tragen kommt. Auch in den anderen Sozialwissenschaften wie etwa der Soziologie oder der Politologie gewinnen sie immer mehr an Bedeutung. Mittlerweile haben diese Analysemodelle auch bei Studenten der Anfangssemester ihre einstigen Schrecken etwas eingebüßt: Ist es heute doch – zum Mißbehagen nicht weniger Fachvertreter, die sich in ihrer früher unentbehrlichen Spezialistenrolle gefährdet sehen – durch die Bereitstellung problembezogener Computerprozeduren auf relativ einfachem Wege möglich, auch kompliziertere multivariate Analysemodelle anzuwenden. Dieser Entwicklung ist im Hinblick auf die Studierenden sicher insofern ein positiver Zug abzugewinnen, als sie hier schon zu einem relativ frühen Zeitpunkt in die Lage versetzt werden, in Grenzen „eigenständig" zu forschen: Passives Nachvollziehen abstrakten Formalwissens verliert, aktives und kreatives Ausprobieren im Rahmen eines mit dem Computer geführten „trial and error-Dialogs" gewinnt somit an Bedeutung, was unter didaktischen und berufsqualifizierenden Gesichtspunkten sicher zu begrüßen ist. Jedoch besteht hier dann immer auch die *Gefahr des allzu leichtfertigen Umganges* mit diesen Analysemodellen. Auf einige der damit angesprochenen Probleme sei im folgenden kurz eingegangen:

Zu Beginn ist darauf hingewiesen worden, daß

alle statistischen Verfahrensweisen insofern lediglich *Modellcharakter* tragen, als sie *nur bei Vorliegen bestimmter datentechnischer Voraussetzungen und der Geltung bestimmter theoretischer Denkkonstruktionen* „sinnvoll" zu interpretierende Resultate liefern. Was nun zunächst die *datentechnischen Voraussetzungen* anbelangt, so wird, mit Ausnahme der multidimensionalen Skalierung und der Clusteranalyse, bei allen anderen vorgestellten Verfahren – zumindest teilweise – Intervallskalenniveau, (Multi-) Normalverteilung und Linearität der Relationen bei den involvierten Variablen gefordert. In welchem Maße Verstöße gegen eine oder mehrere dieser formalen Grundannahmen tolerierbar sind, ist in der Fachwelt strittig; der Trend geht jedoch dahin, ‚kleinere Verstöße' gegen diese aus der Perspektive der Sozialwissenschaften oft allzu rigiden Postulate inkaufzunehmen, und z. B. Rangskalen als Annäherungen an Intervallskalen oder monotone Relationen als Annäherungen an lineare Relationen aufzufassen: Auch wurden spezielle bivariate Koeffizienten und multivariate Schätzalgorithmen für diese Zwecke entwickelt.

Über diese Grundpostulate hinausgehend werden noch zahlreiche weitere datentechnische Annahmen gemacht, deren Angemessenheit *strenggenommen* jedesmal aufs Neue überprüft werden müßte. Ihre Zahl ist jedoch so groß, daß – sollten sie alle adäquat berücksichtigt werden – man sehr bald an arbeits- und publikationsökonomische Grenzen stoßen würde, ganz zu schweigen davon, daß für viele der damit verbundenen Probleme auch bis zum heutigen Tage allenfalls partielle Lösungen gefunden werden konnten.

Auch die bei diesen Analysemodellen gemachten *wissenschaftstheoretischen und substanzwissenschaftlichen Annahmen* sind alles andere als unproblematisch. Das gilt z. B. für den nicht nur bei Wissenschaftstheoretikern sondern auch bei Sozialwissenschaftlern verschiedenster Couleur heftig umstrittenen *„Kausalitätsbegriff"* (Simon, 1957, 10 ff.; Nagel, 1961, 316 ff. – oder z. B. jüngst erst wieder: Mans, 1983), von dem bei allen Modellen mit abhängigen und unabhängigen Variablen explizit Gebrauch gemacht wird. Setzt dieser doch, will er seinem eigenen Anspruch gerecht werden – zumindest potentiell – u. a. die *raumzeitlich unbegrenzte Geltung* von in Konditionalsätzen (= „Je-desto-" bzw. „Wenn-dann-Sätzen") aussagbaren „Kausalgesetzen" sowie die Bedingung voraus, daß alle kausal relevanten Variablen in die jeweiligen Modelle miteinbezogen worden sind bzw. alle nicht miteinbezogenen Variablen keinen nennenswerten Einfluß auf das postulierte Kausalmodell haben. Auch das diesen Analysemodellen implizit zugrundeliegende *deduktiv-nomologische Erklärungsschema,* das wohl von Hempel und Oppenheim (1948) am prägnantesten „auf den Begriff gebracht" worden ist, hat – gerade auch in wissenschaftstheoretisch diesem Konzept nahestehenden Fachkreisen (vgl. dazu etwa: Esser et al., 1977, 101-118 et passim) – eine umfassende Kritik und Revision erfahren.

Ein letztes sei noch zur *sozial-ethischen* Bedeutung multivariater Analyseverfahren angemerkt. Einige dieser Modelle, z. B. die Pfad- oder Varianzanalyse, ließen – vorausgesetzt die zuvor ausgeführten datentechnischen und wissenschaftstheoretischen Probleme wären zumindest bis zu einem gewissen Grade in den Griff zu bekommen – durchaus sehr „praktische", über die „reine Wissenschaft" hinausgehende Anwendungen möglich erscheinen, deren Konsequenzen zu überdenken wären. Gesetzt etwa den Fall, es gelänge nicht nur, in einem *kausalen Sinne* Krebs bewirkende psychosoziale Merkmale zu bestimmen, sondern es handele sich bei diesen Merkmalen auch noch um solche, die auf relativ einfache Weise in Richtung auf eine Senkung der Krebsrate hin veränderbar wären (Grossart-Maticek et al., 1982), *ohne* daß dabei nicht vertretbare Nebenwirkungen zu Tage träten: Wären dann diese Analysemodelle nicht von großem Nutzen für die Menschheit? Gäben aber auf der anderen Seite diese, einem „mechanistischen input-output-Weltbild" verpflichteten Analysemodelle nicht wiederum auch bei gewandelten Fragestellungen ein überaus gefährliches Herrschafts- und Manipulationsinstrument an die Hand? Auch auf den ersten Blick rein deskriptive Verfahren wie etwa die Clusteranalyse ließen sich z. B. in einem autoritär strukturierten Staat als soziale Selektionsinstrumente mißbrauchen, indem sie etwa zur *modernen Rasterfahndung* eingesetzt werden: Man gibt dann z. B. psycho-soziale Profile von mißliebigen Personengruppen vor, und gleicht diese Profile mit entsprechenden Datenbanken ab, wobei dann Personen keineswegs mit diesen ‚staatsfeindlichen' Profilen völlig identisch sein müssen, sondern nur noch eine bestimmte vorgegebene Ähnlichkeit zu ihnen aufzuweisen brauchen, um in dem Raster hängen zu bleiben. Man stelle sich beispielsweise nur einmal vor, die nationalsozialistische Gestapo hätte damals schon über das Instrument der Cluster-Analyse sowie über entsprechende Computer und Datenbanken verfügt!??

Literatur

Ahrens, H. J.: Multidimensionale Skalierung. Weinheim: Beltz, 1974.

Arminger, G.: Faktorenanalyse. Stuttgart: Teubner, 1979.

Bardeleben, H.: CONCLUS. Ein sozialwissenschaftliches Clusteranalyseprogramm, das Apriori-Informationen berücksichtigt. Soziologisches Forum, 11, Gießen: Institut für Soziologie an der Justus-Liebig-Universität, 1985.

Bock, R. D.: Multivariate statistical methods in behavioral research. New York: McGraw Hill, 1975.

Borg, I.: Anwendungsorientierte multidimensionale Skalierung. Berlin: Springer, 1981.

Bortz, J.: Lehrbuch der Statistik für Sozialwissenschaftler. Berlin: Springer, 1979.

Clauss, G./Ebner, H.: Grundlagen der Statistik für Psychologen, Pädagogen und Soziologen. (2. Aufl.). Frankfurt: Deutsch, 1977.

Draper, N./Smith, H.: Applied regression analysis. New York: Wiley, 1966.

Dziuban, Ch. D./Shirkey, E. C.: When is a correlation matrix appropriate for factor analysis. Psychological Bulletin, 81 (6), 1974, 358-361.

Eckes, Th./Rossbach, H.: Clusteranalysen. Stuttgart: Kohlhammer, 1980.

Esser,H./Klenovits, K./Zehnpfennig, H.: Wissenschaftstheorie. Bd. 1: Grundlagen und Analytische Wissenschaftstheorie. Stuttgart: Teubner, 1977.

Gaensslen, H./Schubö, W.: Einfache und komplexe statistische Analyse. München: Reinhardt, 1976.

Grossart-Maticek, R./Kanazir, D./Schmidt, P./Vetter, H.: Psychosomatic factors in the process of cancerogenesis. Psychotherapy and Psychosomatics, 38, 1982, 284-302.

Guttman, L. A.: A general nonmetric technique for finding the smallest coordinate space for a configuration of points. Psychometrica, 33, 1968, 469-506.

Harman, H. H.: Modern factor analysis. Chicago: University of Chicago Press, 1967.

Hempel, C. G./Oppenheim, P.: Studies in the logic of explanation. Philosophy of Science, 15, 1948, 137-175.

Kerlinger, F. N./Pedhazur, E.: Multiple regression in behavioral research. New York: Holt, Rinehart & Winston, 1973.

Küchler, M.: Multivariate Analyseverfahren. Stuttgart: Teubner, 1979.

Kruskal, J. B.: Multidimensional scaling by optimizing goodness of fit to a nonmetric hypothesis. Psychometrica, 29, 1964, 1-22.

Langeheine, R.: Loglineare Modelle zur multivariaten Analyse qualitativer Daten. München: Oldenbourg, 1980.

Lazarsfeld, P. F./Henry, N. W.: Latent structure analysis. Boston: Houghton Mifflin, 1968.

Lorr, M.: Cluster analysis for social scientists. San Francisco: Jossey-Bass, 1983.

Mans, D.: Soziologische Kausalanalyse. Eine Betrachtung aus großer Distanz. Analyse und Kritik, 5, 1983, 154-194.

Mulaik, S. A.: The foundations of factor analysis. New York: McGraw Hill, 1972.

Norusis, M. J.: SPSS: Advanced statistics guide. New York: McGraw Hill, 1985.

Nagel, E.: The structure of science. London: Routledge & Paul, 1961.

Opp, K. D./Schmidt, P.: Einführung in die Mehrvariablenanalyse. Reinbek: Rowohlt, 1976.

Overall, J. E./Klett, C. J.: Applied multivariate analysis. New York: McGraw Hill, 1972.

Pawlik, K.: Dimensionen des Verhaltens. Bern: Huber, 1971.

Rao, K. R.: Introduction to multivariate analysis for the social sciences. San Francisco: Freeman, 1971.

Schiffmann, S. S./Reynolds, M. L./Young, F. W.: Introduction to multidimensional scaling. New York: Academic Press, 1981.

Schlosser, O.: Einführung in die sozialwissenschaftliche Zusammenhangsanalyse. Reinbek: Rowohlt, 1976.

Schubö, W./Uehlinger, H.-M.: SPSS Handbuch der Programmversion 2. Stuttgart: Gustav Fischer, 1984.

Schuchard-Ficher, C./Backhaus, K./Humme, U./Lohrberg, W./Plinke, W./Schreiner, W.: Multivariate Analysemethoden. Berlin: Springer, 1980.

Simon, H. A.: Models of man. New York: Wiley, 1957.

Sodeur, W.: Empirische Verfahren zur Klassifikation. Stuttgart: Teubner, 1974.

Steinhausen, D./Langer, K.: Clusteranalyse. Berlin: de Gruyter, 1977.

Tatsuoka, M. M.: Multivariate analysis. New York: Wiley, 1971.

Tryon, R. C./Bailey, D. E.: Cluster analysis. New York: McGraw Hill, 1970.

Überla, K.: Faktorenanalyse. (2. Aufl.). Berlin: Springer, 1971.

Urban, D.: Regressionstheorie und Regressionstechnik. Stuttgart: Teubner, 1982.

Van der Geer, J.: Introduction to multivariate analysis for the social sciences. San Francisco: Freeman, 1971.

Winer, B. J.: Statistical principles in experimental design. New York: McGraw Hill, 1971.

Wishart, D.: CLUSTAN Benutzerhandbuch. (3. Ausg.). Stuttgart: Gustav Fischer, 1984.

Musikpsychologie

Ralph Langner

1 Begriffsbestimmung

Unter dem Begriff „Musikpsychologie" werden psychologische und musikwissenschaftliche Forschungen zum musikalischen Erleben und Verhalten zusammengefaßt. In ihren Anfängen beschränkte sich die M. auf die elementare Tonwahrnehmung (Stumpf, 1883). Innerhalb der Musikwissenschaft wurde diese reine *„Tonpsychologie"* eher phänomenologisch in Richtung auf musiktheoretische und musikästhetische Fragestellungen weitergeführt (Kurth, 1969; Faltin, 1979). Das Interesse der Psychologie an der Musik richtete sich demgegenüber zunächst auf die Messung musikalischer Begabung. Neuere Entwicklungen der M. nahmen ihren Ausgangspunkt vom kognitionspsychologischen Paradigma, Musik im Hinblick auf die mit ihr verbundenen Prozesse der Informationsverarbeitung und -speicherung zu betrachten. Die hierbei entwickelten Theorien und Modelle werden zunehmend durch neuropsychologische Befunde ergänzt.

2 Musikalische Wahrnehmung

Der bei weitem größte Teil der musikpsychologischer Forschung bezieht sich auf die musikalische Wahrnehmung und läßt sich aufteilen in die Psychoakustik der elementaren Tonempfindungen auf der einen, in kognitionspsychologische Untersuchungen zur musikalischen Mustererkennung auf der anderen Seite.

2.1 Psychoakustische Grundlagen der musikalischen Wahrnehmung

Die Wahrnehmung von Musik setzt das Hören von Tönen voraus. Ein Ton ist wahrnehmungsmäßig durch die vier Dimensionen Tonhöhe, Lautstärke, Klangfarbe und Tondauer gekennzeichnet (Roederer, 1973; Plomp, 1976).

Lautstärke verhält sich logarithmisch zum Schalldruckpegel des Schallreizes und variiert innerhalb der durch die Hörschwelle und die Schmerzschwelle vorgegebenen Grenzen. Das Merkmal *Tondauer* ist abhängig von der Darbietungsdauer überschwelliger Schallreize.

Die wahrgenommene *Tonhöhe* hängt ab von der Frequenz des Schallsignals. Auch hier liegt eine logarithmische Beziehung vor: Quadratische Veränderungen der Schallfrequenz bewirken lineare Veränderungen der Tonhöhenfrequenz. So entspricht einer Verdoppelung der Schallfrequenz die Erhöhung der Tonhöhe um eine Oktave.

Durch ihre *Klangfarbe* lassen sich Töne gleicher Lautstärke und gleicher Tonhöhe voneinander unterscheiden. Die Wahrnehmung unterschiedlicher Klangfarben basiert auf dem spezifischen Obertonspektrum von Klangerzeugern und setzt somit eine komplexe Mustererkennung voraus, deren Erwerb noch nicht genau bekannt ist. Anders als die übrigen Tondimensionen ist die Klangfarbe nicht auf einer eindimensionalen Skala (wie laut-leise, lang-kurz und hoch-tief) abzubilden (Plomp, 1970).

2.2 Erkennen musikalischer Zusammenhänge

Werden Schallreize als „Musik" wahrgenommen, dann findet ein Prozeß der Inferenz von isolierten Gehörsempfindungen auf ein zusammenhängendes Ganzes mit einem nachvollziehbaren, „sinnvollen" Verlauf statt. Die wesentlichen Merkmale dieses Informationsverarbeitungsprozesses bestehen im Erkennen von Relationen (Gruppierungen) auf unterschiedlichen Abstraktionsniveaus sowie im Vergleich wahrgenommener Klangmuster mit Gedächtnisinhalten (Sloboda, 1985).

Bei der Wahrnehmung von *Rhythmik* wird der musikalische Verlauf im Hinblick auf regelmäßige zeitliche Akzente strukturiert, wobei ein „Akzent" nicht nur durch erhöhte Lautstärke zustande kommt, sondern generell durch eine Verschiedenheit vom musikalischen Kontext (Cooper/Meyer, 1960; Fraisse, 1963). Das Erkennen von Rhythmen setzt somit einen komplexen Mustererkennungsprozeß voraus, der jedoch zu großen Teilen angeboren ist und vermutlich von niederen Hirnregionen gesteuert wird (Lashley, 1951).

Melodik ist die sukzessive Anordnung von Tönen bezüglich ihrer Tonhöhe. Bei der Wahrnehmung melodischer Muster spielen offensichtlich die von der Gestaltpsychologie postulierten Prinzipien der Ähnlichkeit, der Nähe und der Prägnanz eine Rolle (Ehrenfels, 1890; Deutsch, 1982). Auch die Tatsache, daß eine Melodie, auf unterschiedlichen Tonstufen, von verschiedenartigen Instrumenten und mit unterschiedlichen Tempi und Rhythmen vorgetragen, immer noch als „dieselbe" erkannt wird, läßt sich gestaltpsychologisch erklären. Daneben ist für das Erkennen und Wiedererkennen einer Melodie auch ihre strukturelle und harmonische Komplexität von Bedeutung (Meyer, 1973; Crozier/Chapman, 1984).

Harmonik als relationales Aufeinanderbezogensein von Tonhöhen setzt langfristig erlernte Regelsysteme der *Tonalität* voraus, deren Struktur bisher nicht einmal für den eng umschriebenen Bereich der abendländischen Dur-Moll-Tonalität eindeutig analysiert werden konnte. Während sich traditionelle Versuche zur Erklärung von Tonalität an der Psychoakustik der Tonhöhenempfindung orientierten, stellen neuere Ansätze eine Parallele zwischen Musik und Sprache her. In dieser Sichtweise ermöglichen tonale Regelsysteme den Aufbau und den Nachvollzug „sinnvoll" angeordneter musikalischer Texte und lassen sich daher unter Zuhilfenahme linguistischer Modelle wie der Generation Transformationsgrammatik analysieren (Lehrdahl/Jackendorf, 1983).

3 Affektive Wirkungen der Musik

Für die meisten Musikhörer ist unbestritten, daß Musik Emotionen auslöst oder zumindest eine emotionale Bedeutung hat. Weit weniger eindeutig sind allerdings die bisherigen wissenschaftlichen Befunde zu den affektiven Wirkungen der Musik. Zwei Forschungsschwerpunkte lassen sich erkennen: 1) der Versuch, affektive Wirkungen der Musik anhand ihrer physiologischen Begleitumstände zu erforschen und 2) musikalische Ausdrucksmomente mit sozialpsychologischen Methoden der Kommunikationsforschung zu messen.

Die deutlichsten physiologischen Wirkungen der Musik gehen von der Rhythmik aus. Sie vermag es, das Aktivierungsniveau des Hörers zu dämpfen oder anzuheben (Berlyne, 1971). Die stimulierende oder beruhigende Wirkung des Rhythmus wird offensichtlich durch monotone Wiederholung verstärkt. Die Faktoren Rhythmus, Tempo und Wiederholung sind jedoch wahrscheinlich die einzigen unmittelbar physiologisch wirksamen und daher kulturübergreifenden Determinanten des musikalischen Erlebens und Verhaltens.

Auf komplexerem Niveau der musikalischen Informationsverarbeitung scheint die Tatsache, daß Musik – anders als Sprache – überwiegend in der rechten Gehirnhälfte verarbeitet wird, für affektive Wirkungen der Musik mitverantwortlich zu sein. In der rechten Hemisphäre werden eher synthetisierende Funktionen ausgeübt, die für die Wahrnehmung von Gefühlen von größerer Bedeutung sind als die eher analytischen Funktionen der linken Gehirnhälfte. Diese eher synthetisierende Form der Informationsverarbeitung wird als Indiz dafür gesehen, daß Musik stärker als die Sprache ein Medium für die Wahrnehmung und Kommunikation emotionaler Inhalte ist (Critchley/Henson, 1976; Clynes, 1982).

Welche Affekte es inhaltlich sind, die musikalisch bewirkt oder dargestellt werden, ist nicht generell für eine Kultur oder auch nur für eine Subkultur anzugeben. Manches außereuropäische Musikstück mit „trauriger" Intention klingt für unsere Ohren heiter. Da die wenigsten Musikhörer die an Musik gebundenen Emotionen benennen können, ist in diesem Bereich der Einsatz spezieller Meßverfahren wie z. B. dem semantischen Differential unumgänglich (Reinecke, 1970; Farnsworth, 1976).

4 Musikalität und ihre Messung

Unter *Musikalität* wird in der M. die persönlichkeitsspezifische Differenzierungsfähigkeit der musikalischen Wahrnehmung und die Leistungsfähigkeit des musikalischen Gedächtnisses verstanden. Ob Musikalität eher vererbt oder eher erlernt wird, ist bis heute nicht völlig geklärt.

Tests zur Messung von Musikalität wie der *Seashore-Test* (Butsch/Fischer, 1966) oder der *Bentley-Test* (Bentley, 1966) messen die Diskriminationsfähigkeit für Tonhöhen, Lautstärken und Klangfarben und das rhythmische und melodische Gedächtnis. Sie sollen dazu dienen, späteren Berufserfolg als aufführender Musiker vorherzusagen. Kennzeichnend für die bisher veröffentlichten Musik-Begabungstests sind jedoch verhältnismäßig schlechte statistische Gütekriterien (Shuter-Dyson, 1982).

5 Musiktherapie

Musiktherapie ist der Einsatz von Musik zu psychotherapeutischen Zwecken. Bei der *rezeptiven Musiktherapie* soll das Anhören von Musik (oft in Verbindung mit Atemtherapie oder Tanz) spannungsregulierend oder emotionslösend wirken. Die *aktive Musiktherapie* besteht aus eigenem Musizieren (meist in der Gruppe und mit einfachen Rhythmusinstrumenten) und soll primär dem Abbau von Hemmungen des emotionalen Selbstausdrucks dienen. Strenggenommen ist die Musiktherapie nicht zur M. zu rechnen, da die von ihr angestrebten musikalischen Wirkungen nur zum geringsten Teil aus musikpsychologischem Wissen erklärt werden können; nicht selten wird die therapeutische Wirksamkeit der Musik aus philosophischen Quellen über die Heilkraft der Musik hergeleitet (Alvin, 1984; Decker-Voigt, 1983). Eine spezifische Indikation zur Musiktherapie fehlt; Anwendungen finden nur in Verbindung mit anderen psychotherapeutischen Verfahren statt.

6 Konzeptuelle und methodische Probleme der Musikpsychologie

M. hat sich erst spät, dann aber entschieden von der primär geisteswissenschaftlichen Orientierung der Musikwissenschaft gelöst. Die Absage an musikwissenschaftliches Fachwissen führte jedoch nicht selten konzeptuell in die Irre; so etwa, wenn historisch und geographisch eng umgrenzte Stile wie die Dur-Moll-Tonalität als naturgesetzliche Grundlagen der musikalischen Wahrnehmung betrachtet wurden. Fundierte musikhistorische und -ethnologische Kenntnisse bieten auf dem gegenwärtigen Wissensstand der M. eine nahezu unverzichtbare heuristische Richtlinie bei der Formulierung sinnvoller musikpsychologischer Fragestellungen.

Darüber hinaus wird die musikpsychologische Forschung durch zahlreiche ungelöste Methodenprobleme erschwert (Böttcher/Kerner, 1978). Hauptproblem hierbei ist die Komplexität des musikalischen Reizmaterials, die die experimentelle Variation isolierter Variablen nahezu unmöglich macht.

Literatur

Alvin, J.: Musiktherapie. München: Bärenreiter, 1984.

Bentley, A.: Musikalische Begabung bei Kindern und ihre Meßbarkeit. Deutsch von R. Jakoby. Frankfurt: Diesterweg, 1968 (Original: 1966).

Berlyne, D. E.: Aesthetics and psychobiology. New York: Appleton, 1971.

Böttcher, H. F./Kerner, U.: Methoden in der Musikpsychologie. Leipzig: Peters, 1978.

Butsch, Ch./Fischer, H. (Hrsg.): Seashore-Test für musikalische Begabung. Bern: Huber, 1966.

Clynes, M. (Ed.): Music, mind, and brain. The neuropsychology of music. New York u. London: Plenum, 1982.

Cooper, G./Meyer, L. B.: The rhythmic structure of music. Chicago, Ill.: University of Chicago Press, 1960.

Critchley, M./Henson, R. A. (Eds.): Music and the brain: Studies in the neurology of music. London: Heinemann, 1976.

Crozier, W. R./Chapman, A. J. (Eds.): Cognitive processes in the perception of tone. Amsterdam: Elsevier, 1984.

Decker-Voigt, H.-H. (Hrsg.): Handbuch Musiktherapie. Lilienthal/Bremen: Eres, 1983.

Deutsch, D. (Ed.): The psychology of music. New York: Academic Press, 1982.

Ehrenfels, C. von: Über Gestaltqualitäten. Vierteljahreszeitschrift für wissenschaftliche Philosophie, 14, 1890, 249-292.

Faltin, P.: Phänomenologie der musikalischen Form. Wiesbaden: Steiner, 1979.

Farnsworth, P. R.: Sozialpsychologie der Musik. Stuttgart: Enke, 1976 (Original: 1969).

Fraisse, P.: Psychology of time. New York: Harper, 1963.

Howell, P./Cross, I. et al. (Eds.): Musical structure and cognition. London: Academic Press, 1985.

Kurth, E.: Musikpsychologie. Hildesheim: Olms, 1969 (Erstausg.: 1931).

Lashley, K.: The problem of serial order in behaviour. In: Jeffress, L. (Ed.): Cerebral mechanisms in behaviour. New York, 1951, 112-136.

Lehrdahl, F./Jackendorff, R.: A generative theory of tonal music. Cambridge: MIT Press, 1983.

Meyer, L. B.: Explaining music: Essays and explorations. Berkeley, CA.: University of California Press, 1973.

Plomp, R.: Timbre as a multidimensional attribute of complex tones. In: Plomp, R./Smoorenburg, G. (Eds.): Frequency analysis and periodicity detection in hearing. Leiden: Sijthoff, 1970, 397-414.

Plomp, R.: Aspects of tone sensation. A psychophysical study. London: Academic Press, 1976.

Reinecke, H,-P.: Über die emotionalen Kategorien des musikalischen Hörens. Datenverarbeitung AEG-Telefunken, 3, 1970, 13-17.

Roederer, J. G.: Physikalische und psychoakustische Grundlagen der Musik. Heidelberg: Springer, 1977.

Shuter-Dyson, R.: Psychologie musikalischen Verhaltens. Mainz: Schott, 1982.

Sloboda, J. A.: The musical mind. The cognitive psychology of music. Oxford u. New York: University Press, 1985.

Stumpf, C.: Tonpsychologie. 2 Bde. Leipzig: Hirzel, 1883 u. 1890.

Neuropsychologie

Hellmuth Benesch

1 Neurowissenschaften

Unter dem Begriff Neurowissenschaften werden seit den 60er Jahren alle Teilgebiete benachbarter Disziplinen zusammengefaßt, die sich mit Erscheinungen im Umfeld der psychophysischen Beziehungen beschäftigen. Praktisch ist kaum eine wissenschaftliche Disziplin von der notwendigen Erörterung der Problematik der Substantialität psychisch-mentaler Eigenschaften ausgeschlossen. Im engeren Sinn zählen aber zu den Neurowissenschaften lediglich die Bereiche der Chemie und Physik, die mit der gesamten Neurophysiologie neuronale Fragen bearbeiten, sowie die N.

In der Geschichte des psychophysischen Grundproblems haben sowohl die Benennungen dieses Problems wie die der übergreifenden Fachbezeichnungen gewechselt. Im Altertum gab es für dieses Problem keinen gesonderten Namen. In der orphisch-pythagoreischen „Seelentheologie“ (Dessoir, 1911) war das Psychische ein unkörperliches Prinzip, das die Gottheit, wie Parmenides sagte, „bald aus dem Sichtbaren in das Unsichtbare sende, bald umgekehrt“. Demgegenüber bestand das Seelische für Demokrit aus Seelenatomen, die wie die tanzenden Staubteilchen im Sonnenlicht in Bewegung geraten und so als Bewegungen Wahrnehmung und Denken schaffen.

Im 19. Jhd. verwissenschaftlichte sich dieses Problem unter dem Titel „Leib-Seele-Problem“ (oder in anderen Ländern: „Körper-Geist-Problem“). Heute wird es eher als Teil einer umfassenden „Psychotheorie“ angesehen.

Seit der Mitte des 19. Jhd. gab dieses Problem Anlaß zu erbitterten Wortkämpfen, die nicht selten auch weltanschaulich mitbestimmt waren. Eine Gruppe meinte, die Frage, wie Psychisches im Körper entstünde, sei unerheblich, weil sie sich mit zunehmender Erforschung des Gehirns von selbst lösen würde. Für eine andere extreme Ansicht war sie ein ewig unlösbares Problem, das die menschliche Fassungskraft übersteige. Der Physiologe Du Bois-Reymond (1887/1925) fand dafür die griffige Formel: ignoramus (wir wissen es nicht) – ignorabimus (wir werden es nie wissen).

1860 führte der Mitbegründer der experimentellen Psychologie, Gustav Theodor Fechner, den Begriff *Psychophysik* ein, wobei er einer äußeren (Beobachtung von Reiz-Erlebensbeziehungen) eine innere Psychophysik (Beziehungsbestimmung des Geistigen zur körperlichen Innenwelt) gegenüberstellte. Neben dem Begriff Psychophysik gibt es noch eine Reihe weiterer, neben-, über- oder untergeordnete Bereichsbenennungen: *Psychophysiologie* (Untersuchungen aller physiologischen Erscheinungen und ihrer psychischen Begleitphänomene), *Verhaltensneurologie* (klinische Einzelfalluntersuchung bei pathologischen Prozessen bezüglich Verhaltensauffälligkeiten), *Psychosomatik* (Theorie und Praxis der psychophysischen Wechselwirkung), *Soziobiologie* (evolutionäre Verhaltenslehre), *Psychogenetik* (Untersuchung vererbten Verhaltens). Ihnen gegenüber ist die N. eine psychologische Grundlagendisziplin, die das theoretische und praktische Verhältnis des Psychischen mit den Abläufen in seinem körperlichen Trägerorgan Gehirn zum Thema hat.

2 Theoretische Neuropsychologie

Die N. besteht aus mehreren Teilbereichen, die sich aus unterschiedlichen theoretischen und forschungspraktischen Ansätzen ergeben. Die *Theoretische N.* ist um Grundmodelle bemüht, wie man sich generell das psychophysische Verhältnis vorstellen kann. Die *Klinische N.* verarbeitet klinische Erfahrungen, um auf die entsprechenden Funktionen im Nerven- bzw. Hirngeschehen rückzuschließen. Die *Experimentelle N.* setzt an die Stelle klinischer Erfahrungen gezielte Versuchsanordnungen in zwei Richtungen: in der Schlußfolge vom Psychischen zum Körpergeschehen und umgekehrt. Die *Vergleichende N.* stellt tierische Fähigkeiten und Nervensysteme untereinander und denen des Menschen gegenüber. Die *Neuro-* und *Psychokybernetik* erweitert den Forschungsbereich auf naturwissenschaftliche, u. a. informationstheoretische Simulationsmodelle, die auch für praktische Zwecke herangezogen werden.

Für die Vertreter der ersten Gruppe, der *Theoretischen N.*, reicht die bloße psychophysiologische Forschungspraxis nicht aus. Es dürfte sicher sein, daß eine essentielle Psychotheorie (mit der Fragestellung des substantiellen Bezugs psychischer Prozesse) nicht zur Problemgruppe der Reperation, d. h. der des Auffindens von gegenständlichen Tatsachen, sondern zu der der Aperation, d. h. zur Aufdeckung von Lösungen über die Verifikation oder Falsifikation von Theorien, gehört. Dementsprechend kann dieses Problem nicht theoriefrei bearbeitet werden.

Im Laufe der Geschichte haben sich vier hauptsächliche Theoriegruppen herausgebildet:

Der *Monismus* erkennt nur eine (neuronale) „Substanz“ an, deren Epiphänomen das Psychische ist. Seit ihrem Begründer Christian v. Wolff

(1721) hat sich diese Richtung in mehrere Untergruppen aufgespalten und erfuhr verschiedene Abwandlungen; z. B. im „Dialektischen Materialismus“ (Widerspiegelungstheorie Lenins) oder im „Emergenten Materialismus“ (den nach Beaumont, 1987, die meisten nordamerikanischen Neuropsychologen als einen Materialismus vertreten, der die Höherwertigkeit des Psychischen gegenüber dem Physischen nicht leugnet).

Der *Dualismus* geht auf René Descartes zurück, der eine res extensa von einer res cogitans unterschied. Er wird heute besonders von Eccles (1980) vertreten. Der Dualismus erkennt das Psychische als eigenständige und unabhängige Instanz an. Dadurch kann er zwar die psychophysische Wechselwirkung, wie sie besonders die Psychosomatik vertritt, theoretisch bestimmen, gerät aber durch seinen „Idealismus“ in erhebliche naturwissenschaftliche Schwierigkeiten.

Der *Parallelismus* nimmt zwischen Monismus und Dualismus eine Mittlerstellung ein. Er geht auf Fechner zurück, der ihn als Monismus mit dualistischem Einschlag in dem Bild formulierte, Psychisches und Physisches würden sich zueinander wie die Außen- und Innenseite einer Kugel verhalten. Bis heute hat der Parallelismus eher eine metaphorische, aber keine forschungspraktische Bedeutung erlangt. Zu ihm gehören u. a. die Doppelursachen-Doppelwirkungstheorie von H. Driesch (1923), nach der für jedes psychische Element etwa im Sinne von Leibniz sowohl psychische wie physische Funktionen maßgeblich seien; ferner wie bei Sperry (1969), der einen transzendierenden Geist über den biochemischen Vorgängen annimmt.

Eine vierte Gruppe geht von einer *Dreiheit* (Triplexität) der psychophysischen Beziehung aus. Diese Gruppe begann bei Aristoteles mit dessen Formbegriff zwischen Substanz und Entelechie. Später wurde die Dreiheit z. B. von Friedrich Schiller im Anschluß an Ferguson und seinem Psychologielehrer Abel in der Dissertation „Philosophie der Physiologie“ (1779) als „Mittelkraft“ zwischen Körper und Geist vertreten. In weiten Teilen der heutigen Theoretischen N. taucht diese Dreiheit im Musterbegriff auf. Die neuronalen Muster (pattern) sind als Muster von den elektrochemischen Trägerprozessen abheb- und innerkörperlich übertragbar, sogar interferierend mit Umweltmustern. Psychische Relevanz erhalten sie durch die Musterbedeutung. Die Dreiheit Träger-Muster-Bedeutung (Benesch, 1980) ist gleichzeitig eine zweifache Höherstufung, weil die Muster teilunabhängig (arbiträr) vom neuronalen Geschehen sind und ferner als Muster ambige (wandelbare) Bedeutungen erlangen können. Diese Theoriengruppe hat sich besonders in der kybernetisch fundierten N. für den Themenkreis „Mustererkennung“ durchgesetzt.

3 Klinische Neuropsychologie

Die Erkenntnisse über die Lokalisation von psychischen Funktionen für bestimmte Hirnareale wurden durch klinische Erfahrungen stark gefördert. Die Schußverletzungen aus den Kriegen, Tumore, Schlaganfälle und sonstige Unfallschäden im Kopfbereich ergaben eine Fülle von Hinweisen.

In diesem Bereich der N. werden die Ergebnisse in der Regel für die vier Hauptlappen des Gehirns zusammengefaßt. In den Arealen des *Frontallappens* werden die folgenden Bereiche unterschieden: orbitaler Cortex mit Persönlichkeitsveränderungen nach Verletzungen besonders im Verhaltensbereich; im präfrontalen Abschnitt u. a. mit Störungen im Problemlösen, der Apperzeption von Wahrnehmungsinhalten, der verbalen Regulation, im Zusammenhang von Handlungsfolgen und neueren Gedächtnisinhalten; motorischer und prämotorischer Cortex u. a. als Desorganisation des verbalen und nonverbalen Ausdrucks und der Rechtschreibung: Broca'sches Feld mit Sprachstörungen. Bei Schäden am *Temporallappen* wurden u. a. Hörschäden, Behinderungen im Wiedererkennen von Gesichtern, reduziertes Aufnehmen und Verstehen von Sprache, Störungen des Langzeitgedächtnisses und Veränderungen des Sexualverhaltens gefunden. Beeinträchtigungen des *Parietallappens* ergaben vor allem Wahrnehmungsstörungen in unterschiedlicher Partialbehinderung (z. B. gemindertes visuelles Erkennen von Objekten) sowie Ausfälle beim Kurzzeitgedächtnis. Im Bereich des *Occipitallappens* ergaben Schädigungen in erster Linie Sehstörungen, so u. a. bezüglich der Wahrnehmung bewegter Objekte, des Entfernungsschätzens, der Farbidentifizierung und Störungen spezieller Leseleistungen.

In der älteren Klinischen N. neigte man zu minutiösen „Landkarten“ zur Aufteilung psychologischer Hirnfunktionen (Kleist, 1934). Neuerdings vertreten die meisten Neuropsychologen eine relative Lokalisation (Guttmann, 1981), bei der man zwar Zuordnungen vornimmt, aber dem Prinzip folgt, je komplexer die psychische Leistung, desto unbestimmter die Lokalisation und desto größer die Wahrscheinlichkeit einer „plastischen“ Veränderbarkeit zu Ausweichlokalisationen. Am Beispiel der Lesefähigkeit kann nachgewiesen werden, daß mindestens sechs größere Arealbereiche dafür zuständig sind.

4 Experimentelle Neuropsychologie

Durch die Ausweitung der Forschungstechniken hat sich die Experimentelle N. überdurchschnittlich fortentwickelt. Allerdings im Unterschied zur Psychophysiologie, die sich mit der Physiologie des Gesamtkörpers beschäftigt, bearbeitet man hier nur den Zusammenhang der neurophysiologischen Abläufe in ihrer Beziehung zum Psychischen. Dabei werden zwei kombinierbare Hauptgruppen der Forschung unterschieden: Ausgehend von experimentell herbeigeführten physiologischen Änderungen werden die psychischen Folgen registriert und umgekehrt in der Folge von psychischen Induzierungen die neurophysiologischen Auswirkungen studiert. Als Beispiel für die erste Form kann die *Wada-Technik* herangezogen werden. Durch die Injektion mit bestimmten Nervenlähmungsmitteln werden gezielt Einzelareale ruhiggestellt. Mit diesem Verfahren kann man u. a. herausfinden, auf welcher Seite sich bei einem Neurochirurgiepatienten seine „verbale“ Hemisphäre befindet. Im umgekehrten Fall können beispielsweise erregende Erzählungen von einem Mord (Becker, 1972) in ihren neurophysiologischen Folgen besonders im Elektroencephalogramm (EEG) auch mit den resultierenden unterschiedlichen Kurvenverläufen beobachtet werden.

Für beide Forschungsgruppen kommt es entscheidend auf die Verfeinerung der beidseitigen Testverfahren an. Auf neurophysiologischer Seite kann hier auf die Verbesserung der EEG-Forschungsverfahren hingewiesen werden. Sie werden u. a. dadurch erreicht, daß die Abgrifftechniken (z. B. durch mehr und enger registrierende Elektroden) und die Verarbeitungsmethoden (z. B. die Verrechnung der Kurvenänderung mit Hilfe von Fourier-Analysen über Computereinsatz) ergänzt werden. Auf psychologischer Seite orientieren sich die Verbesserungen an den Fortschritten der objektiven Testmethodik, so u. a. bezüglich der genaueren Registrierung von Wahrnehmungsleistungen.

Die Arbeiten zur Experimentellen N. konzentrieren sich auf acht Gebiete der Psychologie (Haider, 1971; Guttmann, 1981; Bösel, 1981; Krech/Crutchfield, 1985). Für die Wahrnehmungspsychologie werden vor allem hirnelektrische Korrelate aus den einzelnen Sinnesgebieten untersucht. Für die Aktivationspsychologie kommt es hauptsächlich auf die organischen Grundlagen der Bewußtseinssteuerung an. Innerhalb der Kognitionspsychologie begann bereits Berger (1929) mit seinen ersten EEG-Untersuchungen, Veränderungen der ß-Rhythmik bei geistigen Leistungen zu prüfen. Neuropsychologische Verhaltensuntersuchungen reichen von der Steuerung vegetativer Prozesse bis zu speziellen Verhaltensformen, z. B. Sexualität, Gedächtnis (Sinz, 1979) und Lernen (Hydén, 1970) bildeten wegen ihrer physiologisch greifbaren Erscheinungen immer ein bevorzugtes Forschungsgebiet. Innerhalb einer „Biologie der Motivation“ (Bösel, 1981) werden hauptsächlich Antriebskonzepte neuropsychologisch untersucht. Bei psychischen Störungen (Perret, 1976; Schraml/Baumann, 1976) verfließen die Grenzen zwischen der Experimentellen, die mehr gezielte Tests (z. B. bei induzierten EEG-Untersuchungen) einsetzt, und der Klinischen N.

5 Vergleichende Neuropsychologie

Die Mehrzahl der experimentellen Untersuchungen in der N. werden an Tieren durchgeführt. Die Vergleichbarkeit dieser Ergebnisse mit möglichen Resultaten beim Menschen mußte deshalb schon frühzeitig zur Frage gestellt werden. Das war aber nicht der einzige Grund für den Aufbau einer *Vergleichenden* N. Die N. grenzt hier an die *Humanethologie* (Bösel, 1974), die Verhaltensänderungen auch mit dem phylogenetischen Wandel in der Gehirnentwicklung vergleicht. Ferner gibt es Überschneidungen mit der *Psychogenetik* (Weiss, 1982), einem nicht unumstrittenen Gebiet, das die Vererbung psychischer Eigenschaften untersucht.

Zwei Methodengruppen der Vergleichenden N. stechen von den bisher genannten Methoden und Themen besonders ab. Bei experimentellen *Dressurversuchen* werden z. B. Attrappen oder Wahlmöglichkeiten eingesetzt, um die Zuordnung zwischen jeweils komplizierteren Verhaltensformen (stochastisches Reagieren, gezielter Zufall, Wahlverhalten, Überblicksverhalten) mit den komplizierter werdenden Gehirnen in der Tierreihe in Einklang zu bringen.

Eine andere Methodengruppe sind die *Deprivationsversuche*, die ebenfalls nur in sehr engem Rahmen beim Menschen, z. B. als partieller Erfahrungsentzug, durchführbar sind. Durch Isolation von den Artgenossen werden beispielsweise sowohl neurophysiologische wie psychologische Auswirkungen hergestellt und experimentell geprüft.

6 Neuro- und Psychokybernetik

Die *Neurokybernetik* ist nach Brajnes und Svecinskij (1971) ein Gebiet, das „Prozesse der Regelung und Informationsverarbeitung im Nervensystem von Lebewesen untersucht". Der Unterschied zu den vorherigen Teilbereichen der N. liegt hier in der anderen Annäherung an den psychophysischen Zusammenhang. Das Zentralnervensystem wird von der untersten Zellebene bis zum gesamten Gehirn als sich selbst organisierendes Supersystem interpretiert, das sich mit kybernetischen, d. h. mathematischen und technischen Modellen simulieren und entsprechend in seiner Funktionsweise nachbilden läßt (Shannon/Weaver, 1949; Neumann/v. Morgenstern, 1967; Wiener, 1968; Klix, 1976).

Solche theoretischen Modelle haben auch praktischen Nutzen, beispielsweise im Bereich der sogenannten *Bionik*, einer Kombination aus Biologie und Technik. Das inhaltliche Nervengeschehen wird als Musterprozeß verstanden, der z. B. für Blinde mit Hilfe von technischen Rezeptoren aus der Selentechnologie in ein einfaches Musterbild der Umwelt umgeformt wird, das man dann dem Blinden auf den Rücken projiziert und ihm so ein selbsterlebbares, primitives Abbild verschafft. Die technische Vervollkommnung solcher „Sinnesprothesen", deren Muster direkt in das Nervensystem eingebracht werden sollen, wird seit längerer Zeit angestrebt. Damit verfolgt man einen Weg, den die Evolution des Nervensystems vorgezeichnet hat.

Die *Neurobionik* (Beier/Glaß, 1968; Forth/Schewitzer, 1976) schließt hier an. Auf der Zellebene werden die beiden Hauptfunktionen der Nervenzelle, die axonale (elektrische) Impulsleitung und der synaptische (chemische) Übersprung, mit technischen Modellen nachgebildet und in ihrer rhythmischen bzw. figuralen Struktur und mit den biologischen Musterformen der rhythmischen Leitung und des figuralen Übersprungs verglichen.

In Abb. 1 links wird ein technisches Schaltmodell wiedergegeben, das die axonale Rhythmik simuliert (U: Batterie, C: Kondensator, R: Widerstände, M: Meßgerät).

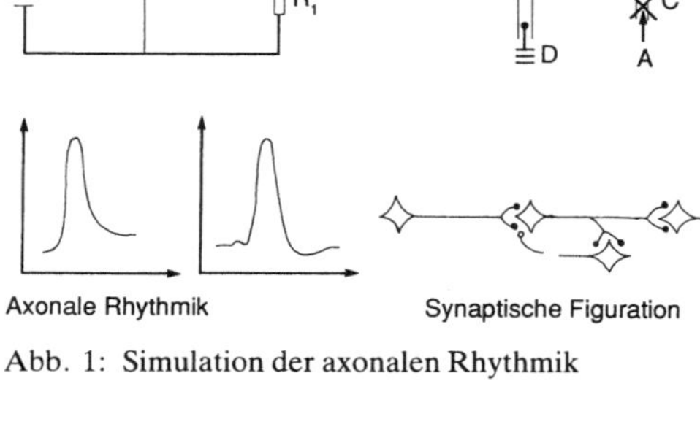

Abb. 1: Simulation der axonalen Rhythmik

Im rechten Teil der Abb. wird die synaptische Figuration technisch nachgebildet. Da der variable Synapsenübersprung kein elektrischer, sondern ein chemischer Strömungsvorgang ist, wird er mit Luftströmen simuliert. In diesem Zweikammermodell öffnet oder schließt eine Membrane M je nach Druckausgleich ein Ventil (B: Signaldruck, A: Betriebsdruck, C: Ausfuhr des Signaldrucks, D: freie Öffnung). Setzt man mehrere solcher Simulationsmodelle gekoppelt hintereinander, so lassen sich Signale speichern und ähneln damit den rückgekoppelten Haltereglern (Abb. rechts unten) einfacher synaptischer Systeme, der ersten Stufe der „Merkfähigkeit" auf der Zellebene.

Aus diesem Beispiel wird ersichtlich, daß diese kybernetischen Modelle nicht wie die vorherigen neuropsychologischen Teilbereiche das Psychische und Neurophysische als Ganzheiten gegenseitig vergleichen, sondern, der evolutionären Entwicklung entsprechend, bereits auf der Zellebene, auf der Psychisches lediglich potentiell, aber noch nicht essentiell vorhanden ist, untersucht. Mit der Kenntnis der psychophysischen Zellfunktionen wird in einem noch langen Forschungsweg gleichsam evolutionär aufwärts bis zur psychophysischen Gesamtfunktion des Zentralnervensystems vorangeschritten.

Auf diesen Erfahrungen baut die *Psychokybernetik* (Benesch, 1988) auf. Sie stützt sich neben der *Kybernetik* auch auf die von dem Mathematiker Gottlob Frege (1892) begründete und von F. de Saussure (1916), C. W. Morris (1938), C. E. Shannon (1949) sowie anderen weiterentwickelte Zeichentheorie (*Semantik* und *Semiotik*). Bei der Interpretation der psychophysischen Zusammenhänge werden drei aufsteigende, miteinander verbundene Stufen unterschieden: neuronale Trägerprozesse, deren theoretisch abhebbare Musterformen und die darin enthaltene psychische Bedeutung. Dieses Träger-Muster-Bedeutung-Prinzip kann die (scheinbare) „Leib-Seele-Paradoxie" der Identität des Psychischen mit dem Nervengeschehen sowie dessen kategoriale Verschiedenheit von ihm begründen. Denn in der Identitätseinheit der drei Stufen stecken gleichzeitig zwei Verschiedenartigkeiten. Die rhythmischen Impulsmuster der Nerven und ihre figuralen Übersprungmuster sind als Muster (ähnlich wie musikalische Melodiemuster von einem Instrument auf ein anderes übertragbar sind) zum psychophysischen Mustertransfer befähigt und als physikalische, biologische, technische usw. Muster frei verfügbar. In einer zweiten Stufe sind die Musterbedeutungen als psychisch-mentale Erscheinungen wandlungsfähig, wenn einem Zeichen z. B. eine neue Bedeutung unterlegt wird. Trotz Identität des Psychischen mit der substantiellen Grundlage im Nervensystem kann es daher kategorial von diesem Substrat divergent sein. Kybernetisch analysiert ist das Psychische sowohl materiell wie gleichzeitig immateriell (man kann nicht sagen, jemand liebe ein Mädchen 3,50 m oder 7½ Liter).

Mit der Psychokybernetik als Theorie werden in der N. neuartige Forschungsfelder erschlossen. Unter dem Begriff „Mustererkennung" werden zwei Forschungsgruppen von der (mittleren) Musterinstanz (T-M-B) ausgehend gebildet (s. Abb. 2).

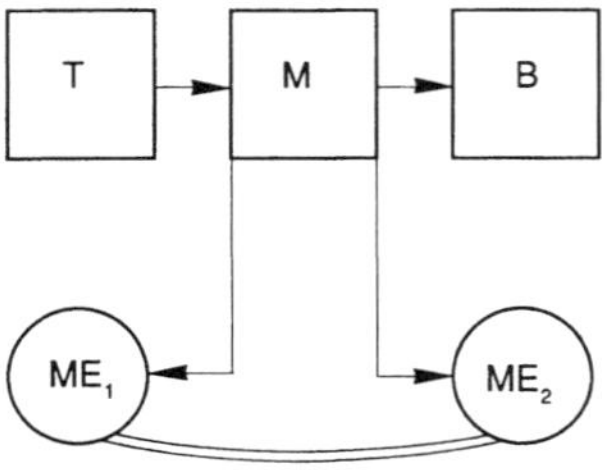

Abb. 2: Mustererkennung

Die erste Form der Mustererkennung ME_1 fragt, welche materiellen Abläufe im ZNS (Zentralnervensystem) sind die Trägerprozesse, und wie werden sie zu bedeutungsrelevanten Mustern (pattern) ausgeformt. Die zweite Mustererkennung ME_2 richtet sich (unter Zuhilfenahme der semantischen Bedeutungstheorie) auf die Bedeutungshaltigkeit der Muster.

Die Psychokybernetik erarbeitet mathematisch-physikalische Kodierungsentwürfe (z. B. für den Amplituden- und Frequenzhub, Sinus-Null-Impuls, die Summation oder Irradiation), die den tatsächlichen neurobiologischen rhythmisch-figuralen Kodierungen approximativ angenähert sind. Aus diesen Forschungsbeispielen wird ersichtlich, daß die psychokybernetischen Modelle nicht wie die vorhergehenden neuropsychologischen Teilbereiche das Psychische und Neurophysische als Ganzheiten vergleichen, sondern, der evolutionären Entwicklung entsprechend, bereits auf der Zellebene, auf der Psychisches lediglich potentiell, aber noch nicht essentiell vorhanden ist, untersucht. Mit der Kenntnis der psychophysischen Zellfunktionen wird in einem noch langen Forschungsweg gleichsam aufwärts bis zur psychophysischen Gesamtfunktion des ZNS vorangeschritten.

Literatur

Beaumont, J. G.: Einführung in die Neuropsychologie. Weinheim: Beltz, 1987.
Becker, D.: Hirnstromanalysen affektiver Verläufe. Göttingen: Hogrefe, 1972.
Beier, W./Glaß, K.: Bionik – eine Wissenschaft der Zukunft. Jena: Urania, 1968.
Benesch, H.: Der Ursprung des Geistes. München: dtv, 1980.
Benesch, H.: Zwischen Leib und Seele. Grundlagen der neuroevolutionären Psychokybernetik. Frankfurt: Fischer, 1988.
Berger, H.: Über das Electroencephalogramm des Menschen. Archiv für Psychiatrie, 87, 1929, 527.
Betz, D.: Psychophysiologie der kognitiven Prozesse. München: Reinhardt, 1974.
Bösel, R.: Humanethologie. Stuttgart: Kohlhammer, 1974.
Bösel, R.: Signalverarbeitung in Nervennetzen. München: Reinhardt, 1977.
Bösel, R.: Physiologische Psychologie. Berlin: de Gruyter, 1981.
Brajnes, S. N./Svecinskij, V. B.: Probleme der Neurokybernetik und Bionik. Stuttgart: G. Fischer, 1971.
Dessoir, M.: Abriß einer Geschichte der Psychologie. Heidelberg: Winter, 1911.
Driesch, H.: Leib und Seele (3. Aufl.). Leipzig: Reinicke, 1923.
Du Bois-Reymond, E.: Über die Grenzen des Naturerkennens (1887). In: Grimmelt, D. et al. (Hrsg.): Philosophisches Lesebuch. Münster: Aschendorff, 1925.
Eccles, J. C./Zeiher, H.: Gehirn und Geist. München: Kindler, 1980.
Fechner, G. Th.: Elemente der Psychophysik (2. Aufl.). Leipzig: Breitkopf u. Härtel, 1907.
Forth, E./Schewitzer, E.: Bionik. Leipzig: Bibliograph. Institut, 1976.
Frege, G.: Funktion, Begriff, Bedeutung. Göttingen: Vandenhoeck & Ruprecht, 1962.
Guttmann, G.: Lehrbuch der Neuropsychologie. Bern: Huber, 1981.
Haider, M. (Hrsg.): Neuropsychologie. Bern: Huber, 1971.
Hydén, H.: Biochemische Lern- und Gedächtnismodelle. In: Koestler, A., Smythies, J. R. (Hrsg.): Das neue Menschenbild. Wien: Molden, 1970.
Kleist, K.: Gehirnpathologie. Leipzig: Thieme, 1934.
Klix, F.: Information und Verhalten (3. Aufl.). Bern: Huber, 1976.
Krech, D./Crutchfield, R. S. (Hrsg.): Grundlagen der Psychologie. Weinheim: Beltz, 1985.
Morgan, C. T.: Physiological psychology. New York: McGraw-Hill, 1965.
Morris, C. W.: Foundations of the theory of signs. Internat. Encyclop. Unif. Sci. 1, 1/2, 1938.
Neumann, J. v./Morgenstern, O.: Spieltheorie und wirtschaftliches Verhalten (2. Aufl.). Würzburg: Physika, 1967.
Perret, E.: Gehirn und Verhalten. Neuropsychologie des Menschen. Bern: Huber, 1976.
Pribram, K. H.: Language of the brain. Englewood Cliffs: Prentice Hall, 1971.
Saussure, F. de: Cours de linguistique générale. Paris. Payot, 1916.
Schraml, W. J./Baumann, U. (Hrsg.): Klinische Psychologie II. Bern: Huber, 1976.
Shannon, C. E./Weaver, W.: Mathematical theory of communication. Urbana: Univ. Press, 1949.
Sinz, R.: Neurobiologie und Gedächtnis. Berlin-Ost: Verl. Volk und Gesundheit, 1979.
Sperry, R. W.: A modified concept of consciousness. Psychological Review, 1969, 532-536.
Weiss, V.: Psychogenetik. Jena: G. Fischer, 1982.
Wiener, N.: Kybernetik. Reinbek: Rowohlt, 1968.

Neurose

Peter Schuster

1 Neurose als Problem

Der Begriff der N. ist heute mehr denn je der Kritik ausgesetzt, da er in wenig differenzierter Form für Zustände vagen Unbehagens bis zu sehr spezifischen psychiatrischen Krankheitsbildern verwendet wird. N. meint dann nicht nur ein allgemeines „Unbehagen in der Kultur" (Freud, 1929/1948), auch *neurotische Reaktionen, neurotische Entwicklungen (Symptomneurosen) und Charakterneurosen* werden darunter subsumiert. Die sogenannten *Persönlichkeitsstörungen* und das sehr spezifische Bild der *traumatischen Neurose* gehören ebenfalls in den näheren Umkreis dieser Abweichungen vom normalen psychischen Gleichgewichtszustand.

Medizinhistorisch wurde der Begriff der N. 1776 durch den schottischen Arzt William Cullen geprägt, der damit eine Abgrenzung entzündlicher Affektionen des Nervensystems (Neuritis) von solchen nicht entzündlicher Genese (Neurose) erreichen wollte. Bis heute finden wir in der Umgangssprache Hinweise für diese „neurologische" Auffassung psychischer Störungen: „Ich habe es mit den Nerven" oder „ich habe einen Nervenzusammenbruch".

Das Nervensystem als Grundlage und Ort psychischer Störungen ist im letzten Jahrzehnt durch die eindrucksvollen Erfolge der biochemischen Hirnforschung (Neurotransmitter, Endorphine usw.) und der in ihren Auswirkungen für das Verständnis von „Nervenkrankheiten" noch nicht absehbaren neuen Entwicklungen, insbesondere der neuroradiologischen Untersuchungsmethoden wieder in den Mittelpunkt des Interesses getreten. Forderungen, den herkömmlichen unscharfen und äußerst schlampig verwendeten N.begriff durch spezifische, genau definierte und exakt operationalisierte Syndrome zu ersetzen, berufen sich auf diese Forschungsfortschritte und Forschungsbedürfnisse im Bereich der Psychiatrie: Den bisher konsequentesten Versuch einer systematischen Operationalisierung psychiatrischer Krankheitsbilder hat die American Psychiatric Association unternommen, deren Diagnostic and Statistical Manual of Mental Disorders (American Psychiatric Association, 1980) bereits in deutscher Übersetzung vorliegt (Köhler/Sass, 1984). Nicht unwesentlich an neuen Sichtweisen und Gruppierungsversuchen von psychiatrischen Syndromen beteiligt sind psychopharmakologische Studien, die weniger an einer internen Konsistenz und einem Verstehen psychischer Prozesse orientiert sind, sondern vielmehr nach dem Ansprechen bestimmter Symptome oder Syndrome auf Psychopharmaka fragen (Klein, 1980 a, b).

Wissenschaftspolitisch werden unter dem Vorwand „reiner Wissenschaftlichkeit" sicherlich auch Machtkämpfe zwischen (psycho-)dynamischen Schulen der Psychiatrie und Psychotherapie einerseits und behavioristischen Schulen und Vertretern der „traditionellen Psychiatrie" auf der anderen Seite ausgetragen (Kernberg, 1984; Schuster, 1985; Schustert/Strotzka, 1985 b; Titscher/Strotzka, 1985 b; Schuster, 1986).

Vermutlich wird sich in Zukunft der auch jetzt schon reichlich unnötige Streit über „psychogen" und „organisch" als inhaltsleer erweisen. Sigmund Freuds Vorstellungen von einer „Ergänzungsreihe" von konstitutionellen und akzidentellen Momenten (Freud, 1916-1917/1968) bei der Entstehung von N.n wird neu konzipiert und für die einzelnen Untergruppen (Hysterie, Phobie, Zwangsneurose usw.) jeweils festgelegt werden können. Es besteht bereits heute schon kein (wissenschaftlicher) Zweifel mehr an der (erb-)genetischen Determinierung auch neurotischer Erkrankungen (z. B. Schepank, 1974). Noch nicht vollständig und befriedigend aufgeklärt ist lediglich die endgültige Gewichtung des tatsächlichen Ausmaßes dieser Determinierung für die jeweilige Form der Neurose und deren Verlauf. Offen bleibt auch vorläufig die praktisch sehr bedeutsame Frage, inwieweit diese Determinaten bei psychotherapeutischen Strategien und Therapieplänen Berücksichtigung finden können.

2 Psychoanalytische Beiträge zum Neurosenproblem

Trotz dieser Mannigfaltigkeit neuer Forschungsergebnisse ist das psychoanalytische Modell der N.n, wie es von Sigmund Freud in den Grundzügen entwickelt wurde, immer noch das geschlossenste und das am besten systematisierte. Es erlaubt eine zwanglose Einteilung (neurotischer) psychischer Störungen nach Ausmaß der Beeinflussung des psychischen Apparates (umschriebene versus die gesamte Persönlichkeit betreffende Störung) und nach Dauer der Beeinträchtigung (akut versus chronisch). Die drei traditionell voneinander geschiedenen Gruppen lassen sich dementsprechend folgendermaßen zuordnen: neurotische Reaktionen (akut, umschrieben), Symptomneurosen (umschrieben, chronisch), Charakterneurosen oder Persönlichkeitsstörungen (chronisch und die gesamte Persönlichkeitsstruktur in Mitleidenschaft ziehend).

2.1 Der neurotische Konflikt

Die psychoanalytische Theorie benützt das „Drei-Instanzenmodell" (Es-Ich-Überich), wenn sie im Rahmen ihrer *Strukturtheorie* (Freud, 1923/1969; Hartmann, 1964/1972; Arlow/Brenner, 1964/1976) psychische Konflikte und deren neurotische Ausgestaltungen zu erklären versucht. Dem Ich als psychischer Instanz ist im Rahmen dieser Modellvorstellungen die Aufgabe übertragen, zwischen den Anforderungen der triebhaften Seite der Persönlichkeit (sexuelle und aggressive Wünsche, das Es) und der moralisch-ethischen Leitaspekte (das Über-Ich) ebenso zu vermitteln, wie es die Außenwelt angemessen berücksichtigen muß (Adaptation). Das Ergebnis dieser permanenten „Konflikte" zwischen Es, Überich und der Außenwelt können immer nur (für den Augenblick optimale) Kompromisse sein, *jeder bewußte psychische Akt* (seien es Gefühle, Gedanken, Phantasien oder Handlungen) *wird so als eine Kompromißbildung verstanden* (Brenner, 1979/1982; 1982). Neurotische Konfliktlösungen beziehen sich regelmäßig auf ein Ungleichgewicht im Kräfteverhältnis Ich – Es, das zu *objektiv* häufig als *unangemessen* erkennbaren und *subjektiv* oft *als Leidenszustand erlebten* Kompromißbildungen führt. Solche „Störungen im Denken, Fühlen und Handeln haben ihren primären Ursprung innerhalb der Psyche und beziehen erst sekundär Ereignisse und Reize der augenblicklichen Lebenssituation mit ein" (Moore/Fine, 1971, Übers. v. Verf.).

2.2 Das neurotische Symptom

Dieses aktuelle (psychische) Ungleichgewicht zwischen Es und Ich, zwischen Tendenzen zur Triebabfuhr und jenen, die sich einer solchen entgegenstellen (Abwehr), kann auf verschiedenen Wegen zustande kommen. Meist ist eine in die Kindheit zurückreichende Vorgeschichte nachweisbar, in deren Verlauf sich ein *labiles Gleichgewicht zwischen Trieb und Abwehr* aufgebaut hat.

„Ein gewisses Ausmaß von neurotischen Konflikten und von pathogener Abwehr kann von jedem ertragen werden, ohne daß er zusammenbricht" (Fenichel, 1945/1977). Vom Grad dieser Labilität wiederum hängt es ab, ob ein Mensch auf geringfügige Veränderungen der Lebenssituation oder erst unter schwersten Belastungen mit einem neurotischen Symptom reagiert. Faktoren, die eine N. auszulösen imstande sind, können folgenden drei Gruppen zugeordnet werden:

1. *Zunahme einer abgewehrten Triebregung* (z.B. physiologische Intensivierung während der Pubertät oder Konfrontation mit Erfahrungen, die bewußt oder unbewußt eine Versuchung eines bestimmten Triebwunsches bedeuten und damit einer Stimulierung desselben gleichkommen),
2. *Abnahme der Abwehrkräfte* (z.B. durch Erschöpfung oder Krankheit) oder
3. *Intensivierung der Abwehrkräfte* (alles, was zu einer Intensivierung von Angst-, Schuld- oder Schamgefühlen beiträgt, führt unweigerlich auch zu einer Veränderung des psychischen Kräfteverhältnisses z.B. durch Blockierung von bisher gestatteten Triebbefriedigungen und damit zu einer Gefährdung des inneren Gleichgewichtes).

Die Psychoanalyse glaubt nachweisen zu können, daß die für den neurotischen Konflikt letztlich entscheidende Triebregung regelmäßig eine *infantile*, d.h. eine aus den ersten Lebensjahren stammende ist, deren Befriedigung damals verworfen werden mußte, ohne daß der Triebwunsch selbst aufgegeben werden konnte *(Verdrängung)*. Der neurotische Konflikt zwischen Trieb und Triebhemmung endet regelmäßig mit einer neurotischen Kompromißbildung, *dem neurotischen Symptom*, das dem Trieb und den triebhemmenden Kräften entweder gleichzeitig oder in zeitlicher Aufeinanderfolge (oft in symbolischer Weise) Ausdruck verleiht. Die neurotische Symptombildung ist somit eine unmittelbare Folge *der Wiederkehr des Verdrängten*.

2.3 Die traumatische Neurose

Mit dieser Symptombildung verhindert das Ich einen traumatischen Zustand *(psychisches Trauma wird als ein zu großer Zustrom an Erregung in einer gegebenen Zeiteinheit konzipiert*; Fenichel, 1945/1977), indem es eine, wenn auch entstellte Triebabfuhr ermöglicht und damit einer Überwältigung und Überflutung des Ichs durch die Triebe entgegenarbeitet. Gelingt dies nicht oder nicht rechtzeitig, unter anderem deswegen, weil die Intensität der Reize die Möglichkeiten, mit ihnen fertig zu werden, bei weitem übersteigt, entsteht ein *psychischer Notstand*, dessen Behebung Vorrang vor allen anderen psychischen Aufgaben eingeräumt wird. Das Vollbild der traumatischen N. kann im wesentlichen als Ausdruck eines solchen Notstandes und dessen gleichzeitig stattfindenden Bewältigungsversuch verstanden werden: Blokkierung und/oder Einschränkung von Ich-Funktionen (Reizschutz), Gefühlsausbrüche, Schlafstörungen, Wiederholung des traumatisierenden Ereignisses (unter anderem in Form immer wiederkehrender Alpträume). Die nur unter günstigsten Umständen beobachtbaren Spontanheilungen werden einerseits durch Verfestigung der für die traumatische N. so charakteristischen Blockierung und Einschränkung von Ich-Funktionen, andererseits durch psychoneurotische Komplikationen verhindert. Nicht selten wird die Ansicht vertreten, daß grundsätzlich am Beginn jeder (psycho-)neurotischen Entwicklung ein traumatisches Erlebnis aufzufinden wäre.

2.4 Die neurotischen Reaktionen und die Symptomneurosen

Ein wesentlicher präventiver Beitrag zur Verhinderung traumatischer Zustände gelingt dem Ich mit der Verwendung der *Angst als Gefahrensignal* (Freud, 1926/1969). Angst, so verstanden, dient als Signal, das die Möglichkeit eines Triebdurchbruchs anzeigen soll; gleichzeitig stellt der Gefühlszustand der Angst aber auch eine traumatische Situation en minature dar, die stark genug ist, um gegen den Triebanspruch entsprechende psychische Gegenkräfte (Abwehrmechanismen) wirksam werden zu lassen, aber nicht so stark, daß von einer echten traumatischen Situation gesprochen werden könnte. Die Art und das Zusammenspiel der derart gegen die Triebansprüche eingesetzten Abwehrstrategien bestimmen nicht nur ganz wesentlich den Ausgang des Konflikts, das Symptom, sie ist auch für die einzelnen Formen der N.n als charakteristisch angesehen worden. Allen N.n gemeinsam ist die *Verdrängung infantiler Wunschregungen*, die sich früher oder später durchzusetzen drohen und die dann Anlaß zu den ersten neurotischen Symptombildungen geben. Von der Reife und Stärke des Ichs und wohl auch von Milieufaktoren hängt es jeweils ab, ob die hinter der gebildeten neurotischen Symptomatik bestehenden Konflikte ohne größere Hilfsmaßnahmen aus eigenen Kräften bewältigt werden können, und damit eine *latente Neuroseneignung* zeitlebens bei entsprechenden Belastungen in Form *kurzlebiger neurotischer Reaktionen* aufbricht, oder ob eine ernste neurotische Entwicklung (eben eine N. im engeren Sinn) in Gang kommt.

Die Angstneurose. – Die Angstneurose wurde von Freud 1895 erstmals beschrieben und den *Aktualneurosen* (Krankheitsbildern, denen die unmittelbare *Umwandlung von aufgestauter Sexualerregung in Angst* zugrundegelegt wurde) zugerechnet (Freud, 1895/1969). Angst kann sicherlich auch heute noch als Ausdruck überhandnehmender innerer Spannungen gedacht werden (*„frei flottierende Ängste“* ohne begleitende Vorstellungsinhalte). Allerdings erweist sich die Anwendung der Strukturtheorie auch hier für das Verständnis von Angstanfällen als klinisch nützlicher: *Angst als neurotisches Symptom* ist im Sinne der Kompromißbildung *zugleich entstellte Triebabfuhr wie auch Ausdruck der triebhemmenden Kräfte*, denen es gelungen ist, jeglichen anstößigen Vorstellungsinhalt vom Bewußtsein fernzuhalten und die neurotische Symptombildung auf die Affektveränderung allein (Verstärkung des Angstaffektes) zu beschränken.

Die Phobie (Angsthysterie). – Die Psychoanalyse beschreibt als das Typische der Phobien, daß durch die Mechanismen der *Projektion* und der *Verschiebung* eine innere (innerpsychische) Gefahrensituation zu einer bedrohlichen Situation der Außenwelt umgestaltet und dadurch als Triebgefahr dem Bewußtsein entzogen wird: nicht der eigene Triebdurchbruch wird befürchtet, sondern die Gefahr geht von einem Gegenstand, einem Tier, einer Situation der Außenwelt aus. Der unmittelbare Vorteil liegt in der Möglichkeit der *Vermeidung dieser Angstauslöser.* Dadurch gelingt es manchmal, den neurotischen Prozeß zum Stillstand zu bringen. Häufiger sind jedoch chronische Verläufe, die zu immer umfassenderen Einschränkungen in der Lebensführung zwingen. Phobische Symptombildungen sind überaus häufig. Von einer N. sollte aber erst dann gesprochen werden, wenn durch die phobische Angstsituation nennenswerte Einschränkungen des Alltags oder ein beträchtlicher Leidenszustand erzwungen werden.

Die Konversionshysterie. – Der spezifische Abwehrvorgang für diese N.form ist die *Konversion.* Mit diesem Mechanismus gelingt es, einen psychischen Konflikt in Körperveränderungen umzusetzen und damit dem Bewußtsein zu entziehen (aber auch der bewußten Kontrolle, wie alle neurotische Symptombildungen). Dieser rätselhafte *„Sprung aus dem seelischen in die somatische Innervation“* (Freud, 1909/1969) bedarf zweier Voraussetzungen, einer physischen und einer psychischen: „Die physische Voraussetzung besteht in einer *allgemeinen Erogeneität* des menschlichen Körpers, die es ermöglicht, daß jedes Organ und jede Funktion sexuelle Erregung ausdrücken kann. Die psychische Voraussetzung besteht in einer vorgängigen Wendung von der Realität zur Fantasie, einer Ersetzung realer Sexualobjekte durch fantasierte Stellvertreter infantiler Objekte. Diesen letzten Prozeß nennt man *Introversion*“ (Fenichel, 1945/1975). Die verdrängten, in Form unbewußter Fantasiebildungen gestalteten Triebabkömmlinge finden so ihren symbolischen Ausdruck in *motorischen* (Lähmungen oder Erregungszustände, Arc de cercle) oder *sensiblen/sensorischen* (psychogene Blindheit, Schmerzen)

Symptomen. Die „klassische" Hysterie mit ihren Anfällen und Dämmerzuständen ist heute selten geworden. Häufiger sind eine Reihe somatischer Beschwerden (Kopf- und Rückenschmerzen, Erbrechen, Globus hystericus usw.), deren Abgrenzung von psychosomatischen Krankheiten nicht nur in praxi schwieriger geworden zu sein scheint. Hinzu kommt, daß hysterische Symptombildungen auch bestehende (körperliche) Krankheiten in ihr Szenario einbauen oder solche körperliche Störungen oft bis ins Detail imitieren können. Um diesen Problemen besser begegnen zu können, unterteilt das DSM III die hysterische N. in mehrere Untergruppen: Somatisierungssyndrom (*Briquet-Syndrom*, genannt nach P. Briquet, der 1859 vielfältige und stark wechselnde körperliche Beschwerden unter dem Bild der Hysterie zusammenfaßte; Guze, 1967; 1970; 1975; Guze et al. 1972), hysterische N. (Konversionstyp), psychogenes Schmerzsyndrom und hysterische N., dissoziativer Typ, dem psychogenes Weglaufen (Fugue), psychogene Amnesien und das Bild der multiplen Persönlichkeit sowie das Depersonalisationssyndrom zugezählt werden.

Die Zwangsneurose. – Diese N. zeichnet sich nicht nur durch spezielle Abwehrmanöver aus, sondern auch durch das Phänomen der *Regression*, das die Zwangsneurose von allen bisher beschriebenen Neurosen unterscheidet. Für die Angstneurose, die Hysterie und die Phobie gilt, daß der abgewehrte infantile Triebwunsch im wesentlichen der ödipalen Entwicklungsstufe zuzurechnen ist und daß phallisch-narzißtische Triebziele (zumindest im Unbewußten) überwiegen. Der Zwangsneurotiker zieht sich von diesem (erreichten, aber bedrohlichen) Entwicklungsschritt auf die *Analerotik* zurück (Regression auf einen Fixierungspunkt), die phallisch-narzißtischen werden durch *sado-masochistische Inhalte* (auch im Unbewußten) mehr oder weniger vollständig ersetzt. Die Folge sind gesteigerte *Ambivalenz* und die Verwendung von *Isolierung, Ungeschehenmachen und Reaktionsbildung* als Abwehrstrategien, die das klinische Bild der Zwangsneurose prägen: Zwangsgedanken, Zwangsimpulse und Zwangshandlungen.

2.5 Die Charakterneurosen (Persönlichkeitsstörungen)

Franz Alexander (1928) und Wilhelm Reich (1933/1971) gelten als Pioniere einer psychoanalytisch fundierten Charakterkunde. Bislang ist es allerdings nicht gelungen, eine wenigstens für Psychoanalytiker verbindliche Systematik zu erstellen. Eine an den Symptomneurosen angelehnte Charakterologie (ängstlicher, phobischer, hysterischer und zwanghafter Charakter) konnte dem komplexen Bedingungsgefüge ebensowenig gerecht werden wie ein auf die verschiedenen libidinösen Entwicklungsstufen ausgerichteter Bezugsrahmen (oraler, analer, urethraler, phallisch-narzißtischer, genitaler Charakter). Vielversprechend sind Kernbergs Bemühungen um eine Systematisierung der psychoanalytischen Charakterpathologie (Kernberg, 1975/1978; 1976/1981; 1984): Unter Berücksichtigung der Konzepte *Identität* (stabile Identität versus Identitätsdiffusion), *Fähigkeit zur Realitätsprüfung* (erhalten versus fehlend) und *Abwehrmechanismen* (primitive versus reifere; *Spaltung versus Verdrängung*) trennt Kernberg neurotische von psychotischen und Borderline-Persönlichkeitsstörungen.

Bei dem Versuch, das weite Feld der N.n aus einer psychoanalytischen Perspektive zu beschreiben, stößt man rasch an die gesetzten Grenzen eines Handbuchbeitrags. Aktuelle und ganz wesentliche Problemstellungen, wie sie derzeit in Diskussion stehen, können nur gestreift werden oder müssen sogar unerwähnt bleiben. So fand die *depressive N.* keine Berücksichtigung, obwohl sie von großer sozialer Bedeutung ist: Eine sichere Zuordnung zu den Symptomneurosen ist nicht möglich, eher wäre sie in die Charakterneurosen einzureihen. Im DSM III findet man sie als „Dysthyme Störung" unter der Rubrik „Affektive Störungen" gemeinsam mit den Zyklothymien. Ob es gerechtfertigt ist, das depressive Syndrom als psychosomatische Störung zu konzipieren (Schuster/Strotzka 1985 a), die den Verlauf der verschiedensten psychischen Krankheiten (besonders bestimmter Persönlichkeitsstörungen, aber auch der Hysterien) komplizieren kann, muß derzeit offen gelassen werden. Vor ein ähnlich ungelöstes Problem stellt uns die Beschreibung der *narzißtischen* N., die vor allem Kohut (1971/1976; 1977/1979) zu verdanken ist und die zu recht hitzigen Auseinandersetzungen innerhalb der Psychoanalyse geführt hat (bis zur Einführung der Selbst-Psychologie, deren Vertreter ein neues Paradigma entdeckt zu haben glauben, neben dem der Trieb- und der Ich-Psychologie). Auch die Abgrenzung der Psychoneurosen von den Psychosen (die Freud noch narzißtische N.n nannte) wirft Probleme auf, nicht nur als klinische Entscheidungsfrage, sondern auch theoretisch („psychotischer Kern" in jeder N.; Green, 1975).

Hinzu kommt, daß die durch Kinderbeobachtung gewonnenen Erkenntnisse das psychoanalytische Wissen von der frühkindlichen Entwicklung nicht nur erweitert haben, sondern möglicherweise auch in manchen Punkten (Geschlechtsidentität, früher Ödipuskomplex usw.) so verändern wird, daß die psychoanalytische N.nlehre in ihren Grundzügen revisionsbedürftig erscheinen könnte (Triebkonzept, Separation – Individuation usw., Mahler et al. 1975/1978, Roiphe/Galenson, 1981). Für die Aneignung der „klassischen" psychoanalytischen Konzepte und Modellvorstellungen sind immer noch Freuds Werke (insbesondere die Vorlesungen zur Einführung in die Psychoanalyse, 1916-1917, und die Neue Folge der Vorlesungen zur Einführung in die Psychoanalyse, 1932) sowie Fenichels „Psychoanalytische Neurosenlehre" (1945/1974-1977) zu empfehlen. „Die Krankheitslehre der Psychoanalyse" (Loch, 1971) und „Charakter und Neurose" (Hoffmann, 1979) geben recht übersichtliche Darstellungen auch der jüngsten Entwicklungen auf dem Gebiet der psychoanalytischen N.nlehre.

3 Lerntheoretische Beiträge zum Neurosenproblem

Neben dem psychoanalytischen N.nkonzept entwickelte die Verhaltenstherapie eine eigenständige und von psychodynamischen Vorstellungen unabhängige Theorie und Behandlungspraxis von als neurotisch eingestuften Verhaltensabweichungen: *„Neurotisches Verhalten ist eine dauerhafte, unangepaßte Verhaltensgewohnheit eines psychologisch normalen Organismus, erworben durch einen Lernvorgang"* (Wolpe, 1952). Es scheint jedoch bis heute nicht gelungen zu sein, ein für ein bestimmtes neurotisches Verhalten spezifisches Lernkonzept darzustellen. Eysencks (nach Pongratz, 1973) Einteilung in *„Dysthymische Neurosen"* (darin sind Ängste, Phobien, Zwangsreaktionen und reaktive N.n inkludiert) und *„Soziopathische Neurosen"* („Psychopathie", Kriminalität, Verwahrlosung) aufgrund von Neurotizismus, Extraversion – Introversion und Faktoren des autonomen Nervensystems ist zumindest umstritten.

Interessant sind letztere Überlegungen, da sie sich von überlieferten medizinischen Kategorien frei zu machen suchen und menschliches Lernen mit biologischen Parametern in Verbindung bringen. Der entscheidende Beitrag der Lerntheorien zum N.problem ist jedoch nicht so sehr in bezug auf die Nosologie zu sehen (Intergenerationsversuche von Lerntheorie und „hirnorganischen" Modellen der psychiatrischen Krankheitslehre sind z. B. bei Berner, 1982, zu finden), sondern in der „experimentellen Grundhaltung", der Strategie (Hand, 1986) und den Behandlungstechniken.

Literatur

Alexander, F.: Der neurotische Charakter. Internationale Zeitschrift für Psychoanalyse, 14, 1928, S. 26-44.

American Psychiatric Association: Diagnostic and statistical manual of mental disorders, Third Edition (DSM-III). Washington: American Psychiatric Association, 1980.

Arlow, J. A./Brenner, Ch.: Grundbegriffe der Psychoanalyse. Reinbek: Rowohlt, 1976.

Berner, P.: Psychiatrische Systematik. Bern: Huber, 1982.

Brenner, Ch.: Praxis der Psychoanalyse. Frankfurt: Fischer 1979.

Brenner, Ch.: The mind in conflict. New York: Int. Univ. Press, 1982.

Eysenck, H. W./Rachmann, S.: Neurosen – Ursachen und Heilmethoden. Berlin: VEB, 1971.

Fenichel, O.: Psychoanalytische Neurosenlehre. (1945) 3 Bde. Olten: Walter 1974-1977.

Freud, S.: Über die Berechtigung von der Neurasthenie einen bestimmten Symptomenkomplex als „Angstneurose" abzutrennen. (1895) In: Gesammelte Werke, Bd. I. Frankfurt: Fischer (3. Aufl.) 1969.

Freud, S.: Bemerkungen über einen Fall von Zwangsneurose (1909). In: Gesammelte Werke, Bd. VIII. Frankfurt (5. Aufl.): Fischer, 1969.

Freud, S.: Vorlesungen zur Einführung in die Psychoanalyse (1916-1917). In: Gesammelte Werke, Bd. XI/III. Frankfurt (4. Aufl.): Fischer, 1968.

Freud, S.: Das Ich und das Es (1923). In: Gesammelte Werke, Bd. XIII. Frankfurt (6. Aufl.): Fischer, 1969.

Freud, S.: Hemmung, Symptom und Angst (1926). In: Gesammelte Werke, Bd. XIV, Frankfurt: Fischer (4. Aufl.) 1968.

Freud, S.: Das Unbehagen in der Kultur (1929). In: Gesammelte Werke, Bd. XIV. Frankfurt: Fischer (4. Aufl.) 1968.

Freud, S.: Neue Folge der Vorlesungen zur Einführung in die Psychoanalyse (1932). In: Gesammelte Werke, Bd. XV. Frankfurt (5. Aufl.): Fischer, 1969.

Green, A.: Analytiker, Symbolisierung und Abwesenheit im Rahmen der psychoanalytischen Situation: Psyche, 29, 1975, 503-541.

Guze, S. B.: The diagnosis of hysteria: What are we trying to do? Am. J. Psychiat., 124, 1967, 491-498.

Guze, S. B.: The role of follow-up studies: their contribution to diagnostic classification as applied to hysteria. Seminars in Psychiatry, 2, 1970, 392-402.

Guze, S. B.: The validity and significance of the clinical diagnosis of hysteria (Briquet's Syndrome). Am. J. Psychiat., 132, 1975, 138-141.

Guze, S. B. et al.: Sex, age and the diagnosis of hysteria (Briquet's Syndrome). Am. J. Psychiat., 129, 1972, 745-748.

Hand, J.: Verhaltenstherapie und kognitive Therapie in der Psychiatrie. In: Kisker, K. P. et al. (Hrsg.): Psychiatrie der Gegenwart, Bd. 1. Berlin: Springer 1986, S. 277-306.

Hartmann, H.: Ich-Psychologie (1964). Stuttgart: Klett 1972.

Hoffmann, S. O.: Charakter und Neurose. Frankfurt: Suhrkamp, 1979.

Kernberg, O. F.: Borderlinestörungen und pathologischer Narzißmus (1975). Frankfurt: Suhrkamp, 1978.

Kernberg, O. F.: Objektbeziehungen und Praxis der Psychoanalyse. Stuttgart: Klett-Cotta, 1981.

Kernberg, O. F.: Severe personality disorders. New Haven: Yale Univ. Press, 1984.

Klein, D. F.: Anxiety reconceptualized. Comprehensive Psychiatry. 21, 1980 a, 411-427.

Klein, D. F. et al.: Diagnosis and drug treatment of psychiatric disorders: adults and children. Baltimore: Williams & Williams 1980 b.

Kohut, H.: Narzißmus. Frankfurt: Suhrkamp, 1976.

Kohut, H.: Die Heilung des Selbst. Frankfurt: Suhrkamp, 1979.

Köhler, K./Sass, H.: Diagnostisches und statistisches Manual psychischer Störungen (DSM-III). Weinheim, Basel: Beltz, 1984.
Loch, W. (Hrsg.): Die Krankheitslehre der Psychoanalyse. Stuttgart: Hierzle, 1971.
Mahler, M./Pine, F./Bergman, A.: Die psychische Geburt des Menschen. Frankfurt: Fischer, 1978.
Moore, B. E./Fine, B. D.: A glossary of psychoanalytic terms and concepts (2nd ed.). New York: The American Psychoanalytic Assoc., 1971.
Pongratz, L. J.: Lehrbuch der Klinischen Psychologie. Göttingen: Hogrefe, 1973.
Reich, W.: Charakteranalyse (1933). Berlin: Kiepenheuer & Witsch, 1971.
Roiphe, H./Galenson, E.: Infantile origins of sexual identity. New York: Int. Univ. Press, 1981.
Schepank, H.: Erb- und Umweltfaktoren bei Neurosen. Tiefenpsychologische Untersuchungen an 50 Zwillingspaaren. In: Monographien aus dem Gesamtgebiet der Psychiatrie, Bd. II. Berlin: Springer, 1974.
Schuster, P.: Zum Problem der Nosologie bzw. Kassifikation in der Psychiatrie anhand des DSM-III unter besonderer Berücksichtigung der Neurosen und Persönlichkeitsstörungen. Psychother. med. Psychol., 35, 1985, 75-77.
Schuster, P.: Zum Beitrag von H.-L. Körber. Gefährdet Psychopathologie die Psychotherapie? Anmerkungen zur Diskussion um das DSM III. Psychother. med. Psychol. 36, 1986, S. 91-93.
Schuster, P./Strotzka, H.: Zur Psychotherapie der Depression. Wiener klinische Wochenschrift, 97, 4, 1985 a, S. 208-212.
Schuster, P./Strotzka, H.: DSM-III und die Psychoanalyse: Diskussionsbeiträge zu Harvey Bluestones Aufsatz. Forum der Psychoanal. 1, 1985 b, S. 318-323.
Titscher, E./Strotzka, H.: Ist der Neurosebegriff sinnvoll und notwendig? Psychother. med. Psychol. 35, 1985, S. 71-74.
Wolpe, J.: Experimental neuroses as a learned behavior. British Journal of Psychology 43, 1952, S. 243-268, 613-616.

Nonverbale Kommunikation

Harald G. Wallbott

1 Begriff und Geschichte

N. K. als Sammelbegriff (populär auch häufig „Körpersprache" genannt; Fast, 1972) umfaßt alle Verhaltensweisen, die nicht spezifisch sprachlichem Verhalten, wie es die Linguistik untersucht, zugerechnet werden. Über Art und Umfang der Systematisierung dieses Bereichs besteht dabei durchaus Uneinigkeit, genau wie über die begriffliche Definition. Einmal ist umstritten, ob „nonverbale Kommunikation" als eigenes Forschungsfeld zu verstehen ist, oder nur im Gesamtzusammenhang kommunikativer Prozesse gesehen werden kann (Birdwhistell, 1970), zum anderen, ob es eigenständige Fragestellungen umschreibt oder nur Hilfsfunktionen für andere Bereiche der Psychologie wie beispielsweise die Emotions- oder die Einstellungsforschung bereitstellt (Scherer, 1984). Weiterhin wird teilweise der Begriff als solcher in Frage gestellt, da besonders „Kommunikation" bestimmte Vorannahmen wie das Vorliegen eines von Sender und Empfänger zumindest teilweise geteilten Codes, die Übermittlungsabsicht oder die Eindeutigkeit und Einheitlichkeit der Kodierung (i. e. der Zuordnung von Zeichen und Bezeichnetem) erfordert, die bei n. Verhaltensweisen in vielen Fällen nicht erfüllt sind (Ekman/Friesen, 1969; Scherer, 1979).

Es scheint von daher sinnvoller, von *„nonverbalem Verhalten"* zu sprechen. Was aber nun alles ist n. Verhalten? Zur Ordnung dieses Gebietes wurden häufig „Kanal"-Klassifikationen herangezogen. Nach Laver und Hutcheson (1972) lassen sich grundlegend der Bereich *vokalen* Verhaltens (alle Verhaltensweisen, die mit der Sprache oder mit Lautäußerungen einhergehen, aber nicht unmittelbar der Sprache zuzuordnen sind, wie Stimmqualität, Stimmhöhe, Versprecher, Pausenverhalten etc.) und der *nonvokalen* Verhaltens unterscheiden, wobei letzterer alle visuell sichtbaren motorischen Verhaltensweisen wie Mimik, Gestik, Körperhaltung, aber auch die interpersonelle Distanz, die zu anderen Personen eingenommen wird, umfaßt (Helfrich/Wallbott, 1980; Scherer/Wallbott, 1984).

Andere Forscher haben den Bereich n. Verhaltens nicht nach solchen einzelnen „Kanälen" wie den der Mimik oder der Gestik abgegrenzt, sondern versucht, Verhaltensweisen nach ihren *unterschiedlichen Funktionen* im Kommunikations- und Interaktionsgeschehen zu ordnen. Ekman und Friesen (1969) beispielsweise haben in einer sehr einflußreichen Arbeit unterschieden zwischen „Illustratoren“ (Verhaltensweisen, die das sprachlich Ausgedrückte illustrieren, untermalen und verdeutlichen, wie sprachbegleitende Gesten und Kopfbewegungen), „Manipulatoren“ (Verhaltensweisen, die der Bedürfnisbefriedigung dienen oder körperliche Zustände widerspiegeln wie Sich-Kratzen oder auch Räuspern), „Embleme“ (Verhaltensweisen mit eindeutig zuordenbarer, festgelegter Bedeutung wie An-den-Kopf-Tippen, Die-Faust-Ballen oder „huch“ und andere Ausrufe), des weiteren „Regulatoren“ (Verhaltensweisen, die den Kommunikationsablauf und besonders den Sprecherwechsel regeln, wie Blickzu- und abwendung, Heben der Stimme) und schließlich „Affektdarbietungen“, die als Ausdruck von Emotionen und Stimmungen zu verstehen sind (besonders der affektive mimische Gesichtsausdruck).

Weiterhin wichtig bei der Betrachtung n. Verhaltens erscheint die explizite Trennung zwischen der Untersuchung von *Ausdrucksverhalten* (Enkodierung) und *Eindrucksprozessen* (Dekodierung), wie sie in Modellen, die auf Brunswiks Ansatz (1956) aufbauen, vorgeschlagen wird (Tagiuri, 1969; Scherer, 1978). Häufig ist es so, daß beobachtetes Ausdrucksverhalten nicht mit Eindrücken korrespondiert, da Wahrnehmungsfehler oder falsche Inferenzen eingreifen (Wallbott, 1982 a).

Geschichtlich reicht die Beschäftigung mit n. Verhalten, besonders mit mimischem Gesichtsausdruck, mindestens zurück bis zu der Publikation „Der Ausdruck der Gemüthsbewegungen beim Menschen und bei den Thieren“ von Charles Darwin (1872), die in vielen ihrer Aussagen und Beobachtungen auch heute noch Gültigkeit beanspruchen kann. Neben dieser *ethologischen Tradition* (vgl. auch neuere Arbeiten wie Andrew, 1963; Eibl-Eibesfeldt, 1973) können in der *Kunst* viele Anregungen und Vorläufer der n. K.forschung gefunden werden, da man sich dort beispielsweise mit prototypischen emotionalen Ausdrücken oder Gesten und Körperhaltungen beschäftigte (u. a. Austin, 1806; Rudolph, 1903). Die dritte Tradition, die allerdings in der modernen Kommunikationsforschung weitgehend ignoriert wurde, ist die der (besonders deutschsprachigen) *Ausdruckspsychologie*, in der viele neuere Befunde, aber auch neue methodische Entwicklungen zur Verhaltensmessung vorweggenommen wurden (Kirchhoff, 1965; Asendorpf, 1982; Asendorpf/Wallbott, 1982; Wallbott, 1982 b; Helfrich/Wallbott, 1986). Des weiteren lassen sich Ahnen der modernen Kommunikationsforschung im *psychiatrischen* Bereich lokalisieren. Schon Freud (1925) oder Reich (1970) betonten die große Bedeutung des n. Verhaltens. Schließlich lieferte die *Linguistik* und die Kommunikationswissenschaft, nachdem man die rein sprachliche Betrachtung des Menschen in Kommunikation und Interaktion aufgeben mußte, vielfältige Anregungen (Birdwhistell, 1970).

Im folgenden werden einige Ergebnisse und Fragestellungen kurz aufgegriffen, ohne daß dabei Vollständigkeit auch nur angestrebt werden kann (zu ausführlicheren Darstellungen vgl. Harper et al., 1978; Scherer, 1982; Scherer/Wallbott, 1984).

2 Ausgewählte Befunde und Fragestellungen

2.1 Nonverbales Verhalten als Emotionsausdruck

Nach einer langen Kontroverse zwischen Vertretern einer kulturellen Determiniertheit mimischen emotionalen Gesichtsausdrucks wie Birdwhistell (1970) und in der Nachfolge Darwins stehender „Universalisten“ scheint inzwischen gesichert, daß es zumindest für einige Grundemotionen wie Freude, Trauer, Furcht, Ärger, Abscheu oder Überraschung universelle, wohl *angeborene Ausdrucksmuster* gibt. Dies belegen sowohl Beobachtungen an Neugeborenen (Ekman/Oster, 1979), an Taub-Blind-Geborenen (Eibl-Eibesfeldt, 1973), als auch interkulturelle Studien (Izard, 1971; Ekman, 1973). Daß dennoch nicht alle Personen in der gleichen Situation übereinstimmendes mimisches Verhalten zeigen, dürfte darauf zurückzuführen sein, daß die Situation unterschiedlich interpretiert und bewertet wird (Scherer, 1984) und damit unterschiedliche Emotionen auslösen kann, die dann naturgemäß zu unterschiedlichem Gesichtsausdruck führen. Zum anderen muß das von Ekman (1972) postulierte Konzept der „Display rules“ berücksichtigt werden, welches beinhaltet, daß gerade mimisches Verhalten häufig stark kontrolliert oder auch maskiert wird. Besonders beim Erleben negativer Emotionen wie Ärger fordern explizite oder implizite Normen nicht selten die „Deintensivierung“, „Neutralisierung“ oder „Maskierung“ des mimischen Ausdrucks.

Solche Maskierungen können aber teilweise erkannt werden, wenn mimisches Verhalten mit elaborierten Beobachtungsmethoden wie dem „Facial Action Coding System“ (Ekman/Friesen, 1978) analysiert wird. So wurde beispielsweise gezeigt, daß sich ein „unechtes“ Lächeln von einem echten, wirklich Freude ausdrückenden Lächeln

u. a. darin unterscheidet, daß es unsymmetrisch ist, daß die Muskeln um die Augen nicht beteiligt sind und daß der zeitliche Verlauf des Einsetzens und Abbrechens ein anderer ist (Ekman/Friesen, 1982).

Im Bereich vokalen Verhaltens, also des Stimmausdrucks, ist es demgegenüber bisher nicht eindeutig gelungen, emotionstypische Stimmuster nachzuweisen. Generelle Erregung bzw. Entspannung dagegen äußert sich in einigen Stimmcharakteristika wie der Grundfrequenz oder in Verschiebungen der im Sprachsignal enthaltenen Frequenzen, dem sogenannten Frequenzspektrum (Scherer, 1981). Neuere Ideen darüber, wie sich emotionale Zustände in der Stimme äußern könnten, werden von Scherer (1986) dargestellt. Auch andere n. Verhaltensweisen, besonders Körperbewegungen, scheinen nicht für die Qualität einer Emotion indikativ, können aber eventuell Informationen über die Intensität einer erlebten Emotion (Ekman/Friesen, 1974) liefern.

2.2 *Nonverbales Verhalten als Indikator interpersonaler Einstellungen*

Besonders intensiv wurde der Zusammenhang zwischen n. Verhalten und interpersonalen Einstellungen wie Sympathie oder Ablehnung von Mehrabian (1972) untersucht. Er fand, daß man dazu tendiert, sympathischen Personen gegenüber eine *direktere Körperorientierung* (Zuwendung von Kopf und Oberkörper, vermehrter Blickkontakt etc.) einzunehmen als gegenüber unsympathischen Personen. Daneben spiegeln sich auch *Statusrelationen* im Verhalten. Statushöhere Personen bevorzugen gegenüber statusniedrigeren eine eher „asymmetrische" Körperhaltung (lockeres Übereinanderschlagen der Beine, offene Armhaltung etc.), während letztere häufiger „symmetrische" Haltungen einnehmen.

Auch die Wahrnehmung von Einstellungen einer anderen Person einem Beobachter gegenüber wird stark durch n. Verhalten beeinflußt, zumal solche (besonders negativen) Einstellungen in vielen Situationen aufgrund sozialer Normen und Zwänge nicht offen verbal geäußert werden. Die Art der Stimmqualität und der Intonation eines inhaltlich neutralen Satzes kann beispielsweise diese Wahrnehmung entscheidend beeinflussen und verändern, z. B. zum Eindruck von Ironie und Sarkasmus führen (Scherer et al., 1984). Wichtig ist, daß bei solchen Eindrucksbildungsprozessen unterschiedlichen n. *Kanälen* unterschiedliche Bedeutung oder unterschiedliches Gewicht zukommen kann. So fanden Mehrabian (1972) oder Archer und Akert (1977), daß generell der visuelle Kanal (besonders das mimische Verhalten) Eindrücke am stärksten determiniert, gefolgt vom akustischen Kanal (Stimmqualität, Intonation, etc.), und mit geringerer Bedeutung der verbale Inhalt.

Diese Unterschiede in der Bedeutsamkeit von Kanälen sind besonders interessant bei der Betrachtung inkonsistenter oder in sich diskrepanter Botschaften, wie sie auch in der „Double-bind-Theorie" als Erklärungsmodell zur Entstehung der Schizophrenie (Bateson et al., 1956) eine Rolle spielen. Hier konnten u. a. altersabhängige Strategien im Umgang mit solchen diskrepanten Botschaften (z. B. negativer Inhalt, der mit positiver Stimme und positivem Gesichtsausdruck gesprochen wird) beobachtet werden, dahingehend, daß Kinder im Gegensatz zu Erwachsenen eine Botschaft schon dann als insgesamt negativ bewerten, wenn nur eine Komponente negativ ist, während Erwachsene hier differenzierter urteilen und Konzepte wie Ironie berücksichtigen (Bugental et al., 1970).

2.3 *Nonverbales Verhalten und Persönlichkeit*

Beziehungen zwischen n. Verhalten (besonders Gestik, Gang und Stimmaspekten) und Persönlichkeitseigenschaften, hier in Gestalt der „Charakterologien" von Kretschmer oder Jaensch, aufzuzeigen, war eines der Hauptanliegen der Ausdruckspsychologie (Wallbott, 1982b; Helfrich/Wallbott, 1986). Ähnliches wird heute wieder versucht, wobei allerdings diesmal Konzepte und Eigenschaften aus der Persönlichkeitspsychologie und der Differentiellen Psychologie zugrunde gelegt werden. Dabei finden sich die engsten Zusammenhänge mit den auch interaktiv bedeutsamen Dimensionen der *Extraversion*, des *Neurotizismus* und der *Dominanz* (Wallbott, 1985).

So zeigen Ergebnisse, daß dominante Personen im Gegensatz zu submissiven schneller sprechen, weniger Pausen machen und lauter reden. Ähnliches gilt für Extravertierte im Gegensatz zu Introvertierten (Wallbott, 1985). Dominante und Extravertierte zeigen außerdem mehr Blickkontakt und brechen diesen später ab, besonders im Vergleich zu hoch-neurotischen Personen, und wählen schließlich eine geringere interpersonelle Distanz (Abstand zum Gesprächspartner) als andere Gruppen (Ellsworth/Ludwig, 1972; Harper et al., 1978).

Generell allerdings sind die Korrelationen zwischen n. Verhaltensweisen und Persönlichkeitseigenschaften, wie sie mit den gängigen Fragebogenverfahren bestimmt werden, eher niedrig. Ein

Grund für diese scheinbar nur losen Zusammenhänge mag in den unterschiedlichen Meßebenen zu suchen sein. Während das n. Verhalten in Form sehr konkreter umschriebener Verhaltensweisen analysiert wird, sind Persönlichkeitskonzepte eher abstrakt, weil vom konkreten Verhalten von Personen entfernt. Interessant aber ist in diesem Zusammenhang, daß Beobachter, denen Proben n. Verhaltens (Video- oder Tonbandsequenzen) vorgelegt werden, recht hoch in der Zuordnung von Persönlichkeitseigenschaften übereinstimmen (Scherer et al., 1977). Die Gründe für diese Diskrepanzen mögen in Beurteilerstereotypen zu suchen sein, wahrscheinlicher aber darin, daß es der n. K.forschung (besonders im vokalen Bereich) noch nicht gelungen ist, die als Persönlichkeitsindikatoren wirklich relevanten Parameter zu identifizieren, bzw. daß Persönlichkeitskorrelate u. U. nicht in einzelnen Verhaltensweisen, sondern eher in komplexen „Verhaltensstilen" (Scherer/Scherer, 1980) zu suchen sind.

2.4 *Nonverbales Verhalten in der Gesprächs- und Interaktionssteuerung*

Eigentlich ist es verwunderlich, daß Gespräche in der Regel insofern reibungslos verlaufen, als Gesprächspartner sich nicht permanent ins Wort fallen oder unangenehm lange Pausen zwischen Sprechbeiträgen entstehen. Während formelle Austausche wie beispielsweise der Funkverkehr, um Mißverständnissen vorzubeugen, explizite sprachliche Signale wie „over" oder „roger" zur Kennzeichnung von Sprecherwechseln oder Rückmeldungen benutzen, werden solche Informationen in Alltagsgesprächen großenteils nonverbal übermittelt. Duncan (Duncan/Fiske, 1977) hat in einer Serie von Untersuchungen sehr viel zum Verständnis der dabei beteiligten Mechanismen und Signale beigetragen. Eine Vielzahl vokaler (z. B. Heben der Stimme) und nonvokaler Signale (z. B. Gesten und besonders Aufnahme und Abbruch von Blickkontakt) übermitteln dabei Informationen, daß der Sprecher seine Sprecherrolle bereit ist abzugeben, daß er noch weiterreden möchte, oder daß der Hörer bereit ist, die Sprecherrolle zu übernehmen. Von großer Bedeutung sind auch *Rückmeldungen* des Hörers wie Kopfnicken und Kopfschütteln oder „hmhm" und andere vokale Signale, da sie dem Sprecher mitteilen, wieweit ihm der Hörer in seinen Ausführungen folgt oder sogar schon voraus ist.

Daneben können n. Verhaltensweisen auch über Sprecherwechsel hinausgehende Abschnitte eines Gesprächs gliedern. Scheflen (1964) beispielsweise hat beschrieben, wie kleinere Gesprächseinheiten („Argumente") durch Gesten, Augen- und Kopfbewegungen markiert werden, während größere Abschnitte, besonders der Wechsel zu einem neuen Gesprächsthema, einer „Position", durch größere Änderungen der Körperhaltung indiziert werden.

Als weiteres Phänomen, das allerdings umstritten ist (Rosenfeld, 1982), wurde die *„Selbst"*- und die *„Interaktionssynchronizität"* (Condon/Ogston, 1966; Kendon, 1972) beschrieben. Damit ist gemeint, daß das Bewegungsverhalten eines Sprechers normalerweise bis in den Millisekundenbereich hinein eng mit dem Sprechverhalten koodiniert ist und Änderungen im Sprechen weitgehend mit Änderungen des Bewegungsverhaltens (Selbstsynchronizität) synchron sind, ja daß sogar das Bewegungsverhalten des Zuhörers zeitlich so strukturiert ist wie das Sprechverhalten des Sprechers (Interaktionssynchronizität).

Bei letzterem handelt sich um Koordination auf der Mikroebene zwischen zwei Gesprächspartnern. Aber auch auf höherer Ebene sind ähnliche Prozesse beschrieben worden, besonders die *Kongruenz von Körperhaltungen* (Scheflen, 1964), die beinhaltet, daß Interaktionspartner dann identische oder spiegelbildliche Haltungen einnehmen, wenn die Interaktion „gut" verläuft (Rapport in der Psychotherapie), aber in Gesprächsphasen, die als uneffektiv oder unbefriedigend beurteilt werden, diese Haltungskongruenz zusammenbricht.

Ähnlichkeiten im n. Verhalten zwischen Gesprächspartnern beschränken sich allerdings nicht auf Körperhaltungen. In seiner umfangreichen *Akkomodationstheorie* hat Giles (z. B. 1980) argumentiert, daß Personen dann „konvergieren", wenn sie sich dem Gesprächspartner gegenüber positiv darstellen bzw. ihre Sympathie zeigen wollen. Diese Konvergenz, also das Ähnlicherwerden von Verhaltensweisen innerhalb eines Gesprächs oder über eine Serie von Gesprächen läßt sich u. a. für die Sprechgeschwindigkeit, die Lautstärke, für das Pausenverhalten, aber auch für linguistische Faktoren wie den verwendeten Akzent, oder bei zweisprachigen Personen sogar für die Wahl der gesprochenen Sprache zeigen (Giles, 1980). Divergenz im Verhalten tritt umgekehrt dann auf, wenn der Gesprächspartner einer Person unsympathisch ist oder wenn man seine Unterschiedlichkeit vom anderen demonstrieren und sich abgrenzen will.

3 Schlußfolgerungen

Mit der zunehmenden Einführung und Verfeinerung der *Videotechnik* haben sich der Verhaltensbeobachtung und damit auch der n. K.forschung große Möglichkeiten eröffnet. Während der Ausdruckspsychologie oft vorgeworfen wurde, daß sie in ihren Verhaltensbeschreibungen zu phänomenal und induktiv vorginge (obwohl auch in diesem Bereich schon frühzeitig eine Vielzahl exakter Beobachtungs- und Meßmethoden entwickelt wurde; Wallbott, 1982 b), möchte man umgekehrt der n. K.forschung in vielen Fällen vorwerfen, daß sie zu analytisch und zergliedernd vorgehe (vgl. die komplexen und exakten Notationssysteme für Bewegungsverhalten von Birdwhistell, 1970; Frey/Pool, 1976; oder für mimisches Verhalten, Ekman/Friesen, 1978). Verhalten exakt zu analysieren und zu quantifizieren ist sicher nötig und wichtig, birgt aber die Gefahr in sich, größere und psychologisch bedeutsame Phänomene in der Vielzahl der erhobenen Daten aus dem Auge zu verlieren.

Zudem ist vielen Untersuchungen, die sich auf jeweils nur einen Verhaltenskanal beschränken, vorzuwerfen, daß der Mensch immer als „Multikanalsender und -empfänger" (Birdwhistell, 1970) gesehen werden muß, und daß jede Verhaltensweise immer im Kontext der gleichzeitig gegebenen und sie zeitlich einbettenden übrigen Verhaltensweisen sowie des interaktiven und situativen Kontexts betrachtet werden muß (Wallbott, 1986).

Weiterhin ist die Analyse n. Verhaltens nicht Selbstzweck, sondern immer mit anderen Bereichen der Psychologie aufs engste verknüpft, sei es der Emotionspsychologie, der Persönlichkeitsforschung, der Sozialpsychologie, oder auch der Linguistik, Psychopathologie und Massenkommunikationsforschung. In vielen Fällen wäre es sicher fruchtbar, theoretische Annahmen aus diesen Gebieten im Hinblick auf ihre Bedeutung für n. Verhalten verstärkt heranzuziehen, um über das unbefriedigende Korrelieren nonverbaler Verhaltensaspekte mit mehr oder weniger willkürlich ausgewählten psychologischen Parametern aus anderen Bereichen hinauszukommen (vgl. auch Scherer, 1984).

Schließlich ist vor der überaus populären „Deutung" einer Vielzahl n. Verhaltensweisen zu warnen, wo beispielsweise aus der Art des Übereinanderschlagens der Beine auf spezifische Charaktereigenschaften geschlossen wird (vgl. die populäre Literatur zur „Körpersprache"). Die n. K.forschung hat zwar Ergebnisse zu einer Vielzahl von Zusammenhängen geliefert. Die Übertragbarkeit solcher generellen Befunde auf einzelne Individuen, konkrete Situationen und umschriebene Verhaltensweisen aber birgt die nicht zu unterschätzende Gefahr in sich, unzulässig von individuellen Reaktionsunterschieden und situationspezifischen Determinanten zu abstrahieren. Noch so suggestive und naheliegende Deutungen sind problematisch, solange kein Kriterium zu ihrer Überprüfung zur Verfügung gestellt wird. Die n. K.forschung muß so immer versuchen, auf dem schmalen Grad zwischen der Produktion von Trivialitäten (wie die, daß Verliebte mehr Blickkontakt aufnehmen als Personen, die sich nicht kennen; Rubin, 1970) und der unzulässigen Deutung und Interpretation von Einzelverhaltensweisen zu balancieren.

Literatur

Andrew, R. J.: Evolution of facial expression. Science, 142, 1963, 1034-1041.

Archer, D./Akert, R. M.: Words and everything else: Verbal and nonverbal cues in social interpretation. Journal of Personality and Social Psychology, 35, 1977, 443-449.

Asendorpf, J.: Contributions of the German Expression Psychology to nonverbal behavior research. Part 2: The face. Journal of Nonverbal Behavior, 6, 1982, 199-219.

Asendorpf, J./Wallbott, H. G.: Contributions of the German Expression Psychology to nonverbal behavior research. Part I: Theories and concepts. Journal of Nonverbal Behavior, 6, 1982, 135-147.

Austin, G.: Chironomia; or a treatise on rhetorical delivery. Carbondale: Southern Illinois University Press, 1966. (Original London, 1806).

Bateson, G. / Jackson, D. / Hailey, J. / Weakland, J.: Towards a theory of schizophrenia. Behavioral Science, 1, 1956, 251-264.

Birdwhistell, R. L.: Kinesics and context. Philadelphia: University of Pennsylvania Press, 1970.

Brunswik, E.: Perception and the representative design of psychological experiments. Berkeley: University of California Press, 1956.

Bugental, D. E./Kaswan, J. W./Love, L. R./Fox, M. N.: Child vs. adult perception of evaluative messages in verbal, vocal, and visual channels. Developmental Psychology, 2, 1970, 367-375.

Condon, W. S./Ogston, W. D.: Soundfilm analysis of normal and pathological behavior patterns. Journal of Nervous and Mental Disease, 143, 1966, 338-347.

Darwin, C.: Der Ausdruck der Gemüthsbewegungen beim Menschen und bei den Thieren. Stuttgart: Schweitzerbart, 1872.

Duncan, S. D./Fiske, D. W.: Face-to-face interaction. Hillsdale, NJ: Erlbaum, 1977.

Eibl-Eibesfeldt, I.: The expressive behavior of the deafand-blind born. In: Cranach, M. v./Vine, I. (Eds.): Social communication and movement. London: Academic Press, 1973, 163-194.

Ekman, P.: Universals and cultural differences in facial expressions of emotion. In: Cole, J. (Ed.): Nebraska Symposium on Motivation 1971. Lincoln: University of Nebraska Press, 1972, 207-283.

Ekman, P.: Darwin and cross-cultural studies of facial expression. In: Ekman, P. (Ed.): Darwin and facial expression. New York: Academic Press, 1973, 1-83.

Ekman, P./Friesen, W. V.: The repertoire of nonverbal behavior: Categories, origins, usage, and coding. Semiotica, 1, 1969, 49-98.

Ekman, P./Friesen, W. V.: Detecting deception from the body or face. Journal of Personality and Social Psychology, 29, 1974, 288-298.

Ekman, P./Friesen, W. V.: The facial action code: A manual for the measurement of facial movement. Palo Alto, CA: Consulting Psychologist's Press, 1978.

Ekman, P./Friesen, W. V.: Felt, false, and miserable smiles. Journal of Nonverbal Behavior, 6, 1982, 238-252.

Ekman, P./Oster, H.: Faical expression of emotion. Annual Review of Psychology, 30, 1979, 527-554.

Ellsworth, P. C./Ludwig, L. M.: Visual behavior in social interaction. Journal of Communication, 22, 1972, 375-403.

Fast, J.: Körpersprache. Reinbek: Rowohlt, 1972.

Freud, S.: Negation. London: Hogarth, 1925 (deutsch: Gesammelte Werke. Bd. 14). London: Imago, 1948, 11-15.

Frey, S./Pool, J.: A new approach to the analysis of visible behavior. Bern: Research Reports from the Department of Psychology, 1976.

Giles, H.: Accomodation theory: Some new directions. In: Silva, M. W. S. (Ed.): Aspects of linguistic behavior: Festschrift Robert Le Page. New York Papers in Linguistics, Special No. 9, 1980, 105-136.

Harper, R. G./Wiens, A. N./Matarazzo, J. D.: Nonverbal communication: The state of the art. New York: Plenum Press, 1978.

Helfrich, H./Wallbott, H. G.: Theorie der nonverbalen Kommunikation. In: Althaus, H. P./Henne, H./Wiegand, H. E. (Hrsg.): Lexikon der Germanistischen Linguistik. Tübingen: Niemeyer, 1980, 267-275.

Helfrich, H./Wallbott, H. G.: Contributions of the German Expression Psychology to nonverbal behavior research. P. 4: The voice. Journal of Nonverbal Behavior, 10, 1986, 187-204.

Izard, C. E.: The face of emotion. New York: Appleton-Century-Crofts, 1971.

Kendon, A.: Some relationships between body motion and speech. In: Siegman, A. W./Pope, B. (Eds.): Studies in dyadic communication. New York: Perg. Press, 1972, 177-210.

Kirchhoff, R. (Hrsg.): Handbuch der Psychologie. Bd. 5: Ausdruckspsychologie. Göttingen: Hogrefe, 1965.

Laver, J./Hutcheson, S. (Eds.): Communication in face to face interaction. Harmondsworth: Penguin, 1972.

Mehrabian, A.: Nonverbal communication. Atherton: Aldine, 1972.

Reich, W.: Charakteranalyse. Frankfurt: Fischer, 1970.

Rosenfeld, H. M.: Measurement of body motion and orientation. In: Scherer, K. R./Ekman, P. (Eds.): Handbook of methods in nonverbal behavior research. Cambridge: Cambridge University Press, 1982, 199-286.

Rubin, Z.: Measurement of romantic love. Journal of Personality and Social Psychology, 16, 1970, 265-273.

Rudolph, H.: Der Ausdruck der Gemütsbewegungen des Menschen. Dresden: Kühtmann, 1903.

Scheflen, A. E.: The significance of posture in communication systems. Psychiatry, 27, 1964, 316-321.

Scherer, K. R.: Personality inference from voice quality: The loud voice of extraversion. European Journal of Social Psychology, 8, 1978, 467-487.

Scherer, K. R.: Kommunikation. In: Herrmann, T./ Hofstätter, P. R./Huber, H. P./Weinert, F. E. (Hrsg.): Handbuch psychologischer Grundbegriffe. München: Kösel, 1979, 228-239.

Scherer, K. R.: Speech and emotional states. In: Darby, J. (Ed.): The evaluation of speech in psychiatry. New York: Grune & Stratton, 1981, 189-220.

Scherer, K. R. (Hrsg.): Vokale Kommunikation. Weinheim: Beltz, 1982.

Scherer, K. R.: The state of the art in vocal communication: A partial review. In: Wolfgang, A. (Ed.): Nonverbal behavior: Perspectives, applications, intercultural insights. New York: Hogrefe, 1984, 41-74.

Scherer, K. R.: Vocal affect expression: A review and a model for future research. Psychological Bulletin, 99, 1986, 143-165.

Scherer, U./Scherer, K. R.: Psychological factors in bureaucratic encounters: Determinants and effects of interactions between officals and clients. In: Singleton, W. T./Spurgeon, P./ Stammers, R. B. (Eds.): The analysis of social skill. New York: Plenum Press, 1980, 315-328.

Scherer, K. R./Wallbott, H. G. (Hrsg.): Nonverbale Kommunikation: Forschungsberichte zum Interaktionsverhalten. (2. Aufl.) Weinheim: Beltz, 1984.

Scherer, K. R./Ladd, D. R./Silverman, K. E. A.: Vocal cues to speaker affect: Testing two models. Journal of the Acoustical Society of America, 76, 1984, 1346-1356.

Scherer, K. R./Scherer, U./Hall, J. A./Rosenthal, R.: Differential attribution of personality based on multichannel presentation of verbal and nonverbal cues. Psychological Research, 39, 1977, 221-247.

Tagiuri, R.: Person perception. In: Lindzey, G./Aronson, E. (Eds.): Handbook of social psychology. Vol. 3 (2. Aufl.). Reading, Mass.: Addison-Wesley, 1969.

Wallbott, H. G.: Bewegungsstil und Bewegungsqualität. Weinheim: Beltz, 1982 a.

Wallbott, H. G.: Contributions of the German Expression Psychology to nonverbal behavior research. P. 3: Gait, gestures and body movement. Journal of Nonverbal Behavior, 6, 1982 b, 20-32.

Wallbott, H. G.: Ausdruck. In: Herrmann, T./Lantermann, E. D. (Hrsg.): Persönlichkeitspsychologie: Ein Handbuch in Schlüsselbegriffen. München: Urban & Schwarzenberg, 1985, 380-387.

Wallbott, H. G.: Person und Kontext: Zur relativen Bedeutung von mimischem Verhalten und Situationsinformationen im Erkennen von Emotionen. Archiv für Psychologie, 138, 1986, 211-231.

Normalität und psychische Störungen

Heiner Keupp

1 Ein überdeterminierter Diskurs

Fast jedes Lehrbuch der Klinischen Psychologie, Psychiatrie oder Psychopathologie beginnt mit einem Teil, in dem der Autor seine Sicht von N. und Pathologie darstellt. Es werden damit die Grundkoordinaten des Denkgebäudes eingeführt, durch die der jeweilige Autor das Gesamtfeld von N. und Abweichung strukturiert. Mit den Kernaussagen über das, was als N. und was als deviant betrachtet wird, wird eine spezifische professionelle Perspektive kenntlich gemacht, die in der Regel noch durch die Schattierung einer besonderen Schulrichtung geprägt ist. Der jeweilige N.- und Störungsbegriff stellt ein kognitives Ordnungsmodell dar, in dem sich die Vielfältigkeit menschlichen Erlebens und Verhaltens klassifikatorisch sortieren läßt nach solchen Formen, die als erwünscht, akzeptabel, förderungswürdig oder reif zu betrachten sind, und solchen, die als unerwünscht, abweichend, krank und behandlungsbedürftig gelten sollen. Der sich so konstituierende Störungsbegriff enthält Annahmen über Ursachen, Verlauf und Interventionsmöglichkeiten bei den unterschiedlichen Formen psychisch abweichenden Verhaltens.

Der Diskurs über N. und Abweichung, der nicht mehr innerhalb einer gemeinsam geteilten Perspektive stattfindet, wird in der Regel verwirrend. In den unterschiedlichen Mustern systematischer Mißverständnisse zwischen Vertretern unterschiedlicher Perspektiven wird die Mehrdimensionalität des Diskurses über N. und Devianz erkennbar. Er ist überdeterminiert, und neben den Aspekten, die durch eine explizite Thematisierung akzentuiert werden, schwingen die anderen Determinanten meist implizit mit. In den jeweils als gültig betrachteten N.- und Störungsbegriff gehen mindestens die folgenden Determinanten ein: *einzelwissenschaftliche Paradigmen* (z. B. Psychoanalyse, humanistische Psychologie, Lerntheorie, biogenetische und biopsychosoziale Theorien); *institutionelle Anforderungsprofile* für die Alltagspraxis (z. B. der gesetzlich fixierte Krankheitsbegriff der Reichsversicherungsordnung; Arbeitsroutinen in spezifischen Einrichtungen; Hierarchie- und Kooperationsformen zwischen den Professionen); und die in einer Gesellschaft *dominierenden Menschen- und Gesellschaftsbilder* (z. B. Autonomie und Ich-Stärke als Normen der Selbstverwirklichung; die protestantische Arbeits- und Leistungsethik; die Männer- und Frauenrollen).

Aus der Vielzahl der in einen N.- und Störungsbegriff eingehenden Determinanten und deren prinzipieller Veränderlichkeit wird einsichtig, daß es auch eine Vielzahl von konkurrierenden Perspektiven für einen adäquaten N.- und Störungsbegriff geben kann. Es wird auch verständlich, daß ein rein wissenschaftlicher Diskurs (z. B. über die Wissenschaftlichkeit der Psychoanalyse oder die mangelnde Beweislage biogenetischer Theorien) den Geltungsanspruch einer Perspektive nur begrenzt in Frage stellen kann, wenn sie durch institutionelle Normierungen abgestützt ist oder durch prägende gesellschaftliche Ideologien getragen wird.

Die Auseinandersetzung um einen adäquaten N.- und Störungsbegriff hat sich in den letzten zwei Jahrzehnten schwerpunktmäßig auf das sogenannte *„medizinische Modell“* konzentriert. Es repräsentiert die in der Psychopathologie lange vorherrschende und im Kern noch immer fast ungebrochene Position, daß Abweichungen im Erleben und Verhalten als Krankheiten aufzufassen seien, die einer naturgeschichtlichen Eigenlogik folgen. Psychische Störungen sind entsprechend den Systematisierungsansätzen der medizinischen Pathologie zu ordnen und ihrem naturwissenschaftlichen Grundverständnis folgend zu erklären. In der Annahme, daß die Gründe für unverständliches Denken, Fühlen und Handeln in Funktionsstörungen und Schädigungen des biologischen Substrats liegen, war die paradigmatische Aufmerksamkeit der Psychopathologie in erster Linie auf biomedizinisch erfaßbare Verursachungsbedingungen ausgerichtet. Die Hoffnung, das Gesamtfeld psychischer Devianz durch Identifizierung biogenetischer Ursachen aufklären zu können, hat sich zwar nicht erfüllt, aber die Fokussierung des psychopathologischen Diskurses auf ätiologische Konstellationen *im* einzelnen Individuum ist erhalten geblieben. Diese paradigmatische Ausrichtung auf intraindividuelle Krankheitsursachen ist angesprochen, wenn vom „medizinischen Modell“ die Rede ist. Die Auseinandersetzung um dieses Modell fand entsprechend der mehrdimensionalen Bestimmung von N.- und Störungskonzepten auf unterschiedlichen Ebenen statt:

(1) *Einzelwissenschaftliche Erklärungsansprüche:* Dem nach biogenetischen Ursachen suchenden oder diese unterstellenden Krankheitsbegriff der psychiatrischen Psychopathologie wurden Erklärungsansätze entgegengehalten, die dem Einfluß lebensgeschichtlicher Bedingungen (z. B. im

Sinne der Psychoanalyse, Lerntheorie oder der Streßforschung) oder sozioökonomischer Lebensbedingungen (entsprechend den soziogenetischen Modellen der Sozialepidemiologie) einen wesentlich höheren Erklärungsanspruch zumaßen.

(2) *Konkurrenz der Professionen:* Die Versorgung, Behandlung oder Verwahrung psychischer Devianz gehörte über Jahrzehnte in die alleinige professionelle Zuständigkeit der Medizin und ihrer Teildisziplinen. In dem vergangenen Vierteljahrhundert erfolgte ein außerordentlich expansiver Professionalisierungsschub von Klinischen Psychologen/Psychotherapeuten und Sozialarbeitern/Sozialpädagogen. Die daraus resultierenden Kompetenzkonflikte gehen in die Auseinandersetzung um das „medizinische Modell" mit ein. Hier geht es dann um den Nachweis, daß Psychologen und Sozialpädagogen auf der Grundlage ihrer disziplinären Wissensbestände und ihrer beruflichen Kompetenzen einen eigenständigen und dem medizinischen Erklärungs- und Handlungsmuster teilweise überlegenen Beitrag zur Erklärung und Behandlung psychischer Störungen zu leisten vermögen.

(3) *Sozialpolitische Alternativen:* In allen westlich-kapitalistischen Industrieländern vollzog sich in den 70er und 80er Jahren eine mehr oder weniger radikale Strukturveränderung der sozialpolitischen Organisationsform von psychosozialen Versorgungssystemen. Es entwickelte sich eine Tendenz, psychosoziale Dienstleistungen im geografischen und lebensweltlichen Nahbereich zu etablieren (das Prinzip „Gemeindenähe") und Großinstitutionen zu reduzieren und zu dezentralisieren. In diesem institutionellen Veränderungsprozeß wird ein Krankheitsbegriff problematisch, der für die Auswirkungen alltäglicher Belastungen und Krisen aus der soziokulturellen Lebenswelt keinen Raum läßt. In multiprofessionellen Teams, die in den entstehenden ambulanten gemeindenahen Diensten zur Norm wurden, erfuhren die sozialarbeiterischen und psychologischen Erklärungs- und Handlungsansätze gegenüber rein medizinischen eine erhebliche Aufwertung. Die in der Teamarbeit erforderliche Integration von medizinischem, psychologischem und sozialpädagogischem Wissen sprengt notwendigerweise den naturgeschichtlichen Fokus des „medizinischen Modells".

(4) *Ideologiekritik:* Vor allem in Gestalt der *Antipsychiatrie* ist dem Krankheitsverständnis und der Organisationsform der Psychiatrie in den 60er und 70er eine Fundamentalopposition entstanden. Der Krankheitsbegriff wurde vor allem mit der Zielrichtung attackiert, seine repressiven und sozial kontrollierenden Funktionen aufzudecken. Die Ideologiekritik richtete sich auf seine naturwissenschaftliche Schein-Objektivierung, die seine gesellschaftlichen Funktionen verschleiern würde. Der Kampf gegen die biomedizinische Krankheitssicht richtete sich in erster Linie auf das gesellschaftliche Ordnungs- und Kontrollmandat der Psychiatrie als Institution und ideologischem Apparat. Die differenzierter werdenden ideologiekritischen Strömungen bezogen zunehmend auch die Psychotherapie und Psychologie mit ein, die einen neuen, „weichen" Kontrollmodus repräsentieren würden. In ihrer Tendenz, alle gesellschaftlichen Probleme zu psychologisieren, würden sie soziale Widersprüche entschärfen und Individuen über ihre „Normalisierungskontrollen" in das bestehende Gesellschaftssystem integrieren.

2 Vom gescheiterten Objektivierungsversuch und Alleinvertretungsanspruch des „medizinischen Modells" zu einer Pluralisierung der Perspektiven

Die heftigen Kontroversen um das adäquate N.- und Störungsverständnis, die in den letzten beiden Jahrzehnten in und zwischen den psychosozialen Disziplinen und Professionen ausgetragen wurden (vgl. als Dokumentationen: Keupp, 1972; 1979), haben zum Großteil Problemstellungen aktualisiert und neu thematisiert, die die Entstehungsgeschichte von Psychiatrie und Psychologie von ihrem Beginn an beschäftigen. Eine Rekonstruktion der unterschiedlichen Vorstellungen vom „Wahnsinn", der „Verrücktheit", dem „gestörten Seelenleben", der „psychischen Krankheit" oder der „psychischen Störung", die in der Geschichte der Psychopathologie entwickelt worden sind, führt auf die immer gleiche Frage, wie sich eine Gesellschaft, eine Kultur oder Zivilisation ihrer Ordnung versichern könne. Auf den sich verändernden gesellschaftlichen Entwicklungsniveaus mußten auf diese Frage neue Antworten gesucht werden. Durch sie hindurch zieht sich gleichwohl die Grundfrage: Wie soll soziale Geordnetheit aussehen, wie kann sie durch das N.verständnis der Mehrheit eines Volkes garantiert werden, und wie soll mit potentiellen Ordnungsstörungen, die von jeglicher Art von Abweichung ausgehen, umgegangen werden?

Die Einsicht, daß die Beurteilungskriterien für N. und Abweichung historisch veränderliche Antworten auf die Frage nach der Integration der Individuen in ein soziales Ordnungsgefüge sind, die von der Wandlungsdynamik gesellschaftlicher Systeme abhängig sind, prallt allerdings noch immer an dem Selbstverständnis jener Professionen ab, die sich wissenschaftlich und institutionell als zuständige Instanzen für die Deutung und Behandlung von N. und Abweichung verstehen. Mit ihrem Objektivierungsanspruch haben sie „endgültige“ Antworten auf die Frage zu geben versucht, was denn das Wesen psychischer Devianz sei. Die Hauptströmungen von Psychiatrie und Klinischer Psychologie haben in ihrer Professions- und Wissenschaftsgeschichte immer wieder neue Anläufe unternommen, sich dem Strudel des soziohistorischen Relativismus durch die Etablierung als zeitlos gültig angesehener Beurteilungsmaßstäbe zu entziehen. Die Orientierung an den Wissenschaftskriterien der *Naturwissenschaften* und einem *„naturhistorischen Krankheitsbegriff“* schienen dieses Problem am befriedigendsten lösen zu können. Der Lösungsanspruch des naturwissenschaftlichen Positivismus zielt darauf, Problemstellungen aus dem gesellschaftlichen Feld widerstreitender Interessen, moralischer Haltungen und ideologischer Glaubenskriege auf ein neutralistisches Terrain zu transferieren und nach den dort geltenden Regeln allein für bearbeitbar zu erklären. Die Neutralisierung vollzieht sich als sprachliche Transformation von werthaltigen Begriffen (im Extremfall von „gut“ und „böse“ oder von „normal“ und „abnorm“) in objektivistische, die ihren Glaubwürdigkeitskredit aus der beanspruchten Naturwissenschaftlichkeit zu beziehen versuchen. Die *Medizinisierung* des Gesamtfeldes der psychischen Devianz in der Theorie, in der professionellen Zuständigkeit und in der entstehenden institutionellen Konfiguration gab dieser Neutralisierungsstrategie den passenden und gesellschaftlich akzeptierten Rahmen. Der von dem wichtigsten Psychiater des vergangenen Jahrhunderts, Wilhelm Griesinger, geprägte Kernsatz „Geisteskrankheiten sind Gehirnkrankheiten“ bringt diese Entwicklung auf die prägnante und prägende Formel. Der am Gesamtfeld psychischer Devianz sicherlich wichtige körperliche Anteil wird zum paradigmatischen Angelpunkt, der die Suche nach Ursachen und die ergriffenen Maßnahmen zur Eindämmung oder „Heilung“ der Devianz entscheidend fokussierte. Der im vergangenen Jahrhundert sich verbreitende naturwissenschaftliche Optimismus, der sich in der medizinischen und auch psychiatrisch-neurologischen Forschung durchaus auf eindrucksvolle Befunde stützen konnte, führte zu einer Etablierung des „medizinischen Modells“, das bis heute das in der Psychiatrie vorherrschende Verständnis von N. und Abweichung ausrichtet. Die gleichwohl immer wieder aufflackernden Kontroversen um dieses paradigmatische Zentrum psychopathologischen Denkens zeigen, daß die Medikalisierung der Gesamtrealität psychischen Leidens kaum mehr als eine „Pseudo-Objektivierung“ hat werden können (Dörner, 1974, 46).

Die Geschichte der Psychopathologie ist bis heute von dem Objektivitätsanspruch, der Erwartung, ihn durch „harte“ Fakten einlösen zu können, und dem Eingeständnis bzw. dem kritischen Einwand, daß Subjektivismus und soziale Bewertung nicht auszuschalten seien, geprägt. Der von Kurt Schneider unternommene Versuch zu einer konsequenten Beschränkung des Krankheitsbegriffs in der Psychopathologie auf „krankhafte Organprozesse“ (1967, 7) hat sich in der Psychiatrie nicht durchsetzen können. Obgleich die genetische und biochemische Erforschung der Ursachen spezifischer psychischer Störungen durchaus relevante Befunde vorzuweisen hat, reichen sie bei weitem nicht aus, um die Paßform des „medizinischen Modells“ für die Gesamtrealität psychischen Leidens überzeugend demonstrieren zu können. Sowohl im notwendigen Bezug auf Subjektives bei den Personen, die als psychisch gestört gelten, als auch bei dem Urteilsverhalten des Professionellen, der seine subjektiven Empfindungen und Werthaltungen als diagnostischen Resonanzboden nie vollständig ausschalten kann, werden die Grenzen der Objektivierung immer wieder erkennbar. In einer zeitgenössischen Definition des Krankheitsbegriffs in der Psychopathologie kommt dies sehr deutlich zum Ausdruck:

> „Die wesentlichen Kriterien für eine Krankheit bestehen nicht in ihrer Beziehung zu einem zugrundeliegenden Krankheitsprozeß, sondern in den von den betroffenen Personen erlebten Leiden und Behinderungen, in der Beeinträchtigung der normalen Funktionen und in den daraus resultierenden biologischen und sozialen Benachteiligungen. Jede ‚Reaktion‘, die diese Kriterien erfüllt, ist ungeachtet ihrer Ursache in diesem Sinn eine Krankheit“ (Cooper, 1980, 120 f.).

Die heftige Diskussion um das Krankheitsmodell in der Psychopathologie, die vor allem durch die Schriften von Thomas Szasz ausgelöst wurde (vgl. zusammenfassend: Vatz/Weinberg, 1983), hat zwar nicht zu einer Ablösung der Krankheitsmetapher geführt, aber ihre Begründungs- und Verwendungsformen wesentlich verändert. Das „medizinische Modell“ wird auch dort, wo seine Beibehaltung für notwendig erklärt wird, nicht mehr mit dem Anspruch der „ontologischen Gültigkeit“ vorgetragen. Es gab so etwas wie eine „konstruktivistische Wende“ und vor allem eine pragmatistische Rechtfertigung. Das „medizinische Modell“ sei wie alle Modelle „eine vom menschlichen Geist eingeführte Abstraktion“ (Ludwig/Othmer, 1977, 1087), „beruhe auf einem sozialen

Konsens" (Klerman, 1977, 221). Modelle werden aufgegeben, „wenn sie sich als nicht mehr brauchbar erweisen" (Wing, 1978, 246); weil sie „weder wahr noch falsch sind, können sie nur an ihrer relativen Nützlichkeit oder Nutzlosigkeit beurteilt werden" (Ludwig/Othmer, 1977, 1087). Es wird durchaus eingestanden, was Kritiker dem „medizinischen Modell" vorgeworfen haben, daß es einseitig und reduktionistisch sei. Aber das müsse so sein, weil „der menschliche Geist so beschaffen ist, daß wir nur um den Preis von Einseitigkeit erkennen und handeln können" (Degkwitz et al., 1982, 9). Also sei auch psychiatrisches Denken und Handeln notwendigerweise zu „einseitigen Reduktionen" gezwungen. Entscheidend sei, „aus dieser Einseitigkeit möglichst viel Nutzen für unser Handeln zu ziehen und damit möglichst wenig Schaden anzurichten" (ebd.).

Der pragmatische Konstruktivismus der gegenwärtigen Psychopathologie, der sich als Reaktion auf den Dogmenstreit innerhalb der fachlichen Grenzen der Psychiatrie und auf die öffentliche Legitimationskrise der Psychiatrie und ihres Krankheitsbegriffs begreifen läßt, wird exemplarisch deutlich in dem neuen *Klassifikationssystem DSM-III*, das seinen Siegeszug aus den USA rund um die Welt fortsetzt. Es hat in das Krankheitsverständnis der Psychiatrie und Klinischen Psychologie die konzeptuellen Konkurrenten zum biomedizinischen Modell pluralistisch tolerant inkorporiert (z. B. die lerntheorische Analyse, die lebensgeschichtliche Rekonstruktion der Psychoanalyse und die streßtheoretischen Problemstellungen). In der deutschen Einleitung zum DSM-III wird der pragmatische Konstruktismus des aktuellen psychopathologischen Diskurses exemplarisch formuliert: „Im Gegensatz zu einigen anderen klassifikatorischen Systemen und Konzepten besteht beim DSM-III nicht die Erwartung, daß es dauernd gültig sein wird. Das DSM-III stellt weder ein monolithisches System noch eine besondere Form von dogmatischer Lehrmeinung dar, die nicht mehr in Frage gestellt wird" (Koehler/Saß, 1984, XVIII).

Auf dem so gefundenen „historischen Kompromiß" hat sich die Psychiatrie als Disziplin und Profession neu stabilisieren können und sich als lern- und wandlungsfähig erwiesen. Allerdings haben ihr pluralistischer Integrationskurs und ihre Konzentration auf das pragmatische Management von N. und Abweichung längst nicht alle Dimensionen und Einsichten integrieren können, die der Diskurs um das „medizinische Modell" reflexionsfähig gemacht hat. In den gesellschaftlichen und professionsspezifischen Debatten über N. und Abweichung hat sich eine Pluralität unterschiedlicher Perspektiven herausgebildet, die sich in Konkurrenz zueinander befinden, oft berührungslos nebeneinander existieren oder sich als „Enklavenwissen" spezifischer therapeutischer Subkulturen bestimmen lassen. Ohne Anspruch auf Vollständigkeit soll diese Pluralisierung der Perspektiven in einer kurzen Übersicht im folgenden dargestellt werden. Es wird jeweils nur der zentrale Grundgedanke zum Thema N. und Abweichung skizziert.

(1) *Psychoanalyse:* Zwischen N. und Pathologie bestehen fließende Übergänge, und das Spektrum menschlicher Erlebnis- und Handlungsweisen, das in einer spezifischen Kultur als N. zugelassen ist, ist nicht identisch mit „psychischer Gesundheit". In diesem Sinne läßt sich die Psychoanalyse als kritisches Analyseinstrument zur Aufdeckung der „Pathologie der Normalität" begreifen (Treppenhauer, 1979; 1983). Diesen Anspruch realisiert aber nur der Teil der psychoanalytischen Gemeinschaft, der noch nicht die gesellschaftskritischen Potentiale der Psychoanalyse aufgegeben hat (Lohmann, 1986).

(2) *Ethnopsychoanalyse/Transkulturelle Psychiatrie:* Sie vermitteln die Möglichkeit, die Relativität der eigenen kulturellen Selbstverständlichkeiten und N.standards zu erkennen. Sie zeigen, wie das jeweils in einer Kultur vorherrschende Selbstverständnis von normal und abnorm von der sozioökonomischen Basisstruktur abhängt. Ethnopsychiatrische Studien können auch Lebensmöglichkeiten sichtbar machen, die im eigenen kulturellen System abgespalten wurden. Allerdings führt genau dieses Potential auch zu projektiver Identifikation mit fremden Kulturen (Heinrichs, 1982).

(3) *Behaviorismus/Verhaltenstherapie:* N. und Abweichung werden als gelernt und – bei genauer Kenntnis der Gesetze des Lernens – als veränderbar betrachtet. Die Diskontinuitätsannahme in bezug auf die Entstehung von erwünschtem und unerwünschtem Verhalten wird verworfen. Alles Verhalten gehorcht den universell gültigen Lerngesetzen. Zumindest in der „triumphalistischen" Frühphase der Verhaltenstherapie wurde ein fast grenzenloses Potential der Modifikation sozial unerwünschten Verhaltens behauptet (Krasner, 1980).

(4) *Ökologisches Paradigma:* Die Frage nach den Bedingungen und Möglichkeiten für positiv oder negativ bewertete Lebensformen wird aus der jeweiligen Transaktion zwischen dem Subjekt und seiner natürlichen und sozialen Umwelt gesehen. Die Ressourcen einer Person für den Entwurf und die Realisierung von Lebensplänen lassen sich auf verschiedenen Ebenen verfolgen

(z. B. auf der Mikroebene unmittelbarer Interaktionsformen, auf der institutionellen Ebene, auf der Makroebene der Distribution von gesellschaftlichen Ressourcen; Trickett et al., 1985; Wendt, 1986).

(5) *Belastungs- und Bewältigungsparadigma:* Vor allem auf der Grundlage empirisch gut abgesicherter Befunde aus der Sozialepidemiologie, Streß-, Life-Event- und Netzwerkforschung werden die gesellschaftlichen Belastungsbedingungen für Individuen und Gruppen spezifiziert und die ihnen jeweils verfüg- und mobilisierbaren Ressourcen zur Bewältigung dieser Belastungen sichtbar gemacht. Die immer wieder bestätigten Ergebnistrends zeigen, daß spezifische sozioökonomische Mangel- und Belastungssituationen zu einem gehäuften Auftreten psychischer Störungen führen (erhöhte Erkrankungsraten bei Angehörigen unterer sozialer Schichten, bei Arbeitslosen, bei Frauen; Warner, 1985; Kessler et al., 1985).

(6) *Entfremdungsparadigma:* Subjektive Leidenszustände verweisen auf gesamtgesellschaftliche Entfremdungs- und Zwangsverhältnisse, die Individuen in ihren Entfaltungsmöglichkeiten systematisch behindern und sie demoralisieren. Individuelles Leid und Unglück drückt eine gesellschaftliche Organisationsform menschlicher Arbeit aus, die auf Ausbeutung beruht. Erst mit einer strukturellen gesellschaftlichen Umwälzung können Bedingungen für menschliches Leid und Glück verändert werden (Lohmann, 1978).

(7) *Stigma-Perspektive:* Psychische Störungen können nicht aus individuellen Handlungsbedingungen verstanden werden, sondern sind Ergebnis der gesellschaftlichen Ächtung und Ausgrenzung spezifischer Handlungen und Personen. Ins Zentrum der Analyse von N. und Abweichung rücken aus dieser Perspektive diejenigen Institutionen und Professionen, die die gesellschaftliche Macht und die Legitimität haben, soziale Kontrolle auszuüben. Psychische Störungen sind deshalb als Produkte des gesellschaftlichen Umgangs mit individuellen Verhaltensweisen zu verstehen, die in einem sozialen Kontext als nicht mehr akzeptabel eingeordnet werden (Horowitz, 1982; Scheff, 1984).

Das unübersichtlich gewordene Feld unterschiedlicher Zugangsweisen zur Interpretation von N. und Abweichung läßt sich auf drei Grundmuster reduzieren, die als natur-, lebens- und sozialgeschichtliche Position bezeichnet werden können. Beim *naturhistorischen Krankheitsverständnis* wird nicht danach gefragt, ob das Auftreten und die spezifische Form einer psychischen Störung aus dem bisherigen biographischen Lebensentwurf und den spezifischen Lebenserfahrungen einer Person verstanden werden könnte. Es wird vielmehr unterstellt, daß der Krankheitsprozeß mit einer unabhängigen Eigenlogik in die Biographie einer Person einbricht und für einen abgrenzbaren Zeitraum oder auf Dauer die Lebensperspektive der Person bestimmt. Im Unterschied dazu versuchen unterschiedliche psychosoziale Ansätze eine *lebensgeschichtliche Interpretation* der Entstehung psychischen Leids als entzifferbarer subjektiver Antwort eines Individuums auf spezifische Lebensereignisse und Belastungen verständlich zu machen. Die spezifische Lebensgeschichte einer Person hat zu persontypischen Kompetenzen, Bedürfnissen, Erwartungen und Verletzlichkeiten geführt, mit denen aktuelle Lebensaufgaben, Belastungen und Krisen bewältigt werden müssen. Aus dem jeweils gelingenden bzw. mißlingenden Ineinandergreifen von aktuellen Anforderungen und subjektiven Ressourcen erwachsen biographisch neue Handlungschancen und Weiterentwicklungen oder neue Verletzlichkeiten und Mißerfolgserfahrungen. Entsprechend läßt sich psychisches Leiden biographisch entschlüsseln: Es wird rekonstruierbar aus dem spezischen dialektischen Verhältnis von objektiven gesellschaftlichen Anforderungen, Belastungen und Widersprüchen und den subjektiven Handlungsbedingungen. In konzeptuell unterschiedlichen Akzentsetzungen wird dieser lebensgeschichtliche Ansatz (life history) von der Psychoanalyse ebenso herangezogen wie von dem sozialepidemiologisch begründeten Belastungs-Bewältigungs-Modell. Innerhalb eines Interpretationsansatzes, der sich auf lebensgeschichtliche Erfahrungsbildungsprozesse konzentriert, kann der spezifischen biologischen Ausstattung einer Person sehr wohl Beachtung geschenkt werden. Allerdings wird sie als „gesellschaftlich bearbeitet" angesehen, ohne „in diesen Formen ihrer Bearbeitung" aufzugehen (Horn, 1974, 168). Lebens- und naturgeschichtliche Prozesse ergeben nicht in additiver Form eine vollständige Perspektive, sondern sie durchdringen sich.

Das naturgeschichtliche und – bis zu einem gewissen Maße – auch das lebensgeschichtliche Modell konzentrieren sich auf das Individuum, das entweder passive Trägerinstanz eigengesetzlicher biologischer Prozesse ist (im naturhistorischen Verständnis) oder sich als Subjekt mit den Widrigkeiten seiner gesellschaftlichen Lebenssituation auseinanderzusetzen hat. Diese individualgeschichtliche Auseinandersetzung findet jedoch in einem sozialen Raum statt und wird in diesem auch als gelingend oder mißlingend bewertet. Das subjektive Handeln ist Teil komplexer Handlungsketten und fordert Resonanz und Intervention von jenen, die innerhalb dieser gesellschaftlichen Konfigurationen von diesem Handeln betroffen sind. Sie können die Situation eines Mitglieds ihres Sozialsystems für sich so interpretieren, daß ihre Hilfe erforderlich ist, oder sie können darin eine Beeinträchtigung ihrer eigenen Lebenspläne und Bedürfnisse sehen, auf deren Beseitigung sie dringen. Was für ein Individuum eine lebbare Antwort auf seine spezifische Lebenssituation sein mag, wird möglicherweise von anderen Angehörigen seiner sozialen Mikrowelt als nicht mehr zu tolerierende Abweichung von eingespielten Gruppennormen angesehen. Infolgedessen werden Anstrengungen unternommen, die Abweichung zu korrigieren. Sollte das in der mikrosozialen Konstellation von Primärgruppen nicht mehr gelingen, erfolgt möglicherweise der Ausschluß aus der Gruppe, oder es wird die Intervention formeller Institutionen sozialer Kontrolle veranlaßt. In den vielfältigen Transaktionen zwischen dem Individuum, das mit seinem Handeln aus dem normativen Horizont seines sozialen Netzwerkes herausfällt, und den unterschiedlichen Versuchen, eine lebbare Ordnung wieder herzustellen, konstituiert sich die *Sozialgeschichte* psychischen Leids. Bei der Rekonstruktion der Biographie einer Person, die als psychisch krank angesehen wird, ist es wichtig, die Abfolge der sozialen Transaktionen rund um die als abweichend betrachtete Person zu verfolgen, die dabei beteiligten Akteure und Institutionen zu erfassen sowie ihre spezifischen Vorstellungen und Wissensbestände, auf deren Grundlage sie helfend, korrigierend oder kontrollierend auf die Person einzuwirken versuchen. Entscheidend ist ebenso, in welcher Weise sich die Person mit diesen sozialen Reaktionen auf ihr Anderssein auseinandersetzt; ob sie deren normative Regelbestände akzeptiert oder sich von ihnen distanziert; ob sie Interventionen, die vom Adressaten als Hilfe gemeint sind, als hilfreich oder als unzumutbares Eindringen in ihre Privatsphäre erlebt; ob das eigene Anderssein als Belastung erfahren wird und Leidensdruck erzeugt; welches Verständnis von den aktivierten Institutionen vorherrscht, und welche soziale Distanz zwischen der Person und den Institutionen besteht.

Eine mikrosozialgeschichtliche Perspektive psychischen Leids ist mit einer lebensgeschichtlichen Perspektive und auch mit Elementen einer naturgeschichtlichen Position durchaus vereinbar und erweitert diese zugleich um Dimensionen, ohne die psychisches Leid nicht voll erfaßt werden kann. Die natur- und lebensgeschichtlichen Aspekte bestimmen die Möglichkeiten des Subjektes in der Auseinandersetzung mit den gesellschaftlichen Reaktionen entscheidend mit. In den Identitätsmustern des Subjektes verschmelzen die individual- und sozialgeschichtlichen Prozesse zu biographiespezifischen Konfigurationen.

In der Kontroverse, die aus den konkurrierenden Antworten auf die Frage entstanden ist, was denn das Wesen psychischen Leids sei, präsentieren sich Vertreter des naturhistorischen (meist Psychiater), des lebensgeschichtlichen (in der Regel Psychologen/Psychoanalytiker) und eines sozialhistorischen Herangehens (Sozialwissenschaftler) als Repräsentanten von jeweils überlegenen Erklärungsalternativen. Dieser Anspruch ist höchst fragwürdig, und mit guten Argumenten ist jeder Position auch bereits der Reduktionismusvorwurf entgegengehalten worden (sie sei biologistisch, psychologistisch oder soziologistisch). Für eine konzeptuelle Überwindung der spezifischen Vereinseitigungen spricht viel, und integrative Gesamtmodelle werden auf dem wissenschaftlichen Markt der Möglichkeiten längst angeboten (so das alles umspannende „biopsychosoziale Modell" nach Engel, 1979; vgl. Schwartz, 1982 und Dana, 1984). Einer produktiven Fortführung der Klärungsversuche mag allerdings eine vorschnelle Befriedung der disziplinären Kontroversen und Reibungen eher schaden.

3 Psychisches Leid als gesellschaftlich konstruierte Wirklichkeit und als institutionell geformte Lebensform

Die unterschiedlichen psychologischen Schulen haben sich bemüht, psychisches Leid aus der Biographie und dem subjektiven Erleben der betroffenen Person zu verstehen. Was sie nicht thematisieren und letztlich auch nicht erklären können, ist der Prozeß, durch den in einer Gesellschaft für eine begrenzte Anzahl von Individuen der Übergang aus dem Status des Normalbürgers in den des psychisch Kranken vollzogen wird. Anders formuliert: Wie wird psychisches Leid als *sozialer Tatbestand* hergestellt? Für solch eine Statuspassage mag eine Person durch ihr befremdliches und störendes Handeln Anlaß gegeben haben, aber was in einem gesellschaftlichen System konkret unternommen wird, um die Störung zu beseitigen und wie sich solche Reaktionsmuster ihrerseits auf das weitere Handeln der Person auswirken können, wird von keiner ätiologischen Theorie erklärt. An diesem Punkt setzt der Erklärungsanspruch der *Labeling-Perspektive* an.

Die Labeling-Perspektive ist aus einem interpretativen Verständnis sozialwissenschaftlicher Forschung entstanden. Interpretative Sozialwissenschaften bemühen sich um die Rekonstruktion der alltäglichen Herstellungsprozesse von Bedeutung und Sinn, die Ereignissen und Handlungen zugemessen werden. Ein Ereignis oder eine Handlungsweise haben keine immer schon feststehende, ihnen innewohnende Bedeutung, sondern diese ist das Ergebnis sozialer Konstruktionen und Herstellungsleistungen. Ihr interpretativer Nachvollzug erfordert eine genaue Analyse der jeweiligen situativen Kontextbedingungen und ein verstehendes Anknüpfen an den Produzenten alltäglicher Sinnstiftung. Mit dieser Ausrichtung befindet sich interpretative Sozialwissenschaft im paradigmatischen Widerspruch zu allen „absolutistischen" oder „normativistischen" Positionen (so die Charakterisierung bei Douglas/Waksler, 1982), für die gesellschaftliche Realität von einem fixen Koordinatensystem geordnet wird und in dem jede Handlung eine klare Zuordnung zu den Koordinaten hat. Bezogen auf abweichendes Handeln heißt das, daß eine Handlung nicht per se abweichenden Charakter haben kann, sondern erst im Prozeß gesellschaftlicher Sinnsetzung zur Abweichung wird. Mit diesem konzeptuellen Kern begab sich die Labeling-Perspektive auf Konfliktkurs mit den vorherrschenden Devianztheorien, die entweder von der Annahme ausgingen, daß es benennbare Besonderheiten der abweichenden Person (biologische oder psychologische Merkmale) seien, die den abweichenden Status konstituieren, oder daß es eindeutige normative Kriterien gäbe, nach denen Devianz fixiert werden könne.

Die zentrale Prämisse der Labeling-Perspektive, daß Abweichung eine gesellschaftliche Konstruktion der sozialen Akteure ist (so etwa Schur, 1979, oder Douglas/Waksler, 1982, stellvertretend für viele), führt zur Formulierung von Forschungsfragen des folgenden Typus: *Was* sehen verschiedene Gesellschaftsmitglieder für richtig oder falsch, gut oder böse, legal oder illegal, normal und abweichend an? *Wann* kommen ihre Definitionen zur Anwendung – in jedem Fall oder nur in einigen Situationen? Auf *wen* werden diese Definitionen angewendet – auf jeden unabhängig von Alter, Geschlecht und sozialem Status? Welches sind die Folgen der Anwendung solcher Definitionen auf einzelne Gesellschaftsmitglieder?

Bei der Suche nach jeweils spezifischen empirischen Antworten auf diese Fragen wird das sensibilisierende Potential der Labeling-Perspektive erkennbar. Das Wesen von Devianz wird nicht mehr essentialistisch bestimmt oder abstraktiv aus einem Modell gesellschaftlicher Geordnetheit abgeleitet. Vielmehr werden die Typisierungsschemata in ihrem je konkreten Gebrauch in einer spezifischen historischen Situation rekonstruiert (Pfohl, 1981). Mit Edwin Schur läßt sich die grundlegende Perspektive der Labeling-Perspektive am besten in der Frage zusammenfassen, „was aus einer Handlung gesellschaftlich gemacht wird" (1980, 10). Für jede Handlung läßt sich ein Kontext denken, in dem sie als regelverletzend wahrgenommen und entsprechend behandelt wird. In der Sprache der Labeling-Perspektive wird die Wahrnehmung oder Unterstellung einer regelverletzenden Handlung als „primäre Abweichung" bezeichnet, deren individuelle Motive und Anlässe für die sozialen Reaktionen nicht determinierend sind. Für diese sind entscheidend, welche Motive und Gründe der Handlung zugeschrieben und ob sie als tolerierbare Rechtfertigung akzeptiert werden können oder ob sie als sanktionswürdig betrachtet werden. Im ersten Fall kann das Resultat als Normalisierung verstanden werden, oder es könnten sogar soziale Wandlungsprozesse initiiert worden sein. Im zweiten Fall wird über die gesellschaftliche Reaktion der abweichende Status einer Person konstituiert, es kommt zum Stadium der „sekundären Abweichung", in dem sich die Identität einer Person um das Merkmal ihrer so fixierten Abweichung stabilisieren kann.

Nun ist es der Labeling-Perspektive nicht gelungen, allgemeine Zustimmung zu finden. Das hat sicherlich einerseits mit der Tatsache zu tun, daß sie – vor allem in Psychologie und Psychiatrie – gegen den Strom vorherrschender ätiologischer Theorieansätze schwimmt. Andererseits läßt sich das aber auch darauf zurückzuführen, daß sie ihr eigenes Verständnispotential vulgarisiert und damit einiges vergeben hat. Die Labeling-Perspektive wird oft genug auf den einen Aspekt reduziert, daß ein bestimmtes Verhaltensmuster mit einem spezifischen Etikett belegt wird (deshalb wird die Labeling-Perspektive auch oft als „Etikettierungstheorie" bezeichnet). In manchen Primitivversionen erscheint es dann als völlig willkürlich, ob eine Person stigmatisiert wird. Der Willkürakt wird dann nur noch als moralische Qualität des Handelns von Psychiatern oder anderen Vollzugsagenten sozialer Kontrolle angesehen und angeklagt. Das Subjekt, das mit dem Stigma versehen wird, wird zum beklagenswerten Opfer, ohne eigenes Zutun, hilflos, ohne Gegenwehr. Das größte Defizit ist ein Determinismus, der die Labeling-Perspektive zu einem ätiologischen Modell werden läßt (Abweichung entsteht, wenn ...). Das interpretative Potential, das eine richtig verstandene Labeling-Perspektive eröffnet hat (Keupp, 1976; 1983), ist mit solchen Verkürzungen vertan.

Für die Analyse der gesellschaftlichen Produktion psychischen Leids sehe ich bei aller berechtigten und notwendigen Kritik (neuerdings Scull, 1984; Pfohl, 1985) in der konzeptuellen Einflußsphäre der Labeling-Perspektive wichtige Problemformulierungen und Einsichten. Einige gehen über den ursprünglichen Erklärungsanspruch der Labeling-Perspektive wesentlich hinaus (nimmt man etwa als Meßlatte für diesen Anspruch die paradigmatische Analyse von Scheff, 1984), lassen sich aber sehr wohl auf jene Diskussionen zurückführen, die mit ihr initiiert wurden. Daß die soziale Konstruktion von Devianz nur noch von einer umfassenden Theorie sozialer Kontrolle zureichend erfaßt werden kann (dazu Mutz, 1983), wird heute auch von Protagonisten der Labeling-Perspektive vertreten (wiederum paradigmatisch von Scheff, 1984).

4 Der Zerfall des „bürgerlichen Sozialcharakters" und die Krise seines Normalitätsmodells

Durch die systematische Verknüpfung von N.- und Abweichungsvorstellungen mit den jeweils als verbindlich angesehenen Bedingungen sozialer Ordnung wird die historische Relativität jener Kriterien erkennbar, die als Meßlatte für N. und Abweichung jeweils Geltungsanspruch erlangt haben. So sehr sich das jeweils dominierende Verständnis mit Zügen universeller Gültigkeit auszustatten bemüht ist, so wenig kann dies letztlich gelingen. In der Regel bedarf es nur einer geringen historischen Distanz, um die Zeitgebundenheit der Definitionen offensichtlich werden zu lassen. Nur eingebunden in die ideologische Sogwirkung des jeweils herrschenden Bewußtseins kann der universelle Geltungsanspruch glaubwürdig behauptet werden.

Gerade in einer gesellschaftlichen Umbruchphase, in der sich die spätkapitalistischen Gesellschaften gegenwärtig befinden, wird erfahrbar, wie sich mit der Veränderung gesellschaftlicher Strukturen auch die normativen Regulative und ihnen zuordenbare passende „Sozialcharaktere" verändern. So beginnt der klassische „bürgerliche Sozialcharakter", der sich an Prinzipien der individuellen Leistungs- und Aufstiegsorientierung ausrichtet, für den Besitzindividualismus und Autonomie zentrale Werte sind, die zur innersten motivationalen Basis seiner Person gehören, sich allmählich zu überleben. Die asketischen Tugenden und die mit ihnen verbundene protestantische Leistungsethik, auf die der bürgerliche Sozialisationsmodus abzielte, verlieren immer stärker ihren gesellschaftlichen Sinn.

Zwar versuchen die Ideologen der neokonservativen Wende an die bürgerliche Wertetradition anzuknüpfen. Doch die Prägekraft der klassischen ideologischen Grundströmungen der bürgerlichen Kultur, die sich in Stichworten wie Leistungswillen, individuelles Durchsetzungsvermögen, Elitebewußtsein, Familie, Opfer oder Moral ausdrücken, findet nicht mehr problemlos eine individuelle Verinnerlichungsbereitschaft. Zumindest für immer größere Teile der Bevölkerung können diese Wertmuster keine volle Akzeptanz mehr erlangen, wirken hohl bis lächerlich. Sie beanspruchen eine integrative Verbindlichkeit, für die gesellschaftliche Voraussetzungen immer weniger gegeben sind. Die Basis des N.modells, das sich am Koordinatensystem der protestantischen Leistungsethik festmachen konnte, ist in einem strukturellen Erosionsprozeß teilweise bereits abgetragen und insgesamt vom Untergang bedroht (Negt, 1984).

Diese bislang nur global thematisierten gesellschaftlichen Wandlungsprozesse und ihre bewußtseinsmäßigen Begleitphänomene lassen sich bezogen auf die Lebensbedingungen der einzelnen Subjekte spezifischer fassen. Bei unverändertem Fortbestand sozialer Ungleichheitsrelationen (der Klassencharakter der kapitalistischen Gesellschaftsformation) hat sich in den hinter uns liegenden Jahrzehnten für alle Bevölkerungsschichten ein tiefgreifender Prozeß der Auflösung traditioneller Lebensformen vollzogen. Die Folge davon war und ist die Individualisierung von Lebenslagen und Lebenswegen.

Dieser aus mehreren Quellen gespeiste Individualisierungsdruck und der mit ihm verbundene Verlust an alltagsweltlich abgesicherten Handlungskompetenzen führt zu erhöhten Anforderungen an die Subjekte. Die für sie wichtigen Sozialbeziehungen und Kontaktnetze müssen individuell selegiert, hergestellt und immer wieder erneuert werden. Die Individuen werden immer mehr zu Initiatoren und Managern ihrer Beziehungsmuster bei gleichzeitigem Verlust an normativen Steuerungspotentialen, an gesellschaftlich unproblematisch geliefertem Handlungssinn. Vor allem in den kleinfamiliären Monaden und in deren chronischer Verunsicherung bei der Wahrnehmung grundlegender Sozialisationsfunktionen werden dieser Individualisierungsdruck und seine Folgen sichtbar.

Die beschriebene Erosionskrise, die radikal veränderten Bedingungen psychosozialer Identitätsbildung und das neu entstehende ökologische Bewußtsein sind die entscheidenden Bedingungen für eine Vielzahl von sozialen Bewegungen, Projekten und Initiativen, die neue Vergesellschaftungsmodelle ausprobieren und die als „Alternativbewegung" zusammengefaßt werden. Sie stellen kollektive Versuche dar, die brüchig gewordenen N.muster der spätkapitalistischen Gesellschaft zu verändern bzw. endgültig zu überwinden. Sie lassen sich sinnvollerweise als Opposition zur herrschenden N. bestimmen (Schülein, 1983). Und sie erproben neue Lebensentwürfe, in denen sich die Suche nach neuen lebbaren N.mustern erkennen läßt.

Die tiefgreifende ökonomische, ökologische und kulturelle Krise, in der sich die spätkapitalistischen Industriegesellschaften befinden, läßt uns unmittelbar auch die Brüchigkeit des N.entwurfes spüren, den diese Gesellschaften produziert haben und von denen sie abhängig sind. Dieses Brüchigwerden hat entscheidend auch die Fragen nach dem historischen Werdeprozeß dieses N.entwurfs befördert. In dem Maße, wie die unhinterfragbare Naturhaftigkeit des herrschenden N.modells (sich in Formulierungen wie „es ist unnatürlich sich so zu verhalten", „es schlägt aus der Art", „das ist entartet" ausdrückend) ihren Geltungsanspruch und ihre Verbindlichkeit verloren haben, sind die sozialgeschichtlichen Bedingungen der Möglichkeit dieses Modells zum Thema geworden. Für die wissenschaftliche Bewältigung der damit verbundenen Fragestellungen sind vor allem drei sozialwissenschaftliche Theorierichtungen von besonderer Bedeutung:

(1) Die *Kritische Theorie* hat ein begründetes Mißtrauen gegen die Darstellung der Zivilisationsgeschichte als Sieg des Fortschritts geweckt. Vor allem in ihrem Buch aus den 40er Jahren, „Dialektik der Aufklärung", versuchen Horkheimer und Adorno den „Preis des Fortschritts" erkennbar zu machen. In ihrer „Archäologie der Moderne" (Walter Benjamin) zeigen sie, wie sich die Zivilisationsgeschichte als zunehmend Reduktion der Vernünftigkeit auf die Perspektive einer instrumentellen Vernunft darstellen läßt, als Unterwerfung der Natur unter eine Zweck-Mittel-Rationalität. Dies ist die Linie, die in die Urgeschichte der Menschheit zurückverfolgt werden kann und die in der bürgerlichen Gesellschaft ihre verdichtete und herrschende Kerngestalt gewonnen hat. Von der Kritischen Theorie ist der Gedanke wichtig, daß die Fortschritte der Zivilisation ihren Preis in der Subjektbildung haben: Unter der Vorherrschaft der instrumentellen Vernunft wird eine N. erzwungen, die menschliche Potentialitäten unterdrückt, abspaltet, sie dadurch aber ihrer Wirksamkeit nicht beraubt. Sie bilden eine Basis für die Barbarei, die die zivilisierten Gesellschaften nie wirklich überwunden haben. Das faschistische Deutschland lieferte dafür den zentralen Beweis.

(2) Die *Figurationssoziologie von Norbert Elias* hat überzeugend aufzeigen können, daß Strukturen in den Subjekten nicht unabhängig von der Gesellschaftsgeschichte verstanden werden können. Der Ausgangspunkt für die Geschichte der abendländischen Zivilisation, die sich Elias zum Ziel gesetzt hat, war die Erfahrung der Krise und das daraus folgende Erkenntnisinteresse an den Grundlagen dieser Zivilisation. Seine Untersuchung entspringt „den Erfahrungen, unter deren Eindruck wir alle leben, den Erfahrungen von der Krise und der Umbildung der bisherigen, abendländischen Zivilisation und dem einfachen Bedürfnis zu verstehen, was es eigentlich mit dieser ‚Zivilisation' auf sich hat" (Elias, 1976, LXXX). Elias unternimmt dann den faszinierenden Versuch, die über lange historische Spannen sich vollziehende Veränderung von Persönlichkeitsstrukturen mit sozialstrukturellen Prozessen zu verkoppeln. Für Elias besteht der Kern des Zivilisationsprozesses in der allmählichen Verinnerlichung zunehmender äußerer Kontrollen über alle Ausdrucksformen körperlicher und emotionaler Bedürfnisse. Die Ausbildung einer „Selbstzwangsapparatur" ermöglicht es, anstelle spontaner Äußerungsformen strategisch geplante und innengesteuerte Handlungsweisen zu setzen. Diese zunehmende Herstellung von Affektkontrolle und Selbstdisziplin ist die Folge zunehmender sozialer Verflechtung im makrogesellschaftlichen Raum, die ihren Niederschlag in der Herausbildung des absolutistischen Staates finden. In diesem Prozeß ist auch die sich verallgemeinernde ökonomische Tauschlogik bestimmend, die immer weitere Räume und Beziehungsketten erfaßt und die bei den Individuen mehr „Langsicht" (Elias) erfordern, „nämlich die Planung rationaler Verhaltensweisen und schließlich jene ‚Frustrationstoleranz', die mit dem ‚Muster der aufgeschobenen Befriedigung' gemeint ist" (Dreitzel, 1981, 181). Was Elias als „Selbstzwangsapparatur" beschreibt, läßt als sich N.instanz verstehen, die in die Persönlichkeitsstrukturen eingelassen ist.

(3) Am dichtesten an dem Thema N. und Abweichung liegen die Arbeiten von *Michel Foucault* (Philp, 1985). In zwei klassischen Werken hat er sich mit der Geschichte der Vernunft und der institutionellen Ausgrenzung der Unvernunft beschäftigt: „Psychologie und Geisteskrankheit" (1968) und „Wahnsinn und Gesellschaft" (1969). An der Geschichte der Psychiatrie zeigt er, daß die entstehende bürgerliche Gesellschaft das bis dahin vorherrschende Verhältnis zum Wahnsinn grundlegend revidierte. War dieser in den vorbürgerlichen Perioden toleriert, „als eine Art von existentieller Entscheidung, am geregelten Sozial-

zusammenhang nicht mehr teilzunehmen" (Honneth/Joas, 1980, 127), so setzte sich jetzt ein N.begriff durch, der diese Toleranz nicht mehr enthielt. Der absolutistische Staat eröffnete die „Epoche der administrativen Ausgrenzung der Unvernunft" (Dörner, 1969, 28), er hatte das Gewaltmonopol, um die neue Vernunftordnung gesellschaftlich herzustellen. Für die neu gezogene Grenze zwischen Vernunft und Unvernunft ist als Grenzwächterprofession und -institution die Psychiatrie entstanden, der wenig später auch die Psychologie folgte, die sich als Instanz der Selbstreflexion der bürgerlichen Vernünftigkeit entwikkelte. Die Konzepte der Psychiatrie für N. und Abweichung trugen in sich die Bereitschaft, das historische Mandat als Grenzwächterinstanz zu übernehmen. Die Erfüllung dieses Mandats war jeweils abhängig von der spezifischen inneren Dynamik der gesellschaftlichen Vernunftbezirke, aber es war immer das Ordnungsmandat leitend.

Literatur

Adorno, T. W.: Erziehung nach Auschwitz. In: Adorno, T. W.: Stichworte. Kritische Modelle 2. Frankfurt: Suhrkamp, 1969, 85-101.

Cooper, B.: Psychische Störungen als Reaktion: Die Geschichte eines psychiatrischen Konzepts. In: Katschnig, H. (Hrsg.): Sozial Streß und psychische Erkrankung. München: Urban & Schwarzenberg, 1980, 98-124.

Dana, R. H.: Assessment for health psychology. Clinical Psychology Review, 4, 1984, 459-476.

Degkwitz, R./Faust, C./Kindt, H.: Psychisch abnorm und psychisch krank. In: Degkwitz, R., Hoffmann, S. O./Kindt, H. (Hrsg.): Psychisch krank. Einführung in die Psychiatrie für das klinische Studium. München: Urban & Schwarzenberg, 1982, 6-10.

Diemer, N.: Von den Schwierigkeiten einer sozialpolitischen Diskussion unter konservativer Herrschaft. Widersprüche, Heft 12, 1984, 5-13.

Diemer, N.: Gesundheit als Garantie und Hegemonie. Thesen zur Krise des Gesundheitssystems, zu Auswegen und Alternativen. Widersprüche, Heft 14, 1985, 85-93.

Dörner, K.: Bürger und Irre. Zur Sozialgeschichte und Wissenschaftssoziologie der Psychiatrie. Frankfurt: Europäische Verlagsanstalt, 1969.

Dörner, K.: Zur Entwicklung der Psychiatrie in der BRD. In: Cramer, M./Gottwald, P. (Hrsg.): Verhaltenstherapie in der Diskussion. München: DGVT, 1974, 43-50.

Dörner, K./Plog, U.: Irren ist menschlich. Lehrbuch der Psychiatrie/Psychotherapie (2. Aufl.). Rehburg-Loccum: Psychiatrie-Verlag, 1984.

Douglas, J. D./Waksler, F. C.: The sociology of deviance. An introduction. Boston: Little, Brown & Co., 1982.

Dreitzel, H. P.: Körperkontrolle und Affektverdrängung. Integrative Therapie, 7, 1981, 179-196.

Elias, N.: Über den Prozeß der Zivilisation. Bd. 1 und 2. Frankfurt: Suhrkamp, 1976.

Engel, G. L.: Die Notwendigkeit eines neuen medizinischen Modells: Eine Herausforderung der Biomedizin. In: Keupp, H. (Hrsg.): Normalität und Abweichung. München: Urban- & Schwarzenberg, 1979, 63-85.

Foucault, M.: Psychologie und Geisteskrankheit. Frankfurt: Suhrkamp, 1968.

Foucault, M.: Wahnsinn und Gesellschaft. Frankfurt: Suhrkamp, 1969.

Heinrichs, H.-J. (Hrsg.): Das Fremde verstehen. Gespräche über Alltag, Normalität und Anormalität. Frankfurt: Qumran, 1982.

Honneth, A./Joas, H.: Soziales Handeln und menschliche Natur. Anthropologische Grundlagen der Sozialwissenschaften. Frankfurt: Campus, 1980.

Horkheimer, M./Adorno, T. W.: Dialektik der Aufklärung. Philosophische Fragmente. Frankfurt: Fischer, 1971.

Horn, K.: Das psychoanalytische als Teil eines sozialwissenschaftlichen Krankheitskonzepts. In: Informationen über Psychoanalyse. Frankfurt: Suhrkamp, 1974, 134-180.

Horowitz, A. V.: The social control of mental illness. New York: Academic Press, 1982.

Kessler, R. C./Price, R. H./Wortman, C. B.: Social factors in psychopathology. Annual Review of Psychology, 36, 1985, 531-572.

Keupp, H. (Hrsg.): Der Krankheitsmythos in der Psychopathologie. München: Urban & Schwarzenberg, 1972.

Keupp, H.: Abweichung und Alltagsroutine. Die Labeling-Perspektive in Theorie und Praxis. Hamburg: Hoffmann und Campe, 1976.

Keupp, H. (Hrsg.): Normalität und Abweichung. Die Fortsetzung einer notwendigen Kontroverse. München: Urban- & Schwarzenberg, 1979.

Keupp, H.: Kriminalität als soziale Konstruktion – Zum interpretativen Potential der Labeling-Perspektive. In: Lösel, F. (Hrsg.): Kriminalpsychologie. Weinheim: Beltz, 1983, 106-117.

Klerman, G. L.: Mental illness, the medical model, and psychiatry. The Journal of Medicine and Philosophy, 2, 1977, 220-243.

Koehler, K./Saß, H.: DSM-III in deutscher Übersetzung: Droht eine Amerikanisierung der deutschsprachigen Psychiatrie? In: Diagnistisches und Statistisches Manual Psychischer Störungen – DSM-III. Weinheim: Beltz, 1984, IX-XVI.

Krasner, L. (Hrsg.): Environmental design and human behavior. New York: Pergamon 1980.

Lohmann, H.: Krankheit oder Entfremdung? Psychische Probleme in der Überflußgesellschaft. Stuttgart: Thieme, 1978.

Lohmann, H.-M.: Freud zur Einführung. Hamburg: Edition SOAK, 1986.

Ludwig, A. M./Othmer, E.: The medical basis of psychiatry. American Journal of Psychiatry, 134, 1977, 1087-1092.

Mishler, E. G.: The social construction of illness. In: Mishler, E. G. et al. (Eds.): Social contexts of health, illness and patient care. Cambridge: Cambridge University Press, 1981, 141-168.

Mutz, G.: Sozialpolitik als soziale Kontrolle. München: Profil, 1983.

Negt, O.: Lebendige Arbeit, enteignete Zeit. Frankfurt: Campus, 1984.

Pfohl, S. J.: Ethnomethodology and criminology. In: Barak-Glantz, I. L./Huff, C. R. (Eds.): The mad, the bad, and the different. Lexington: Heath, 1981, 25-37.

Pfohl, S. J.: Images of deviance and social control. A sociological history. New York: McGraw-Hill, 1985.

Philp, M.: Madness, truth, and critique: Foucault and antipsychiatry. PsychCritique, 1, 1985, 155-170.

Scheff, T. J.: Being mentally ill. A sociological theory (2nd ed.). New York: Aldine 1984.

Schneider, K.: Klinische Psychopathologie. (8. Aufl.) Stuttgart: Thieme, 1967.

Schülein, J. A.: Normalität und Opposition. Über Ursachen und gesellschaftliche Funktion der „Alternativbewegung". Leviathan, 11, 1983, 252-274.

Schur, E. M.: Interpreting deviance. A sociological introduction. New York: Harper & Row, 1979.
Schur, E. M.: The politics of deviance. Stigma contests and the uses of power. Englewood Cliffs: Prentice Hall, 1980.
Schwartz, G. E.: Testing the biopsychosocial model. Journal of Consulting and Clinical Psychology, 50, 1982, 1040-1053.
Scull, A. T.: Competing perspectives on deviance. Deviant Behavior, 5, 1984, 275-289.
Treppenhauer, A.: Psychopathologie oder abweichendes Verhalten? In: Keupp, H. (Hrsg.): Normalität und Abweichung. München: Urban & Schwarzenberg, 1979, 167-197.
Treppenhauer, A.: Psychoanalytisches Krankheitsmodell. In: W. Mertens (Hrsg.): Psychoanalyse. Ein Handbuch in Schlüsselbegriffen. München: Urban & Schwarzenberg, 1983, 174-180.
Trickett, E. J./Kelly, J. G./Vincent, T. A.: The spirit of ecological enquiry in community research. In: Susskind, E. C./Klein, D. C. (Eds.): Community research. New York: Praeger, 1985, 283-333.
Vatz, R. E./Weinberg, L. S. (Hrsg.): Thomas Szasz. Primary values and major contentions. Buffalo: Prometheus Books, 1983.
Warner, R.: Recovery from schizophrenie. Psychiatry and political economy. London: Routledge & Kegan Paul, 1985.
Wendt, W. R.: Die ökosoziale Aufgabe: Haushalten im Lebenszusammenhang. In: A. Mühlum et al. (Eds.): Umwelt – Lebenswelt. Beiträge zu Theorie und Praxis ökosozialer Arbeit. Frankfurt: Diesterweg, 1986, 7-84.
Wing, J. K.: Reasoning about madness. Oxford: Oxford University Press, 1978.

Organisationsentwicklung

Cornelia Seewald

1 Zielsetzungen

Organisationsentwicklung (OE) ist ein interdisziplinäres, wissenschaftlich fundiertes und handlungsorientiertes Konzept, mit dem Veränderungsprozesse in Organisationen initiiert, gesteuert und evaluiert werden (können). Stehen eine bestimmte Aufgabe oder ein spezifiziertes Thema im Mittelpunkt eines organisationsbezogenen Veränderungsprozesses, so verläuft, je nach Dominanz einzelner Subsysteme, der Veränderungsprozeß einseitig: Je nachdem, ob technische, soziale oder betriebswirtschaftliche Prioritäten den Ausschlag geben, kommt es zu *Störungen* (Verlusten, Widerständen, Mißmanagement, etc.) in anderen Teilbereichen der Organisation. In einem geplanten OE-Prozeß werden hingegen die Auswirkungen des zentralen Themas auf die Subsysteme untersucht mit dem Ziel, deren Balance zu erhalten.

Die Subsysteme einer Organisation sind:

- das politische Steuerungssystem (Ziele der Einrichtung, Interessengruppen, Macht- und Geldzentren)
- das ökonomische System (finanzielle und wirtschaftliche Stabilität)
- das soziale System (Arbeitsklima, Führungsstil und Motivation, Aufgabenstruktur und Zusammensetzung der Mitarbeiter)
- das technische System (Gebäudeausstattung, Produktionsmittel, Servicekonzepte)
- das Produkt-Markt-System (Image, Öffentlichkeitseinfluß, Kundenmentalität).

Gelingt es im OE-Prozeß, die Implikationen der Subsysteme bei der Bearbeitung des zentralen, im Vordergrund stehenden Themas miteinzubeziehen, so wird die Gefahr einseitiger, kurzfristiger Lösungen minimiert, ein „Kurieren am Symptom" vermieden und statt dessen eine *ganzheitliche Problemlösung* erzielt (French/Bell, 1977; Kanter/Stein, 1979; Kimberly/Miles, 1980).

Mit Beginn der 50er Jahre entwickelte sich die OE in den USA (als „Organizational Development" = OD) als eigenständige Disziplin mit dem Schwerpunkt auf angewandter Sozialwissenschaft. Maßgebend dabei war die vor allem aus Forschungsarbeiten Kurt Lewins resultierende Erkenntnis, daß Lernen in Gruppen Problemlösungs- und Änderungsstrategien begünstigt. In der Folgezeit wurden Experimente in dieser Richtung in den National Training Laboratories (NTL) und bestehenden Organisationen der Luft- und

Raumfahrt und der chemischen Industrie durchgeführt.

Heute läßt sich OE mit drei konzeptionellen Blickwinkeln beschreiben:
1. der *technisch-betriebswirtschaftliche*, der in klassischen Consulting-Konzepten, z. B. vertreten durch Arthur D. Little, zum Tragen kommt,
2. der *sozial-psychologische*, in Konzepten der Gruppendynamik oder der angewandten Psychoanalyse, z. B. vertreten durch das Tavistock-Institut, und
3. der *ethisch-philosophische*, der v. a. im anthroposophisch orientierten NPI (Nederlands Paedagogisch Institut) weiterentwickelt wird.

Als Interventionsprozeß richtet sich OE darauf, die langfristige Entwicklung eines Unternehmens zu beeinflussen, indem sie auf Verhaltensprozesse abzielt, mit Nachdruck humanistische Werte vertritt, sich um die Fähigkeit sorgt, Probleme zu lösen und Wachstumschancen ausfindig zu machen.

Die gleichzeitige Verbesserung der Effizienz und der Qualität des Arbeitslebens sind die beiden dominierenden Ziele der OE.

Damit die Zielstrategien des OE-Ansatzes greifen können, ist es notwendig, die betreffende Organisation als offenes System zu betrachten, das in der Lage ist, auf allen Ebenen zu reagieren: auf der Ebene des Individuums, der des Teilsystems und der der komplexen Gesamtorganisation. OE impliziert dann, daß sie als geplanter systematischer Steuerungsprozeß die Normen, Verhaltensstile und Organisationsstrukturen verändert, um unter Wahrung ethischer Werte den Gesamtnutzen einer Organisation zu erhöhen.

Der Systemansatz geht davon aus, daß das Nebeneinander verschiedener Positionen, Meinungen und Managementorientierungen integriert werden muß. Mit Hilfe dieser Integration gelingt es der Gesamtorganisation, ihren „Input" (Geld, Materie, Energie, Information) in einen „Output" (Produkte, Gewinn/Verlust, Ausschuß, Arbeitsplätze, Entsorgungsprobleme) zu verwandeln.

Um die Existenzgrundlage für die Zukunft zu sichern, brauchen Organisationen feedback-Systeme, die interne und externe Veränderungsfaktoren auf den „Existenz- und Sinngrund" des Unternehmens beziehen. Seinen Existenzgrund sichern, heißt in diesem Sinne, Bedürfnisse der Umwelt sichern, um neuen Input zu bekommen (erfolgreiche, intelligente Produkte verkaufen, Dienstleistungen anbieten etc.). Seinen Sinngrund sichern heißt in diesem Sinne, sich rechtzeitig darum zu kümmern, ob Produkte und Dienstleistungen, die heute (noch) akzeptiert sind, morgen überholt oder unangemessen sind (Rieckmann, 1982).

2 Interventionsstrategien und methodisches Inventar

Die Betonung des Prozeßcharakters der OE richtet sich im einzelnen auf die Prozeßbegleitung, die eigentliche Steuerung und die Kontinuität des Prozesses. Die Permanenz eines OE-Prozesses wird verdeutlicht durch die Variabilität eines „Anfang" und „Ende" (Abb. 1):

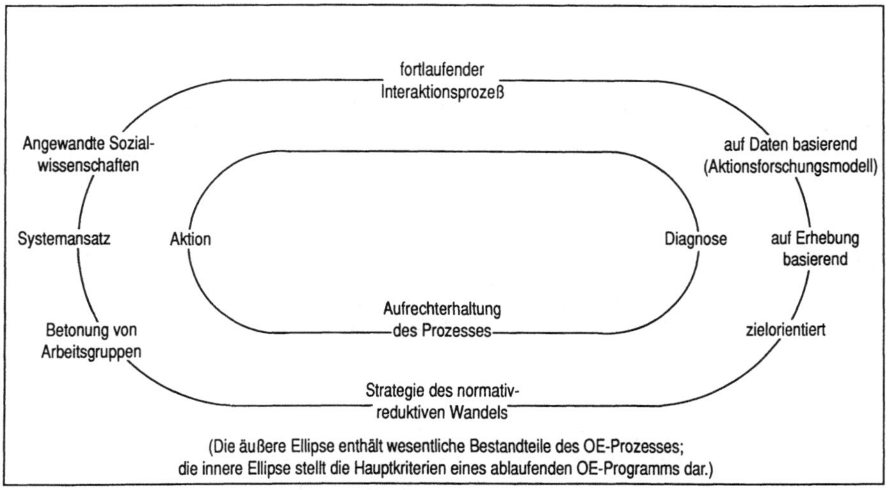

Abb. 1: Phasen eines OE-Projektes (aus: French/Bell, 1977, 49).

Die Phasen eines OE-Projektes entsprechen weitgehend denjenigen der *Aktionsforschung*:
1. Problembeschreibung (Analyse und Definition akuter und zukünftiger Probleme),
2. Datensammlung („harte“ und „weiche“ Daten, interne und externe Daten),
3. Organisationsdiagnose (Interpretation der Daten und Kräftefeldanalyse),
4. Datenfeedback an die Betroffenen,
5. Aktionsplanung,
6. Implementation,
7. Evaluation.

Entsprechend ihrer humanistischen Werteorientierung und sozialpsychologischen Orientierung in bezug auf Kommunikation und Vorgehensweise wird in der OE auf die aktive Teilnahme der Betroffenen am Problemlösungsprozeß Wert gelegt. Es soll ein gemeinsames, konsensuelles Problembewußtsein entstehen, und die Personen sollen (auch durch einen Außenstehenden) ermutigt werden, das Problem anzugehen.

Sachliche, persönliche und zwischenmenschliche Hintergründe und Konflikte sollen bearbeitet werden, indem kreative Fähigkeiten geweckt, neue Erkenntnisse gewonnen und andere Einstellungs- und Verhaltensweisen entwickelt werden. Die Problemlösungen sollen kontinuierlich reflektiert und fortgeschrieben und immer wieder mit den Bedürfnissen der Gesamtorganisation abgeglichen werden. Im Sinne dieser Interventionsstrategien sind OE-Prozesse gekennzeichnet durch systemumfassendes Denken, erfahrungsorientiertes Lernen und prozeßorientiertes Vorgehen (Becker/Langosch, 1984).

Typische Methoden in der OE sind der Sozialpsychologie und der Kommunikationswissenschaft entnommen und beziehen Techniken der Arbeitswissenschaft mit ein. Folgende Zuordnung differenziert nach Änderungsebenen, Verfahren und Zielrichtungen (Abb. 2):

3 Perspektiven

Das OE-Denken zieht seit den späten 60er Jahren in Europa breite Kreise. Unter anderen Etikettierungen gibt es vergleichbare Entwicklungen, z. B. „quality of working life“ oder „human resource management“.

In den letzten Jahren jedoch geraten diese Ansätze und die Menschen, die mit ihnen arbeiten, in Bedrängnis, weil sie in ihrer Kosten-Nutzen-Analyse nicht in herkömmlicher Weise betriebswirtschaftlich „rechnen“. In Zeiten wirtschaftlicher Stagnation und/oder komplexer gesellschaftlicher Strukturveränderungen scheint die Notwendigkeit, Entwicklungs- und Veränderungsinvestitionen restriktiv zu behandeln, zuzunehmen.

Akzeptanz und Integration von OE-Ansätzen in der Alltagswirklichkeit werden zukünftig weni-

Bezugsebene für Änderungen	**Typische Interventions-techniken**	**Angestrebte Ziele**	**Implizierte Annahmen**
Individiuum	- Selbsterfahrungsgruppen - Laboratoriumstraining - Encounter-Gruppen - Skill-Training	- soziale Wahrnehmung - Belastbarkeit - Teamfähigkeit - Befähigung für Problemlösungen	Personen bilden und prägen die Organisation und das Verhalten der Organisationsmitglieder
Soziale Beziehungen der Organisationsmitglieder	- Survey-Feedback - Team-Training für Arbeitsgruppen - Prozeßberatung - Konfrontationssitzungen	"Spielregeln" der Zusammenarbeit: - Vertrauen - Offenheit - Kooperation - Konfliktberatung	"Klima" der Beziehugen bestimmt die Organisation und das Verhalten der Organisationsmitglieder
Technologische und organisatorische Struktur	Veränderung von technologischen Bedingungen und organisatorischen Regelungen: - andere Arbeitsabläufe - Arbeitsstrukturierung - systematische Gruppenarbeit - "Humanisierung" der Arbeitsbedingungen	Schaffen von (dauerhaften) Bedingungen, in denen Kooperation honoriert und individuelle Bedürfnisse berücksichtigt werden	Organisation und situative Bedingungen bestimmen das Verhalten der Organisationsmitglieder

Abb. 2: Klassifikation von Organisationsentwicklungsmaßnahmen (Quelle: in Anlehnung an Porter/Lawler/Hackman, 1975, 440).

ger von ihrer wissenschaftlichen Fundierung leben als von dem Wert- und Selbstverständnis der OE-Experten und ihrer Prozeßsteuerungskompetenz. Je stärker diese ihre Fähigkeiten entwickeln, verhaltenssteuernde Strategien mit unternehmenspolitischen zu verbinden, um auch weiterhin die Leistungsfähigkeit von Organisationen und die Qualität des Arbeitslebens für die Mitarbeiter zu sichern, um so selbstverständlicher wird OE-Denken und -Handeln in allen Bereichen des Arbeitslebens.

Die Implementation OE-relevanter Unternehmensstrategien setzt voraus, daß Führungskräfte aller Ebenen sehr stark in Projekte der Mitarbeiterentwicklung und Organisationsinnovation einbezogen werden, besser noch: Träger dieser Prozesse werden (Bennis/Nanus, 1985).

Literatur

Becker, H./Langosch, I.: Produktivität und Menschlichkeit. Stuttgart: Enke, 1984.
Bennis, W./Nanus, B.: Führungskräfte. Frankfurt: Campus, 1985.
French, W. C./Bell, C. H. ju.: Organisationsentwicklung. Bern: Haupt, 1977.
Kanter, R. M./Stein, B. A.: Life in organisations. New York: Basic Books, 1979.
Kimberly, Y. R./Miles, R. H.: The organizational life cycle. San Francisco: Jossey-Bass, 1980.
Porter, L. W./Lawler, E. E./Hackmann, R. J.: Behavior in organizations. New York: Basic Books, 1975.
Rieckmann, H.: Inneres Wachstum – Äußeres Wachstum. In: Schäkel, U./Scholz, J. (Hrsg.): Neue Wege der Leistungsgesellschaft. Essen: Windmühle, 1982.

Organisationspsychologie

Lutz von Rosenstiel und Peter Neumann

1 Gegenstandsbestimmung

Gegenstand der O. ist das Erleben und Verhalten von Menschen in Organisationen in ihren unterschiedlichen Rollen als spezifische Funktionsträger. Organisationen lassen sich dabei interpretieren als der Umwelt gegenüber offene Systeme, die zeitlich überdauernd existieren, explizite Ziele verfolgen und als soziale Gebilde zu verstehen sind, die eine spezifische Struktur aufweisen, die meist durch Arbeitsteilung und eine Hierarchie der Verantwortung gekennzeichnet ist.

Die O. hat sich aus der *Betriebspsychologie* (Mayer/Herwig, 1970) entwickelt. Die modifizierte Namensgebung geht auf Leavitt zurück, der 1961 einen programmatischen Vortrag mit dem Titel „Toward Organizational Psychology" hielt und gemeinsam mit Bass (1964) ein erstes Sammelreferat zur O. publizierte. Der geänderte Name beinhaltet den Anspruch, nicht nur die Psychologie industrieller Betriebe, sondern auch die andersartiger Organisationen zu sein, wie z. B. Schulen und Hochschulen, Kirchen und Parteien, Krankenhäuser, Gefängnisse. In den deutschen Sprachraum wurde der Begriff Anfang der 70er Jahre eingeführt (v. Rosenstiel et al., 1972/1986).

Die O. zählt gleichermaßen zur Angewandten und zur Praktischen Psychologie: Sie bezieht ihre Forschungsfragen direkt oder indirekt aus möglichen Anwendungsfeldern und setzt ihr gefundenes Wissen dort routinemäßig ein, wobei sie sich auch am Kriterium der Nützlichkeit beurteilen lassen muß (Gebert/v. Rosenstiel, 1981).

2 Arbeitsschritte und Arbeitsschwerpunkte

Wie auch andere anwendungsorientierte psychologische Teildisziplinen ist organisationspsychologische Arbeit durch bestimmte Phasen gekennzeichnet. Es geht zunächst um die valide Erfassung eines gegebenen Ist-Zustandes, wobei hier Verfahren der *Organisationsdiagnose* zu entwickeln sind (Brandstätter, 1978). Es folgt die Bestimmung des *Soll-Zustandes*, der sowohl in der Forschung als auch in der Praxis normative Fragen zentral berührt und den Organisationspsychologen vor die Frage stellt, ob er sich als Ausführender von Aufträgen interpretieren soll oder eigene Wert- und Normvorstellungen (welche?) in die Bestimmung des Soll-Zustandes einzubringen hat (BDP 1986). Bevor in der Praxis der Ist- in den

Soll-Zustand transformiert wird, muß durch anwendungsorientierte Forschung *Veränderungswissen* erarbeitet sein; zumindest müssen theoretisch gut fundierte Hypothesen (Greif, 1983) entwickelt werden, damit wissenschaftlich begründet angegeben werden kann, welche Interventionen unter welchen situativen Bedingungen zu welchen Ergebnissen führen. Derart begründete Interventionen gilt es nach ihrer Durchführung zu *evaluieren*, wobei die dabei einzusetzenden Verfahren wiederum jene sind, die auch im Rahmen der ersten Organisationsdiagnose genützt werden.

Innerhalb der Organisation ergibt sich menschliches Verhalten aus einem komplexen Zusammenspiel von Mensch und Situation (Gebert/v. Rosenstiel, 1981), wobei die Situation in der Organisation insbesondere durch Aufgaben, Strukturen und Technologien (Leavitt, 1965) gekennzeichnet ist. Während die Auswirkungen von Technologien auf menschliches Verhalten meist innerhalb der Arbeitspsychologie (Frese et al., 1978) untersucht werden und erst in jüngerer Zeit auch verstärktes organisationspsychologisches Interesse finden, haben die beiden anderen Aspekte klassischerweise innerhalb der O. Forschung initiiert und praktisches Handeln geleitet, wobei allerdings die Akzente etwas anders gesetzt wurden.

Die Akzente organisationspsychologischer Arbeit liegen:

- beim einzelnen Organisationsmitglied in seiner individuellen Besonderheit,
- bei Inter- und Intra-Gruppenbeziehungen, wobei spezifisch Kommunikation, Kooperation und Konflikt in und zwischen Arbeitsgruppen interessieren,
- bei der Organisation als übergreifender Struktur und hier bei deren Diagnose und Veränderung unter psychologischer Perspektive,
- bei der Aufgabe, um deretwillen (scheinbar zweckrational) Individuen eingestellt, versetzt, geschult und entlassen, Arbeitsgruppen gebildet, umstrukturiert und aufgelöst, Aufbau- und Ablauforganisationen implementiert und modifiziert werden.

Bedenkt man, daß in der praktischen organisationspsychologischen Arbeit die Diagnose (unter Einschluß der Evaluation) und die Intervention (unter Einschluß der normativen Bestimmung des Soll-Zustandes und der Erarbeitung des Veränderungswissens) die zentralen Arbeitsschritte sind, und daß weiterhin psychologische Aspektspezialisierung (v. Rosenstiel, 1987) den Blick immer wieder auf das Individuum und seinen nahezu unausweichlichen Konflikt mit den Anforderungen der Organisation lenkt (Argyris, 1957), so ergibt sich eine Struktur organisationspsychologischer Arbeit, wie sie Darstellung 1 zeigt.

2.1 Individuum

Zur Erfüllung der unterschiedlichen Aufgaben im Rahmen personeller Entscheidungen müssen Mitarbeiter richtig plaziert werden. Hier haben *Eignungsdiagnostik* (Maukisch, 1978; Kompa, 1984) und systematische *Personalbeurteilung* (Schuler, 1978) ihre bedeutsame Funktion. Die Entwicklung eines validen, rechtlich zulässigen (Klein, 1982), sozial akzeptierbaren und ökonomisch zu rechtfertigenden diagnostischen Instrumentariums ist daher eine zentrale Aufgabe organisationspsychologischen Handelns.

Zu den eher forschungsorientierten diagnostischen Aufgaben des Organisationspsychologen gehört die Analyse der Sozial*werdung* (Fend, 1969) des Menschen in der Organisation, worunter die nicht bewußt intendierte Sozialisation des einzelnen durch organisatorische Bedingungen (Kohn/Schooler, 1978) zu verstehen ist. Dieser Ansatz kann z. B. zu der forschungsleitenden Frage führen, ob es Intelligenzabbau durch Industriearbeit gibt (Greif, 1978).

Zur *Intervention* hingegen gehört all das, was

Darstellung 1: Arbeitsfelder der Organisationspsychologie

Aspekt / Ziel	Individuum	Gruppe	Organisation	Aufgabe
Feststellen und Erfassen des Ist-Zustands (Diagnose)	z. B. Eignungsdiagnostik	z. B. Analyse „informeller" Gruppenstrukturen	z. B. Messung des Organistionsklimas	z. B. Psychologische Arbeitsanalyse
Verändern und Einwirken zur Erreichung des Soll-Zustands (Intervention)	z. B. Selektion, Plazierung, Ausbildung	z. B. Bildung „teilautonomer" Arbeitsgruppen	z. B. Organisationsentwicklung	z. B. Psychologische Arbeitsgestaltung

im weitesten Sinne der Realisierung personeller Entscheidungen zuzurechnen ist, wobei es hier sowohl um die Personalselektion als auch um die Verhaltensmodifikation geht. Personalselektion umfaßt Auswahl und Plazierung von Bewerbern (z. B. im Rahmen von Versetzungs- oder Aufstiegsentscheidungen), Verhaltensmodifikation die gezielte Sozial*machung* (Fend, 1969) durch Ausbildungs- und Trainingsprogramme z. B. mit dem Ziel, fachliches Können, leistungsbezogene Motivation (Krug, 1976) oder soziale Kompetenz (Goldstein, 1980) zu fördern.

Personalselektion und Verhaltensmodifikation sind Optimierungen hinsichtlich bestimmter Kriterien, wobei normativ zu entscheiden ist, welchen Kriterien hier welches Gewicht zukommt: Kann es z. B. gerechtfertigt werden, das Individuum ausschließlich für ökonomische Ziele zu instrumentieren, oder müssen seine Zufriedenheit und Chancen zur Selbstverwirklichung (Maukisch, 1978) den gleichen Stellenwert haben?

2.2 Gruppe

Umfang und Komplexität von Aufgaben in einer arbeitsteiligen Gesellschaft machen gemeinsame Bearbeitung der Anforderungen erforderlich, wobei in der Organisation die gemeinsame Arbeit durch eine Hierarchie von Verantwortung koordiniert wird. Entsprechend gehören die Themenbereiche der Intra- und Inter-Gruppenbeziehungen in Organisationen (v. Rosenstiel, 1978) und der Führung von Gruppen (Stogdill, 1974; Neuberger, 1976; 1984) zu den zentralen Forschungs- und Praxisfeldern der O.

Die Zusammenarbeit von Menschen in der Organisation erfolgt nicht spontan, sondern wird in der Regel vorgeplant. Sie kann koagierend, interagierend und kontraagierend sein (Scharmann, 1972). *Koagierend* wäre z. B. Fließbandarbeit, wenn jeder relativ unabhängig vom anderen einen Teil der zu leistenden Arbeit bewältigt, wobei hier allerdings festzuhalten ist, daß schon allein die Anwesenheit anderer individuelle Leistung je nach Aufgabentyp begünstigen oder behindern kann (Zajonc, 1965).

Interagierend wäre die Zusammenarbeit dann, wenn die Leistungen des einen eine funktionale Voraussetzung für die Leistungen der anderen sind, wie das z. B. in Forschungsteams gilt.

Kontraagierend wäre die Zusammenarbeit dann, wenn bei bewußter Implementierung von Konflikten aus der Integration verschiedenartiger Meinungen ein optimales Ergebnis erwachsen soll, wie dies z. B. für das häufig im Bereich der Banken anzutreffende „Vier-Augen-Prinzip" oder für vielfältige Formen bei Matrixorganisationen gilt.

In all diesen Fällen sind *Kommunikation, Kooperation* und die Fähigkeit des Umganges mit *Konflikten* (Glasl, 1980; Rüttinger, 1981; Berkel, 1983) wesentliche Voraussetzungen des möglichen Erfolgs. Auf diesem Feld gilt es für den Organisationspsychologen, praktisch-diagnostische Arbeit dann zu leisten, wenn z. B. Kooperation von Arbeitsgruppen durch Beobachtungs- oder Befragungsmethoden analysiert (Bales/Slater, 1969), Unterschiede zwischen Plan und Realität der Gruppenbeziehungen ermittelt oder Führungsverhalten möglichst konkret (Fittkau-Garthe, 1970; Domsch/Reinecke, 1982) erfaßt werden sollen.

Auf all diesen Gebieten liegen standardisierte diagnostische Instrumentarien vor. Sie werden in den Organisationen routinemäßig eingesetzt.

Auf der Basis dieser diagnostischen Information lassen sich dann Interventionsstrategien planen und durchführen, wobei insbesondere *Teamentwicklungstraining* (Antons, 1975), *Konfliktmanagement* (Glasl, 1980) und – mit herausragendem Gewicht – *Führungstraining* (Campbell, 1971; Fisch/Fiala, 1984) zu den wichtigsten Aufgaben des Organisationspsychologen gehören. Allerdings zeigt gerade dieses Arbeitsfeld, daß zwischen Aufwand und begründetem Veränderungswissen eine erhebliche Lücke klafft. *Evaluationsstudien* zeigen, daß der Effekt der Trainingsmaßnahmen häufig bescheiden ist oder gar den Zielen entgegensteht (Gebert, 1972; Fisch/Fiala, 1984), daß insbesondere der Transfer von der Trainings- auf die Praxissituation unbefriedigend ist (Weinert, 1981) und daß schließlich die Evaluationsstudien selbst in aller Regel methodisch unzureichend oder gar fragwürdig angelegt waren.

2.3 Organisation

Organisationspsychologische Arbeit ließ – professionell verengt – häufig die umgreifende *Aufbau-* und *Ablauforganisation* unberücksichtigt und beschränkte sich auf das Individuum in der Organisation oder auf überschaubare Arbeitsgruppen. Die Bedeutung der übergeordneten Strukturen wird jedoch in der Organisationspsychologie zunehmend erkannt (Friedlander/Brown, 1974). Dies hat dazu geführt, daß psychologisch orientierte Diagnostik und Intervention innerhalb der gesamten Organisation durchgeführt werden (Brandstätter, 1978; Weinert, 1981; v. Rosenstiel et al., 1983; Conrad/Sydow, 1984).

Die Organisation, wie sie von ihren Mitgliedern erlebt wird, prägt deren Erleben und Verhalten in erheblichem Maße. Entsprechend lassen sich in jüngerer Zeit vielfältige Versuche beobachten, die *Redefinition* der Organisation im Bewußtsein ihrer Mitarbeiter zu diagnostizieren, wobei gelegentlich stärker evaluative Konzepte, wie z. B. in der *Arbeitszufriedenheitsforschung* (Neuberger/Allerbeck, 1978), zum Teil aber auch stärker deskriptive Konzepte Verwendung finden, wie z. B. bei *Organisationsklimaanalysen* (Payne/Pugh, 1976; v. Rosenstiel et al., 1983).

Obwohl der Organisationspsychologe als Experte relevante Tatbestände auch auf Grund von Beobachtungen oder Dokumentenanalysen diagnostizieren kann, dominiert als Forschungsmethode die Befragung aller oder repräsentativ ausgewählter Organisationsmitglieder durch standardisierte Fragebogen (Weinert, 1981; v. Rosenstiel et al., 1983; Conrad/Sydow, 1984). Wesentlich ist dabei, daß die Auswertung nicht auf dem individuellen Niveau des Organisationsmitglieds erfolgt, sondern auf aggregiertem Niveau der Gesamtorganisation oder spezifischer Organisationseinheiten. Interventionsmaßnahmen setzen dann entsprechend auch kaum beim Individuum an, sondern bei der Organisation bzw. ihren Einheiten. Während *herkömmliche Unternehmensberatung* hier – unterstützt durch das Top-Management – im Sinne des sog. „Bombenwurfs" (Kirsch et al., 1979) neue Strukturen einführt, ist psychologisch orientierte Interventionsarbeit in aller Regel durch eine Beteiligung der Betroffenen gekennzeichnet, wie dies für die auf Lewin zurückgehende (vgl. French/Bell, 1977) *Organisationsentwicklung* gilt (Gebert, 1974; Sievers, 1977).

Kennzeichnend für Intervention durch Organisationsentwicklung ist es, daß die Betroffenen mit standardisierten oder unstandardisierten Methoden Stärken und Schwächen ihrer Situation analysieren und sodann, geleitet durch eigene Zielvorstellungen, versuchen, Besserung im Interesse der einzelnen und im Interesse der Organisation (Becker/Langosch, 1984) zu erreichen. Durch diese partizipative Vorgehensweise werden die Qualifikation und Motivation der Betroffenen gesteigert.

Ansatzpunkt für die Organisationsentwicklung können das einzelne Organisationsmitglied, die Sozialstruktur oder der technostrukturelle Rahmen sein (Kieser et al., 1979). Die Wahl des Akzents hängt von der impliziten oder expliziten Annahme ab, ob menschliches Verhalten in Organisationen stärker durch individuelle Eigentümlichkeit, soziale Strukturen oder „harte" Rahmenbedingungen bestimmt wird.

2.4 Aufgabe

Innerhalb der O. werden häufig Menschen durch Auswahl oder Ausbildung an die Aufgabe angepaßt. Zunehmend läßt sich jedoch feststellen, daß auch der alten Forderung Rechnung getragen wird, Aufgaben an den Menschen anzupassen, was in der Bundesrepublik Deutschland durch das regierungsamtlich geförderte Programm „Humanisierung des Arbeitslebens (HdA)" (Pöhler, 1979) unterstützt wurde. Gerade auf diesem Gebiet spielte die Diskussion, nach welchen Kriterien *Arbeitsgestaltung* zu optimieren sei, eine besonders gewichtige Rolle (Ulich et al., 1973), was u. a. dazu führte, das Kriterium der Arbeitszufriedenheit kritisch zu reflektieren (Bruggemann et al., 1975). Weitgehend einig ist man sich heute darin, daß es wichtiger ist, bei der Arbeit den Tätigkeitsspielraum, den Entscheidungs- und Kontrollspielraum und den Kontaktspielraum zu erweitern, als das Maß subjektiver Zufriedenheit zum alleinigen Kriterium der Arbeitsplatzgestaltung zu machen. Erreicht werden sollen dadurch u. a. erhöhte Arbeitsmotivation (Wiswede, 1980), steigende Qualifikation, Kontrolle über die Arbeit (Frese et. al., 1978), erhöhte Gesundheit (Udris, 1982) und Reduzierung von Streß (Gebert, 1981).

Dem tragen die vielfältigen neueren Verfahren der psychologischen *Aufgabenanalyse* auch Rechnung (Frieling, 1975). Bei diesen Verfahren handelt es sich meist um halb- oder vollstandardisierte Beobachtungs- und/oder Befragungsverfahren. Auf der Basis derartiger Analysen kann dann gezielt Arbeitsgestaltung vorgenommen werden, wobei im Sinne eines erweiterten Handlungsspielraums besonders häufig an Job-Rotation, Job-Enlargement und Job-Enrichment, sowie an die Einführung teilautonomer Arbeitsgruppen gedacht wird (Ulich et al., 1973; Gebert/v. Rosenstiel, 1981).

3 Forschungstrends und künftige Perspektiven

Organisationspsychologische Forschung und Praxis dürften künftig einige wesentliche Veränderungen erfahren. Die *neuen Technologien*, die einerseits eine räumliche und zeitliche Flexibilisierung der Arbeit ermöglichen (Kern/Schumann, 1984) und zum anderen vermutlich zu einem massiven Rückgang der Arbeitszeit zugunsten der Freizeit führen werden (Friedrichs/Schaff, 1984), haben unterschiedliche Konsequenzen.

Die Grenzen zwischen Arbeitsorganisation und Freizeit werden fließend (man denke an die „Neue Heimarbeit"), die Arbeitsanforderungen werden sich stark verändern (man denke an Expertensysteme), die Kommunikation bei der Arbeit wird sich nachhaltig verändern (man denke z. B. an bildschirmunterstützte Konferenzen). Dabei besteht die Gefahr, daß die technische Entwicklung dominiert und dem arbeitenden Menschen nur die Anpassung bleibt. Wenn Organisationspsychologen bei der Entwicklung der Technologien und ihrer Implementierung mitwirken, lassen sich die Bedürfnisse der Menschen besser berücksichtigen; es besteht dann die Chance, die Technik stärker an den Menschen anzupassen.

Ein zweiter wichtiger Trend ergibt sich aus dem *Wertewandel* in der Gesellschaft (Ingelhart, 1977; Klages, 1984). Er führte u. a. dazu, daß die Erwartung an die berufliche Arbeit in der Bevölkerung sich nachdrücklich wandelte (v. Klipstein/Stümpel, 1985). Insgesamt wird berufliche Arbeit einen Teil ihres Stellenwertes verlieren. Dort wo sie ausgeübt wird, ist der Anspruch an Autonomie, Selbstbestimmung und Entfaltungsmöglichkeit sehr hoch. Aufgaben, Führungskonzepte und Organisationsstrukturen sind dementsprechend zu gestalten, damit die Entfremdung des einzelnen von der Organisation nicht intensiviert wird.

Literatur

Antons, K.: Praxis der Gruppendynamik. Göttingen: Hogrefe, 1975.

Argyris, Ch.: Personality and organization: The conflict between system and the individual. New York: Harper & Row, 1957.

BDP: Berufsordnung für Diplompsychologen. Bonn: Deutscher Psychologen Verlag, 1986.

Bales, R. F./Slater, P. E.: Role differentiation in small decision making groups. In: Gibb, C. (Ed.): Leadership. Harmondsworth: Penguin Books, 1969, 225-276.

Becker, H./Langosch, I.: Produktivität und Menschlichkeit. Organisationsentwicklung und ihre Anwendung in der Praxis. Stuttgart: Enke, 1984.

Berkel, K.: Konfliktforschung und Konfliktbewältigung. Berlin: Duncker & Humblot, 1983.

Brandstätter, H.: Organisationsdiagnose. In: Mayer, A. (Hrsg.): Organisationspsychologie. Stuttgart: Poeschel, 1978, 43-71.

Bruggemann, A./Groskurth, P./Ulich, E.: Arbeitszufriedenheit. Bern: Huber, 1973.

Campbell, J. P.: Personnel training and development. Annual of Psychology, 22, 1971, 565-602.

Conrad, P./Sydow, J.: Organisationsklima. Berlin: De Gruyter, 1984.

Domsch, M./Reinecke, P.: Mitarbeiterbefragung als Führungsinstrument. In: Schuler, H./Stehle, W. (Hrsg.): Psychologie in Wirtschaft und Verwaltung. Stuttgart: Poeschel, 1982, 127-148.

Fend, H.: Sozialisierung und Erziehung. Weinheim: Beltz, 1969.

Fisch, R./Fiala, S.: Wie erfolgreich ist Führungstraining? Eine Bilanz neuester Literatur. DBW – die Betriebswirtschaft, 44, 1984, 193-203.

Fittkau-Garthe, H.: Dimensionen des Vorgesetztenverhaltens und ihre Bedeutung für die emotionalen Einstellungsreaktionen der unterstellten Mitarbeiter. Diss. Hamburg, 1970.

French, W. L./Bell, C. H. jr.: Organisationsentwicklung. Bern: Haupt, 1977.

Frese, M./Greif, S./Semmer, N. (Hrsg.): Industrielle Psychopathologie. Bern: Huber, 1978.

Friedlander, F./Brown, L. D.: Organization development. Annual Review of Psychology. 25, 1974, 313-341.

Friedrichs, G./Schaff, A. (Hrsg.): Auf Gedeih und Verderb. Mikroelektronik und Gesellschaft. Rowohlt: Reinbek, 1984.

Frieling, E.: Psychologische Arbeitsanalyse. Stuttgart: Kohlhammer, 1975.

Gebert, D.: Gruppendynamik in der betrieblichen Führungsschulung. Berlin: Duncker & Humblot, 1972.

Gebert, D.: Organisationsentwicklung. Stuttgart: Kohlhammer, 1974.

Gebert, D.: Belastung und Beanspruchung in Organisationen, Ergebnisse der Streßforschung. Stuttgart: Poeschel, 1981.

Gebert, D./Rosenstiel, L. v.: Organisationspsychologie. Stuttgart: Kohlhammer, 1981.

Glasl, F.: Konfliktmanagement. Diagnose und Behandlung von Konflikten in Organisationen. Bern: Haupt, 1980.

Goldstein, J. L.: Training in work organizations. Annual Review of Psychology, 31, 1980, 229-272.

Greif, S.: Intelligenzabbau und Dequalifizierung durch Industriearbeit? In: Frese, M./Greif, S./Semmer, N. (Hrsg.): Industrielle Psychopathologie. Bern: Huber, 1978, 232-256.

Greif, S.: Konzepte der Organisationspsychologie. Bern: Huber, 1983.

Inglehart, R.: The silent revolution. Changing values and political styles among Western publics. Princeton: University Press, 1977.

Kern, H./Schumann, M.: Das Ende der Arbeitsteilung? Rationalisierung in der industriellen Produktion. München: Beck, 1984.

Kieser, A./Krüger, M./Röber, M.: Organisationsentwicklung: Ziele und Techniken. Wirtschaftswissenschaftliches Studium, 4, 1979, 149-155.

Kirsch, W./Esser, W.-M./Gabele, E.: Das Management des geplanten Wandels von Organisationen. Stuttgart: Poeschel, 1979.

Klages, H.: Wertorientierungen im Wandel. Rückblick, Gegenwartsanalyse, Prognosen. Frankfurt: Campus, 1984.

Klein, F. J.: Die Rechtmäßigkeit psychologischer Tests im Personalbereich. Gelsenkirchen: Mannhold, 1982.

Klipstein, M. v./Stümpel, B. (Hrsg.): Gewandelte Werte – Erstarrte Strukturen. Wie die Bürger Wirtschaft und Arbeit erleben. Bonn: Bund, 1985.

Kohn, M. L./Schooler, C.: The reciprocal effects of the substantive complexity of work and intellectual flexibility: a longitudinal assessment. American Journal of Sociology, 84, 1978, 24-52.

Kompa, A.: Personalbeschaffung und Personalauswahl. Stuttgart: Enke, 1984.

Krug, S.: Förderung und Änderung des Leistungsmotivs: Theoretische Grundlagen und deren Anwendung. In: Schmalt, H. D./Meyer, W.-U. (Hrsg.): Leistungsmotivation und Verhalten. Stuttgart: Klett, 1976, 221-247.

Leavitt, H.: Toward organizational psychology. Address for Walter V. Bingham Day. Pittsburgh, 1961.

Leavitt, H.: Applied organizational change in industry: Structural, technological and humanistic approach. In: March, J. G. (Ed.): Handbook of organizations. Chicago: Rand McNally, 1965, 1144-1170.

Leavitt, H./Bass, B. M.: Organizational psychology. Annual Review of Psychology, 15, 1964, 371-398.

Maukisch, H.: Einführung in die Eignungsdiagnostik. In: Mayer, A. (Hrsg.): Organisationspsychologie. Stuttgart: Poeschel, 1978, 105-136.

Mayer, A./Herwig, B. (Hrsg.): Handbuch der Psychologie, Bd. 9: Betriebspsychologie. Göttingen: Hogrefe, 1970.
Neuberger, O.: Führungsverhalten und Führungserfolg. Berlin: Duncker & Humblot, 1976.
Neuberger, O.: Führung. Ideologie, Struktur, Verhalten. Stuttgart: Enke 1984.
Neuberger, O./Allerbeck, M.: Messung und Analyse der Arbeitszufriedenheit. Bern: Huber, 1978.
Payne, R. L./Pugh, D. S.: Organizational structure and climate. In: Dunnette, M. D. (Ed.): Handbook of industrial and organizational psychology. Chicago: Rand McNally, 1976, 1125-1174.
Pöhler, W. (Hrsg.): ... damit die Arbeit menschlicher wird. Bonn: Neue Gesellschaft, 1979.
Rosenstiel, L. v.: Arbeitsgruppe. In: Mayer, A. (Hrsg.): Organisationspsychologie. Stuttgart: Poeschel, 1978, 236-271.
Rosenstiel, L. v.: Organisationspsychologie. Stuttgart: Poeschel, 1987.
Rosenstiel, L. v./Falkenberg, Th./Hehn, W./Henschel, E./Warns, I.: Betriebsklima heute. Ludwigshafen: Kiehl, 1983.
Rosenstiel, L. v./Molt, W./Rüttinger, B.: Organisationspsychologie (5. Aufl.). Stuttgart: Kohlhammer, 1986. (1. Aufl. 1972).
Rüttinger, B.: Konflikt und Konfliktlösen. Goch: Bratt, 1981.
Scharmann, Th.: Leistungsorientierte Gruppen. In: Graumann, C. F. (Hrsg.): Handbuch der Psychologie, Bd. 7: Sozialpsychologie, 2. Hbd., 1790-1850. Göttingen: Hogrefe, 1972.
Schuler, H.: Leistungsbeurteilung in Organisationen. In: Mayer, A. (Hrsg.); Organisationspsychologie. Stuttgart: Poeschel, 1978, 137-169.
Sievers, B. (Hrsg.): Organisationsentwicklung als Problem. Stuttgart: Klett, 1977.
Stogdill, R. M.: Handbook of leadership. New York: Free Press, 1974.
Udris, I. (Hrsg.): Arbeit und Gesundheit. Streß und seine Auswirkungen bei verschiedenen Berufen. Bern: Huber, 1982.
Ulich, E./Groskurth, P./Bruggemann, A.: Neue Formen der Arbeitsgestaltung. Möglichkeiten und Probleme einer Verbesserung der Qualität des Arbeitslebens. Frankfurt: Europäische Verlagsanstalt, 1973.
Weinert, A. B.: Lehrbuch der Organisationspsychologie München: Urban & Schwarzenberg, 1981.
Wiswede, G.: Motivation und Arbeitsverhalten. München: Reinhardt, 1980.
Zajonc, R.: Social facilitation. Sience, 149, 1965, 269-274.

Pädagogische Psychologie

Dieter Ulich

1 Möglichkeiten und Probleme der Gegenstandsbestimmung

Die fortschreitende Institutionalisierung von Unterrichts-, Ausbildungs- und Erziehungsprozessen, die wachsende Sensibilität für die Störanfälligkeit von Entwicklungs-, Erziehungs- und Lernprozessen und die Präzisierung von Kontroll- und Zuweisungsmechanismen im Erziehungs- und Bildungswesen haben der P. P. in der Öffentlichkeit und in vielen Studiengängen eine wachsende Bedeutung gegeben. In Diplomordnungen wird der P. P. größeres Gewicht gegeben; die Reform der Lehrerbildung hat den Anteil der P. P. an der grundwissenschaftlichen Ausbildung erhöht; neue Studiengänge (z. B. Beratungslehrer, Schulpsychologe) wurden auf pädagogisch-psychologischer Grundlage geschaffen.

Traditionellerweise erwartet man von der P. P. Informationen über Gesetzmäßigkeiten des *Lehrens* und *Lernen* (im weitesten Sinne) sowie über *erzieherische* und *unterrichtliche Einflußmöglichkeiten*. Man erhofft sich Hilfe bei der Gestaltung „optimaler" Lern- und Interaktionssituationen, bei der Lösung von Problemen im Bereich von Familie und Schule, bei der Entscheidung über Steuerungs-, Zuweisungs- und Interventionsmaßnahmen vielfältigster Art.

Über diesen manchmal nur recht oberflächlichen Konsens hinaus finden seit einigen Jahren jedoch teilweise heftige Auseinandersetzungen um die Gegenstandsbestimmung, um Akzentverschiebungen, Abgrenzungen, Ausweitungen usw. statt. Einige verbreitete Lehrbücher, wie z. B. Gage und Berliner (1978), legen den Schwerpunkt der P. P. immer noch stark auf *Schule* und *Unterricht*. Dagegen fordert der wichtige Diskussionsband von Brandtstädter et al. (1979) eine Öffnung hin zur *Entwicklungspsychologie* und auch zu Teilen der *Klinischen Psychologie*. 1969 wurde im Annual Review of Psychology die Sparte „Educational Psychology" in „Instructional Psychology" umbenannt. Insgesamt kann man in den vergangenen zwanzig Jahren eine starke Verlagerung weg von Erziehung und hin zu *kognitiven Aspekten des Lernens* konstatieren. „Erziehung" wird eher der Sozialisationsforschung oder der Pädagogik zugeschoben; innerhalb der P. P. interessieren allenfalls die „handlungsleitenden Kognitionen" von Erziehern, vor allem von Lehrern (z. B. Hofer, 1986).

„Pädagogische Psychologie" meint als Begriff

sicher nicht mehr als einen Sammelnamen, der sehr heterogene Gegenstands- und Forschungsfelder zusammenhält, die nicht mehr gemeinsam haben als eine Beziehung zu Erziehung, Unterricht und Ausbildung im weitesten Sinne. Die Bezeichnung „Pädagogische Psychologie" konkurriert mit „Erziehungspsychologie", „Instruktionspsychologie", „Lehr-Lern-Forschung", teilweise sogar mit „Empirischer Pädagogik" und Teilen einer „Angewandten Entwicklungspsychologie" (Heller, 1985; Weidenmann/Krapp, 1986). Während die einen eine Öffnung und Ausweitung des Gegenstandsfeldes verlangen (z. B. Heckhausen, 1986; Oerter, 1986), z. B. im Sinne einer „Entschulung" und einer stärkeren Orientierung an der Entwicklungspsychologie, warnen andere vor einer derartigen Veränderung und fordern eine stärkere Fokussierung auf bestimmte Bereiche wie Lehr-Lernforschung (Weinert, 1986).

Vier Lösungswege scheinen in dieser Situation möglich:

1. Die *umfassende* Aufgabenbestimmung (nach Brandtstädter et al., 1974): P. P. ist eine Einrichtung zur systematischen und kontrollierten Gewinnung, Vermittlung und Anwendung von Kenntnissen über Sozialisations-, Erziehungs- und Unterrichtsprozessen unter besonderer Berücksichtigung psychologischer Aspekte. Es sind nicht nur Erziehungs- und Unterrichtsprozesse im üblichen Wortsinn gemeint, sondern auch Bereiche der Aus- und Weiterbildung (Erwachsener), der Rehabilitation und Resozialisierung, pädagogische Aspekte der Gerontologie und andere Probleme des „lebenslangen Lernens". P.P. bezieht sich in umfassender Weise auf Sozialisationsprozesse in Institutionen (z. B. Kindergarten, Schule, Berufsausbildung, sozialpädagogische Institutionen) und in außerinstitutionellen Bereichen (wie z. B. Familie, Berufsleben, peer-group, Medien, Freizeit).
2. Die Festlegung eines *„Kernbereichs"* pädagogisch-psychologischen Arbeitens (Weidenmann/Krapp, 1986): Dieser Kernbereich sei die „pädagogische Situation" mit den drei Grundkomponenten Lernen, Transaktion zwischen Lerner und Umwelt, Erzieher. Neben der pädagogischen Situation seien „pädagogisch relevante Effekte" Gegenstand der P. P., wobei die Wünschbarkeit von Effekten auf normativem Wege zu bestimmen sei.
3. Die Konzentration auf eine interdisziplinäre *Lern- und Instruktionspsychologie* als theoretischer Fokus, Grundlagenforschung als Basis von Anwendung (Weinert, 1986).
4. Ordnung pädagogisch-psychologischen Arbeitens nach *Forschungsebenen* (Brandtstädter, 1986): Pädagogisch-psychologische Grundlagen-, Technologie-, Implementations- und Evaluationsforschung.

2 Zur historischen Entwicklung

Heckhausen (1986) moniert den – im Vergleich zu anderen Teildisziplinen der Psychologie – erstaunlich niedrigen Ausbaustand der P. P. zu Beginn der siebziger Jahre: Damals gab es in diesem Fach nur 24 Wissenschaftler (davon nur zehn promoviert) an psychologischen Instituten in der Bundesrepublik; zehn Jahre später hatte sich die Zahl fast verdoppelt. Auch die Produktivität der Forschung habe sich gesteigert, wenn auch nach Meinung von Heckhausen nicht viel dabei herausgekommen sei, was in anderen Bereichen der Psychologie großes Aufsehen erregt hätte (Einen Überblick zur Geschichte geben neuerdings Brugger et al., 1986). Bis in die sechziger Jahre hinein war die P. P. durch zwei inzwischen überwundene einengende Tendenzen gekennzeichnet: in der Forschung Beschränkung auf Lernpsychologie und im Anwendungsbereich Konzentration auf Schule bzw. Volksschule. Man kann rückblickend mindestens sechs *Forschungstraditionen* erkennen (nach Weinert, 1975, 44 ff.):

a) *Die entwicklungspsychologische Tradition:* Wenn man Entwicklung als einen durch interne Reifungsvorgänge festgelegten und einem starren phasen- oder stufenförmig aufgebauten Programm folgenden Entfaltungsprozeß begreift, so muß sich die P. P. darauf beschränken, die jeweilige Angemessenheit erzieherischer Beeinflussungen sowie die altersbezogenen unterschiedlichen Reifegrade von Kindern zu konstatieren. Heute hat man die Milieu- und Kulturabhängigkeit derjenigen Sozialisations- und Lernprozesse erkannt, die zu bestimmten alterstypischen Entwicklungsformen und Fähigkeiten führen. So spricht man z. B. heute nicht mehr von Schul*reife*, sondern von Schul*fähigkeit* (Oerter, 1986).
b) *Die lernpsychologische Tradition:* Jahrzehntelang versuchten Psychologen, in unzähligen (Tier-)Experimenten die Gesetze des Lernens durch Übung, Verstärkung, Einsicht usw. zu entdecken. Die Erfolge waren gering, weil man dabei von objektiven und subjektiven Sinnstrukturen sowie von Wechselwirkungen zwischen Inhalt und Lernformen, zwischen Umwelterwartungen und individuellen Motivstrukturen abstrahierte. Wichtig ist noch immer die Erkenntnis, daß nicht nur Wissen und

Fertigkeiten gelernt werden, sondern auch Einstellungen, Werthaltungen, Emotionen und Motive. Heute bezieht man die interpersonelle Ebene von Lernprozessen, den Inhaltsaspekt, Merkmale der konkreten Lernsituation, vorgegebene Zielkriterien und schließlich die Interaktion zwischen unterschiedlichen „treatments" und unterschiedlichen Lernvoraussetzungen in die Forschung und Anwendung mit ein (Treiber/Weinert, 1982; Weidenmann/Krapp, 1986, Kap. 7 u. 8).

c) *Die sozialpsychologische Tradition:* Erst die berühmten Untersuchungen von Kurt Lewin haben der Einsicht zum Durchbruch verholfen, daß menschliches Lernen stets innerhalb sozialer Beziehungsgeflechte stattfindet, die nicht nur „Randbedingungen", sondern auch selbst Gegenstand von Lernprozessen sind (z. B. Rollenfindung in der Familie und peer-group, Entwicklung des Selbstbildes, sozialer Erwartungen und Orientierungsmuster). Inzwischen geht man wie selbstverständlich davon aus, daß z. B. Schulerfolge von der Beziehung zum Lehrer und zu den Mitschülern, vom sozial vermittelten Selbstbild des Schülers, von den Interaktionsbeziehungen in der Familie, von sozial kontrollierten Äußerungs- und Durchsetzungsmöglichkeiten und sozialen „Fertigkeiten" abhängen, die ihrerseits den Rangplatz und Beliebtheitsgrad in der Schulklasse mitbestimmen. Wichtige Forschungsbereiche sind heute mit den Schlagworten „Lehrererwartungen", „Labeling-Perspektive", „Attributionsprozesse", „Soziale Wahrnehmung", „Lehrer-Schüler-Interaktion", „Rolle", „verbale/nonverbale Kommunikation" gekennzeichnet (Weidenmann/Krapp, 1986, Kap. 10).

d) *Die testpsychologische Tradition:* Diese gehört in den Bereich der differentiellen Psychologie, die sich bekanntlich für Unterschiede inter- und intraindividueller Art interessiert. Nachdem lange Zeit die selegierende Diagnose hauptsächlich kognitiver Fähigkeiten (Intelligenztests) im Vordergrund stand, gilt das Interesse gegenwärtig auch der Messung nichtkognitiver psychischer Merkmale wie z. B. Leistungsmotivation, Angst, Einstellungen. Lernziel- und kriteriumsorientierte Tests stehen neben normorientierten Verfahren; nicht nur Selektion wird angestrebt, sondern auch Individualisierung, Förderung, Prävention (Ingenkamp, 1985).

e) *Die klinisch-psychologische Tradition:* Sie hat in den letzten Jahren den größten Aufschwung genommen. Diagnose, Therapie und Prävention von Lern- und Erziehungsschwierigkeiten machen einen wesentlichen Teil der praktischen Arbeit von pädagogischen Psychologen aus (z. B. Havers, 1982).

f) *Die unterrichtspsychologische Tradition:* Unterrichtstheorien fußen auf einem Vergleich verschiedener Lehrmethoden, auf einer Erfassung der unterschiedlichen Wechselwirkungen zwischen Bedingungen der Lernsituation, Unterrichtszielen, Führungsstilen, Curriculumelementen (Inhalten), Merkmalen der Lernenden sowie Formen der Beurteilung (Erfolgskontrolle, Feed-back). Es wird die Formulierung von Regeln angestrebt, die eine optimale Organisation von Lernprozessen für bestimmte Gruppen von Lernenden unter Berücksichtigung gegebener Rahmenbedingungen erlauben sollen.

3 Systematik von Aufgaben

Im folgenden sollen unter besonderer Berücksichtigung pädagogisch-psychologischer Fragestellungen einige Aufgaben genannt werden, die im Gesamtablauf psychologischer Forschung und praktischer Tätigkeit regelmäßig vorkommen und in einem Zusammenhang zueinander stehen, der freilich keine chronologische Ordnung ist und von Fall zu Fall unterschiedlich sein kann. Wenn man theoretisch-empirische und praxisorientierte Aufgaben zusammennimmt, ergibt sich folgende Systematik (Schneewind, 1977, 16 f.; Brandtstädter, 1986; Weidenmann/Krapp, 1986):

Beschreibung: Darunter versteht man die systematische, theoriegeleitete und kontrollierte Erfassung bestimmter Zustände (z. B. Angst), Prozesse (z. B. Lehrer-Schüler-Interaktion), Veränderungen in der Zeit (z. B. Lernzuwachsmessung) oder auch der jeweils angestrebten „Endzustände" bzw. Verhaltensänderungen. Beschreibungen erfolgen in der Regel mit Hilfe von Kategorien- oder Merkmalssystemen; sie werden sowohl zur Erfassung von Ausgangsbedingungen wie zur Effizienzkontrolle von Interventionen eingesetzt. Wenn z. B. behauptet wird, „autoritäre" Lehrer hätten schlechte Auswirkungen auf die Entfaltung ihrer Schüler, so muß man erstens wissen, was diese Lehrer tatsächlich *tun*, wie sie sich verhalten, wie sie Macht einsetzen usw., und zweitens muß man die Auswirkungen auf der Schülerseite (z. B. Angst und Streß) messen können. Die Operationalisierung von Begriffen ist oft der erste Schritt hin zur Beschreibung, die Messung ist meist der letzte Akt.

Erklärung: Erklären heißt, die Ursachen für das Zustandekommen von Ereignissen, Handlungen und Zuständen anzugeben. Welche Bedingungen sind für bestimmte Auffälligkeiten, Veränderungen oder auch Regelmäßigkeiten verantwortlich zu machen? Erklärungen haben häufig die sprachliche Form „wenn A, dann B", „je größer X, desto größer Y" usw. Die bloße Angabe einer Kovariation ist allerdings als Erklärung meist unzureichend, weil die Ursachen der Kovariation ihrerseits gefunden werden müssen. So genügt es nicht, Schülerängste nur mit Lehrerverhalten zu korrelieren, sondern man muß auch diejenigen (z. B. institutionellen) Bedingungen finden, von denen beides in vergleichbarer Weise abhängt. Diese (theoretischen) Erklärungen sind nur dann möglich, wenn auch eine Theorie (z. B. über schulische Sozialisation) vorliegt.

Prognose: Während bei einer Erklärung eine allgemeine Gesetzmäßigkeit sowie bestimmte konkrete Verursachungsbedingungen gesucht werden und ein konkreter Fall gegeben ist, so ist dies bei der Prognose umgekehrt: Eine Gesetzmäßigkeit sowie die Ausgangsbedingungen sind bekannt, gesucht wird die Konsequenz bzw. das Ereignis, das bei Vorliegen der Ausgangsbedingungen und bei Geltung der Gesetzmäßigkeit eintritt (zum Verhältnis von Erklärung und Prognose vgl. Krapp, 1979). Die Fragestellung lautet also z. B.: *Was geschieht, wenn* Lehrer sich „autoritär" verhalten? Wenn man weiß, wie Angst in der Schule zustandekommt, dann kann man vorhersagen, unter welchen Umständen und bei welchen Schülern und Lehrern das Auftreten von Angst wahrscheinlich ist. Man kann dann möglicherweise dem Auftreten von Angst durch die Einleitung präventiver Maßnahmen vorbeugen. Ein anderes Beispiel (Einführung von programmierter Unterweisung): Welche Konsequenzen ergeben sich, wenn die Maßnahme X durchgeführt wird? Konkret: Welche *unerwünschten* Nebenwirkungen kann die geplante Einführung von PU außer der *beabsichtigten* Wirkung der Lernzeitdifferenzierung haben? Die Prognose kommt dadurch zustande, daß der Forscher die gesuchten Nebenwirkungen a) aus einer empirisch begründeten Theorie, z. B. über Motivation im Unterricht, und b) aus einer genauen Kenntnis der geplanten Situationsbedingungen ableitet.

Kontrolle: Damit ist die Überprüfung der Effekte von Maßnahmen und Interventionen gemeint. Kontrolle (Evaluation) meint Rückkoppelung im Sinne einer Information des Lehrers oder Erziehers über die Wirkungen seines Tuns. Wenn z. B. in einer Schule Förderkurse für schwache Schüler eingerichtet wurden, so kann man deren Wirkungen durch einen Vergleich von Schülern „mit" und „ohne" Zusatzunterricht erfassen.

Intervention: Dies ist der gezielte und direkte Eingriff in Lernprozesse, also z. B. der Versuch der Verhaltensänderung bei Verhaltensauffälligkeiten, Leistungsversagen u. a. Der Psychologe ist entweder – z. B. als Schulpsychologe – diagnostisch und beratend, oder – z. B. in einer Erziehungsberatungsstelle – auch therapeutisch tätig (Weidenmann/Krapp, 1986, Kap. 15 u. 16).

Innovation: Während Intervention meist an einem einzelnen Individuum ansetzt und allenfalls noch dessen wichtigste Bezugspersonen miteinbezieht, geht es bei innovativen Veränderungen von Lernbedingungen um Eingriffe im übergeordneten Bedingungsfeld, also im Bereich bildungspolitischer Entscheidungen, Schulreformen, Curriculumplanung, Organisation von Institutionen usw. Hier kann die Psychologie auf die Notwendigkeit von Änderungen hinweisen, die sich z. B. aus einem Ansteigen von Leistungsstörungen ergibt. Beispiele für Innovationen, an denen Psychologen mitgewirkt haben, sind: Veränderung der Benotungspraxis in den ersten Grundschulklassen; Modifizierung bestimmter Formen von Leistungsdifferenzierung; verstärkte Entwicklung schulpsychologischer Dienste. Entscheidend ist hier die richtige Verbindung von Innovation und Intervention, denn nur vorbeugende Maßnahmen auf der obersten Entscheidungs- und Planungsebene (primäre Präventionen) können z. B. die Häufigkeit von Angst und Streß in der Schule entscheidend reduzieren.

Als „praktische Aufgaben" der P. P. führen Weidenmann und Krapp (1986, 18f.) auf: Diagnose und Prognose, Beratung, Prävention und Intervention, Evaluation. Zu diesen einzelnen Aufgaben finden sich in diesem neuesten Lehrbuch Überblickskapitel.

4 Entwicklungstrends

Trotz der Uneinigkeit über Ausweitung oder Einschränkung des Gegenstandbereiches lassen sich einige Entwicklungstendenzen erkennen, die wohl von den meisten Forschern und Vertretern dieses Faches mitgetragen werden

(1) Lernen, Lernhilfen, Lernberatung werden als lebenslang begriffen. (2) Lernen muß in den unterschiedlichsten Institutionen, aber auch außerhalb von Institutionen untersucht werden. (3) Lernen ist auch als Wissenserwerb des Alltagsmenschen zu verstehen. (4) Dabei sind komplexe, dingliche und soziale Lernumwelten und Instruktionsstrategien miteinzubeziehen, einschließlich Medien des Lehrens und Lernens. (5) Überlegungen zur Förderung, Beratung und

Prävention nehmen zunehmend größeren Raum ein. (6) In Analogie zur Entwicklungspsychologie gewinnt eine differentielle (anstatt universeller) Orientierung allmählich an Boden. (7) Die leitenden Paradigmen sind meist kognitionspsychologischer Art. (8) An die Stelle des Lernens von „Verhalten" ist im Forscherinteresse das Lernen von Wissen und damit auch eine viel engere Beziehung zur Gedächtnispsychologie getreten. (9) Im Ausbildungsbereich findet sich derzeit eine Kombination von Lebenslauf-, Institutionen- und Aufgabenorientierung, wie z. B. die vier Teilbereiche des Kern- bzw. Vertiefungsfaches P. P. an der Ludwig-Maximilian-Universität München zeigen: Psychologie von Schule und Unterricht, Beratungs- und diagnostische Psychologie, Jugend- und Erwachsenenpsychologie und Familienpsychologie. (10) Die Berufsfelder für pädagogische Psychologen dehnen sich aus in Richtung Aus-, Fort- und Weiterbildung vor allem auch im betrieblichen Bereich, in außerschulischen Bildungseinrichtungen, in der Gesundheitsversorgung und Institutionenberatung, in der sonderpädagogischen Förderung, in sozialer Hilfe und Beratung, in Rehabilitation und Resozialisierung. Damit erhöht sich natürlich der Konkurrenzdruck unter den aus verschiedenen Teildisziplinen kommenden Psychologen.

Literatur

Brandtstädter, J.: Pädagogische Psychologie: Programmatische Perspektiven. In: Weidenmann, B./Krapp, A. (Hrsg.): Pädagogische Psychologie. München: Urban & Schwarzenberg, 1986, 771-774.

Brandtstädter, J./Fischer, M./Kluwe, R./Lohmann, J./Schneewind, K. A./Wiedl, K. H.: Entwurf eines heuristisch-taxonomischen Schemas zur Strukturierung von Zielbereichen pädagogisch-psychologischer Forschung und Lehre. Zeitschrift für Entwicklungspsychologie und Pädagogische Psychologie, 6, 1974, 1-18.

Brandtstädter, J./Reinert, G./Schneewind, K. A. (Hrsg.): Pädagogische Psychologie. Probleme und Perspektiven. Stuttgart: Klett-Cotta, 1979.

Brugger, B./Rath, M./Wehner, E. G.: Geschichte der Pädagogischen Psychologie. In: Weidenmann, B./Krapp, A. (Hrsg.): Pädagogische Psychologie. München: Urban & Schwarzenberg, 1986, 32-40.

Gage, M. L./Berliner, D. C.: Pädagogische Psychologie. München: Urban & Schwarzenberg, 1978.

Havers, N.: Erziehungsschwierigkeiten in der Schule (2. Aufl.). Weinheim: Beltz, 1982.

Heckhausen, H.: Die Pädagogische Psychologie vor neuen Herausforderungen. In: Weidenmann, B./Krapp, A. (Hrsg.): Pädagogische Psychologie. München: Urban & Schwarzenberg, 1986, 786-788.

Heller, K. A.: Zur Lage der Pädagogischen Psychologie in Forschung und Lehre. In: Mandl, H./Schnotz, W. (Hrsg.): Arbeitstagung Pädagogische Psychologie. Trier, 1985.

Hofer, M.: Sozialpsychologie erzieherischen Handelns. Göttingen: Hogrefe, 1986.

Ingenkamp, K.: Lehrbuch der pädagogischen Diagnostik. Weinheim: Beltz, 1985.

Krapp, A.: Prognose und Entscheidung. Weinheim: Beltz, 1979.

Oerter, R.: Perspektiven für eine Umorientierung pädagogisch-psychologischer Forschung. In: Weidenmann, B./Krapp, A. (Hrsg.): Pädagogische Psychologie. München: Urban & Schwarzenberg 1986, 780-783.

Schneewind, K. A.: Zum Verhältnis von Psychologie und Wissenschaftstheorie. In: Schneewind, K. A. (Hrsg.): Wissenschaftstheoretische Grundlagen der Psychologie. München: Reinhardt, 1977, 11-26.

Treiber, B./Weinert, F. E. (Hrsg.): Lehr-Lern-Forschung. München: Urban & Schwarzenberg, 1982.

Weidenmann, B./Krapp, A.: Pädagogische Psychologie: Einführung in die Disziplin und das Lehrbuch. In: Weidenmann, B./Krapp, A. (Hrsg.): Pädagogische Psychologie. München: Urban & Schwarzenberg, 1986, 3-20.

Weinert, F. E.: Einführung. In: Weinert, F. E./Graumann, C. F./Heckhausen, H./Hofer, M. (Hrsg.): Funkkolleg Pädagogische Psychologie Bd. 1. Frankfurt: Fischer, 1975, 29-63.

Weinert, F. E.: Lernforschung als eine zentrale Aufgabe der Pädagogischen Psychologie. In: Weidenmann, B./Krapp, A. (Hrsg.): Pädagogische Psychologie. München: Urban & Schwarzenberg, 1986, 783-785.

Parapsychologie

Eberhard Bauer und Walter v. Lucadou

1 Begriff

Unter P. wird die Anwendung empirischer Forschungsstrategien auf solche Erlebnisse und Verhaltensweisen des Menschen verstanden, die aus dem bisher bekannten Erklärungsrahmen der etablierten Disziplinen von Psychologie, Biologie und Physik herauszufallen scheinen. Damit steht die P. notwendigerweise im Schnittpunkt ganz unterschiedlicher Disziplinen, muß also *interdisziplinär* betrieben werden (Wolman, 1977). Die Frage, was jeweils unter „paranormale" Phänomene zu zählen ist und wie sich Methode und Gegenstand der P. von „pseudowissenschaftlichen" Fragestellungen abgrenzen lassen, ist bis heute Gegenstand ausgedehnter philosophischer bzw. erkenntnistheoretischer Kontroversen (Alcock, 1981). Heute zeichnet sich die Tendenz ab, P. als Teil eines allgemeineren Forschungsprogrammes aufzufassen, das sich mit „anomalen Phänomenen" beschäftigt, wobei *akzeptierte* (d. h. legitime wissenschaftliche Rätsel), *validierte* (d. h. akzeptierte, aber mit geringerem Prioritätsgrad versehene Rätsel) und *behauptete Anomalien* (d. h. geringe Existenzwahrscheinlichkeit) unterschieden werden können (Westrum/Truzzi, 1978). Ein bedenkenswerter Vorschlag der Psychologen Zusne und Jones (1982) geht in Richtung einer *„anomalistic psychology"*, die neben paranormalen Phänomenen auch „automatisches Schreiben", „multiple Persönlichkeiten", „Besessenheit", „Feuerlaufen", „UFO-Sichtungen", und andere „unorthodoxe" Behauptungen untersucht.

Traditionsgemäß umfaßt die *experimentelle* P., darin dem einflußreichen Paradigma der *„Rhineschen Schule"* (Nilsson, 1977; Mauskopf/McVaugh, 1980) folgend, hauptsächlich zwei Forschungsbereiche:

1. unter dem „kognitiven" Aspekt wird als *„außersinnliche Wahrnehmung"* (*ASW*) die Frage untersucht, ob und unter welchen Bedingungen Menschen in der Lage sind, Informationen außerhalb bisher bekannter und definierter sensorischer Kanäle aufzunehmen und/oder abzugeben;
2. unter dem „motorischen" Aspekt als *„Psychokinese"* (*PK*) wird die Frage untersucht, ob und unter welchen Bedingungen Menschen eine direkte „psychische" Wirkung auf physikalische Systeme ausüben können, die den bisher bekannten bzw. akzeptierten naturwissenschaftlichen Erklärungsmodellen zu widersprechen scheint.

Die üblichen *Negativdefinitionen* von ASW und PK, die lediglich bisher bekannte Erklärungszusammenhänge ausschließen, sind unbefriedigend und mit Recht kritisierbar (Lucadou, 1985), da solche Begriffe keinen Erklärungswert haben. Der von den Psychologen Thouless und Wiesner (1946) stammende Vorschlag, die Gesamtheit paranormaler oder parapsychischer Vorgänge mit *„psi"* (dem 23. Buchstaben des griechischen Alphabets) zu bezeichnen, hat sich im parapsychologischen Sprachgebrauch durchgesetzt; heute steht „Psi" jedoch auch als fragwürdiges Modewort für eine unkritische Literaturvermarktung „okkulter" und „esoterischer" Phänomene („Pop-Parapsychologie").

2 Zur historischen Entwicklung

Erscheinungen, die wir heute als „paranormal" bezeichnen, werden in der gesamten Kulturgeschichte berichtet (Inglis, 1977). Die historischen Wurzeln der P. sind hauptsächlich im *Mesmerismus* und *Spiritismus* zu suchen. Vor allem die Entdeckung des hypnotischen Trancezustandes bei „Somnambulen" war Anlaß zu zahlreichen Berichten über „Sinnesversetzungen" („Sehen" mit den Fingerspitzen oder der Magengrube), „Mentalsuggestion" auf räumliche Entfernung, „wanderndes Hellsehen" („Lesen" versiegelter Briefe) und anderer „höherer" Phänomene, deren Großteil sich wahrscheinlich durch mangelnde Kontrolle subliminaler und para-verbaler Komponenten der Experimentalsituation erklären läßt (Bauer, 1985). Der Mesmerismus machte seit Mitte des 19. Jahrhunderts zwei Metamorphosen durch: einmal zum Hypnotismus und zur Psychotherapie (Schott, 1985), zum anderen zum Spiritismus in Form des „Tischrückens", das sich wie eine psychische Epidemie ab 1848 in den Vereinigten Staaten und Europa ausbreitete und das in Analogie zur Telegraphie einen Verkehr mit der „jenseitigen" Welt etablieren wollte. Die psychologische Seite solcher bis heute üblichen „spiritistischen Praktiken" (unter Einfluß des automatischen Schreibens) wurde schon früh als „Steigrohre des Unterbewußten" (Tischner, 1960) verstanden, als *psychomotorische Automatismen*, die experimentell provozierbar an bestimmte Spaltungszustände der Persönlichkeit geknüpft sind (Bender, 1936; Hilgard, 1977).

Eine systematische Forschung auf parapsychologischem Gebiet beginnt 1882 mit der Gründung der noch heute aktiven *„Society for Psychical Re-*

search" in London, deren Entwicklung und ideologischer Hintergrund (Auseinandersetzung mit dem wissenschaftlichen Naturalismus gegen Ende des 19. Jahrhunderts) ausführlich analysiert worden ist (Details bei Gauld, 1968, Oppenheim, 1985). Die erste *akademische Integration* der P. datiert von 1927, der Gründung des Parapsychologischen Laboratoriums an der Duke Universität (Durham, North Carolina, USA) durch den Psychologen William McDougall (1871-1938) und den Biologen Joseph B. Rhine (1895-1980), das 1965 in eine private Forschungsinstitution umgewandelt wurde.

Weitere bedeutende private Forschungseinrichtungen sind: die „Society for Psychical Research" (London), die „American Society for Psychical Research" (New York), die „Parapsychology Foundation" (New York), die „Mind Science Foundation" (San Antonio, Texas, USA), die „Psychophysical Research Laboratories" (Princeton, USA), in der Bundesrepublik existiert das Freiburger „Institut für Grenzgebiete der Psychologie und Psychohygiene e.V." (H. Bender).

Universitäre Forschungsabteilungen für P. sind selten. Zur Zeit gibt es die Division of Parapsychology am Medical Center der Universität Virginia in Charlottesville (I. Stevenson), das Princeton Engineering Anomalies Research Laboratory an der Universität Princeton (R. Jahn), das Parapsychologische Laboratorium an der Universität Utrecht (M. Johnson), die Abteilung für Psychologie und Grenzgebiete der Psychologie am Psychologischen Institut der Universität Freiburg (J. Mischo) sowie – seit 1985 – den Arthur Koestler-Lehrstuhl für Parapsychologie am Psychologischen Institut der Universität Edinburgh (R. L. Morris).

Über Qualität und Umfang der parapsychologischen Forschung in den Ostblockländern sind kaum zuverlässige Informationen erhältlich; ein 1973 von vier prominenten sowjetischen Psychologen im Auftrag der „Gesellschaft der Psychologen der UdSSR" erstelltes Gutachten über P. (vgl. Sintschenko et al., 1974) spricht sich aber für eine interdisziplinäre Erforschung der behaupteten Phänomene in einem etablierten Rahmen (Akademie der Wissenschaften der UdSSR) aus (Keil, 1984); militärische und andere „praktische" Anwendungen der Psi-Forschung sind beliebtes Spekulationsthema (Ebon, 1983).

3 Randbedingungen parapsychologischer Forschung

Parapsychologische Forschung ist kaum institutionell abgesichert; ihre Vertreter rekrutieren sich aus den verschiedensten Disziplinen der Sozial- und Naturwissenschaften. Da die P. weder über ein fest umrissenes Gegenstandsgebiet verfügt, noch über einen etablierten Methodenkanon, noch über eine wissenschaftlich geregelte Ausbildung zum „Parapsychologen" im universitären Rahmen, ist der Anteil an Laien und Amateurforschern, die sich in der Öffentlichkeit als „Parapsychologen" ausgeben, sehr groß. Daher dominiert seitens der „etablierten" Wissenschaften der Eindruck von Unseriosität und Dilettantismus parapsychologischer Forschungspraxis, und die üblichen Kritiken befassen sich hauptsächlich mit dem Erscheinungsbild dieser „nichtprofessionellen" P.

Eine wesentliche Voraussetzung für die adäquate Beurteilung des empirischen Materials, das für oder gegen parapsychologische Phänomene spricht, bietet ein Training in natur- und sozialwissenschaftlicher Methodologie. Daran gemessen gibt es sicher nur wenige Dutzend ausreichend qualifizierter und aktiver Forscher auf diesem Gebiet. Qualitätsmaßstäbe für wissenschaftliche Publikationen hat die „Parapsychological Association" (P.A.) formuliert – ein internationaler Zusammenschluß wissenschaftlich ausgebildeter Parapsychologen (zur Zeit etwa 300 Mitglieder, darunter ein Drittel Psychologen, vgl. McConnell/Clark, 1980). Die P.A., die 1969 in die „American Association for the Advancement of Science" (A.A.A.S.) – den Dachverband der amerikanischen Wissenschaften – aufgenommen wurde, bemüht sich vor allem um die Förderung der P. als wissenschaftliche Disziplin und um ein interdisziplinäres Diskussionsforum ihrer Ergebnisse (unter anderem durch Veranstaltung von Jahreskongressen). Dennoch ist materielle Unterstützung der Psi-Forschung – gemessen an den üblichen Maßstäben – sehr gering; das Jahresbudget der Hälfte der US-Forschungszentren beträgt zum Beispiel weniger als 17 000 Dollar (Tart, 1979).

Die wichtigsten Informationsquellen über die wissenschaftlich betriebene parapsychologische Forschung stellen vor allem das *Handbook of Parapsychology* (Wolman, 1977), die Buchreihe *Advances in Parapsychological Research* (bisher sind vier Bände erschienen, vgl. Krippner, 1977; 1978; 1982; 1984) sowie spezialisierte Fachzeitschriften dar (*Journal/Proceedings of the Society for Psychical Research; Journal of the American Society for Psychical Research; Journal of Parapsychology; European Journal of Parapsychology; Zeitschrift für Parapsychologie und Grenzgebiete der Psychologie*), die jedoch von der wissenschaftlichen Gemeinschaft kaum rezipiert werden (Stevenson, 1984). Allgemeine und spezifische Kritiken am Evidenzmaterial der P. enthält das *Skeptic's Handbook of Parapsychology* (Kurtz, 1985). Eine Einführung für Studenten wurde von Edge, et al. (1986) verfaßt.

Vom *wissenschaftssoziologischen Standpunkt* aus bietet die P. ein lehrreiches Beispiel für eine Forschungsrichtung, der es trotz der weitgehend „szientistischen" Ausrichtung ihrer Hauptvertreter bisher nicht gelungen ist, zum akzeptierten Bestandteil der „mainstream"-Wissenschaft zu werden und die – ungeachtet dieser vergleichsweisen Isolierung unter ständigem Legitimationszwang stehend – auf die Einhaltung wissenschaftlicher Spielregeln Wert legt. Diese enge Verzahnung zwischen der Organisation einer innovativen Gruppe und der weitgehenden Ablehnung der „established science“ analysiert Allison (1978) am Beispiel der P. A., Collins und Pinch (1982) stellen vom Standpunkt der „relativistischen Wissenschaftssoziologie“ aus die Taktiken und Strategien der parapsychologischen Wissenschaftler dar, um soziale Akzeptanz zu erreichen, die Wissenschaftshistoriker Mauskopf und McVaugh (1980) schildern die Reaktionen der amerikanischen Psychologenschaft auf die Experimente J. B. Rhines. Die Rezeptionsdynamik einer „devianten“ Wissenschaft untersucht McClenon (1984) am Beispiel der P.

4 Entwicklung der Forschungsmethoden und gegenwärtiger Forschungsstand

Die P. bezieht ihr Material im wesentlichen aus drei Quellen (Bender, 1980; Beloff, 1980b; Bauer/Lucadou, 1984): (1) den *„Spontanberichten“*, d. h. Schilderungen über außergewöhnliche Erlebnisse und Vorgänge, die als „paranormal“ attribuiert werden und laufend aus allen Schichten der Bevölkerung abgegeben werden, wie zum Beispiel Ahnungen, Wahrträume, „Zweites Gesicht“, Erscheinungen, Spukphänomene. Die psychologische Deskription und Analyse solcher Erlebnisschilderungen stellt einen wesentlichen Bestandteil der Forschung dar (Schouten, 1983); die Beurteilung des „Beweiswertes“ im Sinne der „Psi-Hypothese“ hängt von einem Evidenzkanon ab, zum Beispiel von der Glaubwürdigkeit der Zeugen, objektiven Dokumentationsmöglichkeiten u. a. (Stevenson, 1968); (2) den *„qualitativen“ Experimenten* mit „Sensitiven“ oder „Medien“, das heißt solchen Vpn, bei denen sich vermuten läßt, daß sie über ausgeprägte parapsychische „Fähigkeiten“ verfügen, deren Eigenart durch entsprechende Versuchsbedingungen berücksichtigt wird; (3) den *„quantitativ-statistischen“ Experimenten*, bei denen unter streng kontrollierten Bedingungen unausgewählte Versuchspersonen mit standardisierten Tests untersucht werden. Dabei lassen sich zwei Formen des experimentellen Vorgehens unterscheiden: bei der ersten kann die Vp jeden Eindruck oder Einfall schildern, der ihr in Bezug auf das ihr unbekannte (und sensorisch gut abgeschirmte) Zielobjekt einfällt (free-response tests), während ihr beim zweiten Typ nur eine vorgegebene Anzahl von Reaktionsmöglichkeiten eingeräumt wird (restricted-choice tests). Paradigmatisch für diese Vorgehensweise sind die von J. B. Rhine entwickelten *Kartenexperimente*:

Unausgewählte Vpn sollen unter sensorisch gut abgeschirmten Bedingungen eine zufällig erzeugte Zielfolge erraten, die zum Beispiel aus 25 Karten mit je 5 verschiedenen geometrischen Zeichen (Kreis, Quadrat, Kreuz, Welle, Stern) besteht. Eine Übereinstimmung der Rate- mit der Zielfolge, die statistisch signifikant bei genügend langen Versuchsserien von der mittleren Zufallserwartung (5 Treffer bei einem 25 Calls umfassenden Run) abweicht (Trefferfolge), wird im Sinne der ASW-Hypothese interpretiert – vorausgesetzt, die experimentellen Bedingungen schliessen „sensomotorische“ Lecks, Protokollierfehler, logisches Kombinieren oder Betrug seitens der Vpn zuverlässig aus.

Der Rhinesche Grundversuch sieht folgende Variationen vor (Rhine/Pratt, 1962): (a) *„Telepathie“*: eine Vp (Perzipient/Empfänger) sitzt in einem Raum und versucht, die Reihenfolge von Karten richtig zu erraten, die eine zweite Vp (Agent/Sender) in einem anderen Raum betrachtet; (b) *„Hellsehen“*: die Vp versucht, die Reihen der gut gemischten Karten „direkt“ zu erraten, die sich zum Beispiel in einem anderen Raum (ohne Agenten) befinden; (c) *„Präkognition“*: die Vp gibt ihre Ratefolge zu Protokoll, *bevor* die Karten gemischt werden oder eine entsprechende Zielfolge erzeugt wird.

Nach anfänglich hochsignifikanten Ergebnissen in der Frühzeit des Rhineschen Labors stellte sich heraus: Je rigider die Kontrollbedingungen wurden, desto mehr näherten sich die Trefferleistungen der Zufallserwartung, ohne daß die verbleibenden „statistischen Anomalien“ befriedigend auf Fehler der Versuchsplanung, -durchführung oder -auswertung reduziert werden konnten. Aufgrund der bei langen Rateserien dieser Art unvermeidlich auftretenden Sättigungs- oder Monotonieerscheinungen (die für das Absinken der Trefferleistungen verantwortlich gemacht wurden) gewannen seit Anfang der sechziger Jahre die free-response-Verfahren größere Bedeutung. Es handelt sich dabei hauptsächlich um drei Techniken:

1. *die paranormale „Beeinflussung“ von Trauminhalten unter Laborbedingungen*:

Sobald die als Empfänger fungierende Vp in eine REM-Phase eintritt, wählt der sensorisch vom Schläfer abgeschirmte Agent aus einem größeren Material zufällig ein Zielbild (etwa die Reproduktion eines Gemäldes) und versucht, dieses dem Träumer mental zu übermitteln. Der Experimentator, der das Schlaf-EEG überwacht und das Zielbild nicht kennt, weckt nach Ablauf der REM-Phase den schlafenden Empfänger auf, um dessen Traumbericht zu protokollieren. Nach Abschluß des Experiments werden mögliche Übereinstimmungen zwischen den Traumprotokollen und den Zielbildern von unabhängigen Beurteilern eingestuft.

Eine Forschergruppe (Ullman, Krippner, Honorton) am Maimonides Medical Center (New York) führte mit dieser von ihr entwickelten Technik im Laufe von 10 Jahren acht Telepathieexperimente durch, an denen insgesamt 29 Versuchspersonen mit 95 Nächten beteiligt waren. Fünf der experimentellen Serien führten zu statistisch signifikanten Ergebnissen (Übersicht bei Ullman et al., 1977), die auch in der psychologischen Fachliteratur rezipiert wurden (Diskussion psychologischer Kritiken bei Child, 1985).

2. *Ganzfeld-Experimente:*

Die Augen der als Empfänger fungierenden Vp werden durch halbierte Tischtennisbälle bedeckt und durch eine Lichtquelle angestrahlt, gleichzeitig hört sie über Kopfhörer weißes Rauschen (Ganzfeldzustand). Durch diesen gleichförmigen sensorischen Input soll eine „Sensitivität" für „psi-vermittelte Eindrücke" erreicht werden, denn gleichzeitig versucht ein Sender, ein zufällig ausgewähltes Zielbild auf die Vp im Ganzfeld zu übertragen. Mögliche Übereinstimmungen zwischen Erlebnisbericht und Zielmaterial werden durch Zuordnungsverfahren statistisch ausgewertet.

Diese Technik, von der erfolgreiche Replikationsraten bis zu 48% angegeben werden (vgl. Übersichten bei Honorton, 1977; Stanford, 1984), ist Gegenstand einer detaillierten Diskussion zwischen einem skeptisch eingestellten Psychologen (Hyman, 1985) und einem erfolgreichen Experimentator (Honorton, 1985) geworden, die zu einer grundsätzlichen Annäherung der Standpunkte geführt hat (Hyman/Honorton, 1986).

3. *Remote-Viewing („Fernwahrnehmungs-") Experimente*:

Die als Empfänger fungierende Vp bleibt zusammen mit Experimentator A in einem Laborraum, während Experimentator B („beacon" genannt) ein zufällig ausgewähltes Zielgebiet (z. B. einen Kinderspielplatz oder ein Museum) aufsucht, das innerhalb einer dreißigminütigen Autofahrt liegt. Während Experimentator B das Zielgebiet besichtigt, schildert die Vp Experimentator A ihre Eindrücke, fertigt Zeichnungen an u. dgl. Nach Abschluß der Versuchsserie stufen wiederum unabhängige Beurteiler die Beschreibungen und Zeichnungen der Vp nach dem Grade ihrer Übereinstimmung mit den tatsächlichen Zielgebieten ein.

Nach einer Zusammenstellung von Hansen et al. (1984) weist diese vor allem von den Physikern Targ und Puthoff (1977) seit 1972 entwickelte Technik eine Replikationsrate von 54% auf, wogegen Kritiker, wie der Psychologe Marks (1986), geltend machen, ein Teil dieser Studien weise methodische Mängel auf (nicht getilgte Hinweise in den Protokollen auf die Abfolge der Zielgebiete o. ä.).

Die Frage der *Psychokinese* überprüfte J. B. Rhine mit den von ihm entworfenen *Würfelexperimenten*: frei fallende oder auf einer schiefen Ebene rollende Würfel sollten durch Vpn so „beeinflußt" werden, daß bestimmte Augenzahlen überzufällig nach oben zu liegen kämen (Zusammenfassung der Ergebnisse bei L. E. Rhine, 1977; zur Kritik Girden/Girden, 1985). Seit 1970 werden in der PK-Forschung zunehmend *Zufallsgeneratoren* verwendet.

Diese nach dem Physiker Helmut Schmidt benannten „Schmidt-Maschinen" beruhen auf dem spontanen radioaktiven Zerfall und weisen folgende methodische Vorteile auf: verläßliche Randomisierung der Zielfolgen, frei wählbare Geschwindigkeit des Versuchsablaufs, flexible Wahl der Versuchsmodalitäten (ASW oder PK), psychologische Einstimmung und Motivierung der Vp durch verschiedene Displays und Trefferrückmeldung (Feedback), Sicherung vor betrügerischer Manipulation seitens der Vp, Zuverlässigkeit der Protokollierung und Auswertung durch automatische Registrierung, Zuverlässigkeitstests der Apparatur durch beliebig lange Kontrolläufe, geringer Zeitaufwand pro Vp bei Serienexperimenten.

Die Vp wird instruiert, eine vom Zufallsgenerator erzeugte Folge von Ereignissen, z. B. das Aufleuchten von auf einem Display ringförmig angeordneter Lämpchen, durch „Willensanstrengung" in eine vorgegebene Richtung (z. B. Uhrzeigersinn) zu bringen (Forschungsübersichten bei Bauer/Lucadou, 1979; Jahn, 1982; Lucadou, 1986).

Im Unterschied zu diesen statistischen oder *Mikro-PK-Experimenten* liegt bei den qualitativen oder *Makro-PK-Experimenten* ein im Prinzip „direkt beobachtbarer Effekt" vor, wie z. B. die Bewegung von Objekten unter kontrollierten Bedingungen, wie sie besonders aus der Zeit des „physikalischen Mediumismus" berichtet werden (vgl. die Evaluation der zum Teil gut dokumentierten Makro-PK-Phänomene des „Mediums" Rudi Schneider, 1908-1957, durch Gregory, 1985); ähnliches gilt für das besonders seit den kontroversen Fernsehauftritten von Uri Geller Mitte der siebziger Jahre in der Öffentlichkeit breit diskutierte *„psychokinetische Metallbiegen"* (PKMB), für dessen wissenschaftliche Untersuchung besonders der englische Atomphysiker John B. Hasted (1981) eine Reihe experimenteller Techniken entwickelt hat, um einen möglichen „PK-Effekt" von Manipulationen oder meßtechnischen Artefakten unterscheiden zu können (z. B. keine Berührung der Metallproben). An dieser Art von PK-Experimenten, insbesondere an der Person Gellers, hat sich eine Kontroverse mit professionellen Täuschungsexperten entzündet (zum Verhältnis P. und Täuschungskunst vgl. Müller, 1980; Randi, 1982).

Die wissenschaftliche Aussagekraft der geschilderten ASW- und PK-Experimente hängt von einer Reihe von Voraussetzungen ab: (1) die Grundlagendiskussion, inwieweit statistische Methoden zum Nachweis für Psi-Effekte statthaft sind, wurde in Bezug auf bestimmte Versuchsordnungen von der mathematischen Statistik positiv beantwortet (Krengel, 1979), wobei sichergestellt sein muß, daß die Voraussetzungen für die jeweilige Methode erfüllt sind und daß sie korrekt angewendet wird. Dazu gehört im einzelnen (a) die verläßliche Randomisierung des Zielmaterials, (b) die vorherige Festlegung der Anzahl der Versuchsserien bzw. der Länge des Experiments (Timm, 1983); (2) beim experimentellen Vorgehen ist zu achten (a) auf die Unterscheidung zwischen „exploratorischen" und „bestätigenden" Experimenten, (b) auf die verläßliche sensorische Abschirmung der Vpn, (c) auf die unabhängige Protokollierung und Auswertung der Ziel- und Ratefolgen (Doppelblindversuch); (3) anzustreben ist eine unabhängige Versuchsreplikation, auch als Sicherung vor Versuchsleiterbetrug; (4) Veröffentlichung der Ergebnisse unabhängig davon, ob die „Psi-Hypothese" bestätigt worden ist oder nicht (Johnson, 1975).

Die Mehrzahl der experimentell arbeitenden Parapsychologen, die vom Rhineschen Paradigma ausgehen, hält folgende Merkmale von Psi für weitgehend gesichert (Beloff, 1980b; Timm, 1982; Rao, 1984):

(1) ASW und PK sind unter Laborbedingungen statistisch-experimentell nachgewiesen. (2) Es handelt sich dabei um allgemein verbreitete, aber unterschiedlich ausgeprägte „Fähigkeiten" des Menschen (und vermutlich auch anderer Lebewesen unterschiedlichen Organisationsgrades). (3) Die „Psi-Fähigkeit" hängt von unbewußten Faktoren ab, tritt sporadisch und unvorhersehbar auf und ist nicht beliebig steuerbar. (4) Äußere physikalische Parameter (wie Beschaffenheit der Zielobjekte, räumliche und zeitliche Distanz, Abschirmungen usw.) spielen kaum eine Rolle. (5) Psychologische Variablen (überdauernde Persönlichkeitsmerkmale wie Extraversion oder emotionale Stabilität) korrelieren signifikant mit der „Psi-Leistung". (6) ASW und PK sind strukturell verwandt; ihre Ablaufformen lassen sich in Form von „Positionseffekten" psychologisch sinnvoll interpretieren; z. B. als „Absinkungseffekte" oder „U-Kurven", die als psychologisch bedingte Leistungsschwankungen im Testverhalten aufgrund von Monotonie oder Ermüdung gedeutet werden. (7) Trefferleistungen im ASW- und PK-Experiment („psi-hitting" bzw. „psi-missing") scheinen mit positiven Einstellungen und Erwartungen der Vpn dem Versuchsgegenstand gegenüber („Glaube an Psi") zu korrelieren („sheep-goat-Effekt", vgl. Mischo, 1979). (8) Veränderte Bewußtseinszustände, z. B. Meditation, Hypnose, Entspannung oder sensorische Deprivation, scheinen das Auftreten von Psi-Effekten zu begünstigen („psi-conducive states"). (9) Der „beweisorientierte" Zugang wird zunehmend von einem „prozeßorientierten" abgelöst, d. h. von der Suche nach psychologischen, situativen oder physikalischen Randbedingungen, von denen das Auftreten von Psi-Leistungen abhängig ist.

5 Zum Stand der Modellbildung

Dieser Merkmalskatalog, der aus hunderten experimenteller Untersuchungen destilliert wurde, stößt nicht nur auf Widerspruch seitens der Kritiker der P. (Hansel, 1980; Alcock, 1981; Kurtz, 1985), sondern unterliegt auch einer Revidierung aufgrund theoretischer Überlegungen (Lucadou, 1985). Während die Rhinesche Schule hauptsächlich von Vorstellungen der klassischen Physik ausging („implizite Modelle" in der Art von Sender-Kanal-Empfänger, Reiz-Reaktionsschema), zeichnet sich in den letzten Jahren ein neuer theoretischer Zugang zum Verständnis von Psi-Phänomenen ab (1974 Tagung in Genf über „Quantum Physics and Parapsychology", vgl. Oteri, 1975). Ausgehend vom vieldiskutierten „Meßproblem in der Quantenphysik" wurden unterschiedliche Modellansätze entwickelt, die als *„observational theories"* (Millar, 1978) zusammengefaßt wurden. Diese weisen eine Reihe von Übereinstimmungen auf: (1) die Verletzung der „üblicherweise" geltenden Naturgesetze ist schwach, d. h. Erhaltungssätze und Symmetrien werden nicht verletzt, nur quantenphysikalisch-stochastische Prozesse können „beeinflußt" werden; (2) ASW kann auf PK zurückgeführt werden; (3) der PK-Effekt ist zumindest in einem näher zu bestimmenden Rahmen raum-zeitunabhängig (nicht-lokal); (4) PK „funktioniert" zielorientiert im Hinblick auf die gegebene Instruktion, wobei Feedback über den Erfolg ein essentieller Bestandteil des Prozesses darstellt (Schmidt, 1984). Die „observational theories" erlauben spezifische quantitative Vorhersagen über die fraglichen Psi-Effekte, können also experimentell überprüft werden (Houtkooper, 1983; Lucadou, 1986).

Diese neuen Modellansätze beruhen auf bestimmten Interpretationen der Quantenphysik, die jedoch selbst kontrovers diskutiert werden (Gardner, 1981; Walker, 1984). Der fundamentale Unterschied zum traditionellen Rhineschen Paradigma liegt darin, daß dem Beobachter im Experiment eine besondere Rolle eingeräumt wird (in diesem Zusammenhang ist das Problem eines *„psi-vermittelten" Versuchsleitereffekts* zu sehen, vgl. White, 1977), dessen „Wirkung“ nicht im Sinne einer klassischen Energie- oder Informationsübertragung aufgefaßt wird (Lucadou/Kornwachs, 1982). Das dem klassischen Modell verhaftete „Psi-Fähigkeitskonzept“ wird auch von dem „conformance behavior“-Modell des Psychologen Rex Stanford (z. B. 1978) problematisiert, das von einer „Disposition“ einer Vp in Abhängigkeit von einer Gruppensituation ausgeht. Dieses Modell gibt einen überprüfbaren Verständnisrahmen für das „spontane“ Auftreten von Psi wie auch für psychologische Aspekte des Experiments. Der Stand der Theoriebildung in der P. wird umfassend von Rao (1978) resümiert.

6 Zur Evidenzproblematik

Bisher ist es der P. noch nicht gelungen, die von ihr erforschten Effekte im Rahmen der wissenschaftlichen Gemeinschaft konsensfähig zu machen; die Psi-Kontroverse geht weiter, zum Teil stark emotionalisiert (vgl. den polemischen Austausch zwischen Alcock, 1983 und Palmer, 1983 a; 1983 b). Verschiedene Gründe sind dafür verantwortlich: (1) die unterschiedliche (subjektive) *a priori-Gewichtung der Wahrscheinlichkeit* dafür, daß es überhaupt „Psi-Effekte“ geben kann (McConnell, 1977); ein markantes Beispiel dafür ist die Position des Psychologen C. E. M. Hansel (1980, kritisch dazu Honorton, 1981), der die Meinung vertritt, der in der P. untersuchte Prozeß sei sowohl hypothetisch wie auch a priori höchst unwahrscheinlich; insofern genüge allein der Aufweis einer *Betrugsmöglichkeit* in Form eines Szenarios (etwa Annahme eines Kollektivbetrugs von Vp und Vl), um jeden „ASW-Nachweis“ zu entkräften. Hansels Position wird von Palmer (1982) als im wesentlichen „nichtfalsifizierbar“ kritisiert; (2) die *Heterogenität der Datenbasis*, die für Psi-Effekte in Anspruch genommen wird, und die Schwierigkeit, allgemein akzeptierte Evidenzkriterien zu formulieren (Beloff, 1980 a; Wiklund, 1983), verknüpft mit einer *„Erosion der Evidenz“*, die besagt, daß die Ergebnisse parapsychologischer Experimente einer kontinuierlichen Revalidierung unterliegen, wobei oft der Eindruck entsteht, als ob jede Forschergeneration wieder von Punkt Null an beginnen müsse (Pratt, 1978); (3) unterschiedliche Maßstäbe für die *Replikationsanforderungen an Psi-Effekte*; dabei spielt die wissenschaftssoziologische Einschätzung des Umfeldes der P. eine wichtige Rolle (ausführliche Diskussion des Begriffes „Wiederholbarkeit“ bei Hövelmann, 1983; Shapin/Coly, 1985): prima facie lassen sich manche Replikationsraten parapsychologischer Experimente durchaus mit denen der „Normalpsychologie“ vergleichen (Honorton, 1976; Sargent, 1983).

Neuerdings zeichnet sich eine Tendenz ab, die emotionale pro- und contra-Polarisierung der Kontroverse zugunsten eines rationalen Dialogs zwischen Befürwortern und Kritikern bestimmter paranormaler Behauptungen (claims) aufzugeben, insbesondere was die Diskussion und Konzeption von Experimenten betrifft, die den Ansprüchen beider Seiten genügen. Zahlreiche Beispiele für diese Dialoge finden sich in der von dem Soziologen Marcello Truzzi herausgegebenen Zeitschrift *Zetetic Scholar* (1978 ff.). Generell gilt, daß sich die professionelle Parapsychologie durch einen hohen Standard ihrer „Insider-Kritik“ auszeichnet (Akers, 1984; Bauer, 1984; Palmer, 1986) und es gibt – entgegen einer häufig geäußerten Kritik (Prokop/Wimmer, 1976) – kein einziges Argument des Für und Wider, das nicht im einschlägigen Schrifttum der P. ausführlich diskutiert worden wäre (vgl. auch Hövelmann et al., 1985).

7 Zur sozialen Relevanz

Gegenwärtig sieht sich die kaum institutionalisierte „Randdisziplin“ P. mit einer „okkulten Welle“ und unterschiedlichen „New Age“-Bewegungen konfrontiert, die „Psi“ zu einer Projektionsfläche aus Kommerz, Sinnsuche und Heilsbedürfnis machen. Hier kann P. – gerade bei unkritischer Propagierung ihrer kontroversen Befunde – Merkmale einer *Ersatzreligion* annehmen. Dieser Gefahr sollte eine kritische P. begegnen, indem sie eine aufklärerische Funktion wahrnimmt, also Betrug Betrug nennt, die in Frage kommenden Effekte von metaphysischen Wunschvorstellungen befreit und sich der individual- wie sozialpsychologischen Auswirkungen der neuerdings wieder stark verbreiteten „okkulten Praktiken“ annimmt.

Eine *technologische Ausnutzung* von Psi-Effekten erscheint im Augenblick wenig wahrscheinlich; man könnte eher erwarten, daß die parapsychologische Forschung in Zukunft zu einem besseren Verständnis außergewöhnlicher „Fehlerquellen“ bei Mensch-Maschine-Interaktionen im Rahmen hochkomplexer Systeme beitragen kann (Nelson et al., 1986; Morris, 1986).

Eine weitere wichtige Aufgabe der P. besteht in der Erforschung des sozialen und ideologischen Kontextes, in dem der „Glaube an Psi“ zum Aberglaube an eine falsch verstandene *Transzendenz* (Spiritismus) oder zur kommerziellen Ausbeutung individueller und kollektiver *Ängste* werden kann („psychohygienische" Aufgabe). Ob die P. aus dem Zustand einer „Proto-Wissenschaft" heraustritt, hängt nicht zuletzt von einer entscheidenden Verbesserung ihrer materiellen Fundierung und der Intensivierung ihrer interdisziplinären Kontakte ab. Im gegenwärtigen Stadium ist es völlig offen, ob sich die P. als selbstständige Disziplin etablieren kann oder ob paranormale Erscheinungen zunehmend „normalisiert" und damit schrittweise in das Weltbild von Psychologie, Physik oder Täuschungskunst integriert werden.

Literatur

Akers, C.: Methodological criticisms of parapsychology. In: Krippner, S. (Ed.): Advances in parapsychological research. Vol. 4. Jefferson, N. C., London: McFarland, 1984, 112-164.

Alcock, J. E.: Parapsychology: Science or magic? A psychological perspective. Oxford: Pergamon Press, 1981.

Alcock, J. E.: Science, psychology, and parapsychology: A reply to Palmer. Zetetic Scholar, 11, 1983, 71-90.

Allison, P. D.: Experimental parapsychology as a rejected science. In: Wallis, R. (Ed.): On the margin of science: The social construction of rejected knowledge (= Sociological Review Monograph, 27). University of Keele, 1978, 271-291.

Bauer, E.: Criticism and controversies in parapsychology - an overview. European Journal of Parapsychology, 5, 1984, 141-165.

Bauer, E.: Mesmerismus, Spiritismus und die Anfänge der „Psychical Research" - Zur Rezeption des Mesmerismus in der parapsychologischen Forschung. In: Schott, H. (Hrsg.): Franz Anton Mesmer und die Geschichte des Mesmerismus. Stuttgart: Steiner, 1985, 116-132.

Bauer, E./Lucadou, W. v.: Methoden und Ergebnisse der Psychokinese-Forschung. In: Condrau, G. (Hrsg.): Transzendenz, Imagination und Kreativität (= Die Psychologie des 20. Jahrhunderts, Band XV). Zürich: Kindler, 1979, 494-512.

Bauer, E./Lucadou, W. v.: Psi-Was verbirgt sich dahinter? (= Herderbücherei, Band 1150). Freiburg: Herder, 1984.

Beloff, J.: Seven evidential experiments. Zetetic Scholar, 6, 1980 a, 91-94 und 116-120.

Beloff, J. (Hrsg.): Neue Wege der Parapsychologie. Freiburg/ Olten: Walter, 1980 b.

Bender, H.: Psychische Automatismen. Leipzig: Barth, 1936.

Bender, H. (Hrsg.): Parapsychologie-Entwicklung, Ergebnisse, Probleme (5. Aufl.). Darmstadt: Wissenschaftliche Buchgesellschaft, 1980.

Child, I. L.: Psychology and anomalous observations. The question of ESP in dreams. American Psychologist, 40, 1985, 1219-1230.

Collins, H. M./Pinch, T. J.: Frames of meaning: The social construction of extraordinary science. London: Routledge & Kegan Paul, 1982.

Ebon, M.: Psychic warfare: Threat or illusion? New York: McGraw-Hill, 1983.

Edge, H. L./Morris, R. L./Palmer, J./Rush, J. H.: Foundations of parapsychology. Exploring the boundaries of human capability. London: Routledge & Kegan Paul, 1986.

Gardner, M.: Parapsychology and quantum mechanics. In: Abell, G. O./Singer, B. (Eds.): Science and the paranormal. New York: Charles Scribner's Sons, 1981, 56-59.

Gauld, A.: The founders of psychical research. London: Routledge & Kegan Paul, 1968.

Girden, E./Girden, E.: Psychokinesis: Fifty years afterward. In: Kurtz, P. (Ed.): A skeptic's handbook of parapsychology. Buffalo, N. Y.: Prometheus Books, 1985, 129-146.

Gregory, A.: The strange case of Rudi Schneider. Metuchen, N. J., & London: Scarecrow Press, 1985.

Hansel, C. E. M.: ESP and parapsychology: A critical re-evaluation. Buffalo, N. Y.: Prometheus Books, 1980.

Hansen, G. P./Schlitz, M. J./Tart, C. T.: Summary of remote viewing experiments. In: Targ, R./Harary, B. (Eds.): Mind race. New York: Random House, 1984, 265-269.

Hasted, J. B.: The metal benders. London: Routledge & Kegan Paul, 1981.

Hilgard, E. R.: Divided consciousness: Multiple controls in human thought and action. New York: Wiley, 1977.

Hövelmann, G. H.: Zum Problem der Wiederholbarkeit parapsychologischer Experimente. Zeitschrift für Parapsychologie und Grenzgebiete der Psychologie, 25, 1983, 29-54.

Hövelmann, G. H./Truzzi, M./Hoebens, P. H.: Skeptical literature on parapsychology: an annotated bibliography. In: Kurtz, P. (Ed.): A skeptic's handbook of parapsychology. Buffalo, N. Y.: Prometheus Books, 1985, 449-490.

Honorton, C.: Has science developed the competence to confront claims of the paranormal? In: Morris, J. D./Roll, W. G./ Morris, R. L. (Eds.): Research in parapsychology 1975, Metuchen, N. J.: Scarecrow Press, 1976, 199-223.

Honorton, C.: Psi and internal attention states. In: Wolman, B. B. (Ed.): Handbook of parapsychology. New York: Van Nostrand Reinhold, 1977, 435-472.

Honorton, C.: Beyond the reach of sense: Some comments on C. E. M. Hansel's ESP and parapsychology: A critical re-evaluation. Journal of the American Society for Psychical Research, 75, 1981, 155-166.

Honorton, C.: Meta-analysis of psi Ganzfeld research: a response to Hyman. Journal of Parapsychology, 49, 1985, 51-91.

Houtkooper, J. M.: A research programme for paranormal phenomena. Lisse: Swets & Zeitlinger, 1983.

Hyman, R.: The Ganzfeld psi experiment: A critical analysis. Journal of Parapsychology, 49, 1985, 3-49.

Hyman, R./Honorton, C.: A joint communiqué - The psi Ganzfeld controversy. Journal of Parapsychology, 50, 1986, 351-364.

Inglis, B.: Natural and supernatural: A history of the paranormal from the earliest times to 1914. London/Toronto: Hodder & Stoughton, 1977.

Jahn, R. G.: The persistent paradox of psychic phenomena: an engineering perspective. Proceedings of the Institute of Electrical and Electronic Engineers (IEEE), 70, 1982, 136-170.

Johnson, M: Models of control and control of bias. European Journal of Parapsychology, 1 (1), 1975, 36-44.

Keil, J.: Parapsychologie in der Sowjetunion. Zeitschrift für Parapsychologie und Grenzgebiete der Psychologie, 26, 1984, 191-210.

Krengel, U.: Über mathematische Modelle für statistische ASW- und PK-Experimente. Zeitschrift für Parapsychologie und Grenzgebiete der Psychologie, 21, 1979, 157-172.

Krippner, S. (Ed.): Advances in parapsychological research. Vol. 1: Psychokinesis. New York, London: Plenum Press, 1977.

Krippner, S. (Ed.): Advances in parapsychological research. Vol. 2: Extrasensory perception. New York, London: Plenum Press, 1978.

Krippner, S. (Ed.): Advances in parapsychological research, Vol. 3. New York, London, Plenum Press, 1982.

Krippner, S. (Ed.): Advances in parapsychological research, Vol. 4. Jefferson, N. C., London: MacFarland, 1984.

Kurtz, P. (Ed.): A skeptic's handbook of parapsychology. Buffalo, N. Y.: Prometheus Books, 1985.

Lucadou, W. v.: Was stimmt nicht mit der Psi-Definition? Zeitschrift für Parapsychologie und Grenzgebiete der Psychologie, 27, 1985, 3-23.

Lucadou, W. v.: Experimentelle Untersuchungen zur Beein-

flußbarkeit von stochastischen quantenphysikalischen Systemen durch den Beobachter. Frankfurt: Herchen, 1986.
Lucadou, W. v./Kornwachs, K.: Psi und seine Grenzen. Zeitschrift für Parapsychologie und Grenzgebiete der Psychologie, 24, 1982, 217-237.
Marks, D.: Investigating the paranormal. Nature, 320, 1986, 119-124.
Mauskopf, S. H./McVaugh, M. R.: The elusive science. Baltimore, London: John Hopkins University Press, 1980.
McClenon, J.: Deviant Science: The case of parapsychology. Philadelphia: University of Pennsylvania Press, 1984.
McConnell, R. A.: The resolution of conflicting beliefs about the ESP evidence. Journal of Parapsychology, 41, 1977, 198-214.
McConnell, R. A. & Clark, T. K.: Training, belief, and mental conflict within the Parapsychological Association. Journal of Parapsychology, 44, 1980, 245-268.
Millar, B.: The observational theories: A primer. European Journal of Parapsychology, 2, 1978, 304-332.
Mischo, J.: Zum Stand der sheep-goat-Forschung. Zeitschrift für Parapsychologie und Grenzgebiete der Psychologie, 21, 1979, 1-22.
Morris, R. L.: Psi and human factors: The role of psi in human-equipment interactions. In: Shapin, B./Coly, L. (Eds.): Current trends in Psi research. New York, N. Y.: Parapsychology Foundation, 1986, 1-19.
Müller, L.: Para, Psi und Pseudo. Parapsychologie und die Wissenschaft von der Täuschung. Berlin: Ullstein, 1980.
Nelson, R. D./Jahn, R. G./Dunne, B. J.: Operator-related anomalies in physical systems and information processes. Journal of the Society for Psychical Research, 53, 1986, 261-285.
Nilsson, I.: Das Paradigma der Rhineschen Schule. Zeitschrift für Parapsychologie und Grenzgebiete der Psychologie, 19, 1977, 101-128.
Oppenheim, J.: The other world. Spiritualism and psychical research in England, 1850-1914. Cambridge: Cambridge University Press, 1985.
Oteri, L. (Ed.): Quantum physics and parapsychology. New York: Parapsychology Foundation, 1975.
Palmer, J.: Extrasensory perception: Research findings. In: Krippner, S. (Ed.): Advances in parapsychological research. Vol. 3. New York, London: Plenum Press, 1982, 59-243.
Palmer, J.: In defense of parapsychology: A reply to James E. Alcock. Zetetic Scholar, 11, 1983 a, 39-70.
Palmer, J.: A reply to Dr. Alcock. Zetetic Scholar, 11, 1983 b, 91-103.
Palmer, J.: Criticisms of parapsychology: Some common elements. In: Shapin, B./Coly, L. (Eds.): Current trends in Psi research. New York, N. Y.: Parapsychology Foundation, 1986, 255-269.
Pratt, J. G.: Prologue to a debate: Some assumptions relevant to research in parapsychology. Journal of the American Society for Psychical Research, 72, 1978, 127-139.
Prokop, O./Wimmer, W.: Der moderne Okkultismus. Parapsychologie und Paramedizin. Stuttgart: Fischer, 1976.
Randi, J.: The truth about Uri Geller. Buffalo, N. Y.: Prometheus Books, 1982.
Rao, K. R.: Theories of psi. In: Krippner, S. (Ed.): Advances in parapsychological research. Vol. 2: Extrasensory perception. New York, London, Plenum Press, 1978, 245-295.
Rao, K. R. (Ed.): The basic experiments in parapsychology. Jefferson, N. C., London: McFarland, 1984.
Rhine, J. B./Pratt, J. G.: Parapsychologie-Grenzwissenschaft der Psyche. Bern, München: Francke, 1962.
Rhine, L. E.: Psychokinese. Die Macht des Geistes über die Materie. Genf: Ariston, 1977.
Sargent, C. L.: Replicomania and the pursuit of meaning in experimental parapsychology. In: Shapin, B./Coly, L. (Eds.): Parapsychology's second century. New York, N. Y.: Parapsychology Foundation, 1983, 99-112.
Schmidt, H.: Comparsion of a teleological model with a quantum collapse model of psi. Journal of Parapsychology, 48, 1984, 261-276.
Schott, H. (Hrsg.): Franz Anton Mesmer und die Geschichte des Mesmerismus. Stuttgart: Steiner, 1985.
Schouten, S.: Quantitative Analysen paranormaler Spontanberichte. Zeitschrift für Parapsychologie und Grenzgebiete der Psychologie, 25, 1983, 1-27.
Shapin, B./Coly, L. (Eds.): The repeatability problem in parapsychology. New York, N. Y.: Parapsychology Foundation, 1985.
Sintschenko, W. P. / Leontjew, A. N. / Lomow, B. F. / Lurija, A. R.: Parapsychologie-Fiktion oder Realität? Sowjetwissenschaft-Gesellschaftswissenschaftliche Beiträge, 27, 1974, 55-64.
Stanford, R. G.: Toward reinterpretation psi events. Journal of the American Society for Psychical Research, 72, 1978, 197-214.
Stanford, R. G.: Recent Ganzfeld-ESP research: a survey and critical analysis. In: Krippner, S. (Ed.): Advances in parapsychological research. Vol. 4. Jefferson, N. C., London: McFarland, 1984, 83-111.
Stevenson, I.: The substantiality of spontaneous cases. In: Roll, W. G. (Ed.): Proceedings of the Parapsychological Association, 5, 1968, 91-128.
Stevenson, I.: Are parapsychology journals good for parapsychology? Journal of the American Society for Psychical Research, 76, 1984, 97-104.
Targ, R./Puthoff, H.: Jeder hat den 6. Sinn. Köln: Kiepenheuer & Witsch, 1977.
Tart, C. T.: A survey of expert opinion on potentially negative uses of psi, United States government interest in Psi, and the level of research funding of the field. In: Roll, W. G. (Ed.): Research in parapsychology 1978. Metuchen, N. J., & London: Scarecrow Press, 1979, 54-55.
Thouless, R./Wiesner, B. P.: On the nature of psi phenomena. Journal of Parapsychology, 10, 1946, 107-119.
Timm, U.: Was wissen wir wirklich über Psi-Phänomene? Zeitschrift für Parapsychologie und Grenzgebiete der Psychologie, 24, 1982, 110-128.
Timm, U.: Statistische Selektionsfehler in der Parapsychologie und in anderen empirischen Wissenschaften. Zeitschrift für Parapsychologie und Grenzgebiete der Psychologie, 25, 1983, 195-229.
Tischner, R.: Geschichte der Parapsychologie. Tittmoning: Pustet, 1960.
Ullman, M./Krippner, S./Vaughan, A.: Traumtelepathie. Freiburg: Aurum, 1977.
Walker, E. H.: A review of criticisms of the quantum mechanical theory of psi phenomena. Journal of Parapsychology, 48, 1984, 277-332.
Westrum, R./Truzzi, M.: Anomalies: a bibliographic introduction with some cautionary remarks. Zetetic Scholar, 2, 1978, 69-78.
White, R. A.: The influence of experimenter motivation, attitudes, and methods of handling subjects and Psi test results. In: Wolman, B. B. (Ed.): Handbook of parapsychology. New York: Van Nostrand Reinhold, 1977, 273-301.
Wiklund, N.: Welches Beweismaterial für psi haben wir? Zeitschrift für Parapsychologie und Grenzgebiete der Psychologie, 25, 1983, 55-66.
Wolman, B. B. (Ed.): Handbook of parapsychology. New York: Van Nostrand Reinhold, 1977.
Zusne, L./Jones, W. H.: Anomalistic psychology. Hillsdale, N. J.: Lawrence Erlbaum, 1982.

Partnertherapie

Anna Auckenthaler

1 Partnertherapie im Spannungsfeld von Praxis, Ideologie und Wissenschaft

Bei der Bestimmung einer Therapie als „Partnertherapie“ bzw. „Paartherapie“ (früher manchmal auch: „Ehetherapie“) spielt neben dem Inhalt auch das Setting eine wichtige Rolle. *Inhaltlich* ist eine P. durch die Konzentration auf die Beziehung(sprobleme) von zwei Partnern gekennzeichnet; P. gilt nur dann als angebracht, wenn ein Problem vorliegt, das beide Partner betrifft und das vor allem in der Beziehung der beiden Partner zueinander erkennbar ist.

Natürlich sind auch Einzeltherapien denkbar, in denen die Beziehungsproblematik einer Klientin/eines Klienten Hauptthema ist. Der Begriff „Partnertherapie“ bezieht sich aber meist nur auf jenes *Setting*, in welchem zwei Partner/innen gleichzeitig bei den Therapiesitzungen anwesend sind – entweder mit einem Therapeuten bzw. mit zwei Therapeut/inn/en allein (= „conjoint marital therapy“) oder mit einem Therapeuten bzw. zwei Therapeut/inn/en und anderen Paaren (= Gruppentherapie mit Paaren oder „marital group therapy“). Allerdings wird vor allem die „conjoint marital therapy“ manchmal mit zusätzlichen getrennten Einzelsitzungen kombiniert.

„Partnertherapie“ als Sammelbegriff für alle partnertherapeutischen Richtungen zu verwenden, ist u. a. deshalb problematisch, weil sich die einzelnen partnertherapeutischen Ansätze hinsichtlich ihrer Zielsetzungen z. T. sehr stark voneinander unterscheiden. Dennoch werden bei der Beurteilung des *Stellenwerts* von P. häufig sehr allgemein gehaltene Aussagen gemacht. So gibt es etwa die Tendenz, P. generell als einen besonders fortschrittlichen therapeutischen Ansatz darzustellen bzw. zu bewerten (Gurman, 1975c). Diese Bewertung nimmt meist Bezug darauf, daß die Entscheidung für ein partnertherapeutisches Vorgehen eine Abwendung vom medizinischen Krankheitsmodell bedeute. Das mag zwar fallweise zutreffen, ist aber keineswegs immer das für die Durchführung einer P. entscheidende Motiv. P. ist nicht als Ergebnis der (theoretischen) Reflexion über die Unzulänglichkeiten des medizinischen Krankheitsmodells entstanden, sondern als eine Antwort von Praktiker/inn/en auf die Bedürfnisse ihrer Klient/inn/en – und auf ihr eigenes Bedürfnis, mit Beziehungsproblemen umgehen zu können (Zur *Geschichte* der P.: Olson, 1970; Gurman, 1975a; 1979; Gurman/Kniskern, 1978a; Broderick/Schrader, 1981).

Gegen die (generelle) These von der Fortschrittlichkeit der P. sprechen auch die Orte, an denen die *Professionalisierung* zur Partnertherapeutin/zum Partnertherapeuten stattfand: Sie vollzog sich – zumindest im deutschen Sprachraum – vorwiegend innerhalb von (psychiatrischen) Kliniken und kirchlichen Beratungsstellen (Köhne, 1976; Matter, 1980). Schon allein diese Fakten legen es nahe, sich mit der *Ideologie-* und Wertlastigkeit von P. auseinanderzusetzen (Laws, 1975; Reiter/Steiner, 1981; Auckenthaler, 1982).

Die *theoretische Beschäftigung* mit dem Thema „Partnertherapie“ setzte in größerem Umfang erst ein, als die Etablierung der P. in der beruflichen Praxis nicht mehr zu übersehen war. War P. in ihren Anfangsphasen (ab ca. 1930) häufig als Teilgebiet der Familientherapie behandelt worden, so wurde sie allmählich immer mehr als eigenständiger Ansatz *neben* der Familientherapie anerkannt.

Der erste sprunghafte Anstieg von spezifisch partnertherapeutischer Literatur erfolgte in den 60er Jahren; von da an ließ sich ein kontinuierlicher (zwischendurch auch „explosiver“) Zuwachs an partnertherapeutischer Literatur feststellen.

Nur langsam kamen zu den Erfahrungsberichten und unsystematischen Fallbeispielen, welche die partnertherapeutische Literatur der frühen Phase ausmachten, Veröffentlichungen hinzu, in denen für die beschriebene Praxis theoretische Konzepte und/oder Ergebnisse empirischer Untersuchungen nachgeliefert wurden. Seither ist „Partnertherapie“ auch ein Thema der akademischen Psychologie, allerdings ein heikles Thema, da die *theoretische und empirische Fundierung* von P. nach wie vor unzureichend ist.

So liegen keineswegs für alle partnertherapeutischen Ansätze ernstzunehmende theoretische Modelle vor, und die Studien zur Erfolgsforschung sind methodisch äußerst dürftig: Die Einschätzung des Therapieerfolgs wird meist nur aus einer einzigen theoretischen Perspektive vorgenommen, als Veränderungskriterium wird häufig nur eine globale Zunahme der Zufriedenheit (mit der partnerschaftlichen Beziehung) verwendet; andere Erfolgskriterien (z. B. Fortführung der Beziehung, Häufigkeit der Gespräche mit dem Partner, Ausmaß der miteinander verbrachten Zeit etc.) sind in fragwürdiger Weise ideologiegebunden, die Validität der vorgelegten Daten bleibt häufig ungeklärt, Angaben zum konkreten therapeutischen Vorgehen fehlen meist (Gurman, 1973; 1975b; 1975c; Todd/Stanton, 1983).

Die für P. vorgelegten Erfolgszahlen (Verbesserungsraten von 60% und mehr) sind daher wenig aussagekräftig.

2 Die Entscheidung für eine bestimmte Partnertherapie als Entscheidung für bestimmte Ziele

Innerhalb „der" P. lassen sich folgende vier Hauptansätze unterscheiden:
- psychoanalytisch orientierte bzw. psychodynamische Konzepte von P. (Becker, 1978; Nadelson, 1978; Willi, 1978);
- systemtheoretische, transaktionelle oder kommunikationstherapeutische Ansätze (Mandel et al., 1971; 1975; Watzlawick et al., 1969; 1974; Sluzki, 1978).
- die verhaltenstherapeutisch orientierte P. bzw. lerntheoretische Ansätze von P. (Jacobson/Martin, 1976; O'Leary/Turkewitz, 1978; Weiss, 1978; Jacobson, 1981; Hahlweg et al., 1982; Margolin, 1983);
- die klientenzentrierte P. (Auckenthaler, 1983).

(Als Überblicksliteratur über die partnertherapeutischen Hauptansätze: Paolino/McCrady, 1978; Gurman, 1979; Hessdörfer, 1979; Auckenthaler, 1983).

Obwohl auch andere therapeutische Schulen ihre eigenen Vorstellungen von P. haben (vgl. z. B. für die Gestalttherapie Cöllen, 1984, für das Neurolinguistische Programmieren Cameron-Bandler, 1983), scheint eine Konzentration auf die genannten vier Hauptrichtungen vor allem aufgrund ihrer (gegenüber den anderen Ansätzen) besseren theoretischen Fundierung gerechtfertigt. Inzwischen gibt es allerdings auch innerhalb der partnertherapeutischen Hauptrichtungen eine ganze Reihe von Erweiterungen, Ausdifferenzierungen und Integrationsvorschlägen, so daß die Einordnung einzelner partnertherapeutischer Konzepte manchmal schwierig ist. Oft werden gleichzeitig mit den Ausdifferenzierungen eines Ansatzes die Grenzen zu anderen Ansätzen durchlässig. So läßt sich etwa die „kognitive Partnertherapie" (Freeman, 1983) als Weiterentwicklung oder Ergänzung (nur) der verhaltenstherapeutisch orientierten P. verstehen, aber auch als Ergebnis einer Kombination von Konzepten aus analytischen, verhaltenstherapeutischen und systemtheoretischen Ansätzen (Segraves, 1982). Ähnlich kann die „ich-psychologische Partnertherapie" (Wile, 1982) einerseits als Ausdifferenzierung des psychoanalytischen P.-Ansatzes betrachtet werden, andererseits als Versuch, individuelle und systemische Sichtweisen miteinander zu verbinden – wobei gleichzeitig auch noch Nähe zum klientenzentrierten Ansatz hergestellt wird. Noch schwieriger ist natürlich die Zuordnung von Ansätzen, die sich (nach eigenen Angaben) allen vorliegenden Ansätzen verpflichtet fühlen und die keine expliziten Gewichtungen hinsichtlich der Bedeutung dieser Ansätze für ihr eigenes partnertherapeutisches Modell vornehmen (Broderick, 1983; Ulrich, 1983).

Die vier Hauptrichtungen von P. stehen einander unterschiedlich nahe; relativ klar lassen sich die psychoanalytische und die klientenzentrierte P. – als konfliktverarbeitende, einsichtsvermittelnde Richtungen – von den verhaltensmodifizierenden, system- und kommunikationstheoretischen Richtungen abgrenzen:

Sowohl in der *psychoanalytischen* als auch in der *klientenzentrierten P.* geht es primär um die Verbesserung der Beziehung jedes der beiden Partner zu sich selbst, erst sekundär – als Folge der geänderten Beziehung jedes der beiden Partner zu sich selbst – auch um die Verbesserung der Beziehung der beiden Partner zueinander. Innerhalb der klientenzentrierten P. wird das besonders deutlich hervorgehoben; sie beeinflußt die Beziehung der Klienten zueinander nicht „direkt", sondern konzentriert sich auf die Voraussetzungen einer Beziehung, nämlich auf die Beziehungsfähigkeit beim einzelnen. Ähnlich wird auch innerhalb der psychoanalytischen P. hervorgehoben, daß die Qualität der Beziehung nur auf dem Weg über innerpsychisches Wachstum und größere Bewußtheit bei den beiden Partnern erreicht werden kann (Zu den Unterschieden zwischen den beiden Richtungen: Auckenthaler, 1983).

In der verhaltenstherapeutisch orientierten P. und in den systemtheoretischen bzw. kommunikationstherapeutischen Ansätzen ist die Beziehung der beiden Partner zueinander der primär „bearbeitete" Gegenstand der Therapie. Ziel der *verhaltenstherapeutisch orientierten P.* ist es, daß die beiden Partner fähig werden, einander wechselseitig positiv zu verstärken; um das zu erreichen, müssen die Klienten ganz konkrete Konflikt- und Problemlösestrategien und -fertigkeiten lernen, außerdem müssen – nach Ansicht der Vertreter/innen der kognitiven P. – unrealistische Erwartungen und falsche Attributionen modifiziert werden. Innerhalb der *Kommunikationstherapie* bzw. der *systemischen P.* ist die verbesserte Beziehung der beiden Partner (die hier weitgehend gleichgesetzt wird mit „verbesserter Kommunikation" zwischen den beiden Partnern) überhaupt nur Zwischenziel auf dem Weg zu einer Änderung des Systems.

3 Organisation und Ablauf von Partnertherapien

Die (expliziten und impliziten) Zielsetzungen beeinflussen auch die Praxis der P.: die Indikationsstellung, das Setting, die Definition der Therapeutenrolle, das konkrete Vorgehen, die Dauer.

Die *Indikation* zur P. wird bisher häufig rein praxeologisch „geklärt". Man entscheidet sich für die Durchführung einer P., weil man sich zutraut, mit diesem Paar arbeiten zu können, weil eine bestehende Beziehung gefährdet erscheint (die Indikation zur P. wird hier also durch das Bemühen um die Stabilisierung bzw. Aufrechterhaltung einer bestehenden Beziehung bestimmt), weil die Klienten den Wunsch nach einer P. äußern etc. Differenzierte, von den theoretischen Annahmen des jeweiligen Ansatzes abgeleitete, Indikationskriterien sind noch immer die Ausnahme (vgl. für den klientenzentrierten Ansatz Auckenthaler, 1983).

Generell entsteht der Eindruck einer sehr großzügigen Indikationsstellung. Das zeigt sich u. a. darin, daß P. nicht nur dann durchgeführt wird, wenn Partnerschaftsprobleme von vornherein als das Hauptproblem präsentiert werden, sondern auch dann, wenn – z. B. in der Erziehungsberatung, in der Jugendpsychiatrie und bei der Behandlung psychosomatischer Störungen – Zusammenhänge mit Beziehungsproblemen (der Eltern) vermutet werden (Grawe, 1982; Todd/Stanton, 1983). Als Sonderformen von P. kommen auch noch die *Sexualtherapie* (Masters/Johnson, 1970; Arentewicz/Schmidt, 1980; Clifford/Kolodny, 1983; Kilmann/Mills, 1983) und die *Scheidungstherapie* zum Einsatz (Kaslow, 1981).

Diskussionen hinsichtlich des günstigsten *Settings* von P. werden – seit die Vorrangstellung der „conjoint marital therapy" klar zu sein scheint – vorwiegend zum Thema „Cotherapie: ja oder nein?" geführt, also zu der Frage, ob P. besser von einem Therapeuten oder von zwei Therapeut/inn/en durchgeführt werden sollte. Die Behauptung von der Überlegenheit der Cotherapie konnte empirisch nicht nachgewiesen werden (Gurman, 1978; Russell/Russell, 1979; Auckenthaler, 1983; Kniskern/Gurman, 1983; Todd/Stanton, 1983).

Im Hinblick auf die Definition der Therapeutenrolle bzw. auf die *Forderungen*, die *an Partnertherapeut/inn/en* gestellt werden, gibt es eine verbindende Einigkeit zwischen allen vier Hauptrichtungen: Alle betonen die Notwendigkeit von Selbsterfahrung und Supervision; sie werden für bedeutsamer gehalten als spezifisch partnertherapeutische Ausbildungsprogramme (Auckenthaler, 1983; Woody/Weber, 1983). Mit einer Ausnahme – der klientenzentrierten P. – wird außerdem in allen partnertherapeutischen Richtungen hervorgehoben, daß der Therapeut in der P. aktiver zu sein habe als in der Einzeltherapie (Gurman/Kniskern, 1978a; 1978b).

Bezüglich der Ausformulierung partnertherapeutischer *Techniken* bzw. *Verhaltensanweisungen* an die Therapeut/inn/en ist die psychoanalytische P. sehr zurückhaltend, die klientenzentrierte P. überhaupt abstinent; die Forderungen an die Therapeut/inn/en beziehen sich hier in erster Linie bzw. ausschließlich auf die Beziehung, welche die Therapeut/inn/en gegenüber ihren Klient/inn/en herzustellen haben. Demgegenüber werden den Therapeut/inn/en innerhalb des verhaltenstherapeutischen und des kommunikationstherapeutischen Ansatzes genaue Anweisungen für konkrete Vorgangsweisen (auf der Verhaltensebene) vorgegeben.

Die Angaben, die in der Literatur über die durchschnittliche *Dauer* der Therapien gemacht werden, legen es nahe, P. als eine Kurzzeittherapie bzw. eine Art von Krisenintervention einzustufen. Für die verhaltenstherapeutisch orientierte P. wird etwa eine durchschnittliche Therapiedauer von acht bis neun Sitzungen genannt, auch in den anderen Richtungen ist die Durchschnittsdauer von P. geringer als jene von Einzeltherapien. Es scheint, als ob die Partnertherapeut/inn/en – unabhängig von ihrer theoretischen Orientierung – darin übereinstimmen würden, daß die gleichzeitige Anwesenheit der Partner der Therapie Grenzen setzt, die es zu beachten gilt, bzw. als ob sie den Klient/inn/en eher eine Partner*beratung* als eine Partner*therapie* anbieten würden.

4 Reflexion statt Expansion: Vorschläge für die Zukunft der Partnertherapie

Mit der zunehmenden Anerkennung von P. in Praxis und Wissenschaft scheint die Orientierung an den Bedürfnissen der Klient/inn/en (die am Beginn der Entwicklung von P. stand) zugunsten anderer Motive zurückgedrängt worden zu sein; eine P. wird mitunter einfach deshalb durchgeführt, weil sich Therapeut/inn/en auch einmal als Partnertherapeut/inn/en erleben wollen, weil P. „spannend" ist, relativ viel Prestige bedeutet etc. Einzeltherapie gilt (zumindest bei Beziehungsproblemen) oft nur noch als therapeutische „Defizitärform".

Die große Bereitschaft zur Durchführung von P.n hängt – neben ideologischen Aspekten – auch damit zusammen, wie P. in der Literatur behandelt bzw. dargestellt wird. Bestimmte Vorgehensweisen, Methoden, Techniken, Programme und/oder die Vorzüge des eigenen therapeutischen Ansatzes gegenüber anderen Ansätzen werden ausführlich geschildert und zur Nachahmung empfohlen; viele Veröffentlichungen regen eher zum Ausprobieren als zum Nachdenken an.

Nun bringt es für die Weiterentwicklung der P. sicher nichts, wenn die Klage über die noch (?) ausstehende theoretische (und empirische) Fundierung endlos wiederholt wird, ohne daß von den bisher versuchten Lösungswegen abgewichen würde. Die bisherigen Anstrengungen – Ausformulierung immer neuer Techniken und Therapieprogramme, Verfeinerung der „Versuchspläne", Kombination mehrerer Änderungsmaße etc. – waren weder hinsichtlich der Theorieentwicklung noch hinsichtlich der empirischen Absicherung besonders erfolgreich. Auch Studien, die den üblichen Forschungsstandards nachzukommen versuchen, sind in dieser Hinsicht nicht viel zufriedenstellender als bloße Fallgeschichten (Gurman/Kniskern, 1978a). Derzeit scheinen daher andere Zugangswege angemessener, z. B.:

- die Reflexion, Explikation und Festlegung partnertherapeutischer Ziele (getrennt nach den einzelnen Ansätzen);
- die Entwicklung expliziter theoretischer Modelle, die als Hintergrundwissen für die Praktiker/inn/en brauchbar sind (der bloße Verweis auf den Herkunftsansatz reicht hier sicher *nicht* aus!);
- die stärkere Gewichtung hypothesen*generierender* Verfahren in der Forschung (Kniskern/Gurman, 1983);
- ein (stärkeres) Einbeziehen von Diskussionen über die Ideologiegebundenheit und die gesellschaftliche Funktion von P. in Ausbildung und Supervision von Partnertherapeut/inn/en;
- die Entwicklung von (in der Praxis handhabbaren) theorieorientierten Indikationskriterien;
- die Ausformulierung von Bewertungskriterien – evtl. ergänzt durch die Auflistung möglichst typischer Beispiele –, die den Klient/inn/en die Auswahl unter den verschiedenen partnertherapeutischen Ansätzen erleichtern; auch dabei sollten die Ziele der einzelnen Richtungen in den Vordergrund gerückt werden.

Die Lösung dieser „Entwicklungsaufgaben" durch die Forschung könnte freilich weitreichende Konsequenzen für die partnertherapeutische Praxis haben: Vermutlich würde sich zeigen, daß der Indikationsbereich für P. weit enger ist, als es manchen Befürworter/inn/en von P. vielleicht gefallen mag. Gleichzeitig würde sie wahrscheinlich eine Verlagerung hin zu (mehr) präventivem Handeln bedeuten: Kritische Reflexion im Umfeld von P. verweist Therapeut/inn/en fast zwangsläufig auf die Notwendigkeit, sich mit ihrem in den Therapien gewonnenen Wissen über Beziehungen und Beziehungsleid an der öffentlichen Diskussion über Lebensform und über Sinn und Funktion von (Partner-)Therapie zu beteiligen.

Literatur

Arentewicz, G./Schmidt, G. (Hrsg.): Sexuell gestörte Beziehungen. Konzept und Technik der Paartherapie. Berlin: Springer, 1980.

Auckenthaler, A.: Beziehungsvorstellungen in der Partnertherapie. Über den konservativen Gehalt eines „fortschrittlichen" Therapieansatzes. Partnerberatung, 19, 1982, 57-68.

Auckenthaler, A.: Klientenzentrierte Psychotherapie mit Paaren. Stuttgart: Kohlhammer, 1983.

Becker, B. J.: Holistic, analytic approaches to marital therapy. American Journal of Psychoanalysis, 38, 1978, 129-142.

Broderick, C. B.: The therapeutic triangle. A sourcebook on marital therapy. Beverly Hills: Sage, 1983.

Broderick, C. B./Schrader, S. S.: The history of professional marriage and family therapy. In: Gurman, A. S./Kniskern, D. P. (Eds.): Handbook of family therapy. New York: Brunner/Mazel, 1981, 5-35.

Cameron-Bandler, L.: Wieder zusammenfinden. NLP – Neue Wege der Paartherapie. Paderborn: Junfermann, 1983.

Clifford, R. E./Kolodny, R. C.: Sex therapy for couples. In: Wolman, B. B./Stricker, G. (Eds.): Handbook of family and marital therapy. New York, London: Plenum, 1983, 421-449.

Cöllen, M.: Laß uns für die Liebe kämpfen. Der neue Weg aus der Partnerkrise: Gestalttherapie für Paare. München: Kösel, 1984.

Freeman, A. (Ed.): Cognitive therapy with couples and groups. New York: Plenum, 1983.

Grawe, S.: Partnertherapie. In: Bastine, R./Fiedler, P. A./Grawe, K./Schmidtchen, S./Sommer, G. (Hrsg.): Grundbegriffe der Psychotherapie. Weinheim: Edition Psychologie, 1982, 260-263.

Gurman, A. S.: The effects and effectivness of marital therapy: A review of outcome research. Family Process, 12, 1973, 145-170.

Gurman, A. S.: Emerging trends in research and practice. In: Gurman, A. S./Rice, D. G. (Eds.): Couples in conflict. New directions in marital therapy. New York: Jason Aronson, 1975 a, 63-70.

Gurman, A. S.: Evaluating the outcomes of couples groups. In: Gurman, A. S./Rice, D. G. (Eds.): Couples in conflict. New directions in marital therapy. New York: Jason Aronson, 1975 b, 192-206.

Gurman, A. S.: Some therapeutic implications of marital therapy research. In: Gurman, A. S./Rice, D. G. (Eds.): Couples in conflict. New directions in marital therapy. New York: Jason Aronson, 1975 c, 407-429.

Gurman, A. S.: Contemporary marital therapies: A critique and comparative analysis of psychoanalytic, behavioral and systems theory approaches. In: Paolino, Th. J./McCrady, B. S. (Eds.): Marriage and marital therapy. Psychoanalytic, behavioral and systems theory perspectives. New York: Brunner/Mazel, 1978, 445-566.

Gurman, A. S.: Dimensions of marital therapy. A comparative analysis. Journal of Marital and Family Therapy, 5, 1979, 5-16.

Gurman, A. S./Kniskern, D. P.: Research in marital and family therapy: Progress, perspective, and prospect. In: Garfield, S. L./Bergin, A. E. (Eds.): Handbook of psychotherapy and behavior change. New York: Wiley 1978 a, 817-901.

Gurman, A. S./Kniskern, D. P.: Deterioration in marital and family therapy: Empirical, clinical, and conceptual issues. Family Process, 17, 1978 b, 3-20.

Gurman, A. S./Kniskern, D. P.: Family therapy outcome research: Knowns and unknowns. In: Gurman A. S./Kniskern, D. P. (Eds.): Handbook of family therapy. New York: Brunner/Mazel, 1981, 742-775.

Hahlweg, K./Schindler, L./Revenstorf, D.: Partnerschaftsprobleme: Diagnose und Therapie. Handbuch für den Therapeuten. Berlin: Springer, 1982.

Hessdörfer, S.: Partnertherapie. In: Baumann U./Berbalk, H./ Seidenstücker, G. (Hrsg.): Klinische Psychologie: Trends in Forschung und Praxis. Bd. 2. Bern: Huber, 1979, 162-194.
Jacobson, N. S.: Behavioral marital therapy. In: Gurman, A. S./ Kniskern, D. P. (Eds.): Handbook of family therapy. New York: Brunner/Mazel, 1981, 556-591.
Jacobson, N. S./Martin, B.: Behavioral marriage therapy. Psychological Bulletin, 83, 1976, 540-556.
Kaslow, F. W.: Divorce and divorce therapy. In: Gurman, A. S./ Kniskern, D. P. (Eds.): Handbook of family therapy. New York: Brunner/Mazel, 1981, 662-696.
Kilmann, P. R./Mills, K. H.: All about sex therapy. New York: Plenum, 1983.
Kniskern, D. P./Gurman, A. S.: Future directions for family therapy research. In: Bagarozzi, D./Jurich, A. P./Jackson, R. W. (Eds.): Marital and family therapy. New York: Human Sciences Press, 1983, 209-235.
Köhne, J.: Eheberater – ein neuer Beruf. Geschichtliche Entwicklung und derzeitiges Verständnis. Partnerberatung, 13, 1976, 91-105.
Laws, J. L.: A feminist view of marital adjustment. In: Gurman, A. S./Rice, D. G. (Eds.): Couples in conflict. New directions in marital therapy. New York: Jason Aronson, 1975, 73-123.
Mandel, A./Mandel, K. H./Stadter, E./Zimmer, D.: Einübung in Partnerschaft durch Kommunikationstherapie und Verhaltenstherapie. München: Pfeiffer, 1971.
Mandel, K. H./Mandel, A./Rosenthal, H.: Einübung in Liebesfähigkeit. Praxis der Kommunikationstherapie für Paare. München: Pfeiffer, 1975.
Margolin, G.: Behavioral marital therapy. In: Wolman, B. B./ Stricker,G. (Eds.): Handbook of family and marital therapy. New York, London: Plenum, 1983, 247-276.
Masters, W. H./Johnson, V. E.: Human sexual inadequacy. Boston: Little Brown, 1970.
Matter, M.-L.: Familientherapie in der Schweiz – Ausbildung und Berufspolitik. Familiendynamik, 5, 1980, 333-343.
Nadelson, C. C.: Marital therapy from a psychoanalytic perspective. In: Paolino, Th. J./McCrady, B. S. (Eds.): Marriage and marital therapy. Psychoanalytic, behavioral and systems theory perspectives. New York: Brunner/Mazel, 1978, 89-164.
O'Leary, K. D./Turkewitz, H.: Marital therapy from a behavioral perspective. In: Paolino, Th. J./McCrady, B. S. (Eds.): Marriage and marital therapy. Psychoanalytic, behavioral and systems theory perspectives. New York: Brunner/Mazel, 1978, 240-297.
Olson, D. H.: Marital and family therapy: Integrative review and critique. Journal of Marriage and the Family, 32, 1970, 501-538.
Paolino, Th. J./McCrady, B. S. (Eds.): Marriage and marital therapy. Psychoanalytic, behavioral and systems theory perspectives. New York: Brunner/Mazel, 1978.
Reiter, L./Steiner, E.: Ist „eheliche Anpassung" ein latentes Therapieziel in der Paartherapie? Theoretische und empirische Untersuchungen zur „Dyadic Adjustment Scale" von G. B. Spanier. Partnerberatung, 18, 1981, 78-89.
Russell, A./Russell, L.: The uses and abuses of co-therapy. Journal of Marital and Family Therapy, 5, 1979, 39-46.
Segraves, R. T.: Marital therapy. A combined psychodynamic-behavioral approach. London: Plenum, 1982.
Sluzki, C. E.: Marital therapy from a systems theory perspective. In: Paolino, Th. J./McCrady, B. S. (Eds.): Marriage and marital therapy. Psychoanalytic, behavioral and systems theory perspectives. New York: Brunner/Mazel, 1978, 366-394.
Todd, Th. C./Stanton, M. D.: Research on marital and family therapy. Answers, issues, and recommendations for the future. In: Wolman, B. B./Stricker, G. (Eds.): Handbook of family and marital therapy. New York und London: Plenum, 1983, 91-115.
Ulrich, D. N.: Contextual family and marital therapy. In: Wolman, B. B./Stricker, G. (Eds.): Handbook of family and marital therapy. New York und London: Plenum, 1983, 187-211.
Watzlawick, P. / Beavin, J. H. / Jackson, D. D.: Menschliche Kommunikation. Formen, Störungen, Paradoxien. Bern: Huber, 1969.
Watzlawick, P./Weakland, J. H./Fisch, R.: Lösungen. Zur Theorie und Praxis menschlichen Wandels. Bern: Huber, 1974.
Weiss, R. L.: The conceptualization of marriage from a behavioral perspective. In: Paolino, Th. J./McCrady, B. S. (Eds.): Marriage and marital therapy. Psychoanalytic, behavioral and systems theory perspectives. New York: Brunner/Mazel, 1978, 165-239.
Wile, D. B.: Couples therapy. A nontraditional approach. New York: Wiley, 1982.
Willi, J.: Therapie der Zweierbeziehung. Reinbek: Rowohlt, 1978.
Woody, R. H./Weber, G. K.: Training in marriage and family therapy. In: Wolman, B. B./Stricker, G. (Eds.): Handbook of family and marital therapy. New York/London: Plenum, 1983, 117-134.

Persönlichkeit

Hartmut Häcker

1 Begriffsbestimmung

P. ist ein allgemeines theoretisches Konstrukt (hypothetisches Konstrukt), welches zur Verhaltensbeschreibung und Verhaltenserklärung (sowie Verhaltensprognose) herangezogen wird. Dieses allgemeine Konstrukt erweist sich häufig als ein Aggregat einzelner P.komponenten. Ordnet man verschiedenen Teildisziplinen der Psychologie unterschiedliche Fragestellungen für die Analyse des Erlebens und Verhaltens zu, so soll mit dem Konstrukt der P. geklärt werden, *wie* Verhaltens- und Erlebnisprozesse ablaufen. Etymologisch ist der Begriff „Person" nicht eindeutig zu bestimmen. So lassen sich z. B. dem lateinischen Wort „persona" (Maske) mehrfache Bedeutungen zuordnen (Koch, 1960).

Da in fast allen Bereichen der empirischen Psychologie das Konstrukt P. in irgendeiner Form benutzt wird, ist es schwierig, eine allgemeingültige Definition des Konstruktes zu finden. Allport (1937) hat bereits 49 Definitionsvorschläge zum P.begriff zusammengetragen. Seine eigene Definition lautet: „Persönlichkeit ist die dynamische Ordnung derjenigen psychophysischen Systeme im Individuum, die seine einzigartige Anpassung an seine Umwelt bestimmen" (Allport, 1959). Herrmann (1976) schlägt eine Abstraktion heute anerkannter P.definitionen vor. Danach könnte man P. „als ein bei jedem Menschen einzigartiges, relativ stabiles und den Zeitablauf überdauerndes Verhaltenskorrelat" auffassen.

Aber auch die empirische P.forschung benutzt den Begriff „Persönlichkeit" in unterschiedlichen Variationen. Methodische Positionen wirken sich sowohl inhaltlich als auch formal auf diese Definitionsversuche aus. In der Definition von P. spiegeln sich die wissenschaftsmethodischen Vorgaben der einzelnen Schulrichtungen wider. So enthalten z. B. *phänomenologisch* orientierte Definitionen von P. in weit geringerem Maße operational orientierte Elemente als z. B. die *psychometrisch* orientierte P.definition. *Behavioral* orientierte Forschungsrichtungen klammern das Konstrukt der P. weitgehend aus.

Extreme Positionen über das, was sich unter P. subsumieren läßt, werden z. B. in den Definitionen von Thomae und Cattell vertreten. Nach Thomae ist P. „der individuelle Aspekt des Menschseins" bzw. der „Inbegriff einer zum Sinngebilde der Individualität integrierten Reihe von Ablaufsgestalten oder -prozessen" (Thomae, 1968). Cattell (1950) definiert P. als dasjenige „Trait-System", welches eine Verhaltensvorhersage möglich macht. Innerhalb relativ einheitlicher Modellannahmen (z. B. des Eigenschaftsmodelles) ist der Differenzierungsgrad des allgemeinen Konstruktes P. auch noch unterschiedlich. Nach Eysenck (1953) ist P. „die mehr oder weniger feste und überdauernde Organisation des Charakters, des Temperamentes, des Intellektes und der Physis eines Menschen". Bei Cattell umfaßt der Konstruktbereich die „Ability-source-traits", die „Temperament-source-traits", die „Ergs", die „Sentiments", die „Moods" und die „States". Guilford (1964) schlägt eine ähnliche Differenzierung vor, indem er bei der P. Aspekte der Physiologie, der Morphologie, der Eignung, des Temperaments, der Einstellung, der Interessen und der Bedürfnisse unterscheidet.

2 Gegenstand, Zielsetzung und Anwendung der Persönlichkeitsforschung

Mit der trivialen Feststellung, daß der Gegenstand der P.forschung die Erforschung des Konstruktes „Persönlichkeit" ist, wird nicht nur darauf verwiesen, daß der Gegenstand der P.forschung von der Weite bzw. der Enge der Definition des Konstruktes abhängig ist, sondern es wird auch darauf aufmerksam gemacht, daß Unterteilungen nach Disziplinen in der Psychologie, wenn sie mehr als organisatorische Ordnungsgesichtspunkte darstellen, höchst problematisch sein können. Würde man die Person als die zentrale Instanz aller Verhaltens- und Erlebensaspekte auffassen, so würde die P.forschung den gesamten Bereich der psychologischen Forschung umfassen. Einen sinnvollen Rahmen für den Gegenstand der P.forschung wählt man, wenn man *inter-* und *intra*individuelle Unterschiede zwischen Personen und Personengruppen ins Zentrum der P.forschung stellt. Allgemein gesagt würden die Aufgaben der P.psychologie darin bestehen, *Beschreibungen* für P.merkmale vorzunehmen, *Erklärungen* für inter- und intraindividuelle Unterschiede zu geben, *Prognoseinstrumente* für zukünftiges individuelles Verhalten bereitzustellen (P.vorhersage) und *Änderungen* von Personmerkmalen über die Zeit hinweg zu analysieren (Schneewind, 1980). Berücksichtigt man dieses Aufgabenspektrum, so werden die beiden wichtigen Forschungsgebiete der P.psychologie deutlich: die *Differentielle Psychologie* und die *P.theorie*. Während die Differentielle Psychologie im Schwerpunkt die Unterschiede zwischen und innerhalb von Individuen aufdeckt, das Ausmaß der

Unterschiede bestimmt, die Konstrukte zur Beschreibung und Messung dieser Unterschiede bereitstellt und Ursachen für diese Unterschiede aufzuklären versucht, ist es Aufgabe der P.theorie, solche *inter-* und *intra*individuellen Unterschiede in plausible Modelle und Theorien zu integrieren.

In der P.forschung sind bezüglich der methodischen und inhaltlichen Strategien sehr heterogene Ansätze vertreten, die zum Teil darauf zurückzuführen sind, daß nach verschiedenen Forschungsmodellen vorgegangen wird (Herrmann, 1976; Schneewind, 1980). Die vielfältigen Ergebnisse der empirisch orientierten P.forschung und die Bedeutung dieser Ergebnisse sind dann adäquat einzuschätzen, wenn man berücksichtigt, daß mit sehr vielfältigen Methoden empirisch ermittelbare Sachverhalte festgestellt werden. Diese empirischen Sachverhalte werden zu hypothetischen Konstrukten abstrahiert. Die Konstrukte haben sich wieder in der empirischen Analyse zu bewähren oder werden von empirischen Sachverhalten korrigiert. Analog zu dem allgemeinen wissenschaftsstrategischen Vorgehen würde man zwischen induktiven, deduktiven und hypothetisch-deduktiven Vorgehensweisen unterscheiden können.

Das Forschungsziel der P.forschung kann auch dadurch deutlich gemacht werden, daß man die P.forschung der *Allgemeinen Psychologie* gegenüberstellt. Wenn man das Ziel der Allgemeinen Psychologie darin sieht, allgemeingültige Gesetzmäßigkeiten für psychische Funktionen und für Verhalten aufzustellen, so verfolgt die P.psychologie das Ziel, die individuellen Besonderheiten, deren Entstehungsbedingungen und deren Auswirkungen zu untersuchen. Eine strikte Trennung zwischen Allgemeiner Psychologie, P.psychologie bzw. Differentieller Psychologie erscheint unseres Erachtens nur forschungsorganisatorisch sinnvoll zu sein, da mit fortschreitender Differenzierung und Integration von empirischen Befunden die Bedeutung von individuellen Unterschieden im P.bereich in ihren Auswirkungen auf psychische Funktionen wie z. B. Lernen, Wahrnehmen und Handeln demonstriert werden kann. Für eine fundierte Bedingungsanalyse psychischer Funktionen ist es deshalb nicht angebracht, bei allgemeinpsychologischen Betrachtungen differentielle Aspekte zu ignorieren bzw. als Fehlervarianz umzudenken. Es ist aber auch angebracht, bei der differentiellen Betrachtung allgemein-psychologische Aussagen zu berücksichtigen.

Ein umfangreiches Forschungsprogramm der *Differentiellen Psychologie* hat bereits William Stern (1911) in der Darstellung der verschiedenen Methoden zum Ausdruck gebracht, indem er Untersuchungsmethoden der Variation, der Korrelation, der Komperation und Psychographie forderte. Während W. Stern bei diesem Forschungsprogramm die situativen Bedingungen ausgeklammert hat, hat Cattell (1950) die Erweiterung um die Parameter der Situation eingeführt.

Die P.forschung ist nicht nur in einem bestimmten Verhältnis zur Allgemeinen Psychologie zu sehen, sondern sie steht auch in einem genau definierbaren Bezug zur *Psychologischen Diagnostik* und speziell zu denjenigen diagnostischen Bereichen, welche den gesamten P.sektor umfassen. Die Psychologische Diagnostik kann aber auch durch ihre Untersuchungen einen Beitrag zur Entwicklung der persönlichkeitspsychologischen Dimensionen leisten.

Unter der Forderung nach einer verstärkten Integration verschiedener psychologischer Teilgebiete soll auch in besonderem Maße die Bedeutung der *Entwicklungspsychologie* für die P.forschung erwähnt werden. Da im Rahmen der unterschiedlichen P.modelle die Frage nach den Entstehungsbedingungen und nach den Veränderungsmodalitäten von Bedeutung ist, sollte die Genese von P.dimensionen verstärkt unter entwicklungspsychologischen Aspekten betrachtet werden.

3 Theoretische Modelle

Historisch sind die ersten Untersuchungen zur Bestimmung von individuellen Unterschieden mit den Namen James McKeen Cattell und mit Galton verbunden. Im Verlauf der P.forschung lassen sich vier Phasen aufzeigen (Brengelmann, 1968). Die *philosophisch orientierten Typenlehren* bilden die erste Phase. Sie sind hauptsächlich durch das methodische Vorgehen der Intuition bzw. der Introspektion gekennzeichnet. Diese philosophisch orientierten Typenlehren werden von der *experimentell arbeitenden Typenforschung* abgelöst bzw. ergänzt. An diese zweite Phase schließt sich dann die mit empirischen Methoden arbeitende *P.psychologie* an. Sie ist hauptsächlich dadurch zu kennzeichnen, daß mit statistischen Methoden einzelne Komponenten bzw. Komponentengruppen von P.dimensionen ermittelt werden. Die bevorzugten statistischen Methoden sind dabei die Korrelationstechnik und die sich daran anschließende Faktorenanalyse. Die vierte Phase kann als *experimentell orientierte Richtung der P.forschung* bezeichnet werden. Unter Verwendung des Experiments werden funktionale Beziehungen zwischen unabhängigen und abhängigen Variablen ermittelt. Erfolge bzw. Mißerfolge bei der Anwendung nur einer Methode lassen erkennen, daß es auch im Bereich der P.forschung angebracht ist, einen Methodenansatz zur Anwendung zu bringen, der sich auf mehrere Methoden stützt. Unterschiedliche methodische und theoretische Ausgangspositionen bei der Untersuchung von individuellen Unterschieden haben zu einer großen Zahl von empirisch ermittelten Einzelbefunden geführt, die nicht in ihrer Gesamtheit replizierbar waren. Versucht man, diese Befunde zu ordnen und auf verschiedene Modellannahmen zu beziehen, so ergeben sich in Abhängigkeit zum Abstraktionsgrad der Beschreibungskategorien sehr unterschiedliche Darstellungen. Bezieht man sich auf eine Detailanalyse, so kann man zwischen je einzelnen Autoren bereits beträchtliche Unterschiede bezüglich theoretischer Annahmen, empirischer Methoden und daraus abgeleiteter empirischer Befunde feststellen (z. B. Hall/Lindzey, 1957).

Subsumiert man unterschiedliche theoretische Positionen unter relativ weitgefaßte Prinzipien, wie dies z. B. Mischel (1971) versucht, so kann man Typen- und Eigenschaftstheorien, psychodynamische Theorien, psychodynamische Verhaltenstheorien, soziale Verhaltenstheorien und phänomenologische Theorien der P. gegeneinander abgrenzen. *Typen- und Eigenschaftstheorien* machen Annahmen über grundlegende und allgemeine Eigenschaften, welche das Verhalten determinieren. Sie versuchen, mit quantitativen Methoden grundlegende Dimensionen zu ermitteln. Die *psychodynamischen* Konzeptionen gehen auf die analytischen Vorstellungen des Drei-Instanzen-Modells (Ich, Es, Überich) von Freud zurück. Zwischen psychodynamischer P.theorie und Eigenschaftstheorie sind einige Ähnlichkeiten festzustellen. Im methodischen Bereich sind die Unterschiede jedoch sehr groß.

Versucht man, P.modelle noch abstrakter und nach sehr allgemeinen Gesichtspunkten zu klassifizieren, so könnte man mit Magnusson und Endler (1976) zwischen psychodynamischen, eigenschaftsorientierten, situationistischen und interaktionistischen Modellen unterscheiden (siehe Abb. 1). Der persönlichkeitspsychologische *Situationismus* stellt eine Gegenposition zum Eigenschaftsmodell dar. Der Situationismus postuliert, daß Verhalten eine Funktion der Situation ist. Als Forschungsinstrument benutzt er das klassische Experiment. Nach dem *interaktionistischen* Modell resultiert das aktuelle Verhalten aus einer nicht trennbaren und dauernd stattfindenden Interaktion zwischen Person und Situation. Dieses Interaktionsverhältnis ist nicht einseitig gedacht, sondern stellt einen reziproken Prozeß dar. Die Hauptdeterminanten des Verhaltens sind nach diesem Modell weder die Traits noch die Situationen, sondern die Situationen stellen eine Funktion der Person dar, wie das Personenverhalten eine Funktion der Situation ist.

Wählt man für die Einteilung von P.modellen nur diese vier Kategorien, so wird dadurch eine große Zahl von Unterscheidungsmöglichkeiten zwischen den Theorien vernachlässigt.

4 Methoden

Für die empirische Analyse der einzelnen Aspekte des Konstruktes der P. ist ein breites Spektrum von *Methoden* eingesetzt worden. Die *qualitativen Methoden* der P.forschung verfolgen das Ziel einer „Wesenserfassung" (Salber, 1960). Zu diesem Zwecke werden Personenbeschreibungen, phänomenologische Analysen, tiefenpsychologische Betrachtungen und die biographische Technik vorrangig gewählt. Grundsätzlich können die über solche Datenerhebungstechniken gewonnenen Daten natürlich statistisch verarbeitet werden.

Von *quantitativen Methoden* könnte man dann sprechen, wenn die P.analyse mit dem Ziel verfolgt wird, mit psychologischen Untersuchungstechniken meßbare Aspekte der Person zu erfassen. Dieses Erkenntnisziel ist dann meist mit der Anwendung von traditionellen Versuchsanordnungen und dem Einsatz von statistischen Verfahren verbunden. Lassen sich abhängige und unabhängige Variablen definieren, so kann man sowohl einfachere als auch komplexere Dependenzanalysen durchführen (Mittenecker, 1960). Sehr gebräuchlich in der P.forschung sind korrelationale Analysen, bei welchen mehrere Variablen gleichzeitig „beobachtet" werden können (Interdependenz-Analyse). Die weitere Verarbeitung der Zusammenhangsmaße über faktorenanalytische Methoden bietet sich aus Gründen der Datenreduktion an, ist aber im Sinne einer Modellentwicklung nur dann angemessen, wenn Vermutungen berechtigt sind, daß individuelle Unterschiede in verschiedenen Merkmalen auf identische Ursachenfaktoren zurückzuführen sind (Pawlik, 1977).

Da es in der P.forschung häufig nicht möglich ist, beim Ausgangspunkt der Untersuchung die unabhängige bzw. die abhängige Variable zu definieren, wird häufig das korrelationale Forschungsdesign angewandt. Zur Untersuchung eines detaillierten Bedingungsgefüges von P.variablen ist es jedoch angebracht, korrelational gewonnene Befunde zusätzlich dependenzanalytischen Kontrollen zu unterwerfen.

Vergleichsparameter	Modelle: Psychodynamik	Trait	Situationismus	Interaktionismus
1. Determinanten des Verhaltens	Innengesteuert	Innengesteuert	Außengesteuert	Innen-außen-gesteuert
2. Entwicklung				
a) Interesse an der Entwicklung	a) ja	b) nein	a) ja	a) ja
b) Nativismus-Empirismus	b) beides	b) Nativismus	b) Empirismus	b) Empirismus
c) biologisch-psychologische Betonung	c) beides	c) biologisch	c) psychologisch	c) beide
3. Forschungsstrategien (Messung und Datenverarb.)				
a) Methoden der Datensammlung	a) Interview, Falldarstellung	a) Fragebogen, Ratings, Tests	a) Experiment	a) Beobachtungen, Tests, Fragebogen, Experimente
b) Arten von Daten	b) verbale Berichte	b) Fragebogenmeßwerte, Testmeß-, Ratingwerte	b) experimentelle Daten, Häufigkeitsauszählung	b) Testwerte, Fragebogenwerte, exp. Daten
c) Datenverarbeitung	c) Interpretation verbale Berichte	c) Korrelationsanalyse, Faktorenanalyse	c) Varianzanalyse	c) Varianzanalyse, Faktorenanalyse, Korrelationsmuster, Markov-Ketten
4. Stichproben				
a) Alter der Stichproben	a) Erwachsene und Kinder	a) Erwachsene	a) Erwachsene und Kinder	a) Erwachsene und Kinder
b) normal – klinisch	b) klinisch Auffällige	b) beide	b) Normale	b) Normale
5. Konsistenz – Spezifitätsansatz	Konsistenz des Verhaltens über Situationen hinweg	Konsistenz des Verhaltens über Situationen hinweg	Inkonsistenz des Verhaltens über Situationen hiweg (Spezifität)	Person-Situation-Interaktion u. a. Interaktionen, das Verhalten variiert über Situation und Personen
6. Analyseeinheiten	Dynamische Einheiten (die dem Verhalten zugrunde liegen; Motive und Instinkte; Eigenschaften)	Traits	Situationen	Person-Situation-Interaktion u. a. Aktionen
7. Art der Gesetzesaussagen	R-R und S-R	R-R	S-R	S-R-S-R-S-R ...

Abb. 1: Schematischer Vergleich der vier Persönlichkeitsmodelle (aus: Endler/Magnusson, 1976)

5 Zusammenfassende Bewertung der Forschungsergebnisse

Die Ergebnisse der empirischen P.forschung lassen sich aus verschiedenen Gründen umfassend und detailliert nur sehr schwer darstellen. Gründe, welche zu dieser Schwierigkeit führen, sind nicht nur darin zu sehen, daß eine fast nicht mehr überschaubare Menge von einzelnen empirischen Befunden vorliegt, sondern sind auch in der Tatsache zu suchen, daß sowohl auf dem Sektor der Methoden als auch der theoretischen Positionen eine beachtliche Divergenz vorliegt.

Versucht man unter Heranziehung vergleichbarer Positionen eine Einschätzung bezüglich der bis jetzt gesicherten empirischen Befunde, so ist es angebracht, sich einerseits auf die „großen Systeme“ und andererseits auf Ergebnisse von Untersuchungen zu umschriebenen P.konstruktionen zu beziehen.

Bei den Gesamtsystemen läßt sich zumindest im Bereich der faktorenanalytischen Modelle erkennen, daß dieses Vorgehen demonstriert hat, daß die Zahl der Konstrukte begrenzbar und aufeinander beziehbar ist. Die Inhalte dieser Konstrukte und deren externe Beziehung sind dann replizierbar, wenn bei der Datenerhebung identische oder zumindest vergleichbare Methoden angewandt werden. Im kognitiven Bereich der P.dimensionen lassen sich ca. 20 bis 25 Primärfaktoren identifizieren. Der nichtkognitive Sektor, also der Bereich der Gefühle, Einstellungen usw., läßt sich faktorenanalytisch mit 10 bis 15 Dimensionen umschreiben (Pawlik, 1968; 1977).

Als ein nicht unwesentliches Nebenprodukt dieser methodischen Ausrichtung in der P.forschung lassen sich Negativergebnisse formulieren. Es haben sich nämlich verschiedene Eigenschaftshypothesen für spezifische Konstrukte nicht bestätigen lassen. Der faktoriell erfaßbare Dimensionsraum scheint also abgesteckt zu sein. Wenn auch die Beziehungen zwischen externen Kriterien und Faktoren in der erhofften Höhe nicht bestätigt werden konnten, so kennt man heute den Beitrag, den die Faktoren bei der Varianzaufklärung leisten können. Unterschiedliche Dimensionsbenennungen oder divergente Faktorenanzahlen ergeben sich durch den möglichen Interpretationsspielraum, durch die gewählte statistische Methode oder lassen sich durch die Wahl des spezifischen oder allgemeineren Niveaus der Datenerhebungsmethoden erklären. Dieser Sachverhalt ist am Modell der hierarchischen Konzeption, welches der faktoriellen Beschreibung zugrundeliegt, am deutlichsten zu erkennen (siehe Abb. 2).

Versucht man, die Situation auf dem Gebiet einzelner deskriptiver Konstrukte wie z. B. „sensation-seeking“, „Abwehr-Sensibilisierung“, „locus of control of reinforcement“, „Leistungsstreben“ usw. zu analysieren, so kann festgestellt werden, daß die interne und externe Validierung solcher Dimensionen soweit geklärt ist, daß man sie zur Varianzaufklärung heranziehen kann bzw. daß sie als Merkmale von Individuen gelten können, die mit Verhaltensaspekten in definierbarer Beziehung stehen (Herrmann, 1969; London/Exner, 1978).

6 Ausblick

Die empirischen Untersuchungen zur internen und externen Validität der deskriptiven und explikativen Einzelkonstrukte können noch nicht als abgeschlossen gelten. Zum jetzigen Zeitpunkt läßt sich aber bereits feststellen, daß diese Analysen neue Aspekte der Beschreibungsdimensionen eröffnet haben und dazu führen, Datenerhebungstechniken einzubeziehen, die bisher zur Be-

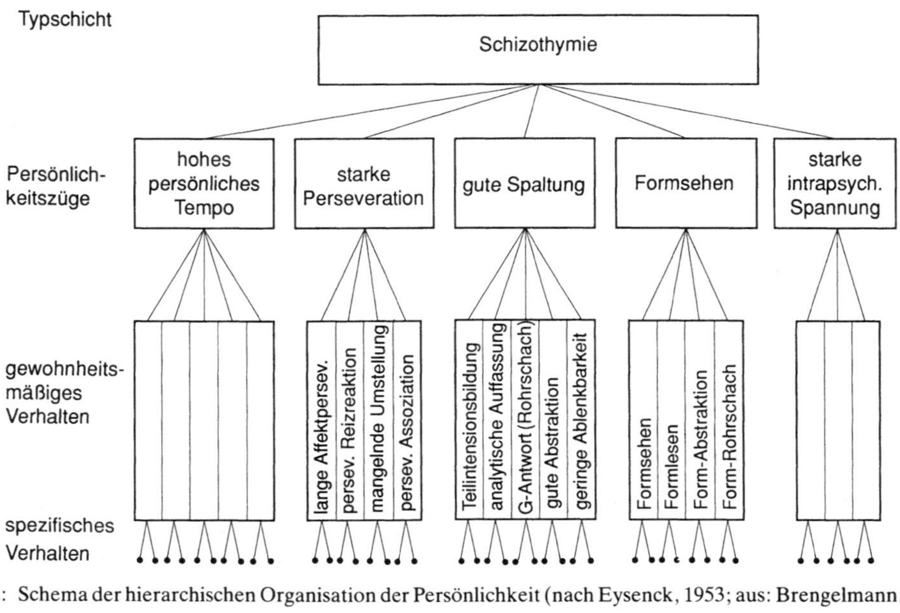

Abb. 2: Schema der hierarchischen Organisation der Persönlichkeit (nach Eysenck, 1953; aus: Brengelmann, 1968).

schreibung von Individuen in zu geringem Maße verwendet wurden. Neue Methoden können nicht nur neue Varianzquellen erschließen, sondern produzieren auch neue Methodenvarianz und Fehlervarianz, die in systematischen Analysen erkundet werden müssen.

Nach einem längeren Zeitraum der empirischen und theoretischen Stagnation im Bereich des hypothetischen Konstruktes der P. zeichnet sich, angeregt durch die Nichterfüllung der unrealistischen Erwartungen, die mit der psychometrisch orientierten Trait-Psychologie verbunden wurden, und beschleunigt durch den nicht neuen aber wieder aufgegriffenen Gedanken der Interaktion von Person und Situation, eine intensivere Diskussion im Bereich der P.psychologie ab. Eine Zunahme an entsprechenden Publikationen ist zu erkennen (Magnusson/Endler, 1977). Die Nachteile „älterer" und vielleicht „einfacher" Modellvorstellungen werden aber nicht dadurch überwunden, daß neue Modelle sie völlig ablösen, sondern daß sie im Bereich ihrer Defizite ergänzt werden. Wenn anspruchsvolle neue Modellbezeichnungen, wie z. B. die kognitiv-soziale P.theorie von Mischel, bisher bestehende Modelle ersetzen sollen, so ist zu fragen, was neu an den dem Modell zugrundliegenden Personenvariablen wie z. B. den Kompetenzen, den Wahrnehmungsstrategien, den Selbstregulationen und Plänen ist. Um für zukünftige Weiterentwicklungen die Feststellung von Bergius (1977), daß an Mischels neuen Personenvariablen nichts Neues bleibt, nicht anwenden zu müssen, sollte für neue Entwicklungen eine Integration der Methoden und der Modelle angestrebt werden.

Literatur

Allport, G. W.: Personality. New York: Holt, 1937.
Allport, G. W.: Persönlichkeit (2. Aufl.). Meisenheim: Hain, 1959.
Bergius, R.: Verhaltenstheoretische Ansätze in der Persönlichkeitsforschung. In: Strube, M. (Hrsg.): Die Psychologie des 20. Jahrhunderts, Band V. Zürich, 1977.
Brengelmann, J. C.: Persönlichkeit. In: Meili, R./Rohracher, H. (Hrsg.): Lehrbuch der Experimentellen Psychologie. Bern, 1968, S. 327-374.
Cattell, R. B.: Personality: A systematic theoretical, and factual study. New York, 1950.
Cattell, R. B.: Die empirische Erforschung der Persönlichkeit. Weinheim, 1978.
Cattell, R. B./Dreger, R. M. (Ed.): Handbook of modern personality theory. New York, 1977.
Eysenck, H. J.: The scientific study of personality. London, 1952.
Eysenck, H. J.: The structure of human personality. London, 1953.
Guilford, J. P.: Persönlichkeit. Weinheim, 1964.
Hall, C. S./Lindzey, G.: Theories of personality. New York, 1957.
Herrmann, Th.: Lehrbuch der empirischen Persönlichkeitsforschung (3. Aufl.). Göttingen, 1976.
Koch, M.: Die Begriffe Person, Persönlichkeit und Charakter. In: Lersch, Ph./Thomae, H. (Hrsg.): Persönlichkeitsforschung und Persönlichkeitstheorie. Hdb. d. Psychologie, Band 4. Göttingen, 1960.
London, H./Exner, J. E. (Ed.): Dimensions of personality. New York, 1978.
Magnusson, D./Endler, N. S. (Ed.): Personality at the crossroad. New York, 1977.
Magnusson, D./Endler, N. S.: Personality and person by situation, interaction. In: Endler/Magnusson (Eds.): Interactional psychology. New York, 1976.
Mischel, W.: Personality and assessment. New York, 1968.
Mischel, W.: Introduction to personality. New York, 1971.
Mittenecker, E.: Die quantitative Analyse der Persönlichkeit. In: Lersch, Ph./Thomae, H. (Hrsg.): Persönlichkeitsforschung und Persönlichkeitstheorie. Hdb. der Psychologie, Band 4. Göttingen, 1960.
Pawlik, K.: Faktorenanalytische Persönlichkeitsforschung. In: Strube, M. (Hrsg.): Die Psychologie des 20. Jahrhunderts, Band V. Zürich, 1977.
Pawlik, K.: Dimensionen des Verhaltens. Bern 1968.
Roth, E.: Persönlichkeitspsychologie. Eine Einführung. Stuttgart, 1969.
Salber, W.: Qualitative Methoden der Persönlichkeitsforschung. In: Thomae, H. (Hrsg.): Persönlichkeitsforschung und Persönlichkeitstheorie. Hdb. der Psychologie, Band 4. Göttingen, 1960.
Schneewind, K. A.: Persönlichkeitstheorien I und II. Darmstadt, 1980.
Stern, W.: Die differentielle Psychologie in ihren methodischen Grundlagen. Leipzig, 1911.
Thomae, H.: Das Individuum und seine Welt. Göttingen, 1968.

Personenzentrierte Psychologie

Jürgen Höder

1 Grundlegende Annahmen

Die p.P., begründet und entwickelt von dem amerikanischen Psychologen Carl R. Rogers (1902-1987), beruht auf folgender Hypothese: Jeder Mensch verfügt über die Neigung und die Fähigkeit, sich persönlich weiterzuentwickeln. Jeder hat die Möglichkeit, sich selbst zu verstehen und zu verändern. Ob es tatsächlich dazu kommt, hängt jedoch entscheidend von den Mitmenschen ab: Wenn bedeutsame Mitmenschen – etwa der Partner oder ein Vorgesetzter – drei genau definierte Bedingungen erfüllen, dann entsteht ein zwischenmenschliches Klima, das die Person reifer werden läßt, so daß sie mit sich selbst und anderen befriedigender leben kann. Fehlen diese Bedingungen, so wird die konstruktive Entwicklung gehemmt, oder es kommt zu psychischen Beeinträchtigungen. – Welche drei Bedingungen sind dies? Es sind bestimmte menschliche Qualitäten. Sie werden als *Echtsein, Akzeptieren-Wertschätzen* und *einfühlendes Verstehen* bezeichnet.

Echtsein: Eine echte Person ist vertraut mit ihren inneren Vorgängen, sie ist sich ihres Fühlens und Denkens klar bewußt, und ihr sichtbares Verhalten steht damit in Einklang. Sie möchte „durchsichtig" für den anderen sein und gibt sich so, wie sie wirklich ist, ohne schöne Fassade oder berufsmäßiges Rollenverhalten.

Akzeptieren-Wertschätzen: Eine Person mit dieser Qualität empfindet für den anderen Respekt und Zuneigung und drückt dies auf vielfältige Weise aus. Sie akzeptiert den anderen so, wie er ist. Sie strahlt eine innere Wärme aus und ist liebevoll auf eine nicht besitzergreifende Weise um das Wohlergehen des anderen besorgt.

Einfühlendes Verstehen: Eine Person ist intensiv bemüht und häufig auch imstande zu verstehen, auf welche Weise ein anderer sich selbst und seine Umwelt wahrnimmt und was die Wahrnehmungen für ihn bedeuten, welche Gefühle sie bei ihm entstehen lassen. Sie möchte die seelische Innenwelt des anderen kennenlernen, die Art, wie er denkt und fühlt. Sie möchte nachfühlen können, wie es wäre, der andere zu sein. – Es handelt sich dagegen nicht um ein Erklären oder Deuten des Verhaltens anderer aufgrund eigener Anschauungen.

Personen mit diesen drei Qualitäten weisen als Folge davon oder in Übereinstimmung damit weitere Charakteristika auf: Sie haben kaum den Wunsch, andere zu bewerten oder Macht über sie auszuüben, und sie sind sehr bemüht, anderen durch eine Vielzahl konkreter Maßnahmen und Aktivitäten das Leben, die Arbeit, das Lernen usw. zu erleichtern und zu bereichern, bei gleichzeitigem Sorgen für sich selbst.

Die drei Qualitäten erleichtern es dem anderen, sich zu öffnen, sich mit sich selbst auseinanderzusetzen und sich selbst mehr anzunehmen. Sein Fühlen, sein Bild von sich selbst und seine gedanklichen Konzepte werden ihm bewußter, und er bewertet sich weniger. Dies sind wesentliche Voraussetzungen für sinnvolles Handeln, befriedigende soziale Kontakte und Persönlichkeitsentwicklung.

2 Anwendungsgebiete

Die Bedeutung der drei genannten Qualitäten wurde von Rogers zunächst in der Psychotherapie erkannt. Dies führte in den 40er und 50er Jahren zur Entwicklung der *klientenzentrierten Gesprächspsychotherapie* (Rogers, 1942/1976; 1951/1978; 1957; 1959). Bald begann Rogers jedoch zu ahnen, „daß die therapeutische Beziehung nur einen Fall zwischenmenschlicher Beziehungen darstellt, und daß die gleiche Gesetzmäßigkeit alle sozialen Beziehungen regelt" (Rogers, 1961/1979, 50). Dies ist ein Kerngedanke in dem bekanntesten Buch von Rogers, „On becoming a person". In der Folgezeit rückten neben der Therapie besonders die Vorgänge in *Unterricht* und *Erziehung* in den Blickpunkt der p.P. (Rogers, 1969/1979; 1982/1984), ferner die Persönlichkeitsförderung von Menschen ohne größere psychische Beeinträchtigungen in kleinen und großen *Begegnungs-* oder *Encountergruppen* (Rogers, 1970/1974; 1980/1981). Zunehmend befaßte sich Rogers dann mit den politischen Dimensionen des p. Ansatzes (Rogers, 1977/1978), bis hin zur Gründung eines „Institute for Personcentered Approaches to Peace" im Jahre 1986.

Die p.P. hat weltweit Beachtung gefunden, hauptsächlich unter Psychotherapeuten. In der Bundesrepublik wird sie an praktisch allen psychologischen Universitätsinstituten gelehrt. Die Vereinigung der p. Therapeuten – die *Gesellschaft für wissenschaftliche Gesprächspsychotherapie* – umfaßt über 7000 Mitglieder. Die starke Verbreitung im deutschen Sprachraum ist entscheidend auf das Hamburger Ehepaar Tausch zurückzuführen, das mit seinen Mitarbeitern in über 130 empirischen Studien Fragestellungen der p.P. wissenschaftlich erforscht hat (Tausch/Tausch, 1979; 1981).

3 Wissenschaftliche Belege

P. Psychologen bestanden von Anfang an auf einer rigorosen empirischen Überprüfung ihrer theoretischen Annahmen. So entstanden mittlerweile mehrere hundert Studien, und die p.Therapie wurde die Therapieform, die weltweit am intensivsten empirisch erforscht wurde. Genannt seien hier nur die auch forschungsmethodisch bahnbrechenden Arbeiten von Rogers und Dymond (1954), Rogers et al. (1967) sowie Truax et al. (s. Tausch/Tausch, 1981), ferner die neueren deutschen Arbeiten von Westermann et al. (1983), C. Tausch et al. (1984) und Pomrehn et al. (1986). Diese Studien ergaben übereinstimmend: Je ausgeprägter Therapeuten die drei Qualitäten lebten, desto mehr verminderten sich die seelischen Schwierigkeiten ihrer Klienten.

Umfangreiche Untersuchungen liegen auch hinsichtlich *Unterricht* und *Erziehung* vor. So zeigten Studien in den USA (Aspy/Roebuck, 1974; 1976; 1977; Aspy et al., 1976) und in der Bundesrepublik (Tausch/Tausch, 1979) an rund 800 Lehrern und Lehrerinnen in etwa 4000 Unterrichtsstunden: Je mehr sie im Unterricht die drei Qualitäten aufwiesen – gemäß Einschätzung ihres Verhaltens durch neutrale unabhängige Beurteiler –, desto wohler fühlten sich ihre Schüler, desto günstigere Selbstkonzepte entwickelten sie und – was vielleicht noch bedeutsamer ist – desto qualifizierter waren ihre Unterrichtsbeiträge und desto stärker war ihr Lerngewinn. Diese Zusammenhänge bestanden unabhängig vom Alter der Schüler, Schulform, Unterrichtsfach und Klassenfrequenz.

Auch für weitere Lebensbereiche liegen Forschungsarbeiten aus p.Blickwinkel vor; z. B. untersuchten Fox und Tausch (1983) und Fox (1987) die Bedeutung der p.Haltungen in der Partnerschaft, v. Stosch (1982; Tausch/Tausch, 1983) in politischen Reden, Kormannshaus (1984) in kirchlichen Predigten, Thiel und Rossmann (1981) in Sportvereinen, Gronau et al. (1978) in der Krankenpflege und Bartels (1985) in der Gestaltung von Sachtexten. Alle wesentlichen Ergebnisse dieser Studien standen in Einklang mit der Annahme C. Rogers': Echtsein, Akzeptieren und einfühlendes Verstehen sind *die* förderlichen Bedingungen in zwischenmenschlichen Beziehungen jeder Art.

Forschungsuntersuchungen erbrachten jedoch auch diesen Befund: Obwohl viele Lehrer, Therapeuten und andere Menschen in sozialen Berufen die drei Qualitäten als wünschenswert ansehen, gelingt es nur wenigen, diese auch tatsächlich in ihrer Arbeit zu leben. In deutschen Schulen sind es etwa 10% der Lehrer, und selbst klientenzentrierte Therapeuten, die sich teilweise jahrelang um die Entwicklung dieser Qualitäten bemühen, kommen in empirischen Überprüfungen durchschnittlich kaum über minimal hilfreiche Ausmaße hinaus (Rudolph et al., 1980; Raskin, 1974). Dies schränkt die praktische Bedeutung der p.P. derzeit stark ein: Sie ist für viele eine Überforderung.

Literatur

Aspy, D. N./Buhler, J. H./Roebuck, F. N.: A comparison of high and low levels of humane teaching learning conditions on the subsequent achievement of students identified as having learning difficulties. Washington D. C.: National institute of mental health, Department of health, education and welfare, 1976.

Aspy, D. N./Roebuck, F. N.: From humane ideas to humane technology and back again many times. Education, 45, 1974, 163-171.

Aspy, D. N./Roebuck, F. N.: A lever long enough. Washington D. C.: National Consortium for humanizing education, 1976.

Aspy, D. N./Roebuck, F. N.: Kids don't learn from people they don't like. Amherst, Mass.: HRD Press, 1977.

Bartels, M.: Verständlichkeit von Informationstexten und ihr Zusammenhang mit personenzentrierten Qualitäten. Hamburg: Dissertation Universität Hamburg, 1985.

Fox, R. M./Tausch, R.: Wesentliche seelische Qualitäten in Partnerbeziehungen – eine empirische Prüfung der Theorie zwischenmenschlicher Beziehungen von Carl Rogers. Zeitschrift für personenzentrierte Psychologie und Psychotherapie, 2, 1983, 499-509.

Fox, R. M.: Personenzentrierte Qualitäten in der Partnerschaft. Bern: Peter Lang, 1987.

Gronau, H./Ostermann, R./Schulz v. Thun, F./Tausch, A.-M.: Mitmenschlicher Umgang von Krankenpflegekräften mit psychiatrischen Patienten. Zeitschrift für Klinische Psychologien, 7, (3), 1978, 155-161.

Kormannshaus, O.: Personenzentrierte Haltungen in kirchlichen Predigten. Zeitschrift für personenzentrierte Psychologie und Psychotherapie, 4, 1984, 475-487.

Pomrehn, G./Tausch, R./Tönnies, S.: Personenzentrierte Gruppenpsychotherapie: Prozesse und Auswirkungen nach 1 Jahr bei 87 Klienten. Zeitschrift für personenzentrierte Psychologie und Psychotherapie, 5, 1986, 19-31.

Raskin, N. J.: Studies of psychotherapeutic orientation: Ideology and practice. Orlando, Fla.: American academy of psychotherapists, 1974.

Rogers, C. R.: Counseling and psychotherapy. Boston: Houghton Mifflin, 1942. (Deutsch: Die nicht-direktive Beratung. München: Kindler, 1976).

Rogers, C. R.: Client-centered therapy. Boston: Houghton Mifflin, 1951. (Deutsch: Die klientenzentrierte Gesprächspsychotherapie. München: Kindler, 1978).

Rogers, C. R.: The necessary and sufficient conditions of therapeutic personality change. Journal of Consulting Psychology, 21 (2), 1957, 95-103.

Rogers, C. R.: A theory of therapy, personality and interpersonal relationships as developed in the client-centered framework. In: Koch, S. (Ed.): Psychology: A study of science. Vol. 3: Formulations of the person and the social context. New York: McGraw-Hill, 1959.

Rogers, C. R.: On becoming a person. Boston: Houghton Mifflin, 1961. (Deutsch: Entwicklung der Persönlichkeit, 3. Aufl. Stuttgart: Klett-Cotta, 1979).

Rogers, C. R.: Freedom to learn. Columbus, Ohio: Charles E. Merrill, 1969. (Deutsch: Lernen in Freiheit. München: Kösel, 1979).
Rogers, C. R.: On encounter groups. New York: Harper & Row, 1970. (Deutsch: Encounter Gruppen. München: Kindler, 1974).
Rogers, C. R.: On personal power – inner strength and its revolutionary impact. New York: Delacorte Press 1977. (Deutsch: Die Kraft des Guten – ein Appell zur Selbstverwirklichung. München: Kindler, 1978).
Rogers, C. R.: A way of being. Boston: Houghton Mifflin, 1980. (Deutsch: Der neue Mensch. Stuttgart: Klett-Cotta, 1981).
Rogers, C. R.: Freedom to learn for the 80's. Columbus, Ohio: Charles E. Merrill, 1982. (Deutsch: Freiheit und Engagement – personenzentriertes Lehren und Lernen. München: Kösel, 1984).
Rogers, C. R./Dymond, R. F. (Eds.): Psychotherapy and personality change. Chicago: University of Chicago Press, 1954.
Rogers, C. R./Gendlin, E. T./Kiesler, D. J./Truax, C. B.: The therapeutic relationship and its impact: A study of psychotherapy with schizophrenics. Madison: University of Wisconsin Press, 1967.
Rudolph, J./Langer, I./Tausch, R.: Prüfung der psychischen Auswirkungen und Bedingungen von personenzentrierter Einzel-Psychotherapie. Zeitschrift für Klinische Psychologie, 9, 1980, 23-33.
Stosch, Th. v.: Personenzentriertes Sprechen in der Politik? Psychologische Untersuchung zu politischen Reden. Zeitschrift für personenzentrierte Psychologie und Psychotherapie, 1, 1982, 111-122.
Tausch, C./Langer, I./Bergeest, H.: Personenzentrierte Gruppengespräche bei Paaren mit Partnerschwierigkeiten. Zeitschrift für personenzentrierte Psychologie und Psychotherapie, 4, 1984, 489-497.
Tausch, R./Tausch, A.-M.: Erziehungspsychologie (8. Aufl.). Göttingen: Hogrefe, 1979.
Tausch, R./Tausch, A.-M.: Gesprächspsychotherapie (9. Aufl.). Göttingen: Hogrefe, 1981.
Tausch, R./Tausch, A.-M.: Wege zu uns. Reinbek: Rowohlt, 1983.
Thiel, G./Rossmann, E. D.: Über die Bedeutung personenzentrierter Haltungen von Übungsleitern in Sportvereinen. Psychologie in Erziehung und Unterricht, 28, 1981, 154-160.
Westermann, B./Schwab, R./Tausch, R.: Auswirkungen und Prozesse personenzentrierter Gruppenpsychotherapie bei 164 Klienten einer psychotherapeutischen Beratungsstelle. Zeitschrift für Klinische Psychologie, 12 (4), 1983, 273-292.

Phänomenologische Psychologie

Carl F. Graumann

1 Begriffsbildung

Historisch gesehen ist phänomenologische Psychologie zuerst Husserls Bezeichnung für eine *apriorische Psychologie*, wobei Apriori das ist, was als wirklich unentbehrliches allgemeines Konstituens psychischer Tätigkeit anzusehen und in der Intuition zugänglich und damit der Deskription verfügbar ist (Husserl, 1962, 40 f.). Die Beziehung dieser apriorischen (oder reinen) zur empirischen Psychologie verstand Husserl (1962, 49 f.) als die eines formalen Rahmens, „innerhalb dessen empirische Tatsächlichkeit sich halten muß,wenn sie überhaupt denkbar, a priori möglich sein soll". Auf dieses philosophische Programm wird im folgenden nicht systematisch eingegangen; einmal, weil es als Fundierung einer empirischen Psychologie (von der Psychologie nicht rezipiertes) Programm geblieben ist (Drüe, 1963; Kockelmans, 1967; Spiegelberg, 1972), zum anderen, weil Einflüsse auf die Psychologie auch von anderen Phänomenologen ausgegangen sind und ausgehen, die, soviel sie auch Husserl letztlich verdanken, doch die Beziehung Phänomenologie-Psychologie in andere Perspektiven rückten (z. B. Sartre, 1962; 1964; Gurwitsch, 1966; 1974; 1977; Merleau-Ponty,1966; 1973; 1976; Waldenfels, 1980). Immerhin läßt sich für eine phänomenologische Orientierung in der Psychologie so viel sagen, daß die sie charakterisierenden Konzepte und Konzeptionen im wesentlichen auf Husserl und Merleau-Ponty zurückgehen oder – korrekter – ihrem Werk entlehnt worden sind.

Zu diesem Prozeß der Entlehnung und seinen Produkten ist ein Wort der Vorsicht geboten. Wissenschaftler haben sich zu allen Zeiten, bewußt oder auch ohne es zu merken und zu wollen, der Philosophie bedient, wie umgekehrt Philosophen sich wissenschaftlicher Erkenntnisse bedienen.

Was bei solchen Aneignungen seine Authentizität bewahrt hat und was modifiziert, wenn nicht geradezu radikal im Sinne der Aneignenden umgedeutet worden ist, mag von begriffsgeschichtlichem und philologischem Interesse sein. Den Aneigner kümmert die von ihm vollzogene Assimilation des Entlehnten an das eigene Interesse weniger als dessen Brauchbarkeit. Diese Assimilationspraxis beruht auf Gegenseitigkeit; so wie Phänomenologen (wie Gurwitsch, Merleau-Ponty) relativ frei und selektiv über Begriffe und Befunde der Psychologie verfügt haben, so vollzieht sich umgekehrt die Rezeption der Phänomenologie durch die Psychologie. Entsprechend sollte innerhalb der Psychologie die Bezeichnung „phänomenologische Psychologie" nicht als Begriff für eine Schule verstanden werden, sondern eher eine *Orientierung* (Graumann/Metraux, 1977) oder *Haltung* (McLeod, 1947) charakterisieren, die ein Forscher für bestimmte Zwecke und in bestimmten Phasen seiner wissenschaftlichen Arbeit einnehmen kann. Im folgenden sei versucht, die phänomenologische Orientierung auf ihre wichtigsten theoretischen Annahmen und methodologischen Implikationen hin zu bestimmen.

2 Kernannahmen phänomenologischer Strukturanalyse

Die Kernannahme phänomenologischer Vorgehensweise ist die der *Intentionalität der Person-Umwelt-Beziehung*. Mit Intentionalität wird in dem auf Husserl zurückgehenden phänomenologischen Sprachgebrauch ein Grundzug menschlichen Bewußtseins wie Handelns bezeichnet, nämlich das Gerichtetsein (oder Bezogensein) auf etwas, das als vom jeweiligen Gerichtetsein unabhängig vermeint (=wahrgenommen) wird. Ob ich bspw. einen Baum sehe, eine Melodie höre, mich eines alten Freundes erinnere oder an die Konsequenzen einer von mir zu fällenden Entscheidung denke, das je Wahrgenommene, Erinnerte oder Bedachte ist das meinem jeweiligen Bewußtseinsakt („Noësis") Sinn gebende Vermeinte als solches („Noëma"), das ich in weiteren Akten als das in seinem Sinn Identische erneut intendieren kann als denselben Baum, dieselbe Melodie usw. Diese Intentionalität konstituiert die Person-Umwelt-Korrelation als eine prinzipiell unauflösliche (zur Begriffsgeschichte vgl. Baumgartner, 1985). Für die intentionale Beschreibung gilt entsprechend, daß Personen (Individuen oder Gruppen) immer auf ihre Umwelten bezogen, daß Umwelten immer (im Wortsinne) um bzw. für Personen oder Gruppen existierend analysiert werden müssen (Graumann, 1985). Der phänomenologische Umweltbegriff ist „intentionale Umwelt" (Taylor, 1964; 1975), d. h. die Welt der Dinge, Personen, Ereignisse, so wie und rein in den Grenzen, in denen sie erfahren werden.

Methodologisch ergibt sich hieraus, daß die analytische Einheit in einer phänomenologisch orientierten Psychologie die intentionale Person-Umwelt-Relation ist, nicht also, wie sonst psychologie-üblich, das Individuum in seinem „Erleben" und „Verhalten". Intentionale Analyse ist letztlich immer *Situationsanalyse*, weil Person = situierte Person ist (Linschoten, 1953), beziehungsweise weil wir in den Worten Ch. Taylors, der in seiner Intentionalanalyse der Phänomenologie nahesteht, die intentionale Situation berücksichtigen müssen, wenn wir Handlungen oder auch Gefühle erklären wollen (Taylor, 1975, 111).

Wenn wir am Verhalten interessiert sind, genügt es also nicht, wie es im behavioristischen Forschungsprogramm versucht wurde, es als unter der Kontrolle von physischen Stimulusdimensionen stehend aufzufassen. „Verhalten ist eine sinnvolle Antwort auf eine Situation, die ihrerseits für das Subjekt Sinn hat. Diese sinnvolle Situation ... ist eine Konstruktion des Subjekts" (Nuttin, 1973, 175 f.), beziehungsweise soziale Konstruktion von mehreren Subjekten, die, in *sozialer Interaktion* stehend, ihre jeweilige Situation „definieren", d. h. deren Sinn „aushandeln" (Berger/Luckmann, 1969; Stebbins, 1985). Daß etwas für jemanden Sinn hat oder bekommt, wird also weder subjektiv aus der (Psyche der) Person noch objektiv aus der Sache erklärt, sondern aus der intentionalen und situierten Person-Umwelt-Interaktion. Die methodologische Konsequenz dieses Ansatzes hat Mischel (1981, 255) klar erkannt: „Wenn die psychologische Charakterisierung des Tuns einer Person ... wesentlich davon abhängt, was sie, bezogen auf eine Situation, der sie eine bestimmte Bedeutung beilegt, zu tun beabsichtigt, dann bezieht die Psychologie Interpretation in einem Maße ein, das für die Naturwissenschaften nicht gilt". Daher rührt die größere Nähe der phänomenologisch orientierten Psychologie zur *Verstehenden Soziologie*. In den Arbeiten von Schütz (1971), Schütz und Luckmann (1979/1984), Cicourel (1973), Goffman (z. B. 1974) und anderen (vgl. Douglas, 1970; Natanson, 1973; Psathas, 1973) findet sich eine Fülle von „interpretativen" Strukturanalysen von Situationen, die sich der Methodik intentionaler Beschreibung zuordnen lassen und damit auch für die Psychologie von größtem Interesse sind.

3 Kategorien der Strukturanalyse

In der Psychologie ist die Strukturanalyse alltäglicher Situationen eher selten. Doch lassen sich aus der bisherigen Untersuchung (z. B. Van den Berg/Linschoten, 1953; Linschoten, 1954; 1955/56; Buytendijk, 1956; Straus, 1956; 1960; 1966; Graumann, 1960; Straus/Griffith, 1967; Giorgi et al. 1971; 1975; 1979; Giorgi, 1985) die wichtigsten strukturanalytischen Kategorien gewinnen, die als erste Linschoten (1953) und Van den Berg (1955) formuliert haben.

Räumlichkeit (Umwelt). – Den Menschen „*da* aufzusuchen, wo er ist und *so*, wie er ist" (Linschoten, 1953, 246), kann als ein erstes Gebot phänomenologisch-psychologischer Beschreibung angesehen werden. Wer jemand ist und wie er ist, erschließt sich aus der konkreten Umwelt, die er bewohnt, mit der er umgeht bzw. sich auseinandersetzt. Da aber diese Welt das Korrelat seines Erlebens oder Verhaltens ist, verlangt deren (intentionale) Beschreibung, daß sie aus der Sicht (Perspektive) der betreffenden Person beschrieben wird, bzw. streng als deren Verhaltenskorrelat, als deren Merk- und Wirkwelt im Sinne von Uexküll (1956), als deren discriminanda, manipulanda und utilitanda im Sinne von Tolman (1932/1967). Je nach der Modalität des intentionalen Verhältnisses der Person zu seiner Welt ist diese als Arbeitswelt, Spielwelt, Wunschwelt, Traumwelt zu beschreiben. Hierhin gehören die von Schütz (Schütz/Luckmann, 1979/84) beschriebenen „mannigfaltigen Wirklichkeiten" oder die in phänomenologischen Einzelanalysen beschriebenen Räume und Raumerfahrungen bspw. des verborgenen Platzes, des Hotelzimmers, des Autofahrens (alle in Van den Berg/Linschoten, 1953), des Betthütens, der Straße (in Van den Berg et al., 1954). Eine systematische Phänomenologie des räumlichen Verhaltens und der räumlichen Umwelt hat L. Kruse (1974) vorgelegt; zur Phänomenologie der Dingwelt vergleiche Graumann (1974).

Leiblichkeit. – Korrelat und jeweiliges Zentrum der räumlichen Umwelt ist das leibliche Subjekt. Nicht nur der andere begegnet einem in seiner Leiblichkeit, in deren Anblick wir sein Psychisches erfassen oder als verborgen verstehen. In seiner eigenen Leiblichkeit „erfährt sich der einzelne als gewandt oder ungeschickt mit den Händen, als krank oder behindert, vor allem aber auch im Spiegel des anderen als attraktiv oder abstoßend, zu dick oder zu alt" (Graumann/Metraux, 1977, 45). Der Greifbarkeit, Riechbarkeit, Sicht- und Hörbarkeit des gelebten Raumes und der Dinge entsprechen die „Vermögen" des Leibsubjekts zu greifen, riechen, sehen und hören. Zur Phänomenologie des Leiberlebens bei Krankheit vergleiche Plügge (1967), zur Geschlechtlichkeit Merleau-Ponty (1966, 185-204).

Sozialität. – Wir sind hineingeboren in eine Welt von Menschen und von Dingen, die zu benennen und mit ihnen umzugehen wir von anderen gelernt haben. Vieles von dem, was wir uns aneignen in Arbeit, Sprache, Spiel und Kunst, lernen wir mit, von und an anderen. Wer wir sind, als was wir gelten, bestätigen uns die anderen. Daß Subjektivität wesentlich aus der Intersubjektivität verstanden werden muß, ist ein Postulat der phänomenologischen Psychologie wie Soziologie geworden. Was wir unsere Erfahrung nennen, stammt zumeist aus der Erfahrung der Mitmenschen. Daß jeder Mensch von Anfang an Mitmensch ist, wird ihm nicht zuletzt durch die Sprachgemeinschaft vermittelt, der er angehört – meist ohne Wahl. Die Sozialität des Menschseins wird in der sprachlichen Kommunikation ausgelegt, also bestätigt, in Frage gestellt, verdeckt und immer wieder neu entdeckt. Zur Phänomenologie der Intersubjektivität vergleiche Schütz (1971) und Kisker (1969).

Historizität. – Selbst die kürzeste Charakterisierung der Sozialität menschlicher Existenz (deren phylogenetische Verwurzelung hier undiskutiert bleibe) verweist unweigerlich auf deren Geschichtlichkeit. Damit ist nicht nur die biographische Einmaligkeit des einzelnen gemeint, sondern – in Wechselwirkung mit ihr – die Historizität der Gruppe oder sozialen Kategorie, der er angehört bzw. mit der er in Kommunikation steht und sich identifiziert. „Die Vergemeinschaftung des Menschen bedeutet immer schon seine Vergeschichtlichung"; beide sind „Grundmomente der menschlichen Existenz" formuliert Gurwitsch (1977, 183). Noch expliziter bettet Schütz (1960) den situierten Menschen in Umwelt, Mitwelt und Vorwelt ein, deren „Bezugspersonen" die „Zeitgenossen" oder „Mitmenschen" und die „Vorgänger", aber auch die „Nachfolger" sind, sofern – wie etwa in der gegenwärtigen Diskussion um den ökologischen Raubbau – die Sorge um die Erde unserer Kinder und Enkel thematisiert wird. Aber auch im Detail gilt für die individuelle Einstellung das spezifische Vorurteil und Stereotyp, daß sie u. U. aus einer Zeit überliefert worden sind, in die kaum das kollektive, geschweige das individuelle Gedächtnis zurückreicht. Auch für die Umwelt, mit der wir in intentionaler Beziehung stehen, gilt der über das momentane Erleben hinausreichende Zeitbezug, sowohl als Kultur (z. B. Bauten) wie auch als von Menschen angeeignete Natur.

Phänomenologische Strukturanalyse ist insofern immer wieder Situationsanalyse, als die Situation die jeweils zu konkretisierende raum-zeitliche und soziale Umwelt ist, mit der das in seiner Leiblichkeit verstandene Subjekt in Kommunikation tritt.

Perspektivität und Horizontstruktur. – Die Welt jeweils so darzustellen, wie sie von einer bestimmten Person (oder Gruppe) erfahren wird, rein in den Grenzen dieser Erfahrung, mündet in eine Strukturanalyse, in der sich Erfahrung in ihrer *Perspektivität* bzw. die erfahrene Umwelt in ihrer

Horizontstruktur zeigt. Der Blick- und Standpunktbezogenheit jeder Erfahrung entspricht beim intentionalen Korrelat die Aspekthaftigkeit, in der sich jedes Ding und jeder Sachverhalt darstellt (Graumann, 1960; 1985). Husserl hat diese Aspektivität nach innerem und äußerem Horizont differenziert (Husserl, 1948). Jede Erfahrung steht in einem Horizont typischer Vorbekanntheit des Erfahrenen; zugleich verweist sie an diesem *Erfahrungshorizont* über den jeweiligen Kern unmittelbarer Bestimmtheit hinaus auf weitere Explizierbarkeit derselben und damit auf weitere Erfahrungsmöglichkeiten von und an demselben, gleich ob es sich um ein Sehding handelt oder um ein Problem. Jedes Objekt, das mir zur unmittelbaren Kenntnis kommt, steht außerdem in einem offenen „Außenhorizont" von Mitobjekten, auf die das Erfahrungssubjekt verwiesen wird, und von denen her das unmittelbar Erfaßte „kontextuell" seine Bestimmtheit empfängt. Damit ergibt sich für jede Intentionsanalytik, daß die Bewußtseins- oder Verhaltens*möglichkeit* der jeweilig aktuellen Erfahrung als wesentlich zuzuordnen ist. Zu jeder Bewußtseinsgegebenheit (datum) gehört entscheidend, was das jeweilige Subjekt damit tun oder machen kann (agendum) (Graumann, 1960); der Horizont der Erfahrung ist wesentlich der „Spielraum von Möglichkeiten" (Husserl, 1948, 27) bzw. der „Spielraum des Verhaltens" (Waldenfels, 1980). Zur Anwendung dieser („retentional" wie „protentional") Vergangenheit und Zukunft in die aktuelle Gegenwart einbindenden offenen Horizontstrukturen auf die Produktion und das Verstehen von Sprache: Merleau-Ponty, 1966; Schütz, 1971; Waldenfels, 1980; Graumann/Wintermantel, 1984 (vgl. hierzu auch Hörmann, 1978, 197).

3 Methodologische Implikationen für die Psychologie

Aus dem Bisherigen sind schon einige Folgerungen erkennbar geworden für das, was wir die phänomenologische Orientierung in der Psychologie genannt haben. Zwei Mißverständnisse, die unter Psychologen weit verbreitet sind, müßten zuerst ausgeschlossen werden. Phänomenologisch kann in der Psychologie weder die einfache Deskription noch gar die „Introspektion" genannt werden. „Phänomenologie" ist weder im ganzen noch auch nur in wesentlichen Teilen Beschreibung irgendeines Erlebens oder Verhaltens als solchem, noch gestattet sie die binnenseelische „Introversion", die man Selbstbeobachtung nannte und „self-report" nennt. Nicht daß Intentionalität sich nicht auf die eigene Person richten könnte, doch zuerst und zumeist ist sie sinnhaft auf die jeweilige Welt des Subjekts bezogen, auf Personen, Dinge und Ereignisse, so, wie sie die betreffende Person erlebt, nicht aber auf Vorstellungen, Gefühle, Kognitionen, Motive oder was auch immer bestimmte Theorien als analytische Einheiten vorgeben mögen.

Die am phänomenologischen Ansatz interessierten Psychologen stimmen denn im wesentlichen in den Funktionen überein, die sie der phänomenologischen Methodik zuweisen (McLeod, 1947; Graumann/Metraux, 1977; Giorgi, 1983; Graumann, 1985). Als die wichtigste wird die *kritische Funktion* angesehen; denn das von Husserl entlehnte Postulat „zu den Sachen selbst" verlangt die kritische Prüfung aller die Sache betreffenden Vorannahmen und Selbstverständlichkeiten, die den unmittelbaren und „frischen" Blick auf den jeweiligen Sachverhalt verdecken oder verstellen können. Damit wird für den phänomenologischen Ansatz nicht Voraussetzungslosigkeit, wohl aber – was schwer genug ist – *Voraussetzungsbewußtheit* gefordert. Robert McLeod (1947) hat diese Haltung einmal als die einer „disziplinierten Naivität" gekennzeichnet und aus ihr heraus allein für die Sozialpsychologie sechs „biases", d. h. implizite Vorannahmen identifiziert, von denen auch für die heutige Sozialpsychologie immer noch gelten: die des (nicht nur methodologischen) Individualismus, des Genetizismus, Logizismus und des Relativismus. Hinzugekommen ist die Spielart des Kognitivismus, die es nahelegt (und prämiert), alle möglichen psychischen (mentalen) Prozesse als solche der Informationsverarbeitung aufzufassen und zu behandeln.

Mit Sicherheit gehört es zum kritischen Geschäft des phänomenologischen Ansatzes, die in (sozial-)psychologischen Theorien impliziten Ideologien und Weltanschauungen (etwa des Hedonismus, Utilitarismus, Sozialdarwinismus) zu identifizieren (hierzu Billig, 1982). Es versteht sich von selbst, daß die oben für jede psychologische Untersuchung geforderte Berücksichtigung der Historizität und Sozialität des in Frage stehenden Phänomens – im Sinne einer Selbstanwendung (Groeben, 1986) – auch für die Theoriekonstruktion selbst gilt. Oft läßt sich nur durch eine kritische Begriffs- und Problemgeschichte klären, warum wir so denken, wie wir denken. Im übrigen haben wir gelernt, daß der eigene Ansatz konstitutiv für die Fragestellung ist, womit der Forscher – und seine Position – Teil des Problems wird, was sich in den wenigsten gängigen Modellen und Theorien widerspiegelt (vgl. aber Giorgi, 1970).

Als mit der kritischen gleich wichtig wird die

deskriptive Funktion bezeichnet. Da aus dem Bisherigen klar geworden sein sollte, daß hier nur die intentionale Deskription gemeint sein kann, genügt es, noch einmal zu betonen, daß, wenn uns Verhalten interessiert, dies intentionalanalytisch nur heißen kann, daß jemand sich zu etwas in einem bestimmten Sinne (in einer bestimmten Hinsicht) verhält. Deshalb gehört der Verhaltens- oder Handlungs*sinn* zur deskriptiven Aufgabe. Damit ist der Schritt weg von einem reinen Observationismus (wie im Kontext behavioristischer Psychologie) zur *Hermeneutik* bzw. allgemein zu einer *interpretativen Methodologie* nahegelegt. (Zur Vereinbarkeit dieser Methodik mit der experimentellen: Graumann, 1985; Groeben, 1986). Da unter Hermeneutik alle möglichen Interpretationsverfahren gefaßt werden, sei für die phänomenologische Deskription daran erinnert, daß es ihr um die Sache geht, so wie sie erscheint und rein in den Grenzen, in denen sie erscheint, was der Deutungsbereitschaft enge Grenzen zieht.

Im Umkreis der streckenweise phänomenologisch-deskriptiv arbeitenden *Gestaltpsychologie* hat als letzter W. Metzger das kritisch-deskriptive Postulat formuliert; er fordert:

„Das Vorgefundene zunächst einfach hinzunehmen, wie es ist; auch wenn es ungewohnt, unerwartet, unlogisch, widersinnig erscheint und unbezweifelten Annahmen oder vertrauten Gedankengängen widerspricht. Die Dinge selbst sprechen zu lassen, ohne Seitenblicke auf Bekanntes, früher Gelerntes, ‚Selbstverständliches', auf inhaltliches Wissen, Forderungen der Logik, Voreingenommenheiten des Sprachgebrauches und Lücken des Wortschatzes. Der Sache mit Ehrfurcht und Liebe gegenüberzutreten, Zweifel und Mißtrauen aber gegebenenfalls zunächst vor allem gegen die Voraussetzungen und Begriffe zu richten, mit denen man das Gegebene bis dahin zu fassen suchte." (Metzger, 1963, 12).

Viele Psychologen mögen diesem an Goethe und Husserl orientierten Postulat als einem Ideal auch heute noch zustimmen. Doch nur wenige haben die Mühe der phänomenologischen Deskription und die selbstkritische „Anstrengung des Begriffs" auf sich genommen. Innerhalb dessen, was man den „mainstream" der Psychologie nennt, bedient sich nur eine Minderheit der Möglichkeiten, die ein phänomenologischer Ansatz bietet.

Literatur

Baumgartner, E.: Intentionalität. Begriffsgeschichte und Begriffsanwendung in der Psychologie. Würzburg: Königshausen & Neumann, 1985.

Berger, P. L./Luckmann, Th.: Die gesellschaftliche Konstruktion der Wirklichkeit. Frankfurt: Fischer, 1969.

Billig, M.: Ideology and social psychology. Oxford: Blackwell, 1982.

Buytendijk, F. J. J.: Allgemeine Theorie der menschlichen Haltung und Bewegung. Berlin: Springer, 1956.

Cicourel, A. V.: Cognitive sociology. Language and meaning in social interaction. Harmondsworth: Penguin, 1973.

Douglas, J. D. (Ed.): Understanding everyday life. Chicago: Aldine, 1970.

Drüe, H.: Edmund Husserls System der phänomenologischen Psychologie. Berlin: de Gruyter, 1963.

Giorgi, A.: Psychology as a human science. New York: Harper & Row, 1970.

Giorgi, A.: Concerning the possibility of phenomenological psychological research. Journal of Phenomenological Psychology, 14, 1983, 129-169.

Giorgi, A. (Ed.): Phenomenology and psychological research. Pittsburgh: Duquesne University Press, 1985.

Giorgi, A./Fischer, W. F./Von Eckartsberg, R. (Eds.): Duquesne studies in phenomenological psychology, Vol. I. Pittsburgh: Duquesne University Press, 1971.

Giorgi, A./Fischer, C. T./Murray, E. (Eds.): Duquesne studies in phenomenological psychology, Vol. II. Pittsburgh: Duquesne University Press, 1975.

Giorgi, A./Knowles, R./Smith, D. (Eds.): Duquesne studies in phenomenological psychology, Vol. III. Pittsburgh: Duquesne University Press, 1979.

Goffman, E.: Das Individuum im öffentlichen Austausch. Frankfurt: Suhrkamp, 1974.

Graumann, C. F.: Grundlagen einer Phänomenologie und Psychologie der Perspektivität. Berlin: de Gruyter, 1960.

Graumann, C. F.: Psychology and the world of things. Journal of Phenomenological Psychology, 4, 1974, 389-404.

Graumann, C. F.: Phänomenologische Analytik und experimentelle Methodik in der Psychologie. In: Braun, K. H./ Holzkamp, K. (Hrsg.): Subjektivität als Problem psychologischer Methodik. Frankfurt: Campus, 1985, 38-59.

Graumann, C. F./Metraux, A.: Die phänomenologische Orientierung in der Psychologie. In: Schneewind, K. A. (Hrsg.): Wissenschaftstheoretische Grundlagen der Psychologie. München: Reinhardt, 1977, 27-53.

Graumann, C. F./Wintermantel, M.: Sprachverstehen als Situationsverstehen. In: Engelkamp, J. (Hrsg.): Psychologische Aspekte des Verstehens. Berlin: Springer, 1984, 205-229.

Groeben, N.: Handeln, Tun, Verhalten als Einheiten einer verstehend-erklärenden Psychologie. Tübingen: Francke, 1986.

Gurwitsch, A.: Studies in phenomenology and psychology. Evanston, Ill.: Northwestern University Press, 1966.

Gurwitsch, A.: Das Bewußtseinsfeld (übers. v. W. D. Fröhlich). Berlin: de Gruyter, 1974.

Gurwitsch, A.: Die mitmenschlichen Begegnungen in der Milieuwelt (Hrsg. v. A. Metraux). Berlin: de Gruyter, 1977.

Hörmann, H.: Meinen und Verstehen. Grundzüge einer psychologischen Semantik. Frankfurt: Suhrkamp, 1978.

Husserl, E.: Erfahrung und Urteil. Hamburg: Claasen & Goverts, 1948.

Husserl, E.: Phänomenologische Psychologie. Den Haag: Nijhoff, 1962.

Kisker, K. P.: Phänomenologie der Intersubjektivität. In: Graumann, C. F. (Hrsg.): Sozialpsychologie (Handbuch der Psychologie, Bd. 7/1). Göttingen: Hogrefe, 1969, 81-107.

Kockelmans, J. J.: Edmund Husserl's phenomenological psychology. Pittsburgh: Duquesne University Press, 1967.

Kruse, L.: Räumliche Umwelt. Die Phänomenologie des räumlichen Verhaltens als Beitrag zu einer psychologischen Umwelttheorie. Berlin: de Gruyter, 1974.

Linschoten, J.: Nawoord. In: Van den Berg, J. H./Linschoten, J. (Hrsg.): Persoon en wereld. Bijdragen tot de phaenomenologische Psychologie, 1953.

Linschoten, J.: Die Straße und die unendliche Ferne. Situation, 1, 1954, 235-260.

Linschoten, J.: Über das Einschlafen. Psychologische Beiträge, 2, 1955/56, 70-97; 266-298.

McLeod, R. B.: The phenomenological approach to social psychology. Psychological Review, 54, 1947, 191-210.
Merleau-Ponty, M.: Phänomenologie der Wahrnehmung (übers. v. R. Boehm). Berlin: de Gruyter, 1966.
Merleau-Ponty, M.: Die Humanwissenschaften und die Phänomenologie. In: Vorlesungen I (übers. v. A. Metraux). Berlin: de Gruyter, 1973, 129-226.
Merleau-Ponty, M.: Die Struktur des Verhaltens (übers. v. B. Waldenfels). Berlin: de Gruyter, 1976.
Metzger, W.: Psychologie. Darmstadt: Steinkopf, 1963.
Mischel, Th.: Psychologische Erklärungen. Gesammelte Aufsätze. Frankfurt: Suhrkamp, 1981.
Natanson, M. (Ed.): Phenomenology and the social sciences. 2 vols. Evanston, Ill.: Northwestern University Press, 1973.
Nuttin, J.: Das Verhalten des Menschen: Der Mensch in seiner Erscheinungswelt. In: Gadamer, H. G./Vogler, P. (Hrsg.): Psychologische Anthropologie (Neue Anthropologie Bd. 5). Stuttgart: Thieme, 1973, 163-199.
Psathas, G.: Phenomenological Sociology. New York: Wiley, 1973.
Plügge, H.: Der Mensch und sein Leib. München: Niemeyer, 1967.
Sartre, J.-P.: Das Sein und das Nichts. Hamburg: Rowohlt, 1962.
Sartre, J.-P.: Die Transzendenz des Ego. Drei Essays. Hamburg: Rowohlt, 1964.
Schütz, A.: Der sinnhafte Aufbau der sozialen Welt. Wien: Springer, 1960, (1. Aufl. 1932).
Schütz, A.: Gesammelte Aufsätze. 3 Bde. Den Haag: Nijhoff, 1971.
Schütz, A./Luckmann, Th.: Strukturen der Lebenswelt. 2 Bde. Frankfurt: Suhrkamp, 1979/1984.
Spiegelberg, H.: Phenomenology in psychology and psychiatry. Evanston: Northwestern University Press, 1972.
Stebbins, R. A.: The definition of the situation. In: Furnham, A. (Ed.): Social behavior in context. Boston: Allyn & Bacon, 1985, 134-154.
Straus, E.: Vom Sinn der Sinne (2. Aufl.) Berlin: Springer, 1956.
Straus, E.: Psychologie der menschlichen Welt. Berlin: Springer, 1960.
Straus, E.: Phenomenological psychology. New York: Basic Books, 1966.
Straus, E./Griffith, R. M. (Eds.): Phenomenology of will and action. Pittsburgh: Duquesne, 1967.
Tolman, E. C.: Purposive behavior in animals and men. New York: Appleton-Century-Crofts, 1932/1967.
Taylor, Ch.: The explanation of behaviour. London: Routledge & Kegan Paul, 1964.
Taylor, Ch.: Erklärung und Interpretation in den Wissenschaften vom Menschen. Frankfurt: Suhrkamp, 1975.
Uexküll, J. v.: Streifzüge durch die Umwelten von Tieren und Menschen. Hamburg: Rowohlt, 1956.
Van den Berg, J. H.: The phenomenological approach to psychiatry. Springfield, Ill.: Thomas, 1955.
Van den Berg, J. H./Buytendijk, F. J. J./Langeveld, J./Linschoten, J. (Eds.): Situation. Beiträge zur phänomenologischen Psychologie. Bd. 1. Utrecht: Spectrum, 1954.
Van den Berg, J. H./Linschoten, J. (Hrsg.): Persoon en wereld. Bijdragen tot de phaenomenologische Psychologie. Utrecht: Bijleveld, 1953.
Waldenfels, B.: Der Spielraum des Verhaltens. Frankfurt: Suhrkamp, 1980.

Pharmakopsychologie

Gisela Erdmann und Wilhelm Janke

1 Kennzeichnung, Einordnung und Aufgabenbereiche

Die P. ist ein Teilgebiet der Psychologie, das die psychischen Wirkungen chemischer Substanzen bei „gesunden" Probanden und Tieren untersucht. Eine Einordnung der P. in den üblichen Fächerkanon der Psychologie ist nicht möglich. Vielmehr wird pharmakopsychologische Forschung innerhalb verschiedener psychologischer Teildisziplinen betrieben, und zwar einerseits unter grundlagentheoretischen, andererseits im Hinblick auf anwendungsbezogene Problemstellungen. Die P. bildet zugleich eine Subdisziplin eines interdisziplinären Forschungsgebiets, das als „Psychopharmakologie" oder auch „Neuropsychopharmakologie" bezeichnet wird. Gegenstand dieses Bereichs, an dem Pharmakologen, Biochemiker, Biologen, Neurophysiologen, Psychiater und Psychologen mitwirken, ist die Erforschung und Weiterentwicklung von Pharmaka, die die Aktivität des Nervensystems beeinflussen (zur Definition vgl. auch Janke, 1981; Spiegel/Aebi, 1981).

1.1 Pharmakopsychologie im Rahmen der psychologischen Grundlagenforschung

In der psychologischen Grundlagenforschung werden Untersuchungen mit Pharmakonverabreichung zur Aufklärung psychischer Phänomene durchgeführt. Dieses Vorgehen, das häufiger als kennzeichnend für die P. im engeren Sinn betrachtet wird, ist prinzipiell in den verschiedensten Forschungsbereichen der Psychologie möglich. In der Tat beziehen sowohl die klassischen Grundlagenfächer der Psychologie – Allgemeine Psychologie, Differentielle Psychologie und Persönlichkeitsforschung, Entwicklungs- und Sozialpsychologie – als auch angewandte Disziplinen wie z. B. Diagnostik, Klinische Psychologie (z. B. Janke, 1961/62) in ihre Theorienbildung vielfach die Ergebnisse pharmakopsychologischer Untersuchungen mit ein. Da Pharmaka ihre psychischen Wirkungen über Veränderungen neurophysiologischer und neurochemischer Vorgänge im Organismus entfalten, kommt der P. besondere Bedeutung als Teildisziplin der Physiologischen Psychologie zu, d. h. bei der Erforschung somato-psychischer Beziehungen.

1.2 Pharmakopsychologie im Rahmen anwendungsbezogener Teildisziplinen der Psychologie

Anwendungsbezogen wird pharmakopsychologische Forschung vor allem in der Klinischen Psychologie, der Verkehrs- und der Arbeitspsychologie betrieben.

Pharmakopsychologische Forschung innerhalb der *Klinischen Psychologie* ist eng bezogen auf die psychiatrische Pharmakotherapie, dem Hauptanwendungsgebiet psychisch wirksamer Arzneimittel. Wichtige Aufgaben betreffen:

1. die Vorhersage der therapeutischen Effizienz von Psychopharmaka aufgrund von Untersuchungen mit gesunden Probanden (Janke/Debus, 1975; Janke, 1986) oder Tieren (z. B. File, 1986);
2. die genaue Erfassung der psychischen Wirkungen von Pharmakotherapeutika im Hinblick auf mögliche Beeinträchtigungen des Verhaltens im Arbeits-, Sozial- oder Privatbereich;
3. die Verlaufs- und Effektivitätskontrolle der psychiatrischen Pharmakotherapie anhand psychologischer Methoden;
4. den Vergleich der Effizienz von Pharmako- und Psychotherapien sowie deren gegenseitige Beeinflussung. (Überblick über Problembereiche der Klinischen P. bei Dittrich, 1974; Debus/Janke, 1978).

In der *Verkehrspsychologie* liegt das Schwergewicht auf möglichen Beeinträchtigungen der Verkehrstüchtigkeit, in der *Arbeitspsychologie* auf Beeinträchtigungen des Verhaltens am Arbeitsplatz nach Pharmakaeinnahme. In diesem Zusammenhang interessieren neben den sog. Psychopharmaka zahlreiche weitere Stoffe mit erwiesenen oder potentiellen psychischen Wirkungen.

Das bei weitem bedeutsamste Anwendungsproblem betrifft fraglos die *Abhängigkeit (Sucht)*. Dieses reicht, außer in die genannten, in weitere psychologische Anwendungsfelder hinein, so in die *Forensische Psychologie* (aufgrund der Häufung straffälligen Verhaltens im Zusammenhang mit Abhängigkeitsproblemen) und in die *Pädagogische Psychologie* (aufgrund des zunehmenden Alkohol- und Drogenmißbrauchs bereits im Jugendalter).

Ein weiteres Anwendungsfeld ergibt sich aus der Belastung der Umwelt mit chemischen Stoffen (Schwermetalle wie Blei und Cadmium u. a.), deren mögliche psychische Auswirkungen bislang erst in Ansätzen erforscht sind. Eine verstärkte Beachtung ist aufgrund des zunehmenden Interesses an der *Umweltpsychologie* zu erwarten. Im angloamerikanischen Bereich ist hier bereits eine wichtige Teildisziplin unter der Bezeichnung „Umweltverhaltenstoxikologie“ entstanden.

1.3 Pharmakopsychologie als Teildisziplin der Psychopharmakologie

Eine scharfe Abgrenzung der P. von anderen an der Erforschung psychisch wirksamer Stoffe beteiligten Disziplinen ist nicht möglich. Überschneidungen bestehen insbesondere zwischen der animalen P. und der sog. Verhaltenspharmakologie einerseits und zwischen der klinisch orientierten Humanpharmakopsychologie und der Pharmakopsychiatrie andererseits. Gewisse Differenzierungen sind jedoch aufgrund der die Perspektive des jeweiligen Faches kennzeichnenden spezifischen Untersuchungs- und Erklärungsansätze möglich.

Die Beiträge der P. zu diesem Bereich beziehen sich vor allem auf:

1. die genaue Beschreibung der psychischen Wirkungen bestimmter Stoffe bzw. Stoffgruppen;
2. die Klassifikation neu entwickelter Substanzen aufgrund ihrer Wirkungen auf das Verhalten und Erleben;
3. die Erklärung psychischer Wirkungen von Pharmaka im Rahmen psychologischer Modelle und Theorien (vgl. auch Debus, 1977).

Von den Beiträgen der P. profitieren unter anderem die Pharmakologie, die Biologie und die Pharmakopsychiatrie. Letztere ist für das bessere Verständnis therapeutischer Substanzeffekte in besonderem Maße auf Beiträge der P. angewiesen. Dies ergibt sich aus den weitaus besseren Möglichkeiten der Standardisierung, Kontrolle und der gezielten Bedingungsvariation im Hinblick auf die Aufklärung der psychischen Wirkungsmechanismen von Psychopharmaka in pharmakopsychologischen im Vergleich zu Patientenuntersuchungen.

2 Psychisch wirksame Substanzen: Einteilung und Überblick

Die wichtigste Gruppe psychisch wirksamer (psychotroper) Stoffe bilden die sog. Psychopharmaka. Diese sind definiert als Substanzen, die über einen unmittelbaren Einfluß auf das zentrale Nervensystem als Hauptwirkungen psychische Veränderungen hervorrufen. Dabei ist mit „Hauptwirkung“ gemeint, daß deren psychische Effekte im Vergleich zu den somatischen besonders deutlich sind. Tabelle 1 (in Anlehnung an Janke, 1981) gibt einen Überblick über Psychopharmaka, ihre wichtigsten Merkmale und – gegebenenfalls – therapeutische Anwendungen.

Tabelle 1: Überblick über Psychopharmaka, Haupt- und Untergruppen, globale Wirkungen auf das Verhalten und therapeutische Verwendung

		Psychoanaleptika		Psycholeptika								Psychodysleptika	
	Nootropika	Stimulantien		Antidepressiva	Neuroleptika	Tranquillantien	Alkohol	Sedativa u. Hypnotika	Narkotika	Zentrale Analgetika	Anästhetika	Psychotomimetika	Rauschmittel
		Zentrale Analeptika	Psychotonika										
Untergruppen und Präparatbeispiele	Piracetam (Normobrain®) Pyritinol (Encephabol®)	Pentetrazol (Metrazol®)	**Amphetamine** Methamphetamin (Pervitin®) **Nicht-Amphetamine** Fenetyllin (Captagon®) Methylphenidat (Ritatin®) Coffein	**Trizyklische A.** Amitryptilin (Laroxyl®) Imipramin (Tofranil®) Desimipramin (Pertofran®) **Tetrazyklische A.** Mianserin (Tolvin®) **Nicht-klassifizierte A.** Maprotilin (Ludianil®) **MAO-Hemmer** Iproniazid (Marsilid®)	**Phenothiazine** Chlorpromazin (Megaphen®) **Butyrophenone** Haloperidol (Haldol®) **Nicht-klassifizierte N.** Clozapin (Leponex®) **Rauwolfia-Alkaloide** Reserpin (Sedaraupin®)	**Benzodiazepine** Diazepam (Valium®) Oxazepam (Adumbran®) Alprazolam (Tafil®) **Carbaminsäurederivate** Meprobamat (Miltaun®)	Alkohol	**Barbiturate** Phenobarbital (Luminal®) **Nicht-Barbiturate** Gluthetimid (Doriden®) **Benzodiazepine** Lormetazegam (Noctamid®) Triazolam (Halcion®)	**Inhalations-N.** Stickoxydul (Lachgas) **Injektions-N.** Hexobarbital (Evipan®)	Morphin	Sickoxydul (Lachgas) Äther Chloroform	LSD Meskalin	Kokain **Cannabinole** Haschisch
Globales Wirkungsmerkmal	Normalisierung gestörter kognitiver Funktionen	Erregung des ZNS, Krämpfe in hohen Dosen	Subjektive und objektive Aktivierung, Beseitigung von Müdigkeit	Aufhellung der Stimmung, Antriebssteigerung (bei Depression)	Reduktion von Erregung und Symptomen psychotischer Erlebnisproduktion	Reduktion von Erregung, Spannung u. Angst, Stimmungsverbesserung	Reduktion von Erregung, Enthemmung, allg. Desaktivierung in höheren Dosen	Desaktivierung, Schlafinduktion	Narkoseauslösung	Schmerzhemmung	Blockierung sensorischer Empfindungen	Wahrnehmungs- und Denkstörungen, Ich-Störung	Bewußtseinserweiterung
Therapeutische Anwendung	cerebrale Insuffizienz	Heilkrämpfe b. therapieresist. Depression u. Schizophrenie.	Erschöpfungszustände	Depression	Schizophrenie	Angst, Spannung vegetative Dystonie		Schlafstörung, Erregung	Narkose	Schmerz	Operationen		

Die Tabelle geht in der Grobeinteilung von einer globalen Kennzeichnung der psychischen Wirkungen in *Psychoanaleptika*, d. h. Stoffe mit psychisch anregenden, *Psycholeptika*, d. h. Stoffe mit psychisch hemmenden und *Psychodysleptika*, d. h. Stoffe mit dysregulierenden Wirkungen auf psychische Prozesse aus (Einteilung nach Deley/Deniker, 1952). Diesen Klassen lassen sich die meisten gebräuchlichen Substanzgruppen zweifelsfrei zuordnen. Schwierigkeiten gibt es bei einzelnen Substanzgruppen, so den Antidepressiva, die teils leptisch (z. B. angsthemmend), teils analeptisch (z. B. antriebssteigernd) wirken können. Einige Stoffe wie etwa Lithium lassen sich nur schwer einordnen.

Versuche, Psychopharmaka aufgrund der hauptsächlich betroffenen psychischen Funktionen bzw. ihres Wirkungsprofils über verschiedene Funktionen genauer zu klassifizieren, sind bislang nicht sehr erfolgreich gewesen. Der erste Ansatz scheitert daran, daß die meisten verfügbaren Psychopharmaka Breitbandwirkungen haben, d. h. in mehrere Funktionsbereiche eingreifen. Aufgrund multivariater Analysen von Wirkungsprofilen vorgenommene Klassifikationen sind wegen der erheblichen inter- und intraindividuellen Variabilität der psychischen Reaktionen auf Psychopharmaka gemeinhin sehr schwer replizierbar. Zur Beschreibung, Erklärung und Vorhersage solcher Wirkungsdifferenzen hat sich als spezielle Subdisziplin der P. die *Differentielle P.* herausgebildet (neuerer Überblick bei Janke, 1983 a).

Wirkungsbezogene Klassifikationen sind außer auf der Basis von Verhaltensänderungen auch auf der Grundlage neurophysiologischer oder neurochemischer Veränderungen möglich. Dem ersten Aspekt entspricht z. B. eine Einteilung in ZNS-erregende oder -hemmende Stoffe. Neurochemische Wirkungsaspekte sind insofern von besonderer Bedeutung, als die primären Angriffspunkte von Psychopharmaka in Veränderungen biochemischer Vorgänge im Nervensystem zu suchen sind. Dies sind insbesondere chemische Prozesse an den Synapsen, d. h. den Verbindungsstellen zwischen Nervenzellen. Über verschiedene Wirkungsprinzipien können diese Stoffe die Aktivität von synaptischen Überträgerstoffen (Transmittern) entweder fördernd oder hemmend beeinflussen. Die im Zusammenhang mit den Wirkungen von Psychopharmaka hauptsächlich diskutierten Neurotransmitter sind Acetylcholin, die Katecholamine Noradrenalin und Dopamin, Serotonin (syn. 5-Hydroxytryptamin) und die Gamma-Aminobuttersäure (GABA). Hinzu kommen Neuropeptide, wie z. B. die sog. endogenen Opiate („Endorphine"), als Angriffspunkt für zentrale Analgetika vom Morphintyp. In dem Maße wie in letzter Zeit erstaunliche Fortschritte bei der Aufklärung der neurochemischen Wirkungen vieler Psychopharmaka erzielt worden sind, finden sich in der Literatur zunehmend Einteilungen, die von den betroffenen neurochemischen Systemen ausgehen. Auch die verhaltensbezogenen Disziplinen, P. und Pharmakopsychiatrie, beziehen in ihre Untersuchungen in immer stärkerem Maße Hypothesen über die neurochemischen Wirkungen dieser Stoffe ein.

Die in der Literatur nach wie vor gebräuchlichste Einteilung orientiert sich jedoch an der klinisch-psychiatrischen Anwendung. Diese ist in Tabelle 1 in der zweiten Zeile aufgeführt, ergänzt um solche Substanzgruppen, die für die psychiatrische Pharmakontherapie irrelevant sind.

Außer den Psychopharmaka können zahlreiche weitere Substanzen direkt oder indirekt psychische Wirkungen hervorrufen. Prinzipiell gehört daher die Erforschung der Verhaltenseffekte beliebiger chemischer Stoffe, die absichtlich oder unabsichtlich (z. B. mit der Nahrung, dem Trinkwasser oder aus der Luft) in den Organismus gelangen, zum Aufgabenbereich der P.. Für die P. besonders wichtige Stoffgruppen, die nicht zu den Psychopharmaka gerechnet werden, sind Stoffe mit überwiegenden Wirkungen auf das periphere Nervensystem (insbesondere die sog. VNS-Stoffe) und die Hormone. Unter anwendungsbezogenen Gesichtspunkten kommen eine Reihe weiterer, primär als Somatotherapeutika eingesetzte Substanzgruppen hinzu wie Antigrippemittel, Antiallergika und Antiepileptika.

3 Beiträge der Pharmakopsychologie zur psychologischen Forschung

3.1 Allgemeine Bedeutung

Pharmakopsychologische Untersuchungen sind von grundsätzlicher Bedeutung für die psychologische Grundlagenforschung (Russell, 1960; Janke, 1961/62; Janke/Erdmann, 1987). Insbesondere für die Physiologische Psychologie stellt die Verabreichung von Pharmaka eine zentrale Forschungsstrategie zur Untersuchung von Zusammenhängen zwischen somatischen und psychischen Prozessen dar. Sie zeichnet sich gegenüber anderen klassischen Methoden der Physiologischen Psychologie – wie Abtragungen und Läsionen – vor allem durch die *Reversibilität* und die *Quantifizierbarkeit* (Dosierbarkeit) der erzielten Effekte aus. Im Humanbereich ist die Verabreichung von Pharmaka vielfach die einzig praktikable und ethisch vertretbare Methode, somatische

Prozesse direkt zu verändern und damit in der Funktion von unabhängigen Variablen zu untersuchen. Die *Spezifität* der so erzielten somatischen Variationen ist – wie in zunehmendem Maße mit Verfeinerung von neurochemischen Nachweismethoden klar wird – allerdings häufig nicht sehr groß, da die meisten verfügbaren Substanzen in mehrere organismische Systeme eingreifen. Deshalb bezieht sich die moderne pharmakopsychologische Forschung bei der Untersuchung somato-psychischer Beziehungen auch nicht auf einzelne Substanzen, sondern auf mehrere. Im Tierversuch ist zusätzlich die Möglichkeit gegeben, durch lokalisierte Applikationstechniken (intracerebral) und direkte Kontrolle der erzielten neurophysiologisch-neurochemischen Veränderungen den Wirkungsort und die Wirkungsart der verabreichten Stoffe genauer einzugrenzen.

Mehr noch als vor einigen Jahren ist man heute – aufgrund der Entwicklung neuer neurochemischer Nachweismethoden und Erkenntnisse – in der Lage, den Weg eines Pharmakons von seinen primären Wirkungen auf neurochemische Vorgänge, über die daraus resultierenden neurophysiologischen Funktionsalterationen bis hin zu den psychischen Veränderungen zu verfolgen. Dementsprechend bezieht die P. bei der Erforschung somato-psychischer Beziehungen zunehmend Hypothesen über die neurochemischen Wirkungen der verwendeten Substanzen mit ein und entwikkelt sich damit in Richtung einer spezialisierten Teildisziplin der Physiologischen Psychologie, der *Neurochemopsychologie*.

So bedeutsam Pharmaka für die Erforschung somato-psychischer Beziehungen sind, so falsch ist es, die Beiträge der P. auf die Physiologische Psychologie begrenzt zu sehen und demgemäß von möglichst genauen Kenntnissen über deren Wirkungen innerhalb des Organismus abhängig zu machen. Viele pharmakopsychologische Untersuchungen sind nämlich nicht physiologisch, sondern allein an den nach Verabreichung der Pharmaka auftretenden Verhaltensänderungen orientiert. Das Pharmakon ersetzt in diesem Fall beliebige andere Reizbedinungen, die innerhalb der psychologischen Forschung zur Erzielung psychischer Veränderungen benutzt werden können. Insbesondere wenn vorübergehende Veränderungen des psychischen Zustands angezielt sind, erweist sich das Pharmakon aufgrund seiner besonderen Praktikabilität und der über Dosisvariationen relativ einfachen Abstufbarkeit anderen Methoden der experimentellen Psychologie oft überlegen. Man bedenke etwa, wieviel einfacher es ist, über verschiedene Dosen eines Schlafmittels unterschiedliche Grade von „Müdigkeit" herbeizuführen als über andere Bedingungen, die vergleichsweise mühsam zu realisieren sind (z. B. mentale Belastung, Schlafentzug u. a.). Hinzu kommen die besseren Kontrollmöglichkeiten, speziell von solchen Störfaktoren, die mit Hypothesen des Versuchsleiters und der Probanden über die Wirkungen der experimentellen Bedingungen zusammenhängen (Doppelblind-Anordnungen).

Durch diese besseren Kontrollmöglichkeiten bieten pharmakopsychologische Untersuchungen zugleich gute Voraussetzungen, entsprechende Hypothesen gezielt zu manipulieren. Insofern hat die pharmakopsychologische Forschung wesentlich zu einer kritischen Reflexion der experimental-psychologischen Untersuchungsmethodik und zu für die Allgemeine Psychologie, die Sozialpsychologie und die Differentielle Psychologie gleichermaßen wichtigen inhaltlichen Bereichen wie der Einstellungs-, Suggestibilitäts- und Attributionsforschung beigetragen.

3.2 Beiträge zur Motivationsforschung

Die pharmakopsychologische Motivationsforschung bezieht sich schwerpunktmäßig auf zwei grundlegende Fragenkomplexe:

Abhängigkeit der Pharmakonwirkung von motivationalen Faktoren: Die enorme intra- und interindividuelle Variabilität der Wirkungen psychotroper Substanzen ist, wie zahlreiche Untersuchungen belegen, nicht allein durch biochemisch begründete Wirkungsunterschiede erklärbar. Eine mindestens ebenso bedeutsame Varianzquelle sind motivationspsychologische Faktoren. Diese werden bereits bei der Verabreichung des Pharmakons in Form von Einstellungen und Suggestionsvorgängen wirksam. Sie setzen sich in ihrer Einflußmöglichkeit bei der Wahrnehmung und subjektiven Bewertung der somatischen und psychischen Wirkung fort. Es ist davon auszugehen, daß die letztlich registrierte Pharmakonwirkung das Resultat von Wahrnehmungs-, Bewertungs- und Bewältigungsprozessen ist. Ähnlich wie in der Streßforschung ist davon auszugehen, daß der Proband auf die Verabreichung und die (subjektiv wahrgenommene) einsetzende Wirkung eines Pharmakons mit aktiven Bewältigungsvorgängen („Coping") reagiert. Die Analogie zum Streßmodell ist insofern naheliegend, weil viele psychotrope Stoffe erhebliche Abweichungen vom normalerweise gegebenen Befindenszustand induzieren. Ein „Pharmakonbewältigungsmodell" dieser Art wurde von Janke (1983 b) vorgeschlagen.

Beeinflussung von Motivationsintensität und -qualität durch Pharmaka: Praktisch alle psychotropen Stoffe beeinflussen dosisabhängig die unspezifische Aktiviertheit bzw. Erregungs- oder Hemmungsvorgänge im retikulo-kortikalen Aktivierungssystem. Es ist deshalb zu erwarten, daß Psychopharmaka die Stärke beliebiger motivationaler Vorgänge beeinflussen. Darüber hinaus konnte in differenzierten neurochemisch orientierten pharmakopsychologischen Untersuchungen bei Mensch und Tier wahrscheinlich gemacht werden, daß grundlegende Motivationsqualitäten spezifische Beziehungen zu einzelnen neurochemischen Systemen aufweisen, so etwa die Verknüpfung eines noradrenergen Systems innerhalb des Hypothalamus zu Hunger und eines cholinergen Systems zu Durst, eines vom Hirnstamm ausgehenden serotonergen Systems zu Schlaf, eines hypothalamisch-hypophysären Neuropeptidsystems (Enkephaline, Endorphine) zum Schmerz- und Streßgeschehen und bestimmter cholinerger Systeme zu grundlegenden Aggressionsformen.

3.3 Beiträge zur Differentiellen Psychologie und Persönlichkeitsforschung

Unterschiede in der Wirkungsstärke und Wirkungsart chemischer Stoffe wurden schon immer auf individuelle Besonderheiten zurückgeführt. Dabei wurde davon ausgegangen, daß die Reaktion auf Pharmaka auf die Persönlichkeit rückschließen läßt („Pharmakocharakterologie"). Umgekehrt ergäbe sich die Möglichkeit, bei Kenntnis der Persönlichkeit die Wirkungen von Pharmaka vorauszusagen.

Viele Typologien unterstellen implizit oder explizit die somatische Fundierung ihrer Typen. Pharmaka könnten nun als Forschungswerkzeuge diese Annahme untermauern, weil zu erwarten wäre, daß ein Individuum je nach biochemischer Struktur reagiert. Zu den ältesten Ansätzen gehört der von Pawlow. Die von ihm bei Tieren erarbeiteten und auf den Menschen erweiterten Typen höherer Nerventätigkeit reagieren unterschiedlich auf Pharmaka.

Am häufigsten sind wohl die *Kretschmerschen Typen* hinsichtlich ihrer Pharmakonreaktivität diskutiert und untersucht worden. Auch andere Körperbautypen wurden verglichen (zusammenfassend Netter, 1983). Der bekannteste Ansatz zur Untersuchung typologischer Hypothesen stammt zweifellos von H.-J. Eysenck, der mit einer Reihe von Untersuchungen sein sog. Drogenpostulat experimentiell belegen wollte. Eysenck hat in seiner Persönlichkeitstheorie postuliert, daß *Extravertierte* und *Introvertierte* sich hinsichtlich der Erregungs-/Hemmungsbalance in der Hirnrinde und der Formatio reticularis unterscheiden (Eysenck, 1957; neuere Zusammenfassungen bei Eysenck, 1983 a, b).

Als weiteres Persönlichkeitsmerkmal, das die Wirkung von Pharmaka beeinflußt und das umgekehrt durch sie beeinflußt werden kann, ist in vielen Untersuchungen *Neurotizismus* bzw. *Emotionalität* herausgestellt worden. Untersuchungen mit Tranquillantien, Neuroleptika, Schlafmitteln und Stimulantien von Janke (1964) zeigten, daß Gruppen, die sich durch den Grad des Neurotizismus unterschieden, in ihren Reaktionen in allen Funktionsbereichen stark verschieden waren. Ein besonders wichtiges Ergebnis dabei war aber, daß die Größe und die Art der Unterschiede nicht für alle Untersuchungsbedingungen konstant war. Dies bedeutet, daß die Beziehung zwischen Pharmakonreaktion und dem Persönlichkeitsmerkmal Neurotizismus durch *Situationsfaktoren* modifiziert wird (zusammenfassend Janke, 1983 b). Ähnlich wie es die sog. „Interaktionismusdebatte" innerhalb der allgemeinen Persönlichkeitspsychologie verdeutlicht hat, sind auch die psychischen Reaktionen auf Pharmaka nur bei gleichzeitiger Betrachtung von Person- und Situationsmerkmalen hinreichend aufklärbar.

3.4 Beiträge zur Emotionsforschung

Besonders eng ist die pharmakopsychologische Forschung mit der Emotionspsychologie verknüpft. Dies ergibt sich daraus, daß die Hauptwirkungen vieler Psychopharmaka den emotionalen Bereich betreffen, und daraus, daß die meisten psychologischen Emotionskonzepte somatische Vorgänge, d. h. Veränderungen des ZNS, des VNS und des Hormonsystems als ein Definitionsmerkmal von Emotionen mit einbeziehen. Pharmaka, die in die Aktivität dieser Systeme eingreifen, können daher benutzt werden, um deren Beziehungen zu psychischen, d. h. verhaltens- und erlebnismäßigen, Aspekten von Emotionen aufzuklären.

Grundlegende Fragen der pharmakopsychologischen Emotionsforschung betreffen (1) die Beeinflußbarkeit der Intensität von Emotionen, (2) die Beeinflußbarkeit spezifischer Emotionsqualitäten (z. B. von Angst ohne gleichzeitige Beeinflussung anderer Emotionsqualitäten wie Ärger oder Freude), (3) die Beeinflußbarkeit des Gefühlsprozesses (z. B. lassen sich durch Pharmaka Emotionen auslösen oder verhindern, beendigen oder verlängern?).

Zentrales Forschungsthema ist die Frage nach der *spezifischen* Beeinflußbarkeit von Emotionen durch Pharmaka. Wäre sie gegeben, so ließen sich aus den Angriffspunkten der jeweiligen Stoffe Rückschlüsse auf die mit bestimmten Emotionen verknüpften physiologisch-neurochemischen Prozesse ziehen. Zugleich könnten pharmakopsychologische Untersuchungen Hinweise für die in der Allgemeinen Emotionspsychologie immer wieder diskutierte Frage nach der Art und Zahl der unterscheidbaren Emotionsqualitäten geben.

Eine der ältesten Spezifitätshypothesen bezieht sich auf die Auslösbarkeit von *„Angst"* durch Adrenalin. Sie basiert auf der Annahme, daß Angst durch ein bestimmtes vegetatives Reaktionsmuster gekennzeichnet ist. Da Adrenalin das für Angst typische sympathische Reaktionsmuster hervorrufe, sollte es auch zu „Angst" führen. Die Möglichkeit, Verknüpfungen zwischen vegetativen Reaktionsmustern und bestimmten Emotionen zu untersuchen, sind durch die Entwicklung von Stoffen, die die Aktivität vegetativ innervierter Organe vergleichsweise spezifisch anregen oder hemmen (sog. Alpha- bzw. Beta-Rezeptoren-stimulierende und -blockierende Substanzen), enorm erweitert worden. Die bislang vorliegenden Untersuchungen lassen endgültige Schlußfolgerungen darüber, inwieweit diesen spezifischen vegetativen Wirkungen auch bestimmte emotionale Effekte entsprechen, nicht zu. Die Erforschung dieser Frage wird dadurch erschwert, daß periphere vegetative Veränderungen nach den bisherigen Untersuchungsergebnissen weder als hinreichende noch als notwendige Bedingungen für das Entstehen von Emotionen zu betrachten sind (Erdmann, 1983 a; 1983 b; 1986; Netter, 1986).

Auch für die unmittelbar auf das ZNS wirkenden Psychopharmaka ist bislang nicht hinreichend geklärt, inwieweit einzelne dieser Stoffe spezifisch bestimmte Emotionen zu beeinflussen vermögen. Nachdem auf der Basis der Wirkungsmechanismen der Antidepressiva bereits seit längerem neurochemische Hypothesen der Depression diskutiert werden, steht derzeit vor allem die Annahme einer spezifisch „angstreduzierenden" Wirkung der Tranquillantien im Vordergrund. Diese Annahme bildet die Basis für das derzeit am meisten ausgearbeitete und diskutierte neuropsychologische Angstmodell von Gray (1982 a, zusammenfassend 1984; 1985; ausführliche Zusammenfassung und kritische Würdigung durch andere Autoren bei Gray, 1982 b). Das Postulat einer spezifischen Verknüpfung von Angst und neurochemischen Vorgängen sowie deren Beeinflußbarkeit durch psychotrope Stoffe ist gegenwärtig Gegenstand vieler Untersuchungen und Diskussionen (Janke et al., 1986; Janke/Netter, 1986).

3.5 Beiträge zur Gedächtnisforschung

In starkem Maße hat sich die Gedächtnisforschung pharmakopsychologischer Untersuchungen bedient. Gegenwärtig stehen alterskorrelierte und krankheitsbedingte Gedächtnisverschlechterungen im Vordergrund des Interesses, vor allem aufgrund des Nachweises, daß die Alzheimersche Krankheit mit einem drastischen zentralen Acetylcholinmangel verbunden ist, und der immer stärker werdenden Evidenz, daß viele sog. Neuropeptide (etwa ACTH; Vasopressin und Oxytocin) sowie Hormone (etwa Corticosteroide) Informationsaufnahme, -speicherung und -wiedergabe beeinflussen. Eine Fülle von Untersuchungen bemüht sich, durch gezielte hypothesengeleitete Verabreichung von Pharmaka, Neuropeptiden und Hormonen spezifische Verknüpfungen zwischen Behaltensprozessen und neurochemischen Systemen zu finden, wobei Befunde zum cholinergen System die bislang überzeugendsten sind (Wolkowitz et al., 1985).

Neben diesen ganz jungen Ansätzen der Neurochemopsychologie stehen ältere, die eher mit der *Aktivierungstheorie* in Verbindung zu bringen sind. Klassische Gedächtnistheorien gehen davon aus, daß die aufgenommene Information nach der Aufnahme im Gehirn noch eine Zeitlang in Form von Erregungsmustern erhalten bleibt, die entscheidend für die Gedächtniskonsolidierung sind. Durch die Applikation von Pharmaka wurde versucht, solche Erregungsprozesse zu fördern bzw. zu stören, um auf diese Weise die Konsolidierungshypothese zu überprüfen. Durch Verabreichung geeigneter Pharmaka zur Zeit der Informationsaufnahme und des -abrufs können auch Hypothesen zur Beziehung von Registrierungs- und Retrievalvorgängen und Aktiviertheit überprüft werden. Dieser Ansatz ist schon zu Beginn der 70er Jahre ausführlich von McGaugh diskutiert und praktiziert worden (McGaugh/Herz, 1972). Die unterschiedlichen Ergebnisse, abhängig von dem Zeitpunkt der Verabreichung, unterstreichen die Notwendigkeit der differenzierten Betrachtung des Gedächtnisprozesses. Von besonderer Bedeutung sind in diesem Zusammenhang unter dem Begriff „zustandsabhängiges Lernen" bekannt gewordene Befunde, wonach Informationen am besten unter denjenigen organismischen Bedingungen abrufbar sind, unter denen sie erworben wurden. Dieses, zunächst anhand pharmakologisch beeinflußter Zustände beschriebene, Phänomen (zusammenfassend Erdmann, 1979), wird inzwischen als „stimmungsabhängiges Lernen bzw. Retrieval" auch in der allgemeinen Gedächtnisforschung vielfach diskutiert.

Literatur

Debus, G.: Wirkungen von Psychopharmaka und zugrundeliegende theoretische Vorstellungen. Pharmakopsychiatrie und Neuro-Psychopharmakologie, 10, 1977, 109-118.

Debus, G./Janke, W.: Psychologische Aspekte der Pharmakotherapie. In: Pongratz, E. (Hrsg.): Handbuch der Psychologie, Band 8/2. Göttingen: Hogrefe, 1978, 2161-2227.

Delay, J./Deniker, P.: Trente-huit can de psychoses traitées par la cure prolonguée et continuée de 4560 RP. In: Compte Rendu du Congrès de Al. et Neurol. de Langue Française. Paris: Masson, 1952.

Dittrich, A.: Probleme der pharmakopsychologischen Forschung. In: Schraml, W./Baumann U. (Hrsg.): Klinische Psychologie II. Bern: Huber, 1974, 523-558.

Erdmann, G.: Zustandsabhängiges Lernen bei Psychopharmaka: Ein kritischer Überblick über vorliegende Untersuchungen. Psychologische Beiträge, 21, 1979, 450-473.

Erdmann, G.: Zur Beeinflußbarkeit emotionaler Prozesse durch vegetative Variationen. Weinheim: Beltz, 1983 a.

Erdmann, G.: Autonomic drugs as tools in differential psychopharmacology. In: Janke, W. (Ed.): Response variability to psychotropic drugs. Oxford: Pergamon, 1983 b, 275-292.

Erdmann, G.: Angstbeeinflussung durch vegetativ wirksame Pharmaka. In: Janke, W./Netter, P. (Hrsg.): Angst und Psychopharmaka. Stuttgart: Kohlhammer, 1986, 151-168.

Eysenck, H. J.: Drugs and personality: I. Theory and methodology. Journal of Mental Sciences, 103, 1957, 119-131.

Eysenck, H. J.: Psychopharmacology and personality. In: Janke, W. (Ed.): Response variability to psychotropics drugs. Oxford: Pergamon, 1983 a, 127-154.

Eysenck, H. J.: Drugs as research tools in psychology: Experiments with drugs in personality research. Neuropsychobiology, 10, 1983 b, 29-43.

File, S. E.: Tiermodelle zur Vorhersage therapeutischer Wirkungen von angstbeeinflussenden Stoffen. In: Janke, W./Netter, P. (Hrsg.): Angst und Psychopharmaka. Stuttgart: Kohlhammer, 1986, 93-106.

Gray, J. A.: The neuropsychology of anxiety: An enquiry into the functions of the septo-hippocampal systems. Oxford: Clarendon Press, 1982 a.

Gray, J. A.: Precis of the neuropsychology of anxiety. The Behavioral and Brain Sciences, 5, 1982 b, 469-534.

Gray, J. A.: The neuropsychology of anxiety. In: Pawlik, K. (Hrsg.): Fortschritte der Experimentalpsychologie. Berlin: Springer, 1984, 52-71.

Gray, J. A.: Issues in the neuropsychology of anxiety. In: Tuma, H. A./Maser, J. (Eds.): Anxiety and the anxiety disorders. Hillsdale: Erlbaum, 1985, 5-26.

Janke, W.: Über die Bedeutung pharmakopsychologischer Untersuchungen für die psychologische Grundlagenforschung. Sitzungsbericht der Gesellschaft zur Förderung der gesamten Naturwissenschaften zu Marburg, 83/84, 1961/62, 277-296.

Janke, W.: Experimentelle Untersuchungen zur Abhängigkeit der psychotroper Substanzen von Persönlichkeitsmerkmalen. Frankfurt: Akademischer Verlagsgesellschaft, 1964.

Janke, W.: Probleme pharmakopsychologischer Forschung. In: Rey, E.-R. (Hrsg.): Klinische Psychologie. Stuttgart: Fischer, 1981, 167-178.

Janke, W. (Ed.): Response variability to psychotropic drugs. Oxford: Pergamon Press, 1983 a.

Janke, W.: Response variability to psychotropic drugs: Overview of main approaches and problems. In: Janke, W. (Ed.): Response variability to psychotropic drugs. Oxford: Pergamon Press, 1983 b, 33-65.

Janke, W. : Probandenmodelle zur Vorhersage therapeutischer Wirkungen von angstbeeinflussenden Stoffen. In: Janke, W./ Netter, P. (Hrsg.): Angst und Psychopharmaka. Stuttgart: Kohlhammer, 1986, 107-132.

Janke, W./Debus, G.: Pharmakopsychologische Untersuchungen an gesunden Probanden zur Vorhersage der therapeutischen Effizienz von Psychopharmaka. Arzneimittelforschung, 25, 1975, 1185-1194.

Janke, W./Debus, G./Erdmann, G.: Angstreduzierende Wirkung von Psychopharmaka bei gesunden Personen. Überblick über Ergebnisse experimenteller Untersuchungen und Schlußfolgerungen. In: Keup, W. (Hrsg.): Biologische Psychiatrie. Heidelberg: Springer, 1986.

Janke, W./Erdmann, G.: Untersuchungen mit psychotropen Substanzen als Forschungswerkzeuge der Psychologie. Zeitschrift für experimentelle und angewandte Psychologie, 34, 1987.

Janke, W./Netter, P. (Hrsg.): Angst und Psychopharmaka. Stuttgart: Kohlhammer, 1986.

McGaugh, J. L./Herz, M. J.: Memory consolidation. San Francisco: Albion, 1972.

Netter, P.: Somatic factors as predictors of psychotropic drug response. In: Janke, W. (Ed.): Response variability to psychotropic drugs. Oxford: Pergamon Press, 1983, 67-98.

Netter, P.: Einflußfaktoren auf die zentral-nervöse Wirkung von Beta-Rezeptorenblockern. In: Janke, W./Netter, P. (Hrsg.): Angst und Psychopharmaka. Stuttgart: Kohlhammer, 1986, 169-204.

Russel, R. W.: Drugs as research tools in behavioral research. In: Uhr, L./Miller, J. G. (Eds.): Drugs and behavior. New York: Wiley, 1960, 19-41.

Spiegel, R./Aebi, H.-J.: Psychopharmakologie. Stuttgart: Kohlhammer, 1981.

Wolkowitz, O. M./Tinklenberg, J. R./Weingartner, H.: A psychopharmacological perspective of cognitive functions. Neuropsychobiology, 14, 1985, 88-97, 133-156.

Philosophie der Psychologie

Günter Aschenbach

„Philosophie der Psychologie" dient der kritischen Prüfung der Prinzipien, die psychologisch-wissenschaftliches Handeln leiten. Was kann man sich aber unter der philosophischen Betrachtung der Psychologie als Wissenschaft vom menschlichen Wollen, Denken, Fühlen und Handeln konkret vorstellen? Was sind die allgemeinen Anliegen der Philosophie, welche Konkretisierungen erfahren sie im Hinblick auf die Psychologie?

1 Grundfragen der Philosophie

Philosophie im allgemeinen läßt sich verstehen als Reflexion von grundsätzlichen „Selbstverständlichkeiten", die menschliches Tun fraglos anleiten. Diese Reflexion soll, wenn dieses Tun selbst problematisch wird, die dadurch entstehenden Orientierungsunsicherheiten einer Klärung näher bringen. Mit Rückgriff auf Kant kann man die Orientierungsbedürfnisse, die sich heutzutage an den philosophischen Grundproblemen ablesen lassen, durch vier Fragen verdeutlichen: (1) Was kann ich wissen? (2) Was soll ich tun? (3) Was darf ich hoffen? (4) Was ist der Mensch?

Die Beantwortung der ersten Frage wird dabei nicht allein den jeweiligen Wissenschaften zugewiesen, sondern deren Wissen wird selbst in Frage gestellt, und zwar unter der Rubrik *„Erkenntnis- und Wissenschaftstheorie"*. Auch die zweite Frage verweist nicht lediglich auf faktisch Gegebenes in Form von jeweils geltenden Konventionen, Gesetzesvorschriften und Moralvorstellungen. Vielmehr geht es um den Sinn und die Verbindlichkeit von solchen Handlungsdirektiven überhaupt, insbesondere aber um allgemeine Gründe ihrer Verbindlichkeit, d. h. um Fragen der *„Ethik"* als philosophischer Teildisziplin. Die dritte Frage kann man – unter Absehung von ihrem religionsphilosophischen Impetus – in etwa wiedergeben als die nach „dem Sinn des Lebens" (vgl. Martens/Schnädelbach, 1985 a, 24), deren Beantwortung wiederum in den Bereich der (eudaimonistischen) Ethik fällt. Zum Ausdruck gebracht wird mit ihr die Hoffnung darauf, daß sich das jeweils individuelle Leben im Rückblick auf einen „universell akzeptablen Begriff" bringen läßt. Die vierte Frage schließlich ist nicht nur die danach, was die Humanwissenschaften über den „homo sapiens" zu sagen haben, sondern vor allem schon die nach unserem, diesen vorgängigen, Selbstverständnis als Menschen. Denn erst die Beantwortung dieser Frage im Rahmen der *„Philosophischen Anthropologie"* versetzt uns überhaupt in die Lage, Humanwissenschaften reflektiert zu betreiben, und zwar in zweierlei Sinn: Zum einen erlaubt uns erst ein solches Selbstverständnis, zumindest vorläufig zu wissen, was wir tun, wenn wir wissenschaftlich handeln, und zum anderen benötigen wir grundsätzliche anthropologisch-begriffliche Vorklärungen, um wissen zu können, was wir wie erforschen wollen (Kamlah, 1973; Martens/Schnädelbach, 1985).

2 Was ist Philosophie der Psychologie?

Was kann man nun im Lichte dieser allgemein philosophieorientierten Vorverständigung konkreter unter „Philosophie der Psychologie" verstehen, was sind ihre speziellen Grundprobleme?

Zunächst einmal ist sie auch historisch eine Reaktion auf innerwissenschaftliche Problematisierungen von prinzipiellen („paradigmatischen") Selbstverständlichkeiten, die das psychologisch-wissenschaftliche Handeln in seinem Gesamtzusammenhang anleiten. Dieses Handeln richtet sich auf die *programmatisch konzipierte* Bereitstellung von Wissen in Form *begrifflicher, untersuchungsmethodischer* und *theoretischer Konstruktionen* relativ zu gewissen *Erkenntnisbereichen* und *-interessen*. Innerwissenschaftliche Problematisierungen grundsätzlicher Art auf all diesen Ebenen psychologischer Wissensbildung, die man auch an den immer wieder konstatierten „Krisen der Psychologie" festmachen kann, sind seit ihrer Institutionalisierung zugleich Gegenstand philosophischer Überlegungen. Anfänglich waren sie auch das Geschäft von Psychologen selbst (vgl. u. a. Wundt, Brentano), im Zuge der empiristisch inspirierten Abkehr der Psychologie von der Philosophie gingen sie jedoch immer mehr – wenn auch nicht ausschließlich – in die Hände von Philosophen über. Dies änderte sich teilweise Ende der sechziger Jahre mit dem verstärkten Aufkommen wissenschaftstheoretischer Überlegungen innerhalb der Psychologie. Aber erst Mitte der siebziger Jahre wurden in unserem Kulturkreis wieder weitergreifende philosophische Überlegungen und Interessen von Psychologenseite deutlich (Cole/Arnold, 1975; Schotter, 1975; Gergen, 1976, Robinson, 1985).

3 Grundprobleme der Philosophie der Psychologie

Welche Grund- und Grundlagenprobleme der Psychologie als Ausgangspunkte für philosophische Überlegungen nun lassen sich auch heute noch ausmachen? Angesichts der Vielfalt von Problemen sowie der Vielschichtigkeit, Vielseitigkeit und Verzahntheit der Problemstellungen und der Vielzahl von Anschlußproblemen ist eine knappe und gleichzeitig systematische Beantwortung dieser Frage nicht möglich. Die folgenden Ausführungen haben deshalb eher exemplarischen Charakter, und ihre Zuordnungen zu philosophischen Rubriken sind lediglich tendenziell gemeint.

3.1 *Wissenschaftstheoretische Problemstellungen*

Von eher wissenschaftstheoretischem Interesse ist auf programmatisch-konzeptioneller Ebene folgende Fragestellung: Soll und kann die Psychologie (auch als Sozialwissenschaft) wie eine objektiv-*erklärende* und *hypothetisch-konstruktive Naturwissenschaft* oder wie eine dialogisch-*verstehende* und *interpretativ-rekonstruktive Geistes-* (Dilthey) bzw. *Kulturwissenschaft* (Windelband, Rickert) betrieben werden? (Lorenzen/Schwemmer, 1973; Jüttemann, 1983). Grundsätzlich in Frage gestellt werden in diesem Diskussionskomplex Methodenmonismus- und Einheitswissenschaftsvorstellungen nach Maßgabe eines Naturwissenschaftsideals, die ohne Rücksicht auf Unterschiede in Erkenntnisbereichen und -interessen ihr Ideal von Wissenschaftlichkeit vornehmlich nach dem Vorbild der technikorientierten Objektwissenschaften (und der Mathematik) ausgebildet haben. Eine Klärung dieser Frage scheint nur möglich, wenn – sozusagen auf einer Metaebene – gemeinsame Bezugsmaßstäbe herangezogen werden. Als solche bieten sich Gegenstands- und Interessenreflexionen an. Eine Chance für die Auflösung der Problematik könnte die Etablierung *zweier* gleichrangiger Typen psychologischer Wissenschaft bieten. Gedacht ist an die Ergänzung des vorherrschenden Typus durch einen *kulturpsychologischen Ansatz*, innerhalb dessen Aussagen über Psychisches nicht mehr als Aussagen über „natürlich gegebene" Daten aus einer Subjekt-Objekt-Perspektive heraus, sondern als von seiten der Forscher und Erforschten „kulturell vermittelt gemachte" Fakten angesehen werden. An die Stelle des „Subjekt-Objekt-Paradigmas" tritt also hier ein Paradigma der Intersubjektivität zwischen Forscher und Erforschten.

Mit diesem Problemkomplex ist eine Fülle von Anschlußproblemen verbunden. Zu ihnen gehören etwa die Frage nach der Möglichkeit eines methodisch kontrollierbaren Fremdverstehens und die Kontroverse um „quantitative" und „qualitative" Forschungsmethoden, aber auch Scheinprobleme, wie beispielsweise die geläufige Polarisierung von idiographischen und nomothetischen Wissenschaften (Riedel, 1981; vgl. u. a. Jüttemann, 1985; Brandtstädter, 1986). Ferner entstehen Fragen nach den zu verwendenden Erklärungsprinzipien, die wiederum gewisse Menschenbilder oder „Modelle vom Menschen" implizieren. Es stehen zur Wahl: aus dem Bereich der unbelebten Welt *Kausalität* mit dem mechanistischen, aus dem Bereich der belebten Welt *Vitalität* mit dem organismischen, aus dem Bereich der Tierwelt *Teleonomie* mit dem anthropomorph-biologistischen Menschenbild sowie *evolutionistische Erklärungsmuster* und schließlich *Rationalität* mit dem reflexiv-intersubjektivistischen Menschenbild (Lorenzen/Schwemmer, 1973; Schwemmer, 1976; Herzog, 1984).

3.2 *Ethische Problemstellungen*

Diskussionen, die eher in den Bereich der Ethik fallen, beschäftigen sich mit der Problematisierung von expliziten oder impliziten Erkenntnisinteressen; beispielsweise werden Sozialtechnologie vs. Emanzipation (Holzkamp) oder Prognose vs. Aufklärung gegenübergestellt. Hinzu kommen Fragen der ethischen Begründungsbedürftigkeit der den weiteren Forschungsprozeß lenkenden Wahl von Menschenbildern, z. B. auch unter dem Aspekt, ob man es akzeptieren kann, daß Menschen sich immer mehr gemäß der Modellvorstellungen der Wissenschaft interpretieren. Ferner wird die Moralität der Forschungspraxis in Frage gestellt. Mit Fragen nach der Bestimmung von Therapiezielen und solchen nach einer menschenwürdigen Existenz kommt schließlich auch die Frage nach „dem Sinn des Lebens" in die Psychologie (Fromm, 1979; 1982; Schuler, 1980; Seel, 1981; Lenk, 1985; Quittmann, 1985).

3.3 *Philosophisch-anthropologische Problemstellungen*

Grundsätzliche Anfragen von primär philosophisch-anthropologischem Interesse betreffen unter anderem die häufige Unverbindlichkeit und den oft nur metaphorischen Charakter psychologischer Grundbegrifflichkeit und deren Überwindung, die grundsätzliche Unterscheidung von Handeln und Verhalten, die wiederum die Unterscheidung von Handlungs- und Verhaltenstheorien und von Erklären und Verstehen nach sich zieht, und die Konzipierung von Menschenbildern, die mit dem Selbstverständnis von Menschen verträglich sein können (Keller, 1971; Kamlah, 1973).

Eine bis heute nicht ausdiskutierte, historisch

bis zu Descartes zurückreichende Thematik, die grundsätzlich alle philosophischen Disziplinen berührt, stellt das allen anderen Problemunterstellungen letztlich zugrundeliegende *„Leib-Seele-Problem"* dar. Es betrifft die „Psycho-logie" im Kern ihrer ursprünglichen begrifflichen und wissenschaftskonzeptionellen Fassung als Wissenschaft vom „Geist", von der „Seele" oder vom „Bewußtsein", und wurde auch im Zuge der logisch-empiristisch orientierten Umbenennung zur Wissenschaft vom menschlichen „Erleben und Verhalten" lediglich verbal „gelöst".

Wie wird nun „Psyche" zu einem philosophischen Thema? Den Ausgangspunkt bestimmt eine Unterscheidung, die uns allen vertraut ist und die auf den ersten Blick unproblematisch zu sein scheint, nämlich die zwischen „psychischen" oder „körperlichen" Phänomenen auf der einen und „mentalen", „geistigen", „psychischen" oder „seelischen" Phänomenen auf der anderen Seite. Dieser augenscheinlich selbstverständliche Dualismus führt jedoch im Wissenschaftsbereich rasch zu einem *„ontologischen Dualismus"*, der beim Versuch der Beantwortung der Frage nach der Art des „Wirkungszusammenhanges" von Körperlichem und Geistigem unterschiedliche Schwierigkeiten und Lösungsversuche hervorbringt. Bei diesen Problemen kann man insbesondere zwei Arten unterscheiden (Bieri, 1981 a, 5 ff.):

a) solche, die – unter gewissen Prämissen – entstehen, wenn man von der Wahrheit eines ontologischen Dualismus ausgeht, und
b) solche, die sich ergeben, wenn man diesen – wiederum unter bestimmten Prämissen – zu vermeiden sucht.

Die unterschiedlichen Lösungsversuche sind betreffs a) bekannt unter den Bezeichnungen „Psychophysischer Parallelismus" (Leibniz) und „Epiphänomenalismus" (Scheler) und betreffs b) unter der Bezeichnung „Materialismus" mit seinen verschiedenen Varianten (z. B. Identitätstheorie, vertreten etwa durch Feigl, sowie methodologischer und logischer Behaviorismus, vertreten etwa von Skinner bzw. Hull). Hinzu kommt der begriffsanalytische Ansatz innerhalb der „Analytischen Philosophie des Geistes" (Ryle, Wittgenstein) mit dem das Leib-Seele-Problem letztlich als Scheinproblem entlarvt werden soll. Eine Wiederbelebung des Dualismus im Sinne eines „psychophysischen Interaktionsmodells" (Descartes) versuchen u. a. Popper und Eccles (1977).

Bei allen Lösungsversuchen nun scheint das anscheinend fraglos akzeptierte Prinzip physikalistisch verstandener Kausalität – in welcher genauen Bedeutung auch immer – mit all seinen Voraussetzungen und Implikationen das zu sein, das aufzugeben man nicht bereit war. Zudem wird die Rede von Psychischem und Physischem in äußerst vereinheitlichender Weise verwendet, obwohl unter diese Etikettierungen sehr Verschiedenes fällt, wie begriffliche Analysen zeigen. Fragen läßt sich hier, ob man nicht über die Reflexion dieses Prinzips und des Sinnes seiner Verwendung relativ zu bestimmten Fragestellungen, mit denen klarer wird, was eigentlich warum erklärt werden soll, zu anderen aufgaben- und gegenstandsbezogenen Verständnissen von „Erklärung" kommen kann, die eine theoretisch und praktisch fruchtbare Auflösung des Leib-Seele-Problems ermöglichen.

Beispielsweise könnte man versuchen, das Problem „psychischer Verursachung" (teilweise) über teleologische Erklärungen von nicht-sprachlichen Handlungen in den Griff zu bekommen. Im Hinblick auf Fragestellungen der Psychosomatik – verstanden als heuristisches Forschungsprinzip und nicht als ontologische Behauptung – könnte man etwa von Erklärungen gewisser somatischer Phänomene durch psychische dann sprechen, wenn über die Veränderung gewisser psychischer Phänomene auch die somatischen sich in gewünschter Weise ändern. Umgekehrt könnte man gewisse psychische Phänomene dann als erklärt ansehen, wenn über die Veränderung bestimmter somatischer Erscheinungen – z. B. Stoffwechselprozesse – sich auch die psychischen in gewünschter Weise verändern. Die ontogenetische Entstehung von Psychischem im Sinne von Rede- und Handlungsfähigkeit wiederum könnte man als geworden in gewissen kulturellen Rede- und Handlungszusammenhängen, in die „Erziehende" mit Kindern (zunächst fiktiv) eintreten, vor dem Hintergrund „notwendiger" „körperlicher Reife" erklären. Anderes Psychisches, etwa Meinungen, kann man als erklärt ansehen, wenn man die Argumentation kennt, deren Ergebnis sie sind. Eine solche Partikularisierung entbehrt zwar theoretische Eleganz, ist dafür aber praktisch fruchtbar.

4 Resümee

Was ist nun der Beitrag zum Verständnis des Psychischen, den speziell die „Philosophie des Geistes" (so schon Wundt) und die Philosophie der Psychologie allgemein im angesprochenen Kontext zu leisten vermag? In aller Vorsicht kann man etwa folgende dreiteilige Antwort geben:

1. Es ist eine Aufgabe der Philosophie solche sachfremde Motive aufzudecken, die eine unverstellte Analyse menschlichen Wollens, Fühlen

und Handelns unmöglich machen. Denn die Geschichte der Thematik lehrt, daß hinter Theorien über Psychisches oft Motive stehen, die mit einer unbefangenen Analyse psychischer Phänomene nichts zu tun haben. Die leitende Frage ist häufig nicht die danach, was wir aufgrund aller momentan verfügbaren Evidenzen über Psychisches und den Zusammenhang zwischen Psychischem und Physischem sagen können, sondern: Was müssen wir sagen, damit wir an bestimmten Prinzipien festhalten können, die wir nicht aufgeben wollen? Die Prinzipien, die dabei im Spiel sind, können semantischer, ontologischer, erkenntnis- und wissenschaftstheoretischer, philosophisch-anthropologischer oder ethischer Art sein.

2. Geht man davon aus, daß jegliches wissenschaftliche Tun immer schon mehr oder minder explizit von alltagsweltlichen Vorverständnissen und Prinzipien Gebrauch macht, bedürfen wir deren grundlegender Abklärung. Dies bedeutet insbesondere, daß wir von Anfang an auf begriffliche Analysen angewiesen sind, um uns klarzumachen, was unsere gewöhnlichen psychologischen Aussagen über Personen voraussetzen und implizieren. „Philosophie des Geistes“ hat so zur Aufgabe die Analyse unserer alltagsweltlichen psychologischen Theorien und Aussagen über Personen, soweit sie unser wissenschaftliches Tun allererst anleiten, um dieses nicht schon im ersten Schritt auf allzu unsicheren Boden zu stellen.
3. Eine dritte Aufgabe der Philosophie kann man in der fortlaufenden kritischen Kommentierung der begrifflichen Probleme empirischer psychologischer Theorien sehen. „Philosophie des Geistes“ wird so zur Philosophie der empirischen Psychologie (Block, 1980). Ihre Rolle ist dabei auch eine Art Vermittlerrolle: Sie muß die Beziehungen sichtbar machen, die zwischen neuen empirischen Theorien und den vorausgehenden alltagsweltlichen Beschreibungen und Erklärungen von Psychischem und den Zusammenhängen von Psychischem und Physischem bestehen. Zum philosophischen Thema wird so die Spannung zwischen Common-Sense-Weltbild und dem Weltbild, das die empirische Psychologie zeichnet.

Insgesamt können also das Leib-Seele-Problem und seine weitreichende Implikationen, sowie die kritische Reflexion der Psychologie auf ihren „Gegenstand“ und dessen Faßbarkeit im allgemeinen als zentrale Anliegen einer Philosophie der Psychologie angesehen werden. Angesprochen sind alle Bereiche der Philosophie, betroffen alle Ebenen wissenschaftlich-psychologischen Handelns. Es erscheint deshalb als wünschenswert, daß die Psychologie ihre alten Berührungsängste der Philosophie gegenüber wieder aufgibt, sich ihrer impliziten philosophischen Grundlagen deutlicher versichert – wie dies schon Wundt tat – und ihr Verständnis als empirische Wissenschaft stärker als bisher öffnet für eine beständige Prinzipienreflexion im Rahmen einer Philosophie der Psychologie, um so Prinzipien wissenschaftlich-psychologischen Tuns nicht schlicht als selbstverständlich hinzunehmen, sondern der kritischen Prüfung zugänglich zu machen. Dafür spricht u. a. das geschichtliche Faktum, daß oft nicht gefragt wird, was wir unter „Psychologie“ verstehen *wollen*, sondern, was wir unter „Psychologie“ verstehen *müssen*, um, an bestimmten forschungsleitenden Prinzipien von denen wir wegen ihrer augenscheinlichen Selbstverständlichkeit nicht abgehen wollen, festhalten zu können.

Literatur

Aschenbach, G.: Erklären und Verstehen in der Psychologie. Bad Honnef: Bock & Herchen, 1984.

Aschenbach, G./Kempf, W. (Hrsg.): Methodenprobleme in der Psychotherapieforschung. Ein handlungspsychologischer Ansatz. Eschborn: Fachbuchhandlung für Psychologie, 1985.

Bieri, P. (Hrsg.): Analytische Philosophie des Geistes. Königstein: Hain, 1981.

Bieri, P.: Generelle Einführung. In: Bieri, P. (Hrsg.): Analytische Philosophie des Geistes. Königstein: Hain, 1981 a.

Block, N.: What is philosophy of psychology? In: Block, N. (Ed.): Readings in philosophy of psychology. Vol. 1. London: Methuen, 1980.

Brandtstädter, J. (Hrsg.): Struktur und Erfahrung in der psychologischen Forschung. Berlin: De Gruyter, 1986.

Brentano, F.: Psychologie vom empirischen Standpunkt. Bd. 1. Leipzig: W. Engelmann, 1874.

Cole, B./Arnold, W. J. (Ed.): Nebraska Symposium on motivation. New York: Columbia University Press, 1975.

Dilthey, W.: Der Aufbau der geschichtlichen Welt in den Geisteswissenschaften (Einleitung von M. Riedel). Frankfurt: Suhrkamp, 1981.

Freud, S.: Vorlesungen zur Einführung in die Psychoanalyse. Gesammelte Werke, Bd. 11. Frankfurt: Fischer, 1940.

Fromm, E.: Haben oder Sein. München: DTV, 1979.

Fromm, E.: Das Menschenbild bei Marx. Frankfurt, Ullstein, 1982.

Gadamer, H.-G./Vogler, P.: Neue Anthropologie. Bd. 1-7. Stuttgart: DTV/Thieme, 1972 - 1975.

Gergen, K. J.: Social psychology as history. Personal Social Psychological Bulletin, 2, 1976, 373-383.

Giegel, H. L.: Logik der seelischen Ereignisse. Frankfurt: Suhrkamp, 1969.

Herzog, W.: Modell und Theorie in der Psychologie. Göttingen: Hogrefe, 1984.

Hövelmann, G. H.: Sprachkritische Bemerkungen zur evolutionären Erkenntnistheorie. Zeitschrift für allgemeine Wissenschaftstheorie, 1, 1984, 92-121.

Holzkamp, K.: Kritische Psychologie. Frankfurt: Fischer, 1972.

Hull, C. L.: Principles of behavior. New York: Appleton-Century, 1943.

Jonas, H.: Macht oder Ohnmacht der Subjektivität. Frankfurt: Insel, 1981.

Jüttemann, G. (Hrsg.): Psychologie in der Veränderung. Weinheim: Beltz, 1983.
Jüttemann, G. (Hrsg.): Qualitative Forschung in der Psychologie. Weinheim: Beltz, 1985.
Kamlah, W.: Philosophische Anthropologie. Mannheim: Bibliographisches Institut, 1973.
Kamlah, W./Lorenzen, P.: Logische Propädeutik. Mannheim: Bibliographisches Institut, 1967.
Kant, I.: Kritik der reinen Vernunft. Hrsg. von der Preussischen Akademie der Wissenschaften. In: Kant, I.: Gesammelte Schriften. (Nachdr. d. Ausg. 1911) Berlin: de Gruyter, 1973.
Kant, I.: Vorlesungen über Logik.
Keller, W.: Psychologie und Philosophie des Wollens. München: Reinhardt, 1954.
Keller, W.: Einführung in die philosophische Anthropologie (2. Aufl.). München: Franke, 1971.
Kempf, W./Aschenbach, G. (Hrsg.): Konflikte und Konfliktbewältigung. Handlungstheoretische Aspekte einer praxisorientierten psychologischen Forschung. Bern: Huber, 1981.
Lenk, H. (Hrsg.): Ethik der Wissenschaften. München: Schöningh, 1985.
Lorenzen, P./Schwemmer, O.: Konstruktive Logik, Ethik und Wissenschaftstheorie. Mannheim: Bibliographisches Institut, 1973.
Martens, E./Schnädelbach, H. (Hrsg.): Philosophie. Ein Grundkurs. Reinbek: Rowohlt, 1985 a.
Martens, E./Schnädelbach, H.: Zur gegenwärtigen Lage der Philosophie. In: Martens, E./Schnädelbach, H. (Hrsg.): Philosophie. Ein Grundkurs. Reinbek: Rowohlt, 1985 b.
Mischel, Th.: Psychologische Erklärungen. Gesammelte Aufsätze. Frankfurt: Suhrkamp, 1981.
Mittelstrass, J. (Hrsg.): Enzyklopädie Philosophie und Wissenschaftstheorie. Bd. 1, 2. Mannheim: Bibliographisches Institut, 1980/1984.
Neel, A. F.: Handbuch der psychologischen Theorien. Frankfurt: Fischer, 1983.
Popper, K. R./Eccles, J. C.: The self and its brain. Berlin: Springer, 1977.
Quittmann, H.: Humanistische Psychologie. Göttingen: Hogrefe, 1985.
Rickert, H.: Kulturwissenschaft und Naturwissenschaft. Tübingen: J. C. B. Mohr, 1921.
Riedel, M.: Einleitung zu „Wilhelm Dilthey: Der Aufbau der geschichtlichen Welt in den Geisteswissenschaften". Frankfurt, Suhrkamp, 1981.
Robinson, D. N.: Toward a science of human nature. Essays on the psychologies of Mill, Hegel, Wundt and James. New York: Columbia University Press, 1982.
Robinson, D. N.: Philosophy of psychology. New York: Columbia University Press, 1985.
Ryle, G.: The concept of mind. London 1949 (Deutsch: Der Begriff des Geistes. Stuttgart: Reclam, 1969).
Scheler, M.: Der Formulismus in der Ethik und die materiale Wertethik. Bd. I, II. Halle, 1913/1916.
Schuler, H.: Ethische Probleme psychologischer Forschung. Göttingen: Hogrefe, 1980.
Schwemmer, O.: Theorie der rationalen Erklärung. Zu den methodischen Grundlagen der Kulturwissenschaften. München: Beck, 1976.
Seel, H.-J.: Wissenschaft und soziale Praxis. Weinheim: Beltz, 1981.
Shotter, H.: Images of man in psychological research. London, 1975.
Skinner, B. F.: Science and human behavior. New York, 1953.
Smedslund, J.: Between the analytic and the arbitrary: A case study of psychological research. Scandinavian Journal of Psychology, 20, 1979, 129-140.
Spaemann, R./Koslowski, P./Löw, R. (Hrsg.): Evolutionstheorie und menschliches Selbstverständnis. Weinheim: Acta humanoria, 1984.
Watson, J. B.: Behaviorismus. Köln: Kiepenheuer & Witsch, 1968.
Windelband, W.: Geschichte und Naturwissenschaft (1894). In: Präludien, Bd. 2. Tübingen: J. C. B. Mohr, 1924.
Winsch, P.: Die Idee der Sozialwissenschaften und ihr Verhältnis zur Philosophie. Frankfurt: Suhrkamp, 1974.
Wundt, W.: Logik. Eine Untersuchung der Prinzipien der Erkenntnis und der Methoden wissenschaftlicher Forschung. Bd. 1-3. Stuttgart: Enke, 1919-1921.
Wundt, W.: Kleine Schriften, Bd. III. Leipzig: Kröner, 1921.

Politische Psychologie

Helmut Moser

1 Begriff und Problematik

Viele jüngere Eingrenzungs-Anläufe (Greenstein, 1973; Stone, 1974; Streiffeler, 1975; Klingemann/Kaase, 1981; Lippert/Wakenhut, 1983) fassen unter „Politischer Psychologie" die methodenpluralistische Untersuchung von politischen Verhaltens- und Orientierungsleistungen der Individuen und Gruppen, sowohl in Wirkungen auf politische Abläufe wie auch als deren Ergebnis. Wir hätten es danach mit einer gegenstandsbestimmten Bindestrich-Psychologie zu tun, die sich zumeist an ein implizites Vorverständnis der Politik als macht- und regierungsbezogenen Handelns anlehnt und die ihre drängendsten Forschungsfragen aus dem politischen Zeitgespräch abzuleiten bereit ist.

Dieser Zugriff gestattet einerseits einer Vielzahl von Entwürfen und Einzelstudien eine theoretisch wenig integrierte Koexistenz, andererseits aber die Sichtverengung mit jedem dieser Einzelfälle auf einige wenige, mehr oder weniger willkürlich herangezogene Variablen. Mit Hilfe einer konzeptuellen Definition versuchte Moser (1979a, 49) dieses Dilemmas Herr zu werden. P.P. sei

> „ein interdisziplinärer Forschungsansatz, der mit dem Anspruch auftritt, unter gleichzeitiger und zugleich wechselwirkungs-gerichteter Berücksichtigung der sozialwissenschaftlichen Trias: subjektiv-individuelle, sozial-gesellschaftliche und gesellschafts-politische Betrachtungsebene, mit den wissenschaftlichen Hilfsmitteln der Sozialwissenschaften die für politische Geschehensabläufe bestimmenden menschlichen Bedürfnisse und Verhaltensweisen zu erforschen, um damit Erkenntnismittel bereitzustellen, die für die Erlangung menschlicher Selbstverwirklichung hilfreich sein können. Sie ist pluralistisch im Sinne des Umgreifens verschiedener, jeweils in sich möglichst geschlossener, konkurrierender erkenntnistheoretischer Ansätze."

Einerseits müßten demnach disziplinäre und theoretische Analyse-Ebenen aufeinander bezogen, andererseits durch wissenschaftspraktische Kommunikationsstrukturen ein „wissenschaftstheoretischer Explikationsdruck" auf diejenigen ausgeübt werden, die sich P.P. zurechnen: „Politische Psychologie ist diejenige Disziplin, die ihre eigenen Zwecke, ihre politische Relevanz, *schon im Wissenschaftsprozeß selbst* reflektieren muß." (Moser/Günther, 1981, 161). Ansatzkonkurrenz, etwa eines „Organisierten Pluralismus" (Moser/Kliche, 1984) wäre ihr Mittel, „denkkollektive" (Fleck, 1980, erstmals 1935) Abschottungen zu relativieren, nicht auszugrenzen, sondern den historisch-prozeßhaften Charakter ihrer Wahrheitskonstitution hervorzuheben.

Das Gros des unübersehbaren Veröffentlichungs-Schubes unter P.P.-Fahne während des letzten Jahrzehnts folgt indes keinem systematisch-konzeptuellen Selbstverständnis: Der diskursive Bezug verschiedener Schulen steht in den Anfängen, Interdisziplinarität wird häufig – wenn überhaupt – nur additiv hergestellt. Auf seiten der Psychologie drängen sich an naturwissenschaftlichen Vorbildern entwickelte empirisch-experimentell-statistische Sichtweisen vor, denen die für P.P. unabdingbare theoretische Verknüpfung und Einordnung schwerfällt.

Gegenwärtig stellt P.P. daher eher noch einen zur Zeit rasch anschwellenden Forschungsschwerpunkt subdisziplinären Beiklangs denn einen gesellschafts- und wissenschaftstheoretisch explizierten Ansatz dar. Die überwiegende Abstinenz gegenüber wissenschafts- und gesellschaftstheoretischen Fragen läßt es angezeigt erscheinen, einen präziseren Begriff einzuführen: *„politotrope Psychologie"* (p.P.) (W. Graumann, 1984).

2 Zur jüngeren Entwicklungsgeschichte

2.1 Vorläufer

P.P. taucht als Monographie-Titel wohl erstmals bei A. Bastian (1860) auf (vgl. Scheerer, 1987). Die Umstürze, die nachgerade jede französische Generation des 19. Jahrhunderts durchlebte, die Erfahrung städtischer Ballungsräume und der Aufstieg der Arbeiterbewegung schlugen sich in alltäglich wie theoretisch überaus einflußreichen Massenpsychologien nieder (Moscovici, 1984; van Ginneken, 1986, dort weitere Sekundärschriften). Ihre Summe zog LeBon (1912, erstmals 1895): Merkmal der Massenseele sei ihre impulsiv-triebhafte Unvernünftigkeit. Freud (1921) individualisierte den Massengedanken zur libidinösen Bindung des einzelnen an den Führer, die über hypnotische Einwirkung Identifikation, Nachahmung und emotionale Ansteckung hervorbringt.

Die Übertragung psychoanalytischer Kategorien hat sich als eine der dauerhaftesten und fruchtbarsten Strömungen der P.P. erwiesen. Die Frankfurter Schule (vgl. Gesamtwürdigung Jays, 1981) legte nicht nur theoretische Beiträge zur Sozialisations- und Triebökonomie des Kapitalismus, bald auch des Faschismus (Reich, 1972, erstmals 1933), sondern auch umfangreiche empirische Untersuchungen gesellschaftlichen Bewußtseins vor (Fromm, 1983, entstanden um 1930). In den USA schuf vor allem Lasswell (1951, erstmals 1930) eine Psychopathologie der Politik-Aktivisten (Agitatoren-, Administratoren- und Theoretiker-Typ) und versuchte, politische Bewegungen durch kollektiv gleichgeartete Projektionen zu erklären. An Arbeiten der Frankfurter Schule schloß auch das Faschismus-Konzept der *Autoritären Persönlichkeit* an (Adorno et al., 1950), umrissen durch konventionelle Mittelstandswerte, unkritische Unterwürfigkeit, Aggression gegen abweichende Minderheiten, innere Abwehr des phantasievoll-einfühlsamen Fremden, Stereotypie, Rigidität, Machtdenken und Zynismus, sexuelle Verdrängungen und Projektionen.

Eben dieser Faschismus hatte seinerseits die P.P. infiziert (Poppelreuther, 1934; sozialtechnologisch Domizlaff, 1932: Massenmobilisierung durch Symbolsteuerung), die Psychologie im ganzen sich ihm im Zuge ihrer akademischen Etablierungs- und Professionalisierungsbemühungen willig beigeordnet (Geuter, 1980; 1984 a, b; Graumann, 1984; Ash/Geuter, 1985; Moser, 1987). Mit diesem Erbe tabuisierte die psychologische Zunft in der BRD nach dem Krieg auch die P.P. (Moser, 1979 a), als Gegenstand wie als wissenschaftstheoretische Reflexionskategorie der Wahrnehmung gesellschaftlicher Interessen in Blickverengungen der Forschung.

Nur ein kleines Häufchen versuchte mit P.P.-Konzepten eine Aufarbeitung des NS, vornehmlich in massenpsychologischen Begriffen (vgl. die 8 Bände bei EVA, 1963 - 1968, hrsg. und mit Beiträgen von K.-D. Hartmann, W. Metzger, P. Brückner, W. v. Baeyer-Katte; H. Wiesbrock; K. Aurin u. a.). Ziel war die Umsetzung in Programme Politischer Bildung. Der Mentor dieser Gruppierung, W. Jacobsen, war lange Zeit einziger Psychologe in der „Bundeszentrale für Heimatdienst" (ab 1963 „Bundeszentrale für Politische Bildung"). Man organisierte verschiedene Tagungen (Jacobsen, 1985).

2.2 *Aufstieg zur Subdisziplin?*

Die eben skizzierte P.P.-Strömung ist wissenschaftstheoretisch weitgehend dem vorherrschenden kritisch-rationalistischen Wertneutralitäts-Standpunkt zuzurechnen, P.P. sei „tendenz- und normfrei, d. h. nur der Wirklichkeitserhellung verpflichtet" (Jacobsen, 1982), und läßt sich daher als eher „traditionalistisch" einordnen. Während der 60er und 70er Jahre traten ihr zur Seite (Moser, 1979 a) die „Kritische Psychologie", welche als Prüfinstanz und Explikationsfeld für P.P. einzig deren gesellschaftliche Praxis zuzulassen fordert (Holzkamp, 1972; 1983), sowie die „Kritische Theorie des Subjekts" (KTS) (Brückner, 1972; Horn, 1972), die Traditionen der Frankfurter Schule weiterzuführen trachtet, vornehmlich in der Untersuchung des sich seiner selbst nicht bewußt werdenden „Alltagsbewußtseins" (Leithäuser, 1976; Volmerg et al., 1983; 1986). Namentlich zwischen KTS und „Traditionalisten" scheint sich während der letzten Jahre ein fruchtbarer Diskurs angebahnt zu haben. Als Formen dienen die seit 1979 regelmäßig durchgeführten Workshop-Kongresse P.P. und die Reihe „Fortschritte der P.P." (bis 1986 acht Bände). „PP-Aktuell" übernimmt zunehmend die Funktionen einer wissenschaftlichen Zeitschrift (hrsg. vom Vorstand der Sektion P.P. im BDP).

Auch in den USA hat die P.P. seit Knutsons (1973) Bestandsaufnahme und international seit der Gründung der „International Society of Political Psychology" 1978 mit deren jährlichen Kongressen einen offenkundigen Aufschwung genommen. Hermann (1986 a) hofft, P.P. werde nun „erwachsen" – eine These, die im Hinblick auf die o. a. Überlegungen zum vorauszusetzenden Politikfeld-Verständnis, zu wissenschafts- und gesellschaftstheoretischer Reflexion indes mit Fragezeichen versehen werden muß.

3 Gegenstände

3.1 *Zur Klassifikation politotroper Psychologie*

Eine übergreifende, theoretisch fundierte Einteilung der politotropen Psychologie(p.P.)-Themen gibt es nicht. Sie schiene auch nicht empfehlenswert, da sonst p.P. thematisch durch vermeintlich stabile Charakteristika des Politischen eingeengt, andererseits aber andere Subdisziplinen und Psychologien aus der Reflexion ihrer politischen Gehalte entlassen zu werden drohen. Versuche phänomenologischer Einteilungen liegen vor (Jacobsen, 1963; Knutson, 1973), wobei die Weiterentwicklung taxonomischer Zugriffsversuche (Günther, 1982) zur Förderung der Kategorienklarheit als durchaus vielversprechend anzusehen ist. Eine begriffliche Gliederung nach intendierten Geltungsbereichen wissenschaftlichen Handelns (Moser, 1979 b) ist noch nicht fruchtbar geworden, aber auch nicht einteilungsabsolut, sondern als heuristisches Werkzeug zu verstehen: Nur in bezug auf diese Kategorien sind überhaupt Aushandlungen des Relevanz- und Gültigkeitsanspruchs möglich (Moser, 1985).

3.2 Klassische Themen unter gegenwärtigen Perspektiven

Masse und Soziale Bewegung. – Die psychoanalytisch gefärbte Massenpsychologie weist trotz ihrer Lebendigkeit bis in die 50er Jahre (zahlreiche Titel in Jacobsen, 1985) und trotz eines jüngsten, prominenten und schillernd anregenden Wiederbelebungsversuches (Moscovici, 1984) Mängel auf (Heinz/Schöber, 1972): Die mechanistisch überhauchte Tiefenpsychologie entzieht sich dem Nachweis, übersieht die innere Gliederung der nur scheinbar amorphen Massen und erklärt ihre Ursachen nicht. Zeitgenössische Erklärungsanläufe sozialer Bewegungen unter Rückgriff auf Massenbegrifflichkeit (z. B. Pross/Buss, 1984) heben daher auch im spontanen Protest strukturierende Werte und Interessenkonflikte hervor.

Persönlichkeit und Politik. – Die von Adorno et al. (1950) entfaltete Vermittlungsgröße „Autoritärer Charakter“ zwischen gesellschaftsstrukturell gesteuerter lebensweltlicher Prägung und politischem Handeln gab trotz gravierender methodischer Einwände (Christie/Jahoda, 1954) schier unerschöpflich neue Einstellungsskalen her. Quasi als konservatives Gegenprogramm bildete Rokeachs (1960) Dogmatismus-Begriff im Stile des vorherrschenden Totalitarismus-Verständnisses (scheinbar) mühelos Links- und Rechtsextremismus in dieselbe Dimension ab (Kritik: Keiler/Stadler, 1978). Eine ganze Reihe (als angeboren vermuteter) Temperamentszüge könne politisches Verhalten beeinflussen (Eysenck/Wilson, 1978; Eysenck, 1981; kritisch zu Eysencks Arbeiten Billig, 1981). Knutson (1973) versucht ihre Besprechung einschlägiger Studien gegen Psychologismus abzusichern, indem sie die Multikausalität politischen Verhaltens betont.

Politische Natur des Menschen. – Invarianten der menschlichen Natur gehören zu den frühesten p.P.-Gegenständen und werden bis heute als Konzept gehalten (Somit/Peterson, 1986). Davies (1963), angelehnt an Maslows Hierarchie der Bedürfnisse, spürt frustriertem Verlangen nach Nahrung, Wärme, Sicherheit, Gleichheit, Selbstentfaltung u. a. m. in politischem Protest nach. Der geschichtlich-besonderen Überformung der menschlichen Natur gehen Psycho-Biographien (Glad, 1973) und durchgängig psychoanalytisch ausgerichtete Psycho-History (Fallgruben- und Feld-Übersicht anhand von Hitler-Charakteronomien: Cocks, 1986) nach. Konzeptuelle Sicherungen gegen psychologische Reduktion hat das Feld bislang nicht entwickelt.

Internationale Verständigung. – Die Psychopathologie der Politik hatte bereits Wahrnehmungs-Stereotypien (Antisemitismus) erkannt. Während des Kalten Krieges wurde unübersehbar, wie sehr auch international die gegenseitigen Images der Akteure Entscheidungen beeinflußten. Schon Osgood (1962) empfahl, die Mechanik symmetrischer Bedrohungsgefühle gezielt durch De-Eskalationsschritte zu unterlaufen. Der Sammelband von Kelman (1965) schildert von Propaganda mobilisierte Feindbilder der Supermächte, die spiegelbildlich die gegnerischen politischen Eliten als Diener eines „bösen“ Systems und die Massen als seine verführten Opfer darstellten. Nationale Stereotypen und Feindbilder erwiesen sich infolge selektiver Wahrnehmung als äußerst erfahrungs-resistent, auch gegen transkulturelle Kontakte. Sie hängen über das „Sicherheitssyndrom“ (Gantzel-Kress/Gantzel, 1981) möglicherweise mit dem älteren Sicherheits-Paradigma im Wertewandel zusammen (Rönsch, 1981). Der Bereich internationaler Wahrnehmung, in den über die Persönlichkeit der Entscheidungsträger und die Struktur der öffentlichen Meinung alle anderen p.P.-Kategorien einfließen können, ist einer der belebtesten und materialreichsten (Mandel, 1986). Parallelisiert man die Sozialpsychologie der Wahrnehmung von Konflikten und Lösungsstrategien mit entscheidungstheoretischen Überlegungen, so ergeben sich Handlungsanweisungen für kooperative Konfliktbearbeitung (Deutsch/Shichman, 1986).

3.3 Hinweise zum aktuellen Themenspektrum

Politische Einstellungen, Werte, Sozialisation. – Ein zentraler Einwand gegen die „Autoritäre Persönlichkeit“ hatte gelautet, sie bilde nur eine Subkultur ab (Sanford, 1973). Individuelle und gesamtgesellschaftliche Konsistenz und Handlungsverbindlichkeit politischer Einstellungsmuster sind nach wie vor umstritten: Politische Entscheidungen werden zusehends kurzfristiger, personalisierter, kenntnisärmer und wechselhafter getroffen, ja Konsistenz scheint mit niedriger Bildung und Unverbundenheit der politischen Orientierungsmuster zusammenzuhängen (Sniderman/Tetlock, 1986). Die von daher zu fordernden Differenzierungen von Ursachen und Wirkungen sich überlagernder politischer Orientierungen waren im Ansatz „Persönlichkeit und Politik“ oft in den Hintergrund getreten. So charakterisierten Riesman et al. (1958) die Gesamtgesellschaft: Soziale Steuerung greife nicht mehr über verinnerlichte Werte des starken Ich/Über-Ich (der protestantischen Ethik), sondern immer mehr über Gruppenerwartungen auf die kurzfristig funktionalisierbare „außengeleitete Persönlichkeit“ zu.

Diese Vorstellung eines dominanten Orientierungs-Musters wird in der These vom Wertewandel (Kmieciak, 1976; Inglehart, 1977) modifiziert: „Postmaterialistische" Ziele der Selbstverwirklichung, politischen Beteiligung und ökologischen Unversehrtheit verdrängten das materialistische Verteilungs-„Paradigma", in dem wirtschaftliche, öffentliche und militärische Sicherheit die tragende Rolle spielten.

Diesen Wandel unterstellend, kann man die Gesellschaft in „Vor-" und „Nachhut" einteilen und deren soziologisches Profil erfassen (Vergleich von Ökologie-Bewegungen siehe Milbrath, 1986: eher Frauen, Weiße, Höhergebildete, Dienstleistungsbeschäftigte in der Vorhut; Gewicht der Umweltschäden und mögliche technische Reparaturen zwischen Vor- und Nachhut sind umstritten).

Die Unterstellung gesamtgesellschaftlich dominanter Werte-Paradigmata überdeckt empirische Vereinfachungen in der Wertewandel-These, darunter Abweichungen der Kohorten vom Postmaterialismus-Indikator, die nicht viel mit der angenommenen Sozialisation durch generationenspezifischen (z. B. wirtschaftlichen) Mangel zu tun haben mögen (Böltgen/Jagodzinski, 1984).

Reine Einstellungs-Konzepte, von Konsistenz, Einheitlichkeit und Verbreitung abgesehen, wären auch nur bedingt zur Erklärung politischer Verhalten geeignet. Hinter ihnen können erstens andere, tiefersitzende Entwürfe politischer „Basisregeln" zur Definition von Makrosituationen stecken (Konfliktlösungs-Strategien in Abitur-Aufsätzen 1917-1971: Mohler, 1981). Sie können zweitens die wandelbare Oberfläche einer ideologisch-personalen Dynamik wie selbstverständlich totalisierter Tauschverhältnisse anzeigen, die als „Alltagsbewußtsein" gesellschaftlich zugefügtes Leid verdecken, abwehren und erträglich verarbeiten helfen (s. o.: KTS). Drittens erfolgt die Auswahl „politischer" Einstellungen leicht auf systemisch wahrgenommene oder gar *nur* wünschenswerte politische Teilnahme, etwa Wahlverhalten, verengt. „Politische Kultur" (konzipiert für die Vergleichende Regierungslehre von Almond/Verba, 1963) erfaßt Einstellungen und Loyalitäten, die auf institutionelle Spielregeln der Interessenaggregation eines politischen Systems gerichtet sind. Um handlungsführend zu werden, benötigen Einstellungen und Werte, viertens, weitere kognitive Ausrichtungen, wie Ursachenzuschreibungen und wahrgenommene Handlungsspielräume (Preiser, 1983). Schließlich führt erst das Konzept der Politischen Sozialisation alle diese Konstrukte an die Abbildung geschichtlicher Entwicklungen heran; es hat zentrale Bedeutung für die p.P. gewonnen (Claussen/Wasmund, 1982).

Merelman (1986) macht jedoch darauf aufmerksam, daß mit dem Verfall theoretischer Perspektiven auf Politische Sozialisation ein induktivistisches Durchwursteln in Länder- und Mikro-Studien Platz gegriffen habe, je nach impliziter Gesellschaftstheorie träten andere Schwerpunkte hervor: Eine systemtheoretische Betrachtung wird sich eher für die Schaffung diffuser Loyalität, eine pluralimustheoretische für die Identifikation mit Interessengruppen und Parteien, eine marxistische für falsches Bewußtsein und seine Agenturen interessieren.

Politische Kommunikation und Partizipation. – Politische Teilnahme wie Apathie entstehen im Sozialisationskreisläufen (Gronemeyer, 1979), zu deren Untersuchung traditionell Isolation, Entfremdung von gesellschaftlichen Einrichtungen und Anomie (Normverlust durch raschen sozialen Wandel) herangezogen werden.

Bezeichnend für ältere Studien war vielfach, daß sie ein systemisch bestimmtes Mittelmaß an Teilnahmebereitschaft zugrunde legten und erhöhte Partizipation als Eingliederungsstörung der Individuen in die Gesellschaft verstanden. Politische Wahrnehmung wird oft noch aus institutioneller Perspektive geschildert (US-Präsidenten in der öffentlichen Meinung: Kinder/Fiske, 1986). Die Erforschung politischer Führung typologisiert nicht nur Entscheidungsträger, etwa nach ihren Karriere-, Anerkennungs-, Ethik- oder Zupakker-Motivationen, sondern forscht nach emotiven Loyalitätsbedingungen: Vertrauensvorschüsse, Gleichgültigkeit der Geführten, Identifikation, Austausch emotionaler Befriedigungen (Hermann, 1986 c).

Auch das Konzept der Partei-Identifikation bezieht politisches Verhalten auf bestehende Machtverhältnisse. Begriffen die Erie-County-panels (Lazarsfeld et al., 1944) die Wahlentscheidung als Ergebnis eines in zweistufiger Öffentlichkeit durch Meinungsführer vermittelten Ausrichtens an ansozialisierten Gruppenzugehörigkeiten, die andere Präferenzen am ehesten unter „cross-pressures" gestatteten, so traten im nicht minder einflußreichen, deutlich psychologischeren Ansatz des Survey Research Center (Campbell et al. 1954) Partei-Identifikation, Beurteilung von einzelnen Problemen und Kandidaten in den Vordergrund (zur Kritik z. B. Streiffeler, 1975; zur Fortschreibung bis in jüngere Zeit: Wasmund, 1979).

In der BRD sorgte zunächst vor allem eine Schwächung der traditionellen Wählermilieus (Liepelt/Mitscherlich, 1968) für eine Integration des „Bezugsgruppen-" mit dem „Einstellungs-

Ansatz". Mittlerweile trifft Parteiidentifikation im Zeichen größerer Wechsel- und Nichtwähler-Potentiale und direkter Einflußformen gegenüber politischem Protest hintan. Lederer (1986) referiert die wesentlichsten (transnationalen) Resultate:

weiter als Protestverhalten selbst verbreitete Bereitschaft hierzu, besonders unter jüngeren Bürgern, freigesetzt unter erfolgversprechenden örtlichen Bedingungen; entsprechende Ablehnung staatlicher Repressionsmaßnahmen; breite Überlappungen der Gruppen, bei individueller Repertoire-Erweiterung in beiden Richtungen; langzeitlich anwachsende politische Kompetenz; (zu Beginn der 80er Jahre) nur bei Minderheiten nachweisbares Mißtrauen in die Problemlösungsfähigkeit des politischen Systems (gegenüber der Regierung allein) als Voraussetzung gewalttätig-extremer Protestformen; Herausbildung einer (auch politisch-partizipatorischen) Subkultur.

Terrorismus. – Dieser stellte sich der p.P. einerseits als biographisch-sozialpsychologischer Gegenstand (introspektive, Reinheit revolutionärer Identität bezweckende Selbstkritik unter RAF-Frauen: Baeyer-Katte; Gruppendynamik: Wasmund), andererseits aber als – möglicherweise verdrängungs- oder projektionsgespeiste (Hakker) – Überreaktion der Mehrheit und Staatsmacht dar (Cobler), die gesellschaftliche Ursachen und Irrationalität ausblendet (Rammstedt; alle in Moser, 1981). Die jüngere amerikanische und internationale Forschung scheint sich eher auf erstere Fragestellung hin zu bewegen (über widersprüchliche Einstellungen der Terroristen zu Gewalt, schrittweise Rekrutierung, „stress-seeking", über Rückführung terroristischer Opferbereitschaft auf weibliche Sozialisation und Sexualität oder Projektionen sowie Behinderung beim Aufbau tragfähiger Identität, über Verengung von Kommunikation, Wahrnehmung, Schuld- und Konfliktverarbeitung sowie Selbsteinschätzung auf die Primärgruppe und über Reaktionen der Opfer: Crenshaw, 1986; Kritik an psychologistischer Reduktion in Moser, 1981).

Politische Bildung. – Bundesrepublikanische Besonderheit angewandter p.P. (Moser, 1986a): Befunde der Sozialisations-, Werte-, Jugend- und Partizipationsforschung werden zur Befruchtung der Politischen Bildungsarbeit herangezogen (Hartmann, 1980; Claussen/Wasmund, 1982; Kohr/et al., 1983; theaterpädagogische Friedens-Unterweisung: Steinweg et al., 1986; Rollenspiele zu Vorurteilen: Ostermann/Nicklas, 1984).

Jugend. – Besonders im Hinblick auf Wertewandel und unkonventionelle Partizipationsformen gewann die Jugendforschung in der p.P. während der letzten Jahre eigenständige Bedeutung (Kohr et al., 1983; Stiksrud, 1984). Einen deutlichen Impuls versetzte ihr die Rezeption der (Piaget-)Kohlbergschen Moral-Schemata. Ganser (1983) findet situations- und sozialisationsbestimmte Zusammenhänge zwischen Moralstufen und Partizipation; konventionelle sei „quasi nicht moralisiert". Andererseits wurde das Kohlberg-Schema, das selten genug eindeutig auf die Daten paßte, zerlegt, ergänzt, neu verknüpft.

Arbeitslosigkeit. – Ein jüngerer Forschungsgegenstand (vgl. jedoch Jahoda et al., 1975, zuerst 1933), bislang eher Spezifikum der westdeutschen p.P.: Politisches Engagement der Arbeitslosen scheint dadurch behindert, daß der schmerzhafte Kontrollverlust eine passive Distanzierung von Politik auslöst, daß internale Ursachen-Attributionen individuelle Lösungsversuche (z. B. Aufgabe von Berufswünschen) begünstigen und daß organisierter Widerstand die Identifikation mit der abgelehnten Arbeitslosen-Rolle voraussetzt (zu Kontrollerwartungen und Attributionsmustern unter der Drohung von Arbeitslosigkeit: Moser/Preiser, 1984; vgl. Kieselbach/Wacker, 1985).

Friedensforschung. – Auch die Friedensbewegung ließe sich unter Mikro-Aspekten politischer Sozialisation abhandeln (vgl. z. B. die Selbstzeugnisse in Horn/Senghaas-Knobloch, 1983: Dabei scheinen viele Veröffentlichungen sich billiger sozialtechnologischer Funktionalisierung zu entziehen zu versuchen. Hervorzuheben wären vielleicht Analysen des Übereinklanges von Gesellschaftsstrukturen und Konflikt-Motivationen und -regelungen (Horn, 1983), – nicht nur methodisch attraktiv – auch die Herausarbeitung von Alltagsbewußtsein durch Gruppendiskussionen (Volmerg et al., 1983).

4 Perspektiven Politischer und politotroper Psychologie

P.P. als Grundlagendisziplin im oben geforderten Zuschnitt gibt es nicht, obschon am ehesten noch in Deutschland, wo diese breite sozialwissenschaftliche Orientierung auch historisch am tiefsten verwurzelt ist (z. B. Verknüpfungs-Traditionen von Psychologie, Philosophie und Gesellschaft, neben der Frankfurter Schule besonders W. Stern – vgl. Moser, 1987 – und auch Wundt, dessen Völkerpsychologie eine seinem Selbstverständnis widersprechende Aufnahme fand; vgl. Scheerer, 1987).

In den USA hat P.P., von vereinzelten Dissidenten (z. B. Berman, 1986) abgesehen, ein rein politotropes Sammelbecken gebildet, in dem erst neuerdings (Hermann, 1986b) die Besinnung auf die wenigstens zweiseitige Komplexität des Gegenstandes explizit zu beginnen scheint: P.P. stelle einerseits einen Analyseansatz der psychologischen Sedimente politischer Situationen und andererseits den Versuch dar, politische Auswirkungen individualistisch verstandenen Handelns zu untersuchen.

Während P.P. weiterhin Entwurf und Herausforderung bleibt, ist für p.P. immer größer werdende Nachfrage festzustellen bzw. zu erwarten: Der gesellschaftliche Komplexitätszuwachs steigert einerseits den Steuerungsbedarf und macht ihn andererseits als konkrete Zielsetzung immer unrealistischer. Anschwellende Virulenz der als Sinn- und Bewußtseinskrisen apostrophierten Befindlichkeiten wird aber *auch* p.P. immer mehr vor die Notwendigkeit stellen, sich ihrer gesellschaftstheoretischen und politischen Implikationen bewußt zu werden: Ansonsten geht sie, geht jede Sozialwissenschaft, des immer noch hochgehaltenen Glaubens verlustig, wenigstens insoweit denk-autonom zu sein, als es ihr offen erscheint, *wie* sie auf gesellschaftliche Herausforderungen reagieren *will*.

Literatur

Adorno, T. W./Frenkel-Brunswick, E./Levinson, D./Sanford, N.: The authoritarian personality. New York: Harper, 1950.

Almond, G. A./Verba, S.: The civic culture. Princeton: Princeton University Press, 1963.

Ash, M. G./Geuter, U.: Geschichte der deutschen Psychologie im 20. Jahrhundert. Opladen: Westdeutscher Verlag, 1985.

Bastian, A.: Politische Psychologie. Leipzig: Wigand, 1860 (= Bd. 3 seines Werkes: Der Mensch in der Gesellschaft).

Berman, R. A.: Rambo, Reagan, Rimbaud. PP-Aktuell, 2, 1986, 5-10.

Billig, M.: Die rassistische Internationale. Frankfurt: Neue Kritik, 1981.

Böltgen, F./Jagodzinski, W.: Viel Lärm um Nichts? In: Stiksrud, A. (Hrsg.): 1984, 60-72.

Brückner, P.: Marx, Freud. In: Gente, H.-P. (Hrsg.): Marxismus, Psychoanalyse, Sexpol. Frankfurt: Fischer 1972, 360-395.

Campbell, A./Gurin, G./Miller, W. E.: The voter decides. Evanston, New York: Row, Peterson & Co., 1954.

Christie, R./Jahoda, M. (Eds.): Studies in the scope and method of „The Authoritarian Personality". Glencoe: Free Press, 1954.

Claussen, B./Wasmund, K. (Hrsg.): Handbuch der politischen Sozialisation. Braunschweig: Agentur Pedersen, 1982.

Cocks, G.: Contributions of psychohistory to understanding politics. In: Hermann, M. G. (Ed.), 1986, 139-166.

Crenshaw, M.: The psychology of political terrorism. In: Hermann, M. G. (Ed.), 1986, 379-413.

Davies, J. C.: Human nature in politics. New York: Wiley, 1963.

Deutsch, M./Shichman, S.: Conflict. A social psychological perspective. In: Hermann, M. G. (Ed.), 1986, 219-250.

Domizlaff, H.: Propagandamittel der Staatsidee. Altona: (Selbstverlag), 1932.

Eysenck, H. J.: Ideologie und Persönlichkeit. In: Moser, H. (Hrsg.), 1981, 193-211.

Eysenck, H. J./Wilson, G. D. (Eds.): The psychological basis of ideology. Lancaster: MTP, 1978.

Fleck, L.: Entstehung und Entwicklung einer wissenschaftlichen Tatsache. Frankfurt: Suhrkamp, 1980.

Freud, S.: Massenpsychologie und Ich-Analyse. Leipzig: Internationaler Psychoanalytischer Verlag, 1921.

Fromm, E.: Arbeiter und Angestellte am Vorabend des Dritten Reiches. München: dtv, 1983.

Ganser, H.: Moralisches Urteil und politische Partizipationsbereitschaft. In: Kohr, H. U./Krieger, R./Räder, H.-G. (Hrsg.), 1983, 134-151.

Gantzel-Kress, G./Gantzel, K.-J.: Individuum und internationales System. In: Moser, H. (Hrsg.), 1981, 20-36.

Geuter, U.: Institutionelle und professionelle Schranken der Nachkriegsauseinandersetzung über die Psychologie im Nationalsozialismus. Psychologie und Gesellschaftskritik, 4 (13/14), 1980, 5-39.

Geuter, U.: Die Professionalisierung der deutschen Psychologie im Nationalsozialismus. Frankfurt: Suhrkamp, 1984 a.

Geuter, U.: „Gleichschaltung" von oben? Psychologische Rundschau, 35 (4), 1984 b, 198-213.

Glad, B.: Contributions of psychobiography. In: Knutson, J. N. (Ed.), 1973, 296-321.

Graumann, C. F. (Hrsg.): Psychologie im Nationalsozialismus. Berlin: Springer, 1984.

Graumann, W.: Begrüßung zum G. Workshop-Kongreß P.P., Universität Tübingen, 1984.

Greenstein, F. I.: Political psychology: A pluralistic universe. In: Knutson, J. N. (Ed.), 1973, 438-469.

Gronemeyer, M.: Politische Partizipation. In: Moser, H. (Hrsg.), 1979, 174-193.

Günther, U.: Politische Psychologie: Ein Systematisierungsvorschlag. In: Preiser, S. (Hrsg.), 1982, 294-303.

Hartmann, K. D. (Hrsg.): Politische Bildung und politische Psychologie. München: Wilhelm Fink, 1980.

Heinz, W. R./Schöber, P.: Kollektives Verhalten. In: Heinz, W. R./Schöber, P. (Hrsg.): Theorien kollektiven Verhaltens. Bd. 1. Darmstadt und Neuwied: Luchterhand 1972, 7-51.

Hermann, M. G. (Ed.): Political psychology. San Francisco – London: Jossey Bass, 1986 a.

Hermann, M. G.: Prologue: What ist political psychology? In: Hermann, M. G. (Ed.), 1986 b, 1-10.

Hermann, M. G.: Ingredients of leadership. In: Hermann, M. G. (Ed.), 1986 c, 167-192.

Holzkamp, K.: Kritische Psychologie. Frankfurt: Fischer Taschenbuch Verlag, 1972.

Holzkamp, K.: Grundlegung der Psychologie, Frankfurt: Campus, 1983.

Horn, K.: Psychoanalyse – Kritische Theorie des Subjekts. Amsterdam: de Munter, 1972.

Horn, K.: Die Verlockung der Gewalt. In: Horn, K./Senghaas-Knobloch, E. (Hrsg.), 1983, 267-339.

Horn, K./Senghaas-Knobloch, E. (Hrsg.): Friedensbewegung – Persönliches und Politisches. Frankfurt: Fischer, 1983.

Inglehart, R.: The silent revolution. Princeton: Princeton University Press, 1977.

Jacobsen, W.: Was ist „Politische Psychologie"? In: Baeyer-Katte, W. v., u. a. (Hrsg.): Politische Psychologie als Aufgabe unserer Zeit. Frankfurt: EVA, 1963, 9-16.

Jacobsen, W.: Politische Psychologie. In: Dorsch, F. (Hrsg.): Psychologisches Wörterbuch (10. Aufl.). Bern: Huber, 1982, 495-496.

Jacobsen, W.: Politische Psychologie in der Bundesrepublik Deutschland. Vorgeschichte und Bibliographie 1945-1974. Frankfurt und Hamburg: Sektion Politische Psychologie im BDP, 1985.

Jahoda, M./Lazarsfeld, P./Zeisel, P.: Die Arbeitslosen von Marienthal. Frankfurt: Suhrkamp, 1975.

Jay, M.: Dialektische Phantasie. Frankfurt: Fischer Taschenbuch Verlag, 1981.

Keiler, P./Stadler, M. (Hrsg.): Erkenntnis oder Dogmatismus? Köln: Pahl-Rugenstein, 1978.
Kelman, H. C. (Ed.): International behavior. New York/London: Holt, Rinehart & Winston, 1965.
Kieselbach, R./Wacker, A. (Hrsg.): Individuelle und gesellschaftliche Kosten der Massenarbeitslosigkeit. Weinheim: Beltz, 1985.
Kinder, D. R./Fiske, S. T.: Presidents in the public mind. In: Hermann, M. G. (Ed.), 1986, 193-218.
Klingemann, H.-D./Kaase, M. (Hrsg.): Politische Psychologie. Opladen: Westdeutscher Verlag, 1981.
Kmieciak, P.: Wertstrukturen und Wertwandel in der Bundesrepublik Deutschland. Göttingen: Otto Schwartz, 1976.
Knutson, J. N. (Ed.): Handbook of political psychology. San Francisco: Jossey Bass, 1973.
Kohr, H. U./Krieger, R./Räder, H.-G. (Hrsg.): Reproduktion von Gesellschaft. Jugend – Partizipation – Politische Bildung (=Fortschritte der Politischen Psychologie Bd. 5). Weinheim: Beltz, 1983.
Kohr, H. U./Räder, H.-G./Zoll, R.: Soziales und politisches Engagement in der Bevölkerung. In: Preiser, S. (Hrsg.), 1982, 16-37.
Lasswell, H. D.: Psychopathology and politics. In: The Political Writings of Harold D. Lasswell. Glencoe: Free Press, 1951, 1-282.
Lazarsfeld, P./Berelson, B./Gaudet, H.: The people's choice. New York: Columbia University Press, 1944.
LeBon, G.: Psychologie der Massen (2. Aufl.). Leipzig: Klinckhardt, 1912.
Lederer, G.: Protest movements as a form of political action. In: Hermann, M. G. (Ed.), 1986, 355-378.
Leithäuser, T.: Formen des Alltagsbewußtseins, Frankfurt: Campus, 1976.
Liepelt, K./Mitscherlich, A.: Thesen zur Wählerfluktuation. Frankfurt: EVA, 1968.
Lippert, E./Wakenhut, R. (Hrsg.): Handwörterbuch der Politischen Psychologie. Opladen: Westdeutscher Verlag, 1983.
Mandel, R.: Psychological approaches to international relations. In: Hermann, M. G. (Ed.), 1986, 251-278.
Merelman, R. M.: Revitalizing political socialization. In: Hermann, M. G. (Ed.), 1986, 279-319.
Milbrath, L. W.: Environmental beliefs and values. In: Hermann, M. G. (Ed.), 1986, 97-138.
Mohler, P. P.: Die vernachlässigte Situation. In: Moser, H. (Hrsg.), 1981, 391-404.
Moscovici, S.: Das Zeitalter der Massen. München/Wien: Carl Hanser, 1984.
Moser, H.: Ansätze und inhaltliche Struktur einer Politischen Psychologie. In: Moser, H. (Hrsg.), 1979 a, 19-52.
Moser, H. (Hrsg.): Politische Psychologie. Weinheim: Beltz, 1979 b.
Moser, H. (Hrsg.): Fortschritte der Politischen Psychologie, Bd. 1. Weinheim: Beltz, 1981.
Moser, H.: Sozialer Einfluß von Minoritäten: Ein Umdenk-Prozeß innerhalb der akademischen Sozialpsychologie? Ideen zu einem Sicht-Trichter-Modell. In: Kempf, W. (Red.): Beiträge zur Friedensforschung. Dialog Nr. 3. Stadtschlaining: Österr. Institut für Friedensforschung, 1985, 197-227.
Moser, H.: Politische Bildung. In: Sarges, W./Fricke, R. (Hrsg.): Psychologie für die Erwachsenenbildung/Weiterbildung. Ein Handbuch in Grundbegriffen. Göttingen: Hogrefe, 1986 a, 435-442.
Moser, H.: Politische Psychologie (...): Versuch einer wissenschaftlichen Antwort auf gesellschaftliche Herausforderungen. In: Schorr, A. (Hrsg.), 1986 b, 236-241.
Moser, H.: Anmerkungen zur Geschichte des Hamburger Psychologischen Instituts bis 1945 oder: Die verlorene Psychologie des William Stern. In: Krause, E./Huber, L./Fischer, H. (Hrsg.): Hochschulalltag im Dritten Reich. Hamburg: Reimers, 1987. (im Druck)
Moser, H./Günther, H.: Internationale Beziehungen: „Hat die Politische Psychologie vielleicht etwas dazu zu sagen?" In: Moser, H. (Hrsg.), 1981, 161-174.
Moser, H./Kliche, T.: Organisierter Pluralismus. In: Moser, H./Preiser, S. (Hrsg.), 1984, 223-240.
Moser, H./Preiser, S. (Hrsg.): Umweltprobleme und Arbeitslosigkeit. Gesellschaftliche Herausforderungen an die Politische Psychologie (=Fortschritte der Politischen Psychologie Bd. 4). Weinheim: Beltz, 1984.
Osgood, C.: An alternative to war and surrender. Urbana: University of Illinois Press, 1962.
Ostermann, Ä./Nicklas, H.: Vorurteile und Feindbilder (3. Aufl.). Weinheim: Beltz, 1984.
Poppelreuther, W.: Hitler, der politische Psychologe. Langensalza: Beyer & Mann, 1934.
Preiser, S. (Hrsg.): Kognitive und emotionale Aspekte politischen Engagements (=Fortschritte der Politischen Psychologie Bd. 2). Weinheim: Beltz, 1982.
Preiser, S. (Hrsg.): Soziales und politisches Engagement. (=Fortschritte der Politischen Psychologie Bd. 3). Weinheim: Beltz, 1983.
Pross, H./Buss, E. (Hrsg.): Soziologie der Masse. Heidelberg: Quelle und Meyer, 1984.
Reich, W.: Massenpsychologie des Faschismus. Frankfurt: Junius, 1972.
Riesman, D./Denny, R./Glazer, N.: Die einsame Masse. Frankfurt: Rowohlt, 1958.
Rönsch, H.-D.: Zum Verhältnis von Friedensforschung und Politischer Psychologie. In: Moser, H. (Hrsg.), 1981, 43-60.
Rokeach, M.: The open and closed mind. New York: Basic Books, 1960.
Sanford, N.: Authoritarian personality in contemporary perspective. In: Knutson, J. N. (Ed.), 1973, 139-170.
Scheerer, E.: Psychologie. In: Gründer, K.-F. (Hrsg.): Historisches Wörterbuch der Philosophie. Bd. 7, Basel: Schwabe 1987 (im Druck).
Schorr, A. (Hrsg.): Bericht über den 13. Kongreß für Angewandte Psychologie, Bd. 1, Bonn: DPV, 1986.
Somit, A./Peterson, S. A.: Biological correlates of political behavior. In: Hermann, M. G. (Ed.), 1986, 11-38.
Sniderman, P. M./Tetlock, P. E.: Interrelationship of political ideology and public opinion. In: Hermann, M. G. (Ed.), 1986, 62-96.
Steinweg, R./Heidefuss, W./Petsch, P.: Weil wir ohne Waffen sind. Frankfurt: Brandes & Apsel, 1986.
Stiksrud, A. (Hrsg.): Jugend und Werte. (=Fortschritte der Politischen Psychologie Bd. 7). Weinheim: Beltz, 1984.
Stone, W. F.: The psychology of politics. New York: Free Press, 1974.
Streiffeler, F.: Politische Psychologie. Hamburg: Hoffmann und Campe, 1975.
Van Ginneken, J.: Die dritte Republik und die vernachlässigten französischen Wurzeln der Politischen Psychologie. In: Schorr, A. (Hrsg.), 1986, 224-231.
Volmerg, B./Senghaas-Knobloch, E./Leithäuser, T.: Betriebliche Arbeitswelt. Opladen: Westdeutscher Verlag, 1986.
Volmerg, B./Volmerg, U./Leithäuser, T.: Kriegsängste und Sicherheitsbedürfnis. Frankfurt: Fischer Taschenbuch Verlag, 1983.
Wasmund, K.: Wählerverhalten. In: Moser, H. (Hrsg.), 1979, 194-218.

Prävention

Wolfgang Stark

1 Rahmenbedingungen und Ziele

Die Begriffe „Prävention“ oder „präventiv“ erfreuen sich seit einiger Zeit einer wachsenden Aufmerksamkeit im Rahmen psychosozialer Versorgung. Das Ziel, (psychisches) Leid und Störungen von vornherein zu verhindern und damit auch kurative Maßnahmen tendenziell unnötig zu machen, wurde zwar seit langem programmatisch formuliert (zuletzt in der sog. „Psychiatrie-Enquete“ des Deutschen Bundestages, 1975). Als professionelles Tätigkeitsfeld wird „präventives Handeln“ von Psychologen und anderen verwandten Berufen bislang jedoch kaum wahrgenommen: Sowohl Forschung als auch die Praxis sind fast ausschließlich auf in weiterem Sinne therapeutische Interventionen konzentriert – und damit auch das Selbstverständnis der Professionellen. Sozialpolitische Anreize für präventive Ansätze wurden in einem bisher weitgehend kurativ orientierten Gesundheitssystem kaum gegeben (Fuß et al., 1984).

Die Logik der Forderungen nach präventiven Konzepten in der psychosozialen Versorgung ist dabei unmittelbar einsichtig: Selbst bei unbegrenzten finanziellen Ressourcen sind psychosoziale Probleme in der Bevölkerung (epidemiologische Studien: Dilling/Weyerer, 1978, gehen von ca. 15% in der Gesamtbevölkerung aus) mit rein kurativen Maßnahmen nicht in den Griff zu bekommen (Task Panel on Prevention, 1978).

Mit präventiven Ansätzen in der psychosozialen Versorgung werden also vor allem zwei Hoffnungen verbunden:

- Einerseits wird versucht, einen Ausweg aus der Begrenztheit eines individuumzentrierten kurativen Ansatzes zu finden, den auch die Praktiker oft als „unzureichendes Krisenmanagement“ empfinden. Der therapeutische Thriumphalismus der verschiedenen psychologischen Therapieschulen ist längst einer Ernüchterung und darauf folgenden Bescheidenheit gewichen. Die Grenzen von Interventionstechnologien wie z. B. verhaltenstherapeutischen Ansätzen zeigen sich in dem Maße, wie die Komplexität der alltäglichen Lebenswelt der Klienten mit ihren sozialen, interaktionalen und psychologischen Aspekten erkannt wird (Buchholz, 1984).
- Andererseits erhoffen sich vor allem Politiker von einer präventiven Zugangsweise zu psychosozialen und gesundheitlichen Problemen einen Beitrag zur Eindämmung der explodierenden Kosten im Sozial- und Gesundheitswesen (Stark, 1982; Albee, 1983). Dies führt gerade in einer Zeit restriktiver Sozialpolitik, in der wohlfahrtsstaatliche Einrichtungen zugunsten von vermeintlichen „Selbsthilfepotentialen“ in der Bevölkerung zurückgeschraubt werden sollen, zu einer Propagierung präventiver Ansätze, die die steigende Zahl psychosozialer Probleme in Zukunft und damit die Inanspruchnahme (psycho)sozialer Dienste verringern könnten.

Dies sind allgemeine Rahmenbedingungen präventiver Konzepte in der psychosozialen Versorgung, die sowohl sehr hohe Erwartungen, als auch hier schon absehbare Interessenskonflikte enthüllen. Deutlich wird damit bereits zu Anfang, daß die Konzeption von P. auf eine wissenschaftlich fundierte praktische Tätigkeit im psychosozialen Bereich abzielt, die sich in (sozial)politischen Konfliktfeldern bewegt und sich dessen auch bewußt sein muß.

2 Zur Problematik des Begriffs „Prävention“

Trotz vielfältiger Konzepte und empirischer Studien zum Begriff und zu unterschiedlichen Formen „psychologischer Prävention“ (Bloom, 1981; Brandtstädter/Eye, 1982) bleibt es auch nach einer Durchsicht der neueren Literatur zum Thema immer noch unklar, was eigentlich unter P. wirklich zu verstehen ist. So findet man unter diesem Etikett z. B. Rückfall-P., Identifikation und Behandlung von Risikogruppen, Therapie als P., Verhaltensmedizin, Kompetenztraining, Gemeinwesenarbeit, Aufbau sozialer Netze, politische Arbeit u. v. m. (Fliegel et al., 1983). Die herrschende Konjunktur läßt ihn zu einem *Modebegriff* werden, mit dem sich (ähnlich wie in der Psychotherapie mit Begriffen wie „integrativ“ oder „systemisch“) so manche traditionelle Vorgehensweise dem Zeitgeist entsprechend garnieren läßt.

Dieser inflationäre Gebrauch des Begriffs „Prävention“ wird zwar immer wieder kritisiert (Cowen, 1985), läßt sich jedoch sicherlich nicht leicht eindämmen, da das Konzept selbst eine gewisse Unschärfe in sich trägt: Die Zielsetzung und die Wahl des Zeitpunktes für den Einsatz präventiver Konzepte hängen nicht nur von fachlich-wissenschaftlichen, sondern in verstärktem Maße von gesellschaftlich-politischen Aspekten ab, besonders wenn nicht nur individuelle Verhaltensweisen, sondern auch allgemeine Lebens- und Entwicklungsbedingungen ins Blickfeld kommen. Zudem heben die Planung und Durchführung präventiver Maßnahmen traditionelle Professions-

Rollenmuster auf: Zusätzlich zu psychologischem Handlungswissen bekommen pädagogische, sozialpolitische, juristische und administrative Aspekte Gewicht (Brandtstädter/v. Eye, 1982).

P. läßt sich so auch als ein *„praxeologischer Dispositionsbegriff"* (Groeben/Westmeyer, 1981) kennzeichnen; d. h. obwohl sich P. immer auf konkretes individuelles oder kollektives Handeln bezieht, lassen sich weder der Gegenstand präventiver Ansätze noch der Effekt präventiven Handelns direkt beobachten.

3 Ansätze und Konzepte präventiver Tätigkeit

Kategoriale Einteilungen von präventiven Ansätzen und Programmen und entsprechende Effektivitätsstudien finden sich vor allem in der amerikanischen Literatur, da dort die Entwicklung präventiver Handlungskonzepte im Rahmen der Reform der psychosozialen Versorgung in den USA und der Etablierung gemeindepsychologischer Arbeitsperspektiven bereits Anfang der 70er Jahre zu einer zentralen Forderung erhoben wurde (Klein/Goldston, 1976).

Caplans (1964) Unterscheidung von *primärer, sekundärer* und *tertiärer* P. verdeutlicht dabei, daß sich der P.gedanke als Prinzip durch alle Teile der psychosozialen und gesundheitlichen Versorgung ziehen kann: Vorbeugende Maßnahmen wie Kompetenztrainings oder Aufklärungskampagnen sollen das Auftreten neuer Störungen (die Inzidenzrate) verringern (primäre P.); sekundärpräventive Ansätze der möglichst frühzeitigen Erkennung von Störungen und entsprechende Interventionen könnten die Prävalenzrate (tatsächlich vorhandene Störungen) möglichst klein halten; die Langzeitfolgen von psychischen Störungen oder deren Chronifizierung können (tertiäre P.) durch entsprechende Rehabilitationsprogramme verhindert werden (Price/Smith, 1985).Der Hauptgegenstand der Diskussion sind hier jedoch Formen der primären P., da sekundäre und tertiäre P.ansätze sinnvoller als Perspektiven von therapeutischen resp. rehabilitativen Tätigkeiten diskutiert werden.

Drei grundsätzliche Zielrichtungen lassen sich im Rahmen primärer P. angeben:

1. Gesundheits*förderung*, d. h. die Unterstützung und Förderung gesunder/streßreduzierender Verhaltensweisen und die Verbesserung der Möglichkeiten von Individuen und Gruppen, mit alltäglichen Belastungen umzugehen resp. diese Belastungen zu vermindern.
2. Die *Verhinderung* von Krankheiten und psychischen Störungen durch die Identifikation und Manipulation von spezifischen Risikofaktoren.
3. Der *Schutz* oder die Erhaltung von Gesundheit durch die Verbesserung von Lebensbedingungen und/oder die Reduzierung von schädlichen Faktoren in der physikalischen und sozialen Umwelt.

Ansätze primärer P. verfolgen selten eines der Ziele allein. So versuchen z. B. Programme zur Drogen-P., durch Aufklärungskampagnen bei Eltern und Schülern „Drogenfreiheit" zu fördern, als auch durch gesetzliche oder polizeiliche Maßnahmen den Zugriff auf Drogen zu erschweren und auf diese Weise den schädlichen Einfluß von Rauschdrogen zu verringern.

Der größte Teil der bisher durchgeführten P.programme wendet sich an eine bestimmte Risikopopulation oder Zielgruppe. Über die Veränderung individueller Verhaltensweisen oder -möglichkeiten soll die Wahrscheinlichkeit manifester Störungen verrringert werden.

Inzwischen gibt es ausreichend viele Studien über den Erfolg von solchen personenzentrierten P.programmen in verschiedenen Lebensaltern und bei unterschiedlichen Problemstellungen, die sich auf die Bewältigung von belastenden Lebensereignissen (z. B. Folgen von Scheidung oder Verlust von nahestehenden Personen) oder von chronischen belastenden Lebensumständen (z. B. alleinerziehende Mütter oder Sozialhilfeempfängerinnen) beziehen (vgl. die Übersicht von Cowen, 1985). Ebenso nachgewiesen ist die Effektivität von Angeboten, die die Kompetenzen von Kindern oder Erwachsenen erhöhen, um mit vorhandenen oder zukünftigen Problemen besser und erfolgversprechender umzugehen (Cowen, 1980; Shure/Spivack, 1982).

Auch nicht-zielgruppenspezifische Ansätze, die mit Hilfe von Medien oder durch Kursangebote das Auftreten von Problemen wie z. B. Herzinfarkt oder Depression verhindern wollen, zielen auf die Veränderung individueller Verhaltensweisen (Maccoby/Alexander, 1979; Munoz et al., 1982) durch Maßnahmen der Gesundheitserziehung.

4 Grenzen und Beschränkungen

Trotz der vielen mit methodischer Brillanz durchgeführten Effektivitätsstudien präventiver Programme und einer Reihe konzeptioneller Arbeiten fehlen hier dringend notwendige theoretische Diskussionen, die den Stellenwert präventiver Ansätze im Rahmen einer Gesundheits- und Sozialpolitik umreißen (Kommer/Röhrle, 1981). Das zugrundeliegende Modell professionellen Handelns folgt nach wie vor einem traditionellen psychosozialen Versorgungsdenken, das sich vor allem auf vorhandene oder drohende Störungen bezieht und dabei den Professionellen in der Rolle eines Experten zur Lösung der Probleme des Klienten festschreibt.

Trotz vielfältiger programmatischer Beteuerungen über die Wichtigkeit präventiver Ansätze finden sich weit mehr ideologische Hintergründe für präventive Interventionen als Diskurse, die zu einer theoretischen Basis führen könnten (Stark, 1986). Der Begriff der P. ist nach wie vor bestimmt durch eine *konzeptionelle Orientierungslosigkeit*, auf die Experten und Professionelle auf unterschiedliche Weise reagieren:

1. Sie greifen auf bewährte klinisch-psychologische Methoden zurück, die lediglich auf neue Problemgruppen angewandt werden; bekannte Therapie- und Beratungskonzepte werden nicht selten lediglich umbenannt bzw. deren Einsatz zeitlich vorgezogen.
2. Nicht nur die Methoden, sondern auch der konzeptionelle Hintergrund der meisten P.programme besteht aus ideologischen Anleihen bei traditionellen Gebieten: Sowohl das Konzept der Identifizierung von Risikofaktoren, als auch gesundheitserzieherische Maßnahmen sind eindeutig krankheitsorientiert. Eine positive Gesundheits*förderung* wird weitgehend vernachlässigt.
3. Die meisten Versuche, präventives Handeln praktisch umzusetzen, stehen im Zusammenhang mit aufwendigen Forschungs- und Modellprojekten. Solche P.programme sind hauptsächlich technologie- und methodenorientiert; die Übertragbarkeit auf den praktischen Alltag bleibt in den meisten Fällen fragwürdig. Fast die gesamte Energie wird dafür aufgewandt, Interventionstechnologien und Meßinstrumente zu entwickeln (Lorion, 1983).
4. Auch Ansätze gemeindepsychologischer Arbeit, die P. als zentrale Kategorie psychosozialer Praxis ansehen (Sommer et al., 1978; Keupp/Rerrich, 1982) konnten sich bisher nur selten von einem technischen Zugang auf psychosoziale Probleme mit Hilfe von „Präventionsprogrammen“ lösen. Rappaport (1981) und andere forderten zwar die Abkehr von den traditionellen Rollenaufteilungen Professioneller/Klient gerade für den Bereich der P.; in der Praxis blieb dies jedoch – auch vor dem Hintergrund einer technologisch orientierten Sozial- und Gesundheitspolitik in den westlichen Industriestaaten – fast ausschließlich programmatisch.

Angesichts dieser Bewältigungsversuche verwundert es nicht, daß Experten, die den technologischen P.programmen distanziert und kritisch gegenüberstehen, bereits in der Idee der P. die Gefahr der *Ausweitung sozialer Kontrolle*, eine subtile Erweiterung des Zugriffs staatlicher Macht auf individuelle Freiheit befürchten (Wambach, 1983). Obzwar eine solche Analyse der Kontroll- und Machtfunktionen von – hier speziell präventiven – Interventionen im psychosozialen Bereich sicherlich ein wesentlicher Bestandteil einer „Präventionsdiskussion“ sein muß, besteht hier doch weitgehend die Tendenz, mit der Ablehnung des P.gedankens überhaupt die rein kurative Orientierung in der psychosozialen Versorgung zu stabilisieren und eine vielfach geforderte „präventive Wende“ (zur Übersicht Albee, 1983) zu verhindern.

5 Ein „neuer“ Präventionsbegriff

Die Konzeptionslosigkeit präventiver Tätigkeit und die Begründungskrise des P.begriffs sind – gerade weil präventive Ansätze in der aktuellen sozialpolitischen Landschaft mit Interesse betrachtet werden – nicht folgenlos geblieben. Fand man Anfang der 80er Jahre lediglich Protagonisten einer P. „technologie“ und deren radikale Kritiker, so hat sich inzwischen eine dritte Gruppe herausgebildet, die versucht, vor dem Hintergrund neu entstandener psychosozialer Problemlagen auch mit dem Thema „Prävention“ verändert umzugehen.

In Absetzung zum oben skizzierten traditionellen Verständnis (experteninduziert, normative Vorgaben, Aspekte sozialer Kontrolle) läßt sich dieses Bild präventiver Tätigkeit weit weniger als Suche nach Methoden und Techniken kennzeichnen. Vielmehr wird die Zielbestimmung (gesundheits)fördernder Strategien zum Thema gemacht. Hier geht es weniger um „etwas verhindern“, sondern um Aspekte der (gegenseitigen) Unterstützung, der Aktivierung und Partizipation der Bürger. Die Bestimmungsstücke einer *lebensweltbezogenen* P. und *Gesundheitsförderung* lassen sich hier nur skizzieren (vgl. dazu auch WHO, 1984):

1. Nicht individuelles (Risiko)verhalten ist durch gezielte Maßnahmen zu verändern, sondern die Bedingungen für psychosoziale Gesundheit müssen in der Lebenswelt der Bürger vorhanden sein oder dort geschaffen und gefördert werden. Die ökologische und soziale Umwelt, die Arbeitswelt, und die gesellschaftlichen Bedingungen müssen also daraufhin überprüft werden, inwieweit sie das psychosoziale Wohlbefinden der Bevölkerung behindern oder fördern.

2. Die Lebenswelt der Bürger kann nicht durch ein „von oben“ verordnetes Bündel von Regeln für den Alltag neu gestaltet werden. Die Förderung psychosozialer Gesundheit muß die jeweils unterschiedlichen Rahmenbedingungen des Alltags der Menschen ebenso berücksichtigen wie die verschiedenen Bedürfnisse, die in bezug auf psychosoziales Wohlergehen vorhanden sind. Präventives Handeln im psychosozialen Bereich muß demnach eine „Sensibilität für die Lebenswelt“ (Buchholz et al., 1985) entwikkeln und unterschiedliche Ansätze und Strategien vereinen.
3. Gemeinsam ist diesen Ansätzen die Aktivierung und Partizipation des Bürgers in seinem Alltag. Die Erweiterung und Verbesserung individueller und kollektiver Handlungsfähigkeit in verschiedenen Lebenslagen und die Erreichung einer weitestgehenden Kontrolle über sein eigenes Leben sind ein Ziel, das als Grundlage für psychisches und emotionales Wohlbefinden angesehen wird (Hohner/Hoff, 1983). Die Aufgabe des Professionellen besteht daher darin, Möglichkeiten und Bedingungen dafür zu schaffen, diese bedürfnisorientierte Handlungsfähigkeit in den verschiedenen Lebensbereichen des Menschen zu stärken. Diese professionelle Grundhaltung wird als „empowerment“ in der amerikanischen Literatur diskutiert (Rappaport et al., 1984).
4. Soziale Netzwerke und Unterstützungssysteme (Trojan, 1985; Keupp/Röhrle, 1987) können eine wichtige Grundstruktur für die Entwicklung von psychosozialer Gesundheit darstellen. Die Stärkung dieser „intermediären Instanzen“ (Berger/Neuhaus, 1977) stellt daher im Bereich lebensweltbezogener P. eine der zentralen Tätigkeiten dar, die je nach Anforderung unterschiedlich umgesetzt werden können (Stadtteil- oder Gemeinwesenarbeit; Aufbau von Selbsthilfegruppen etc.)

Konkrete Beispiele für diesen neuen Typus *lebensweltbezogenen präventiven Handelns* lassen sich in vielen Initiativen sozialer Bewegungen finden. *Selbsthilfeinitiativen* etwa zeigen, daß kollektive Bewältigungsstrategien in den verschiedensten Bereichen (Gesundheit, Behinderte, psychische Probleme) nicht nur die Bewältigung individueller Probleme erheblich erleichtern, sondern auch den aktiven Umgang mit allen Aspekten der jeweiligen Lebenswelt und die gemeinsame Gestaltung der sozialen Umwelt fördern können. Hier ist oft nur eine indirekte Unterstützung durch Professionelle nötig.

Umgekehrt finden auf Professionellenseite in Konzepten *„offener Beratung“* Aspekte der Förderung von Selbstorganisation der Betroffenen durch die Einrichtung „offener Treffpunkte“ immer mehr Beachtung (Rudeck, 1983).

Ansätze lebensweltbezogener P. und Gesundheitsförderung sind nur noch selten eng auf Bereiche psychosozialer oder gesundheitlicher Probleme beschränkt, oft verbinden sie sich mit Aspekten von *Gestaltung des Wohnumfelds* und des *Freizeitbereichs* (Tasseit, 1983). Dies kann langfristig auch Auswirkungen auf das Selbstverständnis psychologischer Tätigkeit überhaupt haben, nicht nur im Sinne eines erweiterten Tätigkeitsfeldes für Psychologen, sondern vor allem im Sinne einer grundsätzlich veränderten Perspektive auf psychisches und psychosoziales Leid, die eine nach wie vor vorherrschende Defizitorientierung in Richtung einer *„fördernden“ psychologischen Praxis* wandelt.

Literatur

Albee, G. W.: Von der Prävention psychopathologischer Erscheinungen zur Förderung menschlicher Handlungsfähigkeit. In: Fliegel, S./Röhrle, B./Stark, W. (Hrsg.): Gemeindepsychologische Perspektiven – Interventionsprinzipien. Tübingen/Köln: DGVT - GwG, 1983.

Berger, P. L./Neuhaus, R. I.: To empower people. The role of mediating structures in public policy. American Enter-prise Institute for Public Policy Research (AEI-Studies 139), Washington, D. C., 1977.

Bloom, M.: Primary prevention. The possible science. Englewood Cliffs, N. J.: Prentice Hall, 1981.

Brandtstädter, J./v. Eye, A. (Hrsg.): Psychologische Prävention. Grundlagen, Programme, Methoden. Bern: Huber, 1982.

Buchholz, W.: Lebensweltanalyse. Sozialpsychologische Beiträge zur Untersuchung von krisenhaften Prozessen in Familien. München: Profil-Verlag, 1984.

Buchholz, W./Höfer, R./Gmür, W./Straus, F.: Lebenswelt und Familienwirklichkeit. Frankfurt: Campus, 1985.

Caplan, G.: Principles of preventive psychiatry. New York: Basic Books, 1964.

Cowen, E. L.: The wooing of primary prevention. American Journal of Community Psychology, 8, 1980, 258-284.

Cowen, E. L.: Person-centered approaches to primary prevention in mental health: Situation-focused and competence-enhancement. American Journal of Community Psychology, 13, 1985, 31-48.

Dilling, H./Weyerer, S.: Epidemiologie psychischer Störungen und psychiatrische Versorgung. München: Urban & Schwarzenberg, 1978.

Fliegel, S./Röhrle, B./Stark, W.: Primäre Prävention – Fortschritte und Widersprüche. In: Fliegel, S./Röhrle, B./Stark, W. (Hrsg.): Gemeindepsychologische Perspektiven – Interventionsprinzipien. Tübingen/Köln: DGVT – GwG, 1983.

Fuß, R. (Hrsg.) Die Grünen im Bundestag): Gesundsein 2000. Berlin: Verlagsgesellschaft Gesundheit, 1984.

Groeben, N./Westmeyer, H.: Kriterien psychologischer Forschung. München: Juventa, 1981.

Hohner, H. U./Hoff, E. H.: Prävention und Therapie. Zur Modifikation von objektiver Kontrolle und Kontrollbewußtsein. Psychosozial, 20, 1983, 30-48.

Keupp, H./Rerrich, D. (Hrsg.): Psychosoziale Praxis – Gemein-

depsychologische Perspektiven. München: Urban & Schwarzenberg, 1982.
Keupp, H./Röhrle, B. (Hrsg.): Soziale Netzwerke. Frankfurt: Campus, 1987.
Klein, D. C./Goldston, S. E. (Eds.): Primary prevention: An idea whose time has come. U.S. Government Printing Office, DHEW Publication No. (ADM) 77-447, Washington D. C., 1976.
Kommer, D./Röhrle, B.: Handlungstheoretische Perspektiven primärer Prävention. In: Minsel, W. R./Scheller, R. (Hrsg.): Prävention. München: Kösel, 1981.
Lorion, R. P.: Evaluating preventive interventions: guidelines for the serious social change agent. In: Felner, R. D. et al. (Eds.): Preventive psychology. Theory, research, and practice. New York: Pergamon Press, 1983.
Maccoby, N./Alexander, J.: Reducing heart disease risk using the mass media: Comparing the effects on three communities. In: Munoz, R. F./Snowden, L. R./Kelly, J. G. (Eds.): Social and psychological research in community settings. San Francisco: Jossey-Bass, 1979.
Munoz, R. F./Glish, M./Soo-Hoo, T./Robertson, J.: The San Francisco Mood Survey Project: preliminary work toward the prevention of depression. American Journal of Community Psychology, 10, 1982, 317-329.
Price, R. H./Smith, S. S.: A guide to evaluating prevention programs in mental health. U.S. Government Printing Office, DHHS Publ. No. (ADM) 85-1365. Washington, D. C., 1985.
Rappaport, J.: In praise of paradox: A social policy of empowerment over prevention. American Journal of Community Psychology, 9, 1981, 1-25.
Rappaport, J./Swift, C./Hess, R. (Eds.): Studies in empowerment: Steps toward understanding and action. New York: The Haworth Press, 1984.
Rudeck, R.: Beratungsarbeit im Stadtteil – eine gemeindepsychologische Perspektive. In: Belschner, W. et al. (Hrsg.): Gemeindepsychologische Perspektiven – Grundlagen und Anwendungsfelder. Tübingen/Köln: DGVT – GwG, 1983.
Shure, M. B./Spivack, G.: Interpersonal problem-solving in young children: A cognitive approach to prevention. American Journal of Community Psychology, 10, 1982, 341-356.
Sommer, G./Kommer, B./Kommer, D./Malchow, C./Quack, L.: Gemeindepsychologie. In: Pongratz, L. J. (Hrsg.): Klinische Psychologie, 2. Halbband. Handbuch der Psychologie, Band 8/2. Göttingen: Hogrefe, 1978.
Stark, W.: Prävention – Fortschrittsmythos, Allmachtsphantasien, Gefahren und realistische Ansatzpunkte. In: Keupp, H./Rerrich, D. (Hrsg.): Psychosoziale Praxis – gemeindepsychologische Perspektiven. München: Urban & Schwarzenberg, 1982.
Stark, W.: The politics of primary prevention in mental health: The need for a theoretical basis. Health Promotion, 1, 1986, 179-185.
Task Panel on Prevention: Report of the task panel on prevention. The President's Commission on Mental Health. Washington D. C., 1978.
Tasseit, S.: Partizipieren lernen. Ein gemeindepsychologischer Versuch. In: Fliegel, S./Röhrle, B./Stark, W. (Hrsg.): Gemeindepsychologische Perspektiven – Interventionsprinzipien. Tübingen/Köln: DGVT – GwG, 1983.
Trojan, A.: Netzwerkförderung als Prävention. In: Röhrle, B./Stark, W. (Hrsg.): Soziale Netzwerke und Stützsysteme – Perspektiven für die klinisch-psychologische und gemeindepsychologische Praxis. Tübingen: DGVT, 1985.
Wambach, M. M. (Hrsg.): Der Mensch als Risiko. Zur Logik von Früherkennung und Prävention. Frankfurt: Suhrkamp, 1983.
World Health Organization: Health Promotion: A discussion on the concept and principles. Report of the Working Group on Concept and Principles of Health Promotion, Copenhagen: WHO ICP/HSR 602, 1984.

Professionalisierung

Ulfried Geuter und Peter Mattes

1 Definitionen

Mit dem Begriff der P. werden verschiedene Erscheinungen bezeichnet:

1. die Ersetzung von Laien durch Experten und das rasche Wachstum der Zahl der Professionellen;
2. der Prozeß, in dem ein Beruf in eine Profession umgewandelt wird;
3. die Arbeitsmarkt-Strategie einer Berufsgruppe, die sich in Konkurrenz zu anderen Berufsgruppen neue Wirkungsfelder erschließen will.
4. Schließlich versteht man unter P. den Prozeß, in dem eine vormals theoretische Disziplin ihr Wissen anzuwenden beginnt und zu einer angewandten Disziplin mit außeruniversitären Berufsrollen und einer akademischen Berufsausbildung wird. Dies trifft in Deutschland insbesondere auf Psychologie, Pädagogik, Soziologie und Politologie zu. In diesem letzteren Sinne soll der Begriff der P. im folgenden verstanden werden.

2 Differenzen in der wissenschaftlichen Literatur

Die hier gegebenen Definitionen sind nicht unumstritten. Bei Durchsicht der Literatur zur P. werden vielmehr zwei Differenzen deutlich:

- Begreifen wir eine Profession allein als einen Beruf mit „sozialer und ökonomischer Sonderstellung" (Ottersbach, 1980, 77), oder sehen wir sie im Zusammenhang mit einer Abteilung des wissenschaftlichen Wissens? Ist die P. dann allein die Arbeitsmarkt-Strategie einer privilegierten Berufsgruppe oder die höchste Stufe der Institutionalisierung einer wissenschaftlichen Disziplin?
- Sollen wir P. vor allem als einen von der entsprechenden Berufsgruppe selbst gesteuerten Prozeß auffassen, oder sind staatliche Regulationen im Spiel?

Die jeweils erste Position wird etwa von Hesse (1972) und Ottersbach (1980) vertreten. Hesse definiert eine Profession unabhängig von wissenschaftlichen Disziplinen und Ausbildungsgängen als ein „Handlungsbündel, das vor anderen ausgezeichnet ist durch eine typische Kombination zumeist monopolisierter Chancen auf spezifische, überwiegend nicht-manuelle Arbeit mit überdurchschnittlichen Erwerbschancen, überdurchschnittlichen Prestige- und Autoritätschancen sowie überdurchschnittlichen Qualifikationserwartungen" (Hesse, 1972, 69). Der Prozeß der P. wird dementsprechend verstanden als das Bemühen, Sozialprestige und Einkommen anzuheben. Ottersbach (1980) will die P. der Psychologie weitgehend unabhängig von ihren Inhalten erfassen, als eine gegen Konkurrenten abgegrenzte Reservierung von Arbeitsleistungen.

Weingart (1976, 61) hingegen sieht die P. als „Etablierung spezieller Anwendungsbereiche systematischen Wissens" einer wissenschaftlichen Disziplin.

Die P. mag ihre subjektiven Triebkräfte in der Hoffnung auf eine sozial und ökonomisch bessere Position besitzen; das Angebot einer Qualifikation wird aber nur dann Abnehmer finden, wenn diese als nützlich angesehen wird. Das heißt für akademische Berufe zum einen, daß die Berufsangehörigen über ein bestimmtes Wissen und ein daraus abgeleitetes Können verfügen müssen. Zum anderen setzt dies die Existenz von Abnehmern voraus, Individuen oder Institutionen, die nach diesem Wissen und Können fragen und es als geeignet ansehen, ihre Bedürfnisse zu befriedigen.

Zum Beispiel können Psychologen auf verschiedenen Wegen versuchen, sich auf dem Markt der freien Berufe gegenüber Medizinern und Sozialarbeitern zu behaupten; Erfolg werden sie aber nur haben, wenn sie über eigene therapeutische oder beraterische Methoden verfügen und die Öffentlichkeit diese ihre Methoden als nützlich anerkennt.

Die Antwort auf die Frage, ob die P. eher selbst gesteuert oder eher fremdgesteuert ist, hängt damit zusammen, welche Art von P. in welchem Land studiert wird. Da gesamtstaatliche Regelungen z. B. in den USA weit seltener sind, betont die US-amerikanische Literatur mehr die Eigenaktivität der Berufsgruppe. Auch Ottersbach (1980) hebt diese hervor, denn er beschäftigt sich mit den Aktivitäten auf dem gesetzlich noch weitgehend ungeregelten Psychotherapie-Markt. In einem Land wie Deutschland jedoch, in dem das universitäre Ausbildungssystem staatlicher Hoheit untersteht und viele sozialwissenschaftliche Professionelle als Beamte arbeiten, ist eine erfolgreiche P. an *staatliche Interessen* und *staatliche Steuerung* gebunden.

3 Zum geschichtlichen Verständnis

Für ein historisches Verständnis der P. der Psychologie hat es sich als sinnvoll erwiesen, folgende Faktoren zu berücksichtigen:

- die Institutionalisierung der Disziplin an den Universitäten;
- die Entwicklung eines innerhalb des Systems der Wissenschaften eigenständigen und anwendbaren Wissens;
- die außeruniversitäre Anwendung dieses Wissens, die Nachfrage nach Psychologen und die Einrichtung spezieller Laufbahnen;
- die Politik der Berufsgruppe zur Anerkennung des Faches;
- die Regelung der Qualifikation und die staatliche Ausbildungspolitik;
- die Konkurrenz zu anderen Berufsgruppen;
- die subjektiven Voraussetzungen der P. bei den Angehörigen der Berufsgruppe (Geuter, 1984, 55 ff.).

Untersucht man auch die letzten Jahre, in denen sich die berufliche Qualifizierung der Psychologen immer mehr aus den Universitäten hinausverlagert hat und von psychologischen Therapieverbänden in die Hand genommen wurde, so müssen diese Faktoren erweitert werden (s. u.).

4 Die Professionalisierung der Psychologie in Deutschland bis 1933

In Deutschland konstituierte sich die Psychologie um die Jahrhundertwende als akademische Disziplin. Zwischen 1879 und 1914 entstanden an 13 Universitäten sowie an der Frankfurter Akademie und am Hamburger Kolonialinstitut psychologische Laboratorien, Abteilungen oder Seminare; die Gruppe der psychologischen Forscher war durch ein Netz von Fachzeitschriften verbunden und seit 1904 in der „Gesellschaft für experimentelle Psychologie" organisiert; es herrschte ein Selbstverständnis, psychologische Probleme mit *empirischen*, vor allem naturwissenschaftlich-experimentellen, Methoden anzugehen.

Der 1. Weltkrieg brachte den ersten Schub im Einsatz psychologischer Methoden zu praktischen Zwecken; sinnespsychologische Untersuchungsverfahren wurden bei der Auslese von Kraftfahrern und Fliegern eingesetzt. Nach dem Krieg nutzten die Arbeitsämter und die Industrie vermehrt psychologische Verfahrensweisen, vor allem zur *Auslese und Zuweisung von Arbeitskräften*. Während die Arbeitsverwaltung einige hauptberuflich tätige Psychologen einstellte, beauftragte die Industrie mit der Lösung psychologischer Probleme vor allem Ingenieure. Eine breitere Nachfrage nach psychologischen Experten setzte jedoch erst später in der Armee ein, die seit 1925 einen psychologischen Dienst aufbaute.

5 Der Professionalisierungsschub während des Nationalsozialismus: Diagnostik in der Wehrmacht

Zu einem ersten erfolgreichen Abschluß kam die P. der Psychologie in Deutschland während der Nazi-Zeit (Geuter, 1984). Dies ist dem Einsatz der Psychologie im Militär zu verdanken, den die Mehrzahl der deutschen Psychologen damals als günstige Möglichkeit für das Fach und die eigene Berufstätigkeit ansah.

In der deutschen Armee waren die Psychologen für die Auslese der Spezialisten und seit 1927 auch der Offiziersbewerber dienstlich zuständig. Sie bedienten sich dazu *psychotechnischer Verfahren, ausdruckskundlicher Diagnostik* und *charakterologischer Interpretationen*. Mit diesen Methoden und Theorien sicherten sie sich ihren Kompetenz-Anspruch.

Die Expansion der Wehrmacht und damit das Anwachsen der Auslese-Aufgaben führten dazu, daß die Nachfrage nach Psychologen sprunghaft stieg. Hatten einer 1930 veröffentlichten Zählung zufolge damals nur etwa 30 Psychologen im ganzen Reich in öffentlichen Stellen gearbeitet, so beschäftigte allein das Heer 1938 170 hauptberufliche Psychologen; die ganze Wehrmacht hatte 1942 etwa 450 Akademiker mit psychologischen Aufgaben betraut. Schon 1925 hatte die Reichswehr die ersten öffentlich-rechtlichen Planstellen für Psychologen in Deutschland geschaffen; 1937 schuf die Wehrmacht die erste Psychologen-Laufbahn in Deutschland. Ihre Nachfrage hatte zur Folge, daß 1941 die *erste Diplom-Prüfungsordnung* erlassen wurde. Damit erreichte das Fach den Status einer berufsbezogenen, akademischen Ausbildungsdisziplin.

6 Der Aufbau von Berufsfeldern in der Bundesrepublik

Nach Kriegsende existierten die maßgeblichen Arbeitgeber aus der Zeit des Nationalsozialismus nicht mehr. An den Universitäten jedoch konnte sich die Psychologie schnell rekonstituieren; 1947/48 wurde die Diplom-Prüfungsordnung in fast unveränderter Form wieder in Kraft gesetzt. 1946/47 wurde auch eine neue berufsständische Vertretung gegründet: der Berufsverband Deutscher Psychologen (BDP), dessen Mitgliederzahl über die Jahre hinweg stetig wuchs (1949: 118; 1968: 1611; 1986: 8460).

Psychologen boten nun ihre Dienste als professionelle Helfer in psychischen und sozialen Notlagen, vor allem der Jugend und der Familien, an. Anfangs über Eigeninitiativen, dann gefördert im Rahmen des amerikanischen Reeducation-Programms, schließlich durch Bundesgesetzgebung (Jugendwohlfahrtgesetz 1953) entstanden *Erziehungsberatungsstellen*, in denen Psychologen sich als dominierende Berufsgruppe etablieren konnten. Sie hatten dabei einen Verdrängungswettbewerb zu bestehen, in dem sie sich gegen Berufe ohne geregelte akademische Ausbildungsgänge wie Erzieher, Psychagogen und Sozialarbeiter einerseits und gegen die finanziell desinteressierten Ärzte andererseits durchsetzen mußten (Buer, 1984).

In den *Arbeitsämtern* wurde eine weitere feste Institutionalisierung mit Einrichtung von Planstellen und einer Laufbahn ausschließlich für diplomierte Psychologen erreicht. Das gesellschaftliche Bedürfnis, in einer Phase der Restabilisierung der wirtschaftlichen und sozialen Verhältnisse den Arbeits- und Ausbildungsmarkt durch Auslese zu steuern, traf hier mit den fachlichen Fähigkeiten der Psychologen zusammen, Persönlichkeitsbegutachtung und Psychodiagnostik auf wissenschaftlicher Grundlage zu betreiben.

Demgegenüber hatten sich Psychologen beim *Aufbau der neuen Streitkräfte* nur gegen Widerstände durchsetzen können (Mattes, 1980). Letztendlich war die Hartnäckigkeit von Verbandsfunktionären des BDP und der die Wissenschaftler repräsentierenden Deutschen Gesellschaft für Psychologie (DGfPs) erfolgreich: Ab 1957 wurden auch hier psychologische Dienste mit entsprechenden Planstellen aufgebaut; gefragt waren vor allem die diagnostischen Fähigkeiten der Psychologen zur Offiziers- und Spezialistenauswahl.

Im Bereich von *Wirtschaft und Industrie* konnten Psychologen zwar auf ihren Fundus an Erkenntnissen und Techniken aus der Psychotechnik verweisen, der Bedarf wurde jedoch von Unternehmen und Verbänden recht unterschiedlich, häufig sehr zurückhaltend eingeschätzt. Obwohl auch dort mehr und mehr Psychologen beschäftigt wurden, meist zur Personalauslese und Mitarbeiterschulung, ließ ein konturiertes Berufsbild noch immer auf sich warten: Das enge fachliche Angebot und der wenig praxisnahe Ausbildungsgang der Psychologen wurden hier als eher hinderlich angesehen. Zu den genannten Berufsfeldern kamen noch weitere, weniger umfängliche, hinzu, wie etwa Untersuchungen zur Verkehrstauglichkeit und Schulauslese.

In den ersten 25 Jahren nach Kriegsende konnte sich die Psychologie insgesamt beruflich festigen. Psychologen konnten auf eine wissenschaftliche Basis, eigene Methoden und eine kontrollierte akademische Ausbildung verweisen. Sie hatten sich mit einem Fachprofil, aber auch mittels berufsständischer Aktivitäten abgrenzen und behaupten können (Maikowski et al., 1976).

7 Der Professionalisierungsschub der 70er Jahre: Psychologen in Therapie und Beratung

Die bisher angesprochenen Bereiche psychologischer Berufstätigkeit waren Ende der 60er Jahre durchweg konsolidiert und expandierten später weiter. Dann aber nahm die Zahl der Psychologen sprunghaft zu: Gab es 1968 in der BRD 3300 Diplom-Psychologen einschließlich der an den Hochschulen tätigen, so sind es 1986 rund 22 000. Von diesen arbeitet fast die Hälfte im psychotherapeutischen und psychosozialen Bereich. Das Berufsbild des Psychologen hat sich in Richtung *Psychotherapie* verschoben.

Der Ausbau der Universitäten im Rahmen der Bildungsreform der 60er Jahre hat diese Entwicklung zunächst eher unspezifisch eingeleitet. Die Anzahl der Studienplätze (1960: 2200, 1965: 5000, 1970: 10 000 Psychologiestudenten) und der Studienabschlüsse vervielfachte sich. Die Universität selbst konnte aber nur einen Teil der Absolventen als Berufstätige wieder aufnehmen, die Mehrheit drängte auf den Arbeitsmarkt und verschärfte den P.druck von innen heraus.

Zunächst unabhängig davon steht eine inhaltliche Entwicklung der Psychologie: die Rezeption spezifisch psychologischer Therapietechniken aus den angelsächsischen Ländern. Sie stattete die Psychologen mit wissenschaftlich fundierten Techniken für die Arbeit im Bereich des Gesundheits- und Sozialwesens auf. Dies schuf eine neue Perspektive der P. Die Psychologen konnten diese Kompetenz jetzt gegenüber den ärztlichen Therapeuten ins Feld führen und sich auch von Soziologen, Sozialpädagogen und Sozialarbeitern abheben.

Neue, spezialisierte *berufsständische Organisationen* traten hervor: 1971 die Gesellschaft für wissenschaftliche Gesprächspsychotherapie (GwG) und zur gleichen Zeit Vorläufer der späteren Deutschen Gesellschaft für Verhaltenstherapie (DGVT). Mit ihrem Mitgliederzulauf schlossen diese beiden Verbände schließlich fast zu dem alle Berufsfelder umfassenden BDP auf (GwG: 7500, DGVT: 6200, BDP: 7800, alles Ende 1985). Zu den Strategien der Verbände gehörte es, nicht nur ihre jeweiligen Konzepte zu verbreiten, sondern auch *Zusatzausbildungen* einzurichten, die neben oder nach der universitären Ausbildung betrieben werden sollten. Sie versprechen ihren Absolventen einen Kompetenzvorsprung gegenüber der fachlichen wie außerfachlichen Konkurrenz.

Am vorteilhaftesten wäre ein Monopol auf bestimmte Typen beruflichen Handelns für Diplompsychologen, ggf. mit jeweiliger Zusatzausbildung. So weit geht allerdings nur der BDP mit Vorschlägen für eine *Psychologengesetzgebung*, die er sich analog dem Standesrecht der Ärzte vorstellt. Ein staatliches Interesse daran ist derzeit allerdings nicht zu erkennen, eher eine Zurückhaltung; man befürchtet wohl eine zusätzliche Kostenlawine im Gesundheits- und Sozialsektor.

Dagegen wird auf institutioneller Ebene ein *Bedarf nach psychologisch-therapeutischer Dienstleistung* artikuliert. Staatliche und öffentliche Einrichtungen stellen Psychologen ein, vermitteln und finanzieren psychologische Dienstleistungen. Grund dafür ist das Unvermögen vieler Einrichtungen, psychosoziale Probleme mit ihren eigenen tradierten Vorgehensweisen anzugehen.

Subjektiv erlebte und erlittene Not als verbreitete gesellschaftliche Erscheinung ließ außerdem eine allgemeine Nachfrage nach Expertenhilfe entstehen, die auf einem *freien Markt von selbständig tätigen Psychologen* befriedigt werden sollte. Psychologie wird in jüngster Zeit immer mehr als freier Beruf praktiziert: 1985 gab es über 4000 niedergelassene Klinische Psychologen in der BRD. Schon 1975/77 hatten Diplompsychologen 72% des psychotherapeutischen Bedarfs mit ihren Leistungen befriedigt. Das Bedürfnis nach psychotherapeutischer Hilfeleistung hat eine tragfähige Basis für den jüngsten P.schub in der Psychologie geschaffen (Wittchen/Fichter, 1980; Hörmann/Nestmann, 1985).

8 Aktuelle Probleme der Professionalisierung

In den letzten Jahren nahm nicht nur die Zahl berufstätiger und studierender Psychologen zu, sondern auch die *Arbeitslosigkeit* von Diplompsychologen. Das verweist auf äußere Grenzen der P. Trotzdem strebt die Mehrzahl der Berufsanfänger in den Bereich therapeutischer Arbeit und muß sich dort immer häufiger mit gering bezahlter, nicht abgesicherter und von den Anforderungen her unter dem Ausbildungsniveau liegenden Arbeitsverhältnissen zufrieden geben – eine Gefahr für den P.prozeß selbst, der gerade auf die Heraushebung und Konsolidierung hoher fachspezifischer Standards ausgerichtet sein muß.

Dem Interesse, den Aufgabenkreis von Psychologen im psychosozialen Bereich zu erweitern, stehen Positionen entgegen, die auf die soziale Problematik einer hemmungslosen P. verweisen.

Sie setzen an dem Umstand an, daß P. nicht nur einem Bedarf nachkommt, sondern auch den Sonderinteressen einer Berufsgruppe folgt. Psychologen als Therapeuten besetzen nicht ohne Eigennutz ein Feld, in dem Selbsthilfe – und damit das Zurücktreten der Professionellen – individuellen wie gesellschaftlichen Bedürfnisse vielfach eher gerecht zu werden vermag.

Seit einiger Zeit wird die Rückwirkung der vehementen P. auf die wissenschaftliche Entwicklung des Fachs problematisiert. Die Konzentration der universitären Ausbildung auf Berufsvorbereitung droht die Möglichkeiten freier Erkenntnisgewinnung an den Lehr- und Forschungsstätten einzuengen. Vorstellbar ist, daß damit auch die Entwicklung von allgemeineren wissenschaftlichen Grundlagen beruflichen Handelns leidet, insbesondere auch Möglichkeiten verstellt werden, wissenschaftlich-kritisch Distanz wahren zu können.

Literatur

Buer, F.: Die Geschichte der Erziehungsberatung als Geschichte ihrer Professionalisierung. Zur Funktion und Organisationsstruktur von Erziehungsberatung. In: Zygowski, H. (Hrsg.): Erziehungsberatung in der Krise. Analysen und Erfahrungen. Tübingen: DGVT, 1984, 9-49.

Geuter, U.: Die Professionalisierung der deutschen Psychologie im Nationalsozialismus. Frankfurt: Suhrkamp, 1984.

Hesse, H. A.: Berufe im Wandel. Stuttgart: Enke 1972.

Hörmann, G./Nestmann, F.: Die Professionalisierung der Klinischen Psychologie und die Entwicklung neuer Berufsfelder in Beratung, Sozialarbeit und Therapie. In: Ash, M./Geuter, U. (Hrsg.): Geschichte der deutschen Psychologie im 20. Jahrhundert. Opladen: Westdeutscher Verlag, 1985, 252-285.

Maikowski, R./Mattes, P./Rott, G.: Psychologie und ihre Praxis. Materialien zur Geschichte und Funktion einer Einzelwissenschaft in der BRD. Frankfurt: Fischer, 1976.

Mattes, P.: Profession bei Fuß – Wehrmachtspsychologie nach 1945. Psychologie und Gesellschaftskritik, 4 (1/2) 1980, 40-46.

Ottersbach, H.-G.: Der Professionalisierungsprozeß in der Psychologie. Berufliche Strategien der Psychotherapieverbände. Weinheim: Beltz, 1980.

Weingart, P.: Wissensproduktion und soziale Struktur. Frankfurt: Suhrkamp, 1976.

Wittchen, H. U./Fichter, M. M.: Psychotherapie in der Bundesrepublik. Materialien und Analysen zur psychosozialen und psychotherapeutischen Versorgung. Weinheim: Beltz, 1980.

Prosoziales Verhalten

Hans Werner Bierhoff

1 Alltägliche Laienhilfe und professionelle Hilfe

Die wesentlichen Bestandteile einer Definition von p. V. werden durch eine bekannte Stelle aus dem Lukasevangelium (10.29-10.37) veranschaulicht. Die Geschichte nimmt ihren Ausgangspunkt von der Frage „Wer ist mein Nächster?". Jesus erzählt die Geschichte eines Mannes, der auf dem Weg von Jerusalem nach Jericho überfallen wurde. Die Räuber „plünderten ihn aus, schlugen ihn, machten sich davon und ließen ihn halbtot liegen". Ein vorbeikommender Priester erwies sich genauso wenig als hilfsbereit wie ein Levit, der ebenfalls vorbeiging. Schließlich war es ein Samariter, der anhielt und den verletzten Mann rettete.

In dieser Episode sind die wichtigsten Elemente einer Definition prosozialen Verhaltens enthalten. Von *altruistischem* bzw. p. V. wird dann gesprochen,

- wenn die Absicht besteht, einer konkreten Person eine Wohltat zu erweisen und
- wenn die Hilfe freiwillig gegeben wird und nicht durch dienstliche Verpflichtungen und Rollenvorschriften nahegelegt wird.

Diese Definition ist relativ weit, wenn man bedenkt, daß auch Hilfeleistungen, die auf Erwartungen von Gegenseitigkeit beruhen, darunter fallen. Sie grenzt allerdings p. V. gegen *professionelle Hilfe* ab, die von Helfern gegeben wird, die für ihre Tätigkeit bezahlt werden und aufgrund von Dienst- und Rollenverpflichtungen zu einer Hilfeleistung verpflichtet sind. Professionelle Helfer – wie Ärzte, Psychologen, Sozialarbeiter und Sozialpädagogen – verhalten sich nur dann „altruistisch", wenn ihre Hilfsbereitschaft gegenüber den Hilfeempfängern das durch Rollenvorschriften bestimmte Ausmaß übersteigt.

Durch die Definition wird eine Unterscheidung zwischen *alltäglicher Laienhilfe* und professioneller Hilfe nahegelegt, wie sie auch von Bellebaum (1986) diskutiert wird. Diese Trennung kann nicht so verstanden werden, als ob ein Gegensatz zwischen alltäglicher Hilfe und professioneller Hilfe konstruiert werden sollte. Vielmehr gibt es viele Beispiele, wo sich die Hilfe von Laien und bezahlten Experten gegenseitig ergänzt. Das ist insbesondere im Bereich der psychosozialen Hilfe der Fall, wenn etwa eine suchtgefährdete Person in ihrem sozialen Netzwerk durch Freunde Unterstützung erhält und gleichzeitig auch professionelle Hilfe durch Sozialarbeiter, Psychologen oder Ärzte in Anspruch nimmt.

Während Altruismus und p. V. in der genannten Weise gegen professionelle Hilfe abgegrenzt werden, wird der Begriff des Helfens bzw. der Hilfeleistung in einem weiteren Sinn gebraucht und bezieht sich auf Handlungen, durch die intendiert wird, einer anderen Person eine Wohltat zu erweisen. Eine Hilfeleistung kann sowohl durch professionelle Helfer gegeben werden, die für ihre Tätigkeit bezahlt werden, als auch von Laien, denen nicht durch bestimmte Rollenverpflichtungen vorgeschrieben ist, Hilfe zu geben.

2 Psychologische Erklärungsansätze

Mit p. V. beschäftigen sich neben der Psychologie auch die Biologie und die Volkswirtschaftslehre. Während letztere sich mit Problemen der *Transferökonomie* und der *Spendenpraxis* befaßt (Rippe, 1981), beziehen sich biologische Ansätze auf *genetische Modelle*, mit denen die Evolution von prosozialen und kooperativen Verhaltensweisen erklärt werden sollen (Hammerstein/Bierhoff 1987).

An dieser Stelle soll ausführlicher auf einen *psychologischen* Erklärungsansatz, der soziale Normen in den Mittelpunkt stellt, eingegangen werden. Dieser Ansatz wurde ursprünglich im Hinblick auf p. V. entwickelt und bezieht Erklärungsprinzipien aus der Sozialpsychologie – wie *Attributionstheorie* und *Austauschtheorie* – ein. Der normative Ansatz stellt auch den ersten im Zusammenhang mit p. V. systematisch entwickelten Erklärungsansatz dar. Weitere Erklärungsansätze (Bierhoff, 1980; Lück, 1983) befassen sich z. B. mit Stimmungseinflüssen auf hilfreiches Verhalten, mit Verantwortungsdiffusion in akuten Notlagen und mit der Bedeutung sozialer Hinweisreize wie Ähnlichkeit und physische Attraktivität. Darüber hinaus sind auch Ansätze zu erwähnen, die sich mit den Sozialisationsbedingungen des p. V. befassen, sei es auf der Grundlage der Theorie des sozialen Lernens oder unter Zugrundelegung von Prinzipien der Attribution.

2.1 Norm der sozialen Verantwortung

Der Versuch, p. V. durch Normen zu erklären, ist eng mit dem Namen von Leonard Berkowitz verbunden. Für p. V. ist insbesondere auch die Norm der sozialen Verantwortung bedeutsam. Die Norm der sozialen Verantwortung schreibt vor, daß man einer Person helfen sollte, wenn diese Person von einer Hilfe abhängig ist. Je größer die Abhängigkeit ist, desto größer sollte die normative Verpflichtung zur Hilfeleistung sein.

Nach Berkowitz und Connor (1966) hängt die Befolgung der Norm der sozialen Verantwortung davon ab,
- inwieweit dieser Verhaltensstandard in einer konkreten Situation der Person bewußt wird
- und inwieweit die Person motiviert ist, in Übereinstimmung mit der normativen Vorschrift zu handeln.

Verschiedene Randbedingungen können dazu beitragen, daß die Norm bewußt wird bzw. daß die Motivation, dieser Norm zu folgen, steigt:
- Wenn eine Person eine altruistische Handlung beobachtet hat, die ein Modell für normativ angemessenes Verhalten darstellt, sollte die Norm der sozialen Verantwortung ins Bewußtsein gehoben werden.
- Wenn die Person, die die Hilfe erhalten soll, eine hohe physische Attraktivität besitzt, sollte die Motivation, in Übereinstimmung mit der Norm zu handeln, gesteigert werden.

Norm der Selbst-Genügsamkeit. – Normen, die in einer bestimmten Situation bewußt werden, können *widersprüchlich* sein. Während z. B. die Norm der sozialen Verantwortung vorschreibt, einer abhängigen Person zu helfen, beinhaltet die Norm der Selbst-Genügsamkeit die Vorschrift, sich nicht in die Geschicke einer anderen Person einzumischen. Aus empirischen Ergebnissen läßt sich ablesen, daß bei einer Abhängigkeit, die selbst verschuldet ist (interne Attribution), die Aktivierung dieser Normen von der Größe der Abhängigkeit beeinflußt wird. Wenn eine hohe selbst verschuldete Abhängigkeit wahrgenommen wird, dominiert die Norm der sozialen Verantwortung, die zu einer hohen Hilfsbereitschaft führt. Wenn hingegen eine geringe selbst verschuldete Abhängigkeit wahrgenommen wird, überwiegt die Norm der Selbst-Genügsamkeit, die zu einer niedrigen Hilfsbereitschaft führt (Gruder et al., 1978).

Persönliche Normen. – Normen stellen ein komplexes Netzwerk dar. Schwartz (1977) hat versucht, eine Beschreibung der horizontalen und vertikalen Struktur von Normen und Werten zu geben (Bierhoff, 1982). Nach Schwartz können soziale Normen in das persönliche Wertsystem integriert werden. In diesem Fall spricht er von *persönlichen* Normen, die ein Gefühl moralischer Verpflichtung auslösen. Die Gefühle der moralischen Verpflichtung motivieren die Person, in Übereinstimmung mit ihren persönlichen Normen zu handeln, um den Erwartungen, die sie aus ihrem Selbstkonzept über sich selbst ableitet, zu entsprechen.

Aus dieser Analyse ergeben sich verschiedene Konsequenzen. So konnte in Übereinstimmung mit dem Modell gezeigt werden, daß Personen, die dazu neigen, ihre Verantwortung für andere zu leugnen, weniger hilfsbereit waren als Personen, die sich für andere verantwortlich fühlten. Außerdem ergab sich, daß die Personen in ihrer Hilfsbereitschaft besser vorhergesagt werden konnten, die über die Zeit hinweg stabile persönliche Normen aufwiesen. Weitere Ergebnisse zeigten, daß sehr starker Normdruck zu Bumerangeffekten führte, so daß die Hilfsbereitschaft beeinträchtigt wurde.

Sequenzmodell. – Schwartz und Howard (1981) beschrieben ein fünfstufiges Sequenzmodell der normativen Hilfsbereitschaft, in dem zwischen Aufmerksamkeitszuwendung, Motivation, antizipatorischer Bewertung von Kosten und Belohnungen, Abwehrmechanismen und Verhalten unterschieden wird. Das Modell ist insofern pessimistisch, als angenommen wird, daß immer dann, wenn die antizipatorische Bewertung der Kosten und Belohnungen unentschieden ausfällt, so daß sich Vor- und Nachteile gleich stark gegenüberstehen, auf Abwehrmechanismen wie Verleugnung der Verantwortung oder Verneinung der Notlage zurückgegriffen wird, die dann im allgemeinen ein Eingreifen unwahrscheinlich machen.

2.2 Norm der Reziprozität

Die zweite soziale Norm, die von großer Bedeutung für hilfreiches Verhalten ist, schreibt eine Reziprozität der sozialen Interaktion vor. Gouldner (1960) spezifizierte diese Norm dahingehend, daß er zwei Vorschriften aus dem Reziprozitätsprinzip ableitete:

- Man sollte dem helfen, der einem geholfen hat.
- Man sollte den nicht verletzen, der einem geholfen hat.

Empirische Untersuchungen haben gezeigt, daß die Norm der Reziprozität bereichsspezifisch angewandt wird und nur die erste Vorschrift enthält. Die Generalisierung auf „verletzendes" bzw. aggressives Verhalten konnte empirisch nicht belegt werden (Nacci et al., 1973). Reziproker Altruismus scheint im mittleren Bereich auf einer Häufigkeitsbasis abgestimmt zu werden. Hingegen finden sich in den Extrembereichen abweichende Befunde, da bei häufigen Vorleistungen tendenziell weniger reziproke Hilfe gegeben wird, während bei seltenen Vorleistungen tendenziell mehr reziproke Hilfe auftritt.

Die Norm der Reziprozität beinhaltet eine Situationsdefinition, in der die Interaktionspartner als gleichberechtigt erscheinen. Daher wird vermieden, daß sich die Hilfeempfänger als schwach und unterlegen fühlen. Empirische Untersuchungen zeigen, daß die Hilfeempfänger eine Präferenz für eine Situationsdefinition im Sinne der Reziprozität haben – verglichen mit einer Situationsdefinition einer einseitigen Abhängigkeit (Fisher et al., 1983). Hilfeempfänger, die keine Gelegenheit zur „Rückzahlung" haben, fühlen sich oft in ihrem Selbstwert bedroht, so daß negative Reaktionen gegenüber den Gebern ausgelöst werden, die von diesen leicht als „Undankbarkeit" interpretiert werden können.

3 Hilfestrategien

Die Möglichkeit negativer Reaktionen der Hilfeempfänger ist auch im Zusammenhang mit professioneller Hilfe von Bedeutung. Das Ziel der professionellen Hilfe sollte darin bestehen, durch eine *kurzfristige* Unterstützung die Startchancen der Hilfeempfänger zu verbessern, so daß sie in die Lage versetzt werden, sich langfristig selbst zu helfen und ihre *Autonomie* und *Entscheidungsfreiheit* zu bewahren. Problematischer ist demgegenüber eine Hilfestrategie, die eine langfristige Abhängigkeit und möglicherweise auch Passivität und Apathie bei den Hilfeempfängern erzeugt. Auch wenn eine längerfristige Unterstützung aufgrund der Schwere der Probleme unvermeidlich ist, sollte versucht werden, die Perspektive für eine spätere Unabhängigkeit und Selbstbestimmung der Klienten offen zu halten.

Diese Überlegungen verdeutlichen beispielhaft, daß altruistisches Verhalten in komplexe interpersonelle Abläufe eingebettet ist. Das gilt insbesondere für einseitige Hilfebeziehungen, wenn sie eine Situationsdefinition in Begriffen von Überlegenheit und Unterlegenheit nahelegen (Gergen/Gergen, 1983). Es stehen aber auch andere Interpretationsschemata für die Beziehung von Gebern und Hilfeempfängern zur Verfügung. So wäre es denkbar, daß die Beziehung als freundschaftliches „Aushelfen" oder als „Ausleihen" definiert wird. Je nach dem verwendeten Bedeutungssystem – das im übrigen auch zwischen Geber und Hilfeempfänger umstritten sein kann – erscheint eine altruistische Handlung als einmaliger Vorgang ohne Zukunftsperspektive, als asymmetrische Abhängigkeit oder auch als gegenseitige Kooperation, aus der jeder der Interaktionspartner seine Vorteile zieht.

Literatur

Bellebaum, A.: Helfen als gesellschaftliches Problem. In: Deutscher Caritasverband (Hrsg.): Ehrenamt und Selbsthilfe. Freiburg, 1986, 9-43.
Berkowitz, L./Connor, W. H.: Success, failure, and social responsibility. Journal of Personality and Social Psychology, 4, 1966, 664-669.
Bierhoff, H. W.: Hilfreiches Verhalten. Darmstadt: Steinkopff, 1980.
Bierhoff, H. W.: Determinanten hilfreichen Verhaltens. Psychologische Rundschau, 33, 1982, 289-304.
Fisher, J. D./Nadler, A./Whitcher-Alagna, S.: Four theoretical approaches for conceptualizing reactions to aid. In: Fisher, J. D./Nadler, A./DePaulo, B. M. (Eds.): New directions in helping, Bd. 1. New York: Academic Press, 1983, 51-84.
Gergen, K. J./Gergen, M. M.: Social construction of helping relationships. In: Fisher, J. D./Nadler, A./De Paulo, B. M. (Eds.): New directions in helping, Bd. 1. New York: Academic Press, 1983, 143-163.
Gouldner, A. W.: The norm of reciprocity: A preliminary statement. American Sociological Review, 25, 1960, 161-178.
Gruder, C. L./Romer, D./Korth, B.: Dependency and fault as determinants of helping. Journal of Experimental Social Psychology, 14, 1978, 227-235.
Hammerstein, P./Bienhoff, H. W.: Kooperation und Konflikt. In: Funkkolleg Psychobiologie. Weinheim: Beltz, 1987.
Lück, H. E.: Hilfeverhalten. In: Frey, D./Greif, S. (Hrsg.): Sozialpsychologie. München: Urban & Schwarzenberg, 1983, 187-191.
Nacci, P./Stapleton, R. E./Tedeschi, J. T.: An empirical restatement of the reciprocity norm. Journal of Social Psychology, 91, 1973, 263-271.
Rippe, W.: Freiwillige Übertragungen als Problem der Transferökonomie. Baden-Baden: Nomos, 1981.
Schwartz, S. H.: Normative influences on altruism. In: Berkowitz, L. (Ed.): Advances in experimental social psychology, Bd. 10. New York: Academic Press, 1977, 221-279.
Schwartz, S. H./Howard, J. A.: A normative decision-making model of altruism. In: Rushton, J. P./Sorrentino, R. M. (Eds.): Altruism and helping behavior. Hillsdale, NJ: L. Erlbaum, 1981, 189-211.

Psychiatrie

Ursula Plog

1 Einführung in das Problem und geschichtlicher Standort

Die Geschichte der P. ist weitgehend als die Geschichte des Diagnostizierens und Institutionalisierens geschrieben worden, aus der Sicht der Macher. Ganz langsam zeichnet sich der Versuch ab, P. *vom Alltag her* zu verstehen: Wie sah (sieht) der Alltag für psychisch Kranke, für Angehörige, für die Gesellschaft jeweils wirklich aus? Die Entwicklung dieser neuen Sichtweise wird sich auch auf die Theoriebildung innerhalb der P. auswirken. In allen Gesellschaften und in allen Zeiten wird mit auffälligen, abweichenden, kranken Menschen umgegangen, wobei der Vergleich die Reflexion darüber ermöglicht, in welcher sozioökonomischen und gesellschaftlichen Situation Krankheiten entdeckt werden, entstehen bzw. erstmalig zum Problem werden. Gleichfalls ist zu berücksichtigen, was eine Gesellschaft als „vernünftig“ und „unvernünftig“ definiert und wie die jeweilige Gesellschaft das Unvernünftig – Auffällige bewertet und – darüber hinaus – welche Umgangsformen und Einrichtungen sie dafür erfindet. Die Beschäftigung mit dem, was als „psychisch krank“ bewertet wird, ist gleichzeitig eine Beschäftigung mit den Wünschen und Ängsten einer Zeit. Insofern ist die Geschichte der P. noch ziemlich unbekannt. Nur die Beschäftigung mit der Geschichte des Faches, auch mit der Geschichte der einzelnen Berufsgruppen, ermöglicht eine vollständige Wahrnehmung des derzeitigen Tuns in der P. (Foucault, 1969).

Dem durch das Christentum in Europa geprägten Mittelalter entsprach ein umfassender Begriff von Vernunft. Alle Menschen, auch die geringsten, also auch die „Irren“, waren nicht auszugrenzen, sondern anerkannt als die „Kinder der einen Welt Gottes“. Beunruhigung und Angst, die die Anwesenheit von psychisch Kranken, die Anwesenheit von Unvernunft, hätten auslösen können, wurden durch den Glauben an die Schöpfung aufgehoben.

Während der Renaissance wurde Angst durch *Ausgrenzung* kontrolliert. Die aufstrebenden Städte „reinigten“ sich von unsozialen, bettelnden, vagabundierenden und auch den nicht familiengebundenen irren Menschen durch Ausweisung, durch Einmauern in Narrentürmen und Dollkisten. Ein weiteres architektonisches Merkmal dieser Ausgrenzung sind die Stadtmauern. Durch diese Ausgrenzung wurden Unvernünftige unsichtbar gemacht. Nicht zu vergessen ist, daß viele Frauen, als Hexen den Unvernünftigen zugeordnet, ausgerottet wurden. Mit der Entstehung der Aufklärung zur Zeit des Absolutismus versuchten die Bürger, sich von allem Irrationalen zu befreien. Als wesentliches gesellschaftliches Mittel wurden Erziehung, allgemeine Schul- und Militärpflicht eingeführt. Auch der Wertewandel vom kirchlichen zum bürgerlichen Moralkodex, die Einführung der Entmündigung, die Entwicklung der Medizin zu einem Bereich der Polizei- und Staatswissenschaften sind als Mittel des Umgangs mit Irrationalem zu sehen. Als Institutionen entstanden Verwahrhäuser, Tollhäuser, Zuchthäuser zum Sammeln derer, denen mit den Mitteln der Vernunft nicht beizukommen war.

In den folgenden Zeiten der Industrialisierung und Romantik sind zwei scheinbar gegenläufige Bewegungen für die Entstehung der Institution P. von Bedeutung. Sie haben jedoch eine gegenseitig sich festigende Wirkung. Als vernünftig für das neue industrielle System galt (und gilt immer noch) das Fehlen von störenden persönlichen Eigenarten, ferner Kalkulierbarkeit und Voraussagbarkeit des Verhaltens. Da ein großer Bedarf an Arbeitskraft bestand, wurden alle Menschen auf ihre Brauchbarkeit gesichtet. Im Zuge der Wirkung dieses Vernunftbegriffes fanden neue, immer systematischere Zuweisungsformen statt. Es entstanden Kindergärten, Waisenhäuser, Gefängnisse, Altersheime, Irrenhäuser. Lange bevor die Wirkung der „totalen Institution“ (Goffman, 1972) soziologisch beschrieben wurde, hat Charles Dickens mit Oliver Twist ein Zeitzeugnis für die Wirkung solch *geschlossener Einrichtungen* vorgelegt.

Die Institution P. ist somit ein *Spaltprodukt* der Lösung der sozialen Frage der damaligen Zeit (Dörner, 1969). Während der Wirtschaftsbürger Kontrolle und soziale Absonderung forderte, forderten die Bildungsbürger Annäherung und humane Hilfe für die Unvernünftigen. Quellen hierfür waren die Aufklärung und die zeitgleiche Protestbewegung der Romantik mit ihrer großen Faszination durch die dunklen Gefühle. Dies führte zu einer *Zuwendung zu den psychisch Kranken*. Entsprechend den Vorstellungen wurden die Irrenanstalten auf dem Lande, der Natur nahe, den Einflüssen der Stadt entzogen, gegründet. 1751 gründete William Battie das St. Lukes Hospital in England, das erste Modell für eine nach Theorie und Praxis vollständige P. Er schätzte den angemessenen Umgang im Sozialen mit den Menschen bedeutsamer und wirkungsvoller ein als die Anwendung von Medizin. Gleichzeitig beeinflußte er Psychiater, die Zwangsmittel abzulehnen. In Frankreich befreite Pinel die Irren von ihren Ketten, was als Akt der bürgerlichen Revolution gefeiert wurde. Auch das ist eine der Wurzeln für unser Handeln in der P.: die Französische Revolution mit der Forderung nach Gleichheit und Freiheit der Menschen. In Deutschland veröffentlichte Griesinger 1845 sein Buch „Pathologie und Therapie der psychischen Krankheiten“. Er legte darin die Grundzüge der *Gemeinde-P.* dar und forderte für die Betreuung psychisch Kranker vieles, was erst heute zu allgemeinen Forderungen geworden ist.

Es ist beinahe unmöglich, zu sagen, was in der Jetztzeit als vernünftig und unvernünftig gilt. Für das Nachdenken hilfreich ist die Reflexion der sich wieder ändernden Arbeitswelt mit sich wieder ändernden Werten. Dann spielt das große Sicherheitsbedürfnis eine Rolle, das weitgehend jedoch nicht mehr kollektiv aufgefangen wird, sondern individuell organisiert ist. Zunehmend spielen der Wunsch, den anderen zu durchschauen, und die Angst davor, durchschaut zu werden, eine große Rolle. Immerhin ist bedeutsam, daß es einen gesellschaftlichen Diskurs über den Sinn und den Unsinn von P. gibt, über die Möglichkeiten ihrer Änderung bis hin zu den Möglichkeiten ihrer Auflösung *(Antipsychiatrie)*.

2 Von den Großkrankenhäusern zur gemeindenahen Psychiatrie

Die aus überwiegend humanitären Gründen zur Verbesserung der Situation der psychisch Kranken gebauten Großkrankenhäuser hatten zunächst einen nach heutigen sozialpsychiatrischen Kriterien hohen Standard, der bis jetzt vielfach noch nicht wieder erreicht wurde. Die zunehmende Überfüllung führte zu einem allgemeinen Niedergang, so daß die kustodiale Versorgung (*Verwahr*-P.) mit möglichst niedrigen Kosten für die Gesellschaft in den Vordergrund rückte. Das Pflegerische wandelte sich zur *Beaufsichtigung,* die allein dazu diente, Patienten vor Flucht, Selbstbeschädigung oder Verletzung anderer abzuhalten. Überfüllung und der Zwang zur Sparsamkeit führten zu dem allgemeinen Elend, auf das mit Kontrollen reagiert wurde, mit Zwangsmaßnahmen, verschlossenen Türen, vergitterten Fenstern, Innenhöfen, in denen die Patienten ziellos umherliefen. Diese Bedingungen führten zu schleppender Untätigkeit, zu emotionaler Apathie, zu sozialem Rückzug, zu Symptomen also, die mit der Hospitalisierungsdauer in Zusammenhang stehen. Zu den inneren Bedingungen kamen die äußeren: Je länger der Aufenthalt im Krankenhaus, desto geringer werden die Kontakte mit der Welt, desto seltener kommen Angehörige zu Besuch, zumal Wegstrecken eine große Rolle spielen.

Auf diese Weise geraten Menschen in Vergessenheit, werden chronisch hilfsbedürftig und werden zu den allgemeinen äußeren Lebensbedingungen asynchron. Diese *sozialpsychologischen* Faktoren trugen als Bedingung dazu bei, daß während des Dritten Reiches ca. 200 000 psychisch Kranke umgebracht werden konnten. Sie trugen auch dazu bei, daß es nach dem Krieg vergleichsweise lange dauerte, bis man die unwürdigen Verhältnisse in den großen psychiatrischen Institutionen wahrnahm. Die dann einsetzende Wahrnehmung des Elends führte zur Forderung nach Reform und Verbesserung der psychiatrischen Krankenhäuser und auch zu der Forderung, sie zu schließen und durch andere Formen psychiatrischer Versorgung abzulösen (Basaglia, 1971). Die Weltgesundheitsorganisation (WHO) fordert ausdrücklich, daß ein psychiatrisches Krankenhaus einen *heilenden* Einfluß auf den Verlauf einer Krankheit haben sollte, unabhängig von der speziell angewandten Therapie.

Die Elemente für eine solche Wirkung sind: Wahrnehmung der Individualität; Vertrauen; Verstärkung des positiven Verhaltens; Ermutigung des Patienten, Verantwortung zu übernehmen und Initiative zu entfalten; Bereitstellung von Arbeits- und Beschäftigungsprogrammen für alle Patienten. All dies ist nur in kleineren überschaubaren Einrichtungen möglich. Die sollten dort sein, wo der Patient lebt und wo seine Angehörigen üblicherweise leben. Der Gedanke der *Gemeindenähe* wird von den Autoren der P.-Enquete 1975 aufgegriffen. Er hat inzwischen auch Eingang gefunden in die Landesplanungen zur P. und in parteipolitische Programme.

Nach Kulenkampff (1976) ist ein Versorgungssystem für psychisch Kranke nur dann als gemeindenah zu bezeichnen, wenn es in erreichbarer Nähe bedarfsgerechte präventive, therapeutische und rehabilitative Hilfen anbietet. Dies erfordert eine Vielfalt von stationären, teilstationären und ambulanten Diensten, die miteinander koordiniert werden müssen. Es erfordert die bindende Verpflichtung der Dienste in einem Sektor, einer Kommune, sich um alle Patienten zu kümmern, die Hilfe brauchen bzw. suchen. Von Bedeutung ist auch, ob der Aufbau unterstützender Institutionen und Programme in der Gemeinde Schritt hält mit der Ausgliederung chronisch psychisch kranker Patienten aus den psychiatrischen Großkrankenhäusern. Denn es besteht die Gefahr, daß eine große Zahl von chronisch psychisch Kranken und seelisch Behinderten in außerpsychiatrischen Einrichtungen wie Alten- und Pflegeheimen in Vergessenheit gerät. Große Unterschiede der Arbeitsbedingungen und der Arbeitsstile haben zu entsprechenden Unterschieden der Klientel von Krankenhäusern und praktizierenden Ärzten geführt, so daß eine *„Drehtür-Psychiatrie"* nur durch den Aufbau spezieller Nachsorgedienste vermieden werden kann. Dazu gehören auch Überlegungen zur sozialen Lage von Patienten, den Wohnmöglichkeiten, den Arbeitsmöglichkeiten, den Entscheidungs- und Informationsmöglichkeiten.

3 Der Krankheitsbegriff

Im Laufe des 19. Jahrhunderts entwickelte sich die P. zu einer medizinischen Disziplin. Der Krankheitsbegriff, der die grundlegende Perspektive klinischen Handelns eines jeden im medizinischen System Handelnden bezeichnet, der Annahmen über Ursachen, den Verlauf und die Behandlungsmöglichkeiten von psychisch abweichendem Verhalten enthält, wird der Entwicklung der allgemeinen Medizin zu einer Naturwissenschaft angeglichen. Griesinger hatte zwar gesagt, „Geisteskrankheiten sind Hirnkrankheiten", hatte aber gleichzeitig auf die Notwendigkeit der Beachtung *sozialer Faktoren* hingewiesen. Kraepelin (1905) hingegen schuf die Lehre von der psychiatrischen Krankheitseinheit, die die *Erblichkeit* und die *körperliche Bedingtheit* fast aller psychischen Störungen behauptet. Der Begriff „endogen" (von innen heraus) wird für viele psychiatrisch Tätige zum Unterscheidungskriterium für echte Erkrankung. Der Vorteil besteht einerseits in der Anerkennung der P. als Fach, andererseits in der Entlastung der psychisch Kranken von Schuldvorwürfen religiösen und moralischen Versagens. Gleichzeitig hat die *deskriptive Psychopathologie* versucht, psychische Phänomene ordnend in den Griff zu nehmen. So griffen unterschiedliche Versuche, eine einheitliche Lehre herbeizuführen, in der Weise ineinander, daß Kraepelins nosologische Grundbegriffe, die an das medizinische Krankheitsmodell angelehnt sind, sich sowohl gut in das Leistungssystem der Versicherungen einordnen lassen als auch sich gut für positivistisch begründete wissenschaftliche Untersuchungen eignen, so daß sie heute noch die herrschende Lehrmeinung weltweit darstellen. Die Bedeutung der deskriptiven Psychopathologie, wie sie z. B. von Jaspers fortgeführt wurde, liegt darin, daß erstmals in der Geschichte der P. die Möglichkeit geschaffen wurde, Phänomene psychischen Krankseins in eine halbwegs allgemeingültige Sprache zu übersetzen. Schon Bleuler (1911) hatte gegen die nur körpernahe Beschreibung psychischer Störungen und deren Einordnung in das medizinische Krankheitsmodell Einspruch erhoben, blieb aber weitgehend ungehört.

Bleuler, der der Entwicklung der Psychoanalyse nahestand, bemühte sich, die Lebenswelt von Patienten zu verstehen und psychische Störungen in ihrer Sinnhaftigkeit zu sehen. Die stärker werdende *Erblichkeitsideologie*, therapeutischer Nihilismus, die Bewertung psychischen Leidens als „lebensunwert“, zunächst von Kraeplin erwähnt, pointiert von Binding und Hoche (1922), trugen zu der während der Naziherrschaft durchgeführten Ermordung von psychisch Kranken und der Zwangssterilisierung einer noch größeren Zahl von Menschen aufgrund eines „Gesetzes zur Verhütung erbkranken Nachwuchses“ und der Duldung dieser unmenschlichen Praktiken bei. Durch den Einfluß der Psychologie, der Psychoanalyse, der Psychosomatik und der Sozialarbeit wird die P. offener. Die Wahrnehmung des *Sozialen* und nicht nur dessen innerer Repräsentanz wird von Psychiatern wie Bosch, Häfner, Kisker, Kulenkampff, Wulff und dem Psychoanalytiker Richter vollzogen.

Große Bedeutung für die Diskussion des Krankheitsmodells hat die Konfrontation mit der *Lerntheorie.* Während unter Krankheit im organmedizinischen Sinn ein abnormer Zustand oder Prozeß eines Organismus verstanden wird, der durch Veränderung der biologischen Substanz und der Organisation des menschlichen Körpers verursacht wird, belegt die Lerntheorie, daß abweichendes Verhalten den gleichen Lerngesetzen unterliegt wie jedes andere Verhalten auch. Wesentlich für die Änderung im Krankheitsverstehen ist, daß psychische Krankheit sich nicht als individuelles Schicksal einer Person beschreiben läßt, sondern als Resultat der Interaktion zwischen einem Menschen, der Gesellschaft und der Umgebung. Psychisches Leid ist nur verstehbar aus der Auseinandersetzung eines Individuums mit den Anforderungen seiner objektiven Lebenslage. Dabei sind der Körper, die Lebensgeschichte und das Ökosystem Bedingungen der objektiven Lebenslage. Ganz deutlich wird die Veränderung des Krankheitsbegriffes, wenn die Notwendigkeit berücksichtigt wird, die Angemessenheit der Lebensbewältigung eines Menschen aus den Möglichkeiten und normativen Vorgaben seines Ökosystems zu beurteilen und nicht nach Maßgabe universeller Standards von Gesundheit oder Krankheit.

Damit wird auch deutlich, daß psychisches Leiden nicht nur medizinisch zu ordnen ist, sondern daß psychologische, anthropologische, pädagogische und – im Grunde – philosophische Verstehensansätze bei der Organisation von Hilfen für psychisches Leiden gleichermaßen in Diagnose und Therapie eingehen müssen.

4 Diagnostik

Es gibt unterschiedliche Versuche, den dem *medizinischen Modell* entstammenden Diagnostikansatz zu überwinden. Dieser Ansatz, der auf Kraepelin, Jaspers und Schneider beruht, kennt drei grobe Kategorien: erstens die *körperlich bedingten psychischen Störungen,* zweitens die *endogenen Psychosen,* drittens die *abnormen Erlebnisreaktionen* und *abnorme Persönlichkeiten.* Für die zweite und dritte Gruppe fehlen die Außenkriterien. Die Übereinstimmung der Diagnostiker ist sehr gering und wurde oft als willkürlich erkannt. Eine Forschungsgruppe der Weltgesundheitsorganisation hat versucht, feste Konventionen zu benennen, die größere Übereinstimmung zwischen Diagnostikern ermöglichen. Sie gehen jedoch weitgehend von bestimmten Symptomen aus, nicht von der Lebenswirklichkeit eines Menschen. Entsprechend können von ihnen keine ärztlich-therapeutischen Handlungsanweisungen abgeleitet werden (Dörner, 1975; Keupp, 1979).

Eine noch radikalere Klassifikation, die auch soziale Parameter nicht als Aufgabe versteht, sondern als Teile symptomatischen Verhaltens, stellt das DSM III dar. Bei dieser Art von diagnostischem Vorgehen wird völlig von der Begegnung zweier Menschen abgesehen, der Diagnostiker kommt mit seinen subjektiven Einstellungen und mit seiner Angst nicht vor. Die Begegnung wird als eine zwischen Subjekt und Objekt betrachtet. Die Ebene der Subjekt-Subjekt-Beziehung wird geleugnet (Devereux, 1976). Nach dem veränderten Krankheitsmodell ist jede psychische Störung ein Lösungsversuch eines Lebensproblems, etwa bei einem Patienten, der vor allem deshalb langfristig schwer lebensfähig ist, weil er gewalttätig gegen sich und/oder andere ist. Meist spielen dabei altersgemäße lebensphasische Aufgaben eine Rolle, die nicht altersgemäß bewältigt werden oder deren Bewältigung auch zu einem späteren Zeitpunkt nicht gelingt. Lösungsversuche, die nicht geeignet sind, auf Dauer z. B. Angst zu binden, führen zu Kränkungen. Es besteht *Kränkbarkeit* in dreierlei Hinsicht: Kränkung des Körpers, der Beziehung und des Selbst. Alle drei Kränkungen kommen bei allen Patienten vor, jedoch mit unterschiedlichen Schwerpunkten. Um

Kränkungen zu verstehen, sollte man zwei Dinge bedenken: Erstens umfassen Kränkungen nie den ganzen Menschen, Diagnosen lassen sich also nicht verdinglichen, und zweitens hat der Mensch ein aktiv handelndes Wesen. Hilflosigkeit bedeutet, daß er für gewisse Lebensprobleme keine anderen Lösungswege mehr sieht, nicht jedoch darin, daß er einem Krankheitsprozeß völlig ausgeliefert ist. Folgende Typen von Kränkungen und diesen zuzuordnende Lösungsversuche können beschrieben werden (Dörner/Plog, 1984):

1. *Selbstkränkung:* Menschen mit aufbrechenden und niederschlagenden (zyklothymen) und spaltenden (schizophrenen) Methoden des Umgangs mit Schwierigkeiten, wobei sie in Gefahr sind, Anteile ihres Selbst zu verlieren. Die Ursachen sind vor allem innerer, temperamentgebundener, aber auch körperlicher und psychosozialer Art.
2. *Beziehungskränkungen:* Der sich und andere versuchende Mensch (Abhängigkeit), der sich und andere bemühende Mensch (neurotische und psychosomatische Lösungsversuche), der suicidale, sexuell oder persönlichkeitsgestörte Mensch, den bei der Lösung seiner Lebensprobleme die Beziehung zu sich und anderen lebensunfähig gemacht hat. Die Ursachen sind überwiegend psychosozialer Art, jedoch können endogene und körperliche Bedingungen keineswegs vernachlässigt werden.
3. *Körperkränkung:* Hirnorganisch Kranke, aber auch ohne Hirnbeteiligung an ihrem Körper leidende sowie geistig behinderte Menschen, denen der angemessene Umgang mit ihren Schwierigkeiten mißlingt. Die Ursachen sind überwiegend körperlich, aber auch endogen und psychosozial.
4. *Lebenskränkungen:* Junge bzw. alte Menschen, deren Umgang mit lebensaltersgemäßen Schwierigkeiten zu einer der ersten drei Kränkungen führt.

5 Therapie

Ausgehend von dem Verstehen der Lebenssituation und des eingesetzten, aber fehlgeschlagenen Lösungsversuches sind mit dem Patienten neue Wege zur Auseinandersetzung, der Problemlösung, der Aufgabenbewältigung, des Umgehens mit Erfahrungen und Gefühlen und des Existierens zu erarbeiten. Das professionelle System kann unterschiedliche Hilfsmöglichkeiten bieten. Jedes Angebot sollte unbedingt darauf gerichtet sein, die *Selbsthilfe-* und *Selbstheilungspotentiale* der Patienten zu unterstützen bzw. wieder herzustellen.

Bei der Organisierung von Hilfen sollte auf *interdisziplinäre* berufsübergreifende Angebote Wert gelegt werden. Ferner sollten *ambulante* Hilfen gegenüber der stationären Priorität erhalten. Das Krankenbett ist nicht als Ausgangspunkt von Hilfen zu betrachten, sondern nur als eine Möglichkeit. Hilfe sollte *gemeindenah* organisiert sein, wobei die Aufhebung konkurrierender Angebote zugunsten koordinierter erstrebenswert wäre. Psychosoziale Arbeitsgemeinschaften stellen eine Organisationsform dar, die das Entstehen kooperativ organisierter Hilfen erleichtern. Informationelle Selbstbestimmung der Patienten ist zu gewährleisten. Gleichzeitig ist dafür zu sorgen, daß nicht unterschiedliche Helfer aus verschiedenen Professionen oder Institutionen den jeweiligen Patienten ihre Sicht der Dinge aufzwingen und damit deren Verwirrung noch vergrößern (Richter, 1974).

Das Recht auf Arbeit, das Recht auf Wohnung, das Recht auf Persönlichkeitsentwicklung sind vorrangige Aspekte von Therapie. Die *soziale Lage* ist zu berücksichtigen, wobei versucht werden muß, die soziale Lage des Patienten durch die Begegnung mit der P. nicht zu verschlechtern.

Medikamentöse Therapie sollte ihren Platz immer im Rahmen eines *Verstehensprozesses* haben (Finzen, 1981). Oft wird die Veränderung der P. in den fünfziger Jahren vorrangig der Entdeckung der Psychopharmaka zugeschrieben. Neuere Forschungsergebnisse sprechen jedoch dafür, daß *Beschäftigungstherapie* und *Psychopharmakotherapie* als Erklärung für die Änderung gleichermaßen in Betracht kommen.

Beschäftigungstherapie ist dabei verstanden als Aufnahme sozialer Beziehungen und als Verrichtung sinnvoller Tätigkeiten. Noch stehen bei den professionellen Hilfsmöglichkeiten in der P. die pharmakologisch-medizinischen im Vordergrund. Das Recht auf Persönlichkeitsentwicklung, also auf die professionelle Hilfsmöglichkeit der Psychotherapie, und zwar in Form von Einzeltherapie wie auch von Gruppentherapie, wird in der P. noch weitgehend vernachlässigt.

In den letzten Jahren hat die *Angehörigenarbeit,* sowohl mit Unterstützung von Professionellen als auch in Selbsthilfe und Selbstorganisation, stark zugenommen. Angehörige haben teil am Leiden und an der Lösungsgestaltung von Patienten. Sie sind selbst Betroffene und Helfer zugleich (Bertram, 1986). Der Gedanke der Selbsthilfe aus eigener Betroffenheit (Möller, 1978) und der Organisierung von Selbsthilfegruppen hat jedoch bis heute immer noch zu wenig Eingang in die P. gefunden.

Literatur

Basaglia, F. (Hrsg.): Die negierte Institution. Frankfurt: Suhrkamp, 1971.
Bertram, W.: Angehörigenarbeit. München–Weinheim: Psychologie Verlags Union, 1986.
Binding, H./Hoche, A.: Die Freigabe der Vernichtung lebensunwerten Lebens. Leipzig, 1922.
Bleuler, E.: Dementia praecox oder Gruppe der Schizophrenien. Leipzig: Deuticke, 1911.
Deutscher Bundestag: 7. Wahlperiode, Drucksache 7/4200 (Psychiatrie-Enquete): Bericht über die Lage der Psychiatrie in der Bundesrepublik Deutschland: Zur psychiatrischen und psychotherapeutischen/psychosomatischen Versorgung der Bevölkerung, Bonn–Bad Godesberg: Verlag Dr. Hans Heger, 1976.
Devereux, G.: Angst und Methode in den Verhaltenswissenschaften. Frankfurt: Ullstein, 1976.
Dörner, K.: Bürger und Irre. Frankfurt: Europäische Verlagsanstalt, 1969.
Dörner, K.: Diagnosen in der Psychiatrie. Frankfurt: Campus, 1975.
Dörner, K. u. a.: Krieg gegen die psychisch Kranken. Rehberg-Loccum: Psychiatrie-Verlag, 1979.
Dörner, K./Plog, U.: Irren ist menschlich. Rehberg-Loccum: Psychiatrie-Verlag, 1984.
Finzen, A.: Medikamentenbehandlung bei psychischen Störungen. Rehberg-Loccum: Psychiatrie-Verlag, 1981.
Foucault, M.: Wahnsinn und Gesellschaft. Frankfurt: Suhrkamp, 1969.
Goffman, E.: Asyle. Frankfurt: Suhrkamp, 1972.
Griesinger, W.: Gesammelte Abhandlungen. Berlin, 1872.
Keupp, H. (Hrsg.): Normalität und Abweichung. München: Urban und Schwarzenberg, 1979.
Kraepelin, E.: Einführung in die psychiatrische Klinik. Leipzig, 1905.
Kulenkampff, C.: Zeitgemäße Formen der gemeindenahen psychiatrischen Versorgung. In: Kulenkampff, C./Picard, W. (Hrsg.): Gemeindenahe Psychiatrie. Köln: Rheinland-Verlag für die Aktion psychisch Kranker, 1976.
Kunze, H.: Komplementäre Dienste und Heime. Nervenarzt, 48, 1977, 541.
Moeller, M. L.: Selbsthilfegruppen. Reinbek: Rowohlt, 1978.
Richter, H. E.: Lernziel Solidarität. Reinbek: Rowohlt, 1974.
Wulff, E.: Ethnopsychiatrie. Wiesbaden: Akademische Verlagsanstalt, 1978.

Psychoanalyse

Sven O. Hoffmann

Der Begriff P. umfaßt drei abgrenzbare Bereiche:

1. eine Methode zur Erforschung psychischer Vorgänge,
2. eine Theorie menschlichen Erlebens und Verhaltens,
3. eine Methode zur Behandlung psychischer Störungen

Der Begriff P. wurde geprägt und theoretisch sowie methodisch ausgeführt von Sigmund Freud (1856-1939). Freuds durchgängigstes Verständnis der P. ist das einer „Wissenschaft von den unbewußten seelischen Vorgängen" (GW Bd. 14, 300). Freud betrachtete die P. als einen Teil der Psychologie („Tiefenpsychologie") und damit der Naturwissenschaften. Von seiner Ausbildung her war Freud Physiologe, Neurologe und Psychiater. In seinem Denken finden sich die Einflüsse von Herbart, Helmholtz, Brücke u. a. Freuds Modellvorstellungen sind zwar dezidiert psychologische, zeigen aber teilweise noch deutlich ihre Herkunft aus Biologie, Physiologie und Physik. Einführungen in das Gesamtgebiet der P. stammen von Freud selbst (GW Bd. 11 u. 15) sowie z. B. von Brenner, Waelder und Bally. Die Entwicklung der theoretischen Konzepte ist gut dargestellt bei Nagera (1974).

1 Psychoanalyse als Methode zur Erforschung psychischer Vorgänge

Eine Methode zur Erforschung seelischer Vorgänge ist die P. insofern, als sie Wege aufgewiesen hat, bestimmte Inhalte, nämlich unbewußte Prozesse, zu erfassen und zu beschreiben. Die Einzelschritte sind insbesondere die Verwendung der *freien Assoziation*, die *Analyse von Träumen*, Phantasien und Vorstellungen sowie die Analyse bestimmter Handlungsweisen, der sogenannten *Fehlleistungen*. Das Prinzip der freien Assoziation beruht auf der Annahme, daß eine generelle Verbundenheit (Interkohärenz, Interkommunikation) aller psychischen Vorgänge besteht. In einem entspannten Zustand, in dem sich die Versuchsperson (das ist in der P. als Therapie der Patient/Klient) ihren Gedanken, Phantasien und Einfällen ohne besondere Auswahl überläßt und diese ausspricht, wird es einem entsprechend ausgebildeten Beobachter möglich, den motivationalen Zusammenhang der assoziativen Ketten zu erfassen. Die Traumanalyse bedient sich ebenfalls in erster Linie des Mittels der freien Assoziation („Was fällt Ihnen dazu ein?"), um die Bedeutung des „latenten Traumgedankens", der hinter dem „manifesten Trauminhalt" steht, zu erfassen. Die Fehlleistungen (Versprechen, Fehlhandeln) verstand Freud als Handlungen, die wie die Träume, ebenfalls weitgehend auf unbewußte Motive zurückgehen. („Trauring aber wahr" – dieser Seufzer eines Ehemannes weist ohne erforderlichen Kommentar auf den unbewußten Problembereich des Betreffenden.)

2 Psychoanalyse als Theorie menschlichen Erlebens und Verhaltens

Die psychoanalytische Theorie macht Aussagen zu einer (a) Entwicklungspsychologie, (b) einer Persönlichkeitspsychologie, (c) einer Motivationspsychologie, (d) einer klinischen Psychologie, die in erster Linie eine Neurosenlehre ist, (e) einer allgemeinen Psychologie und (f) einer Kulturtheorie (worauf hier nicht eingegangen wird). Diese Bereiche lassen sich in der Darstellung nur schwer voneinander abgrenzen. Freud hatte die Theorie relativ wenig systematisiert. Ein Problem ist vor allem, daß er im Laufe der Zeit neue Alternativen und Fortentwicklungen einführte, ohne den Stellenwert der älteren Konzepte und Theoreme eindeutig zu klären: Ein korrektes Verständnis der psychoanalytischen Theorie ist daher nur möglich unter Berücksichtigung ihrer historischen Entwicklung und des jeweiligen Standes der konzeptuellen Ausarbeitung. Das erschwert dem Anfänger das Verständnis und ist andererseits Anlaß zu späteren Interpretationsfragen geworden, z. B. ob man sich auf den „frühen Freud" beruft, wo die Theorie der Triebe und des Unbewußten im Vordergrund stand, oder auf den „späten Freud", wo die Ichpsychologie und die Bedeutung der sozialen Bezüge (Objektbeziehungen) das Übergewicht bekamen. Als die „essentials" der psychoanalytischen Theorie sah Freud an: die Konzepte vom *Unbewußten*, vom *Widerstand* und der *Verdrängung* sowie die zentrale Rolle der *Sexualität* und des *Ödipuskomplexes* (GW Bd. 13, 223). Die systematische Durchstrukturierung der gesamten Theorie ist das Werk von Nachfolgern, wobei im Bereich der klinischen Theorie vor allem O. Fenichel (1945) und im Bereich der Persönlichkeits- und Motivationstheorie D. Rapaport (1959) weite Anerkennung fanden.

2.1 Die psychoanalytische Entwicklungspsychologie

Die psychoanalytische Entwicklungspsychologie ist ursprünglich eine Theorie der Entwicklung der Triebe, Emotionen und Affekte. Erst später wurden andere Bereiche einbezogen. Wie alle anderen Theoriebereiche hat sie immer unter dem Aspekt der Neurosengenese gestanden und zeigt weniger Bearbeitung von hierfür nicht relevanten Entwicklungselementen. In ihrer ursprünglichen Form ist die psychoanalytische Entwicklungstheorie eine Phasenlehre, die Entwicklungsabschnitte der Organisation der Sexualenergie („Libido") beschreibt. Dabei folgt die „psychosexuelle Entwicklung" (Freud) physiologischen Leitorganen. Es wird unterschieden die *orale* Phase (1. Lebensjahr), die *anale* Phase (2. und 3. Lebensjahr), die *phallische* Phase (4. bis 6. Lebensjahr), die *Latenz* (6. bis 12. Lebensjahr) und die *Pubertät*. Der wichtigste Entwicklungsabschnitt aus neurosenpsychologischer Sicht ist der sogenannte Ödipuskomplex. Freud schreibt ihm eine für die Neurosengenese zentrale Rolle zu. Gemeint sind mit dieser Konfliktkonstellation der phallischen Phase die rivalisierenden und aggressiven Gefühle gegenüber dem gleichgeschlechtlichen Elternteil und die positiven und zugeneigten gegenüber dem gegengeschlechtlichen. Dieser Entwicklungsabschnitt endet mit der Identitätsübernahme („Identifizierung") des gleichgeschlechtlichen Elternteils. Es folgt eine Zeit der Triebruhe, die dann vom eigentlichen Beginn der menschlichen Sexualität in der Pubertät abgelöst wird.

Die beste Systematisierung dieser klassischen Entwicklungstheorie als Triebentwicklung erfolgte durch K. Abraham (1924). Dieser Ansatz, der auch schon bei Freud und Abraham zahlreiche über eine Theorie der Libidoentwicklung hinausgehende Elemente enthält, wird dann in der Folge durch eine Reihe bedeutender Bearbeiter zu einer Entwicklungspsychologie ausgeweitet, in der das Triebmoment deutlich zugunsten der psychosozialen Entwicklung relativiert wird. Auch kognitive und andere Bedingungen werden einbezogen. Zu nennen sind hier vor allem E. H. Erikson (1965), A. Freud (1968), R. Spitz (1967), M. S. Mahler (1972) und J. Bowlby (1976).

2.2 Die psychoanalytische Persönlichkeits- und Motivationstheorie

Die Persönlichkeits- und Motivationstheorie der P. macht Aussagen über stabile psychische Substrukturen, die als Funktionseinheiten wirken, ihre Beziehung untereinander und über die Entstehung von Motiven. Das erste psychoanalytische Persönlichkeitsmodell war das sogenannte *Reflexbogenmodell*, das Freud 1900 entwarf („Der Reflexvorgang bleibt das Vorbild auch aller psychischen Leistung"; GW Bd. 2/3, 543). Das nachfolgende, sogenannte *topographische Modell* ist ein Schichtenmodell: Die Inhalte steigen aus der untersten Schicht, dem System „Unbewußtes", über das System „Vorbewußtes" in das System „Bewußtsein". Für diesen Vorgang von Bedeutung ist die „Besetzung" eines Inhaltes mit psychischer Energie. Der Entzug von Besetzung bewirkt das Unbewußtmachen bzw. -bleiben. Diesen aktiven Vorgang nennt Freud „Verdrängung" und räumt ihm eine zentrale Stellung in seiner Theorie ein. *Verdrängung* ist somit ein motiviertes Vergessen von Inhalten. Hinter der Verdrängung steht die sogenannte „Zensur". Ob ein Inhalt der Verdrängung unterliegt, darüber entscheidet, ob er „bewußtseinsfähig" ist. Diese Annahme begründet die Auffassung vom *dynamischen* (und nicht deskriptiven) Unbewußten: Die Inhalte des Vorbewußten sind potentiell bewußtseinsfähig, die des Unbewußten nicht.

Am nachhaltigsten hat sich das sogenannte *strukturelle Persönlichkeitsmodell* durchgesetzt. Diese Persönlichkeitstheorie unterscheidet psychische Substrukturen, sogenannte Instanzen, die mit den Eigennamen „Ich", „Überich" und „Es" gekennzeichnet werden. Das *Überich* erfaßt den normativen Bereich im Menschen, die soziokulturell vermittelten Normen und Ideale, das Gewissen. Zum Aufbau des Überichs sind Identifizierungsvorgänge von großer Wichtigkeit. Meist wird der Bereich der Wert- und Zielvorstellungen als Teilbereich des Überichs beschrieben: als „*Ichideal*". Den Bereich der primären Impulse, der triebhaften Grundbedürfnisse, der in sich nicht mehr auflösbaren basalen Bedürfnisse, nennt Freud das *Es*. Die Vermittlungsfunktion zwischen den basalen Bedürfnissen des Menschen: Aktivität, Passivität, Liebe, Haß u. a. m. – und den normativen Werten des Überich stellt das *Ich* dar. Das Ich muß den Kompromiß, die Synthese zwischen den emotionalen Grundbedürfnissen des Menschen (Es), dem, was der Mensch sich moralisch gestatten kann (Überich) und den Erfordernissen und Realitäten der äußeren Wirklichkeit (soziale und materielle Umwelt) herstellen. Das Ich wird damit zu einer zentralen Funktionsinstanz, deren primäre Aufgabe ein Ausgleich der inneren Bedürfnisse des Menschen mit den inneren Normen und den äußeren Realitäten darstellt. Das Ich ist es, das bei der Neurose die Symptome ausbildet, das der Ort der Affekte, insbesondere der Ängste ist, und das jene psychischen Maßnahmen zur Herstellung eines inneren Gleichgewichts ergreift, die „Abwehr" genannt werden. Aus den „Systemen" (Bewußtsein, Vorbewußtes, Unbewußtes) im topographischen Modell sind jetzt die „Qualitäten" bewußt, vorbewußt und unbewußt geworden, die in verschiedener Weise die Funktion der drei Instanzen auszeichnen.

Freuds letzte Konzeption in bezug auf die Triebtheorie ging von zwei Grundtrieben aus, *Sexualität* und *Aggression*, deren Interferenzprodukte die Basis der allgemeinen und pathologischen Motivation darstellen. Dabei wird ein breites Band von quasi originären Triebimpulsen bis hin zu weitgehend „neutralisierten" (Hartmann) Formen angenommen. Obwohl es einen Anspruch der P. gibt, eine „allgemeine Psychologie" zu sein (besonders Hartmann), ist in ihrer Persönlichkeitstheorie eigentlich überall der Ursprung aus der Psychopathologie wahrzunehmen. Das „Strukturmodell" etwa wurde entworfen zur Beschreibung und Erklärung innerer Konflikte. Seine Relevanz bleibt letztlich an diesen konfliktorientierten Rahmen gebunden, auch wenn sein Anwendungsbereich weiter reicht.

Eine Darstellung der neueren psychoanalytischen Persönlichkeitstheorie findet sich in den verschiedenen Arbeiten Hartmanns (1972). Den Übergang von der topographischen zur strukturellen Betrachtung untersuchen Arlow und Brenner (1976). Die Beziehung zur akademischen Psychologie wurde auch hier immer wieder von D. Rapaport hergestellt (1967). Eine Übersicht über die psychoanalytische Motivationstheorie geben Mitscherlich und Vogel (1965), über die psychoanalytischen Persönlichkeitsmodelle Gedo und Goldberg (1973).

2.3 Die psychoanalytische Neurosentheorie

Die psychoanalytische Neurosentheorie impliziert die schon geschilderten Auffassungen. Sie stellt heute nach einer etwa 80jährigen Entwicklung die geschlossenste und beobachtungsreichste Konzeptbildung zu Entstehung, Verlauf und Therapie von Neurosen dar. Bei näherem Hinsehen findet sich aber auch erhebliche Heterogenität, die generell ein Mangel der gesamten psychoanalytischen Theorie ist. In ihrer Grundauffassung sieht die P. die Neurosen als *Kompromißbildungen, Lösungsversuche, Folgezustände von reaktivierten, unbewußten infantilen Konflikten*. Damit ist folgendes gemeint: Die Art der Verarbeitung der unvermeidlichen infantilen Konflikte (in erster Linie solche der Abhängigkeit, Autonomie, Selbstwertthematik, Aggression, Sexualität) führt zu *„Fixierungen“* an bestimmte Konfliktthemen, an bestimmte Entwicklungs„orte“. Über die Fixierung entscheiden vor allem die Variablen Verwöhnung und Versagung, wobei der *Frustration* die größere Bedeutung zukommt. Freud: „Die Menschen erkranken neurotisch infolge der Versagung“ (GW Bd. 10, 370). Am Beginn der Neurose des Erwachsenen steht eine auslösende Situation, die in der Regel eine strukturelle Ähnlichkeit mit der unbewältigten infantilen Konfliktsituation hat (z. B. Versuchungs-, Versagungs-, Kränkungs-, Trennungssituationen u. a.). Durch die *„Regression“*, von der sich der Patient unbewußt eine Verbesserung erhofft, kommt es zu einer Reaktivierung des pathogen gebliebenen infantilen Konfliktpotentials („Komplexe“) und damit zu einer Erhöhung der psychischen Spannung, die sich als *Angst* darstellt. Durch die Signalfunktion der Angst werden nun die Möglichkeiten des Ich zur Unterdrückung von Angst aktiviert („Abwehr“, „Abwehrmechanismen“), deren wichtigster und bedeutendster die *„Verdrängung“* ist.

Angst kann somit als Motor der Verdrängung und der gesamten Abwehr bezeichnet werden, und der *Angstvermeidung* kommt die Rolle eines zentralen Motivs in der psychoanalytischen Neurosenpsychologie zu. Freud ging von vier Grundängsten aus: der Angst vor Objektverlust, der Angst vor Liebesverlust, der Kastrationsangst (das ist die phantasierte Angst vor Verlust des Penis auf dem Höhepunkt des ödipalen Konfliktes; beim Mädchen werden analog diffusere Verletzungsängste beobachtet) und der Überichangst. Das durchbrechende *Symptom* ist ein Versuch des Ichs, den verschiedenen Kräften (Gewissensinhalten, Triebimpulsen, Ichmöglichkeiten, äußere soziale Realität) gerecht zu werden. Es ist in den Worten Freuds ein „Kompromiß“ zwischen den verschiedenen Faktoren, ein mißlungener „Heilungs- und Rekonstruktionsversuch“ (GW Bd. 13, 389). Neuere Betrachtungsweisen betonen in der Symptombildung den finalen Versuch, eine erträglichere Selbstwahrnehmung herzustellen. Auch wenn die (mißlungene) „Lösung“ im Symptom letztlich unzureichend ist, legt man heute den Akzent darauf, daß das Symptom die nach den individuellen Möglichkeiten jeweils beste Organisationsform eines psychischen Konfliktes ist. Mit anderen Worten: Abwehr und Neurose werden zunehmend weniger unter dem Aspekt der Pathologie als dem der Ichmöglichkeiten betrachtet. Die Neurose ist damit aus dynamischer Sicht ein Sonderfall des Problemlöseverhaltens bei inneren Konflikten (Darstellung der psychoanalytischen Neurosentheorie bei Fenichel, 1974-1977, drei Bände; Kuiper, 1969; Loch, 1983).

Das klassische, vom intrapsychischen Konflikt ausgehende Neurosenmodell ist in den letzten 15 Jahren erweitert worden. Es war wohl die Auseinandersetzung vor allem mit den sogenannten narzißtischen Störungen und den Borderline-Zuständen (s. u.), die ein Verständnis der Genese neurotischer Erscheinungen als *persistierende Trauma-Folgen*, als Schädigungen der psychischen Basis-Strukturen und kompensatorischen (aber unzureichenden) Ausgleichsversuchen durch Symptombildungen nahelegte. Dieser Störungstyp, der im klinischen Jargon oft als „frühe Störung“ bezeichnet wird – wobei die unkritische Annahme zugrundeliegt, daß „schwer“ in der Folge automatisch „früh“ in der Entstehung bedeutet –, wird von Fürstenau (1977) mit dem Begriff *„strukturelle Ich-Störung“* benannt. A. Freud (z. B. 1979) bevorzugt den Terminus der „Entwicklungsstörung“ (im Gegensatz zur Neurose). Hier erwächst einer der interessantesten zeitgenössischen Beiträge zur psychoanalytischen Neurosentheorie.

3 Psychoanalyse als Form der Psychotherapie

Die klassische psychoanalytische Therapie („Psychoanalyse“, „Analyse“) läßt sich sowohl vom äußeren Setting (Patient liegt, Behandelnder außerhalb seiner Sicht, hohe Stundenfrequenz, lange Dauer) als auch von bestimmten inhaltlichen Charakteristika her beschreiben, die die Arbeit von Therapeut und Patient auszeichnen. Das Hauptmittel der Materialgewinnung ist die *„freie Assoziation“*, die wichtigste Interventionsform des Therapeuten ist die *„Deutung“*, und der eigentliche Gegenstand der Analyse ist die Arbeit an *„Übertragung“* und *„Widerstand“* zur Aufklärung der unbewußten Konflikte. Freud bezeichnete den als praktizierenden Analytiker, der mit den Konzepten des Widerstandes und der Übertragung arbeite.

Das Konstrukt des *Widerstandes* bezieht sich auf eine Gruppe von Phänomenen unbewußter Art, die gegen den bewußten Willen des Patienten, die Therapie durchzuführen und erfolgreich zu beenden, sich diesem Ziel auf vielfältigste Art entgegenstellen. Die klassische Technik der Behandlung geht davon aus, daß erst nach Aufarbeitung der Widerstände ein Fortschritt in der Behandlung zu erzielen ist (W. Reich: „Keine Sinndeutung, wenn eine Widerstandsdeutung notwendig ist!“). *Übertragung* meint eine ubiquitär vorhandene Neigung des Menschen, Verhaltens-,

Empfindens- und Erlebensweisen gegenüber seinen infantilen Beziehungspersonen auf seine gegenwärtigen zu „übertragen". Übertragung wird so zu einem Mißverständnis der Gegenwart in Begriffen der Vergangenheit (Greenson, 1973). Die Arbeit mit der Übertragung als Möglichkeit des therapeutischen Zugangs zum affektiven Bereich des Patienten kann in ihrer Bedeutung für die psychoanalytische Therapie kaum überschätzt werden. Als „Übertragungsneurose" wird die Wiederbelebung des infantilen Konfliktes an der Person des Therapeuten bezeichnet. Dieser Prozeß wird durch das regressionsfördernde Setting der klassischen Behandlungsform deutlich gefördert.

Um in der intensiven und intimen Interaktion mit dem Patienten die Neurose des Behandlers – Neurosenfreiheit ist eine Fiktion! – von der des Patienten abgrenzen zu können, ist ein langjähriges Training erforderlich, dessen Kernstück die intensive Analyse der eigenen Person ist. Als grundlegendes Wirkprinzip der P. wird ein *Einsichtslernen* aufgefaßt, das allerdings, wie Freud schon betonte, nicht auf rationale, sondern auf emotionale Einsichten zurückgehen muß. Übertragungsneurose meint insofern das emotionale Wiederbeleben der alten Konflikte. Im Laufe der Jahrzehnte wurde das sogenannte Standardverfahren sowohl im Verständnis des Therapieprozesses als auch in der Technik stark verfeinert. Als Beispiel sei die Unterscheidung von fünf Interventionsformen angeführt, von denen heute ausgegangen wird: *Konfrontation, Klärung, Deutung, Rekonstruktion* und *Durcharbeiten*. Dabei stammen nur die Begriffe der Deutung und des Durcharbeitens von Freud selbst. Diese Differenzierung der Technik hat auch zu einer Reihe von Verfahrensmodifikationen geführt. Man kann gegenwärtig von vier regelmäßig angewandten Behandlungsweisen ausgehen, die genuin psychoanalytisch sind:

1. die Standardmethode oder P. im engeren Sinne (s. o.),
2. die psychoanalytisch orientierte Psychotherapie (Behandlung im Sitzen, eine bis zwei Wochenstunden; es wird weniger Regression als beim Standardverfahren angestrebt),
3. die psychoanalytische Kurztherapie oder Fokaltherapie (insgesamt 20 bis 30 Sitzungen zur Erfassung eines definierten Problems),
4. die psychoanalytische Gruppentherapie (Betonung des Hier und Jetzt, Bearbeitung des dynamischen Prozesses der Gesamtgruppe, nicht der Einzelperson).

Kurze Einführungen in die Technik der psychoanalytischen Psychotherapie finden sich bei Bally (1971) und Waelder (1963). Ausführlichere Standardwerke stammen z. B. von Fenichel (1941), Greenson (1973) für P., Langs (1973/74) für analytische Psychotherapie, Bellak und Small (1972) für Kurzpsychotherapie oder Preuss (1972) für Gruppenanalyse. Zwei neue Werke verdienen besondere Beachtung: das forschungs- und praxisrelevante Manual der analytisch orientierten Psychotherapie von Luborsky (1984) und das deutschsprachige Lehrbuch der Psychoanalyse von Thomä und Kächele (1985), das durch Gründlichkeit und Kompetenz überzeugt.

4 Schulen und weitere Entwicklung der Psychoanalyse

Wenn der Begriff P. im wesentlichen den Zugang zu psychologischen Erscheinungen von einer unbewußten Motivation meint, dann ist die oft zitierte „Väterdreiheit" Freud, Jung und Adler unrichtig. Während C. G. Jung (1875-1961) um die Vorstellung unbewußter Motive herum eine sehr spekulative, aber ausgesprochen ideenreiche und originelle Theorie („kollektives Unbewußtes", „Archetypen") entwickelte, wandte sich A. Adler (1870-1937) mehr Aspekten zu („Überkompensation"), die erst später im Rahmen der psychoanalytischen Ichpsychologie wieder auftauchen. Das Konzept des Unbewußten wird bei ihm zweitrangig. Die Theorien Jungs und Adlers haben sich nie in einer der klassischen P. vergleichbaren Weise durchgesetzt. Das gilt auch für andere „Abfallbewegungen" (Freud), von denen die O. Ranks wohl die wichtigste war.

Erfolgreicher war und stärker rezipiert wurde indes eine Denkschule, die gewöhnlich als *Neo-Psychoanalyse* bezeichnet wird. Zu ihren Vertretern zählen vor allem K. Horney, E. Fromm, H. S. Sullivan und H. Schultz-Hencke. Hinter dem Namen Neo-P. verbirgt sich eine insgesamt heterogene Gruppe von Autoren, die aber eine Reihe gemeinsamer Aspekte aufweist. Dieses sind vor allem die *Ablehnung der Triebtheorie* (Aggression und Sexualität) und die *stärkere Betonung des sozialen Milieus* (gegenüber der klassischen Konflikttheorie) für die Entstehung der Neurosen. Dem Anspruch nach ist Schultz-Henckes Variante der Neo-P. ein Amalgam der Konzeptionen Freuds, Jungs und Adlers, wobei auf die Positionen Freuds zwei Drittel entfielen. Schultz-Hencke faßte Neurose insgesamt als ein spezifisches Nichtkönnen („Hemmung") auf, und er arbeitet neben der neurotischen Plussymptomatik auch die Minussymptomatik („Lücken") heraus. Bedeutsam sind auch die charakterologischen Beiträge der Neo-P., insbesondere die von

Fromm und Schultz-Hencke. Das dynamische Grundverständnis der P. ist bei den neoanalytischen Autoren erhalten geblieben, auch wenn die Bedeutung unbewußter Faktoren verschieden eingeschätzt wird (Einen Vergleich von Horney, Fromm und Schultz-Hencke unternimmt Heigl, 1964).

In ganz anderer Richtung verliefen die extrem spekulativen Ansätze M. Kleins, die praktisch die gesamte Neurosengenese ins erste Lebensjahr verlegt. Diese Autorin, die auch die meist abgelehnte Todestriebhypothese Freuds rezipiert, setzte sich mit ihren Ansichten in Teilen Englands und Südamerikas durch. Die USA hielten als größte analytische Gruppe an Freud fest, während in neuerer Zeit in Frankreich die Schule von J. Lacan an Einfluß gewann, die wieder ganz auf die Konzeption vom Unbewußten zurückgeht, wie sie Freud um die Jahrhundertwende vertreten hatte. In Deutschland sind klassische P. und Neo-P. annähernd gleich repräsentiert (Eine gute Übersicht über die tiefenpsychologischen Schulen gibt Wyss, 1961; dort findet sich auch weiterführende Literatur zu den hier nicht original zitierten Autoren).

Ihre stärksten Impulse verdankt die Entwicklung der P. in den letzten 25 Jahren wohl amerikanischen (oft ursprünglich deutschsprachigen) Forschern. Die nachhaltigste Systematisierung der wenig geordneten und teilweise widersprüchlichen Theorie unternahm D. Rapaport. Die heute führenden amerikanischen Theoretiker sind großenteils seine Schüler oder von ihm beeinflußt. Rapaport basiert seinerseits auf H. Hartmann, der die *Ichpsychologie* ausbaute, und E. H. Erikson, der die ursprünglich *triebbezogene Entwicklungspsychologie* der P. in ichpsychologische Begriffe umsetzte. Freud hatte als die Bezugspunkte des stark abstrahierten psychoanalytischen Modells („Metapsychologie") die dynamische, ökonomische und topographische Betrachtungsweise gesetzt. Rapaport und Gill (1959) erweitern diese drei Ebenen auf fünf essentielle (dynamische, ökonomische, strukturelle, genetische und adaptive), wobei sie den alten topographischen Bezug durch den neueren strukturellen ersetzen. Die zentralen Aussagen der P. stellen sich nach Rapaports letztem Entwurf wie folgt dar:

a) Das Objekt der P. ist das Verhalten (empirischer Gesichtspunkt).
b) Jedes Verhalten ist integral und unteilbar („Gestalt"-Gesichtspunkt).
c) Kein Verhalten steht isoliert (organismischer Gesichtspunkt).
d) Alles Verhalten ist Teil einer genetischen Reihe (genetischer Gesichtspunkt).
e) Die entscheidenden Determinanten des Verhaltens sind unbewußt (topographischer Gesichtspunkt).
f) Alles Verhalten ist letzten Endes triebbestimmt (dynamischer Gesichtspunkt).
g) Alles Verhalten führt seelische Energie ab und wird durch sie reguliert (ökonomischer Gesichtspunkt).
h) Alles Verhalten hat strukturelle Determinanten (struktureller Gesichtspunkt).
i) Alles Verhalten wird durch die Realität bestimmt (adaptiver Gesichtspunkt).
j) Alles Verhalten ist sozial determiniert (psychosozialer Gesichtspunkt).

Es ist keine Frage, daß der klassische psychoanalytische Ansatz durch Rapaports Bearbeitung eine deutliche „innere Klärung" erfuhr. Gleichzeitig wird sichtbar, daß bestimmte Positionen entweder der Aufgabe oder einer erheblichen Umarbeitung bedürfen. Insbesondere die gesamte Triebpsychologie, von der eigentlich nur die Libidotheorie ausgearbeitet ist, gerät zunehmend in eine weitreichende Kritik, die sich zum Teil auch auf andere metapsychologische Konstrukte bezieht (siehe dazu vor allem Holt, 1967; Gill/Holzman, 1976; Rosenblatt/Thickstun, 1977; Swanson, 1977). Alternativ verstandene Motivationsmodelle mit völlig gewandelter Theoriesprache stammen vor allem von G. S. Klein (1967; neurophysiologisch), E. Peterfreund (1971; informationstheoretisch) und R. Schafer (1973; aktionsbezogen).

Auch um die wissenschaftstheoretische Basis der P. ist eine intensive Diskussion ausgebrochen. Die vor allem aus der *Frankfurter Schule* der Soziologie stammende Kritik richtet sich gegen Freuds eigene Auffassung der P. als Naturwissenschaft des Seelischen, während sie tatsächlich Sozialwissenschaft sei (Habermas, 1968: „Szientistisches Selbstmißverständnis Freuds").

P. im Sinne dieser Betrachtung ist ihrem Wesen nach eine *Tiefenhermeneutik* (Lorenzer, 1970). Eine Richtung der Kritik in den USA versucht im direkten Gegensatz dazu eher die naturwissenschaftliche Identität der P. zu fördern und wendet sich gegen den spekulativen Ansatz (z. B. Rubinstein, 1967). Zwischen diesen Positionen versuchen Thomä und Kächele (1973) zu vermitteln. Von den nomothetisch orientierten Kritikern der P. (vor allem Popper, 1965) wird ihr gewöhnlich der Status einer Wissenschaft abgesprochen, weil Falsifizierbarkeit ihrer Theoreme und Prüfmöglichkeit ihrer Voraussagen nur unzureichend gegeben seien. Psychoanalytiker haben demgegenüber die Anwendung von Wissenschaftskriterien gefordert, die dem Wesen der psychoanalytischen

Theorie gerecht werden (Wallerstein, 1976), und den „Wissenschafts-Chauvinismus" (Williams, 1983) zurückgewiesen.

Die experimentelle Überprüfung psychoanalytischer Thesen ist in erster Linie von Nichtanalytikern vorgenommen worden. Die Kritik der am naturwissenschaftlichen Modell orientierten Experimentalpsychologen geht dahin, daß die psychoanalytische Theorie generell mit empirischen Methoden nicht ausreichend zu bestätigen sei. Das Grundproblem all dieser Arbeiten ist, daß sehr komplexe Aussagen der P. zur Überprüfung operational stark reduziert werden müssen, so daß mit Recht gefragt wurde, ob diese reduzierten Aussagen noch psychoanalytische seien. Die beste Übersicht über diesen Forschungsbereich geben Kline (1981; 1984) und Fisher und Greenberg (1977).

Die gegenwärtig produktivste Weiterentwicklung der P. scheint im Bereich der Bearbeitung des Narzißmus und der „frühen Störungen" (Kernberg, 1975; Kohut, 1977) stattzufinden, wie auch die immer breitere Verwendung des strukturellen Konstrukts des „Selbst" nach 1960 zeigt. Auch die neuere Entwicklungstheorie (M. S. Mahler; „Separation", Individuation") schließt sich hier an.

In der Theorie der Therapie stand die Beziehung zum Therapeuten seit jeher im Mittelpunkt (Friedman, 1978); nachdem neueste Studien (Luborsky et al., 1985) aus der Qualität der initialen Patent-Therapeut-Beziehung den Behandlungserfolg vorhersagen konnten, ist eine Intensivierung der Forschung in dieser Richtung zu erwarten.

Literatur

Abraham, K.: Versuch einer Entwicklungsgeschichte der Libido auf Grund der Psychoanalyse seelischer Störungen (1924). In: Psychoanalytische Studien zur Charakterbildung und andere Schriften. Frankfurt: Fischer, 1969, 113-183.

Arlow, J. A./Brenner, C.: Grundbegriffe der Psychoanalyse. Reinbek: Rowohlt, 1976.

Bally, G.: Einführung in die Psychoanalyse Freuds. Reinbek: Rowohlt, 1971.

Bellak, L./Small, L.: Kurzpsychotherapie und Notfallpsychotherapie. Frankfurt: Suhrkamp, 1972.

Bowlby, J.: Trennung. München: Kindler, 1976.

Brenner, C.: Grundzüge der Psychoanalyse. Frankfurt: Fischer, 1968.

Erikson, E. H.: Kindheit und Gesellschaft (2. Aufl.). Stuttgart: Klett, 1965.

Fenichel, O.: Problems of psychoanalytic technique. New York: Psa. Quart. Inc., 1941.

Fenichel, O.: Psychoanalytische Neurosenlehre (1945), 3 Bde. Olten: Walter, 1974-1977.

Fisher, S./Greenberg, R. P.: The scientific credibility of Freud's theories and therapy. New York: Basic Books, 1977.

Freud, A.: Wege und Irrwege in der Kinderentwicklung. Bern, Stuttgart: Huber/Klett, 1968.

Freud, A.: Psychische Gesundheit und Krankheit als Folge innerer Harmonie und Disharmonie (1979). In: Die Schriften der A. Freud, Band 10, 2733-2740. München: Kindler-Verlag, 1980.

Freud, S.: Gesammelte Werke, 18 Bde. (Imago-Ausgabe). Frankfurt: Fischer, 1940-1968.

Friedman, L.: Trends in the psychoanalytic theory of treatment. Psychoanalytic Quarterly, 47, 1978, 524-567.

Fürstenau, P.: Die beiden Dimensionen des psychoanalytischen Umgangs mit strukturell ichgestörten Patienten. Psyche, 31, 1977, 197-207.

Gedo, J. E./Goldberg, A.: Models of the mind. Chicago/London: Univ. Chicago Press, 1973.

Gill, M. M./Holzman, P. (Eds.): Psychology versus metapsychology. Psychological Issues 9, 1976, Mon. 36.

Greenson, R. R.: Technik und Praxis der Psychoanalyse. Bd. I. Stuttgart: Klett, 1973.

Habermas, J.: Erkenntnis und Interesse. Frankfurt: Suhrkamp, 1968.

Hartmann, H.: Ichpsychologie. Stuttgart: Klett, 1972.

Heigl, F.: Gemeinsamkeiten der Neurosenlehren von E. Fromm, K. Horney und H. Schultz-Hencke; verglichen mit der Psychoanalyse S. Freuds. Fortschritte der Psychoanalyse, 1, 1964, 75-100.

Holt, R. R. (Ed.): Motives and thought. Psychological Issues, 5, 1967, Mon. 18/19.

Kernberg, O. F.: Borderline conditions and pathological narcissism. New York: Science House, 1975.

Klein, G. S.: Peremtory ideation: Structure and force in motivated ideas. In: Holt, R. R. (Ed.): Motives and thought. Psychological Issues, 5, 1967, Mon. 18/19. 1967, 80-128.

Kline, P.: Fact and fantasy in Freudian theory (2nd ed.). London: Methuen, 1981.

Kline, P.: Psychology and Freudian theory. London/New York: Methuen, 1984.

Kohut, H.: The kestoration of the self. New York: Int. Univ. Press, 1977.

Kuiper, P. C.: Die seelischen Krankheiten des Menschen. Bern, Stuttgart: Huber/Klett, 1969.

Langs, R.: The technique of psychoanalytic psychotherapy. 2 Bde. New York: Aronson, 1973/74.

Loch, W. (Hrsg.): Die Krankheitslehre der Psychoanalyse (4. Aufl.). Stuttgart: Hirzel 1983.

Lorenzer, A.: Sprachzerstörung und Rekonstruktion. Vorarbeiten zu einer Metatheorie der Psychoanalyse. Frankfurt: Suhrkamp, 1970.

Luborsky, L.: Principles of psychoanalytic psychotherapy. New York: Basic Books, 1984.

Luborsky, L. et al.: Therapist succsess and its determinants. Archives of General Psychiatry, 42, 1985, 602-610.

Mahler, M. S.: Symbiose und Individuation. Stuttgart: Klett, 1972.

Mitscherlich, A./Vogel, H.: Psychoanalytische Motivationslehre. In: Gottschaldt, K. et al. (Hrsg.): Handbuch der Psychologie, Bd. 5, 759-793. Göttingen: Hogrefe, 1965.

Nagera, H. (Hrsg.): Psychoanalytische Grundbegriffe. Frankfurt: Fischer, 1974.

Peterfreund, E.: Informations, systems, and psychoanalysis. Psychological Issues 7, 1971, Mon. 25/26.

Popper, K.: Logik der Forschung (7. Aufl.). Tübingen: Mohr, 1982.

Preuss, H. G. (Hrsg.): Analytische Gruppenpsychotherapie. Reinbek: Rowohlt, 1972.

Rapaport, D.: Die Struktur der psychoanalytischen Theorie. Stuttgart: Klett o. J. (1959).

Rapaport, D.: Collected papers (Ed.: M. M. Gill). New York: Basic Books, 1967.

Rapaport, D./Gill, M. M.: The points of view and assumptions

of metapsychology. International Journal of Psychoanalysis 40, 1959, 153-162.
Reich, W.: Charakteranalyse. Berlin: Selbstverlag, 1933.
Rosenblatt, A. D./Thickstun, J. T.: Energy, information, and motivation. Journal of the American Psychoanalytic Association, 25, 1977, 537-558.
Rubinstein, B. B.: Explanation and mere description. In: Holt, R. R. (Ed.): Motives and thought. Psychological Issues, 5, 1967, Mon. 18/19. 1967, 20-77.
Schafer, R.: Action: Its place in psychoanalytic interpretation and theory. The Annual of Psychoanalysis, 1, 1973, 159-196.
Schultz-Hencke, H.: Lehrbuch der analytischen Psychotherapie. Stuttgart: Thieme, 1951.
Spitz, R. A.: Vom Säugling zum Kleinkind. Stuttgart: Klett, 1967.
Swanson, D. R.: A Critique of psychic energy as an explanatory concept. Journal of the American Psychoanalytic Association, 25, 1977, 603-633.
Thomä, K./Kächele, H.: Wissenschaftstheoretische und methodologische Probleme der klinisch-psychoanalytischen Forschung. Psyche, 27, 1973, 205-236, 309-355.
Thomä, H./Kächele, H.: Lehrbuch der psychoanalytischen Therapie. Berlin: Springer, 1985.
Waelder, R.: Die Grundlagen der Psychoanalyse. Bern, Stuttgart: Huber/Klett, 1963.
Wallerstein, R. S.: Psychoanalysis as a science: Its present status and its future tasks. In: M. M. Gill/P. S. Hoolzman (Eds.): Psychology vs. metapsychology. psychoanalytic essays in memory of G. S. Klein. Psychological Issues, 9, Mon. 36, 1976, 198-228.
Williams, G.: Methodological chauvinism in the philosophy of science. British Journal of Medical Psychology, 56, 1983, 293-298.
Wyss, D.: Die tiefenpsychologischen Schulen von den Anfängen bis zur Gegenwart. Göttingen: Vandenhoeck & Ruprecht, 1961.

Psychoboom

Jörg Bopp

Als P. gilt das wachsende Angebot von verschiedenen Psychotherapieformen und die zunehmende Nachfrage nach solchem Angebot. Er begann am Ende der 60er Jahre in den USA und greift seitdem in ständig neuen Wellen auf Westeuropa über. Bei oberflächlicher Betrachtung könnte der Eindruck entstehen, die Bundesrepublik werde heute von einer Therapieschwemme überspült und die westdeutsche Gesellschaft sei bereits zu einer „Therapiegesellschaft" (Kursbuch 82, 1985) geworden. Ein Blick auf die allgemeine Bedarfs- und Versorgungslage widerlegt solche Vermutung.

1 Tatsächliche Versorgungslage

Im Auftrag der Bundesregierung erschien 1975 der „Bericht über die Lage der Psychiatrie in der Bundesrepublik – Zur psychiatrischen und psychotherapeutisch/psychosomatischen Versorgung der Bevölkerung". Diese *Psychiatrie-Enquête* ist bis heute die umfassendste und sorgfältigste Untersuchung über die Verbreitung von seelischen Störungen und das System ihrer Behandlung in der BRD.

Die Experten kamen zu folgenden Schätzungen: 600 000 Psychotiker, 1 Million Alkoholiker, 50 000 Drogensüchtige, 13 000 Selbstmorde pro Jahr, 7 Millionen behandlungsbedürftiger Neurotiker; wegen seelischer Krankheiten werden jährlich 200 000 Bundesbürger in spezielle Kliniken aufgenommen; knapp 2 Prozent der Gesamtbevölkerung nehmen jährlich einen psychiatrischen, psychotherapeutischen, psychosozialen Dienst in Anspruch; von den Hausärzten werden jährlich bei 4 bis 8 Millionen Patienten Krankheiten erkannt, die seelische Ursachen haben (Psychiatrie-Enquête, 1975; Finzen, 1979). Die neuen *psychoepidemiologischen* Studien, die sich mit der Verteilung von behandlungsbedürftigen seelischen Störungen in der Bevölkerung befassen, rechnen mit Raten zwischen 15 und 25 Prozent. Allerdings empfindet sich von diesen Raten nur die Hälfte als gestört und therapiebedürftig (Schepank, 1982; 1984).

Die Psychiatrie-Enquête stellte jenen Zahlen das mangelhafte Versorgungssystem gegenüber; es ist bis heute nicht behoben. Die Psychiatrie mit ihren 100 000 Betten kann nur zu einem geringen Teil Psychotherapie anbieten. In der BRD gibt es nur 40 Klinikambulanzen. Die 80 psychiatrischen

Tageskliniken haben nur 1700 Plätze. Von den 195 000 Ärzten arbeiten 3000 als Fachpsychotherapeuten (2000 niedergelassen); dazu kommen 1500 indirekt von den Kassen anerkannte Fachpsychologen (Janssen, 1985; Will, 1985). Wer die Relation Psychiater – Patienten in den Kliniken, die langen Wartezeiten bei den kassenärztlich zugelassenen Psychotherapeuten, die geringe Zahl von Kinder- und Jugendpsychiatern, den Personalmangel bei den öffentlichen Beratungs- und Therapieeinrichtungen berücksichtigt, greift die *Unterversorgung* mit Händen.

Der Mangel im öffentlichen und kassenärztlichen Versorgungssystem ist zudem *regional ungleich* verteilt. Ungefähr zwei Drittel der Psychiater, Psychotherapeuten und Berater, die jenem System angehören, arbeiten in wenigen Ballungszentren: Westberlin, Frankfurt, Hamburg, Heidelberg–Mannheim, München. Hier wohnen allerdings nur 15 Prozent der Bevölkerung. Die ländlichen und kleinstädtischen Gebiete sind unterversorgt. In anderen Ballungsräumen gibt es nur verhältnismäßig wenige öffentliche Einrichtungen und Kassenpraxen (Wittchen, 1980, 198).

Völlig ernüchternd wirkt schließlich ein Blick auf den Anteil der Psychotherapie an den *Krankenkosten der Kassen*. Die finanziellen Aufwendungen für Psychotherapie in der ambulanten kassenärztlichen Versorgung liegen bei 0,56 Prozent aller ärztlichen Leistungen. Die restlichen 99,44 Prozent werden für somatische Medizin ausgegeben. Allein die verordneten Tranquillizer kosten ein Vielfaches von dem, was für den gesamten Psychotherapiebereich ausgegeben wird (Faber, 1984).

Gerade die Ballungsgebiete, die über eine vergleichsweise günstige therapeutische Versorgung verfügen, sind auch der bevorzugte Schauplatz des P. Hauptsächlich von nichtärztlichem Personal werden dort ständig neue Methoden auf den Markt gebracht und vom Publikum angenommen. Es sind vor allem Studenten und Akademiker unter 45 Jahren, unter ihnen besonders Gruppen der fortschrittlichen Intelligenz, die auf die Inflation der Therapieformen ansprechen. Viele sind in pädagogischen und sozialen Berufen tätig und erwarten sich von den Therapieformen Hilfestellung.

Das mangelhafte öffentlich-kassenärztliche Versorgungssystem hat an der psychotherapeutischen Versorgung der BRD allerdings einen ungleich größeren Anteil als alle anderen therapeutischen Angebote. Die Rede von „Psychoboom" und „Therapiegesellschaft" steht in auffälligem Widerspruch zu den tatsächlichen Versorgungsleistungen; sie ist der Ausdruck einer Kulturkritik, die den Lebensstil der liberalen Intelligenz mit der gesamtgesellschaftlichen Lage verwechselt.

2 Wirrwarr der Definitionen

Schon 1980 wurden in der BRD bei den „klassischen" Therapieverfahren 15 tiefenpsychologische, 14 verhaltens-, 12 erlebnis- und 5 kommunikationsorientierte Schulen gezählt. Dazu kamen damals noch 200 Organisationen, die in der psychotherapeutischen Ausbildung tätig waren, über deren Richtlinien aber wenig bekannt war (Wittchen, 1980). Das Kursbuch Psychotherapie zählte 1985 rund 600 therapeutische und therapienahe Verfahren auf (Mayer/Eichmann, 1985).

Ob Psychotherapie innerhalb oder außerhalb des öffentlich-kassenärztlichen Versorgungssystems stattfindet – es gibt heute weder in der BRD noch in den westlichen Industrienationen eine Definition von Psychotherapie, die von den Therapeuten gemeinsam vertreten wird. Zwar bestehen formale Qualifikationsmerkmale, um eine *Kassenzulassung* zu erhalten; über den Inhalt bestehen selbst bei den Kassenärzten große, teilweise unüberbrückbare Meinungsverschiedenheiten. Die klarste Grenzlinie, die es in der Psychotherapie gibt, ist die zwischen jenen, die über Kasse abrechnen können, und denen, die nur privat liquidieren dürfen. In der Krankheitstheorie, in der Lehre über die therapeutische Methodik, in der Bestimmung des Therapeut-Patient-Verhältnisses, in der Festlegung der Therapieziele herrschen Mißverständnisse, Wirrwarr und Gegensätze. Man kann sich nur auf die tautologische Definition einigen, Psychotherapie sei das, was von einem Psychotherapeuten praktiziert werde. Da in der BRD zudem eine gesetzliche Regelung für Berufsbezeichnung und Ausübung der Psychotherapie fehlt, herrscht eine erhebliche *Rechtsunsicherheit*. Es gibt also keine anerkannten Maßstäbe, an denen der wuchernde P. gemessen werden und mit deren Hilfe er kanalisiert werden könnte.

3 Therapeutischer Pragmatismus oder Glaubenskrieg

Das Verhältnis der Therapieformen zueinander ist durch zwei gegenläufige Tendenzen bestimmt. Bei bestimmten Therapeutengruppen setzt sich ein *pragmatisch begründeter Pluralismus* durch. Im ungünstigen Fall wird unter liberaler Flagge ein undurchdachter Methodenmischmasch betrieben. Im günstigen Fall wird einer bestimmten Therapieschule grundsätzlich der Vorzug gegeben; auf dieser Grundlage werden jedoch aus anderen Schulen Einsichten und Methoden übernommen und mehr oder weniger systematisch mit dem Grundansatz verbunden, um die Aufgaben des therapeutischen Alltags erfolgreich bewältigen zu können. Bei diesen therapeutischen Pragmatikern gilt das Interesse nicht der theoretischen und methodischen Reinheit, sondern der sinnvollen therapeutischen Wirkung.

Die Fülle der seelischen Störungen und der sozialen Situationen, die Vielfalt der Charaktere bei Patienten und Therapeuten, die Unterschiede in den moralischen und weltanschaulichen Einstellungen sind so groß, daß *Monopolansprüche* von Therapiekonzepten sich rasch als hinderlich erweisen. Das pragmatische Vorgehen hat viel für sich, wenn es auf der Grundlage von wissenschaftlicher Begründung und methodischer Disziplin in der therapeutischen Arbeit geschieht. Wo therapeutischen Schulen eine differenzierte Theorie der seelischen Störungen und eine sorgfältige therapeutische Methodik fehlt, taugen sie bestenfalls zu Hilfsinstrumenten. Viele der neuen Therapieformen halten solchen Ansprüchen nicht stand; sie verbergen ihre theoretische und methodische Schwäche hinter vielen großen Worten.

Gegenläufig zum Pragmatismus findet in manchen Regionen des P. eine Auseinandersetzung statt, die eher einem *Glaubenskrieg* als einem rationalen Diskurs gleicht. Hier zeigt sich die Unfähigkeit, verschiedene Einsichten und Vorgehensweisen zu integrieren. Je geringer die Integrationskraft einer Therapieform ist, desto größer ist die Wahrscheinlichkeit, daß schon geringfügige neue Einsichten zu neuen Therapieformen führen, anstatt die vorhandenen Konzepte zu modifizieren. Für einen beträchtlichen Teil des inflationären Therapieangebots gilt, daß er geringfügige Veränderung von vorliegenden Konzepten – meistens der klassischen Therapieschulen – als originelle Alternativen anpreist. Der P. lebt von der mangelnden Integrationskraft in therapeutischen Schulen. Wer sich von wortreichen Begründungen nicht blenden läßt, stellt den Mangel an eigenständiger Substanz in vielen Therapieformen rasch fest.

4 Eingeschränkte Öffentlichkeit

Die Undurchsichtigkeit des P. wird auch dadurch gesteigert, daß sich in der BRD keine große Öffentlichkeit gebildet hat, die sich mit dem System der psychiatrisch-psychotherapeutischen Versorgung kontinuierlich auseinandersetzt. Es ist in den letzten zehn Jahren nicht gelungen, die massenhafte seelische Verelendung und ihre angemessene Behandlung zu einem zentralen Thema der innenpolitischen Auseinandersetzung zu machen. Die Öffentlichkeit interessiert sich mehr für Umweltzerstörung und Friedenspolitik als für Sucht und psychiatrische Anstalten. So wird über Atom-Raketen und Gewässerverschmutzung ungleich mehr diskutiert als über Alkoholismus und Depression, obwohl sie jährlich Millionen treffen. Seelisch Krankheiten und ihre Behandlung bleiben für weite Kreise in allen sozialen Schichten ein *Tabu*. Es ist nicht verwunderlich, wenn sich in solcher Tabuzone undiskutiert und naturwüchsig alle möglichen Therapieformen entwickeln, deren Träger wissen, daß sie sich nie öffentlich rechtfertigen müssen.

5 Messianische Aufladung

Quer durch alle therapeutischen Schulen hindurch nimmt im P. ein bestimmter Typus zu, der eine wachsende messianische Aufladung von Psychotherapie, d. h. eine Verbreitung von *Erlösungsversprechen*, betreibt (Bopp, 1985). Hier wird therapeutische Methodik zunehmend mit Weltanschauungen verbunden, etwa westliche oder östliche Philosophien und Religionen, Weltbilder von Naturvölkern, Meditation, Astrologie. Als Therapieziele werden angeboten: Wege zum wahren Selbst, Ganzheitlichkeit, Lebenssinn, Einheit mit dem Kosmos, Wiedergeburt, Erleuchtung. Psychotherapie wird zur *Ersatzreligion* und *Ersatzphilosophie*.

Im Vergleich zu diesen grandiosen Versprechungen wirken die angewandten Therapiemethoden einfach und beinahe banal. Das wirft die Frage auf, wie mit solchen schlichten Mitteln in der beschränkten Zeit einer Therapie Erfahrungen zugänglich sein sollen, um die nachdenkliche Menschen ein Leben lang ringen. Schaut man sich die anthropologischen Aussagen solcher messianischen Therapiekonzepte genauer an, dann erweisen sie sich oft als grob und trivial. Der Preis für die weltanschauliche Aufladung ist ein Verlust an gedanklicher Substanz. Der P. wird von solcher seichten Verweltanschaulichung vorangetrieben.

Ihre suggestive Kraft erzeugt die religiöse Überhöhung der Psychotherapie nicht einfach dadurch, daß sie grandiose Versprechungen macht, sondern dadurch, daß sie deren Erfüllung durch *Methodentreue* garantiert. Indem der Weg zu Wiedergeburt und Erlösung als durch Therapiemethoden abgesichert angeboten wird, soll sichergestellt sein, daß die Befolgung der therapeutischen Techniken von selbst zum wahren Lebenssinn führt. Erst diese Technisierung der Wahrheitsfrage vermittelt Therapeuten und Patienten angeblich Sicherheit. So verliert die Therapiemethode ihren pragmatisch-instrumentellen Charakter und wird unter der Hand zur weltanschaulichen Autorität: Wahrheit durch Methode. Es ist dann folgerichtig, daß über Therapiemethoden nur noch ein Glaubenskrieg geführt werden kann.

Die zunehmende Verweltanschaulichung der Therapie in manchen Regionen des P. ist kein Zufall, sondern eine mögliche Folge, die sich aus der seelischen Verarbeitung von gesamtgesellschaftlichen Entwicklungen ergibt. Der P. ist Ausdruck einer bestimmten *Reaktion auf makrosoziale Krisen*.

Der moderne Prozeß der Vergesellschaftung hat die westlichen Industriegesellschaften in eine sich verschärfende „Legitimationskrise" (Habermas, 1973) gebracht. Die sozialen Institutionen und die politischen Einrichtungen – von der Familie über die Schule bis zu den Parteien und den Produktionssystemen – stellen zwar noch den Anspruch, persönlichen Lebenssinn und soziale Identität vermitteln zu können, zeigen sich faktisch dazu jedoch unfähig. Die Industriegesellschaften zerstören die ökologische Basis, auf der sie sich entwickeln müssen. Die rasche Entwicklung von Wissenschaft und Technik, das Eindringen von privatwirtschaftlichen Profitinteressen und staatlicher Lenkung in alle Lebensbereiche, die Steigerung des Konsums, schließlich die gegenläufigen Emanzipationsbewegungen und Liberalisierungsschübe haben eine zunehmende Zerstörung der überlieferten Sozialbindungen und Wertsysteme bewirkt.

Bei vielen Individuen und Gruppen hat diese moralisch-weltanschauliche Krise ambivalente Reaktionen erzeugt. Es wächst nicht nur ein *Interesse* an neuen Freiheitsräumen und eine neue Empfindlichkeit für die zerstörerischen Seiten der modernen Vergesellschaftung, sondern auch die *Angst*, mit den neuen Freiheiten und Gefährdungen nicht zurechtzukommen. Die Subjekte fühlen sich zu erheblichen Identitätsleistungen herausgefordert und sind unsicher, ob sie über genügend affektive und kognitive Energie verfügen, um jenen Ansprüchen gerecht zu werden. Umgekehrt sehen sich die Machteliten gezwungen, nach dem Zerfall der überlieferten Kontrollsysteme neue Formen zu finden, um sich der Loyalität der Massen zu versichern.

In dieser Stimmung gesteigerter Gespanntheit werden erhöhte Anforderungen an die Psychotherapie gestellt. Die sich bedroht fühlenden Machteliten erwarten von ihr „neue Formen der sozialen Kontrolle" (Marcuse, 1967, 21 ff.), um auf unauffällige Weise die Bindung an ihre Normen und den Respekt vor ihren Privilegien zu sichern. Sie fordern von der Psychotherapie, daß sie das Vakuum der weltanschaulichen Desorientierung nicht mit Inhalten füllt, die die Macht der Privilegierten untergraben (Bopp, 1982, 162 ff.).

Auf der anderen Seite erwarten die Individuen und Gruppen von der Psychotherapie, daß sie ihnen zur Bewältigung von Leiden, Unsicherheit und Angst eine wirksame Hilfe bietet. Sie fordern von den Therapiemethoden Unterstützung, um die neuen Freiheitsräume zu nutzen und um das moralisch-weltanschauliche Vakuum mit neuen Sinngebungen zu füllen.

Die Psychotherapie gerät damit aber in ein Dilemma: Je unabhängiger und einfühlsamer sie auf die Bedürfnisse ihrer Patienten eingeht, desto heftiger gerät sie mit den Machteliten in Konflikt; je enger sie sich mit den Privilegierten verbündet, desto weniger wird sie den Bedürfnissen ihrer Patienten gerecht. Allerdings ist es eine Illusion, wenn Therapeuten und Patienten glauben, die Psychotherapie könne die weltanschauliche Desorientierung der Moderne durch neue Gewißheiten überwinden. Der P. verdankt sein Entstehen auch solchen Wunschträumen; er kann sie jedoch nie erfüllen. Die Psychotherapie ist mit allen geistig-moralischen Führungsaufgaben restlos überfordert. Wo sie dem Publikum großartige Verheißungen macht, wird sie kurzfristig begeisterte Zustimmung, längerfristig aber Enttäuschung und entwertende Feindseligkeit ernten. Der P. ist ständig in der Gefahr, Anlässe für eine Entwertung der Psychotherapie zu schaffen.

6 Therapie als Kärrnerarbeit

Es ist nicht die Aufgabe der Psychotherapie, den Patienten weltanschauliche Leitung anzudienen. Sie zielt darauf ab, daß die Patienten sich ihre Lebenswahrheit in der Auseinandersetzung mit Philosophie und Religion, Kunst und Wissenschaft selbst suchen können. Wo die Therapie kompetent angewandt wird, beschränkt sie sich darauf, in mühsamer, nüchterner, methodisch disziplinierter Kärrnerarbeit jene kindlichen Abhängigkeiten bei den Patienten zu überwinden, die Grund für ihre seelischen Störungen sind und sie daran hindern, sich selbständig in der Gegenwart zu bewegen. Wo Therapeuten sich die Priester- und Prophetenrolle aneignen wollen, prämieren sie nur die infantilen Wünsche ihrer Patienten nach starken Autoritätsfiguren, die ihnen das Wagnis des eigenbestimmten Lebens abnehmen. Der P. kommt den regressiven Gehorsamswünschen von Patienten oft genug entgegen, anstatt sie therapeutisch zu bearbeiten. Er paßt mit seinen Erlösungsversprechen wie ein Schlüssel in das Schloß von kindlichen Abhängigkeitswünschen.

Die Psychotherapie entläßt, wenn sie erfolgreich ist, ihre Patienten in eine *seelische Eigenständigkeit*, die sie zugleich belebt und belastet; sie müssen in der therapeutischen Arbeit lernen, das Risiko der eigenen Entscheidung selbst zu tragen. Deshalb kann die Therapie in den Krisen der Gegenwart auch keine sichere Weltanschauung bieten, sondern Individuen höchstens dazu befähigen, jenen Krisen seelisch standzuhalten und auf *eigene Verantwortung* einen tragfähigen Lebenssinn zu suchen.

Im P. gibt es genug Therapeuten, die sich von kindlichen Allmachtsphantasien noch nicht gelöst haben. Sie empfinden deshalb die beschriebene Beschränkung des therapeutischen Vorgehens als Kränkung. Wo die Therapie aber mehr will, als sie leisten kann, schafft sie schließlich weniger, als ihr möglich ist. Dadurch wird dieses neue Heilverfahren von innen her in Mißkredit gebracht. Der P. ist ständig in der Gefahr, durch falsche Versprechen die Psychotherapie von innen her zu entwerten und damit den äußeren Feinden ungewollte Handlangerdienste zu leisten.

Literatur

Bopp, J.: Antipsychiatrie – Theorien, Therapien, Politik (2. Aufl.). Frankfurt: Syndikat, 1982.

Bopp, J.: Psycho-Kult – kleine Fluchten in die großen Worte. In: Kursbuch 82: Die Therapiegesellschaft. Berlin: Rotbuch Verlag, 1985, 61-74.

Faber, F. R.: Psychotherapie und Allgemeinmedizin. Zeitschrift für Psychotherapie und medizinische Psychologie, 34, 1984, 134-139.

Finzen, A./Schädle-Deininger, H.: Unter elenden menschenunwürdigen Bedingungen. Die Psychiatrie-Enquête. Rehberg-Loccum: Psychiatrie-Verlag, 1979, bes. 92 ff.

Habermas, J.: Legitimationsprobleme im Spätkapitalismus. Frankfurt: Suhrkamp, 1973.

Janssen, V. L.: Zur Einführung einer Gebietsbezeichnung „Psychosomatische Medizin und Psychotherapie". Spektrum der Psychiatrie und Nervenheilkunde, 14, 1985, 62-70.

Kursbuch 82: Die Therapiegesellschaft. Berlin: Rotbuch-Verlag, 1985.

Marcuse, H.: Der eindimensionale Mensch. Neuwied: Luchterhand, 1967.

Mayer, J./Eichmann, K. (Hrsg.): Kursbuch Psychotherapie. München: Hermann Weixler, 1985.

Psychiatrie-Enquête: Anhang. Teil A, Dtsch. Bundestag, 7. Wahlperiode, 1975, Drucksache 7/4201, 47 ff., 457, 793.

Schepank, H.: Epidemiologie psychogener Erkrankungen. Zeitschrift für psychosomatische Medizin und Psychoanalyse, 28, 1982, 104-123.

Schepank, H. et al.: Das Mannheimer Kohortenprojekt – Die Prävalenz psychogener Erkrankungen in der Stadt. Zeitschrift für psychosomatische Medizin und Psychoanalyse, 30, 1984, 43-61.

Will, H.: Selige Gesundheit – Systeme der Therapiegesellschaft. In: Kursbuch 82: Die Therapiegesellschaft. Berlin: Rotbuch Verlag, 1985, 9-33.

Wittchen, H.-U./Fichter, M. N.: Psychotherapie in der Bundesrepublik. Weinheim: Beltz, 1980.

Psychodrama

Mario M. Ernst und Grete A. Leutz

1 Grundlagen und Entwicklung des Psychodramas im Überblick

Das P. ist eine sozial- und tiefenpsychologisch fundierte Methode der Gruppenpsychotherapie, die von dem Psychiater, Soziologen und Philosophen Jakob Levy Moreno (geb. 1889 in Rumänien, gest. 1974 in Beacon, N. Y.) begründet und als integraler Teil eines umfassenden sozio- und psychotherapeutischen Systems weiterentwickelt wurde. Für die Entwicklung des *interaktional* konzipierten P. grundlegend waren vor allem Erfahrungen mit dem Stegreiftheater in Wien (Moreno, 1924) und Erkenntnisse aus umfangreichen sozialwissenschaftlichen Untersuchungen in New York (Moreno, 1932; 1933; 1934).

Schon im Stegreiftheater, einem Vorläufer der Interaktionsmethode P., wurden unter aktiver Beteiligung der Zuschauer problematische Lebenssituationen *spontan* dargestellt. Dabei kamen neben sozialen Bezügen auch unbewußte, traumatogene Situationsmomente gleichsam unzensiert zum Ausdruck. Aufgrund der *unmittelbaren* Konkretisierung zuvor unbewußter Inhalte durch die *spontane szenische Interaktion* der Darsteller hatte der Vorgang eine kathartische Wirkung, die mit der für das P. spezifischen Festellung „Jedes wahre zweite Mal ist die Befreiung vom ersten" (Moreno, 1924, 77) umschrieben werden kann.

Gegenstand der o. g. Untersuchungen waren die sozioemotionalen *Beziehungen* und sozialen *Interaktionen* der Mitglieder von Lebens- und Organisationsgruppen, z. B. einer großen Erziehungsanstalt in Hudson (N. Y.) und des Sing-Sing-Gefängnisses (N. Y.). Im Rahmen eines Aktionsforschungsansatzes durchgeführt, hatten die Untersuchungen, an denen mehrere tausend Personen teilnahmen, sozialpsychologische, sozial*therapeutische* und sozial*psychiatrische* Zielsetzungen. Hierbei wurden die für den Ansatz charakteristischen Konzepte der *Gruppenpsychotherapie* (Moreno, 1932) und der *Soziometrie* (Moreno, 1934) entwickelt und damit das *triadische System* – P., Soziometrie und Gruppenpsychotherapie – begründet (Leutz, 1979; Ernst, 1986).

Diese *integrale* Trias ist systemisch konzipiert. Bereits im Rahmen der o. g. Untersuchungen wurden Lebensgruppen, z. B. Familien, unmittelbar als *natürliche* Therapiegruppen behandelt, und Gruppenpsychotherapie erfolgte mit allen beteiligten Gruppenmitgliedern sowie in deren konkretem Lebensraum (Moreno, 1932, 1933). In diesem Zusammenhang schreibt Moreno (1934, 300 f.):

> „Wird die Gruppenorganisation durch den soziometrischen Test aufgedeckt, so wird damit auch der Anteil jedes Gruppenmitglieds an der seelischen oder sozialen Störung eines bestimmten Individuums aufgedeckt. Diese Kenntnis der Struktur der Gemeinschaft und der Position jedes Individuums in ihr kann für therapeutische Zwecke genutzt werden [...]. Gruppentherapie behandelt nicht nur das aufgrund seiner Störung im Mittelpunkt der Aufmerksamkeit befindliche Individuum, sondern die gesamte Gruppe von Individuen, die mit ihm in einer Wechselbeziehung stehen" (Übers. d. V.).

Die Trias kann damit als erster *systemtheoretischer* und *familientherapeutischer* Ansatz gelten.

In einer weiteren Arbeit wurden der Stegreifgedanke, soziometrische Konzepte und das gruppenpsychotherapeutische Setting *integrativ* verknüpft und der Begriff P. erstmals explizit verwendet (Moreno, 1937). Während psychodramatische Techniken in verschiedenen Anwendungszusammenhängen wie etwa in den o. g. Untersuchungen bereits wesentlich früher eingesetzt wurden, markiert diese Arbeit den *systematischen* Einsatz des P. als gruppenpsychotherapeutische Methode.

2 Grundbegriffe des Psychodramas

Gemäß dem *Gesundheitsbegriff* des P. ist der Mensch grundsätzlich ein *spontanes, kreatives, handelndes* und *soziales* Wesen. Gesundheit wird hier nicht durch das Fehlen von Krankheitssymptomen, sondern durch das Vorhandensein von Eigenschaften und Verhaltensweisen definiert, und zwar jeweils im konkreten *sozialen* und *situationalen* Kontext. Umgekehrt werden die zwischenmenschlichen Beziehungen und das Verhalten des Menschen dann als pathologisch bezeichnet, wenn seine *Spontaneität, Kreativität, Handlungs-* und *Begegnungsfähigkeit* mangelhaft entwickelt und/oder nicht situationsadäquat sind. Wesentliche Therapieziele des P. sind dementsprechend die Förderung der jedem Menschen eigenen, gesunden Spontaneität, Kreativität, Handlungs- und Begegnungsfähigkeit bzw. im Falle ihrer pathologischen Blockierung die Aufhebung dieser Blockierung. Nicht umsonst ist daher die „Spontaneitätstheorie der kindlichen Entwicklung" (Moreno/Moreno, 1944) auf diese Kategorien bezogen.

Charakteristisch für Theorie und Praxis des P. sind darüber hinaus *soziometrische, rollentheoretische* und *tiefenpsychologische* Konzepte, insbesondere Wahl und Ablehnung sowie das Konzept des Sozialen Atoms, des Kulturellen Atoms und des Tele (oder der Tele-Beziehung):

- *Wahl und Ablehnung* werden als elementare Phänomene und Merkmale aller zwischenmenschlichen Beziehungen angesehen (Moreno, 1934). Demzufolge sind sie nicht nur Gegenstand der soziometrischen Erhebungsmethodik, sondern auch grundlegend für die im weiteren skizzierten Konzepte.
- Jeder Mensch hat sein eigenes *Soziales Atom*, dessen Mittelpunkt er ist. Es besteht aus seinen sozioemotionalen Beziehungen mit den Menschen, zu denen er sich entweder *hingezogen* fühlt oder die er *ablehnt*, und aus deren sozioemotionalen Beziehungen ihm gegenüber. Ein Soziales Atom ist die kleinste Einheit des sozialen Universums. Die Erfassung des Sozialen Atoms mittels soziometrischer und psychodramatischer Erhebungs- und Handlungstechniken deckt Anzahl, Art und Grad der Wechselseitigkeit der Beziehungen auf. Diese sind pathognomonisch für unterschiedliche Störungen.
- Das *Kulturelle Atom*, rollentheoretisches Analogon des Sozialen Atoms, ist definiert als Gesamt der vom Individuum ausgeübten *Rollen* sowie der *komplementären*, von seinen Interaktionspartnern ausgeübten *Gegenrollen*, mithin als System seiner prinzipiell wechselseitigen *Rollenbeziehungen* (Zeintlinger, 1981). Die psychodramatische Rollentheorie geht davon aus, daß sämtliche Aktionen an die Ausübung von Rollen gebunden sind. Sie unterscheidet *kategoriale* und *aktionale* Rollen. Letztere werden von einem bestimmten Individuum – im Leben wie auch im P. – konkret ausgeübt (Leutz, 1974; Petzold, 1982). Die Erfassung des Kulturellen Atoms erfolgt in der psychodramatischen Handlung, die Art und Ausprägung individueller *Rollenkonstellationen* sowie entsprechender *Handlungszwänge* veranschaulicht. Auf dieser diagnostischen Grundlage kann der vom P. gebotene Spielraum später zur Findung und Erprobung neuer Rollen genutzt werden.
- Ein aus psychodramatischer Sicht ebenso für das menschliche Zusammenleben wie für die Therapie wesentlicher Beziehungsmodus ist das *Tele*, auch *Tele-Beziehung* genannt. Hierunter versteht man die *realitätsgemäße* und *wechselseitige*, emotionale und kognitive *Bezogenheit* zweier oder mehrerer interagierender Individuen als Merkmal wirklicher Begegnung (Moreno, 1959; Leutz, 1974; Zeintlinger, 1981). Tele ist demzufolge „Zweifühlung im Gegensatz zu Einfühlung" (Moreno, 1974, 446). Während jedoch Einfühlung als Teilkomponente der gesunden Tele-Beziehung aufzufassen ist, stellt Übertragung definitionsgemäß einen pathologischen Beziehungsmodus dar, weil sie *nicht unmittelbar* auf die jeweils *reale* Person gerichtet und damit kein Merkmal der Begegnung ist. Zahlreiche Tele-Beziehungen kennzeichnen im übrigen gesunde, *balancierte* Soziale Atome.

Der interpersonale Ansatz des P. umfaßt sowohl die sozialpsychologische als auch die tiefenpsychologische Dimension. Daher ist das mit ihm verknüpfte Konzept des Unbewußten ebenfalls *inter*individuell begründet, um der *Wechselseitigkeit* der zwischenmenschlichen Beziehungen auch auf dieser Ebene angemessen Rechnung zu tragen. Miteinander interagierende Personen, die sich näher kennen, verfügen demgemäß über ein *gemeinsames Unbewußtes* (common unconscious; Moreno, 1959; 1961). Aus diesem lassen sich viele Phänomene der psychodramatischen Praxis erklären.

3 Formen, Konstituenten und Phasen

Das P. kann – je nach Zielgruppe, Indikation und augenblicklicher Gruppensituation – in verschiedenen *Formen* eingesetzt werden (Leutz, 1974; Petzold, 1978), nämlich beispielsweise als

- *protagonistenzentriertes* P., seine klassische Variante, bei der die therapeutische Arbeit einer Person unter Beteiligung der anderen Gruppenmitglieder im Vordergrund steht,
- *gruppengerichtetes* P., mit dem die Problematik *aller* Mitglieder homogener Gruppen, z. B. von Suchtkranken, wie im protagonistenzentrierten P. *stellvertretend* von einer Person bearbeitet wird,
- *gruppenzentriertes* P., dessen Gegenstand die ganze Gruppe und speziell die Bearbeitung ihrer Dynamik ist, und
- *themenzentriertes* P. mit pädagogisch-didaktischer Zielsetzung.

Diese Formen schließen jedoch einander keineswegs aus, sondern ergänzen sich und werden oft in derselben Gruppe alternierend eingesetzt. Dabei überwiegt im allgemeinen das *protagonistenzentrierte* P., dessen Merkmale im weiteren dargestellt werden.

Zunächst seien hier die wichtigsten *Konstituenten* des P. genannt, nämlich die Bühne, der Protagonist, der Therapeut, die Mitspieler bzw. Hilfs-Iche, die Gruppe (als ganze) und die Techniken (Moreno, 1959; 1977; Leutz, 1974; Zeintlinger, 1981; Ernst, 1986).

Die psychodramatische *Bühne* ist, im wörtlichen und übertragenen Sinne, der *Handlungs-* und *Spielraum* innerhalb der Therapie- oder Lebensgruppe, in dem die spontane szenische Darstellung vergangener, gegenwärtiger oder zukünftiger, realer oder phantasierter Interaktionen und Situationen erfolgt. Hier wird die Äußerung, Offenlegung sowie Erprobung von Gefühlen, Gedanken und Verhaltensweisen repressions- und vorurteilsfrei möglich. Die spontane szenische Darstellung ist dabei durch die *Spiel-Realität* des P. gekennzeichnet. In ihr werden hier und jetzt der – objektive bzw. subjektiv wahrgenommene –

Ereignisablauf und das subjektiv wie situativ bedeutsame Erleben reproduziert.

Der *Protagonist* ist der Hauptdarsteller der psychodramatischen Inszenierung. Zur Besetzung der für ihn und die darzustellende Situation wichtigen Rollen – also Interaktionspartner, aber auch Gefühle, Gegenstände usw. – wählt er solche Gruppenmitglieder aus, von denen er annimmt, daß sie diese Rollen angemessen verkörpern werden. Beim Wählen der Darsteller *überträgt* er auf sie das Bild seiner Bezugspersonen.

Der *Therapeut* ist verantwortlich für die Leitung des in den drei Sitzungsphasen jeweils spezifischen Prozesses. Mittels psychodramatischer und soziometrischer Handlungstechniken stimuliert und strukturiert er die therapeutische Interaktion zwischen den Gruppenmitgliedern im allgemeinen und zwischen dem Protagonisten und seinen Mitspielern im besonderen. Dem Protagonisten steht er dabei einfühlsam und hilfreich zur Seite und läßt sich von dessen szenischen Assoziationen während des Spiels insoweit leiten, als diese zur Aufrechterhaltung der psychodramatischen Interaktion und damit zu Fortschritten im Therapieprozeß beitragen. Durch sein Handeln wird er zum *Katalysator* der in der P.-Gruppe wirkenden *Selbstheilungskräfte*.

Mitspieler sind die vom Protagonisten in Rollen gewählten Gruppenmitglieder. Durch ihre *aktive* Beteiligung an der spontanen szenischen Darstellung ermöglichen sie den *unmittelbaren* Vollzug der therapeutisch wirksamen Personen- und Rollen-Interaktionen. Ausreichend *einfühlsame* und *rollenflexible* Mitspieler sind ebenso wie entsprechend geschulte P.-Assistenten *Hilfs-Iche* des Protagonisten, da sie neben Aspekten seiner äußeren Lebenswelt auch solche seines *inneren* Erlebens konkret verkörpern.

Die ganze *Gruppe* fungiert als sozialer *Mikrokosmos* (Moreno, 1937), in dem prinzipiell alle denkbaren Ereignisse und Situationen szenisch nachvollzogen werden können. Sie ist dementsprechend auch der *Resonanzboden* für die beim Protagonisten ablaufenden Erlebensprozesse.

Die psychodramatischen *Techniken* dienen der Förderung, Aufrechterhaltung und Strukturierung des für die drei Sitzungsphasen (s. u.) jeweils spezifischen Prozesses. *Erwärmungstechniken* werden in der Regel am Sitzungsbeginn eingesetzt und fördern die Mitteilungs- und Darstellungsbereitschaft der Teilnehmer sowie die für die anschließende psychodramatische Inszenierung erforderliche Gruppenkohäsion. *Handlungstechniken* dienen dem Ingangsetzen, der Aufrechterhaltung und Lenkung der psychodramatischen Darstellung. Zu den wichtigsten Handlungstechniken gehören der unentbehrliche *Rollentausch* und das *Doppeln* (Leutz, 1985). Der Rollentausch zwischen dem Protagonisten und den Darstellern seiner Bezugspersonen gewährleistet den Fortgang der spontanen Darstellung ohne Vorinstruktion und somit einen unmittelbaren Zugang zum Unbewußten. Er ermöglicht auch das Erleben einer Interaktion aus den Rollen aller Interaktionspartner und vermittelt eine emotionale Neuerfahrung des gesamten sozialen Kontextes. Bei der Anwendung der Doppel-Technik begibt sich ein Hilfs-Ich hinter den Protagonisten in dessen Körperhaltung, fühlt sich in ihn ein und spricht aus, was in ihm vorgeht, dieser aber nicht auszudrücken vermag. Doppeln kann stützend wirken, eine innere Klärung herbeiführen, eine stark kathartische Wirkung haben und das Spiel in weitere Szenen überleiten. Mit den *Integrationstechniken* werden die während der psychodramatischen Darstellung konkretisierten Gefühle sowie Beziehungs- und Verhaltensmuster des Protagonisten durchgearbeitet, dabei das entsprechende Feedback der Gruppenmitglieder (s. u.) strukturiert und die Sitzung abschließend prozeßanalytisch nachbesprochen.

Jede P.-Sitzung besteht in der Regel aus drei Phasen (Moreno, 1959; Leutz, 1974; Zeintlinger, 1981; Ernst, 1986):

In der *Erwärmungsphase* (Synonyme: Initial-, Warming-up-Phase), erfolgt zunächst die durch Erwärmungstechniken geförderte wechselseitige Mitteilung früherer oder zwischenzeitlicher Erlebnisse und der gegenwärtigen Befindlichkeit. Sie dient der *emotionalen* und *kognitiven* Einstimmung der Gruppenmitglieder auf die gemeinsame therapeutische Arbeit und damit der Anbahnung der anschließend erfolgenden psychodramatischen Darstellung. Im weiteren Verlauf der Erwärmungsphase wird zunehmend deutlich, welches Gruppenmitglied zum Protagonisten werden wird. Dabei kommt sowohl die *unmittelbare Betroffenheit* dieses Gruppenmitgliedes als auch ein soziometrischer, d. h. *sozioemotionaler Wahl*prozeß in der Gesamtgruppe zum Tragen: Die für diese Phase spezifische Interaktion fördert *wechselseitig* die Öffnungs- und Darstellungsbereitschaft des einzelnen Gruppenmitglieds und die entsprechende Bereitschaft der anderen Gruppenmitglieder zur – äußeren und inneren – Anteilnahme.

Die für jede P.-Sitzung zentrale Phase ist die *Aktionsphase* (Synonyme: Handlungs-, Spielphase). In ihr stellt der Protagonist zusammen mit den Mitspielern als Trägern seiner Übertragungen Szenen dar, die sich *in seinem Leben* zwischen ihm und seinen Bezugspersonen abgespielt haben.

Dabei kommt es in der „Als-ob-Realität" des psychodramatischen Spiels zu einer Intensivierung der Interaktionen sowie Emotionen und öfter auch zu einer Katharsis. Häufig assoziiert der Protagonist zurückliegende, manchmal sogar vergessen gewesene Szenen, deren anschließende Darstellung eine *kontrollierte Regression* im Dienste seiner Entwicklung bewirkt. Die Handlungen in der *Meta-Realität* des P. zeichnen sich dadurch aus, daß sie wie jede Spielhandlung emotional zwar intensiv erfahren werden, aber dennoch unverbindlich sind. Deshalb kann in ihr selbst eine Wiederbelebung schmerzlicher Gefühle vom Protagonisten ertragen werden. Mit Ende des darstellenden Spiels findet ein *Realitätswechsel* von der genannten Meta-Realität der Aktionsphase zur Hier-und-Jetzt-Realität der Abschlußphase statt. Damit wird die Aufhebung von Regressionen gewährleistet. Die Mitspieler werden dadurch von den ihnen zugewiesenen Spielrollen, sprich Übertragungen, frei und kehren von der Bühne auf ihre Sitzplätze in der Gruppe zurück. Der Protagonist, der sie bislang mit seinen Übertragungen besetzt hatte, kommt somit in die Lage, sie in *ihrer Eigenart* wahrzunehmen. Diese realitätsgerechte Wahrnehmung ist ihrerseits die Voraussetzung für das Zustandekommen von Tele-Beziehungen.

Die dritte Phase der P.-Sitzung heißt *Abschlußphase* (Synonyme: Durcharbeitungs-, Feedback-, Gesprächs-, Integrationsphase). Sie ist durch die auf die Darstellung bezogenen Rückmeldungen der Gruppenmitglieder gekennzeichnet und dient der Integration des Erlebten. Die Gruppenmitglieder geben dem Protagonisten zunächst ein stützendes *Sharing*, indem sie ihm von entsprechenden, ähnlich leidvollen Ereignissen aus *ihrem* Leben berichten. So wird sein Leiden „geteilt" und dadurch in das richtige Verhältnis gesetzt. Anschließend erfolgt das *Rollenfeedback*, die Rückmeldung der Mitspieler bezüglich ihrer in den Rollen gemachten Handlungserfahrungen. Neben der psychodramatischen Interaktion selbst verhilft auch das Rollenfeedback dem Protagonisten zu einer wesentlich erweiterten, *intersubjektiven* Sichtweise seiner Problematik und eröffnet ihm neue Perspektiven für sein zukünftiges Fühlen und Handeln. Das *Identifikationsfeedback* schließlich besteht aus der Mitteilung der während der Handlungsphase entstandenen Identifikationen mit dargestellten Personen bzw. Rollen, auch durch hierbei nicht aktiv beteiligte Gruppenmitglieder. Neben dem Sharing bietet dieses Feedback gerade ihnen die Möglichkeit, gegenüber dem Protagonisten ihre innere Anteilnahme und Betroffenheit zu artikulieren.

Vermittelt durch die im spezifisch psychodramatischen Feedback zum Ausdruck kommende Resonanz der Gruppenmitglieder ist P. eine Therapie *in* der Gruppe, *durch* die Gruppe und *der* Gruppe.

4 Psychodrama-Forschung und -Anwendung: Überblick und Ausblick

Will man die P.-Forschung angemessen würdigen, so ist vorab auch die mit ihr häufig verbundene soziometrische Forschung zu berücksichtigen. Während Soziometrie *im weitesten Sinne* seit Jahrzehnten zum Standardinventar der Sozialwissenschaften gehört und hier nicht näher zu erläutern ist, gewinnt ihr Einsatz im Rahmen der *Gruppenpsychotherapieforschung* weiter an Bedeutung. Soziometrische Methoden (s. Dollase, 1976) werden dabei sowohl unabhängig vom triadischen System angewandt (Ploeger et al., 1972; Nance/Wright, 1977; Hess, 1978; 1985; Höck/Hess, 1982) als auch systemimmanent (Ernst et al., 1980; Kulenkampff 1982; Wallis-Rückriem, 1986).

Die P.-Forschung selbst ist durch eine zunehmende Zahl empirischer Untersuchungen gekennzeichnet, von denen hier exemplarisch einige deutschsprachige genannt seien. So wurden etwa von Bender et al. (1979; vgl. Bender, 1980) und Satzger (1982) Therapieeffekte bei neurotischen und psychotischen Patienten nachgewiesen, während Ernst et al. (1980) bei psychiatrischen Patienten im Therapieverlauf soziometrische Wahl- und Wahrnehmungsveränderungen beobachten konnten. Schönke (1975) und Schmidt (1978) fanden P.-induzierte Persönlichkeits- und Verhaltensänderungen bei Studenten. Qualitative und quantitative Merkmale sowie Veränderungen der psychodramatischen Interaktionen wurden von Ernst (in Vorber.), Nowak und Scharpf (1985) sowie Sandmann (1985) untersucht. Spezifisch psychodramatische Erhebungsverfahren schließlich entwickelten Collmann und Reuber-Woll (1986) sowie Schneider-Düker (1986).

Die breite theoretische Basis, die integrale Verknüpfung verschiedener Vorgehensweisen und die große Variabilität seiner Techniken machen das P. zu einer erstaunlich vielseitigen Therapie-, Selbsterfahrungs- und Trainingsmethode (vgl. z. B. Leutz/Engelke, 1983). So wird es nicht nur zur Behandlung von Neurosen, psychosomatischen Erkrankungen, psychotischen und narzistischen Störungen sowie des Borderline-Syndroms eingesetzt, sondern auch als klassische Methode der Sucht-, Familien- und Partnertherapie. Ein weiterer Anwendungsbereich ist die Rehabilitation körperlich Behinderter und unheilbar Erkrankter unter Einbeziehung ihrer Angehörigen. Naturgemäß wird das P. ebenso als Trainingsmethode zur Nachreifung bzw. Erweiterung der sozialen Kompetenz und Beziehungsfähigkeit eingesetzt.

Von der wachsenden P.-Forschung sind in diesen – exemplarisch genannten – Anwendungsbereichen weitere, empirisch fundierte Ergebnisse zur Wirkungsweise der Methode zu erwarten, welche die vorliegenden, langjährigen Erfahrungen der Praktiker sinnvoll ergänzen werden.

Literatur

Bender, W.: Psychodrama im Psychiatrischen Krankenhaus: Methoden, Einsatzmöglichkeiten und Effekte. Gruppenpsychotherapie und Gruppendynamik, 15, Themenheft Psychodrama (Hrsg.: Leutz, G. A./Oberborbeck, K.), 1980, 348-352.

Bender, W./Detter, G./Eibl-Eibesfeld, B./Engel-Sittenfeld, P./ Gmelin, B./Wolf, R./Zander, K. J.: Effekte einer 25stündigen Gruppenpsychotherapie bei psychiatrischen Patienten. Fortschritte der Neurologie und Psychiatrie, 47, 1979, 641-658.

Collmann, B./Reuber-Woll, R.: Die Spielphase im Psychodrama. Entwicklung eines Beobachtungssystems für Videoaufnahmen protagonistenzentrierter Spiele auf der Grundlage der theoretischen Konzepte J. L. Morenos. Saarbrücken: Diplomarbeit in der Fachrichtung Psychologie der Universität des Saarlandes, 1986.

Dollase, R.: Soziometrische Techniken. Techniken zur Erfassung und Analyse zwischenmenschlicher Beziehungen in Gruppen (2. Aufl.). Weinheim: Beltz, 1976.

Ernst, M. M.: Das Konzept der Gruppe im Psychodrama. In: Petzold, H./Frühmann, R. (Hrsg.): Modelle der Gruppe in Psychotherapie und psycho-sozialer Arbeit, Bd. 1. Paderborn: Junfermann, 1986, 283-317.

Ernst, M. M.: Veränderungen des verbalen und nonverbalen Sozialverhaltens im Psychodrama. Interaktionsprozeßanalysen auf der Grundlage des „Systems für die mehrstufige Beobachtung von Gruppen" (SYMLOG). Konstanz: Dissertation an der Sozialwissenschaftlichen Fakultät der Universität Konstanz, in Vorber.

Ernst, M. M./Wiertz, A./Sabel, B. A.: Veränderunggen im soziometrischen Wahl- und Wahrnehmungsverhalten in einer Psychodramagruppe psychiatrischer Patienten. Eine Erkundungsstudie. Sozialpsychiatrische Informationen, Themenheft Psychodrama (Hrsg.: Oberborbeck, K. W.), 1980, 20-52.

Hess, H.: Diagnostik in der Gruppenpsychotherapie. In: Höck, K. (Hrsg.): Gruppenpsychotherapie. Berlin (Ost): VEB Deutscher Verlag der Wissenschaften, 1978, 69-84.

Hess, H.: Untersuchungen zur Abbildung des Prozeßgeschehens und der Effektivität in der intendierten dynamischen Gruppenpsychotherapie. Berlin (Ost): Psychotherapie-Berichte des Hauses der Gesundheit, 32, 1985.

Höck, K./Hess, H. (Hrsg.): Darstellung und Aussagemöglichkeiten des Soziogramms nach Höck und Hess. Berlin (Ost): Psychotherapie-Berichte des Hauses der Gesundheit, 12, 1982.

Kulenkampff, M.: Der „Soziales-Atom-Test" (Soz.-Test). Überlingen/Bodensee: Moreno Institut für Psychodrama, Soziometrie und Gruppenpsychotherapie, 1982.

Leutz, G. A.: Das klassische Psychodrama nach J. L. Moreno. Psychodrama, Theorie und Praxis, Bd. 1. Berlin: Springer, 1974.

Leutz, G. A.: Das Triadische System von J. L. Moreno – Soziometrie, Psychodrama und Gruppenpsychotherapie. In: Heigl-Evers, A. (Hrsg.): Die Psychologie des 20. Jahrhunderts, Bd. 8, Lewin und die Folgen. Sozialpsychologie, Gruppendynamik, Gruppentherapie. Zürich: Kindler, 1979, 830-839.

Leutz, G. A.: Das Psychodrama nach J. L. Moreno. In: Toman, W./Egg, R. (Hrsg.): Psychotherapie – Ein Handbuch, Bd. 1. Stuttgart: Kohlhammer, 1985, 201-214.

Leutz, G. A./Engelke, E.: Psychodrama. In: Corsini, R. J. (Hrsg.): Handbuch der Psychotherapie (dt. Ausg. hrsg. u. bearb. von G. Wenninger). Weinheim: Beltz, 1983, 1008-1031.

Moreno, J. L.: Das Stegreiftheater. Potsdam: Kiepenheuer, 1924.

Moreno, J. L. (in collaboration with Whitin, E. S.): Application of the group method to classification (2nd ed.). New York (N. Y.): National Committee on Prisons and Prison Labor, 1932.

Moreno, J. L.: Psychological and social organization of groups in the community. In: American Association on Mental Deficiency (Ed.): 57th Yearbook of mental deficiency. Proceedings and adresses. Albany (N. Y.): American Association on Mental Deficiency, 1933, 224-242.

Moreno, J. L.: Who shall survive? A new approach to the problem of human interrelations. Washington (D. C.): Nervous and Mental Desease Publishing, 1934 (Dt.: Siehe Moreno, 1974).

Moreno, J. L.: Inter-personal therapy and the psychopathology of inter-personal relations. Sociometry, 1, 1937, 9-76.

Moreno, J. L.: Gruppenpsychotherapie und Psychodrama. Stuttgart: Thieme, 1959.

Moreno, J. L.: The role concept, a bridge between psychiatry and sociology. American Journal of Psychiatry, 118, 1961, 518-523. (Dt.: Das Rollenkonzept, eine Brücke zwischen Psychiatrie und Soziologie. Integrative Therapie, 5, 1979, 14-23.)

Moreno, J. L.: Die Grundlagen der Soziometrie. Wege zur Neuordnung der Gesellschaft (3. Aufl.). Opladen: Westdeutscher Verlag, 1974.

Moreno, J. L.: Psychodrama, Vol. 1 (5th ed.). Beacon (N. Y.): Beacon House, 1977. (Dt.: Das Psychodrama. Bibliotheca Psychodramatica, Bd. 5. Paderborn: Junfermann, im Druck.).

Moreno, J. L./Moreno, F. B.: Spontaneity theory of child development. Scociometry, 7, 1944, 89-128.

Nance, J. E./Wright, A. R.: A sociometric study of a psychiatric in-patient group: Implications for therapy. Group Psychotherapy, Psychodrama and Sociometry, 30, 1977, 114-121.

Nowak, I./Scharpf, U.: Analysen des Interaktionsprozesses im protagonistzentrierten Psychodrama – Eine explorative Beobachtungsstudie mit SYMLOG. Konstanz: Diplomarbeit an der Sozialwissenschaftlichen Fakultät der Universität Konstanz, 1985.

Petzold, H.: Das Psychodrama als Methode der klinischen Psychotherapie. In: Pongratz, L. J. (Hrsg.): Handbuch der Psychologie, Bd. 8. Klinische Psychologie, 2. Halbbd. Göttingen: Hogrefe, 1978, 2751-2795.

Petzold, H.: Die sozialpsychiatrische Rollentheorie J. L. Morenos und seiner Schule. In: Petzold, H./Mathias, U. (Hrsg.): Rollenentwicklung und Identität. Von den Anfängen der Rollentheorie zum sozialpsychiatrischen Rollenkonzept Morenos. Bibliotheca Psychodramatica, Bd. 7. Paderborn: Junfermann, 1982, 13-189.

Ploeger, A./Seelbach, G./Steinmeyer, E.: Änderung der sozialen Wahrnehmung und der Gruppenstruktur im Verlaufe einer ambulanten Gruppenpsychotherapie – Soziometrische Analysen. Zeitschrift für Psychotherapie und medizinische Psychologie, 22, 1972, 112-116.

Sandmann, G.: Soziometrische Struktur und Gruppeninteraktion. Zur Kovariation zwischen soziometrischem Status und

Interaktionsverhalten in Psychodramagruppen. Konstanz: Diplomarbeit an der Sozialwissenschaftlichen Fakultät der Universität Konstanz, 1985.
Satzger, W.: Psychodrama im psychiatrischen Krankenhaus – Eine empirische Untersuchung unter besonderer Berücksichtigung des Goal-Attainment-Scaling-Verfahrens. München: Diplomarbeit an der Abteilung für Klinische Psychologie des Psychologischen Instituts der Universität München, 1982.
Schmidt, B.: Selbsterfahrung im Psychodrama als Methode der Sozialtherapie für Studenten. Grundsätzliches und Empirisches. Würzburg: Inaugural-Dissertation zur Erlangung der Doktorwürde des Philosophischen Fachbereichs III der Julius-Maximilians-Universität zu Würzburg, 1978.
Schneider-Düker, M.: Materialien zur Psychodrama-Forschung: 1. Ein Dokumentationssystem für Psychodrama-Gruppen. Saarbrücken: Arbeiten der Fachrichtung Psychologie der Universität des Saarlandes, 101, 1986.
Schönke, M.: Psychodrama in Schule und Hochschule – eine empirische Untersuchung. Gruppendynamik, 6, 1975, 109-116.
Wallis-Rückriem, G.: Report on a sociometric experiment, based upon the SAT (Social Atom Test) by M. Kulenkampff. Zagreb (Yu.): Tagungsbeitrag auf dem 9. Internationalen Kongreß für Gruppenpsychotherapie, 24.-29. August 1986.
Zeintlinger, K. E.: Analyse, Präzisierung und Reformulierung der Aussagen zur psychodramatischen Therapie nach J. L. Moreno. Salzburg: Dissertation zur Erlangung des Doktorgrades an der Naturwissenschaftlichen Fakultät der Universität Salzburg, 1981.

Psychologiegeschichte

Hans Thomae

1 Modelle der Psychologiegeschichtsschreibung

P. ist in den letzten Jahren zu einer eigenen Disziplin innerhalb unseres Faches geworden (Brozek/Pongratz, 1980; Lück et al., 1984). Als Modelle der P.schreibung werden ein „personalistischer", ein „problemgeschichtlicher" und ein „sozialhistorischer" Ansatz unterschieden (Petzold, 1984, 7f.; 1985; zur Kritik Gundlach, 1986). Nach dem ersten Modell erscheint P. als das Werk einer Reihe von *Forscherpersönlichkeiten* wie etwa in dem klassischen Werk von Boring (1929/1957), im zweiten treten Personen hinter dem Wandel in der Bearbeitung bestimmter *Probleme* zurück (so bei Hehlmann, 1963; Pongratz, 1967/84), während im *sozialhistorischen* Ansatz versucht wird, die Geschichte der Psychologie im Zusammenhang mit makro- und mikrosoziologischen Einheiten oder Prozessen zu sehen.

In weiteren Klassifikationsversuchen der P.schreibung wird eine „externe", d. h. von außerhalb des Faches kommende, von einer „internen", von Psychologen selbst stammenden Orientierung unterschieden (Wertheimer, 1980). Auch eine Dichotomie „vergangenheitszentriert" – „gegenwartsbezogen" sei in unterschiedlichen Ansätzen erkennbar. Bei der erstgenannten Blickrichtung sei die Entstehung und der Wandel des Faches von kleinen Anfängen bis zur Professionalisierung der Psychologie von Interesse, bei der zweiten dagegen die Auswirkung solcher vergangenen Entwicklungen auf die gegenwärtige Situation des Faches.

Unter dem Gesichtspunkt der Historiographie wissenschaftlicher Institutionen ergeben sich schließlich als Klassen des Vorgehens die reine *Historiographie* selbst, die *„Hermeneutik"* und jene des *„Funktionalismus"* (Prahl, 1978). Bei der ersten Vorgehensweise geht es um die quellenkritische Darstellung des zugänglichen historischen Materials, bei der zweiten um die Darstellung des Selbstverständnisses der Träger wissenschaftlicher Institutionen und seiner Wandlungen in der Zeit. In etwa käme dieser Unterschied jenem von „interner" und „externer" Orientierung gleich, wenngleich historiographische Studien, die strengen historischen Arbeitsprinzipien gehorchen (Meischner et al., 1979; Ash, 1980 u. a.) oder eine subjektive Sicht durch Verwendung quantitativer Methoden zu kontrollieren suchen (Brozek, 1980), auch von Psychologen stammen.

Die „funktionalistische“ Sicht richtet sich in der Institutionsgeschichte auf deren Rolle in der Gesellschaft, ein Aspekt, der vor allem in der „Kritischen Psychologie“ (Holzkamp, 1968) aufgegriffen wurde, aber auch bei weniger Ideologie – geleiteter Betrachtung von Bedeutung ist.

Vom Charakter der Psychologie als des Inbegriffs einer „Mannigfaltigkeit von wissenschaftlichen Versuchen, menschliches Verhalten und Erleben adaequat zu erfassen und zu erklären“ (Thomae/Feger, 1969, 2) aus gesehen, ergibt sich eine weitere Dimension für die Unterscheidung von Zugangsformen zur P.schreibung: Hier sind zunächst verschiedene Varianten *monogenetischer* Darstellungen zu nennen, welche den Ursprung der P. mehr oder minder ausschließlich auf Wilhelm Wundt (1832-1920) und die ihm 1879 gewährte Erlaubnis der Königlich-sächsischen Regierung zur Benutzung einiger Universitätsräume zu psychologischen Experimenten (zum Nachweis der Fakten siehe Meischner, 1979; Hiebsch, 1980) zurückführen. Es ist zu verstehen, daß dies auf die P. des Wundt-Schülers O. Klemm (1911) zutrifft. Aber auch bei Boring (1929/1950) ist trotz der breiten Anlage seiner Geschichte der experimentellen Psychologie eine gewisse Zentrierung auf Wundt festzustellen.

Von solchen „monogenetischen“ Ansätzen sind andere abzuheben, welche z. B. den kontinentaleuropäisch-angelsächsischen Konflikt in der Zuschreibung der Rolle des Gründers des Faches unterstreichen und dabei vor allem die Bedeutung von Sir Francis Galton (1822-1911) hervorheben (Flugel, 1933/1965; Woodworth, 1931; Hilgard, 1987; s. a. Riegel, 1981, 24). Am anderen Pol dieser Dimension liegen *„polygenetische“* Formen der P., welche die vielen Ursprünge moderner Psychologie in Philosophie, Geisteswissenschaft, Psychiatrie, Biologie und nicht zuletzt in der Psychoanalyse herauszuarbeiten suchen (Heidbreder, 1933; Wolman, 1968; Thomae/Feger 1969; Thomae, 1977).

Schließlich unterscheiden sich psychologie-geschichtliche Ansätze auch hinsichtlich des einbezogenen *Zeitraums*. Während etwa Boring vor allem auf die Entwicklung im Neunzehnten Jahrhundert einging, suchte schon Flugel in einem Zusatz zu seinem 1933 erstmalig erschienenen Buch im Jahre 1964 die Geschichte bis zur Mitte dieses Jahrhunderts zu verfolgen.

Gerade im Hinblick auf die Mannigfaltigkeit miteinander in Konkurrenz und zuweilen auch im Konflikt stehenden Arbeitsrichtungen der Psychologie und ihrer Geschichte kommt dem *sozialhistorischen* Aspekt in der P.schreibung eine besondere Bedeutung zu:

„Psychologische Forscher sollten den sozialen, intellektuellen und politischen Kontext ihrer augenblicklichen Studien berücksichtigen, damit sie nicht durch solche extrinsische Faktoren beeinflußt werden: Implizite Annahmen, Ansätze, Werte und Orientierungen, die in jedem Stadium der Entwicklung einer Wissenschaft unbewiesen hingenommen werden, stellen mächtige Determinanten dessen dar, was man als beachtenswert empfindet, was man untersucht und schließlich auch dessen, was man als einen entscheidenden Durchbruch empfindet“ (Wertheimer, 1980, 15 f.)

Wissenschaftsgeschichte unter solchen Aspekten betrieben kann zum Instrument der Opposition gegen führende Lehrmeinungen werden, die ihre Position ausschließlich dem sachlichen Ertrag ihrer Forschungen zuschreiben. So entnimmt Diamond (1974) dem Studium der P. die Einsicht, daß grundlegende Ansichten über kontroverse Gegenstände unabhängig von der experimentell zu führenden Beweislage formuliert und auch unabhängig von Veränderungen dieser Beweislage beibehalten werden. „Experimente von Psychologen haben nur zweitrangige Probleme geklärt und nur allzu oft dienen sie wie Träume nur der Wunscherfüllung. Dagegen haben Fortschritte in anderen Wissenschaften und stärkere Veränderungen in der sozialen Struktur entscheidenden Einfluß auf die Bildung psychologischer Theorien genommen“ (Diamond, 1974, V). Als Beleg für den Einfluß von Entwicklungen in anderen Wissenschaften kann man die Homöstase – Theorie des Physiologen Cannon (1932) und ihre Wirkung auf die Entwicklung der Motivationstheorie von den Dreißiger Jahren bis in die Gegenwart nennen.

Zu den Fakten einer Sozialgeschichte der Psychologie gehört es sicher auch, daß der Zusammenhang zwischen sozialer Struktur und P. in der Bundesrepublik in den Jahren nach den Veränderungen von 1968 unter Anlehnung an *marxistische Denkmodelle* zu analysieren versucht wurde. So kennzeichnete Holzkamp (1970, 128) die im 19. Jahrhundert entstandene naturwissenschaftliche Psychologie als „Ergebnis der Produktionsverhältnisse im Spätkapitalismus“ (vgl. dazu Münch/Schmid, 1970; Herrmann, 1971). Jaeger und Staeuble (1978) suchten frühere Phasen der P. im 18. und 19. Jahrhundert zu den „Individualitätsformen der bürgerlichen Gesellschaft“ in Beziehung zu setzen.

Vertreter des Leninismus – Marxismus an der Humboldt-Universität Berlin sehen dagegen nicht derart direkte Beziehungen zwischen der Entwicklung der gesellschaftlichen Produktivkräfte und der Wissenschaftsentwicklung. So heißt es in einer Festschrift für einen der führenden Naturwissenschaftler der DDR:

„Die Art und Weise, in der sich die aus der gesellschaftlichen Notwendigkeit geforderten Fortschritte in den Erkenntnissen der objektiven Naturgesetzlichkeiten durchsetzen, ist doch entscheidend von dem Denk- und Arbeitsstil der diesen Fortschritt einleitenden Gelehrten mitgeprägt. Damit ist die wissenschaftliche Biographie großer Physiker ein nicht bloß anektodischer Teil der Physikgeschichte, sondern sagt auch über den Inhalt der Physik selbst und über die Form, wie sich dieser Inhalt darstellt, Wesentliches aus" (Treder, 1981, 54).

Während hier somit die *Persönlichkeit* als entscheidende intervenierende Variable in den Beziehungen zwischen Produktionskraft und wissenschaftlicher Entwicklung eingeführt wird, verweist Wessel (1980, 43) auf die Rolle der *Bildung* in dieser Interaktion: „Die Naturwissenschaft wird umgeformt, abgewehrt, abgelenkt durch die stabile Struktur sowohl der gesellschaftlichen wie auch der individuellen Allgemeinbildung." – Ausdrücklich wird von dem Autor in diesem Zusammenhang die „Komplexität und Kompliziertheit der Wissenschaftsentwicklung" und ihrer Bedingungen hervorgehoben.

Auch Hiebsch (1980) unterstreicht die Komplexität wissenschaftsgeschichtlicher Prozesse, die etwa im letzten Viertel des 19. Jahrhunderts zur „Gründung" des Instituts für experimentelle Psychologie an der Universität Leipzig führten. Er geht auf die vielen Vorläufer von Herbart, Beneke, Müller bis zu Weber und Fechner ein und nennt schließlich als Bedingungsfaktoren für das Gelingen der Bemühungen von Wundt auch *Änderungen der Produktionsmethoden*, die etwa eine exakte Beobachtung und Messung von Sinnesleistungen erforderlich gemacht hätten:

„Zweifellos aber müssen auch die aus der philosophisch-ideologischen Tradition herrührenden Erkenntnisinteressen ins Licht gerückt werden, etwa das auf Kant zurückgehende Interesse für erkenntnistheoretische Probleme oder für das sogenannte Leib-Seele-Problem" . . . „So mußte eine Vielzahl von materiellen, sozialen und ideologischen Bedingungen und Bedürfnissen zusammenwirken, damit sich in der zweiten Hälfte des 19. Jahrhunderts die Psychologie als selbständige Disziplin ausbilden konnte" (Hiebsch, 492).

Zu ergänzen wäre, daß – auch nach Hiebsch – zusätzlich verschiedene Entwicklungen in Philosophie, Physiologie und andern Wissenschaften und nicht zuletzt – vor der Berufung Wundts nach Leipzig – bestimmte personelle Konstellationen in der Leipziger Philosophischen Fakultät notwendig waren, um diese Institutsgründung vorzubereiten.

2 Psychologiegeschichte sensu Hegel, Marx oder Darwin?

Die Komplexität der Bedingungen und Prozesse, welche für die Entstehung und den Wandel der Psychologie entscheidend wurden, hat „externale" und „internale" Ursachen. Die externalen hängen sicher auch damit zusammen, daß sich viele Berufe durch Erfahrung oder auch durch Begabung in irgend einer Weise auch als Psychologen fühlen, von Geistlichen, Kaufleuten, Ärzten bis zu Pädagogen und Politikern. Aus diesem Grunde ist die Existenz einer eigenen psychologischen Disziplin nicht so unbestritten wie jene der Physik oder der Biologie. Die internen Bedingungen jener Komplexität der P. hängen mit der Vielfalt der Arbeitsrichtungen zusammen, wie sie sich in diesem Fach vor, zur Zeit von und insbesondere nach Wundt entwickelten. Sehr häufig standen und stehen diese Arbeitsrichtungen in Konkurrenz und in Konflikt miteinander. Es ist auch ein Kommen und Gehen und manchmal ein Wiederkommen von Theoremen, Forschungsansätzen und Lehrmeinungen zu beobachten, die manchmal fast zu Glaubensbekenntnissen hochstilisiert wurden (so Wertheimer, 1980).

Diesem Typus einer Wissenschaftsentwicklung scheint weniger ein Geschichtsmodell von Hegel (als dem Leitbild von Marx und Engels) gerecht zu werden als jenes der Evolutionstheorie von Charles Darwin. Die Idee eines allgemeinen Weltplans und damit eines in die Menschheitsgeschichte hinein programmierten gesetzmäßigen Ablaufs ist auf eine Wissenschaftsgeschichte nicht anwendbar, die nicht linear oder logisch verläuft (so Jaynes, 1973, IX; Diamond, 1974, V; Wertheimer, 1980, 16). Viel eher scheint uns hier Darwins Evolutionstheorie als *Orientierungshilfe* dienen zu können, besonders, insoweit sie die Rolle des „Zufalls" und der Auslese unter den individuellen Varianten einer Art nach dem Prinzip der optimalen Angepaßtheit an die Umwelt unterstreicht. Natürlich stellen verschiedene Varianten psychologischen Denkens nicht das Ergebnis „zufällig" entstandener Mutationen dar. Aber wie diese sind sie das Ergebnis von *Prozessen*, nicht solcher der Strahleneinwirkung oder chemischer Prozesse, sondern von Vorgängen des Suchens, Findens und Erprobens neuer Denkansätze. Und natürlich sprechen wir hier von sehr viel kurzzeitigeren Prozessen als im Falle der Evolutionslehre. Aber auch Ben-David und Collins (1974) sprechen von „intellektuellen Mutationen" im Entstehungsprozeß einer Wissenschaft. Noch eher ist m. E. dieser Begriff auf Veränderungen in einer in Gang befindlichen wissenschaftlichen Entwicklung, also z. B. für den Übergang von der „Elementenpsychologie" auf die „Gestaltpsychologie", von der „Bewußtseinspsychologie" auf eine „behavioristische" Psychologie, von der orthodoxen zu irgendeiner der Formen der Neo-Psychoanalyse anwendbar.

Die selegierende Umwelt und ihre klimatischen und sonstigen Bedingungen wird in unserer Analogie durch die ökonomisch-politische Situation, durch die Verantwortlichen für Wissenschaftspolitik und Forschungsförderung, durch die Gutachter in deren Institutionen und die tonangebenden Personen in Gesellschaften, Akademien und Fachbereichen bestimmt. Wie in der Evolution sind die Überlebenschancen einer bestimmten Psychologie-Variante nicht sehr groß, wenn die politische oder die gelehrte Umwelt für sie eine Art „Eiszeit" produzierte. Das war am Ende des 18. Jahrhunderts etwa für jene Ansätze zu einer empirischen Psychologie der Fall, wie sie sich um das „Magazin der Erfahrungsseelenkunde" von K. P. Moritz und anderen entwickelt hatte (Thomae, 1987, 3-25). Mit dem Siegeszug der Kantischen Philosophie, noch mehr aber jener von Fichte und Hegel, war für derart konkrete Formen der Annäherung an menschliches Verhalten kein Platz mehr.

Im Gegensatz zur Entwicklung der adaptiven Organe und Mechanismen in der Stammesgeschichte bilden sich die Überlebenstechniken der verschiedenen Psychologievarianten nicht durch zufällige Mutation aus, sondern durch Lernen und allgemeine menschliche Erfahrung. Da der „Kampf ums Überleben" hier hauptsächlich in der Auseinandersetzung mit anderen Individuen, Gruppen, „Schulen" und Institutionen geschieht, muß jede Psychologievariante bestimmte Sozialtechniken und kommunikative Kompetenz aufbauen. Denn das Klima, das über Leben oder Tod dieser Variante entscheidet, ist ein sozial geprägtes Klima. Insofern wird die Geschichte der Psychologie als eines pluralistischen Systems von wissenschaftlichen Versuchen, menschliches Verhalten adaequat zu erfassen und zu erklären, zu einem wesentlichen Teil *angewandte Sozialpsychologie* oder *Soziologie* (Ben-David/Collins, 1974; Thomae, 1977; Watson, 1980).

Wir möchten das Schicksal einiger Psychologievarianten zunächst einmal im Hinblick auf makrosoziologisch zu definierende Umwelten erörtern und hier besonders den Einfluß politisch-ökonomischer Systeme auf die Psychologieentwicklung untersuchen. Sodann sei die Rolle des Prestige und anderer Einstellungsfaktoren diskutiert. Schließlich wird die Rolle von Gruppenprozessen in der P. zu erörtern sein.

3 Politische Eingriffe

Am direktesten ist die Theorie der Artenbildung durch „natürliche Zuchtwahl" in Staatsformen aufzuweisen, in denen die politische Führung auch die Entwicklung in weltanschaulich sensiblen Fächern wie der Psychologie mitkontrollieren möchte. Lenin soll schon bald nach der Oktoberrevolution I. P. Pawlow (1849-1936) in seiner Arbeit unterstützt haben (Popowski, 1946), da man in dessen *„Reflexologie"* die wissenschaftliche Basis für eine materialistische Deutung des Menschen und seiner Geschichte sah. Besonders in der Zeit Stalins wurde die Pawlowsche Reflexologie zur herrschenden Lehre in der Psychologie. Im ersten Jahrzehnt nach dem Zweiten Weltkrieg hatten die Psychologischen Institute fast aller Ostblockstaaten das Fach im Sinne der Reflexologie zu betreiben.

Wie Bauer (1955) und Kussmann (1974) zeigten, gab es dennoch auch abweichende Meinungen und Richtungen, und es gab fachintern sowie innerhalb der KPSU Auseinandersetzungen, die 1936 zu einem Dekret der Partei führte, in dem die Weiterarbeit der Psychologie festgelegt wurde. Maßgeblich beeinflußt war dieses von den Urhebern einer spezifischen „sowjetischen Psychologie", innerhalb deren die reflexologischen Theoreme in eine Konzeption eingeordnet wurden, in welcher den Prozessen des *Bewußtseins* und der *„Widerspiegelung"* eine zentrale Rolle zugewiesen wurde. Der Beginn der Chruschtschow-Ära scheint dann eine gewisse Liberalisierung gebracht und das Schicksal einer Psychologie, die nicht entweder Physiologie oder Philosophie war, ins Positive gewendet zu haben (Kussmann, 1974).

Weit massiver, aber nicht minder wechselvoll waren die Eingriffe von Staat und Partei in die Entwicklung der Psychologie während des *Nationalsozialismus* in Deutschland und ab 1938 in Österreich. Wie Geuter (1984) berichtet, wurden von 15 damals vorhandenen Ordinarien sechs aus „rassischen" Gründen entlassen, andere emigrierten aus Solidarität mit ihren jüdischen Kollegen – so Wolfgang Köhler (1887-1967). Zum Teil wurden diese Lehrstühle an Fächer gegeben, welche der herrschenden Ideologie näher standen wie etwa die Vorgeschichte (Germaniens).

Noch massiver wirkte sich das NS-Regime im Hinblick auf die Entwicklung der *Psychoanalyse* aus, die als „jüdische" Wissenschaft verboten wurde, später aber in „arisierter" Form unter den Fittichen eines Vetters von Hermann Göring in Berlin in begrenzter Form wiedererstand.

Unter den „Mutationen" im psychologischen

Wissenschaftsbetrieb, welche unter dem Klima dieser Ideologie besonders zu gedeihen hoffte, ist eine Neubearbeitung der *„Integrationstypologie“* von E. R. Jaensch (1883-1940) hervorzuheben, die dieser im Jahre 1938 vorlegte. Während die im Jahre 1929 erschienene Fassung des Buches eine experimentell fundierte Definition von Persönlichkeitstypen darstellte, welche die Idee des „Personality through perception“ vorwegnahm, wurde die gleiche Typologie 1938 als wissenschaftliche Basis der Diskriminierung von Juden und Franzosen angeboten. Nur der frühe Tod von Jaensch hat die Psychologie wahrscheinlich vor noch schlimmeren Entgleisungen bewahrt.

Da mit der Nähe des von der Führung angestrebten Krieges der Einfluß der Wehrmacht gegenüber jenem der Partei zunahm und man einen wachsenden Bedarf an *Eignungspsychologen* im Heer, der Marine und der Luftwaffe sah, wurden von 1939 an verschiedene, lang verwaiste Lehrstühle besetzt und zur Vereinheitlichung der Ausbildung eine „Diplomprüfungsordnung für Studierende der Psychologie“ erlassen, die in der 1941 verabschiedeten Form mit geringen Änderungen von den Militärregierungen der verschiedenen Bundesländer in den Jahren 1946-48 neu genehmigt wurde (vgl. zu den Details Geuter, 1984a).

Deutliche Abhängigkeiten in der Entwicklung der Psychologie von der politischen Linie des eigenen Staates sind auch in *China* festzustellen (Petzold, 1981). Während in der Zeit der engen Anlehnung an die Sowjetunion die Lehren von Pawlow auch hier dominierten, konnten sich nach der Reform der Psychologie in der Sowjetunion und vor allem nach der politischen Lösung von diesem Staat auch viele andere Denkrichtungen entwikkeln – bis zur Zeit der Kulturrevolution. Zwischen 1966 und 1976 war die Psychologie als Fach wie als Beruf verboten. Mit der zunehmenden Westorientierung der späteren politischen Führung ist auch eine Entwicklung im Sinne amerikanischer und anderer westlicher Vorbilder erkennbar.

4 Die Rolle von Einstellungen, Vorurteilen und Prestige

Aber auch dort, wo die politische Führung nicht so unmittelbaren Einfluß auf wissenschaftliche Entwicklungen nimmt, können bestimmte *politisch-ökonomische Konstellationen* über die Erfolgschancen bestimmter Psychologievarianten entscheiden. So bestimmte die psychologische Entwicklung in Deutschland vor und zum Teil auch noch nach dem Ersten Weltkrieg dieses Fach in vielen Teilen Ost- und Südosteuropas, vor allem aber in Japan, während heute dort entweder die sowjetische oder amerikanische Psychologie Einfluß nimmt. Sicherlich kann man daraus nicht einfach einen direkten Zusammenhang zwischen Macht und wissenschaftlicher Geltung ableiten. Zu berücksichtigen bleibt die Kumulierung von Forschungspotential in größeren politisch-ökonomischen Einheiten – vorausgesetzt, daß die vorherrschenden Einstellungen Forschung in unserem Bereich begünstigen.

Soziale Einstellungen sind nicht nur für die Chancen des Faches im ganzen entscheidend, sondern auch für das Kommen und Gehen verschiedener Psychologie-Varianten (Wertheimer, 1980; 12f.). So ist der „Sieg des Behaviorismus“ zunächst in den Vereinigten Staaten, später in vielen andern Ländern eine Konsequenz von Einstellungen und Haltungen, die nach Hofstätter (1957) letztlich im *Puritanismus* wurzeln und welche eine gewisse Tabuisierung bewußten Erlebens zur Norm erhoben. Noch mehr aber ist für den Erfolg des Behaviorismus in den Zwanziger Jahren ein Wandel der Amerikaner in ihrer Einstellung zu Europa verantwortlich, die sich ja in einer Politik des Isolationismus und des Rückzugs vom Völkerbund niederschlug. Da die vor allem aus Deutschland in die USA Ende des 19. Jahrhunderts importierte Psychologie sich als eine „Wissenschaft von den Bewußtseinserscheinungen“ (Wundt, 1908/II) verstand, mußte die Verkündung einer Psychologie, die auf die Begriffe „Bewußtsein“, „Geist“, „Wille“ usf. (Watson, 1914, 6) verzichten wollte, auf offene Ohren treffen (Nachweise bei Woodworth, 1931; Bruder, 1982).

Auf weitere Einstellungen, welche den Sieg des Behaviorismus begünstigten, verweist Mannheim (1958, 252), wenn er diesen als „typisches Produkt des Denkens auf jener Stufe des Denkens einer Massengesellschaft“ charakterisiert, „auf der es für die Praxis wichtiger ist, das durchschnittliche Massenverhalten vorauszuberechnen, als die privaten Motive des einzelnen Menschen zu verstehen oder seine Persönlichkeit umzuformen“.

Einstellungen anderer Art waren es, die Watson nach einer „Affäre“ zum Verlassen der Universität und zum Übergang in eine Werbeagentur zwangen. „Ohne die ‚Produktionsmittel‘ seines Labors war ihm nichts weiter geblieben, als seinen ‚Standpunkt‘ stereotyp zu wiederholen. So wurde der ‚metaphysische Behaviorismus‘, der mit dem Namen Watsons verbunden ist, der integrale Bestandteil der amerikanischen Ideologie des ‚conditioning‘“ (Bruder, 1982, 173). Auf dieser sozial-kulturellen Basis errichtete dann schließlich Skinner sein Imperium.

Den Fall der Unterdrückung einer bestimmten Entwicklungsrichtung in der P., die mit Prestige bezogenen Einstellungen zusammenhängen, sah Sohdi in der europäischen Geschichte der Sozialpsychologie. Wundt habe diesen Begriff vermeiden wollen, weil er befürchtete, ein so bezeichnetes Fach werde mit der Soziologie verwechselt. McDougall (1908) habe zwar ein Buch mit dem Titel „Sozialpsychologie" vorgelegt. Dieses habe aber nur von den „Instinkten" gehandelt, die nach der Auffassung McDougall's soziales Verhalten bei Mensch und Tier regelten. Infolge des Prestiges, das Wundt und McDougall bei ganzen Psychologengenerationen besessen hätten, sei verhindert worden, daß diese von einer Sozialpsychologie mehr erwarteten als das wenige, das diese beiden unter ihr verstanden. „So sehen wir, daß diese beiden bedeutsamen Forscher nicht nur keinen Beitrag zur Sozialpsychologie leisteten, sondern auch die Entwicklung der Sozialpsychologie behinderten" (Sodhi, 1954, 15).

Die Rolle des *Vorurteils* ist besonders in der Frühgeschichte der Psychoanalyse zu beobachten. Schon die starke Identifikation von Sigmund Freud mit der von Charcot vorgenommenen Ableitung der Hysterie aus psychischen Traumen war auf starke Ablehnung bei seinen psychiatrischen Kollegen gestoßen, eine Haltung, die nur gering auf sachlichen Argumenten beruhte. Die damit begründeten Vorurteile mehrten sich, als sich Freud dem Studium der infantilen Sexualität zuwandte (Jones, 1960, Bd. I). Vorurteile gegen Gegenstand und Methode der Psychoanalyse waren auch in der deutschen Psychologie bis zum Ende des Zweiten Weltkrieges, zum Teil auch darüber hinaus, stark vertreten. In den Vereinigten Staaten öffnete sich dagegen die „akademische" Psychologie den Lehren von Freud während der Zeit der Verfolgung der Psychoanalyse durch die Nationalsozialisten. In der Mitte unseres Jahrhunderts wurde Sigmund Freud von den Mitgliedern der American Psychological Association als der bedeutendste Psychologe unseres Jahrhunderts eingeschätzt, während in den Siebziger Jahren Skinner an die Stelle von Freud trat (Wright, 1970). Hier wird deutlich, in welchem Ausmaß soziale Einstellungen und ihr Wandel im Gefolge historischer Ereignisse über die Resonanz bestimmter Psychologievarianten entscheiden können. Wertheimer (1980, 16) zitiert einen graduierten Studenten der Universität Colorado, der 1979 in einer Examensarbeit geschrieben habe: „Wenn man Entwicklungslinien aufzuspüren sucht, entdeckt man, daß die Entwicklung der Ideen nicht immer einen geradlinigen oder rational begründbaren Fortschritt aufweist. Oft werden Ideen nicht wegen ihres Wertes akzeptiert, sondern deswegen, weil die Person oder Gruppe, welche sie fördert, Macht und Prestige besitzt oder einfach ein wenig lauter schreien kann als der Rest".

Ein Beispiel für den Zusammenhang zwischen Prestige und Wissenschaftsförderung findet sich auch in der jüngsten Vergangenheit. Das Kuratorium einer europäischen Wissenschaftsstiftung entschied im Frühjahr 1986, daß für ein sozial-gerontologisches Projekt ein „steering-committee" gebildet wurde, das in der Hauptsache aus Kinderspsychologen und -psychiatern besteht. Der Vorschlag kam von einem Kollegen mit „atlantischer" Reputation. Prestige ist somit ein sozialer Faktor, der es gewissen Wissenschaftsvarianten gestattet, die Umwelt nach ihrem Belieben zu gestalten – ein bei Darwin wohl nicht vorgesehener Fall.

5 Die Rolle der Gruppe in der Psychologiegeschichte

Da sich sehr viele Historiographen der Entstehung der modernen Psychologie als naturwissenschaftlich bzw. experimentell orientiert verstehen, schreiben sie Wundt das Bestreben zu, die Psychologie aus der Philosophie herauszulösen. Würden sie seine „Kleinen Schriften" lesen, so fänden sie dort eine Arbeit von 1911, in der Wundt heftig gegen einige Philosophen polemisiert, welche die Psychologie als eine „experimentelle Disziplin" und damit als eine Art von handwerklicher Technik aus der Philosophie ausklammern wollten. Noch heftiger kritisierte er aber jene Psychologen aus Europa und USA, welche die Unabhängigkeit der Psychologie von der Philosophie forderten. Die Begründung dieser Kritik verweist darauf, daß Wundt ganz im Gegensatz zu der offiziellen, von bestimmten Gruppen bestimmten P.schreibung unser Fach keineswegs ausschließlich als experimentelle und naturwissenschaftliche Disziplin verstanden wissen wollte. Die Analyse des Denkens und anderer „höherer" psychischer Prozesse sollte mit Hilfe des Studiums kulturhistorischer Dokumente vorgenommen werden, wie er sie in seiner „Völkerpsychologie" auswertete.

Die Tatsache, daß die Geschichtsschreibung über die „Anfänge" unseres Faches diese und andere Abweichungen von der Wahrheit enthält, verweist auf den Einfluß von mächtigen Gruppen und von Gruppenprozessen in diesem Zusammenhang. Aber auch für das Schicksal verschiedener Psychologievarianten waren und sind Gruppeneinflüsse von großer Bedeutung. Für die Rezeption von Wundt als experimentell arbeitendem *Wahrnehmungspsychologen* an vielen europäischen, amerikanischen und japanischen Universitäten war eine Gruppierung sicherlich wesentlich, welche McLeod (1951) mit dem Namen „perceptual imperialism" bezeichnete. Da man selbst die Wahrnehmung als zentralen und einzig seriösen Gegenstand der Psychologie ansah, interpretierte man auch Wundts Werk in diesem Sinne und übernahm, was den eigenen Gruppenzielen entsprach.

Eines der eindrucksvollsten Beispiele für die Durchsetzungskraft einer Gruppe bietet die Geschichte der *Psychoanalyse*. Jones (1960) liefert viele Belege für die integrativen Fähigkeiten von Freud und seine Gabe, seinen Anhängern zur Identifikation mit der eigenen Gruppe zu motivieren. So schrieb er im Mai 1907 an den damals noch zu den Seinen zählenden C. G. Jung:

„Seien Sie ruhig, es wird alles werden. Sie werden es erleben, wenn auch nicht ich. Wir sind nicht die ersten, die warten müssen, bis man ihre Sprache zu verstehen beginnt. Ich meine, wir haben im Geheimen mehr Anhänger, als wir wissen."

Sicher waren bestimmte Gruppenprozesse auch für die Durchsetzung anderer psychologischer Schulen von Bedeutung, was insbesondere für die Auseinandersetzungen der „Berliner" und „Leipziger" Schulen in den Zwanziger Jahren gilt (Wellek, 1954). Im Falle der Psychoanalyse und den von ihr ausgehenden Schulen wie etwa der Jungianer und Adlerianer war die Bildung bzw. Neubildung einer Gruppe die einzige Chance zum Überleben. Allerdings bemühte man sich frühzeitig, der Gruppe gewisse Organisationsformen zu geben, zuerst in Form der „Psychologischen Mittwochvereinigung" (1902), die später ihren Namen in „Wiener Psychoanalytische Vereinigung" änderte. Hinzu trat von 1908 an die Veranstaltung von internationalen psychoanalytischen Kongressen und im Jahre 1910 die Gründung des „Zentralblatt für Psychoanalyse". Klinische Psychologen haben die Verbindung von Gruppenbildung und institutioneller Organisation bis in die Gegenwart hinein ganz in der Form von Freud fortgesetzt.

6 Resümee

Abschließend sei nochmals hervorgehoben, daß die Beachtung von *sozialen Determinanten* der Wissenschaftsentwicklung in der Psychologie, die hier nur an einigen Beispielen verdeutlicht werden konnten (weitere Belege bei Thomae, 1977), nicht bedeuten kann, die Rolle der *sachlichen Diskussion* und *empirisch gewonnener Befunde* zu übersehen. Da die Psychologie aber keine so zuverlässigen Kriterien für die Angemessenheit ihrer Methoden besitzt wie etwa Innere Medizin, Chirurgie, Gynäkologie oder Ingenieurwissenschaft – Disziplinen, in denen das physische Überleben der Menschen, zu deren Wohl sie wirken, auch über das Überleben dieses oder jenes wissenschaftlichen Ansatzes entscheidet – werden jene sozialen Determinanten die Entwicklung in unserem Fach auch in Zukunft bestimmen.

Literatur

Ash, M. G.: Gestalt psychology. In: Brozek, J./Pongratz, L. (Eds.): Historiography of psychology. Toronto: J. C. Hogrefe Inc., 1980, 187-200.

Bauer, R. B.: Der neue Mensch in der Sowjetischen Psychologie. Bad Nauheim: Christian, 1955.

Ben-David, J./Collins, R.: Soziale Faktoren im Ursprung einer neuen Wissenschaft: der Fall der Psychologie. In: Weingart, P. (Hrsg.): Wissenssoziologie II. Frankfurt: Athenäum, 1974, 122-152.

Boring, C.: History of experimental psychology. New York: Appleton-Century 1929, rev. ed. 1957.

Brozek, J.: Approaches to historiography: Quantitative. In: Brozek, J./Pongratz, L. (Eds.): Historiography of modern psychology. Toronto: J. C. Hogrefe Inc., 1980, 290-301.

Brozek, J./Pongratz, L. (Eds.): Historiography of modern psychology. Toronto: J. C. Hogrefe Inc., 1980.

Bruder, K. J.: Psychologie ohne Bewußtsein. Die Geburt der behavioristischen Sozialtechnologie. Frankfurt: Suhrkamp, 1982.

Cannon, W. B.: The wisdom of the body. New York: Norton, 1932.

Diamond, S. (Hrsg.): The roots of psychology: A source book in the history of ideas. New York: Basic Books, 1974.

Dunlap, K.: The historical method in psychology. Journal of General Psychology, 24, 1941, 49-62.

Flugel, J. C.: A hundred years of psychology. (1933) Rev. Ed. New York: Basic Books, 1964.

Freud, S.: Briefwechsel mit C. G. Jung.

Geuter, U.: Die Professionalisierung der deutschen Psychologie im Nationalsozialismus. Frankfurt: Suhrkamp, 1984 a.

Geuter, U.: Psychologie im Nationalsozialismus. In: Lück, H. E./Miller, R./Rechtien, W. (Eds.): Geschichte der Psychologie. München: Urban & Schwarzenberg, 1984 b, 22-28.

Gundlach, H.: Bemerkungen zur Geschichte der Psychologie. Psychologische Rundschau, 37, 1986, 156-159.

Hehlmann, W.: Geschichte der Psychologie. Stuttgart: Kröner, 1963.

Heidbreder, E.: Seven psychologies. New York: Appleton, 1933.

Herrmann, T.: Über einige Einwände gegen die nomothetische Psychologie. Zeitschrift für Sozialpsychologie, 2, 1971, 123-149.

Hiebsch, H.: Wilhelm Wundt und die experimentelle Psychologie. Deutsche Zeitschrift für Philosophie 28, 1980, 489-496.

Hilgard, E. R.: Psychology in America. San Diego: Harcourt, Brace, Janowitsch, 1987.

Hofstätter, P. R.: Behaviorismus als Anthropologie. Jahrbuch für Psychologie und Psychotherapie 1957, 3/4, 357-368.

Holzkamp, K.: Wissenschaft als Handlung. Berlin: De Gruyter, 1968.

Holzkamp, K.: Wissenschaftstheoretische Voraussetzungen kritisch-emanzipatorischer Psychologie. Zeitschrift für Sozialpsychologie, 1, 1970, 109-141.

Jaeger, S./Staeuble, I.: Die gesellschaftliche Genese der Psychologie. Frankfurt: Campus, 1978.
Jaensch, E. R.: Der Gegentypus. Leipzig: J. A. Barth, 1938.
Jaynes, J.: Introduction: The study of the history of psychology. In: Henle, M./Jaynes, L. (Eds.): Historical conceptions of psychology. New York: Springer, 1973, IX-XII.
Jones, E.: Freud. Dt. Ausg. 3 Bde. Stuttgart: Klett, 1960 ff.
Klemm, O.: Geschichte der Psychologie. Leipzig: Teubner, 1911.
Kussmann, T.: Sowjetische Psychologie: Auf der Suche nach der Methode. Bern: Huber, 1974.
Lück, H. E./Miller, R./Rechtien, W. (Hrsg.): Geschichte der Psychologie. München: Urban & Schwarzenberg, 1984.
Mannheim, K.: Mensch und Gesellschaft im Zeitalter des Umbaus. Darmstadt: Gentner, 1958.
McDougall, W.: Introduction to social psychology. London: Methuen, 1908.
Mc Leod, R. B.: The place of phenomenological analysis in social psychology. In: Rohrer, J./Sherif, M. (Eds.): Social psychology at the crossroads. New York: Harper-Row, 1951, 215-241.
Meischner, W./Eschler, E.: Wilhelm Wundt. Leipzig, Jena: Urania, 1979.
Münch, R./Schmid, M.: Konventionalismus und empirische Forschungsarbeit. Zeitschrift für Sozialpsychologie, 1, 1970, 299-310.
Petzold, M.: Psychologische Forschung in China. Geschichte und gegenwärtige Entwicklung. Berichte des Bundesinstituts für ostwissenschaftliche und internationale Studien. 1981, 9.
Petzold, M.: Methoden und Theorien der psychologiegeschichtlichen Forschung. In: Lück, H. E./Miller, R./Rechtien, W. (Hrsg.): Geschichte der Psychologie. München: Urban & Schwarzenberg, 1984, 3-10.
Petzold, M.: Modelle und Herangehensweisen in der Psychologiegeschichtsschreibung. Psychologische Rundschau, 36, 1985, 135-142.
Pongratz, L.: Problemgeschichte der Psychologie. Bern: Huber 1967 (2. Aufl. München: Francke, 1984).
Popowski, A.: I. P. Pawlow. Berlin: VEB Volk und Wissen, 1946.
Prahl, H. W.: Sozialgeschichte des Hochschulwesens. München: Kösel, 1978.
Riegel, K. F.: Psychologie, mon amour. Ein Gegentext. München: Urban & Schwarzenberg, 1981.
Sodhi, K.: Mittel- und westeuropäische Sozialpsychologie. In: Wellek, A. (Hrsg.). Bericht über den 19. Kongreß der Deutschen Gesellschaft für Psychologie (Köln 1953) Göttingen: Hogrefe, 1954, 7-32.
Thomae, H.: Psychologie in der modernen Gesellschaft. Hamburg: Hoffmann und Campe, 1977.
Thomae, H.: Zur Geschichte der Anwendung der biographischen Methode in der Psychologie. In: Jüttemann, G./Thomae, H. (Hrsg.): Biographie und Psychologie. Heidelberg: Springer, 1987, 5.
Thomae, H./Feger, H.: Hauptströmungen der neueren Psychologie. Frankfurt: Akademische Verlagsgesellschaft, 1969.
Treder, H. J.: Die Persönlichkeit großer Physiker in der Geschichte der Physik. In: Wessel, K. F. (Hrsg.): Wissenschaft und Persönlichkeit. Berlin: Sektion marxistisch-leninistische Philosophie, Humboldt-Universität 1981, 53-56.
Watson, J. B.: Behaviorism: An introduction to comparative psychology. New York: Holt, 1914.
Watson, R. I.: The history of psychology: A neglected area. American Psychologist, 15, 1960, 251-255.
Watson, R. I.: Approaches to historiography, 5: Sociological. In: Brozek, J./Pongratz, L. (Eds.): Historiography of modern psychology. Toronto: J. C. Hogrefe Inc., 1980, 3-23.
Wellek, A.: Die Genetische Ganzheitspsychologie. Neue Psychologische Studien, 1954, 15 (3), München: Beck.
Wertheimer, M.: Historical research: why? In: Brozek, J./Pongratz, L. (Eds.): Historiography of modern psychology. Toronto: J. C. Hogrefe Inc., 1980, 3-23.
Wessel, K. F.: Evolution von Naturwissenschaft und naturwissenschaftlicher Bildung. In: Philosophie und Naturwissenschaft. H. 16. Sektion Marxistisch-Leninistische Philosophie. Humboldt-Universität Berlin 1980, 37-44.
Wolman, B. B.: Historical roots of contemporary psychology. New York: Harper, 1968.
Woodworth, R. S.: Contemporary schools of psychology. London: Methuen, 1931.
Wright, S. D.: A further note on the ranking of important psychologists. American Psychologist, 25, 1970, 650-651.
Wundt, W.: Grundzüge der physiologische Psychologie. 3 Bde. Leipzig: Engelmann, 1908-11.

Psychologisierung des Alltags

Rolf Pohl

1 Das Problem

Die Neigung zur Psychologisierung (P.) im Sinne einer Reduktion gesellschaftlicher, historischer und politischer Tatbestände auf rein individuell und privat verstandene seelische Faktoren ist nicht neu: Sie ist Ausdruck der allgemeinen *Entfremdung*, welche die Menschen von den gesellschaftlichen und ökonomischen Akten, in denen sie ihr Leben und Überleben organisieren, derart abtrennt, daß die von ihnen geschaffenen Verhältnisse als verselbständigte, mit einem Eigenleben behaftete und deshalb unkontrollierbare Verhältnisse *erscheinen*. Eine P. dieses Zusammenhangs „vermenschlicht ... tröstlich das Verdinglichte" (Adorno, 1972, 56). Eine Psychologie, welche die Undurchsichtigkeit der gesellschaftlichen Entfremdung auf die Subjekte und ihr beschränktes Selbst zurückwirft, indem sie ihr abgespaltenes Fürsichsein als das Entscheidende, worauf es ankäme, vorspiegelt, trägt zur offiziellen Verschleierung bei.

Eine *„psychologistische Psychologie"* wird als Theorie zum Bestandteil ideologischer Selbstmißverständnisse einer Gesellschaft über sich selber und verdoppelt als Praxis den gesellschaftlichen Objektstatus der Menschen durch manipulative Techniken. Insofern sind die Tendenzen zur P. mit Hilfe der Psychologie ein relativ altes Phänomen, welches sich, spätestens seit es die Betriebs-, Wehr- und Werbepsychologie gibt, allgemein durchgesetzt hat.

„Psychologisierung des *Alltags*" als Universalisierung psychischen Leidens *und* gleichzeitig psychohygienischer Allheilmittel ist jedoch eindeutig ein Phänomen jüngeren Datums. Unter P. d. A. ist keiner der großen Anwendungsbereiche oder Begriffe traditioneller oder kritischer Psychologie zu verstehen. P. d. A. ist weniger ein klassisches Thema, sondern ein *gesellschaftliches Phänomen*, welches sich in einer ganzen Reihe vielschichtiger und widersprüchlicher Tendenzen ausdrückt. Sie muß zum Gegenstand einer sich sozialwissenschaftlich verstehenden Psychologie werden.

Die soziale Bedeutung der P. d. A. liegt darin, daß sie sowohl den gegenwärtigen Zustand psychologischer Theorie und Praxis als *auch* tatsächliche Veränderungen des gesellschaftlichen Krisengeländes selber markiert. P. d. A. ist ein Stück objektiver Realgeschichte *und* die Tendenz einer sich ausweitenden Psychologie. Auffälligste Indikatoren dieser zweigleisigen Entwicklung sind die Verbreitung seelischer Erkrankungen zu einer Art psychischem Massenelend auf der einen, die inflationäre, undurchschaubar wuchernde Entstehung immer neuer psychologischer Theorien, Therapien, alltagspraktischer Leitfäden etc. auf der anderen Seite.

2 Vergesellschaftung des Alltags und Fragmentarisierung der Psyche

Die P. d. A. ist zunächst ein objektives empirisches Phänomen: Tiefgreifende sozioökonomische und historische Veränderungen der spätkapitalistischen Gesellschaft und ihrer Institutionen (Horn, 1969 a; Negt/Kluge, 1972; Brückner, 1972; 1978 a; Mitscherlich, 1973) haben weitgehend zu Formen „psychischer Dekompensation" (Mentzos, 1976, 99) und einer bemerkenswerten Unstrukturiertheit und Instabilität der einzelnen Psychen geführt. Nicht nur die quantitative Zunahme seelischer Erkrankungen, sondern vor allem eine deutlich feststellbare Verschiebung und Ausweitung klinischer Krankheitsbilder von eher klassisch-neurotischen zu narzißtischen oder gar psychotischen Störungen, zu Borderline-Fällen, Fällen von Sucht und psychosomatischen Affektionen, weisen darauf hin (Moersch, 1978; Schülein, 1978, 428). Der *Alltag* gerät zunehmend unter den Einfluß der Vergesellschaftungsprozesse, die die *Sozialisationsbedingungen* entscheidend verändern. Dabei haben die primären Sozialisationsprozesse „systematisch keine Chance mehr, stabile Orientierungen und Verarbeitungsmuster von sozialen Erfahrungen zu vermitteln". (Keupp, 1981, 50) Der Zerfall traditioneller Bereiche von Öffentlichkeit (Negt/Kluge, 1972; jüngst Sennett, 1983), die Auflösung der klassischen Sozialisationsagenturen, insbesondere der Familie, und die Aufteilung der primären und sekundären Sozialisationsfunktion unter die verschiedensten Agenturen der Kulturindustrie (Institut für Sozialforschung, 1956, 116-133) machen herkömmliche Bewältigungsstrukturen von Alltäglichkeit hinfällig und den *Alltag selber* zum Problem. Entsprechend dem gesellschaftlichen Grad der anarchischen Arbeitsteilung und Zersplitterung in widersprüchliche Teilbereiche wird der Alltag zerfasert und in verschiedene Subsysteme parzelliert (Leithäuser, 1976, 61). Ohne Chance, relativ stabile Identitäten lebensgeschichtlich ausbilden zu können, bleiben die Subjekte selber fragmentarisiert. Mitscherlich bezeichnet in der „Vaterlosen Gesellschaft" diesen neuen Sozialcharakter als *„Momentpersönlichkeit"* (1973, 276): Situativ, d. h. ans Hier und Jetzt gebunden,

„ohne daß die einzelnen Momente zu einer einheitlichen Geschichte zusammenwüchsen", sind diese Charaktere flexibel und anpassungsfähig, gemäß den auf sie einstürzenden, oft widersprüchlichen Anforderungen der Gesellschaft. Die „Pauperisierung des Alltags" (Leithäuser, 1976, 48-69) drückt sich in einer Verflachung von *Objektbeziehungen* der Individuen aus: Die innere Struktur und besondere Verfaßtheit der Gegenstände, auf die sich Verhalten richtet, bleibt *äußerlich*, Objekte und Personen werden *austauschbar*. Eher *narzißtische Stabilisierung* suchend, werden suchtähnlich möglichst enge Kontakte geknüpft, ohne jedoch den Charakter wirklicher Objektbeziehungen zu bekommen. Wenn sich die Objekte und Personen als solche zu konturieren beginnen, wird die Diffusität der Erlebnis- und Erfahrungsweisen bedroht. Konfliktunfähig sehen sich die Individuen bei dieser Gefahr zum Rückzug veranlaßt, ohne etwas gelernt zu haben. An die Stelle wirklicher Erfahrungen tritt eine *Unmittelbarkeit*, die sich als „Pseudokonkretheit" entlarven läßt (Ziehe, 1975, 29-37).

Der geschichtslosen Fixierung an den Augenblick, der Unfähigkeit zu wirklichen Objektbeziehungen, dem narzißtischen Sucht- und zugleich Vermeidungsverhalten entspricht ein Bewußtseinstypus, der sich durch den Hang zu *Mühelosigkeit* und zu *psychologisierender Vereinfachung* gesellschaftlicher Zusammenhänge kennzeichnen läßt. „Das Alltagsbewußtsein ist ein Reduktionsverfahren, für das die Welt zu komplex ist" (Leithäuser, 1976, 63).

P. d. A. bedeutet also realhistorisch die Zunahme und qualitative Veränderung psychischer Defekte und damit die Entstehung einer allgemeinen und diffusen *Therapiebedürftigkeit* und *gleichzeitig* die Neigung zu und die Suche nach vereinfachenden, identitätsstiftenden *Weltanschauungen*.

3 Psychologie als Ersatz für Ideologie

Das Leiden in und an der Gesellschaft hat allgemein zugenommen, aber es ist zugleich *diffuser* geworden. Die neuen psychosozialen Konflikte werden dabei Bestandteil des Alltags, je mehr ihre Veröffentlichung, das bereitwillige Zugeben des Leidens zum Maß gesellschaftlicher Anerkennung wird. Das Leiden wird salonfähig, die Schwäche kultiviert durch zur Schau stellende Mitteilsamkeit. „Der aufgeklärte Mensch sei derjenige, welcher mit den geringsten Widerständen oder dem geringsten Zögern die Produkte seiner Intimsphäre auszubreiten weiß" (Rosenwald, 1972, 428). Heute dominiert die Anschauung, Nähe sei ein moralischer Wert an sich. Intimität wird zunehmend zum einzigen Wahrheitskriterium, mit dem die gesamte soziale Wirklichkeit in ihrer Komplexität beurteilt wird (Sennett 1983, 329 und 424 ff.).

Die Entprivatisierung der Intimsphäre zum alltäglichen Gesprächsstoff ist möglich geworden, weil der Alltag selber zunehmend unter den unmittelbaren Einfluß der neueren Vergesellschaftungsprozesse geraten ist.

Dem allgemeinen Regressionsdruck der Gesellschaft auf der Psyche korrespondiert ein *Zerfall traditioneller Normensysteme und Ideologien*, denn deren Basis ist durch die neuen Vergesellschaftungsformen gründlich zerstört worden. Sinnstiftende Deutungssysteme gehören der Vergangenheit an und lassen in und zwischen den Subsystemen des Alltags sowie in den fragmentarisierten Bereichen der menschlichen Psyche Löcher, Risse, offene Widersprüche zurück (Institut für Sozialforschung, 1956, 176 ff.; Brückner, 1972, 51 f.; Negt/Kluge, 1972, 283 f.; Habermas, 1973; Schülein, 1978, 431 ff.). Eine Bewußtmachung dieser Widersprüche und eine kollektiv-politische Entfaltung verschütteter oder neu entstandener Bedürfnisse, Sehnsüchte und Hoffnungen mit Mitteln einer aufgeklärten Psychologie hätte jetzt der Entwicklung zur P. d. A. eine positive politische Dimension geben können. Als „momentanisierte Persönlichkeiten", mit ihrem Bedürfnis nach Vereinfachung komplexer gesellschaftlicher Sachverhalte neigen die Individuen jedoch dazu, diese Möglichkeiten zu verschütten, die entstandenen „Löcher" notdürftig wieder zu stopfen. Auf Grund des „Fehlens subjektiver und gesellschaftlicher Interaktionskompetenz, deren Entwicklung allerdings nicht zuletzt durch ... an privatistischen Interessen orientierten Soziotechniken verhindert wird" (Schülein, 1976, 13), sind sie bereit, jeweils wechselnde „Leitbilder" an die Stelle der alten kohärenten „Weltbilder" treten zu lassen.

Als Reflex auf die objektive Verschärfung psychosozialer Konfliktbereiche sind moderne, reduktionistische Psychologien entstanden, welche nun ihrerseits als sinnstiftende Surrogate auf die Situation der Subjekte zurückwirken. Der *„Psychoboom"* auf wissenschaftlichem, literarischem und therapeutischem Gebiet ist mithin *Ausdruck* und *Produzent* der P. d. A.

Einer realhistorischen P. d. A. entspricht also zugleich eine Banalisierung, eine *Veralltäglichung der Psychologie*. Sie wird im Extremfall zur naiven Ausweitung des allgemeinen „common-sense". Heider, der „Psychologe des gesunden Menschenverstandes", weist die Sozialpsychologen auf den richtigen Weg: „..., nach dem Motto Goethes: Greif nur hinein ins volle Leben, und wo ihr's packt, da ist es interessant" (1977, 25). Die neuen handlichen, leicht verständlichen und umstandslos gegeneinander austauschbaren Psychologien verleihen der P. d. A. den *Schein einer wissenschaftlichen Objektivität*. Dieser Schein drückt sich auch in einer *Anreicherung der Alltagssprache durch psychologisches Vokabular* aus, wodurch in der Regel das Leiden nur etikettierend verschleiert statt abgeschafft wird. „Diese Maßnahmen haben aber ebensoviel Einfluß auf die nervösen Leidenssymptome wie die Verteilung von Menukarten zur Zeit einer Hungersnot auf den Hunger" (Freud, GW, Bd. VIII, 1910, 123). In dem Maße, wie die wirklichen gesellschaftlichen Bedingungen der Subjekte sich in schlechte Unmittelbarkeit verflüchtigen und die Objekte austauschbar werden, werden jene Begriffe, die doch gerade zur Aufklärung emotionaler und intersubjektiver Vorgänge beitragen könnten, selber formal und inhaltsleer. Das Wort darf nur noch bezeichnen, nichts mehr bedeuten und erstarrt schließlich zur Formel (Horkheimer/Adorno, 1971, 147 ff.). Stereotypisierung von Sprache zu einem „affektneutralen Zeichensystem" (Lorenzer, 1970, 85) gilt auch für die Hereinnahme von Begriffen in die öffentliche Sprachregelung, die ursprünglich explizit mit der Vorstellung sozialer Befreiung verbunden waren: „Solidarität", „Emanzipation", „Humanisierung", „Kreativität" etc. Für neue, den herkömmlichen Alltag potentiell sprengende Bedürfnisse besteht immer die Gefahr, durch den allgemeinen *P.druck* ins Bestehende (re-)integriert zu werden. (Bopp, 1979).

Hierzu kommt der *kommerzielle Charakter*, der den neuen Modepsychologien anhaftet. Derart standardisiert ist eine Industrialisierung des Bewußtseins möglich, auch und gerade durch Theorien unterstützt, welche gesellschaftliche Einsicht vermitteln könnten. Auf das allgemeine Therapiebedürfnis wird mit steigenden Angeboten reagiert, es ist ein regelrechter *„Psychomarkt"* entstanden, der den gleichen Verwertungsgesetzen unterworfen ist wie andere Bereiche spätkapitalistischer Realität. Der *Konsum* nicht nur von herkömmlichen Waren und Dienstleistungen, sondern von Psychologien, Tests, Therapien, Gruppen, Ratgebern, Psychospielen, Psychopharmaka etc. bekommt „den Charakter einer sozialintegrativen Leitfunktion" (Brückner, 1972, 55). Sinnstiftend wirken weniger die Inhalte und Aussagen der einzelnen Angebote, sondern eher deren Verzehr – ein Konsum, der sich bei gelegentlichem Wechsel der Marken immer wiederholen muß. Ähnlich wie die Werbung an die Waren gekoppelte Phantasiewerte, verkaufen die Agenten des Psychomarktes in Glücksversprechen gekleidete komplette Weltanschauungen (Negt/Kluge, 1972, 286 ff.).

4 Psychotherapeutisierung des Alltags

Alle neuen Therapieformen, welche versprechen, im Rahmen dieser Gesellschaft Erfüllung, Befreiung, Transzendenz, zumindest aber friedliche Versöhnung zu verschaffen, sind Bestandteil dieser Verbraucherkultur. Sie passen letztlich an jene Verhältnisse an, die den Leidensdruck erst geschaffen haben.

Psychoboom (Bach/Molter, 1976), *Therapeutisierung* (Kardorff, 1979) und *Therapiegesellschaft* (Will, 1985) sind Indiz dafür, daß sich Techniken der Manipulation, deren Geburtsstätte in den meisten Fällen die Mentalmedizin war, auf das gesamte soziale Leben ausweiten und zum Bestandteil der Organisierung des Alltagslebens werden (Castel, 1982, 345). In den spätkapitalistischen Gesellschaften entwickelt sich ein Modus sozialer Kontrolle, der auf die Instrumentalisierung des subjektiven Faktors setzt. Der Psychologe wird zum Konfliktmanager, Sozialisationsagenten und Sinnproduzenten (Keupp, 1981, 42).

Der *Therapiekonsum* auf dem Psychomarkt ist aber auch Indiz eines Widerstandes gegen die fortschreitende Rationalisierung aller Lebensbereiche, bei der die Kultur ihrer Wurzeln in Sinnlichkeit und Phantasie beraubt wird (vgl. die Kulturkritik Lorenzers, 1981). Der Therapiekonsum ist nicht ausschließlich als Zeichen einer zunehmenden psychischen Verelendung der Menschen zu werten, sondern in ihm drückt sich auch die *Suche nach sinnlicher und sinnerfüllter Kommunikation* aus, die der fragmentarisierte Alltag immer weniger ermöglicht. Insofern kann man sagen, daß der praktisch-therapeutische Wert der zahlreichen auf dem Psychomarkt angebotenen Therapien von ihrer *ideologischen Bedeutung* weit übertroffen wird.

Die interpretative Kraft der Therapien und der banalisierten Psychologien wird vor dem Hintergrund des Zerfalls traditioneller Normensysteme und Ideologien verständlich. Die Entwicklung hin zur *Therapiegesellschaft* macht das Leiden an der technischrationalen Welt sichtbar. „Sie integriert alle Hoffnung auf eine Restitution des *‚ganzen Menschen'*, versammelt alle Sehnsüchte nach einer therapeutischen Rettung des Subjekts." (Will, 1985, 12).

Für die *Momentpersönlichkeit* (s. o.) übernimmt die Therapiekultur die wichtige Funktion der Stabilisierung und Sinnkonstitution – und zwar in viel stärkerem Maße, als es die vulgärpsychologische Verwissenschaftlichung des Alltagslebens leisten kann. Die körper- und gruppenorientierten Therapien, die der Psychomarkt anbietet, ermöglichen den Teilnehmern ein *außeralltägliches* Erleben von direkter Kommunikation und Körpererfahrung, die der parzellierte und entfremdete Alltag zunehmend weniger zuläßt. Therapeutische Gruppen werden zum Residuum einer Intimität, die in Partnerschaft und Familie immer brüchiger wird. So werden bspw. die gehäuft angebotenen „Therapieurlaube“ und Selbsterfahrungskurse weniger aufgrund eines manifesten Leidensdrucks frequentiert, sondern wegen des Verlangens nach Glücks- und Intimitätserlebnissen, die der Alltag zusehends vermissen läßt. Die therapeutische Situation wird zum Paradigma einer wünschbaren und erfolgreichen sozialen Verkehrsform.

Dies birgt die Gefahr, daß die auf dem Psychomarkt angebotenen Therapien zum konsumierbaren Ausgleich eines an Gefühlserlebnissen armen Alltags werden, zum *„Jogging für die Seele“*. Daneben läßt sich feststellen, wie unter meist unbewußtem Rückgriff auf vulgärpsychologisch vermittelte Leitbilder der soziale Verkehr im Sinne quasi-therapeutischer Situationen erlebt wird. Die P. erweist sich als Haltegriff, um die „normale“, alltägliche Interaktion gelingen zu lassen (v. Kardorff/Koenen, 1981, 253). Die regelmäßige, nicht dezidiert auf einen Heilungserfolg ausgerichtete Teilnahme an therapeutischen Gruppenangeboten läßt es für die Teilnehmer immer schwieriger werden, zu entscheiden, ob die kompensatorischen Gruppenbezüge oder die sozialen Normalbezüge als die wichtigeren erlebt werden.

Das alles kann nicht bedeuten, auf Psychotherapie überhaupt zu verzichten, denn das wäre der Aktualität psychischer Verelendung gegenüber eine zynische Parole. Es geht hier aber um *allgemeine Gefahren* einer psychotherapeutischen Durchdringung auch der letzten Nischen des Alltags: Die Vielzahl der Behandlungsmethoden täuscht darüber hinweg, daß die von Kovel als „fetischistisch“ bezeichneten Therapien zur kaum unterscheidbaren Massenware werden (1977, 271). Mit ihnen wird der Verbraucher beliefert in der Absicht, gerade *seinem* „level“ zu entsprechen und *seine* Subjektivität zur Entfaltung zu bringen (Horkheimer/Adorno, 1971, 101 f.). Die *Verallgemeinerung eines psychotherapeutischen Standpunktes* ist Bestandteil der P. d. A., nicht nur der Wildwuchs der Therapie*formen* alleine. Therapie „entwickelt sich zur Unterabteilung der ‚menschlichen Beziehungen‘ und schmeichelt sich bei Konzernherren und Militärs ein; die Therapeuten werden zu Ablaßhändlern, die Lebensregeln und andere Wertbegriffe unters Volk bringen“ (Kovel, 1977, 271).

5 Psychologisierung und Widerstand

Die P. d. A. besteht in einem Zirkel von psychischer Verelendung und psychotechnischer Versorgung. Nur eine Sozialpsychologie, die nicht bereit ist, die gesellschaftliche Herkunft und Vermitteltheit psychologisch-empirisch aufweisbarer Tatbestände zu unterschlagen, kann dem Druck widerstehen, in diesen Zirkel mit hineingerissen zu werden. Eine sozialwissenschaftlich orientierte Psychologie könnte durchaus „psychosoziale Aufklärung“ leisten, wie Enke (1976, 14) es postuliert und mit dieser Aufklärungsfunktion den positiven Charakter der unaufhaltsamen „Psychologisierung der Gesellschaft“ zu bestimmen versucht. Aber die geforderte Hinwendung zum „primären sozialen Feld“ ist gerade *nicht* zu verwechseln mit *Prophylaxe*, mit der Anleitung zu besserer psychohygienischer Selbstvorsorge, wie Enke das tut, wenn er etwa fordert: „Die bakterielle Hygiene muß heute ergänzt werden durch eine psychosoziale Hygiene in den menschlichen Beziehungen“ (1976, 14). Den Zusammenhang von gleichzeitiger Entfaltung und Verschüttung von Subjektivität unter den neuen Vergesellschaftungsbedingungen gilt es aufzuklären. Selbstkritisch ihrer eigenen jüngsten Geschichte gegenüber hätte eine Sozialpsychologie zu analysieren, *warum* und *wie* psychologische Theorien und Therapien zum Ausdruck und Produzenten der P. werden konnten.

Dazu würde eine sorgfältige und differenzierte Einschätzung dieser Ansätze gehören (Keupp/Zaumseil, 1978; Schülein, 1978). Eine *vergleichende Therapieforschung* müßte herausarbeiten, daß hier nicht nur Tendenzen zur Vermarktung und zur Versöhnung mit sich und der Umwelt vorliegen, sondern daß eine Reihe von Therapieformen auch *emanzipatorische* Momente enthalten: die Zulassung und systematische Betonung *affektiver* und *körpersprachlicher* Prozesse und die Schaffung zumindest der Möglichkeit, das Leiden nicht mehr privat zu erdulden, sondern es auszudrücken, es mit anderen Betroffenen zu diskutieren und evtl. ein gemeinsames Handeln zu entwikkeln. Damit bekommt die P. d. A. *auch* eine positive Dimension. Das gilt auch für die Seite der empirischen Subjekte und ihrer Alltagsrealität selber: Es ist *zweifelhaft*, ob das „pauperisierte“ Alltagsleben aufgehört hat, Subjekt, d. h. reich an möglicher Subjektivität, zu sein, und zum bloßen Objekt der gesellschaftlichen Organisation geworden ist, wie Leithäuser behauptet (1976, 52-59). Es ist nicht ausgemacht, ob die Annexion von Phantasien, Emotionen und Wünschen durch kapitalistische Verwertungsstrategien bei dem gegenwärtigen Überhang von Subjektivität vollends gelingen kann. Die Fragmentarisierung des Alltags und der Psyche in isolierte und oft gegeneinander organisierte Teilbereiche, ein System widersprüchlicher Normen, Regeln und Verhaltenszumutungen erschweren es zunehmend, die Risse und „Löcher im Vergesellschaftungsprozeß" (Brückner, 1978 b, 83) mittels wechselnder Leitbilder zu kitten.

Das gesellschaftlich produzierte Leiden ist ein Leiden an der Gesellschaft – ein Bewußtsein davon, wie krude auch immer, macht sich breit. Das ist noch kein Widerstand.

Die Hoffnungen, die von der linken Kulturkritik einst an die P. geknüpft worden sind (so Ziehe, 1975), lassen sich angesichts des marktwirtschaftlich organisierten Psychobooms und der Tendenz hin zur Therapiegesellschaft kaum mehr aufrechterhalten. Die emanzipatorischen Momente, die in der Zulassung und systematischen Betonung affektiver und körpersprachlicher Prozesse erkannt worden sind, sowie die Möglichkeit der Veröffentlichung individuellen Leidens als Chance kollektiver und öffentlicher Veränderung, sind angesichts der „Tyrannei der Intimität" (Sennett, 1983) nicht mehr eindeutig bestimmbar. Ob sich die Hoffnung auf eine „Restitution des *‚ganzen Menschen'*", die sich in den Angeboten des Psychomarktes als Versprechen manifestiert, erfüllen kann und nicht Kompensation für einen Alltag bleibt, der emphatische Kommunikation nicht unmittelbar hervorbringen kann, hängt letztlich davon ab, inwieweit die Lebenszusammenhänge selbst verändert werden können.

Der Widerstand gegen die soziale Integration in den industrialisierten Staaten, den Brückner (1978 b) in der Artikulation und Vertretung eigener Bedürfnisse als zwar unentfaltete, aber doch ersichtliche Keime im psychologisierten und psychologisierenden Alltag ausmachen konnte, ist angesichts der jüngsten Analysen (Castel, 1982; Sennett, 1983) und der Ausweitung des Psychomarkts zur Agentur von Psychourlauben kaum mehr deutlich. Die *„gesellschaftliche Freisetzung von Subjektivität"*, die die Voraussetzung für ihre Vereinnahmung durch die *Therapiegesellschaft* darstellt, könnte als positives Potential nur entfaltet werden, wenn die Wunschproduktion, die selbst in der unreflektiertesten Forderung nach Befriedigung im Hier und Jetzt zum Ausdruck kommt, ihre passive Auslieferung an die Widersprüchlichkeiten des Alltags überwinden könnte. Das verlangt nicht die beschauliche Pflege einer neuen Innerlichkeit, sondern öffentliche Artikulation. „Ein Wunsch muß als Forderung präsentiert und von einer Bewegung repräsentiert werden, die kollektiv den Wunsch zur Entfaltung bringt." (Sloth/Storgard, 1978, 37). Die Schaffung eines *„Gegenmilieus"* als Voraussetzung einer radikalen Umwälzung von „Alltäglichkeit und Subjekt" (Brückner, 1978, 81) verlangt *Formen politischen Handelns*, die weder durch eine kritisch reflektierte P. noch durch Therapeutisierung ersetzt werden können.

Literatur

Adorno, Th. W.: Zum Verhältnis von Soziologie und Psychologie. In: Adorno, Th. W.: Gesammelte Schriften, Bd. 8. Frankfurt: Suhrkamp 1972, 42-86.

Bach, G. R./Molter, H.: Psychoboom. Wege und Abwege moderner Psychotherapie. Düsseldorf–Köln, Diederichs-Verlag, 1976.

Bopp, J.: Der linke Psychodrom. Kursbuch 55, 1979, 73-94.

Brückner, P.: Zur Sozialpsychologie des Kapitalismus – Sozialpsychologie der antiautoritären Bewegung I. Frankfurt: Europäische Verlagsanstalt, 1972.

Brückner, P.: Versuch, uns und anderen die Bundesrepublik zu erklären. Berlin: Wagenbach, 1978 a.

Brückner, P.: Thesen zur Diskussion der „Alternativen". In: Brückner, P., u. a.: Autonomie oder Getto? Kontroversen über die Alternativbewegung. Frankfurt: Neue Kritik, 1978 b, 68-86.

Castel, F.: Psychiatrisierung des Alltags. Frankfurt: Suhrkamp, 1982.

Enke, H.: „Die Psychologisierung der Gesellschaft ist nicht aufzuhalten" (Interview). Psychologie heute, 2 (11). 1976, 13-19.

Freud, S.: Über „wilde" Psychoanalyse. In: Freud, S.: Gesammelte Werke, Bd. VIII, 1910. Frankfurt: Fischer, 1969, 117-127.

Habermas, J.: Legitimationsprobleme im Spätkapitalismus. Frankfurt: Suhrkamp 1973.

Heider, F.: Der Psychologe des „gesunden Menschenverstandes" (Interview). Psychologie heute, 3 (10), 1977, 23-25.

Horkheimer, M./Adorno, Th. W.: Dialektik der Aufklärung. Philosophische Fragmente. Frankfurt: Fischer, 1971.

Horn, K.: Zur Formulierung der Innerlichkeit. In: Schäfer, G./Nedelmann, C. (Hrsg.): Der CDU-Staat 2 – Analysen zur Verfassungswirklichkeit der Bundesrepublik. Frankfurt: Suhrkamp, 1969 a, 315-355.

Horn, K.: Politische und methodologische Aspekte gruppendynamischer Verfahren. Das Argument, 50, 1969 b.

Institut für Sozialforschung: Soziologische Exkurse. Nach Vorträgen und Diskussionen. Frankfurt: Europäische Verlagsanstalt, 1956.

Keupp, H.: Psychologen im psychosozialen Arbeitsfeld. In: von Kardoff, E./Koenen, E. (Hrsg.): Psyche in schlechter Gesellschaft. Zur Krise klinisch-psychologischer Tätigkeit. München: Urban & Schwarzenberg, 1981.

von Kardorff, E./Koenen, E. (Hrsg.): Psyche in schlechter Gesellschaft. Zur Krise klinisch-psychologischer Tätigkeit. München: Urban & Schwarzenberg, 1981.

Keupp, H./Zaumseil, M.: Die gesellschaftliche Organisierung

psychischen Leidens. Zum Arbeitsfeld klinischer Psychologen. Frankfurt: Suhrkamp, 1978.
Kovel, J.: Kritischer Leitfaden der Psychotherapie. Frankfurt: Campus, 1977.
Leithäuser, T.: Kapitalistische Produktion und Vergesellschaftung des Alltags. In: Leithäuser, T./Heinz, W. R. (Hrsg.): Produktion, Arbeit, Sozialisation. Frankfurt: Suhrkamp, 1976, 48-69.
Lorenzer, A.: Sprachzerstörung und Rekonstruktion. Vorarbeiten zu einer Metatheorie der Psychoanalyse. Frankfurt: Suhrkamp, 1970.
Lorenzer, A.: Das Konzil der Buchhalter. Die Zerstörung der Sinnlichkeit. Frankfurt: Europäische Verlagsanstalt, 1981.
Mentzos, S.: Interpersonale und institutionalisierte Abwehr. Frankfurt: Suhrkamp, 1976.
Mitscherlich, A.: Auf dem Weg zur vaterlosen Gesellschaft. Ideen zur Sozialpsychologie. München: Piper, 1973.
Moersch, E.: Sozialpsychologische Reflexionen zum Symptomwandel psychischer Störungen. Psyche, 32, 1978, 403-419.
Negt, O./Kluge, A.: Öffentlichkeit und Erfahrung. Zur Organisationsanalyse von bürgerlicher und proletarischer Öffentlichkeit. Frankfurt: Suhrkamp, 1972.
Rosenwald, G. C.: Zum Objektivierungsproblem in der Gruppenpsychologie. In: Horn, K. (Hrsg.): Gruppendynamik und der ‚subjektive Faktor'. Repressive Entsublimierung oder politisierende Praxis. Frankfurt: Suhrkamp 1972, 394-441.
Schülein, J. A.: Psychotechnik als Politik. Zur Kritik der Pragmatischen Kommunikationstheorie. Frankfurt: Syndikat 1976.
Schülein, J. A.: Psychoanalyse und Psychoboom. Bemerkungen zum sozialen Sinnkontext therapeutischer Modelle. Psyche, 5/6, 1978, 420-441.
Sennett, R.: Verfall und Ende des öffentlichen Lebens. Die Tyrannei der Intimität. Frankfurt: Fischer, 1983.
Sloth, E. Kr., Storgard, F.: Wunsch und Praxis. Fragmente. Ästhetik und Kommunikation, Dezember 1978, 30-45.
Will, H.: Selige Gesundheit. Systeme der Therapiegesellschaft. Kursbuch, 82, 1985.
Ziehe, T.: Pubertät und Narzißmus. Sind Jugendliche entpolitisiert?. Frankfurt, Köln: Europäische Verlagsanstalt, 1975.

Psychoonkologie

Erwin Ringel und Oskar Frischenschlager

1 Psychische Faktoren und Ätiologie

Seit der Antike wird über Zusammenhänge zwischen der psychischen Verfassung eines Menschen und der Entstehung von bösartigen Tumoren spekuliert (Baltrusch, 1969). Die Einbeziehung der Malignome in eine psychosomatische Fragestellung und eine wissenschaftliche Auseinandersetzung mit psychosozialen Problemen der Krebserkrankung erfolgten erst recht spät. Lange Zeit wurden bösartige Neubildungen explizit oder implizit aus der psychosomatischen Forschung ausgeschlossen; erst seit den Fünfziger Jahren werden diese systematisch einbezogen. Wie in anderen Bereichen der Psychosomatik sind auch hier die Anfänge von *korrelativen Studien*, von der Suche nach spezifischen Persönlichkeitsmerkmalen, die in einem ätiologischen Zusammenhang mit der Krebserkrankung stehen, geprägt. Damals hielt z. B. Eissler (1978) die Annahme eines derartigen Zusammenhanges für einen schweren Fehler, obwohl seine Falldarstellungen viel anregendes Material enthalten, das aus heutiger Sicht vielleicht anders interpretiert würde.

Die vorsichtige Haltung gegenüber den ätiologischen Zusammenhängen begleitet die gesamte etwa dreißigjährige Geschichte der „Psychoonkologie" (Onkologie = Lehre von den Geschwülsten) bei ihrem Versuch, eine psychologische bzw. psychosomatische Konzeption der Krebserkrankung zu erstellen. Searles (1981) warnt auch vor Größenphantasien im Zusammenhang mit psychotherapeutischen Bemühungen, die direkt auf die Beeinflussung des Tumorwachstums abzielen. Lüdeke (1985) hält diese Fragen für Spekulationen, die aus der Hilflosigkeit und Betroffenheit der Behandelnden stammen, wenn sie mit dem Tod ihrer Patienten konfrontiert sind. Zander (1983), Hürny und Adler (1981), Ziegler (1982), Buddeberg et al. (1986) und Scherg (1986) lehnen z. T. eine psychosomatische Perspektive ab oder halten sie derzeit nicht für ausreichend belegt.

Neben anderen Gründen werden vor allem *methodische Einwände* vorgebracht. Tatsächlich stößt die psychoonkologische Forschung auf methodische Probleme mannigfacher Art. Tumoren wachsen verschieden schnell. Zwischen ihrer klinischen Diagnostizierbarkeit und ihrem Entstehen bzw. den möglichen Vorstufen der Malignisierung können verschieden lange Zeiträume liegen. Die alte psychosomatische Auffassung von einem Zusammenhang zwischen Konflikt und Symptom entzieht sich hier weitgehend der Überprüfung. Die Folge daraus ist der immer wieder gestartete Versuch, mit hohem Aufwand (sowohl was die Stichprobengröße als auch was die Dauer des Projektes betrifft) in *prospektiven Studien* mittels Erhebung psychosozialer Daten krebsgefährdete Personen auszufiltern.

Trotz dieses hohen methodischen Aufwandes ist von Untersuchungen dieser Art kaum eine Klärung der Frage, ob und welche Persönlichkeitscharakteristika an der Entstehung von Malignomen beteiligt sind, zu erwarten. Selbst wenn es gelänge, entsprechend spezifische Instrumente zu entwickeln, ist nicht zu erwarten, daß auch in einem großen Untersuchungszeitraum alle gefährdeten Personen tatsächlich erkranken. Die nicht erkrankten würden wiederum als falsch prognostizierte Fälle gewertet werden müssen (Übersicht über die Arbeiten hierzu und die Methodendiskussion findet sich in Bammer, 1981; Hürny/Adler, 1982; Ziegler, 1982; Scherg, 1986; Bahnson, 1986; Ringel/Frischenschlager, 1986).

Ein anderer empirischer Zugang wurde über die *„life events"* versucht. Schon früh fiel auf, daß Tumoren nach einschneidend erlebten Objektverlusten, meist nach dem Tod naher Angehöriger oder der Pensionierung etc., auftraten. Die Forcierung dieser Fragestellung stößt jedoch ebenfalls auf methodische Probleme, und darüber hinaus ist auch nicht zu erwarten, daß Objektverluste spezifische Dekompensationen auslösen. Sie sind im selben Umfang bei der Erforschung der Psychosen und Psychosomatosen diskutiert worden.

Der dritte empirische Zugang zur Ätiologiefrage ist *semiprospektiv*. In einer Reihe von Studien wurde immer wieder versucht, präoperativ, zu einem Zeitpunkt, zu dem noch keine Klarheit über Malignität oder Benignität eines Tumors besteht, anhand von Interviews oder auch mittels objektiver psychometrischer Verfahren die Diagnose vorherzusagen. Es ist dies immer wieder in recht hohem Ausmaß gelungen, meist um 80% (Bahnson et al., 1971; 1976, zit. n. Scherg, 1986; Cramer et al., 1977; Wirsching et al., 1981; Frischenschlager/Bilek, 1985). Diese Arbeiten sind jedoch in mehrfacher Weise umstritten. Zum einen wird ihnen entgegengehalten, die erhobenen Daten könnten ein Artefakt der bereits bestehenden Erkrankung sein, die sich bereits psychisch auswirke. Dieses Argument stellt eine grundsätzliche Kritik an der Auslegung semiprospektiv erhobener Daten dar. Zum anderen wird angemerkt, daß die Treffsicheheit der psychologischen Diagnose nicht an der tatsächlichen Verteilung der histologischen Befunde gemessen werden dürfe, sondern an dem Vorwissen der Patienten.

Es scheint, daß derzeit aus empirisch-naturwissenschaftlicher Sicht die methodischen Probleme zu komplex sind, um die Frage nach einer Beteiligtheit psychischer Faktoren an der Entstehung maligner Tumoren zu beantworten. Es kann jedoch auch nicht übersehen werden, daß die Befunde über Krebskranke, wie sie sich aus Testverfahren, biographischen Analysen, Interviews usw. ergeben, in vieler Hinsicht eine hohe Übereinstimmung zeigen, so daß das Konstrukt *„Krebspersönlichkeit"* zwar zu recht als umstritten gilt, doch deshalb die Frage der Beteiligtheit psychischer Faktoren an der Ätiologie noch nicht als verworfen gelten kann.

Weitere Fortschritte in der Frage werden vermutlich nur aus einer gegenseitigen Befruchtung tiefenpsychologischer und empiristischer Ansätze resultieren.

2 Psychische Faktoren und der Verlauf der Erkrankung

In weiten Kreisen wurde daher auch das Problem der Ätiologie zugunsten der für die Versorgung der Patienten wesentlich relevanteren Frage des Zusammenhangs zwischen psychosozialen Faktoren und dem Verlauf der Erkrankung hintangestellt. Hierzu verfügen wir über eine Unzahl von Daten. Es werden hier nur exemplarisch einzelne Befunde genannt. Im übrigen wird auf die bereits genannten Übersichtsdarstellungen hierzu verwiesen (Hürny/Adler, 1981; Bahnson, 1983; 1986; Frischenschlager, 1986 b).

Ein wichtiges Arbeitsgebiet leitet sich aus der Umsetzung der eher theoretischen Frage eines Zusammenhanges zwischen Persönlichkeitsfaktoren, Krankenhaussituation, Unterstützung durch Angehörige, behandelndes Personal etc. auf die Praxis ab: Inwieweit kann dem Patienten in seiner *Krankheitsverarbeitung* geholfen werden?

Aus anderen Bereichen ist bereits bekannt, daß *präoperative Betreuung* des Patienten – und sei dies auch nur ausreichende Information – wesentliche Parameter zu beeinflussen vermag (Narkosemittelverbrauch, postoperative Dauer der Rekonvaleszenz, Schmerzmittelkonsum u. a.; Übersicht in Frischenschlager, 1983). Wir wissen auch, daß die präoperative psychische Befindlichkeit mit *postoperativen Komplikationen* in Zusammenhang steht (Simonow et al., 1979; Schipownikow et al., 1980). Umgekehrt scheint die Heilung von Krebs auch eng mit psychosozialen Faktoren verknüpft zu sein (Möhring et al., 1983; Frischenschlager/Ringel, 1986).

So ist eine tragfähige Beziehung zwischen Behandelnden und Patienten wesentlich. Wichtig dabei ist sicherlich die *angepaßte Aufklärung* über die Erkrankung. Ansichten, wonach das Wissen über die Art der Erkrankung zu Depression, ja zum Suizid führe, haben sich nicht bestätigt und sind eher der Angst des Arztes vor der Konfrontation mit Leiden und Sterben zuzuschreiben. Im Gegenteil: Das Wissen über die Erkrankung, verbunden mit einer tragfähigen Beziehung, scheint eine Voraussetzung für optimale Krankheitsverarbeitung zu sein.

Frühere Praktiken, nur Angehörige zu informieren, führen zur Isolation des Patienten, der zumeist ohnedies (die Angaben schwanken zwischen 80% und 90%) über die Erkrankung informiert ist. Vielfach konnte nachgewiesen werden, daß verschiedene Betreuungsmaßnahmen nach der Primärbehandlung zu deutlicher Verbesserung der Stimmung führen, die Krankenhaussituation besser bewältigt wird, Schmerzen geringer sind, schneller Mobilität der Extremitäten erreicht wird und soziale Aktivitäten früher aufgenommen werden (Übersicht in Frischenschlager, 1986b). Wirksam scheint dabei nicht so sehr die Art der Betreuungsmaßnahme zu sein (Sozialtraining, Rollenspiele, Gespräche, Beratung), sondern die vorliegenden Arbeiten legen nahe, daß die Effektivität in der *Zuwendung* und dem *Eingehen auf das subjektive Erleben* der Patienten sowie der *Kontinuität der Beziehung zu den Betreuern* (Ärzten, Schwestern) liegt.

Dabei ist weniger der kurative Aspekt im Vordergrund als vielmehr das Ziel, dem Patienten zu einer möglichst großen *Lebensqualität* zu verhelfen. Sehr nützlich können dabei auch *Selbsthilfegruppen* sein.

Besondere Bedeutung kommt natürlich der *Auseinandersetzung mit dem Tod* zu, die ja schon bei der Diagnosestellung provoziert wird. In fortgeschrittenem Krankheitsstadium ist es auch für die Lebensqualität bedeutsam, antizipatorisch Trauerarbeit zu leisten. Hierbei kommen auch Gruppengespräche infrage (Spiegel, 1979; Dreifuß, 1981; Spiegel/Bloom, 1983). Aus diesen Ansprüchen an eine umfassende und fundierte psychosoziale Versorgung Krebskranker in allen Stadien der Erkrankung ergibt sich auch die Notwendigkeit, die psychische Belastung der Betreuer zu bearbeiten. Psychosoziale Betreuung kann nicht sinnvoll und effektiv ohne die *Betreuung der Betreuer* erfolgen (Kerekjarto, 1982).

3 Tiefenpsychologischer Perspektive

Ein anderer Zugang zur Krebserkrankung ergibt sich aus psychoanalytischer Perspektive. Ausgegangen wird dabei von der Annahme, daß das Phänomen Krankheit grundsätzlich nicht teilbar ist in verstehbare (als Konflikt, als Anpassungsleistung, als Resomatisierung etc.) und nicht verstehbare, sondern nur in verstehbare und *noch nicht* verstehbare.

Unsere Aufmerksamkeit muß sich also auf die *aktuelle Beziehungsgestaltung* (was hier als Konkretisierung des Begriffs: „Persönlichkeit" gemeint ist) und deren Verbindungen zur Entwicklungspsychologie richten. Oberflächlich gesehen entspricht die Erfahrung mit Krebskranken tatsächlich weitgehend dem Bild, das die empirischen Arbeiten zeigen: Patienten liefern sich meist aus und ab, oder versuchen im Gegensatz dazu, die Situation völlig zu kontrollieren.

Beide Varianten haben als Gemeinsames: weitgehende *Vermeidung affektiver Kommunikation*. Dem entspricht auch die meist auf Fakten reduzierte Sprache und die hauptsächliche Orientierung an der äußeren Realität, die Leugnung der Objektabhängigkeit und die Illusion der Selbstgenügsamkeit (Mertens, 1983). Tatsächlich nimmt die Vermeidung des Bewußtseins eigener Bedürftigkeit oft groteske Formen an. Eine der Abwehrformen mündet im *Helfersyndrom* (Schmidbauer, 1977); dabei wird versucht, die äußeren Objekte soweit als möglich unter Kontrolle zu bringen. Dementsprechend empfindlich sind diese Persönlichkeiten auch gegenüber Objektverlusten (das erklärt die empirischen Befunde), die neben anderen psychophysischen Zusammenbrüchen oft auch zu Krebs führen. Umgekehrt wurde immer wieder gefunden, daß die Veränderung äußerer Gegebenheiten wesentlich zur Heilung beiträgt (Weinstock, 1977; Le Shan, 1979; Kahleyss, 1981; Frischenschlager/Ringel, 1986).

Die Orientierung an der äußeren Realität ersetzt hier regressiv die Steuerung durch Emotionen, die meist mit hochgradig oral aggressiven Bedürfnissen in Verbindung stehen. Overbeck (1984) hat diese Befunde unter dem Begriff der *„mechanistischen Objektbeziehung"* zusammengefaßt. Es muß eine frühe Störung der Individuation (Mahler, 1983) konstatiert werden, wie wir es insgesamt bei Patienten mit schweren Psychosomatosen finden. Partner werden zu einem Teil des Selbst, zu einem Selbstobjekt nach Kohut (1976). Daraus resultiert die extreme Objektabhängigkeit. Verluste oder bereits Phantasien von Verlusten können eine existentielle Bedrohung auslösen. Aus dieser Sicht wird die häufige Beobachtung, daß Krebskranke äußerst aggressionsgehemmt sind und sich nach den Bedürfnissen anderer richten, verständlich. Entwicklungspsychologisch gesehen müssen wir die Stelle der Fixierung sehr früh annehmen (im frühesten oralen Stadium, am Übergang zwischen körperlichen und psychischen Einverleibungsformen; Kahleyss, 1981).

Wir nehmen an, daß sich alle *Differenzierungsprozesse* über Einverleibungsaktivitäten vollziehen und daß zwischen körperlich-inkorporativen Prozessen (digestiven und thesaurierenden) und psychischen (Introjektion, Identifikation) ein Kontinuum besteht. In allen Phasen sind libidinöse und aggressive Strebungen gleichzeitig enthalten. Im Hunger, der die Grenze zwischen somatischen und psychischen Einverleibungsprozessen bildet, den Jacobson (1978) zu den basalsten Triebspannungen zählt, ist dies deutlich, worauf schon A. Freud (1949, zit. n. Eissler, 1980) hingewiesen hat. Hier sind Zerstörung und liebevolle Zuwendung noch eins (oral-kannibalistische Phase). Bei der Entdifferenzierung wird umso mehr und umso archaischere Aggression frei, je weiter sie geht (Triebentmischung). Dieselben Verhältnisse wie bei den inkorporativen Prozessen finden wir bei den exkorporativen. Auch hier nehmen wir ein Kontinuum zwischen der Exkorporation auf somatischer und der Projektion auf psychischer Ebene an. Fenichel (1983) hatte bereits den Selbstverstümmelungsreflex niederer Organismen als Ursprung exkorporativer Abwehrprozesse verstanden. Diese beiden Kontinuen erweitern unser Verständnis für psychische wie somatische Entdifferenzierungsprozesse.

Bahnsons (1986) Befunde fügen sich hier ein. Er fand, daß psychische Störungen sich zu psychosomatischen in eine Beziehung setzen lassen. Je nach Tiefe der Regression entsprechen einander psychische und somatische Störungen. Sie unterscheiden sich hinsichtlich der jeweils überwiegenden *Abwehrmechanismen*. Maligne Tumoren und zerfahrene Psychosen entsprächen einander seiner Meinung nach hinsichtlich der Tiefe der Regression, nur daß bei ersteren die Unterdrückung der Gefühle und die Verleugnung und bei zweiteren Projektion und Verschiebung überwiegen würden.

Krebs ist für Bahnson der Ausdruck einer somatischen Entdifferenzierung bis in embryonale Stadien, die durch die tatsächliche Ähnlichkeit von Tumoren mit Embryonen (Maugh/Marx, 1979; Jonas, 1986) gestützt wird. Jonas bezieht sich mehr auf den exkorporativen Aspekt, wenn er bei der Krebsentstehung autoamputative Prozesse am Werk vermutet.

Die vorangegangenen Bemerkungen sind eher spekulativer Natur; sie sollen darauf hinweisen, daß hier noch reichlich Forschungsarbeit zu leisten ist, von der jedoch, wie dies immer in der Wissenschaftsentwicklung ist, die psychosomatische Theorieentwicklung profitieren wird.

Interessant in diesem Zusammenhang sind auch die zahlreichen und jedermann zugänglichen Fallgeschichten und Selbstdarstellungen in der Literatur, die oft sehr reiche Einblicke in die Persönlichkeit der Autoren gewähren (z. B. Wolf, 1971; Zorn, 1982; Wander, 1983; Noll, 1984; Haushofer, 1985; Mauthe, 1986).

4 Ausblick

Es ist sicherlich ein *Umdenken* in der Behandlung von Krebskranken erforderlich. Derzeit wird die kommunikative Isolation der Patienten, die häufig zu beobachten ist, durch die immer noch weitverbreitete Ausblendung emotionaler Beziehung zwischen Versorgenden und Versorgten noch verschärft. Es scheint, als würde die Abwehr oder Alexithymie der Patienten in einer alexithymen Behandlungsstruktur seitens der Medizin ihre Entsprechung finden, so wie auch die enorme Autoaggression in den Therapiemethoden sich fortsetzt. Damit wird jedoch ein allenfalls vorhandener Defekt der Patienten durch die Medizin zementiert (Frischenschlager, 1986 a).

Im Gegensatz dazu kann immer wieder gezeigt werden (Flicker/Schweintzer, 1986): Wenn der Persönlichkeit und den Verhältnissen des Patienten Rechnung getragen wird, verkleinern sich (selten, aber doch) auch Tumoren ohne herkömmliche Therapie oder bleiben stationär (Sokal; persönliche Mitteilung). Oder aber es fallen zumindest die drastischen Nebenwirkungen der einschneidenden Behandlungen wesentlich milder aus, und der Schmerzmittel- und Schlafmittelkonsum sind geringer.

Literatur

Baltrusch, H. J.: Psychosomatische Beziehungen bei Krebskrankheiten. Psychosomatische Medizin, 31, 1969, 196-215.

Bahnson, C. B.: The state of the art in psychooncology. Manuskript, 1983.

Bahnson, C. B.: Das Krebsproblem in psychosomatischer Dimension. v. Uexküll, Th. (Hrsg.): Psychosomatische Medizin (3. Aufl.). München: Urban & Schwarzenberg, 1986.

Bammer, K.: Krebs und Psychosomatik. Stuttgart: Kohlhammer, 1981.

Buddeberg, C./Merz, J./Limacher, B.: Ehen krebskranker Frauen – Realitäten und Wunschvorstellungen in der psycho-

somatischen Krebsforschung, Zeitschrift für Psychotherapie und medizinische Psychologie, 36, 1986, 110-113.
Cramer, et al.: Psychosoziale Faktoren und Krebs: Untersuchung von 80 Frauen mit einem psychosozialen Fragebogen. Münchner Medizinische Wochenschrift, 119, 1977, 1387-1392.
Dreifuss, E.: Die psychotherapeutische Bedeutung der Kunstpsychotherapie in der Behandlung von Krebspatienten. Praxis, 1981, 1095-1102.
Eissler, K. R.: Der sterbende Patient. Zur Psychologie des Todes. Stuttgart: Frommann-Holzboog 1978.
Eissler, K. R.: Todestrieb, Ambivalenz, Narzißmus. München: Kindler, 1980.
Fenichel, O.: Psychoanalytische Neurosenlehre. Bd. 1. Berlin: Ullstein, 1983.
Flicker, M./Schweintzer, I.: Psychosoziale Betreuung Krebskranker im Krankenhaus. Erfahrungen mit einem Modell. In: Ringel E./Frischenschlager, O. (Hrsg.): Vom Überleben zum Leben. Psychische und soziale Aspekte der Krebserkrankung. Wien: Maudrich, 1986.
Frischenschlager, O.: Perioperative Betreuung von Laryngektomiepatienten. In: Frischenschlager, O./Scheer, J. W. (Hrsg.): Medizinische Psychologie im Unterricht. Wien: Facultas 1983.
Frischenschlager, O.: Kommunikative Probleme zwischen Arzt und Patient aus der Sicht verschiedener Krankheitsbegriffe. In: Ringel, E./Frischenschlager, O. (Hrsg.): Vom Überleben zum Leben. Psychische und soziale Aspekte der Krebserkrankung. Wien: Maudrich, 1986 a.
Frischenschlager, O.: Die psychosoziale Versorgung Krebskranker – Überblick über Forschungsergebnisse und praktische Konsequenzen. In: Ringel, E./Frischenschlager, O. (Hrsg.): Vom Überleben zum Leben. Psychische und soziale Aspekte der Krebserkrankung. Wien: Maudrich, 1986 b.
Frischenschlager, O./Bilek, H. P.: Unveröffentlichte Vorhersagestudie, 1985.
Frischenschlager, O./Ringel, E.: Psychosoziale Faktoren bei der Heilung von Krebs? In: Ringel, E./Frischenschlager, O. (Hrsg.): Vom Überleben zum Leben. Psychische und soziale Aspekte der Krebserkrankung. Wien: Maudrich, 1986.
Haushofer, M.: Wir töten Stella. Düsseldorf: Claassen, 1985.
Hürny, Ch./Adler, R.: Psychoonkologische Forschung. In: Meerwein, F. (Hrsg.): Einführung in die Psychoonkologie. Bern: Huber, 1981.
Jacobson, E.: Das Selbst und die Welt der Objekte. Frankfurt. Suhrkamp, 1978.
Jonas, A. D.: Krebs aus paläophysiologischer Sicht. In: Ringel, E./Frischenschlager, O. (Hrsg.): Vom Überleben zum Leben. Psychische und soziale Aspekte der Krebserkrankung. Wien: Maudrich, 1986.
Kahleyss, M.: Auffüllung und innere Leere. Zur Psychoanalyse von Krebskranken. Materialien Psychoanalyse, 7, 1981, 198-218.
Kerekjarto, M. v.: Über die Notwendigkeit einer psychosozialen Versorgung onkologisch und hämatologisch Kranker im Krankenhaus. In: Beckmann, D. (Hrsg.): Medizinische Psychologie. Berlin: Springer, 1982.
Kohut, H.: Narzißmus. Frankfurt: Suhrkamp, 1976.
Le Shan, L.: Psychotherapie gegen Krebs. Stuttgart: Klett-Cotta, 1982.
Lüdeke, H.: Erfahrungen bei der psychotherapeutischen Betreuung von Tumorpatienten auf einer chirurgischen Station. In: Bräutigam, W./Meerwein, F. (Hrsg.): Das therapeutische Gespräch mit Krebskranken. Bern: Huber, 1985.
Mahler, M.: Symbiose und Individution. Stuttgart: Klett, 1983.
Maugh, T. H./Marx, J. L.: Zerstörendes Wachstum. Entstehung und Behandlung des Krebses. Stuttgart: dtv, 1979.
Mauthe, J.: Demnächst. Oder der Stein des Sisyphos. Wien: Edition Atelier, 1986.
Mertens, W.: Psychoanalyse. München: Urban & Schwarzen berg, 1983.
Möhring, P./Vietinghoff-Scheel, A. v.: Psychosoziale Einflüsse auf das Überleben von Krebs. Zeitschrift für psychosomatische Medizin 29, 1983, 155-161.
Noll, P.: Diktate über Sterben und Tod. Zürich: Pendo, 1984.
Overbeck, G.: Krankheit als Anpassung. Frankfurt: Suhrkamp, 1984.
Ringel, E./Frischenschlager, O.: Vom Überleben zum Leben. Psychische und soziale Aspekte der Krebserkrankung. Wien: Maudrich, 1986.
Scherg, H.: Zur Kausalitätsfrage in der psychosozialen Krebsforschung. Zeitschrift für Psychotherapie und medizinische Psychologie, 36, 1986, 98-109.
Schipownikow, et al.: Angstfaktor und Verlauf der postoperativen Periode bei Magen- und Mastdarm-Krebskranken. Archiv für Geschwulstforschung, 4, 1980, 369-374.
Schmidbauer, W.: Die hilflosen Helfer. Reinbek: Rowohlt, 1977.
Searles, H. F.: Psychoanalytic therapy with cancer patients: some speculations. In: Goldberg, J. (Ed.): Psychotherapeutic treatment of cancer patients. New York: Free Press, 1981.
Simonow, et al.: Some aspects of social and working rehabilitation of patients with gastrointestinal tumors after radical operations. Med. Pediat. Oncol., 7, 1979, 714-721.
Spiegel, D.: Psychosocial support for women with metastatic carcinoma. Psychosomatics USA, 20, 1979, 780-787.
Spiegel, D./Bloom, J. R.: Group therapy and hypnosis reduce metastatic breast carcinoma pain. Zeitschrift für Psychosomatische Medizin, 45, 1983, 333-339.
Wander, M.: Leben wär' eine prima Alternative. Darmstadt u. Neuwied: Luchterhand, 1983.
Weinstock, C.: Notes on spontaneous regression of cancer. Journal of the American Society of psychosomatic dentistry and medicine, 24, 1977, 106-110.
Wirsching, M./Stierlin, H. et al.: Brustkrebs im Kontext – Ergebnisse einer Vorhersagestudie und Konsequenzen für die Therapie. Zeitschrift für Psychosomatische Medizin, 27, 1981, 239-252.
Wolf, Ch.: Nachdenken über Christa T. Neuwied u. Berlin: Luchterhand, 1971.
Zander, E.: Das Carcinom – eine psychosomatische Erkrankung? Zeitschrift für psychosomatische Medizin, 29, 1983, 363-379.
Ziegler, G.: Psychosomatische Aspekte der Onkologie. Stuttgart: Enke, 1982.
Zorn, F.: Mars. München: Kindler, 1982.

Psychophysiologie

Rainer Schandry

1 Gegenstand

Die P. befaßt sich in erster Linie mit menschlichem Verhalten unter Einbeziehung des körperlichen Geschehens. Demzufolge beinhaltet psychophysiologisches Arbeiten stets auch die Beobachtung und Analyse von Prozessen physiologischer und/oder biochemischer Natur. Die P. macht Aussagen zur Beziehung zwischen Vorgängen, die auf der Erlebensebene ablaufen (z. B. Emotionen, kognitive Leistungen), und körperlichem Geschehen (etwa muskuläre Aktivität, elektrische Hirnrindenprozesse).

Die P. ist eine *psychologische* Teildisziplin mit interdisziplinärem Charakter, der insbesondere in dem ausdifferenzierten Methodeninventar zum Ausdruck kommt (Fahrenberg, 1983). Ihre Anwendungsfelder reichen von der Medizin über die klinisch-psychologische Praxis bis hin zur Ergonomie und Sportwissenschaft.

Nach modernem Sprachgebrauch ist P. zu unterscheiden von *Physiologischer Psychologie*. Letztere befaßt sich primär mit den biologischen Grundlagen des Verhaltens und hat demgemäß andere Forschungsschwerpunkte (z. B. neurobiologischen Basisprozessen des Lernens, Steuerung des Sexualverhaltens) als die P. Dementsprechend verfügt die Physiologische Psychologie über ein eigenes Methodenarsenal (z. B. gezielte Eingriffe im *Tierexperiment* durch Läsionen, biochemische Manipulationen etc.). Trotz dieser Trennung von P. und Physiologischer Psychologie hinsichtlich der Arbeitsschwerpunkte sind beide Gebiete naturgemäß eng verzahnt und einander ergänzend.

2 Methoden

Die Untersuchungsmethoden der P. beziehen sich sowohl auf die subjektiv-verbale Beschreibungsebene als auch auf physiologische und biochemische Prozesse.

2.1 Messung subjektiv erlebter Vorgänge

Im Rahmen psychophysiologischer Fragestellungen und Anwendungsfälle interessieren naturgemäß in erster Linie körperbezogene Dimensionen des Erlebens. In diesem Zusammenhang werden Instrumente zur Erhebung der *Stimmung* bzw. der *emotionalen Befindlichkeit* (z. B. Eigenschaftswörterliste von Janke/Debus, 1978; Befindlichkeitsskala von v. Zerssen, 1976) und *körperlicher Beschwerden* (z. B. Freiburger Beschwerdenliste von Fahrenberg, 1975) verwendet.

Um Auskunft über die *subjektive Wahrnehmung* von Körperprozessen zu erhalten, kann z. B. der Modified Somatic Perception Questionnaire (MPSQ, Main, 1983) eingesetzt werden. Erlebter Streß läßt sich etwa mit dem Perceived Stress Index (Jacobs/Munz, 1968) messen.

Speziell bei der Durchführung psychophysiologischer *Experimente* ist darauf zu achten, das Erleben in der Laborsituation (Anspannung, Angst etc.) mit geeigneten Instrumenten zu erfassen (Fahrenberg, 1983).

2.2 Beobachtung von Körperprozessen

Die Registrierung von körperlichem Geschehen kann, abhängig von der Art der Prozesse, mit sehr unterschiedlichen Mitteln erfolgen. Es können a) sog. Fremdbeobachtungsverfahren eingesetzt werden, b) am Körper direkt physiologische Größen (z. B. Blutdruck, Muskelaktivität) abgeleitet werden und c) biochemische Parameter aufgrund der Analyse von Körperflüssigkeiten (Blut, Urin) gewonnen werden. Den wichtigsten Platz nehmen in der P. die *physiologischen* Methoden zur Erhebung von *Biosignalen* (d. h. den meßbaren Funktionsäußerungen des lebenden Organismus) ein.

Fremdbeobachtungsverfahren. – Zur Analyse von körperlichen Prozessen werden *visuelle* Beobachtungstechniken primär in der Emotionsforschung (hier insbesondere in der Angstforschung) sowie im kommunikationswissenschaftlichen Bereich eingesetzt. Die bekanntesten Methoden in der Emotionsforschung befassen sich mit der Analyse mimischen Ausdrucks (z. B. Facial Affect Scoring Technique, FAST, nach Ekman et al., 1971). Speziell zur Analyse der äußeren Anzeichen erlebter Angst existieren eigene Erhebungsinstrumente (z. B. Anxiety Behavior Checklist, McReynolds, 1965), die sich auf Symptome wie Schwitzen, Erröten, häufiges Schlukken etc. konzentrieren. Im Bereich der Kommunikationsforschung wird primär auf grobmuskuläre Indikatoren wie Körperhaltung, Stellung der Gliedmaßen zueinander („Körpersprache") und prägnante motorische Abläufe (Abwehrbewegungen etc.) geachtet (Zusammenfassung z. B. bei Scherer et al., 1979).

Physiologische Verfahren. – Das in der P. eingesetzte Repertoire physiologischer Methoden besteht einerseits aus „klassischen" medizinischen Diagnoseverfahren wie etwa der Elektrokardiographie (EKG), Elektroenzephalographie

(EEG) und der Elektromyographie (EMG, Messung der elektrischen Muskelaktivität), andererseits werden aber auch Variablen erhoben, die in der medizinischen Routinediagnostik kaum eine Rolle spielen (z. B. Hautleitwert, Lidschlag, Hautdurchblutung). *Invasive* Verfahren, bei denen ein Durchstoßen der Haut bzw. ein tieferes Eindringen in Körperhöhlen erforderlich ist, scheiden für psychophysiologische Untersuchungen im allgemeinen aus. Die damit verbundene Belastung der Probanden ist meist nicht zu rechtfertigen. Außerdem muß bedacht werden, daß durch diese Untersuchungstechniken oft eine erhebliche Beeinträchtigung des normalen Reaktionsverhaltens eintritt. Im folgenden werden kurz die wichtigsten physiologischen Funktionsbereiche abgehandelt, wobei auf technische Einzelheiten nicht eingegangen wird (s. Thompson/Patterson, 1974; Martin/Venables, 1980; Schandry, 1981). Es werden jeweils die für die P. relevanten Kenngrößen und ihre Bezüge zum Verhalten und Erleben aufgeführt.

a) Hirnelektrische Aktivität. Mit der Technik der Elektroenzephalographie (EEG) lassen sich von der Schädeldecke Spannungsschwankungen ableiten, die eine Folge der elektrischen Aktivität der Hirnrinde (teilweise auch tiefer gelegener Hirnareale) sind. Eine Analyse der kontinuierlich ablaufenden Potentialoszillationen („Spontan-EEG") hinsichtlich der dominanten Wellenformen (z. B. Alpha-, Beta-Wellen) gestattet Aussagen über Bewußtseinzustände (Schlaf, Dämmerzustand, Wachheit) und Aktivationsgrad. (Zur Technik und Interpretation des EEG siehe z. B. Lutzenberger et al., 1985.) Betrachtet man hingegen hirnelektrische *Reaktionen* auf bestimmte *Ereignisse* (sog. Ereigniskorrelierte Potentialverschiebungen, EKP), findet man spezifische, schnell ablaufende (innerhalb von 0,1 bis 5 Sekunden) wellenförmige Spannungsschwankungen. Deren Gestalt und Verteilung über den Schädel steht u. a. in Abhängigkeit zur Reizmodalität, Reizintensität, Relevanz des Reizes (innerhalb bestimmter Reiz-Reaktions-Aufgaben) und zur zentralnervösen Verarbeitungsgeschwindigkeit. Hier sind insbesondere die Amplitudenhöhen der Maxima und Minima sowie bestimmte Formcharakteristika der Wellenzüge als Indikatoren von Bedeutung (vgl. Rösler, 1982). Die EKP-Analyse gewinnt z. B. beim Studium informationsverarbeitender Prozesse mehr und mehr an Bedeutung.

b) Kardiovaskuläre Funktionen. Der in der P. verbreitetste kardiovaskuläre Funktionsparameter ist die *Pulsfrequenz* (Anzahl der Herzschläge pro Minute, *Herzfrequenz*). Diese Größe wird entweder mittels drucksensibler bzw. photoelektrischer Pulsaufnehmer gewonnen oder über eine einfache Analyse des EKG hinsichtlich der Schlagzahl. Die Herzfrequenz dient sehr oft als Indikator für emotionales Geschehen (insbesondere Angst), für Beanspruchung im Sinne der Arbeitswissenschaft und für Streßerleben. Die Pulsfrequenz wird v. a. deshalb so häufig erhoben, weil sie einerseits ohne großen Aufwand zu registrieren ist, andererseits sehr sensibel und nahezu verzögerungsfrei auch auf kurzzeitige Vorgänge (z. B. Orientierungsreaktion bei neuen Reizen) reagiert. Die *periphere Durchblutung* ist ein Indikator, der den Kontraktionszustand der Gefäße widerspiegelt. Die Gefäßmotorik unterliegt der neurovegetativen Regelung, wobei die Blutgefäße der *Haut* ausschließlich Zuflüsse vom Sympathikus haben. Die Hautdurchblutung kann vergleichsweise problemlos (photoelektrisch oder mechanisch) am Finger oder am Ohr registriert werden. Seltener wird die Durchblutung von *Muskel*gefäßen (z. B. am Unterarm) gemessen (Details zur Registriermethodik der peripheren vaskulären Aktivität finden sich z. B. bei Jennings et al., 1980). Bei psychischer Belastung findet eine Konstriktion der Hautgefäße (diese Gefäße werden in der P. zumeist beobachtet) statt. Bei Entspannungsvorgängen läßt das Ausmaß der Vasodilatation (Gefäßerweiterung) eine relativ gute Abschätzung der körperlichen Desaktivierung zu.

c) Elektrische Aktivität der Haut. Die elektrodermale Aktivität (EDA) hat verschiedene Aspekte:

- Kurzzeitige Leitfähigkeitsänderungen (1 bis 10 Sekunden) treten als Reaktionen auf diskrete Reize auf (Psychogalvanische Reaktion, PGR; Skin Conductance Response, SCR).
- Länger anhaltende („tonische") Aktivationserhöhungen zeigen sich einerseits an einem Anstieg des Leitwert*niveaus*, andererseits an der Zunahme *spontaner Fluktuationen* (Leitfähigkeitserhöhungen von 1 bis 10 Sekunden Dauer).
- Haut*potential*änderungen laufen häufig parallel zu den Leitwertsänderungen, stellen jedoch ein komplexeres (i. a. biphasisches) Biosignal dar, dessen Interpretation teilweise noch umstritten ist.

Die EDA wird einerseits von der Membranaktivität der Epidermis beeinflußt, andererseits ist insbesondere für die Leitfähigkeitsphänomene die Schweißdrüsenaktivität von besonderer Bedeutung. Die Ableitorte liegen standardmäßig an der Handinnenfläche (methodische Details finden sich bei Venables/Christie, 1980). Die EDA spielt eine große Rolle in der P. der Angst sowie beim sog. „Lügendetektor" (s. u.). EDA-Kennwerte sind sehr sensible Indikaktoren z. B. für schwache Veränderungen im emotionalen Erleben oder für mentale Beanspruchung (Darstellung des Gesamtgebietes bei Prokasy/Raskin, 1973).

d) Muskuläres System. Im Rahmen der P. interessiert primär der *isometrische* Muskeltonus größerer Muskelgebiete (z. B. Nacken-, Stirn-, Unterarmmuskulatur). Der muskuläre Funktionszustand wird durch Oberflächenableitung der elektrischen Muskelaktivität (Elektromyogramm, EMG) erhoben. Das EMG hat als Basis die Muskelaktionspotentiale des von den Elektroden erfaßten Bereichs. Die Messung der muskulären Anspannung bzw. Entspannung spielt eine Rolle im Rahmen von therapeutischen Entspannungsverfahren, speziellen Schmerztherapien und in der Angstbehandlung.

e) Weitere Organfunktionen. Es existiert eine Reihe weiterer psychophysiologischer Variablen, die aber teils wegen des hohen technischen Aufwands, teils wegen nur eingeengter Aussagefähigkeit seltener erhoben werden. Dazu gehören die folgenden Größen (in Klammern ist *ein* Hauptanwendungsgebiet genannt): Lidschlag (Aktivierungsforschung), Augenbewegungen (Schlafforschung), Pupillenweite (Emotionsforschung), Grobmotorik (Arbeitswissenschaft), Atmung (Aktivierungsforschung), Körpertemperatur (Biorhythmus-Analyse), Blutdruck (Streßforschung) und Magenmotilität (Psychosomatik des Gastrointestinal-Systems).

Biochemische Größen. – Die Einbeziehung biochemischer Parameter findet in der P. nur in eingeschränktem Maße statt. Eine verstärkte Berücksichtigung der sehr differenzierten Reaktionen endokriner Systeme auf psychische Einflüsse wäre äußerst wünschenswert. Dem steht jedoch der hohe apparative Aufwand, die diskontinuierliche und teilweise stark verzögerte Datenerhebung sowie die häufig gegebene Probandenbelastung (etwa durch Blutentnahme) im Wege. Von Bedeutung sind im Bereich der P. insbesondere die *Katecholamine* (z. B. Adrenalin und Noradrenalin), *Nebennierenhormone* (z. B. Cortisol) und das *Adrenocorticotrope Hormon* (ACTH). Bisher wurden biochemische Verfahren (z. B. Gaschromatographie, Massenspektrometrie) überwiegend in der Streßforschung eingesetzt. Bahnbrechend waren auf diesem Sektor die Studien von Frankenhaeuser (1975) etwa zum Zusammenhang zwischen Adrenalin-Konzentration und subjektivem Streßerleben.

3 Einige zentrale Themen psychophysiologischer Forschung

Wie in jeder Wissenschaftsdisziplin so existieren auch in der P. eine Reihe von Schwerpunkten, auf die sich die aktuelle Forschung konzentriert. Für deren Untersuchung stehen allgemein akzeptierte forschungspraktische Vorgehensweisen („Paradigmen“) zur Verfügung. Im folgenden werden einige zentrale Forschungsthemen der P. in knapper Form vorgestellt.

3.1 Aktivierung

Unter Aktivierung versteht man eine psychophysiologische Zustandsänderung des menschlichen Organismus, die das Auftreten (oder auch nur die Erwartung) solcher externer oder interner Veränderungen begleitet, die eine (kognitive und/oder körperliche) Auseinandersetzung erfordern. Aktivierung wird begleitet von Prozessen auf der Erlebensebene (z. B. subjektiv erlebte Anspannung), im peripheren Bereich (Muskulatur, Vegetativum) und auf zentralnervöser Ebene (Spontan-EEG, Negativierung des hirnelektrischen Potential-Niveaus). Es steht demgemäß heute außer Zweifel, daß Aktivierungsforschung stets mehrere Organsysteme bzw. Funktionsbereiche einbeziehen muß (Fahrenberg et. al., 1979), um das Phänomen adäquat zu beschreiben. Dies ist auch deshalb notwendig, weil verschiedene Aktivierungsbedingungen (im Sinne obiger Definition) in bestimmten Reaktionssystemen zu durchaus unterschiedlichen und u. U. sogar zu entgegengesetzten Funktionsverschiebungen führen können („Fraktionierung der Aktivierungsrichtungen“ nach Lacey, 1967). Die Ansprechbarkeit der verschiedenen Reaktionssysteme ist zwischen den Individuen sehr unterschiedlich ausgeprägt („Prinzip der individuumspezifischen Reaktionsweise“). Wegen des universellen Auftretens von Aktivierungsprozessen ist psychophysiologische Forschung zu einem Großteil auch Aktivierungsforschung.

3.2 Orientierungsreaktion und Habituation

Unter Habituation versteht man das Abklingen einer Reaktion (auf der Verhaltens- und/oder physiologischen Ebene) bei wiederholter, identischer Reizung. Dieser Reaktionsverlauf wurde insbesondere im Zusammenhang mit der Orientierungsreaktion (OR) studiert, die eine aus zahlreichen Komponenten (vegetativ, zentralnervös) bestehende Antwort auf *neue* Reize ist. Es konnte nachgewiesen werden, daß die Steilheit der Abklingkurve z. B. von der Intensität, Bedeutsamkeit und zeitlichen Aufeinanderfolge der Reize sowie vom generellen Aktivationszustand des Organismus abhängt. Habituationsprozesse scheinen z. B. bei Schizophrenen, Retardierten und Angstneurotikern gestört zu sein. Eine moderne Darstellung des Gesamtgebiets findet sich bei Siddle (1983).

3.3 Biofeedback

Mit Hilfe der Rückmeldung („feedback") einer bestimmten körperlichen Funktion in Form eines sensorischen Signals läßt sich die *willentliche* Steuerung der betreffenden (oder einer verwandten) Funktion erlernen („Biofeedback-Training"). Dies konnte in erster Linie für eine Reihe vegetativer Prozesse gezeigt werden, ließ sich aber auch für muskuläres und zentralnervöses Geschehen nachweisen. So ist es möglich, mittels Biofeedback-Unterstützung innerhalb weniger Sitzungen eine willentliche Steigerung oder Senkung der Herzfrequenz, des Blutdrucks, der Muskelanspannung bestimmter Körpergebiete sowie hirnelektrischer Potentiale zu erlernen. Man erklärt den Erwerb dieser Steuerungsfähigkeit i. a. mit instrumentellem Lernen, bei dem die „Verstärkung" für eine gewünschte Reaktion in dem (Feedback-)Signal bestehen dürfte, das über den Erfolg bei der jeweiligen Aufgabe informiert. Klinische Anwendung des Biofeedback-Trainings waren insbesondere bei neuromuskulären Störungen und bei bestimmten Kopfschmerzformen erfolgreich (eine ausführliche Darstellung geben Gatchel/Price, 1979).

3.4 Kognitive Psychophysiologie

Hierbei handelt es sich um einen relativ jungen Forschungszweig, dessen Gegenstand die Untersuchung z. B. von Gedächtnis-, Aufmerksamkeits- und Sprachverarbeitungsprozessen auf der Basis von hirnelektrischen ereigniskorrelierten Potentialen (s. o.) ist (Donchin, 1984). So spiegelt sich z. B. in der Wellenform dieser Potentiale die Richtung selektiver Aufmerksamkeit wider oder der individuelle Bedeutungsgehalt bestimmter Wörter bzw. Wortfolgen. Bei psychopathologischen Störungen kognitiver Funktionen (z. B. Schizophrenie) sind hier Veränderungen beobachtbar, möglicherweise auch schon bei Risikogruppen (Zusammenfassung der Befunde bei Rockstroh et al., 1982).

4 Anwendungsfelder

Die Anwendungsbereiche psychophysiologischer Methoden und Paradigmen sind vielfältig und breit gefächert. Sie umfassen u. a. die Klinische Psychologie, Psychiatrie, Arbeitswissenschaft, Verhaltensmedizin, Entwicklungspsychologie, Ergonomie, Sportwissenschaft, Streßforschung und Persönlichkeitspsychologie. Im folgenden sollen drei Beispiele exemplarisch vorgestellt werden.

4.1 Klinische Psychologie

Psychophysiologische Registrierungen haben speziell in der Angstbehandlung, aber auch bei anderen klinisch-psychologischen Störungsbildern (z. B. Schlafstörungen) eine relativ weite Verbreitung gefunden (Fowles, 1975; Lader, 1975). So läßt sich z. B. der Verlauf der Therapie einer Phobie anhand von Herzfrequenz- und EDA-Registrierungen (bei Angstinduktion durch Vorstellungen oder in-vivo-Konfrontation) verfolgen (Schandry, 1983; Butollo/Höfling, 1984). Einige Autoren (z. B. Lang et al., 1975) vertreten die Meinung, daß nur bei einer erfolgreichen Reduktion auch der physiologischen Angstkomponenten ein überdauernder Therapieerfolg zu erwarten ist. Falls im Rahmen der klinisch-psychologischen Intervention Entspannungstechniken zum Einsatz kommen, können elektromyographische Registrierungen dazu dienen, den Fortschritt bei der muskulären Entspannung aufzuzeigen. Hier sind eventuell auch Biofeedback-Verfahren angezeigt.

4.2 Lügendetektor

Der sog. Lügendetektor ist eine psychophysiologische Registriereinheit zur Aufzeichnung der Hautleitfähigkeit, der Herzfrequenz, der Atmung und eventuell des mittleren Blutdrucks. Es wird davon ausgegangen, daß – vereinfacht gesprochen – eine irreführende Antwort auf eine belastende Frage zu einer meßbar stärkeren Aktivierung in den beobachteten Systemen führt als eine korrekte Antwort bzw. eine Antwort auf eine nicht belastende Frage. Die relativ hohe Treffsicherheit (ca. 80%) *professionell* ausgeführter Lügendetektor-Tests geht primär auf die große Erfahrung der Testleiter bei der Befragung von Verdachtspersonen zurück. In deren Urteil geht die *Gesamtheit* der beobachteten verbalen, grobmotorischen und physiologischen Verhaltensäußerungen ein. In Deutschland kommt dem Lügendetektor nur eine unwesentliche Rolle zu. In den USA dagegen sind

Lügendetektoruntersuchungen (noch) in einigen Bundesstaaten vom Gericht zugelassen und werden relativ häufig im privatwirtschaftlichen Bereich (z. B. bei Tests von Stellenbewerbern) durchgeführt. Über den neuesten Stand der Diskussion informiert z. B. Lykken (1985).

4.3 Arbeitswissenschaft

Im Bereich der Arbeitspsychologie und -physiologie spielen psychophysiologische Methoden eine zunehmend größere Rolle. Physiologische Messungen am Arbeitsplatz, insbesondere unter Einsatz von Telemetrie (Datenübermittlung über Funk) oder Biosignalaufzeichnung (auf Magnetbandkassetten), sind verbreitete Methoden, um Beanspruchung oder Ermüdung zu quantifizieren. Hier werden als Indikatoren vor allem die Herzfrequenz und Muskelspannungskennwerte gewählt. Auch im Bereich der Ergonomie werden bei der Frage nach den optimalen Bedingungen der Mensch-Maschine-Interaktion vermehrt psychophysiologische Maße einbezogen (z. B. Rühmann/Bubb, 1981).

5 Ausblick

Einige zukünftige Entwicklungslinien der P. zeichnen sich bereits heute ab: Die Verfügbarkeit neuer Diagnosetechniken, insbesondere für zentralnervöse Prozesse (Positronen-Emissions-Spektroskopie, NMR-Tomographie) dürfte psychophysiologische Grundlagenstudien eines neuen Typs ermöglichen. Diese werden eine Feinanalyse der Interaktion von Gehirnprozessen und Verhalten zulassen.

Die zunehmende Entwicklung *verhaltensmedizinischer* Konzepte in Forschung und Praxis geschieht schon jetzt häufig auf der Basis psychophysiologischer Erkenntnisse. Damit werden die Bezüge zur Medizin noch vielfältiger als bisher. Es kann generell erwartet werden, daß die P. vermehrt Beiträge zu einem Brückenschlag zwischen Psychologie und Medizin leisten wird.

Literatur

Butollo, W./Höfling, S.: Behandlung chronischer Ängste und Phobien. Stuttgart: Enke, 1984.

Donchin, E. (Ed.): Cognitive psychophysiology. Event-related potentials and the study of cognition. Vol. 1, Hillsdale, N. J.: Erlbaum, 1984.

Ekman, P./Friesen, W. V./Tomkins, S. S.: Facial affect scoring technique (FAST). A first validity study. Semiotica, 3, 1971, 37-58.

Fahrenberg, J.: Die Freiburger Beschwerdenliste FBL. Zeitschrift für Klinische Psychologie, 4, 1975, 79-100.

Fahrenberg, J./Walschburger, P./Foerster, F./Myrtek, M./Müller, W.: Psychophysiologische Aktivierungsforschung. München: Minerva, 1979.

Fahrenberg, J.: Psychophysiologische Methodik. In: Groffmann, K.-J./Michael, L. (Hrsg.): Enzyklopädie der Psychologie, Bd. 4, Verhaltensdiagnostik. Göttingen: Hogrefe 1983, 1-111.

Fowles, D. C.: Clinical applications of psychophysiology. New York: Columbia University Press, 1975.

Frankenhaeuser, M.: Sympathetic-adrenomedullary activity, behaviour and the psychosocial environment. In: Venables, P. H./Christie, M. J. (Eds.): Research in psychophysiology. London: Wiley, 1975.

Gatchel, R. J./Price, K. D. (Eds.): Clinical applications of biofeedback: Appraisal and status. New York: Pergamon Press, 1979.

Jacobs, P. D./Munz, D. C.: An index of measuring perceived stress in a college population. Journal of Psychology, 70, 1968, 9-15.

Janke, W./Debus, G.: Die Eigenschaftswörterliste EWL. Göttingen: Hogrefe, 1978.

Jennings, J. R./Tahmoush, A. J./Redmond, D. P.: Non-invasive measurement of peripheral vascular activity. In: Martin, I./Venables, P. H. (Eds.): Techniques in psychophysiology. Chichester: Wiley, 1980.

Lacey, J. I.: Somatic response patterning and stress: Some revisions of activation theory. In: Appley, M. H./Trumbull, R. (Eds.): Psychological stress: Issues in research. New York: Appleton-Century-Crofts, 1967.

Lader, M. H.: The psychophysiology of mental illness. London: Routledge and Kegan Paul, 1975.

Lang, P./Melamed, B./Hart, J.: Automating the desensitization procedure: A psychophysiological analysis of fear modification. In: Kietzman, M./Sutton, S./Zubin, J. (Eds.): Experimental approaches to psychopathology. New York: Academic Press, 1975.

Lutzenberger, W./Elbert, T./Rockstroh, B./Birbaumer, N.: Das EEG. Berlin: Springer, 1985.

Lykken, D. T.: A tremor in the blood. Uses and abuses of the lie detector. New York: McGraw-Hill, 1985.

Main, C. J.: The modified somatic perception questionnaire (MSPQ). Journal of Psychosomatic Research, 27, 1983, 503-514.

Markowitsch, H. J.: Was ist physiologische Physiologie? Psychologische Rundschau, 34, 1983, 86-94.

Martin, I./Venables, P. H. (Ed.): Techniques in psychophysiology. Chichester: Wiley, 1980.

McReynolds, P.: On the assessment of anxiety: I. By a behavior checklist. Psychological Reports, 16, 1965, 805-808.

Pennebaker, J. W.: The psychology of physical symptoms. New York: Springer, 1982.

Prokasy, W. F./Raskin, D. C. (Eds.): Electrodermal activity in psychological research. New York: Academic Press, 1973.

Rockstroh, B./Elbert, T./Birbaumer, N./Lutzenberger, W.: Slow brain potentials and behavior. Baltimore/München: Urban & Schwarzenberg, 1982.

Rösler, F.: Hirnelektrische Korrelate kognitiver Prozesse. Berlin: Springer, 1982.

Rühmann, H./Bubb, H.: Belastung und Ermüdung. In: Stoll, F. (Hrsg.): Anwendungen im Berufsleben. (Die Psychologie des 20. Jahrhunderts, Band 13.) München: Kindler-Verlag, 1981.

Schandry, R.: Psychophysiologie. München: Urban & Schwarzenberg, 1981.

Schandry, R.: Psychophysiologie der Angst. In: Strian, F. (Hrsg.): Angst – Grundlagen und Klinik. Heidelberg: Springer, 1983.

Scherer, K. R./Wallbott, H. G./Scherer, U.: Methoden zur

Klassifikation von Bewegungsverhalten: Ein funktionaler Ansatz. Zeitschrift für Semiotik, 1, 1979, 187-202.
Siddle, D.: Orienting and habituation: Perspectives in human research. Chichester: Wiley, 1983.
Thompson, R. F./Patterson, M. M.: Methods in physiological psychology. Vol. 1, A/B. New York: Academic Press, 1974.
Venables, P. H./Christie, M. J.: Electrodermal activity. In: Martin, I./Venables, P. H. (Eds.): Techniques in psychophysiology. Chichester. Wiley, 1980.
Zerrsen, D. v.: Klinische Selbstbeurteilungsskalen. Allgemeiner Teil. Weinheim: Beltz, 1976.

Psychose

Peter Schuster

1 Problemstellung

Werden neurotische Störungen vom Betroffenen zumeist als subjektiver Leidenszustand erlebt, der von der Umwelt als Verzerrung und Vergröberung allgemein menschlicher Schwächen beurteilt wird, erwecken psychotische Störungen zumindest in unserem Kulturkreis sehr rasch den Eindruck einer *„krankhaften“ Abweichung*, die der Behandlung und der ärztlichen Intervention bedarf, während der eigentlich Leidende nicht selten sein „Gestört-Sein“ nicht erkennt oder anderen, außerhalb seiner selbst liegenden, Ursachen zuschreibt. Dieser sich am/im Individuum manifestierenden Zwiespältigkeit gesellt sich eine wissenschaftlich-gesellschaftliche Dimension hinzu, die bis in die Romantik des 19. Jahrhunderts als Aufspaltung in „Psychiker“ und „Organiker“ zurückverfolgt werden kann und die bis heute die Form eines wissenschaftlichen Disputs um die Ätiologie der P.n beibehalten hat.

Die wesentliche Argumentation beim Versuch einer Begründung der Hypothese, daß alle P.n (hirn-)organischen Ursprungs seien, besteht im Hinweis auf die *körperlich-begründbaren* P.n (Entdeckung der Ursache der Neurolues und Einführung der Malariakur als erste wirksame Behandlung durch Wagner-Jauregg, 1918/1919) und auf die enorme Ausdehnung psychiatrisch-therapeutischer Einflußmöglichkeiten gerade im Bereich der *endogenen* P.n durch die Einführung der Psychopharmaka in das Behandlungsinventar der Psychiatrie. Dem wird üblicherweise entgegengehalten, daß selbst die eindrucksvollen Fortschritte der Neurochemie und die neuesten Ergebnisse der Hirnforschung bei kritischer Abwägung und unvoreingenommener Sichtung keinen eindeutigen Nachweis der postulierten organischen Ätiologie der endogenen P.n erbringen konnten.

2 Psychose und Psychiatrie

Vorläufig wird man sich also damit begnügen müssen, daß die Definition der P. nicht mehr als eine wissenschaftliche Konvention bleibt. Hauptsächlich drei Verwendungsarten können unterschieden werden. Einmal wird *quantitativ das Ausmaß der sozialen Auffälligkeit* erfaßt, das zu entsprechenden Reaktionen von seiten der Umwelt führt (Behandlung, Internierung). Des weiteren kann

„psychotisch" als übergeordnete Bezeichnung verwendet werden, wenn die auftretende Symptomatik (z. B. *Wahnbildungen*) als grob uneinfühlbar und *„qualitativ anders"* eingestuft wird. Zum dritten, und dies gilt vorwiegend für den Gebrauch in der deutschen Psychiatrie, werden darunter „alle und nur die seelischen Abnormitäten [verstanden], die ... ‚krankhaft' sind"; „... krankhaft heißen wir seelisch Abnormes dann, wenn es *auf krankhafte Organprozesse zurückzuführen* ist" (Schneider, 1950/1973; 1973).

Hunter und Macalpine (1955) zufolge wurde der Ausdruck „Psychose" 1845 von Feuchtersleben in seinem „Lehrbuch der ärztlichen Seelenkunde" eingeführt:

> „Die Seelenkrankheit oder Psychose wurzelt in der Seele ... die Seele erkrankt nur, insofern als, und dadurch, daß ihr sinnliches Organ, der Körper erkrankt, – oder mit anderen Worten: die nächste Ursache der Seelenkrankheit ist Krankheit des körperlichen Organes. Jede Psychose ist zugleich eine Neurose, weil ohne Vermittlung des Nervenlebens keine Veränderung des Psychischen zur Erscheinung kommt; aber nicht jede Neurose ist auch Psychose ..." (zit. nach Vliegen, 1973).

Neurosen, ursprünglich als Ausdruck nicht entzündlicher Nervenkrankheiten verstanden, werden erst gegen Ende des 19. Jahrhunderts in einem Gegensatz zu den P.n gesehen. Die heute üblichen psychiatrischen Nosologien verwenden Neurosen oft synonym für primär umweltbedingte und P.n für primär substratbedingte Erscheinungsbilder. Letzteren werden nicht nur die körperlich begründbaren, *exogenen Reaktionstypen*, deren „Hirnabhängigkeit" durch pathologisch-anatomische oder pathophysiologische Befunde gesichert ist, sondern auch die in der Gruppe der endogenen P.n zusammengefaßten *Schizophrenien* und *Zyklothymien* (manisch-depressives Kranksein) zugezählt. Der Gebrauch eines solchen Ordnungsprinzips erlaubt keine weitere Annäherung an eine Wesensbestimmung von P.

Auch jüngste Definitionsversuche zeigen, daß es sich im besten Fall nur um Akzentverschiebungen bzw. Verfeinerungen im psychopathologischen Inventar handelt, wie diese Substratbestimmtheit sprachlich und begrifflich erfaßt werden kann. So nennt Janzarik (1980) aus strukturdynamischer Sicht solche Syndrome psychotisch, „bei denen es zu einer dynamischen Entgleisung gekommen ist, und das heißt zu einer autonomen und in der Regel, wenn auch nicht in Grenzfällen, von spontanen oder reaktiven Verstimmungen unterscheidbaren *Störung von Antrieb und Emotionalität*". Jeder weitere Differenzierungsschritt mündet unweigerlich in eine deskriptive Erfassung der einzelnen Krankheitsentitäten, deren Merkmalsbeschreibung sich die klinische Pathologie zur Aufgabe gestellt hat.

Die Ausarbeitung von diagnostischen Leitsymptomen (z. B. Symptome 1. Ranges für schizophrene Erkrankungen, K. Schneider, 1950/1973; Bewußtseinstrübung als obligates Symptom der akuten körperlich begründbaren P.n, K. Bonhoeffer, 1917; organisches, schizophrenes und zyklothymes Achsensyndrom, P. Berner, 1977) soll eine klinisch sichere Zuordnung zu den einzelnen Untergruppen der endogenen P.n erleichtern, ein übergreifendes, gemeinsames Merkmal läßt sich vorläufig nicht erweisen. Inwieweit sich zerebrale Funktionsveränderungen im Bereich der Formatio reticularis, des limbischen Systems und des Hypothalamus als Schnittpunkt (oder gemeinsame Wegstrecke) darstellen lassen, der allen, zumindest aber den endogenen psychotischen Störungen als einendes Prinzip zugrundegelegt werden kann (Berner, 1977), werden zukünftige Forschungsvorhaben zu überprüfen haben.

Eine Sonderstellung als klinisches Phänomen verdient der *Wahn* (Berner, 1965), der gerade im Alltag sehr oft zum Synonym für P. geworden ist. Doch allen bisherigen Versuchen, den Wahn deskriptiv zu fassen (z. B. Jaspers' drei für Wahnideen charakteristische Kriterien der „unvergleichlichen" subjektiven Gewißheit, der Unbeeinflußbarkeit durch Erfahrung und zwingende Schlüsse und der Unmöglichkeit des Inhalts, Jaspers, 1923/1973, oder Conrads „Überstiegsunfähigkeit", Conrad, 1958), fehlt letztlich die Überzeugungskraft (Berner, 1980). Der „Ausschluß des Zufalls", der als das Gemeinsame von „Unkorrigierbarkeit" und „subjektiver Gewißheit" gesehen werden kann, führt erst dann zur Feststellung eines Wahns, wenn er bei fehlender Affekteinengung uneinfühlbar wird. In dieser Rückführung auf Jaspers Methodik der „phänomenologischen Institution", die durch „eindringende Versenkung" hinter den beschreibbaren Wahnkriterien zu einer Diagnose eines Wahns ein nicht mehr nachvollziehbares Erleben aufzuspüren trachtet (Jaspers 1923/1973), bricht auch hier die psychopathologische Forschung ihre Versuche um eine Wesensdefinition des Wahns ab und wendet sich der Beschreibung und Feststellung der „Bedingungskonstellationen" (Helmchen, 1968) zu.

3 Psychose und Psychoanalyse

Es läßt sich nicht leicht abgrenzen, ob die Polarität „Neurose – Psychose", wie sie in der psychoanalytischen Theorie auffindbar ist, Ergebnis des Einflusses der Psychiatrie oder diesem Forschungsinhalt selbst immanent ist. Freud versuchte, den Unterschied zwischen den von ihm sogenannten *narzißtischen Neurosen* (Schizophrenien und Zyklothymien) und den *Übertragungsneurosen* (Hysterie, Phobie, Zwangsneurose) immer wieder zu fassen; die wohl bekannteste Akzentuierung gelang ihm in seiner Arbeit „Der Realitätsverlust bei Neurose und Psychose" (Freud, 1924/1969): Im Falle eines (inneren) Konfliktes bricht das psychotische Ich mit der Realität und baut dann sekundär eine (wahnhafte) Realität auf, die mit den Wünschen des Es besser vereinbar ist (im Gegensatz zum neurotischen Ich, das die konfliktuösen Wünsche zurückweist, verdrängt, und dadurch seine Beziehung zur Außenwelt relativ ungestört aufrechterhalten kann).

Schon Federn (1952/1978) erweiterte diese Gedankengänge zu der Feststellung, daß alle P.n „Ich-Krankheiten" darstellen, die klinisch die Form eines Verlustes oder Defektes der psychischen und körperlichen Besetzungen der Ich-Grenzen annehmen; dementsprechend ist für ihn der „Realitätsverlust die Folge, nicht die Ursache, der grundlegenden psychotischen Mangelhaftigkeit" (Federn, 1952/1978).

Hartmanns (Hartmann, 1964/1972) Differenzierungen ich-psychologischer Konzepte und Jacobsons Ausführungen zum „psychotischen Konflikt" (Jacobson, 1967/1972; 1964/1973; 1971/1977) bilden die Eckpfeiler der modernen psychoanalytischen P.theorien. Zentral ist ihnen die Trennung des Konzeptes Ich als psychische Instanz (die das Es und das Über-Ich zur psychischen Struktur ergänzen) vom Selbst, das sich auf die eigene Person im Gegensatz zum Objekt bezieht. Die (Neu-)Formulierung Hartmanns (1964/1972), daß der *Narzißmus* als eine libidinöse Besetzung des Selbst (nicht des Ichs) gesehen werden müsse, wurde von Jacobson ausgebaut zur Besetzung der Selbstrepräsentanz durch *Libido* und *Aggression* (Jacobson, 1964/1973). Der psychotische Prozeß wird als eine Regression auf ein Entwicklungsstadium (Symbiose) beschrieben, das eine Unterscheidung von Selbst und Objekt noch nicht kennt, was einem Identitätsverlust gleichkommt.

Kernberg (1986) betont hingegen, daß sich die psychische Situation des Psychotikers wesentlich von der des Säuglings während des normalen symbiotischen Stadiums unterscheide. Letzteres zeichnet sich durch den psychischen Niederschlag von undifferenzierten Selbst-Objekt-Einheiten als Folge befriedigender Beziehungen mit dem primären Objekt aus. Psychotische Identifizierungen (resultierend aus den Mechanismen der psychotischen Introjektion und der projektiven Identifizierung) hingegen werden zur Abwehr einer drohenden (psychischen) Vernichtung eingesetzt und entstehen aus einer Situation, die durch Zerstörung und Abbruch der Objektbeziehungen charakterisiert ist. Bemerkenswert ist die Betonung des Realitätsproblems, wie sie in den neuen psychoanalytischen Arbeiten zur Charakterisierung und Differentialdiagnose psychotischer Zustände ihren Niederschlag findet (Frosch, 1983; Kernberg, 1984; 1986).

Literatur

Berner, P.: Das paranoische Syndrom. Monographien aus dem Gesamtgebiet der Neurologie und Psychiatrie 110. Berlin–Heidelberg, New York: Springer, 1965.

Berner, P.: Psychiatrische Systematik. Bern: Huber, 1977.

Berner, P.: Psychologie des Wahns. In: Peters, U. H. (Hrsg.): Psychologie des 20. Jahrhunderts, Bd. 10. Zürich: Kindler, 1980, 525-548.

Bonhoeffer, K.: Die exogenen Reaktionstypen. Arch. Psych. Nervenkr., 58, 1917, 58-70.

Conrad, K.: Die beginnende Schizophrenie. Versuch einer Gestaltanalyse des Wahns. Stuttgart: Thieme, 1958.

Federn, P.: Ichpsychologie und die Psychosen. Frankfurt: Suhrkamp, 1978 (Original 1952).

Feuchtersleben, E.: Lehrbuch der ärztlichen Seelenkunde. Nachdr. d. Ausg. Wien 1845. Graz: Akademische Druck- u. Verlagsanstalt, 1976.

Freud, S.: Der Realitätsverlust von Neurose und Psychose (6. Auflage). In: Gesammelte Werke, Band XIII. Frankfurt: Fischer, 1969 (Original 1924).

Frosch, J.: The psychotic process. New York: Int. Univ. Press, 1983.

Hartmann, H.: Ich-Psychologie. Stuttgart: Klett, 1972 (Original 1964).

Helmchen, H.: Bedingungskonstellationen paranoid-halluzinatorischer Syndrome. Berlin: Springer, 1968.

Hunter, R. A./Macalpine, J.: Einleitung zu D. P. Schreiber, Memoirs of my nervous illness. London: Dawson und Sons, 1955.

Jacobson, E.: Psychotischer Konflikt und Realität. Frankfurt: Suhrkamp, 1972 (Original 1967).

Jacobson, E.: Das Selbst und die Welt der Objekte. Frankfurt: Suhrkamp, 1973 (Original 1964).

Jacobson, E.: Depression. Frankfurt: Suhrkamp, 1977 (Original 1971).

Janzarik, W.: Strukturdynamik. In: Peters, U. H. (Hrsg.): Die Psychologie des 20. Jahrhunderts. Zürich: Kindler, 1980.

Jaspers, K.: Allgemeine Psychopathologie. New York: Springer, 1973 (Original 1923).

Kernberg, O. F.: Severe personality disorders. New Haven, London: Yale Univ. Press, 1984.

Kernberg, O. F.: Identification in psychosis. International Journal of Psychoanalysis, 67, 1986, 133-159.

Schneider, K.: Klinische Psychopathologie. Stuttgart: Thieme, 1973 (Original 1950).

Vliegen, J.: Psychose. In: Müller, Ch. (Hrsg.): Lexikon der Psychiatrie. Berlin: Springer, 1973.

Wagner-Jauregg, J. v.: Über die Einwirkung der Malaria auf die progressive Paralyse. Psychiatr. neurolog. Wochenschrift 1918/19.

Psychosomatik

Wolfgang Schulz und Friedemann Gerhards

1 Begriffsbestimmung

Der Begriff P. wird in verschiedenen Zusammenhängen gebraucht. Zum einen ist damit ein bestimmtes *Verständnis* von Gesundheit und Krankheit gemeint, das von einem Zusammenwirken somatischer, psychischer und sozialer Faktoren ausgeht (Lipowski, 1984). Diese Sichtweise läßt sich bis in die Antike zurückverfolgen (Ackerknecht, 1982) und wird heute hauptsächlich von ganzheitlich orientierten Medizinern und Verhaltenswissenschaftlern vertreten. Zum anderen stellt P. ein umgrenztes *Fachgebiet* innerhalb der Medizin dar, das sich mit bestimmten, als psychosomatisch bezeichneten Störungen befaßt. Weiterhin wird unter P. eine bestimmte *Forschungsrichtung* verstanden, deren Erkenntnisse in der Diagnostik, der Prävention und der Behandlung psychosomatischer Störungen nutzbar gemacht werden.

Bei der Verwendung des Begriffs *psychosomatische Störung* wird häufig zwischen einer engeren und einer weiteren Definition unterschieden. Im *engeren Sinne* sind dies Krankheiten mit nachweisbarer Organschädigung, von denen angenommen wird, daß sie im Unterschied zu somatischen Krankheiten psychisch bedingt sind (z. B. Colitis ulcerosa). Zu einer *weiteren Fassung* gelangt man, wenn man auch funktionelle Störungen einbezieht, bei denen kein bzw. ein zur Erklärung des Zustandsbildes unzureichender organischer Befund vorliegt (z. B. Tachykardie). Da diese Unterscheidung in vieler Hinsicht unzweckmäßig und die Bezeichnung „psychosomatisch" begrifflich vorbelastet ist, ziehen die Vertreter des verhaltenswissenschaftlichen Paradigmas den Begriff *psycho-physiologische Störung* vor (Birbaumer, 1977). In älteren diagnostischen Klassifikationsschemata (z. B. DSM-II, ICD-9) werden psychosomatische Störungen noch als eigenständige Kategorien aufgeführt, denen einzelne, näher benannte Krankheitsbilder zugeordnet sind. Neuere Klassifikationsschemata (z. B. DSM-III) greifen dagegen die Erkenntnis auf, daß prinzipiell bei jeder körperlichen Erkrankung somatische, psychische und soziale Faktoren zusammenwirken und somit die Bezeichnung „psychosomatisch" für eine umgrenzte Gruppe von Störungen obsolet ist.

2 Grundlegende Probleme

Grundlegend für die P. ist die Frage, wie körperliche Veränderungen zu Veränderungen in der Seele führen und umgekehrt und wie man sich diese wechselseitigen Zusammenhänge erklären kann *(Leib-Seele-Problem)*. Diese Frage existiert, seit in der frühen Antike Körper und Seele als zwei wesensverschiedene Welten unterschieden wurden, und hat seither zu immer wieder neuen Antworten geführt, zu deren wichtigsten die Theorie des psychophysischen Parallelismus, die Theorie der psychophysischen Wechselwirkung und die Identitäts- bzw. Zwei-Seiten-Theorie gehören (Rohracher, 1971). Die meisten psychosomatischen Modelle lassen sich den *Wechselwirkungstheorien* zuordnen. Die Trennung von Körper und Seele wird zunehmend in Frage gestellt, und das aus dieser Trennung resultierende Leib-Seele-Problem wird als das Ergebnis einer gestörten Epistemologie angesehen (Häuser, 1985). Entsprechend der Entwicklung in anderen Wissenschaften wird die Ersetzung der dualistischen Betrachtungsweise durch eine *systemische* gefordert. Einen solchen Ansatz hat vor allem von Uexküll (z. B. Uexküll/Wesiack, 1986) mit seinem *Situationskreismodell* entwickelt, das die Beziehung zwischen Individuum und Umwelt beschreibt. Eine Konsequenz systemtheoretischer Betrachtungsweisen besteht in der Überwindung der Aufteilung von Krankheiten in psychogenetische und somatisch bedingte.

Weitere zentrale Probleme der P. betreffen die Spezifität der Organwahl und die Frage, ob und inwieweit sich psychosomatische Störungen von anderen Krankheitsbildern abgrenzen lassen.

3 Theoretische Modelle

Psychoanalytische Erklärungen zur Entstehung psychosomatischer Störungen orientieren sich an den theoretischen Vorstellungen von Freud (1952). Nach dem Freud'schen *Konversionsmodell* sind bestimmte, durch Organbefunde nicht erklärbare sensomotorische Symptome Ausdruck eines verdrängten sexuellen Triebwunsches. Eine Umsetzung seelischer Energie in somatische Innervation (Konversion) findet statt, wenn der abgewehrte Konflikt reaktualisiert wird und die Verdrängung nicht aufrechterhalten werden kann. Das Konversionssymptom bringt den zugrundeliegenden Triebwunsch symbolisch verschlüsselt zum Ausdruck. Nach Alexander (1950) sind sensomotorische Konversionssymptome von vegetativen Neurosen zu unterscheiden. Letztere entstehen, wenn aufgrund einer neurotischen Störung eine auf Außenobjekte gerichtete Handlung (Kampf oder Rückzug) unterlassen wird und die vom Organismus für diese Handlung bereitgestellte Energie (Aktivierung des autonomen Nervensystems) nicht abgebaut wird, wobei die Dauererregung mit der Zeit zu Organ- oder Funktionsschädigungen führt. Den einzelnen Symptombildern liegen *spezifische psychische Konflikte* zugrunde, darüber hinaus sind für die Art der Symptombildung auch dispositionelle Faktoren von Bedeutung. Die *Theorie der zweiphasigen Verdrängung* von Mitscherlich (1967) erklärt psychosomatische Störungen ebenfalls neurosenpsychologisch. Nach dieser Theorie entstehen psychosomatische Störungen, wenn psychische Mittel der Konfliktbewältigung (Abwehrmechanismen) nicht mehr ausreichen und in einer zweiten Phase eine Verschiebung in die Dynamik körperlicher Abwehrvorgänge erfolgt. Andere psychoanalytische Erklärungen setzen an den Freud'schen Vorstellungen zur *Aktualneurose* an. Danach sind psychosomatische Störungen nicht das Ergebnis einer Verdrängungsleistung des Ich, sondern Ausdruck eines Defizits an psychischer Struktur und einer daraus resultierenden fehlenden seelischen Verarbeitung von Konflikten (von Rad/Zepf, 1986). Die Defizite psychosomatisch Kranker zeigen sich in verschiedenen Verhaltensauffälligkeiten (z. B. Unfähigkeit zur Beschreibung eigener Gefühle), die mit Begriffen wie *Alexithymie* (Sifneos, 1973), *pensée opératoire* (Marty/de M'Uzan, 1978) oder *psychosomatisches Phänomen* (Stephanos, 1981 a) umschrieben wurden.

Nach *lerntheoretischer Auffassung* werden physiologische Reaktionen ebenso wie jedes andere Verhalten nach den bekannten Prinzipien des *klassischen* und *operanten Konditionierens* gelernt und aufrechterhalten. Beide Lernmuster können einzeln, aber auch zusammen auftreten, z. B. kann eine durch klassische Konditionierung erlernte Reaktion (z. B. Asthmaanfall eines Kindes, der durch den bloßen Anblick eines Inhalationsgeräts ausgelöst wird) durch positive (z. B. liebevolle Zuwendung der Mutter) oder negative Verstärkung (z. B. Vermeidung einer Klassenarbeit) aufrechterhalten werden. Neben diesen Prinzipien dient auch das *Modellernen* zur Erklärung psychosomatischer Störungen (Basler et al., 1979). Die lerntheoretischen Annahmen wurden durch Tierexperimente und psychophysiologische Untersuchungen am Menschen bestätigt (Schonecke, 1986) und führten zur Entwicklung verhaltenstherapeutischer Behandlungsverfahren.

Für die *streßtheoretische Erklärung* psychosomatischer Störungen haben die Überlegungen von Cannon (1929) bis heute ihre Bedeutung behalten. Danach lösen aversive Reize eine phylogenetisch alte Kampf- bzw. Fluchtreaktion aus, bei der der Organismus Energie für eine schnelle und intensive Reaktion bereitstellt. Anhaltend hohe Erregung des autonomen Nervensystems kann zu irreparablen Schädigungen führen. Selye (1974) hat diese Modellvorstellungen weitergeführt und mit seinen Arbeiten zum *„allgemeinen Adaptationssyndrom"* ein stereotypes hormonelles Reaktionsmuster identifiziert, das bei jeder Art von intensiver Reizeinwirkung ausgelöst wird. Die potentiell schädigende Wirkung dauerhafter physiologischer *Hyperaktivierung* konnte durch biopsychologische Untersuchungen nachgewiesen werden (Ursin et al., 1983). Nach Lazarus (1981) sind für das Auftreten einer Streßreaktion nicht so sehr objektive Merkmale eines Stressors (z. B. Reizintensität) von Bedeutung, sondern vielmehr dessen subjektive Bewertung durch das betroffene Individuum, seine Einschätzung eigener Kompetenzen zur Anpassung bzw. zur Kontrolle kritischer Situationen sowie seine Art, mit Belastungen umzugehen. Untersuchungen haben gezeigt, daß diesem *Bewältigungsverhalten* große Bedeutung für die Genese und Chronifizierung von Krankheiten zukommt (Florin, 1985). *Kritische Lebensereignisse* (z. B. Tod des Partners) überschreiten häufig die Bewältigungsmöglichkeiten eines Individuums. Die Anfälligkeit für Krankheiten ist infolge solcher Ereignisse generell erhöht (Siegrist, 1980), insbesondere dann, wenn die betroffene Person sozial schlecht integriert ist und wenig soziale Unterstützung erfährt (Bruhn/Philips, 1984).

Soziologischen Theorien zufolge kommt der Veränderung der sozialen Strukturen durch zunehmende Industrialisierung und der damit verbundenen *Veränderung von sozialen Rollen und Aufgaben* eine entscheidende Bedeutung für den Anstieg psychosomatischer Störungen zu (Parsons, 1969). Dieser Ansatz läßt allerdings unberücksichtigt, daß die subjektive Bewertung der sozialen Situation und die Einschätzung eigener Bewältigungsmöglichkeiten für die Genese von Störungen von größerer Bedeutung ist als die objektiven Merkmale dieser Situation.

4 Epidemiologie

Es ist sehr schwer, eine genaue Einschätzung der Häufigkeit psychosomatischer Störungen und ihrer Verbreitung in verschiedenen Bevölkerungsgruppen vorzunehmen, da solche Angaben in Abhängigkeit von der Definition psychosomatischer Störungen, den diagnostischen Verfahren, der untersuchten Stichprobe und der Auskunftsbereitschaft der Patienten beträchtlich variieren. Als weitgehend gesichert gilt, daß der Anteil psychosomatischer Störungen in den letzten Jahrzehnten deutlich zugenommen hat. Dies wird zum einen auf veränderte Lebens- und Umweltbedingungen zurückgeführt. Zum anderen werden aber auch verfeinerte diagnostische Verfahren, die medizinische Erfassung immer größerer Bevölkerungsgruppen sowie veränderte Maßstäbe bei der Bewertung von Krankheiten für diese Zunahme verantwortlich gemacht. Zur Bestimmung der Auftretenshäufigkeit psychosomatischer Störungen sind *repräsentative Erhebungen* in der Bevölkerung erforderlich, die allerdings vielfältige Probleme mit sich bringen und daher nur selten durchgeführt werden. Die meisten epidemiologischen Angaben basieren auf der Untersuchung bestimmter Patientengruppen, womit aber nicht die wahre, sondern die *behandelte Prävalenz* erfaßt wird.

Legt man einen eng gefaßten Begriff der psychosomatischen Störung zugrunde, so liegt in allgemeinärztlichen und internistischen Praxen der Anteil psychosomatisch erkrankter Patienten zwischen 3% und 7% (Shepherd et al., 1964; Wesiack, 1986 a). Der Anteil an Patienten mit funktionellen Beschwerden ist nach den vorliegenden Befunden höher einzuschätzen. Von Uexküll und Köhler (1986) berichten, daß 93,6% der Patienten einer internistischen Poliklinik auch funktionelle Beschwerden aufwiesen, davon litten 25,5% ausschließlich unter funktionellen Syndromen. Ebenfalls ausschließlich funktionelle Syndrome wiesen 34% der Patienten der internistischen Praxis von Wesiack (1986 a) auf. Repräsentative Bevölkerungserhebungen wurden von Schwab et al. (1974) und von Uexküll und Köhler (1986) durchgeführt, denen zufolge 51,6% bzw. 68% der Bevölkerung über funktionelle Beschwerden klagten.

Hinsichtlich der *soziodemographischen Zusammensetzung* psychosomatisch Erkrankter sind bei den einzelnen Störungsbildern erhebliche Unterschiede festgestellt worden. Insgesamt gesehen scheinen aber, insbesondere bei den funktionellen Beschwerden, Männer seltener betroffen zu sein als Frauen, die jüngeren und die älteren Jahrgänge seltener als die mittleren und die oberen Sozialschichten seltener als die unteren (Bräutigam/Christian, 1981; Köhler, 1985; von Uexküll, 1986). Bei diesen Befunden ist allerdings zu fragen, inwieweit sie auch Ausdruck unterschiedlichen Krankheitsverhaltens in den jeweiligen Gruppen und der spezifischen Struktur unserer Gesundheitsversorgung sind (Franke, 1981).

5 Diagnostische Verfahren

Die psychosomatische Diagnostik umfaßt alle somatischen und psychologischen Untersuchungsmethoden. Im Vordergrund steht die psychosomatische *Anamnese*, deren Ziel es ist, die körperliche Symptomatik in einem Zusammenhang zur aktuellen Lebenssituation und zur lebensgeschichtlichen Entwicklung des Patienten zu bringen. Die Anamnese wird durch *psychometrische* und *projektive Tests* sowie *physiologische Messungen* ergänzt. Spezifisches diagnostisches Instrumentarium der verhaltenstherapeutischen Verfahren ist die *Verhaltensanalyse*.

6 Psychologische Behandlungsansätze

Die Behandlung psychosomatischer Störungen liegt vornehmlich in den Händen von *Ärzten*, die entsprechend ihrer Ausbildung und gefördert durch das bestehende Gratifikationssystem überwiegend *organzentriert* arbeiten. Zur Verbesserung der Behandlungseffekte ist eine Ergänzung, häufig auch eine Ersetzung medizinischer Maßnahmen durch psychologische Verfahren erforderlich. Bei den psychologischen Verfahren wird üblicherweise zwischen psychoanalytischen, verhaltenstherapeutischen sowie suggestiven und übenden Verfahren unterschieden (von Uexküll, 1986). Vereinzelt wurden auch andere Methoden – z. B. die Gesprächspsychotherapie (Schulz/Volger, 1983) oder die Gestalttherapie (Kertesz, 1973) – zur Behandlung psychosomatischer Störungen angewandt. Seit einigen Jahren werden auch familientherapeutische Ansätze zur Diskussion gestellt (Wirsching, 1986). Diese Verfahren werden isoliert oder in Kombination angeboten oder in ein umfassendes Therapieprogramm integriert.

Die *psychoanalytischen Therapien* versuchen, den der psychosomatischen Störung zugrunde liegenden unbewußten psychischen Konflikt in der Behandlung wiederzubeleben und zu bearbeiten. Dieses Vorgehen ist allerdings nur bei Patienten indiziert, die über eine ausreichende Ich-Stärke verfügen, einen hinlänglichen seelischen Leidensdruck verspüren und genügende Fähigkeiten zur Introspektion erkennen lassen (Wesiack, 1986 b). Da die meisten Patienten aufgrund ihrer basalen Ich-Störung diese Voraussetzungen nicht erfüllen, sind verschiedene Modifikationen durchgeführt worden, die auf eine Stärkung des Patienten abzielen (Schöttler, 1981). In den letzten Jahren hat sich auch die stationäre Behandlung psychosomatisch Erkrankter als sinnvoll herausgestellt, in die eine Vielzahl therapeutischer Maßnahmen integriert wird (Stephanos, 1981 b).

In der *Verhaltenstherapie* wird durch die Anwendung lerntheoretisch begründeter Verfahren versucht, die psychosomatische Störung auf drei Ebenen – der organisch-physiologischen, der motorisch-verhaltensmäßigen und der subjektiv-erlebnismäßigen Ebene – zu beeinflussen. In Abhängigkeit von den jeweiligen Entstehungsbedingungen wird den einzelnen Aspekten eine unterschiedliche Bedeutung beigemessen. Zu den wichtigsten verhaltenstherapeutischen Verfahren gehören Entspannungs-, Desensibilisierungs- und Biofeedbackverfahren, Selbstsicherheits- und Verhaltenstrainings, Selbstkontrolltechniken sowie Verfahren zur Selbstinstruktion und zur kognitiven Umstrukturierung (Basler et al., 1979; Schwarz, 1986). Die bei Psychosomatikern durchgeführten Behandlungen zielten in der Vergangenheit meist auf die Veränderung nur einer Ebene ab, in der Regel der organisch-physiologischen Ebene. Es ist zu vermuten, daß kombinierte therapeutische Programme, die alle drei Ebenen einbeziehen, der isolierten Anwendung einer einzelnen Methode überlegen sind. Diesem kombinierten Vorgehen werden im besonderen Maße verhaltenstherapeutische Gruppen gerecht (Franke, 1984). Seit einigen Jahren werden verhaltenstherapeutische Techniken zunehmend auch in stationäre Behandlungsprogramme eingebracht.

Suggestive und übende Verfahren gehören zu den ältesten und auch am häufigsten angewandten Heilverfahren. Den *suggestiven Verfahren* ist gemeinsam, daß der Therapeut auf der Basis eines guten emotionalen Beziehungsverhältnisses zum Patienten vornehmlich seine Symptomatik, aber auch sein Verhalten und Erleben zu beeinflussen sucht. Zu den bekanntesten suggestiven Verfahren gehören die Hypnose, die gestufte Aktivhypnose sowie verschiedene wachsuggestive Verfahren. Den *übenden Verfahren* liegt die Annahme zugrunde, daß die psychosomatische Störung mit einer erhöhten Aktivität des sympathischen Nervensystems einhergeht, die durch die Therapie gesenkt werden kann. Die am häufigsten verwandten Verfahren sind das autogene Training, die progressive Muskelentspannung, die transzendentale Meditation und die konzentrative Bewegungstherapie. Bei diesen Verfahren handelt es sich um symptomorientierte Verfahren, die die psychischen Faktoren weitgehend unberücksichtigt lassen und deshalb mit psychotherapeutischen Verfahren kombiniert werden sollten (Lohmann, 1986).

Eine Zusammenstellung der wichtigsten Universitätseinrichtungen, Fachkliniken sowie Aus- und Weiterbildungsinstitute für Psychosomatik gibt Hahn (1979).

7 Behandlungserfolg und Indikationsstellung

Zur Beurteilung des Erfolgs psychologischer Behandlungsverfahren liegt eine Vielzahl von Fallberichten und Therapiestudien vor, in denen die *generelle Wirksamkeit* dieser Verfahren nachgewiesen wird (Bräutigam/Christian, 1981; Köhler, 1985; von Uexküll, 1986). Eine genaue Einschätzung des Ausmaßes des Behandlungserfolgs ist vor allem wegen der mangelnden Vergleichbarkeit der Untersuchungen und der zu selten durchgeführten langfristigen Katamnesen nicht möglich. Beim derzeitigen Stand der empirischen Forschung lassen sich auch keine zuverlässigen Aussagen über die *differentielle Indikation* einzelner therapeutischer Verfahren machen (Haag/Birbaumer, 1984). Derartige Angaben sind fast ausschließlich aus theoretischen Modellen abgeleitet oder basieren auf den praktischen Erfahrungen der Vertreter einzelner therapeutischer Richtungen. Es ist zu vermuten, daß – ähnlich wie bei neurotischen Patienten – zwischen den Verfahren der einzelnen therapeutischen Richtungen keine signifikanten Unterschiede bestehen, daß sie aber nicht bei allen Patienten gleichermaßen wirken. Eine lange Erkrankungsdauer, mangelnde Krankheitseinsicht und ungenügende Therapiemotivation scheinen sich bei allen psychologischen Behandlungsverfahren – trotz vorgenommener Modifikationen – ungünstig auf den Therapieverlauf auszuwirken. Ein bislang ungelöstes Problem ist, was mit den Patienten geschehen soll, die weder von einer medizinischen Behandlung Hilfe erwarten können noch einer psychologischen Behandlung zugänglich sind. Aufgabe der künftigen Forschung muß es sein, die Entwicklung spezieller Therapieverfahren für Psychosomatiker voranzutreiben und ihre differentiellen Wirkungsweisen zu untersuchen.

8 Gesellschaftliche Rahmenbedingungen und Behandlungsprobleme

Psychosomatiker gelten als eine schwer zu behandelnde Patientengruppe, da sie häufig ohne seelischen Leidensdruck sind. Sie sind sehr oft davon überzeugt, daß ihre Symptomatik ausschließlich organisch bedingt ist und erwarten deshalb eine Veränderung ihres Krankheitszustandes ausschließlich von medizinischen Verfahren. Mit dem Behandlungsangebot eines Psychotherapeuten wissen sie wenig anzufangen. In der Behandlung haben die Therapeuten häufig das Gefühl, den Patienten persönlich nicht zu erreichen, und verspüren das Bedürfnis, dem Patienten psychosomatische Zusammenhänge geradezu nachzuweisen. Strittig ist, ob diese Patientenmerkmale *krankheitsspezifisch* (Sifneos, 1973; Marty/de M'Uzan, 1978; Stephanos, 1981 a), *schichtspezifisch* (Cremerius, 1977) oder vielmehr Folgeerscheinung zumeist langer *Krankheitskarrieren* mit vielfältigen medizinischen Untersuchungen und Behandlungen sind, in denen die Patienten spezifische Erfahrungen gemacht haben, die nicht ohne Einfluß auf ihr *Krankheitsverhalten* geblieben sind (Franke, 1981; Schulz/Volger, 1983). Diese Erfahrungen sind Folge der strikten Trennung von Körper und Seele sowie der positiven Einstellung zu körperlichen Krankheiten im Vergleich zu seelischen. Institutionell spiegelt sich diese Einstellung in der einseitig am medizinischen Krankheitsmodell orientierten Gesundheitsversorgung wider, in der körperliche Prozesse im Mittelpunkt des ärztlichen Interesses stehen. Aus dieser Analyse läßt sich die Forderung nach einem veränderten Krankheitsverständnis in der Praxis und einer veränderten Einstellung zu psychisch bedingten Leiden ableiten, um zu einer besseren Versorgung psychosomatischer Patienten zu gelangen.

9 Ausblick

Es bleibt zu hoffen, daß ein Verständnis von Gesundheit und Krankheit, das somatische, psychische und soziale Faktoren gleichermaßen einbezieht, in Forschung und Praxis weiter an Bedeutung gewinnen wird, eine Entwicklung, die heute vor allem durch die sich etablierende *Verhaltensmedizin* vorangetrieben wird (Melamed/Siegel, 1983).

Literatur

Ackerknecht, E. H.: The history of psychosomatic medicine. Psychological Medicine, 12, 1982, 17-24.

Alexander, F.: Psychosomatic medicine: Its principles and applications. New York: Norton, 1950 (Dt.: Psychosomatische Medizin. Berlin: de Gruyter, 1951).

American Psychiatric Association (Ed.): Diagnostic and statistical manual of mental disorders (DSM-II). Washington: American Psychiatric Association, 1968.

American Psychiatric Association (Ed.): Diagnostic and statistical manual of mental disorders (DSM-III). Washington: American Psychiatric Association 1980 (Dt.: Diagnostisches und statistisches Manual psychischer Störungen. Weinheim: Beltz, 1984).

Basler, H. D./Otte, H./Schneller, T./Schwoon, D.: Verhaltenstherapie bei psychosomatischen Erkrankungen. Stuttgart: Kohlhammer, 1979.

Birbaumer, N.: Zum Problem der Psychosomatik. In: Birbaumer, N. (Hrsg.): Psychophysiologie der Angst (2. Aufl.). München: Urban & Schwarzenberg, 1977, 296-332.

Bräutigam, W./Christian, P.: Psychosomatische Medizin (3. Aufl.). Stuttgart: Thieme, 1981.

Bruhn, J. G./Philips, B. U.: Measuring social support: A synthesis of current approaches. Journal of Behavioral Medicine, 7, 1984, 151-169.

Cannon, W. B.: Bodily changes in pain, hunger, fear and rage. New York: Appleton, 1929 (Dt.: Wut, Hunger, Angst und Schmerz: Eine Physiologie der Emotionen. München: Urban & Schwarzenberg, 1975).

Cremerius, J.: Ist die „psychosomatische Struktur" der französischen Schule krankheitsspezifisch? Psyche, 4, 1977, 293-317.

Florin, I.: Bewältigungsverhalten und Krankheit. In: Basler, H.-D./Florin, I. (Hrsg.): Klinische Psychologie und körperliche Krankheit. Stuttgart: Kohlhammer, 1985, 126-145.

Franke, A.: Psychosomatische Störungen: Theorien und Versorgung. Stuttgart: Kohlhammer, 1981.

Franke, A.: Psychosomatische Störungen: Ein Gruppentrainingsprogramm. München: Urban & Schwarzenberg, 1984.

Freud, S.: Über die Berechtigung von der Neurasthenie einen bestimmten Symptomkomplex als „Angstneurose" abzutrennen (1894). Gesammelte Werke. Band I. Frankfurt: Fischer, 1952, 315-342.

Haag, G./Birbaumer, N.: Differentielle Psychotherapieindikation bei psychosomatischen Störungen. In: Baumann, U./Berbalk, H./Seidenstücker, G. (Hrsg.): Trends in Forschung und Praxis. Band 6. Bern: Huber, 1984, 248-281.

Häuser, W.: Psychosomatik und Epistemologie. Grundlagen und Wandlungen des Konzepts Psychosomatik. Zeitschrift für Klinische Psychologie, Psychopathologie und Psychotherapie, 33, 1985, 197-207.

Hahn, P. (Hrsg.): Die Psychologie des 20. Jahrhunderts. Band 9: Ergebnisse für die Medizin. Psychosomatik. Zürich: Kindler, 1979.

Kertesz, R.: Gestalt therapy and transactional analysis as new methods for the treatment of psychosomatic ailments. Psychotherapy and Psychosomatics, 22, 1973, 334-340.

Köhler, T.: Psychosomatische Krankheiten. Stuttgart: Kohlhammer, 1985.

Lazarus, R. S.: Streß und Streßbewältigung – ein Paradigma. In: Filipp, S.-H. (Hrsg.): Kritische Lebensereignisse. München: Urban & Schwarzenberg, 1981, 198-232.

Lipowski, Z. J.: What does the word „psychosomatic" really mean? A historical and semantic inquiry. Psychosomatic Medicine, 46, 1984, 153-171.

Lohmann, R.: Suggestive und übende Verfahren. In: Uexküll, T. von (Hrsg.): Psychosomatische Medizin (3. Aufl.). München: Urban & Schwarzenberg 1986, 316-335.

Marty, P./M'Uzan, M. de: Das operative Denken („pensée opératoire"). Psyche, 32, 1978, 974-984.

Melamed, B. G./Siegel, C. J.: Lehrbuch der Verhaltensmedizin. Stuttgart: Kohlhammer, 1983.

Mitscherlich, A.: Krankheit als Konflikt. Studien zur psychosomatischen Medizin 2. Frankfurt: Suhrkamp, 1967.

Parsons, T.: Definition von Gesundheit und Krankheit im Lichte der Wertbegriffe und der sozialen Struktur Amerikas. In: Mitscherlich, A./Brocher, T./Mering, O. von/Horn, K. (Hrsg.): Der Kranke in der modernen Gesellschaft (2. Aufl.). Köln: Kiepenheuer & Witsch, 1969, 57-87.

Rad, M. von/Zepf, S.: Psychoanalytische Konzepte psychosomatischer Symptom- und Strukturbildung. In: Uexküll, Th. von (Hrsg.): Psychosomatische Medizin (3. Aufl.). München: Urban & Schwarzenberg 1986, 48-67.

Rohracher, H.: Einführung in die Psychologie (10. Aufl.). Wien: Urban & Schwarzenberg, 1971.
Schöttler, C.: Zur Behandlungstechnik bei psychosomatisch schwer gestörten Patienten. Psyche, 35, 1981, 111-141.
Schonecke, O. W.: Lernpsychologische Grundlagen für die Psychosomatische Medizin. In: Uexküll, Th. von (Hrsg.): Psychosomatische Medizin (3. Aufl.). München: Urban & Schwarzenberg 1986, 81-102.
Schulz, W./Volger, I.: Kopfschmerz-Therapie. München: Urban & Schwarzenberg, 1983.
Schwab, J. J./Fennell, E. B./Warheit, G. J.: The epidemiology of psychosomatic disorders. Psychosomatics, 15, 1974, 88-93.
Schwarz, D.: Verhaltenstherapie. In: Uexküll, T. von (Hrsg.): Psychosomatische Medizin (3. Aufl.). München: Urban & Schwarzenberg 1986, 489-502.
Selye, H.: Stress without distress. Philadelphia: Lippincott, 1974 (Dt.: Streß. München: Piper 1974).
Shepherd, M./Cooper, B./Brown, E. C./Kalton, G. W.: Minor mental illness in London: some aspects of a general practice survey. British Medical Journal, 2, 1964, 1359.
Siegrist, J.: Die Bedeutung von Lebensereignissen für die Entstehung körperlicher und psychosomatischer Erkrankungen. Nervenarzt, 51, 1980, 313-320.
Sifneos, P.: The prevalence of „alexithymic" characteristics in psychosomatic patients. Psychotherapy and Psychosomatics, 22, 1973, 255-262.
Stephanos, S.: Das Konzept der „pensée opératoire" und „das psychosomatische Phänomen". In: Uexküll, T. von (Hrsg.): Lehrbuch der Psychosomatischen Medizin (2. Aufl.). München: Urban & Schwarzenberg, 1981 a, 217-241.
Stephanos, S.: Theorie und Praxis der analytisch-psychosomatischen Therapie (Ergebnisse eines experimentellen stationären Behandlungsmodells). In: Uexküll, T. von (Hrsg.): Lehrbuch der Psychosomatischen Medizin (2. Aufl.). München: Urban & Schwarzenberg, 1981 b, 368-388.
Uexküll, T. von (Hrsg.): Psychosomatische Medizin (3. Aufl.). München: Urban & Schwarzenberg, 1986.
Uexküll, T. von/Köhle, K.: Funktionelle Syndrome in der Inneren Medizin. In: Uexküll, T. von (Hrsg.): Psychosomatische Medizin (3. Aufl.). München: Urban & Schwarzenberg 1986, 489-502.
Uexküll, T. von/Wesiack, W.: Wissenschaftstheorie und Psychosomatische Medizin, ein bio-psycho-soziales Modell. In: Uexküll, T. von (Hrsg.): Psychosomatische Medizin (3. Aufl.). München. Urban & Schwarzenberg 1986, 1-30.
Ursin, H./Murison, R./Knardahl, S.: Conclusion: Sustained activation and disease. In: Ursin, H./Murison, R. (Eds.): Biological and psychological basis of psychosomatic disease. Oxford: Pergamon Press, 1983, 269-277.
Wesiack, W.: Psychosomatische Medizin in der Praxis des niedergelassenen Arztes. In: Uexküll, T. von (Hrsg.): Psychosomatische Medizin (3. Aufl.). München: Urban & Schwarzenberg, 1986 a, 389-397.
Wesiack, W.: Psychoanalyse und psychoanalytisch orientierte Therapieverfahren. In: Uexküll, T. von (Hrsg.): Psychosomatische Medizin (3. Aufl.). München: Urban & Schwarzenberg, 1986 b, 223-236.
Wirsching, M.: Familiendynamik und Familientherapie in der Psychosomatik. In: Uexküll, T. von (Hrsg.): Psychosomatische Medizin (3. Aufl.). München: Urban & Schwarzenberg, 1986, 305-315.
World Health Organization (Hrsg.): Mental disorders: Glossary and guide to their classification in accordance with the ninth revision of the international classification of diseases (ICD-9). Genf: World Health Organisation, 1978 (Dt.: Degkwitz, R./ Helmchen, H./Kockott, G./Mombour, W. (Hrsg.): Diagnoseschlüssel und Glossar psychiatrischer Krankheiten. Berlin: Springer, 1980).

Psychotherapie

Helmut Wetzel und Hans Wolfgang Linster

1 Gesellschaftlicher Hintergrund des Psychobooms

Kaum ein Bereich der Psychologie und Medizin hatte in den letzten Jahren einen so beispiellosen Aufschwung zu verzeichnen wie die P.: Sie hat sich nicht nur als wissenschaftliche Fachdisziplin etabliert, sondern sie hat auch ein wachsendes öffentliches Interesse zu mobilisieren vermocht, was zu einer ungeahnten *Popularisierung* psychotherapeutischen Wissens und einer enormen Verbreitung und Ausdifferenzierung der Anwendungsmöglichkeiten führte. Die Frage, was diese wachsende Bedeutung der P. ausgelöst haben könnte, läßt sich vermutlich nur vor dem Hintergrund der gesellschaftlichen Entwicklung beantworten. Zumindest haben zwei sich gegenseitig verstärkende gesellschaftliche Entwicklungstrends diesen Aufschwung deutlich begünstigt: einerseits eine erschreckende Zunahme belastender Faktoren für den einzelnen und andererseits ein Rückgang und Defizit des traditionell vorhandenen Potenials an zwischenmenschlicher Hilfe.

Getragen wurde dieser Aufstieg – der sich zeitweilig geradezu zu einem *„Psychoboom"* auswuchs – vor allem auch durch die geweckten Hoffnungen auf die Weiterentwicklung des Sozialstaates („Machbarkeit von Lebensqualität") und das zu Anfang noch weitgehend ungebrochene Vertrauen in den Fortschritt durch Wissenschaft. Vor allem in den westlichen Industriegesellschaften verstand sich P. als vielversprechender Weg in Richtung auf eine bessere Welt. Gerechtfertigt war und ist der Ausbau der psychotherapeutischen Versorgung durch das erschreckend hohe Ausmaß an Leid und psychischem Elend. Wachsender Arbeitsstreß, erhöhte Leistungsanforderungen, Anpassungsdruck und gesellschaftliche Normierung des menschlichen Verhaltens, fehlende Selbstbestimmung und Partizipation, Orientierungslosigkeit im zwischenmenschlichen Bereich sind nur einige, wahllos herausgegriffene Beispiele, die in einem offenkundigen Zusammenhang mit psychischem Wohlbefinden stehen. Übereinstimmend belegen epidemiologische Untersuchungen, daß vermehrte pathologische Anzeichen oder psychisches Leiden bei einer Mehrzahl der Bevölkerung festzustellen sind (Deutscher Bundestag, 1975, 7).

Die Zunahme bestimmter Störungsformen wie Alkoholismus, Drogenabhängigkeit, Medikamentenabusus, Selbstmordversuche oder psychosomatischer Beschwerden sind Hinweise auf vergebliche Bewältigungsversuche ungelöster Konflikte innerhalb unseres Gesellschaftssystems. Die breite Kluft zwischen gesellschaftlicher Wirklichkeit und persönlichen Bedürfnissen erscheint für den einzelnen kaum mehr überbrückbar. Hochentwickelte Industriegesellschaften haben mit ihrem wissenschaftlich-technischen Fortschritt zu einer weitgehenden Angleichung und Vereinheitlichung des einzelnen innerhalb einer immer perfekter funktionierenden, vermarkt- und verwaltbaren Massengesellschaft geführt. Eine individuelle Entwicklung und Lebensgeschichte wird nur innerhalb sehr enger Grenzen zugelassen. Einem rapiden Verfall von hoffnungsvoller Lebensbejahung und Vertrauen zu sich selbst bei großen Bevölkerungsgruppen – wie Jugendlichen und alten Menschen – steht die Auflösung gewachsener sozialer Strukturen, die Geborgenheit und Hilfe vermitteln können, gegenüber. Fortschreitende Urbanisierung, Isolierung des einzelnen, verwaltungstechnische Anonymisierung und schließlich auch die Säkularisierung, die die Kirche aus ihrem „seel"-sorgerischen Aufgabenfeld herausgedrängt hat, haben dazu geführt, daß auch hier die Zuständigkeit neu bestimmt werden mußte. Der gute Freund wird durch den wissenschaftlich vorgebildeten Experten, die Großfamilie oder Gemeinde durch die Therapiegruppe ersetzt (Wetzel/Linster, 1980). Zur Bewältigung psychischer Probleme haben sich neue Institutionen und „Dienstleistungsberufe für den persönlichen Bereich" (North, 1975) herausgebildet.

Die gesellschaftlichen und ökonomischen Veränderungen der letzten Jahre sind an den Psychotherapeuten nicht spurlos vorübergegangen. Dem Optimismus und Therapieboom folgte prompt die Enttäuschung über die relativ gesellschafts- und sozialpolitische Bedeutungs- und Wirkungslosigkeit von P. Die allseits geweckten Hoffnungen auf mehr individuelle Lebensqualität und persönliches Glück wurden von der Wirklichkeit eingeholt. Einschneidende Sparmaßnahmen im Gesundheits- und Sozialbereich und Massenarbeitslosigkeit begegnen dem Psychotherapeuten nicht nur in der Person des Klienten, sondern betreffen und bedrohen auch ihn ganz persönlich.

2 Begriffsbestimmung

Die der P. zugrundeliegende Idee, psychische Leidenszustände durch „die Kraft des Geistes" zu verändern, finden wir bereits in den philosophisch-anthropologischen Schriften von Spinoza (1632-1677) und Kant (1724-1804). Bereits im 18. und 19. Jahrhundert haben Ärzte, wie Mesmer (1734-1815), Charcot (1825-1893), Janet (1859-1947), Breuer (1842-1925) und Freud (1856-1939) die geistigen Heilungskräfte systematisch erforscht und zur Behandlung von sog. Nerven- oder Geisteskrankheiten nutzbar gemacht. Die von ihnen verwendeten Methoden – Hypnose, Suggestion, Imagination, Traumdeutung und freie Assoziation – können als die ersten wissenschaftlich begründeten psychotherapeutischen Verfahren betrachtet werden.

Lange Zeit war der Begriff „Psychotherapie" gleichbedeutend mit „Psychoanalyse". Verhaltenstherapie verstand sich in ihren Anfängen als Alternative zu P. und hat sich strikt von allen bisher praktizierten Methoden abgegrenzt. Erst in den letzten Jahren setzt sich ein Gebrauch des Wortes „Psychotherapie" durch, der so unterschiedliche therapeutische Konzepte wie die klassische Analyse Freudscher Prägung, Adlers Individualtherapie, oder die Verhaltenstherapie einschließt. Es ist offenkundig, daß ein derart umfassender Begriff nicht mit einer einzigen, allgemein gültigen Definition umschrieben werden kann. Wir möchten deshalb die wichtigsten Beschreibungsmerkmale von P. zu einem grundlegenden Definitionsversuch zusammenfassen:

- P. ist gemeinsames Handeln von zwei oder mehreren Personen.
- Es besteht eine klare Rollenverteilung: Der „Therapeut" ist eine durch Ausbildung und Erfahrung qualifizierte Person, der Patient ist eine Person mit einem psychischen Problem, die um Hilfe nachsucht.
- Der Psychotherapeut handelt bewußt bzw. er vermag sein Handeln im nachhinein bewußt zu reflektieren.
- Gemeinsames Handlungsziel von P. und Klient ist es, die psychischen Probleme, an denen der Patient leidet, zu beseitigen oder zu bessern und seine persönliche Weiterentwicklung zu fördern; die angewandten therapeutischen Prinzipien müssen auf der Basis einer gesicherten Theorie erarbeitet oder mit einer solchen beschreibbar bzw. erklärbar sein;
- Das Handlungs- und Erfahrungswissen des Therapeuten muß lehr- und lernbar sein.
- Die Wirkung therapeutischen Handelns muß auch intersubjektiv nachprüfbar sein.

Mit einer bloßen Aufzählung von Beschreibungsmerkmalen ist aber die Frage „Was ist Psychotherapie?" noch nicht erschöpfend beantwortet. Versucht man sich zu vergegenwärtigen, wie sich P. in der Praxis konkretisiert, so lassen sich die oben aufgeführten vielfältigen Kriterien auf vier unterschiedlichen Ebenen erfassen. Trotz der unmittelbaren Zusammenhänge zwischen den einzelnen Ebenen sind diese nicht vollständig ineinander überführbar, da jede auch durch eigenständige Momente gekennzeichnet ist. Dies führt zu einer ungelösten und – wie wir glauben – nie gänzlich auflösbaren Spannung, die häufig zu Mißverständnissen und Fehlinterpretationen führt.

Theorieebene: P. ist eine Sammlung von allgemeinen Prinzipien und theoretischen Aussagen über Entstehung, Struktur und Veränderung von pathologischem und abweichendem Verhalten und Erleben. Dieses theoretische Gebäude ist in Form von Lehrbüchern, Therapietranskripten, Fallbeschreibungen u. a. dokumentiert.

Ausbildungsebene: P. ist ein Ausbildungsgang, der sich in Richtlinien und Lehrplänen von Instituten und Verbänden niederschlägt. Die Ausbildung umfaßt neben der Erarbeitung dieser Theorie auch Training von Fertigkeiten, Eigenanalyse, Selbsterfahrung und praktische Arbeit unter Supervision.

Handlungsebene: P. ist ein auf den Klient/Patient bezogenes Handeln des Therapeuten. Dies erfolgt vor dem Hintergrund seiner gesamten Lebens- und Therapieerfahrung. Es umfaßt theoretische Konzepte und therapeutisches „Handwerkszeug", welche er prozeß- und phasenspezifisch auf den jeweiligen Patienten abstimmt.

Änderungsebene: Sie umfaßt alle therapeutischen Faktoren, die verantwortlich sind für die Veränderungen, die während des therapeutischen Prozesses oder als Folge davon beim Klienten hervorgerufen werden.

3 Therapieschulen

Mit dem gebräuchlichen Begriff „Therapieschule" werden einzelne Therapiekonzepte zusammengefaßt, die in ihren theoretischen Modellvorstellungen und ihrem therapeutisch-technischen Vorgehen Gemeinsamkeiten aufweisen. Wir unterscheiden fünf große Hauptrichtungen:

- Die *psychodynamischen* Schulen bauen in ihren Grundannahmen weitgehend auf Freud auf. Psychische Störungen werden in erster Linie als ein Ausdruck innerpsychischer Konflikte gesehen. Das psychotherapeutische Vorgehen konzentriert sich darauf, mit dem Klienten diese Konflikte durchzuarbeiten und ihm damit mehr Einsicht zu vermitteln.
- Die *verhaltensorientierten* Therapierichtungen haben sich ursprünglich aus der experimentellen Lernpsychologie entwickelt. Im therapeutischen Prozeß wird versucht, die abweichenden Verhaltensmuster des Klienten direkt zu verändern. Psychische Probleme werden in erster Linie als ein Ergebnis der individuellen Lerngeschichte und aktueller kontrollierender Bedingungen gesehen.
- Die *erlebensorientierten* Therapieeinrichtungen sind in ihren theoretischen Ausgangspunkten weniger homogen und enthalten mit unterschiedlichem Akzent tiefenpsychologisches, humanistisches, existentialphilosophisches Gedankengut. Sie vertreten eine ganzheitliche Auffassung vom Menschen. In der Therapie wird die Bedeutung der zwischenmenschlichen Beziehung betont. In der unmittelbaren Begegnung von Therapeut und Klient wird versucht, die Wahrnehmung und das Erleben des Klienten im Hier und Jetzt zu aktivieren und damit das Wachsen der Persönlichkeit zu fördern.
- Die *systemischen Therapieansätze* umfassen Kommunikations- und Familientherapie. Sie verbindet ihr gemeinsamer theoretischer Ausgangspunkt: die wissenschaftliche Analyse normaler und pathologischer menschlicher Kommunikation und Interaktion. Psychische Störungen werden dabei in erster Linie als Kommunikationsstörung, als eine Taktik oder Strategie innerhalb eines menschlichen „Systems" (wie Familie oder Ehe) aufgefaßt. Das therapeutische Vorgehen konzentriert sich auf die Beziehungsmuster zwischen den Individuen des jeweiligen Systems. Es intendiert eine Veränderung des einzelnen innerhalb des Systems („Symptomträgers"), ohne daß dies auf Kosten der anderen Mitglieder geht. Der Therapeut versucht gemeinsam mit den Mitgliedern des jeweiligen Systems, z. B. einer Familie, die Struktur und Dynamik des Familiensystems insgesamt zu verstehen und zu verändern.
- Die *körperorientierten Therapieformen* sind die heterogenste Gruppe und bilden i. e. S. keine eigenständige Schule, da sie weder ein gemeinsames theoretisches Konzept noch einen gemeinsamen Ursprung haben. Gemeinsam ist allen jedoch die Grundidee, daß durch systematische Körperübungen (z. B. Bewußtes Atmen, Progressive Muskelentspannung, Bewegungsübung) die Sensibilität für den eigenen Körper gesteigert, ein höherer Grad an Bewußtheit erreicht und dadurch die Leib-seelische Gesundheit gefördert wird. Die körpertherapeutischen Verfahren stehen zwischen Psychotherapie und Physiotherapie; einige setzen sich ganz explizit den Anspruch, über den Körper auch die Seele zu heilen.

Einer der wichtigsten und einflußreichsten Psychotherapeuten entzieht sich einer eindeutigen Zuordnung zu einer Schule. Milton Erickson hat mit seinem Beitrag viele Therapeuten angeregt, die z. T. seine Methoden und Ideen aufgegriffen und weitergeführt haben.

Die einzelnen therapeutischen Ansätze innerhalb dieser Gruppen unterscheiden sich sehr stark in ihrer Verbreitung, im Grad ihrer theoretischen Ausarbeitung und ihrer empirischen Absicherung. Die wichtigsten Konzepte sind in *Tabelle 1* zusammengefaßt. Die einzelnen Richtungen werden durch ein kennzeichnendes Stichwort und den Hauptvertreter bzw. Gründer beschrieben und in-

Tab. 1: Übersicht über die wichtigsten Therapieschulen

Tiefenpsychologische Therapien		Verhaltensorientierte Therapien		Erlebensorientierte Therapien		Systemische Therapien		Körperorientierte Therapien	
Stichwort	Vertreter	Stichwort	Vertreter	Stichwort	Vertreter	Stichwort	Vertreter	Stichwort	Vertreter
Psycho-		Verhaltens-		Existenz-	Bins-	Kommuni-		Charakter-	
analyse	Freud	analyse	Skinner	analyse	wanger	kationsth.		analyse	Reich
Analytische		Verhaltens-		Daseins-		(Palo Alto	Watzlawick/	Bioenergetik	Lowen
Therapie	Jung	therapie	Eysenck	analyse	Boss	Schule)	Jackson	Biodynamik	Boyesen
Individualth.	Adler	Systemat.		Logo-		Strategische		Struktur-	
Inter-		Desensibili-		therapie	Frankl	Therapie	Haley	analyse	Rolf
personale		sierung	Wolpe	Klientzentr.	Rogers	Conjoint		Autogenes	
Psychiatrie	Sullivan	Sozial-kog-		Gesprächs-	Tausch	Family Th.	Satir	Training	I. H. Schultz
Ich-Analyse	A. Freud	nitive Lern-	Bandura/	psychother.		Systemische		Progressive	
Neo-	Schultz-	Theorie	Kanfer	Gestalt-		Familienth.	Selvini/	Entspannung	Jakobson
analyse	Hencke	Fixed-Role		therapie	Perls	(Ital. Sch.)	Palazzoli/		G. Alexan-
Fokal-	Malan/	Therapy	Kelly	Experiential			Andolfi	Eutonie	der
therapie	Balint	Rational-		Th./Focusing	Gendlin	strukturelle		Alexander-	M. Alexan-
Psycho-		emotive		Primärth.	Janov	Familien-		technik	der
drama	Moreno	Therapie	Ellis	Feeling-		therapie	Minuchin	Bewußtheit	
Katathymes		Realitäts-		Therapie	Hart	Familienthe-		d. Bewegung	Feldenkrais
Bilderleben	Leuner	therapie	Glasser	Initiatische	Dürck-	rapie (Hei-		Atem-	
Transak-		Struktur.		Therapie	heim	delb. Schule)	Stierlin	therapie	Middendorf
tionsanalyse	Berne	Lerntherap.	Goldstein	Intergrative		Mehrgene-		Rebirthing	Orr
Dynamische		Multimodale		Therapie	Petzold	rationen –	Boszorme-		
Psychiatrie	Ammon	Verhaltens-		Neuroling.		Familienth.	nyi-Nagy		
		therapie	A. Lazarus	Programmie-	Bandler/	Beziehungs-			
		Kognitive	Mahoney/	ren (NLP)	Grinder	analyse	Bauriedl		
		Verhaltens-	Beck/Mei-			Kollusion/			
		therapie	chenbaum			Koevolution	Willi		

nerhalb der fünf Hauptgruppen in eine annähernd chronologische Reihenfolge gebracht.

4 Der therapeutische Prozeß

Was soll durch P. verändert werden? Was bewirkt P. wirklich? Was sind die Grundelemente einer gelungenen P.?

Alle vorliegenden Therapiekonzepte sind Versuche, Antworten auf diese Fragen zu finden. Die Vielfalt der vorhandenen Ansätze ist jedoch auch ein deutliches Indiz dafür, daß die Antworten als unzureichend betrachtet werden. Viele Neuschöpfungen und Varianten sind aus dem Unbehagen mit den jeweils traditionellen Verfahren und theoretischen Vorstellungen entstanden. Eine übergreifende Betrachtungsweise läßt vorhandene Unterschiede deutlicher hervortreten und zeigt Möglichkeiten einer konstruktiven Weiterentwicklung innerhalb und zwischen den Schulen.

Obwohl beim gegenwärtigen Forschungsstand noch keine abschließenden Antworten, sondern vielmehr erste, weitgehend beschreibende Konzepte und hypothetische Überlegungen erwartet werden können, möchten wir versuchen, schulenübergreifend den therapeutischen Prozeß darzustellen und zu analysieren.

4.1 Voraussetzungen und Rahmenbedingungen

Nur in den seltensten Fällen ist der Entschluß, einen Psychotherapeuten aufzusuchen, Endpunkt eines freien und selbständigen Entscheidungsprozesses. Die Vorstellung einer „freien Vereinbarung" der Zusammenarbeit zwischen Klient und Therapeut ist eine Idealisierung, die darüber hinwegtäuscht, daß der Weg zum Psychotherapeuten häufig durch finanzielle und institutionelle Hindernisse verstellt ist. Ehe der Klient überhaupt das Zimmer eines Psychotherapeuten betritt, wirkt eine Reihe psychologischer, soziographischer und situativer Faktoren, die seine Überlegungen und Entscheidungsschritte beeinflussen. Sie bestimmen jedoch nicht nur, ob jemand eine psychologische Behandlung erhält, sondern auch deren Verlauf und Abschluß.

Zahlreiche empirische Untersuchungen haben gezeigt, daß *Vorauswahl, Zugangsmöglichkeit* oder *Klientenerwartung* wichtige Determinanten des Behandlungsverlaufs sein können. Auf seiten des Klienten bestimmen nicht nur Art und Ausmaß der Störung, sondern auch allgemeines Krankheitsverständnis und Krankheitsverhalten, Stärke des Leidensdrucks, Erwartungen bezüglich Therapeutenverhalten und Heilungserfolg Verlauf und Ergebnis der Behandlung. Auf seiten des Therapeuten sind solche Einflußfaktoren:

Ausbildung und praktische Erfahrung, Persönlichkeitsmerkmale, Einstellungen und Wertvorstellungen sowie die mehr oder minder bewußt vorgenommene Auswahl von Klienten. So hat Schofield in einer soziologischen Analyse bereits 1964 darauf hingewiesen, daß Therapeuten einen bestimmten Kliententyp bevorzugt behandeln. Dieser Klient, der sog. *Mr. Yavis*, ist durch die Merkmale „young“, „attractive“, „verbal“ (redegewandt), „intelligent“ und „successful“ (beruflich erfolgreich) gekennzeichnet. Ein Klient, der diese Merkmale nicht aufweist, hat eine weit geringere Chance, zu einer psychotherapeutischen Behandlung zugelassen zu werden und diese auch erfolgreich zu Ende zu führen. Neben dieser sog. „verdeckten Therapiestratifikation“ entscheidet eine „offene Stratifikation“ darüber, von welchem Therapeuten und mit welcher Therapiemethode ein Klient behandelt wird. Unsystematische Informationen, wie Ausbildung, Erfahrung oder Wertvorstellungen, gehen ebenso in die Entscheidung ein, wie gesicherte Indikationsstellungen der einzelnen therapeutischen Richtungen.

Der Behandlungsrahmen (z. B. Setting in der klassischen Psychoanalyse, Therapie mit der gesamten Familie, Therapiegruppen, Gruppentherapie) bestimmt unmittelbar, wie Therapeut und Klient ihre Rolle konkret ausfüllen.

4.2 Therapieziele

Der therapeutische Prozeß ist von seinem Wesen her eine Form gemeinsamer Suche nach einer Lösung für ein psychisches Problem und damit für den Klienten auch ein Stück weit gemeinschaftliche Lebensbewältigung. Jeder konkrete Eingriff, jede Behandlung impliziert eine bestimmte Sichtweise des Problems und bestimmt damit auch die Grenzen, innerhalb derer eine therapeutische Veränderung als notwendig, möglich und sinnvoll erachtet wird.

In jeder Form von P. können zwei Klassen von Therapiezielen – vermittelnde und abschließende – unterschieden werden (Parloff, 1967). *Vermittelnde Ziele* sind in der Regel schulengebunden, aus der jeweiligen Therapietheorie hergeleitet und damit wissenschaftlich begründbar. Es sind die einzelnen Schritte, die jede Klient-Therapeut-Dyade in einer Therapie durchlaufen soll. So ist z. B. ein Ziel des Verhaltenstherapeuten, die Schwierigkeiten des Klienten als „Verhalten in einer spezifischen Situation“ zu beschreiben. Entsprechend der psychoanalytischen Grundregel versucht der Analytiker freies Assoziieren zu erleichtern. Ein wichtiges vermittelndes Ziel in der Gesprächspsychotherapie ist es, dem Klienten zu helfen, von seinem Erleben und Verhalten zu berichten und sich mit dem Berichteten unmittelbar auseinanderzusetzen. Das Erreichen der vermittelnden Ziele ist somit die wichtigste Voraussetzung für eine erfolgreiche Therapie.

Im Rahmen einer P. müssen auch Kriterien für Gelingen oder Mißerfolg einer Behandlung festgelegt werden. *Abschließende Ziele* können entweder im Rahmen der jeweiligen Krankheitstheorie oder umfassenden Leitvorstellungen von der ideal erfolgreich therapierten Person formuliert werden. Hier ergibt sich die Frage nach dem Gesundheits- und Menschenbild des jeweiligen Therapeuten. Je nachdem, ob er unter psychischer Gesundheit die Abwesenheit einer Krankheit versteht oder die erfolgreiche Bewältigung und Anpassung an die momentanen Lebensbedingungen versteht oder aber darüber hinaus den individuellen Reifungs- und Entwicklungsprozeß einer Person fördern will, werden Therapeut und Klient zu einem unterschiedlichen Zeitpunkt die Therapie abschließen und als erfolgreich beurteilen.

Innerhalb des therapeutischen Prozesses werden in den Zielaussagen und in den Vorstellungen von psychischer Normalität die unterschiedlichen Interessen von Therapeut, Klient und Gesellschaft sichtbar. Ein Hauptinteresse der Gesellschaft ist es, vor allem das Gefüge der sozialen Beziehungen, die Rollenverteilung und primär Stabilität, Vorhersagbarkeit und Konformität individuellen Verhaltens zu erhalten, auch wenn dies spontanen Wünschen und Bedürfnissen des einzelnen zuwider laufen mag. Demgegenüber gewichtet das Individuum persönliches Glück und psychisches Wohlergehen weit höher. Die Vorstellungen des Therapeuten wiederum sind zusätzlich auch von funktionalen und persönlichkeitstheoretischen Überlegungen geprägt (Strupp/Hadley, 1977). Die Aufgabe von Therapeut und Klient besteht nun darin, diese drei unterschiedlichen Wertvorstellungen – soziale Anpassung, subjektives Glück und Wohlbefinden sowie handlungs- und erlebnisfähige Persönlichkeit – auf einen gemeinsamen Nenner zu bringen.

4.3 Therapeutischer Prozeß und therapeutische Techniken

Das Gros der empirischen Untersuchungen zeigt, daß die verschiedenen Formen psychologischer Therapie positive Effekte bewirken. Weitgehend offen und zwischen den einzelnen Schulen umstritten ist jedoch, welche Faktoren innerhalb des therapeutischen Prozesses diese Änderungen im wesentlichen verursachen. Von den einzelnen therapeutischen Richtungen werden sehr unterschiedliche Erklärungsmodelle angeboten, die aus der Vielzahl möglicher Wirkvariablen bestimmte Therapeuten-, Klienten- oder Interaktionsvariablen als die entscheidenden ansehen.

Unserem Verständnis nach geht es in jeder Therapie darum, den Klienten als Person in seiner Lebenswelt zu sehen und mit ihm gemeinsam zu versuchen, seine subjektive Erfahrung und seine Sicht von sich selbst und seiner Welt zu verstehen. Die therapeutische Beziehung ist Voraussetzung und Vehikel dafür. Das offene Miteinander-In-Beziehung-Treten von Therapeut und Klient besitzt aber auch einen ganz eigenständigen Wert. Die Beziehung, die Therapeut und Klient miteinander eingehen, ist Teil der Erfahrung, der zum Verstehen hilft und der seinerseits verstanden werden soll. Jede Therapietheorie versucht Aussagen über diese beiden wesentlichen Momente von P. zu formulieren. Unterschiede bestehen zum einen darin, als inhaltliche bzw. Beziehungsaspekte jeweils unterschiedlich gewichtet werden, und zum anderen in der Auffassung, daß sich Veränderungen aus dem gemeinsamen Verstehen entwickeln oder aber direkt vom Therapeuten herbeigeführt oder angestoßen werden müssen.

In der *Psychoanalyse* konzentriert sich der Therapeut auf die vergangenheitsdeterminierten Momente in Verhalten und Erleben des Klienten. Die therapeutische Beziehung wird so gestaltet, daß der Klient möglichst alle ungelösten Konflikte in die analytische Situation „überträgt“, sie dort wiederbelebt und bewußt wahrnimmt. Mit Hilfe verschiedener Techniken – wie Deuten, Konfrontieren, Klären, Analyse von Widerständen oder von Träumen – versucht der Analytiker, die sog. „Übertragungsanteile“ zu verstehen und interpretierend aufzulösen und damit die „neurotische Persönlichkeitsstruktur“ des Klienten zu verändern. Wesentlich für diesen Prozeß ist es, daß sich der Therapeut mit seinen Empfindungen, Überzeugungen und Meinungen sowie in seinen spontanen Reaktionsweisen möglichst kontrolliert und zurückhält. Die Abstinenzregel fordert von ihm, daß er sich nicht vollständig als Person in die Therapiebeziehung einbringt und dadurch dem Klienten Raum läßt für dessen Wünsche, infantile Bedürfnisse, Gefühle und Phantasien, wodurch er zur „idealen Projektionsfläche“ für ihn wird. Er bleibt in der Rolle eines professionellen Experten und versucht nicht, gleichwertiger Partner zu werden.

Im Gegensatz dazu wird in den Therapieformen der *Humanistischen Psychologie* die unmittelbare und persönliche Beziehung des Therapeuten zum Klienten als ein wesentlicher Faktor angesehen. Technische Momente treten dadurch zwangsläufig stärker in den Hintergrund. In der *Gesprächspsychotherapie* ist „Echtheit, Selbstkongruenz und reales Zugegensein“ des Therapeuten ein Kernbestandteil des Therapieprozesses. Noch entschiedener wird in der *Gestalttherapie* die Person des Therapeuten mit all ihren Gefühlen, Empfindungen und Einstellungen herausgestellt. „Der Therapeut selbst ist sein eigenes Instrument“ (Polster/Polster, 1973). Er benutzt wie ein Künstler seinen psychischen Zustand, seine Person als Ganzheit, um dem Klienten in der Begegnung mit ihm neue Erfahrungen zu ermöglichen. *Verhaltenstherapie* wiederum sieht vor allem in der korrekten Anwendung von theoretisch hergeleiteten und empirisch begründeten Interventionsstrategien, die Lernprozesse auslösen, den eigentlichen Faktor therapeutischer Veränderung. Strategischem Vorgehen und therapeutischen Techniken wird hier ein sehr viel größeres Gewicht als der Therapeut-Klient-Beziehung beigemessen.

Eine kritische Analyse der bisher vorliegenden Therapietheorien zeigt deutlich, daß jede einzelne Theorie psychotherapeutisches Handeln nur unvollständig und einseitig erfaßt (Ford/Urban, 1963). Dieses Theoriedefizit macht sich vor allem in der therapeutischen Praxis bemerkbar und führt dort häufig zu einem unreflektierten *Eklektizismus* (= Vermischung von Techniken unterschiedlicher Herkunft).

Ausgehend von unterschiedlichen Vorüberlegungen versuchen einzelne Autoren (wie Bastine, Burton, Marmor, Strupp) umfassendere, schulenüberschreitende Konzepte des therapeutischen Änderungsprozesses zu formulieren. Während Bastine (1976) und Marmor (1976) die in der therapeutischen Praxis vorfindbaren Gemeinsamkeiten zum Ausgangspunkt ihrer Vorschläge nehmen und eher intuitive, additiv aneinandergereihte Interventionsstrategien formulieren, geht Strupp (1973; 1976; 1977) mit seinen Grundelementen des therapeutischen Prozesses („Basic Ingredients“) stärker von Überlegungen der empirischen Forschung aus.

Folgt man diesem Verständnis von empirisch fundierter P., dann müssen *drei Variablenbereiche* realisiert sein, um eine therapeutische Veränderung zu erreichen. Die erste und wichtigste Bedingung ist das Herstellen und Aufrechterhalten einer *Beziehung zwischen Klient und Therapeut*, die gekennzeichnet ist durch Respekt, Interesse, Engagement, Vertrauen und gegenseitige Wertschätzung. Diese Beziehung erst schafft die grundlegende Voraussetzung für eine gemeinsame Arbeit.

Zweite Bedingung: Effektive therapeutische Einflußnahme besteht dann in der *Fähigkeit des Therapeuten*, mit dieser persönlichen Beziehung psychologische Interventionsmethoden einzusetzen. In der therapeutischen Beziehung besitzt der Therapeut die Möglichkeit, mit dem Klienten wichtige emotionale zwischenmenschliche Erfahrung zu teilen. Der Klient kann konflikthafte frühere Erfahrung wieder erleben oder unangepaßte soziale Interaktionsmuster erkennen und in Frage stellen. Die therapeutische Beziehung bietet die Möglichkeit, vernünftigere, konfliktfreiere Formen menschlicher Begegnung zu erleben und neue Formen der Interaktion zu erproben.

Die Aufgabe *psychotherapeutischer Techniken* besteht in erster Linie darin, den Klienten zu mehr Einsicht und zu neuen Verhaltensweisen anzuleiten. Dabei können prinzipiell alle ethisch vertretbaren Formen sozialer Einflußnahme als therapeutische Interventionsstrategie eingesetzt werden. Es wurde mehrfach versucht, schulenübergreifende Gemeinsamkeiten des therapeutischen Handelns in Kategorien zu fassen. Ohne den Anspruch auf Vollständigkeit zu erheben, möchten wir zur Verdeutlichung einige Interaktionsfiguren bzw. Interventionsstrategien aufzählen (Haley, 1963; Vukovich, 1975; Bastine, 1978; Hill/O'Grady, 1985): Deutlich- und Bewußtmachen, Interpretieren, Informieren, Vorschlagen, Ermutigen, Modellieren, Kontrollieren, Integrieren, Generalisieren/Verallgemeinern.

Der Erfolg jeglicher Einflußnahme hängt nicht nur vom Geschick des Therapeuten ab, sondern von einer dritten, notwendigen therapeutischen Bedingung, der *Möglichkeit und Bereitschaft des Klienten*, innerhalb des Interaktionsprozesses auf die neuen Angebote und Erfahrungsmöglichkeiten einzugehen und zu lernen. Hierin zeigt sich noch einmal die enge Wechselbeziehung von Therapeut und Klient und die zentrale Bedeutung, die der therapeutischen Beziehung zukommt.

4.4 Die therapeutischen Effekte

Eine Unterscheidung von Therapieziel und Therapieergebnis erscheint notwendig, da beide nur im Idealfall deckungsgleich sind. Das Therapieergebnis beschreibt, in welchem Ausmaß nach Abschluß der Behandlung die aufgestellten Ziele erreicht werden konnten. Die empirische P.forschung hat bereits früh darauf aufmerksam gemacht, wie schwierig es ist, den Therapieerfolg eindeutig zu beurteilen. Die zumeist nur recht global formulierten Therapieziele lassen sich auf sehr unterschiedlichen Ebenen operationalisieren. Je nachdem, welche *Kriterien* herangezogen werden – globale Beurteilung der Besserung, Verhaltensbeobachtung, psychologische Testsysteme, Indikatoren wie Schulerfolg, Berufswechsel, neue Partnerbeziehung –, ergeben sich unterschiedliche Therapieerfolge. Auch der *Blickwinkel* – Klient, Therapeut oder neutrale Person –, von dem aus der Erfolg oder Mißerfolg einer Behandlung beurteilt wird, führt zu sehr unterschiedlichen Einschätzungen (Harty/Horwitz, 1976).

Lange Zeit sind die meisten Therapeuten stillschweigend von der Annahme ausgegangen, daß Therapie immer positive oder im ungünstigsten Fall keine Effekte hervorruft. Wenn sich einzelne Schulen überhaupt mit diesem Problem auseinandergesetzt haben, so hauptsächlich auf der therapeutischen Erfahrungsebene, etwa im Rahmen von klinischen Falldarstellungen. Neuere Untersuchungen haben jedoch gezeigt, daß durch den therapeutischen Prozeß Störungen nicht nur beseitigt, sondern im Gegenteil auch sog. *iatrogene* (= therapie-induzierte) *Störungen* ausgelöst werden können (Lambert et al., 1977). Die Ursachen für eine Verschlechterung der Symptomatik, Suizid, psychosomatische Beschwerden, Zusammenbruch sozialer Beziehungen – um nur einige mögliche negative Effekte zu nennen – können nicht nur in einer falschen Indikation, einer nicht sachgemäßen Anwendung therapeutischer Techniken, sondern auch in einer unzureichenden Ausbildung des Therapeuten liegen. P. bietet demnach dem Klienten nicht nur eine Chance auf Besserung, sondern birgt ebenso wie ein medizinischer Eingriff für den Klienten auch ein Risiko (Schulz, 1984).

Die Beurteilung des Erfolgs einer P. hängt auch von den *Therapiezielen* ab, die ihrerseits (eng) mit dem Krankheitskonzept und Menschenbild des jeweiligen therapeutischen Ansatzes verbunden sind. So ist es nicht verwunderlich, daß sich Therapeuten unterschiedlicher Herkunft und Forscher (nur) in den seltensten Fällen auf gemeinsame und verbindliche Kriterien für die Erfolgsbeurteilung einigen können (u. a. Bastine, 1982).

5 Sozialer Kontext

P. steht als eine Form sozialen Handelns in vielfältiger Beziehung zu den wirtschaftlichen, kulturellen und politischen Strukturen und Entwicklungsprozessen einer Gesellschaft. Diese Beziehungen ergeben sich daraus, daß P.

- Leiden und Krankheiten behandelt, deren Ursachen z. T. in sozialen Konflikten und Widersprüchen liegen;
- das Ziel verfolgt, dem Klienten ein sinnvolles Handeln in der Gesellschaft zu ermöglichen;
- in ihren Theorien, Methoden und Institutionen an die konkreten Lebensbedingungen gebunden ist (Thom/Löter, 1976).

In der P. wird aber durch die Ausrichtung auf die Person des Klienten ein psychisches Problem zunächst nur in seiner *individuellen Ausprägung* gesehen, untersucht und mit psychologischen Mitteln verändert. Zwangsläufig wird dadurch das Hauptaugenmerk auf individuelle und psychische Aspekte abweichenden Verhaltens eingeengt. Dabei können Therapeut und Klient sehr leicht aus dem Auge verlieren, daß die Gründe auch für das gerade vorliegende psychische Problem nicht nur in einer verzerrten Wahrnehmung der Wirklichkeit, in überzogenen Erwartungen oder in unangemessenen Verhaltensmustern zu suchen sind, sondern auch in den ökonomischen Bedingungen, in Fremdbestimmtheit, in sozialer Benachteiligung oder Isolierung.

P., die solche Rahmenbedingungen zu wenig beachtet, läuft dabei Gefahr, mit dazu beizutragen, offenkundige soziale Mißstände zu verfestigen, indem sie vorhandene Probleme zu individualistisch sieht und sie dem Klienten durch die Behandlung u. U. nur erlebnismäßig erträglicher macht. Allgemeinstes Ziel einer psychotherapeutischen Behandlung ist es immer, dem Klienten zu helfen, einen für ihn sinnvollen und persönlich angemessenen Weg zu finden, in seiner sozialen Umwelt handlungsfähiger zu werden, also „nicht nur in der Welt, sondern mit der Welt" (Freire, 1977) leben zu lernen. Damit wird der *Doppelcharakter* von P. offenkundig: Sie soll einerseits die eigenständige Entwicklung des Klienten und gleichzeitig eine Anpassung an die Gesellschaft fördern. Mit der Ausrichtung auf diese Zielvorstellungen sind prinzipiell Wertentscheidungen verknüpft. Durch den Therapeuten werden innerhalb der Therapie auf zweifache Weise gesellschaftliche Werte vermittelt. Sein persönliches Wertsystem ist das Ergebnis seiner individuellen Lerngeschichte, seiner sozialen Herkunft, seiner Ausbildung und seiner momentanen Lebenslage. Die in der jeweiligen Therapietheorie enthaltenen Vorstellungen von psychischer Normalität bzw. seelischer Gesundheit bilden für den Therapeuten eine Art Orientierungshilfe, die Therapieverlauf und -endpunkt festlegt. Auch hier werden indirekt Wertvorstellungen der Gesellschaft in den therapeutischen Prozeß übernommen.

In jeder Behandlung werden diese beiden *Wertsysteme* aktualisiert und miteinander verwoben. Da der Therapeut gegenüber dem Klienten einen Wissensvorsprung besitzt und soziale Macht ausübt, besteht immer die Gefahr, daß der Klient im Sinne fremder Wertvorstellungen beeinflußt wird. Diese Gefahr erscheint dann besonders groß, wenn die Therapieziele nicht explizit formuliert werden, wenn Werturteile als Tatsachenurteile getarnt werden, wenn Theorien über abweichendes Verhalten vorgeben, wertneutral zu sein oder wenn eine Supervision und Kontrolle des Therapeuten im Selbstverständnis der jeweiligen therapeutischen Schule nicht verankert ist, wenn sich eine Therapieeinrichtung gegen eine Kritik von außen immunisiert.

Wenn P. also grundsätzlich nicht wertfrei sein kann, ist es unabdingbar, alle einfließenden persönlichen und theorieimmanenten Werte offenzulegen und einer Legitimation zu unterziehen. Die Bemühungen, therapeutische Änderungsziele und Wertvorstellungen zu rechtfertigen, dürfen u. E. aber nicht nur innerhalb des therapeutischen Prozesses stattfinden. Ziele können nicht allein im begrenzten Dialog zwischen Therapeut und Klient ausgehandelt werden, sondern wir verstehen P. auch als eine aktive, nach außen gerichtete *Parteinahme* für die Probleme und Leiden unserer Klienten. In seiner Arbeit muß sich der Therapeut auch an gesellschaftliche und politische Instanzen richten und versuchen, seinen Einfluß auf der Ebene gesellschaftspolitischer Entscheidungen geltend zu machen, um nicht nur im Therapiezimmer zur Verbesserung menschlicher Lebensverhältnisse beizutragen. Dieser *humanistische Anspruch*, den P. erhebt, wird auf der gesellschaftspolitischen Ebene mit verschiedenartigen Interessen konfrontiert, die letztlich auch Möglichkeiten und Grenzen psychotherapeutischer Praxis festlegen.

Der Stellenwert, den psychotherapeutische Behandlung institutionell und rechtlich in der Gesundheitsversorgung einnimmt, zeigt am unmittelbarsten und deutlichsten den gesellschaftlichen Einfluß. Es besteht zweifellos ein berechtigtes Interesse der Bevölkerung nach einer wirksamen und kontrollierten psychotherapeutischen Versorgung. Dem Gesetzgeber fällt damit die Aufgabe zu, diese Versorgungsansprüche durch gesundheitspolitische Maßnahmen zu befriedigen. Er hat die Aufgabe, einerseits entsprechende Institutionen zu planen, einzurichten und zu finanzieren und andererseits durch gesetzliche Regelung den Klienten vor Mißbrauch zu schützen, indem er Standards für die Ausbildung festsetzt und die Zulassung für die Berufsausübung kontrolliert. Allerdings wurde bisher versäumt, Vorstellungen zu entwickeln, wie P. auf einer breiteren Basis in die Gesundheitsversorgung integriert werden kann. Es ist daher die Gefahr nicht zu übersehen, daß der allgemeine Versorgungsauftrag für Psychotherapeuten weitgehend von berufsständischen und ökonomischen Interessen diktiert wird und daß die breiten humanistischen und kritischen Ansprüche dabei weitgehend „Theorie" bleiben (Nedelmann/Horn, 1976; Pohlen, 1978). Eine Verbesserung der Versorgung dürfte sich daher nicht allein auf die Einrichtung und Finanzierung therapeutischer Institutionen, auf die Erhöhung der Zahl von Fachkräften und die Ausweitung der kassenärztlich anerkannten Dienstleistungen beschränken.

In einem solchen Veränderungsvorschlag bleiben die derzeitigen Stratifikationsbedingungen, die zu einer großen Ungleichheit in der Versorgung führen, unangetastet (Gleiss et al., 1973). In seinem provokativen Artikel „Does including psychotherapy in health insurance represent a subsidy to the rich from the poor?“ weist Albee (1977) auf die Gefahr hin, daß eine nur organisatorische und versicherungsrechtliche Reform nicht auch schon eine entscheidende Verbesserung der Versorgungslage bisher unversorgter Personen nach sich zieht. Eine bloße Eingliederung von P. in das weitgehend von der Organmedizin geprägte Versorgungssystem würde die Möglichkeiten psychotherapeutischer Tätigkeit einschränken. Vielmehr gilt es, den *Krankheitsbegriff*, wie er in den gesetzlichen Regelungen festgelegt ist, *zu erweitern*. Über die Leidens- und Symptombeseitigung hinaus soll durch die psychotherapeutische Behandlung dem Klienten auch Einsicht in den Zusammenhang zwischen seinem Leiden und beeinträchtigenden Lebensbedingungen vermittelt werden, damit er auch einen aktiveren und selbstverantwortlicheren Anteil am Gesundungsprozeß übernehmen kann. Eine gelungene Integration von P. in das Versorgungssystem muß auch eine *Veränderung der Zugangsbedingungen* enthalten. Solange sich P. in einem weitgehend passiven Angebot erschöpft, bleiben Personengruppen mit sehr hoher Schwellenangst, mit einem passiv-rezeptiven Krankheitsverhalten oder mit schlichten Informationslücken und Vorurteilen weitgehend unversorgt. Erst wenn P. in umfassende, kooperative Behandlungsmodelle einbezogen wird, wie sie ansatzweise in der *Gemeindepsychologie* oder *Sozialpsychiatrie* vorgeschlagen worden sind, vermag sie ihre potentiellen Möglichkeiten voll zu verwirklichen.

6 Ausbildung und Berufspolitik

Die Entwicklung der P. – vornehmlich der Psychoanalyse – verlief lange Zeit in Anlehnung an medizinische Vorstellungen und Modelle und förderte in Fortführung Freudscher Tradition eine Verknüpfung des Berufsbildes eines Psychotherapeuten mit dem eines Arztes. Bereits in den vierziger und fünfziger Jahren entwickelten auch andere wissenschaftliche Disziplinen – u. a. die Psychologie – neue und eigenständige psychotherapeutische Theorien und Methoden (z. B. Gesprächspsychotherapie, Verhaltenstherapie), die vom damals vorherrschenden, stark medizinisch geprägten Behandlungsansatz abweichen. Während sich diese Entwicklung in den USA rasch auch auf die Berufspraxis ausgewirkt hat, orientiert sich in der BRD die psychotherapeutische Versorgung immer noch stark an der historisch gewachsenen Verbindung von Arzt und Psychotherapeut.

Ausbildung in P. steht damit im Spannungsfeld zwischen einer juristischen und berufsständischen Regelementierung der Ausübung von „Heilkunde“ und dem expandierenden Methodeninventar und Wissensfortschritt. Vor diesem Hintergrund ist es nicht verwunderlich, daß sich sehr *heterogene Ausbildungsmodelle* entwickelt haben, die von unterschiedlichen Trägern angeboten werden (zur Information u. a.: Egg, 1985). Unabhängig von Ausbildungsträger und Therapieschule ist die Ausbildung in ihrer Struktur ähnlich aufgebaut. Im Anschluß an eine etwa zweijährige Grundausbildung erfolgt eine drei- bis vierjährige Zusatzausbildung, die in der Regel berufsbegleitend ist. Die zentralen Bausteine der psychotherapeutischen Ausbildung umfassen: die Erarbeitung der theoretischen Grundlagen, Training von Interventionsmethoden und Therapeutenverhalten, Analyse und Veränderung der eigenen Person und praktische Arbeit unter Supervision.

Sowohl die wissenschaftliche Ausrichtung der P. als auch die Struktur der gesetzlich verankerten Gesundheitsversorgung haben in der BRD dazu geführt, daß die wichtigste Eingangsvoraussetzung für die Ausbildung ein Hochschulstudium, in der Regel Medizin oder Psychologie, ist. Davon unberührt ist die Berufsausübung durch Gesetz auf Ärzte und Heilpraktiker beschränkt. Somit besteht die *groteske Situation*, daß ausgebildete Psychotherapeuten, die nicht zugleich Ärzte sind, nur eine Zulassung im Rahmen des Heilpraktikergesetzes erhalten. Nur wenigen dürfte die Entstehungsgeschichte und Absicht dieses Gesetzes bekannt sein, mit dem schon einmal eine ganze Gruppe von der Berufsausübung ausgeschlossen werden sollte. Denn ursprünglich diente es zur Ausgrenzung jüdischer Ärzte, denen die Approbation auf Grund der Rassengesetzgebung entzogen wurde.

7 Aktuelle Trends

Die große Euphorie, mit der die stürmische Entwicklung der P. vor allem in den 70er Jahren begleitet war, ist inzwischen skeptischeren Einschätzungen ihrer Entwicklungs- und Anwendungsmöglichkeiten gewichen. Die große Flut an Literatur über neue psychotherapeutische Methoden und die Ergebnisse empirischer Forschung führten zwar zu einer erheblichen Ausweitung unseres Wissens, zeigten aber zugleich die theoretischen Defizite der einzelnen Konzepte und das Fehlen von angemessenen Forschungsmethoden. Aber auch die gesellschaftliche und sozialpolitische Entwicklung der letzten Jahre hat Grenzen psychotherapeutischer Vorgehens- und Denkweisen deutlich gemacht. Wir möchten die Umrisse einiger wichtiger Strömungen und Entwicklungslinien skizzieren, wie sie sich momentan im Kräftespiel von Befürwortern, Kritikern und Gegnern abzeichnen.

7.1 Psychotherapie und Öffentlichkeit

Die empirische Forschung und die offenere Diskussion zwischen einzelnen therapeutischen Schulen hat gezeigt, daß P.
- auch schädigende Nebenwirkungen haben,
- zu einer übermäßigen Abhängigkeit des Klienten führen kann,
- eher nur einer kleinen und ausgewählten Personengruppe zugute kommt.

Ein erhöhtes Problembewußtsein der Psychotherapeuten und der Öffentlichkeit führt nun dazu, die Ausbildung und Ausübung von P. im Dienste des Klienten verantwortungsvoller und kontrollierter zu gestalten. Wir finden ein erhöhtes Bemühen, die Position des Klienten zu stärken, etwa in dem Versuch, das therapeutische Vorgehen transparenter und offener zu machen, den Klienten besser zu informieren, die Expertenrolle und damit das Machtgefälle abzubauen, die Verantwortlichkeit und Eigenständigkeit des Klienten zu fördern, Therapieverbände und Ausbildungsträger versuchen, ihre Ausbildungsgänge zu vereinheitlichen und die Standards den Erfordernissen einer wirksamen und kontrollierten P. anzugleichen. In der BRD sind die gesetzliche Regelung für die Zulassung und Ausübung von P., die psychotherapeutische Versorgung und ihre Finanzierbarkeit weiterhin ungelöst. Zu klären sind Fragen wie:
- die Ausweitung der Zulassung zur Ausübung von Heilkunde auf Psychologen und auch andere Berufsgruppen,
- in welchem Umfang die Kosten der P. von Krankenkassen übernommen werden kann,
- inwieweit die Klienten vor Mißbrauch und Scharlatanerie geschützt werden können und
- wie eine effektive Kontrolle neuer psychotherapeutischer Verfahren, ähnlich dem Arzneimittelgesetz, erfolgen kann.

Inzwischen zeichnet sich eine verschärfte *berufsständische Auseinandersetzung* zwischen Ärzten und Nicht-Ärzten ab, die inhaltliche und sozialpolitische Aspekte in den Hintergrund drängen.

7.2 Verstärkte Professionalisierung und wachsende Entprofessionalisierung

Wer ist ein Psychotherapeut? Nach dem bisher Gesagten ist diese Frage heute nicht mehr so eindeutig zu beantworten, wie es vielleicht auf den ersten Blick scheint. Vordergründig könnte man sagen, daß Psychotherapeuten zumeist Angehörige eines akademischen *Beratungsberufes* sind, die eine mehrjährige Ausbildung absolviert und ein entsprechendes Abschlußzertifikat erworben haben. Sieht man von formalen und berufsrechtlichen Definitionen ab, so ist durch vielfältige Entwicklungen innerhalb des Faches die Grenze zwischen Therapeuten und Nicht-Therapeuten sehr fließend geworden. Eine ausgeprägte Professionalisierung der helfenden Berufe war notwendig, um eine effektivere, kontrolliertere Versorgung der Bevölkerung sicherzustellen und den Klienten ausreichenden Schutz zu gewähren. Die damit verbundene Reglementierung, Standardisierung und Institutionalisierung von P. bringt jedoch auch eine Reihe nicht zu übersehender Probleme und Nachteile mit sich. Juristische Einengung und festgeschriebene Ausbildungsrichtlinien können die notwendige Innovation und Weiterentwicklung der P. hemmen. Für den Klienten selbst birgt eine wachsende Psychiatrisierung und Psychotherapeutisierung des täglichen Lebens die Gefahr, daß er eigene Verantwortung an den Therapeuten abtritt und persönliche Initiative und Aktivität verkümmern läßt. Professionelle Helfer neigen eher dazu, den Akzent auf die *Hilfsbedürftigkeit* und *Schwäche* des leidenden Menschen zu legen und vergessen dabei die jedem Klienten innewohnenden Selbstheilungskräfte und die Möglichkeit, gemeinschaftlich psychische Probleme zu lösen.

Eine Reihe empirischer Untersuchungen haben gezeigt, daß Selbsterfahrungs- und Selbsthilfegruppen, Laienhelfer und Mediatioren zumindest bei einigen psychischen Problemen (u. a. Alkoholismus, Drogenabhängigkeit) ähnliche Erfolge aufweisen wie ausgebildete Psychotherapeuten. *Nichtprofessionelle Hilfe* besitzt gegenüber den institutionalisierten Formen der P. eine Reihe zusätzlicher Vorteile. Bei der Vielzahl der vorhandenen psychischen Probleme würde eine ausschließlich auf professionelle Hilfe abgestellte Versorgung die finanziellen und institutionellen Möglichkeiten einer Gesellschaft bei weitem übersteigen. Nichtprofessionellen Formen von Hilfe muß allerdings nicht nur unter ökonomischen Aspekten ein fester Platz eingeräumt werden. Die Hilfe und Unterstützung, die der einzelne in selbstorganisierten Einrichtungen, wie *Patientenklubs, Anonyme Alkoholiker, Release Center*, bekommt, diskriminieren und stigmatisieren ihn weit weniger als ein Klinikaufenthalt oder der regelmäßige Besuch beim Psychotherapeuten. In der Begegnung und Auseinandersetzung mit den unmittelbar Betroffenen (Leidensgenossen) erfährt er eine andere Art von Verständnis, Unterstützung und gemeinschaftlicher Problembewältigung, als dies durch die P. vermittelt werden kann. Wie schnell und wirksam von den Betroffenen selbst Hilfe und Unterstützungsmöglichkeiten mobilisiert werden können, zeigen die

Einrichtung von Frauenhäusern, die Organisation der Aids-Hilfe und die Beratung sexuell mißbrauchter Mädchen. Psychotherapeuten werden hierbei meist (nur) als Supervisoren oder Fachberater hinzugezogen.

7.3 Psychotherapieforschung

Zwei so unterschiedliche Charaktere wie Carl Rogers und Hans-Jürgen Eysenck haben bereits in den vierziger und fünfziger Jahren die entschiedenen Anstöße für die empirische P.forschung gegeben. Eysencks Beitrag zur Spontanremission (Eysenck, 1952) hatte heftige polemische Auseinandersetzungen über die Effektivität von P. zur Folge. Auch wenn die Auswahl und die Interpretation seiner Daten sehr fragwürdig waren, gingen von seiner Arbeit doch wichtige Impulse aus. Er warf die Frage nach der Stabilität von psychischen Störungen auf und verband sie gleichzeitig mit der Aufforderung, die Effektivität von P. im Vergleich zu unbehandelten Klientengruppen empirisch nachzuweisen. Die Forschung der folgenden Jahre wurde durch die Beiträge ganz entscheidend geprägt und konzentrierte sich vor allem auf zwei Fragenkomplexe:

- Unter dem Stichwort „Erfolgsforschung" wurde die Effektivität von Therapie im Vergleich zu Kontrollgruppen untersucht.
- Unter dem Stichwort „Prozeßforschung" versuchte man, wirksame psychotherapeutische Einflußvariablen zu identifizieren.

Smith und Glass (1977) haben eine Vielzahl verfügbarer Untersuchungen zusammengetragen und annähernd 400 kontrollierte P.studien analysiert. Ihre Auswertung ergab, daß der typische P.patient im Durchschnitt eine höhere Besserungsrate aufweist als 75% der nichtbehandelten Individuen. Zwischen den einzelnen Therapieformen konnten *keine* bedeutsamen Unterschiede in der Effektivität festgestellt werden. In den letzten Jahren hat die Anzahl konzeptuell und methodisch verbesserter Primäranalysen psychotherapeutischer Prozesse und Effekte zugenommen. Deutlich wird dies u. a. auch in zahlreichen Sekundäranalysen veröffentlichter P.studien. Der Einsatz der „Meta-Analyse" zur Integration von Forschungsergebnissen belegt nicht nur die *differentielle Wirksamkeit* psychotherapeutischer Verfahren, sondern deckt u. a. auch (reparable) *Mängel* und Einseitigkeiten der verwendeten Untersuchungsansätze und -methoden und vor allem die *eingeschränkte Brauchbarkeit der verwendeten Meßverfahren* zur Erfassung der Effekte auf (u. a. Matt/Wittmann, 1985; Wittmann/Matt, 1986).

Nach den bisher vorliegenden Untersuchungen gilt es inzwischen als unbestritten, daß P. im allgemeinen positive Effekte hervorruft, daß die verschiedenen Verfahren differentiell wirken und daß P. nachweisbar effektiver ist als keine Behandlung (Vandenbos, 1986 b). Nicht zuletzt wegen ihrer großen gesundheitspolitischen Relevanz muß die Frage nach der generellen und differentiellen Wirksamkeit von P. immer wieder neu gestellt und untersucht werden (Baumann, 1984; Bühringer/Hahlweg, 1986). In den letzten Jahren haben namhafte Autoren vermehrt auch eine wissenschaftstheoretische Problematisierung der bisherigen P.forschung vorgenommen und Vorschläge für die Formulierung neuer Fragestellungen, Untersuchungsansätze und für die Ausweitung des methodischen Inventars unterbreitet (u. a. Baumann, 1984; Kazdin, 1986; Vandenbos, 1986 a). Während die meisten dieser Beiträge der traditionellen – empirisch-neopostivistischen – wissenschaftstheoretischen Ausrichtung verpflichtet bleiben, problematisieren andere Autoren auch das zugrundeliegende Wissenschaftskonzept von P. und P.forschung. Einzelne Autoren plädieren für eine Unterscheidung von psychologischer und psychotherapeutischer Theoriebildung, für eine handlungstheoretische oder sozialwissenschaftliche oder phänemienologisch-hermeneutische oder sprachwissenschaftliche Fundierung (u. a. Gottwald, 1982; Aschenbach/Kempf, 1985; Grawe, 1985; Tress, 1985).

7.4 Neue Arbeitsfelder

Ursprünglich wurden die meisten psychotherapeutischen Verfahren dazu entwickelt, um neurotische Störungen, wie Phobien, Hysterie u. a. zu behandeln. Schrittweise wurde das Anwendungsfeld erweitert, und auch psychosomatische und psychotische Erkrankungen wurden geheilt bzw. gebessert. Lange Zeit orientierte sich die Indikationsstellung von P. ausschließlich an dieser klassischen, psychiatrischen Nosologie, und erst mit der Verhaltens- und Gesprächspsychotherapie erfolgte eine stärkere Lösung vom medizinisch-naturwissenschaftlich geprägten Krankheits- und Therapieverständnis. Sozialwissenschaftliche Modelle abweichenden Verhaltens erweitern den engen Krankheitsbegriff, allgemeine psychologische Konzepte der Veränderung menschlichen Verhaltens und Erlebens modifizieren das Verständnis von Therapie und führen zu einer Ausdehnung der Anwendungsmöglichkeiten psychotherapeutischer Methoden. So werden nicht allein jene psychischen Probleme, die durch die klassischen Krankheitsbilder beschrieben werden, psychotherapeutisch behandelt, sondern auch psychische Schwierigkeiten sog. „normaler" Personen wie Rauchen, Übergewicht, Ehe- und Partnerprobleme, Schul- und Studienschwierigkeiten, existentielle Lebenskrisen.

Psychotherapeutische Vorgehensweisen werden nicht nur im engeren therapeutischen Bereich, d. h. bei der Beseitigung bereits aufgetretener psychischer Störungen, verwendet. P. wird bei Kindern u. a. auch zur *Prophylaxe* von Störungen im Erwachsenenalter angewendet. In der *Rehabilitation* werden Ansätze einer begleitenden P. in so unterschiedlichen Feldern wie bei der Resozialisierung von Strafgefangenen oder bei der Wiedereingliederung von Herz-Kreislauf-Patienten erprobt.

Mit der *Encounterbewegung* begann eine verstärkte Popularisierung und Streuung psychologischen Wissens. Psychotherapeutische Verfahren wurden damit auch Laien zugänglich und fanden Eingang in die verschiedensten Formen der Selbsthilfe.

7.5 *Dialog zwischen den verschiedenen therapeutischen Schulen*

Die Phase der polemischen Auseinandersetzung zwischen den Vertretern der großen P.schulen war für den Fortschritt psychologischer Therapie insgesamt weitgehend bedeutungslos. Solche Auseinandersetzungen werden eher unter berufspolitischen Gesichtspunkten verständlich: Denn jede neue Therapiemethode steht zunächst mehr oder weniger stark in Konkurrenz zu den bereits etablierten Verfahren und muß ihre Daseinsberechtigung erst unter Beweis stellen. Dieser Weg führt nicht nur über den Nachweis, eine effiziente oder gar effizientere Methode zu sein, sondern auch vielfach dazu, daß die Kritik an den konkurrierenden Verfahren diese bis zur Unkenntlichkeit vereinfacht und verzerrt. Die Auseinandersetzung, wie sie in den fünfziger und sechziger Jahren geführt wurde, hat heute viel an Schärfe und Aktualität verloren, nachdem jede Therapieschule ihre Wirksamkeit beweisen konnte.

In den letzten Jahren haben Vertreter der einzelnen Therapieschulen, aber auch „schulenunabhängige" Wissenschaftler, die verschiedenen therapeutischen Konzepte genauer studiert und Unterschiede und Gemeinsamkeiten herausgearbeitet. Diese Beschäftigung mit der/den jeweils anderen Richtungen führte oft auch zum *Dialog* und *Austausch*, was zumindest teilweise das Feld P. deutlich verändert hat:

- Viele Psychotherapeuten haben sich nicht nur in einer einzigen Methode ausbilden lassen, sondern haben sich auch intensiv mit anderen Verfahren auseinandergesetzt und oft auch darin weitergebildet.
- Viele Psychotherapeuten fühlen sich daher auch nicht mehr nur einer einzigen Therapieschule verpflichtet und verwenden in ihrer Arbeit Techniken und Theorien verschiedener therapeutischer Konzepte. Empirische Untersuchungen belegen diesen Trend zur eklektischen Ausrichtung von Psychotherapeuten (u. a. Sundland, 1977) und die Ähnlichkeiten im therapeutischen Vorgehen von Vertretern verschiedener Schulen (u. a. Staples et al., 1975). Damit zeichnet sich im therapeutischen Vorgehen eine „Integration" psychotherapeutischer Verfahren über die Person des Psychotherapeuten ab.
- Aber auch die Zahl von Arbeiten nimmt zu, in welchen auf der theoretischen Ebene versucht wird, therapeutische Schulen bzw. Konzepte derselben miteinander zu verbinden und zu verknüpfen (u. a. Wachtel, 1977; Marmor/Woods, 1980; Wittmann, 1981; Goldfried, 1982).
- Gleichzeitig führte der Dialog auch dazu, daß sich die einzelnen Therapieschulen auch wieder mehr auf ihre Eigenständigkeit besinnen und das eigene Konzept begrifflich und methodisch ausdifferenzieren und weiterentwickeln.

Eine kritische Analyse der vorliegenden psychotherapeutischen Konzepte und der vorgestellten integrativen Ansätze zeigt, daß es zahlreiche wirksame Methoden gibt. Wir sind allerdings noch weit von einer befriedigenden Antwort auf die Frage entfernt, was therapeutische Veränderung möglich macht und bewirkt. Aber ganz abgesehen davon glauben wir, daß sich gerade die faszinierendsten und aufregendsten Momente in der P. – das je „Eigen-" und „Einzigartige" zwischen Therapeut und Klient – grundsätzlich jeglicher theoretischer und wissenschaftlicher Analyse entziehen.

Literatur

Albee, G. W.: Does including psychotherapy in health insurance represent a subsidy to the rich from the poor? American Psychologist, 32, 1977, 719-721.

Aschenbach, G./Kempf, W. (Hrsg.): Methodenprobleme in der Psychotherapieforschung. Frankfurt: Fachbuchhandlung für Psychologie, 1985.

Bastine, R.: Ansätze zur Formulierung von Interventionsstrategien in der Psychotherapie. In: Jankowski, P. (Hrsg.): Klientenzentrierte Psychotherapie heute. Göttingen: Hogrefe, 1976, 193-207.

Bastine, R.: Strategien psychotherapeutischen Handelns. In: Reimer, R. (Hrsg.): Möglichkeiten und Grenzen der Psychotherapie im psychiatrischen Krankenhaus. Stuttgart: Thieme, 1978, 59-66.

Bastine, R./Bartling, G. (Hrsg.): Grundbegriffe der Psychotherapie. Weinheim: edition psychologie, 1982.

Baumann, U. (Hrsg.): Psychotherapie: Makro-/Mikroperspektive. Göttingen: Hogrefe, 1984.
Bühringer, G./Hahlweg, K.: Kosten-Nutzen Aspekte psychologischer Behandlung. Psychologische Rundschau, 37. 1986, 1-19.
Burton, A. (Ed.): What makes behavior change possible? New York: Brunner/Mazel, 1976.
Deutscher Bundestag: Bericht über die Lage der Psychiatrie in der Bundesrepublik Deutschland – Zur Psychiatrischen und psychotherapeutisch-psychosomatischen Versorgung der Bevölkerung. Drucksache 7/4200, 1975.
Egg, W.: Aus- und Weiterbildung in Psychotherapie. In: Toman, W./R. Egg (Hrsg.): Psychotherapie. Ein Handbuch. Band 2. Stuttgart: Kohlhammer, 1985, 295-313.
Eysenck, H. J.: The effects of psychotherapy: An evaluation. Journal of Consulting Psychology, 16, 1952, 319-324.
Ford, D. H./Urban, H.: Systems of psychotherapy. New York: Wiley, 1963.
Freire, P.: Erziehung als Praxis der Freiheit. Reinbek: Rowohlt, 1977.
Gleiss, I./Seidel, R./Abholz, H.-H.: Soziale Psychiatrie: Zur Ungleichheit in der psychiatrischen Versorgung. Frankfurt: Fischer, 1973.
Goldfried, M. R.: Converging themes in psychotherapy. Trends in psychodynamic. Humanistic and behavioral practice. New York: Springer, 1982.
Gottwald, P.: Psychotherapie und kein Ende ... In: Biehl, E. (Hrsg.): Neue Konzepte der Klinischen Psychologie und Psychotherapie. Köln, Tübingen: GwG, DGVT, 1982, 19-35.
Grawe, K.: Kulturelle und gesellschaftliche Funktionen einer Anwendungswissenschaft Psychotherapie. Zeitschrift für Personzentrierte Psychologie und Psychotherapie, 4, 1985, 91-103.
Haley, J.: Strategies of psychotherapies. New York: Grune/Stratton, 1963 (Dt.: Gemeinsamer Nenner Interaktion: Strategien der Psychotherapie. München: Pfeiffer, 1978).
Hill, C./O'Grady, K. E.: List of therapist intentions illustrated in a case study and with therapists of varying theoretical orientations. Journal of Counseling Psychology, 32, 1985, 3-22.
Harty, M./Horwitz, L.: Therapeutic outcome as rated by patients, therapists and judges. Archives of General Psychiatry, 33, 1976, 957-961.
Kazdin, A. E. (Ed.): Psychotherapy research. Journal of Consulting and Clinical Psychology, 54 (1), 1986.
Lambert, M. J./Bergin, A. E./Collins, J. L.: Therapist-induced Deterioration in Psychotherapy. In: Gurman, A. S./Razin, A. M. (Eds.): Effective psychotherapy: A handbook of research. Oxford: Pergamon, 1977, 452-481.
Marmor, J.: Common operational factors in diverse approaches to behavior change. In: Burton, A. (Ed.): What makes behavior change possible? New York: Brunner/Mazel, 1976, 3-12.
Marmor, J./Woods, S. M. (Eds.): The interface between the psychodynamic and behavioral therapies. New York: Plenum, 1980.
Matt, G. E./Wittmann, W.: Zum Status Quo kontrollierter deutschsprachiger Psychotherapieeffektforschung aus dem Blickwinkel einer Meta-Analyse. Zeitschr. Klinische Psychologie, 14, 1985, 293-312.
Nedelmann, C./Horn, K.: Gesellschaftliche Aufgaben der Psychotherapie. Psyche 30, 1976, 827-853.
North, M.: The secular priests – Psychotherapists in contemporary society. London: Allen & Unwin, 1972 (Dt.: Mythos und Wirklichkeit der Psychotherapie. München: Urban & Schwarzenberg, 1975).
Parloff, M. B.: Goals in psychotherapy: Mediating and ultimate. In: Mahrer, A. R. (Ed.): The goals of psychotherapy. New York: Appleton, 1967, 5-20.
Pohlen, M.: Die Zukunft der Psychoanalyse. Psychologie Heute, 5 (5), 1978, 29-36.
Polster, E./Polster, M.: Gestalt therapy integrated. New York: Brunner/Mazel, 1973 (Dt.: Gestalttherapie. München: Kindler, 1975).
Schofield, W.: Psychotherapy, the purchase of friendship. Englewood Cliffs: Prentice Hall, 1964.
Schulz, W.: Analyse negativer Therapieeffekte und Probleme der Kontraindikation. In: Jüttemann, G. (Hrsg.): Neue Aspekte klinisch-psychologischer Diagnostik. Göttingen: Hogrefe, 1984, 149-168.
Smith, M. L./Glass, G. V.: Meta-analysis of psychotherapy outcome studies. American Psychologist, 32, 1977, 752-760.
Staples, F. R./et al.: Differences between behavior therapists and psychotherapists. Archives of General Psychiatry, 32, 1975, 1517-1522.
Staples, F. R./et al.: Process and outcome in psychotherapy and behavior therapy. Journal of Consulting and Clinical Psychology, 44, 1976, 340-350.
Strupp, H. H.: On the basic ingredients of psychotherapy. Journal of Consulting and Clinical Psychology, 41, 1973, 1-8.
Strupp, H. H.: A reformulation of the dynamics of the therapist's contribution. In: Gurman, A. S./Razin, A. M. (Eds.): Effective psychotherapy: A handbook of research. Oxford: Pergamon, 1977, 3-22.
Strupp, H. H.: The nature of the therapeutic influence and its basic ingredients. In: Burton, A. (Ed.): What makes behavior change possible? New York: Brunner/Mazel, 1976, 96-112.
Strupp, H. H./Hadley, S. W.: A tripartive model of mental health and therapeutic outcomes: With special references to negative effects in psychotherapy. American Psychologist, 32, 1977, 187-196.
Sundland, D. M.: Theoretical orientations of psychotherapists. In: Gurman, A. S./Razin, A. M. (Eds.): Effective psychotherapy: A handbook of research. Oxford: Pergamon, 1977, 189-219.
Thom, A./Löter, R.: Psychotherapie und Gesellschaft: Philosophische Aspekte. In: Höck, K./Seidel, K. (Hrsg.): Psychotherapie und Gesellschaft. Berlin: VEB Deutscher Verlag der Wissenschaften, 1976, 28-43.
Tress, W.: Psychoanalyse als Wissenschaft. Psyche, 39, 1985, 385-412.
Vandenbos, G. R. (Ed.): Psychotherapy: Practice, research, polica. Beverly Hills; Sage, 1980.
Vandenbos, G. R. (Ed.): Psychotherapy research. American Psychologist, 41, 1986 a.
Vandenbos, G. R.: Editorial. In: Vandenbos, G. R. (Ed.): Psychotherapy research. Special issue. American Psychologist, 41 (2), 1986 b, 111-112.
Vukovich, A.: Redefiguren. Psychologie Heute, 2 (10), 1975, 50-54; 2 (11), 1975, 51-54.
Wachtel, P. L.: Psychoanalysis and behavior therapy: Toward an integration. New York: Basic Books, 1977 (Dt.: Psychoanalyse und Verhaltenstherapie, Stuttgart: Klett-Cotta, 1981).
Wetzel, H./Linster, H. W.: Psychologische Therapie: Angewandte Wissenschaft, Kunst oder Sozialtechnologie? In: Linster, H. W./Wetzel, H. (Hrsg.): Veränderung und Entwicklung der Person. Hamburg: Hoffmann & Campe, 1980, 15-42.
Wittmann, L.: Verhaltenstherapie und Psychodynamik. Weinheim: Beltz, 1981.
Wittmann, W. W./Matt, G. E.: Meta-Analyse als Integration von Forschungsergebnissen am Beispiel deutschsprachiger Arbeiten zur Effektivität von Psychotherapie. Psychologische Rundschau, 36, 1986, 20-40.

Rational-emotive Therapie

Bernd H. Keßler

1 Begriffsbestimmung und Abgrenzung

Die rational-emotive Therapie (RET) betont die Fähigkeit des Menschen, allgemeine Lebensprobleme und spezifische Symptome dadurch vermeiden oder beseitigen zu können, daß er sein Verhalten kritisch reflektiert, logische Fehlschlüsse korrigiert sowie rational und vernunftorientiert handelt. Diese Art der Psychotherapie bemüht sich, das „magische", „dogmatische" und „irrationale" Denken durch „wissenschaftliches", „rationales", „an konkreten Konsequenzen orientiertes" Denken zu ersetzen. Sie ist damit in erster Linie eine *kognitive* Therapie. Immer wieder betont wird ihre Nähe zur stoischen Philosophie und ihre allgemeine lebensphilosophische Ausrichtung. Besondere Merkmale sind überdies ihr Gegenwartsbezug, die Methodenvielfalt und eine eher pädagogische Therapeut-Klient-Beziehung.

Gemeinsamkeiten der RET mit anderen Therapieformen, so etwa mit der *Individualpsychologie* Adlers oder der *Realitätstherapie* Glassers (Ellis, 1979; Glasser/Zunin, 1979) sind unverkennbar, aber zumeist nur in einigen Teilaspekten deutlich (Dolliver, 1977). Am stärksten sind die Beziehungen zur *kognitiven Verhaltenstherapie* (Reda/Mahoney, 1984), in der gleichfalls Verhaltensänderungen durch eine systematische kognitive Restrukturierung angestrebt werden. Die RET ging diesen Weg allerdings bereits einige Zeit vor der kognitiven Metamorphose der Verhaltenstherapie, hat jedoch von der empirischen und methodischen Ausrichtung und der Verfahrensvielfalt der traditionellen und der kognitiven Verhaltenstherapie erheblich profitiert. Wenngleich sich heute die RET in weiten Bereichen kaum noch von der kognitiven Verhaltenstherapie abgrenzen läßt, sind doch ihr betont philosophischer Hintergrund und vor allem der unverwechselbare Stil der therapeutischen Interaktion, vor allem aber ihre nunmehr drei Jahrzehnte währende wissenschaftliche und praktische Tradition Merkmale, die ihre Eigenständigkeit markieren.

2 Zur Geschichte der rational-emotiven Therapie

Die Leitfigur der RET ist ihr Begründer, Albert Ellis, der als Sohn jüdischer Einwanderer 1913 in Pittsburgh (USA) geboren wurde. Sein Werdegang war alles andere als geradlinig. Nach einer schwierigen Kindheit und Jugend arbeitete er in den Dreißiger Jahren in unterschiedlichen Jobs. Nebenbei versuchte er sich als Schriftsteller von Essays und Theaterstücken, blieb aber erfolglos. Nach dem Studium der Klinischen Psychologie eröffnete er zusätzlich eine Praxis als Ehe- und Sexualberater. Auch in Deutschland wurde Ellis mit seinen aus dieser Zeit stammenden Sexual- und Aufklärungsbüchern („Liebe ohne Schuldgefühl") bekannt. Nach seiner Promotion 1947 nahm er Lehraufträge an Universitäten wahr, unterzog sich einer Lehranalyse und praktizierte auch die Psychoanalyse bis 1953. Zunehmend distanzierte er sich von dieser Therapie, weil er, selbst nach Jahre währenden Bemühungen, immer noch dieselben Symptome bei seinen Klienten zu beobachten glaubte (Ellis, 1983).

Mitte der 50er Jahre entwickelte er seine eigene therapeutische Konzeption, die er zunächst „Rationale Analyse", danach „Rationale Therapie" nannte und in seinem Buch „Reason and emotion in psychotherapy" aus dem Jahre 1962 zum ersten Male ausführlicher schilderte. Ellis gründete 1961 das „Institute for Rational Living" (später: „Institute for Rational-Emotive Therapy") und 1966 die Zeitschrift „Rational Living" (später: „Journal of Rational-Emotive Therapy"). Beide trugen, ebenso wie seine etwa 50 Bücher und 500 Artikel, zu einer weltweiten Verbreitung der Therapiemethode bei. Heute wird Ellis, laut einer Umfrage unter amerikanischen Psychotherapeuten (Smith, 1982), nach Carl Rogers und überraschenderweise noch vor Freud, als einer der Therapeuten betrachtet, die den größten Einfluß auf die Psychotherapie in den USA gehabt haben. Mitte der 70er Jahre wurde die RET auch in Europa intensiver aufgegriffen und mit tatkräftiger Unterstützung durch Ellis verbreitet (Diekstra/Dassen, 1982; Keßler/Hoellen, 1982).

3 Theoretische Konzeptionen

Die theoretischen Grundannahmen der RET sind von *stoischem* Gedankengut stark beeinflußt. Die stoischen Philosophen, z. B. Epiktet, Seneca oder Marc Aurel, haben über zwei Jahrtausende hinweg in vielfältigster Weise auf Erziehung und Lebensstil eingewirkt (Pohlenz, 1959) und auch das moderne psychotherapeutische Denken im 20. Jahrhundert erheblich beeinflußt. Ellis verweist immer wieder auf historische Vorläufer und auf Zeitgenossen, die seine therapietheoretischen Überlegungen mitbestimmten und teilen, so z. B. auf Dubois (1909) oder Russell (1982). In einer ausführlichen Darstellung hat Hoellen (1986) die

Stoa und die RET nebeneinandergestellt und in der Hinführung zur Eigenverantwortlichkeit des Menschen und zur Seelenleitung, vor allem aber in den stoischen Wegen zur Selbsterziehung, deutliche Parallelen herausgearbeitet.

Wie die Stoa schreibt auch die RET dem Menschen zuvorderst die Verantwortung und die Fähigkeit zu, sein Leben zu gestalten und sich einen Weg zum individuellen Glück zu suchen (Ellis/Becker, 1982). Diese *Selbstaktualisierung* wird allerdings durch die jedem Menschen eigene, unvernünftige, magische und dogmatische Denkweise geschmälert. Kognitionen dieser Art behindern das Lebensglück im allgemeinen, insbesondere das Alleinseinkönnen, die Kontakte zu anderen, intime Beziehungen, die berufliche Produktivität und das Freizeiterleben.

Rationales, konstruktives, vernünftiges und logisch-empirisches Denken fördert ein zufriedenstellendes Leben; irrationales, destruktives, unvernünftiges und unlogisches Denken ist der Nährboden für psychische Störungen. *Irrationale Kognitionen* äußern sich in Einstellungen, Meinungen, in Überzeugungen, kurz, in dem „belief-system". Wenn Epiktet (1864, 22) in seinem „Handbüchlein der stoischen Moral" schreibt: „Nicht die Dinge selbst, sondern die Meinungen von den Dingen beunruhigen den Menschen" so zielt der Begriff „belief" auf diese kognitive Mediation äußerer Ereignisse durch ein System von organisierten, eigengesetzlichen und schwerveränderlichen „Meinungen". Ellis hat in seinem berühmt gewordenen „ABC-Modell" den „beliefs" (= B) einen mittleren Platz zwischen den aktivierenden Ereignissen (= A) und den kognitiven und emotionalen Folgeerscheinungen (= C) eingeräumt. Letztere umfassen auch die Symptome psychischer Störungen. Das „belief-system" eines Menschen ist nach diesem Modell zwar nicht die alleinige Determinante psychischer Störungen, da eine gewisse wechselseitige Beziehung von A, B und C angenommen wird. Aber die Kernaussage der RET geht doch von einer Entwicklung symptomatischer Erscheinungen *als Folge* irrationaler „beliefs" aus, was auch der Begriff „rational-emotiv" illustrieren soll.

Mit dem Wort „belief" werden zumindest drei Subkategorien kognitiver Phänomene erfaßt: (1) bewußte, unmittelbar verfügbare Gedanken, (2) nicht unmittelbar verfügbare Gedanken und (3) allgemeine abstrakte Grundhaltungen. Im ersten Fall sind die zumeist spontan oder durch kurzes Nachfragen offen geäußerten Gedanken angesprochen („Ich bin in jeder Hinsicht eine Null"). Vielfach werden die Kognitionen allerdings nicht ohne weiteres nach außen getragen, ja sie sind dem Befragten selbst nicht verfügbar und nur auf dem Wege geduldiger und empathischer Explorationen bewußt zu machen (Keßler, 1983). Letztlich sind alle verfügbaren und nicht unmittelbar verfügbaren „beliefs" Ausdruck individueller Konzepte zur eigenen Person und zur Umwelt. Solche allgemeinen Grundhaltungen besitzen, wenn die Person irrational denkt, einen *„mußturbatorischen"* Charakter; das Sollen und Müssen wird allesbeherrschend. Der Person ist mit absoluter Sicherheit klar, was geschehen *muß*, damit sie sich glücklich fühlen kann („Ich muß eine großartige berufliche Karriere machen"). Folglich sieht sie in allem, was gegenläufig ist, Katastrophen, Schreckliches, Unmögliches („Wenn ich meinen Arbeitsplatz verliere, stürze ich in ein Chaos"). Dieses „Katastrophendenken" geht mit niedrigen Frustrationstoleranzen einher („Ich kann das nicht aushalten") und ist begleitet von irrationalen Herabsetzungen der eigenen Person („Ich bin ein Versager"), in denen eine globale Selbstabwertung zum Ausdruck kommt (Keßler/Hoellen, 1982). Irrationale Ideologien dieser Art können sich als „mythische Kontingenzen" (Mahoney, 1980, 175) im Laufe der Zeit an unterschiedliche Lebenssituationen anheften, an Berufskrisen, Partnerprobleme, Schwierigkeiten im Sexualleben und an Vorstellungen darüber, wie Kinder zu erziehen sind.

4 Therapeutische Verfahren

Das Vorgehen eines Therapeuten in der RET umfaßt im allgemeinen drei Therapiestrategien: kognitive Disputationen, emotive Verfahren und verhaltenstherapeutische Techniken. Sie werden zumeist in kombinierter Form angewandt (Keßler/Hoellen, 1982; Walen u. a., 1982).

Mit dem Begriff der *Disputation* sind zum einen das Aufdecken der Irrationalität von Kognitionen im allgemeinen und der des Klienten im besonderen und zum anderen das Aufzeigen, Herbeiführen und Verstärken von rationalen Denkmustern gemeint. Der Klient wird in einem „sokratischen Dialog" überzeugt, belehrt, zu Schlußfolgerungen angeregt, konfrontiert und zu Analysen ermuntert. Die *Direktivität* dieses Vorgehens ist offenkundig und in erster Linie für den Stil von Ellis selbst typisch: „Rational-emotive Praktiker analysieren diese Gedanken nach den Gesetzen der Logik und machen Hackfleisch daraus" (Ellis, 1979, 206). Weniger direktive Stile sind allerdings bei anderen Therapeuten nicht unüblich. Für das Disputieren dürfte besonders die Methode der „eleganten Lösung" charakteristisch sein. Sie soll den Klienten anregen, antizipierte Katastrophen durchzuspielen und durch das Überdenken wahrscheinlicher, konkreter und vor allem der schlimmsten Konsequenzen Möglichkeiten zu einer Bewältigung zu erfahren.

Emotive Verfahren umfassen u. a. rationale Imaginationstechniken und schamreduzierende Mutproben. Die *Imaginationsmethoden* nutzen die Kraft der Vorstellung, gelegentlich durch Hypnose ergänzt, um Klienten an die problematisch erlebte Situation heranzubringen und um rationale Denkmuster nachhaltiger einwirken zu lassen. *Schamreduzierende Mutproben* verlangen von den Klienten, sich bewußt peinlich und beschämend erlebten Alltagssituationen auszusetzen. Sie können sich z. B. als „Bettler" vor ein Kaufhaus setzen oder in einem Schuhgeschäft mit durchlöcherten Socken Sandalen anprobieren. Damit sollen die Klienten erkennen, daß ihre Angst und ihre Scham zu einem gut Teil eine Orientierung an den Normen anderer beinhalten.

Zusätzlich zu den kognitiven und emotiven Verfahren kann das ganze Repertoire der *Verhaltenstherapie* in der RET benutzt werden, in erster Linie Verhaltensübungen, Trainingstechniken, Angstbewältigungsstrategien, Selbstregulationen, Hausaufgaben und Verhaltensverschreibungen. Durch eine rege Verwendung von schriftlichem Material, das dem Klienten mit nach Hause gegeben wird, hat die RET, gerade auf dem Gebiet der *Bibliotherapie*, besondere Möglichkeiten aufgezeigt (Schwartz, 1981).

5 Klinisch-psychologische Forschung

Die RET stand seit jeher der Erforschung ihrer theoretischen Annahmen offen gegenüber. Ellis selbst hat zwar seine Thesen stets provozierend vorgetragen, sich aber offenkundig durch neue Strömungen und Erkenntnisse diesseits und jenseits des RET-Zaunes beeinflussen lassen. Beides mag ein Grund dafür sein, daß die Zahl der Forschungsarbeiten zu den Grundannahmen der RET beeindruckend umfangreich wurde.

Vornehmlich die im Laufe der Zeit auch von Ellis relativierten Thesen der kausalen Verknüpfung von Kognitionen und Emotionen haben wohl, gerade wegen ihrer heuristischen Bedeutung als psychopathologisches Erklärungsmodell, eine Vielzahl empirischer Untersuchungen angeregt. Wesentliche Fragen sind dabei zu beantworten versucht worden: Gehen emotionale Reaktionen mit bestimmten Gedanken einher? Lassen sich Symptombilder mit irrationalen Gedanken oder gar spezifische Probleme mit typischen Kognitionen verknüpfen? Sind irrationale Gedanken kausale Determinanten für unangemessene emotionale Reaktionen? Lassen sich durch eine Veränderung der Kognitionen auch die unangemessenen Emotionen reduzieren?

Korrelative und experimentelle Studien zu diesen und ähnlichen Fragen haben das theoretische Gebäude der RET mit der Zeit nicht unbeträchtlich ins Wanken gebracht (Lohr/Rea, 1981; Coyne, 1982; Smith et al., 1984). Vor allem an der betonten Negierung der Bedeutung der Affekte für den therapeutischen Prozeß haben sich zunehmend Diskussionen entzündet (Zajonc, 1980; Bower, 1981; Rachman, 1981), die deutlich machten, daß sich die RET durch die eindeutige Zuwendung zu den Kognitionen, als ihrem „Königsweg" zu den Affekten, von Weiterentwicklungen in anderen Therapierichtungen abkoppelte.

Bereits zu Beginn seiner Therapietätigkeit verfaßte Ellis eine Studie, in der er die *Effektivität* der RET mit der psychoanalytischer Therapieverfahren verglich (Ellis, 1957). Diese Arbeit hielt, ebenso wie eine andere frühe Untersuchung zur Wirksamkeit (Di Loreto, 1971), in methodischer Sicht der Kritik nicht stand. Zettle und Hayes (1980) faßten als erste systematisch die Studien zur Effektivität der RET zusammen, kamen jedoch zu dem Schluß, daß sich bis dahin lediglich zwei Arbeiten (Moleski/Tosi, 1976; Wolfe/Fodor, 1977) mit klinischen Gruppen auseinandersetzten. Beide Untersuchungen sowie spätere, etwa die von Block (1980), Everaerd und Dekker (1985) oder die deutschsprachigen von Huber und Huber (1979), Opitz (1980) und Kessler (1982) legen insgesamt den Schluß nahe, daß sich die RET gegenüber Kontrollgruppen und Alternativverfahren wirkungsvoll erweist. Die Komplexität des RET-Ansatzes, die sehr unterschiedlichen therapietechnischen Vorgehensweisen und die vermutlich stark abweichenden Therapiestile der einzelnen Studien lassen indes nur vorsichtig optimistische Schlüsse zu. Durch einen Nachweis der Effektivität der RET wären sicherlich auch nicht die theoretischen Grundannahmen belegt. Es stellt sich daher vorrangig die Frage, welcher Anteil des Therapeutenverhaltens am gewichtigsten zur Wirksamkeit beiträgt. Aufschlüsse darüber könnten u. a. *systematische Meta-Analysen* zur RET liefern. Eine erste Studie von Miller und Berman (1983) scheint zu belegen, daß kognitive Verfahren wie die RET weder gegenüber rein verhaltensorientierten Methoden noch bei spezifischen Problemstellungen günstigere Ergebnisse erbringen.

Kognitive Therapieansätze kommen in die Jahre, verlieren den Neuheitswert und ihren revolutionären Charakter. Damit ergibt sich zunehmend die Notwendigkeit, ihren spezifischen Stellenwert in der Familie der Psychotherapien klarer zu bestimmen, als dies bisher gelang.

6 Neuere Entwicklungen

Zunehmend wird in der RET nicht nur nach den effektiven Methoden gesucht, sondern auch deren Stellenwert im gesamten therapeutischen Prozeß diskutiert. Hierzu gehören Überlegungen zur *Indikation* als auch zu den bislang in anderen Therapieformen vorrangig gesehenen *Verlaufs-* und *Beziehungsproblemen*. Rückert (1983, 57) betont, daß der Wert der RET nicht in der rigiden Anwendung der einzelnen Methoden liege, sondern daß sie einen „... stabilen Rahmen zur Orientierung für Klient und Therapeut" bereitstellen könne, innerhalb dessen sich der Therapeut trotz Wärme, Mitgefühl und Anteilnahme nicht den Manövern des Klienten beuge. Lange Zeit sind in der RET die Disputationsmethoden so verstanden worden, daß mangelnde Einblicke des Klienten in seine eigenen irrationalen Gedankenmuster lediglich als Aufforderungen an den Therapeuten gewertet wurden, noch eindringlicher und nachhaltiger zu disputieren. Erst in den letzten Jahren ist durch die „Entdeckung" des *Widerstandskonzepts* auch in der RET die Komplexität des Umgangs mit schwierigen Klienten als zentrales therapeutisches Problem erkannt worden (Ellis, 1985).

Die RET hat sich, folgt man den kasuistischen und experimentellen Therapieberichten in der Literatur, fast der gesamten Breite der psychischen Probleme zugewandt. In der Form von Einzel- und Gruppentherapie werden sowohl Kinder, Jugendliche als auch Erwachsene behandelt. Einen festen Platz nimmt auch die *Ehetherapie* ein (Keßler/Hoellen, 1982; Ellis/Bernard, 1983; 1985). Überlegungen zur Indikation der Verfahren sind dabei allzu häufig durch die These eingedämmt worden, jeder, der emotional gestört sei, denke irrational und sei damit Kandidat für ein rational-emotives Vorgehen. Auch hier beginnt man umzudenken und nach prognostisch günstigen und weniger günstigen Klientenkonstellationen zu forschen.

Literatur

Block, J.: Effects of rational-emotive therapy on overweight adults. Psychotherapy: Theory, Research and Practice, 17, 1980, 277-280.

Bower, G. H.: Mood and memory. American Psychologist, 36, 1981, 129-148.

Coyne, J. C.: A critique of cognitions as causal entities with particular reference to depression. Cognitive Therapy and Research, 6, 1982, 3-13.

Diekstra, R. F. W./Dassen, W. F. M.: Rational-emotive Therapie. Lisse: Swets & Zeitlinger, 1982.

Di Loreto, A. O.: Comparative psychotherapy. Chicago: Aldine Atherton, 1971.

Dolliver, R. H.: The relationship of rational-emotive therapy to other psychotherapies and personality theories. The Counseling Psychologist, 7, 1977, 57-63.

Dubois, P.: Les psychonévroses et leur traitement moral. Paris: Masson, 1909.

Ellis, A.: Outcome of employing three techniques of psychotherapy. Journal of Clinical Psychology, 13, 1957, 344-350.

Ellis, A.: Reason and emotion in psychotherapy. New York: Lyle Stuart, 1962.

Ellis, A.: Rational-emotive therapy. In: Corsini, R. J. (Ed.) Current psychotherapies. Itasca: Peacock Publ. 1979, 185-229.

Ellis, A.: The origins of rational-emotive therapy (RET). Voices: The Art and Science of Psychotherapy, 18, 1983, 29-33.

Ellis, A.: Overcoming resistance: Rational emotive therapy with difficult clients. New York: Springer, 1985.

Ellis, A./Becker, I.: A guide to personal happiness. North Hollywood: Wilshire, 1982.

Ellis, A./Bernard, M. E. (Eds.): Rational-emotive approaches to the problems of childhood. New York: Plenum, 1983.

Ellis, A./Bernard, M. E. (Eds.): Clinical applications of rational-emotive therapy. New York: Plenum, 1985.

Epiktet: Handbüchlein der stoischen Moral. Stuttgart: Krais & Hoffmann, 1864.

Everaerd, W./Dekker, J.: Treatment of male sexual dysfunction: Sex therapy compared with systematic desensitization and rational-emotive therapy. Behaviour Research and Therapy, 23, 1985, 13-25.

Glasser, W./Zunin, L. M.: Reality therapy. In: Corsini, R. J. (Ed.): Current psychotherapies. Itasca: Peacock Publ. 1979, 302-339.

Hoellen, B.: Stoizismus und rational-emotive Therapie (RET): Ein Vergleich. Pfaffenweiler: Centaurus, 1986.

Huber, H. P./Huber, D.: Autogenic training and rational-emotive therapy for long-term migraine patients: An explorative study of therapy. Behavioural Analysis and Modification, 3, 1979, 169-177.

Keßler, B. H.: Rational-emotive Therapie. In: Corsini, R. J. (Hrsg.): Handbuch der Psychotherapie. Bd. 2. Weinheim: Beltz, 1983, 1105-1126.

Keßler, B. H./Hoellen, B.: Rational-emotive Therapie in der Klinischen Praxis. Weinheim: Beltz, 1982.

Kessler, E.: Zur Effektivität von Verhaltenstraining und rationalemotiver Therapie im Selbstsicherheitstraining. Münster: Diss. 1982.

Lohr, J. M./Rea, R. G.: A disconfirmation of the relationship between fear of public speaking and irrational beliefs. Psychological Reports, 48, 1981, 795-798.

Mahoney, M. J.: Psychotherapy and the structure of personal revolutions. In: Mahoney, M. J. (Ed.): Psychotherapy process. New York: Plenum 1980, 157-180.

Miller, R. C./Berman, J. S.: The efficacy of cognitive behavior therapies: A quantitative review of the research evidence. Psychological Bulletin, 94, 1983, 39-53.

Moleski, R./Tosi, D. J.: Comparative psychotherapy: Rational-emotive therapy versus systematic desensitization in the treatment of stuttering. Journal of Consulting and Clinical Psychology, 44, 1976, 309-311.

Opitz, K.: Eine Serie von 14 Einzelfallstudien zur Therapie von Zwangsgedanken mit Satiation und mit rational-emotiver Therapie. München: Inaug.-Dissertation, 1980.

Pohlenz, M.: Die Stoa: Geschichte einer geistigen Bewegung (2. Aufl.). Göttingen: Verlag Vandenhoek & Ruprecht, 1959.

Rachman, S. J.: The primacy of affect: Some theoretical implications. Behaviour Research and Therapy, 18, 1981, 279-290.
Reda, M. A./Mahoney, M. J. (Eds.): Cognitive psychotherapies. Cambridge: Ballinger, 1984.
Rückert, H.-W.: Überlegungen zu einer transformativen RET: Praktische Vorschläge. RET-Report, 4, 1983, 29-59.
Russell, B.: Eroberung des Glücks: Neue Wege zu einer besseren Lebensgestaltung. Frankfurt/M.: Suhrkamp, 1982.
Schwartz, D.: RE-Therapie: So wird man sein eigener Psychologe. Landsberg a. L.: mvg, 1981.
Smith, D.: Trends in counseling and psychotherapy. American Psychologist, 37, 1982, 802-809.
Smith, T. W./Houston, B. K./Zurawski, R. M.: Irrational beliefs and the arousal of emotional distress. Journal of Counseling Psychology, 31, 1984, 190-201.
Walen, S. R./Di Giuseppe, R./Wessler, R. L.: RET-Training: Einführung in die Praxis der rational-emotiven Therapie. München: Pfeiffer, 1982.
Wolfe, S. R./Fodor, J. G.. Modifying assertive behavior in women: A comparison of three approaches. Behavior Therapy, 8, 1977, 567-574.
Zajonc, R. B.: Feeling and thinking: Preferences need no references. American Psychologist, 35, 1980, 151-175.
Zettle, R. D./Hayes, S. C.: Conceptual and empirical status of rational-emotive therapy. In: Hersen, M./Eisler, R. M./Miller, P. M. (Eds.): Progress in behavior modification. Vol. 9. New York: Academic Press 1980, 125-166.

Rechtspsychologie

Friedrich Lösel

1 Einführung

Forensische Psychologie, Kriminalpsychologie und Rechtspsychologie sind sich überschneidende Gebiete der Angewandten Psychologie. Ihre Entwicklung ist traditionsreich und sehr aktuell zugleich. So befaßte z. B. sich bereits im 19. Jahrhundert der Mediziner C. Lombroso in seinem Buch „L'Uomo delinquente" mit der Persönlichkeit von Rechtsbrechern, und der Jurist F. von Liszt formulierte durchaus modern anmutende Auffassungen, wonach „Defizite" der Persönlichkeit, der Sozialisation *und* der Strafrechtspflege kriminogen wirkten. Im 20. Jahrhundert arbeiteten bedeutende „Väter" der modernen Psychologie, wie z. B. W. Stern, H. Münsterberg, A. Binet, C. G. Jung und M. Wertheimer, über Probleme der Zeugenaussage und der Tatbestandsdiagnostik (Undeutsch, 1967). Auch später bestanden ständige Beziehungen zwischen Psychologie und Rechtswesen (Müller-Luckmann, 1973; Wegener, 1981), die sich in den letzten Jahren international zu einem der am stärksten expandierenden Gebiete der Angewandten Psychologie erweitert haben. Dies schlägt sich nicht nur in vermehrten einschlägigen Publikationen nieder, sondern hat zu eigenen „Divisions" bzw. Fachgruppen innerhalb der psychologischen Gesellschaften geführt, z. B. 1977 in Großbritannien, 1981 in den USA und 1984 in der Bundesrepublik Deutschland.

Forensische Psychologie, Kriminalpsychologie und Rechtspsychologie lassen sich untereinander nicht klar abgrenzen (Lösel, 1986). Unter *Forensischer Psychologie* (gerichtlicher Psychologie) ist weitgefaßt die Anwendung psychologischer Theorien, Methoden und Ergebnisse auf die Rechtspflege zu verstehen. In Deutschland hat man sich aber hauptsächlich mit den wissenschaftlichen Grundlagen und der Praxis der gerichtlichen Sachverständigentätigkeit von Psychologen befaßt. Diese betrifft insbesondere strafrechtliche Fragen der Glaubwürdigkeit von Zeugenaussagen (Arntzen, 1983; Undeutsch, 1984), der Schuldfähigkeit gemäß den §§ 20, 21 des Strafgesetzbuches (Thomae/Mathey, 1983), des Entwicklungsstands und der Verantwortungsreife von Jugendlichen/Heranwachsenden gemäß den §§ 3 und 105 des Jugendgerichtsgesetzes (Liebel/von Uslar, 1975) sowie familienrechtliche Fragen des elterlichen Sorgerechts und der Vormundschaft (Remschmidt, 1984), außerdem Fragen der Eignung zur Führung von Kraftfahrzeugen, der Berufs-/Arbeitsunfähigkeit und Rehabilitation oder der Geschäftsfähigkeit. Abgesehen von der gemeinsamen Bezugssituation des Gerichts handelt es sich um sehr heterogene Gebiete, deren wissenschaftliche Grundlagen z. B. je nach straf-, familien-, verwaltungs- oder sozialrechtlicher Aufgabenstellung aus vielen Teilgebieten der Psychologie stammen.

Im Rahmen der Forensischen Psychologie werden auch die Psychologie der Gerichtsverhandlung und des Strafvollzugs thematisiert. Wie in der forensischen Diagnostik des strafrechtlichen Bereichs überschneidet sie sich dabei mit der *Kriminalpsychologie,* d. h. der Anwendung psychologischer Theorien, Methoden und Ergebnisse auf Probleme der Kriminalität bzw. (weiter gefaßt) des sozial abweichenden Verhaltens. Zur Kriminalpsychologie gehören z. B. außerdem Forschungen zur Erklärung von Kriminalität, zum Handeln sozialer Kontrollinstanzen, zur Kriminalprognose, Verbrechensvorbeugung etc. (zusammenfassend: Schneider, 1981; Lösel, 1983; Seitz, 1983).

Neben den Begriffen der Forensischen Psychologie und Kriminalpsychologie wird in letzter Zeit vermehrt jener der *Rechtspsychologie* gebraucht. Er soll übergreifend alle Anwendungen der Psychologie auf das Rechtswesen umfassen. Dabei wird einerseits nach der Gültigkeit der psychologischen Annahmen gefragt, die dem materiellen Recht zugrunde liegen, andererseits untersucht man die formellen und informellen Prozesse im faktischen Funktionieren des Rechtswesens (Ebbesen/Konečni, 1982; Monahan/Loftus, 1982). Auch in der Rechtspsychologie liegen bislang die Forschungsschwerpunkte noch im Strafrecht, wobei gegenüber der Kriminalpsychologie die Psychologie des abweichenden Verhaltens etwas in den Hintergrund tritt, gegenüber der Forensischen Psychologie über eine vorwiegend diagnostische Aufgabenstellung hinausgegangen wird.

Im folgenden werden exemplarisch einige Gebiete dieser drei Disziplinen näher dargestellt.

2 Psychologische Kriminalitätserklärung

Auch wenn sie oftmals implizit bleiben, bilden psychologische Kriminalitätstheorien eine hauptsächliche Grundlage für Diagnosen, Prognosen, Entscheidungen und Interventionen im Rahmen des Strafrechts. *Die* psychologische Perspektive der Kriminalitätserklärung gibt es allerdings nicht. Hypothesen werden aus sehr unterschiedlichen Theorien abgeleitet (Lösel, 1983; 1985; Amelang, 1986), z. B. aus
- Bio-psychologischen Theorien,
- Persönlichkeitspsychologischen Eigenschaftstheorien,
- Theorien der klassischen und operanten Konditionierung,
- Sozial-kognitiven Lerntheorien,
- Psychoanalytischen Theorien,
- Theorien der informellen Sozialkontrolle,
- Handlungs- und Entscheidungstheorien,
- Theorien zur moralischen Entwicklung,
- Selbstkonzept- und Attributionstheorien.

In etlichen Erklärungen werden mehrere Theorienbereiche integriert, wie z. B. persönlichkeitspsychologische und lerntheoretische Hypothesen bei Eysenck (1977) und Wilson und Herrnstein (1985) oder Annahmen zur emotionalen Bindung und informellen sozialen Kontrolle bei Hirschi (1969) und Elliot et al. (1985). Auch ansonsten konkurrieren die Theorien nur partiell. Die Forschungslage ist eher so, daß sie für unterschiedliche Kriminalitätsphänomene jeweils mehr oder weniger gut geeignet erscheinen.

Im Vergleich zu soziologischen Kriminalitätserklärungen sind die psychologischen Theorien tendenziell stärker auf die Analyseebene des Individuums, seiner Tat und Interaktionen in kleinen Gruppen (Familie, Peers) bezogen. Historischen und gesellschaftlichen Aspekten von Kriminalität wird weniger Aufmerksamkeit gewidmet. Dabei handelt es sich aber nicht um eine grundsätzliche „Blindheit“ psychologischer Ansätze, sondern eher um eine tradierte und notwendige Arbeitsteilung. Gegen die Tat- und Täterzentrierung von Kriminalitätstheorien haben sich die Vertreter des *Labeling-Approach* bzw. der Interaktions- oder Etikettierungsperspektive abweichenden Verhaltens gewandt (Sack, 1985). Kritisiert wird u. a. das „medizinische Devianzmodell“, in dem Kriminalität als Ausdruck psychischer Defizite, Eigenschaften, Konflikte, Störungen bzw. einer „kriminellen Persönlichkeit“ gilt. Demgegenüber wird im „sozialwissenschaftlichen Devianzmodell“ betont, daß Kriminalität keine der Handlung immanente Kategorie sei, sondern historisch und gesellschaftlich relativ variabel im Rahmen von Interaktionsprozessen zugeschrieben werde. Dabei komme z. B. den Selektions- und Stigmatisierungsprozessen sozialer Kontrollinstanzen besondere Bedeutung für die „Konstruktion“ sozialer Devianz zu.

Der Labeling Approach hat auch in der Psychologie zu einer notwendigen Perspektivenerweiterung beigetragen. Jedoch kann er selbst nach Auffassung seiner grundlegenden Theoretiker (z. B.

Lemert, 1967) tat- und täterbezogene Erklärungen nicht ersetzen; denn schwerpunktmäßig bildet er einen Interpretationsrahmen für die gesellschaftliche Reaktion auf keineswegs gleichverteilte „Primärdevianz“. Auch haben sich die formellen und informellen Selektionsprozesse seitens der Instanzen sozialer Kontrolle, die zu sekundärer Devianz beitragen, gegenüber bestimmten Bevölkerungsgruppen empirisch als nicht so ausgeprägt und konsistent erwiesen, wie zeitweise postuliert worden ist (Gove, 1980). Angemessener als Alternativsetzungen sind Ansätze, die tat-/täterbezogene Perspektive und soziale Reaktionsperspektive zu integrieren versuchen (Lösel, 1978).

Übergreifend zu einzelnen Theorien zeichnen sich in der neueren kriminalpsychologischen Forschung u. a. folgende Trends ab:

- Man ist aufmerksamer dafür geworden, daß z. B. bei jährlich über vier Millionen polizeilich registrierten Straftaten im Bundesgebiet und einem immensen Dunkelfeld die Kriminalität ein in sich sehr heterogenes Massenphänomen ist. Mehr als bislang wird zwischen verschiedenen Arten der Straffälligkeit differenziert und z. B. die Erklärung längerfristiger und schwerwiegender Kriminalität nicht einfach auf Bereiche der Gelegenheits- und Bagatelldelinquenz übertragen (Chaiken/Chaiken, 1984; Wilson/Herrnstein, 1985).
- Nachdem bislang vor allem Sozialisationsmerkmale einer multiplen familialen Belastung und mehr „statische“ Persönlichkeitsdispositionen als Kriminalitätsbedingungen untersucht worden sind, betrachtet man nun Straftaten vermehrt unter dem Blickwinkel der aktuellen Wechselwirkung von Personen- und Situationsmerkmalen. Hier sind Forschungen zum „Reasoning criminal“, zum deliktspezifischen Aufforderungscharakter bestimmter Situationsmerkmale oder zum Prozeß des „Opferwerdens“ zu nennen, die z. B. für die Kriminalprävention an Bedeutung gewonnen haben (Schneider, 1983; Cornish/Clarke, 1986; Lösel, 1987).
- Methodisch werden verstärkt Längsschnittstudien, Kohortenuntersuchungen u. ä. angestrebt. Dies geschieht zum einen deshalb, weil z. B. Persönlichkeitsuntersuchungen an Straftätern oder retrospektive Befragungen zu deren Sozialisation viele Alternativerklärungen für die gegenüber Vergleichsgruppen bestehenden Unterschiede zulassen. Zum anderen erweist sich insbesondere die Jugenddelinquenz als ein oft „normales“, episodisches Phänomen, aus dem sich erst durch Längsschnitt-Untersuchungen die Erklärung und Prognose jener kleinen Personengruppe verbessern läßt, die relativ persistente Kriminalität entwickeln und für einen großen Anteil der Straftaten verantwortlich sind (Farrington et al., 1985).

3 Forensische Aussagepsychologie

Die forensische Aussagepsychologie befaßt sich mit dem Realitätsgehalt der im Strafverfahren gewonnenen Aussagen sowie mit den Möglichkeiten, die Übereinstimmung mit dem in Frage stehenden Sachverhalt zu optimieren. Während im anglo-amerikanischen Strafprozeß der psychologische Sachverständige vor allem bei erwachsenen Zeugen von Gewaltdelikten und als Parteiengutachter tätig ist, wird er in der Bundesrepublik Deutschland vom Gericht hauptsächlich bei Sittlichkeitsdelikten mit Kindern herangezogen (Sporer, 1983). Zwar soll die Würdigung der Zeugenaussagen aus der richterlichen Lebenserfahrung heraus erfolgen und wird die Hinzuziehung von Psychologen von regionalen und persönlichen Präferenzen der Richter beeinflußt (Müller-Luckmann, 1973), doch hat die Psychologie in diesem Bereich der Rechtspraxis ihren festen Platz.

Bei der Beurteilung des Realitätsgehalts von Aussagen kann es nach den Erkenntnissen der neueren Kognitionspsychologie in der Regel nicht um eine Ermittlung der Wahrheit im Sinne einer Dichotomie zwischen „richtig“ und „falsch“ gehen, sondern um eine (Re-)Konstruktion von Ereignissen mit mehr oder weniger hoher Veridikalität. Dabei wird vielfach zwischen der Glaubwürdigkeit i. S. der *Genauigkeit* und der *Glaubwürdigkeit* i. e. S. unterschieden. Teilweise unterscheidet man auch etwas irreführend zwischen „unbewußten“ vs. „bewußten“ Falschaussagen, kognitiven vs. motivationalen Aspekten des Aussageprozesses oder der Zeugentüchtigkeit vs. Zeugenehrlichkeit. Die Frage der Genauigkeit bezieht sich auf Einflüsse, die trotz eines um korrekte Darstellung bemühten Vernommenen zu Irrtümern und Verfälschungen führen. Die Frage der Glaubwürdigkeit i. e. S. betrifft Kriterien, die es erlauben, absichtlich verfälschte bzw. unwahre Aussagen zu identifizieren.

Die *Genauigkeit* von Zeugenaussagen hängt von zahlreichen Faktoren ab, die zumeist *drei Phasen* zugeordnet werden: der Wahrnehmung, Speicherung und Reproduktion des Ereignisses (Undeutsch, 1967; Loftus, 1979). In diesen drei Phasen können zum Beispiel folgende Variablen eine Rolle spielen (Trankell, 1971; Clifford, 1981; Sporer, 1983; Wegener et al., 1988):

Einflüsse in der Wahrnehmungssituation

- Sensorische Wahrnehmungsbedingungen, z. B. generelle oder partielle Störungen des Gehörs;
- Physikalische Wahrnehmungsbedingungen, z. B. große Entfernung zum Tatort, geringe Helligkeit;
- Soziale Wahrnehmungsbedingungen, z. B. Ergänzungen, Wahrnehmungsorganisation durch Personen- oder Ereignisschemata/Skripte;

- Wahrnehmungsdauer, z. B. validitätsfördernde längere Beobachtung der Tat;
- Aufmerksamkeitsverteilung, z. B. Wahrnehmung peripherer vs. zentraler Details (Fokus auf Personen, Waffen);
- Emotionale Erregung, z. B. umgekehrt U-förmiger Zusammenhang zwischen Arousal und Aussagegenauigkeit entsprechend dem Yerkes-Dodson-Gesetz.

Einflüsse in der Speicherungsphase
- Zeitintervall bis zum Abruf, z. B. raschere Erinnerungsverluste bei Ereignissen als bei Gesichtern;
- Spätere Information, z. B. Interferenzen der Tatwahrnehmung mit Informationen aus Gesprächen mit Dritten, Presseberichten, früheren Vernehmungen;
- Traumatische Einflüsse, z. B. unfallbedingte Gedächtnisschädigung.

Einflüsse in der Reproduktionsphase
- Formale Struktur der Vernehmung, z. B. geringere Vollständigkeit freier vs. größere Fehlerhaftigkeit strukturierter Befragungen;
- Formulierung der Fragen, z. B. Mitteilung nachträglicher Informationen, Suggestivfragen;
- Einsatz von Erinnerungshilfen, z. B. Perspektivenwechsel, vorstellungsmäßiges Sich-Hineinversetzen;
- Aufmerksamkeitsverteilung des Vernehmenden, z. B. Übergehen schwacher Hinweisreize in der Mitteilung des Zeugen;
- Typisierungen auf seiten des Vernehmenden, z. B. Personen- und Ereignisschemata (Tatbestandskategorien) des Polizeibeamten.

Die letztgenannten Faktoren beeinflussen nicht nur stark, was der Befragte wiedergibt, sondern z. B. auch die selegierende, organisierende und akzentuierende Formulierung von Protokollen (Schmitz, 1978). Insgesamt hat die Anwendung von Erkenntnissen der Wahrnehmungs-, Gedächtnis- und Kommunikationspsychologie auf die Aussagebeurteilung in den letzten Jahren erfreulich zugenommen, wenngleich die Übertragbarkeit allgemeiner experimenteller Befunde auf die forensische Einzelfalldiagnostik in der Bundesrepublik noch kontrovers diskutiert wird. Über die praktischen Ansätze zur Verringerung von Fehlerquellen in Vernehmungen besteht jedoch weitgehend Konsens (Schmitz, 1978; Arntzen, 1980; Geiselman et al., 1985). Wichtig sind u. a.:

- Verständlichkeit der Sprache,
- Vermeidung von Suggestivfragen,
- Verstärkung pseudo-symmetrischer Kommunikationselemente und freier Erzählphasen,
- Offenheit für Vorschläge und Gegenvorschläge der Befragten,
- Förderung des „Nacherlebens" und der gedanklichen Simulation,
- Wechsel von Beobachtungsperspektiven,
- Verwendung von Skizzen und Durchführung praktisch-technischer Simulationen,
- Rücksichtnahme auf starke Affekte, Ermüdung, Persönlichkeitsmerkmale und den kulturellen Hintergrund der Befragten.

Was die mehr oder weniger *absichtliche Falschaussage* betrifft, hat das in Alltagstheorien wesentliche Konzept der „allgemeinen Glaubwürdigkeit" (das auf die Persönlichkeit der Zeugen bezogen ist) seit der Kritik durch Undeutsch (1967) stark an Bedeutung verloren. Die Indikatoren der „speziellen Glaubwürdigkeit" werden demgegenüber vor allem aus der Aussage selbst sowie ihrer Vorgeschichte und dem Verhalten in der Befragungssituation entnommen (Wegener, 1981; Arntzen, 1983; Littmann/Szewczyk, 1983). Unter Einbezug labor-experimenteller Ergebnisse unterscheidet Köhnken (1986) zwischen vier Klassen von Variablen:

- Inhalt der Aussage, u. a. Aussagenlänge, Detailreichtum, Konsistenz, Eigenbezug, Originalität von Details (z. B. Undeutsch, 1984);
- Verbales Verhalten, u. a. Sprechgeschwindigkeit, Tonhöhe, Antwortverzögerung, Sprechfehler und -störungen (z. B. De Paulo et al., 1985);
- Nonverbales Verhalten, u. a. Blickverhalten, Bewegung von Schultern und Extremitäten, manipulative Gesten (z. B. Ekman, 1985);
- Autonome physiologische Reaktionen, u. a. hautgalvanische Reaktion, relativer arterieller Blutdruck, Atembewegungen als hauptsächliche Merkmale der polygraphischen „Lügendetektion" (z. B. Steller, 1987).

Im deutschen Strafprozeßrecht ist die *psychophysiologische Täterschaftsermittlung* als Beweismittel nicht zugelassen. Trotz ihrer in Real- und Simulationsstudien demonstrierten geringen Fehlerquoten (Undeutsch, 1983) bleibt zudem das Problem, daß eine extern relativ valide Prüfung nur dann möglich ist, wenn spätere Geständnisse, unzweifelhafte Zeugenaussagen oder eindeutige Sachbeweise/Indizien vorliegen. Dies gilt auch für die anderen Glaubwürdigkeitsindikatoren. In der Praxis der deutschen Aussagenpsychologie werden vor allem Merkmale des Aussageninhalts, der Vorgeschichte, der Aussagegestaltung, prägnante begleitende Verhaltensbesonderheiten etc. zur Diagnose herangezogen, indem nicht einzelne Merkmale, sondern erst stimmige Merkmalskomplexe als indikativ gelten. Dabei ist auch mit der differenziellen Gültigkeit von Merkmalen bei verschiedenen Zeugen zu rechnen (Littmann/Szewczyk, 1983). Was die experimentell erforschten Glaubwürdigkeitsmerkmale im verbalen und nonverbalen Verhalten betrifft, so stammen die Ergebnisse vor allem aus Studien zur simulierten Falschaussage in Alltagskommunikationen, können also nicht ohne weiteres auf die Ernstsituation im Strafverfahren übertragen werden. Die festgestellten Korrelationen sind auch teilweise nur niedrig oder nicht ausreichend konsistent. Einschlägige Leitfäden für Nichtpsychologen erscheinen deshalb ebenso problematisch, wie dies bereits früher bei vermeintlich bewährten Ergebnissen der Ausdruckspsychologie der Fall gewesen ist.

4 Psychologie der Gerichtsverhandlung

Für den Ablauf der Hauptverhandlung und die richterliche Urteilsbildung sind einerseits durch die Strafprozeßordnung und das Strafgesetz Rahmenbedingungen gesetzt. Andererseits spielen für die Interaktion und die Informationsverarbeitung außerrechtliche und speziell psychologische Faktoren eine bedeutsame Rolle (Thibaut/Walker, 1975; Blumstein et al., 1983; Haisch, 1983, Bierbrauer/Gottwald, 1987).

Die empirische Forschung enthält hier allerdings oftmals besondere Schwierigkeiten. Die naturalistische Beobachtung von Hauptverhandlungen ist nur für manche Fragestellungen hinreichend. Dies gilt z. B. für Studien zum Kommunikations- bzw. Vernehmungsstil von Richtern, in denen sich deutliche Unterschiede im Ausmaß der direkten Kontrolle oder der Reversibilität gezeigt haben (z. B. Schumann/Winter, 1973). Andere Probleme sind aus rechtlichen Gründen nicht direkt zugänglich (z. B. Interaktionsprozesse bei der Beschlußfassung von Schwurgerichten) oder bedürfen wegen der Art des Phänomens zusätzlicher Befragungen (z. B. Informationsverarbeitungs- und Urteilsprozesse von Richtern). Bei hypothesen-testenden Studien sind zusätzliche methodische Kontrollen hinsichtlich der Art des Falles, der Deliktschwere etc. erforderlich. Man verwendet deshalb z. B. simulierte Gerichtsverfahren mit sogenannten „mock juries" (experimentell zusammengestellten Gerichten) oder „shadow juries" (Versuchspersonen, die nach der Beobachtung realer Prozesse entscheiden). Das Fallmaterial ist in vielen Studien fiktiv oder auf wenige Informationen verkürzt. Es wird teilweise nur schriftlich dargeboten, die sehr wesentliche Interaktionsdynamik vor Gericht bleibt ausgeklammert. Allzu oft sind die Versuchspersonen Studierende oder wenig erfahrene juristische Anfänger. Bei Befragungen verwendet man nicht selten Antwortmodi, die so in der juristischen Praxis nicht möglich sind (z. B. Rating-Skalen anstelle von Alternativentscheidungen). Derartige methodische Einschränkungen (Bray/Kerr, 1982) sprechen nicht generell dagegen, aus der einschlägigen Forschung Folgerungen für die juristische Praxis zu ziehen, doch ist die jeweilige externe Validität besonders sorgfältig abzuwägen.

Ein zentrales Forschungsthema ist die formale Gestaltung des Strafverfahrens. Dabei stellt man einander vor allem zwei Modelle gegenüber: das „akkusatorische", z. B. im anglo-amerikanischen Bereich praktizierte „adversary system" und das z. B. in Deutschland und anderen Kontinentaleuropäischen Ländern praktizierte Prozeßmodell (mißverständlich oft als „inquisitorial system" bezeichnet). Im *adversary system* hat der Richter mehr eine passive, moderierende Funktion gegenüber den ihre Interessen vertretenden, den Verfahrensablauf relativ stark beeinflussenden Parteien und führt über die unstrittigen Aspekte des jeweiligen Delikts eine Entscheidung herbei. Im *inquisitorial system* informiert sich der Richter bereits vorab über die Ermittlungsergebnisse; er strebt in der Hauptverhandlung aktiv-verfahrensbestimmend die Wahrheitsfindung und eine gerechte Aburteilung an. Im adversary system ist also eine rollenmäßige Trennung zwischen der *Prozeßkontrolle* (Informationssammlung) und *Entscheidungskontrolle* (Ergebnisbestimmung) gegeben, während im inquisitiorial system beides dem Richter obliegt. Anhand dieser Unterscheidung nehmen Thibaut und Walker (1975) an, daß das inquisitorial system die *Wirklichkeitsrekonstruktion* begünstige, während das adversary system mehr der *Gerechtigkeitsverwirklichung* diene und von den Parteien auch als gerechter erlebt werde. Etliche Studien bestätigen diese Hypothesen. Hinsichtlich genereller Bewertungen beider Verfahrensweisen ist aber Zurückhaltung geboten (Hayden/Anderson, 1979). Dies legt bereits die Erinnerung an Münsterberg (1908) nahe, der – gerade entgegengesetzt zur derzeitigen Argumentation für das adversary system – für die Anwendung des kontinentaleuropäischen Modells in den USA plädiert hatte, u. a. wegen der neutraleren Position der Sachverständigen. Die rechtspsychologische Forschung zeigt auch, daß die Funktionstrennung von Prozeß- und Entscheidungskontrolle im adversary system nicht so strikt ist, wie formal angenommen (Sealy, 1987).

Die höhere Gerechtigkeitseinschätzung besteht vor allem bei jenen Parteien, die durch die vorgebrachten Fakten begünstigt werden (La Tour, 1978). Die Gestaltung des Strafprozesses ist insbesondere wegen des Problems der *Urteilsperseveranz* bedeutsam (Nisbett/Ross, 1980). Entsprechend psychologischen Theorien zur sozialen Wahrnehmung und Urteilsbildung ist anzunehmen, daß sich Richter bereits vor Verhandlungsbeginn eine Hypothese über den jeweiligen Fall bilden und diese durch selektive Informationsaufnahme und -verarbeitung nach Möglichkeit beibehalten wird. Dieser Perseveranzeffekt in Strafurteilen ist wiederholt bestätigt worden (Lautmann, 1972; Schünemann, 1983). Er wird durch die Aktenkenntnis des Richters im Rahmen des inquisitorial system besonders begünstigt.

Die z. B. im Rahmen der Dissonanztheorie erklärbare Urteilsperseveranz ist aber nur ein „subjektiver" Faktor unter vielen anderen. Was die richterliche Urteilsbildung/Strafzumessung betrifft, so werden relevante Faktoren des Urteilsobjekts, des Urteilers und der Urteilssituation unterschieden. Im Rahmen der gesetzlich vorgegebenen Ermessensspielräume können z. B. Einfluß haben (Hogarth, 1971; Thibaut/Walker, 1975; Carroll/Payne, 1977; Haisch, 1983; Oswald/Langer, 1987):

Einflüsse des Urteilsobjekts
- Merkmale des Delikts; z. B. Tatumstände, die internale, stabile und kontrollierbare Kausal- und Verantwortlichkeitsattributionen nahelegen;
- Merkmale der Beschuldigten, z. B. ungeregelte Lebensführung, geringe persönliche Attraktivität, ethnische Herkunft, Schichtzugehörigkeit;

Einflüsse des Urteilers
- Allgemeine Strafeinstellungen und Attribuierungstendenzen; z. B. rechtspolitisch „strenge" Einstellungen, habituelle Attribuierungsmuster im Rahmen subjektiver Kriminalitätstheorien, Berufserfahrung;
- Fallspezifische Kognitionen; z. B. anfängliche Schuldvermutung, Einschätzung des Vertrauenswürdigkeit oder Attraktivität der Angeklagten, Einfühlung in das Opfer;

Einflüsse der Urteilssituation
- Situation in der Hauptverhandlung; z. B. Primacy-, Recency-, Inokulationseffekte je nach Informationsdarbietung und Verfahrensablauf, gruppendynamische Prozesse in Schwurgerichten, Konsens-Druck;
- Institutionelle und außerinstitutionelle Rahmenbedingungen; z. B. regional unterschiedliche „Straftaxen", richterliche Sozialisations- und Karrierebedingungen, rechtspolitische Trends.

Eine strikte Trennung dieser drei Kategorien ist allerdings nicht möglich, da es sich letztlich immer um Informationsverarbeitungs- und Entscheidungsprozesse auf seiten des Urteilers handelt. Auch haben sich etliche Variablen zwar in quasiexperimentellen Gruppenvergleichen als für die Urteilsbildung bedeutsam gezeigt, es ist jedoch noch unklar, inwieweit sie in praktischen Fällen nicht von differentiellen Effekten anderer Faktoren „überlagert" werden. Insbesondere mangelt es noch an Mehrebenen-Modellen, welche kognitionspsychologische, interaktionale und institutionelle Einflüsse integrieren. Auf attributions- und einstellungstheoretischer Basis schlagen neuerdings Oswald und Langer (1987) hierzu einen interessanten Ansatz vor.

5 Psychologie im Strafvollzug

Der Anteil zur Vollstreckung angeordneter Freiheitsstrafen ist in den letzten hundert Jahren von über 76 Prozent (Deutsches Reich) auf ca. sechs Prozent (BRD) zugunsten ambulanter Sanktionen – zumeist Geldstrafen – zurückgegangen (Kaiser, 1985). Trotzdem befinden sich in bundesdeutschen Gefängnissen zur Zeit ständig ca. 60 000 Gefangene (einschließlich Untersuchungshaft).

Nach § 2 des seit 1977 in Kraft befindlichen Strafvollzugsgesetzes (StVollzG) ist es das Hauptziel des Vollzugs der Freiheitsstrafe, daß der Gefangene fähig wird, künftig in sozialer Verantwortung ein Leben ohne Straftaten zu führen. Inwieweit der Strafvollzug tatsächlich diesem Ziel dienlich ist, wird wohl schon so lange kontrovers diskutiert, wie es diese gesellschaftliche Institution gibt. Als Evaluationskriterium dienen hauptsächlich *Rückfallraten,* die je nach Definition von Rückfälligkeit, untersuchtem Bewährungszeitraum, Art der Gefangenenpopulation, Form des Strafvollzugs und anderen Faktoren unterschiedlich ausfallen. Mit ca. 40 bis 70 Prozent liegen die neueren Daten in der Bundesrepublik zwar unter den früher als typisch genannten 80 Prozent, doch zeigen auch diese Zahlen, daß das Vollzugsziel allenfalls partiell erreicht wird, wobei zudem unklar ist, ob in den „Erfolgsfällen" nicht oftmals ambulante Sanktionen ausgereicht hätten. Bei der Evaluation ist allerdings zu berücksichtigen, daß der Freiheitsentzug nicht ausschließlich der Spezialprävention dienen soll, sondern nach § 2 StVollzG auch dem Schutz der Allgemeinheit vor weiteren Straftaten sowie gemäß den Intentionen des Strafgesetzbuches (StGB) dem Schuldausgleich und der Generalprävention.

In den beiden Zielen des § 2 StVollzG sind grundsätzliche institutionelle Konflikte enthalten (Müller-Dietz, 1977; Kaiser et al., 1983). Zwar orientiert man sich vermehrt an Gestaltungsprinzipien der geringstmöglichen Einschränkungen, der Wahrung der Individualsphäre, der Auslagerung von Einzelbereichen in die Außenwelt, der auch von außen her mitbestimmten persönlichen Betreuung etc., umstritten ist aber, inwieweit eine substantielle *Änderung im Alltag des Strafvollzugs* stattgefunden hat (Wagner, 1984). Vollzugslockerungen, Freigang, Urlaub, Wohngruppenvollzug haben zugenommen (Dünkel, 1983) und zur Annäherung an humanitäre Ziele beigetragen; was das Resozialisierungsziel betrifft, sind aber viele skeptisch, ob selbst ein de facto behandlungsorientiert gestalteter Strafvollzug wesentlich wirksamer ist als ein „Verwahrvollzug" (Kury, 1986).

Behandlungsorientiert sind in der Bundesrepublik Deutschland vor allem die *sozialtherapeutischen Strafvollzugsanstalten* (SthAen), die seit bald 20 Jahren existieren (EGG, 1984). Die *Sozialtherapie* blieb aber nicht nur im Ausbau hinter optimistischen Erwartungen zurück, sondern ist mit ihrer nach langem Aufschub Ende 1984 entschiedenen rechtlichen Grundlage nur als fakultative Strafvollzugsform (und nicht als Maßregel) festgeschrieben. Was die empirische Evaluation betrifft, so enthalten die vorliegenden Studien zum Teil erhebliche methodische Probleme (Lösel et al., 1987). Mit dieser Einschränkung zeigt unsere Meta-Evaluation der Begleitforschung, daß etwa 8-12 Prozent mehr Gefangene günstige Auswirkungen (z. B. keinen Rückfall) zeigen, als dies beim herkömmlichen Strafvollzug der Fall ist. Ähnlich kommen auch Sechrest et al. (1979) und andere US-amerikanische Evaluationen zu etwas – nicht grundsätzlich – positiveren Einschätzungen als dies nach dem plakativen Fazit „Nothing works“ von Lipton et al. (1975) der Fall war. Interkulturelle Verallgemeinerungen sind in diesem Bereich aber problematisch, da sehr unterschiedliche institutionelle und rechtliche Kontexte bestehen. Die in den letzten Jahren vielzitierte „Abkehr von der Behandlungsideologie“ ist auch in der Praxis keineswegs so ausgeprägt wie in der kriminalpolitischen Diskussion unterstellt wird. Gerade im Hinblick auf die bundesdeutsche Sozialtherapie ist hervorzuheben, daß mit ihr und der sie begleitenden Forschung überhaupt erst eine erfahrungswissenschaftlich fundierte Weiterentwicklung des Strafvollzugs in Gang gekommen ist.

An dieser Aufgabe sollen auch die *Strafvollzugspsychologen* mitwirken. Deren Zahl ist in den sechziger und siebziger Jahren sehr stark gestiegen (Dünkel, 1983). Allerdings ist die Position der Psychologen im StVollzG rollenmäßig wenig konkretisiert (Müller-Dietz, 1977). Im Sinne einer Stabsstelle haben sie in vielen Tätigkeiten nur eine empfehlende Funktion. De facto bestehen die Aufgaben u. a. in der Eingangsdiagnostik zur Erstellung eines Vollzugsplans, in prognostischen Beurteilungen bezüglich Änderungen der Haftform, Urlaubsgewährung, Aussetzung von Reststrafen zur Bewährung, in Einzel- und Gruppentherapie oder Beratung, in Kriseninterventionen bei aktuellen Konfliktfällen, in der Eignungsuntersuchung, Aus- und Fortbildung von Mitarbeitern des Aufsichtsdienstes usw. (Kühne, 1983; Lösel/Köferl, 1987). Eine Zeitbudget-Untersuchung an Strafvollzugspsychologen zeigt, daß insbesondere die diagnostischen Aufgaben ausgeprägt sind, während nach Auffassung der Psychologen die Bereiche der Beratung/Behandlung und der Organisationsentwicklung verstärkt werden sollten (Lösel/Bliesener, 1987).

Grob gegliedert hat sich die Psychologie im Strafvollzug mit drei Problem-Ebenen auseinanderzusetzen. Zum einen handelt es sich um *Probleme innerhalb der Psychologie*. So hat man z. B. für die speziellen diagnostischen Aufgaben des Strafvollzugs bislang kaum Methoden entwickelt oder hinlänglich geprüft (Kury, 1983). Herkömmliche Therapieformen sind zumeist zur ansatzweise geeignet; sie bedürfen der weiteren Adaption und systematischen Evaluation (Lösel et al., 1987). Für beide Aufgaben gilt, daß die Freiwilligkeit der Teilnahme oder ein „Leidensdruck“ der Probanden nur sehr begrenzt oder indirekt vorausgesetzt werden können und Prisonierungseinflüsse zu berücksichtigen sind.

Die damit angesprochene *institutionelle Problemebene* der Strafvollzugspsychologie enthält u. a. die materiellen, organisatorischen und psychologischen Bedingungen einer „totalen Institution“. Wie die anderen Mitarbeiter steht der Psychologe dabei einerseits im Konflikt zwischen den Zielen der Sicherheit/Ordnung und der Resozialisierung, andererseits scheint er in diesem Spannungsfeld gegenüber den Linienpositionen eine gewisse Randstellung einzunehmen (Braune et al., 1983 a). Die Verstärkung des sozial- und organisationspsychologischen Selbstverständnisses der Strafvollzugspsychologie ist deshalb besonders wichtig, um eine Mediatorenfunktion im Rahmen der Organisationsentwicklung wahrnehmen zu können (Braune et al., 1983 b). Dazu ist auch eine personelle Ausstattung erforderlich, die nicht nur eine Alibifunktion ermöglicht.

Grundlegend für viele Schwierigkeiten der Strafvollzugspsychologie ist die dritte, die *gesellschaftliche Problemebene* der Institution Strafvollzug. Der Verlauf der Strafvollzugsreform, Ausstattungsdefizite, Darstellungen in den Massenmedien etc. sind Ausdruck grundsätzlicher politischer Kontroversen zu Fragen der inneren Sicherheit. Hinzu kommen z. B. nach psychoanalytischer Auffassung tief verwurzelte Vergeltungs- und Stigmatisierungseinstellungen in der Gesellschaft. Die Strafvollzugspsychologie darf deshalb nicht verkennen, daß selbst ein psychologisch „günstiger“ Vollzug allenfalls einen Teileinfluß zur Erreichung von (Re-)Sozialisierungszielen darstellt, der von zahlreichen gegenläufigen sozialen Prozessen – auch nach der Entlassung – kompensiert werden kann (Opp, 1979).

6 Schlußbemerkung

Zwischen Rechtswissenschaft und Psychologie bestehen intensive Kontakte und Kooperationen. Dabei kann es freilich auch zu Konflikten kommen, die durch unterschiedliche Orientierungen in beiden Gebieten bedingt sind (Müller-Luckmann, 1983; Kaiser, 1985). Sie ergeben sich z. B. aus der erfahrungswissenschaftlichen versus normativen Grundposition, aus pluralistischen psychologischen Ansätzen versus der zumindest angestrebten Einheit der Rechtsauffassung, aus der Vorläufigkeit vieler psychologischer Aussagemöglichkeiten versus juristischen Sicherheits-/Wahrscheinlichkeitsanforderungen, aus teilweise rasch fortschreitender Wissensdifferenzierung versus längerfristig festgeschriebenen rechtlichen Kategorien und Zuständigkeiten.

Erforderlich ist die Verständnisbereitschaft und Auseinandersetzung mit den disziplinären Besonderheiten des anderen *und* eigenen Faches. Zum Beispiel wurden in der Forensischen Psychologie grundlagenkritische Fragen manchmal zu wenig berücksichtigt. Dies entspricht einer hilfswissenschaftlichen Position, die weitgehend durch pragmatische Aufgabenstellungen charakterisiert ist (Loh, 1980). Die Forensische Psychologie verdeutlicht dabei allgemeine Gefahren einer zu starken Trennung von „Grundlagen" und „Anwendung" in der Psychologie. Im Hinblick auf die rechtspsychologische Forschung und Praxis ist deshalb festzuhalten: Für die konkrete Tätigkeit als Sachverständiger, im Strafvollzug, in einem empirischen Projekt etc. ist psychologisches Denken *„im Recht"* unabdingbare Voraussetzung. Gleichzeitig und für die Psychologie als Bezugswissenschaft des Rechts ist jedoch außerdem psychologisches Denken *„über Recht"* erforderlich. Von der Fähigkeit zur Verknüpfung beider Ansätze hängt es vermutlich ab, inwieweit die Psychologie ihre Möglichkeiten in der Erforschung und Gestaltung des Rechtswesens weiter wahrnimmt und verstärkt.

Literatur

Amelang, M.: Sozial abweichendes Verhalten. Berlin: Springer, 1986.

Arntzen, F.: Vernehmungspsychologie. München: Beck, 1980.

Arntzen, F.: Psychologie der Zeugenaussage. Systematik der Glaubwürdigkeitsmerkmale. München: Beck, 1983.

Bierbrauer, G./Gottwald, W.: Psychologie und Recht – Brükkenschlag zwischen Fakten und Fiktion. In: Schultz-Gambard (Hrsg.): Angewandte Sozialpsychologie, München: Psychologie Verlags Union, 1987, 91-110.

Blumstein, A./Cohen, J./Martin, S. E./Tonry, M. H. (Eds.): Research on sentencing: The search for reform, vol. 1. Washington, DC: National Academy Press, 1983.

Braune, P./Klapprott, J./Linz, P./Lösel, F./Runkel, T.: Ein empirischer Beitrag zur Organisationsdiagnostik und Personalentwicklung im Strafvollzug. In: Kerner, H.-J./Kury, H./Sessar, K. (Hrsg.): Deutsche Forschungen zur Kriminalitätsentstehung und Kriminalitätskontrolle, Bd. 3. Köln: Heymanns, 1983 a, 1744-1777.

Braune, P./Klapprott, J./Linz, P./Lösel, F./Runkel, T.: Psychologische Organisationsentwicklung im Strafvollzug. In: Lösel, F. (Hrsg.): Kriminalpsychologie. Weinheim: Beltz 1983 b, 228-238.

Bray, R. M./Kerr, N. L.: Methodological considerations in the study of the psychology of the courtroom. In: Bray, R. M./Kerr, N. L. (Eds.): The psychology of the courtroom. New York: Academic Press, 1982, 287-323.

Carroll, J. S./Payne, J. W.: Judgements about crime and the criminal. In: Sales, B. D. (Ed.): Perspectives in law and psychology, vol. 1: The criminal justice system. New York: Plenum, 1977, 199-239.

Chaiken, M. R./Chaiken, J. M.: Offender types and public policy. Crime and Delinquency, 30, 1984, 195-226.

Clifford, B. R.: Towards a more realistic appraisal of the pschology of testimony. In: Lloyd-Bostock, S. (Ed.): Psychology in legal contexts: Applications and limitations. London: Mac Millan, 1981, 19-27.

Cornish, D. B./Clarke, R. V. (Eds.): The reasoning criminal. Rational choice perspectives of offending. New York: Springer, 1986.

De Paulo, B. M./Stone, J. I./Lassiter, G. D.: Deceiving and detecting deceit. In: Schlenker, B. R. (Ed.): The self and social life. New York: MacGraw-Hill, 1985, 323-368.

Dünkel, F.: Aspekte der Strafvollzugsreform in der Bundesrepublik Deutschland. In: Kerner, H. J./Kury, H./Sessar, K. (Hrsg.): Deutsche Forschungen zur Kriminalitätsentstehung und Kriminalitätskontrolle, Bd. 3. Köln: Heymanns, 1983, 1655-1681.

Ebbesen, E. B./Konečni, V. J.: Social psychology and the law: A decision-making approach to the criminal justice system. In: Konečni, V. J./Ebbesen, E. B.: The criminal justice system. A social-psychological analysis. San Franciso: Freeman, 1982, 3-23.

Egg, R.: Straffälligkeit und Sozialtherapie. Köln: Heymanns, 1984.

Ekman, P.: Telling lies. New York: Norton, 1985.

Elliot, D. S./Huizinga, D./Ageton, S. S.: Explaining delinquency and drug use. Beverly Hills, CA: Sage, 1985.

Eysenck, H. J.: Crime and personality (2nd ed). London: Routledge & Kegan Paul, 1977.

Farrington, D. P./Ohlin, L. E./Wilson, J. Q.: Understanding and controlling crime: Toward a new research strategy. New York: Springer, 1985.

Farrington, D. P./Tarling, R. (Eds.): Prediction in criminology. Albany, New York: State University of New York Press, 1985.

Geiselman, R. E./Fisher, R. P./McKinnon, D. P./Holland, H. L.: Eyewitness memory enhancement in the police interview. Journal of Applied Psychology, 70, 1985, 401-412.

Gove, W. R. (Ed.): The labeling of deviance. Evaluating a perspective (2nd ed.). Beverly Hills: Sage, 1980.

Haisch, J.: Psychologie der Gerichtsverhandlung und richterliche Urteilsbildung. In: Lösel, F. (Hrsg.): Kriminalpsychologie. Weinheim: Beltz, 1983, 162-172.

Hayden, R. M./Anderson, J. K.: On the evaluation of procedural systems in laboratory experiments. A critique of Thibaut and Walker. Law and Human Behavior, 3, 1979, 21-38.

Hirschi, T.: Causes of delinquency. Berkeley: University of California Press, 1969.

Hogarth, J.: Sentencing as a human process. Toronto: University of Toronto Press, 1971.

Kaiser, G.: Kriminologie (7. Aufl.). Heidelberg: C. F. Müller, 1985.

Kaiser, G./Kerner, H.-J./Schöch, H.: Strafvollzug (3. Aufl.). Heidelberg: C. F. Müller, 1983.

Köhnken, G.: Verhaltenskorrelate von Täuschung und Wahrheit – Neue Perspektiven in der Glaubwürdigkeitsdiagnostik. Psychologische Rundschau, 37, 1986, 177-194.

Kühne, A.: Psychologie im Justizvollzug. Psychologische Rundschau, 34, 1983, 57-71.

Kury, H.: Zur Verfälschbarkeit von Persönlichkeitsfragebögen bei jungen Gefangenen. Zeitschrift für Strafvollzug und Straffälligenhilfe, 32, 1983, 323-332.

Kury, H.: Die Behandlung Straffälliger, Teilband 1. Berlin: Duncker & Humblot, 1986.

La Tour, S.: Determinants of participant and observer satisfaction with adversary and inquisitorial modes of adjustication. Journal of Personality and Social Psychology, 36, 1978, 1531-1545.

Lautmann, R.: Justiz, die stille Gewalt. Teilnehmende Beobachtung und entscheidungssoziologische Analyse. Frankfurt: Fischer/Athenäum, 1972.

Lemert, E. M.: The concept of secondary deviation. In: Lemert, E. M.: Human deviance, social problems and social control. Englewood-Cliffs, NJ: Prentice-Hall, 1967.

Liebel, H./von Uslar, W.: Forensische Psychologie. Stuttgart: Kohlhammer, 1975.

Lipton, D. S./Martinson, R./Wilks, J.: The effectiveness of correctional treatmant. A survey of treatment evaluation studies. New York: Praeger, 1975.

Littmann, E./Szewczyk, H.: Zu einigen Ergebnissen forensisch-psychologischer Glaubwürdigkeitsbegutachtung von sexuell mißbrauchten Kindern und Jugendlichen. Forensia, 4, 1983, 55-72.

Lösel, F.: Über elementare Konzepte sozialer Devianz und ihre Beziehung. Ein Beitrag zur Explikation und ein empirischer Prüfversuch. Zeitschrift für Sozialpsychologie, 9, 1978, 2-18.

Lösel, F. (Hrsg.): Kriminalpsychologie. Weinheim: Beltz, 1983.

Lösel, F.: Psychologische Kriminalitätstheorien. In: Kaiser, G./Kerner, H.-J./Sack, F./Schellhoss (Hrsg.): Kleines kriminologisches Wörterbuch (2. Aufl.). Heidelberg: C. F. Müller, 1985, 219-229.

Lösel, F.: Kriminologische Forschungsperspektiven aus psychologischer Sicht. In: Kury, H. (Hrsg.): Entwicklungstendenzen kriminologischer Forschung: Interdisziplinäre Wissenschaft zwischen Politik und Praxis. Köln: Heymanns, 1986. 65-91.

Lösel, F.: Psychological crime prevention: Concepts, evaluations, and perspectives. In: Hurrelmann, K./Kaufmann, F. X./Lösel, F. (Eds.): Social intervention: Chances and constraints. Berlin: de Gruyter, 1987, 289-313.

Lösel, F./Bliesener, T.: Psychology in prison: Role assessment and testing of an organizational model. In: Wegener, H./Lösel, F./Haisch, J. (Eds.): Criminal behavior and the justice system: Psychological perspectives. New York: Springer, 1987 in press.

Lösel, F./Köferl, P.: Psychologische Rehabilitation bei Straffälligkeit. In: Koch, U./Lucius, G./Stegie, R. (Hrsg.): Einführung in die Rehabilitationspsychologie. Berlin: Springer, 1987 in Druck.

Lösel, F./Köferl, P./Weber, F.: Meta-Evaluation der Sozialtherapie. Stuttgart: Enke, 1987, in Druck.

Loftus, E.: Eyewitness testimony. Cambridge: Cambridge University Press, 1979.

Loh, W.: Perspectives on psychology and law. Journal of Applied Social Psychology, 11, 1980, 314-355.

Monahan, J./Loftus, E.: The psychology of law. Annual Review of Psychology, 33, 1982, 441-475.

Müller-Dietz, H.: Strafvollzugsrecht. Berlin: de Gruyter, 1977.

Müller-Luckmann, E.: Psychologie und Strafrecht. In: Grimm, D. (Hrsg.): Das Recht und seine Nachbarwissenschaften, Bd. 1. Frankfurt a. M.: Athenäum/Fischer, 1973, 215-230.

Müller-Luckmann, E.: Beurteilung der Glaubhaftigkeit von Zeugenaussagen. In: Schneider, H. J. (Hrsg.): Die Psychologie des 20. Jahrhunderts, Kriminalität und abweichendes Verhalten, Bd. 2. Weinheim: Beltz, 1983, 187-211.

Münsterberg, H.: On the witness stand. New York: Doubleday, 1908.

Nisbett, R./Ross, L.: Human inference: Strategies and shortcomings of social judgement. Englewood Cliffs, NJ: Prentice-Hall, 1980.

Opp, K.-D. (Hrsg.): Strafvollzug und Resozialisierung. München: Fink, 1979.

Oswald, M./Langer, W.: Entwurf eines Forschungsprojekts über gerichtliche Strafzumessungsentscheidungen. Hannover: Kriminologisches Forschungsinstitut Niedersachsen, 1987.

Remschmidt, H. (Hrsg.): Kinderpsychiatrie und Familienrecht. Stuttgart: Enke, 1984.

Sack, F.: Soziologische Kriminalitätstheorien. In: Kaiser, G./Kerner, H.-J./Schellhoss, H. (Hrsg.): Kleines Kriminologisches Wörterbuch (2. Aufl.). Heidelberg: C. F. Müller, 1985, 234-243.

Schmitz, H. W.: Tatgeschehen, Zeugen und Polizei. Wiesbaden: Bundeskriminalamt, 1978.

Schneider, H. J. (Hrsg.): Die Psychologie des 20. Jahrhunderts, Bd. 14. Auswirkungen auf die Kriminologie. München: Kindler, 1981.

Schneider, H. J.: Situative Aspekte delinquenter Handlungen und der Prozeß des Opferwerdens. In: Lösel, F. (Hrsg.): Kriminalpsychologie. Weinheim: Beltz, 1983, 74-84.

Schünemann, B.: Experimentelle Untersuchungen zur Reform der Hauptverhandlung in Strafsachen. In: Kerner, H.-J./Kury, H./Sessar, K. (Hrsg.): Deutsche Forschungen zur Kriminalitätsentstehung und Kriminalitätskontrolle, Bd. 2. Köln: Heymanns, 1983, 1109-1151.

Schumann, K. F./Winter, G.: Zur Analyse der Hauptverhandlung im Strafprozeß. In: Friedrichs, J. (Hrsg.): Teilnehmende Beobachtung abweichenden Verhaltens. Stuttgart: Enke, 1973, 174-212.

Sealy, A. P.: Decision processes in the jury room: In: Wegener, H./Lösel, F./Haisch, J. (Eds.): Criminal behavior and the justice system: Psychological perspectives. New York: Springer, 1987 in press.

Sechrest, L./White, S. O./Brown, E. D. (Eds.): The rehabilitation of criminal. offenders: Problems and prospects. Washington DC: National Academy of Sciences, 1979.

Seitz, W. (Hrsg.): Kriminal- und Rechtspsychologie. München: Urban & Schwarzenberg, 1983.

Sporer, S. L.: Allgemeinwissen zur Psychologie der Zeugenaussage: Was man weiß, oder vielleicht wissen sollte. In: Kerner, H.-J./Kury, H./Sessar, K. (Hrsg.): Deutsche Forschungen zur Kriminalitätsentstehung und Kriminalitätskontrolle, Bd. 2. Köln: Heymanns, 1983, 1191-1234.

Steller, M.: Psychophysiologische Aussagebeurteilung. Göttingen: Hogrefe, 1987.

Thibaut, J./Walker, L.: Procedural justice. A psychological analysis. Hillsdale, NJ: Erlbaum, 1975.

Thomae, H./Mathey, F. J.: Psychologische Beurteilung der Schuldfähigkeit. In: Lösel, F. (Hrsg.): Kriminalpsychologie. Weinheim: Beltz, 1983, 180-190.

Trankell, A.: Der Realitätsgehalt von Zeugenaussagen. Göttingen: Vandenhoeck & Ruprecht, 1971.

Undeutsch, U.: Beurteilung der Glaubhaftigkeit von Aussagen. In: Undeutsch, U. (Hrsg.): Handbuch der Psychologie, Bd. 11: Forensische Psychologie. Göttingen: Hogrefe, 1967, 26-181.

Undeutsch, U.: Die psychophysiologische Täterschaftsermittlung. In: Lösel, F. (Hrsg.): Kriminalpsychologie. Weinheim: Beltz, 1983, 191-206.

Undeutsch, U.: Courtroom evaluation of eyewitness testimony. International Review of Applied Psychology, 33, 1984, 51-67.

Wagner, G.: Das absurde System. Strafurteil und Strafvollzug in unserer Gesellschaft. Heidelberg: C. F. Müller, 1984.

Wegener, H.: Einführung in die Forensische Psychologie. Darmstadt: Wissenschaftliche Buchgesellschaft, 1981.
Wegener, H./Köhnken, G./Steller, M.: Anwendungsgebiet Recht. In: Frey, D./Graf Hoyos, C./Stahlberg, M. (Hrsg.): Angewandte Psychologie. München: Urban & Schwarzenberg, 1988.
Wilson, J. Q./Herrnstein, R. J.: Crime and human nature. New York: Simon and Schuster, 1985.

Rehabilitation

Andreas Schubert und Walter Bungard

Die berufliche R. und Integration psychisch Behinderter ist ein Bereich, der erst in den letzten Jahren Gegenstand intensiver psychologischer Forschung wurde. Zwar gibt es seit langem bereits psychiatrische und klinisch-psychologische Untersuchungen zur R. psychisch Kranker und Behinderter, dabei wurde aber der berufliche bzw. der Arbeitsaspekt bis auf wenige Ausnahmen (Simon, 1929; Bennett, 1972) weitestgehend ausgeklammert.

In einer solchen Phase wissenschaftlicher Entwicklung liegen ausgearbeitete Theorien oder spezifische Methoden nicht vor. Vorliegende Untersuchungen und Ergebnisse stammen zudem aus verschiedenen Wissenschaftsdisziplinen wie der Psychiatrie, der Klinischen Psychologie, der Arbeits- und Organisationspsychologie oder der Soziologie. Auch aus diesem Grunde ist ein einheitlicher theoretischer und methodischer Rahmen nicht gegeben.

1 Zur Geschichte

Zum heutigen Stand der beruflichen R. und Integration psychisch Behinderter läßt sich nur dann angemessen etwas sagen, wenn man zumindest die Entwicklung der letzten Jahrzehnte in diese Betrachtung einbezieht. Lange Zeit war nämlich der Umgang mit psychisch Kranken und Behinderten von meist institutionalisierter Ausgrenzung, bestenfalls Verwahrung gekennzeichnet, d. h. eine Re-Integration in die Gesellschaft wurde nicht nur *nicht* unterstützt, sondern auch nicht gewünscht. Aber auch rehabilitative Maßnahmen wurden kaum unternommen, da deren Einfluß auf die Entwicklung psychischer Krankheit weit unterschätzt wurde. So wurde der gesamte Lebens- und Erfahrungsbereich *Arbeit* für psychisch Kranke auf anstaltsinterne Hilfstätigkeiten reduziert. Diese Ausgrenzungs- und Hospitalisierungstendenzen fanden im 3. Reich ihren furchtbaren Gipfel in der Stigmatisierung psychiatrischer Patienten mit dem Etikett des „unwerten Lebens“, ihrer Einweisung in Konzentrationslager und ihrer Tötung (Dörner et al., 1980). In der Nachkriegszeit wurde das Schicksal psychisch Kranker und Behinderter dann „totgeschwiegen“, was dadurch begünstigt wurde, daß die Vielzahl der Kriegsversehrten viel offensichtlicher der Fürsorge und somit auch rehabilitativer Maßnahmen bedurfte. Diese Wiedereingliederung Kriegsversehrter, und d. h. meist Körperbehinderter, prägte ganz entscheidend zumindest in Deutschland das Verständnis von beruflicher R. und Integration der letzten Jahrzehnte. Nur vor diesem Hintergrund ist zu verstehen, daß bis in die letzten Jahrzehnte psychisch kranke Menschen scheinbar nicht existierten, nicht in der Gesellschaft und erst recht nicht im Arbeitsleben – und natürlich auch nicht in der Forschung zum Arbeitsleben.

Erst in den 70er Jahren wurden im Zuge der Psychiatrie-Enquête des Deutschen Bundestages (1975), die die alarmierende Situation psychisch Kranker und den desolaten Zustand der Psychiatrie in Deutschland offenbarte, Bestrebungen gegen die Ausgrenzung und Hospitalisierung psychisch Kranker stärker, die schließlich in der *„Antipsychiatrie“* (Szasz, 1960) gipfelten. Aus der Vielzahl „antipsychiatrischer“ Bestrebungen entwickelte sich als gemeinsames Ziel eine *gemeindenahe Psychiatrie*. Mit dieser Entwicklung ging auch eine Wiederentdeckung der Wichtigkeit sozialer Lebenszusammenhänge für psychisch kranke Menschen einher, und das nicht nur unter ethisch-moralischen Aspekten, sondern auch unter rehabilitativen und kurativen Gesichtspunkten. Damit wurde neben den Bereichen Wohnen und Freizeit auch die Arbeit in ihrer Bedeutung für R. und Integration psychisch Kranker und Behinderter erkannt, was schließlich auch in politischen Entscheidungen und entsprechenden Gesetzen seinen Niederschlag fand.

Diese letztgenannten Entwicklungen fanden jedoch erst in den 70er und 80er Jahren statt, so daß auch heute noch das Wissen über psychische Krankheit, vor allem aber über Möglichkeiten beruflicher R. und Integration, als sehr unvollständig bezeichnet werden muß.

2 Definitionen

Die grundlegenden, d. h. für Maßnahmen der R. und Integration notwendigen, Bestimmungsmerkmale sind die Begriffe „Behinderung“, „psychische Behinderung“, „Schwerbehinderung“, „Rehabilitation“ und „Integration“. Ein weiterer Begriff, der bei der beruflichen R. und Integration häufig verwendet wird, ist der „Grad psychischer Behinderung“, der für ein ganzes Bewertungssystem steht und deshalb auch kurz an einem Beispiel erläutert wird.

Behinderung. – Unter Behinderung versteht man (nach § 3 des Schwerbehindertengesetzes) die Auswirkung einer nicht nur vorübergehenden Funktionsbeeinträchtigung, die auf einem regelwidrigen körperlichen, geistigen oder seelischen Zustand beruht, d. h. er muß von dem für das Lebensalter Typischen abweichen und mindestens sechs Monate andauern.

Psychische Behinderung. – Unter psychischer Behinderung wird in der Regel das Vorliegen von Psychosen oder Neurosen und abnormen Persönlichkeitsentwicklungen verstanden (nach Heuser, 1987).

Schwerbehinderung. – Schwerbehinderung liegt dann vor, wenn der Grad der Behinderung (GdB, bis zum Inkrafttreten der Novellierung des Schwerbehindertengesetzes am 1. 8. 86 stand dafür der sehr mißverständliche Begriff „Minderung der Erwerbstätigkeit MdE“) wenigstens 50 beträgt (nach § 1 des Schwerbehindertengesetzes). Damit wird keine Aussage über die berufliche Leistungsfähigkeit gemacht, sondern das Ausmaß der Behinderung mit ihren Auswirkungen auf *alle* Lebensbereiche beschrieben. So kann ein Behinderter mit einem GdB von 100 in seinem Beruf dennoch 100% leistungsfähig sein.

Grad psychischer Behinderung. – In den „Anhaltspunkten für die ärztliche Gutachtertätigkeit im sozialen Entschädigungsrecht“ (Ziffer 26.3) werden Kriterien für die Feststellung von psychischen Behinderungen und den Grad der darauf beruhenden Behinderung genannt. Dabei werden sowohl die Diagnose wie Dauer und Verlauf der Krankheit sowie soziale und berufliche Auswirkungen berücksichtigt. Ein Beispiel: „Langandauernde (wenigstens 6 Monate anhaltende) Psychose aus dem schizophrenen oder manischdepressiven Formenkreis (endogene Psychose) im fluriden Stadium je nach Einbuße beruflicher und sozialer Anpassungsfähigkeit: GdB 50-100.“ (aus: Anhaltspunkte, Ziffer 26.3)

Rehabilitation und Integration. – R. ist der Erhalt der vorhandenen Fähigkeiten bzw. die Förderung der vorhandenen Fähigkeiten bis zu einem individuell je erreichbaren Ziel im Rahmen von entsprechenden Maßnahmen und Institutionen. In Abgrenzung dazu ist Integration der Prozeß der Eingliederung oder Wiedereingliederung in Beruf und Gesellschaft. In den letzten Jahren scheint sich eine solche Differenzierung immer mehr durchzusetzen (Schwendy, 1985; Bungard, 1986; Seyfried, 1987 a). Gerade bei psychisch Behinderten ist eine enge Koppelung oder Verzahnung der beiden Bereiche besonders notwendig, da – anders als z. B. bei Körperbehinderten – eine erfolgreiche R. eine auch nur annähernd entsprechende Integration nicht erwarten läßt, wenn nicht stützende und stabilisierende Maßnahmen diese Phase begleiten. Daß dabei ein anderer Gegenstandsbereich (Arbeitswelt, betriebliches Umfeld, betriebliche Helfer, Arbeitsbedingungen) sowie andere Problemfelder (betriebliche Konflikte, soziale Unterstützung, Streß, Stigmatisierung, Ausgrenzung) zentral werden, ist offensichtlich.

3 Psychisch Behinderte und Arbeit

Als einer der ersten sozialpsychiatrisch Tätigen wies Bennett (1972) auf die Bedeutung der Arbeit als einer wesentlichen Bedingung des Lebens und der R. gerade psychisch Behinderter hin. Sein

Gutachten für die Enquête-Kommission (Bennett, 1975) trug wesentlich zur Belebung der Diskussion um das Verhältnis Arbeit und psychische Krankheit in der BRD bei.

Nach dem aktuellen Stand dieser Diskussion kann gesagt werden, daß die Bedeutung einer Arbeitstätigkeit für psychiatrische Patienten allgemein sehr hoch eingeschätzt wird, sei es nun im Rahmen einer Klinik, einer R.maßnahme oder auf dem allgemeinen Arbeitsmarkt (Olshansky/Unterberger, 1963; Zeelen, 1983; Bennett, 1985 a, b; Hörmann, 1985; Schmidt-Traub, 1985; Seyfried/Stadler, 1985).

Allerdings zeigt sich im Zuge der intensiven Auseinandersetzung mit der Thematik, daß an die Stelle einer anfänglich globalen „Arbeitseuphorie" eine differenzierte Analyse treten muß und zwar sowohl der spezifischen Auswirkungen psychischer Krankheit auf Arbeitsfähigkeit und berufliche Möglichkeiten sowie der Arbeit selber als biographischer Bestand, als Bedingung sowie als Indikator erfolgreicher R. und Integration. Denn nicht jeder psychisch Behinderte ist gleichermaßen durch Arbeit rehabilitierbar (Kunow/Kuhnt, 1986), und nicht jede Art von Arbeit hat positive Wirkungen auf die berufliche R. und Integration (Bungard, 1986).

3.1 Die Spezifik psychischer Krankheit

Ohne an dieser Stelle auf die langjährige und bis heute nicht abgeschlossene Diskussion einzugehen, die um die Begriffe der „psychischen Krankheit" und der „psychischen Behinderung" geführt wurde (Rey, 1981), sollen hier doch einige Konsequenzen aus dieser Kontroverse kurz skizziert werden. Die Kontroverse um psychische Krankheit/psychische Behinderung hat verdeutlicht, daß

- das wissenschaftliche Konstrukt „psychische Krankheit" einer ständigen Überprüfung auf seine Anwendbarkeit und Gültigkeit bedarf (Keupp, 1972; Rey, 1981) und somit keine feste Größe ist;
- psychische Krankheit selbst immer als Prozeß zu sehen ist, der nicht „automatisch" abläuft, sondern durchaus beeinflußt werden kann und beeinflußt wird (Wittling/Reinert, 1980);
- den sozialen Faktoren bei Entstehung und Entwicklung psychischer Krankheit wesentlich mehr Gewicht beigemessen werden muß, als früher angenommen wurde (Badura, 1981; Ciompi, 1984; Hörmann, 1985);
- ein Großteil dessen, was lange Zeit als typisch oder spezifisch für psychische Krankheit galt, sich als Folge des Umgangs mit dieser Krankheit herausstellte (z. B. durch Hospitalisierung; Frese, 1979);
- die Vergabe des Etiketts „psychische Krankheit" nicht ohne Konsequenzen für das damit belegte Individuum und den weiteren Verlauf der Krankheit ist (Wittling/Reinert, 1980).

Diese „Ergebnisse" einer jahrzehntelangen Kontroverse gehen nicht nur in die weitere wissenschaftliche Diskussion ein, sondern müssen auch bei allen rehabilitativen und integrativen Bemühungen berücksichtigt werden. So ergibt sich als erste Schwierigkeit aus dem oben Genannten das Problem, psychische Krankheit zu definieren und somit die *Zielgruppe* rehabilitativer und integrativer Maßnahmen zu beschreiben und einzugrenzen, sieht man einmal von den auch von uns aufgeführten juristischen „Rahmen-Definitionen" ab. Weiterhin birgt der prozeßhafte Verlauf psychischer Krankheit für Planung und Durchführung rehabilitativer Maßnahmen ein hohes Maß an Unwägbarkeit und gleichzeitig die Notwendigkeit von *Langzeitmaßnahmen*, was auf der Grundlage der Vorerfahrungen mit Körperbehinderten ein völliges Umdenken verlangt.

Hinzu kommt die besondere Bedeutung *sozialer Prozesse* für Krankheitsverlauf und R.erfolg. Auch hier ist mit schwer zu beeinflussenden langfristigen Prozessen eher zu rechnen als mit abschließenden technisch-apparativen Lösungen. Schließlich ist bei allen Maßnahmen und bei Einrichtung entsprechender Institutionen zu bedenken, welche *„sekundären Behinderungen"* den Betroffenen daraus entstehen könnten (z. B. Etikettierung durch Sonderregelungen oder Hospitalisierung durch Versorgungsinstitutionen).

Zusammenfassend ist zu sagen, daß die spezifischen Merkmale psychischer Krankheit wie

- schwer abgrenzbare Gruppe Betroffener,
- dynamischer Krankheitsverlauf,
- Beeinflußbarkeit durch soziale Wechselprozesse,
- Gefahr von Stigmatisierungs- und Hospitalisierungseffekten bei der R. ebenso wie bei der beruflichen Integration,

besondere Berücksichtigung finden müssen, wobei eine Orientierung an Erfahrungen und Umgehensweisen mit Körperbehinderten eher hinderlich erscheint.

3.2 Die Bedeutung der Arbeit für psychisch Behinderte

Die Beziehung psychische Behinderung – Arbeit wird in der Forschung unter drei verschiedenen Aspekten gesehen:

- Arbeit als unabhängige Variable, d. h. Arbeits-

tätigkeit als Bestandteil der persönlichen Biographie, der in den R.- und Integrationsprozeß eingebracht wird.
- Arbeit als intervenierende Variable. Hierbei geht es darum, wieweit Arbeit Auswirkungen auf psychische Störung hat, umgekehrt aber auch, welche psychischen Auswirkungen das Fehlen von Arbeit hat.
- Arbeit als abhängige Variable. Dabei wird die Veränderung von Qualifikation und Arbeitsfähigkeit im Zusammenhang mit Krankheitsentwicklung und R.- und Integrationsmaßnahmen betrachtet.

Zu allen drei Ebenen muß ein empirisches, vor allem aber ein großes theoretisches Defizit festgestellt werden.

Arbeit als unabhängige Variable. – In der Tendenz stimmen alle Untersuchungen (Abholz et al., 1971; Rüther, 1973; Ciompi, 1980; Schüttler, 1983; Hörmann, 1985) in der Feststellung überein, daß psychiatrische Patienten hinsichtlich der erhobenen Variablen zum beruflichen Bereich (z. B. Schulausbildung, Berufsausbildung, formale und funktionale berufliche Integration, subjektive berufliche Integration) in ihrer prämorbiden Lebenssituation deutlich benachteiligt sind.

Gleichzeitig sind sich die meisten Autoren darüber einig, daß die prämorbide berufliche Anpassung zu den besten Prädiktorvariablen gehört (Kunow/Kuhnt, 1986). Problematisch erscheint gerade vor dem Hintergrund dieser Ergebnisse, daß bislang die berufliche Vorgeschichte bei Rehabilitanden und Psychiatrie-Patienten sehr selten erhoben und dementsprechend berücksichtigt wird (Lehmann/Kunze, 1984).

Arbeit als intervenierende Variable. – Hierzu liegen scheinbar widersprüchliche Ergebnisse vor: Zum einen belegen zahlreiche Befunde die erheblichen psychischen Belastungen, denen Menschen bei der Arbeit ausgesetzt sind, und die Langzeitfolgen wie psychosomatische Erkrankungen, Abbau der intellektuellen Leistungsfähigkeit u. ä. bewirken (Bispinck, 1983); zum anderen gibt es aber ebenso eindrucksvolle Belege dafür, daß in unserer Gesellschaft trotz eines deutlichen Wertewandels die Arbeit eine zentrale Bedeutung für die psychische Stabilität eines Individuums hat.

Jahoda hat aufgrund ihrer berühmten Studie über Arbeitslose folgende Konsequenzen der Arbeit aufgeführt, die psychologisch für den arbeitenden Mensch bedeutsam sind.

1. Die organisierte Arbeit vermittelt ein strukturiertes Zeiterlebnis.
2. Die Arbeit vermittelt soziale Erfahrungen und erweitert den sozialen Horizont des arbeitenden Menschen.
3. Durch die kollektive Zusammenarbeit am Arbeitsplatz erlebt der Arbeitende seine soziale Existenz.
4. Die Arbeit bestimmt den Status und die Identität des Menschen.
5. Die organisierte Arbeit erzwingt eine Aktivität (Jahoda, 1983; 1985).

Fehlt die Arbeit, ergeben sich entsprechende negative Rückwirkungen (Wacker, 1985; Wulff, 1985), die nach Hörmann (1985) zu einer Verschärfung oder Verursachung akuter psychischer Störungen führen können. Sie hat auch wesentlichen Einfluß auf die Folgen der Störung, wie z. B. emotionale und soziale Probleme (Häfner, 1978; Bennett, 1985 a, b).

Allerdings kann nicht jede Arbeit eine R.funktion erfüllen: Es kommt sehr darauf an, welche Arbeit in welchem Kontext, mit welchen anderen Menschen als Kollegen und Vorgesetzten ausgeführt wird (Schubert/Bähr, 1987). Weiterhin spielen die Arbeitsbiographie des psychisch Behinderten sowie die Verarbeitungsmechanismen, die dem Behinderten zur Verfügung stehen, eine entscheidende Rolle (Bungard et al., 1986). Als wesentlichster Einflußfaktor auf R. und Integration erweisen sich die sozialen Beziehungen am Arbeitsplatz (Seyfried/Stadler, 1985; Bungard et al., 1986; Bähr, 1987; Seyfried, 1987 a, b).

Arbeit als abhängige Variable. – Hier ist zu unterscheiden zwischen der Arbeitsfähigkeit als R.ziel und dem Erhalt eines Arbeitsplatzes auf dem allgemeinen Arbeitsmarkt. Es ist unbestritten, daß die Arbeitsfähigkeit ein wesentlicher Indikator für den R.erfolg ist, und zwar nicht nur für die behandelnden Fachleute, sondern auch für Betroffene selbst und ihre Umwelt (Shepherd, 1984). Dieser Indikator konnte in Zeiten der wirtschaftlichen Prosperität gleichgesetzt werden mit dem Erhalt eines Arbeitsplatzes, wenn auch häufig auf einer minderen Qualifikationsstufe (Gross et al., 1973; Brown et al., 1966). Er verliert dann die Bedeutung, wenn der Mehrzahl psychisch Behinderter eine Integration in den allgemeinen Arbeitsmarkt durch negative wirtschaftliche Rahmenbedingungen verwehrt bleibt. So berichtet 1983 die Günzburger Forschergruppe, daß nur noch ein Drittel der entlassenen Patienten den alten Arbeitsplatz wiederaufnimmt (SFB 129, 1983), was wesentlich auch in einer zunehmenden Formalisierung und Technisierung im industriellen Bereich begründet ist (Bungard, 1986).

Vor diesem Hintergrund ist vor einer globalen Einschätzung der Arbeitsfähigkeit zu warnen, da die realen Arbeitsmöglichkeiten oftmals hinter dem Arbeitspotential zurückstehen.

4 Rahmenbedingungen und Maßnahmen der beruflichen Rehabilitation und Integration

Psychisch Behinderte sind anderen Behindertengruppen formal gleichgestellt, d. h. es gelten und existieren die gleichen gesetzlichen Regelungen, Maßnahmen und Institutionen wie für alle anderen Behinderten. Es wird daher an dieser Stelle lediglich eine grobe Darstellung des R.systems und seiner gesetzlichen Rahmenbedingungen gegeben, wobei vor allem auf die Punkte eingegangen wird, die für psychisch Behinderte von besonderer Relevanz sind.

4.1 Gesetzliche Rahmenbedingungen

Da in der BRD ein gegliedertes System der R. existiert, werden R.leistungen von verschiedenen Trägern nach verschiedenen gesetzlichen Grundlagen erbracht. Nimmt man noch den Bereich der beruflichen Integration hinzu, so erweitert sich die Zahl der geltenden Gesetze zusätzlich. Es sollen im folgenden also nur Grundzüge der Gesetzgebung sowie einige spezielle Regelungen für psychisch Behinderte dargestellt werden.

Gesetzliche Grundlagen der R. und Integration sind verankert im Sozialgesetzbuch I (SGBI § 10) und im R.angleichungsgesetz (RehaG § 1). Danach hat,

wer körperlich, geistig oder seelisch behindert ist oder wenn eine solche Behinderung droht, ein Recht auf Hilfe, die notwendig ist, um
1. die Behinderung abzuwenden, zu beseitigen, zu bessern, ihre Verschlimmerung zu verhüten oder ihre Folgen zu mildern,
2. ihm einen seinen Neigungen und Fähigkeiten entsprechenden Platz in der Gemeinschaft, insbesondere im Arbeitsleben zu sichern.

Dabei wird nicht nach Behinderungsarten differenziert, sondern alle Behinderten haben Anspruch auf berufsfördernde Leistungen und Maßnahmen (§ 29 Abs. 2 SGBI und § 11 RehaG):
- Hilfen zur Erhaltung oder Erlangung eines Arbeitsplatzes,
- Maßnahmen der Berufsfindung, der Arbeitserprobung und der Berufsvorbereitung,
- berufliche Anpassung, Ausbildung, Fortbildung und Umschulung,
- sonstige Hilfen zur Förderung einer Erwerbs- oder Berufstätigkeit auf dem allgemeinen Arbeitsmarkt oder in einer Werkstatt für Behinderte.

Durchgeführt bzw. finanziert werden diese Maßnahmen insbesondere durch die Rentenversicherungsträger und die Bundesanstalt für Arbeit.

Neben diesen berufsfördernden R.maßnahmen sind medizinische und soziale sowie ergänzende R.maßnahmen vorgesehen, für die jeweils andere Träger zuständig sind. Gerade für psychisch Behinderte erschwert diese Aufsplitterung der Zuständigkeiten den Gesamtprozeß der R. und Integration, wenn er ihn nicht in vielen Fällen sogar unmöglich macht.

Im Bereich der beruflichen Integration kommt vor allem das Schwerbehindertengesetz (in der Fassung vom 26. 8. 86) zum Tragen, das allerdings kein R.gesetz, sondern ein Schutzgesetz ist. Die wichtigsten Instrumente des Schwerbehindertengesetzes sind:
- Beschäftigungspflicht des Arbeitgebers/Zahlung von Ausgleichsabgaben (§§ 5, 11 SchwbG), dabei eine besondere Verpflichtung gegenüber Schwerbehinderten mit mindestens 50 GdB *allein* infolge psychischer Behinderung (§ 6 Abs. 1 Buchst. d),
- begleitende Hilfen im Arbeitsleben einschließlich finanzieller Hilfen (§§ 31 und 11 SchwbG),
- besonderer Kündigungsschutz (§§ 15 ff. SchwbG),

Der über dieses Gesetz angestrebte Schutz gilt allerdings nur für Behinderte, die in formalen Arbeitsverhältnissen stehen und Schwerbehindertenstatus haben, d. h. Behinderte in Beschäftigungsverhältnissen ohne reguläre Arbeitsvertrag (z. B. im Zusammenhang mit Arbeitstherapie, Arbeitstraining) oder ohne Schwerbehindertenausweis genießen diesen Schutz in der Regel nicht. Bezieht man dazu die Unwirksamkeit der Ausgleichsabgabe als Beschäftigungsanreiz ein (Reihl/Schubert, 1987) sowie die besonderen Widerstände gerade psychisch Behinderter gegen eine formale Festlegung auf den Schwerbehindertenstatus, so profitiert gerade ein Großteil der psychisch Behinderten *nicht* von diesen Teilen des Gesetzes.

Zu den im Gesetz vorgesehenen begleitenden Hilfen im Arbeitsleben ist allerdings zu sagen, daß sie gerade den Belangen der psychisch Behinderten besonders *gut* entsprechen, garantieren sie doch eine kontinuierliche Unterstützung bei der beruflichen Integration, die am ehesten der Spezifik psychischer Behinderung und ihren Auswirkungen im Arbeitsleben entspricht. Dennoch bleibt auch hier die Problematik der Voraussetzungen „Arbeitnehmer- und Schwerbehindertenstatus" erhalten.

4.2 Einrichtungen und Maßnahmen der beruflichen Rehabilitation für psychisch Behinderte

Aus den bisherigen Ausführungen wurde deutlich, daß berufliche R. wie auch Integration die Spezifika psychischer Krankheit und Behinderung berücksichtigen müssen, daß dies aber im Rahmen der Gesetzgebung bisher nur teilweise gewährleistet ist. Aus diesem Umstand leiten sich Anforderungen an eine angemessene R. psychisch Behinderter ab, wie sie z. B. von Kulenkampff et al. (1982) für die Arbeitsgruppe R. seelisch Behinderter beim Bundesminister für Arbeit und Sozialordnung erstellt wurden.

- *Einheit der Rehabilitation:* Erst eine Aufhebung der durch Gesetz und Institutionen geprägte Trennung in schulische, medizinische, berufliche und soziale R. wird den spezifischen Bedürfnissen psychisch Behinderter gerecht.

- *Stufung, Flexibilität und Kontinuität der Rehabilitation* Entsprechend einem Krankheitsverlauf, der oftmals durch krisenbedingte Rückschritte geprägt ist, ist eine angemessene, flexible Einstellung rehabilitativer Maßnahmen immer wieder von neuem erforderlich.
- *Einbeziehung von Gemeinde und Familie:* Gerade die besondere Bedeutung der sozialen Dimension bei psychischen Behinderungen macht die Einbeziehung des sozialen Umfeldes sowie der gemeindenahen professionellen Hilfen notwendig.
- *Normalisierung des Rehabilitationsmilieus:* Voraussetzung für eine erfolgversprechende berufliche Integration ist eine R., die konsequent an Bedingungen des allgemeinen Arbeitslebens heranführt.
- *Behinderungsgerechte Beurteilung des Rehabilitationsbedürfnisses und der Rehabilitationsaussicht:* Prognosen sind allgemein schwierig, sollten sich aber eher auf Berufs- und Arbeitsbiographie stützen als auf die psychiatrische Diagnose. Unerläßlich sind allerdings längerfristige praktische Erprobungen im realistischen Setting.
- *Gleichstellung im Rehabilitationsrecht:* Eine formale gesetzliche Gleichstellung reicht nicht aus, um wirklich gleiche Rechte und Möglichkeiten psychisch Behinderter zu gewährleisten. Die Spezifik psychischer Krankheit und ihrer Auswirkungen ist stärker zu berücksichtigen (z. B. bzgl. Schwerbehindertenstatus, Phasenverlauf, Prognoseunschärfe, Arbeitnehmerstatus).
- *Sicherung des Rehabilitationserfolges durch Nachsorge:* Integration und R. sind wie bereits erläutert gerade bei psychisch Behinderten als untrennbarer Prozeß zu sehen, deshalb ist während der R.phase bereits die Integrationsphase vorzubereiten und in der Integrationsphase ist eine zeitlich unbegrenzte begleitende Hilfe zu gewährleisten.

Diesen Anforderungen an eine berufliche R. werden bestehende Institutionen allerdings in der Regel nicht oder nicht in ausreichendem Maße gerecht.

4.3 Maßnahmen zur beruflichen Integration psychisch Behinderter

Aus diesen Defiziten im rehabilitativen Bereich bei gleichzeitiger Verschlechterung der Chancen psychisch Behinderter auf dem allgemeinen Arbeitsmarkt entstand in den letzten Jahren eine Reihe von Initiativen und Maßnahmen zur beruflichen *Integration,* die zumindest teilweise auch wissenschaftlich begleitet wurden und werden und dementsprechend dokumentiert sind.

Die betrieblichen Helfer. – Die betrieblichen Helfer sind diejenigen Personengruppen innerhalb von Betrieben, die sich per gesetzlichem Auftrag in besonderem Maße um die Belange der Behinderten, also auch der psychisch Behinderten, kümmern und sich für ihre Interessen einsetzen sollen: Es handelt sich dabei um die „Vertrauensleute der Schwerbehinderten", die Mitglieder des Betriebsrates sowie die „Beauftragten des Arbeitgebers für Schwerbehindertenangelegenheiten"; letztere sind i. d. R. identisch mit den Personal- oder Betriebsleitern (Semlinger, 1984). Bezüglich der Hilfe für psychisch Behinderte bestehen allerdings aufgrund starker Informationsdefizite und einer geringen Bereitschaft zur Inanspruchnahme außerbetrieblicher Hilfsmöglichkeiten in allen Gruppen noch erhebliche Probleme (Reihl/Schubert, 1987).

Begleitende Dienste. – Eine weitere Möglichkeit der Unterstützung für psychisch Behinderte bei der beruflichen Integration stellen die begleitenden Fachdienste dar (auch Psychosoziale Dienste), die in sehr unterschiedlichen Organisationsformen in verschiedenen Regionen der BRD existieren. Aufgabe dieser Dienste ist die begleitende Hilfe im Arbeitsleben, d. h. vor allem Sorge zu tragen, daß die Behinderten in ihrer sozialen und beruflichen Stellung nicht absinken, sondern ihre Fähigkeiten voll verwerten und weiterentwikkeln können. Dazu sind meist langfristige Betreuungen notwendig, die sich sowohl auf den Betroffenen selbst wie auf dessen betriebliches und außerbetriebliches Umfeld richten. Da diese Dienste bisher als Modelle existieren und deshalb z. T. wissenschaftlich begleitet wurden, sind deren Maßnahmen und Erfolge ausführlich dokumentiert. Es werden insgesamt sehr positive Effekte der Arbeit dieser Dienste verzeichnet (Reimer et al., 1983; Bungard et al., 1986; Becker/Meier, 1987; Meier, 1987; Stramm, 1987; Reihl/Schubert, 1987).

Selbsthilfe- oder Integrationsfirmen. – Als letzte Form der beruflichen Integration psychisch Behinderter seien hier die Selbsthilfe- oder besser Integrationsfirmen genannt. Dabei geht es nicht um den Erhalt vorhandener Arbeitsplätze, sondern um die Schaffung neuer an den Bedürfnissen und Möglichkeiten dieser speziellen Gruppen orientierter Arbeitsplätze. Dazu wurden in den letzten Jahren von verschiedenen Initiativen Firmen gegründet, die unter den Bedingungen des allgemeinen Arbeitsmarktes bestehen können, d. h. wirtschaftlich erfolgreich arbeiten und gleichzeitig Arbeitsbedingungen stellen, die psychisch Behinderten eine Integration ermöglichen. Bei der Erreichung dieses Ziels arbeiten diese Firmen bisher sehr erfolgreich, bei nur geringen finanziellen Unterstützungen (Salijevic/Seyfried, 1985; Seyfried, 1985; Graumann, 1987; Seyfried, 1987 a, b).

Literatur

Abholz, H./Hippins, H./Lange, U.: Zur Arbeitssituation der Schizophrenen. In: Kranz, H./Heinrich, K. (Hrsg.): Schizophrenie und Umwelt. Stuttgart: Thieme, 1971.

Badura, B. (Hrsg.): Soziale Unterstützung und chronische Krankheit. Frankfurt: Suhrkamp, 1981.

Bastiaan, P./Kaiser, E./Kuhr, A./Rockstroh, R./Wernado, M./Wulff, E.: Arbeitslosigkeit und psychische Erkrankung. In: Jantzen, W. (Hrsg.): Arbeit und Arbeitslosigkeit als pädagogisches und therapeutisches Problem. Köln: Pahl-Rugenstein, 1983.

Bähr, B.: Umfeldanalyse der Arbeitssituation psychisch Behinderter. In: Schubert A./Reihl, D./Bungard, W. (Hrsg.): Hilfen im Arbeitsleben für psychisch Kranke. Mannheim: Ehrenhof-Verlag, 1987.

Becker, M./Meier, I.: Ambulant-Komplementäre Dienste. In: Schubert, A./Reihl, D./Bungard, W. (Hrsg.): Hilfen im Arbeitsleben für psychisch Kranke. Mannheim: Ehrenhof-Verlag, 1987.

Bennett, D.: Die Bedeutung der Arbeit für die psychiatrische Rehabilitation. In: Cranach, M. v./Finzen, A. (Hrsg.): Sozialpsychiatrische Texte. Berlin: Springer, 1972.

Bennett, D.: Einige Bemerkungen zur Situation psychisch und geistig Behinderter in Großbritannien. Deutscher Bundestag, Drucksache 7/4201 Bonn, 1985.

Bennett, D. H.: Die Bedeutung von Arbeit in der Behandlung und Rehabilitation chronisch psychotisch kranker Menschen. In: Keupp, H./Kleiber, D./Scholten, B. (Hrsg.): Im Schatten der Wende. Tübingen: DGVT, 1985 a.

Bennett, D. H.: Durch Arbeit zu einem Platz in der Gesellschaft. Douglas Bennett im Gespräch mit Beschäftigten der Bäckerei Backstern. In: Seyfried, E. (Hrsg.): Arbeit und seelische Gesundheit. Bonn: Psychiatrie-Verlag, 1985 b.

Bispinck, R.: Arbeit macht krank. Wirtschafts- und Sozialwissenschaftliches Institut des DGB (Hrsg.). Düsseldorf, 1983.

Brown, G. W./Bone, M./Dalison, B./Wing, J. K.: Schizophrenia and social care – a comparative follow-up study of 339 schizophrenic patients. London: Oxford University Press, 1966.

Bungard, W.: Arbeits- und organisationspsychologische Aspekte der beruflichen Wiedereingliederung psychisch Behinderter. In: Reimer, F. (Hrsg.): Der psychisch Kranke und seine berufliche Rehabilitation. Weinsberg: Weissenhof Verlag, 1986.

Bungard, W./Bähr, B./Schubert, A.: Zur beruflichen Rehabilitation und Integration psychisch Behinderter – ein arbeits- und organisationspsychologischer Ansatz. Vortrag auf dem DGVT-Kongreß, Berlin 1986.

Bungard, W./Reihl, D./Schubert, A.: Dritter Zwischenbericht. Wissenschaftliche Begleitforschung zum Modellversuch „Ambulanter psychosozialer Dienst für seelisch Behinderte" der Hauptfürsorgestelle Rheinland-Pfalz. Mannheim: Bericht an die Hauptfürsorgestelle, 1985.

Ciompi, L.: Lebensläufe psychisch Behinderter und ihre Bedeutung für die beruflich-soziale Rehabilitation. In: Schwendy, A. (Hrsg.): Beruflich-soziale Eingliederung psychisch Behinderter. Wunstorf: Psychiatrie-Verlag, 1980.

Ciompi, L.: Modellvorstellungen zum Zusammenwirken biologischer und psychosozialer Faktoren in der Schizophrenie. Fortschritte der Neurologie, Psychiatrie und ihrer Grenzgebiete, 52, 1984, 200-206.

Dörner, K./Haerlin, Ch./Rau, V./Schernus, R./Schwendy, A.: Der Krieg gegen die psychisch Kranken. Rehburg-Loccum: Psychiatrie-Verlag, 1980.

Frese, M.: Industrielle Psychopathologie. In: Groskurth, P. (Hrsg.): Arbeit und Persönlichkeit. Reinbeck: Rowohlt, 1979.

Graumann, G.: Arbeit für psychisch Kranke. In: Schubert, A./Reihl, D./Bungard, W. (Hrsg.): Hilfen im Arbeitsleben für psychisch Kranke. Mannheim: Ehrenhof-Verlag, 1987.

Gross, G./Huber, G./Schüttler, R.: Verlaufsuntersuchungen bei Schizophrenen. In: Huber, G. (Hrsg.): Verlauf und Ausgang schizophrener Erkrankungen. Stuttgart: Schattauer, 1973.

Hack, I./Angermeyer, M.: Rehabilitation durch Arbeit. Weinheim: Beltz, 1979.

Häfner, H.: Realisierungsmöglichkeiten der beruflichen Rehabilitation psychisch Kranker und Behinderter. Öffentliches Gesundheitswesen, 40, 1978, 13-28.

Heuser, K.: Gesetzliche Rahmenbedingungen. In: Schubert, A./Reihl, D./Bungard, W. (Hrsg.): Hilfen im Arbeitsleben für psychisch Kranke. Mannheim: Ehrenhof-Verlag, 1987.

Hörmann, G.: Die zweite Sozialisation. Psychische Behinderung und Rehabilitation in Familie, Schule und Beruf. Opladen: Westdeutscher Verlag, 1985.

Jahoda, M.: Wieviel Arbeit braucht der Mensch? Arbeit und Arbeitslosigkeit im 20. Jahrhundert. Weinheim: Beltz, 1983.

Jahoda, M.: Die sozialpsychologische Bedeutung von Arbeit und Arbeitslosigkeit. In: Keupp, H./Kleiber, D./Scholten, B. (Hrsg.): Im Schatten der Wende. Tübingen: DGVT, 1985.

Keupp, H. (Hrsg.): Der Krankheitsmythos in der Psychopathologie. München: Urban & Schwarzenberg, 1972.

Kiesewetter, A.: Die Einstellung psychiatrischer Klinikpatienten zur industriellen Arbeitstherapie und zur Ergotherapie. Psychiatrische Praxis, 3, 1976, 36-44.

Kulenkampff, C./Kunze, H./Lehmann, K./Schwendy, A.: Rahmenkonzeption für die berufliche Rehabilitation psychisch Kranker und Behinderter. Unveröffentlicht. Kassel, 1982.

Kunow, J./Kuhnt, S.: Erste Ergebnisse einer Untersuchung zur beruflichen Wiedereingliederung psychisch Behinderter. In: Reimer F. (Hrsg.): Der psychisch Kranke und seine berufliche Rehabilitation. Weinsberg, 1986.

Lehmann, K./Kunze, H.: Leitlinien zur Arbeitstherapie in psychiatrischen Krankenhäusern. Bonn, 1984.

Meier, I.: Der psychosoziale Dienst Köln – Erfahrungen mit einem Modell. In: Bungard, W./Reihl, D./Schubert, A. (Hrsg.): Psychisch Kranke in der Arbeitswelt. Weinheim: Psychologie Verlagsunion, 1987.

Olshansky, S./Unterberger, H.: The meaning of work and its emplications for the ex-mental hospital patient. Mental Hygiene, 47, 1963, 139-149.

Reihl, D./Schubert, A.: Die Begleitforschung zum Psychosozialen Dienst Ludwigshafen – Funktion und Gegenstand. In: Schubert, A./Reihl, D./Bungard, W. (Hrsg.): Hilfen im Arbeitsleben für psychisch Kranke. Mannheim: Ehrenhof-Verlag, 1987.

Reimer, F./Kunow, J./Becker, M.: Evaluation des „Psychosozialen Dienstes Köln". In: Landschaftsverband Rheinland, Psychosozialer Dienst Köln. Köln: Rheinland Verlag, 1983.

Rey, E.: Psychische Krankheit: Ein Konstrukt für die Klinische Psychologie. In: Minsel, W.-R./Scheller, R. (Hrsg.): Brennpunkte der klinischen Psychologie. München: Kösel, 1981.

Rüther, W.: Soziale Determinanten der „Produktion und Weiterverarbeitung" von LKH-Patienten und ihre sozialen Folgen. Kölner Zeitschrift für Soziologie und Sozialpsychologie, 25, 1973, 286-298.

Salijevic, M./Seyfried, E.: Firmen für psychisch Kranke. Daten, Fakten, Konzepte, Projekte, Adressen. Rehburg-Loccum: Psychiatrie-Verlag, 1985.

Schmidt-Traub, S.: Der Irrsinn mit der beruflichen Rehabilitation. In: Keupp, H./Kleiber, D./Scholten, B. (Hrsg.): Im Schatten der Wende. Tübingen: DGVT, 1985.

Schubert, A./Bähr, B.: Organisations- und Arbeitsanalyse in einer Rehabilitationseinrichtung für psychisch Kranke. In: Schubert, A./Reihl, D./Bungard, W. (Hrsg.): Hilfen im Arbeitsleben für psychisch Kranke. Mannheim: Ehrenhof-Verlag, 1987.

Schüttler, R.: Psychopathologische Remissionstypen schizophrener Psychosen. In: Gross, G./Schüttler, R. (Hrsg.): Empirische Forschung in der Psychiatrie. Stuttgart: Schattauer, 1983.

Schwendy, A.: Berufliche Förderung und Eingliederung seelisch Behinderter – Ein Überblick über die derzeitige Situation. In: Bosch, G./Kulenkampff, C./Aktion Psychisch Kranke. (Hrsg.): Komplementäre Dienste. Wohnen und Arbeiten. Köln, 1985.
Semlinger, K.: Behindertenbeschäftigung – Betriebliche Barrieren und öffentliche Förderung. IIM, LMP 84-8. Berlin: Wissenschaftszentrum, 1984.
Seyfried, E. (Hrsg.): Arbeit und seelische Gesundheit. Aus der Praxis von Beschäftigungsinitiativen und Firmen für psychisch Kranke. Bonn: Psychiatrie-Verlag, 1985.
Seyfried, E.: Was sind gesunde Arbeitsbedingungen für psychisch Kranke? In: Dörner, K. (Hrsg.): Lebenslänglich arbeitslos, weil minderwertig. Gütersloh: Jakob van Hoddis, 1986.
Seyfried, E.: Forschung zu Selbsthilfefirmen. In: Schubert, A./Reihl, D./Bungard, W. (Hrsg.): Hilfen im Arbeitsleben für psychisch Kranke. Mannheim: Ehrenhof-Verlag, 1987 a.
Seyfried, E.: Zur Integration psychisch Behinderter in Selbsthilfefirmen – eine Beschreibung des Bestandes und der internen Arbeitsweisen. In: Bungard, W./Reihl, D./Schubert A. (Hrsg.): Weinheim: Psychologie Verlags Union, 1987 b.
Seyfried, E./Stadler, P.: Die Bedeutung der Arbeit für psychisch Kranke. In: Kleiber, D./Keupp, H./Scholten, B. (Hrsg.): Im Schatten der Wende. Tübingen: DGVT, 1985.
SFB 129: Sonderforschungsbereich der Universität Ulm. Projekt A1: Berufliche Integration und Reintegration erstmals stationär behandelter psychiatrischer Patienten. 3. Zwischenbericht. Günzburg, 1983.
Shepherd, G.: Institutional care and rehabilitation. London, 1984.
Simon, H.: Aktivere Krankenbehandlung in der Irrenanstalt: Berlin: De Gruyter, 1929, (Nachdruck Düsseldorf: Janssen, 1969).
Stramm, K. P.: Einbeziehung von ländlichen Bereichen im Modellversuch Psychosozialer Dienst Ludwigshafen. In: Schubert, A./Reihl, D./Bungard, W. (Hrsg.): Hilfen im Arbeitsleben für psychisch Kranke. Mannheim: Ehrenhof-Verlag, 1987.
Szasz, T. S.: The myth of mental illness. American Psychologist, 15, 1960, 113-118.
Wacker, A.: Psychosoziale Folgen von Arbeitslosigkeit. In: Keupp, D./Kleiber, D./Scholten, B. (Hrsg.): Im Schatten der Wende. Tübingen: DGVT, 1985.
Wittling, W./Reinert, H.: In: Wittling, W. (Hrsg.): Handbuch der klinischen Psychologie, Hamburg: Hoffmann u. Campe, 1980. Band 1.
Wulff, E.: Materielles Elend, soziale Not und seelisches Leid. In: Keupp, H./Kleiber, D./Scholten, B. (Hrsg.): Im Schatten der Wende. Stuttgart: DGVT, 1985.
Zeelen, J.: Zum Problem der Arbeit und Therapie in einer psychiatrischen Anstalt. Köln: Pahl-Rugenstein, 1983.

Schlaf

Reimer Lund

Die psychophysiologische S.forschung wurde 1929 von dem Jenaer Psychiater H. Berger mit seiner Arbeit über das *Elektroencephalogramm (EEG)* eingeleitet. Mit dieser Methode wurde es möglich, die spontanen bioelektrischen Spannungsschwankungen der Hirnrinde zu messen. Loomis und Mitarbeiter konnten 1937 systematisch auftretende EEG-Veränderungen bestimmten S.tiefen zuordnen und schufen damit eine Stadieneinteilung des S., die zur Grundlage der heutigen S.forschung wurde. Diese erhielt einen weiteren entscheidenden Impuls durch die Entdekkung und elektrophysiologische Messung von periodisch auftretenden Augenbewegungen während des S. (rapid-eye-movements, REM) durch Aserinsky und Kleitman (1953). Die gleiche Arbeitsgruppe beschrieb ebenfalls den engen Zusammenhang zwischen den REM-Phasen und Träumen (Dement/Kleitman, 1957). Die Beobachtung, daß während dieser Phase der Muskeltonus stark erniedrigt war und andere physiologische Veränderungen auftraten, veranlaßte Oswald (1962) zu dem Vorschlag, zwei Arten von S., den REM-*Schlaf* und den NREM-*Schlaf* (non-REM-S.) bei Mensch und Tier in Betracht zu ziehen. Damit wurde die bisher vertretene Meinung aufgegeben, daß S. ein Kontinuum, und die S.stadien nur verschiedene Tiefen eines an sich gleichartigen Zustandes seien. Heute zeugen u. a. die mehr als 600 wissenschaftlichen Veröffentlichungen pro Jahr aus unterschiedlichen Fachgebieten von einem hohen Wissensstand, der nach ca. 40 Jahren S.forschung erreicht wurde. Gleichzeitig wird aber auch deutlich, daß so grundlegende Probleme, wie etwa die Frage, wie schlafen wir ein und warum schlafen wir, noch nicht eindeutig beantwortet werden konnten. Aus diesen Gründen wird meistens nur eine Definition des S. auf der Verhaltensebene versucht. In die Definition gehen ein erstens die Synchronisation des S. mit dem Tag- und Nachtrhythmus, zweitens die stark herabgesetzte und nicht zielgerichtete motorische Aktivität und drittens die weitgehende Entkoppelung der Wahrnehmungsfunktionen von der Umwelt.

1 Die Struktur des Schlafes

Neben dem Elektroencephalogramm werden heute normalerweise zur Erfassung der S.stadien das *Elektromyogramm (EMG)* und das *Elektro-*

okulogramm (EOG) herangezogen. Je nach Fragestellung werden zusätzlich Herzfrequenz (EKG), der Hautwiderstand (GSR), die Atemfrequenz und Penis- bzw. Klitoriserektion gemessen.

Das EEG ist Ausdruck der im Bereich von 10 bis 100 und mehr Mikrovolt liegenden spontanen Potentialschwankungen der Hirnrinde mit Frequenzen von 0,5 bis 40 Hz. Die von den Elektroden aufgefangenen Signale werden verstärkt und in Form von Wellen auf Schreibern registriert. Die Hirnstrommwellen unterscheidet man nach den Frequenzen: *Alphawellen* (8-12/sec.) *Betawellen* (13-40/sec.), *Thetawellen* (4-7/sec.) und *Deltawellen* (0,5-3/sec.). In der S.forschung sind außerdem die sogenannten *Schlafspindeln* und die *K-Komplexe* von Bedeutung. Bei ersteren handelt es sich um eine schnelle Abfolge von Wellen mit einer Frequenz von 12-14/sec., bei den K-Komplexen um einzelne hochamplitudige biphasische Wellen. Das *EMG* registriert den Muskeltonus durch am Kinn angebrachte Elektroden. Das *EOG* mißt die horizontalen und vertikalen Augenbewegungen mittels neben und über den Augen angebrachten Elektroden.

Durchgesetzt hat sich die Einteilung des S. in die Stadien 1, 2, 3, 4 und REM (Rechtschaffen/Kales, 1968). In Deutschland werden die Stadien häufig noch A, B, C, D, E und REM genannt; die Phasen A und B entsprechen in etwa dem Stadium 1 der ersten Einteilung. Normalerweise weist das Hirnstrombild des Menschen im Wachzustand niederamplitudige Beta-Wellen auf, während im entspannten Zustand sinusartige Wellen im Alpha-Bereich vorherrschend sind. Im Stadium 1 des Dösens und Einschlafens wird die regelmäßige Alpha-Aktivität durch ein niederamplitudiges Frequenzbild aus Alpha-, Beta- und Theta-Wellen ersetzt, wobei letztere zunehmend vermehrt auftreten. Der Muskeltonus ist mittel bis hoch, es kommt zu Einschlafzuckungen. Die Augenbewegungen sind langsam-rollend. Das Stadium 2 (Leichtschlaf) ist eindeutig klassifizierbar durch das Auftreten von S.spindeln und K-Komplexen. Das Wachbewußtsein ist ausgeschaltet. Der Muskeltonus ist mittelhoch. Die Augen bewegen sich nicht. Der eigentliche S. wird von vielen Forschern mit Beginn des Stadiums 2 gleichgesetzt. Das Stadium 3 (mitteltiefer S.) zeigt relativ rasche mittelhohe Delta-Wellen, die mindestens 20% bis max. 50% der Gesamtwellenzahl pro Auswertungsabschnitt ausmachen. Der Muskeltonus und die Augen verhalten sich wie im Stadium 2. Das Stadium 4 (Tiefschlaf) ist charakterisiert durch langsame hohe Delta-Wellen. Der Muskeltonus ist mittelhoch bis niedrig, die Augen sind inaktiv. Die Stadien 1 bis 4 werden, wie erwähnt, als NREM-S. (non-REM), in älteren Arbeiten auch als orthodoxer Schlaf (OS) bezeichnet. Die Stadien 3 und 4 werden oft zusammenfassend SWS (slow wave sleep) genannt.

Deutlich von diesen Stadien hebt sich das REM-Stadium ab. Die hohe kortikale Aktivität wie auch andere noch zu benennende Begleiterscheinungen dieses Stadiums führten auch zu der Bezeichnung *paradoxer Schlaf* (PS). Der Muskeltonus ist während dieses Stadiums stark erniedrigt oder ganz aufgehoben. Häufig treten kleine umschriebene Muskelzuckungen (Myoklonien) an Armen, Beinen und im Gesicht auf. Auffällig sind rasche horizontale oder vertikale gleichsinnig verlaufende Augenbewegungen, die in isolierter Form oder in Gruppen vorkommen.

In den REM-Phasen und NREM-Phasen wird zwischen langandauernden *tonischen* Komponenten (z. B. Beibehalten des Muskeltonus) und kurzzeitigen, diskontinuierlich auftretenden *phasischen* Komponenten (Augenbewegungen in REM, S.spindel und NREM) unterschieden.

Die Weckschwelle ist im REM-S. variabel und kann der sich vom Stadium 1 bis 4 erhöhenden Schwelle entsprechen.

Viele negative Funktionen, die im Übergang vom Wachen zum NREM-S. auf ein niedrigeres Niveau absinken, steigen während der REM-Phase wieder an. Bemerkenswert ist vor allen Dingen ihre große Variabilität. Das gilt z. B. für die Herzfrequenz, den Blutdruck und die Atmung (Koella, 1973).

Die Erektion des Penis beim Mann und die Klitoriserektion bei der Frau sind an den REM-S. gekoppelt (Jovanovic, 1972). Die Erektionen lassen sich vom Säuglings- bis zum Greisenalter nachweisen.

Die zeitliche Abfolge des Nacht-S. sieht bei einem jungen Erwachsenen so aus, daß nach dem Insbettgehen jeweils nach wenigen Minuten das Stadium S 1, danach S 2 und S 3 und schließlich S 4 erreicht werden. Im Stadium 4 wird ca. 20 bis 30 Min. verweilt. „Aufsteigend" folgen wieder S 3 und S 2, die ca. 70 bis 90 Min. nach S.beginn vom REM-Stadium abgelöst werden. Nach dem Ende des REM-Stadiums ist der erste S.zyklus der Nacht beendet. Im Verlauf einer 8stündigen Nacht treten etwa 4-5 derartige Zyklen auf. Die Länge dieser Abschnitte bleibt im Verlauf der Nacht mit 80 bis 110 Min. relativ stabil. Das Muster der Zyklen, auch ultradiane Rhythmen genannt, ändert sich jedoch. Das erste REM-Stadium ist durchschnittlich nur ca. 10 Min. lang und wird zum Morgen hin länger bis durchschnittlich 30 Min. Die Struktur des NREM-Anteils des S. verschiebt sich mehr zum „flachen" S. hin. Die

Stadien 3 und 4 werden mit zunehmender S.dauer immer seltener erreicht und gegen Morgen fast völlig durch S 2 ersetzt. Die Gesamtschlafzeit und die Verteilung der einzelnen S.phasen sind stark altersabhängig. Das Neugeborene zeigt ein über 24 Stunden verteiltes S.-Wach-Verhalten und schläft insgesamt zwischen 16 und 17 Stunden. Nach ca. 4 Monaten hat sich der Hauptteil des S. in die Nacht verschoben. Die S.dauer eines jungen Erwachsenen beträgt durchschnittlich 7½ Stunden und verringert sich auf etwa 6 Stunden im Greisenalter. Insgesamt scheinen starke individuelle Unterschiede in der erforderlichen S.dauer zu bestehen. Meddis und Mitarbeiter (1973) sowie Jones und Oswald (1968) berichteten über extreme Kurzschläfer. Die erste Forschergruppe fand bei einer 70jährigen Frau mittel EEG-Ableitungen eine für sie ausreichende S.dauer von 1 Stunde; Jones und Oswald berichteten über 2 Männer, die nur 2¾ Stunden S. benötigten. Dies sind jedoch Ausnahmefälle. Als noch der Norm entsprechend kann die S.dauer von 5½ bis 9½ Stunden angesehen werden.

Bereits beim Säugling kann ein REM-(active-sleep) und NREM-S. (quiet-sleep) unterschieden werden, wobei das Verhältnis der beiden zueinander noch 50% zu 50% beträgt. Ab dem 5. Lebensjahr reduziert sich der REM-Anteil auf das für Erwachsene typische Ausmaß und verringert sich noch weiterhin mit dem Alter. Zu den prozentualen Anteilen der S.stadien können für den jungen Erwachsenen folgende orientierende Richtwerte angegeben werden: Stadium S 1: 1-10%, S 2: 40-60%, S 3: 3-12%, S 4: 5-25%; REM: 15-35% (Webb, 1975; s. auch Williams et al., 1974).

2 Schlafentzug

Durch S.entzug wurde versucht, mehr über die Funktion des S. und seiner Stadien zu erfahren.

Bei *totalem* S.entzug bis zu 205 Stunden (Kales et al., 1970) zeigte sich als Konsequenz eine ansteigende Müdigkeit sowie eine erhöhte Reiz- und Störbarkeit. Leistungseinbußen waren je nach Aufgabenstellung verschieden und blieben relativ begrenzt. Erst nach ca. 60 Stunden Deprivation traten Sinnestäuschungen, vor allen Dingen visueller und taktiler Art auf. Händezittern, Nystagmus und eine reduzierte Schmerzschwelle waren weitere Folgen. Die Beobachtung, daß während des Wachseins „microsleeps" auftraten und daß das EEG nach ca. 50 Stunden häufig einem Einschlaf-EEG ähnelte, werfen die Frage auf, ob ein „totaler" S.entzug überhaupt durchführbar ist.

Die S.stadien reagieren nach Beendigung des Entzugs in verschiedener Weise. In der ersten Erholungsnacht sind die Stadien 3 und 4 signifikant vermehrt, während in der zweiten Nacht ein übernormal starkes Auftreten des REM-Schlafes zu beobachten ist. Der S.verlust wird nicht in vollem Umfang nachgeholt. Selbst nach 10 Tagen S.entzug schläft eine Versuchsperson in der ersten Erholungsnacht kaum mehr als 14-20 Stunden. Bereits in der 2. oder 3. Nacht hat sich die S.dauer normalisiert. Der *selektive* S.entzug von S 4 und REM-S. hat keine oder nur geringe Auswirkungen auf Stimmungs- und Leistungsvariablen beim Menschen gezeigt. Auffallend war jedoch, daß in der ersten Erholungsnacht immer das jeweils unterdrückte Stadium vermehrt auftrat. Noch ungeklärt ist, weshalb bei endogenen depressiven Patienten durch S.entzug von einer Nacht kurzfristig Zustandsverbesserungen (Pflug/Toelle, 1971) und bei REM-S.unterdrückungen in vielen Nächten (Vogel et al., 1975) längerdauernde Verbesserungen zu erzielen sind. Eine SWS-Deprivation zeigte diese Effekte nicht.

3 Schlaf und biologische Rhythmen

Fast alle meßbaren psychologischen und physiologischen Funktionen, wie etwa psychomotorisches Tempo oder Rektaltemperatur und Hormonsekretionen, fluktuieren in einem 24stündigen Wechsel rhythmisch zwischen maximalen und minimalen Werten (Aschoff, 1970). Unter künstlicher Ausschaltung des Tag-Nacht-Rhythmus, also in konstanter Umgebung, zerfällt die Periodizität dieser Funktionen nicht, sondern nimmt einen etwas längeren Wert von ca. 25 Stunden ein, was auch für die S.-Wach-Periode gilt. Man spricht daher von circadianen, d. h. ungefähr einen Tag entsprechenden, Rhythmen. Hypothetisch wird angenommen, daß die einzelnen Funktionen einer endogenen Steuerung von einer oder mehreren *„biologischen Uhren"* unterliegen, die sich durch Zeitgeber (Kenntnis der Uhrzeit, soziale Kontakte) mit dem 24-Stunden-Tag synchronisieren lassen (Wever, 1979).

Als ein Schrittmacher – jedoch keine Uhr – für die biologischen Rhythmen wurden die *suprachiasmatischen Nuclei*, die im Hypothalamus direkt über der Kreuzung der Sehnerven liegen, identifiziert, da bei ihrem Ausschalten bei Säugetieren der rhythmische Ablauf von Schlafen und Wachen verlorenging.

Bei zeitlichen Verschiebungen, z. B. des S.-Wach-Verhaltens, konnten gleichartige Verschiebungen auch anderer Funktionen beobachtet werden. So konnte die Kopplung der circadianen

Rhythmen der Wachstumshormonausscheidung an den S.beginn sowie an den SWS nachgewiesen werden. Auch Prolactin und das luteinisierende Hormon sind an den S. gebunden, letzteres jedoch nur während der Pubertät (Mendelson et al., 1977). Andere circadiane Rhythmen, wie z. B. die der Cortisolausscheidung und der Körpertemperatur, sind jedoch weitgehend von dem des S.-Wach-Verhaltens unabhängig. Bei Zeitzonenverschiebung durch Luftreisen oder Schichtarbeit können sie vom S.-Wach-Verhalten dissoziieren und nehmen erst nach längerer Zeit wieder die „richtige“ Phasenlage zum S. ein. Wie wichtig es ist, die biologischen Rhythmen in die S.forschung einzubeziehen, zeigt folgende Beobachtung: Ein Leistungstest um 4.00 Uhr morgens, nach nur 6 Std. S.entzug durchgeführt, wird niedriger ausfallen, als einer, der nach 24 Std. S.entzug um 11.00 Uhr morgens gemacht wird. Die circadiane Rhythmik der psychophysiologischen Leistungsfähigkeit wirkt sich in diesem Falle stärker aus als die Dauer des S.entzugs.

Erst in neuerer Zeit wurde erkannt, daß Licht nicht nur für die Tierwelt, sondern auch für den Menschen eine wichtige Zeitgeber-Funktion einnimmt. Bei den Tieren reicht eine geringe Lichtstärke aus, um die Rhythmen zu steuern. Bei dem Menschen sind aber mehr als 2000 Lux notwendig (Tageslicht beträgt bis zu 100.000 Lux), um zum Beispiel die Produktion des in der Zirbeldrüse entstehenden Hormons Melatonin, das eher für trophotrope Prozesse zuständig zu sein scheint, zu hemmen (Lewy et al., 1980). In der Weiterführung dieser Untersuchungen stieß man auf eine Gruppe Depressiver, die jährlich im Herbst erkranken und für die Depression untypische Symptome wie Gewichtszunahme und langes Schlafen zeigen.

Diese sogenannten SAD-Patienten (saesonal-affective-disorder – saisonale Depression) können erfolgreich mit Licht behandelt werden (Kripke, 1983).

4 Regulation und Funktion des Schlafes

Die Annahme, S. sei lediglich eine Reduktion aller cerebralen Funktionen, etwa verursacht durch eine Verringerung des sensorischen Inputs, wurde insbesondere durch die Untersuchungen von Hess (1944) widerlegt. Dieser konnte durch elektrische Stimultion diencephaler Strukturen bei Katzen den S. auslösen und schloß daraus auf ein Zentrum, das den S. aktiv auszulösen vermag.

Der Grad der Wachheit scheint abhängig zu sein von der Aktivität im ARAS (aufsteigendes retikuläres aktivierendes System) (Moruzzi/Magoun, 1949). Ein niedriges Aktivitätsniveau bedingt ein entspanntes Wachsein, was sich im EEG durch Alpha-Wellen dokumentiert, und leitet vermutlich zum Einschlafstadium über. Für den eigentlichen S. ist die aktive Beteiligung eines schlafauslösenden Systems zusätzlich zu der niedrigen Aktivität im ARAS erforderlich.

Dieses System liegt in den Serotonin enthaltenden Raphé-Kernen und dem Locus coeruleus, ein Kerngebiet, das noradrenerge Zellen enthält sowie in der Brückenhaube, deren sogenannte Riesenzellen wichtig für die S.regulation sind (Jouvet, 1969).

Nach McCarly und Hobson (1982) sind die Zellen der Raphé-Kerne und der Nuclei coerulei am aktivsten während des Wachseins. Ab S.beginn verringert sich die Aktivität stark. Ist fast keine Aktivität mehr vorhanden, kommt es zu einer Aufhebung der Hemmung der Riesenzellen in der Brückenhaube, die dann mit Hilfe des Acetylcholins den REM-S. mit seinen bekannten Phänomenen generieren. Über einen negativen, hemmenden Feed-Back-Mechanismus werden wieder die Zellen der beiden Kerngebiete aktiviert, bis deren Aktivität wiederum die Riesenzellen inhibieren und so der Non-REM-S. periodisch sich mit dem REM-S. abwechseln kann.

Bei der Suche nach körpereigenen S.stoffen stießen Pappenheimer und Mitarbeiter (1975) sowie die Gruppen um Monnier (1977) auf eine schlafauslösende Substanz im Liquor und im Blut auf ein Polipeptid, das diese Wirkung zeigt (näheres dazu: Borbely, 1987).

Eine Erklärung der Funktion des S. müßte alle psychologischen, klinischen, physiologischen, pharmakologischen und biochemischen Forschungsergebnisse, die zum Teil noch recht widersprüchlich sind, berücksichtigen. Die bisher aufgestellten Hypothesen erfüllen diese Anforderungen noch nicht. In bezug auf die Erholungsfunktion des S. hat wohl Hartmann (1973) die bisher umfassendste Theorie aufgestellt. Hartmann nimmt an, daß der NREM-S., vor allen Dingen der Delta-S., eine *anabolische* S.phase ist, in der Protein und/oder Ribonukleinsäure synthetisiert werden. Während des REM-S. werden adrenerge Systeme restauriert, die für gerichtetes Verhalten, adäquate Gestimmtheit und Anpassung an die Umwelt notwendig sein sollen. Nach Webb (1975), der wie Meddis (1975) den S. als Anpassungsverhalten ähnlich den älteren Instinkttheorien ansieht, sind z. B. die restaurativen Prozesse eher Korrelate als tatsächliche Determinanten des S.-Wach-Verhaltens. Beide Autoren meinen, daß das spezifische S.verhalten und die S.muster jeder

Spezies durch den von der Umwelt ausgeübten Druck im Laufe der Evolution geprägt wurden. Der S. wird durchaus als aktiver Prozeß angesehen, der das Verhalten des Tieres so kontrolliert, daß es *nicht* reagiert zu Zeiten, wenn Aktivität sinnlos und gefährlich ist und damit seine Überlebenschance verringert.

5 Schlafstörungen

In Amerika haben sich seit Beginn der 70er Jahre viele eigenständige S.kliniken gebildet, deren Dachverband (Association of Sleep Disorders Clinics) 1979 ein *Klassifikationsschema* für S.störungen veröffentlichte („Sleep" 1979). Dieses Schema ist auch in den DSM III (Diagnostic and Statistic Manual of Mental Disorders) aufgenommen worden. In Zusammenarbeit mit der Europäischen Gesellschaft für S.forschung wird zur Zeit an einer Revision gearbeitet, die aber weitgehend die unten aufgeführten Punkte beeinhalten wird (Siehe als Ergänzung auch Finke/Schulte, 1970; Koella, 1973; Mendelson et al., 1977; Faust, 1985; Zimmer, 1986; Borbeley, 1987).

Die Klassifikation sieht folgendermaßen aus:

A. Ein- und Durchschlafstörungen (Insomnien)

1. Psychophysisch bedingte Insomnie
   a) Vorübergehend, situativ
   b) Persistierend
2. Psychiatrische Erkrankungen
   a) Persönlichkeitsstörungen und Neurosen
   b) Affektive Psychosen
   c) Schizophrene Psychosen
3. Medikamenten- und Alkoholeinnahme
   a) Toleranz – Entwicklung, Entzug von ZNS dämpfenden Mitteln
   b) Chronische Stimulantien-Einnahme (Amphetamin, Coffein, Nikotin)
   c) Chronische Einnahme oder Entzug von anderen Medikamenten und Drogen – Krebsmittel, Schilddrüsen-Medikamente, Antidepressiva, orale Konzeptiva, Kortikoide, LSD, Marihuana, Opium, Heroin
   d) Chronischer Alkoholismus
4. S.induzierte respiratorische Störungen
   a) S.-Apnoe (Atemstillstand)
   b) Alveoläre Hypoventilation (Undine-Syndrom oder sekundär)
5. Nächtliches Myoklonus- und Restless-Legs-Syndrom
6. Andere medizinische, toxische und umweltbedingte Störungen (zum Beispiel Enzephalitis, endokrine Störungen, Lebensmittel-Allergie)
7. Chronische Insomnie seit der Kindheit
8. Andere Störungen
   a) Häufige REM-S.störungen
   b) Atypische polysomnographische Befunde (zum Beispiel häufiges Auftauchen von alpha-Wellen im ‚SWS-' und REM-S.)
9. Ein- und Durchschlafstörung ohne objektiven Befund
   a) Kurzschläfer
   b) Subjektiv empfundene Insomnie ohne objektiven Befund (Pseudoinsomnie, Schlaf-Hypochondrie)

B. Störungen mit exzessiver Schläfrigkeit (Hypersomnien)

Das Wort „Schläfrigkeit" oder „Hypersomnie" schließt neben der überlangen nächtlichen S.zeit auch die übergroße Müdigkeit und das Einschlafen am Tage ein

1. Psychophysisch bedingte Hypersomnie
   a) vorübergehend und situativ
   b) persistierend, chronisch
2. Psychiatrische Erkrankungen
   a) affektive Erkrankungen
   b) andere Störungen (Hypochondrie, Hysterie, Borderline, Schizophrenie)
3. Medikamenten- und Alkoholeinnahme
   a) Toleranz-Entwicklung oder Entzug von ZNS-stimulierenden Mitteln
   b) chronische Einnahme von ZNS-dämpfenden Mitteln (Sedativa-Hypnotika, Alkohol)
4. S.induzierte respiratorische Störungen
   a) S.-Apnoe-Syndrom (große Schläfrigkeit am Tage)
   b) alveoläre Hypoventilation
5. Nächtlicher Myoklonus und Restless-Legs-Syndrom
6. Narkolepsie (S.attacken am Tage, hypnagoge Halluzinationen, Kataplexie, S.paralyse)
7. Idiopathische ZNS-Hypersomnie
   (mit starker Einschlafneigung am Tage, Tagschlaf nicht erfrischend im Gegensatz zur Narkolepsie)
8. Andere internistische, toxische und umweltbedingte Störungen
   (zum Beispiel endokrine und metabolische Störungen, Schilddrüsen-Erkrankung, Enzephalitis, Infektionen, Multiple Sklerose, ZNS-Trauma, Anämie)
9. Andere Störungen
   a) intermittierende (periodische) Hypersomnien, Kleine-Levin-Syndrom (Rückzug, Hyperphagie), menstruationsgebundene Hypersomnie
   b) unzureichender S. (oft auf Dauer zuwenig Schlaf)
   c) S.trunkenheit (abnorme Form des Aufwachens mit langanhaltenden Anzeichen von Verwirrung
10. Hypersomnie ohne objektiven Befund
    a) Langschläfer
    b) subjektiv empfundene Hypersomnie ohne objektive Befunde

C. Störungen des S.-Wach-Rhythmus

1. Vorübergehend
   a) Zeitzonen-Wechsel („Jet-Lag-Syndrom")
   b) Schicharbeit
2. Persistierend
   a) häufiges Wechseln des S.-Wach-Rhythmus (Schichtarbeit, häufiges Fliegen, irreguläre S.zeiten)
   b) „verzögerte" S.zeiten (z. B. erst um 3 Uhr morgens Einschlafen-Können bei normalem S.)
   c) „zu frühe" S.zeiten
   d) von dem 24-Stunden-Rhythmus abweichende S.-Wach-Zeiten (evtl. bei Blinden, deren Rhythmen eine 25-Stunden-Periodik einnehmen)
   e) irreguläre S.-Wach-Muster (z. B. bei Demenz)

D. Dysfunktionen in Verbindung mit S., S.stadien oder partiellem Erwachen (Parasomnien)
1. S.wandeln (Somnambulismus)
2. Pavor Nocturnus, Incubus
3. S.abhängige Enuresis
4. Sonstige Dysfunktionen
   Angsttrauma-Anfälle (Alpträume)
   S.abhängige epileptische Anfälle
   S.abhängiger Bruxismus (Zähneknirschen)
   S.abhängiges Kopfwackeln (Jactatio Capitis Nocturna)
   Familiäre S.paralyse (Lähmung)
   Hemmung der penilen Tumeszenz im S.
   S.abhängige schmerzhafte Erektionen
   S.abhängige Kopfschmerzen und chronische paroxysmale Hemikranie
   S.abhängiges pathologisches Schlucksyndrom
   S.abhängiges Asthma
   S.abhängige kardiovaskuläre Symptome
   S.abhängiger Gastro-Oesophagealer Reflux
   S.abhängige Hämolyse (Paroxysmale nächtliche Hämoglobinurie)
   Asymptomatische polysomnographische Befunde (muß spezifiert werden)

Das hier beschriebene Klassifikationsschema macht sichtbar, wie vielfältig die Diagnose bei S.störungen sein kann, und läßt ahnen, wie schwierig ihre Behandlung oft ist. Die Diagnose „psychophysisch bedingte Insomnie" tritt nach amerikanischer Erfahrung bei ungefähr 17% der schlafgestörten Patienten auf. Diese Patienten unterscheiden sich kaum von Patienten mit gutem S., außer daß sie ängstlicher und insgesamt dysphorischer sind. S.störungen aufgrund einer Neurose oder auffallender Persönlichkeitsstörungen (ca. 40%) sollten unter die Rubrik A 2. fallen. Bei der ersten Gruppe sind es vor allem externe und interne konditionierende Faktoren, die diese S.störung auslösen und aufrechterhalten. Sind diese Faktoren ausgeschaltet – wie zum Beispiel beim Schlafen in einer anderen Umgebung (S.labor, Hotel), kann sich der S. verbessern.

Vorübergehende reaktive S.störungen sind wohl jedem geläufig. Nach dieser Klassifikation ist – etwas willkürlich – ihre Dauer auf 3 Wochen beschränkt; danach wird sie als chronisch oder persistierend bezeichnet. Bei chronischen S.störungen – seien es Ein- und/oder Durchschlafstörungen wie auch Hypersomnien – ist häufig der Zusammenhang mit den Auslösemechanismen verlorengegangen.

Zu beachten ist noch bei der Einteilung der S.störungen, daß z. B. bei der S.apnoe oder nach Medikamenteneinnahme entweder eine Insomnie oder – manchmal im späteren Verlauf – eine Hypersomnie auftreten kann.

Eine ursächliche Behandlung z. B. mit Pharmaka bei Psychosen, Psychotherapie bei Neurosen oder Veränderung von Umweltbedingungen und Lebensgewohnheiten bringt die S.störungen oft zum Verschwinden oder verringert sie. Viele Medikamente beeinflussen den S., indem sie meistens REM-S. und SWS reduzieren und somit den „flachen" S. begünstigen. Dazu gehören auch die S.mittel, vor allen Dingen die brom- und barbiturathaltigen, viele Tranquilizer, aber auch Stimulantien, sowie Cannabis und Alkohol. Da die meisten S.mittel nur ein bis zwei Wochen eine schlaffördernde Wirkung zeigen, wird zu immer höheren, schädlicheren Dosen gegriffen, die letzten Endes keine Wirkung mehr haben. Psychische und physische Abhängigkeit sind oft die Folgen.

Ein abruptes Absetzen von Medikamenten oder Alkohol kann zu massiven REM-Rebounds führen, wobei der S. häufig durch häufiges Erwachen und Alpträume extrem gestört wird, was wiederum zu einer erneuten Einnahme von Medikamenten (oder Alkohol) führt. Wichtig ist, daß jedes Medikament langsam abgesetzt wird.

Bei endogen Depressiven fällt vor allen Dingen neben einem häufigen und zu frühen Aufwachen die „Umverteilung" des REM-S. auf, was sich nach klinischer Besserung wieder normalisiert. So kommt es zu sogenannten „SOREMPs" (sleep onset-rem-period), einem Auftauchen des REM-S. gleich nach dem Einschlafen (Kupfer, 1976) und zu langen REM-Phasen in der ersten Hälfte der Nacht. „SOREMPs" treten auch bei der Narcolepsie auf, einer Krankheit, bei der die Betroffenen auch am Tage mehrere Male von einem S.anfall heimgesucht werden. Der S. von Schizophrenen dagegen scheint wenig auffällige Merkmale zu haben. Sonderformen von S.störungen wie S.wandeln (Somnabulismus), Bettnässen (Enuresis nocturna) und das nächtliche Aufschrecken (Pavor nocturnus) beginnen im Stadium 4, während die eigentlichen Handlungen wie z. B. S.wandeln im Stadium 1 durchgeführt werden.

Bei den schon oben erwähnten psychophysisch bedingten und psychogenen S.störungen ohne organisch oder psychiatrisch auffällige Symptome, ist neben der Schwierigkeit, ein- und durchzuschlafen, die große Variabilität des S. von Nacht zu Nacht auffällig.

Zerschlagenheit und mangelnde Leistungsfähigkeit am Tage sind weitere Begleiterscheinungen. Die Hypothese, daß die Ursache der Insomnie in einer allgemeinen Übererregbarkeit zu suchen ist, hat zu einem Einsatz von Techniken geführt, die vor allen Dingen in der Verhaltenstherapie entwickelt wurden. Entspannungstechniken, wie das autogene Training, die progressive Muskelrelaxation, die systematische Desensibilisierung und EMG- und EEG-Biofeedback-Verfahren wurden zum Teil erfolgreich eingesetzt (Coates/Thoresen, 1977). Paradoxe Intention und Stimuluskontrolle – das Bett soll nur mit dem S. assoziiert werden – gehören ebenfalls zu den manchmal erfolgreich angewandten Verfahren.

6 Traum

Freud war der erste, der 1900 in seinem Buch „Die Traumdeutung" eine Traumtheorie entwikkelte, in der Träume persönlichkeitsspezifische Erlebnisse, Triebkräfte und Wünsche repräsentieren. Er unterscheidet zwischen dem manifesten Trauminhalt, der direkt erinnert wird, und dem latenten Traumgedanken, der hinter dieser Traumerinnerung verborgen ist. Nach Freud sind es die unbewußten verdrängten Wünsche, die während des Schlafens einer weniger starken Zensur unterliegen als im Wachzustand und so in einer mehr oder weniger verschleierten und entstellten Form im manifesten Traum zum Ausdruck kommen. Durch die Technik des freien Assoziierens, d. h. des Nennens spontaner Einfälle zu jeder Einzelheit des Traumes, werden die Träume deutbar und somit die verursachenden Triebkräfte freigelegt.

Eine experimentelle Überprüfung der psychoanalytischen Traumdeutung Freuds hat wegen der Schwierigkeit, ihre Annahmen zu operationalisieren, kaum stattgefunden.

Neue Impulse schienen sich über die psychophysiologische Traumforschung zu ergeben. Dement und Kleitman (1957 b) glaubten anfangs, daß nur der REM-S. mit dem Traumschlaf gleichzusetzen sei und daß ein REM-Entzug zu einem Traumentzug und dadurch zu Persönlichkeitsstörungen führe (Dement, 1960). Diese Ergebnisse waren nicht haltbar, sie haben sich aber mit einer erstaunlichen Zähigkeit bis heute gehalten, obwohl auch Dement sich bald von ihnen distanziert hat.

Die unterschiedlichen Konzepte und Methoden sowie die daraus resultierenden widersprüchlichen Ergebnisse erschweren die Übersicht über den Stand der Traumforschung. Sogar die Definition des Traums änderte sich von Untersucher zu Untersucher. Sinnvoll erscheint das Konzept von Foulkes (1978), der jegliche geistigen Vorgänge während aller Stadien als Träume berücksichtigt. Bei diesem Vorgehen werden bei Weckungen aus dem REM-S. mit 80% bis 100% Wahrscheinlichkeit Träume angegeben. Die Werte der Weckungen aus dem NREM-S. schwanken zwischen 20% und 60% und aus dem kurzen Übergangsstadium des Einschlafens zwischen 90% und 100%. Die Träume selbst verlaufen nicht, wie früher angenommen, in Sekundenschnelle, sondern können die Länge einer ganzen REM-Phase von z. B. 30 Minuten einnehmen. Es stimmt nur zum Teil, daß die Träume während des REM-S. lebendiger, irrealer und mit mehr gefühlmäßiger Beteiligung ablaufen als die der NREM-Phasen, die im allgemeinen mehr gedankenähnliches Material enthalten und bruchstückhafter sind. Verschiedene Faktoren können eine Zuordnung der Träume zu den Phasen erschweren:

1. Traumberichte aus der zweiten Hälfte des S. sind länger und lebhafter als die aus der ersten Hälfte. Ein später NREM-Bericht kann einem frühen REM-Bericht ähneln.
2. Ein Traumbericht aus einem REM-S. während einer tonischen Phase sieht einem NREM-Bericht ähnlicher als einem Bericht aus einem REM-S. mit Augenbewegungen, also während der phasischen Aktivität.
3. Persönlichkeitsfaktoren des Träumenden spielen eine Rolle. Personen mit relativ hohen MMPI-Profilen haben lebhaftere Träume als Personen mit niedrigen Werten.
4. Besonders Traumberichte aus der „späteren" Einschlafzeit – die „frühe" enthält oft Erinnerungen an Tagesereignisse – ähneln stark in ihren Entstellungen und ihrer Lebendigkeit denen des REM-Schlafes.

Systematische Manipulationen von Stimuli vor und während des S. (Filme, Wasser auf das Gesicht träufeln) oder von Umständen (soziale Veränderungen, Streß) haben auf die Trauminhalte im allgemeinen einen geringeren Einfluß als erwartet. Wenn sie einen Einfluß haben, z. B. störende Stimuli während des S., dann werden sie oft mit in den Traum einbezogen und auf eine Weise umgeformt, daß der Traumablauf durch sie nicht direkt gestört und damit ein Aufwachen verhindert wird.

Alle Untersuchungen zeigen, daß es eine Kontinuität der geistigen Prozesse im Wachen und im Träumen gibt. Die Eigenschaften des Traumes reflektieren ebenfalls die emotionalen Bereiche und Eigenarten des Individuums, die im Wachzustand vorhanden sind. Das gilt auch für die Träume des Geisteskranken (Webb/Cartwright, 1977; Arkin et al., 1978). Geklärt ist aber noch immer nicht, wie die geistigen Prozesse während des S. ablaufen, und wie bestimmt werden kann, was Träume bedeuten. Foulkes (1978) unternimmt in seinem Buch den Versuch, mit Hilfe der neueren Erkenntnisse der kognitiven Psychologie und der Linguistik ein objektives Auswertungssystem zu entwickeln, das die geistigen Prozesse im Traum erklärt. Als Bindeglied zwischen dem erinnerten Trauminhalt und der Ebene, auf der eine kognitive bzw. linguistische Bearbeitung erfolgt, nutzt Foulkes wie Freud die freie Assoziation.

Obwohl in den 4 Jahrzehnten der S.forschung der Wissensstand gewaltig gewachsen ist, ist der Weg noch weit, bevor das Rätsel S. gelöst sein wird. Zur weiteren laufenden Information bietet sich das monatlich erscheinende „Sleep Bulletin" des Brain Information Service der University of California, L.A. an, von dem auch jährlich Sammelbände erscheinen (Chase et al., 1972 ff.).

Literatur

Arkin, A. J./Antrobus, J. S./Ellman, S. J. (Eds.): The mind in sleep: Psychology and psychophysiology. Hillsdale, N. J.: Erlbaum; New York, Toronto u. a.: Wiley, 1978.

Aschoff, J.: Circadiane Periodik als Grundlage des Schlaf-Wach-Rhythmus. In: Baust, W. (Hrsg.): Ermüdung, Schlaf und Traum. Stuttgart: Wissenschaftliche Verlagsgesellschaft, 1970, 59-98.

Aserinsky, E./Kleitman, N.: Regularly occuring periods of eye motility and concomitant phenomens during sleep. Science, 118, 1953, 273-274.

Association of Sleep Disorders Centers. Diagnostic Classification of Sleep and Arousal Disorders. First Ed., prepared by the Sleep Disorders Classification Commitee H. P. Roffwarg: Sleep 2, 1978, 1-137.

Berger, H.: Über das Elektroenkephalogramm des Menschen. 1. Mitt. Arch. f. Psychiat., 87, 1929, 527-570.

Borbély, A.: Das Geheimnis des Schlafes. DTV 1987.

Chase, M. H./Stern, W. C./Walter, P. L. (Eds.): Sleep research, Vol. 1 ff., Brain Information Service/Brain Research Institute. Los Angeles, UCLA, 1972 ff.

Coates, T. J./Thoresen, C. E.: How to sleep better. Englewood Cliffs: Prentice-Hall, 1977.

Dement, W. C./Kleitman, N.: Cyclic variations in EEG during sleep and their relation to eye movements, body motility, and dreaming. Electroencephal. Clin. Neurophysiol., 9, 1957 a, 673-690.

Dement, W. C.: The relation of eye movements during sleep to dream activity: An objective method for the study of dreaming. J. exp. Psychol., 53, 1957 b, 339-346.

Dement, W. C.: The effect of dream deprivation. Science, 131, 1960, 1705-1707.

Diagnostic and Statistical Manual of Mental Disorders (Third Edition) (DSM-III) American Psychiatric Association. Washington, D. C., APA, 1980.

Faust, V. (Hrsg.): Schlafstörungen. Stuttgart: Hippokrates Verlag, 1985.

Finke, J./Schulte, W.: Schlafstörungen – Ursache und Behandlung. Stuttgart: Thieme, 1970.

Foulkes, D.: A grammar of dreams. New York: Basic Books, 1978.

Hartman, E. I.: The function of sleep. New Haven: Yale University Press, 1973.

Hess, W. R.: Das Schlafsyndrom als Folge diencephaler Reizung. Helv. Physiol. Acta. 2, 1944, 305-344.

Hobson, J.-A.: The cellular basis of sleep cycle control. Adv. Sleep Res., 1, 1974, 217-250.

Jones, H. S./Oswald, I.: Two cases of healthy insomnia. Electroencephalography and Clinical Neurophysiology, 24, 1968, 378-380.

Jouvet, M.: Biogenic amines and the states of sleep. Science, 163, 1969, 32-41.

Jovanovic, U. J.: Sexuelle Reaktionen und Schlafperiodik beim Menschen. Ergebnisse experimenteller Untersuchungen. Beitr. Sexualforsch., 51, 1972, 1-229.

Kales, A. et al.: Sleep patterns following 205 hr of sleep deprivation. Psychosomat. Med., 32, 1970, 189-200.

Koella, W.: Physiologie des Schlafes. Stuttgart: Kohlhammer, 1973.

Kripke, D. F./Risch, S. C./Janowsky, D.: Bright white light alleviates depression Psychiatry Research, 10, 1983, 105-112.

Kupfer, D. J.: REM-Latency: a psycho-biologic marker for primary depressive disease. Biol. Psychiatry, 11, 1976, 159-174.

Lewy, A. J./Wehr, T. A./Goodwin, F. K./Newsome, D. A./ Markey, S. P.: Light suppresses melatonin secretion in humans. Science, 210, 1980, 1267-1269.

Loomis, A. L./Harvey, E. N./Hobart, G. A.: Cerebral states during sleep, as studied by human brain potentials. J. Exp. Psychol., 21, 1937, 127-144.

McCarley, R. W.: Mechanism and models of behavioral state control. In: Hobson, J. A., Brazier, M. A. (Eds.): The recticular formatio revisited. New York; Raven Press, 1982.

Meddis, R.: On the function of sleep. Anim. Behav., 23, 1975, 676-691.

Meddis, R. et al.: An extreme case of healthy insomnia. Electroencephalography and Clinical Neurophysiology, 35, 1973, 213-214.

Mendelson, W. B. et al.: Human sleep and its disorders. New York: Plenum Press, 1977.

Monnier, M. et al.: Delta-sleep-inducing peptide: EEG and motor activity in rabbits following intravenous administration. Neurosci. Lett., 6, 1977, 9-13.

Moruzzi, G./Magoun, H. W.: Brain stem reticular formation and activation of the EEG. EEG clin. Neurophysiol., 1, 1949, 455-473.

Oswald, J.: Sleeping and waking. Amsterdam: Elsevier, 1962.

Pappenheimer, J. R. et al.: Extraction of a sleep-promoting factor S from cerebral spinal fluid and from brains of sleep-deprived animals. J. Neurophysiol., 38, 1975, 1299-1311.

Pflug, B./Toelle, R.: Therapie endogener Depression durch Schlafentzug. Nervenarzt, 42, 1971, 117-124.

Rechtschaffen, A./Kales, A.: A manual of standardized terminology, techniques and scoring system for sleep stages of human subjects. Publ. Health Service, Washington D. C.: U.S. Government Printing Office, 1968.

Vogel, G. W. et al.: REM sleep reduction effects on depression syndromes. Arch. Gen. Psychiat., 32, 1975, 765-777.

Webb, W. B.: Sleep. The Gentle Tyrant. Englewood Cliffs: Prentice-Hall, 1975.

Webb, W. B./Cartwright, R. D.: Sleep and Dreams. Ann. Rev. Psychol., 29, 1977, 223-252.

Wever, R. A.: The circadian system of man. New York, Heidelberg, Berlin: Springer, 1979.

Williams, R. L./Karacan, I./Hursch, C. J.: Electroencephalography (EEG) of human sleep: clinical applications. New York, 1974.

Zimmer, D. E.: Schlafen und Träumen. Ullstein Sachbuch, 1986.

Schmerz

Wolfgang Keeser

Ausgerechnet in den medizinisch bestens versorgten Industrienationen wird die Behandlung von chronischen, gutartigen S.zuständen zu einem immer größeren Problem. Nach realistischen Schätzungen gibt es in der BRD drei Millionen Patienten mit chronischen S.zuständen, unter ihnen 400 000 Problempatienten mit langen „Patientenkarrieren", intensiver Inanspruchnahme des Gesundheitsversorgungssystems und erheblichen psychosozialen Problemen. Das Ausmaß des Problems von S.zuständen hat neben dem quantitativ nur schwer bestimmbaren persönlichen Leid inzwischen auch massive volkswirtschaftliche Auswirkungen erreicht. Nach Schätzungen liegen in der BRD die volkswirtschaftlichen Einbußen allein durch Arbeitsausfälle wegen S.en bei 30 Milliarden DM pro Jahr! Hinzu kommen weitere Kosten in Milliardenhöhe für medizinische Leistungen und Medikamente. S.mittel stehen weit an der Spitze der verordneten Arzneimittel (Zimmermann/Seemann, 1986).

1 Die Spezifitätstheorie

Mitverantwortlich für diesen mißlichen Zustand ist die noch immer kulturell tief verwurzelte Spezifitätstheorie des S., die ebenso wie der überholte Leib-Seele-Dualismus mit seinen ungünstigen Auswirkungen für eine wissenschaftliche Psychosomatik auf Descartes zurückgeht. Für die Spezifitätstheorie ist S. ein *eindimensionales* sensorisches Geschehen, vergleichbar etwa dem Sehen oder Hören, mit spezifischen Sinnesrezeptoren in der Peripherie, einem speziellen S.leitungssystem und einem kortikal repräsentierten S.zentrum. Neurophysiologisch gibt es inzwischen gesicherte und unbestrittene Belege sowohl für das Vorhandensein spezieller Rezeptoren für S., die sog. Nociceptoren, als auch für ein spezifisches S.leitungssystem (Zimmermann, 1982). Vor dem Hintergrund eines solchen Verständnisses von S. ist es naheliegend, S. ausschließlich durch eine *pharmakologische* Blockierung oder *chirurgische* Unterbrechung der bei der sensorischen S.verarbeitung beteiligten anatomischen Strukturen zu begegnen (Keeser/Bullinger, 1983).

Unerklärlich für die Spezifitätstheorie sind jedoch Phänomene von *S.unempfindlichkeit*, wie sie etwa von Ethologen beschrieben wurden, z. B. bei religiösen Anlässen (Feuerlaufen; Larbig et al., 1982) oder bei Fakiren (Melzack, 1978).

2 Die „gate-control"-Theorie

Die Renaissance der S.forschung, die mit der Formulierung der „gate-control"-Theorie durch Melzack und Wall (1965) einsetzte, bewirkte einen Paradigmenwechsel weg von einer eindimensionalen zu einer *multidimensionalen* Betrachtungsweise des S., bei der physiologische, biochemische und psychologische Faktoren in komplexer Weise sich gegenseitig beeinflussen. Vor allem die Umformulierung der „gate-control"-Theorie durch Melzack und Casey (1968) stellte die Bedeutung emotional-affektiver und kognitiver Faktoren als wesentliche Determinanten des S.erlebens heraus. Damit eröffneten sich völlig neue Möglichkeiten der S.behandlung. Nach Melzack und Casey (1968, 435) „läßt sich Schmerz nicht nur dadurch behandeln, daß man versucht, die sensorische Eingangsinformation durch Anästhesie, chirurgischen Eingriff und ähnliches zu kappen, sondern ebenso gut durch die Beeinflussung von motivational-affektiven und kognitiven Faktoren". Der abendländische Mensch hat zwar hinsichtlich der medizinischen Unterbrechungen auf der Ebene der S.sensorik eine bewundernswerte Meisterschaft erreicht, hinsichtlich der Bewältigungskompetenzen auf der *motivational-affektiven* und der *kognitiven* Ebene hat er jedoch im Vergleich mit anderen Kulturen fundamentale Defizite. So wie z. B. die Eipos, eine ethnische Gruppe auf Neuguinea, zwar „Analphabeten" sind, was die rein medizinische Behandlung von S.zuständen angeht, jedoch wahre Meister in der „psychologischen" S.bewältigung (Schiefenhövel, 1980), ist der westlich-industrialisierte Mensch zwar Meister in Fragen der medizinischen S.bewältigung, aber weitgehend „Analphabet" in der psychologischen S.bewältigung.

3 Schmerz hat viele Quellen

3.1 Klassische Konditionierung

Ein folgenschwerer Denkfehler in der vorherrschenden Betrachtungsweise von S. ist die Annahme, S. sei immer an eine Aktivierung der spezifischen S.rezeptoren bzw. einer Schädigung innerhalb des speziellen S.leitungssystems gebunden. Pawlow, einer der geistigen Väter der modernen Verhaltenstherapie, konnte schon zu Beginn dieses Jahrhunderts in gut kontrollierten Laborversuchen nachweisen, daß sowohl S. als auch S.losigkeit durch klassische Konditionierungsparadigma gelernt werden kann. Von großer theoretischer und praktischer Bedeutung ist in diesem

Zusammenhang ein Experiment von Vertes und Miller (1976) von der Rockefeller Universität in New York, in dem die Autoren zeigen konnten, daß durch klassische Konditionierung von S.reizen mit ursprünglich neutralen Reizen die Neurone einer für die S.übertragung wichtigen neuronalen Struktur im Stammhirn (dem „nucleus gigantocellularis", NRGC) auf die konditionierten Reize genauso reagierten, wie auf die ursprünglichen S.reize. Möglicherweise können höhere zentralnervöse Strukturen überhaupt nicht mehr unterscheiden, ob die nociceptive Information von einem Nociceptor kommt oder über Konditionierungsvorgänge entstanden ist. Vor diesem Hintergrund ist die Einteilung von körperlich vs.psychisch bedingten S.en überholt und wird dem, was chronische S.patienten empfinden, bei denen organisch nichts gefunden werden kann, nicht gerecht: Denn es spricht sehr viel dafür, daß zwischen den beteiligten höheren zentralnervösen Prozessen, an deren Ende die subjektive Erfahrung S. steht, nicht differenziert werden kann (Bellissimo/Tunks, 1984).

3.2 Operante Konditionierung

Neben den Prinzipien der klassischen Konditionierung spielen operante Lernprinzipien vor allem bei den langdauernden, allen sonstigen therapeutischen Maßnahmen gegenüber resistenten chronischen S.zuständen eine zentrale Rolle. S.verhalten, das ursprünglich eine rein organische Ursache hatte, kann später, nachdem diese organische Grundlage nicht mehr vorhanden ist, durch Einflüsse der Umgebung trotzdem als beobachtbares S.verhalten und als subjektiv unvermindert empfundenes Leid weiter bestehen. Die ursprünglich von organischen Bedingungen gesteuerten, also respondenten Verhaltensweisen, wie Klagen, Stöhnen, das Gesicht verziehen, vorsichtige und langsame Körperbewegungen, im Bett liegen bleiben, Bitten um S.medikamente etc. können mit der Zeit mehr und mehr durch Umweltkontingenzen gesteuert werden. Weitere Bedingungen, die operantes S.verhalten aufrecht erhalten können, sind die Möglichkeit, wegen der S.en unangenehme Tätigkeiten und/oder Situationen vermeiden zu können, sowie finanzielle Vorteile in Form von Unfalls- und Rentenansprüchen etc. (Fordyce/Steger, 1982).

3.3 Modellernen

Die dritte wichtigste nichtsomatische S.quelle stellt das Lernen am Modell dar (Bandura, 1976; 1979). Schon Sigmund Freud hat klinisch die Entstehung von starken S.en einzig und allein durch Beobachtung beschrieben: „Ein hochintelligenter Mann assistiert, während seinem Bruder das versteifte Hüftgelenk in der Narkose gestreckt wird. Im Augenblick wo das Gelenk krachend nachgibt, empfindet er heftigen Schmerz im eigenen Hüftgelenk, der fast ein Jahr andauert" (Freud, 1952, 83). Es ist sehr wahrscheinlich, daß bei vielen S.zuständen, wie z. B. bei *Migräne*, neben genetischen Faktoren das Lernen am Modell eine wichtige Rolle bei der Entstehung dieses S.bildes spielt.

In noch stärkerem Ausmaß als beim Erlernen von S. spielen beim Erlernen von *S.bewältigung* Modellernprozesse eine herausragende Rolle. Für das Erlernen einer optimalen S.bewältigungskompetenz scheint es, wie auch für den Erwerb anderer elementarer Kompetenzen (z. B. Sprache), eine kritische Phase zu geben. Aus diesem, intuitiv erfaßten, Zusammenhang heraus konfrontieren andere Kulturen, wie die schon erwähnten Eipos, aber auch die Eskimos oder die Spartaner in der Vergangenheit Kinder schon in frühem Alter dosiert mit S.reizen. Dieses Phänomen als Brutalität und als Indiz der kulturellen Primitivität zu bezeichnen, ist Ausdruck einer völligen Verzerrung des Kontextes, ja man ist geneigt, die Sache umzukehren und zu fragen, ob es nicht viel brutaler und Zeichen einer größeren „Primitivität" ist, solche Lernvorgänge zu verhindern, mit dem Ergebnis, daß Millionen von Patienten unter schwersten S.zuständen leiden müssen, die von unserem hochentwickelten Gesundheitsversorgungssystem nicht mehr kontrolliert werden können.

4 Verhaltensmedizinische Ansätze zur Behandlung chronischer Schmerzen

Im folgenden sollen einige wesentlichen Therapieelemente eines verhaltensmedizinischen Behandlungsansatzes beschrieben werden, wie er von verschiedenen Autoren (Bullinger/Keeser, 1983; Turk et al., 1983; Keeser/Bullinger, 1985) in den letzten Jahren entwickelt und evaluiert wurde. Das Behandlungsprogramm besteht im wesentlichen aus drei Hauptkomponenten:

(1) Edukative Komponente: In der edukativen Phase werden die Patienten über die psychologische Dimension der S.erfahrung, neuere physiologische Erkenntnisse über S. und die Möglichkeit zur psychologischen Beeinflussung von S. informiert und zur Selbstkontrolle motiviert, z. B. mit Hilfe einer Broschüre (Sternbach, 1983; in

Vorb.), in der folgende Veränderungsschritte vorgegeben sind:
1. Akzeptieren Sie die Tatsache, daß Sie S.en haben.
2. Setzen Sie sich klare Ziele im Arbeits-, Hobby- und sozialen Bereich, auf die sie hinarbeiten.
3. Teilen Sie Ihre Aktivitäten zeitlich ein.
4. Bringen Sie sich körperlich in gute Form.
5. Lernen Sie, sich zu entspannen, und tun Sie es regelmäßig.
6. Nehmen Sie Ihre Medikamente regelmäßig und immer nur zu einer bestimmten Zeit ein und reduzieren Sie langsam die Dosis.
7. Lassen Sie ihre Umwelt nur Ihr gesundes Verhalten unterstützen, nicht ihr Invalidentum.
8. Seien Sie offen mit Ihrem Arzt und verlangen Sie nichts Unmögliches von ihm.

Zur Motivationssteigerung und um die Prinzipien des Modellernens zu vermitteln werden Videofilme über den Umgang mit S. in anderen Kulturen gezeigt. Ferner werden die Patienten mit neueren Konzepten über die verschiedenen körpereigenen Antischmerzsysteme (Herz, 1982) sowie über Zusammenhänge von Angst, Verspannung, Streß und S. bekannt gemacht.

(2) Lernphase: Nach einer eingehenden Verhaltensanalyse werden den Patienten verschiedene Therapiebausteine vermittelt: *Entspannungstechniken* (z. B. die progressive Muskelentspannung nach Jacobson, das Autogene Training sowie von Fall zu Fall das EMG-Biofeedback) bzw. bei Migräne das *Vasokonstriktionstraining* (Gerber, 1986), Techniken der *Aufmerksamkeitslenkung* sowie Verfahren der *kognitiven Umstrukturierung* (Beck, 1979; Ellis, 1982). Diese Techniken haben zum Ziel, die selbstschädigenden und dadurch den S. verstärkenden Gedanken und Selbstgespräche positiv zu verändern.

Von entscheidender Bedeutung für eine Verbesserung des Krankheitsbildes ist das langsame Ausblenden von S.medikamenten. Der erste Schritt besteht darin, die analgetische Medikation nicht mehr nach Bedarf, wenn die S.en sehr stark sind, einzunehmen, sondern nach einem festen zeitlichen Schema. Langfristig versuchen wir alle chronischen S.patienten dahin zu bringen, möglichst ganz ohne Analgetika und ohne Tranquilizer auszukommen. Der Grund dafür liegt darin, daß Analgetika und Tranquilizer kurzfristig zu einer Erleichterung führen und dadurch belohnend sind. Wegen ihres belohnenden Charakters festigen sie damit das „Tabletteneinnehmverhalten". Durch die langfristige Einnahme von Analgetika und Tranquilizern senken sich jedoch aus Gründen, die noch unklar sind, die S.schwellen. D. h., die S.en tun noch mehr weh, was zu einer Erhöhung der Dosis bzw. Umsteigen auf ein anderes Präparat führt. Dadurch entsteht neben der S.problematik sehr häufig noch eine Sucht- und Abhängigkeitsproblematik. Verhaltensmedizinisch noch ungünstiger als dies ist in diesem Zusammenhang aber die Tatsache, daß die Patienten *keine* Möglichkeiten lernen, anders als mit einem Medikament auf den S. zu reagieren. Ausgenommen davon sind der Einsatz von Antidepressiva (Blumer/Heilbronn, 1984). Zusätzlich zu den Anleitungen für kognitive, verhaltensmäßige und emotionale Veränderungsmöglichkeiten benötigen chronische S.patienten noch Lernhilfen zur „neuromuskulären" Umstrukturierung, wie etwa die *Feldenkrais*-Methode (Feldenkrais, 1978; 1985), bei der der Patient lernt, seinen Körper anders zu benutzen, dadurch häufig weniger S.en auslöst und vor allem lernt, auch hier aktiv (und nicht passiv, wie bei der Massage oder anderen physikalischen Maßnahmen) ungünstige physiologische Zustände zu verändern.

(3) Kontinuierliche Anwendung und Evaluation: Die entscheidende Komponente besteht in einer kontinuierlichen Anwendung der Bewältigungsfertigkeiten bei den auftretenden S.zuständen. Ein wesentlicher Aspekt dieses verhaltensmedizinischen Vorgehens ist ihre Datenorientiertheit. D. h., neben einer ausführlichen medizinischen und psychologischen Diagnostik zu Beginn und am Ende der Therapie füllt jeder Patient täglich ein *S.tagebuch* aus. Die Patienten übertragen ihre Werte in Verlaufsdiagramme und diskutieren in Gruppen- oder Einzelsitzungen ihre Erfahrungen und Schwierigkeiten. Dies ermöglicht eine kontinuierliche Überprüfung der S.problematik und verhilft den Patienten, Schritt für Schritt eines der Therapieziele zu erreichen, das Mahoney (1977) „persönliche Wissenschaft" nennt. Der Patient lernt durch eine ständige empirische Auseinandersetzung mit seinem Problem objektive Zusammenhänge zwischen äußeren und inneren Ereignissen und seinem S. herzustellen und sich immer weniger als hilfloses Opfer eines unabänderlichen Schicksals zu sehen, sondern Verantwortung für sein eigenes Leben zu übernehmen. Letztendlich streben wir an, das S.problem in *präventiver, symptomorientierter* und *rehabilitativer* Hinsicht zu bearbeiten und den Patienten Einsichten und Strategien zu vermitteln, mit denen sie S. kontrollieren, ihn dadurch reduzieren und ein positiveres Selbstbild aufbauen können.

Die angestrebte *Selbstkontrolle* bezieht sich dabei nicht nur auf die S.symptomatik, sondern darüber hinaus auf die Lebensumstände, die durch S. in Mitleidenschaft gezogen sind bzw. am Auftreten und an der Verschlimmerung der Symptomatik beteiligt sind (z. B. Partnerschaft). Die Ziele eines solchen Therapieansatzes, als eine Integration verschiedener erfolgreich angewandter verhaltensmedizinischer Verfahren im Bereich S., entsprechen damit neueren Ansichten über Krankheit und Gesundheit. Im Gegensatz zum biomedizinischen Modell, das Gesundheit als Abwesenheit von Krankheit definiert und Krankheit als Folge kausal zu identifizierenden Störungen auffaßt, gehen sowohl die *chinesische Medizin*, als auch neuere *ganzheitliche* Vorstellungen (Milz, 1985) davon aus, daß Gesundheit eine generelle, positiv erlebte Funktionsfähigkeit im psychischen und sozialen Bereich darstellt. In unserer westlichen Kultur gilt Wohlbefinden („Wellness") als Gegensatz von Krankheit („Illness"), d. h. es ist schwer vorstellbar, daß jemand körperlich erkrankt ist und sich dennoch wohl fühlt. Daß dem doch so sein kann, beweisen eine Reihe von Biographien und Fallstudien, in denen schwererkrankte Personen, wie z. B. Milton Erickson oder Sigmund Freud, trotz stärkster S.zustände ein erfülltes Leben führten. Offensichtlich besteht der Unterschied zwischen diesen Personen und jenen, die eine Versorgungshaltung und eine extensive Inanspruchnahme des Gesundheitsversorgungssystems aufweisen, in den Einstellungen der Krankheit gegenüber und in ihrem Repertoire an Bewältigungsfertigkeiten. Im Rahmen einer Reorientierung des Gesundheitswesens kann die *Verhaltensmedizin* im Bereich S. dazu beitragen, diese Bewältigungskompetenz zu fördern und die psychischen und sozialen Konsequenzen der Erkrankung zu verringern.

Die Wirksamkeit verhaltensmedizinischer Behandlungsprogramme bei chronischen S.en wurde inzwischen in mehreren gut kontrollierten Studien nachgewiesen (Turner/Chapman, 1982; Turk et al., 1983; Keeser/Bullinger, 1984; 1985; Wittchen/Brengelmann, 1985).

Literatur

Bandura, A.: Lernen am Modell. Ansätze zu einer sozial-kognitiven Lerntheorie. Stuttgart: Klett, 1976.

Bandura, A.: Sozial-kognitiven Lerntheorie. Stuttgart: Klett-Cotta, 1979.

Beck, A. T.: Wahrnehmung der Wirklichkeit und Neurose. Kognitive Psychotherapie emotionaler Störungen. München: Pfeiffer, 1979.

Bellissimo, A./Tunks, E.: Chronic pain. The psychotherapeutic spectrum. New York: Praeger, 1984.

Blumer, D./Heilbronn, M.: Antidepressant treatment for chronic pain. Treatment outcome of 1000 patients with the pain prone disorder. Psychiatric Annals, 14 (11), 1984, 796-800.

Bullinger, M./Keeser, W.: Das Schmerzimmunisierungstraining (SIT): Theorie, Praxis und Evaluation. In: Brengelmann, J. C./Bühringer, G. (Hrsg.): Therapieforschung für die Praxis. (3). München: Röttger, 1983.

Ellis, A.: Die rational-emotive Therapie. Das innere Selbstgespräch bei seelischen Problemen und seine Veränderung (3. Aufl.). München: Pfeiffer, 1982.

Feldenkrais, M.: Bewußtheit durch Bewegung. Frankfurt: Suhrkamp Taschenbuch 429, 1978.

Feldenkrais, M.: Die Entdeckung des Selbstverständlichen. Frankfurt: Insel, 1985.

Fordyce, W. E./Steger, J. C.: Chronischer Schmerz. In: Keeser, W./Pöppel, E./Mitterhusen, P. (Hrsg.): Schmerz (Fortschritte der Klinischen Psychologie, 27). München: Urban & Schwarzenberg, 1982.

Freud, S.: Studien über Hysterie. In: Gesammelte Werke, Bd. 1. London: Imago Publishing Co., 1952, 75-312.

Gerber, W.-D.: Verhaltensmedizin der Migräne. Weinheim: edition medizin, 1986.

Herz, A.: Endorphine und Schmerz. In: Keeser, W./Pöppel, E./Mitterhusen, P. (Hrsg.): Schmerz (Fortschritte der Klinischen Psychologie, 27). München: Urban & Schwarzenberg, 1982.

Keeser, W./Bullinger, M.: Schmerz. In: Euler, H. A./Mandel, H. (Hrsg.): Emotionspsychologie in Schlüsselbegriffen. München: Urban & Schwarzenberg, 1983.

Keeser, W./Bullinger, M.: Process-oriented evaluation of a cognitive-behavioural treatment for clinical pain: a time-series approach. In: Bromm, B. (Ed.): New approaches to pain measurement in man – Neurophysiological correlates of pain. New York: Elsevier, 1984.

Keeser, W./Bullinger, M.: Psychologische Verfahren zur Behandlung chronischer Schmerzen. In: Pongratz, W. (Hrsg.): Therapie chronischer Schmerzen in der Praxis. Berlin: Springer, 1985.

Larbig, W./Schnerr, G./Rigas, V. A./Birbaumer, N.: Thetaaktivität und Schmerzkontrolle. In: Keeser, W./Pöppel, E./Mitterhusen, P. (Hrsg.): Schmerz (Fortschritte der Klinischen Psychologie, 27). München: Urban & Schwarzenberg, 1982.

Mahoney, M. J.: Kognitive Verhaltenstherapie. Neue Entwicklungen und Integrationsschritte. München: Pfeiffer, 1977.

Melzack, R.: Das Rätsel des Schmerzes. Stuttgart: Hippokrates, 1978.

Melzack, R./Wall, P. D.: Pain mechanisms: A new theory. Science, 150, 1965, 971-979.

Melzack, R./Casey, K. L.: Sensory, motivational, and central control determinants of pain: A new conceptual modell. In: Kenshalo, D. (Ed.): The skin senses. Springfield: C. C. Thomas, 1968.

Milz, H.: Die ganzheitliche Medizin. Neue Wege zur Gesundheit. Frankfurt: Athenäum, 1985.

Schiefenhövel, W.: Verarbeitung von Schmerz und Krankheit bei den Eipo. Hochland von West-Guinea. Medizinische Psychologie, 6, 1980, 219-234.

Sternbach, R. A.: Schmerzpatienten. Krankheitsursachen und Behandlung. Heidelberg: Verlag für Medizin Dr. Ewald Fischer, 1983.

Sternbach, R. A.: Wie kann ich lernen mit dem Schmerz zu leben, obwohl es so weh tut? (Deutsche Überarbeitung Keeser, W./Zimmermann, M.). Berlin: Springer, in Vorbereitung.

Turk, D. C./Meichenbaum, D./Genest, M.: Pain and behavioral medicine. A cognitive-behavioral perspective. New York: The Guilford Press, 1983.

Turner, J./Chapman, C.: Psychological interventions for chronic pain: A critical review (I, II). Pain, 12, 1982, 1-46.

Vertes, R. P./Miller, N. E.: Brain stem neurons that fire selectively to a conditioned stimulus for shock. Brain Research, 103, 1976, 229-242.

Wittchen, H.-U./Brengelmann, J. C. (Hrsg.): Psychologische Therapie bei chronischen Schmerzpatienten. Berlin: Springer, 1985.

Zimmermann, M.: Neurophysiologische Mechanismen von Schmerz und Schmerztherapie. In: Keeser, W./Pöppel, E./Mitterhusen, P. (Hrsg.): Schmerz (Fortschritte der Klinischen Psychologie, 27). München: Urban & Schwarzenberg, 1982.

Zimmermann, M./Seemann, H.: Der Schmerz ein vernachlässigtes Gebiet in der Medizin? Defizite und Zukunftsperspektiven in der BRD. Berlin: Springer, 1986.

Schulpsychologie

Adam Zurek

S., selber keine eigene psychologische Disziplin, sondern angewiesen auf Teilwissen und Methoden aus klinischer, pädagogischer, diagnostischer und Sozialpsychologie, hat dennoch ihren „Durchbruch zur allgemeinen öffentlichen Anerkennung" geschafft (Arnhold, 1980). S. ist als Institution im System Schule in der Bundesrepublik fest installiert und wird auch entsprechend pragmatisch definiert, z. B. von Ingenkamp (1966) als überwiegend „angewandte Psychologie im Raum der Schule, die in einem gewissen institutionellen Rahmen durch einen Fachmann, den Schulpsychologen, ausgeübt wird."

1 Zur Geschichte und Funktion

Ein Blick in die Geschichte von S. in Deutschland zeigt sogleich ihr Dilemma, als Teil der Institution Schule und somit schulischer Gewalt einerseits und als Helfer der Betroffenen, der durch Schule gerade Geschädigten andererseits, zu funktionieren. Schon die oppositionellen Studenten formulierten 1968 gegen eine Psychologie der Anpassung, worunter sie auch die S. faßten, die über schlechte Verhältnisse räsonniere, diese aber nicht abschaffe: „Psychologie entwickelt sich zum Machtinstrument über Hilflose und Kinder" (Fachschaft Psychologie Bochum, 1970, 132). Tatsächlich begann S. in Deutschland (nach einem ersten Versuch in Mannheim 1922, wo ein schulpsychologischer Berater für die Betreuung eines Förderklassensystems eingestellt worden war) 1931 in Hamburg mit der Einrichtung der *Schülerkontrolle* (Arnhold, 1980). Hauptaufgabe der Schülerkontrolle war die Zuführung von Schulschwänzern (insbesondere Berufsschülern), deren Verwarnung sowie Strafanträge gegen die Eltern etc. Folgerichtig erhielt die Schülerkontrolle im Faschismus auch den Status einer Ortspolizeibehörde, wodurch sich der Schulbesuch „normalisierte".

Eine „Umorientierung" erfolgte nach 1945 in eine sozialpädagogische Dienststelle, erst 1953 dann die Umbenennung in „Schülerhilfe" (Staatliche Pressestelle Hamburg, 1973). So demonstriert der Beginn von S. in Deutschland deutlich S. als verlängerten Arm schulischer Gewalt, vertiert bis hin zur faschistischen Polizeigewalt. In den 60er Jahren fand im Zuge der Bildungsreform eine Konsolidierung von S. in der Bundesrepublik statt, verbunden mit der Entwicklung eines modernen Selbstverständnisses, wie es etwa Royl (1965) auf der zweiten Arbeitstagung der Schulpsychologen 1964 in Dortmund formulierte: Aufgabe der S. sei es, wissenschaftliche Entscheidungshilfen zur Lösung der pädagogischen und sozialen Konflikte zur Verfügung zu stellen, um so einen demokratischen Erziehungsstil zu sichern.

In den Bundesländern entwickelten sich unterschiedliche Konzeptionen von S.: Während Hamburgs Schülerhilfe ihre Arbeit auf den Einzelfall ausrichtete, wurde in Hessen S. als prophylaktische Arbeit, als Unterrichtsforschung im Dienste der Pädagogik verstanden, in Baden-Württemberg schließlich S. als Bildungsberatung in den Formen der Bildungsforschung, -planung und -innovation entwickelt (Arnhold, 1980).

Die Bildungsreform Ende der 60er Jahre verhalf der S. zu einer rasanten Entwicklung. Der Psychologie wurden wichtige Funktionen in der Reform des Bildungswesens zugesprochen wie: als Instrument der Innovation zu wirken, an übergreifender Bildungsplanung mitzuarbeiten, bei der Verwissenschaftlichung des pädagogischen Handelns überhaupt tätig zu werden (Maikowski et al., 1976). In diesem Zusammenhang entstand auch das für die weitere Reformdiskussion wesentliche Bildungsratsgutachten über „Begabung und Lernen" (Roth, 1968). Psychologie in der Schule wird im 1973 erstellten Bildungsgesamtplan in der Funktion von *Beratung* definiert und schließlich im Beschluß der Kultusministerkonferenz („Beratung in der Schule" 1973) als staatliche Aufgabe fixiert, die Schullaufbahnberatung, individualpsychologische Beratung, Beratung von Schule und Lehrer sowie Zusammenarbeit mit anderen Beratungseinrichtungen umfaßt.

Nach Stagnation der Bildungsreform in den 70er Jahren und dem Einsetzen der Wende im Bildungswesen in den 80er Jahren wurde auch S. auf das heruntergeschraubt, was sie vormals nicht hatte sein wollen: *Einzelfallhilfe* als verbleibendes Aktionsfeld, „pädagogische Ambulanz hinter der pädagogischen Front" (Maikowski et al., 1976). So nimmt nach der letzten Umfrage unter Schulpsychologen durch Berg (1985) die Einzelfallberatung 50% der Arbeitszeit ein, Systemberatung dagegen stagniert und hält nur dann ihren Platz von 15%, wenn man darunter auch Lehrerfortbildung faßt; zudem wird von den Schulpsychologen ein hoher Anteil an Verwaltungstätigkeit angegeben.

2 Zur Institution Schulpsychologie

Für das Schuljahr 1979/80 errechnete Arnhold (1980) für die 637 Schulpsychologen in der Bundesrepublik ein Schulpsychologe-Schüler-Verhältnis von 1:15 700. Da der Ausbau schulpsychologischer Einrichtungen seit den 80er Jahren stagniert, dürften sich die Zahlen bis dato nicht wesentlich verbessert haben. Arnhold schließt daraus, daß pro Jahr ca. 64 000 Schüler von Schulpsychologen beraten werden.

Nordrhein-Westfalen hat als komplettes Versorgungsmodell die Regionalen Schulberatungsstellen projektiert, welches flächendeckend von einer Relation „1 Schulpsychologe auf 5000 Schüler" ausgeht; dazu kommt ein *Beratungslehrer* auf je 500 Schüler (Der Kultusminister des Landes Nordrhein-Westfalen, 1980). Auch dieses Modell einer Beratungshierarchie von Schulpsychologen oben und Beratungslehrern unten an den einzelnen Schulen ist aufgrund der bildungsökonomischen Restriktionen im Anfangsstadium steckengeblieben; es zeigt gleichwohl, daß schulpsychologische Versorgung allzusehr in rein *quantitativen* Dimensionen analog z. B. der Wasserversorgung entworfen wurde.

Während ältere Darstellungen der Institution S. (z. B. Müller, 1973) die Schulpsychologische Beratungsstelle als recht eng geführtes Amt zur Verwaltung von Schulproblemen zeigen (50% des Arbeitsanteils an der von Müller beschriebenen Berliner Beratungsstelle bestand aus Aktenführung und Schriftgutverwaltung), ist S. gegenwärtig eher vom Typus *offener Beratung auf freiwilliger Basis*.

Um ein Bild der im übrigen stets angewandten S. zu geben, sei eine Regionale Schulberatungsstelle im Ruhrgebiet (an der der Autor arbeitet) kurz vorgestellt: „Die Entwicklungsrichtung im Beratungsalltag unserer Beratungsstelle (3 Schulpsychologen, 1 Sekretärin) verläuft gegenwärtig: – vom Freiraum zum Termin – Stakkato; – vom offenen Zentrum (Schülerladen) zum Amt für die Verwaltung von Schulelend. Gegenwärtig laufen beide Tendenzen noch parallel: BVJ-Schüler kommen in der Pause von der nahen Berufsschule zum Kaffee oder Kikkern; es laufen sehr viele Gespräche, Frotzeleien ‚dazwischen'; Schüler und Schülerinnen (der ‚Stamm') halten sich gern über längere Zeit in der Beratungsstelle auf. Auf der anderen Seite nimmt das Terminieren überhand; Anmeldungsdruck, Einzelgespräche am Band; deren organisatorisches Muster beginnt sich (Anmeldung, Einzelgespräch, Test, Schulbesuch, Beratung, ‚der Nächste bitte'), obwohl wir mehr oder weniger dagegen sind, über unsere Köpfe hinweg durchzusetzen." (Zurek, 1984, 7 f.) Die Beratungsstelle ist im übrigen mit dem Schwerpunkt „Hauptschulversagen" für die Schulen einer 120 000 Einwohner zählenden Stadt zuständig.

3 Theorien und Methoden der Schulberatung

S. sammelt pragmatisch Theoriepartikel und Methoden vornehmlich aus der *Klinischen Psychologie* und zentriert sie um das *Beratungskonzept*, wobei allerdings Beratung, Förderung und Therapie in der Praxis ineinander übergehen (Breuer, 1979). Praktisch sind mit Beratung die Schritte von der Anmeldung bis zum Beratungsgespräch usf. gemeint. Theoretisch fehlt eine einheitliche pädagogisch-psychologische Beratungstheorie (Dietrich, 1981). Im schulpsychologischen Rahmen erfährt der Beratungsbegriff aber eine erhebliche Verkürzung auf Beratung beim Vorliegen einer Schulleistungsproblematik. So steht nach Aurin (1978) in der Schulberatung als Einzelfallhilfe die „Behebung *individueller* Lernschwierigkeiten bis zum Schulversagen, Verhaltensstörungen, psychischen Konflikten und Problemen" im Vordergrund. Als Ziel wird die „Wiederherstellung oder Verbesserung der Lernfähigkeit des einzelnen Schülers" und die Normalisierung seines Schulverhaltens angestrebt (Aurin, 1978, 26; Hervorh. durch Verf.).

3.1 *Schulpsychologische Diagnostik*

Für die Diagnostik in der Schule steht die Schulleistungsdiagnostik im Vordergrund. Hier ist in den letzten Jahren eine umfassende, vom Lehrer und Berater benutzte und auch in der schulischen Selektion formal installierte (z. B. bei Sonderschulaufnahmeverfahren), Testausstattung entstanden (Heller, 1984). Es läßt sich allerdings eine Entwicklung von der statischen, an Selektion interessierten, Testdiagnostik zu einer stärker *änderungs-* und *förderungsorientierten Diagnostik* feststellen, ein Prozeß längst fälliger Anpassung an die Praxis interaktiver Beratungsstrategien z. B. zwischen Lehrer und Psychologen (Heller, 1979).

Diagnostische Klassifikationsversuche zur Operationalisierung schulpsychologischer Konstrukte (wie z. B. des *Schulversagers*) sind praktisch interessant, da die psychischen Erscheinungsformen schulischer Leistungsschwierigkeiten außerordentlich vielfältig sind, und theoretisch relevant, da es keine geschlossene Theorienbildung über das Schulversagen gibt. Minsel et al. (1978) entwickelten ein für die Erfassung schulischer Verhaltensstörungen relevantes Schema, in dem Dimensionen der Verhaltensstörung wie Hyperaktivität, Disziplinschwierigkeiten, Trägheit, antisoziale Tendenzen in einzelnen Verhaltenszügen operationalisiert wurden (z. B. für antisoziale Tendenzen: Bandenzugehörigkeit, Rowdytum, Ungestüm). Solche Klassifikationen belegen im übrigen auch die Definitionsmacht des Systems Schule. So kann Bandenbildung als subkultureller Identitätsbildungsprozeß auch gegen die Schule als durchaus positiv eingeschätzt werden (Willis, 1979).

Als schulpsychologisch relevante diagnostische Begriffe fungieren: *Lernstörung* als leichtere Beeinträchtigung des schulischen Leistungsverhaltens; *Lernbehinderung* als schwerwiegende, umfängliche Beeinträchtigung; die *Lese-Rechtschreib-Schwäche* sowie das *„Under- und Overachiever-Konzept"*. Wer bessere Schulleistungen zeigt, als intelligenzmäßig zu erwarten ist, gilt als „Over-achiever", und wer weniger leistet, als seinem IQ entspricht, gilt als „Under-achiever". Die Feststellung „Under-achiever" hat für die schulpsychologische Beratungspraxis erhebliche Relevanz, da sich hier besondere Fördermaßnahmen zu lohnen scheinen und der Schule gegenüber eine günstige Argumentationsbasis besteht („Das Kind ist bisher nicht entsprechend gefördert worden."). In der neueren Diskussion ist das Konzept von „Under- und Overachievement" relativiert worden, da es sich wegen der geringen Korrelation zwischen Schulleistung und Intelligenz um einen statistischen Schätzfehler handeln könnte (Schwarzer/Schwarzer, 1978).

Insgesamt gesehen scheint der Test-Boom in der schulpsychologischen Praxis der letzten Jahre gebrochen; die eigene Ohnmacht mit einer differenzierten und umfangreichen Diagnostik zu kompensieren, ist als Fehler erkannt, so daß die schulpsychologische Diagnostik auf *ein* – wenn auch wesentliches – Erkenntnismittel unter anderen relativiert worden ist.

3.2 *Konzepte und Methoden schulpsychologischer Beratung*

Ihr Methodenrepertoir und entsprechende Beratungskonzeptionen zieht die S. aus bestimmten klinischen Verfahren wie der *Gesprächspsychotherapie*, der *Verhaltenstherapie* und *systemischen Verfahren*. Es dominieren im übrigen *eklektische* Auffassungen von Beratung. So stellen als ein Beispiel Jötten und Fleischer (1985) eine Beratungskonzeption vor, die neben gesprächspsychotherapeutischen unorthodox verhaltenstherapeutische, handlungstheoretische und systemtheoretische Elemente in einem schulpsychologischen Beratungskonzept verschweißt:

(1) Interaktionsformen aus der *Gesprächspsychotherapie* (Tausch, 1973) haben im schulischen Raum, für Berater und Lehrer, in der Lehrerfortbildung wie auch in der Beratungslehrerausbildung einen hohen Stellenwert erlangt. Man kann im Beratungsrahmen von Schule bereits von Basisverhalten im Sinne der klientenzentrierten Gesprächsführung sprechen. Darüber hinaus finden sich Elemente dieses nichtdirektiven Ansatzes wie das Verbalisieren gefühlsmäßiger Erlebnisin-

halte, der Nichtdirektivität usf. in einer Reihe von Lehrertrainings (z. B. im Training der kooperativen Entscheidungsfindung bei Schulkonflikten von Neubauer et al., 1981).

(2) Nach einem ersten überschwenglich optimistischem Einsatz von *Verhaltenstherapiemethoden* in der Schule Anfang der 70er Jahre und dem schnellen Scheitern dieser mechanisch-manipulativen Techniken (als Beispiel der Versuch, disruptives Störverhalten in der Schulklasse durch ein simples Token-Programm zu verändern: Nentwig, 1978), entwickelte sich eine unorthodoxe und schulnahe Handhabung der Verhaltenstherapie. So erweitern Redlich und Schley (1981) das klassische Verhaltensmodifikationsmodell (Grundregel für die Schule: „Unerwünschtes Verhalten ignorieren und erwünschtes Verhalten belohnen."), um nicht ausschließlich Fremdsteuerungsmethoden einzusetzen, um ein Selbstbewertungskonzept, das den Aufbau der *Selbststeuerungsfähigkeit* anvisiert. Dies geschieht in einem kooperativen Prozeß, indem der Problemlösungsprozeß zwischen allen Beteiligten, Lehrer, Schülern und Beratern, reflektiert wird. Am Problem z. B. der Verbesserung der Aufmerksamkeit zu Unterrichtsbeginn erfolgte die eigentliche Intervention erst, nachdem ein kooperativer Problemlösungsprozeß, eine gemeinsame Zielbestimmung von Lehrerin und Schulklasse etc. stattgefunden hatten. Die Kinder konnten 10 Minuten am Ende der Stunde spielen, von denen ihnen aber die „vergammelte" Zeit zu Unterrichtsbeginn abgezogen wurde. Kooperative Verhaltensmodifikation, in der Schule praktizierbar, wenn auch aufwendig, ereilt im übrigen das Schicksal neuer Methoden im pädagogischen Raum: ihre schnelle Vernutzung, von den Schülern nach mehrfachem Gebrauch als „Ernstspiele" demaskiert und unterlaufen zu werden.

(3) Der *systemtheoretische Ansatz* (Selvini-Palazzoli et al., 1978) faßt Schule kritisch als homöostatisches System auf, das versucht, Veränderungen zu verhindern. So ließe sich z. B. zeigen, daß Klassen mit stark verhaltensgestörten Schülern starr zur Homöostase neigen, d. h. gezielte Veränderungsmaßnahmen greifen nicht, da die „Pathologie" der verhaltensgestörten Schüler die unabdingbare Voraussetzung für das Weiterbestehen des systemischen Gleichgewichts darstellt. Für den Schulpsychologen ist aus systemischer Sicht wichtig, seine Beziehungen im System Schule klar zu definieren und die Modalitäten der zukünftigen Kommunikation festzulegen. Die typischen Ratschläge des Schulpsychologen werden von Selvini-Palazzoli et al. als „Heilsverordnungen" karikiert. Sie schlagen dagegen systemische Interventionsformen analog zur paradoxen Intervention der Symptomverschreibung vor (dem Klienten wird sein eigenes Symptomverhalten „verschrieben", was, ob er die Verschreibung akzeptiert oder nicht, zur Verhaltensänderung führen soll). Interventionen aber können erst erfolgen, wenn die systemische Analyse ein Verständnis für die Beziehungen innerhalb des schulischen Kontextes erbracht hat, die Allianzen und Koalitionen sowie deren Rückkoppelungen durchschaut sind und die genaue Bestimmung des systemischen Knotenpunktes gelungen ist.

4 Kritik und Ausblick

Die gewerkschaftliche Forderung nach dem Schulpsychologen als dem „Anwalt der Betroffenen", ergänzt durch die Forderung von alternativer Seite: „Macht aus jeder Beratungsstelle eine Beschwerdestelle!" deutet auf eine Position von S. hin, die sich als Stachel und Veränderungsagens der Schule begreift, die sich aber bisher nicht durchsetzen konnte (Psychologie-Kritikgruppe Bochum, 1981; Zurek, 1985).

Hochstrasser (1981) faßt die Kritik an der Praxis der S. zusammen: Schulische Zielsetzungen würden im Beratungsprozeß nicht hinterfragt; eine persönlichkeitsbezogene Beratung werde von der S. nicht intendiert. Vielmehr gehe es der S. mit Hilfe der Zuweisungsdiagnostik um Selektion in der Form der Optimierung schulischer Zuweisungsprozesse. Die Funktion von S. sei letztlich Stabilisierung der Schule, nicht ihre Reform. Dazu gehöre: Störquellen beseitigen, Pannenhilfe in Notfällen, Konfliktreduktion (Benz/Caroli, 1975). Schließlich werde die „Eingriffsmacht des Beraters" (Geib, 1979) nicht dazu benutzt, die Interessen der Klienten zu artikulieren, sondern die Interessen von Bürokratie und Schule durchzusetzen.

Für die S. wird es darauf ankommen, wenn sie nicht als Anhängsel der Schulbürokratie verkümmern will, sich dem Schulalltag auch mit seinen Gemeinheiten und Zerstörungen zu nähern (Reinert/Zinnecker, 1978), den Beratungsalltag mit seinen doppelten Böden, den vielfältigen Prozessen zwischen Bürokratie und Spontaneität, Beratungs- und Therapiemethodik und dem dazugehörigen Unterleben (der Klienten-„Hinterbühne") zu erkennen und vor der Utopie einer angstfreien Schule jenseits struktureller Gewaltmittel ein freieres Verständnis ihrer Arbeit zu entwickeln.

Literatur

Arnhold, W.: Pädagogisch-Psychologische Beratung im Schulbereich. In: Spiel, W. (Hrsg.): Die Psychologie des 20. Jahrhunderts. Bd. XII. Konsequenzen für die Pädagogik. Entwicklungsstörungen und therapeutische Modelle. Kindler: Zürich, 1980, 1-11.

Aurin, K.: Theoretische Grundlage der Beratung. Erste Skizze des theoretischen Bezugsrahmens. In: Deutsches Institut für Fernstudien an der Universität Tübingen (Hrsg.): Fernstudienlehrgang „Ausbildung zum Beratungslehrer", Studienbrief 2. Tübingen, 1978, 1-46.

Benz, E./Caroli, W.: Beratung und Bildungsplanung – Widerspruch oder Ergänzung? In: Heller, K. (Hrsg.): Handbuch der Bildungsplanung. Bd. 2. Stuttgart 1975, 379-388.

Berg, D.: Bericht über eine Umfrage zur Tätigkeit und Ausbildung von Schulpsychologen. In: Greuer-Werne, M./Hellfritsch, L./Heyse, H. (Hrsg.): Berichte aus Schulpsychologie und Bildungsberatung. Bonn: Deutscher Psychologenverlag, 1985, 43-55.

Breuer, F.: Psychologische Beratung und Therapie in der Praxis. Heidelberg: Quelle & Meyer, 1979.

Dietrich, G.: Schulpsychologie. In: Schiefele, H./Krapp, A. (Hrsg.): Handlexikon zur Pädagogischen Psychologie. München: Ehrenwirt, 1981, 322-326.

Fachschaft Psychologie Bochum: Kritische Psychologie. Bochum, 1970 (Eigendruck).

Geib, N.: Janusköpfige Psychotherapie/Beratung: Wer integriert wen? Einige fragende Bemerkungen zur Berufspraxis von Psychologen in Beratungsstellen. Psychologie und Gesellschaftskritik, 9/10, 1979, 191-209.

Heller, K.: Beurteilung und Beratung beim Übergang in die Sekundarstufe. In: Bolscho, D./Schwarzer, C. (Hrsg.): Beurteilen in der Grundschule. München: Urban & Schwarzenberg, 1979, 185-206.

Heller, K. (Hrsg.): Leistungsdiagnostik in der Schule (4. Aufl.). Bern: Huber, 1984.

Hochstrasser, F.: Schulpsychologie. In: Rexilius, G./Grubitzsch, S. (Hrsg.): Handbuch psychologischer Grundbegriffe. Mensch und Gesellschaft in der Psychologie. Reinbek: Rowohlt, 1981, 927-932.

Ingenkamp, K.: Die Schulpsychologischen Dienste in der Bundesrepublik Deutschland. Weinheim: Beltz, 1966.

Jötten, B./Fleischer, Th.: Der Widerstand im schulpsychologischen Beratungsgespräch: Erscheinungsformen, Ursachen und Möglichkeiten seiner Bearbeitung. In: Greuer, Werner M./Hellfritsch, L./Heyse, H. (Hrsg.): Berichte aus Schulpsychologie und Bildungsberatung. Bonn: Deutscher Psychologen Verlag, 1985, 126-150.

Der Kultusminister des Landes Nordrhein-Westfalen (Hrsg.): Gesamtkonzeption der Schulberatung in Nordrhein-Westfalen. Bd. 39 der Schriftenreihe des Kultusministers. Köln: Greven, 1980.

Maikowski, R./Mattes, P./Rott, G.: Psychologie und ihre Praxis. Materialien zur Geschichte und Funktion einer Einzelwissenschaft in der Bundesrepublik. Frankfurt: Fischer, 1976.

Minsel, W.-R./Ondarza, v. G./Hümme, E.: Schulversagen. In: Pongratz, L. J. (Hrsg.): Klinische Psychologie. Handbuch der Psychologie, Bd. VII/2. Göttingen: Hogrefe, 1978, 2537-2590.

Müller, M.: Die Schulpsychologische Beratungsstelle. München: Reinhardt, 1973.

Nentwig, C. G.: Langzeiteffekte der Verhaltensmodifikation im Unterricht. In: Heyse, H./Arnhold, W. (Hrsg.): Texte zur Schulpsychologie und Bildungsberatung. Bd. 3. Braunschweig: Westermann, 1978, 141-148.

Neubauer, W./Gampe, H./Knapp, R.: Konflikte in der Schule. Möglichkeiten und Grenzen kooperativer Entscheidungsfindung. Neuwied: Luchterhand, 1981.

Psychologie-Kritik-Gruppe Bochum: Zehn Thesen zur Berufspraxis von Psychologen. Psychologie heute, 8 (5), 1981, 72-75.

Redlich, A./Schley, W.: Kooperative Verhaltensmodifikation im Unterricht (2. Aufl.). München: Urban & Schwarzenberg, 1981.

Reinert, G.-B./Zinnecker, J. (Hrsg.): Schüler im Schulbetrieb. Berichte und Bilder vom Lernalltag, von Lernpausen und vom Lernen in den Pausen. Reinbek: Rowohlt 1978.

Royl, W.: Zur strukturell-funktionalen Analyse der Institution Schülerhilfe. In: Ingenkamp, K. (Hrsg.): Schulkonflikt und Schülerhilfe. Weinheim: Beltz, 1965, 317-352.

Roth, H. (Hrsg.): Begabung und Lernen. Deutscher Bildungsrat. Gutachten und Studien der Bildungskommission. Bd. 4. Stuttgart: Klett, 1968.

Schwarzer, Chr./Schwarzer, R.: Schulleistungsschwierigkeiten. In: Deutsches Institut für Fernstudien an der Universität Tübingen (Hrsg.): Fernstudienlehrgang „Ausbildung zum Beratungslehrer", Studienbrief 7. Tübingen, 1978.

Selvini-Palazzoli, M./Cirillo, S./D'Ettore, L.: Der entzauberte Magier. Zur paradoxen Situation des Schulpsychologen. Stuttgart: Klett-Cotta, 1978.

Staatliche Pressestelle Hamburg: Von der Schülerkontrolle zur Schülerhilfe. Manuskript, Hamburg, 1973.

Tausch, R.: Gesprächspsychotherapie. Göttingen: Hogrefe, 1973.

Willis, P.: Spaß am Widerstand. Gegenkultur in der Arbeiterschule. Frankfurt: Syndikat, 1979.

Zurek, A.: Strukturelle Gewalt im Beratungsalltag. Vortrag auf dem DGVT-Kongreß 1984 in Berlin (unveröffentl.).

Zurek, A.: Wenn Schüler zu „Dingen" werden, gehen „Sachen" kaputt. Psychologie heute, 12 (1), 1985, 56-62.

Selbsthilfegruppen

Michael Lukas Moeller

1 Entwicklungsstufen der Selbsthilfebewegung in der Bundesrepublik Deutschland

Selbsthilfezusammenschlüsse existieren seit Menschengedenken. Sie begannen mit dem Gruppenschamanismus, der zeitlich noch vor dem spezialisierten Schamanentum lag, überleitend zu den geheimen Krankenbrüderschaften, zu den Gilden im Mittelalter, von denen heute noch die Freimaurer abstammen, bis hin schließlich zu den Gewerkschaften, die ebenfalls als S.organisationen begannen (Moeller, 1978).

Das Geburtsdatum heutiger S. ist der Mai 1935. Mitten im Elend der Weltwirtschaftskrise entstanden die *Anonymen Alkoholiker* in den USA. Sie waren Modell für viele weitere Anonymous-Gruppen: Anonyme Neurotiker, Anonyme Asthmatiker, Anonyme Spieler, Anonyme Eltern, Anonyme Depressive usw.

In der Bundesrepublik durchlief die S.bewegung bisher etwa *fünf Phasen*: In der Anfangszeit (1956 bis 1975) von fast zwei Jahrzehnten kannte sie keiner; selbst Fachleute der psychosozialen Versorgung nahmen sie bestenfalls als zu vernachlässigendes Kuriosum zur Kenntnis. Dann aber waren sie nicht mehr abzutun. In der zweiten Phase ging es um die prekäre Frage einer Zusammenarbeit von S. und Fachleuten. Sie begann mit einer aggressiven Abwertung der S. durch Fachleute, die von „wildgewordener Krankenmeute" (wörtliches Zitat) sprachen. Die Phase endete auf den Gesundheitstagen 1980 und 1981: Eine Zusammenarbeit wurde für beide Seiten als fruchtbar und in gewissen Bereichen als notwendig angesehen. Bis 1984, in der dritten Phase, erfolgte dann eine breite Anerkennung der S., unter der SPD-FDP-Koalition vornehmlich unterstützt wegen der Prinzipien Mündigkeit, Selbstbestimmung und Basisdemokratie, unter der heutigen Regierung aufgrund des Subsidiaritätsprinzips.

Im Zuge der teilweisen kräftigen finanziellen Unterstützung beginnt seit 1984 etwa eine vierte Phase, in der es um die Frage der Qualität der S.arbeit geht. Diese Frage wird als Bumerang auf die professionelle Versorgung zurückkommen.

Inzwischen deutet sich bereits eine fünfte Phase an: Der *Differenzierung* der Selbsthilfeinitiativen auf allen Gebieten folgt die *Integration* der Gruppenselbsthilfe wie dem Einatmen das Ausatmen. In den Entwicklungswissenschaften ist diese Aufeinanderfolge von Differenzierung und Integration bekannt als notwendiges Moment des körperlichen, seelischen und sozialen Wachstums. Die Periode einer *mehrdimensionalen Gruppenselbsthilfe* steht allerdings erst am Beginn.

Natürlich sind die genannten fünf Phasen in der Realität der Bundesrepublik Deutschland zeitlich nicht exakt abgegrenzt. Sie sind teleskopartig verschränkt, weil sich die Gruppenselbsthilfe in den unterschiedlichen Gebieten (z. B. Städten versus kleineren Ortschaften) unterschiedlich schnell entwickelt. Eine Phase läuft nicht vollständig und geschlossen ab, bevor die nächste einsetzt.

Seit 1984 existiert die Nationale Kontaktstelle zur Förderung und Unterstützung der S. – *NAKOS* – in Berlin, ein nationales S.institut, wie es in anderen westlichen Ländern bereits ebenfalls eingerichtet ist. Die mit ihr eng verbundene *Deutsche Arbeitsgemeinschaft Selbsthilfegruppen* hat mit über 120 regionalen Kontaktstellen für S. in den deutschen Städten für ein schon recht differenziertes Selbsthilfenetzwerk gesorgt. Hier finden Selbsthilfeinteressenten und Fachleute in Faltblättern und Broschüren Starthilfe und Beratung.

Dies ist umso notwendiger, als der Widerstand gegen S. bei Laien und – vielleicht noch stärker – bei Fachleuten sozialpolitisch nicht unterschätzt werden darf. Er führt u. a. zu einer großen Unkenntnis und zu einem Vorstellungsbild der Gruppenselbsthilfe, das stark mit Projektionen durchsetzt ist.

2 Vielfalt und Einheit der Gruppenselbsthilfe

Die entscheidenden Merkmale aller S. sind *Selbstbetroffenheit* und *Handeln in eigener Sache*. International läßt sich die für viele inzwischen verwirrende Formenvielfalt der über 450 problembezogenen Gruppierungen (Moeller, 1981, Anhang) in acht Zweige gliedern: Die drei wesentlichen *gesundheitsbezogenen* Selbsthilfezusammenschlüsse sind die Gesprächsgemeinschaften, zu denen alle Anonymous-Gruppen und zahlreiche, nicht nach speziellen Programmen arbeitende Kleingruppen (z. B. Paargruppen) gehören; die S. wie in der „Frauenselbsthilfe nach Krebs"; und die großen Selbsthilfeorganisationen wie die Rheuma-Liga, der Psoriasis-Bund, die Multiple-Sklerose-Gesellschaft und zahlreiche weitere medizinische und nichtmedizinische Vereine. Die anderen fünf sollen nur kurz benannt werden: Zu den *bewußtseinsverändernden* S. gehören die Frauengruppen der Emanzipationsbewegung oder die Homosexuellen-Gruppen. Zu den *lebensgestaltenden* S. gehören u. a. Wohngemeinschaften und Landkommunen. In *arbeitsorientierten* S. haben sich jugendliche und ältere Arbeitslose zusammengefunden, um sich eine berufliche Tätigkeit zu erschließen. Mehr und mehr entwickeln sich auch *ausbildungsorientierte* S. – etwa für Krankenschwestern, Sozialarbeiter, Psychotherapeuten –, oft als selbstorganisierte Fortbildung. Und schließlich sind alle *Bürgerinitiativen* zu den S. zu zählen.

Selbsthilfeorganisationen – zusammengefaßt etwa im Bundesverband „Hilfe für Behinderte“ mit insgesamt inzwischen 33 bundesweiten Vereinigungen und über eine Viertelmillion Mitglieder – sind bürokratisch organisiert und verfolgen im wesentlichen „äußere“ Selbsthilfeziele, wie Informationen der Betroffenen, gelegentliche Diskussionsrunden, Forschungsförderung, Öffentlichkeitsarbeit und vor allem Gesetzesänderung zugunsten ihrer Kranken.

S. dagegen sind weniger bürokratisiert und arbeiten in der Regel lokal. Sie sind teils spontan auf Einzelinitiativen hin entstanden, teils im Rahmen der bundesweiten Selbsthilfeorganisationen als Ortsgruppen zu verstehen. Hierzu gehören alle eher *informierenden* S., die meist auch ein zwangloses Zusammensein ermöglichen, sich gemeinsam Vorträge anhören, sehr häufig Krankenbesuche machen und sich auch sonst beraten. Sehr oft entschließen sie sich zu gemeinsamen kleineren Aktivitäten, zu einer Gymnastikgruppe, einer Schwimmgruppe, einer Wandergruppe. Deren Vielfalt ist vorteilhaft, weil sie unterschiedlichen Menschen die unterschiedlichsten Zugänge zur Gruppenselbsthilfe bietet. So werden etwa im „Ludwigsburger Modell“ S. für brustkrebserkrankte Frauen angeboten, die zunächst keine besonders tiefgehende Aufarbeitung des persönlichen Leidens ermöglichen. Doch selbst eine Bastelgruppe z. B. hat als „Schleusengruppe“ eine enorme Bedeutung, weil sie die Scheu vor der Gruppe verringert und sich aus dem Kreis der Teilnehmerinnen nach und nach Personen finden, die an einer intensiveren Gesprächsgruppe teilzunehmen bereit sind.

Die *Gesprächsgemeinschaften* sind eine besondere Form der S. Sie können aus allen Formen von S.zusammenschlüssen entstehen, also von den großen bundesweiten Vereinigungen angeregt werden und deren tragendes Element bedeuten, aus kleinen Aktivitätsgruppen erwachsen oder von Betroffenen bzw. Fachleuten spontan oder langfristig geplant angeregt werden.

Eine Gesprächsgemeinschaft hat ein relativ klar festgelegtes „setting“: Alle Gruppenmitglieder sind gleichberechtigt; jeder bestimmt über sich selbst; jede Gruppe entscheidet selbstverantwortlich; jeder geht in die Gruppe wegen eigener Schwierigkeiten; was in der Gruppe besprochen wird, sollte in der Gruppe bleiben und nicht nach außen dringen (Gruppenschweigepflicht); die Teilnahme ist kostenlos.

Zu einer Gesprächsgemeinschaft finden sich sechs bis zwölf Personen (bzw. fünf Paare oder drei Familien) zusammen. Sie lernen im regelmäßigen Gespräch ohne die Mitwirkung eines Gruppenleiters oder Therapeuten mit ihrer inneren und äußeren Situation angemessener umzugehen, und sie versuchen ihre persönlichen Ziele gemeinsam zu erreichen. Sie treffen sich in der Regel über mehrere Jahre hinweg einmal die Woche zu einer Sitzung von zwei Stunden Dauer in einem möglichst neutralen Raum.

Untersuchungen ergaben, daß die Resultate dieser Gruppen außerordentlich positiv sind und denen einer ambulanten, psychoanalytisch orientierten Gruppentherapie gleichen. Allerdings ist zu beachten, daß die angegebene Gruppenordnung eingehalten wird.

Die Gruppenordnung enthält indirekt jene grundlegenden Regeln, die eine Selbstregulation der Gruppe garantieren. Das *Kleingruppenprinzip*, das *Kontinuitätsprinzip* und das *Gruppenselbsthilfeprinzip* stehen dabei im Vordergrund (Moeller, 1978). Gruppenselbsthilfeprinzip besagt z. B.: Hier hilft nicht einer dem anderen und der wieder ihm – wie es die Anekdote vom Tauben und Lahmen wiedergibt; denn das wäre wechselseitige Fremdhilfe –, vielmehr hilft hier jeder sich selbst und hilft damit den anderen, sich selbst zu helfen. Der entscheidende Vorgang in solchen kleinen überschaubaren Gruppen ist also die Tatsache, daß jeder für jeden zu einem kleineren oder größeren Vorbild wird. Das *Lernen am Modell* ist also die Grundlage. Die Emotions-Anonymous-S. für seelische Gesundung fassen das in den lakonischen und revolutionären Satz: „Keine Fragen, keine Ratschläge, jeder über sich selbst.“

3 Kernprobleme der Selbsthilfegruppenarbeit

Die Überwindung des genannten *Widerstandes* ist sozialpolitisch gesehen das Hauptproblem der S. Allerdings formiert sich der Widerstand je nach Arbeitsweise der S. unterschiedlich.

Sind psychotherapeutische Aufarbeitung der eigenen seelischen Situation oder reflektiertes Handeln zur Veränderung der eigenen äußeren Lage die entscheidenden Ziele, dann sind kontinuierliche Gesprächsgemeinschaften die Methode der Wahl. Sie mobilisieren einen ähnlichen Widerstand wie jede Psychotherapie.

Ein weiteres Problem liegt darin, daß viele Selbsthilfeorganisationen mit ihren Broschüren und Informationsveranstaltungen das persönliche Leiden der Betroffenen nicht zu lindern in der Lage sind. Auch punktuelle, kurzfristige Einzelberatungen bringen keine wesentliche Änderung.

Dagegen gelingt es den großen Selbsthilfevereinen am besten, die *soziale Lage* der Betroffenen durch Gesetzesänderungen zu verbessern. Beobachtern erscheint es heute geboten, die internationale Spaltung in bürokratische Selbsthilfeorganisationen einerseits und in oft isoliert arbeitende Gesprächsgemeinschaften andererseits aufzuheben. Das kann in der Praxis einfach geschehen, weil die Anregung von Gesprächsgemeinschaften von jeder anderen S.formation aus möglich ist, etwa im Rahmen der Rheuma-Liga, der Frauenselbsthilfe nach Krebs oder der Multiple-Sklerose-Gesellschaft. Auf diese Weise entsteht eine *integrierte* Gruppenselbsthilfe.

Allerdings stoßen die Gesprächsgemeinschaften ihrerseits auf sieben Kernprobleme:

1. Wie kann eine Gruppe *von den Erfahrungen der anderen lernen?* Das bedeutet konkret: Wie läßt sich die Gruppenselbsthilfe verbessern? Wie lassen sich Probleme angehen, die eine Gruppe als Ganzes nicht zu lösen können meint? Wie läßt sich Fehlentwicklungen vorbeugen?
2. Wie kann gemeinsames Reden *und* gemeinsames Handeln zugleich erreicht werden? Mit anderen Worten: Wie läßt sich *Selbstveränderung* – also Reflexion des eigenen Erlebens und Verhaltens und damit Aufarbeitung seelischer Belastungen – verbinden mit *Sozialveränderung*, d. h. mit gemeinsamer Planung für Initiativen, die als sozialpolitische und politische Konsequenz des Erkenntnisgewinns der Gruppen anzusehen sind?
3. Wie können *neue Interessenten* kontinuierlich informiert und aufgenommen werden, ohne daß die Gruppenarbeit gestört wird und ein Kampf gegen ständige Gruppenvergrößerung geführt werden muß?
4. Wie lassen sich die gemeinsamen alltäglichen Aufgaben im Rahmen der *Selbstorganisation möglichst wirksam* lösen und in ihrer Belastung verteilen – so etwa Raumbeschaffung und vor allem die meist vernachlässigte Bekanntgabe nach außen?
5. Wie soll die *Zusammenarbeit mit Fachleuten* vonstatten gehen, ohne die Eigenständigkeit der Gruppen zu gefährden?
6. Wie ist der *Neigung zu vereinzeltem Arbeiten* der Gruppen zu begegnen, die so häufig zu vorzeitigem Zerfall, zu apolitischer Minisolidarität oder zu einer Art Selbstgettoisierung führt?
7. Wie kann sich *eine Form der Selbsthilfe durch eine andere Form ergänzen* oder erweitern?

Das bedeutet konkret: Wie lassen sich die Arbeitsweisen und Erkenntnisse der unterschiedlichen Gruppen allen anderen zugänglich und konkret erfahrbar machen? Oder anspruchsvoller: Wie kann eine Arbeitslosenselbsthilfegruppe oder eine Selbsthilfegruppe zur Ernährung oder zur Freizeitgestaltung oder zur Bearbeitung seelischer Probleme heranwachsen zu einer integrierten Gruppe, die eine vielseitige oder gar ganzheitliche Selbsthilfe verwirklichen möchte?

4 Die Selbsthilfegruppe der Selbsthilfegruppen: das monatliche Gesamttreffen

Für die gleichzeitige Behebung der ersten sechs Kernprobleme gibt es keine geeignetere Lösung in der Praxis als die eines *konkreten Verbundes mehrerer ähnlicher Gesprächsgemeinschaften in einer Region*. Dieser Zusammenschluß realisiert sich in einer machbaren gemeinsamen Aktivität: im *monatlichen Gesamttreffen*. Es handelt sich um einen zweistündigen Termin, der zusätzlich zu den üblichen wöchentlichen Gruppensitzungen vereinbart wird und meist an einem anderen Ort stattfindet. Das *Gesamttreffen* ist sozusagen die *Selbsthilfegruppe der Selbsthilfegruppen*. Die Sitzung findet in Form eines offenen Gespräches statt. In ihm sollten die Delegierten einen kurzen Bericht über den aktuellen Gruppenverlauf geben, der dann vor dem Hintergrund der Erfahrungen anderer Gruppen gemeinsam erörtert wird. Jede Gruppe sollte auf diese Weise zu Wort kommen: wechselseitige Gruppensupervision. Nur in besonderen Problemfällen erscheinen alle Mitglieder der Gruppe, in der Regel zwei bis drei Gruppenvertreter, die nicht immer dieselben sein sollten (rotierende Delegierte).

Das Gesamttreffen dient nicht nur zur Optimierung der Gruppenarbeit. Es ist gleichzeitig Anlaufstelle für Interessierte, die sich Gruppen anschließen oder neue Gruppen gründen können. Das Gesamttreffen ist darüber hinaus ein angemessener Ort für die Zusammenarbeit mit Fachleuten. Sofern diese Kenntnis und Erfahrung über die Arbeit der S. haben, wirken sie hier als Begleiter von Gesprächsgemeinschaften mit, so etwa Ärzte, Psychotherapeuten, Psychologen, Sozialarbeiter und andere Fachleute aus den sozialen Berufen, später ebensogut erfahrene Betroffene. Im Gegensatz zum traditionellen Abhängigkeitsverhältnis etwa des Klienten zum beruflichen Helfer ist hier die gleichgestellte Beziehung zu beachten. Der Helfer berät also nicht die Gruppen, er berät *mit* ihnen.

Ein solches monatliches Gesamttreffen gleichartiger S. ist in einer Region oftmals deswegen nicht zu realisieren, weil es nicht genügend Gruppen ein und desselben Typs gibt. Die erwähnten Regionalen Kontaktstellen für S. in bundesdeutschen Städten führen deswegen oftmals ein Gesamttreffen unterschiedlicher Selbsthilfeinitiativen als *„gemischtes Gesamttreffen"* durch. Dieses „gemischte Gesamttreffen" erscheint als ein sinnvolles, machbares Modell zur Integration unterschiedlicher Selbsthilfeansätze. In ihm kann ein lebendiger Austausch unterschiedlicher S. stattfinden – etwa im direkten Anschluß an ein Gesamttreffen gleichartiger Gruppen. So verbreitet sich nicht nur die Erfahrung der einzelnen S.bereiche. Vielmehr können Mitglieder einer speziellen Selbsthilfegruppe sich ohne weiteres anderen Gruppen anschließen. Dieses *integrierte Gesamttreffen* kann von jeder Selbsthilfegruppe, von jeder regionalen Kontaktstelle oder auch von entsprechenden Beratungsstellen initiiert werden, die mit S. zusammenarbeiten.

Literatur

Moeller, M. L.: Selbsthilfegruppen. Selbstbehandlung und Selbsterkenntnis in eigenverantwortlichen Gesprächsgruppen. Reinbek: Rowohlt, 1978.

Moeller, M. L.: Anders helfen. Selbsthilfegruppen und Fachleute arbeiten zusammen. Stuttgart: Klett-Cotta, 1981.

Selbstkonzept

Dagmar Stahlberg, Linda Gothe und Dieter Frey

1 Begriffliche Klärung

Nachdem die Frage nach dem „Selbst" schon seit Jahrhunderten in philosophischen Kreisen diskutiert wurde, begann mit der Arbeit von James (1890) auch die empirische Untersuchung dieses Themas im Rahmen der Psychologie. James führte die konzeptuelle Unterscheidung ein zwischen dem Selbst als erkennendem Subjekt („I") und dem Selbst als Objekt der Erkenntnis („me"). Letzteres wurde allerdings erst ab Mitte der 60er Jahre als „Selbstkonzept" intensiv wissenschaftlich erforscht, nachdem bis zu diesem Zeitpunkt das dominierende Forschungsparadigma des Behaviorismus das sich selbst reflektierende Subjekt und damit das *Bewußtsein* als Forschungsgegenstand weitgehend ausschloß. In den letzten Jahren hat sich indessen das Interesse der wissenschaftlichen Psychologie immer stärker dem Thema des S. zugewendet, so daß Rustemeyer (1986) sogar von einem *Selbsttheorie-Boom* spricht.

Hinsichtlich der Definition des Begriffes „Selbstkonzept" besteht keine Einmütigkeit. So stellt dieser Begriff für einige Autoren (z. B. Bergler, 1975) ein Synonym für das Konstrukt „Persönlichkeit" dar, von anderen (z. B. Rogers, 1961) wird es mit „Selbstverwirklichungspotential" gleichgesetzt. Während Mummendey (1983) im Begriff des „Selbst" eine Renaissance des Seelen-Begriffes vermutet, wird er von soziologischer Seite als Summe der gesellschaftlichen Rollen eines Individuums definiert. In der sozialpsychologischen Literatur wird in bezug auf den Begriff des „Selbst" differenziert zwischen dem S., den Selbsteinschätzungen und dem Selbstwertgefühl. So definieren Frey und Benning (1983) sowie Filipp und Frey (1987) das Selbstkonzept als die Summe der Urteile einer Person über sich selbst (z. B. „Ich bin intelligent"). Die affektiven Beurteilungen dieser einzelnen Ansichten über die eigene Person, d. h. deren positive bzw. negative Bewertungen, werden Selbsteinschätzungen genannt (z. B. „Es ist gut, daß ich intelligent bin"). Das Selbstwertgefühl wiederum ergibt sich als Summe der gewichteten Selbsteinschätzungen. Obwohl einige Autoren also klare Definitionen dieser Begriffe vorschlagen, werden sie in der Literatur nicht einheitlich verwendet.

2 Strukturen des Selbstkonzepts

Während ältere Theorien (Koffka, 1935; Combs/Snygg, 1959) in der Tradition der Feldtheorie Lewins (Allport, 1961) das Selbst als *eine* zentrale Region der Persönlichkeit beschreiben, wird in neuen Theorien übereinstimmend von einem System von Teilkonzepten des Selbst ausgegangen. Die Frage, in welcher Form dieses System organisiert ist, wird aus unterschiedlicher theoretischer Perspektive unterschiedlich beantwortet. Neben dem Konzept einer *hierarchischen* Organisation von Selbstkognitionen verschiedenen Spezifitätsgrades (Rogers, 1961; Epstein, 1979; Carver/Scheier, 1981) wurde ein *assoziatives Netzwerkmodell* des Selbst vorgeschlagen (Bower/Gilligan, 1979).

Das erstgenannte Modell nimmt an, daß Selbstkognitionen auf niedrigstem hierarchischen Niveau (z. B. „Ich habe Person A im Tennis geschlagen") zu selbstbezogenen Postulaten jeweils höherer Ordnungsstufen zusammengefaßt werden (z. B. 1. Abstraktionsstufe: „Ich bin ein guter Tennisspieler", nächste Abstraktionsstufe: „Ich bin ein guter Sportler"). Das Netzwerkmodell postuliert, daß Informationen über die eigene Person in Sätzen gespeichert werden, die spezifische Informationen („Prädikate") mit dem Selbst („Subjekt") verbinden. Die Nähe einzelner Prädikate (z. B. Konzepte wie „Hilfsbereitschaft") zum Selbst in einem solchen assoziativen Netzwerk (z. B. direkte Assoziation „Ich bin hilfsbereit" oder indirekte Assoziation „Ich habe einer alten Dame über die Straße geholfen" und „Einer alten Dame über die Straße helfen indiziert Hilfsbereitschaft") bestimmt dann die Zentralität verschiedener Konzepte für die Selbstdefinition.

Andere Autoren (Breckler/Greenwald, 1982) sehen das Selbst in einem *multidimensionalen* Raum repräsentiert. Autoren, die in der Tradition *informationstheoretischer* Ansätze stehen, wie z. B. Markus und Sentis (1982) (vgl. auch Epstein, 1973; Rogers et al., 1977 u. a.), fassen dagegen das S. als ein System von Selbstschemata auf, das im Sinne einer Gedächtnisstruktur personenspezifische Informationen enthält und die Verarbeitung neuer Informationen steuert.

3 Entwicklung und Veränderung des Selbstkonzepts

3.1 Ontogenetische Entwicklung

Die ontogenetische Entwicklung des S. setzt schon in den ersten Lebensmonaten über propriozeptive und kinästhetische Wahrnehmungen ein. Das Kind erfährt, daß es bei Berührungen des eigenen Körpers an zwei Körperteilen Empfindungen hat (am aktiv berührenden und am passiv berührten), bei Berührungen von Objekten der Umwelt hingegen nur an einem Körperteil (dem aktiv berührenden). Nach dieser Phase des Aufbaus eines Körperschemas wird die Trennung zwischen der eigenen Person und der umgebenden Realität ausgedehnt, indem zunehmend aus den wahrgenommenen Informationen solche herausgefiltert werden, die die eigene Person betreffen. Es differenziert sich in den folgenden Phasen ein „Ich" im Vergleich zum „Nicht-Ich" heraus. Am Ende des ersten Lebensjahres treten erste Selbstkategorisierungen auf (zusammenfassend dazu Filipp, 1980). Zumindest in bezug auf das eigene Aussehen scheint in diesem Alter bereits ein S. zu bestehen (Lewis/Rosenblum, 1979). Im zweiten Lebensjahr findet eine weitere Differenzierung und Verfestigung des S. statt, die auch in der Verwendung des Eigennamens und des Pronomens „ich" ausgedrückt wird.

Erst der Aufbau des S. ermöglicht dem Kind, Erfahrungen zu organisieren und zu lenken und damit Angenehmes aufzusuchen und Unangenehmes zu meiden (Epstein, 1979).

3.2 Determinanten der Veränderung

Sowohl der Aufbau des S. wie auch mögliche spätere S.veränderungen geschehen auf der Grundlage von Informationen über die eigene Person, die primär aus zwei Quellen stammen. Die erste Informationsquelle sind *Beobachtungen* des eigenen Verhaltens und eigener physiologischer und emotionaler Zustände. Anhand der Theorie der Selbstwahrnehmung (Bem, 1967; 1972), am Beispiel des „Foot-in-the-door-Effekts" (Freedman/Frazer, 1966; DeJong, 1979) und der kognitiv-physiologischen Theorie der Emotionen (Schachter, 1964) läßt sich die Bedeutung von Selbstbeobachtungsprozessen in bezug auf Selbstkategorisierungen nachvollziehen.

Die zweite Quelle für selbstkonzeptrelevante Informationen sind direkte und indirekte *Rückmeldungen* über eigenes Verhalten oder eigene Eigenschaften aus der sozialen Umwelt bzw. *direkte und indirekte Prädikatenzuweisungen* (Filipp, 1979). Die erste Form besteht in verbalen Zuschreibungen („Du bist eine intelligente Frau"); die zweite Form besteht in einer indirekten Schlußfolgerung aufgrund der Interaktionen mit anderen (es gibt viele Menschen, die mich besuchen; ich bin also ein liebenswerter Mensch). In der Theorie des Symbolischen Interaktionismus (Mead, 1934) wird explizit formuliert, daß der

Mensch sich als „Selbst" dadurch erfährt, daß er die Reaktionen anderer antizipiert, die seine Handlungen auslösen. Im Lichte heutiger Forschungsergebnisse läßt sich genauer sagen: Wir sehen uns zwar nicht immer so, wie die anderen uns sehen („looking-glass-self-Hypothese"); wir sehen uns aber sehr häufig so, wie wir *denken*, daß andere uns sehen (Shrauger/Schoeneman, 1979).

Indirekte Rückmeldungen ergeben sich ferner bei Vergleichen mit relevanten Einzelpersonen oder Bezugsgruppen (Festinger, 1954). Diese Vergleiche können zu sehr unterschiedlichen Bewertungen derselben eigenen Eigenschaften führen, je nachdem wie der Vergleichsstandard ausfällt (Morse/Gergen, 1970).

3.3 Variabilität vs. Stabilität

Die Frage, ob das S. als stabil oder variabel anzusehen ist, ist in der Literatur umstritten. Insgesamt läßt sich aus den vorliegenden Forschungsergebnissen und theoretischen Ansätzen folgern, daß das S. durchaus zumindest kurzfristigen situativen Schwankungen unterliegt; insbesondere Selbsteinschätzungen niedrigerer Abstraktionsebenen können durch neue Erfahrungen mit der eigenen Person verändert werden (Gergen, 1965; 1979). Selbsteinschätzungen höheren Abstraktionsniveaus, großer Zentralität sowie solche mit hoher subjektiver Bedeutsamkeit werden dagegen zeitlich stärkere Konstanz aufweisen (Neubauer, 1976; Stefan, 1977; Epstein, 1979). Auf dieser Ebene werden möglicherweise nur einschneidende kritische Lebensereignisse zu zeitlich überdauernden S.-änderungen führen (Mummendey, 1981). Hinzuzufügen ist – wohl kaum überraschend – daß die Stabilität von bereichsspezifischen Selbstkategorisierungen mit zunehmendem Alter ansteigt (Lohaus/Oberdick, 1984).

4 Funktionen des Selbstkonzepts

4.1 Strukturierung der Informationsverarbeitung

Das S. ist nicht nur als eine passive Datenstruktur zu sehen, sondern darüber hinaus als *Rahmen* und *Aktionsplan*, in oder nach dem neue selbstbezogene Informationen interpretiert und kodiert werden. Durch die Verwendung eines Schemas wird einer Information Bedeutung verliehen, wird sie „verstanden", werden aus ihr Schlußfolgerungen gezogen. Ein *Schema* wird zur Verarbeitung einer Information herangezogen, wenn Merkmale dieser Information mit Merkmalen dieses Schemas übereinstimmen.

Wenn eine Person in eine Situation gerät, in der sie um eine Spende für einen wohltätigen Zweck gebeten wird, wird sie leichter und schneller auf diese Situation reagieren können, wenn sie ein festgefügtes Selbstschema, z. B. in der Richtung hilfsbereit vs. nicht-hilfsbereit von sich besitzt und wenn ihr dieses Schema Hilfsbereitschaft relevant für die vorliegende Situation erscheint. Informationen, für deren Verarbeitung eine Person ein Schema besitzt, werden deutlich schneller verarbeitet.

Diese Annahme konnte in verschiedenen experimentellen Studien bestätigt werden (Markus, 1977; Markus et al., 1980). In weiteren Forschungsarbeiten (Keenan/Baillet, 1979; Kuiper/Rogers, 1979; Sentis/Markus, 1979) konnte darüber hinaus nachgewiesen werden, daß Informationen, die die eigene Person betreffen, schneller und fehlerfreier erinnert oder wiedererkannt werden als nicht selbstbezogene Informationen.

4.2 Motivationale Funktionen

Von verschiedenen Autoren wurden motivationale Funktionen des S. formuliert, die in der *Theorie des Selbstwertschutzes und der Selbstwerterhöhung* (Frey/Benning, 1983, Stahlberg/Frey, 1983; Stahlberg et al., 1985) in folgenden Annahmen zusammengefaßt wurden:

1. Menschen streben danach, ihr Selbstwertgefühl zu erhöhen.
2. Dieses Bedürfnis ist umso stärker, je niedriger das akute Selbstwertgefühl ist, d. h., je weniger das Bedürfnis nach positiver Selbstbestätigung erfüllt ist.

Im einzelnen läßt sich z. B. feststellen:

- Menschen suchen und wählen Informationen über die eigene Person aus, die selbstwerterhöhend sind, bzw. meiden selbstwertbedrohende Informationen. Diese Tendenz ist vor allem bei ängstlichen Personen ausgeprägt (Frey, 1981; Frey et al., 1986).
- Personen reagieren auf positives Feedback auch affektiv positiver als auf negatives Feedback; diese Tendenz ist bei Menschen mit niedrigem Selbstwertgefühl stärker ausgeprägt (Dittes, 1959).
- Auch Beurteilungen anderer Personen unterliegen häufig Verzerrungen im Dienste einer Selbstwerterhöhung, indem z. B. als Reaktion auf eine Selbstwertbedrohung andere Personen abgewertet werden (Wills, 1981).
- Eigene Erfolge werden auf interne, eigene Mißerfolge hingegen auf externe Faktoren zurückgeführt („self-serving-bias" oder „Egotism"-Forschung, vgl. Snyder et al., 1976; Bernstein et al., 1979). Eine Strategie, solche selbstwertdienlichen Attributionen quasi aktiv vorzubereiten, besteht im „self-handicapping" (Berglas/Jones, 1978; Jones/Berglas, 1978): Um eine defensive, d. h. selbstwertverteidigende Attribution für drohendes Versagen vorzubereiten, legt sich eine Per-

son ein „handicap“ zu, das nach erbrachter Leistung für den möglichen Mißerfolg verantwortlich gemacht wird oder den erzielten Erfolg noch aufwertet (die Person geht z. B. unausgeschlafen in eine wichtige Prüfung).

Eine Vielzahl von Befunden stützt also die Annahme eines *Motivs des Selbstwertschutzes* und zeigt zudem, daß dem S. bzw. dem Selbstwert eine Steuerfunktion für den Einsatz selbstwertdienlicher Strategien zukommt: Personen mit *niedrigem Selbstwert* sind stärker um Selbstwertschutz bemüht als Personen mit hohem Selbstwert. Diese Erkenntnisse blieben allerdings nicht unwidersprochen. So wurde zum einen aus konsistenztheoretischer Richtung (Jones, 1973; Regan, 1976) bezweifelt, daß Personen mit niedrigem Selbstwertgefühl stärker um eine Stützung oder Erhöhung ihres Selbstwertgefühles bemüht sein sollten als Personen mit hohem Selbstwertgefühl. Tatsächlich stützen einige empirische Befunde diese Zweifel an der selbstwerttheoretischen Position, indem sie belegen, daß Personen mit negativem Selbstbild genauso wie diejenigen mit positivem Selbstbild primär daran interessiert sind, das eigene Selbstbild zu bestätigen, d. h. z. B. negative Informationen über die eigene Person zu suchen und als glaubwürdiger zu bewerten, Mißerfolge intern zu attribuieren usw. (z. B. Silverman, 1964; Swann/Read, 1981; Schwarzer/Jerusalem, 1982).

Auch aus informationstheoretischer Sicht wurden Befunde aufgegriffen, die der selbstwerttheoretischen Position widersprachen, wie z. B. das Fehlen des „Self-Serving-Bias“ bei Personen mit geringem Selbstwertgefühl. Diese Befunde wurden jetzt allerdings nicht mehr motivational – also konsistenz –, sondern unter Rückgriff auf den beschriebenen Schemabegriff rein informationstheoretisch interpretiert: Zum Beispiel erinnern sich Personen mit positivem S. deshalb stärker an positive Informationen über die eigene Person als Personen mit negativem S. (die sich vergleichsweise eher an negative Informationen erinnern), weil für die ersteren positive Informationen, für die letzteren dagegen negative Informationen über die eigene Person schemakonsistent sind.

Tatsächlich lassen sich verschiedene selbstwert- oder konsistenztheoretisch erklärbare Befunde durchaus alternativ informationstheoretisch interpretieren. Allerdings – so kann man aufgrund des derzeitigen Forschungsstandes zusammenfassen – wird ein rein kognitiver Ansatz z. Zt. die motivationalen Erklärungen der Gesamtheit vorliegender Forschungsbefunde nicht in toto ersetzen können (Gollwitzer et al., 1982; Stahlberg et al., 1985).

5 Ausblick

Die Selbst-Forschung ist z. Zt. noch gekennzeichnet durch einen Pluralismus von Konzepten oder Theorien, die auf sehr unterschiedlichen Menschenbildern beruhen (Rustemeyer, 1986). Obwohl ein integrierender theoretischer Rahmen benötigt wird, wie er etwa von Frey und Benning (1983) und Stahlberg et al. (1985) für die motivationalen Annahmen vorgeschlagen wurde, ist vor einer unüberprüften Gleichsetzung von Konzepten zu warnen.

Um der Komplexität des Gegenstandes „Selbstkonzept“ gerecht zu werden, sollten vor allem die die jeweilig vorliegenden Ansätze integrierenden Teiltheorien für genau beschriebene Bereiche weiterentwickelt werden. Die zukünftigen Forschungen und theoretischen Entwicklungen sollten dabei sowohl den motivational als auch den informationstheoretischen Ansätzen verpflichtet bleiben.

Literatur

Allport, G. W.: Pattern and growth in personality. New York: Holt, Rinehart & Winston, 1961.

Bem, D. J.: Self-perception: An alternative interpretation of cognitive dissonance phenomena. Psychological Review, 74, 1967, 183-200.

Bem, D. J. Self-perception theory. In: Berkowitz, L. (Ed.): Advances in experimental social psychology, Vol. 6. New York: Academic Press, 1972, 1-62.

Berglas, S./Jones, E. E.: Drug choice as a self-handicapping strategy in response to noncontingent success. Journal of Personality and Social Psychology, 36, 1978, 405-417.

Bergler, R.: Selbstkonzept, Lebensalter und interindividuelle Differenzen. In: Lehr, U. M./Weinert, F. E. (Hrsg.): Entwicklung und Persönlichkeit. Stuttgart: Kohlhammer, 1975, 26-37.

Bernstein, W. M./Stephan, W. G./Davis, R.: Explaining attributions for achievement: A path analytic approach. Journal of Personality and Social Psychology, 37, 1979, 1810-1821.

Bower, G. H./Gilligan, S. G.: Remembering information related to one's self. Journal of Research in Personality, 13, 1979, 420-432.

Breckler, S. J./Greenwald, A. G.: Charting coordinates for the self-concept in multidimensional trait space. Functioning and measurement of self-esteem. Symposium der American Psychological Association, Washington, D. C., 1982.

Carver, C. S./Scheier, M. F.: Attention and self-regulation: A control-theory approach to human behavior. New York: Springer, 1981.

Combs, A. W./Snygg, D.: Individual behavior: A perceptual approach to behavior (Rev. Fassung). New York: Harper & Brothers, 1959.

DeJong, W.: An examination of self-perception mediation of the foot-in-the-door effect. Journal of Personality and Social Psychology, 37, 1979, 2221-2239.

Dittes, J. E.: Attractiveness of group as a function of self-esteem and acceptance by group. Journal of Abnormal and Social Psychology, 59, 1959, 77-82.

Epstein, S.: The self-concept revisited: Or a theory of a theory. American Psychologist, 28, 1973, 404-416.

Epstein, S.: Entwurf einer integrativen Persönlichkeitstheorie. In: Filipp, S.-H. (Hrsg.): Selbstkonzept-Forschung. Stuttgart: Klett-Cotta, 1979, 15-45.

Festinger, L.: A theory of social comparison processes. Human Relations, 7, 1954, 117-140.

Filipp, S.-H.: Entwurf eines heuristischen Bezugsrahmens für Selbstkonzept-Forschung: Menschliche Informationsverarbeitung und naive Handlungstheorie. In: Filipp, S.-H. (Hrsg.): Selbstkonzept-Forschung. Stuttgart: Kletta-Cotta, 1979, 129-152.

Filipp, S.-H.: Entwicklung von Selbstkonzepten. Zeitschrift für Entwicklungspsychologie und Pädagogische Psychologie, 12, 1980, 105-125.

Filipp, S.-H./Frey, D. (Hrsg.): Das Selbst. Funkkolleg Psychobiologie. Studienbegleitbrief 7. Weinheim: Beltz, 1987.

Freedman, J. L./Frazer, S. C. Compliance without pressure: The foot-in-the-door technique. Journal of Personality and Social Psychology, 4, 1966, 195-202.

Frey, D.: Informationssuche bei Entscheidungen. Bern: Huber, 1981.

Frey, D./Benning, E.: Das Selbstwertgefühl. In: Mandl, K./ Huber, G. L. (Hrsg.): Emotion und Kognition. München: Urban & Schwarzenberg, 1983, 148-182.

Frey, D./Stahlberg, D./Fries, A.: Information seeking of high- and low-anxiety subjects after receiving positive and negative self-relevant feedback. Journal of Personality, 54, 1986, 178-186.

Gergen, K. J.: The effects of interaction goals and personalistic feedback on presentation of self. Journal of Personality and Social Psychology, 1, 1965, 413-425.

Gergen, K. J.: Selbsterkenntnis und die wissenschaftliche Erkenntnis des sozialen Handelns. In: Filipp, S.-H. (Hrsg.): Selbstkonzeptforschung. Stuttgart: Kletta-Cotta, 1979, 75-95.

Gollwitzer, P. M./Earle, B./Stephan, W. G.: Affect as a determinant of egotism: Residual excitation and performance attributions. Journal of Personality and Social Psychology, 43, 1982, 702-709.

James, W.: Principles of psychology. New York: Holt, Rinehart & Winston, 1890.

Jones, E. E./Berglas, S.: Control of attributions about the self through self-handicapping strategies: The appeal of alcohol and the role of underachievement. Personality and Social Psychology Bulletin, 4, 1978, 200-206.

Jones, S. C.: Self and interpersonal evaluations: Esteem theories versus consistency theories. Psychological Bulletin, 79, 1973, 185-199.

Keenan, J. M./Baillet, S. D.: Memory for personally and socially significant events. In: Nickerson, R. S.: Attention and performance: Proceedings of the 8th Intern. Symposium of Attention and Performance, 1978. Hillsdale, N. J.: Erlbaum, 1980.

Koffka, K.: Principles of gestalt psychology. New York: Harcourt, 1935.

Kuiper, N. A./Rogers, T. B.: Encoding of personal information: Self-other differences. Journal of Personality and Social Psychology, 13, 1979, 119-124.

Lewis, M./Rosenblum, L. A. (Eds.): The origins of self. New York: Wiley, 1979.

Lohaus, A./Oberdick, G.: Zur Situationsspezifität des Selbstkonzepts von Kindern und Jugendlichen. In D. Albert (Hrsg.): Bericht über den 34. Kongreß der Deutschen Gesellschaft für Psychologie in Wien. 1984, 418-419.

Markus, H.: Self-schemata and processing information about the self. Journal of Personality and Social Psychology, 35, 1977, 63-78.

Markus, H./Hamill, R./Sentis, K.: Thinking fat: Self-schema for body weight and the processing of weight relevant information. Paper presented at the American Psychological Association, Montreal, 1980.

Markus, H./Sentis, K.: The self in social information processing. In: Suls, J. (Ed.): Psychological perspectives on the self. Vol. 1. Hillsdale, N. J.: Erlbaum, 1982, 41-70.

Mead, G. H.: Mind, self and society. Chicago: University of Chicago Press, 1934.

Morse, S./Gergen, K. J.: Social comparison, self-consistency, and the concept of self. Journal of Personality and Social Psychology, 16, 1970, 148-156.

Mummendey, H.-D.: Selbstkonzeptänderungen nach kritischen Lebensereignissen. In: Filipp, S.-H. (Hrsg.): Kritische Lebensereignisse. München: Urban & Schwarzenberg, 1981, 252-269.

Mummendey, H.-D.: Selbstkonzept. In: Frey, D./Greif, S. (Hrsg.): Sozialpsychologie. Ein Handbuch in Schlüsselbegriffen. München: Urban & Schwarzenberg, 1983, 281-285.

Neubauer, W. F.: Selbstkonzept und Identität im Kindes- und Jugendalter. München: Reinhardt, 1976.

Regan, J.: Liking for evaluators: Consistency and esteem theories. Journal of Experimental Social Psychology, 12, 1976, 159-169.

Rogers, C. R.: On becoming a person. Boston: Houghton Mifflin, 1961.

Rogers, R. B./Kuiper, N. A./Kirker, W. S.: Self-reference and the encoding of personal information. Journal of Personality and Social Psychology, 35, 1977, 677-688.

Rustemeyer, R.: (Neue) Aktualität eines (neuen?) Konzepts. Psychologische Rundschau, 37, 1986, 210-216.

Schachter, S.: The interaction of cognitive and physiological determinants of emotional state. In: Berkowitz, L. (Ed.): Advances in experimental social psychology. Vol. 1. New York: Academic Press, 1964, 49-80.

Schwarzer, R./Jerusalem, M.: Selbstwertdienliche Attributionen nach Leistungsrückmeldungen. Zeitschrift für Entwicklungspsychologie und Pädagogische Psychologie, 14, 1982, 47-57.

Sentis, K./Markus, H.: Self-schemas and recognition memory. Unveröffentlichtes Manuskript, University of Michigan, 1979.

Shrauger, J. S./Schoeneman, T. J.: Symbolic interactionist view of self-concept: Through the looking glass darkly. Psychological Bulletin, 86, 1979, 549-573.

Silverman, I.: Self-esteem and differential responsiveness to success and failure. Journal of Abnormal and Social Psychology, 69, 1964, 115-119.

Snyder, M. L./Stephan, W. G./Rosenfield, D.: Egotism and attribution. Journal of Personality and Social Psychology, 33, 1976, 435-441.

Stahlberg, D./Frey, D.: Selbstwertschutz und Selbstwerterhöhung. Zeitschrift für personenzentrierte Psychologie und Psychotherapie, 2, 1983, 11-20.

Stahlberg, D./Osnabrügge, G./Frey, D.: Die Theorie des Selbstwertschutzes und der Selbstwerterhöhung. In: Frey, D./Irle, M. (Hrsg.): Theorien der Sozialpsychologie. Bd. III: Motivations- und Informationsverarbeitungstheorien. Bern: Huber, 1985, 79-124.

Stefan, C.: Core structure theory and implications. In: Bannister, D. (Ed.): New perspectives in personal construct theory. New York: Academic Press, 1977, 281-298.

Swann, W. B./Read, S. J.: Self-verification processes: How we sustain our self-conceptions. Journal of Experimental Social Psychology, 17, 1981, 351-372.

Wills, T. A.: Downward comparison principles in social psychology. Psychological Bulletin, 90, 1981, 245-271.

Sexualität

Hermann Wendt

1 Sexualforschung

Erforschung und Verständnis der menschlichen S. befinden sich auch heute noch in einem *vorwissenschaftlichen* Zustand, der wirklich verläßliche Fakten oder gar Paradigmen zur menschlichen S. eher vermissen als erwarten läßt. Sehr zu recht bezeichnen die beiden Pioniere der modernen Sexualwissenschaft William H. Masters und Virginia E. Johnson (1966/1980) Sexualwissenschaft und -forschung als „den einzigen noch verbliebenen weißen Fleck auf der Landkarte der Wissenschaften überhaupt".

Der Grund für diesen beklagenswerten Mangelzustand liegt in der systematischen und kollektiven *Repression* und *Tabuisierung* der menschlichen S., wie sie seit Jahrhunderten typisch sind für die wesentliche, jüdisch-christliche Zivilisation und Kultur (van Ussel, 1977). Repression und Tabu betreffen dabei nicht nur die menschliche S. in der Privatsphäre, sondern auch in der akademischen Wissenschaft und Forschung und in der Erkenntnislehre überhaupt. Als Mittel, diese Repressionen und Tabus durchzusetzen, bedienen sich die Hüter und Machtinstanzen der öffentlichen, gesellschaftlichen Ordnung der *Sexualmoral*, die durch eine entsprechende *Sexualpädagogik* und – wo diese zur zuverlässigen Steuerung und Regulierung des sexuellen Erlebens und Verhaltens nicht ganz ausreicht – durch ein entsprechendes *Sexualstrafrecht* gewährleistet wird.

Die Gründe für diese Repressionen und Tabuisierungen, von denen erwartungsgemäß nicht nur die Menschen als Privatpersonen, sondern auch als Wissenschaftler und Forscher betroffen sind, bleiben – genauso wie es eben für Tabubereiche typisch ist – den Betroffenen selber unklar. Sie sind dem öffentlichen Bewußtsein entzogen. Denn natürlich ist ein Verbot erst dann wirklich wirksam, wenn auch das Nachdenken über die Gründe für das Verbot verboten ist (Miller, 1983). So ist es kaum verwunderlich, wenn noch Masters und Johnson (1977) davor warnen, der Paranoia zu verfallen, wenn man sich zu lange mit Sexualforschung und Sexualtherapie beschäftige.

Wie gefährlich es auch noch in diesem 20. Jahrhundert sein kann, sich allzu direkt und konkret mit der Erforschung der menschlichen S. zu beschäftigen, belegt drastisch das Schicksal von Wilhelm Reich (1897-1957), der über bloße Theorien hinaus sich mit der direkten und konkreten Beobachtung von Menschen beim Geschlechtsverkehr beschäftigte. Mehr als seine ungewöhnliche *Orgon-Theorie* und seine radikalen gesellschafts- und sexualpolitischen Schriften brach ihm dieser tabu-verletzende Forschungsansatz das Genick, und er bezahlte dafür mit beruflicher Ächtung, Arbeitsverbot und schließlich Tod im Gefängnis.

Diesem Schicksal entging Reichs Lehrer, Sigmund Freud, auch Opfer kollegialer Ächtung, politischer Verfolgung, Bücherverbrennung und Verbannung ins Exil, selber nur ganz knapp. Anders als seinem Schüler Wilhelm Reich, der Freud eigentlich „nur" deutlich beim Wort nahm, wurde ihm immerhin posthum internationale Anerkennung zuteil. Vorher jedoch, zu seiner eigenen Zeit (1856-1939), hatte er mit seinen Arbeiten über die besondere Bedeutung der S. und mit dem Hinweis vor allem auf Existenz und Bedeutung der *infantilen* S. in der Öffentlichkeit und unter Berufskollegen einen wahren Sturm der Entrüstung entfacht, der ihn über die Jahre zu einer weitgehenden (opportunistischen) Abkehr von der sicher erkenntnisreicheren Radikalität der frühen Jahre zwang: Seine *Libido-Theorie* wurde von der Lehre des *Sexualtriebs* zur Lehre von einer unspezifischen *Lebensenergie* verwässert und versteckt.

Als weitere Pioniere der Sexualforschung gelten heute Havelock Ellis (1859-1939; Geschlecht und Gesellschaft, 1910); Albert Moll (1862-1939; Untersuchungen über die Libido sexualis, 1897); und Magnus Hirschfeld (1868-1935; Jahrbuch für sexuelle Zwischenstufen, ab 1897; und: Geschlechtskunde/5 Bände, 1926-1930).

Unter dem Einfluß schwindender gesellschaftspolitischer Machtstellung der *Kirchen* im Staat und zunehmender sexueller Liberalisierung durch verstärkte *existenzialphilosophische* Einflüsse (hauptsächlich als Folge der beiden Weltkriege) und vor allem dank einer inzwischen weit vorsichtigeren und mathematisch-biologisch akzentuierten *naturwissenschaftlichen* Herangehensweise gelang der Sexualforschung aber der wirkliche Durchbruch zur fachlichen Seriosität und zur internationalen Anerkennung erst mit den Beiträgen der beiden nordamerikanischen Arbeitsgruppen um Alfred C. Kinsey (1894-1956) und William H. Masters (geb. 1915) und Virginia E. Johnson (geb. 1925).

Kinsey, Professor für Zoologie (!), und Masters, Mediziner und Leiter der sog. Reproductive Biology Research Foundation (!), bedienten sich mittels Fragebögen und auf die vegetativen Körperfunktionen beschränkter Labormessungen erstmals streng empirischer und naturwissenschaftlicher Methoden, mit denen sie über jeden Verdacht erhaben sein konnten; vor allem über den Verdacht, aus der Sexualforschung politische Schlußfolgerungen (Foucault, 1977/1986) ziehen zu wollen.

Alfred Kinsey (1948/1970; 1953/1970) strich die für die damalige Zeit überraschend starke Verbreitung homosexueller und vor allem masturbatorischer Praktiken hervor. Masters und Johnson (1966/1980; 1970/1973) trugen mit ihren Befunden über die primäre und (eigentlich auch) exklusive Reizbarkeit der Klitoris zu einer im Effekt durchaus revolutionären Revision (angeblich) früherer Freudscher Thesen über die reife-vaginale und unreife-klitorale Orgasmusfähigkeit und damit zu einer absolut begrüßenswerten späten Rehabilitierung und Gleichberechtigung weiblicher S. bei. Und nicht nur dieses: In Form des Nachweises der multiplen Orgasmusfähigkeit der Frau drohten sie sogar – zumindest für den sexuellen Bereich – die ideologische Vormachtstellung des Mannes ins Wanken zu bringen.

Damit setzten Masters und Johnson nicht nur sexualwissenschaftlich, sondern auch gesundheits- und gesellschaftspolitisch zwei ganz entscheidende neue Impulse: (1) machten sie die (psychotherapeutische) Sexualtherapie „salonfähig“ und bewirkten damit, daß die wissenschaftliche Erforschung, Entwicklung und Erprobung sexualtherapeutischer Methoden in der heutigen Sexualforschung den zweifellos breitesten und wichtigsten Raum einnehmen (Hartmann/Fithian, 1972; Kaplan, 1974/1979; Annon, 1975/1976; Barbach, 1977; Kockott, 1977; Schorsch et al., 1977; Golden, 1978; Lo Piccolo/Lo Piccolo 1978; Zilbergeld, 1978/1980; Wendt, 1979; Zimmer, 1985; Arentewicz/Schmidt, 1986). Mit dem Verweis auf die enorme Epidemiologie sexueller Dysfunktionen („jeder zweite“) machten sie gleichzeitig aber auch sexuelle Probleme „salonfähig“. (2) rehabilitierten sie aber auch überhaupt die weibliche S. und bewirkten damit eine starke feministische Trendwende in der Überlappung von Sexualforschung, Sexualtherapie und Sexualpolitik (Dodson, 1974; Barbach, 1977; Hite, 1977; 1983; Millet, 1977; Friday, 1973/1980).

Die ansonsten bei psychologischen, soziologischen und vor allem bei ethno- und anthropologischen Fragestellungen bewährte Methode der direkten und teilnehmenden *Beobachtung* ist (noch) aus ethisch-moralischen Gründen – außer natürlich bei den sogenannten Primitiven und Naturvölkern (dazu Malinowski, 1929/1979, und Mead 1961/1979) – natürlich nicht möglich. An Wilhelm Reichs Arbeit hat bislang noch keiner wieder anzuknüpfen gewagt.

Die *Fragebogen-* und *Interviewforschung* bleibt aber im besten Fall auf dasjenige beschränkt, was die befragten Menschen unter der Einwirkung von Repression und Tabu tatsächlich tun. Sie wird aber kaum je erfassen, wie repressions- und tabufreie S. aussieht. Und im schlechteren Fall erfaßt die verbale und schriftliche Befragungsmethode auch nur dasjenige, was die Befragten als sozial erwünscht meinen antworten zu sollen. Dann erfaßt man mit dieser Methode noch nicht einmal die Realität der unterdrückten S.! Außerdem hat sich gezeigt, daß Menschen – zum Tabubereich S. befragt – noch nicht einmal allereinfachste Fragen (wie z. B. nach der Häufigkeit sexueller Aktivitäten und Orgasmen bezogen auf die letzten zurückliegenden 7 Tage) verläßlich erinnern können: Allzu verfälschend wirken sich Abwehrmechanismen, Wunschdenken, soziale Erwünschtheit und Gedächtnismangel aus, wenn es um die eigene S. geht (Marysko/Wendt, 1983).

Daß die unterkühlten Labormessungen a la Masters und Johnson jede Menge *Artefakte* produzieren (so z. B., daß die masturbatorische Selbststimulierung die probateste und effizienteste Methode zur Auslösung von sexueller Erregung und Orgasmen sei – was wirklich nur unter Simulations- und Laborbedingungen glaubhaft ist!) und daß über die Erfassung (fast) nutzloser Daten über Muskelspasmen, Blutdruckverteilung, Hormonausschüttung, Schweiß- und Schleimhautsekretion die wesentlichen kognitiven und emotionalen Prozesse (wie z. B. Gefühle, Phantasien, Motive, Bewußtseinsveränderungen) vernachlässigt werden, ist ebenfalls mehr als einsichtig.

Die Sexualforschung befindet sich nach wie vor in einem vorwissenschaftlichen „vorparadigmatischen“ (Kuhn, 1967) Zustand, der wirklich verläßliche Fakten und Paradigmen zur menschlichen S. eher vermissen als erwarten läßt. Der Stand der bisherigen Sexualforschung verrät eher etwas über den Zustand der Sexualforschung als über den der S. – so möglicherweise auch die folgenden Ausführungen.

2 Definition

S. (Synonym: Liebe) ist die freiwillige körperlich-seelische gegenseitige Anziehung und Vereinigung von zwei geschlechtsreifen, meist heterosexuellen Menschen mit der Folge einer sich zum Orgasmus steigernden und danach entladenden psycho-physischen Lusterregung und dem de facto oder potentiellen Ziel der Fortpflanzung.

Ausführlicher: *S. (Synonym: Liebe) ist die freiwillige* teils cortical, überwiegend aber noch subcortical und instinkt-geleitete, von komplexen hormonellen, endokrinologischen und anderen vegetativen und biochemischen Körperfunktionen (u. a. auch von der sog. XY-Chromosomenstruktur) der „inneren“ Geschlechtsorgane gesteuerte und begleitete *körperlich-seelische gegenseitige Anziehung und Vereinigung von zwei geschlechtsreifen* (Synonym: erwachsenen) und sowohl von den körperlich-sexuellen Merkmalen, als auch vom psychosexuellen Identitätsgefühl und von der sexuellen Grundausrichtung verschiedenen, *meist heterosexuellen Menschen* mit bevorzugter Berührung und Stimulierung an den äußeren primären und sekundären Geschlechtsorganen und an den sog. erogenen Zonen, *mit der Folge einer sich zum Orgasmus steigernden und danach entladenden psycho-physischen Lusterregung* bei zunächst ekstatischer und dann tranceartiger cerebraler Bewußtseinsveränderung *und dem de facto oder potentiellen Ziel der Fortpflanzung* durch die bevorzugt gesuchte Penis-Vagina-Penetration mit Ejakulation in der Vagina und Vereinigung von Ei- und Samenzelle.

3 Kommentar zur Definition

3.1 Zur Neurophysiologie der Sexualität

Ungelöst bleibt die Frage, von welchen subcorticalen-vegetativen und/oder corticalen-cerebralen Bereichen und Schaltkreisen des menschlichen Nervensystems das sexuelle Verhalten und Erleben gesteuert wird.

Grundsätzlich gilt in der Neurophysiologie der Sexualwissenschaft die Annahme, daß die sexuelle Reaktion des Menschen einer relativ einfachen nervlichen Umschaltung von sensorischen Afferenzen und motorischen/muskulären/vasokongestiven/endokrinologischen Efferenzen im Sinne eines über das Lendenwirbel-Rückenmark laufenden *Reflexbogens* entspricht (Masters/Johnson, 1955/1980; Kockott, 1977). Wobei die für die sexuelle Reaktion typische (1) „adäquate" und (2) „summative" Stimulierung primär von der Penisspitze (beim Mann) und von der Klitoris (bei der Frau) ausgeht und dann im Prinzip reflexhaft nach Erreichen des nötigen Reizungs-Schwellenwerts zur sexuellen Reaktion in Form komplexer endokrinologischer, hormoneller, vaskulärer und muskulärer Prozesse führt. Diese wirken sich schließlich über verstärkte und konzentrierte Durchblutung und Blutansammlung im Becken- und Genitalbereich zur Erektion beim Mann und zur Lubrikation und Öffnung der Vagina bei der Frau aus. Detaillierter läßt sich dies verfolgen im *4-Phasen-Modell* der sexuellen Reaktion von Masters und Johnson (1966/1980): Erregungsphase, Plateauphase, Orgasmusphase und Resolutions- und Refraktärphase, noch ergänzt durch H. S. Kaplan (1974/1979): durch eine vorgeschobene Phase der Initialzündung, in der sich entscheidet, ob die betroffene Person sich überhaupt erregen läßt oder nicht. Denn – wie gesagt – nicht jeder sexuelle Reiz wird als „adäquat" registriert.

Auf diesen einfachen und archaischen Reflexbogen wirken allerdings ganz entscheidend auch sogenannte *auf- und absteigende Nervenbahnen* ein, die einen erheblichen Einfluß corticaler cerebraler Prozesse, vor allem eben des bewußten Denkens und Wollens, ermöglichen. Um dazu noch einmal beispielhaft auf die Frage des sogenannten adäquaten sexuellen Reizes einzugehen: Subcortical ist ein ansonsten durchaus optimaler und adäquater Auslösereiz wirkungslos, wenn situativ das biologische sexuelle Triebbedürfnis nicht vorhanden ist. Darüber hinaus kann aber auch ein ansonsten durchaus optimaler adäquater Reiz cortical/kognitiv über die auf- und absteigenden Bahnen als inadäquat bewertet werden und im subcorticalen Reflexbogen unter der notwendigen Reizschwelle bleiben (z. B. bei Ablenkung durch Sorgen oder durch einen Treue-Konflikt beim Seitensprung), wenn der Kopf dagegen ist. Umgekehrt ist die außerordentlich förderliche Wirkung *sexueller Phantasien* auf den Sexualreflex (z. B. wenn bei der Masturbation die bloße physikalische Stimulierung von Penis oder Klitoris unzureichend bleibt) sattsam bekannt. Die exklusive Auslösung des Sexual- und Orgasmusreflexes allein durch kognitiv-gedankliche Anstrengungen ist (mit Ausnahme vielleicht des sexuellen Nachttraums) unmöglich. Die zum Teil durchaus massive positive bzw. negative Einflußnahme kognitiver (affektiver und gedanklicher) Prozesse auf den Sexualreflex des Menschen (Wendt, 1978) hat Sexualwissenschaftler dazu bewogen, den *Kopf* des Menschen als dessen wichtigstes Sexualorgan einzustufen (Sigusch, 1975).

Eine bemerkenswerte und mysteriöse (weil in den meisten Lehrbüchern vernachlässigte oder verheimlichte) Rolle in der Neurophysiologie der menschlichen S. spielt der sog. *Beckenbodenmuskel* (m. pubococcygeus), ohne dessen gleichzeitige Anspannung auch die ansonsten adäquate physische und psychische sexuelle Stimulierung rein neurophysiologisch unwirksam bleibt und sich auch nicht zur nötigen Reizschwelle summieren kann (Kegel, 1952; Wendt, 1979; Zimmer, 1985).

Noch völlig unabgeschlossen ist letztlich auch die wissenschaftliche Diskussion der Frage nach etwaigen signifikanten Unterschieden zwischen männlicher und weiblicher S., hier zum Beispiel in der oft erhobenen Frage, ob etwa die männliche S. reflexhafter und stärker unter Ausschluß corticaler Beteiligung – insgesamt also „primitiver", automatischer und damit auch weniger störungsanfällig – funktioniert als bei Frauen (Kinsey, 1953/1970; Brecher/Brecher, 1969; Zilbergeld, 1978/1986; Hagen, 1979; Nitzschke, 1980; Barash, 1981; Hite, 1977; 1982; Wendt, 1986). Wissenschaftliche und volkstümliche Annahmen legen dies nahe. Eine sachliche Klärung dieser Frage erscheint aber zur Zeit wegen ideologischer und polemischer Überfrachtung infolge der noch nicht abgeschlossenen Frauen-Emanzipation noch nicht möglich. Wie aber an späterer Stelle beschrieben, scheint bei Männern eine stärkere Präsenz unkonditionaler und reflexhafter Reaktionsbereitschaft auf unkonditionale sexuelle Signale vorzuliegen.

Möglicherweise ist auch die von Psycho- und Sexualtherapeuten vermittelte höhere Zahl von Frauen, die wegen sexueller Probleme psychotherapeutische Hilfe aufsuchen, ein nicht nur als kulturelles gesellschaftliches Problem zu interpretierendes Indiz dafür, daß Frauen – hier erst mal nur im sexuellen Bereich – unter stärkerem Verlust der „Instinktsicherheit" zu leiden haben als Männer (was allerdings nach der Formel von A. Gehlen ein Indiz dafür wäre, daß Frauen dafür auch schon eine Sprosse weiter wären auf der evolutionären Leiter als die Männer).

Auffällig an der neurophysiologischen und anatomischen „Bauart" des Menschen ist, daß jeweils sowohl der Mann als auch die Frau für sich alleine sexuell unvollständig ist und daß erst Mann und Frau zusammen – sexuell zumindest – zu einem sinnvollen körperlich-seelischen Ganzen werden (vgl. dazu auch das Konzept von *Yin* und *Yang* in der chinesischen Philosophie und in der Folge davon auch die *Archetypenlehre* C. G. Jungs zu *Animus* und *Anima*) – was allein schon an der augenscheinlichen komplementären Anatomie der männlichen und weiblichen Genitalien, Penis und Vagina, auffällt. Nur: Während Männer immer und übereinstimmend aussagen, daß kaum etwas anderes den Penis so effektiv zu stimulieren vermag wie die Penetration der Vagina, so weiß die Sexualwissenschaft spätestens seit Masters und Johnson (1966/1980; 1970/1973), daß Frauen die Reizung der Klitoris für entscheidend und die Reizung der Vagina durch den eingeführten Penis für relativ wirkungslos halten bezüglich der Auslösung sexueller Erregung und des Erreichens der Schwelle zum Orgasmusreflex.

Allerdings: Während der evolutionäre Vorteil des männlichen Orgasmus durch dessen exklusive Koppelung an den Samenerguß von niemandem angezweifelt wird, so bleibt – einmal ganz leidenschaftslos betrachtet – der evolutionäre Vorteil der weiblichen Orgasmusfähigkeit bislang eher rätselhaft. Aus der gynäkologisch bekannten Tatsache allerdings, daß bei Frauen bei heterologer Insemination (Injektion von Samen eines fremden Spenders direkt in die Gebärmutter der Frau) ein möglicherweise sogar tödlicher Immunschock auftreten kann, ließe sich evtl. die Hypothese herleiten, daß der weibliche Orgasmus eine erste von etlichen danach folgenden Eingangs- und Durchgangskontrollen für den männlichen Samen im Vagina-Uterus-Trakt darstellt.

Es bleibt aber die Frage, warum bei so gut wie allen Koitus-Stellungen der Penis-Vagina-Kontakt so einseitig und eindeutig Männern zum Vorteil und Frauen zum Nachteil hinsichtlich der Lustbefriedigung gereicht. Und schlimmer noch: Auch die erkennbaren Unterschiede in der Neurophysiologie der sexuellen Erregbarkeit und Orgasmusfähigkeit erweisen sich an der Oberfläche eher als *evolutionäre Fehlkonstruktion* denn als sinnvolle Ergänzung: die Männer mit einer kollektiven Neigung zu einem zu schnellen und unkontrollierten Samenerguß und Orgasmusreflex – die Frauen mit einer kollektiven Disposition zu verzögerter und über-kontrollierter Orgasmusfähigkeit und oft sogar zu Anorgasmie und totalem Libidoverlust („Frigidität"). Statistiker unter den amerikanischen Sexualwissenschaftlern haben ausgerechnet, daß Männer im statistischen Durchschnitt nach 3 Minuten, Frauen dagegen erst nach 12 Minuten zum Orgasmus kommen. Und daß dadurch die sogenannte *Orgasmus-Lücke* (Anlaß zahlloser Ehe- und Beziehungsprobleme) entsteht (Masters/Johnson, 1966/1980; 1970/1973; Kaplan, 1974/1979). Bei allem Unsinn statistischer Berechnungen in den Humanwissenschaften, vor allem der von Mittelwerten, drücken doch diese Zahlen modellhaft optimal aus, um welches Problem es geht. In der Schlußfolgerung bleibt nur zu klären, ob sexuelle Anatomie und Physiologie des Menschen als evolutionäre Fehlkonstruktionen einzuschätzen sind (was eigentlich kaum wahrscheinlich ist: die Evolution würfelt nicht!), oder ob an der Art, wie Männer und Frauen sexuell miteinander umgehen, etwas falsch ist (was eher anzunehmen ist: vgl. dazu auch die folgenden Ausführungen zur Sexualmoral).

3.2 Zur Sexualmoral und Sexualpädagogik

Es ist anzunehmen, daß Sexualmoral und Sexualpädagogik der „verlängerte Arm" der Evolution, die „Fortsetzung" der Evolution nur „mit anderen Mitteln" sind: Wo sexuelle Instinkt-Sicherheit gegeben ist, sind Sexualmoral und Sexualpädagogik überflüssig. Oder anders ausgedrückt: Wo sich ein besonders dichtes und indoktrinierendes System von Sexualmoral aufdrängt, dort ist die für eine sinnvolle Evolution notwendige Instinkt-Sicherheit nicht mehr vorhanden. Am dichtesten und indoktrinierendsten stellt sich die westliche orthodoxe Sexualmoral in folgenden drei Merkmalen dar: (1) Betonung der Heterosexualität, (2) Betonung der Paar-S. und (3) Betonung der sexuellen Monogamie. *Versus*: (1) Ablehnung der

Homo-S., (2) Ablehnung der Selbstbefriedigung und (3) Ablehnung der Polygamie/Promiskuität.

Die vorher beschriebene Definition von S. drückt deutlich diese drei Pros und Contras aus. Aus Raumgründen und wegen der dabei am ehesten verlangten Notwendigkeit zu differenzierten Erläuterungen läßt die Definition die Dimension *Monogamie/Polygamie* unberücksichtigt. Sie ist unter Fach-Wissenschaftlern heftig umstritten: Während an der Existenz der Monogamie niemand ernsthaft zweifelt, ist die Existenz der Polygamie und deren biologisch-instinktive und kulturelle Verankerung genauso unklar, wie die Polygamie insgesamt in der westlichen Sexualmoral eher tabuisiert und unterdrückt wird. So auch in der Frage, ob die Neigung zur Monogamie oder Polygamie sich geschlechtsspezifisch differenziert.

Bei näherer Betrachtung des Systems von Sexualmoral zur Frage von Monogamie und Polygamie entdeckt man nämlich ohne Schwierigkeiten eine recht deutliche *geschlechtsspezifische Differenzierung*, die durchaus einer Diskriminierung im Sinne der sogenannten Doppelmoral gleichkommt: Während grundsätzlich inzwischen die gängige Sexualmoral mit polygamen sexuellen Erlebnis- und Verhaltensweisen relativ milde umgeht und den sogenannten Seitensprung, den Ehebruch, das sogenannte Dreiecksverhältnis, den Gruppensex und den Partnertausch eher toleriert als anprangert (und schon gar nicht mehr strafrechtlich belangt), ist die sexualmoralische Toleranz der Öffentlichkeit wesentlich milder, wenn Männer die treibende Kraft, und wesentlich schärfer, wenn dies Frauen sind. Diese öffentliche sexuelle Doppelmoral huldigt dem Mann eventuell für seine polygamen Neigungen sogar als Supermann, während die Frau (früher als „Hexe") heute als Hysterikerin und als Nymphomanin verachtet und verurteilt wird – eine *Doppelmoral* also, die sich am allerdeutlichsten noch in den geschlechtsspezifisch unterschiedlichen Idolen und Idealen des erfahrenen Mannes „von Welt" und der unberührten keuschen Frau (Virginität) ausdrückt.

In diesem Zusammenhang wird allerdings auch tatsächlich von Sexualwissenschaftlern eingeräumt, daß Frauen offensichtlich nicht annähernd so viel Interesse an polygamen/promisken Verhaltensweisen (Gruppensex, Dreiecksverhältnis, Partnertausch) aufweisen wie Männer und daß diesbezügliche Erfahrungen am ehesten aus anfänglicher Neugier oder auf Drängen der Männer eingegangen, bald danach aber aus Enttäuschung und Frustration wieder aufgegeben werden (Kahn, 1981/1983; Hite, 1977; 1982).

Insgesamt sieht es wohl so aus, daß sowohl Männer als auch Frauen polygame Neigungen kennen, aber nicht im gleichen Umfang und auch nicht in allen Lebensphasen gleich. Darüber, ob und wann ein Mensch sexuell eher polygam ist, herrscht auch noch einige Unklarheit. Die Daten von verschiedenen Sexualforschungs-Reporten (Kinsey, 1948/1970; 1953/1970; Hite, 1977; 1982; Kahn, 1981/1983) können darüber keine Auskunft geben, weil sie sich allesamt auf Verhalten und Praktiken beschränken und das Erleben außer acht lassen. Es ist aber mit Sicherheit davon auszugehen, daß sich das Sexualverhalten von verliebten Menschen deutlich von dem nichtverliebter Menschen unterscheidet. *Liebe* allerdings läßt sich mit naturwissenschaftlichen Methoden nicht messen; auch ist (leider) davon auszugehen, daß in einer gefühlskalten und gefühlsunterdrückenden Kultur wie der westlichen Liebe so selten ist, daß viele Menschen sie nicht mehr fassen und erleben können.

Unter Berücksichtigung solcher Schwierigkeiten wären die vorliegenden sexualwissenschaftlichen Daten aber wahrscheinlich so zu interpretieren, daß verliebte Menschen vorwiegend monogam und nur die nicht-verliebten Menschen polygam sind. So liegt der evolutionäre und auch zivilisatorische Zweck der Polygamie offensichtlich darin, den idealen bestmöglichen Partner suchen und finden zu können. Dieser Zweck ist natürlich sowohl in genetischer als auch kultureller Hinsicht außerordentlich wichtig. Er wäre nur dann überflüssig, wenn es egal wäre, welcher Mensch sich mit welchem verbinden würde. Dieses dem *Darwinismus* oft zum Vorwurf gemachte Prinzip der Selektion und Zuchtwahl schimmert also auch deutlich in der menschlichen S. durch: Das Kriterium der Auslese ist die Liebe. Da die körperlichen Korrelate von Liebe (noch) unbekannt sind, kann auch der genetische Vorteil der Paarung aus Liebe nicht verstanden werden. Dementsprechend schlecht sieht es damit – wenn man von den Erfahrungen von Psychiatern, Psychotherapeuten und Sexualtherapeuten ausgeht – in den westlichen Gesellschaften aus: Nur die wenigsten Paare fühlen sich in Liebe verbunden. Sehr viele Menschen paaren sich mangels wirklicher Auswahlmöglichkeit nicht mit dem Besten, sondern mit dem Erst-besten, und dann oft auch noch aus eher materiellen Gründen (Walster/Walster, 1978) und werden darüber erst unglücklich und dann seelisch krank.

Westliche Psychiater und Psychotherapeuten gehen inzwischen davon aus, daß gut 70-80% aller seelischen Erkrankungen partnerschaftliche und/ oder sexuelle Ursachen haben. Die humanistische

These, daß der Mensch krank wird (und auch früher als notwendig stirbt), wenn er seine Bestimmung verfehlt (C. Rogers; Fritz Perls; V. Frankl; C. G. Jung u. v. a.), muß zweifellos auch im größeren Kontext gesehen werden, daß der Mensch krank wird, wenn er seine evolutionäre, genetische Bestimmung verfehlt: die eigenen Gene mit denen des Partners zu vereinen und sich fortzupflanzen. Soziobiologen und Biopsychologen sprechen dabei nicht von Liebe, sondern vom *Gen-Hunger*. Der Streit zwischen christlicher und darwinistisch-naturwissenschaftlicher Überzeugung, ob es Gott oder die Gene seien, die die Menschen zusammenführten, ist nach wie vor noch unentschieden. Auffällig ist lediglich die Gemeinsamkeit in dieser Sache, daß nämlich weder Gott (A. Einstein) noch die Gene (G. Mendel; C. Darwin) „würfeln".

Angesichts von wachsender Überbevölkerung und zunehmendem Abbau der menschlichen Lebensressourcen hängt das Überleben der Menschheit in Zukunft weniger von der Menge als vielmehr von der Güte ab. Insofern ist deutlich, daß nur eine solche Sexualmoral in harmonischer Übereinstimmung mit den evolutionären Notwendigkeiten der Menschheit steht, die zunächst ausgiebig Polygamie fördert – und dann (wenn der „richtige" Partner gefunden ist) die Monogamie. Tatsächlich zeichnet sich diese Entwicklung in der Sexualmoral des ausklingenden 20. Jahrhunderts auch ab. Die einseitige Bevorzugung der Männer und Benachteiligung der Frauen in puncto Polygamie, die klassische Doppelmoral also, ist allerdings seit der Entwicklung und Einführung zuverlässiger Verhütungsmethoden in den 60er Jahren („die Pille" u. a.) evolutionär nicht mehr sinnvoll. Das sexualmoralische Ideal der Jungfräulichkeit (Virginität) – als Schutz vor übereilter und falscher Partnerwahl (und Gen-Kombination) zuvor durchaus sinnvoll gemeint, kehrt sich jetzt für Frauen zum Nachteil. Aber die Jungfräulichkeit (vor der Ehe!) half auch vorher schon nicht viel bei der Suche nach dem richtigen Partner. Die Virginität der Frau als Ideal, die unberührte reine Jungfrau als Idol (vgl. die Marien-Verehrung der Katholischen Kirche) ist wohl schon lange weniger instinktiv als vielmehr als Ausdruck *patriarchalischer Herrschaftsstruktur* zu verstehen – und damit als überholt anzusehen. Wenn auf seiten der Männer in Zukunft die subtile Förderung polygamer Neigungen durch die gängige Sexualmoral eingeschränkt und dafür (nach ausgiebiger polygamer Orientierungsphase) die Monogamie höher bewertet wurde, könnte damit ein übriges zu einer harmonischen Weiterentwicklung der Menschheit beigetragen werden (noch ist allerdings die kulturelle Geringerschätzung des monogamen, des verheirateten Mannes im Klischee des Pantoffelhelden, des Softies und des müden Kriegers überall vorzufinden!).

Die Sexualmoral, der verlängerte Arm der Evolution, die Fortsetzung der Evolution nur mit anderen Mitteln, gestattet eine flexiblere und schnellere, insgesamt also dynamischere Anpassung an wechselnde Lebens- und Umweltbedingungen, als es die genetischen Programme der DNS, die Instinkte, erlauben. Aber auch die Moral als Ausdruck kulturell tradierter Werte und Überzeugungen der menschlichen Gesellschaft erweist sich angesichts mancher inzwischen sehr schnellebigen Entwicklungen als zu langsam und damit zu wenig flexibel. Hielten sich die grundsätzlichen moralischen Überzeugungen und Werte bislang über viele Jahrhunderte – zumindest jedoch über etliche Generationen –, so stellt sich inzwischen die Notwendigkeit, möglicherweise noch innerhalb des Zeitraums einer einzigen Generation moralischen Wandel zu vollziehen. So wichtig Fehler zur Weiterentwicklung und Reifung sind, so wichtig ist die rechtzeitige Korrektur der Fehler. Die zeitgenössische Sexualmoral des ausklingenden 20. Jahrhunderts läßt einige recht gefährliche Fehler erkennen, die bald korrigiert werden müssen.

Vor dem Hintergrund der planetarischen Bedrohung der Menschheit durch Überbevölkerung und Umweltzerstörung, den seit den 60er Jahren des 20. Jahrhunderts zur Verfügung stehenden und sich weiter verfeinernden Schwangerschaftsverhütungsmethoden, des relativen Wohlstands der westlichen Industrienationen, der inzwischen eingeleiteten Entwicklung zu Emanzipation und Gleichberechtigung der Frau im Zusammenhang mit beständig wachsenden beruflichen Möglichkeiten auch für Frauen, sollte man allerdings meinen, daß keine evolutionär dringende sexual-moralische Notwendigkeit mehr dafür besteht, S. so exklusiv und rigide mit Hetero-S., Fortpflanzung, lebenslänglich monogamer Paarbindung und – last not least – mit patriarchalischer Hierarchie zu verknüpfen.

4 Die vier Funktionen der Sexualität

Damit wird – möglicherweise noch im 20. Jahrhundert – ein Paradigma-Wechsel eingeleitet, der die menschliche S. und die Energie, die damit verbunden ist, über die exklusive Nutzung zu Fortpflanzungszwecken hinaus freigibt auch für andere Zwecke: nämlich (2) zur Erholung und seelisch-körperlichen Gesunderhaltung; (3) zu sozialen Kontakten und zu Geselligkeit, und (4) zur

Verbesserung der intellektuellen und mentalen Fähigkeiten (Sublimation).

Daß die Unterdrückung sexueller Triebimpulse zur *Neurose* führen kann, ist seit Freud und Reich hinlänglich beschrieben und bekannt. Daß sie sehr wahrscheinlich auch als Verursacher der meisten körperlichen funktionellen und vegetativen Erkrankungen in Frage kommt, das wird – zumindest auch – durch die Fortschritte der Psychosomatik nahegelegt. So wundert es nicht, daß Psycho- und Sexualtherapeuten behaupten, daß gut 70-80% aller psychischen Erkrankungen auf Partnerschafts-, Beziehungs- und Ehekrisen zurückzuführen seien, und davon wiederum gut 70-80% auf sexuelle Frustrationen und Nöte. Auch setzt sich unter Schulmedizinern inzwischen mehr und mehr die Überzeugung fest, daß die meisten körperlichen Erkrankungen (Seuchen und Unfälle natürlich ausgenommen) eine Frage des Immunsystems und damit ganz wichtig auch eine Frage der seelischen und sexuellen Harmonie sind.

Über die Frage, ob eine gesunde S. die menschliche Lebenserwartung steigert und – umgekehrt – eine kranke oder gar schon vorzeitig abgestorbene S. die Lebenserwartung mindert, liegen bislang nur unwissenschaftliche Spekulationen vor.

Am spekulativsten und wissenschaftlich unerforschtesten ist die These von der Steigerung geistiger, intellektueller, mentaler und spiritueller Fähigkeiten des Menschen durch die darauf kanalisierte sexuelle Energie. Bei Freuds *Sublimations-Konzept* erst zu ahnen, bei Reichs *Orgon-Theorie* schon deutlicher herauszuspüren, im indisch-chinesischen, buddhistischen *Taoismus* und *Tantrismus* („Schlangenkraft"/Kundalini) konkret beschrieben, kann heute wissenschaftlich auf alle Fälle von der abgesicherten Tatsache ausgegangen werden, daß der Mensch im normal wachen Alltags-Bewußtsein verschiedene Hirnareale und -schaltkreise brach liegen läßt, die er – wenn überhaupt je – erst bei außerordentlich veränderten Bewußtseinszuständen, wie bei *Ekstase* und *Trance*, zu aktivieren vermag. Künftige Entwicklungen menschlicher Fähigkeiten, wie zum Beispiel *Telepathie, Hypnose* und *Psychokinese*, werden von Wissenschaftlern ganz entscheidend mit diesen außer-ordentlichen Bewußtseinszuständen und der Fähigkeit, normalerweise brachliegende Gehirnfunktionen zu aktivieren, in Verbindung gebracht (Leary, 1981). Angesichts der Tatsache, daß Ekstase und Trance im Gefolge der sexuellen Reaktion normalerweise ganz spontan und ohne besondere Schulung (wie z. B. in *Meditation*) auftreten, kommt der menschlichen S. auch hinsichtlich der intelligenzsteigernden Funktion eine besondere Bedeutung zu.

5 Ausblick

Angesichts moderner und medizinischer Möglichkeiten, Fortpflanzung auch ohne S. und Liebe in der Retorte zu bewirken, angesichts einer so tödlichen Bedrohung für die Menschheit wie der sexuell übertragenen Immunkrankheit AIDS und angesichts überhaupt der Tatsache, daß die instinkthafte unkontrollierbare Fortpflanzung inzwischen eher zum Verderben als zum Wohle der Menschheit geraten ist, bleibt zu erwarten, daß die S. des Menschen in Zukunft einem deutlichen evolutionären Wandel unterliegen wird, der – erwartungsgemäß – am ehesten zu einer Entflechtung von S. und Fortpflanzung führen wird. Bleibt nur noch zu hoffen, daß die menschliche S. durch solchen Wandel nicht derart an vitaler und existentieller Bedeutung verliert, daß sie in Zukunft nur noch einer elitären Minderheit als Lust-Privileg verblieben – der Masse der Menschheit jedoch in Vergessenheit geraten sein wird.

Literatur

Annon, J. S.: The behavioral treatment of sexual problems. 2 Bände. Honolulu/Hawaii: Enabling Systems, 1975/1976.

Arentewicz, G./Schmidt, G.: Sexuell gestörte Beziehungen (2. Aufl.). Berlin: Springer, 1986.

Barash, D.: Das Flüstern in uns. Ursprung und Entwicklung menschlichen Verhaltens. Frankfurt: Fischer, 1981.

Barbach, L. G.: For Yourself. Die Erfüllung weiblicher Lust. Berlin: Ullstein, 1977.

Bell, A. P./Weinberg, A. S.: Der Kinsey-Institut-Report über weibliche und männliche Homosexualität. München: Bertelsmann, 1978.

Borneman, E.: Das Patriarchat. Frankfurt: Fischer, 1975.

Brecher, E./Brecher, R.: An analysis of human sexual response. New York: Signet, 1969.

Dawkins, R.: Das egoistische Gen. Berlin: Springer, 1978.

Dodson, B.: Liberating masturbation. New York, 1974.

Foucault, M.: Sexualität und Wahrheit. 3 Bände. Frankfurt: Suhrkamp, 1986 (Original 1977).

Freud, S.: Drei Abhandlungen zur Sexualtheorie. Frankfurt: Fischer, 1961 (Original 1905).

Friday, N.: Die sexuellen Phantasien der Frauen. Reinbek: Rowohlt, 1980 (Original 1973).

Golden, J. S. et al.: Group vs. couple treatment of sexual dysfunctions. Archives of Sexual Behavior, 7, 1978.

Haeberle, E. J.: Die Sexualität des Menschen. Handbuch und Atlas (2. erw. Aufl.). Berlin: de Gruyter, 1985.

Hagen, R.: The bio-sexual factor. New York: Doubleday, 1979.

Hartman, W. E./Fithian, M. A.: Treatment of sexual dysfunction. New York: Jason Aronson, 1972.

Hite, S.: Der Hite-Report I. Das sexuelle Erleben der Frau. München: Bertelsmann, 1977.

Hite, S.: Der Hite-Report II. Das sexuelle Erleben des Mannes. München: Bertelsmann, 1982.

Kahn, S. S.: Der Kahn-Report. Bergisch-Gladbach: Lübbe-Bastei, 1983 (Original 1981).

Kaplan, H. S.: Sexualtherapie. Ein neuer Weg für die Praxis. Stuttgart: Enke, 1979 (Original 1974).

Kaplan, H. S.: Hemmungen der Lust. Neue Konzepte der Psychosexualtherapie. Stuttgart: Enke, 1981.

Kegel, A.: Sexual functions of the pubococcygeus muscle. Western Journal of Obstetrics and Gynecology, 1952.
Kinsey, A. C.: Das sexuelle Verhalten des Mannes. Frankfurt/M.: Fischer, 1970 (Original 1948).
Kinsey, A. C.: Das sexuelle Verhalten der Frau. Frankfurt: Fischer, 1970 (Original 1953).
Kockott, G.: Sexuelle Störungen. München: Urban & Schwarzenberg, 1977.
Kuhn, T. S.: Die Struktur wissenschaftlicher Revolutionen. Frankfurt: Fischer, 1967.
Leary, T.: Exo Psychology. Handbuch für den Gebrauch des menschlichen Nervensystems gemäß den Anweisungen der Hersteller. Basel: Sphinx, 1981.
Lo Piccolo, J./Lo Piccolo, L. (Eds.): Handbook of sex therapy. N.Y. London: Plenum Press, 1978.
Marysko, E./Wendt, H.: Über Masturbations- und Koitusgewohnheiten von Studenten. Unveröffentl. Diplomarbeit, Universität Bonn, 1983.
Malinowski, B.: Das Geschlechtsleben der Wilden in Nordwest-Melanesien. Frankfurt/M.: Syndikat, 1979 (Original 1929).
Masters, W. H./Johnson, V. E.: Die sexuelle Reaktion. Reinbek: Rowohlt, 1980 (Original 1966).
Masters, W. H./Johnson V. E.: Impotenz und Anorgasmie. Zur Therapie funktioneller Sexualstörungen. Frankfurt: Goverts, 1973 (Original 1970).
Masters, W. H./Johnson, V. E. (Eds.): Ethics in sex-therapy and research. New York: Doubleday, 1977.
Mead, M.: Mann und Weib. Das Verhältnis der Geschlechter in einer sich wandelnden Welt/Male and Female. Reinbek: Rowohlt, 1971.
Mead, M.: Geschlecht und Temperament in drei primitiven Gesellschaften. München: DTV, 1979 (Original 1961).
Miller, A.: Du sollst nicht merken. Frankfurt: Suhrkamp, 1983.
Millet, K.: Sexus und Herrschaft (2. Aufl.). München: dtv, 1977.
Money, J. & Ehrhard, A.: Man and Woman, Boy and Girl. New York: John Hopkins Press, 1972.
Mosher, D.: Negative attitude towards masturbation. Journal of Sex and Marital Therapy, 5, 1979.
Nitzschke, B.: Männerängste, Männerwünsche. München: Matthes & Seitz, 1980.
Plack, A.: Die Gesellschaft und das Böse. Eine Kritik der herrschenden Moral. Frankfurt: Ullstein, 1979.
Reich, W.: Die Entstehung der Orgons. Die Funktion des Orgasmus. Frankfurt: Fischer, 1972 (Original 1927, 1940).
Reich, W.: Die sexuelle Revolution. Zur charakterlichen Selbststeuerung des Menschen (erschienen 1936 unter dem Titel: Die Sexualität im Kulturkampf). Frankfurt: Fischer-Verlag, 1971.
Schelsky, H.: Soziologie der Sexualität. Über die Beziehung zwischen Geschlecht, Moral und Gesellschaft (21. Aufl.). Reinbek: Rowohlt, 1977.
Schorsch, E. u. a.: Zur Versorgung von Patienten mit sexuellen Störungen. Sexualmedizin, 7, 1977.
Schorsch, E./Schmidt, G. (Hrsg.): Ergebnisse zur Sexualforschung. Berlin: Ullstein, 1977.
Sigusch, V.: Therapie sexueller Störungen. Stuttgart: Thieme, 1975.
Szasz, T.: Sex by Prescription. Garden City, N.Y.: Anchor Press/Doubleday, 1980.
Taylor, G. R.: Kulturgeschichte der Sexualität. Frankfurt: Fischer, 1977.
Van Ussel, J.: Sexualunterdrückung. Geschichte der Sexualfeindschaft (2. Aufl.). Gießen: Focus, 1977.
Walster, R./Walster, D.: Liebe ist mehr. Partnerschaft und Liebe in neuem Licht. München: Verlag Moderne Industrie, 1978.
Wendt, H.: Die neuen Mythen der Sexualität und Sexualtherapie. Psychologie Heute, 5 (8), 1978.
Wendt, H.: Integrative Sexualtherapie. München: Pfeiffer, 1979.
Wendt, H.: Sexualität. Unveröffentlichtes Vortragsmanuskript, 1986.
Zilbergeld, B.: Männliche Sexualität (7. Aufl.). Tübingen: Deutsche Gesellschaft für Verhaltenstherapie, 1986 (Original 1978).
Zimmer, D.: Sexualität und Partnerschaft. Grundlagen und Praxis psychologischer Behandlung. München: Urban & Schwarzenberg, 1985.

Soziale Aktivierung

Helmut E. Lück

1 Geschichte

Die Frage nach dem Einfluß anderer auf das Leistungsverhalten war wohl das erste Thema, mit dem sich die entstehende experimentelle Sozialpsychologie um die Jahrhundertwende befaßte. Es sollte lange Zeit das einzige bleiben.

Norman D. Triplett (1897) interessierte sich für die Gründe, die zur Leistungssteigerung von Radfahrern führen, wenn diese bei Wettkämpfen gegen Konkurrenten antreten. Zur Erklärung dieses *Schrittmacherphänomens* führte er ein Experiment durch, das als erstes sozialpsychologisches Experiment überhaupt angesehen wird: Zwei Versuchspersonen (Vpn) sollten gleichzeitig, aber unabhängig voneinander, an einer eigens konstruierten „Wettbewerbsmaschine" je eine 16 Meter lange Schnur aufrollen. Nach einem komplizierten Versuchsplan kurbelten 40 Kinder einzeln oder zu zweit. Zwanzig Kinder wurden durch den Wettbewerb positiv stimuliert, zehn wurden überstimuliert, und die restlichen zehn Vpn wurden nur gering beeinflußt. Triplett entwickelte daraus seine *Theorie der Dynamogenese*, wonach durch die körperliche Anwesenheit anderer latente Energien freigesetzt werden.

In Deutschland waren es insbesondere experimentell arbeitende Pädagogen oder pädagogisch engagierte Psychologen wie Meumann (1904), Mayer (1903) und Schmidt (1904), die sich um die Jahrhundertwende besonders für die Vor- und Nachteile von Haus- und Schularbeiten interessierten.

Die Arbeiten von Walter Moede (1920) müssen hier besonders hervorgehoben werden. Moede führte 1913 eine großangelegte Versuchsreihe zum Einfluß der sozialen Situation auf die Leistung des einzelnen durch und setzte sich damit in deutlichen Widerspruch zu seinem Lehrer Wilhelm Wundt, der glaubte, soziale Beziehungen seien zu komplex, um sie per experimentum erforschen zu können. In Moedes Versuchen mußten Kinder einzeln, zu mehreren oder vor Zuschauern u. a. möglichst viele Punkte auf ein Stück Papier setzen, ein Dynamometer zusammendrücken, Stromschläge aushalten und dergleichen mehr. Moede glaubte, einen Leistungsanstieg und eine Tendenz zur Vereinheitlichung („Assimilation") in der Gruppensituation nachweisen zu können. Nachträgliche Berechnungen (Lück, 1969, 14) zeigen allerdings, daß hier statistische Signifikanz nicht gegeben war.

Die bekanntesten Experimente zur sozial bedingten Leistungsaktivierung wurden in den Jahren 1916 bis 1919 von Floyd H. Allport (1920; 1924) durchgeführt. Allport ließ seine Vpn einzeln oder in Gruppen von drei bis fünf Personen u. a. in Texten die Vokale durchstreichen, Zahlen multiplizieren, schriftlich frei assoziieren, Gerüche und Gewichte beurteilen. Als Ergebnis stellte er Quantitätssteigerung in der *co-action*-(Nebeneinander-)Situation fest, glaubte aber zu erkennen, daß sich die Gruppensituation vor allem bei mechanischen und motorischen Arbeiten eher leistungsfördernd auswirkt. Auch Allports Ergebnisse sind nach heutigen Maßstäben durchweg nicht signifikant (Lück, 1969, 17).

Allport glaubte außerdem, zwei gegenläufige Einflüsse auf das Verhalten in der Nebeneinandersituation entdeckt zu haben: *hemmende Einflüsse* und *Erleichterung* („social facilitation"). Verantwortlich für diese sozial bedingte Leistungsaktivierung oder -erleichterung – *Soziale Aktivierung* – machte er „den Anblick und die Geräusche der anderen, die das gleiche tun". Er glaubte, diesen Effekt deutlich von der *Rivalität* trennen zu können.

Im behavioristischen Fahrwasser der Allportschen Lehre sind eine ganze Reihe von „social-facilitation"-Experimenten durchgeführt worden, bezeichnenderweise zum großen Teil an Tieren. „Social facilitation" war eine Zeit lang ein Modethema von Sozialpsychologen und Biologen. Doch erwiesen sich die Ergebnisse insgesamt als uneinheitlich und somit als unbefriedigend. In der Tat sprach viel dafür, „social facilitation"-Effekte doch eher als Folge verschiedener sozialer Interaktionseffekte anzusehen. Die ursprüngliche Frage nach der Leistungssteigerung durch andere konnte nicht beantwortet werden. So geriet „social facilitation" als Forschungsthema in den fünfziger Jahren fast in Vergessenheit.

2 Die Hypothese von Robert B. Zajonc

Robert B. Zajonc hat 1965 versucht, die Ergebnisse der bisherigen „social-facilitation"-Forschung unter einer Hypothese zu subsumieren, die zunächst bestechend einfach erscheint: „Audience enhances the emission of dominant responses" – die Anwesenheit von Publikum erleichtert die Abgabe dominanter Reaktionen. Diese Hypothese soll nach Zajonc sowohl für die *co-action*-Situation (Nebeneinander) als auch für die *audience*-Situation (Zuschauer) gelten. Tatsächlich gelingt es Zajonc mit dieser Hypothese, einen großen Teil der Forschungsergebnisse von Experimenten an Menschen und Tieren auf einen Nenner zu bringen. Seine Hypothese versucht Zajonc mit Bezug auf die Theorien von Hull und Spence in zwei Stufen zu begründen:

1. Die Anwesenheit anderer führt beim Individuum zu einem Anstieg des Antriebsniveaus.
2. Das erhöhte Antriebsniveau führt seinerseits zum bevorzugten Auftreten derjenigen Verhaltensweisen, deren Auftreten in der jeweiligen Situation ohnehin besonders wahrscheinlich ist. Wenn dominante, das heißt wohletablierte, gutgelernte oder sogar physiologisch verankerte Reaktionen in Anwesenheit von Zuhörern oder Zuschauern verstärkt auftreten, so sind zwei Fälle denkbar:

Der erste Fall: Die jeweils dominanten Reaktionen sind adäquat und förderlich für das Zustandekommen der betreffenden Leistung. In diesem Falle gibt es eine echte soziale Erleichterung, einen Leistungsvorteil in der sozialen Situation. Beispiel ist der Nestbau der Ameisen oder die Freßreaktion bei Hühnern, Ratten, Affen, Fischen und bei Welpen. Auch „schlechte Esser" unter Kindern sollen sich nach den Erfahrungen mancher Pädagogen durch „gute Esser" anregen lassen.

Vpn im Laboratorium zeigten, als sie beobachtet wurden, größere Aufmerksamkeitsleistungen, bessere Bewältigung einfacher gelernter Bewegungen, Leistungssteigerungen beim Durchstreichen bestimmter Buchstaben in fortlaufenden Texten, beim Lösen einfacher Labyrinthe oder beim schriftlichen Fixieren von freien Assoziationen.

Der zweite Fall: Die jeweils dominanten Reaktionen sind inadäquat, also hinderlich für die betreffende Leistung. Auch dominante Reaktionen dieser Art werden in der sozialen Situation verstärkt, führen dann aber zum Leistungsabfall in der sozialen Situation. Beim Lösen schwieriger Probleme überwiegen z. B. zunächst die falschen Lösungen, sie „liegen näher". Auch diese dominanten falschen Lösungen werden in der sozialen Situation verstärkt, so daß das Ergebnis des einzelnen in der Gruppe oder vor Zuschauern (z. B. Lernverhalten) schlechter ausfällt als in der Einzelsituation.

Zur Begründung der ersten Stufe seiner Hypothese verweist Zajonc u. a. auf Tierexperimente, die gezeigt haben, daß im Zustand des sozialen Nebeneinanders die Erregung vermutlich durch Ausschüttung von ACTH durch die Hypophyse größer ist, wodurch die Nebennierenrinde zu vermehrter Hormonausschüttung angeregt wird. Auch für die zweite Stufe seiner Hypothese, die bevorzugte Abgabe dominanter Reaktionen bei erhöhter Erregung, gibt es einige Hinweise aus der Streßforschung und den Lerntheorien von Hull und Spence.

3 Überprüfungen und Revisionen der Zajonc-Hypothese

Die ersten Untersuchungen zur Gültigkeit der Zajonc-Hypothese ließen nicht lange auf sich warten. Entsprechend der Hypothese ist zunächst die antriebssteigernde Wirkung der „anderen" nachzuweisen. Die Forschungsergebnisse hierzu sind uneinheitlich. Wenige Untersuchungen bestätigen einen Erregungsanstieg, einige weisen keinen Erregungsanstieg nach (Rosch, 1985). In einer Untersuchung mit drei verschiedenen Zuschauerbedingungen (Lück, 1969, 70 ff.) trat ein Pulsanstieg nur dann ein, wenn die Zuschauer als kompetent zur Beurteilung der Leistung gelten mußten. Dieses wie auch weitere Ergebnisse verweisen auf die Bedeutung der *kognitiven Bedingtheit von Erregungszuständen*. Allerdings muß gesagt werden, daß sich fast alle „social-facilitation"-Experimente zur Überprüfung der Antriebssteigerung auf die Messung einer oder nur sehr weniger physiologischer Maße beschränkten. Dies jedoch kann nur in Grenzen als angemessene Operationalisierung des Antriebsniveaus nach Hull angesehen werden.

Die zweite „Stufe" der Zajonc-Hypothese läßt die häufigere Abgabe dominanter Reaktionen bei Zuschauern (bzw. Erregung) erwarten. Zajonc und Mitarbeiter führten hierzu eine Reihe von Experimenten durch, die tendenziell für diesen Teil der Hypothese sprachen. Verschiedene Grade der Dominanz waren hier in einer Trainingsphase durch unterschiedliche Einübung etabliert worden. Wenngleich auch zu dieser Stufe der Zajonc-Hypothese die Befunde nicht ganz einheitlich waren, so haben Cottrell (1968; 1972) und Geen (1980) in ihren Sammelreferaten die Zajonc-Hypothese im wesentlichen als bestätigt und als solide Grundlage zur Überprüfung des Verhaltens von Mensch und Tier angesehen.

Unverzüglich nach Veröffentlichung der Studie von Zajonc war am neo-behavioristischen, quasimechanistischen Charakter der Zajonc-Hypothese Kritik laut geworden. Fast alle Kritiker werfen Zajonc die *Vernachlässigung kognitiver Prozesse* vor, denn erfahrungsgemäß führen nicht alle Arten von Zuschauern zu erhöhter Erregung. Ist der Zuschauer besonders wichtig für die betreffende Person (z. B. Probevorspiel eines Solomusikers), so wird die Erregung weit höher sein als bei der Beobachtung durch inkompetente Zuschauer.

Cottrell (1968) hat nach der Ursache der erhöhten Erregung gefragt und behauptet, die Erregung sei erlernt. Personen haben die Bedeutung von Zuschauern gelernt und reagieren nur dann mit Erregung, wenn die Zuschauer als wichtig empfunden werden. Diese Hypothese hat zu einer Anzahl weiterer Untersuchungen geführt, so daß heute viel für eine *„learned drive"-Hypothese* spricht. Henchy und Glass (1968) konnten keine Erregungssteigerung durch Zuschauer feststellen, fanden jedoch „social-facilitation"-Effekte i.S. von Zajonc, die sie auf *„evaluation apprehension"* (Angst, beurteilt zu werden) im Sinne von Rosenberg zurückführten.

Anwesende Personen können jedoch noch andere Wirkungen haben, z. B. können sie Angst reduzieren helfen und auch ablenken. Diese verschiedenen Wirkungen können sich sicher überlagern. Schließlich können in der Nebeneinander-Situation (co-action) von den anderen Personen Hinweisreize im Sinne von Verhaltensmodellen ausgehen.

Ein weiterer Impuls auf die neuere „social-facilitation"-Forschung ging von der *Theorie der objektiven Selbstaufmerksamkeit* (Duval/Wicklund, 1972) aus. Ohne die triebtheoretische Annahme erhöhter Erregung weiter zu verfolgen, versuchen Duval und Wicklund „social-facilitation"-Phänomene rein kognitiv zu erklären. Die Autoren nehmen an, daß objektive Selbstaufmerksamkeit zu negativer Selbsteinschätzung und zu negativen Gefühlen führt, wenn die betreffende Person eine Diskrepanz zwischen Idealzustand und tatsächlichem Zustand erfährt. Idealzustand kann hohe fehlerfreie Leistung bedeuten, objektive Selbstaufmerksamkeit kann durch Anwesenheit anderer eintreten bzw. verstärkt werden. So kann Publikum zur Leistungssteigerung beitragen, wenn es um einfache Aufgaben (dominante Reaktionen) geht. Ähnlich wie Duval und Wicklund (1972) nehmen auch Carver und Scheier (1981a, b) auf der Basis ihrer *Theorie der Aufmerksamkeit und Selbstregulation* auch für „social-facilitation"-Effekte (1981b) Regulationsprozesse an, die zu einem verstärkten Bemühen um Anpassung an Verhaltensstandards bei Anwesenheit anderer führen. Anders als Duval und Wicklund nehmen Carver und Scheier in ihrem Regelkreismodell auch Erregungsprozesse an. Ihre „social-facilitation"-Experimente zeigten – anders als Zajonc vorhersagen würde – hohe Erregung *vor* der Aufgabenbearbeitung. Carver und Scheier werten dies als Bestätigung ihrer Regulationstheorie.

4 Fazit

Die Hypothese von Robert B. Zajonc hat zu einer Wiederbelebung der „social-facilitation"-Forschung geführt. Über 200 Experimente wurden nach 1965 durchgeführt. Die Ergebnisse sind insgesamt jedoch wenig überzeugend. Dies gilt sowohl für die Einheitlichkeit der Ergebnisse als auch für die Entwicklung der Theorien. Eine theoretische Integration der verschiedenen Prozesse (Erregung, Ablenkung, Beruhigung, Selbstaufmerksamkeitsveränderung) steht noch aus. Mit Recht werden unzureichende physiologische Messungen beklagt, deren Wert als Indikator für Antriebsniveau im Sinne von Hull und Spence überdies umstritten ist. Von fast allen Forschern sind interindividuelle Unterschiede vernachlässigt worden. Ferner besteht Unklarheit über die Leistung als abhängige Variable (z. B. Geschwindigkeit vs. Genauigkeit). Gemeinsam ist dem größten Teil der Literatur nach Zajonc jedoch die Betonung der Rolle von kognitiven Prozessen im „social-facilitation"-Experiment. Diesen Prozessen wird sicher auch in den nächsten Jahren die Aufmerksamkeit gelten.

Literatur

Allport, F. H.: The influence of the group upon association and thought. Journal of Experimental Psychology, 3, 1920, 159-182.

Allport, F. H.: Social Psychology. Boston: Houghton Mifflin, 1924.

Carver, C. S./Scheier, M. F.: Attention and self-regulation. New York: Springer, 1981a.

Carver, C. S./Scheier, M. F.: The self-attention-incluced feedback loop and social facilitation. Journal of Experimental Social Psychology, 17, 1981b.

Cottrell, N. B.: Pervormance in the presence of other human beings: Mere presence, audience, and affiliation effects. In: Simmel, E. C. et al. (Eds.): Social facilitation and imitative behavior. Boston: 1968.

Cottrell, N. B.: Social facilitation. In: McClintock, C. G. (Ed.): Experimental social psychology. New York: Holt, Rinehart & Winston, 1972, 185-236.

Cottrell, N. B./Wack, D. I./Sekerak, G. J./Rittle, R. H.: Social facilitation of dominant responses by the presence of audience and the mere presence of others. Journal Personal Social Psychology, 9, 1968, 245-250.

Duval, S./Wicklund, R. A.: A theory of objective self-awareness. New York: Academic Press, 1972.

Geen, R. G.: The effect of being observes on performance. In: Paulus, P. B. (Ed.): Psychology of group influence. Hillsdale: Erlbaum, 1980.

Henchy, T./Glass, D. C.: Evalution apprehension and the social facilitation of dominant and subordinante responses. Journal Personal Social Psychology, 20, 1968, 446-454.

Lück, H. E.: Soziale Aktivierung. Untersuchungen zur Gültigkeit der modifizierten Social-Facilitation-Hypothese von Robert B. Zajonc. Köln: Wison, 1969.

Mayer, A.: Über Einzel- und Gesamtleistung des Schulkindes. Archiv für die gesamte Psychologie, 1, 1903, 206-417.

Meumann, E.: Haus- und Schularbeit. Experimente an Kindern der Volksschule. Die deutsche Schule, 8, 1904, 278-303; 337-359; 416-431.
Moede, W.: Experimentelle Massenpsychologie. Beiträge zur Experimentalpsychologie der Gruppe. Leipzig: S. Hirzel. Reprogr. Nachdruck: Darmstadt: Wiss. Buchgesellsch., 1973.
Rosch, M.: Verhalten in sozialen Kontext: Soziale Förderung und Unterdrückung von Verhalten. In: Frey, D./Irle, M. (Hrsg.): Theorien der Sozialpsychologie, Band II: Gruppen- und Lerntheorien. Bern: Huber 1985, 11-37.
Schmidt, F.: Experimentelle Untersuchungen über die Hausaufgaben des Schulkindes. Ein Beitrag zur experimentellen Pädagogik. Sammlung Abhandlungen psychologischer Pädagogik, 1, 1904, 181-300.
Tripplett, N.: The dynamogenic factors in pacemaking and competition. American Journal of Psychology, 9, 1897, 507-533.
Zajonc, R.B.: Social Facilitation. Science, 149, 1965, 269-274.

Soziale Netzwerke

Heiner Keupp

1 Ein Konzept und sein Gebrauchswert

Innerhalb weniger Jahre hat das Konzept „soziales Netzwerk" (s.N.) in so unterschiedlichen disziplinären Revieren wie Stadtsoziologie, Sozialepidemiologie, Gemeindepsychologie oder Kommunikationsforschung einen prominenten Status erobert. Ohne ein attraktives Gebrauchswertversprechen wäre das kaum möglich gewesen. Worin liegt dieser Gebrauchswert? Auf den ersten Blick wirkt das Konzept s.N. eher dünn, bezeichnet es doch nichts anderes als das *Muster sozialer Beziehungen*, in das ein Individuum eingebunden ist. Im Bild des N. bleibend stellen die Knoten die Personen dar, während die Linien die Beziehungen zwischen ihnen symbolisieren. In der Regel werden s.N.e von einer spezifischen Person ausgehend dargestellt (das sind die individuumzentrierten N.e). Aufgenommen werden nicht nur durch das Individuum direkt realisierte Beziehungen und Kontakte, sondern auch solche, die potentiell über Personen herstellbar sind, zu denen man in Kontakt steht. Das kann zu einem nicht mehr darstellbaren Milchstraßennetzwerk führen.

In der Regel beschränken sich die erhobenen N.muster auf Beziehungen, die durch *Primärgruppen* und die *wichtigsten Alltagssektoren* (wie Nachbarschaft, Arbeitswelt, Freizeit) gebildet werden. Häufig werden N.e auch unter spezifischen Handlungszielvorgaben rekonstruiert. Das am meisten thematisierte ist das Unterstützungs-N. (Gottlieb, 1983; Sarason/Sarason, 1985), aber auch kommunale Machtstrukturen oder Kommunikationsmuster werden in Gestalt von N.en abgebildet (Ziegler, 1984; Pappi/Melbeck, 1984). Beim Vergleich der visuellen Gestalt unterschiedlicher N.e sind typische Konfigurationen identifizierbar, die zur dimensionalen Charakterisierung s.N.e verwendet werden. Werden gegebene Beziehungsmuster zur Bewältigung ganz unterschiedlicher Ziele und Angelegenheiten genutzt, wird ein s.N. als *multiplex* bezeichnet. Haben die Personen, zu denen ein Individuum Beziehungen pflegt, auch untereinander Kontakt, so läßt sich diese Beziehungsgestalt auf der Dimension *Dichte* abbilden. Ein N. wird als *segmentiert* bezeichnet, wenn sich Kontakte, die in spezifischen Lebensbereichen (z. B. in der Berufswelt oder im Freizeitbereich) bestehen, kaum überschneiden. Diese formalen Struktureigenschaften s.N.e haben besondere Aufmerksamkeit bei graphentheoretisch arbeitenden Sozialwissenschaftlern gefunden (dazu: Burt, 1982; Feger/Droge, 1984).

Die spezielle Eignung der formalisierbaren N.merkmale zur Weiterverarbeitung durch methodisch komplexe Verfahren hat dem N.konzept in spezifischen sozialwissenschaftlichen Szenen zweifellos das Interesse gesichert. Andere Gründe sind in der *Brückenfunktion* zu sehen, die dieses Konzept zwischen unterschiedlichen Sozialwissenschaften übernehmen kann. In der traditionellen fachlichen Arbeitsteilung zwischen Psychologie und Soziologie etwa ist ein spezifisches Vermittlungsdefizit zwischen der individuellen und der makrogesellschaftlichen Ebene entstanden. Exemplarisch läßt sich das am Bereich der *Sozialepidemiologie* psychischer Störungen zeigen. Hier liegen gesicherte Befunde über die schichtspezifische Verteilung psychischen Leidens vor (Keupp, 1982). Da aber Individuen mit vergleichbarer sozioökonomischer Lebenslage nicht in vergleichbarer Weise psychische Probleme haben, ist zunehmend die Frage nach vermittelnden Variablen gestellt worden. Die Psychologie neigt dazu, die Varianz als Ausdruck unterschiedlicher Personanteile zu interpretieren und allenfalls noch die Bedeutung familiärer Einflüsse anzuerkennen. Diese sind sicherlich relevant und vermögen doch das sozialpsychologische Vermittlungsfeld zwischen individuellen und makrosozialen Handlungsbedingungen nicht auszuschöpfen. Mit dem Konzept des s.N. hat in die Forschung eine „mezzo-soziale" Größe (Pattison/Hurd, 1984, 145) Eingang gefunden, die die oft sehr vage konzeptualisierten Umweltressourcen für die Bewältigung alltäglicher Krisen und Belastungen relativ präzise zu erfassen vermag.

Eine strukturell vergleichbare Rolle spielt das N.konzept in der *Sozialisationsforschung* und *Entwicklungspsychologie* (Röhrle, 1987). Hier war es vor allem Bronfenbrenner (Bronfenbrenner/Crouter, 1983), der sich um eine klare analytische Aufgliederung der Systemebenen bemüht hat, in die sich das ökologische Umfeld individueller Entwicklung unterteilen läßt (Mikro-, Meso-, Exo- und Makrosystemebene). S.N.e sind auf der Ebene von Meso- und Exosystemen eingeordnet. Diese „formen die Bereiche aus, in denen sich der einzelne Mensch alltäglich bewegt. Sie bilden sein Erfahrungsumfeld" (Wendt, 1986, 32). Ihre zentrale vermittelnde Bedeutung erlangen sie dadurch, daß sie verschiedene Lebensfelder (wie Schule und Freizeit) miteinander verknüpfen und gesellschaftlich-kulturelle Ziele, die dem Makrosystem zuzurechnen sind, auf die Mikroebene weitergeben. S.N.e haben also auch im Kontext von Sozialisationsprozessen die Funktion, die Brücke zwischen Makro- und Mikrosystemen zu schlagen.

Diese Beispiele aus dem Bereich der Psychologie (weitere liefert Röhrle, 1987) mögen genügen, um das wachsende Interesse an s.N.en in unterschiedlichen Sozialwissenschaften plausibel zu machen. Die offensichtlich wachsende Anziehungskraft der N.thematik bedarf jedoch eines Interpretationsansatzes, der über die wissenschaftsinternen Entwicklungsprozesse hinausreicht. Das Interesse am N.konzept hat offensichtlich weniger mit seiner Fähigkeit zu tun, ein faszinierendes neues Forschungsrevier zu eröffnen. Es ist vielmehr der Bereich sozialer Beziehungen *selbst*, der das reflexive Interesse auf sich zieht. Er ist aus der Fasson selbstverständlich gegebener Traditionsmuster gefallen. Jedes einzelne Subjekt muß an dem sozialen Kitt der Beziehungsmuster selbst arbeiten, und es fehlen für die Gestaltung sozialer Beziehungen orientierende Modelle. Sozialwissenschaften beschäftigen sich mit dem, was aus dem Zustand quasinatürlicher Gegebenheiten herausfällt, und sie konzentrieren sich deshalb zunehmend auf den Bereich der sozialen Beziehungen, weil dieser den Status der Selbstverständlichkeit verloren hat, den er in einer traditionalistisch geordneten Gesellschaft hatte.

Die Beziehungen der Individuen in hochindustrialisierten Gesellschaften werden nicht mehr durch starre und traditionsfixierte Rollenmuster reguliert, sondern sind einem tiefgreifenden Prozeß der *Individualisierung* von Lebenslagen und Lebenswegen unterworfen. Diesen Prozeß hat Georg Simmel bereits um die Jahrhundertwende vorausgesagt. Die fortschreitende funktionsspezifische Arbeitsteilung und wachsende Mobilität führen nach Simmel (1983; 1984) zur Erweiterung sozialer Verkehrskreise und zu einer spezifischen Individualisierungsdynamik, die einen allmählichen Funktionsverlust „vorgegebener, durch ursprüngliche Assoziationen wie Familie, Verwandtschaft, lokale Nachbarschaft determinierte Beziehungen" (Schenk, 1984, 217) mit sich bringen. Anstelle traditionsbestimmter Lebenswege entstehen *„Möglichkeitsräume"* selbstgewählter Kontakt-, Bekanntschafts-, Freundschafts- und Nachbarschaftsbeziehungen.

Das Subjekt steht aber auch unter dem Zwang, diesen Gestaltungsraum zu füllen und zu strukturieren. Das moderne Subjekt ist zwar der „Baumeister eines Netzwerkes" (Fischer, 1982, 4), aber diese Rolle des aktiven Gestalters ist ihm von dem gesellschaftlichen Freisetzungsprozeß aus traditionsgeleiteten und stabil vorgegebenen Lebensmustern aufgezwungen. Unter der Bedingung, „daß die jetzt entstehenden Sozialbeziehungen und Kontaktnetze *individuell* selegiert, individuell hergestellt, erhalten und immer wieder erneuert werden müssen“ (Beck, 1983, 50), wird von den Subjekten die Kompetenz zum „Beziehungsmanagement durch Aushandeln“ (deSwaan, 1981) verlangt.

Das reflexive Interesse an sozialen Beziehungsmustern des Alltags, das die N.forschung trägt, resultiert also aus einer gesellschaftlichen Umbruchsituation, die den Subjekten die Fähigkeit zur Entwicklung neuer Lebensformen abverlangt (dazu ausführlicher: Keupp, 1987): „Die individualisierten, enttraditionalisierten Lebenswelten sind weitgehend unfreiwillig in eine *historisch verordnete Erprobungsphase* eingetreten“ (Beck, 1985, 109).

Vor dem Hintergrund struktureller Veränderungen im Vergesellschaftungsprozeß kann das wachsende Interesse an s.N.en verständlich werden und vor allem auch die werthaltigen Konnotationen, die das Konzept in den verschiedensten, auch außerwissenschaftlichen Verwendungszusammenhängen transportiert. All diesen Kontexten ist gemeinsam, daß sie sich auf Phänomene beziehen, die in festgefügten Rollenbezügen traditioneller Lebensformen nicht mehr aufgehen, diese unterlaufen und aufbrechen oder die als neugewebte Beziehungsmuster auftreten. Die N.metapher wird etwa in den Informations- und Computerwissenschaften dazu genutzt, um technologisch ermöglichte neuartige Informationskanäle zu beschreiben und zugleich die damit verbundenen sozialen Konsequenzen zu erfassen oder zu prognostizieren. Hier klingen dann meist auch *normativ-utopische Konnotationen* des N.konzeptes an.

N. meint hier die in der gegenwärtigen soziokulturellen Umbruchsituation in großer Vielfalt entstehenden sozialen Zusammenschlüsse, Lebensformen und Initiativen, die als *alternative politische Kultur* beschrieben werden und je nach Deutungskonzept als politische Widerstandsnester oder als die bereits lebensfähigen Vorboten einer umfassenden Transformation (im Sinne des „New Age“) gesehen werden, die in ein neues Zeitalter der Menschheitsgeschichte hineinführt. Dieser Bedeutungshof schwingt meist mit, wenn s.N.e thematisiert werden. Auch begriffsgeschichtlich entstammt der N.begriff dem Fragenhorizont nach Lebensformen, in den sich wechselseitige Unterstützung, Vertrautheit und das Gefühl der persönlichen Zugehörigkeit entfalten können.

2 Die Suche nach dem „sense of community“ in den sich verstädternden Lebenswelten

Die sozialwissenschaftliche N.forschung ist eng mit der Erforschung von Veränderungsprozessen in großstädtischen Lebenswelten verbunden. Die Untersuchung lokal gebundener Beziehungsmuster ging in der Regel mit der Frage einher, ob soziale Wandlungsprozesse, die das städtische Leben erfaßt haben, über soziale Beziehungen vermittelte Vertrautheit mit einem Wohnquartier gefährden oder gar zerstören. Ein Teil der sozialpsychologisch ausgerichteten *Stadt-* und *Gemeindeforschung* läßt sich durchaus als empirische Bestätigung dieses zivilisationskritischen Deutungsmusters lesen. Dies gilt beispielsweise für jene Studien, die sich für die lokale Identität, die Struktur nachbarschaftlicher Interaktionsmuster und deren Bedeutung für alltägliche materielle und psychosoziale Hilfe vor allem in traditionellen Arbeiterbezirken interessierten. Elizabeth Bott (1953) hat bei der Untersuchung eines Londoner Arbeiterbezirks für das dort typische Beziehungsgefüge den Begriff des „engmaschigen sozialen Netzwerks“ eingeführt. Er bezeichnet besonders dichte Beziehungsmuster, in denen die Mehrzahl der einbezogenen Personen (überwiegend Mitglieder der Familien und der Verwandtschaftssysteme) untereinander Kontakt hat. In diesem s.N.en entsteht ein Gefühl der Zusammengehörigkeit und verbindlicher Verpflichtungen füreinander. Sie sind charakterisiert durch die schnelle Verfügbarkeit ihrer Mitglieder, die bei alltäglichen Problemen und Notsituationen helfend eingreifen können. In diesem Sinne hat Elizabeth Bott auch die Funktion dieser s.N.e als eine Art *privater Sozialversicherung für Krisensituationen* charakterisiert. Diese s.N.e haben einen ausgeprägten lokalen Bezug. Fast alle Mitglieder wohnen im gleichen Stadtviertel, meist sind die Eltern hier schon aufgewachsen, und ein Großteil des Verwandtschaftssystems wohnt auch im gleichen Stadtbezirk. Benachbarte Familien verbindet eine lange gemeinsame Geschichte. Hilfe erfolgt schnell und selbstverständlich. Die Reziprozität der Beziehungen stellt sich über mehrere Jahre her, und dies ist bei der langen Seßhaftigkeit der Familien problemlos möglich.

Paßt diese Beschreibung überhaupt noch zu einer bestehenden Realität? Die meisten so charakterisierbaren Arbeiterbezirke sind dem städtebaulichen Modernisierungsprozeß (etwa in Form von Sanierungsprojekten) zum Opfer gefallen. Von vielen lokalbezogenen s.N.en und ihrer Bedeutung für die Bewohner wissen wir auch nur ex negativo. Bei einigen großräumigen Sanierungsmaßnahmen sind bei der Mehrheit der betroffenen Bewohner mehr oder weniger intensive Verlust- und Trauerreaktionen festgestellt worden, die auf den Verlust der räumlichen Identität und der über Generationen gewachsenen Beziehungsnetze zurückführbar waren (Fried, 1962, und zusammenfassend Mühlich-Klinger, 1978). Die verständliche Trauer der Bewohner, die häufig gegen ihren Willen aus ihren vertrauten Lebenszusammenhängen gerissen werden und sich gegenüber profitorientierten Sanierungsmaßnahmen ohnmächtig erleben, erfährt in einem Teil der *sozialwissenschaftlichen Stadtforschung* ihre verallgemeinerte ideologische Resonanz. Die Klage über die „verlorene Gemeinschaft" (community lost) zieht sich seit den 30er Jahren als Grundthema durch ihre Publikationen (Wellman/Leighton, 1979).

Die Trauer über den Verlust traditioneller Vergesellschaftungsformen mischt sich mit einer romantischen Überhöhung jener Muster, die sich aufgelöst haben. Dabei wird übersehen, daß viele dieser N.muster aus der Not geboren, in ihrem Charakter defensiv waren und zugleich einen hohen Grad *sozialer Kontrolle* ausgeübt haben, wie das für s.N.e auf dem Lande typisch ist (Ilien/Jeggle, 1978; Korte, 1983 a).

Beklagt die kulturpessimistische Linie der Interpretation städtischer Wandlungsprozesse die Auflösung eines positiven Lebensgefühls (oder „sense of community" im Sinne von Sarason, 1974, oder Glynn, 1981), so sieht ein gegenläufiges Deutungsmuster in dem Zerfall traditionsbestimmter Lebensformen die Chance und den Beginn einer *„befreiten Gesellschaft"* (community liberated): Die Überwindung von Enge und Dichte, die zugleich Fesseln und soziale Kontrolle beinhalten, stellt eine wichtige Voraussetzung für die Individualisierung von Personen dar. Sie gewinnen die Möglichkeit, sich mit Menschen nach ihrer eigenen Wahl zu assoziieren, sich von starren Statuszuweisungen zu emanzipieren und Beziehungen nach den jeweiligen eigenen Bedürfnissen einzugehen und zu gestalten. In den losen und jederzeit aufkündbaren Beziehungsverknüpfungen entstehen Handlungsspielräume, die für das urbane Subjekt kennzeichnend seien. Die vor diesem Hintergrund sich bildenden s.N.e sind treffend durch die „Stärke schwacher Bindungen" (Granovetter, 1973; Wegener, 1987) gekennzeichnet worden. Zugleich sind diese Beziehungsmuster ständig auch bedroht. Es muß etwas für sie getan werden, sonst zerfallen sie und verengen sich auf die letzten Stützpfeiler der dann häufig überlasteten Kernfamilie (langdauernde Krankheiten oder Arbeitslosigkeit sind typische Anlässe, die zur Reduktion s.N.beziehungen führen können).

Die je spezifische Einseitigkeit der beiden konträren Deutungsmuster, „verlorene" und „befreite Gemeinschaft", entsteht dadurch, daß sie jeweils die „Kosten" derjenigen Lebensform unterschlagen, die sie betrauern bzw. hymnisch feiern. Die engmaschigen N.e in Milieus der Arbeiterklasse waren im Kern defensiv, waren kompensatorische Reaktionen auf Notlagen und ungeschützte Existenzrisiken und übten einen hohen Grad disziplinierender Kontrolle von Lebenswegen aus. Die aus Traditionsbindungen „befreiten" N.e andererseits haben ihren eigenen „Preis". Sie fordern hohe Eigenleistungen der Individuen im Sinne permanenter Beziehungsarbeit. Deren Erfolg wiederum hängt wesentlich von statusbedingten materiellen und sozialen Ressourcen ab (vgl. zu diesen Überlegungen Wellman/Leighton, 1979).

Durch die empirische Realanalyse von N.en lassen sich die ideologisch befrachteten Perzeptionsmuster einigermaßen „ausnüchtern". Bei der Durchsicht der umfangreichen empirischen Literatur (ich stütze mich dabei auf Smith, 1976; Wellman, 1979; Wellman/Leighton, 1979; Warren, 1981; Korte, 1983b; 1984; Kennedy, 1984; Schenk, 1984; Riger, 1984; Bulmer, 1986; Greenbaum/Greenbaum, 1985; Unger/Wandersman, 1985) lassen sich einige Aussagen über *psychosoziale Lebensmuster in großen Städten* treffen:

1. Beim Vergleich von Städtern und Nicht-Städtern zeigt sich, daß urbane Lebensformen nicht aus sich heraus isolationsfördernd sind. Im Gegenteil: Bewohner großer Städte haben im Durchschnitt vielfältigere Kontakte zu Freunden, Arbeitskollegen oder anderen Angehörigen von Subkulturen oder Vereinen.
2. N.e in urbanen Ballungsräumen lassen sich im vorherrschenden Trend „nicht unter eine lokal fest und dicht verbundene Solidargemeinschaft subsumieren" (Schenk, 1984, 242). Nachbarschaften bilden nicht mehr den verdichteten Kern s.N.e. Dies sind eher strukturell offen und nur lose miteinander verknüpfte Beziehungsmuster. Gleichwohl vermitteln sie persönliche Nähe und Intimität (das entspricht der „community saved"-Position bei Wellman/Leighton, 1979).
3. Gegenüber traditionellen Beziehungsmustern, die über Familie, Verwandtschaft und Nachbarschaft vermittelt waren, in die man hineingeboren war und die mit hohen Integrationsnormen zugleich persönliche Veränderungswünsche einschränkten, beinhalten die großstädtischen N.e ein höheres Maß an Eigenentscheidung, an

„Wahlfreiheit". Dies führt zu einer persönlich zu treffenden Auswahl von Freunden und Bekannten, die sich an der Ähnlichkeit von Interessen orientiert und zu einer starken Homogenisierung sozioökonomischer Merkmale im N. beiträgt. Die sich so konstituierenden Beziehungsmuster besitzen häufig den Charakter von „Subkulturen".

4. Der beschriebene allgemeine Trend städtischer N.bildung kann durch spezifische Besonderheiten des Lebenslauf und der Lebenslage entscheidend verändert sein. Für Kinder und alte Menschen hat der soziale Nahraum, der lokale, nachbarschaftliche Bezug einen hohen positiven Wert. Für Frauen mit kleinen Kindern andererseits bedeutet die relativ enge Ortsbezogenheit eher eine als Belastung erlebte Restriktion von Handlungsmöglichkeiten.
5. Der Urbanisierungsprozeß führt nicht zur Erosion alltäglicher informeller Hilfeleistung. In Alltagsangelegenheiten erfolgt in der Regel Hilfe durch Nachbarn oder Arbeitskollegen. Bei schwerwiegenden Problemen (z. B. schwere Krankheit oder Tod eines Familienmitgliedes) suchen Menschen Hilfe vornehmlich im engeren Familien- und Verwandtschaftskreis. Da deren räumliche Erreichbarkeit durch die durchschnittlich hohe regionale Segregation häufig nicht gegeben ist, suchen Städter vermehrt bei formellen Institutionen des Gesundheits- und Sozialwesens Unterstützung.
6. In den realen Möglichkeiten und konkreten Formen der N.bildung lassen sich die Grundmuster gesellschaftlicher Ungleichheit nachweisen. Der Entscheidungsspielraum einer Person für die Aufnahme spezifischer sozialer Beziehungen hängt entscheidend von ihrem Status ab. Je höher der sozio-ökonomische Status einer Person ist, desto mehr Ressourcen hat sie für die aktive Beziehungsarbeit, desto weiter ist der soziale Möglichkeitsrahmen gespannt, aus dem persönliche Beziehungen realisiert werden können, und umso seltener beschränken sie sich auf Verwandtschaft und Nachbarn. Das bedeutet andererseits, daß die Zerstörung lokaler Sozialstrukturen (etwa durch städtebauliche Modernisierungsprogramme) für sozial benachteiligte Personen in spezifischer Weise den kaum kompensierbaren Verlust von Gemeinschaft und Solidarität mit sich bringt.
7. Viele Bewohner von Großstädten teilen die emotional negativ getönte Haltung von der „verlorenen Gemeinschaft", obwohl sie in multiplen N.en leben, die ihnen vielfältige soziale Zugangsmöglichkeiten und Unterstützung vermitteln. In diesem Sinne haben sie einen hohen persönlichen Freiheitsspielraum, einen Raum für „strukturelle Manöver", die zur Gestaltung individueller Lebenswege genutzt werden können. Die andere Seite der gleichen Medaille zeigt das Individuum, das trotz vielfältiger loser Assoziationen mit verschiedenen Gruppen, Subkulturen und Institutionen in keine Solidargemeinschaft mit hoher Integrationskraft eingebunden ist. So scheint der Preis hoher Selbstbestimmung und Chancenvielfalt ein desorientierender Verlust an Identität zu sein, der die wachsende Nachfrage nach neuen sinnvermittelnden psychosozialen Dienstleistungen oder auch nach verbindlichen neuen s.N.en, die Zugehörigkeit und Lebenssinn herstellen könnten.

3 Soziale Unterstützung und andere Funktionen sozialer Netzwerke

In den Grundlagenfächern der helfenden Berufe und zunehmend auch in der aktuellen sozialpolitischen Diskussion hat die N.forschung eine besondere Resonanz gefunden. Das hängt wesentlich mit einem zentralen Funktionsbereich s.N.e zusammen: der *Vermittlung sozialer Unterstützung*. Vor allem in dem Zweig der N.forschung, der sich auf gesundheitliche Probleme und deren Bewältigung bezieht, interessiert das s.N. fast ausschließlich als Stützsystem (zusammenfassend: Cohen/Syme, 1985; Sarason/Sarason, 1985; Lin et al., 1986). Das N. wird als Puffer gegen erfahrene Belastungen oder als Schutzschild gegenüber drohenden Krisen und Gefährdungen gefaßt. Defizitäre Unterstützungs-N.e werden als erhöhtes Erkrankungsrisiko verstanden (Badura, 1981).

Eine Reihe eindrucksvoller Befunde rechtfertigt das Interesse an Unterstützungsressourcen aus den s.N.en: Wenn Menschen mit chronischen Erkrankungen angemessene soziale Unterstützung haben, haben sie bessere Chancen, für ihre Situation eine lebbare Form zu finden und die Verschlechterung ihres gesundheitlichen Status zu verhindern. Für Behinderte bedeutet soziale Unterstützung die Voraussetzung zur Realisierung von Lebensformen, die aus dem Normalisierungsprinzip folgen. Depressive Störungen treten seltener auf und werden schneller überwunden, wenn ein N. vertrauensvoller und enger sozialer Beziehungen vorhanden ist. Ähnlich positive Effekte sind bei einer Reihe weiterer Belastungs- und Krisensituationen ermittelt worden: Beim Vorhandensein qualitativ angemessener sozialer Unterstützung gibt es weniger Geburtskomplikationen, längere und positiver erlebte Phasen des Stillens, erfolgreichere Trauerarbeit nach dem Tod einer wichtigen Bezugsperson, bessere Bewältigung von erwartbaren Krisen und Übergangssituationen (wie Einschulung, berufliche Veränderungen, Ruhestand), von Ehescheidung bzw. Partnertrennung, von Berufsstreß und Arbeitslosigkeit und sogar von Belastungen, die aus Unfällen von Atomreaktoren folgen.

Es stellt jedoch eine konzeptuelle Verengung der N.forschung dar, wenn sie auf ihre Unterstützungskomponente reduziert würde. Außerdem wird in der Suche nach Stützpotentialen eine höchst problematische ideologische Strömung sichtbar, die ungewollt einer neokonservativen Sozialpolitik in die Hände arbeitet. Die Suche nach Stütz-N.en ist von der impliziten Frage geleitet, wie die Verschlechterung von Lebensbedingungen und drohende existentielle Gefahren gerade noch erträglich abgefangen werden könnten, wie die Menschen in Notzeiten besser zusammenrücken könnten. Sichtbar wird hier eine *Defensivkultur*, die auf eigene positive Gesellschaftsentwürfe verzichtet hat und sich auf einen Überlebenskampf eingestellt hat (ein sehr empfehlenswertes Buch von Pilisuk/Parks (1986) heißt in seinem Untertiel „Soziales Netzwerk und menschliches Überleben". Zu dieser Überlebensphilosophie allgemein: Lasch, 1984).

Gerade weil diese hoffnungsvolle und gelegentlich verzweifelte Suche nach Unterstützungs- und Solidaritätspotentialen nicht immer fündig wird, ist es sinnvoll, den Bedingungen ihrer Möglichkeit etwas genauer nachzuspüren. Dabei ist es notwendig, die Kategorien s.N. und soziale Unterstützung als analytisch voneinander unabhängige Konzepte zu fassen. Erst dann wird deutlich, daß s.N.e nicht nur die Funktion sozialer Unterstützung haben, sondern auch die Differenzierung verschiedener Unterstützungsformen sinnvoll ist. Wenn in der Literatur von sozialer Unterstützung die Rede ist, dann ist meist die emotional-affektive Unterstützung gemeint. Diese ist zwar gerade bei spezifischen psychischen Problemen die zentrale Bewältigungsressource (Thoits, 1985), aber sie schöpften nicht das Funktionspotential s.N.e aus.

Aus einer Vielzahl vorhandener Dimensionierungsversuche des Funktionsspektrums s.N.e sei ein Modell herausgegriffen, das sich als Überblick gut eignet. Es stammt aus einer Studie, die die Funktionen s.N.e in Zeiten der Krisenbewältigung untersuchte (Walker et al., 1977). Es wurde dabei angenommen, daß es unterschiedlicher Konfigurationen von Struktur- und Interaktionsmerkmalen sind, die bei der Realisierung einzelner N.funktionen Einfluß nehmen:

1. *Affektive Unterstützung*: N.e, in denen sich die meisten Mitglieder untereinander kennen (hohe Dichte), ähnliche soziale Attribute haben (hohe Homogenität) und nahe beieinander leben (geringe Dispersion), vermitteln am ehesten hohe emotionale Unterstützung.
2. *Instrumentelle Unterstützung*: Die Bereitstellung von praktischer Hilfe und Dienstleistung im Alltag oder in Notfallsituationen verbessert sich mit der Größe und Dichte des N.
3. *Kognitive Unterstützung*: N.e, in denen Mitglieder durch schwache Bindungen (geringe Intensität) verknüpft sind, die Verbindungen zu anderen N.en herstellen und in denen es unterschiedliche Typen von Mitgliedern gibt (geringe Homogenität), vermitteln am ehesten verschiedenartige und neue Informationen.
4. *Aufrechterhaltung der sozialen Identität*: N.e, die durch geringe Größe, hohe Dichte, starke Bindungen, geringe Dispersion und hohe Homogenität gekennzeichnet sind, ermöglichen eher die Bildung und Aufrechterhaltung eines Identitätsmusters, das relativ einfach strukturiert ist und über die Zeit stabil bleibt. Auf der anderen Seite erhalten N.e, die groß sind, mehr schwache Bindungen beinhalten, eine geringe Dichte, hohe Dispersion und geringe Homogenität aufweisen, eher ein Identitätsmuster aufrecht, das offen für Veränderungen und komplex strukturiert ist.
5. *Vermittlung sozialer Kontakte*: N.e, die schwache Bindungen enthalten und dadurch Verbindungen zu anderen N.en eröffnen und herstellen, vermitteln am ehesten Zugang zu neuen sozialen Kontakten.

Bei der Berücksichtigung solcher Konfigurationen wächst das Interpretationspotential gegenüber diffus-allgemeinen Konzepten von sozialer Unterstützung. Es wird möglich, konkrete Problemlagen und aus ihnen resultierende Bedürfnisse nach Unterstützung differenziert mit spezifischen N.mustern in Verbindung zu bringen. So wird etwa eine Frau, die ihren engsten Partner verloren hat, von einem kleinen und dichten N. möglicherweise die adäquate emotionale Unterstützung in der Phase der Trauerarbeit erhalten. Das gleiche N. kann bei der gleichen Frau zur Einengung von Handlungsalternativen (z. B. mangelnde Informationen, enge Rollendefinitionen und mangelnde praktische Hilfe etc.) führen, wenn sie für sich einen Lebensplan entwirft und zu realisieren versucht, der mit den Erwartungen aus dem N. nicht vereinbar ist und partiell oder ganz aus diesem herausführt.

Wenn s.N.e als das soziale Erfahrungsumfeld verstanden werden, in dem sich die alltägliche Lebenswelt von Menschen konstituiert, dann ist es erforderlich, eine komplex-ganzheitliche Erfassung der unterschiedlichen Dimensionen s.N.e anzustreben, in der auch deren potentielle und aktuelle Widersprüchlichkeit sichtbar gemacht werden kann.

4 Perspektive der Netzwerkforschung

Das N.konzept bietet eine analytisch vielversprechende Möglichkeit, jenen mikrosozialen Strukturzusammenhang durchsichtig zu machen, in dem sich der gesellschaftliche Alltag strukturiert und vollzieht. Es erschließt einen Wirklichkeitsbereich, der weder aus makrosoziologischen Strukturmustern deduziert, noch additiv aus individuellen Motiven und Handlungen rekonstruiert werden kann. Das N.konzept bildet ein *„Scharnierkonzept"* zwischen individuellen und sozialstrukturellen Prozessen und Gegebenheiten. Gerade vor dem Hintergrund der anfangs angesprochenen gesellschaftlichen Umbruchssituation und der dadurch bedingten Initiativenfunktion des einzelnen Subjekts bei der Herstellung seiner spezifischen Lebenswelt ist eine N.forschung notwendig, die sich auf diese *komplexen qualitativen Alltagsprozesse* methodisch adäquat einzustellen vermag.

Gemessen an diesem Anspruch erscheint ein erheblicher Teil der aktuellen N.forschung defizitär. Er orientiert sich am „mainstream" quantitativer sozialwissenschaftlicher Methodologie, formalisiert zu schnell seine Modelle und verstellt sich damit den Weg zu einer sensiblen Rekonstruktion der spezifischen Qualität von N.beziehungen. Er mißt einzelne N.elemente und montiert sie mechanistisch. Dadurch weren schematische N.konfigurationen konstruiert, die das psychologische Interpretationspotential der Webmuster psychosozialer Beziehungen nicht nutzen können.

Literatur

Badura, B. (Hrsg.): Soziale Unterstützung und chronische Krankheit. Frankfurt: Suhrkamp, 1981.

Beck, U.: Jenseits von Stand und Klasse? In: Kreckel, R. (Hrsg.): Soziale Ungleichheit. Göttingen: Otto Schwarz, 1983, 35-75.

Beck, U.: Von der Vergänglichkeit der Industriegesellschaft. In: Schmid, T. (Hrsg.): Das pfeifende Schwein. Berlin: Wagenbach, 1985, 85-114.

Bott, E.: Family and social network. London: Tavistock, 1953.

Bronfenbrenner, U./Crouter, A. D.: The evolution of environmental models in developmental research. In: Kessen, W. (Ed.): Handbook of child psychology. Vol. I. New York: Wiley, 1983.

Bulmer, M.: Neighbours. The work of Philip Abrams. Cambridge: Cambridge University Press, 1986.

Burt, R. S.: Toward a structural theory of action. Network models of social structure, perception, and action. New York: Academic Press, 1982.

Cohen, S./Syme, S.L. (Eds.): Social support and health. New York: Academic Press, 1985.

DeSwaan, A.: The politics of agoraphobia. Theory and Society, 10, 1981, 359-385.

Feger, H./Droge, H.: Repräsentation von Orginaldaten durch Graphen. Kölner Zeitschrift für Soziologie und Sozialpsychologie, 36, 1984, 494-510.

Fischer, C. S.: To dwell among friends. Personal networks in town and city. Chicago: The University of Chicago Press, 1982.

Fried, M.: Grieving for a lost home. In: Duhl, L. J. (Eds.): The urban condition. New York: Basic Books, 1962, 151-171.

Glynn, T. J.: Psychological sense of community. American Journal of Community Psychology, 34, 1981, 789-818.

Gottlieb, B. H.: Social support strategies. Guidelines for mental health practice. Longon: Sage, 1983.

Granovetter, M.: The strength of weak ties. American Journal of Sociology, 78, 1973, 1360-1380.

Greenbaum, S. D./Greenbaum, P. E.: The ecology of social networks in four urban neighborhoods. Social Networks, 7, 1985, 47-76.

Ilien, A./Jeggle, U.: Leben auf dem Dorf. Opladen: Westdeutscher Verlag, 1978. Kennedy, L. W.: Residential stability and social contact. Journal of Community Psychology, 12, 1984, 3-12.

Keupp, H.: Sozialepidemiologie. In: Keupp, H./Rerrich, D. (Hrsg.): Psychosoziale Praxis. München: Urban & Schwarzenberg, 1982, 23-32.

Keupp, H.: Soziale Netzwerke – Eine Metapher des gesellschaftlichen Umbruchs? In: Keupp, H./Röhrle, B. (Hrsg.): Soziale Netzwerke. Frankfurt: Campus, 1987, 11-53.

Keupp, H./Röhrle, B. (Hrsg.): Soziale Netzwerke. Frankfurt: Campus, 1987.

Korte, C. D.: The quality of life in rural and urban america. In: Childs, A./Melton, G. (Eds.): Rural psychology. New York: Plenum, 1983 a, 199-216.

Korte, C. D.: Help-seeking in a city. In: Nadler, A. et al. (Eds.): New directions in helping. Vol. 3. New York: Academic Press, 1983 b, 255-272.

Korte, C. D.: The helpfulness of urban villagers. In: Bar-Tal, D. et al. (Eds.): The development and maintenance of prosocial behavior. New York: Plenum, 1984, 323-332.

Lasch, C.: The minimal self. New York: W. W. Norton, 1984.

Lin, N., Dean, A./Ensel, W. W.: Social support, life events, and depression. New York: Academic Press, 1986.

Mühlich-Klinger, I.: Gebaute Umwelt und soziales Verhalten in alten Wohngebieten. In: Zusammenhang von gebauter Umwelt und sozialem Verhalten im Wohn- und Wohnumweltbereich. Bonn: Bundesministerium für Raumordnung, Bauwesen und Städtebau, 1978, 113-133.

Pappi, F. U./Melbeck, C.: Das Machtpotential von Organisationen in der Gemeindepolitik. Kölner Zeitschrift für Soziologie und Sozialpsychologie, 36, 1984, 557-584.

Pattison, E. M./Hurd, G. S.: The social network paradigm as a basis for social intervention strategies. In: O'Connor, W. A./ Lubin, B. (Eds.): Ecological approaches to clinical and community psychology. New York: Wiley, 1984, 145-185.

Pilisuk, M./Parks, S. H.: The healing web. Social networks and human survival. Hanover: University Press of New England, 1986.

Riger, S.: Ecological and environmental influences on the individual. In: Heller, K. et al. (Eds.): Psychology and community change. Homewood: Dorsey Press, 1984, 117-143.

Röhrle, B.: Soziale Netzwerke und Unterstützung im Kontext der Psychologie. In: Keupp, H./Röhrle, B. (Hrsg.): Soziale Netzwerke. Frankfurt: Campus, 1987, 54-108.

Sarason, I. G./Sarason, B. (Eds.): Social support. Dordrecht: Nijhoff, 1985.

Sarason, S. B.: The psychological sense of community. San Franciso: Jossey-Bass, 1974.

Schenk, M.: Soziale Netzwerke und Kommunikation. Tübingen: J. C. B. Mohr, 1984.
Simmel, G.: Schriften zur Soziologie. Frankfurt: Suhrkamp, 1983.
Simmel, G.: Grundfragen der Soziologie (4. Aufl.). Berlin: DeGruyter, 1984.
Smith, C. J.: Self-help and social networks in the urban community. Ekistics, 45, 1976, 106-115.
Thoits, P. A.: Coping, social support, and psychological outcomes. Review of Personality and Social Psychology, 5, 1985, 219-238.
Unger, D. G./Wandersman, A.: The importance of neighbors. American Journal of Community Psychology, 13, 1985, 139-169.
Walker, K. W./McBride, A./Vachon, M. L. S.: Social support networks and the crisis of bereavement. Social Science and Medicine, 11, 1977, 35-41.
Warren, D. I.: Helping networks. Notre Dame: The University of Notre Dame, Press 1981.
Wegener, B.: Vom Nutzen entfernter Bekannter. Kölner Zeitschrtift für Soziologie und Sozialpsychologie, 39, 1987, 278-301.
Wellman, B.: The community question. American Journal of Sociology, 84, 1979, 1201-1231.
Wellman, B./Leighton, B.: Networks, neighborhoods, and communities. Urban Affairs Quarterly, 15, 1979, 363-390.
Wendt, W. R.: Die ökosoziale Aufgabe: Haushalten im Lebenszusammenhang. In: Mühlum, A. et al. (Hrsg.): Umwelt – Lebenswelt. Beiträge zu Theorie und Praxis ökosozialer Arbeit. Frankfurt: Diesterweg, 1986, 7-84.
Ziegler, R.: Das Netz der Personen – und Kapitalverflechtungen deutscher und österreichischer Wirtschaftsunternehmen. Kölner Zeitschrift für Soziologie und Sozialpsychologie, 36, 1984, 585-614.

Sozialisation

Wilfried Gottschalch

1 Begriff

Mit dem Begriff S. werden die Vorgänge gekennzeichnet, die dazu führen, daß die Menschen sich mehr oder weniger dem Wert- und Normensystem der Gesellschaft, in der sie leben, anpassen bzw. ihm angepaßt werden. S. umfaßt Erziehung, ist aber mehr als Erziehung. Der Begriff S. bezieht auch die unbewußten und ungewollten Einwirkungen auf Menschen und deren subjektive Reaktionen darauf ein. Anders als Erziehung endet S. nicht mit dem Eintritt in das Erwachsenenalter. Sie ist vielmehr ein lebenslanger Prozeß. Die S.forschung untersucht also die *„Soziogenese"* und *„Psychogenese"* (Elias, 1939/1969) kollektiver und individueller Werthaltungen, Bewußtseinsformen und -inhalte und die hierdurch bedingten Handlungsweisen. Diese können durch empirische Analysen langfristiger Veränderungen von Sozial- und Persönlichkeitsstrukturen erforscht werden (Gottschalch, 1985).

Umstritten ist in diesem Zusammenhang der *Anpassungsbegriff*. Oft wird angenommen, Anpassung sei ein Vorgang, dem man bloß duldend ausgesetzt sei bzw. dem man sich passiv ergäbe. Soziale Anpassung ist jedoch immer ein wechselseitiger Prozeß zwischen den Teilnehmern am S.prozeß. Allerdings ist die Wirkungsmacht der Gesellschaft – Gesellschaft hier begriffen als kompliziertes System von S.agenturen und -instanzen (Familie, Kindergarten, Schule, Freundesgruppen, Arbeitswelt, politische Organisationen, Glaubensgemeinschaften usw.) – wesentlich stärker als die der Sozialisanden. Die Fähigkeit zu sozialem Handeln, zu sinnhaftem Einwirken des Menschen auf die Sozialwelt (Schütz, 1932/1981), setzt bereits ein beträchliches Maß von Anpassung voraus. Stets ist diese mit Arbeit im Sinne von psychischer Mühe verbunden.

2 Historischer Kontext der Sozialisationsforschung

Die Probleme der S. gehören zu unserem Alltagsleben. Es gibt keine Menschen ohne S.erfahrung. Aber in der Geschichte der *Teilung der wissenschaftlichen Arbeit* begann die Entwicklung der S.forschung erst vor etwa 100 Jahren. Voraussetzung hierfür war, daß als Folge der Industrialisierung und der mit ihr verbundenen demographischen Entwicklungen (Mackenroth, 1953) ein Bewußtsein von der *Diskontinuität* zwischen individuellen Lebensgängen und den Strukturveränderungen der Gesellschaft entstand. Jedenfalls problematisierten die Vorläufer der S.forschung: Freud, Simmel, Durkheim, Cooley und Ross, alle das Verhältnis der Individuen zur Gesellschaft.

Man darf wohl annehmen, daß Freud, Simmel und Durkheim durch ihre Außenseiterposition als Juden (Mayer, 1975) in einer christlichen bzw. postchristlichen Kultur für die Wahrnehmung von S.problemen zusätzlich sensibilisiert wurden. In den Vereinigten Staaten drängten die großen Diskontinuitäten zwischen *lebensgeschichtlichen Erfahrungen* und *soziokulturellen Veränderungen* geradezu zur S.forschung. Die Urbevölkerung Nordamerikas wurde fast vollständig ausgerottet. Die Menschen, die heute in den Vereinigten Staaten leben, sind bis auf die kleine Minderheit der überlebenden Indianer Nachfahren von Immigranten oder selbst noch Immigranten. So entstanden Probleme, die wir seit dem 2. Weltkrieg als Probleme eines *multiethnokulturellen Zusammen- und Gegeneinanderlebens* auch in Europa kennenlernen. Zwangsaussiedlungen, Entkolonialisierung und die Immigration von Arbeitern aus anderen Kulturen haben vermutlich tiefere Brüche im Zusammenleben der Europäer bewirkt als die Entstehung des Industrieproletariats im 19. Jahrhundert.

Dennoch dauerte es bis Ende der sechziger Jahre, bis S.forschung und -theorie innerhalb der wissenschaftlichen Arbeitsteilung als selbständige Disziplin anerkannt und im Rahmen akademischer Forschung und Lehre auch alimentiert wurden. Heute gibt es in Deutschland nicht nur Lehrstühle und Institute, die den Auftrag haben, S.forschung zu treiben und ihre Ergebnisse zu lehren, ein „Handbuch der Sozialisationsforschung" (Hurrelmann/Ulich, 1980) ermöglicht inzwischen einen ersten repräsentativen Überblick über die Entwicklung dieser Disziplin, und seit 1981 erscheint die „Zeitschrift für Sozialisationsforschung und Erziehungssoziologie".

Allerdings ist die *Selbständigkeit* der S.theorie und -forschung nur *relativ*. Sie ist gemeinsames Arbeitsgebiet von Anthropologie, Psychologie, Soziologie und den anderen Wissenschaften vom Menschen. Insofern sie die Ergebnisse, Probleme und Theorien dieser Wissenschaften im Hinblick auf die S. der Menschen durcharbeitet und weiterentwickelt, ist sie auf die *„komplementaristische Methode"* (Devereux, 1972/1984) angewiesen, das heißt, S.vorgänge müssen immer in Art eines *„doppelten Diskurses"* sowohl *soziologisch* als auch *psychologisch* erklärt werden.

3 Theoretische Annäherungen

Die Unterscheidung zwischen *primärer* und *sekundärer* S. läßt sich auf Cooley (1909) zurückführen, der als Primärgruppen jene Gruppen kennzeichnet, in der die Mitglieder, wie z. B. in der Familie, relativ intim und in stark emotionalen Beziehungen zusammenleben. Dagegen werden Sekundärgruppen eher durch zweckrationale Überlegungen bestimmt und organisiert. Entsprechend begreift man die S. in der Familie oft als primär, die in der Schule und anderen gesellschaftlichen Institutionen als sekundäre S. Interessant ist Cooleys Auffassung vom *Selbst* und den *anderen* (1902). Das Selbst ist ein *„Spiegel-Selbst"*. Es entsteht aus der Vorstellung des Eindrucks, den wir auf andere machen, die Vorstellung der Urteile der anderen über diesen Eindruck und schließlich einer Art Selbstwertgefühl. Bei Cooley finden sich also erste Ansätze zu jenen für die S.forschung bedeutsamen *Identitätstheorien*, die aus *interaktionistischer* Perspektive von Mead (1934/1974) und aus *psychoanalytischer* von Erikson (1959) entwickelt worden sind.

Ross (1896) geht es um die Frage, wie Gruppen das Verhalten ihrer Mitglieder regulieren. Das geschieht einerseits über Institutionen, zu denen er auch das Recht und die öffentliche Meinung zählt, andererseits über im Ursprung soziale Kontrollinstanzen, die durch Nachahmung, Beeinflußbarkeit und Gewohnheit verinnerlicht werden. S. wird von ihm also als der Vorgang der *Verinnerlichung sozialer Kontrolle* verstanden.

Für Durkheim (1912) existiert die Gesellschaft nur in und durch die *individuellen Gewissen*. Der Mensch wird als egoistisches und asoziales Wesen geboren. Erst im Prozeß der S. werden die sozialen und moralischen Fähigkeiten der Persönlichkeit entwickelt. Zwischen den egoistischen und asozialen Anteilen der Persönlichkeit und den sozialen und moralischen besteht ein Antagonismus. Nur dann, wenn der Mensch sein Tun auf *überindividuelle Ziele* richtet, findet er für sein Verlangen ein realistisches Maß (Durkheim, 1914). Im Gegensatz zu der aus dem Frühwerk von Marx abgeleiteten *Entfremdungstheorie* entdeckt Durkheim in der Teilung der sozialen Arbeit (1893/1977) Chancen für *Autonomie*. Auch Simmel (1908/1977) vermutet in der Zugehörigkeit der Menschen zu verschiedenen Gruppen Möglichkeiten zur Autonomie; hier sei besonders auf seinen „Exkurs über den Fremden" (S. 509-512) hingewiesen.

Als brauchbares heuristisches Prinzip hat sich in der S.forschung die Psychoanalyse Sigmund Freuds erwiesen. Ihre Stärke beruht darauf, daß sie psychische Vorgänge weniger aus einem rätselhaft bleibenden psychischen Substrat ableitet – einerseits aus der *Triebnatur* des Menschen, andererseits aus seinem *gesellschaftlichen Sein*, das Freud freilich nicht als historischen Prozeß begriff –, sondern als eine statische Gegebenheit verkannte. Hatte Marx nachgewiesen, daß das bürgerliche Individuum nicht unabhängiger Herr im eigenen Unternehmen ist, so wies Freud nach, daß es nicht einmal Herr über sich selbst ist. Das *Ich* ist vielmehr ebenso abhängig von den Ansprüchen des *Es*, dem Hauptreservoir der psychischen Energie, wie von den Befehlen des *Überichs*, das ihm gegenüber die Rolle eines Richters und Zensors spielt, und den Forderungen der *Realität* (Freud, 1923/1955). Seine Autonomie ist also nur relativ. Nach den Vorstellungen der Psychoanalyse differenziert sich das Ich vom Es durch den Kontakt mit der äußeren Realität. Zugleich wird es als „*Niederschlag vergangener Objektbesetzungen*" verstanden, d. h. durch Identifizierungen mit anderen kommt es zur Bildung eines libidinös besetzten Liebesobjekts im Inneren der Person. Noch deutlicher ist der *soziale Bezug* beim *Überich* wahrnehmbar, das als *Erbe des Ödipuskomplexes* definiert wird und durch Verinnerlichung elterlicher Forderungen und Verbote entsteht. Das Überich des Kindes wird „eigentlich nicht nach dem Vorbild der Eltern, sondern des elterlichen Überichs aufgebaut; es erfüllt sich mit dem gleichen Inhalt, es wird zum Träger der Tradition, all der zeitbeständigen Wertungen, die sich auf diesem Wege über Generationen fortgepflanzt haben" (Freud, 1932/1949, 73). Auch der Ödipuskomplex ist sozialer Herkunft. Er ist die Folge der Erlebnisse des kleinen Kindes innerhalb der Familie (Fenichel, 1935/1972).

Vor allem Parsons S.theorie (1955), die Geulen (1977) treffend als ein „*Integrationsmodell*" kennzeichnet, enthält Theoreme der Psychoanalyse. Da aber Parsons die Augen vor aufrührerischen und aufständigen Wünschen des Es verschließt, hält er die Menschen für nahezu vollständig anpaßbar an die Gesellschaft.

Ähnliches gilt für Elias, der den „*Prozeß der Zivilisation*" (1939/1969) als einen Übergang vom Fremdzwang zum Selbstzwang beschreibt und hierbei auf Freuds Begriff des Überichs zurückgreift.

Hatten psychoanalytische S.forscher ihre Aufmerksamkeit anfänglich vor allem auf die frühe Kindheit gerichtet, so interessieren sie sich heute auch für spätere Lebensphasen. Vor allem die *Adoleszenz*, in der verfestigte Triebstrukturen noch einmal gelockert werden, wurde zum Untersuchungsobjekt vieler S.forscher (Erikson, 1968/1974; Döbert/Nunner-Winkler, 1975; Erdheim, 1982, sind hier zu nennen). Angeregt von Habermas orientieren sich Döbert und Nunner-Winkler (1980) auch an Piagets *Theorie der kognitiven Entwicklung* (1926/1980, 1932/1973, 1936/1969) und an Kohlbergs (1974) *Theorie der Entwicklung des moralischen Bewußtseins*. Die Untersuchungen von Piaget und Kohlberg sind jedoch eher Beiträge zur Entwicklungspsychologie als zur S.theorie. Nicht nur die Entwicklung der Affektivität, sondern auch die sozialen Determinanten der Entwicklung der Subjekte bleiben in ihnen unterbelichtet.

Das aber macht diese Theorien für Pädagogen, Sozialarbeiter und Angehörige anderer helfenden Berufe gerade anziehend. Sie fühlen sich von ihnen mehr angesprochen als von der Psychoanalyse Freuds, die ja im Hinblick auf die Erfolgschancen pädagogischer, psychotherapeutischer und anderer helfenden Bemühungen recht skeptisch ist. Da aber die gesellschaftlich alimentierte Nachfrage nach S.forschung vor allem von öffentlichen S.agenturen ausgeht, die sich mit der Ausbildung der Aspiranten der helfenden Berufe befassen, sind diese eher an Theorien interessiert, die den für notwendig gehaltenen professionellen Optimismus nähren, als an der Psychoanalyse. Das erklärt, warum Piagets und Kohlbergs Theorien, aber auch behavioristisch-lerntheoretische Ansätze (Hilgard/Bower, 1966/1971; Ulich, 1980) und vor allem die von Schütz (1932/1981 und Mead 1934/1974) ausgehende interaktionistische S.forschung (Goffman, 1959/1969; 1967/1975; Joas, 1980) in diesen Kreisen mehr Aufmerksamkeit und Zustimmung finden als die Psychoanalyse. Jene erklärten in der Tat kognitive Prozesse besser als diese, die ihr forschendes Interesse vor allem auf die *unbewußten Konflikte* richtet, die Interaktion und Kommunikation so häufig stören.

4 Methodische Probleme

Die S.forschung steht vor den gleichen methodischen Problemen wie alle Sozialwissenschaften: Soll sie als *erklärende* Wissenschaft *objektivierend-quantitative* Methoden gebrauchen oder als *verstehende* Wissenschaft *interpretative* Methoden? Wie soll das Problem der *Interdisziplinarität* gelöst werden? Kann sie eine *Handlungstheorie* entwickeln? Was schließlich sind ihre nächsten *inhaltlichen Aufgaben*?

Der Gegensatz zwischen Erklären und Verstehen wurde vor allem von Dilthey (1894/1982; 1907-1910/1979) und Weber (1903 ff./1982) thematisiert. Beide sprachen sich für eine strenge

Unterscheidung zwischen den *erklärenden* Naturwissenschaften und den *verstehenden* Wissenschaften vom Menschen aus. Der Streit ist noch nicht geschlichtet, doch ist die Zuordnung der erklärenden Methoden zu den Naturwissenschaften und der verstehenden zu den Sozialwissenschaften nicht mehr plausibel. Auch die Naturwissenschaften müssen ihre Befunde interpretieren (Devereux, 1972/1984; Knorr-Cetina, 1984), und warum soll man nicht nach der Kausalität sozialer Ereignisse fragen dürfen?

Ebensowenig wie in den Sozialwissenschaften läßt sich übrigens in den Naturwissenschaften die Forderung des *methodologischen Objektivismus* durchhalten, zwischen dem Untersucher und seinem Objekt scharf zu trennen. Heisenberg wies in der von ihm formulierten *Unschärferelation* für die Quantenphysik nach, daß es unmöglich ist, zur gleichen Zeit und mit derselben Präzisierung die Position und das Moment eines Elektrons zu bestimmen.

Bohr verallgemeinerte dieses Prinzip zum Begriff der *Komplementarität*, das Devereux auf die Wissenschaften vom Menschen übertrug: Die Anwesenheit eines Beobachters hat stets verändernden Einfluß auf das Verhalten eines Menschen. Sie lernen voneinander und befinden sich in einer jeweils spezifischen psychischen und sozialen Situation. So wird die Komplementaritätsbeziehung zwischen soziologischer und psychologischer Untersuchung in der S.forschung unvermeidlich.

Von praktischem Interesse ist die Frage, ob die S.forschung eine zureichend begründete *Handlungstheorie* entwickeln kann. Die erziehenden und helfenden Berufe fragen danach. Das Problem der *Überdeterminiertheit* menschlichen Handelns erschwert jedoch die Konstitution von Theorien, die über die Klassifikation von Orientierungsalternativen hinaus die Regelmäßigkeit und Chancen des spezifischen Handelns der jeweiligen Akteure erkennbar und vorhersagbar machen könnten. Immer ist es eine Vielzahl von Faktoren, die Handeln determinieren. Diese lassen sich nicht einwandfrei voneinander isolieren. Daher ist es auch unmöglich, die Kraft ihrer Wirkung exakt zu quantifizieren (Köckeis-Stangl, 1980).

5 Bedeutung für die Praxis und Zukunftsperspektiven

Die Bedeutung für die *Praxis* besteht folglich weniger darin, daß S.forschung und -theorie wissenschaftlich legitimierte Handlungsanweisungen entwickeln könnte, als in der Erhellung der komplizierten Beziehungen zwischen den einzelnen, ihren Gruppierungen und der Gesellschaft. Sie regt zur Selbsterforschung an und macht vorsichtig und behutsam im Umgang mit Menschen. So ist sie freilich geeignet, pädagogische, psychotherapeutische und sozialtechnologische Heilserwartungen zu zerstören. Gegen Träumereien von Utopia stärkt sie das *Realitätsprinzip*.

Ihre *Zukunftsperspektiven* hängen davon ab, wie nüchtern sie sich den Forderungen des Tages stellen wird. So gesehen erscheinen folgende Arbeitsrichtungen der S.forschung besonders entwicklungsfähig:

a) die *kulturvergleichende* S.forschung (Benedict, 1934/1955; Mead, 1939/1965; Bettelheim, 1954/1975; Parin et al., 1963/1983, 1971/1978; Liegle, 1980; Erdheim, 1982), denn immer mehr entwickeln sich Industriegesellschaften zu multiethnokulturellen Gesellschaften;
b) die *historische* und *politische* S.forschung (Horkheimer, 1932/1968; Elias, 1939/1969; Adorno et al., 1950/1968; Gottschalch, 1977; Herrmann, 1980): Was der Mensch sei, erfährt er durch die Geschichte (Dilthey), und die Frage ob die Menschheit ihre selbstgeschaffenen Bedrohungen überleben kann, wird politisch entschieden.
c) die Erforschung *geschlechtsspezifischer* S. (Bettelheim, 1954/1975; Myrdal, 1965; Mitchell, 1974/1976; Chodorow, 1979; Gottschalch, 1984), denn wo erfahren wir die Schwierigkeiten der S. hautnäher als in den Intimbeziehungen zwischen Frauen und Männern?

Literatur

Adorno, Th. W. et al.: Der autoritäre Charakter. Studien über Autorität und Vorurteil. Amsterdam: De Munter, 1968 (Original 1950).

Benedict, R.: Urformen der Kultur. Hamburg: Rowohlt, 1955 (Original 1934).

Bettelheim, B.: Die symbolischen Wunden. Pubertätsriten und der Neid des Mannes. München: Kindler, 1975 (Original 1954).

Chodorow, N.: The Reproduction of mothering. Berkeley, Los Angeles, London: University of California Press, 1979.

Cooley, C. H. (1902): Human nature and the social order. New York: Scribner's, 1902.

Cooley, C. H.: Social organisation. New York: Scribner's, 1909.

Devereux, G.: Ethnopsychoanalyse. Die komplementaristischen Methode in den Wissenschaften vom Menschen. Frankfurt: Suhrkamp, 1984 (Original 1972).

Dilthey, W.: Ideen über eine beschreibende und zergliedernde Psychologie. Gesammelte Schriften, Band V. Stuttgart: Teubner, VandenHoeck u. Ruprecht, 1982, 139-240 (Original 1894).

Dilthey, W.: Der Aufbau der geschichtlichen Welt in den Geisteswissenschaften. Gesammelte Schriften, Band VII, Stutt-

gart und Göttingen: Teubner, VandenHoeck u. Ruprecht, 1979 (Original 1907-1910).
Döbert, R./Habermas, J./Nunner-Winkler, G.: Entwicklung des Ichs. Königstein im Taunus: Athenäum, Hain, Scriptor, Hamstein, 1980.
Döbert, R./Nunner-Winkler, G.: Adoleszenzkrise und Identitätsbildung. Frankfurt: Suhrkamp, 1975.
Durkheim, E.: Über die Teilung der sozialen Arbeit. Frankfurt: Suhrkamp, 1977 (Original 1893).
Durkheim, E.: Die elementaren Formen des religiösen Lebens. Frankfurt: Suhrkamp, 1981 (Original 1912).
Durkheim, E.: Le dualisme des la nature humaine et ses conditions sociales. Scientia (revista di scienca), 15, 1914.
Elias, N.: Der Prozeß der Zivilisation. Bern: Francke, 1969 (Original 1939).
Erdheim, M.: Die gesellschaftliche Produktion von Unbewußtheit. Eine Einführung in den ethnopsychoanalytischen Prozeß. Frankfurt: Suhrkamp, 1982.
Erikson, E.: Identität und Lebenszyklus. Frankfurt: Suhrkamp, 1959.
Erikson, E.: Jugend und Krise. Die Psychodynamik im sozialen Wandel. Stuttgart: Klett, 1974 (Original 1968).
Fenichel, O.: Über Psychoanalyse, Krieg und Frieden. In: Fenichel, O.: Psychoanalyse und Gesellschaft. Frankfurt: Roter Druckstock, 1972 132-144 (Original 1935).
Freud, S.: Das Ich und das Es. In: Gesammelte Werke, Band XIII, 233-289. London: Imago, 1955 (Original 1923).
Freud, S.: Neue Folge der Vorlesungen zur Einführung in die Psychoanalyse. In: Gesammelte Werke, Band XV, London: Imago, 1949 (Original 1932).
Geulen, D.: Das vergesellschaftet Subjekt. Zur Grundlegung der Sozialisationstheorie. Frankfurt: Suhrkamp, 1977.
Goffman, E.: Wir alle spielen Theater. Die Selbstdarstellung im Alltag. München: Piper, 1969 (Original 1959).
Goffman, E.: Interaktionsrituale. Frankfurt: Suhrkamp, 1975 (Original 1967).
Gottschalch, W.: Schülerkrisen. Autoritäre Erziehung. Flucht und Widerstand. Reinbek: Rowohlt, 1977.
Gottschalch, W.: Geschlechterneid. Berlin: Ästhetik und Kommunikation, 1984.
Gottschalch, W.: Sozialisation. Theoretische Annäherungen und Gegenwartsprobleme. Weinheim: Beltz, 1985.
Herrmann, U.: Probleme und Aspekte historischer Ansätze in der Sozialisationsforschung. In: Hurrelmann, K./Ulich, D. (Hrsg.): Handbuch der Sozialisationsforschung. Weinheim: Beltz, 1980, 227-252.
Hilgard, E. R./Bower, G. H.: Theorien des Lernens, 2 Bände. Stuttgart: Klett, 1971 (Original 1966).
Horkheimer, M.: Geschichte und Psychologie. In: Horkheimer, M.: Kritische Theorie, Band 1, Frankfurt: Fischer, 1968, 9-30 (Original 1932).
Hurrelmann, K./Ulich, D. (Hrsg.): Handbuch der Sozialisationsforschung. Weinheim: Beltz, 1980.
Joas, H.: Rollen- und Interaktionstheorien in der Sozialisationsforschung. In: Hurrelmann, K./Ulich, D. (Hrsg.): Handbuch der Sozialisationsforschung. Weinheim, Beltz, 1980, 147-160.
Knorr-Cetina, K.: Die Fabrikation von Erkenntnis. Frankfurt: Suhrkamp, 1984.
Köckeis-Stangl, E.: Methoden der Sozialisationsforschung: In: Hurrelmann, K./Ulich, D. (Hrsg.): Handbuch der Sozialisationsforschung. Weinheim: Beltz, 1980, 321-370.
Kohlberg, L.: Zur kognitiven Entwicklung des Kindes. Frankfurt: Suhrkamp, 1974.
Liegle, L.: Kulturvergleichende Ansätze in der Sozialisationsforschung. In: Hurrelmann, K./Ulich, D. (Hrsg.): Handbuch der Sozialisationsforschung. Weinheim: Beltz, 1980, 197-226.
Mackenroth, G.: Bevölkerungslehre. Theorie, Soziologie und Statistik der Bevölkerung. Berlin: Springer, 1953.
Mayer, H.: Außenseiter. Frankfurt: Suhrkamp, 1975.
Mead, G.: Geist, Identität und Gesellschaft. Frankfurt: Suhrkamp, 1974 (Original 1934).
Mead, M.: Leben in der Südsee. Jugend und Sexualität in primitiven Gesellschaften. München: Szczesny, 1965 (Original 1939).
Mitchell, J.: Psychoanalyse und Feminismus. Frankfurt: Suhrkamp, 1976 (Original 1974).
Myrdal, A.: Die Veränderungen in der Struktur der Familie in den letzten Jahren. Neue Sammlung, 5, 1965.
Parin, P./Morgenthaler, F./Parin-Matthey, G.: Die Weissen denken zuviel. Psychoanalytische Untersuchungen bei den Dogon in Westafrika. Frankfurt: Fischer, 1983 (Original 1963).
Parin, P./Morgenthaler, F./Parin-Matthey, G.: Fürchte deinen Nächsten wie dich selbst. Psychoanalyse und Gesellschaft am Modell der Agni in Westafrika. Frankfurt: Suhrkamp, 1978 (Original 1971).
Parsons, T./Bales, R. F.: Family, socialisation and interaction process. Glencoe: Free Press, 1955.
Piaget, J.: Das Weltbild des Kindes. Berlin-Wien: Uhlstein, 1980 (Original 1926).
Piaget, J.: Das moralische Urteil beim Kinde. Frankfurt: Suhrkamp, 1973 (Original 1932).
Piaget, J.: Das Erwachen der Intelligenz beim Kinde. Stuttgart: Klett, 1969 (Original 1936).
Ross, E. A.: Social control. American Journal of Sociology, 1, 1896.
Schütz, A.: Der sinnhafte Aufbau der sozialen Welt. Frankfurt: Suhrkamp, 1981 (Original 1932).
Simmel, G.: Soziologie. Untersuchungen über die Formen der Vergesellschaftung. Berlin: Duncker u. Humblot, 1977 (Original 1908).
Ulich, D.: Lern- und Verhaltenstheorien in der Sozialisationsforschung. In: Hurrelmann, K./Ulich, D. (Hrsg.): Handbuch der Sozialisationsforschung. Weinheim: Beltz, 1980, 71-99.
Weber, M.: Gesammelte Aufsätze zur Wissenschaftslehre. Tübingen: Mohr, 1982 (Original 1903 ff.).

Sozialpsychologie

Walter R. Heinz

1 Ursprünge der Sozialpsychologie

Die S. hat ihre Wurzeln in der kulturvergleichenden Psychologie (Völkerpsychologie), der pragmatistischen Gesellschaftsanalyse und der experimentellen Psychologie, die sich um die Jahrhundertwende zu einer neuen Sozialwissenschaft verdichteten (die beiden ersten Bücher mit dem Titel „Sozialpsychologie“ erschienen 1908 in England und den USA). Seitdem ist die S. auf der Suche nach ihrem eigentlichen Gegenstand. Sie gilt als ein *Grenzgebiet zwischen Soziologie und Psychologie*, in dem psychische Sachverhalte (Vorstellungen, Emotionen, Handlungsbereitschaften) als Wirkungen sozialer Bedingungen und Beziehungen und zwischenmenschliche Beziehungen als Grundlage für umfassendere soziale Strukturen und Prozesse analysiert werden. Beide Betrachtungsweisen treten in ihrer Extremform als *Soziologismus* (sozialer Determinismus) bzw. *psychologischer Reduktionismus* auf.

S. ist in ihrem Selbstverständnis keine soziale Psychologie, die sich vorrangig mit gesellschaftlichen Problemfeldern befaßt, sondern eine empirische Disziplin, die im Bereich *sozialer Mikrophänomene*, wie Einstellungswandel, Interaktionsprozesse oder Gruppenstrukturen, Grundlagenforschung betreibt und dabei Erklärungen anstrebt, die weder auf individuelle Eigenschaften reduziert noch unmittelbar von historisch-gesellschaftlichen Strukturzusammenhängen abgeleitet werden. Obwohl ihre mögliche Anwendung in alle gesellschaftlichen Bereiche hineinreicht, kann gegenwärtig erst ansatzweise von einer angewandten S. in Verbindung mit Sozialisationsforschung, Meinungs-, Marktforschung und der Analyse von Arbeitsprozessen gesprochen werden.

Die ersten Arbeiten zur Sozialpsychologie standen im Banne der *biologisch-evolutionären Theorie*, im Sinne eines auf soziale Zusammenhänge übertragenen Darwinismus, der soziale Erscheinungsformen von Kooperation und Konflikt, Konformität und Abweichung auf gutartige und bösartige menschliche Instinkte, Bedürfnisse und Fähigkeiten zurückführte. Wurzeln der S. sind jedoch auch in den Arbeiten des amerikanischen Soziologen W. I. Thomas (1965) zu finden, der von den Problemen der Verstädterung und der sozialen Minderheiten ausgehend den Gegenstand der S. aus der krisenhaften Konstitutionsperiode der Vereinigten Staaten zu einer multirassischen kapitalistischen Industriegesellschaft mit krassen sozialen Gegensätzen bestimmt hat. Sein Einstellungsbegriff und die Formel der „Definition der Situation“, d. h. was Menschen als real definieren, ist für sie real, haben bis heute eine an *Sprache* und *symbolischer Interaktion* interessierte S. beeinflußt. Seither gilt auch die Untersuchung von *Einstellungen* der Individuen gegenüber verschiedenen gesellschaftlichen Problembereichen als einer der wesentlichen Forschungsbereiche der empirischen S.

Nach einer jahrzehntelangen Hegemonie der S., wie sie in den Vereinigten Staaten als Einstellungs- und Kleingruppenforschung betrieben wurde, hat sich in den sechziger Jahren auch in der BRD eine relativ eigenständige Rezeption und Publikation sozialpsychologischer Arbeiten, eingeleitet mit einer Welle von Übersetzungen, entwickelt (Graumann, 1969; Irle, 1978). Bemerkenswert ist hierbei, daß im repräsentativen Lehrbuch der S. von M. Irle (1975) eine Definition abgelehnt wird, da eine Revierabgrenzung dem methodischen Fortschritt und der interdisziplinären Forschung entgegenstehen würde. Die amerikanischen Lehrbücher sind hier weniger zurückhaltend; es seien einige Definitionen zitiert: „Der Sozialpsychologe untersucht das Verhalten von Individuen in sozialen Kontextbedingungen ... Sozialpsychologie beschäftigt sich mit dem Zusammenspiel zwischen Persönlichkeit, Gesellschaftssystem und Kultur“ (Secord/Backman, 1974, 13). Oder: „Sozialpsychologie untersucht zwischenmenschliche Beziehungen in einem sozialen Kontext, wie sie die beteiligten Personen und die Beziehungen zwischen Gruppen beeinflussen“ (Deutsch/Krauss, 1976, 5).

2 Gegenstandsbestimmung

Hatte sich die S. in ihren Anfängen mit dem Problem der Kontrolle moralischen Verhaltens befaßt (Nolte/Staeuble, 1972) und an der Verbesserung der gesellschaftlichen Integrations- und Kontrollverfahren mitgewirkt, um einen Beitrag zur Entschärfung der aus der kapitalistischen Industrialisierung resultierenden gesellschaftlichen Konflikte zu leisten, so haben sich heute etwaige gesellschaftliche Zielsetzungen in die Neutralität wissenschaftlicher Begriffsbildung zurückgezogen. Die Situation der S. stellt sich in den Augen ihrer führenden Vertreter als eine rein *innerwissenschaftliche* Frage dar. So plädiert Irle (1975) für sozialpsychologische Theorien, die weniger umfassende Theorien anderer Sozialwissenschaften erklären sollen. Dies soll nicht als Reduzierung einer Wissenschaft auf die andere verstanden werden, sondern als Theoriereduktion, die z. B. Sozialisationsprozesse durch Rückgriff auf Interaktions- und Lerntheorien erklären will. Demgegenüber ist jedoch mit Secord und Backman (1974, 7) einzuwenden, daß Sozialpsychologen „zum größten Teil ihre Untersuchungen durchgeführt (haben), ohne die Prämissen, die in ihre Methoden eingehen, und das Modell, das durch sie impliziert wird, zu überprüfen".

Ein Blick in die Lehrbücher, z. B. von Secord und Backman (1974) oder Irle (1975), läßt einen gewissen Konsens hinsichtlich der Gegenstände der S. vermuten. Irle (1975) legt folgenden Themenkatalog vor: (1) Wahrnehmung sozialer Ereignisse, (2) implizite Hypothesen als Determinanten sozialer Wahrnehmung, (3) Motivation sozialen Verhaltens, (4) Sozialisation, (5) soziale Einstellungen, (6) Stabilität und Variabilität von Einstellungen, (7) soziale Interaktionen, (8) Beziehungen innerhalb und zwischen Gruppen, (9) praktische Anwendungen der S.

Bei Secord und Backman (1974) werden *gesellschaftliche Zusammenhänge* stärker gewichtet: (1) Prozesse sozialer Einflußnahme (Personenwahrnehmung, Meinungs-/Einstellungswandel, Massenkommunikation und Sozialstruktur, Einstellung zwischen Gruppen), (2) Gruppenstruktur und Gruppenprozeß (zwischenmenschliche Attraktion, soziale Macht. Status und Kommunikation, Normgenese und Konformität, Führung, Gruppenproduktivität und Zufriedenheit), (3) das Individuum und das gesellschaftliche System (soziale Rollen, Rollenkonflikt und seine Lösungsmöglichkeiten u. a.), (4) Sozialisation (Prozesse des sozialen Lernens, kognitive Kontrollen und soziale Motivation, das Selbst und die Persönlichkeit).

Ein sehr weiter Begriff des Gegenstandsbereichs wird in den beiden Bänden des repräsentativen Sammelwerks „Sozialpsychologie" (Heigl-Evers, 1984) vertreten. Die Kluft zwischen Theorie und Praxis, Forschung und Anwendung wird hier überbrückt, indem sowohl die kognitiven und motivationalen Grundlagen zwischenmenschlicher Prozesse als auch Methoden und Praxisfelder der Gruppendynamik und Gruppentherapie ausführlich gewürdigt werden.

Die Forschungslandschaft der zeitgenössischen S. ist durch eine „heterogene Vielfalt von Minitheorien, Konzepten und Einzelproblemen" (Frey/Greif, 1986) geprägt. Zu den Themen gehören, neben der Theoriebildung durch Ausdifferenzierung vor allem der kognitiven Modelle, soziale Interaktion und Gruppenprozesse, soziale Urteilsbildung, Persönlichkeit und Sozialverhalten, Einstellungsforschung und soziale Probleme.

Angesichts dieser Unübersichtlichkeit ist es ratsam, sich im folgenden auf diejenigen Grundkonzeptionen zu konzentrieren, die den Kernbestand der S. beschreiben.

3 Theoretische Modelle

Die 1965 von Deutsch und Krauss (in deutscher Übersetzung 1976) diskutierten theoretischen Perspektiven der S.: Gestalttheorie, Verhaltens-/Lerntheorie, Rollentheorie und psychoanalytische Theorie haben sich seither ausdifferenziert, und zwar von allgemeinen theoretischen Perspektiven zu Forschungsfeldern, die eine gewisse Eigenständigkeit im Konzert der Sozialpsychologen beanspruchen. Problematisch ist hierbei zunächst nicht nur die Vielzahl der nebeneinander bestehenden theoretischen Ansätze zur Erklärung der Auswirkung sozialer Beziehungen auf das Individuum und dessen Einwirkung auf soziale Zusammenhänge, sondern auch die Tatsache, daß sich unterschiedliche Theorien über menschliche Grundbedürfnisse und Fähigkeiten hinter ihnen verbergen, die wiederum verschiedene wissenschaftstheoretische und politische Grundpositionen nahelegen, die die Auswahl von Forschungsthemen, die Begriffsbildung und die Forschungsverfahren anleiten.

3.1 Gestalttheoretische und kognitive Orientierung

Der gestalttheoretische oder kognitive Ansatz war ebenso wie die Lernpsychologie immer experimentell ausgerichtet, wobei jedoch von der Alltagserfahrung z. B. im Sinne der ganzheitlichen Wahrnehmung sozialer Ereignisse ausgegangen wurde. Die Studien richteten sich daher auf komplexe Kernerscheinungen des Gruppenlebens, wie Kommunikation, Machtstrukturen, Meinungsbildung, interpersonelle Beeinflussung und Gruppenzusammenhalt. In diese theoretische Tradition sind die Theorien des *kognitiven Gleichgewichts* (Heider, 1958) und der *kognitiven Dissonanz* (Festinger, 1957) einzuordnen.

Von entscheidender Bedeutung für diese Forschungsrichtung war die *Feldtheorie* des Berliner Gestaltspsychologen Kurt Lewin, der nach seiner Emigration aus Nazideutschland in den Vereinigten Staaten des Forschungszentrum für *Gruppendynamik* gründete. Lewins Arbeiten stellen ein zentrales Scharnier zwischen der europäischen

Wahrnehmungs- und Denkpsychologie und der amerikanischen Gruppenpsychologie dar. Sein Interesse bezog sich auf die Analyse der komplexen Beziehungsstruktur zwischen Person, Objekt und Handlungskontext (das Feld), wobei es ihm in innovativen sozialpsychologischen Ansätzen um die Anwendung experimenteller Verfahren auf die Untersuchung des Anspruchsniveaus, der Möglichkeit sozial induzierten Einstellungswandels und der Rolle von Führungsstilen auf den Gruppenprozeß ging. Sein Schüler L. Festinger wurde durch die Arbeiten zur kognitiven Dissonanz (1957) zum Auslöser einer der umfangreichsten Forschungsaktivitäten der bisherigen S. Grundannahme dieser Theorie ist, daß aus Entscheidungen Dissonanzen, d. h. einander widerstreitende Vorstellungen, entstehen, die mit der Verpflichtung, sich an die gewählte Alternative zu halten, und der Relevanz der Entscheidung für die Selbstwahrnehmung des Individuums motivierende Kraft annehmen und Einstellungswandel zur Folge haben können. Die *Attributionstheorie* (Jones, 1972) nimmt in der aktuellen Diskussion der kognitiv orientierten S. eine führende Rolle ein. Ihr geht es darum, herauszufinden, auf welche Ursachen beobachtete Handlungsweisen und Ereignisse zurückgeführt werden.

Die verschiedenen Spielarten der kognitiven Theorie nehmen heute in der experimentellen sozialpsychologischen Forschung eine führende Rolle ein (Frey, 1978). Die kognitive S. wird allerdings zunehmend wegen ihres *mentalistischen Menschenbildes* kritisiert, da Organisation und Prozesse des Denkens nicht immer bewußt zustandekommen und Urteile sowie Entscheidungen selten Ergebnisse rationaler Informationsverarbeitung sind. Selektive Wahrnehmung und unbewußt ablaufende Formen der Informationsverarbeitung verweisen auf die Wirksamkeit von subjektiver Motivation und sozialen Deutungsmustern.

3.2 Lerntheoretische Orientierung

Die Lerntheorie hat in der S. eine zunehmend geringer werdende Bedeutung, weil es ihr am schwersten fällt, sich von einem einfachen Reiz-Reaktions-Modell des menschlichen Individuums zu lösen. In der *Sozialisationsforschung* hat sie gewissen Einfluß; zunächst wurde Lernen durch Verstärkung und Imitation als Hauptmechanismus des sozialen Lernens betrachtet, was durch die Theorie des Beobachtungslernens von A. Bandura (1976) korrigiert und mit kognitiven Ansätzen verbunden wurde.

Die ursprünglich von G. C. Homans (1968) angestrebte letztendliche Erklärung der Sozialwissenschaften mit Hilfe lernpsychologischer Gesetzmäßigkeiten ist ebenfalls erheblich modifiziert worden. Sein Versuch, elementares Sozialverhalten in Interaktionen schlicht als *Austausch* von Lohn und Strafe zu betrachten und die Verhaltenspsychologie sowie die Ökonomie als Theorien zu definieren, die menschliches Verhalten als Funktion des erzielten Ertrags (Relation von Kosten und Nutzen) verstehen, hat der Kritik an der reduktionistischen Position, die hier zum Ausdruck kommt, nicht standgehalten. Weder wird die Wertschätzung noch die Austauschregel klar definiert noch die Abwägung thematisiert, die die Tauschpartner vollziehen müssen, die ja nur in einer formal gleichen Tauschbeziehung miteinander verkehren. Die neue Entwicklung wird durch die Forschung zur *distributiven Gerechtigkeit* („equity": Berkowitz/Walster, 1976) repräsentiert, von der sich Verbindungslinien zur kognitiven S. ergeben.

3.3 Soziologische Tradition

In der von soziologischer Tradition gespeisten *Rollentheorie, Interaktions- und Gruppenforschung* wird der Versuch gemacht, Handlungserwartungen, die in der Gesellschaft als Verhaltensnormen dem Individuum nahegelegt werden, mit der subjektiven Sicht des handelnden Individuums zu verbinden. Hier ist besonders hervorzuheben die zentrale theoretische Arbeit von G. H. Mead (1934, deutsch 1968), der in der Formulierung des *symbolischen Interaktionismus* Grundlagen für die sozialpsychologische Analyse der *Identitätsentwicklung* gelegt hat. Ausgehend von Meads grundlegenden Arbeiten hat sich entgegen der Hauptströmung der experimentellen S. eine an Kommunikationsprozessen und Ichentwicklung orientierte S. herausgebildet, die die subjektiven und sozialsprachlichen Dimensionen von Interaktionsprozessen in den Mittelpunkt ihrer Überlegungen rückt. Dieser Ansatz enthält eine implizite Sozialisationstheorie, die beispielsweise zur Erklärung der Entstehung sozialer Identität und sprachlicher Kompetenz herangezogen werden kann. Als wesentliches Merkmal sozialer Interaktionen wird in dieser theoretischen Tradition die Übernahme der Perspektive des bzw. der Interaktionspartner gesehen. In diesem Prozeß entsteht die Identität aus sozialen Erfahrungen, wie sie vom Individuum gedanklich verarbeitet werden. Diese Annahme korrigiert das vorherrschende Forschungsparadigma der Erklärung von Interaktion und sozialem Handeln aus äußeren Kontrollen bzw. normativen Gegebenheiten und liefert überdies eine Alternative zu individualistischen Theorien.

Diesem Ansatz kommt in der neueren Diskussion eine besondere Bedeutung zu. Einmal ist er in der *dramaturgischen Perspektive* (Goffman, 1970) zu einem Erklärungsversuch der Formen von Selbstdarstellung im alltäglichen Rollenhandeln ausgebaut worden; zum anderen gewinnt er in Verbindung mit Revisionen des triebtheoretischen Ansatzes der *Psychoanalyse* (Lorenzer, 1971; 1972) an Gewicht für die sozialpsychologische Theoriebildung. Im Unterschied zum kognitiven Ansatz, der Prozesse der Begriffsbildung und der Informationsverarbeitung sozialer Stimuli experimentell erforscht, sieht der symbolische Interaktionismus die sozialen Prozesse eng verwoben mit sprachlichen Deutungen. Daraus folgt, daß Handlungssituationen nicht eindeutig, vom neutralen Beobachterstandpunkt her, zu erfassen sind; ihr Sinn für die Akteure muß vielmehr durch Interpretation ihrer Handlungsmotive und -vorstellungen erschlossen werden. Demgemäß gewinnen Methoden wie die teilnehmende Beobachtung, die Fallanalyse und die Dokumenten- bzw. biographische Analyse an zunehmender Bedeutung als Alternativen zur traditionellen experimentellen Laborforschung. Aus der Versuchsperson des sozialpsychologischen Experiments wird der Teilnehmer an sozialen Interaktionen, die als Forschungssituationen definiert sind.

In einer Verbindung des symbolischen Interaktionismus mit der Tradition der Phänomenologie hat sich mit der *Ethnomethodologie* eine neue Forschungsrichtung in Konturen herausgebildet, die eine sozialpsychologische Analyse der Handlungen von Individuen auf der Ebene der Wissensbestände und Regeln anstrebt, wie sie im alltäglichen Sozialverhalten angewendet werden (vgl. Arbeitsgruppe Bielefelder Soziologen, 1973). Hier wird das Postulat eines situationsübergreifenden Normensystems zugunsten eines interpretativen Erklärungsansatzes endgültig aufgegeben: Es geht um die *soziale Konstruktion der gesellschaftlichen Wirklichkeit* (Berger/Luckmann, 1969), die sich im alltäglichen Handlungsprozeß immer wieder vollziehen muß.

Die sozialpsychologische *Kleingruppenforschung* hatte ursprünglich an den Fragestellungen der Betriebs- und Erziehungspraxis gearbeitet und in den dreißiger Jahren der S. einen besonderen Stellenwert bei der Untersuchung von Verfahren zur Erhöhung der Produktivität in Arbeitsgruppen vermittelt. Die von Lewin ausgehende Befassung mit der Gruppe als dem Agenten gesellschaftlichen Wandels hat mit der Zielsetzung politischer Aufklärung und deren Auswirkungen auf Einstellungswandel die Möglichkeiten erforscht, die Gruppe als Bezugs- und Motivationsrahmen zum Aufbau veränderter Handlungsstrukturen einzusetzen. Insbesondere die Experimente zum Erziehungs- oder *Führungsstil* in Kleingruppen haben bis heute als praxisbezogener Beitrag der frühen Kleingruppenpsychologie zu gelten. In der Kleingruppenforschung (Hare et al., 1965) wurden darüber hinaus die Herausbildung von Formen der Arbeitsteilung als Differenzierung von Rollenstrukturen untersucht, die Auswirkungen von Gruppendruck auf die Urteilskonformität sowie die Entstehung und den Abbau von Konflikten zwischen Gruppen. Schließlich bestehen Verbindungslinien von der Analyse der Gruppenprozesse zu der Entwicklung von *Therapieformen* auf der Basis von angeleiteten oder selbstorganisierten Gruppenerfahrungen (Horn, 1972).

3.4 *Psychoanalytische Orientierung*

Die psychoanalytisch orientierte S. hat die Theorie der Persönlichkeitsinstanzen und die Stadien der psychosexuellen Entwicklung als Grundlage für die Untersuchung der biosozialen Genese des Individuums herangezogen. Schon 1932 wies E. Fromm (1970) der psychoanalytischen S. die Aufgabe zu, die gesellschaftlich wirksamen Triebbedürfnisse zu untersuchen und die ideologischen Denkformen aus dem Zusammenspiel von seelischem Triebapparat und sozioökonomischen Bedingungen zu erklären. In der amerikanischen S. wurde in der Kultur- und Persönlichkeitsforschung (Kardiner, 1945) die Frage verfolgt, wie kulturelle Vorschriften der Kinderaufzucht zur Herstellung einer kulturspezifischen Grundpersönlichkeit führen. Den Werten und Normen einer Gesellschaft entsprechen somit die durch die Erziehungspraxis angelegten Verinnerlichungsprozesse von Kontrollstrukturen. Dabei blieb jedoch die Analyse der gesellschaftlichen Entwicklungsbedingungen ausgespart.

Ganz anders ist dies in der Verbindung von kritischer Gesellschaftstheorie und Psychoanalyse, wie sie bei den Vertretern der *Frankfurter Schule* (Adorno, Marcuse) formuliert worden ist. Die Gesellschaft wird durch psychische Mechanismen der Lenkung der Triebökonomie (Triebverzicht) massenhaft in den Individuen verankert. Besonders mit der auf psychoanalytischer Theoriebildung beruhenden empirischen Untersuchung über die „autoritäre Persönlichkeit" (Adorno et al., 1950) wurde ein Meilenstein der kritischen S. gesetzt, indem die Auswirkungen gesellschaftlicher Herrschaftsverhältnisse über die Sozialisation in der Familie auf die Persönlichkeitsstrukturen thematisiert wurde. Die auf die frühkindlichen Entwicklungsetappen bezogene psychoanalytische Rekonstruktion der Persönlichkeitsentwicklung wurde durch E. H. Erikson (1966) in einen umfassenden biographischen Zusammenhang gestellt und auf die Entwicklung der *Ichidentität* aus der Lösung sozial und psychogenetisch determinierter Entwicklungskrisen geschlossen.

In der neuesten Entwicklung schließlich wird der Begriff der *Subjektivität* wieder thematisiert und der Bildungsprozeß subjektiver Strukturen aus dem Interaktionsfeld der Familie heraus rekonstruiert. Schon in der frühen Mutter-Kind-Beziehung wird die Subjektentwicklung von gesellschaftlichen Konfliktlagen beeinträchtigt: „Aus den Widersprüchen der Produktionsverhältnisse heraus reproduziert sich Sozialisation als Widersprüchlichkeit in den Interaktionsformen" (Lorenzer, 1972, 136). Die psychoanalytisch ausgerichtete S. hat am intensivsten Eingang in die Sozialisationsforschung gefunden, da sie sowohl die gesellschaftlich-historische Dimension, unter der sich soziales Verhalten herausbildet und eingegrenzt wird, als auch die lebensgeschichtlich-biographische Dimension der Beteiligungen an Interaktionsprozessen berücksichtigt. S. wird so zu einer kritischen Sinndeutung von Interaktionserfahrungen und Sprachformen, die die Handlungs- und Denkweisen der Subjekte bestimmen.

3.5 Marxistische Orientierung

Eine marxistische S. hat sich in den sozialistischen Ländern, insbesondere der DDR, herausgebildet. Sie sieht sich (Hiebsch/Vorwerg, 1979) auf der Höhe der Zeit, indem sie an die fortgeschrittene empirische Position der internationalen Diskussion anschließt, nämlich experimentell zu forschen und die verwendeten Methoden nach dem Bild der Naturwissenschaften weiterzuentwickeln. Vom Gegenstand her bezieht sie sich auf die Werke von Marx und Engels und damit auf die Grundkategorie der Kooperation im Arbeitsprozeß, die als Prototyp der sozialpsychologisch zu untersuchenden Wechselwirkungen verstanden wird. Es gilt demgemäß, die Gesetzmäßigkeiten des Gruppengeschehens, der Produktivität durch Kooperation (Leistungsvorteil der Gruppe und deren Erziehungseffekt), der sozialen Wechselwirkungen selbst und der Vermittlungsprozesse (Kommunikation und Gruppenstrukturen) herauszufinden. Die marxistische S. verfolgt eine normative Zielsetzung, indem sie in ihrem Verständnis dazu beiträgt in sozialistischen Gesellschaften die Arbeit in das erste Lebensbedürfnis des Menschen zu verwandeln. Ebenso wie in der S. nichtmarxistischer Prägung sind Einstellungsuntersuchungen im Rahmen sozialer Kommunikation und optimale Koordinierung von Gruppenprozessen zur Leistungsförderung von zentralem Interesse.

4 Gesellschaftliche Bedeutung

Die S. hat über lange Zeit hinweg versucht, ihre Wissenschaftlichkeit durch die Verbesserung methodologischer Grundlagen und die Formalisierung ihrer Theorien zu erhöhen. Dies hat, wie z. B. Holzkamp (1972) ausführt, zu zunehmender Ausklammerung der Frage nach der *Relevanz der Forschung* geführt. Solange sie sich an den Regeln der empirischen Kunst auf der Basis der Wissenschaftstheorie des kritischen Rationalismus und des experimentellen Forschungsparadigmas ausgerichtet hat, wurden politische oder gesellschaftlich-praktische Überlegungen ausgespart. Die gesellschaftliche Anbindung von Forschung wurde von den Theoretikern durchaus gesehen, blieb aber ohne Konsequenzen für ihre Wissenschaftspraxis, da sie sich auf das Postulat der Neutralität und Wertfreiheit zurückzogen.

Die in der S. besonders ausgeprägte quantitative Methodenorientierung wird jedoch immer stärker angegriffen. Wenn auch Irle (1975) für eine experimentelle S. plädiert, so gerät diese Position doch immer mehr in Begründungsprobleme: Die Vorgänge des gesellschaftlichen Lebens werden in Laborprozeduren vereinfacht und künstlich nachgebildet; die Zeitdimension von Interaktionsprozessen und Gruppenbildungen wird vernachlässigt; die Einflüsse des Versuchsleiters und der Versuchspersonenerwartungen machen die experimentellen Kontrollen in hohem Maße wirkungslos; die Versuchspersonen werden in vielen Fällen getäuscht und aus ihrem Lebenszusammenhang genommen. Das Ideal der Isolierung von Ursache-Wirkungs-Zusammenhängen im sozialen Verhalten ist methodisch problematisch und theoretisch angreifbar: Wer ist in der Lage, die isolierten Effekte theoretisch sinnvoll und mit Realitätsbezug wieder zusammenzusetzen?

So zeigt sich die Tendenz, das Experimentieren in der S. als Forschen im „sozialen Vakuum" (Tajfel) zu kritisieren. Seit den 70er Jahren häufen sich Veröffentlichungen, die eine Besinnung auf den *gesellschaftlichen Kontext der S.* (Israel/Tajfel, 1972) fordern, die S. in einem Prozeß des *Übergangs* sehen (Strickland et al., 1976) oder die *Krise* der S. diagnostizieren (Mertens/Fuchs, 1978). Diesen kritischen Äußerungen ist gemeinsam, daß sie in der Wissenschaftstradition, die am Subjektcharakter des Forschungsgegenstands „vorbeisystematisiert" und den Wert einer Theorie darin sieht, daß sie bis dato empirisch kontrollierten Widerlegungsversuchen standgehalten hat, eine erhebliche Verkürzung der theoretischen und praktischen Relevanz der S. sehen. Vor allem *drei kritische Zonen* in der Beurteilung der zeitgenössischen S. sind hervorzuheben:

1. Die Dominanz eines methodenbezogenen Menschenbilds der „passiven Reaktionsmaschine" (Moscovici, 1972), nämlich eines auf Reize reagierenden Organismus', dessen innere Strukturen und Vermittlungsprozesse bei der Stellungnahme gegenüber der Umwelt unberücksichtigt bleiben: Intentionales und sinnorientiertes Handeln werden vernachlässigt; denn die Absicht des Experiments liegt im Überprüfen von Hypothesen.
2. Die Dominanz zweckrationaler Kriterien zur Herstellung und Kontrolle von Handlungen: Das Interesse an der Steuerung des Verhaltens in sozialen Beziehungen abstrahiert notwendig vom lebensgeschichtlichen wie vom gesellschaftlich-politischen Koordinatenfeld, in dem Handeln erst verständlich wird.
3. Das Festhalten an der empirisch-deduktiven Wissenschaftsauffassung kann das methodologische Dilemma der S., nach Regelhaftigkeiten in den zwischenmenschlichen Beziehungen zu suchen, die in ihren Erscheinungsformen an konkrete gesellschaftliche und historische Kontexte gebunden sind, nicht lösen. Dies bedeutet, daß die jeweiligen Theorien und deren empirische Belege nur eine begrenzte Generalisierung erlauben. Auswege aus dem Dilemma werden in der begrifflichen und methodischen Einlösung des intersubjektiven Charakters der Forschungsgegenstände und -praxis und der Analyse ihrer Einbettung in gesellschaftliche Lebens- und Arbeitszusammenhänge (Ottomeyer, 1977) zu suchen sein.

Gegenüber den überkommenen Formen der S. ist ein Plädoyer für eine *gesellschaftlich relevantere S.* notwendig, die sowohl den reflexiven Charakter menschlicher Interaktionen als auch die materiellen und kulturellen Muster und Bedingungen, in denen diese stattfinden, mit in die Theoriebildung einbezieht.

Literatur

Adorno, Th. W. u. a.: The authoritarian personality. New York, 1950. (Deutsch: Studien zum autoritären Charakter. Frankfurt/M.: Suhrkamp 1973).

Arbeitsgruppe Bielefelder Soziologen (Hrsg.): Alltagswissen. Interaktion und gesellschaftliche Wirklichkeit. 2 Bde. Reinbek: Rowohlt, 1973.

Bandura, A.: Lernen am Modell. Aufsätze zu einer sozial kognitiven Lerntheorie. Stuttgart: Klett, 1976.

Berger, P./Luckmann, T.: Die gesellschaftliche Konstruktion der Wirklichkeit. Frankfurt: Fischer, 1969.

Berkowitz, L./Walster, E. (Eds.): Equity theory: Toward a general theory of social interaction. New York: Academic Press, 1976.

Deutsch, M./Krauss, R. M.: Theorien der Sozialpsychologie. Frankfurt: Fachbuchh. für Psychol., 1976.

Erikson, E. H.: Identität und Lebenszyklus. Frankfurt: Suhrkamp, 1966.

Festinger, L.: A theory of cognitive dissonance. Stanford: Stanford Univ. Press, 1957. (Deutsch: Die Theorie der kognitiven Dissonanz. Bern: Huber, 1978).

Frey, D. (Hrsg.): Kognitive Theorien der Sozialpsychologie. Bern: Huber, 1978.

Frey, D./Greif, S. (Hrsg.): Sozialpsychologie. Ein Handbuch in Schlüsselbegriffen. (2. erw. Aufl.) München u. Weinheim: Psychologie Verlags Union, 1986.

Fromm, E.: Analytische Sozialpsychologie. Frankfurt: Suhrkamp, 1970.

Goffman, E.: Wir alle spielen Theater. München: Piper, 1970.

Graumann, C. F. (Hrsg.): Sozialpsychologie. Bd. 7 des Handbuches der Psychologie, 2 Halbbände. Göttingen: Hogrefe, 1969 und 1971.

Hare, P. H./Borgatta, E. F./Bales, R. F.: Small groups. Studies in social interaction. New York: Knopf, 1965.

Heider, F.: The psychology of interpersonal relations. New York: Wiley, 1958.

Heigl-Evers, A. (Hrsg.): Sozialpsychologie. 2 Bde. (Kindlers „Psychologie des 20. Jahrhunderts"). Weinheim: Beltz, 1984.

Hiebsch, H./Vorwerg, M. (Hrsg.): Sozialpsychologie. Berlin (DDR): Deutscher Verlag der Wissenschaften, 1979.

Holzkamp, K.: Kritische Psychologie. Frankfurt: Fischer, 1972.

Homans, G. C.: Elementarformen sozialen Verhaltens. Opladen: Westdeutscher Verlag, 1968.

Horn, K. (Hrsg.): Gruppendynamik und der „subjektive" Faktor. Frankfurt: Suhrkamp, 1972.

Irle, M.: Lehrbuch der Sozialpsychologie. Göttingen: Hogrefe, 1975.

Irle, M. (Hrsg.): Kursus der Sozialpsychologie. Neuwied, Berlin: Luchterhand, 1978.

Israel, J./Tajfel, H. (Eds.): The context of social psychology. London: Academic Press, 1972.

Jones, E. E. et al.: Perceiving the causes of behavior. New York: General Learning Press, 1972.

Kardiner, A.: Psychological frontiers of society. New York: Columbia Univ. Press, 1945.

Lorenzer, A. et al.: Psychoanalyse als Sozialwissenschaft. Frankfurt: Suhrkamp, 1971.

Lorenzer, A.: Zur Begründung einer materialistischen Sozialisationstheorie. Frankfurt: Suhrkamp, 1972.

Mead, G. H.: Geist, Identität und Gesellschaft. Frankfurt: Suhrkamp, 1968.

Mertens, W./Fuchs, G.: Krise der Sozialpsychologie? München: Ehrenwirth, 1978.

Moscovici, S. (Hrsg.): Forschungsgebiete der Sozialpsychologie. 2 Bde. Kronberg: Athenäum 1975 und 1976.

Nolte, A./Staeuble, I.: Zur Kritik der Sozialpsychologie. München: Hanser, 1972.

Ottomeyer, K.: Ökonomische Zwänge und menschliche Beziehungen. Reinbek: Rowohlt, 1977.

Secord, P. F./Backman, C. W.: Social psychology. (2nd ed.) New York: McGraw Hill, 1974.

Strickland, L. H. et al. (Eds.): Social psychology in transition. New York, London: Plenum, 1976.

Thomas, W. I.: Person und Sozialverhalten. Neuwied: Luchterhand, 1965.

Soziologie

Peter Schöber

1 Zur Definition

Was ist S.? Eine Antwort darauf ist ebenso schwierig wie auf die Frage: Was ist Psychologie oder Ökonomie? Nicht befriedigen kann: Die S. befaßt sich mit der „Gesellschaft“, die Psychologie mit dem „Individuum“ und die Ökonomie mit der „Wirtschaft“. Denn damit befaßt sich, wenn auch mit unterschiedlichen Fragestellungen, jede dieser Disziplinen. Hinzu kommt, daß diese Gebiete nicht ohne weiteres identifizierbar sind, mag sie auch die Alltagssprache als „selbstverständliche Tatsachen“ herausstellen. Kurz, die Definitionen der einzelnen sozialwissenschaftlichen Disziplinen, ihre Abgrenzung von sowie ihre Integration miteinander setzen jeweils eine bestimmte theoretische Perspektive voraus.

Den Namen erhielt die S. von Auguste Comte (1798-1857), der ihr die Aufgabe zuwies, Struktur, Funktionsweise („soziale Statik“) und Entwicklung („soziale Dynamik“) von *Gesellschaften* in „nichtmetaphysischer Weise“ („Positivismus“) (Kon, 1968, 19 f.; Aron, 1971) zu untersuchen. S. – zuvor „soziale Physik“ – sollte, sich auf die Biologie stützend, die Hierarchie der theoretischen Wissenschaften abschließen. Bei Comte findet sich, Norbert Elias zufolge, „die Einsicht in die relative Autonomie des Gegenstandsgebietes der ‚Soziologie‘, die den entscheidenden Schritt zur Konstituierung der Soziologie als einer relativ autonomen Wissenschaft darstellt“ (Elias, 1978, 46).

Allerdings stieß die Position Comtes, die in England bei John Stuart Mill und Herbert Spencer bereitwillige Aufnahme und Verfeinerung erfuhr, alsbald auf heftige Kritik, so in Deutschland bei Wilhelm Dilthey (1833-1911). Er sah in ihr eine „derbe naturalistische Metaphysik“ (Dilthey, 1979, 107), die der menschlichen Geschichte weniger angemessen sei als z. B. die Geschichtsphilosophie Hegels, betonte gegenüber der natur- die *geisteswissenschaftliche* Methode bei der Erforschung der Welt des Menschen und bestritt der S. à la Comte ihren Gegenstand. Dagegen akzeptierte er die S. Georg Simmels (1858-1918), der in ihr eher eine *Methode* denn eine Wissenschaft mit einem besonderen Gegenstandsgebiet sah.

Es gibt nach T. B. Bottomore (1966, 14) vier geistige Strömungen, die in die S. einmünden: die *politische Philosophie*, die *Geschichtsphilosophie, biologische Theorien der Evolution* und mit *Reformbewegungen verbundene Analysen der sozialen Realität*. Wann beginnt die S. als Einzeldisziplin? Mit ihrer Emanzipation von der Philosophie, so die häufige Antwort. Doch dieser Ansicht wird widersprochen und z. B. betont, daß „jede lohnende Untersuchung der Gesellschaft (...) philosophischen Charakters sein, und jede lohnende Philosophie (...) es mit der Natur der menschlichen Gesellschaft zu tun haben (muß, P.S.)“ (Winch, 1974, 11). Es gibt auch noch den Standpunkt, wonach die S. sich die moderne naturwissenschaftliche Methodologie als Vorbild nehmen müsse (Nagel, 1964). Danach stünde die S. allenfalls am Beginn ihrer Entwicklung. Auf umfassende Theorien sozialer Entwicklung müßte sie verzichten, von den Alltagsproblemen der Menschen sich weit entfernen. Dem ließe sich entgegenhalten, daß das Subjekt-Objekt-Verhältnis im Falle der Natur- grundsätzlich anders ist als in den Sozial- (Geistes-)wissenschaften.

Zu den Klassikern der S. werden zumeist gezählt: A. Comte, H. Spencer, K. Marx, A. de Tocqueville, E. Durkheim, V. Pareto, G. Simmel und M. Weber. Diese Aufzählung kann jedoch nur der vorläufigen Orientierung dienen; könnte man doch einwenden, daß z. B. auch A. Smith, G. W. F. Hegel, A. Ferguson, H. de Saint-Simon dazugerechnet werden müßten.

Am einfachsten läßt sich die Frage beantworten: Womit beschäftigt sich die S.? Inkeles (1965, 12) nennt folgende vier Gebiete: (1) Soziologische Analyse (Kultur u. Gesellschaft, soziologische Perspektive, wissenschaftliche Methode in den Sozialwissenschaften); (2) Primäreinheiten des sozialen Lebens (soziale Handlungen und soziale Beziehungen, die individuelle Persönlichkeit, Gruppen, Assoziationen und Organisationen, Gemeinden, städtische u. ländliche Bevölkerung, Gesellschaft); (3) grundlegende soziale Institutionen (Familie, ökonomische, politische, religiöse Institutionen usw.); (4) fundamentale soziale Prozesse (Differenzierung, Schichtung, Kooperation, soziale Konflikte, Kommunikation, Sozialisation, soziale Kontrolle, abweichendes Verhalten, sozialer Wandel usw.).

Schwieriger ist, wie angedeutet, eine systematische Definition der S.; setzt diese doch die Entscheidung für ein bestimmtes „soziologisches Paradigma“ (Kuhn, 1967, 28 f.) voraus. Jedes der bahnbrechenden Werke der S. impliziert nämlich eine bestimmte Definition. Sinnvoll beantworten läßt sich deshalb die Frage: Was ist S.?, nur, indem man von einem Ansatz zum anderen wandert.

Die Tätigkeit soziologischen Erkennens beschränkt sich jedoch nicht darauf, etwa als Antwort auf spezifische Probleme eines neuen Zeitalters, jeweils neue Werke an die (ver-)alte(te)n zu reihen. Vielmehr besteht sie auch darin, über eine „dialektische Kritik" die verschiedenen Ansätze zu einer einheitlichen soziologischen Theorie zu synthetisieren (Giddens, 1979) und darin, die „elementaren Ideen" (Nisbet, 1984) der „Klassiker" herauszuarbeiten (z. B. Gemeinschaft, Herrschaft, Status, Entfremdung), um damit der S. Orientierung und Identität zu verleihen.

2 Zur Problemstellung

Die soziale Welt ist das Ergebnis menschlichen Tuns; zugleich sind ihre Produzenten auch ihr Produkt. Die Bedingungen ihres Handelns finden die Menschen jeweils als historisch gewordene vor. Nicht blindlings produzieren sie ihre Realität – sie setzen sich vielmehr Ziele, gestalten mit Vorbedacht; gleichwohl tritt sie ihnen als etwas Objektives, u. U. Fremdes, Undurchschaubares entgegen.

Der Soziologe ist Teilnehmer und Mitproduzent dieser sozialen Welt; aus ihr empfängt er, wie jeder andere, seine Deutungsmuster. Anders als bei seinen Mitmenschen, die mit ihrem „gesunden Menschenverstand" Aspekte der Realität zu verstehen suchen, besteht seine Rolle u. a. jedoch darin, Theorien und Analysen zu Aspekten der sozialen Welt herzustellen. Wodurch unterscheiden sich seine Bemühungen von den Deutungsversuchen der *nicht*soziologischen Umwelt, unter deren Druck er ständig steht? U. U. dient er dieser nur als „Interpret" oder „Gestalter" ihres Alltagsbewußtseins. Dies liegt z. B. vor, wenn sich seine Forschungen bloß innerhalb des Relevanzgefüges praktischen Alltagshandelns, etwa von Unternehmen, Behörden, Verbänden usw. bewegen. Doch damit entfernt er sich nicht grundsätzlich vom „common-sense", er präzisiert nur, was alle wissen, liefert Informationen, die jeder liefern könnte, der das betreffende Relevanzgefüge teilt. Der wissenschaftliche Anspruch der S. geht jedoch weiter. Sie will auch zu den („Tiefen-") Strukturen vordringen, die der Alltags- („Oberflächen-")welt zugrundeliegen und das Handeln der Menschen bestimmen, ihnen aber verborgen bleiben. Zwar bringen sie selbst diese Strukturen hervor, diese entwickeln jedoch, diesem methodologischen Konzept zufolge, eine Eigendynamik.

Mit der Hinwendung zur theoretischen Spekulation trägt die S. stärker dem Anliegen menschlichen Selbsterkennens Rechnung, was allerdings von der *nicht*soziologischen Umgebung selten geschätzt wird. Dies ist durchaus verständlich; werden doch gängige, bequeme und nützliche Alltagsvorstellungen und -theorien durch das von Soziologen hergestellte, i.e.S. wissenschaftliche Weltbild, als „falsches Bewußtsein" erkannt. Gleichwohl müßte der Soziologe dem „gesunden Menschenverstand" empfehlen, nicht nur vor sich selbst, sondern auch vor jenen Weltbildern auf der Hut zu sein; entstehen diese doch jeweils unter besonderen historischen Bedingungen, verkünden nicht die absolute Wahrheit, und dienen doch häufig Interessen, die der aufklärerischen Absicht ihrer Produzenten zuwiderlaufen. Ein wichtiger Zweig der S., die *Wissens-S.* (Scheler, 1963), sieht es gerade als seine Aufgabe an, die geistigen und gesellschaftlichen Bedingungen der Durchsetzung, Aufrechterhaltung und Ablösung von Weltbildern und Weltanschauungen aufzudecken.

Ganz allgemein stellt sich für die S. die Frage, ob sie sich mehr der Analyse der historisch einmaligen Phänomene widmet und sich dabei der „Theorie" nur als *Mittel* bedient oder ob Theoriebildung für sie *Hauptziel* ist (M. Weber, 1973). Weber sieht weder die „Stoff-" noch die „Sinnhuberei", sondern die *theoriegeleitete empirische Forschung* als Richtschnur soziologischen Erkennens an.

3 Ansätze in der Soziologie

3.1 Phänomenologie, symbolischer Interaktionismus, Ethnomethodologie

Folgende Streitfragen zu Methodologie und Wissenschaftscharakter der S. kehren immer wieder: Können soziale Phänomene in Analogie zu Naturereignissen oder müssen sie vielmehr als Gegenstände einer „Welt des objektiven Geistes" angesehen werden? Ist das gesellschaftliche Ganze dem Dasein des Individuums vorgegeben, so daß dies nur als Teil einer Ganzheit ist, oder ist das, was man das gesellschaftliche Ganze nennt, nur ein Ergebnis des Handelns einzelner Individuen? Können Geschichte, Gesellschaft und Kultur unter Gesetzen begriffen werden oder sind alle als Gesetz ausgegebene Deutungsversuche nur historisch bestimmte Abstraktionen? Auf diese Frage versuchte Alfred Schütz eine Antwort und damit der „phänomenologischen Richtung" in der S. eine Begründung zu geben (Schütz, 1960, 1).

Ausgangspunkt waren für ihn die Werke G. Simmels und M. Webers: „Simmels leitende Idee aber, alle materialen sozialen Phänomene auf die Verhaltensweisen einzelner zurückzuführen . . ., hat fortgewirkt und sich als tragfähig erwiesen" (1960, 2). Vor allem knüpfte Schütz an M. Weber an, für den S. eine Wissenschaft ist, „welche soziales Handeln deutend verstehen und dadurch in seinem Ablauf und seinen Wirkungen ursächlich erklären will" (Weber, 1925, 1).

Weber nimmt also zur Entwicklung des Bezugsrahmens der S. nicht „Gesellschaft" als Realität eigener Art, sondern den Begriff des *sozialen Handelns* als Ausgangspunkt, von dem er zu immer komplexeren Begriffen seiner *„verstehenden Soziologie"* schreitet (1925, 1f.). Nach Schütz (1960, 3) liegt die Bedeutung Webers darin, daß er

„alle Arten sozialer Beziehungen und Gebilde, alle Kulturobjektivationen und Regionen des objektiven Geistes auf das ursprünglichste Geschehenselement des sozialen Verhaltens einzelner zurückführt" ... „Nur das Handeln des einzelnen und dessen gemeinter Sinngehalt ist verstehbar und nur in der Deutung des individuellen Handelns gewinnt die Sozialwissenschaft Zugang zur Deutung jener sozialen Beziehungen und Gebilde (z. B. Staat, Bürokratie, P. S.), die sich in dem Handeln der einzelnen Akteure der sozialen Welt konstituieren".

Schütz geht es darum, im Anschluß an das Denken Henri Bersons und Edmund Husserls, den methodologischen Ausgangspunkt Webers, vor allem den Sinnbegriff, stärker zu fundieren.

Die Struktur der „Sozialwelt" ist für alle, einschließlich des sie zu deuten suchenden Soziologen, sinnhaft. In der Welt leben wir mit und für andere(n), orientieren uns an ihrem Verhalten, das wir zu verstehen suchen, wobei wir voraussetzen, daß sie auch unser Verhalten verstehen. In diesen „Sinnsetzungs- und Sinndeutungsakten baut sich für uns in Graden verschiedener Anonymität in größerer oder geringerer Erlebnisnähe, in mannigfachen, einander durchkreuzenden Auffassungsperspektiven das Sinngefüge der sozialen Welt auf" (Schütz, 1960, 7). Der Sinnzusammenhang, in den die wissenschaftliche Deutung die Welt einordnet, ist jedoch nicht der des unmittelbaren Erlebens, sondern der der „ordnenden Betrachtung". Diese versucht mit Hilfe der Konstruktion von „Idealtypen" die Realität zu verstehen, wobei sich dieses Verständnis nur im Grad der Deutlichkeit und Vollständigkeit u. U. von der spontanen Deutung des Nichtsoziologen unterscheidet. Auch dieser verwendet zu seiner Orientierung Idealtypen, der Soziologe muß jedoch im Gegensatz zu ihm seine idealtypischen Konstruktionen, die der Erforschung der sozialen Welt dienen sollen, explizit machen. Vor allem darf er sie nicht mit der Realität selbst verwechseln. Ferner müssen sie „mit dem Gesamtzusammenhang der wissenschaftlichen Erfahrung von Welt (...) verträglich sein" (Schütz, 1960, 225). Das Problem der S. besteht, kurz, darin, einen *objektiven* Sinnzusammenhang von subjektiven Sinnzusammenhängen herzustellen.

Der phänomenologische Ansatz setzt sich in einer Reihe unterschiedlicher Richtungen der S. sowie in Methoden der empirischen Sozialforschung (Cicourel, 1970) fort, so z. B. im „Symbolischen Interaktionismus", der wiederum die folgenden Ansätze anregte: „Ethnomethodologie", „Labeling Theorie", „dramaturgische Soziologie" und die „Soziologie des Absurden" (Manis/Meltzer, 1972, 9). Alle diese Orientierungen betonen die aktive, selbstbewußte Natur menschlichen Handelns und folgen jenen Perspektiven, die dieses aus der Sicht des Handelnden heraus analysieren wollen. Der *symbolische Interaktionismus*, der sich insbesondere auf George Herbert Mead beruft, betont, wie dieser, die nichtbeobachtbaren Aspekte menschlichen Verhaltens und stellt sich damit ebenfalls in Gegensatz zum von John B. Watson begründeten *Behaviorismus*; er betont ferner den Vorrang der Gesellschaft, zugleich jedoch das Individuum als aktive, kreative Quelle des Verhaltens (Manis/Meltzer, 1972, 1f.).

Was die *Ethnomethodologie*, als weitere in der Tradition der Phänomenologie stehende Richtung, eng verbunden mit dem Namen Harold Garfinkels, betrifft, so beschäftigt sie sich mit den praktischen alltäglichen Aktivitäten, die Menschen in der Gesellschaft entfalten, um sich selbst und anderen ihre alltäglichen Angelegenheiten verständlich und erklärlich zu machen, ferner mit den Methoden, die sie anwenden, wenn sie ihre alltäglichen Angelegenheiten hervorbringen und bearbeiten. Mit der *Ethnotheorie* hat die Ethnomethodologie das Ziel gemeinsam, die Welt so zu verstehen, wie sie von Menschen im Alltagsleben gesehen und interpretiert wird (Psathas, 1973).

3.2 Handlungstheorie, Funktionalismus, Theorie kollektiven Verhaltens

Nach Weber wird die soziale Realität letztlich durch das Handeln einzelner konstituiert. Aber tritt sie nicht dem einzelnen als eine objektive Faktizität in Gestalt vorgegebener gesellschaftlicher Organisation und kultureller Traditionen, die sein Handeln und seine Weltdeutungen bestimmen, entgegen? Kommt nicht aus dem Handeln vieler einzelner etwas heraus, was diese nicht beabsichtigen (was Weber nicht übersah)? Diese Fragen führen zu einer Reihe zentraler soziologischer Ansätze, die den *„objektiven" Charakter der sozialen Realität* betonen, ohne dabei ihren „subjektiven" zu ignorieren. So betont z. B. Durkheim, daß es die S. mit einer außerhalb des individuellen Bewußtseins stehenden Realität eigener Art zu tun habe und die soziologischen Tatbestände unter dem Gesichtspunkt zu betrachten seien (Durkheim, 1961), welche Funktion sie im Rahmen eines Ganzen besäßen. Und von Marx wird die soziale Realität als ein den Individuen vorgegebenes System sozialen Zwanges dargestellt und betont, daß in letzter Instanz „Produktivkräfte" und „Produktionsverhältnisse" sowie die sich aus ihren Beziehungen ergebende Dynamik – vorgegebene Strukturen, Prozesse und Entwicklungen also – Handeln und Interpretationen der Menschen determinieren.

Einer der prominentesten zeitgenössischen Soziologen, Talcott Parsons, versucht nun diese verschiedenen theoretischen Perspektiven zu einer „Theorie des sozialen Handelns" zu synthetisieren und damit einen Bezugsrahmen für die Sozialwissenschaften, einschließlich der S., zu schaffen (Parsons, 1964). Ebenfalls, wie Weber von der subjektiven Perspektive des Handelnden ausgehend, erweitert er den Handlungsbegriff, indem er u. a. die situative Komponente (durch den Akteur wahrgenommene Bedingungen und Mittel) hervorhebt. Unter dem Eindruck der Psychoanalyse von Sigmund Freud und der Verhaltenspsychologie verfeinert und ergänzt er seinen theoretischen Bezugsrahmen (Parsons/Shils, 1962, 53, 56). Dieser involviert Akteure (Individuen oder Kollektivitäten), Situationen (Aspekte der äußeren Welt des Akteurs, die für ihn Bedeutung haben) und Orientierungen (Pläne, Erkenntnisse, negative oder positive Besetzungen usw.) zur Situation.

Parallel dazu verlagert sich sein Blickwinkel von der Ebene des individuellen Akteurs hin zu jener des *sozialen Systems* (Parsons, 1951) – konstituiert durch das Handeln mehrerer Akteure – und der „Gesellschaft", des komplexen, „selbstgenügsamen" Handlungssystems. Dies geschieht auf Anregung des Physiologen L. J. Henderson, seinerseits beeinflußt durch die systemtheoretischen Überlegungen des Ingenieurs und Soziologen Pareto (Parsons et al., 1975, 29). Dabei trifft er die analytische Unterscheidung zwischen „*Kultursystem*" – System der Werte, Normen usw. –, „*sozialem System*" und „*personalem System*" – System des Handelns des Individuums, das an diversen sozialen Systemen mit jeweils einem strukturierten Ausschnitt seines Handelns („Rolle") teilnimmt.

Alle drei Ebenen sind in der Realität miteinander über „Institutionalisierung" und „Internalisierung" verbunden. Es gibt kein soziales System, in dem die Interaktionen nicht durch Kommunikation, gemeinsame Werte, Normen usw. vermittelt und strukturiert werden, auch nicht ein Individuum, dessen „Über-Ich" nicht durch herrschende Werte geprägt ist. Ebenso wie das Individuum Bedürfnisse hat, hat nach Parsons die Gesellschaft (wie jedes soziale System) funktionale Erfordernisse, die erfüllt werden müssen, soll ihr Fortbestand gewährleistet sein. So gibt es das Erfordernis der „*Anpassung*", das in der funktional und strukturell differenzierten Gesellschaft die „Wirtschaft", das der „*Zielerreichung*", das die „Politik", das der „*Integration*", das z. B. das Rechtswesen, und das der „*Aufrechterhaltung der Muster*" und der „*Spannungsbewältigung*", das u. a. das (Aus-)Bildungswesen erfüllt.

Um diese Erfordernisse kristallisieren sich soziale Strukturen (Beziehungsgefüge), die u. a. mit Hilfe der „Orientierungsalternativen", von Parsons nach dem Vorbild des auf Ferdinand Tönnies zurückgehenden Begriffspaares „Gemeinschaft – Gesellschaft" entwickelt, beschrieben und verglichen werden können (Parsons/Shils, 1962, 77 f.).

Soziale Systeme tendieren zu einem Zustand des Gleichgewichts (der „Ordnung"), der u. a. dann vorliegt und stabil ist, wenn die Beteiligten ihre Rollen den herrschenden institutionalisierten Wertmustern gemäß spielen und eine Proportionalität zwischen ihren Beiträgen und Belohnungen wahrnehmen.

An dem Werk Parsons' wird kritisiert, daß es Antworten unabhängig von Problemstellungen, eher Kategorien als Theorien enthalte, daß es „Konflikte" und „sozialen Wandel" vernachlässige und eine übersozialisierte Konzeption vom Menschen (Wrong, 1963) einschließe.

Als Alternative zu diesem Gleichgewichtsmodell, das Konsensus über die herrschenden Werte unterstellt, bieten sich, eher als Ergänzung, „*Konfliktmodelle*" (Coser, 1964; Dahrendorf, 1961) an, die „Konflikt" als ein wesentliches Moment des sozialen Lebens ansehen und seine Funktionen, sei es für „Integration", sei es für „sozialen Wandel", hervorheben.

Robert K. Merton (1963, 37-42), Schüler von Parsons, versucht, die „*funktionale Analyse*" als Instrument für soziologische Forschung auszuarbeiten und den Vorwurf zu entkräften, sie enthalte eine „*konservative*" Voreingenommenheit, indem er Parallelen zwischen ihr und der „*dialektischen*" (Marx/Engels) Analyse zu zeigen versucht. Ferner unterscheidet er zwischen „*allgemeiner soziologischer Orientierung*" und „*soziologischer Theorie*". Im ersten Fall handelt es sich um theoretische Perspektiven, wie z. B. „Organismus-", „Gleichgewichts-", „Konflikt-", „Prozeßmodell" oder „historischer Materialismus",

„Funktionalismus“, im zweiten um darauf basierende präzise Aussagesysteme, die Erklärung und Erforschung konkreter Phänomene ermöglichen (Merton, 1963, 85-99). Nach Merton sollte die S. weniger nach dem allumfassenden theoretischen System suchen, als sich vielmehr mit der Konstruktion von *„Theorien mittlerer Reichweite“* bescheiden.

Auch ein anderer Schüler Parsons', Neil J. Smelser (1972), versucht dessen Werk zu ergänzen, indem er sich den Problemen „Konflikt“ und „Wandel“ zuwendet und eine *Theorie kollektiven Verhaltens“* konstruiert („nichtinstitutionalisiertes Verhalten“), das nicht nur von Behörden (zu Unrecht) oft als „abweichendes Verhalten“ definiert wird. Es geht vor allem um jenes Verhalten, das auf die Veränderung bestehender Organisationen, Ressourcenverteilung, Normen oder Werte ausgerichtet ist. Kollektives Verhalten kann „vorwärts“ (z. B. sozialreformerische oder revolutionäre Bewegungen) oder „rückwärts“ (z. B. Pogrome, Lynchjustiz) gerichtet sein (Heinz/Schöber, 1972).

3.3 Mikrosoziologie und Reduktionismus

Parsons erfährt, wie erwähnt, auch aus methodologischen Gründen Kritik. So wirft ihm George Caspar Homans (1964, 957) vor, daß er logische Beziehungen zwischen Kategorien bereits als „Theorie“ ansehe. Für Homans (1964, 952) ist eine „Theorie“ dagegen eine Aussage über Zusammenhänge zwischen Variablen, die eine empirische Bewährungsprobe zulassen. Das Ziel der S. müsse darin bestehen, möglichst universell gültige Sätze über menschliches Verhalten zu finden, wie sie etwa innerhalb der Verhaltenspsychologie formuliert werden (1961, 3-7). Homans (1961, 17 f.) sieht u. a. in den Vorstellungen B. F. Skinners (1965) ein Vorbild, der Erkenntnisse aus der Tierpsychologie auf menschliches Verhalten zu übertragen sucht. Sein eigenes Hauptanliegen ist die Analyse des Alltagsverhaltens der Menschen.

Soziologische Theorien beruhen nach Homans stets explizit oder implizit auf (verhaltens-)psychologischen Prämissen. Erklärungen sozialer Phänomene müssen einem deduktiven Schema folgen, dem möglichst universell gültige theoretische Sätze zugrundeliegen, die psychologischer Natur sind (Malewski, 1965).

Sein wichtigster Beitrag besteht in einer Theorie *elementaren sozialen Verhaltens*, die dazu dienen soll, *„subinstitutionelles“* Verhalten zu erklären: das Verhalten von Angesicht zu Angesicht, das sich innerhalb, unterhalb, neben oder entgegen des/dem institutionellen Verhalten(s) (z. B. eine informelle Gruppe in einer formalen Organisation) abspielt.

Offizielle Normen stellen den Rahmen für subinstitutionelles Verhalten dar, können aber auch dadurch verändert werden. Bevor die „große Gesellschaftstheorie“ formuliert werden kann, müßten erst verläßliche Fundamente geschaffen werden.

Ungeklärt bleibt, wie über einen mikrotheoretischen Ansatz zu den gesellschaftlichen Ordnungen, die von makrosozialen Einheiten (z. B. Klassen) im Wege von Konflikt, Unterwerfung, Konsensus oder „List der Vernunft“ hergestellt, kontrolliert und verändert werden, Zugang gewonnen werden soll. An diese Frage knüpft der Homans nahestehende Soziologe Peter M. Blau (1967, 2-3) an, der eine Beziehung zwischen den Soziologien des Alltagslebens à la Simmel oder Erving Goffman einerseits und den makrosoziologisch orientierten Ansätzen à la M. Weber oder T. Parsons andererseits herstellen will.

3.4 Makrosoziologie und die Entwicklung einer allgemeinen Systemperspektive

Bei seinem Anliegen, Mikro- und Makrosoziologie miteinander zu verbinden, versucht Blau die Prozesse zu analysieren, die die Assoziationen zwischen Menschen bestimmen. Dies soll zu einer Theorie der (Gesellschafts-)Sozialstruktur führen. Das Problem besteht darin, komplexe soziale Prozesse aus einfachen abzuleiten, ohne dabei den reduktionistischen Fehler zu begehen, Emergenzeigenschaften zu ignorieren. Grundprinzip des sozialen Lebens ist für Blau wie für Homans – in Anlehnung an G. Simmel – der *soziale Austausch*. Davon ausgehend will er die Frage beantworten, auf welche Weise sich das soziale Leben in immer komplexere Assoziationen zwischen Menschen organisiert. Das Verständnis der Beziehungen von Mensch zu Mensch in mikrosozialen Gebilden ist für ihn Ausgangspunkt für das Begreifen komplexer sozialer Strukturen. Vor allem gelte es zu vermeiden, theoretische Konzeptionen zu entwerfen, die sich entweder zu weit von der beobachtbaren sozialen Realität entfernen oder eben die Emergenzeigenschaften vernachlässigen, die bei komplexeren Assoziationen auftreten. So lasse sich z. B. gewerkschaftliche Tarifpolitik kaum mit Hilfe eines Kleingruppenmodells erforschen. Andererseits lehnt Blau das *Gestalt-* oder *Ganzheitsmodell* von der sozialen Realität (z. B. Hegel, Marx) ab, weil aus ihm keine überprüfbaren Hypothesen abgeleitet werden könnten und außerdem komplexe soziale Prozesse schließlich ihre Wurzeln in einfachen hätten (1967, 1-11).

Versucht Blau, Makro- und Mikrosoziologie miteinander zu verbinden, so geht es z. B. Amitai Etzioni (1969) eher darum, Makrosoziologie als eigenständige Richtung zu etablieren. Sein Versuch besteht darin – unter Berücksichtigung des Machtbegriffs –, den „kollektivistischen" Ansatz, bei dem bewußte gesellschaftliche Steuerung und geplanter Wandel keine Rolle spielen, mit dem „voluntaristischen" Ansatz, bei dem „Entscheidung", „Zielsetzung", „Strategie" usw. zentrale Momente sind, zu verbinden.

Für diese Bemühungen gibt es nach Etzioni neben theoretischen vor allem *praktische Gründe*: die wachsende Bedeutung der gesamtgesellschaftlichen Planung und Steuerung, insbesondere in den Entwicklungsländern. In diesem Zusammenhang haben folgende wissenschaftliche Richtungen außerhalb der S. ein großes Gewicht bekommen: Systemtheorie, Kybernetik, Informations-, Kommunikations-, Entscheidungs- und Spieltheorie (Buckley, 1967, 1-4).

Die praktische wie auch die mögliche theoretische Relevanz dieser Richtungen waren Grund genug, sie in die Diskussion einzuführen; schienen sie doch überdies eine Möglichkeit zu bieten, unterschiedliche Ansätze sowie verschiedene Sozialwissenschaften auf der Grundlage einer gemeinsamen Perspektive und Sprache zu integrieren.

Kerngedanke dieser Sichtweise ist, daß „soziokulturelle Systeme", mit denen es die S. zu tun habe, weder durch „Energie" noch durch „Materie", sondern durch „Information", „Kommunikation" und „Sinn" konstituiert werden. Dies müsse bei der Konstruktion allgemeiner Modelle und spezieller Theorie beachtet werden, eine Erkenntnis, die für Soziologen nicht neu ist; sie wurde aber nach Walter Buckley (1967, 7-40) nicht immer genügend berücksichtigt. So habe ein Teil der Modelle in der S. eher einen mechanistischen oder organizistischen Charakter; ein anderer Teil, der den Prozeßcharakter der sozialen Realität betone (z. B. M. Weber, K. Marx, G. Simmel, Herbert Blumer usw.), entspräche dagegen schon eher jener Sichtweise. Allen Prozeßmodellen sei nämlich gemeinsam, daß sie die soziale Realität als permanenten Erzeugungsprozeß ansehen, in dessen Verlauf stets soziale Strukturen aufgebaut, interpretiert, entwickelt und beseitigt werden.

Das Anliegen des synthetisierenden Systemansatzes ist die Entwicklung eines komplexen adaptiven Systemmodells, dessen Grundgedanken (Offenheit, Informationsverkettung, Rückkoppelungsschleifen, Zielgerichtetheit, Selbstregulierung, Selbststeuerung, Selbstorganisation) einigen der oben genannten Richtungen entnommen sind. Zwei Typen von Prozessen sind für dieses Systemmodell, das eine Ganzheitsvorstellung impliziert, maßgeblich: *Morphostatische* Prozesse – Prozesse des Austausches des Systems mit seiner Umwelt, um seine Organisation oder seinen Zustand zu erhalten – und *morphogenetische Prozesse* – Prozesse, die die Funktion haben, die vorhandene Struktur weiter zu entfalten und zu verändern (Buckley, 1967, 58 f.).

3.5 Krise, Rückbesinnung, Fortentwicklung

Der weltweite Studentenprotest Ende der 60er Jahre und der Vorwurf gegen die „etablierte" S., sie ignoriere zentrale Probleme menschlichen Zusammenlebens wie Krieg, Armut, Rassendiskriminierung, Unterdrückung und „Entfremdung" oder habe für sie keine angemessene Erklärung, kündigten eine Krise der S. (Gouldner, 1970) an. Es kam zu einer Rückbesinnung auf die „kritische Theorie", vor allem der „Frankfurter Schule" (Marcuse, 1968; Adorno, 1973; Horkheimer, 1974; Habermas, 1969, u. a.). In der Tradition Hegels, Marx' und Freuds stehend, forderte diese eine aufklärerisch-emanzipatorische Orientierung der Sozialwissenschaften und die Überwindung der von M. Weber geforderten „Wertfreiheit", die Anwendung des methodologischen Konzeptes der Totalität im Erkenntnisprozeß (Betrachtung der Wirklichkeit als ein in sich widerspruchsvolles, sich entwickelndes Ganzes), die Betonung des gesellschaftlich-geschichtlichen Charakters menschlichen Daseins, eine ideologiekritische Analyse der Sozialwissenschaften und ihrer Methoden und schließlich die Ersetzung des Konzeptes der „modernen Industriegesellschaft" durch jenes des „Spätkapitalismus".

Doch dies war nur der Auftakt für eine Abfolge von „Renaissancen" (kontinental-)europäischer Vorkriegstraditionen. So kam es auch zu einer Rückbesinnung auf das Werk M. Webers, das nach dem 2. Weltkrieg vielen Soziologen erst durch die „amerikanische " S. (Hartmann, 1967) – z. B. die Werke Parsons' – vermittelt wurde. Geschichte wurde wieder Thema, ebenso die Geschichtswissenschaften, zumal als „Abnehmerin" soziologischer Theorie, Methodologie und Methoden (Elias, 1972). Allerdings soll in diesem Zusammenhang nicht vergessen werden, daß bereits 1955, als der Zeitgeist hierzulande eher „geschichtsfeindlich" war, Alfred Weber (1955, 12-16) „Spezialistentum", „ahistorisch arbeitende Soziologien", das Verschwinden der „großen geschichtlich evolutiven Potenzen von daseins- und gegenwartsbedingender Bedeutung" (der moderne Kapitalismus, die moderne Wissenschaft und die moderne Technik) aus dem Blickfeld, beklagte. Er forderte deshalb die Rückkehr zu einer „*gesamtgeschichtlichen*" S.

Der Streit um die „wahre Theorie" – „Positivismusstreit" (K. Popper, H. Albert gegen Th. Adorno, J. Habermas), „marxistische" gegen „bürgerliche" S., „Theorie der Gesellschaft oder Sozialtechnologie" (Habermas gegen Luhmann) – hat wohl an Schärfe eingebüßt. An die Stelle des „Entweder-oder" scheint in der theoretischen Auseinandersetzung eher das vermittelnde „Sowohl-als-auch" getreten zu sein, so etwa bei einem der z. Z. führenden Theoretiker: A. Giddens.

Eben in der „dialektischen" Diskussion unterschiedlicher, häufig diametral entgegengesetzter theoretischer Perspektiven, in der Suche nach immer neuen Synthesen, wird die Möglichkeit zu systematischer Fortentwicklung des soziologischen Denkens gesehen. Wenn sich die S. damit gleichzeitig dem „Diskurs der Moderne" zuwendet, wofür es, abseits der unüberschaubaren Flut von Spezialbeiträgen zur Familien-, Industrie-, Wirtschafts-, Berufs-, Entwicklungs-S. usw., eine Reihe von Anzeichen gibt, so knüpft sie im Sinne von Max und Alfred Weber an die wesentliche Problemstellung der soziologischen Tradition an.

Literatur

Adorno, Th. W.: Aufsätze zur Gesellschaftstheorie und Methodologie. Frankfurt: Luchterhand, 1973.

Aron, R.: Hauptströmungen des soziologischen Denkens, 2 Bde. Köln: Kiepenheuer & Witsch, 1971.

Berger, P. L./Luckmann, Th.: Die gesellschaftliche Konstruktion der Wirklichkeit: Eine Theorie der Wissenssoziologie. Frankfurt: Fischer, 1970.

Blau, P. M.: Exchange and power in social life. New York: Wiley, 1967.

Bottomore, T. B.: Sociology. London: Unwin University Books, 1966.

Buckley, W.: Sociology and modern systems theory. Englewood Cliffs, New Jersey: Prentice Hall, 1967.

Cicourel, A.: Methode und Messung in der Soziologie. Frankfurt: Suhrkamp, 1970.

Coser, L.: The function of social conflict. Toronto: Collier-Macmillan, 1964.

Dahrendorf, R.: Gesellschaft und Freiheit. München: Piper, 1961.

Dilthey, W.: Einleitung in die Geisteswissenschaften. Frankfurt: Teubner, 1979.

Durkheim, E.: Regeln der soziologischen Methode. Neuwied: Luchterhand, 1961.

Elias, N.: Soziologie und Geschichtswissenschaft. In: Wehler, H.-U. (Hrsg.): Geschichte und Soziologie, Köln: Kiepenheuer & Witsch, 1972.

Elias, N.: Was ist Soziologie? München: Juventa, 1978.

Etzioni, A.: Elemente einer Makrosoziologie. In: Zapf, W. (Hrsg.): Theorien des sozialen Wandels. Köln: Kiepenheuer & Witsch, 1969.

Giddens, A.: Central problems in social theory. London: Macmillan Press Ltd., 1979.

Gouldner, A. W.: The coming crisis of sociology. New York: Basic Books, 1970.

Habermas, J.: Analytische Wissenschaftstheorie. In: Adorno, Th. W. u. a.: Der Positivismusstreit in der deutschen Soziologie. Neuwied: Luchterhand, 1969.

Habermas, J./Luhmann, N.: Theorie der Gesellschaft oder Sozialtechnologie? Frankfurt: Suhrkamp, 1971.

Hartmann, H. (Hrsg.): Moderne amerikanische Soziologie. Stuttgart: Enke, 1967.

Heinz, W. R./Schöber, P. (Hrsg.): Theorien kollektiven Verhaltens. Beiträge zur Analyse sozialer Protestaktionen und Bewegungen, Bd. 1 und 2. Darmstadt: Luchterhand, 1972.

Homans, G. C.: Social behaviour. Its elementary forms. London: Routledge & Kegan Paul, 1961.

Homans, G. C.: Contemporary theory in sociology. In: Faris, E. L. (Ed.): Handbook of modern sociology. Chicago: Rand Mc Nally, 1964.

Horkheimer, M.: Traditionelle und kritische Theorie. Frankfurt: Fischer, 1974.

Inkeles, A.: What is sociology? Englewood Cliffs, New Jersey: Prentice Hall, 1964.

Kon, I. S.: Der Positivismus in der Soziologie. Berlin-Ost: Akademie, 1968.

Kuhn, Th. S.: Die Struktur wissenschaftlicher Revolutionen. Frankfurt: Suhrkamp, 1967.

Malewski, A.: Zur Problematik der Reduktion, Stufen der Allgemeinheit in Theorien über menschliches Verhalten. In: Topitsch, E. (Hrsg.): Logik der Sozialwissenschaften. Köln: Kiepenheuer & Witsch, 1965.

Manis, G. J. G./Meltzer, B. N.: Symbolic interaction. Boston: Allyn & Bacon, 1972.

Marcuse, H.: Der eindimensionale Mensch. Neuwied: Luchterhand, 1968.

Merton, R. K.: Social theory and social structure. Glencoe: The Free Press, 1963.

Nagel, E.: Problems of concept and theory formation in the social sciences. In: Albert, H. (Hrsg.): Theorie und Realität. Tübingen: Mohr, 1964.

Nisbet, R. A.: La Tradition Sociologique. Paris: Presses Universitaires de France, 1984.

Parsons, T.: The social system. Glencoe: The Free Press, 1951.

Parsons, T.: The structure of social action. Glencoe: The Free Press, 1964.

Parsons, T./Shils, E./Lazarsfeld, P.: Soziologie – autobiographisch. Stuttgart: Enke, 1975.

Parsons, T./Shils, E. (Eds.): Toward a general theory of action. Cambridge (Mass.): Harvard University Press, 1962.

Psathas, G.: Ethnotheorie, Ethnomethodologie und Phänomenologie. In: Arbeitsgruppe Bielefelder Soziologen (Hrsg.): Alltagswissen, Interaktion und gesellschaftliche Wirklichkeit. 2 Bde. Hamburg: Rowohlt, 1973.

Scheler, M.: Schriften zur Soziologie und Weltanschauungslehre, Bern: A. Francke, 1963.

Schütz, A.: Der sinnhafte Aufbau der sozialen Welt. Wien: Springer, 1960.

Skinner, B. F.: Science and human behavior. Toronto: Collier-Macmillan, 1965.

Smelser, N. J.: Theorie kollektiven Verhaltens. Hrsg. u. eingel. von Heinz, W. R./Kaupen, W./Schöber, P. Köln: Kiepenheuer & Witsch, 1972.

Voto, B. de: Foreword. In: Homans, G. C. (Ed.): The human group. London: Routledge & Kegan Paul, 1965.

Weber, M.: Wirtschaft und Gesellschaft. 1. Halbband. In: Grundriß der Sozialökonomik. Tübingen: Mohr, 1925.

Weber, A.: Einführung in die Soziologie. München: Piper, 1955.

Weber, M.: Die „Objektivität" sozialwissenschaftlicher und sozialpolitischer Erkenntnis. In: Weber, M: Gesammelte Aufsätze zur Wissenschaftslehre. Tübingen: Mohr, 1973.

Winch, P.: Die Idee der Sozialwissenschaft. Frankfurt: Suhrkamp, 1974.
Wrong, D. H.: The oversocialized conception of man in modern sociology. In: Smelser, N. J./Smelser, W. T. (Eds.): Personality and social systems. New York: Wiley, 1963.

Spiel

Stefan Schmidtchen

1 Phänomenologie des Spiels

Eine Beschreibung des Phänomens S. ist nicht einfach, denn die verschiedenen Assoziationsfelder, die um das Wort S. herum auftreten, sind sehr unterschiedlich. Nach Scheuerl (1975a, 9) denkt man an Kinder,

> „die sich traumhaft versunken ihren Imaginationen hingeben; aber man denkt auch an Roulett oder Glücksautomaten; man denkt an variable Gestaltungs- und Ausdrucksprozesse beim Bauen und Basteln, beim Schmükken und Darstellen oder an die interaktiven Strategien und Taktiken des Zusammenspiels von Mannschaften, des Wettkampfes von Gegnern, wo bis zuletzt für Überraschungen alles offen ist; man denkt auch an die streng sich wiederholenden Abläufe geregelter Rituale. Hoch differenziertes artistisches Können auf ästhetischem oder sportlichem Feld kann Spiel sein, aber auch Domino oder Mummenschatz oder das linkische Springen und Tapsen und Torkeln junger Katzen, denen man bewegliche Dinge vor Augen hält."

Aus dieser Vielfältigkeit der Erscheinungsweise zieht Scheuerl (1975a, 10) mit Bezug auf Wittgenstein den Schluß, daß es keine Merkmale gibt, die allen S.en gemeinsam sind; daß es „allenfalls Analogien zwischen einzelnen Gruppen von Spielen" gibt. In diesem Sinne unterscheidet er (1975b) zwischen verschiedenen S.begriffen: der S.tätigkeit, dem S., dem S.mittel und dem Spieler.

In der *S.tätigkeit* werden Bewegungsabläufe erzeugt, die sich „durch die Momente der Freiheit, der Ambivalenz, der relativen Geschlossenheit und der besonderen Zeitstruktur und Realitätsbeziehung (innere Unendlichkeit, Scheinhaftigkeit, Gegenwärtigkeit) von anderen Bewegungsabläufen unterscheiden" (347).

Das S. ist ein „improvisierte(s) oder tradierte(s) Vereinbarungs- und Regelgebilde, in (dessen) Rahmen oder nach (dessen) Norm man mittels Spieltätigkeiten jene Bewegungsabläufe erzeugt und gestaltet, und zwar entweder im Alleinspiel oder in der Interaktion mit Partnern und Gegenspielern, wobei man sich besonderer Spielmittel (Spielgeräte, Spielmaterialien, Spielzeuge) oder situationsgebundener Konstellationen (Schwerkraft, Geschwindigkeit, Phantasievorstellungen, Zahlenkombinationen u.v.a.) bedienen kann" (348).

Einen *Spieler* „schließlich nennt man denjenigen, der die Spieltätigkeit ausübt, durch welche ein Spielgeschehen (Bewegungsablauf) in Gang kommt oder in Gang gehalten wird, gleichgültig, ob dieses Spielgeschehen dabei innerhalb geregelter oder improvisierter ‚Spiele' abläuft oder aber als spielerische Ablaufgestalt andere Handlungs- und Geschehenszusammenhänge überformt und u. U. verfremdet (z. B. ein Geschäft, einen Rechtsstreit, eine Diskussion, einen Herstellungsprozeß" (348).

2 Spieltheorien

Wegen der Vielschichtigkeit des Erscheinungsbildes werden in der Literatur zahlreiche Theorien zur Erklärung des Phänomens S. angeboten. Die bekanntesten sind: 1. die phänomenologische S.theorie; 2. die entwicklungspsychologische und kognitive S.theorie; 3. die psychoanalytische S.theorie und 4. die sozialpsychologische S.theorie (Flitner, 1978, 13 ff.; vgl. auch Herron/Sutton-Smith, 1971; Miller, 1973; Van der Kooij/De Groot, 1977).

Die *phänomenologische* S.theorie ist nach Van der Kooij und De Groot (1977, 30 f.) durch die Aspekte der Gerichtetheit, Situationsabhängigkeit und Umweltzentriertheit gekennzeichnet. Die Gerichtetheit bzw. Intentionalität wird daran erkenntlich, daß das S.en einem bestimmten Ziel untergeordnet ist und mit bestimmten S.mitteln ausgeführt wird. Die Siutationsabhängigkeit drückt sich in der Berücksichtigung der Randbedingungen bei der Analyse des S. aus und in der Berücksichtigung des Erfahrungshintergrundes, den ein Spieler in die S.tätigkeit einbringt. Die Umweltzentriertheit besagt, daß zwischen dem Spieler und seiner Umwelt eine dynamische Beziehung besteht, die zu wechselseitiger Beeinflussung führt. Der Spieler befindet sich in einem „Dialog mit seiner Umwelt". Herausragende Vertreter des phänomenologischen S.ansatzes sind u. a. Buytendijk (1934), Scheuerl (1975 a), Rüssel (1965) und Château (1976).

Die *entwicklungspsychologische und kognitive* S.theorie geht davon aus, daß ein enger Zusammenhang zwischen der Entwicklung des S., der kognitiven Entwicklung und der Entwicklung der Lernfähigkeit besteht. Nach Ljubljanskaja (1976, 113) zeigt sich dieser Zusammenhang

„a) in der veränderten Beziehung zwischen Handlung und Sprache; b) in einem höheren Niveau der Analyse und Synthese bei der Reproduktion einer Lebenssituation; c) in einer immer differenzierteren Nachgestaltung der Menschen, ihrer Handlungen und ihrer Beziehungen in der übernommenen Rolle; d) in der Veränderung der Spielprozesse selbst: Das Kind, das früher nur einzelne und unzusammenhängende Ausschnitte aus dem Leben zufällig und fragmentarisch widerspiegelte, beginnt allmählich, ganze Lebenssituationen folgerichtig und zusammenhängend nachzugestalten; e) im Übergang vom Einzelspiel zum Kollektivspiel; f) in der Tatsache, daß das Kind immer kompliziertere und von seinem eigenen Leben entferntere Situationen widerspiegelt, die es nicht mehr durch unmittelbare Beobachtungen, sondern vor allem durch die Schilderung (anderer) kennt."

Herausragende Vertreter dieser Position sind u. a. Berlyne (1960), Piaget (1969), Sutton-Smith (1971), Elkonin (1974).

Die *psychoanalytische* S.theorie sieht das S. primär aus motivationaler Sicht. Sie analysiert die grundlegenden Motive und Antriebe der S.tätigkeit. Nach diesem Ansatz kommt das Kind zum Spielen, „weil ihm etwas großen ‚Eindruck' macht" (Heinsohn/Knieper, 1975, 51 ff.), wobei alle Bedürfnisse beeindruckend sein können, die „an der Realisierung gehindert werden", „verschoben" oder „einer Regel unterworfen werden". Dabei ist es egal, „ob es sich um Bedürfnisse bei der Nahrungsaufnahme, der Ausscheidung, des Hautkontaktes, der Bewegung, des Einschlafens oder Aufwachens handelt: jede Versagung aus der Lebenswelt des Kindes (...) erscheint dem Kind als vorerst unverständliche Beeinträchtigung, gegen die es sich zur Wehr setzt". Dieses Sichzurwehrsetzen kann sich im S. als Wiederholungszwang, Angstabwehr oder Wunscherfüllung ausdrücken (van der Kooij/de Groot, 1977, 45 ff.). Gemäß dieser Sichtweise hat Peller (1978, 62 ff.) Rollenspiele untersucht, um festzustellen, welche Motive hinter der Rolle stehen. Sie fand Motive der Liebe und Bewunderung, der Belebung unbelebter Gegenstände, der Angst, der Verliererrolle, der getarnten Nachgiebigkeit, der Clownrolle, der Rache, der vorweggenommenen Vergeltung, der Magie und des Funktions- und Wiederholungsbedürfnisses. Herausragende Vertreter des psychoanalytischen S.ansatzes sind u. a. Erikson (1957), Waelder (1978) und Hartmann (1978).

Die *sozialpsychologische* S.theorie hat sich mit dem Rollen- und Regelspiel befaßt. Beim *Rollenspiel*, das allein oder in Gruppen stattfinden kann, ahmt der Spieler die Rolle eines anderen nach. Er imitiert sie auf einer Als-ob-Ebene im Handeln und Sprechen, wobei sie sich auf reale Personen (wie Vater, Mutter, Arzt, Polizist, Freund etc.) oder auf fiktive Personen aus dem Fernsehen oder Märchen (z. B. der Held einer Westernserie oder Kasper oder der Räuber aus dem Märchen) beziehen kann.

Durch das Rollenspiel erweitern die Kinder ihr Verhaltensrepertoire und lernen zahlreiche Rollenkonzepte. Sie werden in ihrer Selbstdarstellung flexibler und können unterschiedliche Verhaltenserwartungen besser erfüllen. Dadurch, daß sie im Rollenspiel viele verschiedene Standpunkte kennenlernen und gegenüber ihren S.partnern vertreten können, werden sie zunehmend befähigt, sich kognitiv in die Rolle anderer zu versetzen und Situationen auch aus der Sicht ihrer Interaktionspartner zu sehen (Schmidtchen/Erb, 1976, 71). Hervorragende Vertreter des Rollenspiels sind Smilansky (1973), Kochan (1976) und Daublebsky (1977).

Regelspiele werden im allgemeinen in Gruppen gespielt. Ihr zentrales Anliegen ist es, spezifische Fertigkeiten (z. B. Laufen, Springen, Fußballspielen, Würfeln etc.) in Konkurrenz mit anderen, nach bestimmten Regeln, durchzuführen. Nach Smilansky (1973, 163 .) leitet sich die Befriedigung beim Regelspiel aus zwei Faktoren ab: der Art der speziellen Tätigkeit und der Freude an ihr und der Zielerreichung bzw. dem Gewinn des S. Im Gegensatz zum Rollenspiel kommt der Sprache im Regelspiel keine zentrale Funktion zu. Insofern haben Regelspiele für den Erwerb komplexer sozialer und intellektueller Tätigkeiten (z. B. als Vorbereitung für den Schulbesuch) eine geringere Bedeutung als Rollenspiele. Ihr Schwerpunkt liegt im Üben motorischer Fertigkeiten, in der Entspannung und in der Erziehung zum Befolgen von Regeln und Normen.

3 Formen des Spiels

Die Vielfalt des S. drückt sich in seinen Formen aus. Zahlreiche S.forscher (u. a. Bühler, 1928; Hetzer, 1972; Château, 1976; Piaget, 1969; Rüssel, 1965; Tolićić, 1963) haben sich bemüht, die verschiedenen S.formen unter Funktions- und Organisationsgesichtspunkten zu ordnen. Ihre Ansätze lassen sich in fünf oder vier Klassen subsumieren. Ein Fünf-Klassen-Ansatz wird von Rubinstein (1961, 732) und Schmidtchen und Erb (1976, 20 f.) vorgeschlagen. Sie unterscheiden zwischen den Klassen: Funktionsspiel, Konstruktionsspiel, Sujetspiel (bei Schmidtchen und Erb: Illusionsspiel), Rollenspiel, Regelspiel. Ein Vier-Klassen-Ansatz stammt von van der Kooij und de Groot (1977, 101 ff.). Sie unterscheiden zwischen den Klassen Wiederholungsspiel, Konstruktionsspiel, Imitationsspiel und Gruppierungsspiel.

In der Klasse *Funktions- oder Wiederholungsspiel* werden S.e zusammengefaßt, in denen Bewegungsformen einfacher Art (z. B. eine Rassel schütteln) oder komplizierter Art (z. B. Turnen) ausgeführt werden. Wesentlich für die Bewegungsformen ist, daß sie rhythmisch und wiederholt ablaufen.

Als *Konstruktionsspiel* werden S.e bezeichnet, in denen nicht mehr die Bewegung als Selbstzweck, sondern als zielgerichtete, geplante Tätigkeit ausgeführt wird. Der Spieler übt mit Gegenständen (z. B. Bausteinen) Tätigkeiten aus, die durch einen Plan organisiert sind.

Als *Sujet-, Illusions- oder Imitationsspiel* werden S.e bezeichnet, in denen „die Gegenstände der Umwelt für das Kind neue Bedeutungen, Phantasiefunktionen" erlangen (Rubinstein, 1961, 732). Es handelt sich um sinnerfüllte, mit Hilfe der Phantasie durchgeführte Handlungen, in denen Bedürfnisse befriedigt, Erfahrungen aufgearbeitet, Erlebnisse geschaffen und Pläne simuliert werden.

Als *Rollen- und Regelspiel* werden S.e bezeichnet, in denen soziale Beziehungen in Form von Rollenbeziehungen nachgestellt oder neu entwikkelt werden (Rollenspiel) oder in denen überzufällige Zusammenhänge zwischen Personen, Objekten oder Abstraktionen eingeübt, analysiert oder neu entwickelt werden (Regelspiel). Regelspiele werden in der Klassifikation von van der Kooij und de Groot (102) als Gruppierungsspiele bezeichnet; in ihnen sollen bekannte S.elemente zu realitätsgetreuen oder erfundenen Zusammenhängen gruppiert werden. Rollenspiele werden bei van der Kooij und de Groot zu den Imitationsspielen gezählt.

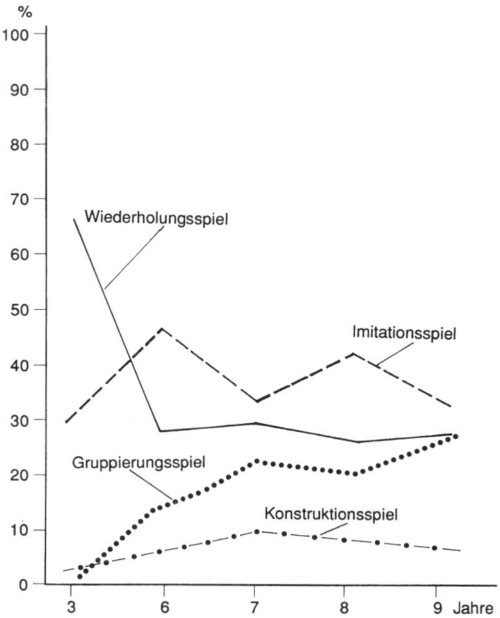

Abb. 1: Entwicklung des Spiels in verschiedenen Altersstufen (van der Kooij/de Groot, 1977, 109)

Einen Eindruck über die Häufigkeitsverteilung der genannten S.formen gibt Abb. 1, in der die S.arten von 330 drei- bis neunjährigen Kindern dargestellt werden.

Es zeigt sich, daß bei Beginn des Vorschulalters das Wiederholungs- bzw. Funktionsspiel mit 65% S.häufigkeit im Vordergrund steht. Diese Position wird mit zunehmendem Alter vom Imitationsspiel bzw. Rollenspiel eingenommen, das im Alter von 6 Jahren einen Maximalwert von 45% S.anteil einnimmt. Das Konstruktionsspiel wird in relativ konstanten Häufigkeiten zwischen 3 und 10% gespielt, während das Gruppierungs- bzw. Regelspiel mit zunehmendem Alter fast stetig ansteigt, so daß es mit 9 Jahren bereits 30% S.anteil hat.

Leider gibt es für das *Erwachsenenspielverhalten* keine ähnliche Untersuchung. Vermutlich überwiegt hier das Gruppierungs- bzw. Regelspiel. Die Erwachsenen spielen mit Vorliebe Sportspiele, Gesellschaftsspiele und „Urlaubsspiele".

4 Anwendung des Spiels

Da das S. sich primär an *Innenweltprozessen* orientiert (intrinsisch motiviert ist) und nur begrenzt auf Außenweltreize Rücksicht nimmt, erleichtert es die Freisetzung von Gefühlen und eine seelisch-geistige Hygiene. Menschen können im S. ihr inneres Gleichgewicht wieder finden, einen Abstand vom Arbeitsleben gewinnen und Dinge tun, die nur sie allein betreffen und die nicht von Eltern, Lehrer, Chefs oder anderen begrenzt oder verordnet werden.

Aus diesem Grund hat das S. in allen Altersphasen eine zunehmende Bedeutung zur *Freizeitgestaltung* gewonnen. Es findet seinen Ausdruck in den verschiedensten Hobbies von Kindern und Erwachsenen; in der Urlaubsgestaltung und in den vielen organisierten und nicht-organisierten Sportgruppen (Fußball-, Tennis-, Tanz-, Skat-, Kegel-, Leseclubs etc.)

Durch die Zunahme von Freizeit und die frühe Verrentung des arbeitenden Menschen, ist eine mächtige *Freizeitindustrie* entstanden, die S.hilfsmittel in Form von S.zeugen, Kleidung, Medien (Bücher, Videofilme, Tonbänder, Schallplatten etc.) und Umwelten für einen Strand-, Gebirgs-, Winter-, Stadt- etc. Urlaub zur Verfügung stellt.

Durch die Vermarktung des S. sind große Gefahren für den Spieler entstanden. Da starke wirtschaftliche Interessen darin bestehen, immer mehr Geld durch S.e und den Verkauf von S.mitteln und die Vermarktung von S.gelegenheiten zu verdienen (z. B. Glücksspielautomaten, Geldspiele wie Lotto und Roulette, elektronische S.e etc.), besteht die Gefahr, daß abhängige, süchtige Spieler herangezogen werden. Das natürliche, menschliche Bedürfnis zum Spielen wird in gefährlicher Weise dazu benutzt, Geld zu verdienen und Menschen finanziell und u. U. auch psychologisch (z. B. beim süchtigen Glücksspieler) abhängig zu machen. Damit wird ein natürliches biologisches Bedürfnis gesellschaftlich pervertiert.

Insbesondere Kinder, Jugendliche und Heranwachsende sind dieser Gefahr in hohem Maße ausgesetzt. Eltern und andere Verantwortliche sollten alles versuchen, die Entstehung von S.leidenschaften und S.abhängigkeiten u. a. von Geld- und Glücksspielen zu verhindern.

Es gibt sogar zahlreiche *Berufe*, die S.tätigkeiten lehren, organisieren, anleiten und kommentieren. So gibt es den S.pädagogen, den Fußball-, Ski- oder Tennislehrer, den Freizeitanimateur, den Reiseleiter, den Sportvereinsmanager, den S.therapeuten, den Journalisten oder Reporter, der über die S.tätigkeiten berichtet.

Glücklicherweise gibt es auch S.e, die man außerhalb der Öffentlichkeit oder Gruppe spielen kann: das Lesen eines Buches, einfaches Vor-sich-hin-dösen, Spazierengehen, Fahrradfahren, Faulenzen, im Garten sitzen oder etwas Kochen.

Eine bekannte Anwendungsform des S. ist die *Spieltherapie* (s. Schmidtchen, 1978b, c). Mit ihr können emotional und sozial gestörte Kinder aller Altersklassen in Einzel- oder Gruppentherapie behandelt werden. In ein bis zwei Therapiekontakten pro Woche können Kinder über einen Zeitraum von ca. einem dreiviertel Jahr ihre Probleme im S. ausdrücken, Lösungsformen suchen und seelische Entlastung finden. Der Therapeut ist dabei ein behutsamer Wegbegleiter, der den Kindern durch einfühlsame Fragen, Hinweise und Mitspieltätigkeiten hilft. Als Mitspieler kann er dabei sowohl provozierende Gegenparts als auch liebevolle Unterstützungsrollen spielen. Das *Therapeutenverhalten* ist durch eine kindzentrierte Haltung gekennzeichnet, in der die gefühlsmäßigen und geistigen Anforderungen und Bedürfnisse der *Innenwelt* im Vordergrund stehen und nicht so sehr die Erfordernisse der Außenwelt. Damit unterscheidet sich die S.therapie von allen Beeinflussungsformen, in denen eine Aneignung von Außenweltwissen oder -anpassungstechniken vorrangig ist. Es ist das Ziel der S.therapie, eine Integration zwischen den vielfältigsten inneren Abspaltungen und Trennungen zu ermöglichen. Es wird eine Gesundung von innen heraus angestrebt, die sich auch auf das Verhalten gegenüber der Außenwelt ausdrückt (Kreuzer, 1984).

Literatur

Berlyne, D. E.: Conflict, arousal and curiosity. New York: Wiley, 1960.

Bühler, Ch.: Kindheit und Jugend. Leipzig: Hirzel, 1928.

Buytendijk, F. J. J.: Wesen und Sinn des Spiels. Das Spielen des Menschen und der Tiere als Erscheinungsform der Lebenstriebe. Berlin, 1934.

Château, J.: Das Spiel des Kindes. Paderborn: Schöningh, 1976.

Daublebsky, B. (Hrsg.): Spielen in der Schule. Vorschläge und Begründungen für ein Spielcurriculum. Stuttgart: Klett, 1977.

Elkonin, D. B.: Psychologie des Spiels im Vorschulalter. In: Saporoshez, W. A./Elkonin, D. B. (Hrsg.): Psychologie der Persönlichkeit und Tätigkeit des Vorschulkindes. Berlin-Ost: Volk und Wissen, 1974.

Erikson, E. H.: Kindheit und Gesellschaft. Stuttgart: Klett, 1957.

Flitner, A.: Spielen – Lernen. Praxis und Deutung des Kinderspiels. München: Piper, 1978.

Hartmann, K.: Über psychoanalytische Funktionstheorien des Spiels. In: Flitner, A. (Hrsg.): Das Kinderspiel (4. Aufl.). München: Piper, 1978.

Heinsohn, G./Knieper, B.: Theorie des Kindergartens und der Spielpädagogik. Frankfurt: Suhrkamp, 1975.

Herron, R. E./Sutton-Smith, B. (Eds.): Child's play. New York. Wiley, 1971.

Hetzer, H.: Spielmaterial für verschiedene Formen des Säuglings- und Kleinkindspiels. In: Hundertmark, G. (Hrsg.): Kleinkindererziehung. München: Kösel, 1972.

Kreuzer, K. J. (Hrsg.): Handbuch der Spielpädagogik. Düsseldorf: Schwann 1984.

Kochan, B. (Hrsg.): Rollenspiel als Methode sprachlichen und sozialen Lernens. Kronberg: Scriptor, 1976.

Lehmann, J./Portele, G. (Hrsg.): Simulationsspiele in der Erziehung. Weinheim: Beltz, 1976.

Ljubljanskaja, A.: Entwicklung des Kindes in der Spieltätigkeit. In: Lehmann, J./Portele, G. (Hrsg.): Simulationsspiele in der Erziehung. Weinheim: Beltz, 1976, 84-115.

Miller, S.: Psychologie des Spiels. Ravensburg: Maier, 1973.

Peller, L.: Modelle des Kinderspiels. In: Flitner, A. (Hrsg.): Das Kinderspiel (4. Aufl.). München: Piper, 1978.

Piaget, J.: Nachahmung, Spiel und Traum. Stuttgart: Klett, 1969.

Rubinstein, S. L.: Grundlagen der Allgemeinen Psychologie. Berlin-Ost: Volk und Wissen, 1961.

Rüssel. A.: Das Kinderspiel. Grundlinien einer psychologischen Theorie. München: Beck, 1965.

Scheuerl, H.: Theorie des Spiels. Weinheim: Beltz 1975 a.

Scheuerl, H.: Zur Begriffsbestimmung von Spiel und Spielen. Zeitschriften zur Pädagogik, 3, 1975 b, 341-349.

Schmidtchen, S.: Theorie und Praxis der Spielförderung. In: Dollase, R. (Hrsg.): Handbuch der Früh- und Vorschulpädagogik. Band 2. Düsseldorf: Schwann, 1978 a.

Schmidtchen, S.: Klientenzentrierte Spieltherapie. Weinheim: Beltz, 1974/1978 b.

Schmidtchen, S.: Handeln in der Kinderpsychologie. Stuttgart: Kohlhammer, 1978 c.

Schmidtchen, S./Erb, A.: Analyse des Kinderspiels. Königstein: Athenäum, 1976.

Smilansky, S.: Wirkungen des sozialen Rollenspiels auf benachteiligte Vorschulkinder. München: Piper, 1973.

Sutton-Smith, B.: The role of play in cognitive development. In: Herron, R. E./Sutton-Smith, B. (Eds.): Child's play. New York: Wiley, 1971.

Sutton-Smith, B./Sutton-Smith, S.: How to play with young children. New York: Hawthorn Books, 1974.

Tolićić, J.: Die wechselseitige Beziehung zwischen Spielverhalten und geistiger Entwicklung von Kindern. Schule und Psychologie, 10, 1963, 225-233.

Van der Kooij, R./de Groot, R.: That's all in the game. Theory and research, practice and future of children's play. Rheinstetten: Schindele, 1977.

Waelder, R.: Die psychoanalytische Theorie des Spiels. In: Flitner, A. (Hrsg.): Das Kinderspiel (4. Aufl.). München: Piper, 1978.

Sportpsychologie

Jürgen R. Nitsch

1 Entwicklung

Sportpsychologische Fragestellungen fanden – wie einzelne Abhandlungen aus dem 19. und den ersten Jahren des 20. Jahrhunderts belegen – bereits sehr früh wissenschaftliches Interesse. Systematische, insbesondere auch empirisch-experimentell angelegte, sportpsychologische Forschung setzte allerdings verstärkt erst in den 20er Jahren dieses Jahrhunderts ein. Hervorzuheben sind u. a. die Arbeiten von Schulte (1928), Sippel (1926) und später Klemm (1938) im deutschsprachigen Raum, von Griffith (1926, 1928) in den USA und von Rudik (1963) sowie Puni (1961) in der UdSSR (vgl. zur Entwicklungsgeschichte Feige, 1977; Schellenberger, 1981; Schilling/Herren, 1985 b).

Den entscheidenden Aufschwung in ihrer Ausgestaltung, Verselbständigung und Institutionalisierung als Forschungsgebiet, Lehrfach und Praxisfeld im Spannungsfeld von Psychologie, Sportwissenschaft und Sportpraxis nahm die S. jedoch seit den 60er Jahren: Die Zahl der sportpsychologischen Veröffentlichungen steigt sprunghaft an, allein für die Zeit von 1968 bis 1975 sind weit über 6000 sportpsychologische Arbeiten dokumentiert worden (Essing et al. 1969; 1972; 1976; 1977). Die ersten Lehrstühle für S. werden eingerichtet, so 1961 an der Deutschen Hochschule für Körperkultur in Leipzig sowie 1965 an der Deutschen Sporthochschule Köln, und die S. findet zunehmend Verankerung in sportwissenschaftliche Studiengängen und auch in der Trainerausbildung. Nationale und internationale sportpsychologische Organisationen werden gegründet, 1965 die International Society of Sport Psychology (ISSP), 1969 die Fédération Européenne de Psychologie des Sports (FEPSAC) und im gleichen Jahr auch die Arbeitsgemeinschaft für Sportpsychologie in der Bundesrepublik Deutschland (ASP) mit mittlerweile ca. 150 Mitgliedern. Mit dem ersten, von F. Antonelli 1965 in Rom veranstalteten ISSP-Kongreß beginnt eine reichhaltige, inzwischen in zahlreichen Berichten niedergelegte Kongreßtradition im internationalen und nationalen Raum, die ersten Zeitschriften werden herausgegeben, so insbesondere das „International Journal of Sport Psychology", (1970) als offizielles Organ der ISSP, später dann das „Journal of Sport Psychology" (1979) und in jüngster Zeit (1987) „The Sport Psychologist" sowie, als offizielles Organ der ASP, „Sportpsychologie".

Eine wichtige Voraussetzung für die Förderung der sportpsychologischen Forschung entsteht 1970 mit der Gründung des *Bundesinstituts für Sportpsychologie,* und ein Jahr später richtet der Bundesausschuß Leistungssport des Deutschen Sportbundes eine *Unterkommission Sportpsychologie* ein, die sich seither mit der Verbesserung der sportpsychologischen Fortbildung für Trainer sowie der Beratung und Betreuung im Leistungssport befaßt. Stärkere Berücksichtigung im Rahmen traditioneller Psychologenkongresse findet die S. erstmalig auf dem 29. Kongreß der Deutschen Gesellschaft für Psychologie 1974 in Salzburg und auf dem Internationalen Kongreß für Angewandte Psychologie 1978 in München. In die Diplompsychologenausbildung ist die S. als Studienschwerpunkt oder als Prüfungsgebiet bislang nicht einbezogen. In gemeinsamer Trägerschaft haben jedoch die ASP und der Berufsverband Deutscher Psychologen (BDP) ein auf insgesamt 270 Stunden ausgelegtes Curriculum „Fortbildung in Sportpsychologie" entwickelt, das in organisatorischer Betreuung durch das Bildungswerk des BDP 1986 angelaufen ist.

2 Gegenstand und Aufgaben

In allgemeiner Sicht befaßt sich die S. – sowohl unter grundlagen- als auch anwendungswissenschaftlichen Gesichtspunkten – mit zwei Problembereichen, nämlich (1) mit den Gesetzmäßigkeiten der psychischen Regulation sportbezogener Handlungen und (2) mit den psychischen, psychosomatischen und psychosozialen Auswirkungen eigener sportlicher Betätigung sowie bestimmter Organisations- und Präsentationsformen des Sports. In diesem Sinne liegt die allgemeine Aufgabe der S. in der Beschreibung, Erklärung und Vorhersage sportbezogener Handlungen mit dem praktischen Ziel, wissenschaftlich begründete Möglichkeiten zu deren Beeinflussung zu entwikkeln und in ethisch vertretbarer Weise zum Einsatz zu bringen. Unter sportbezogenen Handlungen sind dabei alle diejenigen Handlungen zu verstehen, die am sportlichen Geschehen unmittelbar orientiert sind (u. a. Zuschauerverhalten), es gezielt organisieren und regulieren (z. B. Verhalten von Trainern, Schiedsrichtern, Sportlehrern und Sporttherapeuten) oder es aktiv vollziehen (sportliche Betätigung im Leistungs-, Schul-, Breiten- und Freizeit- oder rehabilitativen Sport).

Unter psychologischem Gesichtspunkt kann die *aktive sportliche Betätigung* als bewegungs-, leistungs- und normgeleitetes Handeln charakterisiert werden: Sportliches Handeln schließt immer äußeres Handeln ein – es ist *Bewegungshandeln.* Für die Psychologie stellen sich unter diesem Aspekt die Grundfragen nach der psychischen Regulation der Bewegung einerseits und nach der

Regulation psychischer Zustände, Prozesse und Entwicklungsverläufe durch Bewegung andererseits. Als *Leistungshandeln* zielt sportliche Betätigung – keineswegs nur im Leistungssport – auf jeweils bestimmte Anstrengungs- und/oder Gütegrade, die sich an subjektiv verbindlichen Tüchtigkeitsmaßstäben orientieren. Im sportlichen Handeln ist die Aufwand-/Effekt-Relation als Ausdruck eigener Tüchtigkeit thematisch wesentlich. Unter dem Leistungsaspekt stehen für die S. insbesondere Probleme im Vordergrund wie die Entwicklung persönlicher Bewertungsstile, Leistungsansprüche und Erfolgskriterien sowie Prozesse der Leistungsmotivierung und der Erfolgs- und Mißerfolgsverarbeitung. Als *normgeleitetes Handeln* ist sportliche Betätigung schließlich in seiner Ausführung an vorgegebenen sozialen Werten, Normen und Regeln orientiert und in seinen Ergebnissen Bewertungen unter bestimmten vorgegebenen Leistungskriterien unterworfen. Unter diesem Aspekt beziehen sich sportpsychologische Fragestellungen insbesondere auf die sportspezifische Wert-, Norm- und Regelbildung, die Wert-, Norm- und Regelübernahme und auf die psychologischen Bedingungen und Folgen der Regeleinhaltung bzw. Regelübertretung. In diesem Zusammenhang ist auch hervorzuheben, daß die Abgrenzung sportlicher von anderen Handlungen nicht durch unterschiedliche Bewegungsphänomene bestimmt ist, sondern auf sozial vereinbarten „Bedeutungszuweisungen“, d. h. auf Interpretationskonventionen, beruht (Franke, 1978).

Im einzelnen stellen sich der S. folgende Aufgaben:

1. Entwicklung einer *theoretischen Konzeption* sportbezogenen Handelns als Grundlage der Erklärung und Vorhersage psychologischer Phänomene im Sport. Dies beinhaltet folgende Schwerpunkte:
   a) *Bedingungsanalyse:* Untersuchung sportbezogener Fähigkeits- und Motivstrukturen sowie situativer Anforderungs- und Anregungsgehalte.
   b) *Prozeßanalyse:* Untersuchung psychischer Regulationsvorgänge bei sportbezogenen Handlungen.
   c) *Folgenanalyse:* Untersuchung der aktuellen und langfristigen Folgen, die sich aus sportbezogener Tätigkeit für das Wohlbefinden, das Leistungs- und Sozialverhalten und schließlich auch für die Persönlichkeitsentwicklung insgesamt ergeben.
2. Entwicklung sportbezogener *Verfahren* zur Persönlichkeits- und Leistungsdiagnostik sowie zur Situations- und Tätigkeitsanalyse.
3. Entwicklung sportpsychologischer *Interventionsmaßnahmen* unter den Aspekten Unterricht, Training und Therapie.

Diese Aufgabenbestimmung macht deutlich, daß S. nicht nur „angewandte“ Psychologie im herkömmlichen Sinne ist. d. h. in anderen Bereichen der Psychologie erarbeitete Methoden und Erkenntnisse einfach auf ihr spezifisches Praxisfeld überträgt. Bei der Lösung ihrer besonderen Probleme kann die S. vielmehr nur in begrenztem Maße auf den Kenntnisbestand der traditionellen Psychologie zurückgreifen. Auf sportunspezifische Situationen bezogene psychologische Testverfahren lassen sich auf sportliche Situationen allein aus Validitätsgründen nicht ohne weiteres übertragen. Für wichtige sportpsychologische Probleme gibt es keine geeigneten allgemeinpsychologischen Konzepte, beispielsweise über die Funktion der Sprache für die Planung und Regulation von Bewegungen oder über die Gesetzmäßigkeiten und methodische Erfassung komplexer, hochdynamischer, nonverbaler Interaktionen, wie sie etwa für Mannschaftsspiele typisch sind.

Das Grundsätzliche an diesem Sachverhalt liegt aber in dem Fehlen einer hinreichend ausgearbeiteten Psychologie des Bewegungshandelns. Die S. muß somit maßgeblich zu ihrer eigenen theoretischen und methodologischen Fundierung beitragen. In diesem Zusammenhang kann S. auch grundlagenwissenschaftliche Bedeutung für die Psychologie gewinnen: Sportpsychologische Forschung könnte – im Sinne der Auffassung sportlichen Handelns als Modell des menschlichen Handelns – vor allem das Wissen um die Entwicklung psychischer Funktionen aus der praktischen Tätigkeit und um die grundsätzliche handlungsregulierende Funktion des Psychischen erweitern und präzisieren.

3 Forschungsschwerpunkte

Die S. ist in ihren theoretischen Konzepten, empirischen Fragestellungen, methodischen Ansätzen, Untersuchungsergebnissen und praktischen Maßnahmen – und dabei in ihren Bezügen zu verschiedenen Sportbereichen wie dem Leistungs-, Schul-, Rehabilitations- sowie dem Breiten- und Freizeitsport – so vielfältig geworden, daß ihr gegenwärtiger Stand und ihre Entwicklungstrends hier nur skizziert werden können. Zur weiterführenden Information sei verwiesen auf die *einführenden Darstellungen* von Thomas (1982), Doil (1983), Silva/Weinberg (1984), Straub/Williams (1984), Gabler et al. (1986), die *Berichte über die Kongresse* der ISSP (u. a. Unestahl, 1986), der

FEPSAC (Schilling/Herren, 1985 a, b) und der ASP (Nitsch, 1986) sowie die *Bibliographien* von Essing et al. (1969; 1972; 1976; 1977; 1981).

Leistungspsychologische Ansätze. – Generell kann festgestellt werden, daß bis in die Gegenwart hinein eindeutig der leistungspsychologische Gesichtspunkt im Vordergrund sportpsychologischer Forschung steht, d. h. die Frage nach (1) den persönlichen Voraussetzungen, (2) den Entwicklungsmöglichkeiten und (3) den fördernden und hemmenden Bedingungen der Aktualisierung sportlicher (Höchst-)Leistungen. Im Anwendungsbezug gesehen sind diesen Problemkreisen die sportpsychologische Talent- und Eignungsdiagnostik, Trainingsmethodik und Wettkampfbetreuung zuzuordnen (allgemein: Straub, 1978; Klavora/Daniel, 1979; Rodionow, 1982; Gabler et al., 1985; R. N. Singer, 1986).

Als bisherige Schwerpunktthemen lassen sich hervorheben:

(a) *Psychologische Determinanten leistungssportlicher Betätigung:* Eine Vielzahl von Untersuchungen beschäftigt sich – ohne bisher einheitliches Resultat – mit dem Problem, inwieweit sportliche Betätigung allgemein und im Rahmen einzelner Sportarten in Verbindung mit bestimmten *Persönlichkeitsstrukturen* zu sehen ist und inwieweit Sport wiederum die Persönlichkeitsentwicklung beeinflußt (Singer/Haase, 1975; Kirkcaldy, 1982; Singer, 1986).

Ein weiterer Untersuchungskomplex befaßt sich mit der *Sportmotivation* (ADL, 1973; Gabler, 1981). Im Mittelpunkt steht die Frage, warum man sich dem Sport zuwendet (Zuwendungsmotivation) und ihn auch längerfristig leistungsbezogen ausübt (Ausübungsmotivation). Eine Reihe von Analysen hat erbracht, daß nicht von „der" Sportmotivation gesprochen werden kann, sondern daß individuell und sportartenbezogen sehr unterschiedliche Motive – von Gesundheitsförderung, Geselligkeit, soziale Anerkennung und Selbstbestätigung bis hin zur Selbstverwirklichung – in jeweils unterschiedlicher Kombination vorliegen können, sportliche Betätigung also mehrfach motiviert ist.

Vor dem Hintergrund der zunehmend erkannten Bedeutung psychischer Voraussetzungen für Höchstleistungen finden in neuerer Zeit *Talentdiagnose und -förderung* auch in sportpsychologischen Untersuchungen verstärkt Beachtung (Gabler/Ruoff, 1979). Zunehmend in den Blick geraten, wenn auch noch wenig aufgeklärt, ist die *„Drop-out-" Problematik,* d. h. die – nicht nur auf in der betreffenden Person selbst, sondern vor allem in den Organisationsbedingungen und langfristigen Folgen sportlicher Betätigung liegende Gründe verweisende – Frage nach den Ursachen eines vorzeitigen Abbruchs der Sportkarriere in den verschiedenen Sportarten (Feige, 1978; Smith, 1986).

(b) *Psychologische Trainingsmethoden:* Zahlreiche Untersuchungen befassen sich unter diesem Aspekt mit psychologischen Möglichkeiten der Verbesserung der Wettkampfvorbereitung (Orlick et al. 1982; Unestahl, 1983; R. N. Singer, 1984; 1986). Im Mittelpunkt steht dabei einerseits die Optimierung des *Fertigkeitstrainings* (psychomotorisches Training, z. B. mentales Training, sowie kognitives Funktionstraining, z. B. Wahrnehmungstraining) und des *Selbstkontrolltrainings* andererseits (Motivationstraining, z. B. Zielsetzungstraining, sowie Psychoregulationstraining, z. B. Entspannungstraining).

In diesem Zusammenhang hat sich ein gänzlich neuer Forschungsakzent mit der Untersuchung *„naiver" psychologischer Konzepte und Techniken der Selbst- und Fremdbeeinflussung* entwickelt. Hierbei geht es um die Analyse jener alltagspsychologischen Vorstellungen und Praktiken, die z. B. Athleten, Trainer und Sportlehrer für sich privat entwickelt haben, um sich selbst zu beruhigen (Relaxationstechniken) oder zu stimulieren (Mobilisationstechniken) oder das Verhalten anderer entsprechend zu beeinflussen (Nitsch/Allmer, 1979; Sonnenschein, 1985).

(c) *Wettkampfanalyse:* Der Schwerpunkt lag bisher eindeutig auf der Analyse von *Beanspruchungs- und Beanspruchungsbewältigungsprozessen* vor, während und nach Wettkämpfen (Allmer, 1981; Hackfort/Schwenkmezger, 1985; Schilling/Herren, 1985 b; Kuhl/Schulz, 1986). Ein weiterer Akzent liegt auf *sozialen Interaktionsprozessen* im Sport, die u. a. in ihrer Bedeutung für die Gruppenleistung untersucht werden (Martens, 1975; Carron, 1980). In neuerer Zeit befassen sich zunehmend Untersuchungen mit *aggressivem Verhalten* im Sport (Pilz et al., 1982). In diesem Zusammenhang konnten häufig vertretene Anschauungen über die aggressionsinduzierende oder -freisetzende Wirkung des Sports erheblich differenziert und relativiert werden. Hinreichend präzise Kenntnisse fehlen gegenwärtig vor allem in bezug auf individuelle und kollektive Entscheidungsprozesse im Sportspiel, psychosoziale Effekte passiver Sportteilnahme und sportpsychologische Verfahren der Intervention bei akuten Leistungskrisen.

Pädagogisch-psychologische Ansätze. – Der pädagogisch-psychologische Aspekt wird nach einigen frühen Arbeiten erst wieder in jüngster Zeit verstärkt berücksichtigt (ADL, 1984; Allmer 1984; Allmer/Bielefeld, 1982; Hackfort, 1984; Samulski, 1986; Singer/Wessling-Lünnemann, 1986). Zentral sind Themen wie die Optimierung des *Fertigkeitserwerbs, Unterrichtsbeanspruchung* und *Unterrichtszufriedenheit,* die Auswirkung sportlicher Betätigung auf die *geistige Leistungsfähigkeit,* die Förderung überdauernder *Sportmotivation* und schließlich *Sozialisationsprozesse* im Sportunterricht unter besonderer Berücksichtigung der in den einschlägigen Lehrplänen formulierten affektiven und sozialen Lernziele. Über erste Ansätze ist man jedoch nur in wenigen Fällen hinausgekommen. Die weitere Entwicklung wird allerdings durch eine sich allmählich grundlegend verändernde Sicht des Sportunterrichts begünstigt: Die wissenschaftlich-informierenden und erzieherischen Momente gewinnen gegenüber leistungsorientierter Fertigkeitsvermittlung zunehmend an Terrain.

Gesundheitspsychologische Ansätze. – Unter gesundheitspsychologischem Aspekt stellt sich die Frage nach konkreten präventiven und therapeutischen Möglichkeiten des Sports im Sinne einer Regulation des Psychischen durch sportliche Tätigkeit, dies insbesondere im Bezug zu Betriebs-, Freizeit- und rehabilitativem Sport. Während die psychologischen und psychohygienischen Gehalte des *Betriebs- und Freizeitssports* kaum untersucht wurden (vgl. hierzu u. a. Brackhane, 1981; Singer, 1981; Hackfort, 1986), ist für den *rehabilitativen Sport* eine beinahe schon stürmische Entwicklung in Gang gekommen. Die Erarbeitung „sporttherapeutischer" Maßnahmen hat auch in bezug auf psychische und psychosomatische Syndrome reges Interesse gefunden (Rieder, 1971; Willke, 1976; Bauer, 1978; Knobloch, 1985).

Hierbei sind zwei Ansätze erkennbar: Zum einen wird davon ausgegangen, daß Bewegung und Sport an sich schon günstige psychosoziale Auswirkungen – z. B. Intensivierung der Selbsterfahrung, Entwicklung eines realistischen Selbstbildes, Förderung von Selbstkontrolle und Sozialverhalten – unmittelbar einschließen („Sport als Therapie"). Diese Annahme ist allerdings bisher noch nicht hinreichend empirisch abgesichert. Der zweite, derzeit empirisch besser fundierte, Ansatz sieht Sportpsychotherapie als sportlich vermittelte Therapie. Hierbei wird davon ausgegangen, daß sich in der sportlichen Betätigung psychische Störungen z. B. in einem überängstlichen, gehemmten oder überschießenden, aggressiven Verhalten besonders augenfällig konkretisieren und somit klassischen psychotherapeutischen Verfahren (etwa verhaltenstherapeutischen Verstärkungstechniken, Therapeutenverhalten im Sinne der klientenzentrierten Gesprächspsychotherapie, direkte Krisenintervention etc.) gewissermaßen in einer Feldsituation unmittelbar zugänglich werden („Sport als Medium der Therapie"). Darüber hinaus wird zunehmend die durch sportliche Betätigung erzielbare psychovegetative Stabilisierung als Voraussetzung und Unterstützung psychotherapeutischer Intervention erkannt.

Noch unzureichend bearbeitet sind Probleme wie die Diagnose und präventive sowie rehabilitative Behandlung psychosozialer Sportschäden z. B. im Zusammenhang mit Leistungssport im Kindes- und Jugendalter, weiterhin psychische Bewegungsmangelerscheinungen sowie Möglichkeiten zur Stabilisierung und Verbesserung der Grundlagen geistiger Leistungsfähigkeit und zur Beschleunigung von Regenerationsprozessen durch Sport.

Motorikforschung. – Sowohl unter leistungsals auch pädagogisch- und gesundheitspsychologischem Aspekt läßt sich eines der Hauptarbeitsgebiete der S., die Motorikforschung, sehen (Cratty, 1975; Meinel/Schnabel, 1976; Bauss/Roth, 1977; Schmidt, 1982; Bös/Mechling, 1983; Rieder et al., 1983). Hier geht es insbesondere um die Analyse motorischer Lern- und Entwicklungsprozesse, die testdiagnostische Erfassung motorischer Leistungsfähigkeit und die Behandlung psychomotorischer Funktionsstörungen. Im Rahmen dieses Forschungskomplexes zeigt sich eine Entwicklungsreihe von motorischen und sensomotorischen zu psychomotorischen und schließlich handlungstheoretisch orientierten Konzepten.

Theorie der Handlung. – Als sportpsychologisches Grundproblem stellt sich schließlich die Frage nach den allgemeinen Gesetzmäßigkeiten der psychischen Regulation sportlicher Tätigkeit im Spannungsfeld von Person-, Umwelt- und Aufgabenfaktoren. Hierbei geht es um die Analyse individueller und kollektiver sportlicher Handlungen in ihrer explorativen (erfahrungsvermittelnden), konstruktiven (aufgabenbewältigenden) und präsentativen (darstellenden) Funktion. Allgemeines Ziel ist dabei die Entwicklung einer die Spezifika des Sports hinreichend berücksichtigenden *Theorie der Handlung* (Volpert, 1971; Kaminski, 1973; Rokusfalvy, 1974; Franke, 1978; Thomas, 1978; Doil, 1983; Nitsch, 1986).

Methodische Entwicklung. – In methodischer Hinsicht waren lange Zeit Versuche der Übertragung von Methoden traditioneller Bereiche der Psychologie beherrschend. Hier zeigt sich mittlerweile eine deutliche Neuorientierung in Richtung einer Entwicklung sportspezifischer Untersuchungs- und Testverfahren (Rieder et al., 1975; Schellenberger, 1983; Gabler et al., 1985). Der Akzent liegt dabei bisher auf personenzentrierten

Verfahren. Standardisierte Verfahren der Situations- und Tätigkeitsanalyse, wie sie in der Arbeitswissenschaft entwickelt wurden, fanden dagegen ein noch zu geringes Forschungsinteresse.

4 Anwendungsaspekte

Im Anwendungsbezug gehören zu den wesentlichen *Aufgaben* der S.:

1. *Information* über organisagorische und personelle Möglichkeiten und Grenzen psychologischer Hilfe;
2. Vermittlung psychologischer Kenntnisse und Methoden im Rahmen spezieller *Aus-, Weiter- und Fortbildungsmaßnahmen;*
3. Einführung und Einübung in *psychologische Trainingsverfahren;*
4. *Beratung* bei sportspezifischen, aber auch sportübergreifenden Problemen (z. B. auch Berufsberatung, Organisationsberatung);
5. *Kooperative Forschung* zur Entwicklung von Lösungsmöglichkeiten für praktische Probleme in Zusammenarbeit von Sportpsychologen und Sportpraktikern.

Adressaten sind dabei, je nach Aufgabenstellung, das Sportmanagement, Trainer, Übungsleiter, Sportlehrer und Sporttherapeuten, andere Sportwissenschaftler (insbesondere im Hinblick auf eine koordinierte sportwissenschaftliche Beratung und Betreuung) und nicht zuletzt die Sporttreibenden selbst sowie ihre Familienangehörigen (insbesondere beim Kinder- und Jugendleistungssport, aber auch bei Sportprogrammen mit psychisch retardierten Kindern).

Die praktisch-psychologische Tätigkeit im Sport ist bislang allerdings immer noch in zweifacher Hinsicht ernsthaft belastet: Auf Nutzerseite stehen Schwellenängste, gespeist von Vorurteilen, die einen bei Inanspruchnahme psychologischer Hilfe als psychisch defekt stigmatisieren. Man findet aber auch überzogene Erwartungen, verbunden mit der Bereitschaft zur geradezu bedingungslosen Auslieferung an alle Maßnahmen, die eine Leistungssteigerung verheißen. Auf Anwenderseite begegnet man immer noch wissenschaftlich unzureichend fundierten, schädliche Nebeneffekte nicht reflektierenden Interventionsangeboten von selbsternannten „Sportpsychologen" ohne hinreichende fachpsychologische oder sportbezogene Ausbildung und Forschungs- und Anwendungserfahrung.

Um Efffektivität und Vertretbarkeit sportpsychologischer Intervention zu kontrollieren, empfiehlt es sich deshalb, von folgenden *Prinzipien* auszugehen:

1. *Prinzip der Langfristigkeit:* Psychologische Interventionsmaßnahmen sind langfristig in Sportprogramme und Trainingspläne einzubauen, um ihre Effektivität und die notwendige Abstimmung mit anderen Maßnahmen zu sichern.
2. *Prinzip der Spezifität:* Sportpsychologische Interventionen müssen auf die jeweilige Sportart, die Persönlichkeit des Sportlers und auf sein spezifisches Problem zugeschnitten werden. Dies setzt voraus, daß entsprechende sportartspezifische und sportpsychologische Kenntnisse und Erfahrungen systematisch erworben wurden.
3. *Prinzip der minimalen Intervention:* Die Intervention sollte dem Motto folgen „So wenig wie möglich, so viel wie nötig". Nicht jedes Leistungsproblem ist ein psychologisches Problem; nicht jeder Sportler braucht ein psychologisches Training, und psychologisches Training ist dann überflüssig, wenn die Leistungsfähigkeit bereits voll ausgeschöpft wird. Sportpsychologische Intervention darf weiterhin nur dort eingeleitet werden, wo ein spezifischer Effekt erwartet werden kann (und nicht andere Faktoren verdeckt oder falsche Hoffnungen erweckt werden), und auch nur dann, wenn das Bemühen um sportliche Leistungssteigerung nicht zum persönlichen Risiko wird. Die Betreuung hat dabei unter Wahrung der Autonomie des Sportlers auch nur solange wie nötig zu erfolgen und sich – im Sinne einer spezifischen Hilfe (und nicht einer globalen „Psychotherapie") – auf das zu beschränken, was unbedingt erforderlich ist.

Dem Sportpsychologen kann es also nicht um eine bedingungslose Leistungssteigerung gehen, sondern er sieht sich in dreifacher Verantwortung, nämlich der Verantwortung gegenüber dem Sportler, dem Trainer und gegenüber seiner eigenen Berufsethik. Der Praxisbezug der S. läßt sich somit nicht auf eine bloße Servicefunktion einschränken. Es kann nicht Aufgabe der S. sein, die Zwecksetzungen der Praxis unreflektiert zu erfüllen, sondern sie sind gerade im Hinblick auf psychische und soziale Nebenfolgen kritisch zu untersuchen. In diesem Sinne hat S. auch Aufklärungsfunktion, wie sie beispielsweise im Zusammenhang mit möglichen psychosozialen Risiken des Leistungssports im Kindes- und Jugendalter wichtig wird (Howald/Hahn, 1982; Kaminski et al., 1984; Meinberg, 1984; Weiss/Gould, 1986; vgl. hierzu auch die kritische Auseinandersetzung mit dem Leistungsprinzip im Sport u. a. bei Rigauer, 1969; Böhme et al., 1972).

5 Perspektiven

In inhaltlicher Hinsicht läßt sich annehmen, daß pädagogisch- und gesundheitspsychologische Aspekte des Sports zukünftig stärker in den Vordergrund treten werden. In methodischer Hinsicht wird sich der Trend zu eigenständigen sportpsychologischen Untersuchungskonzepten sowohl für die Feldforschung als auch für die experimentelle S. in einer vermutlich auch für andere Bereiche der Psychologie fruchtbaren Weise weiter verstärken. Besondere Akzente werden zukünftig weiterhin auf der Aus- und Fortbildung in S. für verschiedene Gruppen, insbesondere für Trainer einerseits und Sportpsychologen andererseits liegen, um auf der einen Seite die Sensibilität für sportpsychologische Probleme und auf der anderen die Kompetenz für sportpsychologische Interventionen weiter zu erhöhen. Schließlich wird ein besonderer Schwerpunkt darin zu sehen sein, die organisatorischen und stellenmäßigen Voraussetzungen für eine fruchtbare praktisch-psychologische Tätigkeit im Sport zu schaffen.

Literatur

ADL (Hrsg.): Motivation im Sport (2. Aufl.). Schorndorf: Hofmann, 1973.

ADL (Hrsg.): Schüler im Sport, Sport für Schüler. Schorndorf: Hofmann, 1984.

Allmer, H.: Psychologische Aspekte sportlicher Beanspruchung. In: Nitsch, J. R. (Hrsg.): Streß. Theorien, Untersuchungen, Maßnahmen. Bern: Huber, 1981, 503-545.

Allmer, H. (Hrsg.): Sport und Schule. Reinbek: Rowohlt, 1984.

Allmer, H./Bielefeld, J. (Hrsg.): Sportlehrerverhalten. Schorndorf: Hofmann, 1982.

Bauer A.: Förderung und Änderung der Leistungsmotivation geistig retardierter Kinder durch Sport. Schorndorf: Hofmann, 1978.

Bauss, R./Roth, K. (Hrsg.): Motorische Entwicklung. Darmstadt: Institut für Sportwissenschaft, 1977.

Böhme, J.-O./Gadow, J./Güldenpfennig, S./Jensen, J./Pfister, R.: Sport im Spätkapitalismus (2. Aufl.) Frankfurt: Limpert, 1972.

Bös, K./Mechling, H.: Dimensionen sportmotorischer Leistungen. Schorndorf: Hofmann, 1983.

Brackhane, R.: Aufgabengebiete des Psychologen im Freizeitsport. In: Haase, H./Molt, W. (Hrsg.): Handbuch der Angewandten Psychologie. Bd. 3: Markt und Umwelt. Landsberg a. L.: Verlag Moderne Industrie, 1981, 574-589.

Carron, A. V.: Social psychology of sport. Ithaca, N. Y.: Mouvement Publ., 1980.

Cratty, B. J.: Motorisches Lernen und Bewegungsverhalten. Frankfurt: Limpert, 1975.

Doil, W. (Hrsg.): Sportpsychologie für Trainer, Übungsleiter, Sportfunktionäre, Sportlehrer und Sportärzte (5. Aufl.). Leipzig: DHfK, 1983.

Essing, W./Bertram, W./Meckbach, Ch.: Bibliographie zur Psychologie des Sports, Anfänge – 1968. Köln: Deutsche Sporthochschule Köln, 1969.

Essing, W./Bertram, W./Meckbach, Ch.: Bibliographie zur Psychologie des Sports, 1968-1971. Bonn: Deutscher Bundesverlag, 1972.

Essing, W./Bertram, W./Meckbach, Ch.: Bibliographie zur Psychologie des Sports, 1972-1975. Schorndorf: Hofmann, 1976.

Essing, W./Bertram, W./Meckbach, Ch.: Monographien, Kongreßberichte und Sammelwerke zur Psychologie des Sports. Eine Bibliographie (Anfänge bis 1977). Münster: Fachrichtung Sportwissenschaft/Fachgebiet Sportpsychologie der Univ. Münster, 1977.

Essing, W./Meckbach, Ch.: Bibliographie zur Psychologie des Sports 1978-1980, 3 Bde. Köln: Bundesinstitut für Sportwissenschaft, 1981.

Feige, K. (Ed.): The development of sport psychology. A synopsis of its research, application und organization in different countries. Kiel: Arbeitsgemeinschaft für Sportpsychologie, 1977.

Feige, K.: Leistungsentwicklung und Höchstleistungsalter von Spitzenleistungen. Schorndorf: Hofmann, 1978.

Feige, K./Hahn, E./Rieder, H./Stabenow, G. (Red.): Bericht über den III. Europäischen Kongreß für Sportpsychologie Köln 1972. Schorndorf: Hofmann, 1973.

Franke, E.: Theorie und Bedeutung sportlicher Handlungen. Voraussetzungen und Möglichkeiten einer Sporttheorie aus handlungstheoretischer Sicht. Schorndorf: Hofmann, 1978.

Gabler, H.: Leistungsmotivation im Hochleistungssport (3. Aufl.). Schorndorf: Hofmann, 1981.

Gabler, H./Ruoff, B. A.: Zur Problematik der Talentbestimmung im Sport. Sportwissenschaft, 9, 1979, 164-180.

Gabler, H./Haase, H./Hug, O./Steiner, H. (Hrsg.): Psychologische Diagnostik und Beratung im Leistungssport. Orientierungen für die Praxis des Trainers. Frankfurt: BAL, 1985.

Gabler, H./Nitsch, J. R./Singer, R.: Einführung in die Sportpsychologie. Bd. 1: Grundthemen. Schorndorf: Hofmann, 1986.

Griffith, C. R.: Psychology of coaching. A study of coaching, methods from the point of view of psychology. New York: Scribner, 1926.

Griffith, C. R.: Psychology and athletics: A general survey for athletes and coaches. New York: Scribner, 1928.

Hackfort: D. (Hrsg.): Handeln im Sportunterricht – psychologisch-didaktische Analysen. Köln: bps, 1984.

Hackfort, D.: Zur Konzeptualisierung von Freizeit als Forschungsgegenstand und Qualifikationsbezug der Sportpsychologie. In: Nitsch, J. R. (Hrsg.): Anwendungsfelder der Sportpsychologie. Köln: bps, 1986, 105-118.

Hackfort, D./Schwenkmezger, P.: Angst und Angstkontrolle im Sport (2. Aufl.). Köln: bps, 1985.

Howald, H./Hahn, E. (Hrsg.): Kinder im Leistungssport. Basel: Birkhäuser, 1982.

Kaminski, G.: Bewegungshandlungen als Bewältigung von Mehrfachaufgaben. Sportwissenschaft, 3, 1973, 233-250.

Kaminski, G./Mayer, R./Ruoff, B. A.: Kinder und Jugendliche im Hochleistungssport. Schorndorf: Hofmann, 1984.

Kirkcaldy, B. (Ed.): Individual differences in sport behavior. Köln: bps, 1982.

Klavora, P./Daniel, J. (Eds.): Coach, athlete and the sport psychologist. Toronto: Univ. of Toronto Press, 1979.

Klemm, O.: Zwölf Leitsätze zu einer Psychologie der Leibesübungen. Neue Psychologie Studien, 9, 1938, 384-398.

Knobloch, J.: Die Bedeutung des Typ-A-Verhaltensmusters und des Sports für die Selbstwahrnehmung physiologischer Prozesse und die Gesundheit. Habilitationsschrift Deutsche Sporthochschule Köln, 1985.

Kuhl, U./Schulz, P.: Emotionale Belastungen im Sport. Ursachen, Auswirkungen und Interventionen. Köln: bps, 1986.

Martens, R.: Social psychology and physical activity. New York: Harper & Row, 1975.

Meinberg, E.: Kinderhochleistungssport – Fremdbestimmung oder Selbstentfaltung? Pädagogische, anthropologische und ethische Orientierungen. Köln: Strauß, 1984.

Meinel, K./Schnabel, G.: Bewegungslehre. Abriß einer Theorie

der sportlichen Motorik unter pädagogischem Aspekt. Berlin (DDR): Volk u. Wissen, 1976.
Nitsch, J. R.: Psychoregulatives Training im Leistungssport. In: Gabler, H./Haase, H./Hug, O./Steiner, H. (Hrsg.): Psychologische Diagnostik und Beratung im Leistungssport. Frankfurt/M.: BAL, 1985, 145-174.
Nitsch, J. R. (Hrsg.): Anwendungsfelder der Sportpsychologie. Köln: bps, 1986.
Nitsch, J. R./Allmer, H.: Naive psychoregulative Techniken der Selbstbeeinflussung im Sport. Sportwissenschaft, 9 (2), 1979, 43-163.
Orlick, T./Partington, J. T./Salmela, J. H. (Eds.): Mental training for coaches and athletes. Ottawa: Sport in Perspective and The Coaching Association of Canada, 1982.
Pilz, G./Albrecht, D./Gabler, H./Hahn, E./Peter, D./Sprenger, J./Voigt, H.-F./Volkamer, M./Weis, K.: Sport und Gewalt. Schorndorf: Hofmann, 1982.
Rieder, H.: Sport als Therapie. Psychomotorische und soziometrische Untersuchungen an verhaltensgestörten Kindern. Berlin: Bartels & Wernitz, 1971.
Rieder, H./Eberspächer, H./Feige, K./Hahn, E. (Red.): Empirische Methoden in der Sportpsychologie. Schorndorf: Hofmann, 1975.
Rieder, H./Bös, K./Mechling, H./Reischle, K. (Hrsg.): Motorik und Bewegungsforschung. Ein Beitrag zum Lernen im Sport. Schorndorf: Hofmann, 1983.
Rigauer, B.: Sport und Arbeit. Frankfurt: Suhrkamp, 1969.
Rodionow, A. W. (Red.): Psychologie in Training und Wettkampf. Berlin (DDR): Sportverlag, 1982.
Rokusfalvy, P.: Sportpsychologie. Bad Homburg: Limpert, 1980.
Rudik, P. A.: Psychologie. Berlin (DDR): Volk und Wissen, 1963.
Samulski, D.: Selbstmotivierung im Sportunterricht. Köln: bps, 1986.
Schellenberger, H.: Die Geschichte der deutschen Sportpsychologie bis 1945 und ihre Entwicklung in der DDR. Theorie und Praxis der Körperkultur, 11, 1981, 819-858.
Schilling, G./Herren, K. (Hrsg.): Angst, Freude und Leistung im Sport. (Bericht zum VI. FEPSAC-Kongress 1983, Band 1). Magglingen: ETS, 1985 (a).
Schilling, G./Herren, K. (Hrsg.): Zum Stand der Sportpsychologie. (Bericht zum VI. FEPSAC-Kongress 1983, Band 2.) Magglingen: ETS, 1985 (b).
Schmidt, R. A.: Motor control and learning. A behavioral emphasis (2nd ed.). Champaign, Ill.: Human Kinetics Publ., 1982.
Schulte, R. W.: Die Psychologie der Leibesübungen. Ein Überblick über ihr Gesamtgebiet. Berlin: Weidmann, 1928.
Silva, M./Weinberg, R. S. (Eds.): Psychological foundations of sport. Champaign, Ill.: Human Kinetics Publ., 1984.
Singer, R.: Alterssport. Versuch einer Bestandsaufnahme. Schorndorf: Hofmann, 1981.
Singer, R.: Sport und Persönlichkeit. In: Gabler, H./ Nitsch, J. R./Singer, R.: Einführung in die Sportpsychologie Bd. 1: Grundthemen. Schorndorf: Hofmann, 1986.
Singer, R./Haase, H.: Sport und Persönlichkeit. Sportwissenschaft, 5, 1975, 25-38.
Singer, R./Wessling-Lünnemann, G.: Schulsport – ein vernachlässigtes Forschungsfeld. In: Nitsch, J. R. (Hrsg.): Anwendungsfelder der Sportpsychologie. Köln: bps, 1986, 39-58.
Singer, R. N.: Sustaining motivation in sport: Tallahassee, Florida: Sport Consultants International, 1984.
Singer, R. N.: Peak performance ... and more. Ithaca, N. Y.: Mouvement Publications, 1986.
Sippel, H.: Körper – Geist – Seele. Grundlage einer Psychologie der Leibesübungen. Berlin: Weidmann, 1926.
Smith, R. E.: Toward a cognitive-affective model of athletic burnout. Journal of Sport Psychology, 8 (1), 1986, 36-50.
Sonnenschein, I.: Das Kölner Psychoregulationstraining. Ein Handbuch für Trainingsleiter (2. Aufl.), Köln: bps, 1985.
Straub, W. F. (Ed.): Sport psychology: An analysis of athlete behavior. Ithaca, N. Y.: Mouvement Publications, 1978.
Straub, W. F./Williams, J. M. (Eds.): Cognitive sport psychology. Lansing, N. Y.: Sport Science Associates, 1984.
Thomas, A. (Hrsg.): Sportpsychologie. Ein Handbuch in Schlüsselbegriffen. München, Wien, Baltimore: Urban & Schwarzenberg, 1982.
Uneståhl, L.-E. (Ed.): The mental aspects of gymnastics. Örebro: VEJE Publ., 1983.
Uneståhl, L.-E. (Ed.): Sport psychology in theory and practice. Örebro: VEJE Publ., 1986.
Weiss, M./Gould, D. (Eds.): Sport for children and youth. Champaign, Ill.: Human Kinetics, 1986.
Willke, E.: Psychotherapie durch Bewegung. Sportunterricht, 26, 1976, 72-77.

Sprache

Udo B. Brack

Obwohl die Untersuchung der menschlichen S. eine zentrale Aufgabe der Psychologie darstellt, sind über Jahrzehnte hinweg nur sehr wenige Übersichten über Methoden und Ergebnisse der Sprachpsychologie erschienen (z. B. Bühler, 1934; Hörmann, 1970). Das dürfte daran liegen, daß sich bei der Analyse der S. eine Vielzahl von Wissenschaften überschneidet – von der Physik über die Physiologie und Entwicklungspsychologie bis zur Philosophie. Erst seitdem sich v. a. die angloamerikanische Psychologie zunehmend für die Linguistik und den Spracherwerb des Kindes zu interessieren begann, tauchen vermehrt wieder sprachpsychologische Publikationen – meist unter dem Stichwort *„Psycholinguistik"* auch in der deutschen Literatur auf (z. B. List, 1972; Hörmann, 1981).

S. kann zunächst in *gesprochene, gehörte* oder *gelesene* S. eingeteilt und in Sätze, Wörter, Silben usw. zerlegt werden. Diese Teile der S. wiederum können isoliert statistisch und in ihrem Zusammenwirken sowie für einen einzelnen Sprecher (oder Hörer) und für die überindividuelle S. (z. B. „die deutsche Sprache" oder „die menschliche Sprache") analysiert werden. Gerade die Unterscheidung zwischen individueller und überindividueller S., die sich bis in die antike Philosophie zurückverfolgen läßt und die zu Anfang dieses Jahrhunderts durch *de Saussure* zu einem wesentlichen Aspekt der *Linguistik* gestaltet wurde, hat stark zu einer *Entpsychologisierung* der Sprachwissenschaft und damit zur *Trennung* zwischen Linguistik und Sprachpsychologie beigetragen.

1 Ebenen der Sprachanalyse

Phonetik und Phonologie. – Während sich die Phonetik mit den physikalischen Aspekten der Artikulation, Übermittlung und auditiven Verarbeitung von Sprachlauten befaßt, ist die Phonologie an den psychologischen Aspekten von Funktion und Verteilung von Sprachlauten interessiert. Einheit der Analyse ist das *Phonem,* das keine Bedeutung, aber eine bedeutungs*unterscheidende* Funktion hat („*r*ot – *t*ot"), und das aus einem Bündel von Schallmerkmalen besteht. Die Wahrnehmung erfolgt nicht passiv, sondern wird durch den Organismus strukturiert: Obwohl sich z. B. die „r" verschiedener Sprecher physikalisch unterscheiden (und sich nur in ihrer Grundstruktur ähneln), werden sie vom Hörer zu einer Klasse vereinigt und etwa von der Klasse „t" unterschieden. Kleine, unbedeutende Unterschiede innerhalb von Phonemen *(Allophone)* werden also vernachlässigt, bestimmte andere physikalische Unterschiede aber dienen der Definition von Phonemgrenzen. Auch wird die genaue Festlegung eines Phonems (z. B. „e" vs. „a") durch die umgebenden Phoneme mitbestimmt (Beide Prinzipien gelten nicht nur für die Sprach-, sondern für die gesamte Wahrnehmungspsychologie).

Morphologie. – Die kleinsten bedeutungs*tragenden* Einheiten sind die *Morpheme.* So zerfällt das Wort „Kind-er" in zwei Morpheme, wovon das zweite den Plural anzeigt. Mit den Regeln, die für die Zusammenstellung von Morphemen bis zur Wortebene gelten, befaßt sich die Morphologie – also z. B. mit der *Konjugation,* der *Deklination* oder der *Pluralbildung.* Die immense Komplexität und Differenziertheit der menschlichen S. (im Vergleich mit den von Tieren verwendeten bzw. erlernbaren Verständigungsmöglichkeiten: Schiefelbusch/Hollis, 1979) beruht v. a. darauf, daß Menschen in der Lage sind, nach bestimmten Regeln relativ wenige, bedeutungslose Phoneme zu einer großen Vielfalt bedeutungstragender Morpheme und Wörter und diese wiederum zu praktisch unendlich vielen verschiedenen Sätzen und Texten zu kombinieren.

Syntax. – Mit den Regeln, nach denen Wörter bzw. Gruppierungen von Wörtern zu *Sätzen* zusammengestellt werden, befaßt sich die Syntax. Ausgehend von der Vorstellung, daß sich – wenigstens in diesem Bereich der S. – ein relativ geschlossenes *Regelsystem* angeben läßt, war die Analyse syntaktischer Strukturen zentraler Forschungsgegenstand der Linguistik in den letzten 30 Jahren. Geprägt wurde diese Forschung durch das zunächst völlig unpsychologische, d. h. unabhängig von den Prozessen im Sprecher und Hörer konzipierte Modell von Chomsky (z. B. 1973).

Darin werden durch verschiedene Regeln und ein „Lexikon" die Sätze einer Sprache erzeugt, die in „ Phrasen" unterteilt sind, z. B. Nominalphrase – Verbalphrase – Nominalphrase in „das Kind – fängt – den Ball". Aus diesem abstrakt gedachten Muster leitet sich eine „Tiefenstruktur", die zum inneren Sinn des Satzes führt, und eine „Oberflächenstruktur", aus der der konkret geäußerte oder gehörte Satz entsteht, ab.

Es handelt sich dabei um ein *Kompetenzmodell,* das die Struktur der überindividuellen S. mit einem möglichst vollständigen und ökonomischen Regelsystem erfassen will, um syntaktisch richtige von syntaktisch falschen Sätzen zu unterscheiden, ohne irgendwelche kognitiven Strategien, neuronalen Prozesse, Lernvorgänge usw. im einzelnen Individuum zu berücksichtigen.

Semantik. – Um der Rolle der *Bedeutung* bei der Satzerzeugung (die ja offenbar zentral ist, denn wir wollen nicht richtige Syntax, sondern *Sinn* übermitteln) gerecht zu werden, wird in neueren Ansätzen nicht mehr von einer starren Zerlegung in Phrasenstrukturen ausgegangen, sondern das *Verbum* rückt in den Mittelpunkt: Sei es, daß eher die formale Struktur zwischen Verbum und handelndem Subjekt, betroffenem Objekt usw. oder der eher ikonische Charakter eines Vorganges mit beteiligten Personen und Gegenständen in den Vordergrund gerückt wird – das unmittelbare *Erlebnis von Ereignissen,* das auch beim Spracherwerb des Kindes eine entscheidende Rolle spielen dürfte, wird betont.

Gegenüber dem Modell vom Chomsky entsteht durch solche neueren Ansätze eine stärkere *Psychologisierung* der Sprachforschung; und auch die Nähe zur kognitiven und *Wahrnehmungspsychologie,* zur *Gestaltpsychologie* oder zur *Gedächtnisforschung* wird deutlich.

Die „kognitive Wende" in der Psychologie hat so in der Linguistik ein Pendant in der Verlagerung des Schwerpunktes von der Syntax auf die Semantik und, wie die Fülle an Psychologie und Linguistik verbindender Literatur (z. B. *Hakes,* 1980) zeigt, in der Betonung von inhaltlichen Kategorien in der *Sprachentwicklungspsychologie.*

Pragmatik. – Die Pragmatik befaßt sich mit der *Performanz,* d. h. den Bedingungen des konkreten Gebrauchs von S. In Kompetenzmodellen (wie dem von *Chomsky*) werden der Werkzeugcharakter, die konkreten Interaktionsbedingungen beim Gebrauch von S., die vielen tatsächlichen Regelverletzungen, die Korrekturen durch ad-hoc-Regeln ebenso vernachlässigt wie das Zusammenspiel von S. mit *Mimik, Gestik* und *Regeln des gesellschaftlichen Umgangs.*

Erst seit Mitte der 70er Jahre wendet sich die *Psycholinguistik* vermehrt diesen Problemen zu und entdeckt damit, wie Hörmann (1981) darstellt, viele Fragen und Antworten neu, mit denen sich bereits einige Jahrzehnte zuvor die deutsche Sprachpsychologie beschäftigt hatte.

Die Bedeutung und die Probleme dieser Tendenz zur Psychologisierung der Sprachwissenschaft durch Betonung von Semantik und Pragmatik wird besonders deutlich dort, wo Vertreter von Kompetenzmodellen darüber zu diskutieren beginnen, daß S. auch eine „psychologische Realität" sei (z. B. Slobin, 1974).

2 Spracherwerb

Der Spracherwerb durch das Kind setzt adäquate Reizverarbeitung des Gehirns und Koordination der Sprechwerkzeuge ebenso voraus wie die Speicherung von Lernerfahrungen. Das Ergebnis ist (bei Abwesenheit von extremen deprivatorischen Bedingungen, von Hirnschädigungen usw.) ein relativ homogener Verlauf des Erwerbs von Sprechen und Verstehen (Übersicht bei Szagun, 1983); dieser Verlauf spiegelt sich auch in den verschiedenen Sprachentwicklungstests für die ersten Lebensjahre (z. B. Reynell, 1985).

Während früher gerade der kindliche Spracherwerb zur Verfechtung extrem *empiristischer,* also das Lernen betonender Positionen (Skinner, 1957), und extrem *nativistischer,* also die vorgegebene Anlage betonender Positionen (Chomsky, 1959; Lenneberg, 1967), diente, ist dieser Streit mittlerweile einer detaillierteren Betrachtung gewichen.

Die Bedeutung des *Umwelteinflusses* wird bereits bei den „Wolfskindern" deutlich, die in den ersten Lebensjahren ohne Menschen aufgewachsen sind und – auch wenn sie danach in eine sprechende Umgebung kommen – zeitlebens mit schweren Sprachauffälligkeiten behaftet bleiben. Der Schluß aber, daß der Spracherwerb ein klar definierter *Lernvorgang,* v. a. im Sinne des klassischen und operanten Konditionierens, sei, war voreilig: Erwerb und Benutzung von S. läßt sich nicht sinnvoll in reinen Reiz-Reaktions-Ketten darstellen.

Andererseits war der lernpsychologische Ausgangspunkt in vielfältiger Weise fruchtbar für die Erforschung des Spracherwerbs. Er hat den Blick gelenkt auf die *frühkindliche Interaktion mit der sozialen Umwelt;* auf die Art, wie der Erwachsene intuitiv dem Kind das Verständnis der einfachen, ihm angebotenen Sprachstrukturen zu erleichtern versucht; auf die Dinge, die das Kind (und in der Interaktion mit ihm seine Bezugspersonen) besonders interessieren und zu sprachlichen Äußerungen stimulieren; und auf die resultierenden ersten syntaktischen Formen, mit denen das Kind semantische Inhalte in einem bestimmten pragmatischen Kontext ausdrückt – vielfach in mehrdeutigen, unscharf voneinander abgegrenzten und übergeneralisierenden Mustern (Bloom/Lahey, 1978; Deutsch, 1981). Damit wendet sich die Psycholinguistik des Spracherwerbs ab von starren Kompetenzmodellen, die von einer weitgehend vollständigen Beherrschung eines klar definierten Regel – und Begriffsystems ausgehen.

In ähnlicher Weise läßt sich eine *schrittweise Erwerbung bzw. Verfeinerung eines Regelsystems* beobachten, wenn das Kind zuerst prägnante, unregelmäßige Verbformen („'gangen" für „gegangen"), dann regelmäßige („'gsehen") und danach regelmäßige übergeneralisierend verwendet („gegeht"), bis es schließlich die Regeln adäquat beherrscht.

Dabei ist die Kindersprache auf jeder Stufe nicht als schlechte Erwachsenensprache, sondern als ein in sich geschlossenes, der Gesamtentwicklung des Kindes angepaßtes Regelsystem zu verstehen, in dem auch eine beträchtliche individuelle Variationsbreite besteht. Deshalb hat der Versuch, bereits der frühesten Kindersprache eine *„Pivot-Grammatik"* (Braine, 1963) zu unterstellen, nicht sehr weit geführt: Die Unterscheidung einer Klasse mit vielen, selten gebrauchten Wörtern von einer Klasse mit wenigen, häufig gebrauchten Wörtern ist bei verschiedenen Kindern unterschiedlich stark ausgeprägt, und die Überleitung der Klassen in Wortarten oder Satzkonstituenten der Erwachsenen-Grammatik ist offenbar stark individuell geprägt.

Als grundlegende Voraussetzungen für Aufnahme und Verarbeitung von S. (was wiederum die Voraussetzung für Produktion von S. ist) nennt Hörmann (1981) die Bedingungen, daß das Kind in der sinnlich erfahrenen Welt ebenso wie in der gehörten S. eine *Strukturierung* erkennt, beide miteinander in Beziehung setzt, mit seinem eigenen Ich symbolisch agieren kann und in der Lage ist, Regeln zu bilden. Das bedeutet eine Abkehr von relativ einfachen Lernmechanismen wie Imitation und „Generalisation" und eine Betonung der Ausbildung von kognitiven Fertigkeiten, wie sie v. a. die Entwicklungspsychologie Piagets als relativ *invariante Reifungsfolge* ansieht. Dem entsprechen relativ invariante Regeln der Mutter-Kind-Interaktion, beginnend in den ersten Lebenstagen des Kindes (Papoušek/Papoušek, 1981), ebenso wie bestimmte Muster des Dialogs zwischen der Mutter und dem Kind, das schon in kleinen Sätzen sprechen kann (Brown/Bellugi, 1964). Auch die Ergebnisse neuropsychologischer Forschung über die Ausbildung der Hemisphärendominanz oder die sprachlichen Ausfälle nach einem Hirntrauma bei Kindern verschiedener Altersstufen bestätigen die Reifungsfolge (Übersicht bei Burgmayer, 1986).

Betont wird der Aspekt der Reifung auch durch das auf bestimmten Altersstufen relativ konstante Auftreten von „Meilensteinen" wie den ersten Doppelsilben, dem ersten Wort oder dem ersten Zwei-Wort-Satz. Solche Entwicklungsschritte lassen sich nicht nur an relativ isolierten, einzelnen Merkmalen der S. aufweisen, sondern auch in der Verschränkung von Form, Inhalt und Gebrauch, also von syntaktischen, semantischen und pragmatischen Aspekten (Bloom/Lahey, 1978).

Auch die relativ homogene, allmähliche Ausbildung von Wortklassen oder Phänomene wie die syntagmatisch-paradigmatische Verschiebung – Kinder assoziieren zu einem Nomen zunächst meist ein passendes Verb, ab etwa sieben Jahren dagegen ein verwandtes Nomen (Tisch – essen vs. Tisch – Stuhl) – verweisen auf einen reifungsbedingten Entwicklungsverlauf der S. Am deutlichsten wird der Entwicklungsverlauf, wenn wir die Altersnormen von Sprachtests betrachten, die auch für größere Kinder gelten (z. B. dem „Heidelberger Sprachentwicklungstest" – Grimm/Schöler, 1978).

Allerdings dürfen solche Normen auch nicht überinterpretiert werden, denn mit der Angabe von Mittelwerten, der Akzeptierung von nicht geringen Standardabweichungen und der Deklarierung von beträchtlichen Abweichungen als „pathologisch" lassen sich auch relativ große Schwankungen als geordneter Entwicklungsverlauf darstellen. Hinzu kommt die Übungs- bzw. Situationsabhängigkeit sprachlicher Entwicklungsdaten.

Insbesondere für beobachtete Regelmäßigkeiten der frühen Mutter-Kind-Interaktion stellt sich allerdings die Frage, ob diese für die sprachliche Entwicklung *nötig* oder ob sie nur kulturbedingte Begleiterscheinungen sind. Diese Frage ist – ebenso wie die gefundene Stufenabfolge der kindlichen S. selbst – auch von therapeutischem Interesse: Soll bei einer Sprachentwicklungsverzögerung die übliche Mutter-Kind-Interaktion in intensivierter Form eingeübt werden? Soll das Lallen vor der Wortimitation aufgebaut werden?

Ein besseres Verständnis für die Bedeutung und wechselseitige Abhängigkeit von Umweltstimulation und Reifungsvorgängen beim Spracherwerb könnte aus der *Neuropsychologie* erwachsen, die mit ihrer Erforschung von zentralnervösen Grundlagen, Stimulationseinflüssen und Schädigungsfolgen derzeit stark an Boden gewinnt (Friederici, 1984; Sinz, 1986).

3 Ergebnisse der empirisch-experimentellen Psycholinguistik

Schon 1966 zeigten Garrett et al. in einem oft zitierten Experiment über die Strukturierung der S., das später in vielfältiger Weise für ähnliche Fragestellungen modifiziert wurde, daß gehörte S. nicht „neutral" verarbeitet, sondern entsprechend den vom Hörer zur Interpretation verwendeten Sprachregeln *modifiziert* wird. Er nimmt

z. B. (tatsächlich nicht vorhandene) Pausen oder (tatsächlich an anderen Stellen vorhandene) kurze Klick-Geräusche an Grenzen der Satzstruktur, also z. B. am Anfang und Ende eines Relativsatzes, wahr; er verarbeitet also das Gehörte nicht einfach in der Reihenfolge der eintreffenden Phoneme, Morpheme, Silben oder Wörter, sondern er faßt es zu „Konstituenten", d. h. zu zusammengehörigen Teilen des Satzes, zusammen. Dabei helfen ihm offenbar Pausen des Sprechers und die Struktur der Betonung im Satz.

Auch aus *Versprechern* läßt sich, wie Hörmann (1981) darstellt, auf die interne Strukturierung der S. schließen: Nur etwa gleich stark betonte Satzteile werden miteinander vertauscht, Präpositionen bleiben auf ihrer Position, Artikel usw. werden in die richtige Form gebracht. Statt „das Auto fährt auf der Straße" wird ein ermüdeter Redner vielleicht sagen „die Straße fährt auf dem Auto", aber kaum „auf das Auto fährt der Straße" oder „das Straße fährt auf der Auto". Daraus kann auf die Art und Reihenfolge der internen Strukturierung geschlossen werden. An eindrucksvollen Beispielen aus verschiedenen Kulturen konnte die *„Whorfsche Hypothese"* belegt werden, wonach das Denken (und damit auch das Handeln) weitgehend geprägt wird durch die Struktur der S. Solch einer starren und durchschlagenden Wirkung der Strukturierung widerspricht allerdings die *Flexibilität* bei der Verarbeitung von Sprachmustern: Bei Sätzen wie „Er zeigte dem Beamten das Fahrzeug ... als gestohlen an" bilden wir zunächst aus der syntaktischen Struktur eine Hypothese über den Inhalt, die wir aber beim Hören des zweiten Teiles (oder durch die Intonation, die Begleitumstände usw.) sofort verwerfen, so daß wir nur in geringem Maße und kurze Zeit den Eindruck haben, etwas anfänglich mißverstanden zu haben.

Die Struktur unserer Äußerungen wird in starkem Maße auch von *pragmatischen* Aspekten geprägt. Tageszeit, Situation, Vorerfahrung, momentane Stimmung usw. entscheiden darüber, ob wir jemanden grüßen und in welcher Form wir das tun. Dieser Einfluß äußerer Bedingungen auf die Sprachgestaltung hat zu vielerlei Experimenten mit dem Ziel geführt, durch *soziale Verstärkung* die Äußerungen der Probanden zu modifizieren. Ausgangspunkt war das Experiment von Greenspoon (1955), dem es gelang, durch kurze Zuwendung bei Plural-Formen die Verwendung dieser Formen bei erwachsenen Personen wesentlich zu steigern. Dabei bemerkten die Probanden weder diese Steigerung noch die Beeinflussung durch Zuwendung. Allerdings spielen gezielte Verstärkungen, wie Brown und Hanlon (1970) zeigten, für den Spracherwerb wie für den Sprachgebrauch keine grundlegende, sondern nur eine modulierende Rolle.

Neuere Untersuchungen zu semantischen Aspekten befassen sich u. a. damit, wie der Inhalt von Wörtern oder Satzteilen im *Gedächtnis* abgespeichert werden und welche Rolle dabei das visuelle gegenüber dem auditiv-sprachlichen Gedächtnis spielt (Kintsch, 1982). Diese Forschungen führen auf die kognitiven Grundlagen der S. zurück: Den genauen *Wortlaut* von Gehörtem (auch von dem, was wir selbst gesagt haben) merken wir uns nur ganz *kurz; längerfristig* speichern wir nur den *wesentlichen Inhalt,* das, was der Sprecher „eigentlich" sagen wollte. Dieser „eigentliche" Inhalt ist es aber auch, der uns dazu bewegt, etwas sagen zu wollen und den Inhalt in eine bestimmte sprachliche Form zu bringen. Bereits Miller (1956) hat das Phänomen der „Rekodierung" beschrieben, d. h. die Zusammenfassung vieler Einzelheiten zu einer Gedächtniseinheit bei Vernachlässigung unwichtiger Details. Offenbar gliedert also der Sprecher unmittelbare Erlebniseinheiten unter Berücksichtigung der vermuteten Vorbedingungen beim Hörer in komplizierte Satzgebilde, die der Hörer zunächst weitgehend vollständig aufnimmt, dann aber unter Vernachlässigung für ihn unwichtiger Details wieder zu globaleren Einheiten zusammenfaßt. Kognitive Grundmuster und ihre verbalen Repräsentationen beeinflussen sich also wechselseitig.

Damit wird auch die Frage nach dem Grad der *sozialen Ausrichtung* der S. beleuchtet, die häufig in Verbindung mit der Kontroverse zwischen Piaget und Vygotsky aufgeworfen wird. Beide Forscher hatten Extrempositionen bezogen: der Sprachbeginn als rein *egozentrisches* vs. rein *soziales* Ereignis. Der Zusammenhang des Spracherwerbs, der Ausdifferenzierung der S. und der Sprachstrukturierung im täglichen Gebrauch des Erwachsenen mit sozialer Anregung, sozialen Interaktionsmustern und sozialen Regeln einerseits sowie der Reifung und Ausgestaltung von Wahrnehmung und Kognition andererseits legt die Annahme nahe, daß S. und Sprachverständnis von Anfang an einen sozialen Bezug haben, zugleich aber komplexe, nicht primär soziale Verarbeitungsprozesse voraussetzen bzw. Teile davon sind.

4 Klinische Aspekte der Sprache

In der Psychotherapie spielt S. eine große Rolle. „Behandlung" besteht zum größten Teil in verbaler Interaktion zwischen Therapeut und Patient.

Die S. kann aber selbst Behandlungsgegenstand sein. Dabei lassen sich Krankheitsbilder, bei denen die gestörte S. gewissermaßen als *Symptom* einer zugrundeliegenden Störung betrachtet wird, unterscheiden von solchen, wo die *S. selbst* als der wesentlich gestörte Bereich gesehen wird.

Das prägnanteste Beispiel für den ersten Fall ist die S. von *Schizophrenen.* Sie enthält v. a. Wortneuschöpfungen (Neologismen) und einen ungewöhnlichen Gebrauch von Semantik und Pragmatik. Solche Auffälligkeiten finden wir auch bei *autistischen* Kindern, wobei meist eine erhebliche Verzögerung der gesamten Sprachentwicklung vorausgeht.

Ein anderes Beispiel ist der *selektive Mutismus,* also die manchmal v. a. bei Kindern zu beobachtende starke Reduzierung oder Verarmung der Sprachbenutzung gegenüber fremden Personen – bis hin zur totalen Sprachverweigerung. Dabei wird die soziale wie die kognitive Komponente der S. und Sprachbenutzung deutlich: Die Kinder haben einerseits häufig zusätzliche sozial getönte Verhaltensstörungen, wie Ängste oder Bettnässen, andererseits weisen sie oft frühkindliche Hirnschädigungen, leichte intellektuelle Minderbegabung und auch in Situationen ohne Sprachverweigerung – z. B. im Gespräch mit der Mutter – eine nur geringe Sprachkomplexität auf.

Weniger als Symptom (außer i. S. des „Symptoms" eines Hirnschadens), sondern eher als primär gestörter und unmittelbar zu therapierender Bereich werden die Sprachauffälligkeiten v. a. bei der *Sprachentwicklungsverzögerung* und bei den *Aphasien* angesehen.

Verzögerte Sprachentwicklung kann mit normaler nonverbaler Intelligenz einhergehen (*„Dysphasie"* – Wyke, 1978) oder aber mit mentaler Retardierung bis hin zur schweren geistigen Behinderung.

Zur Behandlung von Sprachentwicklungsverzögerungen ist eine Fülle von *Programmen* entwickelt worden (Brack, 1986), die einige interessante Aspekte aufwerfen. Zum einen haben sie die Diskussion um empiristische vs. nativistische Konzepte des Spracherwerbs neu entfacht; letztere sind per definitionem therapiefeindlich, weil sie die Sprachentwicklung als einen kaum beeinflußbaren Reifungsvorgang betrachten. Viele Sprachtherapeuten, die der Entwicklungspsychologie von Piaget anhängen, umgehen das Problem dadurch, daß sie nicht von „Therapie" sprechen, sondern von „Förderung" (facilitation). Zum anderen hat sich gezeigt, daß relativ starre Übungen zum Imitieren von Wörtern, zum Benennen von Gegenständen usw. durchaus die sprachliche Kompetenz des Kindes erheblich verbessern können, während für allgemein gehaltene, „spielerische", auf die gesamte kognitive und soziale Kompetenz des Kindes abgestellte Übungen bisher kaum gesicherte Erfolgsdaten vorgelegt werden konnten.

Schließlich fällt auf – und das mag eine Erklärung für den zuletzt genannten Punkt sein – daß Sprachübungen v. a. dann erfolgreich zu sein scheinen, wenn auf sehr *klare und einfache Strukturierung* des verbalen Angebots, der auf die S. bezogenen Situation und der Reaktionen des Erwachsenen geachtet wird.

Sprachretardierungen (v. a. die Dysphasien) scheinen also z. T. darauf zu beruhen, daß die Kinder aus der oben beschriebenen intensiven verbal-nichtverbalen Interaktion mit der Mutter die sprachlichen Anteile wegen ihrer Komplexität zu wenig herausfiltern können. Langfristig zeichnen sich dementsprechend Methoden zur Behandlung und Förderung der kindlichen S. ab, die bereits in der Säuglingszeit in der Mutter-Kind-Interaktion eingesetzt werden können.

Ähnliche Probleme ergeben sich bei den *Aphasien,* d. h. den Störungen oder dem Verlust bereits erworbener S. durch Hirnschädigung nach Unfall, Schlaganfall usw. Obwohl differenzierte Diagnoseinstrumente (z. B. Huber et al., 1983) entwickelt wurden und die Analyse von Aphasien ein zentraler Bereich neuropsychologischer Erforschung von Hirnstrukturen (Friederici, 1984) geworden ist, besteht ein Mangel an gezielten Therapieprogrammen und v. a. Indikationsstellungen für die verschiedenen Therapievarianten.

Zugleich werden hier viele Grundfragen der Psycholinguistik unter dem Aspekt der Sprachpathologie neu beleuchtet und zur Aufgabe für klinisches Handeln umformuliert; das gilt z. B. von der v. a. in der russischen Sprachpsychologie diskutierten Frage, ob bei der Umsetzung von kognitiven Strukturen in geäußerte S. ein *„inneres Sprechen"* eine Art Bindeglied darstellt. Im Falle der Aphasien läßt sich weiter fragen (Wahmhoff, 1980), ob evtl. dieses Bindeglied gestört und einer Therapie zugänglich ist.

Da nicht wenige solcher Patienten (ebenso wie Patienten mit bestimmten *Lähmungen* der Sprechwerkzeuge usw.) nicht oder nicht mehr in der Lage sind, Lautsprache zu erwerben, ist vielfach versucht worden, *Zeichensprachsysteme* einzusetzen, wie das für *Taubstumme* schon lange üblich – und umstritten – ist. Der Versuch, solche *künstlichen* S.n zu vermitteln, erlaubt interessante Einblicke in semiotische Probleme (wofür Zeichen stehen können, wie sie kombinierbar sein müssen usw. – vgl. Sebeck, 1979) ebenso wie in die Schwierigkeiten, die das Kind mit Syntax und Semantik beim Spracherwerb hat (Übersicht bei Raffler-Engel, 1980).

In den letzten Jahren wird dieser Forschungszweig bereichert durch die bekanntgewordenen Versuche, Affen Zeichensprachen zu lehren (verschiedene Artikel dazu finden sich bei Schiefelbusch und Hollis, 1979).

Dabei läßt sich beobachten, daß die Affen vielfach mit den Zeichen spielen, also gewissermaßen unsinnige Sätze erzeugen, wobei ab und zu eine sinnvolle Struktur entsteht, die die menschlichen Betreuer dann sofort als richtigen Satz interpretieren. Das hat Terrace (1979) zu der provokativen Frage geführt, ob spielerisches Problemlösen S. sei. Das gleiche gilt aber für die frühe Mutter-Kind-Interaktion, wo das Kind laufend Äußerungen produziert, die nach den Regeln der Erwachsenensprache unvollständig oder falsch sind – die Mutter aber akzeptiert die Äußerung, variiert sie, ergänzt sie und stimmt ihre Handlungen darauf ab.

Offenbar ist also eine wesentliche Voraussetzung für den Erwerb von S. der *spielerische Versuch* zu sprechen und der Vorschuß an Vertrauen von Seiten der sozialen Umwelt, daß damit etwas Richtiges gemeint sei.

So wird auch vom klinischen Standpunkt aus die Frage nach der Rolle von Anlage und Umwelt bei der Ausbildung von S. neu beleuchtet; allerdings nicht mit dem Ziel der Verfechtung rigoroser philosophischer Prinzipien oder der Erstellung vereinfachender, plausibler Entwicklungsmodelle, sondern der Analyse des Wechselspiels zwischen reifungsfähigen, interagierenden und störungsanfälligen Hirnfunktionen einerseits und vielfältig strukturierter, von den Lebensbedingungen abhängiger und therapeutisch beeinflußbarer Stimulation andererseits.

Literatur

Bloom, L./Lahey, M.: Language development and language disorders. New York: Wiley, 1978.

Brack, U. B.: Schwerpunkt: Rückstand der Sprachentwicklung. In: Brack, U. B. (Hrsg.): Frühdiagnostik und Frühtherapie. München: Urban & Schwarzenberg, 1986, 171-189.

Braine, M. D. S.: The ontogeny of English prase structure: the first phase. Language, 39, 1963, 1-13.

Brown, R./Bellugi, U.: Three processes in the child's acquisition of syntax. Harvard Educational Review 34, 1964, 133-152.

Brown, R./Hanlon, C.: Derivational complexity and order of acquisition in child speech. In: Hayes, J. K. (Ed.): Cognition and the development of language. New York: Wiley, 1970, 155-207.

Bühler, K.: Sprachtheorie. Jena: Fischer, 1934.

Burgmayer, S.: Neuropsychologie: Gegenstand – diagnostische Methoden – therapeutische Konsequenzen. In: Brack, U. B. (Hrsg.): Frühdiagnostik und Frühtherapie. München: Urban & Schwarzenberg, 1986, 215-231.

Chomsky, N.: A review of Skinner's ‚Verbal behavior'. Language, 35, 1959, 26-58.

Chomsky, N.: Aspekte der Syntaxtheorie (2. Aufl.). Frankfurt: Suhrkamp, 1973.

Deutsch, W. (Ed.): The child's construction of language. London: Academic, 1981.

Friederici, A. D.: Neuropsychologie der Sprache. Stuttgart: Kohlhammer, 1984.

Greenspoon, J.: The reinforcing effect of two spoken sounds on the frequency of two responses. American Journal of Psychology, 68, 1955, 509-516.

Grimm, H./Schöler, H.: Heidelberger Sprachentwicklungstest. Braunschweig: Westermann, 1978.

Hakes, D. T.: The development of metalinguistic abilities in children. Berlin: Springer, 1980.

Hörmann, H.: Psychologie der Sprache. Berlin: Springer, 1970.

Hörmann, H.: Einführung in die Psycholinguistik. Darmstadt: Wissenschaftliche Buchgesellschaft, 1981.

Huber, W./Poeck, K./Weniger, D./Willmes, K.: Aachener Aphasietest. Göttingen: Hogrefe, 1983.

Kintsch, W.: Gedächtnis und Kognition. Berlin: Springer, 1982.

Lenneberg, E. H.: Biological foundations of language. New York: Wiley, 1967.

List, G.: Psycholinguistik. Eine Einführung. Stuttgart: Kohlhammer, 1972.

Miller, G. A.: The magical number seven, plus or minus two: some limits on our capacity for processing information. Psychological Review, 63, 1956, 81-97.

Papoušek, M./Papoušek, H.: Intuitives elterliches Verhalten im Zwiegespräch mit dem Neugeborenen. Sozialpädiatrie, 3, 1981, 229-238.

Raffler-Engel, W. v. (Ed.): Aspects of nonverbal communication. Lisse: Swets & Zeitlinger, 1980.

Reynell, J. K.: Sprachentwicklungsskalen. (dt. Bearb.: K. Sarimski). München: Röttger, 1985.

Schiefelbusch, R. L./Hollis, J. H. (Eds.): Language intervention from ape to child. Baltimore: University Park Press, 1979.

Sebeok, T. A.: Theorie und Geschichte der Semiotik. Reinbek: Rowohlt, 1979.

Sinz, R.: Hirnpsychologische Grundlagen von Behinderungen und ihrer Rehabilitation. In: Brack, U. B. (Hrsg.): Frühdiagnostik und Frühtherapie. München: Urban & Schwarzenberg, 1986, 127-137.

Skinner, B. F.: Verbal behavior. New York: Appleton Century Crofts, 1957.

Slobin, D. I.: Einführung in die Psycholinguistik. Kronberg: Scriptor, 1974.

Szagun, G.: Sprachentwicklung beim Kind (2. Aufl.). München: Urban & Schwarzenberg, 1983.

Terrace, H. S.: Is problem-solving language? Journal of the Experimental Analysis of Behavior, 31, 1979, 161-175.

Wahmhoff, S.: Inneres Sprechen. Weinheim: Beltz, 1980.

Wyke, M. A. (Ed.): Developmental dysphasia. London: Academic, 1978.

Statistik

Jürgen Kriz

S. ist kein Teilgebiet der Psychologie, sondern ein Teilgebiet der Mathematik, das (auch) in der Psychologie *angewandt* wird. In elementarster Form – dem Sammeln von Daten – läßt sich statistisches Tun schon vor mehreren tausend Jahren belegen, z. B. die Dokumentation der Land- und Seestreitkräfte, Staatsfinanzen usw. im *breviarium augusti* unter Augustus. Diese *materielle S.*, die im 17./18. Jh. in vielen europäischen Staaten aufblühte, wurde im 19. Jh. – insbesondere durch Quetelet – mit der Wahrscheinlichkeitstheorie (Pascal, Bernoulli, Gauss u. a.) verbunden und im 20. Jh. durch Ausarbeitung von Schätzung, Hypothesentests und Entscheidungstheorie (Fisher, Neyman und Pearson, Wald u. a.) wesentlich erweitert.

1 Stellenwert der Statistik für die Psychologie

Grundlage der Psychologie – wie jeder empirischen Wissenschaft – sind empirische Sachverhalte. Diese Sachverhalte werden *systematisch erhoben,* unterscheiden sich also von Alltagserfahrung insbesondere durch: (1) spezifische Fragestellungen – den Psychologen interessiert nur ein ganz bestimmter Ausschnitt aus der Realität, (2) spezifische Beobachtungssysteme – der Psychologe verwendet weder radioastronomische Apparate noch die Reagenzien des Chemikers, sondern bestimmte experimentelle Apparaturen, Fragebögen etc., (3) spezifische Sprache und Wissensbestände – die Fragestellungen und die Verwendung bestimmter Beobachtungsinstrumente leitet sich aus den von Psychologen gegenwärtig internalisierten Paradigmen (Kuhn, 1976) her, welche bestimmen, was unter Psychologie zu verstehen ist, worüber Psychologen miteinander kommunizieren können, was die relevanten Forschungsfragen sind. Nur in bezug auf solche akzeptierten Wissensbestände und damit verbundene Begriffssysteme und Verfahrensregeln sind empirische Sachverhalte sinnvoll (nämlich einzuordnen) und damit kommunizierbar, nachvollziehbar (objektivierbar) und können handlungsrelevant werden.

Empirische Sachverhalte stellen sich in unserem, durch den indoeuropäischen Sprachtypus (und damit auch der aristotelischen Logik) geprägten wissenschaftlichen Denken in Form von Subjekt-Prädikat-Sätzen dar (vgl. aber zum Kulturrelativismus z. B. Whorf, 1963), d. h. als ein System aus empirischen Objekten und empirischen Relationen (Beziehungen) zwischen ihnen. Ein solches System heißt *empirisches Relativ*. Empirische Relative sind, so wie sie üblicherweise in einer bestimmten Untersuchung zunächst konstatiert werden, viel zu komplex, um vom Menschen unmittelbar aufgenommen und in irgendeiner Weise handlungsrelevant werden zu können: Werden nur 10 Einstellungsitems 30 Versuchspersonen (Vpn) vorgelegt, so ließen sich aus den Reaktionen Millionen von Aussagen (Vergleichen) ableiten. Wesentliches Ziel von Wissenschaft ist es daher, die komplexe empirische Information adäquat zu reduzieren, so daß sie einerseits leicht überschaubar und damit aufnehmbar und kommunizierbar wird, andererseits Entscheidungen und Prognosen hinsichtlich zukünftigen Handelns ermöglicht.

Der Stellenwert von S. für die Psychologie liegt nun darin, daß sie ein ausgezeichnetes Hilfsmittel zur *Informationsreduktion* und Prognose darstellt. Dazu wird das empirische Relativ – aus empirischen Objekten und empirischen Relationen – adäquat auf ein *numerisches Relativ* – aus Zahlen und numerischen Relationen – abgebildet; dieser Vorgang heißt *Messen* (bzw. das Beobachtungssystem wird so konstruiert, daß es die Messung mit umfaßt und gleich numerische Relationen konstatiert werden).

Der Vorteil in der Verwendung von S. als Mittel der Informationsreduktion gegenüber anderen Möglichkeiten (z. B. sprachlich-metaphorischen Systemen) liegt insbesondere in: (1) *Eindeutigkeit* – mathematische Symbole und Operationen lassen sich im Gegensatz zur Sprache eindeutig definieren; (2) *Nachvollziehbarkeit* – der Reduktionsprozeß wird explizit und damit objektiviert. (3) *Kommunizierbarkeit* – die Bedeutung mathematischer Symbole ist definiert und nicht wie bei Sprache an räumlich/zeitlich sich verändernde (Sub-)Kultur gebunden, (4) *Optimierbarkeit* – die Operationen bei der Reduktion lassen sich im Hinblick auf bestimmte, explizite Optimierungskriterien auswählen (z. B. erwartungstreue Schätzung, Fehlerminimierung etc.).

Wichtig für die Anwendung der S. ist, daß den Zahlen im numerischen Relativ nur eine beschränkte Bedeutung (= Operationsmöglichkeit) zukommt, die sich aus den abgebildeten empirischen Relationen herleitet. Einem empirischen Relativ kann jeweils eine ganze Klasse von numerischen Relativen zugeordnet werden, welche durch die zulässigen Transformationen und Operationen gebildet wird. Üblicherweise wird zwischen vier Klassen oder *Skalenniveaus* unterschieden: Nominal-, Ordinal-, Intervall-, Verhältnisskala. Das Skalenniveau bestimmt somit, welche numerischen Operationen ausgeführt (und damit: welche statistischen Modelle für ein bestimmtes Datenmaterial überhaupt angewendet) werden dürfen; so ist z. B. die Mittelwertbildung für Ordinalskalen sinnlos (genauer z. B. Kriz, 1986, 65 ff.). Je nachdem, ob die in Datenform vorliegenden Sachverhalte im Sinne der Informationsreduktion eher beschrieben werden sollen oder aber als Grundlage für induktive Schlüsse und Prognosen dienen, unterscheidet man zwischen *Deskriptiv-* und *Inferenzstatistik.*

2 Deskriptivstatistik

Hierzu gehören insbesondere: (1) Auflisten und Strukturieren von Daten in Form von Tabellen und deren graphische Darstellung; (2) Beschreiben von einzelnen Verteilungen durch bestimmte *Kennwerte* – u. a. *Median* (ordinal) und *Mittelwert* (intervall) für die Lage, und *Varianz* (intervall) für die Dispersion einer Verteilung; (3) Beschreibung des Zusammenhanges zwischen zwei Variablen (Verteilungen) durch *Korrelationskoeffizienten* – u. a. *Phi* und *Lambda* (nominal), *Gamma* und *Rho* (ordinal), *r* (Produkt-Moment-K.; intervall); (4) Reduktion und Darstellung multivariater Zusammenhänge – u. a. *Clusteranalyse, Faktorenanalyse.*

Läßt man z. B. 10 unterschiedliche Materialien von 5 Gruppen à 50 Vpn nach unterschiedlichen Lernkonzepten lernen und prüft die Lerngeschwindigkeit (Wiederholungen bis zum fehlerfreien Reproduzieren) und die Gedächtnisleistung (Reproduktionsanteil nach einer Woche), so kann man diese 5000 Ergebnisse zunächst in $10 \times 5 \times 2 = 100$ *Tabellen* zusammenfassen. Doch Tabellen sind in ihrer Information viel zu komplex, um schnell hinsichtlich der wesentlichen Effekte aufgenommen werden zu können. Berechnet man hingegen die *Mittelwerte* über die 50 Personen, lassen sich diese in 2 Tabellen zu je 5×10 Bedingungen darstellen. Man kann dann z. B. unmittelbar „sehen“, mit welchem Lernkonzept welches Material am schnellsten erlernt wird. Dieses Vorgehen setzt allerdings voraus, daß die wesentliche Information der Daten tatsächlich durch die Mittelwerte gekennzeichnet wird. Ergibt eine Inspektion des Urmaterials (oder eine inhaltliche Hypothese) hingegen, daß in manchen Bedingungen alle Werte fast gleich sind, in anderen aber sehr unterschiedlich, wird man zusätzlich zum Mittelwert (oder sogar statt dessen) jeweils die *Varianz* – als Kennwert für die Dispersion – angegeben. Welches statistische Modell zur Beschreibung von Daten jeweils adäquat ist, ist somit insbesondere eine *inhaltliche* Frage.

Man kann nun z. B. weiter fragen, ob es einen Zusammenhang zwischen Lerngeschwindigkeit und Gedächtnisleistung gibt – d. h. für jede Bedingung die Korrelation zwischen beiden Variablen berechnen. *Korrelationskoeffizienten* (z. B. r) liegen zwischen -1 und $+1$. Beide Extreme würden einen perfekten Zusammenhang zwischen beiden Variablen bedeuten; $+1$, daß hohe Werte der einen gemeinsam mit hohen Werten der anderen Variablen auftreten, -1, daß hohe Werte der einen Variablen mit niedrigen der anderen (und umgekehrt) auftreten. Der Produkt-Moment-Korrelationskoeffizient drückt dabei allerdings nur den *linearen* Zusammenhang aus (Gamma und Rho hingegen auch einen nichtlinearen). Eine Korrelation von 0 bedeutet, daß die Werteverteilungen in beiden Variablen in keiner Beziehung zueinander stehen (im Falle von r: zumindest in keiner linearen). Fragt man nach dem Zusammenhang zwischen den 10 Materialien, so kann man $\binom{10}{2} = 45$ unterschiedliche Variablenpaare betrachten und damit 45 Korrelationskoeffizienten berechnen. Hier setzt die *Faktorenanalyse* an, indem versucht wird, das komplexe Beziehungsnetz auf wenige Faktoren zurückzuführen. Ähnlich ist das Anliegen der *Clusteranalyse:* hier würde man fragen, ob sich die 10 Materialien zu Gruppen (Clustern) strukturieren lassen, so daß die Materialien in einem Cluster einander wesentlich ähnlicher sind als die Materialien unterschiedlicher Cluster.

Eine weitere Möglichkeit der Analyse wäre, die Korrelation *zwischen* den Personen (über die Materialien) zu berechnen. Man erhält dann pro Gruppe ( ) = 1225 Korrelationen und könnte mit Hilfe der Faktoren- bzw. der Clusteranalyse versuchen, die 50 Personen zu Lerntypen (Clustern) im Sinne der differentiellen Psychologie zu strukturieren (Überla, 1971).

3 Inferenzstatistik

3.1 Schätzstatistik

Die an einer begrenzten Versuchspersonenanzahl zu einem bestimmten Zeitpunkt unter speziellen Bedingungen erhobenen Daten sind in der Regel nur deshalb interessant, weil man annimmt, daraus allgemeinere Schlüsse ziehen zu können. Die erhobenen Daten werden somit als *Stichprobe* aus einer realen (oder theoretischen) *Grundgesamtheit* interpretiert. Die Inferenzstatistik besteht im wesentlichen aus mathematischen Modellen für solche Stichprobenziehungen einschließlich der dabei relevanten Schlüsse und Entscheidungen. Zieht man aus einer durch bestimmte (mathematisch-theoretische) Kennwerte – sog. *Parameter* – definierten Grundgesamtheit unter genau angegebenen Bedingungen Stichproben, so läßt sich eine Wahrscheinlichkeitsverteilung für die entsprechenden Kennwerte der Stichproben berechnen – die sog. *Stichprobenverteilung*. Mit Hilfe der Stichprobenverteilung läßt sich u. a. angeben, innerhalb welcher Grenzen Stichprobenkennwerte (in Abhängigkeit vom Stichprobenumfang n) mit einer bestimmten Wahrscheinlichkeit zu erwarten sind. Die wichtigsten dieser Wahrscheinlichkeitsverteilungen sind die *Binomial-, hypergeometrische, Poisson-, Normal-* (oder *Gauss*), *t-, F-* und χ^2 *(Chi-Quadrat-)Verteilung*. Die besondere Bedeutung der Normalverteilung beruht darauf, daß sie für die meisten Wahrscheinlichkeitsverteilungen für große Stichprobenumfänge eine gute Näherung darstellt (asymptotische Eigenschaft der Normalverteilung).

Mit Hilfe der Stichprobenverteilung läßt sich, ausgehend von einem Stichprobenkennwert, ein *Mutungsintervall* für den entsprechenden Parameter der Grundgesamtheit berechnen. So läßt sich im obigen Beispiel aus einem Mittelwert M der 50 Vpu ein Intervall berechnen, das den „wahren" Parameter μ der Grundgesamtheit (aus dem diese 50 Vpu als Stichprobe gedacht sind) mit z. B. 99% Wahrscheinlichkeit enthält. Analog kann man Mutungsintervalle für Varianzen, Prozentwerte, Korrelationskoeffizienten usw. berechnen. Dieser Aufgabenbereich wird *Schätzstatistik* genannt.

3.2 *Teststatistik*

Damit direkt verbunden ist die *Teststatistik*. So ist z. B. beim Mutungsintervall für den „wahren" Korrelationskoeffizienten ϱ interessant, ob auch ein $\varrho = 0$ im Intervall liegt. In diesem Falle würde nämlich die beobachtete (Stichproben-)Korrelation $|r| > 0$ mit einer nicht zu kleinen Wahrscheinlichkeit auch dann auftreten, falls die Stichprobe aus einer Grundgesamtheit mit $\varrho = 0$ stammt; das $|r| > 0$ wäre durchaus als reiner Zufall zu interpretieren. Diesen Gedanken erweiternd kann man grundsätzlich bestimmte „Effekte" in den vorliegenden Daten – z. B. Korrelationen, Differenzen zwischen Mittelwerten, unterschiedliche Dispersion etc. – hypothetisch als reine Zufallsprodukte (also ausschließlich durch die Stichprobenziehung hervorgerufen) postulieren. Dies wird in Form einer *Nullhypothese* (H_0) formuliert. Ihr gegenüber wird die *Arbeitshypothese* (H_a) gestellt, welche die entsprechenden Effekte auch für die Grundgesamtheiten annimmt. Auf Grund der Stichproben (und damit unvollständiger Information) kann natürlich nicht mit absoluter Sicherheit gesagt werden, welche der beiden Hypothesen korrekt ist. Die Entscheidung muß als Wahrscheinlichkeitsaussage getroffen werden; die dabei einzugehende Möglichkeit eines Fehlers muß quantitativ abgeschätzt werden. Man wählt hierzu ein P, als die Wahrscheinlichkeit, daß der entsprechende Stichprobenwert der Daten in einen bestimmten Randbereich der Stichprobenverteilung unter der Annahme, H_0 sei richtig, fällt. Diese vorgegebene Grenzwahrscheinlichkeit heißt α – das *Signifikanzniveau* (meist 5%, 1% oder ‰). Fällt der Stichprobenwert nun in diesen Randbereich, so wird H_0 verworfen: Die Wahrscheinlichkeit ist dann einfach zu klein, daß die untersuchten Stichprobenwerte bei einer Stichprobenziehung aus der unter H_0 definierten Grundgesamtheit auftreten können. Das Entscheidungsverfahren ist also in der Regel indirekt: H_0 wird „falsifiziert", damit H_a angenommen werden kann (dies deshalb, weil meist nur H_0 so spezifiziert ist – z. B. $\varrho = 0$, $\mu_1 - \mu_2 = \Delta$ etc. –, daß ein konkretes Wahrscheinlichkeitsmodell entworfen und eine Stichprobenverteilung berechnet werden kann).

Will man im obigen Beispiel nachweisen, daß Lernkonzept A bei einem Material schneller zum Erfolg führt als Lernkonzept B (H_a), so würde man als H_0 postulieren, daß mit A und B „an sich" gleich schnell gelernt wird, der aufgetretene Unterschied bei den 50 Vpn auf Zufall beruht. Wenn H_0 richtig ist, wäre u. a. die mittlere Anzahl der Lerndurchgänge bei A und B gleich, also: $\mu_A - \mu_B = 0$. Zieht man aus dieser postulierten Grundgesamtheit zufällig Stichprobenpaare (mit je $n = 50$), so kann mit Hilfe der Stichprobenverteilung (in diesem Falle: die *t-Verteilung*) ein Intervall bestimmt werden, in das Mittelwertdifferenzen $D = M_A - M_B$ mit der Wahrscheinlichkeit $1 - \alpha$ fallen. Liegt das konkret beobachtete D nun in diesem Intervall, so wird H_0 als nicht widerlegt beibehalten. Liegt D außerhalb, so wird H_0 verworfen, der Unterschied D ist dann auf dem α-Niveau signifikant. Die Anwendung der t-Verteilung setzt allerdings voraus, daß die Lernwerte selbst hinreichend der Normalverteilung entsprechen und sich die beiden Stichprobendispersionen nicht signifikant unterscheiden. Beides läßt sich wieder mit statistischen Tests prüfen: die Abweichung von einer theoretischen Verteilung z. B. mit Hilfe des χ^2*-Tests*, die Unterschiede zweier Stichprobenvarianzen mit Hilfe des F-Tests.

Interessanter als der Vergleich jeweils nur

zweier Lernbedingungen ist die Frage, welchen Einfluß die Lernkonzepte und welchen die Lernmaterialien haben, und ob die Kombination bestimmter Lernkonzepte und Materialien darüber hinaus besonders erfolgreich ist – d. h. ob eine *Wechselwirkung* zwischen beiden besteht. Dies kann mit Hilfe der *Varianzanalyse* untersucht werden – einer multivariaten Erweiterung des t-Tests (mit entsprechenden Voraussetzungen an das Datenmaterial). Bei diesem Konzept wird die Gesamtvarianz der Daten in jene (additiven) Anteile zerlegt, welche jeweils auf die einzelnen Variablen und die Wechselwirkung zurückführbar sind. Wenn H_0 stimmt, daß die Datenverteilung über die verschiedenen Bedingungen rein zufällig ist (die Variablen also keinen Einfluß darauf haben), sollte die Varianz der Gruppenmittelwerte (also die Varianz *zwischen* den Bedingungen) nicht signifikant größer sein als auf Grund der Varianz *innerhalb* der Bedingungen zu erwarten ist. Dies wird wieder mit dem F-Test geprüft.

Die Fehlerwahrscheinlichkeit, beim Testen eine richtige H_0 fälschlicherweise zu verwerfen, ist α, der *„Fehler erster Art"*. Die Wahrscheinlichkeit, eine falsche H_0 beizubehalten (und eine korrekte H_a zu verwerfen), β, heißt *„Fehler zweiter Art"*. β hängt davon ab, wie ähnlich H_0 der wahren H_a ist; aber die Wahrscheinlichkeit, diesen Fehler zu begehen, wird (bei sonst gleichen Bedingungen) um so größer, je geringer man α wählt. Will man beide Fehler möglichst gering halten, muß das n der Stichprobe vergrößert werden – denn damit verringert sich die Dispersion der Stichprobenverteilung, die Gütefunktion des Tests verläuft somit steiler. Dies kann man verwenden, um den notwendigen Stichprobenumfang abzuschätzen, der genügend groß sein muß, um bestimmte Effekte (z. B. eine Mittelwertdifferenz der Größe Δ) noch hinreichend sicher zu entdecken, aber nicht so groß sein soll (und damit kostenverschwendend), daß praktisch nicht relevante Effekte als statistisch signifikant nachgewiesen werden.

Neben den oben erwähnten *„klassischen" Tests* (t-, F-, Varianzanalyse u. a.), die erhebliche Voraussetzungen an das Datenmaterial hinsichtlich Skalenqualität und Verteilungsform stellen, wurde insbesondere nach dem 2. Weltkrieg eine erhebliche Anzahl sog. *„verteilungsfreier"* (auch: *„nichtparametrischer"*) *Tests* entwickelt. Diesen Tests wird zwar nachgesagt, daß sie weniger scharf sind (eine flachere Gütefunktion haben) und daher größere Stichproben benötigen, um bestimmte Effekte signifikant nachzuweisen, doch kann dieser Nachteil oft durch gezieltere Hypothesen wettgemacht werden.

3.3 Regressionsrechnung

Der dritte wesentliche Bereich der Inferenzstatistik ist die *Regressionsrechnung*. Diese ist eng verwandt mit der Korrelationsrechnung, wird gelegentlich auch unter der Deskriptivstatistik aufgeführt, doch ist ihr Hauptanliegen die *Prognose* von Variablen(-Werten) auf Grund der Kenntnis anderer. Besteht zwischen (mindestens) zwei Variablen X und Y eine Korrelation – im obigen Beispiel: zwischen Lerngeschwindigkeit und Gedächtnisleistung –, so kann man die Kenntnis dieses Zusammenhangs nutzen, um von dem beobachteten Wert einer Vp auf Variable X abzuschätzen, welchen Wert sie auf Variable Y haben würde.

Dazu bedarf es der Aufstellung eines Regressionsmodells in Form eines funktionalen Zusammenhangs zwischen X und Y (auf Grund der erhobenen Werte). Im einfachsten – und häufigsten – Fall ist diese Funktion eine Gerade, also bei Schätzung von Y auf Grund von X: $Y = bX + a$. Die Werte a und b werden so berechnet, daß die Abweichungsquadrate der geschätzten von den tatsächlichen Werten insgesamt ein Minimum sind (natürlich auf der Basis der erhobenen Wertepaare). Mit Ausnahme der Korrelation von $r = 1$ gibt es *zwei* Regressionsgeraden, je nachdem, ob Y durch X oder X durch Y geschätzt wird. Da die Schätzungen zudem mit Unsicherheit erfolgen, läßt sich bei Annahme einer Korrelation für die Grundgesamtheit (Repräsentativitätsschluß), der Dispersion und einer bestimmten Verteilungsform ein Mutungsintervall angeben, das den jeweils zu schätzenden Wert mit z. B. 95% Wahrscheinlichkeit enthält.

Wenn die Beziehung zwischen X und Y nicht adäquat durch eine Gerade darstellbar ist, führt dies zum Problem der nichtlinearen Regression. Für den *Typ* der Funktion bedarf es jeweils einer inhaltlichen Begründung, die Parameter können dann wieder durch Fehlerminimierung bestimmt werden. Eine andere Erweiterung des Grundkonzeptes liegt darin, zur Schätzung von Y-Werten nicht nur die Beziehung von Y zu X, sondern auch die zu Z u. a. mit heranzuziehen. Dies führt zum Ansatz der *multiplen Regression* – wesentliche Grundlage komplexer sozialwissenschaftlicher und wirtschaftlicher Prognosen (Urban, 1982).

4 Ausblick

S. stellt zwar meist eine notwendige Voraussetzung für nachvollziehbare (objektive) Informationsreduktion sowie zur Absicherung gegen Zufallseinflüsse bei Entscheidungen und Prognosen dar, keinesfalls ist sie aber ein hinreichendes Kriterium für psychologische Relevanz. Die einzelnen statistischen Modelle haben jeweils eine erhebliche Anzahl an Voraussetzungen. Nur wenn diese adäquat erfüllt sind, können sinnvolle Aussagen abgeleitet werden (Kriz, 1981). Dieses Problem der hinreichend adäquaten Übereinstimmung zwischen den Voraussetzungen des mathematisch-statistischen Modells und der Qualität/Struktur der Daten stellt sich in verschärftem Maße, wenn die hier skizzierten elementaren Ansätze verlassen werden und man zu *multivariaten Modellen* greift.

Neben der bereits erwähnten Faktorenanalyse und Clusteranalyse, wo es primär um Zusammenhangsstrukturen geht, versucht man mit erweiterten Konzepten der Regression Effekte von bestimmten („unabhängigen") Variablen auf andere („abhängige") Ziel-Variablen bzw. die Größe der jeweiligen Einflüsse untereinander zu quantifizieren (Opp/Schmidt, 1976; Schlosser, 1976; Urban, 1982). Neben der früher beliebten *Pfadanalyse* (Path-Analysis), die weitgehend metrische Daten voraussetzt, sind in den letzten Jahren immer mehr komplexe (und als Computerprogramm verfügbare) Modelle in den Vordergrund gerückt, die einerseits nur kategoriales Datenniveau erfordern und andererseits zusätzliche wünschenswerte Eigenschaften aufweisen, wie z. B. die Berücksichtigung von Rückwirkungen in einem vernetzten Variablensystem, die vorherige Festlegung bestimmter Effektgrößen oder die Unterscheidung zwischen theoretischen und empirischen Variablen. Besondere Bedeutung haben derzeit die Ansätze/Programmsysteme ECTA (Every Man's Contingency Table Analysis) von Goodman (1973) als Variante der Pfadanalyse erlangt sowie – bei Psychologen – eine weitgehende Parallelentwicklung hierzu: die *Konfigurationsfrequenzanalyse* von Krauth und Lienert (1973), der von Grizzle et al. (1969) entwickelte GSK-Ansatz mit dem Programm *Nonmet* (vgl. Küchler 1979) und das von Jöreskog und van Thillo (1973) entwickelte System *Lisrel* (Linear Structural Relations Systems).

Das letzte ist ein typisches Beispiel für ein mathematisch hoch elaboriertes Modell mit vielen „Möglichkeiten" – weshalb es von vielen begeistert aufgenommen wird –, die aber kaum für den Fachmann und schon gar nicht für den statistischen „Normalanwender" durchschaubar sind – weshalb es von anderen mit dem Vorwurf heftig kritisiert wird, man könne inhaltliche Effekte kaum sauber von methodischen Kunstprodukten (Artefakten) trennen.

Literatur

Benninghaus, H.: Deskriptive Statistik. Stuttgart: Teubner, 1974.

Bortz, J.: Lehrbuch der Statistik für Sozialwissenschaftler. Berlin: 1979.

Clauss, G./Ebner, H.: Grundlagen der Statistik (2. Aufl.). Frankfurt/M.: Deutsch ^{2}1977.

Goodman, L. A.: ECTA Program. Chicago: 1973.

Grizzle, J. E./Stamer, C. F./Koch, G.: Analysis of categorial data by linear models. Biometrics, 25, 1969, 489-504.

Harder, T.: Daten und Theorie. München: Fink, 1975.

Jöreskog, K. G./van Thillo, M.: Lisrel. Research Report 73-5, Uppsala, 1973.

Krauth, J./Lienert, G. A.: KFA – Die Konfigurationsfrequenzanalyse. Freiburg: 1973.

Kreyszig, E.: Statistische Methoden und ihre Anwendungen. (6. Aufl.). Göttingen: Vandenhoeck & Ruprecht, 1977.

Kriz, J.: Statistik in den Sozialwissenschaften (3. Aufl.). Reinbek: Rowohlt 1978.

Kriz, J.: Methodenkritik empirischer Sozialforschung. Stuttgart: Teubner, 1981.

Küchler, M.: Multivariate Analyseverfahren. Stuttgart: Teubner, 1979.

Kuhn, T. S.: Die Struktur wissenschaftlicher Revolutionen (2. Aufl.) Frankfurt: Suhrkamp, 1976.

Lienert, G.: Verteilungsfreie Methoden der Biostatistik (2. Aufl.). Meisenheim: Hain, 1973.

Opp, K. D./Schmidt, P.: Einführung in die Mehrvariablenanalyse. Reinbek: Rowohlt, 1976.

Ritsert, J./Becker, E.: Grundzüge sozialwissenschaftlich-statistischer Argumentation. Opladen: Westdeutscher Verlag, 1971.

Schlosser, O.: Einführung in die sozialwissenschaftliche Zusammenhanganalyse. Reinbek: Rowohlt, 1976.

Überla, K.: Faktorenanalyse (2. Aufl.) Heidelberg: Springer, 1971.

Urban, D.: Regressionstheorie und Regressionstechnik. Stuttgart: Teubner, 1982.

Whorf, B. L.: Sprache, Denken, Wirklichkeit. Reinbek: Rowohlt, 1963.

Yamane, T.: Statistik. 2 Bde. Frankfurt: Fischer, 1976.

Streß

Norbert Semmer

1 Begriff

Der Begriff „Streß“ wurde von Cannon (1914) in die humanwissenschaftliche Diskussion eingeführt und durch Hans Selye, den wohl bekanntesten S.forscher, populär gemacht (z. B. Selye, 1976/1981). Heute ist er, in der Alltagssprache wie in der Wissenschaft, sehr gebräuchlich, und in beiden Bereichen hat er eine sehr weite Bedeutung: Vom milden elektrischen Schock bis zur Erwartung eines komplizierten chirurgischen Eingriffs, vom „Prüfungs-Streß“ bis zur Beobachtung grausamer Filme, vom Zeitdruck in der Arbeit bis hin zu Reaktionen auf Naturkatastrophen und Krieg gibt es kaum eine Situation, die nicht schon unter dem Stichwort „Streß“ untersucht worden wäre. Dementsprechend spielt der Begriff innerhalb der Psychologie in praktisch allen Teildisziplinen eine Rolle.

Diese breite Beschäftigung mit S. ist verbunden mit einem heftigen Streit um seine Bedeutung, wobei insbesondere die Frage seiner Definition als Reiz, Reaktion oder „Transaktion“ sowie das Problem eines negativen oder neutralen S.begriffs im Vordergrund stehen. Den ansonsten recht unterschiedlichen S.konzepten gemeinsam ist allerdings die Annahme eines *Ungleichgewichts:* Eine Anforderung aus der Umgebung (oder auch aus der Person selbst) geht über ein – wie auch immer definiertes – „Normalmaß“ hinaus und gibt damit Anlaß zu einer besonderen Bewältigungsreaktion („Coping“).

2 Die Stimulus-Seite: auslösende Bedingungen

Je nach Definitionsrichtung werden äußere Ereignisse selbst als „Streß“ bezeichnet oder als Auslöser von S. angesehen. Untersucht werden beispielsweise schmerzhafte Reize, Reize von hoher Intensität, einzelne Ereignisse von großer Bedeutung (z. B. Krankheit, Naturkatastrophen, Krieg) oder die Häufung „Kritischer Lebensereignisse“ (z. B. Elliot/Eisdorfer, 1982), aber auch das Fehlen von Stimulierung: Unterforderung, Isolation, Monotonie usw. (Ulich, 1960; Martin et al., 1980). Noch nicht in ausreichendem Maße, aber mit steigender Tendenz, werden auch Belastungskonstellationen (Mehrfachbelastung) untersucht (z. B. Dunckel, 1985).

Entscheidende Merkmale solcher Situationen sind, daß es sich um „neue, starke, anhaltende, sich schnell ändernde, plötzlich auftretende, widersprüchliche“ Reize handelt, aber auch um „das Ausbleiben erwarteter Reize oder Reizdefizite“ (Nitsch, 1981a, 42). Inhaltliche Klassifikationen von S.bedingungen unterscheiden z. B. zwischen „äußeren Stressoren“ (z. B. Lärm), „Deprivation primärer Bedürfnisse“ (z. B. Nahrungsentzug), „Leistungsstressoren“ und „sozialen Stressoren“ (Janke, 1976; Laux, 1983).

Die Grundannahme ist dabei, daß diese Situationen eine besondere Anpassungsleistung erfordern, die wiederum – bei zu langer Dauer bzw. zu hoher Intensität – Folgen für die physische oder psychische Gesundheit haben kann.

Formulierungen wie „Neuartigkeit“, „hohe Intensität“, „Ausmaß der geforderten Anpassungsleistung“ sind neutral in bezug auf die *Qualität* der Ereignisse bzw. der von ihnen ausgelösten Reaktionen. Ob das sinnvoll ist, ist theoretisch sehr umstritten: In der Psychologie dominieren „negative Streßkonzepte“ („Bedrohung“, „Verlust“, „Schädigung“), in der Medizin dagegen dominiert eine neutrale („Anpassung“). Auffallend ist allerdings, daß die Forschungs*praxis* in dieser Hinsicht erheblich einheitlicher ist als der theoretische Streit vermuten läßt: Unabhängig davon, welches S.konzept im einzelnen vertreten wird, werden überwiegend unangenehme, bedrohliche Situationen untersucht.

Das bekannteste Beispiel für ein „Stimuluskonzept“ von S. ist die Forschung zu „Kritischen Lebensereignissen“ (Katschnig, 1980; Filipp, 1981a). Im ursprünglichen Konzept wird der Zusammenhang zwischen „bedeutsamen Änderungen“ im Leben eines Menschen (z. B. Heirat, Scheidung, Berufswechsel, Tod des Partners) mit physischer und psychischer Gesundheit untersucht. Unabhängig von ihrer emotionalen Bedeutung werden diese Ereignisse nach dem – vorab durch Rater festgelegten – Grad der „geforderten Anpassungsleistung“ gewichtet und aufsummiert (Holmes/Rahe, 1967/1980).

In der weiteren Forschung wurde das Konzept zunehmend differenziert, wobei insbesondere eine individuelle Gewichtung durch die betroffenen Personen sowie die Unterscheidung von „erwünschten“ und „unerwünschten“ Ereignissen eine wesentliche Rolle spielen. Dabei zeigte sich, daß – zumindest soweit es Zusammenhänge zu physischer oder psychischer Gesundheit betrifft – lediglich die unerwünschten Ereignisse für die gefundenen Zusammenhänge verantwortlich sind (z. B. Vinokur/Selzer, 1975; Sarason et al., 1979); die individuelle Gewichtung hingegen bringt gegenüber einer vorgegebenen Gewichtung normalerweise keine bedeutsamen Vorteile (Skinner/Lei, 1980; Filipp/Braukmann, 1983).

In letzter Zeit gewinnt gegenüber dem Konzept der „Kritischen Lebensereignisse“ zunehmend die Auffassung an Bedeutung, daß die „alltäglichen kleinen Ärgernisse" („daily hassles"; Kanner et al., 1981) von mindestens ebenso großer Bedeutung sind wie die einschneidenderen („kritischen") Ereignisse.

Der Haupteinwand gegen Stimuluskonzepte von S. bezieht sich auf die große interindividuelle Variabilität in der Reaktion auf gleiche Bedingungen: Eine einheitliche, über alle Personen generalisierbare Reaktion läßt sich nicht identifizieren (Scherer, 1985 a). Definiert man aber einen bestimmten Auslöser a priori als „Streß", so wird jede Art von Reaktion darauf zur „Streßreaktion", unabhängig davon, ob es sich um Erregung oder Beruhigung, um Angst oder um Freude usw. handelt. Solchen Ansätzen – insbesondere der Life-Event-Forschung – wird daher häufig vorgeworfen, von einem mechanistischen S-R-Schema auszugehen, das psychologische Vermittlungsprozesse leugnet (Lazarus/Launier, 1978/1981).

Tatsächlich handelt es sich dabei um ein Problem der Konzeption des S.geschehens und der Forschungsstrategie, nicht hingegen der Definition: Auch eine reizorientierte S.definition kann sehr wohl individuelle Vermittlungsprozesse berücksichtigen, wie nicht zuletzt die Entwicklung der Life-Event-Forschung zeigt, wo immer komplexere Modelle diskutiert werden (Filipp, 1981 b).

Letztlich ist die Frage zweitrangig, ob man die äußere Bedingung „Streß" nennt und die Reaktion darauf „Strain" – dies ist insbesondere in der arbeitswissenschaftlichen Forschung sehr häufig (z. B. Caplan et al., 1982) und findet seine Entsprechung in den Begriffen „Belastung" und „Beanspruchung" (Rutenfranz, 1981; Schönpflug, 1987) – oder ob man den Auslöser als „Stressor" bezeichnet und die individuelle Reaktion darauf als „Streß" (Laux, 1983).

3 Die Reaktionsseite: Indikatoren für Streß

Das Gegenstück zu Stimulus-Konzepten ist die Definition von S. als einer *Reaktion* des Organismus. Der Haupteinwand dagegen ist die Umkehrung des oben genannten Arguments: Nun müsse jede Situation als Stressor angesehen werden, die eine definierte S.reaktion auslöse – unabhängig davon, ob es sich um einen freudigen oder unangenehmen Anlaß handle oder nur um physische Anstrengung. Insbesondere Lazarus hat sich daher gegen Reiz- wie Reaktionsdefinitionen ausgesprochen. Er faßt stattdessen die auslösenden Bedingungen und die Reaktion darauf in einem „transaktionalen Streßmodell" zusammen und definiert S. als „ein spezifisches Verhältnis zwischen Person und Umgebung, das in der Wahrnehmung der Person ihre Ressourcen bis zu deren Grenze oder darüber fordert und ihr Wohlbefinden bedroht" (Lazarus/Folkman, 1984, 19; übers. d. Verf.). Mit dieser „transaktionalen" Auffassung weist Lazarus zwar auf entscheidende Merkmale des S.prozesses hin. Dem Definitionsdilemma entkommt er damit jedoch nicht: Auch in seiner Definition entscheidet letztlich die Reaktion des Individuums – in diesem Fall bestimmte Bewertungsprozesse – darüber, ob S. vorliegt; S. ist auch in seiner Sicht ein – wenngleich reizabhängiges – „emotionales Reaktionssyndrom" (Bergmann, 1985, 11).

Für die Definition wie für die Messung von S. spielen *physiologische* Konzepte eine herausragende Rolle, insbesondere das Konzept einer *unspezifischen Aktivierung* (Birbaumer, 1975; Janke, 1976; Fahrenberg et al., 1979). Zentral ist dabei die Annahme eines Kontinuums der Aktiviertheit zwischen Tiefschlaf und höchster Erregung. Ein Mindestmaß an Aktiviertheit ist nötig, um überhaupt gezielt handeln zu können; ein zu hohes Maß an Aktiviertheit führt dazu, daß koordiniertes Handeln erschwert wird.

Aktivation spielt im Kontext der Ausführung von Handlungen eine große Rolle. So liegt z. B. das Optimum an Aktiviertheit bei komplexen Aufgaben niedriger als bei einfachen. Dies erklärt z. B., warum einfache Aufgaben unter Lärm (der zu erhöhter Aktivierung führt) oft besser ausgeführt werden als unter Ruhebedingungen (Poulton, 1978); umgekehrt lassen sich Fehlleistungen unter minimalen Reizbedingungen (Vigilanz) über ein zu geringes Erregungsniveau erklären.

S. wird dabei vielfach gleichgesetzt mit erhöhter Aktivation; im Vordergrund steht die erhöhte Handlungsbereitschaft, die Mobilisierung von Reserven als Antwort auf Anforderungen der Umwelt. Physiologisch wird z. B. die Pulsfrequenz gesteigert, die Blutgefäße an der Körperperipherie werden verengt, Verdauungsprozesse werden gehemmt, die Schweißdrüsen werden aktiviert (Lang, 1977).

Mit hoher Aktiviertheit hängt auch die Funktion bestimmter Hormone eng zusammen. Besonders wichtig sind dabei einerseits die Hormone der Nebennierenrinde, insbesondere die Glukokortikoide (vor allem Kortisol). Durch sie werden u. a. Entzündungsreaktionen gehemmt, der Eiweißabbau erhöht, der Blutzucker gesteigert, auch die Produktion des Magensaftes wird erhöht. Außerdem spielen die Katecholamine des Nebennierenmarks (Adrenalin, Noradrenalin) eine wichtige Rolle. Sie führen u. a. zu einer Steigerung der Herzfrequenz und des Blutdrucks und zu einer erhöhten Sauerstoffversorgung für das Gehirn und die quergestreifte Muskulatur.

Diese *hormonalen Reaktionen*, insbesondere die Kortikoide, stehen im Zentrum der Theorie von Selye, die zu den am weitesten verbreiteten überhaupt zählt. Er definiert S. als die unspezifische

Reaktion des Körpers auf jede Anforderung (Selye, 1976/1981), sieht ihn also als generelle Anpassungsleistung. Im Rahmen des „allgemeinen Adaptationssyndroms" unterscheidet er die Phasen der „Alarmreaktion", des „Widerstands" und schließlich – wenn der S. zu lange dauert – der „Erschöpfung", in der die Anpassungsfähigkeit erschöpft ist und schließlich der Tod eintritt. Die „Kosten" einer – auch erfolgreichen – Anpassung sieht er in erhöhtem Risiko für zahlreiche Erkrankungen.

Aktivationskonzepte sind insgesamt breiter orientiert und betonen *zentralnervöse Erregungsprozesse* stärker, während bei Selye hormonale Prozesse im Vordergrund stehen. Die Aktivationsforschung bezieht außerdem – im Kontext einer allgemeinen Emotionsforschung – psychische Prozesse mehr mit ein. Selye hingegen erkennt zwar (vor allem in neueren Publikationen und nicht zuletzt als Reaktion auf die Kritik von Mason, 1975) die herausragende Rolle emotionaler Vorgänge beim Menschen an, betont aber den prinzipiell allgemein-organismischen Charakter der S.reaktion und weist darauf hin, daß diese beispielsweise auch in bewußtlosem Zustand ablaufen können (Selye, 1976/1981).

Beide Ansätze sind jedoch stark miteinander verwandt und treffen sich insbesondere in der Betonung des Unspezifischen: S. ist eine stereotype Reaktion, Unterschiede ergeben sich nicht in der Qualität, sondern nur in der Intensität.

Gerade diese Annahme der Unspezifität hat sich jedoch nicht als haltbar erwiesen (Lacey, 1967; Lang, 1977). Fahrenberg et al. (1979) fordern daher eine *„multivariate Aktivierungstheorie"*, die reizspezifische und personenspezifische Muster berücksichtigt (ähnlich Scherer, 1985 b). Letztlich führen diese Probleme, wie Fahrenberg et al. (1979) hervorheben, auf Fragen der subjektiven Bewertung und Verarbeitung zurück und auf damit verbundene selektive Aktivierungsprozesse, die weder über Personen noch über Stimuli und Situationen hinweg gleichartig sein müssen.

Dies führt zu den im engeren Sinne psychologischen Konzepten, die die *Einschätzung von Situationen* und die damit verbundene *emotionale Reaktion* in den Vordergrund stellen.

So definieren Cofer und Appley (1964) S. als einen Zustand, in dem der Organismus sein Wohlbefinden in Gefahr sieht und alle Energien zu dessen Erhaltung aufwenden muß. Diese Definition ist der von Lazarus und Folkman (1984) sehr ähnlich.

Mason (1975) schlägt eine Reformulierung der Theorie von Selye vor, wonach externe Stimuli nicht direkt zu den postulierten physiologischen Reaktionen führen, sondern vermittelt über emotionale Erregung.

Semmer (1984) definiert S. als einen unangenehmen Spannungszustand, der entsteht, wenn eine Situation als aversiv eingeschätzt wird. Greif (1983) spricht von „aversiven Prognosen".

Häufig wird – zur Abgrenzung gegen emotionale Reaktionen allgemein – zusätzlich gefordert, daß es sich um länger andauernde bzw. besonders intensive emotionale Zustände handeln muß (Janke, 1976; Greif, 1983; Scherer, 1985 b).

Letztlich kann man sagen, daß sich reaktionsorientierte Definitionen inzwischen weitgehend durchgesetzt haben (vgl. Laux, 1983). Dies führt jedoch wieder zurück zum Problem der inhaltlichen Beliebigkeit auslösender Bedingungen: Jede beliebige Situation kann ein Stressor sein. Und damit verbunden ist das Problem der logischen Zirkularität: Was ein Stressor ist, kann immer erst hinterher eyrmittelt werden – nämlich dann, wenn man eine S. reaktion festgestellt hat: „A stressor is whatever produces stress . . ." (Selye, 1980, ix).

Solange man voraussetzt, daß ein Stressor immer zu S. führen müsse, ist dieses Problem unlösbar. Abgesehen von Extremsituationen wird es immer vom Individuum und seiner jeweiligen Verfassung abhängen, inwieweit es S. erlebt. Stressoren lassen sich daher nur im Rahmen einer *Wahrscheinlichkeitsbeziehung* bestimmen, als „Risikofaktoren", die die Wahrscheinlichkeit einer S.reaktion erhöhen.

Dies kann sich auf die *Individuen* beziehen („Person X tendiert dazu, jede Ablehnung eines Vorschlags als persönliche Niederlage zu empfinden") oder auf *Gruppen* mit gemeinsamen Persönlichkeitsmerkmalen („Extravertierte reagieren stärker auf Mangel an Stimulierung") oder gemeinsamen *kulturellen Normen* (z. B. Angst auf Grund des Brechens eines gesellschaftlichen Tabus). Auf diese Weise kann man auf verschiedenen Aggregationsebenen auslösende Bedingungen identifizieren, die für eine bestimmte Personengruppe ein erhöhtes Risiko beinhalten, S.reaktionen auszulösen (vgl. Elliott/Eisdorfer, 1982; Greif, 1983; Scherer, 1985 a, b). Damit kann sowohl der individuellen Variabilität wie auch den – ebenfalls nicht zu unterschätzenden – kulturellen Gemeinsamkeiten (Dohrenwend/Dorenwend, 1980) Rechnung getragen werden. Letztlich vertreten auch Lazarus und Folkman (1984) diese Position, wenn sie eine Taxonomie streßauslösender Situationen fordern.

Der Streit um Reiz-, Reaktions- oder „transaktionale" Konzepte ist somit letztlich weniger ein Streit um Definitionen als um Forschungsstrategien und Erklärungsansätze (Laux, 1983). Unabhängig von der Frage der Definition stellt sich die Frage der Messung von S.zuständen. Diese kann auf verschiedenen Ebenen vorgenommen werden (Laux, 1983; Lazarus/Folkman, 1984; Scherer et al., 1985): *somatisch* (z. B. Herzschlag, Hautwiderstand, EEG, Hormone), *verhaltensbezogen*

(Leistung, aggressives Verhalten, Sprechmodus, Mimik u. ä.) und *erlebnisbezogen* (verbale Einschätzung der Befindlichkeit).

Problematisch ist dabei, daß Indikatoren auf verschiedenen Ebenen und selbst innerhalb einer Ebene nicht unbedingt sehr hoch miteinander korrelieren (Fahrenberg et al., 1979; Laux, 1983; Lazarus/Folkman, 1984; Scherer et al., 1985). Insbesondere die Verwendung nur eines Parameters als Indikator für S. wird dadurch fragwürdig, daß er sich meist nicht eindeutig als Indikator für S. interpretieren läßt.

Um das letztlich noch sehr globale „Dachkonzept" S. weiter zu konkretisieren, ist vor allem die Bestimmung von *Reaktionsmustern* nötig, die zu spezifischen *Stressoren* (z. B. „kognitive" und „emotionale" Stressoren; Scherer et al., 1985), zum *situativen Kontext* und zu *Personenmerkmalen* (z. B. Ängstlichkeit) in Beziehung gesetzt werden. Besonders vielversprechend erscheint auch der Ansatz von Schönpflug und Mitarbeitern, Leistungsparameter wie physiologische Reaktionen zeitlich präzise in einen konkreten Handlungsverlauf einzuordnen, wodurch sie klarer interpretierbar werden (z. B. Schönpflug/Schulz 1979).

4 Der Streßprozeß

Wenn auch die Kontroverse um „Streß als Reiz" oder „Streß als Reaktion" die Definitionsprobleme nicht gelöst hat, so hat sie doch dazu geführt, daß der *Prozeßcharakter* des S.geschehens stärker betont wird; im Zusammenhang damit hat der Begriff der *Bewältigung* (Coping) an Bedeutung gewonnen (Laux, 1983).

Besonders wichtig ist hier der Ansatz von Richard S. Lazarus, des wohl bekanntesten psychologischen S.forschers (Lazarus/Folkman, 1984; Lazarus/Launier, 1978/1981). Zentral sind für ihn die kognitive Bewertung der Situation und die aktive Auseinandersetzung mit ihr.

Im Zuge der „primären Bewertung" („primary appraisal") wird die Situation daraufhin eingeschätzt, ob sie eine *Bedrohung,* einen *Verlust/Schaden* oder eine *Herausforderung* enthält; ist eines dieser drei Merkmale gegeben, so spricht Lazarus von S. (Einschätzungen einer Situation als irrelevant oder ausschließlich positiv hingegen bedeuten keinen S.).

Die „sekundäre Bewertung" („secondary appraisal") ist nicht etwa als zeitlich sekundär oder weniger bedeutend gemeint; sie bezieht sich vielmehr auf einen anderen Inhalt, nämlich auf die Einschätzung der *Bewältigungsmöglichkeiten.*

Beide Prozesse sind kaum voneinander zu trennen und schwer zu operationalisieren. Daß sie eine wesentliche Rolle spielen, ist jedoch empirisch belegt, so z. B. in der bekannten Untersuchung von Lazarus und Alfert (1964), in der die kognitive Einbettung eines Filmes über Beschneidungsriten variiert wurde. Je nach Strategie (neutral-wissenschaftliche, distanzierte Erklärung bzw. „Intellektualisierung" oder Betonung von Schmerz und Grausamkeit) waren auch die physiologischen Reaktionen der Probanden unterschiedlich.

Coping-Strategien werden in Abhängigkeit von diesen Bewertungen der Situation und der eigenen Handlungsmöglichkeiten gewählt. Lazarus und Folkman (1984) unterscheiden vor allem zwischen *emotionsbezogenen* (z. B. Leugnung, Ablenkung, Distanzierung) und *problembezogenen* Strategien (aktive Veränderung der Situation).

Solche Strategien hängen ab von den Charakteristika der Situation, von den Möglichkeiten der Person und von Persönlichkeitsmerkmalen (z. B. Kontrollüberzeugungen).

Es gibt eine Vielzahl von Konzepten für Coping (vgl. Prystav, 1981). Von besonderer Bedeutung ist dabei einerseits, welche Coping-Strategien erfolgreich sind – insbesondere psychoanalytische Konzeptionen nennen nur „reife" Strategien „Coping" (z. B. Haan, 1977), während Lazarus keine Coping-Form für a priori überlegen hält und auf einer „ergebnisneutralen" Definition besteht – und andererseits, ob Coping nur als situationsbezogener Prozeß erfaßbar ist oder ob es generelle, personentypische „Bewältigungsstile" gibt. Empirische Versuche, Coping-Stile zu ermitteln, haben z. B. Pearlin und Schooler (1978) und Folkman und Lazarus (1980), im deutschsprachigen Raum Janke et al. (1978) oder Scherer et al. (1985) unternommen. Prozeßorientierte Studien zu Coping stammen z. B. von Miller (1980): Eine Ablenkungs-Strategie (Musikhören) wurde gegenüber einer Aufmerksamkeitsstrategie (Warten auf die akustische Ankündigung eines Stressors) dann vorgezogen, wenn der Stressor relativ milde und zugleich unvermeidbar war.

Schönpflug und Mitarbeiter (z. B. Schönpflug/Schulz, 1979; Schönpflug, 1985) modellieren im Labor komplexe Arbeitsaufgaben, deren Charakteristika zuvor in Feldstudien ermittelt werden. Sie geben den Probanden vielfältige Möglichkeiten zur eigenen Strategiewahl. Auf diese Weise kann der „Erfolg" bestimmter Strategien im Zeitverlauf erfaßt werden, und zwar im Hinblick auf die unmittelbare Bewältigung, auf die „Kosten" dieser Bewältigung und auf die Folgen – zu denen auch gehört, daß eine erfolgreiche Problembewältigung längerfristig neue Probleme schaffen kann.

So zeigen Untersuchungen von Schönpflug und Schulz (1979), wie Zeitdruck kurzfristig entlastende, längerfristig aber nachteilige Strategien fördern kann: Auf das Einprägen notwendiger Ausgangsinformationen wurde zu wenig Zeit verwendet – mit der Folge, daß sie später erneut angefordert werden mußten. Außerdem wurden mehr riskante Entscheidungen gefällt. In einer Studie von Battman (1984) erwies sich die genaue Planung von Aktivitäten als leistungsfördernd; die Planung selbst stellte jedoch eine eigene Aufgabe dar, die für wenig intelligente Probanden mit erhöhtem S. verbunden war, wie die Selbstangaben und die physiologischen Daten zeigten.

Die Frage, inwieweit bestimmte Personen zu bestimmten Coping-Strategien tendieren, ist nach wie vor umstritten, wobei vor allem Lazarus und Folkman (1984) auf die nach ihrer Meinung eher geringe Stabilität verweisen. Auf der anderen Seite legen Ergebnisse wie die von Scherer et al. (1985) in bezug auf Ängstlichkeit und Angstabwehr, von Schulz und Schönpflug (1982) in bezug auf Intro- und Extraversion, von Anderson (1977) in bezug auf Kontroll-Überzeugungen nahe, daß bei aller Situationsspezifität die Disposition zu bestimmten Coping-Arten nicht vernachlässigt werden sollte.

Zu den vielen Bedingungen, die den S.prozeß beeinflussen, zählen vor allem die *Kontrollierbarkeit* (z. B. Glass/Singer, 1972; Semmer, 1984) sowie die *soziale Unterstützung,* die dem „gestreßten" Individuum zuteil wird (Udris, 1982). Sie können – ebenso wie z. B. individuelle Fähigkeiten – als „Ressourcen" für den Umgang mit S. aufgefaßt werden.

5 Streßfolgen

Das Interesse an der Erforschung von S. resultiert nicht zuletzt daraus, daß man bestimmte – meist negative – Folgen erwartet. Sie sind zum einen kurzfristiger Art und beziehen sich dann vorwiegend auf Leistung (Hockey, 1983). Zum anderen beziehen sie sich auf längerfristige Folgen für psychische wie physische Gesundheit.

Kurzfristige Folgen. – Als kurzfristige S.folgen werden z. B. Leistungsveränderungen oder Unfälle untersucht. So stört beispielsweise Lärm komplexe Tätigkeiten mehr als einfache (Schönpflug/Schulz, 1979). Unfälle häufen sich am Ende des Arbeitstages und bei langen Arbeitszeiten (McCormick/Tiffin, 1975). Gardell (1978) berichtet von skandinavischen Untersuchungen, wonach Akkordarbeit schwere Unfälle begünstigt. Hier könnte z. B. die Wahl riskanterer Strategien unter Ermüdung oder Zeitdruck als Coping-Versuch eine Rolle spielen (Wendrich, 1973).

Als Beispiel für diesen Bereich sei eine Studie erwähnt, die die – selten untersuchte – Interaktion mehrerer Stressoren berücksichtigt: Schönpflug und Schulz (1979) untersuchten u. a. die kombinierte Wirkung von Lärm und Zeitdruck auf die Bewältigung kognitiver Aufgaben. Es zeigte sich, daß Lärm alleine die Leistung bei leichten Aufgaben kaum beeinträchtigte. Zeitdruck führte zu einer Leistungsverschlechterung; deren Ausmaß war jedoch vom Lärm abhängig und bei hohem Lärmpegel besonders drastisch.

Nacheffekte von Streß. – S.reaktionen können über die S.situation hinaus andauern. Es gibt sogar Hinweise darauf, daß die Dauer der S.reaktion mindestens ebenso wichtig ist wie ihre Intensität (Frankenhaeuser, 1981). Glass und Singer (1972) fanden, daß unkontrollierbarer Lärm zu schlechteren Leistungen und geringerer Ausdauer bei nachfolgenden Aufgaben führte. Andere Studien fanden Nachwirkungen auch in bezug auf Sozialverhalten wie z. B. Hilfsbereitschaft (s. Cohen, 1980). Frankenhaeuser (1981) berichtet, daß Arbeiter nach einem Urlaub weniger Zeit brauchten, um nach der Arbeit zu ihrem Katecholamin-Ruhespiegel zurückzukehren; eine „schnelle Erholung" korreliert mit Leistung und mit Wohlbefinden.

Meijman et al. (1984) untersuchten zwei Gruppen von Busfahrern: Eine Gruppe war im Jahr vor der Untersuchung häufig krank gewesen, die andere nicht. Für beide Gruppen zeigte sich die Nachwirkung der Arbeitsbelastung in einem deutlich schnelleren Anstieg des Adrenalinspiegels am ersten im Vergleich zum zweiten arbeitsfreien Tag. Die „kränkere" Gruppe zeigte darüber hinaus nicht nur während der Arbeit, sondern z. T. auch noch am ersten freien Tag höhere Werte als die „gesündere" Gruppe, während am zweiten freien Tag keine Unterschiede mehr feststellbar waren.

Solche Untersuchungen sind besonders wichtig als „Bindeglied" zwischen unmittelbaren Effekten auf der einen und potentiellen langfristigen Krankheitsfolgen auf der anderen Seite: Sie zeigen, wie S. Ressourcen schwächen und damit die Auseinandersetzung mit darauffolgenden Anforderungen oder Stressoren u. U. so erschweren kann, daß ein Aufschaukelungsprozeß entsteht. Dieselbe Variable (erhöhte Krankheitsrate bei Meijman et al., 1984) kann dabei sowohl als Folge von S. angesehen werden als auch (Mit-)Ursache für weiteren S. Hier zeigt sich auch, daß die Interaktion mehrerer Stressoren keine Gleichzeitigkeit dieser Stressoren bedingt: Durch eine herabgesetzte Fähigkeit, mit zusätzlichen Stressoren umzugehen, kann auch die wechselseitige Beeinflussung von Belastungen aus verschiedenen Bereichen (z. B. Arbeit und Privatleben) erklärt werden.

Langfristige Streßfolgen. – Die Annahme, daß intensive bzw. sich kumulierende S.erlebnisse langfristige Folgen für psychische und physische Gesundheit haben, ist sicherlich eine der wichtigsten Ursachen für das breite Interesse an diesem Thema. Zu den „diseases of adaptation" (Selye, 1976/1981), die am meisten untersucht werden, gehören Herz-Kreislauf-Krankheiten, Krebs, Magen-Darm-Geschwüre sowie psychische Krankheiten (Kasl, 1984). Gerade bei der Untersuchung solcher S.folgen stellen sich zahlreiche methodische Probleme.

So konzentrieren sich viele Studien auf unmittelbare S.reaktionen (z. B. Erhöhung von Blutdruck oder Puls, Hormonausschüttung, Schwächung von Immunreaktionen). Deren Bedeutung für die langfristige Entwicklung von Krankheiten ist jedoch unklar – es kann sich um nicht nur reversible, sondern der Gesundheit sogar dienliche Anpassungsreaktionen handeln. Umgekehrt wird bei Studien, die die Folgen bestimmter Ereignisse untersuchen, die eigentliche S.reaktion meist nicht direkt untersucht, sondern nur als Erklärungskonstrukt verwendet. Solche Untersuchungen sind darüber hinaus oft dadurch schwer interpretierbar, daß viele andere Faktoren für die Effekte verantwortlich sein können. Speziell bei psychischen Störungen sind überdies die Messung der Stressoren und der Folgen z. T. sehr ähnlich, Korrelationen zwischen ihnen somit trivial (So kann z. B. die Frage nach „sexuellen Problemen" statt als „Hassle" auch als Symptom aufgefaßt werden – vgl. Dohrenwend/Shrout, 1985; Lazarus et al., 1985). Insbesondere bei retrospektiven Studien besteht darüber hinaus in besonderem Maß die Gefahr, daß der Bericht über S.situationen durch eben die Symptome (z. B. Depressivität, Neurotizismus) mitbestimmt wird, die damit erklärt werden sollen.

Dennoch, und trotz vieler widersprüchlicher Ergebnisse, häufen sich die Hinweise darauf, daß S. bei der Entstehung physischer wie psychischer Symptome eine Rolle spielt – etwa bei Herz-Kreislauf-Erkrankungen (z. B. Siegrist et al., 1980; Karasek et al., 1981), bei Krebs (z. B. Shaffer et al., 1982), bei psychischen Störungen (z. B. Monroe, 1983). Die Zusammenhänge sind in der Regel nicht sehr hoch, so daß S. nur als einer unter vielen beteiligten Faktoren angesehen werden kann; zudem verweist dies auf die Vielzahl personaler und situativer Faktoren, die die Wirkung von S. beeinflussen. Allerdings können auch relativ geringe Zusammenhänge mit deutlich erhöhtem Risiko von Beschwerden verbunden sein (Frese, 1985).

Um die Bandbreite von Untersuchungen über dieses Thema zu illustrieren, sei exemplarisch auf einige Studien verwiesen:

Monroe (1983) untersuchte psychische Symptome in Abhängigkeit von größeren („Life Events") und kleineren („daily hassles") S.ereignissen. Die Studie hat Längsschnittcharakter, und in der Analyse wurde der ursprüngliche Symptomstatus kontrolliert, so daß einige gravierende methodische Einwände gegen derartige Studien entfallen. Es zeigte sich, daß die „daily hassles" eine signifikante Vorhersage der Symptome ermöglichten; dies galt jedoch nicht für „daily uplifts", das positive Gegenstück von Hassles. Auch Life Events waren nicht signifikant, wenn Hassles kontrolliert wurden.

Karasek et al. (1981) untersuchten die Bedeutung von Arbeitsbelastung für Herz-Kreislauf-Erkrankungen. „Hektik und Anstrengung" sowie „Komplexität/Variabilität" der Arbeit erwiesen sich als signifikante Prädiktoren für die Entwicklung von Symptomen im Jahr 1974 bei Arbeitern, die 1968 symptomfrei waren. Alter, Bildungsstand, Rauchen und Übergewicht wurden statistisch kontrolliert. Geringe qualitative und hohe quantitative Anforderungen der Arbeit waren außerdem mit einem deutlich höheren Mortalitätsrisiko verbunden.

Als Beispiel für die Folgen eines singulären Verlustereignisses sei eine Studie von van Rooijen (1979) genannt. Er untersuchte, inwieweit sich Witwen ca. eineinhalb Jahre nach dem Tod des Mannes in ihrem psychischen Befinden von einer Kontrollgruppe unterschieden. Es ergaben sich deutliche Unterschiede auf einer Depressions-Skala, die Traurigkeit, Vitalitätsverlust, Rauchen und Alkohol sowie somatische Symptome umfaßte. Mit 30 Prozent war ein deutlich höherer Anteil der Witwen im klinischen Bereich von Depression.

In neuerer Zeit wird das Phänomen des „Ausgebrannt-Seins" (Burnout) speziell als Problem helfender Berufe untersucht. Es ist ein Syndrom emotionaler Überbeanspruchung, verbunden mit Abgestumpftheit, wachsendem Zynismus sowie Gefühlen persönlicher Inkompetenz (Kleiber, 1986). Besonders bemerkenswert ist dabei, daß dies nicht leicht als bereits vorher existierendes „Persönlichkeitsmerkmal" abgetan werden kann, sondern offenbar bevorzugt besonders engagierte Mitarbeiter trifft, die ihre begrenzten Handlungsmöglichkeiten als besonders belastend erleben (Arsonson et al., 1983).

6 Streßreduktion und Streßbewältigung

In praktischer Hinsicht stellt sich einerseits die Frage, wie S. reduziert werden kann. Da die Art, wie S.situationen bewältigt werden, für ihre Wirkung entscheidend ist, ist darüber hinaus die *Stärkung von Coping-Fähigkeiten* wichtig.

Diese Aufgaben stellen sich auf sehr verschiedenen Ebenen: Der Abbau von Belastungen in Umwelt und Arbeit (z. B. Verkehrslärm, humane Arbeitsgestaltung) ist hier ebenso von Bedeutung wie eine gute schulische und berufliche Ausbildung, die Kompetenz im Umgang auch mit schwierigen Situationen fördert, oder eine gute medizinische und psychosoziale Versorgung. Psychotherapie kann in vieler Hinsicht als die gezielte Stärkung von Coping-Fähigkeiten verstanden werden, einige Ansätze stellen dies explizit in den Mittelpunkt (z. B. Meichenbaum, 1975).

7 Folgen des Definitionsstreits

Wie oben dargestellt, besteht keine Einigkeit darüber, ob man „Streß“ negativ oder neutral definieren soll. Zwei Argumente sprechen m. E. für eine negative Definition: Zum einen wird ein neutraler S.begriff, wie ihn z. B. Selye verwendet, so breit, daß *jede* (unspezifische) Lebensäußerung zu S. wird. Zum anderen spricht die empirische Evidenz dafür, daß S.folgen im Sinne von psychischer wie physischer Erkrankung – von Extremsituationen abgesehen – durch als negativ erlebte Ereignisse begünstigt werden (Semmer, 1984).

Dabei muß zugleich auf ein häufiges Mißverständnis hingewiesen werden: Ein negativer S.begriff bedeutet, daß das negative Erleben entscheidend ist, nicht aber, daß S. grundsätzlich als schädlich anzusehen ist! Im Gegenteil: Ohne Erfahrung mit S. und seiner erfolgreichen Bewältigung, aber auch ohne die Erfahrung von Mißerfolgserlebnissen besteht die Gefahr, daß selbst minimale Belastungen nicht mehr ertragen werden können, weil keine Coping-Fähigkeiten ausgebildet wurden und die Frustrationstoleranz zu gering ist (Lazarus/Folkman, 1984). Ohne die Fähigkeit, mit schwierigen Situationen umzugehen und auch bei Rückschlägen nicht sofort aufzugeben, lassen sich unerwünschte Konstellationen auch nicht ändern.

Schließlich noch ein Wort zu der Diskussion, die um die Notwendigkeit des S.begriffs überhaupt geführt wird (vgl. Laux, 1983): Die S.forschung hat trotz der Vagheit des Begriffs, trotz des Streits um Definitionen und Methoden, eine Reihe von Ergebnissen und Forschungsstrategien hervorgebracht, und sie hat nicht zuletzt auch die interdisziplinäre Diskussion belebt. Diese Auseinandersetzungen sind fruchtbar, insoweit sie sich um Konzepte, Methoden und Forschungsstrategien drehen. Der Definitionsstreit hat sich dabei als zweitrangig erwiesen, der Streit um die Abschaffung des Begriffs nach meiner Auffassung als überflüssig.

Literatur

Anderson, C. R.: Locus of control, coping behaviors and performance in a stress setting: A longitudinal study. Journal of Applied Psychology, 62, 1977, 446-451.

Appley, M. H./Trumbull, R.: On the concept of psychological stress. In: Appley M. H./Trumbull, R. (Eds.): Psychological Stress. New York: Appleton, 1967, 1-13.

Arsonson, E./Pines, A. M./Kafry, D. Ausgebrannt. Vom Überdruß zur Selbstentfaltung. Stuttgart: Klett-Cotta, 1983.

Battman, W.: Regulation und Fehlregulation im Verhalten. IX. Entlastung und Belastung durch Planung. Psychologische Beiträge, 26, 1984, 672-691.

Bergmann, G.: Streß und Bewältigung: Psychologische Forschungsansätze. In: Scherer, K. R./Wallbott, H. G./Tolkmitt, F. J./Bergmann, G.: Die Streßreaktion: Physiologie und Verhalten. Göttingen: Hogrefe, 1985, 9-23.

Birbaumer, N. Physiologische Psychologie. Berlin: Springer, 1975.

Cannon, W. B.: The interrelations of emotions as suggested by recent physiological researches. American Journal of Psychology, 25, 1914, 256-282.

Caplan, R. D./Cobb, S./French, J. R. P./Harrison, R. v./Pinneau, S.: Arbeit und Gesundheit. Streß und seine Auswirkungen bei verschiedenen Berufen. Hrsg. und eingel. von I. Udris. Schriften zur Arbeitspsychologie, 35. Bern: Huber, 1982.

Cofer, C. N./Appley, N. H.: Motivation: Theory and research. New York: Wiley, 1964.

Cohen, S. Aftereffects of stress on human performance and social behavior: A review of research and theory. Psychological Bulletin, 88, 1980, 82-108.

Dohrenwend, B. S./Dohrenwend, B. P. (Eds.): Stressful life events: Their nature and effects. New York: Wiley, 1974.

Dohrenwend, B. S./Dohrenwend, B. P.: What is a stressful life event? In: Selye H. (Ed.): Selye's guide to stress research. New York: Van Nostrand. 1980, 1-20.

Dohrenwend, B. P./Shrout, P. E.: „Hassles“ in the conceptualization and measurement of life stress variables. American Psychologist, 40, 1985, 780-785.

Dunckel, H.: Mehrfachbelastungen am Arbeitsplatz und psychosoziale Gesundheit. Frankfurt: Lang, 1985.

Elliott, G. R./Eisdorfer, C. (Eds.): Stress and human health. New York: Springer, 1982.

Fahrenberg, J./Walschburger, P./Foerster, F./Myrtek, M./Müller, W.: Psychophysiologische Aktivierungsforschung. München: Minerva, 1979.

Filipp, S.-H. (Hrsg.): Kritische Lebensereignisse. München: Urban & Schwarzenberg, 1981 a.

Filipp, S.-H.: Ein allgemeines Modell für die Analyse kritischer Lebensereignisse. In: Filipp, S.-H. (Hrsg.): Kritische Lebensereignisse. München: Urban & Schwarzenberg, 1981 b, 3-52.

Filipp, S.-H./Braukmann, W.: Methoden der Erfassung bedeutsamer Lebensereignisse. Zeitschrift für Entwicklungspsychologie u. Pädagogische Psychologie, 15, 1983, 234-263.

Folkman, S./Lazarus, R. S.: An analysis of coping in a middleaged community sample. Journal of Health and Social Behavior, 21, 1980: 219-239.

Frankenhaeuser, M.: Coping with job stress – a psychobiological approach. In: Gardell, B. Johansson, G. (Eds.): Working Life, Chichester: Wiley, 1981, 213-233.

Frese, M. 1985: Stress at work and psychosomatic complaints: A causal interpretation. Journal of Applied Psychology, 70, 1985: 314-328.

Gardell, B. (1978). Arbeitsgestaltung, intrinsische Arbeitszufriedenheit und Gesundheit. In: Frese, M./Greif, S./Semmer, N. (Hrsg.): Industrielle Psychopathologie. Schriften zur Arbeitspsychologie, 23. Bern: Huber, 1978, 52-111.

Glass, D. C./Singer, J. E.: Urban Stress. Experiments on noise and social stressors. New York: Academic Press, 1972.

Greif, S.: Streß und Gesundheit. Ein Bericht über Forschungen zur Belastung am Arbeitsplatz. Zeitschrift für Sozialisationsforschung und Erziehungssoziologie, 3, 1983, 42-58.

Haan, N.: Coping and Defending. New York: Academic Press, 1977.

Hockey, R.: Stress and Fatique in Human Performance. Chichester: Wiley, 1983.

Holmes, T. H./Rahe, R.: Die „Social Readjustment Rating Scale“. In: Katschnig H. (Hrsg.): Sozialer Streß und psychische Erkrankung. München: Urban & Schwarzenberg, 1980, 160-166 (Original 1967: The social readjustment rating scale).

Janis, I. G.: Stress and Frustration. New York: Harcourt Brace Jovanovich, 1971.

Janke, W.: Psychophysiologische Grundlagen des Verhaltens. In: Kerekjarto, M. v. (Hrsg.): Medizinische Psychologie, (2. Aufl.) Berlin: Springer 1976, 1-101.

Janke, W./Erdmann, G./Boucsein, W.: Der Streßverarbeitungsfragebogen. Ärztliche Praxis, 30, 1978, 1208-1210.

Kanner, A. D./Coyne, J. C./Schaefer, C./Lazarus, R. S.: Comparison of two modes of stress measurement: Daily hassles and uplifts versus major life events. Journal of Behavioral Medicine, 4, 1981, 1-39.

Karasek, R./Baker, D./Marxer, F./Ahlbom, A./Theorell, T.: Job Decision Latitude, Job Demands, and Cardiovascular Disease: A Prospective Study of Swedish Men. American Journal of Public Health, 71, 1981, 694-705.

Kasl, S. V.: Stress and health. American Review of Public Health, 5, 1984, 319-341.

Katschnig, H. (Hrsg.): Sozialer Streß und psychische Erkrankung. München: Urban & Schwarzenberg, 1984.

Kleiber, D.: Helfer-Leiden. Untersuchungen zum Burn-Out in helfenden Berufen. Modellversuch „Fachkräfte für die psychosoziale Versorgung". Berichte und Materialien Nr. 17. Berlin (West): Freie Universität und Fachhochschule für Sozialarbeit und Sozialpädagogik, 1986.

Lacey, J. I.: Somatic response patterning and stress: Some revisions of activation theory. In: Appley, M. H./Trumbull, R. (Eds.): Psychological Stress. New York: Appleton, 1967, 14-36.

Lang, P. J.: Die Anwendung psychophysiologischer Methoden in Psychotherapie und Verhaltensmodifikation. In: Birbaumer, N. (Hrsg.): Psychophysiologie der Angst. München: Urban & Schwarzenberg, 1977, 15-84.

Laux, L.: Psychologische Streßkonzeptionen. In: Thomae H. (Hrsg.): Theorien und Formen der Motivation. Enzyklopädie der Psychologie. Serie Motivation und Emotion, Bd. 1. Göttingen: Hogrefe, 1983, 453-535.

Lazarus, R. S./Alfert, E.: The short-circuiting of threat by experimentally altering cognitive appraisal. Journal of Abnormal and Social Psychology, 69, 1964, 195-205.

Lazarus, R. S./DeLongis, A./Folkman, S./Gruen, R. Stress and adaptational outcomes. The problem of confounded measures. American Psychologist, 40, 1985, 770-779.

Lazarus, R. S./Folkman, S.: Stress, appraisal, and coping. New York: Springer, 1984.

Lazarus, R. S./Launier, R. Streßbezogene Transaktionen zwischen Person und Umwelt. In: Nitsch, J. (Hrsg.): Stress. Theorien, Untersuchungen, Maßnahmen. Bern: Huber Verlag, 1981, 213-259. (Original 1978: Stress-related transactions between person and environment).

Martin, E./Udris, I./Ackermann, D./Oegerli, K.: Monotonie in der Industrie. Schriften zur Arbeitspsychologie, 29. Bern: Huber, 1980.

Mason, J. W.: A historical view of the stress field. Journal of Human Stress, 1 (1) 1975, 6-12 (Part 1) and 1 (2), 1975, 22-36 (Part 2).

McCormick, E. J./Tiffin, J.: Industrial psychology. London: George Allen & Unwin, 1975.

Meichenbaum, D.: A self-instructional approach to stress management: A proposal for stress inoculation training. In: Spielberger Ch. D./Sarason I. G. (Eds.): Stress and Anxiety, Vol. 1. New York: Wiley, 1975, 237-264.

Meijman, T./Mulders, H./Bosker, F./O'Hanlon, J./Kompier, M.: Belastingseffekten en belastbaarheid: Een onderzoek naar differentiële psycho-physiologische reaktiviteit. Gedrag – Tijdschrift voor Psychologie, 12, 1984, 60-81.

Miller, S. When is a little information a dangerous thing? Coping with stressful events by monitoring vs. blunting. In: Levine, S./Ursin, H. (Eds.): Coping and Health. New York: Plenum, 1980, 145-169.

Monroe, S. M. Major and minor life events as predictors of psychological distress: Further issues and findings. Journal of Behavioral Medicine, 6, 1983: 189-205.

Nitsch, J.: Zur Gegenstandsbestimmung der Streßforschung. In: Nitsch, J. (Hrsg.): Stress. Theorien, Untersuchungen, Maßnahmen. Bern: Huber Verlag, 1981 a, 29-51.

Nitsch, J.: Streßtheoretische Modellvorstellungen. In Nitsch, J. (Hrsg.): Stress. Theorien, Untersuchungen, Maßnahmen, Bern: Huber Verlag, 1981 b, 52-141.

Pearlin, L. I./Schooler, C.: The structure of coping. Journal of Health and Social Behavior, 19, 1978, 2-21.

Poulton, E. Ch.: Blue collar stressors. In: Cooper, C. L./Payne, R. (Eds.): Stress at work. New York: Wiley. 1978, 51-79.

Prystav, G.: Psychologische Copingforschung: Konzeptbildungen, Operationalisierungen und Meßinstrumente. Diagnostica, 27, 1981, 189-214.

Rooijen, L. v.: Widows' bereavement. Stress and depression after 1/2 years. In: Sarason, I. G./Spielberger, Ch. D. (Eds.): Stress and anxiety, Vol. 6. Washington: Hemisphere. 1979, 257-268.

Rutenfranz, J.: Arbeitsmedizinische Aspekte des Streßproblems. In: Nitsch, J. (Hrsg.): Stress. Theorien, Untersuchungen, Maßnahmen. Bern: Huber. 1981, 379-390.

Sarason, I. G./Johnson, J. H./Siegel, J. M.: Assessing the impact of life changes: Development of the Life Experience Survey (LES). In: Sarason I. G./Spielberger, C. D. (Eds.): Stress and Anxiety, Vol. 6. Washington: Hemisphere, 1979, 131-149.

Scherer, K. L. Zur Einführung: Streß und seine Untersuchung. In: Scherer, K. R./Wallbott, H. G./Tolkmitt, F. J./Bergmann, G.: Die Streßreaktion: Physiologie und Verhalten. Göttingen: Hogrefe, 1985 a, 3-7.

Scherer, K. L.: Streß und Emotion: Ein Ausblick. In: Scherer, K. R./Wallbott, H. G./Tolkmitt, F. J./Bergmann, G.: Die Streßreaktion: Physiologie und Verhalten. Göttingen: Hogrefe, 1985 b, 195-205.

Scherer, K. L./Wallbott, H. G./Tolkmitt, F. J./Bergmann, G. Die Streßreaktion: Physiologie und Verhalten. Göttingen: Hogrefe, 1985.

Schönpflug, W.: Goal directed behavior as a source of stress. In: Frese, M./Sabini, J. (Eds.): Goal directed behavior: The concept of action in psychology. Hillsdale, N. J.: Lawrence Earlbaum, 1985, 172-188.

Schönpflug, W.: Beanspruchung und Belastung bei der Arbeit – Konzepte und Theorien. In: Kleinbeck, U./Rutenfranz, J. (Hrsg.): Arbeitspsychologie. Enzyklopädie der Psychologie, Serie Wirtschafts-, Organisations- und Arbeitspsychologie, Band 1. Göttingen: Hogrefe, 130-184.

Schönpflug, W./Schulz, P.: Lärmwirkungen bei Tätigkeiten mit komplexer Informationsverarbeitung. Berlin (West): Umweltbundesamt (Forschungsbericht 79-105 01 201), 1979.

Schulz, P.: Regulation und Fehlregulation im Verhalten. II. Streß durch Fehlregulation. Psychologische Beiträge, 21, 1979, 597-621.

Schulz, P./Schönpflug, W.: Regulatory activity during states of stress. In: Krohne, W./Laux, L. (Eds.): Achievement, stress, and anxiety. Washington, D. C.: Hemisphere, 1982, 51-73.

Selye, H.: Preface. In: Selye, H.: Selye's guide to stress research. New York: Van Nostrand Reinhold. 1980, v-xiii.

Selye, H.: Geschichte und Grundzüge des Streßkonzepts. In: Nitsch, J. (Hrsg.): Stress. Theorien, Untersuchungen, Maßnahmen Bern: Huber Verlag, 1981, 163-187, (Original 1976: Stress in health and disease, Kap. 1).

Semmer, N.: Streßbezogene Tätigkeitsanalyse. Psychologische Untersuchungen zur Analyse von Streß am Arbeitsplatz. Weinheim: Beltz, 1984.

Shaffer, J. W./Duszynski, K. R./Thomas, C. B.: Family attitudes in youth as a possible precursor of cancer among physicians: A search for explanatory mechanisms. Journal of Behavioral Medicine, 5, 1982, 143-163.

Siegrist, J./Dittmann, K./Rittner, K./Weber, I.: Soziale Belastungen und Herzinfarkt. Stuttgart: Enke, 1980.

Skinner, H. A./Lei, H.: Differential weights in life change re-

search: Useful or irrelevant? Psychosomatic Medicine, 42, 1980, 367-370.
Udris, I.: Soziale Unterstützung: Hilfe gegen Streß? Psychosozial, 5 (1), 1982, 78-91.
Ulich, E.: Unterforderung als arbeitspsychologisches Problem. Psychologie und Praxis, 4, 1960, 156-161.
Vinokur, A./Selzer, M. L.: Desirable versus undesirable life events: Their relationship to stress and mental distress. Journal of Personality and Social Psychology, 32, 1975, 329-337.
Wendrich, P.: Methodische Probleme bei der Anwendung von Algorithmen zur Strukturanalyse von Arbeitshandlungen bei Belastungsuntersuchungen. In: Hacker, W./Quaas, W./Raum, H./Schulz, H.-J. (Hrsg.): Psychologische Arbeitsuntersuchung. Berlin (DDR): Deutscher Verlag der Wissenschaften. 1973, 92-108.

Sucht

Wolfgang Heckmann

1 Begriff

Der Psychologe wird wohl den Ursprung des Wortes im „Suchen“ vermuten; der Ethymologe aber hat den Begriff vom „Siechen“ abgeleitet. Siechtum, Krankheit ist die ursprüngliche Bedeutung der mittelalterlichen „Sucht“: Fallsucht, Schwindsucht, Trunksucht. Allfällig kombiniert sich das Wort nur mit einem Symptom, das durch den Zusatz „Sucht“ als krankhaft oder krankhaft übersteigert charakterisiert wird. Bald werden auch ganz gewöhnliche Verhaltensweisen mit S. identifiziert: Putzsucht, Prunksucht, Gefallsucht. Wie die moralischen, ökonomischen und sprachlichen Verbindungen zwischen den verschiedenen Süchten sich über die Zeiten gestaltet haben, bedürfte noch genauerer Untersuchungen. Sicher ist, daß sich das Wort Trunksucht im 19. Jahrhundert zu einem *moralisch* besetzten Begriff gewandelt und damit womöglich auch andere und den allgemeinen S.begriff als schuld- bzw. schicksalhaftes Verhalten geprägt hat (Levine, 1981).

Erst im 20. Jahrhundert wurde aufgrund der Erstarkung der Abstinentenbünde (z. B. Anonyme Alkoholiker) und durch die dieser Bewegung verpflichteten Forscher wieder der Krankheitsbegriff akzeptiert (Jellinek, 1941, 1960). Bis heute wird die Anerkennung der Trunksucht als Krankheit (auch im versicherungs- und arbeitsrechtlichen Sinne) von den Abstinentenbünden als Erfolg gefeiert. Die moralisierende und schuldzuweisende Tendenz der Gesellschaft ist deshalb nicht gänzlich verschwunden – sie konzentriert sich aber mehr auf die Konsumenten *illegaler* Drogen.

Die Begriffe S., Abhängigkeit, Mißbrauch, Manie und die -ismen der verschiedenen Sorten (Alkoholismus, Heroinismus, Kokainismus usw.) stehen in vielen Sprachen der Welt synonym nebeneinander. Oft aber bezeichnen sie auch Unterschiedliches – z. B. differenzieren sie an jener hauchdünnen Grenze zwischen Gebrauch und Mißbrauch, für die fast jedes Individuum seine eigenen (nämlich den eigenen lieben Gewohnheiten angenäherten) Maßstäbe anlegt.

Deshalb ist die Weltgesundheitsorganisation 1964 dem Rat einer Sachverständigenkommission gefolgt, künftig nur noch den Begriff *Drogenabhängigkeit* zu verwenden, dabei zwischen psychischer und physischer Abhängigkeit zu unterscheiden und eine Typologie von Abhängigkeiten zu veröffentlichen, die den internationalen Erfahrungen auf diesem Gebiet und dem Auftreten von neuen Drogen Rechnung tragen sollte.

Von *psychischer* bzw. *seelischer* Abhängigkeit soll nach der Definition der WHO gesprochen werden, wenn durch die Einnahme einer Droge „Zufriedenheit und ein starkes psychisches Bedürfnis nach periodischem oder dauerndem Genuß der Droge" (Eddy et al., 1965) entsteht, wenn also eine Art von psychischem Zwang zur Wiederholung nach ein- oder mehrmaligem Konsum einer Droge besteht. Von *körperlicher Abhängigkeit* soll nach dieser Definition gesprochen werden, wenn nach mehrfachem Konsum einer Droge eine körperliche Toleranz gegenüber ihrer Wirkung entsteht, die zu einer Dosissteigerung führt und beim Absetzen der Droge Entzugssymptome hervorruft.

Psychische Abhängigkeit läßt sich im äußeren Verhalten als ein gelegentliches oder auch häufigeres Suchen nach der Droge („drug seeking behaviour") beobachten; psychische Abhängigkeit beginnt ganz harmlos und behält noch lange die subjektive Bewertung voller Selbststeuerung, endet dagegen oft in erkennbar zwanghaftem Verhalten. Physische Abhängigkeit läßt sich als eine Art von fragmentarischem und punktuellem Leben beobachten; physisch Abhängige leben nur von einer Dosis auf die nächste hin, sie sind ohne Drogeneinwirkung außer sich und nur unter Drogeneinfluß bei sich.

Die psychische Abhängigkeit entsteht rascher als die physische, deren Entwicklung je nach Art und Häufigkeit des Drogenkonsums unterschiedlich ist. *Physische Abhängigkeit schließt die psychische immer mit ein.* Psychische Abhängigkeit bestand in ihren Grundzügen meist schon vor dem ersten Konsum einer Droge. Deshalb ist auch die Behandlung der psychischen Abhängigkeit ungleich viel schwerer und langwieriger als die der physischen Abhängigkeit, denn sie besteht nach der Absetzung einer Droge oft noch jahrelang fort. Die Entdeckung der psychischen Abhängigkeit als des zentralen Problems der S. hat die Auffassung gestärkt, daß S.verhalten ein Symptom für tieferliegende bzw. dahinter verborgene Schwierigkeiten der Persönlichkeitsstruktur und -entwicklung ist.

2 Typologie von Drogenabhängigkeit

In der Typologie verschiedener Drogenabhängigkeiten fanden sich in den WHO-Dokumenten von 1964/65: die Abhängigkeit vom Morphin-Typ (Opium, Morphium, Heroin und weitere Derivate), vom Barbiturat-/Alkohol-Typ (barbitursäure- oder bromhaltige Beruhigungs- oder Schlafmittel sowie Alkohol), vom Amphetamin-/Khat-Typ (alle Weckamine sowie das v. a. in Ostafrika vorkommende amphetaminhaltige Naturprodukt Khat), vom Kokain-Typ (Substanz aus den Blättern des südamerikanischen Koka-Strauches), vom Cannabis-Typ (Haschisch und Marihuana aus der weiblichen Pflanze des indischen Hanfes), vom Halluzinogen-Typ (eine Vielzahl synthetischer Trips wie LSD, DOM, STP sowie Mescalin aus dem v. a. in Mexiko wachsenden Peyote-Kaktus), schließlich vom spezifischen Opiat-Antagonist-Typ (Stoffe, die die Wirkung von Opiaten aufheben oder ersetzen sollen, deshalb auch in der Therapie Verwendung finden, aber „umkippen" und ihrerseits Abhängigkeit erzeugen können). Später wurde die Abhängigkeit vom Lösungsmittel-Typ („glue-sniffing") mit aufgenommen. Weitere Abhängigkeitstypen (z. B. PCP oder Extasy) befinden sich aufgrund der US-amerikanischen Entwicklung der letzten Jahre in Vorbereitung. Eine Neigung, auch das Nikotin mit aufzunehmen, ist bei der WHO nicht zu verspüren.

Neuerdings ist in der deutschen S.forschung und S.krankenhilfe eine Diskussion wieder aufgekommen, die seit den späten 40er Jahren schon beendet schien: Der Streit um die *Enge oder Weite des S.begriffs*. Während sich die WHO mit ihren Definitionsbemühungen ausschließlich auf die sprachliche – und maßnahmenorientierte – Vereinheitlichung der stoffgebundenen Süchte konzentrierte, haben sich daneben zunächst als kulturelle und nationale Besonderheiten, mittlerweile aber auch weltweit beobachtete nicht stoffgebundene Süchte zum Problem entwickelt; vor allen anderen sind dies Spielsucht und Arbeitssucht sowie verschiedene Formen von Eßstörungen (Anorexia, Bulimia). Die Klärung dieser Frage ist von erheblicher Bedeutung für Prävention, Therapie und strafrechtliche Würdigung von S.verhalten (Heckmann, 1985; Korczak, 1986; Mergen, 1981; Schumacher, 1981).

Für die durch die illegale *„Drogenwelle"* der 60er und 70er Jahre aufgescheuchte Öffentlichkeit sind dies nun „neue Suchtformen", die man versuchsweise erst einmal damit abzuwehren sucht, daß man sie leugnet und gesundheitspolitisch möglichst nicht zur Kenntnis nimmt. Für Praktiker der S.krankenhilfe sind sie seit jeher Realität: als Umsteigephänomene im Verlauf einer Therapie, wenn das Exzessive des korrigierten Verhaltens sich auf andere – stoffliche wie nichtstoffliche – Ziele richtet; als andersartige Gefahren für suchtgefährdete Kinder und Jugendliche, die man präventiv vor der Drogenbindung geschützt hat; als mächtige Triebfedern des Handelns, die ganz ebenso wie der Konsum von S.stoffen zu kriminellem Verhalten (Folgekriminalität) führen können. Die neu entfachte Diskussion um den S.begriff erhöht die Chance, daß demnächst auch die bundesdeutsche Drogenpolitik sich zu einer *S.politik* entwickelt und zur Kenntnis nimmt, was die Basis alltäglich erfährt, daß nämlich „jede Richtung menschlichen Interesses süchtig entarten" kann (von Gebsattel, 1948).

3 Ursachen

Kontroversen über die Ursachen der S. sind erstaunlicherweise seltener geworden oder haben sich auf andere Ebenen verlagert. Man ist sich weithin einig, daß ein komplexes Ursachengefüge zur Entwicklung von Drogenabhängigkeit führt. Die WHO hat nach den von ihr in Auftrag gegebenen Expertisen eine *Ursachen-Trias,* bestehend aus den Faktoren Droge, Persönlichkeit und Umwelt, popularisiert. Im deutschen Sprachraum wurde sie von den Drogenexperten der ersten Stunde, Kielholz und Ladewig (1973), eingeführt. Jeder der Faktoren ist seinerseits als Zusammenfassung verschiedener Ursachenanteile aufzufassen:

> „Merkmale der *Droge,* die hier im einzelnen und im Zusammenhang mit anderen Merkmalen wirksam sind, sind z. B. deren Art, deren Verfügbarkeit, die Art der Zufuhr (oral, Injektion usw.), die Dosis, die Zeitdauer der bisherigen Einnahme und schließlich deren Wirkung... Unter *Persönlichkeit* sind eine Vielzahl von Persönlichkeitseigenschaften oder Persönlichkeitsmerkmalen angegeben und zusammengefaßt und untersucht worden, von denen man angenommen hat, daß sie den Drogenkonsum begünstigen, z. B. Depressivität, Introversion, Neurotizismus, geringe Zukunftsplanung, mangelnde Frustrationstoleranz, psychische Labilität usw.... Merkmale des *äußeren Lebensraumes* lassen sich in solche des familiären bzw. sozialen Nahraumes und solche, die in der Gesellschaft allgemein begründet sind, differenzieren... Familienbedingungen, ungünstige individuelle Sozialisationsbedingungen, ungünstige Bedingungen in sogenannten peer-groups, ein ungünstiges Verhältnis zu Schule und Ausbildung... die Drogenorientierung in der modernen Leistungsgesellschaft allgemein, das Konkurrenz- und Leistungssystem in der hierarchischen Welt, die psychische Entfremdung in der Industriegesellschaft, die bisherigen Reaktionen der Gesellschaft auf das Drogenproblem insgesamt." (Wöbcke, 1977)

Verdienst dieser Definition ist zweifellos, daß eine Schuldzuweisung an das Individuum nicht mehr so ohne weiteres möglich, formal auf ein Drittel reduziert ist. Aber obgleich die Trias die meistzitierte Ursachenbeschreibung ist, empfindet der Praktiker doch in der Regel auch unter ihrer Anlegung als Maßstab für das alltäglich anfallende biografische Material den Mangel, daß nicht die ganze Vielfalt der verursachenden Bedingungen darin einzuordnen ist.

Was Wunder, daß andere, vielfältigere Ursachenmodelle diskutiert werden, z. B. das *Fünf-Faktoren-Modell* aus *gesellschaftlichen Rahmenbedingungen* (Doppelmoral gegenüber Drogen, S.stoffe als besonders profitabler Markt, Werbung als Nutznießer der Außengeleitetheit des Menschen, mangelnde Logik in der Grenzziehung zwischen legalen und illegalen Drogen), *Entstehungszusammenhänge* (krisenhafte Entwicklungszeiten wie Pubertät oder Schulabgang, krisenhafte Entwicklungsbedingungen wie Lehrstellenmangel und Jugendarbeitslosigkeit, aber auch falsche Berufswahl und unbefriedigende Lebensplanung), *Anlässe* (Zugehörigkeit zu einer gefährdeten und der Verführung ausgesetzten Gruppe, Kontakt zu einer drogenkonsumierenden Gruppe), *Voraussetzungen* (Verfügbarkeit von Drogen, Existenz von Lernmodellen, positive Erwartungen an den Stoff, positive Erfahrungen mit dem Stoff oder dem setting beim Konsum), *begünstigende biografische Faktoren* (negatives Vorbild im sozialen Nahraum, frühe Verleitung zum Drogenkonsum, apersonale Bedürfnisbefriedigung als vorherrschendes Erziehungsmittel, Erziehung zur Unselbständigkeit) (Heckmann, 1980).

Ebenso populär wie die Ursachen-Trias könnten die *„4 M"* des Norwegers Kolstad werden, die man in jüngster Zeit häufiger zitiert findet: *Mensch, Mittel, Milieu* und *Markt.* Gegenüber den Faktoren Droge, Persönlichkeit und Umwelt differenzieren sie eigentlich nur den Faktor Umwelt in Milieu und Markt aus, gewinnen aber dadurch die Hervorhebung und Skandalierung der ökonomischen Gesetze des (legalen wie illegalen) Drogenhandels als eigenständigem (und vielleicht auch wichtigstem – Amendt, 1985) Ursachenaspekt.

Neben den einzelnen (jedenfalls vielfältigen) Faktoren, die zur S. führen, wird der Praktiker in der Auseinandersetzung mit nahezu jeder Biografie auch die folgenden beiden Entwicklungsgesetze finden, die die Drogenkarrieren dynamisieren:

- Die *Dialektik von Zufall und Notwendigkeit,* nach der die meisten Schicksale notwendig auf Krisen und Verletzungen, auf Abweichung und Selbstzerstörung hintreiben, aber rein zufällig an Drogen oder an eine bestimmte Droge geraten; viele der Alkoholiker oder Fixer hätten mit

ganz ähnlicher Wahrscheinlichkeit Sektierer oder primär Kriminelle werden können.
- Die *Dialektik von Suchen und Fliehen*, die in jedem Drogenkonsum und jedenfalls beim Dauerkonsumenten vorzufinden ist; Drogenkonsum ist Realitätsflucht, Flucht vor einer als widerständig und schmerzhaft erlebten Welt, zugleich aber auch die Suche nach etwas, das die normale Gesellschaft nicht bietet, das man nur unterwegs zu neuen Ufern finden kann; Suchen und Fliehen sind je nach Persönlichkeitstyp, je nach Entwicklungsphase, je nach benutzter Droge das stärkere oder das schwächere Motiv; in diesem Sinne kommt S. auch von Suchen, wenn auch nicht sprachlich.

Neuere Forschungsarbeiten haben vor allem *entwicklungspsychologische* Fragestellungen in den Mittelpunkt des Interesses gerückt: coping, Entwicklungsaufgaben, Anpassungsleistungen im Verlauf der Therapie, Integrationsprozesse im Vergleich zu „normalen" Altersgenossen, Entwicklungstypen in der Drogen-Szene und im Rehabilitationsprozeß (Projektgruppe Tudrop, 1984; Krauss, 1984; Ladewig/Graw, 1985; Uchtenhagen/Zimmer-Höfler, 1985; Seyrer, 1986).

Erwartbar fundierte entwicklungspsychologische Daten wird der „Berliner Jugendlängsschnitt" (Silbereisen u. a.) bieten, der in einer Kohorten-Studie an drei bis zu sechs Jahren beobachteten Jahrgängen Berliner Jugendlicher u. a. auch Entwicklung süchtigen Verhaltens und dessen Bedingungsfaktoren untersucht.

4 Drogenpolitik, Prävention und Therapie

Es versteht sich, daß verschiedene Ursachentheorien auch verschiedene politische Strategien (man spricht gelegentlich von Drogenpolitik, meint allerdings meist die Politik ausschließlich gegenüber den illegalen Drogen) bedingen bzw. zu deren Apologetik dienen. Interessanterweise wird die Ursachen-Trias nie generell infrage gestellt, sondern nur verschieden gewichtet.

Je nachdem wie man die Persönlichkeit, die Droge oder die Umwelt als besonderen, hauptseitigen Ursachenfaktor gewichtet, sind andere Ursachentheorien, andere Forschungsdisziplinen und andere Maßnahmenbündel provoziert:
- Wenn die Persönlichkeit der Konsumenten im Vordergrund steht, kommen *psychoanalytische* oder *lerntheoretische* Ursachentheorien besonders gut zum Zuge (zur Übersicht über diese psychologischen Modelle vgl. z. B. Lange, 1974; Wöbcke, 1977). Psychotherapeutische und psychosoziale Maßnahmen können auf diesem theoretischen Boden besonders gut abgesichert werden.
- Wenn die Droge, ihre stoffliche Qualität, Wirkung, Verbreitung usw. im Vordergrund steht, sind v. a. *biologische, pharmakologische* Theorien der S. gefragt (zur Übersicht vgl. Keup, 1985). Medizinische Maßnahmen, ergänzt durch Kontrollmechanismen (wie Arzneimittelgesetzgebung, Jugendschutz, Betäubungsmittelrecht) verdanken ihre Priorität dieser theoretischen Basis.
- Wenn die Gesellschaft, ihre S.verhalten begünstigende Struktur und ihre eine gesunde Entwicklung behindernden Agenturen im Vordergrund stehen, haben *soziologische* und *sozio-ökonomische* Theorien Konjunktur (zur Übersicht Wöbcke, 1977; Deutsche Hauptstelle gegen die Suchtgefahren, 1984). Als Maßnahmen der Wahl werden dadurch theoretisch vorrangig revolutionäre und reformerische Gesellschaftsveränderungen begründet, in praxi dienen sie aber vorrangig der Begründung von Prohibition, Liberalisierung, Kostenpolitik, Besteuerung von Drogen und anderen „generalpräventiven" Maßnahmen. Konkrete präventive Strategien – die durch soziologische Theorien ebensogut begründet werden könnten – sind hingegen selten ausgeprägt.

Immerhin: Der Rekurs auf die Ursachen-Trias wenigstens als Lippenbekenntnis macht heute eindimensionale Drogenpolitiken weithin unmöglich. Von den verschiedenen, analytisch trennbaren, Drogenpolitiken, dem „psycho-social", dem „liberal" und dem „legal approach" (Kreuzer, 1979; Heckmann, 1981) existiert heute keiner in reiner Form. So liegt z. B. in der BRD der Schwerpunkt auf dem psycho-sozialen Ansatz mit zusätzlichen, regional unterschiedlich starken liberalen und legalistischen Gewichten; so liegt z. B. in den Niederlanden der Schwerpunkt auf dem liberalen Ansatz, verbunden mit einem in jüngster Zeit verstärkten legalistisch-repressivem Ansatz bei gleichzeitig verkümmernden psychosozialen Hilfen.

Streitthemen im Rahmen dieser verschiedenen Gewichtungen sind heute wie vor zwanzig Jahren zumindest zum Thema der exotischen Drogen wie Heroin, Kokain oder Cannabis die sogenannten *„Patentlösungen"* wie: Ghettoisierung, Legalisierung oder Verteilung von Ersatzdrogen. Sie sind verführerisch für Politik und Presse, weil sie auf ein kompliziertes, angstbesetztes Problem eine verblüffend einfache Antwort geben. Sie sind gerade deshalb auch so langlebig und erscheinen über Jahre in der Szene Engagierten wie die Stehaufmännchen: Alle Jahre wieder treten neue

Apostel der Patentlösungen auf, kritisieren vielgestaltige Maßnahmenbündel und monieren, daß an das Einfachste nicht gedacht werde:

- Die Patentlösung der *Inhaftierung* oder *Ghettoisierung* aller Abhängigen gibt dem Schutz der Gesellschaft vor den Süchtigen den Vorrang und verkennt, daß sich die Lage der Abhängigen in Haft oder Zwangstherapie nicht bessert (unabhängig vom Einsatz mehr oder weniger qualifizierten Personals), daß sich selbst nach „erfolgreicher" Zwangstherapie der Rückfall fast automatisch einstellt, daß die Dynamik des illegalen Marktes ständig weitere Abhängige produziert und daß selbst die effektivste polizeistaatliche Drogen- und Konsumentenkontrolle nur zu Verschiebungen in den Konsumformen und Abhängigkeitstypen führen kann.
- Die Patentlösung der *Legalisierung* einzelner oder aller heute illegalen Drogen gibt dem Selbstbestimmungsrecht der Konsumenten und der „Autonomie der Süchtigen" den Vorrang und verkennt die rechtssoziologischen Probleme, die mit der Legalisierung eines Minderheitenverhaltens eintreten, daß nämlich zunächst eine Verstärkung des Konsumverhaltens eintritt und erst unkalkulierbar viel später die Mündigkeit des (Konsum-)Bürgers zum Regulativ wird, daß also unmittelbar nach der Legalisierung einer Droge deren Anteil am Gesamtkonsum von Drogen steigt und eine entsprechende Versorgung von Konsumopfern einkalkuliert werden muß.
- Die Patentlösung der *Verteilung von Ersatzdrogen* an Süchtige hat ebenfalls den Schutz der Gesellschaft vor den Süchtigen im Auge und verbrämt das gelegentlich mit dem „liberalen" Argument des „Rechtes auf Sucht", verkennt dabei aber, daß dadurch die Süchtigen in ihrem Verhalten verstärkt und systematisch um ein Leben ohne Drogen betrogen werden und daß letztlich nicht einmal ein Schutz der Gesellschaft vor den Süchtigen erreicht werden kann, weil diese sich nicht mit dem schalen Ersatz zufriedengeben und zusätzlich z. B. zum Methadon immer wieder auch ihre Lieblingsdroge, z. B. Heroin, konsumieren.

Der Streit um die drei Patentlösungen hat eigentlich in den letzten Jahren keine neue Dimension und schon gar keine neuen Argumente gewonnen. Nichtsdestoweniger ist die Auseinandersetzung mit diesen Modellen für jeden Berufsanfänger wichtig, denn ohne Klarheit in diesen Fragen kann keine produktive S.krankenhilfe geleistet werden. Deshalb ist eine Unterdrückung derartiger Diskussionen nicht sinnreich, obwohl die oft lautstark geführte öffentliche Auseinandersetzung effektive Hilfe nicht selten – zumindest für eine gewisse Zeit – auch hindern kann.

In der BRD ist das heutige gesellschaftliche Reaktionsmuster auf das komplexe Geschehen S. im wesentlichen gekennzeichnet durch:

- eher schwach entwickelte und auf das Engagement weniger Forscher gestützte wissenschaftliche Grundlagenbildung und Diskussion,
- präventive Strategien, die sich stärker auf schulische Maßnahmen und massenmediale Aufklärung stützen denn auf pädagogische Ansätze i. S. von Einstellungsänderung oder Imagebildung (Bartsch/Knigge-Illner, 1987),
- einen gesetzlichen Rahmen, der v. a. im Bereich der illegalen Drogen zu Verschärfungen geführt hat, im Bereich der Arzneimittelgesetzgebung und des Jugendschutzes jedoch weitgehend unwirksam geblieben ist,
- ein hochdifferenziertes und traditionell gut ausgebautes System von Hilfen für Alkoholiker (Beratungsdienste, Kliniken, Kurheime, Abstinentenbünde),
- ein erstaunlich schnell auf die Epidemie illegalen Drogenkonsums reagierendes und sich spezialisierendes System von vorrangig psychosozialen Hilfen (Drogenberatungsstellen, Therapeutische Gemeinschaften, Selbsthilfegruppen, Fachkliniken, Übergangseinrichtungen),
- einen bemerkenswerten Optimismus über die „Lösbarkeit" des Problems auf der Folie individueller Hilfen und eines weiteren Ausbaus von Hilfen für Betroffene (Heckmann, 1982),
- eine teutonisch klare bis sture, überwiegend moralisch, z. T. aber auch pragmatisch begründete Ablehnung von Patentlösungen nach der Art Malaysias (drakonische Strafen und Zwangstherapie), Hollands (nahezu unbegrenzte Verteilung von Ersatzdrogen) oder Alaskas (weitestgehende Liberalisierung jeglichen Drogenkonsums).

5 Ausblick

Womöglich werden S.krankenhilfe, S.stoffpolitik und S.prävention in der Zukunft vor völlig neue Aufgaben gestellt. Denn in den USA ist seit Mitte der 80er Jahre das Phänomen der *„designer-drugs"* aufgetreten: Da werden von gut geschulten und z. T. schon industriell organisierten Chemikern neue Drogen produziert, die einerseits Wünsche des Marktes befriedigen (z. B. wie „Extasy", eine Droge, die Kokain- und Heroin-Wirkung verbinden soll), andererseits aus Grundstoffen zusammengestellt sind, die nicht durch die Drogengesetze inkriminiert sind. Sobald diese

Stoffe auf dem Markt sind, werden sie von anderen Chemikern im Regierungsauftrag analysiert und die Grundstoffe werden – wenn möglich – auf den Index gesetzt. Mit dieser Prozedur wird das klassische, von der „Drug and Food Administration“ vorgeschriebene Verfahrensmuster außer kraft gesetzt: Eigentlich können Pharmaka nur auf den Markt gelangen, wenn sie klinisch erprobt und von der Administration (in der BRD: vom Bundesgesundheitsamt) zugelassen werden; wenn sie später auf dem illegalen Markt auftauchen und mißbraucht werden, setzt eine schwerfällige Maschinerie ein, um diese Stoffe vom Markt zu nehmen. Die pfiffigen US-Drogen-Designer der 80er Jahre gehen diesen Umweg nicht: Sie produzieren von vornherein und bewußt für den illegalen Markt und bringen die Drogenkontroll-Bürokraten in eine hoffnungslos defensive Position. Denn die Wege und Umwege der Chemie sind unerschöpflich, die Möglichkeiten bürokratischer und juristischer Kontrolle hingegen endlich: Es könnte sein, daß diese kaum steuerbare Entwicklung alle Industrienationen erfaßt und schließlich die Legalisierung aller Drogen einläutet, weil die Kontrollversuche zunehmend absurder erscheinen. Am Ende einer solchen Entwicklung wäre das Verbot der wenigen landwirtschaftlichen Drogen aus der Dritten Welt nur mehr Nostalgie.

Literatur

Amendt, G.: Sucht – Profit – Sucht. Frankfurt: Edition 2001, 1985.

Bartsch, N./Knigge-Illner, H. (Hrsg.): Sucht und Erziehung. 2 Bände. Weinheim: Beltz, 1987.

Deutsche Hauptstelle gegen die Suchtgefahren (Hrsg.): Sucht und Gesellschaft. Hamm: Hoheneck, 1984.

Eddy, N. B. et al.: Drug dependence. Bulletin of the World Health Organization, 32, 1965.

Gebsattel, V. E. v.: Zur Psychopathologie der Sucht. Studium generale, 1, 1948, 257-265.

Heckmann, W.: Drogenkonsum und Drogenabhängigkeit in unserer Gesellschaft. Psychosozial 2, 1980, 113-127.

Heckmann, W.: Drogenpolitik. In: Rexilius, R./Grubitzsch, S. (Hrsg.): Handbuch psychologischer Grundbegriffe. Reinbek: Rowohlt, 1981, 235-246.

Heckmann, W. (Hrsg.): Praxis der Drogentherapie. Weinheim: Beltz, 1982.

Heckmann, W.: z. B. Spielleidenschaft. Psychologie heute, 12 (6), 1985.

Jellinek, E. M.: An early medical view of alcohol addiction and its treatment. Quarterly Journal of Studies on Alcohol, 2, 1941.

Jellinek, E. M.: The disease concept of alcoholism. New Haven: Hillhouse, 1960.

Keup, W. (Hrsg.): Biologie der Sucht. Berlin: Springer, 1985.

Kielholz, P./Ladewig, D.: Die Drogenabhängigkeit des modernen Menschen. München: Lehmanns, 1972.

Korczak, D.: Die betäubte Gesellschaft. Frankfurt: Fischer, 1986.

Krauss, G. M.: Konfliktberatung mit Drogenkonsumenten. Weinheim: Beltz, 1984.

Kreuzer, A.: Das Drogenproblem und Grundstrategien einer Drogenpolitik. Suchtgefahren 3, 1979.

Ladewig, D./Graw, P.: Entwicklungschancen Drogenabhängiger. Weinheim: Beltz, 1985.

Lange, K.-J.: Süchtiges Verhalten. Freiburg: Lambertus, 1974.

Levine, H. G.: Die Entdeckung der Sucht – Wandel der Vorstellungen über Trunkenheit in Nordamerika. In: Völger, G. (Hrsg.): Rausch und Realität. Köln: Rautenstrauch-Joest-Museum, 1981.

Mergen, A.: Spielsucht. In: Hamm, R. (Hrsg.): Festschrift für Werner Sarstedt zum 70. Geburtstag. Berlin: de Gruyter, 1981.

Projektgruppe Tudrop: Heroinabhängigkeit unbetreuter Jugendlicher. Weinheim: Beltz, 1984.

Schumacher, W.: Die Beurteilung der Schuldfähigkeit bei nicht stoffgebundenen Abhängigkeiten. In: Hamm, R. (Hrsg.): Festschrift für Werner Sarstedt zum 70. Geburtstag. Berlin: de Gruyter, 1981.

Seyrer, Y.: Aufbruch in den Alltag. Weinheim: Beltz, 1986.

Uchtenhagen, A./Zimmer-Höfler, D.: Heroinabhängige und ihre „normalen“ Altersgenossen. Bern: Haupt, 1985.

Wöbcke, M.: Rauschmittelmißbrauch – Prävention und Therapie. München: Kösel, 1977.

Suizid

Helmut Wetzel

1 Annäherung

Als Menschen liegt es innerhalb unserer Möglichkeiten, zwischen Leben und Tod zu wählen. Jedem von uns sind Augenblicke vertraut, in denen man nicht mehr weiter weiß, sich existentiell bedroht fühlt, die innere Zerrissenheit unerträglich wird oder man von Trauer und Schmerz überwältigt wird.

Ganz besonders in persönlichen Krisen oder Phasen der Neuorientierung, wie Pubertät oder Alter, drängen Fragen nach dem Sinn von Leben und Tod auf eine Antwort. Phantasien und Gedanken über einen selbstgewählten Tod sind gerade während dieser Lebensperioden ganz und gar nicht ungewöhnlich. Aber auch wenn man gerade selbst nicht direkt betroffen ist, bleibt die prinzipielle Möglichkeit eines jeden Menschen, Selbstmord bzw. Suizid (S.) zu begehen, seit jeher eine persönliche und gesellschaftliche Herausforderung. Ist es ein Zufall, daß eines der ältesten, überlieferten Zeugnisse der Psychologie, das Gespräch eines lebensmüden Ägypters mit seinem Ba – seiner Seele – ist? (siehe Jacobsohn, 1952).

Die bewußte Begegnung mit dem Thema „Suizid" läßt niemand unberührt – ebensowenig wie die Konfrontation mit einem Gefährdeten: „Warum lebe ich weiter"? – „Was macht das Leben für mich lebenswert"? – „Warum will ein Mensch gerade unter diesen Lebensumständen das Leben mit uns nicht mehr teilen"? S. ist immer etwas Außerordentliches, eine „die gewöhnliche Ordnung des individuellen und gesellschaftlichen Seins überschreitende Handlung" (Amery, 1978, 15).

2 Zahlen und Fakten

Seit etwa Mitte des letzten Jahrhunderts werden in fast allen Ländern S.e über den offiziellen Leichenschauschein erfaßt und in den amtlichen Todesursachenstatistiken dokumentiert. Dies scheint auf den ersten Blick eine sehr objektive Methode zu sein, jedoch zeigen viele Untersuchungen, daß erhebliche Skepsis und Zweifel an der Verläßlichkeit solcher Statistiken angebracht sind. Praktisch erfassen sie nur einen Teil der tatsächlich erfolgten S.e (Wedler, 1979; Wolter, 1985).

Solche Zahlen bilden einerseits die Grundlagen für *epidemiologische* Untersuchungen, und andererseits werden sie immer wieder in der Darstellung des Themas in der Öffentlichkeit zitiert. Da immer noch Stigmatisierung von Betroffenen und breite öffentliche Verdrängung des Themas vorherrschen, scheint es dringlich, das ganze Ausmaß der Problematik publik zu machen. Auch wir Psychologen und Therapeuten neigen dazu, es wie die Öffentlichkeit aus dem Bewußtsein zu schieben, obwohl die helfenden Berufe – also wir selbst – zu einer gefährdeten Berufsgruppe gehören.

Schon ein kurzer Blick auf die S.zahlen zeigt, daß es sich hier *nicht* um ein klinisches Randphänomen oder um die Sache einiger weniger handelt. Allein in der Bundesrepublik Deutschland nehmen sich jährlich etwa 13 000 bis 14 000 Menschen das Leben; darunter etwa 1200 bis 1300 Kinder und Jugendliche. In den Großstädten und Ballungszentren ist die Gefährdung besonders hoch. In West-Berlin sterben pro Jahr etwa 400 bis 600 durch eigene Hand – das sind etwa zwei- bis dreimal mehr als durch einen Verkehrsunfall (Elsner, 1983).

Die S.rate (die Anzahl der gelungenen S.e pro 100 000 lebender Einwohner in einem Jahr) bleibt innerhalb längerer Zeiträume relativ stabil (Lippert, 1976; Schmidtke, 1981; 1983).

Über S.versuche gibt es keine allgemeinen Erhebungen, man kann ihre Verteilung nur schätzen. Nach den vorliegenden Untersuchungen kann man davon ausgehen, daß statistisch gesehen etwa 10-50 S.versuche auf einen „erfolgreichen" S. kommen. In den Kliniken der Bundesrepublik werden jährlich etwa 200 000 bis 250 000 Patienten, die eine suizidale Handlung begangen haben, behandelt (Wedler, 1984).

3 Theorien

3.1 Suizidrate und gesellschaftliche Faktoren

Die erste umfassende wissenschaftliche Studie zum Thema S. wurde 1897 von Emilie Durkheim veröffentlicht. Er untersucht die S.rate als *kollektives Phänomen* in Abhängigkeit von verschiedenen gesellschaftlichen Begleitumständen. Nach seinen Befunden scheint jede Gesellschaft „in jedem Augenblick ihrer Geschichte eine bestimmte Neigung zum Selbstmord" (Durkheim, 1897/1983, 32) zu entwickeln, die sich in der S.rate ausdrückt. Diese Rate ist während langer Zeiträume relativ konstant. Sie variiert jedoch im umgekehrten Verhältnis zum Grad der Integration der sozialen Gruppe (Familie, Konfession, Staat), der der einzelne angehört.

Durkheim hat eine Typologie entwickelt, mit

der er die *sozialen Ursachen* des S. beschreiben und erklären will. Er unterscheidet drei Typen: den egoistischen, den altruistischen und den anomischen S.

War ein Selbstmörder sehr wenig mit seiner Gesellschaft identifiziert und nicht darin integriert, wird er eher der ersten Kategorie zugerechnet. Im Gegensatz dazu war der altruistische Selbstmörder mit seiner Kultur, ihren Werten und Normen zu sehr verstrickt. Der anomische S. ergibt sich als Folge von abrupten, einschneidenden und schwerwiegenden Änderungen des sozialen Status einer Person, die sie nicht mehr bewältigen kann.

Durkheims *Anomie-* und *Integrationstheorie* hat sich als sehr fruchtbar und anregend erwiesen. Auch in neueren Untersuchungen konnte der Zusammenhang von sozialer Desintegration und S. bestätigt werden (z. B. Welz, 1979). Bemerkenswert in dieser Studie war die regionale Konzentration und Häufung von S.versuchen in ganz bestimmten Straßenzügen. Ein befriedigender Erklärungsversuch für diesen Befund steht allerdings noch aus.

3.2 Konflikte und Motive

Ein Meilenstein auf dem Weg zu einem besseren Verständnis von S.handlungen war der schon klassisch zu nennende Aufsatz „Trauer und Melancholie" von S. Freud (1917/1940). Er beleuchtet die *unbewußten agressiven Impulse* eines jeden Suizidanten und betont, daß niemand die Energie, sich zu töten, mobilisieren könnte, wenn er damit nicht auch ein Objekt (z. B. Mutter, Vater, Freund), mit dem er sich sehr stark identifiziert hat – also einen Teil von sich selbst –, töten will. Der Tötungswunsch, der sich ursprünglich gegen diese Person gerichtet hat, wendet sich also gegen einen selbst.

Menninger (1938/1978) greift diese Überlegungen und die später formulierte Theorie des Todestriebes auf und arbeitet drei triebdynamische Komponenten des S. heraus. Die Analyse tieferliegender S.motive stößt regelmäßig auf folgende Trias:
- auf den Wunsch zu töten, als Ausdruck primärer Aggression;
- auf den Wunsch getötet zu werden, als einer selbstbestrafenden Komponente;
- auf den Wunsch zu sterben, als einer Manifestation des Todestriebes.

Bereichert wurde die psychoanalytische S.theorie durch den *Ich-psychologischen* Ansatz von Henseler (1974). Ein suizidgefährdeter Mensch ist im Grunde in seinem Selbstwertgefühl stark verunsichert und irritiert. Er fühlt sich bedroht, im Zustande totaler Verlassenheit und Hilflosigkeit. In diesem Zustand kann jede Kränkung oder Belastung eine Katastrophe oder den Zusammenbruch des inneren Gleichgewichts auslösen. S. erscheint als der wirklich letzte Ausweg, um die personale Integrität zu retten.

3.3 Das präsuizidale Syndrom

Neben den Soziologen ist vor allem einigen Psychiatern zu danken, daß sie mit ihren Untersuchungen Irrtümer, Vorurteile und Mythen über den S. widerlegten und gegen unmenschliche Verketzerung, Bestrafung und Isolierung von Suizidalen argumentiert haben. Die Deutung des S. als „Abschluß einer krankhaften Entwicklung" (Ringel, 1953) und die psychiatrische Behandlung von Gefährdeten war Fortschritt und Gefahr zugleich. Das Thema selbst und die Wirklichkeit entzog sich einer solchen generellen Annahme. In Deutschland war es vor allem Amery (1976) oder in Frankreich C. Guillon und Y. Le Bonniec (1982), die gegen die Anmaßung von Medizinern und Psychologen, den S. zu pathologisieren, zu Felde zogen. Diese Streitschriften und die Diskussionen darüber haben sicher dazu beigetragen, daß kein neuer Krankheitsmythos geschaffen wurde. Zahlreiche empirische Untersuchungen haben inzwischen gezeigt, daß S. und psychiatrische Krankheiten weder direkt noch zwangsläufig zusammenhängen (vgl. Gundel, 1985). Unbestritten bleibt aber, daß bestimmte Krankheiten, allen voran die *Depression,* ein Risikofaktor für S.gedanken, -phantasien und -handlungen sind (Pohlmeier, 1983; Sourbier/Verdrinne, 1983).

Die eigentliche Bedeutung medizinischer Untersuchungen und Theorienbildung liegt darin, daß sie die Möglichkeit eröffnet hat, die Suizidalität eines einzelnen abzuschätzen und *Risikogruppen* zu identifizieren. So besteht ein erhöhtes S.risiko bei alten Menschen, Süchtigen, aus religiösen oder politischen Gründen Verfolgten, Kriminellen, bei Menschen in schwerer sozialer Not, Menschen in Paar- oder Ehekrisen, bei jungen Menschen und bei solchen, die bereits einen S.versuch unternommen haben.

Der wichtigste Beitrag stammt zweifellos von E. Ringel, der aufgrund zahlreicher Untersuchungen das sogenannte *präsuizidale Syndrom* formuliert hat (Ringel, 1974; 1978). Eine zum S. neigende Person ist gekennzeichnet durch:
- eine zunehmende Einengung der Wahrnehmung, Gefühle und Lebensziele; ihr Freundeskreis verengt sich bis zur völligen Isolierung;
- gehemmte Aggression; sie kann ihre Aggressio-

nen nicht ausleben und richtet sie schließlich gegen sich selbst;
- S.phantasien und -gedanken; der S. wird (fast immer) angekündigt.

3.4 Die suizidale Familie

Obwohl auf den Zusammenhang zwischen S. und Familiengeschichte immer wieder hingewiesen wird, gibt es noch wenig gezielte Untersuchungen oder ausformulierte Theorien. Auffällig ist zunächst die Ähnlichkeit von Familienstruktur und -dynamik bei „suizidalen" und „psychosomatischen" Familien (Nordman, 1984). Wieso jedoch scheint einigen Menschen in einer Lebenskrise ausgerechnet der Tod die (Er-)Lösung zu sein? Die besondere Nähe zum Tod kann weder psychologisch noch soziologisch hinreichend gut erklärt werden, sondern muß auch von seiner interpersonalen Perspektive her gesehen werden. Bei einer systemischen Betrachtung fallen vier Aspekte immer wieder auf (Richman, 1979; Sperling, 1980; Klemann, 1983):

a) *Verlust- und Trennungserfahrung:* Die Familiengeschichte ist oft über Generationen hinweg von einer auffälligen Häufung von Trennungserlebnissen, meist als Folge von Todesfällen, gekennzeichnet. Die Konfrontation mit Tod und Sterben naher Verwandter zwingen die Familienmitglieder oft schon in der frühen Kindheit zu einer Auseinandersetzung und Bewältigung der damit verbundenen Gefühle und Erfahrungen.
b) *Suizidtradition:* In der Vorgeschichte suizidaler Personen lassen sich häufig ein oder sogar mehrere S.e in der Familie finden. S. als Lösungsmöglichkeit einer schweren Krise scheint eher denkbar und möglich.
c) *Feindselige Atmosphäre und Bedrohung:* Neben der Erfahrung von Verlust steht die Erfahrung von Gewalt. Die Familienatmosphäre ist geprägt von Aggressivität und Feindseligkeit, die ganz unterschwellig bedrohlich bleibt oder in unverhüllte Gewaltausbrüche und Drohungen eskaliert.
d) *Sprach- und Beziehungslosigkeit:* Die Familie hat es mehr oder weniger aufgegeben, über persönliche Dinge zu sprechen oder Konflikte zu klären. Es gibt Themen, die bleiben ein Tabu, an das keiner rühren darf oder sie werden zu einem Geheimnis „erklärt". Man findet den starken Wunsch, ein Familienmitglied auszugrenzen, es los zu werden.

Um eine klassische, suizidale Familie kennenzulernen, braucht man nur eine griechische Mythologie aufzuschlagen. Die Geschichte des thebanischen Königshauses ist voll von Morden und S.en und der Mythos kulminiert schließlich darin, daß sich eine Familie fast vollständig selbst auslöscht. Ödipus erschlägt seinen Vater, drei seiner vier Kinder nehmen sich das Leben, eines versucht es. Antigone tötet sich selbst, Polyneikes und Eteokles bringen sich gegenseitig um. Ismene will freiwillig mit ihrer Schwester in den Tod gehen. Jokaste, Mutter und Frau des Ödipus, tötet sich über den Leichen ihrer Söhne.

4 Begegnung

Sieht man zu sehr den S., verliert man leicht den Selbstmörder aus den Augen. Keine Abstraktion, also auch keine Theorie, egal welcher Ausrichtung, kann dem einzelnen gerecht werden. Es geht ja buchstäblich um sein Leben, er ist als ganze Person existentiell betroffen. Wie sollte es auch möglich sein, so verschiedene Menschen wie Kleist, Hemmingway, Amery, Tucholsky, Nero, Sokrates, Cleopatra, Hitler oder Göbbels und all die vielen Namenlosen auf einen gemeinsamen Nenner zu bringen? Das einzige was sie verbindet ist, daß sie sich alle das Leben genommen haben.

Zahlen und Theorien können nur dann hilfreich sein, wenn sie den Blick für die ungeheure Verschiedenheit der Menschen nicht verstellen und wenn sie die eigenen Gefühle und die Betroffenheit, die in jeder Auseinandersetzung mit einem Suizidalen spürbar werden, nicht zurückdrängen. Je tiefer man sich auf die Person des S.gefährdeten einläßt, desto komplizierter, widerspruchsvoller, aber auch verständlicher werden seine Handlungen und Beweggründe. Die Begegnung mit Suizidalen wird einen immer wieder an die Grenzen theoretischen Rationalisierens, therapeutischen Handelns, aber auch mitmenschlichen Verstehens bringen.

Jeder, der mit einem Menschen, der sich das Leben nehmen will oder wollte, ins Gespräch kam, wird deutlich gespürt haben, wie er selbst plötzlich angerührt war. Man wird immer gefühlsmäßig betroffen sein, egal ob solch ein Gespräch privater oder beruflicher Natur ist, ob man selbst viel oder wenig Erfahrung mit S.gefährdeten hat.

Praktisch in jedem Gespräch spiegelt sich die ganze Tragik und Problematik eines Suizidalen wider:
- die innere Zerrissenheit und Ambivalenz seiner Gefühle,
- die schwere Störung der Beziehungsfähigkeit,
- die starke familiäre Verflochtenheit
- und die ungeheuere interpersonelle Dynamik der Suizidalität.

Fast alle S.e und S.versuche sind *Lösungs-* oder *Ausbruchsversuche* aus einer tiefgreifenden persönlichen, familiären und sozialen Krise. Sie sind oft Endpunkt einer langen Leidensgeschichte.

Mindestens 90 v. H. aller S.handlungen werden *vorher* angekündigt. Die suizidale Krise wird ganz selten auf einen einzelnen beschränkt bleiben. Betroffen sind immer auch andere, die Familie, der Partner, Freunde, Nachbarn, Kollegen oder Behörden und Institutionen.

Jeder S. bzw. S.versuch ist eine in sich widersprüchliche Tat, eine *Paradoxie.* Es kann sogar, so seltsam es klingen mag, der Wunsch, endlich einmal frei zu leben, dahinterstehen. Da ist einerseits der Wunsch, tot zu sein, der Wunsch nach einem Ende aller Anstrengungen, Schmerzen oder Leiden, nach Ruhe und Geborgenheit. Andererseits zielt eine solche Handlung aber immer auch auf das Leben und auf die Lebenden ab. Die Person sucht nicht nur mehr oder weniger bewußt den Tod, sondern sie will auch auf jemanden einwirken, ein Zeichen setzen. Ein S.versuch, oder bereits die Ankündigung, kann ein verzweifelter *Hilferuf,* das allerletzte Mittel etwas zu verändern, oder ein gewaltiges Druckmittel, eine Erpressung, sein (Brenning/Wetzel, 1986).

S. ist die radikalste Form, eine Beziehung zum anderen abzubrechen. Es wird versucht, sich gleichzeitig aus einer engen Bindung zu lösen und sie neu zu beleben. Diese innere Zerrissenheit wird in jede Beziehung getragen. Jede Begegnung mit dem Suizidalen wird also auch durch diese Ambivalenz mitgeprägt: Einerseits sucht und fordert er Hilfe, will sofort unbedingt die Zuneigung und erzwingt sie, wenn es sein muß; andererseits beinhalten seine S.phantasien ja genau das Gegenstück, den abrupten einseitigen Abbruch jeglicher Beziehung. Die eigentümliche Dynamik des S. entsteht aus der besonderen Nähe des Todes einerseits und dem oft verzweifelten Ausgreifen nach einem Lebenden andererseits.

Es wäre ein fataler Fehler, aus der Stärke dieser „lebenszugewandten" Seite auf die Ernsthaftigkeit der Tötungsabsicht zu schließen. Bei jedem Suizidalen stehen beide Seiten, wenn auch oft in unterschiedlicher Ausprägung, nebeneinander. Sie sind beide ernstzunehmen. Die Intentionen eines Suizidalen sind zutiefst gespalten, widersprechen einander und heben sich erst im S. endgültig auf. Und so gesehen ist der S. auch eine große Selbsttäuschung, da ja das, was man sich erhofft oder erreichen will, nicht erlebt werden kann, wenn man selbst tot ist.

5 Selbstzerstörung

Genauso wie sich ein Selbstmörder letztlich doch unseren Bemühungen um Verständnis, Erklärung und Hilfe entzieht, wird sich das Thema „Suizid" selbst einer allgemein gültigen Behandlung entziehen. Ein kurzer Blick in die Geschichte und über die Grenzen, zeigt, wie unterschiedlich die Gesellschaft darauf reagieren kann.

Griechische und römische Philosophen rühmten den S. als höchste Form zur Wahrung menschlicher Würde. Die Kirchenväter, allen voran Augustinus, stempelten ihn zur Todsünde. Im Zeitalter des Absolutismus wurde er zum Verbrechen gegen Herrscher und Staat. In Japan entwickelten sich ritualisierte, gesellschaftlich akzeptierte Formen der Selbsttötung. Einige sehen in jedem Selbstmörder einen Kranken. Anderen gilt der Freitod als Ausdruck menschlicher Freiheit und Selbstbestimmung (Fletcher, 1976). Irgendwie suspekt war der S. den Einflußreichen und Mächtigen in Kirche und Staat offensichtlich immer. Die Gründe dafür liegen nach wie vor im Dunkeln.

Dies mag einmal in ihrem eigenen Herrschaftsanspruch liegen, da ja jeder Suizidant die bestehenden Lebensbedingungen in Frage stellt, und zwar so radikal, daß er sich ihnen einfach gänzlich entzieht.

Das mag aber auch an der engen und noch ungeklärten Verwandtschaft von Gewalt/Aggression einerseits und S./Selbstzerstörung andererseits liegen, was semantisch in Worten wie Selbstmord oder Todestrieb andeutungsweise zum Ausdruck kommt. Offensichtlich sind derartige Phantasien und Energien weit verbreitet wirksam und nicht nur individuell bedrohlich, sonst müßten sie nicht so ausdauernd und umfassend gesellschaftlich gelenkt, tabuisiert oder ganz unterdrückt werden – beim einzelnen. Denn auf der anderen Seite liegt ja das ungeheuere selbstzerstörerische Potential unserer hochzivilisierten Gesellschaft für alle auf der Hand. Eine Sicherheitspolitik, die in letzter Konsequenz auf eine Selbstzerstörung der Menschheit hinausläuft, eine Wirtschafts- und Energiepolitik, die systematisch die natürlichen Lebensgrundlagen des Menschen zerstört, die unfaßbar hohe Lebens- und Umweltrisiken ins Kalkül zieht, oder eine Verkehrspolitik, die jährlich mit mehreren tausend Toten rechnet, sind gar nicht anders als selbstmörderisch zu nennen.

So deutlich sichtbar und gleichzeitig so übermächtig wie in diesem Jahrhundert sind die individuellen und kollektiven selbstzerstörerischen, lebensverachtenden Kräfte noch nie gewesen. Nach zwei Weltkriegen droht sich die Menschheit seit vierzig Jahren selbst den Tod an, den schlagartigen oder den schleichenden.

Im wahrsten Sinne verkörpert hat sich diese Verkettung von hemmungsloser Gewalttätigkeit und Selbstzerstörung in einem Mann, mit dem sich zwischen 1933 und

1945 die überwiegende Mehrzahl der Deutschen identifiziert hat, dem sie freiwillig die Führung ihres Staatswesens übertragen hat. Vor aller Augen konnte ein Selbstmörder sich selbst und ganz Deutschland zugrunde richten. Und das erschreckende dabei ist, daß er es nicht nur als einzelner getan hat. In dieser Zeit sind gewaltige destruktive Energien bei der überwiegenden Mehrheit der Menschen entfesselt worden. Es sind eben nicht nur Adolf Hitler und Joseph Göbbels gewesen, sondern die meisten gingen mit ihnen ohne nennenswerten Widerstand den Weg der Selbstzerstörung. Die Deutschen selbst konnten sich nicht aus eigener Kraft von ihrer Führung befreien oder lösen, sie konnten ihnen und der drohenden Selbstdestruktion nichts entgegensetzen. Und diese Energien können nicht einfach an Stichtagen verschwinden oder nur innerhalb bestimmter Landesgrenzen manifest werden.

Unbegreiflich bleibt, daß nach dieser Erfahrung, nach den Infernos von Auschwitz, Dresden und Hiroshima, sich das Bewußtsein der Menschen so wenig verändert hat. Erstaunlich bleibt, wie wenig Psychologen und Psychotherapeuten, von einer Handvoll couragierter abgesehen, dazu beigetragen haben, diese Zusammenhänge aufzudecken und einer Vielzahl von Menschen bewußt zu machen.

Literatur

Amery, J.: Hand an sich legen. Diskurs über den Freitod. Stuttgart: Klett-Cotta, 1976.

Amery, J.: „Hand an sich legen“: Exposé. Hermannstraße 14: Halbjahresschrift für Literatur, 1, 3. Stuttgart: Klett-Cotta, 1978.

Brenning, U./Wetzel, H.: Todessehnsucht und Lebenshunger. Suicidprophylaxe, 13, 1986, 78-87.

Durkheim, E.: Der Selbstmord. Neuwied: Luchterhand, 1983 (Erstausg. 1897).

Elsner, E.: Selbstmord in Berlin. Berliner Statistik 11, 1983, 218-239.

Fletcher, J.: In Verteidigung des Suizids. In: Eser, A. (Hrsg.): Suizid und Euthanasie als human- und sozialwissenschaftliches Problem. Stuttgart: Enke, 1976, 233-244.

Freud, S.: Trauer und Melancholie. In: Gesammelte Werke Bd. 10. London: Imago Publishing Co., 1940 (Erstausg. 1917).

Gundel, K.: Psychopathologie und Suizid. Zusammenhänge im Lichte einer neuen Theorie. Suicidprophylaxe, 12, 1985, 33-55.

Guillon, C./Le Bonniec, Y.: Gebrauchsanleitung zum Selbstmord. Frankfurt: Robinson, 1982.

Henseler, H.: Narzistische Krisen: Zur Psychodynamik des Selbstmords. Reinbek: Rowohlt, 1974.

Jacobsohn, H.: Das Gespräch eines Lebensmüden mit seinem Ba. In: Meier, C. A. (Hrsg.): Zeitlose Dokumente der Seele. Zürich: Rascher, 1952.

Klemann, M.: Zur frühkindlichen Erfahrung suizidaler Patienten. Frankfurt: Lang, 1983.

Lippert, H. J.: Suicid in Zahlen und Kurvendarstellungen. Suicidprophylaxe, 3, 1976, 46-60.

Menninger, K.: Selberzerstörung. Psychoanalyse des Selbstmords. Frankfurt: Suhrkamp, 1978 (Erstausg. 1938).

Nordmann, E. et al.: Familien suizidaler Jugendlicher. Probleme und Ergebnisse der Familieninteraktionsforschung. Suicidprophylaxe, 11, 1984, 237-253.

Pohlmeier, H.: Selbstmord und Selbstmordverhütung. München: Urban & Schwarzenberg, 1983.

Richman, J.: The family therapy of attempted suicide. Family Process, 18, 1979, 121-142.

Ringel, E.: Der Selbstmord-Abschluß einer krankhaften Entwicklung. Wien: Maudrich, 1953.

Ringel, E.: Selbstmord – Appell an die Anderen. München: Kaiser, 1974.

Ringel, E.: Das Leben wegwerfen? Wien: Herder, 1978.

Schmidtke, A.: Entwicklung der Häufigkeit suizidaler Handlungen im Kindes- und Jugendalter in der Bundesrepublik Deutschland. Kinderarzt, 12, 1981, 697-714.

Schmidtke, A.: Zur Prognose und Entwicklung von Suiziden im Kindes- und Jugendalter. Sozialpädiatrie in Praxis und Klinik, 5, 1983, 199-202.

Sperling, E.: Suizid und Familie. Gruppenpsychotherapie und Gruppendynamik, 16, 1980, 24-32.

Soubrier, J. P./Vedrinne, J.: Depression and suicide. Paris: Pergamon Press, 1983.

Wedler, H.: Das aktuelle Thema: Suizidstatistik. Über Zahlen. Suicidprophylaxe, 6, 1979, 177-185.

Wedler, H.: Der Suizidpatient im Allgemeinkrankenhaus. Stuttgart: Enke, 1984.

Welz, R.: Selbstmordversuche in städtischen Lebensumwelten. Weinheim: Beltz, 1979.

Wolter, D. K.: Vom Mythos der Statistik. Was nutzt die Sozialökologie der Suizidforschung? Suicidprophylaxe, 12, 1985, 195-209.

Supervision

Anna Auckenthaler

1 Zum Stand der Entwicklung

In Veröffentlichungen zum Thema „Supervision" sind Beteuerungen der Wichtigkeit und Unverzichtbarkeit von S. genauso üblich wie Klagen über den Stand der Entwicklung. Trotz der „zunehmenden Bedeutung" von S. (Pühl/Schmidbauer, 1986, 7) und trotz intensiver Forschung sei S. immer noch mehr Kunst als Wissenschaft (Holloway/Hosford, 1983), und es fehle nicht nur an „der" Theorie der S., sondern auch an „Partialtheorien" (Huppertz, 1975, 2ff.; Worthington, 1984). Noch immer gebe es nur wenig Wissen über spezifische Aspekte des S.-Prozesses, der Rolle des Supervisors, der Beziehung zwischen Supervisor und Supervisand, Supervisor/inn/en seien weitgehend darauf angewiesen, sich ihre S.-Praxis aus ihrer Therapie- oder Beratungstheorie selbst abzuleiten, S.-„Modelle" seien oft nicht mehr als bloße Beschreibungen dieser „selbstgestalteten Praxis" (Zielke, 1982) oder seien nur schwer in das praktische Handeln zu übersetzen (Holloway/Hosford, 1983), und überhaupt sei die ganze S.-Literatur recht „verwirrend und widersprüchlich" (Bernard, 1979).

Einigkeit scheint immerhin darin zu bestehen, daß S. in einer *Beziehung* (zwischen zwei oder mehreren – aber immer nur *wenigen* – Personen) stattfindet, daß sie der *systematischen Bearbeitung von Problemen beruflicher Interaktion* dient und die *Erweiterung bzw. Verbesserung der persönlichen und berufspraktischen Kompetenzen* zum Ziel hat (Hess, 1980a, 16; 1980b, 528; John/Fallner, 1980, 9; Plessen/Kaatz, 1985, 25; Wittern et al., 1986). S. wird in all jenen Berufen für wichtig und notwendig erachtet, in denen „Beziehungsarbeit" geleistet wird; sie ist inzwischen für die meisten Berufsgruppen im psychosozialen Feld eine Selbstverständlichkeit, gewinnt aber in letzter Zeit auch Bedeutung im Bereich qualitativer Forschung. Fast jeder, der einmal Erfahrungen mit S. gemacht hat, ist davon überzeugt, daß S. nicht nur während der Ausbildung, sondern während der ganzen Zeit der Berufstätigkeit wichtig ist (Wittern et al., 1986).

S. wird u.a. auch dadurch zu bestimmen versucht, daß sie von anderen Formen der Aus- und Weiterbildung bzw. von anderen Beziehungsformen abgegrenzt wird: S. sei *keine Praxisanleitung, keine Fortbildung in Form von Vorträgen oder Belehrungen, keine Konsultation, keine Psychotherapie* (z.B. Huppertz, 1975, 7; Loganbill et al., 1982, 4). Allerdings haben z.B. die verhaltenstherapeutischen Ansätze von S. eine so weite Definition von S., daß dort diese Abgrenzungen z.T. wieder aufgehoben werden.

Besonders häufig finden sich in der Literatur Diskussionsbeiträge zur Frage der Abgrenzung von S. einerseits und Psychotherapie bzw. Beratung andererseits. Selbst dort, wo das persönliche Wachstum der Supervisand/inn/en als vorrangiges Ziel einer S. genannt wird, besteht weitgehende Übereinstimmung darin, daß S. nicht unter der Hand zu einer Psychotherapie für die Supervisand/inn/en werden dürfe. Zwar seien persönliche Themen und Probleme wichtiger Gegenstand von S., sie sollten aber immer nur bezogen auf die berufliche Arbeit der Supervisand/inn/en behandelt werden; ab einem bestimmten Punkt müsse der Supervisand seine Probleme in seine „Eigentherapie" bzw. seine Lehranalyse einbringen. Unterschiede zur Psychotherapie ergäben sich ferner daraus, daß die S. auch didaktische und bewertende Momente enthalte, daß es immer auch – und sogar sehr zentral – um jemanden gehe, der selbst *nicht* anwesend sei, nämlich um den Klienten, daß der Supervisor auch (berufliches) Rollenmodell für die Supervisand/inn/en sei. Trotzdem weise die S. viele Parallelen zur Psychotherapie auf; S. sei zwar keine Therapie, sie sei aber – zumindest phasenweise – „therapeutisch" (vgl. vor allem Patterson, 1964).

Die *Geschichte* der S. hängt eng zusammen mit der Geschichte des jeweiligen Anwendungsgebietes (vgl. etwa für die Klinische Psychologie Leddick/Bernard, 1980, für die Sozialarbeit Huppertz, 1975; Kadushin, 1976). In der Geschichte der *S. von Psychotherapie und Beratung* z.B. wiederholt sich die Geschichte der verschiedenen psychotherapeutischen Schulen: Am Anfang der Entwicklung (in den 20er Jahren dieses Jahrhunderts) stand die psychodynamisch orientierte S.; sie erhielt in den 50er Jahren Konkurrenz von humanistisch orientierten S.-Ansätzen und – etwas später – von den verhaltenstherapeutischen Ansätzen. Auch der mit der „kognitiven Wende" verbundene Optimismus hinsichtlich einer möglichen Integration der einzelnen Ansätze läßt sich in der Geschichte der (Psychotherapie-) S. wiederfinden. Trotz aller Integrationshoffnungen und -bemühungen aber stehen heute nach wie vor *verschiedene* S.-Ansätze nebeneinander.

Wegen der Verbundenheit von S. mit bestimmten Anwendungsgebieten müssen Aussagen über die SV *im allgemeinen* relativ oberflächlich bleiben. Im folgenden soll daher statt dessen schwerpunktmäßig die *S. von Psychotherapie und Beratung* dargestellt werden.

2 Ziele und Gegenstand von Supervision

Noch mehr als bei der Betrachtung der Geschichte der S. wird bei einer Auseinandersetzung mit Zielen und Gegenstand deutlich, daß es „die" S. nicht gibt. Unter den „persönlichen und berufspraktischen Kompetenzen", die in der S. erworben bzw. verbessert werden sollen, werden zwar relativ übereinstimmend *„persönliches Wachstum", „praktische Fertigkeiten"* und *„theoretisches Wissen"* verstanden, diese Ziele können aber inhaltlich sehr Unterschiedliches meinen und werden auch sehr unterschiedlich gewichtet. Besonders stark (aber keineswegs ausschließlich!) werden die Unterschiede von der therapeutischen Orientierung der jeweiligen Supervisor/inn/en bzw. Autor/inn/en bestimmt:

In der *psychodynamisch orientierten S.* (Bordin, 1983; Caligor et al., 1984) liegt der Fokus auf der Bewußtmachung und Bearbeitung der Konflikte zwischen Klient und Therapeut/Berater einerseits, zwischen Supervisor und Therapeut/Berater andererseits, in der *humanistisch orientierten S.* (*„facilitative supervision";* Rice, 1980; Patterson, 1983) auf den Bedürfnissen von Klient und Therapeut/Berater sowie auf der Beziehung zwischen Klient und Therapeut/Berater, in der *verhaltenstherapeutisch orientierten S.* (Hosford/Barmann, 1983; Wessler/Ellis, 1983) auf der Vermittlung von praktischen Fertigkeiten, die eine schnellere Verhaltensänderung des Klienten ermöglichen, und in der *„kognitiv-entwicklungsorientierten S."* (*„cognitive-developmental supervision"* oder *„developmental-integrative supervision";* Stoltenberg, 1981; Loganbill et al., 1982; Blocher, 1983) auf der Integration von praktischen Fertigkeiten, theoretischem Wissen und persönlichem Wachstum des Therapeuten (zum Vergleich der vier Ansätze s. Bartlett, 1983; Goodyear/Bradley, 1983).

„Entwicklungsorientiert" oder „developmental" meint manchmal nicht mehr, als daß der jeweilige Erfahrungs- bzw. Entwicklungsstand der Supervisand/inn/en zu berücksichtigen sei – was dann sicher nicht als spezifisch für nur eine theoretische Orientierung angesehen werden kann. An anderen Stellen wird damit explizit Bezug genommen auf die Änderung von Kognitionen, vor allem auf Änderungen in der Personenwahrnehmung in Richtung auf größere Komplexität und einen besseren Umgang mit inkohärenten Informationen.

Eindeutige Abgrenzungen scheinen nur zwischen der verhaltenstherapeutischen S. einerseits (den „klassischen" *und* den kognitiven Ansätzen!) und den drei anderen S.-Ansätzen andererseits möglich zu sein. Sowohl bei der Analyse theoretischer Arbeiten (Goodyear/Bradley, 1983) als auch bei der Analyse der S.-Praxis (Goodyear/Robyak, 1982; Friedlander/Ward, 1984; Goodyear et al., 1984) ergeben sich zwei Cluster von S.-Ansätzen: Während verhaltenstherapeutische S. mehr am *Ergebnis* orientiert ist, legen die anderen Ansätze größeres Gewicht auf den S.-*Prozeß,* d. h. vor allem: auf die *Beziehung* zwischen dem Supervisor und den Supervisand/inn/en, auf die Herstellung einer bestimmten „förderlichen" S.-Atmosphäre. Das wird u. a. deshalb für wichtig gehalten, weil man hier auf ein Lernen über das eigene Erleben setzt (*„experiential supervision");* in der verhaltenstherapeutischen S. dagegen gilt das Lernen von Theorie und Techniken als vorrangig (*„didactic supervision"* oder *„instructional supervision"*).

Zwischen den zwei Clustern gibt es allerdings auch Überschneidungen. So steht z. B. die psychodynamisch orientierte S. in bezug auf die Gewichtung von theoretischem Wissen der verhaltenstherapeutischen S. mitunter näher als humanistischen Ansätzen (Goodyear et al., 1984). Außerdem scheinen sich Unterschiede zwischen den einzelnen Ansätzen mit zunehmender Erfahrung des Supervisors zu verwischen (Goodyear/Robyak, 1982).

3 Anforderungen an den Supervisor

Die Liste der Anforderungen, die an den Supervisor gestellt werden, ist auffallend lang. Zusätzlich zu den beiden am häufigsten genannten Forderungen – Therapeut und/oder Lehrer sein zu können – wird von Supervisor/inn/en auch erwartet, daß sie für die Wahrung öffentlicher Interessen sorgen (d. h. hier: daß sie die Aufrechterhaltung eines bestimmten Standards therapeutischer bzw. beratender Arbeit gewährleisten), daß sie daher auch die Supervisand/inn/en beurteilen und in (Beratungs-, Therapie-, Institutions-, Organisations- etc.)Theorie unterrichten können; nicht zuletzt sollen sie aber auch fähig sein zur Schaffung einer förderlichen S.-Atmosphäre – was nur z. T. mit ihrer therapeutischen Funktion zusammenfällt (Hess, 1980a; Loganbill et al., 1982; Bartlett, 1983).

Bei der Frage, ob jeder einzelne Supervisor fähig sein sollte, *alle* diese Forderungen zu erfüllen, scheint man sehr häufig von „Maximalmodellen" auszugehen, d. h. von der Vorstellung, daß in einer S. *alle* (möglichen) Ziele auch (irgendwann einmal) sinnvoll sein können; jeder Supervisor sollte daher fähig sein, das jeweils angemessene Ziel zu identifizieren und die Bedingungen, die für die Erreichung dieses Ziels nötig sind, herzustellen. Bei der Bewältigung dieser Aufgaben ist er aber größtenteils auf sich allein gestellt. Intuition des Supervisors gilt daher als eine wesentliche Grundvoraussetzung guter S.

Sinnvoller, als von einem Supervisor auszugehen, der möglichst rasch erkennt, in welcher Rolle er gerade gefragt ist, und der möglichst rasch von einer Rolle in die andere wechseln kann, dürfte es sein, die unterschiedlichen Rollen bzw. Funktionen eines Supervisors als Verdeutlichung bzw. Bewußtmachung der unterschiedlichen Aspekte von S. zu verstehen (Friedlander/Ward, 1984). Das Wissen um die unterschiedlichen Aufgaben eines Supervisors könnte dann als Hilfestellung fürs praktische S.-Handeln, aber auch für die Ausbildung von Supervisor/inn/en genützt werden: Der Hinweis auf die Notwendigkeit der Theorievermittlung etwa könnte die Supervisor/inn/en zu einer stärkeren Auseinandersetzung mit theoretischen Fragen anregen. Der Hinweis auf die Funktion als Beurteiler könnte mehr Sensibilität für die (institutionellen) Bedingungen wecken, unter denen S. geschieht. Das würde gleichzeitig auch eine (stärkere) Reflexion der Angemessenheit therapeutischen Handelns in der S. bedeuten: Können es sich etwa die Supervisand/inn/en unter den gegebenen Bedingungen überhaupt leisten, auf ein therapeutisches Angebot des Supervisors einzusteigen? – Solche Fragen sind besonders dort hochaktuell, wo es sich um „verordnete" S. handelt, also z. B. um S., die im Rahmen der Ausbildung vorgeschrieben ist.

Einen Beitrag zur Ordnung der einzelnen S.-Aufgaben liefern übrigens auch die entwicklungsorientierten Ansätze. Sie weisen darauf hin, daß die einzelnen Funktionen des Supervisors je nach Erfahrungsniveau des Supervisanden unterschiedlich wichtig sind. Dafür gibt es inzwischen auch empirische Belege (Friedlander/Ward, 1984; Heppner/Roehlke, 1984). Supervisor/inn/en können also für sich die Vielzahl der Anforderungen eingrenzen, indem sie den Erfahrungsstand ihrer Supervisand/inn/en berücksichtigen – oder indem sie sich überhaupt auf bestimmte Ausbildungsniveaus spezialisieren.

4 Supervisionsphasen und Supervisionsformen

Gewisse Konkretisierungen der Anforderungen an einen Supervisor ergeben sich aus der Beschreibung bestimmter S.-Verläufe und S.-Formen.

So erlaubt z. B. die Aufgliederung von S.-Sitzungen in mehrere *Phasen* Ableitungen hinsichtlich der Gewichtung von Themen und Interventionen: Ausgangspunkt der S. ist jeweils ein Problem eines Supervisanden; dieses Problem wird entweder durch einen schriftlichen oder mündlichen Bericht und/oder über ein (Ton- oder Video-)Band eingebracht. Auf die Phase der *Falleinbringung* (incl. der Formulierung des Anliegens für die betreffende Sitzung) folgt eine Phase der *Informationssammlung*, anschließend eine *Gewichtungs-* bzw. *Problembearbeitungsphase* (in der unterschiedliche Hypothesen und Sichtweisen gegeneinander abgewogen werden). Abgerundet wird die S. durch eine *Auswertungsphase* (mit je nach Ansatz unterschiedlicher Einflußmöglichkeit von Supervisor und Supervisand; zu den S.-Phasen vgl. z. B. John/Fallner, 1980; Giesecke/Rappe, 1982; Plessen/Kaatz, 1985; Wittern et al., 1986; Auckenthaler, im Druck).

S.-Formen lassen sich einmal nach dem *Setting* unterscheiden, in dem die S. stattfindet, ferner nach dem *Vorgehen.* So geht es etwa im *„Microtraining"* um ein schrittweises Erarbeiten und Einüben einer Vielzahl von Einzelfertigkeiten (Forsyth/Ivey, 1980), im *„IPR"* (= *„Interpersonal Process Recall";* Kagan, 1980) um den nachträglichen Abruf von Gedanken und Gefühlen, die der Therapeut während der Therapie hatte (dieser Abruf wird durch das Ansehen des Videobandes der betreffenden Therapie eingeleitet).

Mitunter wird auch die *Balintgruppenarbeit* (Argelander, 1979; Bauriedl, 1983) als eine Spezialform von S. betrachtet. Häufiger aber scheint sie mit S. gleichgesetzt oder als eine Arbeitsform *neben* der S. gesehen zu werden.

Hinsichtlich des Settings von S. fällt eine Tendenz zur *Gruppen-S.* im deutschsprachigen Raum, zur *Einzel-S.* im amerikanischen Raum auf (Wittern et al., 1986). Erst in letzter Zeit wird die Gruppen-S. – und hier vor allem die *„Peer-Gruppen-S."* oder *„kollegiale S."* (= eine S.-Gruppe ohne Leiter) – auch im amerikanischen Raum stärker diskutiert; sie könne ein Gegengewicht zum Expertentum des Supervisors und damit auch eine Entlastung von Supervisor/inn/en darstellen (Kagan, 1983; Rioch, 1980; allgemein zum Setting Bartlett, 1983; Conrad/Pühl, 1983; Plessen/Kaatz, 1985; Wittern et al., 1986).

Natürlich bringt dem Supervisor die Ausrichtung seines Vorgehens an S.-Phasen und S.-Formen nicht sehr viel mehr als eine gewisse Strukturierungshilfe. In bezug auf konkretere Angaben zum Vorgehen ist aber ohnehin Vorsicht angebracht. Auf *deskriptiver* Ebene sind sie auf jeden Fall sinnvoll; Erfahrungsberichte oder Beobachtungsprotokolle mit genauen Angaben darüber, wie ein Supervisor eine bestimmte Situation oder ein bestimmtes Problem handhabt bzw. löst, stellen sicher wertvolles Lehr- und Lernmaterial dar. Ob aber die Aufgaben eines Supervisors auf die Ebene bestimmter vorschreibbarer Techniken heruntertransformiert werden sollte, wird je nach Ansatz unterschiedlich zu beantworten sein. Die Auseinandersetzung mit Ansätzen, Stilen, Themen und Formen von S. dürfte jedoch (derzeit?) ohnehin wichtiger sein als die Ausformulierung von S.-Techniken (Friedlander/Ward, 1984, 542).

5 Forschung zur Supervision: Erreichtes und Erwünschtes

Die frühen Phasen empirischer Forschung zur S. waren weitgehend bestimmt von einer Orientierung an der Psychotherapieforschung. Dementsprechend interessierten als Forschungsthemen z. B. Fragen des Zusammenhangs zwischen den Fortschritten der Supervisand/inn/en und der Verwirklichung von „förderlichen“ (interaktionellen) Bedingungen durch den Supervisor. Mit dem Aufkommen der Debatte über die Vorzüge didaktischer und therapeutischer S.-Ansätze ging es in der Forschung lange Zeit um Versuche, die entsprechenden Nachweise für die Überlegenheit der eigenen Position zu finden. Solche „Nachweise“ wurden dann auch tatsächlich für *jede* Position gefunden – die Forschung hatte nicht geholfen, die Streitfragen zu klären (Leddick/Bernard, 1980; Holloway/Hosford, 1983).

Erst in letzter Zeit aber rückte man ab von relativ globalen Vergleichen unterschiedlicher S.-Ansätze. Jetzt wird eher zu einzelnen *Aspekten* geforscht, vor allem zu Aspekten der Interaktion zwischen Supervisor und Supervisand: Wie stehen z. B. die Erwartungen von Supervisand/inn/en und ihr „locus of control“ mit ihrer Wahrnehmung der Kompetenz, Attraktivität und Vertrauenswürdigkeit des Supervisors in Zusammenhang – und gibt es dabei Zusammenhänge mit dem Ausbildungsstand der Supervisand/inn/en (Heppner/Roehlke, 1984; Worthington/Stern, 1985)? Welchen Einfluß übt die Selbstdarstellung eines Supervisanden (z. B. „defensive“ vs. „counterdefensive“) auf die Einschätzung des Supervisanden durch den Supervisor aus (Ward et al., 1985)? Welche Rolle spielt der Erfahrungsstand des Supervisors (Marikis et al., 1985; Worthington/Stern, 1985) und welche die Übereinstimmung von Supervisor und Supervisand in ihrer theoretischen Orientierung (Steinhelber et al., 1984)?

Weitere Forschungsschwerpunkte ergeben sich daraus, daß nun wieder mehr für Beobachtungen „im Feld“ plädiert wird; ein vielversprechender Weg scheint hier z. B. die Analyse von Videobändern von S.en prominenter Vertreter der einzelnen therapeutischen Richtungen zu sein (Friedlander/Ward, 1984; Goodyear et al., 1984). Ebenso dürften interaktionstheoretische und linguistische Analysen „normaler“ S.en wichtige Aufschlüsse hinsichtlich einer Phänomenologie der S. bringen (vgl. z. B. auch Giesecke/Rappe, 1982).

Neben eher allgemein gehaltenen Vorschlägen für die zukünftige S.-Forschung liegen auch viele Einzelanregungen vor (vgl. Lambert, 1980; Holloway/Hosford, 1983; Friedlander/Ward, 1984; Worthington, 1984; Ward et al., 1985).

- Berücksichtigung von Supervisand/inn/en auf höherem Ausbildungs- bzw. Erfahrungsniveau;
- Vergleich von Einzel- und Gruppen-S.;
- Einbeziehen der Klientenurteile bei der Einschätzung des Erfolgs einer S.;
- Längsschnittstudien;
- Feststellen des Zusammenwirkens bzw. der gegenseitigen Beeinträchtigung der unterschiedlichen S.-Dimensionen;
- Beschäftigung mit Fragen der Offenheit bzw. der „Beeindruckungsstrategien“ bei Falldarstellungen

Zusätzlich zur Ausweitung und Verfeinerung empirischer Studien gilt es aber vor allem auch, an der Entwicklung theoretisch fundierter S.-Modelle weiterzuarbeiten. *Ein* Schritt in diese Richtung könnte es sein, wenn in Zukunft Praxis*beschreibungen* vermehrt durch Praxis*reflexionen* ergänzt würden.

Literatur

Argelander, H.: Balint-Gruppen. In: Heigl-Evers, A. (Hrsg.): Die Psychologie des 20. Jahrhunderts. Bd. 7. München: Kindler 1979, 822-829.

Auckenthaler, A.: Statt zu deuten: Psychotherapie auf der Basis von Verstehenshypothesen. In: Datler, W./Reinelt, T. (Hrsg.): Beziehung und Deutung im psychotherapeutischen Prozeß. Berlin–Heidelberg: Springer, im Druck.

Bartlett, W. E.: A multidimensional framework for the analysis of supervision of counseling. The Counseling Psychologist, 11, 1983, 9-17.

Bauriedl, Th.: Balintgruppen. In: Mertens, W. (Hrsg.): Psychoanalyse: Ein Handbuch in Schlüsselbegriffen. München: Urban & Schwarzenberg 1983, 212-222.

Bernard, J. M.: Supervisor training: A discrimination model. Counselor Education and Supervision, 19, 1979, 60-68.

Blocher, D. H.: Toward a cognitive developmental approach to counseling supervision. The Counseling Psychologist, 11, 1983, 27-34.

Bordin, E. S.: A working alliance based model of supervision. The Counseling Psychologist, 11, 1983, 35-42.

Caligor, L./Bromberg, Ph. M./Meltzer, J. D. (Hrsg.): Clinical perspectives on the supervision of psychoanalysis and psychotherapy. New York: Plenum, 1984.

Conrad, G./Pühl, H.: Team-Supervision. Konflikte im Team verstehen und verändern. Berlin: Marhold, 1983.

Forsyth, D. R./Ivey, A.: Microtraining: An approach to differential supervision. In: Hess, A. K. (Ed.): Psychotherapy supervision: Theory, research, and practice. New York: Wiley, 1980, 15-28.

Friedlander, M. L./Ward, L. G.: Development and validation of the supervisory styles inventory. Journal of Counseling Psychology, 31, 1984, 541-557.

Giesecke, M./Rappe, K.: Setting und Ablaufstrukturen in Supervisions- und Balintgruppen. Ergebnisse einer kommunikationswissenschaftlichen Untersuchung. In: Flader, D./Grodzicki, W./Schröder, K. (Hrsg.): Psychoanalyse als Gespräch. Frankfurt a. M.: Suhrkamp 1982, 208-302.

Goodyear, R. K./Abadie, Ph. D./Efros, F.: Supervisory theory into practice: Differential perception of supervision by Ekstein, Ellis, Polster, and Rogers. Journal of Counseling Psychology, 31, 1984, 228-237.

Goodyear, R. K./Bradley, F. O.: Theories of counselor supervision: Points of convergence and divergence. The Counseling Psychologist, 11, 1983, 59-67.

Goodyear, R. K./Robyak, J. E.: Supervisors' theory and experience level in supervisory focus. Psychological Reports, 51, 1982, 978.

Heppner, P. P./Roehlke, H. J.: Differences among supervisees at different levels of training: Implications for a developmental model of supervision. Journal of Counseling Psychology, 31, 1984, 76-90.

Hess, A. K.: Training models and the nature of psychotherapy supervision. In: Hess, A. K. (Ed.): Psychotherapy supervision: Theory, research, and practice. New York: Wiley 1980 a, 15-28.

Hess, A. K.: Summing up and moving forward in psychotherapy supervision. In: Hess. A. K. (Ed.): Psychotherapy supervision: Theory, research, and practice. New York: Wiley, 1980 b, 525-530.

Holloway, E. L./Hosford, R. E.: Towards developing a prescriptive technology of counselor supervision. The Counseling Psychologist, 11, 1983, 73-77.

Hosford, R. E./Barmann, B.: A social learning approach to counselor supervision. The Counseling Psychologist, 11, 1983, 51-58.

Huppertz, N.: Supervision. Analyse eines problematischen Kapitels der Sozialarbeit. Neuwied: Luchterhand, 1975.

John, R./Fallner, H.: Handlungsmodell Supervision. Mayen: Louis Schreder, 1980.

Kadushin, A.: Supervision in social work. New York/London: Columbia University Press, 1976.

Kagan, N.: Influencing human interaction – eighteen years with IPR. In: Hess, A. K. (Ed.): Psychotherapy supervision: Theory, research, and practice. New York: Wiley, 1980, 262-283.

Kagan, N.: Classroom to client: Issues in supervision. The Counseling Psychologist, 11, 1983, 69-72.

Lambert, M. J.: Research and the supervisory process. In: Hess, A. K. (Ed.): Psychotherapy supervision: Theory, research, and practice. New York: Wiley, 1980, 423-450.

Leddick, G. R./Bernard, J. M.: This history of supervision: A critical review. Counselor Education and Supervision, 19, 1980, 186-196.

Loganbill, C./Hardy, E./Delworth, U.: Supervision: A conceptual model. The Counseling Psychologist, 10, 1982, 3-42.

Marikis, D. A./Russell, R. K./Dell, D. M.: Effects of supervisor experience level on planning and in-session supervisor verbal behavior. Journal of Counseling Psychology, 32, 1985, 410-416.

Patterson, C. H.: Supervising students in the counseling practicum. Journal of Counseling Psychology, 11, 1964, 47-53.

Patterson, C. H.: A client-centered approach to supervision. The Counseling Psychologist, 11, 1983, 21-25.

Plessen, U./Kaatz, S.: Supervision in Beratung und Therapie. Salzburg: Otto Müller, 1985.

Pühl, H./Schmidbauer, W. (Hrsg.): Supervision und Psychoanalyse. München: Kösel, 1986.

Rice, L.: A client-centered approach to the supervision of psychotherapy. In: Hess, A. K. (Ed.): Psychotherapy supervision: Theory, research, and practice. New York: Wiley, 1980, 136-147.

Rioch, M.: The dilemmas of supervision in dynamic psychotherapy. In: Hess, A. K. (Ed.): Psychotherapy supervision: Theory, research, and practice. New York: Wiley, 1980, 68-77.

Steinhelber, J./Patterson, V./Cliffe, K./LeGoullon, M.: An investigation of some relationships between psychotherapy supervision and patient change. Journal of Clinical Psychology, 40, 1984, 1346-1353.

Stoltenberg, C.: Approaching supervision from a developmental perspective: The counselor complexity model. Journal of Counseling Psychology, 28, 1981, 59-65.

Ward, L. G./Friedlander, M. L./Schoen, L. G./Klein, J. G.: Strategic self-presentation in supervision. Journal of Counseling Psychology, 32, 1985, 111-118.

Wessler, R. L./Ellis, A.: Supervision in counseling: Rational-emotive therapy. The Counseling Psychologist, 11, 1983, 43-49.

Wittern, J.-O., Daniels, J./Kettmann, U./Nolte, K.: Supervision im Rahmen der Psychologie. Ausgewählte Ergebnisse einer schriftlichen Befragung von Diplom-Psychologen in der BRD. Referat auf dem Kongreß für Klinische Psychologie und Psychotherapie, Berlin, Februar, 1986.

Worthington, E. L.: An empirical investigation of supervision of counselors as they gain experience. Journal of Counseling Psychology, 31, 1984, 63-75.

Worthington, E. L./Stern, A.: Effects of supervisor and supervisee degree level and gender on the supervisory relationship. Journal of Counseling Psychology, 32, 1985, 252-262.

Zielke, M.: Supervision. In: Bastine, R. et al. (Hrsg.): Grundbegriffe der Psychotherapie. Weinheim: edition psychologie, 1982, 403-406.

Systemische Therapie

Gunthard Weber und Fritz B. Simon

„Systemisch“ ist in den letzten Jahren auch in Deutschland ein Zauberwort geworden. Im weitesten Sinne bezeichnen sich alle Therapeuten als systemisch orientiert, die in ihrer Arbeit Beziehungsprozessen mehr Beachtung schenken als intrapsychischem Geschehen, also vor allem die *Familientherapieschulen*. Theoretische Grundlage dieser Ansätze sind Kybernetik und Systemtheorie.

Aus den abstrakten systemtheoretischen Voraussetzungen sind sehr unterschiedliche therapeutische Methoden entwickelt worden, was zu verschiedenen systemorientierten Schulen der Familientherapie geführt hat. Sie lassen sich mit den Etiketten „strategische“, „strukturelle“ und „systemische“ Therapie (s. T.) kennzeichnen.

Die Konzeptualisierungen der verschiedenen Richtungen können als unterschiedliche Fokussierungen auf verschiedene Systemparameter verstanden werden. Die *strategische Therapie* richtet ihr Augenmerk auf die Regelhaftigkeit von Interaktionsprozessen, die *strukturelle Therapie* auf die Strukturen, Grenzenbildungen und Rollenverteilungen in den Familien, und die s. T. auf Beziehungs-, Interaktions- und Bedeutungsmuster. Diese unterschiedliche Schwerpunktsetzung zeigt sich auch in den Begriffen und den Sprachen, die in den verschiedenen Schulen verwendet werden. Die strategische Therapie benutzt überwiegend die Sprache der *Kommunikationswissenschaft*, die strukturelle entlehnt ihre Begriffe der *Rollen- und Organisationstheorie* und die s. T. bemüht sich, in ihren Konzeptualisierungen der *Rekursivität von Lebensprozessen* gerecht zu werden. Alle diese Modelle erscheinen in sich konsistent; sie haben aufgrund bestimmter theoretischer Prämissen spezifische und unterschiedliche Vorgehensweisen entwickelt. Dies erklärt sich aus der Tatsache, daß sie in unterschiedlichen Forschungskontexten und in der Behandlung unterschiedlicher Problemfamilien entwickelt worden sind. Da uns das systemische Modell am klarsten und konsistentesten auf einer kybernetischen Epistemologie aufgebaut scheint (Keeney, 1979), werden wir es ausführlicher beschreiben und uns mit Skizzen des strategischen und strukturellen Ansatzes begnügen.

1 Strategische Therapie

Die Entwicklung dieser Therapieform wurde vor allem durch die Forschungen der sogenannten „Palo-Alto-Gruppe“ (Gregory Bateson, Jay Haley, John Weakland und Don Jackson) zur Schizophrenie angeregt, die ihren Niederschlag in der „Doppelbindungs-Hypothese“ fanden. In ihr war zum erstenmal eine Betrachtungsweise psychopathologischer Phänomene in die psychiatrische Forschung eingeführt worden, welche Symptombildungen im Rahmen menschlicher *Kommunikationsprozesse* zu erklären versuchte.

Auf der Suche nach therapeutischen Methoden, die einer solchen Sichtweise gerecht werden, stießen Haley und Weakland auf den genialen Hypnotherapeuten Milton H. Erickson (Haley, 1973/1978; Erickson/Rossi, 1981). Er hatte als erfahrener Kliniker höchst unorthodoxe und wirksame Methoden der therapeutischen Kommunikation entwickelt, deren Effektivität sich durch die theoretischen Konzepte der Palo-Alto-Gruppe erklären ließ.

Diese theoretischen und praktischen Ansätze wurde am Mental-Research-Institute systematisiert und zu speziellen *kurztherapeutischen* Verfahren weiterentwickelt (Watzlawick et al., 1967/1969; 1974; Watzlawick, 1977; Fisch et al., 1982).

Neben dieser Gruppe sind Jay Haley und Chloe Madanes im Moment die herausragenden Vertreter dieser Therapierichtung (Haley, 1976; 1980/1981; Madanes, 1981). Ihr Vorgehen und ihr therapeutisches Selbstverständnis weisen allerdings auch viele Ähnlichkeiten zu dem der strukturellen Familientherapie auf. Dies zeigt sich vor allem in der Vorstellung, der Therapeut müsse in einer *hierarchisch übergeordneten Position* gegenüber dem Klientensystem stehen und die *Kontrolle über den Therapieprozeß* gewinnen. Sie gehen davon aus, daß bestimmte hierarchische Strukturen und Beziehungen nicht nur in der Therapie, sondern auch in Familien die Voraussetzung für Funktionalität und Symptomfreiheit bzw. -beseitigung sind.

2 Strukturelle Familientherapie

Während Haley und Madanes sich besonders mit den Ablösungsproblemen Jugendlicher befaßten, wurde die strukturelle Therapie im Rahmen eines Forschungsprojektes mit *Slum-Familien* entwikkelt (Minuchin et al., 1967). Bei diesen Unterschichtsfamilien beobachteten Minuchin und seine Mitarbeiter starke zentrifugale Tendenzen und starre, umgekehrte oder fehlende Hierarchien in den Familienbeziehungen. Daraus leiteten sie normative Vorstellungen darüber ab, wie eine „funktionelle“ Familie strukturiert und die interindividuellen, die Generations- und ihre Außengrenzen definiert sein sollten. In den elterlichen und kindlichen Subsystemen sollten unterschiedliche Interaktionsregeln gelten, und die Eltern sollten den Kindern hierarchisch übergeordnet sein.

Dementsprechend richten sich Interventionen struktureller Therapeuten auf eine *aktive Umstrukturierung und Neuplanung der familiären Organisation*. Der Therapeut versucht, sich an die Spitze der familiären Hierarchie zu setzen und von dort aus direktiv Veränderungen durchzusetzen. Dabei geht er *wechselnde Koalitionen* mit den Familienmitgliedern ein, „streichelt" mal den einen, „tritt" mal den anderen und versucht durch seinen direkten Einfluß, eine klare und dennoch nicht starre Grenzenbildung zu erreichen. Sein Ziel ist es vor allem, die Eltern zu einer gemeinsamen konsistenten Haltung den Kindern gegenüber zu veranlassen. Gearbeitet wird überwiegend mit ganzen Familien (Minuchin, 1974/1977; Aponte/van Deusen, 1981; Minuchin/Fishman, 1981).

3 Systemische Therapie (das „Mailänder Modell" und seine Fortentwicklungen)

Als Begründerin dieses Ansatzes gilt Mara Selvini Palazzoli. Sie und ihre Mitarbeiter Luigi Boscolo, Gianfranco Cecchin und Giuliana Prata (alles ausgebildete Psychoanalytiker) untersuchten und behandelten zunächst Familien mit schizophrenen oder anorektischen Mitgliedern nach den kurztherapeutischen Konzepten der Palo-Alto-Gruppe. Sie konzentrierten ihre Aufmerksamkeit auf das sich gegenseitig bedingende Verhalten der Familienmitglieder in der Gegenwart und auf strategische Abschlußinterventionen. Dabei gingen sie von der Vorstellung aus, direktiv und geradlinig auf ein System verändernd einwirken zu können. Die Familien wurden noch wie triviale, d. h. berechenbare Maschinen behandelt. Das Denken in „homöostatischen Mechanismen" (Jackson, 1968) blühte. Änderte sich nichts, hatte man nur noch nicht die richtige Intervention gefunden. Vielbeachtetes Zeugnis dieser Phase ist ihr gemeinsames Buch „Paradox und Gegenparadox" (1978).

Mitte der 70er Jahre wandte sich das Team intensiv der Lektüre der Veröffentlichungen Gregory Batesons (1972) zu. Dies leitete einen Prozeß des Umdenkens ein, der zu neuen konzeptuellen Überlegungen und der Entwicklung neuer Vorgehensweisen führte. In dieser Zeit entwickelte das Team seine innovativen Ideen und die spezifischen Techniken der s. T., die später von anderen Autoren weiterentwickelt wurden:

- Die Begriffe *Homöostase* (Dell, 1982/1986) und *Widerstand* (de Shazer, 1984) wurden neu überdacht.
- Die *Rekursivität* und *zirkuläre Kausalität* von Lebens- und Interaktionsprozessen wurden konsequenter berücksichtigt. Die einseitige Betonung der Abschlußinterventionen wich einer stärkeren Beachtung des Geschehens im Interview und führte zur Entwicklung des „zirkulären Fragens" (Selvini Palazzoli et al., 1980/1983).
- Die *Pragmatik* (Verhaltensebene) verlor zugunsten der Ästhetik (affektiv-kognitive Bedeutungsebene) wieder an Gewicht.
- Die Relevanz des *sozialen Kontextes* fand stärkere Berücksichtigung. Die Therapeuten wurden als Mitbeteiligte am koevolutionären Prozeß der Therapie gesehen (2. Kybernetik), und das institutionelle Umfeld der Therapie wurde in die Hypothesenbildungen und das Vorgehen einbezogen (Selvini Palazzoli et al., 1980/1981).
- Die Bedeutung der *Zeit* kam ins Blickfeld. Durch neue Vorgehensweisen wurde versucht, Vergangenheit mit der Gegenwart zu verbinden und Zukunftsbilder zu entwerfen, die wieder auf die Gegenwart zurückwirkten.
- Die Therapeuten waren nicht mehr diejenigen, die geradlinig-kausal Veränderungen bewirken konnten, sondern die *Erzeuger* und *Vermittler* von Informationen, die bestehende Bedeutungs- und Beziehungsmuster blockierten, bzw. zur Transformation und Erweiterung von Mustern anregten. Sie versuchten nicht mehr einseitig, die Sitzung zu kontrollieren, sondern verhielten sich eher komplementär und gingen so vor, daß sie trotz ihrer Mitbeteiligung soweit wie möglich eine Metaposition zum Interaktionsgeschehen bewahrten und vermieden, von ihren Patienten als parteiisch erlebt zu werden („Neutralität"). Die wesentlichen Ergebnisse dieser Zeit sind in einem Artikel zusammengefaßt (Selvini Palazzoli et al., 1980/1981).

3.1 Vorgehensweisen der systemischen Therapie

Eine Unterscheidung zwischen Diagnosestellung und Therapie sowie zwischen Exploration und Intervention ist aus systemischer Sicht nicht möglich. Mit jeder Frage, die ein Therapeut stellt, verbinden sich eine Reihe von Vorannahmen und Interpretationen, die in die Kommunikation mit dem Patienten bzw. der Familie einfließen. Darüber hinaus muß gesehen werden, daß die Therapeut-Patienten-Beziehung nicht erst mit dem Erstinterview beginnt. Bereits der Überweisungsmodus, soziale und institutionelle Rollenzuschreibungen und die Vorstellungen der Patienten über das, was in der Therapie geschieht, stellen Weichen für die Entwicklung des therapeutischen Prozesses. Es liegt also nicht in der Macht des Therapeuten, zu bestimmen und einseitig zu kontrollieren, was sich in der Therapie ereignet. Um dieser Sichtweise gerecht zu werden und die Chancen für die Anregung therapeutischen Wandels zu erhöhen, wurden im Laufe der Zeit bestimmte Vorgehensweisen entwickelt, die sich folgendermaßen skizzieren lassen:

a) Hypothesenbildung. – Anstelle der individuumzentrierten Diagnosen treten in der s. T. *beziehungsdynamische Hypothesen,* das heißt Überlegungen, die die individuellen Verhaltensweisen im Rahmen sich in der Zeit verändernder Bedeutungs- und Beziehungsmuster sehen und die Muster miteinander verknüpfen. Es werden keine Erklärungen erfunden, die Ursachen nahelegen. Statt dessen werden die Wirkungen und Funktionen problematischer Verhaltensweisen auf der Beziehungsebene erwoben (was nicht mit der Zuschreibung individueller Intentionen verwechselt werden darf). Solche Annahmen dienen den Therapeuten als Leitfaden dafür, welche Richtung sie ihren Fragen geben. Aufgrund ihrer Implikationen ist jede Frage auch stets als Deutung wirksam.

Wenn die Hypothesen der Therapeuten einer kybernetischen Sichtweise folgen, unterscheiden sie sich im allgemeinen von den Erklärungsmustern der Familie. Eine positive therapeutische Wirksamkeit entfalten sie gerade dann, wenn sie sich von der Weltsicht der Familie unterscheiden; sie müssen aber für die Familie plausibel und annehmbar sein. Es geht also nicht darum, eine „richtige“ Hypothese zu konstruieren, zu verifizieren oder zu falsifizieren. Im Laufe der Therapie muß vielmehr eine neue Sichtweise angeregt werden, die ein familiäres Geschehen in einem neuen Licht erscheinen lassen und neue Denk- und Verhaltensmöglichkeiten eröffnen (Ugazio, 1985).

b) Zirkuläres Fragen. – Die kreativste Erfindung des Mailänder Teams ist vermutlich das zirkuläre Fragen (Selvini Palazzoli et al., 1980/1981; Penn, 1982/1983; Tomm, 1985). Es handelt sich dabei um eine Interviewmethode, die es erlaubt, gleichzeitig Informationen zu gewinnen (Exploration) und beim Gesprächspartner zu erzeugen (Intervention).

Dieser Fragemethode liegt Batesons Informationsbegriff zugrunde. Er versteht unter „Information“ einen „Unterschied, der einen Unterschied macht“. Es werden also in erster Linie Unterschiedsfragen gestellt. Damit werden gleichzeitig mehrere Ziele verfolgt:

- Es geht darum, das Universum der Patienten zu verstehen. Ihre „innere affektiv-kognitive Landkarte“, d. h. die Art und Weise, wie sie irgendwelchen Verhaltensweisen Bedeutungen zuschreiben, bestimmt, wie sie sich in der Interaktion mit anderen verhalten. Solche „inneren Landkarten“ entstehen in der Interaktion, werden durch sie validiert oder in Frage gestellt. Man kann deshalb generell davon ausgehen, daß jedes Familienmitglied durch sein Verhalten alle anderen in ihrer Sicht bestätigt. Es ist ein ko-evolutiver Prozeß gegenseitiger Stabilisierung.
- Veränderungen, die im Laufe der Zeit auf der Ebene des Verhaltens, der Beziehungen und der „inneren Landkarte“ erfolgen, können zueinander in Relation gesetzt werden. Besondere Beachtung gewinnen dabei die Entstehungsbedingungen der Probleme und der symptomatischen Verhaltensweisen.
- Verdinglichungen sollen relativiert und unverbunden Erlebtes (z. B. „Krankheiten“) in einen sich verändernden zeiträumlichen Beziehungskontext gestellt werden (Rekontextualisierung). Dabei wird besonders versucht, den Mythos der Unwillkürlichkeit des Auftretens von Symptomen zu untergraben.
- Es wird ein sich gegenseitiges Bedingen von Verhalten impliziert; die Zuschreibung von Opfer- und Täter-Rollen wird in Frage gestellt. Jeder Beteiligte wird implizit als aktiv Handelnder und damit Mitverantwortlicher definiert.
- Der Fokus wird von einer Pathologie- und Vergangenheitsorientierung auf positive Aspekte der familiären Interaktion und Ressourcen verschoben. Durch den Blick auf Zukünftiges werden Optionen und Wahlmöglichkeiten eröffnet (vgl. auch de Shazer, 1985). Hierzu eignen sich besonders hypothetische Fragen.

c) Abschlußkommentare und -interventionen. – Die Abschlußinterventionen, die in Pausen und nach den Gesprächen vom Team erarbeitet werden, verfolgen ähnliche Ziele. Während im Interview kaum offen und direkt interpretiert wird und die Interventionen aus vielen kleinen, implizit in die Fragen eingebauten, Botschaften bestehen, nehmen die Therapeuten in den Abschlußkommentaren oft interpretierend Stellung und konfrontieren die Patienten mit einer radikal anderen Sicht. Sie können mündlich vorgetragen oder in einem später zugesandten Brief enthalten sein.

Meist bestehen die Abschlußinterventionen aus mehreren Elementen. Sie beginnen oft mit einer *Umdeutung* in Form einer „positiven Konnotation“ (d. h. einer positiven Bewertung des Symptoms, des status quo, der noblen Intentionen aller Beteiligten etc.). Kombiniert sind derartige

Umdeutungen häufig mit *Verhaltensverschreibungen*, deren Ziel es ist, bestimmte Interaktions- und Kognitionsmuster, von denen der Therapeut annimmt, daß sie zum Erhalt des Problems beitragen, zu stören. Je nach der spezifischen Situation kann es sich dabei z. B. um Regel-, Symptom-, Rückfall-, Nichtveränderungs-, So-Tun-Als-Ob- oder Ritualverschreibungen handeln. In sie können indirekte *Suggestionen* (z. B. als Implikationen über neue Optionen oder zeitliche Perspektiven des Problemverhaltens) eingebaut sein oder auch *„paradoxe" Voraussagen*. Die Verwendung einer metaphernreichen Sprache und das Erzählen von Geschichten erweisen sich dabei als besonders geeignet.

Die Verschreibungen der s. T. unterscheiden sich von den Interventionen in der strategischen Therapie v. a. dadurch, daß sie meist alle Familienmitglieder einbeziehen und die Beziehungsbedeutungen besonders berücksichtigt werden.

3.2 Die „Neutralität" des Therapeuten

Wer immer mit einer Familie oder einem anderen sozialen System als Therapeut arbeitet, läuft Gefahr, in das System eingebaut zu werden. Dies ist immer dann der Fall, wenn er der Partei des einen oder anderen zugerechnet wird. Familiäre Interaktion kann stets als ein Spiel betrachtet werden, in dessen Verlauf die unterschiedlichen Interessen, Ziele und Vorstellungen der Beteiligten ausgehandelt und balanciert werden. Ein Therapeut wird zum Mitspieler und verhindert autonome Problemlösungen innerhalb der Familie, wenn er auf Dauer die Partei des einen oder anderen Familienmitglieds ergreift oder selbst die Verantwortung für konkrete Veränderungen oder Nicht-Veränderungen übernimmt.

Um die Prozesse der familiären Selbstorganisation nicht zu behindern, bemüht sich der Therapeut in der s. T. darum, von den Familienmitgliedern nicht als parteilich erlebt zu werden. Außerdem signalisiert er deutlich, daß er selbst keinerlei Macht hat, direkt irgendwelchen Wandel in der Familie zu bewirken. Im optimalen Falle signalisiert er dies nicht nur der Familie, er weiß es auch. Hier zeigt sich ein wesentlicher Unterschied zum Selbstverständnis struktureller und strategischer Therapeuten. Allerdings seien hier Zweifel angemeldet, ob nicht viele „systemische Therapeuten" doch insgeheim denken, sie könnten den Therapieprozeß kontrollieren, und ihre Ohnmacht lediglich aus strategischen Erwägungen „zeigen".

3.3 Das Setting der systemischen Therapie

Die s. T. versteht sich als *Kurztherapie*. Veränderungsprozesse sollen nicht in den Therapiestunden erreicht werden, sondern in der Zeit dazwischen. In den Sitzungen sollen solche Entwicklungsprozesse lediglich angestoßen werden (Anstoßen statt Durcharbeiten).

Die Erfahrung, daß weitanreisende Familien, die vom Therapeuten seltener gesehen wurden, auch bei langen Sitzungsintervallen erstaunliche Veränderungen zeigten, führte dazu, daß die zeitlichen Abstände zwischen den Sitzungen verlängert wurden (Selvini Palazzoli, 1980/1984). Meist werden jetzt 1-10 Sitzungen im Abstand von mindestens 4-6 Wochen in einem Zeitraum von 1-2 Jahren durchgeführt.

Am häufigsten wird mit ganzen Familien oder familiären Subsystemen gearbeitet. Eine durchgängige Berücksichtigung der Rekursivität von Interaktionsprozessen ist gerade in der Arbeit mit schwierigen Systemen am ehesten durch Teamarbeit (evtl. mit Einwegscheibe und Videoaufzeichnungen) zu gewinnen.

3.4 Anwendungsbereiche

Diese Form der Therapie wurde bisher vorwiegend in der Beratung und Behandlung von Familien angewandt, in denen der identifizierte Patient nach herkömmlichen diagnostischen Kriterien als „schwer gestört" kategorisiert wurde (Psychosen, Anorexien, schwere psychosomatische Erkrankungen). Besonders geeignet erscheint sie bei stark zentripetalen Familiensystemen, in denen es Schwierigkeiten bei der Aushandlung interindividueller Grenzen gibt.

Seit einigen Jahren werden systemisches Denken und die Vorgehensweise der s. T. zunehmend häufiger auch auf die Einzeltherapie und die Beratung von Gruppen und Organisationen (Institutionen wie Schulen, Ämter, Unternehmen, etc.) angewandt.

Literatur

Aponte, H./van Deusen, J.: Structural family therapy. In: Gurman, A./Kniskern, D. (Eds.): Handbook of family therapy. New York: Brunner/Mazel, 1981, 310-360.

Bateson, G.: Ökologie des Geistes. Frankfurt: Suhrkamp, 1981 (Original 1972).

Dell, P.: Über Homöostase hinaus: Auf dem Weg zu einem Konzept der Kohärenz. In: Dell, P. F. (Hrsg.): Klinische Erkenntnis. Dortmund: Modernes Lernen, 1986. (Original 1982).

Erickson, M. H./Rossi, E.: Hypnotherapie, Aufbau – Beispiele – Forschungen. München: Pfeiffer, 1981.

Fisch, R./Weakland, J. H./Segal, L.: The tactics of change: Doing therapy briefly. San Francisco: Jossey-Bass, 1982.
Haley, H.: Die Psychotherapie Milton H. Ericksons. München: Pfeiffer, 1978 (Original 1973).
Haley, J.: Direktive Familientherapie. Strategien für die Lösung von Problemen. München; Pfeiffer, 1976.
Haley, J.: Ablösungsprobleme Jugendlicher. München: Pfeiffer, 1981 (Original 1980).
Jackson, D. D.: Family interaction, family homeostasis and some implications for conjoint family psychotherapy. In: Jackson, D. D. (Ed.): Therapy, communication and change. Palo Alto: Science and Behaviour Books, 1968.
Keeney, B.: Ecosystemic epistemology. An alternative paradigm for diagnosis. Family Process, 18, 1979, 117-129.
Madanes, C.: Strategic family therapy. San Francisco: Jossey-Bass, 1981.
Minuchin, S./Montalvo, B./Guerney, B./Rosman, B./Schumer, F.: Families of the slums. New York: Basic Books, 1967.
Minuchin, S.: Familie und Familientherapie, Freiburg: Lambertus, 1977 (Original 1974).
Minuchin, S./Fishman, H. C.: Family therapy technics. Cambridge, Mass.: Harvard University Press, 1981.
Penn, P.: Zirkuläres Fragen. Familiendynamik, 8, 1983, 198-220 (Original 1982).
Selvini Palazzoli, M./Boscolo, L./Cecchin, G./Prata, G.: Paradox und Gegenparadox. Stuttgart: Klett-Cotta, 1981 (Original 1978).
Selvini Palazzoli, M.: Die Notwendigkeit langer Abstände zwischen den Sitzungen. Zeitschrift für systemische Therapie, 1, 1984, 49-56 (Original 1980).
Selvini Palazzoli, M,/Boscolo, L./Cecchin, G./Prata, G.: Hypothetisieren – Zirkularität – Neutralität: drei Richtlinien für den Leiter der Sitzung. Familiendynamik, 4, 1981, 123-139 (Original 1980).
Selvini Palazzoli, M./Boscolo, L./Cecchin, G./Prata, G.: Das Problem des Überweisenden. Zeitschrift für systemische Therapie, 1, 1983, 11-20 (Original 1980).
de Shazer, S.: The death of resistance. Resistance revisited: or tales of my death have been greatly exaggerated (Mark Twain). Family Process, 23, 1984, 11-17.
de Shazer, S.: Keys to solution in brief therapy. New York: Norton, 1985 (deutsch: in Vorbereitung).
Stanton, D. (1981): Strategic approaches of family therapy. In: Gurman, A./Kniskern, D. (Eds.): Handbook of family therapy. New York. Brunner/Mazel, 1981, 361-402.
Tomm, K.: Circular interviewing: A multifaceted clinical tool. In: Campbell, D./Draper, R. (Eds.): Applications of systemic family therapy. The Milan Approach. London: Grune and Stratton, 1985.
Ugazio, V. (1985): Hypothesis making: The milan approach revisited. In: Campbell, D./Draper, R. (Eds.): Applications of systemic family therapy. The Milan Approach. London: Grune and Stratton, 1985.
Watzlawick, P./Beavin, J. H./Jackson, D. D.: Menschliche Kommunikation. Bern: Huber, 1969 (Original 1967).
Watzlawick, P./Weakland, J. H./Fisch, R.: Lösungen: Zur Theorie und Praxis menschlichen Wandels. Bern: Huber, 1974.
Watzlawick, P.: Die Möglichkeit des Andersseins. Zur Technik der therapeutischen Kommunikation. Bern: Huber, 1977.

Technikfolgen-Abschätzung

Thomas Kliche und Helmut Moser

Technikfolgen-Abschätzung (TFA) soll namentlich mittelbare, längerfristige und unbeabsichtigte Wirkungen einer Geräte-Gattung vorhersagen, ihre sozialen Kosten und Nutzen aufrechnen und in entscheidungsvorbereitende Handlungs-Alternativen einbinden. TFA verspricht, als interdisziplinäre, gesamtsystemare Zusammenschau wie ein *Frühwarnsystem* gesellschaftliche Steuerungsprobleme zu erkennen. Sie bemüht sich vielfach (schon aus Erhebungs-Motiven) um eine Beteiligung der Betroffenen (Paschen et al., 1981; Lohmeyer, 1984; typologisierend Menkes, 1983).

Die folgenden Überlegungen benutzen die *Gentechnologie* als aktuelle Veranschaulichung und kreisen um offenkundig notwendige, doch kaum durchdachte und selten abgerufene Beiträge der Psychologie zur TFA.

1 Schwierigkeiten des Verfahrens

1.1 Erhebungs-Komplexität und Annahmen

TFA muß zunächst *Technikentwicklung* vorhersagen, von deren Zeithorizonten Handlungsratschläge abhängen. Doch halten Unternehmen Neuentwicklungen gern geheim. Weitere Basisinnovationen können eintreten oder eine Technologie kann mit ihnen kombiniert werden (für Gentechnologie Biokybernetik, „lebende Mikro-Chips"). Anwendungserleichterungen und Erweiterungen (automatische DNS-Synthese; Gen-Kartierung in Datenbanken; Elektronenrastermikroskop-Einsatz; vielseitigere Wirt-Vektor-Systeme, namentlich auf Mitochondrien u. a. Zell-Organellen) sowie bedeutende Investitionen der Pharma- und Chemie-Konzerne und öffentliche Förderung (Daele, 1982; Gehrmann, 1984) machen eine Beschleunigung der Gentechnologie-Entwicklung wahrscheinlich.

Einstellungen, Werte, *Akzeptanz* beeinflussen einerseits die Innovations-Diffusion und behindern manche Anwendungen (Volkszählung, Breitband-Verkabelung, Kernkraftwerke). Andererseits prägen Technik und Geräte Einstellungs- und Wahrnehmungsmuster (Formalisierung und Zerlegung von Problemlösungen durch EDV: Brunnstein, 1981). TFA bedarf politisch-psychologisch fundierter Vorstellungen, unter welchen Bedingungen diese Wertsysteme Handlungen leiten (Einfluß von Umweltkatastrophen auf politisches Verhalten).

Technikentwicklung wie -wahrnehmung hängen von Prozessen ab, die nur als Wahrscheinlichkeiten faßbar sind. *Deutungen* dieser stochastischen Abläufe werden als Kognitionen, Einstellungen, Attributionen usf. gesellschaftlich ausgehandelt (so Risiko-Wahrnehmung in Gefahr und Wahrscheinlichkeit gewichtenden Entwürfen eines Größten Anzunehmenden Unfalls, mittlerweile pikanterweise „Super-GAU"). Psychologie trägt zu deren Beschreibung und zur Ermittlung wahrscheinlicher technisch-sozialer Konfigurationen für eine Theorie »riskanter Systeme« (Ullrich, 1982) bei. Sozialwissenschaft muß – oder müßte – sich als Teil dieses Aushandlungsprozesses begreifen (Moser, 1985).

Allenthalben gehen dabei gesellschaftstheoretische *Annahmen* ein, wie diese Handlungen über die Reaktivität von Politik bzw. Marketing Geschwindigkeit und Richtung der Technologieentwicklung beeinflussen. Denn das politisch-administrative System kann selbständig auf Einstellungsänderungen der Bevölkerung hinwirken, etwa um Legitimitätsdefiziten zuvorzukommen (Volkszählung, „bleifrei", Katalysator-Auto), und es steuert andere Systeme (über den Schnellen Brüter als vorhersehbar unwirtschaftliches, strategisch-atompolitisches Projekt; Keck, 1984).

Die *Interessen* der Entwickler und Anwender, i. d. R. Wissenschaft und Unternehmen, scheinen im allgemeinen strukturell festgelegt: Gewinne bzw. Forschungsgelder und theoretisch-konzeptuelle Vorurteile, beispielsweise mechanistisch-physiologische Menschenbilder in Medizin und Verhaltensforschung. Doch können wissenschaftliche Dissidentengruppen stark genug werden, Technologiepolitik über Öffentlichkeit mitzugestalten (SDI; Kernkraftwerke). Die wirtschaftlichen Einheiten verfolgen aufgrund unterschiedlicher Strukturen abweichende Ziele mit entsprechenden Forschungs-Strategien, für die sie Patente selektiv nutzen, d. h. auch stillegen (Kern, 1973): Die den pharmazeutischen Insulinmarkt oligopolisierenden Chemie-Konzerne treiben kostensenkende Großverfahren zur Humaninsulin-Fermentation voran, dürften aber an einer somatischen, die Insulin-Märkte verkleinernden gentechnologischen Diabetes-Therapie weniger interessiert sein. Zur Zeit zeichnet sich ein Konzentrationsschub in der Gentechnologie-Branche ab. Kleineren Unternehmen fehlen Vertriebsnetz und Investitionsmittel für Forschung, Großfermentation und – über Drittmittelforschung – Einfluß auf Ausbildung, Personalrekrutierung, Fragestellungen und Ergebnisverwertung der universitären Grundlagenforschung, so daß die kleineren Unternehmen zunehmend von Aufträgen der größeren oder deren Lizenzgebühren leben, wofür sie oft nur Resultate der universitären Grundlagenforschung auf Großproduktionsreife gebracht haben (über Einebnung von Anwendungs- und Grundlagenforschung, „strukturelle Ökonomisierung" und Entwertung der „scientific community" durch wirtschaftlich-politische Wissenschaftssteuerung: Weingart, 1981; Daele, 1982; Hack/Hack, 1985).

Je nach der Gesellschaftstheorie, mit der Annahmen der TFA aufgesucht und fortgeschrieben werden, fallen Ergebnisse unterschiedlich aus. Eine „objektive" TFA stellt ein Überbleibsel des Aberglaubens an (sozial-)wissenschaftlich-wertneutrale Konfliktbewältigungspotentiale an Einheitsrationalität dar (Paschen et al., 1981).

Das Beispiel gezielter *Geschlechtswahl* für Kinder (nach Etzioni, 1977) problematisiert Vorhersagen als selbst politische Operationen: Nach dokumentierten Fällen geschlechtswahl-motivierter Abtreibungen, Umfragen und dem Geschlecht jüngster Kinder, welche als „last attempt" gedeutet werden, kann geschätzt werden, daß um 54,5% eines Jahrganges Knaben würden, wenn die Eltern das Geschlecht der Kinder bestimmen könnten. Einfache Extrapolation einiger geschlechtsspezifischer Verhaltensweisen der heutigen Gesellschaft sagt Wild-West-Atmosphäre voraus, da Männer häufiger Verbrechen begehen, seltener moralische Sozialisationsrollen in der Familie übernehmen, ungehemmter ethnischen und statusbezogenen Spannungen Ausdruck verleihen, besonders in den Unterschichten, für die hoher Männer-Überschuß zu gewärtigen wäre. Im politischen Raum würden sich andere Parteistärken einpendeln.

Unschwer lassen sich andere Szenarien entwerfen, allen voran vorbeugende staatliche Regelungen: Fortpflanzungslizenzen oder unter dem Vorwand der Eltern-Nachfrage geförderte Reproduktionstechnologien, beides von prominenten Humangenetikern vorgeschlagen (Das umstrittene Experiment, 1966). Oder ein selbstregulierendes Gleichgewicht könnte sich infolge der steigenden Attraktivität der Töchter für ihre Eltern einpendeln, sobald Verknappung in Aussichten sozialen Aufstiegs durch Partnerwahl umschlüge. Zu gänzlich andersartigen Erwartungen gelangen wir indessen, sobald wir die Extrapolations-Annahme festgelegter Geschlechter-Rollen aufgeben (wofür nicht nur empirisch einiges spricht) und deren Einebnung vermuten. Dann entfielen langfristig nicht nur die Prägung der Gesellschaft durch vermehrtes Auftreten geschlechtsspezifischer Verhalten, sondern auch das Motiv der Eltern, ein Geschlecht zu bevorzugen.

1.2 Wechselwirkung

Mit der Erweiterung der TFA auf mittelbare Wirkungen, langfristig vielleicht die bedeutungsvolleren, verschränken sich Ursachen und Folgen zu weiterer Unübersichtlichkeit. Die bekannteste Art von Vorhersagen, die aus Rück- und Zusammenwirkungen, Synergismen, lebt, bilden selbsterfüllende bzw. *selbstwiderlegende Prophezeiungen.* Warnende TFA wird oft wie letztere wirken: vorwegnehmende Verschärfung der Sicherheitsrichtlinien für Kernkraftwerke, nachdem Kritiker zahlreiche unbedachte Unfallrisiken nachgewiesen hatten; bessere EDV-Zugangssicherungen, nachdem Hacker Bank-Codes geknackt und deren Schwachstellen aufgedeckt hatten (sog. „Trüffelschwein-Funktion" der TFA).

Da in der Komplexität selektiver Prognose-Modelle Gefahren nicht unabwendbar „bewiesen" werden können, gewinnt die Frage einschneidende Bedeutung, wer die *Beweislast* zu tragen hat. Gegenwärtig folgern Öffentlichkeit wie Technologiepolitik aus dem Umstand, daß den Fachwissenschaftlern Gefahren unglaubhaft und eine genaue Folgenabschätzung unmöglich scheinen (Daele, 1982), auf ein Überwiegen wünschenswerter Technikwirkungen. Antwort der Bundesregierung auf eine Große Anfrage betreffs Gentechnologie: „Eine fundierte Nutzen-Kosten-Analyse ist zum gegenwärtigen Zeitpunkt nicht möglich (...) Bei einem Erfolg der Arbeiten ist langfristig mit einem gegenüber den Kosten wesentlich höheren Nutzen zu rechnen" (in Hikkel/Klees, 1985). Der Technik-Glaube stellt sich hier auch logisch bloß.

Teilweise berechtigt erscheint daher das Ansinnen, die Beweislast umzuverteilen: Gelänge es der TFA, plausibel zu machen, daß eine technologische Entwicklungslinie Gefahren heraufbeschwört, so läge es am Betreiber, Sicherheit unter Beweis zu stellen bzw. herbeizuführen („kognitives Verursacher-Prinzip"). Zur Begründung dieses technikskeptischen Diskursverfahrens ließen sich heranziehen (1) jüngere üble Erfahrungen mit scharfen ökologischen und sozialen „Nebenwirkungen" alternativlos und unbedacht vorangetriebener Technikentwicklung, und (2) das enorm erhöhte Risiko der Einführung neuer Technologien: das der Selbstauslöschung der menschlichen Art.

1.3 Relevanz

TFA kann klarere Prognosen stellen, sobald eine technologische Entwicklungslinie schon weit in den Anwendungsbereich hinein ausgeformt vorliegt: dann also, wenn die grundsätzlichsten Entscheidungen – namentlich die, ob die neue Technologie überhaupt benötigt und gewünscht wird – bereits gefallen sind. Mit der Genauigkeit der Folgenbeschreibung nehmen die *Handlungsspielräume,* möglicherweise unumkehrbar, ab. Die Wirkketten reichen weiter als die Sicht, „Kolonisierung der Zukunft" findet statt (Ullrich, 1982).

Technologie-Politik müßte daher von spieltheoretischen Modellen für *Entscheidungen unter Unkenntnis* der Folgen ausgehen. Nach ihnen wären Entwicklungslinien zu bevorzugen, die keine irreversiblen Folgen zeitigen, sondern möglichst schnell und billig erkennbar zutage tretende Mängel der Technologie zu korrigieren gestatten, da Gegenmittel zur Verfügung stehen und die Ausstiegs-Kosten gering bleiben (Collingridge, 1980). Dann stellt sich nur noch das Vorhersageproblem, Technologien in zentral zu kontrollierende, da die Gesamtgesellschaft umgestaltende (Typ „Auto") und der dezentralen TFA überlassene (Typ „Fahrrad") einzuteilen und TFA als Prozeß zu institutionalisieren. Psychologische Befunde könnten dabei hinzugezogen werden, um Entscheidungsverhalten auszuleuchten (Hinweise auf Risikoverhalten in Coppock, 1984) und durch partizipatorische Rückkopplungsschleifen zu rationalisieren (ansatzweise mit betriebswirtschaftlich erprobtem – und beengtem – Modell: Döhl, 1983).

Da indes für kaum eine Basisinnovation irreversible Folgen ausgeschlossen werden können, zumal der Umgang mit den Gerätschaften rückwirkend selbstlegitimierende Einstellungsänderungen hervorrufen mag (auch das ein Gegenstand der Psychologie), gibt TFA günstigstenfalls die Handhabe zur Techniksicherung, Eindämmung extremer Schädigungen durch gewisse besondere Anwendungen einer Technologie, solange sie nicht langfristig auf Techniksteuerung über Investitions- und *Wissenschaftslenkung* abzielt.

1.4 Maßstäbe

„Sozialverträglichkeit" einer Technologie kann in einer pluralistischen Gesellschaft nicht nach einem einzigen Nutzen-Kalkül bemessen werden (selbst in betriebswirtschaftlichen Rechnungen stoßen kurzfristige, monetäre, gewinnorientierte Einheitswertsysteme bald an ihre Grenzen: Metze, 1980). TFA nimmt aber schon methodisch auf ein wertendes *Vorverständnis* Bezug: mit der Wahl der analysierten Folgenbereiche und -tiefen; mit der Gewichtung nicht-meßbarer Folgen („Lebensqualität" und ihre Indikatoren); mit Problemdefinitionen, Datenerhebung und -deutung (Lohmeyer, 1984). Eine gesamtgesellschaftlich verantwortbare TFA wird nur von einer überdisziplinär kommunizierenden, Maßstäbe der Sozialverträglichkeit wissenschaftlichen Handelns bewußt einbeziehenden und für beides neu organisierten Wissenschaft vorangebracht werden können.

1.5 Institutionalisierung

Der institutionelle Entstehungszusammenhang beeinflußt die Verwendbarkeit der TFA-Ergebnisse für verschiedene Zwecke (Übersicht bestehender und geplanter TFA-Institutionen in Böhret/Franz, 1982). Idealerweise müßte eine institutionelle Fassung der TFA Informationen, auch aus der Wirtschaft, unter Zeitdruck gewinnen, anerkannte Fachautorität gegen wissenschaftliche Interessenblöcke stellen, unabhängig vom politisch-administrativen System eigenen Empfehlungen Gehör verschaffen, die öffentliche Aufmerksamkeit auf fernliegende, vorgeblich „utopische" Entwicklungen lenken und dem Vorurteil vorbeugen, die Technik werde schon Mittel gegen alle von ihr geschlagenen Wunden zur Verfügung stellen. Da diese Maßstäbe noch Fernziele sind, betrieb TFA seltener kritische Prüfung auf Sozialverträglichkeit als vielmehr *Akzeptanzförderung* und die Rationalisierung von Verwaltungsentscheidungen (Ullrich, 1985). Eine machtvolle Ideal-Institution müßte andererseits Kritik erdrücken, wäre im Irrtum dann gegen sie immun.

Am nächsten kam TFA einer Erfüllung dieser Leistungen noch bei Streitigkeiten zwischen der korporierten Wissenschaft und „Dissidenten", die sich gegen erstere an die Öffentlichkeit wandten (zum Fall der Gentechnologie: Wade, 1979). Das *Prinzip des Dissenses* sollte deshalb in die Institutionalisierung der TFA Eingang finden, etwa als kontrovers „Organisierter Pluralismus" (Moser/Kliche, 1984), der die Forschungsförderung durch Advokaten-Diskurs, Parallel-Gutachten und Gegenprivilegierung schlechter ausgestatteter Positionen unter Rechtfertigungszwang stellen müßte.

1.6 Aufmerksamkeit

Bislang suchte TFA die drängendsten und wichtigsten Wirkfelder einer Innovation vor allem nach Maßgabe zweier Mechanismen heraus: zunächst nach der zweiten Natur des Forschers, seiner *disziplinären Spezialisierung*. Naturwissenschaftliche und Ingenieurs-Disziplinen können mit ihren Interessen und Kategorien als erste (scheinbar) kompetent TFA-„issues" besetzen. Eine Integration der Psychologie erschweren die „zwei Kulturen" der Wissenschaft. Natur- und Sozialwissenschaftler folgen unterschiedlichen Entwürfen ihrer Handlungskompetenz und Verantwortung (Portele, 1981), was mit der Standardisierung ihrer Tätigkeiten zusammenhängen dürfte (Krohn, 1971). Die Sozialwissenschaften scheinen am Fuß der TFA-Hackordnung zu stehen (Befunde in Lohmeyer, 1984). TFA, zugespitzt und eingeschränkt auf „safety engineering", entpolitisiert: Das ist die Lehre aus der Gentechnologie-Debatte.

Als zweiter Auswahl-Mechanismus wirkte *institutionelle Filterung* bei der Auftrags-Formulierung und -vergabe. Vor allem der Bedarf reibungsloser Verwaltungsarbeit wurde gedeckt, jedoch um den Preis selektiver Problemwahrnehmung und ressortgerechter Problemlösungs-Häppchen, die Fragen der „Lebensqualität" zugunsten gesetzgeberischer Sonderfragen – beispielsweise des Patentrechtes – ausblenden.

Ein sinnvolles Vorgehen bestünde darin, ohne zeitliche Horizonte Gesellschaftsfelder aufzuweisen, in denen sich bereits konkretere Folgen abzeichnen (*„explorative"* TFA), andererseits aber den unumgänglichen Wertbezug des Verfahrens nachvollziehbar zu verdeutlichen, indem wünschbare und verwerfliche Endergebnisse szenarienartig entworfen und schrittweise auf Bedingungen ihrer Entstehung zurückverfolgt werden (*„normative"* TFA).

2 Der Stand der Kunst

Ehrgeiziger Entwurf, etwas farblose Wirklichkeit (ähnliche Meinungen in Lohmeyer, 1984): TFA liegt zeitlich und organisatorisch weit hinter den Innovations-Promotoren zurück. Bislang wurden die entscheidenden technologiepolitischen Weichen ohne umfassende TFA vom administrativ-„akademisch-industriellen Komplex" gestellt (zu diesem in Gentechnologie/Mikrobiologie: Hack/Hack, 1985).

Eine allgemeingültige Methodologie steht nicht zur Verfügung. Verflochtene Sozialfolgen in mehr als willkürlich ausgesuchten Feldern, namentlich unter psychologischen Fragestellungen, wurden fast nie angegangen, selten Sozialverträglichkeits- und Interessenbezüge zu gesellschaftlichen Gruppen hergestellt; wirtschaftliche und technische Gesichtspunkte überwogen (Lohmeyer, 1984; als praxisorientierte Veranschaulichung des Fehlens psychologischer Zugriffe vgl. die Fallstudien in Technologien auf dem Prüfstand, 1983).

Jede über Akzeptanzforschung hinausreichende Psychologie dürfte indes, für sozialtechnologische TFA unbequem, das klassisch-positivistisch „Vorhersagbare“ überschreiten, indem sie die Interaktion von technologischem Gerät und gesellschaftlich definiertem Universum möglicher Nutzungen vorführt und anstelle eindeutiger Kosten-Nutzen-Rechnungen wertbezogene Entscheidungs-Problematisierung im Sinne führt.

Es muß gefragt werden, ob die Psychologie im gegenwärtigen Zustand (vgl. dagegen das vergessene Erbe William Sterns: Moser, 1987) überhaupt imstande ist, an TFA als einem erweiterten gesellschaftlichen Aushandlungsprozeß teilzunehmen. Ihre Teilhabe dürfte ein grundsätzliches Umdenken in ihrem theoretischen Zuschnitt erfordern. Was von Kuhn (1976) – der darin seinen Vordenker Fleck (1935/1980) nicht nur mißverstand, sondern jammervoll allen wissenschaftssoziologischen Gehalts entkleidete – als „jigsaw-puzzle“ der „normalen“ Wissenschaft entschuldigt wird, nämlich ziemlich „unsystematische, experimentell bzw. fragebogengesteuerte UV-AV-(Ver-)Wechselspiele“ (Moser, 1985), verbaut der Psychologie gerade den Zugang zu einer Art der Verknüpfung, die die verschiedenen „Abstraktionsebenen“ als Mittel begreift, „Wissens-Ereignisse“ hierarchisch zu integrieren (Moser, 1985).

Literatur

Böhret, C./Franz, P.: Technologiefolgenabschätzung. Institutionelle und verfahrensmäßige Lösungsansätze. Frankfurt: Campus, 1982.

Brunnstein, K.: Einige grundsätzliche Überlegungen zu Wirkungen der Informationstechnologie. In: Kruedener, J. v./Schubert, K. v. (Hrsg.): Technikfolgen und sozialer Wandel. Zur politischen Steuerbarkeit der Technik. Köln: Wissenschaft und Politik, 1981, 19-34.

Collingridge, D.: The social control of technology. London: Frances Pinter, 1980.

Coppock, R.: Social constraints on technological progress. Berlin/Aldershot Brookfield: WZB-Publications/Gower, 1984.

Daele, W. van den: Genmanipulation. Wissenschaftlicher Fortschritt, private Verwertung und öffentliche Kontrolle in der Molekularbiologie. In: Technologie und Gesellschaft, Jahrbuch 1. Frankfurt: Campus, 1982, 133-164.

Döhl, W.: Akzeptanz innovativer Technologien in Büro und Verwaltung, Grundlagen, Analyse und Gestaltung. Göttingen: Vandenhoeck und Ruprecht, 1983.

Etzioni, A.: Die zweite Erschaffung des Menschen. Manipulationen der Erbtechnologie. Opladen: Westdeutscher Verlag, 1977.

Fleck, L.: Entstehung und Entwicklung einer wissenschaftlichen Tatsache. Einführung in die Lehre vom Denkstil und Denkkollektiv. Hrsg. von L. Schäfer und T. Schnelle. Frankfurt: Suhrkamp, 1980 (Original 1935).

Gehrmann, W.: Gen-Technik, Das Geschäft des Lebens. Verschlafen die Deutschen eine Zukunftsindustrie? München: Goldmann, 1984.

Hack, L./Hack, I.: „Kritische Massen“. Zum akademisch-industriellen Komplex im Bereich der Mikrobiologie/Gentechnologie. In: Technik und Gesellschaft. Jahrbuch 3. Frankfurt: Campus, 1985, 132-158.

Hickel, E./Klees, B. (Hrsg.): Gen-Technik oder Gen-Manipulation? Kritische Anmerkungen zur Zurichtung von Mensch und Natur. Braunschweig: Steinweg, 1985.

Keck, O.: Der Schnelle Brüter. Eine Fallstudie über Entscheidungsprozesse in der Großtechnik. Frankfurt: Campus, 1984.

Kern, H.: Technischer Fortschritt. In: Eppler, E. u. a. (Hrsg.): Überleben wir den technischen Fortschritt? Analysen und Fakten zum Thema Qualität des Lebens. Freiburg: Herder, 1973, 25-56.

Krohn, R. G.: The social shaping of science. Institutions, ideology, and careers in science. Westport (Conn.): Greenwood, 1971.

Kuhn, T. S.: Die Struktur wissenschaftlicher Revolutionen. (Zweite revidierte und um das Postskriptum von 1969 ergänzte Auflage) Frankfurt: Suhrkamp, 1976.

Lohmeyer, J.: Technology Assessment: Anspruch, Möglichkeiten und Grenzen. Untersuchungen zum Problemkreis der Technikfolgen-Abschätzung unter besonderer Berücksichtigung des sozialwissenschaftlichen Beitrages. Bonn: Phil.-Fak. Diss., 1984.

Menkes, J.: The contribution of technology assessment to the decision-making process. In: Umweltbundesamt (Hrsg.): Technologien auf dem Prüfstand. Die Rolle der Technikfolgenabschätzung im Entscheidungsprozeß. Köln: Heymann, 1983, 21-28.

Metze, G.: Grundlagen einer allgemeinen Theorie und Methodik der Technologiebewertung unter den Bedingungen pluralistischer Interessenlagen und ihre Anwendung auf neue Formen der Arbeitsorganisation. Göttingen: Vandenhoeck & Ruprecht, 1980.

Moser, H.: Sozialer Einfluß von Minoritäten: Ein Umdenkprozeß innerhalb der akademischen Sozialpsychologie? Ideen zu einem Sicht-Trichter-Modell. In: Kempf, W. (Red.): Beiträge zur Friedensforschung dialog No. 3. Österreichisches Institut für Friedensforschung, 1985, 197-227.

Moser, H.: Anmerkungen zur Geschichte des Hamburger Psychologischen Instituts bis 1945, oder: Die verlorene Psychologie des William Stern. (In gekürzter Fassung) In: Krause, E./Huber, L./Fischer, H. (Hrsg.): Hochschulalltag im Dritten Reich. Die Hamburger Universität 1933 bis 1945. Hamburg: Reimers, 1987 (in Druck).

Moser, H./Kliche, T.: Organisierter Pluralismus: Politische Psychologie als Modell für die Erneuerung der Sozialwissenschaft. In: Moser, H./Preiser, S. (Hrsg.): Umweltprobleme und Arbeitslosigkeit. Gesellschaftliche Herausforderungen an die Politische Psychologie. Weinheim: Beltz, 1984, 223-240.

Paschen, H./Bechmann, G./Wingert, B.: Funktion und Leistungsfähigkeit des Technology Assessment (TA) im Rahmen der Technologiepolitik. In: Kruedener, J. v./Schubert, K. v. (Hrsg.): Technikfolgen und sozialer Wandel. Zur politischen Steuerbarkeit der Technik. Köln: Wissenschaft und Politik, 1981, 57-79.

Portele, G.: Entfremdung bei Wissenschaftlern. Soziale Vorstellungen von Wissenschaftlern verschiedener Disziplinen über „Wissenschaft“ und „Moral“. Frankfurt: Campus, 1981.

Technologien auf dem Prüfstand. Die Rolle der Technologiefolgenabschätzung im Entscheidungsprozeß. Die Beiträge zum Internationalen Symposium vom 19. bis 21. 10. 1982 in Bonn. Veranstaltet vom Bundesminister des Innern in Zusammenarbeit mit dem Bundesminister für Forschung und Technologie. Hrsg. vom Umweltbundesamt. Köln: Heymann, 1983.

Ullrich, O.: Erkenntnisinteresse und Gegenstand einer kritischen Techniksoziologie. In: Jokisch, R. (Hrsg.): Techniksoziologie. Frankfurt: Suhrkamp, 1982, 184-206.

Ullrich, O.: Informationstechnik und gesellschaftliche Zukünfte. Optionen zwischen Telematik und Wertewandel. aus politik und zeitgeschichte, B 9/85 „Das Parlament", 02.03.1985, 41-54.

Das umstrittene Experiment: Der Mensch. Siebenundzwanzig Wissenschaftler diskutieren die Elemente einer biologischen Revolution. München: Kurt Desch, 1966.

Wade, N.: Gefahren der Genmanipulation. Das letzte Experiment. Berlin: Ullstein, 1979.

Weingart, P.: Wissenschaft im Konflikt zur Gesellschaft – zur De-Institutionalisierung von Wissenschaft. In: Kruedener, J. v./Schubert, K. v. (Hrsg.): Technikfolgen und sozialer Wandel. Zur politischen Steuerbarkeit der Technik. Köln: Wissenschaft und Politik, 1981, 205-220.

Temperament

Hans-Jürgen Meyer

1 Aktuelle Diskussion und Begriffsbestimmung

Die Auseinandersetzung mit interindividuellen Unterschieden in dem mit T. bezeichneten Persönlichkeitsbereich hat in der Psychologie eine lange Tradition. In keiner früheren Epoche fanden jedoch die Fragen nach den Bedingungen, Korrelaten und Konsequenzen von T.merkmalen ein solch großes Interesse wie gegenwärtig. Zu einer Belebung der neueren T.forschung haben sehr unterschiedliche Teilbereiche der Psychologie und ihrer Nachbardisziplinen beigetragen. Die wesentlichen Anstöße stammen weniger aus dem für Fragen interindividueller Unterschiede zuständigen Gebiet der Differentiellen Psychologie, sondern vielmehr aus der *Pädiatrie,* der *Verhaltensgenetik* und vor allem der *Entwicklungspsychologie.*

Insbesondere haben sich die folgenden Trends als fruchtbar für die neuere T.forschung erwiesen: (1) die Sichtweise, daß der Mensch von Geburt an keineswegs nur passiv seiner Umwelt gegenübersteht, sondern diese auch aktiv verändert, (2) die zunehmende Auseinandersetzung mit den genetischen Determinanten interindividueller Verhaltensunterschiede, (3) die Unzufriedenheit mit einer klinischen Praxis, die Verhaltensauffälligkeiten von Kindern allein den Eltern anlastet und (4) die stärkere Beachtung individueller Unterschiede in der Entwicklung anstelle deskriptiv-normativer Entwicklungsbeschreibung.

Diese Sichtweisen und Forschungsinteressen lenkten den Blick auf Verhaltensunterschiede bereits von Neugeborenen und Kleinkindern und führten zur Entwicklung von T.ansätzen weitgehend ohne Bezugnahme auf die traditionellen, die erwachsene Persönlichkeit betreffenden T.konzeptionen. Ein integrativer Ansatz wurde nicht zuletzt dadurch erschwert, daß der Begriff T. in den klassischen Persönlichkeitstheorien nicht eindeutig definiert ist. Die folgende, keineswegs erschöpfende Zusammenstellung von *Abgrenzungsversuchen der Begriffe T. und Persönlichkeit* soll dies belegen. T. ist danach (1) ein Synonym für Persönlichkeit (Allport, 1949; Cattell, 1973), (2) die biologische Basis bzw. das Rohmaterial, aus dem sich durch Lern- und Umwelterfahrungen die konventionellen Persönlichkeitsmerkmale entwickeln (Allport, 1949; Eysenck, 1953), (3) das Ergebnis biologischer Evolution, die Persönlichkeit das Resultat soziokultureller Bedingungen (Strelau, 1983), (4) die „Persönlichkeit" des Kindes (Dreger, 1977), (5) ein Teilaspekt der Persönlichkeit, der sich auf stilische bzw. formale Verhaltensmerkmale (Cattell, 1973; Guilford, 1974) oder auf emotionale Reaktionsweisen (Eysenck, 1953) bezieht und (6) die überdauernde Stimmungslage der Persönlichkeit (Guilford, 1974).

Diese konzeptionelle Vielfalt, die Bevorzugung des Gedankens von der Umweltdeterminiertheit interindividueller Unterschiede und der Mißbrauch konstitutionstypologischer T.modelle (s. u.) zur wissenschaftlichen Begründung der Rassenideologie des Dritten Reiches dürften die Gründe dafür sein, daß der Begriff T. bis heute in einigen Persönlichkeitstheorien ganz vermieden wird.

Auch die T.konzeptionen *entwicklungspsychologischer* Orientierung sind aufgrund divergierender Forschungsinteressen und Zugangswege sehr heterogen. T. bezieht sich danach auf interindividuelle Unterschiede (1) im Verhaltensstil (Thomas/Chess, 1977), (2) in erbbedingten, früh in der Ontogenese auftretenden Eigenschaften (Buss/Plomin, 1984), (3) in konstitutionsbedingten Merkmalen der Reaktivität und Selbstregulation psychophysiologischer Systeme (Rothbart/Derryberry, 1981) und (4) im Affektausdruck (Goldsmith/Campos, 1982).

Entsprechend der Heterogenität dieser Sichtweisen findet keine der vorliegenden T.definitionen und Listen von Einzelkonstrukten bzw. -dimensionen, die dem T.bereich zugeordnet werden, uneingeschränkte Zustimmung. Weitgehende Übereinkunft besteht jedoch darüber, daß sich der Begriff T. auf die Dimensionen der Persönlichkeit bezieht, die sich in der *Dynamik* (z. B. in der Intensität und im Tempo) der psychophysischen Prozessse manifestiert. Die meisten der Autoren stimmen ferner darin überein, daß T.merkmale eine *genetische bzw. konstitutionelle Grundlage* besitzen. Trotz der unterschiedlichen Kriterien, welche Merkmale dem T.bereich zuzuordnen sind, lassen sich einige relativ weite Dimensionen benennen, die, wenn auch mit jeweils anderen Bezeichnungen, in vielen Ansätzen wiederkehren. Dazu zählen »emotionale Erregbarkeit«, »Aktivität« und »Geselligkeit«.

2 Biologische Basis des Temperaments und Temperamentstypologien

Die Frage nach individuellen Unterschieden in dem mit T. bezeichneten Persönlichkeitsbereich und deren Ursachen läßt sich bis in die griechische Antike zurückverfolgen. Ausgehend von der pseudophysiologischen Humoraltheorie des Hippokrates, wonach von der Mischung (lat. temperamentum) der vier *Körpersäfte* (Blut, Schleim, gelbe und schwarze Galle) die Konstitution des Körpers und seine Gesundheit abhängt, gruppierte der römische Arzt Galen nach der jeweiligen Dominanz einer der Säfte die noch heute bekannten T.typen. In der von Kant plastisch beschriebenen Fassung fanden diese Typen auch Eingang in die Alltagssprache. Danach ist der Melancholiker pessimistisch, zurückhaltend und launisch, der Sanguiniker heiter, leicht ansprechbar, gesellig, der Phlegmatiker ausgeglichen, nur schwer ansprechbar und der Choleriker emotional leicht erregbar und wechselhaft in seinen Stimmungen.

Durch die Arbeiten von Wundt (1903), Pawlow (1953) und Eysenck (1967) blieb die klassische Vierertypologie bis hin zur Neuzeit ebenso populär wie der Versuch, T.merkmale in biologischen bzw. physiologischen Prozessen zu verankern.

In der in der ersten Hälfte dieses Jahrhunderts entstandenen *Konstitutionstypologie* von Kretschmer (1926) bedingt die Funktionsweise des endokrinen Systems nicht nur das T., d. h. die Dynamik des affektiven, kognitiven und motorischen Verhaltens, sondern auch dessen Zusammenhang mit Merkmalen des Körperbaus. Auch in jüngeren Arbeiten werden Unterschiede in temperamentsbezogenen Verhaltensweisen wie dem Empfindungssucheverhalten und der emotionalen Erregbarkeit mit der Aktivität von Nebennierenrinden-Hormonen und Monoaminen in Beziehung gesetzt (Zuckerman, 1979).

Neben *biochemischen* Prozessen wird insbesondere in den Eigenschaften des *Nervensystems* die biologische Basis des T. gesehen. Diese Sichtweise geht auf Pawlow (1953) zurück, nach dem sich das Nervensystem mit Hilfe der Parameter Stärke der Erregungs- und Hemmungsprozesse, deren Gleichgewicht und Beweglichkeit charakterisieren läßt. Diese angeborenen und stabilen Merkmale sind die Bausteine seiner Typologie des Nervensystems, die der klassischen T.typologie entsprechen soll.

Nach Eysenck (1967) beruhen T.unterschiede gleichermaßen auf genetisch determinierten Merkmalen neuroanatomischer Systeme wie korrespondierender Unterschiede in der *Konditionierbarkeit*. Die physiologischen Korrelate seiner Hauptdimensionen des T. sieht Eysenck – vereinfacht dargestellt – in der unterschiedlichen Affizierbarkeit des Aufsteigenden Retikulären Aktivierenden Systems im Fall der Extraversion und des Limbischen Systems im Fall der emotionalen Stabilität/Labilität (Neurotizismus).

Trotz weitgehender Übereinstimmung, zur Explikation von T.unterschieden physiologische Vorgänge heranzuziehen, ist in den neueren Ansätzen umstritten, ob und in welcher Weise diese Prozesse konstitutiv für das T.konzept sind.

3 Neuere Temperamentskonzepte

Die neueren T.konzepte, die mit Ausnahme des Ansatzes von Strelau (s. u.) individuelle Unterschiede im Kindesalter betreffen, lassen sich im wesentlichen drei theoretischen Richtungen zuordnen: der *psycho-pathologischen,* der *psychogenetischen* und der *psycho-physiologischen.*

Die moderne Epoche der T.forschung wurde 1956 durch die „New York Longitudinal Study (NYLS)" von Thomas und Chess (1977) eingeleitet. Nach diesen klinisch orientierten Autoren kennzeichnet das T. das „Wie" des Verhaltens, den sogenannten Verhaltensstil. Diese phänomenologische bzw. deskriptive Definition enthält keine Annahmen hinsichtlich der Ätiologie und unterscheidet sich insofern von der Mehrzahl anderer T.ansätze. Aus Elterninterviews über klinisch relevante Verhaltensweisen ihrer Kinder leiten Thomas und Chess die folgenden 9 T.dimensionen ab: motorische Aktivität, Regelmäßigkeit der biologischen Funktionen (z. B. Schlaf-Wachzyklus, Nahrungsaufnahme), Annäherung-Vermeidung gegenüber neuen Reizen (Personen, Nahrung, Spielsachen), Anpassungsfähigkeit an sich ändernde Situationen, Reaktionsintensität, Stimmungslage, Reizschwelle, Ablenkbarkeit und Aufmerksamkeitsspanne/Ausdauer. Je nach Ausprägungsgrad auf einigen dieser Dimensionen ergeben sich spezifische Profile, von denen drei aufgrund klinischer Erfahrung als „schwierig", „leicht" und „langsam auftauend" bezeichnet werden.

Die Kenntnis des T.profils eines Kindes reicht nach diesen Autoren allerdings nicht zur Prognose seines Entwicklungsverlaufs aus. Vielmehr ist die Passung zwischen T. und den Charakteristika des Erziehungsumfeldes (z. B. den Erwartungen, Normen und Erziehungspraktiken der Bezugspersonen) bedeutsam. Aus diesen Überlegungen entstand ein eigener Forschungsansatz, dessen Untersuchungseinheit nicht das T., sondern die T.-Kontext-Beziehung bildet (Lerner/Lerner, 1983). Präventions- bzw. Interventionsmaßnahmen, die aus dem Modell entwickelt wurden, versuchen, eine den T.eigenschaften des Kindes angemessene Erwartungshaltung der Eltern zu entwickeln.

Im Mittelpunkt des psycho-genetischen Ansatzes steht die Frage nach der Art und dem Ausmaß der *Erbbedingtheit* von T.unterschieden. Die bekanntesten Vertreter dieses Ansatzes, Buss und Plomin (1984), definieren T. nicht deskriptiv, sondern präskriptiv. Danach zählen nur solche Persönlichkeitseigenschaften zum T.bereich, die ein hohes Maß an Erblichkeit aufweisen und früh in der Ontogenese auftreten. Aufgrund von Adoptions-, Zwillings- und Familienuntersuchungen gelangen die Autoren zu der Auffassung, daß die folgenden vergleichsweise weiten Dimensionen die beiden Kriterien erfüllen: *Emotionalität* (Erregbarkeit negativer Emotionen), *Aktivität* (Tempo, bevorzugtes Stimulationsniveau und Ausdauer des Verhaltens) und *Geselligkeit* (Suche nach Aufmerksamkeit und Zuwendung). Diese Dimensionen lassen sich nach Buss und Plomin in die traditionellen Persönlichkeitsdimensionen überführen. So soll Neurotizismus ein Abkömmling der Emotionalität und Extraversion eine Kombination von Geselligkeit und geringer Furcht in sozialen Situationen darstellen.

Die dem psycho-physiologischen Ansatz verpflichteten Autoren, wie Strelau (1983), Rothbart und Derryberry (1981) und Goldsmith und Campos (1982), heben die Funktion des T. bei der *Reizverarbeitung* bzw. *Verhaltensregulation* hervor.

Strelau und seine Forschungsgruppe in Warschau beziehen den Begriff T. allein auf formale bzw. stilistische Merkmale des Verhaltens, betonen jedoch im Gegensatz zu Thomas und Chess deren biologische bzw. genetische Basis. Die Analyse der beiden basalen T.züge Reaktivität und Aktivität verdeutlicht nach Strelau die regulative Funktion des T. Die Reaktivität des Individuums determiniert seine sensorische und emotionale Erregbarkeit ebenso wie sein Verhalten (Intensität, Ausdauer) angesichts starker und anhaltender Stimulation. Die Funktion der Aktivität besteht darin, die Stimulationszufuhr, die zur Aufrechterhaltung bzw. zum Erlangen eines optimalen Aktivationsniveaus beiträgt, zu regulieren und zwar entweder durch Reizsuche- oder Reizvermeidungsverhalten. Neben diesen Hauptdimensionen zählt Strelau auch diejenigen Merkmale zum T.bereich, die zeitliche Verlaufscharakteristika des Verhaltens charakterisieren wie z. B. Reaktionszeit, Perseveration, persönliches Tempo, Rhythmizität und insbesondere Mobilität, d. h. die Angemessenheit des Verhaltens in wechselnden Situationen.

Ähnlich wie Strelau definieren Rothbart und Derryberry T. als konstitutionell verankerte individuelle Unterschiede in der Reaktivität und der Selbstregulation. Ihr Reaktivitätskonzept ist jedoch umfangreicher als das von Strelau, da es sich auf Intensität- (Reizschwelle, Reaktionsintensität) und Verlaufscharakteristika (Reaktionslatenz, Anstiegs- und Abfallsdauer der Reaktion) zentralnervöser, vegetativer, neurohumoraler und motorischer Systeme bezieht. Konzeptionell sind diese einzelnen Reaktionssysteme selbst wiederum Bestandteile komplexerer Verhaltenssysteme wie z. B. der primären Emotionen, die sich ebenfalls mit den o. g. Parametern beschreiben lassen. Diese Parameter sind allerdings nicht allein eine Funktion der Reaktivität des Organismus, da dieser auch über die Fähigkeit zur Selbstregulation verfügt und somit modulierend, d. h. verstärkend oder hemmend, in den Ablauf der reaktiven Prozesse eingreifen kann.

Im Gegensatz zu den zuvorgenannten Vertretern betonen Goldsmith und Campos vor allem die *sozial-kommunikative* Bedeutung des T. In ihrer funktionalen Emotionstheorie umschreibt T. den Regulationsaspekt der Emotion, der nicht die internen psychophysiologischen, sondern die sozialen, interpersonalen Prozesse reguliert. Entsprechend definieren sie T. als individuelle Unterschiede im *Emotionsausdruck*.

Kritiker weisen auf konzeptionelle und methodologische Schwächen des psycho-pathologischen Ansatzes hin. So kennzeichnen einige der neun Dimensionen von Thomas und Chess, wie z. B. Stimmungslage oder Annäherung-Vermeidung nicht Stilmerkmale des Verhaltens. Auch zeigt sich, daß Reaktionsintensitäten oder Reizschwellen verschiedener Organ- bzw. Verhaltenssysteme nur gering kovariieren und daher keine generellen Merkmale des Organismus sind. Schließlich konnten weder die auf einer intuitiven Inhaltsanalyse gefundenen neun Dimensionen noch das apriori Konzept des „schwierigen T." mit Hilfe von Faktorenanalysen in dieser Form repliziert werden. Befunde zur Alters- und Kulturabhängigkeit der Definition des „schwierigen T.", Probleme der Etikettierung in der klinischen Praxis sowie die eingeschränkte Validität der elterlichen Verhaltensschilderungen haben die Nützlichkeit dieses Konzeptes generell in Frage gestellt.

Die Kritik am psycho-genetischen T.ansatz bezieht sich einmal auf die Definitionskriterien, die keine qualitative Unterscheidung zwischen T.merkmalen und anderen Persönlichkeitsmerkmalen, z. B. Intelligenz erlaubt. Zudem bleibt offen, in welchem Maße ein Merkmal erbbedingt sein muß, damit es als T.dimension angesehen werden kann.

Die psycho-physiologischen Ansätze sind hinsichtlich der Reichweite ihrer Annahmen sehr heterogen. In dem T.ansatz von Rothbart und Derryberry läßt sich nur schwer ein Persönlichkeitsmerkmal benennen, das nicht dem T.bereich zuzuordnen wäre, während die T.konzeption von Goldsmith und Campos am weitesten von traditionellen T.auffassungen abweicht und der in ihr zentrale Emotionsbegriff mehrdeutig ist.

Gegenwärtig ist keine der vorgestellten Positionen zu favorisieren. Vielmehr ergänzen sie sich, indem einmal mehr die genetisch-physiologische Seite, zum andern mehr der unmittelbar der Beobachtung zugängliche Verhaltensaspekt im Mittelpunkt der Betrachtung steht. Die Klärung der Beziehung zwischen beiden Aspekten und ihre konzeptionelle Abgrenzung von anderen Persönlichkeitsbereichen bleibt eine weiterhin offene Frage.

4 Zur Erblichkeit und Stabilität von Temperamentsmerkmalen

In den meisten T.ansätzen wird explizit oder implizit eine biologische Grundlage und damit einhergehend die Stabilität von T.merkmalen angenommen. „Biologisch" ist dabei eine nicht eindeutig definierte Sammelbezeichnung für prä-, peri- und postnatale Einflüsse ebenso wie für anatomische, physiologische und genetische Faktoren. Von diesen hat das in einigen T.definitionen zentrale Erblichkeitskriterium das Forschungsinteresse in besonderer Weise geweckt. Für eine Reihe von Persönlichkeitsmerkmalen zeigt sich eine Erblichkeit – der Anteil phänotypischer Varianz, der auf genetischer Variation beruht – von durchschnittlich 40%. Für solche Merkmale, die im allgemeinen dem T.bereich zugerechnet werden (z. B. Introversion-Extraversion, Neurotizismus, Empfindungssuche, Aktivität und Geselligkeit und ihren postulierten Vorläufern im Kindesalter), liegen die Schätzungen vergleichsweise höher (Loehlin/Nichols, 1976; Goldsmith, 1983).

Diese Ergebnisse beruhen ausschließlich auf Zwillingsstudien und hier vor allem auf Selbst- und Fremdbeurteilungen. Die wenigen Adoptionsstudien und Studien, in denen objektive Tests bzw. Beobachtungsdaten verwendet wurden, scheinen im wesentlichen die genannten Befunde zu unterstützen (Wilson/Matheny, 1986). Ferner zeigen verhaltensgenetische Arbeiten, daß die varianzaufklärenden Umweltfaktoren im Fall von T.merkmalen nicht wie im Intelligenzbereich zwischen, sondern innerhalb von Familien zu suchen sind (Daniels/Plomin, 1985). Die Identifizierung solcher innerfamilialer Determinanten wie differentielles Elternverhalten, unterschiedliche Interaktionserfahrungen der Geschwister untereinander und/oder im jeweils spezifischen Freundeskreis ist eine vordringliche Forschungsaufgaben der nächsten Jahre.

Die Herleitung der Stabilitätsannahme aus der Erblichkeit der T.merkmale ist angesichts neuerer Kenntnisse der Verhaltensgenetik überholt. Auch die Höhe der erwarteten Stabilität wurde lange Zeit überschätzt. Generell ist die beobachtete Stabilität der T.merkmale in den ersten beiden Lebensjahren vergleichsweise niedrig (McDevitt, 1986), steigt danach zunehmend an (Beckwith, 1979) und schwankt im Erwachsenenalter je nach T.dimension zwischen .40 und .70 (Finn, 1986). Angesichts der Höhe der Koeffizienten und der beträchtlichen interindividuellen Unterschiede in der Stabilität sind mehr als bisher Untersuchungen zu Ursachen bzw. Bedingungsprozessen für Stabilität und Instabilität angezeigt.

5 Relevanz der Temperamentsforschung für entwicklungspsychologische Fragestellungen

Ein angemessener Überblick über die vorliegenden empirischen Befunde zu den Korrelaten der Einzelkonstrukte, die unter dem Begriff T. zusammengefaßt werden, kann hier nicht annähernd gegeben werden. Es sollen daher anhand einiger weniger exemplarischen Befunde die Zugangsweisen und die Problematik der neueren T.forschung vor allem für entwicklungspsychologische Fragestellungen angesprochen werden. In einer Reihe von Untersuchungen werden T.merkmale bzw. -konstellationen mit klinischen Krankheitsbildern (z. B. Viermonatskoliken, Schlaf- und Verdauungsstörungen, Fettsucht, dem plötzlichen Kindstod) und schulischem Lernen in Beziehung gesetzt (Carey, 1986; Keogh, 1986). Die hierzu vorliegenden Befunde sind widersprüchlich und lassen noch keine Generalisierungen zu.

Die meisten empirischen Arbeiten befassen sich mit der Rolle des T. in sozial relevanten Prozessen. Befunde zur *Hypothese des Haupteffektenansatzes,* wonach bestimmte T.merkmale mit bestimmten Erziehungsverhaltensweisen bzw. der Qualität der Eltern-Kind-Beziehung einhergehen, sind uneinheitlich. Es gibt ebenso viele Hinweise für wie gegen die Annahme eines Zusammenhangs zwischen beiden Variablengruppen. Zudem sind die beobachteten Zusammenhänge meist nur gering und sagen nichts über die Beeinflussungsrichtung aus. Einige Untersuchungen sprechen eher für eine interaktionistische Sichtweise im Sinn des *Passungsmodells,* wonach die gleichen T.eigenschaften in Abhängigkeit von Elternmerkmalen und/oder externen Faktoren, z. B. der Verfügbarkeit sozialer Unterstützung mit unterschiedlichem Erzieherverhalten einhergehen (Crockenberg, 1986). Entsprechend werden offenbar konfliktreiche Familienverhältnisse, Krankheiten oder auch Ereignisse wie die Geburt eines jüngeren Geschwisters je nach T.konstellation des Kindes unterschiedlich verarbeitet (Rutter, 1983; Dunn/Kendrick, 1982).

Trotz der Plausibilität der interaktionistischen Position ist ihre empirische Basis eher schmal. Auch konzeptionell wurde dieses Modell kritisiert, da es statischer Natur ist und der wechselseitigen Bedingtheit von T.merkmalen und Kontext im Entwicklungsverlauf nicht gerecht wird. Längsschnittuntersuchungen zu Modellen, die eine mit dem Alter variierende T.-Umwelt-Korrelation postulieren (Scarr/McCartney, 1983), stehen allerdings noch aus. Diese Forschungsansätze setzen die Lösung eines methodologischen Hauptproblems der T.forschung, nämlich die *unabhängige* Erfassung von Merkmalen des T. und Merkmalen des Erziehungsumfeldes voraus. Von der Lösung dieses Problems und der Realisierung von Forschungsdesigns, die der transaktionalen Entwicklungskonzeption gerecht werden, dürften auch stärker als bisher Auswirkungen der T.forschung auf die Erziehungspraxis und auf klinische Anwendungsfelder ausgehen.

Literatur

Allport, G. W.: Persönlichkeit. Stuttgart: Klett, 1949.

Beckwith, L.: Prediction of emotional and social behavior. In: Osofsky, J. (Ed.): Handbook of infant development. New York: Wiley, 979, 671-706.

Buss, A. H./Plomin, R.: Temperament: Early developing personality traits. Hillsdale, N. J.: Erlbaum 1984.

Carey, W. B.: The difficult child. Pediatrics in Review, 8, 1986, 39-45.

Cattell, R. B.: Die empirische Persönlichkeitsforschung. Weinheim: Beltz, 1973.

Crockenberg, S. B.: Are temperamental differences in babies associated with predictable differences in care-giving? In: Lerner, J. V./Lerner, R. M. (Eds.): Temperament and social interaction in infants and children. New Directions for Child Development, 31. San Francisco: Jossey-Bass, 1986, 53-73.

Daniels, D./Plomin, R.: Differential experience of siblings in the same family. Developmental Psychology, 21, 1985, 747-760.

Dreger, R. M.: Developmental structural changes in the child's personality. In: Cattell, R. B./Dreger, R. M. (Eds.): Handbook of modern peronsality theory. Washington: Hemisphere Publishing, 1977, 406-432.

Dunn, J./Kendrick, C.: Siblings. Love, envy and understanding. Cambridge, Mass.: Harvard University Press, 1982.

Eysenck, H. J.: The structure of human personality. London: Methuen, 1953.

Eysenck, H. J.: The biological basis of personality. Springfield, Ill.: C. Thomas, 1967.

Finn, S. E.: Stability of personality self-ratings over 30 years: Evidence for an age/cohort interaction. Journal of Personality and Social Psychology, 50, 1986, 813-818.

Goldsmith, H. H.: Genetic influences on personality from infancy to adulthood. Child Development, 54, 1983, 331-355.
Goldsmith, H. H./Campos, J. J.: Toward a theory of temprament. In: Emde, R. N./Harmon, R. J. (Eds.): The development of attachment and affiliative systems. New York. Plenum Press, 1982, 161-193.
Guilford, J. P.: Persönlichkeit. (6. Aufl.) Weinheim: Beltz 1974.
Keogh, B. K.: Temperament and schooling: Meaning of ‚goodness of fit'? In: Lerner, J. V./Lerner, R. M. (Eds.): Temperament and social interaction in infants and children. New Directions for Child Development, 31. San Francsico: Jossey-Bass, 1986, 89-108.
Kretschmer, E.: Medizinische Psychologie. Leipzig: Thieme, 1926.
Lerner, J. V./Lerner, R. M.: Temperament and adaptation across life: Theoretical and empirical issues. In: Baltes, P. B./ Brim, O. G. (Eds.): Life span development and behavior, Bd. 5. New York: Academic Press, 1983, 197-231.
Loehlin, J. G./Nichols, R. C.: Heredity, environment, and personality. Austin: University of Texas Press, 1976.
McDevitt, S. C.: Continuity and discontinuity of temperament in infancy and early childhood: A psychometric perspective. In: Plomin, R./Dunn, J. (Eds.): The study of temperament: Changes, continuities and challenges. Hillsdale, N. J.: Erlbaum, 1986, 27-38.
Pawlow, J. P.: Die gemeinsamen Typen der höheren Nerventätigkeit der Tiere und der Menschen. In: Pawlow, J. P. Sämtliche Werke, Bd. 3, Berlin: Akademieverlag, 1953, 492-511.
Rothbart, M. K./Derryberry, D.: Development of individual differences in temperament. In: Lamb, M. E./Brown, A. L. (Eds.): Advances in Developmental Psychology, Bd. 1, Hillsdale, N. J.: Erlbaum, 1981, 37-85.
Rutter, M.: Stress, coping, and development: Some issues and some questions. In: Garmezy, N./Rutter, M. (Eds.): Stress, coping and development in children. New York: Plenum Press, 1983, 1-41.
Strelau, J.: Temperament, personality, activity. London: Academic Press, 1983.
Scarr, S./McCartney, K.: How poeple make their own environments: A theory of genotype-environment effects. Child Development, 54, 1983, 424-435.
Thomas, A./Chess, S.: Temperament and development. New York: Brunner/Mazel, 1977.
Wilson, R. S./Matheny, A. P.: Behavior-genetics research in infant temperament: The Louisville Twin Study. In: Plomin, R./ Dunn, J. (Eds.): The study of temperament: Changes, continuities and challenges. Hillsdale, N. J.: Erlbaum 1986, 81-97.
Wundt, W.: Grundzüge der physiologischen Psychologie, Bd. 3. Leipzig: Barth, 1903.
Zuckerman, M.: Sensation seeking: Beyond the level of arousal. Erlbaum, 1979.

Tests und Testtheorie

Helmut Giegler

Psychologische Tests werden eingesetzt, um Aufschluß über Richtung und Stärke der Ausprägung von *Persönlichkeitsmerkmalen* bei Einzelpersonen oder Personengruppen zu erlangen. Diese Persönlichkeitsmerkmale (z. B. Intelligenz, Leistungsmotivation, Neurotizismus, Extraversion) werden dabei als *latente Größen* angesehen, die *empirisch nicht direkt* (z. B. durch den bloßen Augenschein oder das Stellen einer einzigen Frage) *erfaßbar* sind, sondern *nur indirekt erschlossen* werden können. In der Regel konfrontiert man bei Tests die psychologisch zu diagnostizierenden Personen daher mit einer ganzen Reihe von sog. *Items* (Fragen, Aussagen oder Aufgaben, aber z. B. auch Bildern), von denen man *vermutet,* daß sie für die jeweils gegebene diagnostische Fragestellung von *indizierender Relevanz* sind. Wenn etwa bei einem Rechentest eine Person nur eine der Rechenaufgaben aus diesem Test richtig löst, kann dies auch *zufällig* geschehen sein (indem die Testperson beispielsweise bei einer „multiple-choice-Frage" *zufällig* die richtige Antwort angekreuzt hat). Je mehr Rechenaufgaben eine Person jedoch richtig löst, in einem um so geringeren Maße mag man hier noch an einen Zufall zu glauben. Vielmehr spricht dann wohl einiges dafür, daß hier eine tatsächlich vorliegende Rechenfähigkeit diese richtigen Lösungen wesentlich *bedingt* hat. Diese Items bieten den Testpersonen also zwei oder auch mehr Reaktionsmöglichkeiten an, deren numerischer Code als *Item-Meßwert* bezeichnet wird.

1 Testtheoretische Gütekriterien

Der Gegenstand der psychologischen Testtheorie besteht nun darin, *Gütekriterien* für psychologische Tests bereitzustellen (siehe dazu z. B. Lienert, 1969; Fischer, 1974). Erst wenn diese bei einem psychologischen Test hinreichend erfüllt sind, sollte von einem *wissenschaftlich* fundierten Test gesprochen werden. Folgende Gütekriterien werden dabei herangezogen:
- *Objektivität:* Unabhängigkeit der Testresultate von der Testsituation und den Testleitern;
- *Reliabilität:* formale Zuverlässigkeit;
- *Validität:* inhaltliche Gültigkeit;
- *Praktikabilität:* wissenschaftliche Ökonomie.

1.1 Objektivität

Mit Objektivität (Scheier, 1958) ist die Unabhängigkeit des Testresultates *von den situativen Testbedingungen,* vor allem aber auch *von den Personen, die den Test durchführen, auswerten und die Testresultate interpretieren* (= Testleitern), gemeint. Das impliziert, daß Durchführung, Auswertung und Interpretation des Tests weitgehend *standardisiert* sind. Wenn die zu testenden Personen, während sie den Test bearbeiten, durch unterschiedliche äußere Einflüsse (etwa Lärm, zu hohe oder zu niedere Raumtemperaturen, aber beispielsweise auch durch unterschiedliche Informationen darüber, welcher Stellenwert dem Testergebnis beizumessen ist etc.) tangiert werden, wenn sich der Testleiter in verschiedenen Testgruppen oder verschiedenen Testpersonen gegenüber unterschiedlich verhält, wenn nicht genau festgelegt ist, wie nach Durchführung des Tests die einzelnen Test-Items auszuwerten sind, wenn nicht einheitlich geregelt ist, wie das Gesamtresultat zustandekommt und was es besagt – dann sind alles dies Anzeichen für eine *mangelnde Testobjektivität.*

1.2 Reliabilität

Die Reliabilität bezieht sich auf Fragen der *formalen Zuverlässigkeit,* d.h. der *Genauigkeit von Testergebnissen.* Hintergrund für die Reliabilitätsbestimmung ist die sog. *„Klassische Testtheorie"* (Gulliksen, 1950; Lord/Novick, 1974), die auf folgenden Annahmen gegründet ist: Wenn eine Messung mehrmals wiederholt wird – und das ist für die Abschätzung der Reliabilität immer empfehlenswert –, so zeichnet sich bei den dabei beobachteten Meßergebnissen keine *Konstanz,* sondern eine *Varianz* ab, wobei diese Varianz additiv auf zwei Quellen zurückzuführen ist: auf den sog. *„wahren Wert"* des zu messenden Phänomens *und* auf den sog. *„Meßfehler".*

Der „wahre Wert" einer Messung ist nun selbstverständlich rein empirisch nicht exakt bestimmbar: Er kann nur aus den – *im Prinzip* unendlich oft wiederholten – Messungen *geschätzt* werden.

Wenn nun zur Messung eines empirisch nicht direkt erfaßbaren Persönlichkeitsmerkmals mehrere Items herangezogen werden, so stellt jedes dieser Items den *wiederholten Versuch* einer Messung dieses psychologischen „Konstruktes" dar. Als die beste Schätzung des „wahren Wertes" des bei einer Person jeweils zu diagnostizierenden Persönlichkeitsmerkmals ist die Summe (bzw. das arithmetische Mittel) ihrer Item-Meßwerte *axiomatisch definiert,* die als *Testrohwert* bezeichnet wird. Werden mehrere Personen getestet, so gilt der dann bei einem Item auftretende Varianzanteil, der *nicht* auf die geschätzten „wahren Testrohwerte" dieser Personen linear zurückführbar ist, als *Item-Meßfehler.* Diese bei jedem Item zu verzeichnenden Meßfehler sollen nun – und dies ist eine weitere axiomatische Setzung (Guttman, 1945; Novick, 1966) – von den Meßfehlern der anderen Items (linear) unabhängig sein. Gleichzeitig wird axiomatisch gefordert, daß die Item-Meßwerte *stochastisch* voneinander unabhängig sind, d.h. weder davon beeinflußt werden, was die zu testende Person bei anderen Items geantwortet hat (es dürfen z.B. keine sog. „Lern-" oder „Überstrahleffekte" auftreten), noch was andere Testpersonen bei diesem oder bei einem anderen Item geantwortet haben (die Testpersonen sollen sich also, während sie den Test bearbeiten, gegenseitig nicht beeinflussen, z.B. nicht voneinander abschreiben).

Vor dem Hintergrund dieser *theoretisch postulierten Axiomatik* gibt es nun im Prinzip vier verschiedene Methoden, die Reliabilität eines psychologischen Tests empirisch abzuschätzen, wobei jedoch alle vier Methoden zu unterschiedlichen Reliabilitätsschätzungen führen können: *Testwiederholung, Parallelitätstests, Testhalbierung* und *interne Konsistenzbestimmung.*

Bei der Methode der *Testwiederholung* wird ein- und derselbe Test derselben Personengruppe zu verschiedenen Zeitpunkten zwei- oder auch mehrmals vorgegeben, und die Testrohwerte werden sodann miteinander korreliert. Die Höhe dieser Korrelation(en) gilt dann als ein Indikator für die Reliabilität (*Test-Retest-Reliabilität* oder *Stabilität*). Dabei macht man jedoch die in vielen Gebieten der Psychologie unrealistische Annahme, daß sich Persönlichkeitsmerkmale im Laufe der Zeit nicht oder doch nur unwesentlich verändern und daß *Erinnerungseffekte* („was habe ich bei der vorangegangenen Testdurchführung angekreuzt?") bedeutungslos sind (Michel/Conrad, 1982).

Theoretisch zwar recht plausibel, praktisch aber in den meisten Fällen nicht realisierbar ist die Bestimmung der Reliabilität mithilfe von *parallelen Tests (Äquivalenz-Reliabilität):* Eine Testwiederholung wird hier also durch die *einmalige Vorgabe psychometrisch gleichwertiger Tests* ersetzt (Cronbach et al., 1963). Derartige Tests können eigentlich nur für bestimmte eng begrenzte Fragestellungen der Leistungspsychologie und der Intelligenzmessung (z.B. zwei parallele Rechentests) konstruiert werden. Hat man parallele Tests, so läßt sich deren Reliabilität wiederum an der Höhe ihrer Testrohwert-Korrelationen ablesen.

Auch bei der *„Testhalbierungs-Reliabilität"* erspart man sich eine Testwiederholung. Stattdessen werden die Items eines ebenfalls *nur einmal* präsentierten Tests einfach in *zwei Gruppen* aufgeteilt (etwa indem bei einem aus 10 Items bestehenden Test die Items durchnumeriert werden und die geradzahligen Items dann die erste und die ungeradzahligen Items die zweite Gruppe bilden). Sodann werden die Testrohwerte beider Itemgruppen miteinander korreliert. Auch hier gilt: Je höher diese Korrelation der Testhälften, um so höher die Reliabilität. Da jedoch die Zuordnung von Items zu den beiden Itemgruppen beliebig ist, und jede Gruppierung andere Reliabilitätsschätzungen erbringen kann, ist dieses Verfahren – selbst bei Verwendung speziell für diesen Zweck entwickelter Reliabilitätskoeffizienten (Guttman, 1945, 275 f.) – in Fachkreisen umstritten.

Als Weiterführung der Testhalbierungs-Reliabilität kann die *Konsistenz-Reliabilität* betrachtet werden. In ihr wird ein Test nicht nur in zwei, sondern in so viele Teile untergliedert, wie er Items umfaßt: Wie bereits gesagt, kann ja jedes Item als ein wiederholter Versuch der Messung eines Persönlichkeitsmerkmales angesehen werden. Das setzt nun aber voraus, daß diese Items auch wirklich auf ein- und dasselbe Persönlichkeitsmerkmal schließen lassen, daß sie also eine hohe *interne Konsistenz* aufweisen. Empirisch erkennbar ist dies z. B. an der Höhe, mit der diese Items untereinander korrelieren. Für die Bestimmung des Grades der internen Konsistenz von Testitems sind eine Reihe von entsprechenden Reliabilitätskoeffizienten vorgeschlagen worden, deren bekanntester der nach seinem Entdecker Cronbach (1951) benannte *Alpha-Koeffizient* ist. Diese Koeffizienten liegen normalerweise in den Grenzen zwischen 0 und 1: Je höher sie ausfallen, um so konsistenter die Testitems und infolgedessen auch um so reliabler der gesamte Test. Die Höhe dieser Koeffizienten hängt nun aber nicht nur von dem Grad der Interkorrelation der verwendeten Items ab, sondern auch von der Zahl der Items: Geringere Item-Korrelationen können dabei durch größere Itemzahlen kompensiert werden.

Schließlich sind auch *faktorenanalytisch fundierte Konsistenz-Reliabilitätskoeffizienten* konstruiert worden (Heise/Bohrnstedt, 1971; Jöreskog, 1971). Eine Besonderheit bei dieser Art der Reliabilitätsbestimmung besteht darin, daß bei der Aufsummierung der Itemmeßwerte zu einem Testrohwert diese nach der Höhe ihrer Faktorladung *unterschiedlich gewichtet* werden. Vorausgesetzt wird bei diesem *„congenerischen Reliabilitätsmodell"* lediglich, daß die verwendeten Testitems *nur auf einem Faktor substantiell laden.* Bei der einfachen (= ungewichteten) Aufsummierung der Itemmeßwerte zu einem Testrohwert wird die Reliabilität eines Tests in dem Maße unterschätzt, in dem diese Testitems das zu erfassende Persönlichkeitsmerkmal unterschiedlich effizient messen, d. h. unterschiedliche Faktorladungen auf dem „Generalfaktor" aufweisen. Ein Computerprogramm, das alle in diesem Zusammenhang notwendigen Berechnungen durchführt, hat Bardeleben (1987) geschrieben.

1.3 Validität

Mit der Bestimmung des Reliabilitätsgrades eines psychologischen Tests ist noch nichts über dessen Validitätsgrad ausgesagt, darüber also, in welchem Maße durch ihn *inhaltlich tatsächlich das gemessen wird, was gemessen werden soll:* Denkbar wäre es ja immerhin, daß ein psychologischer Test mit großer Zuverlässigkeit inhaltlich mehr oder minder irrelevante Merkmale erfaßt. Daraus folgt, daß neben der Reliabilität auch etwas über die Validität eines psychologischen Tests bekannt sein muß, wenn man seine Güte angemessen beurteilen will. Wie schon bei der Ermittlung des Reliabilitätsgrades, so gibt es nun auch bei der Ermittlung des Validitätsgrades verschiedene Vorgehensweisen, um hier zu empirischen Abschätzungen zu gelangen, die jedoch auch hier zu unterschiedlichen Resultaten führen können: *interne Validierung, externe Validierung* und *Konstruktvalidierung*.

Bei der *internen Validierung* wird ein psychologischer Test *für sich genommen* einer näheren Betrachtung unterzogen. Den einfachsten, aber für viele psychologische Gegenstandsbereiche sicher nicht ganz unproblematischen Fall stellt dabei die sog. *Augenscheinvalidität* dar, bei der – wie schon aus der Bezeichnung hervorgeht – schlicht postuliert wird, daß die Testitems ihre Validität *qua unmittelbarer Evidenz* erkennen lassen. Ein Beispiel hierfür wäre etwa, wenn ein Lehrer den Unterrichtsstoff, den er zuvor behandelt hat, mittels eines entsprechenden Tests abprüft: Es liegt dann auf der Hand, daß die Aufgaben in dem Maße valide sind, wie sie in Inhalt und Formulierung auf den zuvor vermittelten Unterrichtsstoff zurückgehen. Oftmals hilft man sich bei der internen Validierung auch durch ein sog. *Expertenrating,* d. h. man läßt („Fach-" oder auch sog. „Alltags-") „Experten" *einschätzen,* inwieweit die verwendeten Items tatsächlich das messen, was gemessen werden soll. Der Grad, in dem sich diese „Experten" hinsichtlich der diagnostischen Brauchbarkeit einzelner Testitems einig sind, gilt dann als ein Validitätskriterium für den gesamten Test, wobei zuvor in dieser Hinsicht invalide Items aus dem Test eliminiert wurden. Fraglich ist hier allerdings mitunter das „Expertentum" dieser „Experten", hinter dem sich nicht selten nur dogmatische Schulmeinungen und/oder wissenschaftlich kaschierte Vorurteile verbergen: Erinnert sei hier nur an einschlägige Mißgriffe aus dem psychiatrischen Bereich. Eine weitere, in aller Regel bessere Form der internen Validitätsabschätzung stellt die *faktorielle Validierung* (Heise/Bohrnstedt, 1971) dar, bei der – nach einer Faktorenanalyse – valide Items das für sie postulierte *eindimensionale semantische Vorverständnis* dadurch bestätigen, daß sie *nur auf einem Faktor substantiell laden* („Generalfaktormodell"); hier besteht dann auch eine enge Verwandtschaft zur zuvor behandelten Konsistenz-Reliabilität. Ähnliches leistet die Berechnung der *Item-Trennschärfen*, d. h. der Korrelationen zwischen den einzelnen Item-Meßwerten und dem Testrohwert: *Invalide* Items zeichnen sich hierbei durch niedrige oder gar negative Werte aus; sie sollten aus dem Test herausgenommen werden.

Im Unterschied zur internen Validierung wird bei der *externen Validierung* (Anastasi, 1961) ein psychologischer Test nicht für sich genommen betrachtet, sondern auf sog. *Außenkriterien* bezogen, von denen man annimmt, daß sie mit dem zu messenden Persönlichkeitsmerkmal mehr oder minder stark zusammenhängen *(Kriteriumsvalidität)*. Gesetzt etwa den Fall, man hätte einen Test zur Erfassung „psychotischer Dispositionen" entworfen: Eine externe Validierung könnte nun so aussehen, daß dieser Test sowohl sog. „psychiatrisch auffälligen Personen" als auch sog. „normalen Personen" vorgegeben und dann überprüft wird, ob sich diese Personengruppen hinsichtlich ihrer Testergebnisse signifikant voneinander unterscheiden *(diskriminierende Validität)*. Bei der *prognostischen Validität* werden anhand von Testergebnissen Voraussagen gemacht (etwa über den Schulerfolg): In je höherem Maße diese Voraussagen zutreffen, als um so valider gilt der Test; die dabei erzielten Resultate sind aber zumeist nicht sonderlich zufriedenstellend. Die bei weitem gängigste Form der Validitätsbestimmung besteht jedoch darin, *Korrelationen zu anderen Tests* herzustellen, die den Anspruch erheben, ebenfalls Aspekte dessen zu erfassen, was der zu validierende Test erfassen soll. Bei dieser Art der Validitätsbestimmung eines Tests anhand anderer Tests (Campbell/Fiske, 1959) ist jedoch immer die Gefahr von sog. *Zirkelschlüssen (Tautologien)* gegeben (Boring, 1950).

Interne – und hier insbesondere *faktorielle* – und *externe* Validierungen müssen nun, was die Itemauswahl anbelangt, keineswegs immer zu gleichen Resultaten führen. Häufig ist vielmehr das Gegenteil der Fall: Unterstützen nämlich faktorielle Validierungen eher *homogene Tests* (Tests also, deren Items untereinander hoch korrelieren), so unterstützen externe Validierungen eher *heterogene Tests* (Tests also, deren Items zwar untereinander schwächer, dafür aber vielleicht mit den *Außenkriterien* höher korrelieren (Lienert, 1969, 294 ff.). Zurückzuführen ist dies darauf, daß homogene Tests ja gerade aufgrund ihrer Homogenität u. U. *nur einen Aspekt* dessen erfassen, was erfaßt werden soll, während demgegenüber heterogene Tests komplexen und vielgestaltigen Phänomenen – wie sie ja gerade in der Differentiellen Psychologie (man denke hier nur an bestimmte Berufseignungs- oder klinische Tests) nicht selten zu finden sind – oft wesentlich besser gerecht zu werden vermögen.

Bei der *Konstrukt-Validierung* (Cronbach/Meehl, 1955) schließlich werden nicht nur bivariate Zusammenhänge, sondern bisweilen *ganze psychologische Theorien,* zumindest aber theoretisch begründete *komplexe Hypothesen* über das („kausale") Zueinander latenter psychologischer Größen zu Validierungszwecken herangezogen. Mittels geeigneter multivariater Analysemodelle wird sodann überprüft, inwieweit diese Theorien oder Hypothesen mit den Daten übereinstimmen oder gegebenenfalls der Modifikation bedürfen. Hierfür geben die sog. *Strukturgleichungsmodelle* (Jöreskog/Sörbom, 1984), die eine *gleichzeitige Überprüfung der faktoriellen Validität und der Konstruktvalidität* gestatten (Wegener, 1983, TE97-TE102), ein ideales Analyseinstrument an die Hand.

1.4 Praktikabilität

Als weiteres Gütekriterium kann schließlich die Praktikabilität eines psychologischen Tests, d. h. seine *wissenschaftliche Ökonomie* gelten. So läßt sich z. B. die Reliabilität eines Tests dadurch steigern, daß einfach die Zahl der verwendeten Testitems erhöht wird (Zeller/Carmines, 1980). Dabei ist jedoch zu bedenken, daß sich in diesem Falle auch die Testerhebung schwieriger gestaltet: Den zu testenden Personen wird dann nämlich zugemutet, noch mehr Items als ohnehin schon zu bearbeiten. Optimal sind daher Tests, die *mit dem geringsten Aufwand* (= mit nur sehr wenigen Items) *den testtheoretisch gesehen größten Ertrag erbringen,* d. h. u. a. relativ hohe Reliabilitäten und Validitäten aufweisen. Wenn beispielsweise ein Test, der zunächst aus 30 Items besteht, eine Reliabilität von .90 zeigt, und ein aus einer Auswahl von 10 aus diesen 30 Items gebildeter Kurztest eine Reliabilität von .80, so ist letzterer im allgemeinen vorzuziehen, weil er sowohl bei der Durchführung als auch bei der Auswertung mit weniger Aufwand verbunden ist und der Reliabilitätsverlust sich dennoch in engen Grenzen hält.

2 Das „Rasch-Modell"

Die den bislang betrachteten Gütekriterien für psychologische Tests wesentlich zugrundeliegende „Klassische Testtheorie" ist in vielen Punkten zurecht kritisiert worden. Wenn sie dennoch nach wie vor im Zentrum der psychologischen Diagnostik steht, so ist dies weniger ihren besonderen Vorzügen, als vielmehr dem Umstand zu verdanken, daß Weiterentwicklungen, die erkannte Schwächen dieses „klassischen" Ansatzes überwinden sollen, mit einem ganz erheblichen technischen Mehraufwand verbunden sind, und sich darüber hinaus sowohl von ihren formalen als auch von ihren empirischen Anforderungen her gesehen in vielen Fällen als ziemlich unpraktikabel erwiesen haben. Dennoch sei eine der wohl bedeutendsten dieser Weiterentwicklungen, das sog. „Rasch-Modell" (Stene, 1968; Wakenhut, 1974, 23-65), im folgenden kurz skizziert.

Dieses nach seinem „Erfinder" (Rasch, 1960; 1961) benannte Testmodell, das den sog. „Latent-Trait-Modellen" (Wegener, 1983, TE14-TE31) zuzurechnen ist, zielt in seinem versprochenen wissenschaftlichen Ertrag sehr hoch. Wird mit dieser Test-Theorie doch der Anspruch erhoben, *spezifisch objektive*, d. h. *item- und personenunabhängige Testresultate* zu gewinnen. Damit ist gemeint, daß unabhängig davon, welche Items aus einem inhaltlich definierten Itemuniversum verwendet werden, sich für eine getestete Person immer die gleichen Testresultate ergeben, und daß sich umgekehrt auch immer die gleichen Item-Schwierigkeiten ergeben, unabhängig davon, welche Personengruppen getestet werden. Dem ist nun insofern eine kaum zu bestreitende Bedeutung beizumessen, als *strenggenommen* einzig dadurch zwei Personen hinsichtlich der Stärke der Ausprägung eines Persönlichkeitsmerkmals miteinander verglichen werden können – unabhängig davon, wie die Testresultate anderer Personen bzw. deren Verteilung aussehen (Rasch, 1966). Auch Untersuchungen über graduelle Veränderungen eines Persönlichkeitsmerkmals bei ein- und derselben Person über die Zeit hinweg sind *strenggenommen* nur mit diesem Testmodell durchführbar. Weiterhin liefert dieses Testmodell Testresultate, die auf dem statistisch höchsten Skalenniveau, dem *Verhältnisskalenniveau* angesiedelt sind: Lautet für eine getestete Person ihr Testresultat etwa 3.6, so ist bei ihr das zu messende Persönlichkeitsmerkmal 3mal stärker ausgeprägt als bei einer Person mit einem Testresultat von 1.2. Schließlich erlaubt dieses Testmodell gegenüber dem der „Klassischen Testtheorie" verpflichteten Testmodell auch eine sehr eindeutige und plausible Charakterisierung des ihm zugrundeliegenden Gedankenganges, die etwa so lauten könnte, *daß bei stetig zunehmendem Ausprägungsgrad, den eine Testperson bezüglich eines zu erfassenden Persönlichkeitsmerkmales innehat, auch die Wahrscheinlichkeit stetig zunimmt, Items, die dieses Persönlichkeitsmerkmal repräsentieren, positiv zu beantworten.* Die sich dabei ergebende Funktionskurve zwischen individuellen Testresultaten und der Wahrscheinlichkeit, ein solches Item positiv zu beantworten, zeigt eine *logistische Gestalt* (Wakenhut, 1974, 85-89). Dadurch wird dieses Testmodell auch direkt falsifizierbar (Wegener, 1983, TE103-TE105): Items, die diesen Funktionsverlauf nämlich nicht zeigen, gelten als *nicht* „rasch-skalierbar".

Für dieses Testmodell sind nun zahlreiche grafische und statistische Prüfverfahren entwickelt worden, die Aufschluß darüber gewähren sollen, inwieweit es für bestimmte konkrete Fragestellungen verwendbar erscheint: Ein entsprechendes Computerprogramm ist z. B. bei Rost und Sönnichsen (1983) beschrieben. Dabei zeigte sich jedoch, daß dieses Testmodell für viele Gegenstandsbereiche nicht sonderlich tragfähig ist. Anders gesagt: Es hat sich einfach für die Mehrzahl psychologischer und zumal persönlichkeits-, klinisch- und sozial-psychologischer Fragestellungen *von seinen datentechnischen Voraussetzungen her gesehen* als zu rigide herausgestellt (Wakenhut, 1973).

3 Testauswertung

Hier bedient man sich zur Gewinnung des bzw. – bei heterogenen (= mehrfaktoriellen) Tests der – Testrohwerte(s) vielfach einschlägiger Hilfsmittel wie Auswertungsstreifen oder Transparentfolien, die man an bzw. auf die Testbögen legt, so daß die zugehörigen Item-Meßwerte unmittelbar abgelesen werden können. Sind dann die Testrohwerte durch Aufsummierung der entsprechenden Item-Meßwerte ermittelt, müssen diese in der Regel noch *transformiert* werden, bevor sie inhaltlich interpretiert werden können. Bei diesen Transformationen (z. B. „Z-", „T-" oder „Prozentrang-Transformation") werden die *Testrohwerte* unter

Bezug auf sog. *Eichstichproben* (= möglichst repräsentative Bevölkerungsstichproben) in *Testendwerte*, kurz *Testwerte* genannt, umgerechnet.

Diese Eichstichproben unterteilen sich in *allgemeine* und *spezielle;* bei letzteren sind getrennt nach bestimmten, inhaltlich für relevant erachteten Subgruppen (z. B. „Frauen – Männer" oder „Neurotiker – Nicht-Neurotiker") mehrere verschiedene Eichungen vorgenommen worden. Diese Testwerte zeichnen sich häufig dadurch aus, daß sie als *Abweichungen von einem bestimmten Mittelwert* (etwa 100 oder 50) gefaßt sind. Je deutlicher der Testwert einer Person von einem solchen Mittelwert abweicht, um so diagnostisch aufschlußreicher ist dies. So ist etwa die mittlere Intelligenz mit 100 definiert; weist eine Testperson dann beispielsweise einen IQ von 180 auf, so ist dies schon sehr bemerkenswert, da in der zugrundeliegenden Eichstichprobe nur ein sehr geringer Prozentsatz der Bevölkerung über einen so hohen IQ verfügt. Anstelle der Abweichung kann auch der *Grad der Übereinstimmung* eines Testwertes mit dem Testmittelwert einer speziellen Eichstichprobe diagnostisch sehr aufschlußreich sein; etwa wenn eine Testperson einen Testwert aufweist, der dem Testmittelwert von Neurotikern sehr nahe kommt. Um allzu vorschnellen Beurteilungen etwas begegnen zu können, wird zuweilen auch noch der *Standardmeßfehler* für eine getestete Person bestimmt. Dieser gestattet Aussagen darüber, in welchen Grenzen der „wahre Testwert" einer Person mit welcher Irrtumswahrscheinlichkeit liegt.

4 Testverwendung

Nun ergibt sich natürlich die Frage, auf welche Weise Resultate psychologischer Tests Verwendung finden können? Wenn man einmal von rein *innerwissenschaftlichen Zielsetzungen* (z. B. Testkonstruktion, -überprüfung, -modifikation etc.) absieht, zeichnet sich hier ein *Verwendungskontinuum* ab, dessen einen Endpunkt *die reine Klientenberatung ohne unmittelbare praktische Konsequenzen* und dessen anderen Endpunkt *die reine soziale Selektion ohne jede Klientenberatung* darstellt.

Wie ein Arzt, so muß auch ein Psychologe zunächst einmal über Probleme, seelische Grundstimmungen und Rahmenbedingungen seines Klienten möglichst umfassend informiert sein, bevor er praktisch tätig werden kann. Als ein erster Einstieg für eine nachfolgende psychologische Beratung – etwa im Rahmen einer Psychotherapie – können geeignete psychologische Tests daher zweifellos sehr gute Dienste leisten: Man gibt sich in diesem Falle zwar mit den reinen Testresultaten keineswegs zufrieden, betrachtet sie aber – häufig im Verbund mit anderen psychologischen Untersuchungsmethoden – gewissermaßen als ein, einen ersten groben Gesprächsleitfaden generierendes, *exploratives Hilfsinstrument,* das wichtige Anhaltspunkte für nachfolgende eingehendere Einzel- oder Gruppengespräche liefern kann.

Demgegenüber ist der Verwendung psychologischer Tests zum alleinigen Zweck der sozialen Selektion – etwa als Eingangsvoraussetzung für „höhere" Bildungseinrichtungen oder Berufslaufbahnen – nur mit großen Vorbehalten und äußerster Vorsicht zu begegnen; dies gilt zumal für sog. „Charaktertests". Die Gründe, die sich für diese kritische Beurteilung ins Feld führen lassen, sind dreifacher Art:

1. Sind die *testtheoretischen Gütemaße* bei psychologischen Leistungstests zumeist noch einigermaßen zufriedenstellend, so fallen sie bei sog. „Charaktertests" – zumindest für individualdiagnostische Fragestellungen – im allgemeinen so unzureichend aus, daß es sich schon von daher verbietet, derart weitreichende Entscheidungen wesentlich von ihnen abhängig zu machen;
2. Die *praktische (soziale) Handlungsrelevanz* psychologischer Testresultate muß vielfach als sehr gering veranschlagt werden; dies gilt sowohl für Leistungs- (Intelligenz-) als auch für sog. „Charaktertests". So dürften sich in „gehobenen gesellschaftlichen Positionen" tätige Personen kaum durch eine – im Sinne einschlägiger Tests – überdurchschnittliche „Intelligenz" oder unterdurchschnittliche „psychische Labilität" auszeichnen. Die sog. „Charaktertests" sind zudem noch extrem anfällig für Phänomene, die unter dem Etikett „sozial erwünschtes Testverhalten" firmieren; d. h. man stellt sich in diesen Tests – zumal in für sehr wichtig erachteten Prüfungssituationen – nicht so dar, wie man glaubt zu sein, sondern so, wie man meint sich darstellen zu müssen, um vermuteten Erwartungen möglichst gerecht zu werden. Mit der sog. „Alltagsbefindlichkeit" und dem daraus resultierenden Handeln hat dies aber dann in aller Regel nur noch sehr wenig zu tun. Dieses *Testartefakt* findet bei Leistungstests sein immer häufiger zu beobachtendes Pendant darin, daß man sich auf diese Tests gründlich vorbereitet, d. h. z. B. die richtigen Testantworten vorher auswendig lernt. Was ein Test dann erfaßt, ist nicht viel mehr als die kurzfristig erworbene und bald wieder vergessene Fähigkeit, gute Testresultate zu erzielen.

3. Die große Mehrzahl psychologischer Tests ist – uneingestandenermaßen – einem *statischen Persönlichkeitsmodell* verpflichtet, bei dem der Umstand, daß Menschen sich nicht immer gleich bleiben, sondern in ihren diversen Leistungsvermögen und seelischen Konstitutionen wie auch in ihrem Handeln in einem sehr starken Maße von kurz-, mittel- und langfristig wirksamen sozialen Einflüssen bestimmt werden, völlig vernachlässigt wird. Im Gegenteil: Nicht selten werden *von außen* (z. B. durch die soziale Herkunft) *induzierte* psychisch-seelische *Zustände* den Probanden durch die Testpsychologie quasi *zurückgespiegelt* und gerade dadurch noch einmal *künstlich festgeschrieben*. Das hat dann zur Folge, daß die – im Sinne dessen, was diese Tests zu erfassen beanspruchen – *momentan* ohnehin schon „gut Dastehenden" darin „wissenschaftlich (?)" noch einmal bestärkt werden, während umgekehrt die *momentan* in diesem Sinne Benachteiligten „wissenschaftlich (?)" auch noch davon überzeugt werden, daß es wohl „in ihrem eigenen Interesse (?)" besser für sie ist, sich in untergeordnete Positionen zu fügen.

Vor dem Hintergrund dieser *wissenschaftsimmanenten Einwände* nimmt sich die Heranziehung psychologischer Tests als Schlüssel für den Zugang zu begehrten sozialen Positionen somit ziemlich fragwürdig aus. War es früher die *göttliche Vorsehung*, so soll in unserem „aufgeklärten" wissenschaftsgläubigen Zeitalter nun offenbar das überdurchschnittliche Abschneiden bei *„wissenschaftlich fundierten (?)" psychologischen Tests* die Inhaber priviligierter sozialer Stellungen *nach außen legitimieren*. Bei genauerer Betrachtung gibt aber die aus den genannten Gründen zumeist nicht sonderlich hohe *selektive Effizienz* von psychologischen Tests eben genau dies in aller Regel nicht her.

Damit kann zwar die häufig aufgeworfene Frage, wie denn eine effizientere soziale Selektion ansonsten besser und gerechter zu bewerkstelligen sei, nicht beantwortet werden (vielleicht benötigt man durch den Abbau ungerechtfertigter Gratifikationen diese Selektionsstrategien ja auch viel weniger, als man gemeinhin glaubt). Es kann jedoch auch nicht die Aufgabe der Testpsychologie sein, sich hier sozusagen als „(schein-)wissenschaftlich begründete Ersatzideologie" zur Rechtfertigung unmäßig belohnter und infolgedessen überbegehrter sozialer Positionen mißbrauchen zu lassen.

Literatur

Anastasi, A.: Psychological testing. London: Macmillan 1961.

Andersen, E. B.: A goodness of fit test for the Rasch model. Psychometrica, 38, 1973, 123-140.

Bardeleben, H.: FACREL – Ein Programm zur Bestimmung der maximalen faktoriellen Reliabilität sozialwissenschaftlicher Skalen nach der OLS- und ML-Methode. Soziologisches Forum. Gießen: Institut für Soziologie, 1987 (in Druck).

Birnbaum, A.: Some latent trait models and their use in inferring an examinee's ability. In: Lord, F. M./Novick, M. R. (Eds.): Statistical theories of mental test scores. Reading, Mass.: Adison-Wesley, 1974 (2nd ed.).

Bohrnstedt, G. W.: A quick method for determining the reliability and validity of multiple item scales. American Sociological Review, 34, 1969, 542-548.

Boring, E. G.: A history of experimental psychology. New York: Appleton-Century-Crofts, 1950.

Campbell, D. T./Fiske, D. W.: Convergent and discriminant validation by the multitrait-multimethod matrix. Psychological Bulletin, 56, 1959, 91-108.

Cattrell, R. B./Radcliffe, J.: Reliability and validity of simple and extented weighted and buffered unifactor scales. British Journal of Statistical Psychology, 15, 1962, 113-128.

Cronbach, L. J.: Coefficient alpha and the internal structure of tests. Psychometrica, 16, 1951, 297-334.

Cronbach, L. J./Meehl, P. E.: Construct validity in psychological tests. Psychological Bulletin, 52, 1955, 281-302.

Cronbach, L. J./Gleser, G. C./Rajaratnam, N.: Theory of generalizability: A liberalization of reliability theory. British Journal of Statistical Psychology, 16, 1963, 137-163.

Feger, H./Bredenkamp, J. (Hrsg.): Messen und Testen. Enzyklopädie der Psychologie, B, Serie I, Band 3. Göttingen: Hogrefe, 1983.

Fischer, G. H. (Hrsg.): Psychologische Testtheorie. Bern: Huber, 1968.

Fischer, G. H.: Einführung in die Theorie psychologischer Tests. Bern: Huber, 1974.

Fischer, G. H./Scheiblechner, H.: Algorithmen und Programme für das probabilistische Testmodell von Rasch. Psychologische Beiträge, 12, 1970, 23-51.

Guilford, J. P.: Psychometric methods. New York: McGraw-Hill, 1954.

Gulliksen, H.: The theory of mental tests. New York: Wiley, 1950.

Gutjahr, W.: Die Messung psychischer Eigenschaften. Berlin: VEB Deutscher Verlag für Wissenschaften, 1971.

Guttman, L.: A basis for analyzing test-retest reliability. Psychometrica, 10, 1945, 255-282.

Heise, D. R.: Seperating reliability and stability in test-retest correlation. American Sociological Review, 34, 1969, 93-101.

Heise, D. R./Bohrnstedt, G. W.: Validity, invalidity and reliability. In: Borgatta, E. F./Bohrnstedt, G. W. (Eds.): Sociological methodology. San Francisco: Josey-Bass, 1971.

Jöhreskog, K. G.: Statistical analysis of congeneric tests. Psychometrica, 36, 1971, 109-134.

Jöhreskog, K. G./Sörbom, D.: LISREL VI: Analysis of linear structural relationships by the method of maximum likelihood. User's Guide. Mooresville, Indiana, USA: Scientific Software Inc., 1984 (3rd ed.).

Kuder, G. F./Richardson, M. W.: The theory of the estimation of test reliability. Psychometrica, 2, 1937, 135-138.

Lehmann, G.: Testtheorie: Eine systematische Übersicht. In: Feger, H./Bredenkamp, J. (Hrsg.): Messen und Testen. Enzyklopädie der Psychologie, B, Serie I, Band 3. Göttingen: Hogrefe, 1983.

Lienert, G. A.: Testaufbau und Testanalyse (3. Aufl.). Weinheim: Beltz, 1969.

Loevinger, J.: Objective tests as instrument of psychological theory. Psychological Report, 3, 1957, 635-694.
Lord, F. M./Novick, M. R.: Statistical theories of mental test scores (2nd ed.). London: Addison-Wesley, 1974.
Michel, L./Conrad, W.: Theoretische Grundlagen psychometrischer Tests. In: Groffmann, K. J./Michel, L. (Hrsg.): Grundlagen psychologischer Diagnostik. Enzyklopädie der Psychologie, B, Serie II, Band 1. Göttingen: Hogrefe, 1982.
Novick, M. R.: The axioms and principal results of classical test theory. Journal of Mathematical Psychology, 3, 1966, 1-18.
Novick, M. R./Lewis, C.: Coefficient alpha and the reliability of composite measurements. Psychometrica, 32, 1967, 1-13.
Phillips, D. L.,/Clancy, K. J.: Response biases in field studies of mental illness. American Sociological Review, 35, 1970, 503-515.
Rasch, G.: Probalistic models for some intelligence and attainment tests. Kopenhagen: Danish Institute of Educational Research, 1960.
Rasch, G.: On general laws and the meaning of measurement in psychology. Berkeley symposion on mathematical statistics and probability. Berkeley: University of California Press, 1961.
Rasch, G.: An item analysis which takes individual differences into account. British Journal of Mathematical and Statistical Psychology, 19, 1966, 49-57.
Rost, J./Mach, G./Kempf, W. F.: Logistische Testmodelle. In: Niehusen, B./Mach, G./Hansen, H./Rost, J./Kempf, W. F. (Hrsg.): Manual der IPN-Programmbibliothek, Band II. Kiel: IPN: Arbeitsbericht 24, 1978, 219-355.
Rost, J./Sönnichsen, H.: Probabilistische Testmodelle für Ratingdaten – Beschreibung der Computerprogramme RASBIN und LCABIN. Kiel: IPN, 1983.
Scheier, I. H.: What is an „objective" test? Psychological Report, 4, 1958, 147-157.
Stene, J.: Einführung in Rasch's Theorie psychologischer Messung. In: Fischer, G. H. (Hrsg.): Psychologische Testtheorie. Bern: Huber, 1968.
Wakenhut, R.: Einige praktische Erfahrungen mit der Rasch-Skalierung. Hektografiertes Referat, gehalten am 30. 10. 73 beim Forschungs- und Entwicklungszentrum für objektivierte Lehr- und Lernverfahren GmbH in Paderborn.
Wakenhut, R.: Messung gesellschaftlich-politischer Einstellungen mithilfe der Rasch-Skalierung. Bern: Huber, 1974.
Wegener, B.: Theoretische Einleitung. Wer skaliert? Die Meßfehler-Testtheorie und die Frage nach dem Akteur. In: ZUMA-Handbuch sozialwissenschaftlicher Skalen. Mannheim/Bonn: Informationszentrum Sozialwissenschaften, 1983.
Wiley, J. A./Wiley, M. G.: A note on correlated errors on repeated measurement. Sociological Methods and Research, 3, 1974, 172-188.
Zellner, R. A./Carmines, E. G.: Measurement in the social Sciences. New York: Cambridge University Press, 1980.

Thanatopsychologie

Joachim Wittkowski

1 Begriffsklärung

Die T. (auch: Psychothanatologie, Todespsychologie, Psychologie des Todes) hat jenes Verhalten und Erleben des Menschen zum Gegenstand, das einerseits durch das (subjektive) Wissen um und die (subjektive) Begegnung mit Tod und Sterben und andererseits durch (objektive) somatische Veränderungen in der Endphase des Lebens ausgelöst wird. Die T. befaßt sich gleichermaßen mit dem Menschen in der Endphase (mit dem Hochbetagten, dem unheilbar Kranken, dem Sterbenden), mit dem von seinem Tod noch weit entfernten Menschen (z. B. bei der Untersuchung der Entwicklung des Todeskonzepts beim gesunden Kind) wie auch mit dem unmittelbar (z. B. als Angehöriger eines unheilbar Kranken) von Tod und Sterben betroffenen Menschen.

Am Konzept „Tod und Sterben" sind aus psychologischer Sicht verschiedene Aspekte zu unterscheiden. So läßt sich der Tod i. S. eines „Danach" abgrenzen vom Prozeß des Sterbens, der sich bis zum Eintritt des (biologischen) Todes erstreckt (Collett/Lester, 1969). An jedem dieser beiden Aspekte kann ein Bezug auf die eigene Person und ein Bezug auf andere Personen unterschieden werden. Nach dieser Systematisierung kann sich die T. mit Gedanken, Gefühlen und Verhaltensweisen befassen, die sich auf den antizipierten eigenen *Tod* beziehen, wie auch mit Erleben und Verhalten, das sich auf den antizipierten oder realen Tod anderer Menschen richtet. Sie kann sich ferner mit Bewußtseinsinhalten und Verhaltensweisen beschäftigen, die antizipiertes oder tatsächliches *Sterben* der eigenen Person oder anderer Personen betreffen.

2 Entstehungsgeschichte

Aussagen über Entwicklungslinien der T. beziehen sich fast ausschließlich auf die USA (Kastenbaum, 1984). Empirische Untersuchungen – beginnend mit Scott (1896) – blieben zunächst selten. Wegen der Dominanz des Behaviorismus' in den 20er und 30er Jahren gab es für die Todesthematik keinen Nährboden. Eine in der Psychologie allgemein beginnende Integration bisheriger Gegensätze wurde überlagert von drängender vorgetragenen Fragen nach der *praktischen Relevanz* dieser Wissenschaft. Aus der wissenschaftlichen Untersuchung und der psychosozialen Betreuung von Kriegsveteranen, suizidgefährdeten Personen, unheilbar Kranken und Angehörigen von Verstorbenen erwuchs um 1955 in den USA eine zunehmende Beschäftigung mit der Todesthematik. Gegen Ende der 60er Jahre setzte eine weitere deutliche Steigerung der Forschungsaktivität ein, die bis in die Gegenwart anhält. Als Erhebungsinstrumente wurden in den USA zunächst zahlreiche Fragebogenverfahren zur Erfassung der Angst vor dem Tod entwickelt, die auf einem globalen bzw. eindimensionalen Konzept beruhen. Der am häufigsten verwendete dieser Fragebogen ist Templers (1970) *Death Anxiety Scale.* Seit Ende der 70er Jahre ist eine Tendenz zur Entwicklung mehrdimensionaler Fragebogenverfahren zu beobachten, die als zweite Phase in der Konstruktion thanatopsychologischer Erhebungsinstrumente bezeichnet werden kann (Steigerwald, 1980).

Im deutschen Sprachraum beschäftigt sich die wissenschaftliche Psychologie erst seit etwa 15 Jahren mit Tod und Sterben, die Anzahl der Publikationen ist – verglichen mit der in den USA – gering (Wittkowski, 1978, 19).

3 Forschungsbereiche und wichtige Ergebnisse

3.1 Entwicklung des Todeskonzepts beim gesunden Kind

Das Todeskonzept eines Menschen bezeichnet die Gesamtheit aller kognitiven Bewußtseinsinhalte (Begriffe, Vorstellungen, Bilder), die ihm zur Beschreibung und Erklärung von Tod und Sterben zur Verfügung stehen. Wenngleich nicht völlig voneinander zu trennen, liegt beim Todeskonzept der Akzent stärker auf Wahrnehmung und Denken und weniger auf emotionalen Merkmalen (Kastenbaum/Aisenberg, 1972, 5 ff.).

Bei der Untersuchung der Entwicklung des Todeskonzepts beim gesunden Kind wird meist geprüft, ob bzw. wieweit ein „reifes" Todeskonzept vorliegt. Als Kriterium für „Reife" des Todeskonzepts wird die Verfügbarkeit einer oder mehrerer von drei Komponenten betrachtet: *Irreversibilität* (Endgültigkeit des Todes), *Nonfunktionalität* (Fehlen aller Vitalfunktionen des Organismus, z. B. Atmung), *Universalität* (Tod betrifft alle lebenden Organismen, er ist prinzipiell unvermeidlich). Diese konstituierenden Merkmale eines erwachsenengemäßen Todeskonzepts werden in der überwiegenden Zahl der Untersuchungen mittels Interview in Verbindung mit gezielten Fragen erfaßt. Ferner werden auch Zeichnungen, Spiel und die Beschreibung todbezogener Bilder zur Operationalisierung des kindlichen Todeskonzepts herangezogen (Speece/Brent, 1984).

Empirische Untersuchungen zur Entwicklung des Todeskonzepts beim gesunden Kind setzen beim Alter von etwa drei Jahren an. Bis zum Alter von etwa fünf Jahren wird der Tod als reversibel, als Sonderform des Lebens, als Schlaf oder Reise aufgefaßt; Toten werden vitale Funktionen zugesprochen; von der Möglichkeit des Sterbens werden bestimmte Personen (z. B. die eigenen Eltern) ausgenommen. Zwischen fünf und sieben Jahren werden einzelne der drei Komponenten des „reifen" Todeskonzepts verfügbar, nicht aber alle drei gemeinsam. Etwa im Alter von sieben Jahren, spätestens aber von 10jährigen, wird der Tod als Ende aller Körperfunktionen, als endgültig und unausweichlich begriffen, eine allgemeine, logisch und biologisch richtige Kennzeichnung des Todes ist möglich (Lonetto, 1980; Speece/Brent, 1984).

Die Entstehung des Todeskonzepts beim gesunden Kind scheint eng an die *intellektuelle* Entwicklung im allgemeinen und an die Entwicklung der *Zeitperspektive* im besonderen gekoppelt. Das vorliegende Befundmaterial fügt sich gut in Piagets Lehre der kognitiven Entwicklung ein.

Unter methodischem Aspekt ist mit Kastenbaum und Costa (1977) das Fehlen von Längsschnittuntersuchungen sowie von experimentellen Untersuchungen im Sinne der Manipulation von Variablen kritisch anzumerken. Auch die Berücksichtigung der emotionalen Tönung des Todeskonzepts wäre wünschenswert.

3.2 Angst vor Tod und Sterben

Angst vor Tod und Sterben sollte nicht mit *Todesangst* gleichgesetzt werden. Als Charakteristikum der Todesangst ist mit Kastenbaum und Aisenberg (1972, 50) eine subjektiv erlebte vitale Bedrohung des eigenen Lebens anzusehen. Demgegenüber handelt es sich bei der Angst vor dem Tod um die antizipierende Auseinandersetzung mit der Bedrohung des Lebens ohne akute Gefährdung.

Jüngere faktorenanalytische Arbeiten bieten unübersehbare Evidenz, daß es sich bei „Angst vor Tod und Sterben" um ein *mehrdimensionales Konstrukt* handelt, zu dessen angemessener Operationalisierung eindimensionale Meßinstrumente ungeeignet sind (Nelson/Nelson, 1975; Hoelter, 1979; Lonetto et al., 1979; Durlak/Kass, 1981-82; Conte et al., 1982; Durlak, 1982; Walkey, 1982). Eine Synopsis der bisher fast ausschließlich anglo-amerikanischen Befunde führt zu folgenden Dimensionen der Angst vor Tod und

Sterben: Angst vor dem Unbekannten; Angst vor der Einsamkeit; Angst vor Vernichtung bzw. Zerstörung des eigenen Körpers; Angst vor dem Sterbeprozeß, vor Leiden und Schmerzen; Angst vor Toten; Abneigung gegenüber dem Umgang mit Sterbenden; Vermeidung und Negation des Todes.

Das Gros der vorliegenden empirischen Befunde basiert freilich noch auf Fragebogenverfahren, die Angst vor Tod und Sterben eindimensional bzw. global erfaßten. Dabei wurde – meist in Korrelationsstudien – Angst vor Tod und Sterben zu biologischen, soziodemographischen und psychischen Merkmalen in Beziehung gesetzt. Es zeichnet sich ab, daß die Angst vor dem Tod im hohen *Alter* eher schwächer ist als in jüngeren Jahren und daß *Frauen* stärkere Angst vor dem Tod haben als Männer. Der durch die Berücksichtigung von biologischen Variablen wie Alter und Geschlecht erzielte Erkenntnisgewinn ist als gering einzuschätzen (Lester, 1967).

Neben der Zeitperspektive und dem Gesundheitszustand wurden Lebenszufriedenheit und (christliche) Religiosität besonders häufig zu Angst vor Tod und Sterben in Beziehung gesetzt. Es besteht eine inverse Beziehung zwischen *Lebenszufriedenheit* und Angst vor Tod und Sterben. Ausgeprägte *Religiosität* kovariiert sowohl mit starker als auch mit schwacher Angst vor dem eigenen Tod, je nachdem ob verheißungsvolle (Gnade, Erlösung) oder strafandrohende Aussagen der Religion (Jüngstes Gericht, Verdammnis) für eine Person verbindlich sind (Wittkowski/Baumgartner, 1977). Neben diesem die Multidimensionalität von Religiosität betreffenden Aspekt scheint auch die Intensität religiöser Überzeugung eine bedeutsame Variable für die Erklärung der Beziehung zwischen Religiosität und Angst vor Tod und Sterben zu sein. In neueren Untersuchungen wurde eine umgekehrt U-förmige Beziehung zwischen Religiosität und Angst vor Tod und Sterben gefunden (Leming, 1979-80; McMordie, 1981; Florian/Kravetz, 1983; Downey, 1984). Danach zeigen Personen mit einem mittleren Intensitätsgrad religiöser Überzeugung die stärkste Angst vor Tod und Sterben, während schwach Religiöse ebenso wie sehr stark Religiöse geringe Angst vor Tod und Sterben aufweisen. Die Angst vor dem Sterben, an der die Angst vor Schmerzen, aber auch die Angst vor Einsamkeit und Abhängigkeit beteiligt ist, scheint durchwegs stärker zu sein als die Angst vor dem Tod i. S. eines „Danach" (vgl. die ausführlichen Literaturübersichten von Lester, 1967; Erlemeier, 1972; 1978; Wittkowski, 1978, 73-114; Pollak, 1979-80). Als grundlegendes Persönlichkeitsmerkmal, das mit Angst vor Tod und Sterben positiv korreliert, zeichnet sich *Emotionale Labilität* bzw. *Neurotizismus* ab (Wittkowski, 1984). Für alle genannten Merkmalszusammenhänge gilt, daß lineare Beziehungen nur von mäßiger Höhe sind.

3.3 Abwehrstrategien gegenüber Tod und Sterben

Die Begegnung mit Tod und Sterben kann Abwehrstrategien auslösen, deren empirische Untersuchung jedoch durch methodische Probleme behindert wird. Relativ umfangreiche Kenntnisse liegen über *Verdrängung* und *Negation* vor, vergleichsweise spärlich sind die Befunde zu *Rationalisierung* und *Projektion*. Auf unterschiedlichem methodischem Niveau durchgeführte Untersuchungen bestätigen ausnahmslos eine Verdrängungshypothese.

3.4 Akzeptieren von Tod und Sterben

Bei Akzeptieren von Tod und Sterben handelt es sich um eine Einstellung, die beides als natürliche Bestandteile des Lebens betrachtet und sie nicht nur als Faktum anerkennt, sondern auch als Notwendigkeit bejaht, ohne jedoch das Ende herbeizusehnen. Akzeptieren von Tod und Sterben schließt Angst vor Tod und Sterben nicht aus (Ray/Najman, 1974; Kurlychek, 1976) bzw. ist statistisch unabhängig von Tod und Sterben (Wittkowski, 1984). Nach den wenigen vorliegenden Ergebnissen zeigt sich Akzeptieren von Tod und Sterben vornehmlich bei Personen im hohen Lebensalter einerseits und bei Personen mit ausgeprägter Lebenszufriedenheit andererseits (Munnichs, 1966, 80).

3.5 Die psychische Verfassung Sterbender

Als Sterbender soll ein Mensch dann gelten, wenn für ihn die Diagnose einer unheilbaren Krankheit bzw. einer irreparablen gesundheitlichen Schädigung vorliegt, die in absehbarer Zeit zum Tod führen wird. gleichgültig ob er selbst diese Diagnose kennt.

Hauptsächlich aufgrund klinischer Erfahrungen wurden von mehreren Autoren *phasenartige Entwicklungsverläufe* beim Sterbenden postuliert: Nichtwahrhabenwollen und Isolierung, Zorn, Verhandeln, Depression, Zustimmung (Kübler-Ross, 1973); akute Krise nach Mitteilung der Diagnose einer lebensbedrohenden Krankheit, länger andauernde Auseinandersetzung mit Ängsten vor Tod und Sterben, Terminalphase mit physischer und psychischer Erschöpfung (Pattison, 1977); alternierend auftretende Phasen des Akzeptierens und der Negation, wobei Negation sich mit fortschreitender Zeit auf andere Inhalte bezieht: zunächst auf die Tatsache der Krankheit, dann auf deren unmittelbare Auswirkungen und schließlich auf die Vernichtung der eigenen Existenz (Weisman, 1972).

Die genannten Phasen-Modelle weisen Gemeinsamkeiten und Überschneidungen auf. Wie bei allen Phasen-Lehren besteht die Schwierigkeit, die einzelnen Phasen hinreichend genau voneinander abzugrenzen und für eine praktische Anwendung erkennbar zu machen. Eine Bestätigung anhand objektiver Untersuchungsverfahren steht noch aus. Kaum berücksichtigt wurden bisher Persönlichkeitsmerkmale des Moribunden, seine Biographie, sein individueller Krankheitsverlauf und seine gegenwärtigen Lebensumstände (Schulz/Aderman, 1974; Lehr/Schuster, 1976; Kastenbaum/Costa, 1977).

An der psychischen Verfassung des Sterbenden ist auch sein *soziales Umfeld* beteiligt. Veränderte und/oder reduzierte Interaktions- und Kommunikationsmuster zwischen dem Sterbenden und den Personen seiner Umgebung (z. B. Angehörige, Pflegepersonal) bewirken vielfach eine ängstliche und depressive Stimmungslage infolge von Isolation, Hilflosigkeit und Verlust der persönlichen Würde (Glaser/Strauss, 1974; Schmoll, 1979).

Beim sterbenskranken Kind lassen sich aufgrund der Beobachtungen von Bluebond-Langner (1978, 169f.) Veränderungen des Selbstbildes in fünf Abschnitten unterscheiden: (1) das Kind betrachtet sich selbst als ernsthaft krank; (2) es sieht sich selbst zwar als ernsthaft krank, ist aber überzeugt, daß vollständige Heilung möglich sein wird; (3) es erkennt sich selbst als in Zukunft immer krank, jedoch mit der Aussicht der (partiellen) Besserung; (4) das Kind sieht sich selbst als ein Kind, das in Zukunft immer schwer krank sein wird; (5) es erkennt sich selbst als sterbenskrank.

Das Verhalten sterbenskranker Kinder dürfte in hohem Maße auch durch verändertes Verhalten der Erwachsenen ihnen gegenüber geprägt sein sowie durch medizinische Untersuchungen, deren Notwendigkeit und Zweck ihnen unverständlich sind (Wolff, 1979).

3.6 Die psychische Situation des Pflegepersonals bei der Betreuung Sterbender

Erfahrungsberichte und teilnehmende Beobachtungen haben ergeben, daß die berufliche Situation von Ärzten, Schwestern und Pflegern in hohem Maße von Hilflosigkeit, Schuldgefühlen und Frustrationen gekennzeichnet ist, wenn sie mit Todkranken zu tun haben. Offensichtlich fehlt ihnen ein adäquates Verhaltensrepertoire für den Umgang mit Sterbenden. Als unmittelbar emotionale Reaktionen zeigen sich Angst und affektive Ablehnung sowie depressive und vielfach auch aggressive Stimmungslage. Auf der Ebene manifesten Verhaltens gegenüber dem Moribunden herrschen Vermeidung und Distanzierung (z. B. seltene Besuche), Versachlichung (z. B. Instrumentendiagnostik) und Überaktivität vor (Garfield, 1978; Pfeiffer, 1984). Eine besonders belastende Sonderstellung nimmt die Betreuung unheilbar kranker Kinder einerseits und der Umgang mit den Angehörigen Sterbender oder gerade Verstorbener andererseits ein.

4 Sozialer Kontext und Probleme der Anwendung

In den Bereich der Anwendung thanatopsychologischer Erkenntnisse fallen die psycho-soziale *Betreuung* unheilbar Kranker und Sterbender (Sterbehilfe, Sterbebegleitung, Orthothanasie) sowie *Seminare* über den Umgang mit Sterbenden. *Sterbehilfe* bezeichnet ein Verhalten von Betreuern, das die Individualität und Werthaftigkeit des Menschen in der Endphase seines Lebens zu bewahren bzw. zu fördern trachtet. Dies bedeutet Hilfestellung bei der Auseinandersetzung des Moribunden mit seinem bevorstehenden Tod wie auch bei seiner Anpassung an den Sterbeprozeß in einer Weise, die auf die Möglichkeiten und Bedürfnisse des Sterbenden abgestimmt ist (Aronson, 1965; Feifel, 1977).

Zu den Aufgaben psychologischer Sterbehilfe gehört auch, das Phänomen des „sozialen Todes“ und den vorausgehenden Prozeß des „sozialen Sterbens“ zu verhindern. Mit sozialem Tod ist jener Sachverhalt angesprochen, daß ein tatsächlich (noch) lebender Mensch mit Bezugspersonen nicht (mehr) in Interaktion steht und daß seine Bekannten, Freunde und Verwandten sich ihm gegenüber so verhalten, als lebe er nicht (mehr) (Kastenbaum, 1969; Kastenbaum/Aisenberg, 1972, 476; Lehr/Schuster, 1976).

Durch spezielle Ausbildungskurse wird versucht, Pflegepersonal auf den Umgang mit unheilbar Kranken und Sterbenden vorzubereiten (Shady, 1976; Koch/Schmeling, 1982). Dabei werden Kenntnisse zum Thema vermittelt, es wird Gesprächsverhalten eingeübt und der Einfluß eigener Ängste auf das Verhalten gegenüber dem Kranken wird verdeutlicht. Ziel derartiger Veranstaltungen ist der Abbau von Angst im Umgang mit Sterbenden und Hinterbliebenen und – als

Folge eines angstfreieren Umgangs – verbesserte Interaktion und Kommunikation zwischen Patient bzw. Trauerndem und Betreuer. Erste Erfolgskontrollen zeigen, daß sich aufgrund solcher Seminare die Einstellung zu Tod und Sterben nicht grundsätzlich ändert, daß aber eine Sensibilisierung und schärfere Problemsicht erreicht wird (Koch/Schmeling, 1982, 111; Schmeling/Koch, 1984).

Literatur

Aronson, G. J.: Treatment of the dying person. In: Feifel, H. (Ed.): The meaning of death. New York: McGraw-Hill, 1965, 251-258.

Bluebond-Langner, Myra: The private worlds of dying children. Princeton, N. J.: Princeton Univ. Press, 1978.

Collett, Lora, J./Lester, D.: The fear of death and the fear of dying. Journal of Psychology, 72, 1969, 179-181.

Conte, H. R./Weiner, M./Plutchik, R.: Measuring death anxiety: Conceptual, psychometric, and factoranalytic aspects. Journal of Personality and Social Psychology, 43, 1982, 775-785.

Downey, Ann M.: Relationship of religiosity to death anxiety of middle-aged males. Psychological Reports, 54, 1984, 811-822.

Durlak, J. A.: Using the Templer scale to assess „death anxiety": A cautionary note. Psychological Reports, 50, 1982, 1257-1258.

Durlak, J. A./Kass, R. A.: Clarifying the measurement of death attitudes: A factor analytic evaluation of fifteen self-report death scales. Omega, 12, 1981-82, 129-141.

Erlemeier, N.: Psychologische Forschungen zum Todesproblem. Zeitschrift für Gerontologie, 5, 1972, 32-49.

Erlemeier, N.: Todesfurcht – Ergebnisse und Probleme. Zeitschrift für Gerontologie 11, 1978, 681-692.

Feifel, H.: Death in contemporary America. In: Feifel, H. (Ed.): New meanings of death. New York: McGraw-Hill, 1977, 3-12.

Florian, V./Kravetz, S.: Fear of personal death: Attribution, structure, and relation to religious belief. Journal of Personality and Social Psychology, 44, 1983, 600-607.

Garfield, C. A.: Elements of psychosocial oncology: Doctor-patient relationships in terminal illness. In: Garfield, C. A. (Ed.): Psychosocial care of the dying patient. New York: McGraw-Hill, 1978.

Glaser, B. G./Strauss, A. L.: Interaktion mit Sterbenden. Beobachtungen für Ärzte, Schwestern, Seelsorger und Angehörige. Göttingen: Vandenhoeck & Ruprecht, 1974.

Hoelter, J. W.: Multidimensional treatment of fear of death. Journal of Consulting and Clinical Psychology, 47, 1979, 996-999.

Kastenbaum, R.: Psychological death. In: Pearson, L. (Ed.): Death and dying. Current issues in the treatment of the dying person. Cleveland: The Press of Case Western Reserve University, 1969, 1-27.

Kastenbaum, R.: Thanato-Psychologie in den Vereinigten Staaten: Vergangenheit, Gegenwart und Zukunft. In: Howe, J./ Ochsmann, R. (Hrsg.): Tod-Sterben-Trauer. Bericht über die 1. Tagung zur Thanato-Psychologie vom 4.-6. November 1982 in Vechta. Frankfurt: Fachbuchhandlung für Psychologie, 1984, 14-26.

Kastenbaum, R./Aisenberg, Ruth: The psychology of death. New York: Springer, 1972.

Kastenbaum, R./Costa, P. T.: Psychological perspectives on death. Annual Review of Psychology, 28, 1977, 225-249.

Koch, U./Schmeling, C.: Betreuung von Schwer- und Todkranken. München: Urban & Schwarzenberg, 1982.

Kübler-Ross, Elisabeth: Interviews mit Sterbenden. Stuttgart: Kreuz-Verlag, 1973.

Kurlychek, R. T.: Assessment of death acceptance: A proposed scale. Psychology, 13, 1976, 19-20.

Lehr, Ursula/Schuster, M.: Euthanasie in der Gerontologie: Die Vorbereitung auf das Lebensende – psychologische Aspekte. Ärztliche Praxis, 28, 1976, 1528-1532.

Leming, M. R.: Religion and death: A test of Homan's thesis. Omega, 10, 1979-80, 347-364.

Lester, D.: Experimental and correlational studies of the fear of death. Psychological Bulletin, 67, 1967, 27-36.

Lonetto, R.: Children's conceptions of death. New York: Springer, 1980.

Lonetto, R./Fleming, S./Mercer, G. W.: The structure of death anxiety: A factor analytic study. Journal of Personality Assessment, 43, 1979, S. 388-392.

McMordie, W. R.: Religiosity and fear of death: Strength of belief system. Psychological Reports, 49, 1981, 921-922.

Munnichs, J. M. A.: Old age and finitude. A contribution to psychogerontology. Basel: Karger, 1966.

Nelson, L. D./Nelson, C. C.: A factor analytic inquiry into the multidimensionality of death anxiety. Omega, 6, 1975, 171-178.

Pattison, E. M.: The experience of dying. Englewood Cliffs, N. J.: Prentice-Hall, 1977.

Pfeiffer, W. M.: Schwierigkeiten des medizinischen Personals in der Betreuung Sterbender. In: Howe, J./Ochsmann, R. (Hrsg.): Tod-Sterben-Trauer. Bericht über die 1. Tagung zur Thanato-Psychologie vom 4.-6. November 1982 in Vechta. Frankfurt: Fachbuchhandlung für Psychologie, 1984, 107-112.

Pollak, J. M.: Correlates of death anxiety: A review of empirical studies. Omega, 10, 1979-80, 97-121.

Ray, J. J./Najman, J.: Death anxiety and death acceptance: A preliminary approach. Omega, 5, 1974, 311-315.

Schmeling, C./Koch, U.: Betreuung von Schwer- und Todkranken – Möglichkeiten und Grenzen der Ausbildung von Krankenhauspersonal. In: Howe, J./Ochsmann, R. (Hrsg.): Tod-Sterben-Trauer. Bericht über die 1. Tagung zur Thanato-Psychologie vom 4.-6. November 1982 in Vechta. Frankfurt: Fachbuchhandlung für Psychologie, 1984, 101-106.

Schmoll, H.-J.: Sterben als sozialer Prozeß. Über das soziale Umfeld des Sterbenden. In: Engelke, E./Schmoll, H.-J./ Wolff, G. (Hrsg.): Sterbebeistand bei Kindern und Erwachsenen. Stuttgart. Enke, 1979, 40-48.

Schulz, R./Aderman, D.: Clinical research and the stages of dying. Omega, 5, 1974, 137-143.

Scott, C. A.: Old age and death. American Journal of Psychology, 8, 1896, 67-122.

Shady, G. A.: Death anxiety and care of the terminally-ill: A review of the clinical literature. Canadian Psychological Review, 17, 1976, 137-142.

Speece, M. W./Brent, S. B.: Children's understanding of death: A review of three components of a death concept. Child Development, 55, 1984, 1671-1686.

Steigerwald, F.: Die empirische Erfassung der Todesangst mit Fragebogen. Medizinische Psychologie, 6, 1980, 54-65.

Templer, D. I.: The construction and validation of a death anxiety scale. Journal of General Psychology, 82, 1970, 165-177.

Walkey, F.: The Multidimensional Fear of Death Scale. An independent analysis. Journal of Consulting and Clinical Psychology, 50. 1982, 466-467.

Weisman, A.: On dying and denying – A psychiatric study of terminality. New York: Behavioral Publications, 1972.

Wittkowski, J.: Tod und Sterben – Ergebnisse der Thanatopsychologie. Heidelberg: Quelle & Meyer, 1978.

Wittkowski, J.: Korrelate des Erlebens und Verhaltens gegen-

über Tod und Sterben im mittleren Lebensalter. Habilitationsschrift, Würzburg 1984.
Wittkowski, J./Baumgartner, I.: Religiosität und Einstellung zu Tod und Sterben bei alten Menschen. Zeitschrift für Gerontologie, 10, 1977, 61-68.
Wolff, G.: Was wissen denn schon die Kinder? In: Engelke, E./ Schmoll, H.-J./Wolff, G. (Hrsg.): Sterbebeistand bei Kindern und Erwachsenen. Stuttgart: Enke, 1979, 49-56.

Themenzentrierte Interaktion

Jürgen vom Scheidt

1 Dynamische Balance von Thema, Wir und Ich

Ob in der Familie oder im Arbeits-Team: Die Gruppe und ihre Gesetzmäßigkeiten definieren weitgehend auch unser Leben als Individuum, selbst wenn jemand als Eremit oder als „Single" aus dem Familien- oder dem Zweckverband ausschert.

Reflektierendes Nachdenken über die Gruppen, denen man angehört, ist ein vergleichsweise spätes Phänomen, ganz im Gegensatz zur jeweiligen individuellen Befindlichkeit, die schon vor Jahrtausenden Gegenstand der kritischen Selbstbeobachtung war. Auch die Beeinflussung von Gruppen, etwa zur politischen Steuerung, geschieht sogar heute noch weitgehend unreflektiert und unbewußt, ist vielleicht gerade deshalb bei manchen Führergestalten mit so ungewöhnlichen Erfolgen gekrönt. Schon bald nach der Jahrhundertwende, als die Massenfertigung von Gütern die Arbeitsvorgänge massiv zu beeinflussen und auch zu beeinträchtigen begann, sah man sich jedoch veranlaßt, die Verhältnisse in Produktions-Gruppen genauer zu analysieren und Einfluß auf ihre Dynamik zu nehmen (bekannt wurden besonders die „Hawthorne Experimente" von Elton Mayo in den Jahren 1933 und 1945). Dies könnte man als die Entdeckung des *Themas* bezeichnen, das eine Gruppensituation jeweils bestimmt. Für gewöhnlich sind diese Themen genau definiert, etwa als Produktionsziel (eine bestimmte Menge Glühlampen pro Stunde herstellen) oder als Lernziel (Unterrichtsstoff in einer Schulklasse bewältigen). Neu war jedoch die Entdeckung *versteckter Themen* („Freude an der Arbeit" konnte wichtiger sein als „Höhe des Lohns").

In den 40er Jahren begannen dann Forscher wie Kurt Lewin, die sozialpsychische Dynamik von (vor allem Klein-)Gruppen zu studieren und wiederum die Gruppendynamik und ihre Gesetzmäßigkeiten gezielt zur Beeinflussung von Gruppen einzusetzen. Das *Wir* rückte in den Mittelpunkt der Betrachtung.

Schon früher, in ersten Ansätzen ebenfalls bald nach der Jahrhundertwende, verstärkt dann aber in den 40er und 50er Jahren, hatten Psychotherapeuten zusätzlich zur Einzelarbeit mit Patienten die Bedeutung der Gruppe für die therapeutische Arbeit und den Heilungsprozeß entdeckt und damit die Rolle des *Ich* im Gruppengeschehen.

Es blieb, nach bislang nur männlichen Pionieren dieser Forschung, einer Frau – Ruth C. Cohn –

vorbehalten, zusammen mit einigen Kollegen die Methode der Themenzentrierten Interaktion (TZI) zu entwickeln, die alle drei Einflüsse – *Thema, Wir* und *Ich* – in ihrer sich wechselseitig beeinflussenden Dynamik gleichermaßen berücksichtigt.

Erste Ansätze zu dem neuen Verfahren gelangen der ehemaligen Psychoanalytikern Cohn während eines Ausbildungs-Seminars für Kandidaten der Psychoanalyse in New York. Thema des Workshops waren die Gegenübertragungen der angehenden Therapeuten auf ihre Patienten – damals ein heikles Thema. Dabei wurde deutlich sichtbar, wie fruchtbar es für ein Gruppengespräch wird, wenn der Gruppenleiter (in diesem Fall: Ruth Cohn) sich selbst vorbildhaft mit eigenen Erfahrungen in das Geschehen einbringt (weitere Details zur historischen Entwicklung der TZI findet man bei Cohn, 1975, und bei Farau/Cohn, 1984).

Die *Vorbild-Funktion des Leiters* wird in der TZI ganz groß geschrieben. Sie führt dazu, daß er nicht, wie sonst üblich, außerhalb der Gruppe bleibt, sondern – vor allem auch emotional – stets Teil der Gruppe ist.

Zentraler Gedanke und zugleich Eckstein der Methode ist die Herstellung einer *Dynamischen Balance* zwischen den einzelnen Komponenten einer Gruppe:

„Dynamische Balance bedeutet, in jeder Gruppe drei Grundelemente als gleich gewichtig zu beachten: Das Ich, die eigenen Gefühle, Gedanken, Bedürfnisse; das Wir, also die Interaktion in der Gruppe; und das Es, die Aufgabe, um die es in der Gruppe geht. Diese drei Bezugspunkte habe ich im TZI-Symbol zu einem gleichseitigen Dreieck angeordnet, um damit auszudrücken, daß die Arbeit von Menschen und ihre Beziehungen untereinander nur dann befriedigend und sinnvoll sein können, wenn diese drei Dinge gleichgewichtig behandelt werden. Als vierter wichtiger Faktor kommt der *Globus* hinzu, die das Dreieck umhüllende Kugel: Damit will ich veranschaulichen, daß ein Gruppenprozeß nur dann realitätsgerecht sein kann, wenn die Menschen in der Gruppe nicht ihre soziale, physikalische, kosmische Umgebung und deren Probleme aus den Augen verlieren" (Cohn 1979a, 24).

2 Spielregeln

Diese Balance geht naturgemäß immer wieder verloren und muß immer wieder neu angestrebt werden. Dem Leiter und den anderen Teilnehmern helfen dabei einige Spielregeln, über deren Beachtung man sich zu Beginn einer Gruppe einigt.

Wesentlich ist die sog. *Störungs-Regel.* Sie besagt, daß jemand, der aus irgendwelchen äußeren (z. B. Konflikt mit einem anderen Mitglied der Gruppe) oder inneren Gründen (z. B. Schmerzen) nicht optimal am Gruppengeschehen teilnehmen kann, dieses Gestörtsein äußern sollte. *Akute* Störungen lassen sich auf diese Weise meist erstaunlich leicht beheben; *chronische* Störungen hingegen gehören in der Regel in therapeutische Spezialbehandlung. Hier zeigt sich auch zugleich deutlich eine Abgrenzung der TZI zur Psychotherapie: „Das primäre Anliegen der TZI ist pädagogisch-therapeutisch ... und bezweckt, sich selbst und andere so zu leiten, daß wachstumsfreudige und heilende statt gefährdende Tendenzen im Menschen angeregt werden" (Ockel/Wrage, 1976). Der Akzent liegt dabei deutlich auf *„pädagogisch"*.

Dennoch wird der angehende TZI-Gruppenleiter im Rahmen seiner Ausbildung in speziellen Krisen-Seminaren mit den verschiedenen Möglichkeiten von „Störungen", auch chronischer Art, vertraut gemacht; denn ausschließen lassen sich diese ja von vorneherein nie.

Ruth C. Cohn hat selbst auch immer wieder die TZI in die Nähe der *Erlebnistherapien* gestellt; die Abgrenzung ist sicher nicht leicht vorzunehmen.

Weitere Regeln der TZI-Arbeit sind unter anderem:

- Sei dein „eigener Chairman", d. h. bestimme selbst, wann du sprechen oder zuhören willst, warte nicht auf Aufforderung durch andere. Dazu gehört auch:
- Sprich stets per „Ich", wenn du eine Aussage zum Thema oder zu jemand anderem in der Gruppe machst.
- Seitengespräche haben Vorrang (in ihnen kommt nicht selten Wesentliches auch für das gesamte Gruppengespräch zum Ausdruck).
- Sei in dem, was du sagst, *authentisch,* aber auch *selektiv* (d. h., sei zu dir selbst so ehrlich wie möglich, wähle dann aber aus, was du nach draußen, in die Gruppe, weitergibst, ohne deine Authentizität dabei aufzugeben).

3 Einsatzmöglichkeiten

Grundsätzlich läßt sich TZI überall dort einsetzen, wo eine Gruppe von Menschen eine *gemeinsame Arbeit* verrichtet. Dies gilt für Schulklassen und Elterngruppen (Canziani, 1979) ebenso wie für Bildungswerke der Kirchen, Seminare an Universitäten, Besprechungen in Krankenhäusern, ein Film-Team usw.

Ruth C. Cohn formuliert die Ziele ihrer Arbeit selbst so: Sie soll helfen,

„Sachunterricht mit der Förderung der Persönlichkeit erzieherisch zu verbinden. Dazu gehört, daß persönlich oder gesellschaftlich bedingte Illusionen vermindert, der Realitätssinn erhöht und statt Pseudo-Sozialisierung echte Verantwortlichkeit gefördert werden; in sozialen, staatlichen und kommerziellen Institutionen und Betrieben Arbeitsnotwendigkeiten mit Achtung vor der Person und zwischenmenschlichen Beziehungen zu verbinden; Organisationen, Kongresse, Sozialaktionen, Kommissionen im Sinne lebendiger Kommunikation zu leiten und Rivalitäten zugunsten von Kooperation zu vermindern“ (Cohn, 1979 b, 873).

4 Ausbildung und Fortbildung

TZI kann grundsätzlich jede(r) lernen; sie ist an keine akademische Vorbildung geknüpft, wie beispielsweise die Psychotherapie-Ausbildung, die oft nur noch Ärzten und Psychologen offensteht. Wichtig ist dabei der Gedanke des *Lebendigen Lernens;* d. h., die Lerninhalte werden prinzipiell nicht schulmäßig und aus Lehrbüchern vermittelt, sondern nur durch die lebendige Selbst-Erfahrung in einer TZI-Gruppe.

Ein eigener Lehrkörper von etwa 100 Graduierten (d. h. zur Unterrichtung in TZI Befähigten, mit entsprechender Ausbildung) vermittelt die Kenntnisse in Form von Workshops, die teils fünftägig sind, teils an Wochenenden oder in kontinuierlichen Gruppen (z. B. eine Sitzung pro Woche) stattfinden.

Dabei legt man zu Beginn des – mindestens über drei Jahre sich erstreckenden – Unterrichts das Schwergewicht auf die *Selbsterfahrung* und *Persönlichkeitsentwicklung* und geht dann allmählich über zu mehr *didaktisch orientierten Themen* (Formulierung von Themen, Umgang mit Krisen). Den Abschluß bildet, nach etwa drei Jahren, ein eigenes Seminar, nach dessen erfolgreicher Teilnahme ein Zertifikat („Fähigkeitsausweis“) verliehen wird, das zum eigenständigen Leiten von TZI-Gruppen befähigt. Nach weiteren Seminaren und Mitarbeit am Ausbildungs-Institut (s. u.) kann die Graduierung angestrebt werden. (Details über die Ausbildung findet man sowohl im Seminar-Programm von WILL-International wie auch in der von N. Korte u. a., 1984, herausgegebenen Anthologie „Lebendiges Lernen“, in der acht Graduierte von WILL ihre Erfahrungen analysieren.)

Ruth Cohn hat zur Vermittlung der Methode in den 60er Jahren mit einigen Mitarbeitern in New York die „Workshop Institutes for Living Learning (WILL)“ gegründet. Seit Beginn der 70er Jahre verlagerte sich ihre Tätigkeit jedoch mehr und mehr nach der Schweiz und Deutschland, wodurch „WILL-Europa“ (inzwischen – nach Assoziation weiterer europäischer Länder – umbenannt in „WILL-International“) die amerikanische Organisation bald an Bedeutung übertraf.

Der Schwerpunkt der Arbeit liegt vor allem bei der *Fortbildung* bereits Berufstätiger, speziell aus den helfenden Berufen (Lehrer, Hochschuldozenten, Sozialarbeiter, Psychologen, Pfarrer, Ärzte), die viel mit Gruppen zu tun haben.

5 Kritik

Die Kritik an der TZI reibt sich vor allem an ihrem Anspruch. So wird ihr (wie auch anderen Methoden der *Humanistischen Psychologie,* etwa der *Gestalttherapie*) vorgeworfen, sie vermittle „eine illusionäre, bestenfalls partikulare Selbsterfahrung“ (Bittner, 1976). Dem wäre entgegenzuhalten, daß die TZI sich ja gerade nicht als Therapieform versteht, sondern primär als *pädagogische* Methode, wenngleich unter Einsatz von Erkenntnissen aus den verschiedenen Therapieformen, wie ja bereits in Ruth Cohns Hauptwerk im Titel zum Ausdruck kommt: „Von der Psychoanalyse zur Themenzentrierten Interaktion“ (Cohn, 1975).

Ein anderer, gerne vorgebrachter Vorwurf lautet, daß in TZI-Gruppen *Aggressionen* vermieden werden. Der Autor kann aus mehr als zehnjähriger eigener Erfahrung mit TZI bestätigen, daß dies sicher vorkommt – daß es aber am Gruppenleiter liegt, wenn dies geschieht. Die Methode selbst ist offen für das Austragen von Dissonanzen („Störungsregel“). Darüber hinaus gilt, daß in jeder Art von Gruppenarbeit Aggressionen das heikelste Thema überhaupt sind. Das ist bei der Psychoanalyse, die von Kritikern wie Bittner gerne den „Humanistischen“ Methoden entgegengehalten wird, nicht minder der Fall. (Detailliert setzen sich mit solchen Vorwürfen auseinander R. C. Cohn selbst, 1976, in Antwort auf Bittner, 1976, und ihre Schülerin Eleonore Olszowi, 1976).

Literatur

Bittner, G.: Wider die Prächtigkeitsapostel. Gruppendynamik, 7, 1976.

Canciani, W.: Die Elterngruppe – Eine Einführung für Leiter themenzentrierter Elterngruppen. Zürich: Pro Juventute, 1979.

Cohn, R. C.: Von der Psychoanalyse zur themenzentrierten Interaktion, Stuttgart: Klett, 1975.

Cohn, R. C.: Kommentar zu Günther Bittner: Wider die Prächtigkeitsapostel. Gruppendynamik 7, 1976.

Cohn, R. C.: Zit. nach einem Interview in Psychologie heute, 6 (3), 1979, 23-33.
Cohn, R. C.: Themenzentrierte Interaktion. In: Heigl-Evers, A. (Hrsg.): Lewin und die Folgen. Die Psychologie des 20. Jahrhunderts, Bd. VIII. München: Kindler, 1979 b.
Farau, A./Cohn, R.: Gelebte Geschichte der Psychotherapie. Zwei Perspektiven. Stuttgart: Klett-Cotta, 1984.
Korte, N./Miescher, E./Roch, H. (Hrsg.): Lebendig lernen. Grundfragen der Themenzentrierten Interaktion. Arlesheim: Redaktion des „Euro-Info" von WILL-Europa, 1984.
Ockel, A./Wrage, K.: Ein Wegweiser für die Aus- und Fortbildung in TZI . . . Integrative Therapie, 2/3, 1976, 80-93.
Olszowi, E.: Menschenbild und Struktur der TZI. Gruppenpsychotherapie und Gruppendynamik, 10 (1), 1976, 78-116.
Zundel, E.: „Der innere Kompaß: Ruth Cohn – Wagnis und Grenzen der Erlebnistherapie". Die Zeit, Nr. 38, 1985.

Transpersonale Psychologie

Jürgen Kriz

1 Gegenstandsbereich und Menschenbild

T. P. dient als Sammelbezeichnung für eine Strömung aus sehr heterogenen Ansätzen. Zu ihrem Gegenstandsbereich zählen Phänomene wie veränderte Bewußtseinszustände, spirituelle Erfahrungen, Gipfelerlebnisse, Erleuchtung, Ekstase, Grenz- und Sterbeerfahrungen, außersinnliche Wahrnehmung/Erkenntnis usw., einschließlich der Praktiken (z. B. Meditation) und/oder Stoffe (z. B. Drogen), die solche Phänomene hervorrufen. Im wesentlichen geht es um die Erfahrungen und Erklärung von Veränderung und/oder Ausdehnung des „normalen" Wach-Bewußtseins und der „üblichen" Ich-Grenzen – Wahrnehmungen und Erlebnisse, die den Rahmen gängiger Alltagserfahrung sprengen. So wird beispielsweise der Übergang in andere Bewußtseinszustände häufig als ein „Aufwachen" erfahren, das dem Wechsel vom Schlaf zum Wach-Bewußtsein ähnlich ist. In ihrem Bemühen, zur Beschreibung und Erklärung dieser Phänomene auch nicht-abendländische Psychologien mit heranzuziehen – wie sie u. a. im *Zen-Buddhismus, Sufismus, Yoga, Schamanismus* etc. zu finden sind – und in ihrer Aufgeschlossenheit gegenüber Grenzbereichen moderner Naturwissenschaft versteht sich die T. P. *interkulturell* und *interdisziplinär.*

In ihrem Welt- und Menschenbild ähnelt die T. P. der *Humanistischen Psychologie:* Beide rükken Wachstum und ganzheitliche Entwicklung des Menschen ins Zentrum und werden mitgetragen von der „Human-Potential"-Bewegung. Doch erweitert die T. P. die Orientierung und Entwicklungsmöglichkeit des Menschen eben explizit um die „vertikale" Dimension, hin auf ein Ziel, das die Person transzendiert, wobei hinter dem Gebrauch bewußtseinsverändernder Techniken/Stoffe oft das Interesse oder gar Bedürfnis nach spiritueller Entwicklung steht. Abraham Maslow, der zu den wesentlichen Begründern der Humanistischen Psychologie zählt, formuliert selbst, daß er diese nur als „vorübergehend" und als Vorbereitung für eine Psychologie sehe, welche transpersonal und transhuman sei, „ihren Mittelpunkt im All hat . . . und über menschliche Identität, Selbstverwirklichung und ähnliches hinausgeht".

Entsprechend Maslows Theorie, daß sich die Entwicklung menschlicher Bedürfnisse stufenweise vollzieht, integriert die T. P. auch *psychotherapeutische Ansätze:* Bevor Wachstums- und Selbstverwirklichungsbedürfnisse zum Tragen kommen können, müssen zunächst die physiologischen Grundbedürfnisse (Hunger, Durst etc.) sowie die Bedürfnisse nach Sicherheit, Sozialkontakt, Bestätigung und Wertschätzung hinreichend befriedigt sein. Daher widmet sich die T. P. auch den psychischen Bedingungen und Prozessen, die als Hindernisse für transpersonale Erfahrungen wirken – insbesondere sollten starke neurotische und psychosomatische Störungen bearbeitet sein, bevor bewußtseinserweiternde Wege eingeschlagen werden.

Daraus resultiert ein ambivalentes Verhältnis zwischen *klinischer Psychologie* und T. P.: Einerseits haben beide primär mit Transformationsprozessen von Bewußtsein zu tun (wenn auch unter Rekurs auf unterschiedliche Theorien und Terminologien). Ferner wurden manche Studien zur Bewußtseinsveränderung – etwa mittels LSD (s. u.) – im Rahmen „klassischer" klinischer Forschung durchgeführt. Andererseits gleichen manche der o. a. Phänomene für den Beobachter in der Tat z. B. „psychotischen Schüben", weshalb transpersonale Erfahrungen nicht selten als pathologische und fast-psychotische Zustände abgetan bzw. „erklärt" werden. Schon Freud (1930) interpretierte das Gefühl des „Grenzen- und Schrankenlosen", das ihm ein westlicher Schüler eines indischen Heiligen schilderte, als „ozeanisch" und deutete es damit als „Symptom infantiler Hilflosigkeit" um; und Alexander verstand Meditation als „selbstinduzierte Katatonie". Der Unterschied zwischen psychotischen und transpersonalen Erfahrungen dürfte allerdings vor allem darin liegen, daß die transpersonalen Bewußtseinsveränderungen meist willentlich herbeigeführt werden, die Person in aller Regel um ihren veränderten Bewußtseinszustand weiß und an der „normalen Alltagswelt" partizipieren kann (was immer „normal" heißen mag – bei Millionen verhungernden Kindern jährlich, Befruchtung „in vitro", Weltraumrüstung, Umweltzerstörung, Unterdrückung, Folter, Entwicklung chemischer und biologischer Waffen etc.).

2 Methodologische Aspekte

Als Wissenschaft ist die T. P. keineswegs etabliert: Obwohl sie schon vor rund zwei Jahrzehnten in Amerika entstand (das „Journal of Transpersonal Psychology" wurde 1969 gegründet) und inzwischen auch in Europa stark an Verbreitung zugenommen hat, werden ihre Erkenntnisse von der akademischen Profession weitgehend ignoriert – in vielen Fachwörterbüchern und Lexika taucht der Begriff nicht einmal im Register auf. Das liegt wohl nicht zuletzt daran, daß die o. a. Phänomene im Geruch der Selbsttäuschung, Täuschung, Scharlatanerie stehen, oder, wohlwollend, als rein subjektiv und damit wissenschaftlicher Forschung nicht zugänglich beurteilt werden. Zudem wird gerade von Psychologen „Wissenschaft" oft immer noch mit einem ganz spezifischen erkenntnistheoretischen Ansatz verwechselt, der sich an der Physik des letzten Jahrhunderts orientiert – manche sind sogar stolz und froh, in Auswirkung des Behaviorismus Begriffe wie „Bewußtsein" aus ihrer Wissenschaft hinausdefiniert zu haben.

Daß dennoch eine T. P. gerade jetzt aufkommen konnte, ist sicher kein Zufall: Während es die oben umschriebenen Phänomene zu allen Zeiten gegeben hat und sie in vielen Kulturen wesentlicher Bestandteil auch der Alltagswelt waren/sind, hat die abendländische Wissenschaft in den letzten Jahrhunderten ein extrem deterministisches, mechanistisches, materialistisches und somatogenetisches Weltbild vorangetrieben. Andere Rassen und Kulturen wurden vor diesem Hintergrund weitgehend als minderwertig und unterentwickelt betrachtet, deren Wissen und Weisheiten ebenso wie die eigene (z. B. mystische) Tradition ignoriert und in die Abgeschiedenheit esoterischer Zirkel verbannt. Durch die zunehmende Relativierung dieses *präpotent-arroganten Ethnozentrismus* in diesem Jahrhundert aufgrund der Erkenntnisse moderner Physik (z. B. Zeit/Raum, Materie/Energie, Rolle des Beobachters), Chemie (z. B. dissipative Strukturen), Biologie (z. B. Autopoiesis), Kulturanthropologie (z. B. Zusammenhang von Sprache und Wirklichkeit) usw. und durch die deutlich werdenden Grenzen technischen „Fortschrittes" ist ein Umbruch der materialistischen Wertorientierung zu verzeichnen: Im Rahmen der *„Human-Potential"-Bewegung* öffnen sich immer mehr Menschen den Möglichkeiten, durch bewußtseinsverändernde Techniken/Stoffe ihre Erfahrungen zu erweitern, und entdecken nicht selten ihre *Sehnsucht nach spiritueller Entwicklung*. Dies wird unterstützt durch ein zunehmendes Angebot z. B. „östlicher" Lehren und Techniken, die auf die Belange und Kultur des „Westens" abgestimmt sind.

Es scheint somit nur konsequent zu sein, daß sich auch Wissenschaftler den Phänomenen dieser zunehmenden Strömung stellen und die vielen weißen Flecke auf der Karte orthodoxer (westlicher) Psycho-Logie nicht länger aussparen mögen. Dabei hat sich die Forschung damit auseinanderzusetzen, daß in den *nicht*-abendländischen Psychologien bereits differenzierte Beschreibungs- und Erklärungsmodelle sowie wirksame

Techniken für Phänomene vorliegen, die in „unserer" Wissenschaft derzeit nicht voll erklärbar sind und dennoch als Effekte widerstrebend anerkannt werden müssen – wie z. B. *Akupunktur, Beherrschung „autonomer" Funktionen* usw. Allerdings sind die Kontexte und Begriffswelten dieser Modelle/Beschreibungen – z. B. Konzepte wie *„Energiebahnen", „Chakras", „Astralkörper", „Kundalini"* etc. – nicht ohne weiteres in unsere derzeitige Wissenschaftssprache transformierbar. Zudem ist es gerade für diese Forschung ein besonderes Problem, daß Erkenntnis, Verständnis und Verständigung immer vom Wissen/Bewußtsein abhängen: Wo z. B. ein Physiker wichtige Erkenntnis aus einem „Differentialgleichungssystem" abliest, findet ein Dachdecker nur „irgendwelche Formeln" und ein Erstklässler gar nur „komische Zeichen". Problematisch wird es, wenn der Erstklässler dann urteilen würde, daß der Physiker „noch nicht einmal richtige Wörter" schreiben konnte. Analog wäre es bei der Erforschung des Transpersonalen kurzschlüssig, den Sinn oftmals jahrtausende alter Weisheiten mit der Elle „erstklassiger" Wissenschaft messen zu wollen. Statt dessen gilt es zu versuchen, die dort gesammelte Erfahrung nachzuvollziehen und in unsere derzeitigen Wissenschaftsparadigmen zu integrieren, was durchaus eine Erweiterung/Revolution der letzteren zur Folge haben könnte.

Einige typische Einwände gegenüber der T. P.-Forschung hat z. B. Tart (1978) diskutiert und gezeigt, daß manche davon wissenschaftstheoretisch nicht haltbar sind. Beispielsweise muß dem häufigen Einwand, Phänomene der T. P. lassen sich nicht von jedem jederzeit replizieren, entgegengehalten werden, daß kein Mensch heute in das Labor eines Physikers oder Biochemikers gehen, die Apparate richtig benutzen und die Phänomene dieser Wissenschaften replizieren kann, ohne eine jahrelange spezifische Ausbildung zu absolvieren. Mit diesen Bemerkungen sollen aber keineswegs die Schwierigkeiten und die noch zu leistende Arbeit verleugnet werden, bis im Kontext abendländischer Wissenschaft zureichende Erklärungsmodelle und Untersuchungsmethoden für die Phänomene der T. P. entwickelt sind.

3 Ansätze

Angesichts der großen Heterogenität der T. P. scheint es verfrüht, eine systematische Übersicht über die verschiedenen Ansätze zu geben, zumal die Grenzen fließend sind (z. B. zur *Parapsychologie*) und sich manche Urheber der folgenden Ansätze selbst nicht als Vertreter der T. P. definieren würden. Zweifellos steht im Zentrum die Veränderung/Erweiterung von Bewußtsein einschließlich der dazu entwickelten Techniken/Stoffe:

- sensorische Deprivation bis zum Samadhi-Tank (Lilly, 1975),
- suggestive und hypnotische Techniken bis hin zum katathymen Bilderleben (Leuner, 1980) oder autogenem Training der Oberstufe (Schultz, 1978),
- kontemplative und meditative Übungen und die verschiedenen Schulen des Yoga und anderer Traditionen wie Sufismus, Taoismus, Schamanismus oder natürlich auch die christlich-mystische Tradition,
- ferner Anleitungen, wie sie in abendländischen esoterischen Lehren zu finden sind, z. B. in den Schriften der Rosenkreuzer, bei Blavatsky (Theosophie), Steiner (Anthroposophie) oder Gurdjieff,
- ebenso der Einsatz von Drogen: von eher „klinischen" Studien (Grof, s. u.) bis zu den „natürlichen" Drogen in den Riten vieler Kulturen (z. B. Castañeda, 1973),
- die Auseinandersetzung mit Phänomenen wie Chakras, den 7 Energie-Zentren im Körper (Schwarz, 1978), Energie-Strömen wie Prana, Ki oder Kundalini (v. Weizsäcker/Krishna, 1973), der Aura, einer farbigen Energiehülle um den Körper, sowie von Mental- und Astralkörpern,
- letztlich auch die systematische Aufarbeitung der Berichte reanimierter „klinisch Toter" (Moody, 1977),
- im Bereich der Psychotherapie (neben den im folgenden skizzierten) besonders die Reinkarnations-Therapie (Dethlefsen, 1977), die Core-Therapie (Pierakos, 1977), das Rebirthing (Orr, 1977) oder die Eurhythmie (Willmar, 1977).

Diese Aneinanderreihung (mit erster „Einstiegs"-Literatur, die noch um Halifax, 1985; Walsh/Vaughan, 1985; Watts, 1985; Ferguson, 1986 ergänzt werden sollte) kann nur exemplarischen Charakter haben: Das Spektrum transpersonaler Ansätze ist wesentlich größer. Bei tieferer Betrachtung stößt man allerdings immer wieder auf erstaunliche „Parallelen", und die Heterogenität der Erscheinungsebene gerinnt zu einer wesentlichen Kernstruktur, die hier aber nicht vermittelbar ist. Fittkau (1982) stellt beispielsweise den Energie-Aspekt in den Mittelpunkt seines integrativen Menschenbildes; therapeutische und transpersonale Entwicklung ist aus dieser Perspektive *Energie-Transformation*.

Im folgenden sollen einige eher „klassische",

abendländische und klinisch-therapeutische Ansätze skizziert werden: Sie belegen eine gewisse „westliche" Tradition der T. P. (obwohl alle auch „östliches" Gedankengut mit integrieren) und sind dem Paradigma „normaler" Psychologie mit am nächsten.

3.1 Carl Gustav Jung (1875-1961)

Ein zentrales Konzept Jungs, die *„Individuation"*, kennzeichnet den inneren Prozeß der Menschwerdung vor dem Hintergrund einer gesamtkosmischen Evolution. Nach der „Initiation in die äußere Wirklichkeit", in der ersten Lebenshälfte, geht es um die „Initiation in die innere Wirklichkeit". Diese meint einen (lebens-)langen Läuterungsprozeß (analog zum Reinigungsprozeß der Alchemie) – entsprechend der Erkenntnis christlicher Offenbarung („Ich bin der Weg"), der des Taoismus (z. B. ist bei Laotse das Tao zugleich Weg und Ziel) und der anderer großer Weltreligionen. In der ersten Phase findet dabei eine Begegnung mit dem *„Schatten"* statt; dies sind Teile/Aspekte der Persönlichkeit, die nicht gelebt werden und das persönliche Unbewußte enthalten (eben die Schattenseite des bewußten Ich). In der zweiten Phase findet eine Auseinandersetzung mit dem *„kollektiven Unbewußten"* statt: Es geht um überindividuelle Grundmuster menschlichen (Er-)lebens in symbolisierter Form, wie sie in Träumen und Mythen auftauchen – von Jung in Anlehnung an Augustinus *„Archetypen"* benannt – z. B. die gesamt menschliche Erfahrung des Gegengeschlechtlichen: als „Animus" (das Männliche, Logische, Sprachlich-Rationale) bei der „Frau" und als „Anima" (das weibliche, Erdhafte, Gefühlvolle, Schöpferische) beim „Mann" (wobei „Mann" und „Frau" soziale Rollen meinen), ferner „Paradies", „Hölle", „Drache", „Meer", „Held", „Erlöser" u. a.

„Ziel" des Läuterungsprozesses ist das vollintegrierte Selbst in göttlicher Einheit und Ganzheit, was in der Alchemie und in vielen Kulturen und deren Religionen mit Hilfe der *„Mandala"*-Symbolik ausgedrückt wird: als Bild der „Ganzheit", quasi eine kosmische Ikone – z. B. als sieben-, acht-, zehn-, oder zwölfblättrige Blume (oft Rose oder Lotus) mit einem Tautropfen, Diamanten oder einem Neugeborenen in der Mitte, als Symbol von Reinheit und spiritueller Wiedergeburt.

3.2 Roberto Assagioli (1889-1974)

Grundsätzlich ähnlich hierzu ist auch die Position von Assagioli, dessen *Psychosynthese* vor allem in Italien, USA und Kanada als Therapieansatz der T. P. verbreitet ist. Die transpersonale Dimension wird schon dadurch explizit gemacht, daß in Abgrenzung zum „Unbewußten" und zur „Tiefenpsychologie" im Hinblick auf die übergeordnete Instanz (dem „transpersonalen Selbst") von *„Überbewußtem"* und von *„Höhen-Psychologie"* gesprochen wird. Analog zu Jungs äußerer und innerer Individuation wird im Entwicklungsprozeß die Phase der personalen und der transpersonalen Psychosynthese unterschieden, in deren Verlauf sich der Mittelpunkt der Persönlichkeitsintegration vom Ich zum *transpersonalen Selbst,* als spirituellem Identitätszentrum, verlagert. Assagioli hat zur Darstellung der Topographie der Psyche (d. h. der verschiedenen Aspekte von Bewußtsein) ein Modell gewählt, das unter der Bezeichnung „Ei-Diagramm" (Abb. 1) bekannt ist (Assagioli, 1977).

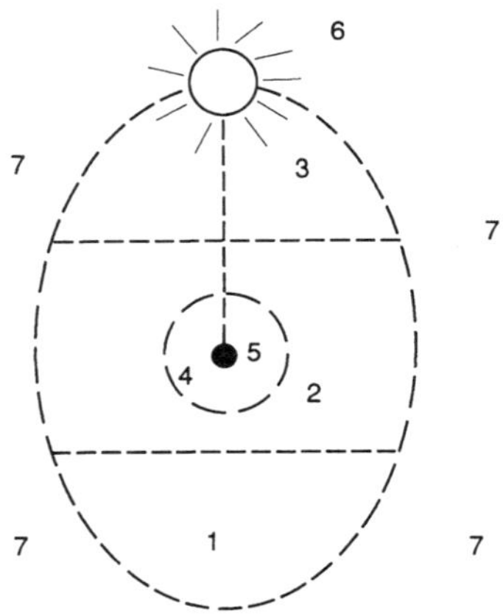

Abb. 1: Ei-Diagramm
1 = tiefes Unbewußtes; 2 = mittleres Unbewußtes; 3 = höheres Unbewußtes bzw. Überbewußtes; 4 = Bewußtseinsfeld; 5 = Ich; 6 = Selbst; 7 = kollektives Unbewußtes

*3.3 Karlfried Graf Dürckheim (*1896)*

Die *initiatische Therapie* von Dürckheim (und Maria Hippius) lenkt das Augenmerk besonders auf die Tatsache, daß transpersonale Erfahrungen und Körperlichkeit keine Gegensätze darstellen, sondern daß alle menschliche Erfahrung in Einheit mit dem Körper gemacht werden muß. Ein wichtiger Aspekt ist hier *„Hara"*, die Zentrierung des Menschen in seiner (Körper-)Mitte, die ihm (wie einem Baum seine Wurzeln) feste Verankerung in der Welt gibt, um ungefährdet spirituell wachsen zu können. Diese Tendenz zur Mitte spiegelt sich auch in der kulturellen Orientierung der initiatischen Therapie wieder, indem sie sowohl auf die Gefahren von Rationalität und Leistungsdenken im Westen hinweist, als auch auf die des Rückzugs aus allen weltlichen Verpflichtungen, wie man es im Osten nicht selten findet. Konsequenterweise zeichnet sich die initiatische Therapie durch eine große Methodenvielfalt aus, wobei neben tiefenpsychologischer (besonders Jungscher) Therapie und Ansätzen der Humanistischen Psychologie – u. a. *Gestalt, Psychodrama* – eben auch *bioenergetische Körperübungen, Atmungs-* und *Bewegungsübungen* bis hin zu Übungen aus der japanischen Tradition – u. a. *Aikido, Bogenschießen, Schwertkampf* – eingesetzt werden. Hingewiesen wird auf die Bedeutung eines initiatischen Erlebnisses, einer meist unerwarteten überwältigenden transpersonalen Erfahrung, die häufig am Beginn eines auf Transzendenz hin orientierten Lebensweges steht.

3.4 Stanislav Grof

Mitte der 50er Jahre begann Grof zunächst in Prag mit psychiatrischen Studien über die Wirkung von sog. *„psychedelischen" Drogen* (LSD, Psilozybin, Psylozin, Meskalin, Adrenochrom, Adrenolutin sowie Tryptaminderivate). Dabei dienten diese Drogen zunächst als Katalysator zur Verbesserung eher orthodox durchgeführter Psychoanalyse an Klienten mit unterschiedlichen Symptomen (u. a. Neurosen, Depression, Borderline, Psychosen). Der Schwerpunkt dieser sog. *„psycholytischen Behandlung"* lag dabei auf der Droge LSD (75-250 Mikrogramm). In den USA (ab 1967) wurde daraus die *„psychedelische Therapie"* entwickelt: Mit höheren Dosen LSD (300-600 Mikrogramm), Augenblenden und Kopfhörern wurde der Zugang zu „starken Erfahrungen transzendentaler Art wie Tod und Wiedergeburt, kosmische Einheit, archetypische Phänomene etc." ermöglicht (Grof, 1985, 291).

Als ein wichtiges Ergebnis seiner Forschung stellt Grof heraus, daß LSD nur als Katalysator anzusehen ist, d. h. grundsätzlich können die gleichen Erfahrungen und Bewußtseinszustände auch durch andere Praktiken und Techniken der Bewußtseinsveränderung hervorgerufen werden. Für eine „Kartograhie" der dabei auftretenden Erlebens-Phänomene hat Grof ein Modell entworfen, das vier Bereiche umfaßt, nämlich: (1) sensorisches Erleben, (2) frühe biographische Erinnerungen, (3) perinatales Erleben und (4) transpersonale Erfahrungen.

Diese *Kartographie der Psyche* könnte, so Grof, geeignet sein, das Theoriegebäude der Psychiatrie/Psychotherapie so zu erweitern, daß ein tieferes Verständnis vieler Phänomene ermöglicht wird. Insbesondere im Hinblick auf psychische Beeinträchtigungen können sich anstelle langwieriger Therapien, die sich auf individuell-biographisches Material/Erleben beschränken, „durch tiefes Erleben von Tod und Wiedergeburt, durch mystische und transzendentale Zustände, durch Nacherleben bedeutsamer Sequenzen früherer Inkarnationen oder Begegnungen mit mächtigen archetypischen Energien, Themen oder Gestalten signifikante Veränderungen im Sinne einer emotionalen oder psychosomatischen Gesundung, Persönlichkeitsveränderung und Bewußtseinsentwicklung innerhalb weniger Tage oder nur Stunden vollziehen" (Grof, 1985, 297).

4 Ausblick

Insgesamt muß abschließend betont werden, daß die „Human-Potential"-, „New-Age"- und ähnliche Bewegungen eine Flut von Textmaterial hervorgebracht haben, mit dem auch der Bereich der T. P. überschwemmt wird. Es ist außerordentlich schwierig, hier zwischen authentischen Erfahrungsberichten und „Erzählungen", deren Autoren nur auf dieser Welle mitreiten wollen, zu unterscheiden. Aus dieser Not folgt geradezu zwangsläufig eine Tugend, nämlich sich als Forscher in diesem Bereich selbst der Erfahrung auszusetzen. Dabei – so würden wohl die meisten Vertreter der T. P. hinzufügen – sollte freilich der Stimme des Herzens und nicht (nur) dem Verstand vertraut werden.

Literatur

Assagioli, R.: Handbuch der Psychosynthesis. Freiburg: Anrum, 1978.
Castañeda, C.: Eine andere Wirklichkeit. Frankfurt: Fischer, 1973.
Dethlefsen, T.: Das Leben nach dem Leben. München: Heyne, 1977.
Ferguson, M.: Geist und Evolution. München: Goldmann, 1986.
Fittkau, B.: Ein ganzheitliches Menschenbild als Kern einer integrativen Therapie. In: Petzold, H. (Hrsg.): Methodenintegration in der Psychotherapie. Paderborn: Junfermann, 1982, 47-58.
Freud, S.: Das Unbehagen an der Kultur. Gesammelte Werke: Frankfurt: Fischer, 1930.
Grof, S.: Topographie des Unbewußten. Stuttgart: Klett, 1978.
Grof, S.: Folgerungen aus der Bewußtseinsforschung für Psychotherapie und Selbsterfahrung. Integrative Therapie, 1985, 290-300.
Halifax, J.: Die andere Wirklichkeit der Schamanen. München: Goldmann, 1985.
Jung, C. G.: Gesammelte Werke. 18 Bde., Olten: Walter.
Leuner, H.: Katathymes Bilderleben. Stuttgart: Thieme, 1980.
Lilly, J. C.: Das Zentrum des Zyklons. Frankfurt: Fischer, 1975.
Moody, R. A.: Das Leben nach dem Tod. Reinbek: Rowohlt, 1977.

Orr, L.: Rebirthing ist the New Age. Millbrae/CA: Celestial Arts, 1977.
Pierakos, J. C.: Core-Therapy. In: Petzold, H. (Hrsg.): Die neuen Körpertherapien. Paderborn: Junfermann, 1977, 90-116.
Rogers, C. R.: Entwicklung und gegenwärtiger Stand meiner Ansichten über zwischenmenschliche Beziehungen. GwG-Info, 1975, 11-24.
Schultz, J. H.: Das autogene Training. Stuttgart: Thieme, 1978.
Schwarz, J.: Human Energy Systems. New York: Dutton, 1978.
Tart, C. T. (Hrsg.): Transpersonale Psychologie. Olten: Walter, 1978.
Walsh, R./Vaughan, F. (Hrsg.): Psychologie in der Wende. Bern: Scherz, 1985.
Watts, A.: Die sanfte Befreiung. München: Goldmann, 1985.
Weizsäcker, C. F. v./Krishna, G.: Biologische Basis der Glaubenserfahrung. München: 1973.
Wilmar, F.: Heileurythmie. In: Petzold, H. (Hrsg.): Psychotherapie und Körperdynamik. Paderborn: Junfermann 1977, 245-265.

Traum

Jürgen vom Scheidt

1 Was ist ein Traum?

Im heutigen Verständnis ist die Beschäftigung mit den T.en nahezu ein Privileg der Psychotherapeuten und der akademischen Schlafforscher. Andrerseits haben die T.e ganz offensichtlich die Menschen zu allen Zeiten und in allen Kulturen interessiert, ja fasziniert, galten sie doch als Wesentliches und Unfaßbares zugleich. Dies zeigt selbst ein nur flüchtiger Blick in die Überlieferungen der Völker. Man denke nur an die Bibel, wo ein Träumer – nämlich Joseph, Sohn Jakobs und Enkel des Urvaters Abraham – mit seiner Deutung der pharaonischen T.e sogar Weltgeschichte macht!

Was ist das eigentlich – ein T.? Diese Frage wird vermutlich überraschen. Denn jeder Mensch wird schon wenigstens einmal im Leben geträumt haben, also wissen, was ein T. ist. Aber ist man sich nach dem Erwachen auch noch ganz sicher, ob man da farbig geträumt hat – oder nur in „Schwarzweiß“? War der T. „flach“ – oder dreidimensional, also gewissermaßen „in Stereo“? War es ein „richtiger Traum“, in dem Sinne, den ich im folgenden noch ausführlich erläutern werde – oder war es nur ein winziges Fetzchen eines T., ein Bruchstück von etwas viel Größerem, das man nur noch ahnen kann?

Schließlich gibt es eine ganze Reihe von Formen, die ein T. in der Erinnerung annehmen kann. Vom Aphorismus-verwandten Bruchstück und dem gedichtähnlich komprimierten Stimmungsbild über relativ knappe T.e, die wie eine Kurzgeschichte gebaut sind, bis hin zu ausgesprochen epischen Abfolgen, die Novellen oder ganze Romane füllen könnten – all dies kann man träumen. Es ist wohl kein Zufall, daß so mancher Erzähler aus T.en seine Anregungen bezogen hat (viele Beispiele bei Kiessig, 1976).

„Zwei Gruppen von Männern kämpften miteinander. Die Gruppe, zu der ich gehörte, hatte einen Gegner, einen riesigen nackten Mann gefangen. Fünf von uns hielten ihn, einer beim Kopf, je zwei bei den Armen und Beinen. Leider hatten wir kein Messer, ihn zu erstechen, wir fragten in der Runde eilig, ob ein Messer da sei, keiner hatte eines. Da aber aus irgendeinem Grunde keine Zeit zu verlieren war und in der Nähe ein Ofen stand, dessen ungewöhnlich große gußeiserne Tür rotglühend war, schleppten wir den Mann hin, näherten einen Fuß des Mannes der Ofentür, bis er zu rauchen begann, zogen ihn dann wieder zurück und ließen ihn ausdampfen, um ihn bald neuerlich zu nähern. So trieben wir es gleichförmig, bis ich nicht nur im Angstschweiß, sondern wirklich zähneklappernd erwachte.“ (Kafka zit. n. Kiessig, 1976, 218)

Diesen T. voller Düsternis und Aggression notierte Franz Kafka am 19. April 1916. Meinte er mit diesem „riesigen nackten Mann" seinen Vater, mit dem er ein Leben lang im Kampf verstrickt war? Oder ist es eine symbolische Darstellung eines Teiles seiner eigenen Person? Wir wissen es nicht. Aber der T. wird sicher jedem, der sich mit Kafkas Werk befaßt hat, als ungemein „stimmig" mit seinen Erzählungen und Romanen erscheinen.

Es sei zunächst eine ganz wichtige Unterscheidung getroffen, die gerne unterschlagen wird, auch von renommierten T.forschern: nämlich die Unterscheidung zwischen

- dem T., wie er tatsächlich erlebt und geträumt wurde,
- dem T., wie man ihn selbst gleich nach dem Erwachen aus dem T. erinnert, und schließlich
- dem T., wie man ihn einige Zeit später erinnert,
- oder der T., wie man ihn aufschreibt,
- oder gar jemand anderem (noch mehr zensiert) erzählt.

Die Erfahrung zeigt, daß mit jedem Schritt in dieser Reihe wichtige Details verloren gehen. Der größte Verlust dürfte der sein, der nach dem Erwachen geschieht. Nicht nur, daß wir sofort – bewußt oder unbewußt – ganze Teile des T. verlieren; viel mehr noch dürfte sich auswirken, daß wir für manches Geträumte gar keine Worte haben, um es zu fassen, geschweige denn es mitzuteilen. Und manches wird natürlich beim Erzählen, weil peinlich, unterschlagen.

Einen T. im ersten Sinne, also den tatsächlich geträumten, wird man wohl kaum je zu fassen bekommen. Man kann aber die Erinnerungsverluste niedrig halten – indem man beispielsweise lernt, nach dem Erwachen aus dem T. nicht gleich in den wachen Tag zu fallen, sondern indem man langsam aus dem einen Zustand in den anderen gleitet. So empfiehlt sich sehr, sich nicht den Kopf zu zermartern, etwa mit der bohrenden Frage: „Was habe ich denn bloß eben geträumt?" – sondern statt dessen ganz still und geduldig abwartend zu hoffen, daß der T. sich von allein wieder zeigt. Dieses absichtslose Warten ist oft von Erfolg gekrönt. Voraussetzung ist natürlich, daß man den T. überhaupt erinnern will – nicht mit dem rationalen Willen, sondern von ganzem Herzen. Da die Inhalte und mehr noch die tieferen Bedeutungen vieler T.e nicht selten recht deftiger oder zumindest unangenehmer Natur sind, läßt sich vorstellen, daß zu solchem Training des T.erinnerns noch mehr gehört – vor allem das Aushalten der eigenen Unzulänglichkeiten und Verhaltensweisen.

2 Zum Stand der Forschung

Doch gehen wir zurück zu Schlaf und T. im Labor des Forschers. Der Begriff „Labor" sei dabei bewußt sehr weit gefaßt: Ich meine damit die mit komplizierten Apparaturen bestückten Untersuchungsräume der modernen Gehirnphysiologen ebenso wie das Behandlungszimmer eines Psychotherapeuten, die Studierstube des romantischen Schriftstellers – oder jeden, der im Schlafzimmer den eigenen T.en die nötige Aufmerksamkeit schenkt.

Unter diesem Aspekt ist es gar nicht mehr sicher, ob der international berühmte Gelehrte mit seinen Elektroenzephalographen und Computern wirklich besser und vor allem ergiebiger forscht als jemand, der nur intensiv Tagebuch über seine eigenen nächtlichen Produkte führt (wie dies zunächst Sigmund Freud, 1900/1964, vor der Jahrhundertwende in seiner „Traumdeutung" tat, der ersten wirklich wissenschaftlich zu nennenden Untersuchung zu diesem Gebiet).

Eine Frage, die oft gestellt wird, wenn jemand sich mit T.en befaßt, ist die nach der Rolle der *Sexualität.* Diese spielt gewiß auch heute noch in jeder richtig verstandenen therapeutisch-psychologischen Arbeit mit T.en eine zentrale Rolle – ist die Sexualität doch, neben der Aggression (bzw. dem Machtstreben) und dem Narzißmus, eine der drei stärksten Triebkräfte im menschlichen Leben. Damit ist sie aber auch entsprechend anfällig für Störungen, was sich postwendend in den T.en äußern wird.

Insofern kann man also die Frage der heutigen Relevanz von Freuds Forschungen eindeutig positiv beantworten. In Details allerdings muß man Freuds T.theorie sicher modifizieren und korrigieren.

Die Frage nach Freuds heutiger Bedeutung für die T.forschung ist verständlich, denn inzwischen ist doch fast ein Jahrhundert vergangen. Da liegt es nahe, anzunehmen, daß man seine „alten Theorien" (noch dazu, wo sie so unbequeme Themen wie Sexualität einbeziehen) inzwischen längst zu den Akten gelegt und durch neue ersetzt haben könnte.

In der Tat ist auf dem Gebiet der T.forschung inzwischen eine Menge geschehen, was zu solchen Vermutungen Anlaß geben könnte. So legten im Jahr 1983 zwei britische Forscher eine Theorie vor, die zumindest auf den ersten Blick sehr bestechend ist und vor allem zu Ergebnissen kommt, die denen von Freud geradezu entgegengesetzt sind. Der Biochemiker Francis Crick und der Mathematiker Graeme Mitchison behaupteten aufgrund ihrer eigenen Untersuchungen: „Wir träumen, um zu vergessen" (zit. nach Melnechuk, 1984).

Das Gehirn lösche demnach durch die T.e Erinnerungsspuren, die das „normale" Denken im Wachzustand nur stören oder in die Irre führen würden. Dieser „nächtliche Hausputz" schütze den Träumer vor Halluzinationen und bewahre sein Gehirn davor, Wahrnehmungen seiner Sinnesorgane falsch zu deuten. Einen besonderen Sinn hätten die T.e darüber hinaus jedoch nicht. Crick hat, zusammen mit James Watson und Maurice Wilkins, immerhin 1962 den Nobelpreis für Medizin erhalten, für die Erforschung der Struktur des Erbguts. Er ist also eine anerkannte wissenschaftliche Autorität.

Wie vertragen sich mit diesen aktuellen T.forschungen die – vergleichsweise – alten Funde, die Sigmund Freud um die Jahrhundertwende in seinem zentralen Werk „Die Traumdeutung" vorlegte? Ihm zufolge sind T.e keineswegs „sinnlose Schäume", sondern ganz im Gegenteil höchst sinnvolle Äußerungen unseres Seelenlebens. Ja, man könnte Freuds Position sogar ebenfalls in einem einzigen Satz zusammenfassen, der da lautet: „Wir träumen, um uns zu erinnern."

„Träumen um zu erinnern" „Träumen um zu vergessen" – größere Gegensätze lassen sich wohl kaum vorstellen. Offenkundig haben wir hier die Ergebnisse zweier völlig verschiedener Ansätze der Forschung vor uns, mit entsprechend anderen Blickrichtungen:

1. Von *außen* (beispielsweise durch Anlegen von Elektroden an den Kopf des Träumers, die seinen Schlaf- und T.rhythmus messen) gehen Francis Crick und viele andere statistisch und kausalgenetisch orientierte Naturwissenschaftler vor.
2. Von *innen* (durch Beobachtung und Analyse eigener T.e bzw. der T.e von anderen Personen) ging Freud vor, und so verfahren heute noch seine Schüler und die Tiefenpsychologen, Psychiater und Neurologen anderer Forschungsrichtungen.

Bereits 1892 beobachtete der amerikanische Psychologe George Trumbull bei Schlafenden rasche Augenbewegungen, heute „Rapid Eye Movements" genannt, abgekürzt „REM". Er schloß daraus, daß das menschliche Gehirn einen Mechanismus besitzen müsse, mit dem es – auch ohne Hilfe optischer Nervenreize auf dem Weg über die wachen und geöffneten Augen – eigene visuelle Vorstellungen zu produzieren vermag.

Der Jenaer Psychiater H. Berger führte diese Forschungen systematischer weiter mit seinen Studien zum *Elektroenzephalogramm (EEG)*.

1953 gelang es den T.forschern Kleitmann und Aserinsky, solche „REM-Phasen" des Schlafs systematisch nachzuweisen, zunächst bei Babys, dann auch bei erwachsenen Versuchspersonen. Weckte man diese, sobald die Elektroden REM-Schlaf mit entsprechenden Augenbewegungen anzeigten, wurde regelmäßig ein T. erzählt. Die beiden Forscher schlossen daraus, daß T.-Phase und REM-Phase identisch sein müssen.

Neuere Untersuchungen deuten allerdings an, daß auch außerhalb der REM-Phasen geträumt wird. Vielleicht träumen wir sogar immer (wie schon die Mystiker meinten) und sind nur auf der Oberfläche im „Tagesbewußtsein?"

Die Resultate aus den Labors der Gehirnphysiologen, die den Außen-Aspekt erforschen, lassen sich jedenfalls auf einen recht simplen, deswegen aber keineswegs unwichtigen Sachverhalt konzentrieren: Jeder Mensch träumt jede Nacht fünf bis sieben Mal, insgesamt zwei bis zweieinhalb Stunden. Gut ein Drittel unserer Schlafzeit verbringen wir also träumend – ein deutlicher Hinweis darauf, daß dies ein nicht zu unterschätzender Teil unserer Existenz ist.

Eine einfache Hochrechnung ergibt für einen Lebensspanne von siebzig Jahren eine geradezu abenteuerliche Zahl: Gehen wir von durchschnittlich sechs REM-Phasen und also auch T.en pro Nacht aus, so sind dies im Verlauf einer einzigen Woche 42 T.e, in nur einem Jahr bereits 2184 und in den 70 Jahren eines ganzen Lebens sage und schreibe: fast 153 000 T.e.

Dabei ist nicht berücksichtigt, daß Babys sehr vielmehr REM-Schlaf zeigen und alte Menschen offenbar weniger als der Mensch in den Jahren dazwischen.

Die meisten Menschen, befragt, wie oft sie träumen, geben an: „Sehr selten". Das heißt (wenn man die groß angelegten T.-Experimente der letzten drei Jahrzehnte zugrundelegt), daß der durchschnittliche Schläfer vielleicht einmal im Jahr einen T. erinnert. Fünf Prozent der befragten Frauen und beachtliche 15 Prozent der befragten Männer einer neuen Studie (zit. n. DER SPIEGEL 1983) meinten sogar, noch nie in ihrem Leben geträumt zu haben. Fragt man gar nach, ob jemand schon einmal „farbig" geträumt oder im T. „Musik gehört" habe, sinkt die Zahl der positiven Antworten nochmals drastisch.

3 Was könnte der Sinn der Träume sein?

Howard Roffwarg zum Beispiel meint, daß Kinder deshalb so viel REM-Schlaf und T.tätigkeit zeigten, weil dieser für die Reifung des Gehirns wichtig sei – er eiche gewissermaßen das Zentralnervensystem und bereite das Kind damit auf seine spätere Rolle als denkendes Geschöpf vor (Roffwarg et al., 1966).

Michel Jouvet (1969) indessen glaubt, daß der REM-Schlaf dazu diene, dem Gehirn die Verarbeitungsmuster für Nervenreize aufzuprägen, die für die jeweilige Tier-Gattung oder den Menschen typisch seien.

Diese physiologischen Interpretationen sind zu ergänzen durch die schon erwähnte Aufgabe, die Freud und andere Therapeuten dem T. zuweisen: nämlich – mittels Erinnerungs-Brücken – dem Träumer (und evtl. seinem Therapeuten) die eigene Lebensgeschichte zugänglich und besser verständlich zu machen.

4 Der Traum als Drama: Praktische Arbeit mit Träumen

Das Verfahren, das Freud dabei anwandte, ist einfach: Man schreibt den erinnerten T. zunächst auf (die schriftliche Fixierung ist dabei, was oft vernachlässigt wird, äußerst hilfreich!) und sucht sich dann zu ausgewählten Reizworten oder Namen des T.textes (die die Neugier oder auch Abwehr erregen) Erinnerungen; dies sollten möglichst keine Phantasien oder gar schon „Deutungen" des T.geschehens sein, sondern konkrete Erlebnisse. Erst die Summe der aufgetauchten Erinnerungsbilder und -szenen wird dann einer vertiefenden Betrachtung und Interpretation unterzogen (Details bei Freud, 1900, Kap. 6, und vom Scheidt, 1985, Teil II).

Dabei kann das Verfahren der *Amplifikation* hilfreich sein, das C. G. Jung vorschlug: Anreicherung der T.symbole durch Studium relevanter Texte. Mit dem Symbol der *Schlange* hat sich beispielsweise ausführlich Hans Egli (1982) befaßt.

Jung hat die Arbeit mit T.en auch anderweitig bereichert; so durch sein Konzept der *Archetypen*, das von der Existenz heilsamer Urbilder in den Tiefenschichten der Seele ausgeht, die es träumend und T.e bearbeitend (wieder) zu entdecken gilt (vor allem Jung, 1975; zur Kritik der Archetypen-Lehre s. Balmer, 1972).

Ebenfalls von Jung stammt das Verfahren der *Aktiven Imagination* (exemplarische Beschreibung bei Maass, 1981), bei dem T.e gewissermaßen „nachgeträumt" oder überhaupt erst als *Tagträume* in der Therapie gestaltet und deutend umgesetzt werden.

„Was die Gestalt der Träume anbetrifft, so findet sich schlechterdings alles, vom blitzartigen Eindruck bis zum unendlich langen Traumgespinst. Immerhin gibt es eine große Mehrzahl ‚durchschnittlicher' Träume, in denen sich eine gewisse Struktur erkennen läßt; und zwar ist sie derjenigen eines Dramas nicht unähnlich. Der Traum beginnt zum Beispiel mit einer Ortsangabe ... dazu kommt häufig eine Angabe über die handelnden Personen ... Zeitangaben sind seltener ... Ich bezeichne diese Phase des Traumes als Exposition. Man gibt den Ort der Handlung, die handelnden Personen und häufig die Ausgangslage an.

Die zweite Phase ist die der Verwicklung ... Die Situation wird irgendwie kompliziert und es tritt eine gewisse Spannung ein, da man nicht weiß, was es jetzt geben soll.

Die dritte Phase ist die der Kulmination oder der Peripetie. Hier geschieht etwas Entscheidendes, oder es schlägt etwas um ...

Die vierte und letzte Phase ist die Lysis, die Lösung oder das durch die Traumarbeit erzeugte Resultat." (Jung, 1945, 24 f.)

Wie ein Theaterstück gebaut sei der durchschnittliche T., meinte Jung. Von daher wird verständlich, weshalb moderne Therapeuten, die mit T.en arbeiten, dem Träumer helfen, in die Dramatik seines T.geschehens wieder hineinzusteigen. Sie gehen dabei anders, aktiver, vor als Freud, der den T. mehr als etwas Abgeschlossenes, Erledigtes behandelte, an das man sich lediglich, nacherzählend, erinnert.

So hat etwa Fritz Perls, der inzwischen verstorbene Begründer der Gestalttherapie, gearbeitet und damit der modernen T.arbeit Bahn gebrochen. Er forderte den Träumer auf, seinen T. so zu berichten, als sei er gerade eben vorgefallen. Dann wurde meist gefragt, welches die Stelle des T. mit dem stärksten Gefühlsgehalt sei. Und schließlich forderte Perls den Träumer auf: Versetzen Sie sich bitte wieder in diese Situation wie im T.

Gestalt-Therapie wird häufig in Gruppen durchgeführt. Diese Situation bietet die interessante Möglichkeit, die ganze Gruppe bei der T.-Nachgestaltung mit einzubeziehen.

Zeyde-Margreth Erdmann (1975) hat diese Methode noch einen Schritt weiterentwickelt. Sie läßt die Gruppe, und zwar gegen Schluß eines Seminars, aus der Fülle der bereits angeklungenen Themen einen Gruppen-T. selbst schaffen – so als wären da alle gemeinsam am T.en, obwohl sie doch hellwach sind, wenn auch in einem besonderen, dem Unbewußten und dem T.leben recht nahen Zustand. Das ist natürlich erst am Ende eines längeren Gruppenprozesses möglich, wenn alle sich ein wenig kennen und das Vertrauen zueinander gewachsen ist.

Hier wird also wieder angeknüpft an Traditionen wie der des antiken griechischen Theaters. Dessen Prozeß der Katharsis („Reinigung") bezog ja außer den Schauspielern die gesamten versammelten Zuschauer mit ein. Er war in diesem Sinne ein *heiliges* Geschehen, also eines, das heilte. Jedenfalls konnte er den heilen, der dazu bereit war, sich einbeziehen und sich reinigen zu lassen!

So wie das Drama im Theater die Chance der Katharsis für das wache Bewußtsein bietet, so ist der T. stets eine Chance für eine innere Katharsis des Individuums im bewußtlosen (besser: im traumbewußten) Ruhezustand des Schlafs. Erzählt man seine T.e dann auch noch anderen Menschen, so sind heilsame Reaktionen und Rückmeldungen möglich, die jeden Gruppenprozeß enorm fördern können, gerade weil ihre Inhalte aus den Tiefen des Unbewußten stammen. Auch und gerade in der Familie ist das deshalb sehr zu empfehlen: sich T.e zu erzählen. Voraussetzung ist dabei allerdings, daß die T.e nicht veralbert werden (wozu nicht wenige Menschen neigen), sondern daß man sie ernst nimmt. Dies gilt besonders für die T.e, welche uns Kinder erzählen.

Wer T.e lächerlich macht, verrät damit nur seine Unsicherheit und Angst gegenüber dem eigenen wie dem fremden T.leben. So wird ein wenig besser verständlich, weshalb manche Naturvölker, wie die Senoi und die Hopi-Indianer, heute noch den T.en eine solche Wertschätzung, ja Hochachtung und Verehrung entgegenbringen. Ähnlich war es in der Antike. Das berühmte „Traumbuch" des Artemidor von Ephesus, entstanden im zweiten nachchristlichen Jahrhundert, ist heute noch keineswegs veraltet, einige extreme Ansichten und die allzu kruden Deutungen einmal ausgenommen. Ansonsten war Artemidor erstaunlich modern. So verlangt er in seinem Vorwort:

„Es ist für den Träumenden und für den Ausleger nützlich, und nicht nur nützlich, sondern geradezu notwendig, daß der Traumdeuter genau weiß, wer der Träumende ist, daß er über dessen Beruf, seine Herkunft, seine Vermögensverhältnisse, seinen Gesundheitszustand und über sein Alter unterrichtet ist. Sodann hat er das Traumgesicht seinem Inhalt nach genau zu untersuchen. Denn daß ein Zusatz oder eine Auslassung, so geringfügig sie auch sein mögen, den Ausgang verändern, (zeigen meine) Ausführungen ..." (Artemidor, 1979, 24)

Ergänzen lassen sich diese Einsichten der Antike durch das, was Friedrich Weinreb über das T.verständnis der alten jüdischen Mystik zu vermitteln hat (Weinreb, 1979).

5 Perspektiven der Forschung

Der ursprüngliche Einstieg in die moderne Tiefenpsychologie gelang S. Freud über die Arbeit mit T.en, insbesondere den eigenen. Das daraus resultierende starke Interesse ist, zumindest bei den Therapeuten der Freudschen Richtung, inzwischen so weit anderen Interessen gewichen (insbesondere Fragen der Ich-Psychologie und der Sozialforschung), daß J. Zauner (1983) in einer Anthologie mit Beiträgen von Psychoanalytikern seine Einleitung mit der provozierenden Frage überschreiben konnte: „Der Traum, ein Stiefkind der heutigen Psychoanalyse?" Die Aufsätze selber bringen wenig Neues und bejahen eigentlich diese Frage. Auch in der therapeutischen Arbeit der Freudianer scheint der T. an Bedeutung verloren zu haben, wohingegen Jung-Schüler und Gestalttherapeuten nach wie vor T.en große Beachtung schenken; dies belegen z. B. „Traum und Tod" von Marie-Luise von Franz (1984) und E. und M. Polsters „Gestalttherapie" (1975).

Noch wichtiger erscheinen mir allerdings die Selbsterfahrungs-Berichte, in denen einzelne Autoren über die Bedeutung von T.en für ihr Leben und über ihren kreativen Umgang damit berichten, die sich durchaus als Forschungsprotokolle verstehen und auch psychologisch weiter nützen lassen. Das gilt für Charlotte Beradts „Das Dritte Reich im Traum" (1966) ebenso wie für Wolfgang Bächlers „Traum-Protokolle" (1972) und den Bericht der blinden Hildegard Schwarz „Mit Träumen leben" (1981). In jüngster Zeit zeigt dies besonders anschaulich Martin Gregor-Dellins „Italienisches Traumbuch" (1986), worin – ausgehend vom plötzlichen Tod eines Bekannten – der Autor seine Erlebnisse am Tag und im T. in immer wieder überraschende Verbindung bringt, mit interessanten Einsichten in die beides übergreifenden Zusammenhänge.

Auch die *LSD-Forschung* (Grof, 1973) hat viele ältere Erkenntnisse zum T. bestätigt und neue erbracht, etwa über die Rolle der von Stanislaf Grof erforschten „COndensed EXperiences" (COEX-Phänomene), einer Erweiterung der von Freud schon 1899 beschriebenen „Deckerinnerungen". Von der Drogenforschung dürften noch weitere Impulse für die T.forschung zu erwarten sein, was nicht verwundern sollte: Waren doch die eigenen Kokain-Experimente ein gewichtiger Anstoß für S. Freuds eigene Beschäftigung mit dem T. (Details bei vom Scheidt, 1973).

Schon lange wußte man auch um die Fähigkeit bestimmter Träumer, im Schlaf ihr alltägliches Ich-Bewußtsein aufrecht zu erhalten und dadurch in den T. sogar gestaltend einzugreifen. Freud hat in seiner „Traumdeutung" den Franzosen Hervey-de Saint-Denys staunend erwähnt. Ein moderner Vertreter dieser Kunst ist der Schweizer Werner Zurfluh, der seine diesbezüglichen Selbsterfahrungen in einem Buch mit umfangreicher

Kommentierung vorgelegt hat (Zurfluh, 1983). Auch Paul Tholey (1983, 1985) hat sich mit dem Phänomen ausführlich befaßt.

Die Untersuchungsergebnisse lassen auf diesem Gebiet noch viele interessante Erkenntnisse erwarten, nicht nur für die (Tiefen-)Psychologie, sondern auch für die Philosophie und andere Disziplinen.

Eine sehr gute Übersicht über das gesamte Gebiet der T.- und Schlafforschung, speziell über die physiologischen Aspekte, gibt Dieter H. Zimmer (1984), wenngleich man seine Kritik der tiefenpsychologischen T.forschung seinerseits kritisch betrachten sollte.

Literatur

Artemidor (2. Jht. n. Chr.): Das Traumbuch. Zürich: Artemis, 1979.

Bächler, W.: Traum-Protokolle. München: Hanser, 1972.

Balmer, H. H.: Die Archetypentheorie von C. G. Jung. Berlin: Springer, 1972.

Beradt, Ch.: Das Dritte Reich des Traums. München: Nymphenburger, 1966.

Egli, H.: Das Schlangensymbol. Olten/Freiburg: Walter, 1982.

Erdmann, Z. M.: Psycho-Drama. Düsseldorf: Diederichs, 1975.

Franz, M. L. von: Traum und Tod. München: Kösel, 1984.

Freud, S.: Die Traumdeutung. Gesammelte Werke II/III. Frankfurt: Fischer, 1964 (Original 1900).

Freud, S.: Über Deckerinnerungen. Gesammelte Werke I. Frankfurt: Fischer, 1964, S. 529 (Original 1900).

Gregor-Dellin, M.: Italienisches Traumbuch, München: Piper, 1986.

Grof, St.: Topographie des Unbewußten. Stuttgart: Klett, 1978.

Jouvet, M.: Biogenic amines and the state of sleep. Science 163, 1969, 32-41.

Jung, C. G. (1945): Vom Wesen der Träume. In: Jung, C. G.: Welt der Psyche. München: Kindler, 1965.

Jung, C. G.: Die Archetypen und das Kollektive Unbewußte. Gesammelte Werke, Bd. 9, 1. Halbband. Olten/Freiburg: Walter, 1975.

Kiessig, M.: Dichter erzählen ihre Träume, Stuttgart: Urachhaus, 1976.

Maass, H.: Der Therapeut in uns. Heilung durch Aktive Imagination. Olten/Freiburg: Walter, 1981.

Melnechuk, Th.: Aus der Traum? Psychologie heute, 11 (2), 1984.

Polster, E., Polster, M.: Gestalttherapie. München: Kindler, 1975.

Roffwarg, H. P./Muzio, J. V./Dement, W. C.: Ontogenetic development of the human dream-cycle. Science, 125, 1966, S. 604-619.

Scheidt, J. vom: Das große Buch der Träume. München: Heyne, 1985.

Scheidt, J. vom: Freud und das Kokain. München: Kindler, 1973. (Neu in: vom Scheidt, J./Schmidbauer, W.: Handbuch der Rauschdrogen (6. überarb. Aufl.) München: Nymphenburger, 1981).

Tholey, P.: Techniques for inducing and manipulating lucid dreams. Perceptual and Motor Skills, 57, 1983, 79-90.

Tholey, P.: Haben Traumgestalten ein eigenes Bewußtsein?? Gestalt-Theory, 7 (3), 1985, 29-46.

Weinreb, F.: Traumleben. 4 Bde. München: Thauros, 1979.

Zauner, J.: „Einleitung" zu: Ermann, M. (Hrsg.): Der Traum in Psychoanalyse und Analytischer Psychotherapie. Heidelberg: Springer, 1983.

Zimmer, D. E.: Wenn wir schlafen und träumen – Die Nachtseite unseres Lebens. München: Kösel, 1984.

Zurfluh, W.: Quellen der Nacht. Interlaken: Ansata, 1983.

Umweltpsychologie

Hans-Joachim Fietkau

1 Historische Wurzeln

Der Gedanke, Umweltgesichtspunkte in der Theorienbildung und empirischen Forschung der Psychologie zu berücksichtigen, wird allgemein auf einen Artikel von Hellpach (1924) zurückgeführt. In seinem Aufsatz „Psychologie und Umwelt" unterschied Hellpach zwei Stufen wissenschaftlichen Arbeitens: In einer ersten Phase der Entwicklung einer wissenschaftlichen Disziplin finde eine *künstliche Isolation* des Forschungsgegenstandes von seinen Kontextbedingungen statt. In der weiteren Entwicklung erfolge – so Hellpach – eine *Einbindung* der Forschungsobjekte in die Wirklichkeit, in der sie vorkommen. Hellpach forderte nun für die Psychologie, die Analyse der Psyche in Abhängigkeit von der tatsächlichen Umwelt des Menschen vorzunehmen. Hellpach differenzierte hierbei drei Formen der menschlichen Umwelt:
- die Natur (Boden, Wetter, Klima, Landschaft),
- die mitmenschliche Umwelt und
- die kulturelle Umwelt.

Im Hellpach'schen Programm einer U. finden sich bereits die beiden Aspekte, die bis heute die Diskussion in diesem Forschungsfeld bestimmen: ein theoretischer und ein methodischer Anspruch. Der *theoretische* Anspruch bezieht sich auf die Berücksichtigung von Umfeldvariablen in der Beschreibung der Struktur und der Entstehungsbedingungen menschlichen Erlebens und Verhaltens. Der *methodische* Anspruch bezieht sich auf die Forderung, die Umwelt des Menschen und menschliche Verhaltens- und Erlebensformen als komplexes Gefüge von Interdependenzen zu beschreiben: Die Forschung dürfe ihr Augenmerk nicht länger auf die Isolierung einzelner Variablen ihrer Gegenstandsbereiche richten, sie müsse vielmehr versuchen, die Wirklichkeit in ihrer Vielfalt in ihren Untersuchungen zu repräsentieren.

Außerhalb der Psychologie war es vor allem Jacob von Uexküll (1909), der das Verhältnis von Organismen zu ihrer Umwelt – in für die U. relevanter Weise – neu bestimmte. Die Umwelt sei – so Uexküll – für alle Lebewesen und somit auch für den Menschen weniger als „physikalische Umwelt" von Bedeutung; sie müsse vielmehr als *Lebensraum* aufgefaßt werden, der sich aus dem konstruiert, was Organismen wahrnehmen können (Merkwelt) und worauf sie handelnd einwirken (Wirkwelt). Der Lebensraum i. S. Uexkülls ist immer auch von Bewertungen (Valenzen) besetzt. Das Lebensraum-Konzept stellt eine biologische Parallele und einen wissenschaftshistorischen Vorläufer der Lewin'schen Feldtheorie dar, nach der Menschen in ihrem Verhalten (V) nach der Gleichung $V = f(P, U)$ durch die ihnen jeweils aktuell und je subjektiv gegebenen Zustände ihrer Person (P) und Umwelt (U) determiniert sind.

Die Beschäftigung mit der Mensch-Umwelt-Beziehung in konkreten empirischen Forschungsprogrammen begann Ende der sechziger Jahre. Die Auswirkungen des menschlichen Lebensraums als Landschaft, Stadt oder Wohnumgebung wurden zu Forschungsthemen der angewandten Psychologie, wobei auch im Rahmen der klinischen Psychologie die Umweltdeterminanten in der Genese psychischer Störungen thematisiert wurden (Hollingshead/Redlich, 1958).

2 Gegenstandsbestimmung und theoretische Grundlagen

Hinsichtlich der Gegenstandsbestimmung der U. und ihrer theoretisch-systematischen Einordnung in die Psychologie hat sich in ihrer kurzen Geschichte keine Einheitlichkeit in den Auffassungen herausbilden können. Angesichts der Vielfalt der konkreten Themen, die durch sie aufgegriffen und angeregt wurden, darf es jedoch auch als fraglich gelten, ob eine derartige – vielleicht voreilige Festlegung – weiteren wissenschaftlichen Innovationen in diesem Forschungsfeld dienlich wäre. Kaminski führte 1976 eine Unterscheidung von U. und *Ökopsychologie* ein. Unter U. versteht er die wissenschaftliche Beschäftigung mit psychologischen Aspekten der Umweltproblematik, unter Ökopsychologie die Versuche, natürliche Lebensbedingungen von Menschen in die Theoriebildung der Psychologie einzubeziehen. Die Umwelt-/Ökopsychologie hat sich bislang nur an einigen wenigen Orten als Teilbereich der universitären Ausbildung in Psychologie etablieren können. Die Frage, ob Umwelt-/Ökopsychologie als Teildisziplin der Psychologie etabliert werden sollte, ist umstritten. Graumann (1976) stellt zwar sehr deutlich die „Umweltgleichgültigkeit" der traditionellen Psychologie heraus, wendet sich aber gegen die Konstituierung einer neuen Bindestrich-Psychologie. Die *Ökologisierung der Psychologie* stelle eine Betrachtungsweise (Perspektive) dar, die gleichsam *quer* zu den üblicherweise unterschiedenen Teildisziplinen der Psychologie liege.

Diese Perspektivenerweiterung in der Psychologie, die in der (verstärkten) Einbeziehung physikalisch beschreibbarer Umweltvariablen und in der Berücksichtigung ihrer psychischen Korrelate

(Kognitionen, Valenzen etc.) besteht, hat in einer Öffnung gegenüber „naturalistischen“ Erkenntniswegen ihre Entsprechung. Das klassische und bis heute in der Psychologie dominierende Vorgehen der experimentellen Überprüfung psychologischer Theorien wurde, nicht zuletzt angestoßen durch die U., durch ein Methodenprogramm ergänzt, in dem der Mensch in seiner *konkreten alltäglichen Lebenswirklichkeit* untersucht werden soll. Für Kaminski (1976) stellt die Lösung vom Laborexperiment und die Hinwendung zu einer naturalistischen Herangehensweise an natürliche Lebenssituationen in dieser Denktradition ein konstituierendes Merkmal der U. dar. Dieses Programm impliziere den Anspruch auf eine *„systemare Totalsicht“* und die Forderung nach einer Verflechtung von grundwissenschaftlicher Arbeit und Praxis.

Das naturalistische Vorgehen, das durch die U. stark mitgefördert wurde, blieb jedoch nicht unbestritten. Die Methodendiskussion scheint sich derzeit weg von dogmatischen Positionen zu bewegen. In Anknüpfung an die methodologischen Arbeiten von Cronbach (1957) und Campbell und Stanley (1963) mit der Trennung von interner und externer Validität läßt sich das Verhältnis von Laborforschung und Feldforschung methodisch besser bestimmen: Methodenfragen müssen in Verbindung mit inhaltlichen Fragen diskutiert werden. Die Adäquatheit bestimmter methodischer Vorgehensweisen ist von den Theorien abhängig, auf die sie sich beziehen (Stapf, 1976).

Auf der theoretischen Ebene entwickelt sich derzeit – angestoßen durch die Umwelt-/ökologische Psychologie – eine Hinwendung zum Komplexen. Die Vielfalt der Bestimmungsaspekte menschlichen Erlebens und Verhaltens rückt in den Vordergrund der Betrachtung (Dörner et al., 1983). Der Wunsch, das Verhalten von Menschen unter komplexen Umweltbedingungen besser zu verstehen, erfordere jedoch – so Stapf (1976) – nicht zwangsläufig eine naturalistische Abbildung des realen Komplexitätsgrades. Aufgabe von Psychologie – wie von Wissenschaft allgemein – sei nicht die Verdoppelung der Realität in ihrer Komplexität, sondern die Reduktion von Realität auf empirisch überprüfbare Grundannahmen.

Wie immer man aber die theoretischen Grundannahmen und die damit verbundenen methodischen Konzepte formuliert: Für jedes Forschungsfeld – und damit auch für die U. – ergibt sich die Notwendigkeit, Orientierungspunkte für das wissenschaftliche Handeln zu explizieren, nicht zuletzt auch, um die Grenzen des jeweiligen Ansatzes deutlich werden zu lassen und Kritik und konzeptionelle Alternativen einem rationalen Diskurs zugänglich zu machen. Ittelson et al., (1974) formulieren für die U. derartige Leitgesichtspunkte:

- Der Grundansatz der U. läßt keine deterministischen Theorien zu, in denen Umwelt als unabhängige und menschliches Verhalten als abhängige Variable aufgefaßt werden. Die Mensch-Umwelt-Beziehung stellt eine *dynamische Wechselwirkung* dar, in der Menschen durch ihre Umwelt beeinflußt werden, diese aber auch herstellen und verändern.
- Das methodische Vorgehen der U. besteht in Abgrenzung zur variablenisolierenden experimentellen Forschung darin, den Menschen in seiner *realen Lebensumwelt* zu beschreiben.
- Umweltpsychologische Forschung ist *multidisziplinär.*
- Umweltpsychologische Forschung ist *problemorientiert.*

Diese Sichtweise Ittelsons ist auch mit den fünf „Interessenschwerpunkten“ der „ökologischen Psychologie“ in Einklang zu bringen, wie sie Kaminski und Bellows (1982) formulierten:

1. methodische Akzentuierung auf naturalistische Umweltbedingungen,
2. systemare Betrachtungsweise,
3. Mensch-Natur-Interaktion,
4. fundamentaltheoretische Ansprüche (z. B. Handlungstheorien) und
5. Berücksichtigung objektiver Daten.

Die theoretischen und methodischen Grundfragen der U. sind ausführlich bei Altman und Wohlwill (1977) diskutiert; einen ausführlichen Überblick der U. legten im deutschsprachigen Raum jüngst Mogel (1984) und Miller (1986) vor.

3 Forschungsthemen

Die U. zeichnet sich durch eine Vielfalt von Themen aus, die unter dieser Überschrift wissenschaftliche Beachtung fanden. Die Interaktion von Mensch und Umwelt umfaßt zwei Grundaspekte: Zum einen geht es um Fragen, die sich mit den *Auswirkungen natürlicher „Umwelten“* auf menschliches Verhalten und Erleben beziehen, zum anderen kommen Fragen in den Blick, die sich mit den *Umweltfolgen menschlicher Verhaltensweisen* beschäftigen.

In der amerikanischen U., die sehr stark von Barker und seinen Arbeiten (1968) bestimmt wurde, erlangte das Konzept des *„behavior-setting“* (Barker) forschungsprägende Bedeutung. Typische Verhaltensweisen des Menschen sollten in typischen sozialen und natürlichen Umwelten beschrieben werden. Der Mensch reagiere mit bestimmten Verhaltensmustern auf bestimmte Umweltkonstellationen. Empirisch ließ sich der Nachweis dieser Grundüberzeugung am besten dann erbringen, wenn Menschen unter sich wandelnden Umwelten beobachtet werden konnten. In einer Reihe von Feldstudien versuchte Barker nachzuweisen, daß sich unter bestimmten Umweltkonstellationen interindividuell relativ homogene Verhaltensmuster herausbildeten. Umwelt und zuordenbare Verhaltensweisen repräsentieren gemeinsam die Analyseeinheit „behavior setting“.

Das Anliegen in der Barker'schen U. ist es, das Erleben und Verhalten von Menschen in Abhängigkeit von seiner alltäglichen räumlichen Umgebung zu beschreiben. Der physikalisch beschreibbare Raum ist hierbei mit dem erlebten, dem kognitiv repräsentierten und dem Verhalten auslösenden Raum nicht identisch. Gegenstände (wie Tische, Lampen, Fahrzeuge) und Räume (wie Wohnungen, Parkanlagen, Industriegebiete) sind aus einer psychologischen Perspektive weder durch ihre physikalische Struktur noch durch ihre Funktion (Fahrzeuge z. B. dienen dazu, Personen oder Güter von A nach B zu bewegen) nicht ausreichend charakterisiert. Ihnen kommen u. a. auch symbolische Bedeutungen und Valenzen zu: Ein Wohnareal kann Heimat sein, kann soziale Bezüge haben (z. B. als nachbarschaftliche Vertrautheit), aber auch Streß (z. B. durch Lärmbelastung oder soziale Dichte) bedeuten bzw. auslösen.

Die räumliche Umgebung des Menschen kann sowohl überindividuelle und somit „raumtypische“ Aufforderungscharaktere besitzen – wie es Barker thematisierte – als auch individuell sehr unterschiedliche Erlebens- und Verhaltensmuster evozieren. Diese Akzentuierung des Allgemeinen bzw. individuell Typischen ist wohl eher eine Frage der *Forschungsperspektive* als ein Attribut der Mensch-Umwelt-Beziehung selbst.

Ein vielbeachteter Aspekt der Mensch-Raum-Interaktion ist die individuelle Wahrnehmung von sozialer Dichte (*„crowding“*). Das Erleben von Belastung durch den Verlust an Privatheit ist sowohl Funktion der räumlichen Situation als auch Folge von Persönlichkeitseigenschaften (Kruse, 1975). Hier wird exemplarisch deutlich, daß die U. angemessen nur in einer Verflechtung mit anderen psychologischen Forschungsfeldern konstituiert werden kann.

Gibson (1982) unternimmt es, in neuen theoretischen Deutungsversuchen und empirischen Ansätzen die Wahrnehmungspsychologie an die Wahrnehmung natürlicher Objekte in natürlichen Alltagskontexten heranzuführen. Die Anwendung wahrnehmungspsychologischer Ansätze in konkreten Umwelten fand insbesondere gegenüber der *gebauten Umwelt* (Canter/Lee, 1974) und in der Forschung zur Wahrnehmung *städtischer Umwelten* (Lynch, 1960) statt. Hart (1979) legte in Anknüpfung an die Piaget-Tradition eine entwicklungspsychologische Betrachtung der *Umwelterfahrung von Kindern* vor. Für den deutschsprachigen Raum ist es vor allem Franke (1976; Franke/Herr, 1987), der die Wahrnehmung und die verhaltensprägende Wirkung unterschiedlicher Wohnareale untersuchte und damit *psychische Aspekte des Wohnens* in den Blick brachte, wobei sich der Versuch, die kognitive Repräsentanz der räumlichen Umwelt zum Forschungsgegenstand zu machen, als ein fruchtbarer Forschungsansatz (Wapner, et al., 1976; Ittelson, 1973) erwies.

Neben der kognitiven und wertenden Verarbeitung von Umweltproblemen kommen inzwischen Fragen in den Blickpunkt der psychologischen Forschung, die sich auf die *Auswirkungen von Umweltbelastungen* (i.S. der allgemeinen Umweltdiskussion) auf das Verhalten und Erleben von Menschen richten. Diese an alltäglichen Problemlagen anknüpfende Forschung erfordert in hohem Maße eine interdisziplinäre Kompetenz, um eine sachangemessene Bearbeitung zu gewährleisten. Dieser Forschungsansatz ist im Bereich der *Lärmforschung* am weitesten entwickelt (Schick, 1979).

Die auf den Menschen einströmenden Umweltreize verändern sich im Zuge der gesellschaftlichen Entwicklungsprozesse quantitativ und qualitativ. Umweltreize lassen sich theoretisch als Informationen auffassen. Die „Informationsrate“, der ein Mensch ausgesetzt ist, stellt als *„Reizvolumen“* für Mehrabian (1978) einen zentralen Ordnungsgesichtspunkt umweltpsychologischer Betrachtungen dar. Das Reizvolumen wird von Mehrabian mit dem Niveau der Ungewißheit gleichgesetzt, dem ein Mensch in seiner Umwelt ausgesetzt ist, wobei Ungewißheit eine Kombination aus Neuartigkeit und Komplexität darstellt, die beide als Beschreibungsdimensionen für unterschiedliche Mensch-Umwelt-Interaktionen dienen können. Mehrabian geht hierbei im Grundansatz davon aus, daß neuartige und komplexe Umweltinformationen Ungewißheit und Unsicherheit hervorrufen und darüber Verhaltensformen und psychische Befindlichkeiten prägen.

4 Umwelterfahrung und Umwelthandeln

Umwelt ist für den Menschen nicht allein Lebensraum. Anläßlich drängender Umweltprobleme ist sie auch zu einem *Objekt gesellschaftspolitischer Werthaltungen* geworden (Fietkau, 1984) und erfordert Überlegungen, wie durch Verhaltensbeeinflussung – sei es auf der Ebene individuellen Handelns oder auf der Ebene gesellschaftlicher Entscheidungsfindung – ein Beitrag zu ihrem Schutz geleistet werden kann (Geller et al., 1982). Der Mensch wird in diesem Ansatz nicht als Betroffener von Umweltbelastungen thematisiert, sondern als *Akteur*, der durch sein Handeln und dessen Begleitfolgen zur Beeinträchtigung seiner eigenen Lebensgrundlagen beiträgt. Diese aktive umweltverändernde Rolle des Menschen kann mindestens insofern Teil umweltpsychologischer Reflexion sein, als es um die Entwicklung von Urteils- und Handlungskompetenzen geht, die Menschen befähigen, mit komplexen ökologischen Fragestellungen zielrational umzugehen. Alltagsbeobachtungen, aber auch jüngere experimentelle Analysen aus der denkpsychologischen Tradition (Dörner et al., 1983) zeigen die Begrenztheit der Fähigkeit von Menschen, komplexe Umweltstrukturen kognitiv zu durchdringen.

Der menschlichen Umwelterfahrung sind Grenzen gesetzt. Diese Grenzen sind bereits durch die Größenordnungen der Objekte bzw. ihrer Attribute gegeben. Sehr kleine Objekte (Atome, Moleküle), sehr große (Sternensysteme), sehr schnelle Frequenzen (schnelle Aufeinanderfolge von Einzelbildern), aber auch sehr langfristige Veränderungszyklen (kulturelle Wandlungsprozesse) entziehen sich der unmittelbaren sinnlichen Erfahrung des Menschen. So konstruieren Menschen ihre Umwelt über die ihnen zugänglichen Umwelterfahrungen. Die Zuhilfenahme apparativer Hilfsmittel und die Möglichkeiten wissenschaftlicher Erfahrungsdokumentation und Erfahrungsauswertungen ermöglichen es dem Menschen, seinen unmittelbaren Erfahrungsraum zu transzendieren. Wissenschaftliche und alltägliche Erfahrungsbildung treten in ein wechselseitiges Interdependenzverhältnis, das auch kognitive Dissonanzen hervorrufen kann.

Der Begrenztheit von Alltagsumwelterfahrungen entsprechen „Fehler" im Umgang mit der Umwelt. Die Schwierigkeiten des Menschen, als Individuum, aber auch in Gruppen und Institutionen mit Umweltproblemen ökologisch vernünftig umzugehen, sind entscheidungstheoretisch begründbar: Kurzfristige individuelle (materielle) Vorteile oder Bequemlichkeiten stehen oft langfristigen und sich kollektiv auswirkenden ökologischen Folgen gegenüber. Ökologisches Handeln stellt in dieser Sichtweise ein *Entscheidungsdilemma* dar, dessen innere Struktur und dessen Optimierungsmöglichkeiten von der psychologischen Forschung bislang kaum ausgelotet wurden.

5 Ausblick

Unter gesellschaftlich praktischen Gesichtspunkten wäre es wünschenswert, „Technologien" zu entwickeln, die für ein umweltgerechtes Handeln von Menschen (im Alltag und im professionellen politisch-wirtschaftlichen Bereich) förderlich sind. Umweltgerechtes Handeln ist nicht allein über die Ausformung ökologischer Wertorientierungen aufzubauen und zu stabilisieren (Fietkau/Kessel, 1981). Die in breiten Bevölkerungsgruppen vorherrschende Sorge um den Zustand der natürlichen Umwelt und die in Umfragen immer wieder bekundete Handlungsbereitschaft wird sich wahrscheinlich langfristig nur dann in sichtbarem Verhalten niederschlagen, wenn es gelingt, ein differenziertes und handlungsrelevantes Umweltwissen zu entwickeln und kognitiv zu verankern, materielle und ideelle Handlungsanreize zu schaffen, die Handlungsfolgen für die Handelnden über Rückkoppelungsprozesse erlebbar zu machen und eine für die unterschiedlichen Handlungsformen notwendige und hinreichend bequem verfügbare Infrastruktur zu schaffen.

Literatur

Altman, I./Wohlwill, J. F. (Eds.): Human behavior and environment. Advances in theory and research. Bd. 2. New York, London: Plenum, 1977.

Barker, R. G.: Ecological psychology. Stanford: Stanford University Press, 1968.

Campbell, D. I./Stanley, J. C.: Experimental and quasi-experimental designs for research on teaching. In: Gage, N. L. (Ed.), Handbook of research on teaching. Chicago: Rand McNally, 1963, 171-246.

Canter, D./Lee, T. R. (Eds.): Psychology and the built environment. New York: Halstead, 1974.

Cronbach, L. J.: The two disciplines of scientific psychology. American Psychologist, 12, 1957, 671-684.

Dörner, D./Kreuzig, H. W./Reither, F./Ständer, T. (Hrsg.): Lohhausen. Vom Umgang mit Unbestimmtheit und Komplexität. Berlin, Stuttgart, Wien: Huber, 1983.

Fietkau, H.-J.: Bedingungen ökologischen Handelns. Weinheim: Beltz, 1984.

Fietkau, H.-J./Kessel, H. (Hrsg.): Umweltlernen. Königstein: Hain, 1981.

Franke, J.: Die Erlebniswirkungen von Wohnumgebungen – ein empirischer Ansatz der ökologischen Psychologie. In: Kaminski, G. (Hrsg.), Umweltpsychologie. Stuttgart: Klett, 1976, 134-143.

Franke, J./Herr, D.: Klassifikation von Wohngebieten durch Laien. Weinheim: Deutscher Studien Verlag, 1987.

Geller, E. S./Winett, R. A./Everett, P. B.: Preserving the environment. New York: Pergamon Press, 1982.
Gibson, J. J.: Wahrnehmung und Umwelt. Der ökologische Ansatz in der visuellen Wahrnehmung. München, Wien, Baltimore: Urban & Schwarzenberg 1982 (amerikanische Originalausgabe 1979).
Graumann, C. F.: Die ökologische Fragestellung – 50 Jahre nach Hellpachs „Psychologie der Umwelt". In: Kaminski, G. (Hrsg.): Umweltpsychologie. Stuttgart: Klett, 1976, 21-25.
Hart, R.: Children's experience of place. New York: Irvington, 1979.
Hellpach, W.: Psychologie der Umwelt. In: Abderhalden, E. (Hrsg.): Handbuch der biologischen Arbeitsmethoden. Abt. VI, Teil C, Heft 3. Wien: Urban & Schwarzenberg, 1924.
Hollingshead, A. B./Redlich, F. C.: Social class and mental illness. New York: Wiley, 1958.
Ittelson, W. H. (Ed.): Environment and cognition. New York, London: Seminar Press, 1973.
Ittelson, W. H./Proshansky, H. M./Rivlin, L. G./Winkel, G.: An introduction to environmental psychology. New York etc.: Holt, Rinehart & Winston, 1974.
Kaminski, G. (Hrsg.): Umweltpsychologie. Stuttgart: Klett, 1976.
Kaminski, G./Bellows, S.: Feldforschung in der ökologischen Psychologie. In: Patry, J.-L. (Hrsg.): Feldforschung. Bern: Huber, 1982, 87-116.
Kruse, L.: Dichte und Enge aus sozialpsychologischer Sicht. Zeitschrift für Sozialpsychologie, 6, 1975, 2-30.
Lynch, K.: The image of the city. Cambridge/Mass.: MIT Press, 1960.
Mehrabian, A.: Räume des Alltags oder wie die Umwelt unser Verhalten bestimmt. Frankfurt, New York: Campus, 1978.
Miller, R.: Einführung in die ökologische Psychologie. Opladen: Leske & Budrich, 1986.
Mogel, H.: Ökopsychologie. Eine Einführung. Stuttgart: Kohlhammer, 1984.
Schick, A.: Schallwirkung aus psychologischer Sicht. Stuttgart: Klett-Cotta, 1979.
Stapf, K. H.: Bemerkungen zur Gegenstands- und Methodendiskussion in der Umweltpsychologie. In: Kaminski G. (Hrsg.): Umweltpsychologie. Stuttgart: Klett, 1976, 26-39.
Uexküll, J. von: Umwelt und Innenwelt der Tiere. Berlin: Springer, 1909.
Wapner, S./Cohen, S. B./Kaplan, B.: Experiencing the environment. New York, London: Plenum, 1976.

Unfall- und Sicherheitspsychologie

Michel Monteau, Denise Pham, Christian Davillerd und Gerd Wenninger

1 Forschungsgegenstand

In den Anfängen der wissenschaftlichen Psychologie waren Unfälle kaum Gegenstand der Forschung; in einschlägigen Werken sucht man meist vergeblich nach dem Stichwort „Unfall". Erst in den 20er Jahren begann die psychologische Forschung, sich mit diesem Thema etwas ausführlicher zu befassen. Insgesamt aber blieb das Interesse der Psychologie an Unfall- und Sicherheitsfragen im betrieblichen Bereich und in der Freizeit im Vergleich zu anderen Praxisfeldern (z. B. Pädagogik, Rechtswesen) gering – ausgenommen im Verkehrsbereich, wo sich schon zu Beginn dieses Jahrhunderts Psychologen mit Eignungsproblemen beim Führen von Straßenbahnen, Droschken und Lokomotiven beschäftigten (v. Klebelsberg, 1984, 169). Erst seit etwa 20 Jahren ist allgemein ein sehr starker Anstieg von Studien über Unfälle zu registrieren, wobei aber immer noch die psychologische Erforschung der Verkehrssicherheit überwiegt.

Im Mittelpunkt standen bisher vor allem *Unfallforschung* bzw. *Unfallursachenforschung*. Neuerdings gewinnt jedoch eine psychologisch orientierte *Sicherheitsforschung* breiteren Raum, die sich auf das antizipatorische und kompensatorische Handeln in gefährlichen Situationen und korrespondierende psychische Prozesse konzentriert. *„Sicherheitspsychologie"*, ein Begriff, der sich aus verschiedenen Gründen noch nicht allgemein durchgesetzt hat (Verwechslungen mit Arbeitsplatz-, beruflicher oder politischer Sicherheit), bedeutet dabei nicht nur einen Wechsel des Etiketts „Unfallpsychologie", sondern auch eine noch stärkere Orientierung von Forschung und Praxis in Richtung *Prävention* und Verbesserung der Sicherheit.

Unfall- und Sicherheitsforschung lassen sich im Sinne von McGlade (1970, 9) grob unterteilen in „accident research" (Beschreiben und Erklären von Unfällen) und „accident prevention research" (Vorhersagen von Unfällen und Beheben der Unfallursachen). Hierzu ist ein *interdisziplinäres* Vorgehen erforderlich (Lert et al., 1982), das technische, medizinische, soziologische, ökonomische und psychologische Aspekte berücksichtigen sollte. Bis heute aber gibt es kaum eine Theorie, die dem Unfallphänomen tatsächlich in seiner Komplexität gerecht wird, wenngleich immer wieder solche Versuche unternommen werden (Faverge, 1964; Surry, 1968; Johnson, 1973; Smilie/Ayoub, 1976; Van Wijk, 1979; Moyen et al., 1980; Saari et al., 1983; Ramsey, 1985).

Bei der Analyse von Unfällen können ganz unterschiedliche Wege beschritten werden – abhängig von den theoretischen Modellvorstellungen über die Entstehung von Unfällen. Unterschiedliche Analysemodelle wiederum können ganz unterschiedliche präventive Maßnahmen nach sich ziehen. Bei *monokausaler* Betrachtung richtet sich das Forschungsinteresse einseitig auf das Individuum (das „Unfallopfer") oder auf technische Mängel, bei *komplexer* Analyse wird das mögliche Zusammentreffen mehrerer Faktoren, u. a. auch der Bedingungen an Arbeitsplatz und Umgebung oder in der Organisation als soziotechnischem System, als unfallauslösend beurteilt.

2 Analyse von Unfällen

2.1 Monokausale Analyse von Unfällen

Zu Beginn der Industrialisierung wurden die Ursachen von Unfällen vor allem im *technischen* Bereich gesehen: Maschinen ohne Schutzvorrichtungen und gefährliche Produktionsweisen. Bald aber war offensichtlich: Unfälle ließen sich nicht allein auf technische Mängel zurückführen. Auch führte die zunehmende Verbreitung der Humanwissenschaften dazu, neben der Maschine nun auch den arbeitenden Menschen selbst – seine Persönlichkeit und sein Verhalten – in die Unfallanalyse einzubeziehen.

Der Dualismus Mensch-Maschine führte zu einer Klassifikation von Unfallursachen nach technischen und menschlichen Faktoren und wirkte sich auch auf die meisten Forschungen über die Entstehung von Arbeitsunfällen aus. Wer sich für den *menschlichen Faktor* interessierte (meistens Mediziner und Psychologen), versuchte, körperliche und psychische Merkmale als Unfallursache zu identifizieren. Man „entdeckte" den *„Unfäller"* mit stabilen, kaum veränderbaren Persönlichkeits- und Verhaltensmerkmalen als hauptsächlichen Ursachenfaktor. Diese Hypothese wurde in einer ganzen Reihe von Studien verfolgt, und man versuchte, vor allem die Wirkung von wichtigen Personenmerkmalen wie *Intelligenz, Risikobereitschaft* und *Aggression* zu erfassen. Die Zusammenhänge zwischen solchen Merkmalen und dem Kriterium „Unfall" waren aber überwiegend nicht-signifikant oder allenfalls schwach. In einer kaum noch zu übersehenden Anzahl von theoretischen und empirischen Arbeiten finden sich Stellungnahmen und Diskussionen zu dieser Problematik (z. B. bei Arbous/Kerrich, 1951; Mittenekker, 1962; Burkardt, 1970; Hoyos, 1980, 1982; Zens, 1980; Sheehy/Chapman, 1984). Demnach ist das klassische Konzept des „Unfällers" mit stabilen, kaum veränderbaren Persönlichkeitsmerkmalen wohl kaum noch haltbar. Eine isolierte, monokausale Betrachtungsweise, die Unfälle einseitig der Person zuschreibt, ist veraltet und ist Ausdruck der bekannten „Eigenschafts- vs. Situations-Kontroverse" in der Persönlichkeitspsychologie.

Forschungen über den „menschlichen Faktor" als Unfallursache mögen damals ein Fortschritt gegenüber einem ausschließlich „technischen Verständnis" von Unfällen gewesen sein. Dadurch wurde der Blick z. B. auf Ausbildungs-, Informations- und Selektionsmaßnahmen gelenkt. Insgesamt aber hat diese punktuelle Betrachtung und Forschungsausrichtung dazu beigetragen, die Opfer von Arbeitsunfällen anzuklagen, die Arbeitsumgebung als Ursachenfaktor zu übersehen und dadurch wirksame Vorsorgemaßnahmen zu verhindern (Sass/Crook, 1981)

2.2 Komplexe Betrachtung von Unfällen

Seit den 50er Jahren dominieren in der Unfallforschung komplexe Sichtweisen: So wird ein Unfall nicht mehr als punktuelles Ereignis, sondern in erster Linie als *Abfolge von Ereignissen* gesehen. Nach Heinrich (1950) z. B. ist ein Unfall bzw. eine Verletzung der natürliche „Höhepunkt" einer Serie von Ereignissen oder Umständen, die unabweislich in einer festgelegten und logischen Ordnung stehen. Das eine hängt vom anderen ab, vergleichbar mit hochkant stehenden Dominosteinen – der Fall des ersten Steins bringt die nachfolgenden Steine und die ganze Reihe zu Fall. Wird die Kette durch Entfernung auch nur eines Steines (Faktors) unterbrochen, tritt die Kollision u. U. nicht ein. Hinter diesem Modell der *„Unfallkette"* verbirgt sich ein *Determinismus*, der nach Monteau (1979) bei Praktikern im Arbeitsschutz nach wie vor beliebt ist – nicht zuletzt wohl auch deshalb, weil die unsichere Handlung und die mechanische Gefahr als zentrale Faktoren gelten, die man nur zu eliminieren brauche.

Neben diesem Modell der „Unfallkette" finden sich einige weitere komplexe Vorstellungen darüber, wie Störfälle bzw. Unfälle zustandekommen (im Überblick: Hoyos, 1980; 1987). Ein umfassender neuer Ansatz, der solche Vorstellungen integriert, ist das *„Abweichungskonzept"* (Kjellen/Larsson, 1981). Demnach ist ein Unfall eine Ereignissequenz mit einer Eingangsphase („initiatory phase"), die sich durch eine „Abweichung" im Produktionsprozeß kennzeichnen läßt. Abweichungen können z. B. im Materialfluß, Informationsfluß oder in der Arbeitsumgebung vorkommen und durch eine Reihe von externen und internen Bedingungen hervorgerufen und beeinflußt werden (z. B. Versagen von Geräten, Temperaturschwankungen, Motivationsschwankungen).

Auch psychosoziale Komponenten des Arbeitsumfeldes können als Unfallursachen eine wichtige Rolle spielen, wie Forschungsarbeiten des Tavistock-Instituts (in England) über Störungen in der Arbeitsgruppe und im Betriebsklima, über Gruppenstrukturen und -prozesse und deren Zusammenhang mit der Unfallquote und Sicherheit erbrachten (Ancelin-Schutzenberger, 1961). Allerdings: Auch diese Ergebnisse haben sich kaum im präventiven Maßnahmen des Arbeitsschutzes niedergeschlagen. Dennoch trugen sie dazu bei, das Feld potentieller Ursachen von Unfällen zu erweitern, die *Dynamik* der kausalen Beziehungen von Ursachenfaktoren zu betonen und das Augenmerk weiter darauf zu lenken, wie notwendig in der Unfallprophylaxe eine vertiefte Analyse der Arbeitstätigkeit selbst ist.

Unfälle als „Ereignissequenz", als Zusammenwirken mehrerer Faktoren zu sehen, entspringt durchaus schon systemanalytischem Denken, erreicht aber sowohl in Methodik als auch in den Modellannahmen noch nicht die Differenziertheit von Systemanalysen. Bei systemanalytischer Betrachtung der Unfallursachen wird vom Betrieb als *soziotechnischem System* und vom Unfall als *Systemversagen* ausgegangen. Alle relevanten Elemente, Eigenschaften und Ziele eines Systems und ihre Wechselwirkungen müssen gemeinsam in Betracht gezogen werden – eine Sichtweise, die auch der Systemergonomie zugrundeliegt (Faverge, 1970; Bubb/Schmidtke, 1981). Unfälle werden nicht mehr als isolierte Phänomene, sondern als Ergebnisse von *Dysfunktionen eines Systems*, als Folge und Abschluß von unvorhergesehenen Variationen innerhalb normaler Arbeitssituationen und Verkettung von Unfallfaktoren betrachtet (Leplat, 1966; Monteau, 1977; Rasmussen, 1982; Leplat/Rasmussen, 1984).

Als Methoden zur multikausalen Analyse bzw. Analyse der komplexen Wechselbeziehungen in soziotechnischen Systemen wurden von der Sicherheitstechnik *Störfallablauf- und Fehlerbaumanalysen* entwickelt (im Überblick Hoyos, 1980; Kuhlmann, 1981), von der Psychologie z. B. *Unfallschwerpunktanalysen* (z. B. Burkardt, 1970; 1985), die *INRS-Methode* (die Methode des „Institute Nationale de Recherche et de Securite": Monteau, 1977; Leplat, 1982; Leplat/Rasmussen, 1984) und der *„Fragebogen zur Sicherheitsdiagnose" (FSD)* (Bernhardt et al., 1984 a; 1984 b).

3 Psychologische Theorien über sicheres und sicherheitswidriges Unfällen

Gerade von der Psychologie erwartet man sich mehr als bisher entscheidende Anstöße, sicheres Handeln zu fördern, sicherheitswidriges Handeln abzubauen und präventive Maßnahmen zu entwickeln. Welche psychologischen Wissensbestände eignen sich dazu, konkrete Vorschläge zu unterbreiten? Zum einen wird versucht, allgemeine Ergebnisse der psychologischen Grundlagenforschung (z. B. aus der Wahrnehmungs-, Lern- und Kognitionspsychologie) anzuwenden. Andererseits läßt sich auf Erfahrungen zurückgreifen, die in anderen Anwendungsbereichen der Psychologie bei der Anwendung von Grundlagenwissen auf spezifische Fragestellungen gemacht wurden (z. B. in der Werbe-, Organisations- oder Klinischen Psychologie). Außerdem können – und sollten – eigene Theorien und Modelle des Unfallgeschehens und des Verhaltens in gefährlichen Situationen entwickelt werden.

Bisher gibt es nicht viele eigenständige Theoriesätze der „Sicherheitspsychologie" bzw. explizite Rückgriffe auf Ergebnisse der Grundlagenforschung und anderer Anwendungsbereiche (im Überblick: Hoyos, 1987; Wenninger, 1988). Einige Beispiele:

- *Ursachenattribution*: Je schwerer ein Unfall ist, umso mehr neigen Außenstehende dazu, kontrollierbare Ursachen (z. B. Unfähigkeit oder fehlende Anstrengung des „Verunfallten"), nicht aber unkontrollierbare Ursachen (z. B. Pech, äußere Umstände) als Erklärung für den Unfall heranzuziehen (Walster, 1966). Diese Theorie der abwehrbedingten Ursachenattribution läßt sich ergänzen durch die Theorie der korrespondierenden Inferenzen (Jones/Davis, 1965; Jones/Nisbett, 1971) und die Theorie der Selbstwahrnehmung (Bem, 1972), die weitere Anhaltspunkte für Prozesse der unterschiedlichen Schuldzuschreibung bei „Akteuren"/Verunfallten bzw. Beobachtern bieten.
- *Gefahrenkognition*: Die Konzentration auf den „Unfäller" hatte lange Zeit den Blick verstellt für vorausschauende präventive Verhaltensweisen im Arbeitsprozeß wie z. B. das Wahrnehmen und Erkennen von Gefahren (Gefahrenkognition). Das richtige und rechtzeitige Erkennen von Gefahrensignalen und -indikatoren, die Prozesse, die zu einem „inneren Gefahrenmodell" (als Abbild möglicher Situationen mit „Gefahr im Verzug") führen, Umgebungseinflüsse (hohe Temperaturen, Informationsmaskierung und -verzerrung von Warnsignalen durch Störsignale u. a. m.), die die Ge-

fahrenkognition beeinträchtigen, sind erst in den letzten Jahren näher untersucht worden. So ist beispielsweise die Erfahrung am Arbeitsplatz ausschlaggebend dafür, in welcher Weise eine sensible Wahrnehmung und hohe Erwartungshaltung für spezielle Signalmuster – „Sensorik-Superzeichen" – entwickelt sind (Segger/Zimolong, 1982; Zimolong/Gresch, 1983; Ruppert et al., 1985).

- *Risikoakzeptanz*: Um Ungewißheit und Unsicherheit in einer Situation zu eliminieren, entwickelt der Mensch vereinfachte mentale, kognitive Modelle (Heuristiken), wie zum Beispiel die Heuristik der „mentalen Verfügbarkeit" oder die „Repräsentationsheuristik". Diese erlauben ihm eine mehr oder weniger zuverlässige Orientierung in der Umwelt und das Abschätzen bzw. Akzeptieren des Risikos, das in einer bestimmten Situation vorherrscht. Oft aber führt der Einsatz von Heuristiken zur Unterschätzung von Gefahren und zum Unfall. Die aus der Entscheidungs- und allgemeinen Risikoforschung bekannten Ansätze sind ebenfalls erst in den letzten Jahren auf Arbeitsprozesse und Unfallhergänge übertragen worden (z. B. Tversky/Kahnemann, 1974; Slovic et al., 1979; Fischhoff et al., 1981; Vlek/Stallen, 1981; Hauke, 1985; Fritsche, 1986).
- *Risikohomöostase*: Der Mensch orientiert sich vermutlich beim Handeln an einem „akzeptierten Risikoniveau", d. h. an einem „inneren Sollwert", mit dem er wahrgenommene Gefahren vergleicht. Aus verkehrspsychologischen Studien wissen wir nach Wilde (1978), daß die Höhe des wahrgenommenen Risikos minus den Anstrengungen, um das subjektive Risiko zu verringern (=das Ausmaß an Vorsicht), eine Konstante ist. Die Folge dieses homöostatischen Prozesses bzw. der Risikokompensation ist: Sicherheitstechnische Verbesserungen (wirksamere Bremsen) werden leicht durch riskanteres Verhalten (schnelleres Fahren) aufgehoben. Anwendungen und empirische Bestätigungen im Bereich der Arbeit bieten sich an, stehen aber noch aus.
- *Rückmeldungen und antizipierte Folgen*: Individuelles Risikoverhalten und Vorsorgeverhalten hängen stark davon ab, welche Folgen sicheren bzw. sicherheitswidrigen Verhaltens antizipiert werden. So spart riskantes Verhalten in der Regel Zeit, erhöht die „bezahlte" Leistung und den persönlichen Gewinn und zieht meist sehr lange – jedenfalls bis zum ersten Unfall – keine ersichtlichen negativen Folgen nach sich. Sicherheitsorientiertes Verhalten hingegen fordert nicht selten den Spott der Kollegen heraus, wird nicht richtig von den Vorgesetzten belohnt und bietet zu wenig materielle Anreize. Diese Zusammenhänge sind aus der Lern- und Motivationspsychologie (operantes Konditionieren, Lernen am Erfolg) hinlänglich bekannt und schon vielfach mit Erfolg in konkrete Maßnahmen umgesetzt (z. B. Sulzer-Azaroff, 1982; Smith/Howarth, 1981; Sundström-Frisk, 1984; Burkardt, 1985).

Aufgabe einer „Sicherheitspsychologie" muß es sein, mehr Anstrengungen als bisher darauf zu konzentrieren, Verhaltenstheorien und -modelle an den Problembereich „Unfall" und „Sicherheit" zu adaptieren und daraus Maßnahmen zur Erhöhung der Arbeitssicherheit abzuleiten.

4 Psychologisch fundierte Maßnahmen der Unfallverhütung

In den letzten Jahren häufen sich allgemein die Forderungen nach Umsetzung psychologischer Erkenntnisse in konkrete Maßnahmen (z. B. Dörner, 1983, 27). Die Umsetzung von psychologischem Wissen in Maßnahmen zur Unfallverhütung ist im betrieblichen Bereich aus der Sicht vieler Experten noch nicht einmal richtig in Angriff genommen worden (z. B. Margolis/Kroes, 1975; Hoyos, 1984; Sheehy/Chapman, 1984). Dies könnte in verschiedenen Bereichen – Arbeitsgestaltung und Ergonomie, Unterweisung und Training, Motivierung, Einstellungs- und Verhaltensänderung – forciert geschehen und auf ganz unterschiedliche Ebenen und Zielgruppen ausgerichtet sein. Einige Beispiele:

- Arbeit von Psychologen im Arbeitsschutz vor Ort und Gestaltung von z. B. Mensch-Maschine-Systemen, Sicherheitsplakaten, Hinweisschildern,
- interdisziplinäre Zusammenarbeit bei der Entwicklung von Unfallverhütungsstrategien für spezielle Zielgruppen (Ausländer, Jugendliche),
- Mitwirkung von Psychologenverbänden bei Gesetzesregelungen zur Erhöhung der Arbeitssicherheit,
- Aufbereitung von psychologischen Befunden im Rahmen von Beratung und Expertisen,
- Umsetzung von psychologischen Befunden in Konzepte der betrieblichen Weiterbildung von Sicherheitsbeauftragten und Führungskräften.

Psychologisch fundierte Maßnahmenvorschläge scheitern häufig an *Umsetzungsbarrieren* auf seiten der Psychologie (an Vermittlungs- und Kommunikationsschwächen) und auf der betrieblichen Seite (an Zeitknappheit, Desinteresse, subjektiven psychologischen Theorien der Praktiker und strukturellen Bestimmungsfaktoren: Kosten-Nutzen-Überlegungen, Widerstand gegen Umstrukturierungen). Außerdem bleibt die positive, d. h. sicherheitssteigernde Wirkung von Maßnahmen zur Motivierung, Einstellungs- und Verhaltensänderung aus noch anderen Gründen aus: Zielgruppen (Stelleninhaber, Führungskräfte) werden zu spät oder gar nicht an der Planung solcher Maßnahmen beteiligt, Motivierungskonzepte sind zu einseitig auf die Person bezogen (keine ausreichende Berücksichtigung der Systembedingtheit von Unfällen), Anreizsysteme sind nach Qualität und Quantität nicht auf die Zielgruppen abgestimmt, Motivierungsmaßnahmen berücksichtigen zu wenig das Phänomen der psychologischen Reaktanz u. a. m.

5 Ausblick

Enttäuschung macht sich breit, wenn wir an die jetzt und wohl auch in absehbarer Zukunft nicht vorhandene gesetzliche Verankerung des Berufsstandes der Psychologie im Arbeitsschutz denken. Ermutigend ist: Die Psychologie nimmt aus der Sicht von Praktikern einen recht beachtlichen Stellenwert ein. Darin liegt aber auch gleichzeitig die Gefahr des *Psychologismus*: Die Möglichkeiten für Verbesserungen im Arbeitsschutz im technisch-organisatorischen Bereich werden vorschnell ausgeblendet; primär psychologische Maßnahmen haben aber nur begrenzte Effektivität und ziehen mit hoher Wahrscheinlichkeit nur kurzfristige Senkungen (wenn überhaupt) von Unfallzahlen oder auch völligen Mißerfolg nach sich. Zweifellos kann der Arbeitsschutz viel von psychologisch fundierten Maßnahmen und Methoden profitieren, bei denen die Beeinflussung des Verhaltens im Mittelpunkt steht. Psychologische Maßnahmen dürfen aber nicht neben anderen organisatorischen – und technischen – Maßnahmen stehen, sondern müssen diese ergänzen und damit in vielen Fällen erst zu ihrer vollen Wirkung verhelfen.

Literatur

Ancelin-Schutzenberger, A.: Quelques aspects psychosociologiques de l'etude des accidents. Bulletin du CERP, 10 (4), 1961, 455-472.

Arbous, A. G./Kerrich, J. E: Accident statistics and the concept of accident proneness. Biométrics, 7, 1951, 340-432.

Bem, D. J.: Self-perception theory. In: Berkowitz, L. (Ed.): Advances in experimental social psychology. Vol. 6. New York: Academic Press, 1972.

Benner, L.: Accident investigations: Multilinear events sequencing methods. Journal of Safety Research, 7 (2), 1975, 67-73.

Bernhardt, U./Hoyos, C. G./Hauke, G.: Psychological safety diagnosis. Journal of Occupational Accidents, 6, 1984, 61-70.

Bernhardt, U./Hoyos, C. G./Hauke, G./Wenninger, G.: Entwicklung eines Verfahrens zur Diagnose von Mensch-Umwelt-Systemen. Teil 1: Entwicklung und Erprobung des Fragebogens zur Sicherheitsdiagnose (FSD). Bericht Nr. 12 aus dem Lehrstuhl für Psychologie der TU München, 1984.

Bubb, H./Schmidtke, H.: Analyse der Systemstruktur. In: Schmidtke, H. (Hrsg.): Lehrbuch der Ergonomie. München: Hanser, 1981, 263-285.

Burkardt, F.: Arbeitssicherheit. In: Mayer, A./Herwig, B. (Hrsg.): Betriebspsychologie. Handbuch der Psychologie. Bd. 9 (2. Aufl.) Göttingen: Hogrefe, 1970, 385-415.

Burkardt, F.: Unfallschwerpunkt-bezogene Verhaltensmodifikation. In: Hoyos, C. G./Wenninger, G. (Hrsg.): Gefahrenbewußtsein und sicheres Handeln: Psychologische Sicherheitsforschung für die Praxis. Bericht Nr. 13 aus dem Lehrstuhl für Psychologie der TU München, 1985, 11-25.

Dörner, D.: Empirische Psychologie und Alltagsrelevanz. In: Jüttemann, G. (Hrsg.): Psychologie in der Veränderung. Weinheim: Beltz, 1983, 13-29.

Favergé, J. M.: Esquisse d'une théorie de l'accident. Sociologie du Travail, 6 (1), 1964.

Favergé, J. M.: L'homme agent d'infiabilité et de fiabilité du processus industriel. Ergonomics, 13 (3), 1970, 301-327.

Fischhoff, B./Lichtenstein, S./Slovic, P./Derby, S. L./Keeney, R. L.: Acceptable risk. Cambridge, Engl.: Cambridge University Press, 1981.

Fritzsche, A. F.: Wie sicher leben wir? Risikobeurteilung und -bewältigung in unserer Gesellschaft. Köln: Verlag TÜV Rheinland, 1986.

Hauke, G.: Entwicklung eines Verfahrens zur Diagnose von Mensch-Umwelt-Systemen. Teil 2: Entwicklung handlungsorientierter Maßnahmen zur Verbesserung der Arbeitssicherheit. Bericht Nr. 15 aus dem Lehrstuhl für Psychologie der TU München, 1985.

Heinrich, H. W.: Industrial accident prevention – a scientific approach. New York: McGraw Hill, 1950.

Hoyos, C. G.: Psychologische Unfall- und Sicherheitsforschung. Stuttgart: Kohlhammer, 1980.

Hoyos, C. G. (1982): Lassen sich Theorien sicheren Verhaltens in praktische Sicherheitsarbeit umsetzen? In: Sektion Arbeits- und Betriebspsychologie im Berufsverband Deutscher Psychologen (Hrsg.): Anwendungsbezogene Forschung und theoretisch fundierte Praxis in der Arbeits- und Betriebspsychologie. Bericht über die 24. Fachtagung zur arbeits- und betriebspsychologischen Fortbildung in der Bundesrepublik Deutschland. Duisburg: o. V., 1980, 15-35.

Hoyos, C. G.: Der gegenwärtige Stand der Unfallpsychologie. In: Berufsverband Österreichischer Psychologen (BÖP) (Hrsg.): Angst-Streß-Unfall. Psychologie der Belastung. 25. Kongreß des BÖP. Wien: Hausdruckerei der Allg. Unfallversicherungsanstalt, 1984, 165-181.

Hoyos, C. G.: Verhalten in gefährlichen Situationen. In: Kleinbeck, U./Rutenfranz, J. (Hrsg.): Arbeitspsychologie. Enzyklopädie der Psychologie. Göttingen: Hogrefe, 1987.

Johnson, W. G.: Sequences in accident causation. Journal of Safety research, 5(2), 1973, 54-57.

Jones, E. E./Davies, K. E.: A theory of correspondent Inferences: From acts to dispositions. In: Berkowitz, L. (Ed.): Advances in experimental social psychology, Vol. 2. New York: Academic Press, 1965.

Jones, E. E./Nisbett, R. E.: The actor and the observer: Divergent perceptions of the causes of behavior. Morristown, N. J.: General Learning Press, 1971.

Kjellen, U./Larsson, T. J.: Investigating accidents and reducing risks – a dynamic approach. Journal of Occupational Accidents, 3, 1981, 129-140.

Klebelsberg, D. von: Der Psychologe im Verkehrsbereich. In: Benesch, H./Dorsch, F. (Hrsg.): Berufsaufgaben und Praxis der Psychologen (2. Aufl.). München: Ernst Reinhardt, 1984, 169-179.

Kuhlmann, A.: Einführung in die Sicherheitswissenschaft. Köln: Verlag TÜV Rheinland, 1981.

Leplat, J.: Recherche communautaire sur la sécurité dans les mines et la sidérurgie. Etude ñ 3/9: Recherche dans la sidérurgie francaise (chapitre 2). Collection d'études de physiologie et de psychologie du travail, 3, 9, doct. ñ 8088/65 f, CECA, Luxembourg, 1966.

Leplat, J.: Accident analysis and incidents production: Methods of analysis. Journal of Occupational Accidents, 4, 1982, 229-310.

Leplat, J./Rasmussen, J.: Analysis of human errors in industrial incidents and accidents for improvement of work safety. Accident Analysis and Prevention, 16, 1984, 77-88.

Lert, F./Thebaud, A./Dassa, S./Goldberg, M.: La pluridisciplinarité dans la recherche en Santé Publique – L'exemple de l'accident du travail. Rev. Epidem. et Santé Publique, 30, 1982, 451-469.

Margolis, B. L./Kroes, W. H. (Eds.): The human side of accident prevention: Psychological concepts and principles which bear of industrial safety. Springfield, Ill.: Thomas, 1975.

McGlade, F. S.: Adjustice behavior and safe performance. Springfield, Ill.: Thomas, 1970.

Mittenecker, E.: Methoden und Ergebnisse der psychologischen Unfallforschung. Wien: Deuticke, 1962.

Monteau, M.: Praktische Methode zur Untersuchung von Unfallfaktoren. Grundsätze und Anwendung im Versuch. Deutsche Ausgabe durch die Generaldirektion Soziale Angelegenheiten. Luxembourg: Kommission der Europäischen Gemeinschaften, 1977.

Monteau, M.: Méthode pratique de recherche de facteurs d'accidents – Principe et application expérimentale. Office des publications officielles des Communautés Européennes, Luxembourg, 1977.

Monteau, M.: Bilan des méthodes d'analyses d'accidents du travail. Rapport INRS ñ 456/RE, 1979.

Moyen, D./Quinot, E./Heimfert, M.: Exploitation d'analyse d'accidents à des fins de prévention – Essay méthodologique. Le Travail Humain, 43 (2), 1980, 255-274.

Ramsey, J. D.: Ergonomic factors in task analysis for consumer product safety. Journal of Occupational Accidents, 7, 1985, 113-123.

Rasmussen, J.: Human errors – a taxonomy for describing human malfunctions in industrial installations. Journal of Occupational Accidents, 4, 1982, 311-333.

Ruppert, F./Hirsch, Ch./Waldherr, B.: Wahrnehmen und Erkennen von Gefahren am Arbeitsplatz. Forschungsbericht Nr. 426 der Bundesanstalt für Arbeitsschutz Dortmund. Forschungsberichtsreihe Humanisierung des Arbeitslebens. Bremerhaven: Wirtschaftsverlag, 1985.

Saari, J. et al.: Modèle d'investigation sur les accidents du travail. Analyse des risques d'accidents en entreprise, Méthodes et applications, AISS, 1983, 147-160.

Sass, R./Crook, G.: Accident proneness: Science or non-science? International Journal of Health Services, 11 (2), 1981, 175-190.

Segger, H. R./Zimolong, B.: Möglichkeiten zur Verhinderung von Absturzunfällen. Forschungsbericht Nr. 314 der Bundesanstalt für Arbeitsschutz und Unfallforschung Dortmund. Bremerhaven: Wirtschaftsverlag, 1982.

Sheehy, N. P./Chapman, A. J.: Accidents and safety. In: Gale, A./Chapman, A. J. (Eds.): Psychology and social problems. Chichester: John Wiley & Sons, 1984, 177-190.

Slovic, P./Fischhoff, B./Lichtenstein, S.: Rating the risks. Environment, 21 (3), 1979, 14-39.

Smith, H. T./Howarth, C. I.: Accidents: The consequences of human error? In: Howarth, C. I./Gillham, W. E. (Eds.): The structure of psychology: An introductory text. London: George, Allen & Unwin, 1981, 468-486.

Sulzer-Azaroff, B.: Behavioral approaches to occupational health and safety. In: Frederiksen, L. W. (Ed.): Handbook of organizational behavior management (pp. 505-538). New York: Wiley, 1982, 505-538.

Sundström-Frisk, C.: Behavioral control through piece-rate wages. In: Kjellen, U. (Ed.): Occupational accident research. Proceedings of the International Seminar of Occupational Accident Research, Saltsjöbaden, Schweden, 1983, Amsterdam: Elsevier, 1984, 49-60.

Surry, J.: Industrial accident research – A human engineering appraisal. University of Toronto, Department of Industrial Engineering, 1968.

Tversky, A./Kahnemann, D.: Judgement under uncertainty: Heuristics and biases. Science, 185, 1974, 1124-1131.

Van Wijk, G.: Le processus de l'accident, un modèle de système. Sécurité et Médecine du travail, 50, 1979, 5-10.

Vlek, C./Stallen, P. J.: Judging risks and benefits in the small and in the large. Organizational Behavior and Human Performance, 28, 1981, 235-271.

Walster, G.: Assignement and responsibility of an accident. Journal of Personality and Social Psychology, 3, 1966, 73-79.

Wenninger, G.: Arbeitsschutz. In: Frey, D./Hoyos, C. G./Stahlberg, D. (Hrsg.): Handbuch der Angewandten Psychologie. München: Psychologie Verlags Union, 1988.

Wilde, G. J. S.: Theorie der Risikokompensation der Unfallverursachung und praktische Folgerungen für die Unfallverhütung. Vortrag 12. Tagung Österreichische Gesellschaft Unfallchirurgie, 130, 1978, 134-156.

Zens, H.: Psychologie in der Unfallverhütung. In: Neubauer, R./Rosenstiel, L. v. (Hrsg.): Handbuch der Angewandten Psychologie. Band 1: Arbeit und Organisation. München: Verlag Moderne Industrie, 1980, 792-829.

Zimolong, B./Gresch, H. U.: Ein handlungsorientiertes Schulungsprogramm für die Ausbildung im Arbeitsschutz. In: Sektion Arbeits- und Betriebspsychologie im Berufsverband Deutscher Psychologen (Hrsg.): Arbeitspsychologische Fortbildung von Sicherheitsfachkräften. Duisburg: o.V., 1983, 69-100.

Verhaltenstherapie

Eva Jaeggi

Die Verhaltenstherapie (VT) ist eine seit Beginn der sechziger Jahre rasch an Bedeutung gewinnende therapeutische Richtung, die sich darauf beruft, praktische Anwendung experimentell-naturwissenschaftlich gewonnener *Gesetze des Lernens* zu sein. Der Begriff VT wird verwendet, wenn es sich um traditionellerweise als pathologisch geltende Verhaltensweisen handelt; der Begriff *Verhaltensmodifikation* (VM) dort, wo Verhalten zwar unerwünscht ist, aber nicht unbedingt den Kriterien des Pathologischen entspricht. Beide Begriffe sind fließend und gehen ineinander über.

1 Grundlagen

Die VT geht davon aus, daß als pathologisch geltendes Verhalten in derselben Weise gelernt wird wie sogenanntes „normales" Verhalten. VT besteht aus einer Vielzahl therapeutischer Methoden, durch die gestörtes Verhalten gelöscht und (wenn nötig) neues Verhalten gelernt wird. Auch dieses „therapeutische Lernen" unterscheidet sich nach Meinung der Verhaltenstherapeuten nicht von jedem anderen Lernprozeß und unterliegt daher den Prinzipien des *respondenten* und *operanten Konditionierens* sowie des *Modellernens*. Bei Yates (1970) wird außerdem noch betont, daß verhaltenstherapeutisches Vorgehen prinzipiell dem in der experimentellen Psychologie üblichen *methodischen* Vorgehen analog sei, so daß jeder einzelne Fall ein dem psychologischen Experiment nachgebildetes Design aufzuweisen habe.

Diese Betonung des methodischen Vorgehens gegenüber dem von anderen Autoren betonten Rekurs auf inhaltlich festgelegte lerntheoretische Paradigmata ist für die neuere Entwicklung verhaltenstherapeutischer Methoden besonders wichtig, da bei ihnen häufig die Anlehnung an „klassische" Lernparadigmata fehlt. Von traditionellen triebdynamischen Richtungen grenzt sich die VT außer durch ihren Bezug zur lerntheoretischen Grundlagenforschung auch noch ab durch ihre Ablehnung eines medizinischen Krankheitsmodells, durch das Außerachtlassen der Aufdeckung von Ursachen der Störung als therapeutischen Mittels, sowie durch Verzicht auf globale Therapieziele (z. B. „Persönlichkeitsveränderung") zugunsten möglichst konkreter therapeutischer Lernziele. Es besteht in der VT außerdem eine gewisse Konzentration auf den beobachtbaren Aspekt (Verhaltensaspekt) psychischer Störungen, was aber nicht immer durchgehalten wird.

2 Methoden

Die Entwicklung der VT ist undenkbar ohne die grundlegenden reflexologischen Arbeiten Pawlows zur Konstituierung konditionierter Reaktionen, zur Erzeugung sog. „experimenteller Neurosen", sowie seiner Theorie kortikaler Erregungs- und Hemmungsprozesse; eine zweite Basis bilden die Arbeiten von Watson und Rayner (1920) („Little-Albert"-Studie) und von M. Jones (1924) (Löschung eines Angstreizes durch gleichzeitige Darbietung angenehmer Reize, z. B. Süßigkeiten); andere (sehr viel spätere) Vorläuferarbeiten entstammen der Schule Skinners mit dem Konzept des operanten Lernens.

Die vielfältigen theoretischen Arbeiten, auf die spätere Verhaltenstherapeuten sich berufen, beginnen also schon um die Jahrhundertwende (Pawlow) und setzen sich bis in die fünfziger Jahre hinein fort. Bei Skinner und seinen engsten Mitarbeitern (z. B. Ferster, Lindsley) treffen sich erstmals die Interessen des Forschers und des Therapeuten.

Seit Mitte der fünfziger Jahre werden zuerst fast unabhängig voneinander verschiedene (meist gegen die Psychoanalyse konzipierte) theoretische Konzepte, die sich auf die Lerntheorie berufen, *ausprobiert* und mit dem Namen „Verhaltenstherapie" belegt.

Innerhalb des respondenten Modells zur Erklärung und Behandlung einer Störung bewegt sich J. Wolpe, dessen Methode der *Systematischen Desensibilisierung* zu einem Meilenstein in der Entwicklung der VT wurde (1958). Bis heute gilt die Systematische Desensibilisierung als eine der besten Methoden zum Abbau starker phobischer Ängste (Durch Paarung angsterregender Stimuli mit angenehmen Situationen z. B. Entspannung, soll eine feste Verbindung von unkonditionierten emotionalen Reaktionen mit dem angsterregenden Stimulus geschaffen werden). Ähnliche theoretische Vorstellungen unterliegen den sog. *Aversionsmethoden* (Assoziation eines unerwünschten Verhaltens mit aversiver Stimulation, z. B. Elektro-Schock), die in der Praxis aber viel weniger Anwendung finden, als ihr spektakuläres Image es vermuten läßt (Rachman/Teasdale, 1969).

Auf Skinners operantem Bekräftigungskonzept basieren die *„operanten Methoden"*, womit sehr unterschiedliche unerwünschte Verhaltensweisen behandelt werden (Ullmann/Krasner, 1965). Wichtig bei diesen Methoden ist die genaue Herausarbeitung der das störende Verhalten bekräftigenden Konsequenzen. Therapie besteht in einem Arrangement, das den (systematischen) Wegfall dieser Bekräftigungen ermöglicht, sowie im Aufbau erwünschten Verhaltens durch entsprechend konzipierte Bekräftigungsprozeduren.

Relativ spät erst wurde Banduras wichtigster Beitrag zu Lerntheorie, das *Modellernen,* in die verhaltenstherapeutische Methodik umgesetzt. Vielerlei Arten von Rollenspielen (am wichtigsten: das Selbstbehauptungstraining) zur Entwicklung sozialer Kompetenzen sowie einige Methoden, die sich der direkten Imitation zur Erlernung erwünschten Verhaltens bedienen, wurden u. a. auch mit der Theorie des Modellernens erklärt (Bandura, 1969).

Die Gruppe der Wissenschaftler rund um Eysenck und Shapiro im Maudsley Hospital in London schließlich verschrieb sich weniger einer bestimmten Methodengruppe als dem *Konzept des wissenschaftlich forschenden Therapeuten* auf der Basis der Lerntheorie sowie der gesamten experimentellen Psychologie. Wir verdanken ihnen viele qualifizierte, kontrollierte Einzelfallstudien (Schorr, 1984).

3 Verhaltens- und Bedingungsanalyse

Um all diese Methoden adaequat anwenden zu können, wird – in Nachahmung des experimentellen ABAB-Designs – zuerst jeweils die Grundkurve des Störungsverhaltens festgestellt, dann die Intervention (Bekräftigung, Einführung von respondenten Konditionierungsbedingungen etc.) markiert, die darauffolgende Veränderung des Verhaltens festgestellt und durch die Wiederholung des AB-Anteils nochmals getestet. Damit rückt die Feststellung der aufrechterhaltenden Bedingungen (also z. B. der Konsequenzen) von unerwünschtem Verhalten ins Zentrum der Aufmerksamkeit. Eine Systematisierung der damit verbundenen Analyse des Verhaltens verdankt die VT vor allem Kanfer (1969). Er entwickelte (gemeinsam mit Saslow) differenzierte Vorstellungen darüber, welche Bestandteile des Verhaltens festgehalten werden müssen, um jeweils störungsspezifische Therapiemethoden für jeden Einzelfall entwickeln zu können. Als Leitfaden der Verhaltensanalyse entwickelt er die Formel: S-O-R-K-C (S = störungsrelevanter Stimulus; O = organismische Bedingungen; R = Störungsverhalten; K = Bekräftigungsschemata; C = Konsequenz des störenden Verhaltens).

Der zentrale Stellenwert, der der Verhaltensanalyse von Kanfer zugesprochen wird, verhindert somit eine schematische Zuordnung bestimmter Methoden zu bestimmten Störungen. Es wird vielmehr durch die Verhaltensanalyse eine Verbindung von diagnostischem und therapeutischem Prozeß geschaffen, die im Sinne einer präzisen Indikationsstellung für die Anwendung jeder verhaltenstherapeutischen Methode wirkt.

Die Wahl der spezifischen verhaltenstherapeutischen Methode bestimmt sich somit weitgehend vom Ergebnis der Bedingungsanalyse her: Die die Störung aufrecht erhaltenden Bedingungen werden in der Therapie verändert.

Diese Bedingungen sind nicht nur als innerpsychische Prozesse oder vom Individuum selbst produzierte Verhaltenskonsequenzen zu verstehen, sondern liegen oft auch als Auslöser oder Konsequenz des Verhaltens in der *sozialen* oder *materiellen Umwelt* des Patienten. Auch diese Umwelt wird daher oft in den Veränderungsprozeß einbezogen; das therapeutische Geschehen verlagert sich daher sehr oft vom Therapiezimmer in das alltägliche Milieu des Patienten (angsterregende Situationen werden z. B. gemeinsam mit dem Therapeuten aufgesucht; Stottererübungen werden in typischen Alltagssituationen geprobt u. ä. m.). Im allgemeinen läßt sich sagen, daß verhaltenstherapeutische Methoden ausgezeichnet sind durch eine besondere *Flexibilität,* die – dem Anspruch nach – jedem Patienten sozusagen die „maßgeschneiderte“ Therapie verpaßt.

4 Neuere Methoden

4.1 Selbstmodifikationsprogramme

Anfangs wurde der verhaltenstherapeutische Prozeß in traditioneller Weise verstanden als ein Veränderungsprozeß unter Anleitung des Therapeuten. Seit Anfang der siebziger Jahre beschäftigte man sich mit der Möglichkeit, dem *Patienten selbst* alle Mittel in die Hand zu geben, seinen eigenen Veränderungsprozeß mit nur geringer Anleitung des Therapeuten zu steuern. Es wurden Selbstmodifikationsprogramme in einer Reihe von Problembereichen (z. B. für Eßsucht, Rauchen) entwickelt, durch die Patienten lernen sollten, selbständig die störungsschaffenden Bedingungen zu analysieren und ihre Veränderung in die Hand zu nehmen. Meist geht es dabei um genau definierte Bekräftigungsstrategien, die der Patient an sich selbst anwenden soll (Watson/Tharp, 1972).

Von Scheele (1981) wird kritisiert, daß hier die VT nicht mehr imstande sei, die von ihr angeregten Veränderungsprozesse theoretisch zu erfassen, da sie keinen Begriff des auf sich selbst reagierenden, selbstreflexiven Subjekts kenne.

Durch die Anwendung der Selbstmodifikation wurde klar, daß die Durchführung einer Therapie nicht mehr unbedingt nur dem „Fachmann“ vorbehalten bleiben mußte. Nach einer zusammen mit dem Therapeuten durchgeführten Verhaltensanalyse und der Aufstellung eines therapeutischen „Lernprogramms“ konnte in vielen Fällen die Ausführung und Überwachung der Therapie an *Laien* (z. B. Lehrer, Kindergärtner, Eltern) delegiert werden. Dies machte die VT besonders im Bereich der kindlichen Störungen attraktiv.

4.2 Kognitive Verhaltenstherapie

Der letzte Entwicklungstrend der VT ist durch eine vermehrte Befassung mit der kognitiven Seite des therapeutischen Prozesses gekennzeichnet (Mahoney, 1974). Probleme der veränderungsschaffenden Gedanken, Phantasien und Vorstellungen wurden einerseits Anstoß zu neuen therapeutischen Methoden (z. B. *Selbstinstruktionstraining* nach Meichenbaum, 1975; *Problemlösungsmethoden* nach Goldfried, 1975, u. a. m.), andererseits aber auch zu einer Erweiterung der theoretischen Fundierung der VT in Richtung auf kognitionspsychologische Ansätze hin.

In der Praxis führt diese Entwicklung offensichtlich z. Z. zu einer Integration von eher kognitiv orientierten Methoden (Beck, 1962; Ellis, 1970) mit verhaltenstherapeutischen Techniken.

5 Therapieerfolg

Die Erfolgseuphorie frühester verhaltenstherapeutischer Studien (z. B. Wolpe, 1958, der eine Erfolgsrate von 90% angibt) hielt nicht allzu lange an. Trotz aller Einschränkungen (Übersicht über die Erfolgsquoten der Systematischen Desensibilisierung z. B. bei Wengle, 1974) kann aber doch festgehalten werden, daß einzelne verhaltenstherapeutische Methoden – allen voran die Systematische Desensibilisierung – oft höhere Erfolgsquoten aufweisen als traditionelle Therapiemethoden. Entgegen früheren Vermutungen läßt sich offensichtlich auch nicht behaupten, daß VT nur bei einfachen, monosymptomatischen Störungen erfolgreich einzusetzen sei. Die Erfolgsquoten der VT gerade bei chronischen und komplexen Störungen sind höher als die der traditionellen Therapieformen. Es ist zu vermuten, daß die oben erwähnte Flexibilität der verschiedenen Herangehensweisen gerade bei solchen Störungen indiziert ist, wo oftmals langdauernde Einsichtsverfahren die Frustrationstoleranz des Patienten überfordern. VT scheint auch dort besonders erfolgreich, wo hohe Erregung – z. B. Angst – manifest wird (Garfield, 1982) sowie in Fällen, wo ein großes Lerndefizit behoben werden muß, z. B. bei geistig Behinderten (Zusammenfassung der Indikationsproblematik siehe Grawe, 1978).

Der noch von Eysenck (1960) ohne Selbstzweifel geäußerte Stolz auf die „Wissenschaftlichkeit“ der VT wurde aber im Laufe der letzten Jahre gründlich zerstört. Die Kritik richtet sich gegen die oft kritiklose Übertragung von Ergebnissen aus dem *Tierexperiment* auf den Bereich menschlichen Lernens, gegen die *klinische Analogstudie*, die oft mit klinisch nicht relevanten Störungen einer klinisch nicht relevanten Population arbeitete (z. B. Rattenängste von Studenten), sowie vor allem auch gegen die kritiklose Gleichsetzung von unter eingeschränkten experimentellen Bedingungen definierten Variablen („Stimulus“, „Response“) mit komplexen klinischen Alltagssituationen (Breger McGaugh, 1966).

London (1972) formulierte eine wohl endgültige, bissige und geistreiche Absage an das Postulat der „Wissenschaftlichkeit“ der VT und bezeichnete dieses Postulat als ein rein „ideologisches“ im Kampfe gegen traditionelle Therapieformen.

Trotz dieser wohl allgemein akzeptierten Kritik blieb verhaltenstherapeutisches Vorgehen insofern dem Ideal der „Wissenschaftlichkeit“ verhaftet, als wesentliche Elemente des verhaltenstherapeutischen Verfahrens analog zum psychologischen Experiment bestehen blieben: z. B. das Element der klaren Problemdefinition, der Bedingungsanalyse des gestörten Verhaltens, der darauf basierenden Therapieplanung und der Evaluation des Erfolges als Rückmeldung für die Verifizierung/Falsifizierung des hypothetischen Bedingungsmodells der Störung.

6 Aktuelle Diskussionen und Entwicklungen

Zur Zeit dominieren im Diskussionsbereich der klinischen Psychologie *Integrationsbestrebungen* der verschiedenen Therapieformen über die ehemals geführten „Schulenstreitigkeiten“. Diese Integrationstendenz betrifft sowohl die therapeutische Praxis (Wild-Missong/Teuwsen, 1978) als auch den Versuch, Veränderungsmechanismen theoretisch zu durchschauen (Mahoney, 1974; Martin, 1975; Heigl/Triebel, 1977).

So ist es sicher ein Verdienst der VT, daß verschiedene therapeutische Schulen in den letzten

Jahren versuchten, den therapeutischen Prozeß (unabhängig von ihrer je systemimmanenten Persönlichkeitstheorie) als einen *Lernprozeß* zu verstehen, und ihn unter diesem Aspekt mit den Erkenntnissen der allgemeinen psychologischen Lerntheorien konfrontierten. Ebenso ist es sicher zum Teil der VT zuzuschreiben, daß Psychotherapeuten auch anderer Richtungen (z. B. der Kommunikationstherapie) in verstärktem Maße im natürlichen Milieu des Patienten unter Einbeziehung der relevanten Sozialpartner arbeiten.

Da die Entwicklung von verhaltenstherapeutischen Methoden sowie die Reflexion auf ihre theoretische Fundierung immer im Bereich der experimentell orientierten akademischen Psychologie vor sich gegangen war, wird – wenn auch nicht kontinuierlich, so doch ohne besonderen „Bruch“ – die Entwicklung der allgemeinen Psychologie im Bereich der Kognitions- und Motivationspsychologie in der VT rezipiert. In diesem Zusammenhang wird derzeit dem schon 1962 bahnbrechenden (wenngleich damals wenig Folgen zeigenden) Buch von Miller et al. (1960/1973) verstärkte Aufmerksamkeit geschenkt. Im deutschen Sprachbereich wird zur Zeit – darauf aufbauend – versucht, handlungstheoretische Ansätze zur Erklärung der Wirksamkeit auch verhaltenstherapeutischer Methoden zu benutzen (Bergold, 1978; Semmer/Pfäfflin, 1978, u. a.). Als ein wichtiger Vorteil der VT im Verwertungszusammenhang wird häufig die relative *Schichtunabhängigkeit* genannt, da verbale Geschicklichkeit, Bildung und Intelligenz in der VT für den Patienten weniger wichtig sind als bei den traditionellen Therapieformen, deren Erfolgs- und Auslesekriterien oft mit diesen Merkmalen identisch sind.

Ein weiterer Vorteil ist die – im Vergleich vor allem zur psychoanalytischen Therapie – wesentlich *kürzere Behandlungsdauer* bei verhaltenstherapeutischem Vorgehen, was auch unter ökonomischen Gesichtspunkten wiederum sozial schwächeren Patienten zugute kommt. Es wird daher in den meisten Institutionen des psychosozialen Versorgungsbereichs in immer breiterem Umfang auch mit verhaltenstherapeutischen Maßnahmen gearbeitet, da in diesen Einrichtungen der Anteil von Patienten sozial schwacher Schichten erfahrungsgemäß größer ist als in Privatpraxen. In diesen dominieren daher auch eher traditioneller Therapiemethoden wie die Psychoanalyse mit ihren verschiedenen Entwicklungsrichtungen. In diesem Punkt treffen sich die Intentionen der Verhaltenstherapeuten sehr oft mit den Bestrebungen der Sozialpsychiatrie. Seit einigen Jahren werden verhaltenstherapeutische Leistungen von vielen Kassen erstattet.

Die Ausbildung zum Verhaltenstherapeuten geschieht zur Zeit in der BRD und in West-Berlin in ihren ersten theoretischen Grundzügen und oft auch in praktischer Einübung an vielen psychologischen Universitätsinstituten. Es besteht jedoch kein einheitlicher Ausbildungsgang. Die Deutsche Gesellschaft für Verhaltenstherapie (DGVT) bemüht sich allerdings um eine solche Vereinheitlichung des Ausbildungsplanes, was aber unter den verschiedensten Gesichtspunkten oft zu Kontroversen zwischen den Universitätsinstituten und der privatrechtlich organisierten DGVT führt.

Von der DGVT wird die Ausbildung zum Verhaltenstherapeuten in kleinen Selbsthilfegruppen neben und nach dem Universitätsstudium befürwortet, angeleitet und anerkannt.

Literatur

Bandura, A.: Principles of behavior modification. New York: Holt, Rinehart & Winston, 1969.

Beck, A.: Cognitive therapy: Nature and relation to behavior therapy. Behavior Therapy, 1, 1970, 184-200.

Bergold, J.: Lerntheoretische Grundlagen für Theorie und Praxis der Psychiatrie. In: Kisker, K. P./Meyer, J. E./Müller, M./Strömgren, E. (Hrsg.): Psychiatrie der Gegenwart, Forschung und Praxis, Bd. Grundlagenforschung zur Psychiatrie. Berlin: Springer, 1978.

Blöschl, L.: Grundlagen und Methoden der Verhaltenstherapie (4. Aufl.). Bern: Huber, 1974.

Breger McGaugh, J. L.: Critique and reformulation of „learning theory“ approaches to psychotherapy and neurosis. Psychological Bulletin, 65, 1966, 338-358.

Ellis, A.: Reason and emotion in psychotherapy. New York: Lyle Stuart Press, 1962.

Eysenck, H. J. (Ed.): Behaviour therapy and the nemosis. Oxford: 1960.

Franks, C. M. (Ed.): Behavior therapy, apraisal and status. New York: McGraw, Hill, 1969.

Garfield, S.: Integrative Psychotherapie. Weinheim: Beltz, 1982.

Goldfried, M. R./Goldfried, A. P.: Cognitive change methods. In: Kanfer, F. H./Goldstein, A. P. (Eds.): Helping people change. New York: Pergamon Press, 1975.

Grawe, K. K.: Indikation in der Psychotherapie. In: Pongratz, L. (Hrsg.): Handbuch der Psychologie, Bd. 8: Klin. Psychologie. 2. Halbbd. Göttingen: Hogrefe, 1978.

Heigel, F. S./Triebel, A.: Lernvorgänge in psychoanalytischer Therapie. Die Technik der Bestätigung – eine empirische Untersuchung. Bern: Huber, 1977.

Jones, M.: The elimination of children's fear. Journal of Experimental Psychology, 7, 1924, 382-390.

Kanfer, F. H./Saslow, G.: Behavioral diagnosis. In: Franks, C. M.: (Ed.): Behavior therapy, appraisal and status. New York: McGraw Hill, 1969.

Kanfer, F. H./Phillips, J.: Learning foundations of behavior therapy. New York: Wiley 1970.

Kanfer, F. H./Goldstein, A. P. (Eds.): Helping people change. New York: Pergamon 1975.

Kraiker, Ch.: Handbuch der Verhaltenstherapie. München: Kindler, 1974.

London, P.: The end of ideology in behavior modification. American Psychologist, 27, 1972, 913-920.
Mahoney, M.: Cognition and behavior modification. Cambridge: Ballinger 1974.
Martin, G.: Gesprächspsychotherapie als Lernprozeß. Salzburg: Müller 1975.
Meichenbaum, D.: Self-instructional methods, in: Kanfer, F. H./Goldstein, A. P. (Eds.): Helping people change. New York: Pergamon, 1975.
Meyer, V./Chesser, E. S.: Behaviour therapy in clinical psychiatry. London: Penguin Books, 1970.
Miller, G. A./Galanter, E./Pribram, K. H.: Plans and the structure of behavior, 1960. Deutsch: Strategien des Handelns: Pläne und Strukturen des Verhaltens. Stuttgart: Klett, 1973.
Rachmann, S./Teasdale, J.: Aversion therapy and behavior disorders. An analysis. Florida: University of Miami Press, 1969.
Scheele, B.: Selbstkontrolle als kognitive Interventionsstrategie. Weinheim: Beltz, 1981.
Schorr, A.: Die Verhaltenstherapie. Ihre Geschichte von den Anfängen bis zur Gegenwart. Weinheim: Beltz, 1984.
Semmer, N./Pfäfflin, M.: Interaktionstraining. Ein handlungstheoretischer Ansatz zum Training sozialer Fertigkeiten. Weinheim: Beltz, 1978.
Ullmann, P./Krasner, L.: Case studies in behavior modification. New York: Holt, Rinehart & Winston, 1965.
Watson, J. B./Rayner, R.: Conditioned emotional reactions. Journal of Experimental Psychology, 1920, 3, 1-14.
Watson, D. L./Tharp, G. R.: Self-directed behavior: Self-modification for personal adustment Monterey: Brooks/Cole 1972.
Wengle, E. M.: Die systematische Desensibilisierung. In: Kraiker, Ch.: 1974.
Wild-Missong, A./Teuwsen: Psychotherapeutische Schulen im Gespräch. Salzburg: Müller, 1978.
Wolpe, J.: Psychotherapy by reciprocal inhibition. Stanford: Stanford University Press, 1958.
Yates, A. J.: Behavior therapy. New York: Wiley, 1970.

Verkehrspsychologie

Herbert Gstalter

1 Gegenstand und Aufgaben

Arbeitsgebiet des Verkehrspsychologen ist Beschreibung, Erklärung, Vorhersage und gegebenenfalls Änderung menschlichen Verkehrsverhaltens. Tatsächlich beschränkt sich die verkehrspsychologische Arbeit aber in verschiedener Hinsicht:

- Es wird überwiegend der *motorisierte Individualverkehr* auf der Straße betrachtet; Probleme anderer Verkehrsteilnehmer wie Radfahrer oder Fußgänger werden erst in letzter Zeit häufiger untersucht. Auch der öffentliche Personennahverkehr hat wenig Aufmerksamkeit der Psychologen auf sich gezogen. Mit psychologischen Fragestellungen beim Verkehr auf Wasser, Schiene und in der Luft sind nur ganz wenige Spezialisten befaßt.
- V. ist praktisch synonym mit *psychologischer Sicherheitsarbeit* im Verkehr. Das Optimieren des Verkehrssystems im Hinblick auf größere Transportleistungen oder geringere Umweltbelastungen wurde kaum betrachtet. Dabei ist selbst bei der Beschäftigung mit Verkehrssicherheit häufig eine Beschränkung auf den Begriff des Unfalls bzw. der Unfallfreiheit festzustellen. Verwandte Aspekte wie Ängste oder Sorgen um die Sicherheit von Kindern, Risiken der Verkehrsteilnahme ohne unmittelbare Unfallfolgen oder Beeinträchtigungen und Konflikte spielen kaum eine Rolle.
- Wenig weiß man auch über die *psychologischen Ursachen der Verkehrserzeugung* oder der *Verkehrsmittelwahl.* Im Mittelpunkt steht oft der manifest zu beobachtende Verkehr.

2 Theorien

Verkehrspsychologen waren immer in erster Linie angewandte Psychologen, sie wurden mit konkreten Fragestellungen aus der Praxis konfrontiert und mußten ihre Lösungsvorschläge aus den Theorien anderer psychologischer Teilgebiete – etwa der Wahrnehmungspsychologie oder der Testtheorie – herleiten. Diese Situation hat sich bis heute nicht grundlegend geändert. Nur zögernd setzt eine bereichsspezifische Theorienbildung mit entsprechender Grundlagenforschung ein.

Gemeinsam ist neueren Theorien des Verkehrsverhaltens die Einbettung menschlichen

Verhaltens und Erlebens in einen *Systemzusammenhang,* dessen Hauptkomponenten die Verkehrsteilnehmer, die Verkehrsmittel und die Verkehrssituationen darstellen. Die in diesem Rahmen zu bewältigende Fahraufgabe wird häufig in drei hierarchische Ebenen gegliedert: *Navigation, Bahnführung* und *Stabilisierung.*

Den Anforderungen der Fahraufgabe können die kognitiven Prozesse des Verkehrsteilnehmers bei ihrer Bewältigung gegenübergestellt werden (Käppler/Bernotat, 1985).

Auf der Ebene des *fertigkeitsbasierten Verhaltens* findet eine vorbewußte Signalverarbeitung statt, die für viele Anforderungen der Bahnführungs- und Stabilisierungsebene typisch ist. *Regelbasiertes Verhalten* beruht auf Wiedererkennen gespeicherter Reizkonstellationen, die mit „wenn-dann-Regeln" zu Fahrhandlungen verknüpft sind (z. B. Fahren bei Seitenwind). Für die Bewältigung der Navigationsaufgabe sind *wissensbasierte Verhaltensweisen* erforderlich, die komplexe Entscheidungen und Planungsprozesse enthalten.

Die Bezugnahme auf Modellvorstellungen wie in Abb. 1 und 2 hat sich als sehr fruchtbar erwiesen, insbesondere im Hinblick auf das interdisziplinäre Verständnis zwischen Ingenieuren und Psychologen.

Psychologisch orientierte Theorien versuchen Aussagen über *bestimmte innere Zustände* des Verkehrsteilnehmers zu explizieren: Einstellungen, wahrgenommene Risiken, Lernprinzipien, Gefühle, Absichten, Motive etc. Neuere Überblicke zu psychologischen Theorien des Verkehrsverhaltens geben u. a. Klebelsberg (1982), Michon (1985) und Zuschlag (1985).

Viel Interesse ist in den letzten 20 Jahren den *Kompensationsmodellen* entgegengebracht worden. Die erste Hypothese dazu war Taylor's *Risiko-Geschwindigkeits-Modell,* welches das Produkt von wahrgenommenem Risiko und gewählter Fahrgeschwindigkeit als Konstante postulierte (Taylor, 1964). Diese Vorstellung bleibt allerdings auf beschreibendem Niveau und macht keine Annahmen über innere psychologische Mechanismen, die kompensatorische Handlungen steuern; ebenso wenig wird über die diskriminativen Stimuli ausgesagt, die die Risikowahrnehmung beeinflussen (Michon, 1985).

Eine wesentliche Erweiterung stellt demgegenüber Wilde's Theorie der *Risikohomöostase* dar (Wilde, 1982). Hier wird aus motivationalen Zuständen des Verkehrsteilnehmers eine Risikozielgröße abgeleitet, die als individuelle Konstante den Sollwert eines Regelkreises bildet. Aus der Aufnahme und Verarbeitung fahrrelevanter Informationen ergeben sich Erwartungen bezüglich zukünftiger Verkehrssituationen; diese werden zu einem wahrgenommenen Risiko verdichtet. Der Fahrer versucht nun stets, das wahrgenommene und das gewünschte Risikoniveau in Einklang zu bringen. Die Annahme einer relativ konstanten

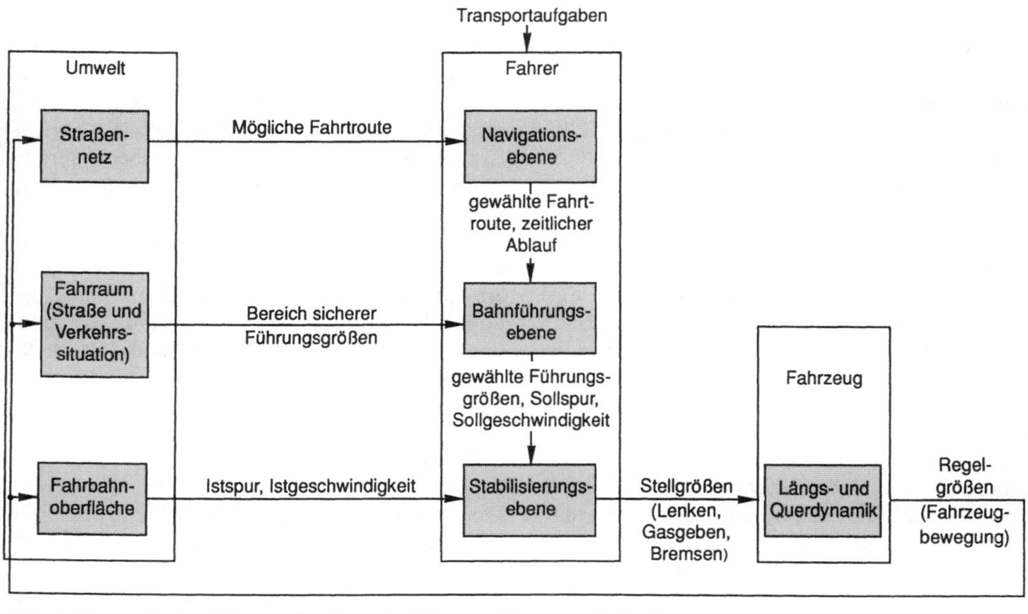

Abb. 1: Hierarchische 3-Ebenen-Struktur der Fahrzeugführungsaufgabe (nach Donges, 1982).

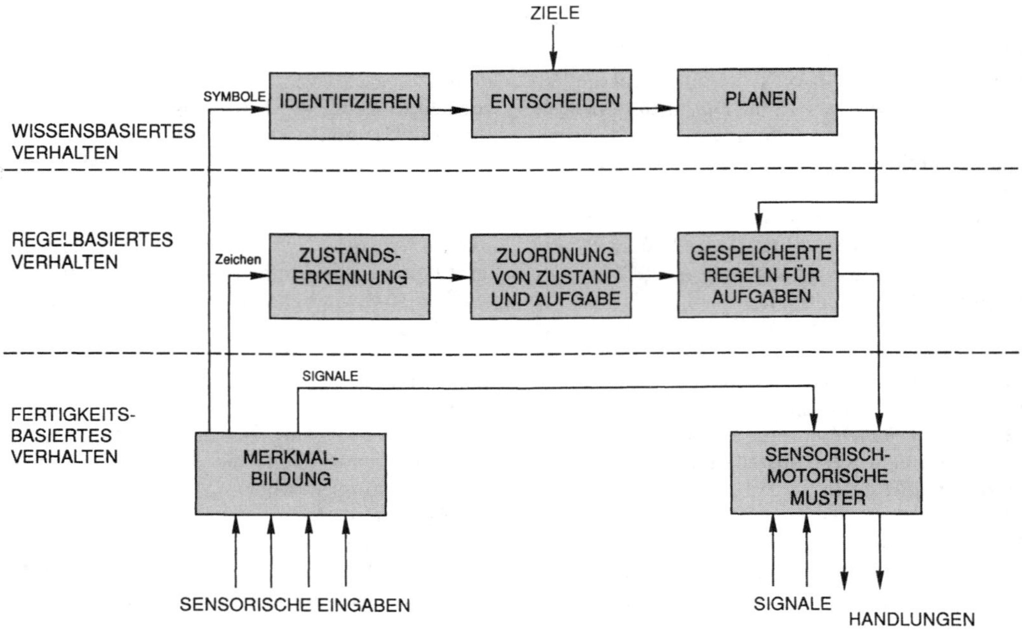

Abb. 2: Modell menschlicher Informationsverarbeitung auf drei Ebenen (nach Rasmussen, 1983, in der Fassung von Bernotat/Käppler, 1985).

individuellen *Risikoakzeptanz* führt zu der Folgerung, daß alle Verkehrssicherheitsmaßnahmen, die diese Zielgröße nicht verändern – also nichtmotivational sind –, zumindest langfristig ohne Effekt bleiben. Da dies vielfältig den Sinn herkömmlicher Sicherheitsmaßnahmen in Frage stellt, hat sich im letzten Jahrzehnt eine erregte Diskussion dieser Modellvorstellung ergeben. (Im Überblick: Wilde, 1982; Huguenin, 1982; neuere, empirisch begründete Bewertungen der Risikohomöostasetheorie: Wilde et al., 1985; O'Neill et al., 1985).

Zu gänzlich anderen praktischen Konsequenzen führt das *Risikoschwellenkonzept* von Näätänen und Summala (1976) mit der Annahme, daß in den meisten Verkehrssituationen überhaupt kein subjektives Risiko auftritt. Nur wenn eine Schwelle überschritten wird, treten kompensatorische Fahrerhandlungen, z. B. Geschwindigkeitsreduktion, auf. Diese Risikoschwelle sei gegenüber Änderungen sehr resistent; Beeinflussungsversuche durch Sicherheitskampagnen und pädagogische Maßnahmen seien daher weitgehend erfolglos. Eine Erhöhung der Verkehrssicherheit muß somit von besseren Straßenverhältnissen oder sichereren Verkehrsmitteln erhofft werden.

Ein weiteres interessantes Modell hat kürzlich Fuller (1984) in die Debatte gebracht: das *Risiko-Vermeidungs-Modell.* Fuller sieht die Erfahrung subjektiver Risiken als aversiven Reiz an, den der Fahrer deshalb zu vermeiden sucht. Er wird also versuchen, gefährliche Situationen zu meiden oder aber aus ihnen möglichst schnell zu entkommen. Fuller verbindet in seiner Vorstellung ein behavioristisches Lernparadigma mit moderneren, kognitiven Ansätzen über Bedrohungen und Streß. Obwohl das Modell recht allgemein gehalten ist und ein defensives Fahrkonzept voraussetzt, fördert es doch unser Verständnis der kognitiven Prozesse beim Autofahren, insbesondere im Teilbereich des regelbasierten Verhaltens (Michon, 1985).

Die Entwicklung von Theorien des Fahrverhaltens hat sich von der Modellierung von Verhalten zur Modellierung von Kontrollfunktionen gedanklicher Prozesse bewegt – wohl die Referenz der V. an die „Kognitive Wende" in der Psychologie insgesamt.

3 Methoden

Den vielseitigen Aufgaben der V. entspricht ein reichhaltiges Methodeninventar; es reicht von der freien Feldstudie bis zur Laboruntersuchung mit kontrollierter Bedingungsvariation. Zwei Methoden scheinen selbständige Bedeutung für die V.

beanspruchen zu können: die *Simulatorforschung* und *Datenerfassungen in instrumentierten Fahrzeugen* bei Versuchsfahrten.

Simulatoren gibt es schon lange, ihre Entwicklung kommt aus der Luftfahrt. Hier sind die Vorteile gegenüber anderen Methoden auch am deutlichsten:

- es kann gefahrlos experimentiert werden, Unfälle haben keine schädigende Wirkung;
- es können Versuchsbedingungen getestet werden, die in der Realität noch nicht existieren;
- das Verhalten kann direkt und mit beliebiger Meßgenauigkeit erfaßt werden;
- Kostengründe;
- bessere Kontrolle über die unabhängigen Variablen.

Andererseits liegen auch Nachteile der Simulation vor, von denen zwei besonders wichtig sind:

- fragwürdige Generalisierbarkeit von Versuchsergebnissen
- motivationale Faktoren sind nicht gut simulierbar.

Ausführlichere Informationen zu Fahrsimulatoren findet man bei Shinar (1978), Hosemann (1981), Grimm (1981) und Klebelsberg (1982).

Versuchsfahrten in instrumentierten Fahrzeugen geben die typischen Vorteile von Simulationsstudien teilweise zugunsten größerer Realitätsnähe auf. Ein typisches Beispiel für solche Fahrzeuge mit apparativer Aufzeichnung des Fahrverhaltens ist von der Bundesanstalt für Straßenwesen in Dienst gestellt worden: das „Fahrerleistungsmeßfahrzeug". In diesem Fahrzeug können Bewegungen (Geschwindigkeiten, Beschleunigungen, Lenkwinkelstellungen) und Bedientätigkeiten (Gas-, Kupplungs-, Bremskräfte, Lenksäulenmoment) automatisch registriert und durch erwünschte physiologische Messungen ergänzt werden. Eine Beschreibung des Fahrerleistungsmeßfahrzeuges gibt Echterhoff (1978), eine typische Anwendung zu Forschungszwecken ist in Hoyos und Kastner (1986) dokumentiert.

4 Anwendungsschwerpunkte verkehrspsychologischer Ergebnisse

Fahreignung. – Die Mehrheit der Verkehrspsychologen übt die klassische Aufgabe der V. aus: die Diagnose der Fahreignung als relativ dauerhafter individueller Verhaltensdisposition. Aufgabe verkehrspsychologischer Forschung in der Eignungsdiagnostik ist es, hinreichend objektive, zuverlässige und gültige Meßverfahren für solche Personenmerkmale zu finden, die nachweislich mit der *Verkehrsbewährung* verbunden sind (Barthelmess/Hauser, 1985; Bukasa/Risser, 1985). Eine wesentliche Rolle im Begutachtungsprozeß spielen neben den Testleistungen auch *biographische Daten* des Probanden. Für bestimmte biographische Daten haben sich wiederholt bedeutsame Zusammenhänge zur Verkehrsbewährung nachweisen lassen (Klebelsberg, 1982). Besonders zwischen verkehrsdelinquentem Verhalten (z.B. Fahren unter Alkoholeinfluß) und der Verkehrsbewährung konnten Zusammenhänge ermittelt werden. Der besonderen Bedeutung des Komplexes *Alkohol* und Fahren entsprechend sind die Bemühungen verschiedenster Institutionen um Aufklärung, Forschung, pädagogische Maßnahmen nebst ihrer Evaluation enorm umfangreich geworden (Winkler, 1982). Wichtige biographische Merkmale zur Abschätzung der Fahreignung sind vor allem *Lebensalter* und *Fahrerfahrung.* Größere Risikobereitschaft und geringe Fahrerfahrung werden für das überhöhte Unfallrisiko junger Fahranfänger verantwortlich gemacht. Mit steigendem Alter und zunehmender Erfahrung sinkt das Unfallrisiko ab, um bei höherem Alter mit sinkender Leistungsfähigkeit der Fahrer wieder anzusteigen (Hoyos, 1980; Gstalter, 1988).

Zur Eignungsfeststellung findet üblicherweise auch ein Gespräch zwischen Gutachter und Proband statt, in dem der Explorierte zu der Aktenlage Stellung nehmen kann. Diese Exploration liefert weniger objektive, dafür umso mehr individualtypische Informationen für den Gutachter.

Abschließend muß deutlich betont werden, daß alle vorgenannten Informationen nur hypothesenbildende Funktion haben können, insbesondere bestehen natürlich keine kausalen Zusammenhänge zwischen Persönlichkeitsmerkmalen und der Fahreignung. Selbst das sorgfältigste Gutachten über die Fahreignung erscheint nur vor dem Hintergrund einer übergeordneten verkehrs*politischen* Entscheidung, überhaupt Selektion zu betreiben, vertretbar. Klebelsberg (1982; 1984) und Barthelmess (1984) nehmen zu dieser Problematik ausführlich Stellung.

Verkehrstüchtigkeit. – Im Gegensatz zu den Problemen der Fahreignung geht es bei Fragen der Verkehrstüchtigkeit um *zeitvariable* Faktoren, die die Fähigkeit zu sicherem Verkehrsverhalten beeinflussen oder ausschließen können. Überragende Bedeutung hat die Wirkung von *Alkohol* auf die Fahrtüchtigkeit. Eine Vielzahl von Studien hat die Fahrtätigkeit in Abhängigkeit von der Blutalkoholkonzentration untersucht und ist dabei zu ziemlich einheitlichen Ergebnissen gelangt. Mit zunehmender Alkoholisierung werden folgende psychische Funktionsbereiche beeinträchtigt: Wahrnehmungsleistungen, kognitive

Funktionen, Feinmotorik, Grobmotorik (im Überblick: Simpson/Warren, 1981).

Im Gegensatz zu den relativ gesicherten Erkenntnissen über Alkohol und Fahrtüchtigkeit gibt es noch wenig Aufschluß über die Wirkung von *Medikamenten* und *Drogen*. Die vielen Einzeluntersuchungen können wegen der unterschiedlichen Wirkungsspektren einzelner psychoaktiver Substanzen und ihren möglichen Kombinationen untereinander nicht zusammenfassend verallgemeinert werden (Buttiglieri et al., 1972; Clayton, 1976; Simpson/Warren, 1981).

Belastung und Beanspruchung. – Besondere Aufmerksamkeit ist in den letzten Jahren dem Problembereich Belastung und Beanspruchung beim Kraftfahren gewidmet worden. Seit Küting (1976) den Stand der Erkenntnis zusammengefaßt hat, sind vermehrt kognitive Betrachtungsweisen des Phänomens „Streß" am Steuer in den Vordergrund gerückt und haben die eher reaktiv-physiologische Sichtweise des Beanspruchungsbegriffes ersetzt. Eine Schlüsselrolle spielt dabei der Vergleich der Einschätzung der eigenen Bewältigungsmöglichkeiten („Coping") mit den durch die Gefahrenkognition vermittelten subjektiven Handlungsanforderungen. (McGrath, 1976; Gstalter, 1985; Hoyos/Kastner, 1986). Verwandte Fragestellungen wirft der Begriff der „Ermüdung" auf, dem im Straßenverkehr insbesondere bei langen Autobahnfahrten und/oder im Berufskraftfahrerbereich Bedeutung zukommt. Einen kurzen Überblick geben Olsen (1981) und Klebelsberg (1982).

Gestaltung von Fahrzeugen und Verkehrsumgebungen. – Hier handelt es sich primär um eine Aufgabe verschiedener Teildisziplinen der Ingenieurwissenschaften. Diese kommen aber ohne Berücksichtigung psychologischer Prinzipien kaum zu guten Lösungen. Unmittelbar einleuchtend ist die Rolle der menschlichen Wahrnehmung für die Teilnahme am Verkehr; ebenso wichtig sind aber Lerngewohnheiten und Erwartungen sowie Informationsverarbeitungsgrenzen der Verkehrsteilnehmer. Die Grenzen menschlicher Fähigkeiten stellen somit die Vorgaben dar, an denen sich Fahrzeugkonstrukteure und Straßenbauer orientieren müssen. Die Verkehrsrealität zeigt, daß diese Aufgabe noch nicht zufriedenstellend gelöst worden ist. Der Mangel an interdisziplinärer Zusammenarbeit wird hier besonders deutlich; nicht einmal ein sprachliches Äquivalent zu dem in den USA für solche Aufgaben etablierten Gebiet des „Human Factors Engineering" ist für Europa vorhanden (Gstalter, 1988).

Verkehrspädagogik. – Einen wichtigen Beitrag liefert die V. auch im Bereich der *Verkehrserziehung*. Problemgruppen sind insbesondere Kinder, ältere Verkehrsteilnehmer, verhaltensauffällige Kraftfahrer und jugendliche Führerscheinneulinge. Einen Überblick zu den spezifischen Problemen dieser Gruppen und den für sie entwickelten pädagogischen Konzepten gibt Klebelsberg (1982).

5 Umsetzung von Forschungsergebnissen in die Praxis

Die verkehrspsychologische Grundlagenforschung hat noch viele offene Fragen zu beantworten, aber ein Blick in die Verkehrsrealität zeigt vor allem ein umfangreiches *Vollzugsdefizit,* insbesondere in den Bereichen Verkehrsüberwachung, Geschwindigkeitsbegrenzungen, Beschilderung, Verkehrsberuhigung, Sicherheit von Fußgängern und Radfahrern sowie in der Gesetzgebung. Die Gründe für diese mangelnde Umsetzung von Erkenntnissen sind vielfältig und können nur stichwortartig aufgeführt werden.

Ausgangspunkt der folgenden Überlegungen ist die These: *Es gibt zuwenig Experteneinfluß auf verkehrsrelevante Entscheidungen.* Entscheidungsträger sind oft entweder keine Experten oder sie verfolgen abweichende Ziele wirtschaftlicher oder politischer Natur. Dies hat eine Reihe von Konsequenzen, u. a.:

- Entscheidungen werden oft von allgemeinen Glaubenssätzen und Vorurteilen statt in Übereinstimmung mit Forschungsergebnissen getroffen.
- Interessengruppen (Automobilindustrie, Versicherungsunternehmen, Baufirmen, Werbeträger im Verkehrsumfeld) wird großer Einfluß eingeräumt.
- Sicherheitsprogramme überzeugen die Öffentlichkeit nicht und finden wenig Gegenliebe.
- Das mangelnde Vertrauen in die Wirksamkeit von Maßnahmen führt schließlich wiederum zu geringen Investitionen.

Wie kann eine solche Entwicklung eintreten, was sind also die Gründe für den mangelnden Einfluß von Experten? Die Antwort ist zweiteilig: Es gibt nur wenige Verkehrsexperten bei uns, und es wird wenig auf sie gehört.

Es gibt in der Bundesrepublik Deutschland kein System der Rekrutierung, Ausbildung und Akkreditierung von Verkehrssicherheitsexperten, das der interdisziplinären Natur des Verkehrssystems entspricht; weder auf Hochschulebene noch darunter. Techniker verschiedenster Sparten – Mediziner, Juristen, Ergonomen, Arbeitsphysiologen, Soziologen und Psychologen –

beschäftigen sich mit stark berufsständiger Orientierung mit dem Gegenstand Verkehr. Zusammenarbeit bleibt die Ausnahme, sowohl bei Tagungen und Kongressen als auch auf der Ebene des Studiums: Jede Teildisziplin rekrutiert fast nur wieder ihre Teilexperten. Unterschiedliche Theoriebildung, andere Begrifflichkeiten, fachspezifische Eitelkeiten und nicht zuletzt die typisch berufsständige Brille mögen die Gründe dafür sein. So weist Klebelsberg (1982) darauf hin, daß es im englischen Sprachraum den Begriff der „Verkehrspsychologie“ gar nicht gibt: Die mehr aufgabenorientierte Sichtweise etwa amerikanischer Prägung führt zu anderen Bezeichnungen, aber auch zu anderen Strukturen und Denkweisen. Typisch dafür ist die Bezeichnung „Human Factors“, für die es verständlicherweise denn auch in der deutschen Sprache kein Gegenstück gibt!

Dennoch gibt es eine Reihe von Verkehrsexperten; diese haben aber wenig Einfluß auf verkehrliche Planungen und Entscheidungen. Auch dafür können verschiedene Gründe vermutet werden. Nichts hindert die Anwendung von Expertenwissen mehr als der „gesunde Menschenverstand“. Gerade im Bereich des Verkehrs, an dem ja praktisch jeder teilnimmt und viele, langjährige eigene Erfahrungen mitbringt, gibt es unzählig viele selbsternannte Experten; insbesondere ist jeder Verkehrsteilnehmer sein eigener Verkehrspsychologe. Leider gilt dies auch dort, wo – z. B. kommunale – Entscheidungsträger sitzen. Plausible Laientheorien vermischen sich dabei häufig mit Konzepten, die auch lange den wissenschaftlichen Fortschritt behinderten – und es heute noch tun. Beispiele solcher Vorstellungen sind die Unfällertheorie oder das häufig eindimensionale menschliche Unfallverursachungskonzept nebst seinen Schuldzuschreibungen (Schwerdtfeger/Zimolong, 1973).

Die Experten haben es also schwer, aber sie machen häufig auch die Anwendung ihrer Kenntnisse den Entscheidungsträgern nicht gerade leicht. Der Informationstransfer von den – manchmal als „Wissensgräbern“ apostrophierten Universitäten – bis hin zu dezentralen kommunalen Behörden funktioniert nur sehr schlecht (Kuchenbecker, 1986).

Literatur

Barthelmess, W.: Moderne Fahreignungsdiagnostik. In: Hauser, W. (Hrsg.): Mensch und Technik, 1. Symposium 1984. München: Technischer Überwachungsverein Bayern e. V. 1984, 19-23.
Barthelmess, W./Hauser, W.: Verkehrssicherheit und Fahreignung. Zeitschrift für Verkehrssicherheit, 31, 1985, 159-169.
Bukasa, B./Risser, R. (Hrsg.): Die verkehrspsychologischen Verfahren im Rahmen der Fahreignungsdiagnostik. Wien: Literas, 1985.
Buttiglieri, M./Brunse, A./Case, H. W.: Effects of alcohol and other drugs on driving behaviors. In: Forbes, T. W. (Eds.): Human factors in highway traffic safety research. New York: Wiley, 1972, 303-330.
Clayton, A. B.: The effects of psychotropic drugs upon driving related skills. Human Factors, 18, 1976, 241-252.
Donges, E.: Aspekte der aktiven Sicherheit bei der Führung von Personenkraftwagen. Automobilindustrie, 2, 1982, 183-190.
Echterhoff, W.: Psychologische Erprobungsstudie mit dem Fahrerleistungsmeßfahrzeug. Forschungsberichte der Bundesanstalt für Straßenwesen 38, 1978.
Fuller, R.: A conceptualization of driver behavior as threat avoidance. Ergonomics, 27, 1984, 1139-1155.
Grimm, H. G.: Die Beeinflussung des Abstandsverhaltens durch die Voranzeige des Straßenverlaufs mit Hilfe von Straßenmarkierungen. In: Bundesminister für Verkehr (Hrsg.): Forschung Straßenbau und Straßenverkehrstechnik 336, 1981, 71-112.
Gstalter, H.: Informationsgehalt von Verkehrsabläufen und Belastungsfolgen beim Kraftfahrer. In: Häcker, H. (Hrsg.): Fortschritte der Verkehrspsychologie, 1. Köln: Verlag TÜV Rheinland, 1985, 60-82.
Gstalter, H.: Anwendungsgebiet Transport und Verkehr. In: Frey, D./Hoyos, C. Graf/ Stahlberg, D. (Hrsg.): Angewandte Psychologie. München: Urban & Schwarzenberg 1988.
Hosemann, A.: Der Daimler-Benz-Fahr-Simulator. In: Daimler-Benz AG (Hrsg.): Verkehrssicherheit. Stuttgart-Untertürkheim, 1981, 49-54.
Hoyos, C. Graf/Kastner, M.: Belastung und Beanspruchung von Kraftfahrern. Unfall- und Sicherheitsforschung Straßenverkehr, Heft 59. Köln: Bundesanstalt für Straßenwesen 1986.
Huguenin, R. D.: Zur Problematik der Risikokompensationstheorie in der Verkehrspsychologie. Zeitschrift für Verkehrssicherheit, 4, 1982, 180-187.
Käppler, W. D./Bernotat, R.: Wirksystem Fahrer – Fahrzeug – Umwelt. In: Rompe, K. (Hrsg.): Verkehrssicherheit und Wirksystem Fahrer – Fahrzeug – Umwelt. Köln: Verlag TÜV Rheinland, 1985, 13-44.
Kastner, M.: Kognitiv-emotionale Variablen der Beanspruchung beim Kraftfahrer. In: Winkler, W. (Hrsg.): Verkehrspsychologische Beiträge I. Braunschweig: Rot-Gelb-Grün, 1982, 229-237.
Klebelsberg, D.: Verkehrspsychologie. Berlin: Springer, 1982.
Klebelsberg, D.: Der Psychologe im Verkehrsbereich. In: Benesch, H./Dorsch, F. (Hrsg.): Berufsaufgaben und Praxis des Psychologen. München: Reinhardt, 1984.
Kuchenbecker, A.: Informationstransfer in der Verkehrssicherheitsarbeit der Bundesrepublik Deutschland – ein Überblick. Zeitschrift für Verkehrssicherheit, 32, 1986, 23-29.
Küting, H. J.: Belastung und Beanspruchung des Kraftfahrers. Köln: Bundesanstalt für Straßenwesen, 1976.
McGrath, J. W.: Stress und behavior in organizations. In: Dunette, M. D. (Ed.): Handbook of industrial and organizational psychology. Chicago: Rand McNally, 1976, 1351-1395.
Michon, J. A.: A critical view of driver behavior models: what do we know, what should we know? In: Evans, L./Schwing, R. C. (Eds.): Human behavior and traffic safety. New York: Plenum Press, 1985.
Näätänen, R./Summala, H.: Road-user behavior and traffic accidents. Amsterdam: North Holland, 1976.
Olsen, R. A.: Human factors engineering and psychology in highway safety. Human behavior and environment, 5, 1981, 131-167.
O'Neil, B./Lund, A. K./Zador, P./Ashton, S.: Mandatory seat belt use and driver risk taking: An empirical evaluation of the risk-compensation hypothesis. In: Evans, L./Schwing, R. C. (Eds.): Human behavior and traffic safety. New York: Plenum Press, 1985.

Rasmussen, J.: Skills, rules and knowledge; Signals, signs and symbols and other distinctions in human performance models. IEEE Transactions on systems, man and cybernetics, 3, 1983, 257-266.
Schwertfeger, W./Zimolong, B.: Technische und psychologische Bedingungen der Unfallverhütung im Straßenverkehr. Zeitschrift für Verkehrssicherheit, 19, 1973, 143-162.
Shinar, D.: Psychology on the road. New York: John Wiley, 1978.
Simpson, H. M./Warren, R. A.: Alcohol, other drugs and driving. In: Foot, H. C./Chapman, A. J./Wade, F. M. (Eds.): Road safety. Eastbourne: Praeger, 1981, 189-197.
Taylor, D. H.: Driver's galvanic skin response and the risk of accident. Ergonomics, 7, 1964, 439-451.
Wilde, G. J. S.: The theory of risk homeostasis: implications for safety and health. Risk Analysis, 2/4, 1982, 209-225.
Wilde, G. J. S./Claxton-Oldfield, S. P./Platentius, P. H.: Risk homeostasis in an experimental context. In: Evans, L./Schwing, R. C. (Eds.): Human behavior and traffic safety. New York: Plenum Press, 1985.
Winkler, W. (Hrsg.): Verkehrspsychologische Beiträge, I. Braunschweig: Rot-Gelb-Grün 1982.
Zuschlag, B.: Motivation zur Verkehrssicherheit. In: Häcker, H. (Hrsg.): Fortschritte der Verkehrspsychologie, 1. Köln: Verlag TÜV Rheinland, 1985, 258-282.

Vorurteil

Bernd Six

1 Definitionen und Trends

In einer Kurzformel lassen sich V.e als *sozial nicht akzeptierte Bewertungsmuster* bezeichnen, die sich auf sämtliche soziale Sachverhalte beziehen lassen, seien es nun Völker oder Nationen, Angehörige nationaler oder ethnischer Gruppen, Organisationen, Parteien, Einzelpersonen, ideologische Systeme oder Produkte aus Wissenschaft, Technik und Kunst. Die Fragestellungen der traditionellen V.forschung waren damit beinahe zwangsläufig vorgegeben: Wie lassen sich derartige V.e erfassen, wie lassen sich nach Inhalt und Zahl ihre Dimensionen beschreiben, welche Funktionen erfüllen sie, wie entstehen sie, in welchem Ausmaß beeinflussen sie das Verhalten und wie lassen sie sich verändern?

Seit ca. einem Jahrzehnt läßt sich jedoch in der sozialpsychologischen Forschung eine Verschiebung des Interesses sowohl am Konzept des V. wie auch an dem hier aufgestellten Themenkatalog feststellen. Dieser neue Trend ist eng verknüpft mit der *kognitiven Wende* in der Sozialpsychologie, die primär an der Untersuchung der kognitiven Funktionen und Prozesse interessiert ist, die Personen in der Interaktion mit ihrer Umwelt einsetzen.

Das derzeit vorherrschende Interesse an den Mechanismen menschlicher Informationsverarbeitungsprozesse und ihren Resultaten in Form von Entscheidungen und Urteilen hat für die traditionelle V.forschung zu nicht unerheblichen Veränderungen geführt: zum einen zu einer Revitalisierung des *Stereotypen-Konzepts,* zum anderen zu einer Verknüpfung mit Forschungsarbeiten auf dem Gebiet der *sozialen Wahrnehmung* und der *sozialen Urteilsprozesse* und nicht zuletzt zum Themenbereich des *Intergruppenverhaltens* und der *neuentdeckten Minoritäten,* die mehr sein können und mehr zu bieten haben als nur Angriffspunkte von Majoritäten.

In den ersten umfangreicheren Gesamtdarstellungen zum Thema V. (Saenger, 1953; Allport, 1954/1971; Harding et al., 1954) gibt es eine Reihe von Belegen für Definitionen, die entweder explizit auf das Konzept des Stereotyps Bezug nahmen („Vorurteile beinhalten immer Gefühle und ein System mehr oder weniger deutlicher stereotyper Überzeugungen"; Saenger, 1953, 3) oder aber als wesentliche Definitionsmerkmale Kategorisierungsprozesse verwendeten, die in späteren Definitionsansätzen konstitutiv für das Stereotypenkonzept angesehen wurden (ein V. ist „eine ablehnende oder feindselige Haltung gegen eine Person, die zu einer Gruppe gehört, einfach deswegen, weil sie zu dieser Gruppe gehört und deshalb dieselben zu beanstandenden Eigenschaften haben soll, die man dieser Gruppe zuschreibt" Allport, 1971, 21).

Nicht zu übersehen ist jedoch die überproportionale Produktivität der V.forschung gegenüber der Stereotypenforschung bis in die 70er Jahre. Ein erstes Sammelreferat zur Stereotypenforschung erscheint erst 1956 (Fishman), zwei weitere Zeitschriftenartikel als Literaturüberblicke gibt es erst wieder 1971 (Brigham, 1971; Cauthen et al., 1971). Nicht zuletzt durch die enge Verknüpfung des Stereotypenkonzepts mit den reduzierten Verwendungsmöglichkeiten des *Eigenschaftslistenverfahrens* manövrierte sich die Stereotypenforschung ins Abseits, während andererseits die V.forschung sowohl aufgrund ihrer breiteren Konzeptualisierung als auch aufgrund eines breitgestreuten Methodeninventars, das sie von der *Einstellungsmessung* bezog, vor allem in der Zeit des Zweiten Weltkriegs und in den Jahrzehnten danach sich zu einem der bedeutendsten Teilgebiete der Sozialpsychologie entwickelte. Das politische Interesse an den *Ursachen antidemokratischer Tendenzen*, einschließlich ihrer Veränderung (Adorno et al., 1950), und die Konfliktsteuerung der *Auswirkungen ethnischer Vorurteile* in den USA bildeten hierbei die forschungsförderlichen Rahmenbedingungen.

Die Wende im Gefolge der Neuorientierung der kognitiven Sozialpsychologie läßt sich bis auf frühe Arbeiten von Tajfel und seinen Mitarbeitern Ende der 60er Jahre zurückführen (vgl. hierzu Tajfel, 1981; Lilli, 1982). Dokumentiert wird dieser Trend im Anschluß an die Wende durch mehrere umfangreiche Publikationen (Hamilton, 1981; Miller, 1982), der sich neben neueren Arbeiten auf dem Gebiet *nationaler Stereotype* (Peabody, 1985; Stapf et al., 1986) vor allem in zahlreichen Arbeiten zum Problem der *Geschlechtsrollenstereotype* zeigt (Williams/Best, 1982; Ashmore/DelBoca, 1986; Hargreaves/Colley, 1986).

Eine Konsequenz der derzeit dominierenden Stereotypenforschung für die konzeptuelle Bestimmung von V.en und Stereotypen besteht offensichtlich darin, V.e und Stereotype auf die *Komponenten von Einstellungen* zu beziehen. V.e sind danach entweder affektiv-kognitive Einstellungen oder sie werden nur noch als „emotionale, rigide Einstellungen gegenüber einer Gruppe" (Simpson/Yinger, 1985, 21) auf die affektive Einstellungskomponente reduziert. Dadurch lassen sie sich zwar eindeutig von Stereotypen als den kognitiven Anteilen von Einstellungen trennen (Stephan/Rosenfield, 1982). Andererseits verschieben sich aber zum einen die definitorischen Probleme auf die immer noch ungeklärte Definitionsproblematik des Einstellungskonzepts (McGuire, 1985), zum anderen lassen sie sich nur unter Schwierigkeiten mit den inhaltlichen Themenstellungen der V.- und Stereotypenforschung vereinbaren, aus denen ersichtlich wird, daß die untersuchten V.e sehr wohl kognitive Inhalte implizieren und die meisten untersuchten Stereotype affektiv geladen sind (Pettigrew, 1981).

Auch die Einschränkung des Geltungsbereichs beider Konzepte auf *Urteile über Gruppen* steht im Widerspruch zur Forschungspraxis. Ganz im Sinne des kognitiven Trends in der Sozialpsychologie werden Stereotype nur noch als „eine bestimmte Anzahl (set) von Überzeugungen (beliefs) bezüglich der personspezifischen Merkmale einer Gruppe" (Ashmore/DelBoca, 1981, 16) definiert. Derartige Definitionen implizieren zwar, daß die primären Vorgänge der Sozialen Urteilsbildung, wie Kategorisierung, Generalisierung und Inferenz, auch im Stereotypisierungsprozeß vorhanden sind, können jedoch weder die funktionale Relevanz von Stereotypen noch die immer wieder erhobene Forderung ihrer Veränderung legitimieren. Werden andererseits V.e – und eingeschränkt gilt dies auch für Stereotype – im Kontext der kognitiven Sozialpsychologie so konzipiert, daß sie einer effizienten Orientierung im sozialen Alltag dienen, die es erlaubt, möglichst schnell aus den angebotenen Informationen Erklärungen, Schlußfolgerungen und Vorhersagen zu machen, dann sind V.e ein Spezialfall sozialer Beurteilungsprozesse, wie sie im Bereich der sozialen Wahrnehmung und der Personwahrnehmung untersucht worden sind.

Sind V.e gemäß dieser Konzeption eine Teilklasse sozialkognitiver Grundlagenprozesse, die durch Reduktion von Informationskomplexität über Kategorisierungsprozesse gekennzeichnet sind, dann lassen sich V.e als Kategorisierungsprozesse auch dazu verwenden, die Beziehungen zwischen „in-groups" und „out-groups" in ihrer Entstehung zu erklären, wie dies in der *Sozialen Identitätstheorie* von Tajfel (1978) geschieht. Wird die V.forschung im Rahmenprogramm der kognitiven Sozialpsychologie an die Grundlagenprozesse der sozialen Urteilsbildung geknüpft, so verbindet sich damit vor allem der Vorteil, Prozesse der Personwahrnehmung, der Gruppenbildung, aber auch der Entstehung und Veränderung von V.en, die insgesamt auf diesen Grundlagenprozessen basieren, enger aufeinander zu beziehen.

2 Entstehung von Vorurteilen

Die zahlreichen Theorien zur Erklärung der Entstehung von V.en (Schäfer/Six, 1978) lassen sich prinzipiell in folgende vier Klassen einteilen:

1. Unter *entwicklungspsychologischen Aspekten* wird die Genese von V.en in Form von Stufen- und Phasenmodellen konzipiert, die allerdings nur selten empirisch überprüft worden sind. Katz (1976) unterscheidet für den Bereich der ethnischen V.e acht aufeinanderfolgende, sich überlappende Stufen, die allerdings nicht in jedem Fall durchlaufen werden müssen: (1) erste Wahrnehmung ethnischer Unterschiede etwa im Alter von drei Jahren; (2) rudimentäre Begriffe zur Unterscheidung von ethnischen Gruppen, die meist von den Eltern übernommen wurden; (3) begriffliche Differenzierung der ethnischen Klassifikation einschließlich von Lernerfahrungen bei der Identifizierung von unterscheidenden Merkmalen ethnischer Gruppierungen; (4) erstes Verständnis für die Stabilität und Variabilität von Merkmalen; (5) Erlernen der Zugehörigkeit zu Gruppen mit ca. 5 Jahren, einschließlich der mit der Gruppenzugehörigkeit verbundenen positiven und negativen Merkmale; (6) Kategorisierung von Personen, die nicht zur eigenen Gruppe gehören und Differenzierung zwischen Angehörigen verschiedener Gruppen; (7) kognitive Verankerung der V.e durch Kontakte; (8) Stabilisierung der V.e und Identifikation mit den V.en der eigenen Gruppe.
2. *Soziologische und soziokulturelle Theorien* sehen V.e und Stereotype als Resultat der Ungleichverteilung von Macht und Interessen. V.e und Stereotype sind danach nicht nur Manifestation dieser ungleichen Verteilung, sondern rechtfertigen die den Minoritäten attribuierten negativen Merkmale und die in der Regel daraus ableitbaren diskriminierenden Verhaltensweisen. Die *Theorie des realistischen Gruppen-Konflikts* (Sherif, 1966) behauptet so z. B., daß kompetitive Gruppeninteressen um knappe Ressourcen zu wechselseitigen Bedrohungen führen, die sich in feindseligen Einstellungen (V.en) niederschlagen. Eine verdeckte Form, seine V.e dennoch wirksam umzusetzen, postuliert die *Theorie des symbolischen Rassismus* (Kinder/Sears, 1981). Das Pochen auf traditionellen Wertvorstellungen (wie Individualismus, Disziplin und Gehorsam) verdeckt die implizit damit verbundenen V.e gegenüber ethnischen Minoritäten und erlaubt es andererseits, für politische und soziale Programme einzutreten, die Rassendiskriminierungen beinhalten.
3. *Psychodynamische Ansätze* (Adorno et al., 1950) gehen von einer generellen ethnozentrischen Reaktionsbereitschaft aus, die in den politischen, ökonomischen und sozialen Überzeugungen einer Person ein ideologisches Antwortmuster bilden kann, das als Ergebnis bestimmter Konstellationen von Es, Ich und Über-Ich aufgefaßt wird, die durch elterliche Erziehungspraktiken entstanden sind und zu einer vorurteilsvollen Persönlichkeitsentwicklung führen können.
4. Innerhalb der *kognitiven Erklärungsansätze* zeigen Arbeiten auf dem Gebiet der *Reizklassifikationstheorie* (Lilli, 1975), daß bei vorgegebenen Kategorien Zuordnungen von Gegenständen zu eben diesen Kategorien dazu führen, daß die Unterschiede innerhalb der Kategorien minimiert, während die Differenzen zwischen den Kategorien maximiert wurden. Daß bereits die bloße Kategorisierung von Personen in „ingroup" und „outgroup" zu Diskriminierungen führt, wurde mit einem Verfahren nachgewiesen, daß als „minimal group paradigm" (Tajfel et al., 1971) bezeichnet wird. Hierbei werden Personen nach völlig belanglosen und beliebigen Kriterien in Gruppen eingeteilt, darüberhinaus gibt es jedoch kein weiteres Merkmal, das die Gruppenmitglieder untereinander verbindet bzw. sie von den Mitgliedern der anderen Gruppen unterscheidet, dennoch kommt es sehr schnell zu „ingroup"-Favorisierungen und zu „outgroup"-Diskriminierungen. Tajfel (1978) und Tajfel und Turner (1979) haben unter Berücksichtigung dieser basalen Kategorisierungsprozesse und ihrer Resultate eine *Theorie des Intergruppenverhaltens* aufgebaut. In dieser Theorie der Sozialen Identität wird davon ausgegangen, daß über soziale Kategorisierungsprozesse Personen ihre Umwelt anhand unterschiedlicher Merkmale (nach Geschlecht, Berufs- oder Religionszugehörigkeit etc.) in verschiedene soziale Kategorien oder Gruppen einteilen oder bereits Mitglieder derartiger Kategorien oder Gruppen sind. Über soziale Vergleichsprozesse zwischen der eigenen Gruppe und anderen Gruppen werden so Informationen über die eigene Position und die eigene soziale Identität gewonnen. Unter der Voraussetzung, daß jedes Individuum eine positive soziale Identität besitzen will, wird innerhalb einer Gruppe nach solchen Merkmalen gesucht, die durch ihre positive Selektion dazu geeignet sind, sich von den Angehörigen anderer Gruppen wirkungsvoll zu unterscheiden. Dieser Prozeß der Abgrenzung stabilisiert die bereits bestehenden Gruppendifferenzierungen und för-

dert die Bildung von V.en und diskriminierenden Verhaltensweisen.

3 Vorurteile und Diskriminierung

Als Diskriminierungen werden diejenigen Verhaltensweisen bezeichnet, bei denen Personen einer bestimmten Gruppe nicht in Übereinstimmung mit den allgemeingültigen sozialen Werten und Normen einer Gesellschaft behandelt werden. Derartige ungerechte Behandlungen anderer Personen oder Personengruppen zeigen sich sowohl in der Diskriminierung durch Einzelpersonen *(individuelle Diskriminierung)* als auch in Form der *institutionalisierten Diskriminierung.* In der Regel kann zwar davon ausgegangen werden, daß V.e und Stereotype zu den Determinanten diskriminierender Handlungen zählen, es gibt sehr wohl jedoch auch Diskriminierungen ohne V.e, genauso wie es V.e ohne Diskriminierungen gibt, und der häufigste Fall wird wahrscheinlich der sein, daß V.e und Stereotype einerseits und Diskriminierungen andererseits sich wechselseitig verstärken. Indikatoren für Diskriminierungen sind u. a. verbale Beleidigungen in der Öffentlichkeit, Kontaktmeidung, Boykott, Unterbezahlung, Ghettoisierung und offene Aggression, wie z. B. Lynchjustiz oder Rassenunruhen mit Gewalt-Aktionen. Simpson und Yinger(1985) führen eine Vielzahl sozialstatistischer Daten zur Diskriminierung der verschiedenen Minoritäten in den USA an. Bethlehem (1985) gibt einen kurzen Überblick über die insgesamt nicht sehr zahlreichen Untersuchungen zur Relation von V.en und Diskriminierungen.

Daß andererseits der Minoritätenstatus Möglichkeiten anbietet, aus dieser Position heraus Veränderungen im Bewußtsein der Majorität zu erzeugen, zeigen eine Reihe von Untersuchungen aus dem Bereich der *Minoritätenforschung,* die sich in den letzten Jahren als eine Art Reaktion auf die traditionelle Forschungsperspektive entwickelt hat, deren Blickwinkel immer von der Majorität auf die Minorität gerichtet war (Moscovici, 1979). „Der Schlüssel zum Erfolg der Minorität ist... nicht Status- oder Machtvorteil, sondern der *Verhaltensstil,* mit dem die Minorität der Majorität in der Interaktion begegnet. Die Minorität muß ihrer Überzeugung durch einen konsistenten Verhaltensstil Ausdruck verleihen, d. h., sie muß unbeirrbar auf ihrem alternativen Standpunkt beharren und diesen selbst gegen den sozialen Druck der Mehrheit verteidigen" (Maass et al., 1985, 66).

4 Die Reduktion von Vorurteilen

Zwar fehlt es nicht an Strategien und Techniken zur Änderung von V.en, dennoch sind die Erfolge derartiger Maßnahmen eher bescheiden zu nennen. Dies liegt zu einem wesentlichen Anteil an der *Systemqualität* der V.e und Diskriminierungen, worauf Simpson und Yinger (1985) hingewiesen haben. V.e und Diskriminierungen sind *Ausdruck gesellschaftlicher Normensysteme,* sie sind in institutionelle und interpersonelle Strukturen eingebettet und sie sind mit Motiven, Bedürfnissen und Ängsten der Mitglieder von Minoritäten und Majoritäten verknüpft. Allein deshalb ist eine Änderung oder Reduktion von V.en und Diskriminierungen nur begrenzt zu erreichen.

Vor der Anwendung eines Änderungsprogramms ist es unbedingt erforderlich, die Ziele festzulegen, die erreicht werden sollen – nicht jedes Programm ist für jedes Ziel gleich gut. Wichtig ist die exakte Bestimmung der Zielgruppe, die erreicht werden soll, und schließlich sollte festgelegt werden, auf welchen Situationstyp unter welchen zeitlichen Bedingungen ein Änderungsprogramm zugeschnitten werden muß.

Aus dem umfangreichen Katalog der Strategien und Techniken (vgl. für einen umfassenderen Überblick Schäfer/Six, 1978; Krahé/Krahé, 1981) sind im einzelnen hervorzuheben:

1. *Rollenspiele,* die erfolgreich zur Reduktion von V.en eingesetzt wurden (vgl. hierzu auch das bei Ostermann/Nicklas, 1976, zusammengestellte Material). Schmitt (1979) hat u. a. hierzu eine Längsschnittstudie zur „Einstellungsänderung gegenüber anderen Völkern" mit Schulkindern durchgeführt und konnte noch nach neun Monaten positive Wirkungen des Rollenspiels nachweisen.
2. *Unterrichts- und Kursprogramme,* in denen neben Informationen vor allem eine Verständnis für die Andersartigkeit der Lebensgewohnheiten von Minoritäten erreicht werden soll, haben sich vor allem dann bewährt, wenn sie möglichst viele und unterschiedliche Lernbedingungen schaffen, um mit anderen vertraut zu werden. Holfort (1982) konnte so nachhaltig die V.e deutscher Schüler gegenüber türkischen Schülern verändern.
3. *Kontaktprogramme* zur Verbesserung des Intergruppenprogramms sind vor allem in den vergangenen Jahren im Zusammenhang mit der Intensivierung der Intergruppenforschung vermehrt eingesetzt worden (vgl. hierzu die Arbeiten von Miller/Brewer, 1984; Stephan/Brigham, 1985; Hewstone/Brown, 1986). Daß Kontakt allein nicht ausreichend ist, wird dabei all-

gemein akzeptiert, inzwischen sind jedoch die Moderatoren herausgearbeitet worden, unter denen Kontakt zur V.reduktion führt (wie z. B. Erreichung übergeordneter Ziele oder Kooperation zwischen verschiedenen Gruppen).

4. *Veränderungen der sozialen Kategorisierung* wurden im Kontext der Sozialen Kategorisierungsansätze vorgeschlagen, wie sie etwa durch die Theorie der Sozialen Identität repräsentiert sind.

Eine dieser Strategien besteht in der *Individualisierung,* durch die erreicht werden soll, Mitglieder der Außengruppe nicht nur als Mitglieder einer homogenen, externen Gruppe wahrzunehmen, sondern sich auch deren Unterschiede und gruppeninterne Konflikte zu vergegenwärtigen. Eine andere Strategie besteht darin, auf *überlappende Kategorisierungen* von Gruppenmitgliedern hinzuweisen, so daß es zwischen „ingroup" und „outgroup" Mitgliedern nicht nur Mitgliedschaften in unterschiedlichen, sondern auch in gemeinsamen Kategorien gibt, die so zu Gemeinsamkeiten führen und als Vorbedingung einer V.reduktion anzusehen sind (Wilder, 1986).

Literatur

Adorno, T. W./Frenkel-Brunswik, E./Levinson, D. J./Sanford, R. N.: The authoritarian personality. New York: Harper, 1950.

Allport, G. W.: The nature of prejudice. Cambridge, Mass.: Addison-Wesley 1954. (dtsch. Die Natur des Vorurteils. Köln: Kiepenheuer & Witsch 1971).

Ashmore, R. D./Delboca, F. K.: Conceptual approaches to stereotypes and stereotyping. In: Hamilton, D. L. (Ed.): Cognitive processes in stereotyping and intergroup behavior. Hillsdale, N. J.: Lawrence Erlbaum, 1981, 1-35.

Ashmore, R. D./Delboca, F. K. (Ed.): The social psychology of female-male relations. New York: Academic Press, 1986.

Bethlehem, D. W.: A social psychology of prejudice. Worcester: Billing & Sons, 1985.

Brigham, J. C.: Racial stereotypes, attitudes and evaluations of and behavioral intentions toward Negroes and Whites. Sociometry, 34, 1971, 310-380.

Cauthen, N. R./Robinson, I. E./Krauss, H. H.: Stereotypes: A review of the literature 1926-1968. Journal of Social Psychology, 84, 1971, 103-125.

Fishman, J. A.: An examination of the process and function of social stereotyping. Journal of Social Psychology, 43, 1956, 27-64.

Hamilton, D. L. (Ed.): Cognitive processes in stereotyping and intergroup behavior. Hillsdale, N. J.: Lawrence Erlbaum, 1981.

Harding, J./Kutner, B./Proshansky, H./Chein, I.: Prejudice and ethnic relations. In: Lindzey, G. (Ed.): Handbook of Social psychology, Vol. 2, Cambridge, Mass.: Addison Wesley, 1954, 1021-1061.

Hargreaves, D. J./Colley, A. M. (Ed.): The psychology of sex roles. London: Harper & Row, 1986.

Holfort, F.: Benachteiligung ohne Ende? Düsseldorf: Schwann, 1982.

Hewstone, M./Brown, R. (Ed.): Contact and conflict in intergroup encounters. Oxford: Basil Blackwell, 1986.

Katz, P. A.: Towards the elimination of racism. New York: Pergamon, 1976.

Kinder, D. R./Sears, D. O.: Prejudice and politics: Symbolic racism versus racial threats to the good life. Journal of Personality and Social Psychology, 40, 1981, 414-431.

Krahe, B./Krahe, P.: Vorurteilsminderung durch Schule. Essen: Neue Deutsche Schule, 1981.

Lilli, W.: Soziale Akzentuierung. Stuttgart: Kohlhammer, 1975.

Lilli, W.: Grundlagen der Stereotypisierung. Göttingen: Hogrefe, 1982.

Maass, A./West, S. G./Clark, R. D.: Soziale Einflüsse von Minoritäten in Gruppen. In: Frey, D./Irle, M. (Hrsg.): Theorien der Sozialpsychologie, Bd. II, Huber: Bern 1985, 65-91.

McGuire, W. J.: Attitudes and attitude change. In: Lindzey, G./Aronson, E. (Eds.): Handbook of social psychology. New York: Random House, 1985, 233-346.

Miller, A. G. (Ed.): In the eye of the beholder – contemporary issues in stereotyping. New York: Praeger, 1982.

Miller, N./Brewer, M. B. (Ed.): Groups in contact. London: Academic Press, 1984.

Moscovici, S.: Sozialer Wandel durch Minoritäten. München: Urban & Schwarzenberg, 1979.

Ostermann, A./Nicklas, H.: Vorurteile und Feindbilder. München: Urban & Schwarzenberg, 1976.

Peabody, D.: National characteristics. Cambridge: Cambridge University Press, 1985.

Pettigrew, T. F.: Extending the stereotype concept. In: Hamilton, D. L. (Ed.): Cognitive processes in stereotyping and intergroup behavior. Hillsdale, N. J.: Lawrence Erlbaum, 1981, 303-331.

Saenger, G.: The social psychology of prejudice. New York: Harper, 1953.

Schäfer, B./Six, B.: Sozialpsychologie des Vorurteils. Stuttgart: Kohlhammer, 1978.

Schmitt, R.: Kinder und Ausländer. Einstellungsänderung durch Rollenspiel. Braunschweig: Westermann, 1979.

Sherif, M.: In common predicament: Social psychology of intergroup conflict and cooperation. New York: Houghton Mifflin, 1966.

Simpson, G. E./Yinger, J. M.: Racial and cultural minorities – An analysis of prejudice and discrimination. New York: Plenum Press, 1985.

Stapf, K. H./Stroebe, W./Jonas, K.: Amerikaner über Deutschland und die Deutschen. Opladen: Westdeutscher Verlag, 1986.

Stephan, W. G./Brigham, J. C.: Intergroup contact. Journal of Social Isues, 41, 1985.

Stephan, W. G./Rosenfield, D.: Racial and ethnic stereotypes. In: Miller, A. G. (Ed.): In the eye of the beholder-contemporary issues in stereotyping. New York: Praeger, 1982, 92-136.

Tajfel, H./Flament, C./Billig, M. G./Bundy, R. F.: Social categorisation and intergroup behavior. European Journal of Social Psychology, 1, 1971, 149-177.

Tajfel, H. (Ed.): Differentiation between social groups. London: Academic Press, 1978.

Tajfel, H.: Human groups and social categories. Cambridge: Cambridge University Press, 1981.

Tajfel, H./Turner, J. C.: An integrative theory of intergroup conflict. In: Austin, W. G./Worchel, S. (Eds.): The social psychology of intergroup relations. Monterey, Cal.: Brooks/Cole, 1979, 33-47.

Wilder, D. A.: Social categorization: Implications for creation and reduction of intergroup Bias. In: Berkowitz, L. (Ed.): Advances in experimental social psychology. New York: Academic Press 1986, 293-355.

Williams, J. E./Best, D. L.: Measuring sex stereotypes – a thirty-nation study. London: Sage, 1982.

Wahrnehmung

Antje Flade

1 Definition und Modell der Wahrnehmung

Die W. ist Grundlage unserer Erkenntnis. Durch sie gewinnen wir über die uns umgebende objektive Welt mehr oder weniger verläßlichen Aufschluß. Dieses „mehr oder weniger" bedeutet dabei, daß objektive Welt und subjektiver Eindruck nicht immer identisch sind. Einfache Beispiele, an denen sich dieser Tatbestand leicht demonstrieren läßt, sind die geometrisch-optischen Täuschungen (Abb. 1).

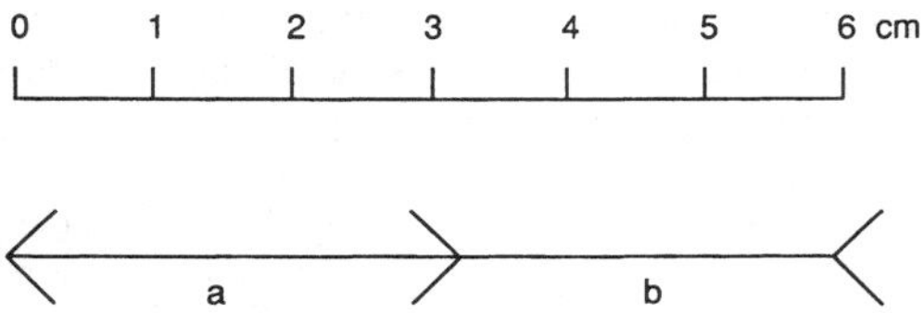

Abb. 1: Müller-Lyer'sche Täuschung.

In der W.psychologie geht es in erster Linie darum, die Erscheinungsweise der Dinge bzw. der Welt, nicht jedoch deren physikalisch-chemische Beschaffenheit zu erklären. Die Grundfrage der W., wie sie bereits 1935 von Koffka formuliert wurde, lautet folglich: „Wie kommt es, daß die Dinge so aussehen, wie sie aussehen?" Diese Frage läßt sich nicht allein durch Erforschung der Funktionsweise der Sinnesorgane beantworten. Beispielweise liefert die Vorstellung, daß das Sehen nichts weiter sei als die Projektion eines Bildes auf die Netzhaut, keine ausreichende Erklärung dafür, warum die Dinge so aussehen, wie sie aussehen. Ein solches *„Kamera-Modell"* kann weder erklären, warum uns die Dinge oftmals anders erscheinen als sie in Wirklichkeit bzw. auf der Netzhaut sind, noch wie unsere Erkenntnis darüber zustande kommt (Rock, 1985). Die folgende Definition in Form einer Auflistung wesentlicher Charakteristika macht deutlich, daß das, was wir als Wirklichkeit wahrnehmen, nicht allein auf sensorischen, in den Sinnesorganen stattfindenden Vorgängen beruht (Flade, 1980):

1. Der Begriff W. wird in zweierlei Hinsicht gebraucht, zum einen um den *Prozeß* des Wahrnehmens, zum anderen um das *Ergebnis* dieses Prozesses zu bezeichnen.
2. Ausgangspunkt der W. sind *sensorische* Phänomene, die durch Reizung der Sinnesorgane zustandekommen. Die W. ist folglich an *Umweltreize* gebunden.
3. Dinge, Personen, Ereignisse, Plätze usw. werden so, wie sie erscheinen, unmittelbar als wirklich erlebt. Die W. ist folglich im Unterschied zu den kognitiven Prozessen *unmittelbar* und *gegenwärtig.*
4. Der Mensch nimmt aus der Fülle der ihn umgebenden Umweltreize nur eine begrenzte Menge wahr. Ein charakteristisches Merkmal der W. ist demzufolge ihre *Selektivität.*
5. Die Umwelt wird nicht als eine Menge einzelner Reize (= Stimuli), sondern es werden Dinge, Personen, Substanzen, Ereignisse und Orte und mit diesen zugleich auch deren Angebote bzw. deren *Bedeutungen* wahrgenommen (Gibson, 1982).
6. Was wir wahrnehmen, hängt nicht allein von den Umweltreizen, sondern auch von den Einstellungen, Erwartungen, Bedürfnissen und früheren Erfahrungen ab. Das W.ergebnis (= Perzept) kommt durch das *Zusammenwirken* von Umweltreizen und im Langzeitgedächtnis gespeicherten Erfahrungen zustande.

Wie diese Liste deutlich macht, ist die Kamera-Analogie allenfalls für die erste Phase des W.prozesses, nämlich der Entstehung des Netzhautbildes gültig, nicht jedoch für die weiteren Phasen der Perzept-Bildung.

Die Sinnesorgane stellen die Verbindung zur Welt her; sie beliefern das Gehirn mit *Informationen* über die Umwelt, die aufgrund energetischer Vorgänge in den Sinnesorganen gewonnen werden. Durch *„Einwirkungen"* (= Reize) von außen werden z. B. im Auge photochemische Vorgänge, im Ohr hydraulische Druckschwankungen in Nervenerregungen umgewandelt. Bedingt durch die Menge und Art dieser Einwirkungen ergeben sich bestimmte Muster bzw. Konfigurationen auf der Rezeptorenoberfläche des Sinnesorgans, die von der wahrnehmenden Person als Signale interpretiert werden. Über solche Signale bzw. „Zeichenträger" (Klix, 1971) erhält der Mensch Informationen über seine Umwelt. Solche Muster stellen den *proximalen* Reiz (= Nahreiz) dar, der nicht mit dem *distalen* Reiz (= Fernreiz) identisch ist. Der distale Reiz ist ein Teil der Umwelt, der die Eigenschaft hat, eine Reaktion im Sinnesorgan auszulösen.

Der proximale Reiz bleibt noch für eine kurze Zeit im sensorischen Gedächtnis erhalten, das das „Rohmaterial" für die darauf folgenden Prozesse liefert (Abb. 2).

Das dargestellte Modell macht deutlich, daß das Perzept nicht nur ein Produkt der Umweltreize ist, sondern daß darüber hinaus verschiedene *Gedächtnissysteme* zu seiner Entstehung beitragen. Im sensorischen Gedächtnis wird der pro-

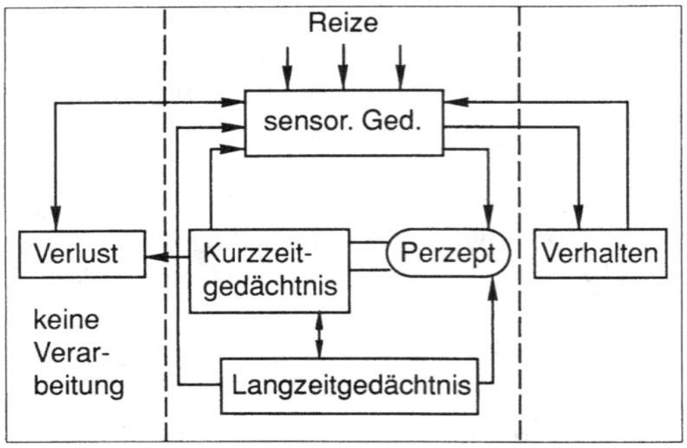

Abb. 2: Modell der Wahrnehmung (Flade, 1980, 15).

ximale Reiz für einige Zehntelsekunden gespeichert. Dagegen beträgt die Speicherdauer des Kurzzeitgedächtnisses bereits einige Sekunden bis Minuten. Im Langzeitgedächtnis schließlich sind die Spuren unserer Erfahrungen in kodierter Form dauerhaft gespeichert (Lindsay/Norman, 1981).

Um Dinge, Personen, Orte usw. überhaupt als solche wahrnehmen bzw. erkennen zu können, ist die Mitwirkung des Langzeitgedächtnisses Voraussetzung. Immer wenn wir wahrnehmen, greifen wir auf die im Langzeitgedächtnis gespeicherten Erfahrungen zurück.

2 Die Signale aus der Umwelt

Der weitaus größte Teil an Informationen über die Umwelt wird durch das Licht und den Schall, den sog. *Trägerprozessen* gewonnen (Klix, 1971). Die Wellenlängen elektromagnetischer Schwingungen variieren in einem Bereich zwischen 10^{-14} bis 10^{8} Metern; das *sichtbare* Licht ist nur ein kleiner Ausschnitt daraus, nämlich derjenige zwischen 380 und 760 Nanometern, d. h. im Größenbereich von 10^{-7} Metern (1 Nanometer = 10^{-9} Meter). Das Licht nimmt seinen Ausgang von einem Selbstleuchter, wie z. B. der Sonne oder einer Glühlampe. Wenn die davon ausgehenden, nach allen Seiten hin divergierenden Lichtstrahlen auf die Oberflächen von Objekten stoßen, werden sie in einem bestimmten Winkel, der vom Einfallswinkel abhängt, reflektiert. Die spezifischen Reflexionseigenschaften eines Objekts bestimmen, welche Frequenzen jeweils reflektiert und welche absorbiert werden. Auf diese Weise entstehen objektspezifische Reflexionsverteilungen, die die Signale für das visuelle System darstellen, aufgrund derer diese Objekte erkannt bzw. deren Merkmale wahrgenommen werden. Den physikalischen Merkmalen des Lichts: Amplitude, Wellenlänge bzw. Frequenz und spektrale Zusammensetzung, entsprechen dabei die psychologischen Variablen *Helligkeit, Farbton* und *Sättigung*.

Der Schall beruht auf dem Prinzip der Verdikkung bzw. Verdünnung eines Mediums wie z. B. der Luft; er wird durch eine mechanische Störung der Teilchen innerhalb eines solchen Mediums verursacht. Eine Welle, die sich durch das Medium als Druckveränderung relativ zu einem Ausgangsniveau ausbreitet, stellt den Reiz dar (Murch/Woodworth, 1978). Als Reizeigenschaften für die menschliche W. sind die *Amplitude,* die *Frequenz,* die *Phase* und die *Komplexität* der Schallwellen von Bedeutung. Je größer die Amplitude ist, um so weitreichender ist die Verschiebung der Teilchen von der Ausgangslage und damit die Intensität der Schallwelle.

Allgemein gilt, daß die wahrgenommene Lautstärke zunimmt, wenn sich die Intensität des Schalls erhöht, dennoch läßt sich aufgrund der physikalischen Merkmale allein die W. nicht gänzlich vorhersagen. Ob Geräusche als Lärm, d. h. als unerwünschter Schall, wahrgenommen werden, hängt nicht nur von der Schallstärke, sondern auch von der *Voraussagbarkeit* und der *Kontrollierbarkeit* des Schalls ab (vgl. Glass/Singer, 1972).

3 Selektive Aufmerksamkeit

Aufmerksamkeit bezeichnet eine nicht beobachtbare Phase im W.prozeß zwischen dem distalen Reiz als Teil der Umwelt und dem Perzept. Nach Egeth (1967) ist Aufmerksamkeit ein Mechanismus, der Lebewesen dazu befähigt, selektiv auf für sie relevante Merkmale der Umwelt zu reagieren und irrelevante zu ignorieren. Selektive Aufmerksamkeit ist folglich die Auslese bestimmter Merkmale aus der Menge der Umweltreize (Murch/Woodworth, 1978).

Untersuchungen haben gezeigt, daß Personen in der Lage sind, auf ein bestimmtes Reizangebot zu achten, wenn sich dieses nur hinreichend von anderen gleichzeitig vorhandenen unterscheidet. Ein bekanntes Beispiel in diesem Zusammenhang ist das *Cocktail-Party-Phänomen* (Cherry, 1953), die Beobachtung, daß die Teilnehmer einer Party die beachtliche Fähigkeit besitzen, sich mit den anderen Teilnehmern zu unterhalten sowie diesen zuzuhören, obwohl es ringsum sehr laut ist und alle Leute durcheinander reden. Daß auch die visuelle Reizaufnahme keinesfalls zufallsbedingt ist, läßt sich daraus entnehmen, daß sich die vom

Auge ausgeführten *Fixationen* nicht gleichmäßig über das gesamte Blickfeld verteilen, sondern statt dessen auf ein bestimmtes Reizangebot zentriert sind. Diese Selektion wird zum einen durch Reizmerkmale, zum anderen durch personbedingte Faktoren gesteuert. Generell läßt sich feststellen, daß fast immer solche Umweltreize bevorzugt fixiert werden, die den höchsten Informationsgehalt besitzen, wie z. B. die Eckpunkte von Figuren (Wittling, 1976).

Die vorliegenden Modelle der selektiven Aufmerksamkeit gehen davon aus, daß während des W.prozesses eine Selektion stattfindet (u. a. Broadbent, 1958; Norman, 1968); sie unterscheiden sich insofern, als sie den Filter an unterschiedlicher Stelle lokalisieren (Treisman/Geffen, 1967).

Feststeht, daß der proximale Reiz und das davon im sensorischen Gedächtnis gespeicherte Muster mehr Information enthält als verarbeitet werden kann. Man geht heute davon aus, daß der Auswahlprozeß nicht bereits hier stattfindet, was mit der Auffassung von der biologischen Bedeutung der Aufmerksamkeit übereinstimmt: Man kann dann erst auf etwas aufmerksam werden, wenn man zumindest ansatzweise erkannt hat, ob es wichtig ist.

4 Die Wahrnehmung einfacher Reize

Der Gegenstand der W. kann sehr unterschiedlich sein: Es kann sich um einfache Lichtblitze und Töne, aber auch um Gegenstände und andere Personen sowie schließlich um gesamte Umgebungen handeln, in denen sich der Wahrnehmende befindet. Die W. relativ einfacher Reize, die meist im Labor isoliert und losgelöst aus der alltäglichen Umwelt dargeboten werden, sind der Gegenstandsbereich der *Psychophysik,* deren Ziel es ist, zu allgemein gültigen Aussagen über die gesetzmäßigen Beziehungen zwischen objektiven Reizmerkmalen und den subjektiven Eindrücken davon zu gelangen. Da die Voraussetzung dazu die Meßbarkeit der Reize und der Reaktionen ist, werden entsprechend einfache Reize, z. B. reine Töne, bevorzugt, die genau beschreibbar sind. Zur Messung der W.reaktionen wurden verschiedene Methoden entwickelt, u. a. von Weber, Fechner und Stevens (vgl. Flade/Murch, 1983 a).

Die Psychophysik hat es im wesentlichen mit vier Problemen zu tun (Galanter, 1962):
- dem Entdeckungsproblem, das mit der Frage charakterisiert werden kann: „Ist dort ein Reiz oder nicht?";
- dem Erkennungsproblem, das lautet: „Was für ein Reiz ist das?";
- dem Unterscheidungsproblem mit der Frage: „Ist dieser Reiz von jenem verschieden?"
- und schließlich dem Skalierungsproblem mit der Frage: „Wieviel von dem Merkmal X ist bei diesem Reiz vorhanden?"

Weber hat sich schon 1834 mit dem Unterscheidungsproblem bzw. der *Unterschiedsschwelle* befaßt. Die im Vergleich dazu neuere *Theorie der Signalentdeckung* setzt sich vor allem mit dem Problem der Entdeckung, d. h. der W. von Reizen von relativ geringer Intensität auseinander (Flade/Murch, 1983 a). Die Methoden, die im Zusammenhang mit dem Skalierungsproblem entwickelt wurden – um zu bestimmen, wie sich der W.eindruck verändert, wenn der Reiz variiert wird –, wurden auch außerhalb der Psychophysik angewendet. Zum Beispiel lassen sich damit verschiedene Verbrechen nach ihrer sozialen Schädlichkeit bzw. im Hinblick auf das subjektiv adäquate Strafmaß einstufen.

5 Figur und Grund, Gestaltwahrnehmung

Das sensorische Muster im Sinnesorgan steht am Beginn einer Kette von Verarbeitungsschritten, die zum Wahrnehmen und Erkennen eines Objektes führen. Nach welchen Prinzipien organisiert nun das Gehirn dieses Mosaik aus Signalen? Das Muster wird vom Gehirn in einer ganz speziellen Weise organisiert, indem nämlich eine *Figur-Grund-Unterscheidung* hergestellt wird. Voraussetzung dafür ist eine Inhomogenität des Wahrnehmungsfeldes. Welcher Teil davon zur Figur und welcher zum Hintergrund wird, hängt dabei von solchen Merkmalen wie Größe, Form und Position der Teile ab; z. B. wird meist derjenige Teil als Figur wahrgenommen, der regelmäßiger und geschlossener ist. Die Konturen werden als zur Figur gehörig, der Grund als dahinter weiterlaufend wahrgenommen. Fehlende Konturen erschweren die Gliederung des Reizfeldes in Figur und Grund. So fällt es z. B. schwer, das folgende Wort zu lesen, bei dem die oberen und unteren Konturen weggelassen wurden (Abb. 3). Es ist einfacher, das Wort zu lesen, wenn man die fehlenden Konturen ergänzt, indem man z. B. oben und unten sowie mit kleinem Abstand auf der linken Seite ein Lineal oder einen Bleistift dagegen

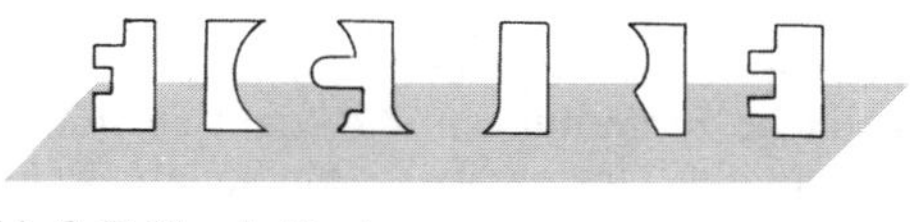

Abb. 3: Fehlende Konturen.

hält. Es kristallisiert sich dann mehr oder weniger schnell das Wort „Figure“ heraus.

Bei der Tarnung besteht das Ziel darin, die Inhomogenität des Reizfeldes zu minimieren, d. h. die Figur möglichst zum Verschwinden zu bringen.

Im Alltag nehmen wir nur selten eine einzelne Figur auf einem Hintergrund wahr, fast immer haben wir es mit mehreren Figuren gleichzeitig zu tun, die sich in ganz charakteristischer, d. h. nicht zufälliger Weise zu neuen, übergeordneten Einheiten zusammenschließen. Die *Gestaltgesetze*, die von Wertheimer (1923) erstmals systematisch untersucht wurden, geben darüber Auskunft, auf welche Weise dies geschieht. Wesentlich für die Gestaltbildung sind u. a. die *Nähe* und *Ähnlichkeit* von Elementen (Flade/Murch, 1983 b).

6 Die dritte Dimension

Wie Rock (1985) treffend bemerkt hat, ist unsere dreidimensionale Umgebung für uns so selbstverständlich, daß wir normalerweise kein Problem darin sehen, zu räumlichem Sehen fähig zu sein. Denn die Netzhaut ist nur zweidimensional, so daß sich die Frage stellt, wie wir die nötigen Informationen bekommen, um unsere Umwelt dreidimensional wahrnehmen bzw. sie entsprechend rekonstruieren zu können. Diese Informationen werden als *Tiefenkriterien* bezeichnet, wobei zwischen monokularen und binokularen Tiefenkriterien unterschieden wird. Letztere funktionieren nur, wenn beide Augen beteiligt sind. Die wichtigsten monokularen Tiefenkriterien sind *Verdekkung, Perspektive, Verteilung von Licht und Schatten, Texturgradienten, Größe* und *Bewegungsparallaxe* (Flade/Murch, 1983 b; Rock, 1985).

Ein neuerer Ansatz zur Erklärung der Wirkungsweise der Verdeckung stammt von Guzman (1969), der festgestellt hat, daß sich wesentliche Informationen aus der *Analyse von Schnittpunkten* ergeben. Das Tiefenkriterium der *linearen Perspektive* beruht auf der Tatsache, daß parallele Linien bei zunehmender Entfernung zu konvergieren scheinen. Weiteren Aufschluß über die dritte Dimension erhält man durch *Bewegung*. Währenddessen ändert sich nämlich der Winkel, unter dem Objekte, die unterschiedlich weit entfernt sind, gesehen werden. Diese Parallaxenverschiebungen zwischen Objekten weisen auf unterschiedliche Entfernungen und somit auf räumliche Tiefe hin. Das wichtigste binokulare Tiefenkriterium ist die *Querdisparation,* die Differenz der Abbildungen auf der Netzhaut beider Augen (Flade/Murch, 1983 b).

Um akustische Reize räumlich lokalisieren zu können, werden die Zeit- und die Intensitätsunterschiede des bei den beiden Ohren eintreffenden Schalls als Informationsquelle verwendet.

7 Konstanzphänomene

Obwohl sich die Größe des Netzhautbildes eines Objektes bei wechselnden Entfernungen verändert, erscheint uns der Gegenstand selbst mehr oder weniger gleich groß. Diese Stabilität der wahrgenommenen Welt trotz unterschiedlicher proximaler Reize ein und derselben Dinge stellt eine W.leistung dar, die als Konstanzphänomen bezeichnet wird. Normalerweise, d. h. in unserer alltäglichen Umwelt, bekommt das Gehirn zusätzliche Anhaltspunkte dadurch, daß wir die Dinge in unserer Umwelt nicht einzeln, sondern in Kombination mit anderen Dingen und einem Hintergrund wahrnehmen. *Größenkonstanz* besteht dann, wenn sich trotz wechselnder Entfernung vom Auge der wahrnehmenden Person die Höhe und Breite der Objekte nicht verändern. Das Phänomen, daß sich für die bewegende Person der wahrgenommene Raum trotz wechselnder Netzhautbilder nicht verändert, wird als *Raumkonstanz* bezeichnet. Diese wurde von Holst (1957) mit dem *Reafferenzprinzip* erklärt (Flade/Murch, 1983 b).

8 Mustererkennung

Buchstaben, Texte und Bilder sind typische Muster, denen wir im Alltag ständig begegnen. Nach Neisser (1974) ist das Problem der Mustererkennung (= Muster-W.) ein Kategorisierungsproblem, bei dem es darum geht zu erklären, wie die Zuordnung verschiedener Reize zu einer Kategorie zustande kommt.

Die Verwendung einer Schablone stellt das einfachste Verfahren dar, um Muster zu klassifizieren. In einem solchen Modell würde Erkennen dadurch erklärt werden, daß der proximale Reiz mit *internen Schablonen* verglichen wird. Diejenige Schablone, die am besten paßt, bestimmt dann die Kategorie. Ein solches Schablonenmodell ist jedoch nicht flexibel genug, um die vielfältigen Erscheinungsformen von Mustern zu erfassen. Es ist auch nicht in der Lage, Informationen aus der Umgebung des Musters einzubeziehen und nicht „intelligent“ genug, um entscheiden zu können, welche Details wichtig und welche unwichtig sind (Abb. 4).

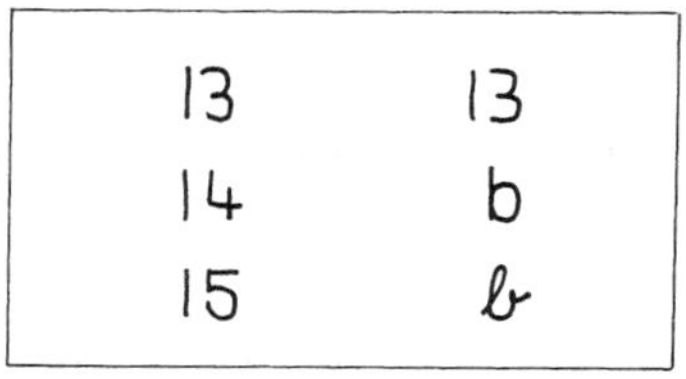

Abb. 4: Mustererkennung.

In vielen Fällen braucht man, wie auch im obigen Beispiel, zusätzliche Informationen zum Erkennen bzw. Kategorisieren, die in dem betreffenden Muster selbst nicht enthalten sind.

Lindsay und Norman (1981) sprechen hier von einer *konzeptuell-gesteuerten* Informationsverarbeitung, die damit beginnt, daß die wahrnehmende Person sich ein Konzept darüber bildet, um welche Art Muster bzw. um was für ein Objekt es sich hierbei handelt. Die konzeptuell-gesteuerte Verarbeitung, bei der zunächst einmal Hypothesen aufgestellt werden, spielt eine umso größere Rolle, je weniger eindeutig das Muster ist. Normalerweise sind bei der Mustererkennung beide Analysenformen beteiligt.

9 Soziale Wahrnehmung

„Soziale Wahrnehmung“ bedeutet zweierlei: das Wahrnehmen von Personen anstelle von Dingen und die soziale Bedingtheit der Wahrnehmung. Die W. von Personen *(„person perception“)* wurde meist innerhalb der Sozialpsychologie untersucht. Mit der Bezeichnung *„social perception“* war die Annahme verbunden, daß die W. sozialen Einflüssen unterworfen ist, die zum einen in Einstellungen, Wertvorstellungen, Bedürfnissen usw. und zum anderen durch den direkten Einfluß anderer Personen zustandekommt.

Die „social-perception“-Forschung begann mit der *Hypothesentheorie* von Bruner und Postman vor etwa 35 Jahren. Der neue Gedanke war, daß die W. nicht nur reizgesteuert ist, d. h. nicht nur von sensorischen Einflüssen bestimmt wird. Die W. wurde als ein aus drei Komponenten bestehender Zyklus aufgefaßt: einer Hypothese, d. h. der Bereitschaft, selektiv auf Umweltreize zu antworten, einem Input und der Prüfung auf Übereinstimmung zwischen Hypothese und Input. Die Hypothese ist dabei umso stärker, je häufiger sie bereits zuvor bestätigt worden ist. Die Wirksamkeit von Hypothesen wurde in den Untersuchungen an nicht eindeutigem Reizmaterial nachgewiesen.

Mit der Hypothesentheorie wurden erstmals nicht-sensorische Faktoren in den W.prozeß einbezogen, deren Bedeutsamkeit heute nicht mehr in Frage gestellt wird. Sie spielen u. a. in der Theorie der Mustererkennung, der Theorie der Signalentdeckung und nicht zuletzt in der Erklärung der Umwelt-W. (Gibson, 1982) eine wesentliche Rolle.

Daß sich auch die Gegenwart anderer Menschen auf den W.eindruck bzw. auf die W.reaktion auswirkt, haben die inzwischen als klassisch geltenden Untersuchungen von Asch (1956) und Sherif (1935) gezeigt (vgl. Flade, 1983).

10 Umweltwahrnehmung

Das Interesse an der Erforschung der Umwelt-W. hat sich parallel zur „ökologischen Perspektive“ in der Psychologie entwickelt. Im Vergleich zu einfachen Stimuli, wie Formen, Farben, Tönen usw., ist die Umwelt folglich noch ein relativ neuer Gegenstand der W.psychologie. Erste Ansätze zu einer Theorie der Umwelt-W. liefert die *Theorie der Informationsentnahme* („pick up“) von Gibson (1982). Die Informationsaufnahme wird als eine kontinuierliche, nie endende Aktivität aufgefaßt, wobei die Information in umgebenden Licht, Schall, Geruch und in den Berührungen unerschöpflich ist. Nach Gibson (1982, 257) kann es nicht das Ziel sein, die W. sinnloser Figuren, die erst Bedeutung bekommen müssen, oder diskrete Reize, denen Beobachter wohl oder übel ausgesetzt werden, zu erklären, sondern es geht darum, „die ereignisreiche Umwelt und dazu das Bewußtsein des Betrachters, in dieser Welt zu stehen“ einzubeziehen, d. h. Umwelt-W. zu erklären.

In deskriptiver Weise haben sich Ittelson und Mitarbeiter (1977), von der *Umweltpsychologie* herkommend, mit Umwelt-W. befaßt. Sie charakterisieren den Untersuchungsgegenstand folgendermaßen: Umwelten sind zeitlich und räumlich unbegrenzt; sie liefern über alle Sinne Informationen; sie enthalten periphere und zentrale Informationen; sie liefern weitaus mehr Informationen, als der Mensch verarbeiten kann; sie werden durch Handeln definiert und durch Handlungen erfahren; sie besitzen Bedeutungen für den Betrachter. Im Unterschied zur W. eines Lichtpunktes im Labor ist die Umwelt-W. das Ergebnis einer aktiven Auseinandersetzung des Menschen mit seiner Umwelt. Der Mensch ist dabei das Organisationszentrum. (Ebenfalls gebräuchlich ist die Bezeichnung *„environmental cognition“* anstelle von Umwelt-W.; Evans, 1980).

In seiner alltäglichen Welt ist der Mensch weder ein passiver Beobachter von Stimuli, noch ist er unbeweglich. Da die Umwelt ihm von allen Seiten umgibt, muß er dies, wenn er seine Umwelt erkunden bzw. wahrnehmen will, zwangsläufig von mehreren Standorten aus tun. Dazu ist Mobilität erforderlich. Die Geschwindigkeit, mit der dies geschieht, hat einen Einfluß auf die Menge und Art der Informationsaufnahme (Rapoport, 1977).

11 Anwendungsaspekte

Die Ergebnisse wahrnehmungspsychologischer Forschung haben schon deshalb eine hohe Praxisrelevanz, weil die W. in entscheidender Weise das Verhalten von Menschen bestimmt. Im Bereich der *Werbung* ist man z. B. am Konsumverhalten interessiert, das durch Anzeigen beeinflußt werden soll. Voraussetzung für eine verkaufsanregende Wirkung der Werbung ist, daß die Anzeigen wahrgenommen werden und nicht etwa der Reizselektion zum Opfer fallen. Im *Betrieb* möchte man z. B. wissen, welchen Einfluß bestimmte Geräusche auf die Arbeitsleistung haben, bei welcher Beleuchtung die Augen am wenigsten angestrengt werden, ob in Großraumbüros die Aufmerksamkeit beeinträchtigt ist. Im *verkehrspsychologischen Bereich* stellt sich z. B. die Frage, wieviel Verkehrszeichen bei verschieden hohen Geschwindigkeiten noch richtig erkannt werden können, wie Fahrverhalten und die Menge zu verarbeitender Umweltreize zusammenhängen usw. Auch der *Architekt* ist daran interessiert zu wissen, wie Gebäude wahrgenommen werden, ob sie als anregend und schön oder als monoton und häßlich beurteilt werden. Eine praxisrelevante Frage, die Umwelt-W. betreffend, ist z. B. wie Gebäude, wie Schulen, Universitäten, Verwaltungsgebäude und dgl. konzipiert werden sollten, damit sich die Nutzer darin müheloser zurechtfinden können. Diese Fragen sind auch im Bereich der *Stadtplanung* von Interesse: Welche Stadtteile und Wohngebiete werden als attraktiver und angenehm wahrgenommen, welche Planungselemente tragen dazu bei, die Orientierung in Gebieten zu erleichtern? Insbesondere die Umweltpsychologie hat dazu beigetragen, die Nachfrage nach Wissen über die W. der alltäglichen Umwelt (real-world perception) zu erhöhen.

Literatur

Asch, S. E.: Studies of independence and conformity. A minority of one against an unanimous majority. Psychological Monographs, 70, 1956, Whole No. 416.

Broadbent, D. E.: Perception and communication. New York: Pergamon Press, 1958.

Bruner, J. S./Postman, L.: An approach to social perception. In: Dennis, W. (Ed.): Current trends in social psychology. Pittsburgh: Univ. Pittsburgh Press, 1951.

Cherry, E. C.: Some experiments on the recognition of speech with one and with two ears. The Journal of the Acoustical Society of America, 25, 1953, 975-979.

Egeth, H.: Selective attention. Psychological Bulletin, 67, 1967, 41-57.

Evans, G. W.: Environmental cognition. Psychological Bulletin, 88, 1980, 259-287.

Flade, A.: Wahrnehmung: Problemstellung (Kap. 1). Erlangen: FIM-Psychologie 1980.

Flade, A.: Wahrnehmung: Der soziale Kontext (Kap. 9). Erlangen: FIM-Psychologie 1983.

Flade, A./Murch, G. M.: Wahrnehmung: Psychophysik (Kap. 2). Erlangen: FIM-Psychologie 1983.

Flade, A. und Murch, G. M.: Wahrnehmung: Struktur- und Objektwahrnehmung (Kap. 4). Erlangen: FIM-Psychologie 1983 b.

Galanter, E.: Contemporary psychophysics. In: New directions in psychology 1. New York: Holt, Rinehart and Winston 1962.

Gibson, J. J.: Wahrnehmung und Umwelt. München: Urban & Schwarzenberg, 1982.

Glass, D. C./Singer, J. E.: Urban stress. New York: Academic Press, 1972.

Guzman, A.: Decomposition of a visual scene into three-dimensional bodies. In: A. Grasselli (Ed.); Automatic interpretation and classification of images. New York: Academic Press, 1969.

Von Holst, E.: Aktive Leistungen der menschlichen Gesichtswahrnehmung. Studium Generale, 10, 1957, 231-243. (abgedruckt in E. von Holst; Zentralnervensystem. München: Deutscher Taschenbuchverlag 1969).

Ittelson, W. H./Proshansky, H. M./Rivlin, L. G./Winkel, G. H.: Einführung in die Umweltpsychologie. Stuttgart: Klett-Cotta, 1977.

Klix, F.: Information und Verhalten. Bern: Huber, 1971.

Koffka, K.: Principles of gestalt psychology. London: Kegan Paul, 1935.

Lindsay, P. H./Norman, D. A.: Einführung in die Psychologie. Berlin: Springer, 1981.

Murch, G. M./Woodworth, G. L.: Wahrnehmung. Stuttgart: Kohlhammer, 1978.

Neisser, U.: Kognitive Psychologie. Stuttgart: Klett, 1974.

Norman, D. A.: Toward a theory of memory and attention. Psychological Review, 75, 1968, 522-536.

Rapoport, A.: Human aspects of urban form. Oxford: Pergamon Press, 1977.

Rock, I.: Wahrnehmung. Vom visuellen Reiz zum Sehen und Erkennen. Heidelberg: Spektrum der Wissenschaft, 1985.

Sherif, M.: A study of some social factors on perception. Archives of Psychology, 187, 1935.

Treisman, M./Geffen, G.: Selective attention: Perception or response? Quarterly Journal of Experimental Psychology, 19, 1967, 1-18.

Wertheimer, M.: Untersuchungen zur Lehre von der Gestalt. Psychologische Forschung, 5, 1923, 301-350.

Wittling, W.: Einführung in die Psychologie der Wahrnehmung. Hamburg: Hoffmann und Campe, 1976.

Weltanschauung

Hellmuth Benesch

1 Weltanschauung als Metakognition

Der Begriff „Weltanschauung“ stammt von Kant (1790/1916), der darunter die persönliche Zusammenfassung der Unendlichkeit der Sinnenwelt verstand. Der Begriff wurde von zahlreichen Autoren aufgegriffen, die ihn z.T. erweiterten. Schelling (1799) sieht in ihm das allgemeine Schema (den „sichtbaren Abdruck“ der „menschlichen Organisation“) in der persönlichen Auseinandersetzung mit der Welt zusammengefaßt. Allmählich wurde dieser Begriff (auch international) als Oberbegriff für alle Religionen, Ideologien, öffentlichen Meinungen und politischen, ökologischen usw. Gesinnungen übernommen.

Eine Psychologie der W. gibt es seit Karl Jaspers Buch „Psychologie der Weltanschauung“ (1919/1971): „Die Weltanschauungspsychologie ist ein Abschreiten der Grenzen des Seelenlebens, soweit es unserem Verstehen zugänglich ist.“ Damit ist die Aufgabenstellung der W.psychologie noch sehr vage umrissen. Einen Aufschwung nahm dieses Gebiet im Anschluß an die Untersuchungen von J.H. Flavell (1979) und seiner Gruppe über die *Metakognition.* Er teilt die metakognitiven Strukturen in zwei Hauptstränge: „metacognitive knowledge“ (personen- und aufgabenorientierte Denkstrategien) und „metacognitive experience“ (Rückmeldung aus kognitiven Erfahrungen).

Die Bildung einer persönlichen W. ist auch ein Thema der *Entwicklungspsychologie* im Zusammenhang mit der *kognitiven Autoregulation,* von der J. Piaget (1978) schreibt: „Erkenntnis besteht... nicht nur darin, Informationen aufzunehmen und anzuhäufen, sondern auch und vor allem (denn ohne das bleiben sie wirkungslos und sozusagen blind) darin, sie zu ordnen und durch Selbstkontrollsysteme, die auf Adaptationen, d.h. auf Problemlösungen ausgerichtet sind, zu steuern.“ Seit den Untersuchungen von L. Kohlberg (1969) zur *moralischen Entwicklung* mit den drei Phasen moralischer „Realismus“, externe und heteronome Moralität, werden auch die weltanschaulichen Wertungssysteme als Einflußfaktoren der Sozialisation berücksichtigt.

2 Funktionen der Weltanschauung

In den Ursprüngen der Menschheit gab es lediglich Mythen, Sagen, Opferriten usw., d.h. kognitive und aktive Auseinandersetzungen mit übergeordneten, unbekannten Mächten, von denen man annahm, sie würden alle Ereignisse beeinflussen. Aus ihnen und mystischen Philosophien erwuchsen an verschiedenen Orten die großen Weltreligionen, die sich alle in der Folge in mehrere Einzelreligionen aufsplitterten. Im Zeitraum der Aufklärung ging die geistige Macht der Konfessionen zurück. An ihre Stelle traten philosophische, politische, volkstümliche Programmsysteme, die sich als „Ideologien“ gegenseitig bekämpfen. Im 20. Jh. formulierten politische Gruppierungen weltanschauliche Dogmen, um die Bevölkerung und den Staat nicht nur physisch, sondern auch geistig gleichzuschalten. Seither wird die Macht der W.en nicht allein als Erklärungs- und Anleitungssysteme für existentielle Deutungen erfaßt, sondern auch ihre Gefährlichkeit bis zur Kriegsgefährlichkeit als Unterdrückungsinstrumente erkannt.

Viele Menschen würden heute verneinen, eine W. zu besitzen. Dabei ist stets gemeint, daß sie sich keiner W.-Gruppe geistig unterordnen. Tatsächlich jedoch fehlen kaum einem Menschen weltanschauliche Bruchstücke, durch die er seine Lebensentscheidungen mitbestimmt. Das Thema W. ist daher sowohl persönlichkeits- wie sozialpsychologisch relevant.

Die Funktionen der W. kann man nach 3 Dimensionen unterteilen: (1) Sie haben eine dreifache kognitive Erklärungsfunktion: zur Weltätiologie, Interventionsdogmatik und Implikationsbestimmung. (2) W. ist in der Regel ein Konglomerat von axiomatischen Gedanken, die sich nach ihrer Ausgestaltung in Wert-, Lebens- und Moralanschauungen trennen lassen. (3) Ferner unterscheiden sich W.en inhaltlich nach ihrer Ausrichtung auf ein jeweiliges oberstes Leitbild.

Die Trennung nach den Erklärungsmodellen kennzeichnet bereits die frühesten W.en, wie z.B. den Sonnenkult der alten Ägypter. Als *Weltätiologie* erklären die W.en die Entstehung und unsichtbare Organisiertheit der Welt entweder als außengesteuertes Instrument von transzendenten Mächten, als durch den Menschen selbstgestalteten Ort gegenüber der ungestalteten Natur oder als ein Supersystem von Wirkungseinflüssen, das dem Menschen lediglich eine Mitbestimmung gewährt. Die *Interventionsdogmatik* stellt die moralischen Regeln für die Verantwortlichkeit des einzelnen und der Gemeinschaft auf. Die *Implikationsbestimmung* vermittelt den Anhängern der jeweiligen W. die Hoffnungen, die sie sich durch die Zielsetzung der W. (z.B. für ihre Nachkommen oder nach dem eigenen Tod) machen dürfen.

Die zweite Funktionsgruppe charakterisiert die

W.en nach der *Höhe* ihrer Ausgestaltung. Durch den Abbau an offiziellen, in Büchern veröffentlichten W.en (z. B. Katholizismus, Protestantismus, Marxismus, Faschismus, Idealismus, Anarchismus usw.) im Laufe des 20. Jh. in den Bevölkerungen haben sich die „privaten" W.en verstärkt, die sich aus persönlichen Erfahrungen herausbilden. Diese gedanklichen (metakognitiven) Einstellungen differieren individuell und schichtenspezifisch stark. Am sichersten sind *Wertanschauungen* zu erwarten, nach denen der Mensch generelle Motivationen zu übergeordneten Werten besitzt, die er für sich und andere als unabdingbar ansieht. Die Stufe von *Lebensanschauungen* ist erreicht, wenn sich der Mensch Gedanken zum „richtigen" Leben (inwiefern es zweck-, wert-, sinn- und lustvoll werden kann) macht. Die *Moralanschauung* geht darüber hinaus, indem in einem in sich geschlossenen Gedankengebäude (das i. d. R. aus Übernahmen von offiziösen W.en besteht) eine generelle Handlungsanleitung enthalten ist, durch die der Mensch auch eine kognitive Handlungsgewißheit erringt.

3 Weltanschauliche Grundrichtungen

Die Vielzahl und Vielschichtigkeit der persönlichen W. verhindert eine leicht zugängliche Systematisierung der W.-Bedürfnisse. Am naheliegendsten ist eine psychologische Ordnung der W.en nach den obersten Leitbildern, die letztlich auch hinter jeder persönlichen Einzelmotivation (den partiellen Motiven) steht. Die nachfolgend genannten Leitziele können einzeln oder kombiniert in persönlichen W.en auftauchen.

Das *„Ich"* als egozentrisches Leitziel kennzeichnet zahlreiche W.en, wenn sie den Menschen als Maß aller Dinge einsetzen (Stirner, 1972). Als rein individualistische W. sind sie selten ausformuliert, werden aber trotzdem zahlreich der eigenen, auch ideologischen Lebensausrichtung zugrunde gelegt. In materieller Hinsicht ist der Kapitalismus als Ideologie hierunter zu rechnen, in idealistischer Hinsicht etwa der Humanismus.

Die *„Gemeinschaft"* als soziales Leitbild hat im Konfuzianismus ihre früheste kommunikale Form gefunden. Auf die Gemeinschaft berufen sich u. a. die sozialistischen und kommunistischen W.en sowie in elitärer Ausprägung der Nationalismus in seinen vielen Formen bis hin zum Chauvinismus.

Die *„Zukunft"* als Leitbild der progressiven W.en kann sowohl inhaltlich (Strukturen kommender Zustände) wie personalistisch (eigenes Nachleben oder Leben der Nachkommen) gefaßt sein. Ihre stärkste Ausprägung erfahren sie in den utopischen W.en.

Die *„Allmacht"* als Leitbild setzt der Ohnmacht im weltlichen Leben die göttliche Allmacht entgegen, unter deren Schutz man sich begeben kann. So vielfältig die Religionen sind (einige kommen ohne Gottesvorstellungen aus), so einigt sie doch die transzendentale Ausrichtung, die bis in das alltägliche Verhalten und seine Motivierungen zurückreicht.

Die *„Tat"* als Leitbild reduziert die Bedeutung des Gedankens, wenn er nicht in Handlung umgesetzt wird. Die aktionistischen W.en haben parallel zur Diskriminierung „philosophischer" W.en zugenommen. Am stärksten treten sie gegenwärtig als ökologische W.en, als Pragmatismus oder als anarchistischer Aktionismus in Erscheinung.

Die *„Wahrheit"* als Leitbild der philosophischen oder wissenschaftlichen W.en hatten ihren Zenit im 19. Jh. Obgleich sich fast jede W. im „Besitze der absoluten Wahrheit" darstellt, kennzeichnet diese Gruppe besonders ihr Bestreben, eine Lebensausrichtung zu vertreten, die ihrer jeweiligen „Realitätsauffassung" entspricht. Allerdings unterliegen diese Auffassungen einer Deutung. Auch der Bezug der „wissenschaftlichen" W., der sich auf die physikalische Struktur der Welt und die Anpassung an die jeweils neuesten naturwissenschaftlichen Erkenntnisse stützt, enthebt nicht einer Deutung letzter Bewegungsprinzipe. Aus der Vielzahl der hierfür zuständigen W.en seien der Empirismus, der Rationalismus, der Idealismus, der Realismus sowie (als Gegenbewegung) der Nihilismus genannt.

Ein solcher Überblick zeigt die objektive Unentscheidbarkeit von der „Richtigkeit" einzelner W.en. Wegen der prinzipiellen Offenheit der „letzten" Fragen (z. B. nach dem persönlichen Schicksal, der Begründung von Bosheit und Leid, der Zukunft der Welt, der Frage nach der Vergänglichkeit) sind aber weltanschauliche Antworten kaum zu umgehen. Der Verlust oder Nichtaufbau einer weltanschaulich-kognitiven Lebensstützung kann ebenso zu psychischen Störungen führen wie die soziale Deprivation oder innerpsychische Konflikte. Die zunehmende Verbreitung der kognitiven Therapien oder der Logotherapie (Frankl, 1972) beweisen das latente Bedürfnis nach einer solchen metakognitiven Stützung.

Literatur

Allport, G. W.: The individual and his religion. New York: Addison-Wesley, 1954.

Argyle, M./Beit-Hallahmi, B.: The social psychology of religion. London: Methuen, 1975.

Bateson, G.: Ökologie des Geistes (3. Aufl.). Frankfurt: Suhrkamp, 1983.
Benesch, H.: „Und wenn ich wüßte, daß morgen die Welt unterginge...". Zur Psychologie der Weltanschauungen. Weinheim: Beltz, 1984.
Bradter, W.: Weltanschauung heute: Moral-Motiv-Verhalten. Berlin (Ost): Dtsch. Verl. d. Wissenschaften, 1976.
Busemann, A.: Weltanschauung in psychologischer Sicht. München: Reinhardt, 1967.
Condrau, G. (Hrsg.): Psychologie der Kultur. Weinheim: Beltz, 1982.
Dittes, J. E.: The psychology of religion. In: Lindsey, G./Aronson, E. (Eds.): The handbook of social psychology (2nd ed.). Reading: Addison-Wesley, 1969.
Flavell, J. H.: Kognitive Entwicklung. Stuttgart: Klett-Cotta, 1979.
Frankl, V. E.: Der Wille zum Sinn. Bern: Huber, 1972.
Hellpach, W.: Grundriß der Religionspsychologie. Stuttgart: Enke, 1951.
Jaspers, K.: Psychologie der Weltanschauungen (6. Aufl.). Berlin: Springer, 1971 (original 1919).
Jung, C. G.: Psychologie und Religion. Zürich: Rascher, 1947.
Kant, I.: Kritik der Urteilskraft: Text d. Ausg. 1790. 1. Teil, 2. Buch. § 26, Abs. 9. Leipzig: Reclam, 1916.
Kohlberg, L.: Development of moral character and moral ideology. In: Hoffmann, M. L./Hoffmann, L. W. (Eds.): Review of child development research, 1. New York: Russel Sage Foundation, 1969.
Mann, U.: Einführung in die Religionspsychologie. Darmstadt: Wiss. Buchgesellsch., 1973.
Oerter, R.: Struktur und Wandlung der Werthaltungen (2. Aufl.). München: Reinhardt, 1978.
Peisl, A. u. a. (Hrsg.): Kursbuch der Weltanschauungen. Frankfurt: Fischer, 1981.
Piaget, J.: Das Weltbild des Kindes. Stuttgart: Klett, 1978.
Richter, H. E.: Der Gotteskomplex. Reinbek: Rowohlt, 1979.
Spranger, E.: Philosophie und Psychologie der Religion. Tübingen: Niemeyer, 1974.
Stirner, M.: Der Einzige und sein Eigentum. Stuttgart: Reclam, 1972.

Werbepsychologie

Peter Neumann und Lutz von Rosenstiel

Anwendungsorientierte Psychologie hat sich bereits früh Fragen der Werbewirkung zugewandt (Scott, 1908; Münsterberg, 1912). Das spezifisch Psychologische an diesen frühen Arbeiten lag in ihrer Methodik: Auf experimentelle Weise wurde in der Tradition der *Psychophysik* untersucht, welche Stärke der Stimulus (hier die Größe einer Anzeige) haben muß, um eine bestimmte Aufmerksamkeit beim Betrachter zu erregen. Diese schon historischen Arbeiten sind eindeutig der W. zuzurechnen. Spätere Arbeiten dagegen, die nicht nur methodisch sondern auch thematisch andere Akzente setzten, sind dies nicht, obwohl sie außerhalb des engeren Fachgebiets häufig als „werbepsychologisch" apostrophiert werden. Eine begriffliche Klärung erscheint also ratsam.

1 Begriffliche Klärung

Werbung (vgl. z. B. Schweiger/Schrattenecker 1986) wird gewöhnlich als geplante öffentliche Übermittlung von Nachrichten definiert, die das Urteilen und Handeln bestimmter Personengruppen beeinflußt und damit den Zielen einer güter-, leistung- oder ideenproduzierenden bzw. absetzenden Gruppe oder Institution dienen soll (Hoffmann, 1972). In der W. geht es um die Beschreibung, Erklärung, Prognose und Kontrolle dieses Einflußprozesses.

Faktisch wird allerdings häufig die W. zu weit und/oder zu eng gesehen:

- Zu weit, wenn die Analyse *aller* Beeinflussungsmaßnahmen eines Anbieters der W. zugerechnet wird, obwohl sie sich keineswegs allein auf die Werbung beschränkt, sondern auch weitere verbreitungspolitische Maßnahmen (Gutenberg, 1970; v. Rosenstiel/Neumann, 1982) beinhaltet: insbesondere die Preispolitik, die Produktgestaltung und die Konzeption der Absatzwege.
- Zu eng erscheint der Begriff dort, wo er sich ausschließlich auf die psychologische Analyse der „Wirtschaftswerbung" bezieht, die Produkte, Dienstleistungen oder Ideen bewirbt, die einen auf einem Markt gebildeten Preis haben (v. Zwiedineck-Südenhorst, 1932). Werbung wird auch beim *Soziomarketing* (Kotler, 1978) eingesetzt. Es handelt sich also durchaus um werbepsychologische Analysen, wenn etwa untersucht wird, wie eine kommunikative Beeinflussungsstrategie wirkt, deren Ziel darin be-

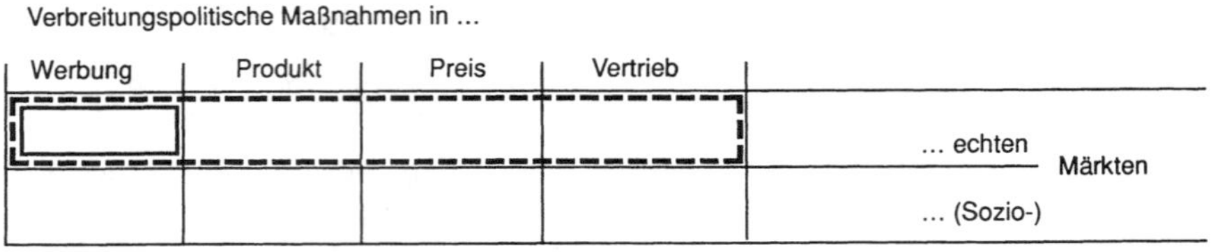

Darstellung 1: Gegenstandsbereich der Werbepsychologie.

steht, Jugendliche vom Rauchen abzuhalten, zweifelnde Christen zum Kirchgang zu bewegen, die Bevölkerung gegen Atomkraft zu mobilisieren oder Spenden für die Opfer einer Dürrekatastrophe in Afrika zu erhalten.

Die Beispiele zeigen zugleich, daß werbepsychologische Untersuchungen keineswegs stets im Interesse eines gewinnorientierten Anbieters durchgeführt werden müssen. Faktisch allerdings ist die bislang vorliegende anwendungsorientierte Forschung und praktisch-psychologische Nutzung des gewonnenen Wissens in unserer Gesellschaft meist in diesem Interesse erfolgt und weniger im Interesse von *Non-Profit-Organisationen,* der *Konsumenten* oder der *staatlichen Gemeinschaft.* Man hat also vor allem die Wirkung von *Absatzwerbung* beim Konsumenten unter dem Blickwinkel der Absatzsteigerung erforscht und kaum z. B. die Reaktionen der Wähler auf *Parteienwerbung* oder Fragen des *Verbraucherschutzes.*

Darstellung 1 illustriert die zu enge (= durchgezogen umrandet) und die zu weite Begriffsauffassung (= gestrichelt umrandet) sowie den Bereich der *Markt-* (v. Rosenstiel/Ewald, 1979) bzw. der *Soziomarktpsychologie* (Neumann, 1983), in dem W. sinnvollerweise angesiedelt sein sollte (= gerasterte Fläche). Doch auch in diesem Bereich gibt es eine engere und eine weitere Definition: Nach der engeren ist ausschließlich das Erleben und Verhalten der Nachfrager Gegenstand der W., nach der weiteren auch das Erleben und Verhalten der übrigen Teilnehmer in (Sozio-)Märkten.

2 Modelle der Werbewirkung

Die klassischen werbepsychologischen Arbeiten übernahmen implizit das Werbewirkungsmodell der Ökonomie: Man ging davon aus, daß sich die Wirkung der Werbung auf das (Kauf-)Verhalten der Zielgruppe aus deren quantitativen und qualitativen Merkmalen vorhersagen läßt. Dies ist letztlich ein *behavioristisches S-R-Modell* (Stimulus-Response-Modell). Individuelle Abweichungen von der Prognose interessierten kaum, da die Werbewirkung lediglich auf kollektivem Niveau erklärt und prognostiziert werden sollte. Individuelle Abweichungen sind dabei als Fehler zu interpretieren, die durch statistischen Ausgleich kompensiert werden (vgl. jedoch Katona, 1960).

Erst die auch von der ökonomischen Verhaltensforschung geförderte Erkenntnis (Schmölders, 1972; Strümpel/Katona, 1983), daß die Grundannahmen des S-R-Konzeptes selbst bei Verzicht auf individuelle Analysen nicht tragen, lenkte den Blick der Forscher auf die kognitiven, motivationalen und emotionalen Prozesse innerhalb des Individuums. Damit wurde der W. eine neue Dimension erschlossen, das S-R-Modell wurde zum *S-O-R-Modell* erweitert, das in der W. bis heute – zum Teil in modifizierter Form – zur Erklärung und Veranschaulichung relevanter Prozesse herangezogen wird (Howard/Sheth, 1969; v. Rosenstiel/Neumann, 1982; Kroeber-Riel, 1984). Ein Beispiel für ein derartiges Modell zeigt Darstellung 2.

Die verbreitungspolitischen Maßnahmen (einschließlich Werbung), das Marketing-Mix der Anbieter (Nieschlag et al., 1985), werden als Stimuli (= S) interpretiert, die im Organismus (= O) Wahrnehmungs- und Lernprozesse, Einstellungsbildung, allgemeine Aktivierung, Motivaktivierung und kognitive Verarbeitungsprozesse auslösen, – Prozesse, die als hypothetische Konstrukte interpretiert werden. Je nach diesen innerorganismischen Abläufen kann es dann zu bestimmten Reaktionen offenen Verhaltens (= R) kommen, z. B. zur Suche nach weiteren Informationen über das beworbene Produkt, zur Probebenutzung oder gar zum Kauf. Die werbepsychologische Forschung versucht, vor allem die in O angenommenen hypothetischen Konstrukte zu erfassen. Die gerasterten Flächen der Darstellung verdeutlichen, daß dies lediglich über Operationalisierungen auf der S- oder R-Seite möglich ist, so daß die O-Variablen nichts anderes enthalten als das, was im Rahmen des Meßvorgangs über S oder R erfaßt worden ist.

Die – auch unter anwendungsorientierter Perspektive – Begrenztheit des S-O-R-Modells zeigt sich darin, daß es zum einen die Spontaneität des Konsumenten nicht ausreichend berücksichtigt und ihn zum anderen isoliert und nicht eingewo-

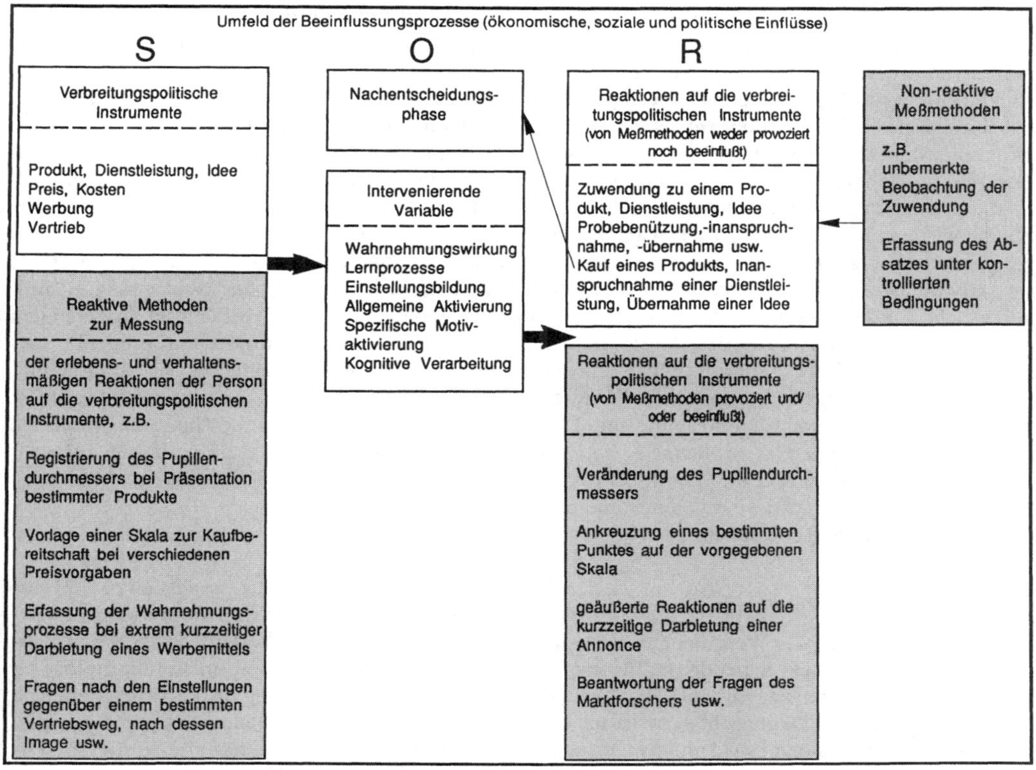

Darstellung 2: Ein S-O-R-Modell der Werbewirkung (nach v. Rosenstiel/Neumann, 1982, 47).

ben in soziale Einflußnetze sieht (z. B. Katz/Lazarsfeld, 1955). Dennoch stehen in der W. z. B. *handlungstheoretische* Konzepte noch weitgehend aus, obwohl sie sich andeuten, wenn beispielsweise Wiswede (1973) nicht nur vom Reizkauf sondern auch vom Suchkauf spricht. Auch *sozialpsychologische* Ansätze blieben bislang entweder auf eingeengte Perspektiven beschränkt, wie z. B. Entscheidungen von Ehepaaren (Dahlhoff, 1980), oder wurden als relativ abstrakte Modelle konzipiert (Spiegel, 1961). Die „Zählebigkeit" des S-O-R-Paradigmas in der W. ist wohl darauf zurückzuführen, daß es für die anwendungsorientierte Forschung ein auch praktisch nützliches Modell darstellt und darüberhinaus die Realität der Werbepraxis gut abbildet, in der ja nach wie vor das Bild des beeinflußbaren und steuerbaren Menschen dominiert (Kroeber-Riel, 1984).

3 Psychologische Wirkungsprognose und Kontrolle

Die W. zählt zur *Angewandten* und zur *Praktischen Psychologie* (v. Rosenstiel/Neumann, 1982). Sie bezieht ihre Fragestellungen in Forschung und Praxis von außen und zwar sehr häufig von einem Marktanbieter. Dieser ist in der Regel daran interessiert, den Erfolg seiner geplanten Werbung zu prognostizieren oder die Wirkung eingesetzter Werbung zu kontrollieren. *Werbeerfolgsprognose* und *Werbeerfolgskontrolle* stellen daher die wichtigsten Arbeitsgebiete des Werbepsychologen dar. Sie fallen, was die Methodik des empirischen Vorgehens betrifft, meist zusammen: So ist z. B. die Kontrolle einer Versuchswerbung zugleich eine Werbeerfolgsprognose.

Soll Erfolg prognostiziert oder kontrolliert werden, so müssen Kriterien definiert werden. Häufig wird zwischen *ökonomischem* und *außerökonomischem Erfolg* differenziert (Behrens, 1976). Da sich jedoch globale ökonomische Indikatoren (z. B. eine Marktanteilsvergrößerung oder Umsatzsteigerung) wegen der Vielzahl von Einflußfaktoren sehr oft nicht eindeutig der Werbung oder gar einzelnen Gestaltungselementen zuordnen lassen (auch nicht bei Verwendung multivariater Forschungsdesigns), erfolgt die Operationalisierung der Werbewirkung meist an außerökonomischen Kriterien: den O-Variablen (vgl. Darstellung 2), deren Ursachen leicht zu isolieren bzw. zu kontrollieren sind. Man untersucht z. B., ob und wie eine bestimmte Werbung wahrgenommen und kognitiv verarbeitet wird, welche Motive sie aktiviert, welche Lernprozesse sie ermöglicht und welche Einstellungen gebildet bzw. verändert werden. Diese Reduzierung des Anspruchs ermöglicht eine präzisere Variation und Kontrolle relevanter Bedingungen und macht die W. zu einem der wenigen anwendungsorientierten Forschungsfelder, in denen *experimentelle, apparative Laborforschung* (Spiegel, 1970; Gutjahr, 1974; Kroeber-Riel, 1984) eine bedeutsame und häufig dominierende Rolle spielt.

3.1 Wahrnehmungswirkung

Da die Wahrnehmung der Werbung eine notwendige, wenn auch keine zureichende Bedingung für alle anderen Wirkungen ist, wird ihre Analyse mit Nachdruck betrieben. Dabei geht es meist um die Frage, *was* wahrgenommen wird und *wie* es wahrgenommen wird.

Zur Beantwortung der Frage, ob der potentielle Nachfrager eine bestimmte werbliche Information überhaupt beachtet, wird häufig auf apparative Untersuchungsmethoden der Allgemeinen Wahrnehmungspsychologie zurückgegriffen, wie *Methoden der gelockerten Reizbindung* oder *Verfahren zur Blickregistrierung*. So geben Methoden, mit deren Hilfe die Verbindung zwischen distalem Reiz und wahrnehmender Person gelokkert wird (Spiegel, 1970), Auskunft darüber, ob sich die zu testende Information gegen andere (konkurrierende) Informationen durchsetzen kann, ob sie zur „Figur" (Metzger, 1975) wird vor einem diffusen Hintergrund, den die anderen Informationen darstellen, und ob sie als das erkannt wird, als was sie gesendet wurde. Zu den Methoden der gelockerten Reizbindung zählen vor allem

- *aktualgenetische* Verfahren, wie das Tachistoskop, das Nyktoskop, der Perimeter oder das Verfahren der Verkleinerung bzw. Verunschärfung, und
- Verfahren zur Überprüfung der *Gestaltfestigkeit* (Metzger, 1975), wie das Zöllner-Verfahren, die Methode der Elementenverringerung oder das torsionsstereoskopische Verfahren.

Blickregistrierungsverfahren, die in jüngster Zeit innerhalb der W. stark an Bedeutung gewonnen haben, informieren darüber, in welcher Sukzessivgestalt die werbliche Information aufgenommen wird und ob etwa besonders bedeutsame Bestandteile des Werbemittels, wie z. B. der Markenname, übergangen werden.

Will man erkunden, wie eine Information aufgenommen worden ist, so lassen sich neben vielfältigen *Befragungs-* und *Assoziationsmethoden* (Koeppler et al., 1974) wiederum die bereits genannten *aktualgenetischen* Verfahren einsetzen. Mit Hilfe des Tachistoskops kann man z. B. prüfen, ob die ersten vom Werbemittel ausgehenden Anmutungen dem vollbewußten Eindruck entsprechen, der sich bei längerer Betrachtung einstellt (Hossinger, 1982). Empirisch ungeklärt ist allerdings, ob derartige erste Anmutungen für die Imagebildung oder das Kaufverhalten relevant sind.

3.2 Lernprozesse

Die Analyse von Lernprozessen ist unter drei verschiedenen Gesichtspunkten von besonderer Bedeutung: Oft kann das Verhalten, das durch Werbung motiviert werden soll, nicht unmittelbar im Anschluß an die Werbung erfolgen. Es stellt sich also die Frage, welche Bedingungen die *Speicherung werblicher Information* begünstigen. Zur Untersuchung dieser Fragestellung werden von der kommerziellen Werbeforschung sogenannte *Recall-* und *Recognition-Verfahren* routinemäßig eingesetzt.

- Beim Recall müssen die befragten Personen von sich aus, d. h. ohne weitere Hilfen angeben, an welche der vielfältigen Werbungen sie sich erinnern, die sie zuvor in einem Experiment oder in der biotischen Situation wahrgenommen haben.
- Beim Recognition-Test sollen sie angeben, ob sie sich an eine ihr vorgelegte Werbung erinnern.
- Die Fehlermöglichkeit bei beiden Verfahren und die gelegentlich ungenügende externe Validität hat auch zur Verbreitung von „Mischverfahren" (z. B. Aided Recall) beigetragen (Koeppler et al., 1974).

Die von der Werbung ausgehenden Lerneffekte interessieren aber auch noch unter zwei weiteren Aspekten: Können mit der zunächst neutralen Produktbezeichnung bestimmte Emotionen (z. B. Erotik, Gemütlichkeit, Abenteuer) verbunden werden? Diese Lernvorgänge werden meist mit der Theorie der *Klassischen Konditionierung* erklärt (Kroeber-Riel, 1984). Übernehmen die Zielpersonen das Verhalten der in der Werbung dargestellten Leitbilder bzw. Testimonials? Diese

Lernprozesse werden meist im Sinne des *Modellernens* bzw. der *stellvertretenden Verstärkung* (Bandura, 1969) interpretiert.

3.3 Einstellungsbildung

Werbung verfolgt häufig das explizite Ziel, das Image eines Angebots (Trommsdorff, 1975) aufzubauen oder zu modifizieren, was in der Sprache der Psychologie bedeutet, Einstellungen zu bilden oder zu verändern (Trommsdorff, 1980) und damit das Angebot zu positionieren (Neumann/v. Rosenstiel, 1981). Um zu prüfen, ob eine bestimmte Werbung dies leisten kann, werden – sinnvollerweise im Kontrollgruppendesign – die Einstellungen gegenüber dem Angebot vor und nach dem Einsatz der Werbung erhoben (Axelrod, 1968). Die feststellbaren Differenzen zwischen Vorher- und Nachher-Messung können dann als Wirkung der Werbung interpretiert werden. Typische Methoden zur Messung von Einstellungen bzw. Images sind z. B.:

- einfache oder komplexe Skalierungsverfahren wie z. B. das *semantische Differential* (Bergler, 1975) oder dessen Weiterentwicklungen für den speziellen Einsatz in der Marktforschung (Fishbein, 1963; Trommsdorff, 1975),
- Verfahren der *nonmetrischen multidimensionalen Skalierung* (NMDS, Schuchard-Ficher et al., 1980),
- *Gruppenexplorationen* in verschiedenen Variationen (Salcher 1978),
- *nondirektive Gespräche* bzw. *Tiefeninterviews* (v. Rosenstiel/Neumann, 1982, 128),
- sog. *projektive Verfahren,* wie z. B. der Bildererzähltest oder der Ballontest, eine Abwandlung des Picture-Frustration-Test,
- *Satzergänzungs-* und *Lückentests* oder
- *Zuordnungstests,* wie z. B. Käuferbeschreibungen (Haire, 1950; Bergler, 1966).

Die Untersuchung der Bildung bzw. Modifikation von Einstellungen durch Werbung hat in der Marktpsychologie deshalb eine so herausragende Bedeutung, weil hier die sonst so häufig konstatierte geringe Beziehung zwischen Einstellungen und Verhalten (Benninghaus, 1976; Lilli, 1980) meist nicht gilt und – auf aggregiertem Niveau – Einstellungen als relativ valide Prädiktoren für das Verhalten angesehen werden (Dichtl/Müller-Heumann, 1972; Kroeber-Riel, 1984).

Werbung soll allerdings nicht nur eine zeitlich überdauernde Einstellungsbildung im Sinne des Imageziels mitbewirken, sondern darüberhinaus den Betrachter aktuell sowohl allgemein als auch spezifisch aktivieren.

3.4 Allgemeine Aktivierung

Das Interesse an der Aktivierungsforschung hat innerhalb der W. deutlich zugenommen, seit auch dort als gesichert gilt (Kroeber-Riel/Meyer-Hentschel, 1982; v. Keitz, 1983), daß durch eine optimale allgemeine Aktivierung die Wahrnehmung und Speicherung werblicher Information gefördert werden. Die Messung der von der Werbung ausgehenden allgemeinen Aktivierung erfolgt meist mit Hilfe *psychophysiologischer* Meßverfahren (Witt, 1977; Wimmer, 1980) und hier insbesondere durch Ableitung der elektrodermalen Aktivität (EDA). Allerdings ist im werbepsychologischen Kontext darauf zu achten, daß diese Aktivierung nicht durch Bestandteile der Werbung ausgelöst wird, die den Betrachter vom eigentlichen Werbeziel ablenken („Vampireffekt"; Kroeber-Riel/Meyer-Hentschel, 1982). Da der Einsatz psychophysiologischer Meßverfahren in aller Regel an ein Labor gebunden ist, gibt es Versuche, die allgemeine Aktivierung auch durch Befragungsmethoden zu erfassen (Meyer-Hentschel, 1983).

3.5 Spezifische Motivaktivierung

Die spezifische Aktivierung möglichst kaufrelevanter Motive durch Werbung wird häufig dann untersucht, wenn aufgrund einer Studie bekannt ist, welche Motive für den Kauf oder die Übernahme von Angeboten ausschlaggebend sind (etwa der Wunsch nach Aggressionsabfuhr für den Kauf eines bestimmten Pkw-Modells). Die Messung spezifischer Motivaktivierung erfolgt vor allem durch:

- *Verhaltensbeobachtung* in experimentellen, nach Möglichkeit nicht durchschaubaren Situationen, in denen die Versuchspersonen mit verschiedenen Varianten der Werbung konfrontiert werden (Spiegel, 1970) oder
- unterschiedliche, in Fragen und Antwortmöglichkeiten mehr oder weniger vorstrukturierte, *Befragungsmethoden* (Holm, 1975 a/b; 1976; 1979).

3.6 Kognitive Verarbeitung

Die Komplexität vieler moderner Angebote führt dazu, daß Werbung häufig nicht nur Einstellungen zu modifizieren oder zum Kauf zu aktivieren sucht, sondern auch gezielt darum bemüht ist, über erklärungsbedürftige Produkte, Dienstleistungen oder Ideen zu informieren. Um sicherzustellen, daß die Zielperson diese Informationen leicht und in der intendierten Weise versteht, werden z. B. Textinhalt und -stil, Tabellen, graphische Darstellungen und Bilder systematisch variiert und miteinander kombiniert und dann an einer repräsentativen Stichprobe getestet, um die am besten verständliche (Langer et al., 1981) Version auszuwählen (Aschenbrenner, 1977; Jacoby, 1977).

4 Wertprobleme und Perspektiven

Werbepsychologische Forschung und Praxis ist – wie wohl alle anwendungsorientierten Tätigkeiten – *interessengebunden*. Traditionellerweise unterstützten Werbepsychologen bisher vorwiegend die Interessen jener, die mit dem Ziel der Gewinnsteigerung potentielle Nachfrager zu beeinflussen suchen, wobei häufig fraglich ist, ob damit auch den Interessen dieser Nachfrager oder gar der Gesamtgesellschaft gedient wird. Zigarettenwerbung mag hier als Beispiel dienen.

W. kann aber auch sehr wohl für *„alternative"* Zwecke eingesetzt werden: Sie kann die Konsumenteninteressen vertreten (Kroeber-Riel, 1977), wenn sie z. B. empirisch nachweist, welche Werbung den Kunden irreführt oder manipuliert (v. Rosenstiel/Neumann, 1982). Sie kann dazu beitragen, staatliche Beeinflussungsstrategien (etwa zum Gesundheits- oder Umweltschutz) zu optimieren. Der W. erwachsen hier weitere Arbeitsfelder (jedes ebenfalls mit einer spezifischen Wertproblematik).

Inhaltlich sind jedoch auch in ihren konventionellen Grenzen Veränderungen zu erwarten. Sie ergeben sich aus einer Reihe von Gründen:

- Wegen zunehmender internationaler Konkurrenz und einer Internationalisierung der Märkte müssen Zielgruppen neu definiert und in veränderter Weise angesprochen werden.
- Die Härte des Wettbewerbs beschwört die Gefahr des Überschreitens ethischer Barrieren herauf (Schweiger/Schrattenecker, 1986), falls nicht Normen, Regelungen und empirische Kontrollen dem entgegenwirken.
- Die neuen Medien ermöglichen eine stärkere Individualisierung; die Grenze zwischen Massen- und Direktwerbung wird damit fließend, was zur Folge haben kann, daß man jeden Nachfrager jederzeit mit werblicher Information erreichen will, die exakt auf seinen Konsumententyp zugeschnitten ist.

Darüberhinaus werden sich die Argumentationslinien angesichts des in vielen Industriegesellschaften diagnostizierten Wertewandels (Ingelhart, 1977; Klages, 1984) ändern, d. h. sich auf die neu herausbildenden Werttypen (Oppitz/v. Rosenstiel, 1983) einstellen. Die Abhängigkeit werblicher Strategien und Aktivitäten vom unmittelbaren Erfolg zwingt auch die W. zu einer raschen Anpassung an die sich verändernden Gegebenheiten, so daß werbepsychologisches Tun zu jenen Bereichen psychologischen Handelns gehört, das vom gesellschaftlichen Wandel besonders direkt und unmittelbar berührt wird.

Literatur

Aschenbrenner, K. M.: Komplexes Wahlverhalten: Entscheidungen zwischen multiattributen Alternativen. In: Hartmann, K. D./Koeppler, K.-F. (Hrsg.): Fortschritte der Marktpsychologie. Frankfurt: Fachbuchhandlung für Psychologie, 1977, 21-50.

Axelrod, J. N.: Attitude measures that predict purchase. Journal of Advertising Research, 8, 1968, 3-18.

Bandura, A.: Principles of behavior modification. New York: Holt, Rinehart & Winston, 1969.

Behrens, G.: Werbewirkungsanalyse. Opladen: Westdeutscher Verlag, 1976.

Benninghaus, H.: Ergebnisse und Perspektiven der Einstellungs-Verhaltens-Forschung. Meisenheim: Hain, 1976.

Bergler, R.: Psychologie stereotyper Systeme. Bern, Stuttgart: Huber, 1966.

Bergler, R. (Hrsg.): Das Eindrucksdifferential. Theorie und Technik. Bern: Huber, 1975.

Dahlhoff, H.-D.: Kaufentscheidungsprozesse von Familien – Empirische Untersuchung zur Beteiligung von Mann und Frau an der Kaufentscheidung. Frankfurt: Lang, 1980.

Dichtl, E./Müller-Heumann, G.: Konsumententypologische und produktorientierte Marktsegmentierung. In: GfK (Hrsg.), Jahrbuch der Absatz- und Verbrauchsforschung. Berlin: Duncker & Humblot, 1972, 249-265.

Fishbein, M.: The investigation of the relationship between beliefs about an object and the attitude toward that object. Human Relations, 16, 1963, 233-239.

Gutenberg, E.: Grundlagen der Betriebswirtschaftslehre, Band 2: Absatz. Berlin: Duncker & Humblot, 1970.

Guthjahr, G.: Markt- und Werbepsychologie, Teil II: Verbraucher und Werbung. Heidelberg: Sauer, 1974.

Haire, M.: Projective techniques in marketing research. Journal of Marketing, 14, 1950, 649-656.

Hoffmann, H.-J.: Werbepsychologie. Berlin: de Gruyter, 1972.

Holm, K. (Hrsg.): Die Befragung. Bd. I. München: Reinhardt, 1975 a.

Holm, K. (Hrsg.): Die Befragung. Bd. II. München: Reinhardt, 1975 b.

Holm, K. (Hrsg.): Die Befragung. Bd. III. München: Reinhardt, 1976.

Holm, K. (Hrsg.): Die Befragung. Bd. VI. München: Reinhardt, 1979.

Howard, J. A./Sheth, J. N.: The theory of buyer behavior. New York: Wiley, 1969.

Hossinger, H.-P.: Pretests in der Marktforschung. Würzburg: Physika, 1982.

Inglehart, R.: The silent revolution. Changing values and political styles among Western publics. Princeton: University Press, 1977.

Jacoby, J.: Information load and decision quality: Some contested issues. Journal of Marketing Research, 14, 1977, 569-573.

Katona, G.: Das Verhalten der Verbraucher und Unternehmer. Tübingen: Mohr, 1960.

Katz, E/Lazarsfeld, P. F.: Personal influence. The part played by people in the flow of mass communication. New York:

London, 1955; (deutsche Übersetzung von R. Bischoff, München: Oldenbourg, 1962).
Keitz, B. v.: Wirksame Fernsehwerbung. Die Anwendung der Aktivierungstheorie auf die Gestaltung von Werbespots. Würzburg: Physica, 1983.
Klages, H.: Wertorientierungen im Wandel. Rückblick, Gegenwartsanalyse, Prognosen. Frankfurt: Campus, 1984.
Koeppler, K.-F./u. a.: Werbewirkungen definiert und gemessen. Braunschweig: Velbert, 1974.
Kotler, Ph.: Marketing für Nonprofit-Organisationen. Stuttgart: Poeschel, 1978.
Kroeber-Riel, W.: Kritik und Neuformulierung der Verbraucherpolitik auf verhaltenswissenschaftlicher Grundlage. Die Betriebswirtschaft, 37, 1977, 89-103.
Kroeber-Riel, W.: Konsumentenverhalten. München: Vahlen, 1984.
Kroeber-Riel, W./Meyer-Hentschel, G.: Werbung. Steuerung des Konsumentenverhaltens. Würzburg: Physica, 1982.
Langer, I./Schulz v. Thun, F./Tausch, R.: Sich verständlich ausdrücken. München: Reinhardt, 1981.
Lilli, W.: Zum Vorhersagewert von Einstellungen für das reale Verhalten. Marketing-ZFP, 3, 1980, 179-184.
Metzger, W.: Gesetze des Sehens. Frankfurt: Kramer, 1975.
Meyer-Hentschel, G.: Aktivierungswirkung von Anzeigen. Meßverfahren für die Praxis. Würzburg: Physica, 1983.
Münsterberg, H.: Psychologie und Wirtschaftsleben – Ein Beitrag zur angewandten Experimental-Psychologie. Leipzig: Barth, 1912.
Neumann, P.: Die Bedeutung psychologischer Marktforschung für das Marketing. WWG-Informationen, 93, 1983 (Juni), 65-73.
Neumann, P./Rosenstiel, L. v.: Positionierungsforschung für die Werbung. In Tietz, B. (Hrsg.): Die Werbung, Handbuch für Werbe- und Kommunikationswirtschaft, Bd. 1. Landsberg: Moderne Industrie, 1981, 767-837.
Nieschlag, R./Dichtl, E./Hörschgen, H.: Marketing – Ein entscheidungstheoretischer Ansatz. Berlin: Duncker & Humblot, 1985.
Oppitz, G./Rosenstiel, L. v.: Wandel der Lebensstile? Marketing ZFP, 4, 1983, 263-270.
Rosenstiel, L. v./Ewald, G.: Marktpsychologie (in 2 Bänden). Stuttgart: Kohlhammer, 1979.
Rosenstiel, L. v./Neumann, P.: Einführung in die Markt- und Werbepsychologie. Darmstadt: Wissenschaftliche Buchgesellschaft, 1982.
Salcher, F.: Psychologische Marktforschung. Berlin: de Gruyter, 1978.
Schmölders, G.: Das Bild vom Menschen in der Wirtschaftstheorie. Von dem Modell des „homo oeconomicus" zur empirischen Verhaltensforschung. In: Gadamer, H.-G./Vogler, P. (Hrsg.): Neue Anthropologie Bd. 3, Sozialanthropologie. Stuttgart: Thieme, 1972, 134-167.
Schuchard-Ficher, C./Backhaus, K./Humme, U./Lohrberg, W./ Plinke, W./Schreiner, W.: Multivariate Analysemethoden. Berlin, Heidelberg, New York: Springer, 1980.
Schweiger, G./Schrattenecker, G.: Werbung. Stuttgart: Fischer, 1986.
Scott, W. T.: The psychology of advertising. Boston: Small, Maynhardt & Co., 1908.
Spiegel, B.: Die Struktur der Meinungsverteilung im sozialen Feld. Das psychologische Marktmodell. Bern, Stuttgart: Huber, 1961.
Spiegel, B.: Werbepsychologische Untersuchungsmethoden. Berlin: Duncker & Humblot, 1970.
Strümpel, B./Katona, G.: Psychologie gesamtwirtschaftlicher Prozesse. In: Irle, M. (Hrsg.): Enzyklopädie der Psychologie, Bd. 4, Marktpsychologie als Sozialwissenschaft. Göttingen: Hogrefe, 1983, 225-281.
Trommsdorff, V.: Die Messung von Produktimages für das Marketing. Köln: Heymann, 1975.
Trommsdorff, V.: Image als Einstellung zum Angebot. In: Hoyos, Graf C./Kroeber-Riel, W./Rosenstiel, L. v./Strümpel, B. (Hrsg.): Grundbegriffe der Wirtschaftspsychologie. München: Kösel, 1980, 117-128.
Wimmer, R. M: Die Auswirkungen von Kontaktwiederholungen bei emotionaler Werbung – eine psychobiologische Untersuchung. Diss. Univ. Saarbrücken, 1980.
Wiswede, G.: Motivation und Verbraucherverhalten. München, Basel: Reinhardt, 1973.
Witt, D.: Blickverhalten und Erinnerung bei emotionaler Anzeigenwerbung – eine experimentelle Untersuchung mit der Methode der Blickaufzeichnung. Diss. Univ. Saarbrücken, 1977.
Zwiedineck-Südenhorst, O. v.: Allgemeine Volkswirtschaftslehre. Berlin: Duncker & Humblot, 1932.

Wertewandel

Arne Stiksrud

1 Psychologie und Werte

In nahezu jeder Subdisziplin der Psychologie macht man sich Werte zum Thema.

In der *Persönlichkeitspsychologie* und *differentiellen Psychologie* interessiert man sich für die Unterschiede zwischen definierten Personengruppen bezüglich ihrer jeweiligen Wertpräferenz oder Werthierarchie bzw. für empirische Gruppierungen von Werten (Stiksrud, 1976; Schneider, 1983).

In der *Entwicklungspsychologie* dominieren zwei Forschungsrichtungen. In der einen geht es um die Veränderung moralischen Regelbewußtseins, d. h. um die Entwicklung von Werturteilen: Wie gut, schlecht, akzeptabel, „wertvoll" usw. ist ein Verhalten? Welche kognitive Ausstattung bringt in welchem Entwicklungsabschnitt welche Werturteile mit sich? (Montada, 1982) Die zweite entwicklungspsychologische Forschungstradition interessiert sich für alters- bzw. lebensphasentypische Wertvorstellungen, die nicht nur moralisch-wertender Natur sein müssen; auch ästhetische und utilitaristische Wertvorstellungen werden altersbezogen erhoben (Ruppert, 1931; Tyszkowej/Zurakowskiego, 1984; Stiksrud, 1984a).

Die *Motivationspsychologie* ist nach Krieger (1984, 45) die „kompetente Bezugsdisziplin" für wertpsychologische Fragestellungen: Es geht darum, was „psychologisch" das Erleben und Verhalten steuert. Bei „Werten" geht es um „Motivatoren", d. h. um ein interaktionales Konstrukt der Werthaftigkeit oder Valenz von Dingen oder Personen, das sich „aus der Interaktion von (objektiv bestimmt gearteten) Personen, die Ziele haben, mit (objektiv bestimmt gearteten) Umwelten, die diese Ziele sind oder zu ihnen führen" konstituiert (Graumann/Willig, 1983, 320).

In der *Sozialpsychologie* sind Werthaltungen nach Scholl-Schaaf (1975) am besten als intervenierende Variable zu kennzeichnen: Sie sind sowohl als Vermittler zwischen den sozialen Merkmalen des Umfeldes und dem individuellen Verhalten anzusehen, als auch als Wirkgrößen in Richtung auf Veränderung des sozialen Umfeldes. Preiser (1985) zieht Parallelen zwischen Werten und Einstellungen. Die Bedeutsamkeit von Werten für eine Person läßt sich demnach erst erkennen, wenn Werte in Handlungs- oder Entscheidungssituationen aktiviert werden; diese Aktivierung ist dann am höchsten, wenn Werte durch „Un-Werte" bedroht sind. Es gibt auch die These, wonach Werte nur indirekt dadurch bestimmbar sind, daß man Individuen danach fragt, worauf sie am wenigsten verzichten könnten bzw. was für sie die größte Bedrohung oder den größten Verlust darstellen würde.

Besonders in der *Arbeits- und Organisationspsychologie* werden Werte untersucht (Conrad, 1984; Vaassen, 1984; Wilpert, 1986): Es geht hier um die Nahtstelle zwischen gesellschaftlicher Normensetzung – meist im Arbeitsprozeß – und individueller Wertsetzung sowie deren Entsprechungen.

Auch in der *Klinischen Psychologie* (Kaplan, 1982; Lauth, 1985), der *Pädagogischen Psychologie* (Schuch/Lück, 1980), der *Forensischen Psychologie* (Stiksrud/Margraf, 1980) wie der *Marktpsychologie* (Silberer, 1983) können wertpsychologische Fragestellungen zentral oder marginal zum Gegenstand werden.

2 Definition und Operationalisierung

Mit „Wert" – gewöhnlich spricht man nur im Plural von „Werten" – bezeichnet man in den empirischen Sozialwissenschaften meist einen Sachverhalt, der folgende Bestimmungselemente enthält (Smith, 1969, 327 f.): Zum einen geht man von der (zumeist) kognitiv gesteuerten Handlung des Bewertens aus. Das Tätigkeitswort „werten" beinhaltet ein selektives Tun; eine Person wählt etwas aus, lehnt es ab, zeigt daran Interesse, billigt bzw. mißbilligt etwas. Dieses „etwas" wird oft mit der Abstraktion „Wert" (qua Substantiv) bezeichnet; es ist das Objekt aus einer Gruppe von Strebens-, Norm-, Valenz- oder Ziel-Inhalten. Diese letztgenannten Inhaltsklassen stehen für das jeweilige Bewertungsbezugssystem, das einerseits den Maßstab des Bewertens liefert, andererseits damit die Inhaltsklasse der „Werte" vorgibt. Die klassische Einteilung des Werte-Universums in *ästhetische, moralische* und *utilitaristische* (Kraft, 1971, 44 ff.) gibt somit *eine* Einteilungsform „der" Werte vor, wie auch drei Bezugssysteme des „Wertens".

In modernen psychologischen Definitionsversuchen geht es entweder um eine dem „Werten" zugrundeliegende *Präferenzlogik* (Westmeyer, 1984) oder um das *Wertungs-Bezugssystem* – z. B. um normenreguliertes Verhalten (Herrmann, 1982) oder schlichtweg um *Bedürfnisanalysen* (Brandtstädter, 1984). Die Verbindung von „Werten" mit anderen Konstrukten der Psychologie, wie Bedürfnissen, Interessen, Einstellungen usw. ist Hinweis sowohl auf ihre Verflochtenheit in unterschiedliche psychologische Gegenstandsbereiche, als auch auf ihre Unselbständigkeit als ein markant separierbarer Sachverhalt der Psychologie (Stiksrud, 1981).

Für die Operationalisierung von Werten gibt es keine verbindlichen Regeln, und vielfach wird eher aufgrund von erhobenen Interessen, Einstellungen, Motivkatalogen, Dilemma-Entscheidungsbegründungen usw. auf zugrundeliegende Werthaltungen, Wertemuster, Wertkognitionen, Wertungsbereitschaften usf. geschlossen. Beispielsweise haben Bortz und Leitner (1979) Umstellungen im kognitiven Wert- und Normensystem durch die Lektüre zweier bekannter überregionaler deutscher Tageszeitungen untersucht. Beide Zeitungen sind bekannt durch ihre entgegengesetzte Wert-Tendenz in Grundsatzfragen – z. B. Marktwirtschaft, staatliche Ordnungsmaßnahmen, Gewerkschaften usw.; die Leser näherten sich in ihren eigenen Wert- und Einstellungsrichtungen den vermittelten Werttendenzen an, und dies unabhängig von der „Prädisposition" zu bestimmten Wertungen (Schönpflug/Schönpflug, 1983, 404).

Haering (1913) dürfte als erster auf grundlegende Operationalisierungsregeln in Sache „Werte" aufmerksam gemacht haben. Die Wertung stellt demnach eine Beziehung zwischen psychologischem Objekt (Wertgegenstand) und Subjekt (wertende Person) her. Variationsmöglichkeiten im Objektbereich sind in der *Nennung der (Wert-)Objekte* (z. B. Gegenstände, Personen, Gefühle usw.), in der Vorgabe des *Bewertungsmaßstabes* (ästhetisch, utilitaristisch, moralisch) und des *Bewertungsspielraumes* (z. B.: „wissenschaftliches Arbeiten" hat den ersten, zweiten, ..., letzten Rangplatz in meiner Lebensplanung). Der „Wertewandel kann als Differenz der Wertorientierungen einer Bevölkerung P im Zeitbereich t_i und im nachfolgenden Zeitbereich t_{i+1} konzeptualisiert werden" (Herrmann, 1982, 62). Diese Differenz kann sich im Neuauftreten bzw. Verschwinden von (Wert-)Objekten zeigen: Beispielsweise würde vermutlich heutzutage eine Befragung von Jugendlichen nach ihren Vorbildern andere Vorbilder ergeben als zu Zeiten von Jaides (1963) großangelegten Bevölkerungsbefragungen. Die Differenz kann sich darin zeigen, daß sich Bewertungsbezugssysteme wandelten: Beispielsweise dürfte die Wertvorstellung „Natur – Tiere, Wald, Meer, Berge, Wandern" (Stiksrud, 1979; 1984 b) vor dem epochalen Hintergrund des Waldsterbens oder der radioaktiven Verseuchung von Stadt und Land nahezu moralische Konnotationen im Sinne der Verantwortlichkeit für kommende Generationen mit sich bringen (t_{i+1}); zu Zeiten der Beantwortung einer vorgegebenen Wertrangliste bedeutete die Rangplazierung des genannten Wertes vielleicht nur eine utilitaristische Bevorzugung im Sinne des Rekreativen (t_i).

Am leichtesten dürften sich psychometrisch Wertwandel-Differenzen feststellen lassen, indem man die Wert-Objekte und das Bewertungsbezugssystem konstant hält und nur Variationsmöglichkeiten im Bewertungsspielraum – etwa dem Rangplatz einer Wertvorstellung – zuläßt. Nach Lenk (1975, 158) trifft dieses operationale Vorgehen des Vergleichs von Präferenz-Aggregaten auf berechtigte Kritik, „da Werte nicht so sehr von faktischen Vorzugsrelationen handeln, sondern von rational argumentativ gerechtfertigten oder zu rechtfertigenden Vorziehbarkeitsbeziehungen ... Nur wenn man die Begründung einer Präferenzrelation liefern kann, kann man von ihr zum Wert übergehen". – Vielleicht ist es das Fehlen des letztgenannten Aspekts in Werte-Operationalisierungen, das die sichtliche Enttäuschung bei manchen Komponisten von Sammelartikeln in Sachen Werte-Psychologie erzeugt – insbesonders, wenn sie die Wertrangskalen von Rokeach (1973) negativ „bewerten" (Stiksrud, 1982; Graumann/Willig, 1983; Westmeyer, 1984; Six, 1985).

3 Wertewandel: Diskussion eines Forschungsbeispiels

An den Untersuchungen, die einen Wertewandel vom *„Materialismus"* zum *„Postmaterialismus"* für einige westliche Kulturen zu diagnostizieren vorgeben, lassen sich Probleme (1) der Erfassung von Werten, (2) der Methodik der Veränderungsmessung, (3) der Entwicklungs-, (4) der Sozial-, (5) der Motivations- (6) wie der Arbeits- und Organisationspsychologie demonstrieren.

Inglehart (1977; 1981) formulierte für seine Materialismus - versus - Postmaterialismus - Wertwandel-Theorie zwei Arbeitshypothesen: Die sog. *Sozialisations-Hypothese* besagt, daß die Beziehung zwischen sozioökonomischer Umwelt und den (subjektiven) Wertprioritäten nicht direkt die einer Anpassung ist. Die lebenszeitliche Verzögerung zwischen beiden Größen drückt sich darin aus, daß in Kindheit und früher Jugend durch die sozioökonomischen Bedingungen die Werte vorgestanzt werden, die der Erwachsene dann faktisch hat. Die zweite Arbeitshypothese, die sog. *Knappheits-Hypothese* (auch Mangel-Hypothese), besagt, daß die Prioritäten eines Individuums – d. h. seine Werte – die sozioökonomische Umwelt widerspiegeln; d. h. man schätzt jene Dinge subjektiv am höchsten ein, die verhältnismäßig knapp sind.

In der ersten Prämisse steckt die implizite entwicklungspsychologische Behauptung, daß die Kindheit bzw. noch mehr die Jugendjahre die entscheidenden Jahre für die Werte-Sozialisation sein sollen. Von dieser „fresh-contact-Hypothese" des Jugendalters mit der ihr eigenen zeitgeschichtlichen Epoche blieb in der Psychologie des Jugendalters nur die folgende Modifikation von Ewert (1983, 9) übrig, wonach der Jugendliche zwar in den Gewohnheiten einer definierten soziokulturellen Umwelt aufwächst, aber nicht das Produkt dieser Gewohnheiten ist: „Er interpretiert sie, verleiht ihnen Sinn oder verwirft sie auf der Suche nach neuen Entwürfen ..."

In Ingleharts Knappheits-Hypothese steckt wiederum eine schwerlich überprüfbare Psychologie, nämlich die der *Werte- bzw. Bedürfnis-Hierarchie* von Maslow (1954/1981). Diese Hierarchie baut sich aus fünf – später sechs – Grundstufen der Bedürfnisse auf: (1) physiologisch-biologische, (2) Sicherheits-, (3) sozial-emotionale, (4) Ich- (Ansehen/Prestige) und (5) Selbstverwirklichungs-Bedürfnisse. Ein (6) Bedürfnis nach Transzendenz stellt eine neue Stufe dieses „Zwiebelmodells" der Motiventfaltung dar; nach Schönpflug und Schönpflug (1983, 403) schreitet in Maslows Theorie die Entwicklung nicht einfach von Stufe zu Stufe fort, wobei alte Stufen verlassen und neue betreten werden, vielmehr schließt jede neue Schicht der „Zwiebel" die früheren Schichten ein. Die Bedürfnisse 1, 2, 3 und 4 gelten als defizitäre (D-Needs), die Bedürfnisse 5 und 6 als B-Motive (Being-Values) (Maslow, 1968). Theoretisch setzt die Befriedigung von B-Motiven (z. B. 5) die Befriedigung von D-Bedürfnissen voraus.

Inglehart (1977) setzt seine Materialismus-Werte analog den D-Motiven; die Postmaterialismus-Werte setzt er analog dem B-Wert „Selbstverwirklichung". Er konstruierte ein 4-Item- bzw. 12-Item-Inventar, von dem jeweils die Hälfte für die eine oder andere Werte-Kategorie indikativ ist. Aus den Unterschieden zwischen Erwachsenen und jungen Erwachsenen *einer* Epoche in den M- bzw. P-Werten extrapoliert Inglehart einen säkularen Wert-Wandel mit „präzisen" Aussagen über zwei mit seinen Methoden unzugängliche Epochen, nämlich die der Kindheit und Jugend der befragten Erwachsenen und die des Erwachsenseins der befragten jungen Leute. Die Erwachsenen seiner Stichproben waren in Kindheit und Jugend infolge epochaler Ereignisse in den D-Motiven frustriert worden und sind infolgedessen an diesen D-Motiven haften geblieben, da ja im Jugendalter die „Value-Formation" stattfindet – laut Sozialisations-Hypothese. Die jungen Leute konnten alle Entwicklungsstufen der Bedürfnishierarchie erfolgreich passieren, da sie, aufgewachsen in einer Epoche der Prosperität, die Chance hatten, in der obersten Zwiebelschicht – der Bel-Etage – der Werthierarchie Maslows anzukommen.

Böltken und Jagodzinski (1984, 70) kommen anhand der Reanalyse der Materialismus-Postmaterialismus-Werte bei Kohorten-Untersuchungen, die den Zeitraum von 10 Jahren umfassen, zu folgendem Resultat:

> „Es zeigt sich keine Konstanz von Werten über eine 10jährige Zeitspanne, die Schwankungen entsprechen zu einem erheblichen Teil nicht der wirtschaftlichen Lage, sie führen vielmehr zu gegenläufigen Entwicklungen in Vor- und Nachkriegsgenerationen, die die Generationsunterschiede fast vollständig aufheben. Entweder ist die Postmaterialismustheorie falsch, oder das Meßinstrument fehlerhaft, oder die zugrundegelegte Datenbasis nicht zuverlässig – uns scheint nicht ausgeschlossen, daß alle drei Möglichkeiten gleichermaßen zutreffen."

Woher kommt die Suggestivwirkung der Inglehartschen Thesen auf die Sozialwissenschaften, der sich Jaide (1983) – vergeblich (?) – rational-argumentativ entgegen zu stemmen versucht? Ein Motiv dürfte eine epochal-säkularer Entwicklungs-Optimismus sein, der nicht nur für die individuelle Entwicklung (Schmidt, 1970, 436) zu gelten scheint: Demnach kann man von Veränderungen in der Entwicklung nur sprechen, wenn Übergänge von einem Ausgangszustand in einen Endzustand mit Hilfe von Wertmaßstäben zu beschreiben sind, die den Endzustand als höherwertig gegenüber dem Ausgangsstatus qualifizieren.

Gegen die volkswirtschaftlich pessimistische Sicht der Postmaterialismus-Prophetie, wonach Selbstverwirklichung und nicht Verwirklichung in Arbeit und Beruf die „neuen" Werte seien (vgl. einige Kapitel in Yankelovich et al., 1985) sprechen empirische Befunde von Wilpert und Ruiz (1985, 217). Entgegen dem Schon-beinahe-Dogma von einem Niedergang oder gar Zerfall traditionaler Arbeitsethik stellen sie bei einer deutschen repräsentativen Stichprobe fest, „daß Arbeiten bei allen Altersgruppen einen großen Stellenwert besitzt und Unterschiede zwischen den Altersgruppen (z. B. geringere Zentralität des Arbeitens bei jüngeren) lebenszyklischen Bedingungen zuzurechnen sind".

4 Transmission von Werten (Sozialisation und Pädagogik)

Das Verhältnis der Jugendgeneration zur Erwachsenengeneration wird nicht selten als eines dargestellt, in dem die Erwachsenen als Repräsentanten einer Kultur mit ihren vorgegebenen Werten diese an die Jugendgeneration weiterzugeben haben. Die Stabilität einer Kultur in einem nationalen oder gesellschaftlichen Gefüge erscheint dann garantiert, wenn das „Sender"- bzw. „Empfänger„-Verhalten sich eindeutig an der Generationenabfolge zeigt. In dieses allgemeine Werte-(Stabilitäts-)Transmissionsmodell plaziert Claessens (1972, 149 ff.) die *Kernfamilie* als elastisches Medium der Tradierung soziokultureller Werte: Die sog. kulturellen Werte schränken nach Claessens den Gesamtbereich aller möglichen Werte ein, sie „beschneiden" und „egalisieren" die Individualwerte – die Claessens „Triebwerte" nennt; nur die Kernfamilie ist demnach die Institution, die dem Nachwuchs im Rahmen der Forderungen der Gesellschaft sowohl Loyalität zu ihr, als auch personale Integrität zu vermitteln vermag. Die Familie stellt die „Außenhaut" der zeitstabilen Kleingruppe gegenüber der Großgruppe dar und filtert, modifiziert, schirmt ab, vereinfacht, spezifiziert usw. die kulturellen Werte in ihren bedrohlichen und harten Widersprüchlichkeiten. Die Familie gibt gleichzeitig die Möglichkeit der Persönlichkeitsentfaltung, deren Erwachsenenziel schießlich die Gesellschafts- und Wert-Loyalität ist, die wiederum Voraussetzung für die Transmission von kulturellen Werten auf die nachfolgende Generation ist.

Die umgekehrten Wert-Einflüsse der Jugend auf die Erwachsenen, im Sinne „rückbezogener" Sozialisation, werden von Klewes (1983) systematisiert. Was den Eltern „rück"-vermittelt wird, ist schwerlich auszumachen, da höchstens analytisch – kaum operational – voneinander zu trennen ist, was (1) das Vorhandensein des Kindes/Jugendlichen (sog. Child-effect) per se in der Eltern-Kind-Transaktion mit sich bringt, was (2) die allgemeinen und spezifischen Folgen von Eltern- wie Kinder-Rollen sind, was (3) inhaltlich im Sinne der Modifikation vorhandener Wertorientierungen und der Vermittlung von neuen Kulturelementen seitens der Kinder/Jugendlichen bei den Eltern langfristig erreicht wird.

Die Tradierung von Werten läßt sich nicht ausschließlich auf das Transmissionsgefüge der Generationsbeziehungen familialen Typs einschränken. Wie Nickel (1976) aufzeigt, ist dies nicht ein einseitiger Vermittlungsprozeß, der von den Lehrern auf ihre Schüler hin erfolgt. Mehr und mehr rückt die *transaktionale* Seite dieses Vermittlungsprozesses aus *handlungstheoretischer* Sicht in den Mittelpunkt.

Müller-Fohrbrodt (1983, 282) formuliert aus dieser Perspektive eine Kritik des Kohlbergschen *Moral-Entwicklungs*-Ansatzes (Kohlberg, 1980; Hartmann, 1982) als zu ich-fern, intellektualistisch-kognitivistisch, situationsabgehoben usw.; desgleichen kritisiert sie den pädagogisch orientierten *Wertklärungs*-Ansatz (Rogers, 1964; Raths et al., 1976) als einen, der zwar die emotionale Seite des Wertens berücksichtigt, aber auch wertbegründetes Handeln in konkreten Situationen außer acht läßt und insbesondere werthaltige Konfliktsituationen ausspart: „Während beim kognitiven Ansatz des moralischen Urteils sowie beim Wertklärungsansatz jeweils *spezifische Kompetenzen* vermittelt werden, geht es nun darum zu fragen, was denn die *Performanz* in konkreten Lebenssituationen bestimmt und wie diese durch werterziehenden Unterricht verbessert werden kann." Als Ober-Lernziel des werterziehenden Unterrichts wird die Förderung bewußten Handelns bei Wertentscheidungen und Bewertungskonflikten genannt. Dafür wird ein Handlungsablauf-Modell mit entsprechenden Teilschritten konzipiert, die ihrerseits Unter-Lernziele des werterziehenden Unterrichts darstellen. Die jeweils individuelle *Zielsetzung* einer Person in Konfliktsituationen soll das „Fleisch" dieses formalen Gerüsts der Werteinstruktion sein. Dieses Wertekurrikulum beabsichtigt also eher einen kompetenten Umgang mit individuellen Werten, denn eine Indoktrination von (quasi-)objektiven Werten. Jenseits von konventioneller Moral-Psychologie und -Pädagogik nennt die Autorin ein Unterlernziel, mittels dessen versucht wird, sich der individuellen Wertentwicklung wie dem historischen Wertewandel operational anzunähern:

„Es muß sensibilisiert werden für die Interpretationsbedürftigkeit auch angeblich ganz eindeutiger, unproblematischer Begriffe. Bei Werten variieren sowohl die Namen als auch die inhaltlichen Definitionen, und zwar sowohl historisch als auch interpersonell. Bei Wertauseinandersetzungen ist daher jeweils zu klären, wer mit welchem Wort was meint" (Müller-Fohrbrodt, 1983, 292).

Aus der Sicht einer „Meta-Ebene" läßt sich fragen, ob der historische Wandel des Umgangs mit Wertkonzepten, speziell in der Erziehungslehre, nicht das beste Indiz für die Diagnose eines Wertewandels über die Zeiten ist.

5 Werte-Konfrontation (psychologische Intervention)

In der Psychologie ist entweder der intraindividuelle Wertewandel als entwicklungspsychologisches Problem vorgegeben (Oerter, 1979; De Vol/Schweflinghaus, 1985), oder man interessiert sich aus pädagogischer Perspektive für die Veränderung oder Resistenz von Werten. Relativ neu hingegen erscheint der Versuch klinisch-psychologischer Intervention vermittels individueller Werthaltungen bzw. kognitiver *Werte-Umstrukturierung* – obwohl er historische Vorläufer in der *Individualpsychologie* Alfred Adlers (Titze, 1979) bzw. in der *Logotherapie* von Frankl (1975) hat.

Eine in mancher Hinsicht exemplarische Studie zum Wertewandel über psychotherapeutisches Handeln von Rosenthal (1955) konnte über eine 60-Itemliste mit moralischen Inhalten zu psychotherapierelevanten Themen (wie „Aggression“, „Sexualität“ und „Autorität“) folgendes feststellen: Klienten mit einer sichtlichen Besserung infolge Psychotherapie hatten sich in ihren „Werten“ denen der Psychotherapeuten angeglichen; erfolglose Psychotherapien zeigten das Gegenteil. Rosenthal führt dieses Resultat auf einen verdeckten Lernprozeß (covert learning) zurück, wonach der Therapeut seine Werte dem Patienten sehr subtil und oft unbeabsichtigt zeigt – selbst wenn er dies zu vermeiden trachtet. In Bühlers (1975) *humanistischer Psychologie* sind „Werte“ sowohl auf seiten des Klienten wie auf seiten des Psychotherapeuten *das* psychotherapeutische Agens. Dieses besteht darin, Hilfestellungen für den Klienten beim kognitiven Diskriminieren von Werten anzubieten, bzw. den Suchenden mit alternativen Wertmöglichkeiten zu konfrontieren.

Eine Methode der *Werte-Konfrontation* im engeren Sinne stellt das therapeutische Vorgehen von Hermans dar (1976, 1981; vgl. auch Stiksrud/Wobit, 1983). In dieser Therapie-Theorie haben Werte sowohl eine affektiv-motivierende als auch eine kognitiv-steuernde Funktion. Affekte „an sich“ haben keine Existenz – es gibt nur ein affektives Involviertsein in eine Angelegenheit bzw. durch sie; die Persönlichkeit vollzieht eine gerichtete affektive „Bewertung“ dieser Angelegenheiten als Erlebnis-Gegenstände. Was eine Person als bedeutungsvoll und damit wertvoll in dieser Welt erfährt und affektiv „bewertet“, sind die Wertbereiche (value areas). An der Beziehung zwischen einem „realen Ich“ und einem „symbolischen Ich“ lassen sich im Kontext einer der Werte-Konfrontation zugrundeliegenden *Selbst-Konzept*-Theorie die individuellen Störungen dann festmachen, wenn es zwischen beiden „Ichs“ zu deutlichen Bewertungsdiskrepanzen kommt, welche die kognitive Begleitsymptomatik blockierter Prozesse ist. Die Wertekonfrontation stellt eine den therapeutischen Wandlungsprozeß dokumentierende (ipsative) Werte-Diagnostik zur Verfügung, die nicht losgelöst von Theorie und Praxis ist (Stiksrud/Zorn, 1983).

Literatur

Böltken, F./Jagodzinski, W.: Viel Lärm um Nichts? Zur „Stillen Revolution“ in der Bundesrepublik, 1970-1980. In: Stiksrud, A. (Hrsg.): Jugend und Werte. Weinheim: Beltz, 1984, 60-72.

Bortz, J./Leitner, K.: Zur Frage der Beziehung zwischen der attitüdenändernden Wirkung zweier Tageszeitungen und ihrer Bewertung. Zeitschrift für Sozialpsychologie, 10, 1979, 70-84.

Brandtstädter, J.: Bedürfnisse, Werte und das Problem optimaler Entwicklung. In: Klages, H./Kmieciak, P. (Hrsg.): Wertwandel und gesellschaftlicher Wandel (3. Aufl.). Frankfurt: Campus, 1984, 556-569.

Bühler, C.: Die Rolle der Werte in der Entwicklung der Persönlichkeit und in der Psychotherapie. Stuttgart: Klett, 1975.

Claessens, D.: Familie und Wertsystem. Eine Studie zur „zweiten, soziokulturellen Geburt“ des Menschen und der Belastbarkeit der ‚Kernfamilie‘. Berlin: Duncker & Humblot, 1972.

Conrad, P.: Arbeitszufriedenheit und Wertanalyse – eine empirische Untersuchung. Management Forum, 4, 1984, 3-29.

De Vol, D. M./Schweflinghaus, W.: Wertbereichsbezogene Selbstschemata bei Jugendlichen im Alter zwischen 11 und 16 Jahren – Ausgesuchte Befunde einer Längsschnittuntersuchung. In: Liepmann, D./Stiksrud, A. (Hrsg.): Entwicklungsaufgaben und Bewältigungsprobleme in der Adoleszenz. Göttingen: Hogrefe, 1985, 121-132.

Ewert, O.: Entwicklungspsychologie des Jugendalters. Stuttgart: Kohlhammer, 1983.

Frankl, V.: Theorie und Therapie der Neurosen. München: Reinhardt, 1975.

Graumann, C. F./Willig, R.: Wert, Wertung, Werthaltung. In: Thomae, H. (Hrsg.): Theorien und Formen der Motivation. Enzyklopädie der Psychologie, C, IV, 1. Göttingen: Hogrefe, 1983, 312-396.

Haering, T.: Untersuchungen zur Psychologie der Wertung (auf experimenteller Grundlage) mit besonderer Berücksichtigung der methodologischen Fragen. Erster Teil: Ziel und Methode der Untersuchung. Archiv für Psychologie, 26, 1913, 269-360. Zweiter Teil: Die Ergebnisse. Archiv für Psychologie, 27, 1913, 62-194 und 285-366.

Hartmann, H. A.: Über moralisches Urteilen und Handeln. In: Wertepluralismus und Wertwandel heute. Schriften der Philosophischen Fakultät der Universität Augsburg, Bd. 23. München: Vögel, 1982, 51-74.

Hermans, H. J. M.: Value areas and their development. Theory and method of self-confrontation. Amsterdam: Swets/Zeitlinger, 1976.

Hermans, H. J. M.: Persoonlijkheid en waardering. Deel I/II. Lisse: Swets/Zeitlinger, 1981.

Herrmann, T.: Wertorientierung und Wertwandel. Eine konzeptuelle Analyse aus dem Blickwinkel der Psychologie. In: Stachowiak, H./Herrmann, T./Stapf, K. (Hrsg.): Bedürfnisse, Werte und Normen im Wandel. Bd. II: Methoden und Analysen. München: Fink/Schöningh, 1982, 29-71.

Inglehart, R.: The silent revolution: Changing values and political styles among western publics. Princeton/Guilford: University Press, 1977.

Inglehart, R.: Wertwandel in den westlichen Gesellschaften: Politische Konsequenzen von materialistischen und postmaterialistischen Prioritäten. In: Klages, H./Kmieciak, P. (Hrsg.): Wertwandel und gesellschaftlicher Wandel (2. Aufl.). Frankfurt: Campus, 1981, 279-316.

Jaide, W.: Aus empirischen Untersuchungen über Vorbilder heutiger Jugendlicher. In: Schenk-Danzinger, L./Thomae, H. (Hrsg.): Gegenwartsprobleme der Entwicklungspsychologie (Festschrift für Charlotte Bühler). Göttingen: Hogrefe, 1963, 157-172.

Jaide, W.: Wertewandel? Grundfragen zur Diskussion. Opladen: Leske/Budrich, 1983.

Kaplan, H. F.: Ist die Psychoanalyse wertfrei? Bern: Huber, 1982.

Kastner, P.: Adoleszente Normenauseinandersetzung und moralisches Urteil. In: Stiksrud, A. (Hrsg.): Jugend und Werte. Weinheim: Beltz, 1984, 236-248.
Klewes, J.: Retroaktive Sozialisation: Einflüsse Jugendlicher auf ihre Eltern. Weinheim: Beltz, 1983.
Kohlberg, L.: Eine Neuinterpretation der Zusammenhänge zwischen der Moralentwicklung in der Kindheit und im Erwachsenenalter. In: Döbert, R./Habermas, J./Nunner-Winkler, G. (Hrsg.): Entwicklung des Ichs. Königstein im Taunus: Hain, 1980, 225-252.
Kraft, V.: Wertbegriffe und Werturteile. In Albert, H./Topitsch, E. (Hrsg.): Werturteilsstreit. Darmstadt: Wiss. Buchgesellschaft, 1971, 44-63.
Krieger, R.: Wertkonzepte in psychologischen Disziplinen. In: Stiksrud, A. (Hrsg.): Jugend und Werte. Weinheim: Beltz, 1984, 45-57.
Lauth, G. W.: Zur Metatheorie der kognitiven Therapieansätze – Werte, Emanzipation und alternative Lebenspraxis. Zeitschrift für personenzentrierte Psychologie und Psychotherapie, 4, 1985, 223-236.
Lenk, H.: Pragmatische Philosophie. Plädoyers und Beispiele für eine praxisnahe Philosophie und Wissenschaftstheorie. Hamburg: Hoffmann/Campe, 1975.
Maslow, A. H.: Motivation und Persönlichkeit. Reinbek: Rowohlt, 1981 (Orig.: Motivation and personality. New York: Harper/Row 1954).
Maslow, A. H.: A theory of metamotivation: The biological rooting of the value-life. Psychology Today, July, 1968, 38-39 and 59-61.
Montada, L.: Entwicklung moralischer Urteilsstrukturen und Aufbau von Werthaltungen. In: Oerter, R./Montada, L. (Hrsg.): Entwicklungspsychologie. München: Urban & Schwarzenberg, 1982, 633-673.
Müller-Fohrbrodt, G.: Ausbildung zur Werterziehung – Grundüberlegungen zu einem Werterziehungstraining für angehende Lehrer. In: Montada, L./Reusser, K./Steiner, G. (Hrsg.): Kognition und Handeln. Stuttgart: Klett-Cotta, 1983, 277-293.
Nickel, H.: Die Lehrer-Schüler-Beziehung aus der Sicht neuer Forschungsergebnisse. Psychologie in Erziehung und Unterricht, 23, 1976, 153-172.
Oerter, R.: Entwicklung von Werthaltungen. Kap. 10 der Studieneinheit Entwicklungspsychologie. FIM. Tübingen: Deutsches Institut für Fernstudien, 1979.
Preiser, S.: Zur Konstanz und zur Handlungsrelevanz von Werten – 12 Thesen. In: Franke, K. (Hrsg.): Jugend, Politik und politische Bildung. Opladen: Leske/Budrich, 1985, 158-161.
Raths, L. E./Harmin, M./Simon, S. B.: Werte und Ziele: Methoden zur Sinnfindung im Unterricht. München: Pfeiffer, 1976.
Rogers, C. R.: Toward a modern approach to values: The valuing process in the mature person. Journal of abnormal and social Psychology, 68, 1964, 160-167.
Rokeach, M.: The nature of human values. New York: Free Press, 1973.
Rosenthal, D.: Changes in some moral values following psychotherapy. Journal of Consulting Psychology, 19 (6) 1955, 431-436.
Ruppert, H.: Aufbau der Welt des Jugendlichen. Ein Beitrag zur Frage nach der Bildung und Entwicklung des Werterlebens und Wertbewußtseins in der Reifezeit. Leipzig: J. A. Barth, 1931.
Schmidt, H.-D.: Allgemeine Entwicklungspsychologie. Berlin: VEB Deutscher Verlag der Wissenschaften, 1970.
Schneider, M.: Werte und Persönlichkeit. Beiträge zur empirischen Wert- und Persönlichkeitsforschung. Frankfurt: Haag/Herchen, 1983.
Schönpflug, W./Schönpflug, U.: Psychologie: Allgemeine Psychologie und ihre Verzweigungen in die Entwicklungs-, Persönlichkeits- und Sozialpsychologie. München: Urban & Schwarzenberg, 1983.
Scholl-Schaaf, M.: Werthaltung und Wertsystem. Ein Plädoyer für die Verwendung des Wertkonzepts in der Sozialpsychologie. Bonn: Bouvier, 1975.
Schuch, A./Lück, H. E.: Entwicklungs- und erziehungspsychologischer Aspekt prosozialen Verhaltens. In: Klauer, K. J./Kornadt, H.-J. (Hrsg.): Jahrbuch für empirische Erziehungswissenschaft 1980. Düsseldorf: Schwann, 1980, 209-242.
Silberer, G.: Einstellungen und Werthaltungen. In: Irle, M. (Hrsg.): Marktpsychologie als Sozialwissenschaft. Handbuch d. Psychol. 12. Band, 1. Halbband. Göttingen: Hogrefe, 1983, 533-625.
Six, B.: Wert und Werthaltung. In: Herrmann, T./Lantermann, E.-D. (Hrsg.): Persönlichkeitspsychologie: Ein Handbuch in Schlüsselbegriffen. München: Urban & Schwarzenberg, 1985, 401-415.
Smith, M. B.: Personal values in the study of lives. In: White, R. W./Bruner, K. F. (Eds.): The study of lives. New York: Atherton Press, 1969, 325-347.
Stiksrud, H. A.: Diagnose und Bedeutung individueller Werthierarchien. Bern: P. Lang, 1976.
Stiksrud, H. A.: Pragmatische Validierung eines diagnostischen Verfahrens zur Erfassung von Wertpräferenzen. Zeitschrift für experimentelle und angewandte Psychologie, 26, 1979, 341-354.
Stiksrud, H. A.: Zur Operationalisierung von Wertpräferenzen. In: Klages, H./Kmieciak, P. (Hrsg.): Wertwandel und gesellschaftlicher Wandel (2. Aufl.). Frankfurt: Campus, 1981, 463-479.
Stiksrud, H. A.: Das Werte-Inventar von M. Rokeach als sozialdiagnostisches Verfahren. In: Preiser, S. (Hrsg.): Kognitive und emotionale Aspekte politischen Engagements. Weinheim: Beltz, 1982, 38-53.
Stiksrud, A. (Hrsg.): Jugend und Werte. Weinheim: Beltz, 1984 a.
Stiksrud, H. A.: Gibt es einen Generationen-Dissens? Empirische Untersuchungen zu Wertrangdiskrepanzen bei Personen unterschiedlichen Alters. Zeitschrift für experimentelle und angewandte Psychologie, 31, 1984 b, 153-174.
Stiksrud, A./Margraf, J.: Einflüsse von Sozialisationsbedingungen auf die Wertstrukturen jugendlicher Inhaftierter. In: Janig, H. (Hrsg.): Jugend in Bildung und Erziehung. Wien: VWGÖ, 1980, 183-199.
Stiksrud, A./Wobit, F.: Wertekonfrontation: Darstellung einer personenzentrierten Intervention. Zeitschrift für personenzentrierte Psychologie und Psychotherapie, 2, 1983, 1, 49-58.
Stiksrud, A./Zorn, S.: The assessment of personal change by means of value inventories. In: Minsel, W.-R./Herff, W. (Eds.): Methodology in psychotherapy research. Vol. 1. Frankfurt/Bern: P. Lang, 1983, 236-249.
Titze, M.: Lebensziel und Lebensstil. Grundzüge der Teleoanalyse nach Alfred Adler. München: Pfeiffer, 1979.
Tyszkowej, M./Zurakowskiego, B. (Eds.): Wartości w świecie dziecka i sztuki dla dziecka. Warszawa: Państwowe Wydawnictwo Naukowe, 1984.
Vaassen, B.: Die Bedeutung der Arbeit – Widersprüchliche Ergebnisse der empirischen Werteforschung. Psychologie und Praxis: Zeitschrift für Arbeits- und Organisationspsychologie, 28, 1984, 3, 98-108.
Westmeyer, H.: Methodologische Probleme der Wertforschung in der Psychologie. In: Stiksrud, A. (Hrsg.): Jugend und Werte. Weinheim: Beltz, 1984, 32-44.
Wilpert, B.: Menschenbild und Wertwandel. In: Roth, E. (Hrsg.): Organisationspsychologie. Enzyklopädie der Psychologie. Göttingen: Hogrefe, 1986.
Wilpert, B./Ruiz Quintanilla, S. A.: Technikrelevante Aspekte in Werthaltungen und Zukunftorientierungen junger Arbeitnehmer. Mitteilungen aus der Arbeitsmarkt- und Berufsforschung, 18, 1985, 217-224.

Yankelovich, D./Zetterberg, H./Strümpel, B./Shanks, M./Immerwahr, J./Noelle-Neumann, E./Sengoku, T./Yuchtman-Yaar, E./Lauer, H.: The world at work. An International report on jobs, productivity, and human values. New York: Octagon Books, 1985.

Wirtschaftspsychologie

Brigitte Clemens-Ziegler und Peter Pawlowsky

1 Gegenstandsbestimmung

Wirtschaftliches Handeln ist traditionell als an eigenen Bedürfnissen orientierter rationaler Umgang mit knappen Gütern zu verstehen (Gäfgen, 1968). Aus einer rein *wirtschaftswissenschaftlichen Perspektive* ist wirtschaftliches Handeln vorrangig durch wirtschaftliche Größen, wie Lohn- und Preisniveau, Konsum- und Sparquoten sowie Inflation, determiniert. All diese Größen beeinflussen sich gegenseitig und steuern so den Wirtschaftsablauf. Unterschiede in den Verhaltensweisen der Menschen, die in intraindividuellen Besonderheiten begründet sind, sind in dieser Sichtweise *nicht* Gegenstand der Betrachtung. Aus wirtschaftswissenschaftlicher Sicht ruft ein ganz bestimmter Stimulus, z. B. eine Preisänderung oder die Änderung der Zinssätze, einen ganz bestimmten Response hervor, z. B. die Erhöhung der Nachfrage oder eine Verringerung der Sparleistung.

W. dagegen beschäftigt sich mit den *Verhaltensweisen der Menschen im Wirtschaftsablauf*. Hier wird davon ausgegangen, daß der handelnde Mensch in der Realität keine „black-box" ist, der ständig gleichgerichtet auf wirtschaftliche Stimuli reagiert, und daß er kein „homo oeconomicus" ist, der über vollkommene Information verfügt und stets reaktionsschnell handelt, um dabei seinen Nutzen zu maximieren. Wirtschaftspsychologische Überlegungen gehen davon aus, daß der reale Mensch keineswegs so rational handelt, wie von Nationalökonomen vielfach angenommen wurde. Er hat vielmehr Vorurteile, ist launisch, impulsiv, aber auch träge und schlecht informiert. Er vergißt oder verdrängt manch frühere Erfahrung, verwirft auch hin und wieder „feste" Grundsätze und Weltanschauungen. Frühere Erlebnisse können auch schon mal von einem Lebensbereich auf einen anderen übertragen werden. Gemachte Erfahrungen können späteres Handeln prägen, und Menschen können sich hinsichtlich dessen, was sie erlebt und erlernt haben, unterscheiden (Strümpel, 1980 a).

Bei der Analyse des realen Verhaltens der Menschen im Wirtschaftsablauf beschäftigt sich die W. vorrangig mit dem Verhalten von Konsumenten und Produzenten oder – in der Sprache von George Katona (1960) – mit dem Verhalten der Verbraucher und Unternehmer. So lassen sich folgende Teilbereiche unterscheiden:

- Das Verhalten der *Konsumenten* wird unter zwei Perspektiven, in der *Psychologie gesamtwirtschaftlicher Prozesse* und in der *Marktpsychologie*, betrachtet.
- Das Verhalten der *Produzenten* ist Gegenstand der *Arbeits- und Organisationspsychologie.*

Der Konsument wird in zweierlei Sichtweisen gesehen: Im Rahmen der Psychologie gesamtwirtschaftlicher Prozesse wird der Mensch während der Entscheidung, *ob* konsumiert wird oder nicht, betrachtet. Im Bereich der Marktpsychologie steht die Frage, *was* gekauft wird und warum, bzw. *wie* gespart wird, im Vordergrund.

Der Produzent wird in der Funktion des Unternehmers und Managements und in der Rolle des Arbeitnehmers untersucht.

2 Zur Psychologie des Konsumenten

2.1 Psychologie gesamtwirtschaftlicher Prozesse

Die *ökonomische Verhaltensforschung* wurde nach dem 2. Weltkrieg in den USA von dem Psychologen George Katona und in Deutschland von dem Ökonomen Günter Schmölders begründet. Sie entstand aus der Erkenntnis des Mangels in der *Nationalökonomie*, die nur nach Kausalbeziehungen zwischen Ergebnissen des menschlichen Verhaltens (z. B. der Sparquote) sucht, ohne das Verhalten selbst, seine Ursachen und Motive zu beachten. Dagegen analysiert die ökonomische Verhaltensforschung wirtschaftliche Handlungen von Menschen, die sich in gesamtwirtschaftlichen Prozessen niederschlagen. Es geht also vor allem um sozial-, finanz- und konjunkturpolitische Fragestellungen (Schmölders, 1966; 1970; Katona, 1975).

Ein wichtiger Grund, warum sich die ökonomische Verhaltensforschung überhaupt entwickeln konnte, war die Erweiterung des individuellen Handlungsspielraums der Wirtschaftssubjekte. Erst als elementare Versorgungsmängel beseitigt waren, gab es für den Verbraucher überhaupt nennenswerte Wahlmöglichkeiten bei der Verwendung seines Einkommens (Höpfner et al., 1972). Es brauchte nicht mehr das gesamte Einkommen für die Befriedigung lebensnotwendiger Bedarfe eingesetzt werden. Nachfrageschwankungen wurden möglich. Einkommen kann heute hierfür, morgen für andere Güter verwendet werden. Es kann ausgegeben oder gespart werden. Zur Erklärung und Prognose dieses unterschiedlichen Verhaltens wurde es notwendig, *intraindividuelle Unterschiede der Konsumenten* zu berücksichtigen.

Neben quantifizierbaren ökonomischen Rahmenbedingungen können folgende Faktoren als Einflußgrößen ökonomischen Verhaltens gesehen werden (Albert, 1965; Strümpel/Pawlowsky, 1988):

Information: Im realen Wirtschaftsleben herrscht keine vollkommene Information, wie lange Zeit angenommen wurde. Vielmehr bestimmen Situationswahrnehmung und Selektivität das Verhalten. Auch führt ein Überfluß an Informationen („information overload") zu Problemen bei der Informationsauswahl und -verarbeitung.

Habitualisierung: Der Mensch handelt nicht rational, wie dies die Nationalökonomie annahm, sondern tatsächlich gibt es neben „echten Entscheidungen" auch psychologisch stark verkürzte Handlungsabläufe, z. B. impulsives oder auf Erfahrungen basierendes, habitualisiertes Verhalten (Katona, 1962).

Gruppenprozesse: Verbraucher handeln nicht autonom, vielmehr prägen soziale Normen, kulturspezifische Wertorientierungen, soziale Vergleiche und Imitation das Verhalten (Meffert/Dahlhoff, 1980; Strümpel, 1980 b).

Erwartungen: Während in der ökonomischen Theorie Erwägungen über die Zukunft keine Rolle spielen oder nur eine mechanistische Prognose erlauben, haben Katona und seine Forschungskollegen herausgefunden, daß Hoffnungen, Sorgen und Risikoeinschätzungen aus wirtschaftlichen und nicht-wirtschaftlichen Informationsquellen das Wirtschaftsverhalten prägen, sofern freiverfügbares Einkommen vorhanden ist (Katona, 1960). Diese Konsumentenerwartungen lassen sich operationalisieren, in repräsentativen Bevölkerungsumfragen messen und zur Prognose der Nachfrage nach dauerhaften Konsumgütern nutzen („Konsumklimaindex"). Sobald der Konsument nicht mehr sein ganzes Einkommen zur Bestreitung des Lebensunterhalts heranziehen muß, wird die Unterscheidung von Kauffähigkeit und Kaufbereitschaft möglich. Ist freiverfügbares Einkommen in erheblichem Maße vorhanden, nimmt auch die Macht der Verbraucher zu (Katona, 1962). Wofür er sich entscheiden wird, ob er sein Einkommen in Konsum umsetzt, den Konsum aufschiebt oder spart, hängt letztlich von seinen Erwartungen ab. So eignet sich die Ermittlung der Einstellungen zur persönlichen finanziellen Lage, zur allgemeinen wirtschaftlichen Lage und zum Angebot auf dem Markt in repräsentativen Bevölkerungsumfragen zur Prognose der Konjunkturentwicklung mit einem time-lag von etwa 6 Monaten. Diese Methode der Konjunkturprognose wird in den USA und auch in den EG-Ländern noch heute angewendet (Nerb/Strigel,

1974; Nerb, 1975; Kuss, 1980; Tewes, 1984; Goldrian/Strigel, 1985; Klein/Nerb, 1985; Schaff-Bohinger, 1986).

Bedürfnisse, Bedarfe, Lebensstile: Die Annahme der neoklassischen Theorie ist, daß die individuellen Präferenz- und Bedarfsstrukturen vorgegeben sind und man sich zur Bedürfnisbefriedigung der Güter und Dienstleistungen bedient, dadurch aber die Bedarfsstrukturen nicht verändert werden. Vielmehr ist es jedoch so, daß sich allgemeine Bedürfnisse und spezielle Bedarfe verändern können und auch im Umgang mit Gütern geformt werden (Meyer-Abich/Birnbacher, 1979).

2.2 *Marktpsychologie*

Auf den ersten Blick scheint offensichtlich zu sein, daß sich Marktpsychologie mit dem Erleben und Verhalten der Menschen im Markt, also von Anbietern und Nachfragern, von Unternehmern und Verbrauchern beschäftigt. Tatsächlich ist jedoch eine weitgehende Konzentration auf die *Erforschung des Konsumentenverhaltens* festzustellen (Kroeber-Riel, 1980 a).

Der Begriff Marktpsychologie geht ursprünglich auf Spiegel (1961) zurück. Während Ökonomen bei der Verfolgung ihrer Ziele lange Zeit psychologische Erkenntnisse kaum berücksichtigt haben, war die Bereitschaft von Betriebswirten, mit Psychologen zu kooperieren und deren Methoden und Erkenntnisse anzuwenden, deutlich größer (vgl. z. B. die Arbeiten von Kroeber-Riel, 1980 b). Dies gilt ganz besonders für die *Marketingforschung* (vgl. beispielsweise die Arbeiten im Journal of Marketing Research). Daneben setzt sich aber in zunehmendem Maße auch eine verbraucherpolitisch orientierte Sichtweise durch, deren Anliegen es ist, Konsumenten durch einseitiges Marketing zu schützen (zusammenfassend: Fleischmann, 1981). Weiterhin sind Arbeiten über *Nachfragerverhalten* im nicht-kommerziellen Bereich (Kotler, 1974) und über öffentliche Anbieter entstanden.

So ist Marktpsychologie einerseits ein Unterbegriff für Konsumentenforschung, da sie sich überwiegend sozialpsychologische Erkenntnisse zu Nutzen macht und sich auf das wirtschaftliche Verhalten am Markt stützt. Andererseits geht Marktpsychologie über die Konsumentenforschung hinaus, soweit sie auch die Erforschung des Verhaltens anderer Marktteilnehmer einbezieht (Kroeber-Riel, 1980 a). Probleme, die durch das Agieren und Reagieren unterschiedlicher Marktteilnehmer ausgelöst werden können, sind: Beeinflussung durch Werbung (Mayer et al., 1982), Kooperation verschiedener Marktteilnehmer u. ä. Untersucht werden jeweils psychische Prozesse, wie z. B. Wahrnehmung (Rosenstiel/Neumann, 1982), Informationsverarbeitung (Raffee/Fritz, 1980), Entscheidungs- und Kaufverhalten (Schulz, 1972).

Eine andere Sichtweise (Rosenstiel/Ewald, 1979) gliedert die Marktpsychologie nach unterschiedlichen wirtschaftlichen Sachverhalten Konsum und Kauf, Marktforschung und Psychologie der absatzpolitischen Instrumente. Es ist aber auch eine Untergliederung der marktpsychologisch zu lösenden Problemstellungen nach folgenden Gesichtspunkten möglich (Kroeber-Riel, 1980 a).

- Einflüsse der Umwelt auf die Person: Es geht hier vor allem um Kommunikations- und Interaktionsvorgänge
- Innere psychische Vorgänge: Untersucht werden motivierende und kognitive Prozesse. Ein Forschungsschwerpunkt in diesem Teilbereich ist die Untersuchung und Erklärungen der Informationsverarbeitungsprozesse.
- Geäußertes beobachtbares Verhalten: Gegenstand der Forschung und Praxis sind hier z. B. Fragen der Kaufhandlung oder der Markentreue und des Markenwechsels.

Letztlich dienen jedoch alle diese Gliederungsversuche der gedanklichen und analytischen Strukturierung der marktpsychologisch relevanten Verhaltensweisen. In der Realität ist stets von einem Zusammenwirken mehrerer Verhaltensdeterminanten auszugehen.

3 Zur Psychologie des Produzenten

Die W. der *Produktionssphäre* beschäftigt sich mit der Beschreibung, Erklärung und Prognose des menschlichen Erlebens und Verhaltens in der Arbeitswelt – auf den Ebenen „Individuum", „Gruppe" und „Organisation" (vgl. zu Analyseebenen: Porter et al., 1975; Gebert/Rosenstiel, 1981; Staehle, 1985). Das Erleben und Verhalten von Menschen in der Arbeit kann in Anlehnung an das Lewinsche Konzept des Lebensraumes (Lewin, 1963) als Funktion von Person und Umweltmerkmalen betrachtet werden. Daraus ergibt sich ein konzeptueller Rahmen der verhaltenswissenschaftlichen Analyse, in der dem Arbeitnehmer als Träger von subjektiven Merkmalen (Motive, Einstellungen, Fähigkeiten) und objektiven Merkmalen (z. B. Geschlecht, Alter, Qualifikation) das System „Arbeit", d. h. die objektiven Anforderungen der Tätigkeit, die Struktur von Organisationen u. v. a. gegenübersteht.

Die objektive Paßform zwischen Menschen und Arbeitsumwelt ist Gegenstand hauptsächlich der *Ergonomie*, des *Human Engineering* und der *Arbeitswissenschaft* (Schmidtke, 1973; Schmale, 1983), während sich die *Arbeits-* und *Organisationspsychologie* vorrangig mit der Analyse der subjektiven Paßform, d. h. dem Verhältnis von Motiven, Erwartungshaltungen und Werten einerseits und den subjektiv wahrgenommenen und objektiv bestimmbaren Situationsmerkmalen andererseits, beschäftigt.

Historisch betrachtet, kann die W. der Produktionssphäre nicht auf eine einheitliche Theorietradition zurückgreifen. Sie ist durch unterschiedliche Schulen und Forschungsrichtungen geprägt und dabei zum einen eng mit der Entwicklung der Arbeits- und Organisationspsychologie verbunden, zum anderen mit der in Deutschland sich neu entwickelnden *verhaltensorientierten Betriebswirtschaftslehre* (Kirsch, 1977; Schanz, 1977; Strümpel, 1980 a; Staehle, 1985; vgl. Hoyos et al., 1980) verknüpft. Während die arbeits- und organisationspsychologische Perspektive sich überwiegend mit dem *Arbeitnehmerverhalten* beschäftigt hat, liegt der Schwerpunkt der verhaltensorientierten Betriebswirtschaftslehre im Bereich des *Unternehmer-* und *Managementverhaltens*.

Da die Erkenntnisse über menschliches Arbeitsverhalten im Rahmen der Arbeits- und Organisationspsychologie zwangsläufig auch Gegenstand der Management-Theorie und der Führungslehre sind, ist die verhaltensorientierte Betriebswirtschaftslehre quasi das praktische Umfeld organisationspsychologischer Ansätze.

Die verschiedenen theoretischen Ansätze zur Erklärung von Arbeitsverhalten können nach den folgenden jeweils implizit enthaltenen *Menschenbildern* unterschieden werden: (1) dem „rational-economic man", dem von wirtschaftlichen Interessen geleiteten Menschen, (2) dem „social man", dem von sozialen Bedürfnissen nach Kontakt und Anerkennung geleiteten Menschen, (3) dem „self actualizing man", dem nach Selbstentfaltung und Persönlichkeitsentwicklung strebenden Menschen und (4) dem „complex man", dem von interindividuell unterschiedlichen Motiven und Kognitionen geleiteten Menschen (Volpert, 1975; Rosenstiel et al., 1977; Schein, 1980).

Aus einer historischen Perspektive ist das wissenschaftliche Interesse an der Natur des arbeitenden Menschen zunächst auf eine effizientere Verwertung physiologischer und qualifikatorischer Ressourcen von Arbeitnehmern im Arbeitsprozeß gerichtet gewesen (Münsterberg, 1912; Taylor, 1911/1967). Mit zunehmender Industrialisierung, einem stärkeren Konkurrenzdruck und einer sich der wissenschaftlichen Betriebsführung weniger anpassungsbereiten Arbeiterschaft nimmt Ende der 20er Jahre das Interesse an einer differenzierten Erforschung der situativen Rahmenbedingungen des arbeitenden Menschen zu. Die *Human-Relations-Bewegung* (Mayo, 1945; Roethlisberger/Dickson, 1975), die *Gruppenforschung* (Lewin et al., 1939) sowie die spätere *Führungsstil-Forschung* (Likert, 1961; Katz/Kahn, 1966) weisen auf die zentrale Rolle von sozialer Anerkennung, von Akzeptanz und Achtung durch Vorgesetzte und Kollegen und die Bedeutung von Gruppennormen als leistungsrelevante Faktoren in der Arbeitswelt hin. Erst unter dem Einfluß einer *humanistisch* orientierten Psychologie ist eine Überwindung des mechanistischen Menschenbildes zu erkennen. Die Einsicht in interindividuelle Differenzen in der Psyche von Menschen prägt die arbeits- und organisationstheoretischen Annahmen dahingehend, daß eine mentale Souveränität des Arbeitnehmers angenommen wird. Das Individuum ist demnach in der Lage, bewußt und intentional zu erleben und zu handeln, statt nur als reagierendes Subjekt im Vordergrund der Forschungsstrategie zu stehen. Die Frage nach den „Gesetzmäßigkeiten individuellen Seins" (Rosenstiel) steht im Mittelpunkt dieser Ansätze. Warum arbeiten Menschen überhaupt, warum arbeiten sie unter bestimmten Bedingungen so und nicht anders?

Motivationskonzepte, die sich mit dieser Frage beschäftigen, lassen sich nach *humanistischen* Ansätzen (Maslow, 1943; Lersch, 1962; Alderfer, 1969; kritisch: Hall/Nougaim, 1968; vgl. Neuberger, 1974) und *kognitivistischen* Ansätzen (Atkinson, 1964; Vroom, 1964; Adams, 1965; Lawler, 1973; Steers/Porter, 1975; Heckhausen, 1980) unterscheiden. Obwohl die humanistischen und kognitiven Konzepte der Motivation, im Rahmen von Theorien mittlerer Reichweite außerordentlich differenziert worden sind, haben sie ihre einseitige Ausrichtung auf das Individuum unter Ausgrenzung von situativen und sozialen Aspekten der Arbeit bislang nicht überwinden können.

Neuere Ansätze der Organisationspsychologie beinhalten zumeist „komplexe Versuche der Integration unterschiedlicher Einzeltheorien" (Greif, 1983) mit dem Ziel, über die individuumszentrierte Perspektive hinausgehend die *soziale Dimension* menschlichen Arbeitsverhaltens stärker zu berücksichtigen (Katz/Kahn, 1966; Hacker, 1968; Volpert, 1980; Greif, 1983). Neben einer Hervorhebung von interaktiven Beziehungen zwischen arbeitenden Menschen und dem Arbeitsgegenstand ist für diese theoretische Richtung eine Erweiterung der Zielperspektiven, auch auf das soziale Wohlbefinden und die Arbeitszufriedenheit, kennzeichnend. Hier steht nicht nur das fertige Produkt als relevantes Output-Kriterium menschlichen Arbeitsverhaltens im Vordergrund, es werden auch Befindlichkeitsveränderungen des arbeitenden Menschen berücksichtigt.

Literatur

Adams, J. S.: Inequity in social exchange. In: Berkowitz, (Ed.): Advances in experimental social psychology. Bd. 2. New York: Academic Press, 1965.

Albert, H.: Zur Theorie der Konsumnachfrage. In: Jahrbuch für Sozialwissenschaft. Bd. 16. Göttingen: Vandenhoeck & Ruprecht, 1965.

Alderfer, C. P.: An empirical test of a new theory of human needs. Organizational Behavior and Human Performances, 4, 1969, 142-175.

Atkinson, J. W.: An introduction to motivation. New York: American Book, 1964.

Fleischmann, G. (Hrsg.): Der kritische Verbraucher. Information, Organisation, Durchsetzung seiner Interessen. Frankfurt: Campus, 1981.

Gäfgen, G.: Theorie der wirtschaftlichen Entscheidung. Untersuchungen zur Logik und ökonomischen Bedeutung des rationalen Handelns. Tübingen: Mohr, 1968.

Gebert, D./Rosenstiel, L. v.: Organisationspsychologie. Stuttgart: Kohlhammer, 1981.

Goldrian, G./Strigel, W. H.: An international comparison of cyclical „climate" indicators. (CIRET-Studien 36, Essays on the Performance of Leading Indicators Based on Qualitative Data). Munich, 1985.

Greif, S.: Konzepte der Organisationspsychologie. Bern: Huber, 1983.

Groskurth, D./Volpert, W.: Lohnarbeitspsychologie. Frankfurt: Fischer Taschenbuch-Verl., 1975.

Hacker, W.: Arbeitspsychologie und wissenschaftlich-technische Revolution. Berlin (DDR): Verlag der Wissenschaften, 1968.

Hall, D. T./Nougaim, K. E: An examination of Maslows need hierachy in an organizational setting. Organizational Behavior and Human Performances, 3, 1968, 12-35.

Heckhausen, H.: Motivation und Handeln. Lehrbuch der Motivationspsychologie. Berlin: Springer, 1980.

Hoepfner, F. G./Knorring, E. v./Rosenstiel, L. v.: Die Bestimmungsfaktoren des privaten Konsum- und Sparverhaltens aus makroökonomischer und psychologischer Sicht. Zeitschrift für Wirtschafts- und Sozialwissenschaften, 92, 1972, 271-288.

Hoyos, C. G./Kroeber-Riel, W./Rosenstiel, L. v./Strümpel, B.: Grundbegriffe der Wirtschaftspsychologie. München: Kösel, 1980.

Katona, G.: Das Verhalten der Verbraucher und Unternehmer. Tübingen: Mohr, 1960.

Katona, G.: Die Macht des Verbrauchers. Düsseldorf: Econ, 1962.

Katona, G.: Psychological economics. New York: Elsevier, 1975.

Katz, D./Kahn, R. L.: The social psychology of organizations. New York: Wiley, 1966.

Kirsch, W.: Die Betriebswirtschaftslehre als Führungslehre: Erkenntnisperspektiven, Aussagensysteme, wissenschaftlicher Standort. München, 1977.

Klein, F.-J./Nerb, G.: Performance of the EC composite leading indicator and its components. (CIRET-Studien 36, Essays on the Performance of Leading Indicators Based on Qualitative Data.) Munich, 1985.

Kotler, P.: Marketing-Management. Analyse, Planung und Kontrolle. Stuttgart: Poeschel, 1974.

Kroeber-Riel, W.: Marktpsychologie. In: Hoyos, C./Kroeber-Riel, W./Rosenstiel, L. v./Strümpel, B. (Hrsg.): Grundbegriffe der Wirtschaftspsychologie. München: Kösel, 1980, 29-40.

Kroeber-Riel, W.: Konsumentenverhalten. (2. Aufl.) München: Vahlen, 1980 b.

Kuss, A.: Konsumklima als Einstellung zur Wirtschaftslage. In: Hoyos, C./Kroeber-Riel, W./Rosenstiel, L. v./Strümpel, B. (Hrsg.): Grundbegriffe der Wirtschaftspsychologie. München: Kösel, 1980, 101-110.

Lawler, E. E.: Motivation in work organizations. Montrey: Brooks/Cole Publ., 1973.

Lersch, P.: Aufbau der Person. München: Barth, 1962.

Lewin, K.: Feldtheorie in den Sozialwissenschaften. Stuttgart: Huber, 1963.

Lewin, K./Lippitt, R./White, R. K.: Patterns of aggressive behaviour in experimentally created ‚social climates'. Journal of Social Psychology, 10, 1939, 271-299.

Likert, R.: New patterns of management. New York: McGraw Hill, 1961.

McGregor, D.: The human side of enterprise. New York: McGraw Hill, 1960.

Maslow, A. H.: A theory of human motivation. Psychological Review, 50, 1943, 370-396.

Mayer, H./Däumer, U./Rühle, H.: Werbepsychologie. Stuttgart: Poeschel, 1982.

Mayo, E.: The social problems of an industrial civilization. Boston, 1945.

Meffert, H./Dahlhoff, H.-D.: Entscheidungen im privaten Haushalt. In: Hoyos, C./Kroeber-Riel, W./Rosenstiel, L. v./Strümpel, B. (Hrsg.): Grundbegriffe der Wirtschaftspsychologie. München: Kösel, 1980, 216-227.

Meyer-Abich, M./Birnbacher, D. (Hrsg.): Was braucht der Mensch, um glücklich zu sein? München: Beck, 1979.

Münsterberg, H.: Psychologie und Wirtschaftsleben. Ein Beitrag zur angewandten Experimental-Psychologie. Leipzig: Barth, 1912.

Nerb, G.: Konjunkturprognose mit Hilfe von Urteilen und Erwartungen der Konsumenten und Unternehmer. Berlin: Duncker & Humblot, 1975.

Nerb, G./Strigel, W.: Konjunkturumfragen bei Konsumenten in verschiedenen Ländern. CIRET-Studien 21. München, 1980.

Neuberger, O.: Theorien der Arbeitszufriedenheit. Stuttgart: Kohlhammer, 1974.

Neuberger, O.: Arbeit. Begriff – Gestaltung – Motivation – Zufriedenheit. Stuttgart: Enke, 1985.

Pawlowsky, P.: Arbeitseinstellungen im Wandel, München: Saur, 1986.

Porter, L. W./Lawler, E. E./Hackmann, J. R.: Behavior in Organizations. New York: McGraw Hill, 1975.

Raffee, H./Fritz, W.: Informationsüberlastung des Konsumenten. In: Hoyos, C./Kroeber-Riel, W./Rosenstiel, L. v./Strümpel, B. (Hrsg.): Grundbegriffe der Wirtschaftspsychologie. München: Kösel, 1980, 83-90.

Roethlisberger, F. J./Dickson, W. J.: Management and the worker. (16. print.) Cambridge: Harvard University Press, 1975.

Rosenstiel, L. v./Molt, W./Rüttinger, B.: Organisationspsychologie. (3. Aufl.) Stuttgart: Kohlhammer, 1977.

Rosenstiel, L. v./Ewald, G.: Marktpsychologie. Stuttgart: Kohlhammer, 1979.

Rosenstiel, L. v./Neumann, P.: Einführung in die Markt- und Werbepsychologie. Darmstadt: Wissenschaftl. Buchges., 1982.

Schaff-Bohinger, A.: Überblick über die Konjunkturbefragungen der Europäischen Gemeinschaften. Wirtschaft und Statistik 2, 1986, 97-106.

Schanz, G.: Grundlagen der verhaltenstheoretischen Betriebswirtschaftslehre. Tübingen, 1977.

Schein, E. H.: Organisationspsychologie. Wiesbaden: Gabler, 1980.
Schmale, H.: Psychologie der Arbeit. Stuttgart: Klett-Cotta, 1983.
Schmidtke, H. (Hrsg.): Ergonomie 1: Grundlagen menschlicher Arbeit und Leistung. München: Hauser, 1973.
Schmölders, G.: Psychologie des Geldes. Reinbek: Rowohlt, 1966.
Schmölders, G.: Finanz- und Steuerpsychologie. Reinbek: Rowohlt, 1970.
Schulz, R.: Kaufentscheidungsprozesse von Konsumenten. Wiesbaden: Gabler, 1972.
Spiegel, B.: Die Struktur der Meinungsverteilung im sozialen Feld. Das psychologische Marktmodell. Stuttgart: Huber, 1961.
Staehle, W. H.: Management. Eine verhaltenswissenschaftliche Einführung. (2. Aufl.) München: Vahlen, 1985.
Steers, R. M./Porter, L. W. (Eds.): Motivation and work behavior. New York: McGraw Hill, 1975.
Strümpel, B. (Ed.): Economic means for human needs. Ann Arbor: University of Michigan Press, 1976.
Strümpel, B.: Psychologie gesamtwirtschaftlicher Prozesse. In: Hoyos, C./Kroeber-Riel, W./Rosenstiel, L. v./Strümpel, B. (Hrsg.): Grundbegriffe der Wirtschaftspsychologie. München: Kösel, 1980 a, 15-29.
Strümpel, B.: Interkulturelle Differenzen wirtschaftlichen Verhaltens. In: Hoyos, C./Kroeber-Riel, W./Rosenstiel, L. v./Strümpel, B. (Hrsg.): Grundbegriffe der Wirtschaftspsychologie. München: Kösel, 1980 b, 569-576.
Strümpel, B./Pawlowsky, P.: Volkswirtschaft und ökonomische Verhaltensforschung. In: Frey, D./Hoyos, C. G./Stahlberg, D. (Hrsg.) Angewandte Psychologie: Ergebnisse und neue Perspektiven, München: Psychologie Verlags Union, 1988.
Taylor, F. W.: The principles of scientific management. New York: Norton, 1967 (Original: 1911).
Tewes, T.: Konsumentenvertrauen und privater Verbrauch in der Bundesrepublik Deutschland. Die Weltwirtschaft, 1984, Heft 1, 47-63.
Volpert, W.: Die Lohnarbeitswissenschaft und die Psychologie der Arbeitstätigkeit. In: Groskurth, D./Volpert, W.: Lohnarbeitspsychologie. Frankfurt: Fischer Taschenbuch-Verl., 1975.
Volpert, W. (Hrsg.): Beiträge zur psychologischen Handlungstheorie. Bern: Huber, 1980.
Vroom, H. v.: Work and motivation. New York: Wiley, 1964.
Weinert, A. B.: Lehrbuch der Organisationspsychologie. München: Urban & Schwarzenberg, 1981.

Wissenschaftstheorie und Psychologie

Dieter Ulich

1 Wissenschaftstheoretische Fragestellungen

Womit sich Wissenschaftstheorie (W.) beschäftigt, läßt sich nicht eindeutig sagen, weil erstens die Aufgaben von W. von verschiedenen Positionen her (z. B. logischer Empirismus vs. marxistische Erkenntnistheorie) unterschiedlich bestimmt werden, und weil sich zweitens die Auffassungen auch innerhalb bestimmter Richtungen verändert haben. Ich beginne daher mit der traditionellen, vom logischen Empirismus herkommenden Auffassung von W. und erweitere schrittweise den Aufgabenkatalog bis zu einem umfassenden, deskriptiven Begriff von W., der alle heute faktisch ausgeübten Arten von wissenschaftstheoretischen Analysen zusammenfassen soll.

„Methodologie" oder *„Logik der Forschung"* fragt nach den logischen und erkenntnistheoretischen Möglichkeitsbedingungen von Beobachten, Erklären und Verstehen sowie nach den Kriterien, die bei der Entwicklung von Methoden und der Formulierung von Aussagen zu beachten sind (Ulich, 1972 a, auch zum folgenden). Methodologie entwickelt selbst Kriterien und Regeln, formuliert idealisierte Methoden und Modelle des Forschungsprozesses und begründet sie, ohne zunächst darauf zu achten, ob und inwieweit diese im konkreten Forschungsprozeß auch realisiert werden bzw. realisiert werden können (z. B. das Prinzip der intersubjektiven Überprüfung von Basissätzen; Ulich, 1972 b). Insofern ist W. (im Sinne von Methodologie) also immer auch normativ: Von einem bestimmten Vorverständnis über Sinn und Ziel wissenschaftlicher Tätigkeit aus (z. B. „Falsifikation von Allgemeinaussagen" bei Popper) formuliert Methodologie Regeln, deren Einhaltung wissenschaftliche Tätigkeit über andere Tätigkeiten (z. B. Kaffeeklatsch, Schmetterlingesammeln) hinaushebt. Methodologie kann man also zusammenfassend definieren als die *Gesamtheit der normativen Regeln zur Ordnung der Erkenntnistätigkeit in einem bestimmten Gegenstandsbereich*.

Nun erschöpft sich W. natürlich nicht in der bloßen Formulierung von Regeln; sondern die Einhaltung dieser Regeln wird von den Wissenschaftstheoretikern auch kontrolliert. W. (als Methodologie verstanden) ist „Metawissenschaft, d. h. ihr Gegenstand ist nicht der Objektbereich der Einzelwissenschaften, auf die sie sich bezieht;

sie macht sich vielmehr diese Wissenschaften selbst zum Gegenstand, indem sie ihre Probleme, Methoden, Aussagen, Theorien und Systeme analysiert und kritisch überprüft" (Albert, 1967, 38). Methodologie leitet die Wissenschaftspraxis also nicht nur durch die Formulierung bestimmter Regeln an, sondern sie ist auch *Reflexion und Analyse der Tätigkeit selbst* bzw. von deren Produkten (Theorien). W. ist der Forschungspraxis sowohl vorgeordnet wie nachgeordnet; sie umfaßt sowohl normierende wie kritisch-analysierende Aufgaben.

Zentral für die enge methodologische Auffassung von W. ist das Problem der *Geltungsbegründung* wissenschaftlicher Aussagen bzw. der zugrundeliegenden Methoden, also etwa die Frage, wie man vorgehen muß, um eine Aussage als empirisch überprüfbare zu formulieren. Methodologie kümmert sich weniger um die Frage, weshalb ein Wissenschaftler sich ein bestimmtes Problem zur Erforschung ausgewählt hat, mit welchem Vorverständnis er an dieses Problem herangeht und was er mit dem erwarteten Erkenntnisgewinn bezweckt. Methodologische Festlegungen sind jedoch immer auch Transformationen von Gegenstandsbestimmungen, weil jegliche Regelung von Erkenntnistätigkeit Annahmen über die Realität voraussetzt, die von praktischen Interessen und praktischen Beziehungen zu dieser Wirklichkeit mit bestimmt sind. Damit ist auch gesagt, daß jeder Einzelwissenschaftler in bestimmten Phasen des Forschungsprozesses zugleich Wissenschaftstheoretiker ist, der z. B. Fragen der Gegenstandsbestimmung nicht Leuten überlassen kann, die von den inhaltlichen Problemen des Forschungsbereiches kaum affiziert sind.

Die Kritik an der Reduktion von wissenschaftstheoretischen Aufgaben auf Methodologie hat schließlich dazu geführt, daß man heute drei Dimensionen der Anleitung, Reflexion und Analyse von wissenschaftlicher Tätigkeit unterscheidet, die erst in ihrer integrativen Zusammenfassung „Wissenschaftstheorie" ausmachen (z. B. Friedrichs, 1973, 50 ff.):

Der Entdeckungszusammenhang: Welcher Art sind die Probleme, die heute z. B. die Psychologie als Gegenstandsbereich für sich beansprucht, welche Fragen werden zu welchen Realitätsbereichen gestellt? Was ist Bedingung und Anlaß für die Auswahl der Untersuchungsgegenstände? Der Forschungsprozeß kann z. B. durch das Erkennen eines sozialen Problems, durch einen Auftrag von außen, durch Probleme der Theorienbildung (z. B. Widersprüche, „Lücken" usw.) oder sogar durch den immanenten Qualifikationszwang des Wissenschaftlers in Gang gebracht werden. Wie ist hier jeweils das Problembewußtsein determiniert, welche Erkenntnisinteressen bestimmen den Forschungsprozeß und die dabei ständig zu treffenden unterschiedlichen Entscheidungen? (vgl. hier Abschn. 2.)

Der Begründungszusammenhang: Dieser umfaßt Methodologie im engeren Sinne, also Probleme der Theorienbildung und -überprüfung, Regeln der Hypothesenbildung, Operationalisierung, Datenerhebung, Auswertung und Interpretation. Welche Schritte sind zu unternehmen, um das vorliegende Problem erklären und die Erklärungen adäquat überprüfen zu können, welche Theorien können herangezogen werden, welche empirischen Indikatoren sollen wie erfaßt werden? (vgl. hier Abschn. 3.)

Der Wirkungs- und Verwertungszusammenhang: Hier werden, wie schon im Entdeckungszusammenhang wissenschaftlicher Tätigkeit bzw. eines konkreten Projekts, die praktische Bedeutung von Problemen sowie die Relevanz des erreichten Erkenntnisgewinns im Hinblick auf die Lösung praktischer Fragen untersucht. Da – zumindest innerhalb des Sozialwissenschaften – Erkenntnisprobleme meist zugleich auch praktische Probleme konkreter Lebensplanung und -bewältigung sind, gehört die Reflexion der möglichen und faktischen Beiträge des Erkenntnisprozesses zur Lösung praktischer Probleme zu den unverzichtbaren Aufgaben von W. Soweit wissenschaftliche Ergebnisse zu Interventionen und Innovationen verwendet werden (können), muß also auch der Einzelwissenschaftler immer nach den konkret Beteiligten und Betroffenen bzw. deren möglichen Interessen und Leiden fragen. Innerhalb der Ausbildung (z. B. von Diplompsychologen) hat W. noch eine zusätzliche Funktion, nämlich die Begründung der Rationalität von berufspraktischem Handeln. Die in der W. entwickelten und begründeten Kriterien wissenschaftlichen Handelns sind unentbehrlich bei der Antizipation und Rekonstruktion berufspraktischer Inhalte, beim Erkennen von Problemen und Lösungsmöglichkeiten, bei der Entwicklung berufspraktischer Inhalte, beim Erkennen von Problemen und Lösungsmöglichkeiten, bei der Entwicklung berufspraktischer Handlungskompetenz.

Wissenschaftstheoretische Aufgabenstellungen und Tätigkeiten entstehen aus der Einsicht in die prinzipielle Unzulänglichkeit aller unserer Erkenntnisversuche und aus der Einsicht in die Beschränkungen rationaler Handlungsmöglichkeiten (z. B. rationaler, selbstbestimmender Kritik und Handlungsplanung). Es gibt keine verläßlichen, eindeutigen und gefahrenlosen Wege vom Nichtwissen zum Wissen. Der W. stellen sich hier vor allem drei Arten von Problemen (Ulich, 1972a, 75f.):

a) Das *Wahrheitsproblem:* prinzipielle Beschränktheit der Erkenntnismöglichkeiten, keine verbindliche Interpretierbarkeit von Sachverhalten; die Bedeutung von „Fakten" ergibt sich erst in Sinn- und Zweckzusammenhängen, die durch konkrete Interessen und Handlungen konstituiert sind; Erkenntnisse sind notwendigerweise immer Stückwerk.
b) Das *Subjektivitätsproblem:* systematische oder zufällige Beschränkungen von Beobachtungs- und Reflexionsmöglichkeiten; Befangenheit in Vorurteilen und Stereotypen; Interessengebundenheit und Perspektivität der Erkenntnisversuche.
c) Das *Kommunikationsproblem:* Macht- und interaktionsbedingte Beschränkungen und systematische Verzerrungen von Informationsaustausch, Diskussion und Konsenssuche; Abhängigkeit von Beeinflussungsversuchen, Verflochtenheit wissenschaftlicher Institutionen mit anderen gesellschaftlichen Bereichen.

Keines dieser Probleme kann einer prinzipiellen und endgültigen Lösung zugeführt werden, weil die Probleme selbst sich ständig in veränderter Gestalt neu stellen. Die drei genannten Aufgabenbereiche wissenschaftstheoretischer Analyse erhalten damit zusätzlich eine wissenschafts*historische* und wissenschafts*soziologische* Dimension (z.B. die Frage nach der jeweiligen Durchsetzbarkeit von bestimmten Theorien und Methoden; Kuhn, 1967). Die Beantwortung der Frage, was „Wissenschaft" ist, hängt davon ab, wie jeweils das Wahrheits-, Subjektivitäts- und Kommunikationsproblem „gelöst" werden, d.h., welche Auffassung von der Lösung dieser Probleme sich jeweils durchgesetzt hat. So bietet beispielsweise der Behaviorismus andere Lösungen dieser Probleme an als die phänomenologische oder die marxistische Psychologie (vgl. die Beiträge in Schneewind, 1977). Es gibt also keinen allgemeingültigen Begriff von Wissenschaft.

Wissenschaftstheoretische Begründungsversuche unterscheiden sich wesentlich in ihrer Auffassung darüber, *was* unter Erkenntnisgewinnung bzw. Erkenntnisfortschritt zu verstehen sei, welchen *Weg* der Erkenntnisprozeß zu nehmen habe, und nach welchen *Kriterien* eine Aussage als Erkenntnis bestimmt werden kann.

Wenn Erkenntnisgewinn das genuine Interesse wissenschaftlicher Tätigkeit ist, so meint „Methode" die Strategie der Verfahren zur Erhebung, Sicherung und Kontrolle von Erkenntnissen; eine Methode gibt die globalen Vorgehensweisen an, die Planung und Kontrolle der Forschungstätigkeit in der Weise erlauben, daß Hypothesen überprüft und Fragen beantwortet werden können. Mit „Theorie" meint man die Gesamtheit derjenigen geordneten, empirisch gehaltvollen allgemeinen Hypothesen („Gesetze"), die eine Erklärung und Vorhersage von Ereignissen und Prozessen in einem bestimmten Gegenstandsbereich erlauben (Opp, 1970; Laucken/Schick, 1971). Theorien sollen durch den „richtigen" Einsatz von Methoden hervorgebracht bzw. überprüft werden.

Zur Unterscheidung des wissenschaftlichen vom Alltagshandeln kann man allgemein die folgenden Merkmale und Ziele wissenschaftlicher Tätigkeit nennen:

a) *Explizite Regelgeleitetheit:* Die Sprache des Wissenschaftlers ist nach explizierten Normen festgelegt, seine Verfahren sind standardisiert, die Regelgeleitetheit ist Gegenstand ständiger Kontrolle. Das Handeln des „Alltagsmenschen" wird eher von impliziten Regelsystemen gesteuert.
b) *Systemcharakter des Wissens:* Der Wissenschaftler strebt eine Vereinheitlichung und Systematisierung seines Wissens an, was Eindeutigkeit, Vollständigkeit und Widerspruchsfreiheit mit einschließt. Der „Alltagsmensch" muß auch mit Inkonsistenzen und bruchstückhaften Wissen leben.
c) *Erfahrungskontrolle:* Die Verfahren der Erkenntnisgewinnung müssen bestimmten Gültigkeitskriterien genügen; Wissen ist vorläufig und korrigierbar. Der „Alltagsmensch" hat meist weder die Absicht noch die Möglichkeiten zur systematischen Überprüfung von „Hypothesen".
d) *Verallgemeinerung:* Der Wissenschaftler ist an der Übertragbarkeit seiner Erkenntnisse und daher an der „Entdeckung" von Regelhaftigkeiten interessiert. Die Mutter auf dem Spielplatz ist nicht an allgemeinen Beziehungen zwischen „Frustration" und „Aggression", sondern nur an der Befindlichkeit ihres eigenen Kindes interessiert.

2 Probleme der Gegenstandsbestimmung der Psychologie

Psychologische Theorien als generalisierte Aussagen über Regelmäßigkeiten des Handelns sind immer auch Produkt und zugleich Ausdruck der jeweils herrschenden Grundvorstellungen („Paradigmen") vom Gegenstand (Ulich, 1976, Kap. 1). Die Gegenstandsbestimmung ist abhängig von Interessen und Machtkonstellationen außerhalb und innerhalb der Institution Wissenschaft, welche die Durchsetzbarkeit bestimmen.

2.1 Psychologie als Wissenschaft vom „Verhalten“

In einschlägigen Arbeiten (z. B. Schneewind, 1977, 16) wird als Gegenstand der Psychologie das Verhalten (Handeln) und Erleben von Individuen benannt. Wenn weiterhin von Verhalten, Verhaltensänderung usw. gesprochen wird, so umfaßt dieser Begriff nicht nur unmittelbar beobachtbare Aktivitäten, sondern auch mittelbar erschließbare Erlebnisweisen. Diese Liberalisierung des Gegenstandsverständnisses berücksichtigt die Tatsache, daß Organismen als Einheiten tätig sind, und daß man nicht bestimmte Verhaltensbedingungen (wie z. B. kognitive Repräsentationen der Umwelt) von vornherein aus der Analyse ausschließen kann; zentrale methodologische Grundprinzipien sind damit nicht preisgegeben. In seiner weitesten Fassung meint der Begriff des Verhaltens eine grundlegende Beziehung des Individuums zu seiner (dinglichen und sozialen) Umwelt, also ein „Sich-in-ein-bestimmtes-Verhältnis-Setzen“ oder „Sich-in-einem-bestimmten-Verhältnis-Finden“ (Graumann, 1960 a, b); in diesem Sinne ist für Traxel (1968, 87) Gegenstand der Psychologie die „Art und Weise, wie das Ich mit der äußeren Welt in Beziehung tritt“.

Psychologie ist, im Unterschied zu anderen Sozialwissenschaften, die Wissenschaft vom *Individuum.* Nach Kaminski (1976, 241) wird von Psychologen als selbstverständlich unterstellt, „daß primäre Realität für den Psychologen Vorgänge (und aus ihnen entstehende Effekte) am Individuum sind; daß die unmittelbaren Antezedenzien dafür in bestimmten Instanzen des Individuums liegen; daß diesen Instanzen nachweisbare Ordnungen innewohnen und daß sie sich auf verschiedene Weise verändern; daß diese Veränderungen regelhaften Begrenzungen verschiedener Art unterworfen sind“.

Aufgabe der Psychologie ist es, Regelmäßigkeiten des Verhaltens zu erklären und vorherzusagen, indem sie beobachtete Wiederholungen von Handeln, inter- und intraindividuelle Verhaltensunterschiede, Verhaltensauffälligkeiten und -veränderungen auf stabile und regelhafte („gesetzmäßige“) Beziehungen zwischen angenommenen bzw. erfaßten Bedingungen und dem beobachteten Verhalten zurückführt.

„Verhalten“ ist freilich nicht nur ein kategorialer Oberbegriff für diejenigen psychischen Sachverhalte, Prozesse usw., die nach einer bestimmten, historisch entwickelten Auffassung zum Gegenstand psychologischer Untersuchungen gemacht werden (sollen). Sondern damit sind zugleich normative Eingrenzungen vorgenommen: Menschliches Handeln interessiert *insbesondere* und *nur insoweit,* als

1. Regelhaftigkeit bzw. Gesetzmäßigkeit – als Voraussetzung für Generalisierung – unterstellt werden kann,
2. Situations- bzw. Umweltabhängigkeit des Verhaltens angenommen wird,
3. Funktionalität (Anpassungsleistung im weitesten Sinne) als quasi-objektives Zielkriterium gilt,
4. Operationalisierung theoretischer Konzepte möglich und
5. experimentelle sowie außerexperimentelle (z. B. verhaltenstherapeutische) Kontrolle von Einflußfaktoren bzw. Ursache-Wirkungs-Beziehungen realisierbar sind.

Das behavioristische Gegenstandsparadigma ist schon seit längerem in unterschiedliche Richtungen hin weiterentwickelt bzw. verändert worden:

1. Versuche zu einem *kognitiv-interaktionistischen Persönlichkeitsmodell:* Das Individuum ist nicht mehr einseitig von der Situation abhängig, sondern beeinflußt seinerseits aktiv die Situation; ihm werden konstruktive und generative Handlungskompetenzen zugebilligt (Mischel, 1973; Bandura, 1976);
2. *handlungstheoretische Ansätze:* Der Begriff des Handelns betont die hierarchische Organisation von Selbstregulationsmechanismen, die sequenzielle Strukturierung von Planungs- und Ausführungsprozessen; er umgreift die objektiven Handlungsbedingungen, die subjektive Zielrichtung, die kognitive Umweltrepräsentation sowie die situationsgestaltenden Operationen des Subjekts (Volpert, 1974; Bergold, 1977);
3. Entwurf eines *„epistemologischen Subjektmodells“*: In einer bewußten Hinwendung auf die Orientierungs- und Handlungsprobleme des Alltagsmenschen wird die Vorstellung eines Subjekts entwickelt, das sich in ähnlicher Weise wie der Wissenschaftler um die Erkenntnis der Welt und der eigenen Handlungsbedingungen bemüht: Der Mensch hat Theorien und Kenntnisse über sich und andere, und diese Erkenntnisse und Deutungen beeinflussen sein Handeln (Groeben/Scheele, 1977).

Die genannten Ansätze überlappen sich in vielfacher Hinsicht. Im folgenden wird daher nur auf das dritte Modell eingegangen, weil es den weitestgehenden Versuch einer Überwindung des behavioristischen Gegenstandsparadigmas darstellt.

2.2 *Die „kognitive Wende" zum epistemologischen Subjektmodell*

Schon in behavioristischer Tradition wurden und werden vermittelnde Kognitionen als Verhaltensbedingungen ernst genommen. So betonte man z. B. in der Leistungsmotivationsforschung (Schmalt/Meyer, 1976) und auch in der Verhaltenstherapie (z. B. Meichenbaum, 1977) die verhaltenssteuernde Rolle der subjektiven Interpretationen und Einschätzungen, die das Individuum sich selbst und seiner Umwelt gegenüber entwikkelt hat (vgl. Konzepte wie Selbstbekräftigung, Selbstkontrolle, Selbstbewertung, Kausalattribution). Das Individuum sei weniger vom Bedürfnis nach Triebreduktion als vielmehr vom Bedürfnis nach „Information" motiviert. Nicht „objektive", möglicherweise nur dem Forscher bekannte bzw. durch ihn manipulierbare Gegebenheiten determinieren das Verhalten, sondern deren *kognitive Repräsentation und Bewertung* durch das Individuum. Kognitive Prozesse „vermitteln" zwischen Umweltereignissen und Verhalten.

Noch bleibt freilich tendenziell das Verhalten einseitig von der Situation abhängig, denn die Mediatorvariable „Kognition" wird weiterhin determiniert durch die vorangegangene Lerngeschichte und damit die externe Kontrolle (Fremdbekräftigung) durch die entsprechenden Lernumwelten (Groeben/Scheele, 1977, 49). Wenn man dagegen das Individuum als ein sich und seine Umwelt aktiv erkennendes und gestaltendes Subjekt begreifen will, so setzt dies nahezu eine Umkehrung der Situationsabhängigkeit voraus: „Das kognitive Subjekt konstruiert seine Welt aktiv durch Anwendung seiner kognitiven Schemata und die realitätsgerechte Veränderung/Entwicklung dieser Schemata" (Groeben/Scheele, 1977, 50). Die Modellvorstellung vom passiv-reagierenden Organismus wird ersetzt durch die Konzeption eines Subjekts, das seine Umwelt aktiv-kognitiv strukturiert, intuitive „Theorie" in sie hineinträgt und diese anhand seiner eigenen Erfahrungen überprüft. Das Individuum ist Handlungssituationen nicht hilflos ausgeliefert, sondern zur selbstbestimmten Planung, Informationsverarbeitung und Steuerung befähigt.

Mit diesen Bestimmungen wird eindeutig eine alternative Gegenstandsbestimmung versucht (sofern man einmal „Behaviorismus" als einheitliche Richtung unterstellt, was sicher nicht ganz richtig ist). Während traditionellerweise dem Verhalten als Gegenstand der Psychologie das Definitionsmerkmal „Situationsdeterminiertheit" angeheftet wurde (etwa in der Form des Satzes: „Wir nennen Verhalten nur das, was durch Kontingenzen determiniert ist"), heißt es nun: „Wir machen zu unserem Gegenstand nur solche psychischen Ereignisse, Prozesse und Strukturen, in denen sich die wechselseitige Beziehung zwischen Subjekt und Umwelt sowie die konstruktiven, generativen, selbstbestimmten Handlungskompetenzen des Subjekts ausdrücken". Anders gesagt: „Wir interessieren uns für Handeln von Individuen *nur insoweit, als* darin Selbsttätigkeit erkennbar wird" (anderes Verhalten wird bestenfalls als Zerrform registriert).

Unverkennbar wird eine derartige Gegenstandsbestimmung – wie die traditionellen natürlich auch – durch *anthropologische* Überzeugungen mitbestimmt. Dagegen ist nichts einzuwenden, solange diese Überzeugungen und andere, auch den Wirkungs- und Verwertungszusammenhang antizipierende Interessen des Forschers in der Auseinandersetzung mit herrschenden Formen der Gegenstandsbestimmung entwickelt und begründet werden. Wenn dies nicht geschieht, könnte es leicht zu Fehldiagnosen kommen (wie z. B. „Paradigmenwechsel" in der Psychologie, Groeben/Scheele, 1977). Das „epistemologische Subjektmodell" steckt nämlich schon auf der konzeptionellen Ebene voller Widersprüche. So betont es zwar einerseits die Rationalität und Zielgerichtetheit des Handelns, nennt andererseits jedoch keine Wege und Mittel zur Erhebung valider Informationen über die Realität. Zwar wird das Individuum als kritisches und „hypothesenprüfendes" Subjekt konzipiert, das zwischen Handlungsalternativen begründet und selbstbestimmt entscheiden kann; es werden jedoch die Bedingungen nicht spezifiziert, unter denen sich eine derartige Rationalität entwickeln, äußern und bewähren kann. Es werden Selbstverantwortlichkeit, Erkenntnis- und Denkfähigkeit betont, ohne gleichzeitig etwas über die Widersprüchlichkeit, unterschiedliche Priorität und Durchsetzbarkeit konkreter normativer Anforderungen, Erziehungs- und Lernziele, die Struktur von Interaktionsbeziehungen usw. zu sagen.

Nun wird von Vertretern des skizzierten Ansatzes selbst konzediert, daß eine zentrale Frage diejenige nach der Vermittlung von „objektiven" und „subjektiven" Aspekten ist, konkret: „ob die aktiv-kognitive Konstruktion von Welt an der Realität ... vorbeigeht, ob sich die subjektiven Konzepte als ‚Scheuklappen' erweisen oder nicht" (Groeben/Scheele, 1977, 50). Diese Frage kann sicher nur von einem sozialwissenschaftlich erweiterten Gegenstandsverständnis her adäquat angegangen werden.

2.3 Psychologie als Sozialwissenschaft

Aussagen über die Realitätsangemessenheit von Kognitionen (und Verhalten) sind nur möglich, wenn man die Geschichtsbedingtheit, Gesellschaftsbezogenheit und den Realitätsbezug des Handelns selbst in die Gegenstandsbestimmung mit hineinnimmt. So wird von der Psychologie (Groeben/Westmeyer, 1975, 22f.) schon seit längerem akzeptiert,

a) daß alles Handeln in einen sozialen (gesellschaftlichen und interpersonellen) Kontext eingebettet ist, der (u. a.) diesem Handeln Bedeutung und Funktion gibt;
b) daß nicht nur Handlungstendenzen soziogenetisch determiniert sind, sondern daß die gesamte historisch-genetische Komplexität des Menschen entscheidend durch seine Sozialität geprägt ist;
c) daß „diese Komplexität selbst vom Menschen als Handlungs- und Erkenntnissubjekt verursacht ist" (ebd.), woraus sich (u. a.) die Reflexivität der Erkenntnissituation ergibt: Der Forscher ist prinzipiell in denselben Gesellschafts- und Handlungszusammenhang wie die Versuchsperson eingebunden, von denselben Interessen und Problemen bewegt und kann daher nur mit Einschränkung und vorübergehend Versuchspersonen zu Erkenntnis-„Objekten" machen.

3 Gesetzesbegriff und Generalisierungsproblem in der Psychologie

„Verallgemeinerung" war als (ein) Definitionsmerkmal wissenschaftlicher Tätigkeit und Erkenntnis festgelegt worden. Von zentraler Bedeutung für die Psychologie ist also im Anschluß an die Skizzierung der drei Lösungsversuche die Frage, unter welchen Bedingungen Generalisierung sinnvoll und möglich ist. In der Psychologie wird über den Gesetzesbegriff und das Generalisierungsproblem eine teilweise sehr differenzierte Diskussion geführt, die hier nicht wiedergegeben werden kann (vgl. Dick, 1972; Koch, 1973; Herrmann, 1976; Kraiker, 1976; Westmeyer, 1976; Ulich, 1976; Krapp, 1979; Treiber/Weinert, 1982; Weinert/Treiber, 1982; Aschenbach et al., 1983; Jüttemann, 1983; Montada, 1983).

„Gesetze" sind Feststellungen über Verknüpfungen zwischen bestimmten Bedingungen und den durch sie bewirkten Effekten. Ein bestimmter Tatbestand wird dadurch erklärt, daß er als Kovariation bzw. regelmäßig auftretende Folgebeziehung eines anderen Sachverhalts dargestellt werden kann. Gesetzesaussagen haben die sprachliche Form der Implikation: *„wenn – dann"*. Fraglich und problematisch wird das Ziel, Gesetzesaussagen zu formulieren, in der Psychologie vor allem wegen der Forderung, Allaussagen von raum-zeitlich unbeschränkter Gültigkeit zu formulieren. Selbst wenn diese Forderung inzwischen relativiert wurde, bleibt die Frage zu klären, auf welche Weise die (relative) Konstanz bzw. Stabilität von bestimmten Ursache-Wirkungs-Beziehungen erforscht und belegt werden kann. Dazu im folgenden einige Überlegungen:

1. Ausgangspunkt der Überlegung sind zwei dem Alltagserleben bekannte Sachverhalte:
   a) Unmittelbar erfahrbare Handlungszusammenhänge sind von bestimmten *Ordnungsprinzipien* (Wertvorstellungen, Normen, Regeln) strukturiert, die dem Handeln Richtung, Konstanz und Regelmäßigkeit verleihen (Krapp/Prell, 1975).
   b) Unser Handeln im Alltag ist (auch) von dem Bedürfnis bestimmt, unserer Umwelt und unseren Mitmenschen *stabile Eigenschaften* zuzuschreiben, um damit Orientierung, Vorhersage und Planung des Handelns sowie soziale Interaktion zu ermöglichen (Ulich, 1974; 1979).
2. „Gesetze" sind ihrer Struktur und Funktion nach nichts anderes als die *Erwartungen,* die wir im Alltag im Hinblick auf die Stabilität bestimmter Merkmale und Beziehungen entwikkeln: Sie beruhen auf der Erfahrung der Wiederholung oder auf der Annahme der Wiederholbarkeit von Ereignissen oder Kovariationen. Wodurch wird aber die Wiederholung (Regelhaftigkeit) ihrerseits bewirkt?
3. Zunächst muß geklärt werden, *was* überhaupt verallgemeinert werden soll, *woraufhin* verallgemeinert werden soll und *mit welchen Mitteln* verallgemeinert werden soll (Heinze et al., 1975). Soll von einer Situation auf eine gleichzeitig gegebene andere Situation verallgemeinert werden, von einer Person/Gruppe/Kultur auf eine andere Person/Gruppe/Kultur? Soll in die Vergangenheit oder Zukunft generalisiert werden (retrospektive bzw. prognostische Generalisierung)?
4. Ein erster Schritt in der Beantwortung der Frage nach den Bedingungen von Regelhaftigkeiten (im psychischen Bereich) ist die Einsicht, daß diese Regelmäßigkeiten weniger natürlich oder biologisch vorgeprägt, sondern *sozial induziert* sind, d. h. auf Interaktions- und Regelerfahrungen im weitesten Sinne zurückgehen. Diese Regeln (z. B. individuelle Handlungsmaximen) sind sowohl Ausdruck bestimmter (ge-

sellschaftlicher) Strukturierungsprinzipien wie gleichzeitig immer auch Resultate eigenen Handelns, nämlich aktiver Interpretations-, Aneignungs- und Selbstregulationsprozesse (Ulich, 1976, Kap. 1).

5. Wenn man nach den Bedingungen sozial induzierter Regelhaftigkeit sucht, so wird man auch auf die Dimension der *Kontrolle* bzw. *Macht* stoßen. Was bei Skinner (externe) Kontingenzkontrolle heißt, kann auch aufgefaßt werden als Chancenungleichheit im Hinblick auf die Durchsetzbarkeit von Regeln (Ulich, 1976, 31 ff.). Die Stabilität von Situationen, Bedingungskonstellationen, Relationen usw. hängt ganz konkret davon ab, ob eine Person, eine Gruppe usw. über ausreichend Macht, Ressourcen und Kompetenzen verfügt, um Regeln, Erwartungen usw. durchzusetzen, konkret: das Auftreten eines Ereignisses bzw. die vorhergesagte Kovariation real zu bewirken.
6. Zur Begründung der Generalisierbarkeit psychologischer Aussagen benötigt man also weniger den Rückgriff auf „universelle Gesetze", sondern vielmehr die Kenntnis realer *Lebens- und Handlungszusammenhänge.* Anders gesagt: Verallgemeinernde Aussagen über psychische Prozesse und Strukturen sind nur dann möglich, wenn die Voraussetzungen der Verallgemeinerung als in der Realität selbst liegend begriffen werden. Grundlage für Generalisierungen sind die tatsächlichen, auf bekannten Durchsetzungschancen beruhenden Vereinheitlichungen (Standardisierungen) von Lebens- und Handlungssituationen. Diese Vereinheitlichung bestimmt, was „typisch" und nicht bloß zufällig ist.
7. In einer These zusammengefaßt: *Je größer die Vereinheitlichung realer Handlungsbedingungen tatsächlich ist, desto eher ist die Generalisierung von Aussagen gestattet.* Der Generalisierungsgrad ist immer auch auf das Ausmaß der Vereinheitlichung rückzubeziehen. Die Vereinheitlichung selbst ist natürlich veränderbar, weil historisch entstanden.
8. Die Standardisierung von Handlungssituationen bedingt eine gewisse *Gemeinsamkeit* von Erfahrungen, Interessen, Handlungskompetenzen, Bezugssystemen usw. Überall dort, vor allem, wo z. B. Lern- und Leistungssituationen institutionalisiert sind, kann man also Gleichförmigkeiten des Erlebens und Verhaltens erwarten. Institutionalisierung begründet sowohl die Möglichkeit wie auch die Notwendigkeit regelgeleiteten und insofern regelhaften Handelns. Institutionalisierung ist also *eine* Möglichkeitsbedingung für Generalisierung. Konkret: Um Aussagen über Zusammenhänge zwischen Frustration und Aggression zu machen, benötigt man eine Theorie familialer Sozialisation, aus der man erst Annahmen über mögliche regelhafte Beziehungen zwischen diesen beiden psychischen Merkmalen begründen kann.

4 Aktuelle Themen und Trends

Im folgenden führe ich einige Themen auf, die in den letzten Jahren in der Psychologie eine wichtige Rolle zu spielen scheinen; die Punkte überlappen sich teilweise.

Sind Zusammenhangsbehauptungen immer empirischer Natur? Vor allem Brandtstädter stellte in mehreren Arbeiten (z. B. 1982 und 1984) die Frage, ob manche Zusammenhangsbehauptungen in psychologischen Theorien und Untersuchungen nicht auf „konzeptuelle Beziehungen zwischen den involvierten Variablen zurückgeführt und insofern als apriorische Bestimmungen rekonstruiert werden können" (1982, 267). Eine genaue Begriffsanalyse ergäbe vor allem dann, wenn die betreffende Annahme bestimmte Prüfergebnisse von vorneherein ausschließe, daß viele Verknüpfungen in Wirklichkeit aufgrund logischer und terminologischer Regeln zustandegekommen sind. So ist z. B. die Erklärung von Mißerfolg durch hohe Begabung schon allein aufgrund terminologischer Festlegungen bzw. des „richtigen" Verstehens von beiden Konzepten ausgeschlossen; viele Ergebnisse attributionstheoretischer und anderer Forschung (Beispiele bei Brandtstädter, 1982; 1984) können demzufolge nicht als Triumph empirischer Hypothesenprüfung, sondern müssen als Belege für kompetente Sprachbenutzung angesehen werden. Empirische Zusammenhangsvermutungen müssen also die regelgerechte Wortverwendung einschließen und zugleich über deren bloße Überprüfung hinausgehen, wenn Erkenntnisfortschritte erzielt werden sollen.

Welchen Typs können und sollen psychologische Theorien sein? Hierzu wird auf die Diskussion um die strukturalistische bzw. Nicht-Aussagenkonzeption von Theorien Bezug genommen (Herrmann, 1976; Keupp/Kraiker, 1977; Stegmüller, 1980; Brandtstädter, 1982). Wäre es nicht auch für psychologische Theorien – zumindest in bestimmten Forschungsprogrammen – naheliegend und sinnvoll, einen „Annahmekern" von nicht-empirischen Sätzen zu postulieren, die aufgrund logischer Prädikatorenregeln und Definitionen als wahr angesehen werden und nicht aufgrund von empirischen Überprüfungen? Foppa (1984) unterscheidet „Perspektiventheorien" und „Erklärungstheorien", wobei erstere (z. B. viele „kognitive" Ansätze) ohne bestimmten empirischen Gehalt, letztere jedoch auf ein spezifisches empirisches Relativ bezogen seien. Im ersten Falle ordnet man theoretischen Konstrukten oder Modellen Phänomene zu, im zweiten Falle ordnet man den Phänomenen theoretische Konstrukte zu und erklärt sie damit. Beide Arten von Theorien seien notwendig; eine Perspektiventheorie solle jedoch nicht für eine Erklärungstheorie gehalten werden. Wird die Beziehung zwischen theoretischen Konstrukten und empirischem Sachverhalt „auf dem Wege der Operationalisierung erreicht, nimmt die Bestimmtheit des empirischen Gehaltes entsprechend ab. M.a.W.: Je größer der Anteil von Konstrukten einer Theorie ist, die über Indikatoren an der Empirie festgemacht werden, desto unbestimmter sollte ihr empirischer Gehalt sein und desto wahrscheinlicher sollte es sich um eine Perspektiventheorie handeln", deren empirische Überprüfung zum Scheitern verurteilt wäre (Foppa, 1984).

Theorien und Theorienanwendung: Theorien in der Psychologie sind informative, verallgemeinernde und damit immer zugleich idealisierende bzw. idealisierte Aussagen über solche Gleichförmigkeiten des Erlebens und Handelns, die durch Person-Umwelt-Transaktionen, durch Person-Person-Interaktionen und durch strukturelle Regelhaftigkeiten sprachlicher, sachlicher und institutionell-gesellschaftlicher bzw. historischer Art zustandekommen. Aufgrund der Art ihres Gegenstandes ist keine psychologische Theorie denkbar, die sowohl notwendige wie hinreichende Bedingungen für das Auftreten eines Phänomens angeben kann. Zur Beurteilung einer Theorie werden folgende Kriterien herangezogen (nach Herrmann, 1976, 116f.): a) Rekonstruktionswert der Annahme für ein bestimmtes Problem, b) empirische Überprüfbarkeit, c) Anregungsgehalt für Theorienbildung und Anwendung, d) Überraschungswert, e) Wert der entsprechenden Rahmentheorie, f) Vereinbarkeit der Annahme mit weltanschaulichen Globalkonzepten und g) empirische Bewährtheit. Aus Theorien sollen auch handlungsleitende Regeln gewonnen werden, um die Alltagsrelevanz psychologischen Wissens zu steigern und praktisches Handeln zu optimieren (Herrmann, 1979). Über die Schwierigkeiten, die sich dabei ergeben, macht sich inzwischen niemand mehr Illusionen (Ulich, 1981; Treiber/Weinert, 1982). Es sind sowohl theorieimmanente wie auch praktische Anwendungsvoraussetzungen vielfältiger Art zu klären. Die Regelentwicklung „bedarf zunehmend eigenständiger und kreativer Lösungen unter zunehmend veränderten forschungspraktischen Zielvorstellungen" (Treiber/Weinert, 1982, 272), was vor allem bedeutet, daß Forschung sich von vorneherein stärker auf die gegebene Wirklichkeit bezieht.

Veränderungen im methodischen Bereich: Veränderungsmessung (z. B. Petermann, 1986) und Einzelfallanalysen (z. B. Petermann/Hehl, 1979; Krauth, 1986) haben an Boden gewonnen gegenüber den üblichen Querschnittsanalysen großer Stichproben. „Qualitative" Verfahren wie z. B. halbstrukturierte Interviews finden vermehrt Anwendung, z. B. in der Jugendforschung. Obwohl dem häufig formulierten Ideal prospektiver Längsschnittstudien mit verschiedenen (auch Normal-)Populationen auch aus praktischen und ökonomischen Gründen nicht oft entsprochen wird, findet auch hier ein Nachholen statt. Unter den Auswertungsmethoden hat entsprechend den „offenen" Erhebungsmethoden die Inhaltsanalyse (z. B. Mayring, 1983; Jüttemann, 1985) an Bedeutung gewonnen. Unter den statistischen Verfahren haben die multivariaten Methoden ihre dominierende Rolle verloren; interessante Entwicklungen gibt es dafür im Bereich der verteilungsfreien Verfahren für kleine Stichproben. Die Methoden werden insgesamt eher den Gegenständen und Fragestellungen angepaßt, als dies in früheren Jahren der Fall war (vgl. als Lehrbuch Bortz/Bongers, 1984).

Die Kritik am Kognitivismus: Der zentrale Glaubenssatz kognitivistischer Theorien, nicht die Wirklichkeit selbst, sondern unsere Meinung über die Wirklichkeit steuere Verhalten und Erleben, wird ideologiekritisch infrage gestellt (Ulich, 1979; Sampson, 1981; Herzog, 1984). Subjektivismus und Individualismus, als spezifische Reduktionen des Wirklichkeitsbezuges von Personen, geben Werthaltungen und Interessen wieder, die auch die herrschende Sozialordnung bestimmen. Im Extremfall kann die Überbewertung subjektiver Informationsverarbeitung zu einer Abwertung oder Verleugnung der Realität führen: Die Person wird zum „mentalen" Konstrukteur ihrer eigenen Verhaltensursachen. Menschliches Verhalten wird auf intentionale kognitive Tätigkeit zurückgeführt, Umwelt auf kognizierte Umwelt reduziert. Handlungstheoretische Ansätze können diesen Solipsismus nur dann überwinden, wenn sie ihrerseits auf die irrige Vorstellung vom allzeit und allseits souveränen Subjekt verzichten, sondern Person-Umwelt-Wechselwirkungen so konkret wie möglich thematisieren.

Der Ruf nach mehr Beschreibung: Forschung

soll erkenntniserweiternd und nicht bloß erkenntnissichernd sein (Jüttemann, 1983, 40), und dies erfordert eine intensivere und extensivere Beschreibung der interessierenden Phänomene. Die Psychologie habe die Phase des „Sammelns“, die Beschreibung von Ereignissen und Sachverhalten des Erlebens und Handelns in der alltäglichen Lebenswelt entweder ganz übersprungen oder viel zuwenig Zeit und Energie darauf verwandt (Dörner, 1983, 24-27). Eine „Morphologie menschlichen Erlebens und Verhaltens“ erfordere freilich auch übergreifende Rahmenvorstellungen vom psychischen Gesamtgeschehen. Zum Vorgehen schlägt Dörner (ebd.) eine Art „Trichterprinzip“ vor: Man solle mit relativ groben, lebensnahen Variablen beginnen (z. B. „Selbstsicherheit“, „Betroffenheit“, „Gruppendruck“) und nach dem Prinzip der „sukzessiven Erhöhung des Auflösungsgrades“ zu immer genaueren Detailanalysen übergehen. So könnten Alltagsnähe und Generalisierbarkeit gewahrt bleiben. Das Verfahren der „Hypothesenagglutination“ von Wottawa (1981) verfolgt ein ähnliches Ziel. Das Fehlen von Beobachtungen und Materialsammlungen kritisiert auch Foppa (1984). In seiner fundamentalen Kritik wirft schließlich Koch (1973, 202f.) der Psychologie vor, „asignifikant“, d.h. bedeutungslos im Hinblick auf die Erkenntnis der Wirklichkeit zu sein; die Psychologie erwarte „Wissen als Ergebnis eines Fabrikationsvorganges, nicht einer Entdeckung“. „Die Welt oder irgendein Teil von ihr wird nicht mehr voll leidenschaftlich erlebt, sondern als ein Ding ohne eigenen Wert wahrgenommen.“

Die Forderung nach mehr Beschreibung ist oft verbunden mit der Forderung, Personen in ihrer natürlichen Umwelt zu beobachten bzw. dort Explorationen durchzuführen, d. h. die Komplexität und Dynamik menschlichen Erlebens und Verhaltens möglichst gut abzubilden. Obwohl diese Forderungen vor allem in der Entwicklungspsychologie und in der Persönlichkeitspsychologie seit mehr als 20 Jahren propagiert und metatheoretisch fundiert werden, gibt es immer noch unübersehbar große Diskrepanzen zu dem, was in der Forschung tatsächlich passiert (Nickel, 1985; Pervin, 1985), in Teilbereichen sind auch Fortschritte erkennbar (Bronfenbrenner, 1986). Die programmatische Konzeption eines Subjekts, „das auf Bedeutungsstiftung aus ist und dessen Verhalten und Erleben folgerichtig nur unter Rekurs auf eine Rekonstruktion subjektiver Sinngehalte verstanden werden kann ... versickert im Dschungel traditioneller Klein-Studien“, die immer noch weitgehend dem methodologischen Behaviorismus folgen (Herrmann/Lantermann, 1985, VIII, die ebenfalls die „Kluft zwischen Menschenbild und Forschungspraxis“ beklagen).

Wirklichkeitsbezug und Erkenntnisinteresse: Kümmert sich die wissenschaftliche Psychologie nicht um Alltagsfragen, findet die Behandlung von Alltagsfragen durch die Psychologie kaum Resonanz, ist es eine Tatsache, „daß die Sachverhalte und Forschungsgegenstände der wissenschaftlichen Psychologie im öffentlichen Leben und bei der Regulation der psychischen Probleme des Einzelnen keine große Rolle spielen“ (Dörner, 1983, 14)? Betrachtet die Psychologie ihre Objekte gleichsam durch ein umgekehrtes Fernrohr, so daß Einzelheiten, Strukturen, das eigentliche Wesen seelischen Geschehens sich verwischen (Koch, 1973, 203)? Allmählich erst entstehen in der Psychologie Forschungsgebiete und Beiträge zu zentralen Lebensproblemen wie z. B. der Bedrohung durch Umwelt- und Menschheitsvernichtung (Kempf/Graf, 1985). Daß Parteinahme für Unterdrückte und Gefährdete, daß die Verbesserung der Lebensbedingungen und Lebensformen allgemein als wichtige Erkenntnisziele der Psychologie akzeptiert seien, kann man aber leider nicht behaupten. Es müßte dennoch eine Einheit von „technischer“ und „praktischer“ Kritik angestrebt werden (Brandtstädter, 1979): Während technische Kritik sich vor allem auf die Angemessenheit von bestimmten Mitteln für bestimmte Zwecke bezieht (z. B. Veränderung von Attribuierungsmustern zur Verbesserung der Leistungsmotivation), macht praktische Kritik die Zwecke selbst zum Gegenstand der Analyse (fragt also z. B. nach der Berechtigung und Menschlichkeit der in unseren Schulen geforderten und von der Psychologie geförderten Art von Leistungsmotivation). Koch (1973, 235) formuliert die Forderung, die Psychologie solle die Sache von Menschen sein, „die den Wert und die Bedeutung menschlicher Erfahrung, menschlicher Handlungen und ihrer Ergebnisse erforschen wollen, *inmitten* der Menschen“. Die Forschung und die Praxis der Psychologen müssen sich an den Wertvorstellungen einer humanen Gesellschaftsorganisation und Lebensgestaltung orientieren (Brandtstädter, 1979, 99; Schneewind, 1979, 153; Aschenbach u. a., 1983, 141 f.; Herrmann/Lantermann, 1985, XVI). Diesem Ziel wäre es sicher förderlich, wenn sich in der Psychologie wieder eine stärkere Orientierung an der *Person* durchsetzen würde.

Literatur

Albert, H.: Wertfreiheit als methodisches Prinzip. In: Topitsch, E. (Hrsg.): Logik der Sozialwissenschaften. Köln: Kiepenheuer & Witsch, 1967.

Aschenbach, G./Billmann-Mahecha, E./Straub, J./Werbik, H.: Das Problem der Konsensbildung und die Krise der „nomothetischen" Psychologie. In: Jüttemann, G. (Hrsg.): Psychologie in der Veränderung. Weinheim: Beltz, 1983, 103-144.

Bandura, A.: Verhaltenstheorie und die Modelle des Menschen. In: Bandura, A. (Hrsg.): Lernen am Modell. Stuttgart: Klett, 1976.

Bergold, J.: Lerntheoretische Grundlagen für Theorie und Praxis der Psychiatrie. Psychiatrie der Gegenwart, Bd. 1, T. 1, 1977, 493-544.

Bortz, J./Bongers, D.: Lehrbuch der empirischen Forschung für Sozialwissenschaftler. Berlin: Springer, 1984.

Brandtstädter, J.: Zur Bedeutung der Pädagogischen Psychologie für die Planung und Kritik der Erziehungspraxis. In: Brandtstädter, J./Reinert, G./Schneewind, K. (Hrsg.): Pädagogische Psychologie: Probleme und Perspektiven. Stuttgart: Klett-Cotta, 1979, 79-102.

Brandtstädter, J.: Apriorische Elemente in psychologischen Forschungsprogrammen. Zeitschrift für Sozialpsychologie, 13, 1982, 267-277.

Brandtstädter, J.: Apriorische Elemente in psychologischen Forschungsprogrammen: Weiterführende Argumente und Beispiele. Zeitschrift für Sozialpsychologie, 15, 1984, 151-158.

Bronfenbrenner, U.: Recent advances in research on the ecology of humans development. In: Silbereisen, R./Eyferth, K./ Rudinger, G. (Eds.): Development as action in context. Berlin: Springer, 1986, 287-309.

Dick, F.: Wenn p dann q. Widersprüche des nomothetischen Gesetzesbegriffes und dessen doppelte ideologische Funktion. Gießen: Edition 2000, 1972.

Dörner, D.: Empirische Psychologie und Alltagsrelevanz. In: Jüttemann, G. (Hrsg.): Psychologie in der Veränderung. Weinheim: Beltz, 1983, 13-29.

Foppa, K.: Operationalisierung und der empirische Gehalt psychologischer Theorien. Psychologische Beiträge, 26, 1984, 539-551.

Friedrichs, J.: Methoden empirischer Sozialforschung. Hamburg: Rowohlt, 1973.

Graumann, C. F.: Grundlagen einer Phänomenologie und Psychologie der Perspektivität. Berlin: de Gruyter, 1960 a.

Graumann, C. F.: Eigenschaften als Problem der Persönlichkeitspsychologie. In: Lersch, Ph./Thomae, H. (Hrsg.): Handbuch der Psychologie, Bd. IV (Persönlichkeitspsychologie). Göttingen: Hogrefe 1960 b, 87-155.

Groeben, N./Scheele, B.: Argumente für eine Psychologie des reflexiven Subjekts. Darmstadt: Steinkopf, 1977.

Groeben, N./Westmeyer, H.: Kriterien psychologischer Forschung. München: Juventa, 1975.

Heinze, Th. et al.: Handlungsforschung im pädagogischen Feld. München: Juventa, 1975.

Herrmann, Th.: Die Psychologie und ihre Forschungsprogramme. Göttingen: Hogrefe, 1976.

Herrmann, Th.: Psychologie als Problem. Stuttgart: Klett-Cotta, 1979.

Herrmann, Th./Lantermann, E.-D.: Einleitung. In: Herrmann, Th./Lantermann, E.-D. (Hrsg.): Persönlichkeitspsychologie. Ein Handbuch in Schlüsselbegriffen. München: Urban & Schwarzenberg, 1985, I-XVII.

Herzog, W.: Modell und Theorie in der Psychologie. Göttingen: Hogrefe, 1984.

Jüttemann, G. (Hrsg.): Psychologie in der Veränderung. Weinheim: Beltz, 1983.

Jüttemann, G. (Hrsg.): Qualitative Forschung in der Psychologie. Grundfragen, Verfahrensweisen, Anwendungsfelder. Weinheim: Beltz, 1985.

Kaminski, G.: Nachlese und Ausblick. In: Kaminski, G. (Hrsg.): Umweltpsychologie. Stuttgart: Klett, 1976, 237-263.

Kempf, W./Graf, W. (Hrsg.): Zur Sozialpsychologie von Sicherheitspolitik und Friedensbewegung. Dialog – Beiträge zur Friedensforschung 3, 1985 (Österreichisches Institut für Friedensforschung und Friedenserziehung).

Keupp, H./Kraiker, Chr.: Die Kontroverse zwischen Verhaltenstherapie und Psychoanalyse. In: Zeier, H. (Hrsg.): Pawlow und die Folgen. München: Kindler, 1977, 666-712.

Koch, A.: Psychologie und Geisteswissenschaften. In: Gadamer, H. G./Vogler, P. (Hrsg.): Neue Anthropologie, Bd. 5, Psychologische Anthropologie. Stuttgart: Thieme, 1973, 200-236.

Kraiker, Chr.: Zum Problem von Theorien und ihrer Anwendung in der Psychologie. In: Gottwald, P./Kraiker, Chr. (Hrsg.): Zum Verhältnis von Theorie und Praxis in der Psychologie. DGVT-Sonderheft, Bochum, 1976.

Krapp, A.: Prognose und Entscheidung. Zur theoretischen Begründung und Differenzierung der pädagogisch-psychologischen Prognose. Weinheim: Beltz, 1979.

Krapp, A./Prell, S.: Empirische Forschungsmethoden. Einführung. München: Oldenbourg, 1975.

Krauth, J.: Probleme bei der Auswertung von Einzelfallstudien. Diagnostica, 32, 1986, 17-29.

Kuhn, Th.: Die Struktur wissenschaftlicher Revolutionen. Frankfurt: Suhrkamp, 1967.

Laucken, U./Schick, A.: Einführung in das Studium der Psychologie. Stuttgart: Klett, 1971.

Mayring, Ph.: Qualitative Inhaltsanalyse. Grundlagen und Techniken. Weinheim: Beltz, 1983.

Meichenbaum, D.: Cognitive-behavior modification. New York, London: Plenum Press, 1977.

Mischel, W.: Toward a cognitive social learning reconceptualization of personality. Psychological Review, 80 (4), 1973, 252-283.

Montada, L.: Verantwortlichkeit und das Menschenbild in der Psychologie. In: Jüttemann, G. (Hrsg.): Psychologie in der Veränderung. Weinheim: Beltz, 1983, 162-188.

Nickel, H.: Entwicklungspsychologie zwischen Anspruch und Wirklichkeit: Zehn Jahre theoretische Diskussion und empirische Forschung. In: Montada, L. (Hrsg.): Bericht über die 7. Tagung Entwicklungspsychologie. Trier, 1985.

Opp, K.-D.: Methodologie der Sozialwissenschaften. Hamburg: Rowohlt, 1970.

Pervin, L. A.: Personality: Current controversies, issues, and directions. Annual Review of Psychology, 36, 1985, 83-114.

Petermann, F.: Probleme und neuere Entwicklungen der Veränderungsmessung. Diagnostica 32, 1986, 4-16.

Petermann, F./Hehl, F.-J. (Hrsg.): Einzelfallanalyse. München: Urban & Schwarzenberg, 1979.

Popper, K. R.: Logik der Forschung. Tübingen: Mohr, 1966.

Sampson, E. E.: Cognitive psychology as ideology. American Psychologist, 36 (7), 1981, 730-743.

Schmalt, H.-D./Meyer, W.-U. (Hrsg.): Leistungsmotivation und Verhalten. Stuttgart: Klett, 1976.

Schneewind, K. A. (Hrsg.): Wissenschaftstheoretische Grundlagen der Psychologie. München: Reinhardt, 1977.

Schneewind, K. A.: Erziehungs- und Sozialisationsprozesse in der Perspektive der sozialen Lerntheorie. In: Brandtstädter, J./Reinert, G./Schneewind, K. (Hrsg.): Pädagogische Psychologie: Probleme und Perspektiven. Stuttgart: Klett, 1979, 153-180.

Stegmüller, W.: Neue Wege der Wissenschaftsphilosophie. Berlin: Springer, 1980.

Traxel, W.: Über Gegenstand und Methode der Psychologie. Bern: Huber, 1968.

Treiber, B./Weinert, F. E.: Gibt es theoretische Fortschritte in der Lehr-Lern-Forschung? In: Treiber, B./Weinert, F. E.

(Hrsg.): Lehr-Lern-Forschung. München: Urban & Schwarzenberg, 1982, 242-290.
Ulich, D.: Probleme und Möglichkeiten erziehungswissenschaftlicher Theorienbildung. In: Ulich, D. (Hrsg.): Theorie und Methode der Erziehungswissenschaft. Weinheim: Beltz, 1972 a, 13-87.
Ulich, D.: Wissenschaftsmodell und Gesellschaftsbild. In: Ulich, D. (Hrsg.): Theorie und Methode der Erziehungswissenschaft. Weinheim: Beltz, 1972 b, 295-324.
Ulich, D.: Zur Logik der Sozialisationsforschung. Zeitschrift für Pädagogik, 20, 1974, 447-460.
Ulich, D.: Pädagogische Interaktion. Theorien erzieherischen Handelns und sozialen Lernens. Weinheim: Beltz, 1976.
Ulich, D.: Rationalismus und Subjektivismus in ‚kognitiven' Motivationstheorien. Zeitschrift für Pädagogik, 25 (1), 1979, 21-41.
Ulich, D.: Über einige Voraussetzungen der Anwendung von Theorien. Unterrichtswissenschaft, 2, 1981, 174-186.
Volpert, W.: Handlungsstrukturanalyse als Beitrag zur Qualifikationsforschung. Köln: Pahl-Rugenstein, 1974.
Weinert, F. E./Treiber, B.: Einleitung. In: Treiber, B./Weinert, F. E. (Hrsg.): Lehr-Lern-Forschung. München: Urban & Schwarzenberg, 1982, 7-11.
Westmeyer, H.: Verhaltenstherapie: Anwendung von Verhaltenstheorien oder kontrollierte Praxis? In: Gottwald, P./Kraiker, Chr. (Hrsg.): Zum Verhältnis von Theorie und Praxis in der Psychologie. DGVT-Sonderheft, Bochum, 1976.
Wottawa, H.: Allgemeine Aussagen in der psychologischen Forschung: eine Fiktion. In: Michaelis, W. (Hrsg.): Bericht über den 32. Kongreß der Deutschen Gesellschaft für Psychologie. Göttingen: Hogrefe, 1981.

Zeiterleben

Rudolf Miller

1 Zeit als Gegenstand wissenschaftlicher Betrachtung

In der Zeit leben heißt, eingebunden zu sein in eine Vielzahl von Veränderungen in der Umwelt und im Organismus selbst. Das Erleben dieser Veränderungen setzt ihre Wahrnehmung voraus und bedeutet demnach, daß diese Veränderungen bewußt werden. Rohracher (1971) spricht von *bewußten Erlebnissen* bzw. von bewußten Vorgängen und Zuständen, aus denen das psychische Geschehen besteht. Psychologen sollten deshalb bei der Auseinandersetzung mit menschlichem Handeln und/oder Verhalten immer den zeitlichen Aspekt des Geschehens mitberücksichtigen.

Die Entwicklung des *physikalischen* Zeitbegriffes kann hier nicht nachgezeichnet werden (Janich, 1980). Einige Besonderheiten sollen aber kurz akzentuiert werden. So ist die physikalische Zeit ein irreversibler Prozeß; sie ist weder aufhaltbar, noch wiederholbar. Der Mensch allerdings kann sich gedanklich in die Vergangenheit zurückversetzen, und in spezifischen Situationen scheint die Zeit für ihn still zu stehen (*psychologische Zeit*). Die objektivierte Zeit, die sich als physikalisch-technische Meßgröße zur „objektiven Realität" entwickelt hat, dient als regelmäßiges Bezugssystem zur zeitlichen Einordnung von Ereignissen. Bereits Nilson (1920) weist darauf hin, daß unsere Zeitrechnungssysteme auf der Basis einiger weniger Naturzyklen entwickelt wurden.

Bei der Darstellung psychologischer Beiträge zum Zeiterleben wird häufig auf das Übersichtsreferat von Wallace und Rabin (1960) verwiesen. Dort werden allerdings im wesentlichen Arbeiten der experimentellen Psychologie referiert. Beiträge eher geisteswissenschaftlich orientierter Psychologen, wie Linschoten (1961) oder Merleau-Ponty (1966), stehen im Hintergrund. Das ist insofern bedauerlich, als gerade von diesen, wie auch von Philosophen wie z. B. Heidegger (1916, 1927) oder Jaspers (1932), die konzeptionelle Klärung der Begriffe *Zeit und Raum* am weitesten vorangetrieben wurde.

Stern (1911) prägte den Begriff der *Präsenszeit*. Dieses ist eine Form der Zeitwahrnehmung, die, ohne ihre Einheitlichkeit und Anschaulichkeit zu verlieren, eine bestimmte Zeitspanne ausfüllen und den zeitlichen Inhalt dieser Spanne zum Gegenstand haben kann. Die Eigenart besteht allerdings darin, daß diese in ihrer psychischen Präsenz nicht mehr trennbar ist in eine „Außenzeit" und eine „Innenzeit". Jedes außen wahrgenommene Zeitgeschehen ist auch ein Stück des eigenen Lebensgeschehens, das innen wahrgenommen wird. So steht *Langeweile* in Beziehung zu Umweltereignissen von großer Monotonie, und *Gegenwart* ist der Zustand der vollkommenen Ergriffenheit von einem Ereignis, bei dem die Bewußtseins- und Erlebniskontinuität nach vorwärts und rückwärts aufgehoben ist. Eine ähnliche Konzeption der Verknüpfung von Vorher und Nachher im Zeiterleben findet sich bei Husserl (1913).

In der Tradition der Psychoanalyse entwickelte Künkel (1928) den Begriff des *Spannungsbogens,* der vergleichbar mit dem des *Belohnungsaufschubes* bei Max Weber (1904) ist. In der neueren Psychologie findet dieses Konstrukt intensive Beachtung z. B. im Zusammenhang mit der Motivationsforschung (Heckhausen, 1963). Dieses Konzept wird auch von Lewin (1942 a) unter dem Begriff des Spannungsbogens in dessen feldtheoretischen Überlegungen vertreten.

Intensiver als die gegenwärtige Allgemeine Psychologie befaßt sich die Soziologie mit dem *Alltagsbewußtsein* von Zeit (Rammstedt, 1975) oder mit der *sozialen Funktion* von Zeit (König, 1976). Die *soziale Zeit* liegt außerhalb des individuellen Bewußtseins im Sinne einer transzendentalen Ortsbestimmung. Zeitrechnungseinheiten wie Tag, Woche, etc. sind soziale Konstrukte (Sorokin, 1943) und als *Ordnungsfaktor* wirksam. Das heißt, soziales Handeln erfordert nicht nur einen inhaltlichen Konsens, sondern auch eine zeitliche Abstimmung. Mit den Synchronisationsproblemen zwischen individuellen Zeitplänen hat sich insbesondere Luhmann (1968; 1971; 1975) auseinandergesetzt.

Bereits Sorokin und Merton (1937) weisen darauf hin, daß sich der soziale Bezugsrahmen der Zeit in den Strukturen und Aktivitäten einer Gesellschaft auswirkt. So ist die *„kulturelle Zeit"* der Ausdruck einer spezifischen gesellschaftlichen Sinngebung und die Abbildung sozialer Prozesse, wie z. B. das *Kirchenjahr* oder die *Faschingszeit* (von psychologischer Seite: Boesch, 1980; 1986).

2 Zeitwahrnehmung

Nach Fraisse (1957; 1966; 1978) befaßt sich die Psychologie der Zeit mit dem Studium des gesamten menschlichen Verhaltens in bezug zu den *Veränderungen im Organismus und um ihn herum.* Zeitwahrnehmung und Zeitschätzung beziehen sich dabei immer auf die Erfassung der verschiedenen Eigenarten der Veränderungen. In diesem Zusammenhang sind

- die Wahrnehmung der zeitlichen Folge,
- die Wahrnehmung und Schätzung der Zeitstrecken
- und die Zeitperspektive (Orientierung in der Zeit)

von besonderer Bedeutung. Zeiterleben ist somit eine Reaktion auf einen Stimulus durch Wahrnehmung, Schätzung und Einstellung. Wahrnehmung bezieht sich dabei auf das *Erkennen von Zeitdauern und Zeitfolgen.* Zeitschätzung erfaßt zusätzlich das subjektiv rasche oder langsame Ablaufen der Zeit.

Das Unterscheidungsvermögen für die zeitliche Folge ist umso größer, je natürlicher die Organisation der Reize ist. Nach Piaget (1974) ist die Wahrnehmungszeit ein geordnetes Geschehen, das den präoperationalen Operationen analog ist. Die Wahrnehmung der zeitlichen Folge bedingt die Wahrnehmung der Ordnung, wenn die einander folgenden Reize sich zu einem Ganzen zusammenschließen. Die qualitative Gleichzeitigkeit der Erregung (Gruppierung) ist ein Faktor für den Zusammenschluß der zeitlichen Folge (Broadbent, 1958). Anfang und Ende einer Wahrnehmungsstrecke gehören somit zum selben Wahrnehmungsakt. Dabei bilden rhythmische Prozesse im Wahrgenommenen und im Wahrnehmenden die Basis des Wiedererkennens. Erst diese Wahrnehmung der Zeit ermöglicht ein adäquates Verhalten und Handeln in einer sich stets ändernden Welt.

Toda (1975) unterscheidet, ähnlich wie auch Ornstein (1969), ein immer aktives System der Zeitwahrnehmung zur fortlaufenden Anpassung an Veränderungen und im Unterschied dazu ein Zeitwahrnehmungssystem auf der Basis gespeicherter Informationen.

Die Wahrnehmung von Zeitstrecken bezieht sich auf die Erfassung von Veränderungen zwischen einem Ereignis 1 und dem Ergebnis 2. Bei Tieren wird die Erfassung im Rahmen von Konditionierungsversuchen durchgeführt, bei denen das Ereignis 1 als bedingter Reiz zur Voraussage des Ereignisses 2 (unbedingter Reiz) anzusehen ist. Experimente haben gezeigt: Beim Menschen reicht die „psychische Gegenwart" bei zwei einzelnen Reizen bis zu zwei, bei der Vorgabe einer Reizfolge bis zu fünf Sekunden (Fraisse, 1966). Einen Überblick über Arbeiten zur Zeitwahrnehmung im Rahmen der Differentiellen Psychologie und der Entwicklungspsychologie liefert Kim (1972).

3 Zeitschätzung

Geht die Dauer einer Zeitstrecke über das räumliche Wahrnehmungsfeld hinaus, muß die Veränderungszeit geschätzt werden. Unterschieden wird dabei häufig in *„ausgefüllte Zeit"* – der Reiz tritt kontinuierlich zwischen Anfangs- und Endsignal auf – und *„leere Zeit"* – die Strecke hat nur ein Anfangs- und ein Endsignal. Das Bewußtsein von Dauer ist dabei eine symbolische Konstruktion im Sinne einer Koordination der gespeicherten Erinnerungen mit den aktuellen Eindrücken.

Für die Zeitschätzung bedeutsame Faktoren sind nach Fraisse (1978) die jeweilige *Situation,* die *Motivation* und der *biologische Zustand* des Organismus. Unter Situation wird dabei das Zusammenwirken von Umgebung und Aufgabe verstanden. So entsteht bei Stille eine Tendenz zur Zeitüberschätzung, und bei Engagement verkürzt sich die Zeitschätzung. Je geringer die Motivation in bezug auf die zu erbringende Leistung ist, umso länger wird die Zeit geschätzt (Langeweile). Ebenso gilt: Je größer die individuelle Zukunftsorientierung ist, desto länger wird das Warten erlebt.

4 Zeitperspektive

Zeitwahrnehmung und Zeitschätzung sind nicht identisch mit dem Konstrukt der Zeitperspektive. Die Bildung einer solchen Perspektive ist lebenswichtig für den Menschen. Der Begriff findet sich bei Frank (1939) und wird insbesondere von Lewin (1942 a) genauer definiert. Für ihn ist die Zeitperspektive die Gesamtheit der Ansichten eines Individuums über seine psychologische Zukunft und seine psychologische Vergangenheit zu einer gegebenen Zeit. Für Bergius (1957) ist das Zukunftserleben dabei funktionell und tritt in allen Prozessen auf, die einer Orientierung dienen. Diese Orientierung in der Zeit vollzieht sich zum einen in der Anpassung an relativ invariante endogene Rhythmen, wie z. B. Tag und Nacht (Kiesswetter, 1981). Davon abgehoben zu sehen ist der sozial vereinbarte Zeitrhythmus und der Hinweis auf die gesellschaftliche Bedingtheit der Zeit (Piaget, 1974).

Die Erfassung der Zeitperspektive als Persönlichkeitsmerkmal wird häufig mittels des *Thematischen Auffassungstests* (TAT) versucht. Bei dem Weitererzählen von Geschichten wird eine Analogie zwischen der dem Erzähler eigenen Spannweite der Zeitperspektive und der in der Geschichte geäußerten angenommen (Heckhausen, 1963). Nach Kasakos (1971) bedeutet die Zeitperspektive die subjektive Organisierung objektiver Ergebnisabläufe und ist mithin sowohl von diesen, als auch von deren Perzipierung durch das Individuum abhängig.

Lewin (1963) verweist auf die Ausweitung der Zeitperspektive mit zunehmendem Lebensalter. Wallace (1956) entwickelte ein logisches Modell der Zeitperspektive und prägte die Begriffe *„extension"*, d. h. Ausdehnung der Spanne, die konzeptualisiert wird und *„coherence"* als Grad der Organisation der Ereignisse der Zeitspanne der Zukunft. Kastenbaum (1961) ergänzt diese um die Dimension der *„density"* als die Zahl der Füllungen innerhalb des Bezugssystems, das durch Ausdehnung, Kohärenz und Gefühlsbedingungen im Raum bestimmt wird, und die *„directionality"* als die Orientierung in der Zeit. Heckhausen (1963) führt noch zusätzlich die Variable *„Tönung"* ein. Er versteht darunter die aufsuchende und vermeidende Tendenz (Erwartungstendenz) im Zusammenhang mit der Leistungsmotivation.

5 Kritik

Der kurze Überblick über Arbeiten und Konzepte zum Zeiterleben zeigt die bekannte Reduktion eines komplexen Geschehens auf meßbare Größen. Die Verfeinerung in Theoriebildung und Methoden führt, wie so häufig, weg von dem alltäglichen Erleben der Zeit. Boesch (1986) stellt fest, daß der *Wandel* eine Grundqualität des menschlichen *Er*-lebens darstellt. Eine intensivere Auseinandersetzung mit dem psychologischen Gehalt des Begriffes *Veränderung*, z. B. in der Ökologischen Psychologie (Lynch, 1972), sowie die inhaltlich-psychologische Füllung eher soziologischer Konzepte wie „soziale Zeit" und „Weltzeit", kann eine Annäherung an den komplexen Sachverhalt des Zeiterlebens und eine größere Alltagsnähe der akademischen Psychologie fördern.

Literatur

Bergius, R.: Formen des Zukunftserlebens. München: Barth, 1957.

Boesch, E. E.: Kultur und Handlung. Bern: Huber, 1980.

Boesch, E. E.: Überlegungen zur Genese der Zukunftsperspektive. In: Feig, R./Erlinger, H. D. (Hrsg.): Zeit-Zeitlichkeit-Zeiterleben. Essen: blaue eule, 1986, 9-19.

Broadbent, D. E.: Perception and communication. London: Academic Press, 1958.

Fraisse, P.: Psychologie du temps. Paris: Presses Univ. de France, 1957 (Dt.: Psychologie der Zeit. München: Reinhardt, 1985).

Fraisse, P.: Zeitwahrnehmung und Zeitschätzung. In: Thomae, H. (Hrsg.): Handbuch der Psychologie in 12 Bänden, 1. Bd., 1. Halbbd. Göttingen: Hogrefe, 1966, 1974, 656-690.

Fraisse, P.: Time and rythm perception. In: Handbook of perception, Vol. VIII. New York: Academic Press, 1978, 203-254.

Frank, L. K.: Time perspective. Journal of Social Philosophy, 4, 1939, 293-312.

Heckhausen, H.: Hoffnung und Furcht in der Leistungsmotivation. Meisenheim: Hain, 1963.

Heidegger, M.: Der Zeitbegriff in den Geschichtswissenschaften. Zeitschrift für Philosophie und und philosophische Kritik, 161, 1916.

Heidegger, M.: Sein und Zeit. Erste Hälfte. Jahrbuch für Philosophie und phänomenologische Forschung, 8, 1927.

Husserl, E.: Ideen zu einer reinen Phänomenologie und phänomenologischen Philosophie. Jahrbuch für Philosophie und phänomenologische Forschung, 1913.

Janich, P.: Die Protophysik der Zeit, Konstruktive Begründung und Geschichte der Zeitmessung. Frankfurt: Suhrkamp, 1980.

Jaspers, K.: Philosophie. Bd. 1-3. Heidelberg: Springer, 1932.

Kasakos, G.: Zeitperspektive, Planungsverhalten und Sozialisation, Überblicke über internationale Forschungsergebnisse. München: Juventa, 1971.

Kastenbaum, R.: The dimensions of future time perspective – An experimental analysis. Journal of General Psychology, 65, 1961, 203-218.

Kiesswetter, E./Knauth, P./Weier, R./Theissen, W./Rutenfranz, J.: Reentrainment of rectal temperature and heart frequency during days with experimental night shifts and morning and afternoon sleep. In: Reinberg, A./Vieux, N./Andlauer, P. (Eds.): Night and shift work: a multidisciplinary approach. Oxford: Pergamon Press, 1981.

Kim, K. H.: Zeitbegriff und Zeitperspektive bei Kindern im Alter von 4 bis 8 Jahren. Tübingen: Dissertation, 1972.

König, R.: Einleitung. In: Durkheim, E.: Die Regeln der soziologischen Methode. (5. Aufl.) Neuwied: Luchterhand, 1976.

Künkel, F.: Einführung in die Charakterkunde. Leipzig: Engelmann, 1928.

Lewin, K.: Time perspective and morale. New York: Wiley, 1942 a.

Lewin, K.: Feldtheorie in den Sozialwissenschaften. Bern: Huber, 1963.

Linschoten, J.: Auf dem Weg zu einer phänomenologischen Psychologie. Berlin: de Gruyter, 1961.

Luhmann, N.: Die Knappheit der Zeit und die Vordringlichkeit des Befristeten. Die Verwaltung, Bd. 1, 1968, 3-30.

Luhmann, N.: Wirtschaft als soziales System. Soziologische Aufklärung, Bd. 1, 1971, 204-231.

Luhmann, N.: Weltzeit und Systemgeschichte. Soziologische Aufklärung, Bd. 2, 1975, 103-133.

Lynch, K.: What time is this place? Cambridge: MIT Press, 1972.

Merleau-Ponty, M.: Phänomenologie der Wahrnehmung. Berlin: de Gruyter, 1966.

Nilson, M. P.: Primitive time-reckoning. London, 1920.

Ornstein, R. E.: On the experience of time. Harmondsworth/Baltimore: Penguin Books, 1969.

Piaget, P.: Die Bildung der Zeitbegriffes beim Kinde. Frankfurt: Suhrkamp, 1974.

Rammstedt, O.: Alltagsbewußtsein von Zeit. Kölner Zeitschrift für Soziologie und Sozialpsychologie, 27, 1975, 47-63.

Rohracher, H.: Einführung in die Psychologie. Wien: Urban & Schwarzenberg, 1971.

Sorokin, P. A.: Sociocultural causality, space, time. Durham, 1943.

Sorokin, P. A./Merton, R. K.: Social time: A methodological and functional analysis. American Journal of Sociology, 42, 1937, 615-639.

Stern, W.: Die differentielle Psychologie. Leipzig: Barth, 1911.

Toda, M.: Time and structure in human cognition. In: Fraser, J. T./Lawrence, N. (Eds.): The study of time VII. New York: Springer, 1975, 314-324.

Wallace, M.: Future time perspective in schizophrenia. Journal of Abnormal and Social Psychology, 52, 1956, 240-245.

Wallace, M./Rabin, A. I.: Temporal experience. Psychological Bulletin, 57, 1960, 49-64.

Weber, M.: Die protestantische Ethik. Tübingen: Mohr, 1904.

Verzeichnis der Autoren

Hans Joachim Ahrens, geb. 1934, Dr. rer. nat., Dipl.-Psych., Professor für Differentielle Psychologie und Methodenlehre am Psychologischen Institut der Universität Heidelberg. *(Differentielle Psychologie, Messung und Skalierung)*

Helfried T. Albrecht, geb. 1955, M. A., Dipl.-Päd., Psychologiestudent am Fachbereich Psychologie der Philipps-Universität Marburg/Lahn. *(Hochbegabung)*

Robert F. Antoch, Dr. phil., Dipl.-Psych., Klinischer Psychologe (BDP), Psychotherapeut und Psychoanalytiker (DGIP), Lehranalytiker (DGIP). Dozent am Alfred-Adler-Institut in Düsseldorf. *(Individualpsychologie)*

Günter Aschenbach, geb. 1949, Dr. phil., Dipl.-Psych., Wissenschaftlicher Angestellter und Akad. Rat an den Universitäten Konstanz und Erlangen. *(Forschungsmethoden, Philosophie der Psychologie)*

Anna Auckenthaler, geb. 1948, Dr. phil., Universitätsdozentin für Klinische Psychologie am Institut für Psychologie der Universität Innsbruck. *(Partnertherapie, Supervision)*

Eva Bamberg, geb. 1951, Dr. phil., Dipl.-Psych., wissenschaftliche Mitarbeiterin am Institut für Psychologie der Technischen Universität Berlin. *(Geschlechtsunterschiede)*

Eberhard Bauer, geb. 1944, Dipl.-Psych., Wiss. Angestellter an der Abteilung für Psychologie und Grenzgebiete der Psychologie des Psychologischen Instituts der Universität Freiburg. *(Parapsychologie)*

Regina Becker-Schmidt, geb. 1937, Dr. phil., Dipl.-Soz., Professorin für Sozialpsychologie und Sozialisationsforschung am Psychologischen Institut der Universität Hannover. *(Frauenforschung)*

Hellmuth Benesch, geb. 1924, Dr. phil., Professor für Psychologie, Vorstand der Abt. Klinische Psychologie der Universität Mainz. *(Klinische Psychologie, Neuropsychologie, Weltanschauung)*

Hans Werner Bierhoff, geb. 1948, Dr. phil., Dipl.-Psych., Professor für Psychologie am Fachbereich Psychologie der Universität Marburg. *(Attribution, Prosoziales Verhalten)*

Jörg Bopp, geb. 1938, Dr. phil., Dipl.-Psych., niedergelassener Psychotherapeut in Frankfurt und Schriftsteller. *(Psychoboom)*

Udo B. Brack, geb. 1941, Dr. phil., Dipl.-Psych., Leiter der psychologischen Abteilung der Klinik des Münchner Kinderzentrums. *(Sprache)*

Wolf E. Büntig, geb. 1937, Dr. med., Arzt – Psychotherapie/Psychoanalyse, Leiter des ZIST-Zentrum für Individual- und Sozial-Therapie, e. V. *(Körpertherapie)*

Walter Bungard, geb. 1945, Dr. rer. pol., Professor für Wirtschafts- und Organisationspsychologie, Lehrstuhl für Psychologie I der Universität Mannheim. *(Rehabilitation)*

Brigitte Clemens-Ziegler, geb. 1953, Dr. rer. pol., Dipl.-Oec., Hochschulassistentin am Institut für Allgemeine Betriebswirtschaftslehre und Markt- und Verbrauchsforschung der Freien Universität Berlin. *(Wirtschaftspsychologie)*

Christian Davillerd, geb. 1949, Dipl.-Psych., Institut National de Recherche et de Sécurité (INRS), Nancy/Frankreich. *(Ergonomie, Unfall- und Sicherheitspsychologie)*

Joerg M. Diehl, geb. 1942, PD Dr. phil., Dipl.-Psych., Akademischer Oberrat am Fachbereich Psychologie der Universität Gießen. *(Ernährungspsychologie)*

Rainer Dollase, geb. 1943, Dr. phil., Dipl.-Psych., Professor für Psychologie an der Universität Bielefeld. *(Entwicklungspsychologie)*

Walter Edelmann, geb. 1935, Dr. phil., Dipl.-Psych., Professor für Psychologie am Psychologischen Seminar der TU Braunschweig. *(Lernen)*

Gisela Erdmann, Dr. phil., Dipl.-Psych., Professorin am Institut für Psychologie der TU Berlin. *(Pharmakopsychologie)*

Mario M. Ernst, geb. 1955, Dipl.-Psych., Mitarbeiter am Moreno Institut für Psychodrama, Soziometrie und Gruppenpsychotherapie GmbH (Überlingen/Bodensee). *(Psychodrama)*

Ulrich Esser, geb. 1945, Dipl.-Psych., Ausbilder in der GwG, 16 Jahre Erziehungsberatungsstelle, jetzt freie Praxis als Psychotherapeut. *(Erziehungsberatung)*

Hubert Feger, geb. 1938, Dr. phil., Dipl.-Psych., Professor für Sozialpsychologie, Fachbereich Psychologie der Universität Hamburg. *(Konflikt und Entscheidung)*

Dorothea Ferenszkiewicz, Dipl.-Volksw., Wiss. Bedienstete am FB 2 der Gesamthochschule/Universität Kassel, Fachgebiet Arbeitswissenschaft. *(Evaluation)*

Hans-Joachim Fietkau, geb. 1946, Dr. phil., Dipl.-Psych., Wissenschaftszentrum Berlin für Sozialforschung. *(Umweltpsychologie)*

Antje Flade, geb. 1941, Dr. phil., Dipl.-Psych., Wissenschaftliche Mitarbeiterin am Institut Wohnen und Umwelt in Darmstadt. *(Wahrnehmung)*

Bernhard Floßdorf, geb. 1947, Dr. phil., Dipl.-Soz., Forschungs- und Lehrtätigkeit in Soziologie u. Ethnologie, selbständiger Kommunikationsberater u. Publizist, in Frankfurt/M. *(Angst, Interkulturelle Psychologie)*

Thomas W. Franke, geb. 1950, Dipl.-Psych., Wiss. Mitarbeiter am Psychologischen Institut der Universität Mainz. *(Berufspraxis des Psychologen)*

Dieter Frey, geb. 1946, Dr. phil., Professor für Psychologie am Institut für Psychologie der Christian-Albrechts-Universität Kiel. *(Selbstkonzept)*

Oskar Frischenschlager, geb. 1951, Dr. phil., Univ. Ass. am Institut für Medizinische Psychologie der Universität Wien. *(Psychoonkologie)*

Helmut W. Ganser, geb. 1948, Dipl.-Psych., Dipl.-Pol., Offizier der Bundeswehr. *(Militärpsychologie)*

Rainer Gawlik, geb. 1944, Dipl.-Psych., Klinischer Psychologe (BDP) mit Praxis in München. *(Autogenes Training)*

Friedemann Gerhards, geb. 1950, Dr. rer. nat., Dipl.-Psych., Wiss. Mitarbeiter am Institut für Psychologie (Abteilung für Diagnostik und Klinische Psychologie) der Technischen Universität Braunschweig. *(Psychosomatik)*

Ulfried Geuter, geb. 1950, Dr. phil., Dipl.-Psych., freier Journalist und Wissenschaftspublizist in Berlin. *(Professionalisierung)*

Helmut Giegler, geb. 1947, Dr. phil. habil., Privatdozent für Soziologie am Fachbereich Gesellschaftswissenschaften der Justus-Liebig-Universität Gießen; Lehrbeauftragter für empirische Sozialforschung am Fachbereich Sozialwissenschaften der Westfälischen Wilhelms-Universität Münster. *(Multivariate Analysemodelle, Tests und Testtheorie)*

Linda Gothe, geb. 1960, Dipl.-Psych., Wissenschaftliche Mitarbeiterin am Institut für Psychologie der Christian-Albrechts-Universität Kiel. *(Selbstkonzept)*

Wilfried Gottschalch, geb. 1929, Dr. rer. pol., Dipl.-Pol., Professor für theoretische Andragologie an der Universität Amsterdam. *(Sozialisation)*

Carl F. Graumann, geb. 1923, Dr. phil., Professor für Psychologie am Psychologischen Institut der Universität Heidelberg. *(Interaktion, Phänomenologische Psychologie)*

Herbert Gstalter, geb. 1951, Akad. Rat a. Z. am Lehrstuhl für Psychologie der TU München. *(Verkehrspsychologie)*

Winfried Hacker, geb. 1934, Dr. rer. nat. habil., Dipl.-Psych., Professor für Psychologie am Wissenschaftsbereich Psychologie der Sektion Arbeitswissenschaften der Technischen Universität Dresden/DDR. *(Handlung)*

Hartmut Häcker, geb. 1938, Dr. phil., Dipl.-Psych., Professor für Psychologie, Psychologie im Fachbereich 3 der Bergischen Universität Wuppertal. *(Persönlichkeit)*

Wolfgang Heckmann, geb. 1946, Dr. phil., Dipl.-Psych., 1978 bis 1986 Drogenbeauftragter des Landes Berlin, Leiter des Forschungsbereichs AIDS am Sozialpädagogischen Institut Berlin. *(Sucht)*

Walter R. Heinz, geb. 1939, Dr. phil., Dipl.-Psych., Professor für Soziologie und Sozialpsychologie am Fachbereich Human- und Sozialwissenschaften der Universität Bremen. *(Entfremdung, Kollektives Verhalten, Sozialpsychologie)*

Wolfgang Hinte, geb. 1952, Dr. paed., Dipl.-Päd., Professor für Sozialpädagogik am „Institut für Stadtteilbezogene soziale Arbeit und Beratung" der Universität Essen, Fachbereich 2. *(Humanistische Psychologie)*

Jürgen Höder, geb. 1948, Dr. phil., Dipl.-Psych., Lehrbeauftragter für Gesprächspsychotherapie am Psychologischen Institut III der Universität Hamburg. *(Personenzentrierte Psychologie)*

Joachim Hoffmann, Dr. phil., Dipl.-Psych., Professor für Psychologie, Leiter des Bereichs Psychologie an der Akademie der Wissenschaften der DDR. *(Kognitive Psychologie)*

Sven O. Hoffmann, geb. 1939, Dr. med., Dipl.-Psych., Professor und Direktor der Klinik mit Poliklinik für Psychosomatische Medizin und Psychotherapie der Universität Mainz. *(Psychoanalyse)*

Klaus Holzkamp, geb. 1927, Dr. phil., Dipl.-Psych., Professor für Psychologie an der Freien Universität Berlin. *(Kritische Psychologie)*

Carl Graf Hoyos, geb. 1923, Dr. phil., Dipl.-Psych., Professor für Psychologie am Lehrstuhl für Psychologie der TU München. *(Angewandte Psychologie)*

Eva Jaeggi, geb. 1934, Dr. phil., Dipl.-Psych., Professorin für Klinische Psychologie am Psychologischen Institut der Technischen Universität Berlin. *(Kognitive Therapie, Verhaltenstherapie)*

Wilhelm Janke, Dr. phil., Dipl.-Psych., Professor für Psychologie am Lehrstuhl für Psychologie I der Universität Würzburg. *(Pharmakopsychologie)*

Gerd Jüttemann, geb. 1933, Dr. phil., Dipl.-Psych., Professor für Klinische Psychologie und Persönlichkeitspsychologie am Institut für Psychologie der Technischen Universität Berlin. *(Historische Psychologie)*

Verena Kast, PD, Dr. phil., Dipl.-Psych., Therapeutin in freier Praxis in St. Gallen, Schweiz. *(Analytische Psychologie)*

Heinz Katschnig, geb. 1942, Univ. Prof. Dr. med., Psychiatrische Universitätsklinik der Universität Wien. *(Life-Event-Forschung)*

Wolfgang Keeser, geb. 1946, Dr. phil., Dipl.-Psych., Psychotherapeut in freier Praxis in München. *(Schmerz)*

Gustav Keller, geb. 1950, Dr. phil., Dipl.-Psych., Geschäftsführender Leiter der Bildungsberatungsstelle Ulm/Donau. *(Meinungsforschung)*

Bernd H. Keßler, Dr. phil., Dipl.-Psych., Akademischer Direktor an der Fachrichtung Psychologie der Universität des Saarlandes, Saarbrücken. *(Rationale-motive Therapie)*

Heiner Keupp, geb. 1943, Dr. phil., Dipl.-Psych., Professor für Sozialpsychologie am Psychologischen Institut der Universität München. *(Gemeindepsychologie, Normalität und psychische Störungen, Soziale Netzwerke)*

Andreas Krapp, geb. 1940, Dr. phil., Dipl.-Psych., Professor für Erziehungswissenschaft und Pädagogische Psychologie an der Fakultät für Sozialwissenschaft der Universität der Bundeswehr München. *(Anlage und Umwelt, Intelligenz und Begabung)*

Ghislain Krawsky, geb. 1938, Dipl.-Psych., Institut National de Recherche et de Sécurité (INRS), Nancy/Frankreich. *(Ergonomie)*

Jürgen Kriz, geb. 1944, Dr. phil., Dipl.-Psych., Professor am Fachbereich Psychologie, Fach Klinische Psychologie, und am Fachbereich Sozialwissenschaften, Fach Empirische Sozialforschung, Statistik, Wissenschaftstheorie der Universität Osnabrück. *(Methodenkritik, Statistik, Transpersonale Psychologie)*

Bernhard Kroner, geb. 1943, Dr. soz. wiss., Dipl.-Psych., Zeitprofessor für Sozialisationsforschung an der Fakultät für Soziologie der Universität Bielefeld. *(Friedensforschung)*

Otto Lanc, geb. 1930, Dr. phil., Dipl.-Ing., Professor für Psychologie der Philipps-Universität Marburg. *(Aktivation)*

Ralph Langner, geb. 1959, Dipl.-Psych., M. A., promoviert an der Freien Universität Berlin. *(Literaturpsychologie, Musikpsychologie)*

Heiner Legewie, geb. 1937, Dr. med., Dr. phil., Dipl.-Psych., Professor für Klinische Psychologie am Institut

Heiner Keupp, geb. 1943, Dr. phil., Dipl.-Psych., Professor für Sozialpsychologie am Psychologischen Institut der Universität München. *(Gemeindepsychologie, Normalität und psychische Störungen, Soziale Netzwerke)*

Thomas Kieselbach, geb. 1944, Dr. phil., Dipl.-Psych., Wissenschaftlicher Angestellter im Studiengang Psychologie der Universität Bremen, Wiss. Einheit „Arbeit, Arbeitslosigkeit und Persönlichkeitsentwicklung". *(Arbeitslosigkeit)*

Dieter Kleiber, geb. 1950, Prof. Dr. phil., Dipl.-Psych., Wissenschaftler am Sozialpädagogischen Institut Berlin. *(Handlungsforschung)*

Renate Klein, geb. 1959, Dipl.-Psych., Wissenschaftliche Angestellte am Fachbereich Psychologie der Universität Marburg. *(Manipulation)*

Thomas Kliche, geb. 1957, Dipl.-Pol. in Hamburg. *(Gentechnologie, Technikfolgen – Abschätzung)*

Friedhart Klix, geb. 1927, Dr. sc. nat., Dr. h. c. nat., Professor für Psychologie an der Sektion Psychologie der Humboldt-Universität zu Berlin. *(Gedächnis, Kybernetik)*

Karl König, geb. 1931, Prof. Dr. med., Leiter der Abteilung für Klinische Gruppenpsychotherapie der Universität Göttingen. *(Gruppenpsychotherapie)*

für Psychologie der Technischen Universität Berlin. *(Alltagspsychologie)*

Ursula Lehr, geb. 1930, Prof. Dr. phil., Dipl.-Psych., Direktorin des Instituts für Gerontologie der Universität Heidelberg. *(Gerontopsychologie)*

Reinhard Leichner, geb. 1942, Dr. phil., Dipl.-Psych., Professor für Psychologie am Institut für Psychologie der TH Darmstadt in Fb Erziehungswissenschaften und Psychologie. *(Diagnostik)*

Udo Lemke, geb. 1944, Dipl.-Psych., Psychotherapeut in der Nervenklinik Spandau und in freier Praxis. *(Gestalttherapie)*

Grete A. Leutz, geb. 1930, Dr. med., Leiterin des Moreno Instituts für Psychodrama, Soziometrie und Gruppenpsychotherapie GmbH (Überlingen/Bodensee). *(Psychodrama)*

Hans Wolfgang Linster, geb. 1942, Dr. phil., Dipl.-Psych., Wiss. Angest. am Psychologischen Institut der Universität Freiburg (Br.). *(Gesprächspsychotherapie, Psychotherapie)*

Friedrich Lösel, geb. 1945, Dr. phil., Dipl.-Psych., Professor an der Abteilung für Psychologie der Universität Bielefeld. *(Rechtspsychologie)*

Walter v. Lucadou, geb. 1945, Dr. rer. nat., Dr. phil., Dipl.-Phys., Gastdozent am Parapsychologischen Laboratorium der Reichsuniversität Utrecht. *(Parapsychologie)*

Ursula Luka-Krausgrill, Dr. phil., Dipl.-Psych., Hochschulassistentin am Psychologischen Institut der Universität Mainz. *(Depression)*

Helmut E. Lück, geb. 1941, Dr. phil., Dipl.-Psych., Professor für Psychologie im Arbeitsbereich Psychologie, Schwerpunkt Psychologie sozialer Prozesse, im Fb Erziehungs- und Sozialwissenschaften der Fernuniversität Hagen. *(Gruppen, Soziale Aktivierung)*

Reimer Lund, geb. 1939, Dr. phil., Dipl.-Psych., Wiss. Assistent der Nervenklinik der Universität München. *(Schlaf)*

Peter Mattes, geb. 1939, Dr. phil., Dipl.-Psych., Wissenschaftlicher Angestellter am Psychologischen Institut der Freien Universität Berlin. *(Professionalisierung)*

Werner Meinefeld, geb. 1948, Dr. soz. wiss., Dipl.-Soz., Akademischer Oberrat am Soziologischen Institut der Universität Erlangen-Nürnberg. *(Einstellung)*

Wolfgang Meißner, geb. 1956, Dr. phil., Dipl.-Psych., Erstes Staatsexamen für das Lehramt der Sekundarstufe II, Wiss. Mitarbeiter am Institut für Erziehungswissenschaft und Pädagogische Psychologie der Universität der Bundeswehr München. *(Kreativität)*

Hans-Jürgen Meyer, geb. 1947, Dr. phil., Dipl.-Psych., Dipl.-Päd., Hochschulassistent am Institut für Psychologie der Technischen Hochschule Darmstadt. *(Temperament)*

Rudolf Miller, geb. 1945, Dr. phil., Akad. Rat am Arbeitsbereich Psychologie sozialer Prozesse an der Fernuniversität Aachen. *(Zeiterleben)*

Michael Lukas Moeller, geb. 1937, Dr. med., Psychoanalytiker. Professor für Medizinische Psychologie am Klinikum der Universität Frankfurt. *(Selbsthilfegruppen)*

Gisela Mohr, geb. 1950, Dr. rer. nat., Dipl.-Psych., Wissenschaftliche Mitarbeiterin am Institut für Psychologie der Freien Universität Berlin. *(Geschlechtsunterschiede)*

Michel Monteau, geb. 1946, Dipl.-Psych., Institut National de Recherche et de Sécurité (INRS), Nancy/Frankreich. *(Unfall- und Sicherheitspsychologie)*

Helmut Moser, geb. 1941, Dr. phil., Dipl.-Psych., Dozent für Sozialpsychologie und Politische Psychologie am Psychologischen Institut I der Universität Hamburg. *(Gentechnologie, Politische Psychologie, Technikfolgen-Abschätzung)*

Frank Nestmann, geb. 1949, Dr. phil., Dipl.-Psych., Hochschulassistent in der Arbeitsgruppe „Diagnose und Beratung" der Fakultät für Pädagogik, Universität Bielefeld. *(Beratung)*

Peter Neumann, geb. 1945, Dr. phil., Dipl.-Psych., Akademischer Rat am Inst. für Psychologie der Universität München, Bereich Organisations- und Wirtschaftspsychologie. *(Organisationspsychologie, Werbepsychologie)*

Jürgen R. Nitsch, geb. 1940, Dr. phil., Dipl.-Psych., Professor für Psychologie und Leiter des Psychologischen Instituts der Deutschen Sporthochschule Köln. *(Sportpsychologie)*

Anita Nouzak, Dr. phil., Ludwig Boltzmann Institut für Sozialpsychiatrie Wien. *(Life-Event-Forschung)*

Peter Pawlowsky, geb. 1954, Dr. rer. pol., Dipl.-Psych., Forschungsstelle Sozialökonomik der Arbeit, Freie Universität Berlin. *(Wirtschaftspsychologie)*

Burkhard Peter, geb. 1949, Dipl.-Psych., Psychotherapeut, bis 1984 Gründungsvorsitzender der „Milton Erickson Gesellschaft für Klinische Hypnose (M. E. G.) e. V." München. *(Hypnose)*

Wolfgang M. Pfeiffer, Prof. Dr. med., Nervenarzt, Psychotherapie. Ehem. Leiter der Abt. f. Medizinische Psychologie an der Univ. Münster, jetzt Erlangen. *(Meditation und Trance)*

Denise Pham, Dipl.-Psych., Institut National de Recherche et de Sécurité (INRS), Nancy/Frankreich. *(Unfall- und Sicherheitspsychologie)*

Gunther A. Pilz, geb. 1944, Dr. phil., Dipl.-Soz., Akad. Oberrat am Lehrstuhl für Sportwissenschaft der Universität Hannover. *(Ethologie, Gewalt)*

Ursula Plog, Dr. phil., Dipl.-Psych., Leiterin der Psychiatrischen Tagesklinik und Ambulanz Reinickendorf der Karl-Bonhoeffer-Klinik Berlin. *(Psychiatrie)*

Rolf Pohl, geb. 1951, Dr. phil., Verwalter einer Akademischen Ratsstelle am Psychologischen Institut der Universität Hannover. *(Psychologisierung des Alltags)*

Martin Resch, geb. 1955, Dr. phil., Dipl.-Psych., Wissenschaftlicher Mitarbeiter am Institut für Humanwissenschaft in Arbeit und Ausbildung der Technischen Universität Berlin. *(Computer)*

Erwin Ringel, geb. 1921, Dr. med., Univ.-Prof., Vorstand des Instituts für Medizinische Psychologie an der Universität Wien. *(Psychoonkologie)*

Hans Peter Rosemeier, Dr. phil., Dipl.-Psych., Professor für Psychologie am Institut für Medizinische Psychologie der FU Berlin im Fb Medizinische Grundlagenfächer. *(Medizinische Psychologie)*

Lutz von Rosenstiel, geb. 1938, Dr. phil., Dipl.-Psych., Professor für Organisations- und Wirtschaftspsychologie am Institut für Psychologie der Universität München. *(Organisationspsychologie, Werbepsychologie)*

Detlef H. Rost, geb. 1945, Dr. phil., Dipl.-Psych., Professor für Pädagogische Psychologie im Fachbereich Psychologie der Philipps-Universität Marburg. *(Hochbegabung)*

Rüdiger Runge, geb. 1953, Dipl. Psych., früher Redakteur bei „psychologie heute" und verantwortlicher Verlagslektor, gehört seit 1986 der Leitung des Deutschen Evangelischen Kirchentages an. *(Humanistische Psychologie)*

Viktor Sarris, Dr. phil., Dipl.-Psych., Professor für Psychologie am Institut für Psychologie der J.-W. Goethe Universität Frankfurt. *(Experiment)*

Rainer Schandry, geb. 1944, Dr. rer. soc., Dipl.-Phys., Privatdozent, Institut für Psychologie der Universität München. *(Psychophysiologie)*

Reinhard Schmitz-Scherzer, Dr. phil., Dipl.-Psych., Univ.-Professor und Lehrstuhlinhaber für Soziale Gerontologie am Fachbereich Sozialwesen der Gesamthochschule/Universität Kassel. *(Freizeitpsychologie)*

Jürgen vom Scheidt, geb. 1940, Dr. phil., Dipl.-Psych. und Schriftsteller, Leiter der „Münchner Schreib-Werkstatt". *(Themenzentrierte Interaktion, Traum)*

Stefan Schmidtchen, geb. 1942, Dr. phil., Dipl.-Psych., Professor für Psychologie am Psychologischen Institut II der Universität Hamburg. *(Spiel)*

Hans-Dieter Schneider, geb. 1939, Dr. phil., Dipl.-Psych., Professor für Angewandte Psychologie am Psychologischen Institut der Universität Freiburg/Schweiz *(Macht)*

Monika Schnell, geb. 1954, Dipl.-Psych., Modellprojekt Neuhland: Hilfen für suizidgefährdete Kinder und Jugendliche, Berlin. *(Krisenintervention und -therapie)*

Peter Schöber, geb. 1936, Dr. rer. pol., Dipl.-Volkswirt, Professor für Soziologie, insbesondere politische Ökonomie an der Fakultät für Soziologie der Universität Bielefeld. *(Soziologie)*

Wolfgang Schönpflug, geb. 1936, Dr. phil. nat., Dipl.-Psych., M. A., Professor für Psychologie am Institut für Psychologie der Freien Universität Berlin. *(Allgemeine Psychologie)*

Angela Schorr, geb. 1954, Dr. phil., Dipl.-Psych., Akademische Rätin am Lehrstuhl für Psychologie II der Universität Eichstätt. *(Behaviorismus)*

Andreas Schubert, geb. 1952, Dipl.-Psych., Wissenschaftlicher Mitarbeiter am Lehrstuhl Psychologie I Wirtschafts- und Organisationspsychologie der Universität Mannheim. Fach: Psychologie der beruflichen Rehabilitation und Integration. *(Rehabilitation)*

Wolfgang Schulz, geb. 1951, Dr. phil., Dipl.-Psych., Professor für Klinische Psychologie und Psychodiagnostik am Institut für Psychologie der Technischen Universität Braunschweig. *(Psychosomatik)*

Martin Schuster, geb. 1946, Dr. phil., Dipl.-Psych., Akad. Rat an der Universität Köln, Lehrtherapeut der Kölner Schule für Kunsttherapie. *(Kunstpsychologie)*

Peter Schuster, geb. 1947, Dr. med., Oberarzt am Institut f. Tiefenpsychologie und Psychotherapie der Univ. Wien, frei praktizierender Psychoanalytiker. *(Neurose, Psychose)*

Cornelia Seewald, geb. 1950, Dr. phil., Dipl.-Psych., Leiterin der Abteilung Organisationsentwicklung eines Elektronikkonzerns. *(Organisationsentwicklung)*

Rainer Seidel, geb. 1941, Dr. phil., Dipl.-Psych., zuletzt Hochschulassistent am Institut für Psychologie der Technischen Universität Berlin. *(Denken und Problemlösen)*

Herbert Selg, geb. 1935, Dr. phil., Dipl.-Psych., Professor für Psychologie an der Universität Bamberg. *(Aggression)*

Norbert Semmer, PD Dr. phil., Dipl.-Psych., Psychologisches Institut der Universität Bern, Abteilung Arbeits- und Betriebspsychologie. *(Arbeitspsychologie, Streß)*

Fritz B. Simon, geb. 1948, PD Dr. med. habil., Psychoanalytiker und Psychiater, Oberarzt der Abteilung für Psychoanalytische Grundlagenforschung und Familientherapie der Universität Heidelberg. *(Systemische Therapie)*

Bernd Six, geb. 1943, Dr. phil., Dipl.-Psych., Lehrstuhl für Sozial- und Organisationspsychologie am Seminar für Psychologie der Erz.-wiss. Hochschule Rheinland-Pfalz, Abtlg. Landau. *(Vorurteil)*

Dagmar Stahlberg, geb. 1956, Dipl.-Psych., Wissenschaftliche Angestellte am Institut für Psychologie der Christian-Albrechts-Universität Kiel. *(Selbstkonzept)*

Wolfgang Stark, geb. 1954, Dipl.-Psych., Mitarbeiter am Selbsthilfezentrum München. *(Prävention)*

Arne Stiksrud, geb. 1944, Dr. phil., Dipl.-Psych., z. Zt. Lehrbeauftragter an den Universitäten Eichstätt, Frankfurt, Mainz und Marburg für Entwicklungspsychologie und Päd. Psychologie. *(Jugendpsychologie, Wertewandel)*

Paul Tholey, geb. 1937, Dr. phil. nat., Dipl.-Psych., Professor für Psychologie, Lehrbeauftragter am Institut für Psychologie der J. W. Goethe Universität Frankfurt. *(Gestaltpsychologie)*

Hans Thomae, geb. 1915, Dr. phil. Dr. h. c., Dipl.-Psych., Professor für Psychologie der Universität Bonn. *(Motivation, Psychologiegeschichte)*

Walter Tokarski, geb. 1946, Dr. rer. pol., Dipl.-Volksw. sozw. R., Akad. Rat für Soziale Gerontologie am Fachbereich Sozialwesen der Gesamthochschule/ Universität Kassel. *(Freizeitpsychologie)*

Dieter Ulich, geb. 1940, Dr. phil., Dipl.-Psych., Professor für Psychologie und Leiter der Forschungsstelle für Pädagogische Psychologie und Entwicklungspsychologie an der Universität Augsburg. *(Emotion, Pädagogische Psychologie, Wissenschaftstheorie und Psychologie)*

Walter Volpert, geb. 1942, Dr. phil., Dipl.-Psych., Professor für Arbeitspsychologie und Arbeitspädagogik am Institut für Humanwissenschaft in Arbeit und Ausbildung der Technischen Universität Berlin. *(Arbeitspsychologie, Computer)*

Harald G. Wallbott, geb. 1952, Dr. phil., Dipl. Psych., Hochschulassistent für Sozialpsychologie an der Justus-Liebig-Universität Gießen. *(Nonverbale Kommunikation)*

Gunthard Weber, geb. 1940, Dr. med., Arzt für Psychiatrie/Psychotherapie, niedergel. Familientherapeut. Coleiter des Instituts für Systemische Therapie und Transaktionsanalyse in Wiesloch. *(Systemische Therapie)*

Dirk Wendt, geb. 1935, Dr. phil., Dipl.-Psych., Professor für Psychologie am Institut für Psychologie der Christian-Albrechts-Universität Kiel. *(Mathematische Psychologie)*

Hermann Wendt, geb. 1944, Dr. phil., Dipl.-Psych., Psychotherapeut und Sexualwissenschaftler. Leiter des Kölner Lehrinstituts für Verhaltenstherapie und des Instituts für Angewandte Sexualwissenschaft. *(Sexualität)*

Gerd Wenninger, geb. 1946, Dr. phil., Dipl.-Psych., Akad. Rat am Lehrstuhl für Psychologie der Technischen Universität München. *(Ergonomie, Unfall- und Sicherheitspsychologie)*

Hans Westmeyer, geb. 1946, Dr. phil., Dipl.-Psych., Professor für Klinische Psychologie und Psychologische Diagnostik am Institut für Psychologie im Fachbereich Erziehungs- und Unterrichtswissenschaften der Freien Universität Berlin. *(Feldforschung)*

Helmut Wetzel, geb. 1946, Dr. phil., Dipl.-Psych., Kinder- und Jugendarbeit des Evangelischen Sozialwerks Mülheim/Baden. *(Krisenintervention und -therapie, Psychotherapie, Suizid)*

Manfred W. Wienand, geb. 1947, Dr. jur. Dipl.-Psych., Stellv. Geschäftsführer und Leiter der Abteilung Fachreferate/Gutachtenerstattung des Deutschen Vereins für öffentliche und private Fürsorge, Frankfurt. *(Berufsethik des Psychologen)*

Monika Maria Wienand, geb. 1948, Dipl.-Psych., Sozialarbeiterin grad., Professorin für Psychologie an der Katholischen Fachhochschule Mainz. *(Berufsethik des Psychologen)*

Jürg Willi, geb. 1934, Prof. Dr. med., Lehrstuhl für Psychosoziale Medizin am Universitätsspital Zürich. *(Familientherapie)*

Peter Winterhoff-Spurk, geb. 1945, Dr. phil., Dipl.-Psych., Hochschulassistent am Lehrstuhl Psychologie III der Universität Mannheim. *(Medienpsychologie)*

Joachim Wittkowski, geb. 1945, Dr. phil., Dipl.-Psych., Privatdozent am Institut für Psychologie der Universität Würzburg. *(Thanatopsychologie)*

Walter Zitterbarth, geb. 1950, Dr. phil., Dipl.-Psych., M. A., Akademischer Rat a. Z. am Psychologischen Institut der Universität Erlangen. *(Kulturpsychologie)*

Adam Zurek, geb. 1944, Dr. phil., Dipl.-Psych., Schulpsychologe an der Regionalen Schulberatungsstelle Recklinghausen; Lehrbeauftragter an der Universität Bremen. *(Schulpsychologie)*

Personenverzeichnis

Sachregister